BASLER KOMMENTAR

Bundesgerichtsgesetz

Herausgeber

Marcel Alexander Niggli
Professor an der Universität Freiburg

Peter Uebersax
Gerichtsschreiber am Bundesgericht Lausanne
Lehrbeauftragter an der Universität Basel

Hans Wiprächtiger
Richter am Bundesgericht Lausanne

Helbing Lichtenhahn Verlag

Bibliografische Information Der Deutschen Bibliothek

Die Deutsche Bibliothek verzeichnet diese Publikation
in der Deutschen Nationalbibliografie; detaillierte bibliografische Daten
sind im Internet über http://dnb.ddb.de abrufbar.

Zitiervorschlag: BSK BGG-Bearbeiter/-in, Art. 29 N 4

© 2008 Helbing Lichtenhahn Verlag, Basel

ISBN 978-3-7190-2629-5 (Normalausgabe)
ISBN 978-3-7190-2709-4 (Lederausgabe)

www.helbing.ch

BASLER KOMMENTAR

Bundesgerichtsgesetz

Vorwort

Bekanntlich ist das Prozessrecht des Bundesgerichts von grosser praktischer und theoretischer Bedeutung. Jeder Student der Jurisprudenz in der Schweiz lernt, wie das Bundesgericht organisiert ist und mit welchen Rechtsmitteln es angerufen werden kann. Jede Anwältin in der Schweiz muss das Verfahrensrecht des Bundesgerichts kennen und wissen, wie sie allfällige Prozessfallen vermeiden kann. Aber auch die Richter und Mitarbeitenden der unteren Gerichte und die Juristen von privaten Unternehmungen und Organisationen sowie der Verwaltungen auf allen Stufen können sich in der Lage wiederfinden, sich mit dem Verfahren vor dem Bundesgericht auseinandersetzen zu müssen. Der vorliegende Kommentar will dazu eine fachliche Hilfeleistung vermitteln. Er bezweckt, einen raschen Zugriff auf die für die Praktiker erforderliche Information zu gewährleisten. Er soll aber auch Anregungen und Gedankenanstösse für die Wissenschaft, und – warum nicht, auch wenn dies allenfalls etwas früh erscheinen mag? – für den Gesetzgeber anbieten. Dabei verfolgt er das – zugegebenermassen ambitionierte – Ziel, ein neues Gesetz zu kommentieren, bevor sich eine gefestigte Praxis dazu bilden konnte. Dazu kann darauf verwiesen werden, dass natürlich auch das Bundesgerichtsgesetz nicht im luftleeren Raum entstanden ist, sondern sich auf eine Vielzahl von bestehenden Erlassen und Entscheidungen prozessualen Charakters stützen kann. Zudem erlaubt der Erscheinungstermin des vorliegenden Werkes, die Praxis des ersten Jahres seit Inkrafttreten immerhin bis zum November 2007 zu berücksichtigen.

Die doppelte Ausrichtung des Kommentars auf die Wissenschaft und Praxis erklärt auch die Rekrutierung der Autorenschaft. So mag es allenfalls erläuterungsbedürftig erscheinen, dass ein Grossteil der Autorinnen und Autoren dieses Werkes Bundesrichterinnen und -richter, Gerichtsschreiberinnen und -schreiber oder wissenschaftliche Mitarbeiterinnen und Mitarbeiter des Bundesgerichts sind. Gewiss liesse sich dagegen einwenden, dass hier diejenigen kommentieren, die später das fragliche Verfahrensrecht in ihren Urteilen konkret anzuwenden oder das Organisationsrecht umzusetzen hätten, doch greift ein solcher Einwand zu kurz. Die Herausgeber erachten die Vertretung des Bundesgerichts in dieser Kommentierung nicht als Nachteil, sondern im Gegenteil als einen bestechenden Vorteil. Nicht nur, aber gerade im Hinblick auf die Erlasse zum formellen Recht sind es die Gerichte, mit ihrer tagtäglichen Erfahrung und ihren Entscheidungen, die diese Erlasse prägen und formen. Wenn das entsprechende breite Wissen in den Kommentar einfliesst, werden davon auch die Praktiker und die Wissenschaftler von ausserhalb des Bundesgerichts profitieren. Zu einzelnen organisatorischen Fragen, insbesondere im Zusammenhang mit der Gerichtsverwaltung, ist es für Aussenstehende ohnehin schwierig, wenn nicht sogar unmöglich, sich die für eine vertiefte Kommentierung nötigen Kenntnisse anzueignen. Es freut uns daher besonders, dass es uns gelungen ist, die beteiligten Vertreterinnen und Vertretern des Bundesgerichtes für die vorliegende Kommentierung zu gewinnen.

Dennoch: Für wesentliche Teile des Kommentars, gerade für die weniger praktisch ausgerichteten Themen, bei denen sich grundlegendere theoretische Fragen stellen, konnten auch eminente Vertreter und Vertreterinnen verschiedener deutschsprachiger schweizerischer Universitäten gewonnen werden. Auch darüber freuen wir uns ungemein. Es gewährleistet nämlich ein gewisses Gleichgewicht und einen nicht zu vernachlässigenden Ausgleich zwischen eher pragmatischen Überlegungen der Praktiker und einem mehr wissenschaftlichen Zugang von Seiten der Lehre. Ganz bewusst wurde denn auch in Kauf genommen, dass einzelne rechtliche Aspekte von mehreren Autoren bei der Kommentierung verschiedener Bestimmungen behandelt und eventuell sogar nuanciert unter-

Vorwort

schiedlich beurteilt wurden. Auch das sehen wir als Vorteil. Wir hoffen, dass dieses gemischte Angebot den Nutzern und Lesern des Kommentars die nötige und gewünschte bzw. gesuchte Grundlage gibt, damit sie die ihnen sich stellenden Fragen zu ihrer Zufriedenheit werden beantworten können.

Die Herausgeber danken allen Autorinnen und Autoren für ihre Bereitschaft, sich dem Wagnis zu verpflichten, sowie dem Verlag, insbesondere Herrn Men Haupt und Frau Veronica Rohrer, für ihre umsichtige Betreuung des Projektes.

Fehlermeldungen oder Anregungen nehmen die Herausgeber gerne entgegen unter: lehrstuhl-niggli@unifr.ch.

Freiburg und Lausanne, im November 2007

Marcel Alexander Niggli
Peter Uebersax
Hans Wiprächtiger

Verzeichnis der Autorinnen und Autoren

Heinz Aemisegger, Dr. iur., Rechtsanwalt
Richter am Bundesgericht Lausanne
Art. 43, 79, 82 lit. b, 84, 87, 100 Abs. 2
lit. b, 101, 103 Abs. 2 lit. c, 107 Abs. 3

Kathrin Amstutz, Dr. iur., LL.M.
Gerichtsschreiberin am Bundesgericht Luzern
Art. 44–47, 48 Abs. 1, 3 und 4, 49, 50, 100
Abs. 1, Abs. 2 lit. a und c, Abs. 3 lit. a und
Abs. 5–7

Peter Arnold, lic. iur., Rechtsanwalt
hauptamtlicher Richter am Verwaltungsgericht
des Kantons Luzern,
Gerichtsschreiber (wissenschaftlicher Berater)
am Bundesgericht Luzern (1998–2007)
Art. 44–47, 48 Abs. 1, 3 und 4, 49, 50, 100
Abs. 1, Abs. 2 lit. a und c, Abs. 3 lit. a und
Abs. 5–7

Bettina Bacher, lic. iur., Fürsprecherin
wissenschaftliche Assistentin an der
Universität Freiburg
Art. 108, 109

Eva Maria Belser, Prof. Dr. iur.
ordentliche Professorin an der
Universität Freiburg
Art. 108, 109

Giovanni Biaggini, Prof. Dr. iur.
ordentlicher Professor an der Universität Zürich
Art. 23, 113–119

Markus Boog, Dr. iur.
Gerichtsschreiber (wissenschaftlicher Berater)
am Bundesgericht Lausanne
Art. 29–31

Denise Brühl-Moser, PD Dr. iur., Advokatin
Lehrbeauftragte an der Universität Basel
Art. 130–133

Jacques Bühler, Dr. iur.
stellvertretender Generalsekretär am
Bundesgericht Lausanne
Art. 39 Abs. 2, 42 Abs. 4, 48 Abs. 2, 60
Abs. 3

Bernhard Ehrenzeller, Prof. Dr. iur.,
Fürsprecher
ordentlicher Professor an der
Universität St. Gallen
Art. 110–112

Elisabeth Escher, Dr. iur., Rechtsanwältin
Richterin am Bundesgericht Lausanne
Art. 72, 121–129

Michel Féraud, lic. iur., Fürsprech
Richter am Bundesgericht Lausanne
Art. 18–22

Marc Forster, Prof. Dr. iur., Rechtsanwalt
Gerichtsschreiber (wissenschaftlicher Berater)
am Bundesgericht Lausanne,
Titularprofessor an der Universität St. Gallen
Art. 43, 79, 84, 100 Abs. 2 lit. b, 103
Abs. 2 lit. c, 107 Abs. 3

Thomas Geiser, Prof. Dr. iur., Fürsprecher
ordentlicher Professor an der
Universität St. Gallen,
nebenamtl. Richter am Bundesgericht Lausanne
Art. 62–68

Philipp Gelzer, Dr. iur., Advokat,
Mediator SKWM
Gerichtsschreiber am Bundesgericht
Lausanne
Art. 55, 56, 71

Stephan Haag, lic. iur., Rechtsanwalt
Gerichtsschreiber am Bundesgericht Lausanne
Art. 23

Thomas Häberli, Fürsprecher
Gerichtsschreiber (wissenschaftlicher Berater)
am Bundesgericht Lausanne,
Lehrbeauftragter an der Universität Luzern
Art. 83

Isabelle Häner, Prof. Dr. iur.
Rechtsanwältin in Zürich,
Titularprofessorin an der Universität Zürich
Art. 34–38

Matthias Härri, Dr. iur., Advokat
Gerichtsschreiber (wissenschaftlicher Berater)
am Bundesgericht Lausanne
Art. 32, 33

Stefan Heimgartner, Dr. iur.
Rechtsanwalt in Zürich
Art. 57–61

Verzeichnis der Autorinnen und Autoren

Thomas Hugi Yar, lic. iur.
Gerichtsschreiber (wissenschaftlicher Berater)
am Bundesgericht Lausanne
Sachregister

Regina Kiener, Prof. Dr. iur.,
Rechtsanwältin
ordentliche Professorin an der Universität Bern
Art. 5–7

Kathrin Klett, Dr. iur., Advokatin
Richterin am Bundesgericht Lausanne
Art. 72, 73, 75–77, 103 Abs. 2 lit. a

Andreas Kley, Prof. Dr. rer. publ.,
Rechtsanwalt
ordentlicher Professor an der Universität Zürich
Art. 9–12

Heinrich Koller, Prof. Dr. iur. et lic. oec.
Advokat in Basel,
ausserordentlicher Professor an der
Universität Basel,
Direktor des Bundesamts für Justiz (bis 2006)
Art. 1–4

Laurent Merz, lic. iur., Rechtsanwalt
(Assessor nach deutschem Recht)
Gerichtsschreiber am Bundesgericht Lausanne,
Assesseur au Tribunal administratif du
Canton de Vaud
Art. 39 Abs. 1 und 3, 40, 41, 42 Abs. 1–3
und 5–7

Ulrich Meyer, Prof. Dr. iur., Fürsprecher
Richter am Bundesgericht Luzern,
Titularprofessor an der Universität Zürich
Art. 99, 102, 103 Abs. 1 und 3, 104–106,
107 Abs. 1 und 2

Dorothea Riedi Hunold, Dr. iur.,
Rechtsanwältin
Gerichtsschreiberin am Bundesgericht Luzern
Art. 13–17

Christof Riedo, Dr. iur., lic. phil.,
Rechtsanwalt
wissenschaftlicher Mitarbeiter des
Bundesamtes für Justiz, Bern
Art. 8

Beat Rudin, Dr. iur., Advokat
Geschäftsführer Stiftung für Datenschutz und
Informationssicherheit, Basel,
Lehrbeauftragter an der Universität Basel
Art. 51–53, 74, 85

Karin Scherrer, Dr. iur., Rechtsanwältin
Gerichtsschreiberin am Bundesgericht
Lausanne
Art. 82 lit. b, 87, 101

Markus Schott, Dr. iur., LL.M., Advokat
Oberassistent an der Universität Zürich
Art. 95 lit. a–c und e, 96–98

Gerold Steinmann, Dr. iur.
Gerichtsschreiber (wissenschaftlicher Berater)
am Bundesgericht Lausanne
Art. 82 lit. c, 88, 89 Abs. 3, 95 lit. d, 100
Abs. 3 lit. b und Abs. 4

Marc Thommen, Dr. iur., LL.M.
Gerichtsschreiber am Bundesgericht Lausanne
Art. 78, 80, 81, 103 Abs. 2 lit. b

Esther Tophinke, Dr. iur.
wissenschaftliche Mitarbeiterin des
Bundesamtes für Justiz, Bern
Art. 86

Paul Tschümperlin, Dr. iur., Rechtsanwalt
Generalsekretär am Bundesgericht Lausanne
Art. 25–28, 69, 70

Peter Uebersax, PD Dr. iur., Advokat
Gerichtsschreiber (wissenschaftlicher Berater)
am Bundesgericht Lausanne,
Lehrbeauftrager an der Universität Basel
Art. 24, 54

Felix Uhlmann, Prof. Dr. iur., LL.M.,
Advokat
Professor an der Universität Zürich
Art. 90–94

Rudolf Ursprung, lic. iur., Fürsprecher
Richter am Bundesgericht Luzern
Art. 13–17

Bernhard Waldmann, Prof. Dr. iur.,
Rechtsanwalt
ordentlicher Professor an der
Universität Freiburg
Art. 82 lit. a, 89 Abs. 1 und 2, 120

Hans Wiprächtiger, Dr. iur. h.c.,
Rechtsanwalt
Richter am Bundesgericht Lausanne
Art. 57–61

Inhaltsverzeichnis

Inhaltsverzeichnis

Abkürzungsverzeichnis

a.A.	anderer Ansicht
a.a.O.	am angeführten Ort
aBGerR	Reglement vom 14.12.1978 für das Schweizerische Bundesgericht, AS 1979 46 (altrechlich)
a.E.	am Ende
a.F.	alte Fassung
a.M.	anderer Meinung
aArt.	alte Fassung des Artikels
AB	Amtliches Bulletin der Bundesversammlung (bis 1967: Sten.Bull.)
abl.	ablehnend
Abs.	Absatz
Abt.	Abteilung
aBV	(alte) Bundesverfassung der Schweizerischen Eidgenossenschaft vom 29.5.1874 (AS 1874 1 ff., BS 1 3 ff.)
abw.	abweichend
AFG	Bundesgesetz über die Anlagefonds vom 18.3.1994 (Anlagefondsgesetz, SR 951.3)
AG	Kanton Aargau/Aktiengesellschaft
AGB	Allgemeine Geschäftsbedingungen
AHI	BSV (Hrsg.), AHI-Praxis, Rechtsprechung und Verwaltungspraxis AHV/IV/EL/EO/FZ, www.bsv.admin.ch/publikat/ahi/d/
AHV	Alters- und Hinterlassenenversicherung
AHVG	Bundesgesetz über die Alters- und Hinterlassenenversicherung vom 20.12.1946 (SR 831.10)
AI	Kanton Appenzell-Innerrhoden
AJP	Aktuelle Juristische Praxis (Lachen)
AK	Anklagekammer/Alternativkommentar zum Strafgesetzbuch
al.	alinéa
allg.	allgemein
ALV	Arbeitslosenversicherung
ANAG	Bundesgesetz über Aufenthalt und Niederlassung der Ausländer vom 26.3.1931 (SR 142.20)
Anm.	Anmerkung
Ann.	Annuaire de la Convention Européenne des Droits de l'homme (Den Haag)
Anwaltsrevue	Anwaltsrevue. Offizielles Publikationsorgan des Schweizerischen Anwaltverbandes (Basel)
AppGer	Appellationsgericht
AR	Kanton Appenzell-Ausserrhoden

Abkürzungsverzeichnis

ARA	Abwasserreinigungsanlage
Archives	Archives de droit fiscal suisse
Art.	Artikel
ARV	Arbeitsrecht und Arbeitslosenversicherung: Mitteilungsblatt des BIGA resp. seco (Zürich)
AS	Amtliche Sammlung des Bundesrechts
ASA	Archiv für Schweizerisches Abgaberecht (Bern)
ASR	Abhandlungen zum Schweizerischen Recht (Bern)
aSchKG	alte Fassung des SchKG
aStGB	alte Fassung des StGB
Asyl	Schweizerische Zeitschrift für Asylrecht und -praxis (Zürich)
AsylG	Asylgesetz vom 26.6.1998 (SR 142.31)
AT	Allgemeiner Teil
ATSG	Bundesgesetz über den Allgemeinen Teil des Sozialversicherungsrechts vom 6.10.2000 (SR 830.1)
Aufl.	Auflage
AufRBGer	Reglement des Bundesgerichts vom 11.9.2006 betreffend die Aufsicht über das Bundesstrafgericht und das Bundesverwaltungsgericht (Aufsichtsreglement des Bundesgerichts; SR 173.110.32)
AuG	Bundesgesetz über die Ausländerinnen und Ausländer vom 16.12.2005, BBl 2005 7365
AVIG	Bundesgesetz über die obligatorische Arbeitslosenversicherung und die Insolvenzentschädigung vom 25.6.1982 (Arbeitslosenversicherungsgesetz, SR 837.0)
AZG	Bundesgesetz über die Arbeit in Unternehmen des öffentlichen Verkehrs vom 8.10.1971 (Arbeitszeitgesetz, SR 822.21)
aZG	alte Fassung des Zollgesetzes
aZGB	alte Fassung des ZGB
BA	Bundesamt
BAG	Bundesamt für Gesundheit, www.bag.admin.ch
BankG	Bundesgesetz über die Banken und Sparkassen vom 8.11.1934 (Bankengesetz, SR 952.0)
BAP	Bundesamt für Polizei (Fedpol), www.fedpol.admin.ch
BB	Bundesbeschluss
BBG	Bundesgesetz vom 13.12.2002 über die Berufsbildung (Berufsbildungsgesetz, SR 412.10)
BBl	Bundesblatt der Schweizerischen Eidgenossenschaft (Bern), www.admin.ch
BBL	Bundesamt für Bauten und Logistik (früher: Eidgenössische Druckmittel- und Materialzentrale EDMZ), www.bbl.admin.ch
Bd., Bde.	Band, Bände

BdBSt	Bundesratsbeschluss über die Erhebung einer direkten Bundessteuer vom 9.12.1940 (aufgehoben durch DBG per 1.1.1995)
BE	Kanton Bern
BEHG	Bundesgesetz über die Börsen und den Effektenhandel vom 24.3.1995 (Börsengesetz, SR 954.1)
Bem.	Bemerkung
Beobachter	Beobachter (Zürich), www.beobachter.ch
Bericht BJ an RK-N 2004	Bericht zu den Normvorschlägen der Arbeitsgruppe Bundesgerichtsgesetz vom 16.3.2004. Bericht des Bundesamtes für Justiz zuhanden der Rechtskommission des Nationalrats vom 18.3.2004 sowie Vorschläge des EJPD vom 18.3.2004, Änderungen im Vergleich zur Fassung des Ständerates vom 23.9.2003 (13 ff.)
Bericht RK-S 2006	Parlamentarische Initiative. Anzahl Richter am Bundesgericht. Verordnung der Bundesversammlung. Bericht der Kommission für Rechtsfragen des Ständerates vom 21.2.2006 (BBl 2006 3475)
Bespr.	Besprechung
BetmG	Bundesgesetz über die Betäubungsmittel und die psychotropen Stoffe vom 3.10.1951 (Betäubungsmittelgesetz, SR 812.121)
betr.	betreffend
BewG	Bundesgesetz über den Erwerb von Grundstücken durch Personen im Ausland vom 16.12.1983 (SR 211.412.41)
BezGer	Bezirksgericht
Bf.	Beschwerdeführer
BFM	Bundesamt für Migration, www.bfm.admin.ch
BFS	Bundesamt für Statistik, www.bfs.admin.ch
BG	Bundesgesetz
BGBM	Bundesgesetz vom 6.10.1995 über den Binnenmarkt (Binnenmarktgesetz, SR 943.02)
BGE	Entscheidungen des Schweizerischen Bundesgerichts (Lausanne)
BGer	Bundesgericht, www.bger.ch
BGerR	Reglement für das Bundesgericht vom 20.11.2006 (SR 173.110.131)
BGFA	Bundesgesetz über die Freizügigkeit der Anwältinnen und Anwälte vom 23.6.2000 (Anwaltsgesetz, SR 935.61)
BGG	Bundesgesetz über das Bundesgericht vom 17.6.2005 (Bundesgerichtsgesetz, SR 173.110), s. auch OG
BGH	deutscher Bundesgerichtshof
BGÖ	Bundesgesetz vom 17.12.2004 über das Öffentlichkeitsprinzip der Verwaltung (Öffentlichkeitsgesetz, SR 152.3)
BIGA	ehemals Bundesamt für Industrie, Gewerbe und Arbeit (heute: seco)
BiZ	Beschwerde in Zivilsachen

Abkürzungsverzeichnis

BJ	Bundesamt für Justiz, www.bj.admin.ch
BJM	Basler Juristische Mitteilungen (Basel)
BK	Berner Kommentar
BL	Kanton Basel-Landschaft
BlSchK	Blätter für Schuldbetreibung und Konkurs (Wädenswil)
BoeB	Bundesgesetz vom 16.12.1994 über das öffentliche Beschaffungswesen (SR 172.056.1)
BörA	Beschwerde in öffentlich-rechtlichen Angelegenheiten
Botschaft 1996	Botschaft über eine neue Bundesverfassung vom 20.11.1996 (BBl 1997 I 1)
Botschaft 2001	Botschaft des Bundesrates zur Totalrevision der Bundesrechtspflege vom 28.2.2001 (BBl 2001 4202)
Botschaft 2006	Botschaft des Bundesrates zum Bundesgesetz über die Bereinigung und Aktualisierung der Totalrevision der Bundesrechtspflege vom 1.3.2006 (BBl 2006 3067)
Botschaft 2006b	Botschaft über die Einführung der allgemeinen Volksinitiative und über weitere Änderungen der Bundesgesetzgebung über die politischen Rechte, vom 31.5.2006 (BBl 2006 5261)
BPG	Bundespersonalgesetz vom 24.3.2000 (SR 172.220.1)
BPR	Bundesgesetz vom 17.12.1976 über die politischen Rechte (SR 161.1)
BN	Der Bernische Notar (Bern)
BR	Bundesrat/Baurecht (Freiburg)
BRB	Bundesratsbeschluss
BS	Kanton Basel-Stadt/Bereinigte Sammlung der Bundesgesetze und Verordnungen 1848–1947
BSG	Bundesgesetz über die Binnenschifffahrt vom 3.10.1975 (SR 747.201)
BSK	Basler Kommentar
Bst.	Buchstabe
BstatG	Bundesstatistikgesetz vom 9.10.1992 (SR 431.01)
BstGer	Bundesstrafgericht, www.bstger.ch
BStP	Bundesgesetz über die Bundesstrafrechtspflege vom 15.6.1934 (SR 312.0)
BSV	Bundesamt für Sozialversicherung, www.bsv.admin.ch
BT	Besonderer Teil
BtG	Beamtengesetz vom 30.6.1927 (SR 172.221.10)
BTJP	Berner Tage für die juristische Praxis (Bern)
BüG	Bundesgesetz über Erwerb und Verlust des Schweizer Bürgerrechts vom 29.9.1952 (Bürgerrechtsgesetz, SR 141.0)
BÜPF	Bundesgesetz betreffend die Überwachung des Post- und Fernmeldeverkehrs vom 6.10.2000 (SR 780.1)
BUR	Betriebs- und Unternehmensregister
BUWAL	Bundesamt für Umwelt, Wald und Landschaft, www.buwal.ch

BV	Bundesverfassung der Schweizerischen Eidgenossenschaft vom 18.4.1999 (SR 101)
BV 2000	Bundesverfassung: Stand gemäss Bundesbeschluss vom 8.10.1999 über die Reform der Justiz (BBl 1999 8633, AS 2002 3148)
BVE	Bundesgesetz über die verdeckte Ermittlung vom 20.6.2003 (SR 312.8)
BVerfG	Bundesverfassungsgericht (Deutschland)
BVerfGE	Entscheidungen des (deutschen) Bundesverfassungsgerichts (Tübingen)
BverfGG	Gesetz über das Bundesverfassungsgericht vom 11.8.1993 (Deutschland)
BVers	Bundesversammlung
BVET	Bundesamt für Veterinärwesen, www.bvet.admin.ch
BVG	Bundesgesetz über die berufliche Alters-, Hinterlassenen- und Invalidenvorsorge vom 25.6.1982 (SR 831.40)
B-VG	Bundes-Verfassungsgesetz vom 18.10.1977 (Österreich)
BVGE	Entscheide des Schweizerischen Bundesverwaltungsgerichts
BVGer	Bundesverwaltungsgericht
BVK	Kommentar zur Bundesverfassung der Schweizerischen Eidgenossenschaft vom 29.5.1874
BVO	Verordnung vom 6.10.1986 über die Begrenzung der Zahl der Ausländer (SR 823.21)
BWIS	Bundesgesetz über Massnahmen zur Wahrung der inneren Sicherheit vom 21.3.1997 (SR 120)
BZG	Bundesgesetz über den Bevölkerungsschutz und den Zivilschutz vom 4.10.2002 (Bevölkerungs- und Zivilschutzgesetz, SR 520.1)
bzgl.	bezüglich
BZP	Bundesgesetz über den Bundeszivilprozess vom 4.12.1947 (SR 273)
bzw.	beziehungsweise
c.	contra
cass.	cassation
CC	Code civil, Codice civile
ChemG	Bundesgesetz über den Schutz vor gefährlichen Stoffen und Zubereitungen vom 15.12.2000 (Chemikaliengesetz, SR 813.1)
CHF	Schweizer Franken
CIM	computer input on mircrofilm
COM	computer output on microfilm/Dokumente der Europäischen Kommission
Corte cass.	Corte di cassazione e di revisione penale
CP	Code pénal, Codice penale
CPP	Code de Procédure Pénale, Codice di Procedura Penale
CR	Computer und Recht (München)

Abkürzungsverzeichnis

d.h.	das heisst
DBG	Bundesgesetz über die direkte Bundessteuer vom 14.12.1990 (SR 642.11)
DEP	Le droit de l'environnement dans la pratique (Zürich)
DesG	Bundesgesetz über den Schutz von Design vom 5.10.2001 (Designgesetz, SR 232.12)
dgl.	dergleichen
DIP	document image processing
Diss.	Dissertation
DJT	Deutscher Juristentag, www.djt.de
DJZ	Deutsche Juristenzeitung (Tübingen)
DR	Décisions et Rapports de la Commission européenne des droits de l'homme (Strassburg)
DRiZ	Deutsche Richterzeitung (Köln)
DS	Droit social (Paris)
DSG	Bundesgesetz über den Datenschutz vom 19.6.1992 (SR 235.1)
E	Entwurf
E.	Erwägung
E ExpKomm	Entwurf für das Bundesgesetz über das Bundesgericht vom Juni 1997 durch die Expertenkommission für die Total-revision der Bundesrechtspflege
E 2001	Entwurf Bundesgesetz über das Bundesgericht (Bundes-gerichtsgesetz, BGG) (BBl 2001 4480)
E 2006	Entwurf Verordnung der Bundesversammlung über die Richterstellen am Bundesgericht (BBl 2006 3501)
EAUe	Europäisches Auslieferungs-Übereinkommen vom 13.12.1957 (SR 0.353.1)
EBG	Eisenbahngesetz vom 20.12.1957 (SR 742.101)
EBK	Eidgenössische Bankenkommission
EBK Bull.	Bulletin der Eidgenössischen Bankenkommission (Bern)
EDA	Eidgenössisches Departement für auswärtige Angelegen-heiten
EDI	Eidgenössisches Departement des Innern, www.edi.admin.ch
EDMZ	ehemals Eidgenössische Druckmittel- und Materialzentrale (heute: BBL, Bundesamt für Bauten und Logistik)
EDSB	Eidgenössischer Datenschutzbeauftragter
EFD	Eidgenössisches Finanzdepartement, www.efd.admin.ch
EFTA	Europäische Freihandelsassoziation (European Free Trade Association)
EG	Einführungsgesetz/Europäische Gemeinschaften
EGMR	Europäischer Gerichtshof für Menschenrechte
EGMR-RJD	European Court of Human Rights – Reports of judgments and decisions (Recueil des arrêts et décisions) (Köln u.a.)

EGV	Vertrag zur Gründung der Europäischen Gemeinschaft vom 25.3.1957
EJPD	Eidgenössisches Justiz- und Polizeidepartement, www.ejpd.admin.ch
EKMR	Europäische Kommission für Menschenrechte
EleG	Bundesgesetz betreffend die elektrischen Schwach- und Starkstromanlagen vom 24.6.1902 (Elektrizitätsgesetz, SR 734.0)
ELG	Bundesgesetz über Ergänzungsleistungen zur Alters-, Hinterlassenen- und Invalidenversicherung vom 19.3.1965 (SR 831.30)
EmbG	Bundesgesetz über die Durchsetzung von internationalen Sanktionen vom 22.3.2002 (Embargogesetz, SR 946.231)
EMKG	Bundesgesetz über die Kontrolle des Verkehrs mit Edelmetallen und Edelmetallwaren vom 20.6.1933 (Edelmetallkontrollgesetz, SR 941.31)
EMPA	Eidgenössische Materialprüfungs- und Forschungsanstalt, www.empa.ch
EMRK	(Europäische) Konvention zum Schutze der Menschenrechte und Grundfreiheiten vom 4.11.1950 (SR 0.101)
EnG	Energiegesetz vom 26.6.1998 (SR 730.0)
EntG	Bundesgesetz über die Enteignung vom 20.6.1930 (SR 711)
EOG	Bundesgesetz über den Erwerbsersatz für Dienstleistende und bei Mutterschaft vom 25.9.1952 (Erwerbsersatzgesetz, SR 834.1)
EpG	Bundesgesetz über die Bekämpfung übertragbarer Krankheiten des Menschen – Epidemiengesetz vom 18.12.1970 (SR 818.101)
Erg.	Ergänzung(en)
erg.Lfg	Ergänzungslieferung
Erl.	Erläuterungen
ESBK	Eidgenössische Spielbankenkommission
et al.	et alii (= und weitere)
etc.	et cetera
ETH	Eidgenössische Technische Hochschule(n)
ETK	Europäisches Übereinkommen zur Bekämpfung des Terrorismus vom 27.1.1977 (SR 0.353.3)
ETS	European Treaty Series (Sammlung der Verträge des Europarates) (Strassburg)
EU	Europäische Union
EUeR	Europäisches Übereinkommen über die Rechtshilfe in Strafsachen vom 20.4.1959 (SR 0.351.1)
EuGH	Gerichtshof der Europäischen Gemeinschaften, Luxemburg
EuGRZ	Europäische Grundrechte-Zeitschrift (Strassburg; Kehl a. Rhein)

Abkürzungsverzeichnis

EuZW	Europäische Zeitschrift für Wirtschaftsrecht (Frankfurt a.M.), www.euzw.de
ev.	eventuell
EVG	Eidgenössisches Versicherungsgericht
EVGE	Entscheidungen des Eidgenössischen Versicherungsgerichts
EVGR	Reglement vom 16.11.1999 für das Eidgenössische Versicherungsgericht (Sozialversicherungsabteilung des Bundesgerichts), AS 1999 3019 (altrechlich)
EWG	Europäische Wirtschaftsgemeinschaft
ExpK	Expertenkommission
f., ff.	folgende, fortfolgende
Fedpol	Bundesamt für Polizei, www.fedpol.admin.ch
FHSG	Bundesgesetz über die Fachhochschulen vom 6.10.1995 (Fachhochschulgesetz, SR 414.71)
FiaZ	Fahren in angetrunkenem Zustand
FLG	Bundesgesetz über die Familienzulagen in der Landwirtschaft vom 20.6.1952 (SR 836.1)
FMedG	Bundesgesetz über die medizinisch unterstützte Fortpflanzung vom 18.12.1998 (Fortpflanzungsmedizingesetz, SR 814.90)
FMG	Fernmeldegesetz vom 30.4.1997 (SR 784.10)
FN	Fussnote
FR	Kanton Freiburg
Fr.	Schweizer Franken
FS	Festschrift
FSA	Fédération suisse des avocats
FZA	Abkommen vom 21.6.1999 zwischen der Schweizerischen Eidgenossenschaft einerseits und der Europäischen Gemeinschaft und ihren Mitgliedstaaten andererseits über die Freizügigkeit (SR 0.142.112.681)
FZR	Freiburger Zeitschrift für Rechtsprechung
GarG	Bundesgesetz über die politischen und polizeilichen Garantien zugunsten der Eidgenossenschaft vom 26.3.1934 (Garantiegesetz, SR 170.21) (aufgehoben durch ParlG per 1.1.2003)
GE	Kanton Genf
gem.	gemäss
GeschwGer	Geschworenengericht
GestG	Bundesgesetz vom 24.3.2000 über den Gerichtsstand in Zivilsachen (Gerichtsstandsgesetz, SR 272)
GetreideG	Bundesgesetz über die Brotgetreideversorgung des Landes (SR 916.111.0) (aufgehoben per 30.6.2001)
ggf.	gegebenenfalls
GKG	Bundesgesetz über die Kontrolle zivil und militärisch verwendbarer Güter sowie besonderer militärischer Güter vom 13.12.1996 (Güterkontrollgesetz, SR 946.202)

GL	Kanton Glarus/Geschäftsleitung
gl.M.	gleicher Meinung
GlG	Bundesgesetz über die Gleichstellung von Frau und Mann vom 24.3.1995 (Gleichstellungsgesetz, SR 151.1)
GmbH	Gesellschaft mit beschränkter Haftung
GPA	Übereinkommen vom 15.4.1994 über das öffentliche Beschaffungswesen (Government Procurement Agreement, SR 0.632.231.422)
GR	Kanton Graubünden
GRN	Geschäftsreglement des Nationalrates vom 3.10.2003 (SR 171.13)
GS	Gedächtnisschrift
GSchG	Bundesgesetz über den Schutz der Gewässer vom 24.1.1991 (Gewässerschutzgesetz, SR 814.20)
GTG	Bundesgesetz vom 21.3.2003 über die Gentechnik im Ausserhumanbereich (Gentechnikgesetz, SR 814.91)
GwG	Bundesgesetz zur Bekämpfung der Geldwäscherei im Finanzsektor vom 10.10.1997 (Geldwäschereigesetz, SR 955.0)
H.	Heft
h.A.	herrschende Ansicht
h.L.	herrschende Lehre
h.M.	herrschende Meinung
Habil.	Habilitationsschrift
HArG	Bundesgesetz über die Heimarbeit vom 20.3.1981 (Heimarbeitsgesetz, SR 822.31)
Hinw.	Hinweise
HIV	«human immunodeficiency virus»
HRLJ	Human Rights Law Journal (Kehl/Strassburg/Arlington)
HMG	Bundesgesetz über Arzneimittel und Medizinprodukte vom 15.12.2000 (Heilmittelgesetz, SR 812.21)
Hreg	Handelsregister
Hrsg.	Herausgeber
H.v.Verf.	Hervorhebung vom Verfasser
i.c.	in casu
ICC	International Criminal Court (Internationaler Strafgerichtshof)
i.d.R.	in der Regel
i.E.	im Ergebnis
i.e.S.	im engeren Sinne
insb.	insbesondere
i.S.	in Sachen/im Sinne
i.S.v.	im Sinne von
i.V.m.	in Verbindung mit
i.w.S.	im weiteren Sinne

Abkürzungsverzeichnis

IHG	Bundesgesetz über Investitionshilfe für Berggebiete vom 21.3.1997 (SR 901.1)
IKS	Interkantonale Kontrollstelle für Heilmittel
Ingr.	Ingress
inkl.	inklusive
insb.	insbesondere
IPRG	Bundesgesetz über das Internationale Privatrecht vom 18.12.1987 (SR 291)
IRSG	Bundesgesetz über internationale Rechtshilfe in Strafsachen vom 20.3.1981 (Rechtshilfegesetz, SR 351.1)
IRSS	Internationale Revue für soziale Sicherheit (Genf u.a.)
IV	Invalidenversicherung
IVG	Bundesgesetz über die Invalidenversicherung vom 19.6.1959 (SR 831.20)
JA	Juristische Arbeitsblätter (Berlin)
JdT	Journal des Tribunaux (Lausanne)
Jger	Jugendgericht
JHG-ZH	Gesetz über die Jugendhilfe (Jugendhilfegesetz) des Kantons Zürich vom 14.6.1981 (LS ZH 852.1)
JR	Juristische Rundschau (Berlin)
JSG	Bundesgesetz über die Jagd und den Schutz wildlebender Säugetiere und Vögel vom 20.6.1986 (Jagdgesetz, SR 922.0)
JStG	Bundesgesetz über das Jugendstrafrecht vom 20.6.2003 (Jugendstrafgesetz, SR 311.1)
JU	Kanton Jura
Jura	Juristische Ausbildung (Berlin/New York)
JuS	Juristische Schulung (München u.a.)
Jusletter	Jusletter. Juristische Internetzeitschrift, www.weblaw.ch/jusletter
JW	Juristische Wochenschrift (Berlin)
JZ	Juristen Zeitung (Tübingen)
KAG	Kommanditaktiengesellschaft
kant.	kantonal
Kap.	Kapitel
KassGer	Kassationsgericht/Cour de Cassation
KassH	Kassationshof
KEG	Kernenergiegesetz vom 21.3.2003 (SR 732.1)
KEV	Kernenergieverordnung vom 10.12.2004 (SR 732.11)
Kfz.	Kraftfahrzeug
KG	Bundesgesetz über Kartelle und andere Wettbewerbsbeschränkungen vom 6.10.1995 (Kartellgesetz, SR 251)
Kger	Kantonsgericht
KHG	Kernenergiehaftpflichtgesetz vom 18.3.1983 (SR 732.44)

KIG	Bundesgesetz über die Information der Konsumentinnen und Konsumenten vom 5.10.1990 (Konsumenteninformationsgesetz, SR 944.0)
KIGA	Kantonales Industrie-, Gewerbe- und Arbeitsamt
KKG	Bundesgesetz vom 23.3.2001 über den Konsumkredit (Konsumkreditgesetz, SR 221.214.1)
KMG	Bundesgesetz über das Kriegsmaterial vom 13.12.1996 (Kriegsmaterialgesetz, SR 514.51)
KMU	Kleine und mittlere Unternehmen
Konk.	Konkordat
Krim	Kriminalistik. Unabhängige Zeitschrift für die kriminalistische Wissenschaft und Praxis (Berlin), www.kriminalstatistik.de
KrimBull	Kriminologisches Bulletin (Lausanne)
KrimGer	Kriminalgericht
KrimJ	Kriminologisches Journal (Weinheim u.a.)
krit.	kritisch
KritV	Kritische Vierteljahresschrift für Gesetzgebung und Rechtswissenschaft (München)
KSK	KSK aktuell. Organ des Konkordats der Schweizerischen Krankenkassen (Solothurn; bis 1994: SKZ)
KV	Kantonsverfassung
KVG	Bundesgesetz über die Krankenversicherung vom 18.3.1994 (SR 832.10)
LBG	Bundesgesetz über das Luftfahrzeugbuch vom 7.10.1959 (SR 748.217.1)
LFG	Bundesgesetz über die Luftfahrt vom 21.12.1948 (Luftfahrtgesetz, SR 748.0)
LG	Bundesgesetz betreffend die Lotterien und die gewerbsmässigen Wetten vom 8.6.1923 (SR 935.51)/Landesgericht
LH	Lehrheft
lit.	litera
LMG	Bundesgesetz über Lebensmittel und Gebrauchsgegenstände vom 9.10.1992 (Lebensmittelgesetz, SR 817.0)
LPG	Bundesgesetz über die landwirtschaftliche Pacht vom 4.10.1985 (SR 221.213.2)
LTF	Loi sur le Tribunal fédéral du 17.6.2005 (Loi tribunal fédéral, SR 173.110), s. auch BGG, OG
LU	Kanton Luzern
LugÜ	Übereinkommen vom 16.9.1988 über die gerichtliche Zuständigkeit und die Vollstreckung gerichtlicher Entscheidungen in Zivil- und Handelssachen (Lugano-Übereinkommen, LugÜ, SR 0.275.11)
LVG	Bundesgesetz über die wirtschaftliche Landesversorgung vom 8.10.1982 (Landesversorgungsgesetz, SR 531)
LwG	Bundesgesetz über die Landwirtschaft vom 29.4.1998 (Landwirtschaftsgesetz, SR 910.1)

Abkürzungsverzeichnis

m.a.W.	mit anderen Worten
m.Anm.	mit Anmerkung(en)
m.E.	meines Erachtens
MG	Bundesgesetz vom 3.2.1995 über die Armee und die Militärverwaltung (Militärgesetz, SR 510.10)
m.Hinw.	mit Hinweisen
m.N., m.w.N.	mit Nachweisen, mit weiteren Nachweisen
m.W.	meines Wissens
Medialex	Zeitschrift für Kommunikationsrecht (Bern), www.medialex.ch
MinöStG	Mineralölsteuergesetz vom 21.6.1996 (SR 641.61)
Mio.	Million(en)
MKGE	Entscheidungen des Militärkassationsgerichts
MMG	Bundesgesetz vom 30.3.1900 betreffend die gewerblichen Muster und Modelle (SR 232.12)
MSchG	Bundesgesetz über den Schutz von Marken und Herkunftsangaben vom 28.8.1992 (Markenschutzgesetz, SR 232.11)
MStG	Militärstrafgesetz vom 13.6.1927 (SR 321.0)
MStP	Militärstrafprozess vom 23.3.1979 (SR 322.1)
MVG	Bundesgesetz vom 19.6.1992 über die Militärversicherung (SR 833.1)
MWSTG	Bundesgesetz über die Mehrwertsteuer vom 2.9.1999 (SR 641.20)
N	Note, Randziffer/Nationalrat
n.F.	neue Fassung
NBG	Bundesgesetz über die Schweizerische Nationalbank vom 3.10.2003 (Nationalbankgesetz, SR 951.11)
NE	Kanton Neuenburg
NF	neue Folge
NHG	Bundesgesetz über den Natur- und Heimatschutz vom 1.7.1966 (SR 451)
NJW	Neue Juristische Wochenschrift (München/Frankfurt a.M.)
No.	Numéro
Nr.	Nummer
NW	Kanton Nidwalden
NZB	Nationales Zentralbüro
NZZ	Neue Zürcher Zeitung (Zürich)
o.ä.	oder ähnlich(e)
OBG	Bundesgesetz vom 24.6.1970 über Ordnungsbussen im Strassenverkehr (SR 741.03)
OECD	Organization for Economic Co-operation and Developement (Organisation für wirtschaftliche Zusammenarbeit und Entwicklung)
öff.-rechtl.	öffentlich-rechtlich

OG	Bundesgesetz über die Organisation der Bundesrechtspflege vom 16.12.1943 (Bundesrechtspflegegesetz, SR 173.110), s. auch BGG (Nachfolgegesetz)
OGer	Obergericht
OGH	Oberster Gerichtshof (Österreich)
OHG	Bundesgesetz über die Hilfe an Opfer von Straftaten vom 4.10.1991 (Opferhilfegesetz, SR 312.5)
o.J.	ohne Jahresangabe
ÖJZ	Österreichische Juristen-Zeitung (Wien)
OLG	Oberlandesgericht
o.O.	ohne Ortsangabe
OR	Bundesgesetz betreffend die Ergänzung des Schweizerischen Zivilgesetzbuches (Fünfter Teil: Obligationenrecht) vom 30.3.1911 (SR 220)
ÖRA	Öffentlich-rechtliche Abteilung
OW	Kanton Obwalden
Par.	Paragraph
ParlG	Bundesgesetz über die Bundesversammlung vom 13.12.2002 (Parlamentsgesetz, SR 171.10)
ParlVV	Verordnung der Bundesversammlung vom 3.10.2003 zum Parlamentsgesetz und über die Parlamentsverwaltung (Parlamentsverwaltungsverordnung, SR 171.115)
PatG	Bundesgesetz über die Erfindungspatente vom 25.6.1954 (Patentgesetz, SR 232.14)
PfG	Pfandbriefgesetz vom 25.6.1930 (SR 211.423.4)
PG	Postgesetz vom 30.4.1997 (SR 783.0)
plädoyer	plädoyer. Magazin für Recht und Politik (Zürich)
PMMBl	Schweizerisches Patent-, Muster- und Markenblatt (Bern)
Pra	Die Praxis des Bundesgerichts (Basel)
PüG	Preisüberwachungsgesetz vom 20.12.1985 (SR 942.20)
PUK	Parlamentarische Untersuchungskommission
PVBGer	Personalverordnung des Bundesgerichts vom 27.8.2001 (SR 172.220.114)
R	Reglement
RAG	Bundesgesetz über die Zulassung und Beaufsichtigung der Revisorinnen und Revisoren vom 16.12.2005 (Revisionsaufsichtsgesetz, SR 935.71)
RandT	Randtitel
RDAF	Revue de droit administratif et de droit fiscal et Revue genévoise de droit public (Lausanne/Genf)
RDAT	Rivista di Diritto Amministrativo e tributaria ticinese (Bellinzona)
RDK	Internationales Übereinkommen zur Beseitigung jeder Form von Rassendiskriminierung vom 21.12.1965 (SR 0.104)

Abkürzungsverzeichnis

Rec.	Recueil de décisions de la Commission européenne des Droits de l'Homme (Strassburg)
recht	recht. Zeitschrift für juristische Ausbildung und Praxis (Bern)
Regionalpolitikgesetz	Bundesgesetz über Regionalpolitik vom 6.10.2006 (SR 901.0)
RegR	Regierungsrat
RekK	Rekurskommission
Rep	Repertorio di Giurisprudenza Patria (Bellinzona)
Reprax	Zeitschrift zur Handelsregisterpraxis (Zürich)
ReRBGer	Reglement des Bundesgerichts vom 5.12.2006 über den elektronischen Rechtsverkehr mit Parteien und Vorinstanzen (SR 173.110.29)
resp.	respektive
rev.	revidiert
RH	Rechtshilfe in Strafsachen
RIPOL	système de recherche informatisé de police: vom BAP geführtes automatisiertes Fahndungssystem
RK-N	Rechtskommission des Nationalrates
RKUV	Kranken- und Unfallversicherung: Rechtsprechung und Verwaltungspraxis (Bern)
RLG	Bundesgesetz über Rohrleitungsanlagen zur Beförderung flüssiger oder gasförmiger Brenn- oder Treibstoffe vom 4.10.1963 (Rohrleitungsgesetz, SR 746.1)
RS	Rechtsprechung in Strafsachen (Bern)
RSCP	Revue suisse de procédure civile (Basel)
RSKV	Krankenversicherung. Rechtsprechung und Verwaltungspraxis (Bern)
Rspr.	Rechtsprechung
RTVG	Bundesgesetz über Radio und Fernsehen vom 24.3.2006 (SR 784.40)
RUDH	Revue universelle des droits de l'homme (Kehl/Strassburg u.a.)
RVOG	Regierungs- und Verwaltungsorganisationsgesetz vom 21.3.1997 (SR 172.010)
Rz	Randziffer(n)
S	Ständerat
s.	siehe
s.a.	siehe auch
SA/BH	Schutzaufsicht/Bewährungshilfe
SAeZ	Schweizerische Ärztezeitung (Bern)
SAG	Schweizerische Aktiengesellschaft (Zürich; ab 1990: SZW)
SAMW	Schweizerische Akademie der medizinischen Wissenschaften
Schlussbericht 1997	Schlussbericht der Expertenkommission für die Totalrevision der Bundesrechtspflege an das Eidgenössische Justiz- und Polizeidepartement vom Juni 1997

SBG	Bundesgesetz über Glücksspiele und Spielbanken vom 18.12.1998 (Spielbankengesetz, SR 935.52)
SchK	Schuldbetreibungs- und Konkurskammer
SchKG	Bundesgesetz über Schuldbetreibung und Konkurs vom 11.4.1889 (SR 281.1)
SchlBest.	Schlussbestimmungen
SchlT	Schlusstitel
SDÜ	Übereinkommen zwischen den Regierungen der Staaten der Benelux-Wirtschaftsunion, der Bundesrepublik Deutschland und der Französischen Republik betreffend den schrittweisen Abbau der Grenzkontrollen an den gemeinsamen Grenzen vom 14.6.1985 (Schengener Durchführungsübereinkommen)
SEC	U.S. Securities and Exchange Commission
seco	Staatssekretariat für Wirtschaft, (ehemals BIGA), www.seco.admin.ch
sent.	sententiae
SFA/ISPA	Schweizerische Fachstelle für Alkohol- und andere Drogenprobleme, www.sfa-ispa.ch
SG	Kanton St. Gallen
SGG	Bundesgesetz über das Bundesstrafgericht vom 4.10.2002 (Strafgerichtsgesetz, SR 173.71)
SGK	St. Galler Kommentar
SH	Kanton Schaffhausen
sic!	Zeitschrift für Immaterialgüter-, Informations- und Wettbewerbsrecht (Zürich; bis 1997: SMGRU und SMI)
SJ	La Semaine Judiciaire (Genf)
SJIR	Schweizerisches Jahrbuch für Internationales Recht (Zürich)
SJK	Schweizerische Juristische Kartothek (Genf)
SJV	Schweizerisches Juristenverein
SJZ	Schweizerische Juristen-Zeitung (Zürich)
SKZ	Schweizerische Krankenkassenzeitung (Solothurn; seit 1994: KSK)
SMGRU	Schweizerische Mitteilungen über gewerblichen Rechtsschutz und Urheberrecht (Zürich; ab 1997: sic!)
SMI	Schweizerische Mitteilungen über Immaterialgüterrecht (Zürich, ab 1997: sic!)
SNB	Schweizerische Nationalbank
SO	Kanton Solothurn
sog.	sogenannt
SprstG	Bundesgesetz über explosionsgefährliche Stoffe vom 25.3.1977 (Sprengstoffgesetz, SR 941.41)
SPV	Schweizer Personalvorsorge (Cham)
SR	Systematische Sammlung des Bundesrechts, www.admin.ch/ch/d/sr/sr.html

Abkürzungsverzeichnis

SRA	sozialrechtliche Abteilung
SRG	Schweizerische Radio- und Fernsehgesellschaft
SSG	Bundesgesetz über die Seeschifffahrt unter der Schweizer Flagge vom 23.9.1953 (Seeschifffahrtsgesetz, SR 747.30)
ST	Der Schweizer Treuhänder (Zürich)
StA	Staatsanwaltschaft, strafrechtliche Abteilung
StE	Der Steuerentscheid, Sammlung aktueller steuerrechtlicher Entscheidungen (Basel)
Stellungnahme 2001	Stellungnahme des Bundesgerichts vom 23.2.2001 zur Botschaft zur Totalrevision der Bundesrechtspflege und zu den Entwürfen des Bundesgerichtsgesetzes, des Strafgerichtsgesetzes und des Verwaltungsgerichtsgesetzes und Stellungnahme des Eidgenössischen Versicherungsgerichts vom 22.12.2000 zum Entwurf des Bundesgerichtsgesetzes und zum Botschaftsentwurf zur Totalrevision der Bundesrechtspflege (BBl 2001 5890)
Stellungnahme 2006a	Stellungnahme des Bundesgerichts zum Entwurf für die Botschaft und ein Bundesgesetz über die Bereinigung und Aktualisierung der Totalrevision der Bundesrechtspflege vom 10.2.2006 (BBl 2006 3085)
Stellungnahme 2006b	Parlamentarische Initiative. Anzahl Richter am Bundesgericht. Verordnung der Bundesversammlung. Bericht der Kommission für Rechtsfragen des Ständerates. Stellungnahme des Bundesgerichts und des Eidgenössischen Versicherungsgerichts vom 9.3.2006 (BBl 2006 3511)
Stellungnahme BR 2006	Parlamentarische Initiative. Anzahl Richter am Bundesgericht. Verordnung der Bundesversammlung. Bericht vom 21.2.2006 der Kommission für Rechtsfragen des Ständerates. Stellungnahme des Bundesrates vom 17.3.2006 (BBl 2006 3503)
Sten.Bull.	Stenographisches Bulletin (ab 1967: Amtl.Bull.)
StFG	Bundesgesetz über die Forschung an embryonalen Stammzellen vom 19.12.2003 (Stammzellenforschungsgesetz, SR 810.31)
StG	Bundesgesetz über die Stempelabgaben vom 27.6.1973 (SR 641.10)
StGB	Strafgesetzbuch/Schweizerisches Strafgesetzbuch vom 21.12.1937 (SR 311.0)
StHG	Bundesgesetz über die Harmonisierung der direkten Steuern der Kantone und Gemeinden vom 14.12.1990 (SR 642.14)
StPO	Strafprozessordnung
StR	Steuer Revue (Bern)
StrafGer	Strafgericht
Strk.	Strafkammer
StV	Strafverteidiger
SuG	Bundesgesetz über Finanzhilfen und Abgeltungen vom 5.10.1990 (Subventionsgesetz, SR 616.1)
summa jus	summa jus. Schweizer Rechtsbibliographie (Zürich)

Suppl.	Supplement/Ergänzungsband
SUVA	Schweizerische Unfallversicherungsanstalt
SVAG	Bundesgesetz über eine leistungsabhängige Schwerverkehrsabgabe vom 19.12.1997 (Schwerverkehrsabgabegesetz, SR 641.81)
SVG	Strassenverkehrsgesetz vom 19.12.1958 (SR 741.01)
SVZ	Schweizerische Versicherungs-Zeitschrift (Bern)
SZ	Kanton Schwyz
SZIER	Schweizerische Zeitschrift für internationales und europäisches Recht (Zürich)
SZS	Schweizerische Zeitschrift für Sozialversicherung und berufliche Vorsorge (Bern)
SZW	Schweizerische Zeitschrift für Wirtschaftsrecht (Zürich; bis 1989: SAG)
SZZP	Schweizerische Zeitschrift für Zivilprozessrecht
Teilbd.	Teilband
TEVG	Bundesgesetz über die Teilung eingezogener Vermögenswerte vom 19.3.2004 (SR 312.4)
TF	Tribunal fédéral
TG	Kanton Thurgau/Bundesgesetz über den Transport im öffentlichen Verkehr vom 4.10.1985 (Transportgesetz, SR 742.40)
TH	Therapieheim
THG	Bundesgesetz über die technischen Handelshemmnisse vom 6.10.1995 (SR 946.51)
TI	Kanton Tessin
ToG	Bundesgesetz über den Schutz von Topographien von Halbleitererzeugnissen vom 9.10.1992 (Topographiengesetz, SR 231.2)
TPG	Bundesgesetz vom 8.10.2004 über die Transplantation von Organen, Geweben und Zellen (Transplantationsgesetz, SR 810.21)
TrEx	Der Treuhandexperte (Basel)
TSchG	Tierschutzgesetz vom 9.3.1978 (SR 455)
TSG	Tierseuchengesetz vom 1.7.1966 (SR 916.40)
u.a.	unter anderem/und andere(s)
u.ä.	und ähnliche(s)
u.a.m.	und andere(s) mehr
u.E.	unseres Erachtens
u.U.	unter Umständen
UBI	unabhängige Beschwerdeinstanz
UeBest	Übergangsbestimmungen
UH	Untersuchungshaft
UN, UNO	Vereinte Nationen
UNO-KRK	Übereinkommen über die Rechte des Kindes vom 20.11.1989 (SR 0.107)

Abkürzungsverzeichnis

UNO-Pakt I	Internationaler Pakt über wirtschaftliche, soziale und kulturelle Rechte vom 16.12.1966 (Sozialpakt, SR 0.103.1)
UNO-Pakt II	Internationaler Pakt über bürgerliche und politische Rechte vom 16.12.1966 (SR 0.103.2)
unv.	unveröffentlicht
UR	Kanton Uri/Untersuchungsrichter
URG	Bundesgesetz über das Urheberrecht und verwandte Schutzrechte vom 9.10.1992 (Urheberrechtsgesetz, SR 231.1)
URP	Umweltrecht in der Praxis (Zürich)
USG	Bundesgesetz über den Umweltschutz vom 7.10.1983 (Umweltschutzgesetz, SR 814.01)
usw.	und so weiter
UVEK	Departement für Umwelt, Verkehr, Energie und Kommunikation
UVG	Bundesgesetz über die Unfallversicherung vom 20.3.1981 (SR 832.20)
UWG	Bundesgesetz gegen den unlauteren Wettbewerb vom 19.12.1986 (SR 241)
V	Verordnung
v.a.	vor allem
VAG	Bundesgesetz betreffend die Aufsicht über Versicherungsunternehmen vom 17.12.2004 (Versicherungsaufsichtsgesetz, SR 961.01)
VBS	Eidgenössisches Departement für Verteidigung, Bevölkerungsschutz und Sport, www.vbs.admin.ch
VD	Kanton Waadt
VE	Vorentwurf
VEB	Verwaltungsentscheide der Bundesbehörden (Bern; ab 1964: VPB)
VersR	Versicherungsrecht. Juristische Rundschau für die Individualversicherung (Karlsruhe)
VerwArch	Verwaltungsarchiv. Zeitschrift für Verwaltungslehre, Verwaltungsrecht und Verwaltungspolitik (Köln)
VerwGer	Verwaltungsgericht
VG	Bundesgesetz über die Verantwortlichkeit des Bundes sowie seiner Behördenmitglieder und Beamten vom 14.3.1958 (Verantwortlichkeitsgesetz, SR 170.32)
VGG	Bundesgesetz über das Bundesverwaltungsgericht vom 17.6.2005 (Verwaltungsgerichtsgesetz, SR 173.32)
vgl.	vergleiche
Vi	Vorinstanz
VoeB	Verordnung vom 11.12.1995 über das öffentliche Beschaffungswesen (SR 172.056.11)
vol.	volume = Band
Vorbem.	Vorbemerkung(en)

VPB	Verwaltungspraxis der Bundesbehörden (Bern; bis 1964: VEB)
VR	Verwaltungsrat
VS	Kanton Wallis
vs.	versus
VSA	Verband schweizerischer Abwasserfachleute
VSB	Vereinbarung über die Standesregeln zur Sorgfaltspflicht der Banken
VStG	Bundesgesetz über die Verrechnungssteuer vom 13.10.1965 (SR 642.21)
VStrR	Bundesgesetz vom 22.3.1974 über das Verwaltungsstrafrecht (SR 313.0)
VV	Vollziehungsverordnung/Vollzugsverordnung
VVG	Bundesgesetz über den Versicherungsvertrag vom 2.4.1908 (SR 221.229.1)
VWBG	Bundesgesetz über die Verbesserung der Wohnverhältnisse in Berggebieten vom 20.3.1970 (SR 844)
VwVG	Bundesgesetz über das Verwaltungsverfahren vom 20.12.1968 (SR 172.021)
WaG	Bundesgesetz über den Wald vom 4.10.1991 (Waldgesetz, SR 921.0)
WFG	Bundesgesetz über die Förderung von preisgünstigem Wohnraum vom 21.3.2003 (Wohnraumförderungsgesetz, SR 842)
WG	Bundesgesetz über Waffen, Waffenzubehör und Munition vom 20.6.1997 (Waffengesetz, SR 514.54)
WHO	World Health Organization
Wistra	Zeitschrift für Wirtschaft, Steuer, Stafrecht (Köln)
WPEG	Bundesgesetz über die Wehrpflichtersatzabgabe vom 12.6.1959 (SR 661)
WpHG	Wertpapierhandelsgesetz vom 26.7.1994 (Deutschland)
WSG	Wirtschaftsstrafgericht
WuR	Wirtschaft und Recht (Zürich)
WZG	Bundesgesetz über die Währung und die Zahlungsmittel vom 22.12.1999 (SR 941.10)
ZA	Zivilabteilung
z.B.	zum Beispiel
z.T.	zum Teil
ZBGR	Schweizerische Zeitschrift für Beurkundungs- und Grundbuchrecht (Wädenswil)
ZBJV	Zeitschrift des bernischen Juristenvereins (Bern)
ZBl	Schweizerisches Zentralblatt für Staats- und Verwaltungsrecht (Zürich)
ZDG	Bundesgesetz über den zivilen Ersatzdienst vom 6.10.1995 (Zivildienstgesetz, SR 824.0)
ZentG	Bundesgesetz über kriminalpolizeiliche Zentralstellen des Bundes vom 7.10.1994 (SR 360)

Abkürzungsverzeichnis

ZG	Kanton Zug/Zollgesetz vom 18.3.2005 (SR 631)
ZGB	Schweizerisches Zivilgesetzbuch vom 10.12.1907 (SR 210)
ZH	Kanton Zürich
Ziff.	Ziffer
ZISG	Bundesgesetz über die Zusammenarbeit mit dem Internationalen Strafgerichtshof vom 22.6.2001 (SR 351.6)
zit.	zitiert
ZöF	Zeitschrift für öffentliche Fürsorge (Zürich)
ZP	Zusatzprotokoll
ZPO	Zivilprozessordnung
ZR	Blätter für Zürcherische Rechtsprechung (Zürich)
ZRP	Zeitschrift für Rechtspolitik (München u.a.)
ZSR	Zeitschrift für Schweizerisches Recht (Basel)
ZStrR	Schweizerische Zeitschrift für Strafrecht (Bern)
ZStW	Zeitschrift für die gesamte Strafrechtswissenschaft (Berlin/ New York)
zutr.	zutreffend
ZVW	Zeitschrift für Vormundschaftswesen (Zürich)
z.Zt.	zur Zeit

Literaturverzeichnis

AEMISEGGER, EuGRZ 2006	Aemisegger Heinz, Zulässigkeitsanforderungen bei Individualrechtsbehelfen nach dem neuen Schweizerischen Bundesgerichtsgesetz, EuGRZ 2006, 500 ff.
AEMISEGGER, Anwaltsrevue 2006	Aemisegger Heinz, Die vier Rechtsmittel des neuen Bundesgerichtsgesetzes (BGG), Anwaltsrevue 9/2006, 419 ff.
ASPEKTE 2000	Aspekte der richterlichen Unabhängigkeit und Richter-(aus)wahl: Referate der Tagung des Verwaltungs- und Versicherungsgerichts des Kantons Basel-Landschaft vom 21.10.1998 anlässlich des 65. Geburtstages von Verwaltungsgerichtspräsident Armin Meyer in Münchenstein. Recht und Politik im Kanton Basel-Landschaft Bd. 18, Liestal 2000
AUBERT/MAHON, Commentaire	Jean-François Aubert/Pascal Mahon, Petit commentaire de la Constitution fédérale suisse du 18. avril 1999, Zürich/Basel/Genf 2003
AUBERT, Anwaltsrevue 1998	Jean-François Aubert, Le projet fédéral de réforme constitutionnelle de la justice, Anwaltsrevue 1–2/1998, 10 ff.
AUER/MALINVERNI/HOTELIER, droit constitutionnel[2]	Andreas Auer/Giorgio Malinverni/Michel Hottelier, Droit constitutionnel suisse, 2 Bde., 2. Aufl., Bern 2006
AUER, ZBl 2006	Christoph Auer, Auswirkungen der Reorganisation der Bundesrechtspflege auf die Kantone, ZBl 2006, 126 ff.
BAUMBERGER, Jusletter 2006	Xaver Baumberger, Entzug und Erteilung der aufschiebenden Wirkung vor Bundesverwaltungs- sowie vor Bundesgericht, in: Jusletter 18.12.2006
BAUMBERGER, aufschiebende Wirkung	Xaver Baumberger, Aufschiebende Wirkung bundesrechtlicher Rechtsmittel im öffentlichen Recht, Zürcher Studien zum Verfahrensrecht, Nr. 146, Zürich 2006
BELLANGER/TANQUEREL-BEARBEITER/-IN	François Bellanger/Thierry Tanquerel (Hrsg.), Les nouveaux recours fédéraux en droit public, Genf/Zürich/Basel 2006
BERNHARD, SJZ 1994	Roberto Bernhard, Die Bundesgerichtspraxis zum OHG und revidierten BStP: Die Legitimation zur eidgenössischen Nichtigkeitsbeschwerde Privater, SJZ 1994, 254 ff.
BEUSCH, Jusletter 2006	Michael Beusch, Rechtsschutz durch das Bundesverwaltungsgericht, in: Jusletter 18.12.2006
BIAGGINI, Bundesverfassung	Giovanni Biaggini, Bundesverfassung. Kurzkommentar zur Bundesverfassung der Schweizerischen Eidgenossenschaft. Mit Auszügen aus der EMRK, den UNO-Pakten sowie dem BGG, Zürich 2007

Literaturverzeichnis

BIRCHMEIER, Handbuch   Wilhelm Birchmeier, Handbuch des Bundesgesetzes über die Organisation der Bundesrechtspflege vom 16.12.1943: unter Berücksichtigung der Schluss- und Übergangsbestimmungen, Zürich 1950

BK-BEARBEITER/-IN   Berner Kommentar zum Schweizerischen Privatrecht, Bern ab 1910, unterschiedliche Auflagen, die Nachweise beziehen sich auf die laufende Auflage

BOHNET, plädoyer 2002   François Bohnet, Droits Fondamentaux: Accès au TF menacé, plädoyer 1/2002, 49 ff.

BSK DSG²-BEARBEITER/-IN   Urs Maurer-Lambrou/Nedim Peter Vogt (Hrsg.), Kommentar zum Schweizerischen Datenschutzgesetz, 2. Aufl., Basel u.a. 2006

BSK IPRG-BEARBEITER/-IN   Heinrich Honsell/Nedim Peter Vogt/Anton K. Schnyder (Hrsg.), Kommentar zum Schweizerischen Privatrecht, Internationales Privatrecht, Basel/Frankfurt a.M. 1996

BSK Kapitalmarktrecht-BEARBEITER/-IN   Nedim Peter Vogt/Rolf Watter (Hrsg.), Kommentar zum Schweizerischen Kapitalmarktrecht: Bundesgesetz über Börsen- und Effektenhandel (Börsengesetz, BEHG), Bundesgesetz über die Anlagefonds (Anlagefondsgesetz, AFG), Art. 161, 161bis, 305bis, 305ter Strafgesetzbuch, Basel u.a. 1999

BSK MSchG-MMG²-BEARBEITER/-IN   Heinrich Honsell/Nedim Peter Vogt/Lucas David (Hrsg.), Kommentar zum Schweizerischen Privatrecht, 2. Aufl., Basel u.a. 1999

BSK OR I³-BEARBEITER/-IN   Heinrich Honsell/Nedim Peter Vogt/Wolfgang Wiegand (Hrsg.), Kommentar zum Schweizerischen Privatrecht, Obligationenrecht I, Art. 1–529 OR, 3. Aufl., Basel u.a. 2003

BSK OR II²-BEARBEITER/-IN   Heinrich Honsell/Nedim Peter Vogt/Rolf Watter (Hrsg.), Kommentar zum Schweizerischen Privatrecht, Obligationenrecht II, Art. 530–1186 OR, 2. Aufl., Basel u.a. 2002

BSK SchKG-BEARBEITER/-IN, Erg.Bd.   Adrian Staehelin/Thomas Bauer/Daniel Staehelin (Hrsg.), Kommentar zum Bundesgesetz über Schuldbetreibung und Konkurs, SchKG Ergänzungsband, Basel u.a. 2005

BSK SchKG-BEARBEITER/-IN   Adrian Staehelin/Thomas Bauer/Daniel Staehelin (Hrsg.), Kommentar zum Bundesgesetz über Schuldbetreibung und Konkurs, Basel u.a. 1998

BSK-StGB-BEARBEITER/-IN   Marcel Alexander Niggli/Hans Wiprächtiger (Hrsg.), Kommentar zum Strafgesetzbuch, Basel u.a. 2003

BSK ZGB I²-BEARBEITER/-IN   Heinrich Honsell/Nedim Peter Vogt/Thomas Geiser (Hrsg.), Basler Kommentar zum Schweizerischen Privatrecht, Schweizerisches Zivilgesetzbuch I, Art. 1–456 ZGB, 2. Aufl., Basel u.a. 2002

BSK ZGB II²-BEARBEITER/-IN   Heinrich Honsell/Nedim Peter Vogt/Thomas Geiser (Hrsg.), Basler Kommentar zum Schweizerischen Privatrecht, Schweizerisches Zivilgesetzbuch II, Art. 457–977 ZGB, Art. 1– 61 SchlT ZGB, 2. Aufl., Basel u.a. 2003

BVK-BEARBEITER/-IN — Jean-François Aubert/Kurt Eichenberge/Jörg Paul Müller/ René A. Rhinow/Dietrich Schindler (Hrsg.), Kommentar zur Bundesverfassung der Schweizerischen Eidgenossenschaft vom 29. 5. 1874, Zürich/Bern/Basel 1987

CORBOZ, SJ 1995 — Bernard Corboz, Le pourvoi en nullité interjeté par le lésé auprès de la Cour de cassation pénale du Tribunal fédéral, La Semaine Judiciaire, Genève, Année 117 (1995), 133 ff.

CORBOZ, SJ 2000 — Bernard Corboz, Le recours en réforme au Tribunal fédéral, La Semaine Judiciaire, Genève, Année 122 (2000), 1 ff.

CORBOZ, RSPC 2005 — Bernard Corboz, Le recours en matière civil selon le projet de la loi sur le Tribunal fédéral, RSPC 1, 2005, 79 ff.

CORBOZ, SJ 2006 — Bernard Corboz, Introduction à la nouvelle loi sur le Tribunal Fédéral, SJ 128/2006 II, 319 ff.

DAUM, plädoyer 2006 — Michel Daum/Ursula Marti, Die öffentlichrechtliche Einheitsbeschwerde, plädoyer 3/2006, 34 ff.

DBG-BEARBEITER/-IN — Martin Zweifel/Peter Athanas (Hrsg.), Kommentar zum Schweizerischen Steuerrecht, Bd. I/2a+b: Bundesgesetz über die direkte Bundessteuer (DBG), Basel u.a. 2000

DUBS/SCHWEIZER-BEARBEITER/-IN — Hans Dubs/Rainer J. Schweizer (Hrsg.), Reform der Bundesgerichtsbarkeit. Studientagung an der Universität St. Gallen vom 29./30.9.1994, Zürich 1995

EHRENZELLER, Anwaltsrevue 2007 — Bernhard Ehrenzeller, Die subsidiäre Verfassungsbeschwerde, Anwaltsrevue 2007, 103–109

EHRENZELLER/SCHWEIZER-BEARBEITER/-IN — Bernhard Ehrenzeller/Rainer J. Schweizer (Hrsg.), Die Reorganisation der Bundesrechtspflege – Neuerungen und Auswirkungen in der Praxis, St. Gallen 2006

FERBER, Nichtigkeitsbeschwerde — Christian Ferber, Die eidgenössische Nichtigkeitsbeschwerde in Strafsachen an den Kassationshof des Schweizerischen Bundesgerichts, Zürich 1993

FOËX/HOTTELIER/JEANDIN-BEARBEITER/-IN — Bénédict Foëx/Michel Hottelier/Nicolas Jeandin (Hrsg.), Les recours au Tribunal fédéral, Zürich/Basel/Genf 2007

FS AARGAUISCHER ANWALTSVERBAND-BEARBEITER/-IN — Aargauischer Anwaltsverband (Hrsg.), FS 100 Jahre Aargauischer Anwaltsverband, Zürich 2005

FS AARGAUISCHER JURISTENVEREIN-BEARBEITER/-IN — Aargauischer Juristenverein (Hrsg.), FS für den Aargauischen Juristenverein 1936–1986, Aarau 1986

FS HUBER-BEARBEITER/-IN — Dargebracht von Freunden, Kollegen, Schülern und vom Verlag (Hrsg.), Verfassungsrecht und Verfassungswirklichkeit, FS für Hans Huber zum 60. Geburtstag 24.5.1961, Bern 1961

Literaturverzeichnis

FS KOLLER-BEARBEITER/ -IN
Die Mitarbeiterinnen und Mitarbeiter des Bundesamtes für Justiz (Hrsg.), Aus der Werkstatt des Rechts, FS für Heinrich Koller zum 65. Geburtstag, Basel u.a. 2006

FS MOOR-BEARBEITER/-IN
Benoît Bovay/Minh Son Nguyen (Hrsg.), Mélanges en l'honneur de Pierre Moor. Théorie du droit – Droit administratif – Organisation du territoire, Bern 2005

FS REHBERG-BEARBEITER/ -IN
Andreas Donatsch/Niklaus Schmid (Hrsg.), Strafrecht und Öffentlichkeit: Festschrift zum 65. Geburtstag von Jörg Rehberg, Zürich 1996

FS WILDHABER-BEARBEITER/-IN
Bernhard Ehrenzeller et al. (Hrsg.), Human Rights, Democracy and the Rule of Law/Menschenrechte, Demokratie und Rechtsstaat/Droits de l'homme, démocratie et Etat de droit, Liber amicorum Luzius Wildhaber, Zürich/St. Gallen/Baden-Baden 2007

FSA-BEARBEITER/-IN
FSA (éd.), Les recours au Tribunal fédéral, Berne 2002

GABATHULER, plädoyer 1997
Thomas Gabathuler, Justizreform – zurück an den Absender, plädoyer 5/1997, 44 ff.

GABATHULER, plädoyer 2001
Thomas Gabathuler, Massiver Justizabbau am Bundesgericht, plädoyer 4/2001, 19 ff.

GÄCHTER/THURNHERR, plädoyer 2006
Thomas Gächter/Daniela Thurnherr, Neues Bundesgerichtsgesetz – Rechtsschutz gewahrt, plädoyer 2/2006, 32 ff.

GEISER/MÜNCH[2]- BEARBEITER/-IN
Thomas Geiser/Peter Münch (Hrsg.), Prozessieren vor Bundesgericht, 2. Aufl., Basel/Frankfurt a.M. 1998

GOMIEN/HARRIS/ZWAAK, ECHR[2]
Donna Gomien/David Harris/Leo Zwaak, Law and practice of the European convention on human rights and the European social charter, Strassburg 1996

GÖKSU, Beschwerden
Tarkan Göksu, Die Beschwerden ans Bundesgericht, Zürich 2007

GYGI, Bundesverwaltungs-rechtspflege[2]
Fritz Gygi, Bundesverwaltungsrechtspflege, 2. Aufl., Bern 1983

HAEFLIGER/SCHÜRMANN, EMRK[2]
Arthur Haefliger/Frank Schürmann, Die Europäische Menschenrechtskonvention und die Schweiz: die Bedeutung der Konvention für die schweizerische Rechtspraxis, 2. Aufl., Bern 1999

HÄFELIN/HALLER, Bundes-staatsrecht[6]
Ulrich Häfelin/Walter Haller, Schweizerisches Bundesstaatsrecht, 6. Aufl., Zürich 2005

HÄFELIN/MÜLLER/UHL-MANN, Verwaltungsrecht[5]
Ulrich Häfelin/Georg Müller/Felix Uhlmann, Allgemeines Verwaltungsrecht, 5. Aufl., Zürich 2006

HÄFELIN/HALLER/KELLER, Suppl.
Ulrich Häfelin/Walter Haller/Helen Keller, Bundesgericht und Verfassungsgerichtsbarkeit nach der Justizreform, Supplement zur 6. Aufl. des «Schweizerischen Bundesstaatsrechts», Zürich 2006

HAKENBERG/STIX-HACKL, Handbuch[3]
Waltraud Hakenberg/Christine Stix-Hackl, Handbuch zum Verfahren vor dem Europäischen Gerichtshof, 3. Aufl., Zürich 2005

HALLER, Jusletter 2006
Walter Haller, Das Rechtsmittelsystem des Bundesgerichtsgesetzes im öffentlichen Recht, Jusletter 18.12.2006

HALLER/KÖLZ, Staatsrecht[3]
Walter Haller/Alfred Kölz, Allgemeines Staatsrecht, 3. Aufl., Basel 2004

HANGARTNER, AJP 2002
Yvo Hangartner, Recht auf Rechtsschutz, AJP 2002, 131–155

HAURI, Verwaltungsstrafrecht
Kurt Hauri, Verwaltungsstrafrecht (VStrR), Bundesgesetz vom 22.3.1974 über das Verwaltungsstrafrecht: Motive – Doktrin – Rechtsprechung, Bern 1998

HAUSER/SCHWERI/HARTMANN, Strafprozessrecht[6]
Robert Hauser/Erhard Schweri/Karl Hartmann, Schweizerisches Strafprozessrecht, 6. Aufl., Basel 2005

HEINI/KELLER-BEARBEITER/-IN
Anton Heini/Max Keller/Kurt Siehr/Frank Vischer/Paul Volken (Hrsg.), IPRG-Kommentar, Zürich 1993

JUSTIZREFORM-BEARBEITER/-IN
Die Einführung der Verfassungsgerichtsbarkeit in der Schweiz auf Bundesebene, staatspolitische Bedeutung im nationalen und internationalen Kontext – Chancen und Gefahren. Schweizerisches Bundesgericht 1998. Internationales Symposium vom 13.6.1998 am Bundesgericht Lausanne, 1998

KÄLIN, Beschwerde[2]
Walter Kälin, Das Verfahren der staatsrechtlichen Beschwerde, 2. Aufl., Bern 1994

KÄLIN, AJP 1995
Walter Kälin, Justizreform, AJP 1995, 1004 ff.

KÄLIN, ZBl 1999
Walter Kälin, Die Bedeutung der Rechtsweggarantie für die kantonale Verwaltungsjustiz, ZBl 1999, 49–63

KARL/MIEHSLER-BEARBEITER/-IN
Wolfram Karl/Herbert Miehsler/Herbert Petzold (Hrsg.), Internationaler Kommentar zur Europäischen Menschenrechtskonvention, Texte und Dokumente, Loseblattausgabe (Stand: 7. Lieferung, 2004), Köln u.a. 1994 ff.

KARLEN, BGG
Peter Karlen, Das neue Bundesgerichtsgesetz – die wesentlichen Neuerungen und was sie bedeuten, Basel/Genf/Münch 2006

KELLERHALS, Anwaltsrevue 1998
Franz Kellerhals, Der Entwurf für ein neues Bundesgerichtsgesetz – ein wichtiger Schritt in die richtige Richtung, Anwaltsrevue 1–2/1998, 4 f.

KIENER, Unabhängigkeit
Regina Kiener, Richterliche Unabhängigkeit: Verfassungsrechtliche Anforderungen an Richter und Gerichte, Bern 2001

KIENER, plädoyer 2001
Regina Kiener, Sind Richter trotz Wiederwahl unabhängig? plädoyer 5/2001, 36 ff.

KIENER/KÄLIN, Grundrechte
Regina Kiener/Walter Kälin, Grundrechte, Bern 2007

Literaturverzeichnis

KIENER/KUHN, ZBl 2006	Regina Kiener/Mathias Kuhn, Das neue Bundesgerichtsgesetz – eine (vorläufige) Würdigung, ZBl 2006, 141 ff.
KIENER/KUHN, Jahrbuch 2005	Regina Kiener/Mathias Kuhn, Rechtsschutz im Ausländerrecht, in: Alberto Achermann/Martina Caroni/Astrid Epiney/Walter Kälin/Minh Son Nguyen (Hrsg.), Jahrbuch für Migrationsrecht 2005/2006, Bern 2006, 91 ff.
KISS, AJP 2003	Christina Kiss, Das neue Bundesstrafgericht, AJP 2003, 141 ff.
KISS, Anwaltsrevue 2001	Christina Kiss, Willkürbeschwerde und Entwurf für ein Bundesgesetz über das Bundesgericht – Wirklich ein Legitimationsproblem?, Anwaltsrevue 11-12/2001, 44 ff.
KLEY, Rechtsschutz	Andreas Kley, Der richterliche Rechtsschutz gegen die öffentliche Verwaltung, Habil. St. Gallen, Zürich 1995
KNÜSEL, Jusletter 2006	Martin Knüsel, Grundzüge der Rechtsweggarantie, in: Jusletter 18.12.2006
KOLLER/AUER, ZSR 2002	Heinrich Koller/Christoph Auer, Totalrevision der Bundesrechtspflege – Rechtsschutzdefizite im Entwurf des Bundesrats?, ZSR 2002 I, 459 ff.
KOLLER, ZBl 2006	Heinrich Koller, Grundzüge der neuen Bundesrechtspflege und des vereinheitlichten Prozessrechts, ZBl 2006, 57 ff.
KÖLZ/HÄNER, Verwaltungsrechtspflege[2]	Alfred Kölz/Isabelle Häner, Verwaltungsrechtspflege und Verwaltungsverfahren des Bundes, 2. Aufl., Zürich/Basel/Genf 1998
LEBER, Anwaltsrevue 1998	Marino Leber, Die wichtigsten Neuerungen im Entwurf für ein Bundesgerichtsgesetz, Anwaltsrevue 1-2/1998, 5 ff.
LEMANN, in dubio 2006	Samuel Lemann, Rechtsweggarantie–BGG–SGG–VGG, in dubio 2006, 114 ff.
LEUCH, ZStrR 1943	Georg Leuch, Die Nichtigkeitsbeschwerde an den Kassationshof des Bundesgerichts gegen Entscheidungen der kantonalen Gerichte, ZStR 1943, 1 ff.
LEVI, SJZ 1980	Robert Levi, Verfahrensrechtliche Aspekte der staatsrechtlichen Beschwerde, SJZ 1980, 237 ff.
MARTI, Beschwerde[4]	Hans Marti, Die staatsrechtliche Beschwerde, 4. Aufl., Basel 1979
MÜLLER, Grundrechte[3]	Jörg Paul Müller, Grundrechte in der Schweiz, Im Rahmen der Bundesverfassung von 1999, der Uno-Pakte und der EMRK, 3. Aufl., Bern 1999
NÄF, ZBJV 1994	Marcel Näf, Legitimation des Opfers und des Geschädigten zur eidgenössischen Nichtigkeitsbeschwerde im Strafpunkt, ZBJV 1994, 230 ff.
NOVIER, ZSR 2002	Mercedes Novier, Accès au Tribunal fédéral selon le projet de LTF: limitations acceptables? ZSR 2002 I, 505 ff.

OTHENIN-GIRARD, AJP 2002	Simon Othenin-Girard, Projet de Loi fédérale sur le Tribunal fédéral: le recul des droits des justiciables impliqués dans une affaire internationale est-il évitable?, AJP 2002, 96 ff.
PETTITI/DECAUX, CEDH[2]	Louis-Edmond Pettiti/Emmanuel Decaux/Pierre-Henri Imbert, La Convention européenne des droits de l'homme, commentaire article par article, 2. Aufl., Paris 1999
PFEIFFER[5]-BEARBEITER/-IN	Gerd Pfeiffer (Hrsg.), Karlsruher Kommentar zur Strafprozessordnung und zum Gerichtsverfassungsgesetz mit Einführungsgesetz, 5. Aufl., München 2003
PFENNINGER, SJZ 1941	Hans Felix Pfenninger, Die eidgenössische Kassationsbeschwerde in Strafsachen, SJZ 1941/42, 141 ff.
PIQUEREZ, Manuel	Gérard Piquerez, Manuel de procédure pénale suisse, Zürich 2001
PIQUEREZ, Traité	Gérard Piquerez, Procédure pénale suisse – traité théorique et pratique, Zürich 2000
PORTMANN-BEARBEITER/-IN	Urs Portmann (Hrsg.), La nouvelle loi sur le Tribunal fédéral, Lausanne 2007
POUDRET, Commentaire	Jean-François Poudret (unter Mitarbeit von Suzette Sandoz-Monod), Commentaire de la loi fédérale d'organisation judiciaire du 16 décembre 1943, Bd. I und II, Bern 1990, Bd. V, Bern 1992
RAMONI-BEARBEITER/-IN	Claude Ramoni (Hrsg.), Les nouveaux fors fédéraux et les nouvelles organisations judiciaires: Travaux de la journée d'étude organisée le 10. Octobre 2000 à l'Université de Lausanne, Lausanne 2001
RASELLI, plädoyer 1997	Niccolò Raselli, Die Reform der Bundesrechtspflege darf nicht scheitern, plädoyer 5/1997, 36 ff.
RASELLI, AJP 2002	Niccolò Raselli, Hat die staatsrechtliche Beschwerde ausgedient?, AJP 1/2002, 3 ff.
RASELLI, Justizreform	Niccolò Raselli, Justizreform und Totalrevision der Bundesrechtspflege; Richterwahl, Vortrag vom 25.10.02 anlässlich des Besuchs des Staatsgerichtshofes von Lichtenstein, Download unter: http://www.bger.ch/de/index/federal/federal-inherit-template/federal-publikationen/federal-richter-publikationen.htm
RASELLI, Justiz 2006	Niccolò Raselli, Richterliche Unabhängigkeit unter Druck – Die Gefahren des geltenden Wahlsystems, Die Schweizer Richterzeitung/Justice–Justiz–Giustizia 2006/2, http://www.richterzeitung.ch/content/edition.aspx?ausgabe =2006_2
RAUSCH, Prozessrecht[2]	Heribert Rausch, Öffentliches Prozessrecht auf der Basis der Justizreform, 2. Auflage, Zürich/Basel/Genf 2006

Literaturverzeichnis

REHBERG, ZSR 1975 — Jörg Rehberg, Der Anfechtungsgrund bei der Nichtigkeitsbeschwerde an den Kassationshof des Bundesgerichtes, ZSR 1975 II, 353 ff.

RHINOW/KOLLER/KISS, Prozessrecht — René Rhinow/Heinrich Koller/Christina Kiss, Öffentliches Prozessrecht und Justizverfassungsrecht des Bundes, Basel/Frankfurt a.M. 1996

RHINOW, Grundzüge — René Rhinow, Grundzüge des Schweizerischen Verfassungsrechts, Basel/Genf 2003

ROHNER, Kognition — Christoph Rohner, Über die Kognition des Bundesgerichtes bei der staatsrechtlichen Beschwerde wegen Verletzung verfassungsmässiger Rechte, Bern 1982

RÜEGSEGGER, Nichtigkeitsbeschwerde — Eduard Rüegsegger, Die eidgenössische Nichtigkeitsbeschwerde gegen kantonale Entscheide in Strafsachen eidgenössischen Rechts, Zürich 1948

SARBACH, Jusletter 2006 — Martin Sarbach, BGG und Zivilverfahren, in: Jusletter 18.12.2006

SÄGESSER-BEARBEITER/-IN — Thomas Sägesser (Hrsg.), Die Bundesbehörden, Bern 2000

SCARTAZZINI, Anwaltsrevue 2001 — Gustavo Scartazzini, Legitimation zur Willkürbeschwerde – Sollen die dafür vorausgesetzten Anforderungen aufgegeben werden?, Anwaltsrevue 9/2001, 4 ff.

SCHEFER, Grundrechte — Markus Schefer, Grundrechte in der Schweiz, Ergänzungsband zur dritten Auflage des gleichnamigen Werks von Jörg Paul Müller, Bern 2005

SCHINDLER/SCHLAURI-BEARBEITER/-IN — Benjamin Schindler/Regula Schlauri (Hrsg.), Auf dem Weg zu einem einheitlichen Verfahren, Zürich 2001

SCHMID, ZStrR 2006 — Niklaus Schmid, Die Strafrechtsbeschwerde nach dem Bundesgesetz über das Bundesgericht – eine erste Auslegeordnung, ZStrR 2006, 160 ff.

SCHMID, Strafprozessrecht[4] — Niklaus Schmid, Strafprozessrecht: eine Einführung auf der Grundlage des Strafprozessrechtes des Kantons Zürich und des Bundes, 4. Aufl., Zürich 2004

SCHMID, Jusletter 2006 — Niklaus Schmid, Auswirkungen des Bundesgerichtsgesetzes auf die Strafrechtspflege unter besonderer Berücksichtigung des Kantons Zürich, in: Jusletter 18.12.2006

SCHUBARTH, ZStrR 2002 — Martin Schubarth, Die Einheitsbeschwerde in Strafsachen – Flop oder Ei des Columbus?, ZStR 2002, 62 ff.

SCHUBARTH, plädoyer 1999 — Martin Schubarth, Die Visitenkarte der Justiz, plädoyer 1/1999, 42 ff.

SCHUBARTH, plädoyer 1990 — Martin Schubarth, Mit welchem Rechtsmittel ist eine behauptete Verletzung der Menschenrechtskonvention beim Bundesgericht zu rügen?, plädoyer 1/1990, 44 ff.

SCHUBARTH, AJP 1992 — Martin Schubarth, Nichtigkeitsbeschwerde – staatsrechtliche Beschwerde – Einheitsbeschwerde?, AJP 1992, 849 ff.

SCHUBARTH, Nichtigkeitsbeschwerde 2001 — Martin Schubarth, Nichtigkeitsbeschwerde 2001 – die eidgenössische Nichtigkeitsbeschwerde in Strafsachen gemäss Art. 268 ff. BStP in der seit 1. 1. 2001 geltenden Fassung, Bern 2001

SCHWANDER, ZStrR 1959 — Vital Schwander, Die Nichtigkeitsbeschwerde an den Kassationshof des Bundesgerichtes im Verhältnis zu den kantonalen Rechtsmitteln, ZStrR 1959, 157 ff.

SCHWERI, Nichtigkeitsbeschwerde — Erhard Schweri, Eidgenössische Nichtigkeitsbeschwerde in Strafsachen, Bern 1993

SGK-BEARBEITER/-IN — Bernhard Ehrenzeller et al. (Hrsg.), Die schweizerische Bundesverfassung, St. Galler Kommentar, Lachen/Zürich 2002

SGK²-BEARBEITER/-IN — Bernhard Ehrenzeller et al. (Hrsg.), Die schweizerische Bundesverfassung, St. Galler Kommentar, 2. Aufl., Lachen/ Zürich 2008, erscheint demnächst

SEILER/VON WERDT/ GÜNGERICH, BGG — Hansjörg Seiler/Nicolas von Werdt/Andreas Güngerich, Bundesgerichtsgesetz (BGG), Bundesgesetz über das Bundesgericht, Bern 2006

SIMMA, Textausgabe⁵ — Bruno Simma(Hrsg.),Menschenrechte – ihr internationaler Schutz, Menschenrechtspakte der Vereinten Nationen, Europäische Menschenrechtskonvention, Europäische Sozialcharta, Textausgabe, 5. Aufl., München 2004

SPÜHLER, SJZ 1989 — Karl Spühler, Die Legitimation des Geschädigten zur staatsrechtlichen Beschwerde, SJZ 1989, 165 ff.

SPÜHLER, Beschwerde — Karl Spühler, Die Praxis der staatsrechtlichen Beschwerde, Bern 1994

SPÜHLER/DOLGE/VOCK, Kurzkommentar — Karl Spühler/Annette Dolge/Dominik Vock, Kurzkommentar zum neuen Bundesgerichtsgesetz (BGG), Zürich/St. Gallen 2006

SPÜHLER/REETZ, Anwaltsrevue 2001 — Karl Spühler/Peter Reetz, Das neue Bundesgerichtsgesetz aus Sicht des Anwalts, Anwaltsrevue 5/2001, 5 ff.

StHG-BEARBEITER/-IN — Martin Zweifel/Peter Athanas (Hrsg.), Kommentar zum Schweizerischen Steuerrecht, Bd. I/1: Bundesgesetz über die Harmonisierung der direkten Steuern der Kantone und Gemeinden (StHG), Basel/Frankfurt a.M. 1997

STRÄULI, Pourvoi en nullité — Bernhard Sträuli, Pourvoi en nullité et recours de droit public au tribunal fédéral: étude de procédure pénale suisse et genevoise, Genève 1995

SUDRE, droits de l'homme — Frédéric Sudre, La Convention européenne des droits de l'homme, 6. Aufl., Paris 2004

SUTER, Rechtsschutz — Matthias Suter, Der neue Rechtsschutz in öffentlichrechtlichen Angelegenheiten vor dem Bundesgericht, Diss. St. Gallen 2007

Literaturverzeichnis

THOMMEN/WIPRÄCHTIGER, AJP 2006	Marc Thommen/Hans Wiprächtiger, Die Beschwerde in Strafsache, AJP 2006, 651 ff.
THÜRER/AUBERT/MÜLLER-BEARBEITER/-IN	Daniel Thürer/Jean-François Aubert, Jörg Paul Müller (Hrsg.), Verfassungsrecht der Schweiz, Zürich 2001
TOPHINKE, ZBl 2006	Esther Tophinke, Bedeutung der Rechtsweggarantie für die Anpassung der kantonalen Gesetzgebung, ZBl 2006, 88 ff.
TSCHANNEN-BEARBEITER/-IN	Pierre Tschannen (Hrsg.), Neue Bundesrechtspflege. Auswirkungen der Totalrevision auf den kantonalen und eidgenössischen Rechtsschutz. Berner Tage für die juristische Praxis BTJP 2006, Bern 2007
VILLIGER, EMRK	Mark E. Villiger, Handbuch der Europäischen Menschenrechtskonvention (EMRK), 2. Aufl., Zürich 1999
WAIBLINGER, ZSR 1941	Max Waiblinger, Die Weiterziehung von Strafsachen an das Bundesgericht nach Inkrafttreten des schweizerischen Strafgesetzbuches, ZSR 1941, 117a ff.
WALDMANN, AJP 2003	Bernhard Waldmann, Justizreform und öffentliche Rechtspflege – quo vadis?, AJP 2003, 747 ff.
WEISSENBERGER, AJP 2006	Philippe Weissenberger, Das Bundesverwaltungsgericht, AJP 2006, 1491 ff.
WEISSENBERGER, plädoyer 2006	Philippe Weissenberger, Ziel ist eine einheitliche Rechtsprechung, plädoyer 6/2006, 41 ff.
WURZBURGER, SJZ 2005	Alain Wurzburger, La loi sur le Tribunal fédéral du 17 juin 2005 – charge et décharge du Tribunal fédéral, SJZ 2005, 489 ff.
WURZBURGER-BEARBEITER/-IN	Alain Wurzburger et. al. (Hrsg.), La nouvelle loi fédérale sur le Tribunal fédéral. Travaux de la journeée d'étude du 5 octobre 2006, no. 71, Lausanne 2007
ZEITER, distinction	Lionel Zeiter, La distinction du fait et du droit dans les recours de droit administratif auprès du tribunal fédéral, Diss. Lausanne 2005
ZIEGLER, SJZ 2006	Martin Ziegler, Zur Rechtsnatur der künftigen Einheitsbeschwerden: Lückenhaftes Bundesgesetz über das Bundesgericht (BGG), SJZ 2006, 56 f.
ZIEGLER, Einheitsbeschwerde	Philipp Ziegler, Von der Rechtsmittelvielfalt zur Einheitsbeschwerde: Bestandesaufnahme, Probleme, Lösungen, Basel 2003
ZIMMERLI/KÄLIN/KIENER, Verfahrensrecht	Ulrich Zimmerli/Walter Kälin/Regina Kiener, Grundlagen des öffentlichen Verfahrensrechts, Bern 2004
ZK-BEARBEITER/-IN	Zürcher Kommentar zum Schweizerischen Zivilgesetzbuch, Zürich ab 1909, unterschiedliche Auflagen, die Nachweise beziehen sich auf die laufende Auflage

Bundesgerichtsgesetz

vom 17. Juni 2005

1. Kapitel: Stellung und Organisation

1. Abschnitt: Stellung

Art. 1

Oberste Recht sprechende Behörde

[1] **Das Bundesgericht ist die oberste Recht sprechende Behörde des Bundes.**

[2] **Es übt die Aufsicht über die Geschäftsführung des Bundesstrafgerichts und des Bundesverwaltungsgerichts aus.**

[3] **Es besteht aus 35–45 ordentlichen Bundesrichtern und Bundesrichterinnen.**

[4] **Es besteht ausserdem aus nebenamtlichen Bundesrichtern und Bundesrichterinnen; deren Zahl beträgt höchstens zwei Drittel der Zahl der ordentlichen Richter und Richterinnen.**

[5] **Die Bundesversammlung legt die Zahl der Richter und Richterinnen in einer Verordnung fest.**

Autorité judiciaire suprême

[1] Le Tribunal fédéral est l'autorité judiciaire suprême de la Confédération.

[2] Il exerce la surveillance sur la gestion du Tribunal pénal fédéral et sur celle du Tribunal administratif fédéral.

[3] Il se compose de 35 à 45 juges ordinaires.

[4] Il se compose en outre de juges suppléants, dont le nombre n'excède pas les deux tiers de celui des juges ordinaires.

[5] L'Assemblée fédérale fixe l'effectif des juges dans une ordonnance.

Autorità giudiziaria suprema

[1] Il Tribunale federale è l'autorità giudiziaria suprema della Confederazione.

[2] Esercita la vigilanza sulla gestione del Tribunale penale federale e del Tribunale amministrativo federale.

[3] Si compone di 35–45 giudici ordinari.

[4] Si compone inoltre di giudici non di carriera; il loro numero è al massimo pari a due terzi di quello dei giudici ordinari.

[5] L'Assemblea federale stabilisce il numero dei giudici mediante ordinanza.

Materialien

Schlussbericht 1997, 56 f.; Botschaft 1996, 424 und 526 ff. (zu Art. 176 E-BV); Botschaft 2001, BBl 2001 4202 ff., 4257 ff., 4277 ff., 4480; AB 2003 S 888 f.; AB 2004 N 1580 ff., 2005; AB 2005 S 118.

Literatur

K.A. BETTERMANN, Artikel «Rechtsprechung, rechtsprechende Gewalt», in: Evangelisches Staatslexikon, 3. Aufl., Stuttgart 1987 (zit. Bettermann, ev. Staatslexikon³); G. BIAGGINI, Rechtsprechung, in: Daniel Thürer/Jean-François Aubert/Jörg Paul Müller (Hrsg.), Verfassungsrecht der Schweiz, Zürich 2001 (zit. Thürer/Aubert/Müller-Biaggini); W. KÄLIN, Justiz, in: Ulrich Klöti et al. (Hrsg.), Handbuch der Schweizer Politik, 3. Aufl., Zürich 1999 (zit. Klöti et al.³-Kälin); H. KOLLER, Grundzüge der neuen Bundesrechtspflege und des vereinheitlichten Prozessrechts, ZBl 2006, 57 ff. (abgedruckt auch in Ehrenzeller/Schweizer) – (zit. Koller, ZBl 2006); H. SEILER, Gewaltenteilung – allgemeine Grundlagen und schweizerische Ausgestaltung, Bern 1994 (zit. Seiler, Gewaltenteilung); A. LIENHARD, Knappe Ressourcen am Bundesgericht, in: NZZ vom 17.8.2005, 15 (zit. Lienhard, NZZ 2005); DERS., Controllingverfahren des Bundesgerichts, Die Schweizer Richterzeitung/Justice – Justiz – Giustizia, 2007/2, 1 ff. (zit. Lienhard, Justiz 2007); G. NAY, Das Bundesgericht im Wandel und Sorge um Unabhängigkeit, in: SJZ 102 (2006), Nr. 24, 567 ff. (zit. Nay, SJZ 2006); DERS., Das Bundesgericht im Kontext der Justizreform, in: Liber amicorum für Luzius Wildhaber, Zürich et al. 2007, 1484 (zit. FS Wildhaber-Nay); TH. SÄGESSER, Die Bundesbehörden. Bundesversammlung – Bundesrat – Bundesgericht. Kommentar, Beiträge und Materialien zum 5. Titel der Schweizerischen Bundesverfassung, Bern 2000 (zit. Sägesser, Bundesbehörden); P. TSCHANNEN, Staatsrecht der Schweizerischen Eidgenossenschaft, Bern 2004 (zit. Tschannen, Staatsrecht).

I. Einleitende Bemerkungen

1. Die Neuorganisation der Bundesrechtspflege

a) Umfassende Totalrevision der Bundesrechtspflege

1   Mit dem am 1.1.2007 in Kraft getretenen Bundesgesetz über das Bundesgericht vom 17.6.2005 (BGG) werden **Stellung und Organisation des Bundesgerichts, die Anforderungen an die Vorinstanzen sowie das Verfahren und die Rechtsmittel**, die an das oberste Gericht der Schweizerischen Eidgenossenschaft führen, **umfassend neu geregelt**. Das BGG ersetzt das Bundesgesetz über die Organisation der Bundesrechtspflege vom 16.12.1943 (OG), das wie seine Vorläufer mehrfach ergänzt und modifiziert, aber immer nur teilrevidiert wurde.[1]

---

[1] Vgl. die Hinweise in der Botschaft 2001 4218 ff.; ferner SEILER/VON WERDT/GÜNGERICH, BGG, 1 ff.

Bereits bei früheren und namentlich bei der Teilrevision des OG von 1991, die wie alle **2** vorangehenden und nachfolgenden der Entlastung des BGer und des EVG dienten, wurde die Auffassung vertreten, dass die gesamte Bundesrechtspflege reformbedürftig sei und längerfristig nur eine umfassende Justizreform auf Verfassungs- und Gesetzesstufe die strukturellen Probleme der Bundesrechtspflege zu lösen vermöge.[2] Mit der am 12.3.2000 von Volk und Ständen angenommenen **Justizreform** (Art. 29a, 122 f. und 188 ff. BV) wurden die hiefür erforderlichen **Verfassungsgrundlagen** geschaffen (Verankerung einer Rechtsweggarantie, Stärkung der Stellung des Bundesgerichts als oberstes Gericht, Ausbau der richterlichen Vorinstanzen auf Bundes- und Kantonsebene, Regelung der Zugangsbeschränkungen, Vereinfachung und Vereinheitlichung des Verfahrens u.a.m.).[3]

b) Umsetzung der Justizreform auf der Gesetzesebene

aa) Vorgehen in Etappen

Die **Umsetzung der Justizreform** auf der Gesetzesstufe hat nicht nur den Ge- **3** setzgeber, sondern auch die übrigen Bundesbehörden gefordert, mussten doch neue Gerichte aufgebaut und bestehende umorganisiert werden. Die Realisierung dieses anspruchsvollen Vorhabens **erfolgte und erfolgt in Etappen**, wobei dem Aufbau der richterlichen Vorinstanzen auf Bundesebene Priorität zukam. Im Gegensatz zur alten (BV 1874) und zur «nachgeführten» Verfassung (BV 2000) werden in der geltenden BV nun auch die «weiteren richterlichen Behörden des Bundes» angesprochen (Art. 191a BV). Die Verfassung macht damit deutlich, dass die **Gerichtsbarkeit des Bundes nicht allein vom Bundesgericht** ausgeübt wird. Im Konzept der Justizreform bildet der Ausbau der richterlichen Vorinstanzen einen der Grundpfeiler zur Stärkung des Bundesgerichts und zur Verwirklichung der Rechtsweggarantie. Gerichtliche Vorinstanzen fehlten auf Bundesebene namentlich im Bereich der Bundesstrafgerichtsbarkeit und im Bundesverwaltungsrecht, weshalb die Verfassung entsprechende Aufträge erteilt.

bb) Ausbau der richterlichen Vorinstanzen

Der erste Schritt zur Umsetzung der Justizreform wurde mit dem Erlass des SGG[4] getan. **4** Dieses sieht im Einklang mit Art. 191a Abs. 1 BV die Schaffung eines **Bundesstrafgerichts** (BStGer) vor. Es ist das ordentliche Strafgericht des Bundes und beurteilt erstinstanzlich jene Strafsachen, die vom Gesetz (namentlich Art. 340 und 340bis StGB) der Gerichtsbarkeit des Bundes unterstellt werden, ferner Beschwerden gegen Amtshandlungen der Untersuchungsorgane (Art. 1, 25 und 27 SGG). Das BStGer hat wegen der Übertragung neuer Verfahrenskompetenzen an den Bund[5] seine Tätigkeit bereits am 1.4.2004 aufgenommen. Im Hinblick auf den Aufbau dieses neuen Gerichts und die rechtzeitige Wahl der Richter sind die einschlägigen Bestimmungen der BV (Art. 123 Abs. 1 und 191a Abs. 1) vorzeitig auf den 1.4.2003 in Kraft gesetzt worden, desgleichen auf den 1.8.2003 Teile des SGG; die übrigen Bestimmungen des SGG traten mit der Betriebsauf-

---

[2] Botschaft betr. die Änderung des BG über die Organisation der Bundesrechtspflege vom 18.3.1991 (Botschaft 1991), BBl 1991 II 473 ff.

[3] BB vom 8.10.1999; Botschaft über eine neue Bundesverfassung vom 20.11.1996, Reformbereich Justiz, BBl 1996 I 487 ff.; SGK²-KISS/KOLLER, Art. 188 Justizreform N 1 ff.

[4] SR 173.71.

[5] Änderung des Strafgesetzbuches und des Bundesstrafrechtspflegegesetzes (...) vom 22.12.1999, in Kraft seit dem 1.1.2002 (BBl 1998 1529; AS 2001 3071).

nahme des BStGer in Bellinzona am 1.4.2004 in Kraft.[6] Als Grundlage dieser Entscheide mussten vorgängig «Sitzgesetz» und mehrere Parlaments- und Bundesratsverordnungen erlassen werden.[7]

5   Der zweite Schritt der Umsetzung erfolgte mit dem Erlass des VGG.[8] Dieses sieht im Einklang mit Art. 191a Abs. 2 BV die Schaffung eines **Bundesverwaltungsgerichts** (BVGer) als allgemeines Verwaltungsgericht des Bundes vor. Es fasst die bisherigen Rekurskommissionen sowie die Beschwerdedienste der Departemente und des Bundesrates zusammen und ist zuständig für die Beurteilung von öffentlich-rechtlichen Streitigkeiten aus dem Zuständigkeitsbereich der Bundesverwaltung (nur ausnahmsweise kantonaler Verfügungen).[9] Das VGG ist zusammen mit dem BGG auf den 1.1.2007 in Kraft gesetzt worden.[10] Gleichentags hat das BVGer (vorläufig in Bern) seine Tätigkeit aufgenommen; es wird später an seinen Standort nach St. Gallen verlegt werden.

cc) Neuorganisation des Bundesgerichts und des Verfahrens

6   Mit der Errichtung der erforderlichen Vorinstanzen auf Bundesebene (Art. 191a BV) und der durchgängigen Einsetzung richterlicher Behörden als Vorinstanzen auf Kantonsebene (Art. 191b BV) sind die Voraussetzungen für die Erfüllung der Rechtsweggarantie nach Art. 29a BV und der Neugestaltung der obersten Gerichtsbarkeit nach Art. 188 ff. BV geschaffen worden. Insofern bildet **das «alles überdachende» BGG** gedanklich der dritte Schritt in der Umsetzung der Justizreform auf der Gesetzesstufe.

7   Das BGG setzt richterliche Vorinstanzen als Grundsatz des Zugangs zum Bundesgericht voraus, fasst das bisherige Bundesgericht in Lausanne (BGer) und das Eidgenössische Versicherungsgericht in Luzern (EVG) zu einem einheitlichen letztinstanzlichen Bundesgericht (mit zwei Standorten) zusammen, strafft die Rechtsmittel und Instanzenzüge, vereinfacht das Verfahren und beschränkt massvoll den Zugang zum obersten Gericht. Ziel dieser **Neuorganisation des Bundesgerichts** ist die Entlastung dieses Gerichts durch eine stärkere Fokussierung auf seine Aufgabe als «oberste Recht sprechende Behörde des Bundes» – mithin die Beurteilung und Weiterentwicklung grundlegender Rechtsfragen.[11] Das BGG und die neuen Bestimmungen sind am 1.1.2007 zusammen mit den noch nicht in Kraft gesetzten Teilen der Justizreform (Art. 29a, 122, 188–192, 191b und 191c BV) in Kraft getreten.[12] Für eine Beurteilung ist es also noch zu früh, umso mehr als dafür auch die vereinheitlichten Prozessordnungen abgewartet werden müssen (vgl. N 8).

dd) Vereinheitlichung des Zivil- und Strafprozessrechts

8   Letzter Schritt in der Verwirklichung der Justizreform wird die **Vereinheitlichung des schweizerischen Zivil- und Strafprozessrechts** sein. Ziel der Vereinheitlichung im Strafrecht ist die Schaffung einer gesamtschweizerischen **Strafprozessordnung** und einer gesamtschweizerischen Jugendstrafprozessordnung. Die beiden neuen Gesetze sollen die heutigen 26 kantonalen Strafprozessordnungen und die BStP ersetzen. Von der Neuordnung werden alle Strafverfahren erfasst werden, die Bund und Kantone

---

6   AS 2003 2131.
7   KOLLER, ZBl 2006, 67 ff.
8   SR 173.32.
9   KOLLER, ZBl 2006, 66 f., 71 ff.
10   AS 2006 1205.
11   Botschaft 2001 4211 ff.
12   AS 2006 1059; 2006 1069.

in Anwendung des StGB führen, mit Ausnahme des Verfahrens vor BGer, das dem BGG untersteht. Die Botschaft zur Vereinheitlichung des Strafprozessrechts und die einschlägigen Entwürfe sind vom Bundesrat am 21.12.2005 verabschiedet worden.[13] Die parlamentarischen Beratungen scheinen gut voranzukommen, so dass mit einer Inkraftsetzung noch in diesem Jahrzehnt gerechnet werden kann. Auch die Vereinheitlichung des Zivilprozessrechts macht Fortschritte. Botschaft und Entwurf für eine Schweizerische **Zivilprozessordnung** sind vom Bundesrat am 28.6.2006 genehmigt worden.[14] Die parlamentarischen Beratungen sind inzwischen ebenfalls aufgenommen worden. Ziel der Vereinheitlichung ist die Schaffung einer gesamtschweizerischen Zivilprozessordnung, freilich beschränkt auf das Verfahren vor den kantonalen Gerichten.

c) Erste Würdigung: Modernisierung mit Traditionsanschluss

Trotz der umfassenden Neuorganisation der Bundesrechtspflege, stellen die Reformen **9 keinen Traditionsbruch** dar. Die Aufbaustruktur der schweizerischen Gerichtsbarkeit ist im Wesentlichen gleich geblieben, obwohl den Entscheiden (namentlich auf der Verfassungsstufe) intensive Modelldiskussionen über die Struktur der Bundesgerichtsbarkeit (Regional- bzw. dezentralisierte Fachbundesgerichte mit übergeordnetem Höchstgericht als Verfassungsgericht) vorausgegangen sind.[15] Die **Grundlast der Gerichtsbarkeit bleibt** in Übereinstimmung mit dem föderalistischen Konzept der BV (Art. 3, 122 Abs. 2 und 123 Abs. 2 BV) **bei den Kantonen**, und zwar – anders etwa als in den USA – auch dort, wo die Kantone Bundesrecht vollziehen. Die Eingriffe in die Organisationsautonomie der Kantone halten sich in Grenzen, auch wenn bezüglich der Ausgestaltung der Vorinstanzen beim BGG (vgl. Komm. zu den Art. 75, 80, 86) oder bezüglich der Behördenorganisation und der Rechtsmittelordnung in der Schweizerischen Straf- und Zivilprozessordnung Abstriche gemacht werden müssen. Bei der Vereinheitlichung wird der faktisch weit fortgeschrittenen Harmonisierung des Prozessrechts jedoch weitgehend Rechnung getragen (selbst beim Strafverfolgungsmodell und besonders im Zivilprozessrecht); und bei der Rechtsmittelordnung des BGG ist unverkennbar, dass **bei den bisherigen Rechtsmitteln Anleihen gemacht** worden sind (Verwaltungsgerichtsbeschwerde als Modell der Einheitsbeschwerde, staatsrechtliche Beschwerde als Vorbild der subsidiären Verfassungsbeschwerde).

Die Neuordnung der Bundesrechtspflege stellt in vielerlei Hinsicht eine **Weiterführung 10 bisheriger Ansätze und eine sachte Modernisierung** des Gerichtsorganisationsrechts auf Bundesebene dar. Einschneidende Neuerungen (wie die Normenkontrolle [Überprüfung von BG durch das BGer] oder ein griffigeres Zulassungssystem [z.B. Annahmeverfahren]) fanden ihre Grenzen bereits an der verfassungsrechtlichen Grundlage. Dennoch gibt es durchaus auch mutige Lösungen zu verzeichnen. Die **Einführung der Einheitsbeschwerde** gehört dazu. Auch die **Stellung des Bundesgerichts** (Art. 188 BV, Art. 1–4), die hier im Vordergrund steht, erfährt Korrekturen. Die durchgängige Vorschaltung gerichtlicher Instanzen, die Zugangsbeschränkungen und die Fokussierung auf die Beurteilung von Rechtsfragen tragen entscheidend zur **Stärkung des BGer** bei. Nicht gleich wichtig, aber doch erwähnenswert sind gewisse organisatorische Vorkehren (wie die Zusammenführung der bisher administrativ getrennten obersten Gerichte) und die Klärung des Verhältnisses zu den übrigen Bundesbehörden (Stärkung der Unabhängigkeit und der Selbstverwaltung, Oberaufsicht und Festlegung der Richter-

---

[13] Botschaft zur Vereinheitlichung des Strafprozessrechts vom 21.12.2005, BBl 2006 1085.
[14] Botschaft zur Vereinheitlichung des Zivilprozessrechts vom 28.6.2006, BBl 2006 7221.
[15] VK-N 27.5.1997, VK-S 24.6.1997, AB 1998 N (25.6.1998); SGK²-Kiss/Koller, Art. 188 N 4.

zahl durch die BVers, Aufsicht über die erstinstanzlichen Bundesgerichte durch das BGer).

2. Die Rechtsprechung in der Verfassungsordnung

a) Rechtsprechung im System der Gewaltenteilung

11 Nach der Lehre von der **Gewaltenteilung** steht die Rechtsprechung bzw. die Recht sprechende Gewalt (Justiz) als «dritte Gewalt» neben der Gesetzgebung (Legislative) und der vollziehenden Gewalt (Exekutive bzw. Regierung und Verwaltung). Dieser am Prinzip der Teilung und Trennung der Gewalten orientierte dreiteilige Aufbau des Staates beruht weitgehend auf der Gegenüberstellung von Gesetzgebung und Gesetzesvollzug. Vermöge des «Rechtszweckes» habe der Staat eine auf «Rechtssetzung und Rechtschutz» gerichtete Tätigkeit. Diese vollziehe sich in den Formen der Normsetzung (Rechtssetzung) einerseits, unmittelbar auf konkrete Aufgaben gerichtete individualisierte Tätigkeit (Rechtsanwendung, eingeteilt in Vollziehung und Streitschlichtung) andererseits.[16] Sodann wird davon ausgegangen, dass sich diese staatlichen Tätigkeiten als *materielle* Staatsfunktionen auseinanderhalten und in dieser Dreiteilung im Wesentlichen erschöpfend aufzählen lassen.

12 Doch nicht alle wichtigen Staatstätigkeiten lassen sich widerspruchsfrei und befriedigend in dieses Schema einfügen; man denke etwa an den immer wichtiger werdenden Bereich der Regierung (im Sinne der staatlichen Oberleitung und der politischen Richtungsbestimmung).[17] Das mag erklären, warum im historisch gewachsenen Gefüge **jedem der drei Staatsorgane über seine «Stammfunktion» hinaus noch weitere Befugnisse** zustehen. Das gilt nicht nur für das Parlament, das mit seinen Befugnissen ausserhalb der Gesetzgebung (Wahlen, Finanzen, Oberaufsicht) an der staatlichen Oberleitung teilhat, oder für die Exekutive, die neben dem Vollzug an der Gesetzgebung und an der Finanzgestaltung beteiligt ist; es gilt auch für die Justiz, die neben ihrer angestammten Aufgabe der Streitschlichtung noch **andere Aufgaben** zu erfüllen hat (früher z.B. bei der Rechtsetzung im Enteignungsrecht und im Schuldbetreibungs- und Konkurswesen, stets auch bei der Verwaltung des Justizapparates und neu bei der Aufsicht des BGer über die unteren Gerichte). Diese Erkenntnis führt zur Notwendigkeit, auch Staatsfunktionen im *formellen* Sinn zu unterscheiden, nämlich die Tätigkeit einer bestimmten Organgruppe.

13 Das Bekenntnis zur Gewaltenteilung als Grundsatz unserer Staatsorganisation sagt über die konkrete Zuordnung bestimmter Funktionen im Einzelfall wenig aus. Vielmehr kommt es auf die spezifische Ausgestaltung der Aufgabenverteilung und Kompetenzordnung an. Die **BV verzichtet deshalb bewusst auf eine ausdrückliche Nennung des Grundsatzes der Gewaltenteilung**, verankert dieses wichtige Bau- und Organisationsprinzip des modernen Verfassungsstaates durch entsprechende Festlegung der Behördenorganisation jedoch gewissermassen «implizit».[18] Zudem kümmert sich die BV intensiv um die neuralgischen Punkte, mit **konkreten Festlegungen bestimmter Eckwerte** z.B. betr. Unvereinbarkeiten (Art. 144 BV), die Stellung als «Staatsgewalt» («oberste Recht

---

[16] GEORG JELLINEK, Allgemeine Staatslehre, 3. Aufl. Leipzig 1913, Neudruck, Bad Homburg/ Berlin/Zürich 1966, 606 ff. Vgl. SEILER, Gewaltenteilung; PASCAL MAHON, Le principe de la séparation des pouvoirs, in: D. Thürer/J.-F. Aubert/J. P. Müller (Hrsg.), Verfassungsrecht der Schweiz, Zürich 2001, § 65.

[17] Vgl. THÜRER/AUBERT/MÜLLER-KOLLER, (Anm. 16), § 62.

[18] Vgl. HEINRICH KOLLER, Die Aufnahme staatsgestaltender Grundsätze in die neue Bundesverfassung, in: FS zum Schweizerischen Juristentag 1998, Solothurn 1998, 31 ff.

sprechende Behörde», Art. 188 BV), das Selbstverwaltungsrecht (Art. 188 BV), die richterliche Unabhängigkeit (Art. 191c BV), aber auch Macht hemmende Kontrollen und Kooperationen (Budgethoheit, Wahl- und Oberaufsichtsrecht, Bindung an das BG, Art. 167, 168, 169 und 190 BV). Bei der konkreten verfassungsrechtlichen und gesetzlichen Ausgestaltung gilt es deshalb anzusetzen, wenn es nachfolgend darum geht, die Stellung, Erscheinungsweise und die besondere Art der Aufgabenerfüllung des Bundesgerichts darzustellen.

b) Rechtsprechung als Funktion

Die Lehre definiert «Rechtsprechung» als «verbindliche Entscheidung von Rechtsstrei-   **14**
tigkeiten durch einen am Streit nicht unmittelbar beteiligten, unabhängigen Dritten» oder als «Rechtsanwendung zwecks Entscheidung eines Rechtsstreites».[19] Ihre Hauptfunktion besteht in der **Streitschlichtung** (Herstellung des Rechtsfriedens durch autoritative Festlegung dessen, was «Rechtens» und «gerecht» ist). Insofern dient sie in doppelter Hinsicht dem **Rechtsschutz**, zum einen dem Schutz subjektiver Rechte der Individuen, zum anderen dem Schutz des objektiven Rechts.

Durch obige Definition nicht oder nur teilweise gedeckt, aber doch dem Schutz des   **15**
Rechts dienend und funktionell zur Rechtsprechung gehört die sog. **Normenkontrolle**. Man versteht darunter die gerichtliche Überprüfung der Gültigkeit von Rechtsvorschriften. Im Streite steht die Frage, ob die Norm mit dem höherrangigen Recht übereinstimmt. Grundsätzlich ist jedes Gericht berechtigt und verpflichtet, die formelle und materielle Gültigkeit einer Rechtsnorm, auf die es seinen Entscheid stützen will oder muss, selbst zu überprüfen (sog. *diffuses* System der Normenkontrolle), es sei denn, diese Kontrolle sei einem speziellen Gericht (Verfassungsgericht) vorbehalten (sog. *konzentriertes* System der Normenkontrolle). Ist das Verfassungsrecht Prüfungsmassstab, soll stellt die Normenkontrolle eine **Form der Verfassungsgerichtsbarkeit** dar.[20] *Abstrakte* Normenkontrolle liegt vor, wenn in einem besonderen Rechtsschutzverfahren über die Gültigkeit eines Rechtssatzes entschieden wird, wie etwa bei der Beschwerde in öffentlichrechtlichen Angelegenheit gegen kantonale Erlasse (Art. 82 lit. b, früher Art. 84 OG). Von *konkreter* Normenkontrolle spricht man, wenn ein Einzelakt (Entscheid oder Urteil) Anfechtungsobjekt ist, aber vorfrageweise überprüft wird, ob sich die Norm, auf welche sich der Einzelakt stützt, im Anwendungsfall als rechtswidrig erweist.

In der Schweiz anerkennen Lehre und Praxis ein entsprechendes richterliches Prüfungs-   **16**
recht (diffuses System, Befugnis zur Normenkontrolle im konkreten Rechtsfall), ausgenommen die Verfassung verfüge das Gegenteil (wie in Art. 190 BV).[21] Die Befugnis zur Normenkontrolle bringt die Richter in ein **Konkurrenzverhältnis zum Gesetzgeber**.[22] Dennoch ist sie Rechtsschutz und funktionell Rechtsprechung. Die Problematik der Normenkontrolle liegt in der Macht der Recht sprechenden Behörden, sich notfalls über den Willen des demokratischen Gesetzgebers hinwegzusetzen. Damit gerät rechtsstaatliches Denken in ein Spannungsverhältnis zur formal verstandenen Demokratie. Daraus eine Über- oder Unterordnung abzuleiten wäre aber falsch. Demokratie und Rechtsstaat

---

[19] Vgl. THÜRER/AUBERT/MÜLLER-BIAGGINI, 1153 N 1, und die dort zitierte Literatur, insb. BETTERMANN, ev. Staatslexikon³, 2774 (2783).
[20] RHINOW/KOLLER/KISS, Prozessrecht, Rz 639 ff.
[21] Ausdrücklich verwehrt (nicht die Prüfung, aber die Verweigerung der Anwendung) ist dies gemäss Art. 190 BV bei Bundesgesetzen und beim Völkerrecht. Diese sind für das Bundesgericht und die andern rechtsanwendenden Behörden «massgend», d.h. bindend und anzuwenden.
[22] THÜRER/AUBERT/MÜLLER-BIAGGINI, 1157 N 10.

bedingen sich gegenseitig, das eine ist nicht ohne das andere zu haben, auch wenn gelegentlich die «Hüter der Verfassung» (BVers bei der Ungültigerklärung von Initiativen nach Art. 139 Abs. 2 BV, BGer bei der Ausübung der Verfassungsgerichtsbarkeit nach Art. 95 i.V.m. 82) Vorrang haben.[23]

17   Offensicht ist dieser Vorrang, wo das BGer im abstrakten Normenkontrollverfahren kantonalen Gesetzen die Anwendung versagt, um dem Bundesrecht zum Durchbruch zu verhelfen (wie neulich im Urteil über das degressive Steuersystem des Kantons Obwalden).[24] Bei BG stellt sich diese Frage wegen Art. 190 BV nicht und dennoch ist unverkennbar, dass sich solche Konflikte auch beim Entscheid über Anwendungsfälle ergeben können. **Richterliche Rechtsanwendung und richterliche Rechtsfortbildung bewegen sich häufig im Grenzbereich der Rechtsetzung.** Der Richter wendet das Gewollte auf den Einzelfall an, er denkt das vom Gesetzgeber Vorgedachte zu Ende, er konkretisiert und macht das Gesetz anwendbar. Insofern normiert auch der Richter.

18   Das solches Tun auch **politische Auswirkungen** hat, liegt auf der Hand. Recht und Politik (primär eine der Legislative und Exekutive zugedachte Aufgabe) lassen sich insofern nicht völlig voneinander trennen. Das bleibt vergessen, wenn – wie man das in letzter Zeit immer wieder erlebt – dem BGer vorgeworfen wird, sich **«politische» Entscheidungen** anzumassen. Es gibt nun einmal Streitfragen vor der Justiz, die über einen politischen Gehalt verfügen und selbst dann politische Auswirkungen zeitigen können, wenn sie *rechtlich* entschieden werden (Bsp. Letzte Meile, Einbürgerungsfälle, Nothilfe an abgewiesene Asylbewerber, Obwaldner Steuerentscheid – und überhaupt häufig bei der abstrakten Normenkontrolle [N 16 f.]). Im Übrigen überlässt der Gesetzgeber durch **offene Normierungen** mitunter bewusst «politische» Fragen der rechtlichen Beurteilung durch das Gericht, weil sich eine bestimmte Idee oder ein Grundsatz erst am konkreten Anwendungsfall bewähren kann. Diese Konkretisierung aber ist Aufgabe der Rechtsprechung, die unabhängig und ohne erneute Einwirkung von aussen, nur dem Recht verpflichtet, im Rahmen ihrer Zuständigkeiten darüber zu befinden hat.

19   Die Verfassung verwendet den Begriff der Rechtsprechung an drei Orten (Art. 122, 123 und 188 BV) und verbindet diese Tätigkeit (Rechtsprechung im funktionellen Sinn) organisatorisch immer mit der in *Unabhängigkeit* und gem. besonderen *Verfahren* operierenden Organgruppe «Gerichte» bzw. «richterliche Behörden» (Art. 30, 191c BV).[25] Rechtsprechende Funktionen üben (in immer geringerem Ausmass zwar) auch andere Organe aus (Verwaltungsorgane, Bundesversammlung); und nicht alles, was Gerichte tun, ist Rechtsprechung (vgl. oben N 12). Die BV lässt in gewissen Grenzen Raum für rechtsetzende und administrative Aufgaben (Gerichtsverordnungen, Justizverwaltung, Aufsicht, freiwillige Gerichtsbarkeit). Obwohl von den anderen staatlichen Organen getrennt und unabhängig, sind die Gerichte **in ihrer Tätigkeit mit den anderen staatlichen Funktionen verschränkt.** Die Gerichte urteilen nach den von Parlament und Regierung erlassenen Normen; umgekehrt üben die Gerichte mit ihrer Rechtsprechung Kontrolle über die (anderen) rechtsanwendenden Behörden aus (Verwaltungs- und Verfassungsgerichtsbarkeit). Es erscheint deshalb notwendig, die Rechtsprechung von den anderen Staatsfunktionen der Gesetzgebung und der vollziehenden Gewalt noch etwas besser abzugrenzen.

20   **Von der Gesetzgebung unterscheidet sich die Rechtsprechung,** dass sie gleich der vollziehenden Gewalt dem Bereich der Rechtsanwendung zuzuordnen ist. Während der

---

[23] Vgl. dazu auch RHINOW, Grundzüge, Rz 206 ff.
[24] Urteil vom 1.6.2007, II. OeRA, 2P.43/2006, = BGE 133 I 206.
[25] THÜRER/AUBERT/MÜLLER-BIAGGINI, 1155 N 5; vgl. auch Komm. zu Art. 2 N 8 ff.

Gesetzgeber typischerweise generell-abstrakte Regeln aufstellt, ist Rechtsprechung auf die individuell-konkrete Anwendung im Einzelfall gerichtet. Der Richter hat allein auf der Grundlage der allgemeinen Regel, des Gesetzes und in Übereinstimmung mit diesem zu entscheiden. Er prüft dabei, ob sich das reale Geschehen (Sachverhalt) mit dem gesetzlich umschriebenen Tatbestand deckt, um daraus die rechtliche Folge abzuleiten und auf den konkreten Fall anzuwenden. Die richterliche Tätigkeit erschöpft sich allerdings nicht in dieser «Subsumtion». Bevor er die gesetzlichen Normen anwenden kann, muss er die einschlägigen, oft mehrdeutigen oder lückenhaften Bestimmungen auslegen, d.h. ihren Inhalt und ihren Sinn ermitteln. Das rückt den Richter in die Nähe des Gesetzgebers, dessen Werk er vervollständigt und im Einzelfall verdeutlicht, ergänzt und konkretisiert (vgl. N 16 f.).

Das wird bei der Kritik der Politik an der Rechtsprechung leider immer wieder verkannt. **21** **Lückenfüllung und Rechtsschöpfung gehören zum Wesen der Rechtsprechung**. Sie erhalten das Recht überhaupt erst lebendig und sichern dessen Steuerungsfähigkeit. Rechtsfortbildung durch richterliche Auslegung – sie steht beim obersten Gericht häufig im Vordergrund – bleibt funktionell Rechtsprechung (N 16). Sie unterscheidet sich in wesentlichen Punkten von der Gesetzgebung, z.B. durch die fehlende Allgemeinverbindlichkeit oder die verschiedenartige Rechtsnatur (der Richterspruch ist Erkenntnis- nicht Willensakt).[26]

Von der Verwaltung unterscheidet sich die Rechtsprechung durch ihr Verhältnis zum **22** Gesetz und ihre besondere, unabhängige Stellung. In beiden Fällen geht es um «Rechtsanwendung» auf der Grundlage und in den Schranken von Gesetz und Recht (Art. 5 BV).[27] Für den Richter hat das Gesetz aber eine andere Funktion. Es ist nicht in erster Linie Verhaltensnorm (was beim Prozessrecht zwar auch der Fall ist), sondern Beurteilungsmassstab fremden Verhaltens. Zudem handelt die Verwaltung bei der Anwendung, Umsetzung und Verwirklichung der Gesetze in «eigener» Sache (meistens weisungsgebunden), während der Richter als unbeteiligte und neutrale Instanz über «fremde» Angelegenheiten entscheidet. Aus der «Neutralität» und «Distanz» des Recht sprechenden Organs zur «fremden» Angelegenheit und zu den prozessführenden Parteien ergeben sich zwei wichtige Forderungen: die **Unabhängigkeit** als notwendiges Mittel zur Sicherung dieser Neutralität einerseits und die **Passivität** (das passive Verhalten) der richterlichen Gewalt andererseits;[28] diese darf nur auf Antrag von Rechtssuchenden und Begehren anderer Behörden tätig werden (ohne Klage und Beschwerden gibt es keinen Rechtsschutz). Unabhängigkeit und Unparteilichkeit vertragen sich nicht mit ungebetener Einmischung in fremde Händel.

c) Organe der Rechtsprechung (Gerichte und richterliche Behörden)

Rechtsprechung und Recht sprechende Gewalt (Gerichte) sind nicht identisch. Die BV **23** begründet weder ein Streitschlichtungsmonopol des Staates noch der Gerichte. Sie lässt Raum für **nicht-staatliche (internationale, private, kirchliche) Gerichtsbarkeit** (internationale Gerichtshöfe, private Schiedsgerichte, Kirchengerichte) sowie für **nicht-richterliche Streitentscheidung** durch verwaltungsinterne Instanzen oder politische Behörden (Bundesrat und Parlament).[29] Die Rechtsweggarantie nach Art. 29a BV steht dem

---

[26] Vgl. BETTERMANN, ev. Staatslexikon³, 2775 f.
[27] THÜRER/AUBERT/MÜLLER-BIAGGINI, 1157 N 12.
[28] BETTERMANN, ev. Staatslexikon³, 2779; vgl. auch hinten, Komm. zu Art. 2.
[29] THÜRER/AUBERT/MÜLLER-BIAGGINI, N 7, 25 ff., 30 ff.

nicht entgegen. Die Bestimmung verlangt nur, aber immerhin, dass bei Rechtsstreitigkeiten das letzte Wort einem unabhängigen Gericht zusteht.[30]

24 Die vorrangige Bedeutung **Wahrnehmung der Rechtsprechung durch staatliche Gerichte** ergibt sich aus dem Wesen des Rechtsstaates. Dieser stellt nicht nur eine gesetzliche Ordnung und Prinzipien auf (Legalitätsprinzip, Gewaltenteilung, Grundrechte), sondern er garantiert sie auch. Dazu bedarf es institutioneller Vorkehren und verfahrensmässiger Garantien wie etwa die des Anspruchs auf rechtliches Gehör (Art. 29 Abs. 2 BV) oder der Beurteilung durch eine richterliche Behörde (Art. 29a BV). Allerdings gilt eine Streit entscheidende Instanz **nur dann als «Gericht», wenn bestimmte Anforderungen erfüllt sind.** Lehre und Praxis haben diese Voraussetzungen vor allem im Zusammenhang mit dem grundrechtlichen Anspruch auf den verfassungsmässigen (bzw. gesetzmässigen) Richter entwickelt (Art. 30 BV, früher Art. 6 EMRK und Art. 58 aBV):[31] ein Gericht muss (1) auf Gesetz beruhen, zuständig und ordnungsgemäss zusammengesetzt sein; es muss (2) unabhängig sein (von den andern Staatsgewalten und den Parteien) und (3) unparteilich sein, d.h. die Richter müssen unvoreingenommen, sachgemäss, nach bestem Wissen und Gewissen urteilen und «nur dem Recht verpflichtet» (Art. 191c BV) sein.[32]

25 Das BGer hatte mehrfach Gelegenheit, sich zum verfassungs- und konventionsrechtlichen **Gerichtsbegriff** zu äussern.[33] Begriffswesentlich sind die Beurteilung von Streitigkeiten im Einzelfall und die Entscheidung hierüber aufgrund von Rechtsnormen in einem durch Rechtsnormen geregelten Verfahren (BGE 119 Ia 81 E. 3). Keine Rolle spielt hingegen die Bezeichnung einer Behörde oder der blosse Umstand, dass die Mitglieder einer richterlichen Behörde durch die Exekutive ernannt werden (solange diese Behörde «organisatorisch und personell, nach der Art ihrer Ernennung, der Amtsdauer, dem Schutz vor äusseren Beeinflussungen und nach ihrem Erscheinungsbild» unabhängig und unparteiisch ist [BGE 126 I 228, 230; 123 I 87, 91]). Deshalb fallen nicht allein die klassischen Gerichte, sondern auch die Instanzen der Militärgerichtsbarkeit, die (früheren) Rekurskommissionen oder anders bezeichnete Behörden darunter (wiederum solange sie die Merkmale von Art. 30 BV erfüllen), nicht aber Bundesversammlung und Bundesrat sowie die verwaltungsinternen Beschwerdeinstanzen. Die BV trägt diesem Umstand Rechnung, dass sie an gewissen Stellen statt Gericht den **Begriff «richterliche Behörde»** verwendet (Art. 29a BV, 191a, 191b, 191c BV).[34]

26 Keinen zusätzlichen Abgrenzungswert besitzt der Begriff der **Gerichtsbarkeit.** Es ist eine Sammelbezeichnung für Ausübung von Aufgaben im Bereich der Rechtspflege (Tätigkeiten im Zusammenhang mit der Rechtsanwendung und Rechtsverwirklichung, die über die Rechtsprechung hinausgehen, aber mit dieser in einem Zusammenhang stehen wie die Strafverfolgung, Vollstreckung, freiwillige Gerichtsbarkeit) und der Rechtsprechung im engeren Sinn. Im *funktionellen* Sinn versteht man darunter die Tätigkeit der Gerichte bzw. die Befugnis zur Rechtsprechung. Im *organisatorischen* Sinn wird der Begriff verwendet für die Bezeichnung von Gerichtsinstanzen (Justizorgane) gleicher Ausrichtung und Prägung (Zivilgerichtsbarkeit, Militärgerichtsbarkeit, Verfassungs-

---

[30] Vgl. SGK²-KLEY, Komm. zu Art. 29a N 5 ff.

[31] Vgl. RHINOW/KOLLER/KISS, Prozessrecht, 29 ff.; RHINOW, Grundzüge, 479 ff.; SGK²-STEINMANN, Art. 30 N 5 ff.; MICHEL HOTTELIER, Les garanties de procédure, in: Verfassungsrecht (2001), § 51; MÜLLER, Grundrechte³, 569 ff.; SCHEFER, Grundrechte, 321 ff.

[32] Vgl. SGK²-STEINMANN, Art. 30 N 5 ff. und Komm. zu Art. 2.

[33] Vgl. etwa die Definition in BGE 126 I 228, 230. Vgl. auch SGK²-KLEY, Art. 29a N 15.

[34] RHINOW, Grundzüge, N 2757; vgl. auch SGK²-KISS/KOLLER, Art. 191a N 24 ff., 32 ff.; Art. 191b N 13 ff.; Art. 191c N 2 ff.

gerichtsbarkeit). Im *institutionellen* Sinn bezeichnet Gerichtsbarkeit eine Gesamtheit von personellen, organisatorischen und prozessualen Regelungen und Massnahmen zur Ausübung von Rechtspflege.[35]

Die funktionellen und organisatorischen Aspekte der Gerichtsbarkeit sind aus verfassungsrechtlicher Sicht gewiss von zentraler Bedeutung, ebenso die institutionellen Sicherungen der mit richterlicher Unabhängigkeit ausgestatteten Behörden (vgl. Art. 2 N 8 ff.). Nicht minder wichtig sind jedoch die Auswahl, Wahl und die Stellung der **Organwalter** der Justiz, der **Richterinnen und Richter**. Die BV erwähnt die Richterinnen und Richter des Bundesgerichts nur punktuell, in Art. 143 im Zusammenhang mit den Wählbarkeitsvoraussetzung für Bundesbehörden (Art. 143), bei der Regelung der Unvereinbarkeiten (zwecks Sicherung der personellen Gewaltentrennung, Art. 144) und bei der Bezeichnung der Bundesversammlung als Wahlorgan (Art. 168). Alle anderen Regelungen (Wahlprozedere, Amtsdauer, weitergehende Inkompatibilitäten, Garantien, Verantwortlichkeit) werden dem Gesetzgeber überlassen und haben in den Art. 5–12 eine Normierung erfahren (vgl. dort). 27

d) Organisation der Rechtsprechung im schweizerischen Bundesstaat

Die «Eigenstaatlichkeit» der Kantone bringt es mit sich, dass alle Kantone schon vor der Schaffung des schweizerischen Bundesstaates über eigenständige und unabhängige Organe der Rechtsprechung verfügten. Die aBV konnte dort anschliessen. Trotz Vereinheitlichung des Zivil- und Strafrechts (und bald auch des Prozessrechts) sind die Organisation der Gerichte und die Rechtsprechung in Zivil- und Strafsachen von Bundesverfassungs wegen «wie bis anhin» (Art. 64 und 64bis aBV) grundsätzlich den Kantonen verblieben (jetzt Art. 122 und 123 BV, je Abs. 2). Das **Schwergewicht der Rechtsprechungsaufgaben in Zivil- und Strafsachen liegt auch heute noch bei den Kantonen**. Ihnen obliegen im Rahmen der Bundesgesetzgebung auch die Organisation ihres eigenen Gerichtswesens und die Beurteilung von Streitigkeiten aus dem kantonalen öffentlichen Recht und – soweit kantonal vollzogen – aus dem Bundesverwaltungsrecht. Das BGG schraubt nun die Anforderungen an die kantonale Gerichtsbarkeit noch etwas höher und verlangt von ihnen grundsätzlich in allen Rechtsgebieten eine doppelte Instanz. Sie haben für den Zugang zum nach- bzw. übergeordneten BGer in allen Bereichen als unmittelbare Vorinstanz des Bundesgerichts obere Gerichte einzusetzen, die grundsätzlich als Rechtsmittelinstanzen entscheiden (Art. 75, 80 und 86, je Abs. 2). 28

Gegen kantonale Entscheide steht grundsätzlich der **Rechtsweg an das Bundesgericht** offen. Dieses ist 1874 als ständiges Gericht zur Sicherstellung einer einheitlichen Anwendung des Bundeszivil- und Bundesstrafrechts eingerichtet worden und blieb bis zur Schaffung der unabhängigen Rekurskommissionen einzige richterliche Instanz des Bundes. Art. 191a BV stellt nun klar, dass dem Bundesgericht (jetzt «oberste Recht sprechende Behörde des Bundes») andere Gerichte des Bundes vorgeschaltet werden können. Das Bundesgericht ist Rechtsmittelinstanz und nach der Reorganisation der Bundesrechtspflege fokussiert auf die Beurteilung von Rechtsfragen, nur noch ausnahmsweise des Sachverhalts (Art. 95 ff.). Nur in wenigen Fällen nimmt das Bundesgericht noch erstinstanzliche Rechsprechung wahr. 29

Neben dieser vertikalen Gliederung der Gerichtsbarkeit nach Kantons- und Bundeszuständigkeiten ist die **horizontale Aufteilung der Gerichtsbarkeit** zu nennen, die sich an den zu pflegenden Rechtsgebieten orientiert (Zivil- und Strafgerichtsbarkeit, Verwal- 30

---

[35] Vgl. BETTERMANN, ev. Staatslexikon³, 2796.

tungs- und Verfassungsgerichtsbarkeit).[36] Diese Gerichtsbarkeiten bilden in der Regel weder auf kantonaler noch auf Bundesebene eine organisatorische Einheit. Sie sind von Kanton zu Kanton unterschiedlich organisiert (auf unterer kantonaler Ebene zum Teil als eine Mehrheit selbständiger Zivil- und Strafgerichte [Amts- und Bezirksgerichte], auf oberer kantonaler Ebene häufig vereint [Kantons- und Obergerichte] oder dual organisiert [separates Verwaltungsgericht]). Auf Bundesebene fungieren das BStGer und das BVGer (wohl bald auch das Bundespatentgericht) als spezialisierte Gerichtsbarkeiten in erster Instanz. Nur das Bundesgericht vereinigt Zivil-, Straf-, Verwaltungs- und Verfassungsgerichtsbarkeit unter einem Dach.[37]

e) Rechtswege, Rechtsmittel und Verfahren

31 Die Abgrenzung zwischen den vielfach gegliederten Zuständigkeiten innerhalb der staatlichen Gerichtsbarkeit ist das Problem des Rechtsweges (des Weges zum Gericht). **Zulässigkeit des Rechtsweges** bedeutet deshalb, dass eine Streitsache in die (örtliche, sachliche oder funktionelle) Zuständigkeit eines Gerichts fällt.[38] Die Zuständigkeit wiederum gehört zu den Voraussetzungen, die nach den Prozessgesetzen erfüllt sein müssen, damit der Richter oder eine andere Entscheidungsinstanz in einem bestimmten Verfahren auf die Sache eintreten und das Begehren materiell behandeln (Sachentscheidungs- oder Sachurteilsvoraussetzungen).

32 Davon zu unterscheiden ist das besonders geartete, förmliche Gesuch (**Rechtsmittel**), mit dem eine Entscheidung angefochten und erreicht werden kann, dass ein höheres Gericht die angefochtene Entscheidung prüft.[39] Der Rechtsweg, die Rechtsmittel und die Verfahrensvoraussetzungen sind in den einschlägigen Gerichtsorganisations- und Prozessgesetzen der jeweiligen Gerichtshoheiten (Kantone und Bund) geregelt. Mit der Vereinheitlichung des Straf- und Zivilprozessrechts werden die zulässigen Rechtsmittel und die jeweiligen Verfahrensvoraussetzungen gestrafft und vereinheitlicht werden. Für das Verfahren vor Bundesgericht ist dies mit dem BGG und der Einführung der Einheitsbeschwerden (Art. 72 ff.) bereits geschehen. Der Weg durch die gerichtlichen Instanzen bis hin zum Letztentscheid (**Instanzenzug**) wird dadurch erheblich vereinfacht und verkürzt werden.

33 Die soeben erläuterten prozessrechtlichen Bestimmungen sind im Unterschied zu den **Verfahrensgarantien** nicht auf der Verfassungsebene angesiedelt (oder nur indirekt, über die Zuständigkeitsregelungen). Das schweizerischen Straf- und Zivilprozessrecht sowie die Organisation und Verfahren vor Bundesgericht sind gem. der Verfassung auf der Gesetzesstufe zu regeln (Art. 122, 123 und 188 Abs. 2 BV). Das formelle Recht besteht jedoch nicht um seiner selbst willen. Es wird geschaffen, um dem materiellen Recht und den darin verankerten Werten zum Durchbruch zu verhelfen. Ziel ist ein möglichst faires Verfahren und ein möglichst gerechtes Resultat. Der Verwirklichung dieses Zieles dienen u.a. die grundrechtlichen Verfahrensgarantien, die in Art. 29–32 BV enthalten sind.[40] Sie sind massgebend für alle Verfahren vor Behörden und Gerichten, weshalb hier einleitend noch einmal darauf verwiesen wird.

---

[36] BETTERMANN, ev. Staatslexikon[3], 2797.

[37] Vgl. zur Organisation der Justiz etwa KLÖTI ET AL.[3]-KÄLIN, 187 ff.

[38] RHINOW/KOLLER/KISS, Prozessrecht, N 955–962.

[39] Vgl. dazu RHINOW/KOLLER/KISS, Prozessrecht, N 580 ff.

[40] Vgl. dazu die prägnanten Ausführungen von RHINOW, Grundzüge, § 30; AUER/MALINVERNI/ HOTELIER, droit constitutionnel[2], 559 ff.; AUBERT/MAHON, commentaire, 264 ff.; MÜLLER, Grundrechte[3], 493 ff.; SCHEFER, Grundrechte, 277 ff.; KIENER/KÄLLIN, Grundrechte, 401 ff.; ferner SGK-DIVERSE, Komm. zu den Art. 29 ff.

II. Die «oberste Recht sprechende Behörde» des Bundes (Abs. 1)

1. Die gleichnamige Bestimmung der Verfassung

a) Entstehungsgeschichte

«Zur Ausübung der Rechtspflege, soweit dieselbe in den Bereich des Bundes fällt, wird **34** ein Bundesgericht aufgestellt» – so bestimmt Art. 106 Abs. 1 aBV. Das BGer ist nach dieser Konzeption *einziges* ordentliches Gericht des Bundes; bei ihm konzentrieren sich Zivil-, Straf-, Verwaltungs- und Verfassungsgerichtsbarkeit.[41] Es erübrigte sich deshalb, das Bundesgericht als «oberstes» Gericht zu bezeichnen.

Eine **Auffächerung der Bundesgerichtsbarkeit** auf mehrere Stufen oder mehrere oberste **35** (Fach-)Gerichte wurde von der Lehre als nicht zulässig erachtet, ausgenommen im Bereich der Verwaltungsgerichtsbarkeit.[42] Das BGer blieb denn auch nicht einziges oberstes Gericht. Das im Jahre 1917 errichtete EVG bildete seit 1969 eine organisatorisch selbständige Abteilung des BGer mit Sitz in Luzern (Art. 122 OG). Trotz dieser Konstellation handelte es sich beim EVG faktisch um ein selbständiges Spezialgericht, welches auf gleicher Stufe mit dem BGer in Lausanne stand. Dieses Nebeneinander *zweier* oberster Gerichte kam auch dadurch zum Ausdruck, dass beide Gerichte der BVers separat Bericht erstatteten und getrennte Justizverwaltung mit eigenen Leitungsstrukturen führten. Für gewisse Bereiche des Bundesverwaltungsrechts fungierten zudem seit den 80er Jahren Spezialverwaltungsgerichte (Rekurs- und Schiedskommissionen), in der Regel als Vorinstanzen des BGer (vgl. Art. 98e OG); zum Teil urteilten die Kommissionen aber auch endgültig (etwa im Asylbereich). Insoweit herrschte eine *mehrstufige* Bundesgerichtsbarkeit.[43]

Bei der «Nachführung» der Bundesverfassung wurde der existierenden **Mehrstufigkeit** **36** **der Bundesgerichtsbarkeit** Rechnung getragen und das Bundesgericht «als oberste rechtsprechende Behörde des Bundes» eingerichtet (Art. 188 Abs. 1 BV 2000). Die vom BR in seiner Botschaft über eine neue Verfassung vom 20.11.1969 beantragte Formulierung fand in den Räten Zustimmung.[44] Sie wurde im Rahmen der Justizreform unverändert übernommen (Art. 188 Abs. 1 BV)[45] und fand (mit einer modischen Anpassung an die neuen Rechtschreiberegeln) Eingang in Art. 1.

b) Folgerungen aus dem Verfassungsrecht

Die BV kennzeichnet im 4. Kapitel «Bundesgericht und andere richterliche Behörden» **37** die «Stellung des Bundesgerichts» mit der Kernaussage «Das Bundesgericht ist die oberste rechtsprechende Behörde des Bundes» (Art. 188 Abs. 1 BV). Im BGG wird diese Kennzeichnung im 1. Abschnitt «Stellung des Bundesgerichts» sowohl als Randtitel für den Art. 1 als auch als qualifizierendes Merkmal im ersten Absatz verwendet: «Das Bun-

---

[41] BVK-HALLER, Art. 106, Rz 2 ff.
[42] Gestützt auf den Art. 114bis aBV, der 1914 in die Verfassung Eingang fand. Vgl. BVK-HALLER, Art. 106, Rz 8 f.
[43] Weder die richterlichen Vorinstanzen des Bundes im Bereich der Verwaltungsgerichtsbarkeit noch die Militärgerichte fanden in der aBV Erwähnung. Die Militärgerichtsbarkeit wird durch die 8 Divisionsgerichte, die 3 Militärappellationsgerichte und das Militärkassationsgericht ausgeübt. Die Militärgerichtsbarkeit kennt keine Einmündung beim Bundesgericht. Vgl. HAUSER/SCHWERI/HARTMANN, Strafprozessrecht[6], § 14.
[44] Vgl. Art. 176 Abs. 1 VE 96; Botschaft BV, 424.
[45] SGK[2]-KISS/KOLLER, Art. 188 N 1 ff. Diesen Entscheiden war in der VK (NR) eine intensive Modelldiskussion über die künftige Struktur der Bundesgerichtsbarkeit vorangegangen. Im Plenum wurden die entsprechenden Anträge dann aber zurückgezogen (a.a.O. N 4).

desgericht ist die oberste Recht sprechende Behörde des Bundes» (Art. 1 Abs. 1). Das BGG fügt dann allerdings in den nachfolgenden Bestimmungen (Art. 1–4) noch weitere **kennzeichnende Elemente der «obersten Recht sprechenden Behörde des Bundes»** an (Zusammensetzung, Unabhängigkeit, Verhältnis zur BVers). Aus diesen zusätzlichen Bestimmungen ergeben sich für die Stellung des BGer gewisse Präzisierungen, die der Verfassungsbestimmung nicht zu entnehmen sind (wie etwa die Befugnis zur Aufsicht über die vorinstanzlichen Bundesgerichte). Die nachfolgenden Ausführungen beschränken sich vorerst auf Merkmale und Folgerungen, die sich aus der Verfassungsbestimmung ergeben:[46]

38   aa) Die **Funktion** der Rechtsprechung auf höchster Ebene ist in erster Linie Aufgabe des BGer und nicht des BR oder der BVers. Als dritte Gewalt im staatlichen Organisationsgefüge hat sich die Judikative grundsätzlich auf ihre «Stammfunktion» zu beschränken, nämlich die Streitschlichtung (vgl. vorne N 14). Diese ist ihr andererseits (mit Ausnahmen) aber auch vorbehalten. Die Reorganisation der Bundesrechtspflege hat diesem Aspekt weitestgehend Rechnung getragen. Die Rechtsprechungsbefugnisse von BR und BVers sind abgeschafft bzw. auf das staatspolitisch notwendige und verantwortbare Minimum herabgesetzt worden.[47] Allerdings sind auch neue «Einbrüche» in das System zu verzeichnen, so durch die Übertragung der Aufsicht über die Vorinstanzen an das Bundesgericht (Art. 1 Abs. 2; dazu hinten N 62 ff.).

39   bb) Aus der klaren Kennzeichnung des BGer als oberstes **Organ** der Rechtsprechung im Bunde folgt, dass die von Lehre und Praxis entwickelten, die Judikative kennzeichnenden verfassungsrechtlichen Garantien bei der Umsetzung beachtet werden. Das BGer ist in der Ausübung seiner Rechtsprechungsaufgabe selbstständig und unabhängig von den beiden anderen Gewalten (Art. 191c BV). Das schliesst machthemmende Kontrollen und Kooperationen anderer Organe («checks and balances») nicht aus (vgl. vorne N 17). Die BV liefert dafür die massgebenden Eckwerte. Sie bekennt sich durch ihre Zuständigkeitsordnung zur organisatorischen Gewaltentrennung (Art. 163 ff., 180 ff., 189 BV), sichert mit Unvereinbarkeitsbestimmungen die personelle Gewaltentrennung (Art. 144 BV) und sorgt mit Vorkehren der Gewaltenverschränkung für die staatspolitisch gebotene Gewaltenhemmung (Gesetzgebungs-, Finanz- und Wahlbefugnisse sowie Oberaufsicht der BVers einerseits [Art. 163–169 und 190 BV], gerichtliche Kontrolle des staatlichen Handelns [allerdings ohne Normenkontrolle gegenüber BG] andererseits).

40   cc) Die BV bezeichnet das BGer als **oberste** Recht sprechende Behörde. Daraus folgt:

41   – Als Spitze der Judikative steht das BGer **innerhalb des Gewaltengefüges auf gleichrangiger Stufe wie der BR** als «oberste leitende und vollziehende Behörde» (Art. 174 BV). Die Wortwahl «Das Bundesgericht ist die oberste rechtsprechende Behörde» lässt daran keinen Zweifel.[48]

---

[46] Vgl. SGK²-KISS/KOLLER, Art. 188 N 8 ff.; Botschaft Verfassungsreform, 526 ff.

[47] Vgl. für die Zulässigkeit von Ausnahmen von der Rechtsweggarantie (namentlich aus politischen Gründen) Art. 29a Abs. 2 BV und Art. 86 Abs. 3, sodann die wenigen verbliebenen Möglichkeiten der Beschwerde an den BR (187 Abs. 1 lit. d BV und Art. 72 ff. VwVG) und die der BVers vorbehaltenen Entscheidungen bei Zuständigkeitskonflikten, Amnestie und Begnadigungen (Art. 173 Abs. 1 lit. h–k BV).

[48] Die sprachliche Angleichung ist nicht zufällig. Zu beachten ist auch, dass das RVOG gleich wie das BGG die Formulierung der Verfassung auf der Gesetzesstufe übernimmt (Art. 1 Abs. 1). Vgl. THOMAS SÄGESSER, Regierungs- und Verwaltungsorganisationsgesetz RVOG vom 21.3.1997, Bern 2007, Art. 1 N 1 ff.

– Nach den Vorstellungen des Verfassungsgebers kann es **kein dem BGer überge- 42 ordnetes Verfassungsgericht oder Höchstgericht** geben. Die Errichtung eines solchen würde eine Verfassungsänderung bedingen.

– Mit der Formulierung wird sodann das Verhältnis des BGer zu den anderen rich- 43 terlichen Behörden des Bundes klargestellt. Bereits die Kapitelüberschrift macht deutlich, dass es im Bund noch andere richterliche Behörden gibt. Art. 191a BV verdeutlicht zwei davon (Bundesstrafgericht und Bundesverwaltungsgericht) und lässt in Abs. 3 noch weitere zu (derzeit steht ein erstinstanzliches Bundespatentgericht zur Diskussion). Das BGer ist ihnen gegenüber grundsätzlich **übergeordnete Rechtsmittelinstanz**, soweit das Gesetz die Vorinstanz nicht abschliessend entscheiden lässt (vgl. Art 191 BV). Die weiteren richterlichen Behörden des Bundes sind dem BGer im Instanzenzug *unter*geordnet.

– Fraglich ist, ob sich aus diesem verfassungsrechtlichen Über- bzw. Unterord- 44 nungsverhältnis **Zuständigkeiten ausserhalb der Rechtsprechungsfunktion** ableiten lassen, z.B. Leitungsfunktionen und Weisungsrechte in der Justizverwaltung oder Aufsichtsbefugnisse über die unteren Gerichte. Die Frage ist differenziert zu beantworten. Die Verfassung schliesst nicht a priori aus, dass der Gesetzgeber dem übergeordneten Gericht Zusatzaufgaben und -kompetenzen überträgt (vgl. Art. 189 Abs. 3 BV), wenn und insoweit die verfassungsrechtlichen Schranken gewahrt bleiben (klare gesetzliche Grundlage, im Dienste und nicht im Widerspruch zur Stammfunktion, Wahrung der richterlichen Unabhängigkeit der Vorinstanzen [Art. 191 BV] und Beachtung des Selbstverwaltungsrecht, soweit dieses der richterlichen Unabhängigkeit [gegenüber der Exekutive und auch der Rechtsmittelinstanz] dient).[49]

– Entschiedener zu vertreten ist die These, dass das BGer grundsätzlich **nicht mehr 45 als erste richterliche Instanz** eingesetzt werden darf. Es ist von Verfassungs wegen *oberste* richterliche Behörde, setzt also eine untere voraus. Zwar wäre der direkte Weg mit der Rechtsweggarantie nach Art. 29a BV vereinbar, aber kaum mit den Grundgedanken der Justizreform, dem BGer durchwegs richterliche Instanzen vorzuschalten und dieses grundsätzlich auf die **Prüfung von Rechtsfragen** zu beschränken. Der Bundesgesetzgeber muss zwingende politische und rechtliche Gründe geltend machen können, um den Weg an das BGer ohne richterliche Vorinstanz zuzulassen. Er hat diesen Weg beschritten für Entscheide mit vorwiegend politischem Charakter (Ausnahme von der Rechtsweggarantie nach Art. 29a Satz 2 BV), bei der Normenkontrolle gegenüber kantonalen Erlassen und in Stimmrechtssachen beschritten (Art. 86–88) sowie natürlich bei der ursprünglichen Gerichtsbarkeit (Klage nach Art. 120).

dd) Das BGer ist *einzige oberste* **Recht sprechende Behörde des Bundes**. Die Verfas- 46 sung geht von einer einheitlichen Spitze der Judikative aus, lässt also eines oder mehrere auf gleicher Stufe nebeneinander stehende Gerichte nicht zu. Darauf lässt schon die Wortwahl schliessen. Die BV verwendet bewusst die Einzahl: «Das Bundesgericht …». Dieses soll die Judikative nach aussen und im Verkehr mit den ande-

---

[49] Der Bundesgesetzgeber hat von diesen Möglichkeiten Gebrauch gemacht (durch die Übertragung der administrativen Aufsicht über die Vorinstanzen an das BGer [Art. 1 Abs. 2] oder durch die Verpflichtung der Vorinstanzen, Voranschlag, Rechnung und Geschäftsbericht zuhanden der BVers beim BGer einzureichen [Art. 3 Abs. 3 VGG und SGG]). Was sich theoretisch als geklärt ausnimmt, muss sich bezüglich der daraus ergebenden Weisungs- und Kontrollrechte freilich in der Praxis erst noch bewähren. Vgl. hinten N 82 ff.

ren staatlichen Gewalten vertreten. Das schliesst eine Dezentralisierung und eine Aufteilung der Rechtsprechungsaufgaben auf spezialisierte Abteilungen (im Unterschied zu einer Regionalisierung) nicht aus, solange die Koordination der Rechtsprechung gewährleistet ist.[50] Es wäre also auch unter neuem Recht durchaus möglich gewesen, ein rechtlich stärker verselbständigtes EVG weiter zu führen; nur eine vollständige Herauslösung aus dem BGer und eine Ausgestaltung als separate, zweite oberste Gerichtsbarkeit wäre mit der Verfassung nicht vereinbar.[51] Die Verfassung legt nämlich weder die Organisation des obersten Gerichts noch den Sitz oder die Aufteilung auf verschiedene Standorte fest. Sie überlässt die Organisation der Bundesgerichtsbarkeit und das Verfahren dem Gesetz (Art. 188 Abs. 2 BV).

2. Präzisierungen auf der Gesetzesstufe

a) Konkretisierungen zum Wortlaut

47   Das BGG kennzeichnet die Stellung des BGer mit dem gleichen, in der BV enthaltenen Wortlaut. Die wesentlichen **Grenzziehungen** (Einsetzung des BGer als alleiniges oberstes [übergeordnetes] Organ der Rechtsprechung auf Bundesebene) erfolgen deshalb **bereits auf der Verfassungsstufe** (vorne N 37 ff.). Das trifft nicht nur für die Kennzeichnung des BGer als «oberste rechtsprechende Behörde des Bundes» zu (Art. 188 Abs. 1 BV), sondern auch für die entsprechenden Vorkehrungen: Zuständigkeit in allen Bereichen des Rechts, Verzicht auf die Überordnung eines Verfassungsgerichts, Vorschaltung richterlicher Vorinstanzen als Regel, Beschränkung des Zugangs, Klärung des Verhältnisses zum BG und zum Völkerrecht, Verankerung des Prinzips der richterlichen Unabhängigkeit (Art. 189 ff. BV). Insofern kann auf die vorangehenden Ausführungen verwiesen werden.

48   Das BGG lässt es nun allerdings nicht bei der Übernahme des Wortlautes von Art. 188 Abs. 1 BV bewenden. Es setzt die Vorgaben der Verfassung auf der Gesetzesstufe um und **konkretisiert die Stellung des BGer** als «oberste Recht sprechende Behörde» (Art. 1 Abs. 1) in mehrfacher Hinsicht. Diesen Präzisierungen gilt nachfolgend das Augenmerk.

b) Folgerungen aus dem Gesetzesrecht

49   Die Botschaft erwähnt **vier Konsequenzen**, die sich aus der Kennzeichnung als «oberste Recht sprechenden Behörde des Bundes» ergeben:[52]

– Das BGer (und nicht eine andere Behörde) spricht auf höchster Ebene Recht.

– Es gibt kein Verfassungsgericht, das über dem BGer steht.

– Es gibt nur ein einziges oberstes Gericht des Bundes. Das EVG wird nicht wie heute bloss formell, sondern auch organisatorisch in das BGer integriert.

– Die anderen Gerichte des Bundes sind dem BGer im Instanzenzug untergeordnet (mit Ausnahme der Militärgerichte).

50   Text und Aufbau des BGG untermauern diese **Grundsätze**, konkretisieren und verstärken sie, wie nachfolgende Beispiele zeigen:

---

[50] SGK²-KISS/KOLLER, Art. 188 N 19 f.
[51] Mehr zur Stellung des bisherigen EVG und zur Teilintegration unter neuem Recht unter N 58 ff. (gesetzliche Umsetzung) bzw. Komm. zu Art. 4.
[52] Botschaft 2001 4277.

– Das BGer ist nicht nur im Instanzenzug übergeordnet, es übt auch die **Aufsicht** über **51** die beiden neuen vorinstanzlichen Bundesgerichte aus (Art. 1 Abs. 2). Diese Zusatzaufgabe stärkt die Stellung des obersten Gerichts im Bunde.

– Das BGG bringt besser zur Geltung, dass das Bundesgericht oberstes Gericht ist, wel- **52** ches sich mit Rechtsfragen in den Bereichen Zivilrecht, Strafrecht und öffentliches Recht befasst, die **nicht nur die Gesetzes-, sondern auch die Verfassungsstufe und das internationale Recht betreffen** (einheitliche Beschwerden in allen Bereichen des Rechts mit gleichen Rügegründen[53]).

– Das BGG verankert den Grundsatz, dass das BGer als oberstes Gericht grundsätzlich **53** **nur Rechtsfragen behandelt** und von Sachverhaltsfragen weitestgehend entlastet wird (Art. 97, mit einer Ausnahme im Bereich des Sozialversicherungsrechts).

– Damit die Rechtsweggarantie und das im schweizerische Recht gültige Prinzip der **54** «double instance» (mindestens einmalige Überprüfung der Streitsache durch eine übergeordnete Instanz mit voller Kognition) zum Tragen kommen, setzt das BGG *grundsätzlich* in allen Bereichen **obere kantonale Gerichte bzw. erstinstanzliche Bundesgerichte als Vorinstanzen** voraus (vgl. Art. 75, 80, 86 f.).

– Das BGG reduziert die **Direktprozesse auf ein Minimum** (Art. 120) und betont damit **55** die Stellung des BGer als oberstes Gericht im Lande.

– Die organisatorische **Eingliederung des EVG** in das BGer und die Zusammenfassung **56** zu einer Behörde unter einem gemeinsamen institutionellen Dach (*ein* Bundesgericht, mit *einheitlicher* Leistung, einem Sitz, aber zwei Standorten), mit der Möglichkeit, dass die an das *eine* BGer gewählten Richterinnen und Richter die Abteilung wechseln, vereinfachen die Wahrung der Einheit und Koordination der Rechtsprechung.

Die gestärkte Stellung des BGer und der einheitliche Auftritt nach aussen, im Verkehr **57** mit der Öffentlichkeit und den politischen Behörden (namentlich der BVers) sowie im administrativen Verkehr mit den Vorinstanzen und der Bundesverwaltung, werden längerfristig nicht nur das Ansehen, sondern auch das Bewusstsein unseres obersten Gerichts steigern und prägen. Die institutionelle Stärkung, die Vereinfachung und Beschleunigung der Verfahren und der einheitliche Auftritt werden nicht ohne Auswirkungen bleiben auf das Selbstverständnis des BGer und dieses gegen ungerechtfertigte Kritik feien.

3. Die Stellung der sozialrechtlichen Abteilungen

a) Die frühere Stellung des EVG[54]

Bis zum Inkrafttreten des BGG wurde die oberste Gerichtsbarkeit in der Sozialversiche- **58** rung vom EVG in Luzern wahrgenommen. Dieses wurde 1917 als eigenständige Gerichtsbehörde in Luzern errichtet und ab 1969 als «organisatorisch selbständige Sozialversicherungsabteilung des Bundesgerichts» mit Sitz in Luzern geführt (Art. 122 und 124 OG). Das EVG verfügte über eine eigene Leitungsstruktur mit eigenem Präsidium, eigener Organisation und eigenem Reglement (Art. 123 und 125 ff. OG). Die BVers wählte die Mitglieder spezifisch in die Sozialversicherungsabteilung (Art. 124 OG); eine Durchlässigkeit zum BGer bestand nicht, und ohne Neuwahl hätte ein Wechsel nach Lausanne oder umgekehrt nicht erfolgen können. Die **organisatorische Selbständigkeit**

---

[53] Vgl. Art. 72, 78 und 82 sowie 95.
[54] Botschaft 2001 4242 ff.

des EVG war insofern voll verwirklicht. Auch im Verkehr zur BVers agierte das EVG selbständig (Voranschlag, Geschäftsbericht usw.). Es wurde deshalb zu Recht als «selbständiges Spezialgericht neben dem BGer» bezeichnet.[55]

59 Diese Aufspaltung der obersten Gerichtsbarkeit auf faktisch zwei selbständige Organe gab in Lehre und Praxis Anlass zu Kritik. Insbesondere wurde geltend gemacht, diese historisch bedingte Kompromisslösung verstärke die Gefahr einer uneinheitlichen Rechtsprechung, sie verursache einen unnötigen **Koordinationsaufwand**, verunmögliche die Durchlässigkeit zwischen den obersten Gerichten und den gebotenen Lastenausgleich und entbehre angesichts der gegenseitigen Verschränkungen jeder inneren Rechtfertigung. Der Zwang zum Meinungsaustausch (Art. 127 OG) und die gemeinsame Verfahrensordnung (allerdings mit erheblichen Ausnahmen, insb. betr. Kognition und Kosten, Art. 132 und 134 OG) konnten dem nicht ausreichend entgegenwirken. Das war denn auch der Grund, weshalb die Expertenkommission für die Totalrevision der Bundesrechtspflege und mit ihr der BR,[56] aber auch das EVG selbst[57] zu einer institutionellen Vereinigung rieten.

b) Die jetzige Stellung der sozialrechtlichen Abteilungen

60 Der Verfassungsgeber ging klarerweise von einem **einzigen obersten Gericht** aus und davon, dass das EVG Teil des BGer ist.[58] Das zeigt sich unter anderem darin, dass von einem einzigen Bundesgericht die Rede ist und das EVG in den Bestimmungen über die Wahl, Unvereinbarkeit und Amtsdauer nicht separat erwähnt werden. Allerdings überlässt es die BV dem Gesetz, die Organisation und das Verfahren der obersten Gerichtsbarkeit des Bundes zu bestimmen (Art. 188 Abs. 2). Sie verzichtet aus Gründen der Flexibilität bewusst auf nähere Vorgaben bezüglich Organisation (Anzahl Richter oder Unterteilung in spezialisierte Abteilungen) und Sitz des Bger.[59] Der Gesetzgeber ist im Rahmen der diesbezüglichen Verfassungsbestimmungen frei, diejenige Organisation zu wählen, die der Aufgabenerfüllung des obersten Gerichts am besten dient. Nicht damit vereinbar wäre ein duales System (zwei getrennte oberste Gerichte) oder ein organisatorisch selbständiges oberstes Sozialversicherungsgericht (mit bloss administrativer Anknüpfung an das BGer). Hingegen lässt die Verfassung die **Bildung und Verteilung spezialisierter Abteilungen auf mehrere Standorte** unter dem gemeinsamen institutionellen Dach des BGer zu, umgekehrt auch die Totalintegration und Zentralisierung an einem Standort.

61 Das BGG hat sich für eine «**Teilintegration**»[60] entschieden. Es gibt nur noch ein BGer, das unter einheitlicher Leitung steht, mit einem Präsidenten und mit einer Verwaltung. Sitz des BGer ist Lausanne, jedoch haben eine oder mehrere Abteilungen ihren Standort in Luzern (vgl. Komm. zu Art. 4). Die Richterinnen und Richter werden von der BVers an *das* BGer gewählt. Es besteht volle Freizügigkeit in personeller und sachlicher Hinsicht. Das Bundesgericht organisiert sich im Rahmen der gesetzlichen Vorgaben selbst (Art. 13). Detailorganisation und Bestellung der Abteilungen obliegen dem Gesamtge-

---

[55] SGK²-KISS/KOLLER, Art. 188 N 13 (m.Hinw.).
[56] Botschaft 2001 4242 ff.
[57] Die Stellung des EVG in der Bundesrechtspflege, Stellungnahme des EVG zuhanden der Expertenkommission für die Totalrevision der Bundesrechtspflege vom 21.2.1997. Vgl. Schlussbericht 1997 36 ff. Im Unterschied zum EVG setzte sich das BGer vorerst für die Beibehaltung des status quo, dann für eine (spätere) Totalintegration ein. Vgl. Boschaft 2001 4243, 4267.
[58] SGK²-KISS/KOLLER, Art. 188 N 14 ff.
[59] Botschaft 1996 501 f.
[60] Botschaft 2001 4245.

richt (Art. 15 Abs. 1 lit. a und d). Die Geschäftsverteilung wird durch das Gerichtsreglement bestimmt (vgl. SR 173.110.131 [BGerR]). Voranschlag, Rechnung und Geschäftsbericht umfassen alle Abteilungen. Grundsätzlich gilt für alle Abteilungen die gleiche Verfahrensordnung (vgl. jedoch Art. 92 Abs. 2 und 65 Abs. 4). Damit sollte gewährleistet sein, dass das Gericht nach aussen einheitlich und als einziges oberstes Gericht auftritt und insgesamt die Stellung des «Bundesgerichts als oberste Recht sprechende Behörde des Bundes» gestärkt wird.

III. Die Aufsicht über die unteren Bundesgerichte (Abs. 2)

1. Entstehungsgeschichte

a) Vorschlag der Expertenkommission und des Bundesrates

Die Aufsicht über die richterlichen Behörden des Bundes beschäftigte den Verfassungsgeber nur am Rande. Im Rahmen der Nachführung der BV galt das Augenmerk verständlicherweise der bestehenden *Ober*aufsicht der BVers (Art. 85 Ziff. 11 aBV). Dabei wurde in den Verfassungskommissionen intensiv über **Umfang, Tiefe und Instrumentarium der parlamentarischen Oberaufsicht** über BR und Verwaltung diskutiert, allerdings ohne spezielle Erläuterung der Besonderheiten der Oberaufsicht über die Rechtspflege.[61] Im Rahmen der Justizreform war die Aufsicht über die unteren Gerichte ebenfalls kein Thema, jedenfalls nicht auf der Verfassungsstufe. Ein Hinweis findet sich in der Botschaft zur Verfassungsreform ausschliesslich im Zusammenhang mit den sachfremden Aufsichts- und Rechtsetzungsaufgaben, von denen das BGer zu entlasten sei.[62] **62**

Die **Expertenkommission** für die Totalrevision der Bundesrechtspflege hat empfohlen, das BVGer (und das BStGer) bloss der Oberaufsicht der BVers zu unterstellen und nicht etwa zusätzlich der Aufsicht des BR.[63] Der BR übernahm in der Botschaft 2001 diese Haltung. Als Begründung wurde angeführt, der Art. 169 Abs. 1 BV übertrage der BVers die Oberaufsicht über alle eidgenössischen Gerichte, nicht nur jene über das BGer. Die Vorschaltung einer zusätzlichen Aufsichtsbehörde erscheine schwerfällig. Für die Beaufsichtigung des BVG käme zwar der BR in Frage, der bisher schon die administrative Aufsicht über die Geschäftsführung der Rekurs- und Schiedskommissionen ausgeübt habe, doch sei dies unter dem Aspekt der richterlichen Unabhängigkeit nicht unproblematisch (das neue BVG überprüft Akte der dem BR unterstellten Verwaltungseinheiten). Das BGer wiederum komme für die Aufsicht über die die neuen richterlichen Behörden des Bundes nicht in Frage, weil es von sachfremden Aufgaben entlastet werden müsse und über keinen Aufsichtsapparat verfüge. **63**

Diese Überlegungen führten zum Schluss, einzig die Oberaufsicht der BVers vorzusehen. Sie verfüge mit den Geschäftsprüfungskommissionen über erfahrene Aufsichtsgremien. Zudem stärke der **Verzicht auf die Zwischenschaltung einer weiteren Aufsichtsbehörde** die Stellung der neu geschaffenen richterlichen Vorinstanzen auf Bundesebene. Schliesslich könnten dadurch Doppelspurigkeiten mit der Oberaufsicht der BVers vermieden werden.[64] **64**

---

[61] Vgl. SÄGESSER, Bundesbehörden, 331 ff. (mit ausführlichen Hinweisen auf Materialien und Entstehungsgeschichte); ferner SGK-MASTRONARDI, Art. 169 N 1 ff.
[62] Botschaft 1996 489.
[63] Schlussbericht, 40.
[64] Botschaft 2001 4259.

b) Diskussionen um die Schaffung einer Justizkommission

65 Im Zusammenhang mit der (vorgezogenen) Schaffung des neuen Bundesstrafgerichts[65] wurde in der RK-S im Jahre 2001 eine breite Diskussion darüber geführt, wer die zahlreichen Richterinnen und Richter zu wählen und wie stark und von wem die neuen Gerichte beaufsichtigt werden sollen. Eine Übertragung von Aufsichtsbefugnissen an das BGer stünde im Widerspruch zu den Bemühungen, das oberste Gericht zu entlasten. Angesichts der Grösse der neuen Gerichte (70–100 vollzeitliche Richterstellen) sei zudem klar, dass die BVers bei den Richterwahlen auf eine professionelle Hilfe angewiesen sein werde. Inspiriert von ausländischen und kantonalen Modellen (u.a. Genf und Tessin) prüfte die Kommission die Schaffung eines vom Parlament gewählten, aber gemischt zusammengesetzten «Conseil de la magistrature» (nach mehrmaliger Beratung entschied man sich für die Bezeichnung «**Justizkommission**»), der sowohl im Bereich der Aufsicht als auch bei der Vorbereitung der Richterwahlen hätte tätig sein können.

66 Diese Bemühungen führten zur Erarbeitung eines «BG über die Justizkommission», das dann allerdings im Plenum des S keine Gnade fand, jedoch die Schaffung einer gemeinsamen «**Gerichtskommission» der BVers** zur Folge hatte, die für die Vorbereitung der Wahl und Amtsenthebung von Richterinnen und Richtern der eidgenössischen Gerichte (nicht aber die Aufsicht) zuständig ist (Art. 40ª ParlG).[66] Bezüglich Aufsicht liess man es für den Moment bei der Oberaufsicht der BVers bewenden.

c) Beschlüsse des Parlaments

67 Das BSG in Bellinzona unterstand bei der Schaffung am 1.4.2004 nur der Oberaufsicht der BVers (vgl. Art. 3 SGG in der ursprünglichen Fassung). Bei der Beratung des BGG kam das Parlament jedoch wieder auf diesen Punkt zurück und wies die Aufsicht über die Geschäftsführung des BSG und des BVG dem BGer zu (Art. 1 Abs. 2). Vgl. dazu hinten N 95 ff.

68 Anlass zu diesem Meinungsumschwung gab die vom Vorsteher des EJPD im Einvernehmen mit den vorberatenden Rechtskommissionen im Januar 2004 eingesetzte «Arbeitsgruppe BGG» für die Überarbeitung der bisher erzielten (nicht in jeder Hinsicht überzeugenden) Resultate.[67] Für die Ausübung der Aufsicht über die neuen richterlichen Behörden des Bundes durch das BGer machten sich vor allem die Vertreter des BGer und der Justizminister stark. Das BGer sei als oberste Fachinstanz in Justizfragen besser geeignet als das Parlament, Missstände bei den Vorinstanzen zu erkennen. Die Oberaufsicht durch die BVers bleibe davon unberührt, werde im Gegenteil gestärkt. Die **Zuweisung der Aufsicht an das Bundesgericht sei daher sachgerecht**, zumal auch in vielen Kantonen die unteren Gerichte der Aufsicht und zum Teil auch der Disziplinargewalt durch die oberen Gerichte unterstellt sind, was sich bewährt habe.

2. Wesen und Aufgabe der Aufsicht

a) Wesen und Aufgabe der politischen Kontrolle

69 Ihrem Wesen nach ist Kontrolle (und – hier gleichbedeutend verwendet – die Aufsicht) Vergleich. Es soll festgestellt werden, ob eine Handlung (oder daraus resultierend ein Zustand) mit dem sie veranlassenden Entscheid (zu erfüllende Aufgabe, auslösender Auf-

---

[65] Vgl. vorne N 3 f.

[66] Zur Justizkommission Prot. RK-S 2001 und AB 2001 S 905; zur Gerichtskommission SR 171.10; AB 2002 S 1062, N 1219.

[67] Bericht zu den Normvorschlägen der Arbeitsgruppe Bundesgerichtsgesetz vom 16.3.2004, 6 f.

trag) ganz, teilweise oder nicht übereinstimmt, um daraus Folgerungen bzw. Sanktionen abzuleiten. So gesehen ist **Kontrolle ein Element des Entscheidungs- und Führungsprozesses**, der von der Initiierung und Planung über die Entscheidung zur Ausführung und Aufsicht wieder zurück zur Planung künftiger Entscheide führt. Als Teil dieser Steuerung ist die Aufsicht in der Regel unmittelbar mit Weisungs- oder Entscheidungsbefugnissen bestückt und damit ein Bestandteil der Linienfunktion einer hierarchisch übergeordneten Stelle oder Einheit wie z.B. der vorgesetzten Behörde gegenüber der unterstellten Verwaltung.[68] Kontrolle kann mitschreitend erfolgen, z.B. als *begleitende* Aufsicht über die laufende Regierungs- oder Verwaltungtätigkeit, oder *nachträglich* über abgeschlossenes Regierungs- oder Verwaltungshandeln.[69]

In der Politik dient die Kontrolle vorab der **Geltendmachung von Verantwortung**. Es   **70** gehört zu den Eigenschaften der Demokratie, dass die Behörden über ihr Gebaren Rechenschaft abzulegen und für ihr Verhalten zur Verantwortung gezogen werden können. Das setzt voraus, dass die einzelnen Organe über einen relativ abgegrenzten eigenen Zuständigkeitsbereich und entsprechende Handlungsfreiheit verfügen; sodann muss das Organ, das Verantwortung geltend macht, institutionell in der Lage sein, dieses Handeln ausreichend zu überwachen. Das trifft für die administrative Kontrolle des Bundesrates über die ihm nachgeordneten, der Dienstaufsicht unterstehenden Verwaltungseinheiten ebenso zu wie für die staatsrechtlich besonders bedeutsame politische Kontrolle des Parlaments über Regierung und Verwaltung einerseits, die richterlichen Behörden anderseits.[70] Letztere unterliegt besonderen Schranken und kennt ihre Eigenheiten. Diese prägen auch die Aufsicht der oberen über die unteren Gerichte (vgl. N 82 ff.).

b) Parlamentarische Oberaufsicht und Dienstaufsicht

Die parlamentarische Oberaufsicht «über den Bundesrat und die Bundesverwaltung, die   **71** eidgenössischen Gerichte und die anderen Träger von Aufgaben des Bundes» (Art. 169 Abs. 1 BV) ist ein **Element der Staatsleitung**; sie ist Ausfluss der Überordnung der Volksvertretung und ein wesentlicher Bestandteil der Gewaltenhemmung.[71] Sie soll die kontrollierten Organe veranlassen, die Gründe ihres Verhaltens darzulegen, durchschaubar und verständlich zu machen, die Ergebnisse zu rechtfertigen und dafür Verantwortung zu übernehmen.[72] Eine wirksame Aufsicht vermag das Vertrauen der Öffentlichkeit in das Funktionieren der Staatsorgane zu erhalten oder wieder herzustellen. Die öffentliche Auseinandersetzung schafft Klarheit über das politische Geschehen und die Verantwortlichkeiten. Insofern kommt der Oberaufsicht in der Demokratie eine wichtige Rolle zu; sie schafft Transparenz, dient der Läuterung, bringt Entlastung und stärkt die Legitimation.

Das Parlament informiert sich bei der Wahrnehmung seiner Aufsichtsaufgabe mit seinen   **72** **Mitteln** (Auskunftsbegehren, Untersuchungen, Rechenschaftsberichte, Vorstösse) und

---

[68] Vgl. SGK-Mastronardi, Art. 169 N 5.

[69] Phänomene der Kontrolle sind natürlich auch da zu finden, wo die Verfassung ein Zusammenwirken von Organen vorsieht, z.B. von Parlament und Regierung bei der Gesetzgebung oder bei den Finanzkompetenzen (im Sinne von Richard Bäumlin «Kontrolle durch Zusammenwirken» statt «Kontrolle über fremde Amtsführung»), doch geht dieses Verständnis weit über die speziell geschaffenen Kontrollinstrumente der parlamentarischen Oberaufsicht oder der exekutiven Dienstaufsicht hinaus.

[70] Eindrücklich dazu Kurt Eichenberger, Die Problematik der parlamentarischen Kontrolle im Verwaltungsstaat, SJZ (61) 1965, 269 ff.

[71] Vgl. SGK-Mastronardi, Art. 169 und die dort zit. Literatur.

[72] Sägesser, Bundesbehörden, Komm. zu Art. 169 N 586.

mit seinen besonderen **Organen** (namentlich den Aufsichtskommissionen) über die Verhältnisse und das reale Geschehen, «äussert Genugtuung und Kritik und gibt Empfehlungen für künftiges Handeln ab».[73] Es kann jedoch **nicht anstelle der beaufsichtigten Organe handeln** oder deren Entscheide aufheben und auch nicht ohne Rechtsgrundlage verbindliche Weisungen für die Rechtsanwendung erteilen. Wie die Oberaufsicht selbst sind auch ihre Instrumente und Sanktionen ausschliesslich *politischer* Natur.

73   Der parlamentarischen Oberaufsicht haftet etwas Grosszügiges, Weitmaschiges und zugleich Punktuelles an. Sie setzt eine wirksame und systematische Aufsicht über die kontrollierten Organe voraus, ohne selbst nur «Aufsicht über die Aufsicht» zu sein (d.h. nicht abhängig von dieser, sondern durchaus originär).[74] Es fehlt ihr das für die Aufsicht der Regierung typische Entscheidungs- und Weisungsrecht. Die parlamentarische Oberaufsicht unterscheidet sich somit wesentlich von der **Aufsicht, welche die Regierung über die Verwaltung ausübt.** Diese ist ein Mittel der Verwaltungsführung. Die hierarchisch strukturierte, weisungsabhängige Verwaltung, als Einheit verstanden, «muss zusammengehalten und geleitet werden, wofür Kontrollen (insb. Beobachtung, Beanstandung, Anleitung, Weisung) durch den Bundesrat zweckmässige, wiewohl nicht die einzigen Instrumente sind».[75] Art. 187 Abs. 1 Bst. a BV verpflichtet den BR zu einer «ständigen und systematischen Beaufsichtigung» der gesamten Bundesverwaltung (vgl. Art. 8 RVOG). Die Beaufsichtigung darf nicht punktuell und spontan-zufällig bleiben.[76]

74   Der **hierarchische Aufbau** der Verwaltung führt dazu, dass alle tiefer gestellten Verwaltungseinheiten je durch höher gestellte beaufsichtigt werden, so dass sich der BR auf die obersten Verwaltungsglieder und bedeutende Situationen konzentrieren kann.[77] Dennoch verfügt der politisch verantwortliche Departementsvorsteher innerhalb seines Departements grundsätzlich über uneingeschränkte Weisungs-, Kontroll- und Selbsteintrittsrechte (Art. 38 RVOG). Diese sog. **Dienstaufsicht** auf allen Ebenen der Verwaltung soll gewährleisten, dass Gesetze und Verordnungen, Dienstbefehle und Weisungen eingehalten werden. Pflichtverletzungen lösen eine entsprechende strafrechtliche, disziplinarische und vermögensrechtliche **Verantwortlichkeit** aus, die im öffentlichen Dienstverhältnis ihre Grundlage und ihre Normierung haben (vgl. Art. 25 BPG und 95 ff. BPV).

75   Die **Aufsicht über die Gerichte** wiederum kennt ihre eigenen Regeln und Schranken. Dabei gibt weder der Wortlaut der Verfassung (Oberaufsichtsrecht über die eidgenössischen Gerichte nach Art. 169 Abs. 1 BV) noch des Gesetzes (Aufsicht über die Geschäftsführung des BSG und des BVG nach Art. 1 Abs. 2) hinreichend deutlich zu erkennen, dass die **Aufsicht anders gestaltet ist als über Verwaltungseinheiten** und unter anderen Rahmenbedingungen erfolgt. Sie kann nicht mit der allgemeinen Verwaltungsaufsicht gleichgesetzt werden (vgl. hinten N 94).

c) Besonderheiten der Aufsicht über die Gerichte

76   «Der richterlichen Unabhängigkeit liegt die positive Erwartung zugrunde, dass der Richter das Vertrauen rechtfertigt und ohne Dritteinwirkung das Richtige tut und trifft».[78] Aber auch Richter und Gerichte sind nicht unfehlbar. Fehlleistungen von Richtern kön-

---

[73] Botschaft zur Verfassungsreform 1996, 396.
[74] SGK-MASTRONARDI, Art. 169 N 6.
[75] BVK-EICHENBERGER, Art. 102 N 194.
[76] SGK²-BIAGGINI, Art. 187 N 12.
[77] Botschaft Verfassungsreform 1996, 422; BVK-EICHENBERGER, Art. 102 N 196 und 198.
[78] KURT EICHENBERGER, Die richterliche Unabhängigkeit als staatsrechtliches Problem, Bern 1960, 254.

nen zudem die Autorität des Gerichts und die Akzeptanz seiner Rechtsprechung untergraben. Ohne Aufsicht über die Justiz ist daher nicht auszukommen.

Die Aufsicht stellt per se die Unabhängigkeit der Gerichte noch nicht in Frage, im Gegenteil: «Sie will gerade **sicherstellen, dass die Rechtsprechung verfassungskonform funktioniert**. Sie stützt die richterliche Unabhängigkeit, wenn sie eingesetzt wird, um Abhängigkeiten und sachfremde Einwirkungen aufzudecken. Gleichzeitig darf die Aufsicht aber nicht beeinträchtigen, was sie schützen will. Darin manifestiert sich das Spannungsfeld von Unabhängigkeit und Verantwortlichkeit sowohl in der gesetzgeberischen Ausgestaltung als auch in der konkreten Handhabung der Justizaufsicht.»[79]   77

aa) Parlamentarische Oberaufsicht über die Gerichte

Die parlamentarische Kontrolle erfasst gem. Art. 169 Abs. 1 BV auch die eidgenössischen Gerichte. Sie unterliegt jedoch besonderen Schranken, die sich aus der richterlichen Unabhängigkeit ergeben (Art. 191c BV). **Gegenstand der Oberaufsicht** ist in erster Linie die «Überwachung der ordnungsgemässen Geschäftsabwicklung»,[80] also die Geschäftsführung und Justizverwaltung. Hingegen ist die Rechtsprechung als solche, die inhaltliche Kontrolle der Urteile, von der Überprüfung ausgeschlossen. Die Einflussnahme auf einzelne Urteile ex ante oder auch ex post sowie auf die Praxis allgemein, ist der BVers untersagt.[81] Insbesondere ist es dem Parlament verwehrt, sich in die Beurteilung hängiger Prozesse einzumischen, den Gerichten Weisungen zu erteilen oder gar Urteile zu korrigieren (Art. 26 Abs. 4 ParlG).   78

Die dem Parlament auferlegte **Zurückhaltung** bei der Ausübung dieser *Inter*organkontrolle schliesst nicht aus, dass sich dieses mit seinen Mitteln über die Tendenzen der Rechtsprechung informiert und mit den Gerichtsbehörden das Gespräch über die Praxis, die politischen Konsequenzen der Rechtsprechung sowie allfällige Mängel in der Gesetzgebung führt, um daraus Lehren für einen allfälligen politischen Handlungsbedarf abzuleiten.[82] Das Parlament kann selbstverständlich auf dem Weg der Gesetzgebung jederzeit die zukünftige Rechtsentwicklung und damit die Rechtsprechung beeinflussen.   79

Das Verhältnis zwischen den beiden Gewalten ist in den letzten Jahren nicht frei von **Spannungen und Problemen** geblieben. Die richterlichen Behörden sehen sich mehr und mehr in den Strudel der politischen Auseinandersetzungen gezogen; sie müssen sich der öffentlichen Kritik stellen und mit einem teilweise veränderten (bzw. sich wandelnden) Rollenverständnis auseinandersetzen.[83] Das liegt zum einen an der zunehmenden politischen **Polarisierung**, aber auch an Vorfällen an den obersten Gerichten in Lausanne und Luzern (persönliche Dispute), die das Parlament zum Einschreiten veranlasst und dem Ansehen der Gerichte geschadet haben. Zum anderen liegt das an rechtlichen Vorkehrungen, die das Verhältnis zwischen der BVers und den richterlichen Behörden verändert haben. Zu nennen ist hier einerseits die Pflicht der BVers (die über die traditionelle Oberaufsicht hinausgeht), die Massnahmen des Bundes auf ihre **Wirksamkeit** zu über-   80

---

[79] Gutachten des Bundesamtes für Justiz vom 14.8.2003 zuhanden der «Arbeitsgruppe Bundesgericht» der GPK über Disziplinarmassnahmen gegen Bundesrichter und Massnahmen zur Konfliktregelung am Bundesgericht, 4; vgl. auch KIENER, Unabhängigkeit, 294 ff.

[80] Botschaft Verfassungsreform 1996, 396.

[81] RHINOW, Grundzüge, N 2154.

[82] HÄFELIN/HALLER, Bundesstaatsrecht⁶, N 1545; SÄGESSER, Bundesbehörden, Art. 169 N 596; SGK-MASTRONARDI, Art. 169 N 20.

[83] Das äussert sich z.B. bei Diskussionen über das Verhältnis Völkerrecht – Landesrecht oder das Verhältnis der Demokratie zum Rechtsstaat und bei der Rolle des Bundesgerichts als Hüter der Verfassung.

prüfen (Art. 170 BV), andererseits die periodische Anpassung und Festlegung der Richterzahl am obersten Gericht durch die BVers (Art. 1 Abs. 5). Beide Massnahmen erfordern einen vertieften Einblick in die Abläufe, zusätzliche Auskünfte (Erfolgs- und Effizienzkontrollen, legislative Wirkungsanalysen) und ein neues Verständnis über die jeweiligen Aufsichtsbefugnisse.[84]

81   Die parlamentarische Oberaufsicht über das BGer ist Gegenstand der **Kommentierung von Art. 3** (vgl. dort). Festzuhalten ist hier nur, dass die Oberaufsicht alle richterlichen Behörden des Bundes erfasst, also auch die Oberaufsicht über das BSG und das BVG, unabhängig davon, wer die (direkte) Aufsicht über diese Gerichte ausübt (vgl. Art. 3 Abs. 2 VGG/SGG).[85] Die grossen neuen Gerichtsapparate haben die BVers veranlasst, vertieft über die Oberaufsicht und die Aufteilung der Aufsichtsbefugnisse im Bereich der Justiz nachzudenken.[86] Die nachfolgenden Ausführungen tragen diesen Erkenntnissen Rechnung.

bb) Aufsicht der oberen über die unteren Gerichte

82   Die direkte Aufsicht über die richterlichen Vorinstanzen auf Bundesebene ist dem Bundesgericht übertragen worden (Art. 1 Abs. 2).[87] Diese ist nun einerseits **abzugrenzen** von der parlamentarischen Kontrolle (über die Rechtspflege) und andererseits von der Dienstaufsicht des Bundesrates (über die Verwaltung).

83   Vom **Prüfungsgegenstand** her unterscheidet sich die Direktaufsicht des BGer über das BStGer und das BVGer *nicht* von der parlamentarischen Oberaufsicht (vgl. vorne N 76, 78 ff.):

84   – Die direkte Aufsicht durch das BGer hat die richterliche Unabhängigkeit der Vorinstanzen (Art. 2 SGG bzw. VGG) und deren Selbstverwaltungsrecht (Art. 13 und 23 SGG bzw. Art. 14 und 27 VGG) zu wahren.

85   – Sie beschränkt sich auf den «äusseren» Geschäftsgang, auf die ordnungsgemässe Geschäftsführung, auf das gute Funktionieren der Gerichte und die korrekte Wahrnehmung der Rechtsprechungsfunktion (vgl. zur Möglichkeit der Beschwerde an das BGer wegen Rechtsverweigerung und Rechtsverzögerung Art. 100 Abs. 7 BGG und hinten N 112). Wörtlich heisst es, das Bundesgericht übe «die administrative Aufsicht über die Geschäftsführung» des BVG bzw. BSG aus (Art. 3 Abs. 1 VGG bzw. SGG).

86   – Im Zentrum der Aufsicht steht die Gerichtsverwaltung. Es ist jene verwaltende Tätigkeit, welche die sachlichen und persönlichen Voraussetzungen für die Wahrnehmung

---

[84] Ausdruck solchen Bemühens ist die kürzlich durch das EJPD angekündigte «Überprüfung der Wirksamkeit der neuen Bundesrechtspflege» durch eine beratende Begleitgruppe, die sich aus Vertretern der Verwaltung, der drei Gerichte, der Kantone und der Wissenschaft zusammensetzen soll (Pressemitteilung des BJ vom 3.7.2007).

[85] Kantonale Gerichte werden von Oberaufsicht der BVers nicht erfasst.

[86] Vgl. Parlamentarische Oberaufsicht über die eidgenössischen Gerichte, Bericht der Geschäftsprüfungskommission des Ständerates vom 28.6.2002; BBl 2002 7625.

[87] Diese Aufgabe ist auch für das Bger nicht ganz neu (in den Kantonen ist die Aufsicht der oberen über die unteren Gerichte in der deutschen Schweiz die Regel). So wurde im BG über die Enteignung vom 20.6.1930 die Geschäftsführung der Schätzungskommission und ihrer Präsidenten der Aufsicht des Bundesgerichts unterstellt. Dabei konnte das BGer dem Präsidenten der Kommmission sowie der Kommission selbst Weisungen erteilen. Das BGer übte diese Aufsicht bis zum Inkrafttreten des BGG am 1.1.2007 aus, ebenso wie der BR jene über die Rekurs- und Schiedskommissionen nach Art. 71c Abs. 2 VwVG. Das Konzept der doppelten Aufsicht ist somit nicht neu.

der Rechtsprechung schafft und erhält.[88] Dazu gehören etwa die Bereitstellung und der Unterhalt der erforderlichen Gebäude und aller übrigen Sach- und Arbeitsmittel sowie die finanziellen Aspekte; im personellen Bereich geht es um die Personalverwaltung und -betreuung (auch um die interne Dienstaufsicht); weiter gehören Ordnung und Durchführung des Dienstbetriebes dazu.

– Gewisse «administrative» Tätigkeiten stehen in unmittelbarem Zusammenhang mit der   **87** Rechtsprechung und sind deshalb als «Reservat der Eigenverantwortung» auch bei der Aufsicht mit Vorbehalt anzugehen: Besonders bei «Fragen der materiellen und personellen Intensität der Fallbehandlung, der organisatorischen Abwicklung der Fälle (dem sog. Case-flow-Management), der Beurteilung der präjudiziellen Tragweite der Entscheidungen sowie bezüglich der Informationsverwaltung und der Publizität der Justiz» sind den äusseren Einflüssen Grenzen gesetzt.[89]

– Der Aufsicht des BGer entzogen sind alle richterlichen Entscheidungen und Handlun-   **88** gen, die die Rechtsfindung vorbereiten (Aktenverkehr, Ermittlung, Untersuchung und Instruktion), zustande bringen (Verhandlung, Beratung und Entscheidung) oder ihr nachfolgen (Verkündung, Publikation). Die Aufsicht darf keinesfalls dazu verwendet werden, in irgendeiner Form auf die Entscheidung oder den Gang des Verfahrens in einem bestimmten Fall Einfluss zu nehmen.

– Die Aufsicht umfasst indessen die Befugnis, die ordnungswidrige Art der Ausführung   **89** (Verschleppung von Fällen, ungleiche Aufgaben- und Geschäftsverteilung, Einheitlichkeit der Rechtsprechung, Umgang mit Parteien, Medien und Öffentlichkeit, Mängel in der Organisation usw.) zu rügen und zu ordnungsgemässer, unverzögerter Erledigung zu ermahnen.[90]

– Adressat der Aufsicht ist wie bei der parlamentarischen Aufsicht primär das Gericht   **90** als Ganzes (deshalb Organaufsicht) und nicht der einzelne Richter. Demgegenüber befasst sich die (als *Inner*organkontrolle ausgestaltete) Dienstaufsicht mit der Amtsführung des einzelnen Richters (seiner Pflichterfüllung). Verfügt die Dienstaufsicht über Möglichkeiten der Sanktionierung von Pflichtverstössen, intensiviert sich diese zur Disziplinaraufsicht.[91]

Der **Prüfungsumfang und die Prüfungstiefe** sollen der Aufgabe angemessen sein, sie   **91** dürfen vor allem die Rechtsprechungsfunktion des beaufsichtigten Organs in keiner Weise beeinträchtigen. Im Unterschied zur grosszügigeren und weitmaschigeren politischen Aufsicht des Parlaments handelt es sich bei der Aufsicht von Gerichten über Gerichte um eine enger gefasste, systematisierte, (vorwiegend) begleitende Überwachung administrativer und betrieblicher Abläufe durch Fachkollegen. Das **Ziel der Kontrolle** besteht in der Gewährleistung einer in personeller, sachlicher, organisatorischer und rechtlicher Hinsicht funktionsfähigen Gerichtsbehörde, die in Unabhängigkeit ihre Rechtsprechungsaufgabe ausüben kann. Die dabei gewonnenen Erkenntnisse sollen einfliessen in

---

[88] KIENER, Unabhängigkeit, 292.

[89] Vgl. RAINER SCHWEIZER, Rechtsfragen der Justizverwaltung am Beispiel der Schweizerischen Asylrekurskommission, in: Gutachterliche Stellungnahme zu den rechtlichen Rahmenbedingungen der Verwaltung der Schweizerischen Asylrekurskommission, St. Gallen 2000, 6.

[90] Vgl. CREIFELDS, (Deutsches) Rechtswörterbuch, 19. Aufl., München 2007, Art. Dienstaufsicht. Nicht auf schweizerische Verhältnisse zu übertragen sind die Ausführungen über die dienstrechtliche Stellung des Richters, insb. Weisungsbefugnisse und Disziplinarrecht. Der deutsche Richter untersteht einem beamtenähnlichen richterlichen Dienstrecht (CREIFELDS, Art. Richter, Richtergesetze und Richterverhältnis).

[91] KIENER, Unabhängigkeit, 297.

die eigene Lagebeurteilung und in die Berichterstattung der oberen Gerichte an das Parlament, welches für die Genehmigung der notwendigen finanziellen und personellen Ressourcen sowie die Wahl der Richterinnen und Richter zuständig ist. Was die **Mittel und Sanktionen** der mit Aufsichtsaufgaben betrauten Gerichte anbelangt, kann auf die Aufsicht des BGer über das Bundesstraf- und das Bundesverwaltungsgericht verwiesen werden (N 99 f.).

92 Die Zuteilung der Aufsicht an eine Behörde führt **nicht** zwangsläufig zu einer **hierarchischen Über- bzw. Unterordnung** der jeweiligen Organe, was Auswirkungen hätte auf entsprechende Weisungsrechte (vgl. vorne N 73 ff. und unten N 94). Das zeigt sich sowohl bei der «horizontalen» (Ober-)Aufsicht des Parlaments über die funktionell gleichrangige Justiz als auch bei der Aufsicht der oberen über die unteren Gerichte. Vielmehr hängt das von der konkreten verfassungsrechtlichen oder gesetzlichen **Ausgestaltung der Aufsicht** ab (Grad der Autonomie bzw. Selbstverwaltung der beaufsichtigten Organe, Mittel der Aufsicht, Sanktionen, Disziplinargewalt). Während die erstinstanzlichen Gerichte in den Kantonen in der Regel über einen geringen (finanziellen, administrativen und organisatorischen) Autonomiegrad verfügen und die Richterinnen und Richter nicht selten auch der Disziplinargewalt der Obergericht unterstehen,[92] verfügen die neuen Vorinstanzen auf Bundesebene über eine erhebliche normative, organisatorische, administrative und rechtliche Autonomie.[93]

93 Auch die Einsetzung eines Gerichts als **Rechtsmittelinstanz** führt streng genommen nicht zu einer hierarchischen, sondern bloss zu einer funktionellen Überordnung. Die Rechtsprechung ist zwar von der politischen und administrativen Aufsicht ausgenommen (vgl. N 78, 85 und 88), dennoch erfährt sie im Rahmen des Instanzenzuges eine **justitielle Überprüfung**. Die Rechtsmittel verleihen dem Rechtssuchenden die Möglichkeit, die Rechtsprechung inhaltlich von einer Behörde überprüfen zu lassen, die ihrerseits über die Qualität als unabhängiges Gericht verfügt. Dennoch bewahrt die Vorinstanz ihre **richterliche Eigenständigkeit**.[94] Sie entscheidet unabhängig und auch bei weiteren (ähnlich gelagerten Fällen) ohne Bindung oder (unmittelbare) Einwirkung «von oben».

cc) Abgrenzung zur Dienstaufsicht

94 Im Unterschied zu den Verwaltungseinheiten werden die unteren Gerichte von den oberen nicht geleitet. Letztere dürfen zwar beobachten, beanstanden, anleiten und berichten, doch nicht zu einer eigentlichen Lenkung ansetzen. Die im hierarchischen Verhältnis typischen Weisungs-, Entscheid- und Selbsteintrittsrechte[95] entfallen. Durch ihre besondere Art (Beschränkung auf die Geschäftsführung) und ihre besondere Zielsetzung (Sicherstellung einer funktionsfähigen, unabhängigen Justiz) gewinnt die Aufsicht der oberen über die unteren Gerichte ihre ganz spezifische Ausprägung und Begrenzung. Sie kann deshalb **nicht mit der allgemeinen Dienstaufsicht über die Verwaltung gleichgesetzt werden**.[96]

---

[92] Vgl. (nicht veröffentlichtes) Gutachten des Bundesamtes für Justiz vom 13.12.2004 «relatif à la surveillance du Tribunal fédéral sur les tribunaux fédéraux de 1ère instance», 4 f. (vgl. auch VPB 2005 Nr. 48).

[93] Es sei auf die Bestimmungen des SGG bzw. VVG verwiesen über die legislativen Befugnisse (im Bereich Organisation und Verfahren), das Selbstverwaltungsrecht und das weitgehende Fehlen von Disziplinarmassnahmen (ausser der Amtsenthebung).

[94] Vgl. hinten N 99 ff.

[95] Vgl. vorne N 73 ff.

[96] Vgl. KIENER, Unabhängigkeit, 295 f.

3. Ausübung der Aufsicht durch das Bundesgericht

a) Normierung auf der Gesetzesstufe

Die Aufsicht des Bundesgerichts über die Geschäftsführung des Bundesstrafgerichts und   **95**
des Bundesverwaltungsgerichts ist in Art. 1 Abs. 2, im Abschnitt über die «Stellung» des
BGer geregelt, im Anschluss an die Kennzeichnung des BGer «als oberste Recht sprechende Behörde». Diese Einordnung verdeutlicht, dass es sich bei der Aufsicht nicht um
eine blosse «Befugnis» des BGer handelt, sondern – wie bei der Rechtsprechung auch –
um eine dem BGer übertragene «**Aufgabe**» (mit inhärenter Kompetenz). Diese Zuständigkeit auszuüben oder nicht auszuüben, steht nicht im Belieben des BGer, sondern es
hat diese dauernd und systematisch auszuüben, wann immer die rechtlichen oder tatsächlichen Verhältnisse dazu Anlass geben.

Die vorne für die Aufsicht der Gerichte entwickelten Grundsätze lassen sich nun aller-   **96**
dings nicht unbesehen auf die Aufsicht des BGer über das Bundesstraf- und das Bundesverwaltungsgericht übertragen. Die **konkrete gesetzliche Ausgestaltung** ist rudimentär
und nicht ganz widerspruchsfrei. Ausser in Art. 1 Abs. 2 findet die Aufsicht nur noch
Niederschlag in Art. 15 Abs. 1 lit. a (Verordnungskompetenz des Gesamtgerichts) sowie
in Art. 17 Abs. 4 lit. g, der die Wahrnehmung der Aufsicht über das BStGer und das
BVGer der Verwaltungskommission zuweist. In Art. 3 SGG und VGG wird (ebenso
wortkarg) darauf Bezug genommen.

Die Verortung der Aufsicht in Art. 1 Abs. 2 macht Sinn, weil in diesem Artikel Aufga-   **97**
be(n) und Stellung des BGer umrissen werden.[97] Die Zuweisung der Aufgabe an das
BGer hätte jedoch besser abgestimmt werden müssen auf das mit ihr teilweise kollidie-
rende Selbstverwaltungsrecht der unteren Gerichte. Der Grund für diesen Mangel liegt in
der **Entstehungsgeschichte**. Die drei eidgenössischen Gerichte wurden ursprünglich als
organisatorisch und administrativ selbständige Einheiten konzipiert. Das zeigt sich am
weitgehend identischen organisatorischen Aufbau der Gerichte (jeweils 1. Kapitel, Abschnitte 1–3) sowie an der eingeräumten finanziellen, legislativen und administrativen
Autonomie (Art. 3 Abs. 3, 14, 27 und 27a VGG, vergleichbar im SGG).

Die Aufsicht hingegen ist dem BGer erst in der letzten Phase des Gesetzgebungsprozesses   **98**
übertragen worden[98] – ohne Klärung des Verhältnisses zum Selbstverwaltungsrecht der
Vorinstanzen. Eine rein **historische Auslegung** der einschlägigen Bestimmungen müsste
deshalb zwangsläufig **zu einem leicht anderen Resultat führen als die teleologische**.
Aus diesem Grund sind neben der konkreten gesetzlichen Ausgestaltung immer auch die
richtunggebenden Eckwerte im Auge zu behalten, nämlich die Wahrung der richterlichen
Eigenständigkeit und Unabhängigkeit sowie der Verwaltungsautonomie der unteren Bundesgerichte einerseits, die Sicherstellung einer neutralen, fachlich kompetenten, wirksamen und das Parlament entlastenden näheren Aufsicht durch das BGer andererseits.

b) Mittel der Aufsicht und Sanktionen

Die **Mittel der Aufsicht** werden weder im BGG noch in den Gesetzen über das Bundes-   **99**
strafgericht und über das Bundesverwaltungsgericht (SGG, VGG) definiert. Das gilt mit
der Ausnahme der Amtsenthebung (Art. 10 BSG bzw. VGG) auch für die möglichen

---

[97] Sie hätte in einem separaten Artikel (z.B. nach Art. 3 Verhältnis zur BVers in einem Bestimmung
      über das Verhältnis zu den andern eidg. Gerichten) sicherlich eine etwas detailliertere Regelung
      erfahren können.
[98] Vgl. Bericht der Arbeitsgruppe BGG vom 16.3.2004, 6. und vorne N 67 f. Deshalb ist der Bot-
      schaft nichts darüber zu entnehmen. Vgl. jedoch Prot. RK-N vom 1./2. und 29./30.4.2004, ferner
      AB 2004 N 1581.

Massnahmen und Sanktionen. Das BGG verpflichtet das BGer lediglich zum Erlass eines Reglements über die «Durchführung der Aufsicht über das Bundesstrafgericht und das Bundesverwaltungsgericht» (Art. 15 Abs. 1 lit. a). Daraus ergeben sich für das BGer unmittelbar zwei Folgerungen: Es hat (selbstverständlich) einerseits bei der Ausgestaltung seiner Aufsicht die Freiräume zu wahren, die den beiden Gerichten vom Gesetz eingeräumt worden sind (richterliche Unabhängigkeit, Selbstverwaltungsrecht, Organisations- und Finanzautonomie, Ausstattung mit eigenem Personal, eigene Rechnung usw.).[99]

100   Andererseits sind gewisse Vorkehrungen (z.B. die Anordnung von Disziplinarmassnahmen) ohne gesetzliche Grundlagen nicht möglich.[100] Das BGer kann deshalb in seinem Reglement nur Dinge anordnen, die durch die allgemeine Aufsichtskompetenz oder (soweit erforderlich) durch eine besondere gesetzliche Bestimmung gedeckt sind. Bei Anordnungen und Weisungen (vgl. dazu hinten), welche die Rechtsstellung der Richterinnen und Richter betreffen, trifft das mit Sicherheit nicht zu.

101   Trotz fehlender gesetzlicher Konkretisierung sind dem BGer die Hände aber nicht völlig gebunden. Auch dem BR werden häufig Aufsichtsbefugnisse ohne weitere Präzisierung übertragen. Das ist dort unproblematisch, wo die Verwaltungseinheit vom BR nicht nur beaufsichtigt, sondern auch geleitet wird, weil sich daraus automatisch Informations- und Kontrollrechte, Weisungs-, Entscheid- und Selbsteintrittsrechte ergeben (vgl. N 73 f., 94). Er kann in diesem Falle alle *geeigneten* Massnahmen einsetzen. Anders – und vergleichbar zu der Aufsicht über die Gerichte – liegen die Verhältnisse bei der **Aufsicht über ausgelagerte Verwaltungseinheiten**. Hier steht dem BR (nur) das jeweilige *gesetzliche* Instrumentarium zur Verfügung, von dem er «angemessen» Gebrauch zu machen hat (vgl. Art. 8 Abs. 4 RVOG). Er darf beim angemessenen und zweckmässigen Einsatz seiner gesetzlichen Aufsichtsinstrumente «nicht zu einer eigentlichen Lenkung der aussenstehenden Aufgabenträger ansetzen; Entscheidungsspielräume, welche die Gesetzgebung den Aufgabenträgern ausserhalb der Bundesverwaltung zusteht, sind zu respektieren».[101] Nach den gleichen Regeln hat das BGer seine Aufsicht über das Bundesstraf- und das Bundesverwaltungsgericht zu gestalten.

102   Ein Blick auf die **kantonale Gesetzgebung** zeigt, dass den oberen Gerichten für die Ausübung der Aufsicht über die unteren Gerichte eine ganze Palette von Mitteln und Massnahmen zur Verfügung steht: Geschäftsbericht, Sonder- und Zusatzberichte, Inspektionen, Richtertreffen, individuelle und generelle Weisungsrechte, Aufstellen des Voranschlages für alle Gerichte, Anordnung von Disziplinarmassnahmen, Erlass von Reglementen für die Geschäftsführung der unteren Gerichte, Genehmigungsvorbehalte für Erlasse der unteren Gerichte usw.[102]

103   Das **Aufsichtsinstrumentarium des BGer** kann aus den oben erwähnten Gründen nicht so umfassend sein. Für gewisse Massnahmen (disziplinarische Massnahmen gegenüber

---

[99]   Bezüglich des Selbstverwaltungsrechts (vgl. hinten Komm. zu Art. 25) sind zwei mögliche Interpretationen zulässig. Man kann die organisatorische und administrative Selbständigkeit vorab als Mittel zur Wahrung der Unabhängigkeit gegenüber der *Exekutive* verstehen oder aber als Mittel zur Wahrung der Eigenständigkeit auch gegenüber vor- und nachgelagerten *Gerichten*. Da die drei Gerichte ursprünglich als autonome Einheiten ausgestaltet und die Aufsicht dem BGer erst später übertragen worden ist (vgl. N 97 f.), wird die Unsicherheit über die Tragweite des Selbstverwaltungsrechts gegenüber dem BGer wohl bestehen bleiben.

[100] Vgl. HÄFELIN/MÜLLER/UHLMANN, Verwaltungsrecht[5], 1191 ff.; ich bin der Meinung, dass dies auch für Evokationsrechte, Genehmigungsvorbehalte usw. gilt.

[101] SGK[2]-BIAGGINI, Art. 187 N 6.

[102] Vgl. Gutachten BJ (zit. Anm. 92), 5 f.

fehlbaren Richtern z.b.) fehlt die gesetzliche Grundlage, andere wiederum stehen im Widerspruch zur gesetzlich eingeräumten Eigenständigkeit und zum Selbstverwaltungsrecht (etwa zum Recht der Aufstellung des *eigenen* Voranschlages). Die Einwirkungsmöglichkeiten des BGer sind deshalb (relativ) gering, sie sind auf Kooperation und Koordination angelegt und beschränken sich (aber immerhin) auf die Weitergabe von Informationen an die für die Oberaufsicht zuständige und mit entsprechenden Sanktionsmitteln (z.b. Verweigerung der Wiederwahl oder Amtsenthebung) bewehrte BVers.

Selbstverständlich und eine **Folge der abgestuften Aufsicht** (vorweg Dienstaufsicht der Leitungsorgane vor Ort, dann Aufsicht durch das übergeordnete Gericht und schliesslich Oberaufsicht durch die BVers) ist die Forderung, dass der beaufsichtigten Instanz zuerst die Möglichkeit gegeben wird, die festgestellten **Mängel mit ihren eigenen spezifischen Mitteln selbst zu beheben,** bevor aufsichtsrechtliche Massnahmen ergriffen werden. **104**

c) Reglement des Bundesgerichts

Der gesetzlichen Aufforderung Folge leistend (Art. 15 Abs. 1 lit. a), hat das BGer die Aufsicht über das BStGer und über das BVGer in einem Erlass geregelt (Aufsichtsreglement des Bundesgerichts vom 11.9.2006, SR 173.110.132). Gelegenheit zur Darlegung seiner **Auffassung über die künftige Ausgestaltung** der Aufsicht hatte das BGer schon während den parlamentarischen Debatten. Der Ständerat wollte ursprünglich der parlamentarischen Oberaufsicht keine Aufsicht durch das BGer vorschalten. Er stützte sich dabei namentlich auf einen Bericht der GPK/S vom 28.6.2002 betr. die parlamentarische Oberaufsicht über die eidgenössischen Gerichte.[103] **105**

Die Arbeitsgruppe Bundesgericht des EJPD kam dann zu einem anderen Ergebnis (vorne N 68). Deshalb liess sich die RK-S vor ihrem (diesmal zustimmenden) Entscheid umfassend über die Vorstellungen des BGer informieren.[104] Das **Aufsichtsreglement ist Ausfluss dieser Erörterungen**. Das BGer folgt dabei im Grossen und Ganzen auch den hier entwickelten Grundsätzen, abgesehen von gewissen Grenzfällen. Dazu einige Bemerkungen: **106**

– Zuständigkeit, **Vorbehalt der Oberaufsicht** (Art. 1 Abs. 3): In seinem Brief an die RK-S äusserte sich das BGer zum Vorrang des parlamentarischen Oberaufsichtsrechts wie folgt: «Das Bundesgericht hat sich, wenn das Parlament in einem Punkt tätig wird, nach den Vorgaben und Wünschen des Parlaments auszurichten. Doppelspurigkeiten sind auf alle Fälle zu vermeiden. Das BGer wird diesfalls nur im Einvernehmen mit den GPK und auf deren Wunsch hin tätig werden.» **107**

– **Gegenstand und Zweck der Aufsicht** (Art. 2): Dieser ist weit umschrieben. Er erfasst auch Bereiche der Geschäftsführung, die von Gesetzes wegen zum Autonomiebereich der Vorinstanzen gehören und deshalb gezielt und mit Zurückhaltung ausgeübt werden müssen (Gerichtsleitung und Organisation, Fallerledigung, Personal- und Finanzwesen – man beachte Art. 14 ff. und 27 f. VGG, ähnlich SGG). Zuzustimmen ist hingegen der Zielsetzung, für eine «gesetzmässige, zweckmässige und haushälterische Aufgabenerfüllung» zu sorgen. **108**

– **Aufsichtsinstrumente** (Art. 3): Geschäftsbericht, Aussprachen, Finanzaufsicht, Untersuchungen, Mitteilung an Oberaufsicht und Erledigung von Aufsichtseingaben bewe- **109**

---

[103] BBl 2002 7625; vgl. auch N 62 ff., 97 f.
[104] Brief des BGer an die RK-S vom 4.11.2004; Prot. RK-S vom 15.11.2004.

gen sich im Rahmen des Üblichen und Zulässigen. Weisungen sind interessanterweise nicht aufgeführt, werden aber der Verwaltungskommission in umfassender (nicht unproblematischer) Weise zugestanden (Art. 10, vgl. N 113).

110 – **Geschäftsbericht** (Art. 4): Hier wird nun präzisiert, dass es bei der Fallerledigung bloss um Art und Umfang geht, nicht um die Rechtsprechung als solche.

111 – **Finanzaufsicht** (Art. 6): Wenn «Prüfung und Besprechung der Entwürfe des Voranschlages und der Jahresrechnung» (lit. b) als Gegenstand der Finanzaufsicht aufgeführt werden, dann dürfte klar sein, dass die Kompetenz zur «Entwerfung» (Aufstellung) des Voranschlages ausschliesslich bei den Vorinstanzen liegt. Art. 3 Abs. 3 VGG und SGG sind nach der Übertragung der Aufsicht an das BGer entsprechend angepasst worden auf «... unterbreitet dem Bundesgericht jährlich *seinen* Entwurf für den Voranschlag sowie *seine* Rechnung und *seinen* Geschäftsbericht *zuhanden der BVers.*» Das schliesst vorgängige Absprachen zwischen den Gerichten, Besprechungen und unterschiedliche Gewichtungen natürlich nicht aus. Der Präsident oder die Person des BGer, der/die das BGer im Parlament zu vertreten haben (Art. 162 ParlG), werden dem Rechnung zu tragen und fair zu berichten haben.

112 – **Auskunfts- und Einsichtsrechte** im Rahmen von Untersuchungen (Art. 7) sind Ausfluss der Aufsichtskompetenz, ebenso das Recht (und die Pflicht), die Oberaufsicht darüber und über die gebotenen Massnahmen zu informieren (Art. 8).

113 – **Aufsichtseingaben** sind neu und richtigerweise an das Bundesgericht (als nächst höherer Aufsichtinstanz) und nicht an die BVers zu richten (Art. 9).[105]

114 – **Weisungen** der Verwaltungskommission (Art. 10): Die Weisungen haben sich auf den Geschäftsgang zu richten und nicht an einzelne Personen. Diese Befugnis zur Erteilung von Weisungen an Einzelpersonen steht allein der mit der Dienstaufsicht betroffenen Stelle zu, also den jeweiligen Leitungsorganen des BStGer oder des BVGer. Die Weisungen sollen «der ordnungsgemässen Durchführung der Aufsicht» dienen und nicht zu einer (verdeckten) Lenkung der genannten Bereiche (z.B. Personalwesen oder Vorgaben für die Geschäftserledigung) führen. Das Personalwesen und der eigene Finanzhaushalt sind durch das Selbstverwaltungsrecht ausdrücklich gedeckt (Art. 27 VGG bzw. Art. 23 SGG). Hier werden sich gewiss *heikle Abgrenzungsfragen* stellen.

115 – **Zusammenarbeit der Dienste** (Art. 11): Die Bestimmung ist zwar vorsichtig formuliert, besitzt aber Sprengpotential. Selbstverständlich darf von den drei eidgenössischen Gerichten erwartet werden, dass sie zusammenarbeiten, Synergien nutzen und haushälterisch mit den Ressourcen umgehen. Aber reicht die Aufsicht so weit, dass das BGer den beiden anderen richterlichen Behörden des Bundes ein **Informatiksystem** vorschreiben kann, obwohl BStGer und BVGer gem. Art. 27a Abs. 2 VGG und 23a Abs. 2 SGG ihren «Bedarf an Gütern und Dienstleistungen im Bereich der Logistik» selbständig decken (wie das BGer auch, Art. 25a)?[106] Die BVers ist als Oberaufsichtsbehörde mit ihrer GPK deshalb m.E. zu Recht eingeschritten, um den (auch in der Öffentlichkeit diskutierten) unliebsamen Konflikt zwischen den Gerichten zu lösen.

---

[105] Mit Urteil 12T.1/2007 vom 29.5.2007 hat das BGer erstmals eine eigentliche Aufsichtsbeschwerde geschützt und praktisch wie eine Rechtsverzögerungsbeschwerde behandelt.

[106] Vgl. die entsprechenden Berichte in der NZZ vom 17.3.2007, 16, 29.3.2007, 7./8.4.2007, 16 und 24.7.2007. Anzumerken bleibt indessen, dass das BVGer (bzw. die seinerzeitige provisorische Gerichtsleitung) mit dem BGer einen Vertrag abgeschlossen hat, wonach dieses beim BVGer «eine IT Plattform errichtet und betreibt». Die superprovisorische aufsichtsrechtliche Weisung des BGer in Sachen IT ist im Übrigen inzwischen zurückgezogen worden; vgl. NZZ vom 30.8.2007 (16).

d) Erste Erfahrungen

Das BGer selbst betrachtet die Aufsicht als **Dienstleistung für das Parlament**.[107] Das   **116**
Parlament soll sich den grundlegenden Fragen der Interorgankontrolle zuwenden und
sich dabei (und bei der Ausübung der Aufsicht) auf das BGer verlassen können. Dieses
verfügt über die erforderliche Sachkunde und über Erfahrungen (Prozessführung, Verfahrensdauer, Geschäftsabläufe, Bedarf an Sachmitteln usw.), um die BVers sinnvoll zu
entlasten. Das BGer wird dadurch zweifelsohne zum *privilegierten*, wenn auch *nicht ausschliesslichen* Ansprechpartner der BVers in Sachen Aufsicht über die Gerichte. Die Stellung des BGer wird dadurch gestärkt.

Ob zur Wahrnehmung einer wirksamen Aufsicht eine «gewisse Hierarchisierung» bzw.   **117**
eine «gewisse Führungsrolle des Bundesgerichts» erforderlich ist, wie das seinerzeit im
Brief an die RK-S geltend gemacht wurde[108], bleibe dahingestellt. **Aus der Aufsicht
allein lassen sich jedenfalls keine Leitungsbefugnisse ableiten**; zudem steht dem die
(doch recht grosse) Autonomie des BStGer und des BVGer entgegen. Das BGer tut deshalb gut daran, die «mitschwingende», auf Synergiegewinn gerichtete *Koordinations-
aufgabe* in partnerschaftlicher Weise wahrzunehmen (namentlich in den vom Gesetz bezeichneten Bereichen der Selbstverwaltung) und die **Aufsicht mit der gebotenen
Zurückhaltung** insb. dort anzugehen, wo die «richterliche Eigenständigkeit» des BStGer
und des BVGer auf dem Spiele steht.

Die BVers wird als Oberaufsichtsbehörde ohnehin allemal zu Massnahmen greifen (müs-   **118**
sen), wenn Aufsichtsbeschwerden oder Beanstandungen und Berichte des Bundesgerichts oder Feststellungen der Aufsichtskommissionen der beiden Räte (GPK und FK der
beiden Räte) Missstände und Fehlentwicklungen erkennen lassen. Der Streit über die
richtige Informatiklösung der drei Gerichte ist hiefür eine gutes Beispiel.

Es scheint, dass die betroffenen Gerichte und die Aufsichtskommissionen der eidgenössi-   **119**
schen Räte im Moment ihre Rolle noch nicht ganz gefunden haben. Sollte sich das Einvernehmen nicht innert nützlicher Frist einstellen, wäre wohl der Gesetzgeber gefordert,
die nötigen Klärungen im Verhältnis Oberaufsicht, Aufsicht und Selbstverwaltung vorzunehmen.

IV. Zusammensetzung des Bundesgerichts (Abs. 3–5)

1. Terminologie (ordentliche und nebenamtliche Richter)

Das Bundesgericht setzt sich aus *ordentlichen* und aus *nebenamtlichen* Richterinnen und   **120**
Richtern zusammen (Abs. 3 bzw. 4 BGG). Die **ordentlichen Richterinnen und Richter**
sind die von der BVers nach Art. 5 BGG in ein Vollamt gewählten Persönlichkeiten. Sie
gelten als «Magistratspersonen», verfügen über ein eigenes Personalstatut[109] und beziehen eine Besoldung sowie eine Ruhegehalt[110]. Ihre Rechtsstellung richtet sich im Wesentlichen nach den Art. 6–12 BGG. Die Möglichkeit einer Teilzeitbeschäftigung ist den
ordentlichen Richterinnen und Richtern verwehrt. Die Debatte ist zwar geführt worden,
doch haben die Bedenken (Statusprobleme, mögliche Interessenkollisionen und Belas-

---

[107]   Brief BGer (Anm. 104), 2; Karlen, BGG, 68.
[108]   Brief BGer (Anm. 104), 2 f.
[109]   Sie unterstehen nicht dem Bundespersonalrecht (Art. 2 Abs. 2 lit. a BPG, SR 172.220.1).
[110]   BG über Besoldung und berufliche Vorsorge der Magistratspersonen vom 6.10.1989 (SR 172.
      121) mit dazugehöriger Verordnung (SR 172.121.1). Vgl. auch AS 2006 1245.

tungsfragen) schliesslich obsiegt.[111] Das steht im Einklang mit dem Wortlaut des BGG. Das Gesetz legt in Art. 1 Abs. 3 die Zahl der Richterinnen und Richter fest und nicht die Zahl der Richterstellen.[112] Damit das Gericht seinem verfassungsmässigen Auftrag nachkommen und die erforderlichen Abteilungen bestellen kann, legt das Gesetz in seinem Rahmen nicht nur eine Höchst-, sondern auch eine Mindestzahl an ordentlichen Richterinnen und Richtern fest.

121 Die **nebenamtlichen Richterinnen und Richter** sind hauptberuflich anderswo tätig; sie üben ihre Funktion am Bundesgericht teilzeitlich, nicht in fester Anstellung, aus und unterliegen deshalb bezüglich der Bekleidung eines anderen Amtes oder der Ausübung einer anderen Erwerbstätigkeit und einer Nebenbeschäftigung nicht den gleichen strengen Vorschriften wie die ordentlichen Richter (Art. 6 Abs. 4 und 7). Sie werden in gleicher Weise wie die ordentlichen Richterinnen und Richter gewählt und gelten auch als Magistratspersonen, bekommen allerdings statt einer Besoldung (und einem Ruhegehalt) ein «Taggeld».[113] Sie unterliegen im Übrigen den gleichen Bedingungen wie die ordentlichen Richter (Unvereinbarkeiten, Amtsdauer, Amtseid und Immunität). Wo das Gesetz von Richterinnen und Richtern spricht, sind die nebenamtlichen mitgemeint. Meint es nur die ordentlichen, findet dies normalerweise speziell Erwähnung. So besteht etwa das Gesamtgericht nur aus den ordentlichen Richterinnen und Richtern (Art. 15 Abs. 1), zum Präsidenten und Vizepräsidenten des BGer können nur ordentliche Richterinnen und Richter gewählt werden (Art. 14 Abs. 1), und für die Beschlussfassung nach Art. 23 Abs. 3 zählen nur die ordentlichen Richterinnen und Richter. Das Gesetz legt auch keine Mindestzahl von nebenamtlichen Richtern fest, sondern nur eine Höchstzahl (Art. 1 Abs. 3).

122 Die Expertenkommission und der Bundesrat wollten in der **Terminologie** einen Wechsel vornehmen von «nebenamtlicher Richter» (so Art. 1 OG) zu «Ersatzrichter», wie es vor 1991 hiess[114] und der französischen Fassung «suppléants» entsprechen würde.[115] Zugleich sollte damit eine Trendwende angekündigt werden. Die Milizrichter sollten wieder die Funktion eigentlicher *Ersatz*richter annehmen, d.h. ausgefallene ordentliche Richter ersetzen und zur Bewältigung spezieller Belastungen eingesetzt werden. Sie sollen nicht – wie dies aus Überlastungsgründen in der Vergangenheit regelmässig geschehen ist – praktisch dauerhaft ein Teilzeitpensum erfüllen und damit eine gewisse Anzahl Richter ersetzen. Die ständerätliche Kommission liess sich davon allerdings nicht überzeugen, und das Plenum ist ihr dabei gefolgt, freilich ohne eine inhaltliche Gewichtung vornehmen zu wollen. Die Hauptlast soll mehr denn je von den ordentlichen Richtern geleistet werden, und die nebenamtlichen Richter sollen nur ausnahmsweise zum Einsatz kommen, sei es wegen ihrer besonderen Kenntnisse oder zur Bewältigung spezieller Belastungen. In der französischen Fassung blieb es bei «suppléants».[116]

2. Zahl der ordentlichen Richterinnen und Richter (Abs. 3)

123 Abs. 3 legt für die Zahl der ordentlichen Bundesrichter einen **Rahmen** fest. Anders als bisher (Art. 1 Abs. 1 OG), wird der Bestand der vollamtlichen (und der nebenamtlichen) Mitglieder des BGer nicht mit einer festen Zahl im Gesetz fixiert, sondern mit einem

---

[111] Die RK-N hat darüber am 29.4.2004 ausgiebig diskutiert. Der entsprechende Minderheitsantrag ist aber im Plenum klar unterlegen. Vgl. AB 2005 N 1582.
[112] Vgl. auch SEILER/VON WERDT/GÜNGERICH, BGG, Art. 1 N 11.
[113] Vgl. SR 172.121 und die Botschaft und den Entwurf des BR zu einer neuen Verordnung über die Taggelder der nebenamtlichen Bundesrichter, BBl 2007 187.
[114] Botschaft zur OG-Reform vom 18.3.1991, BBl 1991 II 465 (574).
[115] Schlussbericht ExpertenK, 56; Botschaft 2001 4278.
[116] RK-S vom 26.2.2003; AB 2003 S 889.

Rahmen. Der vorgesehene Rahmen soll es der BVers ermöglichen, mit der nötigen **Flexibilität** auf die jeweilige Geschäftslast am BGer zu reagieren.

Von ursprünglich 9 Richtern im Jahre 1875 ist die **Anzahl der Richter** in rund hundert Jahren sukzessive auf 28 erhöht worden, damit das BGer die ihm nach und nach zufallenden neuen Zuständigkeiten bewältigen konnte.[117] Mit der im Jahre 1969 erfolgten Änderung des BG über die Organisation der Bundesrechtspflege (OG) vom 16.12.1943, mit welcher die Verwaltungsgerichtsbarkeit im Bunde ausgebaut wurde, ist die Zahl auf «30 Mitglieder und 15 nebenamtliche Richter» festgelegt worden.[118] Um der steigenden Geschäftslast Rechnung zu tragen, wurde die Zahl der nebenamtlichen Richter mit BB vom 23.3.1984 (vorübergehend) um 15 weitere (ausserordentliche) nebenamtliche Richter auf insgesamt 30 erhöht.[119] Am EVG waren ab 1980 je 9 ordentliche und nebenamtliche Richter und Richterinnen tätig. Im Jahre 2001 erfolgte aufgrund der gestiegenen Geschäftslast eine Aufstockung auf die bis zum Inkrafttreten der Justizreform gültige Zahl von je 9 bis 11 ordentlichen und nebenamtlichen Richtern (vgl. Art. 123 Abs 1 OG).[120] **124**

30 vollamtliche und ebenso viele nebenamtliche Richter und Richterinnen am BGer in Lausanne sowie 11 vollamtliche und ebenso viele nebenamtliche Richterinnen und Richter am EVG in Luzern (insgesamt also maximal 41 ordentliche und 41 nebenamtliche Mitglieder) hätten dem in den letzten Jahrzehnten massiv gestiegenen Erledigungsdruck ohne den massiven Ausbau des Bestandes an **Gerichtsschreiberinnen und Gerichtsschreibern sowie des juristischen Personals** nie Stand halten können.[121] Ihre Zahl hat sich zwischen 1979 und 1999 am Bundesgericht von 28 auf 85 verdreifacht, wobei ein besonders starker Ausbau in den Jahren 1988 bis 1991 mit der Anstellung von insgesamt 30 persönlichen Mitarbeitern und Mitarbeiterinnen erfolgte. Das EVG beschäftigte zu Beginn der 80er Jahre 20 Gerichtsschreiber und Gerichtsschreiberinnen, inzwischen sind es über 40 Personen. **125**

Diesem Umstand gilt es Rechnung zu tragen, wenn es die Angemessenheit des vom Gesetzgeber festgelegten Rahmens (35–45 ordentliche Richter nach Art. 1 Abs. 3) oder die von der BVers durch Verordnung festzulegende konkrete Zahl der Richter und Richterinnen am BGer (Art. 1 Abs. 5) zu beurteilen gilt. Hinter den nackten Zahlen versteckt sich ein ganz bestimmtes **Rollenverständnis**, ein Verständnis von der Arbeit des Richters und der Zusammenarbeit mit seinen juristischen Gehilfen. Die immer wieder gerügte (beim vorhandenen Erledigungsdruck jedoch fast unumgängliche) «**Gerichtsschreiberjustiz**» lässt sich nur vermeiden, wenn dem Richter selbst genügend Zeit bleibt zur Anweisung, zur Überarbeitung und zur Finalisierung «seiner» Urteile, insb. aber zur Reflexion über die Weiterentwicklung des Rechts am konkreten Fall. Bewerkstelligen lässt sich dies nur über eine konsequente Handhabung der möglichen Zugangsbeschränkungen einerseits, einen vernünftigen Mitteleinsatz und ausreichende personelle Ressourcen andererseits (vgl. hinten N 141 ff., ferner Art. 2 N 26 ff.). **126**

---

[117] Hinweise bei POUDRET, Commentaire, Art. 1 N 1.

[118] BG vom 20.12.1968, auf den 1.10.1969 in Kraft gesetzt (AS 1969 737, 767).

[119] AS 1984 748; «vorübergehend» (ursprünglich bis 31.12.1988) – schliesslich 1988 und dann 1991 verlängert bis zum Inkrafttreten der Justizreform (BBl 1991 1592).

[120] BG vom 23.6.2000, AS 2000 2719.

[121] Vgl. Botschaft 2001 4211 und die Geschäftsberichte der beiden obersten Gerichte. Die Stellung der Gerichtsschreiberinnen und Gerichtsschreiber ist bis anhin noch kaum erforscht worden. Das steht in krassem Widerspruch zum unverzichtbaren Beitrag, den diese für das gute Funktionieren der Gerichte leisten. Dazu nun P. UEBERSAX, Die Stellung der Gerichtsschreiberinnen und Gerichtsschreiber in der Gerichtsverfassung, in: B. Schindler/P. Sutter (Hrsg.), Akteure der Gerichtsbarkeit, Zürich/St. Gallen 2007, 77 ff. Vgl. auch M. FELBER, SJZ 103/2007, 435 ff.

127 Mit der Festlegung eines **Rahmens von 35–45 Richtern** in Art. 1 Abs. 3 orientiert sich der Gesetzgeber an der bisherigen Grösse des Bundesgerichts von 41 ordentlichen Mitgliedern. Die gewünschte Flexibilität nach unten und oben ist mit dem Rahmen gegeben. Es wird also nicht mehr nötig sein, das Gesetz zu ändern, um zusätzliche Richter zu wählen, wenn das Gericht überlastet ist. Umgekehrt wird die BVers darauf verzichten können, einen in Ruhestand getretenen Richter zu ersetzen, wenn die Zahl der Beschwerden zurückgegangen ist.[122] Zudem weist das BGer mit 35–45 Richtern eine organisierbare und führbare Grösse auf, bei der insb. die Einheit der Rechtsprechung gewährleistet bleibt.

128 Die obere Grenze des Rahmens zeigt, dass der Gesetzgeber den Trend nach oben dauerhaft brechen möchte. Das BGer soll **nicht zur Richterfabrik degradiert** werden. Die Öffnung nach unten wiederum signalisiert, dass mit der Neuorganisation der Bundesrechtspflege und ihren Entlastungsmassnahmen (Zugangsbeschränkungen, richterliche Vorinstanzen, Einführung der Einheitsbeschwerde u.a.m.) eine Reduktion der heutigen Richterzahl in Frage kommt (vgl. dazu unten, Komm. zu Abs. 5, N 135 ff.). Die Untergrenze soll sicherstellen, dass das BGer immer über genügend Richter verfügt, um die erforderlichen Abteilungen zu besetzen und seiner verfassungsmässigen Aufgabe nachzukommen.

129 Zur **Entstehungsgeschichte**: Die Expertenkommission hatte seinerzeit den Rahmen tiefer angesetzt, auf 30–39 Richter.[123] Sie ging dabei allerdings von griffigeren Zugangsbeschränkungen (namentlich einem Vorprüfungsverfahren) und einer erheblichen Entlastung des obersten Gerichts aus. Der BR mochte offenbar nicht so recht daran glauben und schlug gegenüber der bestehenden Situation eine Öffnung um 10% nach unten und oben vor. Die RK-S und ihr folgend das Plenum des Erstrates stimmten sodann einem Antrag zu, der betonen sollte, dass die Hauptlast der anspruchsvollen Rechtsprechungsaufgabe von den ordentlichen Richtern getragen werden sollte, nicht von nebenamtlichen «Teilzeitbundesrichtern». Sie beschlossen deshalb den Rahmen höher anzusetzen (40–50) und dafür die Zahl der nebenamtlichen Richter auf maximal einen Drittel der ordentlichen Richter zu beschränken.[124] Die Arbeitsgruppe BGG des EJPD[125] wiederum ging von einem stärkeren Entlastungseffekt aus und entschied sich für den Antrag des BR (35–45), auch in Bezug auf die Zahl der nebenamtlichen Richter (zwei Drittel der ordentlichen). Der Zweitrat folgte diesem Antrag diskussionslos.[126]

3. Zahl der nebenamtlichen Richterinnen und Richter (Abs. 4)

130 Abs. 4 hält an der **Institution der nebenamtlichen Richter** fest (Satz 1) und beschränkt deren Zahl auf zwei Drittel der ordentlichen Richter (Satz 2). Die Expertenkommission hat diskutiert, ob sich ein partielles Milizsystem für das oberste Gericht weiterhin rechtfertigen lässt, zumal die Schweiz damit im Rechtsvergleich alleine steht.[127] Sie hat sich für Festhalten entschieden, weil sich das System in der Vergangenheit bewährt hat und die Möglichkeit eröffnet, potentielle Kandidaten für ein ordentliches Richteramt zu rekrutieren. Relativ viele ordentliche Richter waren vorher im Nebenamt tätig. Unbestritten ist ferner, dass die nebenamtlichen Richterinnen und Richter dazu beitragen können, Spitzen in der Geschäftslast zu begegnen.

131 In Bezug auf ihre richterliche Tätigkeit ist die **Rechtsstellung** der nebenamtlichen Richter gleichwertig mit derjenigen der vollamtlichen Mitglieder des BGer (vgl. N 119). Wie

---

[122] Botschaft 2001 4277.
[123] Schlussbericht, 56.
[124] Prot. RK-S vom 26.2.2003; AB 2003 S 889.
[125] Bericht der Arbeitsgruppe BGG vom 18.3.2004 (vgl. vorne N 68), 7.
[126] AB 2004 N 1583.
[127] Schlussbericht, 56.

oben erwähnt, gelten für sie insb. die Regeln über die sachliche und personellen Unvereinbarkeit (Art. 6 und 8). Anzufügen ist noch, dass sie wie die ordentlichen Richter dem Verantwortlichkeitsgesetz unterstehen (Art. 1 lit. c VG) und die gleiche Immunität geniessen (Art. 11, 14 VG).

Es ist den nebenamtlichen Mitgliedern freigestellt, ihre Arbeit vor Ort oder zu Hause zu verrichten, solange nicht Vorbesprechungen und Beratungen am Gericht anstehen. Mit den elektronischen Mitteln ist der **Verkehr mit den Gerichtsschreibern und Kollegen** erleichtert und der Zugang zu den Präjudizien und Dokumenten wesentlich einfacher geworden. Die Inanspruchnahme der Nebenamtlichen ist unterschiedlich. Interne Statistiken belegen, dass am Bundesgericht in den vergangenen Jahren an 5–10% der Fälle nebenamtliche Richter beteiligt waren, beim EVG waren es kaum je 5%. **132**

Auch die individuelle **Belastung** variiert erheblich; sie ist einmal abhängig von der Reputation vor Ort (mithin der Nachfrage), sodann von der persönlichen Verfügbarkeit, der Möglichkeit der Entlastung im Hauptberuf und vom besonderen Fachwissen. Der nebenamtliche Richter entscheidet also weitgehend selbst darüber, wie seine persönliche Belastung und das gerichtsinterne «Rating» aussieht. Sicher ist, dass eine bestimmte Verfügbarkeit erwartet werden darf; und ebenso sicher ist, dass mancher nebenamtliche Richter seine Aufgabe in Lausanne oder Luzern nicht erfüllen könnte, stünden ihm zu Hause (am Gericht oder in der Kanzlei) nicht hilfreiche Geister zur Seite. Ein taugliches gerichtsinternes «Controlling» (vgl. unten N 143 ff.) könnte hier behilflich sein. **133**

Die vom Gesetz festgelegte Obergrenze von höchstens **zwei Drittel der Zahl der ordentlichen Richter und Richterinnen** bezieht sich auf die *jeweilige* Zahl der ordentlichen Richter und nicht die Maximalzahl von 45 Richtern nach Abs. 3. Diese Regelung stellt gegenüber früher (vgl. vorne N 124) eine Reduktion der Anzahl nebenamtlicher Richter um mindestens einen Drittel dar. Diese Beschränkung markiert den Willen des Gesetzgebers, schrittweise zur Situation vor 1984 zurückzukehren, als die Zahl der nebenamtlichen Richter die Hälfte der ordentlichen Richter nicht überstieg.[128] Es handelt sich zudem um eine Obergrenze, die vom Parlament *nicht ausgeschöpft* werden muss (vgl. unten N 147). **134**

4. Festlegung der Richterzahl durch Parlamentsverordnung (Abs. 5)

a) Zweck dieser Bestimmung

Abs. 5 gibt der BVers die Kompetenz, die Zahl der ordentlichen und der nebenamtlichen Richter und Richterinnen im Rahmen der Vorgaben von Abs. 3 und 4 **durch Verordnung** (vgl. Art. 163 Abs. 1 BV und 22 Abs. 2 ParlG) festzulegen. **135**

Die BVers kann mit der gleichen Verordnung **auch die Richterzahlen an den übrigen eidgenössischen Gerichten** festlegen. Auch für sie ist die BVers zuständig; die Festlegung haben ebenfalls durch Verordnung zu geschehen (vgl. Art. 1 Abs. 4 VGG/SGG).[129]

Das Gesetz delegiert die Festlegung der Anzahl Richterinnen und Richter an die BVers. Diese hat die Richterzahl durch Verordnung, also in einem **generell-abstrakten Erlass** und nicht in einem (einfachen) Bundesbeschluss zu regeln. Damit soll vermieden werden, dass die BVers bei jeder Wahl mit Diskussionen über die Erhöhung oder Herabsetzung der Richterzahl konfrontiert wird. Will die BVers die Richterzahl senken und eine Stelle nicht mehr besetzen, muss sie vorgängig die Verordnung ändern (zum Verfahren nachfolgend N 138 ff.); ebenso verhält es sich, wenn die BVers die Richterzahl erhöhen will. Wird die Zahl reduziert, so kann diese Reduktion erst nach Ablauf der Amtsdauer **136**

---

[128] Botschaft 2001 4278.
[129] Botschaft 2001 4278

oder bei Rücktritt bisheriger Mitglieder wirksam werden, da die Richter auf eine feste Amtsdauer gewählt sind (Art. 9) und vorher nicht abgesetzt werden können.[130] Wird die Richterzahl erhöht, so sind Ergänzungswahlen vorzunehmen (Art. 137 ParlG). Die neu geschaffene Stelle kann dann frühestens an der nächsten Session der BVers für den Rest der Amtsdauer oder bei der Gesamterneuerung auf eine ordentliche Amtsdauer von 6 Jahren besetzt werden (Art. 9).

137 Die **Delegation der Festlegung der Richterzahl an den Verordnungsgeber** ist zum einen Ausdruck der Bedeutung dieses Entscheides. Die Festlegung der Richterzahl ist von eminenter staatspolitischer **Bedeutung**, weil damit über die Art und Weise der Ausübung sowie die Qualität der Rechtsprechung entschieden wird; deshalb soll diese Kompetenz der «obersten Gewalt im Bunde» vorbehalten sein. Zum andern soll die Festlegung für eine gewisse Dauer gelten, nach objektiven und sachlichen Kriterien erfolgen und der effektiven Belastung auf längere Zeit Rechnung tragen.

b) Verfahren der Festlegung

aa) Vorschlagsrecht des BR

138 Nach Art. 163 erlässt die BVers rechtsetzende Bestimmungen «in der Form des Bundesgesetzes oder der Verordnung». **Beide Erlassformen entstehen im gleichen Verfahren**, wobei die Verordnung dem Referendum entzogen ist. Wie bei den Gesetzen steht dem BR auch bei den Verordnungen ein Vorschlagsrecht zu. Art. 181 BV macht dies deutlich: «Der BR unterbreitet der BVers Entwürfe zu *ihren* Erlassen» (mithin auch zu den Verordnungen der BVers).[131] Er unterbreitet der BVers seine Erlassentwürfe zusammen mit einer Botschaft (Art. 141 Abs. 1 ParlG). Dieses **Initiativ- oder Vorschlagsrecht** sichert dem BR im Gesetzgebungsprozess eine «Schlüsselstellung» und gehört zu den unser Regierungssystem prägenden Kernbestimmungen.[132]

139 Art. 181 BV sagt nichts aus zur Frage, **auf welchem Weg die Erlassentwürfe des BR zustande kommen** (Verwaltung, Expertenkommission, einzelne Sachverständige). Schwergewichtig liegt die Vorbereitung eines Gesetzgebungsprojekts bei der Verwaltung und beim zuständigen (federführenden) Departmentsvorsteher. Der Anstoss dazu kann auch vom Parlament ausgehen. Rechtlich gesehen sind zwei Dinge unumstösslich: die Pflicht des BR, bei der Vorbereitung «wichtiger Erlasse und anderer Vorhaben von grosser Tragweite» ein **Vernehmlassungsverfahren** durchzuführen und die «interessierten Kreise» (hier also das BGer) zur Stellungnahme einzuladen, bevor er sein Vorschlagsrecht ausübt (Art. 147 BV); sodann der Grundsatz, dass der eigentlichen Beschlussfassung des BR jeweils ein **Entwurf des Antrag stellenden Departements** zugrunde liegt (Art. 177 Abs. 2 BV und Art. 3 RVOV). Daraus erhellt, wie wichtig das offene Gespräch zwischen dem vorbereitenden und Antrag stellenden Justizministerium und dem vom Entscheid betroffenen Bundesgericht ist und welche Bedeutung dem Parlament und seinen Aufsichtsorganen zukommt, wenn es darum geht, die Richterzahl mit der erforderlichen Sachkunde und dem gebotenen Augenmass festzulegen.

bb) Parlamentarische Initiative als Alternative

140 Das Recht, der BVers den Entwurf zu einem Erlass einzureichen (oder anzuregen) steht auch jedem Ratsmitglied, jeder Fraktion und den parlamentarischen Kommissionen zu (Art. 160 Abs. 1 BV). Mit der **parlamentarischen Initiative** kann der Entwurf

---

[130] SEILER/VON WERDT/GÜNGERICH, BGG, Art. 1 N 21.
[131] SGK-BIAGGINI, Art. 181 N 9.
[132] Botschaft zur Verfassungsreform 1996, 412.

zu einem Erlass der BVers oder Grundzüge eines solchen Erlasses vorgeschlagen werden (Art. 107 ParlG). Parlamentarische Initiativen unterliegen einer Vorprüfung durch die zuständige(n) Kommission(en) (Art. 108–110 ParlG). Wird einer Initiative Folge gegeben, so arbeitet die zuständige Kommission des Rates, in dem die Initiative eingereicht wurde, innert zwei Jahren eine Vorlage aus (Art. 111 ParlG). Sie kann dabei auf das Sachwissen der Verwaltung greifen; der BR kann zur Vorlage Stellung nehmen (Art. 112 ParlG).

Die Frage der Anzahl Richter ist **eng mit der Organisation des Gerichts sowie mit** **141** **seinem Voranschlag verknüpft**. Nach Art. 188 Abs. 3 verwaltet sich das BGer selbst. Es richtet seine Dienste ein, stellt das nötige Personal an, verfügt über eine eigene Rechnung und verabschiedet Voranschlag und Rechnung direkt zuhanden der BVers (Art. 25 und 17 Abs. 4). Der BR stellt die Entwürfe des BGer zu Voranschlag und Rechnung unverändert in seinen Entwurf ein und vertritt diese auch nicht in der BVers (Art. 142 ParlG).

Angesichts dieser Tatsache hat der BR (EJPD) bei der erstmaligen Festlegung der Rich- **142** terzahlen (und einigen öffentlichen Auseinandersetzungen mit dem BGer[133]) darauf verzichtet, dem Parlament wie üblich einen Verordnungsentwurf zu unterbreiten.[134] Er ersuchte die BVers, eine parlamentarische Kommission zu bezeichnen, welche für die Ausarbeitung einer Verordnung über die Anzahl Bundesrichter und Bundesrichterinnen zuständig ist. Die **RK-S übernahm diese Aufgabe** im Einvernehmen mit nationalrätlichen Kommission (Parlamentarische Initiative 06.400). Bericht und Entwurf zu einer Verordnung der BVers über die Anzahl Richter am BGer wurden dem Rat am 21.2.2005 übermittelt und gleichzeitig dem BR zur Stellungnahme unterbreitet.[135] Die Verordnung ist in der Sommersession 2006 beraten und am 23.6.2006 in der Schlussabstimmung von beiden Räten angenommen worden.[136]

c) Entscheidgrundlagen (Controlling)

Der Bericht der RK-S vom 27.2.2006 und die Debatten in den Räten[137] haben deutlich **143** gemacht, dass die Entscheidungsinstanzen (noch) nicht über jene Entscheidungsgrundlagen verfügen, die für eine fundierte und verlässliche Festlegung der Richterzahl an sich erforderlich wären. Die vorbereitende Kommission hat sich die Sache allerdings nicht leicht gemacht. Sie hat auf sorgfältige Weise die Geschäftslast, den Personalbestand, die Kostenentwicklung und die be- und entlastenden Elemente der neuen Bundesrechtspflege analysiert und bewertet.[138] Sie hat **Modellannahmen** getroffen und **Bedarfsprognosen** angestellt, aber auch das **Richterbild** (wie viel und welche Art Eigenleistung, wie viele Mitarbeiter, welche Dienste) und die Funktion der nebenamtlichen Richter in die Betrachtungen einbezogen. Insofern darf die aufwändige und sorgfältige Arbeit als Versuch gewertet werden, den Entscheid auf einer rationalen Ebene treffen und mit nachvollziehbaren und vertretbaren Argumenten begründen zu können. Gleichzeitig ist es aber auch als Aufruf an das Bundesgericht zu verstehen, künftig selbst die erforderlichen Zahlen und Modellannahmen zu liefern.

---

[133] Vgl. die Medienmitteilung des BGer vom 14.7.05 und die Berichte in Le Temps vom 25.6.05, in der NZZ vom 27.6.05, 13.8.05 und 17.8.05 sowie in der BaZ vom 1.7.2005.

[134] Vgl. Medienmitteilung des EJPD vom 18.8.2005.

[135] Bericht RK-S vom 21.2.06 (BBl 2006 3475); Stellungnahme des BR vom 17.3.06 (BBl 2006 3503); Stellungnahme des BGer/EVG vom 9.3.06 (BBl 2006 3511).

[136] Vgl. AS 2006 2739; SR 171.110.1; AB 2006 S 270, 394; AB 2006 N 777, 911.

[137] Vgl. Anm. 135 und 136.

[138] Bericht der RK-S, BBl 2006 3475, passim.

144 Das Mittel zu dieser neuen Form der Entscheidfindung soll ein **Controllingverfahren** sein, das dem Parlament als Grundlage für die Oberaufsicht und für die Festlegung der Richterzahl dient (vgl. SR 171.110.1, Art. 2). Die Einführung eines solchen internen Controllings beruht auf der Überlegung, dass auch die Gerichte verfassungsrechtlich zu einem haushälterischen Umgang mit finanziellen Mitteln verpflichtet sind. Sie werden vermutlich nie jene Mittel bekommen, die nach ihrer Auffassung für eine hohe Qualität und das Ansehen der Rechtsprechung erforderlich wären, schon gar nicht in Zeiten angespannter Finanzlage und staatlicher Sparmassnahmen. Damit verstärkt sich der Effizienzdruck unweigerlich auch für die Gerichte.

145 Diese werden bemüht sein müssen, ihre internen Strukturen, Verwaltungsabläufe und Führungsinstrumente zu überprüfen und mit Hilfe eines **modernen Justizmanagements** und zeitgemässen Steuerungsinstrumenten (Controlling, Informationssystem, Nutzen-Kosten-Rechnungen, Kosten- und Organisationsanalysen, Belastungsparameter und Wirkungsanalysen, aber auch Führungsmassnahmen) erkannte Optimierungspotentiale zu realisieren.[139] Dabei muss man nicht so weit gehen, wie der Bericht der RK-S vom 27.2. 2005 und in Art. 2 des entsprechenden Entwurfs enthalten.[140] Auf keinen Fall dürfen dadurch die richterliche Unabhängigkeit und die Eigenständigkeit des Gerichts, die Qualität der Rechtsprechung und der Raum für Reflexion über und Fortentwicklung des Rechts beeinträchtigt werden. Die Sorgen um solche Einbussen sind deshalb nicht (ganz) unbegründet.[141]

d) Erste Entscheide und Erfahrungen

146 Die BVers hat die Zahl der Richter und Richterinnen am Bundesgericht erstmals im Jahre 2006 per Verordnung festgelegt (Verordnung der Bundesversammlung über die Richterstellen am Bundesgericht vom 23.6.2006[142]). Die **Verordnung ist am 1.1.2007 zusammen mit dem BGG in Kraft getreten und gilt bis zum 31.12.2011** (Art. 4). Bis zu diesem Zeitpunkt soll besser erkennbar sein, ob sich die Neuerungen der Bundesrechtspflege im erwünschten Ausmass entlastend auswirken werden. Zudem war die vorbereitende Kommission der Auffassung, die Richterzahl am Bundesgericht lasse sich ohne Kosten und Organisationsanalyse vorläufig nicht definitiv festlegen.[143]

147 Die BVers hat die Richterzahlen **auf 38 ordentliche und 19 nebenamtliche Richter festgelegt** (Art. 1), reduzierte die Zahl somit gegenüber dem Zustand vor Inkrafttreten der neuen Bundesrechtspflege um 3 ordentliche und mehrere nebenamtliche Richter und Richterinnen, wobei bei letzteren der mögliche Rahmen (zwei Drittel der ordentlichen Richter) nicht ausgeschöpft wurde. Die Richter sind auf feste Amtsdauer gewählt (für die Richter von Lausanne und Luzern nach Art. 132 Abs. 3 und 4 nun gleichermassen bis Ende 2008).[144] Die **Herabsetzung der Richterzahl** soll deshalb durch Nichtwiederbesetzung vakant gewordener Stellen erreicht werden (Art. 3 Satz 1). Sollte die Zahl der Richterinnen und Richter bei Ablauf der derzeitigen Amtsperiode (2008) noch immer grösser als 38 sein, so hätte die BVers die Vorgabe von Art. 1 im Rahmen der Gesamter-

---

[139] Vgl. dazu LIENHARD, NZZ 2005, 15 und DERS., Justiz 2007, 1 ff. und hinten Art. 2 N 27 f. sowie Art. 3 N 24.

[140] Bericht der RK-S, BBl 2006 3495, 3501.

[141] Vgl. die Beiträge von RAINER SCHWEIZER, Eine Reform zum Schaden des Bundesgerichts, in: NZZ vom 7.4.06, und von JÖRG PAUL MÜLLER, Richterliche Unabhängigkeit steht zur Debatte, in: NZZ vom 26.5.06; ferner die NAY, SJZ 2006, 567, und FS WILDHABER-NAY, 1484.

[142] AS 2006 2739.

[143] BBl 2006 3497.

[144] Vgl. BG über die Bereinigung und Aktualisierung der Totalrevision der Bundesrechtspflege vom 23.6.2006, Abänderung von Art. 132 Abs. 3 und 4.

neuerungswahlen für die Amtsdauer 2009–2014 umzusetzen. Ebenso gilt die zahlenmässige Begrenzung der nebenamtlichen Bundesrichter und Bundesrichterinnen nach Art. 132 Abs. 4 erst ab 2009 (Ablauf der Amtsperiode und Neuwahlen).

Man kann sich des Eindrucks nicht erwehren, dass die erstmalige Festlegung der Richterzahl durch Verordnung der BVers **für alle Beteiligten mit Lernprozessen verbunden** war. Die Justiz musste sich bewusst werden, dass sie sich hinsichtlich der Führung und Verwaltungseffizienz der Öffentlichkeit zu stellen hat und dass für das Ansehen des Gerichts nicht allein die Rechtsprechung massgebend ist.[145] Das Parlament wiederum kann Oberaufsicht und Wahlenkompetenzen nur sinnvoll wahrnehmen, wenn es über ausreichende Informationen und über genügend Einblicke verfügt. Der Ruf nach einem internen Controlling, das diesem Anliegen dient, ist deshalb berechtigt und wird beiden Seiten die Arbeit erleichtern, solange die **Eigenständigkeit und die jeweils besondere Aufgabe des anderen respektiert** wird. Auch das Justizministerium und die Parteien werden sich solchen Überlegungen nicht entziehen können. Kritik an unliebsamen Gerichtsentscheiden und Gespräche über mögliche Sparmassnahmen an den Gerichten sind nicht verboten, aber sie müssen getragen sein von «Respekt vor der rechtsprechenden Funktion und der im Rechtsstaat unabdingbaren Gewaltenteilung».[146]

148

Art. 2

Unabhängigkeit	**[1] Das Bundesgericht ist in seiner Recht sprechenden Tätigkeit unabhängig und nur dem Recht verpflichtet.**
	[2] Seine Entscheide können nur von ihm selbst nach Massgabe der gesetzlichen Bestimmungen aufgehoben oder geändert werden.
Indépendance	[1] Dans l'exercice de ses attributions judiciaires, le Tribunal fédéral est indépendant et n'est soumis qu'à la loi.
	[2] Ses arrêts ne peuvent être annulés ou modifiés que par lui-même et conformément aux dispositions de la loi.
Indipendenza	[1] Nella sua attività giurisdizionale il Tribunale federale è indipendente e sottostà al solo diritto.
	[2] Le sue sentenze possono essere annullate o modificate soltanto da esso medesimo e conformemente alle disposizioni della legge.

Inhaltsübersicht

---

[145] Vgl. den Leitartikel in der NZZ vom 20.5.06 (Der letzte Elfenbeinturm wankt).
[146] NZZ vom 20.5.2006, 15.

Materialien

Botschaft (und Entwurf) 1996, 183, 502, 541 (zu Art. 180); Botschaft (und Entwurf) 2001, 4279 (zu Art. 2); VK-N 26./27.5.1997, 41; VK-S 23–25.6.1997, 48 f., 1./2.9.1997, 14 f., 24./25.8.1998, 13 f.; AB 1998 N 1477; AB 1998 S 268 f., 1023 (Verfassungsreform, Justizreform); RK-S vom 26./27.2.2003, RK-N vom 29./30.4.2004; AB 2003 S 889; AB 2004 N 1584 (Bundesrechtspflege).

Literatur

K. EICHENBERGER, Die richterliche Unabhängigkeit als staatsrechtliches Problem, Bern 1960 (zit. Eichenberger, richterliche Unabhängigkeit); DERS., Sonderheiten und Schwierigkeiten der richterlichen Unabhängigkeit in der Schweiz, in: Beihefte zur ZSR Heft 12, Basel 1990, 57 ff. (zit. Eichenberger, ZSR 1990); R. KIENER, Garantie des verfassungsmässigen Richters, § 225 (E, F), in: D. Merten/H.-J. Papier (Hrsg.), Handbuch der Grundrechte in Deutschland und Europa, Vol. VIII, Heidelberg, erscheint demnächst (zit. Merten/Papier-Kiener); J. MEYER-LADEWIG, Europäische Menschenrechtskonvention, Handkommentar, 2. Aufl. Baden-Baden 2006 (zit. Meyer-Ladewig, EMRK[2]); G. NAY, Das Bundesgericht in Wandel und Sorge um Unabhängigkeit, SJZ 102 (2006), Nr. 24, 567 ff. (zit. Nay, SJZ 2006); G. STEINMANN, Kommentar zu Art. 30 BV sowie die dort zit. Lit., in: B. Ehrenzeller et al. (Hrsg.), Die Schweizerische Bundesverfassung, St. Galler Kommentar, 2. Aufl., Lachen/Zürich, erscheint demnächst (zit. SGK[2]-Steinmann); P. TSCHANNEN, Staatsrecht der Schweizerischen Eidgenossenschaft, Bern 2004, § 40, 503 ff. (zit. Tschannen, Staatsrecht); H. P. WALTER, Interne richterliche Unabhängigkeit, Die Schweizer Richterzeitung/Justice – Justiz – Giustizia, 2005/1 Rz 1 ff. (zit. Walter, Justiz 2005).

I. Einleitende Bemerkungen

1. Verankerung des Grundsatzes auf Verfassungs- und Gesetzesstufe

1 Zum Wesen der richterlichen Tätigkeit gehört, dass sie von einem nichtbeteiligten Dritten in sachlicher und persönlicher Unabhängigkeit ausgeübt wird (Art. 1 N 14 ff.). Diese Erkenntnis und, daraus abgeleitet, der Anspruch auf eine unabhängige Justiz finden seit langem breite Anerkennung und heute auch regelmässig **Aufnahme in die geschriebenen Verfassungen und in die internationalen Menschenrechtspakte.**[1]

2 Die aBV gewährleistete die richterliche Unabhängigkeit noch nicht ausdrücklich; der Grundsatz wurde als selbstverständlich vorausgesetzt.[2] Das Bundesgericht hat die – in Art. 6 Abs. 1 EMRK ausdrücklich garantierte – richterliche Unabhängigkeit als **Teilgehalt von Art. 58 aBV anerkannt** (Anspruch auf den verfassungsmässigen Richter).[3] Die «nachgeführte» BV (BV 2000) begnügte sich mit der Verankerung des *grundrechtlichen* Gehalts der richterlichen Unabhängigkeit in Art. 30 Abs. 1. Mit der Justizreform wurde die Unabhängigkeit der richterlichen Behörden nun auch institutionell verankert (Art. 191c BV).

---

[1] KIENER, Unabhängigkeit, 1 f.
[2] BVK-HALLER, Art. 106 N 24.
[3] Vgl. BGE 114 Ia 50, 54; vgl. auch die Hinweise bei KIENER, Unabhängigkeit, 21 ff.

Auf der Gesetzesstufe wurde das Unabhängigkeitsprinzip schon früher verankert. Art. 21 **3**
Abs. 3 OG erwähnte es – fast beiläufig – im Zusammenhang mit dem Verhältnis zur
Bundesversammlung[4] mit den Worten: Das Bundesgericht … «ist innerhalb seiner richterlichen Tätigkeit unabhängig und nur dem Gesetz unterworfen». Das BGG übernimmt
diese Formulierung und jene von Art. 191c BV und stellt die richterliche **Unabhängigkeit als qualifizierendes Merkmal der «Stellung» des BGer** prominent in den Vordergrund (1. Kapitel, 1. Abschnitt, Art. 2 Abs. 1). Zur Konkretisierung des Grundsatzes führt
es in Art. 2 Abs. 2 den Satz an, der schon in Art. 21. Abs. 3 OG den Grundsatz der richterlichen Unabhängigkeit des BGer ergänzte: «Seine Entscheide können nur von ihm
selbst nach Massgabe der gesetzlichen Bestimmungen aufgehoben oder geändert werden» (vgl. hinten N 56 ff.).

Die Aufnahme dieser rechtstaatlich bedeutsamen Grundsätze in die Verfassung und in die **4**
einschlägigen Gerichtsgesetze war bei der Neuordnung der Bundesrechtspflege **selbstverständlich und unbestritten**. Die Vorschläge und Formulierungen des BR wurden in
beiden Räten unverändert übernommen.[5]

2. Tragweite der Verfassungsgrundlage

Das in Art. 191c BV positivierte Unabhängigkeitsprinzip weist mehrere Dimensionen **5**
auf.[6] Die erste Dimension betrifft die Justiz als Institution und den **Bezug des Prinzips zur
Gewaltenteilung**. Die richterliche Unabhängigkeit ist zunächst eine organisationsrechtliche Festlegung und prägt die Stellung der Gerichte. Sie konkretisiert einen elementaren
Gesichtspunkt des modernen Gewaltenteilungsprinzips, indem «die **Justiz als unabhängige dritte Gewalt verfassungsrechtlich gesichert** und gegenüber den anderen beiden
Gewalten (Legislative und Exekutive) abgegrenzt wird».[7] Als Verfassungsnorm verpflichtet Art. 191c BV sowohl den Gesetzgeber, der das Prinzip zu verwirklichen hat, als auch
alle richterlichen Behörden bzw. Personen, die richterliche Funktionen ausüben (vgl. hinten N 21 ff.). Jeder Richter hat auf seine Unabhängigkeit zu achten; und die anderen
Staatsorgane sind gehalten, die spezifische Unabhängigkeit der Gerichte zu respektieren.[8]

Eine zweite Dimension besteht im **Bezug zu den Grundrechten**. Die Art. 29 ff. BV **6**
fassen die Verfahrensgarantien zusammen, die früher verstreut und teilweise in der aBV
(Art. 4, 58 und 59), kantonalem Recht und internationalen Übereinkommen (wie Art. 6
EMRK oder 14 UNO-Pakt II) zu suchen waren.[9] Während Art. 29a BV (Rechtsweggarantie) den Anspruch auf Beurteilung durch eine richterliche Behörde regelt, legt Art. 30 BV
in Übereinstimmung mit Art. 6 EMRK die Anforderungen an ein solches Gericht fest: Jede
Person, deren Sache in einem gerichtlichen Verfahren beurteilt werden muss, hat **Anspruch auf** ein durch Gesetz geschaffenes, ordnungsgemäss bestelltes und zusammengesetztes, örtlich und sachlich zuständiges, **«unabhängiges und unparteiisches Gericht»**.[10]

---

[4] Das «Verhältnis zur Bundesversammlung» ist nur ein Aspekt der richterlichen Unabhängigkeit
(vgl. POUDRET, Commentaire, 96). Unabhängigkeit und Weisungsungebundenheit gelten natürlich
auch gegenüber der Exekutive. Vgl. auch BGE 114 Ia 50 (54). Im Grundsatz der richterlichen Unabhängigkeit sind zudem noch weitere wesentliche Elemente enthalten (vgl. N 8 ff., 24 ff., 42 ff.).
[5] Vgl. Verhandlungen zu Art. 191c BV: AB 1998 N 1477, S 268 f. und 1023. Verhandlungen zu
Art. 2 BGG: RK-S vom 26./27.2.2003, AB 2003 S 889; RK-N vom 29./30.4.2004, AB 2004
N 1584.
[6] Botschaft 1996 541 f.
[7] SGK²-KISS/KOLLER, Art. 191c N 3 (m.Hinw. auf Bericht Wahlen). Vgl. auch vorne Art. 1 N 11 ff.
[8] Botschaft 1969 541.
[9] HÄFELIN/HALLER, Bundesstaatsrecht⁶, 243.
[10] Ob eine Behörde ein «Gericht» i.S.v. Art. 30 BV ist, hängt nicht von der Bezeichnung ab (vgl.
vorne Art. 1 N 25). Es müssen vielmehr eine ganze Anzahl von Kriterien erfüllt sein, damit eine

3. Verhältnis zum grundrechtlichen Anspruch

7 Art. 191c BV (und darauf abgestützt Art. 2 sowie alle anderen rechtlichen Vorkehren, mit denen die richterliche Unabhängigkeit abgesichert wird [unten N 24 ff.]) verschafft dem Bundesgericht (und anderen richterlichen Behörden) jene Qualifikationen, die Art. 30 grundrechtlich voraussetzt.[11] Die beiden **Bestimmungen ergänzen und bedingen sich gegenseitig**. Die institutionell in Art. 191c BV (und Art. 2) verankerte Unabhängigkeit des Bundesgerichts konkretisiert sich denn auch «nach den gleichen Gesichtspunkten» wie die Unabhängigkeit der Gerichte, auf die Art. 30 Abs. 1 einen grundrechtlichen Anspruch gewährleistet. Es könnte deshalb an sich auf die einschlägigen Kommentierungen und Werke verwiesen werden.[12] Der Vollständigkeit halber werden hier die Hauptelemente der richterlichen Unabhängigkeit kurz dargestellt.

II. Wesensgehalte der richterlichen Unabhängigkeit (Abs. 1)

1. Begriff und Funktion

8 Treffender als mit den Worten von KURT EICHENBERGER kann man kaum umschreiben, **was richterliche Unabhängigkeit ausmacht**: «Unabhängigkeit von den streitenden Parteien (Parteiunabhängigkeit), von anderen Organgruppen und Organen (Organunabhängigkeit), von sozialen Vor- und Mitgegebenheiten sowie von Mächtigkeiten (Sozialunabhängigkeit) und schliesslich von einer generalisierten innerjustiziellen Hierarchieordnung (Organeigenständigkeit) sucht äussere und vor allem innere Freiheit des rechtsprechenden Organs, das dank dessen auf dem Weg zum sachrichtigen Urteil nicht behindert werden soll. Richterliche Unabhängigkeit ist kein einfacher klassifikatorischer Begriff, sondern ein zielgebender Grundsatz der staatlichen Organisation, der in jeder Organisationsaufgabe bezüglich der Justiz konkretisiert werden und dabei inhärente Gegensätzlichkeiten ausgleichen muss.»[13] Die richterliche Unabhängigkeit ist **Ausfluss des Gewaltenteilungsprinzips** und zudem «selbständiges Rechtsstaatsprinzip», indem sie den Rechtsschutz des Einzelnen auf optimale Weise sicherstellen soll.[14]

9 Ausgehend von den möglichen Abhängigkeitsquellen lassen sich mit KURT EICHENBERGER fünf **Erscheinungsformen** unterscheiden:[15]

10 – *Richterliche Unbeteiligtheit (**Unabhängigkeit von den Parteien**, Unparteilichkeit)*: sie richtet sich gegen die am Verfahren beteiligten Parteien, ist Ausfluss des Gleichbehandlungsgebotes und findet ihren Ausdruck u.a. in den formalisierten Ausstandsregelungen (vgl. Komm. zu Art. 34 ff.).

11 – *Richterliche Selbständigkeit (**Unabhängigkeit von Legislative und Exekutive**)*: Sie wehrt sich gegen Einwirkungen anderer staatlichen Gewalten, die zum Richter weder

---

Entscheidungsinstanz als «Gericht» i.S.v. Art. 30 BV (und Art. 6 EMRK) anerkannt wird (vgl. z.B. BGE 126 I 228, 230 f. und hinten N 18).

[11] Vgl. dazu und zum Folgenden SGK²-KISS/KOLLER, Art. 191c N 3 ff.

[12] Vgl. SGK²-STEINMANN, Art. 30 N 5 ff.; AUBERT/MAHON, commentaire, Art. 30 N 7 f.; MÜLLER, Grundrechte³, 574; SCHEFER, Grundrechte, 569; KIENER/KÄLIN, Grundrechte, 442 ff.

[13] KURT EICHENBERGER, Justizverwaltung, in: Festschrift für den Aargauischen Juristenverein 1936–1986, Aarau 1986, 31 ff. (40).

[14] RHINOW/KOLLER/KISS, Prozessrecht, 29 ff.

[15] EICHENBERGER, richterliche Unabhängigkeit, 43 ff.; RHINOW/KOLLER/KISS, a.a.O., 30.

in einem Überordnungsverhältnis stehen noch diesem Weisungen erteilen oder gar Urteile aufheben können.[16]

– *Richterliche Eigenständigkeit (**Unabhängigkeit von oberen Gerichten und gerichtsinternen Zwängen**[17]):* Sie richtet sich gegen andere richterliche Behörden und interne Zwänge. Die Justiz ist im Unterschied zur Verwaltung nicht hierarchisch aufgebaut. Jeder Richter und jedes Gericht fällt seine Urteile weisungsfrei und eigenverantwortlich.[18]   **12**

– *Richterliche Sozialfreiheit (**Unabhängigkeit von sozialen Mächten**):* Sie richtet sich gegen soziale Kräfte und Mächte, gegen unzulässige Einwirkungen von aussen, Medien, Parteien usw. (gegen «contempt of court»). Lebensnähe und soziale Verankerung stehen dem nicht entgegen; gefordert ist aber Festigkeit gegenüber sachfremden Einflüssen.[19]   **13**

– *Innere Freiheit des Richters (**Unbefangenheit, Unvoreingenommenheit**):* Sie betrifft die Haltung des Richters und seine Resistenz gegenüber sach- und rechtsfremden Motivationen, die in seiner Person selbst ihre Ursache haben können (Vorurteile, Vorprägungen durch besondere Erfahrungen, extreme Einstellungen usw.).   **14**

REGINA KIENER[20] betont die **dualistische Natur** des Grundsatzes der richterlichen Unabhängigkeit und unterscheidet zwischen dem *personenbezogenen* **Gehalt** (innere Unabhängigkeit, Unparteilichkeit, Unbefangenheit, Unvoreingenommenheit) und dem *institutionenbezogenen* **Gehalt** des Grundsatzes (institutionelle und organisatorische Aspekte der Gewaltentrennung). Den Kern der richterlichen Unabhängigkeit ortet sie aus der Sicht der Parteien und der Sicherstellung eines fairen und menschengerechten Verfahrens bei den personenbezogenen Aspekten. Dass der Richter Einflüssen des gesellschaftlichen, wirtschaftlichen, politischen und auch religiösen Umfelds zu widerstehen hat, ist eine selbstverständliche, sich aus dem Zweck der Rechtsprechung ergebende Erwartung (vgl. Art. 1 N 14, 19, 22). Es sei aber nochmals betont, dass die richterliche Unabhängigkeit ohne institutionelle Sicherungen nicht gewährleistet kann. Die beiden Aspekte bedingen und ergänzen sich wechselseitig (N 49 ff.).   **15**

In der deutschen Literatur wird auch häufig zwischen der *sachlichen* und der *persönlichen* Unabhängigkeit unterschieden. Die **sachliche Unabhängigkeit** des Richters wird u.a. in seiner Weisungsfreiheit, seiner Eigenständigkeit (in der Entscheidung) und der beschränkten Dienstaufsicht erblickt. Die **persönliche Unabhängigkeit** betrifft insb. die Unabsetzbarkeit und Unversetzbarkeit. Sie dient der Sicherung der sachlichen Unabhängigkeit, die nicht nur in Gefahr ist, wenn dem Richter Weisungen erteilt werden, sondern auch dann, wenn er wegen seinen Entscheidungen Nachteile für seine persönliche Rechtsstellung befürchten muss.[21]   **16**

---

[16] Dennoch ist der Richter nicht ungebunden, sondern in ein ganzes Netz von Abhängigkeiten versetzt: Bindung an das Recht (vgl. hinten N 49 ff.), Wahl, Budgethoheit und Oberaufsicht des Parlaments usw.

[17] Zur «internen» richterlichen Unabhängigkeit und Zwängen, die sich aus der Organisation des Gerichts (Kollegialgericht, Instanzenzug, Verwaltungsaufsicht, Effizienzkontrollen und Wiederwahl) ergeben können; eindrücklich H. P. WALTER, Interne richterliche Unabhängigkeit, Rz 1 ff.

[18] Auch hier wiederum mit Einschränkungen: beim Entscheid werden die Präjudizien höherer Instanzen beachtet, im Rechtsmittelverfahren werden Urteile aufgehoben oder Fälle zur Neubeurteilung zurückgewiesen, in der Justizverwaltung Aufsichten ertragen.

[19] Vgl. BGE 105 Ia 157, 162.

[20] KIENER, Unabhängigkeit, 13 f., 52.

[21] Diese Unterscheidung ergibt sich u.a. aus Art. 97 Abs. 1 und Abs. 2 GG. Abs. 1 deklariert die Unabhängigkeit und die Bindung an das Gesetz, Abs. 2 die beschränkten Möglichkeiten der Entlassung, Amtsenthebung und Versetzung. Vgl. auch N 36 ff.

17 Aus diesen Bemerkungen ergibt sich zwangslos die **Funktion dieses «Verfahrens-grundrechts»**: Sicherstellung eines fairen Verfahrens und Gewähr für eine unparteiische Beurteilung einer Streitsache im Hinblick auf ein gerechtes Urteil. «Darin liegen die unabdingbaren Voraussetzungen für die innere Anerkennung des Urteils durch die Betroffenen und seine Geltungskraft in der Rechtsgemeinschaft».[22]

2. Geltungsbereich

a) Sachlicher Geltungsbereich

18 Die aus Art. 30 BV fliessenden Rechte gelten gem. bundesgerichtlicher Praxis nur für **«Gerichte»**. Als Gericht im Sinne der Menschenrechtskonvention bzw. von Art. 30 Abs. 1 BV gilt eine «Behörde, die nach Gesetz und Recht in einem justizförmigen, fairen Verfahren begründete und bindende Entscheidungen über Streitfragen trifft. Sie braucht nicht in die ordentliche Gerichtsstruktur eines Staates eingegliedert zu sein; sie muss jedoch organisatorisch und personell, nach der Art ihrer Ernennung, der Amtsdauer, dem Schutz vor äusseren Beeinflussungen und nach ihrem Erscheinungsbild sowohl gegenüber anderen Behörden als auch gegenüber anderen Parteien unabhängig und unparteiisch sein.» [23] Mit der Proklamation der richterlichen Unabhängigkeit in Art. 2 bestätigt der Gesetzgeber diese Anforderungen für das BGer.

19 Die Richter geniessen ihre spezifische Unabhängigkeit nicht als Privileg ihres Standes, sondern, wie eben erwähnt, im Interesse einer der Gerechtigkeit verpflichteten Rechtsprechung.[24] Die richterliche Unabhängigkeit kann deshalb nur soweit reichen, wie sie diesem Ziele dient. Die **Beschränkung auf die rechtsprechende Tätigkeit** bringt dies zum Ausdruck.

20 Die richterliche Unabhängigkeit könnte beeinträchtigt werden, wenn es der Exekutive gestattet wäre, in die betrieblichen Abläufe der Justiz einzugreifen. Verfassung und Gesetz verankern deshalb zusätzlich die **Unabhängigkeit der Gerichtsverwaltung** (Art. 188 Abs. 3 BV, Art. 25). Dazu gehören namentlich die Organisation des Gerichtsbetriebes, die Geschäftszuteilung, das Personal- und Finanzwesen (vgl. Komm. zu Art. 25). Die Unabhängigkeit der Gerichtsverwaltung gewährleistet die **Verwaltungsautonomie** des Bundesgerichts gegenüber der Exekutive und verstärkt so seine Unabhängigkeit. Die Verwaltungsautonomie kennt allerdings auch ihre Grenzen und ändert nichts an den Rechten der BVers (Gesetzgebung und Budgethoheit, Oberaufsicht).[25]

---

[22] KIENER/KÄLIN, Grundrechte, 443; vgl. auch BGE 114 Ia 50, 55 f.

[23] BGE 126 I 228 E. 2a, 230 f. Keine Gerichte in diesem Sinne sind die verwaltungsinternen Rechtspflegeinstanzen, die nach Abschaffung des bundesrätlichen und der departementalen Beschwerdedienste im Rahmen der Schaffung des Bundesverwaltungsgerichts nun (fast) nur noch auf kantonaler Ebene anzutreffen sind. Das BGer hat den Geltungsbereich der aus Art. 58 aBV fliessenden Forderungen aber ausgedehnt und einzelne Aspekte auch für Verwaltungsbehörden als anwendbar erklärt (vgl. MÜLLER, Grundrechte³, 582; SCHEFER, Grundrechte, 331). Auch Strafuntersuchungs- und Anklagebehörden fallen darunter, wenn sie in richterlicher Funktion tätig sind. Das wird unter Art. 30 und 191c BV nicht anders sein können. Der Entwurf einer Schweizerischen Strafprozessordnung (vgl. Botschaft vom 21.12.2005, BBl 2005 1085) bestätigt diesen Grundsatz (Art. 4 E-StPO).

[24] Eindrücklich auf diese Kurzformel gebracht: Botschaft 1996 541.

[25] Vgl auch Art. 25a.

b) Persönlicher Geltungsbereich

Nach Art. 191c BV gilt der Grundsatz der richterlichen Unabhängigkeit für «die richter- **21** lichen Behörden» generell, also alle richterlichen Behörden. Er verpflichtet Bund und Kantone gleicherweise, aber auch persönlich **alle Personen, die rechtsprechende Funktionen ausüben.**[26]

Literatur und Rechtsprechung unterscheiden kaum zwischen der Unabhängigkeit des **22** Gerichts und derjenigen des Richters. Beiden werden dieselben Attribute beigelegt. Bei der Unabhängigkeit der richterlichen Behörden (Art. 191c BV, Art. 2) stehen die institutionenbezogenen, bei der Unabhängigkeit der Richter eher die personenbezogenen Aspekte im Vordergrund. Beide finden ihre Ausprägung in den Forderungen, die die Gerichtspraxis aus Art. 4, 58 und 59 aBV sowie Art. 6 EMRK und neu aus Art. 30 BV abgeleitet hat. Will man der in der deutschen Lehre verbreiteten Unterscheidung zwischen der sachlichen und der persönlichen Unabhängigkeit folgen,[27] wären hier jene Sicherungen zu erwähnen, die vermeiden wollen, dass der Richter wegen seiner Urteile Nachteile für seine **persönliche Rechtsstellung** zu gewärtigen hat (vgl. N 36 ff.).

Die Rechtsstellung des Bundesrichters bestimmt sich im Wesentlichen nach Art. 5–12. **23** Dazu gehören der Status als Magistratsperson (mit den üblichen Attributen[28]), die Wahl auf eine feste Amtszeit, die Unmöglichkeit der Amtsenthebung und die Immunitätsbestimmungen. Der **Sicherung seiner persönlichen Unabhängigkeit** und jener der Institution dienen die Bestimmungen über die Unvereinbarkeiten (Art. 6 und 8) und die Ausstands- und Ausschliessungsgründe nach Art. 34 ff.

3. Institutionelle Sicherungen der richterlichen Unabhängigkeit

Die eben angesprochenen Sicherungen der richterlichen Unabhängigkeit und der Rechts- **24** stellung des Richters lassen sich in Anlehnung an das Prinzip der Gewaltenteilung nach funktionellen, organisatorischen und personellen Gesichtspunkten ordnen:[29]

a) Funktionelle Aspekte

Aus dem Wesen der Rechtsprechungsfunktion (vgl. Art. 1 N 14 ff.) und der garantierten **25** Unabhängigkeit ergeben sich die Weisungsfreiheit der Richter und Gerichte sowie das **Einmischungsverbot** in die Rechtsprechung. Eine Verletzung dieser der Justiz vorbehaltenen Tätigkeit kann auch darin bestehen, dass sich Vollstreckungsbehörden weigern, ein rechtskräftiges Urteil ordnungsgemäss zu vollziehen oder sonst wie zu korrigieren.[30]

b) Organisatorische Aspekte

Aus organisatorischer Sicht ergibt sich aus dem Grundsatz der richterlichen Unabhän- **26** gigkeit, dass die Gerichte rechtlich als «**selbständige Einheiten**» verfasst – was mit der Neuordnung der Bundesrechtspflege auf Bundesebene geschehen ist – und als solche «**ausreichend ausgestattet**» sind.[31] Was das konkret heisst, ist vorne anhand der Fest-

---

[26] SGK²-Kɪss/Koller, Art. 191c N 4 ff.; Botschaft Verfassungsreform 1996, 541; Rhɪnow, Grundzüge, 464.

[27] Vorne N 16.

[28] Vgl. Art. 1 N 118 f.

[29] Tschannen, Staatsrecht, 504 ff.

[30] Vgl. zum Einmischungsverbot etwa den jüngst erschienenen Bericht der GPK-S vom 10.7.2006 «Untersuchung von öffentlichen Aussagen des Vorstehers EJPD zu Gerichtsurteilen» (BBl 2006 9051, 9095). Zum Vollzug von Urteilen Tschannen, Staatsrecht, 505 N 18, und hinten N 64. Vgl. auch Meyer-Ladewig, EMRK², Art. 6 N 33.

[31] Tschannen, Staatsrecht, 506 N 19.

legung der Richterzahl (Art. 1 N 118 ff.) anschaulich dargelegt worden und wird ein weiteres Mal bei der «Aufteilung» der Budgethoheit (Art. 3 Abs. 2 und 17 Abs. 1 lit. b sowie 25 f.) zu erläutern sein.

27 Die **Ausstattung der Gerichte** mit den notwendigen finanziellen und personellen Ressourcen ist für die Erfüllung der rechtstaatlich unverzichtbaren Aufgabe der Gerichte und einer für die Akzeptanz bedeutsamen **Qualität der Rechtsprechung** unabdingbar. Nicht umsonst räumt die Verfassung dem Bundesgericht das Recht auf Selbstverwaltung ein (Art. 188 Abs. 3 BV), und nicht umsonst legt das Gesetz das Recht auf Entwerfung des Voranschlages in die Hand des Gerichts (Art. Art. 17 Abs. 4 lit. b). Die BVers war und ist deshalb gut beraten, wenn sie sich bei der Aufstellung des Voranschlages nicht nur von finanziellen Überlegungen leiten lässt und die **langfristigen Auswirkungen** im Auge behält. Sie tut auch gut daran, die Oberaufsicht primär auf die Geschäftsführung zu richten und die Qualitätskontrolle und die Qualitätssicherung wenn immer möglich dem Gericht zu überlassen (vgl. vorne Art. 1 N 143).

28 Die **Sparmassnahmen des Bundes**, die auch vor dem Bundesgericht nicht halt gemacht haben (vgl. vorne Art. 1 N 141 ff.), haben in den letzten Jahren Befürchtungen und die Sorge um Unabhängigkeit des Bundesgerichts laut werden lassen.[32] Gar so dramatisch, wie es kürzlich ein deutscher Richter geschildert hat, liegen die Verhältnisse dank der verständnis- und respektvollen (Zurück-)Haltung der Parlamente von Bund und Kantonen allerdings nicht: «Eine weitgehende Aushöhlung der richterlichen Unabhängigkeit droht derzeit von einer «Modernisierungsoffensive» der Justizverwaltungen, die mit den Schlagwörtern «Evaluation», «Benchmarking», «Neues Steuerungsmodell», «reduzierter Mitteleinsatz» und «Effizienzsteigerung» juristische Fliessbandarbeit zum Ideal erheben und die Rechtsprechung bürokratischen Effizienzidealen unterwerfen wollen, die für die Verwaltung passen mögen, welche für sich selbst anzuwenden der Justizverwaltung freilich nicht in den Sinn kommt.»[33] (sic!)

29 Zu den organisatorischen Vorkehren zur Sicherung der Unabhängigkeit kann man auch die **Ausgestaltung der Gerichte als Kollegialbehörden** zählen, wodurch eine unerwünschte Machtballung bei einzelnen Richtern verhindert wird. Das Kollegialgericht wirkt als Faktor der Machtteilung und der internen Machtkontrolle.[34] Ebenso wichtig aber ist, dass das Kollegialgericht durch «potenzierte Sachkenntnis» und «ausbalancierte subjektive Entscheidungsparameter» erhöhte Gewähr für ein richtiges Ergebnis in der Rechtsfindung bietet.[35] Als oberste richterliche Behörde des Bundes ist das Bundesgericht, das letztinstanzlich zuständig ist für die Beurteilung eines Falles, für die Rechtsfortbildung und für die einheitliche Anwendung des Rechts, selbstverständlich (wie überall im Ausland) als Kollegialbehörde eingerichtet.

30 Platz für den **Einzelrichter** gibt es in diesem System nicht (im Unterschied zu den Vorinstanzen in Bund [vgl. z.B. Art. 27 Abs. 1 lit. a] und in den Kantonen). Auf Stufe BGer hat dieser beim vereinfachten Verfahren nun zwar Eingang gefunden, aber nur beim Entscheid über das Nichteintreten bei offensichtlichen Fällen (Art. 108).

31 Im Normalfall entscheiden die Abteilungen in der **Besetzung** mit drei Richtern oder Richterinnen, ausnahmsweise mit fünf Richtern (Art. 20), jeweils mit gleicher Stimm-

---

[32] Vgl. NAY, SJZ 2006 567 ff.; DERS., Das Bundesgerichtsgesetz im Kontext der Justizreform, Liber amicorum für L. Wildhaber, 1484 ff.; WALTER, Justiz 2005, Rz 24 ff. und vorne Art. 1 N 143.

[33] Prof. Dr. Dr. MÜLLER, 125 Jahre richterliche Unabhängigkeit, Vortrag gehalten auf der Tagung des Richterbundes, Landesverband Hessen am 2.7.2004 (‹www.richterbund-hessen.de›).

[34] KIENER, Unabhängigkeit, 220, 338.

[35] WALTER, Justiz 2005, Rz 16, m.w.Hinw.

kraft. Der Spruchkörper soll nach Möglichkeit die politische, soziale und gesellschaftliche Wirklichkeit widerspiegeln und eine pluralistische Meinungsbildung ermöglichen, was dank der Wahl der Bundesrichter durch die BVers an sich gewährleistet sein sollte (vgl. Komm. zu Art. 5).

Gewähr für einen völlig unabhängigen und ausgewogenen **Spruchkörper** besteht freilich   **32**
nur dann, wenn die Bestimmung der Richter im konkreten Fall **nach allgemeinen, objektiven und voraussehbaren Regeln** erfolgt. Der Bezug zur Unabhängigkeit liegt auf der Hand. Der Ausgang eines Gerichtsverfahrens hängt entscheidend davon ab, welche Richter den Fall beurteilen und wer von Ihnen als Referent die Urteilsfindung vorbereitet. Kommen dafür mehrere Personen in Frage, bleibt bei der Bildung des Spruchkörpers ein Spielraum, der zu Manipulationen missbraucht werden kann.[36] Die Garantie des verfassungsmässigen Richters ist indes nur gewährleistet, wenn die Besetzung der Richterbank zum Voraus feststeht.

Gebildet wird der Spruchkörper vom Präsidenten oder der Präsidentin der zuständigen   **33**
Abteilung (Art. 40 BGerR). Diese sind nicht mehr im Gesetz selbst aufgezählt (wie bisher in Art. 12 OG), sondern werden vom Gericht gestützt auf seine Organisationsautonomie durch Reglement festgelegt (Art. 13, 15 Abs. 1 lit. a und 18; Art. 26 ff. BGerR).[37] Durch Reglement sind neu auch die **Geschäftsverteilung**, die Bildung der Spruchkörper und der Beizug der nebenamtlichen Richter und Richterinnen zu regeln (Art. 15 Abs. 1 lit. a und 22). Der Bundesgesetzgeber ist damit den aus Art. 6 EMRK und 30 BV fliessenden Forderungen und der in der Lehre gegen «einseitige» Zusammensetzung der Spruchkörper aufkommenden Kritik nachgekommen.[38]

Noch in BGE 105 Ia 178 f. hat sich das BGer gegen eine zu weit gehende Normierung   **34**
der **Besetzung des Spruchkörpers im Einzelfall** ausgesprochen und den Entscheid dem sach- und pflichtgemässen Ermessen des Präsidenten anheim gestellt. Der BR hingegen vertrat in seiner Botschaft zum BGG die Auffassung, dass Art. 30 BV auch verlangt, dass in generell-abstrakter Weise in einer Vorschrift festgehalten werden muss, «nach welchen Kriterien die Verteilung der Geschäfte stattfindet» und dass sich diese auch «zur Bildung der Spruchkörper und zum Einsatz der Ersatzrichter zu äussern hat».[39]

Die **Bildung der Spruchkörper** ist nun in Art. 40 BGerR geregelt. Dieser zählt in all-   **35**
gemeiner Weise die Kriterien und Umstände auf, die der Präsident bei der Bildung des Spruchkörpers zu berücksichtigen hat. Auf ein schematisches Rotationsprinzip[40] oder gar einen Gerichtsbeschluss wurde verzichtet. Dem Gerichtspräsidenten bleibt deshalb eine gewisse organisatorischen Gestaltungsfreiheit «und es ist erneut eine Frage ihres sachgemässen Gebrauchs, ob ihretwegen die richtig verstandene Unabhängigkeit der einzelnen Richter beeinträchtigt wird oder nicht».[41] Bezüglich des Einsatzes der nebenamtlichen Richter hält sich das Reglement zurück. Es wird lediglich erwähnt, dass der Präsident oder die Präsidentin über deren Einsatz innerhalb der Abteilung bestimmt (Art. 16 Abs. 3 BGerR); auch hier wäre jedoch eine weitergehende Normierung erwünscht.

---

[36] Vgl. M. FELBER (fel), Wenn der Computer «manipuliert», in: NZZ vom 11.4.2007.
[37] Bei der Bestellung der einzelnen Abteilungen hat das Gesamtgericht der fachlichen Kenntnisse und der Amtssprachen Rechnung zu tragen (Art. 18 Abs. 2). Die Zusammensetzung ist öffentlich bekannt zu machen (Art. 18 Abs. 1 Satz 2).
[38] Vgl. J. P. MÜLLER, in: ZBJV 1981, 213 f. zum Einsatz von nebenamtlichen Richtern, obwohl ordentliche Richter verfügbar gewesen wären.
[39] Botschaft 2001 4286.
[40] Das BVGer verwendet für die Zuteilung der Fälle ein Computerprogramm (vgl. Anm. 36).
[41] WALTER, Justiz 2005, Rz 17.

c) Personelle Aspekte

36 Zur Sicherung der personellen Unabhängigkeit sehen Verfassung und Gesetz eine ganze Reihe von Massnahmen vor. Zu nennen ist hier zunächst die **Wahl auf eine feste Amtsdauer**.[42] Ist diese ausreichend lang (für Verfassungsrichter in Italien und Frankreich z.B. einmalig auf 9 Jahre, 12 Jahre sind es am deutschen Bundesverfassungsgericht und auf Lebenszeit am US-Supreme Court), erweist sich die Amtsdauer als Stütze der Unabhängigkeit. Im Gegenzug sehen die ausländischen Rechtsordnungen indes regelmässig die Möglichkeit der Amtsenthebung von Mitgliedern des obersten Gerichts vor, wenn sich Unvereinbarkeiten einstellen, Arbeitsunfähigkeit gegeben ist oder eine schwere Verletzung von Amtspflichten vorliegt.[43]

37 Für die Bundesrichter beträgt die **Amtsdauer 6 Jahre** (Art. 143 BV), was im Vergleich als kurz bezeichnet werden muss (vgl. Komm. zu Art. 9). Sie können in dieser Zeit jedoch **nicht abberufen oder ihres Amtes enthoben werden** und unterliegen keiner disziplinarischen Verantwortlichkeit.[44] Hingegen müssen bzw. können sie sich nach 6 Jahren einer Wiederwahl stellen, was sich auch als Mittel der Disziplinierung verwenden lässt.[45] Das kann die Unabhängigkeit beeinträchtigen, wenn der Richter deswegen nicht nur bemüht ist, seine Rechtsprechungstätigkeit korrekt auszuüben, sondern zum Wohlgefallen seines Wahlorgans zu urteilen. De facto kann der Richter jedoch in der Schweiz mit seiner **Wiederwahl** rechnen, weshalb die Gefahr für die richterliche Unabhängigkeit bis heute als relativ gering erscheint.[46] Sodann darf nicht unberücksichtigt bleiben, dass die volksstaatliche Tradition der Schweiz, nach einer «periodischen Rückbindung der richterlichen Gewalt an Parlament oder Stimmbürgerschaft» verlangt.[47] Wiederwahlen dienen der Bestätigung der Amtsträger, sichern die fortdauernde **demokratische Legitimation** der Justiz und stellen sicher, dass nur solche Personen das Richteramt ausüben, die von ihrem fachlichen und persönlichen Profil her dazu in der Lage sind.[48]

38 Die **fachliche und persönliche Qualifikation** des Richters oder der Richterin stehen vor allem bei der Erstwahl auf dem Prüfstein. Sie sind der unerlässlichste und zugleich verlässlichste Garant der richterlichen Unabhängigkeit. Deshalb kommt der Auswahl, überhaupt der Vorbereitung und Durchführung der Wahlen in die Gerichte, insb. in das Bundesgericht, eine zentrale Bedeutung zu. Mit der Schaffung der **Gerichtskommission**,[49] die der BVers

---

[42] Vgl. KIENER, Unabhängigkeit, 279 ff.; RHINOW/KOLLER/KISS, Prozessrecht, 31 (Rz 124 f.); TSCHANNEN, Staatsrecht, 506 f.

[43] Vgl. Gutachten des Schweizerischen Instituts für Rechtsvergleichung über die Amtsdauer und die Amtsenthebung von Richtern oberster Gerichte vom 31.3.2003, erstattet zuhanden der RK-S.

[44] Gutachten des Bundesamtes für Justiz vom 14.8.2003 über Disziplinarmassnahmen gegen Bundesrichter und Massnahmen zur Konfliktregelung am Bundesgericht, erstattet zuhanden der GPK, Arbeitsgruppe Bundesgericht. Diese wurde von den GPK der beiden Räte am 5.3.2003 zur Untersuchung besonderer Vorkommnisse am BGer eingesetzt (BBl 2004 5647, 5741). Die sog. «Spuck-Affäre» führte zum definitiven Ausschluss eines gewählten Bundesrichters von der Rechtsprechung (durch das Bundesgericht), zu ausgiebigen Diskussionen über die Amtsenthebung von Bundesrichtern (durch das Parlament) und schliesslich zum (erzwungenen) Rücktritt des involvierten Bundesrichters.

[45] Die Nichtwiederwahl eines missliebigen Bundesrichters ist in der Praxis ausserordentlich selten und m.W. in den letzten 50 Jahren nur einmal versucht worden. Vgl. die Hinweise bei KIENER, Unabhängigkeit, 285 f. Vgl. zur versuchten Abwahl eines Bundesrichters AmtlBull N 1990 2520 ff.

[46] Eher krit. KIENER, Unabhängigkeit, 285 ff.; DIES., plädoyer 2001, 36 ff.; EICHENBERGER, richterliche Unabhängigkeit, 223, 227, 229; DERS., ZSR 1990, 67. Vgl. auch AXEL TSCHENTSCHER, Demokratische Legitimation der dritten Gewalt, Tübingen 2006, 276 ff., 284 ff.

[47] TSCHANNEN, Staatsrecht, 507.

[48] KIENER, Unabhängigkeit, 286, ferner N. RASELLI, Justiz 2006/2.

[49] Vgl. Art. 1 N 65 f.

für die Vorbereitung der Wahl von Richterinnen und Richtern der eidgenössischen Gerichte (und der Amtsenthebung an unteren Gerichten) zur Verfügung steht (Art. 40a ParlG), hat das Verfahren eine deutliche Versachlichung und Professionalisierung erlebt (u.a. durch die nun erforderliche öffentliche Ausschreibung) und das Gespräch mit den Gerichten und seinen Richtern und Richterinnen belebt, auch gegenseitig das Vertrauen gestärkt.

Die **politischen Einflüsse** auf das Wahlprozedere sind deshalb nicht geringer geworden. **39** Die Parteien rekrutieren ihre Kandidaten in ihrem Umfeld, machen ihre Vorschläge, geben – wie beim BVGer bewiesen – auch parteiunabhängigen oder parteinahen Persönlichkeiten durchaus eine Chance, und respektieren dabei grosso modo den Parteienproporz. Solche Einwirkungen sind aber nicht sachfremd, weil die Gerichte die politischen, sozialen und gesellschaftlichen Gegebenheiten im Lande widerspiegeln sollen. Wo die anzuwendende Rechtsnorm Raum lässt, dürfen solche Strömungen in die Urteile einfliessen. Der Richter ist kein «Applikationsautomat», sondern er geht mit seinem Vorverständnis und seinem persönlichen Erfahrungshintergrund an die Fälle heran. Deshalb sind persönliche Standpunkte nicht auszublenden, sondern transparent in das Verfahren einzubringen (und auch öffentliche Verhandlungen so wichtig). Dadurch gewinnt die Justiz an demokratischer Legitimation, der Diskurs an Substanz und die Urteile an Akzeptanz. Die **pluralistische Zusammensetzung unseres obersten Gerichts** hat sich denn auch in der praktischen Handhabung[50] bis heute wohl eher als Stütze denn als Gefahr für die richterliche Unabhängigkeit erwiesen.

Der persönlichen Unabhängigkeit des Richters dienen sodann alle Bestimmungen mit **40** Bezug auf seine Rechtsstellung (**Statusfragen**).[51] Gute Rechtsprechung gedeiht nur auf dem Boden rechtlich gesicherter beruflicher Stabilität.[52] Eine ausreichende **Besoldung** soll verhindern, dass der Richter aus finanziellen Gründen Abhängigkeiten eingeht.[53] Deshalb auch das Verbot der Ausübung einer Erwerbstätigkeit (Art. 6 Abs. 4), die Einschränkungen auf Nebenbeschäftigungen ohne Erwerbszweck (Art. 7) und die Abgabepflicht bei Zusatzeinkommen (Art. 23 BGerR). Die Richter sollen zudem nicht befürchten müssen, wegen missliebiger Urteile diszipliniert oder gar abgesetzt zu werden (**dienstrechtlicher Schutz**). Wie bereits erwähnt unterliegen deshalb die Mitglieder des Bundesgerichts keiner Disziplinaraufsicht und können – im Unterschied zu den Richtern am BStGer und des BVGer (Art. 10 SGG bzw. VGG) – auch nicht des Amtes enthoben werden (**Unabsetzbarkeit**).[54]

Zur Sicherung der personellen Unabhängigkeit gehören schliesslich eine Reihe von **Un-** **41** **vereinbarkeiten und Unverträglichkeiten** (Art. 6) sowie der «Verwandtenausschluss» (Art. 8). Gefährdungen der richterlichen Unabhängigkeit sind noch am ehesten bei den nebenamtlichen Richtern zu befürchten, weil diesen die Ausübung einer wirtschaftlichen Tätigkeit nicht verweigert werden kann.[55] Sie haben aber wie die ordentlichen Richter in den **Ausstand** zu treten, wenn sie aus irgendeinem Grunde befangen sein könnten (Art. 34). Am Verfahren soll nur mitwirken, wer am Ausgang kein eigenes (unmittelbares oder mittelbares) Interesse hat und zu den Parteien und zur entscheidenden Sache die notwendige innere Distanz aufbringen kann.

---

[50] Gemeint ist damit in erster Linie die zu Recht spürbare Zurückhaltung der meisten Mitglieder des Bundesgerichts Bundesrichter gegenüber ihren Parteien, namentlich bei politischen Fragen und Veranstaltungen.
[51] Dazu schon oben Art. 1 N 118 f.
[52] TSCHANNEN, Staatsrecht, Rz 23.
[53] Vgl. SR 171.121 und 171.121.1.
[54] Vorne N 37.
[55] Vgl. die Praxisbeispiele bei SCHEFER, Grundrechte, 328.

Heinrich Koller   49

4. Anwendungsfälle der richterlichen Unabhängigkeit (Praxishinweise)

42   Das BGer hat zu den möglichen Gefährdungen und Ausprägungen der richterlichen Un-
abhängigkeit eine ausserordentlich reiche Praxis entwickelt. Sie darzulegen kann nicht
Aufgabe dieser Kommentierung sein. Es bleibt deshalb bei einigen **systematischen
Hinweisen**.

a) Befangenheit und Vorbefassung

43   Die Garantie des unabhängigen und unparteiischen Richters gibt dem Einzelnen einen
Anspruch auf Beurteilung der Streitsache durch eine «unvoreingenommene» Person, die
«unparteiisch» an den Fall heran geht, so dass der «Ausgang des Verfahrens offen» und
«nicht vorbestimmt» erscheint. Das BGer fasst diese Elemente unter dem Begriff der
Unbefangenheit bzw. **Befangenheit** zusammen und nimmt eine solche nach BGE 114 Ia
54 f. an:

*«... wenn Umstände vorliegen, die geeignet sind, Misstrauen in die Unparteilichkeit zu
erwecken. Bei der Befangenheit handelt es sich allerdings um einen inneren Zustand, der
nur schwer bewiesen werden kann. Es braucht daher für die Ablehnung eines Richters
nicht nachgewiesen zu werden, dass dieser tatsächlich befangen ist. Es genügt vielmehr,
wenn Umstände vorliegen, die den* Anschein *der Befangenheit und die* Gefahr *der Voreingenommenheit zu begründen vermögen. Solche Umstände können entweder in einem
bestimmten Verhalten des betreffenden Richters oder in gewissen äusseren Gegebenheiten, wozu auch verfahrensorganisatorische Aspekte gehören, begründet sein. Bei der Beurteilung des Anscheins der Befangenheit und der Gewichtung solcher Umstände kann
allerdings nicht auf das subjektive Empfinden einer Partei abgestellt werden. Das Misstrauen in den Richter muss vielmehr in objektiver Weise als begründet erscheinen (...).»*[56]

44   Die Lehre hat dieses Urteil zum Anlass genommen, um die möglichen Befangenheits-
gründe einzuteilen in jene, die in einem Verhalten, also der *Person des Richters oder der
Richterin* ihren Grund haben können (sog. «subjektive» Befangenheit), und solchen, die
ihren Grund in äusseren Gegebenheiten, *organisatorisch-institutionellen Umständen* haben (sog. «objektive» Befangenheit).[57] Letztere sind vor allem unter dem Aspekt der
Mehrfachbefassung eines Richters mit einer Streitsache abgehandelt worden (sog. **Vorbefassung**).

b) «Subjektive» Befangenheit

45   Die subjektive Befangenheit betrifft Gegebenheiten, die in der Person des Richters und
seinem Verhalten ihre Ursachen haben. In der Praxis haben sich vor allem folgende Situationen zu Befangenheitsgründen verdichtet:[58]

– ein unmittelbares oder mittelbares eigenes Interesse am Ausgang eines Verfahrens
  (BGE 122 II 471, 476; 119 II 271, 276; 114 Ia 153, 156; 117 Ia 170; 33 I 143, 146);

– eine besonders nahe Beziehung zu einer am Verfahren beteiligten Partei (BGE 92 I
  271 ff.; vgl. auch 119 II 271, 276; ferner 116 Ia 485, 489 und 124 I 121, 126);

---

[56] Vgl. auch BGE 121 II 53, 58.
[57] Vgl. insb. MÜLLER, Grundrechte[3], 577 ff.; KIENER/KÄLIN, Grundrechte, 444. Ausführlich zur
     Praxis KIENER, Unabhängigkeit, 88 ff.
[58] Vgl. zur Praxis MÜLLER, Grundrechte[3], 577 (SCHEFER, Grundrechte, 328) und KIENER, Unab-
     hängigkeit, §§ 5 und 7. Zur Praxis des EGMR MEYER-LADEWIG, EMRK[2], Art. 6 N 29 ff.

- ein spezifisches Verhalten eines Richters, Äusserungen, abschätzige Bemerkungen (BGE 13.3 I 89, 92 ff.; 108 Ia 48, 53; 108 Ia 172; 115 Ia 172, 178);

- äusserer Druck auf den Richter, Medienkampagnen usw. (BGE 116 Ia 14, 22 ff., verneint).

c) «Objektive» Befangenheit

Die objektive Befangenheit beruht auf strukturellen Gründen, die nicht direkt mit der Partei, sondern mit organisatorisch-institutionellen Gegebenheiten zu tun haben. Sie liegt insb. vor, wenn der *objektive* Anschein besteht, dass sich der Richter schon vor dem Verfahren eine Meinung über den Ausgang des Verfahrens gebildet hat, so dass der Ausgang nicht mehr offen erscheint. **46**

In der Praxis hat vor allem die **Mehrfachbefassung** eines Richters mit der gleichen Streitsache (funktionelle Doppelrolle) Anlass zu Diskussionen gegeben (sog. Vorbefassung).[59] In grundsätzlicher Hinsicht hat sich das BGer in BGE 131 I 116 (m.w.Hinw.) wie folgt geäussert: **47**

«Eine gewisse Besorgnis der Voreingenommenheit und damit Misstrauen in das Gericht kann bei den Parteien immer dann entstehen, wenn einzelne Gerichtspersonen in einem früheren Verfahren mit der konkreten Streitfrage schon einmal befasst waren.»

Massgebend ist, ob ein **Verfahren** in Bezug auf den konkreten Sachverhalt und die konkret zu entscheidenden Rechtsfragen trotz Vorbefassung als **«offen und nicht vorbestimmt erscheint»** (BGE 114 Ia 50, 57). Ganz allgemein erscheint ein Richter dann als befangen, wenn er sich im Vorfeld eines Verfahrens in einer Art geäussert hat, welche *objektiv* dahin verstanden werden kann, dass für ihn das Ergebnis des Prozesses feststeht (BGE 131 I 116; 131 I 26; 116 Ia 34; 115 Ia 180; 114 Ia 57). **48**

5. Grenzen der richterlichen Unabhängigkeit

Der Richter ist «in seiner Recht sprechenden Tätigkeit» unabhängig und «nur dem Recht verpflichtet» (Art. 2 Abs. 1). Die richterliche Gewalt ist also insofern unabhängig von den anderen Gewalten, als diese nicht auf konkrete Entscheidungen des Richters einwirken oder den Richter gar am Entscheiden hindern dürfen. Anderseits ist der Richter – und das klingt in der Unabhängigkeitsformel an – auch in **Abhängigkeiten** versetzt, insb. ist er an «Gesetz und Recht» gebunden; er wird vom Parlament gewählt, dieses legt den Voranschlag fest und übt die Oberaufsicht aus. **49**

a) Bindung an das Recht

Die Bindung an das Recht ist als **«immanente Einschränkung» der richterlichen Unabhängigkeit** selbstverständlich.[60] Der Richter spricht Recht, er entscheidet Rechtstreitigkeiten ausschliesslich nach den Massstäben des demokratischen Gesetzes. Gerade deshalb muss er von anderen Einflüssen und Einwirkungen unabhängig sein. Die uneingeschränkte Bindung an das Gesetz trägt ausserdem in höchstem Masse dazu bei, die Gleichheit aller vor dem Gesetz zu gewährleisten.[61] **50**

---

[59] Vgl. zur Praxis insb. BGE 131 I 113, 116 f.; 131 I 24, 25 f.; 126 I 168, 124 I 121, 120 Ia 184 und 114 Ia 143 ff. Ferner MÜLLER, Grundrechte[3], 579 f. (SCHEFER, Grundrechte, 329 f.) und KIENER, Unabhängigkeit, §§ 6 und 8. Zur Praxis des EGMR etwa MEYER-LADEWIG, EMRK[2], Art. 6 N 29 ff.

[60] Botschaft Verfassungsreform 1996, 541, m.Hinw. auf EICHENBERGER, Richterliche Unabhängigkeit, 92.

[61] TSCHANNEN, Staatsrecht, 508.

51   Die Bindung des BGer an das Recht weist **eine verfahrensrechtliche und eine materiell-rechtliche Komponente** auf.[62] Die Verfahren, die zu einem bundesgerichtlichen Urteil führen, sind in BGG und anderen Verfahrensgesetzen (z.B. der BZP) ausführliche geregelt. In inhaltlicher Weise werden die Entscheide des BGer durch die Rechtssätze gesteuert, die es anzuwenden gilt. Das steht der richterliche Rechtsfortbildung durch Auslegung und Konkretisierung der Normen nicht entgegen, doch ist die richterliche Rechtsfindung darauf ausgerichtet, die Fälle nach Massgabe dieser Normen und nicht auf Grund eigener Wertvorstellungen zu entscheiden.

52   Die Wiederaufnahme dieser an sich selbstverständlichen Schranke der Rechtsfindung erinnert gem. Botschaft aber vor allem auch an das **demokratische Prinzip** und dient der Anschaulichkeit. Deshalb soll diese Schranke ausdrücklich angesprochen werden.[63]

b) Kontrolle über die Richter

53   Der Richter geniesst zwar eine spezifische Unabhängigkeit, er ist deshalb aber nicht frei von Kontrolle. Eine solche erscheint im Gegenteil **nötig zur Sicherung der richterlichen Unabhängigkeit und zur Verhinderung von Missbrauch.** Von der parlamentarischen Oberaufsicht über das Bundesgericht und der Aufsicht des BGer über das BSGer und das BVGer war vorne schon ausführlich die Rede.[64] Die Oberaufsicht wird bei der Kommentierung von Art. 3 erneut Thema sein.

54   Zu erwähnen sind hier noch zwei Aspekte, die für die Akzeptanz richterlichen Tuns von Bedeutung sind. Der eine betrifft die **Öffentlichkeit der Verfahren.** Rechtsprechung darf im Rechtsstaat nicht «Kabinettjustiz» sein. Sie muss sich vor den Augen der Öffentlichkeit abspielen.[65] Die grundsätzliche Öffentlichkeit der Gerichtssitzungen ist als unmittelbare Beaufsichtigung eine wirkungsvolle Stütze richterlicher Unabhängigkeit. Dass die Fälle nur noch selten mündlich beraten werden (Art. 58), ändert nichts an der Gültigkeit dieser Aussage.

55   Der zweite Aspekt betrifft die inhaltliche Kontrolle der Rechtsprechung. Auch diese gibt es, selbst für das Bundesgericht, nämlich im Rahmen des **Rechtsmittelzuges.** Die Vorinstanzen unterliegen dieser Kontrolle in allen Fällen, bei denen der Zugang zum Bundesgericht nicht ausgeschlossen ist. Das BGer selbst unterliegt einer solchen (beschränkten) Kontrolle nur im Rahmen der Überprüfung seiner Urteile durch den Europäischen Gerichtshof für Menschenrechte in Strassburg. Generell setzt die Überprüfung der Urteile durch ein oberes Gericht ein entsprechendes Begehren eines Beschwerdeführers voraus und wirkt deshalb nur punktuell.[66]

III. Bestandeskraft und Unabänderlichkeit der Urteile (Abs. 2)

1. Einleitung (Tragweite der Bestimmung)

56   Abs. 2 des Art. 2 konkretisiert den Grundsatz der richterlichen Unabhängigkeit für das Bundesgericht unter dem Aspekt der Bestandes- oder Geltungskraft der letztinstanzlichen Urteile, d.h. der **grundsätzlichen Unabänderbarkeit** bundesgerichtlicher Urteile. Bundesgerichtsentscheide können «nur von ihm selbst» und nur «nach Massgabe der gesetzlichen Bestimmungen aufgehoben oder geändert» werden (vgl. dazu N 61).

---

[62]   Vgl. BVK-HALLER, Art. 106 Rz 28.
[63]   Botschaft 1996 541.
[64]   Vgl. Komm. zu Art. 1 N 69 ff.
[65]   Oder wie es die Engländer sagen: Justice has not only to be done but seen to be done. Vgl. SGK²-STEINMANN, Art. 30 N 28 ff.
[66]   RHINOW/KOLLER/KISS, Prozessrecht, 32 Rz 133.

Dieser (Grund-)Satz war bereits in Art. 21 Abs. 3 OG enthalten, dort im Zusammenhang   57
mit dem «Verhältnis zur Bundesversammlung» (Randtitel). Daraus erhellt, was damit
gemeint war, nämlich dass die BVers als von der Verfassung bezeichnete «oberste Gewalt
im Bunde» trotz ihrer Aufsicht über das BGer (Art. 21 Abs. 1 OG) und trotz der Rechenschaftspflicht des obersten Gerichts (Art. 21 Abs. 2 OG) die Zuständigkeit des Bundesgerichts im Bereich der Rechtsprechung zu respektieren und als **unantastbaren Kern
der richterlichen Unabhängigkeit** zu wahren hat. Sie kann weder Weisungen erteilen
noch Richtersprüche ändern[67] (dazu N 61).

Ein zweiter Gesichtspunkt, der sich ebenfalls dem OG entnehmen lässt, ist jener der **Ab-**   58
grenzung der eigenen Zuständigkeit. Das Bundesgericht entscheidet im Rahmen des
Verfassungs- und Gesetzesrecht in allen bei ihm anhängig gemachten Streitsachen
«selbst und von Amtes wegen über seine Zuständigkeit» (Art. 21 Abs. 3 Satz 1 OG).[68]

Ein dritter Gesichtspunkt betrifft das **Verhältnis zum Europäischen Gerichtshof für**   59
Menschenrechte. Seit dem Beitritt der Schweiz zur EMRK im Jahre 1974 sind die Urteile des EGMR für die Schweiz «verbindlich». Nach Art. 46 EMRK verpflichten sich
die Vertragsstaaten, in allen Rechtssachen, in denen sie Partei ist, «das endgültige Urteil
des Gerichtshofes zu befolgen». Wie verhält sich dieser Grundsatz zu Abs. 2 und welches
ist die Tragweite dieser Regel? (dazu N 62 f.).

Schliesslich kann die Geltungskraft eines bundesgerichtlichen Urteils auch dadurch be-   60
einträchtigt werden, dass ein Urteil nicht, unvollständig oder unrichtig vollzogen wird.
Die mangelhafte **Vollstreckung eines Urteils** durch die mit dem Vollzug beauftragten
Vollziehungsbehörden von Bund und Kantonen (Art. 69 f.) steht im Widerspruch zur
garantierten Stellung des Bundesgerichts. Sie stellt sich als Verletzung der richterlichen
Selbständigkeit dar (dazu N 64).

2. Unabänderbarkeit der letztinstanzlichen Urteile

Die Unabhängigkeitsgarantie des Art. 2 verbietet jede Urteilskorrektur durch andere als   61
richterliche Behörden. Die BGE erwachsen trotz Weiterzugsmöglichkeit an den EGMR
in formelle und materielle **Rechtskraft** (Art. 61).[69] Sie sind **grundsätzlich unabänder-**
lich und können, vorbehältlich der Begnadigung durch die BVers (Art. 173 Abs. 1 lit. k
BV), nur durch das BGer selbst und «nach Massgabe der gesetzlichen Bestimmungen»
aufgehoben oder abgeändert werden. Als solche kommen namentlich die Bestimmungen
über die Revision, Erläuterung und Berichtigung (7. Kapitel, Art. 121 ff.) in Frage. Zu
denken ist auch an die Möglichkeit der Wiederherstellung einer Frist nach Eröffnung des
Urteils nach Art. 50 Abs. 2 oder an die Aufhebung vorsorglicher Massnahmen nach
Art. 83 BZP.[70]

3. Verhältnis zum Europäischen Gerichtshof für Menschenrechte

Das BGer ist auch im Verhältnis zum EGMR unabhängig und eigenständig. Die Mit-   62
gliedstaaten der EMRK haben sich zwar verpflichtet, «in allen Rechtssachen, in den
sie Partei sind, das endgültige Urteil des Gerichtshofes zu befolgen» (Art. 46 Abs. 1

---

[67] POUDRET, Commentaire, Art. 21 N 4. Vorne Komm. zu Art. 1 N 19, 25 und Art. 2 N 25.
[68] Ähnlich Art. 32 Abs. 2 EMRK: «Besteht Streit über die Zuständigkeit des Gerichtshofs, so entscheidet der Gerichtshof.»
[69] SPÜHLER/DOLGE/VOCK, Kurzkommentar, Art. 2 N 2; SEILER/VON WERDT/GÜNGERICH, BGG,
Art. 2 N 6.
[70] SPÜHLER/DOLGE/VOCK, a.a.O., N 2.

EMRK). Der EGMR kann Urteil des BGer aber nicht aufheben, sondern nur feststellen, dass ein solches Urteil der Konvention widerspricht. Die Urteile des Gerichtshofs haben im Wesentlichen *deklaratorische* Wirkung. Sie stellen in einem konkreten Fall fest, ob die Konvention verletzt wurde oder nicht (und sprechen gegebenenfalls eine Entschädigung zu). Sie haben aber **keine kassatorische Wirkung**, können also den innerstaatlichen Entscheid, der Gegenstand der Beschwerde bildete, nicht aufheben.[71] Es ist Sache des Mitgliedstaates zu entscheiden, welche Massnahmen er vorkehren will, um das Urteil des Gerichtshofs zu befolgen.

63   Aus Art. 46 EMRK ergibt sich zunächst die Verpflichtung, dafür zu sorgen, dass sich die vom EGMR gerügte Verletzung nicht wiederholt.[72] «Der Konventionsstaat muss also (1) die Rechtsverletzung beenden, (2) Wiedergutmachung leisten sowie (3) gleichartige Verletzungen in der Zukunft unterbinden».[73] Eine Pflicht zur Aufhebung konventionswidriger innerstaatlicher Gerichtsentscheidungen ergibt sich daraus aber nicht, selbst wenn «eine neue Verhandlung vor einen unabhängigen Gericht die beste Art der Wiedergutmachung wäre».[74] Nach Art. 122 kann aber ein **Revisionsgrund** vorliegen, wenn der EGMR in einem Urteil eine Verletzung der EMRK festgestellt hat. Es obliegt dann dem BGer, seinen früheren Entscheid nach Massgabe der gesetzlichen Bestimmung abzuheben oder abzuändern. Es bleibt auch hier letzte richterliche Entscheidungsinstanz.

4. Vollstreckung der Urteile

64   Nach Art. 182 Abs. 2 BV sorgt der BR für den Vollzug der Gesetzgebung, die Beschlüsse der BVers und «*der Urteile richterlicher Behörden des Bundes*». Und Art. 70 bestimmt, dass «Entscheide des BGer … von den Kantonen in gleicher Weise zu vollstrecken (sind) wie die rechtskräftigen Urteile ihrer Gerichte» (Abs. 1) und dass die Vollstreckung nach Art. 41 ff. VwVG erfolgt, «wenn das BGer in eine Sache entschieden hat, die erstinstanzlich in die Zuständigkeit einer Bundesverwaltungsbehörde fällt» (Abs. 2). Das lässt keinen Raum für eigene Erwägungen. Die vollziehenden Behörden haben die Urteile des BGer – *rebus sic stantibus* – zu vollstrecken, ohne sie zu hinterfragen. Würden sich die Vollstreckungsbehörden weigern, einen rechtskräftigen Gerichtsspruch ordnungsgemäss zu vollziehen, läge ein Verstoss gegen den Grundsatz der richterlichen Unabhängigkeit und eine unzulässige Urteilskorrektur nach Art. 2 Abs. 2 vor.

Art. 3

Verhältnis zur Bundes-versammlung	[1] **Die Bundesversammlung übt die Oberaufsicht über das Bundesgericht aus.**
	[2] **Sie entscheidet jährlich über die Genehmigung des Voranschlags, der Rechnung und des Geschäftsberichts des Bundesgerichts.**

---

[71] HAEFLIGER/SCHÜRMANN, EMRK[2], 426 und die dort zit. Lit.; ferner A. PETERS, Einführung in die Europäische Menschenrechtskonvention, München 2003, 253.

[72] Der Strassburger Entscheid bildet für die staatlichen Behörden ein Präjudiz, an das sich in der künftigen Praxis grundsätzlich halten müssen (HAEFLIGER/SCHÜRMANN, EMRK[2], 426).

[73] PETERS, a.a.O., 253.

[74] Vgl. MEYER-LADEWIG, EMRK[2], Art. 46 N 4.

Rapports avec l'Assemblée fédérale	[1] L'Assemblée fédérale exerce la haute surveillance sur le Tribunal fédéral. [2] Elle approuve chaque année le budget, les comptes et le rapport de gestion du Tribunal fédéral.
Rapporto con l'Assemblea federale	[1] L'Assemblea federale esercita l'alta vigilanza sul Tribunale federale. [2] Decide ogni anno sull'approvazione del progetto di preventivo, del consuntivo e del rapporto di gestione del Tribunale federale.

Inhaltsübersicht

Materialien

Botschaft 1996, 394 (Finanzen), 396 (Oberaufsicht); VK-N 7.–9.7.97, 31 ff., 56 ff.; 12/13.11.98, 27 f.; AB 1998 N 88 ff., 361 f., 489 ff.; VK-S 1./2.9.97, 15 ff.; 10.2.98, 18 ff.; 24./25.8.98, 10 f.; 3.12.98, 4 f.; AB 1998 S 124 ff., 189 ff., 220 ff.; Botschaft 2001 4279; Prot. RK-S vom 26.2.2003, 27 f.; AB 2003 S 889; Prot. RK-N vom 29.4.2004, 16; AB 2004 N 1584.

Literatur

R. BÄUMLIN, Die Kontrolle des Parlaments über Regierung und Verwaltung, Referate und Mitteilungen des Schweizerischen Juristenvereins, Basel 1966 (zit. Bäumlin, Kontrolle); K. EICHENBERGER, Sonderheiten und Schwierigkeiten der richterlichen Unabhängigkeit in der Schweiz, in: Beihefte zur ZSR Heft 12, Basel 1990, 57 ff. (zit. Eichenberger, ZSR 1990); B. FRICK, Begleitende und nachträgliche Oberaufsicht, in: Th. Sägesser (Hrsg.), Die Bundesbehörden, Bern 2000, 85 ff. (zit. Sägesser-Frick); H. KOLLER, Der öffentliche Haushalt als Instrument der Staats- und Wirtschaftslenkung, Basel et al. 1983 (zit. Koller, Haushalt); G. MÜLLER, Probleme der Abgrenzung der parlamentarischen Oberaufsicht im Bunde, ZSR 1992 I 389 (zit. Müller, ZSR 1992); H. SEILER, Praktische Fragen der parlamentarischen Oberaufsicht über die Justiz, ZBl 2000, 281 ff. (zit. Seiler, ZBl); P. TSCHANNEN, Staatsrecht der Schweizerischen Eidgenossenschaft, Bern 2004 § 35, 464 ff. (zit. Tschannen, Staatsrecht).

Bericht der GPK-S vom 28.6.2002, Parlamentarische Oberaufsicht über die eidgenössischen Gerichte, BBl 2002 7625; Bericht der Parlamentarischen Verwaltungskontrollstelle zuhanden der GPK-S vom 10.8.2001, Modernes Management in der Justiz, BBl 2002 7641; Bericht der Parlamentarischen Verwaltungskontrollstelle zuhanden der GPK-S vom 11.3.2002, Zur Tragweite der Parlamentarischen Oberaufsicht über die Gerichte – Positionen in der Rechtslehre, BBl 2002 7690; Gutachten des Bundesamtes für Justiz zuhanden der «Arbeitsgruppe Bundesgericht» der GPK vom 14.8.2003, Disziplinarmassnahmen gegen Bundesrichter und Massnahmen zur Konfliktregelung am Bundesgericht« (zit. Gutachten BJ vom 14.8.2003).

I. Einleitende Bemerkungen

1. «Verhältnis zur Bundesversammlung» (Randtitel)

a) Systematik des Gesetzes

1   Stellung und Organisation des BGer (1. Kapitel, 1. Abschnitt, Art. 1–4) hängen in entscheidender Weise vom Verhältnis der «obersten Recht sprechenden Behörde» (Art. 1) zur gesetzgebenden Gewalt ab (Art. 3). Seine Stellung und das Verhältnis zur BVers bestimmen sich nun allerdings nicht nur durch die in Art. 3 genannten **Formen der Gewaltenverschränkung**: Oberaufsicht, Budgethoheit und Rechenschaftsablage (Rechnung und Geschäftsbericht). Ebenso wichtig für die verfassungsrechtliche Stellung sind die Qualifizierung als oberstes (im Gewaltengefüge gleichrangiges) Organ im Bunde (Art. 188 BV und Art. 1, dazu Art. 1 N 41 ff.), die ihm rechtlich gewährte Unabhängigkeit in der Erfüllung seiner Aufgabe (Art. 191c BV und Art. 2, dazu Art. 2 N 8 ff.), die Bindung an das vom demokratischen Gesetzgeber gesetzte Recht (Art. 191c und 190 BV, dazu Art. 2 N 50 ff. und Art. 1 N 15 ff.) und die Wahl der Richterinnen und Richter durch die BVers (Art. 5 ff.). Insofern greift der Randtitel des Art. 3 zu weit. Es handelt sich bei den drei genannten Bereichen um spezifische **Ausprägungen der parlamentarischen Kontrolle**.

b) Ursprung der Bestimmung

2   Wie die Unabhängigkeitsbestimmung (Art. 2) hat auch die Formulierung von Art. 3 ihren **Ursprung in Art. 21 Abs. 3 OG**. Gegenstand dieser Bestimmung war (ebenfalls unter dem Randtitel «Verhältnis zur Bundesversammlung») die «Aufsicht» der BVers (Abs. 1) und die Pflicht des BGer zur Berichterstattung über seine Amtstätigkeit (Abs. 2). Unerwähnt blieb die weitere Steuerungs- und Kontrollmöglichkeit der BVers, die Aufstellung des jährlichen Voranschlages und die Abnahme der Staatsrechnung, weil der BR Voranschlag und Rechnung des BGer einbrachte und (bis zum Inkrafttreten des ParlG am 1.12.2003) auch vor den Räten vertrat.

2. Mittel der parlamentarischen Kontrolle

a) Wesen und Arten der Kontrolle

3   Es ist bereits bei der Aufsicht über die unteren Gerichte (Art. 1 N 69 ff.) darauf hingewiesen worden, dass Kontrolle in einem Vergleich besteht. Es soll festgestellt werden, ob ein Verhalten bzw. Ergebnisse mit den Anordnungen bzw. Erwartungen übereinstimmen, um daraus politische oder rechtliche Folgerungen abzuleiten. Das ist dort schwierig, wo sich Entscheidung und Durchführung nicht klar trennen lassen, weil sie ineinander verflochten sind, wie etwa im Gesetzgebungsverfahren oder bei der budgetären Entschei-

dungsfindung. Kontrolle besteht hier darin, **Entscheidungsprozesse kritisch nach- und mitzuvollziehen**, um im Sinne vorgegebener und/oder eigener Werte in der einen oder anderen Art auf diesen oder künftige Entscheide einzuwirken.[1]

RICHARD BÄUMLIN hat in einem vielbeachteten Referat zur parlamentarischen Kontrolle **4** über Regierung und Verwaltung darauf hingewiesen, dass parlamentarische Kontrolle weniger als «Kontrolle über fremde Amtsführung» denn als «**Kontrolle durch ein vorgeschriebenes Zusammenwirken**» zu verstehen ist.[2] In diesem Sinne geht die parlamentarische Kontrolle weit über das der BVers zustehende Oberaufsichtsrecht nach Art. 169 BV hinaus. Phänomene dieser Kontrolle finden sich überall da, wo die Verfassung ein Zusammenwirken der genannten Organe vorsieht, bei der Gesetzgebung, bei den Finanzkompetenzen, bei den Massnahmen über innere und äussere Sicherheit usw.[3] Insofern ist auch die «Genehmigung»[4] des Voranschlags Kontrolle.[5]

Diese «mitschreitende Kontrolle» sprengt den Rahmen einer beobachtenden, begleiten- **5** den, prüfenden, also nur indirekt gestaltenden Mitwirkung. So gesehen, ist die «Genehmigung des Voranschlages» nicht mehr bloss Überwachung und Prüfung. Sie ist vielmehr eine aktiv bestimmende, *vorgängige* **Einflussnahme** mit bindender Wirkung.[6] Diese Unterscheidung drängt sich auf, weil andere Formen des parlamentarischen Handelns speziell als Mittel der *nachträglichen* **Kontrolle** (im engeren Sinn) geschaffen worden sind. Gewisse Geschäfte, die Gelegenheit geben, politische Verantwortung geltend zu machen,[7] kommen von Rechts wegen in regelmässigen Abständen vor die Eidgenössischen Räte. Das gilt vor allem für den Geschäftsbericht und die Jahresrechnung.

b) Finanzhaushalt und Oberaufsicht

Die Kontrolle des Parlaments im Finanzbereich unterscheidet sich von den Kontrollmög- **6** lichkeiten in anderen Bereichen vor allem dadurch, dass die BVers in der Ausübung ihrer Finanzkompetenzen durch eine Finanzaufsicht gestärkt wird, die in ihren Methoden und in ihrer Intensität **über die Oberaufsicht hinausgeht**, die der BVers sonst über die Geschäftsführung des BGer zusteht (vgl. N 8). Rechtlich befindet sich die BVers bei der Abnahme der Staatsrechnung allerdings in einer Situation, die mit derjenigen bei der Genehmigung des Geschäftsberichts weitgehend identisch ist. Es drängt sich deshalb die Frage nach dem Verhältnis zwischen den Finanzkompetenzen (Art. 167 BV und Art. 3 Abs. 2) und der Oberaufsicht aus (Art. 169 BV und Art. 3 Abs. 1).

In Literatur wird die Abnahme der Staatsrechnung regelmässig als **Anwendungsfall der** **7** **Oberaufsicht** behandelt.[8] Auch die Praxis macht sich diesen Standpunkt zu eigen. Nach Art. 8 Abs. 2 FKG[9] unterstehen die eidgenössischen Gerichte der Finanzaufsicht durch die Eidgenössische Finanzkontrolle, «soweit sie der Ausübung der Oberaufsicht durch die Bundesversammlung dient.» Im Entwurf des BR wurde der Art. 3 noch mit «Ober-

---

[1] KOLLER, Haushalt, 96 und die dort zit. Lit.
[2] BÄUMLIN, Kontrolle, 165 ff.
[3] BÄUMLIN, Kontrolle, 245 ff., 290 ff.; EICHENBERGER, ZSR 1990, 269 f.
[4] Art. 85 Ziff. 11 aBV sprach von der Aufstellung des Voranschlages, nach Art. 167 legt die BVers den Voranschlag fest und Art. 3 spricht von der Genehmigung durch die BVers.
[5] BGer und Verwaltung entwerfen und vollziehen den Voranschlag, das Parlament legt ihn fest und überprüft die Einhaltung im Rahmen der Rechnungsablage (vgl. hinten N 39 ff. und Art. 162 ParlG).
[6] Zum Lenkungs- und Steuerungscharakter der Finanzen KOLLER, Haushalt, passim.
[7] Vgl. Art. 1 N 70.
[8] KOLLER, Haushalt, 415 f.
[9] BG vom 28.6.1967 über die Eidgenössische Finanzkontrolle (Finanzkontrollgesetz, FKG).

aufsicht» betitelt und ausgeführt: «Die Kontrolltätigkeit beschränkt sich darauf, zu über-prüfen, ob das Bundesgericht korrekt funktioniert und ob es die Mittel, über die es ver-fügt, ordnungsgemäss verwaltet.»[10]

8   Es deuten in der Tat viele Anzeichen darauf hin, dass es sich bei der Abnahme der Staats-rechung um eine **Geltendmachung von Verantwortung**, also eine «Oberaufsicht» i.S.v. Art. 169 BV handelt; und es spricht an sich auch nichts dagegen, diese Phase des Haushaltsprozesses (nur diese!) so zu deuten. Interessenlage, Prüfungskriterien und Sanktionen sind weitgehend die gleichen. Mit den beiden spezifischen Aufsichtsorganen (fachliche Unterstützung durch die Eidgenössischen Finanzkontrolle und laufende Über-wachung des Vollzugs durch die Finanzdelegation der beiden Räte) verfügt das Parla-ment im Bereich der Finanzen jedoch über eine Aufsicht, die in ihren Methoden über die klassische Oberaufsicht hinausgeht. Namentlich dank der Finanzdelegation verfügt das Parlament über Auskunfts-, Einsichts- und Untersuchungsbefugnisse, die auch eine lau-fende mitschreitende Aufsicht zulassen.[11] Dabei darf aber nicht vergessen werden, dass sich Finanzhoheit und Oberaufsicht nicht über einen Leisten schlagen lassen, weil das Parlament im Bereich der Finanzen nicht nur Kontrolle ausübt, sondern eigene Entschei-dungsbefugnisse hat.

3. Aufgabe der parlamentarischen Kontrolle

9   Die parlamentarische Kontrolle ist vorne als ein Element der Staatsleitung bezeichnet worden und als Ausfluss der Gewaltenteilung (Art. 1 N 71). Wie REGINA KIENER[12] zu Recht ausführt, steht die parlamentarische Oberaufsicht in diesem «freiheitsverbürgenden System» gewaltenteiliger «checks and balances» nicht isoliert da. In diesem System ste-hen **alle staatlichen Behörden** in einem Geflecht gegenseitiger Aufsicht und Kontrolle. Ziel ist die fortdauernde Gewährleistung der verfassungsmässigen Ordnung. Die Funk-tionsträger sind dem Aufsichtsorgan für die **korrekte Ausübung der ihnen aufgetrage-nen hoheitlichen Aufgaben** verantwortlich, sie sind dafür Rechenschaft pflichtig.[13] In dieses Kontrollgefüge ist die Justiz wie jedes andere Organ eingebunden. Die staatliche Aufsicht über die Justiz will sicherstellen, dass die Staatsfunktion Rechtsprechung im Verfassungssinn funktioniert, Missbräuche vermieden und der Bürger zu seinem Recht kommt. Der in der Verfassung angelegte **Konflikt zwischen der Unabhängigkeit einer-seits und der Justizaufsicht andererseits** ist so zu lösen, dass letztere «nicht beein-trächtigen darf, was sie zu schützen sucht» (nämlich von äusseren Einflüssen unabhän-gige rechtskonforme Rechtsprechung).[14]

10 Zu den Erfolgsvoraussetzungen der Kontrolle gehört, dass **Mittel und Verfahren** auf den zu prüfenden Gegenstand zugeschnitten sind. Bei der Oberaufsicht war die Prüfung des **Geschäftberichts** lange Zeit die Hauptform. Heute liegt das Schwergewicht der parla-mentarischen Aufsicht in der laufenden Kontrolle, welche die GPK mit **Dienststellenbe-suchen und Inspektionen** ausüben. Der Geschäftsbericht geht dann in der Regel vertieft auch auf Feststellungen und Fragen ein, die bei solchen Besuchen aufgeworfen oder un-geklärt geblieben sind. Zur Klärung besonderer Vorkommnisse können von den Auf-sichtskommissionen auch **Sonderausschüsse** eingesetzt werden.

---

[10] Botschaft 2001 4279.
[11] KOLLER, Haushalt, 415 ff.; SÄGESSER, Bundesbehörden, Art. 169 N 590.
[12] KIENER, Unabhängigkeit, 294 ff.
[13] In Anlehnung an BÄUMLIN, der die Demokratie als «System verantwortlicher Regierung» be-zeichnet (Kontrolle, 220 ff.), könnte man auch von einem System «gegenseitig verantwortlicher Staatsorgane» reden.
[14] KIENER, Unabhängigkeit, 295.

Das **Finanzhaushaltsrecht** wiederum kennt seine eigenen Verfahren und Instrumente. 11
Der jährliche Budgetprozess mit der Entwerfung des Voranschlages durch das Bundesgericht, die Einfügung (ohne Abänderungsmöglichkeit) in den Gesamtvoranschlag des
Bundes durch den BR, die Vorberatung in den Finanzkommissionen, die Festlegung
durch die Räte, die laufenden Überwachung des Vollzuges durch die Finanzdelegation
und schliesslich die Vorbereitung und Abnahme der Jahresrechnung verschaffen den Aufsichtsorganen der BVers einen vertieften Einblick in den Haushalt der obersten Gerichte
und die Mittelverwendung. Bei der Kontrolle über den Finanzhaushalt liegt das Schwergewicht auf der steuernden Beaufsichtigung des laufenden Finanzgebarens und der nach-
herigen Kontrolle.

II. Die parlamentarische Oberaufsicht über das Bundesgericht (Abs. 1)

1. Eigenarten der parlamentarischen Oberaufsicht

Zum Wesen der politischen Kontrolle und der parlamentarischen Oberaufsicht ist vorne 12
(Art. 1 N 69 ff. und vorne N 9) schon einiges gesagt worden; es kann darauf verwiesen
werden. Im Sinne einer kurzen **Zusammenfassung** hier nochmals das Wesentliche:[15] Die
Oberaufsicht ist ein Mittel zur Geltendmachung der politischen Verantwortlichkeit jener
Organe, die der Oberaufsicht unterstehen. Sie zwingt zur öffentlich wahrnehmbaren
Rechenschaftsablage, schafft Transparenz, fördert das Vertrauen der Bevölkerung in das
Funktionieren der staatlichen Organe und entlastet. Die Oberaufsicht ist eine politische Kontrolle (nicht Aufsicht i.S.v. Art. 187 Abs. 1 lit. a BV, dazu vorne Art. 1 N 71 ff.),
mit ausschliesslich politischen, nicht rechtlichen Sanktionen. Das Parlament äussert Genugtuung und Kritik und gibt Empfehlungen für künftiges Handeln ab. Es kann aber kraft
seiner Oberaufsicht nicht Akte anderer Behörden aufheben oder ändern, anstelle dieser
Behörden handeln oder ihnen verbindliche Weisungen erteilen (Art. 26 Abs. 4 ParlG).

Mit der Oberaufsicht prüft die BVers die Rechtmässigkeit des Handelns der überprüften 13
Organe, ebenfalls die Ordnungsmässigkeit, Zweckmässigkeit, Wirksamkeit und Wirtschaftlichkeit staatlicher Massnahmen (Art. 25 Abs. 3 ParlG). Das Parlament beurteilt die
Regierungstätigkeit und die ordnungsgemässe Geschäftsabwicklung der Gerichte, es hat
jedoch nicht die Kompetenz, diese Einheiten selbst «zu führen» oder anstelle der beaufsichtigten Behörden zu handeln. Sie tritt nicht an die Stelle der Aufsicht, sondern setzt
wirksame Kontrolle voraus. Insofern ist sie von der eigentlichen Dienstaufsicht (Art. 1
N 94) einer vorgesetzten Instanz gegenüber unterstellten (Verwaltungs-)Einheiten zu
unterscheiden. Die Organe der Oberaufsicht können zwar **Mängel feststellen, aber nicht
selber beheben**. Sie wird im Unterschied zur Aufsicht auch nicht regelmässig, sondern
punktuell ausgeübt.

Parlamentarische Oberaufsicht beschränkt sich heute freilich immer weniger auf eine 14
nachträgliche Kontrolle und blosse Kritik (wenn überhaupt je).[16] Angesichts der Komplexität der Vorgänge im modernen Staat ist die politische Kontrolle heute **auf enge Kooperation angewiesen**, auf eine vertrauensvolle Zusammenarbeit zwischen den Organen
und eine dauerhafte Begleitung durch die Aufsichtsorgane «aus der erforderlichen
Distanz», aber doch mit der Möglichkeit der Intensivierung und des Tiefgangs, wo es die
Abklärung besonderer Vorkommnisse erfordert (vgl. zur Möglichkeit der Parlamentarischen Untersuchungskommission Art. 163 ParlG).

---

[15] Vgl. SÄGESSER, Bundesbehörden, Art. 169 N 585 ff.; SGK-MASTRONARDI, Art. 169 N 3 ff.;
Aubert/Mahon, commentaire, Art. 169 N 2 ff.

[16] Vgl. SÄGESSER-FRICK, 87 ff.; auch BBl 1997 III 1382 (zur Zulässigkeit der begleitenden Kontrolle) und ausführlich SGK-MASTRONARDI, Art. 169 10 ff.

2. Besonderheiten der Oberaufsicht über das Bundesgericht

a) Aufsicht über die Gerichte als Spezialfall

15   Die verfassungsrechtlich garantierte und für das Funktionieren der Gerichtsbarkeit im Rechtsstaat unentbehrliche richterliche Unabhängigkeit setzt der Beaufsichtigung Grenzen. Die Rechtsprechung selbst ist der (politischen) Aufsicht entzogen. Die **richterliche Unabhängigkeit verbietet eine inhaltliche Kontrolle von Entscheiden.** Gegenstand der Aufsicht sind der äussere Geschäftsgang, die ordnungsgemässe Geschäftsabwicklung und Angelegenheiten der Justizverwaltung (dazu und zu den Grenzen der Aufsicht ausführlich vorne bei Art. 1 N 76 ff.). Das gilt für die parlamentarische Oberaufsicht (Art. 1 N 78 ff.) ebenso wie für die Aufsicht des Bundesgerichts über das BStGer und das BVger (Art. 1 N 82 ff.).

b) Prüfungsgegenstand

16   Auch hier kann weitestgehend auf das bei der Kommentierung von Art. 1 Gesagte verwiesen werden (vgl. vorne Art. 1 N 78, 83 ff.). Unbestritten ist, dass die **Justizverwaltung** (in einem weiteren Sinn) und der **äussere Geschäftsgang** (Organisation, Funktionsweise, Abläufe etc.) sowie die blosse **Kenntnisnahme der Rechtsprechung** zu den Prüfungsgegenständen gehören. Schwieriger wird es, wenn sich das Parlament um die Auslastung und Arbeitsweise der einzelnen Richter, um die Qualität und Tendenzen der Rechtsprechung sowie um die ihm dabei zustehenden Informationsrechte zu kümmern beginnt. Hier stellen sich heikle Fragen der Abgrenzung zur richterlichen Unabhängigkeit, die es bei der Tragweite der parlamentarischen Oberaufsicht näher anzuschauen gilt (unten N 20 ff.).

c) Prüfungsumfang und Prüfungsintensität

17   So wie Mittel und Verfahren der Kontrolle auf den Prüfungsgegenstand zugeschnitten sein müssen (die Einhaltung eines Voranschlages überprüft man anders als die «Effizienz» eines Gerichtes), so müssen **Umfang und Intensität der Prüfung der Aufgabe angemessen** sein. Deshalb haftet der parlamentarischen Oberaufsicht etwas Grosszügiges an. Es geht dabei um eine staatspolitische Angelegenheit, um die Geltendmachung politischer Verantwortung durch die vom Volk gewählte BVers. Die Oberaufsicht will sicherstellen und dokumentieren, dass das Gericht seiner verfassungsmässigen Pflicht der Justizgewährleistung nachkommt. Kleine «Auf- und Abrechnungen» zwischen den obersten Organen haben hier keinen Platz. Vorherrschen sollte der **Respekt vor den (gleichwertigen) Aufgaben des anderen Organs** und der Art und Weise ihrer Wahrnehmung. Entsprechend sind die Instrumente ausgestaltet, in erster Linie das regelmässige Gespräch mit den Aufsichtsorganen der BVers und der Diskurs über fragliche Entwicklungen, in zweiter Linie die Beantwortung aufgeworfener Fragen (durch Mitglieder der Aufsichtskommissionen, parlamentarische Vorstösse und Medien), in dritter Linie der Möglichkeit der *eigenen* Berichterstattung. Rechenschaft wird öffentlich abgelegt, und öffentlich sollen auch Lob und Kritik sein.

18   Das hier von der parlamentarischen Oberaufsicht gezeichnete (wohl etwas idealistische) Bild kontrastiert in mehreren Punkten mit dem realen Geschehen der letzten Jahre. Das Bundesgericht untersteht keiner Direktaufsicht – die Schaffung einer Justizkommission hätte hier Abhilfe leisten können[17] – also muss sich die Oberaufsicht **gelegentlich mit Dingen beschäftigen**, die entweder ein «Zwischenorgan» (z.B. eben ein «Conseil des

---

[17] Vgl. vorne Art. 1 N 65.

magistrats») oder (wie es das geltende System will) das Gericht selbst hätte erledigen müssen, wozu es zum Teil weder instrumentiert noch berufen war.[18] Es wird interessant sein zu sehen, wie (entlastend) sich die Zwischenschaltung des Bundesgerichts als Organ für die Aufsicht über die neuen bundesrechtlichen Vorinstanzen (Art. 1 N 82 ff., 95 ff.) auf die Oberaufsicht der BVers auswirken wird.

Kommt hinzu, dass die BVers in Bezug auf Prüfungsumfang und Prüfungstiefe keinen **19** Schranken unterliegt – ausgenommen der Respektierung des durch die Unabhängigkeit abgegrenzten «Reservats der Rechtsprechung» und der wesensgemässen Beschränkung auf die *Ober*aufsicht. Wenn es die Verhältnisse erfordern (d.h. die Funktionsfähigkeit oder das Ansehen des obersten Gerichts auf dem Spiele steht), muss sich die BVers **auch um «mindere» Dinge kümmern** (Zwistigkeiten, Disziplinlosigkeiten, Unwirtschaftlichkeit u.a.m.[19]). Das gute Gelingen ist (zwar) keine Kleinigkeit, aber es fängt bei Kleinigkeiten an! Erfolgs- und Effizienzkontrollen – auch bei Gerichten – sind gewiss keine Kleinigkeit. Die Frage ist lediglich, ob und inwiefern solche Prüfungen Gegenstand der Oberaufsicht sein können, ohne dass dadurch die richterliche Unabhängigkeit tangiert wird.[20]

3. Tragweite der Oberaufsicht über das Bundesgericht

Die Geschäftsprüfungskommissionen der eidgenössische Räte (GPK) haben sich in den **20** letzten Jahren **wiederholt mit grundsätzlichen Fragen der Oberaufsicht beschäftigt**. Im Rahmen der Verfassungsreform haben sie sich besonders mit der begleitenden Aufsicht befasst (BBl 1997 III 1382); zwei Jahre später mit der Aufsicht über ausgelagerte Einheiten (BBl 2000 4602), dann mit der Aufsicht über die Bundesanwaltschaft und schliesslich im Rahmen der Totalrevision der Bundesrechtspflege mehrfach mit der Oberaufsicht und der Aufsicht über die Justiz. Sie haben darüber **ausführlich Bericht erstattet** (BBl 2002 7625).[21] Gegenstand bildete einmal die bisherige Praxis der Oberaufsicht, dann aber auch – im Hinblick auf mögliche Verbesserungsvorschläge – die Abklärung spezifischer Fragen einerseits zum modernen Management in der Justiz (Möglichkeiten der Effizienzsteigerung, Anwendungsbereich des New Public Management, Steuerungsinstrumentarium im In- und Ausland, Nutzen von (Leistungs-)Indikatoren und Kontrollmassstäben u.a.m.), andererseits zu den in der Rechtslehre vertretenen Auffassungen zur Tragweite, Gegenstand und Grenzen der Oberaufsicht über die Justiz.[22]

a) Haltung der Lehre

Der Bericht der Parlamentarischen Verwaltungskontrollstelle «Zur Tragweite der parla- **21** mentarischen Oberaufsicht über die Gerichte – Positionen in der Rechtslehre» vom 11.3.2002 macht **drei verschieden weite Begriffe der Oberaufsicht** aus:[23] die Be-

---

[18] Vgl. zur Frage der Sanktionierung und Amtsenthebung von Richtern hinten N 27 ff.

[19] Klüger geworden aus den Erfahrungen, verpflichtet das BGG das BGer neu, für die Schlichtung von Streitigkeiten zwischen Richtern und Richterinnen ein Reglement zu erlassen, s. Art. 15 Abs. 1 lit. a).

[20] Vgl. dazu auch vorne Art. 1 N 143 ff.; Art. 2 N 28.

[21] Parlamentarische Oberaufsicht über die eidgenössischen Gerichte, Bericht der GPK-S vom 28.6.2002, BBl 2002 7625.

[22] Die beiden von der Parlamentarischen Verwaltungskontrollstelle des Bundes (PVK) erstellten Studien zum Management in der Justiz vom 10.8.2001 und zur Tragweite der parlamentarischen Oberaufsicht über die Gerichte in der Rechtslehre vom 11.3.2002 sind im Anhang zum Bericht der GPK-S abgedruckt (BBl 2002 7641 und 7690).

[23] BBl 2002 7700.

schränkung der Justizaufsicht auf die blosse Überwachung der «formellen Regelmässigkeit»; eine mittlere Position, die die richterliche Unabhängigkeit in den Mittelpunkt stellt, die Justizverwaltung und den äusseren Geschäftsgang als Gegenstand der Oberaufsicht ansieht, aber auch Diskussionen über die Tendenzen in der Rechtsprechung zulässt (im Hinblick auf erforderliche Gesetzesänderungen) und auch über die Art und Anzahl der erledigten Verfahren (im Sinne einer legislatorischen Erfolgs- und Effizienzkontrolle); ein ausgedehntes Verständnis ist bei den wenigen Autoren anzutreffen, die den Aufsichtsorganen mehr Einfluss auf gewisse Entwicklungen der Rechtsprechung (allerdings nicht im Einzelfall) oder mehr Auskunfts- oder Einsichtsrechte in Gerichtsinterna geben möchten.[24]

b) Praxis der Geschäftsprüfungskommissionen[25]

22　　Die hier vertretene **mittlere Position** (vgl. vorne Art. 1 N 78 ff.) entspricht weitgehend der bis heute von den Aufsichtsorganen der eidgenössischen Räte eingenommenen Haltung. Wie die Mehrheit der Lehre betrachtet die BVers vor allem die Justizverwaltung (Umgang mit den personellen und finanziellen Ressourcen, Beschaffung der Sachmittel, Infrastruktur) und den (äusseren) Geschäftsgang (Geschäftsabläufe, Geschäftskontrolle, Dienstbetrieb, Auslastung, Pendenzen) als Gegenstand der Oberaufsicht. Sie lässt sich im Geschäftsbericht auch über die Tendenzen in der Rechtsprechung orientieren und über Fehlentwicklungen, die den Eingriff des Gesetzgebers erfordern. Hält das Parlament selbst eine Entwicklung für verfehlt, hat es mit den ihm eigenen Mitteln der Gesetzgebung einzuschreiten und nicht durch unbotmässige Ausübung von Druck auf das Recht anwendenden Behörden.

c) Effizienzkontrollen und Einsichtsrechte

23　　Unterschiedliche Auffassungen über die Tragweite des parlamentarischen Oberaufsichtsrechts sind heute vor allem **bei zwei Themen auszumachen**, bei dem immer lauter werdenden Ruf nach Erfolgs- und Effizienzkontrollen an Gerichten einerseits und bei der Einsichtnahme in Gerichtsakten nach Abschluss des Verfahrens (Bsp. bei Vorwürfen der Rechtsverzögerung) andererseits. In beiden Fällen stellen sich schwierige Abgrenzungsfragen, die den Kern der richterlichen Unabhängigkeit tangieren.

24　　So ist es meines Erachtens ausreichend, wenn die **Fallstatistiken** (über Eingänge, Zahl und Art der erledigten Fälle, durchschnittliche Behandlungsdauer usw.) den Aufsichtsorganen in anonymisierter Form zur Verfügung gestellt werden. Wie lange der einzelne Richter am einzelnen Fall gearbeitet hat, ob er diesen mit extremer Sorgfalt behandelt, nach Meinung anderer unnötig verzögert oder sogar verschleppt hat, ist nicht primär ein Problem der Oberaufsicht, sondern der internen Organisation und der Führungskraft (vielleicht auch Anleitung, Unterstützung und Fürsorge) der verantwortlichen Abteilungspräsidenten, der Verwaltungskommission oder des Gerichtspräsidiums. Der Fokus der Oberaufsicht liegt auf der Leistungsfähigkeit des Organs als Ganzes und erst in zweiter Linie, wenn überhaupt (wegen gestörter Funktionsfähigkeit des Gerichts) auf einer einzelnen Person. Sorgfalt und Überlegtheit stehen einem obersten Gericht gut an, sie sind nicht unbedingt gleichzusetzen mit Langsamkeit, Trägheit und Ineffizienz. Zum Problem werden solche Fälle erst, wenn sie den Geschäftsbetrieb in überdurchschnittlicher und unerträglicher Weise belasten. Das festzustellen ist unverzichtbare Aufgabe des gerichtsinternen **Controllings**, der Intraorgankontrolle und nicht der Interorgankontrolle

---

[24] BBl 2002 7630 (7702, 7714 und 7721).
[25] BBl 2002 7631 ff.

durch die BVers (vgl. auch vorne Art. 1 N 143 ff. und Art. 2 N 27 f.). Allerdings müssen die internen Feststellungen dem Gericht Anlass sein für entsprechende Gespräche (und Führungsmassnahmen) – auch unter gleichrangigen Richtern. Unter welchen Voraussetzungen solche Informationen an das Aufsichts- und Wahlgremium weitergeben dürfen bzw. müssen, bleibt in das pflichtgemässe Ermessen der Führungsorgane gestellt.

Die **Einsichtnahme in Gerichtsakten** *nach* abgeschlossenem Verfahren ist meines Er-   **25** achtens nicht völlig ausgeschlossen, bedarf aber einer besonderen Rechtfertigung.[26] Probleme können sich allenfalls im Hinblick auf den Daten- und Persönlichkeitsschutz stellen. Im Regelfall wird die Einsichtnahme zu verweigern sein. Selbst die Überprüfung der Rechtsverweigerung oder -verzögerung verlangt nicht unbedingt Einblick in die Akten, wenn Befragungen oder Berichterstattung ausreichen. Auch für die legislatorische Erfolgskontrolle ist die Einsichtnahme in Gerichtsakten im Normalfall ebenfalls nicht nötig. Ein Ausnahmefall könnte etwa dann gegeben sein, wenn es das Verhalten einer am Urteil beteiligten Person zu beurteilen gilt, wenn das ohne Einsichtnahme in die Akten nicht möglich wäre.[27]

4. Sonderfälle

a) Parlamentarische Untersuchungskommission

Was in der Literatur lange umstritten war, ist nun **auf dem Wege der Gesetzgebung ge-**   **26** **klärt** worden. Nach Art. 162 Abs. 1 lit. d ParlG sind die Vorschriften über die Einsetzung einer Parlamentarischen Untersuchungskommission (Art. 163 ff. ParlG) «sinngemäss» auch auf den Geschäftsverkehr zwischen der BVers und den eidgenössischen Gerichten anwendbar.

b) Disziplinarmassnahmen gegen Bundesrichter

Disziplinarmassnahmen können tiefgreifend in die Rechtsstellung eines Betroffenen ein-   **27** greifen und bedürfen deshalb nach einhelliger Auffassung einer gesetzlichen Grundlage.[28] Eine ausdrückliche **gesetzliche Grundlage für Disziplinarmassnahmen gegen Bundesrichter besteht nicht** (weder für gerichtsexterne noch gerichtsinterne Massnahmen. Sie können auch nicht aus dem Oberaufsichtsrecht der BVers noch aus dem Selbstverwaltungsrecht des Bundesgerichts oder aus der Führungsfunktion des Bundesgerichtspräsidenten abgeleitet werden.[29]

Das Oberaufsichtsrecht des BVers soll das ordnungsgemässe Funktionieren der Geschäfts-   **28** führung des Gerichts sicherstellen (oben N 12 f.). Adressat der Oberaufsicht ist primär das Gericht und nicht der einzelne Richter. Das Parlament kann sich aber mit der Amtsunfähigkeit oder Amtspflichtverletzung eines Bundesrichters befassen und dieses Vorkommnis allenfalls beim Wiederwahlentscheid berücksichtigen. Das **Oberaufsichtsrecht umfasst aber keinerlei Disziplinarbefugnisse** gegenüber den Mitgliedern des Bundesgerichts.[30]

---

[26] Vgl. zu den Auskunfts-, Einsichts- und Untersuchungsrechten der parlamentarischen Kommissionen im Allgemeinen Art. 153 Abs. 4 BV und Art. 45 und 50 ParlG.

[27] Vgl. Bericht PVK, BBl 2002 7716 m.Hinw. auf KIENER, Unabhängigkeit, 298 ff.

[28] Vgl. etwa HÄFELIN/MÜLLER/UHLMANN, Verwaltungsrecht[5], Rz 1191 ff.

[29] Vgl. Gutachten des Bundesamtes für Justiz zuhanden der «Arbeitsgruppe Bundesgericht» der GPK vom 14.8.2003 über «Disziplinarmassnahmen gegen Bundesrichter und Massnahmen zur Konfliktregelung am Bundesgericht».

[30] Gutachten BJ vom 14.8.03, 5; RHINOW/KOLLER/KISS, Prozessrecht, Rz 474 und 478; KIENER, Unabhängigkeit, 297; SEILER, ZBl, 281 ff.

29   Ebenso wenig liefern das Selbstverwaltungsrecht (Art. 25) oder die Geschäftsvertei-
      lungskompetenz (Art. 15 Abs. 1 lit. a) eine Grundlage für eine Disziplinargewalt des
      Bundesgerichts gegenüber seinen Mitgliedern. Das Selbstverwaltungsrecht bedeutet, das
      das Bundesgericht innerhalb des gesetzlichen Rahmens und der ihm vom Parlament be-
      willigten Finanzmittel seine Verwaltung selber besorgen darf. Es darf sein Personal sel-
      ber anstellen und ordnet innerhalb des Gesetzes die Organisation und Verwaltung des
      Gerichts durch Reglement. Für das Gerichtspersonal, das dem Bundespersonalrecht un-
      tersteht, kann das Gericht eigene Ausführungsbestimmungen erlassen.[31] Die Mitglieder
      des Bundesgerichts unterliegen als Magistratspersonen jedoch einem eigenen Personal-
      statut (Art. 1 N 118). Eine Disziplinargewalt gegenüber den Bundesrichtern ist **aus dem
      Selbstverwaltungsrecht des Bundsgerichts also nicht abzuleiten**, ebenso wenig aus
      der Geschäftsverteilungskompetenz.[32]

30   Die **fehlende disziplinarische Verantwortlichkeit von Bundesrichtern** lässt sich auch
      sachlich rechtfertigen. Das Gutachten des Bundesamtes für Justiz vom 14.8.2003 listet
      mehrere Gründe dafür auf:[33]

      – Die Richter sind in der Schweiz nicht beamtet; es ist deshalb richtig, wenn auf sie das
        Disziplinarrecht, das letztlich seinen Ursprung im Beamtenrecht hat, keine Anwen-
        dung findet. Die Bundesrichter sind Magistratspersonen, mit eigenem Personalstatut.

      – Der Verzicht auf die disziplinarische Verantwortlichkeit dient der Sicherung der rich-
        terlichen Unabhängigkeit. Die Mitglieder des obersten Gerichts, die mitunter auch
        Entscheide von grosser politischer Tragweite fällen müssen (vgl. vorne Art. 1 N 18),
        sind exponiert. Eine Disziplinaraufsicht durch die BVers könnte ein Klima schaffen,
        das der inneren Unabhängigkeit der Bundesrichter abträglich ist.

      – Das schweizerische System der Wahl auf eine relativ kurze Amtsdauer mit Wieder-
        wahlerfordernis bietet die Möglichkeit, einem Bundesrichter die Wiederwahl zu ver-
        sagen, wenn seine Amtsunfähigkeit oder grobe Amtspflichtverletzungen erwiesen sind
        ist.

c) Amtsenthebung

31   Gleich wie die Disziplinierung (N 27 ff.) steht auch die Amtsenthebung von Richtern in
      einem **Spannungsverhältnis zur richterlichen Unabhängigkeit**. Betroffen ist die per-
      sönliche Unabhängigkeit (Art. 2 N 36 f.). Der Richter soll nicht wegen seiner Rechtspre-
      chung oder wegen seiner Person die Entfernung vom Amt befürchten müssen. Gefordert
      ist deshalb ein Status, der eine Rechtsprechung in Unabhängigkeit, allein in Bindung an
      Gesetz und Recht, und ohne Gefährdung der amtlichen Stellung erlaubt.

32   Als schwerwiegender Eingriff in die Stellung des oder der Betroffenen ist die Abberu-
      fung an sehr strenge Voraussetzungen gebunden. Die Abberufungsgründe müssten ab-
      schliessend im Gesetz aufgeführt sein.[34] Im Unterschied zu den Richterinnen und Rich-
      tern am BStGer (Art. 10 SGG) und BVGer (Art. 10 VGG) können **Bundesrichter ihres
      Amtes nicht enthoben werden**. Der Gesetzgeber hat auf die Aufnahme einer entspre-
      chenden Bestimmung im BGG bewusst verzichtet – zur Schonung des Prinzips der rich-

---

[31] Vgl. SR 172.220.114.
[32] Gutachten BJ vom 14.8.03, 6; vgl. auch G. MÜLLER, Abberufung durch Reorganisation, in: NZZ
     vom 9.5.2003, 15.
[33] Gutachten BJ vom 14.8.03, 7, m.Hinw. auf EICHENBERGER, ZSR 1990, 263, und KIENER, Unab-
     hängigkeit, 287 ff.
[34] Vgl. u.a. KIENER, Unabhängigkeit, 284 f.

terlichen Unabhängigkeit und aus Überzeugung, dass die relative kurze Amtsdauer ausreichend Handhabe bietet (wie die bisherige Erfahrung zeigt).

5. Organe und Instrumente der Oberaufsicht

a) Organe der Oberaufsicht

Zur Hauptsache wird die Oberaufsicht von den ständigen **Aufsichtskommissionen** der 33 beiden Räte ausgeübt, einerseits von den Geschäftsprüfungskommissionen (GPK, Art. 52 ParlG), andererseits den Finanzkommissionen (FK, Art. 50 f.), insb. aber ihren **Delegationen**. Finanzdelegation (Art. 51 ParlG) und Geschäftsprüfungsdelegation (Art. 53) sind gemeinsame Ausschüsse der beiden Mutterkommissionen. Ihnen obliegt «die nähere Prüfung und Überwachung des gesamten Finanzhaushalts» und die Überwachung spezifischer Bereiche bzw. die Erfüllung von «Aufträgen, welche ihr eine Geschäftsprüfungskommission überträgt» (Art. 51 Abs. 2 und 53 Abs. 3 ParlG). Koordiniert wird ihre Arbeit von der «Konferenz der Präsidien» (Art. 54 ParlG). Die Delegationen erstatten ihren Kommissionen Bericht und stellen Antrag (Art. 51 und 53, jeweils Abs. 4 ParlG). Einmal jährlich berichten die Aufsichtskommissionen ihrem Rat über die Hauptergebnisse ihrer Arbeit (Art. 55 ParlG).[35] Die Aufsichtskommissionen haben aus ihrer Mitte ständige **Subkommissionen** eingesetzt, die sich mit den Gerichten befassen (z.B. die Subkommissionen Gerichte der GPK).

Keinen Auftrag zur Oberaufsicht mit den entsprechenden Auskunfts- und Einsichtsrechten[36] haben die ständigen Kommissionen, welche in bestimmten Bereichen als vorberatende Kommissionen zuhanden des Plenums eingesetzt sind (Legislativkommissionen wie z.B. die Rechtskommissionen oder die Gerichtskommission der BVers, welche für die Vorbereitung der Richterwahlen zuständig ist). Bei der Totalrevision der Bundesrechtspflege haben die Rechtskommissionen und die Gerichtskommission jedoch intensiv mit den Aufsichtskommissionen zusammengearbeitet. Ohne Schulterschluss wäre es nicht möglich gewesen, die Aufsichtsbefugnisse (Art. 1 N 62 ff.) sachgemäss zuzuteilen, die Richterzahlen (Art. 1 N 133 ff.) adäquat festzulegen und die Wahlen in die eidgenössischen Gerichte (Art. 1 N 4 f.) optimal vorzubereiten.[37] Ohne **Informationsaustausch** mit den Aufsichtskommissionen wird die Gerichtskommission wohl auch die Vorbereitung der Wiederwahlen in die obersten Gerichte nicht pflichtgemäss vornehmen können und wollen. 34

Oberstes Organ der Oberaufsicht ist das **Ratsplenum**. Dieses allein ist verfassungsrechtlich und demokratisch legitimiert, Rechenschaft abzuverlangen, politische Verantwortung geltend zu machen und Entlastung (vgl. unten N 57 ff.) zu gewähren. Grundlage der Beurteilung durch die eidgenössischen Räte sind die Untersuchungen und Berichte der Aufsichtskommissionen. Diese haben grundsätzlich dem Plenum alle ihre Erkenntnisse zur Kenntnis zu bringen, soweit sie für die Beurteilung der «Geschäftsführung», die politische Aus- bzw. Bewertung und die Entlastung bedeutsam sind.[38] 35

Ein ausserordentliches Mittel der Oberaufsicht und ultima ratio ist die **Einsetzung einer gemeinsamen parlamentarischen Untersuchungskommission** (PUK) durch die BVers 36

---

[35] Vgl. z.B. BBl 2007 3055 (Jahresbericht 2006 der Geschäftsprüfungskommissionen und der Geschäftsprüfungsdelegation der eidg. Räte vom 19.1.2007).

[36] Vgl. Art. 153 Abs. 4 BV und R. KIENER, Die Informationsrechte der parlamentarischen Kommissionen: ein Beitrag zum Verhältnis zwischen Parlament, Regierung und Verwaltung, dargestellt nach der Regelung im Bundesrecht, Diss. Bern 1994.

[37] Vgl. auch BBl 2002 7627.

[38] SGK-MASTRONARDI, Art. 169 N 30.

zur Abklärung besonderer Vorkommnisse oder wie es Art. 163 ParlG sagt: «zur Beschaffung weiterer Beurteilungsgrundlagen»... wenn «Vorkommnisse von grosser Tragweite» der Klärung bedürfen.[39] Unbestritten ist, dass dies nun auch im Rahmen der Oberaufsicht über die eidgenössischen Gerichte möglich wäre (Art. 162 Abs. 1 lit. d ParlG). Eine PUK hat weitreichende Kontrollrechte (Art. 162 ff. ParlG), ist in ihrer Untersuchung aber auf die Abklärung einer bestimmten Sachfrage beschränkt, und wäre im Bereich der Justiz von besonderer Brisanz. Bis heute hat sich das glücklicherweise erübrigt. Die Vorfälle an den obersten Gerichten, die das Parlament in den letzten Jahren verschiedentlich beschäftigt haben,[40] wurden jeweils von gemeinsamen Arbeitsgruppen der GPK untersucht.

b) Arbeitsweise und Instrumente

37 Die parlamentarischen Kontrollorgane führen namentlich **Dienststellenbesuche, Inspektionen und Untersuchungen** durch und erarbeiten aufgrund eigener Abklärungen und Befragungen Berichte. Sie werden den betroffenen Stellen unterbreitet, mit ihnen in der Regel erörtert und wenn nötig und sinnvoll veröffentlicht.[41] Bei den eidgenössischen Gerichten beschränkten sich die Besuche im Normalfall auf die Erörterung der Geschäftsberichte vor Ort (vgl. N 39). Die GPK berichten im Rahmen ihrer im Bundesblatt veröffentlichten Jahresberichte regelmässig auch über die Kontrolltätigkeit im Bereich der eidgenössischen Gerichte. Ihre Schlussfolgerungen kleiden sie in Empfehlungen und Forderungen. Diese sind nicht verbindlich, begründen aber bei Nichtbefolgung eine Art «Begründungspflicht». Die Berichte bilden die Grundlage der Beurteilung in den Kommissionen und im Plenum. Im Plenum stehen dem einzelnen Parlamentarier das Fragerecht und – soweit tauglich und zulässig – die parlamentarischen Handlungsinstrumente.

38 **Instrumente** sind unter anderem die bereits erwähnten Untersuchungen und Berichte der GPK und FK der beiden Räte, die Beratung diverser Berichte, vor allem aber der jährliche Geschäftsbericht. Möglich sind auch parlamentarische Initiativen und andere Vorstösse, soweit sie einen Bezug aufweisen zur Geschäftsführung der eidgenössischen Gerichte und ihr Finanzgebaren.

39 Die GPK haben im Normalfall einmal jährlich die **Geschäftsberichte** des BGer am Gerichtsort überprüft und dabei auch andere, das jeweilige Gericht betreffende Traktanden auf die Tagesordnung gesetzt.[42] Beim Geschäftsbericht standen jeweils die Erledigungsstatistik, die öffentlichen Beratungen, die Prozessdauer oder die Pendenzen im Mittelpunkt. Die Gerichtsorganisation und ihre Effizienz, die ungenügenden Leistungen der Ersatzrichter, die Informatik und die Urteilsveröffentlichungen waren weitere Berichtspunkte. Es wurden auch konkrete Forderungen gestellt, einzelne Urteile erörtert, daraus der Handlungsbedarf für den Gesetzgeber ausgelotet und in einem Fall zum Instrument der parlamentarischen Initiative ergriffen (Erhöhung der Bundesrichterzahl).[43]

---

[39] Vgl. die Beispiele bei HÄFELIN/HALLER, Bundesstaatsrecht[6], 449 f.

[40] Vgl. vorne Art. 2 N 37 Anm. 44.

[41] Vgl. Leitlinien vom 22.5.2006 über die Information und Kommunikation der GPK der eidgenössischen Räte.

[42] Vgl. Bericht der GPK-S über die Parlamentarische Oberaufsicht (vorne Anm. 21), BBl 2002 7631.

[43] Bericht der GPK-S (Anm. 21) 7632.

III. Die Genehmigung des Voranschlags (Abs. 2 Satzteil 1)

1. Ausgaben- und Budgethoheit der Bundesversammlung

«Die BVers beschliesst die Ausgaben des Bundes, setzt den Voranschlag fest und nimmt **40** die Staatsrechnung ab» (Art. 167 BV). Diesen Finanzkompetenzen kommt **grösste politische Bedeutung** zu, weil sie dem Parlament die Möglichkeit geben, «Sozialgestaltung» nicht nur auf dem Wege der Gesetzgebung, sondern auch über die Steuerung der Finanzen vorzunehmen.[44] Das gilt insb. in den finanzabhängigen, ausgabenintensiven Politikbereichen, die im Leistungsstaat ein immer grösseres Gewicht angenommen haben. Im Mittelpunkt steht die Verabschiedung des jährlichen Voranschlages. Die BVers stützt sich dabei auf einen Entwurf des BR (Art. 183 BV, Art. 142 Abs. 1 ParlG),[45] entscheidet aber frei und endgültig.[46]

2. Aufteilung der Budgetkompetenzen

a) Budgetkreislauf

Der Aufteilung der Kompetenzen liegt die Vorstellung des sog. «Budgetkreislaufes» **41** zugrunde (Abschnitte im «Leben» eines Voranschlages): Entwerfung, verbindliche Festlegung, Vollziehung, Rechenschaftsablage. Dieser Kreislauf eignet sich hervorragend, um den **wechselnden Einfluss des Parlaments, der Exekutive und der Justiz auf den Voranschlag** bei seinem «Gang durch die Staatsgewalten» sichtbar zu machen.

b) Zusammenwirken der Gewalten

Die BV organisiert den Budgetprozess «arbeitsteilig». Sie teilt den Organen einzelne **42** Verpflichtungen als Aufgaben verbindlich zu; gleichzeitig führt sie diese wieder zu einem einheitlichen Gesamtvorgang zusammen, indem sie mit einem System wechselseitiger Kontrollen dafür sorgt, dass sich der **Prozess im Zusammenwirken der Organe und in gegenseitiger Verantwortung** vollzieht. Im Finanzbereich teilt die Verfassung nicht nur konkrete Verrichtungen zu (Entwerfung und Festsetzung des Voranschlages, Erstellung und Abnahme der Staatsrechnung), sie bestimmt auch, dass dies jährlich zu geschehen hat und mit welchen Mitteln. Allerdings sagt die BV nichts zu der Stellung der eidgenössischen Gerichte in diesem Prozess. Es ist generell die Rede vom Voranschlag des «Bundes» und von der «Staatsrechnung», die vom BR zu «entwerfen» bzw. zu «erstellen» (Art. 183 BV) und von der BVers «festzusetzen» bzw. «abzunehmen» sind (Art. 167 BV).

Die einschlägigen Gesetze (Parlamentsgesetz und Finanzhaushaltsgesetz)[47] schaffen **43** diesbezüglich mehr Klarheit, insb. tragen sie dem Umstand Rechnung, dass die Verfassung dem BGer neu ein Selbstverwaltungsrecht einräumt (Art. 188 Abs. 3 BV), das nach dem Gesetz auch eine **Rechnungsautonomie** beinhaltet (Art. 25 Abs. 3). Das bleibt nicht ohne Auswirkungen auf den Haushaltsprozess, wie das Art. 162 ParlG zu Recht festhält: «Auf den Geschäftsverkehr zwischen der Bundesversammlung und den eidgenössischen Gerichten sind folgende Bestimmungen über den Verkehr zwischen der Bundesversammlung und dem Bundesrat sinngemäss anwendbar; a. Voranschlag und Staatsrechnung

---

[44] Vgl. KOLLER, Haushalt, passim.
[45] Allerdings liegt das Entwerfungsrecht für den Voranschlag der Gerichte nicht beim BR selbst, sondern bei den Gerichten (vgl. Art. 142 Abs. 2 ParlG und unten N 44 ff.).
[46] THÜRER/AUBERT/MÜLLER-ZIMMERLI, § 66 Bundesversammlung, N 28.
[47] SR 171.10 und 611.0.

(Art. 142 Abs. 1); b. Geschäftsbericht (Art. 144 Abs. 2 und 145 Abs. 2); Verkehr der Kommissionen mit dem Bundesrat (7. Titel, 2. Kapitel); …».

3. Entwerfung des Voranschlags durch das Bundesgericht

a) Budgetinitiative des Bundesrates

44 Nach Art. 142 ParlG unterbreitet der BR der BVers jährlich zwei Monate vor Beginn der Session, in der er behandelt werden soll, den Entwurf für den Voranschlag des Bundes. Die **Verantwortung für die Entwerfung und Einreichung** des Bundes-Voranschlages bleibt also beim BR, obwohl seine Rechte bezüglich Inhalt begrenzt sind: «Er nimmt die Entwürfe für den Voranschlag sowie die Rechnungen … der eidgenössischen Gerichte … unverändert in seinen Entwurf auf» (Art. 142 Abs. 2 ParlG). Das schliesst aber nicht aus, dass der BR und seine Verwaltung (EFD und EFV) die ihnen nach dem Finanzhaushalts-gesetz – das nach Art. 2 auch für die eidgenössischen Gerichte gilt – übertragenen Auf-gaben wahrnehmen (Art. 56 ff. FHG). Diese Zuständigkeit schliesst das Recht in sich, den Organen, die die Budgetvorlage vorzubereiten haben, entsprechende Weisungen zu erteilen, die sich allerdings im Falle der Gerichte bloss auf die Formalien und nicht auf den Inhalt erstrecken können. Solches ist der BVers verwehrt. Sie kann nicht von sich aus auf ein Budget eintreten, das nicht vom BR unterbreitet wird; Gleiches gilt auch für all-fällige Nachtragskredite.[48]

b) Entwerfungsrecht des Bundesgerichts

45 «Es (das BGer) unterbreitet ihr (der BVers) jährlich den **Entwurf für den Voranschlag** sowie die Rechnung und den Geschäftsbericht» – so stand es im Entwurf zum BGG in der Fassung des BR vom 28.2.2001.[49] Diese Bestimmung ist aus der Sicht des Gerichts abgefasst worden und stand unter der Überschrift «Art. 3 Oberaufsicht». Der Gesetzge-ber hat die Sichtweise dann umgekehrt, ohne inhaltlich etwas ändern zu wollen, und un-ter der Überschrift «Verhältnis zur Bundesversammlung» die Befugnisse des Parlaments festgehalten: «Sie (die BVers) entscheidet jährlich über die Genehmigung des Voran-schlags, der Rechnung und des Geschäftsberichts des Bundesgerichts.»

46 Innerhalb des Gerichts wird der Voranschlag von der Verwaltungskommission aufgestellt und verabschiedet (Art. 17 Abs. 4 lit. b), was dieser eine ausserordentlich starke Stellung verschafft. Sie wird dabei wesentlich vom Generalsekretariat und seinen Diensten unter-stützt (Art. 26 und 13 BGerR). Der **BR kann an diesen Vorschlägen inhaltlich nichts ändern**. Er nimmt die Entwürfe für den Voranschlag unverändert in seinen Entwurf für den Voranschlag des Bundes auf (Art. 142 Abs. 2 ParlG). Das BGer soll bei der Entwer-fung seines Voranschlages im Rahmen der gesetzlichen und anderen rechtlichen sowie der politischen Vorgaben der BVers freie Hand haben.

47 Das BGer muss den Voranschlag so entwerfen können, wie es dies für die Erfüllung sei-ner durch Verfassung und Gesetz übertragenen richterlichen Aufgaben für richtig und notwendig erachtet.[50] Das wiederum schliesst nicht aus, dass über diesen Rahmen hinaus auf informeller und rechtlich unverbindlicher Ebene Gedanken und Meinungen über die richtige zukünftige **Gestaltung des Finanzhaushaltes** ausgetauscht werden. Gelegenheit dazu bietet sich bei der Abnahme der Staatsrechnung, bei der Behandlung des Geschäfts-

---

[48] Vgl. KOLLER, Haushalt, 344 ff.
[49] Botschaft 2001, BBl 2001 4480.
[50] Bezüglich den Anforderungen an den Haushaltsentwurf (Gesetzmässigkeit der Ausgaben, Voll-ständigkeit, Bruttoprinzip, Jährlichkeit und Spezifikation) kann auf das FHG und die einschlä-gige Literatur verwiesen werden.

berichts und in Kommissionsberatungen. Heikler wird es bei Einwirkungen der Finanzdelegation. Hier kann sich unter Ausschluss der Parlamentsmehrheit eine Vorverständi-
gung über die Gestaltung des Haushalts ergeben, der leicht zu einer Verwischung der
Verantwortlichkeiten und zu einer Verfälschung der parlamentarischen Aufsicht führen
kann.[51]

4. Festlegung des Voranschlages durch die Bundesversammlung

Die inhaltliche Festlegung obliegt der BVers. Anders als etwa bei Staatsverträgen, aber **48**
gleich wie bei der Gesetzgebung kann die BVers also nicht bloss genehmigen, sondern
auch inhaltlich verändern. Der Voranschlag wird jedoch nach der abschnittsweisen
Durchberatung und der Abstimmung über allfällige Abänderungsanträge einer Gesamtab-
stimmung unterworfen und durch einfachen Bundesbeschluss (vgl. Art. 25 Abs. 2 ParlG)
festgelegt. Der Voranschlag ist für das BGer wie für alle anderen Einheiten des Bundes
verbindlich. Die Bindungswirkung geht freilich nicht bei allen Budgetposten gleich weit.
Während einzelne eine blosse Ermächtigung darstellen, können sich andere Ausgabenpos-
ten zur eigentlichen Verpflichtung verdichten.[52] Die gesetzlich oder rechtlich gebundenen
Ausgaben (gesetzlich festgelegte Löhne der Magistratspersonen, Kosten der unentgeltlichen Rechtspflege, Verpflichtungen aus Verträgen usw.) müssen getätigt werden, auch
wenn der dafür im Budget eingestellte und bewilligte Betrag nicht ausreicht. Für Ausga-
benüberschreitungen sind Nachtragskredite einzufordern oder ist nachträglich mit der
Staatsrechnung die Genehmigung der BVers einzuholen (vgl. Art. 33 FHG).

Der Voranschlag wird von der BVers nach Einsicht in die Botschaft des BR im **Ver-** **49**
fahren gemäss Art. 71 ff. ParlG beraten und verabschiedet. Vertreten wird der Voranschlag der eidgenössischen Gerichte in den eidgenössischen Räten nun nicht mehr
wie früher von einem Mitglied des BR, sondern konsequenterweise vom BGer selbst
(Art. 142 Abs. 3 ParlG). Das BGer bezeichnet ein Mitglied, das die Entwürfe der Voranschläge, die Rechnungen und die Geschäftsberichte der eidgenössischen Gerichte sowie deren Stellungnahmen zu Vorstössen, die sich auf ihre Geschäftsführung oder ihr
Finanzgebaren beziehen, in den Räten und in deren Kommissionen vertritt (Art. 162
Abs. 2 ParlG).

Zur **Rolle der parlamentarischen Kommissionen im Haushaltsprozess** darf ich mich **50**
selber zitieren: «Umgekehrt proportional zur rechtlichen Stellung der parlamentarischen
Kommissionen verhält sich ihre praktische politische Bedeutung. In den Kommissionen,
namentlich in den mit den Spezialisten der Fraktionen besetzten ständigen Kommissionen, wird das Schwergewicht der parlamentarischen Arbeit verrichtet.» …«Wie schon
mehrfach erwähnt, kann das Parlament seine Stellung im Finanzbereich nur deshalb noch
einigermassen wahren, weil den ständigen Finanzkommissionen des Nationalrates und
des Ständerates in der gemeinsamen Finanzdelegation und in der Eidgenössischen
Finanzkontrolle zwei Hilfsorgane zu Gebote stehen, die das Finanzgeschehen im Bund
dauernd und unmittelbar überwachen.»[53]

5. Schranken der Budgethoheit

Die Budgethoheit kennt ihre Schranken und Zwänge. Die gebundenen Ausgaben sind **51**
vom Parlament zu bewilligen und nur mit Gesetzes- und Rechtsänderungen zu verändern. Die wirklich freien (ungebundenen) Ausgaben machen bekanntermassen einen sehr

---

[51] KOLLER, Haushalt, 348.
[52] Vgl. zur Bindungswirkung des Voranschlages KOLLER, Haushalt, 377 ff.
[53] KOLLER, Haushalt, 334 und 337.

geringen Prozentsatz des Haushalts aus und können wohl nur längerfristig vergrössert werden, wenn dies die für die Aufgabenerfüllung erforderliche Ausstattung (vgl. Art. 2 N 26 ff.) denn überhaupt zulässt.

IV. Die Vorlage und Abnahme der Rechnung (Abs. 2 Satzteil 2)

1. Einbettung in die Verfassungsordnung

52   Im Vollzug dominiert dann wieder ganz das durch den Voranschlag mit finanziellen Ressourcen ausgestattete Bundesgericht. Die BVers darf sich nicht durch die Erteilung entsprechender Weisungen in den Budgetvollzug einmischen. Ob eine budgetierte Ausgabe zu machen ist oder nicht und ob der Budgetkredit ganz oder nur teilweise zu benützten ist, darüber entscheidet nach der Verabschiedung des Voranschlages einzig und allein das BGer. Aber – und das ist die Kehrseite der Freiheit – das **BGer bleibt der BVers gegenüber verantwortlich für den recht- und pflichtgemässen Gebrauch**, insb. den wirtschaftlichen Umgang mit den Mitteln. Es bleibt dem Parlament gegenüber rechenschaftspflichtig und kann von diesem für rechts- und pflichtwidriges Verhalten zur Verantwortung gezogen werden. Das Mittel dazu ist die Vorlage resp. die Abnahme der (Staats-)Rechnung (Art. 167 BV).

2. Vorlage der Rechnung

53   Mit der Rechnung legen die eidgenössischen Gerichte **Rechenschaft ab über das Finanzgebaren im vergangenen Jahr**. Sie ziehen im eigentlichen Sinne «Bilanz», stellen Vergleiche an, legen Fehlentwicklungen und Probleme offen und unterbreiten die Ergebnisse ihrer Untersuchungen der BVers zur Überprüfung und Genehmigung.

54   Eingebracht und der BVers unterbreitet wird die Rechnung der Gerichte (wie der Voranschlag der eidgenössischen Gerichte) vom BR (Art. 142 Abs. 1 lit. c ParlG). Er nimmt den Entwurf des Bundesgerichts (und der eidgenössischen Gerichte) **unverändert in die Rechnung des Bundes auf** (vgl. vorne N 45 ff.). Gerichtsintern fällt die Verabschiedung der Rechnung (wie der Voranschlag, aber anders als der Geschäftsbericht, unten N 59) in die Zuständigkeit der Verwaltungskommission.

3. Abnahme der Rechnung

55   Sie ist die Kontrolle darüber, ob das Budget eingehalten worden ist und dient – wie der Geschäftsbericht – der **Geltendmachung politischer Verantwortlichkeit**, diesfalls im Bereich der Finanzen. Die Abnahme der Rechnung durch die BVers ist gleichbedeutend mit der **Décharge-Erteilung** an das BGer; es wird damit von seiner Verantwortlichkeit für die in der Rechnung offengelegten Vorgänge entbunden.[54]

56   Die **rechtlichen Möglichkeiten** der BVers bei der Abnahme der Rechnung sind beschränkt. Eintreten ist obligatorisch, Rückweisungen an die Gerichte zur Ergänzung oder Abänderung ausgeschlossen, hingegen wären Rückweisungen an die vorbereitenden Kommissionen zur erneuten Überprüfung denkbar. Trotz der Rückwärtsorientierung liegt der Wert der Rechnungsablage letztlich in internen Reinigungsvorgängen und in den daraus zu ziehenden Lehren für die Zukunft.

57   Die Behandlung der Rechnung des BGer in den Räten wird durch die **Finanzkommissionen** der beiden Räte vorbereitet. Die laufende Prüfung des Ausgabengebarens während

---

[54] HÄFELIN/HALLER, Bundesstaatsrecht[6], Rz 1535.

des Vollzugs hingegen obliegt der **Finanzdelegation** (vorne N 11, 33 und 50). Ebenso untersteht das BGer der Finanzaufsicht der Eidgenössischen **Finanzkontrolle**, «soweit diese der Ausübung der Oberaufsicht durch die Bundesversammlung dient (Art. 8 Abs. 2 FKG). Vertreten wird das BGer (und die anderen eidgenössischen Gerichte) bei der Beratung der Rechnung in den Kommissionen und im Plenum wiederum durch ein vom BGer bezeichnetes Mitglied (Art. 162 Abs. 2 ParlG).

V. Die Vorlage und Abnahme des Geschäftsberichts (Abs. 2 Satzteil 3)

1. Einbettung in die Verfassungsordnung

Aufgabe und Bedeutung der parlamentarischen Kontrolle in der Form der Oberaufsicht der BVers «über den Bundesrat und die Bundesverwaltung, die eidgenössischen Gerichte und die anderen Träger von Aufgaben des Bundes» (Art. 169 BV) sind an verschiedenen Stellen ausführlich kommentiert und erläutert worden (Art. 1 N 69 ff., Art. 3 N 9 ff.). Hintergrund ist die **Geltendmachung politischer Verantwortung** durch die (unter Vorbehalt von Volk und Ständen) demokratisch hiefür am ehesten legitimierte «oberste Gewalt im Bunde» (Art. 148 BV) für verfassungskonforme Erfüllung der den Staatsorganen übertragenen Aufgaben. Die Oberaufsicht will m.a.W. die **Rechenschaftspflicht von Regierung, Verwaltung und Justiz gegenüber dem Parlament** durchsetzen. Das probate, tradierte und bekannteste Mittel dazu ist die regelmässige Berichterstattung über die Art und Weise der Geschäftsführung im vergangenen Jahr, die Vorlage eines Geschäftsberichts an die BVers, die öffentliche Erörterung und die Entlastung von der Verantwortlichkeit für die dargelegten Vorgänge. **58**

2. Geschäftsbericht als Grundlage der Entlastung

a) Inhalt des Geschäftsberichts der eidgenössischen Gerichte

Der Geschäftsbericht der Gerichte (hier interessiert vor allem das BGer) wird veröffentlicht und enthält regelmässig Ausführungen zur Zusammensetzung und Organisation des Gerichts, Statistiken über die Anzahl und die Art der behandelten Fälle und eine kurze Übersicht über die Rechtsprechung. **59**

b) Einreichung und Vorprüfung

Im Unterschied zu Voranschlag und Rechnung wird der Geschäftsbericht des BGer nicht von der Verwaltungskommission, sondern vom Gesamtgericht verabschiedet (Art. 15 Abs. 1 lit. c). Man kann das so deuten, dass der Gesetzgeber die Vorbereitung und Verabschiedung des Tätigkeitsberichts **nicht bloss als formale Übung betrachtet** (das ist die Aufstellung des Voranschlages natürlich auch nicht), sondern als Gelegenheit, über die erzielten Ergebnisse und die anstehenden Probleme Rückschau zu halten und die dabei gewonnenen Erkenntnisse prospektiv zu nutzen. Die Verabschiedung des Geschäftsberichts durch das Gesamtgericht könnte so auch intern «Reinigungsvorgänge» auslösen. **60**

Die Berichte werden von den Geschäftsprüfungskommissionen beider Räte geprüft, mit den Gerichten **eingehend erörtert und der BVers zur Genehmigung vorgelegt.** Darüber ist oben ausführlich erläutert und kommentiert worden (N 33, 37 und 39). **61**

c) Behandlung in den Räten

Das BGer unterbreitet seinen Bericht (und diejenigen des BStGer und des BVGer)[55] direkt der BVers (diese werden also nicht in den Geschäftsbericht des BR und der **62**

---

[55] Vgl. Art. 3 SGG und VGG, jeweils Abs. 3.

Verwaltung integriert, wie das beim Voranschlag des «Bundes», der den Gesamthaushalt erfassen muss, der Fall ist). Dabei sind die Bestimmungen über den Geschäftsverkehr zwischen der Bundesversammlung und dem Bundesrat (den Geschäftsbericht betreffend) sinngemäss anwendbar (Art. 162 Abs. 1 lit. b ParlG). Das BGer (und die anderen richterlichen Behörden des Bundes) werden in den vorberatenden Kommissionen und in den Räten wiederum von einem Mitglied des BGer vertreten (Art. 162 Abs. 2 ParlG).

3. Abnahme des Geschäftsberichts und Entlastung

63 Die Behaftung des Bundesgerichts für die recht- und ordnungsgemässe Erfüllung seiner Aufgaben trägt alle Kennzeichen der «politischen» Verantwortlichkeit: Art der Geltendmachung, Bewertungsmassstäbe, Sanktionen.[56] Diese erfasst das BGer als Organ. Selbstverständlich muss aber das BGer für sämtliche Amtshandlungen seiner Mitglieder und seines Personals einstehen, Lob und Kritik entgegen nehmen und daraus die Lehren für die Zukunft ziehen. Der Nutzen solcher öffentlicher Erörterung liegt in der Wahrnehmung der erreichten Ziele und der erkannten Probleme, soll Verständnis wecken, Läuterung herbeiführen und Entlastung bringen.

64 Wie die Abnahme der Rechnung ist die Genehmigung des Geschäftsberichts durch die BVers eine **Décharge-Erteilung**; es wird damit von seiner Verantwortlichkeit für die im Amtsbericht offengelegten oder im Rahmen der Debatte zutage getretenen Vorgänge entbunden (vorne N 55).

Art. 4

Sitz	[1] **Sitz des Bundesgerichts ist Lausanne.**
	[2] **Eine oder mehrere Abteilungen haben ihren Standort in Luzern.**
Siège	[1] Le siège du Tribunal fédéral est à Lausanne.
	[2] Une ou plusieurs cours siègent à Lucerne.
Sede	[1] La sede del Tribunale federale è Losanna.
	[2] Una o più corti hanno sede a Lucerna.

---

[56] Vgl. FS HUBER-EICHENBERGER, Die politische Verantwortlichkeit, 109 ff.

Materialien

Entwurf Expertenkommission 36 ff. (38 und 40 in fine); Botschaft 2001 BBl 2001 4242 ff., 4279; Stellungnahme des BGer vom 23.2.2001, BBl 2001 5894–5896; Stellungnahme des EVG vom 22.12.2000, BBl 2001 5898–5900; Prot. RK-S vom 24.1.2002, 2 ff., Prot. RK-S vom 26.2.2003, 29, Prot. RK-S vom 14.8.2003, 4 ff.; AB 2003 S 890. Prot. RK-N vom 29.4.2004, 16; AB 2004 N 1584.

Literatur

F. FLEINER/Z. GIACOMETTI, Schweizerisches Bundesstaatsrecht, Zürich 1949 (unveränderter Nachdruck 1978), 469 f., Anm. 72–74 (zit Fleiner/Giacometti, Bundesstatsrecht); A. HAEFLIGER, Hundert Jahre Schweizerisches Bundesgericht, SJZ 71 (1975), 1 ff. (zit. Haefliger, SJZ 1975); J. MAESCHI, Sozialversicherungsrecht im Wandel, in: FS 75 Jahre Eidgenössisches Versicherungsgericht, EVG (Hrsg.), Bern 1992, 639 ff. (zit. FS EVG-Maeschi; N. RASELLI, Das Bundesgericht, Geschichte der eidgenössischen Gerichtsbarkeit, Aufsätze und Publikationen aus dem Bundesgericht, 07/2005, www.bger.admin.ch und die dort zit. Literatur (zit. Raselli, Bundesgericht); V. ROSSEL, in: Zur Erinnerung an die Feier des 50-jährigen Bestehens des Schweizerischen Bundesgerichts, 7. Februar 1925, Lausanne 1925, 47 ff. (zit. Rossel, Zur Erinnerung); E. SCHNEIDER, 150 und 125 Jahre Bundesgericht, 1848–1998, 1875–2000, Bern 1998 (zit. Schneider, 150 und 125 Jahre); Das Eidgenössische Versicherungsgericht 1917–2006, Eidgenössisches Versicherungsgericht (Hrsg.), Luzern 2006 (zit. EVG 1917–2006).

I. Einleitende Bemerkungen

1. Staatspolitische Bedeutung der Sitzbestimmung

Sitz- und Standortfragen mögen in prozessualer Hinsicht von geringer Bedeutung sein. **1** Sie sind jedoch **von erheblicher staatspolitischer Bedeutung**, besonders im Bundesstaat Schweiz, der nicht nur durch seine vertikale Gliederung in Bund, Kantone und Gemeinden, sondern auch durch eine grosse kulturelle Vielfalt geprägt ist. So überlappen sich Sprach- und Religionsgemeinschaften, Stadt- und Landgegenden, Berg- und Grenzgebiete mehrfach. Die Kantonsgrenzen decken sich zudem nicht mit den Sprachgrenzen, und auch die Sprachregionen bilden keine homogenen Gebilde. Es erstaunt deshalb nicht, dass Bern bei der Gründung des schweizerischen Bundesstaates erst nach langen Auseinandersetzungen als Sitz der Bundesbehörden bestimmt wurde[1] und Lausanne bei der Schaffung des neuen ständigen Bundesgerichts im Jahre 1874 erst nach fast zwanzig Wahlgängen als Sitz des neuen ständigen Bundesgerichts feststand. Massgebend war dabei nicht nur die Berücksichtigung der französischen Sprache und der welschen Kantone, sondern auch die für die Unabhängigkeit des Bundesgericht als notwendig erachtete Distanz zu den übrigen Bundesbehörden in Bern (vgl. N 11).

Bei der Schaffung des EVG im Jahre 1917 wurde im Sinne des föderalen Ausgleichs **2** Luzern der Zuschlag erteilt, das wegen des Ausgangs des Sonderbundkrieges bei der Bestimmung der Bundesstadt und dann auch als Sitz für das Bundesgericht übergangen wurde (vgl. N 11, 19 f.). Der Kanton Tessin und der italienischsprechende Teil des Landes, die ebenfalls Anspruch auf den Sitz einer Bundesbehörde erhoben hatten, mussten bis zur Schaffung des Bundesstrafgerichts in Bellinzona im Jahre 2004 gedulden. Dies gelang dank erfreulicher parteiübergreifender Koalitionen und der Unterstützung der Ostschweizer Kantone, die ihrerseits Anspruch auf den Sitz des neuen Bundesverwaltungsgerichts erhoben. Mit der Festlegung von Bellinzona und St. Gallen als Sitz der neuen Gerichte hat die Dezentralisierung der obersten Bundesbehörden und die dabei

---

[1] ALFRED KÖLZ, Neuere Schweizerische Verfassungsgeschichte – Ihre Grundlinien in Bund und Kantonen seit 1848, Bern 2004, 480 f.

Heinrich Koller

erfolgte **Berücksichtigung aller Landesteile und Sprachen** somit nach über 150 Jahren eine bemerkenswerte Vollendung gefunden (vgl. dazu unten N 26).

2. Regelung auf der Gesetzesstufe

3   Art. 108 der BV von 1848 bestimmte, dass alles, was sich auf den Sitz der Bundesbehörden bezieht, **Gegenstand der Bundesgesetzgebung** sei. Diese Bestimmung wurde unverändert in Art. 115 aBV übernommen, jedoch in der BV 2000 nicht nachgeführt, weil sie in der Organisationsgewalt der BVers, der Kompetenz zur Gesetzgebung über «die Organisation und das Verfahren der Bundesbehörden» (Art. 164 Abs. 1 lit. g BV), enthalten ist.[2]

4   Bei der Errichtung des ständigen Bundesgerichts im Jahre 1874 wurde Lausanne durch Bundesbeschluss (gleich wie 1848 Bern) zu dessen Sitz erklärt.[3] Mit Art. 11 des BG über die Organisation der Bundesrechtspflege von 1874 erhielt die Sitzbestimmung die geforderte **Gesetzesform**. Sie ist unverändert in Art. 19 Abs. 1 des OG von 1943 übernommen worden («Sitz des Bundesgerichts ist Lausanne»).[4] 1968 hat eine entsprechende Anpassung für das EVG in Luzern Eingang in das OG gefunden («Das Eidgenössische Versicherungsgericht hat seinen Sitz in Luzern»).

5   Art. 4 BGG, den es hier zu kommentieren gilt, führt die Art. 19 Abs. 1 und Art. 124 OG nach. Allerdings haben die fast identisch lautenden neuen Bestimmungen des Art. 4 BGG einen **Bedeutungswandel** erfahren. Lausanne ist nun Sitz des «Gesamtgerichts» (also aller Abteilungen), und in Luzern hat nicht mehr das EVG seinen Sitz, sondern eine oder mehrere Abteilungen des Bundesgerichts haben dort ihren «Standort» (vgl. dazu unten N 8 f.).

6   Als Gesetzesnorm steht die Sitzbestimmung des BGer (Art. 4 BGG) wie jene des Bundesrates und der Departemente (Art. 58 Abs. 1 RVOG[5]) und der Bundesversammlung (Art. 32 ParlG) unter **Referendumsvorbehalt**. Der Sitz des BGer kann ohne Gesetzesänderung also nicht verlegt werden. Ebenso ist es ohne ausdrückliche gesetzliche Bestimmung nicht möglich, weitere Abteilungen des Bundesgerichts an andere Standorte als Luzern auszulagern.

7   Die Festlegung der Organisation und des Verfahrens der Bundesbehörden sind nach Art. 164 BV in der Form des Bundesgesetzes zu erlassen, wenn sie «grundlegend» sind. Dies trifft nach dem oben Gesagten (vgl. N 1 f.) sicherlich auch für den Sitz der oberen Gerichtsbehörden zu. Der Gesetzgeber hat deshalb auch den Sitz des Bundesstrafgerichts in Bellinzona und jenen des Bundesverwaltungsgerichts in St. Gallen **im Gesetz selbst** festgehalten (Art. 4 Abs. 1 VGG bzw. SGG).

3. Terminologie (Bedeutungswandel)

8   Art. 4 BGG unterscheidet zwischen dem «Sitz» des BGer in Lausanne (Randtitel und Abs. 1) und dem «Standort» einzelner Abteilungen in Luzern (Abs. 2). Es ist also nicht wie bisher die Rede von *zwei* Sitzen (Art. 19 Abs. 1 und 124 OG). Damit wird deutlich

---

[2] Botschaft zur Verfassungsreform 1996, 398.
[3] BB betr. den Amtssitz des Bundesgerichtes vom 26. Brachmonat 1874 (AS 1, 134).
[4] Vgl. FLEINER/GIACOMETTI, Bundesstaatsrecht, 469 f., ferner POUDRET, Commentaire, Art. 19 N 1.
[5] Vgl. dazu und zum Amtssitz der BVers T. SÄGESSER, Regierungs- und Verwaltungsorganisationsgesetz (RVOG) vom 21.3.1997, Stämpfli Handkommentar SHK, Bern 2007, Art. 58 N 1 ff.

gemacht, dass es nach der (Teil-)Integration des EVG (vgl. vorne Art. 1 N 58 ff. [61]) nur noch *ein* Bundesgericht gibt, mit einer einheitlichen Leitungsstruktur, *einem* Präsidium, *einer* Verwaltung und *einem* Sitz. Der «Sitz» dieses Staatsorgans oder anders formuliert: der «Amtssitz» dieser einheitlichen obersten Gerichtsbehörde befindet sich in Lausanne (dazu N 10 ff. und 16 ff.).

Anders als bei den juristischen Personen im Privatrecht gilt im öffentlichen Recht nicht die Freiheit der Sitzwahl. Der «Sitz», also der örtliche Anknüpfungspunkt für die Rechtsbeziehungen mit der jeweiligen Behörde (Organ, Körperschaft, Anstalt usw.), wird gesetzlich festgelegt. Im Normalfall ist dies der Ort, wo (oder von wo aus) die Behörde (oder Verwaltungseinheit) ihre staatliche Tätigkeit ausübt, also ihren Standort hat. Bei **mehreren Standorten** ist der Sitz regelmässig dort, wo die Leitung und/oder grössere Teile der Behörde angesiedelt sind. Das Gesetz hat sich dazu zu äussern, weil es sich beim Sitz (und bei den Standorten) staatlicher Einheiten – auch aus Bürgersicht – um grundlegende Bestimmungen der Organisation handelt (vgl. N 1 f., 3 f. und 7). Sicherlich trifft das zu für die obersten Staatsorgane (BVers, BR, BGer), während bei der Dezentralisierung von Verwaltungseinheiten[6] eine Delegationsnorm und/oder einschlägige Kompetenzbestimmungen (Führungs- und Lenkungsfunktion, Organisationshoheit) ausreichend sind. Es ist deshalb richtig, dass das BGG sowohl den Sitz in Lausanne (wo die Leitungsorgane und mehrere Abteilungen ihren Standort haben) als auch den Standort Luzern (wo mehrere [im Gesetz nicht definierte] Abteilungen ihren Sitz haben können, vgl. N 24) abschliessend bestimmt. **9**

II. «Sitz des Bundesgerichts ist Lausanne» (Abs. 1)

1. Ansiedlung des BGer in Lausanne (1874)

Die Schweiz besitzt **erst seit dem 1.1.1875 ein ständiges BGer.** Vor der Totalrevision von 1874 waren die Kompetenzen des BGer gering und die Zahl der zu entscheidenden Streitfälle klein, sodass die damals 11 Bundesrichter ihre Funktion im Nebenamt und von Bern aus verrichten konnten.[7] Auch wurde die Trennung der bundesgerichtlichen Rechtsprechung von Gesetzgebung und Verwaltung, die Unvereinbarkeit von parlamentarischen und richterlichem Mandat (Prinzip der subjektiven Gewaltentrennung) und damit die Unabhängigkeit des BGer erst mit der Totalrevision von 1874 Wirklichkeit. **10**

Um den ständigen Sitz des neuen BGer (mit 9 vollamtlichen Mitgliedern und 9 Ersatzleuten) kämpften **sieben Schweizer Städte** (Aarau, Basel, Bern, Lausanne, Luzern, Neuenburg und Solothurn). Im Ständerat obsiegte im vierten Wahlgang Luzern (mit 22 Stimmen) vor Lausanne (mit 20 Stimmen) und Bern (welches ausschied). Im Nationalrat war die Ausscheidung nicht weniger spannend. Die drei Städte Bern, Lausanne und Luzern machten wiederum das Rennen, wobei dieses Mal im vierten Wahlgang Lausanne (mit 71 Stimmen) gegenüber Luzern (mit 43 Stimmen) obsiegte und Bern wiederum ausschied. Der Ständerat schloss sich diesem Resultat am 26.6.1874 mit 22 Stimmen für Lausanne gegenüber 18 Stimmen für Luzern an.[8] Mit dem **Entscheid für Lausanne** wurde zum einen die Trennung der Justiz von den andern in Bern angesiedelten Staatsgewalten unterstrichen und zum anderen der französischsprachigen Schweiz die Referenz erwiesen. **11**

---

[6] Siehe Sägesser, RVOG, Art. 58 N 4.
[7] Haller, KBV, Art. 106 N 1; Fleiner/Giacometti, Bundesstaatsrecht, 629 f.; Aubert, Droit constitutionnel I, N 122.
[8] Zur Ausmarchung im Detail Rossel, Zur Erinnerung, 47 ff.; Schneider, 150 und 125 Jahre, 14 f.; Raselli, Bundesgericht, Ziff. 1.5.

12 Wie 1848 bei der Wahl von Bern als Bundesstadt, auferlegte der Bundesgesetzgeber auch Lausanne entsprechende **finanzielle Verpflichtungen**[9] (von denen sich Lausanne 1897 wie vorher Bern durch Übereignung des Bundesgerichtsgebäudes an den Bund und Bezahlung einer Abfindungssumme loskaufte).[10] Seinen ersten Sitz hatte das BGer von 1875–1886 im alten Casino an der Place St-François. Am 1.10.1886 übersiedelte das BGer ins Palais de l'Esplanade des Montbenon und im September 1927 in das neue **Gerichtsgebäude im Park «Mon Repos»**, welches Ende der 90er Jahre erweitert wurde und wo es heute noch residiert.[11]

2. Sitzbestimmung und Neuorganisation des Bundesgerichts

a) Überlegungen der Expertenkommission

13 Die ExpKomm OG wollte das EVG vollständig in das BGer in Lausanne integrieren und die sozialversicherungsrechtlichen Abteilungen von Luzern nach Lausanne verlegen (**Totalintegration**). Die Gründe hiefür sind im Schlussbericht aufgelistet.[12] Als Nachteil der vorgeschlagenen Totalintegration führt der Bericht die Tatsache auf, dass Luzern das EVG verliere. Der Verlust könne jedoch wettgemacht werden, indem das neue BVGer dort situiert werde.[13] Entsprechend war in Art. 5 E-BGG **Lausanne als Sitz** für alle Teile des BGer vorgesehen und von Luzern nicht mehr die Rede.

b) Vorschlag des Bundesrates

14 Der BR befürwortete in seiner Botschaft eine **Teilintegration** des EVG (vgl. vorne Art. 1 N 61).[14] Eine oder zwei Abteilungen sollten weiterhin ihren Standort in Luzern behalten. Dabei wurde davon ausgegangen, dass primär die Sozialversicherungsrechtspflege in Luzern bleibt, aber die Möglichkeit besteht, den **Abteilungen in Luzern** weitere verwandte Rechtsgebiete zuzuweisen oder Gebiete der Sozialversicherung einer Abteilung in Lausanne zu übertragen.[15] Ferner sollte die Freizügigkeit der Richterinnen und Richter zwischen den Abteilungen eingeführt werden. Als Folge davon schlug der BR in seinem Entwurf Lausanne als Sitz des Bundesgerichts vor (Art. 4 Abs. 1 E-BGG), wobei eine oder zwei Abteilungen ihren Standort in Luzern behalten sollen (Art. 4 Abs. 2 E-BGG).

c) Entscheide des Parlamentes

15 Das Parlament schloss sich dem Vorschlag einer Teilintegration des EVG in das BGer an. Der Ständerat wählte aber bezüglich des Standorts Luzern eine **offenere Formulierung** und entschied sich in Art. 4 Abs. 2 BGG für «eine oder mehrere Abteilungen», während eine Minderheit mit einer ausdrücklichen Verankerung des EVG in Luzern den bis-

---

[9] «La ville qui aura été designee pour le siège du Tribunal federal fournira gratuitement, … meublera et entretiendra les locaux nécessaires pour les audiences du Tribunal fédéral et de ses sections, pour sa chancellerie et pour ses archives» (Art. 11 BB vom 26.6.1874), zit. nach ROSSEL, Zur Erinnerung, 49.

[10] FLEINER/GIACOMETTI, Bundesstaatsrecht, 470. Anders als beim EVG in Luzern sind entsprechende Leistungen auch von Bellinzona und St. Gallen verlangt worden (vgl. unten N 26).

[11] RASELLI, Bundesgericht, Ziff. 1.5.

[12] Schlussbericht ExpKomm OG vom Juni 1997, 36.

[13] A.a.O. 38.

[14] Botschaft 2001, BBl 2001 4242 ff.

[15] Botschaft 2001, 4244.

herigen Zustand aufrecht erhalten wollte. Der Nationalrat schloss sich am 5.10.2004 der Mehrheit des Ständerates an.[16]

3. Tragweite der Bestimmung

Der Sitz des BGer ist weder durch die BV vorgegeben (oben N 3) noch musste der Ge- **16** setzgeber diesen neu festlegen, weil der Standortentscheid für *das* BGer längst gefallen war (oben N 11). Der Verbleib des Amtssitzes des BGer in Lausanne war unbestritten. Allerdings hat die Bestimmung über den Sitz des BGer durch die Neuorganisation des Bundesgerichts und die Zusammenfassung aller Abteilungen des obersten Gerichts unter einer Leitung eine leicht andere Bedeutung erhalten (oben N 8 f.). Die **Sitzbestimmung bezieht sich jetzt auf das Gesamtgericht**, einschliesslich aller Einheiten, auch der sozialrechtlichen Abteilungen.

Rechtlich gesehen bildet der Sitz einer Amtsstelle oder Gerichtsbehörde – sofern nichts **17** anderes bestimmt ist – den **örtlichen Anknüpfungspunkt** für die Rechtsbeziehungen mit dieser Behörde (oben N 9), es ist ihre «rechtliche Adresse» sozusagen.[17] Der Sitz bestimmt über die örtliche **Zuständigkeit**. Auch aus diesem Grunde wird in Art. 4 Abs. 2 BGG auf die dezentrale Wahrnehmung der Rechtsprechungsfunktion durch Abteilungen in Luzern hingewiesen. Gemäss Art. 26 Abs. 2 BGerR befinden sich die beiden öffentlich-rechtlichen Abteilungen, die beiden zivilrechtlichen Abteilungen und die strafrechtlichen Abteilung in Lausanne. Die beiden sozialrechtlichen Abteilungen haben ihren Standort in Luzern. Der Rechtsverkehr mit diesen sozialrechtlichen Abteilungen läuft deshalb über Luzern. Das ändert nichts daran, dass alle das Gesamtgericht betreffenden Fragen (etwa der Leitung, der Aufsicht, des Voranschlages oder der Rechnung, der Infrastruktur oder der Information) mit Lausanne aufzunehmen sind.

Sitz und Standort sind sodann von Bedeutung für den **Wohnsitz der Richterinnen und** **18** **Richter**. Gewählt werden sie von der BVers an *das* BGer. Sie sind – unabhängig von ihrem Arbeitsort – Mitglieder des einen obersten Gerichts. Damit konnte eines der Ziele der Neuorganisation der Bundesrechtspflege, nämlich ein sinnvoller Lastenausgleich zwischen den verschiedenen Abteilungen und die Freizügigkeit der Richterinnen und Richter zwischen den verschiedenen Standorten verwirklicht werden.[18] Je nachdem, welcher Abteilung die Richterinnen und Richter zugewiesen werden (vgl. Art. 18 BGG), sind sie entweder dem Sitz in Lausanne oder dem Standort in Luzern angegliedert. Wer den beiden sozialrechtlichen Abteilungen angehört, hat seinen Arbeitsort in Luzern (Art. 26 Abs. 2 BGerR), wer den übrigen Abteilungen des BGer angehört, in Lausanne. Darauf bezieht sich die Wohnsitzbestimmung des Art. 12 BGG. Die Richterinnen und ihren Richter können ihren Wohnsitz in der Schweiz frei wählen. Die ordentlichen Mitglieder des BGer müssen jedoch das Gericht (in Lausanne oder Luzern) «in kurzer Zeit» erreichen können (vgl. dazu Komm. zu Art. 12).

---

[16] AB 2003 S 890 f.; AB 2004 N 1584.

[17] RIEMER, Personenrecht[2], § 20, N 579 ff. Im Privatrecht verbindet sich mit dem Sitz der juristischen Person in der Regel auch ihr Gerichtsstand, ihr Betreibungsort, ihr Steuerdomizil. Wenn die Statuten nichts anderes bestimmen und bei Vereinen und Stiftungen, die nicht im Handelsregister eingetragen sind, befindet sich der Anknüpfungspunkt stattdessen am «Hauptsitz der Verwaltung» (Art. 56 ZGB). Im öffentlichen Recht, das vom Grundsatz der Gesetzmässigkeit geprägt ist, müssen sich diese Elemente (soweit für Staatsorgane bzw. Körperschaften, Anstalten und Unternehmen des öffentlichen Rechts überhaupt relevant) aus dem Gesetz ergeben. Vergleiche sind deshalb nur bedingt tauglich.

[18] Botschaft 2001, 4244, 4280.

Heinrich Koller

III. «Eine oder mehrere Abteilungen haben ihren Standort in Luzern» (Abs. 2)

1. Schaffung des EVG in Luzern (1917)

19 Die gesetzliche Grundlage für die Errichtung des EVG bildete Art. 122 KUVG vom Jahre 1911.[19] Die Einführung der eidgenössischen Sozialversicherung durch die Gründung der schweizerischen Unfallversicherungsanstalt (in Luzern) und der Ausbau der Militärversicherung erforderten die Einsetzung einer eidgenössischen Rechtsschutzinstanz. Der Bundesgesetzgeber betraute mit dieser Funktionen aber nicht das BGer, sondern schuf dafür eine **neue eidgenössische Gerichtsbehörde**, das EVG in Luzern.[20] Dieses ist dann mit der Einführung der AHV im Jahre 1948 auch zur obersten Rechtsschutzinstanz in diesem neuen Zweig der Sozialversicherung geworden. Erst mit der Revision des OG und dem Ausbau der Verwaltungsgerichtsbarkeit im Bunde im Jahre 1969 ist das EVG dem BGer angegliedert und zur «organisatorisch selbständige Sozialversicherungsabteilung des Bundesgerichts» (Art. 122 OG) geworden.[21]

20 Nach Art. 122 Abs. 2 KUVG oblag es der BVers, Organisation und Verfahren des EVG festzusetzen. Das Gesetz schrieb lediglich vor, dass die Richter von der BVers jeweils auf sechs Jahre zu wählen sind und das Gericht seinen **Sitz in Luzern** hat. Im Entwurf zum KUVG von 1906 hatte der BR noch vorgesehen, dass das Versicherungsgericht seinen Sitz in Bern haben sollte. «Im Laufe der parlamentarischen Beratungen setzte sich indessen Luzern als Standort des Gerichts durch, nachdem Vertreter des Kantons Luzern erfolgreich auf die Vorteile eines Sitzes in unmittelbarer Näher der Schweizerischen Unfallversicherungsanstalt und auf die geringe Zahl von Bundesbehörden in der Zentralschweiz hingewiesen hatten. Zudem hatte sich Luzern im Jahre 1874 (vergeblich) um den Sitz des Bundesgerichts beworben. (…) Der Sitz des Gerichts in Luzern blieb in der Folge allerdings nicht unbestritten. Schon in den zwanziger Jahren wurde die Frage aufgeworfen und vom Bundesrat geprüft, ob das Eidgenössische Versicherungsgericht nicht mit dem Bundesgericht in Lausanne zu vereinigen sei. Im Oktober 1943 gelangte der Staatsrat des Kantons Tessin an den Bundesrat mit dem Begehren um Verlegung des Eidgenössischen Versicherungsgerichts in die italienischsprachige Schweiz, wo noch keine Behörde ihren Sitz hatte. (…) Letztmals zur Diskussion gelangte der Sitz des Eidgenössischen Versicherungsgerichts anlässlich der Revision der Bundesrechtspflege von 1968, als erneute die Frage einer Vereinigung mit dem Bundesgericht aufgeworfen wurde.»[22] Das klingt alles sehr vertraut und erinnert an die Debatten, die vor rund fünf Jahren über die geeigneten Standorte für das neue Bundesstrafgericht und das neue Bundesverwaltungsgericht geführt wurden (hinten N 26).

21 Das EVG trat am 22.12.1917 zu seiner konstituierenden Sitzung im Saal des Obergerichts des Kantons Luzern zusammen. Bereits Anfang Dezember 1917 hatten der Präsident und der Vizepräsident die vom Bund als **Gerichtsgebäude** gemietete Villa eines Privatmannes an der Adligenswilerstrasse bezogen.[23] Die repräsentative Liegenschaft war räumlich für das Gericht schon damals knapp bemessen. Sie wurde 1922 vom Bund erworben und danach verschiedentlich (1930/31, 1970/71, 1980/81) an- und umgebaut. Der immer wieder geäusserte Wunsch nach mehr Raum fand erst Ende 2002 mit dem

---

[19] AS 28, 353.
[20] FLEINER/GIACOMETTI, Bundesstaatsrecht, 639 f.
[21] BG vom 20.12.1968, in Kraft seit dem 1.10.1969 (AS 1969 767, 788; BBl 1965 II 1265). Vgl. auch vorne Komm. zu Art. 1 N 58 f.
[22] FS EVG-MAESCHI, 641.
[23] FS EVG-MAESCHI, 643. Die Stadt Luzern und der Sitzkanton) mussten im Unterschied zu Bern und Lausanne keine Vorleistung erbringen (vgl. FLEINER/GIACOMETTI, Bundesstaatsrecht, 470).

Umzug des EVG in das «**Gotthardgebäude**» der SBB am Schweizerhofquai 6 in Luzern seine Erfüllung.[24]

2. Auswirkungen der Neuorganisation des BGer auf den Standort Luzern

Die vom BR vorgeschlagene und später vom Parlament beschlossene Teilintegration des **22** EVG in das BGer (vorne N 13 ff. und Art. 1 N 60 f.)[25] hat für das EVG selbst erhebliche, für den Standort Luzern an sich nur beschränkte und für die Rechtspflege im Bereich der Sozialversicherung hoffentlich nur positive Auswirkungen. Das EVG existiert fortan nicht mehr (selbstständig); das im OG als «organisatorisch selbständige Sozialversicherungsabteilung» bezeichnete EVG verliert seinen Status und wird formell in das BGer integriert. Der Standort in Luzern bleibt, die beiden vom Gesamtgericht (Art. 15 BGG) neu gebildeten sozialrechtlichen Abteilungen (Art. 26 Abs. 2 BGerR) verlieren jedoch ihre **Selbständigkeit**, haben keine eigene Leitungsstruktur mehr und keine unabhängige Gerichtsverwaltung. Luzern verliert somit grundsätzlich *seinen* «Bundesgerichtspräsidenten».

Mit der Neuordnung der Bundesrechtspflege und der Teilintegration ist aber auch **23** die Tatsache verbunden, dass die Mitglieder des BGer in Luzern ohne Neuwahl in die anderen Abteilungen wechseln können und umgekehrt. Diese **Freizügigkeit** zwischen Lausanne und Luzern verschafft den Richterinnen und Richtern einen gleichwertigen «Status» (wovon in erster Linie die Spezialverwaltungsrichter von Luzern profitieren werden) und ermöglicht einen besseren Lastenausgleich zwischen den einzelnen Abteilungen (auch mittels des übrigen Gerichtspersonals). Schliesslich birgt die dem BGer belassene **Organisationsautonomie** (vgl. N 24) für Luzern die Chance, eines Tages noch weitere oder andere Abteilungen beheimaten zu dürfen. Sicherlich wäre es im Interesse der Rechtsprechung, wenn vorerst vor allem vom Austausch der Richter zwischen den Abteilungen in Lausanne und Luzern rege Gebraucht gemacht würde.[26]

3. Tragweite der Bestimmung

Art. 4 Abs. 2 BGG bestimmt nicht ausdrücklich, dass die Abteilungen in Luzern für den **24** Bereich des Sozialversicherungsrechts zuständig sind. Auch wenn der BR davon ausging, dass primär die Rechtspflege im Bereich der Sozialversicherungen in Luzern bleibt (oben N 14), lässt das BGG dem BGer bewusst Freiheit. Das BGer kann im Rahmen seiner **Organisationsautonomie** (Art. 13, 15, 18 BGG) selber festlegen, wie viele und welche Abteilungen sich in Luzern befinden.[27] Das erlaubt dem BGer (gemäss Art. 16 lit. a und d ist hiefür das Gesamtgericht zuständig) zum Beispiel, Luzern auch andere als sozialversicherungsrechtliche Verfahren zuzuteilen oder weitere Abteilungen von Lausanne nach Luzern zu verlegen. Nach Art. 26 Abs. 2 BGerR haben derzeit die beiden sozialrechtlichen Abteilungen (Art. 35 und 35 BGerR) ihren Standort in Luzern. Nur durch Gesetzesänderung könnten hingegen Abteilungen an andere Standorte als Luzern verlegt werden.

Im BGG keine Erwähnung mehr findet die frühere Vorschrift von Art. 18 OG, wonach **25** die Gerichtsbehörden ihre Amtshandlungen auf dem ganzen Gebiet der Eidgenossenschaft vornehmen können und die Kantone ihnen dabei die erforderliche Unterstützung zu leisten haben. Die Vorschrift nahm nicht Bezug auf den Standort, sondern auf die Zu-

---

[24] EVG 1917–2006, 55 ff.
[25] Botschaft 2001 BBl 2001 4242 ff.
[26] Vgl. auch SPÜHLER/DOLGE/VOCK, Kurzkommentar, Art. 4 N 5.
[27] Vgl. Botschaft 2001, BBl 2001 4279, und SEILER/VON WERDT/GÜNGERICH, BGG, Art. 4 N 4.

lässigkeit der **Vornahme einzelner Amtshandlungen auf dem Gebiet der Kantone**. Diese Regel ergibt sich heute zwanglos aus dem verfassungsrechtlichen Gebot für Bund und Kantone, einander bei der Erfüllung ihrer Aufgaben zu unterstützen sowie Amts- und Rechtshilfe zu leisten (Art. 44 Abs. 1 und 2 BV). Soweit es um die Vornahme von Amtshandlungen und die Vollstreckung von Entscheiden des BGer geht, ist dieses ohnehin auf die Hilfe der Kantone angewiesen. Dies haben Entscheide des BGer in gleicher Weise zu vollstrecken wie die rechtskräftigen Urteile ihrer Gerichte (Art. 70 BGG).

IV. Standort der unteren Bundesgerichte in Bellinzona und St. Gallen (Hinweis)

26 Die Festlegung des Sitzes des neuen Bundesstrafgerichts und des Bundesverwaltungsgerichts (Komm. zu Art. 1 N 4 f.) löste in der Bundespolitik ein kleineres Erdbeben aus. Wie schon die Bestimmung des Sitzes der Bundes(haupt)stadt in **Bern** und des BGer in **Lausanne** (oben N 1 f. und 10 ff.) prallten die Meinungen der Vertreter der verschiedenen Regionen und Sprachen heftig aufeinander. Wiederum waren es die Städte der Mittellandkantone (Bern, Luzern, Freiburg, Solothurn, Basel-Landschaft, St. Gallen, Aargau und Thurgau), die sich vom Zuzug von Bundesbehörden Vorteile versprachen. Und erneut obsiegte zum Schluss – man müsste fast sagen glücklicherweise – nicht der rein sachliche und nach funktionalen Kriterien erarbeitete Vorschlag des BR (Freiburg für das Bundesverwaltungsgericht und Aarau für das Bundesstrafgericht), sondern die von Koalitionen getragenen Vorschläge der Kantone Tessin und St. Gallen. Die Botschaft des Bundesrates zum Sitz des Bundesstrafgerichts und des Bundesverwaltungsgericht (Zusatzbotschaft zur Botschaft zur Totalrevision der Bundesrechtspflege) vom 28.9.2001 gibt über das Vorverfahren und die Erwägungen des BR erschöpfend Auskunft.[28] Das Parlament hat das BG über den Sitz des Bundesstrafgerichts und des Bundesverwaltungsgerichts (SR 173.72) nach längeren Debatten am 21.6.2002 verabschiedet und sich dabei für **Bellinzona** als Sitz des Bundesstrafgerichts und **St. Gallen** als Sitz des Bundesverwaltungsgerichts entschieden.[29] Es brauchte also mehr als 150 Jahre bis die schweizerische Eidgenossenschaft ihre Bundesbehörden in ausgewogener und geradezu genialer Weise auf **alle wichtigen Landesteile und Sprachregionen** verteilen konnte.

---

[28] BBl 2001 6049.
[29] SR 173.2; AS 2003 2163.

2. Abschnitt: Richter und Richterinnen

Art. 5*

Wahl

¹ **Die Bundesversammlung wählt die Richter und Richterinnen.**

² **Wählbar ist, wer in eidgenössischen Angelegenheiten stimmberechtigt ist.**

Election

¹ L'Assemblée fédérale élit les juges.

² Quiconque a le droit de vote en matière fédérale est éligible.

Elezione

¹ I giudici sono eletti dall'Assemblea federale.

² È eleggibile chiunque abbia diritto di voto in materia federale.

Inhaltsübersicht

Materialien

Art. 6 E ExpKomm; Art. 5 E 2001 BBl 2001, 4481; Botschaft 2001 BBl 2001 4280; AB 2003 S 891; AB 2004 N 1584.

Literatur

M. BORGHI, Incostituzionalità dell'ingerenza dei partiti, in: Commissione ticinese per la formazione permanente die giuristi (ed.), L'indipendenza del giudice nell'ambito della procedura di elezione, in particolare nel Cantone Ticino, Basel/Genf/München 2004 (zit. Borghi, Incostituzionalità); W. BOSSHART, Die Wählbarkeit zum Richter im Bund und in den Kantonen, Diss. ZH 1960, Winterthur 1961 (zit. Bosshart, Wählbarkeit); R. FELLER, Das Prinzip der Einmaligkeit des Rechtsschutzes im Staatshaftungsrecht, Diss. BE 2006, Bern 2007 (zit. Feller, Staatshaftungsrecht); A. FISCHBACHER, Richterwahlen durch das Parlament: Chance oder Risiko?, Parlament Parlement Parlamento, 2005 Nr. 1 2–12 (zit. Fischbacher, Parlament Parlement Parlamento 2005); DERS., Verfassungsrichter in der Schweiz und in Deutschland: Aufgaben, Einfluss und Auswahl, Diss. ZH 2005, Zürich 2006 (zit. Fischbacher, Verfassungsrichter); C. GRABENWARTER, Europäische Menschenrechtskonvention, Ein Studienbuch, München 2005 (zit. Grabenwarter, Menschenrechtskonvention); A. GRISEL, Le Tribunal fédéral suisse, ZSR 90/1971 I, 385–401 (zit. Grisel, ZSR 1971); R. HERZOG, Art. 6 EMRK und kantonale Verwaltungsrechtspflege, Diss. BE 1995, Bern 1996

---

* Mein herzlicher Dank für die Mitarbeit bei der Recherche geht an Fürsprecherin lic. iur. Lucie von Büren, Assistentin am Institut für öffentliches Recht der Universität Bern.

(zit. Herzog, 6 EMRK); T. JAAG, in: H. Koller/G. Müller/R. Rhinow/U. Zimmerli (Hrsg.), SBVR I (Organisationsrecht), Teil 3: Staats- und Beamtenhaftung, 2. Aufl. Basel/Genf/München 2006 (zit. Jaag, SBVR²); DERS., Staatshaftung nach dem Entwurf für die Revision der Vereinheitlichung des Haftpflichtrechts, ZSR 2003 II 1–124 (zit. Jaag, ZSR 2003); W. KÄLIN, Justiz, in: U. Klöti/ P. Knoepfel/H. P. Kriesi/W. Linder/Y. Papadopoulos (Hrsg.), Handbuch der Schweizer Politik, 3. Aufl., Zürich 2002 187 ff. (zit. Kälin, Justiz³); M. LIVSCHITZ Die Richterwahl im Kanton Zürich, Diss. ZH 2001 (zit. Livschitz, Richterwahl); P. MAHON, § 20 La citoyenneté active en droit public suisse, in: D. Thürer/J.-F. Aubert/J.P. Müller, Verfassungsrecht in der Schweiz, Zürich 2001, 335 ff. (zit. Thürer/Aubert/Müller-Mahon); K. MARTI, Entstehung und Entwicklung des Verfahrens der Gerichtskommission der Vereinigten Bundesversammlung, Parlament Parlement Parlamento, 2005 Nr. 1 2 16–19 (zit. Marti, Parlament Parlement Parlamento 2005); F. MATTER, Der Richter und seine Auswahl, Diss. ZH 1978, Zürich 1979 (zit. Matter, Richter); T. MERKLI/A. AESCHLIMANN/ R. HERZOG, Kommentar zum Gesetz über die Verwaltungsrechtspflege im Kanton Bern, Bern 1997 (zit. Merkli/Aeschlimann/Herzog, VRPG); J.P. MÜLLER, § 39 Allgemeine Bemerkungen zu den Grundrechten, in: D. Thürer/J.-F. Aubert/J.P. Müller, Verfassungsrecht in der Schweiz, Zürich 2001, 621 ff. (zit. Thürer/Aubert/Müller-Müller); M. NOWAK, U.N. Covenant on Civil and Political Rights – CCPR Commentary, 2. Aufl., Kehl/Strasbourg/Arlington 2005 (zit. Nowak, CCPR Commentary²); S. PÖDER, Richterwahlen, LeGes 2004 217–228 (zit. Pöder, LeGes 2004); M. SCHUBARTH, § 68 Bundesgericht, in: D. Thürer/J.-F. Aubert/J.P. Müller, Verfassungsrecht in der Schweiz, Zürich 2001, 1071 ff. (zit. Thürer/Aubert/Müller-Schubarth); H. SEILER, Die Parlamente und die Wahl der Gerichte, Parlament Parlement Parlamento, 2005 Nr. 1 13–15 (zit. Seiler, Parlament Parlement Parlamento 2005); K. SPÜHLER, Der Richter und die Politik, ZBJV 130/1994 28–37 (zit. Spühler, ZBJV 1994); DERS. Die Reform der Bundesgerichtsbarkeit: Schwerpunkte einer dringlichen Aufgabe, ZBl 1996, 209–221 (zit. Spühler, ZBl 1996); P. TSCHANNEN, Staatsrecht der Schweizerischen Eidgenossenschaft, 2. Aufl. Bern 2007 (zit. Tschannen, Staatsrecht²); U. ZIMMERLI, § 66 Bundesversammlung, in: D. Thürer/J.-F. Aubert/J.P. Müller, Verfassungsrecht in der Schweiz, Zürich 2001, 1027 ff. (zit. Thürer/Aubert/Müller-Zimmerli)

I. Allgemeine Bemerkungen

1   Art. 5 regelt die Wahl der Richter und Richterinnen. Art. 5 Abs. 1 nennt mit der Bundesversammlung die Wahlbehörde, Art. 5 Abs. 2 die Voraussetzungen der Wählbarkeit. Die gesetzliche Bestimmung über die Wahl der Richterinnen und Richter an das Bundesgericht entspricht der Formulierung in Art. 5 des bundesrätlichen Entwurfs.[1] In den parlamentarischen Beratungen gab sie zu keinen Diskussionen Anlass.[2] Dies mag am **deklaratorischen Charakter** der Norm liegen, ergibt sich doch die Wahlkompetenz der Bundesversammlung schon aus Art. 168 Abs. 1 BV, während die Voraussetzungen der Wählbarkeit in Art. 143 BV abschliessend formuliert sind.

2   Die im Vergleich zu den entsprechenden Gehalten des früheren **Bundesrechtspflegegesetzes** schlank formulierte Norm übernimmt die zentralen Gehalte von Art. 1 Abs. 2 OG («Mitglieder, nebenamtliche Richter, Wahlart») und von Art. 2 OG («Wahlfähigkeit»). Indessen wurden die Normen des bisherigen Rechts nicht unbesehen ins neue Gesetz überschrieben. Insbesondere fehlt im Bundesgerichtsgesetz die in Art. 1 Abs. 2 Satz 2 OG festgehaltene Regel, wonach bei der Wahl auf die Vertretung aller drei Amtssprachen Bedacht zu nehmen sei.[3]

3   Die Bundesversammlung nimmt die Wahl der Richterinnen und Richter an das Bundesgericht seit der Gründung des Bundesstaats als **Kernkompetenz** in Anspruch.[4] Ein

---

[1] Art. 5 BGG-E, BBl 2001 4480 ff., 4481.
[2] AB 2003 S 890; AB 2004 N 1584.
[3] Vgl. dazu hinten N 25.
[4] Zum historischen Hintergrund vgl. die Nachweise bei FISCHBACHER, Parlament Parlement Parlamento 2005, 4; DERS., Verfassungsrichter, 13 ff.

Seitenblick auf die neu geschaffenen erstinstanzlichen Gerichte des Bundes zeigt an, dass die Wahlkompetenz auch hier bei der Bundesversammlung liegt;[5] der Bundesrat hatte im Anschluss an die für die früheren Rekurskommissionen geltende Regelung die Wahlkompetenz für sich reklamiert,[6] dieser Vorschlag fand indessen keine Mehrheit im Parlament.[7]

Der **Anwendungsbereich** von Art. 5 erstreckt sich auf alle in richterlicher Funktion   4
am Bundesgericht tätigen Personen. Angesprochen sind neben den ordentlichen[8] auch die nebenamtlichen[9] Bundesrichter und Bundesrichterinnen. Die Wahlkompetenz der Bundesversammlung aktualisiert sich in drei Fällen: Bei einer Ergänzungswahl aufgrund einer Vakanz am Bundesgericht; bei einer Neuwahl im Fall, dass ein Mitglied des Bundesgerichts nicht wiedergewählt worden ist, und bei der Wiederwahl nach Ablauf der Amtsdauer.[10]

Geregelt wird die **Wahl ans Bundesgericht**, nicht an einen der zwei Standorte[11] (wie   5
dies bislang der Fall gewesen war[12]), und auch nicht an eine der sieben Abteilungen.[13] Die Bestellung der Abteilungen und die Wahl ihrer Präsidien erfolgt nicht anlässlich des parlamentarischen Wahlaktes, sondern obliegt dem Gesamtgericht,[14] die Zuteilung der nebenamtlichen Bundesrichterinnen und Bundesrichter der Verwaltungskommission,[15] beides Ausdruck der Organisationsautonomie des Bundesgerichts, die mit Inkrafttreten des Bundesbeschlusses über die Reform der Justiz auch verfassungsrechtlich verbrieft ist.[16]

Die Wahl erfolgt für die **Amtsdauer** von sechs Jahren, bei Ersatzwahlen für den Rest der   6
Amtsdauer.[17]

II. Wahl (Abs. 1)

1. Wahlorgan

Gemäss Art. 5 Abs. 2 werden die Richterinnen und Richter des Bundesgerichts durch die   7
Bundesversammlung gewählt. Das Gesetz gibt hier die in Art. 168 BV verankerte Wahlkompetenz wieder. Die beiden Kammern der Eidgenössischen Räte tagen bei der

---

[5] Art. 5 Abs. 1 VGG betr. Bundesverwaltungsgericht, Art. 5 Abs. 1 SGG betr. Bundesstrafgericht.
[6] Art. 5 Abs. 1 SGG-E, BBl 2001 4517 ff., 4518; Art. 5 Abs. 1 VGG-E, BBl 2001 4539 ff., 4540; vgl. zur Begründung die Ausführungen in Botschaft 2001 BBl 2001 4258, zudem das Gutachten des Bundesamtes für Justiz vom 6.11.2003, VPB 2005/I Nr. 69.3 (nachfolgend Gutachten BJ), Ziff. I/2a, 54.
[7] Vgl. die Nachweise bei MARTI, Parlament Parlement Parlamento 2005, 16 f.; zur ablehnenden Haltung des Bundesgerichts s. dessen Geschäftsbericht 2001, Amtstätigkeit des Bundesgerichts und des Eidgenössischen Versicherungsgerichts vom 11.2.2002, 4 (‹www.bger.ch/tf_geschaeftsbericht_2001.pdf›).
[8] Art. 1 Abs. 3.
[9] Art. 1 Abs. 4; so auch SEILER/VON WERDT/GÜNGERICH, BGG, Art. 5 N 2, Art. 1 N 14; SPÜHLER/DOLGE/VOCK, Kurzkommentar, Art. 5 N 1; vgl. auch SGK-EHRENZELLER, Art. 168 N 9.
[10] Art. 133 Abs. 1 ParlG. Für die Wiederwahl nach Ablauf der Amtsdauer vgl. Art. 9 Abs. 3.
[11] Botschaft 2001 BBl 2001 4280; SEILER/VON WERDT/GÜNGERICH, BGG, Art. 5 N 6; SPÜHLER/DOLGE/VOCK, Kurzkommentar, Art. 5 N 3.
[12] KARLEN, BGG, 15 f.
[13] Vgl. Art. 18–20, sowie Art. 26 ff. Geschäftsreglement Bundesgericht.
[14] Art. 15 Abs. 1 Bst. d.
[15] Art. 17 Abs. 4 Bst. a.
[16] Art. 188 Abs. 3 BV; SGK-KISS/KOLLER, Art. 188 (Justizreform) N 26 ff.; vgl. für das Verfahren der Wiederwahl auch Art. 13.
[17] Art. 145 BV; Art. 9.

Vornahme von Wahlen – in Abweichung des Grundsatzes getrennter Verhandlung[18] – gemeinsam als Vereinigte Bundesversammlung unter dem Vorsitz des Präsidenten oder der Präsidentin des Nationalrats.[19]

2. Wahlverfahren

8   In **zeitlicher Hinsicht** findet die Wahl vor Beginn der neuen Amtsdauer und getrennt für ordentliche Richterinnen und Richter einerseits und für nebenamtliche Richterinnen und Richter anderseits statt.[20]

9   Das Wahlverfahren hat den **Vorgaben des übergeordneten Rechts** zu genügen. Massgebend sind zunächst die Grundrechtsgarantien, welche dem Einzelnen einen Anspruch auf Beurteilung durch ein unabhängiges Gericht vermitteln (Art. 30 BV, Art. 6 Ziff. 1 EMRK, Art. 14 Ziff. 1 UNO-Pakt II). Ein verfassungs- und konventionskonformes Gericht zeichnet sich u.a. auch durch die Art und Weise der Bestellung der Richterinnen und Richter, ihre Amtsdauer und die Weisungsfreiheit aus; im Ergebnis ist ausschlaggebend, ob das Gericht dem äusseren Anschein nach den Eindruck seiner Unabhängigkeit vermitteln kann.[21] Ob diese Vorgaben eingehalten sind, bestimmt sich anhand des gesamten Verfahrens.[22] Aus der Optik der EMRK ist die Bestellung durch ein Parlament zulässig;[23] wesentlich ist allemal, ob das Verfahren Gewähr dafür bietet, dass die Gewählten ihr Amt frei von Weisungen und anderen Einwirkungen ausführen können.[24]

10   Die **prozeduralen Garantien** der EMRK greifen im parlamentarischen Wahlverfahren nicht,[25] wohl aber die verfahrensrechtlichen Mindeststandards der Bundesverfassung,[26] denn die Bundesversammlung ist bei der Wahrnehmung staatlicher Aufgaben – wozu auch die Besorgung von Richterwahlen gehört – an die Grundrechte gebunden und verpflichtet, zu ihrer Verwirklichung beizutragen.[27] Einschlägig sind vorab die in Art. 29 Abs. 1 und 2 BV verankerten Garantien, d.h. der Anspruch auf gleiche und gerechte Behandlung[28] sowie der Anspruch auf rechtliches Gehör.[29] Ebenso setzen der Anspruch auf Behandlung nach Treu und Glauben und das Willkürverbot (Art. 9 BV) dem Handeln der Wahlorgane Schranken. An der prinzipiellen Anwendung dieser verfassungsrechtlichen

---

[18] Art. 156 Abs. 1 BV.

[19] Art. 157 Abs. 1 Bst. a BV. Vgl. auch POUDRET, Commentaire, Bd. I, Art. 1 N 2; SEILER/VON WERDT/GÜNGERICH, BGG, Art. 5 N 3; TSCHANNEN, Staatsrecht², § 34 N 85 sowie THÜRER/AUBERT/MÜLLER-ZIMMERLI, § 66 N 29.

[20] Art. 135 Abs. 1 ParlG.

[21] BGE 126 I 228, 230 f., E. 2; statt vieler EGMR-E Bryan c. Vereinigtes Königreich, vom 22.11.1995, A/335-A Rz 37; eingehend KIENER, Unabhängigkeit, 70 ff.; zur konventionsrechtlichen Garantie statt anderer GRABENWARTER, Menschenrechtskonvention, 282 ff., zur Paktgarantie statt anderer NOWAK, CCPR Commentary², Art. 14 N 1 ff., 302 ff.

[22] KIENER, Unabhängigkeit, 276 ff., m.w.Hinw.

[23] EGMR-E Ringeisen c. Österreich vom 16.7.1971, A/13 Rz 95; EGMR-E Campbell und Fell c. Vereinigtes Königreich, vom 28.6.1984, A/80 Rz 78. Zur parlamentarischen Bestellung auch KIENER, Unabhängigkeit 257 f.; FISCHBACHER, Verfassungsrichter, 389 ff.

[24] KIENER, Unabhängigkeit, 255.

[25] Vgl. HERZOG, 6 EMRK, 244; VILLIGER, EMRK, 248 N 388.

[26] Vgl. mutatis mutandis für den Anspruch auf rechtliches Gehör in Verfahren der Einbürgerung durch Volksentscheid BGE 129 I 232, 236 f. E. 3.2.

[27] Art. 35 BV; vgl. etwa KIENER/KÄLIN, Grundrechte, 38 ff.; AUBERT/MAHON, commentaire, Art. 35 N 6.

[28] Vgl. SÄGESSER-SÄGESSER, Art. 168 N 569.

[29] Zu Art. 29 Abs. 2 BV statt anderer KIENER/KÄLIN, Grundrechte, 418 ff.; AUBERT/MAHON, commentaire, Art. 29 N 5 ff.

Mindeststandards ändert nichts, dass kein Rechtsanspruch auf Wahl ans Bundesgericht besteht.

Das Wahlverfahren ist von Verfassung wegen auf der **Normstufe Bundesgesetz** zu   11 regeln, denn gem. Art. 164 Abs. 1 Bst. g BV zählen die Organisation und das Verfahren der Bundesbehörden zu jenen wichtigen rechtsetzenden Bestimmungen, die in der Form des Bundesgesetzes zu erlassen sind.[30]

Zuständig für die Vorbereitung der Wahl an die Eidgenössischen Gerichte und damit   12 auch an das Bundesgericht ist die **Gerichtskommission** der Vereinigten Bundesversammlung.[31] Diese Kommission wurde im Rahmen der Totalrevision der Bundesrechtspflege geschaffen.[32] Die Gerichtskommission besteht aus zwölf Mitgliedern des Nationalrates und aus fünf Mitgliedern des Ständerates.[33] Über die für Kommissionen allgemein geltende Regelung gem. Art. 43 Abs. 3 ParlG hinaus hat jede Fraktion Anspruch auf mindestens einen Sitz in der Gerichtskommission,[34] und nicht nur Anspruch auf eine Gewichtung nach ihrer Stärke.[35] Wie alle anderen parlamentarischen Kommissionen kann auch die Gerichtskommission zur Vorbereitung ihrer Geschäfte Subkommissionen einsetzen,[36] beispielsweise zur Prüfung der eingegangenen Dossiers oder zur Anhörung von Kandidatinnen und Kandidaten.[37]

Die Gerichtskommission ist verpflichtet, frei werdende Richterstellen öffentlich auszu-   13 schreiben.[38] Die **öffentliche Ausschreibung** soll nicht nur die Qualität des Verfahrens, seine Objektivität und Transparenz, verbessern,[39] sondern auch den Kreis der Interessierten öffnen und es nicht den persönlichen Beziehungen oder der öffentlichen Profilierung überlassen, ob jemand in den Kreis möglicher Kandidaten Aufnahme findet.[40] In der Praxis schreibt die Kommission die frei werdende Stelle mit einer Bewerbungsfrist von ungefähr sechs Wochen öffentlich aus, gleichzeitig werden die Fraktionen über die Stellenausschreibung informiert.[41] In der Ausschreibung zu nennen sind zunächst die Wählbarkeitsvoraussetzungen gem. Art. 5 Abs. 2. Der Grundsatz von Treu und Glauben

---

[30] Parlamentarische Initiative Parlamentsgesetz (PG), Bericht der Staatspolitischen Kommission des Nationalrates vom 1.3.2001, BBl 2001 3467, 3484, 3586; vgl. Tschannen, Staatsrecht[2], § 45 N 23 f.; sowie eingehend R. Feuz, Materielle Gesetzesbegriffe, Diss. BE 2001, Bern 2002, insb. 180 ff.

[31] Art. 39 Abs. 4 i.V.m. Art. 40a Abs. 1 ParlG.

[32] Ausdrücklich abgelehnt wurde in den Räten die Schaffung einer ausserparlamentarischen Fachkommission («Justizkommission»), welche nicht nur der Entlastung der Bundesversammlung dienen sollte, sondern auch eine Professionalisierung des Vorauswahlverfahrens und eine Entpolitisierung der Wahlen bezweckte, zum Ganzen Marti, Parlament Parlement Parlamento 2005, 16 f.; Gutachten BJ Ziff. I/2b, 54, sowie Zusatzbericht der Kommission für Rechtsfragen des Ständerats zum Entwurf für ein Bundesgesetz über die Justizkommission (JKG), BBl 2002 1181. Zur früheren Regelung krit. Hanspeter Thür, Auslese unter Ausschluss der Öffentlichkeit, in: R. Schuhmacher (Hrsg.), Geschlossene Gesellschaft? Macht und Ohnmacht der Justizkritik, Zürich 1993, 57 ff.

[33] Art. 39 Abs. 4 ParlG.

[34] Art. 40a Abs. 5 ParlG.

[35] Zu diesem Anliegen Kiener, Unabhängigkeit, 277.

[36] Art. 45 Abs. 2 ParlG.

[37] Bericht der Gerichtskommission der Vereinigten Bundesversammlung in der ersten Hälfte 47. Legislaturperiode, 2003–2005, vom 30.11.2005, 3.

[38] Art. 40a Abs. 2 ParlG.

[39] Gutachten BJ, Ziff. II/2, 62.

[40] Kiener, Unabhängigkeit, 277 m.w.Hinw.; vgl. auch Gutachten BJ Ziff. I/3, 56 f.

[41] Bericht der Gerichtskommission der Vereinigten Bundesversammlung in der ersten Hälfte 47. Legislaturperiode, 2003–2005, vom 30.11.2005, 3.

(Art. 9 BV) gebietet, zusätzlich die im Einzelfall massgebenden Auswahlkriterien zu benennen; neben den faktischen Anforderungen an die beruflich-fachliche Vorbildung ist namentlich offenzulegen, welcher politischen Partei der frei werdende Sitz aufgrund des Parteienproporzes zusteht.[42]

14 Gemäss Art. 40a Abs. 3 ParlG unterbreitet die Gerichtskommission «ihre Wahlvorschläge» der Vereinigten Bundesversammlung. Daraus leitet sich die gesetzliche Verpflichtung ab, der Vereinigten Bundesversammlung bei einer Vakanz konkrete **Wahlvorschläge** zu präsentieren und somit eine eigene Gewichtung vorzunehmen.[43] In der parlamentarischen Praxis werden die als grundsätzlich geeignet angesehenen Bewerberinnen und Bewerber zu einer Anhörung vor die Gesamtkommission eingeladen, welche anschliessend den Fraktionen der Bundesversammlung gewichtete Wahlempfehlungen unterbreitet. Nach den Rückmeldungen der Fraktionen aufgrund deren eigenen Anhörungen verabschiedet die Gerichtskommission ihre definitiven Wahlvorschläge zuhanden der Vereinigten Bundesversammlung in Form eines schriftlichen Kommissionsberichts.[44] Der Gerichtskommission steht frei, das Bundesgericht bei Ersatz- oder Ergänzungswahlen anzuhören. Die beratende Teilnahme des Bundesgerichts kommt namentlich dann zur Anwendung, wenn bisherige Ersatzmitglieder für ein Vollamt kandidieren; die Anhörung betrifft dann insb. die Qualität der bisher am Bundesgericht geleisteten Arbeit.[45]

15 Bei einer Ergänzungswahl[46] gestaltet sich das **Verfahren vor der Vereinigten Bundesversammlung** wie folgt: Werden dem Büro der Vereinigten Bundesversammlung bis am Vortag der Wahl nicht mehr Kandidierende gemeldet, als Sitze offen sind, dient als Wahlzettel eine Namensliste mit den Kandidierenden in alphabetischer Reihenfolge, andernfalls eine unbeschriebene Liste mit der Anzahl Linien der zu besetzenden Sitze.[47] In den beiden ersten Wahlgängen können alle wählbaren Personen gewählt werden. Ab dem dritten Wahlgang sind keine weiteren Kandidaturen zulässig.[48] Gewählt ist, wer das absolute Mehr der abgegebenen, gültigen Stimmen auf sich vereinigt.[49] Relatives Mehr genügt nicht, auf der anderen Seite ist aber auch kein qualifiziertes Mehr erforderlich.[50] Aus der Wahl scheidet aus, wer ab dem zweiten Wahlgang weniger als zehn Stimmen auf sich vereinigt, und ab dem dritten Wahlgang, wer von mehreren Kandidaten die geringste Stimmenzahl erhält, es sei denn, mehr als eine Person vereinige diese Stimmenzahl auf sich.[51]

16 Die Wahl ergeht in der **Rechtsform** eines einfachen Bundesbeschlusses gem. Art. 163 Abs. 2 BV.[52] Der Akt unterliegt keinem Rechtsmittel. Art. 189 Abs. 4 BV schliesst Akte der Bundesversammlung ausdrücklich von der Anfechtung beim Bundesgericht aus; zwar kann das Gesetz Ausnahmen bestimmen, solche wurden aber bislang nicht geschaffen.[53]

---

[42] Zu diesen Kriterien hinten N 25 ff.

[43] Gutachten BJ, Ziff. II/1, 58 ff., 61 sowie Ziff. II/2, 63 ff.

[44] MARTI, Parlament Parlement Parlamento 2005, 18.

[45] Botschaft 2001 BBl 2001 4280.

[46] Zur Wiederwahl vgl. Art. 9 Abs. 3.

[47] Art. 137 Abs. 2 ParlG.

[48] Art. 137 Abs. 3 ParlG.

[49] Art. 159 Abs. 2 BV i.V.m. Art. 130 ParlG; vgl. AUBERT/MAHON, commentaire, Art. 159 N 9 ff.; SGK-VON WYSS, Art. 159 N 7 ff.; AUER/MALINVERNI/HOTTELIER, droit constitutionnel², Bd. I, N 104.

[50] FISCHBACHER, Parlament Parlement Parlamento 2005, 5.

[51] Art. 137 Abs. 4 Bst. a und b ParlG.

[52] SGK-SUTTER-SOMM, Art. 163 N 18; SÄGESSER-SÄGESSER, Art. 163 N 434 f.

[53] Vgl. Art. 86 ff. betr. Vorinstanzen des Bundesgerichts. Für ein Beispiel einer Anfechtung vgl. den Nichteintretensentscheid des Bundesgerichts, BGer, I. ÖRA, 6.11.2003, 1P.658/2003, E. 1.

Folglich wird der Wahlbeschluss der Bundesversammlung sogleich formell und materiell rechtskräftig. Als einfacher Bundesbeschluss untersteht der Wahlakt im Übrigen auch nicht dem Referendum.[54]

III. Wählbarkeitsvoraussetzungen (Abs. 2)

1. Normativ verbindliche Vorgaben

Gemäss Art. 5 Abs. 2 ist ans Bundesgericht als Richterin oder Richter wählbar, wer **in eidgenössischen Angelegenheiten stimmberechtigt** ist.[55] Auch diese Bestimmung ist nicht originell, sondern schreibt den Inhalt von Art. 143 BV auf Gesetzesebene fest[56] und führt im Übrigen die Regel von Art. 2 Abs. 1 OG weiter. Verfassung und Gesetz verknüpfen die Wählbarkeit mit der Stimmberechtigung und verweisen damit auf Art. 136 Abs. 1 BV. Wählbar sind folglich alle Schweizerinnen und Schweizer, welche das 18. Altersjahr zurückgelegt haben und nicht wegen Geisteskrankheit oder Geistesschwäche entmündigt sind.[57] Neben der Staatsbürgerschaft vorausgesetzt ist damit nicht mehr als eine minimale politische Urteilsfähigkeit und Reife.[58]   **17**

Die **Schweizer Staatsbürgerschaft** bestimmt sich nach den Regeln der Bürgerrechtsgesetzgebung.[59] Wählbar sind auch Auslandschweizerinnen und Auslandschweizer,[60] Wohnsitz in der Schweiz zum Zeitpunkt der Wahl ist mithin nicht erforderlich, dieser muss aber mit Wahlantritt gegeben sein.[61]   **18**

Die Wählbarkeitsvoraussetzungen sind in Art. 143 der Bundesverfassung **abschliessend** umschrieben.[62] Das BGG darf folglich keine zusätzlichen Kriterien als verbindlich einführen.   **19**

Bei **Fehlen einer Wählbarkeitsvoraussetzung** kann die betroffene Person nicht gültig in das Amt gewählt werden; die Wahl ist nichtig ex tunc.[63]   **20**

---

[54] Vgl. Art. 163 Abs. 2 BV, dazu SGK-SUTTER-SOMM, Art. 163 N 17 ff.; AUBERT/MAHON, commentaire, Art. 163 N 23 ff.; TSCHANNEN, Staatsrecht[2], § 45 N 45 f.; FISCHBACHER, Verfassungsrichter, 260.

[55] Damit gelten für die Wahl an das Bundesgericht die gleichen Wählbarkeitsvoraussetzungen wie an die erstinstanzlichen Gerichte des Bundes, vgl. Art. 5 Abs. 2 VGG betr. Bundesverwaltungsgericht, Art. 5 Abs. 2 SGG betr. Bundesstrafgericht.

[56] Art. 143 BV spricht zwar generell «alle Stimmberechtigten» an, meint aber ebenfalls die Stimmberechtigung in eidgenössischen Angelegenheiten, vgl. SGK-LÜTHI, Art. 143 N 5; TSCHANNEN, Staatsrecht[2], § 31 N 10.

[57] Verlangt ist ein richterliches Urteil in Anwendung von Art. 369 ZGB, vgl. AUBERT/MAHON, commentaire, Art. 136 N 5 und 6; THÜRER/AUBERT/MÜLLER-MAHON, § 20 N 18; SÄGESSER-SÄGESSER, Art. 144 N 10. Zur Frage der Geisteskrankheit und Geistesschwäche i.S.v. Art. 369 Abs. 1 ZGB weiterführend BERNHARD SCHNYDER/ERWIN MURER, Berner Kommentar zu Art. 369 ZGB, Bern 1984, N 35 ff.

[58] THÜRER/AUBERT/MÜLLER-MAHON, § 20 N 13; vgl. zum Erfordernis des weltlichen Standes unter altem Recht BVK-GRISEL, Art. 75 N 20 ff.

[59] BG über Erwerb und Verlust des Schweizer Bürgerrechts, vom 29.9.1952, SR 141.0.

[60] Art. 40 Abs. 2 BV i.V.m. Art. 3 Abs. 2 BG über die politischen Rechte der Auslandschweizer, vom 19.12.1975, SR 161.5.

[61] HÄFELIN/HALLER, Bundesstaatsrecht[6], N 1707; SEILER/VON WERDT/GÜNGERICH, BGG, Art. 5 N 9; SPÜHLER/DOLGE/VOCK, Kurzkommentar, Art. 5 N 8.

[62] Vgl. auch Botschaft 2001 BBl 2001 4280; SGK-LÜTHI, Art. 143 N 5; TSCHANNEN, Staatsrecht[2], § 31 N 10. Anders im Ergebnis SÄGESSER-SÄGESSER, Art. 143 N 12; es sei zulässig, für Bundesrichter eine abgeschlossene juristische Ausbildung oder ein kantonales Anwaltspatent zu verlangen.

[63] Vgl. SÄGESSER-SÄGESSER, Art. 143 BV N 14.

2. Nicht verbindliche Kriterien

21 Keine Wählbarkeitsvoraussetzung ist die **Durchführung des Verfahrens gem. Art. 40a ParlG**.[64] Ratsmitglieder können ihr Antragsrecht im Plenum[65] auch dazu nutzen, um Kandidaten und Kandidatinnen vorzuschlagen, welche sich nicht an der Ausschreibung und am nachfolgenden Wahlverfahren beteiligt haben. Die Wahl ist somit auch ohne vorgängiges Verfahren vor der Gerichtskommission zulässig. Dieser Befund ist in Anbetracht des verfassungsrechtlichen Anspruchs auf gleiche und gerechte Behandlung[66] nicht unproblematisch.

22 Ebenfalls nicht Wählbarkeitsvoraussetzung ist ein bestimmtes **Höchstalter**. Wohl wird in Art. 9 festgehalten, dass die Richterinnen und Richter am Ende des Jahres aus dem Amt ausscheiden, in dem sie das 68. Altersjahr vollenden. Darin liegt jedoch keine zusätzliche Wählbarkeitsvoraussetzung,[67] vielmehr ist der Bundesversammlung unbenommen, eine Person ans Bundesgericht zu wählen, welche das 68. Altersjahr vollendet hat.

23 Die Bundesverfassung setzt ihr spezifisches Demokratieprinzip vor Fachkompetenz: Eine **juristische Ausbildung** ist nicht Voraussetzung für eine Wahl an das Bundesgericht.[68] In der Praxis werden ausschliesslich Juristinnen und Juristen gewählt.[69] Die ordentlichen Richterinnen und Richter rekrutieren sich überwiegend aus der Justiz; in der Regel waren rund die Hälfte schon vorher in richterlicher Funktion – gemeinhin an einem kantonalen Höchstgericht – tätig. Im Übrigen entstammen die Richter und Richterinnen den Berufszweigen Gerichtspersonal (Gerichtsschreiber) sowie Hochschule und Verwaltung. Eher selten ist eine frühere Tätigkeit in der Advokatur. Dass Ordinarien an Schweizer Universitäten in jüngerer Zeit kaum mehr als Bundesrichterinnen und -richter gewonnen werden konnten, wird in der Lehre beklagt, als Gründe werden dabei v.a. der Gerichtssitz Lausanne und die Überlastung der Richter, aber auch monetäre Aspekte und nicht zuletzt das Verbot von Nebenbeschäftigungen aufgeführt.[70] Nahe liegend scheint insb. das Erfordernis der Parteizugehörigkeit als faktisches Wählbarkeitserfordernis.[71]

24 Vom Gesetz nicht verlangt wird – je nach Vakanz – die **fachliche Grundausrichtung** im Zivilrecht, im Strafrecht bzw. im Staats- und Verwaltungsrecht. Entsprechende Forderungen werden aber in der Lehre seit längerem erhoben.[72] Der Gesetzgeber trägt dem Anliegen dahingehend Rechnung, dass jedenfalls bei der Bestellung der Abteilungen

---

[64] So auch Gutachten BJ, Ziff. II/2, 64.
[65] Gemäss Art. 160 Abs. 2 BV hat jedes Parlamentsmitglied das Recht, zu einem hängigen Geschäft eigene Anträge zu stellen; gem. Art. 137 Abs. 3 ParlG können in den beiden ersten Wahlgängen alle wählbaren Personen gewählt werden.
[66] Dazu vorne N 10.
[67] Botschaft 2001 BBl 2001 4282; ebenso THÜRER/AUBERT/MÜLLER-MAHON, § 20 N 17; THÜRER/AUBERT/MÜLLER-SCHUBARTH, § 68 N 6. Anders SEILER/VON WERDT/GÜNGERICH, BGG, Art. 9 N 10.
[68] Eingehend bereits BOSSHART, Wählbarkeit, 62 ff.; für eine Situierung KIENER, Unabhängigkeit, 263 ff.; vgl. auch FISCHBACHER, Verfassungsrichter, 276 f.; zur Frage der fachlichen Kompetenz auch SGK-EHRENZELLER, Art. 168 N 11; MERKLI/AESCHLIMANN/HERZOG, VRPG, Art. 121 N 1; s.a. SPÜHLER, ZBJV 1994, 33 sowie PÖDER, LeGes 2004, 218 f.
[69] GRISEL, ZSR 1971, 390; BVK-HALLER, Art. 107/108 N 23; HÄFELIN/HALLER/KELLER, Suppl., N 1707; THÜRER/AUBERT/MÜLLER-SCHUBARTH, § 68 N 6; SEILER/VON WERDT/GÜNGERICH, BGG, Art. 5 N 8; SPÜHLER/DOLGE/VOCK, Kurzkommentar, Art. 5 N 9.
[70] SPÜHLER/DOLGE/VOCK, Kurzkommentar, Art. 5 N 9.
[71] Vgl. dazu hinten N 28.
[72] KARLEN, BGG, 16; SPÜHLER, ZBl 1996, 214; SPÜHLER/DOLGE/VOCK, Kurzkommentar, Art. 5 N 4.

die fachlichen Kenntnisse der Richterinnen und Richter angemessen zu berücksichtigen sind.[73]

3. Wahlpraxis

Die Berücksichtigung einer angemessenen Vertretung der Landes- oder auch nur der   **25**
Amtssprachen ist dem Wahlorgan nicht vorgeschrieben.[74] Die Regelung von Art. 1 Abs. 2 OG («bei der Wahl soll darauf geachtet werden, dass alle drei Amtssprachen vertreten sind») wurde nicht übernommen, die entsprechende Bestimmung in Art. 188 Abs. 4 BV im Rahmen der Justizreform aufgehoben.[75] Gemäss Art. 70 Abs. 1 BV kennt der Bund vier Amtssprachen, nämlich Deutsch, Französisch und Italienisch, sowie im Verkehr mit Personen rätoromanischer Sprachen auch Rätoromanisch. Vor diesem verfassungsrechtlichen Hintergrund begründet der Bundesrat den Verzicht auf eine Berücksichtigung der Amtssprachen bei der Richterwahl. Der Kreis rätoromanischer Juristen sei viel zu eingeschränkt, als dass die Bundesversammlung auf die Wahl zumindest einer Person aus dem rätoromanischen Sprachkreis verpflichtet werden könne, und umgekehrt wäre eine Bestimmung, welche das Rätoromanische nicht erwähne, diskriminierend und ohne sachliche Notwendigkeit. Die Zusammensetzung der Bundesversammlung biete ohnehin ausreichende Garantie für die angemessene Vertretung der «verschiedenen Teile der Schweiz am Bundesgericht».[76] Die Zurückhaltung will nicht recht einleuchten, konstituierte doch schon das Bundesrechtspflegegesetz keine verbindliche Verpflichtung. Die Weiterführung der bisherigen unverbindlichen Regelung hätte einen Aspekt der objektiv-rechtlichen (programmatischen) Dimension des grundrechtlichen Anspruchs auf rechtliches Gehör (Art. 29 Abs. 2 BV) und damit die verfassungsrechtliche Verpflichtung des Wahlorgans zur Verwirklichung der Grundrechte zum Ausdruck gebracht, wie sie in Art. 35 Abs. 2 der Bundesverfassung vorgeschrieben ist.[77] Immerhin: In der Wahlpraxis wird auf die angemessene Vertretung der Sprachregionen geachtet.

Neben der sprachregionalen Herkunft berücksichtigt die Vereinigte Bundesversammlung   **26**
in ihrer Wahlpraxis **weitere weiche Kriterien**, wie die nach Möglichkeit ausgewogene Repräsentation der Kantone.[78] Rücksicht wird der Lehre zufolge auch auf die konfessionelle Ausgewogenheit des Höchstgerichts genommen.[79] Ein Anliegen ist die gleichmässige Vertretung der Geschlechter; beim Inkrafttreten des BGG waren 9 der 39 ordentlichen Mitglieder des Bundesgerichts (oder 23%) Frauen.

In der Wahlpraxis kommt ein **freiwilliger Parteienproporz** zur Anwendung. Der damit   **27**
einhergehende politische Charakter der Richterwahl wird als typisches Merkmal schwei-

---

[73] Art. 18 Abs. 2, vgl. auch Botschaft 2001 BBl 2001 4280.

[74] Die angemessene Berücksichtigung der Amtssprachen ist dem Gesamtgericht indessen bei der Bestellung der Abteilungen aufgetragen, Art. 18 Abs. 2.

[75] Zur früheren Regelung BVK-HALLER, Art. 107/108 N 13 ff.; AUBERT/MAHON, commentaire, Art. 188 N 17; SGK-KISS/KOLLER, Art. 188 N 13 ff.; AUER/MALINVERNI/HOTTELIER, droit constitutionnel[2], Bd. I, N 169.

[76] Botschaft 2001 BBl 2001 4280.

[77] Weiterführend zu Art. 35 Abs. 2 BV KIENER/KÄLIN, Grundrechte, 40 ff.; THÜRER/AUBERT/ MÜLLER-MÜLLER, § 39 N 34 f.; SGK-SCHWEIZER, Art. 35 N 15 ff. Zum rechtlichen Gehör statt vieler MICHELE ALBERTINI, Der verfassungsmässige Anspruch auf rechtliches Gehör im Verwaltungsverfahren des modernen Staates, Diss. BE 1999, Bern 2000.

[78] POUDRET, Commentaire, Bd. I, Art. 1 N 2; vgl. auch BVK-HALLER, Art. 107/108 N 22; zum Kriterium der föderalistischen Repräsentation FISCHBACHER, Verfassungsrichter, 423; DERS., Parlament Parlement Parlamento 2005, 6.

[79] POUDRET, Commentaire, Bd I, Art. 1 N 2.

zerischer Richterwahlverfahren bezeichnet.[80] In der wissenschaftlichen Lehre wird dieser Umstand unterschiedlich bewertet.[81]

28   Als Folge des Parteienproporzes ist die Wählbarkeit ans Bundesgericht faktisch an die **Zugehörigkeit zu einer politischen Partei** geknüpft.[82] Personen, die keiner politischen Partei angehören, verfügen für die Wahl ans Bundesgericht nur über sehr geringe Wahlchancen,[83] ein Umstand, der überwiegend auf Kritik stösst.[84] Die am 1.1.2007 amtierenden ordentlichen Richterinnen und Richter waren wie folgt gewählt worden: je elf Personen auf Vorschlag der FDP und der SP, acht Personen auf Vorschlag der SVP, sechs Personen auf Vorschlag der CVP und je eine Person auf Vorschlag der Grünen, des Partito Popolare Democratico und der Liberalen.

IV. Rechtsfolgen der Wahl

29   Mit dem Wahlakt werden die Rechte und Pflichten der Richterinnen und Richter begründet. Ihre **Rechtsstellung** wird teilweise im Bundesgerichtsgesetz selber, teilweise in einer Reihe von Spezialerlassen konstituiert. Das Bundesgerichtsgesetz regelt namentlich die Zulässigkeit von Nebenbeschäftigungen (Art. 7), die Amtsdauer (Art. 9), die Immunität (Art. 11) und den Wohnort (Art. 12). Für Besoldung und berufliche Vorsorge sowie für die Verantwortlichkeit gelten spezialgesetzliche Vorschriften.

30   Die ordentlichen Mitglieder des Bundesgerichts sind – gleich wie jene des Bundesrats sowie der Bundeskanzler bzw. die Bundeskanzlerin – **Magistratspersonen**.[85] Ihr rechtlicher Status unterscheidet sich folglich von jenem des Bundespersonals, und die Gesetzgebung zum Personalrecht findet keine Anwendung. Art. 2 Abs. 2 lit. a BPG[86] nimmt die von der Bundesversammlung gestützt auf Art. 168 BV gewählten Personen (und damit auch die nebenamtlichen Richter) ausdrücklich vom Geltungsbereich des Gesetzes aus, entsprechend ist auch der Anwendungsbereich des Beamtengesetzes[87] nicht gegeben.[88]

31   Betreffend **Besoldung und berufliche Vorsorge** der Richter und Richterinnen findet das Bundesgesetz über Besoldung und berufliche Vorsorge der Magistratspersonen Anwendung.[89] Die Höhe der Besoldung der ordentlichen Richter des Bundesgerichts sowie die Taggelder der nebenamtlichen Bundesrichter werden im Einzelnen in zwei Verordnungen geregelt, welche – Ausdruck der besonderen Stellung des Bundesgerichts als mit verfassungsrechtlich verbriefter Unabhängigkeit ausgestattetes Höchstgericht – nicht von der Regierung, sondern von der Bundesversammlung als Parlamentsverordnung erlassen

---

[80] KÄLIN, Justiz[3], 194.
[81] Kritisch insb. LIVSCHITZ, Richterwahl, 256 ff., 289; SPÜHLER, ZBJV 1994, 31 f. sowie BORGHI, Incostituzionalità, 61 ff. Für die parteigebunde Wahl als Garant für die Sicherstellung der Unabhängigkeit demgegenüber SEILER, Parlament Parlement Parlamento 2005, 14; DERS., Richter als Parteivertreter, «Justice – Justiz – Giustizia» 2006/3. Für weitere Nachweise s. KIENER, Unabhängigkeit, 270 ff. und PÖDER, LeGes 2004, 220 ff.
[82] Bereits BOSSHART, Wählbarkeit, 58, 71; eingehend KIENER, Unabhängigkeit, 269 ff., m.w.Hinw.; FISCHBACHER, Verfassungsrichter, 278; TSCHANNEN, Staatsrecht[2], § 41 N 12.
[83] Vgl. MARTI, Parlament Parlement Parlamento 2005, 17, 18.
[84] HÄFELIN/HALLER/KELLER, Suppl., N 1711; KIENER, Unabhängigkeit, 275 f.; POUDRET, Commentaire, Bd. I, Art. 1 N 2; SPÜHLER/DOLGE/VOCK, Kurzkommentar, Art. 5 N 2; vgl. zum politischen Aspekt der Wahl auch GRISEL, ZSR 1971, 390 f.
[85] Vgl. SEILER/VON WERDT/GÜNGERICH, BGG, Art. 1 BGG N 12.
[86] Bundespersonalgesetz, BPG, vom 24.3.2000, SR 172.220.1.
[87] Beamtengesetz, BtG, vom 30.6.1927, SR 172.221.10.
[88] Ebenso POUDRET, Commentaire, Bd I, Art. 1 N 3.
[89] Vom 6.10.1989, SR 172.121.

wurden.[90] Die ordentlichen Richter beziehen eine Besoldung, welche in Prozenten der Besoldung der Mitglieder des Bundesrats festgesetzt wird. Sie beträgt 80% der entsprechenden Jahresbesoldung von Fr. 404 791.–.[91] Das Richtergehalt ist – wenn auch nur geringfügig – tiefer als jenes der Bundeskanzlerin bzw. des Bundeskanzlers.[92] Nach ihrem Ausscheiden aus dem Amt erhalten Magistratspersonen ein Ruhegehalt in der Höhe der halben Besoldung einer amtierenden Magistratsperson.[93]

Die **nebenamtlichen** Richterinnen und Richter werden besoldungsmässig anders behandelt als die ordentlichen Richter und Richterinnen. Sie beziehen für ihre Tätigkeit ein Taggeld, dessen Höhe die Bundesversammlung mit Verordnung vom 23.3.2007 festgelegt hat.[94]   **32**

Die **Verantwortlichkeit** sowohl der ordentlichen wie auch der nebenamtlichen Richterinnen und Richter folgt den Regeln des Staatshaftungsrechts.[95] Der Bund haftet ohne Rücksicht auf das Verschulden für den Schaden, den sie in Ausübung ihrer amtlichen Tätigkeit Dritten widerrechtlich zufügen (Art. 3 Abs. 1 VG). Hat der Bund Ersatz geleistet, so steht ihm gem. Art. 7 VG der Rückgriff auf die fehlbare Person zu, wenn sie den Schaden vorsätzlich oder grobfahrlässig verschuldet hat, und dies auch nach Auflösung des Dienstverhältnisses. So oder anders ausgenommen ist die Verantwortlichkeit für fehlerhafte Rechtsprechung: Gemäss Art. 12 VG kann die Rechtmässigkeit formell rechtskräftiger Verfügungen, Entscheide und Urteile nicht in einem Verantwortlichkeitsverfahren überprüft werden.[96]   **33**

Die Richter sind nicht verpflichtet, ihren **Wohnsitz** an einen der Sitze des Bundesgerichts zu verlegen, müssen aber das Gericht «in kurzer Zeit» erreichen können.[97]   **34**

---

[90] Verordnung der Bundesversammlung über Besoldung und berufliche Vorsorge von Magistratspersonen, vom 6.10.1989, SR 172.121.1; Verordnung der Bundesversammlung vom 23.3.2007 über die Taggelder und über die Vergütungen für Dienstreisen der Bundesrichter und Bunderrichterinnen, SR 172.121.2.

[91] Art. 1 Abs. 1 BG über Besoldung und berufliche Vorsorge der Magistratspersonen i.V.m. Art. 1 Abs. 1 und Art. 1a Bst. b der zugehörigen Verordnung.

[92] Dieses beträgt 81.6% der bundesrätlichen Besoldung, Art. 1a Bst. a der Verordnung über Besoldung und berufliche Vorsorge der Magistratspersonen.

[93] Dazu und zu den Voraussetzungen Art. 3 BG über Besoldung und berufliche Vorsorge der Magistratspersonen i.V.m. Art. 3 ff. der zugehörigen Verordnung.

[94] Art. 1 Abs. 1 BG über Besoldung und berufliche Vorsorge der Magistratspersonen; Verordnung der Bundesversammlung vom 23.3.2007 (FN 90).

[95] Art. 1 Abs. 1 Bst. c BG über die Verantwortlichkeit des Bundes sowie seiner Behördenmitglieder und Beamten, Verantwortlichkeitsgesetz, VG, vom 14.3.1958, SR 170.32. Für Delikte, die nicht im Zusammenhang mit den amtlichen Tätigkeiten stehen, gilt Art. 11.

[96] Dazu eingehend FELLER, Staatshaftungsrecht, passim; vgl. auch JAAG, SBVR², 23 ff., 42 ff.; DERS., ZSR 2003, 67.

[97] Art. 12.

Art. 6*

Unvereinbarkeit
¹ **Die Richter und Richterinnen dürfen weder der Bundesversammlung noch dem Bundesrat angehören und in keinem anderen Arbeitsverhältnis mit dem Bund stehen.**

² **Sie dürfen weder eine Tätigkeit ausüben, welche die Erfüllung der Amtspflichten, die Unabhängigkeit oder das Ansehen des Gerichts beeinträchtigt, noch berufsmässig Dritte vor dem Bundesgericht vertreten.**

³ **Sie dürfen keine amtliche Funktion für einen ausländischen Staat ausüben und keine Titel oder Orden ausländischer Behörden annehmen.**

⁴ **Die ordentlichen Richter und Richterinnen dürfen kein Amt eines Kantons bekleiden und keine andere Erwerbstätigkeit ausüben. Sie dürfen auch nicht als Mitglied der Geschäftsleitung, der Verwaltung, der Aufsichtsstelle oder der Revisionsstelle eines wirtschaftlichen Unternehmens tätig sein.**

Incompatibilité à raison de la fonction
¹ Les juges ne peuvent être membres de l'Assemblée fédérale ou du Conseil fédéral ni exercer aucune autre fonction au service de la Confédération.

² Ils ne peuvent exercer aucune activité susceptible de nuire à l'exercice de leur fonction de juge, à l'indépendance du tribunal ou à sa réputation ni représenter des tiers à titre professionnel devant le Tribunal fédéral.

³ Ils ne peuvent exercer aucune fonction officielle pour un Etat étranger ni accepter des titres ou des décorations octroyés par des autorités étrangères.

⁴ Les juges ordinaires ne peuvent exercer aucune fonction au service d'un canton ni exercer aucune autre activité lucrative. Ils ne peuvent pas non plus être membres de la direction, de l'administration, de l'organe de surveillance ou de l'organe de révision d'une entreprise commerciale.

Incompatibilità
¹ I giudici non possono essere membri dell'Assemblea federale o del Consiglio federale, né esercitare alcun'altra funzione al servizio della Confederazione.

² Non possono esercitare alcuna attività che pregiudichi l'adempimento della loro funzione, l'indipendenza del Tribunale o la sua dignità, né esercitare professionalmente la rappresentanza in giudizio dinanzi al Tribunale federale.

³ Non possono esercitare alcuna funzione ufficiale per uno Stato estero, né accettare titoli o decorazioni conferiti da autorità estere.

⁴ I giudici ordinari non possono esercitare alcuna funzione al servizio di un Cantone né altre attività lucrative. Non possono neppure essere membri della direzione, dell'amministrazione, dell'ufficio di vigilanza o dell'ufficio di revisione di un'impresa commerciale.

Inhaltsübersicht   Note

---

* Mein herzlicher Dank für die Mitarbeit bei der Recherche geht an Fürsprecherin lic. iur. Lucie von Büren, Assistentin am Institut für öffentliches Recht der Universität Bern.

Materialien

Art. 7 E ExpKomm; Art. 6 E 2001 BBl 2001 4281; Botschaft 2001 BBl 2001 4281; AB 2003 S 891; AB 2004 N 1584; Botschaft über die Inkraftsetzung der neuen Bundesverfassung und die notwendige Anpassung der Gesetzgebung, BBl 1999 7922 (zit. Botschaft Inkraftsetzung BV 1999); Botschaft über eine neue Bundesverfassung, vom 20.11.1996, BBl 1997 1 ff. (zit. Botschaft BV 1999).

Literatur

W. BEELER, Personelle Gewaltenteilung und Unvereinbarkeit in Bund und Kantonen, Diss. ZH 1983, Zürich 1984 (zit. Beeler, Gewaltenteilung); M. BUFFAT, Les incompatibilités: étude de droit fédéral et cantonal, Diss. Lausanne 1986, Lausanne 1987 (zit. Buffat, incompatibilités); C. GRABENWARTER, Europäische Menschenrechtskonvention, Ein Studienbuch, München 2005 (zit. Grabenwarter, Menschenrechtskonvention); A. FISCHBACHER, Verfassungsrichter in der Schweiz und in Deutschland: Aufgaben, Einfluss und Auswahl, Diss. ZH 2005, Zürich 2006 (zit. Fischbacher, Verfassungsrichter); R. KIENER, Anwalt oder Richter? Eine verfassungsrechtliche Sicht auf die Richtertätigkeit von Anwältinnen und Anwälten, in: Aargauischer Anwaltsverband (Hrsg.), Festschrift 100 Jahre Aargauischer Anwaltsverband, Zürich 2005, 3 ff. (zit. FS Aargauischer Anwaltsverband-Kiener); A. KÖLZ/J. BOSSHART/M. RÖHL, Kommentar zum Verwaltungsrechtspflegegesetz des Kantons Zürich, 2. Aufl., Zürich, 1999 (zit. Kölz/Bosshart/Röhl, Kommentar VRG[2]); P. MAHON, § 65 Le principe de la séparation des pouvoirs, in: D. Thürer/J.-F. Aubert/J.P. Müller, Verfassungsrecht in der Schweiz, Zürich 2001, 1011 ff. (zit. Thürer/Aubert/Müller-Mahon); M. NOWAK, U.N. Covenant on Civil and Political Rights – CCPR Commentary, 2. Aufl., Kehl/Strasbourg/Arlington 2005 (zit. Nowak, CCPR Commentary[2]); T. SÄGESSER, Kommentar RVOG, Bern 2006 (zit. Sägesser, RVOG); H. SEILER, Gewaltenteilung, Bern 1994 (zit. Seiler, Gewaltenteilung); P. SUTTER, Der Anwalt als Richter, die Richterin als Anwältin: Probleme mit der richterlichen Unabhängigkeit und den anwaltlichen Berufsregeln, AJP/PJA 2006, 30–42 (zit. Sutter, AJP 2006); P. TSCHANNEN, Staatsrecht der Schweizerischen Eidgenossenschaft, 2. Aufl. Bern 2007 (zit. Tschannen, Staatsrecht[2]); P. TSCHANNEN/U. ZIMMERLI, Allgemeines Verwaltungsrecht, 2. Aufl., Bern 2005 (zit. Tschannen/Zimmerli, Verwaltungsrecht[2]).

I. Allgemeine Bemerkungen

Art. 6 regelt die **Unvereinbarkeit des Richteramts** am Bundesgericht mit bestimmten   **1** amtlichen oder privaten Tätigkeiten. Begrifflich bedeutet Unvereinbarkeit, dass eine Person nicht gleichzeitig zwei Ämter oder Tätigkeiten ausüben darf,[1] oder anders gewendet: Unvereinbarkeit ist das Verbot für Behördemitglieder, zur gleichen Zeit einer anderen Behörde anzugehören oder eine andere Tätigkeit auszuüben. Nicht Gegenstand von Art. 6 ist die Unvereinbarkeit der Person, d.h. die Unvereinbarkeit des Amts im persönlichen Verhältnis.[2]

Die Vorschrift konkretisiert die entsprechenden **Vorgaben der Bundesverfassung,**   **2** welche ihrerseits Ausdruck der rechtsstaatlichen Grundordnung – namentlich der Gewal-

---

[1] Vgl. BVK-AUBERT/MAHON, Art. 77 N 2; SGK-LÜTHI, Art. 144 N 1.
[2] Vgl. AUBERT/MAHON, commentaire, Art. 144 N 2. Die Unvereinbarkeit des Bundesrichteramts im persönlichen Verhältnis von zwei Personen wird in Art. 8 («Unvereinbarkeit der Person») geregelt.

tenteilung – sind.[3] Gemäss Art. 144 Abs. 1 BV können die Mitglieder des Nationalrats, des Ständerats, des Bundesrats sowie die Richterinnen und Richter des Bundesgerichts nicht gleichzeitig einer anderen dieser Behörden angehören. Gemäss Art. 144 Abs. 2 BV dürfen die Mitglieder des Bundesrats und die vollamtlichen Richterinnen und Richter des Bundesgerichts kein anderes Amt des Bundes oder eines Kantons bekleiden und keine andere Erwerbstätigkeit ausüben. Diese Unvereinbarkeitsregeln sind nicht abschliessend, die Verfassung ermächtigt den Gesetzgeber vielmehr, weitere Unvereinbarkeiten vorzusehen.[4] Aus einer grundrechtsdogmatischen Betrachtung setzen die Unvereinbarkeitsregeln den subjektiv-rechtlichen Anspruch auf Beurteilung durch ein unabhängiges und unparteiisches Gericht i.S. einer objektiv-rechtlichen Verpflichtung um.[5] Die entsprechenden verfassungsrechtlichen und völkerrechtlichen Garantien – angesprochen sind Art. 30 Abs. 1 BV, Art. 6 Ziff. 1 EMRK, Art. 14 Ziff. 1 UNO-Pakt II – messen die Unabhängigkeit eines Gerichts wesentlich auch an dessen Unabhängigkeit von den anderen Staatsgewalten sowie danach, ob das Gericht seine Funktion frei von sachfremden Einflüssen ausüben kann.[6] Diese Erfordernisse wiederum stehen letztlich im Dienst des Vertrauens, das ein Gericht in einer demokratischen Gesellschaft bei den Rechtsunterworfenen geniessen muss.[7] Über die direkt justiziablen Gehalte hinaus verpflichtet die Verfassung den Gesetzgeber deshalb, für die Sicherstellung der Unabhängigkeit besorgt zu sein;[8] dazu gehört auch die Schaffung verbindlicher Regeln, welche die Unabhängigkeit der Justiz von den anderen Staatsgewalten sichern und die Möglichkeit sachfremder Beeinflussung so gering als möglich halten. Dieses Anliegen wird zusätzlich durch die organisationsrechtliche Normierung der richterlichen Unabhängigkeit verdeutlicht und verstärkt.[9]

3 In der Sache bringt die Bestimmung **gewisse Neuerungen** gegenüber dem Bundesgesetz über die Bundesrechtspflege.[10] Zwar entspricht Abs. 1 dem Sinngehalt von Art. 2 Abs. 2 OG.[11] Abs. 2 übernimmt Gehalte der bisherigen Regelung über die Nebenbeschäftigungen, wie sie in Art. 3a OG verankert waren. Abs. 3 entspricht materiell Art. 3 Abs. 3 OG,[12] und Abs. 4 nimmt Gehalte von Art. 3 Abs. 1 und 2 OG auf.[13] In den parlamentarischen Beratungen wurde der bundesrätliche Vorschlag aber in verschiedener Hinsicht

---

[3] AUER/MALINVERNI/HOTTELIER, droit constitutionnel[2], 599 ff.; SGK-MASTRONARDI, Vorbemerkungen zu Art. 143–191; THÜRER/AUBERT/MÜLLER-MAHON, séparation des pouvoirs, § 65 N 20; RHINOW, Grundzüge, § 23 N 2070 ff.; TSCHANNEN, Staatsrecht[2], § 27 N 1, N 15 ff.; für das kantonale Recht KÖLZ/BOSSHARD/RÖHL, Kommentar VRG[2], § 34 N 1.

[4] Art. 144 Abs. 3 BV; eingehend AUBERT/MAHON, commentaire, Art. 144 N 9 ff.; SGK-LÜTHI, Art. 144 N 6 ff.

[5] Zur objektiv-rechtlichen Dimension von Grundrechten vgl. KIENER/KÄLIN, Grundrechte, 37 ff.; BVK-MÜLLER, Einleitung zu den Grundrechten, N 41; SGK-SCHWEIZER, Art. 35 N 15 ff.

[6] BGE 126 I 228, 230 f., E. 2; statt vieler EGMR-E Bryan c. UK, vom 22.11.1995, A/335-A Rz 37; eingehend KIENER, Unabhängigkeit, 255, 276 ff.; zur konventionsrechtlichen Garantie statt anderer GRABENWARTER, Menschenrechtskonvention, 282 ff.; zur Paktgarantie NOWAK, CCPR Commentary[2], Art. 14 N 1 ff., 302 ff.

[7] Statt vieler EGMR-E De Cubber c. Belgien, A/86 (1984) Rz 26, ähnlich Schöpfer c. Schweiz, Rec. 1998-III 1042 Rz 29.

[8] Art. 35 Abs. 1 und 2 BV.

[9] Art. 191c BV; vgl. auch AUBERT/MAHON, commentaire, Art. 191c N 4.

[10] S. zu den Unvereinbarkeitsbestimmungen des OG FISCHBACHER, Verfassungsrichter, 286 ff. sowie POUDRET, Commentaire, Bd. I, Art. 2 N 2, Art. 3 N 1–3.

[11] Botschaft 2001 BBl 2001 4282; SEILER/VON WERDT/GÜNGERICH, BGG, Art. 6 N 1. Formell stand Art. 2 Abs. 2 OG unter der Marginalie «Wahlfähigkeit»; in der Sache handelte es sich indessen um eine Unvereinbarkeitsbestimmung, vgl. POUDRET, Commentaire, Bd. I, Art. 2 N 2.

[12] Botschaft 2001 BBl 2001 4281.

[13] Vgl. Botschaft 2001 BBl 2001 4281.

modifiziert. So wurde die vom Bundesrat für die erstinstanzlichen Bundesgerichte vorgeschlagene Regelung, wonach den Richterinnen und Richtern die Anwaltstätigkeit i.S. einer Unvereinbarkeitsregel verboten ist,[14] erst in den parlamentarischen Beratungen ins Bundesgerichtsgesetz aufgenommen.[15] Gewisse Neuerungen ergeben sich auch für die nebenamtlichen Richter; für sie stellt neu jedes Arbeitsverhältnis mit dem Bund einen Unvereinbarkeitsgrund dar.[16]

Unvereinbarkeitsregeln verfolgen **verschiedene Zwecke**, welche sich auch in den einzelnen Teilgehalten von Art. 6 spiegeln. Sie stehen zum einen im Dienst der personellen Gewaltenteilung, zum anderen sichern sie die Integrität des Richteramts. Unvereinbarkeitsregeln dienen der personellen Gewaltenteilung, indem sie dafür sorgen, dass die verschiedenen staatlichen Funktionen im Interesse der Begrenzung und Kontrolle staatlicher Macht und zur Sicherstellung individueller Freiheit durch je verschiedene Funktionsträger ausgeübt werden.[17] Für die Justiz im Allgemeinen und für das Bundesgericht im Besonderen ist die personelle Unabhängigkeit von spezifischer Bedeutung, denn hier steht die primär gewaltenteilig motivierte personelle Scheidung der Gewalten zusätzlich im Dienst der – ebenfalls verfassungsrechtlich ausgewiesenen – richterlichen Unabhängigkeit.[18] Personelle Inkompatibilitäten zwischen Richteramt und anderen hoheitlichen Funktionen betonen die Eigenständigkeit der richterlichen Gewalt mit Blick auf die dort wirkenden Funktionsträger.[19] Die Verwirklichung dieser Anliegen ist auch Ziel von Art. 6 Abs. 1. Mit Blick auf die Aufgaben des Bundesgerichts, welches namentlich auch die Rechtsanwendung von Erlassen der Bundesversammlung durch die Bundesverwaltung überprüft, wird die Bedeutung der Unvereinbarkeitsregeln offensichtlich.[20] Neben gewaltenteiligen Anliegen sichern die Unvereinbarkeitsregeln auch die Integrität des Amts und schützen damit letztlich das Vertrauen der Rechtsunterworfenen in die Justiz.[21] Sachfremde Einflüsse auf die Rechtsprechung sollen ferngehalten, zu Interessenkonflikten führende Loyalitäten und Abhängigkeiten vermieden, die Funktionsfähigkeit des Gerichts gesichert und die Unabhängigkeit der Amtsträger und ihre Verpflichtung auf das Amt auch nach aussen manifestiert werden.[22] Diesen Anliegen sind mit je unterschiedlichem Schwerpunkt die Unvereinbarkeitsbestimmungen in Art. 6 Abs. 2–4 verpflichtet.   **4**

Der **persönliche Geltungsbereich** der Unvereinbarkeitsregeln erstreckt sich sowohl auf die ordentlichen wie auf die nebenamtlichen Richterinnen und Richter. Indessen verpflichtet die Bestimmung die verschiedenen Kategorien von Richtern in je unterschiedlichem Mass. Während sie auf die ordentlichen Bundesrichterinnen und -richter integral Anwendung findet, gelten für die nebenamtlichen Richter und Richterinnen nur die Regeln über die Unvereinbarkeiten aufgrund der Abs. 1 bis 3, nicht aber jene des Abs. 4   **5**

---

[14] Art. 6 Abs. 2 SGG, Art. 6 Abs. 2 VGG; dazu Botschaft 2001 BBl 2001 4202 ff., 4379. In der nationalrätlichen Debatte zum SGG war diese Frage umstritten, vgl. AB 2002 N 1210 ff.

[15] AB 2003 S 891 f., AB 2004 N 1584. Vgl. dazu hinten N 18.

[16] Art. 6 Abs. 1; Seiler/von Werdt/Güngerich, BGG, Art. 6 N 3.

[17] Vgl. Aubert/Mahon, commentaire, Art. 144 N 5 f.; BVK-Aubert, Art. 71 N 14; SGK-Lüthi, Art. 144 N 2; Häfelin/Haller, Bundesstaatsrecht⁶, N 1405; Tschannen, Staatsrecht², § 31 N 12; Fischbacher, Verfassungsrichter, 284; sowie eingehend Seiler, Gewaltenteilung, 381 ff.

[18] Grundrechtliche Garantie in Art. 30 Abs. 1 BV, Organisationsnorm in Art. 191c BV.

[19] Beeler, Gewaltenteilung, 131 f.; BVK-Haller, Art. 107/108 N 32; Kiener, Unabhängigkeit, 249.

[20] Kiener, Unabhängigkeit, 250 f.

[21] Kiener, Unabhängigkeit, 225 f.

[22] Kiener, Unabhängigkeit, 249; vgl. auch Poudret, Commentaire, Bd. I, Art. 3 N 1; Kölz/Bosshart/Röhl, Kommentar VRG², § 34 N 2, 4 und 5.

von Art. 6.[23] Keine Anwendung findet die Bestimmung auf das Personal des Bundesgerichts. Gerichtsschreiberinnen und Gerichtsschreiber, persönliche Mitarbeiterinnen und Mitarbeiter sowie das Kanzleipersonal sind vom Geltungsbereich ausgenommen, auch wenn sie den Entscheidprozess begleitet haben.[24] Spezialgesetzliche Bestimmungen vorbehalten – solche sind indessen keine zu finden – darf das Personal der eidgenössischen Gerichte aber nicht gleichzeitig der Bundesversammlung angehören.[25]

6   Die einzelnen Teilgehalte von Art. 6 finden **alternativ** Anwendung. Eine Unvereinbarkeit besteht, sobald eine der im Gesetz genannten Konstellationen vorliegt. Gleichzeitig stehen die verschiedenen Teilgehalte nicht isoliert nebeneinander, sondern bleiben aufeinander bezogen.[26]

II. Personelle Gewaltenteilung (Abs. 1)

7   Der persönliche **Geltungsbereich** der Bestimmung über die personelle Gewaltenteilung erstreckt sich sowohl auf die ordentlichen Richter und Richterinnen wie auf die Ersatzrichter.[27]

8   Die Unvereinbarkeit zwischen der Funktion als Richter oder Richterin am Bundesgericht einerseits und als Mitglied von **Bundesversammlung oder Bundesrat** und damit einer obersten Behörde des Bundes anderseits ergibt sich schon aus Art. 144 Abs. 1 BV.[28] Die Handhabung der entsprechenden Unvereinbarkeiten bietet in der Rechtspraxis keine Schwierigkeiten, sind die betroffenen Funktionen doch abschliessend genannt und die entsprechenden Funktionsträger zahlenmässig begrenzt und individuell identifizierbar.

9   Richterinnen und Richter am Bundesgericht dürfen nicht in einem **anderen Arbeitsverhältnis zum Bund** stehen. Soweit die ordentlichen Richter angesprochen sind, ergibt sich diese Regel schon aus Art. 144 Abs. 2 BV. Die Unvereinbarkeitsregel der Verfassung erstreckt sich einzig auf die «vollamtlichen Richterinnen und Richter». Die Verfassungsgrundlage für den Einbezug der nebenamtlichen Richter findet sich in Art. 144 Abs. 3 BV, wo dem Gesetzgeber die Kompetenz zur Schaffung zusätzlicher Unvereinbarkeiten erteilt wird.[29]

10   Die Funktion der Unvereinbarkeitsregeln legt nahe, den **Kreis der Arbeitsverhältnisse** zum Bund weit zu fassen[30] und von der Gleichsetzung mit einem weisungsgebundenen Unterordnungsverhältnis auszugehen.[31] Ein Arbeitsverhältnis liegt zunächst bezüglich aller Tätigkeiten vor, die dem Bundespersonalgesetz unterstehen.[32] Keine Rolle spielt, ob die Aufgabe in der Justiz, im Parlament oder in der Verwaltung erfüllt wird. Von der Unvereinbarkeit erfasst werden beispielsweise die Richtertätigkeit am Bundesstrafgericht

---

[23] Vgl. zur Würdigung hinten N 32.
[24] SÄGESSER-SÄGESSER, Art. 144 N 20; SEILER/VON WERDT/GÜNGERICH, BGG, Art. 6 N 2.
[25] Art. 14 Bst. c ParlG. Vgl. SEILER/VON WERDT/GÜNGERICH, BGG, Art. 6 N 2; TSCHANNEN, Staatsrecht², § 41 N 5.
[26] Vgl. dazu die Kommentierung der einzelnen Absätze.
[27] Botschaft 2001 BBl 2001 4281; Botschaft BV 1999, BBl 1997 372; SEILER/VON WERDT/ GÜNGERICH, BGG, Art. 6 N 2, Art. 1 N 14. Mit Blick auf die zugrunde liegende Verfassungsgarantie AUBERT/MAHON, commentaire, Art. 144 N 7; vgl. auch HÄFELIN/HALLER, Bundesstaatsrecht⁶, N 1413.
[28] Weiterführend SÄGESSER-SÄGESSER, Art. 144 N 1 ff.
[29] Vgl. SÄGESSER-SÄGESSER, Art. 144 N 29; SEILER/VON WERDT/GÜNGERICH, BGG, Art. 6 N 3.
[30] Vgl. SEILER/VON WERDT/GÜNGERICH, BGG, Art. 6 N 3; SPÜHLER/DOLGE/VOCK, Kurzkommentar, Art. 6 N 3.
[31] SPÜHLER/DOLGE/VOCK, Kurzkommentar, Art. 6 N 3.
[32] Bundespersonalgesetz (BPG), vom 24.3.2000, SR 172.220.1.

und am Bundesverwaltungsgericht,[33] die Tätigkeit bei den Parlamentsdiensten[34] oder bei der Bundeskanzlei. Auch Anstellungen beim Bundesgericht selber fallen in den Kreis der betroffenen Arbeitsverhältnisse.[35] Mit Blick auf die Unvereinbarkeitsregel unzulässig wäre deshalb, Gerichtsschreiberinnen oder Gerichtsschreiber des Bundesgerichts auch nur punktuell mit richterlichen Entscheidbefugnissen am Bundesgericht zu betrauen. Erfasst werden neben Arbeitsverhältnissen in der Zentralverwaltung[36] namentlich auch Verwaltungseinheiten der dezentralisierten Bundesverwaltung,[37] unbesehen des Umstands, ob der Aufgabenträger öffentlich-rechtlich oder privatrechtlich organisiert ist.[38]

Der Kreis der unzulässigen Arbeitsverhältnisse beschränkt sich nicht auf die durch das **11** Bundespersonalgesetz erfassten Tätigkeiten. Unzulässig ist auch die gleichzeitige Ausübung des Amts als **Bundeskanzler bzw. Bundeskanzlerin**.[39] Zwar ist dieses Amt nicht ausdrücklich in die nicht zu vereinbarenden Behördenmitgliedschaften gem. Art. 144 Abs. 1 BV und Art. 6 Abs. 1 aufgenommen worden. Auch dürfen gem. Art. 144 Abs. 2 BV einzig die vollamtlichen Richterinnen und Richter des Bundes kein anderes Amt des Bundes bekleiden. Indessen untersteht die Bundeskanzlerin bzw. der Bundeskanzler einem weisungsgebundenen Unterordnungsverhältnis zum Bundesrat,[40] und nicht zuletzt verlangt auch die allgemeine Zielsetzung von Art. 6 den Einbezug des Kanzleramts in den Kreis der Unvereinbarkeiten.[41]

Bezüglich der Mitgliedschaft in **ausserparlamentarischen Kommissionen** des Bundes[42] **12** gilt es zu differenzieren. Unvereinbar ist das Richteramt am Bundesgericht mit der gleichzeitigen Einsitznahme in eine mit Entscheidkompetenz ausgestattete Behördenkommission des Bundes.[43] Gleiches gilt für Verwaltungskommissionen, denen allein beratende und vorbereitende Funktion zukommt,[44] jedenfalls soweit es sich um eine ständige Kommission handelt.[45] Ein Einbezug auch der nicht-ständigen (Ad-hoc-Kommissionen) in den Kreis der nicht zu vereinbarenden Tätigkeiten erweist sich mit Blick auf die Funktionen der Unvereinbarkeitsregeln nicht als zwingend;[46] indessen darf die

---

[33] Art. 3 Abs. 1 Bst. f BPG; vgl. Art. 6 Abs. 1 VGG, Art. 6 Abs. 1 SGG.
[34] Art. 3 Abs. 1 Bst. b BPG.
[35] Art. 3 Abs. 1 Bst. g BPG.
[36] Art. 3 Abs. 1 Bst. a BPG i.V.m. Art. 2 Abs. 1 und 2 RVOG; vgl. SÄGESSER, RVOG, 15 ff., 17 ff.
[37] Art. 3 Abs. 1 Bst. e i.V.m. Art. 2 Abs. 3 RVOG; vgl. SÄGESSER, RVOG, 22 ff.
[38] Vgl. Art. 2 Abs. 4 RVOG, dazu SÄGESSER, RVOG, 30 ff.
[39] Das Amt des Kanzlers bzw. der Kanzlerin wird vom Geltungsbereich des BPG nicht erfasst, Art. 3 Abs. 2 Bst. a BPG i.V.m. Art. 168 BV.
[40] Zu diesem Kriterium vorne N 10. Zur Stellung des Bundeskanzlers bzw. der Bundeskanzlerin allgemein SGK-BIAGGINI, Art. 179 N 3; AUER/MALINVERNI/HOTTELIER, droit constitutionnel², Bd. I, N 152. Die Rechtsstellung im Einzelnen wird in Art. 30 RVOG geregelt, dazu SÄGESSER, RVOG, 306 ff.
[41] Im Ergebnis gleich SÄGESSER-SÄGESSER, Art. 144 N 22, Art. 179 N 847 f., der im Übrigen zu Recht auch das Amt des Generals als Oberbefehlshaber der Armee in den Kreis der Unvereinbarkeiten aufnimmt.
[42] Art. 57 Abs. 2 RVOG, Verordnung über ausserparlamentarische Kommissionen sowie Leitungsorgane und Vertretungen des Bundes (Kommissionsverordnung), vom 3.6.1996, SR 172.31. Weiterführend SÄGESSER, RVOG, 502 ff., 508 ff.
[43] Z.B. Eidg. Spielbankenkommission (ESBK), Art. 46 ff. SBG; Eidg. Bankenkommission (EBK), Art. 23 ff. BankG; Eidg. Kommunikationskommission (ComCom), Art. 56 f. FMG oder Eidg. Wettbewerbskommission (WEKO), Art. 18 ff. KG.
[44] Art. 5 Abs. 2 Kommissionsverordnung.
[45] So auch SEILER/VON WERDT/GÜNGERICH, BGG, Art. 6 N 4.
[46] Im Ergebnis gleich SÄGESSER-SÄGESSER, Art. 144 N 33; SEILER/VON WERDT/GÜNGERICH, BGG, Art. 6 N 4; SPÜHLER/DOLGE/VOCK, Kurzkommentar, Art. 6 N 3.

Mitwirkung in solchen Gremien den Anliegen des Abs. 2 nicht widersprechen,[47] zudem sind die Regeln über die Nebenbeschäftigung (Art. 7) zu beachten.

13 Kein Arbeitsverhältnis liegt in vertraglichen Bindungen, die nach Massgabe des Obligationenrechts als **Werkvertrag** oder als **Auftrag** zu qualifizieren sind.[48] Auch hier legen Sinn und Zweck der Norm indessen eine differenzierte Betrachtung nahe. Untersagt sind jedenfalls solche Vertragsverhältnisse, welche ein regelmässiges Engagement bedingen und dem äusseren Anschein nach einer – wenn auch im Anstellungsgrad stark reduzierten – Beschäftigung gleichkommen. Dies gilt beispielsweise für ständige Lehraufträge an eidgenössischen Hochschulen.[49]

14 Eine Tätigkeit im **Militär** wird dann von Art. 6 Abs. 1 erfasst, wenn sie mit einem Arbeitsverhältnis beim Bund einhergeht.[50] Dies trifft auf Berufsmilitärs zu, nicht aber die Tätigkeit als Richter (oder Richterin) in einer militärischen Strafverfolgungs- oder Gerichtsbehörde.[51] Je nach Zeitaufwand kann eine Tätigkeit in der Milizarmee Schweizerischer Prägung indessen die Erfüllung der Amtspflichten gem. Art. 6 Abs. 2 in Frage stellen.

III. Amtspflichten, Unabhängigkeit und Ansehen des Amts (Abs. 2)

15 Der **persönliche Geltungsbereich** von Art. 6 Abs. 2 erstreckt sich sowohl auf die ordentlichen wie auf die nebenamtlichen Richterinnen und Richter.[52] Praktisch relevant ist die Norm aber für die nebenamtlichen Richter, da ihnen – anders als den ordentlichen Richtern und Richterinnen – neben der Tätigkeit am Bundesgericht die Ausübung eines Hauptberufs oder einer anderen Erwerbstätigkeit erlaubt wird.[53]

16 Der **sachliche Geltungsbereich** der Bestimmung umfasst alle Tätigkeiten (und nicht nur, wie in Abs. 1, die Mitgliedschaft in einer der obersten Gewalten des Bundes beziehungsweise ein Arbeitsverhältnis zum Bund), und dies unbesehen ihres – wie auch immer gearteten – Zwecks. Folglich ist unerheblich, ob es sich dabei um wirtschaftliche, soziale, weltanschauliche, religiöse oder sportliche Zwecke handelt.[54] Bedeutet die umstrittene Tätigkeit zugleich eine Erwerbstätigkeit i.S.v. Art. 6 Abs. 4, geht dieser Teilgehalt für die ordentlichen Richter und Richterinnen als lex specialis der allgemeineren Bestimmung in Art. 6 Abs. 2 vor.

17 Als Massstab dient das Kriterium, ob die Tätigkeit bei objektiver Betrachtungsweise geeignet ist, im Ergebnis die **Erfüllung der Amtspflichten, die Unabhängigkeit oder das Ansehen des Gerichts** zu beeinträchtigen. Abzustellen ist auf den äusseren Anschein; auf subjektive Einschätzungen – insb. jene der betroffenen Richterinnen und Richter – kommt es nicht an.[55] Hier können Gesichtspunkte wie die Art der Tätigkeit,

---

[47] So auch Spühler/Dolge/Vock, Kurzkommentar, Art. 6 N 3.

[48] Seiler/von Werdt/Güngerich, BGG, Art. 6 N 5.

[49] Seiler/von Werdt/Güngerich, BGG, Art. 6 N 5.

[50] Vgl. Art. 2 Abs. 1 BPG i.V.m. Art. 2 oder 3 RVOG i.V.m. Anhang RVOV sowie der Organisationsverordnung für das Eidgenössische Departement für Verteidigung, Bevölkerungsschutz und Sport (OV-VBS) vom 7.3.2003, SR 172.214.1.

[51] Seiler/von Werdt/Güngerich, BGG, Art. 6 N 6.

[52] Botschaft 2001 BBl 2001 4281.

[53] Art. 6 Abs. 4; Botschaft 2001 BBl 2001 4281.

[54] Ähnlich Spühler/Dolge/Vock, Kurzkommentar, Art. 6 N 2.

[55] Vgl. mutatis mutandis die Praxis zum Grundsatz der richterlichen Unabhängigkeit, BGE 114 Ia 50, 54 f., E. 3c, seither ständige Rechtsprechung; EGMR-E Piersack c. Belgien, A/53 (1982) N 30, seither ständige Rechtsprechung; weiterführend Kiener, Unabhängigkeit, 59 ff., 68 ff.

der damit verbundene Zeitaufwand oder die damit erzielte Entschädigung von Bedeutung sein. Eine Beeinträchtigung der Erfüllung von Amtspflichten liegt beispielsweise nahe, wenn die umstrittene Tätigkeit einen Zeitaufwand bedingt, welcher das gesellschaftlich übliche Mass einer freizeitlichen Aktivität deutlich übersteigt, wobei die nebenamtlichen Richter und Richterinnen hier über grössere Gestaltungsmöglichkeiten verfügen. Unabhängigkeit einerseits und Ansehen des Gerichts anderseits lassen sich im vorliegenden Kontext nicht trennscharf scheiden. Sie werden etwa dann in Frage stehen, wenn die Tätigkeit den betroffenen Richter oder die betroffene Richterin nicht als Repräsentanten einer unabhängigen Justiz, sondern einer bestimmten Interessengruppe dastehen lassen. Dies wird beispielsweise auf die Ausübung einer leitenden Funktion in einer politischen Partei, in einem Verband oder einer religiösen Vereinigung zutreffen.[56]

Mit den Amtspflichten, dem Ansehen und der Unabhängigkeit des Bundesgerichts **18** generell unvereinbar ist die **berufsmässige Vertretung Dritter vor Bundesgericht**.[57] Die vom Bundesrat für die erstinstanzlichen Bundesgerichte vorgeschlagene Regelung, wonach den Richterinnen und Richtern die Anwaltstätigkeit i.S. einer Unvereinbarkeitsregel verboten ist,[58] wurde erst in den parlamentarischen Beratungen ins Bundesgerichtsgesetz aufgenommen.[59] Als Ergebnis eines Umkehrschlusses erlaubt bleibt den Richtern und Richterinnen am Bundesgericht die berufsmässige Vertretung vor anderen Gerichten und Justizbehörden, namentlich vor den erstinstanzlichen Gerichten des Bundes (Bundesstrafgericht und Bundesverwaltungsgericht),[60] den Gerichten der Kantone, sowie vor den verwaltungsinternen Justizbehörden von Bund und Kantonen. Wortlaut und Materialien lassen darauf schliessen, dass allein die forensische (und nicht auch die beratende) Tätigkeit als Anwalt oder Anwältin verboten ist.[61] Ob diese Tätigkeit entgeltlich oder unentgeltlich erfolgt, kann mit Blick auf die im Spiel stehenden, verfassungsrechtlich ausgewiesenen Zielsetzungen keine Rolle spielen; auch Gratismandate – beispielsweise aufgrund von freundlichaftlichen oder verwandtschaftlichen Beziehungen – führen zu Unvereinbarkeit.[62] Die Bestimmung gilt formell für beide Kategorien von Richtern, ist im Ergebnis indessen einzig für die nebenamtlichen Richterinnen und Richter von Belang. Den ordentlichen Richtern und Richterinnen sind entsprechende Aktivitäten aufgrund von Art. 6 Abs. 4 und von Art. 144 Abs. 2 BV verboten.[63]

---

[56] Vgl. KIENER, Unabhängigkeit, 253 f.; ähnlich SEILER/VON WERDT/GÜNGERICH, BGG, Art. 6 N 8.

[57] Zur Anwaltstätigkeit von Richtern vgl. die Beiträge von KIENER, FS Aargauischer Anwaltsverband-KIENER und SUTTER, AJP 2006.

[58] Art. 6 Abs. 2 SGG, Art. 6 Abs. 2 VGG; dazu Botschaft 2001 BBl 2001 4202 ff., 4379. In der nationalrätlichen Debatte zum SGG war diese Frage umstritten, vgl. AB 2002 N 1210 ff.

[59] AB 2003 S 891 f., AB 2004 N 1584. Der bundesrätliche Entwurf zum BGG kannte nur eine pauschale Unvereinbarkeitsregel, die ein Verbot für alle Tätigkeiten vorsah, welche die Erfüllung der Amtspflichten, die Unabhängigkeit oder das Ansehen des Gerichts beeinträchtigen (Art. 6 Abs. 2 E-BGG, Botschaft 2001 BBl 2001 4481) sowie eine Ausstandsregel für den Fall, dass ein Richter in der gleichen Sache als Rechtsberater einer Partei tätig gewesen war (Art. 31 Abs. 1 Bst. b E-BGG, Botschaft 2001 BBl 2001 4486).

[60] So auch SEILER/VON WERDT/GÜNGERICH, BGG, Art. 6 N 10, mit zusätzlichem Hinweis auf die Kommissionsprotokolle.

[61] Vgl. die Nachweise zu den Materialien bei KIENER, FS Aargauischer Anwaltsverband-KIENER, 5 f.

[62] Anders SEILER/VON WERDT/GÜNGERICH, BGG, Art. 10 N 10 oder KÖLZ/BOSSHART/RÖHL, Kommentar VRG², § 34 N 3, die dem entsprechend die Ausübung von Gratismandaten als zulässig erachten.

[63] Vgl. SÄGESSER-SÄGESSER, Art. 144 N 31.

IV. Beziehungen zum Ausland (Abs. 3)

19 Der **persönliche Geltungsbereich** der Bestimmung erstreckt sich sowohl auf die ordentlichen wie auf die nebenamtlichen Richterinnen und Richter.

20 Das Verbot der Ausübung einer amtlichen Funktion für einen ausländischen Staat und das Verbot der Annahme von Titeln und Orden ausländischer Behörden stellen funktional Anwendungsfälle von Art. 6 Abs. 2 dar. Die **Zielsetzung der Norm** liegt in der Sicherstellung von Unabhängigkeit und Ansehen des Amts im Verhältnis zu Bindungen mit dem Ausland.[64] Richterinnen und Richter des Bundes sollen bei ihrer amtlichen Tätigkeit allein den Interessen des Landes dienen und anderen Staaten gegenüber keine, auch keine moralischen Verpflichtungen eingehen.[65]

21 Der Kreis der **amtlichen Funktion für einen ausländischen Staat** ist mit Blick auf die Ziele der Unvereinbarkeitsbestimmung weit zu ziehen.[66] In Zweifelsfällen ist darauf abzustellen, ob das Amt geeignet ist die Erfüllung der Amtspflichten beziehungsweise die Unabhängigkeit oder das Ansehen des Gerichts zu beeinträchtigen. Im Einzelnen kann es sich um haupt- oder nebenberufliche Funktionen handeln, sie können ehrenamtlich ausgeübt werden oder einen Erwerbszweck verfolgen, wirtschaftlicher oder auch bloss repräsentativer Natur sein. Keine Rolle spielt, ob eine – wie auch immer geartete – Gegenleistungspflicht des Empfängers besteht.[67] Bei amtlichen Funktionen in Organisationen für kollektive Sicherheit bzw. in supranationalen Gemeinschaften oder in internationalen Organisationen ist darauf abzustellen, ob die Schweiz Mitglied der entsprechenden Vereinigung ist;[68] trifft dies zu, ist eine Funktion für einen ausländischen Staat zu verneinen.

22 Weniger streng sind die Anforderungen bezüglich Unvereinbarkeit des Richteramts mit ausländischen Titeln und Orden. Das **Verbot der Annahme ausländischer Titel und Orden** wurde anlässlich der Totalrevision der Bundesverfassung als nicht mehr verfassungswürdig erachtet und findet sich seither auf der Normstufe Bundesgesetz geregelt.[69] Art. 6 Abs. 3 führt keine materiellen Änderungen gegenüber der früheren Ordnung des Bundesrechtspflegegesetzes ein, die Bestimmung über die ausländischen Titel und Orden entspricht Art. 3 Abs. 3 OG.[70] Als ausländisch gelten zunächst jene Titel und Orden, die von einer ausländischen Behörde (Staatsoberhäupter, Regierungen, Ministerien) ausgehen.[71] Ausländische Orden (auch: Verdienstorden oder -medaillen, Ehrenzeichen) sind äusserlich tragbare Abzeichen, die als Auszeichnung für besondere Verdienste verliehen werden,[72] wobei der Orden im staatlichen Recht verankert sein muss.[73] Ausländische Titel sind ehrenhalber verliehene Auszeichnungen oder Ehrungen. Im Ausland als Studienabschluss erworbene akademische Titel fallen nicht unter den Geltungsbereich der Norm. Dies gilt im Ergebnis auch für Ehrendoktorate oder Honorarprofessuren von

---

[64] Ähnlich SEILER/VON WERDT/GÜNGERICH, BGG, Art. 6 N 11; SPÜHLER/DOLGE/VOCK, Kurzkommentar, Art. 6 N 6. Vgl. zu Art. 12 aBV auch BVK-SCHINDLER, N 1.

[65] BVK-SCHINDLER, Art. 12 N 1; ähnlich Botschaft BV 1999, BBl 1997 234.

[66] SEILER/VON WERDT/GÜNGERICH, BGG, Art. 6 N 12.

[67] Vgl. BBl 1996 (BV) 234.

[68] Ähnlich BVK-SCHINDLER, Art. 12 N 8.

[69] Art. 12 aBV. Der Bundesrat hatte die Norm in Art. 52 VE-96 aufgenommen, Botschaft BV 1999, BBl 1996 234, 599; Die Räte lehnten die Weiterführung ab, vgl. AB 1998 N 922, 926, AB 1998 S 68, sowie Botschaft Inkraftsetzung BV 1999, BBl 1999 7922 ff., 7942.

[70] Botschaft 2001 BBl 2001 4281.

[71] BVK-SCHINDLER, Art. 12 N 1, 8, 13, je m.w.Hinw.; vgl. BGE 115 Ia 127, 131 f., E. 3b/aa.

[72] Vgl. BGE 115 Ia 127, 131 f., E. 3b/aa.

[73] Botschaft BV 1999, BBl 1997 234.

Regina Kiener

ausländischen Hochschulen.[74] Im Zweifelsfall ist die Zulässigkeit der Annahme ausländischer Preise, Ehrungen und Titel daran zu messen, ob sie die Erfüllung der Amtspflichten und insb. die Unabhängigkeit oder das Ansehen des Gerichts in Frage zu stellen geeignet sind.

V. Amt eines Kantons, andere Erwerbstätigkeit (Abs. 4)

Die in Art. 6 Abs. 4 umschriebenen Unvereinbarkeiten richten sich einzig an die **ordentlichen Richter und Richterinnen**.[75] Sie dürfen kein Amt eines Kantons bekleiden und keine andere Erwerbstätigkeit ausüben; verboten sind ihnen zudem bestimmte Tätigkeiten in wirtschaftlichen Unternehmen.   23

Die Bestimmung nimmt die Gehalte von Art. 3 OG sowie Art. 144 Abs. 2 BV auf und entspricht damit weitgehend dem früheren Recht.[76] Ihr **Zweck** liegt zunächst in der Sicherstellung von Unabhängigkeit und Eigenständigkeit des Bundesrichteramts im Verhältnis zu den Kantonen. Art. 6 Abs. 4 drückt aus, dass Bundesrichter und -richterinnen den Interessen des Bundes verpflichtet und – zumindest dem äusseren Anschein nach – nicht in Loyalitäten zu den Kantonen eingebunden sein sollen. Diese Funktion erlangt besondere Bedeutung, weil das Bundesgericht in weiten Teilen seiner Zuständigkeit die Rechtmässigkeit von Hoheitsakten kantonaler Behörden überprüft.[77] Die Regeln zu Erwerbstätigkeit und Aufgaben in wirtschaftlichen Unternehmen zielen auf die Unterbindung von Interessenkonflikten und betonen gleichzeitig die Verpflichtung der Bundesrichterinnen und Bundesrichter zur Konzentration auf ihr öffentliches Amt.[78]   24

Vor dem Hintergrund der verfassungsrechtlichen Grundnorm (Art. 144 Abs. 2 BV) ist auch der Begriff «**Amt eines Kantons**» weit zu verstehen. Es geht um Ämter, die sich aus der kantonalen Hoheitsgewalt ableiten. Ein Amt im Kanton steht mithin zunächst für den Gegensatz zu einem Amt des Bundes. Folglich zählen zu diesem Kreis nicht nur Ämter in Gemeinden oder Gemeindeverbänden und in weiteren kantonalen Organisationseinheiten, wie beispielsweise Bezirken oder Regionen, sondern auch solche in interkantonalen Organisationen.[79] Erfasst sind alle auf Volks- oder Parlamentswahl beruhenden Ämter, unbesehen des Umstands, ob sie gegen Entschädigung oder ehrenamtlich ausgeübt werden, ein Vollamt oder ein Nebenamt darstellen.[80] Als Amt eines Kantons zählen auch – analog der Regelung in Art. 6 Abs. 1, welche die Arbeitsverhältnisse mit   25

---

[74] So im Ergebnis auch SPÜHLER/DOLGE/VOCK, Kurzkommentar, Art. 6 N 6; vgl. auch BVK-SCHINDLER, Art. 12 N 9 sowie SEILER/VON WERDT/GÜNGERICH, BGG, Art. 6 N 13. Vgl. aber den in VPB 1961/30 Nr. 10 publizierten Entscheid, wonach Professorentitel ehrenhalber unter das Ordensverbot fallen; Relativierung bei BVK-SCHINDLER, Art. 12 N 8 mit FN 29.

[75] Botschaft 2001 BBl 2001 4281; Botschaft BV 1999, BBl 1997 372; AUBERT/MAHON, commentaire, Art. 144 N 8; BUFFAT, incompatibilités, 70; POUDRET, Commentaire, Bd. I, Art. 3 N 1; SÄGESSER-SÄGESSER, Art. 144 N 29; SEILER/VON WERDT/GÜNGERICH, BGG, Art. 6 N 18; SPÜHLER/DOLGE/VOCK, Kurzkommentar, Art. 6 N 7.

[76] Botschaft 2001 BBl 2001 4281; s. dazu FISCHBACHER, Verfassungsrichter, 287 ff.

[77] Vgl. Art. 75 betr. Vorinstanzen in Zivilsachen, Art. 80 betr. Vorinstanzen in Strafsachen, Art. 86, 87 und 88 betr. Vorinstanzen in öffentlich-rechtlichen Streitigkeiten.

[78] S.a. AUBERT/MAHON, commentaire, Art. 144 N 8 f.; SGK-LÜTHI, Art. 144 N 4; SÄGESSER-SÄGESSER, Art. 144 N 28; SEILER/VON WERDT/GÜNGERICH, BGG, Art. 6 N 14; SPÜHLER/DOLGE/VOCK, Kurzkommentar, Art. 6 N 8; BIRCHMEIER, Handbuch, Art. 3 N 1.

[79] Für den Einbezug der Ebene der Gemeinden auch SÄGESSER-SÄGESSER, Art. 144 N 30; SEILER/VON WERDT/GÜNGERICH, BGG, Art. 6 N 15.

[80] Ähnlich POUDRET, Commentaire, Bd. I, Art. 3 N 1; SGK-LÜTHI, Art. 144 N 5; SEILER/VON WERDT/GÜNGERICH, BGG, Art. 6 N 15; SPÜHLER/DOLGE/VOCK, Kurzkommentar, Art. 6 N 7.

dem Bund anspricht – Arbeitsverhältnisse mit dem Kanton.[81] Dieser Schluss ist mit Blick auf die vom Gesetzgeber gewählte Terminologie («Amt»), auf Sinn und Zweck der Norm und auf ihre historische Entwicklung naheliegend.[82] Arbeitsverhältnisse zum Kanton lassen sich im Übrigen auch unter den Begriff der Erwerbstätigkeit gem. Art. 6 Abs. 4 Satz 1, erster Teilsatz fassen, jedenfalls solange diese nicht strikte als privatwirtschaftliche Erwerbstätigkeit verstanden wird.

26 Die ordentlichen Richter und Richterinnen dürfen neben ihrer Tätigkeit am Bundesgericht **keine andere Erwerbstätigkeit** ausüben. Angesprochen sind alle Tätigkeiten, die der Erzielung eines Erwerbseinkommens dienen, d.h. nicht der Sicherung des richterlichen Erwerbseinkommens dienen, mithin nicht kontinuierlich oder systematisch ausgeübt werden.[83] Ob ein solches im Einzelfall tatsächlich erreicht wird, ist unerheblich.[84] Als Einkommen gelten alle geldwerten Gegenleistungen, erfasst ist deshalb beispielsweise auch die Mitarbeit gegen Kost und Logis. Die Grösse des Anteils, den der Ertrag für den Lebensunterhalt ausmacht, spielt keine Rolle. Zu den Erwerbstätigkeiten zählen unselbständig ausgeübte Tätigkeiten ebenso wie die selbständige Ausübung eines Gewerbes, eines freien Berufs oder einer Tätigkeit in der Landwirtschaft. Zulässig sind *e contrario* Tätigkeiten ohne Erwerbszweck, sie stehen indessen unter dem Vorbehalt von Art. 7.[85] Nach quantitativen Kriterien zu beantworten ist die Frage, ob die Verwaltung von Vermögen bzw. die über Anteilscheine gehaltene finanzielle Beteiligung an einem Unternehmen als Erwerbstätigkeit gilt;[86] folglich wird darauf abzustellen sein, ob die Tätigkeit im Rahmen des sozial Üblichen bleibt und Unabhängigkeit und Ansehen des Amts gewahrt bleiben.[87]

27 Untersagt sind schliesslich bestimmte Tätigkeiten in **wirtschaftlichen Unternehmen**.[88] Als solche Unternehmen gelten Einheiten, welche wirtschaftliche Tätigkeiten ausüben. Die Rechtsform spielt keine Rolle,[89] es kann sich mithin um eine Einzelunternehmung oder um eine Gesellschaft (Personengesellschaft, Kapitalgesellschaft, Genossenschaft) handeln.[90] Zum Kreis der wirtschaftlichen Unternehmen zählen auch gemischtwirtschaftliche Unternehmen und öffentlich-rechtliche Unternehmen in Privatrechtsform.[91] Untersagt sind nicht alle, sondern nur die im Gesetz aufgeführten Leitungs- und Aufsichtsfunktionen als Mitglied der Geschäftsleitung, der Verwaltung, der Aufsichtsstelle und der Revisionsstelle.

---

[81] Für ein weites Verständnis wohl SEILER/VON WERDT/GÜNGERICH, BGG, Art. 6 N 15; SÄGESSER-SÄGESSER, Art. 144 N 30; SGK-LÜTHI, Art. 144 N 5; vgl. auch POUDRET, Commentaire, Bd. I, Art. 3 N 1.

[82] Die zugrunde liegende Verfassungsnorm (Art. 108 Abs. 2 aBV) sprach von «Beamtung» im Dienst der Eidgenossenschaft oder der Kantone, ebenso Art. 3 Abs. 1 OG.

[83] Vgl. dazu KIENER, Art. 7 N 5 in diesem Kommentar.

[84] Widersprüchlich SÄGESSER-SÄGESSER, Art. 144 N 31; ähnlich SEILER/VON WERDT/GÜNGERICH, BGG, Art. 6 N 16.

[85] SEILER/VON WERDT/GÜNGERICH, BGG, Art. 6 N 16.

[86] Die Lehre kommt zu unterschiedlichen Schlüssen; für Unvereinbarkeit SÄGESSER-SÄGESSER, Art. 144 N 31 (betr. Beteiligung an Gesellschaften); für Zulässigkeit SGK-LÜTHI, Art. 144 N 5 (betr. privater Vermögensverwaltung und finanzieller Beteiligung an Unternehmungen); POUDRET, Commentaire, Bd. I, Art. 3 N 2 und daran anschliessend SEILER/VON WERDT/GÜNGERICH, BGG, Art. 6 N 17 (betr. Halten von Aktien).

[87] Ähnlich SEILER/VON WERDT/GÜNGERICH, BGG, Art. 6 N 16.

[88] Der Unternehmensbegriff ergibt sich aus Art. 934 Abs. 1 OR i.V.m. Art. 52 und 53 der Handelsregisterverordnung (HRegV), vom 7.6.1937, SR 221.411.

[89] SEILER/VON WERDT/GÜNGERICH, BGG, Art. 6 N 17; S. für die Regelung von Art. 3 Abs. 2 OG BIRCHMEIER, Handbuch, Art. 3 N 2.

[90] Vgl. A. MEIER-HAYOZ/P. FORSTMOSER, Schweizerisches Gesellschaftsrecht, 10. Aufl., Bern 2007, § 4 N 34 ff.

[91] S.a. POUDRET, Commentaire, Bd. I, Art. 3 N 2. Weiterführend statt anderer TSCHANNEN/ZIMMERLI, Verwaltungsrecht[2], § 10 N 6 ff.

Die Aufzählung ist abschliessend. Als Ergebnis eines Umkehrschlusses zulässig ist die Tätigkeit in juristischen Personen, die nicht wirtschaftlich orientiert sind, namentlich in gemeinnützigen Vereinen und Stiftungen,[92] ebenso eine Tätigkeit, welche keine der genannten Leitungs- und Aufsichtsfunktionen betrifft, beispielsweise die Stellung als Aktionär, Gesellschafterin oder Kommanditärin.[93] Auch hier ergeben sich indessen Grenzen: Entsprechende Tätigkeiten sind unzulässig, sobald sie einer Erwerbstätigkeit gleichzusetzen sind; zudem verlangt die Regel von Art. 6 Abs. 2 – keine Beeinträchtigung von Amtspflichten, von Unabhängigkeit und Ansehen des Gerichts – Beachtung.

Den **nebenamtlichen Richtern und Richterinnen** steht nach Massgabe von Art. 6   **28**
Abs. 4 jedes kantonale Amt und jede Erwerbstätigkeit offen. Relativierend greifen indessen die Unvereinbarkeitsbestimmungen in Art. 6 Abs. 1–3.[94] Erlaubt ist die Ausübung eines Richteramts im Kanton, aufgrund der persönlichen Unvereinbarkeit gem. Art. 6 Abs. 1 versagt bleibt den nebenamtlichen Richtern demgegenüber die Richtertätigkeit an einem Gericht des Bundes. Die Tätigkeit als Anwalt oder Anwältin ist zulässig, findet ihre Schranke jedoch am Verbot der berufsmässigen Vertretung Dritter vor Bundesgericht (Art. 6 Abs. 2). Die Ausübung nicht-amtlicher Funktionen für einen ausländischen Staat (beispielsweise als Anwalt oder Gutachterin) ist nach Massgabe von Art. 6 Abs. 3 erlaubt, darf indessen Ansehen und Unabhängigkeit des Gerichts nicht beeinträchtigen, wie dies Art. 6 Abs. 2 ausdrücklich verlangt.

Der Ausschluss der nebenamtlichen Richter von den Unvereinbarkeiten gem. Art. 6   **29**
Abs. 4 ist mit Blick auf die Ziele der Unvereinbarkeitsbestimmungen wenig glücklich, **Interessenkonflikte** zwischen Richteramt und anderen Erwerbstätigkeiten sind vorprogrammiert.[95] Dieser Umstand ist indessen Folge der – rechtlich nicht zwingenden und auch nicht gebotenen, primär politisch motivierten – Grundentscheidung des Gesetzgebers, nebenamtliche Richter und Richterinnen am Bundesgericht zuzulassen.[96] Die daraus für den Anspruch der Parteien auf Beurteilung durch unabhängige und unparteiische Richterinnen und Richter entstehenden Konflikte müssen über den Ausstand von Gerichtspersonen gelöst werden,[97] was mit Blick auf den individualrechtlichen Anspruch auf den gesetzlichen Richter (Art. 30 Abs. 1 BV) nicht unbedenklich ist.

VI. Rechtsfolgen

Die Einhaltung der Unvereinbarkeitsregeln stellt **keine Wählbarkeitsvoraussetzung** und   **30**
gleichzeitig auch **kein Wählbarkeitshindernis** dar.[98] Das Vorliegen einer Unvereinbarkeit verpflichtet indessen die betroffene Person, umgehend auf eine der nicht zu vereinbarenden Funktionen oder Tätigkeiten zu verzichten,[99] andernfalls darf das Richteramt nicht angetreten werden. Die Aufnahme einer verbotenen Funktion oder Tätigkeit bzw.

---

[92] Vgl. SEILER/VON WERDT/GÜNGERICH, BGG, Art. 6 Rz 17.
[93] POUDRET, Commentaire, Bd. I, Art. 3 N 2, daran anschliessend SEILER/VON WERDT/GÜNGERICH, BGG, Art. 7 N 17.
[94] SÄGESSER-SÄGESSER, Art. 144 N 29; SEILER/VON WERDT/GÜNGERICH, BGG, Art. 6 N 18.
[95] So auch AUBERT/MAHON, commentaire, Art. 144 N 8.
[96] Zur grundlegenden Kritik der Anwaltstätigkeit von Richtern vgl. KIENER, FS Aargauischer Anwaltsverband-KIENER, 25 f. und passim; SUTTER, AJP 2006, 38 f. und passim.
[97] Art. 34 ff. Ebenso AUBERT/MAHON, commentaire, Art. 144 N 8.
[98] POUDRET, Commentaire, Bd. I, Art. 2 N 2; SEILER/VON WERDT/GÜNGERICH, BGG, Art. 6 N 19; vgl. auch KÖLZ/BOSSHART/RÖHL, Kommentar VRG², § 34 N 9.
[99] AUBERT/MAHON, commentaire, Art. 144 N 3; KÖLZ/BOSSHART/RÖHL, Kommentar VRG², § 34 N 5; POUDRET, Commentaire, Bd. I, Art. 2 N 2; BIRCHMEIER, Handbuch, Art. 2 N 2; FISCHBACHER, Verfassungsrichter, 284 f.

die Annahme eines ausländischen Ordens oder Titels während der Amtsdauer verlangt den umgehenden Rücktritt vom Amt.[100]

31 Die **Aufsicht** über die Einhaltung der Unvereinbarkeitsvorschriften liegt zunächst beim Bundesgericht selber, im Einzelnen bei der Verwaltungskommission, welche die Verantwortung für die Gerichtsverwaltung trägt.[101] In zweiter Linie in die Verantwortung genommen ist die Oberaufsichtsbehörde, mithin die Bundesversammlung[102] bzw. die mit der Vorbereitung des Ratsgeschäfts beauftragten Geschäftsprüfungskommissionen.[103]

32 Das Gesetz sieht **keine Sanktionen** gegen Richterinnen und Richter vor, welche die Unvereinbarkeitsregeln missachten.[104]

33 **Entscheide**, die unter Mitwirkung von Richtern und Richterinnen ergangen sind, gegen welche Unvereinbarkeitsgründe vorliegen, verletzen den grundrechtlichen Anspruch der Parteien auf den gesetzlichen Richter sowie punktuell – soweit sie sich mit Ausstandsgründen überschneiden – auch ihren Anspruch auf ein unabhängiges und unparteiisches Gericht.[105] Wird der Fehler während des hängigen Verfahrens gerügt, sind alle bisher ergangenen Verfahrenshandlungen aufzuheben,[106] wird er erst nach Abschluss des Verfahrens entdeckt, liegt eine Verletzung von Vorschriften über die Besetzung des Gerichts vor, welche einen Revisionsgrund darstellt.[107]

Art. 7*

Neben-beschäftigung	[1] **Das Bundesgericht kann den ordentlichen Richtern und Richterinnen gestatten, eine Nebenbeschäftigung ohne Erwerbszweck auszuüben, wenn die uneingeschränkte Erfüllung der Amtspflichten, die Unabhängigkeit und das Ansehen des Gerichts dadurch nicht beeinträchtigt werden.**
	[2] **Es bestimmt die Voraussetzungen für diese Bewilligung in einem Reglement.**
Activité accessoire	[1] Le Tribunal fédéral peut autoriser les juges ordinaires à exercer une activité accessoire à but non lucratif, pour autant que le plein exercice de leur fonction ainsi que l'indépendance du tribunal et sa réputation n'en soient pas affectés.
	[2] Il détermine dans un règlement les conditions d'octroi de cette autorisation.
Attività accessoria	[1] Il Tribunale federale può autorizzare i giudici ordinari a esercitare un'attività accessoria senza scopo lucrativo in quanto non siano pregiudicati il pieno adempimento della loro funzione e l'indipendenza e la dignità del Tribunale.
	[2] Determina mediante regolamento le condizioni per il rilascio di tale autorizzazione.

---

[100] Botschaft Inkraftsetzung BV 1999, BBl 1999 7943, Botschaft BV 1999, BBl 1997 234.

[101] Art. 17 Abs. 4 Bst. h i.V.m. Art. 15 und 16. Vgl. auch POUDRET, Commentaire, Bd. I, Art. 3 N 3; SEILER/VON WERDT/GÜNGERICH, BGG, Art. 6 N 20.

[102] Art. 169 Abs. 1 BV, Art. 3 Abs. 1.

[103] Art. 26 Abs. 1, 3 und 4 i.V.m. Art. 52 ParlG, vgl. POUDRET, Commentaire, Bd. I, Art. 3 N 3.

[104] SEILER/VON WERDT/GÜNGERICH, BGG, Art. 6 N 21.

[105] Art. 30 Abs. 1 BV, Art. 34.

[106] Dies legt die analoge Anwendung von Art. 38 Abs. 1 und 2 nahe.

[107] Art. 121 Bst. a; ebenso SEILER/VON WERDT/GÜNGERICH, BGG, Art. 121 N 12.

* Mein herzlicher Dank für die Mitarbeit bei der Recherche geht an Fürsprecherin lic. iur. Lucie von Büren, Assistentin am Institut für öffentliches Recht der Universität Bern.

Inhaltsübersicht

Materialien

Art. 8 E ExpKomm; Art. 7 E 2001 BBl 2001 4481; Botschaft 2001 BBl 2001 4281; AB 2003 S 891; AB 2004 N 1584, AB 2005 S 118; Botschaft über eine neue Bundesverfassung vom 20.11.1996, BBl 1997 1 ff. (zit. Botschaft BV 1997); Botschaft betr. die Änderung des Bundesgesetzes über die Organisation der Bundesrechtspflege sowie die Änderung des Bundesbeschlusses über eine vorübergehende Erhöhung der Zahl der Ersatzrichter sowie der Urteilsredaktoren des Bundesgerichts, vom 18.3.1991, BBl 1991 465 ff. (zit Botschaft OG 1991); Bericht Arbeitsgruppe Bundesgericht vom 18.3.2004, www.bj.admin.ch/etc/medialib/data/staat_buerger/gesetzgebung/bundesrechtspflege. Par.0004.File.tmp/ber-agvorschlag-d.pdf.

Literatur

A. FISCHBACHER, Verfassungsgerichtsbarkeit in der Schweiz und in Deutschland, Diss. ZH 2005, Zürich 2006 (zit. Fischbacher, Verfassungsrichter); H. GLATTFELDER, Der Berufsrichter als Schiedsrichter, Recueil des travaux suisses sur l'arbitrage international, Zürich 1984, 159–171 (zit. Glattfelder, Schiedsrichter); A. KÖLZ/J. BOSSHART/M. RÖHL, Kommentar zum Verwaltungsrechtspflegegesetz des Kantons Zürich, 2. Aufl., Zürich, 1999 (zit. Kölz/Bosshart/Röhl, Kommentar VRG²); T. MERKLI/A. AESCHLIMANN/R. HERZOG, Kommentar zum Gesetz über die Verwaltungsrechtspflege im Kanton Bern, Bern 1997 (zit. Merkli/Aeschlimann/Herzog, VRPG); P. TSCHANNEN, Staatsrecht der Schweizerischen Eidgenossenschaft, 2. Aufl. Bern 2007 (zit. Tschannen, Staatsrecht²); P. TSCHANNEN/U. ZIMMERLI, Allgemeines Verwaltungsrecht, 2. Aufl., Bern 2005 (zit. Tschannen/Zimmerli, Verwaltungsrecht²).

I. Allgemeine Bemerkungen

Art. 7 statuiert für Nebenbeschäftigungen ein prinzipielles **Verbot mit Erlaubnisvorbehalt**.[1] Zulässig sind von Beginn weg nur solche Nebenbeschäftigungen, welche keine Unvereinbarkeit gem. Art. 6 begründen.[2] Vom Anwendungsbereich des Art. 7 ausgenommen und damit absolut verboten sind folglich Arbeitsverhältnisse mit dem Bund, Ämter in Kantonen und Gemeinden und amtliche Funktionen für ausländische Staaten. Ebenfalls nicht bewilligungsfähig ist die Ausübung einer Erwerbstätigkeit, ebenso wenig die Wahrnehmung bestimmter Funktionen in wirtschaftlichen Unternehmen. Absolut untersagt sind nicht zuletzt und generell alle Tätigkeiten, welche die Erfüllung der Amtspflichten, die Unabhängigkeit oder das Ansehen des Gerichts beeinträchtigen.[3] **1**

Der **Zweck** der Bestimmung liegt darin, die Integrität des Amts und damit letztlich das Vertrauen der Rechtsunterworfenen in die Justiz auch bzgl. jener Tätigkeiten zu schützen, die nicht durch Unvereinbarkeitsregeln erfasst sind.[4] Die Unabhängigkeit der Amtsträger und ihre Konzentration auf das Amt sollen geschützt, die mit Nebenbeschäftigungen **2**

---

[1] In diese Richtung auch RHINOW/KOLLER/KISS, Prozessrecht, N 460.
[2] Vgl. auch POUDRET, Commentaire, Bd. I, Art. 3a N 2.
[3] Dazu eingehend KIENER, Kommentar zu Art. 6 in diesem Band.
[4] Vgl. zu diesen Anliegen allgemein KIENER, Unabhängigkeit, 255, 276 ff.

zwangsläufig einhergehenden Einflüsse, Loyalitäten und Abhängigkeiten nach Möglichkeit vermieden und so die Funktionsfähigkeit des Gerichts gesichert werden.[5] Damit konkretisiert das BGG die auf der Ebene der Bundesverfassung verankerten – angesprochen sind Art. 30 Abs. 1 und Art. 191c BV – Grundsätze der richterlichen Unabhängigkeit.

3 Der Gesetzgeber liess sich bei der Regelung der Nebenbeschäftigungen von den Bedürfnissen der Praxis leiten und hat sich auf eine **blosse Nachführung** beschränkt. In der Sache bringt Art. 7 keine wesentlichen Neuerungen, die Bestimmung entspricht inhaltlich weitgehend Art. 3a OG.[6] Im Vergleich zum früheren Recht präzisiert wird, dass die nebenamtliche Tätigkeit keinem Erwerbszweck dienen darf.[7] In den parlamentarischen Beratungen gab die Norm zu keinen Bemerkungen Anlass.[8] Auf neuen Antrag des Bundesrats hin diskussionslos geändert wurde der Wortlaut von Art. 7 Abs. 2, indem das zur Bewilligung zuständige Organ nicht mehr durch das Bundesgericht, sondern durch den Gesetzgeber selber (in Art. 17 Abs. 4 Bst. f) bestimmt wird.[9] Zudem sollte der Begriff «Reglement» durch jenen der Verordnung ersetzt werden, eine Formulierung, die zwar in den Räten Zustimmung fand,[10] aus redaktionellen Gründen aber nicht in den publizierten Gesetzestext aufgenommen wurde.[11] Die mit der Justizreform angestrebte Entlastung des Bundesgerichts[12] und die verfassungsrechtlichen Grundsätze der richterlichen Unabhängigkeit[13] hätten auch ein generelles Verbot von Nebenbeschäftigungen gerechtfertigt, die Verfassung hätte dem Gesetzgeber jedenfalls ermöglicht, für die ordentlichen Richter und Richterinnen jegliche Nebenbeschäftigung als Unvereinbarkeitsgrund auszugestalten und damit absolut zu verbieten.[14] Immerhin: Weil der Kreis der Unvereinbarkeiten i.S.v. Art. 6 mit Blick auf die in Frage stehenden Interessen – Unabhängigkeit und Integrität des Richteramts – generell weit zu ziehen ist,[15] bleibt von Anfang an wenig Raum für bewilligungsfähige Nebenbeschäftigungen i.S.v. Art. 7.

II. Nebenbeschäftigungen (Abs. 1)

1. Geltungsbereich

4 Der **persönliche Geltungsbereich** der Bestimmung erstreckt sich einzig auf die ordentlichen Richter und Richterinnen des Bundesgerichts,[16] unbesehen des Umstands, welcher Abteilung sie angehören. Den nebenamtlichen Richtern und Richterinnen ist die Aus-

---

[5] Vgl. KIENER, Unabhängigkeit, 249; zudem POUDRET, Commentaire, Bd. I, Art. 3 N 1; KÖLZ/BOSSHART/RÖHL, Kommentar VRG[2], § 34 N 2, 4 und 5.

[6] Vgl. zur Historie der Norm im OG POUDRET, Commentaire, Bd. I, Art. 3a N 1.

[7] Botschaft 2001 BBl 2001 4281.

[8] AB 2003 S 891, AB 2004 N 1584, AB 2005 S 118.

[9] Vgl. Bericht Arbeitsgruppe Bundesgericht, 7 sowie AB 2004 N 1584, 1586 f., AB 2005 S 118, 122.

[10] AB 2004 N 1584, AB 2005 S 118.

[11] Nach Angaben des Bundesamts für Justiz änderte die Redaktionskommission im Interesse einer einheitlichen Terminologie die Formulierung des in den Räten beschlossenen Art. 7 Abs. 2 («Verordnung»), da andere Bestimmungen des BGG, dem bundesrätlichen Entwurf entsprechend, nach wie vor den Begriff des Reglements verwenden.

[12] Vgl. Schlussbericht Expertenkommission, 7 f. sowie Botschaft 2001 BBl 2001 4202; weiterführend statt anderer AUER, ZBl 2006, 121 ff.

[13] Art. 30 Abs. 1 BV, Art. 6 Ziff. 1 EMRK, Art. 14 Ziff. 1 UNO-Pakt II; vgl. KIENER, Unabhängigkeit, 18 ff., 34 ff., 40 ff.

[14] Art. 144 Abs. 3 BV; weiterführend SGK-LÜTHI, Art. 144 N 6.

[15] SÄGESSER-SÄGESSER, Art. 144 N 22, 30; SEILER/VON WERDT/GÜNGERICH, BGG, Art. 6 N 3, 15 f.; SPÜHLER/DOLGE/VOCK, Kurzkommentar, Art. 6 N 3 f., 7 f.

[16] Botschaft 2001 BBl 2001 4281; SEILER/VON WERDT/GÜNGERICH, BGG, Art. 7 N 5; SPÜHLER/DOLGE/VOCK, Kurzkommentar, Art. 7 N 1; vgl. auch FISCHBACHER, Verfassungsrichter, 288; TSCHANNEN, Staatsrecht[2], § 40 N 28.

übung einer Nebenbeschäftigung ohne Erwerbszweck *e contrario* schon aus Art. 7 erlaubt,[17] die Zulässigkeit einer Haupt- oder Nebenbeschäftigung mit Erwerbsweck ergibt sich zudem aus Art. 6 Abs. 4.[18]

Zulässig sind Nebenbeschäftigungen **ohne Erwerbszweck**. Solche Tätigkeiten sind zu 5 unterscheiden von den als Unvereinbarkeitsgrund ausgestalteten Arbeitsverhältnissen gem. Art. 6 Abs. 1 und von der Erwerbstätigkeit gem. Art. 6 Abs. 4.[19] Art. 7 erfasst singuläre Tätigkeiten, welche keinen Erwerb bezwecken, d.h. nicht der – auch nicht der nur punktuellen – Sicherung des richterlichen Erwerbseinkommens dienen, mithin nicht kontinuierlich oder systematisch ausgeübt werden. Dass eine solche Nebenbeschäftigung entschädigt wird, macht sie noch nicht zu einer Erwerbstätigkeit,[20] ebenso wenig, dass sie der Steuerpflicht untersteht. Unter den Kreis der Beschäftigungen ohne Erwerbszweck fallen beispielsweise folgende Tätigkeiten: Mitwirkung in nicht ständigen Verwaltungskommissionen,[21] das Halten von Vorträgen, die Arbeit an wissenschaftlichen Publikationen, die Tätigkeit als Herausgeber oder Herausgeberin von wissenschaftlichen Zeitschriften oder anderen Fachpublikationen, Mandate in Stiftungen oder gemeinnützigen Vereinigungen[22] oder in nationalen oder internationalen Berufsverbänden, die punktuelle Lehrtätigkeit an Hochschulen oder anderen Bildungs- und Weiterbildungsinstitutionen.[23] Auch die Tätigkeit als Schiedsrichter oder Gutachterin werden zum Kreis der bewilligungsfähigen Nebenbeschäftigungen gezählt.[24]

Nebenbeschäftigungen ohne Erwerbszweck sind nur unter den **im Gesetz genannten** 6 **Voraussetzungen** zulässig. Diese Aufzählung ist abschliessend. Die einzelnen Elemente müssen nicht kumulativ gegeben sein; trifft eine der im Gesetz genannten Voraussetzungen zu, bleibt kein Raum für die Erteilung einer Bewilligung. Als allgemeine Richtschnur dient das Kriterium, ob die Tätigkeit bei objektiver Betrachtungsweise geeignet ist, im Ergebnis die Erfüllung der Amtspflichten, die Unabhängigkeit oder das Ansehen des Gerichts (bzw. des betroffenen Richters selber[25]) zu beeinträchtigen. Abzustellen ist auch hier auf den äusseren Anschein. Auf subjektive Einschätzungen – insb. jene der betroffenen Richterinnen und Richter – kommt es nicht an.[26] Massgebend sind Kriterien wie die zeitliche Belastung[27] oder die mit der Nebentätigkeit einhergehende intellektuelle Absorbierung. Schliesslich kann auch die Höhe einer allenfalls ausgerichteten Entschädigung ein Indiz für die Unzulässigkeit einer bestimmten Nebenbeschäftigung bilden,[28] ist sie doch – wenn ein gewisses Mass überschreitend – geeignet, Ansehen und

---

[17] So auch SEILER/VON WERDT/GÜNGERICH, BGG, Art. 7 N 5.

[18] Dazu KIENER, Art. 6 N 23 ff. in diesem Kommentar.

[19] Vgl. dazu KIENER, Art. 6 N 9 ff. und 23 ff. in diesem Kommentar.

[20] Vgl. Botschaft 2001 BBl 2001 4281; daran anschliessend SEILER/VON WERDT/GÜNGERICH, BGG, Art. 7 N 3; SPÜHLER/DOLGE/VOCK, Kurzkommentar, Art. 7 N 2.

[21] Dazu zählen namentlich Expertenkommissionen im Gesetzgebungsverfahren, vgl. auch KIENER, Art. 6 N 12 in diesem Kommentar; SÄGESSER-SÄGESSER, Art. 144 N 33; SEILER/VON WERDT/GÜNGERICH, BGG, Art. 6 N 4; SPÜHLER/DOLGE/VOCK, Kurzkommentar, Art. 6 N 3. Vgl. auch POUDRET, Commentaire, Bd. I, Art. 3a N 2.

[22] SPÜHLER/DOLGE/VOCK, Kurzkommentar, Art. 7 N 6.

[23] POUDRET, Commentaire, Bd. I, Art. 3a N 2; RHINOW/KOLLER/KISS, Prozessrecht, N 460.

[24] Botschaft 2001 BBl 2001 4281; SEILER/VON WERDT/GÜNGERICH, BGG, Art. 7 N 2. Ausdrücklich Art. 3a OG, dazu POUDRET, Commentaire, Bd. I, Art. 3a N 2.

[25] POUDRET, Commentaire, Bd. I, Art. 3a N 2.

[26] Vgl. sinngemäss die Praxis zum Grundsatz der richterlichen Unabhängigkeit, BGE 114 Ia 50, 54 f. E. 3c, seither ständige Rechtsprechung, EGMR-E Piersack c. Belgien, A/53 (1982) N 30, seither ständige Rechtsprechung; weiterführend KIENER, Unabhängigkeit, 59 ff., 68 ff.

[27] Vgl. BIRCHMEIER, Handbuch, 5.

[28] Vgl. SEILER/VON WERDT/GÜNGERICH, BGG, Art. 7 N 3 («bescheidene Honorierung»).

Unabhängigkeit des Gerichts zu beeinträchtigen. Dabei kann die Schranke nicht tief genug angesetzt werden.[29]

7 Dem Wortlaut von Art. 7 Abs. 1 folgend, beeinträchtigt streng genommen jede Nebentätigkeit die «**uneingeschränkte Erfüllung**» der Amtspflichten, sobald sie zu Verzögerungen in der Ausübung der Richtertätigkeit führt, die nicht innerhalb angemessener Zeit kompensiert werden können. Die Ausübung von Nebentätigkeiten wäre demnach nur Richterinnen und Richtern möglich, welche keine Rückstände in der Bearbeitung ihrer Dossiers aufweisen – und auch dann wären zuerst Rückstände innerhalb des Gerichts aufzuarbeiten[30] und erst anschliessend externe Mandate zu übernehmen. Diese strenge Sichtweise scheint der Gesetzgeber indessen nicht angestrebt zu haben,[31] und auch in der Lehre werden keine entsprechenden Einschränkungen verlangt, zumindest teilweise aber für eine zurückhaltende Erteilung entsprechender Bewilligungen plädiert.[32]

8 Heikel erscheint insb. die Tätigkeit als **Schiedsrichterin oder Schiedsrichter**, als **Gutachterin oder Gutachter**[33] sowie als **ständige Beraterin oder Berater** eines wirtschaftlichen Unternehmens oder einer ideellen Vereinigung.[34] Zum einen werden solche Mandate aufgrund des damit einhergehenden Zeitaufwands regelmässig die uneingeschränkte Erfüllung der Amtspflichten beeinträchtigen und schon aus diesem Grund unzulässig sein. Zum anderen ist die – jedenfalls für Schiedsgerichtsmandate in der Regel am Streitwert ausgerichtete – Höhe der Entschädigung[35] geeignet, Ansehen und Unabhängigkeit des Amts in Frage zu stellen. Kommt dazu, dass die ordentlichen Mitglieder des Bundesgerichts mit ihrer Wahl eine Funktion im Rahmen der staatlichen Justiz übernommen und damit zum Ausdruck gebracht haben, ihre Kompetenzen in den Dienst einer öffentlichen Aufgabe und nicht in den Dienst privater Interessen zu stellen. Insgesamt sind diese Umstände bei objektiver Betrachtung geeignet, Ansehen und Unabhängigkeit zunächst der Richterperson, dann aber auch des Bundesgerichts als Institution in Frage zu stellen.[36] Kann ein Schiedsgerichts- oder Gutachtensmandat vor diesem Hintergrund bewilligt werden, muss im Einzelfall zusätzlich geprüft und sichergestellt werden, dass der Entscheid des Schiedsgerichts nicht an das Bundesgericht weitergezogen wird bzw. das Gutachten nicht in einem Verfahren vor Bundesgericht verwendet werden kann.[37]

2. Entscheid

9 Art. 7 überträgt die Regelung der Voraussetzungen für die Bewilligung von Nebenbeschäftigung dem Bundesgericht. Gerichtsintern liegt die **Zuständigkeit** zum Entscheid über die Bewilligung bei der Verwaltungskommission, welche nach vorgängiger An-

---

[29] SPÜHLER/DOLGE/VOCK, Kurzkommentar, Art. 7 N 2 schlagen als Obergrenze der zulässigen Einkünfte 20% der Jahresbesoldung vor; dies entspricht im Ergebnis einem Betrag von rund Fr. 65 000.– (Art. 1 Abs. 1 BG über Besoldung und berufliche Vorsorge der Magistratspersonen i.V.m. Art. 1 Abs. 1 und Art. 1a Bst. b der zugehörigen Verordnung). Diese Festlegung ist mit Blick auf Ansehen und Unabhängigkeit der Justiz weit überhöht und nicht nachvollziehbar.

[30] In diese Richtung auch POUDRET, Commentaire, Bd. I, Art. 3a N 2.

[31] Vgl. Botschaft 2001 BBl 2001 4281.

[32] Vgl. POUDRET, Commentaire, Bd. I, Art. 3a N 2; RHINOW/KOLLER/KISS, Prozessrecht, N 460.

[33] FISCHBACHER, Verfassungsrichter, 288 «nur sehr zurückhaltend». Vgl. auch Botschaft 2001 BBl 2001 4281.

[34] Vgl. MERKLI/AESCHLIMANN/HERZOG, VRPG, Art. 132a N 6.

[35] BERNHARD BERGER/FRANZ KELLERHALS, Internationale und interne Schiedsgerichtsbarkeit in der Schweiz, Bern 2006, N 911.

[36] **A.M.** GLATTFELDER, Schiedsrichter, 168 f.

[37] So auch BIRCHMEIER, Handbuch, 5; POUDRET, Commentaire, Bd. I, Art. 3a N 2; SPÜHLER/DOLGE/VOCK, Kurzkommentar, Art. 7 N 4 und N 5.

hörung der Präsidentenkonferenz entscheidet.[38] Die Bewilligungspflicht ist ein Mittel der gerichtlichen Selbstverwaltung[39] und der ihr inhärenten gerichtsinternen Aufsicht. Zum Bewilligungsverfahren macht das Gesetz keine Vorschriften, sondern überlässt diese Frage der Regelungskompetenz des Bundesgerichts, welches das Verfahren detailliert in einem Reglement normiert hat.[40]

Der Wortlaut von Art. 7 («kann») legt den Entscheid über die Bewilligung der Neben- **10** beschäftigung in das **Ermessen** der Verwaltungskommission.[41] Allein schon die einengende Formulierung der Norm («uneingeschränkt») auferlegt der Bewilligungsbehörde jedoch grosse Zurückhaltung bei der Gewährung von Ausnahmebewilligungen.[42] Gleiches gilt mit Blick auf Sinn und Zweck der Norm und die Bedeutung der im Spiel stehenden Interessen; Sicherstellung von Unabhängigkeit und Integrität des Amts sind Anliegen, welche das Gesetz der rechtsanwendenden Behörde ausdrücklich als Massstab vorgibt.[43] Für den Entscheid ausschlaggebend ist nicht allein, ob die in Frage stehende Tätigkeit vor Art. 7 Abs. 1 standhält; in die gesamthafte Abwägung mit einzubeziehen sind auch allenfalls früher ausgeübte Nebenbeschäftigungen.[44]

III. Reglement des Bundesgerichts (Abs. 2)

Art. 7 Abs. 2 delegiert die Kompetenz zum Erlass eines Reglements über die Vorausset- **11** zungen der Bewilligung dem Bundesgericht; zuständig ist nach Massgabe von Art. 15 Abs. 1 Bst. a das **Gesamtgericht**.[45] Das Bundesgericht hat ein entsprechendes Reglement am 20.11.2006 erlassen,[46] die Nebenbeschäftigungen der ordentlichen Richter und Richterinnen werden in den Art. 18–23 BGerR geregelt. Damit ist gleichzeitig ausgedrückt, dass die bisherigen Reglemente über die Nebenbeschäftigungen aufgehoben sind.[47]

Das Reglement ergeht in der verwaltungsrechtlichen Handlungsform der **Rechtsverord-** **12** **nung**, genauer: einer Gerichtsverordnung;[48] entsprechend ist der Erlass in die Sammlung des Bundesrechts aufgenommen und publiziert worden.[49]

Das Reglement benennt zunächst die **bewilligungsfähigen Nebenbeschäftigungen**. **13** Gemäss Art. 19 Abs. 1 Bst. a BGerR bewilligt werden kann die Mitwirkung in Schiedsgerichten, in Rechtsprechungsorganen und Expertenkommissionen, bewilligungsfähig sind auch Mandate für Mediationen und Gutachten. Über Art. 7 Abs. 1 hinaus verlangt das Reglement als zusätzliches und einschränkendes Kriterium, dass an diesen Tätigkeiten ein öffentliches Interesse besteht; es führt damit eine Diskussion zu Ende, welche in den Eidgenössischen Räten im Jahr 1987 aufgenommen worden, aber ohne verbindliches

---

[38] Art. 17 Abs. 4 Bst. f; vgl. SEILER/VON WERDT/GÜNGERICH, BGG, Art. 7 N 4.

[39] Art. 13.

[40] Vgl. dazu hinten N 10 ff., insb. N 13.

[41] Vgl. POUDRET, Commentaire, Bd. I, Art. 3a N 2.

[42] SPÜHLER/DOLGE/VOCK, Kurzkommentar, Art. 7 N 3.

[43] Dazu vorne N 5–7.

[44] Vgl. MERKLI/AESCHLIMANN/HERZOG, VRPG, Art. 132a N 4.

[45] Vgl. SEILER/VON WERDT/GÜNGERICH, BGG, Art. 7 N 6; SPÜHLER/DOLGE/VOCK, Kurzkommentar, Art. 7 N 8.

[46] Reglement für das Bundesgericht, BGerR, vom 20.11.2006, SR 173.110.131.

[47] Reglement über die Nebenbeschäftigungen der Mitglieder des Bundesgerichts vom 22.2.1993, SR 173.113.1 und Reglement über die Nebenbeschäftigungen der Mitglieder des Eidgenössischen Versicherungsgerichts vom 16.3.1993, SR 173.113.2.

[48] Statt vieler TSCHANNEN/ZIMMERLI, Allgemeines Verwaltungsrecht[2], § 14 N 5.

[49] AS 2006 5635.

Ergebnis geblieben war.[50] Ohne Nachweis eines spezifischen öffentlichen Interesses bewilligungsfähig sind zudem punktuelle Lehraufträge, die Herausgabe von Kommentaren, Publikationsreihen und Fachzeitschriften,[51] sowie die Mitwirkung in Organen von Vereinigungen, Stiftungen und anderen nicht wirtschaftlichen Organisationen.[52] Keine Bewilligung benötigt, wer Bücher oder Aufsätze verfassen, Vorträge halten oder an Kongressen und Fachtagungen teilnehmen will.[53]

14 Das im Rahmen von Art. 17 Abs. 4 Bst. f zu befolgende **Bewilligungsverfahren** wird im Einzelnen in Art. 20 BGerR geregelt.[54] Bewilligungsgesuche sind beim Abteilungspräsidenten oder bei der Abteilungspräsidentin einzureichen, welche das Gesuch zur Stellungnahme an die Präsidentenkonferenz und zum Entscheid an die Verwaltungskommission weiterleiten.[55] Das Gesuch muss alle notwendigen Angaben über Art und Gegenstand der Nebenbeschäftigung sowie über den Zeitaufwand, der voraussichtlich damit verbunden sein wird, enthalten.[56]

15 In Art. 21 des Reglements werden Vorschriften über die **Kontrolle** der Nebentätigkeiten verankert. Zum einen führt das Generalsekretariat eine Liste der erteilten Bewilligungen,[57] zudem kann die Verwaltungskommission von den Richtern und Richterinnen Auskunft über die zeitliche Beanspruchung und die erhaltenen Entschädigungen verlangen,[58] und schliesslich ist die Beendigung einer Nebenbeschäftigung der Verwaltungskommission sowie dem Abteilungspräsidenten bzw. der Abteilungspräsidentin mitzuteilen.[59] Die Kontrollmechanismen sind Ausdruck und Folge der Organisations- und Verwaltungsautonomie des Bundesgerichts.[60] Sie stellen sicher, dass die gesetzlichen und reglementarischen Vorschriften über die Nebenbeschäftigungen eingehalten werden;[61] namentlich die Auflistung der früher erteilten Bewilligungen dient zudem als Entscheidgrundlage, wenn die Gesamtbelastung eines Richters oder einer Richterin mit Nebenbeschäftigungen in den Bewilligungsentscheid mit einzubeziehen ist.[62]

16 Schliesslich normiert das Reglement auch die finanzielle Seite einer Nebenbeschäftigung. Werden Dienstleistungen des Gerichts in Anspruch genommen, ist ein angemessenes, durch den Generalsekretär oder die Generalsekretärin des Bundesgerichts im Einzelfall festzulegendes **Entgelt** zu entrichten.[63] Diese Infrastrukturabgabe wird auch dann zu entrichten sein, wenn die Nebenbeschäftigung keine Entschädigung auslöst. Wird die Nebenbeschäftigung abgegolten, besteht – jedenfalls in gewissem Umfang – eine

---

[50] Gestützt auf eine parlamentarische Initiative (Victor Ruffy, vom 18.6.1985) beschloss der Nationalrat, das öffentliche Interesse als Bewilligungsvoraussetzung einzuführen (AB 1987 N 346 ff.); der Ständerat lehnte eine entsprechende Bestimmung in der Folge ab (AB 1988 S 235 ff.). Weiterführend POUDRET, Commentaire, Bd. I, Art. 3a N 1.

[51] Art. 19 Abs. 1 Bst. b BGerR.

[52] Art. 19 Abs. 1 Bst. c BGerR.

[53] Art. 19 Abs. 2 BGerR.

[54] Vgl. auch vorne N 9.

[55] Art. 20 Abs. 1 i.V.m. Abs. 3 BGerR.

[56] Art. 20 Abs. 2 BGerR.

[57] Art. 21 Abs. 1 BGerR.

[58] Art. 21 Abs. 2 BGerR.

[59] Art. 21 Abs. 3 BGerR.

[60] Art. 188 Abs. 3 BV, Art. 13. Vgl. Botschaft BV 1999, BBl 1997 527; sowie SGK-KISS/KOLLER, Art. 188 N 10 ff.; SÄGESSER-SÄGESSER, Art. 188 N 1072 ff.

[61] Vgl. dazu vorne N 5 ff. sowie N 12.

[62] Vgl. zu diesem Anliegen vorne N 10.

[63] Art. 22 Abs. 1 und 2 BGerR.

Ablieferungspflicht: Übersteigt die Gesamtheit der Entschädigungen aus bewilligten oder bewilligungsfreien Nebenbeschäftigungen Fr. 10 000.– pro Jahr, ist der überschiessende Betrag der Kasse des Bundesgerichts zu überweisen.[64]

Art. 8

Unvereinbarkeit in der Person

[1] **Dem Bundesgericht dürfen nicht gleichzeitig als Richter oder Richterinnen angehören:**
  a. **Ehegatten, eingetragene Partnerinnen oder Partner und Personen, die in dauernder Lebensgemeinschaft leben;**
  b. **Ehegatten oder eingetragene Partnerinnen oder Partner von Geschwistern und Personen, die mit Geschwistern in dauernder Lebensgemeinschaft leben;**
  c. **Verwandte in gerader Linie sowie bis und mit dem dritten Grad in der Seitenlinie;**
  d. **Verschwägerte in gerader Linie sowie bis und mit dem dritten Grad in der Seitenlinie.**

[2] **Die Regelung von Absatz 1 Buchstabe d gilt bei dauernden Lebensgemeinschaften sinngemäss.**

Incompatibilité à raison de la personne

[1] Ne peuvent être en même temps juges au Tribunal fédéral:
  a. les conjoints, les partenaires enregistrés et les personnes qui font durablement ménage commun;
  b. les conjoints et les partenaires enregistrés de frères et sœurs ainsi que les personnes qui font durablement ménage commun avec un frère ou une sœur;
  c. les parents en ligne directe et, jusqu'au troisième degré inclus, en ligne collatérale;
  d. les alliés en ligne directe et, jusqu'au troisième degré inclus, en ligne collatérale.

[2] La réglementation prévue à l'al. 1, let. d, s'applique par analogie aux personnes qui font durablement ménage commun.

Incompatibilità personale

[1] Non possono esercitare nel medesimo tempo la funzione di giudice del Tribunale federale:
  a. i coniugi, i partner registrati e le persone che convivono stabilmente;
  b. i coniugi o partner registrati di persone che tra loro sono fratelli o sorelle, nonché le persone che convivono stabilmente con persone che tra loro sono fratelli o sorelle;
  c. i parenti in linea retta e, fino al terzo grado compreso, in linea collaterale;
  d. gli affini in linea retta e, fino al terzo grado compreso, in linea collaterale.

[2] La regola di cui al capoverso 1 lettera d vale, applicata per analogia, anche riguardo alle persone che convivono stabilmente.

---

[64] Art. 23 BGerR. Die Höhe dieser Entschädigung wird kritisiert von M. FELBER, Fragwürdiges Zubrot für Bundesrichter, NZZ vom 7.8.2006, Nachdruck in «Justiz-Justice-Giustizia» 2006/3.

Materialien

Art. 9 E ExpKom; Botschaft 2001 BBl 2001 4281; AB 2003 S 891; AB 2004 N 1584 f.; AB 2005 S 118 f.

Literatur

A. ANDERMATT, Die Gerichtsorganisation im Kanton Zug, Diss. ZH 1967, Zürich 1968 (zit. Andermatt, Gerichtsorganisation); J.-F. AUBERT, Bundesstaatsrecht der Schweiz, Basel 1995 (zit. Aubert, Bundesstaatsrecht); W. BEELER, Personelle Gewaltentrennung und Unvereinbarkeit in Bund und Kantonen, Diss. ZH 1983, Zürich 1984 (zit. Beeler, Unvereinbarkeit); W. BOSSHART, Die Wählbarkeit zum Richter im Bund und in den Kantonen, Diss. ZH 1961, Zürich 1962 (zit. Bosshart, Wählbarkeit); A. BÜCHLER/M. MICHEL, Das Bundesgesetz über die eingetragene Partnerschaft gleichgeschlechtlicher Paare im Überblick, in: St. Wolf (Hrsg.), Das Bundesgesetz über die eingetragene Partnerschaft gleichgeschlechtlicher Paare, Weiterbildungstagung des Verbandes bernischer Notare und des Instituts für Notariatsrecht und Notarielle Praxis an der Universität Bern vom 9. März 2006, Bern 2006, 1–51 (zit. Wolf-Büchler/Michel); A. BÜCHLER/R. VETTERLI, Ehe Partnerschaft Kinder: Eine Einführung in das Familienrecht der Schweiz, Basel 2006 (zit. Büchler/Vetterli, Ehe); M. BUFFAT, Les incompatibilités, Diss. Lausanne 1987, Lausanne 1988 (zit. Buffat, Incompatibilités); W. BURCKHARDT, Kommentar der schweizerischen Bundesverfassung vom 29. Mai 1874, 3. Aufl., Bern 1931 (zit. Burckhardt, Kommentar³); H. DESCHENAUX/P.-H. STEINAUER, Personnes physiques et tutelle, 3. Aufl., Bern 1995 (zit. Deschenaux/Steinauer, Personnes³); K. EICHENBERGER, Die richterliche Unabhängigkeit als staatsrechtliches Problem, Diss. BE 1960, Bern 1961 (zit. Eichenberger, Unabhängigkeit); R. FANKHAUSER, in: I. Schwenzer (Hrsg.), Fam Kommentar Scheidung, Bern 2005 (zit. FamKomm Scheidung-Fankhauser); F. FLEINER/Z. GIACOMETTI, Schweizerisches Bundesstaatsrecht, Zürich 1949 (zit. Fleiner/Giacometti, Bundesstaatsrecht); R. FRANK, Die Unvereinbarkeit von Bundesbeamtung und Nationalratsmandat, Diss. ZH 1948, Zürich 1949 (zit. Frank, Unvereinbarkeit); R. FRANK, Der Begriff der eheähnlichen Gemeinschaft, in: R. Frank/A. Girsberger/N.P. Vogt/H.U. Walder-Bohner/R.H. Weber, Die eheähnliche Gemeinschaft (Konkubinat) im schweizerischen Recht, Zürich 1984, 29–44 (zit. Frank/Girsberger/Vogt/Walder-Bohner-Frank); M. GULDENER, Schweizerisches Zivilprozessrecht, 3. Aufl., Zürich 1979 (zit. Guldener, Zivilprozessrecht³); Y. HANGARTNER/A. KLEY, Die demokratischen Rechte in Bund und Kantonen der Schweizerischen Eidgenossenschaft (zit. Hangartner/Kley, Demokratische

Rechte); W. HASELBACH, Die Unvereinbarkeit im schweizerischen Staatsrecht, Diss. FR 1945, Freiburg 1946 (zit. Haselbach, Unvereinbarkeit); H. HAUSHEER/R.E. AEBI-MÜLLER, Das Personenrecht des Schweizerischen Zivilgesetzbuches, Bern 2005 (zit. Hausheer/Aebi-Müller, Personenrecht); C. HEGNAUER/P. BREITSCHMID, Grundriss des Eherechts, 4. Aufl., Bern 2000 (zit. Hegnauer/Breitschmid, Eherecht⁴); K. HEUSI, Die Gerichtsorganisation im Kanton Schaffhausen, Diss. ZH 1954, Zürich 1955 (zit. Heusi, Gerichtsorganisation); W. KÄLIN/U. BOLZ (Hrsg.), Handbuch des bernischen Verfassungsrechts, Bern 1995 (zit. Kälin/Bolz-Bearbeiter); P. LIATOWITSCH, Die Bedeutung nichtehelicher Lebensgemeinschaften in der Gerichtspraxis und in Scheidungsvereinbarungen, FamPra 2000, 476–490 (zit. Liatowitsch, FamPra 2000); R. MEYER, Die Organisation der Verwaltungsrechtspflege im Kanton Zug, Diss. ZH 1984, Zürich 1985 (zit. Meyer, Organisation); M.M. PEDRAZZINI/N. OBERHOLZER, Grundriss des Personenrechts, 4. Aufl., Bern 1993 (zit. Pedrazzini/Oberholzer, Personenrecht⁴); TH. SÄGESSER, Regierungs- und Verwaltungsorganisationsgesetz RVOG, Kommentar, Bern 2007 (zit. Sägesser, Kommentar RVOG); H. SEILER, Gewaltenteilung: Allgemeine Grundlagen und schweizerische Ausgestaltung, Bern 1994 (zit. Seiler, Gewaltenteilung); G. SOUTTER, Die Gerichtsorganisation des Kantons Waadt, Diss. ZH 1957, Zürich 1958 (zit. Soutter, Gerichtsorganisation); P. TSCHANNEN, Staatsrecht der Schweizerischen Eidgenossenschaft, Bern 2004 (zit. Tschannen, Staatsrecht); P. TUOR/B. SCHNYDER/J. SCHMID/A. RUMO-JUNGO, Das Schweizerische Zivilgesetzbuch, 12. Aufl., Zürich 2002 (zit. Tuor et al.¹²-Bearbeiter/in); S. TURNHERR, Die eheähnliche Gemeinschaft im Arbeitsrecht, Diss. ZH 1982, Zürich 1983 (zit. Turnherr, Gemeinschaft); F. WERRO, Concubinage, mariage et démariage, Bern 2000 (zit. Werro, Concubinage).

I. Allgemeines

1. Entstehungsgeschichte

Bereits gem. Art. 4 OG durften «Verwandte und Verschwägerte, in gerader Linie und bis und mit dem vierten Grade in der Seitenlinie, sowie Ehegatten und Ehegatten von Geschwistern (…) nicht gleichzeitig das Amt eines Mitgliedes oder nebenamtlichen Richters des Bundesgerichts, eines eidgenössischen Untersuchungsrichters, des Bundesanwaltes oder eines sonstigen Vertreters der Bundesanwaltschaft bekleiden». **1**

Geregelt wurde also nicht nur die «Unvereinbarkeit» (N 10 ff.) zwischen den Mitgliedern des Bundesgerichts, sondern auch jene zwischen Bundesrichtern und den Mitgliedern anderer Behörden.

In Art. 9 des **Entwurfes der Expertenkommission** wurde diese alte OG-Regelung weitgehend übernommen, es erfolgte aber eine Ausweitung auf dauernde Lebensgemeinschaften.[1] **2**

Im **Entwurf des Bundesrates** wurde der nun einschlägige Art. 8 nicht nur mit der Marginalie «Unvereinbarkeit in der Person» versehen, gleichzeitig wurde die Norm auch massgeblich eingeschränkt: Erfasst wurden nur noch Beziehungen der Mitglieder des Bundesgerichts untereinander. **3**

Im Zuge der **parlamentarischen Beratungen** erfuhr die Bestimmung dann noch mehrere Änderungen:[2] **4**

– Die Norm wurde redaktionell überarbeitet, insb. erfolgte eine Aufgliederung des Artikels in zwei Absätze und vier Literae.

– Die eingetragene Partnerschaft wurde der Ehe und der dauernden Lebensgemeinschaft gleichgestellt.

– Der Tatbestand wurde auf Verwandte und Verschwägerte dritten (statt vordem vierten) Grades eingeschränkt.

---

[1] Schlussbericht 1997, 69.
[2] SPÜHLER/DOLGE/VOCK, Kurzkommmentar, Art. 8 N 6; SEILER/VON WERDT/GÜNGERICH, BGG, Art. 8 N 2.

5   *2. Zweck*

Art. 8 bezweckt in erster Linie die **Verhinderung der Machtkonzentration**.[3] Die Ent-scheidgewalt des höchsten Gerichts soll nicht in den Händen weniger Familien liegen. Diese Gefahr mag in den Zeiten des ancien régime durchaus real gewesen sein. In der Zwischenzeit haben sich die gesellschaftlichen Verhältnisse massgeblich geändert, und auch die Anzahl Bundesrichter ist erheblich angestiegen. Die Entstehung einer «Clan-justiz» ist bei dieser Ausgangslage kaum mehr zu befürchten.[4]

6   Mittelbar soll die Bestimmung wohl auch der **richterlichen Unabhängigkeit** dienen:[5] Gehören zwei Personen mit engen persönlichen Beziehungen derselben Behörde an, könnte dies sachliche Diskussionen vereiteln, sei es, indem einem Referenten allzu viel Vertrauen entgegen gebracht wird, sei es, indem private Streitigkeiten unbewusst in die Falldiskussion hineingetragen werden.

7   *3. Anwendungsbereich*

Die Bestimmung erfasst nur die «Mitglieder des Bundesgerichts». Als «Mitglieder» gelten auch **nebenamtliche Richter**.[6] Nicht erfasst sind hingegen die Gerichtsschreiber und die wissenschaftlichen Mitarbeiter.[7] Ein Antrag von Ständerat C. SCHMID, den An-wendungsbereich entsprechend auszudehnen, wurde wieder zurückgezogen.[8]

8   Art. 8 ist auf alle Mitglieder «des Bundesgerichts» anwendbar. Der **Begriff des Bundes-gerichts** richtet sich nach Art. 1 Abs. 1, erfasst also die oberste Recht sprechende Be-hörde des Bundes in seiner Gesamtheit, mit eingeschlossen insb. die versicherungsrecht-liche Abteilung in Luzern.[9]

9   Nicht in den Anwendungsbereich der Bestimmung fallen demgegenüber die **erstinstanz-lichen Gerichte des Bundes**, namentlich das Bundesstrafgericht in Bellinzona und das Bundesverwaltungsgericht in Bern, später in St. Gallen. Diesbezüglich bestehen separate Regelungen (vgl. Art. 8 SGG und Art. 8 VGG).

10   *4. Begriffe und Abgrenzungen*

«Unvereinbarkeit» (auch: «Inkompatibilität») meint nach üblicher juristischer Termino-logie, dass der Amtsantritt und die Amtsführung durch eine (an sich gültig gewählte) Person ausgeschlossen bleibt, solange ein bestimmer Unvereinbarkeitsgrund besteht.[10]

---

[3] ANDERMATT, Gerichtsorganisation, 54; BVK-GRISEL, Art. 75 N 8; ferner SÄGESSER, Kommen-tar RVOG, Art. 61 N 5, mit Verweis auf die Botschaft zum RVOG (BBl 2003 1352).

[4] BVK-GRISEL, Art. 75 N 7.

[5] SPÜHLER/DOLGE/VOCK, Kurzkommmentar, Art. 8 N 6; SEILER/VON WERDT/GÜNGERICH, BGG, Art. 8 N 2; BEELER, Unvereinbarkeit, 11; BUFFAT, Incomptabilités, 181 f.; EICHENBERGER, Un-abhängigkeit, 232; FLEINER/GIACOMETTI, Bundesstaatsrecht, 634; SÄGESSER, Kommentar RVOG, Art. 61 N 6; **anders** die Botschaft 2001 4281: Schutz der Kollegialität.

[6] Schlussbericht 1997, 69; Botschaft 2001 4281; SPÜHLER/DOLGE/VOCK, Kurzkommmentar, Art. 8 N 3.

[7] SPÜHLER/DOLGE/VOCK, Kurzkommmentar, Art. 8 N 7.

[8] AB 2005 S 118 f.

[9] SPÜHLER/DOLGE/VOCK, Kurzkommmentar, Art. 8 N 8.

[10] BGE 114 Ia 395, 402 f.; 116 Ia 477, 479; 123 I 97, 101 f.; HASELBACH, Unvereinbarkeit, 5; BOSSHART, Wählbarkeit, 5; FLEINER/GIACOMETTI, Bundesstaatsrecht, 482; TSCHANNEN, Staats-recht, § 31 N 12; SOUTTER, Gerichtsorganisation, 10; BURCKHARDT, Kommentar[3], 653; FRANK, Unvereinbarkeit, 58; SGK-LÜTHI, Art. 143 N 4; BEELER, Unvereinbarkeit, 4 und 11; SPÜHLER/ DOLGE/VOCK, Kurzkommentar, Art. 8 N 1; RHINOW, Grundzüge, Rz 2070 ff.; AUBERT, Bundes-

Klassisches Beispiel ist das Verbot so genannter Doppelmandate (vgl. z.B. Art. 6, aber auch Art. 144 BV), also die Unvereinbarkeit zwischen zwei verschiedenen Ämtern.

Der in der Marginalie verwendete Begriff der «Unvereinbarkeit in der Person» ist inso- **11** fern **missverständlich**,[11] suggeriert er doch, der (gültig gewählte) Richter könne sich zwischen einem Amt und einer persönlichen Bindung entscheiden. Diese Möglichkeit besteht aber selbst bei dauernder Lebensgemeinschaft (Bst. a) nur theoretisch, bei Ver- wandtschaft (Bst. c) beispielsweise fehlt sie ganz.[12]

Zu unterscheiden ist Art. 8 aber auch von der sog. **fehlenden Wählbarkeit** (Ineligibili- **12** tät): Ist eine Wählbarkeitsvoraussetzung nicht gegeben, kommt keine gültige Wahl zu- stande (vgl. Art. 5 Abs. 2).[13] .

Aber auch die verbreitete Bezeichnung «**Verwandtenausschluss**»[14] ist nicht ganz tref- **13** fend, erfassen die betreffenden Bestimmungen doch regelmässig nicht nur Verwandte, sondern auch Ehegatten, Verschwägerte usw.

Im Interesse der Klarheit – und auf Kosten der Prägnanz – müsste daher am ehesten von **14** einem «**Ausschluss aufgrund persönlicher Beziehung**» gesprochen werden.

II. Tatbestand

1. Grundsätze

Die Aufzählung der «Unvereinbarkeitstatbestände» (N 10 ff.) in Art. 8 ist **abschliessend**. **15** Sie enthält eine Reihe von Beziehungen, die bei abstrakter Betrachtung als eng er- scheinen. Eine eigentliche persönliche Bindung zwischen den Personen ist indessen

---

staatsrecht, N 1262; KÄLIN/BOLZ-BOLZ, Art. 68 N 1; THÜRER/AUBERT/MÜLLER-ZEN-RUFFINEN, § 21 N 16; SÄGESSER, Kommentar RVOG, Art. 60 N 7; HANGARTNER/KLEY, Demokratische Recht, Rz 224; zum Ganzen auch SEILER, Gewaltenteilung, 381 ff. und 466 ff.; ferner HÄFELIN/ HALLER, Bundesstaatsrecht[6], N 1460, mit Verweis auf Art. 18 BG über die politischen Rechte (SR 161.1).

[11] Ebenso aber z.B. Art. 61 RVOG und Art. 8 SGG, Art. 43 KV-SH, Art. 148 KV-SO, § 17 KV-LU, Art. 76 KV-GL und zahlreiche andere Bestimmungen des kantonalen Rechts.

[12] BEELER, Unvereinbarkeit, 11; BVK-GRISEL, Art. 75 N 7; THÜRER/AUBERT/MÜLLER-ZEN-RUF- FINEN, § 21 N 16; ebenso BUFFAT, Incomptabilités, 28 und 34, der deshalb das genannte Wahl- recht als Charakteristikum der Unvereinbarkeit aufgeben will, **anders** HALLER/KÖLZ, Staats- recht[3], 281; BK-BUCHER, Art. 20/21 N 74; MEYER, Organisation, 174, wo verwandtschaftliche Beziehungen jeweils als Unvereinbarkeitsfälle bezeichnet werden; inkonsequent diesbezüglich – weil die jeweils angegebene Definition jener von N 10 entspricht – ANDERMATT, Gerichtsorgani- sation, 53 und 54; SGK-LÜTHI, Art. 144 N 1 und N 6; FRANK, Unvereinbarkeit, 58 und 60; so- wie SOUTTER, Gerichtsorganisation, 10 und 11.

[13] BGE 114 Ia 395, 402 f.; 116 Ia 477, 479; 123 I 97, 101 f.; HASELBACH, Unvereinbarkeit, 5; BUF- FAT, Incomptabilités, 29; BOSSHART, Wählbarkeit, 3; BURCKHARDT, Kommentar[3], 653; FRANK, Unvereinbarkeit, 58 f.; TSCHANNEN, Staatsrecht, § 31 N 9; BEELER, Unvereinbarkeit, 3; FLEI- NER/GIACOMETTI, Bundesstaatsrecht, 482; SGK-LÜTHI, Art. 143 N 3; SÄGESSER, Kommentar RVOG, Art. 60 N 7; THÜRER/AUBERT/MÜLLER-ZEN-RUFFINEN, § 21 N 15; SPÜHLER/DOLGE/ VOCK, Kurzkommentar, Art. 8 N 2; HANGARTNER/KLEY, Demokratische Recht, Rz 221 ff.; SÄGESSER-SÄGESSER, Art. 145 N 6; KÄLIN/BOLZ-BOLZ, Art. 68 N 1; AUBERT, Bundesstaats- recht, N 1262; ANDERMATT, Gerichtsorganisation, 48 und 53; BVK-GRISEL, Art. 75 N 2 f. und N 17; **anders** GULDENER, Zivilprozessrecht[3], 12, der analoge Bestimmungen als «subjektive Be- schränkung der Wählbarkeit» bezeichnet; ähnlich BSK ZGB I[2]-BIGLER-EGGENBERGER, Art. 20 N 22 und Art. 21 N 7; HEUSI, Gerichtsorganisation, 57; SÄGESSER, Kommentar RVOG, Art. 61 N 7.

[14] Vgl. z.B. § 52 KV-BL und Art. 77 KV-UR.

nicht zusätzlich vorausgesetzt. Der Tatbestand ist erfüllt, sobald und solange die entsprechende Beziehung nach Massgabe der jeweiligen **zivilrechtlichen Definitionen** besteht.[15]

2. Ehegatten und eingetragene Partnerinnen oder Partner (Bst. a, 1. Teilsatz)

16 Ob zwei Personen miteinander verheiratet sind oder in eingetragener Partnerschaft zueinander stehen, lässt sich in aller Regel dem **Personenstandsregister** entnehmen (vgl. Art. 8 ZStV).

17 Wurde die Ehe **im Ausland** geschlossen oder eine Partnerschaft im Ausland eingetragen, ist massgebend, ob die Verbindung nach den einschlägigen Bestimmungen des internationalen Privatrechts anerkannt werden kann (vgl. v.a. Art. 45 und Art. 65a IPRG).

18 Mit der Auflösung der Ehe bzw. der eingetragenen Partnerschaft entfällt auch die entsprechende «Unvereinbarkeit» (N 10 ff.).[16] Die **Ehe gilt als aufgelöst**, sobald das Scheidungsurteil im Scheidungspunkt in Rechtskraft erwachsen ist. Ein allfälliger Streit um die Nebenfolgen der Scheidung (Unterhalt, Güterrecht usw.) bleibt insoweit unbeachtlich (Grundsatz der Teilrechtskraft, Art. 148 Abs. 1 ZGB).[17] Analog verhält es sich in Bezug auf eingetragene Partnerschaften (Art. 35 PartG i.V.m. Art. 135 ff. ZGB).

19 Wird die Ehe **im Ausland geschieden**, gilt sie als aufgelöst, wenn das ausländische Urteil in der Schweiz anerkannt werden kann.[18] Analog verhält es sich wiederum bezüglich eingetragener Partnerschaften (hierzu Art. 65d IPRG).

20 Eine allfällige **Ungültigkeit** der Ehe bzw. der eingetragenen Partnerschaft wirkt erst mit Rechtskraft des entsprechenden Urteils, und zwar lediglich ex nunc (Art. 109 Abs. 1 ZGB und Art. 11 Abs. 1 PartG).[19]

21 3. Personen, die in dauernder Lebensgemeinschaft leben (Bst. a, 2. Teilsatz)

Der Begriff der dauernden Lebensgemeinschaft entspricht demjenigen des **Konkubinatspaares** i.S. der bundesgerichtlichen Rechtsprechung.[20]

22 Angesprochen sind also auf unbestimmte Zeit angelegte **umfassende Lebensgemeinschaften** von zwei Personen (gleichen[21] oder) unterschiedlichen Geschlechts. Die Beziehung besteht aus einer geistig-seelischen, einer körperlichen und einer wirtschaftlichen Komponente («Wohn-, Tisch- und Bettgemeinschaft»), wobei aber nicht zwingend alle drei Begriffselemente gegeben sein müssen.[22]

---

[15] BIRCHMEIER, Handbuch, Art. 4 N 1; POUDRET, Commentaire, Art. 4 N 1; BUFFAT, Incomptabilités, 196; SEILER/VON WERDT/GÜNGERICH, BGG, Art. 8 N 3.

[16] BUFFAT, Incomptabilités, 248; SEILER/VON WERDT/GÜNGERICH, BGG, Art. 8 N 3.

[17] BSK-ZGB I³-STECK, Art. 148 N 13; FAMKOMM SCHEIDUNG-FANKHAUSER, Art. 148 N 3 ff.

[18] Zu beachten sind insb. Haager Übereinkommen vom 1.6.1970 über die Anerkennung von Ehescheidungen und Ehetrennungen (SR 0.211.212.3) sowie Art. 65 IPRG.

[19] BSK-ZGB I³-LÜCHINGER, Art. 109 N 5 f.; WOLF-BÜCHLER/MICHEL, 27.

[20] SEILER/VON WERDT/GÜNGERICH, BGG, Art. 8 N 4.

[21] Die gleichgeschlechtlichen Paare bleiben in der bundesgerichtlichen Definition regelmässig unerwähnt, sind aber selbstverständlich ebenfalls erfasst (vgl. bereits TURNHERR, Gemeinschaft, 17 f.; ferner BÜCHLER/VETTERLI, Ehe, 172).

[22] BGE 108 II 204, 206; 109 II 15, 16; 118 II 235, 238; 124 III 52, 54; LIATOWITSCH, FamPra 2000, 477; HEGNAUER/BREITSCHMID, Eherecht⁴, § 30 N 2; TURNHERR, Gemeinschaft, 15 ff.; FRANK, Gemeinschaft, N 1 ff.; WERRO, Concubinage, N 94 ff.

Die Dauer der Partnerschaft bleibt grundsätzlich ohne Belang.[23] Auch eine erst seit **kur-** 23
zer Zeit bestehende, aber auf Dauer angelegte Lebensgemeinschaft hat also eine Unvereinbarkeit zur Folge. Immerhin wird sich aber der entsprechende Beweis nach längerem
Zusammenleben eher erbringen lassen. Der Bestand einer Lebensgemeinschaft darf aber
auch nach einem Zusammenleben von mehr als fünf Jahren nicht ohne weiteres vermutet
werden.[24]

4. Ehegatten oder eingetragene Partnerinnen und Partner von Geschwistern 24
(Bst. b, 1. Teilsatz)

Auch die Ehegatten oder die eingetragenen Partnerinnen und **Partner von Geschwistern**
dürfen nicht gleichzeitig eine Richterstelle beim Bundesgericht innehaben.

«Geschwister» sind zwei Personen mit mindestens einem gemeinsamen Elternteil. Als 25
Geschwister gelten also auch Halbgeschwister (N 33). Abzustellen ist nicht auf die bio-
logische Abstammung, massgebend ist allein das Kindesverhältnis im Rechtssinne
(Art. 252 ff. ZGB, dazu unten, N 30).

Die Begriffe der **Ehe** und der **eingetragenen Partnerschaft** richten sich nach Zivilrecht 26
(vgl. N 16 ff.). Dem insoweit missverständlichen Wortlaut zum Trotz gilt die «Unvereinbarkeit» (N 10 ff.) auch dann, wenn auf der einen Seite eine Ehe und auf der anderen
eine eingetragene Partnerschaft besteht.

Kein «Verwandtenausschluss» (N 13) besteht demgegenüber zwischen den Geschwis- 27
tern des einen (Ehe-)Partners und den Geschwistern des anderen (Ehe-)Partners, was mit
Blick auf die Ähnlichkeit der Sachverhalte nicht recht einleuchtet.

5. Personen, die mit Geschwistern in dauernder Lebensgemeinschaft leben 28
(Bst. b, 2. Teilsatz)

Der zweite Teilsatz von Bst. b stellt die **dauernde Lebensgemeinschaft** auch in Bezug
auf die Beziehung zu Geschwistern der Ehe und der eingetragenen Partnerschaft (dazu
N 16 ff.) gleich.

Wiederum kann es nach **Sinn und Zweck der Bestimmung** keine Rolle spielen, ob auf 29
der einen Seite eine Lebensgemeinschaft und auf der anderen eine Ehe oder eine eingetragene Partnerschaft besteht.

6. Verwandte in gerader Linie sowie bis und mit dem dritten Grad in der Seitenlinie 30
(Bst. c)

Der Begriff der Verwandtschaft richtet sich nach Art. 20 ZGB. Erfasst sind vorab **Ver-**
wandte in gerader Linie, also Personen, bei denen die eine von der anderen «ab-
stammt» (Art. 20 Abs. 2 ZGB). Massgebend ist jeweils das Bestehen eines Kindesverhältnisses im Rechtssinne (Art. 252 ff. ZGB; vgl. auch Art. 9 Abs. 1 ZStV).[25] Dessen

---

[23] Ebenso SPÜHLER/DOLGE/VOCK, Kurzkommmentar, Art. 8 N 6, mit Verweis auf Sinn und Zweck
von Art. 8.
[24] So aber Schlussbericht 1997, 69; Botschaft 2001 4281; SEILER/VON WERDT/GÜNGERICH, BGG,
Art. 8 N 4, jeweils unter Anknüpfung an die Praxis zum alten Scheidungsrecht, vgl. z.B. BGE
114 II 295, 298; 118 II 235, 237.
[25] SEILER/VON WERDT/GÜNGERICH, BGG, Art. 8 N 5; PEDRAZZINI/OBERHOLZER, Personenrecht[4],
95 f.; nur scheinbar anders BIRCHMEIER, Handbuch, Art. 4 N 1: «Blutsverwandtschaft», denn in
der Folge wird auch die Adoption als Grundlage für einen Ausschluss genannt.

Rechtsgrund bleibt ohne Belang. Das Kindesverhältnis kann also insb. auch durch Adoption (Art. 264 ff. ZGB), Anerkennung (Art. 260 ff. ZGB), Vaterschaftsurteil (Art. 261 ff. ZGB) oder unangefochtene Vaterschaftsvermutung (Art. 255 ff. ZGB) entstehen.[26] Eine Abstammung im biologischen Sinne ist weder notwendig noch hinreichend.

31　Bei Verwandten in gerader Linie besteht hinsichtlich der **Verwandtschaftsgrade** keine Beschränkung, doch setzt die menschliche Lebenserwartung selbstverständlich natürliche Grenzen: Bereits Verwandte in gerader Linie im dritten Grad dürften kaum je gleichzeitig für ein Richteramt in Frage kommen.

32　«Unvereinbarkeit» (N 10 ff.) besteht sodann zwischen Verwandten **bis und mit dem dritten Grad in der Seitenlinie**. Erfasst sind damit Personen, die «von einer dritten Person abstammen und unter sich nicht in gerader Linie verwandt sind» (Art. 20 Abs. 2 ZGB).

33　Die Anzahl der Verwandtschaftsgrade richtet sich nach Art. 20 Abs. 1 ZGB, mithin nach der sog. römisch-rechtlichen Zählung. Massgebend ist also die Anzahl «Geburten»[27] zwischen den fraglichen zwei Personen (Art. 20 Abs. 1 ZGB).[28] Erfasst sind Geschwister und Halbgeschwister[29] sowie Onkel/Tante und Nichte/Neffe.[30] Kein «Verwandtenausschluss» (N 13) besteht hingegen zwischen Cousin und Cousine, denn hier besteht Verwandtschaft nur im vierten Grad.[31]

34　*7. Verschwägerte in gerader Linie sowie bis und mit dem dritten Grad*
　　in der Seitenlinie (Bst. d)

Schwägerschaft setzt **zwei unterschiedliche Beziehungen** voraus, nämlich eine Verwandtschaft einerseits sowie eine Ehe oder eine eingetragene Partnerschaft andererseits:[32] Wer mit einer Person verwandt ist, ist mit deren Ehegatten, deren eingetragener Partnerin oder deren eingetragenem Partner in der gleichen Linie und in dem gleichen Grade verschwägert (Art. 21 Abs. 1 ZGB; zur Zählung der Grade vgl. N 33).

35　Die Eltern oder Geschwister zweier Ehegatten sind demnach – entgegen dem teilweise üblichen Sprachgebrauch («Gegenschwäger») – miteinander nicht verschwägert.[33] Gleiches gilt für die beiden Ehegatten zweier Verwandter.[34]

---

[26] Vgl. dazu v.a. BÜCHLER/VETTERLI, Ehe, 183 ff.; ferner DESCHENAUX/STEINAUER, Personnes[3], Rz 330 ff.; BK-BUCHER, Art. 20/21 N 22; BSK ZGB I[2]-BIGLER-EGGENBERGER, Art. 20 N 2 f.; BUFFAT, Incompatibilités, 196 ff.; SÄGESSER, Kommentar RVOG, Art. 61 N 12.

[27] Richtigerweise müsste man nach dem unter N 30 Gesagten von «Kindesverhältnissen» sprechen: DESCHENAUX/STEINAUER, Personnes[3], Rz 341.

[28] BIRCHMEIER, Handbuch, Art. 4 N 1; POUDRET, Commentaire, Art. 4 N 1; PEDRAZZINI/OBERHOLZER, Personenrecht[4], 96; HAUSHEER/AEBI-MÜLLER, Personenrecht, § 8 N 8 f.; TUOR ET AL.[12]-SCHMID, 89; BSK ZGB I[2]-BIGLER-EGGENBERGER, Art. 20 N 9 f.; ZK-HAFTER, Art. 20 N 2; DESCHENAUX/STEINAUER, Personnes[3], Rz 343; BK-BUCHER, Art. 20/21 N 34 f.

[29] ZK-HAFTER, Art. 20 N 5; BSK ZGB I[2]-BIGLER-EGGENBERGER, Art. 20 N 7a; SEILER/VON WERDT/GÜNGERICH, BGG, Art. 8 N 5; BK-BUCHER, Art. 20/21 N 30.

[30] HAUSHEER/AEBI-MÜLLER, Personenrecht, § 8 N 9; SEILER/VON WERDT/GÜNGERICH, BGG, Art. 8 N 5.

[31] SEILER/VON WERDT/GÜNGERICH, BGG, Art. 8 N 5.

[32] BK-BUCHER, Art. 20/21 N 39 und 43 f.; HAUSHEER/AEBI-MÜLLER, Personenrecht, § 8 N 13; PEDRAZZINI/OBERHOLZER, Personenrecht[4], 96.

[33] BSK ZGB I[2]-BIGLER-EGGENBERGER, Art. 20 N 2; DESCHENAUX/STEINAUER, Personnes[3], Rz 345; BK-BUCHER, Art. 20/21 N 41.

[34] BGE 116 Ia 477, 481 ff.; TUOR ET AL[12].-SCHMID, 89; SEILER/VON WERDT/GÜNGERICH, BGG, Art. 8 N 5.

Zu beachten bleibt, dass die Schwägerschaft durch die **Auflösung der Ehe** oder der ein- **36** getragenen Partnerschaft nicht aufgelöst wird (Art. 21 Abs. 2 ZGB).[35] Diese Regelung hat zur Konsequenz, dass zwar geschiedene Ehepartner gleichzeitig dem Bundesgericht angehören können (N 18), nicht aber der geschiedene Ehegatte und die Schwester seiner früheren Ehefrau, was kaum den Intentionen des Gesetzgebers entsprechen dürfte.[36]

Umgekehrt kann aber **nach der Auflösung der Ehe** bzw. eingetragenen Partnerschaft **37** keine Schwägerschaft mehr begründet werden.[37]

8. «Verschwägerte» aufgrund einer dauernden Lebensgemeinschaft (Abs. 2) **38**

Absatz 2 stellt die **dauernde Lebensgemeinschaft** (N 21 ff.) in Bezug auf Abs. 1 Bst. d **39** der Schwägerschaft gleich.

Diese Gleichstellung kann **unerwartete – und vom Gesetzgeber kaum bedachte –** **40** **Auswirkungen** zeitigen: Wer in der Studienzeit in einem Konkubinat lebte, wird unter Umständen Jahre später feststellen müssen, dass eine Richterkarriere am Bundesgericht blockiert wird, weil die Schwester der seinerzeitigen und längst aus den Augen verlorenen Partnerin mittlerweile Bundesrichterin geworden ist. – Die Gleichstellung von Lebensgemeinschaft und Ehe bzw. eingetragener Partnerschaft schliesst nämlich die Anwendung von Art. 21 Abs. 2 ZGB (N 36) mit ein, so dass die «Schwägerschaft» auch durch eine Auflösung des Konkubinates nicht aufgehoben wird.

III. Rechtsfolge **41**

Art. 8 statuiert keine negativen Wählbarkeitsvoraussetzungen, so dass eine dem bestehenden «Verwandtenausschluss» (N 13) zum Trotz erfolgte **Wahl grundsätzlich gültig** ist.[38]

Die in der Bestimmung aufgelisteten Beziehungen bedeuten lediglich **Voraussetzungen** **42** **des Amtsantritts und der Amtsausübung**:

– Bestand die Beziehung bereits **im Zeitpunkt der Wahl**, so kann der gültig Gewählte **43** sein Amt nur dann antreten und ausüben, wenn das bereits amtierende Mitglied des Bundesgerichts auf sein Amt verzichtet.[39] Werden zwei Personen gleichzeitig gewählt, obwohl sie dem Bundesgericht nicht gleichzeitig angehören dürfen, wird man zunächst die Betroffenen eine Lösung suchen lassen. Gelingt dies nicht, dürften die Anzahl Stimmen den Ausschlag geben.[40]

– Wird die fragliche Beziehung **nach dem Amtsantritt** eingegangen, ist dies als Ver- **44** zicht auf das Amt zu werten.[41] Etwas anderes gilt freilich wiederum, wenn die andere Person bereit ist, ihrerseits zurückzutreten (vgl. N 43). Gehen zwei Mitglieder des

---

[35] TUOR ET AL.[12]-SCHMID, 89; ZK-HAFTER, Art. 21 N 3; HAUSHEER/AEBI-MÜLLER, Personenrecht, § 8 N 14; PEDRAZZINI/OBERHOLZER, Personenrecht[4], 97; SEILER/VON WERDT/GÜNGERICH, BGG, Art. 8 N 6; BSK ZGB I[2]-BIGLER-EGGENBERGER, Art. 20 N 4; DESCHENAUX/STEINAUER, Personnes[3], Rz 348; BK-BUCHER, Art. 20/21 N 45 f.

[36] Kritisch auch SEILER/VON WERDT/GÜNGERICH, BGG, Art. 8 N 6.

[37] Eingehend BK-BUCHER, Art. 20/21 N 49 ff.; ferner ZK-HAFTER, Art. 21 N 4; TUOR ET AL.[12]-SCHMID, 89; DESCHENAUX/STEINAUER, Personnes[3], Rz 348.

[38] SEILER/VON WERDT/GÜNGERICH, BGG, Art. 8 N 7, vgl. auch bereits oben, N 10 ff.

[39] POUDRET, Commentaire, Art. 4 N 3; BUFFAT, Incomptabilités, 247 und 248.

[40] BUFFAT, Incomptabilités, 246.

[41] So noch explizit Art. 4 Abs. 3 aOG, vgl. ferner SEILER/VON WERDT/GÜNGERICH, BGG, Art. 8 N 7; BUFFAT, Incomptabilités, 247.

Bundesgerichts eine Beziehung ein, z.B. indem sie heiraten, so dürfte es vorab Sache der Betroffenen sein, sich zu einer Entscheidung durchzuringen.[42] Gelingt keine Einigung, wäre wohl auf das Anciennitätsprinzip abzustellen.

45 Wird ein Entscheid unter Mitwirkung von zwei Personen gefällt, die dem Bundesgericht nicht gleichzeitig angehören dürfen, bildet dies einen **Revisionsgrund** (Art. 121 Bst. a).[43]

Art. 9*

Amtsdauer	[1] Die Amtsdauer der Richter und Richterinnen beträgt sechs Jahre.
	[2] Richter und Richterinnen scheiden am Ende des Jahres aus ihrem Amt aus, in dem sie das 68. Altersjahr vollenden.
	[3] Frei gewordene Stellen werden für den Rest der Amtsdauer wieder besetzt.
Période de fonction	[1] La période de fonction des juges est de six ans.
	[2] Lorsqu'un juge atteint l'âge de 68 ans, sa période de fonction s'achève à la fin de l'année civile.
	[3] Les sièges vacants sont repourvus pour le reste de la période.
Durata della carica	[1] I giudici stanno in carica sei anni.
	[2] I giudici che compiono 68 anni lasciano la carica alla fine dell'anno civile.
	[3] I seggi divenuti vacanti sono riassegnati per il resto del periodo.

Inhaltsübersicht   Note

Materialien

Art. 10 E ExpKomm; Art. 9 E 2001 BBl 2001 4482; Botschaft 2001 BBl 2001 4281 f.; AB 2003 S 891; AB 2004 N 1585.

Literatur

Bericht der Geschäftsprüfungskommissionen des Nationalrats und des Ständerats vom 6.10.2003, BBl 2004 5647 ff.; Gutachten des Bundesamts für Justiz vom 14.8.2003, VPB 68 (2003) Nr. 49.

---

[42] Vgl. POUDRET, Commentaire, Art. 4 N 3: «A eux de choisir…».

[43] SEILER/VON WERDT/GÜNGERICH, BGG, Art. 8 N 8 und Art. 121 N 12; vgl. dazu auch BUFFAT, Incomptabilités, 253 f.

* Ich danke Dr. theol. Christian Kissling, MLaw, Assistent an meinem Lehrstuhl an der rechtswissenschaftlichen Fakultät der Universität Zürich, für die Mitarbeit.

I. Bisheriges Recht

Art. 9 entspricht mit Ausnahme des neu hinzugefügten Satz 2 dem bisherigen Art. 5 OG. **1**
Da allerdings das eidg. Versicherungsgericht einen anderen Beginn der sechsjährigen
Amtsdauer kannte, musste jene der ehemaligen Versicherungsrichter an diejenige des
Bundesgerichts angepasst werden (Art. 132 Abs. 3, AS 2006 4213).

II. Amtsdauer (Abs. 1)

Die Amtsdauer von sechs Jahren gem. Abs. 1 ergibt sich aus Art. 145 Abs. 2 BV. Die **2**
erste einheitliche und feste Amtsdauer nach dem neuen Gesetz läuft von Anfang 2009 bis
Ende 2014. Die gegenüber dem Nationalrat und dem Bundesrat (vier Jahre) längere
Amtsdauer von sechs Jahren nimmt Rücksicht auf die richterliche Unabhängigkeit, wobei kontrovers diskutiert wird, ob dieser Schutz wirklich genügt.[1]

Nach Ablauf der Amtsdauer findet für die wieder kandidierenden Richter eine Wieder- **3**
wahl gem. Art. 136 ParlG statt. Nicht wiedergewählte Richter[2] können sich anschliessend
nur noch einer Ergänzungswahl gem. Art. 137 ParlG stellen. In der Praxis der Vereinigten
Bundesversammlung werden Richter stets wiedergewählt, wobei sich im Falle einer (bisher noch nie vorgekommenen definitiven) Nichtwiederwahl heikle Rechtsfragen stellen
können. Das geltende Recht kennt allerdings keinen Anspruch auf Wiederwahl. Immerhin stellt sich die Frage, ob die Nichtwiederwahl aus beliebigen Gründen (z.B. geänderte
Parlamentsmehrheit oder Nichtbezahlung der Parteisteuer[3]) vorgenommen werden darf.
Mangels einer darüber entscheidenden Rechtspflege (sieht man einmal vom Europäischen Gerichtshof für Menschenrechte ab) sind diese Fragen theoretisch. Eine Nichtwiederwahl wegen geänderter parlamentarischer Mehrheiten ist – wie im Falle von
Bundesräten – denkbar, schadet aber der Autorität von Gericht und Recht.

Vor Ablauf der Amtsdauer endigt das Amt für die Richterpersönlichkeit durch Tod, Errei- **4**
chen der Altersgrenze (Abs. 2), Rücktritt oder Verlust der Wählbarkeitsvoraussetzungen
(Art. 5).

Während der Amtsdauer kann die Bundesversammlung als Wahlbehörde keinen Richter **5**
oder keine Richterin definitiv des Amts entheben. Insbesondere wäre es unzulässig, dieses Vorgehen als einen Einzelakt gem. Art. 29 ParlG zu beschliessen. Denn der nach
Art. 29 Abs. 2 ParlG vorgesehene referendumspflichtige und nichtrechtsetzende Bundesbeschluss darf als solcher nicht gesetz- oder verfassungswidrig sein: Das Legalitätsprinzip gem. Art. 5 Abs. 1 BV gilt ohne jede Ausnahme. Einzig die Referendumsklausel
(Unterstellung unter das fakultative Referendum) muss nicht gesetzlich oder verfassungsmässig normiert sein, sondern kann im Einzelfall von der Bundesversammlung beschlossen werden (sog. Fall zu Fall oder fakultativ fakultatives Referendum).[4] Keinesfalls bietet
Art. 29 Abs. 2 ParlG die Möglichkeit für rechtswidriges Handeln.[5]

---

[1] Vgl. die Hinweise von SEILER, in: SEILER/VON WERDT/GÜNGERICH, BGG, Art. 9 N 5 auf die
Rechtsprechung des EGMR und die entsprechenden Anforderungen an die richterliche Unabhängigkeit, ferner: R. KIENER, Die Abberufung eines Bundesrichters. Richterliche Unabhängigkeit am Wendepunkt? NZZ Nr. 60 vom 13.3.2003,13.

[2] Siehe den Fall eines Bundesrichters im Jahr 1990, der anlässlich der Erneuerungswahlen für das
Bundesgericht am 5.12.1990 zunächst nicht wiedergewählt wurde, sondern es erst im zweiten An-
lauf in den Ergänzungswahlen vom 12.12.1990 schaffte, vgl. AB 1990 N 2520 ff.

[3] Vgl. Votum C. Blocher, AB 1990 N 2521.

[4] Vgl. Y. HANGARTNER/A. KLEY, Die demokratischen Rechte in Bund und Kantonen der schweizerischen Eidgenossenschaft, Zürich 2000, Rz 448 ff.,186 ff.

[5] Unhaltbar das Gutachten des Bundesamts für Justiz vom 14.8.2003, Ziff. 3.3, und die Ausführungen im Bericht der Geschäftsprüfungskommissionen des Nationalrats und des Ständerats vom

6 Während der Amtsdauer kann die Bundesversammlung einen Richter nur dann in der Amtsausübung einstellen, wenn gegen ihn ein Strafverfahren wegen strafbarer Handlungen, die sich auf seine amtliche Tätigkeit oder Stellung beziehen, eröffnet werden soll und die Wahlbehörde die Ermächtigung zur Strafverfolgung nach Art. 14 Abs. 1 VG erteilt.[6] In diesem Fall ist nach Art. 14 Abs. 4 VG die vorläufige Einstellung im Amt (nicht aber die Amtsenthebung) möglich. Eine weitere oder andere Form der Amtseinstellung oder Amtsenthebung der Bundesrichter ist gesetzlich nicht vorgesehen.

III. Altersgrenze (Abs. 2)

7 Der neu eingefügte Abs. 2 entspricht einem früheren gentlemen's agreement zwischen der Bundesversammlung und den eidgenössischen Gerichten.[7] Die nach Abs. 2 ausscheidenden Richter müssen nicht demissionieren, sondern scheiden von Gesetzes wegen aus. Diese Bestimmung ist nur dann sinnvoll, wenn sie auch als Wählbarkeitsvoraussetzung verstanden wird. Eine über 68 Jahre alte Person ist somit nicht mehr wählbar.[8]

IV. Ergänzungswahlen (Abs. 3)

8 Die nach Abs. 3 vorgesehenen Ergänzungswahlen erfolgt für Stellen, die während der Amtsdauer frei geworden sind. Das Verfahren der Ergänzungswahlen regelt Art. 137 ParlG.

Art. 10*

Amtseid

[1] **Die Richter und Richterinnen werden vor ihrem Amtsantritt auf gewissenhafte Pflichterfüllung vereidigt.**

[2] **Die Vereidigung erfolgt durch die Abteilung unter dem Vorsitz des Präsidenten oder der Präsidentin des Bundesgerichts.**

[3] **Statt des Eids kann ein Gelübde abgelegt werden.**

Serment

[1] Avant leur entrée en fonction, les juges s'engagent à remplir consciencieusement leurs devoirs.

6.10.2003, 5739 f. Vgl. Art. 11 N 9. Siehe dazu G. MÜLLER, Der verfassungswidrige Bundesbeschluss – Nachlese zum Parlamentsgesetz, LeGes 2004/2, 159 ff. Das Gutachten beschäftigt sich auch mit der Amtsenthebung anderer Richter des Bundes als der Bundesrichter, wo die Rechtslage anders ist, vgl. Gutachten des Bundesamts für Justiz vom 14.8.2003, Ziff. 2.4.

[6] Siehe dazu den Fall Léo Nyfeler, der am 18.11.1967 eine Verantwortlichkeitsklage eingereicht hatte und diese u.a. mit Beweisunterdrückung begründete. Der Nationalrat hiess überraschend das Gesuch um Durchführung eines Verfahrens gut, vgl. AB 1968 N 661 ff., nicht aber der Ständerat, sodass die Ermächtigung (entgegen der Darstellung von James Schwarzenbach, Im Rücken das Volk, Zürich 1980, 120 ff.) nicht zustande kam. Siehe weitere Bsp. zum Verhältnis zwischen Bundesversammlung und Bundesgericht: KLEY, Rechtsschutz, 309 f. Anm. 449.

[7] Botschaft 2001 BBl 2001 4282. Vorher galt in der Praxis eine Altersgrenze von 70 Jahren, vgl. POUDRET, Commentaire, Bd. 1, 25.

[8] Gleicher Ansicht SEILER, in: SEILER/VON WERDT/GÜNGERICH, BGG, Art. 9 N 10; a.A. Botschaft 2001 BBl 2001 4282.

* Ich danke Dr. theol. Christian Kissling, MLaw, Assistent an meinem Lehrstuhl an der rechtswissenschaftlichen Fakultät der Universität Zürich, für die Mitarbeit.

² Ils prêtent serment devant leur cour sous la présidence du président du Tribunal fédéral.

³ Le serment peut être remplacé par une promesse solennelle.

Giuramento

¹ Prima di entrare in carica, i giudici giurano di adempiere coscienziosamente il loro dovere.

² Il giuramento è prestato dinanzi alla rispettiva corte sotto la presidenza del presidente del Tribunale.

³ Il giuramento può essere sostituito dalla promessa solenne.

Inhaltsübersicht

Materialien

Art. 11 E ExpKomm; Art. 10 E 2001 BBl 2001 4482; Botschaft 2001 BBl 2001 4282; AB 2003 S 892; AB 2004 N 1585; AB 2005 S 119.

I. Bisheriges Recht

Art. 9 OG enthielt Beeidigungsvorschriften für die verschiedensten Funktionäre der **1** Bundesrechtspflege. Art. 10 bezieht diese nur noch auf die Richter und Richterinnen.

II. Kommentar

Die Pflicht zur Eides- bzw. Gelübdeleistung obliegt allen ordentlichen und nebenamt- **2** lichen Richtern und Richterinnen. Der Eid bzw. das Gelübde muss vor Amtsantritt geleistet werden; Art. 3 Abs. 3 ParlG wertet die Weigerung als Amtsverzicht, womit die Stelle von Gesetzes wegen frei wird. Das Gelübde enthält eine nicht religiöse Formel, die als gleichwertige Variante zur religiösen Eidesformel durch die Glaubens- und Gewissensfreiheit des Art. 15 BV geboten ist.

Die Vereidigung vor der Abteilung unter dem Vorsitz des Bundesgerichts-(vize-)präsi- **3** denten kodifizierte die bisherige Praxis[1] und wurde von der Arbeitsgruppe Bundesgericht vorgeschlagen.[2]

Die Eides- bzw. Gelübdeformel ist in Art. 3 Abs. 4 bzw. 5 ParlG enthalten. Sie wurde mit **4** dem Parlamentsgesetz neu geschaffen, nachdem die bisherige Formel von 1848–2002 unverändert geblieben war.[3] Das Gesetz spricht von der Vereidigung «auf gewissenhafte Pflichterfüllung», was der geänderten Eides- bzw. Gelübdeformel entspricht.[4]

---

[1] POUDRET, Commentaire, Bd. 1, 35.

[2] Vgl. Arbeitsgruppe Bundesgerichtsgesetz, Rechtskommission des Nationalrats, 18.3.2004, 8.

[3] Vgl. Parlamentarische Initiative Parlamentsgesetz (PG). Bericht der Staatspolitischen Kommission des Nationalrats vom 1.3.2001, BBl 2001 3467 ff., 3520 f. Ursprünglicher Wortlaut: vgl. AS I (1848–1850), 45 f., Dekret vom 15.11.1848.

[4] SPÜHLER/DOLGE/VOCK, Kurzkommentar, Art. 11 N 3, sehen darin eine Ausdehnung der Pflichten, was aber nicht beabsichtigt war und sich auch nicht auf den Wortlaut abstützen lässt.

Art. 11*

Immunität

[1] Gegen die Richter und Richterinnen kann während ihrer Amtsdauer wegen Verbrechen und Vergehen, die nicht in Zusammenhang mit ihrer amtlichen Stellung oder Tätigkeit stehen, ein Strafverfahren nur eingeleitet werden mit der schriftlichen Zustimmung der betroffenen Richter oder Richterinnen oder auf Grund eines Beschlusses des Gesamtgerichts.

[2] Vorbehalten bleibt die vorsorgliche Verhaftung wegen Fluchtgefahr oder im Fall des Ergreifens auf frischer Tat bei der Verübung eines Verbrechens. Für eine solche Verhaftung muss von der anordnenden Behörde innert 24 Stunden direkt beim Gesamtgericht um Zustimmung nachgesucht werden, sofern die verhaftete Person nicht ihr schriftliches Einverständnis zur Haft gegeben hat.

[3] Ist ein Strafverfahren wegen einer in Absatz 1 genannten Straftat bei Antritt des Amtes bereits eingeleitet, so hat die Person das Recht, gegen die Fortsetzung der bereits angeordneten Haft sowie gegen Vorladungen zu Verhandlungen den Entscheid des Gesamtgerichts zu verlangen. Die Eingabe hat keine aufschiebende Wirkung.

[4] Gegen eine durch rechtskräftiges Urteil verhängte Freiheitsstrafe, deren Vollzug vor Antritt des Amtes angeordnet wurde, kann die Immunität nicht angerufen werden.

[5] Wird die Zustimmung zur Strafverfolgung eines Richters oder einer Richterin verweigert, so kann die Strafverfolgungsbehörde innert zehn Tagen bei der Bundesversammlung Beschwerde einlegen.

Immunité

[1] Un juge peut, pendant la durée de son mandat, faire l'objet d'une procédure pénale pour un crime ou un délit qui n'a pas trait à l'exercice de sa fonction ou de son activité, à la condition expresse qu'il y ait consenti par écrit ou que la Cour plénière ait donné son autorisation.

[2] L'arrestation préventive pour cause de risque de fuite ou, en cas de crime, de flagrant délit, est réservée. L'autorité qui ordonne l'arrestation doit, dans les 24 heures, requérir directement l'autorisation de la Cour plénière, à moins que la personne n'y ait consenti par écrit.

[3] La personne qui, au moment d'entamer son mandat, fait l'objet d'une procédure pénale pour un acte visé à l'al. 1, a le droit de demander à la Cour plénière de se prononcer contre la poursuite de la détention qui a été ordonnée et contre les citations à comparaître à des audiences. Sa requête n'a pas d'effet suspensif.

[4] L'immunité ne peut être invoquée contre un jugement entré en force qui prévoit une peine privative de liberté dont l'exécution a été ordonnée avant le début du mandat.

[5] Si le consentement pour la poursuite pénale d'un juge est refusé, l'autorité de poursuite pénale peut faire recours auprès de l'Assemblée fédérale dans les dix jours.

---

* Ich danke Dr. theol. Christian Kissling, MLaw, Assistent an meinem Lehrstuhl an der rechtswissenschaftlichen Fakultät der Universität Zürich, für die Mitarbeit.

Immunità	[1] Contro un giudice in carica non può essere promosso alcun procedimento penale per un crimine o delitto non connesso alla sua condizione o attività ufficiale, se non con il suo consenso scritto o con l'autorizzazione della Corte plenaria.

[2] Rimane salvo l'arresto preventivo in caso di pericolo di fuga o, se si tratta di crimine, in caso di flagrante reato. Entro 24 ore, l'autorità che ha ordinato l'arresto deve chiedere direttamente il beneplacito della Corte plenaria, salvo che il magistrato arrestato non lo dia egli stesso per scritto.

[3] Il giudice che, all'atto dell'entrata in funzione, risulta già oggetto di un procedimento penale per un reato menzionato nel capoverso 1 può domandare alla Corte plenaria che vengano sospesi sia l'arresto sia le citazioni ad udienze. La domanda non ha effetto sospensivo.

[4] L'immunità non può essere invocata quando si tratta di una pena detentiva pronunciata con sentenza passata in giudicato la cui esecuzione è stata ordinata già prima dell'entrata in funzione.

[5] Se il consenso a procedere penalmente contro un giudice è negato, l'autorità incaricata del procedimento penale può, entro dieci giorni, interporre ricorso all'Assemblea federale.

Inhaltsübersicht   Note

Materialien

Ursprünglich fand sich diese Bestimmung im aufgehobenen Garantiegesetz[1] (Art. 4). Sie war nicht in den Entwürfen enthalten, sondern wurde aus dem OG (Art. 5a) übernommen, in das sie nach der Veröffentlichung des BGG-Entwurfs vom ParlG per 1.1.2003 eingefügt worden war (s. Parlamentarische Initiative Parlamentsgesetz, Bericht der Staatspolitischen Kommission des Nationalrats vom 1.3.2001, BBl 2001 3467 ff., 3615 f.): AB 2004 N 1585; 2005 S 119. Die Bestimmung entspricht, abgesehen von der Ersetzung von «Bundesrat» durch «Bundesgericht», wörtlich dem Art. 61a RVOG.

Literatur

Bericht der Geschäftsprüfungskommissionen des Nationalrats und des Ständerats vom 6.10.2003, BBl 2004 5647 ff.; Gutachten des Bundesamts für Justiz vom 14.8.2003, VPB 68 (2003) Nr. 49; A. KLEY, Art. 6 EMRK als Rechtsschutzgarantie gegen die öffentliche Gewalt, Schweizer Studien zum internationalen Recht, Band 85, Zürich 1993 (zit. Kley, Art. 6 EMRK); TH. SÄGESSER, Regierungs- und Verwaltungsorganisationsgesetz RVOG, Kommentar, Bern 2006 (zit. Sägesser, Kommentar RVOG).

---

[1] BS 1 152; AS 1962 773; 1977 2249; 1987 226; 2000 273.

I. Bisheriges Recht

1   Art. 11 findet sich wörtlich als Art. 5a OG, eingefügt durch das ParlG, AS 2003 3543 ff., 3597.

II. Einordnung und Übersicht

2   Die absolute Immunität gem. Art. 162 Abs. 1 BV bezieht sich auf die Parlamentsdebatte und erstreckt sich deshalb nicht auf die Bundesrichter, denn diese können keine Voten in den parlamentarischen Beratungen abgeben. Eine zu Art. 162 Abs. 1 BV analoge Vorschrift für die öffentlichen Beratungen des Bundesgerichts gem. Art. 58 und 59 fehlt erstaunlicherweise. Gemäss Abs. 2 des gleichen Verfassungsartikels kann das Gesetz weitere Arten der Immunität vorsehen und diese auf weitere Personen ausdehnen. Der Gesetzgeber hat von dieser Ermächtigung zur Gewährung der relativen Immunität in Art. 14 VG umfassend für die Parlamentsmitglieder und die von der Bundesversammlung gewählten Magistratspersonen, somit auch für die Bundesrichterinnen und Bundesrichter, sowie in Art. 61a RVOG (eingefügt durch das ParlG, AS 2003 3543 ff., 3596) speziell für die Mitglieder des Bundesrats und die Bundeskanzlerin und sodann in Art. 11 für die Bundesrichterinnen und Bundesrichter Gebrauch gemacht. Art. 14 VG bezieht sich auf «strafbare Handlungen, die sich auf die amtliche Tätigkeit oder Stellung beziehen», wogegen sich die Art. 61a RVOG bzw. Art. 11 auf «Verbrechen oder Vergehen» während der Amtsdauer beziehen, «die nicht in Zusammenhang mit ihrer amtlichen Stellung oder Tätigkeit stehen»; die beiden Tatbestände ergänzen sich somit.

3   Art. 11 soll die Funktionsfähigkeit des Bundesgerichts und die Amtsausübung der Bundesrichter sicherstellen, nicht aber ein persönliches Privileg schaffen.[2] Bei Verbrechen oder Vergehen ist die «persönliche Beanspruchung»[3] durch eine Strafuntersuchung oder Verhaftung so gross, dass die Amtsführung darunter leiden würde. Die gesetzlichen Bestimmungen differenzieren je nach Stadium des Strafverfahrens und dem schon erfolgten oder noch nicht erfolgten Amtsantritt des betreffenden Bundesrichters. Ist der betroffene Richter bereits im Amt, so ist die Immunität gem. Abs. 1 und 2 umfassender, als wenn der Antritt erst nach Einleitung des Strafverfahrens stattgefunden hat (Abs. 3) oder die Strafe bereits vollzogen wird (Abs. 4). Im Abs. 5 wird die Beschwerde an die Bundesversammlung vorgesehen, falls das Gericht gem. Abs. 1–3 keine Strafverfolgung erlaubt.

III. Einleitung eines Strafverfahrens während Amtsdauer (Abs. 1)

4   Als Verbrechen bzw. Vergehen gelten gem. Art. 10 Abs. 2 und 3 StGB die mit Freiheitsstrafe von mehr bzw. weniger als 3 Jahren bedrohten Taten. Die Immunität richtet sich nur gegen Straf-, nicht aber gegen andere Verfahren. Das Strafverfahren darf keinen Zusammenhang mit der amtlichen Stellung oder Tätigkeit aufweisen, damit Art. 11 zum Zuge kommt. Ein solcher Zusammenhang besteht auch dann, wenn das fragliche Delikt bei Anlass oder in Ausübung amtlichen Handelns erfolgte.[4] Das ist etwa bei allen Geheimnisverletzungen oder Meinungsdelikten im Zusammenhang mit dem Amt der Fall. Art. 11 wird also nur anwendbar, wenn ausschliesslich privates Handeln ohne jeden Zusammenhang mit der amtlichen Tätigkeit vorliegt. Bislang gab es kaum derartige Fälle, auch nicht in einem Fall aus dem Jahr 2003.[5]

---

[2] Vgl. SEILER/VON WERDT/GÜNGERICH, BGG, Art. 11 N 3.
[3] SÄGESSER, Kommentar RVOG, Art. 62a N 19.
[4] Vgl. SÄGESSER, Kommentar RVOG, Art. 62a N 20.
[5] Vgl. Bericht der Geschäftsprüfungskommissionen des Nationalrats und des Ständerats vom 6.10.2003.

Der Schutz des Art. 11 besteht nur während der Dauer des Amts und erlischt nach **5** Amtsaufgabe vollständig. Das Amt beginnt nicht mit der Wahl durch die Vereinigte Bundesversammlung, sondern erst mit dem Leisten des Eides oder Gelübdes vor der Abteilung. Keine Rolle spielt dagegen, wann die mögliche Straftat begangen worden ist, denn der Schutz erstreckt sich auf die während der Amtsdauer erfolgende Strafuntersuchung. Entscheidend ist also, dass das Gesuch während der Amtsdauer der betreffenden Person gestellt wird,[6] und es bezieht sich nur auf die Einleitung des Verfahrens.[7] Die der Einleitung nachfolgenden strafprozessualen Schritte benötigen keine Bewilligung mehr, da sie von der Genehmigung zur Einleitung gedeckt sind. Für die Beurteilung der Frage, ob das Gesamtgericht dem Gesuch stattgeben soll, besteht ein weiter Ermessensspielraum. Es ist eine Frage der Verhältnismässigkeit, der rechtsgleichen Strafverfolgung und der Glaubwürdigkeit des betroffenen Richters, ob die Verfolgung erlaubt wird. Erlaubt das Gesamtgericht sie, so verbleibt der Richter im Amt, da eine Art. 14 Abs. 4 VG entsprechende Bestimmung (vorläufige Einstellung im Amt) fehlt. Der negative Entscheid des Gesamtgerichts stellt eine beschwerdefähige Verfügung dar und bedarf der Einhaltung aller entsprechenden Formvorschriften der Art. 34 und 35 VwVG, da eine Beschwerde gem. Abs. 5 vorgesehen ist.[8]

IV. Vorsorgliche Verhaftung (Abs. 2)

Die vorsorgliche Verhaftung ist nur wegen Fluchtgefahr oder wegen Ergreifens auf **6** frischer Tat bei der Ausübung eines Verbrechens zulässig. Andere Verhaftungsgründe bestehen nicht.[9] Die Frist von 24 Stunden ist unbedingt einzuhalten; eine längere Verhaftung ohne fristgemässes Gesuch um Zustimmung ist nicht zulässig.[10] Das Gesamtgericht sollte im Anschluss nach dem Gesuchseingang innert 24 Stunden seit der Verhaftung entscheiden. Die Haft kann bis zu diesem Entscheid aufrechterhalten werden.

V. Weiterführung eines bei Amtsantritt schon eingeleiteten Strafverfahrens (Abs. 3)

Abs. 3 stellt klar, dass ein bei Amtsantritt schon eingeleitetes Verfahren fortgeführt **7** werden kann, ohne dass es einer Zustimmung bedarf. Das Gesetz stipuliert aber ein Einspracherecht an das Gesamtgericht gegen gewisse Verfahrensschritte, nämlich die Fortsetzung der schon angeordneten Haft sowie gegen Vorladungen zu Gerichtsverhandlungen (zu welchen Zwecken auch immer[11]). Gegen andere Verfahrensschritte besteht kein Einspracherecht.

VI. Bei Amtsantritt schon verhängte Freiheitsstrafe (Abs. 4)

Abs. 4 stellt klar, dass die Immunität nicht vor einer rechtskräftigen Freiheitsstrafe **8** schützt, deren Vollzug vor dem Amtsantritt angeordnet wurde. Daraus wird umgekehrt klar, dass die Immunität gegen eine noch nicht rechtskräftige Freiheitsstrafe oder gegen eine Anordnung des Vollzugs während der Amtsausübung angerufen werden kann. Die

---

[6] Vgl. SÄGESSER, Kommentar RVOG, Art. 62a N 35.
[7] Vgl. SEILER/VON WERDT/GÜNGERICH, BGG, Art. 11 N 10.
[8] Vgl. SÄGESSER, Kommentar RVOG, Art. 62a N 39.
[9] Vgl. SÄGESSER, Kommentar RVOG, Art. 61a N 46.
[10] Vgl. SEILER/VON WERDT/GÜNGERICH, BGG, Art. 11 N 13.
[11] Vgl. SEILER/VON WERDT/GÜNGERICH, BGG, Art. 11 N 15.

Immunität gilt für Freiheitsstrafen und – ohne dass das Gesetz dies anordnet – auch für Massnahmen (z.B. stationäre therapeutische Massnahmen, Verwahrung), die mit dem Entzug der Freiheit verbunden sind.[12] Abs. 4 regelt einen Spezialfall von Abs. 3: Es handelt sich um den letzten prozessualen Schritt in einem Strafverfahren, das zu einer Verurteilung mit unbedingter Freiheitsstrafe geführt hat.

9 Die Situation ist indessen reichlich theoretisch und dürfte nie eintreten. Das zeigt das Beispiel des Spuckzwischenfalls vom 11.2.2003. Die beiden Geschäftsprüfungskommissionen bewerteten diesen Vorfall, der zu keinem Strafverfahren führte, als «grobe Anstandsverletzung», «die sich mit der Stellung eines Bundesrichters nicht verträgt.»[13] Deshalb gebe es keine Alternative zu einem Rücktritt, und der späte Rücktritt auf Ende Juni 2004 sei nicht tragbar. Sie erwogen deshalb sogar eine gesetz- und verfassungswidrige Amtsenthebung.[14] Die grosse Aufregung um einen nicht strafbaren Vorfall zeigt, dass die Regelungen von Abs. 4 und auch von Abs. 3 kaum jemals angewandt werden dürften. Käme es zu einem derartigen Fall, der eine erhebliche Straftat als Grundlage haben müsste, so würde die entsprechende Person anderweitig als mit Art. 11 «behandelt». Die Lösung des Art. 11 ist auch inadäquat: Eine gem. Abs. 4 zu vollziehbarer Freiheitsstrafe verurteilte Person ist als Richter bzw. Richterin untragbar und mit dem Grundsatz «Justice must not only be done; it must also be seen to be done»[15] unverträglich. Auch wenn die Person als Richterin unbescholten arbeitet, schadet die Tatsache der ausgefällten Freiheitsstrafe für ein schwerwiegendes Delikt wie Raub oder Tötung dem Ansehen der Justiz. Die inadäquate Lösung der Abs. 3 und 4 dürfte die Bundesversammlung zu einem «gesetz- und verfassungswidrigen» Vorgehen anstiften.[16]

VII. Beschwerde an Bundesversammlung (Abs. 5)

10 Gegen den negativen Entscheid des Gesamtgerichts in den Fällen der Abs. 1–3 kann die Strafverfolgungsbehörde – und nur sie – Beschwerde an die Bundesversammlung in getrennter Beratung führen.[17] Lehnt ein Rat bei der zweiten Beratung die Beschwerde erneut ab, so ist diese zweite Ablehnung gem. Art. 95 Bst. i ParlG endgültig und die Beschwerde gilt als abgewiesen. Für das Beschwerdeverfahren gilt Art. 79 VwVG; daraus geht etwa hervor, dass die Beschwerde keine aufschiebende Wirkung hat. Der Entscheid der Bundesversammlung ist endgültig und kann nicht an ein Gericht weitergezogen werden, da das Gesetz i.S.v. Art. 189 Abs. 4 Satz 2 BV keine Ausnahme stipuliert.

---

[12] Vgl. SEILER/VON WERDT/GÜNGERICH, BGG, Art. 11 N 18.

[13] Vgl. BBl 2004 5648.

[14] Vgl. oben Art. 9 N 5.

[15] Vgl. KLEY, Art. 6 EMRK, 62 m.Hinw.

[16] Vgl. das geforderte, aber nicht verwirklichte Impeachment-Verfahren für untragbar gewordene Richter, NZZ am Sonntag 4.12.2005 Nr. 49, 17: Nötigenfalls brauche es Sanktionsmöglichkeiten für Unbelehrbare, so Ständerat C. Schmid. Vgl. Art. 9 N 5.

[17] Vgl. Art. 157 BV und Art. 71 Bst. h ParlG, SÄGESSER, Kommentar RVOG, Art. 61a N 52; SEILER/VON WERDT/GÜNGERICH, BGG, Art. 11 N 21.

Art. 12*

Wohnort	**Die Richter und Richterinnen können ihren Wohnort in der Schweiz frei wählen; ordentliche Richter und Richterinnen müssen jedoch das Gericht in kurzer Zeit erreichen können.**
Lieu de résidence	Les juges choisissent librement leur lieu de résidence en Suisse; les juges ordinaires doivent toutefois pouvoir rejoindre rapidement le tribunal.
Luogo di residenza	I giudici scelgono liberamente il loro luogo di residenza, che dev'essere in Svizzera; i giudici ordinari devono tuttavia poter raggiungere rapidamente il Tribunale.

Inhaltsübersicht $\hfill$ Note

Materialien

Art. 12 E ExpKomm; Art. 11 E 2001 BBl 2001 4482; Botschaft 2001 BBl 2001 4282; AB 2003 S 892; AB 2004 N 1585; AB 2005 S 119; AB 2005 N 641.

I. Bisheriges Recht

Art. 12 entspricht mit einer Ausnahme dem bisherigen Art. 19 Abs. 2 OG: der zweite Halbsatz bezieht sich neu nur noch auf die ordentlichen Richter und Richterinnen. Damit wird – unter Vorbehalt der eben erwähnten Präzisierung – die seit 1.1.1987 geltende Regelung fortgeschrieben.[1] $\hfill$ **1**

II. Kommentar

Innerschweizerisch gilt damit auch für die Bundesrichter die Niederlassungsfreiheit gem. Art. 24 Abs. 1 BV, wobei die Erreichbarkeit innert kurzer Zeit diese etwas einschränkt.[2] Die Niederlassung im Ausland gem. Art. 24 Abs. 2 BV ist hingegen gesetzlich untersagt. Es handelt sich um eine zweifellos verhältnismässige und im öffentlichen Interesse liegende Schranke von Art. 24 Abs. 2 BV, die von symbolischer Bedeutung ist. Die Bundesrichter sind Magistratspersonen, die als solche der Territorialhoheit der Schweiz und nicht derjenigen eines ausländischen Staats unterstehen sollten. $\hfill$ **2**

---

* Ich danke Dr. theol. Christian Kissling, MLaw, Assistent an meinem Lehrstuhl an der rechtswissenschaftlichen Fakultät der Universität Zürich, für die Mitarbeit.
[1] Vgl. Bundesgesetz vom 9.10.1986, AS 1987 226 f., BBl 1986 II 68 ff.
[2] Vgl. POUDRET, Commentaire, Bd. I, 88.

3. Abschnitt: Organisation und Verwaltung

Art. 13[1]

Grundsatz	**Das Bundesgericht regelt seine Organisation und Verwaltung.**
Principe	Le Tribunal fédéral règle son organisation et son administration.
Principio	Il Tribunale federale determina la sua organizzazione e amministrazione.

Materialien

Schlussbericht 1997 57; Botschaft 2001 BBl 2001 4246 f. und 4282; Bericht der Parlamentarischen Verwaltungskontrollstelle zuhanden der Geschäftsprüfungskommission des Ständerats vom 10.8.2001, BBl 2002 7641 ff. (zit. Bericht 2001); AB 2003 S 892; AB 2004 N 1585.

Literatur

K. EICHENBERGER, Justizverwaltung, in: Festschrift für den Aargauischen Juristenverein 1936–1986, Aarau 1986, 31–48 (zit. FS Aargauischer Juristenverein-Eichenberger); C. KISS, Justizverfassung des Kantons Basel-Landschaft, Diss., BS 1993, Basel 1993 (zit. KISS, Justizverfassung); G. NAY, Die Justiz – die dritte Gewalt, Zeitschrift für Gesetzgebung und Rechtsprechung in Graubünden (ZGRG) 2004, 138–142 (zit. Nay, ZGRG 2004); DERS., Das Bundesgericht in Wandel und Sorge um Unabhängigkeit, SJZ 2006, 567–570 (zit. Nay, SJZ 2006); T. SÄGESSER, Regierungs- und Verwaltungsorganisationsgesetz (RVOG), Kommentar, Bern 2007 (zit. Sägesser, Kommentar RVOG); R. SCHWEIZER, Rechtsfragen der Justizverwaltung am Beispiel der Schweizerischen Asylrekurskommission, AJP 2001, 661–666 (zit. Schweizer, AJP 2001); DERS., Eine Reform zum Schaden des Bundesgerichts, Die Schweizer Richterzeitung/Justice – Justiz – Giustizia 2006/2 (zit. Schweizer, Justiz 2006); P. TSCHANNEN, Staatsrecht der Schweizerischen Eidgenossenschaft, Bern 2004 (zit. Tschannen, Staatsrecht); P. TSCHÜMPERLIN, Gerichtsmanagement am Bundesgericht: Stand und Entwicklungstendenzen, in: D. Kettiger (Hrsg.), Wirkungsorientierte Verwaltungsführung in der Justiz – ein Balanceakt zwischen Effizienz und Rechtsstaatlichkeit, Bern 2003, 75–111 (zit. Kettiger-Tschümperlin); H.P. WALTER, Justizreform, in: P. Gauch/D. Thürer (Hrsg.), Die neue Bundesverfassung, Zürich 2002, 129–148 (zit. Gauch/Thürer-Walter); DERS., Interne richterliche Unabhängigkeit, Die Schweizer Richterzeitung/Justice – Justiz – Giustizia 2005/1 (zit. Walter, Justiz 2005).

I. Entstehungsgeschichte

1   Art. 13 trat als einzige Bestimmung innerhalb des Organisationsrechts gegenüber dem Entwurf des Bundesrats **unverändert** in Kraft und war in den parlamentarischen Beratungen unumstritten.

---

[1] Vgl. Art. 13 SGG und Art. 14 VGG sowie Art. 25 BGG.

II. Art. 188 Abs. 2 und 3 BV

Art. 13 basiert auf **Art. 188 Abs. 2 und 3 BV**. Nach Art. 188 Abs. 2 BV werden Organi- **2** sation und Verfahren des Bundesgerichts auf Gesetzesstufe geregelt. Abs. 3 von Art. 188 der Bundesverfassung vom 18.4.1999 lautete: «Das Bundesgericht bestellt seine Verwaltung.» Im Rahmen der Justizreform wurde er neu redigiert. Die Fassung vom 8.10.1999 lautet: «Das Gericht verwaltet sich selbst.»

Justizverwaltung ist diejenige staatliche Tätigkeit, die weder Rechtsetzung noch Rechts- **3** pflege darstellt und zum Zweck ausgeübt wird, die sachlichen und personellen Voraussetzungen zu schaffen und zu erhalten, damit die Rechtsprechung in den einzelnen Gerichtsbarkeiten ausgeübt werden kann.[2] Allerdings geht es dabei nicht nur um die Verwaltung im Dienste der Justiz, sondern auch darum, dass diese Verwaltung durch die Gerichte selbst zu erfolgen hat (Verwaltung für die Justiz und durch die Justiz).[3] Es wird in diesem Zusammenhang auch vom «Verwaltungsvorbehalt der Justiz» gesprochen.[4]

Die heute geltende Fassung von Art. 188 Abs. 3 BV geht inhaltlich über den unter der **4** Herrschaft des OG geltenden Zustand hinaus.[5] Mit der erhöhten **Gerichtsautonomie** (Selbstverwaltung) soll die Stellung des Bundesgerichts als oberster rechtsprechender Behörde betont und seine Stellung ganz allgemein gestärkt werden.[6] Zudem dient die grössere Autonomie der Fortsetzung der bei Bundesgericht und Eidgenössischem Versicherungsgericht bereits in den Neunzigerjahren begonnenen Reorganisation[7] zur Effizienzsteigerung der Gerichte durch Professionalisierung des Gerichtsmanagements.

Der verfassungsmässige Grundsatz der **Selbstorganisation** und **Selbstverwaltung** ist **5** Ausfluss der Unabhängigkeit der höchsten richterlichen Behörde.[8] Art. 13 berechtigt das Bundesgericht nicht nur, sich selbst zu organisieren und zu verwalten, vielmehr ist das Bundesgericht hiezu auch verpflichtet. Die Selbstverwaltung reicht soweit, wie es die Wahrung der richterlichen Unabhängigkeit gebietet; hinzu kommen jene Funktionen, welche aus zweckmässigen Überlegungen am besten vom Bundesgericht selber erledigt werden.[9] In diesem Zusammenhang wird denn auch die vom Parlament mit der Richter-

---

[2] FS AARGAUER JURISTENVEREIN-EICHENBERGER, 32; KIENER, Unabhängigkeit, 292; SCHWEIZER, AJP 2001, 663; HALLER/KÖLZ definieren den Begriff hingegen nicht abstrakt, sondern zählen die darunter fallenden Tätigkeiten auf (Staatsrecht[3], 275); vgl. auch TSCHANNEN, Staatsrecht, § 42 Rz 13.

[3] FS AARGAUER JURISTENVEREIN-EICHENBERGER, 35; KISS, Justizverfassung, 85; SGK-KISS/KOLLER, Art. 188 N 26 ff.; SCHWEIZER, AJP 2001, 663; KIENER geht von einem weiter gefassten Begriff aus (Unabhängigkeit, 292).

[4] FS AARGAUER JURISTENVEREIN-EICHENBERGER, 39; SCHWEIZER, AJP 2001, 664.

[5] Botschaft 2001 BBl 2001 4247 sowie SGK-KISS/KOLLER, Art. 188 N 29; EHRENZELLER/SCHWEIZER-KOLLER, 19; AUBERT/MAHON, commentaire, Art. 188 N 14; SÄGESSER-SÄGESSER, Art. 188 Rz 1061; Karlen, BGG, 5 (FN 14) und 17.

[6] EHRENZELLER/SCHWEIZER-KOLLER, 21 und 35 sowie SÄGESSER-SÄGESSER, Rz 1073 f.

[7] Bericht 2001, BBl 2002 7645 f., 7674 ff. sowie 7678 ff. Vgl. auch die Darstellung der getroffenen Massnahmen bei KETTIGER-TSCHÜMPERLIN, 82 ff.

[8] Vgl. auch KISS, Justizverfassung, 87; SGK-KISS/KOLLER, Art. 188 N 32; KARLEN, BGG, 13; NAY, ZGRG 2004, 140; SÄGESSER-SÄGESSER, Rz 1074; SCHWEIZER, AJP 2001, 663 f.; SEILER/VON WERDT/GÜNGERICH, BGG, Art. 25 N 2; TSCHANNEN, Staatsrecht, § 40 Rz 19 und § 42 Rz 13; GAUCH/THÜRER-WALTER, 134 und Bericht 2001 BBl 2002 7648. Vgl. zur richterlichen Unabhängigkeit nebst dem Standardwerk von KIENER, Unabhängigkeit, auch WALTER, Justiz 2005, Rz 7 ff.

[9] KISS, Justizverfassung, 87 f.; SGK-KISS/KOLLER, Art. 188 N 32 f.; SCHWEIZER, AJP 2005, 665; vgl. auch KIENER, Unabhängigkeit, 293.

verordnung erlassenen Bestimmung zum Controlling als zumindest unangebrachter,[10] wenn nicht gar unzulässiger, da die richterliche Unabhängigkeit gefährdender Eingriff[11] in die Selbstverwaltung des Bundesgerichts kritisiert.

III. Art. 13 als Grundsatzbestimmung

6   Bei Art. 13 handelt es sich um eine **Grundsatzbestimmung**. Dies ergibt sich schon aus dem Randtitel (Grundsatz). Art. 13 hat aber nicht bloss deklaratorische Bedeutung. Vielmehr ist dieser Artikel auch gesetzliche Grundlage für diverse Ausführungsbestimmungen. Es sind dies:

– Unterschriftenregelung (Art. 14 und 52 BGerR);

– Einsicht in die Protokolle durch die Richterinnen und Richter (Art. 15 BGerR);

– Entschädigung der nebenamtlichen Richterinnen und Richter (Art. 17 BGerR);

– Nebenbeschäftigung der Richterinnen und Richter (Art. 21–23 BGerR);

– Transparenz und Kontrolle der Bildung der Spruchkörper (Art. 42 BGerR);

– Verfahren vor der Personalrekurskommission (Art. 56 BGerR).

IV. Inhalt und Umfang von Art. 13

1. Allgemeines

7   Organisation und Verwaltung sind als **Begriffspaar** zu verstehen. Beide werden von Art. 13 erfasst.[12] Während die Organisation eher auf die Struktur und die personelle Ausgestaltung hinweist, bezieht sich die Verwaltung auf die administrativen Abläufe und das Finanzwesen.

8   **Selbstorganisation** und **Selbstverwaltung** bedeuten, dass das Bundesgericht nicht nur unabhängig Recht spricht, sondern als dritte Gewalt eigenständig auftritt, handelt und Verantwortung trägt. Dem Parlament obliegt denn auch nicht die direkte Aufsicht, sondern bloss die Oberaufsicht über das Bundesgericht (Art. 3 Abs. 1).[13] Als Grundlage für die Selbstorganisation und Selbstverwaltung dienen zahlreiche Erlasse; diese ergehen nicht nur als Reglemente, sondern auch als Weisungen und Richtlinien. Deren Erlass liegt in der Kompetenz des Gesamtgerichts (Art. 15 Abs. 1 lit. a).

9   Art. 13 legt fest, dass das Bundesgericht sich organisiert und verwaltet, sagt aber nichts darüber aus, wie dies zu geschehen hat. Es ist indessen davon auszugehen, dass auch für die oberste richterliche Behörde anerkannte **Organisationsgrundsätze**, wie sie etwa in Art. 3 und 8 RVOG umschrieben sind, Geltung haben. Dabei ist insb. an die Grundsätze der Gesetzmässigkeit, der Zweckmässigkeit und Wirtschaftlichkeit der Verwaltung sowie an die Leistungs- und Innovationsfähigkeit und an die Gewährleistung der Aufsicht zu denken.[14]

---

[10] SCHWEIZER, Justiz 2006, Rz 5.
[11] NAY, SJZ 2006, 569 f.
[12] Vgl. auch SEILER/VON WERDT/GÜNGERICH, BGG, Art. 13 N 2.
[13] Vgl. auch SGK-KISS/KOLLER, Art. 188 N 39.
[14] Vgl. zu diesen Begriffen etwa SÄGESSER, Kommentar RVOG, Art. 3 N 32 ff. und Art. 8 N 34 ff.

2. *Organisation*

Art. 13 ist in der vorliegenden Form auf **Gesetzesstufe** neu.[15] Die Organisationsautono-   **10**
mie bezieht sich nicht nur auf Belange der Rechtsprechung, sondern auch auf die Justizverwaltung. Das Organisationsrecht bezieht sich auf den Sitz in Lausanne und den
Standort Luzern in gleicher Weise.

Das Bundesgericht ist in seiner **Organisationsautonomie** durch das Gesetz einge-   **11**
schränkt.[16] Dabei geht es um jene grundlegenden Organisationsbestimmungen, welche
die Rechtssuchenden in ihren Rechten betreffen.[17] So bestimmt es nicht selber über die
Zahl der Richter (Art. 1 Abs. 5), über die Wahl der Richter (Art. 5 Abs. 1), des Präsidiums
und des Vizepräsidiums (Art. 14 Abs. 1), über den Ausstand (Art. 34 ff.), die Unvereinbarkeit (Art. 6 und 8) und die Nebenbeschäftigungen der Gerichtsmitglieder (Art. 7).
Im Übrigen hat das Bundesgericht der Bundesversammlung Rechenschaft abzulegen
(Art. 3 Abs. 2 und Art. 15 Abs. 1 lit. c). Diese Oberaufsicht der Bundesversammlung hat
sich jedoch strikte auf die Überwachung des äusseren Geschäftsgangs zu beschränken.[18]

Das Gesetz gibt den Rahmen für die Organisation vor (v.a. Art. 14–28). Im Übrigen sind   **12**
aber die interne Organisation des Gerichtsbetriebs und die administrativen Angelegenheiten durch das Gericht selbst festzulegen.[19] Die **Selbstorganisation** bezieht sich demnach
insb. auf die Festlegung der Abteilungen, der Richterzahl pro Abteilung, die Zuteilung
der Richterinnen und Richter auf die Abteilungen sowie die Wahl der Abteilungspräsidien. Im Weiteren werden die Zuweisung der Rechtsgebiete auf die Abteilungen, die
Spruchkörperbildung, die Zuteilung der Gerichtsschreiberinnen und Gerichtsschreiber
auf die Abteilungen sowie die Zuteilung der nebenamtlichen Richterinnen und Richter
auf die Abteilungen selbstständig geregelt.

3. *Verwaltung*[20]

Der Grundsatz der **Selbstverwaltung** wird in Art. 25 Abs. 1 wiederholt. Die Justizver-   **13**
waltung ist nicht Teil der allgemeinen Bundesverwaltung.[21] Das Bundesgericht nimmt
diese eigenständig wahr. Zahlreiche Ausführungsbestimmungen, etwa das Personalrecht,
ist indessen dem System der Bundesverwaltung weitestgehend angeglichen.

Das Bundesgericht stellt seine **Mitarbeitenden** selbst an. Gemäss Art. 7 Abs. 1 OG legte   **14**
die Bundesversammlung die Anzahl der bewilligten Stellen für juristisches Personal
(Gerichtsschreiberinnen und Gerichtsschreiber sowie wissenschaftliche Mitarbeitende)
fest. Neu kann das Bundesgericht auch über die Anzahl dieser Mitarbeiter selber bestimmen.[22] Dies ermöglicht nicht nur eine eigenständigere Personalpolitik, sondern auch
einen flexibleren Einsatz der notwendigen Arbeitskräfte.

Über die vom Parlament gewährten finanziellen Mittel verfügt das Bundesgericht selbst-   **15**
ständig und führt eine eigene Rechnung (**Finanzautonomie**[23]). Es vertritt seinen Voran-

---

[15] Eine analoge Bestimmung für das EVG fand sich immerhin in Art. 122 OG.
[16] EHRENZELLER/SCHWEIZER-KOLLER, 21 sowie SÄGESSER-SÄGESSER, Rz 1069 und 1075.
[17] SGK-KISS/KOLLER, Art. 188 N 22.
[18] Vgl. auch TSCHANNEN, Staatsrecht, § 40 Rz 20 und SGK-KISS/KOLLER, Art. 188 N 39.
[19] SGK-KISS/KOLLER, Art. 188 N 23; EHRENZELLER/SCHWEIZER-KOLLER, 19.
[20] Vgl. auch Art. 25 N 2 ff.
[21] Vgl. Schlussbericht 1997, 57 und Votum PELLI in AB 1998 N 118 sowie SÄGESSER-SÄGESSER,
    Rz 1074 und SEILER/VON WERDT/GÜNGERICH, BGG, Art. 25 N 2.
[22] Vgl. auch SGK-KISS/KOLLER, Art. 188 N 36.
[23] Schlussbericht 1997, 57; SÄGESSER-SÄGESSER, Rz 1075 und GAUCH/THÜRER-WALTER, 134.
    Vgl. auch Art. 25 N 13 ff.

schlag und seinen Geschäftsbericht selber vor dem Parlament und muss sich nicht mehr vom Bundesrat vertreten lassen (Art. 162 Abs. 2 ParlG).[24] Dem Bundesrat kommt kein Korrekturrecht mehr zu.[25] Das Bundesgericht hat bezüglich Erlassen, die seine Zuständigkeit, Organisation oder Verwaltung betreffen, nur das Recht auf eine Stellungnahme (Art. 162 Abs. 4 ParlG).

16 Die **Verwaltungsführung** liegt in der Zuständigkeit der Verwaltungskommission (Art. 17). Vorbereitung und Vollzug obliegen dem Generalsekretär oder der Generalsekretärin.

Art. 14[1]

Präsidium

[1] Die Bundesversammlung wählt aus den ordentlichen Richtern und Richterinnen:
a. den Präsidenten oder die Präsidentin des Bundesgerichts;
b. den Vizepräsidenten oder die Vizepräsidentin.

[2] Die Wahl erfolgt für zwei Jahre; einmalige Wiederwahl ist zulässig.

[3] Der Präsident oder die Präsidentin führt den Vorsitz im Gesamtgericht und in der Verwaltungskommission (Art. 17). Er oder sie vertritt das Gericht nach aussen.

[4] Er oder sie wird durch den Vizepräsidenten oder die Vizepräsidentin oder, falls dieser oder diese verhindert ist, durch den Richter oder die Richterin mit dem höchsten Dienstalter vertreten; bei gleichem Dienstalter ist das höhere Lebensalter massgebend.

Présidence

[1] L'Assemblée fédérale élit parmi les juges ordinaires:
a. le président;
b. le vice-président.

[2] Ils sont élus pour deux ans et peuvent être reconduits une fois dans leur fonction.

[3] Le président préside la Cour plénière et la Commission administrative (art 17). Il représente le Tribunal fédéral à l'extérieur.

[4] En cas d'empêchement, il est remplacé par le vice-président et, si ce dernier est empêché, par le juge ordinaire doyen de fonction et, à ancienneté égale, par le doyen d'âge.

Presidenza

[1] L'Assemblea federale elegge, scegliendoli tra i giudici ordinari:
a. il presidente del Tribunale federale;
b. il vicepresidente del Tribunale federale.

[2] Il presidente e il vicepresidente stanno in carica due anni; la rielezione è possibile, ma una volta sola.

---

[24] So schon Schlussbericht 1997, 57 und Botschaft 2001 BBl 2001 4247; siehe auch AUBERT/ MAHON, commentaire, Art. 188 N 15; SGK-KISS/KOLLER, Art. 188 N 35; SÄGESSER-SÄGESSER, Rz 1075; KETTIGER-TSCHÜMPERLIN, 101 f.; GAUCH/THÜRER-WALTER, 134.

[25] Botschaft 2001 BBl 2001 4247; SGK-KISS/KOLLER, Art. 188 N 35; KETTIGER-TSCHÜMPERLIN, 101.

[1] Vgl. Art. 14 SGG und Art. 15 VGG.

[3] Il presidente presiede la Corte plenaria e la Commissione amministrativa (art. 17). Rappresenta il Tribunale federale verso l'esterno.

[4] In caso di impedimento, il presidente è rappresentato dal vicepresidente o, se anche questi è impedito, dal giudice con la maggiore anzianità di servizio; se vi sono più giudici con la stessa anzianità di servizio, dal più anziano tra di loro.

Inhaltsübersicht

Materialien

Botschaft 2001 BBl 2001 4283; RK-S 26./27.2.2003; AB 2003 S 892; RK-N 29./30.4.2004; AB 2004 N 1585 f.; AB 2005 S 119.

Literatur

M. FELBER, Ein Triumvirat für das Bundesgericht, Die Schweizer Richterzeitung/Justice – Justiz – Giustizia 2006/3 (zit. Felber, Justiz 2006); T. STADELMANN/S. GASS, Gewaltentrennung und richterliche Unabhängigkeit – die Justiz im Spiegel der Politik, Interview mit Ständerat Rolf Schweiger, Die Schweizer Richterzeitung/Justice – Justiz – Giustizia 2005/1 (zit. Stadelmann/Gass, Justiz 2005).

I. Entstehungsgeschichte

Art. 14 wurde im Rahmen der parlamentarischen Beratungen **abgeändert**. Der Ständerat   1
fügte die Möglichkeit der Wiederwahl explizit im Gesetz ein;[2] der Nationalrat beschränkte sie auf einmal.[3] Zudem wurde die Bestimmung dahingehend präzisiert, dass der Präsident oder die Präsidentin nicht bloss Mitglied der Verwaltungskommission ist, sondern diese ebenfalls präsidiert. Auch fand eine Bereinigung der Terminologie statt, indem der Begriff «Verwaltungskommission» statt des vom Bundesrat verwendeten «Geschäftsleitung» oder des vom Ständerat vorgeschlagenen «Gerichtsleitung» gewählt wurde. Der Vorschlag, die Vertretung bei gleichzeitiger Verhinderung von Präsidium und Vizepräsidium einem Mitglied der Verwaltungskommission zu übertragen, wurde zugunsten der Anciennitätsregeln wieder aufgegeben.

II. Wahl (Abs. 1)

Abs. 1 entspricht inhaltlich dem bisherigen **Art. 6 Abs. 1 OG**.   2

Die Wahl des Präsidiums und des Vizepräsidiums erfolgt auf Vorschlag des Gesamtge-   3
richts (Art. 15 Abs. 1 lit. e). Die Bestimmung sieht weder **Wahlvoraussetzungen** noch

---

[2] AB 2003 S 892.
[3] AB 2004 N 1585 f.

Kriterien für die Wahl vor. Die zuständige Parlamentskommission hat indessen solche formuliert.[4] Es sind dies:

– Führungseignung und Führungserfahrung; z.B. durch Ausübung des Vorsitzes in einer Abteilung oder einer Kammer;

– Vertrautheit mit administrativen und finanziellen Fragen;

– Kommunikationsfähigkeit und Charisma;

– eine mindestens vierjährige Tätigkeit am Bundesgericht;

– Höchstalter von 64 Jahren.

Diesen Kriterien gegenüber treten Sprache, Geschlecht und Parteizugehörigkeit in den Hintergrund.[5] Insbesondere ist auch die Anciennität nicht ausschlaggebend.[6]

4   Das **Vorschlagsrechts** des Plenums und die ausschliessliche Wahlkompetenz der Bundesversammlung können sich je nach Ausgestaltung und Verbindlichkeit der Kriterien im Wege stehen. Dies trifft insb. zu, wenn der Vorschlag des Plenums eine Persönlichkeit trifft, welche die vom Parlament vorgesehenen Anforderungen nicht erfüllt. Das Vorgehen zwischen Bundesgericht und Parlament ist daher von der Gerichtskommission umschrieben worden.[7] Danach sollen der Kommission die Namen der möglichen Bewerberinnen und Bewerber vor dem Entscheid des Gesamtgerichts bekannt gegeben werden; damit soll ein Vorschlag verhindert werden, der die Zustimmung der Gerichtskommission zum Vornherein nicht findet. Das gerichtsinterne Verfahren für die Wahlvorschläge zuhanden der Bundesversammlung ist in Art. 4 BGerR geregelt. Es soll eine rechtzeitige Bekanntgabe der Kandidierenden und damit auch eine termingerechte Wahl ermöglichen.

5   Über den **Vorschlag** an die Bundesversammlung entscheidet das **Gesamtgericht** einzeln und durch geheime Stimmabgabe (Art. 5 Abs. 1 BGerR). Gewählt ist, wer mehr als die Hälfte der gültigen Stimmen auf sich vereinigt. Für die Bestimmung des absoluten Mehrs werden die leeren und die ungültigen Wahlzettel nicht gezählt. Bei mehr als zwei Kandidierenden scheidet nach jedem Wahlgang die Person mit der geringsten Stimmenzahl aus (Art. 5 Abs. 2–4 BGerR).

6   Das Reglement sieht vor, dass das Präsidium seinen **Arbeitsort** in Lausanne hat; demgegenüber soll das Vizepräsidium in der Regel durch ein Mitglied mit Arbeitsort in Luzern ausgeübt werden (Art. 3 Abs. 2 BGerR). Damit soll die Mitverantwortung und die Mitbestimmung des Standorts Luzern gewährleistet werden.

7   Das Gesetz schliesst nicht aus, dass ein Mitglied des Bundesgerichts gleichzeitig das Präsidium und ein **Abteilungspräsidium** innehaben kann. Das Bundesgericht hat sich jedoch in seinem Reglement dagegen ausgesprochen (Art. 3 Abs. 4 BGerR). Diese Regelung betrifft auch das Vizepräsidium sowie die weiteren Mitglieder der Verwaltungskommission.

---

[4] Briefwechsel zwischen Ständerat Schweiger (als Präsident der zuständigen Kommission) und dem Bundesgericht zur Vorbereitung der erstmaligen Besetzung des Präsidiums nach BGG.

[5] Vgl. zum Ganzen STADELMANN/GASS, Justiz 2005.

[6] Nach Ansicht von FELBER stellt die erstmalige Besetzung von Präsidium und Vizepräsidium nach BGG denn auch eine klare Absage an die bisherigen «Spielregeln», insb. der Anciennität, dar (Justiz 2006, Rz 6).

[7] Briefwechsel zwischen Ständerat Schweiger (als Präsident der zuständigen Kommission) und dem Bundesgericht zur Vorbereitung der erstmaligen Besetzung des Präsidiums nach BGG.

III. Amtsdauer (Abs. 2)

Bereits bisher wurden Präsidium und Vizepräsidium für **zwei Jahre** bestellt (Art. 6 **8** Abs. 1 OG). Obwohl eine **Wiederwahl** gesetzlich nicht ausgeschlossen war,[8] kam es bis anhin nicht dazu. Nunmehr wurde diese Möglichkeit explizit ins Gesetz aufgenommen. Die Möglichkeit der Wiederwahl auf weitere zwei Jahre gilt auch für die übrigen Mitglieder der Verwaltungskommission (Art. 17 Abs. 3). Mit der längeren Dauer der Ausübung dieser Mandate sollen diese Funktionen gestärkt und die Dauerhaftigkeit der Führung gewährleistet werden.[9]

Die **Beschränkung** auf eine einmalige Wiederwahl bezieht sich je **einzeln** auf das Präsi- **9** dium, das Vizepräsidium und die weiteren Mitglieder der Verwaltungskommission. Es ist daher möglich, nach vierjähriger Mitwirkung in einer der Funktionen sich in eine der beiden andern wählen zu lassen.[10] Allerdings würde dies im Falle des Präsidiums und des Vizepräsidiums zur Einhaltung von Art. 3 Abs. 2 BGerR ev. einen Wechsel des Arbeitsorts bedingen.[11]

Die Bestimmung drückt einen **Wandel** in der Vorstellung der Besetzung des obersten **10** Gremiums des Bundesgerichts aus: Bisher wurde in einem steten Wechsel alle zwei Jahre das Präsidium (und Vizepräsidium) in der Rangfolge der Anciennität neu bestellt. Analog wurde auch beim Eidgenössischen Versicherungsgericht verfahren. Neu wird der Führungsaufgabe, welche das Amt mit sich bringt, mehr Gewicht beigemessen. Diese soll auch von der Rechtsprechungsaufgabe klar getrennt sein.[12] Die Möglichkeit der Wiederwahl soll die Konstanz in der Führung erhöhen.[13] Gleichzeitig soll die Beschränkung der Wiederwahlmöglichkeit der Machtbrechung dienen sowie eine zu grosse Distanz von der Rechtsprechung als eigentlicher richterlicher Tätigkeit verhindern.[14]

IV. Aufgaben des Präsidiums (Abs. 3)

Nach Art. 6 Abs. 2 OG oblag dem Präsidenten die allgemeine Geschäftsleitung und die **11** Überwachung der Angestellten.[15] Beim Eidgenössischen Versicherungsgericht kamen dem Präsidenten bzw. der Präsidentin noch weitere Befugnisse zu (Art. 19 EVGR). Diese Aufgaben fallen neu in die Zuständigkeit der Verwaltungskommission. Das **Präsidium** verfügt daher – mit wenigen, nicht ins Gewicht fallenden Ausnahmen – nicht mehr über Einzelbefugnisse.[16] Dem Präsidium verbleiben lediglich die repräsentativen Aufgaben als (delegierbare) Einzelkompetenz. Allerdings sind mit dem Präsidium der Einsitz (und z.T. der Vorsitz) in den massgebenden Kollegialorganen verbunden (Verwaltungskommission, Gesamtgericht und Präsidentenkonferenz).

Die **Vertretung nach aussen** beinhaltet insb. repräsentative Aufgaben. Dazu gehört aber **12** auch die Vertretung des Bundesgerichts vor der Bundesversammlung und in den Kommissionen (Art. 162 Abs. 2 ParlG) sowie gegenüber der Öffentlichkeit.

---

8 Vgl. SEILER/VON WERDT/GÜNGERICH, BGG, Art. 14 N 4 und POUDRET, Commentaire, Bd. I, Art. 6 N 1.

9 Botschaft 2001 BBl 2001 4283; vgl. auch FELBER, Justiz 2006, Rz 2.

10 Ebenso SEILER/VON WERDT/GÜNGERICH, BGG, Art. 14 N 5 f.

11 Vgl. hiezu auch SEILER/VON WERDT/GÜNGERICH, BGG, Art. 14 N 3.

12 AB 2005 S 119.

13 RK-S 26./27.2.2003, 37 ff.; vgl. auch FELBER, Justiz 2006, Rz 2; SEILER/VON WERDT/GÜNGE-RICH, BGG, Art. 14 N 4; SPÜHLER/DOLGE/VOCK, Kurzkommentar, Art. 15 N 2.

14 RK-N 29./30.4.2004, 24.

15 Vgl. im Einzelnen POUDRET, Commentaire, Bd. I, Art. 6 N 1 und Bd. V, Art. 6 N 1.

16 Vgl. auch SEILER/VON WERDT/GÜNGERICH, BGG, Art. 14 N 9.

13 Dem **Präsidium** obliegt gem. Abs. 3 der Vorsitz im Gesamtgericht sowie in der Verwaltungskommission und es beruft diese Gremien ein (Art. 1 lit. b BGerR). Zudem entscheidet es (unter Vorbehalt von Art. 7 Abs. 2 BGerR) über die Anwendung des Zirkulationsverfahrens für Beschlüsse des Gesamtgerichts (Art. 1 lit. c BGerR). Das Präsidium kann an den Sitzungen der Präsidentenkonferenz teilnehmen und verfügt dort über eine beratende Stimme (Art. 10 Abs. 2 BGerR). Diese beschränkte Mitwirkung des Präsidiums in der Präsidentenkonferenz erklärt sich aus der Trennung von Verwaltungs- und Rechtsprechungsaufgaben.[17]

14 Das **Vizepräsidium** vertritt und unterstützt das Präsidium in seinen Aufgaben (Abs. 4; Art. 2 BGerR).

15 Präsidium und Vizepräsidium arbeiten nicht vollzeitlich in dieser Funktion. Vielmehr haben sie ihre Arbeitszeit der **Abteilung**, welcher sie angehören, zur Verfügung zu stellen. Sie werden dort indessen entlastet (Art. 11 Abs. 2 BGerR).

V. Vertretung (Abs. 4)

16 Die Vertretung durch das **Vizepräsidium** erfolgt nicht generell, sondern einzelfallweise. Als Verhinderung sind die üblichen Gründe (Krankheit, Unfall, Ferien, anderweitige Inanspruchnahme) zu betrachten.[18] Die Vertretung durch das Vizepräsidium kann sich auch durch dessen Arbeitsort ergeben (z.B. Standort Luzern). Es existiert keine reglementarisch vorgesehene Arbeitsaufteilung zwischen Präsidium und Vizepräsidium.

17 Die Vertretung bei Verhinderung von Präsidium und Vizepräsidium erfolgt nicht durch ein weiteres Mitglied der Verwaltungskommission, sondern durch das **amtsälteste Gerichtsmitglied**. Es handelt sich dabei um einen der letzten Ausflüsse des Ancienitätsprinzips.[19]

18 Die Vertretung bezieht sich auf die **Aufgaben des Präsidiums**, nicht auf diejenige der Verwaltungskommission. Im letztgenannten Bereich wird sich das Präsidium neben dem Vizepräsidium auch durch die übrigen Mitglieder der Verwaltungskommission vertreten lassen können.

19 Das Gesetz räumt dem Präsidium keinen Anspruch auf **Unterstützung** in Form eines eigenen Sekretärs oder einer eigenen Sekretärin ein. Im Rahmen des Vorsitzes von Gesamtgericht und Verwaltungskommission wird es indessen durch den Generalsekretär bzw. die Generalsekretärin unterstützt (Art. 26) und kann daher auf die Dienste des Generalsekretariats zurückgreifen.

---

[17] Vgl. auch SEILER/VON WERDT/GÜNGERICH, BGG, Art. 14 N 7.
[18] Vgl. hiezu Art. 19 N 4.
[19] Vgl. hiezu auch Art. 19 Abs. 2 und Art. 41 Abs. 2 BGerR.

Art. 15[1]

Gesamtgericht

[1] Das Gesamtgericht besteht aus den ordentlichen Richtern und Richterinnen. Es ist zuständig für:

a. den Erlass von Reglementen über die Organisation und Verwaltung des Gerichts, die Geschäftsverteilung, die Durchführung der Aufsicht über das Bundesstrafgericht und das Bundesverwaltungsgericht, die Schlichtung von Streitigkeiten zwischen Richtern und Richterinnen, die Information, die Gerichtsgebühren sowie die Entschädigungen an Parteien, amtliche Vertreter und Vertreterinnen, Sachverständige sowie Zeugen und Zeuginnen;

b. Wahlen, soweit diese nicht durch Reglement einem anderen Organ des Gerichts zugewiesen werden;

c. die Verabschiedung des Geschäftsberichts;

d. die Bestellung der Abteilungen und die Wahl ihrer Präsidenten und Präsidentinnen auf Antrag der Verwaltungskommission;

e. den Vorschlag an die Bundesversammlung für die Wahl des Präsidenten oder der Präsidentin und des Vizepräsidenten oder der Vizepräsidentin;

f. die Anstellung des Generalsekretärs oder der Generalsekretärin und des Stellvertreters oder der Stellvertreterin auf Antrag der Verwaltungskommission;

g. Beschlüsse betreffend den Beitritt zu internationalen Vereinigungen;

h. andere Aufgaben, die ihm durch Gesetz zugewiesen werden.

[2] Beschlüsse des Gesamtgerichts sind gültig, wenn an der Sitzung oder am Zirkulationsverfahren mindestens zwei Drittel aller Richter und Richterinnen teilnehmen.

Cour plénière

[1] La Cour plénière se compose des juges ordinaires. Elle est chargée:

a. d'édicter les règlements relatifs à l'organisation et à l'administration du tribunal, à la répartition des affaires, à l'exercice de la surveillance sur le Tribunal pénal fédéral et le Tribunal administratif fédéral, à la résolution de conflits entre les juges, à l'information, aux émoluments judiciaires, aux dépens alloués aux parties et aux indemnités allouées aux mandataires d'office, aux experts et aux témoins;

b. de procéder aux nominations que le règlement n'attribue pas à un autre organe du tribunal;

c. d'adopter le rapport de gestion;

d. de constituer les cours et de nommer leur président sur proposition de la Commission administrative;

e. de faire une proposition à l'Assemblée fédérale pour l'élection à la présidence et à la vice-présidence;

f. de nommer le secrétaire général et son suppléant sur proposition de la Commission administrative;

g. de statuer sur l'adhésion à des associations internationales;

h. d'exercer les autres tâches que la loi lui attribue.

[2] La Cour plénière ne peut siéger ou décider par voie de circulation qu'avec la participation de deux tiers au moins des juges.

---

[1] Vgl. Art. 15 SGG und Art. 16 VGG.

Corte plenaria

[1] La Corte plenaria si compone dei giudici ordinari. Le competono:
a. l'emanazione dei regolamenti concernenti l'organizzazione e l'amministrazione del Tribunale, la ripartizione delle cause, l'esercizio della vigilanza sul Tribunale penale federale e sul Tribunale amministrativo federale, la composizione delle controversie tra giudici, l'informazione, le tasse di giustizia, le spese ripetibili accordate alle parti e le indennità concesse a patrocinatori d'ufficio, periti e testimoni;
b. le nomine, in quanto non siano attribuite mediante regolamento a un altro organo del Tribunale;
c. l'adozione del rapporto di gestione;
d. la designazione delle corti e la nomina dei loro presidenti su proposta della Commissione amministrativa;
e. la proposta all'Assemblea federale per la nomina del presidente e del vicepresidente;
f. l'assunzione del segretario generale e del suo sostituto su proposta della Commissione amministrativa;
g. le decisioni concernenti l'adesione ad associazioni internazionali;
h. altri compiti attribuitile per legge.

[2] La Corte plenaria delibera validamente soltanto se alla seduta o alla procedura per circolazione degli atti partecipano almeno due terzi dei giudici.

Inhaltsübersicht   Note

Materialien

Botschaft 2001 BBl 2001 4283; AB 2003 S 892; Bericht BJ an RK-N 2004; RK-N 1./2.7.2004; AB 2004 N 1586; RK-S 14.2.2005; AB 2005 S 120; RK-N 28./29.4.2005; AB 2005 N 640.

Literatur

M. FELBER, Ein Triumvirat für das Bundesgericht, Die Schweizer Richterzeitung/Justice – Justiz – Giustizia 2006/3 (zit. Felber, Justiz 2006); P. TSCHÜMPERLIN, Gerichtsmanagement am Bundesgericht: Stand und Entwicklungstendenzen, in: D. Kettiger (Hrsg.), Wirkungsorientierte Verwaltungsführung in der Justiz – ein Balanceakt zwischen Effizienz und Rechtsstaatlichkeit, Bern 2003, 75–111 (zit. KETTIGER-TSCHÜMPERLIN).

I. Entstehungsgeschichte

Dieser Artikel erfuhr gegenüber der ursprünglichen Fassung einige **Änderungen**; dabei   1
ging es vornehmlich um Erweiterungen des Zuständigkeitskatalogs in Abs. 1. So kamen
gegenüber dem bundesrätlichen Vorschlag die lit. d–g hinzu.[2] Ebenfalls neu war die Aufsicht über das Bundesstraf- und Bundesverwaltungsgericht in lit. a. Besonders ausgiebig
wurde in den Räten und ihren Kommissionen dabei die Regelung zum Vorgehen bei
gerichtsinternen Konflikten (lit. a) diskutiert.[3] Direkter Anlass dazu war ein kurz vor der
Beratung dieses Artikels publik gewordener Konflikt am Eidgenössischen Versicherungsgericht, bei dessen Beilegung mehrere Mitglieder der vorberatenden Kommission des
Ständerats in ihrer weiteren Funktion als Mitglieder der Geschäftsprüfungskommission
(GPK) beteiligt waren. Nachdem die GPK bereits kurz zuvor beim Bundesgericht zur
Lösung eines Vorfalls beigezogen worden war, sah sich der Ständerat – entgegen dem
Willen des Bundesrats, welcher von einer Regelung absehen wollte, und einer Minderheit der ständerätlichen Kommission, welche im Gesetz eine Schlichtungsstelle statuieren wollte – veranlasst, dem Gesamtgericht die Aufgabe zu übertragen, in einem Erlass
ein Verfahren bei gerichtsinternen Konflikten festzuhalten.[4] Der Nationalrat schloss sich
der ständerätlichen Lösung an, obwohl seine Kommission sich mehrheitlich dagegen
ausgesprochen hatte.[5]

II. Allgemeines

Das Gesamtgericht besteht aus den **ordentlichen** Richterinnen und Richtern des Bun-   2
desgerichts. Nebenamtliche Richterinnen und Richter sind damit ausgeschlossen. Der
Präsident oder die Präsidentin führt den Vorsitz des Gesamtgerichts (Art. 14 Abs. 3). Der
Generalsekretär nimmt mit beratender Stimme an den Sitzungen des Gesamtgerichts teil
und führt dessen Sekretariat (Art. 26; Art. 13 Abs. 1 und 2 BGerR). Normalerweise tagt
das Gesamtgericht in Lausanne (Art. 4 Abs. 1).

Das Gesamtgericht ist das **oberste Organ** des Gerichts. Ihm obliegen die Erlasskompe-   3
tenz in abschliessend aufgezählten Sachbereichen sowie einige wichtige Wahlgeschäfte.
Das Gesamtgericht hat keine Rechtsprechungsbefugnis. Dies stellt gegenüber dem früheren Rechtszustand sowohl für die Abteilungen in Lausanne als auch jene in Luzern eine
Änderung dar (Art. 16 Abs. 1 OG und Art. 19 Abs. 1 Ziff. 6 aBGerR; Art. 2 EVGR).
Soweit alle Spruchkörper an der Vereinigung der betroffenen Abteilungen gem. Art. 23
teilnehmen, besteht eine personelle Identität zwischen Gesamtgericht und Vereinigung.
Der Vorsitz liegt in diesen Fällen indessen nicht beim Präsidium des Bundesgerichts,
sondern beim Präsidium der Präsidentenkonferenz (Art. 37 Abs. 1 BGerR).

Die **Einberufung** des Gesamtgerichts können die Verwaltungskommission, eine Ab-   4
teilung oder mindestens fünf Mitglieder des Gesamtgerichts verlangen. Diese erfolgt
durch den Präsidenten des Bundesgerichts. Die Einladung erfolgt schriftlich mindestens
fünf Arbeitstage vor dem Sitzungstag (Art. 6 BGerR).

Der **Zuständigkeitskatalog** des Gesamtgerichts ist abschliessend, soweit er nicht durch   5
das Gesetz erweitert wird (Abs. 1 lit. h). Die subsidiäre Zuständigkeit für Verwaltungsgeschäfte liegt bei der Verwaltungskommission (Art. 17 Abs. 4 lit. h). Diese Neuerung

---

[2] Vgl. auch SPÜHLER/DOLGE/VOCK, Kurzkommentar, Art. 15 N 3.
[3] RK-S 14.2.2005, 1 ff.; AB 2005 S 120 ff.; RK-N 28./29.4.2005, 14 f.; AB 2005 N 641 f.
[4] AB 2005 S 120 ff.
[5] AB 2005 N 641 ff.

soll dazu beitragen, dass sich die Richterinnen und Richter infolge Entlastung von Gesamtgerichtsaufgaben[6] vermehrt der Rechtsprechung widmen können.[7]

6   Vor Inkraftsetzung des BGG hat ein aus den ordentlichen Richterinnen und Richtern des Bundesgerichts und des Eidgenössischen Versicherungsgerichts bestehendes Organ, das so genannte **41er-Plenum**, die mit Blick auf die Fusion wesentlichen Aufgaben des Gesamtgerichts wahrgenommen. Dies betraf insb. den rechtzeitigen Erlass der nötigen Reglemente und die Vornahme der erforderlichen Wahlgeschäfte.

III. Aufgaben (Abs. 1)

1. lit. a: Erlass von Reglementen

7   Das Gesamtgericht hat in Erfüllung seiner Aufgaben gem. lit. a über folgende Bereiche **Reglemente** erlassen, soweit diese nicht bereits auf gesetzlicher Ebene eine Normierung erfuhren:

– die Organisation und Verwaltung des Gerichts im Bundesgerichtsreglement vom 20.11.2006 (BGerR)[8] und in der Personalverordnung vom 27.8.2001 (Stand 20.11. 2006; PVBGer);[9]

– die Geschäftsverteilung in Art. 26–37 BGerR;

– die Aufsicht über das Bundesstraf- und das Bundesverwaltungsgericht im Aufsichtsreglement vom 11.9.2006;[10]

– die Schlichtung von gerichtsinternen Streitigkeiten in Art. 24 und 25 BGerR; das 41-er Plenum hat im Rahmen des Erlasses dieser beiden Reglementsbestimmungen auf eine detailliertere Regelung des Vorgehens in einer Richtlinie verzichtet; vgl. auch Art. 17 N 21;

– die Information in Art. 57–64 BGerR; dabei geht es um Informationsgrundsätze, die Publikation von Grundsatzurteilen in der Amtlichen Sammlung (BGE) und im Internet, die öffentliche Auflage der Urteile, die Medienarbeit, die Bild- und Tonaufnahmen, den Kommunikations- und Medienbeauftragten sowie das Öffentlichkeitsprinzip;

– die Gerichtsgebühren im Tarif vom 31.3.2006;[11]

– die Parteientschädigungen und Entschädigungen für die amtliche Vertretung im Reglement vom 31.3.2006;[12]

– die Verwaltungsgebühren im Reglement vom 31.3.2006;[13]

– den elektronischen Rechtsverkehr[14] im Reglement vom 5.12.2006.[15]

8   Soweit das Bundesgericht einen Bereich in einem Reglement oder einer Richtlinie zu regeln hat, dieser Bereich aber nicht explizit in lit. a erwähnt wird, ist dafür die **Verwaltungskommission** zuständig. Dies ergibt sich aus der grundsätzlichen Überlegung, dass

---

6   Vgl. zu den umfangreichen Aufgaben unter dem alten Recht Poudret, Commentaire, Bd. I, Art. 11 N 1 und Bd. V, Art. 11 N 1 sowie Kettiger-Tschümperlin, 78 ff.

7   Vgl. auch Seiler/von Werdt/Güngerich, BGG, Art. 15 N 4; Felber spricht in diesem Zusammenhang gar von einer «eigentliche(n) Entmachtung des Gerichtsplenums» (Justiz 2006, Rz 2).

8   SR 173.110.131; AS 2006 5635, 2007 33.

9   SR 172.220.114; AS 2006 5627.

10   AufRBGer; SR 173.110.132; AS 2006 5659.

11   SR 173.110.210.1; AS 2006 5667.

12   SR 173.110.210.3; AS 2006 5673.

13   SR 173.110.210.2; AS 2006 5669.

14   Gestützt auf Art. 42 Abs. 2 und Art. 60 Abs. 3.

15   ReRBGer; SR 173.110.29; AS 2006 5677.

das Gesamtgericht nur noch über die wichtigsten Angelegenheiten befinden soll, minder wichtige Geschäfte jedoch von der Verwaltungskommission zu erledigen sind. Deshalb ist die Aufzählung in Abs. 1 auch abschliessend.[16]

2. lit. b: Wahlen

Die – neben der Wahl der Abteilungspräsidien[17] – wichtigste vom Gesamtgericht zu tref- **9** fende **Wahl** ist jene der weiteren Mitglieder der Verwaltungskommission (Art. 17 Abs. 1 lit. c i.V.m. Art. 17 Abs. 3). Diese Wahl erfolgt stets geheim (Art. 5 Abs. 1 BGerR). Des weiteren ist das Gesamtgericht für die Wahl der Rekurskommission nach Art. 35 BPG zuständig (Art. 3 Abs. 5 BGerR). Anders als bisher werden die Gerichtsschreiberinnen und Gerichtsschreiber nicht mehr vom Gesamtgericht gewählt; diese Aufgabe fällt neu in die Kompetenz der Verwaltungskommission (Art. 17 Abs. 4 lit. c). Ebenfalls nicht mehr vom Gesamtgericht gewählt werden die eidgenössischen Untersuchungsrichter und -richterinnen sowie die Mitglieder der (Ober-)Schätzungskommission; diese Aufgabe kommt neu dem Bundesstrafgericht (Art. 15 Abs. 1 lit. e SGG) bzw. dem Bundesverwaltungsgericht (Art. 16 Abs. 1 lit. b VGG)[18] zu.

3. lit. c: Geschäftsbericht

Unter dem bisherigen Recht war beim Bundesgericht das Gesamtgericht für die Verab- **10** schiedung des **Geschäftsberichts** und die Verwaltungskommission für die Genehmigung von Voranschlag und Jahresrechnung sowie die entsprechenden Anträge zuhanden der Bundesversammlung zuständig (Art. 19 Abs. 1 Ziff. 8 und Art. 28 Ziff. 1 aBGerR). Beim Eidgenössischen Versicherungsgericht war das Gesamtgericht sowohl für die Erstattung des Geschäftsberichts wie auch für die Verabschiedung von Rechnung, Budget und Finanzplan zuständig (Art. 15 lit. d und e EVGR).

Wie bisher ist das Gesamtgericht nur für die **Verabschiedung** des Geschäftsberichts **11** zuständig. Dieser wird von der Verwaltungskommission vorbereitet (Art. 12 Abs. 3 BGerR). Voranschlag und Rechnung fallen in die Kompetenz der Verwaltungskommission (Art. 17 Abs. 4 lit. b); dies stellt für die Abteilungen in Luzern eine Neuerung dar.

4. lit. d: Bestellung der Abteilungen und ihrer Präsidien

Die Bestellung der **Abteilungen** erfolgt auf Antrag der Verwaltungskommission, welche **12** mit den Abteilungen und den einzelnen Richterinnen und Richtern Rücksprache nimmt. Zudem fällt die Wahl der Abteilungspräsidien in die Kompetenz des Gesamtgerichts. Mit der Bestellung der Abteilungspräsidien bestimmt das Gesamtgericht gleichzeitig auch über die Zusammensetzung der Präsidentenkonferenz (Art. 16 Abs. 1).

5. lit. e: Vorschlag für Präsidium und Vizepräsidium

Diese Bestimmung wurde im Laufe der Gesetzesberatung in den Zuständigkeitskatalog **13** aufgenommen. Damit wurde die **bisherige Praxis** auf Gesetzesstufe festgehalten.[19] Vgl. zum Vorschlagsrecht Art. 14 N 4 f.

---

[16] Vgl. N 5 sowie SEILER/VON WERDT/GÜNGERICH, BGG, Art. 15 N 7.
[17] Vgl. lit. d; N 12.
[18] Vgl. auch Art. 59 Abs. 1 lit. a und Art. 80 Abs. 1 EntG i.V.m. Art. 1 lit. c des Geschäftsreglements für das Bundesverwaltungsgericht vom 11.12.2006 (VGR; SR 173.320.1; AS 2006 5287).
[19] Bericht BJ an RK-N 2004 5.

6. lit. f: Anstellung des Generalsekretärs oder der Generalsekretärin

14 Bei der Besetzung des Postens des Generalsekretärs oder der Generalsekretärin handelt es sich um eine **Schlüsselfunktion** innerhalb der Organisation und Verwaltung des Bundesgerichts. Deshalb liegt die Kompetenz zur Anstellung auch beim Gesamtgericht.

15 Erst im Rahmen der Arbeitsgruppe BGG wurde der Generalsektretär resp. die Generalsekretärin in den Zuständigkeitskatalog des Gesamtgerichts aufgenommen. Streitig war insb., ob es sich dabei um eine **Wahl** oder eine **Anstellung** handeln solle. Das Bundesgericht befürwortete mehrheitlich den Begriff Wahl, da es sich bei dieser Funktion um eine mit dem Generalsekretär bzw. der Generalsekretärin des Parlaments oder mit dem Bundeskanzler resp. der Bundeskanzlerin vergleichbare Aufgabe handle, weil die jeweilige Person anders als der Generalsekretär resp. die Generalsekretärin der Departemente nicht einer einzigen Magistratsperson, sondern gegenüber der betreffenden Institution verantwortlich ist und sich deshalb die Beschäftigung im Magistratenstatus mit fester Amtsdauer rechtfertige. Eine Minderheit des Bundesgerichts war jedoch der Ansicht, dass der Begriff Anstellung zu bevorzugen sei, da dies auch die Beschäftigung im Magistratenstatus gestützt auf eine reglementarische Bestimmung erlaube und damit dem Bundesgericht eine grössere Selbstständigkeit einräume.[20] Die Arbeitsgruppe schlug in der Folge die Verwendung des Begriffs Anstellung vor, um den Spielraum des Bundesgerichts nicht unnötig einzuengen.[21] Das Parlament übernahm diesen Vorschlag diskussionslos ins Gesetz.[22] Gemäss Art. 19 PVBGer werden der Generalsekretär resp. die Generalsekretärin und ihre Stellvertretung auf eine Amtsdauer gewählt (Abs. 1), welche mit der Amtsdauer der Richterinnen und Richter übereinstimmt (Abs. 2).

7. lit. g: Internationale Vereinigungen

16 Bei Inkrafttreten des BGG war das Bundesgericht Mitglied folgender **internationaler Vereinigungen**:

– Konferenz der Europäischen Verfassungsgerichte;

– AIHJA: Association des hautes juridictions administratives;

– WILEILAVA: Treffen der obersten Verwaltungsgerichte der deutschsprachigen Länder;

– ACCPUF: Association des cours constitutionnelles ayant en partage l'usage du français;

– AHJUCAF: Association des cours de cassation ayant en partage l'usage du français;

– CCJE: Conseil consultatif des juges européens;

– CEPEJ: Commission européenne pour l'efficacité de la justice;

– Conseil mixte sur la justice constitutionnelle;

– Sechser-Treffen (Verfassungsgerichte der Bundesrepublik Deutschland, Österreichs, des Fürstentums Liechtenstein und der Schweiz sowie der Gerichtshof der Europäischen Gemeinschaften und der Europäische Gerichtshof für Menschenrechte).

17 Die **Mitwirkung** und Mitgliedschaft bei diesen Vereinigungen und Organisationen bringt z.T. auch Verpflichtungen mit sich. So wird das Bundesgericht etwa angefragt, im Rahmen des jeweiligen Zwecks für eine bestimmte Aufgabe einen Experten oder eine Expertin zu delegieren. Eine andere Art der Beteiligung ist die Übernahme von organi-

---

[20] Vgl. dazu die Anträge des Bundesgerichts an die Arbeitsgruppe BGG vom 9.3.2004.
[21] Bericht BJ an RK-N 2004 6.
[22] AB 2004 N 1586; AB 2005 S 120 ff.

satorischen Aufgaben (aktuell z.B. die Vizepräsidentschaft in der ACCPUF), was mit der Verpflichtung zur Mithilfe der Organisation von Tagungen oder anderen Anlässen verbunden sein kann.

Die Mitgliedschaft in diesen Organisationen **bezweckt** in erster Linie die Weiterbildung sowie den Gedankenaustausch über die Landesgrenzen hinweg. Es ist nicht beabsichtigt, die internationalen Verpflichtungen des Bundesgerichts weiter anwachsen zu lassen. **18**

Von lit. g wird nicht nur der Beitritt, sondern wohl auch der **Austritt** aus einer internationalen Vereinigung erfasst. **19**

8. lit. h: Andere Aufgaben

Die Liste der Zuständigkeiten des Gesamtgerichts in Abs. 1 ist **abschliessend**. Zusätzliche Aufgaben können dem Gesamtgericht nur durch das Gesetz, nicht aber durch das Reglement zugewiesen werden.[23] Zu den anderen Aufgaben gem. lit. h gehört etwa die Erteilung der Ermächtigung zur Strafverfolgung nach Art. 11. **20**

IV. Beschlussfassung (Abs. 2)

Nach Abs. 2 bedarf es für die Gültigkeit eines Beschlusses des Gesamtgerichts eines **Quorums**. Es müssen mindestens zwei Drittel aller Mitglieder des Gesamtgerichts an der Beschlussfassung beteiligt sein. Massgebend ist das **absolute Mehr** der Stimmen (Art. 21 Abs. 1). **21**

Das Gesamtgericht fasst seine Beschlüsse in der Regel auf dem **Zirkulationsweg** (Art. 7 Abs. 1 BGerR). Dieses Vorgehen ist jedoch ausgeschlossen, wenn eine Abteilung oder mindestens fünf Mitglieder des Gesamtgerichts die Diskussion eines Geschäfts im Plenum verlangen (Art. 7 Abs. 2 BGerR). **22**

Die Beschlussfassung ist – unter Vorbehalt der Wiedererwägung – **endgültig**. **23**

Art. 16[1]

Präsidenten-konferenz	[1] Die Präsidentenkonferenz besteht aus den Präsidenten und Präsidentinnen der Abteilungen. Sie konstituiert sich selbst.
	[2] Die Präsidentenkonferenz ist zuständig für:
	a. den Erlass von Weisungen und einheitlichen Regeln für die Gestaltung der Urteile;
	b. die Koordination der Rechtsprechung unter den Abteilungen; vorbehalten bleibt Artikel 23;
	c. die Vernehmlassung zu Erlassentwürfen.
Conférence des présidents	[1] La Conférence des présidents se compose des présidents des cours. Elle se constitue elle-même.
	[2] Elle est chargée:
	a. d'édicter des directives et des règles uniformes pour la rédaction des arrêts;
	b. de coordonner la jurisprudence entre les cours; l'art. 23 est réservé;
	c. de prendre position sur les projets d'actes normatifs.

---

[23] RK-N 1./2.7.2004 6; vgl. auch AB 2003 S 893 sowie SPÜHLER/DOLGE/VOCK, Kurzkommentar, Art. 15 N 2.

[1] Vgl. Art. 17 VGG.

Conferenza dei
presidenti

[1] La Conferenza dei presidenti consta dei presidenti delle corti. Si costituisce autonomamente.

[2] La Conferenza dei presidenti è competente per:
a. emanare istruzioni e regole uniformi per la stesura delle sentenze;
b. coordinare la giurisprudenza delle corti; rimane salvo l'articolo 23;
c. esprimersi sui progetti di atti normativi sottoposti a procedura di consultazione.

Inhaltsübersicht   Note

Materialien

Bericht RK-N 2004; RK-N 1./2.7.2004; AB 2004 N 586; AB 2005 S 122.

Literatur

P. TSCHÜMPERLIN, Gerichtsmanagement am Bundesgericht: Stand und Entwicklungstendenzen, in: D. Kettiger (Hrsg.), Wirkungsorientierte Verwaltungsführung in der Justiz – ein Balanceakt zwischen Effizienz und Rechtsstaatlichkeit, Bern 2003, 75–111 (zit. Kettiger-Tschümperlin).

I. Entstehungsgeschichte

1   In der Botschaft des Bundesrats finden sich keine Ausführungen zu diesem Artikel. Er wurde erst auf Vorschlag der **Arbeitsgruppe BGG** eingefügt. In der Folge wurde er von den Räten diskussionslos angenommen.[2] Die Präsidentenkonferenz existierte schon unter der Geltung des OG.[3] Ihre rechtliche Grundlage fand sich indessen auf Reglementsstufe (Art. 23 ff. aBGerR).

II. Zusammensetzung und Aufgaben der Präsidentenkonferenz

1. Zusammensetzung der Präsidentenkonferenz

2   Die Präsidentenkonferenz setzt sich aus den **Abteilungspräsidenten** und **-präsidentinnen** zusammen (Abs. 1 Satz 1), welche ihrerseits vom Gesamtgericht bestellt werden (Art. 15 Abs. 1 lit. d). Da sich Art. 19 Abs. 2 auf die Führung der Abteilung bezieht, ist noch offen, ob bei Verhinderung des Abteilungspräsidiums eine Stellvertretung durch das amtsälteste Gerichtsmitglied in der Präsidentenkonferenz möglich ist (vgl. Art. 19 FN 3).

3   Die Präsidentenkonferenz **konstituiert sich selber** (Abs. 1 Satz 2). Ihre Mitglieder wählen den Vorsitzenden oder die Vorsitzende aus ihrer Mitte. Die Präsidentenkonferenz fasst ihre Beschlüsse in der Regel auf dem Zirkulationsweg. Jedes Mitglied kann indessen die Durchführung einer mündlichen Beratung verlangen. Die Einberufung von Sitzungen erfolgt durch den Vorsitzenden oder die Vorsitzende.

---

[2] AB 2004 N 158; AB 2005 S 122.
[3] Vgl. zu ihren Aufgaben und Kompetenzen unter altem Recht KETTIGER-TSCHÜMPERLIN, 80.

Das Abteilungspräsidium vertritt in der Präsidentenkonferenz seine **persönliche Meinung.** Es wird indessen vor wichtigen Entscheiden die Sichtweise des Abteilungskollegiums einholen. An Instruktionen ist es nicht gebunden. Dies ergibt sich schon aus der Bezeichnung dieses (Konsultativ-)Organs: Präsidenten- und nicht Abteilungskonferenz. Die einzelnen Richterstimmen sowie die Abteilungsmehrheit sind vielmehr im Verfahren nach Art. 23, wo es um die Beantwortung konkreter Rechtsfragen geht, massgebend. Bei Geschäften der Präsidentenkonferenz, welche rechtsprechungs-organisatorischer Natur sind, ist es jedoch nicht angezeigt, die Meinung aller Richterinnen und Richter einfliessen zu lassen. **4**

Der Präsident oder die Präsidentin des Bundesgerichts sowie die weiteren Mitglieder der Verwaltungskommission dürfen nicht gleichzeitig Mitglied der Präsidentenkonferenz sein (Art. 3 Abs. 4 BGerR). Dies ist auch nicht angezeigt, da der Präsidentenkonferenz **keine Verwaltungskompetenzen** mehr zukommen. Der Präsident oder die Präsidentin (bei Verhinderung der Vizepräsident oder die Vizepräsidentin[4]) des Bundesgerichts kann jedoch an den Sitzungen der Präsidentenkonferenz mit beratender Stimme teilnehmen (Art. 10 Abs. 2 BGerR). Dies dient dem Austausch von Informationen und der Effizienz. Der Generalsekretär oder die Generalsekretärin führt das Sekretariat der Präsidentenkonferenz (Art. 26). Er oder sie nimmt ebenfalls mit beratender Stimme an den Sitzungen der Präsidentenkonferenz teil (Art. 13 Abs. 2 BGerR). **5**

2. Aufgaben der Präsidentenkonferenz

Nach der neuen Konzeption von Organisation und Verwaltung ist die Verwaltungskommission für die organisatorischen Aufgaben zuständig, währenddem dem Gesamtgericht die grundlegenden Fragen und der Präsidentenkonferenz die Fragen mit Bezug auf die **Rechtsprechung** zufallen.[5] Allerdings hat die Präsidentenkonferenz keine Kompetenz zur Rechtsprechung im Einzelfall. **6**

Da die Mitglieder der Präsidentenkonferenz einer Abteilung vorstehen, dient die Präsidentenkonferenz auch dem **Gedankenaustausch.** Dieser bezieht sich nicht nur auf Rechtsfragen, sondern auch auf die Abteilungsführung. Auch in diesem Bereich ist ein Mindestmass an Koordination unter den Abteilungen sinnvoll und notwendig. **7**

Die Aufgaben der Präsidentenkonferenz sind im Gesetz **abschliessend** aufgezählt.[6] Sie wurden gegenüber der Liste gem. bisherigem Bundesgerichtsreglement dahingehend eingeschränkt, als Verwaltungsaufgaben davon ausgenommen werden und nur noch Fragen in Zusammenhang mit der Rechtsprechung genannt sind. Es geht somit um die Koordination der Rechtsprechung unter den Abteilungen sowie um organisatorische Fragen, soweit diese direkten Einfluss auf die Rechtsprechung haben können. Die Koordination ist umso wichtiger, als mit dem BGG eine Vereinheitlichung des Rechtsmittelsystems (Einheitsbeschwerde) angestrebt wird. **8**

Der **Zuständigkeitskatalog** ist gegenüber der bisherigen Regelung in Art. 24 aBGerR gekürzt worden. Nach bisherigem Recht war die Präsidentenkonferenz zusätzlich zuständig für die Zuteilung der Ersatzrichter sowie der Gerichtsschreiber, Sekretäre und persönlichen Mitarbeiter an die Abteilungen, die Vorschläge an das Gesamtgericht über die Verteilung der Geschäfte auf die Abteilungen, die Erteilung von Urlaub an einzelne Gerichtsmitglieder, die Bewilligung von Schiedsrichter- und Gutachtertätig- **9**

---

[4] Art. 14 Abs. 4.
[5] Bericht BJ an RK-N 2004 5 f.; RK-N 1./2.7.2004, 7.
[6] Bericht BJ an RK-N 2004 8; vgl. auch SEILER/VON WERDT/GÜNGERICH, BGG, Art. 16 N 5.

keiten, die Vernehmlassung von Gesuchen um Kompetenzzuweisung und Akteneinsicht, sofern mehr als eine Abteilung betroffen war, die Beschlüsse betr. die Teilnahme an internationalen Kongressen und den Beitritt zu internationalen Organisationen sowie die Genehmigung der Richtlinien für die Akkreditierung von Journalistinnen und Journalisten.

10   Die Verwaltungskommission hat die Präsidentenkonferenz generell anzuhören bei Entscheiden nach Art. 12 Abs. 1 BGerR, d.h. bei Aufgaben nach Art. 15 Abs. 1 lit. d und f sowie Art. 17 Abs. 4 und Art. 36 Abs. 4. Eine **Anhörung** erfolgt auch im Rahmen der Bewilligung von Nebenbeschäftigungen der ordentlichen Gerichtsmitglieder (Art. 17 Abs. 4 lit. f). Der Präsidentenkonferenz steht ein **Antragsrecht** bei der Verwaltungskommission bezüglich der Zuteilung der nebenamtlichen Richter und Richterinnen zu (Art. 17 Abs. 4 lit. a). Darüber hinaus unterbreitet die Präsidentenkonferenz der Verwaltungskommission die gemeinsamen Bedürfnisse der Abteilungen (Art. 10 Abs. 1 BGerR).

11   Die Weisungen betr. die **Urteilsgestaltung** (Abs. 2 lit. a) beziehen sich nicht auf den Inhalt der Urteile, sondern lediglich auf die Darstellung (Gliederung), die Redaktion (z.B. einheitliche Zitierweise) und weitere Formalien (z.B. Unterschriftenregelung oder Benennung der Entscheide)[7] der Urteile.

12   Die Präsidentenkonferenz kann sich zu Rechtsfragen, die mehrere oder alle Abteilungen betreffen, in der Form von **Thesen** äussern. Sie wird ihre Sichtweise insb. zu Verfahrensfragen darlegen. Sie kann den Abteilungen ihre Überlegungen in der Form von Mustertexten unterbreiten.

13   Die Präsidentenkonferenz ist im Rahmen der **Koordination der Rechtsprechung** nicht für den Entscheid einer konkreten Rechtsfrage zuständig; dazu dient das Verfahren nach Art. 23. Bei der Kompetenz nach Abs. 2 lit. b geht es vielmehr um das Erkennen von koordinationsbedürftigen Fragen (Art. 9 Abs. 3 BGerR) sowie die Vorkehren zur Einhaltung des Verfahrens nach Art. 23.[8] Gestützt auf Art. 37 Abs. 5 BGerR hat die Präsidentenkonferenz am 26.3.2007 eine Richtlinie zum Verfahren der vereinigten Abteilungen (Art. 23) erlassen. In diesem Zusammenhang hat die erweiterte Präsidentenkonferenz[9] dem 41-er Plenum[10] im Rahmen der Vorbereitungen zur Umsetzung des BGG einen Vorschlag zum Vorgehen bei Fällen nach Art. 23 Abs. 2 unterbreitet: Entscheidend für die Abgrenzung zu Abs. 1 von Art. 23 ist, ob die Einheit der Rechtsprechung einen präventiven Meinungsaustausch als angezeigt erscheinen lässt, wobei für die Beantwortung dieser Frage von einem engen Ermessen der betreffenden Abteilung auszugehen ist. Von einem Meinungsaustausch nach Abs. 2 ist nur abzusehen, wenn die entsprechende Rechtsmaterie klar zu den Kernkompetenzen einer Abteilung gehört und die übrigen Abteilungen sich nur nebenbei damit befassen.[11] Diesem Antrag hat das 41-er Plenum am 25.9.2006 diskussionslos zugestimmt.

14   Die Präsidentenkonferenz entscheidet, welche **Abteilungen** von einer Rechtsfrage i.S.v. Art. 23 Abs. 2 betroffen sind.

---

[7] Vgl. die entsprechenden Weisungen vom 26.3.2007 und vom 18.6.2007.

[8] Vgl. SEILER/VON WERDT/GÜNGERICH, BGG, Art. 16 N 7.

[9] Die erweiterte Präsidentenkonferenz setzte sich zusammen aus den Abteilungspräsidien und dem Bundesgerichtspräsidenten sowie der Präsidentin und dem Vizepräsidenten des Eidgenössischen Versicherungsgerichts.

[10] Vgl. zum Begriff Art. 15 N 6.

[11] Vgl. Antrag der erweiterten Präsidentenkonferenz an das 41-er Plenum vom 28.8.2006.

Abs. 2 lit. c weist die Aufgabe des Verfassens von **Vernehmlassungen** zu Erlassent- **15**
würfen i.S.v. Art. 11 der Vernehmlassungsverordnung vom 17.8.2005[12] innerhalb des
Bundesgerichts der Präsidentenkonferenz zu. Diese beschränkt ihre Stellungnahmen auf
Fragen des Verfahrensrechts sowie der Systematik der Gesetzgebung und enthält sich
politischer Wertungen.

Art. 17[1]

Verwaltungs- | **[1] Die Verwaltungskommission setzt sich zusammen aus:**
kommission

[1] Die Verwaltungskommission setzt sich zusammen aus:
a. dem Präsidenten oder der Präsidentin des Bundesgerichts;
b. dem Vizepräsidenten oder der Vizepräsidentin;
c. höchstens drei weitere Richtern und Richterinnen.

[2] Der Generalsekretär oder die Generalsekretärin nimmt mit beratender Stimme an den Sitzungen der Verwaltungskommission teil.

[3] Die Richter und Richterinnen nach Absatz 1 Buchstabe c werden vom Gesamtgericht für zwei Jahre gewählt; einmalige Wiederwahl ist zulässig.

[4] Die Verwaltungskommission trägt die Verantwortung für die Gerichtsverwaltung. Sie ist zuständig für:
a. die Zuteilung der nebenamtlichen Bundesrichter und Bundesrichterinnen an die Abteilungen auf Antrag der Präsidentenkonferenz;
b. die Verabschiedung des Voranschlags und der Rechnung zuhanden der Bundesversammlung;
c. die Anstellung der Gerichtsschreiber und Gerichtsschreiberinnen und deren Zuteilung an die Abteilungen auf Antrag der Abteilungen;
d. die Bereitstellung genügender wissenschaftlicher und administrativer Dienstleistungen;
e. die Gewährleistung einer angemessenen Fortbildung des Personals;
f. die Bewilligung von Nebenbeschäftigungen der ordentlichen Richter und Richterinnen nach Anhörung der Präsidentenkonferenz;
g. die Wahrnehmung der Aufsicht über das Bundesstrafgericht und das Bundesverwaltungsgericht;
h. sämtliche weiteren Verwaltungsgeschäfte, die nicht in die Zuständigkeit des Gesamtgerichts oder der Präsidentenkonferenz fallen.

Commission | [1] La Commission administrative se compose:
administrative | a. du président;
| b. du vice-président;
| c. de trois autres juges ordinaires au plus.

[2] Le secrétaire général a voix consultative.

---

[12] SR 172.061.1.
[1] Vgl. Art. 16 SGG und Art. 18 VGG.

[3] Les juges mentionnés à l'al. 1, let. c, sont nommés par la Cour plénière pour deux ans et peuvent être reconduits une fois dans leur fonction.

[4] La Commission administrative est responsable de l'administration du tribunal. Elle est chargée:
a. d'affecter les juges suppléants aux cours sur proposition de la Conférence des présidents;
b. d'adopter le projet de budget et les comptes et de les transmettre à l'Assemblée fédérale pour approbation;
c. d'engager les greffiers et de les affecter aux cours sur proposition de celles-ci;
d. de veiller à ce que les prestations des services scientifiques et administratifs répondent aux besoins du tribunal;
e. de garantir une formation continue adéquate du personnel;
f. d'accorder les autorisations pour les activités accessoires des juges ordinaires après avoir entendu la Conférence des présidents;
g. d'exercer la surveillance sur le Tribunal pénal fédéral et le Tribunal administratif fédéral;
h. de traiter toutes les autres affaires administratives qui ne relèvent pas de la compétence de la Cour plénière ou de la Conférence des présidents.

Commissione amministrativa

[1] La Commissione amministrativa è composta:
a. del presidente del Tribunale federale;
b. del vicepresidente del Tribunale federale;
c. di altri tre giudici al massimo.

[2] Il segretario generale partecipa con voto consultivo alle sedute della Commissione amministrativa.

[3] I giudici di cui al capoverso 1 lettera c sono eletti dalla Corte plenaria per un periodo di due anni; sono rieleggibili, ma una volta sola.

[4] La Commissione amministrativa è responsabile dell'amministrazione del Tribunale. È competente per:
a. assegnare i giudici non di carriera alle diverse corti, su proposta della Conferenza dei presidenti;
b. adottare il progetto di preventivo e il consuntivo a destinazione dell'Assemblea federale;
c. assumere i cancellieri del Tribunale e attribuirli alle corti in base alle proposte delle corti medesime;
d. approntare sufficienti servizi scientifici e amministrativi;
e. assicurare un adeguato perfezionamento professionale del personale;
f. autorizzare i giudici ordinari a svolgere attività accessorie, sentita la Conferenza dei presidenti;
g. esercitare la vigilanza sul Tribunale penale federale e sul Tribunale amministrativo federale;
h. svolgere tutte le altre mansioni amministrative che non rientrano nella competenza della Corte plenaria o della Conferenza dei presidenti.

Inhaltsübersicht   Note

Materialien

Botschaft 2001 BBl 2001 4284; Bericht der Parlamentarischen Verwaltungskontrollstelle zuhanden der Geschäftsprüfungskommission des Ständerats vom 10.8.2001, BBl 2002 7641 ff. (zit. Bericht 2001); RK-S 26./27.2.2003; AB 2003 S 892; Bericht BJ an RK-N 2004; RK-N 1./2.7.2004; AB 2004 N 1586; AB 2005 S 120; AB 2005 N 642.

Literatur

M. FELBER, Fragwürdiges Zubrot für Bundesrichter, Die Schweizer Richterzeitung/Justice – Justiz – Giustizia 2006/3 (zit. Felber, Justiz 2006); D. KETTIGER, Wirkungsorientierte Verwaltungsführung in der Justiz: Ausgangslage – Entwicklungen – Thesen, in: D. Kettiger (Hrsg.), Wirkungsorientierte Verwaltungsführung in der Justiz – ein Balanceakt zwischen Effizienz und Rechtsstaatlichkeit, Bern 2003, 7–32 (zit. Kettiger-Kettiger); R. KLOPFER, Management in der Justiz – Richterbild im Wandel, Die Schweizer Richterzeitung/Justice – Justiz – Giustizia 2007/2 (zit. Klopfer, Justiz 2007); A. LIENHARD, Staatsrechtliche Rahmenbedingungen für eine Umsetzung von NPM in den Gerichten, in: D. Kettiger (Hrsg.), Wirkungsorientierte Verwaltungsführung in der Justiz – ein Balanceakt zwischen Effizienz und Rechtsstaatlichkeit, Bern 2003, 33–46 (zit. Kettiger-Lienhard); DERS., Controllingverfahren des Bundesgerichts, Die Schweizer Richterzeitung/Justice – Justiz – Giustizia 2007/2 (zit. Lienhard, Justiz 2007); J.P. MÜLLER, Richterliche Unabhängigkeit steht zur Debatte, Die Schweizer Richterzeitung/Justice – Justiz – Giustizia 2006/2 (zit. Müller, Justiz 2006); P. TSCHANNEN, Staatsrecht der Schweizerischen Eidgenossenschaft, Bern 2004 (zit. Tschannen, Staatsrecht); P. TSCHÜMPERLIN, Gerichtsmanagement am Bundesgericht: Stand und Entwicklungstendenzen, in: D. Kettiger (Hrsg.), Wirkungsorientierte Verwaltungsführung in der Justiz – ein Balanceakt zwischen Effizienz und Rechtsstaatlichkeit, Bern 2003, 75–111 (zit. Kettiger-Tschümperlin); H.P. WALTER, Interne richterliche Unabhängigkeit, Die Schweizer Richterzeitung/Justice – Justiz – Giustizia 2005/1 (zit. Walter, Justiz 2005).

I. Entstehungsgeschichte

Diese Bestimmung wurde im Rahmen der parlamentarischen Beratungen stark **erweitert** 1 und **präzisiert**. Dabei wurde nicht nur die Zusammensetzung dieses Verwaltungsorgans genauer bestimmt, sondern es wurden insb. auch die Kompetenzen detaillierter festgehalten.

Im Rahmen des Gesetzgebungsverfahrens war die **Bezeichnung** des Führungsgremiums 2 umstritten: Der Bundesrat sah in seinem Entwurf eine vom Gesamtgericht gewählte Gerichtsleitung vor. Der Ständerat beschloss hingegen eine Geschäftsleitung, bestehend aus dem Präsidenten bzw. der Präsidentin, dem Verwaltungsdirektor bzw. der Verwaltungsdirektorin sowie weiteren Mitgliedern. Erst nach Überarbeitung des Entwurfs durch die Arbeitsgruppe BGG kam es zu einer konsequenten Trennung von Verwaltungs- und Rechtsprechungsfunktionen. Demgemäss werden diese Aufgaben zwischen der Präsidentenkonferenz und der Verwaltungskommission aufgeteilt. Die Bezeichnung des Führungsgremiums entspricht jener eines bisherigen Organs, welches allerdings anders zusammengesetzt war und andere Aufgaben wahrzunehmen hatte (Art. 26–28 aBGerR).[2]

Die Arbeitsgruppe BGG sah für die Verwaltungskommission drei Mitglieder vor.[3] Das 3 Parlament hat die **Zahl** auf maximal fünf erhöht[4] und hielt explizit die Mitwirkung des Generalsekretärs resp. der Generalsekretärin mit beratender Stimme fest.[5]

---

[2] Vgl. hiezu KETTIGER-TSCHÜMPERLIN, 80 ff.
[3] Bericht BJ an RK-N 2004 6.
[4] Vgl. RK-N 1./2.7.2004, 7 ff.; AB 2004 N 1586 f.
[5] AB 2005 S 120 ff.

II. Zusammensetzung (Abs. 1)

4   Die **Verwaltungskommission** besteht nebst Präsidium und Vizepräsidium aus maximal drei weiteren Mitgliedern, welche ordentliche Mitglieder des Gerichts sein müssen (Abs. 1). Präsidium und Vizepräsidium gehören der Verwaltungskommission von Gesetzes wegen an (Abs. 1). Die **weiteren Mitglieder** werden vom Gesamtgericht aus seiner Mitte gewählt. Da das Gesetz keine Mindestzahl von Mitgliedern in der Verwaltungskommission verlangt, sondern lediglich die obere Limite festhält (Abs. 1), ist das Bundesgericht frei, die Kommission auch mit einer geringeren Anzahl Mitglieder zu bestücken. Das Bundesgericht hat diese Zahl auf eins festgelegt (Art. 11 Abs. 1 lit. c BGerR).

5   Während der Bundesrat den Begriff «Geschäftsleitung» verwendete und der Ständerat diesen in «Gerichtsleitung» abänderte, setzte sich schliesslich die Bezeichnung «Verwaltungskommission» durch.[6] Damit soll betont werden, dass sich die Aufgabe dieses Organs auf Organisation und **Verwaltung** beschränkt und nicht auch solche der Rechtsprechung umfasst.[7] Die Verwaltungskommission soll das Bundesgericht lediglich in administrativer Hinsicht führen. Präsidium und Vizepräsidium werden vom Parlament gewählt (Art. 14 Art. 1) und gehören von Gesetzes wegen der Verwaltungskommission an (lit. a und b). Die weiteren Mitglieder der Verwaltungskommission gem. lit. c werden hingegen vom Gesamtgericht gewählt.

6   Die Verwaltungskommission als **Führungsgremium** ist gegenüber den früheren Organen am Bundesgericht bzw. Eidgenössischen Versicherungsgericht bewusst **klein** ausgefallen. Die Grosszahl der Richter soll sich vollumfänglich ihrer eigentlichen Aufgabe, der Rechtsprechung, widmen können. Bisher war ein viel weiterer Kreis mit Verwaltungsaufgaben befasst: in Lausanne der Präsident und der Vizepräsident, die fünfköpfige Präsidentenkonferenz sowie die dreiköpfige Verwaltungskommission und in Luzern die dreiköpfige Gerichtsleitung.

7   Die Mitglieder der Verwaltungskommission widmen sich nicht ausschliesslich ihrer Führungsaufgabe. Sie bleiben Mitglieder ihrer **Abteilung**, werden aber angemessen entlastet (Art. 11 Abs. 2 BGerR). Das Mass der Entlastung ist nicht festgelegt. Es richtet sich nach der Inanspruchnahme für essentielle Aufgaben der Verwaltungskommission.

8   Mangels gesetzlicher oder reglementarischer Regelung ist es denkbar, dass zwei oder mehr Mitglieder der Verwaltungskommission **derselben Abteilung** angehören. Dies gilt indessen nicht für Präsidium und Vizepräsidium (vgl. Art. 14 N 6).

III. Generalsekretär bzw. Generalsekretärin (Abs. 2)

9   Dem **Generalsekretär** bzw. der **Generalsekretärin** kommt im Rahmen der Verwaltungskommission eine sehr wichtige Stellung zu. Er bzw. sie bereitet – unter Mithilfe des Generalsekretariats – in der Regel die Geschäfte vor und führt das Sekretariat der Verwaltungskommission (Art. 13 Abs. 1 BGerR). Diese starke Stellung war im Rahmen der parlamentarischen Beratungen unumstritten, und es gab Bemühungen, sie noch weiter zu verstärken. So sah der Ständerat zuerst vor, den Generalsekretär bzw. die Generalsekretärin von Gesetzes wegen als vollwertiges Mitglied in die Verwaltungskommission aufzunehmen.[8] Die bisherige Praxis, wonach er oder sie mit beratender Stimme beteiligt ist, setzte sich schliesslich durch.[9]

---

[6] RK-N 1./2.7.2004, 7.
[7] Bericht BJ an RK-N 2004, 6; RK-N 1./2.7.2004, 8.
[8] AB 2003 S 892 f.
[9] AB 2004 N 1586 f.; AB 2005 S 120 ff.

Dem Generalsekretär bzw. der Generalsekretärin kommen **weitgehende Aufgaben** zu 10 (Art. 26; Art. 49 BGerR), weshalb er bzw. sie über ein breites Wissen im Bereiche der Organisation und Verwaltung verfügt. Zudem führt er bzw. sie auch das Sekretariat der Präsidentenkonferenz und des Gesamtgerichts (Art. 26; Art. 13 Abs. 1 BGerR). Den Rahmen für diese Tätigkeit bilden die Impulse aus der Richterschaft sowie die Entscheide der Verwaltungskommission.

IV. Amtsdauer der weiteren Mitglieder (Abs. 3)

Gemäss Abs. 3 zweiter Halbsatz besteht für die weiteren Mitglieder der Verwaltungs- 11 kommission die Möglichkeit der einmaligen **Wiederwahl**. Dies ist die analoge Regelung zur Möglichkeit der einmaligen Wiederwahl von Präsidium und Vizepräsidium (Art. 14 Abs. 2 zweiter Halbsatz).

V. Aufgaben (Abs. 4)

1. Gerichtsmanagement

Auch das Bundesgericht muss sich darum bemühen, mit den ihm zur Verfügung gestell- 12 ten finanziellen Mitteln haushälterisch umzugehen und diese optimal einzusetzen.[10] Ein Mittel zur Erreichung dieses Ziels ist eine möglichst effiziente Organisation und Verwaltung. In diesem Zusammenhang stehen die Stichworte **New Public Management (NPM)** und **wirkungsorientierte Verwaltungsführung (WOV)**. Beide lassen sich nur mit Einschränkungen auf das Bundesgericht (oder ein anderes Gericht) anwenden.[11] Grund dafür ist einerseits das Prinzip der Gewaltenteilung, welches dem Parlament nur beschränkt erlaubt, Zielvorgaben für das Bundesgericht zu formulieren.[12] Das Prinzip der Gewaltenteilung schliesst allerdings nicht aus, dass sich das Bundesgericht selbst an den Prinzipien des NPM orientiert. Andererseits verlangt die richterliche Unabhängigkeit, dass sich die erlaubten Vorgaben und das Controlling nicht auf die Arbeit eines einzelnen Richters oder einer einzelnen Richterin beziehen.[13] Auch wäre es unzulässig, einen bestimmten Kostendeckungsgrad zu verlangen oder für Richterinnen und Richter individuelle Leistungsanreize oder Leistungsvorgaben einzuführen.[14] Verbindliche Vorgaben können nur zum äusseren Geschäftsgang gemacht werden.[15] Dies ergibt sich schon daraus, dass sich die Oberaufsicht der Bundesversammlung über das Bundesgericht auf Grund der Gewaltenteilung und der richterlichen Unabhängigkeit weitgehend auf den Bereich der Justizverwaltung[16] bzw. den äusseren Geschäftsgang[17] beschränkt. Der Ansicht von LIENHARD,[18] wonach allenfalls auch zum administrativen Verfahrensgang, zum Umfeld des Gerichts und zur Kommunikation Vorgaben gemacht werden können, kann u.E. nicht gefolgt werden. Zudem setzen auch die allgemeinen Verfahrensgarantien, wie z.B. die Gewährung des rechtlichen Gehörs oder der unentgeltlichen Rechtspflege,

---

[10] Vgl. KETTIGER-LIENHARD, 36; WALTER, Justiz 2005, Rz 25.

[11] Vgl. zur Umsetzung von NPM an Gerichten und zu den ergriffenen Massnahmen bei den eidgenössischen Gerichten insb. den Bericht 2001 BBl 2002 7641 ff. sowie KLOPFER, Justiz 2007, Rz 4 ff.

[12] KETTIGER-KETTIGER, 28 f.; WALTER, Justiz 2005, Rz 26.

[13] KETTIGER-KETTIGER, 28; KETTIGER-LIENHARD, 42 f.

[14] KETTIGER-KETTIGER, 29 f.; KETTIGER-TSCHÜMPERLIN, 93 f. und 104; z.T. **a.M.** KETTIGER-LIENHARD, 39.

[15] KIENER, Unabhängigkeit, 298; SGK-KISS/KOLLER, Art. 188 N 39; KETTIGER-TSCHÜMPERLIN, 88.

[16] Statt vieler KIENER, Unabhängigkeit, 298.

[17] TSCHANNEN, Staatsrecht, § 40 Rz 20; KETTIGER-TSCHÜMPERLIN, 103 f.

[18] KETTIGER-LIENHARD, 40.

einem zu starken Kostendenken enge Grenzen.[19] Vor allem aber ist die richterliche Arbeit und ihre Qualität kaum messbar.[20]

13   Nach dem Gesagten ist es nur folgerichtig, dass mit dem BGG zwar eine Optimierung der Organisation und Verwaltung des Gerichts verwirklicht wird, ohne jedoch explizit das Konzept von NPM bzw. WOV zu übernehmen.[21] Die Verwaltungskommission hat im Rahmen der ihr zustehenden Aufgaben als Führungsgremium die Grundsätze des NPM zu **berücksichtigen**. Im Übrigen sind Richtwerte für das Controlling zu erarbeiten.[21a]

2. Zu den Aufgaben im Einzelnen

14   Für die **Zuteilung** der **nebenamtlichen** Richterinnen und Richter auf die Abteilungen (lit. a) ist nebst den fachlichen Kenntnissen v.a. die Sprache von Bedeutung. Die Verwaltungskommission kann die nebenamtlichen Richterinnen und Richter sowie die Gerichtsschreiberinnen und Gerichtsschreiber auch innerhalb der zweijährigen Organisationsperiode umteilen (Art. 12 Abs. 1 lit. b BGerR). Sie kann einen Richter oder eine Richterin auch mehreren Abteilungen zuteilen und hört vor diesen Entscheiden die Präsidentenkonferenz und die Betroffenen an (Art. 12 Abs. 2 BGerR).

15   Die Verwaltungskommission ist nicht nur für die Anstellung, sondern auch für die Zuteilung der **Gerichtsschreiberinnen** und **Gerichtsschreiber** auf die Abteilungen zuständig (lit. c). Dies ist gegenüber dem bisherigen Recht eine Änderung, da in Lausanne bis anhin die Gerichtsschreiberinnen und Gerichtsschreiber vom Gesamtgericht gewählt (Art. 7 Abs. 2 i.V.m. Art. 11 Abs. 1 lit. a OG) und von der Präsidentenkonferenz den Abteilungen zugeteilt wurden (Art. 24 Ziff. 2 aBGerR), während sie am Eidgenössischen Versicherungsgericht vom Gesamtgericht gewählt wurden (Art. 15 Abs. 1 lit. b EVGR) und für alle Kammern tätig waren. Die Verwaltungskommission kann die Gerichtsschreiberinnen und Gerichtsschreiber auch innerhalb der zweijährigen Organisationsperiode einer anderen Abteilung zuteilen (Art. 12 Abs. 1 lit. b BGerR). Sie haben ebenfalls das Anhörungsrecht (Art. 12 Abs. 2 BGerR).

16   Die Bewilligung von **Nebenbeschäftigungen** der ordentlichen Richterinnen und Richter (lit. f) ist im Reglement ausführlich geregelt (Art. 18–23 BGerR).[22] Die Verwaltungskommission entscheidet über ein entsprechendes Gesuch nach Anhörung der Präsidentenkonferenz. Eine Nebenbeschäftigung kann bewilligt werden, wenn sie die Erfüllung der Amtspflichten in keiner Weise behindert sowie die Unabhängigkeit und das Ansehen des Bundesgerichts und der betreffenden Richterperson nicht beeinträchtigen. Das Reglement nennt beispielhaft einige mögliche Nebenbeschäftigungen und beschränkt – i.S. der Botschaft und entgegen verschiedentlich geäusserter Bedenken in der vorberatenden Kommission des Ständerats[23] – die erlaubten Einnahmen aus Nebenbeschäftigungen auf Fr. 10 000.– pro Jahr (das darüber Hinausgehende ist dem Bundesgericht abzuliefern; Art. 23 BGerR). Dies verstösst nicht gegen Art. 144 Abs. 2 BV, welcher den vollamtlichen Richterinnen und Richter des Bundesgerichts die Ausübung einer anderen Erwerbstätigkeit verbietet. Denn die Verfassungsnorm bezweckt einerseits die Verhinderung von Interessenkonflikten zum Schutz der Unabhängigkeit von Gericht und Richterperson, andererseits den vollumfänglichen Einsatz der Arbeitskraft für das ent-

---

[19] KETTIGER-LIENHARD, 44.
[20] MÜLLER, Justiz 2006, Rz 4; KETTIGER-TSCHÜMPERLIN, 93; WALTER, Justiz 2005, Rz 25 ff.
[21] Vgl. auch KETTIGER-TSCHÜMPERLIN, 111.
[21a] Vgl. dazu LIENHARD, Justiz 2007, Rz 1 ff.
[22] Vgl. auch Art. 6 Abs. 4 sowie Art. 7.
[23] Botschaft 2001 BBl 2001 4281; RK-S 26./27.2.2003, 32 f.

sprechende Mandat.[24] In der Lehre wie auch anlässlich der Beratungen zum BGG bestand Einigkeit, dass es Nebenbeschäftigungen gibt, welche auch im Interesse des Gerichts liegen und deshalb nicht unter das Verbot fallen, wie etwa Schiedsgerichtsmandate oder Lehrtätigkeiten.[25] So erlaubt Art. 7 Abs. 1 eine Nebenbeschäftigung ohne Erwerbszweck. Mit der Obergrenze von Fr. 10 000.– wird klar gestellt, dass die Nebenbeschäftigung keine eigentliche Erwerbsquelle sein soll, sondern die entstandenen Auslagen, welche zur Bestimmung dieser Obergrenze nicht von den Einnahmen in Abzug gebracht werden dürfen (Art. 23 BGerR), ersetzen sollen.[26]

Das Bundesgericht hat zur **Aufsicht** über das Bundesstrafgericht und das Bundesverwaltungsgericht (lit. g) ein separates Reglement[27] erlassen, das Gegenstand und Zweck der Aufsicht, die Aufsichtsinstrumente, die Zusammenarbeit der Dienste der Gerichte im Bereich der Informatik, Statistik, Benchmarking, Gerichtsverwaltung und Personalmanagement sowie die Berichterstattung über die Wahrnehmung der Aufsicht umschreibt. **17**

Bis anhin erklärte das Gesetz das Gesamtgericht mit einer **Auffangklausel** für alle nicht explizit geregelten Aufgaben zuständig. Im Rahmen der parlamentarischen Beratungen wurde dies auch für das neue Gesetz vorgesehen, in der Folge aber wieder fallengelassen, da man das Gesamtgericht nur mit den wichtigsten Aufgaben betrauen wollte. Zugleich sollte mit der Übertragung aller minder wichtigen Aufgaben an die Verwaltungskommission die Verwaltung des Gerichts schlanker und effizienter gestaltet werden.[28] Dementsprechend weist nun lit. h sämtliche nicht ausdrücklich dem Gesamtgericht oder der Präsidentenkonferenz übertragenen Aufgaben der Verwaltungskommission zu. **18**

In der **subsidiären Verwaltungszuständigkeit** der Verwaltungskommission liegen zahlreiche weitere Geschäfte: **19**

– Vorbereitung und Antragstellung an das Gesamtgericht bezüglich der Bestellung der Abteilungen und der Wahl ihrer Präsidien sowie der Anstellung des Generalsekretärs oder der Generalsekretärin und deren Stellvertretung (Art. 15 Abs. 1 lit. d und f);

– Anordnung des Einsatzes eines Richters oder einer Richterin in einer anderen Abteilung (Art. 12 Abs. 1 lit. a BGerR);

– Umteilung eines Sachgebiets auf eine andere Abteilung (Art. 12 Abs. 1 lit. c BGerR);

– Vorbereitung des Geschäftsberichts zuhanden des Gesamtgerichts (Art. 12 Abs. 3 BGerR);[28a]

– Schlichtungsbemühungen bei gerichtsinternen Konflikten (Art. 24 Abs. 3 BGerR); vgl. auch Art. 15 N 1 und 7;

– Prüfung einer internen Umteilung bei freigewordenen Richterstellen (Art. 28 Abs. 3 BGerR);

– Umteilung ganzer Gruppen von Geschäften auf andere Abteilungen zur Ausgleichung der Geschäftslast (Art. 36 Abs. 4 BGerR);

– Berichterstattung an das Gesamtgericht über die Bildung der Spruchkörper (Art. 42 Abs. 3 BGerR);

---

[24] AUBERT/MAHON, commentaire, Art. 144 N 8; SGK-LÜTHI, Art. 144 N 4.

[25] AUBERT/MAHON, commentaire, Art. 144 N 8 FN 8; RK-S 26./27.2.2003, 33.

[26] Vgl. RK-S 26./27.2.2003, 32 ff. sowie SEILER/VON WERDT/GÜNGERICH, BGG, Art. 7 N 3. Kritisch zum Ganzen FELBER, Justiz 2006, Rz 1 ff.

[27] Vgl. Art. 15 N 7.

[28] Vgl. auch SEILER/VON WERDT/GÜNGERICH, BGG, Art. 17 N 7.

[28a] Vgl. dazu LIENHARD, Justiz 2007, Rz 1 ff.

– Behandlung der Personalangelegenheiten der Gerichtsschreiberinnen und Gerichtsschreiber sowie der dem Generalsekretariat direkt unterstellten wissenschaftlichen Mitarbeiter (Art. 84 Abs. 1 PVBGer).

20 Die Verwaltungskommission ist auch zuständig für den Erlass verschiedener **Richtlinien** oder Weisungen, so etwa über:

– die Entschädigung der nebenamtlichen Richterinnen und Richter (Art. 17 Abs. 2 BGerR);

– die Erarbeitung der Statistik über die Zusammensetzung des Spruchkörpers (Art. 42 Abs. 1 BGerR);

– die Gerichtsberichterstattung (Art. 61 Abs. 2 BGerR);[29]

– die Anstellungsvoraussetzungen der Gerichtsschreiberinnen und Gerichtsschreiber sowie deren Laufbahn (Art. 21 und 87 Abs. 1 PVBGer);

– verschiedene weitere Bereiche bei Personalangelegenheiten (Art. 87 Abs. 2 PVBGer).

21 Entgegen den Bemühungen einer Minderheit der vorberatenden Kommission lehnte es der Ständerat ab, in lit. i die Verwaltungskommission explizit mit der **Schlichtung** allfälliger Streitigkeiten zwischen den Richterinnen und Richtern zu beauftragen; in diesem Zusammenhang blieb es bei der Verpflichtung des Gesamtgerichts zum Erlass eines Verfahrens bei gerichtsinternen Streitigkeiten (Art. 15 Abs. 1 lit. a; Art. 24 BGerR).[30]

Art. 18[1]

Abteilungen	[1] **Die Abteilungen werden jeweils für zwei Jahre bestellt. Ihre Zusammensetzung wird öffentlich bekannt gemacht.**
	[2] **Bei der Bestellung sind die fachlichen Kenntnisse der Richter und Richterinnen sowie die Amtssprachen angemessen zu berücksichtigen.**
	[3] **Die Richter und Richterinnen sind zur Aushilfe in anderen Abteilungen verpflichtet.**
Cours	[1] Les cours sont constituées pour deux ans. La Cour plénière rend publique leur composition.
	[2] Lors de la constitution des cours, la Cour plénière tient compte des compétences des juges et de la représentation des langues officielles.
	[3] Tout juge peut être appelé à siéger dans une autre cour.
Corti	[1] Le corti sono costituite per due anni. La loro composizione è resa pubblica.
	[2] Per costituire le corti si tiene adeguatamente conto delle conoscenze specifiche dei giudici e delle lingue ufficiali.
	[3] Ciascun giudice può essere tenuto a prestare il proprio concorso in una corte diversa dalla sua.

---

[29] Reglement vom 6.11.2006, SR 173.110.133, AS 2006 5663.
[30] AB 2005 S 120 ff.; vgl. auch Art. 15 N 7.
[1] Gleichlautende Bestimmung: Art. 19 VGG; analog: Art. 17 SGG.

Inhaltsübersicht Note

Materialien

Art. 16 E ExpKomm; Schlussbericht 1997 60; Art. 16 E 2001 BBl 2001 4483; Botschaft 2001 BBl 2001 4246 und 4284 f.; AB 2003 S 893; Bericht RK-N 2004 9; AB 2004 N 1587; AB 2005 S 122.

Literatur

K. SPÜHLER, Die Reform der Bundesgerichtsbarkeit: Schwerpunkte einer dringlichen Aufgabe, ZBl 1996, 209–221 (zit. Spühler, ZBl 1996).

I. Allgemeine Bemerkungen

Die Abteilungen sind **organisatorische Einheiten,** die in einem bestimmten Zuständig-   **1** keitsbereich die Rechtsprechungsaufgabe autonom wahrnehmen und zu diesem Zweck mit personellen und sachlichen Ressourcen ausgestattet sind. Das Gesetz schreibt vor, dass Abteilungen zu bilden sind. Es enthält jedoch keine konkreten Vorgaben über die Anzahl und die Verteilung der Zuständigkeiten. Im Gegensatz dazu legte das OG fest, aus welchen Abteilungen sich das Bundesgericht zusammensetzt, und es bestimmte in groben Zügen die Zuständigkeiten der einzelnen Abteilungen.[2] Das BGG begnügt sich mit Leitlinien und räumt im Übrigen dem Bundesgericht für die Organisation der Abteilungen – freilich im Rahmen anerkannter Organisationsgrundsätze (vgl. Art. 13 N 9) – Gestaltungsfreiheit ein.

Nach Art. 22 ist die Geschäftsverteilung auf die einzelnen Abteilungen nach Rechtsge-   **2** bieten zu regeln. Diese Art der Geschäftsverteilung beeinflusst auch die Bildung der Abteilungen. Damit scheidet eine Organisationform nach rein sprachlichen oder etwa regionalen Gesichtspunkten aus. Die Gliederung der Abteilungen hat sich in erster Linie an den **drei grossen Rechtsgebieten** und mithin an den **drei Typen der Einheitsbeschwerde** zu orientieren.[3] Grundsätzlich sind für Zivilsachen, für Strafsachen und für öffentlich-rechtliche Angelegenheiten Abteilungen vorzusehen. Dieses Kriterium ist jedoch nicht in einem absoluten Sinn zu verstehen. Es können z.B. Sachbereiche, die dem Strafrecht zuzuordnen sind, einer Abteilung zugeteilt werden, die vornehmlich mit öffentlich-rechtlichen Angelegenheiten befasst ist.[4] Besteht zwischen verschiedenen Rechtsgebieten ein sachlicher Zusammenhang, kann es sich als zweckmässig erweisen, sie einer einzigen Abteilung zu übertragen, auch wenn für sie unterschiedliche Typen der Einheitsbeschwerde in Betracht fallen.[5] Diese Flexibilität erlaubt eine ausgewogene Geschäftsverteilung und erhöht den Gestaltungsspielraum für eine sachgerechte Organisation des Gerichtsbetriebs. Ausgeschlossen ist die Bildung einer Abteilung für eine be-

---

[2] Art. 12 und 122 OG; zur Gesetzesgeschichte s. POUDRET, Commentaire, Bd. I, Art. 12 N 1.1.

[3] Botschaft 2001 BBl 2001 4284.

[4] Vgl. z.B. Art. 29 Abs. 3 BGerR.

[5] Die Botschaft nennt als Beispiele die Rechtsgebiete der sozialen Krankenversicherung und der Krankenzusatzversicherungen sowie der Unfallversicherung und der zivilrechtlichen Haftung; BBl 2001 4284.

stimmte Angelegenheit[6] oder für eine parteienbezogene Auswahl bestimmter Einzelgeschäfte.

3 Zur Bildung der Abteilungen gehört auch die Festlegung von deren **Grösse** und **Anzahl**. Gemäss Art. 20 bestehen die Spruchkörper aus drei bzw. fünf Richtern oder Richterinnen. Eine Abteilung sollte daher in der Regel mindestens fünf Richterstellen umfassen.[7] Andererseits ist auf die Geschäftsbelastung Rücksicht zu nehmen, die ihrerseits von der Geschäftsverteilung abhängt (Art. 22 N 2). Schliesslich spielt für die Organisation der Abteilungen eine Rolle, dass gem. Art. 4 Abs. 2 eine oder mehrere Abteilungen ihren Standort in Luzern haben müssen.

4 Das Bundesgericht ist nach dem BGerR – in der Fassung vom 20.11.2006 – in **sieben Abteilungen** gegliedert.[8] Es besteht aus:

– zwei öffentlich-rechtlichen Abteilungen;

– zwei zivilrechtlichen Abteilungen;

– einer strafrechtlichen Abteilung;

– zwei sozial-rechtlichen Abteilungen.

Die öffentlichen-rechtlichen und zivilrechtlichen Abteilungen sowie die strafrechtliche Abteilung haben ihren Standort in Lausanne, die beiden sozial-rechtlichen Abteilungen in Luzern. Das BGerR verteilt die Richterstellen nicht fix auf die Abteilungen, sondern bestimmt, dass diese sich aus **vier bis sechs ordentlichen Richtern oder Richterinnen** zusammensetzen.[9] Unter den Abteilungen gilt das Prinzip der Gleichwertigkeit.

5 Das Gesetz schliesst es nicht aus, die Abteilungen ihrerseits aufzugliedern, z.B. in **Kammern**. Es können grössere Abteilungen gebildet werden, die aus zwei oder mehreren Kammern bestehen. Die Kammerbildung ist eine organisatorische Frage, die einer Regelung auf Stufe Reglement bedarf. Das BGerR sieht keine derartige Organisationsform vor.[10] Soweit im Übrigen die Organisation der Abteilungen nicht durch das BGG und das BGerR vorgegeben ist, organisieren sich die Abteilungen selbst.[11] Es besteht somit ein Rest an Gestaltungsmöglichkeiten, den die Abteilungen autonom ausfüllen.

II. Bestellung der Abteilungen (Abs. 1)

6 Die Abteilungen werden jeweils für zwei Jahre bestellt. Dementsprechend gilt eine zeitlich befristete **Organisationsperiode**, die für alle Abteilungen dieselbe ist. Unter Bestellen ist hier – anknüpfend an Art. 15 Abs. 1 lit. d – zweierlei gemeint: Einmal ist die Anzahl der Richterstellen für jede Abteilung – innerhalb des im BGerR vorgesehenen Rahmens – zu bestimmen. Sodann sind die ordentlichen Richter und Richterinnen den einzelnen Abteilungen zuzuteilen.[12, 13] Mit der allzweijährlichen Neubestellung kann auf

---

[6] Botschaft 2001 BBl 2001 4285; vgl. auch SEILER/VON WERDT/GÜNGERICH, BGG, Art. 18 N 10.

[7] Bei einer unterbesetzten Abteilung ist die allenfalls notwendige Komplettierung des Spruchskörpers generell-abstrakt festzulegen; vgl. Art. 41 BGerR und Art. 22 N 9.

[8] Art. 26 Abs. 1 BGerR.

[9] Art. 26 Abs. 3 BGerR.

[10] Im Gegensatz dazu gliedern sich die Abteilungen des Bundesverwaltungsgerichts grundsätzlich in zwei Kammern; s. Art. 18 Abs. 1 des Geschäftsreglementes für das Bundesverwaltungsgericht vom 11.12.2006 (SR 173.320.1; VGR).

[11] Art. 27 BGerR.

[12] Es ist möglich, eine Richterstelle – z.B. aus sprachlichen Gründen – auf zwei Abteilungen aufzuteilen und somit ein Gerichtsmitglied zugleich zwei Abteilungen zuzuteilen.

eine unterschiedliche Entwicklung in der Geschäftslast der Abteilungen reagiert werden. Um die Belastung möglichst auszugleichen, können Richterstellen umverteilt und entsprechende personelle Umteilungen vorgenommen werden. Ein Ausgleich lässt sich u.U. durch eine Umverteilung von Rechtsmaterien erreichen; dies setzt aber eine entsprechende Änderung der Reglementsbestimmungen über die Geschäftsverteilung voraus (Art. 22 N 5). Trotz der vom Gesetz eingeräumten Flexibilität ist es im Interesse der **Kontinuität der Rechtsprechung** geboten, in der personellen Besetzung der Abteilungen eine gewisse **Stabilität** zu wahren.[14] Bei der Neubestellung sollte auch dieser Aspekt angemessen berücksichtigt werden. Während der zweijährigen Periode dürfen grundsätzlich keine Umteilungen vorgenommen werden. Eine Ausnahme besteht bei Vakanzen und wenn wichtige Gründe vorliegen.[15]

Die Zusammensetzung der Abteilungen ist öffentlich bekannt zu machen.[16] Diese Vorschrift dient einerseits der **Information der Allgemeinheit**. Sodann stellt sie sicher, dass Rechtsuchende sich ins Bild setzen können, welche Gerichtsmitglieder für die Beurteilung einer bestimmten Streitsache grundsätzlich zuständig sind. Dies ermöglicht, die Besetzung des Gerichts zu überprüfen, Ausstandsgründe zu erkennen und gegebenenfalls geltend zu machen. Insofern dient die öffentliche Bekanntmachung der **Wahrung prozessualer Rechte** im bundesgerichtlichen Verfahren. Dies hat auch für den Rechtsuchenden Konsequenzen. So gilt der verfassungsmässige Anspruch auf Bekanntgabe der Gerichtsbesetzung grundsätzlich als gewahrt, wenn die Namen der mitwirkenden Personen einer allgemein zugänglichen Publikation entnommen werden können.[17] Das muss sich der Betroffene u.U. entgegenhalten lassen, wenn er es z.B. versäumt, Ausstandsgründe so früh wie möglich geltend zu machen.

III. Kriterien für die personelle Zusammensetzung (Abs. 2)

Abs. 2 verpflichtet das Gesamtgericht, bei der personellen Besetzung der Abteilungen die **fachlichen Kenntnisse** der Richter und Richterinnen sowie die **Amtssprachen** angemessen zu berücksichtigen. Das Gesetz beschränkt sich darauf, zwei Kriterien zu nennen. Dies bedeutet nicht, dass andere Gesichtspunkte (z.B. das Geschlecht, die Parteizugehörigkeit, die Anciennität, die Präferenz einzelner Mitglieder) irrelevant wären. Der Sprachenvertretung kommt besonderes Gewicht zu. So legt das BGerR Richtlinien fest, wie die französisch- und italienischsprachigen Gerichtsmitglieder auf die Abteilungen zu verteilen sind.[18] Unter der Herrschaft des OG wurde – innerhalb der Sprachgruppen – das Anciennitätsprinzip relativ streng gehandhabt, was hin und wieder auf Kritik stiess.[19] Mit der Verpflichtung, die Fachkenntnisse zu berücksichtigen, wollte der Gesetzgeber v.a. die Bedeutung des Anciennitätsprinzips einschränken.[20] Das Gesetz verlangt eine *ange-*

7

8

---

[13] In einem allgemeinen Sinn umfasst der Begriff Bestellen auch die weiteren personellen Ressourcen, welche die Abteilungen zur Aufgabenerfüllung benötigen. Für deren Bereitstellung ist die Verwaltungskommission zuständig (Art. 17 Abs. 4 lit. c und d).

[14] Botschaft 2001 BBl 2001 4284 f.

[15] Vgl. Art. 28 Abs. 2 BGerR; SEILER/VON WERDT/GÜNGERICH, BGG, Art. 18 N 9.

[16] Die öffentliche Bekanntmachung erfolgt jeweils im eidgenössischen Staatskalender und zusätzlich auf der Internetseite des Bundesgerichts (‹www.bger.ch›). Im jährlichen Geschäftsbericht des Bundesgerichts an die Eidgenössischen Räte werden die Zusammensetzung der Abteilungen und die Änderungen im Verlaufe des jeweiligen Berichtsjahres veröffentlicht.

[17] Vgl. BGE 117 Ia 322, E. 1c; 114 Ia 279 E. 3c; zur Kritik an dieser Praxis vgl. HÄNER, Art. 36 N 2.

[18] Art. 26 Abs. 4 BGerR.

[19] Vgl. z.B. SPÜHLER, ZBl 1996, 214.

[20] Schlussbericht 1997 60; Botschaft 2001 BBl 2001 4285 und auch 4280, wo auf den Zusammenhang mit der Freizügigkeit zwischen den beiden Gerichtssitzen Lausanne und Luzern hingewiesen wird.

Michel Féraud

messene Berücksichtigung: Die fachspezifischen Kenntnisse sind eines unter anderen Kriterien, an denen sich die personelle Zuteilung der Richter und Richterinnen insgesamt auszurichten hat.[21]

9   Die Abteilungen werden auf Antrag der Verwaltungskommission durch **Mehrheits-beschluss des Gesamtgerichtes** konstituiert (Art. 15 Abs. 1 lit. d). Es obliegt daher in erster Linie der Verwaltungskommission, in ihrem Antrag den Zuteilungskriterien von Art. 18 Abs. 2 Rechnung zu tragen.

IV. Aushilfe (Abs. 3)

10   Abs. 3 auferlegt den Richtern und Richterinnen die Pflicht, in anderen Abteilungen aus-zuhelfen. Unter Aushilfe ist die **Mitwirkung an abteilungsfremder Rechtsprechung** zu verstehen. Damit wird implizit gesagt, dass solche Einsätze an sich zulässig sind. Allerdings müssen dabei die Regeln über die Besetzung der Spruchkörper beachtet werden (s. Art. 22 N 9). Es lassen sich zwei Arten von Aushilfe unterscheiden: Einer-seits die Inanspruchnahme für einen konkreten Fall bzw. für konkrete Einzelfälle und andererseits ein Einsatz, der darüber hinausgeht. Der einzelfallweise Beizug kommt hauptsächlich zum Zuge, wenn eine Abteilung wegen der Abwesenheit oder des Aus-stands einzelner Mitglieder unterbesetzt ist. Sodann fällt er in Betracht, wenn konkret sich stellende Rechtsfragen ein Rechtsgebiet einer anderen Abteilung berühren und der Beizug eines Mitglieds aus dieser Abteilung im Interesse einer einheitlichen Recht-sprechung angezeigt ist.[22] Der darüber hinaus gehende abteilungsfremde Einsatz von Richtern und Richterinnen stellt eine vorübergehende Entlastungsmassnahme während der zweijährigen Organisationsperiode dar. Durch solche Massnahmen können unvorher-gesehene Belastungssituationen gemildert werden, ohne den Ablauf der Organisations-periode abwarten zu müssen. Für die Anordnung von Aushilfe, die über den einzelfall-bezogenen Einsatz hinausgeht, ist die Verwaltungskommission zuständig.[23] Im Übrigen erfolgt der Beizug durch den Präsidenten oder die Präsidentin der urteilenden Ab-teilung.[24]

Art. 19[1]

Abteilungs-vorsitz	[1] **Die Präsidenten oder Präsidentinnen der Abteilungen werden jeweils für zwei Jahre gewählt.**
	[2] **Im Verhinderungsfall werden sie durch den Richter oder die Richterin mit dem höchsten Dienstalter vertreten; bei gleichem Dienstalter ist das höhere Lebensalter massgebend.**
	[3] **Der Abteilungsvorsitz darf nicht länger als sechs Jahre ausge-übt werden.**

---

[21] Vgl. KARLEN, BGG, 16. In Rechtsmaterien, die einen höheren Spezialisierungsgrad erfordern, kann es angezeigt sein, den Fachkenntnissen bei der Zuteilung grösseres Gewicht beizumessen.
[22] Vgl. SEILER/VON WERDT/GÜNGERICH, BGG, Art. 18 N 14.
[23] Art. 12 Abs. 1 lit. a BGerR.
[24] Das beizuziehende Mitglied wird nach dessen Anhörung und im Einverständnis mit dem Präsi-dium der betroffenen Abteilung bezeichnet (Art. 40 Abs. 5 BGerR).
[1] Gleichlautende Bestimmung: Art. 20 VGG; analog: Art. 18 SGG.

Présidence des cours	¹ Les présidents des cours sont nommés pour deux ans.

² En cas d'empêchement, le président est remplacé par le doyen de fonction et, à ancienneté égale, par le doyen d'âge.

³ La fonction de président d'une cour ne peut être exercée plus de six ans.

Presidenza delle corti	¹ I presidenti delle corti sono eletti per due anni.

² In caso di impedimento, il presidente è rappresentato dal giudice con la maggior anzianità di servizio; se vi sono più giudici con la stessa anzianità di servizio, dal più anziano tra di loro.

³ La presidenza di una corte non può essere esercitata per più di sei anni.

Inhaltsübersicht Note

Materialien

Art. 17 E ExpKomm; Schlussbericht 1997 60; Art. 17 E 2001 BBl 2001 4483; Botschaft 2001 BBl 2001 4285; AB 2003 S 893; Bericht RK-N 2004 9; AB 2004 N 1587; AB 2005 S 122.

I. Vorbemerkung

Die Präsidenten und Präsidentinnen der Abteilungen werden auf Antrag der Verwal- 1
tungskommission durch das Gesamtgericht gewählt (Art. 15 Abs. 1 lit. d). In der Rechtsprechung leiten sie die Instruktion der Verfahren, soweit nicht ein anderes Abteilungsmitglied mit dieser Aufgabe betraut wird (Art. 32 Abs. 1), sie teilen die Fälle zum
Referat zu, bestimmen die Zusammensetzung der Spruchkörper und führen in diesen den
Vorsitz. Ferner obliegt ihnen die Führung der administrativen Belange der Abteilung.

II. Amtsdauer (Abs. 1)

Die zweijährige Amtsdauer stimmt mit der **Organisationsperiode** überein, wie sie für 2
die Abteilungen gilt (s. Art. 18 N 6). Tritt während der Amtsdauer eine Vakanz ein, ist die
Ersatzwahl für den Rest der Amtsdauer vorzunehmen. Unter dem Vorbehalt der Amtszeitbeschränkung ist eine Wiederwahl zulässig.

III. Stellvertretung (Abs. 2)

Der Abteilungsvorsitz wird vom Präsidenten oder von der Präsidentin ausgeübt. Im Ge- 3
gensatz zum Präsidium des Gesamtgerichts² ist das Amt eines Vizepräsidenten oder einer
Vizepräsidentin nicht vorgesehen. Im Verhinderungsfall greift die **Stellvertretungsregel**
von Abs. 2: Der Richter oder die Richterin mit dem höchsten Dienstalter nimmt den
Abteilungsvorsitz wahr; bei gleichem Dienstalter ist das höhere Lebensalter ausschlag-

---

² Art. 14 Abs. 1 lit. b.

gebend. Diese Regelung entspricht der subsidiären Stellvertretungsordnung für das Präsidium des Gesamtgerichts (Art. 14 N 17).

4 Ein **Verhinderungsfall** liegt vor, wenn der Präsident oder die Präsidentin aus faktischen oder rechtlichen Gründen nicht in der Lage ist, die Präsidialfunktion wahrzunehmen. Die Stellvertretungsregel kommt somit bei Abwesenheit (Krankheit, Ferien und dienstliche Absenzen), im Fall des Ausstands oder bei Überlastung zum Zuge. Sie ist jedoch nicht anwendbar, soweit das Gesetz die Abteilungspräsidien ermächtigt, bestimmte Aufgaben zu **delegieren**. So kann z.B. ein anderes Mitglied der Abteilung damit betraut werden, im vereinfachten Verfahren die Einzelrichterfälle zu bearbeiten (Art. 108 Abs. 2). Ferner ist es möglich, die Instruktion einzelfallweise oder in einem bestimmten Sachbereich einem anderen Abteilungsmitglied zu übertragen (Art. 32 Abs. 1). In solchen Fällen besteht keine Verhinderung im erwähnten Sinn und es handelt sich nicht um eine Stellvertretung, bei welcher die Anciennität beachtet werden müsste. Soweit jedoch eine Verhinderung gegeben ist, lässt die gesetzliche Stellvertretungsregelung keinen Spielraum für andere Lösungen offen. Die Abteilungen sind grundsätzlich nicht befugt, eine von der gesetzlichen Regelung abweichende ständige Stellvertretung zu bestellen.

5 Die Stellvertretung umfasst **alle Obliegenheiten**, die während der Verhinderung anfallen. In erster Linie geht es um den Bereich der Rechtsprechung. Betroffen sind aber auch die administrativen Geschäfte der Abteilung.[3]

IV. Amtszeitbeschränkung (Abs. 3)

6 Das Gesetz schliesst die **Wiederwahl** am Ende der Amtsdauer nicht aus. Es befristet jedoch die Gesamtdauer, während welcher der Abteilungsvorsitz ausgeübt werden darf, zwingend auf sechs Jahre. Demzufolge ist grundsätzlich eine zweimalige Wiederwahl zulässig. Der Wortlaut der Bestimmung ist eindeutig und die Entstehungsgeschichte[4] lässt keine andere Auslegung zu: Das Präsidialamt darf – ohne Ausnahmen – nicht länger als sechs Jahre ausgeübt werden. Dabei spielt es keine Rolle, ob die erstmalige Wahl auf den Beginn einer Organisationsperiode hin oder während einer solchen erfolgt ist. Bei der erstmaligen Wahl während der zweijährigen Organisationsperiode besteht allerdings eine dritte Wiederwahlmöglichkeit. Diese ist aber beschränkt auf die noch offene Zeitspanne bis zur Vollendung des sechsten Amtsjahres. In diesem Zusammenhang stellt sich die Frage, wie es sich verhält, wenn ein Abteilungspräsident oder eine Abteilungspräsidentin in eine andere Abteilung wechselt und dort das Abteilungspräsidium übernimmt. Es ist einzuräumen, dass eine solche Konstellation eher theoretische als praktische Bedeutung hat. Mit der Amtszeitbeschränkung will der Gesetzgeber offenbar der Gefahr begegnen, dass überlange Präsidien den Betreffenden eine Stellung verschaffen, die das Gerichtsinnenleben belasten könnte. Es sollen auch jüngere geeignete Mitglieder die Chance haben, die Präsidialfunktion zu übernehmen.[5] Von daher gesehen, dürfte die

---

[3] Fraglich ist die Vertretung in der Präsidentenkonferenz (s. Art. 16 N 2).

[4] Der bundesrätliche Entwurf sah keine Amtszeitbeschränkung vor (Art. 17 E 2001 BBl 2001 4483). In Anlehnung an das damals ebenfalls zur Beratung stehende VGG nahm der Ständerat als Erstrat eine Amtszeitbeschränkung auf, gem. welcher der Abteilungsvorsitz in der Regel nicht länger als sechs Jahre ausgeübt werden dürfe (AB 2003 S 893). Im Verlauf der späteren Beratungen wurde der Passus in-der-Regel auf Antrag des Bundesrats – aufgrund der Vorschläge der «Arbeitsgruppe Bundesgerichtsgesetz» – gestrichen (Bericht BJ an RK-N 2004 9; AB 2004 N 1587; AB 2005 S 122).

[5] Vgl. auch SPÜHLER/DOLGE/VOCK, Kurzkommentar, Art. 19 N 1 f., wonach die Beschränkung gegen Verkrustungen wirke und der Leistungsförderung diene.

sechsjährige Amtszeitbeschränkung ausschliesslich **personenbezogen** zu verstehen sein: Die in verschiedenen Abteilung absolvierten Präsidialjahre sind zusammenzuzählen, d.h. bei einem Abteilungswechsel beginnt die Amtszeitbeschränkung nicht neu zu laufen.

Art. 20

Besetzung	[1] **Die Abteilungen entscheiden in der Regel in der Besetzung mit drei Richtern oder Richterinnen (Spruchkörper).**
	[2] **Über Rechtsfragen von grundsätzlicher Bedeutung oder auf Antrag eines Richters oder einer Richterin entscheiden sie in Fünferbesetzung. Ausgenommen sind Beschwerden gegen Entscheide der kantonalen Aufsichtsbehörden in Schuldbetreibungs- und Konkurssachen.**
	[3] **In Fünferbesetzung entscheiden sie ferner über Beschwerden gegen referendumspflichtige kantonale Erlasse und gegen kantonale Entscheide über die Zulässigkeit einer Initiative oder das Erfordernis eines Referendums. Ausgenommen sind Beschwerden, die eine Angelegenheit einer Gemeinde oder einer anderen Körperschaft des kantonalen Rechts betreffen.**
Composition	[1] En règle générale, les cours statuent à trois juges.
	[2] Elles statuent à cinq juges si la cause soulève une question juridique de principe ou si un juge en fait la demande. Sont exceptés les recours contre les décisions des autorités cantonales de surveillance en matière de poursuite pour dettes et de faillite.
	[3] Elles statuent également à cinq juges sur les recours contre un acte normatif cantonal soumis ou sujet au référendum ainsi que sur les recours contre une décision cantonale ayant trait à la recevabilité d'une initiative ou à l'exigence d'un référendum. Sont exceptés les recours qui portent sur une cause relevant d'une commune ou d'une autre corporation de droit cantonal.
Composizione	[1] Di regola, le corti giudicano nella composizione di tre giudici (collegio giudicante).
	[2] Giudicano nella composizione di cinque giudici se la causa concerne una questione di diritto di importanza fondamentale o se un giudice lo richiede. Sono eccettuati i ricorsi contro decisioni delle autorità cantonali di vigilanza in materia di esecuzione e fallimento.
	[3] Le corti giudicano nella composizione di cinque giudici anche i ricorsi contro atti normativi cantonali che sottostanno al referendum e contro decisioni cantonali sull'ammissibilità di un'iniziativa o sull'esigenza di un referendum. Sono eccettuati i ricorsi in materia comunale o inerenti a un altro ente di diritto cantonale.

Inhaltsübersicht

Materialien

Art. 18 E ExpKomm; Schlussbericht 1997 60 f.; Art. 18 E 2001 BBl 2001 4483; Botschaft 2001 BBl 2001 4285 f.; AB 2003 S 893; AB 2004 N 1587.

Literatur

E. ESCHER, Zum Rechtsschutz in Zwangsvollstreckungssachen nach dem Bundesgesetz über das Bundesgericht, AJP 2006, 1247–1251 (zit. Escher, AJP 2006).

I. Entstehungsgeschichtliche Bemerkung

1   Die Bestimmung über die zahlenmässige Besetzung der Spruchkörper knüpft an die Regelung des OG an. In der Fassung von 1943 schrieb Art. 15 OG für einen Teil der staatsrechtlichen Geschäfte eine Siebnerbesetzung vor und für die übrigen Angelegenheiten eine Fünferbesetzung.[1] Diese Bestimmung erfuhr im Laufe der Zeit verschiedene Änderungen.[2] Die **Spruchkörper** wurden sukzessive **verkleinert**. Damit reagierte der Gesetzgeber auf die stetige Zunahme der Geschäftslast und trug der wachsenden Überzeugung Rechnung, dass sich auch mit kleineren Spruchkörpern die Qualität der Rechtsprechung gewährleisten lasse. Bei der Revision von 1968 – anlässlich des Ausbaus der Verwaltungsgerichtsbarkeit – wurde für die verwaltungsrechtliche Kammer[3] eine besondere Regelung eingeführt: Je nach der Bedeutung der Streitsache hatte die Kammer in einer Besetzung mit fünf bzw. mit drei Gerichtsmitgliedern zu entscheiden.[4] Diese Ordnung galt auch für das Eidgenössische Versicherungsgericht, das mit der Revision von 1968 zur organisatorisch selbständigen Sozialversicherungsabteilung des Bundesgerichts geworden war.[5] Die Revision von 1978 dehnte die zunächst für die Gebiete des Verwaltungs- und Sozialversicherungsrechts eingeführten Regelung auf alle Streitsachen aus, die in den Zuständigkeitsbereich der öffentlich-rechtlichen Abteilungen fielen und für welche das Gesetz nicht ausdrücklich eine Siebnerbesetzung vorschrieb.[6] Mit der Revision von 1991 wurde die Besetzung mit drei Richtern oder Richterinnen für alle Abteilungen des Bundesgerichts einschliesslich der Eidgenössischen Versicherungsgerichts zur ordentlichen Besetzung erklärt.[7] Die Fünferbesetzung war in erster Linie Streitsachen vorbehalten, in denen sich Rechtsfragen von grundsätzlichen Bedeutung stellten.[8] Die Siebnerbesetzung galt nur noch für staatsrechtliche Beschwerden gegen referendums-

---

[1] AS 1944 271, 275.
[2] Zu den einzelnen Etappen der Entwicklung s. POUDRET, Commentaire, Bd. I, Art. 15 N 1. Zur Entstehungsgeschichte von Art. 15 OG in der Fassung von 1943 s.a. BIRCHMEIER, Handbuch, Art. 15.
[3] Die verwaltungsrechtliche Kammer war eine Unterabteilung der staats- und verwaltungsrechtlichen Abteilung; Art. 12 Abs. 1 lit. a OG in der Fassung vom 20.12.1968, AS 1969 767.
[4] Änderung des OG vom 20.12.1968, AS 1969 767, Art. 15 Abs. 3.
[5] Art. 122 OG in der Fassung vom 20.12.1968, AS 1969 767.
[6] Änderung vom 6.10.1978, AS 1979 42, Art. 15 Abs. 2 und 3.
[7] Änderung vom 4.10.1991, AS 1992 288, Art. 15 Abs. 1 und Art. 125.
[8] Art. 15 Abs. 2 OG.

pflichtige kantonale Erlasse und gegen Entscheide über die Zulässigkeit einer Initiative oder das Erfordernis eines Referendums, soweit es nicht eine kommunale Angelegenheit betraf.[9] Das BGG hat die **Ordnung von 1991** – vorbehältlich der Siebnerbesetzung – in den Grundzügen übernommen.

II. Allgemeine Dreierbesetzung (Abs. 1)

Nach der Konzeption des Gesetzes ist die Dreierbesetzung gem. Abs. 1 die Regel. Sie stellt die **ordentliche Besetzung** dar und kommt zum Zuge, wenn das Gesetz nichts anderes bestimmt. Somit richtet sich die Tragweite von Abs. 1 nach anderen Normen, die ihrerseits für ihren Anwendungsbereich die Spruchkörperbesetzung festlegen oder die Einzelrichterzuständigkeit vorsehen. Im Einzelnen geht es um folgende Bestimmungen: **2**

– die hernach zu besprechenden Abs. 2 und 3 von Art. 20 (Fünferbesetzung);

– Art. 32 Abs. 1 (verfahrensleitende Verfügungen des Instruktionsrichters oder der Instruktionsrichterin);

– Art. 32 Abs. 2 (Einzelrichterentscheide über die Abschreibung von Verfahren zufolge Gegenstandslosigkeit, Rückzugs oder Vergleichs);

– Art. 64 Abs. 3 (Entscheide über Gesuche um unentgeltliche Rechtspflege);

– Art. 103 Abs. 3 (Entscheide über aufschiebende Wirkung);

– Art. 104 (Entscheide über vorsorgliche Massnahmen);

– Art. 108 Abs. 1 (Einzelrichterentscheide im vereinfachten Verfahren);

– Art. 109 Abs. 1 und 2 (Entscheide in Dreierbesetzung im vereinfachten Verfahren).

III. Fünferbesetzung (Abs. 2)

Abs. 2 sagt, unter welchen Voraussetzungen die Fünferbesetzung an die Stelle der allgemeinen Dreierbesetzung i.S.v. Abs. 1[9a] tritt. Es sind zwei Anwendungsfälle und ein Ausnahmefall zu unterscheiden: **3**

a) *Erster Anwendungsfall*: Die Fünferbesetzung ist zwingend, wenn über eine **Rechtsfrage von grundsätzlicher Bedeutung** zu entscheiden ist. Das Gesetz definiert nicht näher, wann diese Voraussetzung erfüllt ist. *Rechtsfrage von grundsätzlicher Bedeutung* ist ein unbestimmter Rechtsbegriff, dessen Konkretisierung dem Bundesgericht obliegt.[10] Der Begriff wurde nicht erst mit dem BGG eingeführt; er fand sich bereits in Art. 15 Abs. 2 OG. Hierzu besteht allerdings keine publizierte Praxis, weil das Bundesgericht in den Erwägungen seiner Entscheide in Fünferbesetzung jeweils nicht sagt, aus welchen Gründen diese Besetzung zur Anwendung gelangt. Im Allgemeinen ist das Erfordernis der grundsätzlichen Bedeutung gegeben, wenn eine Rechtsfrage vom Bundesgericht noch nicht entschieden worden ist und der Klärung bedarf oder wenn eine Rechtsfrage vom Bundesgericht zwar bereits entschieden wurde, aber Anlass für eine Überprüfung oder Präzisierung der Rechtsprechung besteht.[11] Der Begriff

---

[9] Art. 15 Abs. 3 OG.

[9a] Bei Entscheiden, für welche eine «lex specialis» die Dreierbesetzung vorschreibt, dürfte die Fünferbesetzung grundsätzlich ausgeschlossen sein; vgl. BGE 133 IV 125.

[10] In Art. 191 Abs. 2 BV steht derselbe Begriff. Weder die Verfassung noch das Gesetz definieren ihn. Vgl. SGK²-KISS/KOLLER, Art. 191 N 17; BGer, I. ZA, 28.6.2007, 4A_133/2007 (zur Publ. bestimmt), E. 1.1.

[11] Vgl. POUDRET, Commentaire, Bd. I, Art. 15 N 4; SGK²-KISS/KOLLER, Art. 191 N 18; vgl. auch Botschaft 2001 BBl 2001 4309 f. (zu Art. 70 E 2001).

Rechtsfrage von grundsätzlicher Bedeutung findet sich auch in Art. 74 Abs. 2 lit. a und Art. 85 Abs. 2. In diesen Normen hat er die Bedeutung einer besonderen Eintretensvoraussetzung,[12] wogegen er hier für die Spruchkörperbesetzung massgebend ist. Trotz dieser unterschiedlichen Funktion ist der Begriff in allen Bestimmungen grundsätzlich in gleicher Weise zu verstehen.[13] Wird z.B. im vereinfachten Verfahren gem. Art. 109 Abs. 1 die besondere Eintretensvorsaussetzung der Rechtsfrage von grundsätzlicher Bedeutung bejaht, ist der verfahrensabschliessende Entscheid in Fünferbesetzung zu treffen.[14]

b) *Zweiter Anwendungsfall:* Eine Streitsache wird ferner in **Fünferbesetzung** entschieden, wenn ein Richter oder eine Richterin des Spruchkörpers es **beantragt**. Im bundesrätlichen Entwurf war die Kompetenz, eine Fünferbesetzung anzuordnen, den Abteilungspräsidien vorbehalten.[15] Der Ständerat als Erstrat entschied auf Antrag seiner Kommission, diese Befugnis auf alle beteiligten Richter und Richterinnen auszudehnen.[16] In gleicher Weise wie gem. Art. 58 Abs. 1 lit. a eine mündliche Beratung verlangt werden kann, soll für die mitwirkenden Gerichtsmitglieder die Möglichkeit bestehen, die Fünferbesetzung zu verlangen. Die vom Ständerat beschlossene Version wurde Gesetz. Der Gesetzestext spricht zwar von Antrag, was jedoch nicht bedeutet, dass darüber entschieden werden müsste, mit der Folge, dass der Antrag auch abgelehnt werden könnte und es bei der allgemeinen Dreierbesetzung bliebe. Die Antragstellung verpflichtet das Abteilungspräsidium, eine Fünferbesetzung anzuordnen; denn das Gesetz macht den Antrag nicht von einer besonderen Voraussetzung abhängig.[17] Stellt sich eine Rechtsfrage von grundsätzlicher Bedeutung, kommt die Fünferbesetzung ohnehin zum Zuge. Die Möglichkeit, sie zu verlangen, erhält folglich Bedeutung, wenn das genannte Erfordernis fehlt, aber sich die qualifizierte Besetzung aus anderen Gründen als opportun erweist. So werden z.B. Urteile, die in der amtlichen Sammlung publiziert werden sollen oder eine gesellschaftspolitisch sensible Materie betreffen oder aus einem anderen Grund besonders bedeutsam sind (vgl. unten N 5), in Fünferbesetzung entschieden, auch wenn sich eigentlich keine Rechtsfrage von grundsätzlichen Bedeutung stellt.

c) *Ausnahmefall:* Die Fünferbesetzung ist für Beschwerden gegen Entscheide der kantonalen Aufsichtsbehörden in **Schuldbetreibungs- und Konkurssachen** gem. Art. 19 SchKG ausgeschlossen.[18] Rechtsfragen von grundsätzlicher Bedeutung sind somit in Dreierbesetzung zu beurteilen. Der Gesetzgeber ging davon aus, das Interesse an einem raschen Verfahren rechtfertige die Beschränkung auf den kleineren Spruchkörper.[19] Wie in jedem anderen Rechtsgebiet können sich auch bei Beschwerden i.S.v. Art. 19 SchKG Grundsatzfragen stellen, für deren Beurteilung die Fünferbesetzung

---

[12] In Art. 83 lit. f Ziff. 2 ist das Fehlen des Erfordernisses Rechtsfrage von grundsätzlicher Bedeutung eines der Kriterien, die einen Ausschlussgrund begründen.

[13] Vgl. SEILER/VON WERDT/GÜNGERICH, BGG, Art. 20 N 6. Allerdings ist gem. BGer, I. ZA, 28.6.2007, 4A_133/2007 (zur Publ. bestimmt), E. 1.1, der Begriff i.S.v. Art. 74 Abs. 2 lit. a sehr restriktiv auszulegen.

[14] Vgl. EHRENZELLER/SCHWEIZER-AEMISEGGER, 495. Das Gleiche dürfte gelten für das Erfordernis des besonders bedeutenden Falles auf dem Gebiet der internationalen Rechtshilfe in Strafsachen; s. Art. 107 N 27.

[15] Art. 18 Abs. 2 E 2001 BBl 2001 4483.

[16] AB 2003 S 893.

[17] Vgl. SEILER/VON WERDT/GÜNGERICH, BGG, Art. 20 N 7.

[18] Beschwerden nach Art. 19 SchKG unterliegen weiteren Sonderbestimmungen des BGG: Art. 74 Abs. 2 lit. c (Ausschluss der Streitwertgrenze) und Art. 100 Abs. 2 lit. a und Abs. 3 lit. a (verkürzte Beschwerdefrist).

[19] Botschaft 2001 BBl 2001 4286.

durchaus angezeigt wäre. Es ist zu bezweifeln, dass die Beschränkung auf die Dreier-besetzung zu einer ins Gewicht fallenden Beschleunigung der Verfahren beiträgt. Die Rechtfertigung dieser Sonderregelung erscheint daher etwas fragwürdig,[20] sie ent-spricht aber der Regelung unter der Herrschaft des OG.[21]

IV. Fünferbesetzung als ordentliche Besetzung (Abs. 3)

1. Allgemeines

Nach dem alten OG von 1893 war die Siebnerbesetzung die ordentliche Besetzung.[22] In der letzten Fassung des OG von 1943 galt sie nur noch für Beschwerden gegen referen-dumspflichtige kantonale **Erlasse** und gegen einen kantonalen Entscheid über die Zu-lässigkeit einer **Initiative** oder das **Erfordernis eines Referendums**, soweit es nicht eine Angelegenheit auf kommunaler Ebene betraf[23] und soweit nicht ausnahmsweise das ver-einfachte Verfahren nach Art. 36a OG zur Anwendung gelangte.[24] Für diese Geschäfte schreibt das BGG zwar keine Siebnerbesetzung mehr vor, aber die Fünferbesetzung, welche – für diese Fälle – die **ordentliche Besetzung** darstellt. Der Gesetzgeber folgte der Ansicht des Bundesrats, wonach die von Abs. 3 erfassten Angelegenheiten nicht wichtiger seien als jene, die eine Rechtsfrage von grundsätzlicher Bedeutung zum Ge-genstand haben. Im Übrigen könne eine Beschwerde gegen den Entscheid über die An-wendung einer kantonalen Norm einen ebenso politischen Charakter aufweisen wie die Beschwerde gegen einen kantonalen Erlass.[25] Damit rechtfertigte er den Verzicht auf die Siebnerbesetzung, hielt es jedoch für angezeigt, wegen der demokratiepolitischen Bedeu-tung dieser Geschäfte die Fünferbesetzung als ordentliche Besetzung vorzuschreiben.   **4**

Unter der Herrschaft des OG galt die Siebnerbesetzung auch im Verfahren der staats-rechtlichen **Klage**, wenn diese eine in Art. 15 Abs. 3 OG erwähnte Angelegenheit be-traf.[26] Entsprechendes dürfte für Verfahren nach Art. 120 Abs. 1 lit. b gelten, obwohl der Gesetzeswortlaut von Abs. 3 nahelegen könnte, die Anwendung dieser Bestimmung auf Beschwerdeverfahren zu beschränken.[27] Weil die Klageverfahren i.S. der erwähnten Be-stimmung Streitigkeiten zwischen Bund und Kantonen oder zwischen Kantonen unter-einander betreffen, wird die qualifizierte Besetzung in der Regel auch auf Abs. 2 abge-stützt werden können, selbst wenn sich keine Rechtsfrage von grundsätzlicher Bedeutung stellt (vgl. oben N 3 lit. b). Daher hat die aufgeworfene Auslegungsproblematik nicht mehr die gleiche Relevanz wie unter dem alten Recht, wo es um die Abgrenzung zur Siebnerbesetzung ging.   **5**

Die Fünferbesetzung gem. Abs. 3 stellt eine ordentliche Besetzung dar. In gleicher Weise wie die ordentliche Besetzung nach Abs. 1 steht sie unter dem Vorbehalt abweichender spezieller Regelungen. Das **vereinfachte Verfahren** nach den Art. 108 Abs. 1 und 109 Abs. 2 ist nicht grundsätzlich ausgeschlossen.[28] Bei der Anwendung dieser Verfahren auf   **6**

---

[20] Gleicher Meinung ESCHER, AJP 2006, 1249 f.
[21] Art. 12 Abs. 1 lit. c i.V.m. Art. 15 Abs. 2 OG.
[22] Bundesgesetz über die Organisation der Bundesrechtspflege vom 22.3.1893, AS NF XIII 455, Art. 16 Abs. 1 i.V.m. Art. 25.
[23] Art. 15 Abs. 3 OG.
[24] Vgl. BGE 118 Ia 124, E. 1.
[25] Vgl. Botschaft 2001 BBl 2001 4286.
[26] BGE 118 Ia 195, E. 1b.
[27] Gleicher Meinung SEILER/VON WERDT/GÜNGERICH, BGG, Art. 20 N 10.
[28] Auch unter dem OG war das vereinfachte Verfahren nach Art. 36a OG nicht grundsätzlich ausge-schlossen; s. BGE 118 Ia 124, E. 1; POUDRET, Commentaire, Bd. I, Art. 15 N 3.3; s.a. SEILER/ VON WERDT/GÜNGERICH, BGG, Art. 20 N 9.

die in Abs. 3 genannten Angelegenheiten ist allerdings eine gewisse Zurückhaltung geboten. Das vereinfachte Verfahren ist entsprechend der Rechtsprechung zu Art. 15 Abs. 3 OG im Wesentlichen auf ganz offensichtlich unbegründete oder unzulässige Beschwerden zu beschränken.[29] Im Fall der Gutheissung einer Beschwerde dürfte Art. 109 Abs. 2 lit. b kaum je zur Anwendung kommen.[30]

2. Erlasse

7 Darunter sind – wie der französische- bzw. italienische Gesetzestext es prägnant zum Ausdruck bringt – **normative Akte**, d.h. generell abstrakte Regelungen zu verstehen. Der Begriff ist in einem materiellen Sinn auszulegen.[31] Er stimmt mit demjenigen in Art. 82 lit. b überein. Diese Bestimmung bezeichnet kantonale Erlasse als Anfechtungsobjekt der öffentlich-rechtlichen Beschwerde und sieht insoweit die abstrakte Normenkontrolle vor. In beiden Bestimmungen ist dieselbe Art von Hoheitsakten gemeint. Für eine unterschiedliche Auslegung des Begriffs besteht kein Grund.[32] Die Spruchkörperbildung gem. Abs. 3 kann denn auch nur insoweit zum Zuge kommen, als Art. 82 lit. b die Erlassanfechtung und mithin die abstrakte Normenkontrolle zulässt. So sind z.B. Kantonsverfassungen vom abstrakten Normenkontrollverfahren ausgenommen; sie fallen daher nicht unter den Erlassbegriff i.S. des BGG (vgl. hierzu Art. 82 N 40 und ergänzend zum Begriff im Allgemeinen N 27 ff.). Abs. 3 erfasst jedoch nicht sämtliche kantonalen Erlasse, die Gegenstand einer abstrakten Normenkontrolle bilden können. Der Anwendungsbereich ist in zweierlei Hinsicht eingeschränkt: s. dazu nachfolgende N 8 und N 10.

8 Nur **referendumspflichtige Erlasse** fallen unter die Sonderbestimmung. Unerheblich ist, ob das Referendum obligatorisch oder fakultativ ist. Unterliegt nur ein Teil eines kantonalen Erlasses dem Referendum, gilt der Erlass insgesamt als referendumspflichtig i.S.v. Abs. 3. Die Fünferbesetzung als ordentliche Besetzung gilt deshalb auch dann, wenn lediglich eine Regelung aus dem nicht referendumspflichtigen Teil angefochten wird.[33] Wird eine Volksabstimmung über einen referendumspflichtigen kantonalen Erlass wegen Mängeln im Abstimmungsverfahren mit Stimmrechtsbeschwerde (Art. 82 lit. c) angefochten, bestimmt sich die Besetzung nach Abs. 1 und 2.[34] Eine Gutheissung der Beschwerde führt in diesem Fall lediglich zur Aufhebung der Abstimmung und nicht zu einer Korrektur der dieser zu Grunde liegenden Vorlage. Haftet der abstimmungsrechtliche Mangel dem Gesetz selbst an, ist allerdings Abs. 3 anwendbar.[35] Desgleichen richtet sich die Spruchkörperbildung nach den Grundsätzen für die Erlassanfechtung, wenn der angefochtene Erlass das Stimm- und Wahlrecht regelt und mit Stimmrechtsbeschwerde eine Verletzung von politischen Rechten gem. übergeordnetem Recht geltend gemacht wird.[36]

---

[29] BGE 118 Ia 124, E. 1; Anwendungsbeispiel: BGer, II. ÖRA, 28.10.1997, 2P.134/1995.

[30] POUDRET, Commentaire, Bd. I, Art. 15 N 3.3.

[31] Vgl. BGE 106 Ia 307, E. 1a.

[32] Auch unter dem OG wurde der Begriff im Zusammenhang mit den Spruchkörpern gleich verstanden wie derjenige in der Bestimmung über die Anfechtungsobjekte der staatsrechtlichen Beschwerde; vgl. BGE 106 Ia 307, E. 1a.

[33] Vgl. Pra 2000, Nr. 41, 223, nicht publizierte E. 1a/bb von BGer, I. ÖRA, 5.10.1999, 1P.12/1999.

[34] Vgl. z.B. BGE 113 Ia 46.

[35] Vgl. BGer, I. ÖRA, 12.9.2006, 1P.223/2006, ZBl 2007, 332; der Entscheid wurde in Siebnerbesetzung gefällt.

[36] Vgl. z.B. BGE 131 I 74 und 131 I 386; in beiden Fällen wurden die Stimmrechtsbeschwerden in einer Besetzung mit sieben Richtern beurteilt. Vgl. in diesem Zusammenhang auch Art. 82 N 87.

3. Initiative und Erfordernis eines Referendums

Unter die Regelung von Abs. 3 fallen **ausschliesslich Volksinitiativen** und somit keine anderen Arten von Initiativen, wie z.B. parlamentarische.[37] Der Begriff *Zulässigkeit einer Initiative* ist in einem weiten Sinn zu verstehen. Er umfasst nicht nur die Frage, ob eine Angelegenheit der Volksabstimmung unterbreitet werden muss, sondern auch, in welcher Form dies zu geschehen hat.[38] Das Erfordernis eines Referendums bezieht sich auf **alle Referenden**, die das kantonale Recht vorsieht. Gegenstand der Beschwerde bildet jeweils die Streitfrage, ob ein Hoheitsakt dem Referendum zu unterstellen ist. Geht es um eine andere stimmrechtliche Frage, gilt die allgemeine Spruchkörperbesetzung (Abs. 1 und 2). Wird ein Erlass wegen Verletzung des Gewaltenteilungsprinzips angefochten und indirekt eine Umgehung des Referendums beanstandet, ist die Erlassanfechtungsbeschwerde gegeben[39] (s. Art. 82 N 71 u. 87); die Besetzung des Spruchkörpers richtet sich dann nach den Grundsätzen für die Erlassanfechtung.

9

4. Beschränkung auf Akte des Kantons

Das Gesetz nimmt Akte der **Gemeinden** oder anderer Körperschaften des kantonalen Rechts von der Unterstellung unter die Regelung von Abs. 3 ausdrücklich aus. Für diese gelten die allgemeinen Regeln (Abs. 1 und 2). Gleich verhielt es sich nach altem Recht, wobei der Wortlaut von Art. 15 Abs. 3 OG in Bezug auf Erlasse auslegungsbedürftig war.[40]

10

V. Sanktion bei mangelhafter Besetzung

Werden die Regeln über die Grösse der Spruchkörper missachtet, ist die Besetzung mangelhaft, was u.U. einen **Revisionsgrund** i.S.v. Art. 121 lit. a darstellt.[41] Soweit allerdings eine Besetzung mit der Begründung kritisiert wird, es sei eine falsche Verfahrensart gewählt oder das Erfordernis der grundsätzlichen Bedeutung missverstanden worden, ist die Besetzung Ausfluss einer rechtlichen Würdigung, die im Revisionsverfahren nicht in Frage gestellt werden kann[42] (s. im Einzelnen Art. 121 N 5).

11

Art. 21[1]

Abstimmung	[1] Das Gesamtgericht, die Präsidentenkonferenz, die Verwaltungskommission und die Abteilungen treffen die Entscheide, Beschlüsse und Wahlen, wenn das Gesetz nichts anderes bestimmt, mit der absoluten Mehrheit der Stimmen.
	[2] Bei Stimmengleichheit ist die Stimme des Präsidenten beziehungsweise der Präsidentin ausschlaggebend; bei Wahlen entscheidet das Los.
	[3] Bei Entscheiden, die in einem Verfahren nach den Artikeln 72–129 getroffen werden, ist Stimmenthaltung nicht zulässig.

---

[37] Vgl. Seiler/von Werdt/Güngerich, BGG, Art. 20 N 13.
[38] Vgl. BGE 121 I 357, E. 1.
[39] Vgl. z.B. BGE 128 I 327, nicht publizierte E. 1.3 von BGer, I. ÖRA, 26.8.2002, 1P.91/2002.
[40] Vgl. BGE 105 Ia 277, E. 1b.
[41] Poudret, Commentaire, Bd. I, Art. 15 N 5 und Bd. V, Art. 136 N 2; Seiler/von Werdt/ Güngerich, BGG, Art. 20 N 18; BGer, EVG, 14.9.1971, I 83/71, E. 1.
[42] Geiser/Münch²-Escher, 276, N 8.12; BGer, I. ÖRA, 21.8.1989, 1P.571/1988, E. 4.
[1] Analoge Bestimmungen: Art. 19 SGG und Art. 22 VGG.

Vote

[1] La Cour plénière, la Conférence des présidents, la Commission administrative et les cours rendent leurs arrêts, prennent leurs décisions et procèdent aux nominations à la majorité absolue des voix, à moins que la loi n'en dispose autrement.

[2] En cas d'égalité des voix, celle du président est prépondérante; s'il s'agit d'une nomination, le sort en décide.

[3] L'abstention est exclue lors de décisions prises dans une procédure selon les art. 72 à 129.

Votazione

[1] Salvo che la legge disponga altrimenti, la Corte plenaria, la Conferenza dei presidenti, la Commissione amministrativa e le corti deliberano, prendono le decisioni e procedono alle nomine a maggioranza assoluta dei voti.

[2] In caso di parità di voti, quello del presidente decide; se si tratta di nomine o assunzioni, decide la sorte.

[3] L'astensione è esclusa nelle decisioni prese in una procedura secondo gli articoli 72–129.

Inhaltsübersicht   Note

Materialien

Art. 20 E ExpKomm; Schlussbericht 1997 61; Art. 19 E 2001 BBl 2001 4483 f.; Botschaft 2001 BBl 2001 4286; AB 2003 S 893; AB 2004 N 1588; AB 2005 S 122.

Literatur

M. GULDENER, Schweizerisches Zivilprozessrecht, 3. Aufl., Zürich 1979 (zit. Guldener, Zivilprozessrecht³); W. HAUSER/R. HAUSER, Erläuterungen zum Gerichtsverfassungsgesetz des Kantons Zürich, 3. Aufl., Zürich 1978 (zit. Hauser/Hauser, Gerichtsverfassungsgesetz³).

I. Erfordernis der absoluten Mehrheit (Abs. 1)

1   Die Organe des Bundesgerichts treffen ihre Entscheide, Beschlüsse und Wahlen mit der absoluten Mehrheit der Stimmen, sofern das Gesetz nichts anderes vorschreibt.[2] Das absolute Mehr berechnet sich nach den abgegebenen Stimmen. Enthaltungen werden nicht mitgezählt. Für Wahlen enthält Art. 5 BGerR Ausführungsbestimmungen: Nach Abs. 3 werden bei der Berechnung des absoluten Mehrs die leeren und ungültigen Wahlzettel nicht gezählt; die Gültigkeit bzw. Ungültigkeit der Stimmen richtet sich nach den Grundsätzen von Art. 131 ParlG, die sinngemäss heranzuziehen sind.

---

[2] Das BGG sieht keine qualifizierten Mehrheiten vor.

Im Bereich der Rechtsprechung gilt das Mehrheitsprinzip sowohl für die **Dispositive** der 2
Entscheidungen als auch für die **Entscheidgründe**.[3] Die formellen Fragen sind vor den
materiellen zu entscheiden. Bestehen z.B. divergierende Anträge zur Frage, ob auf eine
Beschwerde einzutreten ist, darf eine Abstimmung in der Sache nur durchgeführt
werden, wenn entschieden ist, auf die Beschwerde einzutreten.[4] Liegen mehr als zwei
Anträge vor, sind diese mittels **Eventualabstimmung** so lange auszumehren, bis zwei
Anträge einander gegenübergestellt werden können.[5] Die Reihenfolge der Abstimmung
richtet sich grundsätzlich nach den parlamentarischen Regeln, d.h. nach Massgabe von
Art. 79 Abs. 2 ParlG.[6] Sie ist derart auszugestalten, dass von den Anträgen mit der kleins-
ten inhaltlichen Differenz schrittweise bis zu denjenigen mit der grössten Differenz
aufgestiegen werden kann. Bestehen über die einzuhaltende Reihenfolge oder allgemein
über die Abstimmungsmodalitäten Meinungsverschiedenheiten, sind diese durch Abstimmung zu entscheiden.[7]

II. Stichentscheid (Abs. 2)

Bei **Stimmengleichheit** gibt die Stimme des Präsidenten bzw. der Präsidentin den Aus- 3
schlag.[8] Unter Präsident bzw. Präsidentin ist das jeweils den Vorsitz führende Gerichtsmitglied zu verstehen. Die präsidiale Stimme zählt bei Stimmengleichheit zweimal. Im
Falle der Enthaltung hat der Präsident bzw. die Präsidentin den Stichentscheid zu treffen.
Weil die Spruchkörper mit einer ungeraden Anzahl von Richtern oder Richterinnen
besetzt sind und die Stimmenthaltung unzulässig ist (Abs. 3), kann sich im Rechtsprechungsbereich keine Stimmengleichheit ergeben. Eine Ausnahme besteht für Entscheidungen der vereinigten Abteilungen; hier ist Stimmengleichheit möglich (s. Art. 23
N 32).

III. Unzulässigkeit der Stimmenthaltung (Abs. 3)

In der Rechtsprechung ist **Stimmenthaltung** unzulässig.[9] Abs. 3 nimmt diesen allgemei- 4
nen Grundsatz auf und verweist dabei auf alle Verfahren (Art. 72–129): Beschwerden,
subsidiäre Verfassungsbeschwerden, Klagen, Revisions-, Erläuterungs- und Berichtigungsgesuche. Die Entscheidungen der vereinigten Abteilungen (Art. 23) ergehen im
Rahmen eines der genannten Verfahren und bilden Teil der Rechtsprechung. Folgerichtig gilt das Verbot der Stimmenthaltung auch für diese Verfahren, obwohl Abs. 3
keinen Verweis auf Art. 23 enthält[10] (vgl. Art. 23 N 32). Art. 37 Abs. 3 BGerR bezeichnet
denn auch die Stimmenthaltung in den vereinigten Abteilungen ausdrücklich als unzulässig.

---

[3] Vgl. POUDRET, Commentaire, Bd. I, Art. 10 N 1; SEILER/VON WERDT/GÜNGERICH, BGG,
    Art. 21 N 5.
[4] Vgl. GULDENER, Zivilprozessrecht[3], 244.
[5] Vgl. Art. 79 Abs. 1 ParlG.
[6] Vgl. POUDRET, Commentaire, Bd. I, Art. 10 N 1; SEILER/VON WERDT/GÜNGERICH, BGG,
    Art. 21 N 6.
[7] Vgl. GULDENER, Zivilprozessrecht[3], 245; HAUSER/HAUSER, Gerichtsverfassungsgesetz[3], § 151
    N 2.
[8] Eine Ausnahme besteht für Beschlüsse vereinigter Abteilungen (Art. 23), wenn sie eine Präxis-
    änderung zum Gegenstand haben: Gemäss Art. 37 Abs. 4 BGerR bleibt es im Fall von Stimmen-
    gleichheit bei der bisherigen Rechtsprechung.
[9] Vgl. POUDRET, Commentaire, Bd. I, Art. 10 N 2; GULDENER, Zivilprozessrecht[3], 244; HAUSER/
    HAUSER, Gerichtsverfassungsgesetz[3], § 151 N 1.
[10] **A.M.** SEILER/VON WERDT/GÜNGERICH, BGG, Art. 21 N 10.

Art. 22[1]

Geschäfts- verteilung	**Das Bundesgericht regelt die Verteilung der Geschäfte auf die Abteilungen nach Rechtsgebieten, die Bildung der Spruchkörper sowie den Einsatz der nebenamtlichen Richter und Richterinnen durch Reglement.**
Répartition des affaires	Le Tribunal fédéral fixe dans un règlement les modalités de la répartition des affaires entre les cours selon les domaines juridiques, de la composition des cours appelées à statuer et du recours aux juges suppléants.
Ripartizione delle cause	Il Tribunale federale disciplina mediante regolamento la ripartizione delle cause tra le corti in funzione della materia, la composizione dei collegi giudicanti e l'impiego dei giudici non di carriera.

Inhaltsübersicht

Materialien

Art. 22 ExpKomm; Schlussbericht 1997 62; Art. 20 E 2001 BBl 2001 4484; Botschaft 2001 BBl 2001 4286; Stellungnahme 2001 BBl 2001 5896; AB 2003 S 893; AB 2004 N 1588.

Literatur

CHR. BANDLI, Zur Spruchkörperbildung an Gerichten: Vorausbestimmung als Fairnessgarantin, Die Schweizer Richterzeitung/Justice – Justiz – Giustizia 2007/2 (zit. Bandli, Justiz 2007); E. BEYELER, Das Recht auf den verfassungsmässigen Richter als Problem der Gesetzgebung, Diss. ZH 1978, Zürich 1978 (zit. Beyeler, Richter); J.P. MÜLLER, Die staatsrechtliche Rechtsprechung des Bundesgerichts im Jahre 1979, ZBJV 1981, 189–253 (zit. Müller, ZBJV 1981); PH. KUNIG, in: I. von Münch/Ph. Kunig (Hrsg.), Grundgesetz-Kommentar, Bd. 3, 5. Aufl., München 2003 (zit. von Münch/Kunig[5]-Kunig); CH. DEGENHART, in: M. Sachs (Hrsg.), Grundgesetz, 3. Aufl., München 2003 (zit. Sachs[3]-Degenhart).

I. Einleitende Bemerkung

1 Die Bestimmung trägt die Marginalie **Geschäftsverteilung**. Darunter ist grundsätzlich zweierlei zu verstehen: Einerseits die Festlegung der Abteilungszuständigkeiten (Verteilung der Geschäfte auf die Abteilungen) und andererseits die Regelung, welche Richter oder Richterinnen im Einzelfall an der Entscheidfindung mitwirken (Bildung der Spruchkörper bzw. abteilungsinterne Geschäftsverteilung). Beide Aspekte sind im BGerR zu regeln. Damit verlangt das Gesetz eine rechtssatzmässig bestimmte Verteilung der Zuständigkeiten und Geschäfte zwischen und in den Abteilungen.

---

[1] Analoge Bestimmungen: Art. 20 SGG und Art. 24 VGG.

II. Geschäftsverteilung auf die Abteilungen

Die Geschäftsverteilung hat **nach Rechtsgebieten** zu erfolgen. Das Gesetz enthält keine   **2**
weitergehenden Vorgaben. Der Begriff Rechtsgebiet ist in einem weiten Sinn zu verstehen. Gemeint ist ein als sinnvolle Einheit abgrenzbarer Sachbereich, der sich eignet,
einer Abteilung zugewiesen zu werden. Das Bundesgericht verfügt über einen grossen
Gestaltungsspielraum. Es ist jedoch angezeigt, sich an der herkömmlichen Aufteilung der
Geschäfte nach den Rechtsgebieten **Zivil-** und **Strafrecht** sowie **öffentliches Recht** zu
orientieren, die auch den drei Typen der Einheitsbeschwerde zugrunde liegen (zur Wechselwirkung zwischen der Abteilungsorganisation einerseits und der Geschäftsverteilung
andererseits s. Art. 18 N 2 f.). Die Abteilungen werden denn auch nach den Geschäften,
die ihnen schwerpunktmässig übertragen sind, bezeichnet. Das Gesetz verlangt allerdings
nicht, dass z.B. einer zivilrechtlichen Abteilung ausschliesslich zivilrechtliche Angelegenheiten übertragen werden; es ist nicht ausgeschlossen, ihr beispielsweise aus dem
Bereich des öffentlichen Rechts Geschäfte zuzuweisen. Solche Lösungen können aus
zwei Gründen gerechtfertigt sein: Zum einen, wenn gebietsübergreifend ein besonderer
Sachzusammenhang besteht[2] und es sich als zweckmässig erweist, nur eine Abteilung
damit zu betrauen;[3] zum anderen zur Sicherstellung einer ausgeglichenen Geschäftsbelastung unter den Abteilungen. Insgesamt ist darauf zu achten, dass in sich geschlossene
Sachbereiche gebildet und zugeteilt werden, um einerseits Überschneidungen und mithin Zuständigkeitskonflikte zwischen den Abteilungen möglichst auszuschliessen und
andererseits eine einheitlich konzipierte Rechtsprechung zu gewährleisten.

Die Materienzuteilung lässt sich im Überblick – gestützt auf das BGerR[4] in der Fassung   **3**
vom 20.11.2006 – wie folgt wiedergeben:

a) Die **Erste öffentlich-rechtliche Abteilung** behandelt in erster Linie Beschwerden[5] in
öffentlich-rechtlichen Angelegenheit auf dem Gebiet der Enteignungen, der raum-
bezogenen Materien,[6] der politischen Rechte, der international Rechtshilfe in Strafsachen, des Strassenverkehrs, des Bürgerrechts und des Personals im öffentlichen
Dienst. In strafrechtlichen Angelegenheiten ist sie zuständig für Beschwerden, die sich
gegen strafprozessuale Zwischenentscheide richten. Sodann behandelt sie auf Klage
Kompetenzkonflikte zwischen Bundesbehörden und kantonalen Behörden (Art. 120
Abs. 1 lit. a) sowie die öffentlich-rechtlichen Streitigkeiten zwischen Bund und Kantonen oder zwischen den Kantonen (Art. 120 Abs. 1 lit. b).[7]

b) Die **Zweite öffentlich-rechtliche Abteilung** ist zuständig für Beschwerden in öffentlich-rechtlichen Angelegenheiten betr. das Ausländerrecht, die Steuern und Abgaben,
das öffentliche Wirtschaftsrecht und das sonstige Verwaltungsrecht, soweit es nicht
einer anderen Abteilung zugewiesen ist.[8] Sie behandelt ferner auf Klage Ansprüche

---

[2] Vgl. Art. 18 FN 5.

[3] In diesem Sinn behandeln z.B. die zivilrechtlichen Abteilungen öffentlich-rechtliche Beschwerden
gegen kantonale Erlasse aus ihrem sachlichen Zuständigkeitsbereich.

[4] Art. 29–35 BGerR.

[5] In dieser Note schliesst der Begriff Beschwerde die subsidiäre Verfassungsbeschwerde mit ein.

[6] Namentlich: Raumplanung, Baurecht, Umweltschutz, Gewässerschutz, Wald, Natur- und Heimatschutz, öffentliche Werke, Meliorationen, mit Raumplanung verbundene Bauförderung und Wanderwege.

[7] Für die öffentlich-rechtlichen Abteilungen besteht eine – praktisch allerdings eher unbedeutende –
subsidiäre Zuteilungsregel, welche auf die vorgebrachten Rügen abstellt (s. Art. 29 Abs. 2 und
Art. 30 Abs. 2 BGerR).

[8] Dabei geht es namentlich um folgende Materien: Staatshaftung (ohne medizinische Tätigkeit und
ohne Ansprüche nach strafprozessualen Normen über Entschädigungen), Bildungsrecht, Erwerb

auf Schadenersatz und Genugtuung aus der Amtstätigkeit von Personen i.S.v. Art. 1 Abs. 1 lit. a–c VG.

c) Die **Erste zivilrechtliche Abteilung** behandelt Beschwerden in Zivilsachen auf dem Gebiet des Schuldrechts, des Versicherungsvertrags, des ausservertraglichen Haftpflichtrechts, der medizinischen Staatshaftung, des privaten Wettbewerbsrechts, des Immaterialgüterrechts und der Schiedsgerichtsbarkeit. In diesen Materien ist sie auch zuständig für Registersachen und Entscheide über die Anerkennung und Vollstreckung von Entscheiden sowie über die Rechtshilfe in Zivilsachen. Schliesslich behandelt sie – in ihrem sachlichen Zuständigkeitsbereich – die zivilrechtlichen Klagen zwischen Bund und Kantonen oder zwischen Kantonen (Art. 120 Abs. 1 lit. b) und öffentlich-rechtliche Beschwerden gegen kantonale Erlasse (Art. 82 lit. b).

d) Die **Zweite zivilrechtliche Abteilung** behandelt Beschwerden in Zivilsachen auf dem Gebiet des Personen-, Familien-, Erb- und Sachrechts, des bäuerlichen Bodenrechts, der Schuldbetreibung und des Konkursrechts. In diesen Materien ist sie – in analoger Weise wie die Erste zivilrechtliche Abteilung – auch zuständig für Registersachen und Entscheide über die Anerkennung und Vollstreckung von Entscheiden sowie über die Rechtshilfe in Zivilsachen. Ferner behandelt sie – in ihrem sachlichen Zuständigkeitsbereich – die zivilrechtlichen Klagen zwischen Bund und Kantonen oder zwischen Kantonen (Art. 120 Abs. 1 lit. b) und öffentlich-rechtliche Beschwerden gegen kantonale Erlasse (Art. 82 lit. b).

c) Die **Strafrechtliche Abteilung** behandelt Beschwerden in Strafsachen sowie Beschwerden in öffentlich-rechtlichen Angelegenheiten, die das materielle Strafrecht – einschliesslich den Straf- und Massnahmenvollzug – und das Strafprozessrecht betreffen. Ausgenommen sind die strafrechtlichen Beschwerden gegen strafprozessuale Zwischenentscheide (s. oben Bst. a).

d) Die **Erste sozialrechtliche Abteilung** ist zuständig für Beschwerden in öffentlich-rechtlichen Angelegenheiten betr. die Invalidenversicherung, die Ergänzungsleistungen, die Unfallversicherung, die Arbeitslosenversicherung, die kantonale Sozialversicherung, die Familienzulagen in der Landwirtschaft, die Sozialhilfe und die Hilfe in Notlage gem. Art. 12 BV und die Militärversicherung.

e) Die **Zweite sozialrechtliche Abteilung** behandelt Beschwerden in öffentlich-rechtlichen Angelegenheiten auf dem Gebiet der Alters- und Hinterlassenenversicherung, der Invalidenversicherung, der Erwerbsersatzordnung (einschliesslich Mutterschaft), der Krankenversicherung und der beruflichen Vorsorge.

4   Ein Einzelfall kann Sachbereiche beschlagen, welche in die **Zuständigkeit zweier Abteilungen** fallen. Für die Zuteilung gibt die Rechtsfrage den Ausschlag, auf welcher das Schwergewicht der Entscheidung liegt (Art. 36 Abs. 1 BGerR). Die Präsidien der betroffenen Abteilungen entscheiden darüber einvernehmlich. Sie können im Einzelfall von der reglementarischen Geschäftsverteilung abweichen, wenn es sich aufgrund der Natur des Geschäfts und seiner Konnexität mit anderen Geschäften rechtfertigt (Art. 36 Abs. 2 BGerR). Bei Meinungsverschiedenheit entscheidet der Präsident oder die Präsidentin des Bundesgerichts (Art. 36 Abs. 3 BGerR).

---

von Grundstücken durch Personen im Ausland, Filmwesen, Tierschutz, Subventionen, Konzessionen und Monopole, öffentliches Beschaffungswesen, Energie, Verkehrsbetriebsbewilligungen, Transport, Post, Radio und Fernsehen, Gesundheit und Lebensmittelpolizei, öffentliches Arbeitsrecht, Landwirtschaft, Jagd und Fischerei, Lotterie und Glücksspiele, Aufsicht über Banken, Aussenhandel und freie Berufe.

Ferner darf von der reglementarischen Geschäftsverteilung abgewichen werden, wenn   5
sich zur **Ausgleichung der Geschäftslast** Massnahmen als notwendig erweisen. Die
Verwaltungskommission ist gem. Art. 12 Abs. 1 lit. c BGerR befugt, ein Sachgebiet oder
eine ganze Gruppe von Geschäften[9] vorübergehend auf eine andere Abteilung umzuver-
teilen. Hier geht es um vorläufige Massnahmen während der zweijährigen Organisationsperiode. Darüber hinausgehende Umverteilungen können nur auf dem Weg der Regle-
mentsänderung und somit durch das Gesamtgericht erfolgen (Art. 15 Abs. 1 lit. a).

III. Bildung der Spruchkörper

Das Gesetz sagt nur, dass das Bundesgericht die **Spruchkörperbildung** und mithin die   6
abteilungsinterne Geschäftsverteilung im Reglement ordnen müsse. Die Bestimmung
geht auf einen Vorschlag der Expertenkommission zurück. Diese führte in ihrem
Schlussbericht aus, die Geschäftsverteilung – gemeint die einzelfallweise Bildung der
Spruchkörper – könne wegen der Gefahr von Manipulationen nicht ins freie Ermessen
einzelner Amtsträger gestellt werden. Soweit möglich, sei sie durch generell-abstrakte
Vorschriften festzusetzen bzw. es seien die Kriterien festzulegen, nach denen sie vorzunehmen sei. Deshalb habe sich das Reglement namentlich auch zur Bildung der Spruchkörper und zum Einsatz der Ersatzrichter zu äussern.[10] Der Bundesrat übernahm den Vorschlag der Expertenkommission. Dagegen äusserte das Bundesgericht Bedenken: Die
Bildung der Spruchkörper und die Zuteilung der Ersatzrichter müsse weiterhin aufgrund
der Sprache, des Spezialwissens und der Arbeitsbelastung flexibel gehandhabt werden
können. Ein generell-abstraktes System würde zu erheblichen Effizienzverlusten und
damit zur Gefahr von Prozessverzögerungen führen. Das System müsste gegebenenfalls
durch einen umfangreichen Ausnahmekatalog abgeschwächt werden.[11] Der Bundesrat
hielt an der von der Expertenkommission initiierten Regelung fest. In seiner Botschaft
zur Totalrevision der Bundesrechtspflege präzisierte er allerdings, es werde nicht eine
erschöpfende, alle Fälle abdeckende Regelung verlangt; es solle aber «ein gewisser Grad
an Voraussicht» erreicht werden.[12] In den eidgenössischen Räten gab die Bestimmung zu
keinen Diskussionen Anlass.[13] Die im bundesrätlichen Entwurf vorgeschlagene Norm
wurde – abgesehen von einer redaktionellen Modifikation – Gesetz.

Nach der Intention des Gesetzgebers hat die Normierung auf Stufe Reglement sicher-   7
zustellen, dass die einzelfallweise **Zusammensetzung der Richterbank** frei bleibt
von unsachlichen Beeinflussungen oder Manipulationen irgendwelcher Art. Diese
Anforderung an die Spruchkörperbildung ergibt sich bereits aus der **Garantie des verfassungsmässigen Richters** bzw. der **Garantie des auf Gesetz beruhenden Gerichts**
nach Art. 30 Abs. 1 BV, was im Grundsatz unbestritten ist.[14] Indessen bestehen Diver-
genzen darüber, welche Tragweite der Garantie im Einzelnen für das letzte Glied in
der Bestimmung des gesetzlichen Richters zukommt. Die Problematik stellt sich, wenn
im konkreten Anwendungsfall die zuständige Abteilung über- oder unterbesetzt ist.
Ersteres ist die Regel.[15] In Anlehnung an die deutsche Lehre und Rechtsprechung[16] wird

---

[9] Vgl. Art. 36 Abs. 4 BGerR.
[10] Schlussbericht 1997 (Bemerkungen zu Art. 22 E ExpKomm) 62.
[11] Stellungnahme 2001 BBl 2001 5896.
[12] Botschaft 2001 BBl 2001 4286.
[13] AB 2003 S 893 und AB 2004 N 1588.
[14] MÜLLER, Grundrechte[3], 573; SGK[2]-STEINMANN, Art. 30 N 8; KIENER, Unabhängigkeit, 376 ff.;
FS KOLLER-BANDLI, 210; BEYELER, Richter, 24 ff.; vgl. auch BGE 131 I 31, E. 2.1.2.1; 129 V
196, E. 4.1; BGer, KassH, 26.6.2006, 6P.102/2005, ZBl 2007, 43, E. 2.2.
[15] Ausnahme: Für die Abteilungen mit fünf Richterstellen ist die Besetzung in den Fünferfällen
grundsätzlich vorgegeben.

z.T. eine Spruchkörperbildung anhand starrer Merkmale gefordert, z.B. nach der Akten-nummer, dem Eingangsdatum oder dem Alphabet (etwa der erste Buchstabe des Namens der beschwerdeführenden Partei).[17] Dieser Forderung liegt die Auffassung zu Grunde, der Spruchkörper müsse zum voraus bestimmbar sein und sich nach generell-abstrakten Regeln richten, welche die Verteilung der Geschäfte sozusagen «blind» – d.h. ohne Ansehen der einzelnen Sache – ermöglichen. Demgegenüber vertritt das Bundesgericht in seiner Rechtsprechung einen pragmatischen Ansatz und erachtet für die Zusammen-setzung der Richterbank sowie für den Beizug von Ersatzrichtern oder Ersatzrichte-rinnen einen gewissen Entscheidungsspielraum verfassungsrechtlich als zulässig.[18] Diese Rechtsprechung stiess – hinsichtlich des Umfangs des zugebilligten Entscheidungs-ermessens – auf Kritik.[19] Die Strassburger Praxis ist zu dieser Frage unergiebig.[20] Grund-sätzlich lässt die Garantie von Art. 30 Abs. 1 BV einen **begrenzten Entscheidungs-spielraum** in der Zusammensetzung der Spruchkörper zu.[21] Es ist letztlich eine Frage des Masses. Innerhalb des verfassungsrechtlichen Rahmens bleibt Raum für eine Kon-kretisierung.

8   Aufgrund der Materialien (s. N 6) ist davon auszugehen, dass der Gesetzgeber dem Bun-desgericht einen gewissen **Gestaltungsspielraum** und somit entsprechende Flexibilität in der Spruchkörperbildung zubilligt. Es ist nicht allein darauf beschränkt, einen rein nach dem Zufallsprinzip funktionierenden Verteilschlüssel einzuführen, z.B. eine Ge-schäftsverteilung nach der Reihenfolge des Eingangs der Geschäfte, allenfalls unter Be-rücksichtigung der Sprache.[22] Es können weniger starre Merkmale festgelegt werden, nach denen sich die abteilungsinterne Geschäftsverteilung und mithin die Zusammen-setzung der Richterbank zu richten haben.[23] Es liegt in der Natur unbestimmter Rechts-begriffe, dass deren Handhabung einen Entscheidungsspielraum eröffnet. Der Spruch-körper ist dann im Einzelfall nicht derart vorausbestimmt, wie es bei der Anwendung eines schematischen Verteilschlüssels der Fall ist. Es genügt indessen, wenn es sich um Kriterien handelt, die aufgrund der herkömmlichen Auslegungsmethoden einen **hin-reichenden Grad an Bestimmtheit** ermöglichen. Dies ist eher der Fall, wenn die Über-bzw Unterbesetzung gering ist[24] und ausreichende Kontrollmechanismen bestehen. Ins-gesamt kommt es darauf an, ob das vorgesehene Verteilsystem sicherzustellen vermag, dass die einzelfallweise Zusammensetzung des Spruchkörpers unsachlicher Beeinflus-sung entzogen bleibt, d.h. nach objektiven Kriterien und ausgewogen erfolgt, ohne den Gesichtspunkt einer möglichst optimalen Geschäftserledigung zu vernachlässigen.

---

[16] Vgl. z.B. VON MÜNCH/KUNIG⁵-KUNIG, Art. 101 N 38 f.; SACHS³-DEGENHART, Art. 101 N 14–17; Beschluss des Plenums des Bundesverfassungsgerichts vom 8.4.1997 «zur Bedeutung des Art. 101 Abs. 1 Satz 2 GG für die Bestimmung der Sitz- oder Spruchgruppen von Berufsrichtern in übersetzten gerichtlichen Spruchkörpern», BVerfGE 95, 322 ff.

[17] KIENER, Unabhängigkeit, 376 ff.; BEYELER, Richter, 27; FS KOLLER-BANDLI, 210 ff.

[18] Vgl. insb. BGE 105 Ia 172, E. 5b.

[19] Vgl. u.a. MÜLLER, ZBJV 1981, 213 f.

[20] Vgl. immerhin Urteil Posokhov c. Fédération de Russie vom 4.3.2003, Recueil CourEDH 2003-IV, 151. In § 39 wird festgehalten, dass das Erfordernis eines gesetzmässigen Gerichtes – «établi par la loi» – nicht nur die Errichtung des Gerichts, sondern auch die Zusammensetzung des Spruchkörpers im Einzelfall beinhalte.

[21] Wird auch im Zusammenhang mit der Kritik von BGE 105 Ia 172 (E. 5b) anerkannt; s. MÜLLER, ZBJV 1981, 213 f. Vgl. im Übrigen SEILER/VON WERDT/GÜNGERICH, BGG, Art. 22 N 3 f.

[22] BANDLI vertritt allerdings die Auffassung, die Umsetzung verlange die Einführung eines nach dem Zufallsprinzip funktionierenden Verteilschlüssels; s. FS KOLLER, 215 ff.; vgl. auch DERS., Justiz 2007.

[23] In diesem Sinn wohl auch KARLEN, BGG, 19.

[24] Bei Abteilungsgrössen von vier bis sechs Richtern oder Richterinnen ist dies zu bejahen.

Das Bundesgericht entschied sich für eine Aufzählung der **Kriterien**, die für die 9
Spruchkörperbildung wegleitend sind. Es verwarf die Anwendung eines starren Verteilschlüssels. Nach Art. 40 Abs. 1 BGerR[25] wird der Spruchkörper vom Präsidenten oder von
der Präsidentin der zuständigen Abteilung gebildet. Es sind dabei namentlich folgende
Gesichtspunkte zu berücksichtigen: die Ausgewogenheit der Belastung der Richter und
Richterinnen, wobei funktionsbedingten zusätzlichen Obliegenheiten (z.B. Gesamtge-
richtspräsidium) Rechnung zu tragen ist;[26] die Sprache; die Mitwirkung von Mitgliedern
beiderlei Geschlechts in Fällen, in denen es die Natur der Streitsache als angezeigt
erscheinen lässt; die spezifischen Fachkenntnisse einzelner Mitglieder; die Mitwirkung
an früheren Entscheiden im gleichen Sachgebiet; die krankheits- und ferienbedingten
Abwesenheiten (Art. 40 Abs. 2 BGerR). Das Abteilungspräsidium bestimmt mit der
Zuteilung eines Geschäfts gleichzeitig den **Referenten** bzw. die **Referentin** sowie die
weiteren Richter oder Richterinnen, die an der Entscheidung mitzuwirken haben (Art. 40
Abs. 3 BGerR).[27] Konnexe Fälle werden in der Regel vom gleichen Spruchkörper beurteilt
(Art. 40 Abs. 4 BGerR). Da sich die Abteilungen gemäss Art. 26 Abs. 3 BGerR aus vier
bis sechs ordentlichen Mitgliedern zusammensetzen, ist es möglich, dass für die Beurteilung von Grundsatzentscheiden, an denen fünf Richter oder Richterinnen mitwirken
müssen, eine Unterbesetzung besteht. Diese Situation ist – in der ersten Organisationsperiode unter dem BGG – für eine der sozialrechtlichen Abteilungen eingetreten. Im Hinblick darauf regelt Art. 41 BGerR wie die Komplettierung zu erfolgen hat. Nach Abs. 2
dieser Bestimmung ist ein Turnus einzuhalten, der alle Mitglieder der aushelfenden Abteilungen einschliesst und der Anciennität folgt. Diese Regelung legt nahe, auch in den
überbesetzten Abteilungen bei den Entscheiden in Fünferbesetzung und somit bei allen
Grundsatzentscheiden einen Turnus einzuhalten. Im Weiteren sind über die Bildung der
Spruchkörper – auf der Grundlage der Verteilkriterien – Statistiken zu führen, die allen
Richtern und Richterinnen zur Einsicht offen stehen; die Verwaltungskommission erstattet
dem Gesamtgericht jährlich einen Bericht über die Einhaltung der Verteilkriterien (Art. 42
BGerR). Die Abteilungspräsidenten und Abteilungspräsidentinnen haben schliesslich ab-
teilungsintern ihre Verteilpraxis zu verantworten und sie zu diesem Zweck offen zu legen.

Die mit der Referatszuteilung festgesetzte Zusammensetzung des Spruchkörpers muss 10
ergänzt werden, wenn die Bearbeitung oder der weitere Verfahrensverlauf ergibt, dass
anstelle der ursprünglich vorgesehenen Dreierbesetzung eine Besetzung mit fünf Richtern oder Richterinnen anzuordnen ist. Im Übrigen darf die einmal bestimmte Zusammensetzung grundsätzlich nicht geändert werden. Ausnahmsweise kann eine **Änderung
der Besetzung** notwendig werden, wenn z.B. ein Richter oder eine Richterin aus Alters-
gründen aus dem Gericht ausscheidet oder wegen einer längeren Krankheit das Amt
nicht ausüben kann.[28]

IV. Nebenamtliche Richter und Richterinnen

Die Verwaltungskommission berücksichtigt bei der **Zuteilung der Ersatzrichter und** 11
Ersatzrichterinnen auf die Abteilungen folgende Gesichtspunkte: die besonderen
Kenntnisse, die Amtssprache, das Geschlecht und die Verfügbarkeit (Art. 16 BGerR). Sie
nimmt sodann auf die Belastung und die Bedürfnisse der Abteilungen Rücksicht. Dem-

---

[25] In der Fassung vom 20.11.2006.
[26] Gemäss Art. 11 Abs. 2 BGerR sind die Mitglieder der Verwaltungskommission von der Mitarbeit
in ihren Abteilungen ausreichend zu entlasten.
[27] Nach der Praxis unter dem OG wurden die mitwirkenden Richter oder Richterinnen erst nach
Vorliegen des Referats bestimmt.
[28] Vgl. BGer, KassH, 26.6.2006, 6P.102/2005, ZBl 2007, 43, E. 2.2.

entsprechend werden die nebenamtlichen Richter und Richterinnen in den Abteilungen eingesetzt. Die Abteilungspräsidien haben im Übrigen die Kriterien zu berücksichtigen, die für die Spruchkörperbildung massgebend sind.

Art. 23

Praxisänderung und Präjudiz

[1] Eine Abteilung kann eine Rechtsfrage nur dann abweichend von einem früheren Entscheid einer oder mehrerer anderer Abteilungen entscheiden, wenn die Vereinigung der betroffenen Abteilungen zustimmt.

[2] Hat eine Abteilung eine Rechtsfrage zu entscheiden, die mehrere Abteilungen betrifft, so holt sie die Zustimmung der Vereinigung aller betroffenen Abteilungen ein, sofern sie dies für die Rechtsfortbildung oder die Einheit der Rechtsprechung für angezeigt hält.

[3] Beschlüsse der Vereinigung der betroffenen Abteilungen sind gültig, wenn an der Sitzung oder am Zirkulationsverfahren mindestens zwei Drittel der ordentlichen Richter und Richterinnen jeder betroffenen Abteilung teilnehmen. Der Beschluss wird ohne Parteiverhandlung und öffentliche Beratung gefasst; er ist für die Antrag stellende Abteilung bei der Beurteilung des Streitfalles verbindlich.

Changement de jurisprudence et précédents

[1] Une cour ne peut s'écarter de la jurisprudence arrêtée par une ou plusieurs autres cours qu'avec l'accord des cours intéressées réunies.

[2] Lorsqu'une cour entend trancher une question juridique qui concerne plusieurs cours, elle demande l'accord des cours intéressées réunies si elle est d'avis qu'une décision commune est souhaitable pour le développement du droit ou l'uniformité de la jurisprudence.

[3] Les cours réunies ne peuvent siéger ou décider par voie de circulation qu'avec la participation de deux tiers au moins des juges ordinaires de chacune des cours intéressées. La décision est prise sans débats et à huis clos; elle lie la cour qui doit statuer sur la cause.

Modifica della giurisprudenza e precedenti

[1] Una corte può derogare alla giurisprudenza di una o più altre corti soltanto con il consenso delle corti interessate riunite.

[2] Se deve giudicare una questione di diritto concernente più corti, la corte giudicante, qualora lo ritenga opportuno ai fini dell'elaborazione del diritto giudiziale o per garantire una giurisprudenza uniforme, chiede il consenso delle corti interessate riunite.

[3] Le corti riunite deliberano validamente soltanto se alla seduta o alla procedura per circolazione degli atti partecipano almeno due terzi dei giudici ordinari di ciascuna corte interessata. La decisione è presa senza dibattimento e a porte chiuse; è vincolante per la corte che deve giudicare la causa.

Inhaltsübersicht Note

Materialien

Art. 23 E ExpKomm; Art. 21 E 2001; Botschaft 2001 BBl 2001 4286 f.; AB 2003 S 882; AB 2003 N 1588.

Literatur

G. BIAGGINI, Verfassung und Richterrecht, Basel/Frankfurt a.M. 1991 (zit. Biaggini, Verfassung); DERS., Abstrakte und konkrete Normenkontrolle, in: ius.full 2006, 164 ff. (zit. Biaggini, ius.full 2006); R. BÄR, Praxisänderung und Rechtssicherheit, in: Festschrift Arthur Meier-Hayoz, Bern 1982, 1 f. (zit. FS Meier-Hayoz-Bär); H. DUBS, Praxisänderungen, Basel 1949 (zit. Dubs, Praxisänderungen); R. ESCHELBACH, in: Dieter C. Umbach u.a. (Hrsg.), Bundesverfassungsgerichtsgesetz, 2. Aufl., Heidelberg 2005, § 16 (zit. Umbach et al.[2]-Eschelbach); J. KRONISCH, in: H. Sodan/ J. Ziekow (Hrsg.), Verwaltungsgerichtsordnung, Grosskommentar, 2. Aufl., Baden-Baden 2006, § 11 (zit. Sodan/Ziekow[2]-Kronisch); CH. MEYER, Die Sicherung der Einheitlichkeit höchstrichterlicher Rechtsprechung durch Divergenz- und Grundsatzvorlage, Baden-Baden 1994 (zit. Meyer, Einheitlichkeit); R. PIETZNER, in: F. Schoch/E. Schmidt-Assmann/R. Pietzner (Hrsg.), Verwaltungsgerichtsordnung, München 2006 (13. Lieferung), § 11 (zit. Schoch/Schmidt-Assmann/Pietzner-Pietzner); M. SCHULTE, Rechtsprechungseinheit als Verfassungsauftrag, Berlin 1986 (zit. Schulte, Rechtsprechungseinheit); TH. PROBST, Die Änderung der Rechtsprechung, Basel 1993 (zit. Probst, Rechtsprechung); K. SIEGRIST, Die Plenarentscheidungen des Bundesgerichtes und anderer höchster Gerichte, Diss. ZH 1949, Zürich 1949 (zit. Siegrist, Plenarentscheidungen); E. WETTSTEIN, Die Praxisänderung im Verwaltungsrecht, Diss. ZH 1983, Zürich 1983 (zit. Wettstein, Praxisänderung).

I. Einleitende Bemerkungen

Art. 23 regelt unter dem etwas zu weit gefassten Titel «**Praxisänderung und Präjudiz**» 1 (vgl. N 8 und 18), wie vorzugehen ist, wenn eine Abteilung von der Rechtsprechung **anderer** Abteilungen abweichen will (Abs. 1) oder wenn **erstmals** eine Rechtsfrage zu entscheiden ist, die **mehrere** Abteilungen betrifft (Abs. 2). Abs. 1 knüpft an die frühere Regelung gem. Art. 16 Abs. 1 OG an.[1] Abs. 2 hat zwar keinen direkten Vorläufer, doch kam es schon unter der Herrschaft des OG gelegentlich zu einer abteilungsübergreifenden Klärung neuer Rechtsfragen.[2] Abs. 3 regelt Fragen des Verfahrens und der Verbindlichkeit. Die Bestimmung war in der parlamentarischen Beratung des BGG nicht umstritten

---

[1] Dazu und zum 1912 eingeführten früheren (aufwändigeren) Verfahren näher POUDRET, Commentaire, Bd. I, Art. 16 N 2.

[2] Vgl. BGE 126 I 81: Konsequenzen der ausdrücklichen Gewährleistung des Willkürverbots im Grundrechtskatalog der neuen Bundesverfassung für die Auslegung von Art. 88 OG. Die für den Beschwerdeentscheid zuständige Abteilung hatte *nicht* die Absicht, von der früheren Rechtsprechung abzuweichen, weshalb Art. 16 OG «par analogie» (a.a.O., 84) zur Anwendung kam.

und stimmt wörtlich mit Art. 21 E 2001 überein. Analoge Regelungen bestehen für das Bundesverwaltungsgericht (Art. 25 VGG) und für das Bundesstrafgericht (Art. 21 SGG).

2 Art. 23 dient der **Koordination der Rechtsprechung innerhalb des Bundesgerichts.** Die interne Koordination soll eine einheitliche Rechtsprechung der verschiedenen Abteilungen gewährleisten und gegensätzliche Entscheide über identische Rechtsfragen vermeiden helfen. Ob das Ziel durchgehend erreicht werden kann, ist eine andere Frage (wie ein Blick auf die Praxis unter der Herrschaft des OG zeigt[3]). Mittelbar dient das Verfahren gem. Art. 23 der Gleichbehandlung der Rechtssuchenden, es bezweckt jedoch «nicht die Identität von Einzelfalllösungen» (BGE 122 V 85, 88 E. 2a).[4]

3 Strukturell gesehen handelt es sich um eine Art **Vorlageverfahren.** Das Verfahren vor dem erkennenden Spruchkörper der zuständigen Abteilung wird kurz ausgesetzt. Nach Klärung der Rechtslage (Beschluss der Vereinigung der betroffenen Abteilungen) setzt das Verfahren beim erkennenden Spruchkörper wieder ein. Dieser ist an den Beschluss der Vereinigung der betroffenen Abteilungen gebunden (Abs. 3). Das Verfahren gem. Art. 23 zeigt (bei allen Unterschieden) gewisse Ähnlichkeiten mit dem Vorlageverfahren, wie man es im Recht der Europäischen Union und in verschiedenen ausländischen Verfassungsordnungen kennt. Im Unterschied zum Vorabentscheidungsverfahren gem. Art. 234 EGV (vgl. auch Art. 35 EUV und Art. 68 EGV) oder zur Richtervorlage gem. Art. 100 des deutschen Grundgesetzes wird allerdings nicht ein anderes Gericht eingeschaltet, sondern (entsprechend der Stellung des Bundesgerichts als dem obersten nationalen Gericht, Art. 188 BV) ein spezielles Gremium innerhalb des Bundesgerichts.[5] Bei der «Vereinigung der betroffenen Abteilungen» – in Art. 37 BGerR kurz «die vereinigten Abteilungen» genannt – handelt es sich um einen besonderen Spruchkörper (mit begrenzter Entscheidungsbefugnis) und damit, auch wenn in Gesetz und Reglement nicht so bezeichnet, um ein **Organ** des Bundesgerichts. Die Besonderheit dieses Organs besteht darin, dass Grösse und Zusammensetzung in Abhängigkeit von der zu klärenden Rechtsfrage wechseln.[6] Wie beim Vorabentscheidungsverfahren gem. Art. 234 EGV stellt sich auch beim Verfahren gem. Art. 23 (insb. mit Blick auf Abs. 2) die Frage, inwieweit ein Vorlagerecht oder gar eine Vorlagepflicht besteht (vgl. N 25).

4 Art. 23 kommt nur zum Zug, wenn es um die Entscheidung einer **Rechtsfrage** geht. Rechtsfragen sind abzugrenzen von Tatfragen. Letztere beziehen sich auf das tatsächlich Geschehene, während die Rechtsfrage sich im Zusammenhang mit der rechtlichen Beur-

---

[3] Vgl. BGE 122 V 85, 88: «Nebenbei bemerkt schliesst diese Koordinationsbestimmung (d.h. Art. 16 OG) nicht aus, dass die Rechtsprechung des Bundesgerichts einerseits und jene des Eidg. Versicherungsgerichts anderseits in bezug auf eine Rechtsfrage voneinander abweichen (vgl. BGE 115 V 314 Erw. 4b)». – Vgl. auch die uneinheitliche Haltung betr. das Verhältnis EMRK-Bundesgesetz: BGE 117 Ib 367, 373 (II. öffentlichrechtliche Abteilung) und BGE 125 II 417, 425 f. (I. öffentlichrechtliche Abteilung) einerseits, BGE 120 II 384, 387 (II. Zivilabteilung) andererseits.

[4] Vgl. auch POUDRET, Commentaire, Bd. I, Art. 16 N 3.

[5] Insoweit besteht eine gewisse Verwandtschaft zum Verfahren der Rechtsprechungskoordination vor den jeweiligen «Grossen Senaten» der obersten Gerichtshöfe in Deutschland (vgl. z.B. § 132 Abs. 4 GVG, § 11 Abs. 4 VwGO; vgl. etwa SCHOCK/SCHMIDT-ASSMANN/PIETZNER-PIETZNER, § 11). – Etwas anders gelagert ist das Verfahren vor dem «Gemeinsamen Senat» der obersten Gerichtshöfe, welcher gem. Art. 95 Abs. 3 GG zwecks «Wahrung der Einheitlichkeit der Rechtsprechung» im Verhältnis zwischen Bundesgerichtshof, Bundesverwaltungsgericht, Bundesfinanzhof, Bundesarbeitsgericht und Bundessozialgericht zu bilden ist. – Das der Koordination der Rechtsprechung der beiden Senate des deutschen Bundesverfassungsgerichts dienende Plenarverfahren (§ 16 BVerfGG) wird nur selten durchgeführt; hier scheint der «horror pleni» verbreitet zu sein (vgl. UMBACH ET AL.[2]-ESCHELBACH, § 16 N 5).

[6] Vgl. SEILER/VON WERDT/GÜNGERICH, BGG, Art. 23 N 4.

teilung eines zuvor – von der Vorinstanz, allenfalls vom Bundesgericht (vgl. Art. 97, 105, 118 und Art. 120 i.V.m. Art. 36 ff. BZP) – festgestellten Sachverhalts stellt. Die Rechtsfrage kann zum Gegenstand haben: die Auslegung einer Verfassungs-, Gesetzes- oder Verordnungsbestimmung des nationalen Rechts (vgl. Art. 95),[7] die Auslegung einer Norm des für die Schweiz massgeblichen internationalen Rechts (vgl. Art. 95 und Art. 38 IGH-Statut;[8] vgl. auch N 20), theoretisch auch die Auslegung ausländischen Rechts (Art. 96), weiter die Ermittlung der Tragweite ungeschriebenen Rechts (z.B. ungeschriebene Verfassungsgrundsätze oder Grundrechte, allgemeine Grundsätze des Verwaltungsrechts), schliesslich auch die Frage der (Un-)Gültigkeit einer Norm im Rahmen der (konkreten) Normenkontrolle.[9]

Unter den Bedingungen einer im Wesentlichen arbeitsteilig organisierten Rechtsprechung   **5** (vgl. Art. 29 ff. BGerR) ist interner **Koordinationsbedarf** v.a. bei Fragen der Auslegung des **eigenen Prozessrechts (BGG)** gegeben, im Weiteren auch bei bestimmten querschnittsartigen **Grundrechten** (insb. Art. 8, 9, 29 BV) und allgemeinen *Rechtsgrundsätzen* (z.B. Verhältnismässigkeitsprinzip, Art. 5 BV) sowie bei verschiedenen *Figuren des allgemeinen Verwaltungsrechts* (z.B. Widerruf, Wiedererwägung), allenfalls auch im Zusammenhang mit sachgebietsübergreifenden Rang- bzw. Normenkontrollfragen (z.B. Verhältnis EMRK-Bundesgesetz). Hier dürfte auch in Zukunft das Hauptanwendungsfeld des Koordinationsverfahrens liegen.[9a]

Um eine «Abweichung» i.S.v. Abs. 1 geht es nur dann, wenn im neuen Entscheid von der   **6** Regel bzw. Auslegung, die das frühere Urteil trägt (**ratio decidendi**), abgerückt werden soll, d.h. nicht schon dann, wenn eine mehr oder weniger beiläufig geäusserte, letztlich aber nicht entscheidtragende Rechtsauffassung (*obiter dictum*) aufgegeben werden soll.[10] Die im anglo-amerikanischen Rechtskreis (mit Blick auf den Grundsatz der Präjudizienbindung) gebräuchliche Unterscheidung zwischen *ratio decidendi* und blossen *obiter dicta* ist mittlerweile auch in der kontinentaleuropäischen Rechtslehre heimisch geworden.[11] Sie kann sich im Einzelfall als schwierig erweisen.[12] Nicht entscheidtragend sind jene rechtlichen Aussagen, die hinweggedacht werden können, ohne dass das fragliche Urteil anders ausgefallen wäre. Man wird daher nicht alle Aussagen der allgemeinen rechtlichen «Auslegeordnung», die das Bundesgericht den fallbezogenen Erwägungen voranzustellen pflegt, blindlings zur *ratio decidendi* rechnen dürfen. Auch ein Vorgehen gem. Abs. 2 ist nur angezeigt, wenn die zu klärende Rechtsfrage **entscheiderheblich** ist, d.h. zur *ratio decidendi* des anstehenden Urteils gehört (was nicht immer leicht abzu-

---

[7]   Gewöhnlich wird es um Normen des Bundesrechts gehen, doch ist eine Anwendung von Art. 23 bei Normen des kantonalen oder des interkantonalen Rechts, für deren Anwendung das Bundesgericht (Mit-)Verantwortung trägt (z.B. kantonale verfassungsmässige Rechte), nicht ausgeschlossen.

[8]   Als Quellen des Völkerrechts nennt Art. 38 Abs. 1 des IGH-Statuts (vom 26.6.1945, SR 0.193. 501): die internationalen Übereinkünfte, das internationale Gewohnheitsrecht (als Ausdruck einer allgemeinen, als Recht anerkannten Übung), die allgemeinen, von den Kulturstaaten anerkannten Rechtsgrundsätze sowie, als Hilfsmittel zur Feststellung der Rechtsnormen, die gerichtlichen Entscheide und die Lehren der anerkanntesten Autoren der verschiedenen Nationen.

[9]   Vgl. BIAGGINI, ius.full 2006, 164 ff.

[9a] Eine erste Sitzung der Vereinigung sämtlicher Abteilungen fand am 30.4.2007 statt. Sie betraf die Frage der Legitimation zur Erhebung der *Willkürrüge* im Rahmen der Verfassungsbeschwerde. Vgl. BGE 133 I 185, 187.

[10] Vgl. BGE 90 II 274, 281; BGE 96 I 425, 428; BIRCHMEIER, Handbuch, N 1 zu Art. 16 OG.

[11] Zur Unterscheidung BIAGGINI, Verfassung, 372 ff. Vgl. auch B. WEBER-DÜRLER, Vertrauensschutz im öffentlichen Recht, Basel/Frankfurt a.M. 1983, 242 ff.; W. SCHLÜTER, Das Obiter dictum, München 1973.

[12] Zur Illustration: Man versuche, die genaue präjudizielle Tragweite des PKK-Urteils (BGE 125 II 417 ff.) in Bezug auf das Verhältnis Bundesgesetze–Völkerrecht herauszuschälen.

schätzen ist).[13] Die Anwendung von Art. 23 erweist sich, rechtstheoretisch-methodisch, als sehr anspruchsvoll und stellt hohe Anforderungen an das (höchst)richterliche Methodenbewusstsein.

7 Der **Begriff der Abteilung** umfasst neben den fünf Abteilungen in Lausanne auch die beiden sozialrechtlichen Abteilungen in Luzern (Art. 4; Art. 26 BGerR).[14] Dies erscheint nach der Integration des Eidgenössischen Versicherungsgerichts in das Bundesgericht als selbstverständlich, weshalb im BGG auf einen Hinweis zur Geltung von Art. 23 im Verhältnis zwischen den Lausanner und Luzerner Abteilungen, wie er noch in Art. 127 Abs. 2 OG enthalten war, verzichtet werden konnte. Die Verwendung des Begriffs *Abteilung* in Art. 23 schliesst nicht aus, dass auch Rechtsfragen, die für einzelrichterliche Nichteintretensentscheide im vereinfachten Verfahren nach Art. 108 entscheidend sind, Gegenstand eines Verfahrens der Vereinigung der Abteilungen bilden können.[15] Der zuständige Abteilungspräsident bzw. Instruktionsrichter nimmt Aufgaben der Abteilung wahr, der er angehört, und prägt damit die Praxis seiner Abteilung. Ist dabei eine Frage zu entscheiden, die auch eine andere Abteilung (bzw. den dort zuständigen Einzelrichter) betrifft, so stellt sich die Frage der Koordination der Rechtsprechung innerhalb des Bundesgerichts gleichermassen wie bei anderen Rechtsfragen, die nicht Gegenstand eines Entscheids nach Art. 108 bilden können.

II. «Praxisänderung» (Art. 23 Abs. 1)

1. Zum Begriff der Praxisänderung

8 Eine «Praxisänderung» *(changement de jurisprudence, modifica della giurisprudenza)* i.S.v. Art. 23 Abs. 1 liegt, wie der Wortlaut deutlich macht, bereits im Fall der Abweichung von **einem** (u.U. isolierten) früheren Entscheid vor. Unter «Praxisänderung» wird hier somit nicht genau dasselbe verstanden wie im Zusammenhang mit den in Praxis und Lehre entwickelten Regeln über die Zulässigkeit von Praxisänderungen.[16] Dort meint der Begriff «Praxis» gewöhnlich eine (mehr oder weniger) konstante, mehrere Einzelurteile oder Verwaltungsakte umfassende Entscheidungsreihe.[17] Das spezielle Begriffsverständnis in Art. 23 erscheint gerechtfertigt, weil das Regelungsziel hier nicht in erster Linie die Wahrung des Vertrauens in die Kontinuität der Rechtsprechung ist, sondern die Wahrung der Rechtsprechungseinheit innerhalb des Bundesgerichts (N 2).

9 Um eine **Abweichung** geht es nur dann (und der Beizug anderer Abteilungen ist mithin nur dann erforderlich), wenn die **gleiche** Rechtsfrage von einer **anderen** Abteilung anders beantwortet wurde. Die Pflicht aus Art. 23 Abs. 1 aktualisiert sich nicht schon bei blossen

---

[13] Krit. zum Kriterium der Entscheidungserheblichkeit (aus deutscher Sicht) SODAN/ZIEKOW[2]-KRONISCH, § 11 N 31 ff.

[14] Durch den Begriff der Abteilung miterfasst und in die Pflichten gem. Art. 23 eingebunden sind auch die konkreten Spruchkörper (Art. 20, Art. 108, Art. 109, Art. 40 ff. BGerR).

[15] Ein Beispiel ist das Nichteintreten auf eine Beschwerde, wenn der Kostenvorschuss trotz Nachfrist nicht rechtzeitig geleistet wurde (Art. 62 Abs. 3; Botschaft 2001 4304). Die Fristwahrung bei Kostenvorschüssen betrifft sämtliche Abteilungen, weshalb das Bundesgericht dazu bereits im Jahre 1991 eine Plenarsitzung mit den Richtern sämtlicher Abteilungen (Lausanne und Luzern) durchführte (BGE 117 Ib 220). Vgl. EHRENZELLER/SCHWEIZER-AEMISEGGER, 479. Vgl. auch N 9.

[16] Für einen Überblick vgl. HÄFELIN/MÜLLER/UHLMANN, Verwaltungsrecht[5], N 509 ff., 638 ff. – Allgemein zur Praxisänderung vgl. die im Spezialliteraturverzeichnis aufgeführten Monografien von DUBS, PROBST und WETTSTEIN.

[17] Vgl. z.B. BGE 125 II 152, 162.

Berührungspunkten zwischen zwei Rechtsfragen.[18] Unerheblich ist, im Rahmen welchen Rechtsmittels (ordentliche Beschwerde, Verfassungsbeschwerde, Klage) oder Verfahrenstypus (z.B. Verfahren betr. vorsorgliche Massnahmen, vereinfachtes Verfahren) die Rechtsfrage entschieden wurde bzw. nunmehr aufgeworfen wird. Als **betroffen** gelten alle Abteilungen, welche die fragliche Rechtsprechung praktizieren,[19] d.h. nicht nur jene Abteilung, welche die Praxis begründet hat.[20] Die Absicht des erkennenden Spruchkörpers, von der Rechtsprechung der eigenen Abteilung abzuweichen, löst keine Vorlagepflicht aus.

Der Begriff «Praxisänderung» ist nach zwei Richtungen hin abzugrenzen. Eine (sozusagen) «untere» Grenze trennt die «Praxisänderung»[21] von der blossen «Präzisierung der Rechtsprechung»[22] oder «Klarstellung der Rechtsprechung»[23]. Nicht jede neue (rechtsfortbildende) Konkretisierung eines allgemeinen Rechtsgrundsatzes[24], Grundrechts[25] oder unbestimmten Rechtsbegriffs[26] ist schon eine «Abweichung» i.S.v. Art. 23. Von einer «Abweichung» kann nur gesprochen werden, wenn die Änderung gegenüber der bisherigen Judikatur eine gewisse Innovationshöhe erreicht.[27] Die Übergänge sind fliessend. Eine exakte Grenzziehung ist, methodentheoretisch betrachtet, letztlich nicht möglich. Auf die bundesgerichtliche (Selbst-)Einschätzung ist nicht immer Verlass.[28] Nach «oben» hin ist die Grenze zwischen *zulässiger* und *unzulässiger* Praxisänderung zu ziehen (N 12 f.). Auch diese Grenzziehung ist mit charakteristischen Schwierigkeiten verbunden (auf die hier nicht vertieft eingegangen werden kann).[29] **10**

Hinzu kommt unter der Herrschaft des Bundesgerichtsgesetzes die Frage der (nur scheinbar klaren) Abgrenzung im Verhältnis zwischen Abs. 1 (Praxisänderung) und Abs. 2 (Präjudiz). In den **Grenzbereich** zwischen den beiden Absätzen gelangt man beispielsweise dann, wenn eine bestehende Gesetzesvorschrift (und die zu ihr entwickelte Praxis) sich wegen neu hinzutretender rechtlicher Entwicklungen (z.B. Änderung höherrangigen Rechts, neue Rechtsprechung des EGMR) in einem veränderten Licht zeigt. Für die erkennende Abteilung kann sich die Frage stellen, ob sie bei der Auslegung und An- **11**

---

[18] Vgl. BGE 122 V 85, 88 f.; SEILER/VON WERDT/GÜNGERICH, BGG, Art. 23 N 6.

[19] Vgl. SEILER/VON WERDT/GÜNGERICH, BGG, Art. 23 N 5.

[20] Zu den subtilen Folgefragen, die sich aus einer Änderung der gerichtsinternen Zuständigkeitsordnung ergeben können, vgl. etwa SODAN/ZIEKOW²-KRONISCH, § 11 N 37 f. – Mit dem Inkrafttreten des BGG wurden auch die Zuständigkeiten der Abteilungen des Bundesgerichts teilweise geändert (Art. 29 ff. BGerR). Der Kassationshof ist als strafrechtliche Abteilung nach neuem Recht nicht mehr für Führerausweisentzüge nach SVG zuständig, beurteilte jedoch noch die vor dem 1.1.2007 auf diesem Rechtsgebiet eingereichten Beschwerden. Am 14.6.2007 änderte er eine 40-jährige Praxis zur administrativrechtlichen Beurteilung von im Ausland begangenen Regelverstössen, ohne ein Verfahren nach Art. 23 mit der neu zuständigen I. öffentlichrechtlichen Abteilung einzuleiten (zur Publikation bestimmtes Urteil 6A.106/2006). Ein solches Vorgehen erscheint im Lichte von Art. 23 Abs. 2 als problematisch (vgl. N 26).

[21] Vgl. z.B. BGE 132 I 201, 213 ff.

[22] Vgl. z.B. BGE 132 I 29; BGE 132 II 218; BGE 132 II 371, 380; BGE 132 V 27.

[23] Vgl. BGE 129 IV 113; vgl. auch BGE 132 II 153.

[24] Vgl. BGE 132 II 47, 55 (Konkretisierung des Verhältnismässigkeitsgrundsatzes).

[25] Vgl. BGE 132 I 153 (betr. den Grundsatz der Allgemeinheit und Gleichheit der Besteuerung).

[26] Vgl. BGE 131 I 366, 368 (Konkretisierung des Begriffs «verfassungsmässiges Recht»).

[27] Vgl. (unter dem Aspekt der richterlichen Rechtsfortbildung) BIAGGINI, Verfassung, 51 (m.w.Hinw.).

[28] Vgl. z.B. BGE 91 I 329 (Barret), wo das Bundesgericht die noch heute gebräuchliche Formel betr. materielle Enteignung prägte. Entgegen der seinerzeitigen Selbsteinschätzung (a.a.O., 329) handelte es sich um weit mehr als eine blosse «Präzisierung» der bisherigen Rechtsprechung. Eingehend dazu E. RIVA, Hauptfragen der materiellen Enteignung, Bern 1990, 105 ff.

[29] Zur Notwendigkeit wertender Abwägung vgl. statt vieler HÄFELIN/MÜLLER/UHLMANN, Verwaltungsrecht⁵, N 509 ff., 638 ff.

wendung der Gesetzesvorschrift vor einer **alten** Rechtsfrage steht, die sie (wegen der veränderten Rahmenbedingungen) gegebenenfalls abweichend von einem früheren Urteil einer **anderen** Abteilung entscheiden will (Praxisänderung i.S.v. Abs. 1), oder ob sie vor einer **neuen**, erstmals zu entscheidenden Rechtsfrage steht (Abs. 2). Eine allgemeingültige Antwort zu geben, fällt nicht leicht. Doch kann man vielleicht (i.S.einer Faustregel) sagen, dass bei rechtlichen Entwicklungen, die nicht «hausgemacht» sind, sondern auf andere Akteure zurückgehen (z.B. neue Rechtsprechung des EGMR), gewöhnlich das Moment der Neuheit überwiegt, so dass eine allfällige Neuausrichtung der Rechtsprechung fremdbestimmt und nicht als Praxisänderung i.S.v. Abs. 1 einzustufen ist. Angezeigt sein kann gegebenenfalls ein Vorgehen nach Abs. 2 (vgl. N 18 ff.).[30]

2. Zur Zulässigkeit einer Rechtsprechungsänderung

12 Art. 23 regelt das Vorgehen bei einer beabsichtigten Abweichung von früheren Entscheidungen anderer Abteilungen, äussert sich jedoch nicht zur Frage der **Zulässigkeit** einer Abweichung bzw. Praxisänderung. Es versteht sich von selbst, dass eine Abweichung nur in Betracht kommt, wenn sich die neue Entscheidung bzw. die ihr zugrundeliegende Rechtsauffassung *lege artis* begründen lässt. Der vom Bundesgericht praktizierte «Methodenpluralismus»[31] – besser: *Methodenpragmatismus*[32] – auf der Basis der «anerkannten Auslegungsregeln»[33] belässt dem Rechtsanwender gewöhnlich gewisse Spielräume für eine zeitgemäss-aktualisierende Auslegung von Rechtsvorschriften.

13 Nach herrschender Auffassung ist eine Praxis «nicht unwandelbar»; sie **kann**, ja sie **muss** «sogar geändert werden, wenn die Behörde zur Einsicht gelangt, dass das Recht bisher unrichtig angewendet worden ist oder eine andere Rechtsanwendung dem Sinne des Gesetzes oder veränderten Verhältnissen besser entspricht» (BGE 125 II 152, 162). Dabei sind jedoch gewisse **Grenzen** zu beachten, die letztlich verfassungsrechtlicher Natur sind: Die Praxisänderung muss sich, in den Worten des Bundesgerichts, «auf ernsthafte, sachliche Gründe stützen können»; diese müssen «umso gewichtiger sein […], je länger die als falsch oder nicht mehr zeitgemäss erkannte Rechtsanwendung praktiziert worden ist. Ist diese Voraussetzung erfüllt, steht eine Praxisänderung weder mit dem Grundsatz der Rechtssicherheit noch der Rechtsgleichheit im Widerspruch, obschon jede Änderung der bisherigen Rechtsanwendung zwangsläufig mit einer Ungleichbehandlung der früheren und der neuen Fälle verbunden ist»[34]. Sprechen indes «keine entscheidenden Gründe zu Gunsten einer Praxisänderung, ist die bisherige Praxis beizubehalten. Gegenüber dem Postulat der Rechtssicherheit lässt sich eine Praxisänderung grundsätzlich nur begründen, wenn die neue Lösung besserer Erkenntnis der ratio legis, veränderten äusseren Verhältnissen oder gewandelten Rechtsanschauungen entspricht»[35]. Diese Formeln sind zwar auf

---

[30] Vgl. den vorne (FN 2) erwähnten Fall BGE 126 I 81. – Zu den Feinheiten der Grenzziehung zwischen der sog. Divergenzvorlage (ähnlich Art. 23 Abs. 1) und der sog. Grundsatzvorlage (ähnlich Art. 23 Abs. 2) des deutschen Rechts vgl. etwa SODAN/ZIEKOW[2]-KRONISCH, § 11 N 48 ff.

[31] So erstmals BGE 110 Ib 1, 8. Vgl. seither etwa BGE 132 V 93, 101; BGE 131 III 314, 316. – Vgl. auch HANS PETER WALTER, Der Methodenpluralismus des Bundesgerichts bei der Gesetzesauslegung, recht 1999, 158 (m.Hinw. auf kritische Stimmen).

[32] Vgl. G. BIAGGINI, Methodik in der Rechtsanwendung, in: A. Peters/M. Schefer (Hrsg.), Grundprobleme der Auslegung aus Sicht des öffentlichen Rechts, Bern 2004, 27 ff.

[33] So statt vieler BGE 130 I 26, 31; BGE 131 II 13, 31; BGE 129 II 145, 155; BGE 128 I 34, 40 ff.

[34] So BGE 125 II 152, 162 f. (mit Blick auf die Praxis rechtsanwendender Verwaltungsbehörden). Zur Praxisänderung durch Gerichte vgl. BGE 122 I 57 (E. 3c/aa); BGE 122 V 125 (E. 4); BGE 120 II 137 (E. 3f) (je m.Hinw.). Vgl. auch HÄFELIN/MÜLLER/UHLMANN, Verwaltungsrecht[5], N 509 ff., 638 ff. und die in FN 16 aufgeführten Monografien.

[35] So BGE 131 V 107, 110. – Vgl. auch BGE 130 V 372 (E. 5.1), BGE 130 V 495 (E. 4.1), BGE 129 V 373 (E. 3.3), BGE 126 V 40 (E. 5a), BGE 125 I 471 (E. 4a) (je m.Hinw.).

die eigentliche Praxisänderung (N 8) gemünzt. Sie bieten aber auch Orientierung, wenn es um die Frage geht, ob von einer einzelnen früheren Entscheidung abgewichen werden darf. Dem Argument des Vertrauensschutzes kann allerdings hier u.U. ein geringeres Gewicht zukommen als beim Abweichen von einer langen, gefestigten Praxis.

Das «Postulat der Rechtssicherheit» (BGE 131 V 107, 110) bzw. der Grundsatz des Ver- **14** trauensschutzes stehen zwar einer Praxisänderung nicht prinzipiell entgegen. Doch gebieten es diese Grundsätze, die Härten einer abrupten Praxisänderung abzumildern. Dies kann auf unterschiedliche Weise geschehen. In Betracht kommt etwa, dass die Praxisänderung im anlassgebenden Fall selbst **noch nicht** umgesetzt wird, sondern erst bei künftigen Fällen (so dass die Praxisänderung gewissermassen «angekündigt» wird, bevor sie das erste Mal durchgreift). Diese Lösung steht im Vordergrund, wenn sich die Praxisänderung auf die Eintretensvoraussetzungen eines Rechtsmittels bezieht.[36] Vertrauensschutzinteressen können auch berücksichtigt werden, indem eine (richterrechtliche) «Übergangsordnung» statuiert wird. Über diese und andere fallbezogene Folgefragen (Folgen der Praxisänderung) hat sich die erkennende Abteilung im Rahmen ihres Urteils auszusprechen, nicht die Vereinigung der betroffenen Abteilungen (es sei denn, die erkennende Abteilung habe auch die Folgefrage gestützt auf Art. 23 Abs. 2 vorgelegt).

3. Einholen der Zustimmung

Nach Art. 23 Abs. 1 kann eine Abteilung eine Rechtsfrage nur dann abweichend von **15** einem früheren Entscheid einer oder mehrerer Abteilungen entscheiden, wenn die **Vereinigung der betroffenen Abteilungen** zustimmt. In den Materialien ist davon die Rede, dass Art. 23 Abs. 1 der früheren Regelung betr. Änderung der Rechtsprechung (Art. 16 Abs. 1 OG) «entspricht». Beim Vergleich des Wortlauts der beiden Bestimmungen fällt auf, dass in Art. 23 Abs. 1 das «Gesamtgericht» nicht mehr ausdrücklich erwähnt wird. Eine Neuerung ist damit nicht verbunden. Das **Gesamtgericht** ist personell mit der von Art. 23 Abs. 1 erfassten Vereinigung der Gesamtheit der Abteilungen identisch,[37] solange die Figur des «abteilungslosen» Richters nicht vorgesehen ist.

Anders als in Art. 23 Abs. 1 wird in Art. 16 Abs. 1 OG neben der Zustimmung kraft «Be- **16** schluss der Vereinigung der beteiligten Abteilungen» auch (mit einem «oder» verbunden) die «Zustimmung der andern Abteilung» erwähnt. Art. 16 Abs. 1 OG sah, mit anderen Worten, eine Möglichkeit der Klärung vor, die nicht auf einem gemeinsamen Beschluss, sondern auf nacheinander gefassten, getrennten Beschlüssen beruht.[38] Es stellt sich die Frage, ob dieses eingespielte,[39] als prozessökonomisch geltende Vorgehen auch unter der Herrschaft von Art. 23 Abs. 1 weiterhin möglich ist oder ob nunmehr stets ein Beschluss der Vereinigung der betroffenen Abteilungen herbeigeführt werden muss.[40] Die Tragweite der neuen Bestimmung ist nicht ganz klar. Für die zweite Deutung sprechen der Wortlaut der Bestimmung sowie der Umstand, dass zur Erleichterung der Beschlussfassung die Möglichkeit eines Zirkulationsverfahrens (Abs. 3) eingeführt wurde. Für die erste Deutung könnte man anführen, dass die Materialien eher auf einen Willen zur Fortführung

---

[36] Vgl. BGE 132 II 153, 159; BGE 122 I 57, 59. – Es wäre auch nicht statthaft, «dem Beschwerdeführer Verfahrens- und Parteikosten aufzuerlegen, wenn seine Anträge infolge einer Praxisänderung als unzulässig erklärt wurden». (BGE 122 I 57, Regeste).

[37] Botschaft 2001 4286 f.

[38] In der Literatur wurde dieses Nebeneinander unterschiedlich gedeutet. Vgl. POUDRET, Commentaire, Bd. I, Art. 16 N 3, einerseits, BIRCHMEIER, Handbuch, Art. 16 N 1 andererseits.

[39] Vgl. BGE 132 I 201, 202 (Gutheissung einer Beschwerde «unter dem Vorbehalt der Zustimmung der übrigen Abteilungen [...]. Diesem Entscheid haben sich in der Folge sämtliche Abteilungen angeschlossen.»). Weitere Beispiele bei POUDRET, Commentaire, Bd. I, Art. 16 N 3a.

[40] Letzteres ist die Auffassung von SEILER/VON WERDT/GÜNGERICH, BGG, Art. 23 N 8.

des bisher praktizierten Verfahrens schliessen lassen[41] (und dass das erforderliche Mehr auch erreicht ist, wenn sich in jeder betroffenen Abteilung eine Mehrheit der Mitglieder für die Änderung ausspricht). Falls das Bundesgericht seine alte Verfahrenspraxis weiterführt, so gilt es allerdings zu beachten, dass die Verweigerung der Zustimmung durch eine (oder auch mehrere) der betroffenen Abteilungen nicht das letzte Wort sein darf.[42] Nur die Vereinigung der betroffenen Abteilungen, nicht eine einzelne Abteilung, ist befugt, eine Praxisänderung zu untersagen (Art. 23 Abs. 1 und 3 *e contrario*).[43] Nach dem allfälligen «Veto» einer Abteilung muss somit auf jeden Fall noch die Vereinigung der betroffenen Abteilungen zum Zuge kommen.[44] Denn andernfalls könnte eine Minderheit der insgesamt involvierten Richter, die aber in der fraglichen Abteilung eine Mehrheit bildet, eine Praxisänderung blockieren. Eine Fortführung der unter Art. 16 Abs. 1 OG praktizierten Methode ist mithin nur zu rechtfertigen, wenn das «abteilungsweise» Einholen der Zustimmung i.S. eines «Vorverfahrens» verstanden wird, welchem im Falle einer Verweigerung der Zustimmung noch das ordentliche Verfahren (Beschluss der Vereinigung der betroffenen Abteilungen) zu folgen hat.[45] Da auch im ordentlichen Verfahren ein Zirkulationsbeschluss möglich ist (Abs. 3), fällt das Argument der Prozessökonomie nicht mehr sonderlich ins Gewicht. Ein Vorgehen nach der unter der Herrschaft von Art. 16 Abs. 1 OG praktizierten Methode verspricht daher kaum Gewinn. Vieles spricht somit dafür, unter dem Regime des Bundesgerichtsgesetzes auf direktem Weg einen Beschluss der Vereinigung der betroffenen Abteilungen anzustreben.[46]

17 Soll eine **Rechtsprechung, die im Verfahren nach Art. 23** (bzw. früher Art. 16 Abs. 1 OG) **gebildet wurde**, geändert werden, so sind dazu wiederum die betroffenen Abteilungen zu vereinigen.[47] Eine von der Gesamtheit der Abteilungen beschlossene Praxis kann von diesem Gremium (und nur von diesem Gremium) wieder geändert werden.[48]

III. «Präjudiz» (Art. 23 Abs. 2)

1. Regelungszweck und -gegenstand

18 Art. 23 Abs. 2 sieht neu ausdrücklich die Möglichkeit vor, dass die mit der Entscheidung eines Falls betraute Abteilung einen **Beschluss der Vereinigung der betroffenen Abteilungen herbeiführt**, um eine **offene Rechtsfrage** – i.S. einer auf längere Sicht angelegten Leitentscheidung (Präjudiz, *précédent, precedente*) – **verbindlich** zu klären: verbindlich für die Antrag stellende Abteilung (Abs. 3), bindend aber auch für die übrigen Abteilungen, denn eine spätere Abweichung bedarf wiederum der Zustimmung der Vereinigung der betroffenen Abteilungen (Abs. 1). Das Bedürfnis, offene Fragen im Interesse von Rechtssicherheit und Rechtseinheit mit abteilungsübergreifender Wirkung zu klären,

---

[41] Vgl. Botschaft 2001 4286 (zu Art. 21 Abs. 1 E 2001).

[42] Davon geht auch die Richtlinie der Präsidentenkonferenz vom 26.3.2007 aus (vgl. N 32). Vgl. auch SEILER/VON WERDT/GÜNGERICH, BGG, Art. 23 N 8, 13.

[43] Für ein Beispiel unter dem alten Recht: Verweigerung der Zustimmung zu einer von der II. Zivilabteilung ins Auge gefassten Praxisänderung durch das Plenum des Bundesgerichts im Verfahren 5P.113 und 5P.114/2005 (Beschluss des Plenums vom 13.6.2006; Urteil vom 13.9.2006).

[44] So schon die Praxis unter der Herrschaft von Art. 16 OG. Vgl. POUDRET, Commentaire, Bd. I, Art. 16 N 3.

[45] Auch die Zustimmung aller Abteilungen zu einer Praxisänderung (vgl. z.B. BGE 132 I 201, 202) ist, formell betrachtet, nicht mit dem zustimmenden Beschluss der Vereinigung der betroffenen Abteilungen gleichzusetzen. Doch ist in diesem Fall rechnerisch zwangsläufig auch eine Mehrheit in der Vereinigung der betroffenen Abteilungen gegeben.

[46] Im Ergebnis ebenso SEILER/VON WERDT/GÜNGERICH, BGG, Art. 23 N 8.

[47] Dabei ist zu berücksichtigen, dass sich (z.B. bei geänderter gerichtsinterner Zuständigkeitsordnung) Änderungen hinsichtlich der «Betroffenheit» ergeben können.

[48] Vgl. POUDRET, Commentaire, Bd. I, Art. 16 N 3c und 3d.

bestand auch schon unter dem alten Recht. Da man, anders als heute, nicht über eine direkte Stütze im Gesetz verfügte, behalf man sich mit einer «analogen Anwendung» von Art. 16 Abs. 1 OG.[49] Art. 23 Abs. 2 schiebt nun gewissermassen die gesetzliche Grundlage für dieses Vorgehen «par analogie» (BGE 126 I 81) nach und sichert die zuvor prekäre Verbindlichkeit des Beschlusses der Vereinigung der betroffenen Abteilungen (Abs. 3).

Art. 23 Abs. 2 handelt von zur Entscheidung anstehenden Fällen, in welchen zu einer **entscheiderheblichen** Rechtsfrage, die auch andere Abteilungen betrifft,   **19**

– **noch keine Rechtsprechung** besteht oder

– zwar eine Rechtsprechung besteht, diese sich aber aufgrund **neuer Rechtsentwicklungen** (z.B. Änderung höherrangigen Rechts, neue Rechtsprechung des EGMR) in einem **veränderten Licht** darstellt (vgl. vorne N 11).

Bei der anlassgebenden Rechtsfrage kann es sich um eine Auslegungs- und/oder um eine Gültigkeitsfrage handeln (vgl. N 4). Das Verfahren gem. Art. 23 Abs. 2 kommt nicht nur in Betracht, wenn eine Rechtsfrage «**sich stellt**», d.h. im Hinblick auf die Entscheidung des Falls unausweichlich beantwortet werden muss («Hat […] zu entscheiden»), sondern (wie die Bezugnahme auf die «Rechtsfortbildung» in Abs. 2 deutlich macht) auch dann, wenn die Rechtsfrage von Prozessbeteiligten (Richter, Prozessparteien) «**aufgeworfen**» wird – i.S. eines Vorschlags, wonach die zu beurteilende Rechtssache zum Anlass für eine richterrechtliche Innovation zu nehmen sei (z.B. Anerkennung eines neuen ungeschriebenen Grundrechts).

Die **Rechtsfrage** kann wiederum grundsätzlich alle Rechtsquellen beschlagen, deren   **20** Pflege dem Bundesgericht anvertraut ist (vgl. auch vorne N 4), mithin nicht nur das Bundesrecht und das Völkerrecht (Art. 95 Bst. a und b), sondern auch gewisse Fragen des kantonalen und des ausländischen Rechts (vgl. Art. 95 Bst. c–e, Art. 96). Bei der Rechtsfortbildung im Bereich der zuletzt genannten Kategorien, teilweise auch beim Völkerrecht (z.B. EMRK), wird sich das Bundesgericht allerdings wohl eine gewisse Zurückhaltung zu auferlegen haben, da die Weiterentwicklung der besagten Rechtsquellen primär Sache anderer – kantonaler, ausländischer, internationaler – Instanzen ist.

Entgegen gewissen Äusserungen in den Materialien und in der Literatur muss es sich   **21** nicht um eine «wichtige Rechtsfrage»[50] handeln. Entscheidend ist die **Relevanz für mehrere Abteilungen** sowie eine gewisse Bedeutung für Rechtsfortbildung und Rechtseinheit. Im Vordergrund stehen auch hier Querschnittsmaterien (vgl. vorne N 5) wie insb. die Auslegung der eigenen Prozessgesetzgebung (BGG).[51] Schon ein flüchtiger Blick in die Literatur zur Bundesrechtspflegereform zeigt, wie sehnlich man in Praxis und Wissenschaft auf eine Klärung des Ausdrucks «Rechtsfrage von grundsätzlicher Bedeutung» wartet, der sowohl im zivil- als auch im öffentlichrechtlichen Bereich relevant ist (Art. 74 Abs. 2 und Art. 85 Abs. 2[52]). Ob das Verfahren gem. Art. 23 Abs. 2 geeignet ist, eine rasche Klärung herbeizuführen, muss sich noch weisen.

---

[49] Vgl. BGE 126 I 81, 84 (dazu vorne FN 2); nicht publiziertes Urteil des Bundesgerichts vom 25.3.1998 (1P.40/1997), E. 5 (betr. die Eigenmietwerte bei kantonalen Steuern). – Vgl. auch Botschaft 2001 4287.

[50] So z.B. Botschaft 2001 4287. – Anders verhält es sich in Deutschland, wo die Vorlagemöglichkeit gem. § 132 Abs. 4 GVG und § 11 Abs. 4 VwGO auf Fragen «von grundsätzlicher Bedeutung» beschränkt ist.

[51] Nicht zufällig befasste sich ein kurz vor Inkrafttreten des BGG ergangener Beschluss der erweiterten Präsidentenkonferenz mit der «Koordination der Rechtsprechung zum neuen Bundesgerichtsgesetz» (Beschluss vom 15.6.2006, nicht amtlich veröffentlicht; vgl. N 32 mit FN 67). – Vgl. auch EHRENZELLER/SCHWEIZER-AEMISEGGER, 112.

[52] Vgl. auch den etwas anders gelagerten Art. 83 Bst. f Ziff. 2 sowie Art. 42 Abs. 2 und Art. 109 Abs. 1.

22 Auch wenn hinter Art. 23 Abs. 2 die Idee eines «vorsorglichen Meinungsaustauschs» stehen mag, geht es – v.a. von den Wirkungen her gesehen (Abs. 3) – um wesentlich mehr. Das Bild des «Meinungsaustauschs» passt sehr viel besser auf das **Meldeverfahren**, das in Art. 9 BGerR mehr angedeutet als geregelt wird (und wohl v.a. auf informelle Klärung hin angelegt ist). In der besagten Bestimmung werden die ordentlichen Richter und Richterinnen dazu verpflichtet, «als koordinationsbedürftig erkannte Rechtsfragen» der Präsidentenkonferenz zu melden (Art. 9 Abs. 3 BGerR). Die Präsidentenkonferenz hat sich sodann der Koordination der Rechtsprechung unter den Abteilungen anzunehmen, soweit die Koordination nicht Sache der vereinigten Abteilungen (Art. 23) ist (vgl. Art. 16 Abs. 2 Bst. b sowie Art. 9 Abs. 2 BGerR).

23 Die neue Vorschrift ist (trotz und vielleicht auch wegen der Anlehnung an deutsche Vorbilder[53]) redaktionell nicht sonderlich geglückt und lässt etliche Fragen offen. Entgegen dem Eindruck, den die Wortwahl des Gesetzgebers weckt, steht das Verfahren gem. Art. 23 Abs. 2 vorab im Dienst der Klärung und ist **mehr auf Stabilität und Kontinuität** als auf Rechtsfortbildung angelegt. Da der zur Entscheidung anstehende Fall naturgemäss präzedenzlos ist, geht es nicht schon direkt um die Wahrung von Rechtseinheit, sondern mehr um diesbezügliche Prävention. Entsprechend vage bleiben die Anhaltspunkte, die der letzte Satzteil des Abs. 2 («sofern sie dies für die Rechtsfortbildung oder die Einheit der Rechtsprechung für angezeigt hält») der erkennenden Abteilung auf den Weg gibt.

24 Die Wortwahl des Gesetzgebers erweist sich umgekehrt als durchaus aufschlussreich, wenn man sich die typische **Interessenlage** vor Augen führt, in der sich die zur Entscheidung berufene Abteilung mit Blick auf Art. 23 Abs. 2 befindet. «Für angezeigt» wird die erkennende Abteilung ein Vorgehen gem. Art. 23 Abs. 2 wohl in erster Linie dann halten, wenn ihr daran gelegen ist, die übrigen betroffenen Abteilungen auf die von ihr selbst favorisierte Position zu verpflichten (vgl. N 35), und wenn sie sich einigermassen sicher sein kann, dass sie mit ihrer Rechtsauffassung durchdringen wird. Die treibende Kraft für die Einleitung eines Verfahrens gem. Art. 23 Abs. 2 dürfte – von der Interessenlage her betrachtet – nicht so sehr der Wunsch sein, eine (für die erkennende Abteilung) verbindliche Klärung der Rechtslage herbeizuführen (Abs. 3), sondern eher der Wunsch, die übrigen Abteilungen einzubinden, da diese von einem Beschluss der vereinigten Abteilungen nicht mehr ohne weiteres abrücken können (Abs. 1).

2. Vorlagerecht oder Vorlagepflicht?

25 In Anbetracht der spezifischen Interessenlage (N 24) drängt sich die Frage in den Vordergrund, ob die erkennende Abteilung nur **berechtigt oder** auch **verpflichtet** ist, eine offene Rechtsfrage, die auch andere Abteilungen betrifft, der Vereinigung dieser Abteilungen zum verbindlichen (Abs. 3) Beschluss vorzulegen. Der Wortlaut von Art. 23 Abs. 2 hebt zwar imperativ an («Hat […] zu entscheiden», «holt»). Die Bestimmung endet aber mit einer Formel, welche die Einleitung des Verfahrens mehr oder weniger ins freie Ermessen der betreffenden Abteilung zu stellen scheint («für angezeigt hält»).[54] Die Materialien deuten, wenn auch nur vage, eher in die Richtung einer blossen Ermächtigung («erlaubt», «der Meinung ist»[55]), sind allerdings insgesamt nicht sehr schlüssig.[56]

---

[53] Vgl. § 132 Abs. 4 GVG und § 11 Abs. 4 VwGO (sog. Grundsatzvorlage).

[54] Vgl. SEILER/VON WERDT/GÜNGERICH, BGG, Art. 23 N 12 («nicht obligatorisch», sondern «im Ermessen der jeweiligen Abteilung»).

[55] Botschaft 2001 4287.

[56] Da es bei der Frage «Pflicht oder nicht» um eine neue Rechtsfrage geht, die letztlich alle Abteilungen betrifft, wäre die Klärung der Auslegung von Art. 23 Abs. 2 ein klassischer Anwendungsfall des Verfahrens gem. Art. 23 Abs. 2, so dass Art. 23 Abs. 2 so bald als möglich auf sich

Giovanni Biaggini / Stephan Haag

Nimmt man den **Zweck der Regelung** mit in den Blick, so liegt die Schlussfolgerung **26** nahe, dass die Vorlage (ungeachtet des Gesetzeswortlauts) **nicht einfach im Belieben der erkennenden Abteilung** stehen kann. Die Grundidee, die hinter der neuen gesetzlichen Regelung steht – und letztlich auch für das in BGE 126 I 81[57] gewählte Vorgehen wegleitend war –, ist nicht so sehr die (im Normtext angesprochene) «Einheit der Rechtsprechung» bzw. «Rechtsfortbildung», sondern die **Sicherstellung der Chancengleichheit** der Abteilungen. Die erstmalige Entscheidung einer Rechtsfrage hat präjudizielle Kraft. Eine spätere Abweichung bleibt zwar möglich. Doch ist dieser Schritt nur unter Beachtung der Vorgaben gem. Art. 23 Abs. 1 zulässig. Es kommt hinzu, dass bei einer baldigen Rechtsprechungsänderung leicht der Eindruck aufkommen kann, die höchstrichterliche Rechtsprechung sei auf «Schlingerkurs». Dieser Eindruck sollte im Interesse der Rechtssicherheit, aber auch zur Wahrung des Ansehens des Gerichts tunlichst vermieden werden. Bei dieser Konstellation kommt jener Abteilung, die als erste mit einer neuen Frage konfrontiert ist, nicht nur eine besonders verantwortungsvolle, sondern auch eine (verfahrensmässig) privilegierte Stellung zu. Ihre Entscheidung bildet den Referenzpunkt. Die später mit derselben Rechtsfrage befassten Abteilungen sind wegen des Präzendenzfalls in ihren Möglichkeiten limitiert. Es wäre wenig befriedigend, wenn es mehr oder weniger vom Zufall (Abfolge der Beschwerdeeingänge) abhängt, welcher Abteilung die prägende Rolle zufällt. Ein Verfahren nach dem Muster des Art. 23 Abs. 2 ermöglicht es, den Zufall auszuschalten. Abteilungen, die mit der Beantwortung einer auch sie betreffenden offenen Rechtsfrage durch die zuerst befasste Abteilung nicht einverstanden sind, haben die Chance, ihre Rechtsauffassung bereits in der Phase der Praxisbildung einzubringen, d.h. ohne später eine Praxisänderung im Wege von Abs. 1 erwirken zu müssen.[58]

Aus diesen Überlegungen folgt, dass die Vorlage nicht im Belieben der erkennenden **27** Abteilung liegen kann. Nicht entschieden ist damit jedoch über **Umfang und Tragweite** der Vorlagepflicht. Eine umfassende Verpflichtung zu postulieren, wäre schon allein wegen des erheblichen zeitlichen und sachlichen Aufwands wenig sinnvoll. Das Verfahren gem. Art. 23 Abs. 2 sollte **Ausnahmecharakter** haben, da sonst eine Lähmung des Bundesgerichts droht (die der Gesetzgeber beim Erlass von Art. 23 Abs. 2 kaum gewollt haben dürfte). Es stellt sich daher die Frage nach den **Kriterien**, die im Einzelfall über das Bestehen einer Vorlagepflicht entscheiden. Zu den Gesichtspunkten, die bei der Auslegung und Anwendung von Art. 23 Abs. 2 zu berücksichtigen sind, gehören (ohne Anspruch auf Vollständigkeit): die **Wichtigkeit** der Rechtsfrage[59], Klärungsbedarf und Aktualität der Rechtsfrage[60], Rechtssicherheitsinteressen, Folgenerwägungen[61], die Zahl der betroffenen Abteilungen[62], Vorhandensein und Wirksamkeit zweckdienlicher Alternativen (z.B. informeller Meinungsaustausch gem. Art. 9 Abs. 3 BGerR).

Bei der Auslegung und Anwendung von Art. 23 Abs. 2 ist auch zu berücksichtigen, dass **28** das System der höchstrichterlichen Rechtsprechung **arbeitsteilig** organisiert ist. Gemäss

---

selber angewendet werden müsste. Solange allerdings unklar ist, ob eine Vorlagepflicht besteht oder nicht, ist nicht sichergestellt, dass die Vereinigung der betroffenen Abteilungen je zur Frage «Pflicht oder nicht» wird Stellung beziehen können.

[57] Vgl. vorne FN 2.

[58] Vgl. BGE 126 I 81, 84 (E. 2c). – Vgl. auch vorne FN 9a.

[59] Bei der Frage der Vorlageberechtigung (N 21) spielt die Wichtigkeit der Rechtsfrage dagegen (anders als im deutschen Recht: «Grundsatzvorlage», vgl. FN 30 und 53) keine entscheidende Rolle.

[60] Bei einer auslaufenden (oder bereits ausgelaufenen) Regelung sind Aktualität und Bedarf gering (Bsp.: ein erstmals sich stellendes rein übergangsrechtliches Problem).

[61] Die Verbindlichkeit des Beschlusses der Vereinigung der betroffenen Abteilungen (Abs. 3) birgt die Gefahr einer gewissen Erstarrung der Praxis.

[62] Dieses Kriterium spielt bei Abs. 1 naturgemäss keine Rolle.

Art. 22 erfolgt die Verteilung der Geschäfte auf die Abteilungen nach Rechtsgebieten (vgl. Art. 29 ff. BGerR). Eine wichtige Rolle spielt, wie die zu klärende Rechtsfrage in dieses System einzuordnen ist. Typische Kandidaten für ein Vorgehen gem. Art. 23 Abs. 2 sind Rechtsfragen, die zwei oder mehrere Abteilungen **in gleicher Weise** betreffen (insb. abteilungsübergreifende Fragen des gemeinsamen Prozessrechts). Das Anliegen der Chancengleichheit zwischen den Abteilungen (und damit das Bedürfnis nach Klärung im aufwändigen Verfahren gem. Art. 23 Abs. 2) verliert an Gewicht, je näher eine Rechtsfrage bei den alleinigen «**Kernkompetenzen**» einer Abteilung liegt. Ein Vorgehen i.S.v. Art. 23 Abs. 2 drängt sich nicht auf, wenn andere Abteilungen sich nur gelegentlich und am Rande mit derselben Rechtsfrage zu befassen haben. Als Beispiele seien hier das Haftpflichtrecht und die Strafbestimmungen in verwaltungsrechtlichen Erlassen angeführt:

– Das ausservertragliche **Haftpflichtrecht** gehört zu den zentralen Zuständigkeiten der I. zivilrechtlichen Abteilung (Art. 31 BGerR). Fragen des Haftpflichtrechts können sich aber auch in Beschwerden stellen, die von der strafrechtlichen oder von der I. öffentlich-rechtlichen Abteilung zu behandeln sind (vgl. Art. 78 Abs. 2 Bst. a; Art. 29 Abs. 3 BGerR, Art. 33 BGerR).

– Viele **verwaltungs- und sozialversicherungsrechtliche** Erlasse enthalten **Strafbestimmungen**, deren Anwendung die strafrechtliche Abteilung beurteilt.[63] Dabei stellen sich oft auch Rechtsfragen des Verwaltungsrechts, welche zu den zentralen Kompetenzen der öffentlich-rechtlichen und der sozialrechtlichen Abteilungen gehören. Es ginge zu weit, aus solchen Verflechtungen eine Verpflichtung abzuleiten, regelmässig die strafrechtliche Abteilung einzubeziehen, wenn eine verwaltungsrechtliche Frage zu entscheiden ist, die bei der Anwendung einer Strafbestimmung einmal eine Rolle spielen könnte.

Im Sinne einer allgemeinen Richtschnur kann man festhalten, dass es unter dem Aspekt der Chancengleichheit der Abteilungen gerechtfertigt erscheint, vom Einholen eines Beschlusses der Vereinigung der betroffenen Abteilungen abzusehen, wenn die zu klärende Rechtsfrage klar in den Verantwortungsbereich einer Abteilung fällt und sich andere Abteilungen nur gleichsam «nebenher» auch mit der Rechtsfrage zu befassen haben.

29 Zusammenfassend ist festzuhalten, dass die Vorlage gem. Art. 23 Abs. 2 nicht im Belieben der fraglichen Abteilung liegt (N 26 f.), dass jedoch umgekehrt eine Pflicht, den Beschluss der Vereinigung der betroffenen Abteilungen einzuholen, nicht leichthin anzunehmen ist. Das Verfahren gem. Abs. 2 soll und wird (schon im Interesse der Funktionsfähigkeit des Gerichts) die Ausnahme bleiben. Vor diesem Hintergrund erweist sich als besonders wichtig, dass die Zuständigkeiten der einzelnen Abteilungen klar und möglichst ohne Überlappungen geregelt werden. Weiter spricht vieles dafür, die Möglichkeit, von der reglementarischen Geschäftsverteilung im Einzelfall abzuweichen (Art. 36 BGerR), nur mit grosser Zurückhaltung zu nutzen.

IV. Verfahrensfragen (Art. 23 Abs. 3)

30 Das Verfahren gem. Art. 23 ist ein vom Willen der Prozessparteien unabhängiges **Zwischenverfahren** (was nicht ausschliesst, dass die Parteien in ihren Rechtsschriften ein Vorgehen nach Art. 23 anregen). Es dient dazu, die verbindliche Klärung einer Rechtsfrage herbeizuführen, ohne die anlassgebende Rechtssache zu entscheiden. Der verfassungsmässige Anspruch auf den gesetzlich vorgesehenen Richter (Art. 30 BV)

---

[63] Vgl. BGE 131 IV 83; 122 IV 279; 120 IV 78.

wird durch die Aussetzung des Verfahrens vor der erkennenden Abteilung nicht in Frage gestellt.[64] Die Entscheidung in der Sache selbst bleibt der vorlegenden Abteilung vorbehalten. Erst ihr Urteil schliesst das Verfahren vor Bundesgericht ab (und kann, gegebenenfalls, Gegenstand eines Beschwerdeverfahrens vor dem EGMR sein).

Gegenstand von Art. 23 Abs. 3 sind gemeinsame Vorschriften betr. das **Verfahren** (Quorum, weitere Verfahrensfragen; N 33) und betr. die Verbindlichkeit des Beschlusses der vereinigten Abteilungen (N 35). Der näheren Ausführung von Art. 23 Abs. 3 dient Art. 37 BGerR (N 32). Einige nicht unwesentliche Fragen sind im Gesetz nicht oder zumindest nicht ausdrücklich normiert (N 35 ff.). Nur marginal angesprochen ist namentlich die Stellung der Parteien des anlassgebenden Falls, deren Rechtsstellung durch den Ausgang des Zwischenverfahrens berührt wird (N 34).   **31**

Die **Vereinigung der betroffenen Abteilungen** wird vom Vorsitzenden der Präsidentenkonferenz präsidiert, dies auch dann, wenn er keiner der betroffenen Abteilungen angehört.[65] Ein vom Vorsitzenden bezeichnetes Mitglied der Präsidentenkonferenz hat einen Bericht über die zu entscheidende Rechtsfrage zu erstellen. Der Vorsitzende kann weitere Berichterstatter bezeichnen. Stimmenthaltung ist in den vereinigten Abteilungen nicht zulässig (Art. 37 Abs. 3 Satz 1 BGerR).[66] Der Vorsitzende stimmt mit, wenn er einer der beteiligten Abteilung angehört (Art. 37 Abs. 3 Satz 2 BGerR). Beim Verfahren gem. Art. 23 Abs. 1 bedeutet Stimmengleichheit, dass es bei der bisherigen Rechtsprechung bleibt (Art. 37 Abs. 4 BGerR). Beim Verfahren gem. Art. 23 Abs. 2, welches kein Patt duldet, gibt die Stimme des Vorsitzenden den Ausschlag, wenn er einer der beteiligten Abteilung angehört und daher mitstimmt (Art. 37 Abs. 3 Satz 2 BGerR). Ansonsten fällt dem Vorsitzenden der Stichentscheid zu (Art. 37 Abs. 4 BGerR). Die Präsidentenkonferenz regelt das Verfahren der vereinigten Abteilungen in einer **Richtlinie** (Art. 37 Abs. 5 BGerR). Die Präsidentenkonferenz erliess die entsprechende Richtlinie am 26.3.2007[67]. Diese sieht u.a. vor, dass die Präsidentenkonferenz entscheidet, welche Abteilungen von einer Rechtsfrage betroffen sind. Der Bericht zur Rechtsfrage wird sämtlichen ordentlichen Richterinnen und Richtern der betroffenen Abteilungen zugestellt. Die Beschlussfassung in den Abteilungen erfolgt zunächst an einer abteilungsinternen Sitzung oder auf dem Zirkulationsweg, wobei das Quorum von mindestens zwei Dritteln der ordentlichen Abteilungsmitglieder (Art. 23 Abs. 3 BGG) zu beachten ist. Ergibt sich, dass in jeder betroffenen Abteilung eine Mehrheit der Richter mit dem Antrag im Bericht einverstanden ist, so fasst die Vereinigung der betroffenen Abteilungen ihren Beschluss auf dem Zirkulationsweg. Jeder betroffene Abteilungspräsident teilt das Einverständnis seiner Abteilung dem Präsidenten der antragstellenden Abteilung sowie dem Präsidenten der Präsidentenkonferenz mit, welcher die Zustimmung der betroffenen Abteilungen feststellt und die Mitglieder der Präsidentenkonferenz darüber informiert. Eine (nicht öffentliche) Sitzung der Vereinigung der betroffenen Abteilungen findet statt, wenn mindestens eine der betroffenen Abteilungen mit dem Bericht nicht einverstanden ist. In diesem Fall hat sie innert Frist (in der Regel ein Monat) einen Gegenantrag vorzulegen, über den zusammen mit dem Bericht an einer Sitzung der vereinigten Abteilungen abgestimmt wird   **32**

---

[64] Vgl. in diesem Sinne das Urteil des Bundesgerichts vom 30.6.2005 (2P.110/2004) betr. Anwendung einer (Art. 16 Abs. 1 OG vergleichbaren) Koordinationsregel im Kanton Waadt.

[65] Ungenau SEILER/VON WERDT/GÜNGERICH, BGG, Art. 23 N 14.

[66] Ebenso wie in den Verfahren nach Art. 72–129 (vgl. dazu FÉRAUD, ad Art. 21 BGG, N 4). Abweichend SEILER/VON WERDT/GÜNGERICH, BGG, Art. 21 N 10 und Art. 23 N 13.

[67] Directive pour la procédure de l'art. 23 LTF vom 26.3.2007 (nicht amtlich veröffentlicht). – Diese Richtlinie ersetzte den (vor Inkrafttreten des BGG ergangenen) Beschluss der erweiterten Präsidentenkonferenz betreffend «Koordination der Rechtsprechung zum neuen Bundesgerichtsgesetz» vom 15.6.2006 (nicht amtlich veröffentlicht).

(Art. 23 Abs. 3 BGG und Art. 37 BGerR). Die Mitwirkung von nebenamtlichen Richterinnen und Richtern im Verfahren der vereinigten Abteilungen ist nicht vorgesehen, und zwar auch dann nicht, wenn ein nebenamtliches Mitglied des Bundesgerichts im konkreten Fall instruktionsrichterliche Funktionen wahrnimmt. Dies wird in der Literatur zu Recht als unbefriedigend bezeichnet.[68]

33   Die **Beschlussfassung** findet somit im Rahmen einer **Sitzung** der vereinigten Abteilungen oder auf dem **Zirkulationsweg** statt (N 32). Die Erwähnung der zweiten Verfahrensart im Gesetz ist neu. Das Zirkulationsverfahren wurde aber bereits unter der Herrschaft des OG gelegentlich praktiziert.[69] Die damit verbundene Vereinfachung des Verfahrens entspricht einem praktischen Bedürfnis, insb. in unumstrittenen Fällen. Unabhängig von der Verfahrensart gilt nach Art. 23 Abs. 3 für den Entscheid der vereinigten Abteilungen ein **Quorum** von **zwei Dritteln** der ordentlichen Richterinnen und Richter **jeder betroffenen Abteilung**. Dies bedeutet eine Neuerung im Verhältnis zum früheren Recht, das die Anwesenheit von (lediglich) mindestens zwei Dritteln der Mitglieder der beteiligten Abteilungsmitglieder insgesamt verlangte (Art. 16 Abs. 3 i.V.m. Art. 11 Abs. 2 OG).

34   Das Gesetz bestimmt sodann ausdrücklich, dass der Beschluss der vereinigten Abteilungen **ohne Parteiverhandlung und ohne öffentliche Beratung** gefasst wird (Art. 23 Abs. 3). Angesichts des begrenzten Gegenstands und Zwecks des Zwischenverfahrens, das vorab der internen Koordination dient, erscheint diese Regelung verständlich und gerechtfertigt. Allerdings kann das Verfahren gem. Art. 23 nicht als reines Internum betrachtet und behandelt werden. Denn der Ausgang des Zwischenverfahrens berührt die Rechtsstellung der Parteien – sei es in verfahrensrechtlicher Hinsicht, sei es materiellrechtlich. Dementsprechend stehen die Prozessparteien grundsätzlich auch während des Zwischenverfahrens unter dem Schutz der einschlägigen grundrechtlichen und gesetzlichen Garantien. So muss namentlich auch im Verfahren gem. Art. 23 der verfassungsmässige Anspruch auf Beurteilung innert angemessener Frist (Art. 29 BV) und auf ein unabhängiges und unparteiisches Gericht (Art. 30 BV) gewahrt sein. Entsprechend muss es den Parteien möglich sein, den Ausstand einer Gerichtsperson zu verlangen (vgl. Art. 36). Dies wiederum setzt voraus, dass die Parteien über die Einleitung eines Verfahrens gem. Art. 23 in Kenntnis gesetzt werden.[70] In einem Verfahren gem. Art. 23 Abs. 1 (Praxisänderung) sollte zudem die beschwerdeführende Partei, die ja nicht mit einer Änderung der Rechtsprechung rechnen muss, aus Gründen der Verfahrensfairness die Chance haben, ihre Beschwerde zurückzuziehen, wenn sich aufgrund des Zwischenverfahrens eine veränderte rechtliche Ausgangslage abzeichnet und unerwartet eine Abweisung der Beschwerde droht.[71]

35   Der **Beschluss** der Vereinigung der betroffenen Abteilungen ist ein förmlicher Entscheid in einem gerichtlichen (Zwischen-)Verfahren. Schon allein aus Gründen der Rechtssicherheit (Verbindlichkeitswirkung gem. Abs. 3) ist der Beschluss schriftlich festzu-

---

[68] SEILER/VON WERDT/GÜNGERICH, BGG, Art. 23 N 4. SEILER schlägt vor, dass nebenamtliche Richterinnen und Richter mit instruktionsrichterlicher Funktion im betroffenen Fall bei der Vereinigung der Abteilungen mit beratender Stimme teilnehmen sollen.

[69] Vgl. den Hinweis in Botschaft 2001 4287.

[70] In diesem Sinne das Vorgehen im Verfahren 5P.113/2005 und 5P.114/2005 (vgl. Urteil vom 13.9.2006): Mitteilung des Beschlusses über die Einleitung des Verfahrens gem. Art. 16 Abs. 1 OG an die Parteien und die Vorinstanz.

[71] Vgl. auch BGE 127 V 431, 435, wonach sich aus dem Anspruch auf rechtliches Gehör (Art. 29 BV) ergibt, dass die Betroffenen vor einem Entscheid von grosser Tragweite über die «Rechtsauffassung orientiert» werden und Gelegenheit erhalten, «dazu Stellung zu nehmen». – Zur Frage des rechtlichen Gehörs im Verfahren vor dem Grossen Senat vgl. SODAN/ZIEKOW[2]-KRONISCH, § 11 N 65.

halten, zu begründen und zu den Akten des Ausgangsverfahrens zu geben. Kommt die Vereinigung der betroffenen Abteilungen zum Schluss, dass die antragstellende Abteilung mit ihrer Rechtsauffassung gar nicht von der Rechtsprechung einer anderen Abteilung abweicht, so wird das Zwischenverfahren mangels Divergenz gegenstandslos und hinfällig (was aus Gründen der Rechtssicherheit ebenfalls förmlich festzuhalten ist). Entsprechendes gilt, wenn die andere Abteilung ihre Praxis während des laufenden Verfahrens gem. Art. 23 Abs. 1 i.S. der Rechtsauffassung der antragstellenden Abteilung ändert. In der Praxis zu Art. 16 OG wurde der Beschluss jeweils in den Urteilserwägungen des Ausgangsfalls, allenfalls in der Sachverhaltszusammenfassung, sinngemäss wiedergegeben, jedoch nicht als besonderer Entscheid publiziert.[72] Diese Praxis wird unter der Herrschaft des neuen Rechts fortgeführt.[73] Angesichts des allgemeinen Gebots transparenter Urteilstätigkeit (vgl. Art. 6 EMRK, Art. 29 und Art. 30 BV) sollten auch die Beschlüsse der vereinigten Abteilungen (deren Gegenstand typischerweise Rechtsfragen von grundsätzlicher Bedeutung sind) der Öffentlichkeit zugänglich sein. Der Beschluss ist für die Antrag stellende Abteilung bei der Beurteilung des Streitfalls **verbindlich**. Dies gilt sowohl bei Verfahren gem. Art. 23 Abs. 1 (Praxisänderung) als auch im Verfahren gem. Art. 23 Abs. 2 (Präjudiz). Die Verbindlichkeit des Beschlusses (Abs. 3) und auch die aus Abs. 1 resultierende (relative) Bindungswirkung von Präjudizien stellt keinen Einbruch in die richterliche Unabhängigkeit (Art. 191c BV) dar. Die Bindungswirkung erstreckt sich nach Abs. 3 auf die Rechtssache, die Anlass zur Vereinigung der Abteilungen gab. Der Beschluss der vereinigten Abteilungen bindet die einzelnen Abteilungen in Bezug auf die behandelte Rechtsfrage aber wegen der Bindungswirkung von Präjudizien (Abs. 1) auch in anderen Verfahren, in welchen die Beantwortung derselben Rechtsfrage entscheidend ist. Die Rechtsprechung kann in einem späteren Zeitpunkt wieder geändert werden, soweit die materiellen Voraussetzungen für eine Rechtsprechungsänderung (vgl. N 12 f.) vorliegen, allerdings nur wiederum durch Beschluss der Vereinigung der betroffenen Abteilungen.[74] Eine Rechtsprechung, die von einer Vereinigung der betroffenen Abteilungen beschlossen wurde, wird in der Praxis nur selten wieder in Frage gestellt. Dies entspricht durchaus dem Sinn und Zweck des Koordinationsverfahrens gem. Art. 23, insb. jenem gem. Abs. 2, das ja nicht zuletzt vorbeugend verhindern soll, dass bereits kurz nach der ersten Klärung einer neuen Rechtsfrage (durch eine Abteilung) eine Praxisänderung (angestossen durch eine andere von der Rechtsfrage betroffene Abteilung) beschlossen wird (N 18).

Einige nicht unwesentliche Fragen betr. die **Verfahrensherrschaft** werden in Gesetz und **36** Reglement nicht ausdrücklich und klar geregelt. Mit Blick auf die Verfahrensauslösung stellt sich die Frage, ob dafür der mit der Sache befasste Spruchkörper oder die Abteilung als solche zuständig ist. Auch wenn Praktikabilitätsüberlegungen auf den ersten Blick die Zuständigkeit des erkennenden Spruchkörpers nahe legen mögen, sprechen der Wortlaut des Art. 23 und der Zweck der Regelung dafür, dass die Verfahrensherrschaft bei der **Abteilung** (Abteilungsgeschäft) liegt.[75] Die Rechtsfragen, um die es im Verfahren nach Art. 23 geht, dürften wohl häufig Fragen «von grundsätzlicher Bedeutung» i.S.v. Art. 20 sein. Der erkennende Spruchkörper umfasst in solchen Fällen grundsätzlich fünf Richter.

---

[72] Vgl. z.B. BGE 126 I 81, 84. – Vgl. SEILER/VON WERDT/GÜNGERICH, BGG, Art. 23 N 15 (mit weiteren Beispielen).
[73] Vgl. BGE 133 I 185, 187 (Hinweis auf das Verfahren nach Art. 23 in der Sachverhaltsdarstellung). Der dem Urteil zugrunde liegende Entscheid der Vereinigung der Abteilungen vom 30.4.2007 wurde über die Medien am gleichen Tag öffentlich bekannt gemacht. Die Begründung ergibt sich aus den in BGE 133 I 185 publizierten Erwägungen.
[74] Vgl. POUDRET, Commentaire, Bd. I, Art. 16 N 4 *in fine*.
[75] Anders SEILER/VON WERDT/GÜNGERICH, BGG, Art. 23 N 7.

Der Unterschied zwischen Spruchkörper und Abteilung mag geringfügig erscheinen, kann aber bei Abteilungen, die sechs Richter umfassen (zurzeit: vier von sieben Abteilungen), bzw. mit Blick auf den Einsatz nebenamtlicher Richter[76] von entscheidender Bedeutung sein. Nicht ausgelöst werden kann das Verfahren durch die Vereinigung der betroffenen Abteilungen, d.h. durch das Koordinationsorgan selbst (das sich ohnehin erst im Gefolge einer Vorlage konstituiert).

37   Nicht ausdrücklich geregelt ist auch die Frage, ob die antragstellende Abteilung das Koordinationsverfahren durch **Rückzug** ihres Antrags beenden kann. Für das Verfahren gem. Abs. 1 ist dies grundsätzlich zu bejahen. Für die erkennende Abteilung folgt daraus, dass sie nicht, wie ursprünglich beabsichtigt, von der bisherigen Rechtsprechung des Bundesgerichts abweichen kann. Eine differenzierende Beurteilung erfordert das Verfahren gem. Abs. 2. Ein Rückzug muss grundsätzlich auch hier möglich sein. Die offene Rechtsfrage wird im Falle eines Rückzugs (soweit noch nötig) von der erkennenden Abteilung allein entschieden. In jenen (vergleichsweise seltenen) Fällen, in denen die erkennende Abteilung zur Vorlage verpflichtet ist (N 26 f.), wäre es allerdings kaum verständlich, wenn die vorlagepflichtige Abteilung durch einen (allenfalls taktisch motivierten) Rückzug die objektiv gesehen erforderliche Klärung durch abteilungsübergreifenden Beschluss verhindern könnte. Insoweit ist die Beendigung des Zwischenverfahrens ihrer Disposition entzogen und muss die Vereinigung selbst über eine allfällige Beendigung ohne inhaltlichen Beschluss befinden.

V. Rechtsfolgen einer Missachtung von Art. 23

38   Beim Verfahren gem. Art. 23 Abs. 1 (Praxisänderung) und, soweit eine Vorlagepflicht besteht (N 26 f.), auch beim Verfahren gem. Art. 23 Abs. 2 (Präjudiz) stellt sich die Frage, welche Folgen eine Missachtung der Vorgaben des Art. 23 (nebst einem kollegialen Stirnrunzeln) hat. Im Gesetz sind **keine Sanktionen** vorgesehen. Das Unterbleiben eines Vorgehens nach Art. 23 bildet, soweit es auf materiell-rechtlichen Überlegungen beruht, nach heute allgemein geteilter Auffassung auch **keinen Revisionsgrund** i.S.v. Art. 121 Bst. a[77] (Verletzung von Vorschriften über die Besetzung des Gerichts).[78]

39   Nach verbreiteter Auffassung muss eine Abteilung, deren Praxis von einer anderen Abteilung ohne Durchführung des Verfahrens gem. Art. 23 geändert wurde, ihrerseits gleichwohl das Koordinationsverfahren gem. Art. 23 einleiten, wenn sie zu ihrer (nie aufgegebenen) Rechtsprechung «zurückkehren» – genauer: diese bestätigen – will.[79] Aus Gründen der Rechtssicherheit erscheint diese Lösung nahe liegend. Man kann sich immerhin fragen, ob dieser Lösungsansatz in allen Fällen angemessen ist und ob es nicht in bestimmten Konstellationen zweckmässig und gerechtfertigt sein kann, die übergangene Abteilung von der Pflicht zur Vorlage zu entbinden (i.S. einer indirekten Sanktionierung des Fehlverhaltens der anderen Abteilung).

---

[76] Nebenamtliche Richter sind bei der Entscheidung des konkreten Falls den übrigen mitwirkenden Richtern gleichgestellt (Antragsrecht, Stimmrecht, Äusserungsrecht an Sitzung etc.). Für die Mitwirkung in den vereinigten Abteilungen gibt es keine Präjudizien und auch keine Regeln.

[77] Dazu näher in diesem Band ESCHER, Komm. zu Art. 121 N 5. Der Revisionsgrund gem. Art. 121 Bst. a kann namentlich zum Tragen kommen, wenn eine Gerichtsperson mitwirkt, die zuvor mit Erfolg abgelehnt wurde, wenn die Vorschrift über das Quorum verletzt wurde oder bei unzulässiger Stimmenthaltung.

[78] Ebenso SEILER/VON WERDT/GÜNGERICH, BGG, Art. 23 N 11; POUDRET, Commentaire, Bd. I, Art. 16 N 6; SIEGRIST, Plenarentscheidungen, 65 f. und 87. – **A.M.** ohne weitere Begründung BIRCHMEIER, Handbuch, 500, Ziff. III 2a.

[79] Vgl. POUDRET, Commentaire, Bd. I, Art. 16 N 3 *in fine*; SEILER/VON WERDT/GÜNGERICH, BGG, Art. 23 N 10.

Art. 24*

Gerichts- schreiber und Gerichts- schreiberinnen	[1] **Die Gerichtsschreiber und Gerichtsschreiberinnen wirken bei der Instruktion der Fälle und bei der Entscheidfindung mit. Sie haben beratende Stimme.** [2] **Sie erarbeiten unter der Verantwortung eines Richters oder einer Richterin Referate und redigieren die Entscheide des Bundesgerichts.** [3] **Sie erfüllen weitere Aufgaben, die ihnen das Reglement überträgt.**
Greffiers	[1] Les greffiers participent à l'instruction et au jugement des affaires. Ils ont voix consultative. [2] Ils élaborent des rapports sous la responsabilité d'un juge et rédigent les arrêts du Tribunal fédéral. [3] Ils remplissent les autres tâches que leur attribue le règlement.
Cancellieri	[1] I cancellieri partecipano all'istruzione e al giudizio delle cause. Hanno voto consultivo. [2] Elaborano rapporti sotto la responsabilità di un giudice e redigono le sentenze del Tribunale federale. [3] Adempiono gli altri compiti che il regolamento affida loro.

Inhaltsübersicht

---

* Die Kommentierung gibt nur die persönliche Meinung des Verfassers wieder. Meinem Kollegen Thomas Hugi Yar, Gerichtsschreiber (wissenschaftlicher Berater) am Bundesgericht, danke ich bestens für ergänzende Hinweise.

Materialien

Art. 24 E ExpKomm; Art. 22 E 2001 BBl 2001 4484; Botschaft 2001 BBl 2001 4287 f.; AB 2003 S 893 und 2005 S 122; AB 2004 N 1588.

Literatur

M. ALBERTINI, Der verfassungsmässige Anspruch auf rechtliches Gehör im Verwaltungsverfahren des modernen Staates, Bern 2000 (zit. Albertini, rechtliches Gehör); M. BEUSCH, Die Zusammenarbeit zwischen Richterinnen und Gerichtsschreibern, Die Schweizer Richterzeitung/Justice – Justiz – Giustizia 2007/2 (zit. Beusch, Justiz 2007); P. CAVIN, Le Tribunal fédéral suisse, Revue international de droit comparé 30/1978, 345 ff. (zit. Cavin, RIDC 1978); M. FELBER, Traditionelles Richterbild und Wirklichkeit am Bundesgericht, SJZ 103/2007, 435 ff. (zit. Felber, SJZ 2007); A. GRISEL, Le Tribunal fédéral suisse, ZSR 90/1971 I 385 ff. (zit. Grisel, ZSR 1971); C. LEUENBERGER, Die Zusammenarbeit von Richter und Gerichtsschreiber, ZBl 87/1986, 97 ff. (zit. Leuenberger, ZBl 1986); B. BOVAY, Les dispositions générales de procédures, in: U. Portmann (Hrsg.), La nouvelle loi sur le Tribunal fédéral, Lausanne 2007, 27 ff. (zit. Portmann-Bovay); F. SIMOND, Le rôle des secrétaires et des greffiers du Tribunal fédéral, JdT 105/1957, 66 ff. (zit. Simond, JdT 1957); E. SCHURTER/H. FRITZSCHE, Das Zivilprozessrecht des Bundes, Bd. I, Zürich 1924 (zit. Schurter/Fritzsche, Zivilprozessrecht); P. UEBERSAX, Die Stellung der Gerichtsschreiberinnen und Gerichtsschreiber in der Gerichtsverfassung, in: B. Schindler/P. Sutter (Hrsg.), Akteure der Gerichtsbarkeit, Zürich/St. Gallen 2007, 77 ff. (zit. Schindler/Sutter-Uebersax).

I. Allgemeine Bemerkungen

1. Die Funktion der Gerichtsschreiberinnen und Gerichtsschreiber

1 Die **Mitwirkung von Gerichtsschreibern** bei der Aufgabenerfüllung von Gerichten hat in der Schweiz **Tradition.**[1] Insbesondere ist es, von vereinzelten Ausnahmen abgesehen, seit langer Zeit üblich, dass die schweizerischen Richter ihre Urteile nicht selbst schriftlich begründen.[2] Dies geht auf die Zeit zurück, in der die Richter nicht selbst über Rechtskenntnisse verfügten (Volksrichtertum, u.a. als Folge der Epoche der Aufklärung) und die Begründung ihrer eher auf Billigkeitsüberlegungen gründenden Entscheide juristisch gebildeten Hilfskräften überliessen.[3] Im Unterschied zu etlichen anderen Ländern handelt es sich dabei nicht um administrative Mitarbeiter, die lediglich Verwaltungsaufgaben wahrnehmen, oder um Assistenten, die ausschliesslich Unterlagen zusammenstellen. Vielmehr sind die Gerichtsschreiber regelmässig **juristische Fachleute**, welche die Richter bei der Erfüllung der eigentlichen Rechtsprechungsaufgabe unterstützen. Gerichtsschreiber fällen die Urteile nicht. Sie nehmen jedoch, je nach System, an der Verfahrensinstruktion sowie beratend am Prozess der Entscheidfindung teil und begründen die gefällten Urteile. Im Hinblick auf die zu erstellenden Gerichtsurkunden kommt ihnen dabei die Funktion einer Urkundsperson zu.[4]

2 Die eigentliche Verantwortung für die Urteilsfällung obliegt den dafür in der Regel vom Volk oder Parlament gewählten und damit in einem demokratischen Verfahren legitimierten Richtern. Den Gerichtsschreibern, die regelmässig nicht gewählt, sondern von den Gerichten angestellt werden, fehlt die für die Wahrnehmung der eigentlichen Recht-

---

[1] So ergibt sich etwa aus dem historischen Roman von E. HASLER, Anna Göldin, letzte Hexe, 1. Aufl. Zürich/Köln 1982, dass am letzten schweizerischen Hexenprozess im Jahre 1782 in Glarus ein Schreiber zumindest als Protokollführer mitwirkte; dazu auch W. HAUSER, Der Justizmord an Anna Göldi, Zürich 2007, 40 ff.; SCHINDLER/SUTTER-UEBERSAX, 78; vgl. sodann bspw. M. ZWICKY, Prozess und Recht im alten Zug, Zürich/Basel/Genf 2002, 147 f., 215 f. und 294 f.

[2] Vgl. LEUENBERGER, ZBl 1986, 97 f.

[3] BGE 115 Ia 224, 229 E. 7b/aa; BEUSCH, Justiz 2007, FN 18; GRISEL, ZSR 1971, 399; LEUENBERGER, ZBl 1986, 97 ff.; SCHINDLER/SUTTER-UEBERSAX, 78 f.; vgl. auch FELBER, SJZ 2007, 439.

[4] Vgl. LEUENBERGER, ZBl 1986, 97 ff.

sprechungsfunktion der Judikative im System der gewaltenteiligen Staatsorganisation erforderliche demokratische Legitimation. Deshalb können sie inhaltlich für die Urteile als solche nicht hauptverantwortlich sein. Sie tragen aber die **Verantwortung** für die pflichtgemässe Ausübung der ihnen übertragenen Aufgaben bei der Entscheidfindung und Urteilsbegründung.

Die Gerichtsschreiber erfüllen ebenfalls eine wichtige Funktion zur **Verwirklichung des** 3 **Anspruchs auf rechtliches Gehör** der Parteien nach Art. 29 Abs. 2 BV. Lehre und Praxis leiten aus dieser Bestimmung die Pflicht der Behörden ab, ihre Verfügungen und Entscheide zu begründen.[5] Die Begründung muss für die Parteien nachvollziehbar sein.[6] Das gilt auch für die Urteile von Gerichten, insb. des Bundesgerichts. Diese Aufgabe wird v.a. von den Gerichtsschreibern wahrgenommen.

Die **Tätigkeit der Gerichtsschreiber** dient demnach der richtigen Entscheidfindung des 4 Gerichts und der Rechtsfortbildung. Sodann sind sie über die Urteilsredaktion mit der fachlichen Auseinandersetzung des Gerichts mit den Argumenten der Parteien betraut. Dabei gibt die von ihnen erarbeitete Entscheidbegründung auch die Grundlage ab für die Parteien, um über die Ergreifung allfälliger weiterer Rechtsmittel befinden zu können, was ebenfalls beim Bundesgericht im Hinblick etwa auf eine Revision (nach Art. 121 ff.) oder eine Beschwerde an ein internationales Gericht wie den EGMR gilt. Die Urteilsbegründung entfaltet überdies präjudizielle Wirkung für weitere Fälle. Und schliesslich öffnet die Entscheidmotivation, gerade beim Bundesgericht, den wissenschaftlichen und allenfalls auch politischen Diskurs über die Rechtsprechung.

2. Die Bedeutung der Gerichtsschreiberinnen und Gerichtsschreiber

Die tatsächliche Bedeutung der Gerichtsschreiber wird oft unterschätzt.[7] Das gilt auch 5 für das Bundesgericht. Einsatz und Verantwortlichkeit der Gerichtsjuristen sind zwar anders ausgestaltet als bei den Richtern, sie erfüllen aber weitgehend analoge Funktionen, ergänzen die Tätigkeiten der Bundesrichterinnen zu einem grossen Teil und können deren Aufgaben teilweise sogar übernehmen. Damit üben sie einen nicht unwesentlichen **Einfluss auf die Rechtsprechung und die Rechtsfortbildung** aus.[8] Überdies könnte das Bundesgericht die anfallende Arbeitslast ohne sie gar nicht bewältigen. Die Bedeutung und Verantwortung der Gerichtsschreiber offenbart sich nicht zuletzt in ihrer Unterschriftsberechtigung (dazu insb. N 72 f.).

Die Rechtsstellung und die Aufgaben der **Gerichtsschreiber** sind daher für die Recht- 6 sprechung sowie für das Funktionieren des Bundesgerichts **wichtig**. Aber auch ihre Zahl und die Art, wie sie eingesetzt werden, sind für das Bundesgericht im Allgemeinen sowie für die Behandlung eines konkreten Falls im Besonderen bedeutsam.

Der **Begriff** «Gerichtsschreiber» («greffiers» in französischer bzw. «cancellieri» in ita- 7 lienischer Sprache) bringt die verantwortungsvolle Stellung und Tätigkeit der Bundes-

---

[5] Vgl. etwa BGE 129 I 232, 236 f., E. 3.2; ALBERTINI, rechtliches Gehör, 400 ff.; L. KNEUBÜHLER, Die Begründungspflicht, Bern/Stuttgart/Wien 1998, insb. 17 ff.
[6] BGE 132 II 257, 271 ff., E. 4.6; ALBERTINI, rechtliches Gehör, 403.
[7] LEUENBERGER, ZBl 1986, 99.
[8] BGE 115 Ia 224, 229 E. 7b/aa; BGer, II. ZA, 5A.369/2007; BEUSCH, Justiz 2007, Rz 3; BVK-HALLER, Rz 3; CAVIN, RIDC 1978, 357; FELBER, SJZ 2007, 439 f.; GRISEL, ZSR 1971, 399; KIENER, Unabhängigkeit, 222; LEUENBERGER, ZBl 1986, 100; SCHINDLER/SUTTER-UEBERSAX, 84 und 110 ff.; vgl. auch die Einschätzung eines erfahrenen Bundesgerichtsjournalisten bei der Würdigung einer langjährigen Gerichtsschreiberin des Bundesgerichts aus Anlass ihrer Pensionierung, wonach «erfahrene und gescheite Gerichtsschreiber mehr sind als beliebig ersetzbare Facharbeiter», in der NZZ vom 3.5.2007 (S. 18); vgl. auch BGer, II. ZA, 15.11.2007, 5A_369/2007.

gerichtsjuristen, insb. ihre Mitwirkung an der Rechtsprechung, nur ungenügend zum Ausdruck.[9] Die Bundesversammlung gab jedoch dem Vorschlag des früheren Eidgenössischen Versicherungsgerichts (EVG) keine Folge, das Wort «Gerichtsschreiber» durch den Begriff «Gerichtsreferent» («référendaire»)[10] zu ersetzen.[11]

3. Historischer Rückblick[12]

a) Zahl der Gerichtsjuristen

8   Mit der Schaffung des ständigen Bundesgerichts in Lausanne im Jahre 1875 erhielt dieses die Kompetenz zur Wahl von zwei **Gerichtsschreibern** mit gleicher Rechtsstellung (insb. Exterritorialität) wie die Richter[13]. Bereits 1893 kamen zwei **Gerichtssekretäre** dazu. Gleichzeitig wurden die Gerichtsschreiber unter Abschaffung ihrer privilegierten Rechtsstellung weitgehend dem ordentlichen Dienstrecht unterstellt.[14]

9   Im Lauf der Zeit wurde die Zahl der Urteilsredaktoren (Gerichtsschreiber und Sekretäre) am Bundesgericht wiederholt erhöht, so etwa 1928 auf 14,[15] 1970 auf maximal 24[16] und 1981 auf 40, wovon höchstens 20 Gerichtsschreiber.[17] Per Bundesbeschluss schuf die Bundesversammlung 1984 sechs weitere Stellen.[18] In der Folge bewilligte die Bundesversammlung auf dem Weg des Voranschlags 30 Stellen für den Bundesrichtern zugeteilte **persönliche Mitarbeiter** («Assistenten»), um damit zusammen mit weiteren Massnahmen – wie insb. dem Ausbau der wissenschaftlichen Dienste – der Überlastung des Bundesgerichts zu begegnen, ohne dass die Zahl der Richter erhöht werden musste.[19] Damit wuchs die Zahl der Gerichtsjuristen sprunghaft auf 76. Bald darauf wurde die Festsetzung ihrer Anzahl im Voranschlag Gesetz.[20] Vor Inkrafttreten des Bundesgerichtsgesetzes arbeiteten am Bundesgericht in Lausanne 92 Gerichtsjuristen auf 86 Vollstellen.

10   Eine ähnliche Entwicklung ergab sich beim **Eidgenössischen Versicherungsgericht** (EVG) in Luzern. Es begann 1917 seine Arbeit mit einem Gerichtsschreiber und bald danach mit zusätzlich drei bis vier juristischen Sekretären. Die Anzahl Stellen wuchs kontinuierlich auf 32, zu denen im Jahr 2000 neun persönliche Mitarbeiter hinzukamen.

---

[9]   Vgl. Stellungnahme 2001, BBl 2001 5902; SCHINDLER/SUTTER-UEBERSAX, 84.

[10] Wie eine interne rechtsvergleichende Untersuchung des Bundesgerichts aus dem Jahre 2001, verfasst von Gerichtsschreiber (wissenschaftlicher Berater) am Bundesgericht M. HÄRRI, ergeben hat, wird das Wort «référendaire» etwa in Belgien oder am EGMR verwendet; gleichzeitig dient der Begriff «greffier» für die Bezeichnung des Kanzleichefs. Am EuGH werden die juristischen Mitarbeiter auf Französisch ebenfalls «référendaires» und auf Deutsch «Referendare» genannt. Üblich sind sonst zur Bezeichnung der Gerichtsjuristen in Europa auch Begriffe wie «wissenschaftlicher Mitarbeiter», «magistrat judiciaire» oder «assistente di studio». Die Funktionen und Aufgaben unterscheiden sich allerdings teilweise erheblich; vgl. dazu etwa SCHINDLER/SUTTER-UEBERSAX, 85 ff.

[11] Stellungnahme 2001, BBl 2001 5902.

[12] Im Jahre 2001 hat Gerichtsschreiber (wissenschaftlicher Berater) am Bundesgericht J. WYSSMANN eine interne Untersuchung über die geschichtliche Entwicklung der Funktion und Stellung der Gerichtsjuristen am Bundesgericht verfasst, auf die hier zurückgegriffen werden konnte. Vgl. im Übrigen auch FELBER, SJZ 2007, 435 f.

[13] SCHURTER/FRITZSCHE, Zivilprozessrecht, 259 f.

[14] SCHURTER/FRITZSCHE, Zivilprozessrecht, 261 f.

[15] AS 1928 716.

[16] AS 1970 133.

[17] AS 1981 226.

[18] Vgl. POUDRET, Commentaire, Bd. I, Art. 7 N 1.

[19] Vgl. etwa BBl 1985 II 737; POUDRET, Commentaire, Bd. I, Art. 7 N 1.

[20] Art. 7 Abs. 1 OG in der Fassung vom 4.10.1991; AS 1992 288.

Vor dem Inkrafttreten des Bundesgerichtsgesetzes betrug die Zahl der Gerichtsjuristen 46 bei 41 Vollstellen.[21]

b) Entwicklungen bei der Funktion der Gerichtsjuristen

Obwohl es sich bei den Bundesrichtern grundsätzlich seit langem um Fachleute und nicht Laienrichter handelte, übernahm das ständige Bundesgericht von Beginn an die **traditionelle** schweizerische **Arbeitsteilung** zwischen urteilenden Richtern und redigierenden Gerichtsschreibern.[22] **11**

Am Anfang kam den Gerichtsschreibern am Bundesgericht somit die Funktion einer Urkundsperson, eines Protokollführers sowie v.a. eines **Urteilsredaktors** (schriftliche Begründung der Urteile) zu.[23] Bereits 1928 war erstmals die Rede davon, dass «auch die Protokollführer nach Weisung und unter Aufsicht des Abteilungs- oder Kammervorsitzenden Berichte erstatten, die dann vom Vorsitzenden in der Sitzung vom Bundesgericht vorgelegt werden»[24]. Diese Beteiligung an der Referententätigkeit (Antragstellung) blieb freilich lange die Ausnahme. Im Vordergrund stand die Urteilsredaktion.[25] **12**

Spätestens in den 80-er Jahren des 20. Jahrhunderts fand ein Paradigmenwechsel statt. Die Gerichtsjuristen wurden – am Bundesgericht wie auch am Eidgenössischen Versicherungsgericht – **zunehmend** zur **Berichterstattung** beigezogen.[26] Diese Tendenz verstärkte sich mit der Schaffung der persönlichen Mitarbeiter. Obwohl die Bundesversammlung diese ursprünglich eher als juristische Hilfskräfte für Recherchearbeiten («wissenschaftliche Assistenten») vorgesehen hatte,[27] wurden sie vom Bundesgericht von Beginn an vornehmlich bei der Ausarbeitung der Referate (schriftliche, bereits im Entwurf begründete Urteilsanträge) sowie ebenfalls bei der Urteilsredaktion eingesetzt.[28] Gewisse anfängliche Unterschiede in der Funktion zwischen den Gerichtsschreibern und Sekretären einerseits und den persönlichen Mitarbeitern andererseits verschwanden schon bald.[29] Mit der Zeit erstellten die Bundesgerichtsjuristen in einer «Grosszahl»[30] bzw. «Mehrzahl»[31] der Fälle selbständig Referate zuhanden der jeweiligen Instruktionsrichter. **13**

c) Anforderungsprofil, Anstellung und Karriere

Schon seit der Schaffung des Bundesgerichts galt, dass die Gerichtsschreiber «Funktionäre mit gediegener juristischer Bildung» sein mussten.[32] Auch später findet sich immer wieder ein höchst **anspruchsvolles Anforderungsprofil** für die Gerichtsjuristen des Bundesgerichts, das aus ihrer verantwortungsvollen Funktion abgeleitet wird. So führte der damalige Bundesgerichtspräsident im Jahre 1927 aus: «Das Amt des Bundesgerichts- **14**

---

[21] Das Eidgenössische Versicherungsgericht 1917–2006, Eidgenössisches Versicherungsgericht (Hrsg.), Luzern 2006, 30 f.
[22] Vgl. GRISEL, ZSR 1971, 399.
[23] SCHURTER/FRITZSCHE, Zivilprozessrecht, 260.
[24] BBl 1928 II 522.
[25] Vgl. die Beschreibung der Tätigkeit eines Gerichtsschreibers des Bundesgerichts aus dem Jahre 1956 bei SIMOND, JdT 1957, 66 f., sowie noch im Jahre 1977 bei R. LEVI, Arbeitsmethoden des Richters, Tagung der Schweizerischen Richtervereinigung vom 18.6.1977 in Zürich, 6 f., wo freilich (damals weitgehend neu) ein zunehmender Beizug der Gerichtsschreiber zur Antragstellung gefordert wird.
[26] Vgl. etwa BBl 1980 III 766 f.; GEISER/MÜNCH²-GEISER, Rz 1.87.
[27] POUDRET, Commentaire, Bd. I, Art. 7 N 1.
[28] Vgl. POUDRET, Commentaire, Bd. V, Art. 7 N 1.
[29] Vgl. BVK-HALLER, Rz 3a.
[30] BBl 2001 4287.
[31] BBl 2001 5902.
[32] SCHURTER/FRITZSCHE, Zivilprozessrecht, 260.

schreibers … stellt die höchsten Anforderungen an das Wissen und Können des Trägers und verlangt eine in jeder Beziehung vollgültige Persönlichkeit»[33]. In die gleiche Richtung zielen Aussagen von späteren Bundesrichtern.[34] Der Bundesgesetzgeber ging ebenfalls wiederholt von einem hohen Anforderungsprofil aus.[35] Das zeitigte mehr oder weniger direkte Auswirkungen auf die Rekrutierungsbasis und die personalrechtliche Stellung der Bundesgerichtsjuristen.

15   Diese wurden lange vom Gesamtgericht gewählt und auf **Amtsdauer** angestellt.[36] Im Jahre 2001 erfolgte mit dem Inkrafttreten des Bundespersonalgesetzes (BPG) ein Systemwechsel, indem seither die Verwaltungskommission über die Anstellungen entscheidet und die Gerichtsjuristen nicht mehr beamtet werden, sondern in ein **öffentlich-rechtliches Anstellungsverhältnis** treten.

16   Lange Zeit diente der Wechsel der Funktionsbezeichnung vom Gerichtssekretär oder persönlichen Mitarbeiter zum Gerichtsschreiber als interner **Karriereschritt**. Im Jahre 2001 führte das Bundesgericht eine dreistufige Laufbahn für seine Gerichtsjuristen ein, mit der Ernennung zum so genannten «wissenschaftlichen Berater» als oberster Stufe.[37]

17   Seit jeher stellten die Gerichtsjuristen des Bundesgerichts ihrerseits dank ihrer fachlichen Fähigkeiten eine **Rekrutierungsbasis** für eidgenössische und kantonale Richterstellen und sonstige hohe Ämter sowie Universitätsprofessuren dar. Schwieriger gestaltete sich der **Aufstieg zum Bundesrichter**. Zwar kam es am ehemaligen Eidgenössischen Versicherungsgericht (EVG) in Luzern wiederholt vor, dass Gerichtsjuristen direkt zu Bundesrichtern gewählt wurden; am früheren Bundesgericht in Lausanne stellte dies aber eine seltene Ausnahme dar. Indirekt über die zwischenzeitliche Ausübung anderer Funktionen kehrten jedoch auch hier etliche ehemalige Gerichtsjuristen als Richter ans Bundesgericht zurück.

4. Die Grundzüge der gesetzlichen Regelung

18   Art. 24 trägt erstmals der **tatsächlichen Stellung** der Gerichtsjuristen am Bundesgericht in einem formellen Gesetz Rechnung.[38]

19   Art. 24 regelt die Funktion der Gerichtsschreiber nicht umfassend, sondern bestimmt im Wesentlichen nur deren **wichtigste Aufgaben** (vgl. Art. 24 Abs. 1 und 2; dazu N 23 ff.) und verweist für **weitere Aufgaben** auf das Bundesgerichtsreglement (BGerR; vgl. Art. 24 Abs. 3; vgl. N 65 ff.).

20   Ebenfalls nur z.T. ergibt sich aus Art. 24 die **Rechtsstellung** der Gerichtsschreiberinnen. Im Übrigen ist dafür auf andere Bestimmungen zurückzugreifen, wobei unterschieden werden muss: Für die organisations- und verfahrensrechtliche Stellung sind die entsprechenden einschlägigen Bestimmungen des Bundesgerichtsgesetzes sowie die ausführenden Normen des Bundesgerichtsreglements (BGerR) massgeblich (dazu N 82 ff.). Für die personalrechtliche Stellung ist im Wesentlichen auf das Bundespersonalgesetz (BPG) und die einschlägigen ausführenden Erlasse wie namentlich die Personalverordnung des Bundesgerichts (PVBGer) abzustellen (dazu N 98 ff.).

---

[33] Zitiert in BBl 1955 II 94 f.
[34] So etwa CAVIN, RIDC 1978, 357; GRISEL, ZSR 1971, 399. In einer Würdigung von Bundesrichter F. Schön anlässlich seiner Pensionierung wird dieser in der Basler Zeitung vom 2.10.2007 (S. 6) dahingehend zitiert, dass mitunter Gerichtsschreiber besonders heikle Fälle lösen würden, die auch den Richtern Schwierigkeiten stellten. Leider würden solche Qualitäten oftmals jedoch nicht vollständig gewürdigt.
[35] Vgl. BBl 1955 II 1321 und 2001 4287.
[36] Vgl. POUDRET, Commentaire, Bd. I und V, Art. 7 N 2.
[37] Vgl. Art. 83 PVBGer in der (altrechtlichen) Fassung vom 27.8.2001; AS 2001 3282.
[38] SPÜHLER/DOLGE/VOCK, Kurzkommentar, Art. 24 N 1.

Das Gesetz unterscheidet nicht mehr, wie früher das Bundesrechtspflegegesetz,[39] zwischen　**21**
Gerichtsschreibern, Sekretären und persönlichen Mitarbeitern, da sich die entsprechende
Differenzierung aufgrund der Angleichung der Tätigkeitsbereiche nicht mehr rechtfertigt.[40]

Ebenfalls weggefallen ist die frühere gesetzliche Vorschrift, wonach Gerichtsschreiber　**22**
und Sekretäre für jeweils eine Amtsdauer von sechs Jahren gewählt wurden;[41] diese
Regelung war freilich schon seit dem Inkrafttreten des Bundespersonalgesetzes (BPG)
im Jahre 2001 obsolet.

II. Aufgaben der Gerichtsschreiberinnen und Gerichtsschreiber

1. Mitwirkung bei der Instruktion der Fälle (Abs. 1 erster Satz)

Gemäss Art. 24 Abs. 1 erster Satz (sowie Art. 38 Abs. 3 lit. a BGerR) wirken die　**23**
Gerichtsschreiber und Gerichtsschreiberinnen bei der **Verfahrensinstruktion** (dazu insb.
Art. 32, 33, 35, 55, 56 und 102–104) mit.[42] Der Abteilungspräsident bzw. die Instruktionsrichterin kann einen oder bei Bedarf sogar mehrere Gerichtsschreiber für Prozesshandlungen beiziehen. So ist es üblich, dass die Gerichtsschreiber unter der Leitung des
Instruktionsrichters prozessleitende Verfügungen entwerfen oder in komplexeren Fällen
damit betraut werden, Vorschläge für das prozessuale Vorgehen des Bundesgerichts auszuarbeiten. Oft begründen sie auch die gerichtlichen Verfügungen (vgl. Art. 38 Abs. 3
lit. d BGerR sowie N 68 ff.).

Solche Arbeiten werden insb. von den so genannten **Präsidialsekretären** erledigt, bei　**24**
denen es sich meist um erfahrene Gerichtsschreiber handelt, die dem Abteilungspräsidenten zur Unterstützung bei den Präsidialaufgaben zugeteilt sind.[43] Aber auch andere
Gerichtsschreiberinnen können bei der Bearbeitung eines Falls mit Instruktionsaufgaben
beauftragt werden.

Der Instruktionsrichter kann einen Gerichtsschreiber ermächtigen, eine **Instruktionsver-**　**25**
fügung im Namen des Richters zu **unterzeichnen** (Art. 38 Abs. 4 BGerR; dazu N 74). Erst
recht können die Gerichtsschreiber damit betraut werden, andere Schriftstücke wie Briefe
an die Parteien, die nicht eigentlichen Verfügungscharakter haben, zu unterschreiben.

Der am Verfahren mitwirkende Gerichtsschreiber kann die Abnahme von Beweisen vor-　**26**
schlagen (vgl. Art. 55 Abs. 2) sowie bei allfälligen Zeugeneinvernahmen und Augenscheinen oder im Parteiverhör (vgl. Art. 55 Abs. 3) ergänzende Fragestellungen oder
Beweiserhebungen anregen. Er führt auch die entsprechenden Protokolle (dazu N 66 f.).

2. Mitwirkung bei der Entscheidfindung (Abs. 1 erster Satz)

Nach Art. 24 Abs. 1 erster Satz wirken die Gerichtsschreiber bei der **Entscheidfindung**　**27**
mit. Dabei handelt es sich um eine wichtige, mit erheblicher Verantwortung verbundene
Tätigkeit, mit der die Gerichtsschreiber auf die Rechtsprechung Einfluss nehmen können.[44]

Die Mitwirkung bei der Entscheidfindung umfasst v.a. die **Ausübung der beratenden**　**28**
Stimme sowie die **Erstellung von Referaten**. Diese beiden Tätigkeiten werden jedoch
in Art. 24 Abs. 1 zweiter Satz (dazu N 32 ff.) und Art. 24 Abs. 2 (dazu N 48 ff.) noch
besonders geregelt.

---

[39] Vgl. Art. 7 Abs. 1 OG in der Fassung vom 4.10.1991, AS 1992 288; SEILER/VON WERDT/
GÜNGERICH, BGG, Art. 24 N 6.

[40] BBl 2001 4287 f.

[41] Vgl. Art. 7 Abs. 2 OG in der Fassung vom 16.12.1943; BS 3 531.

[42] Vgl. SEILER/VON WERDT/GÜNGERICH, BGG, Art. 24 N 7.

[43] Vgl. BBl 2001 4287; SEILER/VON WERDT/GÜNGERICH, BGG, Art. 24 N 12.

[44] BBl 2001 4287; SEILER/VON WERDT/GÜNGERICH, BGG, Art. 24 N 7.

29 Zur Mitarbeit an der Entscheidfindung zählt sodann die **Mitwirkung bei Verhandlungen**. Dazu gehören insb. Parteiverhandlungen (vgl. Art. 57), an denen auch ein – in der Regel der mit dem Fall betraute – Gerichtsschreiber teilzunehmen hat, der u.a. für die Führung des Sitzungsprotokolls verantwortlich ist (vgl. Art. 38 Abs. 3 lit. c BGerR sowie N 66 f.).

30 Ebenfalls zur Mitwirkung an der Entscheidfindung zählt die **Beteiligung an mündlichen Beratungen** (dazu Art. 58). Die Teilnahme eines Gerichtsschreibers an der Beratung ist obligatorisch, denn nur so kann er die ihm zustehenden Aufgaben pflichtgemäss wahrnehmen (vgl. N 47). Dabei macht er sich in der Regel Notizen für die spätere Urteilsbegründung; eine Protokollierungspflicht besteht indessen bei der mündlichen Beratung nur beschränkt (dazu N 67).

31 Schliesslich kann der an einem Urteil mitwirkende Gerichtsschreiber bei ausnahmsweise zulässigen **nachträglichen Änderungen** am Dispositiv oder an der Urteilsbegründung verlangen, dass der ganze Spruchkörper, d.h. alle an der Urteilsfällung beteiligten Richter, und nicht lediglich der Vorsitzende und der Referent über Abänderungsanträge entscheiden (Art. 46 Abs. 3 BGerR).[45] Inhaltlich kann der Gerichtsschreiber hinsichtlich des Dispositivs jedoch lediglich Änderungen anregen und nicht selbst Antrag stellen (vgl. N 37), hinsichtlich der Begründung hat er hingegen ein Antragsrecht (vgl. N 63).

3. Beratende Stimme (Abs. 1 zweiter Satz)

a) Rechtsnatur und Gehalt der beratenden Stimme

32 Nach Art. 24 Abs. 1 zweiter Satz haben die Gerichtsschreiber beratende Stimme. Dieses früher lediglich auf Reglementsstufe unvollständig verankerte Mitwirkungsrecht findet sich nunmehr ausdrücklich im Gesetz und wurde insofern von der Rechtsgrundlage her wie auch inhaltlich **verstärkt**.[46]

33 Die beratende Stimme stellt das **Recht** dar, sich zuhanden der urteilenden Richter, d.h. der Richter, die in einem konkreten Fall den Spruchkörper bilden (dazu Art. 20, 32 Abs. 2 und Art. 108–109), zu einem Fall zu äussern, bevor darüber entschieden wird. Es handelt sich damit um ein wichtiges Mitwirkungsrecht, mit dem die Gerichtsschreiber Einfluss auf die Rechtsprechung nehmen können.

34 Umgekehrt stellt die beratende Stimme auch eine **Pflicht** dar. Die Gerichtsschreiber müssen vor der Fällung des Urteils jedenfalls auf solche rechtlichen Widersprüche oder andere Unzulänglichkeiten aufmerksam machen, die Auswirkungen auf das Urteilsdispositiv haben können, soweit sie dies erkennen. Das kann etwa zutreffen, wenn im beantragten Dispositiv fälschlicherweise die Erkenntnis fehlt, dass das Rechtsmittel ganz oder teilweise unzulässig ist.[47]

35 Bestehen keine derartigen rechtlichen Unzulänglichkeiten, kann der Gerichtsschreiber auf die Ausübung der beratenden Stimme verzichten. Dieser **Verzicht** kann ausdrücklich oder auch stillschweigend erfolgen, indem etwa die gewährte Gelegenheit zur Wahrnehmung der beratenden Stimme kommentarlos nicht genützt wird.

36 Die Gerichtsschreiber haben indessen **kein Stimmrecht** (Art. 20 f. e contrario). Ein Urteil setzt ihre Zustimmung somit nicht voraus.[48]

---

[45] Diese Bestimmung soll nachträgliche Manipulationen an den Urteilen bzw. an deren Begründungen verhindern, wie dies von der Geschäftsprüfungskommission von Ständerat und Nationalrat im Jahre 2003 untersucht worden ist. Vgl. dazu BBl 2004 5647, 5689 ff.

[46] Vgl. Art. 12 Abs. 2 aBGerR bzw. Art. 7 Abs. 4 EVGR sowie BBl 2001 4288.

[47] Vgl. BEUSCH, Justiz 2007, Rz 3.

[48] SEILER/VON WERDT/GÜNGERICH, BGG, Art. 24 N 9.

Die beratende Stimme der Gerichtsschreiber enthält auch **nicht** das **Antragsrecht**. Das **37** ergibt sich durch teleologische Reduktion mit Blick auf Art. 24 Abs. 2, wonach sie Referate «unter der Verantwortung eines Richters oder einer Richterin» erarbeiten (dazu N 50 ff.).[49] Regt die Gerichtsschreiberin mit Recht eine Änderung des Erkenntnisses an, liegt es an den Richtern, diesen Vorschlag aufzunehmen und in einen Antrag umzuformulieren.

Mangels Stimm- und Antragsrechts sowie mangels entsprechender gesetzlicher Ermäch- **38** tigung können die Gerichtsschreiber ebenfalls **nicht** eine **mündliche Beratung** gem. Art. 58 Abs. 1 **verlangen**.[50]

Da die beratende Stimme **vor der Urteilsfällung** auszuüben ist, muss der mitwirkende **39** Gerichtsschreiber auch vorher vom Abteilungspräsidenten bzw. Instruktionsrichter be- stimmt werden (vgl. N 95).

Das bundesgerichtliche **Urteil** kann **erst dann gefällt** und der Fall entsprechend als ent- **40** schieden registriert werden, wenn die beratende Stimme des Gerichtsschreibers ausgeübt bzw. die Gelegenheit dazu gewährt worden ist. Das gilt ebenfalls für Einzelrichterentschei- de.[51] Die Richter brauchen freilich der Auffassung des Gerichtsschreibers nicht zu folgen.

Kann die – wie hier gesetzlich vorgesehen – beratende Stimme des Gerichtsschreibers **41** nicht wahrgenommen werden, verletzt dies den **Anspruch auf ein richtig und vollstän- dig zusammengesetztes Gericht** nach Art. 30 Abs. 1 BV bzw. Art. 6 Ziff. 1 EMRK,[52] was nebst anderen möglichen Folgen den Revisionsgrund von Art. 121 lit. a erfüllen dürfte (dazu Art. 121 N 5).[53]

Bei der beratenden Stimme verfügen die Gerichtsschreiber über **Unabhängigkeit** auch **42** gegenüber den Bundesrichtern, namentlich gegenüber denjenigen des Spruchkörpers (eines konkreten Falles; dazu N 94 und Art. 20); sie unterliegen dabei keinen Weisungen und dürfen sich ihre Meinung frei bilden und ihre eigene Auffassung kundtun. Die pflichtgemässe Ausübung der beratenden Stimme darf für den Gerichtsschreiber **keine**, insb. personalrechtlichen, **Nachteile** nach sich ziehen.

b) Ausübung der beratenden Stimme

Das Bundesgericht hat die **Ausübung** der beratenden Stimme durch die Gerichtsschreiber **43** auf **Reglementsstufe** geregelt (Art. 39 BGerR).

Die Art der Wahrnehmung der beratenden Stimme durch die Gerichtsschreiber **hängt** **44** davon **ab**, ob ein Fall im Verfahren auf dem Weg der Aktenzirkulation (dazu Art. 58 Abs. 2) oder in einer mündlichen Beratung (dazu Art. 58 Abs. 1) entschieden wird.

Ergeht ein Urteil auf dem **Zirkulationsweg** und erarbeitet ein Gerichtsschreiber selbst **45** das **Referat**, kann er dazu **schriftliche Bemerkungen** anbringen (vgl. Art. 39 lit. b BGerR), was ihm insb. ermöglicht, abweichende Auffassungen zu äussern, wenn er den Antrag im Auftrag des referierenden Richters erstellt und damit ganz oder teilweise nicht

---

[49] Vgl. SEILER/VON WERDT/GÜNGERICH, BGG, Art. 24 N 10.
[50] SEILER/VON WERDT/GÜNGERICH, BGG, Art. 24 N 9.
[51] Wann ein Gerichtsschreiber zwingend mitzuwirken hat, ergibt sich aus einer internen Richtlinie der Präsidentenkonferenz des Bundesgerichts vom 26.3.2007 über die Unterzeichnung von Ent- scheiden, dazu N 73.
[52] Vgl. BGE 125 V 499 ff.; 124 I 255, 262, E. 4c, und 265, E. 5c/aa; I. ÖRA, 5.10.2001, 1P.157/2001, E. 2, ZBl 103/2002, 334 ff.; BGer, KassH, 20.2.2001, 6P.126/2000, E. 1; BGer, I. ÖRA, 22.1.1999, 1P.8/1999; EGMR, 27.12.1990, Wassink c/Niederlande, Ziff. 27.
[53] Vgl. auch GEISER/MÜNCH²-ESCHER, Rz 8.12, wonach sich der altrechtliche, analog formulierte Revisionsgrund gemäss Art. 136 lit. a OG auf alle Gerichtspersonen und nicht nur auf die Richter bezieht.

einverstanden ist. In der nachfolgenden Aktenzirkulation können die urteilenden Richter davon Kenntnis nehmen.

46 Ergeht ein Urteil auf dem **Zirkulationsweg** und wirkt der Gerichtsschreiber an der Erarbeitung des Referats nicht mit, weil dieses von einem (ordentlichen oder nebenamt-lichen) Bundesrichter verfasst wird, kann er seine beratende Stimme **nach der Zirku-lation** bei allen an der Urteilsfällung beteiligten Richtern **schriftlich** ausüben (vgl. eben-falls Art. 39 lit. b BGerR). Der Abteilungspräsident wird in der Folge aufgrund der Tragweite der angebrachten Bemerkungen zu entscheiden haben, ob er das Dossier nochmals bei den Richtern in Zirkulation setzt oder nicht. Eine solche zweite Zirkulation ist insb. dann erforderlich, wenn der Gerichtsschreiber nicht offensichtlich grund- oder haltlos Argumente vorträgt, die zu einer Änderung des Dispositivs und damit des Ver-fahrensausgangs führen könnten.

47 Wird über einen Fall an einer **mündlichen Beratung** entschieden, erhält der Gerichts-schreiber nach der ersten Meinungsäusserung aller an der Urteilsfällung beteiligten Rich-ter die Gelegenheit, sich **mündlich** zum Fall zu **äussern** (Art. 39 lit. a BGerR). Er kann seine beratende Stimme somit wahrnehmen, bevor die übliche zweite Diskussionsrunde stattfindet bzw. bevor über das Ergebnis abgestimmt wird.

4. Erarbeitung von Referaten (Abs. 2)

48 Nach dem Wortlaut von Art. 24 Abs. 2 (und Art. 38 Abs. 3 lit. b BGerR) **erarbeiten** die Gerichtsschreiber unter der Verantwortung eines Richters oder einer Richterin **Referate**.

49 Referate sind **schriftliche Urteilsanträge**, die bereits einen Begründungsentwurf ent-halten und vom Referenten, dem antragstellenden Richter, dem urteilenden Gremium (Spruchkörper; vgl. Art. 20 und 109) zur Beschlussfassung vorgelegt werden.

50 Die Gerichtsschreiberin erarbeitet das Referat im Auftrag des antragstellenden bzw. des als Einzelrichter urteilenden (vgl. Art. 32 Abs. 2 und Art. 108) Richters, der den Refe-ratsentwurf zu genehmigen hat, bevor er den Antrag den anderen Richtern unterbreitet oder gegebenenfalls als Einzelrichter das Urteil fällt. Nach dem Wortlaut des Gesetzes trägt der **Richter** die **Verantwortung** für das Referat.[54] Die Gerichtsschreiberin selbst hat kein Antragsrecht, sondern kann das Urteilsdispositiv lediglich anregen (vgl. N 37).

51 Die Referentin kann dem Gerichtsschreiber mehr oder weniger umfassende **inhaltliche Anweisungen**[55] zur Ausarbeitung des Referats geben oder ihn dieses **selbständig** und ohne inhaltliche Vorgaben frei erstellen lassen. Beide Vorgehensweisen kommen in der Praxis vor. Dies hängt u.a. von der jeweiligen Belastungssituation, der Art der Zusam-menarbeit zwischen Richterin und Gerichtsschreiber, der Komplexität des Falls sowie der Erfahrung der beteiligten Personen ab.

52 In der Praxis erstellen die Gerichtsschreiber am Bundesgericht eine **grosse Zahl**[56] bzw. die **Mehrheit**[57] der schriftlichen Anträge. Ein beträchtlicher Anteil dieser Referate wird später ohne nennenswerte Änderungen zu Urteilen erhoben.

53 Auch wenn der antragstellende **Richter** die **Hauptverantwortung** für das Referat trägt, handelt es sich demnach bei der Mitarbeit am Referieren um eine wichtige, mit erheblicher

---

[54] Diese Klarstellung war im bundesrätlichen Gesetzesentwurf (vgl. Art. 22 Abs. 3 E 2001; BBl 2001 4484) nicht erhalten und wurde erst vom Ständerat in den Gesetzestext aufgenommen (AB 2003 S 893), wozu der Nationalrat in der Folge seine Zustimmung erteilte (AB 2004 N 1588).

[55] Vgl. SEILER/VON WERDT/GÜNGERICH, BGG, Art. 24 N 10.

[56] So der Bundesrat in BBl 2001 4287 und SEILER/VON WERDT/GÜNGERICH, BGG, Art. 24 N 10.

[57] So nach eigenem Bekunden das frühere Eidgenössische Versicherungsgericht in BBl 2001 5902.

Mitverantwortung verbundene Tätigkeit der **Gerichtsschreiber**[58] mit entsprechender Einflussmöglichkeit auf die Rechtsprechung und -fortbildung (vgl. N 4 und 5). Dennoch geht der von Zeit zu Zeit zu hörende Vorwurf der nicht demokratisch legitimierten «Gerichtsschreiberjustiz» fehl, tragen doch die von der Bundesversammlung gewählten Bundesrichter – insb. nach aussen – die eigentliche Verantwortung für die Anträge und die Urteile.[59] Erforderlich ist allerdings, dass es den gewählten Mitgliedern des Bundesgerichts aufgrund der Arbeitssituation, namentlich der anfallenden Belastung, möglich bleibt, bei jedem Geschäft alle für den Fall wesentlichen Akten selbst zu studieren und sich selbständig eine Meinung zu bilden, und dass sie in diesem Sinne in der Lage sind, die Einschlägigkeit der ihnen unterbreiteten Referate zu überprüfen. Diese Aufgabe lässt sich nicht an – noch so qualifizierte – Gerichtsjuristen delegieren, sondern muss von den Richterinnen und Richtern selbst wahrgenomen werden.[60] Die Gerichtsschreiber haben andrerseits die ihnen auferlegte Mitverantwortung – nach innen wie nach aussen – zu tragen.

5. Redaktion von Entscheiden (Abs. 2)

Nach Art. 24 Abs. 2 (sowie Art. 38 Abs. 3 lit. d BGerR) sind die Gerichtsschreiber auch **54** mit der **Urteilsredaktion** betraut. Dabei handelt es sich um die schriftliche Begründung des getroffenen Bundesgerichtsentscheids. Inhaltlich geht es darum, den wesentlichen Sachverhalt sowie die juristische Argumentation darzulegen, sämtliche massgeblichen Argumente einzubauen, den Text auf stilistische, orthographische und grammatikalische Fehler zu überprüfen und allenfalls die verwendeten Zitate und tatsächlichen Angaben zu kontrollieren und bei Bedarf zu ergänzen. Meist wird dabei ganz oder weitgehend auf den Text des Referats abgestellt werden können. Ist der Referent mit seinem Antrag jedoch nicht durchgedrungen oder wurden von den anderen Richtern grössere Änderungen verlangt bzw. drängen sich solche auf, kann es auch notwendig sein, den Text mehr oder weniger umfassend umzuschreiben.

Nachdem das Urteilsdispositiv in mündlicher Beratung, auf dem Zirkulationsweg (dazu **55** Art. 58) oder allenfalls als Einzelrichterentscheid (nach Art. 32 Abs. 2 und Art. 108) beschlossen worden ist, geht das Dossier in der Regel nochmals zur Gerichtsschreiberin, die nunmehr die **schriftliche Urteilsbegründung** erstellt.[61] In zahlreichen Fällen – meist solchen, in denen sich keine schwierigen Fragen stellen – findet freilich lediglich eine Zirkulation statt, in der gleichzeitig über den Antrag und die Begründung entschieden wird.

Die Urteilsredaktion bildet noch immer eine der Hauptaufgaben der **Gerichtsschreiber**. **56** Grundsätzlich müssen alle Urteile des Bundesgerichts **zwingend** von ihnen begründet werden. Diese Aufgabe ist v.a. dann nicht einfach, wenn unter den Richtern verschiedene Auffassungen herrschen, die Argumentationen widersprüchlich oder unvollständig sind oder wenn der Gerichtsschreiber selbst eine gegenteilige Überzeugung als die Mehrheit der Richter vertritt.[62]

Da das Bundesgericht abweichende Meinungen (i.S. der «dissenting» oder «concurring **57** opinions») nicht in seine Urteile aufnimmt, obliegt es dem Gerichtsschreiber, in der Urteilsbegründung eine in sich **kohärente rechtliche Argumentation** zu finden, die allen Auffassungen, soweit möglich, gerecht wird.

---

[58] BBl 2001 4287.

[59] SEILER/VON WERDT/GÜNGERICH, BGG, Art. 24 N 10; vgl. auch FELBER, SJZ 2007, 439.

[60] Vgl. GEISER/MÜNCH²-GEISER, Rz 1.87.

[61] GEISER/MÜNCH²-GEISER, Rz 1.85; SEILER/VON WERDT/GÜNGERICH, BGG, Art. 24 N 11.

[62] LEUENBERGER, ZBL 1986, 108 f.; SIMOND, JdT 1957, 67. Zur Aufgabe der Urteilsbegründung vgl. B. MERZ, Der lange Weg zum kurzen Urteil – Die Redaktion von Urteilen, Die Schweizer Richterzeitung/Justice – Justiz – Giustizia 2007/3.

58 Die Urteilsmotivation hat sich grundsätzlich **einzig** zu für den Entscheid **massgeblichen Tat- und Rechtsfragen** zu äussern. Nicht entscheidwesentliche Ausführungen (so genannte «obiter dicta») lässt das Bundesgericht gemeinhin weg.[63] Ausnahmsweise rechtfertigen sich zwecks besseren Verständnisses oder zur Vermeidung von Prozesswiederholungen sowie allenfalls im Hinblick auf künftige Entwicklungen weiterführende, nicht unmittelbar entscheidwesentliche Erwägungen.[64]

59 Im Unterschied zum Referieren sowie zur Anordnung von prozessleitenden Verfügungen, wo der Richter selbständig und ohne Mitarbeit eines Gerichtsjuristen Antrag stellen bzw. verfügen kann, ist es **nicht zulässig**, ein Urteil **ohne Beizug eines Gerichtsschreibers** einzig durch einen Richter begründen zu lassen.

60 Gerichtsschreiber und urteilende Richter tragen eine **gemeinsame Verantwortung** für die Urteilsbegründung.[65]

61 Die Richter sind in diesem Sinne von der Urteilsredaktion nicht ausgeschlossen. Zwar erwähnt das Gesetz die Verantwortung der Richter bei der Urteilsbegründung, im Unterschied zur Referatserstellung, nicht ausdrücklich. Das von den Richtern gefällte Urteil umfasst aber nicht nur das Dispositiv, sondern auch dessen Begründung, bilden Erkenntnis und Erwägungen doch eine in sich geschlossene und voneinander abhängige Einheit, die meist auch nur zusammen verständlich wird. Der redigierende Gerichtsschreiber ist daher im Wesentlichen an die Auffassung des Gerichts gebunden,[66] und die **Urteilsmotivation** unterliegt der **Genehmigung** durch das urteilende Gremium oder gegebenenfalls durch den Einzelrichter (im Anwendungsfall von Art. 32 Abs. 2 oder Art. 108).[67]

62 Diese Genehmigung kann bei einer – allenfalls nochmaligen – **Zirkulation** bei den beteiligten Richtern erteilt werden. Ist das Urteil in einer Beratung (nach Art. 58 Abs. 1) ergangen, ist eine solche Zirkulation der Begründung zwingend (vgl. Art. 45 BGerR). Andernfalls kann die Genehmigung auch schon bei der erstmaligen und diesfalls einzigen Zirkulation des Referats zusammen mit dem Einverständnis zum Antrag eingeholt werden.

63 Bei Bedarf, insb. in Zweifelsfällen oder bei Differenzen, kann sich eine **Redaktionssitzung** als erforderlich erweisen, in der gerichtsintern über die Begründung diskutiert und allenfalls Beschluss gefasst wird. Der beteiligte Gerichtsschreiber hat dabei das Recht, sich ebenfalls zur Begründung zu äussern und entsprechend Antrag zu stellen. Wird ausnahmsweise sogar über die Begründung abgestimmt, hat er aber kein Stimmrecht (Art. 20 f. e contrario).

64 Schliesslich ist bei der Urteilsredaktion – in Beachtung des Anspruchs auf rechtliches Gehör gem. Art. 29 Abs. 2 BV[68] – auf grösstmögliche **Verständlichkeit** Wert zu legen,[69]

---

[63] Mitunter kommen Ausreisser vor. Ein besonders ausgefallenes Beispiel findet sich in BGE 73 I 264, 270, wo der Satz steht «Auch das Öffnen und Schliessen eines Regenschirmes geschieht normalerweise nicht auf Grund eines Werkvertrages oder Auftrages und muss daher schon aus diesem Grunde umsatzsteuerfrei sein.», was überhaupt nicht zu beurteilen war. Dazu hält sich hartnäckig die Legende, der Gerichtsschreiber habe den Satz in die Urteilsmotivation eingeschmuggelt und sei dafür nachträglich disziplinarisch zur Verantwortung gezogen worden.

[64] Vgl. etwa BGE 133 II 104, 112 f., E. 9 (mit Blick auf künftige Verfahren); 133 II 6, 20 ff., E. 5.4 (mit Blick auf das bevorstehende Inkrafttreten neuen Gesetzesrechts); 127 II 32, 41 ff., E. 3 (zwecks Klarstellung der materiellen Rechtslage, obwohl die Beschwerde schon aus formellen Gründen gutzuheissen war).

[65] Leuenberger, ZBl 1986, 108.

[66] Leuenberger, ZBl 1986, 98.

[67] Vgl. Geiser/Münch²-Geiser, Rz 1.85; Seiler/von Werdt/Güngerich, BGG, Art. 24 N 11.

[68] Vgl. etwa BGE 132 II 257, 271 ff. E. 4.6.

[69] Zur sprachlichen Verständlichkeit von Rechtstexten vgl. die originelle Darstellung bei H.P. Walter, Präzision – die Sprache und die Juristen, in: Schweizerische Baurechtstagung, Freiburg

und strebt das Bundesgericht einen einheitlichen Urteilsaufbau und Stil sowie einen korrekten und sachlichen Sprachausdruck an (dazu Art. 54 N 25 ff.). Dennoch verbleibt dem Gerichtsschreiber im Einzelfall bei der Urteilsmotivation hinsichtlich der Gewichtung der Argumente und der konkreten Wortwahl eine recht grosse **redaktionelle Freiheit**, die auch gestützt auf den richterlichen Genehmigungsvorbehalt nicht übermässig beschränkt werden darf.[70]

6. Weitere Aufgaben (Abs. 3)

Nach Art. 24 Abs. 3 erfüllen die Gerichtsschreiber **weitere Aufgaben**, die ihnen das   **65**
Reglement überträgt. Diese Bestimmung wird in Art. 38 Abs. 3 BGerR konkretisiert. Das Bundesgerichtsreglement wiederholt dabei freilich weitgehend auch die bereits in Art. 24 Abs. 1 und 2 genannten Aufgaben (vgl. Art. 38 Abs. 3 lit. a, b und d BGerR).

a) Protokollführung

Die Gerichtsschreiber führen das **Protokoll** an Verhandlungen und Beratungen (Art. 38   **66**
Abs. 3 lit. c BGerR).

An **Verhandlungen** ist die Protokollführung aus prozessualen Gründen in der Regel   **67**
zwingend. Bei **Beratungen** gilt hingegen lediglich eine beschränkte Protokollpflicht, es sei denn die Abteilung oder der Vorsitzende ordne eine umfassendere Protokollierung an. Insbesondere die Urteilsberatung nach Art. 58 Abs. 1, selbst wenn sie öffentlich ist (dazu Art. 59), oder Redaktionssitzungen stellen grundsätzlich gerichtsinterne Prozesshandlungen ohne umfassende Protokollpflicht dar, was nicht ausschliesst, dass die Gerichtsschreiber persönliche Notizen anlegen. Für die Urteilsberatung gilt jedoch eine gerichtsinterne Weisung, wonach die Anträge und Gegenanträge sowie das beschlossene Urteilsdispositiv mit Stimmenverhältnis (unter namentlicher Angabe, wie die Richter gestimmt haben) zu protokollieren sind.[71]

b) Redaktion von gerichtlichen Verfügungen

Die Gerichtsschreiber verfassen nebst den Urteilen auch die **in Rechtsmittelverfahren**   **68**
ergehenden Beschlüsse und Verfügungen des Bundesgerichts (vgl. Art. 38 Abs. 3 lit. d BGerR).

Gem. einer internen Richtlinie der Präsidentenkonferenz des Bundesgerichts vom 18.6.   **69**
2007 wird allerdings die Bezeichnung «Beschluss» nicht mehr verwendet. Alle Entscheide über das Eintreten, die Abweisung oder Gutheissung von Beschwerden oder Klagen oder Entscheide über Begehren um Revision, Berichtigung oder Erläuterung werden «Urteile», alle übrigen Entscheide «Verfügungen» genannt. Art. 38 Abs. 3 lit. d BGerR ist somit (jedenfalls solange, als die erwähnte Richtlinie unverändert in Kraft bleibt) insoweit obsolet, als sich die Bestimmung auf **Beschlüsse** bezieht.

Für gerichtliche **Verfügungen** können die Gerichtsschreiber, namentlich die so ge-   **70**
nannten Präsidialsekretäre, beigezogen werden. Dieser Beizug ist dann obligatorisch, wenn die Gerichtsschreiber die Verfügung mit zu unterzeichnen haben (dazu N 73), im Übrigen bleibt er fakultativ (vgl. N 23 ff. und 74).

2005, 221 ff. Vgl. auch A. LÖTSCHER/M. NUSSBAUMER (Hrsg.), Denken wie ein Philosoph und Schreiben wie ein Bauer, Zürich/Basel/Genf 2007.
[70] SIMOND, JdT 1957, 67, spricht von «liberté dans la contrainte».
[71] Das Protokoll wird sowohl vom Abteilungspräsidenten als auch dem Gerichtsschreiber unterzeichnet und dient im Wesentlichen dazu, im Zweifel oder bei Bedarf das Ergebnis der Beratung und das Stimmenverhältnis nachträglich überprüfen zu können.

c) Mitteilung des Urteilsdispositivs

71   Die Gerichtsschreiber **teilen** den Parteien, unter Einschluss der verfahrensbeteiligten Behörden, das **Urteilsdispositiv schriftlich mit**, wenn das Urteil nach der Fällung nicht sofort mitgeteilt werden kann oder wenn der Entscheid in einer mündlichen Beratung getroffen worden ist (Art. 38 Abs. 3 lit. e i.V.m. Art. 47 Abs. 1 BGerR). Im letzten Fall hat die Mitteilung «ohne Verzug» zu erfolgen (gem. Art. 60 Abs. 2).

d) Unterzeichnung gerichtlicher Urkunden

72   Die Gerichtsschreiber **unterschreiben** die Urteile, Beschlüsse (dazu N 69), Protokolle und gerichtlichen Verfügungen, die sie redigiert haben, soweit dies vorgesehen ist (vgl. Art. 38 Abs. 3 lit. f BGerR).

73   In diesem Sinne unterzeichnen die Gerichtsschreiber insb. die **Urteilsdispositive** und die **begründeten Urteile**, erstere allein mit Einzelunterschrift (vgl. Art. 47 Abs. 3 BGerR), letztere mit Kollektivunterschrift zusammen mit der Abteilungspräsidentin oder dem Vorsitzenden des Spruchkörpers (vgl. Art. 47 Abs. 2 BGerR). Gem. einer internen Richtlinie der Präsidentenkonferenz des Bundesgerichts vom 26.3.2007 ist die **Doppelunterschrift** erforderlich für folgende Entscheide: Urteile über das Nichteintreten, die Abweisung oder die Gutheissung einer Beschwerde in der Besetzung mit drei oder fünf Richtern (nach Art. 20, 107 und 109), Urteile über Klage-, Revisions-, Berichtigungs- oder Erläuterungsbegehren (nach Art. 120, 121 ff. bzw. 129), Nichteintretensentscheide von Einzelrichtern (nach Art. 108), Einzelrichterverfügungen über die Abschreibung eines Verfahrens wegen Gegenstandslosigkeit, Rückzugs oder Vergleichs (nach Art. 32 Abs. 2), sowie Verfügungen über die unentgeltliche Rechtspflege (nach Art. 64 Abs. 3), über den Ausstand (nach Art. 37 Abs. 1), über disziplinarische Massnahmen (nach Art. 33) und über die amtliche Vertretung bei Prozessunfähigkeit (nach Art. 41).

74   **Sonstige Verfügungen** werden von den Gerichtsschreibern nur dann unterschrieben, wenn sie vom Instruktionsrichter dazu ermächtigt worden sind (vgl. Art. 38 Abs. 4 BGerR sowie N 25). Nach der bereits erwähnten Richtlinie vom 26.3.2007 kann insb. die Unterzeichnung folgender Verfügungen allgemein oder im Einzelfall an den Gerichtsschreiber delegiert werden: Verfügungen über Beweisabnahmen (Art. 55 Abs. 2), über die Festsetzung von Fristen für die Einreichung oder die Ergänzung bzw. Verbesserung von Rechtsschriften (Art. 42 f. sowie 102), über Kostenvorschüsse, Vorschüsse auf Barauslagen und die Sicherstellung von Parteientschädigungen (Art. 62 f.), über Vorladungen zu Sitzungen (Art. 59 Abs. 1) sowie über die Einholung von (prozessual wesentlichen) Beweisen (insb. Auskünften) im Hinblick auf Entscheide über die unentgeltliche Rechtspflege und Verbeiständung oder die Einhaltung von Fristen oder im Hinblick auf die Abklärung der Verhältnisse einer Partei (Tod, Konkurs usw.).

e) Beaufsichtigung der Kanzlei

75   Die Gerichtsschreiber **beaufsichtigen** die **Kanzlei** bei der Erledigung der Urteile, Beschlüsse (dazu N 69), Protokolle und gerichtlichen Verfügungen, die sie redigiert haben (vgl. Art. 38 Abs. 3 lit. f BGerR).

f) Nachbearbeitung der Urteile

76   Die Gerichtsschreiber **bearbeiten** und **anonymisieren** die zur Veröffentlichung bestimmten oder an Dritte abzugebenden **Urteile** (Art. 38 Abs. 3 lit. g BGerR; vgl. auch Art. 27 Abs. 2). Diese Arbeiten werden in der Praxis regelmässig von der Kanzlei vorbereitet; die Gerichtsschreiber tragen dafür aber die Verantwortung. Über die Veröffentlichung eines Urteils entscheidet jedoch die Abteilung (Art. 58 Abs. 2 BGerR) und über die

Anonymisierung das Abteilungspräsidium (vgl. Art. 59 Abs. 2 BGerR) und nicht der Gerichtsschreiber. Dieser kann immerhin im Rahmen seiner beratenden Stimme entsprechende Vorschläge unterbreiten.

Zur Nachbearbeitung zählt namentlich die Erstellung und allenfalls Übersetzung der **77** **Regesten** (Leitsätze) für die in der Amtlichen Sammlung der Entscheidungen des Schweizerischen Bundesgerichts (BGE; vgl. Art. 27 und Art. 58 BGerR) veröffentlichten Urteile sowie der analogen Leitsätze für die interne Dokumentationsdatenbank.

g) Gegenseitige Vertretung

Die Gerichtsschreiber **vertreten sich**, insb. bei Absenzen, **gegenseitig** und helfen einan- **78** der aus (Art. 38 Abs. 3 lit. h BGerR). Dazu gehört bei Bedarf auch der fachliche Gedankenaustausch.

Die Gerichtsschreiberinnen können namentlich für ihre abwesenden Kollegen Gerichts- **79** urkunden in Vertretung «i.V.» **unterzeichnen** (Art. 47 Abs. 4 BGerR), was keine Auswirkungen auf den Anspruch der Parteien auf richtige Zusammensetzung des Gerichts (nach Art. 30 Abs. 1 BV) hat, solange der im Rubrum genannte Gerichtsschreiber (dazu N 94) tatsächlich am Urteil mitgewirkt hat.[72]

h) Weitere Aufgaben

Art. 38 Abs. 3 lit. i BGerR weist den Gerichtsschreibern i.S. einer Generalklausel **wei-** **80** **tere Aufgaben** für die Abteilungen oder das Bundesgericht zu. Dabei kann es um die verschiedenartigsten Arbeiten gehen, die anfallen.

Beispiele für solche nicht ausdrücklich genannten Aufgaben sind administrative Tätig- **81** keiten wie die Organisation von Sitzungen oder das Verfassen von Berichten (z.B. Teilen des Geschäftsberichts nach Art. 3 Abs. 2), die Vorbereitung von Vernehmlassungen zu neuen Gesetzesentwürfen oder von solchen zuhanden des Bundesamts für Justiz in beim EGMR hängigen Beschwerdefällen, die Übersetzung von Unterlagen oder Schriftstücken, die Unterstützung bei repräsentativen Aufgaben, die Betreuung neuer Kolleginnen oder Kollegen oder die Mitwirkung an gerichtsinternen oder auch externen Kommissionen in personalrechtlichen, fachlichen, bibliothekarischen oder informationstechnischen Fragen.

III. Rechtsstellung der Gerichtsschreiber und Gerichtsschreiberinnen

1. Organisationsrechtliche Stellung

Die **Gerichtsschreiber** sind **nicht Richter** i.S. des Gesetzes (vgl. insb. Art. 5 ff.). Damit **82** sind alle gesetzlichen Bestimmungen, die sich auf die Bundesrichter beziehen, für sie grundsätzlich nicht anwendbar, es sei denn, das Gesetz regle ausdrücklich das Gegenteil (wie etwa in Art. 34 Abs. 1).

a) Unvereinbarkeiten

Insbesondere sind die Bestimmungen gem. Art. 5–12 auf die Gerichtsschreiber grund- **83** sätzlich nicht anwendbar.[73] So gelten die **Unvereinbarkeitsgründe nach Art. 8** für sie nicht, d.h. dass z.B. Ehegatten als Gerichtsschreiber am Bundesgericht tätig sein können. Gerichtsschreiberinnen dürfen auch mit Bundesrichtern verheiratet sein oder in dauernder Lebensgemeinschaft leben und umgekehrt. Solche Beziehungen stellen aber gegebenenfalls einen Ausstandsgrund dar, weshalb der gleichzeitige Einsatz bei der Behandlung

---

[72] BGer, II. ÖRA, 30.1.2006, 2A.621/2005, E. 2.2 (nicht in der Amtlichen Sammlung publizierte Erwägung von BGE 132 II 161).
[73] SEILER/VON WERDT/GÜNGERICH, BGG, Art. 24 N 4.

der gleichen Fälle ausgeschlossen ist (vgl. Art. 34 Abs. 1 lit. e in analoger Auslegung zu Art. 8; dazu N 96 f.).[74]

84 Mit der Tätigkeit als Gerichtsschreiberin **unvereinbar** ist hingegen ein **eidgenössisches Parlamentariermandat** (vgl. Art. 14 lit. c ParlG und Art. 6 N 5).[75] Der Grund dafür liegt darin, dass der Grundsatz der personellen Gewaltenteilung insb. mit Blick auf die Mitwirkung der Gerichtsschreiber an der Rechtsprechung die entsprechende Doppelfunktion ausschliesst. Unzulässig erscheint diese aber auch wegen der Oberaufsicht der Bundesversammlung über das Bundesgericht; die gleiche Person kann nicht sich selbst bzw. ihren Arbeitgeber kontrollieren, ohne in einen Interessenkonflikt zu geraten.

85 Aus Art. 6 Abs. 1 wird die **Unvereinbarkeit** der gleichzeitigen Tätigkeiten als Gerichtsschreiber am Bundesgericht und **nebenamtlicher Bundesrichter** abgeleitet (vgl. Art. 6 N 10). Dies erscheint nicht zwingend, liegt der Sinn der gesetzlichen Regelung doch darin, die Gewaltenteilung und damit die organisatorische und personelle Unabhängigkeit des Bundesgerichts zu gewährleisten. Diese Unabhängigkeit wäre jedoch durch die in beiderlei Hinsicht der Justiz zugehörige Doppelfunktion als Gerichtsschreiber und nebenamtlicher Bundesrichter nicht gefährdet.[76] Das Bundesgericht schliesst sie in seiner Praxis, neuerdings mit Verweis auf Art. 6 Abs. 1, dennoch strikt aus, wohl eher aber – unausgesprochen – aus Gründen der internen Hierarchie denn aus solchen der Gewaltenteilung.[77]

86 Ebenfalls als **unzulässig** gilt die gleichzeitige Wahrnehmung der Funktion als Gerichtsschreiber am Bundesgericht und als **Richter am Bundesstraf- oder Bundesverwaltungsgericht** (vgl. Art. 6 Abs. 1 SGG bzw. Art. 6 Abs. 1 VGG).[78] Beide Funktionen zählen allerdings zur Justiz, weshalb die organisatorische Gewaltenteilung nicht gefährdet erscheint. Probleme bei der personellen Gewaltenteilung liessen sich genauso lösen wie bei den als zulässig geltenden kantonalen Gerichtsmandaten in Nebenbeschäftigung, indem Gerichtsschreiber, die bereits in unterer Instanz an einem angefochtenen Entscheid als Richter mitgewirkt haben, am Bundesgericht in den Ausstand treten müssten (vgl. N 97 und 109). Die Unzulässigkeit der Doppelfunktion lässt sich somit nur aus der administrativen Hierarchie zwischen Bundesgericht und unteren Bundesgerichten ableiten. Lediglich die Aufsicht des ersten über die zweiten (vgl. Art. 1 Abs. 2 sowie Art. 3 Abs. 1 VGG und Art. 3 Abs. 1 SGG) rechtfertigt allenfalls wegen der damit verbundenen möglichen Interessenkollisionen einen Ausschluss der Doppelfunktion.

b) Zahl und Zuteilung der Gerichtsschreiberinnen und Gerichtsschreiber

87 Die **Zahl der Gerichtsschreiber** wird im Rahmen des von der Bundesversammlung genehmigten Budgets (dazu Art. 3 Abs. 2) durch das Bundesgericht selbst, handelnd

---

[74] Vgl. SEILER/VON WERDT/GÜNGERICH, BGG, Art. 8 N 2; SCHINDLER/SUTTER-UEBERSAX, 96 f.

[75] Abweichende spezialgesetzliche Bestimmungen i.S.v. Art. 14 lit. c ParlG gibt es, soweit ersichtlich, nicht. Vgl. auch SEILER/VON WERDT/GÜNGERICH, BGG, Art. 6 N 2.

[76] An anderen Gerichten wie insb. dem Obergericht des Kantons Zürich bestehen denn auch keine entsprechenden Bedenken, werden dort doch Gerichtsschreiber ebenfalls als Ersatzrichter eingesetzt. Vgl. SCHINDLER/SUTTER-UEBERSAX, 97 f.

[77] Vgl. den Geschäftsbericht 2006 über die Amtstätigkeit des Bundesgerichts und des Eidgenössischen Versicherungsgerichts vom 9.2.2007, 3, wonach ein Gerichtsschreiber des ehemaligen Eidgenössischen Versicherungsgerichts (EVG), der am Bundesgericht als nebenamtlicher Richter tätig war, auf die Ausübung dieses Amts zugunsten seiner Anstellung als Gerichtsschreiber am (nunmehr fusionierten) Bundesgericht verzichtete. Das Bundesgericht in Lausanne liess freilich schon früher nicht zu, dass seine Gerichtsschreiber als nebenamtliche Bundesrichter tätig waren.

[78] SEILER/VON WERDT/GÜNGERICH, BGG, Art. 24 N 4.

durch die Verwaltungskommission (vgl. Art. 17 Abs. 4 lit. h), festgesetzt.[79] Bei Inkrafttreten des Bundesgerichtsgesetzes am 1.1.2007 verfügte das (fusionierte) Bundesgericht über 138 Gerichtsschreiber[80] bei 127 Vollstellen[81]. Im Übrigen führt das Bundesgericht vereinzelt, insb. an den beiden sozialrechtlichen Abteilungen in Luzern, Praktikumsstellen für Juristen, die zwar Hilfeleistungen bei Recherchearbeiten und der Erstellung von Textentwürfen erbringen, nicht aber als eigentliche Gerichtsschreiber eingesetzt werden.

Für die **Zuteilung** der Gerichtsschreiberinnen **an die Abteilungen** ist, auf Antrag derselben hin, die Verwaltungskommission zuständig (Art. 17 Abs. 4 lit. c). Diese hat dafür insb. auf die Arbeitsbelastung der Abteilungen Rücksicht zu nehmen und auf eine angemessene Sprachverteilung zu achten. Im Übrigen ist es mit Blick auf den langen Arbeitsweg unzumutbar, einen für den Arbeitsort Lausanne angestellten Gerichtsschreiber gegen dessen Willen am Arbeitsort Luzern einzusetzen, und umgekehrt. Zulässig kann es immerhin sein, eine Gerichtsschreiberin in Lausanne aushilfsweise vorübergehend einer Abteilung mit Standort Luzern zuzuteilen, wenn sie den Arbeitsort Lausanne beibehalten kann, und umgekehrt. **88**

Für die **Zuteilung** und den **Einsatz** der Gerichtsschreiber **innerhalb einer Abteilung** sind die Abteilungen selbst zuständig und verantwortlich. Jeder ordentliche Richter hat freilich ein Anrecht auf einen ihm **persönlich zugeteilten Gerichtsschreiber** (Art. 38 Abs. 1 BGerR), womit die frühere Funktion des persönlichen Mitarbeiters weitergeführt wird. Im Übrigen sind die Abteilungen frei, wie sie sich organisieren wollen. **89**

Im Wesentlichen gibt es bei der abteilungsinternen Zuteilung der Gerichtsschreiberinnen **zwei Systeme**:[82] Einzelne Abteilungen teilen alle Gerichtsschreiber auf ihre Mitglieder auf, womit sich eigentliche **Richterteams** bilden. Meist hat der Richter diesfalls eine gewisse Freiheit, welchen Gerichtsjuristen seines Teams er für die Mitarbeit an einem konkreten Fall beiziehen will. Gleichzeitig bedingt diese erste Variante besondere Führungsqualitäten aller Richter der Abteilung. Andere Abteilungen belassen es bei einem Gerichtsschreiber pro Gerichtsmitglied. Die übrigen Gerichtsschreiber bilden in diesem zweiten System einen dem Präsidenten direkt unterstellten **Präsidialpool**. Der Abteilungspräsident setzt die Gerichtsschreiber ein, kann sie einzelfallweise aber auch einem anderen Richter zuteilen. Üblich ist auch der Einsatz bestimmter Gerichtsschreiber als so genannte Präsidialsekretäre zur Unterstützung des Präsidenten bei den Präsidialgeschäften (dazu N 24 und 70). **90**

Die **persönliche Zusammenarbeit** – zu zweit oder im Team – stellt besondere soziale Anforderungen an alle Beteiligten, die mitunter grössere Schwierigkeiten bieten als die fachlichen Kompetenzen. **91**

c) Vereidigung und Kleidung

Anders als früher[83] schreibt das Gesetz die **Vereidigung** der Gerichtsschreiber nicht (mehr) vor (vgl. Art. 10 e contrario). Die Gerichtsschreiberinnen werden jedoch von der **92**

---

[79] SEILER/VON WERDT/GÜNGERICH, BGG, Art. 24 N 3.

[80] Aus verschiedenen Gründen waren im damaligen Zeitpunkt allerdings nicht ganz alle Stellen besetzt.

[81] Hinzu kamen rund 15 Juristenstellen in der Zentralverwaltung des Bundesgerichts, insb. im Generalsekretariat und im Dokumentationsdienst. Die entsprechend angestellten Juristen erfüllen aber grundsätzlich, mit Ausnahme, in bestimmten Fällen (bspw. in aufsichtsrechtlichen Verfahren und in solchen der nichtstreitigen Gerichtsbarkeit), des Generalsekretärs und seines Stellvertreters, nicht die Funktion eines Gerichtsschreibers.

[82] Vgl. dazu FELBER, SJZ 2007, 437 ff.; A. SCHMID, In Sachen Teamarbeit hapert es gewaltig, plädoyer 5/2006, 15 f.

[83] Vgl. Art. 9 Abs. 3 OG sowie SEILER/VON WERDT/GÜNGERICH, BGG, Art. 24 N 5.

Abteilung in Anwendung von Art. 38 Abs. 2 BGerR auf getreue Amtsführung vereidigt. Statt des Eids kann ein Gelübde abgelegt werden.

93 Schliesslich sind die Gerichtsschreiber wie die Richter verpflichtet, **bei öffentlichen Sitzungen schwarze Kleidung** zu tragen (Art. 48 BGerR). Die Farbvorschrift bezieht sich im Wesentlichen auf den Anzug (Hose und Jacke) bzw. den Rock oder Jupe.[84] Im Übrigen gibt es keine offiziellen Kleidervorschriften.

2. Verfahrensrechtliche Stellung

a) Fallzuteilung

94 Nach dem Wortlaut und der Systematik des Gesetzes gehören die Gerichtsschreiber nicht zum Spruchkörper bzw. zur Besetzung des Gerichts, die nach der gesetzlichen Regelung einzig von den Richtern gebildet werden (Art. 20 e contrario). Die Gerichtsschreiber zählen jedoch zu den so genannten Gerichtspersonen (vgl. Art. 34 Abs. 1). Die einen Fall bearbeitenden Gerichtspersonen setzen sich somit zusammen aus dem Spruchkörper (Richtern) und dem dafür eingesetzten **Gerichtsschreiber**. Dieser wird denn auch nebst den mitwirkenden Gerichtsmitgliedern ausdrücklich **im Rubrum** der Entscheide des Bundesgerichts genannt.

95 Die rechtmässige Erledigung eines Falls setzt voraus, dass er einem Gerichtsschreiber so zugeteilt wird, dass dieser seine gesetzlich vorgesehenen Aufgaben erfüllen bzw. seine beratende Stimme wahrnehmen kann (dazu N 39 ff.). Bei der **Zuteilung** ist nebst der Verfügbarkeit und allfälligen fachlichen Spezialkenntnissen insb. der Verfahrenssprache (dazu Art. 54) bzw. den Sprachkenntnissen des Gerichtsschreibers sowie eventuellen Ausstandsgründen Rechnung zu tragen.[85] Im Übrigen steht der Entscheid über die Zuteilung eines Falls an einen Gerichtsschreiber im Ermessen des dafür zuständigen Abteilungspräsidenten (Art. 40 Abs. 1 BGerR in Analogie) bzw., bei Einzelrichterentscheiden (vgl. Art. 32 Abs. 2 und Art. 108), des Instruktionsrichters. Üblich ist, dass ein Fall, bei dem eine Gerichtsschreiberin an der Erarbeitung des Referats beteiligt war, ihr in der Folge auch für die sonstige Mitwirkung an der Entscheidfindung und die Urteilsbegründung zugeteilt wird. Ein nachträglicher Austausch des Gerichtsschreibers nach Ausübung der beratenden Stimme (insb. nach der Urteilsfällung) erscheint nur dann zulässig, wenn es dafür triftige Gründe (wie krankheitsbedingter Ausfall usw.) gibt.

b) Ausstand

96 Nach dem klaren Wortlaut des Gesetzes gelten die **Bestimmungen über den Ausstand** (dazu Art. 34 ff.) auch für die Gerichtsschreiberinnen und Gerichtsschreiber (vgl. Art. 34 Abs. 1).[86] Das Gesetz setzt damit den verfassungsrechtlichen Anspruch der Parteien auf ein unabhängiges und unparteiisches Gericht nach Art. 30 Abs. 1 BV bzw. Art. 6 Ziff. 1 EMRK um, der sich auch auf den Gerichtsschreiber bezieht, wenn dieser, wie hier, an der Entscheidfindung mitwirkt und das Urteil redigiert.[87] Ein Ausstandsgrund besteht sodann natürlich auch, sollten die Regeln über die Unvereinbarkeiten der Stellung als Gerichtsschreiber missachtet werden (dazu N 83 ff.).

---

[84] Es ist allerdings auch schon vorgekommen, dass ein Abteilungspräsident einen Gerichtsschreiber anwies, eine als zu grell empfundene Krawatte gegen eine dezentere auszuwechseln.

[85] Es kann dafür sinngemäss auf die Regeln von Art. 40 Abs. 2 BGerR verwiesen werden.

[86] Dazu etwa PORTMANN-BOVAY, 31 f.; SPÜHLER/DOLGE/VOCK, Kurzkommentar, Art. 34 N 2.

[87] Vgl. BGE 124 I 255, 262, E. 4c, und 265, E. 5c/aa; 115 Ia 224, 227 ff., E. 7; BGer, I. ÖRA, 23.2.2004, 1P.706/2003, Pra 2004, Nr. 74, 433; EGMR, 27.12.1990, Wassink c/Niederlande, Ziff. 27; SCHINDLER/SUTTER-UEBERSAX, 101 f.; vgl. auch KIENER, Unabhängigkeit, 80 f.

Liegt beim Gerichtsschreiber namentlich eine **Vorbefassung** vor, weil er bereits am   **97**
angefochtenen Entscheid mitgewirkt hat, was insb. zutreffen kann, wenn er in Nebenbeschäftigung über ein kantonales Richtermandat verfügt (vgl. N 109), muss er am
Bundesgericht in den Ausstand treten.

3. Personalrechtliche Stellung

Die Gerichtsschreiber sind keine Magistratspersonen und unterstehen nicht, wie die   **98**
Bundesrichter, den entsprechenden Sondernormen. Die **dienstrechtliche Stellung** der
Gerichtsschreiber richtet sich vielmehr nach dem **Bundespersonalgesetz** (BPG; vgl.
insb. Art. 2 Abs. 1 lit. g BPG).

Zuständige Personalbehörde für die Gerichtsschreiber ist die **Verwaltungskommission**   **99**
des Bundesgerichts (Art. 17 Abs. 4 lit. h i.V.m. Art. 84 PVBGer). Sie erlässt auch die
Richtlinien betr. Anstellungsvoraussetzungen, Anfangslohn und Laufbahn der Gerichtsschreiber (Art. 21 und 23 i.V.m. Art. 87 Abs. 1 PVBGer) sowie zusammen mit dem
Generalsekretär weitere, die Gerichtsschreiberinnen betreffende Weisungen wie etwa
diejenigen über die Weiterbildung (vgl. Art. 87 Abs. 2 PVBGer).

Den Gerichtsschreibern steht eine angemessene **Vertretung in der Personaldelegation**   **100**
des Bundesgerichts zu (vgl. Art. 33 Abs. 4 BPG i.V.m. Art. 80 PVBGer).

a) Rekrutierung, Anstellung und Laufbahn

Die Gerichtsschreiberinnen werden auf Antrag der Abteilungen von der Verwaltungs-   **101**
kommission angestellt (Art. 17 Abs. 4 lit. c sowie Art. 84 Abs. 1 lit. a PVBGer). Das
Arbeitsverhältnis wird mit dem Abschluss eines **öffentlich-rechtlichen, kündbaren
Arbeitsvertrags** (gem. Art. 8 ff. BPG; vgl. auch Art. 13 PVBGer) begründet.[88] Für die
Rekrutierung ist auf eine angemessene Sprachverteilung Rücksicht zu nehmen, so dass
alle Amtssprachen bei den Gerichtsschreibern in genügendem Masse vertreten sind.

Das Bundesgericht stellt grundsätzlich **hohe Rekrutierungsanforderungen** an die   **102**
Gerichtsschreiber. Nebst der juristischen Grundausbildung (universitärer Lizentiats-
bzw. Masterabschluss) sollten in der Regel Praxiserfahrung, eine Zusatzausbildung (wie
Doktorat, Advokatur, Notariat) sowie die Beherrschung von mindestens zwei Landessprachen (gem. Art. 4 BV) ausgewiesen werden können. In Zeiten günstiger Konjunktur
lassen sich diese Voraussetzungen jedoch nicht immer einhalten. Will das Bundesgericht
konkurrenzfähig bleiben, kommt es daher, gerade bei Neueinstellungen, aber auch bei
der späteren Laufbahn der Gerichtsschreiber, nicht umhin, dem hohen Anforderungsprofil verstärkt mit attraktiven Anstellungsbedingungen gerecht zu werden.

Üblich, aber nicht zwingend erforderlich (Art. 12 PVBGer e contrario) sind schweize-   **103**
rische Staatsangehörigkeit und Abschluss eines Rechtsstudiums an einer schweizerischen
Universität. Vorausgesetzt wird jedenfalls, dass genügende **Kenntnisse des schweizerischen Rechts** oder die Fähigkeit nachgewiesen werden, damit ohne grössere Schwierigkeiten umzugehen.[89]

---

[88] SEILER/VON WERDT/GÜNGERICH, BGG, Art. 24 N 2.
[89] Vereinzelt stellte das Bundesgericht denn auch schon Juristen ausländischer Nationalität mit
   schweizerischem Hochschulabschluss als Gerichtsschreiber an. Umgekehrt gab es am Bundesgericht ebenfalls schon mindestens einen Gerichtsschreiber schweizerischer Staatsangehörigkeit
   mit einem ausländischen Hochschulabschluss und ausländischem Anwaltspatent. Selbst die Anstellung ausländischer Personen mit ausländischem Rechtsstudium wurde schon geprüft und ist
   nicht ausgeschlossen, wenn sie über schweizerische Rechtspraxis verfügen oder fähig scheinen,
   problemlos das schweizerische Recht anwenden zu können.

104 Für die Gerichtsschreiber gilt eine **Probezeit** von sechs Monaten (Art. 14 Abs. 2 PVBGer), und die **Erstanstellung** dauert maximal fünf Jahre (Art. 15 Abs. 2 PVBGer). Bei der befristeten Anstellung erscheint die Vereinbarkeit mit dem Bundespersonalgesetz fraglich. Dieses sieht zwar die Möglichkeit der auf fünf Jahre befristeten Anstellung vor (vgl. Art. 5 Abs. 2 und 4 BPG); das Gesetz beruht aber, in Abkehr von der früheren Beamtung für eine bestimmte Amtsdauer, auf dem Grundsatz der unbefristeten Anstellung, weshalb die Ausnahme auf befristete oder politisch sensible Stellen beschränkt werden sollte.[90] Eine derartige Konstellation liegt bei den Gerichtsschreibern am Bundesgericht nicht vor.

105 Obwohl sich das Stellenprofil der Gerichtsschreiberinnen für **Teilzeitanstellungen** ausgezeichnet eignet und solche mitunter vorkommen, macht das Bundesgericht von dieser Möglichkeit bisher eher zurückhaltend Gebrauch (vgl. immerhin Art. 5 Abs. 2 PVBGer).

106 Für die Gerichtsschreiber am Bundesgericht gilt **keine Wohnsitzpflicht**. Sie müssen das Gericht aber in angemessener Zeit erreichen können (Art. 53 Abs. 1 PVBGer i.V.m. Art. 21 Abs. 1 lit. a und Art. 24 Abs. 2 lit. a BPG).

107 Das Bundesgericht sieht für seine Gerichtsschreiberinnen eine **dreistufige interne Laufbahn** vor. Nach erfolgreicher Beendigung der ersten befristeten Anstellung von fünf Jahren kann ihnen das Bundesgericht ein unbefristetes Arbeitsverhältnis anbieten. Als höchste Stufe steht für hervorragende Gerichtsschreiber die Möglichkeit offen, den Status des wissenschaftlichen Beraters zu erwerben. Die Statuswechsel sind mit entsprechenden Lohnvorteilen verbunden, im Übrigen jedoch v.a. von interner Bedeutung. In der Rechtsprechung werden alle Gerichtsjuristen nach aussen als Gerichtsschreiber bezeichnet.

b) Nebenbeschäftigungen

108 Die Zulässigkeit von **Nebenbeschäftigungen** richtet sich, abgesehen von den für die Gerichtsschreiber anwendbaren Unvereinbarkeitsregeln (vgl. N 83 ff.), nicht nach Art. 6 und 7, sondern nach Art. 23 BPG und Art. 55 PVBGer. Nebenbeschäftigungen sind grundsätzlich nicht ausgeschlossen, unterstehen aber der **Bewilligungspflicht**, wobei die Verwaltungskommission für die Erteilung der Bewilligung zuständig ist (Art. 84 Abs. 1 lit. h PVBGer). Zusatzeinkommen können in der Bewilligung als teilweise ablieferungspflichtig erklärt werden (Art. 56 PVBGer).

109 Bei einer **Vollzeitanstellung** sind namentlich nebenamtliche kantonale Richtermandate, Lehraufträge an Universitäten oder sonstigen Bildungsinstituten und, insb. in Einzelfällen, die Mitwirkung an einem Schiedsgericht oder an einer Administrativuntersuchung möglich. **Bei Teilzeitanstellung** kommen darüber hinaus zusätzliche Teilzeitanstellungen in der Privatwirtschaft oder bei anderen Gemeinwesen und sogar beim Bund in Frage.[91] Entscheidend ist, dass zwischen den beiden Tätigkeiten keine Interessenkollisionen bestehen. Wegen möglicher Interessenkonflikten wird etwa die Zusatzbeschäftigung in der Advokatur praxisgemäss lediglich restriktiv bewilligt; zulässig sind allerdings nur verhältnismässige Beschränkungen der nebenberuflichen Anwaltstätigkeit.[92]

110 Auch die **Übernahme öffentlicher Ämter** ist bewilligungspflichtig (Art. 55 PVBGer), wobei es allerdings kaum zulässig erscheint, die Ausübung von Legislativfunktionen auf kommunaler oder kantonaler Stufe zu verbieten, würde doch dabei die Wahrnehmung

---

[90] In der Botschaft zum Bundespersonalgesetz (BPG) vom 14.12.1998 wird dazu ausdrücklich das Beispiel von – eben von vornherein befristeten – Projektstellen genannt; vgl. BBl 1999 1611.

[91] SEILER/VON WERDT/GÜNGERICH, BGG, Art. 24 N 4.

[92] So kann es sich rechtfertigen, ein Auftreten vor Bundesgericht als Parteivertreter auszuschliessen. Vgl. dazu BGer, II. ÖRA, 23.6.2006, 2P.301/2005, ZBl 107/2006, 586. Vgl. auch allgemeiner BGE 133 I 1.

verfassungsmässiger demokratischer (politischer) Rechte (vgl. Art. 34 BV) ausgeschlossen. Dies liesse sich höchstens dann rechtfertigen, wenn die zeitliche Belastung mit der Tätigkeit als Gerichtsschreiber nicht mehr vereinbar wäre.

Analoges gilt für die (milizmässige) Erfüllung der verfassungsrechtlichen **Militär-** **111** **dienstpflicht** (nach Art. 59 Abs. 1 BV), d.h. solange dafür nicht ein Arbeitsverhältnis beim Bund eingegangen wird. Insbesondere rechtfertigt es sich nicht, die Mitwirkung eines Gerichtsschreibers an der Militärjustiz zu verbieten. Da diese und die zivile Gerichtsbarkeit organisatorisch und inhaltlich vollständig getrennt sind, bestehen insofern keine Interessenkonflikte, weshalb einem Gerichtsschreiber am Bundesgericht die Übernahme einer Funktion in der Militärjustiz (als Richter oder Gerichtsschreiber) auf allen Stufen (unter Einschluss des Militärkassationsgerichts) nicht verweigert werden darf. Einzig die freiwillige Übernahme militärischer Aufgaben kann – etwa bei erheblichem Zeitaufwand – mit den personalrechtlichen Dienstpflichten in Konflikt geraten.

c) Verantwortlichkeit

Die Gerichtsschreiberinnen unterstehen, auch nach Auflösung des Arbeitsverhältnisses, **112** dem **Berufs- und Amtsgeheimnis** (Art. 22 BPG sowie Art. 58 PVBGer) mit den entsprechenden dienst- und strafrechtlichen Folgen (vgl. insb. Art. 320 StGB). Für eine Entbindungsermächtigung ist die Verwaltungskommission des Bundesgerichts zuständig (Art. 58 Abs. 3 i.V.m. Art. 84 Abs. 1 lit. i PVBGer). Im Verhältnis zur Bundesversammlung gilt allerdings eine besondere Regelung (vgl. Art. 58 Abs. 4 PVBGer i.V.m. Art. 150–156 und Art. 162 Abs. 1 lit. c ParlG).

Soweit die Gerichtsschreiber gerichtliche Urkunden verfassen und unterzeichnen, sind **113** sie **Urkundspersonen** mit den entsprechenden rechtlichen wie insb. strafrechtlichen Auswirkungen (vgl. etwa Art. 317 StGB).

Für eine allfällige **Strafverfolgung** gegenüber einem Gerichtsschreiber wegen Handlun- **114** gen im Zusammenhang mit seiner Amtstätigkeit bedarf es freilich einer **Ermächtigung** **der Verwaltungskommission** des Bundesgerichts (Art. 15 Abs. 1 lit. b VG). Diese entscheidet auch, bei Verdacht eines strafbaren Verhaltens, über die Überweisung allfälliger bundesgerichtlicher Akten an die Bundesanwaltschaft (Art. 65 i.V.m. Art. 84 Abs. 1 lit. k PVBGer), was sinngemäss die Ermächtigung zur Strafverfolgung miteinschliesst.

Die Gerichtsschreiberinnen unterstehen sodann der **disziplinarischen Verantwortlichkeit** **115** bei Verletzung ihrer arbeitsrechtlichen Pflichten (Art. 25 BPG und Art. 61 ff. PVBGer).

Die **haftungsrechtliche Verantwortlichkeit** der Gerichtsschreiber richtet sich nach den **116** Regeln des Staatshaftungsrechts. Danach haftet der Bund ohne Rücksicht auf das Verschulden für den Schaden, den sie in Ausübung ihrer amtlichen Tätigkeit Dritten widerrechtlich zufügen (Art. 3 Abs. 1 VG). Hat der Bund Ersatz geleistet, so steht ihm gem. Art. 7 VG der Rückgriff auf die fehlbare Person zu, wenn diese den Schaden vorsätzlich oder grobfahrlässig verschuldet hat. Das gilt auch nach Auflösung des Dienstverhältnisses. Ausgeschlossen ist jedoch die Verantwortlichkeit für fehlerhafte Rechtsprechung (vgl. Art. 12 VG und Art. 5 N 33).

d) Rechtsschutz bei arbeitsrechtlichen Streitigkeiten

Gegen Verfügungen des Bundesgerichts, die das Arbeitsverhältnis betreffen, können die **117** Gerichtsschreiber Beschwerde bei der **internen Rekurskommission in Personalangelegenheiten** führen (Art. 35 Abs. 1 BPG i.V.m. Art. 81 PVBGer, vgl. auch Art. 54 BGerR). Die Beschwerde ist allerdings ausgeschlossen bei nichtdisziplinarischen Versetzungsentscheiden und anderen dienstlichen Anweisungen (Art. 81 Abs. 1 PVBGer).

118   Gegen Entscheide der Rekurskommission kann, nach der speziellen Regelung von Art. 36 Abs. 2 BPG, wiederum Beschwerde bei einer **besonderen zweitinstanzlichen Rekurskommission** erhoben werden, die sich aus den Präsidenten oder Präsidentinnen der Verwaltungsgerichte der Kantone Waadt, Luzern und Tessin zusammensetzt.

Art. 25

Verwaltung   **[1] Das Bundesgericht verwaltet sich selbst.**

                           [2] Es richtet seine Dienste ein und stellt das nötige Personal an.

                           [3] Es führt eine eigene Rechnung.

Administration   [1] Le Tribunal fédéral s'administre lui-même.

                           [2] Il constitue ses services et engage le personnel nécessaire.

                           [3] Il tient sa propre comptabilité.

Amministrazione   [1] Il Tribunale federale gode di autonomia amministrativa.

                           [2] Istituisce i suoi servizi e assume il personale necessario.

                           [3] Tiene una contabilità propria.

Materialien

E ExpKomm; Art. 23 E 2001 BBl 2001 4484; Botschaft 2001 BBl 2001 4288; AB 2004 N 1588; AB 2003 S 894; Reform der Bundesverfassung, Erläuterungen zum Verfassungsentwurf 1995, Reformvorschläge Justiz (zit. Reformvorschläge Justiz).

Literatur

K. EICHENBERGER, Justizverwaltung, in: Festschrift für den Aargauischen Juristenverein 1936–1986, Aarau 1986 (zit. FS Aargauischer Juristenverein-Eichenberger); CH. KISS, Justizververfassung des Kantons Basel-Landschaft, Diss. BS 1993 (zit. Kiss, Justizverfassung); P. TSCHÜMPERLIN, Gerichtsmanagement am Bundesgericht: Stand und Entwicklungstendenzen, in: D. Kettiger (Hrsg.), Wirkungsorientierte Verwaltungsführung in der Justiz – ein Balanceakt zwischen Effizienz und Rechtsstaatlichkeit, SVGW Bd. 44, Bern 2003 (zit. KETTIGER-TSCHÜMPERLIN).

I. Allgemeine Bemerkungen

1   Das Bundesgericht verwaltet sich gem. Art. 188 Abs. 3 BV selbst. Art. 25 konkretisiert diese Verfassungsbestimmung. Abs. 1 wiederholt die Verfassungsbestimmung wörtlich; die Abs. 2 und 3 zählen exemplarisch drei für die Selbstverwaltung besonders wichtige Bereiche auf (Dienste, Personal, Rechnung). Die Bestimmung ist unverändert aus dem Entwurf des Bundesrats übernommen worden und gab in den Räten zu keinen Diskussionen Anlass.

Die **Selbstverwaltung** stärkt die Justiz im Verhältnis zur Exekutive.[1] Es handelt sich um ein explizites Anliegen des Verfassungsgebers, das erst mit der Justizreform vom 8.10.1999[2] volle Gestalt angenommen hat. Die Bundesverfassung von 1874 bestimmte in Art. 109: «Das Bundesgericht bestellt seine Kanzlei». Der Begriff «Kanzlei» war in einem umfassenden Sinne zu verstehen und schloss neben der eigentlichen Kanzlei sämtliche Dienste, die Gerichtsschreiber und das übrige Personal mit ein. Die Verwaltung besorgte das Bundesgericht schon unter der alten Verfassungslage und dem OG weitgehend selbständig. Die neue Bundesverfassung vom 18.12.1998 ersetzte in Art. 188 Abs. 3 den als veraltet erachteten Begriff «Kanzlei» durch «Verwaltung».[3] Für die administrative Autonomie fehlte dem Bundesgericht aber weiterhin die Finanzautonomie. Dementsprechend enthielt das OG bis zum Schluss keinen allgemeinen Grundsatz der Selbstverwaltung, sondern beschränkte sich auf einige vereinzelte verwaltungsmässige Bestimmungen, wobei es namentlich das Verhältnis zur Bundesversammlung regelte.[4] Noch in den Erläuterungen zum Verfassungsentwurf von 1995 wurde festgehalten, es bestünden keine Gründe, dem Bundesgericht weitergehende Selbstverwaltungskompetenzen zuzugestehen.[5] Es brauchte die Dynamik der 1999 abgeschlossenen separaten Justizreform, um die Stellung des Bundesgerichts als selbständiges Verfassungsorgan vollständig zu verankern.

Die Selbstverwaltung umfasst nicht nur die Dienste, das Personal, die Finanzen, die Logistik und das Archiv, sondern auch die Organisation der Rechtsprechung, soweit sie nicht im Gesetz geregelt ist.[6]

II. Selbstverwaltung

Abs. 1 hält den **Grundsatz** der Selbstverwaltung fest. Selbstverwaltung bedeutet Justizverwaltung *durch* das Gericht bzw. dem Gericht zustehendes Verwalten. Die Justizverwaltung greift über die Selbstverwaltung hinaus. Sie ist allgemein Verwaltung im Dienste der Justiz[7] und wird als diejenige staatliche Tätigkeit definiert, die weder Rechtsetzung noch Rechtspflege darstellt und zum Zwecke ausgeübt wird, die sachlichen und personellen Voraussetzungen zu schaffen, damit die Rechtsprechung ausgeübt werden kann.[8] Es gibt auch Justizverwaltung durch die Exekutive, soweit der Vorbehalt der Selbstverwaltung der Gerichte nicht greift.

2

Mit dem Grundsatz der Selbstverwaltung gewährleistet das Gesetz die **Verwaltungsautonomie** des Bundesgerichts gegenüber der **Exekutivgewalt**: Die dritte Staatsgewalt ist von der zweiten unabhängig. Dies bedeutet zwar einen gewissen Einbruch in das funktionale Gewaltenteilungsprinzip, wonach die verwaltende Tätigkeit der Exekutive obliegt, die rechtsprechende der dritten. Durch die gerichtliche Selbstverwaltung wird

3

---

[1] Botschaft 2001 BBl 2001 4221.

[2] BBl 1999 8633.

[3] SGK-Kiss/Koller, N 10 f. zu Art. 188 BV.

[4] Gemäss Art. 7 OG bestimmte die Bundesversammlung mit dem Voranschlag die Zahl der Gerichtsschreiber, Sekretäre, persönlichen Mitarbeiter der Richter und der übrigen wissenschaftlichen Mitarbeiter. Die Aufgaben des Personals wurden gem. Art. 8 OG vom Bundesgericht durch Reglement festgelegt. Ferner regelte das OG in Art. 9 die Vereidigung der Gerichtsschreiber und in Art. 7 Abs. 2 deren Amtsdauer.

[5] Reformvorschläge Justiz 270.

[6] Botschaft 2001 BBl 2001 4246; Sägesser-Sägesser, Art. 188 N 1074 f.

[7] Kiss, Justizverfassung 85.

[8] FS Aargauischer Juristenverein-Eichenberger, 32 ff., 35; SGK-Kiss/Koller, Art. 188 (Justizreform) N 26–28, verstehen den Begriff «Justizverwaltung» dagegen im engeren Sinn, indem er die beiden Komponenten Verwaltung für die Justiz und Verwaltung durch die Justiz umfassen muss. S.a. Art. 13 N 3.

aber die richterliche Unabhängigkeit gesichert: wäre die Exekutive zuständig, so könnte sie zugunsten anderer Staatsziele die infrastrukturmässige Basis für die richterliche Tätigkeit beeinträchtigen. Zumindest entstünde eine Abhängigkeit des Bundesgerichts von der Regierung.[9] Folgerichtig wird die gerichtliche Verwaltung in die Hände des für die Rechtsprechung zuständigen Organs gelegt. Das Bundesgericht muss dabei die auf die Gesamtheit der Organe des Bundes anwendbaren Bestimmungen beachten, namentlich das Finanzhaushaltgesetz[10] und für sein Personal das Bundespersonalgesetz.[11, 12] Das ist eine Selbstverständlichkeit. Auch der Bundesrat ist für sich und seine Verwaltung daran gebunden, und ebenso muss das Parlament für sich und die Parlamentsdienste die selbst gesetzten Gesetze beachten.

4   Die Selbstverwaltung reicht so weit, als es die Wahrung der richterlichen Unabhängigkeit gebietet. Was ihr um der richtlichen Unabhängigkeit willen gehört, bildet das organisatorische **Minimum**.[13] Dem Gericht sind alle Verwaltungsgeschäfte vorzubehalten, die anderen Staatsorganen die Möglichkeit böten, direkt oder indirekt auf die Rechtsprechung Einfluss zu nehmen und die richterliche Unabhängigkeit zu gefährden.[14] Zusätzlich ist dem Selbstverwaltungsbereich alles zuzuweisen, was organisatorisch und funktional zweckmässig ist.[15]

5   Die Verwaltungsautonomie gilt auch gegenüber dem **Parlament**. Dieses darf den Autonomiebereich des Gerichts weder durch die Oberaufsicht (Art. 3 Abs. 1) noch durch die Finanzhoheit aushöhlen. Gegenüber der parlamentarischen Oberaufsichtsbehörde ist der dem Gericht uneingeschränkt zu belassende Verwaltungsspielraum grösser als zwischen einem die administrative Aufsicht über ein unterinstanzliches Gericht ausübenden Gericht und dem beaufsichtigten Gericht. Zielvorgaben für die Behandlungsdauer von bestimmten Rechtsfällen, Kernindikatoren für die Leistungserbringung wie sie im Rahmen des New-Public-Managements für die direkte Aufsicht von oberen über untere Gerichte angewendet werden, Vorschriften über die Art der Triage der Fälle durch das Gericht (vereinfachtes oder ordentliches Verfahren), über die Zuteilung der Fälle und den internen Ablauf der Verfahren, über die Organisation und die Zusammenarbeit der Dienste mit den Gerichtsabteilungen, usw., sind im Rahmen der Oberaufsicht unzulässig.[16] Sie gehören zur Verwaltungsautonomie der dritten Staatsgewalt.

6   Das BGG trägt dem Grundsatz der **Selbstverwaltung** (Art. 25 Abs. 1) mit folgenden Bestimmungen Rechnung:

1. im Verwaltungsbereich:

– Einrichten der Dienste (Abs. 2);

– Anstellung des nötigen Personals (Abs. 3);

– Führen einer eigenen Rechnung (Abs. 3);

---

[9] SGK-Kiss/Koller, Art. 188 (Justizreform) N 30; vgl. auch Sägesser-Sägesser, Art. 188 N 1074.

[10] SR 611.0.

[11] SR 172.220.1.

[12] Botschaft 2001 BBl 2001 4288; SGK-Kiss/Koller, Art. 188 (Justizreform) N 29, ausserdem bei Art. 13 N 9.

[13] Vgl. FS Aargauischer Juristenverein-Eichenberger, 42 in Bezug auf den Begriff der Justizverwaltung.

[14] SGK-Kiss/Koller Art. 188 (Justizreform) N 32; Kiss, Justizverfassung, 87.

[15] FS Aargauischer Juristenverein-Eichenberger, 42 i.S. eines «Dürfens»; vgl. auch Kiss, Justizverfassung, 89.

[16] Kettiger-Tschümperlin, 104–107. Im Übrigen s. hierzu bei Art. 3 und 13, insb. N 5.

- Regelung der Nebenbeschäftigungen (Art. 7);

- Beschluss über die Immunität (Art. 11 Abs. 1);

- Grundsatz der Zuständigkeit für die Organisation und die Verwaltung (Art. 13);

- Erlass von diversen Reglementen über die Organisation und Verwaltung des Gerichts, die Durchführung der Aufsicht über das Bundesstrafgericht und das Bundesverwaltungsgericht, die Schlichtung von Streitigkeiten zwischen Richtern und Richterinnen und die Information (Art. 15 Abs. 1 Bst. a, Art. 27 Abs. 3);

- Wahlen (Art. 15 Abs. 1 Bst. b);

- Verwaltungs- und Organisationsgeschäfte der verschiedenen Leitungsorgane (Art. 15 Abs. 1 Bst. c–h; Art. 16 Abs. 2, Art. 17 Abs. 4);

- Regelung des Öffentlichkeitsprinzips für die Gerichtsverwaltung (Art. 28).

2. Im Rechtsprechungsbereich:

- Reglemente bzw. Reglementsbestimmungen über die Gerichtsgebühren, die Entschädigung an Parteien, amtliche Vertreter und Vertreterinnen, Sachverständige sowie Zeugen und Zeuginnen (Art. 15 Abs. 1 Bst. a), die Geschäftsverteilung auf die Abteilungen nach Rechtsgebieten, die Bildung der Spruchkörper sowie den Einsatz der nebenamtlichen Richter und Richterinnen (Art. 22), die Aufgaben der Gerichtsschreiber und Gerichtsschreiberinnen (Art. 24 Abs. 3),

- Bestellung der Abteilungen (Art. 15 Abs. 1 Bst. d, Art. 18);

- die Wahl ihrer Präsidenten (Art. 15 Abs. 1 Bst. d, Art. 19).

- Die gesamte innere Organisation und Verwaltung des Bundesgerichts (N 2) fällt damit in seine eigene Zuständigkeit, soweit diese nicht durch ein Gesetz eingeschränkt ist. Der Grundsatz der Selbstverwaltung wird damit weitestgehend verwirklicht. Vorbehalten bleiben die Oberaufsicht der Bundesversammlung gem. Art. 3 und die Kompetenzen der Exekutive im Infrastrukturbereich gem. Art. 25a.

III. Dienste und Personal (Abs. 2)

Das Bundesgericht richtet seine **Dienste** selber ein. Es handelt sich um einen wichtigen 7 Eckpfeiler, ohne den die Selbstverwaltung toter Buchstabe bliebe. Das Bundesgericht kann selber am besten beurteilen, welcher Dienstleistungen es bedarf, um eine effiziente Rechtsprechung sicherzustellen. Die Dienste sind nie Selbstzweck, sondern immer auf die verfassungsmässigen und gesetzlichen Aufgaben des Bundesgerichts ausgerichtet: Unterstützung der Rechtsprechung des obersten Gerichts und der Aufsicht über die erstinstanzlichen Gerichte des Bundes (Art. 1 Abs. 2) sowie Information (Art. 27).

Zu diesem Zweck bestehen folgende Dienste:

- Das **Generalsekretariat** (Art. 26).

- Die **Bibliothek**: sie beschafft sämtliche juristische Literatur der Schweiz und Grundlagenwerke aus dem benachbarten Ausland. Für juristische Recherchen aus Rechtskreisen, die in der bundesgerichtlichen Rechtsprechung selten vorkommen, wird namentlich mit dem Institut für Rechtsvergleichung in Lausanne zusammengearbeitet; dies ist auch aus sprachlichen Gründen erforderlich. Zusammen mit dem Informatikdienst macht die Bibliothek elektronische Publikationen am Arbeitsplatz der Juristen oder in der Bibliothek zugänglich.

- Der **Dokumentationsdienst** erschliesst dem Bundesgericht die eigene Rechtsprechung. Er indexiert zwischen einem Fünftel und einem Viertel aller Urteile, welche die
Abteilungspräsidenten dokumentiert haben wollen, nach Gesetzesnormen und Fach-
begriffen (Deskriptoren). Er wählt in Fachzeitschriften Aufsätze zur Katalogisierung
aus und indexiert diese zusammen mit dem Bibliotheksdienst. Diese Erfassung wird
über den Bibliotheksverbund der gesamten Bundesverwaltung und auch verwaltungs-
externen Bibliotheken zur Verfügung gestellt. Ferner leistet der Dokumentationsdienst
Beiträge für internationale Publikationen und Fachtagungen.

- Der in den Dokumentationsdienst integrierte **Publikationsdienst** bereitet die Urteile
der Amtlichen Sammlung zur Veröffentlichung auf und führt das Generalregister, das
die wegleitenden Urteile für das breite Publikum erschliesst.

- Der **Informatikdienst** stellt den eidgenössischen Gerichten die erforderlichen Infor-
matik-Dienstleistungen zur Verfügung. Die Informatik hat im Gerichtsbetrieb strategi-
sche Bedeutung, da jeder Richter, Gerichtsschreiber und alle Dienste wesentlich auf
Informatikwerkzeuge angewiesen sind. Fällt die Informatik aus, so kommt auch die
Urteilsproduktion zum Erliegen. Der Informatikdienst gewährleistet eine Verfügbarkeit
von 99.98%.

- Die **zentrale Kanzlei** öffnet die eingehende Post, inklusive die neuen Rechtsschriften,
und leitet diese an die zuständigen Abteilungskanzleien weiter. Sie verschickt die
mit einem Verfahren verbundenen Rechnungen, besorgt die administrativen Schluss-
kontrollen in den Dossiers, legt die Urteile am Bundesgericht öffentlich auf und beliefert die akkreditierten Journalisten sowie Fachzeitschriften mit Urteilen. Sie hilft
den Abteilungskanzleien aus, nimmt externe Telefonate entgegen, erteilt Auskünfte
und bereitet die Korrespondenz mit Rechtsuchenden vor, wenn die Voraussetzungen
für die Eröffnung eines Dossiers in keiner Weise erfüllt sind.

- Jede Gerichtsabteilung verfügt über eine **Abteilungskanzlei**, in welcher die laufenden
Verfahren registriert und administrativ geführt werden. In Luzern erbringt eine Kanzlei
diese Dienstleistungen für zwei Abteilungen.

- Der **Finanzdienst** besorgt das Finanzwesen inklusive Inkasso und betreibt die Cafe-
terias am Sitz in Lausanne und am Standort Luzern.

- Der **Personaldienst** besorgt das Personalwesen, führt die Anstellungsverfahren in
administrativer Hinsicht durch, führt die Personaldossiers und gibt den Angestellten
Auskunft über administrative und personalrechtliche Belange.

- Der **Weibeldienst** ist die interne Post und bei öffentlichen Sitzungen Sitzungspolizei;
er begleitet den Präsidenten bei bestimmten Anlässen und übernimmt Fahrdienste.

- Der **Haus- und Sicherheitsdienst** hält die technischen Installation im Gange und stellt
die Eintrittskontrollen sowie die Überwachung des Gebäudes sicher.

8 Das Bundesgericht archiviert seine Akten selbständig. Es regelt die **Archivierung** seiner
Unterlagen nach den Grundsätzen des Archivierungsgesetzes[17] und nach Anhörung des
Bundesarchivs (Art. 1 Abs. 3 BGA) und hat dazu die Archivierungsverordnung des Bun-
desgerichts[18] erlassen. Die Verordnung regelt im Rahmen des Gesetzes die Archivierung
und Sicherung der Unterlagen, den Zugang zum Archivgut und den Rechtsschutz. Für
Prozessakten gilt statt der dreissigjährigen Schutzfrist eine solche von 50 Jahren, ausser

---

[17] SR 152.1, Bundesgesetz vom 26.6.1998 über die Archivierung (BGA).
[18] SR 152.21.

am Verfahren wären ausschliesslich öffentlich-rechtliche Gemeinwesen oder Körperschaften beteiligt (Art. 6 der Verordnung).

Die Autonomie der erstinstanzlichen Bundesgerichte geht weniger weit. Art. 1 Abs. 1 **9** Bst. d BGA erklärt das Archivierungsgesetz für das Bundesstrafgericht und das Bundesverwaltungsgericht anwendbar. Art. 4 Abs. 4 BGA erlaubt ihnen, ihre Akten selber zu verwahren, sofern sie die Archivierung nach den Grundsätzen des Gesetzes selbständig besorgen können. Diese Bestimmung enthebt die erstinstanzlichen Bundesgerichte somit nur bedingt von der Anbietepflicht für ihre Akten an das Bundesarchiv. Im Unterschied zum Bundesgericht bleiben sie an die Archivierungsverordnung[19] gebunden. Diese Durchbrechung des **Gewaltenteilungsprinzips** ist sachlich nicht gerechtfertigt. Richtigerweise müsste dem Bundesgericht die Kompetenz gegeben werden, die Archivierung auf Verordnungsstufe nicht nur für sich selber, sondern für die dritte Staatsgewalt zu regeln. Für die Ausführungsbestimmungen hat das Bundesstrafgericht ein Reglement über die Archivierung beim Bundesstrafgericht[20] erlassen.

Das Bundesgericht ist für sein Personal **Arbeitgeber** (Art. 3 Abs. 1 Bst. e BPG).[21] Das **10** Bundespersonalgesetz gilt auch für das Personal des Bundesgerichts (Art. 2 Abs. 1 Bst. g BPG); nicht zum Personal des Bundesgerichts zählen die Richter und Richterinnen (Art. 2 Abs. 2 Bst. a BPG).

Die Ausführungsbestimmungen des Bundesrats zum BPG gelten für das Personal des Bundesgerichts, soweit dieses für sein Personal nicht abweichende oder ergänzende Bestimmungen erlässt (Art. 37 Abs. 2 BPG). Das Bundesgericht hat von dieser Möglichkeit Gebrauch gemacht und am 27.8.2001 eine eigene Personalverordnung[22] erlassen. Diese orientiert sich inhaltlich und formal an der Bundespersonalverordnung (BPV)[23]; die Abweichungen sind vorwiegend durch die Besonderheiten des bundesgerichtlichen Betriebs bedingt. Die Bundespersonalverordnung findet nur soweit Anwendung, als in der PVBGer auf sie verwiesen wird (Art. 1 Abs. 2 PVBGer). Die PVBGer verweist zudem verschiedentlich auf die Ausführungsvorschriften des EFD[24] (z.B. für die Berechnungssätze von Funktionszulagen; Art. 32 Abs. 3 PVBGer).

Die Bestimmung von Art. 7 Abs. 1 OG, wonach die Bundesversammlung mit dem Voranschlag die Zahl der Gerichtsschreiber und der übrigen wissenschaftlichen Mitarbeiter bestimmt, ist mit dem BGG ersatzlos entfallen. Das Bundesgericht kennt seinen Personalbedarf besser und soll daher im Rahmen der vom Parlament bewilligten Mittel selber entscheiden, wie viele juristische Mitarbeiter es benötigt.[25]

Nicht durchgesetzt hat sich die Arbeitgebereigenschaft des Bundesgerichts in Bezug auf **11** die **Pensionskasse**. Gemäss Art. 3 Bst. a PKB-Gesetz[26] ist der Bundesrat auch für das Personal des Bundesgerichts «Arbeitgeber nach diesem Gesetz». Das PUBLICA-Gesetz vom 20.12.2006[27] hält an dieser Lösung fest. Die Bestimmung wird ins Bundespersonalgesetz verschoben, welches in Art. 32b Abs. 2 neu festhält: «Der Bundesrat gilt als Arbeitgeber im Sinne des PUBLICA-Gesetzes für die Angestellten nach Art. 32a» und damit für das Personal des Bundesgerichts. Das Bundesgericht war einverstanden, dass

---

[19] SR 152.11, Verordnung vom 8.9.1999 zum Bundesgesetz über die Archivierung (VBGA).
[20] SR 152.12.
[21] SR 172.220.1, Bundespersonalgesetz.
[22] SR 172.220.114.
[23] SR 172.220.111.3.
[24] SR 172.220.111.31, Verordnung des EFD vom 6.12.2001 zur Bundespersonalverordnung (VBPV).
[25] SGK-KISS/KOLLER Art. 188 (Justizreform) N 36.
[26] SR 172.222.0, Bundesgesetz vom 23.6.2000 über die Pensionskasse des Bundes (PKG-Gesetz).
[27] BBl 2007 21.

der Bundesrat die Pensionskasse auch für das Personal des Bundesgerichts regelt, hatte sich aber gegen die erwähnte Formulierung von Art. 32b Abs. 2 E-BPG gewandt, weil die berufliche Vorsorge eine wichtige Pflicht des Arbeitgebers bildet und die Arbeitgebereigenschaft für das bundesgerichtliche Personal allein dem Bundesgericht zukommt. Es fand mit seinen Vorschlägen bei der Verwaltung jedoch kein Gehör und verzichtete in der Folge mangels praktischer Tragweite auf Weiterungen auf höherer Ebene. Wichtiger schien, dass die aufwändige und viel Fachwissen benötigende Pensionskassenfrage für das bundesgerichtliche Personal definitiv geklärt und dieses gem. Art. 32a Abs. 1 BPG weiterhin bei der PUBLICA versichert ist.

12 Im Unterschied zum Bundesgericht sind die **erstinstanzlichen Bundesgerichte** keine eigenständigen **Arbeitgeber** nach BPG. Ihnen kommt diese Eigenschaft nur so weit zu, als sie ihnen gestützt auf Art. 37 Abs. 2 BPG vom Bundesrat delegiert werden. Der Bundesrat hat dazu die Verordnung über die Arbeitsverhältnisse des Personals des Bundesstrafgerichts und des Bundesverwaltungsgerichts[28] erlassen. Darin wird die Personalpolitik des Bundesrats und des EFD für die beiden erstinstanzlichen Gerichte als massgebend erklärt, sofern die besondere Stellung oder Funktion der Gerichte nicht etwas anderes verlangt (Art. 2 Abs. 1). Den beiden Gerichten wird auferlegt, ihre Berichterstattung über die Erreichung der Ziele des Bundespersonalgesetzes zuhanden der Bundesversammlung dem Bundesgericht zu unterbreiten (Art. 3). Diese Vorschrift ist materiell richtig. Die Weisung der Regierung bedeutet jedoch wie viele andere Vorschriften dieser Verordnung einen Einbruch ins **Gewaltenteilungsprinzip**. Nach dem Grundsatz der Selbstverwaltung sind diese Fragen von der dritten Staatsgewalt selbständig zu regeln. Richtigerweise sollte der Bundesrat diese Legiferierungskompetenzen gestützt auf Art. 37 Abs. 3 BPG dem Bundesgericht abtreten, damit dieses durch eine Erweiterung des Geltungsbereichs der PVBGer für alle eidgenössischen Gerichte ein gemeinsames Dach für das Personalrecht erlassen kann. Diese Lösung stünde auch im Einklang mit der administrativen Aufsichtskompetenz des Bundesgerichts (Art. 1 Abs. 2).

IV. Finanzautonomie (Abs. 3)

13 Ein ganz wesentliches Element der Verwaltungsautonomie besteht in der Finanzautonomie. Das Bundesgericht kann im vom Gesetz bestimmten Rahmen frei über die Mittel verfügen, die ihm vom Parlament zugewiesen werden.[29] Dem Bundesrat steht in Bezug auf die Budgeteingaben und Nachtragskreditbegehren des Bundesgerichts schon von Verfassungs wegen kein Korrekturrecht zu.[30]

Das Bundesgericht vertritt die Entwürfe für die **Voranschläge** und die **Rechnungen** der eidgenössischen Gerichte vor der Bundesversammlung (Art. 142 Abs. 3 ParlG). Es vertritt gem. ausdrücklicher Gesetzesvorschrift nicht nur sein eigenes Budget, sondern auch jene der beiden erstinstanzlichen Bundesgerichte vor den Finanzkommissionen und den beiden Räten. Nach Art. 162 Abs. 2 bezeichnet das Bundesgericht ein Mitglied, das die Entwürfe der Voranschläge, die Rechnungen und die Geschäftsberichte der eidgenössischen Gerichte sowie deren Stellungnahmen zu Vorstössen, die sich auf die Geschäftsführung oder ihr Finanzgebaren beziehen, in den Räten oder deren Kommissionen vertritt. In der Regel ist dies der Bundesgerichtspräsident. Er kann sich nach Abs. 3 in den Kommissionen durch Personen im Dienst des Bundesgerichts begleiten oder im Einvernehmen mit dem Kommissionspräsidium vertreten lassen. In den Subkommissionen

---

[28] Vom 26.9.2003, SR 172.220.117.
[29] Botschaft 2001 4288.
[30] SGK-Kiss/Koller, Art. 188 (Justizreform) N 35.

werden dagegen praxisgemäss die Chefbeamte der Verwaltungseinheiten und somit auch jene der eidgenössischen Gerichte aufgeboten.

Das **Finanzhaushaltgesetz** (FHG)[31] gilt gem. Art. 2 Bst. b auch für die eidgenössischen **14** Gerichte. Die Rechnung des Bundesgerichts wird in der Staatsrechnung des Bundes aufgeführt (Art. 5 Bst. a Ziff. 3 FHG).[32] Das Eidgenössische Finanzdepartement sorgt für den Überblick über den gesamten Finanzhaushalt des Bundes (Art. 58 Abs. 1 FHG) und schliesst damit die Finanzen des Bundesgerichts zwingend mit ein. Die **Finanzhaushaltverordnung** (FHV)[33] erklärt die Bestimmungen, welche die Verwaltungseinheiten betreffen, für das Bundesgericht anwendbar. Die Sonderstellung nach Art. 142 Abs. 2 und 3 ParlG bleibt dabei vorbehalten (Art. 1 FHV). Wie alle Verwaltungseinheiten ist das Bundesgericht verantwortlich für die sorgfältige, wirtschaftliche und sparsame Verwendung der ihm anvertrauten Kredite und Vermögenswerte (Art. 57 Abs. 1 FHG). Mangels Steuerung durch Departement und Bundesrat als vorgesetzte Behörden kommt dem Bundesgericht als Korrelat zur Verwaltungsautonomie eine gegenüber den Verwaltungseinheiten erhöhte Verantwortung im Umgang mit den ihm anvertrauten Mitteln zu.

Gemäss Art. 26 Abs. 2 FHV übernimmt der Bundesrat die Anträge der eidgenössischen Gerichte auf Übertragung der mit ihren Vorschlägen bewilligten Kredite unverändert. Auch hier gilt somit der Grundsatz, dass sich der Bundesrat nicht über die Finanzanträge des Bundesgerichts hinwegsetzen kann. Nichts hindert ihn dagegen, dem Parlament aus finanzpolitischen oder anderen Gründen abweichende Anträge zum Budget oder zur Rechnung des Bundesgerichts zu stellen.

Das Bundesgericht ist für die Ordnungsmässigkeit seiner **Buchführung** verantwortlich **15** (Art. 32 Abs. 1 FHV). Die Weisungen der Finanzverwaltung zur fachlichen, organisatorischen und technischen Ausgestaltung des Finanz- und Rechnungswesens sowie die Vorgaben für standardisierte Finanzprozesse (Art. 32 Abs. 2 FHV) gelten auch für das Bundesgericht.

Die Aufgaben der **Direktoren** der Verwaltungseinheiten (Art. 36 Abs. 3, Art. 38 und 39 FHV) werden am Bundesgericht vom Generalsekretär als Vorsteher der Gerichtsverwaltung wahrgenommen (Art. 26).

Für das **Inkasso** enthält Art. 68 Abs. 2 FHV die Sondervorschrift, dass dieses von den eidgenössischen Gerichten selbständig besorgt wird. Für das Bundesgericht war dies seit jeher der Fall; es besorgt das Mahnwesen, leitet die Betreibungen sowie Rechtsöffnungen selbständig ein und schreibt uneinbringliche Forderungen administrativ ab. Für letzteres ist entgegen Art. 68 Abs. 4 FHV im Finanzbereich des Bundesgerichts nicht die Finanzverwaltung des Bundes zuständig. Die administrative Abschreibung von Forderungen bildet das letzte Element des Inkassos und gehört zur Selbstverwaltung im Finanzwesen. Bei der administrativen Abschreibungen bleiben die Forderungen bestehen und werden später wieder geltend gemacht, wenn Aussicht auf Einbringlichkeit besteht. Die Rechnung des Bundesgerichts weist jedes Jahr den Eingang solcher Forderungen aus. Es handelt sich somit keineswegs um einen inhaltsleeren Vorbehalt. Auch zivilrechtliche Klagen zur Durchsetzung seiner finanziellen Ansprüche fallen in die Zuständigkeit des Bundesgerichts, mussten jedoch noch nie angehoben werden. In seinen Verträgen sieht das Bundesgericht standardmässig ein Schiedsgericht mit Sitz in Lausanne vor und erklärt die Regeln des kantonalen Konkordats vom 27.3.1969 über die Schiedsgerichtsbarkeit für anwendbar. Ein solches musste bisher noch nie eingesetzt werden.

---

[31] Vom 7.10.2005, SR 611.0.
[32] Für das Budget s. Art. 30 Abs. 3 lit. a FHG.
[33] Vom 5.4.2006, SR 611.01.

V. Weitere Aspekte der Selbstverwaltung

16 Von zentraler Bedeutung im Verhältnis der Staatsgewalten ist, dass sich das Bundesgericht vor der ersten Staatsgewalt bei der Entstehung der ihn betreffenden Regelungen selber vertreten kann. Die **parlamentarischen Kommissionen** geben den eidgenössischen Gerichten Gelegenheit zur Stellungnahme, wenn von ihnen vorberatene Erlassentwürfe die Zuständigkeiten, die Organisation oder die Verwaltung der eidgenössischen Gerichte betreffen (Art. 162 Abs. 4 ParlG). Im Verhältnis zum Bundesrat sind die Prozesse und Zuständigen im Verfahrensprotokoll vom 1.5.1998[34] detailliert geregelt. Dieses Verfahrensprotokoll steht allerdings noch auf der Grundlage des GVG[35] und des OG. Es wird gegenwärtig nachgeführt. Für den Verkehr mit dem Parlament ist ein entsprechendes Übereinkommen beabsichtigt.

Art. 25a

Infrastruktur

[1] **Für die Bereitstellung, die Bewirtschaftung und den Unterhalt der vom Bundesgericht benutzten Gebäude ist das Eidgenössische Finanzdepartement zuständig. Dieses hat die Bedürfnisse des Bundesgerichts angemessen zu berücksichtigen.**

[2] **Das Bundesgericht deckt seinen Bedarf an Gütern und Dienstleistungen im Bereich der Logistik selbständig.**

[3] **Das Bundesgericht und der Bundesrat regeln die Einzelheiten der Zusammenarbeit zwischen dem Bundesgericht und dem Eidgenössischen Finanzdepartement in einer Vereinbarung. Darin kann die Zuweisung der Zuständigkeiten gemäss den vorherigen Absätzen in einzelnen Punkten anders geregelt werden.**

Infrastructure

[1] Le Département fédéral des finances met à la disposition du Tribunal fédéral les bâtiments utilisés par celui-ci, les gère et les entretient. Il prend en compte de manière appropriée les besoins du tribunal.

[2] Le Tribunal fédéral couvre de manière autonome ses besoins en biens et prestations dans le domaine de la logistique.

[3] Le Tribunal fédéral et le Conseil fédéral règlent les modalités de la collaboration entre le Tribunal fédéral et le Département fédéral des finances dans une convention. Celle-ci peut prévoir sur des points particuliers une répartition des compétences qui s'écarte de celle prévue aux alinéas précédents.

Infrastruttura

[1] Il Dipartimento federale delle finanze è competente per l'approntamento, la gestione e la manutenzione degli edifici utilizzati dal Tribunale federale. Esso tiene adeguatamente in considerazione le esigenze del Tribunale federale.

[2] Il Tribunale federale sopperisce autonomamente ai suoi bisogni in beni e servizi nell'ambito della logistica.

[3] Il Tribunale federale e il Consiglio federale disciplinano in una convenzione i dettagli della collaborazione tra il Tribunale federale e il Dipartimento federale delle finanze. In singoli punti possono pattuire una ripartizione delle competenze diversa da quanto stabilito nei capoversi precedenti.

---

[34] BBl 2004 1549, Verfahrensprotokoll zwischen dem Bundesrat und dem Bundesgericht bei Vernehmlassungen zu Gesetzen im Allgemeinen und betr. die Stellung des Bundesgerichts im Besonderen.

[35] Geschäftsverkehrsgesetz vom 23.3.1962, AS 1962 773.

Inhaltsübersicht Note

Materialien

E ExpKomm; E 2001; Botschaft 2006 BBl 2006 3067; AB 2006 N 907–909, AB 2006 S 380/381.

I. Allgemeine Bemerkungen

Die Bestimmung über die Infrastruktur wurde mit Beschluss vom 23.6.2006 vor Inkraft- 1 treten des BGG ins Gesetz eingefügt.[1] Das Bundesgericht teilte dem Bundesamt für Bauten und Logistik (BBL) am 21.9.2004 mit, die Verordnung vom 14.12.1998 über das Immobilienmanagement und die Logistik des Bundes (VILB) verstosse spätestens ab Inkrafttreten von Art. 188 Abs. 3 BV gegen höherrangiges Recht, und unterbreitete gleichzeitig einen Entwurf für einen **Zusammenarbeitsvertrag**.[2] Nach Auffassung des Bundesgerichts reichte ein solcher Vertrag aus, da dem Bundesgericht gestützt auf die Verfassungsbestimmung und Art. 25 die volle Verwaltungsautonomie auch für Bauten und die Logistik zustand; eine Lücke bestand nicht.[3] Das BBL beauftragte das Bundesamt für Justiz (BJ) in der Folge mit der Ausarbeitung eines Rechtsgutachtens. Darin gelangte das BJ zur Auffassung, es müsse eine neue Rechtsgrundlage geschaffen werden, wenn der frühere Rechtszustand fortgesetzt werden solle. Dies entsprach allerdings gerade nicht der Absicht des Bundesgerichts; es wollte die frühere Lage nicht mehr und hätte es vorgezogen, seine Partner für die Besorgung des Bauwesens und der Logistik nach wirtschaftlichen und praktischen Gesichtspunkten frei wählen und die Aufgabenteilung verhandeln zu können. In seiner Stellungnahme hielt es ausdrücklich fest, eine gesetzliche Regelung sei sachlich nicht nötig; das Bundesgericht sei in der Lage mit der ihm von der Verfassung und dem (damals) geltenden BGG-Text vernünftig umzugehen.[4] Demgemäss stand eine Einigung mit dem BBL im Vordergrund. Die Bundesverwaltung sah dies anders, fixierte im Entwurf zu Art. 25a die wesentlichen Eckpunkte des vom Bundesgericht vorgeschlagenen Zusammenarbeitsvertrags gesetzlich und setzte sich damit im Parlament durch. Die Minderheit Jutzet wies im Nationalrat vergeblich auf die Verfassungslage und darauf hin, dass eine Vereinbarung zwischen zwei Partnern die Vertragsfreiheit und die Gleichheit der Partner voraussetze. Bundesrat und die Mehrheit wollten aus Effizienzgründen nicht, dass das Bundesgericht selber baut, und glaubten, nur mit einer gesetzlichen Regelung eine sinnvolle Bauverwaltung sicherstellen zu könne. Das Bundesgericht solle sich seiner Hauptaufgabe, der Rechtsprechung, widmen. Dieses wollte allerdings nie selber bauen, sondern nur vertraglich bestimmen, wem es den Auftrag zur Wahrnehmung der Bauherreninteressen erteilt, wobei das BBL im Vordergrund stand.

---

[1] BBl 2006 5799; AS 2006 413.
[2] Botschaft 2006 3072 f.
[3] Anpassungen wären dagegen in der VILB notwendig gewesen. Dagegen hatte das Bundesgericht nichts einzuwenden. Vgl. dazu die Darstellung in der Botschaft 2006 3073.
[4] BBl 2006 3086.

Die Kompetenzen im Bereich Infrastruktur sind mit Art. 25a zwischen dem BBL und dem Bundesgericht abgesehen von einzelnen Fragen fest verteilt. Es besteht eine **Zwangspartnerschaft** im Rahmen einer bundesinternen Monopolwirtschaft. Die wesentliche Bedeutung von Art. 25a liegt darin, dass sich das Finanzdepartement und das BBL für das Bauwesen des Bundesgerichts nicht dem Markt stellen müssen. Andere Leistungserbringer sind von Gesetzes wegen ausgeschlossen.

II. Bauwesen (Abs. 1)

2 Das Eidgenössische Finanzdepartement (EFD) ist zuständig, dem Bundesgericht die von ihm benutzten Gebäude bereitzustellen, zu bewirtschaften und zu unterhalten. Innerhalb des Departements fällt diese Aufgabe funktional dem Bundesamt für Bauten und Logistik (BBL) zu. Gemäss Gesetzeswortlaut kann das EFD dem Bundesgericht nicht ein beliebiges Gebäude zuweisen. Der Wortlaut geht vielmehr davon aus, dass das Bundesgericht schon ein Gebäude benutzt, das vom EFD bereitzustellen, d.h. für eine der Justiz dienende Nutzung herzurichten ist. Nach Sinn und Zweck der Aufgabenteilung zwischen dem Bundesgericht und dem EFD kann es anderseits nicht allein dem Belieben des Bundesgerichts anheimgestellt sein, welches Gebäude es für seinen Betrieb auswählt. Vielmehr ist für die **Wahl des Gebäudes** eine einvernehmliche Lösung zwischen beiden Partnern notwendig, wobei jeder für die Gesichtspunkte des eigenen Fachbereichs federführend ist: Das EFD für Fragen der Wirtschaftlichkeit und der Bautechnik, das Bundesgericht für funktionale Fragen zum Betrieb. Die Wahl eines Gerichtsgebäudes ist allerdings so lange faktisch obsolet, als das Bundesgericht im heutigen, für das oberste Gericht des Landes erbauten Gerichtsgebäude in Mon Repos und am Standort Luzern im von der SBB gemieteten Gotthardgebäude bleiben will. Ausserdem ist die Wahl der Gebäude durch den Sitz in Lausanne und den Standort in Luzern in örtlicher Hinsicht von Gesetzes wegen eingeschränkt (Art. 4).

3 Das EFD hat die vom Bundesgericht benutzten Gebäude zu bewirtschaften und zu unterhalten. Die entsprechenden Mittel werden im Budget des EFD eingestellt und im Parlament mit der zivilen Baubotschaft durch den Bundesrat anbegehrt.

Gestützt auf das Rechnungsmodell des Bundes (NRM) schliesst das BBL mit dem Bundesgericht ein «Rahmen Service Level Agreement (Rahmen SLA)» sowie eine Mietvereinbarung ab, in welcher pro Gebäude ein theoretischer Mietzins sowie die effektiven Zusatzkosten geregelt werden.[5] Diese Kosten werden dem Bundesgericht gem. **NRM** nicht finanzwirksam in Rechnung gestellt.[6] Uneinigkeit über die verrechneten Kosten dürften weitgehend ohne effektive Folgen bleiben, da es sich um reines Buchgeld handelt.

Das Bundesgericht steht gegenüber dem EFD bzw. dem BBL in einer **Mieterbeziehung**. Das Bundesgericht kann Teilflächen nur mit schriftlicher Zustimmung des BBL an Dritte weitervermieten. Das BBL seinerseits kann nur Flächen oder Objektteile anderweitig vermieten, die zuvor vom Bundesgericht freigegeben worden sind. Insoweit trägt das Bundesgericht Mitverantwortung für eine zweckmässige Nutzung der ihm zur Verfügung

---

[5] Das BBL geht von einem marktorientierten Mietermodell aus. Es verrechnet dem Bundesgericht für das Jahr 2007 für das im Eigentum des Bundes stehende Bundesgerichtsgebäude am Sitz Lausanne 6,5 Mio Franken und für das als Gerichtsgebäude benutzte, der SBB gehörende Verwaltungsgebäude in Luzern 1,8 Mio Franken. Das Bundesgericht erachtet namentlich den Preis für das Hauptgebäude in Lausanne als sehr hoch. Das angewandte Rechnungsmodell beachtet nicht, dass es für spezifische Justizbauten keinen Markt gibt.

[6] Damit sollen die effektiven Kosten der Institutionen und Verwaltungseinheiten transparent gemacht werden.

gestellten Gebäudenutzflächen des Bundes. Es handelt es sich um einen Mietvertrag **sui generis**: Der Vertrag als solcher kann zwar gekündigt werden; das BBL kann das Bundesgericht jedoch nicht aus dem Mietobjekt weisen. Umgekehrt kann das Bundesgericht nicht von sich aus in ein anderes Gebäude ziehen, solange seine Mietausgaben nicht finanzwirksam budgetiert sind.

Das EFD hat die **Bedürfnisse** des Bundesgerichts «angemessen» zu berücksichtigen. **4** Diese gesetzliche Auflage beschränkt de facto die Entscheidungsautonomie der Verwaltung. Zwar liegt die Entscheidungsbefugnis bei der Exekutive: Sie entscheidet letztlich, inwieweit die Bedürfnisse des Bundesgerichts als angemessen zu gelten haben. Dennoch ist nicht anzunehmen, dass sich die Bundesverwaltung leichtfertig über die Anliegen des Bundesgerichts hinwegsetzen kann. Dem beugt das besondere Eskalationsverfahren wirksam vor (N 15).

Aufgrund der Vereinbarung über die Zusammenarbeit gem. Art. 25a zwischen dem Bun- **5** desrat und dem Bundesgericht erbringt das **BBL** dem Bundesgericht folgende **Dienstleistungen**:

– Das BBL ist Eigentümervertreterin und als solche verantwortlich für das Management der zivilen Immobilien (Art. 6 VILB).

– Im Bereich der strategischen Steuerung ist es insb. zuständig für die Bedürfnisüberprüfung, die Investitionsplanung, das Immobilien-Portfolio-Management und die Kostentransparenz.

– Im Bereich der operativen Steuerung besorgt das BBL namentlich: die Immobilien-Bereitstellung, das technische Objektmanagement (Instandhalten, technische Betriebsführung, Energie, baulich-technische Sicherheit), Vorstudien und Projektierung, Ausschreibung und Realisierung.

– Das BBL ist bauseitig für die Telematik inklusive die LAN[7]-Verkabelung zuständig.

Dem **Bundesgericht** stehen im **Gebäudebereich** gem. der Art.-25a-Vereinbarung wei- **6** terhin folgende Aufgaben zu, die es schon unter der alten Ordnung selbständig erfüllt hat:

– Es schliesst die Mietverträge mit den Hausmeistern ab, wobei es die Richtlinien des Eidgenössischen Personalamts anwendet.

– Es betreibt die Cafeteria selbständig, d.h. es beschliesst autonom über das Betriebskonzept, die Angebote und Preise.

– Das Bundesgericht besorgt die Reinigung des Gebäudes und stellt hierzu das nötige Personal ein.

Ausser Vertrag werden dem Bundesgericht praxisgemäss ausserdem kleine Bauprojekte bis Fr. 20 000.– zur selbständigen Realisierung übertragen.

Das Bundesgericht hat mit gutem Grund um diese **Zuständigkeiten** gekämpft. Den **7** *Hausmeistern* kommt für das gute Funktionieren des Gerichtsbetriebs eine nicht zu unterschätzende Rolle zu. Das Bundesgericht stellt sie daher selber ein; sie gehören zum Personal des Bundesgerichts. Als Arbeitgeber regelt das Bundesgericht die Pflicht zur Wohnsitznahme im Gerichtsgebäude (Art. 53 Abs. 2 PVBGer). Damit ist für die Hausmeister eine einzige Instanz für alle Fragen zuständig. Die *Cafeteria* soll so eingerichtet und unterhalten werden, wie es dem Bundesgericht, seinem Betrieb und seinen Verpflichtungen gegenüber Gästen am besten angemessen ist. Bei der *Reinigung* bestimmt

---

[7] LAN = Local Area Network = das Netzwerk innerhalb des Hauses.

das Bundesgericht selber den Sauberkeitsgrad, das Schwergewicht der Reinigungen, die Kadenz für die Reinigung der verschiedenen Bürokategorien. All diese Zuständigkeiten mögen für sich genommen klein und unbedeutend erscheinen. Sie tragen jedoch wesentlich zur Zufriedenheit der Benutzer bei. Würden diese Bereiche von der Exekutive besorgt, verkäme die Selbstverwaltung zur inhaltsleeren Worthülse.

III. Logistik (Abs. 2)

8 Das Bundesgericht deckt seinen Bedarf im Bereich der **Logistik** selber. Unter den Begriff der Logistik i.S. dieser Bestimmung fallen alle nicht baulichen, sachlichen Ausstattungen, die für einen ordentlichen Gerichtsbetrieb nötig sind. Das Gesetz erwähnt ausdrücklich die Güter und Dienstleistungen. Die genaue Umschreibung der sachlichen Ausstattung und damit der Logistik ändert sich mit dem Stand der Technik.

Diese Zuständigkeit entspricht dem bisherigen Rechtszustand. Schon unter dem OG hat das Bundesgericht die logistischen Bedürfnisse selber gedeckt.

9 Gemäss der **Vereinbarung nach Art. 25a** beschafft das Bundesgericht insb. die folgenden Leistungen über seine eigenen Kredite selbständig:

– Publikationen;

– Drucksachen des Gerichts;

– Büromatik;

– Unterhalt und Ersatzbeschaffungen des Mobiliars;

– Informatik und Telekommunikationsmittel;

– Transporte.

10 Von besonderer Bedeutung ist die Zuständigkeit für die **Informatik**; das Bundesgericht entscheidet nach den Grundsätzen der Wirtschaftlichkeit, der Wirksamkeit und einer effektiven Führung selber, ob die Gerichtsinformatik selber betrieben oder ausgelagert wird und gegebenenfalls an wen. Über die Budgethoheit kann das Parlament auf diese Entscheidung massgeblichen Einfluss nehmen. Das Parlament hat jedoch den Grundsatz der Gewaltenteilung zu beachten: Die Budgethoheit ist derart wahrzunehmen, dass dem Bundesgericht bei mehreren sparsamen und effektiven Möglichkeiten genügend Spielraum für die Beurteilung der angemessensten Lösung bleibt.

Auf Wunsch des Parlaments hat sich das Bundesgericht bereit erklärt, auf seiner Plattform die Informatik für alle vollamtlich organisierten eidgenössischen Gerichte zu betreiben. Für das Bundesverwaltungsgericht ist dieser Schritt bereits vollzogen; das Bundesstrafgericht soll später dazu kommen. Die Zukunft dieser Form der Zusammenarbeit ist derzeit offen.

11 Das **BBL** stellt im **Logistikbereich** zu kostendeckenden Preisen **Dienstleistungen** zur Verfügung. Es kann insb. wichtige oder besondere Fachkenntnisse erfordernde Beschaffungen namens des Bundesgerichts durchführen. Zu denken ist beispielsweise an eine öffentliche Ausschreibung für den Druck und die Abonnementsverwaltung der Amtlichen Sammlung der Bundesgerichtsentscheide oder für Grossbeschaffungen in der Informatik gem. dem Bundesgesetz über das Beschaffungswesen (Boeb).[8] Es handelt sich um eine sinnvolle Ergänzung der gesetzlichen Zuständigkeiten. Es wäre nicht wirtschaftlich,

---

[8] Vom 16.12.1994, SR 172.056.1.

wenn das Bundesgericht für seltene komplexe Aufgaben im Logistikbereich eigene Fachorgane unterhalten müsste.

Für Neu- und Teilausstattungen wird das **Mobiliar** vom BBL beschafft. Dieses berück- 12 sichtigt im Rahmen der Kostenvorgaben die Bedürfnisse des Bundesgerichts und die bisherige Ausstattung angemessen. Mit Neu- und Teilausstattungen ist die Möblierung von Räumen im Rahmen von Neu- und Umbauten gemeint.

Das Bundesgericht ist dem Bundesgesetz über das **Beschaffungswesen** noch nicht unter- 13 stellt. Die Verwaltungskommission hat jedoch am 6.12.2005 beschlossen, die Regeln des Boeb vorerst auf freiwilliger Basis sinngemäss anzuwenden. Dieser Entscheid fördert die Zusammenarbeit zwischen dem Bundesgericht und dem BBL für aufwändige oder komplexe Beschaffungen.

IV. Zusammenarbeit (Abs. 3)

Die **Einzelheiten** der **Zusammenarbeit** werden zwischen dem Bundesgericht und dem 14 Bundesrat in einer Vereinbarung[9] geregelt. Eine Vereinbarung ist sachlich notwendig. Eine strikte Trennung der Zuständigkeiten – Bauten allein beim EFD, Logistik allein beim Bundesgericht – ergäbe keine optimale Aufgabenteilung.

Der Zusammenarbeitsvertrag sieht denn auch folgende Abweichmöglichkeiten vor:

– Zuständigkeiten des Bundesgerichts beim Gebäude und im Bauwesen (N 6);

– Beschaffungen im Logistikbereich durch das BBL im Auftrage des Bundesgerichts (N 11 und 13);

– Neu- und Teilausstattungen beim Mobiliar durch das BBL (N 12);

– Telematik mit Ausnahme der baulichen Bereitstellung inklusive LAN-Verkabelung (N 5).

Die Vereinbarung über die Zusammenarbeit kann in gegenseitiger Übereinstimmung jederzeit aufgehoben oder abgeändert werden. Sie kann mit einer Frist von sechs Monaten jeweils auf das Ende eines Jahres schriftlich gekündigt werden.

Bemerkenswert ist die in der Zusammenarbeitsvereinbarung vorgesehene **Streitschlich-** 15 **tung** bei Streitigkeiten oder Meinungsverschiedenheiten zwischen dem BBL und der Verwaltung des Bundesgerichts. Zunächst werden die hierarchisch vorgesetzten Stellen bemüht, indem die Generalsekretariate des EFD und des Bundesgerichts eingeschaltet werden. Gelingt auf dieser Stufe keine Einigung, so gelangt die Angelegenheit an den Vorsteher des EFD und die Verwaltungskommission des Bundesgerichts, also auf Magistratsebene. Misslingt eine Einigung innert zweier Monate, so greift eine Schiedsklausel: Es kann ein Schiedskörper angerufen werden, der aus den Präsidenten der eidgenössischen Räte, der Finanzkommission und der Gerichtskommission besteht. Für das Verfahren gelten subsidiär die Regeln des kantonalen Konkordates vom 27.3.1969 über die Schiedsgerichtsbarkeit. Dieses mehrstufige und aufwändige Verfahren ist Ausdruck der Gewaltenteilung: im Streitfall über die bauliche Infrastruktur des obersten Gerichts soll weder die Exekutive noch die Judikative das entscheidende letzte Wort haben. Es ist allerdings fast nicht vorstellbar, dass der Schiedskörper je angerufen werden muss. In aller Regel werden die Beteiligten eine angemessene Lösung finden.

---

[9] BBl 2007 5259. Vereinbarung zwischen dem Bundesgericht und dem Bundesrat über die Zusammenarbeit im Bereich der Infrastruktur vom 6.7.2007.

Art. 26

General- sekretariat	**Der Generalsekretär oder die Generalsekretärin steht der Gerichtsverwaltung einschliesslich der wissenschaftlichen Dienste vor. Er oder sie führt das Sekretariat des Gesamtgerichts, der Präsidentenkonferenz und der Verwaltungskommission.**
Secrétaire général	Le secrétaire général dirige l'administration, y compris les services scientifiques. Il dirige le secrétariat de la Cour plénière, de la Conférence des présidents et de la Commission administrative.
Segretariato generale	Il segretario generale dirige l'amministrazione del Tribunale, compresi i servizi scientifici. Dirige inoltre il segretariato della Corte plenaria, della Conferenza dei presidenti e della Commissione amministrativa.

Materialien

Art. 25 E ExpKomm; Art. 24 E 2001 BBl 2001 4484 f.; Botschaft 2001 BBl 2001 4288 f.; AB 2004 N 1588, AB 2003 S 894; Bericht BJ an RK-N 2004; Modernes Management in der Justiz, Bericht der Parlamentarischen Verwaltungskontrollstelle vom 10.8.2001 zuhanden der Geschäftsprüfungskommission des Ständerats, BBl 2002 7641 (zit. Bericht Verwaltungskontrolle).

Literatur

Statut et fonctions des Secrétaires généraux des Cours constitutionnelles, Bulletin de jurisprudence constitutionnelle, Édition spéciale, Strasbourg 2006 (zit. Bulletin de jurisprudence constitutionnelle); P. TSCHÜMPERLIN, Gerichtsmanagement am Bundesgericht: Stand und Entwicklungstendenzen, in: D. Kettiger (Hrsg.), Wirkungsorientierte Verwaltungsführung in der Justiz – ein Balanceakt zwischen Effizienz und Rechtsstaatlichkeit, SVGW Band 44, Bern 2003 (zit. Kettiger-Tschümperlin).

I. Allgemeine Bemerkungen

Mit dem BGG wird die Funktion des Generalsekretärs auf Gesetzesstufe verankert. Da-   **1**
mit wird eine lange **Entwicklung** der **Führungsstruktur** zum Abschluss gebracht.[1]
Unter dem OG amtete lange Zeit einer der Gerichtsschreiber als Kanzleidirektor, in der
Regel für eine einzige Amtszeit von sechs Jahren; denn die Funktion war nicht besonders
beliebt. Kanzleidirektor Klingler schrieb der Verwaltungskommission im Jahre 1974, die
Funktion müsse in Zukunft überdacht werden. Die rein administrativen Aufgaben näh-
men ständig zu und sollten einem geeigneten Beamten, der nicht Jurist zu sein brauche,
übertragen werden. Ein Gerichtsschreiber solle sich nur noch mit den Administrativ-
geschäften juristischen Charakters befassen. Sein Nachfolger, Kanzleidirektor Müller[2],
ging einen anderen Weg und baute die Funktion von 1976 bis 1984 im grösser werdenden Bundesgericht faktisch zu einem Vollamt aus. Mit den neuen Leitungsstrukturen
führte das Bundesgericht im Jahre 1991 die Stelle eines «Verwaltungsdirektors» ein.
Diese wurde am 22.2.1993 durch Gesamtgerichtsbeschluss nach dem Vorbild ausländischer Gerichte und des EVG in «Generalsekretär» umbenannt.[3] An den Zuständigkeiten
änderte sich dadurch nichts.

Der Vorschlag des Ständerats in erster Lesung, den Generalsekretär zur Stärkung der
Administration zum stimmberechtigten Mitglied der Verwaltungskommission zu machen,
wurde von der Arbeitsgruppe unter dem Vorsitz von Bundesrat Blocher rückgängig gemacht.[4] Mit einem solchen **Stimmrecht** wäre der mit dem Vollzug beauftragte Generalsekretär zum vollwertigen Mitglied der Verwaltungskommission aufgerückt.[5]

Die verschiedenen **Grundmodelle** für die Stelle des Generalsekretärs sind im Bericht der   **2**
Parlamentarischen Verwaltungskontrollstelle vom 10.8.2001[6] gestützt auf die amerikani-
schen Lehre zusammengefasst: Erstens das **Alter-Ego-Konzept**, d.h., die verantwortlichen
Richter nehmen selber aktiven Anteil an der Verwaltung und bevorzugen als Gerichts-
Administrator einen Juristen mit Managementausbildung, also einen Mitarbeiter, welcher
dem Profil der Richter nahekommt, aber selber nicht Richter ist. Zweitens das **Spezialis-
tenkonzept** nach dem Motto: «Let the judges judge.» Bei diesem Konzept delegiert der
Gerichtspräsident die Verwaltungstätigkeit weitgehend an den Gerichtsmanager, gibt nur
wenige Richtlinien vor und nimmt die allgemeine Aufsicht wahr. Drittens das Führungsmodell «**judges only**». Diesem Modell steht der Gedanke Pate, dass sich Richter nur von
Richtern verwalten lassen, weil sie nur Verwaltungsentscheide von einem Kollegen oder
ehemaligen Kollegen akzeptieren.

Die Organisation des Bundesgerichts ist nicht fest auf eines dieser Modelle ausgelegt.
Massgebend beeinflusst wird die begriffliche Zuordnung aber durch die weitgehenden
Befugnisse der Verwaltungskommission. Daneben ist die konkrete Stellenbesetzung ein

---

[1] KETTIGER-TSCHÜMPERLIN, 78–89.
[2] Peter Alexander Müller, Dr. rer. publ. (HSG) und ab 1985 Bundesrichter, 1997/98 Bundesgerichtspräsident.
[3] Die Minderheit Schmidt empfand diese Umbenennung in der Plenardiskussion als leichte Abwertung. Das Gericht wolle eine professionelle Leitung der Verwaltung; an deren Spitze stehe der
Verwaltungsdirektor, dem alle Angestellten und Beamten unterstellt seien.
[4] Bericht BJ an RK-N 2004, 6.
[5] Auch mit diesem Stimmrecht hätte der Generalsekretär des Bundesgerichts nicht ganz die Stellung eines privatwirtschaftlichen CEO erreicht, weil er gerade im «Kerngeschäft», der Rechtsprechung, als Sekretär der Präsidentenkonferenz nur marginale Aufgaben erfüllt. Es handelt sich aber
um eine politische Frage, die sinnvollerweise nur im Einvernehmen mit dem Bundesgericht gelöst
werden konnte.
[6] BBl 2002 7654.

hilfreiches Indiz. Nach diesen beiden Hauptkriterien kommt das bundesgerichtliche Modell dem Alter-Ego-Prinzip am nächsten. Der Generalsekretär, sein Stellvertreter, die wissenschaftliche Adjunktin sowie der Chef Ressourcen sind gelernte Juristen, um im juristisch geprägten Umfeld bestehen zu können, und verfügen über eine Zusatzausbildung in Führung und Management.[7]

3   In Westeuropa ist das Modell eines nichtrichterlichen Generalsekretärs weit verbreitet.[8] Gelegentlich findet man auch die Zuweisung der Funktion an einen ordentlichen Richter, der für diese Funktion ganz, teilweise oder nicht entlastet wird.[9] Im **internationalen Vergleich** lässt sich im Allgemeinen feststellen, dass der Generalsekretär um so mehr in den eigentlichen Rechtsprechungsbetrieb, namentlich die Prozessleitung, involviert ist, je kleiner das Gericht ist.[10] Ab einer gewissen Grösse verlagert sich das Schwergewicht hin zu organisatorischen und administrativen Aufgaben. Am Bundesgericht ist dieser Prozess aufgrund der mittlerweile erlangten Grösse weit fortgeschritten.

II. Vorsteher der Gerichtsverwaltung

4   Der Generalsekretär steht der Gerichtsverwaltung vor. Nach dem Wortlaut des deutschen Textes ist er der «**Vorsteher**» der Gerichtsverwaltung. Der französische und italienische Text stimmen damit allerdings nicht ganz überein. Gemäss französischem – und analog italienischem – Text «dirigiert» der Generalsekretär die Verwaltung. Nach diesen Fassungen wäre der Generalsekretär also der «**Direktor**» der Verwaltung oder der «Verwaltungsdirektor» entsprechend der vom Ständerat in erster Lesung gewählten Bezeichnung. Aus dieser Terminologie lässt sich allerdings nichts ableiten. Die Stellung des Generalsekretärs bestimmt sich nach funktionalen Kriterien; dabei ist insb. das Verhältnis zur Verwaltungskommission näher zu beleuchten.

5   Gemäss Art. 17 Abs. 4 trägt nicht der Generalsekretär, sondern die Verwaltungskommission die «**Verantwortung** für die **Gerichtsverwaltung**». Dies erstaunt zunächst, denn wer der Gerichtsverwaltung vorsteht oder diese leitet, trägt dafür auch die Verantwortung. Gemäss der Aufgabenzuweisung von Art. 26 müsste die Verantwortung beim Generalsekretär liegen. Dieser Widerspruch löst sich auf, wenn der Generalsekretär in Art. 17 Abs. 4 als Sekretär und hauptsächliches Vollzugsorgan der Verwaltungskommission zugerechnet wird, der mit beratender Stimme an ihren Sitzungen teilnimmt. Art. 17 Abs. 4 regelt in diesem Verständnis die Gesamtverantwortung für die Gerichtsverwaltung unter Einbezug der Aufsichtskompetenzen gegenüber dem Generalsekretär.

6   Das **Verhältnis** zwischen **Generalsekretär** und **Verwaltungskommission** ist vielschichtig: Er führt ihr Sekretariat, bereitet einen Teil der Geschäfte der Verwaltungskommission vor, nimmt an ihren Sitzungen mit beratender Stimme teil und vollzieht anschliessend ihre Beschlüsse, soweit dafür nicht die Abteilungen zuständig sind (Art. 13 Abs. 3 BGerR). Die Verwaltungskommission übt ihrerseits als vorgesetztes Leitungsorgan die Aufsicht über den Generalsekretär aus. Diese Aufgabe ist im Unterschied zum alten

---

[7]   Der Bericht der Parlamentarischen Verwaltungskontrolle hält im «Fazit» fest: «Da Richter in der Regel keine besondere Managementausbildung durchlaufen haben, wird hier ein Nachholbedarf geortet und die sogenannte Professionalisierung des Gerichtsmanagements zum wichtigen Reformelement.» (BBl 2002 7675).

[8]   Anders aber z.B. bei der italienischen Corte costituzionale: Bulletin de jurisprudence constitutionnelle 45–47.

[9]   So namentlich beim Bundesverwaltungsgericht Deutschland und beim Verwaltungsgerichtshof Österreich. Bei letzterem ist der aktuelle Amtsinhaber, Dr. Gerhart Mizner, im Hauptamt Präsident von zwei Senaten und übt die Funktion als echte Zusatzcharge aus.

[10]   Bulletin de jurisprudence constitutionnelle 29 ff., 158 ff., 184, 190.

Bundesgerichtsreglement[11] weder auf Gesetzes- noch auf Reglementsstufe ausdrücklich normiert. Dies ist auch nicht notwendig, denn sie ist ganz selbstverständlich in der hierarchischen Stellung der Verwaltungskommission und der Verantwortung für die Verwaltung des Bundesgerichts mitenthalten.[12]

Art. 17 Abs. 4 weist der Verwaltungskommission überdies einige Verwaltungsgeschäfte zu, die im Tagesgeschäft vom Generalsekretär geleitet werden (Bereitstellung genügender wissenschaftlicher und administrativer Dienstleistungen, Gewährleistung einer angemessenen Fortbildung des Personals). Das Gesetz betont mit der Zuordnung dieser beiden Geschäfte an die Verwaltungskommission deren besondere Bedeutung für das Gericht. Damit will es sicherstellen, dass die Verwaltungskommission – der Stufe entsprechend v.a. durch generell-abstrakte Regelungen und die Bereitstellung genügender Mittel – den Rahmen schafft, damit diese Aufgaben erfüllt werden können. Zudem obliegt ihr, durch geeignete Aufsichtsmassnahmen, beispielsweise eine regelmässige Berichterstattung, die Aufgabenerfüllung zu überwachen und gegebenenfalls die notwendigen Konsequenzen zu ziehen. Die eigentliche Umsetzung und der Vollzug dieser beiden Aufgaben obliegen dagegen dem Generalsekretär und seinen Mitarbeitern.

Die Kompetenzen des Generalsekretärs in der Gerichtsverwaltung leiten sich letztlich zum grossen Teil aus der umfassenden Zuständigkeit der Verwaltungskommission ab.

Überdies besitzt die Verwaltungskommission die Möglichkeit zur **Kompetenzattrak-** 7 **tion**. Sie kann gem. Art. 17 Abs. 4 Bst. h sämtliche weiteren Verwaltungsgeschäfte, die nicht in die Zuständigkeit des Gesamtgerichts oder der Präsidentenkonferenz fallen, an sich ziehen und selber entscheiden. Es bestehen weder gesetzliche noch funktionale Schranken. Macht sie hiervon jedoch regelmässig Gebrauch, so höhlt sie die gesetzliche Funktion des Generalsekretärs als Vorsteher der Gerichtsverwaltung aus.

Umgekehrt schliesst die gesetzliche Regelung keineswegs aus, dass die Verwaltungs- 8 kommission ihre umfassenden Zuständigkeiten zum Zwecke einer sinnvollen Aufgabenteilung teilweise an den Sekretär delegiert, damit sie sich selber den wegleitenden und wichtigen Verwaltungsgeschäften widmen kann. Im Bundesgerichtsreglement wird die Möglichkeit zur **Delegation** von Geschäften ausdrücklich erwähnt (Art. 49 Abs. 2 Bst. i BGerR). Eine solche Aufgabenteilung liegt auch dem französischen Gesetzestext von Art. 17 Abs. 4 lit. d zugrunde, der die Verwaltungskommission zuständig erklärt zu *überwachen,* dass die wissenschaftlichen und administrativen Dienstleistungen den Bedürfnissen des Gerichts entsprechen.[13] Das Überwachen setzt begrifflich voraus, dass die eigentliche Tätigkeit von nachgeordneten Organen wahrgenommen wird.

Dies führt zur Kompetenzabgrenzung, wonach die **Grundsatzentscheide**, die Leitlinien 9 und Konzepte der Gerichtsverwaltung von der Verwaltungskommission zu erlassen oder zu genehmigen sind; der Generalsekretär setzt diese im Tagesgeschäft um. Zweifelsfälle oder Grundsatzfälle mit praxisbildendem Charakter legt er der Verwaltungskommission vor. Eine solche Zusammenarbeit fördert das gegenseitige Vertrauen und bildet damit den Boden für selbständiges Handeln des Generalsekretärs bei der konkreten Umsetzung. Das Vertrauensverhältnis wird letztlich entscheidend sein, wie weit der Generalsekretär in seinem Bereich tatsächlich selbständig handeln kann.

---

[11] Bundesgerichtsreglement vom 14.12.1978, Art. 27 Abs. 1 in der Fassung vom 8.12.1992, AS 1993 3165: «Sie übt die Aufsicht über den Generalsekretär aus.»
[12] Botschaft 2001, BBl 2001 4288.
[13] Art. 17 Abs. 4 Bst. d: «... de veiller à ce que les prestations des services scientifiques et administratifs répondent aux besoins du tribunal».

10   In seinem Bereich wird der Generalsekretär wesentlich mit **Zielvorgaben** zu führen sein. Die Verwaltungskommission wird die Ziele formulieren und ihre Erreichung überwachen. Ein solches Führungsmodell setzt aber voraus, dass dem Generalsekretär eine gewisse Autonomie gelassen wird, wie er diese Ziele erreichen will. Dies gilt auch in organisatorischer Hinsicht. Ohne Not sollte ihm die Verwaltungskommission nicht Organisationsmodelle verordnen, die seine Handlungsfreiheit wesentlich einschränken. Sonst organisiert die Verwaltungskommission die Dienste de facto selber und kann den Generalsekretär für die Zielerreichung insoweit nicht verantwortlich machen.

11   Die **Mitarbeiter** des Generalsekretärs unterstehen dem **Generalsekretär**. Er leitet das Generalsekretariat, nicht ein richterliches Leitungsorgan. Nicht mit der gesetzlichen Ordnung vereinbar wäre, den stellvertretenden Generalsekretär oder andere Mitarbeiter des Generalsekretariates direkt einem Leitungsorgan zu unterstellen. Damit übernähme dieses die Leitung des Stabs teilweise selber. Die Verwaltungskommission des Bundesgerichts hat es schon unter der alten Ordnung denn auch mehrfach abgelehnt, die Koordination unter den Mitarbeitern des Generalsekretariats selber besorgen zu müssen, und verlangt, mit dem Generalsekretär für alle Bereiche einen direkten und verantwortlichen Ansprechpartner zu haben. Dies schliesst nicht aus, dass fachbezogen weitere Mitarbeiter des Generalsekretariats, Dienstchefs oder Gerichtsschreiber an den Sitzungen eines Leitungsorgans teilnehmen und spezifische Dossiers bearbeiten.

III. Sekretariat der Leitungsorgane

12   Der Generalsekretär «führt das **Sekretariat**» der drei **Leitungsorgane** Verwaltungskommission Präsidentenkonferenz und Gesamtgericht. Diese Bestimmung deckt einen wichtigen Bereich seiner Funktion ab. Zum Sekretariat i.e.S. gehören die Organisation der Sitzungen, die Protokollführung und die Korrespondenz. Die Bestimmung ist im Übrigen doppelsinnig und besagt mit dem ersten Wortsinn, dass diese Aufgabe dem Generalsekretär obliegt. Mit dem zweiten Wortsinn legt sie fest, dass die entsprechenden Mitarbeiter vom Generalsekretär geführt, d.h. geleitet werden.

Die Bestimmung greift aber darüber hinaus. Das Bundesgerichtsreglement bezeichnet diesen Bereich zutreffenderweise umfassend als «**Stab der Leitungsorgane**».[14] Der Generalsekretär ist der Chef dieses Stabs, leitet die Stabsarbeit und gestaltet diese inhaltlich mit, sei es durch Konzepte, die er federführend oder mitwirkend entwirft und den Leitungsorganen vorlegt, sei es durch Korrespondenz der höheren Stufe. Damit ist gleichzeitig klargestellt, dass die Aufgabe nicht vom Generalsekretär allein, sondern aufgrund der Aufgabenfülle nur zusammen mit dem Büro und den wissenschaftlichen Mitarbeitern des Generalsekretariats erfüllt werden kann. Zum Sekretariat gehört ferner auch das Archiv der Leitungsorgane (Art. 4 und Art. 5 Abs. 2 Archivierungsverordnung[15]).

13   BGG und BGerR verlangen nicht, das der Generalsekretär das **Protokoll** persönlich führt. Im Gesamtgericht und in der Präsidentenkonferenz ist dies jedoch üblich. In der **Verwaltungskommission** kommt eine Mithilfe der Bürochefin in Betracht, wie dies unter der alten Ordnung des OG der Fall gewesen ist. Diese Mitwirkung erleichtert dem Generalsekretär die Wahrnehmung der beratenden Stimme: er kann frei reden und muss sich nicht auf die Protokollnotizen konzentrieren. Ebenso wird der anschliessende Vollzug erleichtert, weil die Mitarbeiterin die Meinungen der Mitglieder der Verwaltungskommission aus eigener Anschauung kennt und daher nur kurzer Instruktionen bedarf.

---

[14] Im 1. Titel, 1. Kapitel Leitungsorgane, 5. Abschnitt: «Stab der Leitungsorgane».
[15] SR 152.21, Archivierungsverordnung vom 27.9.1999 des Bundesgerichts.

Für das **Sekretariat** der **Präsidentenkonferenz** bestehen gegenüber jenem der Verwaltungskommission graduelle Unterschiede. Die Koordination der Rechtsprechung ist eine Prärogative der Richter, weshalb dem vom Generalsekretariat geführten Sekretariat rein unterstützende Funktion zukommt. Es gewährleistet nur den äusseren Geschäftsgang; die materiellen Aspekte werden in den Abteilungen erarbeitet. Der Generalsekretär wird in diesem Bereich in der Regel nicht von sich aus tätig, sondern handelt auf Anweisung ihres Präsidenten. Einzig bei Geschäften mit einem organisatorischen oder verwaltungsmässigen Einschlag, beispielsweise der Gestaltung von Abläufen, Formularen oder rein technischen Weisungen kann die Initiative auch vom Generalsekretär kommen. **14**

Noch stärker zurückgedrängt ist die Rolle des Generalsekretärs im **Gesamtgericht**, obschon die gesetzlichen und reglementarischen Bestimmungen für die Führung des **Sekretariats** gleich lauten. Hier sind reine Sekretariatsleistungen gefragt. Dies ergibt sich aus der Funktion des Gesamtgerichts ohne weiteres. Bei Sachgeschäften hat der Generalsekretär seine Anliegen im Vorfeld einzubringen; im Plenum werden die Geschäfte von den Leitungsorganen vertreten. Der Beitrag des Generalsekretärs beschränkt sich auf technische Erläuterungen. Bei den Wahlgeschäften muss sich der Generalsekretär funktionsgemäss vollständig neutral verhalten. Er darf sich in die Ausmarchungen seiner Wahlbehörde nicht einmischen und hat allen Vorgesetzten zu Diensten zu sein. **15**

Vom Sekretariat des Gesamtgerichts zu unterscheiden ist das Sekretariat der **Vereinigung der Abteilungen** gem. Art. 23 Abs. 3, auch wenn diese Vereinigung personell mit dem Gesamtgericht identisch sein kann, wenn alle sieben Abteilungen betroffen sind. Das Generalsekretariat besorgt in der Praxis das Sekretariat der vereinigten Abteilungen, wenn der Generalsekretär oder sein Stellvertreter im konkreten Fall als Sekretär amtet. Gemäss Art. 5 Abs. 2 der Weisung der Präsidentenkonferenz vom 26.3.2007 bezeichnet der Vorsitzende der Präsidentenkonferenz den Sekretär («greffier de séance») von Fall zu Fall. **16**

IV. Stellung

Der Generalsekretär ist ein öffentlich-rechtlicher **Chefbeamter** des Bundes[16]. Aufgrund der Wahl bzw. Anstellung durch das Gesamtgericht (s. dazu Art. 15 N 14 f.) und seiner Funktion gehört er zur dritten Staatsgewalt, auch wenn er kein Richter ist. **17**

Die personalrechtliche Stellung ist gänzlich aus dem BGG gestrichen worden. Der Entwurf des Bundesrats sah vor, dass der Generalsekretär jeweils nach der Gesamterneuerung des Gerichts auf sechs Jahre oder während der Amtsdauer für deren Rest gewählt wird.[17] Die Arbeitsgruppe BGG schlug demgegenüber vor, allgemein von einer «**Anstellung**» zu sprechen, da der Begriff «**Wahl**» den Spielraum des Gerichts unnötig einschränke, und strich die entsprechende Bestimmung aus Art. 26; statt dessen wurde die Anstellung des Generalsekretärs als Kompetenz des Gesamtgerichts mit einem Antragsrecht der Verwaltungskommission bei Art. 15 Abs. 1 Bst. f ins Gesetz eingefügt.[18] **18**

Der Begriff «Anstellung» lässt verschiedene Interpretationen zu. Massgeblich sind das allgemeine Personalrecht und die spezifische Regelung durch das Bundesgericht. Die grundlegende Vorschrift im Bundespersonalgesetz spricht von einer Wahl auf Amtsdauer; sie ermächtigt das Bundesgericht, selber zu bestimmen, «welches Personal auf Amtsdauer gewählt wird» (Art. 9 Abs. 4 BPG). Die Personalverordnung des Bundes-

---

[16] Topkader in der Terminologie des Eidgenössischen Personalamts.
[17] Art. 24 Abs. 1 E-BGG, BBl 2001 4484.
[18] Bericht BJ an RK-N 2004, 6, 8; vgl. dazu auch Art. 15 N 15.

gerichts[19] verwendet die Begriffe «Anstellung» (Art. 19 Abs. 1) und «Wiederwahl» (Art. 19 Abs. 3) gleichberechtigt nebeneinander. Materiell handelt sich um eine Wahl durch das Gesamtgericht. Praktische Bedeutung kommt der terminologischen Frage allerdings nicht zu.

19 Die **personalrechtliche Stellung** ist vergleichbar mit jener des Generalsekretärs der Bundesversammlung (Art. 66 ParlG und Art. 26 ParlVV[20]), des Oberauditors der Armee, des Bundesanwalts und der Staatsanwälte des Bundes, die ebenfalls auf Amtsdauer angestellt bzw. gewählt werden (Art. 9 Abs. 5 BPG; Art. 32 Abs. 1 BPV). Im Unterschied zu diesen Beamten entscheidet das Bundesgericht «frei» über die Wiederwahl (Art. 19 Abs. 2 PVBGer). In der zweiten Staatsgewalt ist eine «Kündigung» auf Ablauf der Amtsdauer gem. Art. 32 Abs. 3 Bst. b BPV nur unter den üblichen Voraussetzungen von Art. 12 Abs. 6 BPG möglich. Die Stellung des Generalsekretärs des Bundesgerichts ist bei Ablauf der Amtsperiode somit prekärer als diejenige anderer auf Amtszeit angestellter Funktionäre, aber sachgerecht geregelt. Wenn der Generalsekretär nicht mehr von einer Mehrheit der Wahlbehörde getragen wird, kann er sein Amt nicht mehr wirksam ausüben und muss die Stelle daher räumen.

20 Die **Amtsdauer** richtet sich nach jener der Mitglieder des Gerichts (Art. 19 Abs. 2 PVBGer). Sie beträgt sechs Jahre (Art. 9 Abs. 1) und beginnt mit der Amtsdauer der Richter. Die Wiederwahl erfolgt spätestens sechs Monate vor Ablauf der Amtsdauer (Art. 19 Abs. 3 PVBGer). Über die Wiederwahl entscheidet also das alte Gericht, nicht das neugewählte, wie es der Bundesrat in der Botschaft vorgeschlagen hat.

21 Auf das **Wahlverfahren** finden praxisgemäss die gleichen Bestimmungen Anwendung wie für Wahlen in die Verwaltungskommission (Art. 5 Abs. 2–4 BGerR). Unklar, da als zwingende Bestimmung für das Wahlverfahren der Verwaltungskommission neu, ist die Frage, ob die Wahl des Generalsekretärs ebenfalls geheim zu erfolgen habe (Art. 5 Abs. 1 BGerR). Diesbezüglich ist der erste Anwendungsfall abzuwarten.

22 Das Amt des Generalsekretärs und seines Stellvertreters ist **Schweizer Bürgern** vorbehalten (Art. 12 PVBGer). Für die obersten Funktionäre einer Staatsgewalt ist dies eine angemessene Vorschrift. Sie gilt namentlich auch für den Generalsekretär und den stellvertretenden Generalsekretär der Bundesversammlung, den Sekretär des Ständerats und die Sekretäre einiger wichtiger parlamentarischer Kommissionen (Art. 31 ParlVV).

23 Der Generalsekretär und der Stellvertreter werden durch die Verwaltungskommission auf getreue Amtserfüllung vereidigt. Statt des Eids kann ein Gelübde abgelegt werden (Art. 13 Abs. 4 BGerR). Die Vereidigung erklärt sich aus der zentralen Funktion des Generalsekretärs im Gefüge des Gerichts und ist international nicht unüblich.[21] Unter der Herrschaft des OG war die **Vereidigung** auf Gesetzesstufe für die Gerichtsschreiber als sogenannte «Beamte der Bundesrechtspflege» vorgesehen (Art. 9 Abs. 1 und 3 OG). Im neuen Recht ist diese ins Bundesgerichtsreglement herabgestuft worden (Art. 38 Abs. 2).[22] Das Gleiche gilt für die Vereidigung des Generalsekretärs: Der Kanzleidirektor als Vorgängerfunktion wurde früher aus dem Kreise der Gerichtsschreiber gewählt und war damit ebenfalls vereidigt (N 1). Nun ist die Vereidigung des Generalsekretärs im Bundesgerichtsreglement geregelt.

---

[19] PVBGer, SR 172.220.114.

[20] SR 171.115, Verordnung der Bundesversammlung vom 3.10.2003 zum Parlamentsgesetz und über die Parlamentsverwaltung (Parlamentsverwaltungsverordnung, ParlVV).

[21] Bulletin de jurisprudence constitutionnelle, 15. Gemäss der Auswertung von 35 Verfassungsgerichten leistet der Generalsekretär in 13 Ländern vor dem Gericht oder dessen Präsidenten den Eid. In sechs weiteren Ländern wird er anderweitig vereidigt.

[22] BBl 2001 4289.

V. Beratende Stimme

1. In der Verwaltungskommission

Der Generalsekretär nimmt mit beratender Stimme an den Sitzungen der Verwaltungs- **24**
kommission teil (Art. 17 Abs. 2). Es handelt sich um das funktionale Minimum, da
der Generalsekretär ihr Sekretär und gleichzeitig ihr Vorsteher der Gerichtsverwaltung ist
(s. dazu Art. 17 N 9 f.).

Die beratende Stimme wird in einer ersten Phase **schriftlich** durch die Vorlage von Geschäften ausgeübt. Die Analyse des Ist-Zustands und des Handlungsbedarfs, das Aufzeigen von Alternativen und Varianten mit Vor- und Nachteilen beinhalten bereits einen
wesentlichen Teil der beratenden Stimme. Diese wäre jedoch unvollständig, wenn die
schriftlichen Argumente in der Beratung je nach Diskussionsgang nicht ergänzt werden
könnten. Das Gesetz bestimmt daher, dass der Generalsekretär an den Sitzungen der
Verwaltungskommission teilnimmt und sich an der **mündlichen Diskussion** beteiligen
darf.

Bei Verwaltungsgeschäften beinhaltet die beratende Stimme ein **Antragsrecht.** Für die
Schöpfer der Bestimmung war dies eine Selbstverständlichkeit. Dies erkärt sich aus
der Natur der Geschäfte, die von der Verwaltung vorbereitet werden. Die Verwaltungskommission will oft die Meinung des Generalsekretärs kennen, bevor sie entscheidet,
und fordert ihn auf, einen Antrag zu stellen, wenn er dies nicht schon von sich aus getan
hat.

2. In den anderen Leitungsorganen

Das Bundesgerichtsreglement billigt dem Generalsekretär in der Präsidentenkonferenz **25**
und im Gesamtgericht eine beratende Stimme zu (Art. 13 Abs. 2). Entsprechend der beschränkten Rolle in diesen Organen ist aber auch die beratende Stimme **eingeschränkt**
(N 14 und 15). In der Rechtsprechung und ihrer materiellen Koordination besitzt der
Generalsekretär kein Antragsrecht. Ausnahmen bestehen bei technischen und administrativen Geschäften, die von der Verwaltung vorbereitet werden und ausnahmsweise von
der Präsidentenkonferenz oder dem Gesamtgericht zu genehmigen sind. De facto besteht
ein Antragsrecht bei jenen Stellungnahmen zu Gesetzes- und Verordnungsentwürfen, die
nicht in einer Abteilung, sondern vom Generalsekretariat vorbereitet werden.

VI. Einzelkompetenzen

1. Bundesgerichtsreglement

Das Bundesgerichtsreglement weist dem Generalserketär folgende Aufgaben zu: **26**

Art. 13 BGerR:

– Führen der **Sekretariate** des Gesamtgerichts, der Präsidentenkonferenz und der Verwaltungskommission (Art. 13 Abs. 1 BGerR; N 12–15).

– Teilnahme an den **Sitzungen** der drei Leitungsorgane mit beratender Stimme (Art. 13
  Abs. 2 BGerR; N 24 f.). Es handelt sich nicht nur um ein Recht, sondern auch um eine
  Pflicht.

– Vorbereitung und **Vollzug** der Beschlüsse, soweit hierfür nicht die Abteilungen zuständig sind (Art. 13 Abs. 3). Der Generalsekretär vollzieht zusammen mit seinen Mitarbeitern alles, was die Dienste betrifft. Das Gleiche gilt für Beschlüsse der Leitungs-

organe mit Aussenwirkungen, soweit nicht im Einzelfall etwas anderes vorgekehrt wird oder die Angelegenheit in die Zuständigkeit des Bundesgerichtspräsidenten fällt. Personalrechtliche Beschlüsse werden allgemein, auch in den Abteilungen, vom Generalsekretariat vollzogen. Andere administrative Anordnungen bedürfen dagegen der Mitwirkung oder Ausführung durch die Abteilungen, beispielsweise wenn die Arbeitsabläufe betroffen sind oder ein Bericht zu erstatten ist. Hierfür sind die Abteilungspräsidenten und unter ihrer Verantwortung namentlich die Präsidialsekretäre zuständig.

27   **Art. 21 und 22 BGerR:**

– Führen der **Liste** der den ordentlichen und nebenamtlichen Richtern erteilten Bewilligungen für **Nebenbeschäftigungen** (Art. 21 Abs. 1 BGerR). Es handelt sich um eine reine Hilfsfunktion. Die eigentliche Kontrolle wird von der Verwaltungskommission ausgeübt. Ferner legt er das Entgelt fest, wenn Dienstleistungen des Gerichts in Anspruch genommen werden (Art. 22 BGerR).

28   **Art. 42 BGerR:**

– Führen einer **Statistik** über die Bildung der **Spruchkörper** nach den Kriterien des Bundesgerichtsreglements (Art. 42 Abs. 1 BGerR). Auch hier handelt es sich um eine reine Hilfsfunktion. Für die Anwendung sind die Abteilungspräsidien zuständig, für die Kontrolle in Form eines Berichts an das Gesamtgericht die Verwaltungskommission (Art. 42 Abs. 3 BGerR).

29   **Art. 49 BGerR:**

– Als Vorsteher der Gerichtsverwaltung ist der Generalsekretär für die Vorbereitung des **Voranschlags**, des Finanzplans und der **Rechnung** zuhanden der Verwaltungskommission sowie für die Kontrolle des Finanzwesens zuständig (Art. 49 Abs. 2 Bst. a BGerR). Voranschlag, Finanzplan und Rechnung werden de facto weitgehend vom Finanz- und Personaldienst vorbereitet. Der Generalsekretär muss die Schwachstellen erkennen, geeignete Vorkehren treffen und die Verwaltungskommission umfassend informieren. Er gibt als Chefbeamter in den Subkommissionen «Gerichte & Behörden» der Finanzkommissionen der Eidgenössischen Räte Auskunft und begleitet in der Regel den Bundesgerichtspräsidenten in die Finanzkommissionen (Art. 162 Abs. 3 ParlG).

– Er ist zuständig für die Koordination und **Kontrolle** der wissenschaftlichen und administrativen Dienste (Art. 49 Abs. 2 Bst. b BGerR). Bei dieser Aufgabe stützt er sich massgeblich auf die wissenschaftlichen Mitarbeiter des Generalsekretariats, die er u.a. über die mündlichen Wochenrapporte führt.

– Ähnliches gilt für die **Sicherheit**, den Erlass von Weisungen und einheitlichen Regeln für die Anlage und Ablage von **Akten**, das Publikationswesen, die Information und die **Öffentlichkeitsarbeit** sowie die gesellschaftlichen **Anlässe** (Art. 49 Abs. 2 Bst c–f BGerR). Diese Aufgaben werden unter der Verantwortung des Generalsekretärs im Wesentlichen von seinen Mitarbeitern und den Diensten besorgt. Der Generalsekretär befasst sich v.a. bei neuen Aufgaben, Verträgen und allgemein bei Veränderungsprozessen mit diesen Geschäften.

– Zur Zuständigkeit im **Personalwesen** (Art. 49 Abs. 2 Bst. g) s. nachfolgend bei N 30 und 33.

– Die **Beglaubigung** von Unterschriften, Urteilen und Kopien sowie von Auszügen aus Protokollen und Akten ist seit jeher eine Zuständigkeit des Generalsekretariats. Sie war schon im Kanzleireglement von 1932[23] enthalten, entfiel später bei der Neuauflage des Reglements aus unbekannten Gründen und ist nun wieder ausdrücklich erwähnt (Art. 49 Abs. 2 lit. h BGerR). Von der Funktion her passte diese Aufgabe ebenso zu den Gerichtsschreibern. Sie ist jedoch zentral organisiert, weil die Unterschriften für die Apostille[24] bei Beglaubigungen in internationalen Verhältnissen in der Bundeskanzlei hinterlegt werden müssen. Die Hinterlegung der Unterschriften von 127 Gerichtsschreibern wäre administrativ zu aufwändig. Zudem stellten sich bei einer so grossen Zahl von Urkundspersonen weitere praktische Fragen.

– Gemäss Art. 49 Abs. 2 Bst. i BGerR können dem Generalsekretär durch Verordnung oder Reglement oder von den Leitungsorganen **weitere Aufgaben** übertragen werden. Von der Natur der Geschäfte her ist alles, was nicht Rechtsprechung ist, grundsätzlich geeignet, in der einen oder anderen Form zur Vorbereitung oder selbständigen Erledigung in die Hand des Generalsekretärs gelegt zu werden.

Art. 53 BGerR: 30

– Für die **Personalaufsicht** ist der Generalsekretär mit seinen leitenden Angestellten verantwortlich, soweit die Aufsicht nicht von den Abteilungspräsidien wahrgenommen wird (Art. 53 BGerR). Im Bereich der Dienste ist die Zuständigkeit klar umrissen. In den Abteilungskanzleien besteht ein differenziertes System für die Zuständigkeitsaufteilung zwischen Abteilungen und Generalsekretariat. Bei den Gerichtsschreibern beschränkt sich die Aufgabe des Generalsekretariats auf rein administrative Aufgaben. Für die Linienführung sind die Abteilungen zuständig.

Art. 61 BGerR: 31

– Medienschaffende werden vom Generalsekretär auf Gesuch hin für eine bestimmte Dauer akkreditiert. Im Übrigen s. bei N 35 und Art. 27.

Art. 64 BGerR: 32

– Das Generalsekretariat ist für die Stellungnahmen (Verfügungen) im Rahmen des Öffentlichkeitsprinzips zuständig (Art. 64 Abs. 5 BGerR). Im Übrigen s. bei Art. 27.

2. Personalverordnung

Eine wesentliche Aufgabe für eine unabhängige Institution wie das Bundesgericht sind   33
die **Arbeitgeberentscheide**. Das Bundesgerichtsreglement verweist diesbezüglich auf die Personalverordnung des Bundesgerichts (Art. 49 Abs. 2 Bst. g BGerR). Danach teilt sich der Generalsekretär die Arbeitgeberentscheide mit der Verwaltungskommission. Der Verwaltungskommission vorbehalten sind die Anstellung, die Entlassung sowie die wichtigen Personalentscheide in Bezug auf die Gerichtsschreiber und die dem Generalsekretär direkt unterstellten wissenschaftlichen Mitarbeiter des Generalekretariats (Art. 84 Abs. 1 PVBGer). Für die Gerichtsschreiber ist die Kompetenz zur Anstellung durch die Verwaltungskommission gesetzlich festgelegt (Art. 17 Abs. 4 Bst. c). Für die dem Generalsekretär direkt unterstellten Mitarbeiter folgt die Kompetenzausscheidung dem Grundsatz, dass die engsten Mitarbeiter personalrechtlich nicht direkt von ihm, sondern vom übergeordneten Organ abhängig sein sollen. Dem Generalsekretär sind die Personalentscheide des übrigen Personals zugeordnet (Art. 85 PVBGer). Die Verwaltungskom-

---

[23] Kanzleireglement vom 6.7.1932: Art. 2 wies die Aufgabe dem Kanzleidirektor zu.
[24] Zur Apostille gemäss Haager Übereinkommen vom 5.10.1961 zur Befreiung ausländischer öffentlicher Urkunden von der Beglaubigung, SR 0.172.030.4, siehe bei Art. 69 FN 20.

mission kann ihm weitere Zuständigkeiten delegieren (Art. 84 Abs. 2 PVBGer). Der gleichen Trennlinie folgt die Kompetenz zum Erlass von Richtlinien und Weisungen (Art. 87 PVBGer). Ihr liegt letztlich der alte Gedanke zugrunde, dass das Tagesgeschäft vom Generalsekretär, die für das Gericht zentralen Entscheidungen auch im Personalwesen dagegen von der Verwaltungskommission getroffen werden. Diese Kompetenzausscheidung findet sich auch anderswo. Namentlich in der ersten Staatsgewalt ist sie zwischen dem Generalsekretär des Parlaments und der parlamentarischen Verwaltungsdelegation ähnlich geregelt (Art. 27 und 28 ParlVV).

Vorbereitet werden diese Entscheidungen durch den Personaldienst und den Chef Ressourcen, der zugleich Personalchef ist. Soweit die Verwaltungskommission zuständig ist, erwähnt das Bundesgerichtsreglement bei der Vorbereitung ausdrücklich den Generalsekretär (Art. 49 Abs. 2 Bst. g BGerR). Damit ist gemeint, dass die erwähnten Dienste diese Geschäfte unter der Verantwortung und soweit notwendig Anleitung des Generalsekretärs vorbereiten.

3. Archivierungsverordnung

34 Der Generalsekretär erteilt die Bewilligung für die Einsichtnahme in archivierte Akten (Art. 13 Abs. 1 Archivierungsverordnung).[25] Er ist damit der oberste Hüter des **Archivs** des Bundesgerichts. Verweigert oder schränkt er die Einsichtnahme ein, so kann eine beschwerdefähige Verfügung verlangt werden, gegen die bei der Rekurskommission des Bundesgerichts Beschwerde geführt werden kann (Art. 13 Abs. 2 und Art. 16 Archivierungsverordnung). Der Generalsekretär kann diese Zuständigkeit an einen Mitarbeiter delegieren.

4. Akkreditierungsrichtlinien

35 Die Richtlinien betr. die **Gerichtsberichterstattung**[26] weisen dem Generalsekretariat verschiedene Aufgaben zu, namentlich die Akkreditierung von Journalisten und Massnahmen bei Zuwiderhandlungen. Der Generalsekretär bestimmt, durch wen diese Aufgaben innerhalb des Generalsekretariats wahrgenommen werden. Im Übrigen s. bei Art. 27.

5. Aufsichtsreglement

36 Das Generalsekretariat unterstützt die Verwaltungskommission als Stabsorgan bei der Wahrnehmung der Aufsichtsaufgaben.[27]

VII. Unterschrift

37 In Geschäften, die in Zuständigkeit des Gesamtgerichts oder der Verwaltungskommission fallen, zeichnet der Generalsekretär zusammen mit dem Bundesgerichtspräsidenten (Art. 13 Abs. 1 BGerR). Bei Geschäften im Zuständigkeitsbereich der Präsidentenkonferenz zeichnet er zusammen mit dem Vorsitzenden dieses Organs (Art. 13 Abs. 2 BGerR). Das Bundesgerichtsreglement folgt somit der bewährten schweizerischen Tradition der **Doppelunterschrift**: Bei den wichtigen Geschäften, die von den Leitungsorganen erledigt werden, wirkt der Generalsekretär kraft seiner Unterschrift mit. Neu sieht das

---

[25] SR 152.21, Verordnung des Bundesgerichts vom 27.9.1999 zum Archivierungsgesetz.
[26] SR 173.110.133.
[27] Art. 1 Abs. 1 AufRBGer, SR 173.110.32.

Bundesgerichtsreglement aber auch die Alleinunterschrift des Präsidenten des Bundesgerichts für Geschäfte vor, die in seine alleinige Zuständigkeit fallen. Zu denken ist hier an persönliche interne und externe Korrespondenz des Bundesgerichtspräsidenten. Diese betrifft den Generalsekretär grundsätzlich nicht. Praxisgemäss wird ihm allerdings gewisse externe Korrespondenz des Bundesgerichtspräsidenten zur Erledigung und damit auch zur Unterschrift übertragen.

In Verwaltungsangelegenheiten, die dem Generalsekretär zur Erledigung übertragen **38** sind, zeichnet der Generalsekretär allein (Art. 52 Abs. 1 BGerR). Diese Vorschrift umfasst sowohl die durch Rechtssatz wie auch die durch Einzelanordnung zugewiesenen Geschäfte. Der Generalsekretär kann die **Unterschriftsberechtigung** für bestimmte Geschäfte an weitere Personen delegieren (Art. 52 Abs. 2 BGerR). Die Delegation ist damit auf besonders bezeichnete Geschäfte eingeschränkt; eine generelle Weiterdelegation durch den Generalsekretär ist ausgeschlossen. Sie ist für den Verhinderungsfall für den Stellvertreter vorgesehen. Das Bundesgerichtsreglement erwähnt dies nicht ausdrücklich, da diese Unterschriftsberechtigung in der Stellvertretung mitenthalten ist.

Bei Verfügungen greifen ergänzend die verfahrensrechtlichen Vorschriften zur Unter- **39** schrift Platz. So kann der Bundesgerichtspräsident dem Generalsekretär gestützt auf Art. 38 Abs. 4 BGerR in aufsichtsrechtlichen Verfahren die Unterschrift für Instruktionsverfügungen delegieren.[28]

VIII. Stellvertretung

Nach dem Wortlaut von Art. 15 Abs. 1 Bst. f stellt das Bundesgericht einen (einzigen) **40** Stellvertreter des Generalsekretärs an. Als Stellvertreter wird einer der wissenschaftlichen Mitarbeiter des Generalsekretariats gewählt. Die frühere Stellvertretung durch einen Gerichtsschreiber ist nicht mehr vorgesehen. Der Stellvertreter besitzt den gleichen personalrechtlichen Status wie der Generalsekretär und wird ebenfalls auf sechs Jahre gewählt (N 17–23). Die Stellvertretung umfasst in erster Linie die Aufgaben des Generalsekretärs in den Leitungsorganen. In der Verwaltung ist die Stellvertretung nach Fachgebieten unter den wissenschaftlichen Mitarbeitern des Generalsekretariats aufgeteilt. Die konkrete Aufgabenzuordnung kann den jeweiligen Bedürfnissen flexibel angepasst werden (Art. 50 BGerR). Im Übrigen kann der Generalsekretär allgemein einzelne Befugnisse oder Bereiche an leitende Angestellte weiterdelegieren (Art. 49 Abs. 2 BGerR). Dabei handelt es sich um materielle Stellvertretungen.

IX. Standort

Das Generalsekretariat des Bundesgerichts befindet sich am Sitz des Gerichts in Lau- **41** sanne. Es leitet von dort aus zentral auch die Dienste am **Standort Luzern** (Art. 51 Abs. 2 BGerR). In Luzern befinden sich jene Teile der Dienste, die für ein gutes Funktionieren der beiden Sozialrechtlichen Abteilungen vor Ort vorhanden sein müssen (Art. 51 Abs. 1 BGerR). Sie sind den Dienstchefs mit Sitz in Lausanne unterstellt. Das Gesamtgericht hat bewusst eine Filiale des Generalsekretariats in Luzern verworfen. Im Vordergrund stand der Gedanke, dass die beiden bisherigen Gerichte zu einer Einheit zusammenwachsen müssen. Hierzu wurden die Leitungsorgane mit Sitz in Lausanne vereinheitlicht. Entsprechend dieser Führungsstruktur wurden auch das Generalsekreta-

---

[28] Vgl. dazu auch Art. 71 VwVG und Art. 13 AufRBGer.

riat und die Dienste in einer einheitlichen Struktur zusammengeführt. Die damit verbundenen vermehrten Reisen der Kader von Lausanne nach Luzern und die grosse örtliche Distanz zwischen den Diensten und ihren Chefs werden in Kauf genommen. Moderne Kommunikationsmittel wie Videokonferenzen lindern diese Nachteile.

Art. 27

Information	[1] Das Bundesgericht informiert die Öffentlichkeit über seine Rechtsprechung.

[2] Die Veröffentlichung der Entscheide hat grundsätzlich in anonymisierter Form zu erfolgen.

[3] Das Bundesgericht regelt die Grundsätze der Information in einem Reglement.

[4] Für die Gerichtsberichterstattung kann das Bundesgericht eine Akkreditierung vorsehen.

Information

[1] Le Tribunal fédéral informe le public sur sa jurisprudence.

[2] Les arrêts sont en principe publiés sous une forme anonyme.

[3] Le Tribunal fédéral règle les principes de l'information dans un règlement.

[4] Il peut prévoir l'accréditation des chroniqueurs judiciaires.

Informazione

[1] Il Tribunale federale informa il pubblico sulla sua giurisprudenza.

[2] La pubblicazione delle sentenze avviene di norma in forma anonimizzata.

[3] Il Tribunale federale disciplina in un regolamento i principi dell'informazione.

[4] Per la cronaca giudiziaria, il Tribunale federale può prevedere un accreditamento.

Inhaltsübersicht

Materialien

Art. 25 E ExpKomm; Art. 25 E 2005 BBl 2001 4485; Botschaft 2001 BBl 2001 4289; AB 2004 N 1588; AB 2003 S 894; AB 2005 S 122.

Literatur

H. AEMISEGGER, Öffentlichkeit der Justiz, in: P. Tschannen (Hrsg.), Neue Bundesrechtspflege. Auswirkungen der Totalrevision auf den kantonalen und eidgenössischen Rechtsschutz. Berner Tage für die Juristische Praxis 2006, BTJP 2006, Bern 2007, 381 ff. (zit. Tschannen-Aemisegger); P. STUDER, Was dürfen Richter und Journalisten voneinander erwarten?, AJP 2005, 1443 ff. (zit. Studer, AJP 2005); M. GUIGNARD, Die Gerichtsberichterstattung, Festschrift für den Aargauischen Juristenverein 1936–1986 49 ff. (zit. FS-Aargauischer Juristenverein-Guignard); N. RASELLI, Das Gebot der öffentlichen Urteilsverkündung, Recht – Ethik – Religion, Festgabe für Bundesrichter Nay, 23 ff. (zit. FS Nay-Raselli); U. SAXER, Vom Öffentlichkeitsprinzip zur Justizkommunikation – Rechtsstaatliche Determinanten einer verstärkten Öffentlichkeitsarbeit der Gerichte, ZSR 2006, 459 ff. (zit. Saxer, ZSR 2006); DERS., Justizkommunikation im Rechtsstaat, Justiz und Öffentlichkeit, Schriften der Stiftung für die Weiterbildung schweizerischer Richterinnen und Richter SWR/Band 7, 49 ff. (zit. Saxer, Justizkommunikation im Rechtsstaat); P. TSCHÜMPERLIN, Öffentlichkeit der Entscheidungen und Publikationspraxis, SJZ 99 (2003) 265 ff. (zit. Tschümperlin, SJZ 2003); H. WIPRÄCHTIGER, Justiz und Medien – Erwartungen des Richters, Justiz und Öffentlichkeit, Schriften der Stiftung für die Weiterbildung schweizerischer Richterinnen und Richter SWR/Band 7, 39 ff. (zit. Wiprächtiger, Justiz und Medien); DERS., Bundesgericht und Öffentlichkeit – zugleich ein Beitrag zum Verhältnis von Medien und Justiz, Anwaltsrevue 2003, 7 ff. (zit. Wiprächtiger, Anwaltsrevue 2003); DERS., Bundesgericht und Öffentlichkeit, Recht – Ethik – Religion, Festgabe für Bundesrichter Nay, 11 ff. (zit. FS Nay-Wiprächtiger); DERS., Der Strafrichter und die Massenmedien, Plädoyer 18 (2000) H. 3, 28–31 (zit. Wiprächtiger, Plädoyer 2000); DERS., Kritikfähigkeit der Justiz oder: Ein verbessertes Verhältnis zwischen Justiz und Medien, Geschlossene Gesellschaft? Macht und Ohnmacht der Justizkritik, in: R. Schumacher (Hrsg.), plädoyer-Buch 1993 (zit. Schumacher-Wiprächtiger).

I. Allgemeines

Das OG enthielt in Art. 127 Abs. 5 für das EVG eine ausdrückliche Verpflichtung zur Veröffentlichung der grundsätzlichen Entscheide. Die Bestimmung setzte das Bestehen der Amtlichen Sammlung der Entscheide des Bundesgerichts voraus. In diesem indirekten Sinn enthielt schon das OG seit 1969 eine entsprechende Verpflichtung für das ganze heutige Bundesgericht. **1**

Die Botschaft des Bundesrats misst der Verpflichtung des Bundesgerichts, die Öffentlichkeit über seine Rechtsprechung zu informieren, grosse Bedeutung zu. Sie verweist dabei auf die Präzedenzkraft der Entscheidungen, die vom höchsten Gericht gefällt werden.[1] Art. 27 Abs. 1 enthält dementsprechend eine allgemeine **Pflicht** des Bundesgerichts zur **Information** der Öffentlichkeit über seine Rechtsprechung. Gemäss Abs. 3 regelt das Bundesgericht die Grundsätze in einem Reglement. Es ist dieser Vorschrift durch entsprechende Bestimmungen im Bundesgerichtsreglement nachgekommen (4. Titel: Information, Art. 57 ff. BGerR). Für die Gerichtsberichterstattung und Akkreditierung (Art. 27 Abs. 4) hat die Verwaltungskommission gestützt auf die Delegationsnorm von Art. 61 Abs. 2 BGerR besondere Richtlinien[2] erlassen. Das allgemeine Publikationsgesetz des Bundes[3] enthält für die Veröffentlichungen des Bundesgerichts keine Bestimmungen. Das Gleiche gilt wegen der Gewaltentrennung für die vom Bundesrat erlassene Publikationsverordnung.[4]

---

[1] BBl 2001 4289.

[2] SR 173.110.133 Richtlinien betr. die Gerichtsberichterstattung am Bundesgericht vom 6.11.2006.

[3] SR 170.512 Bundesgesetz vom 18.6.2004 über die Sammlungen des Bundesrechts und das Bundesblatt (Publikationsgesetz, PublG).

[4] SR 170.512.1 Verordnung vom 17.11.2004 über die Sammlungen des Bundesrechts und das Bundesblatt (Publikationsverordnung, PublV).

2   Art. 27 regelt die **aktive Information** des Bundesgerichts über seine Rechtsprechung und damit einen wesentlichen Teilgehalt der Öffentlichkeit der Justiz. Die Bestimmung wird ergänzt durch Art. 59 über die Öffentlichkeit der Parteiverhandlungen, Beratungen und Abstimmungen sowie über die öffentliche Auflage der Dispositive als Surrogat der öffentlichen Verkündung. Ton- und Bildaufnahmen gehören ebenfalls in den Geltungsbereich von Art. 59. In Bezug auf diese Fragen wird im Wesentlichen auf diese Gesetzesbestimmung verwiesen.

3   Die gesetzliche Verpflichtung des Bundesgerichts zur aktiven Information in Art. 27 geht über die verfassungsrechtliche Öffentlichkeit hinaus.[5] Das Gericht soll über eine eigene aktive Stimme in der Information verfügen.[6]

Die gesetzliche Verpflichtung fliesst aus dem **Öffentlichkeitsgrundsatz** und der Absage an jede Form geheimer Kabinettsjustiz. Der Öffentlichkeitsgrundsatz sorgt für die Transparenz der Rechtspflege, ermöglicht eine demokratische Kontrolle durch das Volk und gehört als wesentliches Element des Rechts auf ein faires Verfahren zu den Grundlagen des Rechtsstaats. Die Kontrolle durch die Öffentlichkeit soll den Prozessbeteiligten eine korrekte und gesetzmässige Behandlung gewährleisten. Darüber hinaus soll die allgemeine Öffentlichkeit informiert werden, wie das Recht verwaltet und gepflegt wird. Diese Grundprinzipien, die das Bundesgericht im Zusammenhang mit dem Grundsatz der Öffentlichkeit der Verhandlung anerkannt hat,[7] gelten allgemein für das direkte und indirekte Informationsverhalten des Bundesgerichts.[8] Sie sind eine wesentliche Grundlage für das Vertrauen in die Justiz.[9]

Die Hauptfunktion der **Gerichtsberichterstattung** besteht darin, dem Prinzip der Gerichtsöffentlichkeit zum Durchbruch zu verhelfen.[10] Mit der Berichterstattung über die Justiz geht die Justizkritik, die Auseinandersetzung zwischen den Gerichten und der Öffentlichkeit, einher. Diese bildet eine wichtige Brückenfunktion zwischen Bürgern und Justiz.[11]

---

[5]   Das verfassungsrechtliche Öffentlichkeitsprinzip ist nach traditioneller Auffassung auf die passive Justizkommunikation beschränkt. Es vermittelt in diesem Verständnis kein Recht auf öffentliche Information durch die Gerichte, sondern allein auf die individuelle Einblicknahme in deren Tätigkeit: SAXER, ZSR 2006, 463; für behördliche Kommunikation allgemein: BGE 104 Ia 88 E. 5.

[6]   Vgl. SAXER, ZSR 2006, 459 f., der die These vertritt, dass die Justitia im gesellschaftlich-politischen Diskurs keine eigene Stimme habe: Sie sei nicht nur blind, sondern auch stumm. Dieser apodiktischen These ist für den Fall des Bundesgerichts schon bildlich entgegenzuhalten, dass die Justitia über dem Haupteingang des Bundesgerichts nicht blind, sondern sehend ist. Richtig ist dagegen, dass die Gerichte die Öffentlichkeit oft nicht aktiv suchen. Wohl überspitzt ist aber die Formulierung, dass sie die Öffentlichkeit scheuen (SAXER, a.a.O. 461). SAXER fordert deshalb eine aktive Informationspolitik, einen «Vorgang echter Kommunikation oder gar Interaktion» zwischen der Öffentlichkeit und den Gerichten. Die Information sei nicht nur eine Holschuld der Öffentlichkeit, sondern auch eine Bringschuld der verantwortlichen Institutionen des demokratischen Rechtsstaates (a.a.O. 461). S. DERS. zu den Grundsätzen der Justizkommunikation in: Justizkommunikation im Rechtsstaat, 51 und 55 f.

[7]   BGE 127 I 44 E. 2e; 124 IV 234 E. 3b; 119 Ia 99 E. 4a.

[8]   BGE 133 I 106.

[9]   FS-AARGAUISCHER JURISTENVEREIN-GUIGNARD, 54 f.; WIPRÄCHTIGER, Anwaltsrevue 2003, 7, Bundesgericht und Öffentlichkeit, 11–13.

[10]   BGE 129 III 529 E. 3.2; FS AARGAUISCHER JURISTENVEREIN-GUIGNARD, 62 f.

[11]   FS NAY-WIPRÄCHTIGER, 14 f.; DERS. zu grundsätzlichen Fragen des Verhältnisses zwischen Medienkritik und Justiz sowie zu einem offenen Begegnen der Kritik durch die Justiz als Grundlage für das Vertrauen in die Justiz und ihre Weiterentwicklung in: Kritikfähigkeit der Justiz.

Die **Publikationspraxis** des Bundesgerichts muss hauptsächlich drei **Anforderungen** 4
genügen. Sie muss innerhalb einer enormen Fülle an Rechtsprechungsinformation
erstens einen adäquaten Zugang zur massgeblichen Rechtsprechung ermöglichen. Sie
muss zweitens die Waffengleichheit der Rechtsuchenden gewährleisten: Öffentliche Verwaltungen und gut dotierte Organisationen wie beispielsweise Versicherungsgesellschaf-
ten dürfen bezüglich des Zugangs zur Rechtsprechung keinen entscheidenden Vorsprung
bei der Erstreitung des Rechts haben. Und sie muss drittens rasch verfügbar sein, da sich
das Recht heute schnell wandelt. Die bundesgerichtliche Publikationsstrategie beruht zu
diesem Zwecke auf den fünf Säulen Amtliche Publikation BGE, Veröffentlichung aller
Urteile im Internet, öffentliche Auflage von Urteil und Rubrum, Medienarbeit im Allgemeinen sowie Belieferung von Fachzeitschriften.[12]

Publikations- und Anonymisierungsentscheide sind Akte der **Justizverwaltung**. Über sie 5
wird im Nachgang zum Urteil befunden. Der Beschluss, einen Entscheid in die Amtliche
Sammlung der BGE aufzunehmen, fällt in die Zuständigkeit der Abteilung (Art. 58
Abs. 2 BGerR). Für die übrigen Massnahmen, namentlich den Umfang der Anonymisierung, ist das Abteilungspräsidium zuständig (Art. 59 Abs. 2 BGerR).[13] Der Vollzug in
den Publikationsgefässen obliegt dem Generalsekretariat mit den Diensten des Bundesgerichts. Dieses befasst sich auch mit Nachfolgegesuchen der Verfahrensbeteiligten.

II. Information über die Rechtsprechung

1. Die Amtliche Sammlung BGE

Art. 57 Abs. 1 BGerR nennt vier **Informationsmittel**, mit denen die Öffentlichkeit über 6
die Rechtsprechung informiert wird. An erster Stelle wird die Amtliche Sammlung **BGE**
genannt. Diese enthält die wegleitenden Entscheidungen des Bundesgerichts und bildet
das **Kernstück** der bundesgerichtlichen Rechtsprechungsinformation. Die Amtliche
Sammlung BGE ist *das* Mittel des Bundesgerichts, um seiner Sonderrolle im Justizge-
füge gerecht zu werden, für eine einheitliche Rechtsanwendung auf dem schweizerischen
Staatsgebiet und damit für Rechtssicherheit zu sorgen sowie die Rechtsfortentwicklung
mitzuteilen. Die an die Parteien gerichteten Urteile und die relativ flüchtige Berichterstattung in der Tagespresse reichen dafür nicht aus. Das Bundesgericht kann die Auswahl
der wegleitenden Urteile nicht der Fachpresse oder der wissenschaftlichen Doktrin überlassen. Notwendig ist vielmehr eine amtliche Bezeichnung dessen, was über den Einzelfall hinaus praxisbegründend und damit allgemein geltende Rechtsprechung sein soll.

In die Amtliche Sammlung aufgenommen werden dementsprechend Entscheide von 7
grundsätzlicher Bedeutung (Art. 58 Abs. 1 BGerR). Grundsätzliche Bedeutung haben
Urteile mit präjudizieller Wirkung, d.h. Urteile, mit denen eine Rechtsfrage von allgemeiner Bedeutung beantwortet wird.[14] Grammatikalisch verlangt diese Bestimmung
nicht, dass *alle* Entscheide mit grundsätzlicher Bedeutung in die Amtliche Sammlung

---

[12] Vgl. dazu TSCHÜMPERLIN, SJZ 2003, 268–270.
[13] Unter dem OG war die Zuständigkeit gleich. Diese Zuständigkeitsordnung wurde in BGE 133 I
106 übersehen. Werden solche Entscheide der Justizverwaltung ins Urteil verlagert, entzieht der
Spruchkörper den zuständigen Organen ihre Zuständigkeit. Überdies ändert sich die Rechtsnatur
der Anordnung; sie wird nun der formellen und materiellen Rechtskraft des Entscheids teilhaftig.
Eine nachträgliche Änderung ist ausgeschlossen. Im fraglichen BGE hat diese Frage allerdings
nur Eingang in die Erwägungen des Urteils gefunden, nicht in den Entscheid selber. Damit handelt es sich um obiter dicta i.S.v. Empfehlungen zuhanden des eigenen Abteilungspräsidenten
bzw. der eigenen Abteilung.
[14] Vgl. dazu BGE 133 I 106 E. 8.3.

kommen. Nach Sinn und Zweck der BGE muss dies jedoch an sich der Fall sein. Trifft dies ausnahmsweise nicht zu, kann das Urteil nachträglich in die BGE aufgenommen oder der nächste geeignete Entscheid veröffentlicht werden. Änderungen in der Rechtsprechung haben immer grundsätzliche Bedeutung i.S. dieser Bestimmung und sind folglich zwingend aufzunehmen. Eingang in die Amtliche Sammlung finden darüber hinaus Urteile, aus denen die Konstanz oder Entwicklung der Rechtsprechung ersichtlich ist, namentlich Bestätigungen der Rechtsprechung, Urteile mit Zusammenfassungen der Rechtsprechung sowie in bestimmten Rechtsgebieten Urteile mit singulärem Charakter zur Illustration der Rechtsprechung.

Wegleitende Bedeutung hat nur die ratio decidendi. Obiter dicta mögen wertvolle – manchmal aber auch hinderliche – Hinweise bzw. Andeutungen für eine mögliche Rechtsprechung sein, sie haben jedoch keine praxisbildende Wirkung. Nur die für die wegleitende Rechtsprechung und das Verständnis des Urteils massgeblichen Erwägungen werden abgedruckt. Der Sachverhalt wird im Unterschied zu den Erwägungen oft umgearbeit und auf das für die veröffentlichten Erwägungen Notwendige zugeschnitten oder gekürzt. In dieser Umarbeitung des Sachverhalts zeigt sich der zweite Zweck der bundesgerichtlichen Rechtsprechung, der sich nicht in der Streitschlichtung zwischen den Parteien erschöpft: Die wegleitenden Urteile des Bundesgerichts verselbständigen sich gleichsam teilweise und begründen in diesem Sinne ihrerseits (angewandtes) Recht.

8   Der Urteilsstamm der BGE umfasst im langjährigen Durchschnitt rund 5% aller Urteile. Er ist gegenüber früheren Dekaden deutlich zurückgegangen.[15] Dass der Prozentsatz der amtlich veröffentlichten BGE abgenommen hat, mindert deren **Bedeutung** nicht. Seit das Bundesgericht die offizielle Sammlung durch andere Informationskanäle ergänzt, insb. weitere Urteile im Internet aufschaltet, kann die Amtliche Sammlung im Gegenteil noch besser auf ihren Hauptzweck ausgerichtet werden, die Einheit der Rechtsanwendung zu fördern und über die Weiterentwicklung der Rechtsprechung zu informieren. Auch unter praktischen Gesichtspunkten besteht der Wert der Sammlung in der relativ strengen Auswahl der aufgenommenen Urteile. Unnötige Wiederholungen der immer gleich angewandten Rechtsprechung werden vermieden. Das Sichten der massgeblichen Rechtsprechung wird dadurch massgeblich erleichtert und beschleunigt. Im Zeitalter des Informationsüberflusses ist dies ein nicht zu unterschätzender Vorteil.[16]

9   Über die **Auswahl** der Urteile für die Amtliche Sammlung entscheiden die einzelnen Abteilungen autonom (Art. 58 Abs. 2 BGerR). Es gibt keine zentrale Steuerung. Die Verwaltungskommission kann den Abteilungen hingegen aus publizistischen Gründen Empfehlungen geben, z.B. um eine genügend rasche Publikation sicherzustellen oder um die Attraktivität der Sammlung oder ihren Stellenwert gegenüber den Transparenz-Datenbanken sicherzustellen.[17]

Die Publikationsfreude kann von Abteilung zu Abteilung verschieden sein und sich im Verlaufe einiger Jahre durch geänderte Rahmenbedingungen wie neu in Kraft getretenes Recht oder die personelle Zusammensetzung der Abteilung sichtbar ändern. Beim Publikationsentscheid können neben objektiven Kriterien auch subjektive richterliche Elemente eine Rolle spielen. Namentlich bei Grenzfällen für eine Aufnahme in die BGE kann die materielle Auseinandersetzung des Falls mit der Frage, ob dem Urteil über den

---

[15] Im Jahre 1955 fällte das Bundesgericht 2062 Urteile; davon wurden 270 oder 13% veröffentlicht. Im Jahre 1980 wurden von 2995 Urteilen 327 oder 10.9% veröffentlicht. Die Zahlen für 2006 lauten: 5113 Urteile, davon 185 oder 3,6% veröffentlicht.

[16] TSCHÜMPERLIN, SJZ 2003, 268 f.

[17] Beschluss der Verwaltungskommission vom 2.4.2007.

Einzelfall hinaus wegleitende Bedeutung zukomme, fortgesetzt werden. Die Amtliche Sammlung enthält die «in einem Jahr publizierten», nicht die in einem Jahr «ergangenen» Urteile. Die Abteilung kann somit ein Urteil, dessen wegleitender Charakter erst später erkannt oder anerkannt wird, nachträglich in der Amtlichen Sammlung veröffentlichen (N 7).

Die Amtliche Sammlung BGE wird durch ein nach wissenschaftlichen Kriterien erstelltes **Sachregister** mit Kurzhinweisen auf die Entscheidungen erschlossen (Art. 58 Abs. 3 BGerR). Im Unterschied zu den Urteilen, die urheberrechtlich Allgemeingut darstellen, besitzt das Bundesgericht an diesem Sachregister das geistige Eigentum[18] und erhebt dementsprechend bei Drittbenutzern (relativ bescheidene) Lizenzgebühren. **10**

2. Internet

Die Rechtsprechungsdatenbanken des Bundesgerichts im Internet dienen zwei völlig unterschiedlichen Zwecken. Für die **Amtliche Sammlung BGE** samt Register kann im Wesentlichen auf das Gesagte verwiesen werden (N 6–10). Gegenüber der gedruckten Ausgabe bietet das Internet einige zusätzliche Recherchiermöglichkeiten, eine mehrere Generalregister umfassende Suche, sowie verschiedene ausgeklügelte elektronische Suchmethoden.[19] Die elektronische Präsenz der Amtlichen Sammlung im Internet ist unerlässlich, damit die massgebliche amtliche Publikation der wegleitenden Urteile gegenüber der Transparenz-Datenbank nicht faktisch ins Hintertreffen gerät. **11**

Seit dem Jahre 2000 veröffentlicht das Bundesgericht im Internet weitere Urteile. Diese Datenbank umfasste anfänglich etwa 50% aller Urteile, später rund 75%.[20] Seit dem Inkrafttreten des BGG werden alle End- sowie Teilentscheide und überdies die vom Abteilungspräsidium bezeichneten Vor- und Zwischenentscheide aufgeschaltet (Art. 59 Abs. 1 BgerR). Damit wird nun die volle Transparenz der Rechtsprechung erreicht. **12**

Die Transparenz-Datenbank dient einem ganz anderen Zweck als die Amtliche Sammlung BGE. Diese Veröffentlichung bezweckt nicht primär die Sicherstellung einer einheitlichen Rechtsanwendung, dient nicht der Rechtssicherheit und nicht der Weiterentwicklung der Rechtsprechung, sondern allein deren **Transparenz**.[21] Hier wird die ganze Breite der Rechtsprechung in der Fülle der Lebenssachverhalte, auf die sie Anwendung gefunden hat, ausgebreitet. Es handelt sich um unzählige Einzelfall-Entscheide ohne wegleitende oder praxisbildende Wirkung. Aufgrund der Vielzahl der Fälle finden sich in dieser Datenbank durchaus auch widersprüchliche Entscheide. Für die anwaltliche Tätigkeit mag dies insofern interessant sein, als zu bestimmten Fragen für den gegenteiligen Standpunkt ebenfalls ein passendes Rechtsprechungs-Zitat gefunden werden kann. Gemessen an der geltenden wegleitenden Rechtsprechung und **13**

---

[18] Umkehrschluss aus Art. 5 Abs. 1 lit. c und Abs. 2 URG. Die Generalregister erfüllen wegen ihrer Auslese, Anordnung und Gliederung einer Unzahl von Präjudizien sowie der wissenschaftlichen Bearbeitung der Hinweise auf die Fundstellen die Wesensmerkmale eines geschützten Werks.

[19] Im Einzelnen s. TSCHANNEN-AEMISEGGER, 400 ff.

[20] TSCHANNEN-AEMISEGGER, 400, mit Detailangaben.

[21] Zu wenig differenziert Botschaft 2001 4289, wo ausgeführt wird, in den weiteren Internet-Datenbanken des Bundesgerichts würden praktisch alle Entscheidungen veröffentlicht, die «geeignet seien, Einfluss auf die künftige Rechtsprechung des Bundesgerichts zu nehmen». Ungenau ist auch das Postulat, das «Organ der Veröffentlichung» müsse «nicht zwingend die amtliche Sammlung bleiben». Das Bundesgericht informiert selber nur in der Amtlichen Sammlung über die wegleitende Rechtsprechung. Vorbehalten bleiben sogenannte B-Publikationen, die das Bundesgericht bestimmten Fachzeitschriften zur Veröffentlichung zustellt. Diese Veröffentlichung ist jedoch nicht amtlich und vom Entscheid der Fachzeitschrift abhängig.

den Erfolgschancen kommt die Internetsuche nach solchen Ausreissern dagegen mehr einem Zeit- und Geldverschleiss gleich. Eher von Nutzen ist diese Transparenz-Datenbank für die Wissenschaft. Sie erlaubt ihr eine umfassende Nachprüfung, ob die vom Bundesgericht als wegleitend bezeichnete Rechtsprechung im Gerichtsalltag auch tatsächlich gelebt wird. Eine solche wissenschaftliche Aufarbeitung ermöglicht dem Bundesgericht in der Folge, die notwendigen Schlussfolgerungen für seine weitere Praxis zu ziehen. Dieser wichtige Nebenzweck ist im Transparenz-Zweck mitenthalten.

Die Transparenz-Datenbank setzt somit als Ausfluss des Öffentlichkeitsprinzips die Absage an jede Form von geheimer Kabinettsjustiz wesentlich mit um.[22] Wirklich nichts soll unter den Tisch gekehrt werden. Das Bundesgericht stellt sich umfassend der öffentlichen Diskussion und Kritik, die eine unabdingbare Grundlage für die Kontrolle der Justiz durch die Öffentlichkeit und damit eine wesentliche Grundlage für das Vertrauen in die Rechtsprechung des Bundesgerichts bilden (N 3). Durch die aktive Art der Umsetzung wird Art. 27 Abs. 1 wesentlich in den Dienst des Verkündgebots gestellt.[23]

14 Die Anwaltschaft ist nicht verpflichtet, die Transparenz-Datenbank zu konsultieren. Die Rechtsprechung des Bundesgerichts verlangt nicht, dass ein Rechtsanwalt eine *einzig* im Internet veröffentlichte Rechtsprechung kennt. Die **Berufshaftpflicht** der Rechtsvertreter setzt voraus, dass das Urteil entweder in der Amtlichen Sammlung oder in der juristischen Fachpresse veröffentlicht oder besprochen bzw. in die Doktrin eingearbeitet worden ist oder dass diese Rechtsprechung sonst in der Öffentlichkeit eine derartige Publizität erlangt hat, dass von einem sorgfältigen Anwalt ihre Kenntnis erwartet werden darf.[24]

3. Anonymisierung

15 Die Urteile werden gem. Art. 27 Abs. 2 grundsätzlich anonymisiert veröffentlicht. Die Bestimmung ist auf die Veröffentlichung in der Amtlichen Sammlung BGE und weiterer Urteile im Internet gemünzt. Sie erfasst dagegen nicht die öffentliche Auflage der Urteile am Sitz des Gerichts (N 21). Dies liefe dem Verkündgebot zuwider.

Die **Anonymisierung** bezweckt, die Persönlichkeit zu schützen und die Privatsphäre zu gewährleisten, und will konkret eine unnötige Anprangerung der Beteiligten durch eine

---

[22] Vgl. dazu BGE 124 IV 234 E. 3b; TSCHANNEN-AEMISEGGER, 377 f. und 402 f. Ebenso schon RASELLI, in: FS NAY, 33 f. für den Zugang zu den Urteilen.

[23] Vgl. TSCHANNEN-AEMISEGGER, 402. Zur öffentlichen Verkündung gehört auch die Bekanntgabe der Beteiligten, weshalb die in der Regel anonymisierte Veröffentlichung der Urteile im Internet mit der öffentlichen Auflage von Rubrum und Dispositiv kombiniert werden muss. In seltenen Ausnahmefällen müssen aber auch bei dieser öffentlichen Auflage Verfahrensbeteiligte zu ihrem Schutz anonymisiert werden, namentlich in bestimmten Fällen der internationalen Rechtshilfe in Strafsachen.

[24] Nichts anderes ergibt sich – abgesehen vom fehlenden wegleitenden Charakter – aus BGer 1P.24/2002 vom 21.1.2002. Das Bundesgericht verweist in diesem Urteil nur akzessorisch auf die Internet-Publikation. Es handelt sich allerdings um einen Grenzfall, weil dieses Urteil nicht auf Veröffentlichungen in der Amtlichen Sammlung oder in der Fachpresse, sondern auf die relativ flüchtige Bekanntmachung des konkreten Falls in Presse, Radio und Fernsehen abstellt. Für einen bestimmten Zeitraum nach der Bekanntmachung kann die nötige Publizität auf diese Weise bejaht werden. Später reicht eine solche Bekanntmachung kaum, um für eine sorgfältige Prozessführung die Kenntnis der Rechtsprechung zu verlangen. Vgl. zur anwaltlichen Sorgfaltspflicht im Allgemeinen BGE 127 III 357 E 1 und 3d, BGE 117 II 563 E. 2; zum Minimum an Sorgfalt: BGE 129 IV 206 E. 2.

sachlich nicht erforderliche öffentliche Kundmachung der Namen vermeiden. Der Gesetzgeber befürchtete zudem, dass die Bürger davon abgehalten werden könnten, sich ans Bundesgericht zu wenden, wenn die Entscheidungen generell mit den Namen veröffentlicht würden.[25] Im Internet, welches einen gezielten und überdies zeitlich, örtlich und suchtechnisch praktisch unbegrenzten Zugriff auf die Namen ermöglicht, ist die Anonymisierung daher die Regel. Das Gleiche gilt für die gedruckte Ausgabe der BGE. Die Amtliche Sammlung BGE soll im Internet und in der gedruckten Version wenn möglich auch in Bezug auf Namensnennungen deckungsgleich sein.[26]

Art. 27 Abs. 2 sieht nur «grundsätzlich» eine Anonymisierung vor. Namens- und marken- **16** rechtliche Entscheide wären nicht verständlich, wenn die Namen verschleiert würden.[27] Auch die Tragweite einer Entscheidung oder von bestimmten Erwägungen kann mitunter nur ermessen werden, wenn die Namen der Beteiligten bekannt sind, beispielsweise wenn es sich um Unternehmen mit grosser Marktmacht oder um Betriebe der Monopolwirtschaft handelt. Ebenso müssen die **Namen öffentlich** bleiben, wenn es sich um Personen der Zeitgeschichte[28] oder der breiten Öffentlickeit bestens bekannte Beteiligte handelt. Gemeindenamen, Behördennamen, Vorinstanzen, die Namen der Parteivertreter sowie Ortsbezeichnungen, soweit Vorgänge beschrieben werden, die sich im Freien ereignen und damit von jedermann wahrgenommen werden können, werden in der Regel nicht verschleiert.[29]

Mit der Anomisierung wird den berechtigten Interessen der Verfahrensbeteiligten hin- **17** reichend Rechnung getragen. Die Anonymisierung schliesst nicht aus, dass Personen, die mit den Einzelheiten des Falles vertraut sind, erkennen können, um wen es geht.[30] Der Zweck der Anonymisierung ist erreicht und der wohlverstandene Persönlichkeitsschutz gewahrt, wenn **Zufallsfunde** von Verfahrenspersonen durch beliebige Unbeteiligte vermieden werden. Ein weitergehender Schutz kann in besonderen Fällen angezeigt sein, namtlich im Rahmen des Opferschutzes bei Sexualdelikten oder im Interesse des Jugendschutzes.

---

[25] Votum Ständerat Schweiger für die Kommissionsmehrheit, AB 2003 S 894.

[26] Der Grundsatz der Identität der beiden Ausgaben gilt unbeschränkt, soweit es im Publikationszeitpunkt Anonymisierungsregeln gegeben hat, die angewendet werden konnten, also ab März 1986. Für ältere Namensnennungen kann gegebenenfalls eine nachträgliche Anonymisierung im Internet verlangt werden. Blosse Praxisänderungen in der Anonymisierungsweise begründen dagegen keinen Anspruch auf Nach-Anonymisierungen in den Internet-Datenbanken des Bundesgerichts (Beschluss der Verwaltungskommission des Bundesgerichts vom 29.6.2005). Für die bereits gedruckte Papierausgabe der BGE ist eine nachträgliche Anonymisierung faktisch unmöglich. Die nachträgliche Anonymisierung erfasst überdies nur die Datenbanken des Bundesgerichts. Für eine Anonymisierung in anderen Datenbanken muss sich der Gesuchsteller bei den betreffenden Betreibern selber bemühen.

[27] Zu eng ist die Umschreibung von SPÜHLER/DOLGE/VOCK, Kurzkommentar, N 2 zu Art. 27, welche die Nicht-Anonymisierung auf Fälle beschränken wollen, in denen beide Prozessparteien öffentliche Personen sind.

[28] Vgl. BGE 129 III 529 E. 3.2 a.E.

[29] Regeln für die Anonymisierung der Urteile gem. Beschluss der Präsidentenkonferenz und der Verwaltungskommission vom 24.8.1999, Stand 1.12.2003. Vgl. dazu auch FS AARGAUISCHER JURISTENVEREIN-GUIGNARD, 68 f., der die Namensnennung insb. bei Kapitalverbrechen, schweren Wirtschaftsdelikten, zur Aufklärung und Beruhigung der Bevölkerung sowie mit Rücksicht auf die Stellung im öffentlichen Leben für gerechtfertigt hält. Vorbehalten bleibt aber immer der Informationszweck; fehlt es daran, ist die Namensnennung unzulässig (a.a.O. 71). Ferner SAXER, Justizkommunikation im Rechtsstaat, 71, der ein legitimes Informationsbedürfnis verlangt, ausser der Name sei der Öffentlichkeit bereits bekannt.

[30] BGE 133 I 106 E. 8.3.

18 Die Medien erhalten entsprechend ihrer Wächterrolle[31] die Namen der Verfahrensbeteiligten. In den medienwirksamen Fällen teilt ihnen das Bundesgericht überdies mit, ob aus seiner Sicht Gründe gegen eine Namensnennung bestehen.[32] Bei diesem «nihil obstat» handelt es sich um eine grobe prima-vista-Einschätzung. Die Medien wägen aufgrund ihrer eigenen Regeln selber ab, ob und inwieweit in der Berichterstattung **Namensnennungen** opportun sind, und tragen dafür die Verantwortung.

19 Nach dem Gesagten darf, wer das Bundegericht anruft, nicht bedingungslos darauf vertrauen, dass sein Name im Zusammenhang mit seinem Rechtsfall keinesfalls bekannt wird.[33] Die dem Verfahren inhärente **Öffentlichkeit** der Rechtsfragen verhindert ein solches absolutes Recht. Der Persönlichkeitsschutz der Parteien und das Öffentlichkeitsinteresse an einer allgemeinen Namensnennung sind vielmehr im Einzelfall gegeneinander abzuwägen, wobei für die Veröffentlichungen des Bundesgerichts im Zweifelsfall entsprechend der gesetzlichen Regel von Art. 27 Abs. 2 von der Anonymisierung auszugehen ist.

20 In technischer Hinsicht wird die Anonymisierung durch die Vorgabe erleichtert, die Urteile von Anbeginn an so zu redigieren, dass die spätere Anonymisierung erleichtert wird; insb. sollen in den **Erwägungen** nach Möglichkeit keine Namen genannt werden.

4. Die öffentliche Auflage der Urteile

21 Das Bundesgericht legt Rubrum und Dispositiv – d.h. Spruchkörper, Parteien, Urteilsgegenstand und Urteilsspruch – aller Urteile mit **voller Namensnennung** während vier Wochen am Sitz des Gerichts in Lausanne öffentlich auf (Art. 59 Abs. 3, Art. 60 BGerR).[34] Diese Urteilsauflage vervollständigt die anonymisierte Veröffentlichung im Internet. Sie bildet einen wesentlichen Teil der Urteilsveröffentlichung und der aktiven Informationspolitik des Bundesgerichts; für die Wahrung der Öffentlichkeit ist sie verfassungs-[35] und konventionsrechtlich[36] notwendig. Sinn und Zweck dieser Urteilsauflage ist, die Namen ebenfalls öffentlich zu machen, weil sonst nicht transparent wäre, ob das Recht ohne jedes Ansehen der Person gesprochen wird. Einzelheiten s. bei Art. 59 Abs. 3.

---

[31] SAXER, ZSR 2006, 468; WIPRÄCHTIGER, Anwaltsrevue 2003, 8 – beide Autoren unter Hinweis auf die Rechtsprechung des EGMR.

[32] Akkreditierungsrichtlinien (FN 2) Art. 5.

[33] Im Falle einer öffentlichen Beratung oder Verhandlung können die Namen durch einen Prozessbesucher oder die Presse öffentlich werden. In den Zirkulationsfällen können die Namen durch die öffentliche Auflage von Rubrum und Dispositiv sowie in Kombination mit der Urteilsveröffentlichung im Internet ebenfalls bekannt werden.

[34] Die öffentliche Auflage wurde von der Präsidentenkonferenz des Bundesgerichts am 22.5.2002 beschlossen. Vgl. Dazu BGE 133 I 106 E. 8.2; FS NAY-WIPRÄCHTIGER, 14; TSCHANNEN-AEMISEGGER, 390 und 402.

[35] Art. 30 Abs. 3 BV; vgl. dazu BGE 128 I 288 E. 2.4 und 2.5 (historische Interpretation). In der Lehre mehren sich die Stimmen, welche Art. 30 Abs. 3 BV nicht auf den Geltungsbereich von Art. 6 Ziff. 1 EMRK und Art. 14 Ziff. 1 UNO-Pakt II beschränken, sondern das verfassungsrechtliche Gebot der Öffentlichkeit über die zivil- und strafrechtlichen Fälle hinaus als generell gültig betrachten: TSCHANNEN-AEMISEGGER, 387 f. m.Hinw. auf R. KIENER, ZBJV 2003, 733. Differenziert RASELLI, in: FS NAY, 24 f., 34 f., der eine generelle Geltung von Art. 30 Abs. 3 BV ablehnt, in dessen Geltungsbereich als Surrogat für die öffentliche Verkündung der Urteile aber auch bei schriftlichen Verfahren ausnahmslos den Zugang zum ganzen Entscheid inklusive zu den Namen der Beteiligten verlangt.

[36] Art. 6 Ziff. 1 EMRK, Art. 14 Ziff. 1 UNO-Pakt II, s. dazu u.a. TSCHANNEN-AEMISEGGER, 379 ff.; FS NAY-WIPRÄCHTIGER, 12 f.; FS-NAY-RASELLI, 33 f.

Von der öffentlichen Urteilsauflage zu unterscheiden ist der **nachträgliche Zugang zu** 22
den Urteilen. Eine nach Jahr und Tag verlangte Einsichtnahme ist nicht mehr der öffentlichen Urteilsverkündung zuzuordnen.[37] Soweit diese Urteile seinerzeit nicht auf Internet
aufgeschaltet worden sind, müssen vor einer Abgabe an Drittpersonen die berechtigten
Parteiinteressen nachträglich geprüft werden. Schliesst das Gesetz die Öffentlichkeit aus
und kann der notwendige Schutz durch eine Anonymisierung nicht erreicht werden oder
verursacht diese einen unverhältnismässigen Aufwand, so wird die nachträgliche Urteils-
abgabe grundsätzlich nur mit Zustimmung der Parteien bewilligt.[38]

Vom nachträglichen Zugang zu den Urteilen zu unterscheiden ist die **Einsichtnahme in** 23
die Akten des bundesgerichtlichen Verfahren. Für abgeschlossene Verfahren richtet sich
die Einsichtnahme nach der Archivierungsverordnung des Bundesgerichts.[39] Für die Einsichtnahme in hängige Verfahren ist das Prozessrecht massgeblich.

5. Informationen an die Medien

An der **Gerichtsberichterstattung** der Medien besteht ein erhebliches öffentliches Inte- 24
resse; Medien haben eine Stellvertreter-Funktion für die breite Öffentlichkeit.[40] Sie tragen
als Vermittler von Informationen über das Gemeinwesen auch im Gerichtswesen zur
öffentlichen Meinungsbildung und damit zur öffentlichen Kontrolle bei.[41] Das Bundesgericht erleichtert ihnen daher den Zugang zur Information und stellt eine gute Infrastruktur
zur Verfügung.[42]

Die Gerichtsberichterstatter werden vom Generalsekretariat akkreditiert. Die **Akkreditie-** 25
rung ist nichts anderes als eine formelle Registrierung der Berichterstatter. Materiell
wird einzig vorausgesetzt, für ein schweizerisches oder in der Schweiz niedergelassenes
Medium tätig zu sein und die Bedingungen für die Eintragung ins Berufsregister der
Journalisten zu erfüllen, d.h., berufsmässiger Journalist zu sein. Einzelheiten sind gestützt auf die Delegationsnorm von Art. 61 Abs. 2 BGerR in den Akkreditierungsrichtlinien geregelt.[43] Das Bundesgericht kann über die Akkreditierung keinen Einfluss auf
die berufliche Qualifikation oder die personelle Auswahl der Berichterstatter nehmen.[44]

---

[37] FS NAY-RASELLI, 28; TSCHANNEN-AEMISEGGER, 409.

[38] Weisung für die Mitteilung nicht publizierter Urteile des Bundesgerichts an Drittpersonen und an
Fachzeitschriften vom 18.12.2006, Ziff. 3 mit genauer Umschreibung der Voraussetzungen und
Ausnahmen. Dieser nachträgliche Zugang zu den Urteilen darf nach der Rechtsprechung des
Bundesgerichts von einem berechtigten bzw. ernsthaften Interesse abhängig gemacht werden,
wobei mit Bezug auf Einschränkungen dieses Rechts strenge Massstäbe anzulegen sind: BGE
124 IV 234, 239 f.; vgl. dazu auch TSCHÜMPERLIN, SJZ 2003, 266.

[39] SR 152.21 Verordnung des Bundesgerichts zum Archivierungsgesetz vom 27.9.1999.

[40] BGE 129 III 529, E. 3.2; TSCHANNEN-AEMISEGGER, 405, 408.

[41] BGE 113 Ia 309, 318.

[42] WIPRÄCHTIGER, Anwaltsrevue 2003, 8; DERS., Anwaltsrevue 2003, 17 f.

[43] FN 2; TSCHANNEN-AEMISEGGER, 405 f., teilweise überholt durch die neue Richtlinie vom
6.11.2006.

[44] Als zu wenig differenziert erscheint die Feststellung von GUIGNARD, in den Genuss der Ver-
günstigungen gelangten in der Regel nur vertrauenswürdige Journalisten, von denen eine sachgerechte Berichterstattung erwartet werden könne (FS AARGAUISCHER JURISTENVEREIN, 59). Die
Akkreditierung kann mit Rücksicht auf die Person des Medienschaffenden nur verweigert werden, wenn die Voraussetzungen für einen Entzug der Akkreditierung vorliegen, d.h. in schweren
Fällen schuldhaften Verstosses gegen die Akkreditierungsrichtlinien (Art. 14). Eine Einflussnahme auf die Gerichtsberichterstattung über die Akkreditierungsrichtlinien wird mit über-
zeugender Begründung auch von SAXER, Justizkommunikation im Rechtsstaat, 54 f., abgelehnt.
Die Medien könnten nicht Sprachrohre von Staatsorganen sein, auch nicht selektiv: Andernfalls
würden die Medien in einen nicht auflösbaren Konflikt zwischen der Rolle als unabhängiger

Zu sachlichen Problemen ist es wegen fehlender fachspezifischer Voraussetzungen bisher nicht gekommen. So hat beispielsweise noch kein Medium einen Sportberichterstatter als Bundesgerichtskorrespondenten akkreditieren lassen. Der Markt regelt diese Frage selber. Die Medien achten in aller Regel darauf, fachlich kompetente Journalisten mit der Berichterstattung über die Rechtsprechung des obersten Gerichts zu betrauen.

26 Die Akkreditierung bildet die Voraussetzung für den erleichterten **Zugang zu den Informationen**, v.a. in Bezug auf den dauernden Informationsfluss über die Rechtsprechung.[45] Für die hauptamtlich akkreditierten Journalisten des Bundesgerichts kommt ein aktiver Zustellservice hinzu. Die Beschränkung auf die hauptamtlichen Bundesgerichtsjournalisten findet ihre Rechtfertigung darin, dass wer solche Sonderdienstleistungen der öffentlichen Hand bezieht, diese auch in erheblichem Umfang nutzen soll.[46]

27 Akkreditierte Journalisten erhalten mit Rücksicht auf die besondere Öffentlichkeitsaufgabe der Medien auch gewisse **Sonderinformationen** über den Verfahrensstand.[47] Da diese Informationen nur den äusseren Gang des Verfahrens betreffen, bewirken diese keine problematische publizistische Einflüsse auf das Verfahren.[48] In gewissen Fällen erhalten die akkreditierten Journalisten während einiger Wochen nach der Urteilsfällung zur Arbeitserleichterung ein nicht anonymisiertes Urteilsexemplar.[49] Nicht akkreditierte Journalisten erhalten auf Anfrage hin einzelfallweise die üblichen Behördeninformationen.[50]

28 Die Akkreditierung schränkt die **Freiheit der Berichterstattung** nicht ein. Die akkreditierten Medienschaffenden sind aber verpflichtet, die Rahmenbedingungen einzuhalten, namentlich die Persönlichkeitsrechte der Verfahrensbeteiligten und die in gemeinsamem Interesse auferlegten Sperrfristen.[51]

29 Das Bundesgerichtsreglement sieht **Medienmitteilungen** über Urteile und andere Entscheidungen vor. Sie werden in der Regel vom Spruchkörper gleichzeitig mit der Redaktion des Urteils genehmigt (Art. 61 Abs. 3 BGerR). Solche Medienmitteilungen hat es

---

Wächter über die Gerichte und zugleich als Träger einer Aufgabe für die Gerichte gebracht. DERS., ZSR 2006, 468.

[45] Die Informationen werden im Pressezimmer des Bundesgerichts für alle akkreditierten Journalisten aufgelegt. Von besonderer praktischer Bedeutung ist der Zugang zur passwortgeschützten Pressedatenbank im Internet, der mit der Akkreditierung verbunden ist.

[46] Vgl. dazu BGE 107 Ia 304 E. 5. Gemäss diesem Entscheid wäre es unverhältnismässig, Journalisten regelmässig aktiv mit sämtlichen Informationen zu beliefern, wenn diese kaum je genutzt werden.

[47] Akkreditierungsrichtlinien (FN 2), Art. 7.

[48] Zur Problematik öffentlichen Drucks auf laufende Verfahren im Allgemeinen vgl. WIPRÄCHTIGER, Plädoyer 2000.

[49] Gemäss Ziff. 4 der Regeln für die Anonymisierung der Urteile (FN 29) wird die Presse in folgenden Rechtsgebieten mit anonymisierten Urteilen beliefert: Ausländerrecht, im Persönlichkeitsschutzrecht, im Ehe- und Familienrecht, im Bereich der fürsorgerischen Freiheitsentziehung, im Schuldbetreibungs- und Konkursrecht, im Strafrecht inklusive Strafprozessrecht, im Bereich der Führerausweisentzüge, im Bereich des Opferhilfegesetzes, in der internationalen Amts- und Rechtshilfe, in Disziplinarsachen, im Steuerrecht und beim Ausschluss der Öffentlichkeit (Art. 59 Abs. 2). Hinzu kommen weite Teile des Sozialversicherungsrechts. Im Übrigen gilt für die Presse der Grundsatz der Nichtanonymisierung. Nach einer öffentlichen Sitzung erhält sie in der Regel nach in den Ausschlussgebieten ein nichtanonymisiertes Urteil. Im Übrigen kann die Presse die Namen aus der öffentlichen Auflage von Rubrum und Dispositiv ersehen.

[50] Vgl. dazu BGE 107 Ia 304, 313: Ein Ausschluss nicht akkreditierten Journalisten vom Zugang zur Information wäre weder mit der Pressefreiheit noch mit dem Gleichheitssatz vereinbar.

[51] Akkreditierungsrichtlinien (FN 2) Art. 5 und 6; SEILER/VON WERDT/GÜNGERICH, BGG, N 10 zu Art. 27.

schon unter der Herrschaft des OG gegeben.[52] Diese Informationstätigkeit geht über die gesetzliche Informationspflicht des Bundesgerichts hinaus. Soweit sie das Bundesgericht leistet, muss sie allgemein zugänglich, rechtsgleich und willkürfrei sein.[53] Sie findet ihre Rechtfertigung im Bemühen, die sachlich korrekte Berichterstattung über komplexe Fragen aktiv zu unterstützen. Trotz der fortschrittlichen Normierung im Bundesgerichtsreglement ist diese aktive Form der Medientätigkeit gerichtsintern umstritten. Wie bisher wird die Praxis daher von Abteilung zu Abteilung unterschiedlich sein.

Interwiews von Richtern zu einzelnen Fällen sind grundsätzlich verpönt.[54] Der inter-   **30** viewgebende Richter steht unter genauer Beobachtung der Kollegen, ob alle Argumente richtig gewichtet werden und die obsiegende Mehrheitsmeinung korrekt dargestellt wird. Besondere Zurückhaltung ist bei Medienmitteilungen notwendig, die ausnahmsweise während eines laufenden Verfahrens notwendig werden können.[55]

Der Spruchkörper ist öffentlich. Die **Namen** der mitwirkenden **Richter** können in den   **31** Medien daher genannt werden. Die frühere Zurückhaltung ist von den Medien teilweise aufgegeben worden; seit einigen Jahren besteht eine zunehmende Tendenz, dem Bundesgericht in der Medienberichterstattung ein sogenanntes «Gesicht» geben zu wollen. Mit dieser Personifizierung geht die Gefahr einer, Richterattribute zu verwenden, die im konkreten Fall unmassgeblich sind. Dadurch kann ein Entscheid in der Öffentlichkeit ohne weiteres in ein falsches Licht gerückt werden. Der Generalsekretär des Bundesgerichts hat daher offiziöse Regeln für die Nennung der Namen und der Eigenschaften der Richter wie der regionalen Herkunft oder der Parteizugehörigkeit erlassen. Richtereigenschaften sollen danach nur genannt werden, wenn sie im konkreten Fall eine objektive Rolle gespielt haben können. Ähnliches gilt für dissenting opinions. Über sie soll nur öffentlich berichtet werden, wenn sich der betreffende Richter i.S. eines öffentlichen Dissenses bewusst von der Mehrheitsmeinung abgrenzen wollte. Als allgemeine «Benimm-Regeln» sind diese offiziösen Regeln in der journalistischen Fachwelt positiv aufgenommen worden.[56]

III. Weitere Veröffentlichungen

Die allgemeine Rechtsgrundlage für Veröffentlichungen im **Bundesblatt** findet sich   **32** in Art. 39 Abs. 3. Danach können Mitteilungen an Parteien mit Wohnsitz im Ausland, die der Aufforderung zur Bezeichnung eines Zustelldomizils in der Schweiz nicht Folge leisten, «in einem amtlichen Blatt» eröffnet werden. Das Bundesgericht wählt dafür das Bundesblatt.[57] Diese Veröffentlichungen sind ihrem Zweck entsprechend

---

[52] S. Nachweise bei TSCHANNEN-AEMISEGGER, FN 118.
[53] BGE 104 Ia 88 E. 5 a.E.;107 Ia 304; TSCHANNEN-AEMISEGGER, 392.
[54] Beschluss der Präsidentenkonferenz vom 12.3.2001; STUDER, AJP 2005, 1448. Krit. WIPRÄCHTIGER, Anwaltsrevue 2003, 9, der für eine offenere Haltung plädiert. Ein Gerichtsmitglied könne ein Urteil viel prägnanter darstellen. Zurückhaltung sei dagegen am Platz mit öffentlicher Kritik der Richter an Urteilen des eigenen Spruchkörpers; DERS., in: SCHUMACHER, 91; DERS., Justiz und Medien, 46: Gegen eine allzu restriktive Praxis; ein persönliches Gespräch mit Medienschaffenden könne nützlich sein. Das Vertrauen der Öffentlichkeit in die Objektivität richterlicher Urteile und ihre Akzeptanz werde anderseits nicht gefördert, wenn Mitglieder mehrköpfiger Spruchkörper an den von ihnen mitbeschlossenen Entscheiden herumdeutelten oder gar öffentlich gegen die Entscheidung zu Felde zögen.
[55] Vgl. dazu BGE 127 I 196 200, sowie BGer 1P.528/2002 E. 4.2; zu einschränkend: SAXER, ZSR 2006, 478 bei FN 113.
[56] STUDER, AJP 2005, 1444. Vgl. auch FS NAY-WIPRÄCHTIGER, 21.
[57] Vgl. auch Art. 11 BZP i.V.m. Art. 71, der von «öffentlicher Bekanntmachung» spricht und in Abs. 3 das Bundesblatt ausdrücklich erwähnt.

– in Abweichung von der generellen Regel des Art. 16 Abs. 3 PublG – nicht anony-misiert.[58]

33 Im **Internet** stellt das Bundesgericht verschiedene Informationen zum Gericht und seiner Geschichte, zum schweizerischen Justizsystem und zu juristischen Einzelfragen zur Verfügung (‹www.bger.ch›). Die öffentlichen Gerichtstermine werden hier öffentlich bekannt gemacht. Für Besucher bestehen einige Broschüren über das Justizsystem und das Bundesgericht.

IV. Kommunikations- und Medienbeauftragter

34 Der oder die Kommunikations- und Medienbeauftragte berät und unterstützt gem. Art. 63 BGerR das Präsidium und die Abteilungen bei der Kommunikation nach innen und aus-sen. Die Bestimmung verlangt nicht ausdrücklich, dass hierfür eine besondere Stelle ge-schaffen werden muss. Es genügt, wenn die Aufgabe im Pflichtenheft einem Mitarbeiter zugeordnet oder eine externe Fachperson im Auftragsverhältnis beigezogen wird. Wenn die Aufgabe proaktiv und nicht nur reaktiv wahrgenommen werden soll, ist es faktisch aber notwendig, eine besonders ausgebildete Fachperson einzustellen. Die Aufgabe be-steht darin, die sachliche Berichterstattung über die Rechtsprechung in den Mittelpunkt zu stellen, in Fällen mit öffentlicher Beratung sowie bei besonders komplexen und öffent-lichkeitsrelevanten Zirkulationsfällen Pressemitteilungen zu bearbeiten, die Informatio-nen im Internet täglich in einwandfreier Qualität nachzuführen, über die Öffentlichkeit interessierendes Verwaltungshandeln des Gerichts aktiv zu informieren, die Medien-berichte ständig zu analysieren, öffentlichkeitsrelevante Themen aktiv aufzugreifen sowie grobe Fehler in der Berichterstattung durch Pressemitteilungen zu korrigieren. Hinzu kommt die Selbstverständlichkeit, gegenüber Bürgern, Medien und Behörden immer aus-kunftsbereit zu sein (permanente Organisation der Erreichbarkeit). Die interne Kommuni-kation im Bundesgericht über zwei Standorte sowie die Ausbildung und Betreuung der Leitungsorgane bei Medienauftritten gehören ebenfalls zum Standard-Aufgabenbereich.

Art. 28

Öffentlichkeits-prinzip	**[1] Das Öffentlichkeitsgesetz vom 17. Dezember 2004 gilt sinnge-mäss für das Bundesgericht, soweit dieses administrative Auf-gaben oder Aufgaben im Zusammenhang mit der Aufsicht über das Bundesverwaltungsgericht und das Bundesstrafgericht er-füllt.**
	[2] Das Bundesgericht bezeichnet ein Beschwerdeorgan, das über Beschwerden gegen seine Verfügungen betreffend den Zugang zu amtlichen Dokumenten entscheidet. Es kann vorsehen, dass kein Schlichtungsverfahren durchgeführt wird; in diesem Fall erlässt es die Stellungnahme zu einem Gesuch um Zugang zu amtlichen Dokumenten in Form einer beschwerdefähigen Ver-fügung.
Principe de la transparence	[1] La loi du 17 décembre 2004 sur la transparence s'applique par analogie au Tribunal fédéral, dans la mesure où il exécute des tâches concernant son administration ou la surveillance sur le Tribunal administratif fédéral et sur le Tribunal pénal fédéral.

---

[58] Mitteilung des Bundesgerichts vom 23.11.2004 an die Bundeskanzlei.

² Le Tribunal fédéral institue une autorité de recours qui statue sur les recours contre ses décisions concernant l'accès aux documents officiels. Il peut exclure la procédure de médiation; dans ce cas, il rend sa prise de position sur la demande d'accès sous la forme d'une décision directement sujette à recours.

Principio di trasparenza

¹ La legge del 17 dicembre 2004 sulla trasparenza si applica per analogia al Tribunale federale laddove esso svolga compiti amministrativi o mansioni connesse alla vigilanza sul Tribunale amministrativo federale o sul Tribunale penale federale.

² Il Tribunale federale designa un organo di ricorso che pronuncia sui ricorsi contro le sue decisioni concernenti l'accesso a documenti ufficiali. Può prevedere che non venga svolta una procedura di conciliazione; in tal caso, sulla domanda di accedere ai documenti ufficiali si pronuncia con decisione ricorribile.

Inhaltsübersicht

Materialien

E ExpKomm; Botschaft 2001; AB 2004 N 1588; AB 2005 S 122. Botschaft des Bundesrats vom 12.3.2003 zum Bundesgesetz über die Öffentlichkeit der Verwaltung (Öffentlichkeitsgesetz), BBl 2003 1963.

Literatur

A. FLÜCKIGER, Les défis d'une administration publique plus transparente, 7 ff., in: A. Flückiger (Hrsg.), La mise en œuvre du principe de transparence dans l'administration, Genf 2006 (zit. Flückiger-Flückiger), S. FÜZSESSÉRY, Le devoir d'informer des autorités: l'autre face de la tranparence administrative, 81 ff., in: A. Flückiger (Hrsg.), La mise en œuvre du principe de transparence dans l'administration, Genf 2006 (zit. Flückiger-Füzsesséry); L. MADER, La nouvelle loi fédérale sur le principe de la transparence dans l'administration, in: A. Flückiger (Hrsg.), La mise en œuvre du principe de transparence dans l'administration, Genf 2006 (zit. Flückiger-Mader); DERS., Das Öffentlichkeitsgesetz des Bundes – Einführung in die Grundlagen, in: B. Ehrenzeller (Hrsg.), Das Öffentlichkeitsgesetz des Bundes, 9 ff. (zit. Ehrenzeller-Mader); P. SUTTER, Aktive und passive Zugangsrechte zu behördlichen Informationen im Kanton Schwyz, Aufsatz in: Entscheide 2005 der Gerichts- und Verwaltungsbehörden des Kantons Schwyz, 354 ff. (zit. Sutter, EGV-SZ 2005).

I. Allgemeines

Die Bundesversammlung behandelte das Bundesgesetz über das Öffentlichkeitsprinzip in der Verwaltung¹ nach der Erstberatung des BGG im Ständerat. Mit diesem Gesetz wurde für ein halbes Jahr ein neuer Art. 17a ins OG eingefügt. Der Nationalrat nahm die gleiche Bestimmung ins BGG auf; der Ständerat stimmte zu.²   **1**

---

¹ SR 152.3 (Öffentlichkeitsgesetz vom 17.12.2004; BGÖ).
² Schweden und die USA gingen mit dem Prinzip der Öffentlichkeit voran. 2001 führte die EU ein Recht auf Zugang der Öffentlichkeit zu amtlichen Dokumenten ein. In der Schweiz führte als erster der Kanton Bern im Jahre 1993 das Öffentlichkeitsprinzip ein. Ab 2001 folgten weitere Kantone, der Bund im Jahre 2004/06: S. dazu SUTTER, EGV-SZ 2005, 391, m.Hinw.; sowie FLÜCKIGER-FLÜCKIGER, 7 f.

2 Das Öffentlichkeitsprinzip bewirkt einen eigentlichen Paradigmenwechsel. An die Stelle des Grundsatzes der Geheimhaltung mit Öffentlichkeitsvorbehalt tritt der Grundsatz der Öffentlichkeit mit Geheimhaltungsvorbehalt. Im Verhältnis zu den Bürgern und zur Gesellschaft **bezweckt** das Öffentlichkeitsprinzip eine wirksame Kontrolle der staatlichen Behörden, die ihrerseits das Vertrauen in die Behörden stärken soll. Ferner ist das Öffentlichkeitsprinzip ein Instrument der Verwaltungsmodernisierung. Es soll zu einem Kulturwandel in der öffentlichen Verwaltung und zu einer Verbesserung des Dienstleistungsverhaltens beitragen.[3]

3 Das BGÖ gilt für das Bundesgericht nur aufgrund von Art. 28 und damit nur soweit dieses Verwaltungsaufgaben und Aufgaben im Zusammenhang mit der Aufsicht über das Bundesverwaltungsgericht und das Bundesstrafgericht erfüllt.[4] Nur für diesen Bereich ist eine analoge Anwendung der im Wesentlichen für die Bundesverwaltung entwickelten Grundsätze sachlich gerechtfertigt. Die Geltung ist gem. ausdrücklicher Gesetzesvorschrift eine «sinngemässe». Damit wird den Besonderheiten eines Gerichtsbetriebs Rechnung getragen. Bei der **sinngemässen Anwendung** für das Bundesgericht ist zu beachten, dass das BGÖ nur für die Verwaltung und die Parlamentsdienste, nicht aber für die Regierung und das Parlament, also nicht für die eigentlichen Staatsorgane gilt (Art. 2 BGÖ).[5] Soweit die Leitungsorgane des Bundesgerichts – Gesamtgericht, Verwaltungskommission und Präsidentenkonferenz – im Rahmen der obersten Leitung eine mit diesen Organen vergleichbare Tätigkeit ausüben, sind somit auch sie vom Geltungsbereich des BGÖ auszunehmen (zur Grenzziehung im Einzelnen siehe N 10 f.).

4 Das BGÖ gilt **nicht** für die **Rechtsprechung** (Art. 3 Abs. 1 BGÖ). Für pendente Verfahren richten sich Einsichts- und Auskunftsrechte Dritter nach dem Verfahrensrecht. Für die archivierten Prozessdossiers sind das Archivierungsgesetz[6] und die Archivierungsverordnung des Bundesgerichts[7] massgeblich.

---

[3] Vgl. dazu EHRENZELLER-MADER, 14 f.; FLÜCKIGER-MADER, 15 f. Zur Notwendigkeit des Öffentlichkeitsprinzips zur Demokratisierung der gegenüber Volk und Parlament mächtig gewordenen Verwaltung s.a. I. HÄNER, Die Funktion des Öffentlichkeitsprinzips, in: Digma – Zeitschrift für Datenrecht und Informationssicherheit 2004, H. 4, 146–149; BGE 133 II 209 E. 2.3.1.

[4] Entgegen SEILER/VON WERDT/GÜNGERICH, BGG, N 2 zu Art. 28, gilt das BGÖ für das Bundesgericht auch in personalrechtlichen Verfügungen nicht direkt. Würde das Bundesgericht als Organisation oder Person des öffentlichen Rechts unter Art. 2 Abs. 1 lit. b BGÖ fallen, so hätte Art. 28 Abs. 1 anders formuliert werden müssen. Das Bundesgericht wendet das VwVG nicht nur im Personalrecht an, sondern im ganzen Bereich seines rechtsförmigen Verwaltungshandelns, z.B. im Rahmen der Akkreditierung von Medienschaffenden, bei der Einsicht in archivierte Akten oder bei Aufsichtsanzeigen betreffend den Geschäftsgang der erstinstanzlichen Gerichte des Bundes (Bundesgericht, Verwaltungskommission, Entscheid vom 29.5.2007, 12T_1/2007, E. 1). Gesetzestechnisch werden die eidgenössischen Gerichte als richterliche Gewalt bei der Umschreibung des Geltungsbereichs für die Organe und Einheiten des Bundes immer separat genannt, wenn der Erlass auch für das Bundesgericht anwendbar sein soll (vgl. z.B.: Art. 1 Abs. 2 lit. b VwVG, Art. 2 Abs. 1 lit. g BPG; Art. 1 Abs. 1 und 3 BGA). Das Bundesgericht wird in diesem Sinne unter den «Organisationen des öffentlichen Rechts» generell nicht mitverstanden. Damit sind ausgelagerte Organisationseinheiten des zweiten und dritten Kreises gemeint. Das Bundesgericht gehört als dritte Staatsgewalt dagegen zum Kernbereich des Bundes. Dass das BGÖ für das Bundesgericht nur aufgrund des Verweises in Art. 28 gilt, ergibt sich ferner aus der Botschaft des Bundesrats (BBl 2003 1985).

[5] EHRENZELER-MADER, 19; SUTTER, EGV-SZ 2005, 392.

[6] Vom 26.6.1998, SR 152.1.

[7] Vom 27.9.1999, SR 152.21.

Die Verordnung des Bundesrats über das Öffentlichkeitsprinzip der Verwaltung[8] gilt für das Bundesgericht aufgrund der Gewaltenteilung nicht direkt.[9] Es ist jedoch sinnvoll, wenn das BGÖ in seinem gesamten Anwendungsbereich möglichst einheitlich angewandt wird.[10] Die **Ausführungsbestimmungen** des Bundesgerichts verweisen daher ergänzend auf die Verordnung des Bundesrats (Art. 64 Abs. 8 und 9 BGerR). 5

II. Das Öffentlichkeitsprinzip

Nach dem BGÖ hat jede Person das Recht, amtliche Dokumente einzusehen und von den Behörden Auskünfte über den Inhalt amtlicher Dokumente zu erhalten (Art. 6 Abs. 1 BGÖ). Es handelt sich um einen individualrechtlichen Anspruch. Dieser steht nicht nur natürlichen, sondern auch juristischen Personen zu. Er setzt kein besonderes Interesse voraus, kann also **voraussetzungslos** geltend gemacht werden.[11] 6

Für das Öffentlichkeitsprinzip gilt das **Hol-Prinzip**, d.h. es setzt immer ein aktives Bemühen einer Person voraus, die entsprechenden Informationen zu erhalten. Das Öffentlichkeitsprinzip regelt mithin das passive Informationsverhalten der Behörden.[12] Das Öffentlichkeitsgesetz verpflichtet die Behörden nicht, für die Gesuchstellenden zu einem bestimmten Thema detaillierte Dokumentationen zusammenzutragen.[13] Das aktive Informationsverhalten des Bundesgerichts wird in Art. 27 geregelt. 7

Das Öffentlichkeitsprinzip gilt nur für **amtliche Dokumente**, welche die Verwaltung des Bundesgerichts oder die Aufsicht über die erstinstanzlichen Gerichte betreffen, beispielsweise interne Weisungen, Evaluationen in administrativen Belangen oder Dokumente betr. Informatikprojekte (vgl. N 3).[14] Vom Öffentlichkeitsprinzip erfasst werden interne Richtlinien und Weisungen, definitive Konzepte und Projektdokumente, Protokolle der Dienste oder Vernehmlassungen des Bundesgerichts im Rahmen von Gesetzesprojekten. 8

Es gilt nur für amtliche Dokumente, die nach dem 1.7.2006 erstellt oder empfangen worden sind (Art. 23 BGÖ). Das amtliche Dokument muss überdies fertiggestellt (Art. 5 Abs. 3 lit. b BGÖ), d.h. unterzeichnet oder dem Adressaten definitiv übergeben worden sein (Art. 1 Abs. 2 VBGÖ). Zum persönlichen Gebrauch bestimmte Dokumente wie Notizen, Arbeitskopien und einem eng begrenzten Personenkreis vorbehaltene Arbeitshilfsmittel gelten nicht als amtlich (Art. 5 Abs. 3 lit. c BGÖ; Art. 1 Abs. 3 VBGÖ).[15]

In Analogie zur Regelung für den Bundesrat ist auch für das Bundesgericht zu folgern, dass die internen **Dokumente** der **Leitungsorgane** – Gesamtgericht, Verwaltungskommission, Präsidentenkonferenz – nicht unter das BGÖ fallen (N 3). Der Gesetzgeber ist mit Bezug auf die Regierung davon ausgegangen, dass bei deren Dokumenten das öffentliche Interesse an der freien Meinungs- und Willensbildung der Behörden zwingend Vorrang haben muss. Dabei handelt es sich um eine Konkretisierung des allgemeinen Prinzips von Art. 7 Abs. 1 lit. a BGÖ, wonach der Zugang zu amtlichen Dokumenten eingeschränkt, aufgeschoben oder verweigert wird, wenn durch seine Gewährung die freie 9

---

8 Vom 24.5.2006, SR 152.31 (Öffentlichkeitsverordnung, VBGÖ).
9 Ebenso sinngemäss die Erläuterungen des BJ zur Verordnung über das Öffentlichkeitsprinzip der Verwaltung, Ziff. 1.
10 Stellungnahme des Bundesgerichts vom 23.8.2005.
11 EHRENZELER-MADER, 16 f.; BGE 133 II 209 E. 2.1.
12 EHRENZELER-MADER, 17.
13 Botschaft des Bundesrats, BBl 2003 2020.
14 Botschaft des Bundesrats, BBl 2003 1985; SEILER/VON WERDT/GÜNGERICH, BGG, N 2 zu Art. 28.
15 Aufgrund des umfangreichen Ausnahmekatalogs ist gem. SUTTER, EGV-SZ 2005, 391 ff., längst Ernüchterung eingetreten.

Meinungs- und Willensbildung einer diesem Gesetz unterstellten Behörde, eines anderen legislativen oder administrativen Organs oder einer gerichtlichen Instanz beeinträchtigt werden kann. Mit Art. 8 BGÖ hat der Gesetzgeber ferner die Dokumente des Mitberichts- verfahrens ausdrücklich vom Zugang ausgeschlossen, weil ein solcher Zugang das für das Funktionieren der Regierung als zentral erachtete Kollegialitätsprinzip beeinträchtigen könnte.[16] Diese Grundsätze gelten für die obersten Leitungsorgane des Bundesgerichts grundsätzlich gleichermassen. Die freie Willens- und Meinungsbildung sowie das in Verwaltungssachen geltende Kollegialitätsprinzip könnten beeinträchtigt werden, wenn die Mitglieder des Bundesgerichts mit einer öffentlichen Offenlegung ihrer Anträge und Voten in Verwaltungs- und Organisationssachen rechnen müssten. Die Anträge und Stellungnahmen der Mitglieder der Leitungsorgane sind daher in diesem Bereich den Mitberichten der Departementsvorsteher gleichzustellen.

10   Diese Grundsätze erlauben ohne weiteres, die internen Dokumente der Leitungsorgane des Bundesgerichts vom Geltungsbereich des Öffentlichkeitsgesetzes gänzlich auszu- schliessen. In einem weitreichenden Grundsatzurteil hat die Rekurskommission des Bundesgerichts den Zugang zu den **Protokollen der Leitungsorgane** jedoch teilweise geöffnet. Sie hat angenommen, dass das Öffentlichkeitsgesetz Bundesrat und Bundes- gericht parallel dem Öffentlichkeitsgesetz unterstellt habe: Der Bundesrat als oberste leitende und vollziehende, im Kollegium entscheidende Behörde sei dem Geltungs- bereich des Gesetzes entzogen, genau gleich wie ihm das Bundesgericht bezüglich der Rechtsprechung entzogen sei. Die Verwaltungszuständigkeit der obersten Organe des Bundesgerichts sei dagegen wesentlich beschränkter als jene des Bundesrates und könne daher nicht mit dieser verglichen werden. Die Judikative sei ohnehin mehr dem Mehrheits- als dem Kollegialitätsprinzip verpflichtet. Der Bundesrat besitze mit Art. 21 RVOG zudem eine formell-gesetzliche Grundlage für nichtöffentliche Verhandlungen in Verwaltungsangelegenheiten. Ebenso sei der Zugang zu den Protokollen der parlamen- tarischen Kommissionen spezialgesetzlich geregelt (Art. 7 ParlVV[17]). Für das Bundes- gericht fehle in Verwaltungsangelegenheiten eine solche spezialgesetzliche Vorschrift. Nur die primäre Tätigkeit der drei Staatsgewalten sei somit vom Öffentlichkeitsgesetz ausgenommen und eigenen Regeln unterworfen. Daraus hat die Rekurskommission ge- schlossen, dass dem Publikum der Zugang zu den Protokollen der Leitungsorgane offen steht, soweit es um Verwaltungsfragen geht, das entsprechende Verfahren abgeschlossen ist und im konkreten Fall keine überwiegenden öffentlichen oder privaten Interessen ent- gegenstehen. In Anwendung dieser Grundsätze hat die Rekurskommission die Einsicht in das Protokoll des Gesamtgerichts hinsichtlich der Bestellung der Abteilungen und weite- rer personeller Entscheide abgelehnt, weil diese funktional eng mit der Rechtsprechung verbunden sind. Für die Beratung und Beschlussfassung zum Bundesgerichtsreglement ist der Zugang zum Protokoll des Gesamtgerichts dagegen gewährt worden.[18]

11   Mit diesem **Entscheid** untersteht – mit Ausnahme der Organisation[19] – der gesamte Ver- waltungsbereich des Bundesgerichts grundsätzlich dem Öffentlichkeitsgesetz: Der Zu-

---

[16] EHRENZELER-MADER, 28.
[17] Parlamentsverordnung, SR 171.115.
[18] BGE 133 II 209 E. 3 und 4.
[19] Gemäss E. 3.3.2 unter Hinweis auf den Titel des dritten Abschnitts des BGG «Organisation und Verwaltung». Nach Ausklammerung der Organisations- und Personalgeschäfte mit einem funk- tionalen Bezug zur Rechtsprechung dürfte es innerhalb des verbleibenden Verwaltungsbereichs nicht ganz einfach sein, weitere Geschäfte auszuscheiden, die nur der Organisation und nicht der dem Öffentlichkeitsprinzip unterstehenden Verwaltung zuzurechnen sind. Denkbar sind solche organisationsbetonte Geschäfte indessen, beispielsweise in Analogie zur Bestellung der Abtei- lungen die Wahl des Generalsekretärs gem. Art. 15 Abs. 1 lit. f BGG.

gang zu den amtlichen Verwaltungsdokumenten inklusive Protokolle der Leitungsorgane kann nur im Rahmen einer konkreten Interessenabwägung verweigert werden oder solange das Verfahren nicht abgeschlossen ist. Dem *Entscheid*, die Beratungen des Gesamtgerichts zum Bundesgerichtsreglement samt der Fahne offen zu legen, ist beizupflichten. Er kann mit den öffentlichen Beratungen des Parlaments und dem gesetzgeberischen Charakter des Geschäfts begründet werden. Darauf wird in der Regeste des veröffentlichten Entscheids zu Recht hingewiesen. Bereits damit reicht das Öffentlichkeitsprinzip am Bundesgericht weiter als beim Bundesrat, denn dessen Beratungen zu Verordnungen sind nicht öffentlich. Die *Begründung* des Entscheids greift jedoch zu kurz und öffnet das Öffentlichkeitspinzip zu weit. Der Gesetzgeber hat die Anwendung des Öffentlichkeitsprinzips für das Bundesgericht ganz selbstverständlich nur auf Verwaltungsfragen beschränkt, weil die Öffentlichkeit in der Rechtsprechung spezialgesetzlich geregelt ist. Er hat darüber hinaus aber zudem ausdrücklich festgelegt, dass die Anwendung im Verwaltungsbereich eine «sinngemässe» ist (Art. 28 Abs. 1 BGG). Dies bedeutet nicht, dass sie im Verwaltungsbereich des Bundesgerichts weiter reichen soll als in den beiden anderen Staatsgewalten. Das Öffentlichkeitsgesetz unterscheidet beim Einblick in die Bundesratssitzungen nicht zwischen politischen Geschäften und der Organisation sowie Führung der ihm unterstellten Verwaltung. Vielmehr ist auch letzteres dem Geltungsbereich des Öffentlichkeitsgesetzes entzogen. Das Gleiche sollte für das Bundesgericht gelten. Der Vergleich mit den Parlamentsdiensten greift ebenfalls zu kurz. Den Parlamentsdiensten entspricht am Bundesgericht das Generalsekretariat mit seinen Diensten. Für diese ist die Geltung des Öffentlichkeitsprinzips unbestritten. Die Leitungsorgane müssen mit den Behörden der ersten Staatsgewalt verglichen werden, die Verwaltungskommission beispielsweise mit der Verwaltungsdelegation des Parlaments[20]. Für deren Protokolle bestehen nach den Regeln von Art. 4–9 ParlVV nur sehr eingeschränkte Einsichtsmöglichkeiten; sie sind dem Öffentlichkeitsprinzip weitgehend entzogen. Ebenso sollte in bundesgerichtlichen Aufsichtsfragen schon aufgrund der sinngemässen Anwendung kein anderer Massstab gelten als für die entsprechende Tätigkeit der ersten und zweiten Staatsgewalt. Gegebenenfalls könnte das Gesamtgericht des Bundesgerichts den Zugang zu den Protokollen der Leitungsorgane im Bundesgerichtsreglement analog zur Parlamentsverordnung ebenfalls ausdrücklich begrenzen.

Stellt das Parlament oder der Bundesrat dem Bundesgericht ein amtliches Dokument zu, **12** das nach den für das Parlament oder den Bundesrat geltenden Grundsätzen unter den Vertraulichkeitsgrundsatz fällt – zum Beispiel Berichte, Schreiben oder Empfehlungen der Geschäftsprüfungskommissionen im Rahmen der Oberaufsicht – so ist für dieses Dokument das Öffentlichkeitsprinzip auch am Bundesgericht verdrängt. **Datenherr** bleibt das Parlament bzw. der Bundesrat. Nur diese können über die Veröffentlichung des Dokuments beschliessen. Der Vertraulichkeitsgrundsatz fällt auch dann nicht automatisch dahin, wenn das Dokument durch eine Indiskretion in die Hände der Medien gerät und Teile davon veröffentlicht werden. Ebenso sind im Rahmen eines solchen Geschäfts die Dokumente des Bundesgerichts vom Vertraulichkeitsgrundsatz beherrscht, da ansonsten die Vertraulichkeit des parlamentarischen bzw. bundesrätlichen Geschäfts insgesamt unstatthaft durchlöchert würde.[21]

Sofern öffentliche oder private **Interessen** gegen einen Zugang zu einem amtlichen **13** Dokument bestehen, sind die Interessen im Einzelfall gegeneinander abzuwägen (Art. 7

---

[20] Art. 38 ParlG; Art. 20 ParlVV.
[21] Vgl. zur generellen Haltung des Landesregierung auch die Beispiele bei FLÜCKIGER-FÜZSES-SÉRY, 87 f.

BGÖ). Dabei stehen sich nicht einfach öffentliche und private Interessen gegenüber. Da der Zugang zu amtlichen Dokumenten nicht bloss ein privates, sondern seinerseits ein öffentliches Interesse darstellt, ist auch zwischen verschiedenen öffentlichen Interessen abzuwägen.[22]

III. Das Verfahren

14 Art. 28 Abs. 2 erlaubt dem Bundesgericht, ein **vereinfachtes Verfahren** vorzusehen. Es kann namentlich auf das Schlichtungsverfahren vor dem Datenschutzbeauftragten verzichten. Denn es erscheint nicht als zweckmässig, Entscheide des Bundesgerichts einer verfahrensmässig untergeordneten Instanz vorzulegen, gegen die wiederum Beschwerde beim Bundesgericht geführt werden kann.[23] Das Bundesgericht hat von dieser Möglichkeit in Art. 64 BGerR Gebrauch gemacht. Gemäss Abs. 4 wird kein Schlichtungsverfahren durchgeführt. Statt dessen ergeht die Stellungnahme des Generalsekretariates in Form einer beschwerdefähigen Verfügung nach Art. 5 VwVG (Art. 64 Abs. 5 BGerR). Beschwerdeinstanz ist die Rekurskommission des Bundesgerichts. Ihr Entscheid ist endgültig (Art. 64 Abs. 6 BGerR).

15 Diese besondere Verfahrensordnung wirkt sich auf die Kostenfolgen des Beschwerdeverfahrens aus. Weil das Bundesgerichtsreglement das kostenlose Schlichtungsverfahren ausschliesst und den Gesuchsteller zwingt, gegen einen abweisenden Entscheid des Generalsekretariates direkt Beschwerde zu führen, wird nur bei mutwilliger Prozessführung eine Spruchgebühr erhoben.[24]

16 In Abweichung von Art. 7 VBGÖ werden **mündliche** Gesuche in der Regel mündlich, **schriftliche Gesuche** in der Regel schriftlich beantwortet (Art. 64 Abs. 2 BGerR). Damit wird für mündliche Gesuche der formlose Charakter und die unbürokratische Erledigung unterstrichen. Die gewünschten Auskünfte über den Inhalt amtlicher Dokumente (Art. 6 Abs. 1 BGÖ) können oft mündlich bzw. telefonisch gegeben werden, womit das Gesuch durch Realakt behandelt ist. Dies schliesst nicht aus, dass gestützt auf eine mündliche Anfrage ein amtliches Dokument zugestellt wird, wenn die Anfrage klar und das Dokument zur Hand ist. Für komplexe oder heikle Anfragen, die eine interne Prüfung oder Nachforschung erfordern, ist dagegen Schriftlichkeit vorzuziehen. Wenn der Gesuchstellende in solchen Fällen eine schriftliche Antwort will, kann er angehalten werden, per Mail, Fax oder Brief ein schriftliches Gesuch zu stellen. Damit wird die gesetzliche Anforderung präzisiert, wonach das Gesuch «hinreichend genau formuliert» sein muss (Art. 10 Abs. 2 BGÖ). Schriftliche Gesuche helfen, Missverständnisse zu vermeiden und fördern ein zielgerichtetes Vorgehen der Verwaltung.

17 Der Zugang zum amtlichen Dokument kann vom **Dienst** gewährt werden, der für dieses Dokument zuständig ist (Art. 64 Abs. 1 BGerR). Indexierungsregeln für die Dokumentation können zum Beispiel direkt vom Dokumentationsdienst, Katalogisierungsregeln direkt vom Bibliotheksdienst zugänglich gemacht werden. Durch die hierarchisch möglichst tiefe Zuständigkeit wird das Öffentlichkeitsprinzip seinem Sinn und Zweck gemäss möglichst einfach umgesetzt.[25] Für Anwendungsfragen steht den Diensten als

---

[22] EHRENZELLER-MADER, 26.

[23] Botschaft des Bundesrats, BBl 2003 1985, SEILER/VON WERDT/GÜNGERICH, BGG, N 6 zu Art. 28.

[24] BGE 133 II 209 E. 5.

[25] Botschaft des Bundesrates, BBl 2003 1983 Ziff. 1.3; vgl. dazu auch SUTTER, EGV-SZ 2005, 393, der die Hoffnungen, dass der Grundgedanke der Transparenz in der Praxis zum Tragen kommt, auf die Ausführungsvorschriften und die verwaltungsinternen Weisungen richtet.

Berater der **Datenschutzbeauftragte** des Bundesgerichts zur Verfügung (Art. 64 Abs. 7 BGerR).

Für die Verweigerung, Beschränkung oder den Aufschub des Zugangs zu einem amtlichen Dokument ist dagegen immer das **Generalsekretariat** zuständig (Art. 64 Abs. 3 BGerR). Sobald sich diese Frage stellt, wird das Gesuch zur weiteren Behandlung gerichtsintern an das Generalsekretariat weitergeleitet. Der Generalsekretär bezeichnet die im Generalsekretariat hierfür zuständige Stelle (Art. 49 Abs. 3 BGerR).

2. Kapitel: Allgemeine Verfahrensbestimmungen

1. Abschnitt: Zuständigkeit

Art. 29

Prüfung

[1] Das Bundesgericht prüft seine Zuständigkeit von Amtes wegen.

[2] Bestehen Zweifel, ob das Bundesgericht oder eine andere Behörde zuständig ist, so führt das Gericht mit dieser Behörde einen Meinungsaustausch.

Examen

[1] Le Tribunal fédéral examine d'office sa compétence.

[2] En cas de doute quant à sa propre compétence, il procède à un échange de vues avec l'autorité dont la compétence lui paraît entrer en ligne de compte.

Esame

[1] Il Tribunale federale esamina d'ufficio la sua competenza.

[2] In caso di dubbio, procede a uno scambio di opinioni con l'autorità che presume competente.

Inhaltsübersicht

Materialien

Art. 27 ExpKomm; Art. 26 BBl 2001 4485; Botschaft 2001 4289; AB 2003 S 894; AB 2004 N 1589.

Literatur

M. GULDENER, Schweizerisches Zivilprozessrecht, 3. Aufl. Zürich 1979 (zit. Guldener, Zivilprozessrecht[3]); R. HAUSER/E. SCHWERI, Kommentar zum zürcherischen Gerichtsverfassungsgesetz, Zürich 2002 (zit. Hauser/Schweri, Kommentar GVG); A. KÖLZ/J. BOSSHART/M. RÖHL, Kommentar zum Verwaltungsrechtspflegegesetz des Kantons Zürich, 2. Aufl. Zürich 1999 (zit. Kölz/Bosshart/Röhl, Kommentar VRG[2]); M. KUMMER, Grundriss des Zivilprozessrechts, 4. Aufl. Bern 1984 (zit. Kummer, Grundriss[4]); TH. MERKLI/A. AESCHLIMANN/R. HERZOG, Kommentar zum Gesetz vom 23. Mai 1989 über die Verwaltungsrechtspflege des Kantons Bern, Bern 1997 (zit. Merkli/Aeschlimann/Herzog, Kommentar VRG); P. MOOR, droit administratif, Bd. II, 2. Aufl. Bern 2002 (zit. Moor, Droit administratif II[2]); A. MOSER, Beschwerdeverfahren, in: A. Moser/P. Uebersax (Hrsg.), Prozessieren vor eidgenössischen Rekurskommissionen, Handbücher für die Anwaltspraxis, Bd. 3, Basel 1998 (zit. Moser/Uebersax-Moser); M. ORELLI, Art. 34, in: Th. Müller/M. Wirth (Hrsg.), Gerichtsstandsgesetz, Kommentar zum Bundesgesetz über den Gerichtsstand in Zivilsachen Zürich 2001 (zit. Müller/Wirth-Orelli); P. SALADIN, Das Verwaltungsverfahrensrecht des Bundes, Basel 1979 (zit. Saladin, Verwaltungsverfahrensrecht); O. VOGEL/K. SPÜHLER/M. GEHRI, Grundriss des Zivilprozessrechts, 8. Aufl. Bern 2006 (zit. Vogel/Spühler/Gehri, Grundriss[8]).

I. Abs. 1: Prüfung der Zuständigkeit von Amtes wegen

1. Begriff der Zuständigkeit

1   Die Zuständigkeit umschreibt Recht und Pflicht einer Behörde, die ihr vorgelegten Geschäfte entgegenzunehmen und zu behandeln. Aus ihr ergibt sich, womit sich die Behörde zu befassen hat und womit nicht. Im Rahmen der Rechtspflege bestimmt die Zuständigkeit den Aufgabenbereich, in welchem sich das jeweilige Rechtspflegeorgan der ordnungsgemäss anhängig gemachten Streitsachen anzunehmen und am Ende ein Sachurteil zu fällen hat. Die Vorschriften über die Zuständigkeit beschreiben somit den Kreis der Streitsachen, welche einer Rechtspflegeinstanz zur Behandlung und Entscheidung zugewiesen und aufgetragen sind, und den Bereich, in welchem diese zu einem Sachentscheid nicht berechtigt ist.[1] Die Zuständigkeit bezeichnet mithin die Schranken des rechtlichen Dürfens und Sollens.[2]

2   Immer kompetent ist das Gericht zu einer Entscheidung über seine allfällige Unzuständigkeit.[3] Im bundesgerichtlichen Verfahren obliegt die Entscheidung der jeweiligen Abteilung, die in ordentlicher Besetzung darüber erkennt (Art. 20 Abs. 1). Ist die Beschwerde offensichtlich unzulässig, entscheidet der Präsident der Abteilung oder ein von diesem betrauter Richter im vereinfachten Verfahren als Einzelrichter.[4]

3   Die Verteilung der Geschäfte auf die verschiedenen Abteilungen innerhalb des BGer ist nicht eine Frage der Zuständigkeitsordnung, sondern der internen Organisation des Gerichts.[5] Die Verletzung der Regeln über die Geschäftsverteilung führt daher nicht zur Unzuständigkeit des Gerichts.

4   Eine unrichtige Rechtsmittelbelehrung durch die Vorinstanz vermag die fehlende Zuständigkeit nicht zu begründen.[6]

2. Prüfung der Zuständigkeit von Amtes wegen

5   Das BGer prüft seine Zuständigkeit nach Art. 29 Abs. 1 von Amtes wegen und mit freier Kognition.[7, 8] Die Prüfung der Zuständigkeit von Amtes wegen entspricht einem allge-

---

[1] GYGI, Bundesverwaltungsrechtspflege[2], 76; KÖLZ/BOSSHART/RÖHL, Kommentar VRG[2], § 5 N 1; HAUSER/SCHWERI/HARTMANN, Strafprozessrecht[6], § 32 N 1; HAUSER/SCHWERI, Kommentar GVG, VorBem zu §§ 1 ff., N 12; KUMMER, Grundriss[4], 45.

[2] GULDENER, Zivilprozessrecht[3], 78.

[3] MOOR, Droit administratif II[2], 236. BGE 119 Ib 241, 244 E. 1c.

[4] Art. 108 Abs. 1 und 2; EHRENZELLER/SCHWEIZER-AEMISEGGER, 487.

[5] Vgl. KUMMER, Grundriss[4], 45. Zur Geschäftsverteilung der sieben Abteilungen des BGer vgl. Art. 29 ff., 36 BGerR i.V.m. Art. 22.

[6] BGE 92 I 73, 77 E. 2a; GYGI, Bundesverwaltungsrechtspflege[2], 82. Aus der unrichtigen Rechtsmittelbelehrung darf den Parteien kein Nachteil erwachsen, soweit sie nicht die Unrichtigkeit der Rechtsmittelbelehrung erkannten oder bei zumutbarer Sorgfalt hätte erkennen müssen: BGE 131 I 153, 158 E. 4; 124 I 255, 258 E. 1/aa; 123 II 231, 238; 117 Ia 119, 124 und 421, 422; vgl. auch Art. 107 Abs. 3 aOG. Die Einreichung der Beschwerde bei einer unzuständigen Behörde schadet nicht; Art. 48 Abs. 3 und 49; vgl. auch Art. 21 Abs. 2 VwVG, Art. 32 Abs. 2 SchKG, Art. 32 Abs. 4, 96 Abs. 1 und 107 Abs. 1 aOG.

[7] Vgl. BGE 133 I 185, 188 E. 2; 131 I 153, 156 E. 1; 130 II 65, 67 E. 1 und 388, 389 E. 1; 129 II 225, 227 E. 1; 128 I 46, 48 E. 1 und 177, 179 E. 1; 127 II 198, 201 E. 2; 126 I 81, 83 E. 1 und 207, 209 E. 1. Zur Überprüfung der Zuständigkeit von Amtes wegen als Anwendungstatbestand sowohl richterlicher Sachverhaltsfeststellung als auch richterlicher Rechtsanwendung, s. A. BLOCH, Die Prüfung der örtlichen Zuständigkeit von Amtes wegen und die Folgen bei örtlicher Zuständigkeit gem. Art. 34 GestG, Diss. Zürich 2003, 12 ff., 27 ff.

[8] Vgl. für die bernische Verwaltungsrechtspflege MERKLI/AESCHLIMANN/HERZOG, Kommentar VRG, Art. 51 N 8.

meinen Prozessgrundsatz. Er besagt, dass die Prüfung unabhängig davon erfolgt, ob eine Partei die Zuständigkeit bestreitet oder anerkennt, mithin nicht nur auf Parteiantrag hin.[9] Ob die durch die Prozessvoraussetzungen bezeichneten Grenzen, innerhalb derer die Rechtsverwirklichung durch das Gericht erfolgen darf, eingehalten sind, kann nicht vom Entschluss der Parteien abhängen.[10] Insofern obliegt die Sammlung des Prozessstoffes dem Gericht.[11]

Die Prüfung der Zuständigkeit von Amtes wegen ergibt sich aus dem Grundsatz der Ge-　**6** waltenteilung bzw. der behördlichen Aufgabenteilung. Danach hat sich jede Behörde innerhalb des Rahmens ihrer Aufgaben und damit ihrer Kompetenzen zu halten; diesen Rahmen muss sie vollständig ausschöpfen.[12] Ausserdem folgt die Prüfung der Zuständigkeit von Amtes wegen aus der Garantie des verfassungsmässigen Richters gem. Art. 30 Abs. 1 BV.[13] Nur der zuständige Richter ist der gesetzliche Richter. Der Anspruch auf ein von Gesetz geschaffenes zuständiges Gericht impliziert, dass das Gericht vor dem Eintreten auf die Sache seine Zuständigkeit überprüft.[14]

3. Arten der Zuständigkeit

Die Ordnung der Zuständigkeit wird nach sachlichen, örtlichen und funktionellen Krite-　**7** rien festgelegt.

Die **sachliche** Zuständigkeit folgt aus der Rechtsnatur des Verfahrensgegenstandes, d.h.　**8** nach der Art der Rechtssätze, die den Gegenstand regeln. Sie ergibt sich daraus, dass der Rechtsstoff in verschiedene Sachbereiche aufgeteilt ist. Ausgangspunkt für die Bestimmung der Rechtsnatur des Rechtsverhältnisses und damit der sachlichen Zuständigkeit bildet das Rechtsbegehren des Klägers in Verbindung mit dem Sachverhaltsvortrag.[15] Die sachliche Zuständigkeit des BGer ergibt sich aus den Art. 72 ff.,[16] 78 f.[17] und 82 ff.[18]

Die **örtliche** Zuständigkeit (Gerichtsstand) bestimmt den Wirkungsbereich einer Behörde　**9** in räumlicher Hinsicht. Sie regelt die räumliche Beziehung der entscheidenden Behörde zum Streitgegenstand. Sie legt fest, welches von mehreren Rechtspflegeorganen bei gleicher sachlicher Zuständigkeit und derselben Rechtsprechungsstufe berufen ist, sich mit einer Streitsache zu befassen.[19] Anknüpfungspunkte für die örtliche Zuständigkeit bilden etwa der Wohnsitz oder der Ort der gelegenen Sache oder der Amtssitz der verfügenden

---

[9]　Die Bestimmung lautet gleich wie Art. 7 Abs. 1 VwVG; vgl. auch Art. 34 Abs. 1 GestG; Art. 19, 23 LugÜ; Art. 21 Abs. 3 OG; Art. 3 Abs. 1 BZP; ferner Art. 37 VGG, der auf das VwVG verweist.
[10]　GULDENER, Zivilprozessrecht[3], 224; MÜLLER/WIRTH-ORELLI, Art. 34 N 8 und 23.
[11]　MÜLLER/WIRTH-ORELLI, Art. 34 N 24.
[12]　Botschaft, 4289; SPÜHLER/DOLGE/VOCK, Kurzkommentar, Art. 29 N 1; SALADIN, Verwaltungsverfahrensrecht, 108 Ziff. 14.11.
[13]　Vgl. auch Art. 6 Ziff. 1 EMRK.
[14]　AUER/MALINVERNI/HOTTELIER, Droit constitutionel[2], II, N 1262; HAUSER/SCHWERI, Kommentar GVG, VorBem zu §§ 1 ff., N 13; MÜLLER/WIRTH-ORELLI, Art. 34 N 9.
[15]　RHINOW/KOLLER/KISS, Prozessrecht, N 957; GYGI, Bundesverwaltungsrechtspflege[2], 77; HAUSER/SCHWERI/HARTMANN, Strafprozessrecht[6], § 32 N 3; GULDENER, Zivilprozessrecht[3], 107 ff.
[16]　Beschwerde in Zivilsachen.
[17]　Beschwerde in Strafsachen.
[18]　Beschwerde in öffentlich-rechtlichen Angelegenheiten.
[19]　RHINOW/KOLLER/KISS, Prozessrecht, N 958; GYGI, Bundesverwaltungsrechtspflege[2], 78; HAUSER/SCHWERI/HARTMANN, Strafprozessrecht[6], § 32 N 2; GULDENER, Zivilprozessrecht[3], 82 ff.; HAUSER/SCHWERI, Kommentar GVG, VorBem zu §§ 1 ff. N 16.

Behörde.[20] Für das letztinstanzliche Verfahren vor BGer ergibt sich die örtliche Zuständigkeit von selbst.[21]

10 Die **funktionelle** Zuständigkeitsordnung betrifft die Stufenfolge der Instanzen innerhalb der Justizhierarchie, die im Rechtsmittelverfahren nacheinander zur Behandlung derselben Streitsache verpflichtet und befugt ist.[22] Aus der funktionellen Zuständigkeit ergibt sich die zeitliche Abfolge mehrerer Instanzen, die bei Weiterzug einer Streitsache mit ordentlichen Rechtsmitteln einzuhalten ist.[23] Der funktionelle Instanzenzug mündet in die Zuständigkeit des Bundesgerichts als oberste Instanz, wodurch die Einheit der Rechtsanwendung gewährleistet wird. Dieses ist funktionell unzuständig, wenn vor seiner Anrufung der kantonale Instanzenzug nicht erschöpft ist, d.h. nicht alle vorausgehenden Instanzen durchlaufen sind.[24] So ist die Beschwerde in Zivilsachen nur zulässig gegen Entscheide letzter kantonaler Instanzen und des Bundesverwaltungsgerichts;[25] die Beschwerde in Strafsachen gegen Entscheide letzter kantonaler Instanzen und des Bundesstrafgerichts[26] und die Beschwerde in öffentlich-rechtlichen Angelegenheiten grundsätzlich gegen Entscheide des Bundesverwaltungsgerichts, des Bundesstrafgerichts, der unabhängigen Beschwerdeinstanz für Radio und Fernsehen sowie letzter kantonaler Instanzen, sofern nicht die Beschwerde an das Bundesverwaltungsgericht zulässig[27] ist.[28]

11 Änderung der Zuständigkeitsordnung durch Parteivereinbarung (Prorogation oder Einlassung[29]) ist grundsätzlich nicht möglich. Wer eine Instanz verpasst hat, kann sich nicht in einer nächst höheren in das Verfahren einschalten.[30]

4. Zuständigkeit als Prozessvoraussetzung

12 Die örtliche, sachliche und funktionelle Zuständigkeit sind Prozess- bzw. Sachurteilsvoraussetzungen, d.h. die Vorbedingungen, die erfüllt sein müssen, damit ein Sachurteil ergehen kann.[31] Sind die Voraussetzungen erfüllt, befasst sich das Bundesgericht mit der Beschwerde und entscheidet über die Begründetheit des erhobenen Rechtsbegehrens, ohne dass es einen förmlichen Vorentscheid fällt.[32] Sind sie nicht erfüllt, tritt es auf das Begehren nicht ein (Art. 30 Abs. 1).[33]

---

[20] GYGI, Bundesverwaltungsrechtspflege[2], 79. Vgl. etwa Art. 3 ff. GestG.

[21] GYGI, Bundesverwaltungsrechtspflege[2], 78.

[22] KÖLZ/HÄNER, Verwaltungsrechtspflege[2], N 230; GYGI, Bundesverwaltungsrechtspflege[2], 80; HAUSER/SCHWERI, Kommentar GVG, VorBem zu §§ 1 ff. N 17.

[23] KÖLZ/BOSSHART/RÖHL, Kommentar VRG[2], § 5 N 20.

[24] GYGI, Bundesverwaltungsrechtspflege[2], 80.

[25] Art. 75 Abs. 1; Prorogation ist anders als unter dem alten Recht nicht mehr möglich, vgl. Art. 41 lit. c aOG für zivilrechtliche Streitigkeiten.

[26] Art. 80 Abs. 1.

[27] Vgl. Art. 31 ff. VGG.

[28] Art. 86 Abs. 1. Ebenso für die subsidiäre Verfassungsbeschwerde, vgl. Art. 114. Zu den Vorinstanzen bei Beschwerden gegen kantonale Erlasse und in Stimmrechtssachen vgl. Art. 87 und 88 Abs. 1.

[29] Vgl. etwa Art. 9 f. GestG. SEILER/VON WERDT/GÜNGERICH, BGG, Art. 29 N 2; SPÜHLER/DOLGE/VOCK, Kurzkommentar, Art. 29 N 1; MOOR, Droit administratif II[2], 236.

[30] BGE 99 Ib 70 E. 1, 76 f.

[31] KÖLZ/BOSSHART/RÖHL, Kommentar VRG[2], § 5 N 3; HAUSER/SCHWERI/HARTMANN, Strafprozessrecht[6], § 41 N 7; VOGEL/SPÜHLER/GEHRI, Grundriss[8], § 24 N 105; MERKLI/AESCHLIMANN/HERZOG, Kommentar VRG, Art. 3 N 14 und Art. 51 N 6; GULDENER, Zivilprozessrecht[3], 220; zum Begriff der Verfahrensvoraussetzung vgl. RHINOW/KOLLER/KISS, Prozessrecht, N 947/949.

[32] SEILER/VON WERDT/GÜNGERICH, BGG, Art. 29 N 3.

[33] RHINOW/KOLLER/KISS, Prozessrecht, N 948.

II. Abs. 2: Meinungsaustausch

Soweit Unsicherheiten über seine Zuständigkeit bestehen, eröffnet das BGer gem. Art. 29 **13** Abs. 2 einen Meinungsaustausch mit derjenigen Gerichtsbehörde, deren Zuständigkeit in Betracht fällt.[34] Ist die Unzuständigkeit offensichtlich, tritt es auf die Beschwerde nicht ein (Art. 30 Abs. 1).

Zweck des Meinungsaustausches ist die rasche und einfache Bereinigung der Zuständig- **14** keitsfrage zwischen den in Frage kommenden Behörden.[35] Dabei findet der Meinungs- austausch nicht nur zwischen Bundesbehörden, sondern neu auch mit kantonalen Be- hörden statt, etwa wenn unklar ist, ob der kantonale Instanzenzug erschöpft ist.[36] Ein Meinungsaustausch ist auch mit ausländischen Behörden möglich.[37]

Im Meinungsaustausch wendet sich das BGer an die in Frage kommende Behörde in **15** einem Schreiben, in welchem sie den Verfahrensgang sowie die rechtliche Grundlage erörtert und zu seiner Zuständigkeit hinsichtlich des Beschwerdeverfahrens Stellung nimmt. Hierauf legt die Behörde, mit welcher der Meinungsaustausch eröffnet wurde, ihren Standpunkt dar.[38] Der Meinungsaustausch besteht mithin in einer in der Regel einmaligen Stellungnahme jeder in Frage kommenden Gerichtsbehörde.[39] Er soll in den Verfahrensakten festgehalten werden.[40] Da die Zuständigkeit von Amtes wegen zu prüfen ist (vgl. oben N 5 f.), müssen die Parteien im Rahmen des Meinungsaustausches nicht angehört werden.[41] Sie sind aber über das Ergebnis des Meinungsaustausches zu in- formieren. Die im Meinungsaustausch festgelegte Zuständigkeit ist endgültig.[42]

Kompetenzkonflikte liegen vor, wenn sich mehrere Instanzen als zuständig erachten **16** (positiver Kompetenzkonflikt) oder wenn sich keine der in Frage kommenden Behörden für zuständig hält (negativer Kompetenzkonflikt).[43] Kompetenzkonflikte zwischen den obersten Bundesbehörden, namentlich zwischen dem BGer und dem Bundesrat[44] werden nach Art. 157 Abs. 1 lit. b und 173 Abs. 1 lit. i BV von der vereinigten Bundesversamm- lung[45] entschieden.[46]

---

[34] Die Bestimmung entspricht Art. 8 Abs. 2 VwVG. Vgl. auch Art. 96 Abs. 2 OG. Nach der Praxis zu Art. 96 Abs. 2 OG führte das BGer einen Meinungsaustausch grundsätzlich nur durch, wenn neben seiner eigenen eine allfällige andere letztinstanzliche Zuständigkeit hätte gegeben sein können. Der Meinungsaustausch mit Vorinstanzen zu formell- oder materiellrechtlichen Fragen, die das BGer noch in einem ordentlichen Beschwerdeverfahren hätte zu beurteilen haben kön- nen, würde auf ein «Vorabentscheidverfahren» hinaus laufen (BGE 126 II 126, 129 E. 3).
[35] MERKLI/AESCHLIMANN/HERZOG, Kommentar VRG, Art. 4 N 12.
[36] Botschaft, 4289; SEILER/VON WERDT/GÜNGERICH, BGG, Art. 29 N 4.
[37] SEILER/VON WERDT/GÜNGERICH, BGG, Art. 29 N 5; SPÜHLER/DOLGE/VOCK, Kurzkommentar, Art. 29 N 2.
[38] Vgl. BGE 130 V 277; 127 V 466; 126 V 143, Meinungsaustausch zwischen dem Bundesgericht und dem früheren eidgenössischen Versicherungsgericht.
[39] Für die bernische Verwaltungsrechtspflege MERKLI/AESCHLIMANN/HERZOG, Kommentar VRG, Art. 4 N 14.
[40] SEILER/VON WERDT/GÜNGERICH, BGG, Art. 29 N 7.
[41] SEILER/VON WERDT/GÜNGERICH, BGG, Art. 29 N 7.
[42] VPB 52/1988, Nr. 53, 320; vgl. auch MOSER/UEBERSAX-MOSER, 3.8.
[43] RHINOW/KOLLER/KISS, Prozessrecht, N 961; GYGI, Bundesverwaltungsrechtspflege², 83; VPB 52/1988, Nr. 53, 319.
[44] Vgl. BGE 98 Ia 329.
[45] Art. 85 Ziff. 13 aBV und Art. 92 aBV; vgl. hiezu VPB 52/1988, Nr. 53, 319 f. Für Kompetenz- konflikte zwischen Bundesbehörden und kantonalen Behörden s. Art. 120 Abs. 1 lit. a und Art. 83 lit. a aOG. BGE 122 II 204, 207 E. 2.
[46] Da die Staatsrechtspflege des Bundesrats mit dem neuen Recht weggefallen ist (Art. 72 VwVG), dürften solche Kompetenzkonflikte selten sein, HÄFELIN/HALLER, Bundesstaatsrecht⁶.

Art. 30

Unzuständigkeit	**¹ Erachtet sich das Bundesgericht als nicht zuständig, so tritt es auf die Sache nicht ein.**

² Hat sich in einem Meinungsaustausch die Zuständigkeit einer anderen Behörde ergeben oder erscheint die Zuständigkeit einer anderen Bundesbehörde als wahrscheinlich, so überweist das Bundesgericht die Sache der betreffenden Behörde.

Incompétence	¹ Si le Tribunal fédéral est d'avis qu'il est incompétent, il rend une décision d'irrecevabilité.

² Si la compétence d'une autre autorité a été déterminée à l'issue d'un échange de vues ou si la compétence d'une autre autorité fédérale apparaît vraisemblable, le Tribunal fédéral transmet l'affaire à cette autorité.

Incompetenza	¹ Se si ritiene incompetente, il Tribunale federale pronuncia la non entrata nel merito.

² Se da uno scambio di opinioni risulta che è competente un'altra autorità o se la competenza di un'altra autorità federale appare verosimile, il Tribunale federale trasmette la causa a tale autorità.

Inhaltsübersicht

Materialien

Art. 29 ExpKomm; Art. 27 BBl 2001 4485; Botschaft 2001 4290; AB 2003 S 894; AB 2004 N 1589.

Literatur

M. GULDENER, Schweizerisches Zivilprozessrecht, 3. Aufl., Zürich 1979 (zit. Guldener, Zivilprozessrecht³); O. VOGEL/K. SPÜHLER/M. GEHRI, Grundriss des Zivilprozessrechts, 8. Aufl., Bern 2006 (zit. Vogel/Spühler/Gehri, Grundriss⁸).

I. Nichteintreten (Abs. 1)

1   Hält sich das BGer nach der Prüfung seiner Zuständigkeit gem. Art. 29 Abs. 1 für offensichtlich nicht zuständig, tritt es auf die Beschwerde nicht ein[1].[2]

2   Bei Zweifeln über die Zuständigkeit, eröffnet das BGer einen Meinungsaustausch mit derjenigen Behörde, deren Zuständigkeit in Betracht fällt (Art. 29 Abs. 2). Die Rechtshängigkeit bleibt (Art. 48 Abs. 3).[3]

---

[1] Vgl. Art. 9 Abs. 2 VwVG; ferner BGE 108 Ib 540, 543 ff. E. 2.

[2] Im Verwaltungsverfahren des Bundes ist der selbständig eröffnete Nichteintretensentscheid als (atypische) Zwischenverfügung anfechtbar, Art. 9 Abs. 1 und 45 Abs. 1 VwVG.

[3] SPÜHLER/DOLGE/VOCK, Kurzkommentar, Art. 30 N 2; SEILER/VON WERDT/GÜNGERICH, BGG, Art. 30 N 4; vgl. Art. 21 Abs. 3 VwVG; Art. 32 Abs. 2 SchKG, Art. 32 Abs. 4 und 5, Art. 96 Abs. 1 sowie Art. 107 Abs. 1 aOG.

Einen Nichteintretensentscheid fällt das BGer auch, wenn eine andere Behörde als zu- **3** ständig erscheint oder sich deren Zuständigkeit nach Durchführung des Meinungsaustausches ergibt (Art. 30 Abs. 2).[4]

Der Nichteintretensentscheid ist ein Prozessurteil. Diesem kommt keine materielle **4** Rechtskraft zu.[5]

II. Zuständigkeit einer anderen Behörde (Abs. 2)

Die Bestimmung von Art. 30 Abs. 2 regelt, was mit der fälschlicherweise beim BGer **5** eingereichten Beschwerde zu geschehen hat. Hat sich im Meinungsaustausch (Art. 29 Abs. 2) die Zuständigkeit einer anderen Behörde des Bundes oder eines Kantons ergeben oder hat sich die andere Behörde als zuständig erklärt, leitet das BGer, nachdem es einen Nichteintretensentscheid getroffen hat, die Sache an die entsprechende Behörde weiter.[6] Es ist in diesem Fall *verpflichtet*, die Gegenstand des Nichteintretensentscheides bildende Streitsache an die betreffende Behörde zu überweisen.[7]

Die Überweisungspflicht konkretisiert den allgemeinen Rechtsgrundsatz, dass Recht- **6** suchende nicht ohne Not um die Beurteilung ihrer Begehren durch die zuständige Instanz gebracht werden sollen.[8]

Hat kein Meinungsaustausch stattgefunden und erscheint die Zuständigkeit einer anderen **7** Behörde als wahrscheinlich, ist die Überweisung an die andere Behörde nur zwingend, wenn es sich bei jener um eine *Bundesbehörde* handelt.[9]

In den übrigen Fällen, mithin wenn es sich bei der wahrscheinlich zuständigen Behörde **8** um eine kantonale oder eine ausländische Behörde handelt, ist das BGer zwar befugt, die Sache an die betreffende Behörde weiterzuleiten, es ist hiezu indes nicht verpflichtet. Es entscheidet in diesem Fall nach Ermessen, ob eine Weiterleitung angezeigt ist.[10] Der Grund hiefür liegt darin, dass das BGer sich nicht mit kantonalem oder ausländischem Recht soll auseinandersetzen müssen, um die zuständige Behörde zu eruieren.[11]

Die Bestimmung betrifft nicht den Fall, in welchem die Bundesversammlung nach **9** Art. 173 Abs. 1 lit. i BV die Behörde bestimmt hat, die für Behandlung einer Beschwerde zuständig ist. Das BGer ist an einen derartigen Entscheid gebunden.[12]

---

[4] Botschaft 2001 4290; SEILER/VON WERDT/GÜNGERICH, BGG, Art. 30 N 2.
[5] SPÜHLER/DOLGE/VOCK, Kurzkommentar, Art. 30 N 1; VOGEL/SPÜHLER/GEHRI, Grundriss[8], § 4 N 107; GULDENER, Zivilprozessrecht[3], 204, 220 f., 381.
[6] Botschaft 2001 4290.
[7] Botschaft 2001 4290; SEILER/VON WERDT/GÜNGERICH, BGG, Art. 30 N 3.
[8] BGE 121 I 93, 95 E. 1d.
[9] Botschaft 2001 4290; SEILER/VON WERDT/GÜNGERICH, BGG, Art. 30 N 3.
[10] SEILER/VON WERDT/GÜNGERICH, BGG, Art. 30 N 3.
[11] Botschaft 2001 4290; SPÜHLER/DOLGE/VOCK, Kurzkommentar, Art. 30 N 3. Nach der Praxis zu Art. 98a aOG hat das Bundesgericht, wenn der kantonale Instanzenzug nicht ausgeschöpft war, die Sache an die zuständige kantonale Behörde weitergeleitet; SEILER/VON WERDT/GÜNGERICH, BGG, Art. 30 N 3.
[12] Botschaft 2001 4290; SPÜHLER/DOLGE/VOCK, Kurzkommentar, Art. 30 N 4.

Art. 31

Vorfragen	**Ist das Bundesgericht in der Hauptsache zuständig, so befindet es auch über die Vorfragen.**
Questions préjudicielles	Si le Tribunal fédéral est compétent sur le fond, il statue également sur les questions préjudicielles.
Questioni pregiudiziali	Se è competente nel merito, il Tribunale federale giudica anche sulle questioni pregiudiziali.

Inhaltsübersicht   Note

Materialien

Art. 28 ExpKomm; Art. 28 BBl 2001 4485; Botschaft 2001 4290; AB 2003 S 894; AB 2004 N 1589.

Literatur

M. GULDENER, Schweizerisches Zivilprozessrecht, 3. Aufl., Zürich 1979 (zit. Guldener, Zivilprozessrecht[3]); U. HÄFELIN/G. MÜLLER/F. UHLMANN, Allgemeines Verwaltungsrecht, 5. Aufl., Zürich 2006 (zit. Häfelin/Müller/Uhlmann, Verwaltungsrecht[5]); R. HAUSER/E. SCHWERI, Kommentar zum zürcherischen Gerichtsverfassungsgesetz, Zürich 2002 (zit. Hauser/Schweri, Kommentar GVG); A. KÖLZ/J. BOSSHART/M. RÖHL, Kommentar zum Verwaltungsrechtspflegegesetz des Kantons Zürich, 2. Aufl., Zürich 1999 (zit. Kölz/Bosshart/Röhl, Kommentar VRG[2]); TH. MERKLI/A. AESCHLIMANN/R. HERZOG, Kommentar zum Gesetz vom 23. Mai 1989 über die Verwaltungsrechtspflege des Kantons Bern, Bern 1997 (zit. Merkli/Aeschlimann/Herzog, Kommentar VRG); P. MOOR, Droit administratif, Bd. I, Bern 1994 (zit. Moor, Droit administratif I); O. VOGEL/K. SPÜHLER/M. GEHRI, Grundriss des Zivilprozessrechts, 8. Aufl., Bern 2006 (zit. Vogel/Spühler/Gehri, Grundriss[8]).

I. Begriff der Vorfrage

1   Die Bestimmung regelt die Befugnis des BGer bzw. der einzelnen Abteilungen zur selbständigen Entscheidung von Vorfragen aus einem anderen Rechtsgebiet.[1] Die Regelung entspricht einem allgemein geltenden Grundsatz des Prozessrechts.[2] Danach entscheidet das Gericht, das über eine (Haupt-)Frage einen Entscheid zu treffen hat, der die Beantwortung einer Vorfrage aus einem anderen Rechtsgebiet voraussetzt, welche für sich allein in den sachlichen Zuständigkeitsbereich einer anderen Behörde fallen würde, auch über diese Vorfrage.[3] So kann sich etwa die Verwaltungsbehörde über zivilrechtliche Vorfragen aussprechen, die Betreibungsbehörde über zivilprozessuale Fragen und der Straf-

---

[1] Die Bestimmung entspricht Art. 96 Abs. 3 OG; Botschaft 2001 4290.
[2] SEILER/VON WERDT/GÜNGERICH, BGG, Art. 31 N 2; SPÜHLER/DOLGE/VOCK, Kurzkommentar, Art. 31 N 1; GYGI, Bundesverwaltungsrechtspflege[2], 96 f.; GULDENER, Zivilprozessrecht[3], 81/ 101; vgl. auch BGE 131 III 546, 550 f. E. 2.3; 98 Ia 112, 120 E. b a.E.; 90 II 158, 161 E. 3 = Pra 1964 Nr. 130, 378.
[3] HÄFELIN/MÜLLER/UHLMANN, Verwaltungsrecht[5], N 61.

richter über Fragen aus dem Gebiet des Betreibungsrechts.[4] Vorfrage ist demnach jede entscheidnotwendige Rechtsfrage aus einem anderen Rechtsgebiet, zu deren Beantwortung die Justizbehörde formell kompetent ist.[5] Die Vorfragekompetenz trägt zur Vermeidung von Doppelprozessen bei und dient der Prozessökonomie.[6]

Die Befugnis des BGer zur Entscheidung von Vorfragen erstreckt sich zunächst auf solche Fragen, zu deren Beurteilung es funktional zuständig ist, die aber der Sache nach in den Zuständigkeitsbereich einer anderen Abteilung[7] fallen würden. Das BGer kann aber auch Vorfragen entscheiden, zu deren Beurteilung als Hauptfrage es nicht zuständig wäre,[8] so etwa bei Rechtsfragen aus einem Rechtsgebiet, gegen welches die Beschwerde nicht zulässig ist.[9]   **2**

Der Entscheid über die Vorfrage erfolgt nur in den Erwägungen des Urteils, nicht im Dispositiv. Der Entscheid über die Vorfrage erwächst mithin nicht in Rechtskraft.[10] Dementsprechend ist der Vorfrageentscheid für die sachkompetente Behörde, da er nicht Bestandteil des Urteilsdispositivs wird, auch nicht verbindlich.[11]   **3**

II. Voraussetzungen für die Befugnis zum Entscheid der Vorfrage

Die Befugnis zur Entscheidung von Vorfragen aus einem anderen Rechtsgebiet besteht solange, als die an sich sachlich zuständige Behörde darüber noch nicht entschieden hat.[12] Dabei ist das Gericht an eine klare Praxis der in der Sache zuständigen Behörde gebunden.[13]   **4**

Es besteht keine Pflicht zum Entscheid über die Vorfrage. Stellen sich komplexe Fragen oder solche von grosser Tragweite, sind umfangreiche Beweismassnahmen erforderlich oder ist die in der Hauptsache zuständige Behörde ohnehin mit der Beurteilung der Vorfrage befasst, kann das Gericht das Verfahren sistieren und zuwarten, bis die sachkompetente Instanz in dem bei ihr hängigen Verfahren über die Vorfrage entschieden hat.[14]   **5**

---

[4] BGE 90 II 158, 161 E. 3 = Pra 1964 Nr. 130, 378 m.w.Hinw.
[5] KÖLZ/BOSSHART/RÖHL, Kommentar VRG[2], § 1 N 30.
[6] So KÖLZ/BOSSHART/RÖHL, Kommentar VRG[2], § 1 N 32.
[7] Zur Zuständigkeit der einzelnen Abteilungen des BGer vgl. Art. 72 f., 78 f., 82 ff.; Art. 26, 29 ff. BGerR.
[8] Fremdrechtliche Vorfragen; vgl. BGE 123 V 25, 33 E. 5c/cc; 120 V 378, 382 E. 3a; 112 IV 115, 119 E. 4a; BGer, 2. OerA, 9.3.2000, 2A.504/1999 E. 1e.
[9] Art. 73 f., 79, 83 ff.; SEILER/VON WERDT/GÜNGERICH, BGG, Art. 31 N 2.
[10] SEILER/VON WERDT/GÜNGERICH, BGG, Art. 31 N 9; SPÜHLER/DOLGE/VOCK, Kurzkommentar, Art. 31 N 1; HAUSER/SCHWERI/HARTMANN, Strafprozessrecht[6], § 3 N 21; MOOR, Droit administratif I, 277; HAUSER/SCHWERI, Kommentar GVG, Vorbem zu §§ 1 ff., N 23; vgl. für die bernische Verwaltungsrechtspflege MERKLI/AESCHLIMANN/HERZOG, Kommentar VRG, Art. 5 N 5.
[11] BGE 102 Ib 365, 369 E. 4; 105 II 308, 311 E. 2; 129 III 186, 192; HÄFELIN/MÜLLER/UHLMANN, Verwaltungsrecht[5], N 69; RHINOW/KOLLER/KISS, Prozessrecht, N 920; für die zürcherische Verwaltungsrechtspflege KÖLZ/BOSSHART/RÖHL, Kommentar VRG[2], § 1 N 31.
[12] BGE 123 V 25, 33 E. 5c/cc; 120 V 378, 382 E. 3a und 392, 396 E. 2c; 117 V 248, 250 E. 3; 112 IV 115, 119 E. 4a; BGE 108 Ib 456, 460 f. E. 2; 105 II 308, 311 E. 2; 76 IV 109, 114.
[13] BGE 87 I 250, 253 f.; SEILER/VON WERDT/GÜNGERICH, BGG, Art. 31 N 4; HÄFELIN/MÜLLER/ UHLMANN, Verwaltungsrecht[5], N 65; MOOR, Droit administratif, I, 277; vgl. auch für für die bernische Verwaltungsrechtspflege MERKLI/AESCHLIMANN/HERZOG, Kommentar VRG, Art. 5 N 5; KÖLZ/BOSSHART/RÖHL, Kommentar VRG[2], § 1 N 31.
[14] SEILER/VON WERDT/GÜNGERICH, BGG, Art. 31 N 5; HÄFELIN/MÜLLER/UHLMANN, Verwaltungsrecht[5], N 67; für die zürcherische Verwaltungsrechtspflege KÖLZ/BOSSHART/RÖHL, Kommentar VRG[22], § 32; für die bernische Verwaltungsrechtspflege MERKLI/AESCHLIMANN/ HERZOG, Kommentar VRG, Art. 5 N 6; für das kantonale Strafverfahren HAUSER/SCHWERI/

6   Hat die in der Hauptsache zuständige Behörde über die Vorfrage bereits entschieden, ist das BGer an diese Entscheidung im Rahmen der Rechtskraft grundsätzlich gebunden,[15, 16] es sei denn, der Entscheid erweise sich als absolut nichtig.[17]

III. Beispiele aus der Praxis

7   Vorfrageweise Prüfung der Arbeitsberechtigung eines Ausländers im Rahmen der Beurteilung seiner Vermittlungsfähigkeit.[18]

8   Vorfrageweise Prüfung der Flüchtlingseigenschaft im Rahmen eines Strafverfahrens wegen rechtswidriger Einreise in die Schweiz.[19]

9   Vorfrageweise Prüfung der Gültigkeit der Ehe im Rahmen eines Strafverfahrens wegen Vernachlässigung von Unterhaltspflichten gem. Art. 217 StGB.[20]

10   Vorfrageweise Prüfung der Rechtsbeständigkeit von Signalen im Strassenverkehr durch den Strafrichter.[21]

11   Vorfrageweise Prüfung der Rechtmässigkeit der amtlichen Verfügung im Strafverfahren wegen Ungehorsams gegen eine amtliche Verfügung nach Art. 292 StGB. Hier prüft der Strafrichter die Rechtmässigkeit der zugrunde liegenden Verfügung nach der Rspr. des BGer indes nur, wenn die Verfügung nicht an ein Verwaltungsgericht weiter gezogen werden konnte. Ist die Beschwerde an ein Verwaltungsgericht zwar möglich, wurde eine solche aber nicht ergriffen oder steht der Entscheid des Verwaltungsgerichts noch aus, ist die Kognition des Strafrichters auf offensichtliche Gesetzesverletzungen, einschliesslich Ermessensmissbrauch, beschränkt. Hat ein Verwaltungsgericht die Verfügung überprüft und deren Rechtmässigkeit bejaht, ist der Strafrichter daran gebunden.[22]

HARTMANN, Strafprozessrecht[6], § 3 N 22; BGE 129 III 186, 191 = Pra 2003 Nr. 177, 992 (Konkretisierung der allgemeinen Begriffe gem. Art. 6 BGBB); 119 Ib 158, 160 ff. (grundsätzliche Pflicht der Verwaltungsbehörde, mit dem Entscheid über den Führerausweisentzug zuzuwarten, bis ein rechtskräftiges Strafurteil vorliegt).

[15] SPÜHLER/DOLGE/VOCK, Kurzkommentar, Art. 31 N 2; HÄFELIN/MÜLLER/UHLMANN, Verwaltungsrecht[5], N 72; HAUSER/SCHWERI/HARTMANN, Strafprozessrecht[6], § 3 N 19; GULDENER, Zivilprozessrecht[3], 81; VOGEL/SPÜHLER/GEHRI, Grundriss[8], § 8 N 69; vgl. auch für die bernische Verwaltungsrechtspflege MERKLI/AESCHLIMANN/HERZOG, Kommentar VRG, Art. 5 N 7.

[16] Bsp. BGE 132 II 469, 473 E. 2.5; 118 IV 221, 226; 116 IV 105, 111 f. und 112 IV 115, 119 E. 4a (Bindung des Strafrichters an die Bejahung der Flüchtlingseigenschaft durch die Asylbehörde); 128 II 193, 197 f. und 121 II 59, 62 (Bindung des die Rechtmässigkeit der Ausschaffungshaft überprüfenden Haftrichters an den Weg- oder Ausweisungsentscheid der Asyl- oder Fremdenpolizeibehörden); 125 II 402, 405 (Bindung der Administrativbehörde bei der Anordnung eines Führerausweiszuges an die rechtliche Qualifikation der Verkehrsregelverletzung); 121 II 214, 217; 119 Ib 158, 163 f. (grundsätzliche Bindung der Verwaltungsbehörde beim Entscheid über den Führerausweisentzug an die Sachverhaltsfeststellungen im Strafurteil); 132 II 1, 6 (Bindung des Beschwerdekammerpräsidenten im Verfahren zur Genehmigung des rechtshilfeweisen Einsatzes verdeckter ausländischer Ermittler an die Verfügung der zuständigen Behörde über die Gewährung der Rechtshilfe); vgl. auch BGE 111 V 177 zur Bindung des Sozialversicherungsrichters an das Strafurteil.

[17] BGE 108 II 456, 460 E. 2; 101 II 149, 151 E. 3; vgl. auch 132 I 1, 6.

[18] BGE 120 V 378, 382 E. 3a.

[19] BGE 119 IV 195, 196 f. E. 2; 112 IV 115, 119 E. 4a.

[20] BGE 76 IV 109, 114 E. 1.

[21] BGE 126 IV 48; 106 IV 201; 114 IV 159; 113 IV 123; 106 IV 201, 202 E. 2; 103 IV 190; 99 IV 159; 98 IV 264, 266.

[22] BGE 124 IV 297, 307 E. 4; 121 IV 29, 31; BGE 98 IV 106 ff.; BSK StGB-RIEDO, II, Art. 292 N 64 ff. (Kritik N 77); G. STRATENWERTH, Schweizerisches Strafrecht, BT II, 5. Aufl., Bern 2000,

Vorfrageweise Prüfung der Gültigkeit eines Sondertitels (Schenkung, Kauf) im Rahmen   **12**
der Erbschaftsklage.[23]

Vorfrageweise Prüfung der Regressforderung eines zur Überwälzung verpflichteten Ver-   **13**
rechnungssteuerpflichtigen gegenüber dem Empfänger der steuerbaren Leistung[24] im
Rahmen einer Auseinandersetzung über Bestand und Auslegung des der Leistung
zugrunde liegenden privatrechtlichen Vertrages.[25]

Vorfrageweise Prüfung einer Verletzung des Beschleunigungsgebotes im Rahmen der   **14**
Überprüfung der Strafzumessung.[26]

Vorfrageweise Prüfung des BGer im Rahmen eines Strafverfahrens, ob die Bestimmun-   **15**
gen einer selbständigen Verordnung des Bundesrates den Anforderungen an eine ver-
fassungsunmittelbare Polizeiverordnung genügen.[27]

---

§ 51 N 6 f.; ST. TRECHSEL, Schweizerisches Strafgesetzbuch, Kurzkommentar, 2. Aufl., Zürich
1997, Art. 292 N 7; SEILER/VON WERDT/GÜNGERICH, BGG, Art. 31 N 8.

[23] BGE 132 III 677, 681 E. 3.4.5 und 683 E. 3.5.3 m.Hinw.

[24] Art. 14 Abs. 1 VStG.

[25] BGE 131 III 546.

[26] BGE 130 IV 54 (Beurteilung der Frage nach altem Recht im Rahmen der eidgenössischen
Nichtigkeitsbeschwerde).

[27] BGE 123 IV 29, 33 E. 2.

2. Abschnitt: Prozessleitung

Art. 32

Instruktions-
richter oder
Instruktions-
richterin

[1] Der Präsident oder die Präsidentin der Abteilung leitet als Instruktionsrichter beziehungsweise Instruktionsrichterin das Verfahren bis zum Entscheid; er oder sie kann einen anderen Richter oder eine andere Richterin mit dieser Aufgabe betrauen.

[2] Der Instruktionsrichter oder die Instruktionsrichterin entscheidet als Einzelrichter beziehungsweise Einzelrichterin über die Abschreibung von Verfahren zufolge Gegenstandslosigkeit, Rückzugs oder Vergleichs.

[3] Die Verfügungen des Instruktionsrichters oder der Instruktionsrichterin sind nicht anfechtbar.

Juge instructeur

[1] Le président de la cour ou un juge désigné par lui dirige la procédure au titre de juge instructeur jusqu'au prononcé de l'arrêt.

[2] Le juge instructeur statue comme juge unique sur la radiation du rôle des procédures devenues sans objet ou achevées par un retrait ou une transaction judiciaire.

[3] Les décisions du juge instructeur ne sont pas sujettes à recours.

Giudice
dell'istruzione

[1] Il presidente della corte dirige il procedimento quale giudice dell'istruzione sino alla pronuncia della sentenza; può delegare questo compito a un altro giudice.

[2] Il giudice dell'istruzione decide quale giudice unico circa lo stralcio dal ruolo delle cause divenute prive di oggetto, ritirate o risolte tramite transazione.

[3] Le decisioni del giudice dell'istruzione non sono impugnabili.

Inhaltsübersicht

Materialien

Art. 29 E 2001 BBl 2001 4485; Botschaft 2001 BBl 2001 4290 f.; AB 2003 S 894; AB 2004 N 1589.

Literatur

F. ADDOR, Die Gegenstandslosigkeit des Rechtsstreits, Diss. Bern 1997 (zit. Addor, Gegenstandslosigkeit); H. AEMISEGGER, Vereinfachtes Verfahren, Art. 108 und 109 BGG/Instruktionsverfahren, Art. 32 BGG, in: Ehrenzeller/Schweizer (Hrsg.), Die Reorganisation der Bundesrechtspflege – Neuerungen und Auswirkungen in der Praxis, St. Gallen 2006, 475–498 (zit. Ehrenzeller/Schweizer-Aemisegger); M. GULDENER, Schweizerisches Zivilprozessrecht, 3. Aufl., Zürich 1979 (zit. Guldener, Zivilprozessrecht[3]); G. MESSMER/H. IMBODEN, Die eidgenössischen Rechtsmittel in Zivilsachen, Zürich 1992 (zit. Messmer/Imboden, Rechtsmittel); H.U. WALDER-RICHLI, Zivilprozessrecht, 4. Aufl., Zürich 1996 (zit. Walder-Richli, Zivilprozessrecht[4]).

I. Allgemeines

Art. 32 nennt die **Aufgaben des Instruktionsrichters**. Abs. 1 umschreibt seine Tätigkeit 1
bis zum Entscheid; Abs. 2 seine Entscheidbefugnisse als Einzelrichter.

II. Aufgaben bis zum Entscheid

Nach Eingang und Registrierung der Beschwerde oder Klage beim Bundesgericht be- 2
ginnt das **Instruktionsstadium**.

Als **Instruktionsrichter** amtet der Abteilungspräsident oder ein von ihm bezeichneter 3
Richter; dabei kann es sich auch um einen nebenamtlichen Richter handeln.[1] Er leitet das
Verfahren bis zum Entscheid.

Das Bundesgerichtsgesetz weist dem Instruktionsrichter ausdrücklich folgende **Befug-** 4
nisse zu:

– Er kann die notwendigen Beweismassnahmen vornehmen oder der zuständigen eidgenössischen oder kantonalen Behörde übertragen;[2] zu Zeugeneinvernahmen, Augenschein und Parteiverhör zieht er einen zweiten Richter bei.[3]

– Er setzt eine angemessene Frist an zur Leistung des Kostenvorschusses oder Sicherstellung einer allfälligen Parteientschädigung;[4] ebenso zur Leistung des Vorschusses
für Barauslagen.[5]

– Er kann die unentgeltliche Rechtspflege selbst gewähren, wenn keine Zweifel bestehen, dass die Voraussetzungen erfüllt sind.[6]

– Er kann über die aufschiebende Wirkung von Amtes wegen oder auf Antrag einer Partei eine von der gesetzlichen Regelung[7] abweichende Anordnung treffen.[8]

– Er kann von Amtes wegen oder auf Antrag einer Partei vorsorgliche Massnahmen
treffen, um den bestehenden Zustand zu erhalten oder bedrohte Interessen einstweilen
sicherzustellen.[9]

– Über den Aufschub des Vollzugs des angefochtenen Entscheids oder andere vorsorgliche Massnahmen entscheidet er auch nach Eingang eines Revisionsgesuchs gegen
einen Entscheid des Bundesgerichts.[10]

Nach früherem Recht war stets allein der Abteilungspräsident zum Entscheid über die 5
aufschiebende Wirkung und zum Erlass vorsorglicher Massnahmen zuständig.[11] Das

---

[1] Vgl. Art. 1 Abs. 4; SPÜHLER/DOLGE/VOCK, Kurzkommentar, Art. 32 N 1.
[2] Art. 55 Abs. 2.
[3] Art. 55 Abs. 3.
[4] Art. 62 Abs. 3.
[5] Art. 63 Abs. 2.
[6] Art. 64 Abs. 3.
[7] Art. 103 Abs. 1 und 2.
[8] Art. 103 Abs. 3.
[9] Art. 104.
[10] Art. 126.

Bundesgerichtsgesetz verleiht somit dem Instruktionsrichter eine **grössere Verantwortung**. Dies ist gerechtfertigt: Der Instruktionsrichter ist aufgrund seiner Aktenkenntnis am besten in der Lage, über die Begründetheit eines Gesuchs um Erlass einer vorsorglichen Massnahme zu entscheiden.[12]

6   Gemäss Art. 102 Abs. 1 stellt, soweit erforderlich, *das Bundesgericht* die Beschwerde der Vorinstanz sowie den allfälligen anderen Parteien, Beteiligten oder zur Beschwerde berechtigten Behörden zu und setzt ihnen Frist zur Einreichung einer **Vernehmlassung** an. Wie die Botschaft[13] bestätigt, ist auch insoweit – wie bisher[14] – der Instruktionsrichter zuständig. Dies gilt ebenso für die Anordnung eines allfälligen weiteren Schriftenwechsels nach Art. 102 Abs. 3.

7   Nach Art. 47 Abs. 2 können richterlich bestimmte **Fristen** aus zureichenden Gründen erstreckt werden, wenn das Gesuch vor Ablauf der Frist gestellt worden ist. Auch insoweit ist die Zuständigkeit des Instruktionsrichters gegeben. So kann er etwa Fristen für Eingaben im Rahmen des Schriftenwechsels erstrecken.[15]

8   Dem Instruktionsrichter stehen an den von ihm geleiteten Verhandlungen die Befugnisse der **Sitzungspolizei** nach Art. 33 Abs. 3 zu.

9   Gemäss Art. 24 Abs. 1 wirken die **Gerichtsschreiber** u.a. bei der Instruktion der Fälle mit. Sie haben beratende Stimme. Bei der Instruktion wirken, zumindest in der Anfangsphase unmittelbar nach Eingang der Beschwerde, insb. die den Abteilungspräsidenten persönlich zugeteilten Gerichtsschreiber («Präsidialsekretäre») mit. Gemäss Art. 38 Abs. 4 BGerR kann der Instruktionsrichter einen Gerichtsschreiber ermächtigen, eine Instruktionsverfügung im Namen des Richters zu unterzeichnen.

10   Die **ersten Instruktionsmassnahmen** (Kostenvorschuss und Einholung der Vernehmlassung) trifft in der Regel – unter Mitarbeit der ihm persönlich zugeteilten Präsidialsekretäre – der Abteilungspräsident selber.[16] Gegebenenfalls erstellt er auch gleich selber das Referat oder lässt es durch einen Gerichtsschreiber für ihn erstellen.

III. Entscheidbefugnisse

11   Nach Art. 32 Abs. 2 entscheidet der **Instruktionsrichter als Einzelrichter** über die Abschreibung von Verfahren zufolge Gegenstandslosigkeit, Rückzugs oder Vergleichs. Mit der Entscheidbefugnis des Einzelrichters wird in diesen Fällen eine rasche Verfahrenserledigung gewährleistet. Art. 32 Abs. 2 erweitert die Befugnisse des Einzelrichters. Nach altem Recht war für die Abschreibung zufolge Gegenstandslosigkeit die Abteilung zuständig.[17]

12   Ein Rechtsstreit kann gegenstandslos werden (z.B. Abbrennen des Hauses, für das eine Umbaubewilligung streitig ist) oder das rechtliche Interesse an seiner Beurteilung dahinfallen. Es entspricht dem üblichen prozessualen Sprachgebrauch, dass kein Unterschied zwischen Gegenstandsloswerden und Hinfall des rechtlichen Interesses gemacht wird.

---

[11] Art. 70 Abs. 2, Art. 94, Art. 111 Abs. 2 und Art. 142 OG; Art. 272 Abs. 7 BStP.

[12] Botschaft 2001 4290.

[13] Botschaft 2001 4341.

[14] POUDRET, Commentaire, Bd. I Art. 13 N 3.

[15] Vgl. POUDRET, Commentaire, Bd. I Art. 13 N 3.

[16] POUDRET, Commentaire, Bd. I Art. 13 N 3; SCHWERI, Nichtigkeitsbeschwerde, 157 N 492.

[17] Art. 40 OG i.V.m. Art. 72 BZP; MESSMER/IMBODEN, Rechtsmittel, 167 N 124.

Ausschlaggebend ist für die Abschreibung wegen **Gegenstandslosigkeit** immer, dass aus diesem oder jenem Grund im Verlaufe des Verfahrens eine Sachlage eintritt, angesichts derer ein fortbestehendes Rechtsschutzinteresse an der Entscheidung der Streitsache nicht mehr anerkannt werden kann.[18] Gegenstandlos wird ein Verfahren insb., wenn die angefochtene Verfügung im Verlaufe des bundesgerichtlichen Verfahrens wegen vorbehaltlosen Widerrufs dahinfällt.[19] Schulbeispiel ist bei Haftbeschwerden die Entlassung des Beschwerdeführers aus der Haft.[20]

Nach der Rechtsprechung zu Art. 88 OG sah das Bundesgericht vom **Erfordernis des** 13 **aktuellen Interesses** ab, wenn sich die mit der Beschwerde aufgeworfene Frage jederzeit und unter gleichen oder ähnlichen Umständen wieder hätte stellen können, an ihrer Beantwortung wegen ihrer grundsätzlichen Bedeutung ein hinreichendes öffentliches Interesse bestand und eine rechtzeitige verfassungsrechtliche Überprüfung im Einzelfall kaum je möglich gewesen wäre.[21] Diese Rechtsprechung ist auf das Verfahren gem. Art. 32 sinngemäss zu übertragen. Sind die genannten Voraussetzungen gegeben, ist der Fall somit zu instruieren und im ordentlichen Verfahren zu erledigen.[22]

Die Botschaft nimmt bei **Nichtbezahlung des Kostenvorschusses**[23] die Gegenstands- 14 losigkeit des Verfahrens an.[24] Diese Auffassung ist dogmatisch unzutreffend. Bei Nichtleistung des Kostenvorschusses fällt – anders als bei Gegenstandslosigkeit – das Rechtsschutzinteresse nicht dahin. Es fehlt vielmehr an einer Sachurteilsvoraussetzung.[25] Deshalb ergeht bei Nichtleistung des Kostenvorschusses kein Abschreibungsbeschluss, sondern ein Prozessurteil, das auf Nichteintreten lautet.[26] Den Fall des Nichteintretens regelt – im Gegensatz zu Art. 32 Abs. 2 – Art. 108 Abs. 1 lit. a. Die Anwendung von Art. 108 Abs. 1 lit. a ist auch sachlich gerechtfertigt. Diese Bestimmung enthält gegenüber Art. 32 Abs. 2 einen wesentlichen Unterschied. Nach Art. 108 Abs. 1 lit. a darf der Einzelrichter nur auf offensichtlich unzulässige Beschwerden nicht eintreten. Fehlt es am Erfordernis der Offensichtlichkeit, ist in Dreier- oder allenfalls Fünferbesetzung zu entscheiden.[27] Es sind ohne weiteres Fälle denkbar, in denen sich im Zusammenhang mit der Frage der Rechtzeitigkeit des Kostenvorschusses eine Grundsatzfrage stellt, die in Fünferbesetzung zu entscheiden ist. Dazu gibt es denn auch in der amtlichen Sammlung publizierte Entscheide.[28] Nach dem Beschluss des 41er-Plenums vom 13.6.2006[29] fällt deshalb dann, wenn der Kostenvorschuss offensichtlich nicht oder verspätet geleistet worden ist, der Einzelrichter gem. Art. 108 Abs. 1 lit. a einen Nichteintretensentscheid; in nicht offensichtlichen Fällen entscheidet die Abteilung in der Besetzung mit drei oder – bei Grundsatzfragen – fünf Richtern.

---

[18] GYGI, Bundesverwaltungsrechtspflege[2], 326.
[19] GYGI, Bundesverwaltungsrechtspflege[2], 326; EHRENZELLER/SCHWEIZER-AEMISEGGER, 479 f.
[20] BGE 110 Ia 140.
[21] BGE 129 I 113, 119 E. 1.7; 127 I 164, 166 E. 1a, m.Hinw.
[22] EHRENZELLER/SCHWEIZER-AEMISEGGER, 480.
[23] Art. 62 Abs. 3.
[24] Botschaft 2001 4290.
[25] Vgl. GULDENER, Zivilprozessrecht[3], 204 und 220 f.; KÖLZ/HÄNER, Verwaltungsrechtspflege[2], 242 N 681 f.; ADDOR, Gegenstandslosigkeit, 110.
[26] GYGI, Bundesverwaltungsrechtspflege[2], 317, 319 und 325 ff.; KÖLZ/HÄNER, a.a.O.; ZIMMERLI/ KÄLIN/KIENER, Verfahrensrecht, 128; GULDENER, Zivilprozessrecht[3], 204; WALDER-RICHLI, Zivilprozessrecht[4], 243 f. N 1–3.
[27] Art. 20.
[28] Vgl. etwa BGE 111 V 406: Zahlung an eine unzuständige Behörde.
[29] Damals bestand das Bundesgericht aus 30 und das Eidgenössische Versicherungsgericht aus 11 Richtern. Deshalb bei Zusammentreten aller Richter: «41-er-Plenum».

15   Fehlt das Rechtsschutzinteresse bereits bei Einreichung der Beschwerde oder Klage, liegt keine Gegenstandslosigkeit vor. Es fehlt vielmehr an einer Prozessvoraussetzung, weshalb auf die Beschwerde oder Klage **nicht einzutreten** ist.[30]

16   Zieht der Beschwerdeführer die Beschwerde ganz zurück, ist damit der Rechtsstreit erledigt und kann daher das Verfahren abgeschrieben werden. Ein **zurückgezogenes Rechtsmittel** kann auch innert noch offener Frist nicht erneuert werden.[31] Ein bedingter Rückzug ist ausgeschlossen.[32]

17   Einigen sich die Parteien über den Streitgegenstand, so schliessen sie damit einen **Vergleich**. Das kann vor Bundesgericht mit dessen Mitwirkung (gerichtlicher Vergleich) oder so geschehen, dass sich die Parteien direkt verständigen und das Bundesgericht danach benachrichtigen (aussergerichtlicher Vergleich).[33] In beiden Fällen kann der Instruktionsrichter das Verfahren abschreiben. Der Wortlaut des aussergerichtlichen Vergleichs ist dem Bundesgericht bekannt zu geben; er gehört wegen der Rechtskraftwirkung zur Abschreibungsverfügung.[34] Wollen ihn die Parteien für sich behalten, so bleibt nur die Erledigung durch Rückzug der Beschwerde oder Klage.[35] Vor der Abschreibung des Verfahrens hat der Instruktionsrichter zu prüfen, ob der Vergleich den Rechtsstreit ganz erledigt.[36]

18   Art. 32 Abs. 2 erwähnt den Rückzug, nicht aber die **Anerkennung der Beschwerde** durch die Gegenpartei. Darin liegt ein qualifiziertes Schweigen. Anerkennt der Beschwerdegegner die Beschwerde als begründet, erfolgt keine Abschreibung durch den Einzelrichter. Die Anerkennung ist unbeachtlich.[37] Mit der Beschwerde ans Bundesgericht kann gem. Art. 95 und 96 eine Rechtsverletzung geltend gemacht werden. Nach Art. 106 Abs. 1 wendet das Bundesgericht das Recht von Amtes wegen an. Anerkennt z.B. der Beschwerdegegner in einem Straffall den Einwand der Staatsanwaltschaft, es sei nicht der Tatbestand des Diebstahls,[38] sondern jener der Veruntreuung[39] gegeben, entbindet dies das Bundegericht nicht von der Prüfung, wie es sich damit verhält. Auch wenn der Beschwerdeführer eine unrichtige Feststellung des Sachverhalts nach Art. 97 rügt und der Beschwerdegegner dies anerkennt, kann das Verfahren nicht einfach abgeschrieben werden, sondern hat das Bundesgericht das Vorbringen zu prüfen.

19   Die Abschreibung stellt eine Prozesserledigung ohne Urteil dar.[40] Sie ergeht in der Form einer **Verfügung**[41] und wird in der Regel mit der Begründung schriftlich eröffnet.[42]

---

[30] BGE 114 II 189, 190 E. 2; 109 II 350; 85 II 286, 289 E. 2; BGer, AK, 14.12.1994, G. 108/1994, E. 1b; MESSMER/IMBODEN, Rechtsmittel, 167 N 124 FN 24.

[31] BGE 74 I 280; MESSMER/IMBODEN, Rechtsmittel, 21 f. N 18 FN 5 und 166 FN 17; GULDENER, Zivilprozessrecht[3], 500.

[32] BGE 111 V 58 E. 1 und 156 E. 3a; MESSMER/IMBODEN, Rechtsmittel, 166 FN 17.

[33] GYGI, Bundesverwaltungsrechtspflege[2], 327.

[34] Art. 71 i.V.m. Art. 73 Abs. 1 BZP.

[35] MESSMER/IMBODEN, Rechtsmittel, 166 f. N 123.

[36] MESSMER/IMBODEN, Rechtsmittel, 167 N 123.

[37] BGE 107 II 189, 191 E. 1; MESSMER/IMBODEN, Rechtsmittel, 161 N 119 und 166 N 123; GULDENER, Zivilprozessrecht[3], 499 f.

[38] Art. 139 StGB.

[39] Art. 138 StGB.

[40] Vgl. den Neunten Titel BZP (Art. 72 f.): «Erledigung des Rechtsstreits ohne Urteil»; GYGI, Bundesverwaltungsrechtspflege[2], 325 ff.; ZIMMERLI/KÄLIN/KIENER, Verfahrensrecht, 132.

[41] MESSMER/IMBODEN, Rechtsmittel, 164 N 121; vgl. auch Art. 32 Abs. 3.

[42] MESSMER/IMBODEN, Rechtsmittel, 164 N 121.

Mit der Verfügung hat der Instruktionsrichter auch über die **Verfahrens- und Parteikos-** **20** **ten** zu befinden.[43] Gemäss Art. 66 Abs. 2 kann auf die Erhebung von Gerichtskosten ganz oder teilweise verzichtet werden, wenn ein Fall durch Abstandserklärung oder Vergleich erledigt wird. Nach Art. 8 Abs. 3 des Reglements vom 31.3.2006 über die Parteientschädigung und die Entschädigung für die amtliche Vertretung im Verfahren vor dem Bundesgericht[44] kann das Anwaltshonorar entsprechend gekürzt werden, wenn der Prozess nicht mit einem Sachurteil endet; so insb. bei Rückzug des Rechtsmittels oder Vergleich.

Zu den **Kostenfolgen bei Gegenstandslosigkeit** enthält des Bundesgerichtsgesetz keine **21** besondere Bestimmung. Damit ist gem. Art. 71 insoweit Art. 72 BZP sinngemäss anwendbar. Nach dieser Bestimmung ist bei einem gegenstandslos gewordenen Rechtsstreit über die Prozesskosten mit summarischer Begründung aufgrund der Sachlage vor Eintritt des Erledigungsgrunds zu entscheiden. Bei der Beurteilung der Kosten- und Entschädigungsfolgen ist somit in erster Linie auf den mutmasslichen Ausgang des Prozesses abzustellen. Lässt sich dieser im konkreten Fall nicht feststellen, so sind allgemeine prozessrechtliche Kriterien heranzuziehen. Danach wird jene Partei kosten- und entschädigungspflichtig, welche das gegenstandslos gewordene Verfahren veranlasst hat oder in welcher die Gründe eingetreten sind, die dazu geführt haben, dass der Prozess gegenstandslos geworden ist. Die Regelung bezweckt, denjenigen, der in guten Treuen Beschwerde erhoben hat, nicht im Kostenpunkt dafür zu bestrafen, dass die Beschwerde infolge nachträglicher Änderung der Umstände abzuschreiben ist, ohne dass ihm dies anzulasten wäre. Bei der summarischen Prüfung des mutmasslichen Prozessausgangs ist nicht auf alle Rügen einzeln und detailliert einzugehen.[45]

Entscheidbefugnisse verleiht dem Abteilungspräsidenten bzw. einem von ihm bezeich- **22** neten Richter ebenso Art. 108 (vgl. die Kommentierung dazu).

IV. Endgültigkeit der Verfügungen des Instruktionsrichters

Nach Art. 32 Abs. 3 sind die Verfügungen des Instruktionsrichters **nicht anfechtbar.** **23** Dies gilt auch für solche über Beweismassnahmen nach Art. 55. Allerdings bleibt es Sache der Abteilung, die abgenommenen Beweise zu würdigen und gegebenenfalls weitere anzuordnen. Um eine eigentliche Weiterziehung handelt es sich dabei aber nicht.[46]

Art. 32 Abs. 3 ist nicht auf die vor Bundesgericht hängigen **Klagen** anwendbar. Gemäss **24** Art. 120 Abs. 3 richtet sich das Klageverfahren nach dem BZP. Nach Art. 80 BZP kann der Entscheid des Instruktionsrichters über vorsorgliche Massnahmen an das Gericht weitergezogen werden. Diese Bestimmung geht nach Art. 1 Abs. 2 BZP dem Art. 32 Abs. 3 vor.[47]

---

[43] GYGI, Bundesverwaltungsrechtspflege[2], 326.
[44] AS 2006 5673 ff.
[45] BGE 118 Ia 488, 494 f. E. 4a.
[46] Vgl. BGE 91 II 68, 71 f. E. 3; POUDRET, Commentaire, Bd. I, Art. 13 N 3.
[47] Vgl. Botschaft 2001 4291.

Art. 33

Disziplin	[1] **Wer im Verfahren vor dem Bundesgericht den Anstand verletzt oder den Geschäftsgang stört, wird mit einem Verweis oder einer Ordnungsbusse bis zu 1000 Franken bestraft.**

[2] **Im Falle böswilliger oder mutwilliger Prozessführung können die Partei und ihr Vertreter oder ihre Vertreterin mit einer Ordnungsbusse bis zu 2000 Franken und bei Wiederholung bis zu 5000 Franken bestraft werden.**

[3] **Der oder die Vorsitzende einer Verhandlung kann Personen, die seine oder ihre Anweisungen nicht befolgen, aus dem Sitzungssaal wegweisen und mit einer Ordnungsbusse bis zu 1000 Franken bestrafen.**

Discipline

[1] Quiconque, au cours de la procédure devant le Tribunal fédéral, enfreint les convenances ou perturbe le déroulement de la procédure est passible d'une réprimande ou d'une amende d'ordre de 1000 francs au plus.

[2] La partie ou son mandataire qui use de mauvaise foi ou de procédés téméraires est passible d'une amende d'ordre de 2000 francs au plus, voire de 5000 francs au plus en cas de récidive.

[3] Le juge qui préside une audience peut faire expulser de la salle les personnes qui ne se conforment pas à ses ordres et leur infliger une amende d'ordre de 1000 francs au plus.

Disciplina

[1] Chiunque, durante il procedimento dinanzi al Tribunale federale, offende le convenienze o turba l'andamento della causa, è punito con l'ammonimento o con la multa disciplinare fino a 1000 franchi.

[2] In caso di malafede o temerarietà processuale, la parte e il suo patrocinatore possono essere puniti con la multa disciplinare fino a 2000 franchi e, in caso di recidiva, fino a 5000 franchi.

[3] Il giudice che presiede un'udienza può far espellere dalla sala le persone che non ottemperano ai suoi ordini e punirle con la multa disciplinare fino a 1000 franchi.

Inhaltsübersicht

Materialien

Art. 30 E 2001 BBl 2001 4486; Botschaft 2001 BBl 2001 4291; AB 2003 S 894; AB 2004 N 1589.

Literatur

M. GULDENER, Schweizerisches Zivilprozessrecht, 3. Aufl., Zürich 1979 (zit. Guldener, Zivilprozessrecht³); W.J. HABSCHEID, Droit judiciaire privé suisse, 2. Aufl., Genf 1981 (zit. Habscheid, Droit judiciaire²); O. HENGGELER, Das Disziplinarrecht der freiberuflichen Rechtsanwälte und

Medizinalpersonen, Diss. ZH, Zürich 1976 (zit. Henggeler, Disziplinarrecht); G. Messmer/ H. Imboden, Die eidgenössischen Rechtsmittel in Zivilsachen, Zürich 1992 (zit. Messmer/ Imboden, Rechtsmittel); F. Wolffers, Der Rechtsanwalt in der Schweiz, Diss. BE, Zürich 1986 (zit. Wolffers, Rechtsanwalt).

I. Allgemeines

Art. 33 entspricht im Wesentlichen dem bisherigen Recht.[1] Die dazu ergangene Recht- **1** sprechung ist somit nach wie vor massgeblich. Angehoben wurden die **Höchstbeträge der Busse.** Sie liegen heute gut dreimal höher als nach der letzten Fassung des Bundes- rechtspflegegesetzes.

Das Bundesgericht **prüft von Amtes wegen,** ob eine Disziplinarmassnahme auszu- **2** sprechen sei. Eine Partei hat kein Recht zu verlangen, dass der Gegenpartei eine Dis- ziplinarmassnahme nach Art. 33 auferlegt werde. Ein entsprechender Antrag ist daher unzulässig. Die Partei ist allerdings nicht daran gehindert, das Bundesgericht etwa auf Passagen in Rechtsschriften hinzuweisen, die ihrer Meinung nach den Anstand verletzen, oder darzulegen, weshalb sie die Prozessführung der Gegenpartei als bös- oder mutwillig erachtet.[2]

Betrifft das bundesgerichtliche Verfahren ein Angelegenheit, die vordringlich zu be- **3** handeln ist (z.B. eine Haftsache), kann das **Disziplinarverfahren** davon **abgetrennt** und darüber in einem späteren selbständigen Beschluss befunden werden.[3]

Die Disziplinarbefugnisse des Bundesgerichts nach Art. 33 beschränken sich auf ein bei **4** ihm hängiges Verfahren. Für ein allfälliges **Fehlverhalten nach dem bundgerichtlichen Entscheid,** der gem. Art. 61 am Tag seiner Ausfällung in Rechtskraft erwächst, ist eine Massregelung durch das Bundesgericht ausgeschlossen. Übt etwa ein Anwalt nach Ab- weisung der Beschwerde in den Medien in einer den Anstand verletzenden Weise un- sachliche Kritik am bundesgerichtlichen Entscheid, kommt einzig die Disziplinierung durch die Aufsichtsbehörde über die Rechtsanwälte in Betracht.[4]

II. Verletzung des Anstands und Störung des Geschäftsgangs

Art. 33 Abs. 1 nennt als **Disziplinartatbestände** die Verletzung des Anstands oder die **5** Störung des Geschäftsgangs.

Die Verletzung des Anstands kann **mündlich oder schriftlich** erfolgen. Art. 31 Abs. 1 **6** OG sanktionierte denn auch die Verletzung des Anstands «im mündlichen oder schrift- lichen Geschäftsverkehr».

Die Parteien haben Anspruch auf rechtliches Gehör.[5] Sie bzw. ihr Anwalt dürfen grund- **7** sätzlich alles vorbringen, was ihren Interessen dient und insb. – allenfalls auch massive – **Kritik an Behörden** und deren Entscheiden üben. Zwar muss diese Kritik sachlich bleiben. Im Hinblick auf den Anspruch auf rechtliches Gehör darf eine Verletzung des Anstands im bundesgerichtlichen Verfahren aber nicht leichthin angenommen werden.[6] Zu sanktionieren sind nur solche Äusserungen, die ohne hinreichende Veranlassung

---

[1] Art. 31 und Art. 13 Abs. 5 OG.
[2] BGer, I. ZA, 4.12.1995, 4C.236/1995, E. 3; Poudret, Commentaire, Bd. I, Art. 31 N 1.
[3] BGer, I. ÖRA, 12. 2.1991, 1P.798/1990, E. 2a.
[4] Henggeler, Disziplinarrecht, 153/154.
[5] Art. 29 Abs. 2 BV.
[6] Für Zurückhaltung ebenso Henggeler, Disziplinarrecht, 151/152.

gemacht und unnötig verletzend sind. Disziplinarmassnahmen des Bundesgerichts sind, gemessen an der grossen Zahl von ihm erledigter Fälle, äusserst selten.[7]

8   Eine **Verletzung des Anstands** hat das Bundesgericht etwa angenommen in einem Fall, in dem jemand in einer Beschwerde die Bundesrichter im Besonderen und die weiteren in der schweizerischen Rechtspflege tätigen Richter und Beamten im Allgemeinen als unfähig, böswillig, parteiisch und dünkelhaft beschimpft und zudem dem Gegenanwalt unterstellt hatte, als Jude gehe es ihm nur ums Geld.[8]

9   Eine **Störung des Geschäftsgangs** hat das Bundesgericht – nebst mutwilliger Prozessführung – beispielsweise bejaht in einem Fall, in dem ihm ein Anwalt u.a. mehrmals Ersuchen um vorsorgliche Massnahmen unterbreitet hatte, die mit den angefochtenen Entscheiden nichts zu tun hatten. Der Anwalt hatte dem Bundesgericht überdies in kürzesten Abständen eine grosse Zahl von Eingaben eingereicht und dabei zum Teil zum Zuwarten und zum Teil um eine Entscheidung ersucht. Schliesslich hatte er dem Bundesgericht häufig Eingaben per Telefax zukommen lassen und diese entgegen den Ankündigungen doch nicht mit normaler Post und handschriftlicher Unterschrift bestätigt.[9]

10   Von **Verwaltungsbehörden** ist im Gerichtsverfahren eine gewisse Objektivität und Neutralität zu erwarten. Ungebührliche Eingaben von Behörden sind in besonderem Masse geeignet, zu einer Verrohung des Stils der gerichtlichen Auseinandersetzung beizutragen. Die Praxis verlangt deshalb von Verwaltungsbehörden mehr Zurückhaltung bei der Formulierung ihrer Eingaben als bei Privaten und nimmt entsprechend eine Verletzung des Anstands leichter an.[10]

11   Verletzt eine Äusserung nicht nur den Anstand, sondern ist sie auch ehrverletzend nach Art. 173 ff. StGB, bleibt die **strafrechtliche Verfolgung** vorbehalten.[11] Die kumulative Verhängung einer disziplinarischen und einer strafrechtlichen Sanktion ist möglich.[12]

12   Abs. 1 von Art. 33 beschränkt im Gegensatz zu Abs. 2 die Personen, gegen welche Disziplinarmassnahmen verhängt werden können, nicht auf die Partei und ihren Vertreter. Disziplinarmassnahmen nach Abs. 1 könnten somit auch verhängt werden etwa gegen **Zeugen oder Personen aus dem Publikum**, die in einer bundesgerichtlichen Verhandlung den Anstand verletzen. Art. 33. Abs. 3 dürfte hier jedoch vorgehen.[13]

13   Verletzt jemand in einer Rechtsschrift an das Bundesgericht den Anstand, weist sie einen ungebührlichen Inhalt auf. In diesem Fall kann die Rechtsschrift nach Art. 42 Abs. 5 i.V.m. Abs. 6 **zur Änderung zurückgewiesen** werden; dies unter Ansetzung einer Frist zur Behebung des Mangels und mit der Androhung, dass die Rechtsschrift sonst unbeachtlich bleibt. Reicht der Betroffene dem Bundesgericht innert Frist eine bereinigte Fassung der Rechtsschrift ein, schliesst dies die Verhängung einer Disziplinarmassnahme nach Art. 33 Abs. 1 nicht aus.[14]

---

[7]   So Schreiben des Bundesgerichtspräsidenten vom 30.9.1980 an den Präsidenten des Schweizerischen Anwaltsverbands, SJZ 77/1981 188. Daran hat sich seither nichts geändert.
[8]   BGer, I. ÖRA, 19.1.2001, 1P.721/2000, E. 1.
[9]   BGer, I. ÖRA, 12.2.1991, 1P.798/1990, E. 2b.
[10] EVG, 24.6.2002, U 109/01, E. 1.
[11] POUDRET, Commentaire, Bd. I, Art. 31 N 1; BIRCHMEIER, Handbuch, 33 Art. 31 N 1.
[12] BGE 97 I 831, 835 f. E. 2a; BGer, II. ÖRA, 29.9.1998, 2P.249/1998, E. 2b; POUDRET, Commentaire, Bd. I, Art. 31 N 1; HAUSER/SCHWERI/HARTMANN, Strafprozessrecht[6], § 84 N 31.
[13] In der Sache ebenso POUDRET, Commentaire, Bd. I, Art. 31 N 1.
[14] BGer, KassH, 28.8.1992, 6S.594/1990, E. 2; POUDRET, Commentaire, Bd. I, Art. 31 N 1.

Als Disziplinarmassnahmen sieht Art. 33 Abs. 1 den **Verweis oder die Ordnungsbusse**   **14**
bis zu Fr. 1000.– vor.

Die Auswahl der Sanktion (Verweis oder Ordnungsbusse) und die Bemessung der all-   **15**
fälligen Ordnungsbusse richtet sich nach dem **Verhältnismässigkeitsprinzip**. Danach
kommt es einerseits auf die objektive Schwere der Verfehlung an. Anderseits sind subjektive Faktoren zu berücksichtigen, so insb., ob der Betroffene einsichtig ist. So kann z.B.
statt auf eine Ordnungsbusse auf einen Verweis erkannt werden, wenn der Beschwerdeführer nach Rückweisung der Rechtsschrift in Anwendung von Art. 42 Abs. 5 i.V.m.
Abs. 6 eine verbesserte Fassung einreicht und dabei die den Anstand verletzenden Passagen weglässt.[15] Im Weiteren spielt eine Rolle, ob es sich um eine erstmalige Verfehlung
handelt oder ob sich der Betroffene bereits früher eine – oder mehrere – Disziplinar-
verfehlung hat zu Schulden kommen lassen.[16] Anders als Abs. 2 sieht Abs. 1 von Art. 33
für den Wiederholungsfall aber keinen höheren Bussenrahmen vor. Auch bei einer
wiederholten Verfehlung ist nach Art. 33 Abs. 1 also der Höchstbetrag der Ordnungsbusse von Fr. 1000.– zu beachten.

III. Bös- oder mutwillige Prozessführung

Während Abs. 1 von Art. 33 die mündlichen oder schriftlichen Äusserungen oder das   **16**
Verhalten eines Beteiligten im Verlaufe des bundesgerichtlichen Verfahrens sanktioniert,
betrifft Abs. 2 die **Prozessführung** an sich. Abs. 2 sanktioniert die böswillige oder mutwillige Prozessführung. Diese muss nicht in ungebührlichen Formen zum Ausdruck
kommen.[17] Die Partei ist im Gerichtsverfahren zu einem Verhalten nach Treu und Glauben verpflichtet. Dieser Grundsatz verbietet es ihr, einen Prozess einzuleiten, bei dem
auch nicht minimale Erfolgsaussichten bestehen, oder den Rechtsweg aus reiner Trölerei
zu beschreiten.[18] Auch insoweit sind Disziplinarmassnahmen mit Zurückhaltung auszusprechen.[19] Nicht jeder aussichtslose Prozess – d.h. ein solcher, in dem die Gewinnaussichten beträchtlich geringer sind als die Verlustgefahren[20] – ist bös- oder mutwillig.[21]
Die Aussprechung einer Disziplinarsanktion rechtfertigt sich nur in krassen Fällen, in
denen jede vernünftige Partei nach Treu und Glauben von der Anrufung des Bundesgerichts absähe.[22]

Mutwillig ist die Prozessführung insb. dann, wenn die Anrufung des Bundesgerichts   **17**
nicht auf den Schutz berechtigter Interessen abzielt, sondern ausschliesslich andere und
damit rechtsmissbräuchliche Zwecke verfolgt, wie namentlich den Zeitgewinn durch
trölerisches Prozessieren.[23] Eine mutwillige Prozessführung ist mangels selbst minimaler
Gewinnaussicht auch gegeben, wenn ein Anwalt für einen Beschwerdeführer, der den
Grenzwert für einen zwingenden Führerausweisentzug wegen Geschwindigkeitsüber-
schreitung[24] in jedem Fall weit überschritten hat, trotzdem gegen den Entzug Beschwerde

---

[15] BGer, KassH, 28.8.1992, 6S.594/1990, E. 2.
[16] EVG, 13.12.2001, U 219/01, E. 8; BGer, I. ÖRA, 19.1.2001, 1P.721/2000, E. 1.
[17] MESSMER/IMBODEN, Rechtsmittel, 29 N 23.
[18] Vgl. POUDRET, Commentaire, Bd. I, Art. 31 N 2.
[19] So auch Schreiben des Bundesgerichtspräsidenten vom 30.9.1980 an die Präsidenten des
Schweizerischen Anwaltsverbands, SJZ 77/1981 188.
[20] BGE 129 I 129, 135 E. 2.3.1, m.Hinw.
[21] In der Sache ebenso BGer, I. ZA, 4.12.1995, 4C.236/1995, E. 3.
[22] Vgl. BGE 120 III 107, 110 E. 4b.
[23] BGE 118 II 87.
[24] BGE 124 II 475 E. 2.

erhebt.[25] Mutwillige Prozessführung kann auch vorliegen, wenn die Partei an einer offensichtlich gesetzwidrigen Auffassung festhält;[26] ferner dann, wenn ein Anwalt beim Bundesgericht eine offensichtlich unzulässige Beschwerde einreicht.[27]

18   **Böswillig** führt den Prozess z.B. der Anwalt, der eine Tatsache, welche für die Beurteilung der Beschwerdelegitimation erheblich ist, verheimlicht, um einen für seinen Mandanten günstigen Entscheid zu erwirken.[28] So hatte in einem Straffall der Anwalt eines Opfers dem Bundesgericht verschwiegen, dass das Opfer im Rahmen eines Vergleichs für sämtliche Zivilansprüche gegen die angeblichen Täter entschädigt worden war und deshalb keine Zivilforderungen mehr hatte, womit es an der Beschwerdelegitimation fehlte.[29] Eine bös- und mutwillige Prozessführung nahm das Bundesgericht auch etwa an in einem Fall, in dem ein Anwalt Beschwerde einreichte gegen einen Entscheid, der seinem Mandanten die Aufenthaltsbewilligung verweigerte mit der Begründung, die Ehe mit einer Schweizerin sei fiktiv. In der Beschwerde ans Bundesgericht bestritt der Anwalt dies und machte geltend, das Ehepaar lebe zusammen und liebe sich. Dabei verschwieg er, dass er zuvor im Namen der Eheleute ein gemeinsames Scheidungsbegehren eingereicht hatte. Darin hatte er gegenüber dem Scheidungsrichter vorgebracht, die Eheleute hätten in gemeinsamem Einvernehmen beschlossen, die Ehe zu beenden. Aus der dem Scheidungsbegehren beigefügten Scheidungskonvention ergab sich, dass die Eheleute das gemeinsame Zusammenleben schon lange vor Einreichung der Beschwerde ans Bundesgericht beendet hatten.[30]

19   Kann eine Partei, die im bundesgerichtlichen Verfahren wissentlich die **Unwahrheit** sagt, wegen böswilliger Prozessführung mit einer Disziplinarmassnahme belegt werden? Im Strafrecht ist das Verbot des Selbstbelastungszwangs zu beachten («nemo tenetur se ipsum prodere vel accusare»). Der Beschuldigte ist nicht zur Wahrheit verpflichtet. Dies gilt auch im bundesgerichtlichen Verfahren. Daher verbietet es sich, dem Beschuldigten, der lügt, deswegen eine Disziplinarmassnahme aufzuerlegen.[31] Anders verhält es sich im Zivilrecht. Die Parteien des Zivilverfahrens sind verpflichtet, den Prozess nach Treu und Glauben zu führen. Danach ist es insb. verboten, bewusst unwahre Tatsachen zu behaupten oder wissentlich wahre Tatsachen zu bestreiten.[32] Unwahre Aussagen im Zivilverfahren können disziplinarisch, unter den Voraussetzungen von Art. 306 StGB gar strafrechtlich geahndet werden.[33]

20   Mutwillige Prozessführung kann nicht nur zu einer Disziplinarmassnahme führen, sondern überdies zur Folge haben, dass gem. Art. 108 Abs. 1 lit. c durch Einzelrichterentscheid auf die Beschwerde **nicht eingetreten** wird.[34]

21   Abs. 2 von Art. 33 sieht als Sanktion einzig die Ordnungsbusse vor, im Gegensatz zu Abs. 1 nicht auch den **Verweis.** Nach dem Grundsatz «in maiore minus» muss es dem

---

[25] BGer, KassH, 19.6.2001, 6A.36/2001 und BGer, KassH, 18.9.2001, 6A.83/2001, E. 2.

[26] BGE 112 V 333, 334 f. E. 5a.

[27] BGer, KassH, 4.2.2000, 6S.81/2000, E. 3.

[28] BGE 121 IV 317, 324 f. E. 4.

[29] BGE 121 IV 317.

[30] BGer, II. ÖRA, 4.1.2002, 2A.565/2001.

[31] Ebenso SPÜHLER/DOLGE/VOCK, Kurzkommentar, Art. 33 N 4.

[32] GULDENER, Zivilprozessrecht[3], 188 f.; HABSCHEID, Droit judiciaire[2], 363 f.; BSK StGB-DELNON/RÜDY, Art. 306 N 11.

[33] HABSCHEID, Droit judiciaire[2], 364 N 4c; GULDENER, Zivilprozessrecht[3], 353; BSK StGB-DELNON/RÜDY, Art. 306 N 16 m.Hinw. auf § 149 Abs. 2 ZPO/ZH. Krit. POUDRET, Commentaire, Bd. I, Art. 31 N 2.

[34] Vgl. MESSMER/IMBODEN, Rechtsmittel, 29 f. N 23.

Bundesgericht jedoch auch im Rahmen von Art. 33 Abs. 2 erlaubt sein, statt auf eine Ordnungsbusse auf einen blossen Verweis – bzw. eine Verwarnung, welche an die Stelle des Verweises tritt – zu erkennen.[35] Dem entspricht die Praxis.[36] Diese verdient Zustimmung umso mehr, als nach der Rechtsprechung der Grundsatz «nulla poena sine lege» im Disziplinarrecht nicht gilt.[37]

Im Gegensatz zu Abs. 3 von Art. 33 sagen die Abs. 1 und 2 nicht, wer zur Verhängung   **22** der Disziplinarmassnahme zuständig ist. Nach der Rechtsprechung liegt die **Kompetenz** für die Aussprechung einer Disziplinarmassnahme nach Art. 33 Abs. 1 und 2 bei der Abteilung. Darüber wird mit dem Entscheid in der Sache befunden.[38] Die Disziplinarmassnahme wird dabei ins Dispositiv des Entscheids aufgenommen.[39]

Wird mutwillig oder trölerisch prozessiert oder in den Rechtsschriften oder den Partei-   **23** vorträgen der gebotene Anstand missachtet, ergibt sich mithin der Disziplinarfehler aus dem aktenkundigen Verhalten des Betroffenen selbst, so vermag eine zusätzliche Anhörung in der Regel den Sachverhalt nicht weiter zu erhellen. In solchen Fällen erübrigt es sich nach der Rechtsprechung, dem Betroffenen vorgängig des Disziplinarentscheids das **rechtliche Gehör** zu gewähren; dies zumal dann, wenn der Entscheid frei in Wiedererwägung gezogen werden kann, so dass sich der Betroffene im Nachhinein vollumfänglich Gehör verschaffen kann.[40] Letzteres ist bei bundesgerichtlichen Disziplinarentscheiden der Fall.[41] Ein Wiedererwägungsgesuch kann von Richtern behandelt werden, die bereits am angefochtenen Entscheid mitgewirkt haben.[42]

Die Wahl der Sanktion (Verweis oder Ordnungsbusse) und die Bemessung der Busse   **24** richtet sich wiederum nach dem **Verhältnismässigkeitsprinzip**. Es kann auf das oben[43] zu Abs. 1 Gesagte verwiesen werden.

Gemäss Art. 66 Abs. 3 hat **unnötige Kosten** zu tragen, wer sie verursacht. Nach der   **25** Rechtsprechung zu dem damit wörtlich übereinstimmenden Art. 156 Abs. 6 OG kann mit Blick darauf das Bundesgericht ausnahmsweise die Gerichtskosten anstatt der unterliegenden Partei ihrem Anwalt auferlegen, wenn die Unzulässigkeit der Beschwerde bei einem Minimum an Sorgfalt sofort erkennbar war.[44] So hat das Bundesgericht in einem Fall, in dem ein Anwalt eine Gesetzesänderung nicht zur Kenntnis genommen und nicht bemerkt hatte, das nach neuem Recht seine Klientin nicht mehr zur Beschwerde befugt war, dem Anwalt die Gerichtsgebühr auferlegt.[45] Diese Rechtsprechung ist fragwürdig. Art. 33 Abs. 2 sieht im Falle mutwilliger Prozessführung eine Ordnungsbusse bis zu

---

[35] In der Sache ebenso MESSMER/IMBODEN, Rechtsmittel, 29 f. N 23 FN 8; BIRCHMEIER, Handbuch, 33 Art. 31 N 2; tendenziell gleicher Meinung POUDRET, Commentaire, Bd. I, Art. 31 N 2.

[36] BGE 106 II 45, 47 E. 4 (Verweis); BGE 118 II 87, 90 E. 5 sowie EVG, 16.5.2000, U 366/99, E. 4 und BGer, KassH, 4.2.2000, 6S.81/2000, E. 3 (Verwarnungen).

[37] BGE 97 I 831, 835 E. 2a.

[38] POUDRET, Commentaire, Bd. I, Art. 31 N 3; MESSMER/IMBODEN, Rechtsmittel, 29 N 23 FN 7.

[39] Vgl. die in BGE 118 II 87 nicht publizierte Ziff. 5 des Dispositivs; BGer, I. ÖRA, 19.1.2001, 1P.721/2000, Dispositiv Ziff. 2; BGer, KassH, 30.6.2000, 6S.323/2000, Dispositiv Ziff. 3; EVG, 16.5.2000, U 366/99, Dispositiv Ziff. 3.

[40] BGE 111 Ia 273 E. 2c; BGer, I. ZA, 18.4.1990, 4P.63/1990, SJ 1990 585, E. 1a; BGer, II. ÖRA, 15.12.1998, 2P.101/1998, Pra 1999 Nr. 51 291, E. 4; BGer, I. ZA, 21.4.2004, 4P.19/2004, E. 3.1; vgl. auch MESSMER/IMBODEN, Rechtsmittel, 29 N 23 FN 7; HAUSER/SCHWERI/HARTMANN, Strafprozessrecht[6], § 40 N 46.

[41] BGer, KassH, 18.9.2001, 6A.83/2001, E. 1b.

[42] BGer, KassH, 18.9.2001, 6A.83/2001, E. 1d.

[43] N 15.

[44] BGE 129 IV 206 E. 2, m.Hinw.

[45] BGE 129 IV 206.

Fr. 2000.– und bei Wiederholung bis zu Fr. 5000.– vor. Die Auferlegung der Gerichtsgebühr an den Anwalt in Anwendung von Art. 66 Abs. 3 führt im Ergebnis dazu, dass die in Art. 33 Abs. 2 festgelegten Höchstbeträge ausser Kraft gesetzt werden. Die Gerichtsgebühr nach Art. 65 kann gegebenenfalls deutlich höher liegen als der Höchstbetrag für die Ordnungsbusse.[46] Legt ein Anwalt – wie im angeführten Beispiel – eine Beschwerde ein, obwohl seinem Klienten die Beschwerdebefugnis offensichtlich fehlt, kann er wegen mutwilliger Prozessführung nach Art. 33 Abs. 2 diszipliniert werden. Dabei sind die dort festgelegten Höchstbeträge zu beachten. Eine weiter gehende Disziplinierung in Anwendung von Art. 66 Abs. 3 ist nach der hier vertretenen Auffassung abzulehnen.

IV. Sitzungspolizei

26   Die Art. 33 Abs. 3 entsprechende Regelung war im **Bundesrechtspflegegesetz** nicht der Bestimmung über die Disziplin zugeordnet,[47] sondern in einer separaten Bestimmung enthalten, die den Abteilungsvorsitz betraf.[48]

27   Art. 33 Abs. 3 betrifft die **Sitzungspolizei**. Die Bestimmung ist nicht nur anwendbar auf die Partei und ihren Vertreter, sondern auf jedermann, der den Ablauf einer bundesgerichtlichen Verhandlung stört oder behindert[49]; so insb. auch auf Zeugen und Personen aus dem Publikum.

28   Zuständig für die Anordnung der Disziplinarmassnahmen nach Art. 33 Abs. 3 ist der **Vorsitzende der Verhandlung**. Dabei handelt es sich bei den (öffentlichen) Parteiverhandlungen und mündlichen Beratungen[50] um den Abteilungspräsidenten, bei den Instruktionsverhandlungen um den Instruktionsrichter.[51]

29   Art. 33 Abs. 3 sieht als **Sanktion** die Wegweisung aus dem Sitzungssaal und eine Ordnungsbusse bis zu Fr. 1000.– vor. Auch hier ist nach dem Grundsatz «in maiore minus» eine Verwarnung als zulässig anzusehen. Im Gegensatz zu Art. 13 Abs. 5 OG sieht Art. 33 Abs. 3 die Inhaftierung des Fehlbaren bis zu 24 Stunden nicht mehr vor. Auf diese Sanktionsart hat der Gesetzgeber verzichtet, da sie kaum je angewandt worden war.[52] Der Verzicht ist zu begrüssen. Nach dem Konzept des am 1.1.2007 in Kraft getretenen neuen Allgemeinen Teils des Strafgesetzbuchs[53] sind freiheitsentziehende Sanktionen selbst bei Übertretungen nicht mehr möglich. Umso weniger rechtfertigen sie sich bei blossen Ordnungsverstössen.

30   Auch die Aussprechung einer Disziplinarmassnahme nach Art. 33 Abs. 3 hindert die **strafrechtliche Verfolgung** nicht, wenn das Verhalten des Betroffenen einen Straftatbestand (z.B. Ehrverletzung, Tätlichkeit) erfüllt.[54]

---

[46] Entsprechend verhielt es sich in der bisherigen Praxis. Nach Art. 31 Abs. 2 OG war – bei erstmaliger Verfehlung – eine Ordnungsbusse von höchstens Fr. 600.– möglich. In BGE 129 IV 206 auferlegte das Bundesgericht – was aus der in der amtlichen Sammlung publizierten Fassung nicht hervorgeht – dem Anwalt eine Gerichtsgebühr von Fr. 1000.–; in BGer, II. ZA, 14.6.2001, 5P.83/2001 eine solche von Fr. 1500.–; in BGer, KassH, 24.3.2000, 6S.149/2000 eine solche von Fr. 1000.–.

[47] Art. 31 OG.

[48] Art. 13 Abs. 5 OG.

[49] Vgl. POUDRET, Commentaire, Bd. I, Art. 13 N 5.

[50] Art. 57 ff.

[51] Art. 13 Abs. 5 OG nannte den Abteilungspräsidenten und den Instruktionsrichter noch ausdrücklich.

[52] Botschaft 2001 4291.

[53] Art. 103 StGB.

[54] POUDRET, Commentaire, Bd. I, Art. 13 N 5.

Die Auswahl der Sanktion (Verwarnung, Wegweisung oder Ordnungsbusse) und die Bemessung der Ordnungsbusse richtet sich wiederum nach dem **Verhältnismässigkeitsprinzip**.[55] Dem Vorsitzenden der Verhandlung kommt insoweit ein erheblicher Ermessensspielraum zu. **31**

V. Anwaltsgesetz

Gemäss Art. 15 Abs. 2 BGFA[56] melden unter anderem die eidgenössischen Gerichtsbehörden der **Aufsichtsbehörde** des Kantons, in dem ein Anwalt eingetragen ist, unverzüglich Vorfälle, welche die Berufsregeln verletzen könnten. Art. 12 BGFA umschreibt die Berufsregeln. Nach der Generalklausel von Art. 12 lit. a BGFA üben die Anwälte ihren Beruf sorgfältig und gewissenhaft aus. Die Pflicht zur Sorgfalt und Gewissenhaftigkeit bei der Berufsausübung beschränkt sich nicht auf die Beziehung zwischen den Anwälten und ihren Klienten; sie gilt auch für das Verhalten der Anwälte gegenüber den Gerichtsbehörden. Nach Art. 12 lit. a BGFA wird von den Anwälten bei ihrer gesamten Anwaltstätigkeit ein korrektes Verhalten verlangt.[57] Der Anwalt, der im Verfahren vor dem Bundesgericht den Anstand verletzt oder den Geschäftsgang stört, übt seinen Beruf nicht sorgfältig und gewissenhaft aus.[58] Das gilt ebenso für den, der einen Prozess bös- oder mutwillig führt[59] oder die Anweisungen des Vorsitzenden einer bundesgerichtlichen Verhandlung missachtet. Verhängt das Bundesgericht deswegen eine Disziplinarmassnahme nach Art. 33, hat es dies deshalb nach Art. 15 Abs. 2 BGFA der Aufsichtsbehörde des Kantons, in dem der Anwalt eingetragen ist, unverzüglich mitzuteilen. **32**

Die Aufsichtsbehörde kann trotz der bundesgerichtlichen Disziplinierung eine Sanktion ausfällen. Der Grundsatz «ne bis in idem» gilt insoweit nicht.[60] **33**

---

[55] Dazu oben N 15.
[56] Fassung gem. Bundesgesetz vom 23.6.2006, in Kraft seit dem 1.1.2007.
[57] Botschaft vom 28.4.1999 zum Anwaltsgesetz, BBl 1999 6054; BGE 130 II 270, 276 E. 3.2.
[58] Vgl. Henggeler, Disziplinarrecht, 110 f. und 113 ff.
[59] Henggeler, Disziplinarrecht, 104 f. und 110 f.
[60] Henggeler, Disziplinarrecht, 156; Wolffers, Rechtsanwalt, 177.

3. Abschnitt: Ausstand von Gerichtspersonen

Art. 34

Ausstandsgründe [1] **Richter, Richterinnen, Gerichtsschreiber und Gerichtsschreiberinnen (Gerichtspersonen) treten in Ausstand, wenn sie:**

a. **in der Sache ein persönliches Interesse haben;**

b. **in einer anderen Stellung, insbesondere als Mitglied einer Behörde, als Rechtsberater oder Rechtsberaterin einer Partei, als sachverständige Person oder als Zeuge beziehungsweise Zeugin, in der gleichen Sache tätig waren;**

c. **mit einer Partei, ihrem Vertreter beziehungsweise ihrer Vertreterin oder einer Person, die in der gleichen Sache als Mitglied der Vorinstanz tätig war, verheiratet sind oder in eingetragener Partnerschaft oder dauernder Lebensgemeinschaft leben;**

d. **mit einer Partei, ihrem Vertreter beziehungsweise ihrer Vertreterin oder einer Person, die in der gleichen Sache als Mitglied der Vorinstanz tätig war, in gerader Linie oder in der Seitenlinie bis und mit dem dritten Grad verwandt oder verschwägert sind;**

e. **aus anderen Gründen, insbesondere wegen besonderer Freundschaft oder persönlicher Feindschaft mit einer Partei oder ihrem Vertreter beziehungsweise ihrer Vertreterin, befangen sein könnten.**

[2] **Die Mitwirkung in einem früheren Verfahren des Bundesgerichts bildet für sich allein keinen Ausstandsgrund.**

Motifs de récusation [1] Les juges et les greffiers se récusent:

a. s'ils ont un intérêt personnel dans la cause;

b. s'ils ont agi dans la même cause à un autre titre, notamment comme membre d'une autorité, comme conseil d'une partie, comme expert ou comme témoin;

c. s'ils sont liés par les liens du mariage ou du partenariat enregistré ou font durablement ménage commun avec une partie, son mandataire ou une personne qui a agi dans la même cause comme membre de l'autorité précédente;

d. s'ils sont parents ou alliés en ligne directe ou, jusqu'au troisième degré inclus, en ligne collatérale avec une partie, son mandataire ou une personne qui a agi dans la même cause comme membre de l'autorité précédente;

e. s'ils pouvaient être prévenus de toute autre manière, notamment en raison d'une amitié étroite ou d'une inimitié personnelle avec une partie ou son mandataire.

[2] La participation à une procédure antérieure devant le Tribunal fédéral ne constitue pas à elle seule un motif de récusation.

Motivi di ricusazione [1] I giudici e i cancellieri si ricusano se:

a. hanno un interesse personale nella causa;

b. hanno partecipato alla medesima causa in altra veste, segnatamente come membri di un'autorità, consulenti giuridici di una parte, periti o testimoni;

  c. sono coniugi o partner registrati di una parte, del suo patrocinatore o di una persona che ha partecipato alla medesima causa come membro dell'autorità inferiore ovvero convivono stabilmente con loro;

  d. sono parenti o affini in linea retta, o in linea collaterale fino al terzo grado, con una parte, il suo patrocinatore o una persona che ha partecipato alla medesima causa come membro dell'autorità inferiore;

  e. per altri motivi, segnatamente a causa di rapporti di stretta amicizia o di personale inimicizia con una parte o il suo patrocinatore, potrebbero avere una prevenzione nella causa.

[2] La partecipazione a un procedimento anteriore del Tribunale federale non è in sé un motivo di ricusazione.

Inhaltsübersicht   Note

Materialien

Botschaft 2001 BBl 2001 4291; Art. 31 E BBl 2001 4486; AB 2004 N 1589.

Literatur

A. KÖLZ/J. BOSSHART/M. RÖHL, Kommentar zum Verwaltungsrechtspflegegesetz des Kantons Zürich, 2. Aufl., Zürich 1999 (zit. Kölz/Bosshart/Röhl, Kommentar VRG2); TH. MERKLI/A. AESCHLIMANN/R. HERZOG, Kommentar zum Gesetz über die Verwaltungsrechtspflege im Kanton Bern, Bern 1997 (zit. Merkli/Aeschlimann/Herzog, Kommentar VRG); G NAY, Das Bundesgericht in Wandel und Sorge um Unabhängigkeit, SJZ 102/2006, 567–570 (zit. Nay, SJZ 2006); B. SCHINDLER, Die Befangenheit der Verwaltung, Diss. ZH 2002 (zit. Schindler, Befangenheit); P. SUTTER, Der Anwalt als Richter, die Richterin als Anwältin, AJP 2006, 30–42 (zit. Sutter, AJP 2006).

I. Allgemeine Bemerkungen

Art. 34 bildet eine Konkretisierung von Art. 30 BV, wonach jede Person, deren Sache in   **1** einem gerichtlichen Verfahren beurteilt werden muss, Anspruch auf ein durch Gesetz geschaffenes, zuständiges, unabhängiges und unparteiisches Gericht hat. In Art. 34 geht es um die Unabhängigkeit und Unparteilichkeit des Gerichts.[1] Im Gegensatz zu Art. 22 und 23 OG wird nicht mehr zwischen zwingenden Ausschliessungsgründen und Ablehnungsgründen unterschieden.[2] Art. 34 lehnt sich im Wesentlichen an Art. 10 VwVG an. Allerdings erfährt die Bestimmung eine Erweiterung. Die Richterin oder der Richter hat auch dann in den Ausstand zu treten, wenn er oder sie mit einem Mitglied der Vorinstanz verheiratet, in eingetragener Partnerschaft oder dauernder Lebensgemeinschaft lebt. Eine solche Beziehung darf auch nicht zu einer Partei oder deren Vertreterin oder Vertreter bestehen (Art. 34 Abs. 1 lit. c).[3]

---

[1] SEILER/VON WERDT/GÜNGERICH, BGG, Art. 34 N 2.

[2] BBl 2001 4291.

[3] Der Ausstandsgrund der eingetragenen Partnerschaft wurde erst von der nationalrätlichen Kommission vorgeschlagen; im Übrigen verbesserte die nationalrätliche Kommission die Bestimmung nur in redaktioneller Hinsicht, vgl. AB 2004 N 1589.

2 Die Ausstandsgründe sind von den Unvereinbarkeiten gem. Art. 6 und 8 zu unterscheiden. Die Unvereinbarkeiten beziehen sich auf das Amt als solches. Liegt eine Unvereinbarkeit vor, kann das Amt nicht ausgeübt werden. Die Ausstandsgründe betreffen hingegen bloss einen konkreten Einzelfall, bilden aber ebenso Teil der Gewährleistung der richterlichen Unabhängigkeit.

3 Art. 34 ff. gelten gem. Art. 38 VGG auch für das Bundesverwaltungsgericht. Im Übrigen richtet sich das Verfahren vor Bundesverwaltungsgericht aber nach dem VwVG.[4]

II. Die Ausstandsgründe (Abs. 1)

1. Verpflichtete Personen

4 Zum Ausstand verpflichtet sind gemäss Art. 34 Abs. 1 einerseits die Richterinnen und Richter und andererseits die Gerichtsschreiberinnen und Gerichtsschreiber. Das Gesetz fasst diese Personen unter dem Begriff «Gerichtspersonen» zusammen. Die Gerichtsschreiberinnen und Gerichtsschreiber werden vom Bundesgericht ernannt und wirken bei der Instruktion der Fälle und bei der Entscheidfindung mit. Sie haben beratende Stimme, erarbeiten die Referate und redigieren die Entscheide des Bundesgerichts (Art. 24).[5] Der Gesetzgeber nimmt damit die langjährige Praxis des Bundesgerichts auf, wonach sämtliche Personen, welche an den Justizverfahren mitwirken ohne selber Justizbehörde zu sein, in den Ausstand zu treten haben.[6]

5 Auch für die Sachverständigen gelten aufgrund von Art. 58 BZP (i.V.m. Art. 55 Abs. 1) die Ausstandsgründe gemäss Art. 34. Die Pflicht der Sachverständigen, bei Befangenheit in den Ausstand zu treten, ergibt sich ebenso aus dem Anspruch auf ein faires Verfahren nach Art. 29 BV und entspricht der steten bundesgerichtlichen Praxis.[7]

2. Die Ausstandsgründe im Einzelnen (Abs. 1)

6 Die in Art. 34 Abs. 1 erwähnten Ausstandsgründe sind nicht abschliessend zu verstehen. Dies ergibt sich einerseits bereits aus dem Wortlaut von Art. 34 Abs. 1 lit. e. Andererseits ergibt sich dies ebenso aus Art. 30 BV. Es muss damit jeder Grund, welcher den Anschein der Befangenheit erweckt und objektiv Zweifel an der Unvoreingenommenheit der Gerichtsperson erweckt, genügen.[8] Art. 34 Abs. 1 lit. e wird deshalb zu Recht als Auffangtatbestand bezeichnet.[9] Die allgemeine Formel des Bundesgerichts, wonach der Anschein der Befangenheit und damit die Gefahr der Voreingenommenheit genügt,[10] ist zudem auch bei der Auslegung der Ausstandsgründe von Art. 34 Abs. 1 lit. a–c massgebend.

7 Die in Art. 34 Abs. 1 erwähnten Gründe erfassen die **Beziehung der Gerichtsperson zu den Verfahrensbeteiligten** und **Vorinstanzen** (lit. a, c, d und e) sowie gewisse **Tatbestände der Vorbefassung** (lit. b).

---

[4]   Art. 37 VGG; BVGE 2007/4.
[5]   Zur Stellung der Gerichtsschreiberinnen und Gerichtsschreiber, vgl. NAY, 568.
[6]   KIENER, Unabhängigkeit, 78; BGE 124 I 255, 265 f.; 119 Ia 81, 87; 115 Ia 224, 228 ff.
[7]   BGE 120 V 357, 364 ff.; vgl. auch BGE 123 V 331, 332 f.; Art. 30 BV bezieht sich auf die Richterinnen und Richter; die Ausstandspflicht von Gerichtsschreiberinnen und Gerichtsschreiber sowie von Sachverständigen hingegen ergibt sich aus Art. 29 BV, dazu KIENER, Unabhängigkeit, 80 ff.
[8]   Zur Formel des Bundesgerichts BGE 131 I 113, 116 f.
[9]   SEILER/VON WERDT/GÜNGERICH, BGG, Art. 34 N 5.
[10]   BGE 114 Ia 50, 54 f.

a) Persönliches Interesse (lit. a)

Mit dem Ausstandsgrund der persönlichen Interessen soll verhindert werden, dass die **8** Gerichtsperson in eigener Sache entscheidet. Zu den persönlichen Interessen gehören alle Interessen, welche die Gerichtsperson direkt oder indirekt (bzw. mittelbar) betreffen. Selbstredend ist es unzulässig, dass die Gerichtsperson in eigener Sache entscheidet.[11] Dazu gehört auch, dass diese beim Entscheid über den eigenen Ausstand nicht mitwirkt (Art. 37 Abs. 1).[12] **Direkte Betroffenheit** liegt etwa vor, wenn es um einen eigenen Anspruch geht. **Indirekte** bzw. mittelbare Betroffenheit besteht hingegen, wenn die Gerichtsperson als Organ einer verfahrensbeteiligten juristischen Person tätig ist.[13] Dabei ist zu beachten, dass die Organtätigkeit für die ordentlichen Richterinnen und Richter in wirtschaftlichen Unternehmen nach Art. 6 Abs. 4 ausgeschlossen ist. In Vereinen hingegen können auch die ordentlichen Richterinnen und Richter eine Organfunktion ausüben, z.B. in Vereinsvorständen oder als Revisorinnen oder Revisoren. Nach altem Recht (Art. 23 Abs. 3 lit. a OG) war ein Ausstandsgrund bereits dann gegeben, wenn die Gerichtsperson Mitglied einer in ein bundesgerichtliches Verfahren einbezogenen juristischen Person war. In dieser Formulierung ging die Bestimmung jedoch zu weit. Ist eine Gerichtsperson Mitglied eines grossen Verbands, z.B. einer Krankenkasse oder eines Verkehrsclubs, und weist die betreffende Gerichtsperson nicht eine besondere Nähe zu der betreffenden Vereinigung auf, kann grundsätzlich keine Befangenheit angenommen werden.[14] Dasselbe gilt bezüglich der Beteiligung an Aktiengesellschaften, wobei es auf die Art und das Mass derselben ankommt.[15] Bei der indirekten Betroffenheit ist allgemein zu verlangen, dass die Gerichtsperson eine spürbare persönliche Beziehungsnähe zum Streitgegenstand aufweist. Die persönliche Betroffenheit ist dabei umso weniger anzunehmen, je mehr Personen von einer Sache ebenfalls betroffen sind.[16] Das zu beurteilende Verfahren muss eine unmittelbare Reflexwirkung auf die Lebenssphäre oder Rechtsstellung der betreffenden Gerichtsperson haben, so dass von einer unmittelbaren Betroffenheit der Interessenlage gesprochen werden kann. Demgemäss dürfte in den Fällen, in welchen eine Gerichtsperson gleichzeitig Organfunktion in einer verfahrensbeteiligten juristischen Person ausübt, häufig ein persönliches Interesse zu bejahen und damit der Ausstandsgrund erfüllt sein.[17]

b) In anderer Stellung in der gleichen Sache tätig (lit. b)

Art. 34 Abs. 1 lit. b übernimmt im Wesentlichen Art. 22 Abs. 1 lit. b OG.[18] Diese Be- **9** stimmung erfasst spezifische Fälle der Vorbefasstheit, wobei einerseits vorausgesetzt wird, dass die Gerichtsperson in der Art. 34 Abs. 1 lit. b genannten Funktion auftritt und andererseits dieselbe Angelegenheit betroffen ist. Was die Funktionen betrifft, welche eine unzulässige Vorbefassung begründen können, nennt das Gesetz zunächst die **Mitgliedschaft einer Behörde**. Dies kann eine Verwaltungsbehörde oder aber auch eine gerichtliche Behörde sein. Der Begriff der Mitgliedschaft darf dabei nicht eng verstanden werden. Es muss genügen, wenn die Gerichtsperson kraft ihrer Stellung bei der Verwal-

---

[11] KIENER, Unabhängigkeit, 90 ff.

[12] BGE 114 Ia 153, 156.

[13] KÖLZ/BOSSHART/RÖHL, Kommentar VRG², § 5a N 16.

[14] POUDRET, Commentaire, Bd. I, Art. 23 N 3, welcher Art. 23 lit. a OG als zu weitgehend kritisierte.

[15] SCHINDLER, Befangenheit, 118 ff.

[16] MERKLI/AESCHLIMANN/HERZOG, Kommentar VRG, Art. 9 N 10; vgl. auch SCHINDLER, Befangenheit, 100.

[17] KIENER, Unabhängigkeit, 93.

[18] Vgl. auch Art. 10 Abs. 1 lit. c VwVG; dazu SCHINDLER, Befangenheit, 107 ff.

tungsbehörde oder der gerichtlichen Behörde am Verfahren mitwirkte und dieses in der Sache durch Antragsrechte, Mitwirkung bei der Entscheidberatung oder durch Ausfertigung der Entscheidgründe beeinflussen konnte.[19] Eine Tätigkeit als Gerichtsschreiberin oder Gerichtsschreiber im vorinstanzlichen Verfahren genügt somit.[20] Bezüglich der Sachverständigen, für welche die Art. 34 ff. sinngemäss gelten (Art. 55 i.V.m. Art. 58 BZP; vorne N 5), hat das Bundesgericht entschieden, dass ein bereits im gerichtspolizeilichen Ermittlungsverfahren beigezogener Büchersachverständiger im bundesgerichtlichen Verfahren als richterlicher bzw. gerichtlicher Sachverständiger nicht beigezogen werden kann.[21] Die Bestimmung erfasst jedoch nicht die Mitwirkung als Gerichtsperson des Bundesgerichts. Vielmehr verlangt Art. 34 Abs. 1 lit. b ausdrücklich, dass die Mitwirkung in einer **anderen Stellung** erfolgte.[22] Ist die Mitwirkung als Gerichtsperson des Bundesgerichts in einer angeblich gleichen Sache zu beurteilen, sind Art. 34 Abs. 1 lit. e sowie Art. 34 Abs. 2 anzuwenden. Ebenso ist Art. 34 Abs. 1 lit. b nicht auf die früheren Mitglieder der Rekurskommissionen anwendbar, wenn sich diese in wesentlicher Funktion am neu gegründeten Bundesverwaltungsgericht mit der selben Sache befassen. Dies ergibt sich einerseits aus der Entstehungsgeschichte des Bundesverwaltungsgerichts und andererseits daraus, dass in diesem Fall auch nicht der Anschein der Befangenheit entsteht.[22a]

10   Ferner nennt das Gesetz die Tätigkeit als **Rechtsberater einer Partei**. Der ausdrücklich genannte Ausstandsgrund von Art. 34 Abs. 1 lit. b ist eng gefasst, da es sich um die gleiche Sache handeln muss (vgl. hinten, N 13). In der Praxis sind indessen Fälle, in welchen nebenamtliche Gerichtspersonen gleichzeitig als Anwälte einer Partei in einer anderen Angelegenheit tätig sind, weit häufiger; diese Fälle sind nach Art. 34 Abs. 1 lit. e zu beurteilen (vgl. dazu hinten, N 18).[23] Die Stellung als Rechtsberater einer Partei nimmt neben den Anwältinnen und Anwälten auch der Berater oder Konsulent ein. Dabei kommt es nicht darauf an, in welcher Stellung die betreffende Person beratend tätig war, ob der Rat nur bei Gelegenheit, mündlich oder schriftlich, kostenlos oder gegen Entgelt abgegeben wurde. Es kommt auch nicht darauf an, ob sich der Rat auf eine Tatsachen- oder Rechtsfrage bezog. Wesentlich ist jedoch wiederum, dass es sich dabei um die gleiche Angelegenheit handelt.[24] Eine im Rahmen einer wissenschaftlichen Arbeit abgegebene Ansicht vermag ebenso wenig die Befangenheit aufgrund von Art. 34 Abs. 1 lit. b zu begründen wie eine im Zusammenhang mit einem anderen Verfahren abgegebene Meinung.[25] Allerdings ist es nicht ausgeschlossen, dass ein anderer Ausstandsgrund i.S.v. Art. 34 Abs. 1 lit. e vorliegt. Im Zweifelsfall ist aufgrund der Frage zu entscheiden, ob die betreffende Gerichtsperson aus objektiven Gründen den Anschein der Befangenheit erweckt (vgl. vorne, N 6).[26]

---

[19] KIENER, Unabhängigkeit, 80.

[20] Vgl. POUDRET, Commentaire, Bd. I, Art. 22 N 3.1.

[21] BGE 122 IV 235, 236 ff.; 124 I 34, 38 f.

[22] Vgl. auch POUDRET, Commentaire, Bd. I, Art. 22 N 3.2.2.

[22a] BVGE 2007/4, E. 3 + 4.

[23] POUDRET, Commentaire, Bd. I, Art. 22 N 3.2.2; Art. 6 Abs. 2 verbietet den Bundesrichterinnen und Bundesrichtern die berufsmässige Vertretung Dritter vor Bundesgericht, was vorab für die nebenamtlichen Richterinnen und Richter von Bedeutung ist; bereits nach Art. 144 Abs. 2 BV wie auch nach Art. 6 Abs. 4 ist für vollamtliche Richterinnen und Richter eine andere Erwerbstätigkeit unzulässig; SEILER/VON WERDT/GÜNGERICH, BGG, Art. 6 N 10; SUTTER, AJP 2006, 31.

[24] POUDRET, Commentaire, Bd. I, Art. 22 N 3.2.2; hinten, N 13.

[25] Vgl. aber BGE 123 IV 236, 240, in welchem der Präsident der Anklagekammer in den Ausstand trat, weil er die in einem parallelen Beschwerdeverfahren angefochtene Überwachung des Fernmeldeverkehrs genehmigte, bei welchem die gleichen Rechtsfragen zu prüfen waren wie im aktuell zu beurteilenden Fall.

[26] KIENER, Unabhängigkeit, 62; BGE 108 Ia 48.

Eine Gerichtsperson kann schliesslich auch als **Sachverständige** in derselben Sache **11**
bereits tätig geworden sein. In Abgrenzung zur beratenden Tätigkeit und insb. zur Gut-
achtertätigkeit zugunsten einer Partei[27] ist damit die Tätigkeit als Sachverständiger im
Sinne des Gerichtsexperten oder der Gerichtsexpertin zu verstehen.[28]

Schliesslich erwähnt Art. 34 Abs. 1 lit. b die Zeugen. Vorausgesetzt ist, dass die **Zeugen-** **12**
eigenschaft tatsächlich vorlag und eine solche Befragung auch stattgefunden hat.[29]

Die Auslegung des Begriffs der **gleichen Sache** ist streitig. Während POUDRET die **13**
Ansicht vertritt, dass weder die Rechtsöffnung noch das Verfahren über vorsorgliche
Massnahmen eine neue Angelegenheit betrifft, lehnt sich der andere Teil der Lehre an die
Rechtsprechung über die Vorbefasstheit der Gerichtspersonen an, wenn diese in derselben Instanz mit der Angelegenheit befasst sind.[30] Danach begründet weder die Mitwirkung am Entscheid über die vorsorglichen Massnahmen[31] noch die Mitwirkung am Entscheid über die unentgeltliche Rechtspflege eine unzulässige Vorbefasstheit.[32] Dasselbe
gilt bezüglich des Entscheides über die Revision[33] oder bei einer erneuten Beurteilung
der Sache nach einer Rückweisung.[34] Das Bundesgericht hat in BGE 131 I 113, 121
unter Bezugnahme auf Art. 34 angedeutet, dass es daran festhalten wird.[35] Im Hinblick
darauf, dass Art. 34 Abs. 2 die Mitwirkung in einem früheren Verfahren vor Bundesgericht ausdrücklich von der Ausstandspflicht ausnimmt, ist diese Auffassung wohl begründet. Inwiefern es jedoch gerechtfertigt ist, in den von Art. 34 Abs. 1 lit. b geregelten
Fällen generell an diese Rechtsprechung anzuknüpfen, erscheint demgegenüber eher
fraglich. Es geht dabei nicht um die Beurteilung durch dasselbe Gericht, sondern darum,
dass die betreffende Gerichtsperson bereits in anderer Funktion, als Gerichts- oder Verwaltungsbehörde, Rechtsberater, Sachverständiger oder Zeuge, mitgewirkt hat. Je nach
wahrgenommener Funktion kann dementsprechend der Anschein der Befangenheit nicht
mehr ausgeschlossen werden, auch wenn es sich im Sinne der bundesgerichtlichen Praxis
nicht mehr um die gleiche Sache handelt. Dies ist namentlich der Fall, wenn die
Gerichtsperson als Rechtsberater, Sachverständiger oder Zeuge aufgetreten ist. Die Beurteilung der Gefahr der Voreingenommenheit ist jedenfalls unter Berücksichtigung der
wahrgenommenen Funktion vorzunehmen (vgl. vorne, N 6).

c) Verwandtschaft, Ehe, Partnerschaft und Lebensgemeinschaft (lit. c und d)

Bei diesen Ausstandsgründen geht es um die Unabhängigkeit der Gerichtsperson von den **14**
Parteien, ihren Vertretern oder den Mitgliedern der Vorinstanz, wobei Art. 34 Abs. 1 lit. c
die Ehe sowie die eheähnlichen Beziehungen und lit. d die verwandtschaftlichen Verhältnisse erfasst.[36] Die weiteren sozialen Beziehungen wie Freundschaft oder Feindschaft mit

---

[27] Art. 7 beschränkt jedoch für die ordentlichen Richterinnen und Richter die zulässigen Nebenbeschäftigungen auf solche ohne Erwerbszweck.
[28] Vgl. Art. 57 ff. BZP.
[29] POUDRET, Commentaire, Bd. I, Art. 22 N 3.2.3; vgl. auch MERKLI/AESCHLIMANN/HERZOG,
Kommentar VRG, Art. 9 N 18.
[30] POUDRET, Commentaire, Bd. I, Art. 22 N 3.1 m.Hinw.
[31] BGE 131 I 113, 119 f. m.Hinw. auf unv. BGE vom 15.12.1997 4C.514/1996; krit. dazu KIENER,
Unabhängigkeit, 168 f., namentlich, wenn das Gericht eine Hauptsachenprognose stellt; vgl.
auch BGE 114 Ia 50, 57.
[32] BGE 131 I 113, 119 ff.; 114 Ia 50, 57; **a.M.** KIENER, Unabhängigkeit, 166 ff.; SEILER/VON
WERDT/GÜNGERICH, BGG, Art. 34 N 9.
[33] KIENER, Unabhängigkeit, 174.
[34] BGE 131 I 113, 120; 116 Ia 28, 30.
[35] In BGE 131 I 113, 121 weist das Bundesgericht auf Art. 31 E BBl 2001 4486 hin.
[36] KIENER, Unabhängigkeit, 96 ff.

einer Partei oder ihrem Vertreter werden dagegen in lit. e erwähnt. Für sämtliche Richter und Richterinnen, somit auch für die nebenamtlichen Richter und die Ersatzrichterinnen, gilt bei Verwandtschaft, Ehe, Verschwägerung und bei Lebensgemeinschaft mit einem Richter bzw. mit einer Richterin zudem die Unvereinbarkeitsbestimmung von Art. 8.

15   Art. 34 Abs. 1 lit. c und d nimmt einen Grundsatz auf, welcher in den schweizerischen Rechtsordnungen durchgängig zu finden ist. Dass Partner in dauernder Lebensgemeinschaft sowie eingetragene Partnerschaften nunmehr ebenfalls erwähnt werden, trägt der gesellschaftlichen und rechtlichen Entwicklung Rechnung.[37] Eine Erweiterung erfährt die sonst übliche Regelung allerdings dahingehend, dass die in Art. 34 lit. c und d genannten Beziehungen auch zu den Parteivertreterinnen und -vertretern sowie zu Personen, die in der gleichen Sache als Mitglieder der Vorinstanz tätig waren, nicht bestehen darf. Dass ebenso besondere persönliche Beziehungen zu einem Mitglied der Vorinstanz ausdrücklich erwähnt werden, rechtfertigt sich dadurch, dass sich die Vorinstanzen selbst vernehmlassungsweise am Verfahren vor Bundesgericht beteiligen (Art. 102). Von den Parteivertretern sind sämtliche Vertretungen erfasst, auch wenn es sich nicht um Rechtsanwältinnen oder Rechtsanwälte handelt.[38] Bezüglich der Mitgliedschaft bei der Vorinstanz kann auf das in N 9 Ausgeführte verwiesen werden. Dabei muss es sich wiederum um die gleiche Sache handeln (vgl. vorne N 13). Auch hier ist eine Beurteilung des Anscheins der Befangenheit im Einzelfall notwendig.[39]

d) Andere Gründe (lit. e)

16   Art. 34 Abs. 1 lit. e bildet die Auffangklausel (vorne, N 6). Ausdrücklich erwähnt sind dabei die **sozialen Beziehungen** der besonderen Freundschaft oder persönlichen Feindschaft zu einer Partei sowie der Parteivertretung.[40] Wenn das Gesetz **besondere Freundschaften** erwähnt, schliesst es e contrario aus, dass bereits eine persönliche Bekanntschaft, eine Nachbarschaft oder ein Duzverhältnis zur Befangenheit führt.[41] Wiederum ist im konkreten Einzelfall zu prüfen, ob die Freundschaft aus objektiver Sicht den Anschein der Befangenheit erwecken kann. Dasselbe gilt für die **Feindschaft**. Auch hier ist zu fordern, dass zu einer Partei ein besonderes Zerwürfnis oder «ausgeprägte Spannungen» bestehen,[42] die unter objektiver Betrachtungsweise auf eine Feindschaft schliessen lassen und die Rolle der Gerichtsperson als echte Mittlerin[43] zwischen den Parteien in Frage stellen. Von der eigentlichen Feindschaft zu unterscheiden sind wertende Äusserungen über eine Partei. Je nachdem vermögen solche Äusserungen die richterliche Unabhängigkeit ebenfalls in Frage zu stellen.[44]

17   Unter den **anderen Gründen** gemäss Art. 34 Abs. 1 lit. e sind sämtliche weiteren Umstände zu verstehen, welche die Gerichtsperson als befangen erscheinen lassen und die Gefahr der Voreingenommenheit nach sich ziehen.

---

[37] KIENER, Unabhängigkeit, 98; KÖLZ/BOSSHART/RÖHL, Kommentar VRG[2], § 5a N 17; MERKLI/AESCHLIMANN/HERZOG, Kommentar VRG, Art. 9 N 12; vgl. auch SCHINDLER, Befangenheit, 101 ff.; zu den eingetragenen Partnerschaften, vgl. Bundesgesetz vom 18.6.2004 über die Eintragung gleichgeschlechtlicher Paare (Partnerschaftsgesetz, PartG, SR 211.231).

[38] Vgl. Art. 40; danach besteht das Anwaltsmonopol nur in Zivil- und Strafsachen.

[39] Vgl. zu dieser Rechtsprechung und zur notwendigen Differenzierung bei der Anwendung von Art. 34 Abs. 1 lit. b vorne, N 13.

[40] Zur Parteivertretung, vgl. vorne, N 15.

[41] KIENER, Unabhängigkeit, 98 f.; POUDRET, Commentaire, Bd. I, Art. 23 N 4.2; SCHINDLER, Befangenheit, 112 f.

[42] KIENER, Unabhängigkeit, 99; SCHINDLER, Befangenheit, 113 f.

[43] Vgl. BGE 114 Ia 50, 56.

[44] Dazu im Einzelnen KIENER, Unabhängigkeit, 100 ff.

Dies gilt zunächst für die Parteibindung infolge von **Nebentätigkeiten**. Grundsätzlich ist **18**
die Tätigkeit als Parteivertretung mit dem Amt des Bundesrichters oder der Bundesrichterin nur vereinbar, soweit es nicht um eine gewerbsmässige Vertretung vor Bundesgericht geht.[45] Damit geht der Bundesgesetzgeber weiter als die Rechtsprechung des Bundesgerichts, welche die Vertretung durch einen Anwalt oder eine Anwältin, der bzw. die an demselben Gericht auch als Richter oder Richterin tätig ist, nicht als grundsätzlich unzulässig erachtet.[46] Die gewerbsmässige Vertretung von Parteien vor unteren Gerichten kommt allerdings nur für die nebenamtlichen Richterinnen und Richter in Betracht, weil den vollamtlichen Richterinnen und Richter bereits gestützt auf Art. 144 Abs. 2 BV und Art. 6 Abs. 4 jede andere Erwerbstätigkeit untersagt ist. In den Fällen der grundsätzlich zulässigen gewerbsmässigen Parteivertretung, kommen die allgemeinen vom Bundesgericht entwickelten Grundsätze zur Anwendung (vgl. auch vorne, N 10). Danach besteht keine Befangenheit, wenn der Richter oder die Richterin in der Vergangenheit eine Prozesspartei vertreten hat und es sich um ein einzelnes, abgeschlossenes Mandat handelt. Dauerbeziehungen oder erst vor kurzem abgeschlossene Mandate mit einer Prozesspartei begründen demgegenüber den Anschein der Befangenheit ebenso,[47] wie die Mitwirkung als Richter oder Richterin in einem Fall, in welchem dieselben Rechtsfragen zu klären sind, die sich in einer anderen Angelegenheit stellen, in welcher der Richter oder die Richterin als Anwalt oder Anwältin tätig ist.[48]

Weitere Fälle der **Vorbefassung** – neben denjenigen, die in Art. 34 Abs. 1. lit. b geregelt **19**
werden (vorne, N 13) – beurteilen sich nach den vom Bundesgericht in BGE 114 Ia 50, 59 festgelegten und in steter Praxis bestätigten Kriterien.[49] Zudem ist bei der Beurteilung der Vorbefassung auch Art. 34 Abs. 2 zu beachten, wonach die Mitwirkung in einem früheren Verfahren des Bundesgerichts für sich allein keinen Ausstandsgrund bildet. Gemäss der genannten bundesgerichtlichen Praxis muss sich eine Gerichtsperson bereits in einem früheren Zeitpunkt in amtlicher Funktion mit der konkreten Streitsache befasst haben.[50] Ist dies der Fall, ist die richterliche Unabhängigkeit nur dann zu verneinen, wenn das Verfahren in Bezug auf den konkreten Sachverhalt und die konkret zu entscheidende Frage nicht mehr als offen und vorbestimmt erscheint. Es kommt darauf an, inwiefern sich die in den beiden Verfahrensabschnitten zu beurteilenden Fragen ähnlich sind oder miteinander zusammenhängen, welcher Entscheidungsspielraum verbleibt und welche Bedeutung die Entscheidung für den Fortgang des Verfahrens hat.[51] Vor Bundes-

---

[45] Art. 6 Abs. 2, 2. Satz e contrario; SEILER/VON WERDT/GÜNGERICH, BGG, Art. 6 N 10; weiter gehen Art. 6 Abs. 2 VGG und Art. 6 Abs. 2 SGG, wonach den Richterinnen und Richtern die berufsmässige Vertretung vor Gerichten überhaupt untersagt ist; SUTTER, AJP 2006, 31.

[46] BGE 133 I 1, 8; Urteil des EGMR vom 21.12.2000. Rep. 2000-XII 387; KIENER, Unabhängigkeit, 109 ff.; SUTTER, AJP 2006, 35 ff.

[47] BGE 116 Ia 485, 489; KIENER, Unabhängigkeit, 111 ff.; vgl. auch BGE 116 Ia 135; Urteil des EGMR vom 21.12.2000. Rep. 2000-XII 387; dazu SUTTER, AJP 2006, 33; SCHEFER, Grundrechte, 328, je m.w.Hinw. auf die Rechtsprechung des EGMR.

[48] BGE 124 I 121; vgl. auch BGE 133 I 1, 5 ff.; umgekehrt ist ein unteres Gericht nicht befangen, wenn ein Richter oder eine Richterin des übergeordneten Gerichts die Parteivertretung vor einer unteren Instanz übernimmt, deren Urteile an das übergeordnete Gericht weitergezogen werden können; der weitergehenden Auffassung von SUTTER, AJP 2006, 39, und KIENER, Unabhängigkeit, 114 f., welche einer nebenamtlichen Tätigkeit von Richterinnen und Richtern überhaupt krit. gegenüberstehen, folgt das Bundesgericht nicht.

[49] Dazu KIENER, Unabhängigkeit, 138 ff.

[50] Dies ist nicht der Fall, wenn sich das Gericht in der Vergangenheit in einer anderen Sache gegen die betreffende Partei entschieden hat, BGE 105 Ib 301, 304; 114 Ia 278, 279; 117 Ia 372, 374; vgl. auch SEILER/VON WERDT/GÜNGERICH, BGG, Art. 121 N 16.

[51] BGE 114 Ia 50, 59 f.; vgl. auch BGE 126 I 68, 73.

gericht dürfte sich die Frage der Vorbefassung vor allem bei Verfahren um vorsorgliche Massnahmen und die unentgeltliche Rechtspflege stellen. Das Bundesgericht hat indessen mit Hinweis auf Art. 34 (bzw. Art. 31 E[52]) entschieden, dass selbst dann, wenn eine Hauptsachenprognose gestellt werden muss, die Offenheit des Verfahrens nicht beeinträchtigt ist, weil diese prozessualen Anordnungen ein anderes Ziel verfolgen als der Entscheid in der Hauptsache.[53] Ebenso dürfte keine Vorbefassung gegeben sein, wenn das Bundesgericht nach einer Rückweisung erneut den neu ergangenen vorinstanzlichen Entscheid beurteilen muss,[54] oder aber eine Revision zu entscheiden ist[55].

20   Es sind aber auch Fälle eines **Engagements der Gerichtsperson** in der Sache, z.B. durch Publikationen[56] oder Medienäusserungen[57] oder aber Mitgliedschaften in ideellen Vereinigungen,[58] denkbar, die in einem konkreten Verfahren die richterliche Unabhängigkeit gefährden können.[59] Dabei ist zu beachten, dass es stets auch um die Grundrechtsausübung der betreffenden Gerichtsperson geht.

21   Schliesslich können in einem konkreten Fall auch **äussere Einflüsse**,[60] namentlich Medienkampagnen[61] oder aber politische Druckversuche,[62] die richterliche Unabhängigkeit in Frage stellen.

III. Mitwirkung in einem früheren Verfahren (Abs. 2)

22   Der Gesetzgeber hat mit dieser Bestimmung Klarheit darüber geschaffen, dass die Mitwirkung in einem früheren Verfahren des Bundesgerichts grundsätzlich keinen Ausstandsgrund bildet. Das Bundesgericht hat bereits vor der Inkraftsetzung des BGG auf diese Bestimmung verwiesen.[63] Damit müssen – entsprechend der bundesgerichtlichen Praxis – weitere Umstände hinzutreten, welche den Anschein der Befangenheit begründen.[64]

---

[52] BBl 2001 4486.

[53] BGE 131 I 113, 119 ff.; 114 Ia 40, 57 ff; POUDRET, Commentaire, Bd. I, Art. 23 N 5.3; **a.M.** KIENER, Unabhängigkeit, 168; SEILER/VON WERDT/GÜNGERICH, BGG, Art. 34 N 9.

[54] BGE 116 Ia 28; weiteres Beispiel: BGE 120 Ia 184: Zulässig ist es, dass dieselbe Gerichtsperson über die Ermächtigung zur Eröffnung eines Strafverfahrens sowie über Disziplinarmassnahmen entscheidet; vgl. demgegenüber BGE 123 V 236, 240, dazu auch vorne, N 10.

[55] SEILER/VON WERDT/GÜNGERICH, BGG, Art. 34 N 8.

[56] Hierzu braucht es eine intensive Auseinandersetzung mit entscheidwesentlichen Rechtsfragen, KIENER, Unabhängigkeit, 194.

[57] BGE 108 Ia 48; 118 Ia 282.

[58] KIENER, Unabhängigkeit, 188 ff.; vgl. auch SCHINDLER, Befangenheit, 126 ff.

[59] Bei persönlichen Interessen gilt der Ausstandsgrund gem. Art. 34 Abs. 1 lit. a, vorne, N 8.

[60] KIENER, Unabhängigkeit, 198 ff.

[61] Diesbezüglich ist wohl Zurückhaltung angebracht, zumal die Beeinflussung gerade von Gerichtspersonen am Bundesgericht nicht leichthin angenommen werden darf; zu den Kriterien einer möglichen Beeinflussung, vgl. KIENER, Unabhängigkeit, 212 ff., 214, die in solchen Fällen eine Distanzierung durch die Gerichtspersonen empfiehlt; als Beispiel: BGE 116 Ia 14, 22 ff.; SCHINDLER, Befangenheit, 124 ff.

[62] KIENER, Unabhängigkeit, 217 f.; vgl. auch NAY, SJZ 2006, 570.

[63] BGE 131 I 113, 121 f.

[64] Vgl. zur Vorbefassung, vorne, N 19.

Art. 35

Mitteilungs-pflicht	**Trifft bei einer Gerichtsperson ein Ausstandsgrund zu, so hat sie dies rechtzeitig dem Abteilungspräsidenten oder der Abteilungspräsidentin mitzuteilen.**
Obligation d'informer	Le juge ou le greffier qui se trouve dans un cas de récusation est tenu d'en informer en temps utile le président de la cour.
Obbligo di comunicare	Il giudice o cancelliere che si trovi in un caso di ricusazione deve comunicarlo tempestivamente al presidente della corte.

Materialien

Botschaft 2001 BBl 2001 4291 f.; AB 2003 S 894; AB 2004 N 1589.

Literatur

Siehe die Literaturhinweise zu Art. 34.

Zur Ausstandspflicht

Bereits Art. 24 OG sah eine Mitteilungspflicht der betroffenen Gerichtsperson vor.[1] Die **1** richterliche Unabhängigkeit und Unparteilichkeit bildet eine Sachurteilsvoraussetzung, weshalb diese von Amtes wegen zu beachten ist.[2] Art. 35 bestimmt deshalb, dass eine betroffene Gerichtsperson, die Kenntnis von einem Ausstandsgrund hat, dies dem Abteilungspräsidenten bzw. der Abteilungspräsidentin anzuzeigen hat. Da die richterliche Unabhängigkeit von Amtes wegen zu beachten ist, wird daraus zudem zu Recht der Schluss gezogen, dass Gerichtspersonen, die einen Ausstandsgrund bei einer anderen Gerichtsperson entdecken, dies ebenfalls zu melden haben.[3]

Die Mitteilung an den Abteilungspräsidenten bzw. die Abteilungspräsidentin hat recht- **2** zeitig zu erfolgen. Die betroffene Gerichtsperson muss somit sofort, nachdem sie vom Ausstandsgrund Kenntnis erhalten hat, handeln. Amtshandlungen, an denen eine zum Ausstand verpflichtete Person mitgewirkt hat, sind anfechtbar.[4]

Offen lässt der Gesetzgeber die Frage, wie es sich verhält, wenn der Abteilungspräsident **3** oder die Abteilungspräsidentin den beabsichtigten Ausstand ablehnt. Umgekehrt können die Parteien den von der Gerichtsperson verlangten Ausstand auch nicht bestreiten. Das Gesetz sieht für diese Fälle keinen Entscheid vor.[5] Zu Recht weist *Poudret* darauf hin, dass in diesen Fällen ebenso das Recht auf ein gemäss Gesetz zusammengesetztes Gericht tangiert ist.[6]

---

[1] BBl 2001 4291.
[2] KIENER, Unabhängigkeit, 348.
[3] So zu Recht POUDRET, Commentaire, Bd. I, Art. 24 N 1.2.
[4] Zu den Rechtsfolgen, vgl. Art. 38; vgl. auch POUDRET, Commentaire, Bd. I, Art. 24 N 1.3; KIENER, Unabhängigkeit, 365: Weil es sich um eine grundrechtsunmittelbare Verpflichtung handelt, hat die zum Ausstand verpflichtete Gerichtsperson sofort auszuscheiden.
[5] Vgl. demgegenüber Art. 37.
[6] POUDRET, Commentaire, Bd. I, Art. 24 N 3.1; krit. ebenso KIENER, Unabhängigkeit, 364.

Isabelle Häner 297

Art. 36

Ausstands- begehren	[1] **Will eine Partei den Ausstand einer Gerichtsperson verlangen, so hat sie dem Gericht ein schriftliches Begehren einzureichen, sobald sie vom Ausstandsgrund Kenntnis erhalten hat. Die den Ausstand begründenden Tatsachen sind glaubhaft zu machen.** [2] **Die betroffene Gerichtsperson hat sich über die vorgebrachten Ausstandsgründe zu äussern.**
Demande de récusation	[1] La partie qui sollicite la récusation d'un juge ou d'un greffier doit présenter une demande écrite au Tribunal fédéral dès qu'elle a connaissance du motif de récusation. Elle doit rendre vraisemblables les faits qui motivent sa demande. [2] Le juge ou le greffier visé prend position sur le motif de récusation invoqué.
Domanda di ricusazione	[1] La parte che intende chiedere la ricusazione di un giudice o cancelliere deve presentare una domanda scritta al Tribunale federale non appena viene a conoscenza del motivo di ricusazione. Deve rendere verosimili i fatti su cui si fonda la domanda. [2] Il giudice o cancelliere interessato si esprime sul motivo di ricusazione invocato dalla parte.

Inhaltsübersicht

Materialien

Botschaft 2001 BBl 2001 4291 f.; AB 2003 S 894; AB 2004 N 1589.

Literatur

Siehe die Literaturhinweise zu Art. 34.

I. Zum Ausstandsbegehren

1. Anforderungen an das Ausstandsbegehren (Abs. 1)

1   Die Bestimmung von Art. 36 entspricht im Wesentlichen Art. 25 OG. Das Ausstandsbegehren ist schriftlich einzureichen. Erfolgt das Begehren nicht sofort nach Kenntnis des Ausstandsgrundes, bleiben die entsprechenden Amtshandlungen, die fünf Tage vor der Einreichung des Begehrens vorgenommen wurden, gleichwohl gültig.[1] Der Grundsatz der sofortigen Geltendmachung der Ausstandsgründe bildet Ausfluss des Grundsatzes von Treu und Glauben gemäss Art. 5 Abs. 3 BV. Das Bundesgericht hat die Verwirkungsfolge des verspätet geltend gemachten Ablehnungsrechts stets bestätigt.[2]

---

[1] Art. 38; BBl 2001 4292.
[2] BGE 132 II 485, 496 ff.; 121 I 225, 229 f., m.w.Hinw.; KIENER, Unabhängigkeit, 351.

Allerdings geht der Bundesgesetzgeber weniger weit als die bundesgerichtliche Rechtsprechung, da nach Art. 38 die Ausstandspflicht für die Zukunft zu beachten ist; das Ablehnungsrecht kann insoweit somit nicht verwirken, was zweifellos dem Grundsatz der Verhältnismässigkeit besser Rechnung trägt, als die Praxis des Bundesgerichts, die von einer Verwirkung des Ablehnungsrechts überhaupt ausgeht.[3]

Das Bundesgericht teilt – im Gegensatz zum Bundesverwaltungsgericht – die Zusammensetzung des Spruchkörpers vorgängig nicht mit.[4] Diese Praxis ist unbefriedigend und erschwert die Durchsetzung des verfassungsmässigen Rechts auf ein unabhängiges und unparteiliches Gericht unnötig. Das Bundesgericht stützt sich dabei auf seine Praxis, dass die Zusammensetzung des Spruchkörpers bloss aus einer Publikation – hier aus der öffentlichen Bekanntmachung der Abteilungszusammensetzung nach Art. 18 Abs. 1 – ersichtlich sein muss.[5] Dies trifft beim Bundesgericht jedoch zumindest dann nicht zu, wenn beispielsweise nebenamtliche Richterinnen oder Richter beigezogen werden. Ob in diesem Fall Art. 30 Abs. 1 BV genüge getan wird, wenn den Parteien das Revisionsverfahren nach Art. 121 lit. a zur Verfügung steht, erscheint nach der hier vertretenen Auffassung fraglich. Aufgrund dieser Ausgangslage sind jedenfalls sämtliche von einem Ausstandsgrund betroffenen Gerichtspersonen der zuständigen Abteilung abzulehnen und zwar bereits in der **Beschwerdeschrift**.[6]   **2**

Sind mehrere Gerichtspersonen von einem Ausstandsgrund betroffen, so ist im Einzelnen darzulegen, auf welche Gerichtsperson welcher Grund zutrifft. Das Bundesgericht lehnt pauschale Ausstandsbegehren ab, ohne dass das spezifische Verfahren nach Art. 37 Abs. 3 durchlaufen werden müsste.[7]   **3**

Gemäss dem letzten Satz von Art. 36 Abs. 2 sind die den Ausstand begründenden Tatsachen nur **glaubhaft** zu machen. Der Gesetzgeber hat den früher in Art. 25 Abs. 2 OG verlangten Urkundenbeweis fallen gelassen.[8] Damit genügt es, wenn sich die behaupteten Tatsachen mit überwiegender Wahrscheinlichkeit so verhalten, wie dies von den Parteien vorgebracht wird.[9]   **4**

2. Äusserung durch die betroffene Gerichtsperson (Abs. 2)

Die Anhörung der betroffenen Gerichtsperson dient vor allem der Abklärung des Sachverhaltes.[10] Allerdings wird damit der betroffenen Gerichtsperson die Gelegenheit zur Bestreitung des geltend gemachten Ausstandes eingeräumt. Sie bildet damit ebenso Voraussetzung zur Einleitung des Verfahrens nach Art. 37.   **5**

---

[3] Anderer Ansicht SEILER/VON WERDT/GÜNGERICH, BGG, Art. 36 N 3; gem. Art. 25 Abs. 3 OG traten überhaupt keine Verwirkungsfolgen ein und wurde die säumige Partei bloss kostenpflichtig; vgl. die Kritik an der bundesgerichtlichen Praxis bei SCHINDLER, Befangenheit, 209 ff.
[4] Vgl. demgegenüber POUDRET, Commentaire, Bd. I, Art. 24 N 1.4.
[5] BGE 114 Ia 278, 280; SEILER/VON WERDT/GÜNGERICH, BGG, Art. 22 N 4.
[6] SEILER/VON WERDT/GÜNGERICH, BGG, Art. 22 N 5 f.; krit. auch KIENER, Unabhängigkeit, 353 f.
[7] Vgl. BGE 105 Ib 301, 304 bezüglich den gleichnamigen Bestimmungen des OG; SEILER/VON WERDT/GÜNGERICH, BGG, Art. 36 N 5; KIENER, Unabhängigkeit, 364 f.
[8] BBl 2001 5291.
[9] SEILER/VON WERDT/GÜNGERICH, BGG, Art. 36 N 6.
[10] Vgl. POUDRET, Commentaire, Bd. I, Art. 25 N 2.2: Gemäss Art. 25 Abs. 2 OG war die Anhörung der Gerichtsperson nur erforderlich, wenn der Urkundenbeweis nicht erbracht werden konnte.

Art. 37

Entscheid

[1] Bestreitet die Gerichtsperson, deren Ausstand verlangt wird, oder ein Richter beziehungsweise eine Richterin der Abteilung den Ausstandsgrund, so entscheidet die Abteilung unter Ausschluss der betroffenen Gerichtsperson über den Ausstand.

[2] Über die Ausstandsfrage kann ohne Anhörung der Gegenpartei entschieden werden.

[3] Sollte der Ausstand von so vielen Richtern und Richterinnen verlangt werden, dass keine gültige Verhandlung stattfinden kann, so bezeichnet der Präsident beziehungsweise die Präsidentin des Bundesgerichts durch das Los aus der Zahl der Obergerichtspräsidenten und -präsidentinnen der in der Sache nicht beteiligten Kantone so viele ausserordentliche nebenamtliche Richter und Richterinnen, als erforderlich sind, um die Ausstandsfrage und nötigenfalls die Hauptsache selbst beurteilen zu können.

Décision

[1] Si le motif de récusation est contesté par le juge ou le greffier visé, ou par un autre membre de la cour, celle-ci statue en l'absence du juge ou du greffier visé.

[2] La décision peut être prise sans que la partie adverse ait été entendue.

[3] Si, en raison de récusations, les juges ne se trouvent plus en nombre suffisant pour statuer, le président du Tribunal fédéral tire au sort, parmi les présidents des tribunaux supérieurs des cantons non intéressés, le nombre nécessaire de juges suppléants extraordinaires pour que la cour puisse statuer sur la demande de récusation et, au besoin, sur l'affaire elle-même.

Decisione

[1] Se il motivo di ricusazione è contestato dal giudice o cancelliere interessato o da un altro membro della corte, quest'ultima decide in assenza dell'interessato.

[2] La decisione può essere presa senza che sia sentita la controparte.

[3] Se il numero dei giudici di cui è domandata la ricusazione è tale da rendere impossibile una deliberazione valida, il presidente del Tribunale federale designa per sorteggio, tra i presidenti dei tribunali superiori dei Cantoni non interessati nella causa, tanti giudici straordinari non di carriera necessari per decidere sulla ricusazione e, all'occorrenza, giudicare la causa.

Inhaltsübersicht

Materialien

Botschaft 2001 BBl 2001 4292; Art. 34 E BBl 2001 4487; AB 2003 S 894; AB 2004 N 1589.

Literatur

Siehe die Literaturhinweise zu Art. 34.

I. Allgemeine Bemerkungen

Die Bestimmung entspricht im Wesentlichen Art. 26 OG, wobei Abs. 2 und 3 von Art. 37　**1** gleich lauten wie Art. 26 Abs. 2 und 3 OG. In der parlamentarischen Beratung wurde gegenüber dem bundesrätlichen Entwurf von Art. 34 Abs. 3 E[1] der Begriff der ausserordentlichen Ersatzrichter mit dem bereits von Art. 26 Abs. 3 OG verwendeten Begriff der ausserordentlichen nebenamtlichen Richter ersetzt.[2]

II. Entscheid über den Ausstand (Abs. 1)

Das Gesetz verlangt nur einen Entscheid über den Ausstand, falls das Ausstandsbegehren　**2** der Prozesspartei von der betroffenen Gerichtsperson bestritten wird. Zudem ist auch kein Entscheid vorgesehen, wenn eine Gerichtsperson den Ausstand selbst verlangt (vorne, Art. 35 N 3).[3]

Der Entscheid über den Ausstand wird von der Abteilung unter Ausschluss der betroffe-　**3** nen Gerichtsperson gefällt. Kann die Abteilung nicht mehr gehörig besetzt werden, weil mehrere Gerichtspersonen betroffen sind, ist die Abteilung durch Beizug einer Richterin oder eines Richters einer anderen Abteilung zu ergänzen.[4] Dass der vom Ausstandsbegehren betroffene Richter bzw. die davon betroffene Richterin am Entscheid hierüber nicht mitwirken darf, trägt dem Ausstandsgrund von Art. 34 Abs. 2 lit. a Rechnung, wonach eine Gerichtsperson nicht in einer Sache, an welcher er oder sie ein persönliches Interesse aufweist, entscheiden darf.[5]

Der Entscheid über den Ausstand ist sofort zu treffen. Er ergeht in der Form einer　**4** Zwischenverfügung.

III. Keine Anhörung der Gegenpartei (Abs. 2)

Die Gegenpartei muss über das Ausstandsbegehren nicht angehört werden. Im Hinblick　**5** darauf, dass es ebenso um den verfassungsmässigen Anspruch der Gegenpartei auf das gesetzmässige Gericht geht, erscheint dieser generelle Ausschluss nicht gerechtfertigt.[6]

IV. Keine gültigen Verhandlungen infolge eines Ausstandsbegehrens (Abs. 3)

Das in Art. 37 Abs. 3 vorgesehene Prozedere für den Fall, dass der Ausstand von so　**6** vielen Richtern und Richterinnen verlangt wird, dass nicht mehr gültig verhandelt werden kann, beschreitet das Bundesgericht nur dann, wenn gegen die einzelnen Gerichtspersonen ein Ausstandsbegehren gestellt wird. Pauschale Ablehnungen gegen das ganze Gericht oder eine ganze Abteilung sind somit nicht zulässig. Das Bundesgericht begründet diese Praxis damit, dass das OG (heute: BGG) den Ausstand nur gegen einzelne Gerichtspersonen vorsieht. Es leitet das in Art. 37 Abs. 3 vorgesehene Verfahren nur dann ein, wenn ein gewisser Beurteilungsspielraum beim Entscheid über den Ausstand ersichtlich ist und das Ausstandsbegehren nicht offensichtlich unzulässig ist.[7]

---

[1]　BBl 2001 4487.
[2]　AB 2003 S 894.
[3]　POUDRET, Commentaire, Bd. I, Art. 26 N 1.1.
[4]　Art. 18 Abs. 3; SEILER/VON WERDT/GÜNGERICH, BGG, Art. 37 N 2.
[5]　BGE 114 Ia 153, 156; vorne Art. 34 N 8; POUDRET, Commentaire, Bd. I, Art. 26 N 1.3.
[6]　POUDRET, Commentaire, Bd. I, Art. 26 N 2; vgl. auch KIENER, Unabhängigkeit, 364.
[7]　BGE 105 Ib 301, 303 f.; vgl. auch POUDRET, Commentaire, Bd. I, Art. 26 N 3; vorne, Art. 35 N 6; im Fall von BGE 105 Ib 301 hätte das Gesuch auch infolge Rechtsmissbrauchs abgelehnt werden können.

Art. 38

Verletzung der Ausstands-vorschriften	[1] Amtshandlungen, an denen eine zum Ausstand verpflichtete Person mitgewirkt hat, sind aufzuheben, sofern dies eine Partei innert fünf Tagen verlangt, nachdem sie vom Ausstandsgrund Kenntnis erhalten hat.
	[2] Nicht wiederholbare Beweismassnahmen dürfen von der entscheidenden Instanz berücksichtigt werden.
	[3] Wird der Ausstandsgrund erst nach Abschluss des Verfahrens entdeckt, so gelten die Bestimmungen über die Revision.
Violation des dispositions sur la récusation	[1] Les opérations auxquelles a participé une personne tenue de se récuser sont annulées si une partie le demande au plus tard cinq jours après avoir eu connaissance du motif de récusation.
	[2] Les mesures probatoires non renouvelables peuvent être prises en considération par l'autorité de décision.
	[3] Si un motif de récusation n'est découvert qu'après la clôture de la procédure, les dispositions sur la révision sont applicables.
Violazione delle norme sulla ricusazione	[1] Gli atti ai quali ha partecipato una persona tenuta a ricusarsi sono annullati se una parte lo domanda entro cinque giorni da quello in cui è venuta a conoscenza del motivo di ricusazione.
	[2] Le misure probatorie non rinnovabili possono essere prese in considerazione dall'autorità cui compete la decisione.
	[3] Se il motivo di ricusazione è scoperto soltanto dopo la chiusura del procedimento, si applicano le disposizioni sulla revisione.

Inhaltsübersicht   Note

Materialien

Botschaft 2001 BBl 2001 4292; Art. 35 E 2001 BBl 2001 4292; AB 2003 S 895; AB 2004 N 1589.

Literatur

Siehe die Literaturhinweise zu Art. 34.

I. Rechtsfolgen der Verletzung der Ausstandsvorschriften für die Amtshandlung (Abs. 1)

1   Art. 38 entspricht Art. 28 OG. Auch nach Art. 38 ist eine unter Verletzung von Ausstandsvorschriften vorgenommene Amtshandlung nicht nichtig, sondern bloss anfechtbar.[1] Die Aufhebung von bereits vorgenommenen Amtshandlungen ist innert fünf Tagen seit Kenntnis des Ausstandsgrundes zu verlangen. Gemäss dem Wortlaut von Art. 38

---

[1] SEILER/VON WERDT/GÜNGERICH, BGG, Art. 38 N 2; BBl 2001 4292.

ist somit nicht bloss ein Ausstandsbegehren zu stellen, sondern gleichzeitig die Wiederholung der betreffenden Amtshandlungen zu beantragen. Nach Ablauf dieser Frist wirkt das Ausstandsbegehren nur noch für die Zukunft (ex nunc).[2] Ebenso ist von einer ex nunc Wirkung auszugehen, wenn der Antrag auf Wiederholung der Amtshandlung fehlt. Der Gesetzgeber hat damit einen Mittelweg zwischen dem bisherigen Recht von Art. 28 OG, wonach bei Verspätung bloss die Kosten auferlegt werden konnten, und der Nichtigkeit eingeschlagen.[3]

Da der Anspruch auf ein unabhängiges und unparteiisches Gericht formeller Natur ist, ist die Amtshandlung unabhängig der materiellen Anspruchsbegründung aufzuheben, wenn das Ausstandsbegehren und die Aufhebung der Amtshandlung rechtzeitig gestellt wurden.[4]   **2**

II. Berücksichtigung nicht wiederholbarer Beweismassnahmen (Abs. 2)

Grundsätzlich handelt es sich bei unter Verletzung der Ausstandsvorschriften erhobenen Beweisen um solche, die unrechtmässig erlangt wurden. Gemäss Art. 38 Abs. 2 dürfen Beweismassnahmen, die nicht wiederholbar sind, gleichwohl berücksichtigt werden. Nicht wiederholbar sind Beweismassnahmen allerdings eher selten. Sie sind etwa bei unangemeldeten Augenscheinen denkbar. Hingegen können angemeldete Augenscheine oder etwa Gutachten, welche von einem befangenen Sachverständigen erstellt wurden, ohne weiteres erneut durchgeführt bzw. erstellt werden.   **3**

Dem Bundesgericht kommt beim Entscheid, inwiefern nicht wiederholbare Beweismassnahmen zu beachten sind, ein Ermessensspielraum zu. Da sich die Unrechtmässigkeit bloss auf eine Formvorschrift und nicht auf die Beweiserhebung als solche bezieht, ist bei der Beurteilung der Frage, inwiefern das Beweismittel gleichwohl zu berücksichtigen ist, eine Güterabwägung zwischen den in Frage stehenden Interessen vorzunehmen.[5] Es ist zu prüfen, welches Gewicht der Verletzung der Ausstandsvorschrift zuzumessen ist und welche Bedeutung das Beweismittel für den Ausgang des Verfahrens hat.[6]   **4**

III. Revision

Ist das Verfahren bereits rechtskräftig erledigt (Art. 61), hat die betroffene Prozesspartei gestützt auf Art. 121 lit. a das Revisionsverfahren einzuleiten. Dies gilt auch dann, wenn der Ausstandsgrund vor Abschluss des Verfahrens entdeckt wird, das Urteil aber vor Ablauf der fünftägigen Frist nach Art. 36 gefällt worden ist.[7] Die Frist zur Einreichung des Revisionsgesuchs beträgt 30 Tage und beginnt nach Entdeckung des Ausstandsgrundes zu laufen (Art. 124 Abs. 1 lit. a). Da nach Art. 61 die formelle Rechtskraft mit der Fällung des Urteils eintritt, das Urteil u.U. jedoch noch nicht eröffnet worden ist, wird die vorsichtige Prozesspartei das Ausstandsbegehren jedenfalls innert der fünftägigen Frist nach Art. 38 Abs. 1 stellen. Ist das Urteil bereits gefällt, sollte das Bundesgericht das Urteilsdispositiv jedoch sofort eröffnen,[8] damit die betroffene Prozesspartei das Revisionsverfahren einleiten kann.   **5**

---

[2] Vgl. POUDRET, Commentaire, Bd. I, Art. 28 N 1: Die Unterscheidung zwischen Ausschluss- und Ablehnungsgründen hat der Gesetzgeber fallen gelassen.
[3] BBl 2001 4292; die Nichtigkeitsfolge ist bei sehr schweren Mängeln allerdings denkbar, SCHINDLER, Befangenheit, 217 ff.; diese wären von Amtes wegen zu berücksichtigen.
[4] BGE 124 I 255, 266; KIENER, Unabhängigkeit, 383.
[5] Vgl. dazu KÖLZ/HÄNER, Verwaltungsrechtspflege[2], N 287 f.
[6] SEILER/VON WERDT/GÜNGERICH, BGG, Art. 38 N 3.
[7] SEILER/VON WERDT/GÜNGERICH, BGG, Art. 121 N 14.
[8] Was im Regelfall auch so gehandhabt wird.

4. Abschnitt: Parteien, Parteivertreter und -vertreterinnen, Rechtsschriften

Art. 39[*]

Zustellungs-
domizil

[1] Die Parteien haben dem Bundesgericht ihren Wohnsitz oder Sitz anzugeben.

[2] Sie können überdies eine elektronische Zustelladresse mit ihrem öffentlichen kryptografischen Schlüssel angeben und ihr Einverständnis erklären, dass Zustellungen auf dem elektronischen Weg erfolgen.

[3] Parteien, die im Ausland wohnen, haben in der Schweiz ein Zustellungsdomizil zu bezeichnen. Mitteilungen an Parteien, die dieser Auflage nicht Folge leisten, können unterbleiben oder in einem amtlichen Blatt eröffnet werden.

Domicile

[1] Les parties sont tenues d'indiquer au Tribunal fédéral leur domicile ou leur siège.

[2] Elles peuvent en outre lui indiquer une adresse électronique ainsi que leur clé cryptographique publique et accepter que les notifications leur soient faites par voie électronique.

[3] Les parties domiciliées à l'étranger doivent élire en Suisse un domicile de notification. A défaut, le Tribunal fédéral peut s'abstenir de leur adresser des notifications ou les publier dans une feuille officielle.

Recapito

[1] Le parti devono comunicare al Tribunale federale il loro domicilio o la loro sede.

[2] Possono inoltre indicare un recapito elettronico e la loro chiave crittografica pubblica e consentire che le notificazioni siano fatte loro per via elettronica.

[3] Le parti domiciliate all'estero devono designare un recapito in Svizzera. Se non ottemperano a tale incombenza, le notificazioni loro destinate possono essere omesse o avvenire mediante pubblicazione in un foglio ufficiale.

Inhaltsübersicht

[*] Hiermit danke ich herzlich meinem Kollegen Thomas Häberli, der sich mit grossem Engagement durch meinen Entwurf (zu den Art. 39–42) durchgekämpft und dabei viele Anregungen gemacht hat. Ebenso danke ich den vielen Kollegen und Freunden, die ich hier nicht alle namentlich nennen kann, für die aufschlussreichen Gespräche und Ermunterungen.

Materialien

Art. 37 E ExpKomm; Art. 36 E 2001 BBl 2001 4487; Botschaft 2001 BBl 2001 4259 ff., Botschaft 2001 BBl 2001 4292 f.; AB 2003 S 895; AB 2004 N 1589.

Literatur

J. BÜHLER, Der elektronische Geschäftsverkehr mit dem Schweizerischen Bundesgericht, in: B. Ehrenzeller/R. Schweizer (Hrsg.), Die Reorganisation der Bundesrechtspflege – Neuerungen und Auswirkungen in der Praxis, St. Gallen 2006, 391 ff. (zit. Ehrenzeller/Schweizer-Bühler); A. DOLGE, Elektronischer Rechtsverkehr zwischen Bundesgericht und Parteien, in: AJP 2007, 299 ff. (zit. Dolge, AJP 2007); Y. DONZALLAZ, La notification en droit interne suisse, Bern 2002 (zit. Donzallaz, notification); R. HAUSER/E. SCHWERI, Kommentar zum zürcherischen Gerichtsverfassungsgesetz, Zürich 2002 (zit. Hauser/Schweri, Kommentar GVG; A. KÖLZ/J. BOSSHART/M. RÖHL, Kommentar zum Verwaltungsrechtspflegegesetz des Kantons Zürich, Zürich, 2. Aufl. 1999 (zit. Kölz/Bosshart/Röhl, Kommentar VRG²); T. MERKLI/A. AESCHLIMANN/R. HERZOG, Kommentar zum Gesetz über die Verwaltungsrechtspflege im Kanton Bern, Bern 1997 (zit. Merkli/ Aeschlimann/Herzog, Kommentar VRG).

I. Allgemeine Bemerkungen

Art. 39 enthält Bestimmungen über das Zustellungsdomizil, während die Form der Zustellung grundsätzlich nicht im BGG selber geregelt ist, sondern in Art. 10 f. BZP (vgl. den Pauschalverweis in Art. 71). Gemäss Art. 10 BZP werden gerichtliche Mitteilungen der Partei zugestellt; hat sie einen bevollmächtigten Vertreter, so soll die Zustellung an diesen erfolgen. Verfügungen und Urteile werden dabei in der Regel durch die Post auf dem für die Übermittlung gerichtlicher Urkunden vorgesehenen Wege (mit Empfangsbestätigung) zugestellt; sie können auch auf andere Weise gegen Empfangsbescheinigung zugestellt werden.[1] Das BGG sieht im Gegensatz zum OG zudem gerichtliche Zustellungen auf dem elektronischen Wege vor (dazu N 21 ff.).   1

---

[1] Vgl. zu den Zustellungsarten auch DONZALLAZ, notification, 172 f. N 274–276.

2   Eine Sendung gilt grundsätzlich in dem Zeitpunkt als zugestellt, in welchem der Adressat sie tatsächlich in Empfang nimmt bzw. sie in seinen Machtbereich gelangt.[2] Gleichgestellt sind grundsätzlich die **Entgegennahme** durch den Ehepartner[3] sowie durch Hausangestellte oder andere **empfangsberechtigte Personen**.[4] Ebenso gilt eine Zustellung als erfolgt, wenn der Adressat die Sendung zurückweist oder ungeöffnet beiseite legt.[5] Hinsichtlich der **Zustellungsfiktion** und Berechnung der Fristen wird auf Art. 44 und die dortigen Kommentierungen verwiesen.

II. Angabe des Wohnsitzes oder Sitzes (Abs. 1)

3   Anders als noch das OG verlangt das BGG in Art. 39 Abs. 1, dass die Parteien dem Bundesgericht ihren Wohnsitz oder Sitz angeben. Auch ohne diese Regelung wäre den Parteien grundsätzlich zu empfehlen, ihre Wohn- bzw. Geschäftsadresse mitzuteilen und nicht bloss eine Anschrift an einem vorübergehenden Aufenthaltsort. Andernfalls laufen sie Gefahr, keine oder verspätet Kenntnis von gerichtlichen Verfügungen zu erhalten und dadurch prozessuale Nachteile zu erleiden. Ungeachtet der Regelung in Art. 39 Abs. 3 trifft die Verpflichtung nach Art. 39 Abs. 1 sowohl inländische als auch ausländische Parteien.

1. Wohnsitz und Sitz

4   Das BGG definiert diese Begriffe nicht und verweist auch nicht auf Begriffserläuterungen in anderen Gesetzen. Art. 23 ZGB bezeichnet als **Wohnsitz** einer **natürlichen Person** den Ort, an dem sich diese mit der Absicht dauernden Verbleibens aufhält, wobei niemand an mehreren Orten zugleich einen Wohnsitz haben kann. Allerdings rechtfertigt es sich, den Wohnsitz i.S.v. Art. 39 Abs. 1 weiter zu fassen als in Art. 23 ZGB oder Art. 3 Abs. 1 lit. a GestG[6], der im Gegensatz zu Art. 39 Abs. 1 ausdrücklich auf Art. 23 ZGB verweist. So wird etwa ein Wochenaufenthalter wahlweise den Wohnsitz der Familie oder den Ort angeben können, an dem er während der Arbeitswoche regelmässig übernachtet und ihm Post zugestellt werden kann.[7]

5   Der **Sitz** einer **juristischen Person** befindet sich gem. Art. 56 ZGB an dem Ort, wo ihre Verwaltung geführt wird, wenn die Statuten es nicht anders bestimmen. Im Rahmen von Art. 39 Abs. 1 wird es aber weniger auf den formellen, in den Statuten bestimmten Sitz ankommen, als vielmehr auf einen Ort, an dem regelmässig empfangsbevollmächtigte Personen anzutreffen sind. Somit sollte als Adresse für eine juristische Person oder Handelsfirma ein entsprechendes Geschäftslokal angegeben werden.[8]

---

[2] BGE 115 Ib 12, 17 E. 3b; 113 Ib 296, 297 E. 2a.

[3] BGE 122 I 139, 143 E. 1.

[4] BGer, II. ÖRA, 3.7.2001, 2A.271/2001, E. 2, ASA 72 726; vgl. auch HAUSER/SCHWERI, Kommentar GVG, § 177 N 33 ff.; DONZALLAZ, notification, 183 N 303; in Bezug auf ein Postfach: HAUSER/SCHWERI, Kommentar GVG, § 177 N 25; DONZALLAZ, notification, 180 N 297.

[5] MERKLI/AESCHLIMANN/HERZOG, Kommentar VRG, Art. 44 N 2 und 11; KÖLZ/BOSSHART/ RÖHL, Kommentar VRG², § 10 N 28.

[6] Bundesgesetz vom 24.3.2000 über den Gerichtsstand in Zivilsachen, Gerichtsstandsgesetz, SR 272.

[7] Vgl. auch HAUSER/SCHWERI, Kommentar GVG, § 174 N 7.

[8] Vgl. auch Art. 65 SchKG sowie HAUSER/SCHWERI, Kommentar GVG, § 177 N 31 zur Zustellung an Gesellschaften und juristische Personen.

2. Postfach-, Postlagernd- und E-Mail-Adresse

Bei den Regelungen in Art. 39 geht es v.a. darum, dass das Gericht den Parteien mög- **6** lichst einfach und rasch Dokumente auf dem dafür vorgesehenen Weg (Art. 71 i.V.m. Art. 10 Abs. 2 BZP) zustellen und dabei geeignete Nachweise über die erfolgte Zustellung erhalten kann. Mit Blick auf Art. 39 Abs. 1 soll laut einem Teil der Doktrin die Angabe allein einer Postfachadresse (case postale) oder E-Mail-Adresse nicht (mehr) ausreichen.[9] Wozu zusätzlich der Wohnsitz oder Sitz angegeben werden soll, wenn Zustellungen an die Partei über die bekannt gegebene Postfach- oder (besondere) E-Mail-Adresse (zu Letzterem N 21 ff.) bzw. über den bevollmächtigten Vertreter möglich ist und diese Zustellungsweisen nach dem BGG nicht ausdrücklich verpönt bzw. sogar vorgesehen sind, liegt indes nicht auf der Hand.[10] Die Forderung nach der Angabe des Wohnsitzes oder Sitzes mag bei Parteien, die nur eine Postlagernd-Adresse (poste restante) vermerkt haben, angebracht sein, da insoweit eine Zustellung mit Gerichtsurkunde (acte judiciaire) nicht möglich ist (vgl. dazu auch N 8).

3. Folgen der Nichtangabe des Wohnsitzes oder Sitzes

Nicht geregelt ist, was es für Rechtsfolgen hat, wenn eine Partei ihren Wohnsitz oder Sitz **7** nicht angibt. Art. 39 Abs. 1 wurde vom Parlament diskussionslos gem. dem Vorschlag des Bundesrats angenommen. Dessen Botschaft enthält keine näheren Ausführungen hierzu. Jedenfalls müsste die Partei vor einer etwaigen Sanktion zunächst zur Angabe ihres Wohnsitzes oder Sitzes innerhalb einer bestimmten Frist aufgefordert werden.[11] Sollte sie dem nicht nachkommen, dürfte die Folge wohl nicht entsprechend Art. 42 Abs. 5 und 6 in einem Nichteintreten auf die Eingaben der Partei bestehen, sondern sich höchstens im Rahmen der in Art. 39 Abs. 3 Satz 2 vorgesehenen Massnahmen halten (dazu N 39). Allerdings erschiene es treuwidrig und übertrieben formalistisch, wenn eine Zustellung an die von der Partei angegebene, für amtliche Zustellungen geeignete Adresse (v.a. Postfach, Vertreter) dann unterbliebe. Dennoch ist es den Parteien zur Vermeidung allfälliger Überraschungen zu empfehlen, ihren Wohnsitz dem Bundesgericht anzugeben.

Die Zukunft wird weisen, inwieweit Art. 39 Abs. 1 zum Tragen kommt und wie das **8** Bundesgericht den «Wohnsitz oder Sitz» i.S. dieser Bestimmung interpretiert. Bis zum Inkrafttreten des BGG waren Eingaben auch dann behandelt worden, wenn die Partei nicht mehr als eine Postfach- oder Postlagernd-Adresse bekannt gegeben hat. Zustellungen erfolgten dabei regelmässig – auch mit Gerichtsurkunde (acte judiciaire) – an die von den Parteien angegebene Postfachadresse und sogar per Einschreiben (recommandé, wenn möglich mit Rückschein) an die Postlagernd-Adresse. Hat eine Partei nur eine Postlagernd-Adresse angegeben, wird nach neuem Recht eher angezeigt sein, dass das Gericht auf die Bekanntgabe eines Wohn- oder Geschäftssitzes pocht, da postlagernd nur Zustellungen per Einschreiben möglich sind, denen ein geringerer Beweiswert zukommt.[12] Im Übrigen dient Art. 39 Abs. 1 unseres Erachtens nicht dazu, die Wohnsitzadresse in Erfahrung zu bringen, damit die Gegenpartei dort vollstrecken kann (vgl. dazu N 38).

---

[9] Spühler/Dolge/Vock, Kurzkommentar, Art. 39 N 1.
[10] Anders etwa für das Betreibungsbegehren gem. Art. 67 Abs. 1 Ziff. 1 SchKG, vgl. dazu BSK SchKG-Kofmel/Ehrenzeller, Art. 67 N 20.
[11] Vgl. BGE 114 III 62 E. 2a 65.
[12] Vgl. Donzallaz, notification, 173 N 275.

4. Mehrere Adressen

9   Wer mehrere Adressen angibt, hat nicht Anspruch darauf, dass die Zustellung an alle
     aufgeführten Adressen erfolgt, sondern nur, dass sie an eine derselben versucht wird.[13]
     Das Gericht sollte dann aber alle Zustellungen immer an dieselbe Adresse vornehmen.[14]
     Der Partei liesse sich kaum vorwerfen, sie habe ohne entsprechende Mitteilung an das
     Gericht die eine Anschrift aufgelöst, wenn das Gericht zuvor nur die andere Adresse für
     Zustellungen verwendet hatte.

5. Neue Adresse und längere Abwesenheit

10   Eine Partei hat während des Prozessrechtsverhältnisses die **Pflicht**, die **Zustellung** von
     Mitteilungen des Gerichts **zu ermöglichen**. Wer sich während eines hängigen Verfahrens
     für längere Zeit von seinem dem Gericht bekanntgegebenen Adressort entfernt oder eine
     neue Anschrift hat, muss für die Nachsendung der an die bisherige Adresse gelangenden
     Korrespondenz sorgen oder dem Gericht melden, wo er nunmehr zu erreichen ist, oder
     einen Vertreter bestellen. Andernfalls muss er eine am bisherigen Ort versuchte Zu-
     stellung als erfolgt gelten lassen.[15] Das gilt selbst dann, wenn die Post dem Gericht
     nach erfolglosem Zustellungsversuch eine neue Anschrift nennt.[16] Bei vorübergehender
     Abwesenheit kann etwas anderes gelten, wenn seit dem letzten verfahrensbezogenen
     Kontakt eine sehr lange Zeit (über ein Jahr) verstrichen ist.[17]

III. Allgemeine Bemerkungen zum elektronischen Rechtsverkehr mit dem Bundesgericht (Abs. 2)

1. Gesetzliche Grundlagen

11   Seit dem 1.1.2007 können beim Schweizerischen Bundesgericht Rechtsschriften elektro-
     nisch rechtsgültig eingereicht werden. Umgekehrt hat das Bundesgericht die Möglich-
     keit, mit dem Einverständnis der Parteien, Gerichtsurkunden rechtsgültig elektronisch
     zu eröffnen. Die elektronische Kommunikation zwischen Gericht und Parteien erfolgt
     über eine Zustellplattform, die die Rolle einer elektronischen Poststelle wahrnimmt. Der
     elektronische Verkehr ist freiwillig und wird dem Schriftverkehr gleichgestellt.

     Das BGG enthält jedoch keinen speziellen Teil mit **Verfahrensregeln für den elektro-
     nischen Rechtsverkehr**, sondern regelt einzig ein Paar spezielle Fragen, namentlich
     diejenigen des Zustellungsdomizils, der Unterschrift der Meldung, der Einhaltung der
     Fristen und der Urteilseröffnung. Es enthält also nur vier Absätze, die die elektronische
     Kommunikation mit dem Bundesgericht betreffen: Art. 39 Abs. 2, 42 Abs. 4, 48 Abs. 2
     und 60 Abs. 3. Für die übrigen Fragen kommen die im BGG festgelegten «allgemeinen»
     Verfahrensregeln zur Anwendung.

12   Das Bundesgericht wird durch die in den Art. 42 Abs. 2 und 60 Abs. 3 enthaltenen Dele-
     gationen ermächtigt und verpflichtet, ein **Reglement über den elektronischen Rechts-**

---

[13] BGE 101 Ia 332.
[14] POUDRET, Commentaire, Bd. I, Art. 32 N 1.3.10, 206.
[15] BGE 123 III 492, 493 E. 1; 119 V 89, 94 E. 4b/aa; 113 Ib 296, 298 E. 2a; 91 II 151 f.; 82 II
     167; BGer, II. ÖRA, 21.6.2005, 2P.155/2005, E. 2.3.
[16] BGE 97 III 7, 10 E. 1.
[17] BGer, II. ÖRA, 23.3.2006, 2P.120/2005, E. 4 und 5, StE 2006 B 93.6 Nr. 27; MERKLI/AESCHLI-
     MANN/HERZOG, Kommentar VRG, Art. 44 N 11; DONZALLAZ, notification, 501 N 1043.

verkehr[18] zu erlassen. In diesem werden im Wesentlichen die Fragen des Formats der Eingaben (Art. 3 bis 6) und der Anforderungen an die elektronische Eröffnung der Gerichtsurkunden (Art. 7 f.) geregelt.

2. Elektronische eingeschriebene Meldung

Die Partei, die eine Beschwerde einreicht, oder das Gericht, das ein Urteil zustellt, ver- **13** wenden im üblichen postalischen Verkehr den eingeschriebenen Brief bzw. den **eingeschriebenen Brief mit Empfangsbestätigung**. Der elektronische Rechtsverkehr bildet diesen eingeschriebenen Brief mit Empfangsbestätigung elektronisch ab. Dessen Realisierung benötigte die Durchführung von zahlreichen, aufeinander abgestimmten Projekten.[19] Als Standard für den sicheren nachweisbaren Transport der Meldungen wurde der in Deutschland entwickelte europäische OSCI[20]-Standard gewählt. Nach diesem Standard wurden eine Zustellplattform (s. N 14 ff.) und verschiedene Mail-Clients (s. N 20) als Opensource-Software entwickelt. Es wurde ebenfalls unter dem Namen CHJusML ein XML-Schema[21], das für den Justizbereich als Standard für den Datenaustausch gilt, erarbeitet.

3. Zustellplattform

a) Allgemein

Die **Zustellplattform** übernimmt die Rolle einer elektronischen Poststelle. Deren Dienst- **14** leistungen werden in Art. 2 lit. b ReRBGer exemplarisch aufgezählt: «Zustellen der Quittungen über den Zeitpunkt einer elektronischen Übermittlung (s. N 15), Zurverfügungstellen von elektronischen Postfächern (s. N 16) und Führen eines Registers der Benutzer und Benutzerinnen der Zustellplattform (s. N 17).» Gegenwärtig ist eine einzige Zustellplattform, die den für die sichere Kommunikation mit Behörden massgebenden OSCI-Standard einhält, in Betrieb. Es handelt sich um diejenige der Schweizerischen Post: IncaMail[22]. Der ursprüngliche Opensource Quellencode der Zustellplattform der Bundeskanzlei wurde nicht nur der Post sondern noch anderen Behörden und Unternehmen verteilt. Es könnte sein, dass in Zukunft mehrere Zustellplattformen die OSCI-Anforderungen erfüllen. Gleich wie bei den zahlreichen Telefonoperatoren heute, wird darauf zu achten sein, dass diese Plattformen untereinander kommunizieren können. Der Absender, der auf einer Plattform registriert ist, soll uneingeschränkt mit einem Empfänger, der auf einer anderen Plattform registriert ist, elektronisch sicher kommunizieren können.

b) Quittungen

Der Zeitpunkt des Versands, des Abholens oder des Nichtabholens der Meldungen wird **15** registriert, und die entsprechenden **Quittungen** werden ausgehändigt. Die Zustellplattform IncaMail stellt von der Post elektronisch unterschriebene Quittungen im

---

[18] S. Reglement des Bundesgerichts über den elektronischen Rechtsverkehr mit Parteien und Vorinstanzen (ReRBGer; SR 173.110.29) vom 5.12.2006.
[19] Die Projekte GovLink, Tracking und JusLink wurden durch das Bundesamt für Justiz, die Bundeskanzlei bzw. das Bundesgericht in Zusammenarbeit mit dem Schweizerischen Anwaltsverband und den wichtigsten Gerichts- und Anwaltssoftwareherstellern geführt. Mehr dazu s. Ehrenzeller/Schweizer-Bühler, 392 f.
[20] OSCI: Online Service Computer Interface (mehr dazu unter ‹www.osci.de›).
[21] XML = eXtended Markup Language; dank den XML-Tags ist es möglich, den Inhalt einer Datei zu beschreiben: «Anfang des Vornamens des Beschwerdeführers», «Ende des Vornamens des Beschwerdeführers» usw.
[22] ‹www.incamail.ch›.

PDF-Format aus. Die Eckdaten der elektronischen Meldung, die bei der Übermittlung unverschlüsselt übertragen werden, sind Bestandteil der Quittung, namentlich der Absender, der Empfänger, der Betreff der Meldung, der Zeitpunkt des Versands durch den Absender sowie, wenn vorhanden, der Zeitpunkt des Abholens durch den Empfänger.

c) Elektronisches Postfach

16 Sämtliche Meldungen werden auf der Zustellplattform in elektronische Postfächer abgelegt. Ein **elektronisches Postfach** ist gem. Art. 2 lit. d ReRBGer ein auf der Zustellplattform eingerichtetes Postfach, in welchem die elektronischen Meldungen zur Abholung bereitgestellt werden. Die Meldungen werden verschlüsselt abgelegt und können nur vom Empfänger entschlüsselt werden. Im Anhang zum ReRBGer wird die Bezeichnung des offiziellen elektronischen Postfachs des Bundesgerichts auf der IncaMail Zustellplattform angegeben: «Bundesgericht – Kanzlei».

d) Register der Zustellplattform

17 Das **Register der Zustellplattform** ist ein Verzeichnis der auf der Zustellplattform registrierten Benutzer (Art. 2 lit. c ReRBGer). Die Registrierung auf der Zustellplattform der Schweizerischen Post verlangt den vorgängigen Erwerb der benötigten Zertifikate für die elektronische Signierung, Authentifizierung und Verschlüsselung bzw. Entschlüsselung der Meldungen. Die für den elektronischen Versand von Meldungen benötigten öffentlichen kryptografischen Schlüssel werden über das Register der Zustellplattform zugänglich gemacht.[23] Einzig registrierte Benutzer können dem Bundesgericht über die Zustellplattform eine Meldung schicken (Art. 3 Abs. 1 ReRBGer). Die Einschreibung auf der Zustellplattorm der Post ist neu kostenlos; hingegen ist die elektronisch eingeschriebene Sendung kostenpflichtig, aber wesentlich billiger als die gleiche Sendung per «normale» Post.[24]

18 Bei der Aufschaltung von zusätzlichen Zustellplattformen wird es notwendig sein, dass ein **konsolidiertes Benutzerverzeichnis**, das die Benutzer sämtlicher Zustellplattformen enthält, erstellt wird. Sonst müsste sich ein Benutzer, der mit Benutzern einer anderen Zustellplattform kommunizieren möchte, zusätzlich noch auf dieser Zustellplattform einschreiben. Die in Deutschland eingesetzten OSCI-konformen Zustellplattformen greifen auf ein konsolidiertes Benutzerverzeichnis zu, um die Kommunikation zwischen den auf verschiedenen Plattformen registrierten Benutzern zu ermöglichen. Der Entwurf der Verordnung über die elektronische Übermittlung[25] im Rahmen eines Verwaltungsverfahrens verlangt – um die Kommunikation zwischen den anerkannten Zustellplattformen sicherzustellen – die weitergehende Lösung der Sicherstellung des Routings zwischen den anerkannten Zustellplattformen.

e) Haftungsausschluss

19 Das Bundesgericht schliesst jede Haftung aus, wenn die Zustellplattform den Empfang der Meldung nicht fristgerecht bestätigt. Der **Haftungsausschluss** gilt sowohl für die Verbindung zur Zustellplattform als auch für die Zustellplattform selber (Art. 6 ReRB-

---

[23] Vgl. Art. 39 Abs. 2; Details über die Zertifikate und deren Erstellung und Handhabung s. SPÜHLER/ DOLGE/VOCK, Kurzkommentar, Art. 39 N 3 ff. sowie DOLGE, AJP 2007, 300 f.

[24] Die aktuellen Tarife können unter der Internetadresse ‹www.incamail.ch› eingesehen werden.

[25] Art. 2 Abs. 1 lit. e des Entwurfs vom 19.2.2007 der Verordnung über die elektronische Übermittlung im Rahmen eines Verwaltungsverfahrens (Verordnung über die elektronische Übermittlung).

Ger). Das Bundesgericht ist also einzig verpflichtet, die in seinem elektronischen Postfach auf der Zustellplattform eingetroffenen Meldungen regelmässig herunterzuladen. Das Bundesgericht verhält sich wie ein gewöhnlicher Benutzer der Zustellplattform.

4. Mail-Client-Applikation

Um die elektronische Kommunikation zwischen Parteien und Gerichten über die Zustell-   **20** plattform, insb. die Handhabung der verschiedenen Signatur-, Authentifizierungs- und Verschlüsselungszertifikate zu vereinfachen, wurden **Mail-Client-Applikationen** entwickelt. Es stehen drei solche Applikationen auf der Zustellplattform zur Verfügung: Der Outlook-Trinity-Client, der Inca-Java-Client und der eGovLink-Java-Client. Der Outlook-Trinity-Client ermöglicht die sichere Kommunikation über die Zustellplattform ausschliesslich für Benutzer von Microsoftapplikationen. Er enthält als IncaForm-Formular eine Fassung des für die Einreichung von Rechsschriften zu verwendenden Formulars (Art. 4 Abs. 2 ReRBGer). Der Inca-Java-Client ist ein von der Post entwickelter Opensource Plattform unabhängiger Java-Mail-Client; er baut auf dem vom Bundesgericht entwickelten eGovLink-Client, der ebenfalls das Verfahrensformular enthält, auf. Die beiden Java-Clients funktionieren in jeder modernen Informatikumgebung (Linux, Mac, Windows). Alle drei Clients können gratis von der Zustellplattform der Schweizerischen Post heruntergeladen werden.

IV. Elektronisches Zustellungsdomizil

Die Parteien können eine elektronische Zustelladresse angeben und ihr Einverständnis   **21** geben, dass **Zustellungen auf dem elektronischen Weg** erfolgen (Art. 39 Abs. 2). Dieser Grundsatz des Einverständnisses der Parteien wird in Art. 60 Abs. 3 nochmals wiederholt.

1. Elektronische Zustelladresse

Die Parteien, die ihre Rechtsschriften dem Bundesgericht elektronisch zuzustellen wün-   **22** schen, haben sich in das Register auf der Zustellplattform einzutragen (Art. 3 Abs. 2 ReRBGer). Die Bekanntgabe der **elektronischen Zustelladresse** erfolgt also durch die Eintragung in das Teilnehmerregister auf der Zustellplattform. Der Registereintrag informiert über die gültige elektronische Zustelladresse und über den für die Verschlüsselung zu verwendenden öffentlichen kryptografischen Schlüssel (s.a. N 17).

Der elektronische Rechtsverkehr erleichtert die Zustellung von Gerichtsurkunden an   **23** **Parteien mit Wohnsitz im Ausland**, welche über keinen Vertreter oder Zustellungsbevollmächtigten in der Schweiz verfügen, und beschleunigt zudem das Verfahren[26]. Das Staatsvertragsrecht bleibt jedoch vorbehalten (Art. 1 Abs. 3 ReRBGer).

2. Form der Zustimmung

Die **Form der Zustimmung** ist im Gesetzestext sehr allgemein umschrieben. Es sind   **24** keine allzu strenge Anforderungen zu stellen.[27] Gemäss Art. 3 Abs. 3 ReRBGer gilt der Eintrag in das Register als Einverständnis dafür, dass Zustellungen für sämtliche laufenden Verfahren auf dem elektronischen Weg erfolgen können. Zudem wird im für Eingaben ans Bundesgericht zu verwendenden Verfahrensformular die Zustimmung für das laufende Verfahren nochmals ausdrücklich eingeholt. Auf diese zusätzliche Zustimmung

---

[26] SPÜHLER/DOLGE/VOCK, Kurzkommentar, Art. 39 N 11.
[27] Botschaft 2001 4269 f. und 4303 f.; SPÜHLER/DOLGE/VOCK, Kurzkommentar, Art. 39 N 10.

könnte jedoch verzichtet werden, wenn die Partei ihre Rechtsschriften elektronisch beim Gericht einreicht.

25 Der **Widerruf der Zustimmung** kann entweder durch Austragung aus dem Register der Zustellplattform oder durch entsprechende Mitteilung ans Gericht erfolgen. Jedoch würde eine Zustellungsverweigerung von einer Partei, die wiederholt Eingaben auf dem elektronischen Weg einreicht aber Zustellungen des Gerichts trotz Eintragung im Register verweigert, rechtsmissbräuchlich sein.[28]

V. Im Ausland wohnende Parteien (Abs. 3)

1. Allgemeines und Anwendungsbereich

26 Art. 39 Abs. 3 entspricht weitgehend dem früheren Art. 29 Abs. 4 OG.[29] Demnach müssen Parteien, die im Ausland wohnen, in der Schweiz ein Zustellungsdomizil bezeichnen. Folgen sie dieser Auflage nicht, so können an sie gerichtete Mitteilungen unterbleiben oder in einem öffentlichen Blatt eröffnet werden. Zwar ist nur von Parteien die Rede, die im Ausland «wohnen», und nicht von solchen, die ihren Sitz im Ausland haben, während in Art. 39 Abs. 1 sowohl von Wohnsitz als auch von Sitz gesprochen wird. Dennoch erfasst Art. 39 Abs. 3 nicht nur natürliche Personen, sondern alle Arten von Parteien (z.B. juristische Personen, Gesellschaften, eingetragene Vereine), die in der Schweiz keinen Wohn- oder Geschäftssitz haben, an dem das Gericht wirksam zustellen kann.

27 Art. 39 Abs. 3 unterscheidet nicht danach, ob es sich um **Schweizerbürger** oder ausländische Staatsangehörige handelt, da nur auf den Wohnsitz abgestellt wird (vgl. auch N 32).

28 Der Gesetzeswortlaut ist nicht eindeutig, wie es sich verhält, wenn (auch) der **Vertreter der Partei**, an den die Zustellungen zu erfolgen haben, seinen Wohnsitz **im Ausland** hat. Nach Sinn und Zweck der Bestimmung ist davon auszugehen, dass dieser erforderlichenfalls ein schweizerisches Zustellungsdomizil zu verzeigen hat.

29 Art. 39 Abs. 3 ist vor dem Hintergrund zu sehen, dass nach dem völkerrechtlichen Prinzip der Souveränität ein Staat nicht berechtigt ist, auf dem Gebiet eines anderen Staats Hoheitsakte vorzunehmen.[30] Als solche werden regelmässig auch die Zustellungen gerichtlicher Schreiben, selbst mit der Post, angesehen. Art. 39 Abs. 3 will gewährleisten, dass Verfahren nicht mehr als nötig durch Zustellungen ins Ausland verzögert werden, welche u.U. sehr viel Zeit in Anspruch nehmen können (vgl. dazu N 31 f.).[31]

30 Sofern die in Art. 39 Abs. 2 vorgesehene elektronische Zustellung an die Partei bzw. ihren Vertreter möglich ist (dazu N 23), wird das Gericht unseres Erachtens nicht zusätzlich ein inländisches Zustellungsdomizil verlangen können.[32]

2. Zustellungen ins Ausland

31 In den Bereichen des Zivil- und Strafrechts bestehen für die internationale Rechtshilfe zahlreiche **internationale Abkommen**.[33] Fehlen zwischenstaatliche Vereinbarungen

---

[28] SPÜHLER/DOLGE/VOCK, Kurzkommentar, Art. 39 N 10.

[29] BBl 2001 4292.

[30] MERKLI/AESCHLIMANN/HERZOG, Kommentar VRG, Art. 10 N 15 f. und Art. 15 N 16.

[31] POUDRET, Commentaire, Bd. I, Art. 29 N 6.5 170 f.

[32] PORTMANN-B. BOVAY, Les dispositions générales de procédure, 34.

[33] Vgl. v.a. das Haager Übereinkommen vom 15.11.1965 über die Zustellung gerichtlicher und aussergerichtlicher Schriftstücke im Ausland in Zivil- oder Handelssachen, SR 0.274.131. Zum

werden die Zustellungen ins Ausland durch **Vermittlung des Eidgenössischen Justiz- und Polizeidepartements** (Dienst internationale Rechtshilfe und Amtshilfe) vorgenommen (Art. 71 i.V.m. Art. 10 Abs. 3 BZP).[34]

Eine direkte Postzustellung **im Ausland** ist nicht nur betr. ausländischer Staatsangehöriger, sondern auch für **Schweizerbürger** unzulässig. Das Gericht wird bei Letzteren ebenfalls den Weg des Art. 39 Abs. 3 beschreiten und die Verzeigung eines inländischen Zustellungsdomizils verlangen. Es kann aber auch eine unmittelbare Zustellung durch Aushändigung in einer schweizerischen Auslandsvertretung vornehmen.[35]   **32**

3. Aufforderung zur Bezeichnung eines Zustellungsdomizils

Im Gegensatz etwa zu § 30 ZPO/ZH steht im BGG nicht ausdrücklich, dass die in Art. 39 Abs. 3 Satz 2 genannten Folgen (dazu N 40) eine **gerichtliche Aufforderung** an die Partei (oder ihrem Vertreter) im Ausland voraussetzen. Dennoch ist unseres Erachtens grundsätzlich davon auszugehen, dass das Gericht die Partei (bzw. den Vertreter) unter Hinweis auf die Folgen der Unterlassung aufzufordern hat, eine inländische Zustelladresse zu bezeichnen, bevor es von weiteren Mitteilungen absehen oder den Ediktalweg nehmen darf.[36] Solange keine derartige Aufforderung ergangen ist, müssen die Zustellungen an die Partei im Ausland prinzipiell auf dem Rechtshilfeweg (je nach einschlägigem Abkommen) oder auf dem diplomatischen Weg erfolgen.[37]   **33**

Allerdings fragt sich, wie der im Ausland wohnenden Partei, die weder einen Schweizer Vertreter bestellt noch von sich aus ein inländisches Zustellungsdomizil verzeigt hat, die erwähnte Aufforderung übermittelt werden kann. Teilweise wird es als zulässig erachtet, der Partei im Ausland mit gewöhnlicher Post – wohl per Einschreiben mit Rückschein – aufzugeben, ein inländisches Zustellungsdomizil zu bezeichnen.[38] Dies scheint uns mit Blick auf die Ausführungen in N 29 nicht konsequent zu sein.[39]   **34**

Ist die Partei im bundesgerichtlichen Verfahren einmal aufgefordert worden, ein Zustellungsdomizil zu verzeigen, muss das Gericht nicht erneut eine entsprechende Aufforderung formulieren, wenn das erste **inländische Zustellungsdomizil** (etwa durch Mandatsniederlegung des beauftragten Anwalts) **wegfällt**.[40]   **35**

Art. 39 Abs. 3 gilt auch für Parteien, die **während** eines hängigen **Verfahrens** ihren (Wohn-)Sitz von der Schweiz dauerhaft **ins Ausland** verlegen.[41] Haben sie dem Gericht nicht gemeldet, dass sie ins Ausland weggezogen sind, müssen sie an die inländische Adresse versuchte Zustellungen gegen sich gelten lassen (s. dazu auch N 10).   **36**

Strafrecht vgl. R. ZIMMERMANN, La coopération judiciaire internationale en matière pénale, Bern, 2. Aufl. 2004, insb. N 40 f. 49 ff., N 45 54 und N 210 ff. 233 ff.

[34] S. Näheres bei HAUSER/SCHWERI, Kommentar GVG, § 178 N 3 ff. 616 ff.

[35] EVG, 4.7.1991, U 51/90, E. 1b, RKUV 1991 Nr. U 131 277.

[36] Vgl. BGE 97 I 250, 259 f., E. 6c; BGer, II. ZA, 4.5.2004, 5P.73/2004, E. 2; POUDRET, Commentaire, Bd. I, Art. 29 N 6.4 169.

[37] SPÜHLER/DOLGE/VOCK, Kurzkommentar, Art. 39 N 12.

[38] R. FRANK/H. STRÄULI/G. MESSMER, Kommentar zur zürcherischen Zivilprozessordnung (ZPO), Zürich, 3. Aufl. 1997, § 31 N 5.

[39] Vgl. N 31 f. und auch BGer, II. ZA, 4.5.2004, 5P.73/2004, E. 2.2: Dort hatte das kantonale Gericht die entsprechende Aufforderung auf dem Rechtshilfeweg zustellen lassen.

[40] BGer, II. ZA, 4.5.2004, 5P.73/2004, E. 2.3.

[41] SPÜHLER/DOLGE/VOCK, Kurzkommentar, Art. 39 N 12; POUDRET, Commentaire, Bd. I, Art. 29 N 6.2, 168; vgl. BGE 86 II 1, 4 f. E. 2.

4. Bezeichnung des inländischen Zustellungsdomizils

37 Um ein Zustellungsdomizil in der Schweiz zu bezeichnen, muss die Partei **nicht zwingend** einen inländischen **Anwalt** zur Vertretung im Verfahren beauftragen. Es kann auch ein Nichtanwalt als inländischer Zustellungsempfänger angegeben werden.[42] Das gilt u.E. auch im Bereich des Anwaltsmonopols (in Zivil- und Strafsachen) nach Art. 40 Abs. 1. Ein Anwalt kann auch bloss als Zustellungsempfänger bezeichnet werden, ohne im Übrigen Verfahrensbevollmächtigter zu sein. Zu den Adressangaben in Bezug auf den inländischen Zustellungsempfänger wird auf obige N 4–9 verwiesen; die dortigen Ausführungen haben entsprechend zu gelten, da eine unterschiedliche Behandlung insoweit nicht angezeigt ist.

38 Laut Bundesgericht ergab sich aus Art. 29 Abs. 4 OG keine Verpflichtung der ausländischen Partei, ihre Wohnsitzadresse anzugeben, um die Vollstreckung durch die Gegenpartei sicherzustellen.[43] Dasselbe gilt für Art. 39 Abs. 3. Zwar verlangt nun Art. 39 Abs. 1 – im Gegensatz noch zum OG – die Angabe des (Wohn-)Sitzes, ohne danach zu unterscheiden, ob die Partei sich im In- oder Ausland befindet. Wie die Überschrift von Art. 39 besagt («Zustellungsdomizil»), spielen diese Bestimmungen indes nur für die Zustellungen im bundesgerichtlichen Verfahren eine Rolle, für welche die Verzeigung des inländischen Zustellungsdomizils ausreichend ist. Die Regelung bezweckt nicht, der Gegenpartei Auskünfte zwecks etwaiger späterer Vollstreckungen zu verschaffen. Allerdings wird die Anordnung der Sicherstellung von Gerichtskosten und Parteientschädigung nach Art. 62 Abs. 2 und 3 umso eher in Betracht kommen, wenn eine ausländische Partei ihren (Wohn-)Sitz verschweigt.

5. Folgen der Bezeichnung eines Zustellungsdomizils

39 Bezeichnet eine Partei ein inländisches Zustellungsdomizil, so hat das Gericht alle weiteren für die Partei bestimmten Zustellungen dorthin zu richten.

6. Folgen der Nichtbezeichnung eines (gültigen) Zustellungsdomizils

40 Kommt die Partei der Aufforderung zur Bezeichnung eines Zustellungsdomizils nicht nach, können weitere Zustellungen an sie unterbleiben oder auf dem Ediktalweg (d.h. durch Eröffnung in einem amtlichen Blatt, etwa dem Bundesblatt) erfolgen. Möglicherweise wird das Gericht die Partei mit gewöhnlicher Post informieren, wenn es ein Urteil gefällt hat. Allfällige Fristen laufen dann nicht erst ab Kenntnisnahme durch die Partei, sondern bereits mit der Eröffnung im amtlichen Blatt (bei Eröffnung auf dem Ediktalweg) bzw. mit Ausfertigung (Unterzeichnung) des jeweiligen Entscheids am Gericht (bei Unterbleiben jeglicher Zustellung).

7. Ausnahmen von Art. 39 Abs. 3

a) Angabe einer Postfachadresse oder der Adresse einer Zweigstelle in der Schweiz

41 Bei Art. 39 geht es nur um die Zustellung, wobei Abs. 3 in Bezug auf Parteien im Ausland eine ebenso rasche und einfache Zustellung wie an Parteien im Inland gewährleisten will. Daher genügt es unseres Erachtens, dass eine Partei eine **Postfachadresse in der**

---

[42] SEILER/VON WERDT/GÜNGERICH, BGG, Art. 39 N 3; POUDRET, Commentaire, Bd. I, Art. 29 N 6.1 167.
[43] BGer, I. ZA, 30.7.2003, 4P.86/2003, E. 3.

Schweiz angibt, die auf ihren Namen lautet, solange das Gericht Zustellungen an Post-fachadressen – auch – bei Inländern vornimmt. Ungenügend erscheint uns hingegen die blosse Angabe einer Postlagernd-Adresse in der Schweiz, da auf diese Art die Zustellung von Gerichtsurkunden nicht möglich ist.

Auf die Bezeichnung eines besonderen Zustellungsdomizils kann wohl verzichtet wer- **42** den, wenn die Partei im Inland eine **Zweigstelle** oder einen **Vertreter** hat, an den wirk-sam zugestellt werden kann.[44] Insoweit liegt bereits ein Zustellungsdomizil i.S.v. Art. 39 Abs. 3 vor. Der Partei ist aber zu empfehlen, ausdrücklich darauf hinweisen, dass sie dorthin vorgenommene Zustellungen anerkennt.

b) Internationale Abkommen

Aus internationalen Abkommen kann sich ergeben, dass Parteien kein inländisches Zu- **43** stellungsdomizil zu bezeichnen haben. Das trifft etwa zu für das Abkommen vom 25.2.1964 zwischen der Schweizerischen Eidgenossenschaft und Deutschland über **Soziale Sicherheit**:[45] In Absprache mit den deutschen Stellen wird eine Bestimmung des Abkommens (Art. 32 Abs. 1), wonach die Behörden und Gerichte bei Anwendung des Abkommens unmittelbar miteinander und mit den beteiligten Personen in ihren Amts-sprachen verkehren dürfen, derart ausgelegt, dass damit nicht nur die Sprachenfrage, sondern auch der Verkehr zwischen den Beteiligten geregelt wird. Demnach kann das Gericht Akte über die Landesgrenzen hinweg unmittelbar zustellen, etwa als einge-schriebene Sendung mit Rückschein. Daraus hat das Bundesgericht geschlossen, dass die Partei aus Deutschland kein Zustellungsdomizil in der Schweiz zu verzeigen braucht; Zustellungen sind unmittelbar an ihre Adresse in Deutschland zu adressieren.[46]

Im Bereich der sozialen Sicherheit gibt es entsprechende Abkommensbestimmungen mit **44** Italien, Österreich, Griechenland und Portugal.[47] Das mit dem Vereinigten Königreich und Nordirland abgeschlossene Abkommen über Soziale Sicherheit (vom 21.2.1968)[48] ermächtigt Schweizer Gerichte hingegen nicht, einen Entscheid dort wohnhaften Perso-nen unmittelbar zuzustellen.[49]

Bis auf Weiteres sollte an die Stelle der erwähnten bilateralen Abkommen das **Frei-** **45** **zügigkeitsabkommen (FZA)** treten,[50] welches darüber hinaus auch im Verhältnis der Schweiz zu allen übrigen Vertragsstaaten gilt. Gemäss Art. 84 Abs. 3 der Verordnung (EWG) Nr. 1408/71[51] (SR 0.831.109.268.1), die nach Art. 1 Anhang II zum FZA an-wendbar ist, können im **Bereich der sozialen Sicherheit** «Behörden und Träger» jedes Mitgliedstaats miteinander sowie mit den beteiligten Personen oder deren Beauftragten unmittelbar in Verbindung treten. Im Gegensatz zu Art. 84 Abs. 4 der Verordnung sowie zum erwähnten bilateralen Abkommen zwischen Deutschland und der Schweiz sind die

---

[44] POUDRET, Commentaire, Bd. I, Art. 29 N 6.1 167.

[45] SR 0.831.109.136.1; AS 1966 602.

[46] BGE 96 V 140.

[47] POUDRET, Commentaire, Bd. I, Art. 29 N 6.5 170 f.

[48] SR 0.831.109.367.1.

[49] EVG, 19.11.2004, K 44/03, E. 2.2, SVR 2006 KV Nr. 6 13.

[50] Vgl. Art. 20 FZA; BGE 132 V 53, 62 E. 7.2; E. IMHOF, Eine Anleitung zum Gebrauch des Perso-nenfreizügigkeitsabkommens, in: H.-J. Mosimann (Hrsg.), Aktuelles im Sozialversicherungs-recht, Zürich 2001, 19 ff., insb. 108; die in N 27 und 28 erwähnten bilateralen Abkommen wurden durch das FZA jedoch nicht aufgehoben; sie treten vielmehr grundsätzlich hinter das FZA zurück.

[51] Verordnung vom 14.6.1971 zur Anwendung der Systeme der sozialen Sicherheit auf Arbeit-nehmer und Selbständige sowie deren Familienangehörige, die innerhalb der Gemeinschaft zu-und abwandern, SR 0.831.109.268.1.

Gerichte in Art. 84 Abs. 3 der Verordnung allerdings nicht ausdrücklich erwähnt. Daher fragt sich, ob diese Bestimmung auch für Gerichte gilt und dadurch Art. 39 Abs. 3 verdrängt.[52] Da die Verordnung auf eine Vereinfachung des Verfahrens für die betroffenen Personen abzielt, kommt unseres Erachtens Art. 84 Abs. 3 dieser Verordnung prinzipiell nicht nur in Bezug auf Behörden i.e.S., sondern auch auf Gerichte zur Anwendung. Etwas anderes könnte nur gelten, wenn der Vertragsstaat, in dem die betroffene Person lebt, darauf besteht, dass Zustellungen seitens der Gerichte auf dem Rechtshilfeweg oder auf diplomatischem Weg stattzufinden haben; nur dann könnte das Gericht die Verzeigung eines inländischen Zustellungsdomizils nach Art. 39 Abs. 3 auch im Anwendungsbereich der genannten europäischen Verordnung verlangen.

46   Man könnte sich auch fragen, ob das FZA nicht allgemein, in allen von ihm erfassten (öffentlich-rechtlichen) Bereichen der Verpflichtung zur Bezeichnung eines inländischen Zustellungsdomizils entgegensteht. Zu denken ist hierbei etwa an Art. 2 FZA, der ein Diskriminierungsverbot vorsieht. Dieses gilt jedoch nur für die Staatsangehörigen eines Vertragsstaats, die sich in der Schweiz aufhalten, so dass Art. 39 Abs. 3 ohnehin nicht auf sie anwendbar ist. Für diejenigen, die sich nach einem Aufenthalt in der Schweiz in einen anderen Vertragsstaat begeben, ist die Situation nicht anders als für Schweizer, die ins Ausland übersiedeln. Letztere fallen dann unter Art. 39 Abs. 3 (dazu N 27), so dass es nicht diskriminierend erscheint, wenn das Gleiche für die Staatsangehörigen der anderen Vertragsstaaten auch gilt.

47   Weder das Lugano-Übereinkommen (LugÜ) noch die Haager Übereinkunft vom 1.3.1954 betr. Zivilprozessrecht[53] noch das Haager Übereinkommen vom 15.11.1965 über die Zustellung gerichtlicher und aussergerichtlicher Schriftstücke im Ausland in Zivil- oder Handelssachen[54] stehen der Anwendung von Art. 39 Abs. 3 entgegen.[55] Das Gleiche gilt wohl prinzipiell auch in Bezug auf Art. 6 EMRK.[56]

Art. 40

Parteivertreter und -vertreterinnen	[1] **In Zivil- und Strafsachen können Parteien vor Bundesgericht nur von Anwälten und Anwältinnen vertreten werden, die nach dem Anwaltsgesetz vom 23. Juni 2000 oder nach einem Staatsvertrag berechtigt sind, Parteien vor schweizerischen Gerichtsbehörden zu vertreten.** [2] **Die Parteivertreter und -vertreterinnen haben sich durch eine Vollmacht auszuweisen.**
Mandataires	[1] En matière civile et en matière pénale, seuls ont qualité pour agir comme mandataires devant le Tribunal fédéral les avocats autorisés à pratiquer la représentation en justice en vertu de la loi du 23 juin 2000 sur les avocats ou d'un traité international. [2] Les mandataires doivent justifier de leurs pouvoirs par une procuration.

---

[52] Bejahend SEILER/VON WERDT/GÜNGERICH, BGG, Art. 39 N 4; vom EVG ausdrücklich offen gelassen im Urteil vom 19.11.2004, K 44/03, E. 2.5, SVR 2006 KV Nr. 6 13.

[53] SR 0.274.12.

[54] SR 0.274.131.

[55] SPÜHLER/DOLGE/VOCK, Kurzkommentar, Art. 39 N 12.

[56] BGer, II. ZA, 4.5.2004, 5P.73/2004, E. 2.4.

Patrocinatori

[1] Nelle cause civili e penali sono ammessi come patrocinatori dinanzi al Tribunale federale soltanto gli avvocati che la legge del 23 giugno 2000 sugli avvocati o un trattato internazionale autorizza a esercitare la rappresentanza in giudizio in Svizzera.

[2] I patrocinatori devono giustificare il loro mandato mediante procura.

Inhaltsübersicht

Materialien

Art. 38 E ExpKomm; Art. 37 E 2001 BBl 2001 4488; Botschaft 2001 BBl 2001 4293; AB 2003 S 895 f.; AB 2004 N 1589–1593; AB 2005 S 122–124.

Literatur

R. KIENER, Die Beschwerde in öffentlich-rechtlichen Angelegenheiten, in: P. Tschannen, Neue Bundesrechtspflege. Auswirkungen der Totalrevision auf den katonalen und eidgenössischen Rechtsschutz. Berner Tage für die juristische Praxis BTJP 2006, Bern 2007, 219 ff. (zit. Tschannen-Kiener); G. MESSMER/H. IMBODEN, Die eidgenössischen Rechtsmittel in Zivilsachen, Zürich 1992 (zit. Messmer/Imboden, Rechtsmittel); H. PETER, Le recours en matière de poursuites et faillites, in: U. Portmann, La nouvelle loi sur le Tribunal fédéral, 210 ff. (zit. Portmann-Peter); E. POLTIER, Le recours en matière de droit public, in: U. Portmann, ebenda, 143 ff. (zit. Portmann-Poltier); D. TAPPY, Le recours en matière civile, in: U. Portmann, ebenda, 53 ff. (zit. Portmann-Tappy).

I. Allgemeine Bemerkungen

1. Anwendungsbereich/kein Vertretungsobligatorium

Art. 40 betrifft die Prozessvertretung vor dem Bundesgericht durch Dritte und wie diese   **1** das Vertretungsverhältnis zu belegen haben. Er entspricht weitgehend dem früheren Art. 29 Abs. 1–3 OG. Ohne dies ausdrücklich zu erwähnen, geht Art. 40 wie schon

Art. 29 OG davon aus, dass zum einen jede Partei einen Prozess vor dem Bundesgericht unter Beiziehung eines Vertreters führen darf. Zum anderen darf sie umgekehrt auch ohne Vertreter, d.h. allein, vor Bundesgericht auftreten (abgesehen von Ausnahmen gem. Art. 41). Letzteres hält das Bundesgesetz über den Bundeszivilprozess für die von ihm erfassten Verfahren explizit fest. Für den Fall, dass sich eine Partei vertreten lässt, wird dort wiederum auf Art. 40 verwiesen (Art. 18 Abs. 1 BZP). Vor Bundesgericht besteht somit **kein** Vertretungsobligatorium oder gar ein sog. **Anwaltszwang**, was als schweizerische Rechtstradition bezeichnet wird.[1] Dabei ist unerheblich, ob kantonales Recht für das vorinstanzliche Verfahren einen Vertretungszwang vorschrieb (vgl. auch N 4).

2. Abgrenzung

2 Von der Regelung von Art. 40 nicht erfasst werden die Fragen der Pflichtverteidigung bzw. der **notwendigen Verteidigung**,[2] der **unentgeltlichen Verbeiständung** bei unzureichenden finanziellen Mitteln und der Bestellung eines Anwalts wegen **Unfähigkeit zur Prozessführung** (vgl. dazu Art. 29 Abs. 3 BV, Art. 41 und 64, Art. 36 BStP und Art. 6 Ziff. 3 lit. c EMRK).

3 Art. 40 betrifft ebenso wenig die Frage, wer für **juristische Personen** oder **prozessunfähige** bzw. handlungsunfähige natürliche Personen (vgl. Art. 71 i.V.m. Art. 14 BZP) aufzutreten hat: Erstere handeln durch ihre Organe (vgl. Art. 54 f. ZGB),[3] während eine prozessunfähige natürliche Person durch ihren gesetzlichen Vertreter handelt; bei unmündigen Kindern sind dies in der Regel beide sorgeberechtigte Elternteile[4] und bei einem bevormundeten Erwachsenen dessen Vormund.[5] Art. 40 Abs. 1 statuiert zu diesen allgemeinen Regeln keine Einschränkung oder Abweichung. Die Organe bzw. gesetzlichen Vertreter können auch in Zivil- und Strafsachen ohne Anwalt namens der juristischen Person bzw. prozessunfähigen Person auftreten, da es insoweit nicht um Parteivertretung, sondern um ein unmittelbares Handeln der Partei geht.

4 Art. 40 Abs. 1 befasst sich nur mit der Frage, wer als **gewillkürter Parteivertreter** zugelassen ist. Es besteht ein **Anwaltsmonopol in Zivil- und Strafsachen** (wie zuvor gem. Art. 29 Abs. 2 OG), d.h. in diesen Sachen (dazu N 13 ff.) können sich die Parteien nur von Rechtsanwälten (dazu N 5 ff.) vertreten lassen. Aus dem kantonalen Recht kann sich insoweit keine Abweichung ergeben, auch wenn die Kantone gem. Art. 3 Abs. 1 BGFA weiterhin die Kompetenz haben, die Anforderungen für den Erwerb des Anwaltspatents festzulegen. Sieht das kantonale Recht ein Anwaltsmonopol für Bereiche vor, die keine Zivil- oder Strafsachen sind,[6] so wird dadurch der Monopolbereich im bundesgerichtlichen Verfahren nicht ausgedehnt.

---

[1] BBl 2001 4293; AB 2004 N 1592; SPÜHLER/DOLGE/VOCK, Kurzkommentar, Art. 40 N 1; POUDRET, Commentaire, Bd. I, Art. 29 N 3.1; vgl. KARLEN, BGG, 32 f. mit Darstellung, wie die im Gesetzgebungsverfahren umstrittene Norm zustande kam.

[2] Vgl. BGE 129 I 281, 285 ff. E. 3 und 4.

[3] BGE 97 II 95.

[4] Vgl. Art. 296 und 304 ZGB; in Sonderfällen ein Beistand, vgl. Art. 392 Ziff. 2 und 3 ZGB. Gemäss Art. 81 Abs. 1 lit. d sind in Strafsachen auch die Eltern selber und nicht nur als Vertreter beschwerdeberechtigt.

[5] Art. 407 ZGB, wobei es zur Prozessführung der Zustimmung der Vormundschaftsbehörde bedarf Art. 421 Ziff. 8 ZGB.

[6] S. z.B. BGE 105 Ia 67, 74 ff. E. 6 und 7.

II. Vertretungsbefugte Personen

1. Im Bereich des Anwaltsmonopols (d.h. in Zivil- und Strafsachen)

a) Befugte Personen

Im Bereich des Anwaltsmonopols (dazu N 13 ff.) kann sich die Partei nur von Rechts-   5
anwälten vertreten lassen, die nach dem BGFA oder nach einem Staatsvertrag berechtigt
sind, Parteien vor schweizerischen Gerichtsbehörden zu vertreten. Das sind zum einen
alle Anwälte, die über ein kantonales **Anwaltspatent** verfügen und in einem kantonalen
Anwaltsregister eingetragen sind (Art. 4 ff. BGFA). Im Bereich des Anwaltsmonopols
vertretungsbefugt sind zum anderen **Anwälte**, die Staatsangehörige (und nicht nur
Bewohner) der EU oder der EFTA unter Einschluss der Schweiz (Art. 2 Abs. 3 BGFA)
sind, wenn sie den Anwaltsberuf **in** einem Mitgliedstaat der **EU oder EFTA** ausüben
(vgl. Art. 21 f. BGFA) oder in einer öffentlichen Liste (nach Art. 27 f. BGFA) oder einem
kantonalen Anwaltsregister (nach Art. 30–32 BGFA) eingetragen sind.[7]

b) Nicht befugte Personen

Von der Vertretung ausgeschlossen sind Personen, die zwar über ein kantonales Anwalts-   6
patent verfügen, aber in keinem kantonalen Anwaltsregister geführt werden. Das gilt
auch, wenn sie **juristische Mitarbeiter** eines registrierten Anwalts sind.[8] Ebenso wenig
dürfen **Praktikanten** auftreten, denen das Anwaltspatent und damit die Registrierung
als Anwalt fehlt (vgl. Art. 7 BGFA).[9] Ausgeschlossen sind auch **Gewerkschafts- oder
Verbandssekretäre** sowie **Liegenschaftsverwalter und Mieterschutzorganisationen**,
obschon sie in manchen Kantonen in den dortigen Gerichtsverfahren auftreten dürfen. Im
Gegensatz zum OG sind **Hochschullehrer** den (registrierten) Anwälten nicht mehr
gleichgestellt; damit sie eine Partei im Monopolbereich vertreten dürfen, müssen sie die
für Anwälte vorgesehenen Bedingungen erfüllen.[9a]

c) Handlungen, die dem Anwaltsmonopol unterliegen

Soweit das Anwaltsmonopol gilt, umfasst es grundsätzlich **alle Verfahrenshandlun-   7
gen.**[10] Darin sind insb. das Einreichen von Rechtsschriften namens der Partei sowie
das Auftreten vor Gericht inbegriffen. Andere gewillkürte Vertreter können nicht für die
Partei handeln. Auch wenn die Partei im Monopolbereich an sich nicht gehindert ist, ein
Zustellungsdomizil (etwa im Rahmen von Art. 39 Abs. 3) bei einem Nichtanwalt zu bezeichnen, sind **Zustellungen** durch das Gericht beim vertretungsbefugten (inländischen)
Anwalt vorzunehmen, wenn ein solcher für die Partei vor Gericht auftritt.[11]

Die Partei kann – wie erwähnt (N 1) – aber auch im Monopolbereich ohne Anwalt auf-   8
treten und ihre Interessen selber wahrnehmen. Dabei ist es ihr – trotz der Regelung von
Art. 23 lit. g und 29 lit. g BZP, welche für Eingaben die «Unterschrift des Verfassers»
verlangen – nicht verwehrt, eine **Rechtsschrift von** einem **Nichtanwalt aufsetzen** zu
lassen, die sie dann selber nur unterzeichnet.[12]

---

[7] Zu Einzelfragen vgl. WALTER FELLMANN/GAUDENZ ZINDEL (Hrsg.), Kommentar zum Anwaltsgesetz, Zürich/Basel/Genf 2005; BERND EHLE/DOROTHEA SECKLER, Die Freizügigkeit euro-
päischer Anwälte in der Schweiz, Anwaltsrevue 2005, 269 ff.
[8] POUDRET, Commentaire, Bd. I, Art. 29 N 3.2 163; s. auch Art. 42 N 34 und BGE 108 Ia 289.
[9] Vgl. BGE 107 IV 68, 69 ff. E. 1–4.
[9a] EVG, 8.6.2006, K 88/04, E. 4.2.2, in RKUV 2006 Nr. KV 374 S. 291 und SVR 2007 KV Nr. 1 S. 1.
[10] BGE 78 II 114, 117 E. 1.
[11] Bei Zustellung an den Vertretenen statt an den Vertreter s. N 12 in fine.
[12] Vgl. BGE 84 II 590 f.

2. Ausserhalb des Monopolbereichs vertretungsbefugte Personen

9   Aus Art. 40 Abs. 1 ist im Umkehrschluss zu folgern, dass die Parteien in jenen Verfahren vor Bundesgericht, die weder Zivil- noch Strafsachen (dazu N 13 ff.) sind, mangels Anwaltsmonopol bei der **Wahl eines** etwaigen **Vertreters frei** sind.[13] Das gilt selbst dann, wenn für den betroffenen Rechtsbereich im kantonalen Verfahren ein Anwaltsmonopol oder eine anderweitige Einschränkung des zur Vertretung berechtigten Personenkreises bestand.[14] Hiervon zu unterscheiden ist allerdings die Frage, ob und inwieweit jemand gewerbsmässig als Prozessvertreter auftreten und dafür Honorare verlangen darf; Art. 40 beschlägt dies nicht.

10   Ausserhalb des Monopolbereichs kann sich eine Partei grundsätzlich auch durch Steuer- oder Sozialversicherungsexperten, Treuhänder oder Mitglieder von Hilfsorganisationen vertreten lassen. In Frage kommen zudem Juristen, die nicht die Bedingungen nach Art. 40 Abs. 1 erfüllen: Praktikanten, nicht registrierte Anwälte, wissenschaftliche Assistenten, Professoren, ausländische Anwälte, die nicht gestützt auf einen Staatsvertrag zur Berufsausübung in der Schweiz zugelassen sind.[15] Die Partei kann mit ihrer Vertretung auch Personen betrauen, die für gewöhnlich nicht gewerbsmässig als Vertreter auftreten (wie den Ehegatten, einen Verwandten oder Freund)[16]. Ausser der Prozess- bzw. Handlungsfähigkeit muss der Vertreter insoweit prinzipiell keinen weiteren Anforderungen genügen;[17] insb. muss er nicht besondere Qualifikationen aufweisen. Es schadet auch nicht, wenn er Ausländer ist.[18]

III. Folgen der Vertretung für die Partei

11   Aufgrund des Vertretungsverhältnisses muss das Gericht grundsätzlich alle für die Partei bestimmten Zustellungen an den Vertreter vornehmen.[19] Der Parteivertreter ist gegenüber dem Gericht zu **allen Verfahrenshandlungen** namens der Partei befugt. Das Gericht kann sich daher darauf verlassen, dass der Vertreter den Willen der Partei zum Ausdruck bringt; es muss sich insb. nicht wegen eines vom Vertreter erklärten Rückzugs der Beschwerde bei der Partei persönlich vergewissern, ob sie diesem Vorgehen zustimmt. Etwas anderes könnte sich im Prinzip nur mit Blick auf ausdrückliche Vorbehalte in der Vollmachtsurkunde ergeben. Zumindest bei anwaltlicher Vertretung fragt sich aber, ob derartige Vorbehalte dem Gericht entgegengehalten werden können oder ob sie nicht nur innerhalb des Verhältnisses zwischen Vertreter und Vertretenem Wirkungen entfalten. Für gewöhnlich darf das Gericht einen beauftragten Anwalt nämlich als befugt ansehen, alle rechtlich zulässigen Verfahrenshandlungen vorzunehmen.

---

[13] BGE 105 Ia 67, 70 E. 1a; POUDRET, Commentaire, Bd. I, Art. 29 N 31, 162.
[14] Vgl. BGE 105 Ia 67, 75 ff. E. 7; 125 I 166; 99 V 120, 122 E. 2; SPÜHLER/DOLGE/VOCK, Kurzkommentar, Art. 40 N 3.
[15] Vgl. BGE 96 I 251, 253 E. 1; BGer, I. ÖRA, 22.5.1996, 1P.496/1995, E. 1a; EVG, 19.1.1994, U 32/94, E. 1; I. ZA, 21.8.1990, 4P.17/1990, E. 1; POUDRET, Commentaire, Bd. I, Art. 29 N 4, 166.
[16] BGer, II. ÖRA, 5.7.2007, 2C_238/2007, E. 2.2.
[17] SPÜHLER/DOLGE/VOCK, Kurzkommentar, Art. 40 N 3; TSCHANNEN-KIENER, 253.
[18] ZIMMERLI/KÄLIN/KIENER, Verfahrensrecht, 99.
[19] BGE 113 Ib 296, 298 E. 2b. Sobald dem Gericht aber die Beendigung des Mandats bekannt wird, können Zustellungen an den Vertreter grundsätzlich nicht mehr für die Partei wirksam vorgenommen werden, zumindest dann wenn dem Gericht eine Anschrift der Partei bekannt ist; vgl. BGer, II. ÖRA, 7.5.2004, 2A.28/2004, E. 1.1.

Selbst wenn sich eine (prozess- und postulationsfähige) Partei vertreten lässt, ist sie **12** weder im Monopolbereich noch ausserhalb von diesem gehindert, **persönlich Eingaben** an das Bundesgericht zu adressieren.[20] Sie verliert durch Bestellung eines Vertreters nicht ihre Postulationsfähigkeit (dazu Art. 41 N 1 und 24 ff.) und könnte ihrem Vertreter jederzeit das **Mandat entziehen**. Das Gericht muss – auch mit Blick auf den Anspruch auf rechtliches Gehör (Art. 29 Abs. 2 BV) – die persönlichen Eingaben der vertretenen Partei im Rahmen der allgemeinen Verfahrensvorschriften (vgl. z.B. Art. 42, 100 und 102) beachten.[21] Die Partei läuft dann aber Gefahr, dass allfällige Widersprüche zwischen ihren eigenen Eingaben und jenen ihres Vertreters zu ihren Ungunsten interpretiert werden. Die vertretene Partei muss etwaige Fristen aber genauso einhalten, ohne dass das Gericht sie von Fristansetzungen persönlich zu informieren oder ihr fristauslösende Akte zuzustellen hat. Tritt die Partei mit persönlichen Eingaben gegenüber dem Gericht auf, stellt sich ausserdem die Frage, ob damit die Vollmacht des Vertreters widerrufen wurde.[22] Das sollte jedoch nicht leichthin angenommen werden. Ein konkludenter Widerruf der Bevollmächtigung könnte darin gesehen werden, dass die Partei Anträge stellt, die in klarem Widerspruch zu den vom Vertreter formulierten Begehren stehen. Im Prinzip ist es aber an der Partei, dem Gericht einen solchen Widerruf hinreichend klar bekannt zu geben. Ist das nicht der Fall, kann bzw. muss das Gericht etwa Akte, Verfügungen und Entscheide weiterhin dem Parteivertreter und nicht der Partei zustellen.[23] Eine **Zustellung** an die vertretene Person statt an den Vertreter ist mangelhaft. Dennoch kann sie nach Treu und Glauben Wirkungen entfalten; die Partei darf nicht einfach zuwarten, sondern muss sich je nach den Umständen des Einzelfalls innert nützlicher Frist bei ihrem Vertreter erkundigen.[24]

IV. Bereich des Anwaltsmonopols

Das BGG definiert die Begriffe der Zivil- und **Strafsachen** nicht. Unter dem OG sah die **13** Praxis alle **Zivilrechtsstreitigkeiten** vermögens- und nicht vermögensrechtlicher Art sowie die nicht streitigen Zivilsachen (Bereich der freiwilligen Gerichtsbarkeit) als Zivilsachen an. Das soll laut Gesetzgeber unter dem BGG nicht anders sein.[25]

Der Zweck der Beschränkung der Vertretungsbefugnis auf Anwälte besteht laut Bundes- **14** gericht in der Gewährleistung einer juristisch und moralisch einwandfreien Prozessführung im Interesse der vertretenen Partei einerseits und einer einwandfreien Prozessführung im öffentlichen Interesse klarer und zweckmässiger Rechtsfindung anderseits.[26] Von Bedeutung sind in diesem Zusammenhang die Begründungsanforderungen an Beschwerden, die v.a. juristisch unerfahrenen Personen besondere Schwierigkeiten bereiten können. Unseres Erachtens hätte sich daher ein umfassendes Anwaltsmonopol – wenn nicht gar ein Anwaltszwang – für alle bundesgerichtlichen Verfahren gerechtfertigt.[27] Ausnahmen in genau umschriebenen Bereichen wären für eine Vertretung durch Nichtanwälte, die entsprechende Leistungsausweise und Kompetenzen besitzen, denkbar ge-

---

[20] Vgl. BGE 102 Ia 23; POUDRET, Commentaire, Bd. I, Art. 29 N 3.1 162.
[21] MESSMER/IMBODEN, Rechtsmittel, 17 FN 26; vgl. auch BGE 95 II 280.
[22] POUDRET, Commentaire, Bd. I, Art. 29 N 3.1 162.
[23] BGE 113 Ib 296, 298 E. 2b.
[24] S. Näheres bei BGer, II. ÖRA, 20.3.1992, 2A.419/1990, E. 5, ASA 62, 622; EVG, 13.2.2001, C 168/00, E. 3.
[25] BBl 2001 4306.
[26] BGE 99 V 120, 124 E. 3c.
[27] Vgl. CORBOZ, SJ 2006, 330, der meint, dass die Anforderungen an die Begründung der Rechtsschriften die Rechtsuchenden zur Einschaltung eines Anwalts veranlassen sollten.

wesen (z.B. für den Bereich des Steuerrechts durch Bestehen einer anerkannten Steuer-experten-Prüfung; Mieterschutzorganisationen im Mietrecht oder Gewerkschafts- und Verbandssekretäre im Arbeitsrecht). Das entspricht indes zur Zeit nicht dem Willen des Gesetzgebers, wie nachfolgend dargestellt wird.

1. Zivilsachen

a) Darlegung der Problematik und Auslegung

15 Eine Lehrmeinung und ein Urteil des Bundesgerichts wollen in Bezug auf Art. 40 Zivil-sachen i.S.v. Art. 72–77 verstehen und damit alle in Art. 72 Abs. 2 aufgezählten Bereiche ebenfalls dem Anwaltsmonopol unterwerfen.[28] Eine andere Lehrmeinung nimmt zumin-destens die Schuldbetreibungs- und Konkurssachen (SchKG) vom Anwaltsmonopol aus, obwohl diese gem. Art. 72 Abs. 2 lit. a ausdrücklich der Beschwerde in Zivilsachen un-terliegen.[29] Unter dem OG waren SchKG-Sachen nicht als Zivilsachen behandelt worden, so dass insoweit kein Anwaltsmonopol bestand.[30] Das Gleiche galt zumindest für die meisten in Art. 72 Abs. 2 lit. b aufgezählten Verfahren, welche vom Bundesgericht regelmässig als Verwaltungsgerichts- oder als staatsrechtliche Beschwerden und damit ohne Unterwerfung unter das Anwaltsmonopol behandelt wurden.[31]

16 Sicherlich erschiene es auf den ersten Blick am einfachsten, als Zivilsachen i.S. des Art. 40 alle Gegenstände zu behandeln, für welche die Beschwerde in Zivilsachen zu-lässig ist. Insoweit würde auf die Art des Rechtsmittels und nicht auf den Gegenstand des Verfahrens abgestellt werden. Derart wurde wohl im Prinzip unter dem OG verfahren, so dass das Anwaltsmonopol für die Berufung und die Nichtigkeitsbeschwerde, nicht aber für die staatsrechtliche Beschwerden in Zivilsachen galt.[32] Durch das alleinige Abstellen auf die Art des Rechtsmittels würde das Problem letztlich aber nur verlagert. Es ist näm-lich nicht immer von vornherein klar, welches Rechtsmittel zu ergreifen ist. Es kann sich die u.U. schwierige Frage stellen, ob die Beschwerde in Zivilsachen oder diejenige in öffentlich-rechtlichen Sachen eröffnet ist. Nur ergänzend sei in diesem Zusammenhang bemerkt, dass die Falschbezeichnung des Rechtmittels der Partei grundsätzlich nicht schaden darf.[33]

17 Während der Bundesrat in der Botschaft 2001 das Anwaltsmonopol zunächst noch auf alle Rechtsbereiche ausweiten wollte, sprach sich der Gesetzgeber (die Parlamentsmehr-heit) vehement gegen eine Ausdehnung des Anwaltsmonopols aus. Auch wenn in den Materialien nur das Steuerrecht als Beispiel eines Bereichs erwähnt wird, in dem kein Anwaltsmonopol gelten soll, findet sich doch wiederholt die Aussage, es sei am bisher für die Parteivertretung geltenden Recht festzuhalten. Der Gesetzgeber wollte demnach klarerweise nicht nur das Steuerrecht vom Anwaltsmonopol ausnehmen und hat das

---

[28] BGer, I. ZA, 18.7.2007, 4A_161/2007, E. 3; SEILER/VON WERDT/GÜNGERICH, BGG, Art. 40 N 5; hierzu tendierend wohl auch PORTMANN-TAPPY, 100 f. N 74; eher offen: PORTMANN-PETER, 210.

[29] SPÜHLER/DOLGE/VOCK, Kurzkommentar, Art. 40 N 3.

[30] BGer, SchK, 23.1.2003, 7B.246/2002, E. 1.3, Pra 2003, Nr. 126, 673; POUDRET, Commentaire, Bd. I, Art. 29 N 3.1, 162 m.Hinw.

[31] Vgl. BGE 79 I 182; 96 I 251; PORTMANN-TAPPY, 57 f. N 9 f.

[32] MESSMER/IMBODEN, Rechtsmittel, 17 N 14. Dass eine durch einen Nichtanwalt vertretene Partei ausschliesslich mit einer staatsrechtlichen Beschwerde in Zivilsachen ans Bundesgericht gelangte, dürfte praktisch jedoch selten vorgekommen sein, zumal sich insoweit für Nichtanwälte be-sonders schwierige Abgrenzungsfragen in Bezug auf die zu ergreifenden Rechtsmittel stellten.

[33] Zum BGG: BGer, StrafA, 20.3.2007, 6C.1/2007, E. 2.2; zum OG: BGE 131 I 291, 296 E. 1.3.

Gesetz daher nicht dementsprechend formuliert. Vielmehr wollte er mit Blick auf die liberale Wirtschaftsordnung möglichst keine neuen Monopole schaffen; das Anwaltsmonopol sollte nur dort weiter bestehen, wo es «unabdingbar notwendig» ist.[34]

Sodann bezeichnete der Gesetzgeber die in Art. 72 Abs. 2 aufgezählten Bereiche nicht **18** wie die von Art. 72 Abs. 1 erfassten Rechtsgebiete als Zivilsachen, sondern erklärte bloss, dass sie «auch» der Beschwerde in Zivilsachen «unterliegen». Demzufolge sieht das BGG die in Art. 72 Abs. 2 aufgeführten Bereiche, wie schon die bundesrätliche Botschaft,[35] nicht als Zivilsachen an und unterstellt sie deshalb nicht dem Anwaltsmonopol. Dies deckt sich im Ergebnis mit der Formulierung von Art. 40 Abs. 1, welcher das Anwaltsmonopol eben nicht für «Beschwerden in Zivilsachen», sondern einfach nur für «Zivilsachen» statuiert. Mithin steht fest, dass die in Art. 72 Abs. 2 aufgeführten Bereiche, einschliesslich der Schuldbetreibungs- und Konkurssachen nicht in den Monopolbereich fallen. Daran ändert nichts, dass das SchKG-Recht in der (aktuellen) Bundesverfassung (neu) unter den Begriff des «Zivilrechts» i.S. des Art. 122 Abs. 1 BV fallen soll.[36] SchKG-Sachen bleiben damit trotzdem dogmatisch (grundsätzlich) öffentlich-rechtlicher Natur.[37]

Die meisten von Art. 72 Abs. 2 erfassten Rechtsbereiche werden im Gegensatz zu Zivil- **19** sachen nach Art. 72 Abs. 1 von der Untersuchungs- und nicht von der Dispositionsmaxime beherrscht. Dort treten oft Personen als Vertreter auf, die mit dem speziellen Gebiet mindestens so gut vertraut sind wie Rechtsanwälte.

Im Übrigen erfolgt in Art. 22 die Verteilung der Geschäfte auf die Abteilungen nicht **20** zwingend nach der Art des Rechtsmittels, sondern nach Rechtsgebieten, so dass öffentlich-rechtliche Sachen durchaus von zivilrechtlichen Abteilungen behandelt werden können. Dabei ist nicht auszuschliessen, dass Rechtssachen dann im Rahmen der Beschwerde in Zivilsachen behandelt werden, weil sie dem Zivilrecht nahestehen, ohne jedoch selber Zivilsachen darzustellen. Dementsprechend ist der Katalog in Art. 72 Abs. 2 lit. b nicht abschliessend formuliert («insbesondere»), wobei die Doktrin teilweise Abgrenzungsprobleme befürchtet.[38] Ausserdem sind die drei Einheitsbeschwerden des BGG nicht in jeder Hinsicht drei unterschiedliche Rechtsmittel: Rechtsnatur, Anfechtungsobjekte (Art. 90–93), Überprüfung (Art. 95–98) und Entscheidungsbefugnisse (Art. 105–107) sowie das Verfahren sind bei allen drei Beschwerden gleich geregelt. Die falsche Bezeichnung der Beschwerde soll auch nicht (mehr) schaden. Die durch das BGG für den Rechtsuchenden erstrebte Vereinfachung des Verfahrens besteht v.a. darin, die Rechtsmittel zu vereinheitlichen.[39] In dieser Hinsicht wäre der Rechtsuchende weniger auf einen Anwalt angewiesen, so dass es einen gewissen Widerspruch darstellen würde, wenn die erwähnte Vereinfachung zugleich zu einer vom Gesetzgeber in diesem Umfang nicht beabsichtigten Ausweitung des Anwaltsmonopols führen würde.[40] Was das Auftreten eines Nichtanwalts als Vertreter im Monopolbereich für Konsequenzen hat, wird in den nachfolgenden N 32 ff. behandelt; je nachdem, wie weit der Monopolbereich gefasst wird, könnten diese Folgen unterschiedlich sein.

---

[34] BBl 2001 4293; AB 2003 S 895; AB 2004 N 1590–1593; AB 2005 S 122–124.
[35] BBl 2001 4306 f.
[36] HÄFELIN/HALLER/KELLER, Suppl., N 1734 8; SGK-LEUENBERGER, Art. 122 N 7.
[37] So BBl 2001 4307.
[38] PORTMANN-POLTIER, 144.
[39] BBl 2001 4214 f. und 4233.
[40] Zu den nachteiligen Folgen, die eine solche Ausweitung des Monopols für eine Partei zeitigen könnte, vgl. N 34–40.

21 Ergänzend sei bemerkt, dass wenn die in Art. 72 Abs. 2 erwähnten Bereiche nach Art. 40 als Zivilsachen angesehen würden, sich konsequenterweise auch die Frage stellen würde, ob sie inskünftig nicht ebenso neu als **Zivilsache i.S.v. Art. 6 EMRK** bzw. Art. 14 Abs. 1 UNO-Pakt II zu behandeln wären. Das wäre etwa für das betreibungsrechtliche Beschwerdeverfahren (vgl. Art. 19 SchKG a.F.) zu beantworten, dessen Anwendungsgebiet nun von der Beschwerde in Zivilsachen übernommen wird,[41] das bisher jedoch nicht als Zivilsache i.S.v. Art. 6 EMRK angesehen wurde.[42]

22 Wohl wird in der Literatur teilweise zugunsten einer Unterstellung unter das Anwaltsmonopol vorgebracht, dass sich etwa im SchKG-Bereich schwierige verfahrensrechtliche Fragen stellen bzw. betreibungsrechtliche Streitigkeiten Reflexwirkungen auf das materielle Recht haben können.[43] Hiergegen ist jedoch einzuwenden, dass sich die Dinge unter dem OG nicht anders präsentierten, ohne dass ein erweitertes Anwaltsmonopol bestand. Zudem stellen sich die gleichen schwierigen Verfahrensfragen auch dann, wenn die Partei auf den Beizug eines Anwalts verzichtet. Es handelt sich bei der erwähnten Auffassung eher um ein Argument für die Einführung des Anwaltszwangs als für eine Ausweitung des Monopolbereichs. Schliesslich können sich schwierige Fragen in anderen Materien, die vom Anwaltsmonopol ausgenommen sind (etwa im Verwaltungsrecht), genauso stellen.

b) Ergebnis

23 Als Ergebnis ist u.E. somit Folgendes festzuhalten: Aufgrund von Gesetzeswortlaut und Willen des Gesetzgebers ist bei der Bestimmung des Monopolbereichs nach Art. 40 Abs. 1 nicht auf die Art des Rechtsmittels abzustellen. Der Begriff der Zivilsachen erfasst nur die «eigentlichen» Zivilsachen i.S.v. Art. 72 Abs. 1, so dass das Anwaltsmonopol für die in Art. 72 Abs. 2 aufgezählten Bereiche nicht greift.[43a] Dieses gilt allenfalls neu in Zivilsachen für Rügen, die unter dem OG noch im Rahmen einer staatsrechtlichen Beschwerde geltend gemacht werden mussten (dazu N 16). Als dem Anwaltsmonopol unterliegende Zivilsachen gelten demnach nur die Zivilrechtsstreitigkeiten vermögens- und nicht vermögensrechtlicher Art sowie die nicht streitigen Zivilsachen der freiwilligen Gerichtsbarkeit (dazu Art. 72 N 1 ff.).[44] Soweit für diese Bereiche eine subsidiäre Verfassungsbeschwerde statt der Beschwerde in Zivilsachen in Betracht kommt, sollte das Anwaltsmonopol wegen des Wortlauts von Art. 40 Abs. 1, der keine Unterscheidung zwischen Einheitsbeschwerde und subsidiäre Verfassungsbeschwerde trifft, und mit Blick auf Art. 119 Abs. 1, der die Erhebung der beiden Beschwerden in einer Rechtsschrift vorsieht, wohl auch hier gelten.[45] Es bleibt zu hoffen, dass das Bundesgericht auf seinen lediglich in 3-Besetzung getroffenen Entscheid vom 18.7.2007 (4A_161/2007), dem es gemäss Art. 20 Abs. 2 BGG keine grundsätzliche Bedeutung beigemessen und in welchem es sich nicht mit obigen Aspekten befasst hat, zurückkommen wird.

24 Somit kann sich eine Partei in Zwangsvollstreckungssachen mangels Anwaltsmonopols vor Bundesgericht auch durch **gewerbsmässige Vertreter i.S.v. Art. 27 SchKG** vertreten lassen. Würde das Anwaltsmonopol auf SchKG-Sachen ausgeweitet, so würde sich

---

[41] BBl 2001 4307.

[42] Vgl. BGer, SchK, 16.4.2002, 7B.12/2002, E. 6, JdT 2002 II 63.

[43] SEILER/VON WERDT/GÜNGERICH, BGG, Art. 40 N 5.

[43a] In diesem Sinne auch: FRANCO LORANDI, Besonderheiten der Beschwerde in Zivilsachen gegen Entscheide der kantonalen Aufsichtsbehörden in SchKG-Sachen, AJP 2007, 443.

[44] PORTMANN-TAPPY, 55 ff. N 5 ff.

[45] PORTMANN-TAPPY, 101 N 74 FN 149; eher ablehnend PORTMANN-PETER, 210.

die Frage stellen, ob das Auftreten solcher Vertreter vor Bundesgericht dennoch als Ausnahme zulässig sein soll.[46]

Materielle Streitigkeiten, die **im Laufe einer Betreibung** entstehen können und dann   **25**
zu Anerkennungs- oder Aberkennungsklagen führen, sind allerdings wie bisher nicht als
SchKG-Sachen anzusehen, sondern **als Zivilsachen** i.S.v. Art. 72 Abs. 1 und von Art. 40
Abs. 1.[47] Insoweit gilt das Anwaltsmonopol (wie unter dem OG).

2. Strafsachen

a) Allgemeines

Der Begriff der Strafsache umfasst grundsätzlich sämtliche Entscheide, denen materielles   **26**
Strafrecht oder Strafprozessrecht zu Grunde liegt (dazu Art. 78 N 1 ff.).[48] Keine Rolle
spielt, ob sich der Entscheid insoweit auf Bundesrecht oder kantonales Recht stützt.[49]

Eigentlich wäre es wünschenswert und im Grunde auch konsequent, dass in allen Straf-   **27**
sachen, in denen die Minimalgarantien des **Art. 6 EMRK** Geltung beanspruchen, auch
das Anwaltsmonopol gilt, v.a. sofern der Begriff der Strafsache in **Art. 78** gleich verstanden würde. Dadurch wäre bei der Bestimmung, was als Strafsache zu verstehen ist, nicht
nach der jeweils anzuwendenden Vorschrift (Art. 6 EMRK, Art. 40 und 78) zu unterscheiden. Mit Blick auf den ausdrücklichen gesetzgeberischen Willen, den Monopolbereich möglichst nicht auszuweiten (dazu N 17), aber auch angesichts des Umstands,
dass der Begriff der Strafsache i.S. des Art. 78 enger zu verstehen ist als derjenige von
Art. 6 EMRK (vgl. Art. 78 N 2), kann u.E. für die Auslegung von Art. 40 nicht auf
den Geltungsbereich von Art. 6 EMRK abgestellt werden. Als Strafsachen i.S.v. Art. 40
können höchstens jene Bereiche verstanden werden, die auch als Strafsachen i.S.v.
Art. 78 Abs. 1 gelten (dazu Art. 78 N 3 ff.).

Die auf das Strassenverkehrsgesetz (SVG) gestützten **Führerausweisentzüge** werden   **28**
nicht als Strafsachen angesehen und sollten daher folgerichtig von der Beschwerde in
öffentlich-rechtlichen Angelegenheiten erfasst werden;[50] damit sind sie dem Monopolbereich des Art. 40 Abs. 1 entzogen.

b) Verwaltungs- und Steuerstrafsachen

Verwaltungsstrafrechtliche Verfahren sind zumindest dann, wenn die Voraussetzungen für   **29**
die Verhängung einer Freiheitsstrafe oder einer freiheitsentziehenden Massnahme gegeben sind (vgl. Art. 21, 71–73 VStR), als Strafsachen i.S.v. Art. 40 zu qualifizieren.[51] Im
Bereich des Steuerrechts gelten – entsprechend der Praxis unter dem OG – nur die Verfahren wegen Steuervergehen (vgl. Art. 186 DBG und Art. 59 StHG), nicht jedoch etwa
diejenigen wegen Steuerhinterziehung als Strafsachen nach Art. 40, auch wenn alle diese
Delikte in den Steuergesetzen unter dem Titel «Steuerstrafrecht» aufgeführt sind (vgl.

---

46   Eher nicht, wenn bedacht wird, dass kantonale Reglemente gem. Art. 27 SchKG laut BGer,
    SchK, 23.1.2003, 7B.246/2002, E. 1.3, Pra 2003 Nr. 126 673, und POUDRET, Commentaire,
    Bd. I, Art. 29 N 3.1 162 vor Bundesgericht nicht gelten.
47   Vgl. BBl 2001 4307.
48   Vgl. auch BGer, I. ÖRA, 19.3.2007, 1B.31/2007, E. 1.1; BGer, StrafA, 29.3.2007, 6C.1/2007,
    E. 2.1.
49   BBl 2001 4313.
50   PORTMANN- POLTIER, 144 f.
51   SPÜHLER/DOLGE/VOCK, Kurzkommentar, Art. 40 N 3, erstrecken dies offenbar auf alle Ver-
    waltungsstrafsachen. Vgl. auch BGE 107 IV 122. Die Botschaft 2001 erklärt nur, dass die
    Anwendung des Verwaltungsstrafrechts im Gegensatz zum Militärstrafrecht Gegenstand einer
    Beschwerde in Strafsachen beim Bundesgericht bilden kann (BBl 2001 4313).

Art. 174 ff. DBG und Art. 55 ff. StHG) (dazu auch Art. 78 N 8).[52] Steuervergehen können mit Gefängnis geahndet werden, Steuerhinterziehung hingegen nur mit Busse. Spätestens dann, wenn freiheitsentzeihende Massnahmen auch für weitere Steuerdelikte in Betracht kommen, müssten diese ebenfalls als Strafsachen behandelt werden. Im Übrigen ist wegen des gesetzgeberischen Willens eine Ausweitung nicht angebracht (dazu N 17).

c) In Art. 78 Abs. 2 genannte Bereiche

30 Ähnlich wie bei den Zivilsachen mit Bezug auf Art. 72 Abs. 2 (s. oben N 15 ff.) fragt sich, ob das Anwaltsmonopol auch für die in Art. 78 Abs. 2 genannten Bereiche gilt. Dies ist bezüglich der Zivilansprüche bzw. **zivilrechtliche Adhäsionsansprüche** (lit. a; vgl. dazu Art. 78 N 11 ff.) zu bejahen, da insoweit eine eigentliche Zivilsache (i.S.v. Art. 72 Abs. 1) gegeben ist, die ohne Weiteres in den Monopolbereich fällt.

31 Analog den Überlegungen zu Art. 72 Abs. 2 (N 17 ff.) ist eine Erstreckung des Monopols auf die in Art. 78 Abs. 2 lit. b genannten Bereiche hingegen abzulehnen. Gemäss dem Gesetzgeber handelt es sich beim Vollzug von Strafen und Massnahmen nicht um eine «Strafsache», sondern um einen «anderen Rechtsbereich».[53] Diese Materie, die zwar teilweise im Strafgesetzbuch geregelt ist, aber (bisher) materiell als Bundesverwaltungsrecht eingestuft wurde (vgl. Art. 78 N 20), hätte durch entsprechende Formulierung des BGG als Strafsachen bezeichnet werden können. Der Gesetzgeber hat das aber unterlassen und letztlich nur zur Verfahrensvereinfachung die Beschwerde in Strafsachen auch für die Bereiche von Art. 72 Abs. 2 lit. b anwendbar erklärt. Unter dem OG war insoweit noch die Verwaltungsgerichtsbeschwerde oder die staatsrechtliche Beschwerde zulässig.[54]

V. Folgen eines Verstosses gegen das Anwaltsmonopol

1. Fristansetzung nach Art. 42 Abs. 5

32 Tritt eine Partei im Bereich des Anwaltsmonopols mit einem unzulässigen (aber mit einer Vollmacht ausgestatteten) Vertreter auf, ist v.a. der **Partei selber** – und nicht etwa nur dem unbefugten Vertreter allein – gem. Art. 42 Abs. 5 (in der Tatbestandsalternative: «ist die Vertretung nicht zugelassen») eine angemessene Frist zur Behebung des Mangels anzusetzen.[55] Die Partei sollte aus folgendem Grund unmittelbar angeschrieben werden: Wenn das Gericht in einem Verfahren einen bestimmten Vertreter nicht als zulässig erachtet, wäre es widersprüchlich, Mitteilungen (nur) an diesen zu senden. Das muss im Interesse der Partei selbst dann gelten, wenn der fragliche Vertreter (etwa wegen ähnlicher Verfahren, bei denen er bereits als unbefugter Vertreter aufgetreten war) wissen musste, dass er als solcher nicht tätig werden durfte. Auf eine Fristansetzung kann u.U. verzichtet werden, wenn sich die Eingabe schon aus anderen Gründen als offensichtlich unzulässig oder unbegründet erweist (vgl. aber auch N 38).[55a]

33 Es drängt sich aber auf, v.a. mit Blick auf den Grundsatz von Treu und Glauben (Art. 5 Abs. 3 BV), dass das Gericht nicht nur die Partei selber, sondern **auch den (unbefugten) Vertreter** anschreibt: Es ist nämlich nicht ausgeschlossen, dass die Partei ihn gerade wegen einer längerer Abwesenheit beauftragt und daher nicht dafür gesorgt hat, dass an sie direkt adressierte Sendungen sie rechtzeitig erreichen; insoweit könnte sie den Ver-

---

[52] Wohl ebenso PORTMANN-POLTIER, 145, der wegen «amendes fiscales» die Beschwerde in öffentlich-rechtlichen Angelegenheiten eröffnet sieht.

[53] Vgl. BBl 2001 4313.

[54] S. Näheres bei THOMMEN/WIPRÄCHTIGER, AJP 2006, 652; s. auch BGE 100 Ib 323, 324 E. 1; 122 IV 8, 11 E. 1a; 124 I 231, 232 f. E. 1a.

[55] Vgl. BGE 99 V 120, 123 f. E. 3.

[55a] BGer, StrafA, 9.8.2007, 6B_313/2007, E. 2, 4 und 5, und 6B_387/2007, E. 1 und 2.

treter auch als Zustellungsdomizil verstanden haben. Unterbleibt in einem solchen Fall eine Verständigung auch des «Vertreters» sollte der Partei dann zumindest anschliessend die Wiederherstellung der Frist nach Art. 50 ermöglicht werden.

2. Behebung des Mangels

Das Gesetz verlangt in Art. 42 Abs. 5 eine «Behebung des Mangels» durch die Partei. **34** Diese kann im Anschluss an eine Aufforderung nach Art. 42 Abs. 5 entweder einen Anwalt (dazu N 5) einschalten oder das Verfahren ohne Vertreter weiterführen. Für die zweite Variante genügt im Grunde, dass die Partei künftig nicht mehr den unzulässigen Vertreter für sie vor Gericht auftreten lässt, ihm also die Bevollmächtigung entzieht. In diesem Zusammenhang fragt sich aber, was es für Folgen hat, wenn sich die Partei nicht innert Frist beim Gericht meldet.

Was hat es insoweit mit der ursprünglich **vom unzulässigen Vertreter eingereichten** **35** **Rechtsschrift** auf sich? Nach Art. 18 Abs. 3 BZP, auf den durch Art. 71 verwiesen wird, sind Prozesshandlungen eines nicht bevollmächtigten Vertreters von Amts wegen nichtig zu erklären. Vorliegend ist der Vertreter zwar unzulässig, aber von der Partei (zunächst noch) bevollmächtigt gewesen. Somit können dessen Eingaben nicht gestützt auf Art. 18 Abs. 3 BZP nichtig erklärt werden. Allerdings stellt sich die Frage, ob die vom unbefugten Vertreter eingereichten Rechtsschriften überhaupt als nichtig anzusehen sind. Über die Eingabe des Vertreters samt der Vollmachtsurkunde, welche die Partei unterzeichnet hat, ist dem Gericht an sich bekannt, dass diese ein Verfahren anstrebt bzw. wie diese daran teilhaben will. Zudem wird nicht verlangt, dass die Partei ihre Rechtsschrift als solche unterzeichnet, vielmehr wurde als genügend angesehen, dass etwa das Kuvert oder ein Begleitschreiben von ihr unterschrieben wurde (vgl. dazu aber Art. 42 N 34 und 36). Vorliegend fände sich die Unterschrift mindestens auf der Vollmachtsurkunde, wenn diese dem Gericht im Original vorgelegt wurde. Angesichts der bestehenden Unsicherheiten ist es der **Partei** vorsichtshalber zu empfehlen, sich stets **innert Frist ans Gericht zu wenden**. Dabei sollte sie möglichst eine Ausfertigung der vom (unzulässigen) Vertreter eingereichten Eingabe persönlich unterzeichnen und dem Gericht vorlegen.[56]

Zumindest dann, wenn dem Gericht die mit eigenhändiger Unterschrift der Partei ver- **36** sehene Originalvollmacht vorliegt, erschiene es als übertrieben formalistisch, wenn das Gericht auf die Eingabe nur deswegen nicht eintritt, weil sich die Partei nicht innert der nach Art. 42 Abs. 5 gesetzten Frist bei ihm gemeldet hat. Damit würde Art. 40 Abs. 1, der insb. auch dem Schutze der Partei dienen soll (dazu N 14), ins Gegenteil verkehrt. Will sich das Gericht insoweit ein Nichteintreten vorbehalten, müsste es der Partei vorher unmissverständlich androhen, sie müsse sich selber oder mit einem (zugelassenen) Rechtsanwalt innert Frist beim Gericht melden, wenn sie das Verfahren weiterführen möchte, ansonsten würde auf die Eingabe nicht eingetreten. Fremdsprachigen Parteien, welche die Verfahrenssprache nicht verstehen, sollte das möglichst in einer ihnen verständlichen Sprache erklärt werden. Sollte der (unzulässige) Vertreter in der Folge weitere Eingaben für die Partei ans Gericht adressieren, wären diese hingegen auf jeden Fall aus dem Recht zu weisen.

3. Neue Rechtsschriften und Anträge

Ist die Rechtsmittel- oder Vernehmlassungsfrist bereits abgelaufen, wird die Partei in **37** **Zivilsachen**, in denen die Dispositionsmaxime gilt, grundsätzlich keine weiteren Anträge stellen und nichts Zusätzliches vorbringen dürfen.[57] Etwas anderes erschiene system-

---

[56] Vgl. BGer, KassH, 4.5.2005, 6P.18/2005, E. 1.
[57] Wohl ähnlich POUDRET, Commentaire, Bd. I, Art. 29 N 2.5 160.

widrig: Zwar wurde das Anwaltsmonopol auch zum Schutze der Partei vorgesehen.[58] Ein Anwaltszwang besteht indes nicht; die Partei hätte von vornherein allein auftreten können; sie muss sich daher das, was ihr (vor Gericht nicht zugelassener) Vertreter vorgebracht hat, nach den allgemeinen Grundsätzen der Stellvertretung zurechnen lassen. Der Mangel in der Vertretung darf nicht dazu benutzt werden, eine Eingabe zu ergänzen oder zu verbessern. Ansonsten würden die Fristenregelungen zum Nachteil der Gegenpartei ausgehebelt werden. Somit wird die Partei bzw. ihr Anwalt innert der Nachfrist letztlich nur auf die (fristgerechten) Eingaben des nicht befugten Vertreters Bezug nehmen bzw. dessen Vorbringen wiederholen können. Der Partei dürfte allenfalls eine Einschränkung oder Präzisierung der ursprünglich gestellten Anträge erlaubt sein.

38 Etwas anderes gilt wohl für die Beschwerde in **Strafsachen** (ausser in Bezug auf Art. 78 Abs. 2 lit. a), da im Strafrecht eine andere Interessenlage und andere Verfahrensprinzipien bestehen als in Zivilsachen. Würde man das Anwaltsmonopol u.a. zum Schutze der Partei neu auf die von **Art. 72 Abs. 2** erfassten Sachen ausdehnen (vgl. oben N 15 ff.), müsste der Partei auch hier die Möglichkeit eingeräumt werden, über den nach Art. 42 Abs. 5 nachträglich beauftragten Anwalt Zusätzliches vorzubringen und (im Rahmen von Art. 99 Abs. 2) geänderte Anträge zu stellen. Das öffentliche Interesse an der korrekten Behandlung dieser Sachen überwiegt insoweit und der (in erster Linie im Zivilverfahrensrecht geltenden) Dispositionsmaxime kommt höchstens eine untergeordnete Rolle zu. Das Bundesgericht hat sich dazu allerdings noch nicht geäussert.

4. Kostenentscheid bei Nichteintreten mangels zulässiger Vertretung

39 Tritt das Gericht bei unzulässiger Prozessvertretung – etwa im vereinfachten Verfahren wegen offensichtlicher Unzulässigkeit gem. Art. 108 Abs. 1 lit. a – auf die Beschwerde nicht ein, überbürdet es hier im Prinzip der Partei, die dem Vertreter eine Vollmacht erteilt hat,[59] die Verfahrenskosten nach Art. 66 Abs. 1 Satz 1.[60] Ein Kostenentscheid zulasten des Vertreters kann sich nach Art. 66 Abs. 1 Satz 2 oder Abs. 3 dann rechtfertigen, wenn das Gericht diesem schon in anderen Verfahren mitgeteilt hatte, er sei im betroffenen Bereich nicht zur Vertretung befugt, v.a. wenn es ihm eine entsprechende Kostenfolge im Wiederholungsfalle angedroht hatte, oder wenn der beauftragte Vertreter die unzulässige Vertretung sonst wie zu verantworten hat. Letzteres kann etwa dann in Betracht kommen, wenn der an sich beauftragte und zugelassene Anwalt vor Gericht einen nicht befugten Mitarbeiter seiner Kanzlei auftreten liess.[61]

40 Vorstehende Erwägungen haben auch insoweit Gültigkeit, als über eine **Parteientschädigung** nach Art. 68 an die Verfahrensbeteiligten zu befinden ist.

VI. Vollmacht (Art. 40 Abs. 2)

1. Vorlage der Vollmacht

41 Der Parteivertreter hat sich gem. Art. 40 Abs. 2 durch eine Vollmacht auszuweisen. Das gilt im Monopolbereich ebenso wie ausserhalb von diesem und sowohl für Rechtsanwälte als auch für andere Vertreter. Das Vorliegen einer genügenden Vollmacht prüft

---

[58] Und nicht nur als «Sieb» i.S.v. BBl 2001 4293, sonst hätte das Anwaltsmonopol auf alle Rechtsbereiche ausgeweitet werden müssen.

[59] Bei fehlender Vollmacht vgl. aber N 40.

[60] Wohl abweichend und insoweit zu undifferenziert POUDRET, Commentaire, Bd. I, Art. 29 N 5 167, der die Gerichtskosten dem Vertreter auferlegen würde.

[61] Vgl. BGE 84 II 403, 406 E. 2; vgl. auch BGE 107 IV 68, 72 E. 5; 105 IV 285, 286 E. 3.

das Gericht von Amts wegen.[62] Auch wenn das Gesetz dies nicht (mehr) ausdrücklich vorschreibt und kantonale Verfahrensordnungen gelegentlich mündlich zu Protokoll gegebene oder konkludent erteilte Vollmachten genügen lassen, muss dem Bundesgericht eine Vollmacht grundsätzlich schriftlich im Original vorgelegt werden, da das bundesgerichtliche Verfahren fast ausschliesslich schriftlich geführt wird und nur selten eine mündliche Verhandlung stattfindet (allenfalls mit Besonderheiten bei elektronischen Eingaben nach Art. 42 Abs. 4).[63] Daran ändert nichts, dass Art. 20 BZP, der die Schriftform der Vollmacht vorsah, aufgehoben worden ist. Gegenteilige Anordnungen vorbehalten, gilt der Grundsatz, dass der Vertreter aufgrund einer einmal ausgestellten Vollmacht befugt ist, die Partei vor allen Instanzen – einschliesslich vor Bundesgericht – zu vertreten.[64] Es reicht aber nicht, dass der Vertreter nur auf die den Vorinstanzen vorgelegte Vollmacht Bezug nimmt, wenn sich diese nicht mehr in den dem Gericht vorgelegten Akten befindet. Gegebenenfalls muss der Vertreter eine neue Vollmacht vorlegen. Mit einer dahingehenden Aufforderung muss der Vertreter auch dann rechnen, wenn er das Gericht nicht ausdrücklich auf eine in den Akten der Vorinstanzen befindliche Vollmacht hinweist.[65] Betreffend das Erlöschen der Vollmacht verweisen Art. 71 und Art. 18 Abs. 2 BZP auf die einschlägigen Vorschriften des Obligationenrechts (vgl. insb. Art. 34 ff. OR). Siehe zum konkludenten Widerruf des Mandats auch N 12 hiervor.

2. Fehlen der Vollmacht

a) Fristansetzung

Hat die als Parteivertreter auftretende Person keine Vollmacht vorgelegt, so ist zumindest **42** ihr – und nicht der Partei alleine[66] – gem. Art. 42 Abs. 5 eine angemessene Frist zur Behebung des Mangels anzusetzen mit der Androhung, dass die Eingaben sonst unbeachtet bleiben. Vor allem wenn ein begründeter Verdacht besteht, dass diese Person in Verfahrensangelegenheiten keine gewissenhafte Pflichterfüllung pflegt und anzunehmen ist, dass die Partei ein berechtigtes Interesse am bundesgerichtlichen Verfahren hat, wird das Bundesgericht nach Treu und Glauben (Art. 5 Abs. 3 BV) auch die Partei selber von der fehlenden Vollmacht ihres Vertreters und der Fristansetzung zu unterrichten haben. Der Ablauf der Rechtsmittel- bzw. Vernehmlassungsfrist steht der Ansetzung der Nachfrist nicht entgegen.[67]

b) Folgen bei unbenutztem Fristablauf

Wird die Vollmacht nicht fristgerecht eingereicht, ist davon auszugehen, dass die als **43** Parteivertreter auftretende Person nicht bevollmächtigt ist (falsus procurator): Ihre Eingaben werden demgemäss nicht beachtet bzw. aus dem Recht gewiesen (vgl. Art. 71 BGG i.V.m. Art. 18 Abs. 3 Satz 1 BZP). Auf eine von ihr eingereichte Beschwerde wird das Gericht – grundsätzlich gem. Art. 108 Abs. 1 lit. a – nicht eintreten.[68] Dabei kann das Gericht ihr – nicht jedoch der Partei selber – gem. Art. 71 BGG i.V.m. Art. 18 Abs. 3 Satz 2 BZP die **Kosten** des Verfahrens auferlegen.[69] Die Partei erleidet dadurch an sich

---

[62] MESSMER/IMBODEN, Rechtsmittel, 17 N 14.
[63] Vgl. BGE 117 Ia 440, 444 E. 1b; differenzierend: POUDRET, Commentaire, Bd. I, Art. 29 N 2.3 158.
[64] BGE 117 Ia 440, 443 f. E. 1; EVG, 18.9.2002, U 60/02, E. 1.
[65] Vgl. BGE 117 Ia 440, 444 E. 1b.
[66] Vgl. POUDRET, Commentaire, Bd. I, Art. 29 N 2.3 158.
[67] Vgl. BGer, SchK, 23.1.2003, 7B.246/2002, E. 2.3, Pra 2003, Nr. 126, 673.
[68] Vgl. BGE 117 Ia 440, 445 E. 1c; EVG, 17.10.1997, B 23/96; BGer, StrafA, 8.6.2007, 6B_136/ 2007, E. 1.
[69] Vgl. BGE 46 II 412 E. 2; BGer, II. ÖRA, 29.3.2007, 2A.29/2007, E. 4.

keinen Nachteil, weil davon auszugehen ist, dass sie sich von der als Vertreter agierenden Person nicht vertreten lassen wollte, zumal sie dieser keine Vollmacht erteilt hat. Hat sie sich dann aber auch nicht selber oder mit einem anderen bevollmächtigten Vertreter fristgerecht ans Gericht gewandt, kann das nichts anderes heissen, als dass sie beim Gericht gar keine Eingabe machen wollte. Mit der Person, die als **Vertreter** ohne Vollmacht aufgetreten ist, kann in der Rolle **als Partei** das bundesgerichtliche Verfahren höchstens dann weitergeführt werden, wenn diese auch schon im vorinstanzlichen Verfahren Partei war.[70]

c) Zustellungen an nicht bevollmächtigte bzw. nicht befugte Personen

44   Hat das Gericht versehentlich einer Person, die nicht bevollmächtigt oder wegen des Anwaltsmonopols nicht zur Vertretung befugt war, Schriften zugestellt bzw. Fristen gesetzt, so haben diese – unter Vorbehalt von Treu und Glauben – grundsätzlich keine Wirkungen gegenüber der betroffenen Partei. Das Gericht wird sich insoweit nachträglich direkt an die Partei oder den von ihr beauftragten, zulässigen Vertreter wenden müssen.[71] Soweit die Partei jedoch von den Schriften Kenntnis erlangt hat, muss sie sich dies grundsätzlich entgegenhalten lassen und darf insb. nicht einfach untätig zuwarten.[72]

Art. 41

Unfähigkeit zur Prozessführung	[1] **Ist eine Partei offensichtlich nicht imstande, ihre Sache selber zu führen, so kann das Bundesgericht sie auffordern, einen Vertreter oder eine Vertreterin beizuziehen. Leistet sie innert der angesetzten Frist keine Folge, so bestellt ihr das Gericht einen Anwalt oder eine Anwältin.**
	[2] **Die vom Bundesgericht bezeichnete Vertretung hat Anspruch auf eine angemessene Entschädigung aus der Gerichtskasse, soweit sie ihren Aufwand nicht aus einer zugesprochenen Parteientschädigung decken kann und die Partei selbst zahlungsunfähig ist. Die Partei hat der Gerichtskasse Ersatz zu leisten, wenn sie später dazu in der Lage ist.**
Incapacité de procéder	[1] Si une partie est manifestement incapable de procéder elle-même, le Tribunal fédéral peut l'inviter à commettre un mandataire. Si elle ne donne pas suite à cette invitation dans le délai imparti, il lui attribue un avocat.
	[2] L'avocat désigné par le Tribunal fédéral a droit à une indemnité appropriée versée par la caisse du tribunal pour autant que les dépens alloués ne couvrent pas ses honoraires et qu'il n'ait pas pu obtenir le paiement de ces derniers en raison de l'insolvabilité de la partie. Si celle-ci peut rembourser ultérieurement la caisse, elle est tenue de le faire.
Incapacità di stare direttamente in giudizio	[1] Se una parte non è manifestamente in grado di far valere da sé le proprie ragioni in giudizio, il Tribunale federale può invitarla a designare un patrocinatore. Se non dà seguito a tale invito entro il termine impartitole, il Tribunale le designa un avvocato.

---

[70] Vgl. BGer, II. ÖRA, 29.3.2007, 2A.29/2007, E. 2 und 3.
[71] POUDRET, Commentaire, Bd. I, Art. 29 N 2.5 160.
[72] Vgl. BGer, II. ÖRA, 20.3.1992, 2A.419/1990, E. 5, ASA 62, 622; EVG, 13.2.2001, C 168/00, E. 3b; wobei es in diesen Urteilen darum ging, dass die Zustellung an den Vertretenen statt an den Vertreter erfolgte; die dortigen Erwägungen gelten hier aber entsprechend, sobald die Partei selber Kenntnis vom Verfügungsinhalt erhält.

[2] L'avvocato designato dal Tribunale federale ha diritto a un'indennità adeguata, versata dalla cassa del Tribunale, in quanto le spese di patrocinio non possano essere coperte dalle spese ripetibili e la parte sia insolvibile. Se in seguito è in grado di farlo, la parte è tenuta a risarcire la cassa.

Inhaltsübersicht Note

Materialien

Art. 39 E ExpKomm; Art. 38 E 2001 BBl 2001 4488; Botschaft 2001 BBl 2001 4294; AB 2003 S 896; AB 2004 N 1593.

I. Allgemeine Bemerkungen

1. Postulationsfähigkeit und Anwaltszwang

Nach dem BGG, wie auch schon nach dem OG und dem weiter geltenden Art. 18 Abs. 1 **1** BZP, besteht an sich kein Anwaltszwang in bundesgerichtlichen Verfahren (dazu Art. 40 N 1). Somit kann eine Partei grundsätzlich in eigener Person ohne Verfahrensbevollmächtigten vor dem Bundesgericht auftreten, d.h. sie ist insoweit postulationsfähig. Unter Postulationsfähigkeit wird allgemein die Fähigkeit einer Partei verstanden, vor Gericht selbständig Anträge zu stellen und ihre Sache vorzutragen.[1]

---

[1] Vgl. BGE 132 I 1, 5 E. 3.2; 102 Ia 23, 25 E. 2; BGer, II. ÖRA, 11.5.1979, P.244/1978, E. 3 (nicht publizierte Erwägung von BGE 105 Ia 67); SEILER/VON WERDT/GÜNGERICH, BGG, Art. 41 N 2; O. VOGEL/K. SPÜHLER, Grundriss des Zivilprozessrechts, 8. Aufl., Bern 2006, 5. Kapitel N 42, 142; POUDRET, Commentaire, Bd. I, Art. 29 N 1.1.

2. Abgrenzung von der unentgeltlichen Verbeiständung und der notwendigen Verteidigung

2   Von der Bestellung eines Vertreters nach Art. 41 ist die unentgeltliche Verbeiständung durch einen Anwalt zu unterscheiden, die in Art. 64 (bzw. Art. 36 Abs. 2 BStP) geregelt ist. Letztere wird grundsätzlich nur auf Antrag gewährt und setzt voraus, dass das Begehren der um Verbeiständung ersuchenden Partei nicht aussichtslos erscheint. Bei Art. 41 kommt es hingegen nicht entscheidend darauf an, ob das Begehren aussichtslos erscheint; um dies abschätzen zu können, bedarf es u.U. erst eines Vertreters nach Art. 41. Es kann aber vorkommen, dass das eine nicht ohne Blick auf das andere zu behandeln ist: In gewissen Fällen dürften zwar die Voraussetzungen für ein Vorgehen nach Art. 41 zu verneinen sein, dann aber umso mehr die Notwendigkeit einer unentgeltlichen Verbeiständung bestehen, da es insoweit ebenfalls auf die Fähigkeit ankommt, sich im Verfahren zurechtzufinden.[2]

3   Art. 41 beschlägt auch nicht die Frage der notwendigen Verteidigung bzw. der Pflichtverteidigung im Strafverfahren, wo es weniger darum geht, ob die Partei imstande ist, ihre Sache selber zu führen, als vielmehr darum, ob das Verfahren besonders stark in ihre Rechtsposition eingreift.[3]

3. Zur Entstehungsgeschichte

4   Bereits **Art. 29 Abs. 5 OG** sah vor, dass eine Partei, die offenbar nicht imstande ist, ihre Sache selber zu führen, vom Gericht angehalten werden könne, einen Vertreter beizuziehen; wurde der Aufforderung nicht Folge geleistet, so bezeichnete das Gericht einen solchen. Dabei hatte sich der Gesetzgeber an einige kantonale Prozessordnungen mit ähnlicher Regelung angelehnt. Weitere Ausführungen enthält die Botschaft zum OG hierzu nicht.[4] Die Bestimmung war vom Parlament seinerzeit ohne Änderung gem. Botschaft angenommen worden. Laut Botschaft zum BGG soll Art. 41 Abs. 1 dem früheren Art. 29 Abs. 5 OG entsprechen. Das Parlament übernahm die Regelung diskussionslos. Zu Art. 29 Abs. 5 OG bzw. Art. 41 gibt es nur wenig bundesgerichtliche Rechtsprechung. Teilweise behandelte das Bundesgericht vergleichbare kantonale Regelungen, deren Auslegung und Anwendung es dann aber nur unter dem Blickwinkel der Willkür zu prüfen hatte.

4. Ausgangslage: Pflicht des Gerichts zum Handeln? Was gilt es zu bedenken?

5   Für Anordnungen nach Art. 41 Abs. 1 dürfte regelmässig der **Instruktionsrichter** (Art. 32) zuständig sein.[5] Fraglich ist, ob dieser die Pflicht hat, nach Art. 41 tätig zu werden, wenn er feststellt, dass die Partei nicht imstande ist, ihre Sache selber zu führen. Art. 41 Abs. 1 ist als Kann-Bestimmung formuliert. In der Botschaft zum BGG heisst es aber, diese Bestimmung regle die «**obligatorische Vertretung**».[6] Damit könnte allerdings nur gemeint sein, dass wenn das Gericht gem. Art. 41 die Postulationsfähigkeit einer Partei aberkennt, diese nur noch über den berufenen Vertreter im Prozess handeln darf.

---

[2] BGE 114 Ia 101, 104 f. E. 4; vgl. auch BGE 130 I 180, 182 E. 2.2; 128 I 225, 232 f. E. 2.5.2; 120 Ia 43, 46 f. E. 3a; 117 Ia 277, 281 ff. E. 5b/bb; 115 Ia 103, 104 ff. E. 4; BGer, II. ZA, 8.11.2006, 5P.393/2006, E. 2.2 und 2.3; BGer, II. ÖRA, 6.5.1997, 2A.148/1997, E. 4.

[3] Vgl. dazu BGE 129 I 281, 285 ff. E. 3 und 4.

[4] BBl 1943 113 und 175.

[5] Seiler/von Werdt/Güngerich, BGG, Art. 41 N 2.

[6] BBl 2001 4294.

Unter obligatorischer Vertretung könnte indes auch verstanden werden, dass falls eine **6** Partei zur Prozessführung unfähig ist, das Gericht verpflichtet ist, für eine Vertretung zu sorgen. Als Folge des Grundsatzes des **fairen Verfahrens** (vgl. Art. 5, 9 und 29 BV, Art. 6 EMRK) erscheint die Bestellung eines Parteivertreters zumindest dann **geboten**, **wenn** es zu verhindern gilt, dass die betroffene Partei **nur** zu einem **Objekt des Verfahrens** wird. Die (ehemalige) Schweizerische Asylrekurskommission zählte die dem Art. 41 entsprechende Bestimmung des Art. 29 Abs. 5 OG insoweit zum ordre public.[7] Teilweise stützt die Literatur Art. 41 auf den Grundsatz der Gleichbehandlung der Parteien.[8] Sicherlich geht es auch um die Waffengleichheit der Parteien als Bestandteil des Rechts auf ein faires Gerichtsverfahren.[9] Allerdings sollte einer Partei, die nicht anwaltlich vertreten ist (und es eventuell nicht sein wollte), nicht nur deshalb die Vertretung durch einen Anwalt aufgezwungen werden, weil die andere Partei von einem Anwalt unterstützt wird. Das widerspräche der schweizerischen Rechtstradition, die bisher gerade **kein Vertretungsobligatorium** vorsieht.[10]

Demnach ist davon auszugehen, dass das Gericht einen gewissen **Entscheidungsspiel-** **7** **raum** hat. Es wird einen Entscheid nach Art. 41 immer im Lichte der erwähnten Prinzipien für ein faires Verfahren zu fällen haben (s. dazu auch N 17). Je nach Auswirkungen der Bestellung eines Vertreters auf das Recht der Partei, sich persönlich zu äussern (dazu N 24–26), wird zusätzlich dem Anspruch der Partei auf **rechtliches Gehör** gem. Art. 29 Abs. 2 BV Beachtung zu schenken sein. Dieser Anspruch kann – je nach den konkreten Umständen des Einzelfalls – sowohl für als auch gegen eine Massnahme nach Art. 41 sprechen. Allenfalls kann das Gericht auch alternativ erwägen, das Verfahren zu sistieren und den zuständigen Vormundschaftsbehörden – etwa für einen Entscheid über eine **Beistandschaft nach Art. 392 ff. ZGB** – zu melden.[11]

5. Abgrenzung der Postulationsfähigkeit von der Prozess- und Handlungsfähigkeit

Von der Postulationsfähigkeit, auf welche sich Art. 41 bezieht, ist die **Prozessfähigkeit** **8** zu unterscheiden. Wohl setzt Postulationsfähigkeit voraus, dass die betreffende Person auch prozessfähig ist. Allerdings ist jemand nicht bereits deswegen postulationsfähig, weil er prozessfähig ist.[12] Die Prozessfähigkeit ist in Art. 14 BZP geregelt, auf den Art. 71 (zuvor Art. 40 OG) verweist, und wird als prozessuale Seite der zivilrechtlichen Handlungsfähigkeit bezeichnet.[13] Prozessfähig ist demnach jede Partei, die handlungsfähig ist, womit Art. 14 BZP seinerseits auf Art. 12 ff. ZGB verweist. Gemäss diesen Bestimmungen setzt die **Handlungsfähigkeit**[14] neben Mündigkeit (Art. 14 ZGB) auch Urteilsfähigkeit voraus (Art. 13 ZGB). Handlungsunfähig ist, wer nicht urteilsfähig, oder wer unmündig oder entmündigt ist (Art. 17 ZGB).

Urteilsfähig ist ein jeder, dem nicht wegen seines Kindesalters oder infolge von Geistes- **9** krankheit, Geistesschwäche, Trunkenheit oder ähnlichen Zuständen die Fähigkeit mangelt, vernunftgemäss zu handeln (Art. 16 ZGB). Die Urteilfähigkeit umfasst einerseits

---

7 VPB 62/1998 Nr. 15 E. 4c.
8 A. KÖLZ/J. BOSSHART/M. RÖHL, Kommentar zum Verwaltungsrechtspflegegesetz des Kantons Zürich (VRG), 2. Aufl., Zürich 1999, § 21 N 14.
9 Vgl. BGE 114 Ia 101, 105 E. 4.
10 BBl 2001 4294.
11 EVG, 3.7.1987, I 101/84.
12 BGE 132 I 1, 5 E. 3.1.
13 BGE 132 I 1, 5 E. 3.1.; vgl. auch TSCHANNEN-KIENER, Die Beschwerde in öffentlich-rechtlichen Angelegenheiten, 253.
14 BGE 118 Ia 236, 240 E. 3b; 98 Ia 324, 324 ff. E. 3; BBl 1947 I 1003.

die Fähigkeit, den Sinn, den Zweck und die Wirkungen einer bestimmten Rechtshandlung zu erkennen, und anderseits die Fähigkeit, gem. dieser Erkenntnis mit freiem Willen zu handeln.[15] Das schweizerische Recht kennt keine abstrakte Feststellung der Urteilsfähigkeit; diese ist vielmehr immer in bezug auf ein konkretes und individuelles Rechtsgeschäft, entsprechend seiner Natur und Tragweite, und für einen bestimmten Zeitpunkt festzustellen.[16] Wer nicht urteilsfähig ist, vermag durch seine Handlungen grundsätzlich keine rechtliche Wirkung herbeizuführen (Art. 18 ZGB). Erweist sich eine Person als urteilsunfähig, so werden in erster Linie **vormundschaftliche Massnahmen** (vgl. Art. 369 ZGB) in Betracht kommen.[17] Geht das Gericht von Urteilsunfähigkeit aus, sollte es, zumindest sofern keine besondere Eile geboten ist, das **Verfahren** bis zur Ernennung eines Vormunds **sistieren** (Art. 6 BZP i.V.m. Art. 71). Es kann allerdings auch auf die Eingaben der Partei nicht eintreten, wenn es sich von Anfang an etwa um einen Fall **psychopathischer Querulanz**, die Prozessunfähigkeit begründet, handelt.[18] Allenfalls wird der Vormund später Wiederherstellung der Frist nach Art. 50 verlangen können.[19]

10 **Mündig** ist, wer das 18. Lebensjahr vollendet hat (Art. 14 ZGB). Unmündige Personen handeln durch ihre gesetzlichen Vertreter, d.h. in der Regel durch ihre Eltern.

II. Anwendungsfälle im Einzelnen

11 Mit Blick auf vorstehende Ausführungen (insb. N 2 f. und 5–10) lassen sich – ohne Anspruch auf Vollständigkeit – Fälle umschreiben, bei denen Art. 41 zur Anwendung kommen kann. Es handelt sich um in der Regel handlungsfähige Parteien, die aufgrund bestimmter Umstände offensichtlich nicht in der Lage sind, das konkrete Gerichtsverfahren selbst zu führen.

1. Unbeholfenheit und Analphabetismus

12 Die Unfähigkeit, den Prozess selber zu führen, kann darin liegen, dass es sich bei der Partei um einen Analphabeten handelt oder um jemanden, der sonst im betreffenden Verfahren völlig unbeholfen ist. Entsprechendes dürfte sich unmittelbar aus den Eingaben der Partei ergeben.[20] Unfähigkeit zur Prozessführung sollte jedoch nicht leichthin angenommen werden.[21] Grundsätzlich ist jede Partei selber dafür verantwortlich, dass ihre Eingaben den gesetzlichen Anforderungen (etwa nach Art. 42 Abs. 1 und 2) genügen. Ihr steht es insoweit auch frei, anwaltliche Unterstützung beizuziehen; hat sie dazu nicht die nötigen finanziellen Mittel, kann sie unentgeltliche Verbeiständung beantragen (dazu Art. 64 Abs. 2).

13 Das Gericht wird daher nicht schon dann Art. 41 anwenden müssen, weil die Begründung der Rechtsschrift eines Laien lückenhaft erscheint. Das Gleiche gilt, wenn die Partei etwaige Einwände gegen eine gegnerische Forderung nicht erhebt.[22] Eine andere

---

[15] BGE 124 III 5, 7 f. E. 1a; 117 II 231, 232 ff. E. 2a; 111 V 58, 61 E. 3a.

[16] BGE 124 III 5, 8 E. 1a; 118 Ia 236, 238 E. 2b; 117 II 231, 232 E. 2a; 111 V 58, 61 E. 3a, 109 II 273, 276 E. 3; vgl. auch in Bezug auf Art. 19 ZGB: BGer, II. ÖRA, 31.5.2006, 2A.35/2006, E. 2.3–2.5.

[17] POUDRET, Commentaire, Bd. I, Art. 29 N 7.2; SPÜHLER/DOLGE/VOCK, Kurzkommentar, Art. 41 N 1.

[18] BGE 118 Ia 236, 237 f. E. 2b; 98 Ia 324, 326 E. 3; 76 IV 142; vgl. zu querulatorischen Rechtsschriften auch Art. 46 Abs. 7.

[19] POUDRET, Commentaire, Bd. I, Art. 29 N 7.2.

[20] Vgl. BGer, I. ÖRA, 22.12.2003, 1P.646/2003, lit. d; POUDRET, Commentaire, Bd. I, Art. 29 N 7.2.

[21] BGer, I. ZA, 29.3.1994, 4P.303/1993, E. 2c, Rep 1994, 249.

[22] BGer, I. ZA, 29.3.1994, 4P.303/1993, E. 2c, Rep 1994, 249.

Interpretation würde einer Anwaltspflicht nahekommen, die der Gesetzgeber für bundesgerichtliche Verfahren bewusst abgelehnt hat (dazu Art. 40 N 1). Ausserdem würde sie u.U. Parteien begünstigen, die zunächst ohne Anwalt auftreten und dann über Art. 41 Gelegenheit – nach Ablauf etwaiger Fristen (vgl. dazu N 27–29) – zur Ergänzung ihrer Eingaben durch einen Vertreter erhalten.

Ist die Eingabe des Laien etwa unverständlich, kann das Gericht sie zunächst auch nur zur **14** Verbesserung zurückweisen (vgl. Art. 42 Abs. 6).Vor allem dann, wenn eine Partei schon in den vorinstanzlichen Verfahren in der Lage war, selbständig Anträge zu stellen und ihre Sache vorzutragen, wird Postulationsfähigkeit regelmässig weiterhin anzunehmen sein.[23] Wurde hingegen eine Partei im vorinstanzlichen Verfahren als nicht zur Prozessführung fähig angesehen, ohne dass die betreffende Feststellung Recht verletzte, besteht eine Vermutung, dass dieser Zustand vor Bundesgericht anhält.

2. Nicht-Beherrschen der Verfahrenssprache

Das Bundesgericht hat es abgelehnt, schon allein wegen dem Nicht-Beherrschen der Ver- **15** fahrenssprachen (vgl. Art. 54) Massnahmen nach Art. 41 (bzw. Art. 29 Abs. 5 OG) anzuordnen.[24] Das ist dann unproblematisch, wenn die Partei Mittel oder Möglichkeiten hat, sich die in Amtssprachen abgefassten bzw. abzufassenden Schriften übersetzen zu lassen. Im Interesse eines fairen Verfahrens wird das Gericht dann aber niedrige Anforderungen an die Eingaben der Partei stellen müssen, wenn diese nicht in der Lage ist, einen Anwalt oder Übersetzer einzuschalten (dazu N 16).

3. Exkurs: Beispiel, wie abweichend von Art. 41 vorgegangen werden kann

Fremdsprachige Beschwerden von Ausländern, die sich in Vorbereitungs- oder Ausschaf- **16** fungshaft befinden, übersetzt das Gericht trotz der Regelung von Art. 42 Abs. 1 und 6 betr. Amtssprachen regelmässig von sich aus und auf eigene Kosten.[25] Ausserdem prüft es dann die wichtigsten Haftvoraussetzungen weitgehend selbständig, selbst wenn die Partei keine gezielten oder geeigneten Rügen erhoben hat (vgl. Art. 42 Abs. 2; dazu auch Art. 42 N 55), sondern in erster Linie nur die Freilassung beantragt hat.[26] Sodann haben diese Personen bei Verlängerung der Haft (nicht jedoch bereits bei deren erstmaligen Anordnung) prinzipiell Anspruch auf unentgeltliche Verbeiständung nach Art. 64; allerdings haben sie ein entsprechendes Gesuch zu stellen, weshalb regelmässig keine amtliche Verbeiständung erfolgt.[27] Das kann u.E. aber nur gelten, wenn die Partei auf die Möglichkeit der Verbeiständung hingewiesen wurde; ohne einen solchen Hinweis müsste gegebenenfalls eine amtliche Verbeiständung erfolgen oder eine Massnahme nach Art. 41 ergriffen werden.

4. Krankheit oder Abwesenheit der Partei

Eine länger dauernde Krankheit oder Abwesenheit kann unter Art. 41 fallen, wenn das **17** Verfahren ansonsten unnötig verzögert würde.[28] Hier wird deutlich, dass das Gericht

---

[23] Vgl. BGer, SchK, 16.5.2006, 7B.71/2006.

[24] Vgl. BGer, KassH, 2.6.2003, 6P.95/2002, E. 9.3.

[25] Vgl. z.B. BGer, II. ÖRA, 27.2.2007, 2C.29/2007, E. 1, und 12.3.2007, 2C.17/2007.

[26] Allerdings ergibt sich das oft nicht aus dem Urteilstext. Wenn der vorinstanzliche Entscheid ausführlich war, wird darauf v.a. gem. Art. 109 Abs. 3 (bzw. früher Art. 36a Abs. 3 OG) verwiesen. Vgl. z.B. BGer, II. ÖRA, 29.1.2007, 2A.57/2007, E. 2.2.

[27] BGE 122 I 49, 53 E. 2c/cc; 122 I 275, 276 ff. E. 3; nicht publizierte E. 6c von BGE 125 II 377, II. ÖRA, 16.8.1999, 2A.389/1999.

[28] POUDRET, Commentaire, Bd. I, Art. 29 N 7.2; SPÜHLER/DOLGE/VOCK, Kurzkommentar, Art. 41 N 1.

nicht in jedem Falle verpflichtet ist, nach Art. 41 vorzugehen (vgl. N 5–7). Es kann je nach Dringlichkeit z.b. auch Fristen entsprechend verlängern oder das Verfahren aussetzen (Art. 6 BZP) und eventuell die Ernennung eines Beistands nach Art. 392 Ziff. 1 ZGB abwarten.

5. Unangebrachtes Verhalten der Partei

18 Denkbar ist auch, dass die Partei das Verfahren durch unangebrachtes Verhalten (wiederholt) in schwerer Weise stört und deswegen ein Vertreter bestellt werden soll.[29] Diese Überlegung fusst auf dem Prinzip des fairen Verfahrens. Ein Prozess soll nicht etwa bereits wegen aussergewöhnlicher **Emotionen**, welche die Streitsache bei einer Partei hervorruft, zu deren Lasten ausgehen. Anders verhält es sich dann, wenn schon die Beschwerde querulatorisch oder rechtsmissbräuchlich ist, also das Verfahren von vornherein aus reiner Streitsucht eingeleitet wird (vgl. Art. 108 Abs. 1 lit. c; dazu auch N 9 und Art. 42 N 112 ff.). Reicht demgegenüber eine Partei im Rahmen eines Beschwerdeverfahrens, das selber weder querulatorisch noch rechtsmissbräuchlich ist, eine derart zu qualifizierende Rechtsschrift ein (vgl. Art. 42 Abs. 7), so kann die Anwendung von Art. 41 erwogen werden.

6. Besondere Verfahrenssituation

19 Schliesslich kommt Art. 41 in Frage, wenn einer anwaltlich nicht vertretenen Partei etwa in ihrem eigenen Interesse keine Einsicht in bestimmte Akten gewährt werden soll, deren Kenntnis für die Prozessführung jedoch relevant ist und eine auf einen Anwalt beschränkte Akteneinsicht möglich wäre.

III. Folgen bei Feststellung der Unfähigkeit zur Prozessführung

20 Das Gericht prüft in jedem Verfahrensstadium, ob die Postulations- und Prozessfähigkeit gegeben sind. Die Vermutung spricht dabei regelmässig dafür, dass diese Verfahrensvoraussetzungen erfüllt sind.[30]

1. Aufforderung und Wahl des Vertreters

21 Wenn das Gericht eine Partei auffordert, einen Vertreter beizuziehen, so ist sie regelmässig nicht verpflichtet, einen **Anwalt** zu beauftragen. Die Partei kann auch eine **andere** handlungs- und damit prozessfähige (dazu N 8 f.) **Person** mit ihrer Vertretung betrauen. Im Gegensatz etwa zu Art. 41 Abs. 1 Satz 2 und Art. 64 Abs. 2, wo von der Bestellung eines Anwalts die Rede ist, wird in Art. 41 Abs. 1 Satz 1 nur der Begriff des Vertreters benutzt. Etwas anderes gilt allerdings mit Blick auf Art. 40 in Zivil- und Strafsachen, wo nur ein Anwalt die Vertretung einer Partei übernehmen kann. Falls die Partei innert Frist keinen geeigneten Vertreter beigezogen hat, bestellt das Gericht von Amts wegen einen Anwalt.

22 Gemäss Rechtsprechung kann eine Massnahme nach Art. 41 auch in der Gewährung einer Nachfrist erblickt werden, mit welcher der Partei empfohlen wird, sich mit ihrem Vormund über das weitere Vorgehen und einen eventuellen Beizug eines Anwalts zu

---

[29] POUDRET, Commentaire, Bd. I, Art. 29 N 7.2; SPÜHLER/DOLGE/VOCK, Kurzkommentar, Art. 41 N 1.
[30] Vgl. BGE 118 Ia 236, 238 E. 2b; 98 Ia 324, 325 E. 3; 90 II 9, 12 E. 3; POUDRET, Commentaire, Bd. I, Art. 29 N 7.2; vgl. auch N 14 hiervor.

verständigen.[31] Das kann unseres Erachtens allerdings nur soweit gelten, als die Partei den Rat des Gerichts, einen Vertreter zu bestellen, freiwillig befolgt. Bevor das Gericht einer Partei die Postulationsfähigkeit entziehen und einen Anwalt aufzwingen kann, sollte es dies der Partei – erforderlichenfalls durch eine erneute klare Aufforderung – nach Art. 41 ankündigen, damit diese Gelegenheit hat, selber einen Vertreter auszusuchen und zu beauftragen.

2. *Vollmacht des Vertreters*

Während der vom Gericht nach Art. 41 Abs. 1 Satz 2 bestellte Anwalt keiner Vollmacht   **23**
der Partei bedarf,[32] ist eine solche von dem durch die Partei gem. Art. 41 Abs. 1 Satz 1 selber ausgesuchten Vertreter vorzulegen. Falls die Vollmacht nicht spontan vorgelegt wird, hat das Gericht sie gem. Art. 42 Abs. 5 anzufordern; bei fruchtlosem Fristablauf, wird es entweder den von der Partei eingeschalteten Vertreter – wenn es sich um einen Anwalt handelt – oder u.U. einen anderen Anwalt entsprechend Art. 41 Abs. 1 Satz 2 bestellen. Hingegen wäre es übertrieben formalistisch, wenn das Gericht hier von der Fristansetzung nach Art. 42 Abs. 5 absehen dürfte, zumal weder Art. 41 noch in Art. 42 gefordert wird, dass der von der Partei ausgesuchte Vertreter die Vollmacht aus eigenem Antrieb vorlegt.

3. *Auswirkungen des Wegfalls der Postulationsfähigkeit*

Der Wegfall der Postulationsfähigkeit bzw. die Ernennung eines Vertreters hat nicht zur   **24**
Folge, dass **zuvor von der Partei eingereichte Schriften und Anträge** unbeachtlich werden, wenn sie der beigezogene bzw. bestellte Vertreter nicht widerruft, sondern nur ergänzt.[33] Der Vertreter wird Vorbringen seiner Partei nicht widerrufen dürfen, wenn die Unfähigkeit zur Prozessführung erst nach dem betreffenden Vorbringen eingetreten ist. Allerdings wird er Anträge dem Prozessverlauf entsprechend ändern können.

Ist die fehlende Postulationsfähigkeit festgestellt worden, kann der Partei danach nicht   **25**
zu ihrem Nachteil vorgehalten werden, sie persönlich habe – seit Bestehen der Gründe für den Verlust der Postulationsfähigkeit – **Verfahrenshandlungen versäumt**.[34] Wurde die fehlende Postulationsfähigkeit etwa wegen Unbeholfenheit festgestellt, so wird die Partei regelmässig nicht fähig sein, ohne Beistand Vergleichsverhandlungen sinnvoll zu führen.[35] Die einzige logische Konsequenz ist deshalb nur die Ernennung eines Anwalts durch die Partei oder das Gericht. Die Partei wird sich dann allerdings das Verhalten ihres Vertreters nach den allgemeinen Grundsätzen der Stellvertretung zurechnen lassen müssen.

Neue persönliche Eingaben der Partei, die nicht (mehr) postulationsfähig ist, werden   **26**
regelmässig aus dem Recht zu weisen sein, auch wenn sie fristgerecht eingereicht wurden. Etwas anderes hat etwa bei ursprünglich wegen Krankheit verhinderten Personen zu gelten, die wieder genesen sind, sowie bei länger abwesenden Parteien. Ansonsten würde deren Anspruch auf rechtliches Gehör (Art. 29 Abs. 2 BV) verletzt.[36] Solange die Parteien

---

[31] Nicht publizierte E. 3a von BGE 101 Ia 88, KassH, 6.6.1975, P.986/1974.
[32] BBl 2001 4294; SEILER/VON WERDT/GÜNGERICH, BGG, Art. 41 N 3; SPÜHLER/DOLGE/VOCK, Kurzkommentar, Art. 41 N 1.
[33] BGE 95 II 280. Unbeachtlichkeit früherer Rechtsschriften kann sich aber etwa aus Art. 42 Abs. 7 ergeben; vgl. auch N 18 hiervor.
[34] Vgl. BGer, II. ZA,23.11.1995, 5P.340/1995, E. 3 und 4, Rep 1996, 40.
[35] Vgl. BGE 132 I 1, 5 f. E. 3.3.
[36] Vgl. BGE 102 Ia 23.

aber nach Art. 41 vertreten sind, muss das Gericht sie nicht eigens anschreiben, damit sie sich äussern können. **Zustellungen** erfolgen an den Vertreter.[37] Das gilt solange, das Gericht den Wegfall der Wirkungen des Art. 41 nicht – der Rechtssicherheit halber in einer den Beteiligten eröffneten Verfügung – festgestellt hat.

4. Zusätzlicher Schriftenwechsel?

27 Ob nach Bestellung eines Vertreters ein zusätzlicher Schriftenwechsel stattzufinden hat und was in einer entsprechenden Rechtsschrift vorgebracht werden kann, lässt sich nicht einheitlich beantworten. Das hängt u.E. v.a. davon ab, von welchem **Zeitpunkt** an die **Unfähigkeit zur Prozessführung** bestand. Nicht entscheidend ist hingegen der Zeitpunkt, in dem das Bundesgericht die Unfähigkeit (später) feststellt und Anordnungen nach Art. 41 trifft.

28 War die Unfähigkeit von Anbeginn gegeben, sollte grundsätzlich ein **zusätzlicher Schriftenwechsel** stattfinden, in dessen Rahmen der Vertreter die mangelhaften Eingaben der Partei korrigieren kann, damit sie den gesetzlichen Anforderungen genügen. Der Vertreter wird prinzipiell im bundesgerichtlichen Verfahren **noch nicht erhobene Rügen oder Einwände** vorbringen dürfen. Keine Rolle spielt dabei grundsätzlich, dass etwaige gesetzliche oder richterliche Fristen für Eingaben bereits abgelaufen sind.[38] Allenfalls sollte das Gericht hierzu die Wiederherstellung versäumter Fristen nach Art. 50 gewähren.[39]

29 Soweit die **Unfähigkeit** zur Prozessführung aber erst **später**, nach Ablauf der erwähnten Fristen eintritt (z.B. wegen Krankheit, Abwesenheit), kann die spätere Bestellung eines Vertreters nicht dazu führen, dass neue Rügen erhoben oder zusätzliche Anträge gestellt werden dürfen, sofern die Partei in der Lage gewesen wäre, diese schon früher geltend zu machen.[40] Das Gleiche muss dann auch für eine Verbesserung der Eingaben gelten, soweit diese den gesetzlichen Anforderungen zuvor nicht genügten; eine Ergänzung oder Änderung ist dann höchstens in dem von Art. 42 Abs. 5 und 6 vorgesehenen Umfang möglich.

5. Honorar des vom Gericht bestellten Vertreters (Art. 41 Abs. 2)

30 Bezüglich des Honorars für den von der Partei selber ausgesuchten und bestellten Vertreter gelten die allgemeinen Grundsätze. Bei dem vom Gericht nach Art. 41 Abs. 1 Satz 2 bestellten Anwalt geht das Gesetz ebenfalls davon aus, dass die unfreiwillig vertretene **Partei** ihn grundsätzlich **selber bezahlen** muss (Art. 41 Abs. 2).[41] Der Anwalt wird sich daher für sein Honorar regelmässig zunächst an die Partei halten müssen. Er wird – unter Vorbehalt abweichender Vereinbarungen – ein angemessenes Entgelt nach Tarif verlangen können. Dieses darf unseres Erachtens höher sein, als die Entschädigung, die ein im Rahmen der unentgeltlichen Verbeiständung beigegebener Anwalt erhält. Fraglich ist, ob das Bundesgericht das Honorar festsetzt.[42] Eine Art. 161 OG entspre-

---

[37] Allgemein: BGE 113 Ib 296, 298 E. 2b.

[38] Vgl. BGE 95 II 280; nicht publizierte E. 3a von BGE 101 Ia 88; POUDRET, Commentaire, Bd. I, Art. 29 N 7.4; SPÜHLER/DOLGE/VOCK, Kurzkommentar, Art. 41 N 1; G. MESSMER/A. IMBODEN, Die eidgenössischen Rechtsmittel in Zivilsachen, Zürich 1992, 19 N 16.

[39] So Corboz, SJ 2006, 329.

[40] Vgl. BGE 131 I 291, 311 E. 3.5; 125 I 71, 77 E. 1d/aa; 105 Ib 37, 40 E. 2.

[41] BBl 2001 4294.

[42] Bejahend: SEILER/VON WERDT/GÜNGERICH, BGG, Art. 41 N 4; ebenso noch zum OG: POUDRET, Commentaire, Bd. I, Art. 29 N 7.4.

chende Regelung gibt es im BGG nicht mehr. Gesteht man dem Anwalt im Rahmen von Art. 41 ein höheres Honorar zu als nach Art. 64, wird er insoweit wohl wie jeder andere Anwalt auch vorgehen müssen.

Gegenüber dem OG ist allerdings neu, dass der vom Gericht bestellte Anwalt u.U. **aus** der **Gerichtskasse entschädigt** wird, ohne dass der Partei die unentgeltliche Verbeiständung (Art. 64) bewilligt worden wäre. Das setzt voraus, dass der Anwalt seinen Aufwand nicht aus einer zugesprochenen Parteientschädigung decken kann und dass die **Partei** selber **zahlungsunfähig** ist. Zur Deckung durch eine Parteientschädigung wird auf die Kommentierungen zu Art. 64 Abs. 2 Satz 2 verwiesen; es gelten die gleichen Grundsätze. **31**

Als zahlungsunfähig gilt die Partei grundsätzlich nicht schon dann, wenn sie selbst nach einer Mahnung nicht zahlt. Vielmehr muss der Anwalt grundsätzlich zuerst den **Betreibungsweg** beschreiten, bevor er eine Entschädigung aus der Gerichtskasse verlangen kann.[43] Die Kosten der erfolglosen Betreibung wird er u.E. dann aber ebenfalls von der Gerichtskasse erstattet verlangen dürfen, da ihm diese Kosten letztlich auch nur wegen der vom Gericht auferlegten Pflicht zur Vertretung der Partei entstanden sind. Mit Blick darauf sollte der Anwalt vor Einleitung einer kostspieligen Betreibung im Ausland v.a. in einem Staat, mit dem die Schweiz kein Vollstreckungsabkommen geschlossen hat, das Gericht hiervon prinzipiell vorab unterrichten, damit dieses darüber befindet, ob es den Anwalt ohne den ausländischen Betreibungsversuch entschädigt. Vom Betreibungsweg ist von vornherein abzusehen, wenn dem Gericht und dem Anwalt bereits bekannt ist, dass die Partei zahlungsunfähig ist. Das Gleiche kann wohl gelten, wenn das Gericht den Anwalt wegen längerer Abwesenheit der Partei im Ausland bestellte, diese Abwesenheit anhält, die Betreibung im Ausland stattfinden müsste und insoweit einen erheblichen Aufwand verursachen würde. **32**

Die Entschädigung aus der Gerichtskasse ist nach den Grundsätzen der unentgeltlichen Verbeiständung zu bemessen. Damit werden die vom Gericht bestellten Vertreter gleich behandelt wie die (etwa nach einer Aufforderung nach Art. 41 Abs. 1 Satz 1) frei gewählten Vertreter, die gem. Art. 64 Abs. 2 beigeordnet wurden.[44] Dadurch erübrigt sich zudem die Frage, ob die Zahlungsunfähigkeit schon während des Hauptverfahrens bestand und ob insoweit auch unentgeltliche Verbeiständung hätte beantragt bzw. angeordnet werden müssen. Wie bei der unentgeltlichen Rechtspflege (Art. 64 Abs. 4) hat die Partei der Gerichtskasse **Ersatz zu leisten**, wenn sie später dazu in der Lage ist. **33**

Art. 42

Rechtsschriften	[1] **Rechtsschriften sind in einer Amtssprache abzufassen und haben die Begehren, deren Begründung mit Angabe der Beweismittel und die Unterschrift zu enthalten.**
	[2] **In der Begründung ist in gedrängter Form darzulegen, inwiefern der angefochtene Akt Recht verletzt. Ist eine Beschwerde nur unter der Voraussetzung zulässig, dass sich eine Rechtsfrage von grundsätzlicher Bedeutung stellt oder ein besonders bedeutender Fall nach Artikel 84 vorliegt, so ist auszuführen, warum die jeweilige Voraussetzung erfüllt ist.**

---

[43] SPÜHLER/DOLGE/VOCK, Kurzkommentar, Art. 41 N 2.
[44] SPÜHLER/DOLGE/VOCK, Kurzkommentar, Art. 41 N 2.

[3] **Die Urkunden, auf die sich die Partei als Beweismittel beruft, sind beizulegen, soweit die Partei sie in Händen hat; richtet sich die Rechtsschrift gegen einen Entscheid, so ist auch dieser beizulegen.**

[4] **Bei elektronischer Zustellung muss das Dokument, das die Rechtsschrift und die Beilagen enthält, von der Partei oder ihrem Vertreter beziehungsweise ihrer Vertreterin mit einer anerkannten elektronischen Signatur versehen werden. Das Bundesgericht bestimmt in einem Reglement, in welchem Format die elektronische Zustellung erfolgen kann.**

[5] **Fehlen die Unterschrift der Partei oder ihrer Vertretung, deren Vollmacht oder die vorgeschriebenen Beilagen oder ist die Vertretung nicht zugelassen, so wird eine angemessene Frist zur Behebung des Mangels angesetzt mit der Androhung, dass die Rechtsschrift sonst unbeachtet bleibt.**

[6] **Unleserliche, ungebührliche, unverständliche, übermässig weitschweifige oder nicht in einer Amtssprache verfasste Rechtsschriften können in gleicher Weise zur Änderung zurückgewiesen werden.**

[7] **Rechtsschriften, die auf querulatorischer oder rechtsmissbräuchlicher Prozessführung beruhen, sind unzulässig.**

Mémoires

[1] Les mémoires doivent être rédigés dans une langue officielle, indiquer les conclusions, les motifs et les moyens de preuve, et être signés.

[2] Les motifs doivent exposer succinctement en quoi l'acte attaqué viole le droit. Si le recours n'est recevable que lorsqu'il soulève une question juridique de principe ou porte sur un cas particulièrement important au sens de l'art. 84, il faut exposer en quoi l'affaire remplit la condition exigée.

[3] Les pièces invoquées comme moyens de preuve doivent être jointes au mémoire, pour autant qu'elles soient en mains de la partie; il en va de même de la décision attaquée si le mémoire est dirigé contre une décision.

[4] En cas de transmission par voie électronique, le document contenant le mémoire et les pièces annexées doit être certifié par la signature électronique reconnue de la partie ou de son mandataire. Le Tribunal fédéral fixe dans un règlement le format dans lequel les mémoires et pièces peuvent lui être communiqués par voie électronique.

[5] Si la signature de la partie ou de son mandataire, la procuration ou les annexes prescrites font défaut, ou si le mandataire n'est pas autorisé, le Tribunal fédéral impartit un délai approprié à la partie pour remédier à l'irrégularité et l'avertit qu'à défaut le mémoire ne sera pas pris en considération.

[6] Si le mémoire est illisible, inconvenant, incompréhensible ou prolixe ou qu'il n'est pas rédigé dans une langue officielle, le Tribunal fédéral peut le renvoyer à son auteur; il impartit à celui-ci un délai approprié pour remédier à l'irrégularité et l'avertit qu'à défaut le mémoire ne sera pas pris en considération.

[7] Le mémoire de recours introduit de manière procédurière ou à tout autre égard abusif est irrecevable.

Atti scritti

[1] Gli atti scritti devono essere redatti in una lingua ufficiale, contenere le conclusioni, i motivi e l'indicazione dei mezzi di prova ed essere firmati.

[2] Nei motivi occorre spiegare in modo conciso perché l'atto impugnato viola il diritto. Qualora il ricorso sia ammissibile soltanto se concerne una questione di diritto di importanza fondamentale o un caso particolarmente importante ai sensi dell'articolo 84, occorre spiegare perché la causa adempie siffatta condizione.

[3] Se sono in possesso della parte, i documenti indicati come mezzi di prova devono essere allegati; se l'atto scritto è diretto contro una decisione, anche questa deve essere allegata.

[4] In caso di trasmissione per via elettronica, la parte o il suo patrocinatore deve munire di una firma elettronica riconosciuta il documento che contiene l'atto scritto e gli allegati. Il Tribunale federale determina mediante regolamento in quale formato il documento può essere trasmesso per via elettronica.

[5] Se mancano la firma della parte o del suo patrocinatore, la procura dello stesso o gli allegati prescritti, o se il patrocinatore non è autorizzato in quanto tale, è fissato un congruo termine per sanare il vizio, con la comminatoria che altrimenti l'atto scritto non sarà preso in considerazione.

[6] Gli atti illeggibili, sconvenienti, incomprensibili, prolissi o non redatti in una lingua ufficiale possono essere del pari rinviati al loro autore affinché li modifichi.

[7] Gli atti scritti dovuti a condotta processuale da querulomane o altrimenti abusiva sono inammissibili.

Inhaltsübersicht Note

Materialien

Art. 40 E ExpKomm; Art. 39 E 2001 BBl 2001 4488; Botschaft 2001 BBl 2001 4259 ff.; Botschaft 2001 BBl 2001 4292 f.; Botschaft 2001 BBl 2001 4294 ff.; AB 2003 S 896; AB 2004 N 1593; AB 2005 S 124 ff.; AB 2005 N 642 ff.

Literatur

A. AESCHLIMANN, Überspitzter Formalismus, Herausforderung für den Richter, recht 1987, 28 ff. (zit. Aeschlimann, recht 1987); CH. AUER, Das Konzept der Rechtspflegereform, in: P. Tschannen, Neue Bundesrechtspflege. Auswirkungen der Totalrevision auf den kantonalen und eidgenössischen Rechtsschutz. Berner Tage für die juristische Praxis BTJP 2006, Bern 2007, 1 ff. (zit. Tschannen-Auer); H. BATZ, Zu den Gültigkeitserfordernissen von Verwaltungsgerichtsbeschwerden, insbesondere mit Bezug auf die Begründungspflicht, ZBJV 135/1999, 545 ff. (zit. Batz, ZBJV 1999); A. DOLGE, Elektronischer Rechtsverkehr zwischen Bundesgericht und Parteien, in: AJP 2007, 299 ff. (zit. Dolge, AJP 2007); R. KIENER, Die Beschwerde in öffentlich-rechtlichen Angelegenheiten, in: P. Tschannen, Neue Bundesrechtspflege. Auswirkungen der Totalrevision auf den kantonalen und eidgenössischen Rechtsschutz. Berner Tage für die juristische Praxis BTJP 2006, Bern 2007, 219 ff. (zit. Tschannen-Kiener); U. MEYER-BLASER/P. ARNOLD, Der letztinstanzliche Sozialversicherungsprozess nach dem bundesrätlichen Entwurf für ein Bundesgerichtsgesetz, ZSR 121/2002, 485 ff. (zit. Meyer-Blaser/Arnold, ZSR 2002); E. POLTIER, Le recours en matière de droit public, in: U. Portmann, La nouvelle loi sur le Tribunal fédéral, 143 ff. (zit. Portmann-Poltier); D. TAPPY, Le recours en matière civile, in: U. Portmann, ebenda, 53 ff. (zit. Portmann-Tappy); R. URSPRUNG/P. FLEISCHANDERL, Die Kognition des Eidgenössischen Versicherungsgerichts nach dem neuen Bundesgesetz über das Bundesgericht, in: Festschrift 100 Jahre Aargauischer Anwaltsverband, Zürich 2005, 415 ff. (zit. FS Aargauischer Anwaltsverband-Ursprung/Fleischanderl); U. ZIMMERLI, Die subsidiäre Verfassungsbeschwerde, in: P. Tschannen, Neue Bundesrechtspflege. Auswirkungen der Totalrevision auf den kantonalen und eidgenössischen Rechtsschutz. Berner Tage für die juristische Praxis BTJP 2006, Bern 2007, 281 ff. (zit. Tschannen-Zimmerli).

I. Allgemeine Bemerkungen

Die Regelungen in Art. 42 ersetzen weitgehend diejenigen, die in Art. 30, 36a Abs. 2, 55, **1** 71, 79, 90 und 108 OG sowie Art. 273 BStP enthalten waren. Als Rechtsschriften gelten alle Eingaben, die für das Bundesgericht verfasst werden und nicht lediglich als Beweismittel beigefügte Urkunden darstellen. Entspricht die Rechtsschrift eines Laien offensichtlich nicht den Vorgaben des Art. 42 wird das Gericht erwägen müssen, ob möglicherweise ein Fall der **Unfähigkeit zur Prozessführung** nach Art. 41 vorliegt. Zur Frage, **wo** Rechtsschriften (fristwahrend) **einzureichen** sind, wird auf Art. 48 und die dortigen Kommentierungen verwiesen.

II. Anzahl Rechtsschriften

2   Im Gegensatz zum OG verlangt das Gesetz nicht mehr, dass die Rechtsschriften in genügender Anzahl für das Gericht und jede Gegenpartei, mindestens aber im Doppel, einzureichen sind.[1] Sofern das Gericht aber mangels ausreichender Exemplare Kopien für die Beteiligten fertigen muss, wird die Partei mit einer entsprechend höheren Kostenbelastung durch das Gericht rechnen müssen.

III. Sprache der Rechtsschrift (Abs. 1)

3   Die Rechtsschriften sind in einer **Amtssprache** abzufassen. Bezüglich der den Rechtsschriften als Beweismittel beigefügten Urkunden gilt Art. 42 Abs. 1 nicht (vgl. Art. 54 Abs. 3). Amtssprachen sind gem. Art. 54 Abs. 1 Deutsch, Französisch, Italienisch und Rumantsch Grischun, wobei die Parteien in Bezug auf Letztere auch eine der romanischen Regionalsprachen verwenden dürfen.[2] Die Parteien (auch anwaltlich vertretene) sind bei der Wahl einer Amtssprache für ihre Rechtsschriften ans Bundesgericht grundsätzlich frei.[3] So sind sie weder verpflichtet, ihre Muttersprache, die Sprache des angefochtenen Entscheids noch die ihres Wohn- oder Dienstorts zu verwenden.

4   Etwas anderes kann für Behörden gelten: Bundesbehörden und andere Stellen, die Aufgaben der Bundesverwaltung wahrnehmen, sollten sich möglichst nach der vom betroffenen Bürger verwendeten (Amts-)Sprache richten, v.a. wenn es sich um die Muttersprache der Partei handelt.[4] Andere Gemeinwesen (z.B. Kantone, Gemeinden) werden regelmässig die in ihrem räumlichen Gebiet geltende Amtssprache verwenden (Territorialitätsprinzip);[5] es ist ihnen aber nicht von Bundesrechts wegen verwehrt, sich nach der Gegenpartei zu richten und die von ihr benutzte ausserkantonale, andere schweizerische Amtssprache für ihre Rechtsschriften zu verwenden; eine Verpflichtung haben sie dazu aber nicht. Die Behörden mehrsprachiger Gemeinwesen können durch kantonale oder gemeindliche Vorschriften verpflichtet sein, die Muttersprache des Verfahrenssubjekts zu verwenden, wenn es sich dabei um eine der Sprachen des Gemeinwesens handelt.[6]

5   Die Sprache des bundesgerichtlichen Verfahrens und Urteils richtet sich nicht zwingend nach der vom Beschwerdeführer für seine Rechtsschrift gewählten Amtssprache (vgl. Art. 54).[7] Zur Übersetzung einer Rechtsschrift in eine andere Amtssprache für die Gegenpartei wird auf die Kommentierungen zu Art. 54 verwiesen. Zu Fällen, in denen das Bundesgericht auf fremdsprachige Beschwerdeschriften ausnahmsweise eintritt, wird auf nachfolgende N 55 und 98 sowie auf Art. 41 N 16 verwiesen.[8]

6   **Internationale Abkommen** können in Abweichung von Art. 42 **weitere Sprachen** vorsehen. Insoweit sei etwa auf dem Gebiet der **sozialen Sicherheit** auf Art. 84 Abs. 4 der Verordnung (EWG) Nr. 1408/71[9] i.V.m. Art. 1 Abs. 1 Anhang II zum FZA verwie-

---

[1] BBl 2001 4296; SPÜHLER/DOLGE/VOCK, Kurzkommentar, Art. 42 N 2; SEILER/VON WERDT/ GÜNGERICH, BGG, Art. 42 N 15.

[2] BBl 2001 4294; SEILER/VON WERDT/GÜNGERICH, BGG, Art. 42 N 2; SPÜHLER/DOLGE/VOCK, Kurzkommentar, Art. 42 N 3; CORBOZ, SJ 2006, 329.

[3] Vgl. BGE 124 III 205, 206 f. E. 2 und 4, auch zum Unterschied zu kantonalen Verfahren.

[4] Vgl. BGE 130 I 234, 239 E. 3.5.

[5] BGer, I. ÖRA, 8.7.1999, 1P.82/1999, E. 1b, ZBl 101/2000, 610 und RDAF 2001 I 564.

[6] BGer, II. ZA, 15.8.2000, 5P.242/2000, E. 2.

[7] BGE 124 III 205, 206 E. 2.

[8] Vgl. auch BGer, II. ÖRA, 12.3.2007, 2C_17/2007, und 27.2.2007, 2C_29/2007.

[9] Verordnung vom 14.6.1971 zur Anwendung der Systeme der sozialen Sicherheit auf Arbeitnehmer und Selbständige sowie deren Familienangehörige, die innerhalb der Gemeinschaft zu- und abwandern, SR 0.831.109.268.1.

sen;[10] im Anwendungsbereich dieser Normen dürfen u.a. Gerichte, die bei ihnen einge-reichten Schriftstücke nicht deshalb zurückweisen, weil sie nicht in ihrer Amtssprache, sondern in jener eines anderen Vertragsstaats abgefasst sind.

Aus Art. 14 des UNO-Pakts II, der Grundsätze zur Gewährleistung eines fairen Straf-   7 und Zivilverfahrens festsetzt, leitete das Bundesgericht indes kein Recht der Parteien ab, im Verkehr mit den Behörden und Gerichten eine andere als die Amtssprache anzu-wenden.[11]

IV. Inhalt der Rechtsschrift (Abs. 1)

Die Rechtsschriften haben gem. Art. 42 Abs. 1 die Begehren, deren Begründung mit An-   8 gabe der Beweismittel und die Unterschrift zu enthalten. Das gilt nicht nur für Eingaben des Beschwerdeführers, sondern prinzipiell auch für die einer allfälligen Gegenpartei sowie anderer Beteiligter. Vorausgeschickt sei hier aber, dass die **Gegenpartei** im Unter-schied zu anderen Rechtsordnungen oder unterinstanzlichen Verfahren **keine Pflicht** trifft, **sich zu äussern**. Schweigt sie sich aus, wird kein Säumnisurteil oder dergleichen gegen sie ergehen.[12] Je nachdem, ob und wie sie sich äussert, kann dies aber unterschied-liche Folgen für den Entscheid des Bundesgerichts über die Kosten und Parteientschädi-gungen haben (dazu Art. 66–68 und dortige Kommentierungen).

1. Bezeichnung der Beschwerde/Falschbezeichnung

Eine Beschwerde muss nicht ausdrücklich als solche bezeichnet werden. Es genügt,   9 wenn aus der Rechtsschrift klar wird, dass damit vor Bundesgericht ein Entscheid einer Vorinstanz angefochten werden soll.

Nicht im Gesetz geregelt ist die Frage, was passiert, wenn sich herausstellt, dass die   10 Partei ihr Rechtsmittel falsch bezeichnet hat (z.B. Beschwerde in Zivilsachen statt Beschwerde in öffentlich-rechtlichen Angelegenheiten oder subsidiäre Verfassungs-beschwerde). Gestützt auf das Verbot des überspitzten Formalismus (Art. 29 Abs. 1 BV) ist eine **Umdeutung** vorzunehmen.[13] Zu prüfen ist dann, ob die Anforderungen an das richtige Rechtsmittel erfüllt sind (z.B. Parteivertretung [Art. 40]; Streitwertgrenze [Art. 74 Abs. 1]; Darlegung, dass sich eine Rechtsfrage grundsätzlicher Bedeutung stellt [Art. 42 Abs. 2 Satz 2 i.V.m. Art. 74 Abs. 2]). An der unter dem OG gelegentlich prakti-zierten Rechtsprechung, wonach ein Rechtsmittel nicht von Amts wegen in ein anderes umgewandelt werden kann, wenn eine von einem berufsmässigen Bevollmächtigten verbeiständete Partei ausdrücklich ein bestimmtes Rechtsmittel wählt,[14] ist u.E. unter dem BGG nicht mehr festzuhalten. Das widerspräche dem Sinn des BGG, die bei der Wahl des Rechtsmittels auftretenden Probleme zu verringern.[15]

Art. 119 Abs. 1 sieht im Übrigen vor, dass die gleichzeitig erhobene **ordentliche Be-**   11 **schwerde** und **subsidiäre Verfassungsbeschwerde** zusammen in einer einzigen Rechts-

---

[10] BGE 131 V 35, 37 E. 3.1.

[11] BGE 124 III 205, 207 E. 4.

[12] BGer, I. ZA, 19.4.2004, 4C.111/2002, insb. lit. C am Ende des Sachverhalts.

[13] Zum BGG: BGer, StrafA, 20.3.2007, 6C_1/2007, E. 2.2; II. ÖRA, 29.3.2007, 2C_64/2007, E. 3.2; zum OG: BGE 131 I 291, 296, E. 1.3; 128 II 259, 264 E. 1.5; 127 II 1, 5 E. 2c; 123 III 346, 350 E. 1c.

[14] BGE 120 II 270, 272 E. 2; BGer, II. ZA, 16.4.2003, 5C.8/2003, E. 2.4.

[15] TSCHANNEN-AUER, Das Konzept der Rechtspflegereform, 16; BBl 2001 4234.

schrift einzureichen sind. Unseres Erachtens ist dabei nicht zu verlangen, dass der Beschwerdeführer dann innerhalb der Rechtsschrift die jeweiligen Beschwerden peinlich auseinanderhält; das widerspräche, dem Ziel des Gesetzes nach einer Vereinfachung. Das enthebt den Beschwerdeführer allerdings nicht von der Pflicht, seine Rechtsschrift je nach Rügen bzw. Beanstandungen den gesetzlichen Anforderungen entsprechend (dazu N 44 ff.) zu formulieren.

2. Name der Partei

12   Im Gesetz nicht geregelt ist, ob bzw. inwieweit der Name der Partei auf der Rechtsschrift angegeben sein muss. Das Bundesgericht hat unter dem OG, wo die Rechtslage insoweit vergleichbar war, wiederholt erklärt, es sei unschädlich, wenn die Partei auf ihrer Rechtsschrift unrichtig oder gar nicht angegeben worden sei; es genüge, dass sich deren Name, der u.U. der Gegenpartei nicht bekannt zu geben sei, aus der Vollmacht ergebe.[16] Zumindest für das Gericht muss der Name der Partei aber hinreichend bestimmt sein.

3. Begehren

13   Unter **Begehren** sind im Wesentlichen die **Anträge** zu verstehen; manchmal wird auch der Ausdruck Rechtsbegehren verwendet.

a) Inhalt

14   Gemäss Art. 107 Abs. 1 und 2 darf das Gericht nicht über die Begehren der Parteien hinausgehen; heisst es die Beschwerde gut, so entscheidet es in der Sache selbst oder weist diese zu neuer Beurteilung an eine der Vorinstanzen zurück. Daraus ergibt sich im Wesentlichen, was die Parteien für Anträge stellen können bzw. müssen. Bei der **Beschwerde** an das Bundesgericht handelt es sich nämlich prinzipiell nicht um eine solche kassatorischer (wie etwa noch die staatsrechtliche Beschwerde unter dem OG), sondern um eine solche **reformatorischer Natur**.

15   Daher ist grundsätzlich zu verlangen, dass nicht nur Aufhebung des angefochtenen Entscheids und Rückweisung an die Vorinstanz beantragt wird, sondern ein **präziser Antrag** zur Sache (z.B. durch genaue Bezifferung der Geldsumme, zu deren Bezahlung die Gegenpartei verurteilt werden soll) **in der Beschwerdeschrift** gestellt wird.[17] Das Begehren umschreibt den Umfang des Rechtsstreits und sollte so formuliert werden, dass es bei Gutheissung der Beschwerde zum Urteil erhoben werden kann. Das gilt im Prinzip auch für die subsidiäre Verfassungsbeschwerde.

16   Ein **blosser Aufhebungs- und Rückweisungsantrag** genügt nach dem Gesagten an sich nicht. Etwas anderes gilt allerdings, wenn das Bundesgericht bei Gutheissung ohnehin nicht selber endgültig entscheiden kann bzw. darf, sondern an eine Vorinstanz (z.B. zu weiteren Sachverhaltsabklärungen oder bei einem zu treffenden Ermessensentscheid) zurückweisen muss.[18] Das dürfte sich häufig erst dann herausstellen, wenn das Gericht die Sache beurteilt, weshalb es sich für die beschwerdeführende Partei empfiehlt, den

---

[16]   BGE 103 Ib 76, 78 f. E. 1; BGer, I. ÖRA, 29.3.1993, 1A.223/1992, E. 1c, Rep 1993, 142.
[17]   BGE 133 III 489 E. 3; II. SozA, 20.8.2007, 9C_104/2007, E. 10.2; ebenso CORBOZ, SJ 2006, 329 f.; a.A. PORTMANN-TAPPY, N 76.
[18]   Zum BGG: BGer, II. ÖRA, 4.9.2007, 2C_275/2007, E. 1.3; zum OG: BGE 130 III 136, 139 E. 1.2; 125 III 412, 414 E. 1b.

Rückweisungsantrag (nur) als Eventualantrag zu stellen und als Hauptantrag das zu verlangen, was sie letztlich (von der Gegenpartei oder der Behörde) will.[19] Dadurch dürfte sie regelmässig kaum Nachteile (etwa bei den Verfahrenskosten oder der Partei-entschädigung) erfahren.

Die Partei kann keine Begehren stellen, die im Ergebnis über das hinausgehen, was sie **17** bei der Vorinstanz beantragt hatte (Art. 99 Abs. 2). Mit anderen Worten, sie muss sich **im Rahmen der bei der Vorinstanz gestellten Anträge** halten. Verstösst sie hiergegen, wird das Gericht zu prüfen haben, ob ihr Antrag auf das zulässige Mass reduziert werden kann: Z.B. wird es die erst im bundesgerichtlichen Verfahren erhöhte Klageforderung auf den vor den Vorinstanzen streitigen und dort nicht gewährten Betrag vermindern und auf das darüber hinausgehende Begehren nicht eintreten (allenfalls mit entsprechenden Kostenfolgen für die Partei). Oder es wird ein Verfahren um Baubewilligung nur in dem bei der Vorinstanz anhängig gemachten Umfang und nicht etwaige darüber hinaus gehende Begehren behandeln. Ist eine Reduzierung des Begehrens nicht möglich (weil die Partei z.B. etwas völlig **Neues** beantragt), wird das Bundesgericht darauf insgesamt nicht eintreten; dabei kann die Partei nicht mit einer vorgängigen Ansetzung einer Nachfrist zwecks Verbesserung rechnen, da eine solche grundsätzlich nur in den in Art. 42 Abs. 5 und 6 genannten Fällen (dazu N 94 ff.) in Betracht kommt; ein solcher Fall liegt insb. nicht vor, wenn das Begehren klar ist (siehe auch N 22).

Das Gericht wird bei der Beurteilung, ob die Rechtsschrift ein hinreichendes **Begehren 18** enthält, nicht nur auf den eingangs oder am Ende der Rechtsschrift förmlich gestellten Antrag abstellen dürfen. Das Begehren kann sich auch **aus der Begründung** in der Rechtsschrift ergeben.[20] Folgt daraus hinreichend klar, welches Urteil vom Gericht begehrt wird, ist von einem rechtsgenügenden Antrag auszugehen. Verlangt die Partei hingegen nur, «gem. ihren Anträgen in den Rechtsschriften des vorinstanzlichen Verfahrens zu entscheiden», läuft sie Gefahr, dass das Bundesgericht darauf – mangels konkreten Antrags in der Rechtsschrift selber – nicht eintritt.[21] Sind diese Anträge in der Begründung der an das Bundesgericht adressierten Rechtsschrift hingegen klar wiedergegeben, so dürfte dies aber genügen.

Vor allem im **Zivilrecht** können **strengere Anforderungen** angelegt werden. Hier steht **19** dem Beschwerdeführer meist eine andere Partei gegenüber, die genau wissen dürfen soll, was der Beschwerdeführer im bundesgerichtlichen Verfahren (noch) von ihr verlangt. Wenn dem Beschwerdeführer dagegen Behörden gegenüberstehen, die regelmässig bereits als Vorinstanzen entschieden haben, rechtfertigt sich eine grosszügigere Handhabung zugunsten des Ersteren. Den Behörden ist aus dem Verfahren, das zunächst bei ihnen stattfand, meistens bereits bekannt, was die Partei will; erst infolge ihres Entscheids ist diese an die Gerichte gelangt.

Wenn hinreichend klar ist, was die Partei mit ihrem Begehren für einen Urteilsspruch **20** durch das Gericht verlangt (z.B. Verurteilung der Gegenpartei zur Bezahlung eines bestimmten Betrags; Freispruch von einer strafrechtlichen Anklage; Entlassung aus der Ausschaffungshaft), ist nicht zusätzlich erforderlich, dass in der Rechtsschrift insoweit auch ausdrücklich die **Aufhebung des angefochtenen Entscheids** beantragt wird. Das

---

[19] In diesem Sinne auch PORTMANN-TAPPY, N 76.
[20] BGE 123 V 335, 336 E. 1a und b; 108 II 487, 488 E. 1; 103 Ib 91, 95 E. 2c; BGer, II. ÖRA, 1.6.1990, 2A.91/1990, E. 1, ASA 59, 726; KÖLZ/HÄNER, Verwaltungsrechtspflege[2], N 601 und 932; vgl. zur Auslegung von Prozesserklärungen auch BGer, I. ÖRA, 3.9.2003, 1P.424/2003, E. 2.5.
[21] BGer, II. ÖRA, 29.11.2005, 2A.251/2005, E. 1.3.

Laurent Merz   347

muss als stillschweigend mitgewollt gelten. Eine andere Sichtweise wäre übertrieben formalistisch.

21 Umgekehrt kann ein ausdrücklich gestellter Antrag auf Aufhebung des (gesamten) vorinstanzlichen Entscheids möglicherweise restriktiv auszulegen sein, wenn sich etwa aus der Begründung ergibt, dass nur ein Teil des angefochtenen Entscheids aufgehoben werden soll. Das kommt in Betracht, wenn die Vorinstanz einem Antrag der Partei teilweise stattgegeben hatte; der Partei würde dann zudem regelmässig das Rechtschutzbedürfnis fehlen, um auch diesen Teil des vorinstanzlichen Entscheids anzufechten.

b) Folgen bei fehlendem oder mangelhaftem Begehren

22 Fehlt es an einem rechtsgenügenden Antrag, muss die Partei damit rechnen, dass das Gericht auf ihre Eingabe – möglicherweise durch Einzelrichterentscheid nach Art. 108 Abs. 1 lit. a – nicht eintritt.[22] Sofern der Antrag als solcher klar ist, nur eben den Anforderungen gem. den obigen Ausführungen (N 14–19) nicht genügt, liegt grundsätzlich kein Fall von Unverständlichkeit i.S.v. Art. 42 Abs. 6 vor, der eine Rückweisung zur Korrektur rechtfertigen kann (s. dazu auch N 103).

4. Begründung

23 Die Begründungsanforderungen, welche in Art. 42 Abs. 2 geregelt sind, werden nachfolgend unter Ziff. V (N 37 ff.) behandelt.

5. Angabe und Beilage der Beweismittel (Abs. 1 und 3)

a) Angabe der Beweismittel

24 In ihren Rechtsschriften sollen die Parteien gem. Art. 42 Abs. 1 die Beweismittel angeben. Soweit der Sachverhalt nicht zur Debatte steht (vgl. Art. 97, 99 und 105), dürfte die Angabe von Beweismitteln allerdings von untergeordneter Rolle sein. Soll das Bundesgericht den Sachverhalt hingegen überprüfen, so obliegt es den Parteien, die Beweismittel rechtzeitig in ihren Rechtsschriften zu bezeichnen. Das Gericht muss nicht etwa unter Ansetzung einer Nachfrist anfragen, ob für das Vorbringen der Parteien Beweismittel zur Verfügung stehen; Art. 42 Abs. 5 oder 6 sind insoweit nicht anwendbar (dazu N 94).

b) Beilage der Urkunden

25 Urkunden, auf die sich die Partei als Beweismittel beruft, sind gem. Art. 42 Abs. 3 der Rechtsschrift **beizulegen**, wobei zunächst eine Fotokopie – auch gescannt – genügt (Art. 71 i.V.m. Art. 52 Abs. 1 BZP). Der Begriff der Urkunde ist weder im BGG noch im BZP definiert. Art. 50–54 BZP, welche gem. Art. 71 entsprechend für die bundesgerichtlichen Beschwerdeverfahren gelten,[23] befassen sich nur mit der Behandlung dieser Beweismittel.

26 Eine **Legaldefinition** der Urkunde findet sich in Art. 110 Ziff. 4 StGB. Danach gelten als Urkunden Schriften, die bestimmt und geeignet sind, oder Zeichen, die bestimmt sind, eine Tatsache von rechtlicher Bedeutung zu beweisen, wobei die Aufzeichnung auf Bild-

---

[22] Zum BGG: Vgl. BGer, StrafA, 23.3.2007, 6B_63/2007, E. 3; I. ZA, 9.7.2007, 4A_102/2007; noch zum OG: BGE 130 III 136, 139 E. 1.2; 125 III 412, 414 E. 1b.
[23] POUDRET, Commentaire, Bd. I, Art. 40 N 2 345.

und Datenträgern der Schriftform gleichsteht, sofern sie demselben Zweck dienen.[24] Im BGG ist jedenfalls von einem weiten Begriff der Urkunde auszugehen, um die Möglichkeit des Angebots von Beweismitteln nicht unnötig zu beschränken. Mit Frank/Sträuli/ Messmer kann als Urkunde jede Sache verstanden werden, die der Aufzeichnung von Gedanken dient (Schriftstücke, Pläne und dergleichen ungeachtet des Materials – Papier, Stoff, Stein etc. – aus dem sie bestehen) oder Dinge der Aussenwelt wiedergibt (Fotografien, Schallaufnahmen etc.).[25] Als Urkunden gelten auch Sachen, die nicht von vornherein zu Beweiszwecken gefertigt wurden.

Kopien geniessen die Vermutung der Beweiskraft des Originals, solange deren Echtheit   **27** nicht von einem Beteiligten bestritten oder vom Gericht bezweifelt wird.[26] Auf jeden Fall darf das Gericht die Einreichung des Originals verlangen (Art. 52 Abs. 1 Satz 2 BZP).

Gemäss Art. 33 Abs. 1 BZP sollte die Partei die Urkunden «**geheftet und nummeriert**» der Rechtsschrift beilegen und in umfangreichen Beilagen die angerufenen Stellen kenntlich machen. Bei Berufung auf öffentliche Register ist ein beglaubigter Auszug daraus beizulegen. Nach Art. 23 lit. e und f sowie 29 lit. e und f BZP müssen «Klageschrift» und «Klageantwort» ein nummeriertes Verzeichnis der Beilagen enthalten und **Beweismittel** unter Nennung der Verzeichnisnummer **für jede Tatsache genau angeben**. Ob das Gericht die Einhaltung dieser Bestimmungen des BZP über Art. 71 allgemein verlangen kann, mag nicht von vornherein klar erscheinen.[27]

Zumindest für das Klageverfahren nach Art. 120 ergibt sich die Geltung von Art. 23 und   **28** 29 BZP aber unzweifelhaft aus dem Gesetz (vgl. Art. 120 Abs. 3). Unseres Erachtens gelten die erwähnten Bestimmungen des BZP aber auch für die übrigen bundesgerichtlichen Verfahren. Sie enthalten ergänzende Regelungen, die für ein Beschwerdeverfahren genauso Geltung beanspruchen können wie für ein Klageverfahren. Art. 42 ist denn auch weder ausdrücklich als abschliessende Regelung bezeichnet worden noch aus anderen Umständen als solche zu betrachten: Zwar könnte Art. 42 für eine gesetzliche Regelung über den Inhalt der Rechtsschriften ausreichend sein. Es würden aber gewisse Fragen offen bleiben, wie etwa Beweismittel genau angerufen und beigelegt werden sollen. Diese Fragen klären die erwähnten Vorschriften des BZP, weshalb sie gem. Art. 71 sinngemäss anwendbar sind. Zu den Folgen der Missachtung dieser Regelungen vergleiche nachfolgende N 32.

c) Ausnahmen von der Vorlagepflicht

Auf die Vorlage einer Urkunde mit der Rechtsschrift wird in den in Art. 53 BZP   **29** beschriebenen Fällen zu verzichten sein (vgl. Art. 71 BGG und Art. 33 Abs. 1 Satz 2 BZP): Es handelt sich um Urkunden, deren Vorlegung bei Gericht infolge ihrer Beschaffenheit nicht tunlich ist oder deren Herausgabe berechtigte Interessen verletzen würde. Diese Ausnahmen sind restriktiv zu verstehen, v.a. wenn bedacht wird, dass die Vorlage von Kopien an sich zunächst genügt.

---

[24] Vgl. auch BGE 120 IV 179.
[25] FRANK/STRÄULI/MESSMER, ZPO, Kommentar zur zürcherischen Zivilprozessordnung, 3. Aufl., Zürich 1997, vor § 183 ff. N 2; vgl. auch LEUCH/MARBACH/KELLERHALS/STERCHI, Die Zivilprozessordnung für den Kanton Bern, 5. Aufl., Bern 2000, Art. 229 N 1.
[26] SPÜHLER/DOLGE/VOCK, Kurzkommentar, Art. 42 N 6.
[27] POUDRET, Commentaire, Bd. I, Art. 40 N 2 344 und N 3 347, erklärt nur Art. 33 BZP, nicht aber Art. 23 und 29 BZP für anwendbar, weil das OG Inhalt und Form dieser Rechtsschriften bereits geregelt habe.

30 Befinden sich Urkunden nicht in Händen der Partei, so sind deren Inhaber mit Namen und Adresse zu bezeichnen (Art. 71 BGG i.V.m. Art. 33 Abs. 2 Satz 1 BZP). Bei **Verweisung auf Urkunden**, die sich in den Akten der Vorinstanzen befinden, sind möglichst präzise Angaben geboten; falls die Akten durchnummeriert sind, sollte die jeweilige Aktenseite bzw. -Nummer möglichst angegeben werden. Sofern die Partei (nur) über eine Kopie der Urkunde verfügt, empfiehlt sich, diese dennoch bereits beizulegen.

d) Zeugen

31 Angerufene Zeugen sind mit Namen und Adresse zu bezeichnen (Art. 71 BGG i.V.m. Art. 33 Abs. 2 BZP). Es ist auch anzugeben, für welche Tatsachen der Zeugenbeweis angeboten wird (Art. 71 BGG i.V.m. Art. 23 lit. e und Art. 29 lit. e BZP).

e) Nachfrist bei Mängeln

32 Hat eine Partei die hiervor in N 25–31 erwähnten Regelungen des BZP nicht beachtet, muss das Gericht ihr gem. Art. 42 Abs. 5 oder 6 unter ausdrücklichem Hinweis auf den Mangel eine Nachfrist setzen (s. auch N 96 f.). Behebt die Partei den Mangel innert der ihr gesetzten Frist nicht, wird das Gericht nicht die gesamte Rechtsschrift unbeachtet lassen dürfen, sondern nur die betroffenen Beweismittel, sofern sich wegen ihrem Fehlen nicht doch die Unzulässigkeit der gesamten Beschwerde ergibt, weil diese von den Beweismitteln abhängt. Verzichtet das Gericht auf eine Nachfristansetzung, darf es die Beweismittel nicht wegen Nichtbefolgung der Vorschriften des BZP aus dem Recht weisen. Es braucht auf sie aber nicht weiter einzugehen, wenn es etwa infolge einer antizipierten Beweiswürdigung oder aus anderen rechtlichen Erwägungen zum Schluss gelangt, dass es auf sie gar nicht ankommt (vgl. auch N 110 f.).

6. Beilage des angefochtenen Entscheids

33 Wie Urkunden ist nach Art. 42 Abs. 3 Halbsatz 2 auch der Entscheid, gegen den sich die Rechtsschrift richtet, beizulegen. Zwar verlangte etwa Art. 108 Abs. 2 OG noch die Beifügung der «Ausfertigung» des angefochtenen Entscheids. Das BGG ist hierzu unbestimmt; es verlangt nicht mehr ausdrücklich die Beilage der Ausfertigung, sondern nur des Entscheids. Da eine Beschwerdeeinreichung im elektronischen Verkehr mit entsprechenden Kopien als Beilagen möglich ist, sollte nun auch bei postalischen Beschwerdeeingaben die Beifügung nur einer Kopie des angefochtenen Entscheids genügen.[28] Legt der Beschwerdeführer den Entscheid auch auf eine Nachfristansetzung nach Art. 42 Abs. 5 nicht vor, tritt das Bundesgericht auf die Beschwerde nicht ein.[28a]

7. Unterschrift

a) Original-Unterschrift

34 Gemäss Art. 42 Abs. 1 müssen Rechtsschriften die Unterschrift enthalten. Diese muss eigenhändig durch die Partei oder ihren bevollmächtigten Vertreter geleistet werden.[29] Trotz Art. 23 lit. g und Art. 29 lit. g BZP («Unterschrift des Verfassers») muss es genügen, wenn die Partei selber die von ihrem Vertreter verfasste Rechtsschrift unterzeichnet.[30] Ein in Maschinenschrift, als Stempel oder sonst wie durch eine Reproduktion

---

[28] Vgl. auch BBl 2001 4265.
[28a] BGer, II. ÖRA, 2.3.2007, 2C_39/2007, E. 1; StrafA, 8.6.2006, 6B_248/2007, E. 1.
[29] SPÜHLER/DOLGE/VOCK, Kurzkommentar, Art. 42 N 7; POUDRET, Commentaire, Bd. I, Art. 30 N 1.3.1 180.
[30] BGE 84 II 590 f.

angebrachter Name genügt nicht als Unterschrift.[31] Ebensowenig die Fotokopie einer handschriftlichen Unterschrift.[32] Etwas anderes gilt nur für den elektronischen Verkehr, weil dort die eigenhändige Originalunterschrift durch die anerkannte elektronische Signatur ersetzt wird (vgl. Art. 42 Abs. 4 und nachfolgende N 78 ff.). Unterschreibt jemand «im Namen von», «in Vollmacht», «in Vertretung» bzw. «i.V.» sollte diese Person für das betreffende bundesgerichtliche Verfahren tatsächlich vertretungsbefugt sein; das spielt v.a. in Zivil- und Strafsachen eine Rolle, wo nur Anwälte als Vertreter auftreten können (vgl. Art. 40); dort würde die vertretungsweise von einem Nichtanwalt geleistete Unterschrift (z.B. eines Kanzleimitarbeiters) nicht genügen.[33]

b) Telefax

Mit Blick auf das Unterschriftserfordernis hat das Bundesgericht die Möglichkeit der   **35**
Einreichung einer Rechtsschrift per **Telefax** verneint.[34] Es lehnte insoweit eine Heilung durch Nachreichen einer Rechtsschrift mit Originalunterschrift nach Ablauf der Beschwerde- oder Vernehmlassungsfrist ab, weil die Partei, die eine Rechtsschrift mit Telefax einreicht, schon von vornherein wisse (bzw. wissen müsse), dass damit gegen das Unterschriftserfordernis verstossen werde. Die Ansetzung einer Nachfrist komme somit auch nicht in Betracht. Man könnte sich fragen, ob an dieser Rechtsprechung weiterhin festzuhalten ist, nachdem Rechtsschriften gem. Art. 42 Abs. 4 nun auch im elektronischen Verkehr eingereicht werden können. Diese Bedenken gelten v.a., wenn die Partei unaufgefordert und sogleich ein mit Originalunterschrift versehenes Exemplar nachreicht. Jedenfalls kann die Partei den Mangel der fehlenden eigenhändigen Unterschrift bis Ablauf der Rechtmittel- oder Vernehmlassungsfrist beheben. Hierauf muss das Gericht die Partei u.E. unverzüglich hinweisen, wenn diese nicht durch einen inländischen Anwalt vertreten ist und die Korrektur zeitlich noch möglich ist.[35]

c) Ort der Unterschrift

Die frühere Rechtsprechung des Bundesgerichts verlangte nicht, dass sich die Unter-   **36**
schrift auf der Rechtsschrift selber befindet. Vielmehr begnügte man sich mit dem Anbringen der Unterschrift auf einem Begleitbrief oder auf der Rückseite des Briefumschlags.[36] Neuerdings scheint das Bundesgericht – oder ein Teil davon – eine strengere Linie fahren zu wollen. Als Begründung wird angegeben, seit dem Jahr 1992 sei bei Mängeln mit der Unterschrift eine Nachbesserungsfrist einzuräumen, was das Gesetz früher nicht vorsah. Es verlangt insoweit, dass die Unterschrift auf die Rechtsschrift selber, in der Regel am Schluss, geleistet wird.[37] Es wird sich zeigen, ob sich diese Rechtsauffassung durchsetzt. Für eine entsprechende Lösung spricht, dass dadurch mehr Gewissheit geschaffen wird, v.a. wenn gewisse Zweifel bestehen, ob die Partei selber wirklich die betreffende Rechtsschrift einreichen wollte. Allerdings kann auch dadurch nicht jede «Fälschung» bzw. Ungewissheit aus der Welt geschaffen werden. Möglicherweise wird das Gericht nicht auf eine Unterschrift am Schluss der Beschwerde pochen,

---

[31] Vgl. BGE 86 III 3 f.
[32] BGE 112 Ia 173.
[33] Vgl. BGE 108 Ia 289.
[34] Zum BGG- BGer., II. ZA, 12.2.2007, 12.2.2007; zum OG: BGE 121 II 252; BGer., II. ÖRA, 8.10.2002, 2A.494/2002, E. 2.2, ASA 72, 430; krit. KÖLZ/HÄNER, Verwaltungsrechtspflege², N 605, 608 und 937.
[35] Ebenso BATZ, ZBJV 1999, 546; vgl. auch AESCHLIMANN, recht 1987, 32.
[36] BGE 108 Ia 289, 291 E. 2; 106 IV 65, 67 E. 1; 102 IV 142, 143 E. 2.
[37] BGer., KassH, 25.1.2005, 6P.150/2004, E. 1; anders noch etwa in der nicht publizierten E. 1a von BGE 123 I 145, I. ÖRA, 9.4.1997, 1P.117/1997.

wenn sich die Eingabe ohnehin aus anderen Gründen als offensichtlich unzulässig oder unbegründet erweist. Sollte sich das Gericht aber definitiv auf den Standpunkt stellen, dass nur mit einer Unterschrift am Ende der Rechtsschrift sicher sei, dass die Partei tatsächlich mit der betreffenden Eingabe gegenüber ihm auftreten will, so müsste es sich bei insoweit fehlender Unterschrift im Grunde jedes Mal vergewissern, bevor es entscheidet und sich dabei auf andere Erwägungen beruft, zumal wenn damit Kostenfolgen für die Parteien verbunden sind.

V. Begründung der Beschwerde (Abs. 2)

37   Gemäss Art. 42 Abs. 2 ist in der Begründung in gedrängter Form darzulegen, inwiefern der angefochtene Akt Recht verletzt. Der Gesetzgeber wollte, dass die Beschwerdeführer ihre Begehren hinreichend begründen und damit zu einer effizienten Justiz beitragen.[38]

1. Folgen einer nicht hinreichenden Begründung

38   Fehlt es an einer hinreichenden Begründung, **tritt das Bundesgericht auf die Beschwerde nicht ein.**[39] Das kann bei offensichtlich unzulänglicher Begründung gem. Art. 108 Abs. 1 lit. b sogar durch Einzelrichterentscheid erfolgen.[40] Das gilt wohl auch dann, wenn das Gericht gem. Art. 106 Abs. 1 das Recht an sich von Amts wegen anwendet.[41] Bevor das Bundesgericht derart entscheidet, wird es bei einer nicht anwaltlich vertretenen Person allenfalls erwägen müssen, ob ein Fall der **Unfähigkeit zur Prozessführung** (vgl. Art. 41) gegeben ist.

39   Die Partei kann **nicht** mit der Ansetzung einer **Nachfrist** zur Ergänzung der nicht genügend begründeten Beschwerde rechnen, da Art. 42 Abs. 5 und 6 (vgl. dazu N 94) diesen Fall nicht regeln und es sich dabei nicht um ein Versehen des Gesetzgebers handelt.[42] Die Parteien werden deshalb bestrebt sein müssen, fristgerecht eine hinreichende Begründung einzureichen, in der sie alle ihre Argumente geltend machen.

2. Zum Zeitpunkt der Begründung

40   Im Gegensatz zu anderen Verfahrensordnungen ist die Begründung der Beschwerde dem Bundesgericht **innerhalb der Rechtsmittelfrist** (vgl. Art. 100 und 117) einzureichen. Eine **Fristverlängerung** ist – im Gegensatz zu den richterlich bestimmten Fristen etwa für Vernehmlassungen und einen zweiten Schriftenwechsel – nach Art. 47 Abs. 1 **ausgeschlossen.** Ergänzende Beschwerdeschriften sind nur unter den engen Voraussetzungen von Art. 43 möglich. Ein Verweis des Beschwerdeführers auf nach Ablauf der Rechtsmittelfrist eingehende Ausführungen von ihm oder von Dritten ist unbehelflich.[43]

41   Grundsätzlich ist die zur Begründung der Beschwerde ans Bundesgericht notwendige **Einsicht in Vorakten** – innert der Beschwerdefrist – bei der Vorinstanz zu beantragen.

---

[38] BBl 2001 4294.

[39] Vgl. BGE 131 II 470, 475 E. 1.3; 109 Ib 246, 249 E. 3c; BGer, II. ÖRA, 29.11.2005, 2A.251/2005, E. 1.2; SEILER/VON WERDT/GÜNGERICH, BGG, Art. 42 N 4; SPÜHLER/DOLGE/VOCK, Kurzkommentar, Art. 42 N 5.

[40] BGer, I. ÖRA, 15.2.2007, 1B_2/2007, E. 3; I. ZA, 20.3.2007, 4A_40/2007, E. 4; StrafA, 24.3.2007, 6B_69/2007, E. 1; I. ZA, 27.3.2007, 4D_3/2007.

[41] AUER/MALINVERNI/HOTTELIER, droit constitutionnel[2], Bd. I, 768 N 2193.

[42] Vgl. auch BBl 2001 4294 f.; zum BGG: BGer, II. ÖRA, 9.8.2007, 2C_248/2007, E. 2; noch zum OG: BGE 131 II 470, 475 E. 1.3; 130 I 312, 320 E. 1.3.1; 123 II 359, 369 E. 6b/bb; BGer, II. ÖRA, 28.8.1991, 2A.407/1990, E. 2b, StR 47/1992, 563. CORBOZ, SJ 2006, 330. In den in FN 40 aufgeführten Urteilen war denn auch keine Nachfrist eingeräumt worden.

[43] Vgl. EVG, 14.2.2001, B 80/00; und 20.1.1999, I 231/98, E. 2b.

Mithin wird der Beschwerdeführer nicht damit rechnen können, wegen Beantragung der Akteneinsicht bei Bundesgericht Gelegenheit zur Ergänzung der Beschwerdeschrift nach Ablauf der Rechtsmittelfrist zu erhalten.[44] Anders verhält es sich, falls und soweit die Akteneinsicht zuvor etwa verweigert wurde und erst über das Bundesgericht gewährt wird.[45]

Die Parteien sollten ihre Ausführungen (oder einen Teil hiervon) sowie die Angabe von **42** Beweismitteln möglichst nicht für einen etwaigen **späteren Schriftenwechsel** aufsparen. Dieser findet gem. Art. 102 Abs. 3 nur **ausnahmsweise** statt. Ausserdem könnte das Bundesgericht **zusätzliche** bzw. **neue Vorbringen** (v.a. Rügen und Beweismittel) in späteren Rechtsschriften aus dem Recht weisen, wenn nicht erst eine vorgängige Eingabe anderer Verfahrensbeteiligter hierzu Anlass gegeben hat oder die Partei aus nachvollziehbaren Gründen nicht in der Lage war, sich hierzu früher zu äussern.[46]

Erhebt eine Partei Beschwerde und behält sie sich vor, **innerhalb** der noch **laufenden** **43** **Rechtsmittelfrist** eine **zusätzliche Begründung** nachzuschieben, sollte sie das Gericht auf diesen Vorbehalt hinweisen. Sonst läuft sie Gefahr, sich etwa mangels rechtsgenüglicher Begründung einem Nichteintretensentscheid nach Art. 108 Abs. 1 lit. b ausgesetzt zu sehen, der vor Eingehen ihrer Beschwerdeergänzung getroffen wurde. Hat das Gericht noch keinen Entscheid gefällt, wird es innerhalb der Rechtsmittelfrist zusätzlich eingereichte Rechtsschriften hingegen mitzuberücksichtigen haben, auch wenn diese zuvor nicht angekündigt waren (vgl. aber Ausnahmen nach Art. 42 Abs. 5–7, N 107–114).

3. Zum Inhalt der Begründung

Die knappe Formel des Art. 42 Abs. 2, wonach in der Begründung darzulegen ist, inwie- **44** fern der angefochtene Akt Recht verletzt, darf nicht unterschätzt werden. Vor allem der Beschwerdeführer sollte dieser Anforderung seine vollste Aufmerksamkeit widmen.[47]

a) Die Begründungsanforderungen im Allgemeinen

aa) Vergleich der Materialien und der Literatur

Mit Blick auf die Art. 77 Abs. 3 und 106 Abs. 2 sowie auf die nicht ganz klaren Materia- **45** lien scheiden sich die Geister in Bezug auf die Begründungsanforderungen nach Art. 42 Abs. 2. Die Botschaft verweist insoweit für die unter dem OG geltende Situation zunächst auf die Art. 55 Abs. 1, 71 lit. c, 90 Abs. 1 lit. b, 108 Abs. 2 OG und Art. 273 Abs. 1 BStP. Alsdann hält sie dafür, die Begründungsanforderungen in Art. 42 Abs. 2 in Anlehnung an Art. 55 Abs. 1 und 90 Abs. 1 OG sowie an Art. 273 Abs. 1 BStP zu verstehen.[48] An anderer Stelle spricht sie «von relativ hohe[n] Anforderungen an die Begründung der Rechtsschrift», wobei sie sich dabei nicht auf Verfassungsrügen nach Art. 106 Abs. 2 beschränkt.[49]

Sofern sich die Doktrin nicht mit einer Wiedergabe des Gesetzestextes begnügt, ist sie **46** nicht völlig einheitlich: Teils wird offenbar – abgesehen von den Rügen nach Art. 106

---

[44] BGer, II. ZA, 26.4.2005, 5C.71/2005, E. 1; I. ÖRA, 9.9.1999, 1A.149/1999, E. 1b; I. ÖRA, 26.8.1999, 1A.131/1999, E. 1b.

[45] Vgl. BGE 129 II 193, 196, wo der Partei Gelegenheit zur Replik gegeben wurde.

[46] Vgl. BGE 132 I 42, 47 E. 3.3.4; 131 I 291, 311 E. 3.5; 125 I 71, 77 E. 1d/aa; 105 Ib 37, 40 E. 2; BGer, II. ÖRA, 10.8.2005, 2P.191/2004, E. 6.1, ZBl 107/2006, 254; zu Beweismitteln: BGE 127 V 353, 357 E. 4; 109 Ib 246, 249 f. E. 3c; EVG, 10.12.2001, I 600/00, E. 1b; BGer, II. ÖRA, 25.2.2000, 2A.459/1999, E. 1c.

[47] Vgl. auch die allgemeinen Hinweise zum Ausarbeiten von Rechtsschriften bei GEISER/MÜNCH[2]-GEISER, § 1 N 1.74 ff.

[48] BBl 2001 4294.

[49] BBl 2001 4232; zu Art. 106 Abs. 2: BBl 2001 4344 f.

Abs. 2 und der von Art. 42 Abs. 2 Satz 2 erfassten Fälle – appellatorische Kritik als genügend betrachtet.[50] Teils wird für die Begründungsanforderungen allgemein auf die Rechtsprechung zu Art. 108 Abs. 2 OG verwiesen, obwohl die Botschaft sich gerade nicht an diese Bestimmung anlehnt.[51] Teils wird erklärt, prinzipiell würden die Anforderungen übernommen, die unter dem OG für alle Rechtsmittel mit Ausnahme der staatsrechtlichen Beschwerde galten;[52] die bei dieser Beschwerde geltenden Anforderungen (Art. 90 Abs. 1 lit. b OG) sollten hingegen für Rügen nach Art. 106 Abs. 2 zu beachten sein.[53] Andere meinen, in Bezug auf Art. 106 Abs. 2 sollten nicht derart strenge Anforderungen gestellt werden, wie bei der bisherigen staatsrechtlichen Beschwerde.[54] Eine andere Auffassung verweist für die in Art. 106 Abs. 2 genannten Rügen bzw. für die subsidiäre Verfassungsbeschwerde auf die Begründungsanforderungen des Art. 42 Abs. 2.[55] Schliesslich führt ein Teil der Doktrin aus, der Beschwerdeführer müsse darlegen, welche Norm oder welcher Rechtsgrundsatz verletzt sei und dabei ausführen, worin die Rechtsverletzung bestehen soll; dabei wird weder nach Rechtsmittelarten noch danach unterschieden, ob in Art. 106 Abs. 2 erwähnte Rechte geltend gemacht werden; es wird auch nicht auf die Rechtsmittel des OG Bezug genommen; wegen des Begründungserfordernisses sollten die Parteien anwaltliche Hilfe beiziehen.[56]

bb) (Keine) Unterschiede für die verschiedenen Beschwerdearten

47 Unseres Erachtens dürften die Begründungsanforderungen **für alle Beschwerdearten** – einschliesslich der subsidiären Verfassungsbeschwerde – im Wesentlichen gleich sein. Je nach Rüge oder Verfahren wird die Partei sich aber zu zusätzlichen Fragen äussern müssen (z.B. bei Art. 74 Abs. 2 lit. a und Art. 85 Abs. 2; dazu N 69). Es besteht kein Anlass, Unterscheidungen zu treffen, je nachdem welche Beschwerde behandelt oder auf **welche Rechte** hin der angefochtene Entscheid überprüft wird. Das BGG enthält – im Gegensatz noch zum OG mit unterschiedlichen Regelungen je nach Beschwerdeart – neben Art. 42 Abs. 2 keine weiteren Bestimmungen, die sich näher zur Begründung der Rechtsschriften äussern. Zudem befindet sich Art. 42 Abs. 2 systematisch im 2. Kapitel des BGG, das Vorschriften für alle Verfahren, die sich nach diesem Gesetz richten, enthält.

48 **Art. 106 Abs. 2**, auf den in Art. 117 auch für die subsidiäre Verfassungsbeschwerde verwiesen wird, enthält keine näheren Angaben zu den Begründungsanforderungen. Er besagt nur, dass Rügen vorgebracht und begründet werden müssen, damit das Gericht sie prüft. Um die in Art. 106 Abs. 2 genannten Rechte geltend zu machen, dürften die Begründungsanforderungen als solche somit nicht unbedingt höher sein als für andere Beanstandungen. Es ist ebenfalls von Art. 42 Abs. 2 auszugehen.[56a] Es geht bei Art. 106 Abs. 2 im Grunde nur darum, dass das Bundesgericht den angefochtenen Entscheid lediglich unter dem Blickwinkel der hinreichend begründeten Rügen auf die Verletzung

---

[50] SEILER/VON WERDT/GÜNGERICH, BGG, Art. 42 N 6.

[51] SPÜHLER/DOLGE/VOCK, Kurzkommentar, Art. 42 N 4 durch ihren Hinweis auf BGE 131 II 452 E. 1.3.

[52] KARLEN, BGG, 27; für die Beschwerde in öffentlich-rechtlichen Angelegenheiten: EHRENZELLER/SCHWEIZER-AEMISEGGER, 119.

[53] KARLEN, BGG, 27; SEILER/VON WERDT/GÜNGERICH, BGG, Art. 106 N 10; EHRENZELLER/SCHWEIZER-AEMISEGGER, 119; EHRENZELLER/SCHWEIZER-SCHWEIZER, 244 f.; TSCHANNEN-KIENER, 279; FABIENNE HOHL, Le recours en matière civile selon la LTF du 17.6.2005, in: B. Foëx, Les recours au Tribunal fédéral, Genève 2007, S. 99.

[54] SPÜHLER/DOLGE/VOCK, Kurzkommentar, Art. 106 N 2.

[55] TSCHANNEN-ZIMMERLI, 307.

[56] CORBOZ, SJ 2006, 330.

[56a] BGer, II. ÖRA, 14.5.2007, 2D_19/2007, E. 2.2.

von Grundrechten, kantonalem[57] und interkantonalem Recht prüfen soll.[57a] Soweit bezüglich der genannten Rechte eine Rüge nicht erhoben oder nicht hinreichend begründet wurde, darf das Bundesgericht die Beschwerde unter Berufung auf die Verletzung dieser Rechte nicht gutheissen (**Rügeprinzip!**). Das gilt auch für die Fälle, in denen unter dem OG noch die Verwaltungsgerichtsbeschwerde zulässig war und eine entsprechende Prüfung dieser Rechte insoweit von Amts wegen stattfinden konnte.[58] Immerhin wird es dem Bundesgericht jedoch nicht verwehrt sein, einen nicht gerügten Verfassungsverstoss im Rahmen der Urteilsbegründung zu erwähnen.[59]

Bei den von Art. 106 Abs. 2 nicht erfassten Normen verhält es sich hingegen anders; hier   **49**
kann das Bundesgericht die Beschwerde auch wegen Verletzung von Rechtssätzen gutheissen, die von der Partei nicht (oder nicht hinreichend) angerufen wurden, solange im Übrigen eine dem Art. 42 Abs. 2 genügende Begründung (etwa in Bezug auf eine andere Norm) vorlag. Das steht mit **Art. 106 Abs. 1** im Einklang, wonach das Bundesgericht das Recht von Amts wegen (**iura novit curia**) anwendet; es kann demnach eine Beschwerde auch unter rechtlichen Gesichtspunkten prüfen und gutheissen (oder abweisen), die nicht vorgebracht waren.[60] Das Bundesgericht soll insoweit nicht einen Entscheid materiell prüfen und diesen dann nur deshalb schützen, weil die Partei ein rechtlich unzutreffendes Argument vorgebracht hat, obwohl ihm dessen Rechtswidrigkeit unter einem anderen rechtlichen Gesichtspunkt aufgefallen ist. Entsprechendes gilt aber auch umgekehrt für einen an sich richtigen Entscheid, der nur auf einer unzutreffenden Begründung beruht und nicht schon deswegen aufgehoben werden soll.

cc) Schlussfolgerung

Wie erwähnt dürften die Begründungsanforderungen für die Geltendmachung sämtlicher   **50**
Rechtsverletzungen nach unserer Auffassung weitgehend gleich sein. Abstufungen bei der Durchsetzung der Formenstrenge ergeben sich allenfalls nach Rechtsgebieten und Verfahrenssituationen (mit z.B. weniger strikten Anforderungen bei ausländerrechtlichen Haftfällen oder beim fürsorgerischen Freiheitsentzug, dazu N 55).

Unter Berücksichtigung der Materialien ist es erforderlich, dass aus der Beschwerde-   **51**
schrift ersichtlich ist, in welchen Punkten und weshalb der angefochtene Entscheid beanstandet wird. Zur Nennung der als verletzt gerügten Norm wird auf N 61 verwiesen. Im Übrigen kann unseres Erachtens weitgehend die zu Art. 108 Abs. 2 und 114 Abs. 1 OG entwickelte Rechtsprechung herangezogen werden, wobei die Tendenz dabei allerdings zu einer eher strengeren Handhabung neigt.[60a]

Eine einheitliche Formel lässt sich in der bundesgerichtlichen Rechtsprechung zum   **52**
BGG noch nicht finden. Am umfassendsten sind wohl derzeit die Ausführungen im Urteil 1C_64/2007 vom 2.7.2007 (dort E. 3 und 5). Die Beschwerdebegründung muss sich **sachbezogen**[61] mit der Begründung des angefochtenen Entscheids auseinander

---

[57] Vgl. dazu aber N 60.
[57a] BGer, I. SozA, 17.8.2007, 8C_168/2007, E. 1.3; StrafA, 9.5.2007, 6B_15/2007, E. 3 und 6.4.
[58] KARLEN, BGG, 28 mit FN 102.
[59] Vgl. BGE 131 I 377, 385 E. 4.3.
[60] BGer, I. SozA, 17.8.2007, 8C_168/2007, E. 1.3; StrafA, 6B_2/2007, 14.3.2007, E. 3; noch unter dem OG: BGE 131 II 361, 366 E. 2; 130 III 136, 140 E. 1.4; vgl. für ein Beispiel (nach Art. 114 Abs. 1 OG), bei welchem das Bundesgericht eine Beschwerde unter einem bei ihm vom Beschwerdeführer nicht angerufenen Gesichtspunkt gutgeheissen hat: BGer, II. ÖRA, 19.10.2006, 2A.213/2006, insb. E. 2.
[60a] ULRICH MEYER, Der Einfluss des BGG auf die Sozialrechtspflege, SZS 2007 S. 235.
[61] Zur Sachbezogenheit in Bezug auf das BGG: BGer, II. ÖRA, 27.2.2007, 2C_29/2007, E. 2.1; und 22.3.2007, 2C_73/2007, E. 3; im Ergebnis wohl ebenso: BGer, StrafA, 24.3.2007, 6B_68/2007, E. 1; I. ZA, 27.3.2007, 4D_3/2007.

setzen.[62] Daran wird es regelmässig fehlen bei **formularartig** gefertigten Beschwerdeschriften, die zur Anfechtung von mehreren verschiedenen Entscheiden eingesetzt werden, welchen kein gemeinsamer Sachverhalt zugrunde liegt.[63] Weitere Fälle fehlender Sachbezogenheit werden nachfolgend in N 71–77 näher beschrieben. Die Beschwerdebegründung braucht nicht zuzutreffen, damit das Bundesgericht auf die Beschwerde eintritt;[64] das wird erst im Rahmen der materiellen Beurteilung geprüft, wobei sich die Kognition des Gerichts dann nach Art. 106 richtet.

53   **Appellatorische Kritik** genügt nicht. Es reicht insbesondere nicht aus, wenn sich der Beschwerdeführer darauf beschränkt, den angefochtenen Entscheid als «rechtswidrig» oder die Argumentation der Vorinstanz als «falsch» zu bezeichnen oder zu erklären, er sei «nicht einverstanden».[65] Ebenso wenig genügt es, dass er nur angibt, welche Norm verletzt sein soll (vgl. im Übrigen zur Angabe der verletzten Norm N 61). Er muss vielmehr unter Bezugnahme auf die Begründung im angefochtenen Entscheid darlegen, **worin** die behauptete **Verletzung** besteht[66] bzw. inwiefern der angefochtene Entscheid gegen Recht verstösst.[67] Mithin muss er im Einzelnen zeigen, warum das betreffende Gesetz oder die jeweilige Norm verletzt sein soll.[68] Er hat sich mit den entscheidenden Erwägungen des angefochtenen Entscheids argumentativ auseinanderzusetzen.[69]

54   Demzufolge kann das Bundesgericht – auch aus Gründen der Effizienz – seine Prüfung auf die Punkte beschränken, die der Beschwerdeführer ihm gegenüber beanstandet, zumal wenn nicht eine offensichtliche Rechtsverletzung gegeben ist;[70] es muss insbesondere nicht danach suchen, was der Beschwerdeführer noch alles hätte beanstanden können, aber unterlassen hat.[71] Nicht ausdrücklich aufgeworfene Rechtsfragen wird es allenfalls prüfen, wenn hierzu aufgrund der Parteivorbringen oder anderer sich aus den Akten ergebender Anhaltspunkte Anlass besteht, womit Art. 106 Abs. 1 hinreichend Rechnung getragen wird.[72] Bei der Abwägung von Interessen muss das Bundesgericht nicht umfassend nach vom Beschwerdeführer nicht angeführten Argumenten oder Umständen suchen, die für sein Rechtsbegehren sprechen, wenn sie weder ins Auge springen noch aufgrund der Sachverhaltsfeststellungen der Vorinstanz naheliegen.[73] Daher sollten

---

[62] Vgl. allgemein zu den Begründungsanforderungen nach Art. 108 Abs. 2 OG: BGE 131 II 449, 452 E. 1.3; 470, 475 E. 1.3; 130 I 312, 319 ff. E. 1.3; 118 Ib 134, 135 f. E. 2; 113 Ib 287, 288 E. 1.
[63] EVG, 30.12.1994, I 316/94, E. 3.
[64] Vgl. BGE 131 II 449, 452 E. 1.3; 118 Ib 134, 136 E. 2.
[65] BGer, StrafA, 24.3.2007, 6B_57/2007, E. 1.
[66] BBl 2001 4345; BGer, I. ZA, 27.3.2007, 4D_3/2007.
[67] BGer, I. ÖRA, 14.2.2007, 1B_5/2007, E. 4, und 15.2.2007, 1B_2/2007, E. 3; II. ÖRA, 22.3.2007, 2C_73/2007; und 2.4.2007, 2D_1/2007, E. 4.
[68] Zum BGG: BGer, I. ÖRA, 19.3.2007, 1C_20/2007, E. 3; II. ZA, 20.3.2007, 5A_43/2007 und 21.3.2007, 5A_63/2007, und vor allem 8.6.2007, 5A_92/2007, E. 4.1, wobei in den drei letztgenannten Urteilen formell verschiedene Begründungsanforderungen gestellt werden je nachdem, ob Verfassungsrügen geltend gemacht werden oder nicht; dazu N 47–50 hiervor; zum OG: BGer, I. ÖRA, 5.11.1998, 1P.446/1998, E. 1a, DEP 1999, 426.
[69] Vgl. BGer, II. ZA, 19.3.2007, 5A_90/2007; I. ZA, 20.3.2007, 4A_40/2007; zum OG: BGE 113 Ib 287, 288 E. 1. Vgl. auch nachfolgende N 56 f.
[70] BGer, I. SozA, 17.8.2007, 8C_168/2007, E. 1.3; StrafA, 14.3.2007, 6B.2/2007, E. 3, 9.5.2007, 6B_15/2007, E. 3; I. ZA, 11.6.2007, 4A_85/2007, E. 6.2; I. ÖRA, 2.7.2007, 1C_64/2007, E. 3. Unter Hinweis auf die Mitwirkungspflicht der Parteien bereits BGer, II. ÖRA, 30.11.1995, 2P.231/1995, E. 4c.
[71] CORBOZ, SJ 2006, 330.
[72] Zu Art. 108 Abs. 2 und 114 Abs. 1 OG: BGE 124 V 215, 219 E. 2; 123 V 193, 202 E. 6b; 113 Ib 287, 288 E. 1; BATZ, ZBJV 1999, 547 FN 10.
[73] BGer, II. ÖRA, 17.12.1999, 2A.483/1999, E. 4b.

die Parteien ihre **sämtlichen Argumente**, wenn auch in gedrängter Form, so doch **klar und detailliert** in ihrer Rechtsschrift darlegen.[74]

dd) Geringere Anforderungen in einzelnen Bereichen

Vor allem bei der **ausländerrechtlichen Haft** (Art. 13a ff. ANAG bzw. Art. 75 ff. AuG)   **55** sowie beim **fürsorgerischen Freiheitsentzug** (Art. 397a ff. ZGB) kann es geboten sein, die Begründungsanforderungen bei Laienbeschwerden weniger streng zu handhaben. In Frage stehen Massnahmen, die erheblich in Grundrechte eingreifen. Zusätzlich zum Freiheitsentzug befinden sich die davon betroffenen Personen in einer gegenüber der Durchschnittsbevölkerung benachteiligten Situation (Ausländer mit geringen Kenntnissen des einheimischen Rechtssystems und der Nationalsprachen bzw. Personen mit psychischen Problemen) und hatten meist keine Zeit, sich vorher noch in Freiheit entsprechend über die erwähnten Massnahmen kundig zu machen. Dabei ist auf die persönliche Situation der Partei abzustellen, auch etwa ob sie im vorinstanzlichen Verfahren durch einen Anwalt vertreten war, der sie beraten konnte. Von Bedeutung ist zudem, wie sorgfältig das vorinstanzliche Verfahren durchgeführt, die Partei dabei aufgeklärt und wie ausführlich der angefochtene Entscheid begründet wurde. Oft ist den Betroffenen nicht klar, was ihnen geschieht und warum ihnen die Freiheit entzogen wurde. Wollte man hier für Laienbeschwerden prinzipiell die gleich strengen Begründungsanforderungen wie für Beschwerden auf anderen Gebieten anlegen, müsste gefragt werden, ob nicht ein Fall der Unfähigkeit zur Prozessführung gem. Art. 41 (vgl. dort N 12 f. und 16) vorliegt, oder gar entsprechend dem Strafrecht eine notwendige Vertretung erwägen (vgl. für die fürsorgerische Freiheitsentziehung Art. 397f Abs. 2 ZGB). Strengere Anforderungen können aber wiederum gestellt werden, wenn die Betroffenen wiederholt vor dem Bundesgericht prozessieren und dieses ihre Sache bereits einmal hinreichend geprüft hat.

b) Verweise, Bezugnahmen und Wiederholungen

Die Parteien dürfen zwar auf **vorinstanzliche Rechtsschriften** Bezug nehmen.[75] Sie   **56** dürfen sich dabei jedoch nicht einfach mit einer pauschalen Verweisung begnügen, da sich die an das Bundesgericht adressierte Beschwerdebegründung immerhin mit der Argumentation im angefochtenen Entscheid auseinandersetzen muss.[76] Letztlich muss aus der für das Bundesgericht verfassten Rechtsschrift selber zumindest ersichtlich sein, in welchen Punkten und weshalb der Beschwerdeführer den angefochtenen Entscheid beanstandet. Andernfalls läuft der Beschwerdeführer Gefahr, dass das Bundesgericht auf die nur durch Verweisung in Bezug genommenen Vorbringen nicht eingeht oder gar auf die Beschwerde insgesamt nicht eintritt, wenn in der Beschwerdeschrift selber eine hinreichende Begründung fehlt. Entsprechendes gilt für den Verweis auf andere Akte oder auf Rechtsschriften aus völlig anderen Verfahren.[77]

Ebenso verhält es sich, wenn die Rechtsschrift ans Bundesgericht letztlich nur ein Abschrieb bzw. die **blosse Wiederholung** der bereits an die Vorinstanz gerichteten Eingaben darstellt. Das ist insbesondere dann unzulässig, wenn sich die Vorinstanz mit den   **57** Argumenten des Beschwerdeführers auseinandergesetzt hat.[78] Gegen die wortwörtliche

---

[74] Ebenso PORTMANN-TAPPY, 105 N 80.

[75] Vgl. für die Verwaltungsgerichtsbeschwerde nach dem OG: BGE 130 I 312, 320 E. 1.3.1.

[76] Vgl. zum BGG: BGer, I. ZA, 9.7.2007, 4A_121/2007, E. 2.1; noch zum OG: BGE 113 Ib 287, 288 E. 1; 123 V 335, 336 E. 1a; 126 III 198, 201 E. 1d; BGer, II. ÖRA, 28.8.1991, 2A.407/1990, E. 2a, StR 47/1992, 563; BGer, I. ÖRA, 26.4.2006, 1A.271/2005, E. 1.3.1; BATZ, ZBJV 1999, 548.

[77] BGer, II. ÖRA, 29.8.2007, 2C_416/2007, E. 3.2; 23.3.1992, 2A.423/1990, E. 2b, ASA 61, 822; BATZ, ZBJV 1999, 548.

[78] BGer, I. ÖRA, 20.1.1998, 1A.292/1997, E. 6.

Übernahme einzelner Passagen aus vorinstanzlichen Rechtsschriften ist im Prinzip jedoch nichts einzuwenden. Mithin ist den Parteien abzuraten, von Ausführungen in ihrer Rechtsschrift an das Bundesgericht abzusehen und insgesamt oder selbst in Bezug auf einzelne Punkte lediglich auf frühere Akte zu verweisen oder von diesen einfach nur abzuschreiben.

58 Unseres Erachtens darf in der Rechtsschrift aber auf eine einlässliche und sachbezogene (betreffend den angefochtenen Entscheid und dessen Erwägungen) **Begründung eines Dritten** Bezug genommen werden. Dazu muss diese gleichzeitig oder – falls später – innert Frist eingereicht werden.[79]

c) Beschwerdegründe

59 Die zulässigen Beschwerdegründe sind in **Art. 95–98** beschrieben, für die subsidiäre Verfassungsbeschwerde in **Art. 116**. Die Rüge der **Unangemessenheit** eines Entscheids kann **nicht** (mehr) erhoben werden.[80] Die Rüge der unrichtigen Feststellung des Sachverhalts ist gem. Art. 97 grundsätzlich beschränkt (vgl. auch N 63 ff.). Bei Rechtsrügen ist in der Beschwerde im Prinzip darzulegen, inwiefern der angefochtene Akt eine von Art. 95 oder 96 erfasste Rechtsnorm (dazu auch N 61) verletzt.

d) Rüge der Verletzung von kantonalem Recht

60 Das kantonale Recht ist bei den Beschwerdegründen nach Art. 95 ff., abgesehen von den in Art. 95 lit. c–e geregelten Fälle, nicht aufgeführt. Die Verletzung von kantonalem Recht kann daher **nicht als solche alleine** geltend gemacht werden; eine entsprechende Beschwerdebegründung würde sich als ungenügend, eine allein darauf gestützte Beschwerde damit sogar als unzulässig erweisen. Anders verhält es sich, wenn die Partei behauptet und darlegt, dass und wie die Auslegung bzw. Anwendung kantonaler Normen Bundes- oder Völkerrecht verletzt, z.B. dass und inwiefern die Anwendung oder Auslegung kantonalen Rechts willkürlich erfolgt ist.[81]

e) Angabe der als verletzt gerügten Norm

61 Der Gesetzgeber hat bewusst offen gelassen, ob die Beschwerde die als verletzt angerufene Bestimmung als solche **ausdrücklich nennen** muss; darüber sollte die Rechtsprechung befinden.[82] Auf eine explizite Nennung der Norm kann wohl verzichtet werden, wenn sich hinreichend klar ergibt, welche Norm als verletzt gerügt wird.[83] Erklärt etwa eine Partei, dass sie eine Verletzung des Willkürverbots rügt, ist damit eindeutig Art. 9 BV gemeint, ohne dass diese Bestimmung noch eigens genannt werden müsste (vgl. in-

---

[79] Vgl. EVG, 30.1.1995, C 151/94, E. 1, ARV 1996 Nr. 28 152 und SVR 1995 AlV Nr. 53 161; EVG, 14.2.2001, B 80/00.

[80] BBl 2001 4335; KARLEN, BGG, 39; TSCHANNEN-KIENER, 270; vgl. auch MEYER-BLASER/ ARNOLD, ZSR 2002, 501; FS AARGAUISCHER ANWALTSVERBAND-URSPRUNG/FLEISCHANDERL, 416 ff.; vgl. unter dem OG noch die Art. 104 lit. c und 132 lit. a OG.

[81] BGer, I. ZA, 19.3.2007, 4A_27/2007; 11.6.2007, 4A_85/2007, E. 6.2 und 6.3; I. ÖRA, 2.7.2007, E. 3, und 20.8.2007, 1B_175/2007, E. 3.1; II. ÖRA, 29.8.2007, 2C_372/2007, E. 2; BBl 2001 4335; KARLEN, BGG, 38; CORBOZ, SJ 2006, 331; TSCHANNEN-KIENER, 274 f.; FS AARGAUISCHER ANWALTSVERBAND-URSPRUNG/FLEISCHANDERL, 419; PORTMANN-POLTIER, 162; PORTMANN-TAPPY, 151 FN 151; zum OG: GEISER/MÜNCH²-KARLEN, N 3.77; BATZ, ZBJV 1999, 547.

[82] BBl 2001 4294; mit Blick auf BBl 2001 4232 etwas missverständlich, da es dort heisst, in der Begründung müssten die verletzten Rechtssätze genannt werden.

[83] Vgl. BGer, I. ÖRA, 12.2.2007, 1P.338/2006, E. 3.1. Der Einzelrichterentscheid der II. ZA, 8.6.2007, 5A_92/2007, E. 4.1 scheint im Rahmen von Art. 106 Abs. 1 auf eine ausdrückliche Nennung der Rechtsnormen zu verzichten, nicht jedoch im Rahmen von Art. 106 Abs. 2.

soweit auch noch Art. 106 Abs. 2). Wenn das nicht so klar ist, sollte die Partei auf jeden Fall die angeblich verletzte Norm angeben. Ansonsten läuft sie Gefahr, dass das Gericht die Rüge gar nicht oder nicht so behandelt, wie sich die Partei das vorgestellt hatte. Auch wenn das Bundesgericht gem. Art. 106 Abs. 1 das Recht von Amts wegen anwendet, heisst das nicht etwa, dass die Partei den angefochtenen Entscheid nur als «rechtswidrig» oder «bundesrechtswidrig» zu bezeichnen braucht, damit das Gericht ihn unter allen erdenklichen Gesichtspunkten überprüft (s. auch N 53).

f) Rechts- und Sachverhaltsrügen in der gleichen Rechtsschrift

Im Gegensatz zum OG mit verschiedenen, getrennten Rechtsmitteln ans Bundesgericht   **62**
im Zivil- und Strafrecht, je nachdem ob Rechts- oder Sachverhaltsrügen erhoben wurden, sind beim BGG grundsätzlich sämtliche Beanstandungen in einer einzigen Beschwerde vorzubringen. Damit erfasst die Begründung der Beschwerde die **Rechts- und** die **Sachverhaltsrügen**[84]. Das vereinfacht es den Parteien, indem sie nicht mehr die insoweit manchmal schwierigen Unterscheidungen zu treffen haben. Es enthebt die Parteien indes nicht davon, die entsprechenden Einwände ausdrücklich zu erheben und zu behandeln (zu den Sachverhaltsrügen im Besonderen vgl. N 63 ff.). Es stünde aber im Widerspruch zu dem erwünschten Vereinfachungseffekt, wenn von der Partei verlangt würde, sie müsse in ihrer Eingabe Rechts- und Sachverhaltsrügen sorgfältig auseinander halten. Im Rahmen der hinreichend begründeten Rügen ist es u.E. am Bundesgericht allenfalls eine Unterscheidung – mit Blick auf die unterschiedlichen Anforderungen und Überprüfungsmöglichkeiten – vorzunehmen.

g) Sachverhaltsrügen, neue Tatsachen und Beweismittel

Das Bundesgericht geht regelmässig vom Sachverhalt aus, den die Vorinstanz festgestellt   **63**
hat (vgl. Art. 105). Neue Tatsachen (**unechte Noven**) und Beweismittel dürfen grundsätzlich nur insofern vorgebracht werden, als erst der Entscheid der Vorinstanz dazu Anlass gibt (vgl. Art. 99).[85] Im Übrigen rechtfertigt sich die Geltendmachung unechter Noven allenfalls entsprechend Art. 123. Veränderungen des Sachverhalts, die nach Erlass des angefochtenen Entscheids eintreten (sog. **echte Noven**), beachtet das Bundesgericht – v.a. wenn die Vorinstanz ein Gericht war – jedoch regelmässig nicht, so dass sich diesbezügliches Vorbringen durch die Partei meist erübrigt.[86] Solche Veränderungen können einen Grund für einen neuen Antrag bei der ersten Instanz darstellen.

Will der Beschwerdeführer die **Feststellung des Sachverhalts** durch die Vorinstanz als   **64**
unrichtig **rügen**, hat er mit Blick auf Art. 97 Abs. 1 detailliert auszuführen, inwiefern dieser offensichtlich unrichtig ist oder auf einer Rechtsverletzung i.S.v. Art. 95 beruht; dabei muss er auch zeigen, dass die Korrektur der Sachverhaltsfeststellung für den Ausgang des Verfahrens entscheidend sein kann.[87] Im Übrigen wird auf die Kommentierungen zu den Art. 97, 99 und 105 verwiesen.

---

[84] Vgl. allgemein zur Unterscheidung zwischen Rechts- und Sachverhaltsfragen: CORBOZ, SJ 2006, 340 f.; MEYER-BLASER/ARNOLD, ZSR 2002, 502.
[85] BGer, StrafA, 14.3.2007, 6B_2/2007, E. 3; vgl. zum OG: BGE 121 II 87, 99 E. 1c; 118 II 243, 246, E. 3b; BGer, I. ÖRA, 28.11.1997, 1A.183/1997, E. 1b, RDAF 1999 I 110.
[86] CORBOZ, SJ 2006, 341 f. und 345 f.; Ausnahmen sind allenfalls im Rahmen von Art. 97 Abs. 2 und 105 Abs. 3 denkbar. Vgl. bei der verwaltungsrechtlichen Haft nach ANAG bzw. AuG auch BGE 130 II 56, 62 E. 4.2.1.
[87] Vgl. BBl 2001 4338; BGE 133 II 249, 254 f. E. 1.4.3; BGer, StrafA, 14.3.2007, 6B_2/2007, E. 3; 9.5.2007, 6B_15/2007, E. 6.5; I. ÖRA, 2.7.2007, 1C_64/2007, E. 5.1 und 5.2; 13.8.2007, 1C_117/2007, E. 3.1; I. ZA, 15.8.2007, 4A_181/2007, E. 3; KARLEN, BGG, 38; THOMMEN/ WIPRÄCHTIGER, AJP 2006, 655; TSCHANNEN-KIENER, 276 f.; CORBOZ, SJ 2006, 331.

65 Hat die Vorinstanz tatsächliches Vorbringen bzw. aktenkundige Tatsachen nicht für relevant gehalten und daher in ihrem Entscheid dazu keine Feststellungen getroffen, kann die
Partei jene Sachverhaltselemente u.E. dennoch anrufen, da es nicht zu ihren Lasten
gehen soll, dass sich die Vorinstanz mit ihrem Vorbringen oder dem Akteninhalt – aus
welchen Gründen auch immer – nicht weiter befasst hat. Die Partei sollte dann aber ausdrücklich darauf hinweisen, wo die betreffenden Umstände bei den Vorinstanzen bereits
vorgebracht wurde bzw. in den Akten enthalten ist, damit ersichtlich wird, dass es sich
nicht um neues Vorbringen handelt. Andernfalls läuft sie Gefahr, dass ihr die Regelungen
in Art. 97 Abs. 1 und Art. 99 Abs. 1 entgegengehalten werden und ihre Ausführungen
insoweit unbeachtet bleiben. Letztlich muss die Partei dabei auch darlegen, dass die
unvollständige Sachverhaltsfeststellung eine Rechtsverletzung i.S.v. Art. 95 bewirkt.[88]

66 Beruft sich eine Partei auf ein bestimmtes Recht, so sollte sie den Sachverhalt, aus dem
sich dieses Recht ergeben soll, zumindest dann umfassend darstellen, wenn dieser nicht
bereits aus dem angefochtenen Entscheid ersichtlich ist.[89] Das kann v.a. dann vorkommen,
wenn die Vorinstanz sich mit einem Rechtssatz nicht oder nicht näher befasste und es daher
auch nicht für nötig hielt, hierzu Sachverhaltsfeststellungen in ihr Urteil aufzunehmen.

h) Neue rechtliche Argumentation

67 Eine neue rechtliche Argumentation ist angesichts von Art. 106 Abs. 1 im Prinzip zulässig.[90] Sie muss sich zwar auf den Sachverhalt stützen, der dem Verfahren bei der
Vorinstanz zugrundelag und darf den Streitgegenstand somit nicht verändern. Unseres
Erachtens braucht sie jedoch nicht vollständig auf dem von der Vorinstanz im Urteilstext
festgestellten Sachverhalt zu beruhen.[91] Es darf nicht zulasten der Partei gehen, wenn die
Vorinstanz, welche über eine vollständige Kognition verfügte, zu bestimmten Punkten
keine Sachverhaltsfeststellungen traf, weil sie z.B. nahe liegende Rechtsfragen, die entsprechende Sachverhaltsfeststellungen erheischt hätten, übersehen hat. Allenfalls sollte
dies aber in der Rechtsschrift mit entsprechenden Rügen genau dargestellt werden. Zu
neuen Rechtsrügen siehe i.Ü. Kommentierungen zu Art. 106.

i) Geltendmachung von Rechtsänderungen

68 Ob Rechtsänderungen, die erst nach Fällung des angefochtenen Entscheids in Kraft getreten sind, vor Bundesgericht angerufen werden können, hängt von der massgeblichen
intertemporalrechtlichen Regelung ab.[92]

*j) Art. 42 Abs. 2 Satz 2: Rechtsfrage von grundsätzlicher Bedeutung und besonders
bedeutender Fall*

69 Eine erhöhte Begründungspflicht trifft den Beschwerdeführer nach Art. 42 Abs. 2 Satz 2,
wenn in **vermögensrechtlichen Angelegenheiten** die vom Gesetz festgelegten Streitwertgrenzen nicht erreicht werden und die Beschwerde daher nur unter der Voraussetzung
zulässig ist, dass sich eine Rechtsfrage von grundsätzlicher Bedeutung stellt (vgl. Art. 74
Abs. 2 lit. a, 83 lit. f Ziff. 2 und Art. 85 Abs. 2).[92a] Ebenso verhält es sich im Bereich der

---

[88] Tschannen-Kiener, 276.
[89] BGE 130 I 312, 320 f. E. 3.1.2.
[90] Corboz, SJ 2006, 332 und 346; zum OG: Geiser/Münch²-Karlen, N 3.64; BGer, I. ÖRA,
      19.11.1996, 1A.288/1995, E. 3a, ZBl 98/1997, 522, URP 1997, 213 und RDAF 1998 I 618.
[91] Anderer Ansicht wohl Corboz, SJ 2006, 332 und 346.
[92] Vgl. BGE 125 II 591, 598 E. 5e/aa m.Hinw.; BGer, II. ÖRA, 17.3.2003, 2A.474/2002, E. 2, und
      7.12.2006, 2A.307/2006, E. 2.5.
[92a] Nicolas Jeandin, Les dispositions générales de la LTF, in: B. Foëx, Les recours au Tribunal
      fédéral, Genève 2007, S. 49 mit FN 31. Zu dem in Art. 42 Abs. 2 Satz 2 nicht genannten Art. 83

internationalen Rechtshilfe in Strafsachen, wo die Beschwerde nur zulässig ist, wenn ein besonders bedeutsamer Fall vorliegt (Art. 84). Dann ist in der Beschwerdeschrift darzutun, inwiefern und warum sich eine Rechtsfrage von grundsätzlicher Bedeutung stellt bzw. bei Art. 84 elementare Verfahrensgrundsätze verletzt oder das Verfahren im Ausland schwere Mängel aufweist. Es ist nicht Aufgabe des Gerichts, selber nach solchen Gründen zu suchen; vielmehr soll es sich insoweit auf die Argumentation des Beschwerdeführers abstützen können.[93] Allerdings dürfte auch in diesen Fällen Art. 106 Abs. 1 gelten. Demnach kann das Bundesgericht die Grundsätzlichkeit einer Frage auch aus anderen, von der Partei nicht geltend gemachten Gründen annehmen.[94]

k) Legitimation zur Beschwerde

Die Begründungspflicht der Partei erstreckt sich auf die Frage der Legitimation (vgl. Art. 76, 81 und 89).[95] Sofern diese nicht offensichtlich gegeben ist (etwa als unmittelbarer Adressat einer belastenden Verfügung oder als zur Bezahlung einer Geldforderung verurteilter Beklagter), sollte der Beschwerdeführer darlegen, dass er etwa durch ein Projekt (z.B. Bauvorhaben), gegen dessen Realisierung er vorgeht, stärker als die Allgemeinheit betroffen ist und in einer besonderen, beachtenswerten, nahen Beziehung zur Streitsache steht.   **70**

l) Mehrere Streitpunkte

Wenn von mehreren bei der Vorinstanz behandelten Streitpunkten in der Beschwerdeschrift nur einer aufgeworfen und begründet wird, braucht sich das Bundesgericht grundsätzlich nur mit dem einen Streitpunkt zu befassen.[96] Darf eine Behörde z.B. eine Massnahme nur verhängen, wenn mehrere Voraussetzungen kumulativ erfüllt sind, beanstandet der Beschwerdeführer aber nur das Vorliegen einer Voraussetzung, wird das Bundesgericht – trotz Art. 106 Abs. 1 – die übrigen Voraussetzungen prinzipiell nicht ebenfalls prüfen müssen, wenn hierzu nicht aufgrund des angefochtenen Entscheids oder der Aktenlage offensichtlich Anlass besteht. Ebenso ist zu verfahren, wenn sich aus dem angefochtenen Entscheid mehrere Verpflichtungen für eine Partei (z.B. Verkaufsverbot, Pflicht zur Publikation einer Erklärung) ergeben. Setzt sich die Partei nur mit einzelnen davon auseinander (z.B. mit dem Verkaufsverbot), so muss sich das Gericht mit den anderen grundsätzlich nicht befassen (z.B. mit der Pflicht zur Publikation). Das gilt auch dann, wenn die Beschwerde an sich ohne Einschränkung gegen den gesamten Entscheid erhoben worden ist.[97] Nicht anders verhält es sich, wenn vor Bundesgericht nur ein Element einer Steuerverfügung beanstandet wird, obwohl bei der Vorinstanz noch mehrere Streitpunkte behandelt wurden; das Bundesgericht muss sich dann nicht mit allen Streitpunkten erneut befassen, sondern kann sich auf den beanstandeten Punkt beschränken.   **71**

---

lit. f Ziff. 2 vgl. BGer, II. ÖRA, 10.9.2007, 2C_224/2007, E. 2.2. Bei der Nichterwähnung von Art. 83 lit. f handelt es sich um ein offensichtliches Versehen; der ursprüngliche Gesetzesentwurf enthielt diese Bestimmung noch nicht, vgl. Art. 83 N 156.

[93] Vgl. BBl 2001 4295; zu Art. 84: BGE 133 IV 125, 128 E. 1.2, und 131, 134 E. 1.3; I. ÖRA, 23.5.2007, 1C_128/2007, E. 1.3; zu Art. 83 lit. f: BGer, II. ÖRA, 10.9.2007, 2C_224/2007, E. 2.2; zu Art. 85 Abs. 2: BGer, I. ÖRA, 22.8.2007, 1C_6/2007, E. 2.2; KARLEN, BGG, 27; CORBOZ, SJ 2006, 330. Vorgenannte Darlegungen sind laut BGer, I. ÖRA, 21.5.2007, 1C_106/2007, E. 1, selbst dann notwendig, wenn die Partei zunächst nur dagegen vorgeht, dass die Vorinstanz ihre Legitimation verneint hatte.

[94] SEILER/VON WERDT/GÜNGERICH, BGG, Art. 42 N 7.

[95] Vgl. zum BGG: BGE 133 II 249, 251, E. 1.1; noch zum OG: BGE 120 Ib 431, 433 E. 1; BGer, I. ÖRA, 6.7.2004, 1A.73/2004, E. 3, Pra 2004, Nr. 157, 894.

[96] Vgl. BGer, I. ÖRA, 2.7.2007, 1C_64/2007, E. 3; EVG, 18.3.1996, H 160/95, E. 1c, AHI 1996 247 und VSI 1996 264.

[97] Vgl. BGer, II. ÖRA, 4.8.2005, 2A.16/2005, E. 5.

Trotzdem kann sich bei Gutheissung der Beschwerde die Aufhebung des gesamten angefochtenen Entscheids und damit aller Verpflichtungen rechtfertigen, wenn die eine vom Bestand der anderen abhängt.

m) Anfechtung des Entscheids über die Kosten und Parteientschädigungen

72 Will die Partei unabhängig vom Ausgang des Verfahrens in der Hauptsache auch noch besondere Einwände gegen den Entscheid der Vorinstanz zu den Kosten (bzw. Parteientschädigungen) erheben, muss sie sich damit in ihrer Rechtsschrift ausdrücklich befassen. Andernfalls wird das Bundesgericht nach Abweisung der Beschwerde in der Hauptsache nicht mehr auf den Kostenspruch der Vorinstanz eingehen. Will die Partei nur den Entscheid über die Kosten oder Parteientschädigung anfechten, muss sie ihr Begehren und ihre Begründung darauf ausrichten.

n) Mehrere selbständige Begründungen im angefochtenen Entscheid

73 Stützt sich der angefochtene Entscheid auf mehrere selbständige Begründungen bzw. eine **Haupt- und** eine **Eventualbegründung**, muss sich der Beschwerdeführer mit sämtlichen Begründungen auseinandersetzen.[98] Das betrifft zum einen die Fälle, in denen die Vorinstanz nicht nur das Fehlen einer einzigen Voraussetzung, sondern mehrerer Voraussetzungen eines Anspruchs festgestellt hat. Der Beschwerdeführer muss sich dann mit den Erwägungen zu all diesen Voraussetzungen befassen. Zum anderen sind damit aber auch die Fälle gemeint, in denen im angefochtenen Entscheid mehrere Begründungen zur Stützung eines einzigen Rechtsstandpunkts angeführt werden, wobei die eine Begründung ohne die andere Bestand haben kann. Hat die Vorinstanz in ihren Nichteintretensentscheid noch eine materielle Eventualbegründung aufgenommen, muss sich der Beschwerdeführer mit Beidem befassen.[99] Widrigenfalls läuft er Gefahr, dass das Gericht auf seine Beschwerde überhaupt nicht eintritt. Hält eine der selbständigen Begründungen der bundesgerichtlichen Prüfung stand, braucht das Gericht die gegen die parallelen Motive erhobenen Rügen nicht mehr zu prüfen, da dies auf einen blossen Streit über die Urteilsmotive hinauslaufen würde.[100]

o) Beanstandung nur von materiellen Fragen, wenn die Vorinstanz
nur formelle Fragen behandelt hat

74 An einer sachbezogenen Begründung fehlt es, wenn sich die Vorinstanz lediglich mit formellen Fragen befasst hat (z.B. zum Anspruch auf rechtliches Gehör), der Beschwerdeführer aber einzig materielle Fragen beanstandet.[101]

p) Anfechtung von Vor- und Zwischenentscheiden (Art. 92 f.)

75 Wenn der Beschwerdeführer einen Vor- oder Zwischenentscheid (z.B. über die Bezahlung eines Kostenvorschusses oder über die Gewährung der unentgeltlichen Rechtspflege) einer Vorinstanz bzw. das einen solchen Entscheid bestätigende Urteil einer zwischengeschalteten Instanz anficht, mangelt es an einer sachbezogenen Begründung v.a. in folgenden Fällen: Die Vorinstanz verlangt einen Kostenvorschuss; der Beschwerdeführer ficht das an, befasst sich jedoch nicht mit der Frage, weshalb die ihm auferlegte Verpflichtung zur Zahlung eines Kostenvorschusses unrechtmässig sein soll; vielmehr begnügt

---

[98] Vgl. zum BGG: BGer, I. ÖRA, 27.8.2007, 1C_77/2007, E. 4.1; noch zum OG: BGE 131 III 595, 598 E. 2.2; 121 IV 94, 95 E. 1b; 120 II 312, 314 E. 2; BGer, II. ZA, 4.7.2006, 5A.13/2006, E. 2.2.

[99] Zum BGG: BGE 133 IV 119, 120 f. E. 6; BGer, I. ZA, 20.3.2007, 4A_40/2007, E. 4; zum OG: BGE 123 II 337, 359 E. 9; 113 Ia 94, 95 f. E. 1a/bb.

[100] Vgl. BGE 115 II 288, 293 E. 4; BGer, II. ZA, 10.7.2003, 5C.133/2003, E. 2.3 a.E., FamPra.ch 2003 954.

[101] Vgl. EVG, 28.5.1999, I 194/99, E. 2.

er sich mit Ausführungen zu dem bei der Vorinstanz noch hängigen Hauptbegehren.[102] Die Vorinstanz verweigert die unentgeltliche Rechtspflege mit der Begründung, das Rechtsbegehren der Partei sei aussichtslos; diese ficht das an, äussert sich dann aber lediglich zu ihrer Bedürftigkeit als weitere Voraussetzung für die unentgeltliche Rechtspflege.

Auch wenn das Gericht die Eintretensvoraussetzungen von Amts wegen prüft, sollte die   76
Partei darüber hinaus in ihrer Rechtsschrift darlegen, warum einer der in Art. 93 Abs. 1
lit. a und b genannten Gründe vorliegt, damit der Vor- bzw. Zwischenentscheid selbständig angefochten werden kann.[103] Will eine Partei eine Vor- oder Zwischenverfügung (erst) zusammen mit dem Endentscheid anfechten (vgl. Art. 93 Abs. 3), muss ihre Rechtsschrift einen entsprechenden Antrag und eine Begründung enthalten, warum die betreffende Verfügung falsch sein soll.[103a]

q) Anfechtung eines Nichteintretensentscheids, Abschreibungsbeschlusses
oder Sistierungsentscheids

Bei Anfechtung solcher Entscheide fehlt es an einer sachbezogenen Begründung, wenn   77
sich die Partei in ihrer Rechtsschrift nur mit der materiellen Seite des Falls auseinandersetzt und nicht mit der Frage befasst, warum die Vorinstanz zu Unrecht nicht auf das Rechtsmittel eingetreten ist[104] bzw. das Verfahren abgeschrieben[105] oder sistiert[106] hat. Das Bundesgericht tritt auf solche Beschwerden ohne Nachfristansetzung nicht ein. Auch wenn es hier noch nicht um einen Entscheid zur Sache geht, verlangt das Bundesgericht teilweise, dass der Beschwerdeführer in den Fällen, die unter Art. 42 Abs. 2 Satz 2 fallen (vgl. N 69), die in dieser Bestimmung vorgesehenen Ausführungen macht.[106a]

VI. Allgemeine Bemerkungen zur Einreichung von elektronischen Rechtsschriften (Abs. 4)

1. Allgemein

Das BGG erlaubt die **elektronische, rechtsgültige Einreichung von Rechtsschriften**   78
ans Bundesgericht. Umgekehrt hat das Bundesgericht die Möglichkeit, mit dem Einverständnis der Parteien, Gerichtsurkunden rechtsgültig elektronisch zu eröffnen. Die elektronische Kommunikation zwischen Gericht und Parteien erfolgt über eine Zustellplattform, die die Rolle einer elektronischen Poststelle wahrnimmt. Der elektronische Verkehr ist freiwillig und wird dem Schriftverkehr gleichgestellt (dazu Art. 39 N 11 ff.). Art. 42 Abs. 4 regelt die Frage der elektronischen Signatur der Rechtsschrift und deren Beilagen sowie diejenige der Form der Eingabe.

2. Gesetzliche Grundlagen

Das **BGG** enthält folgende gesetzliche Bestimmungen, die speziell im Zusammenhang   79
mit der elektronischen Einreichung von Rechtsschriften zur Anwendung kommen:

---

[102] Vgl. BGer, II. ÖRA, 21.12.2005, 2A.739/2005, E. 2.2.
[103] Vgl. BGer, I. ZA, 2.5.2007, 4A_35/2007, E. 2, und 30.7.2007, 4A_109/2007, E. 2.4 und 2.5.
[103a] BGer, II. ÖRA, 17.10.2007, 2C_230/2007, E. 4.
[104] Zum BGG: BGer, II. ÖRA, 14.3.2007, 2D_9/2007; 9.8.2007, 2C_248/2007, E. 2; StrafA, 14.8.2007, 6B_406/2007, E. 1; und 26.8.2007, 6B_416/2007, E. 1; zum OG: BGE 123 V 335, 337 E. 1b; 118 Ib 134, 136 E. 2; EVG, 25.7.2001, I 311/01, E. 2b.
[105] EVG, 3.2.1998, U 20/97, E. 1b, RKUV 1998 Nr. U 299 337, SVR 1999 UV Nr. 4 11, Pra 1999, Nr. 61, 342 und ZBJV 136/2000, 225.
[106] EVG, 19.10.1998, C 119/98, E. 1b, SVR 1999 AlV Nr. 20 49 und Pra 1999, Nr. 178, 930.
[106a] BGer, I. ÖRA, 21.5.2007, 1C_106/2007, E. 1.

Rechtsschriften müssen handschriftlich unterschrieben werden (Art. 42 Abs. 1). Elektronische Eingaben müssen elektronisch mit einer anerkannten elektronischen Signatur unterschrieben werden und ein vom Gericht definiertes Format aufweisen (Art. 42 Abs. 4). Die rechtzeitige Eingabe von Rechtsschriften erfolgt durch eine entsprechende Empfangsbestätigung des Informatiksystems des Gerichts (Art. 48 Abs. 2).

80   Gemäss Art. 14 Abs. 2bis **OR** ist einzig die qualifizierte elektronische Signatur, die auf einem qualifizierten Zertifikat einer anerkannten Anbieterin von Zertifikatsdiensten im Sinne des Bundesgesetzes über die elektronische Signatur[107] beruht, der eigenhändigen Unterschrift gleichgestellt.

81   Im **ReRBGer** wird die anerkannte elektronische Signatur als ZertES-konforme digitale Signatur definiert (Art. 2 Lit. e ReRBGer). In den Art. 3–6 ReRBGer werden die Bedingungen, die für die elektronische Einreichung einer Rechtsschrift erfüllt sein müssen, beschrieben: Eintrag in das Register der Zustellplattform, Format der Rechtsschriften, Zustelladresse des Bundesgerichts und Haftungsausschluss.

VII. Die einmaligen Schritte zur elektronischen Kommunikation mit dem Bundesgericht

82   Wer mit dem Bundesgericht elektronisch rechtsgültig kommunizieren möchte, muss zuerst die folgenden **einmaligen Schritte** vorkehren, bevor die erste rechtsgültige Transaktion stattfinden kann: 1° Erwerb der Zertifikate für die digitale Signatur; 2° Einschreibung auf der Zustellplattform; 3° Installation eines mit der Zustellplattform kompatiblen Mail-Clients.

1. Erwerb der Zertifikate für die digitale Signatur

83   Der erste Schritt, um beim Bundesgericht eine elektronische Rechtsschrift einzureichen, ist der Erwerb der **Zertifikate für die digitale Signatur**. Nun stellen sich für den Rechtsuchenden die Fragen des Zertifikatstyps, den er kaufen sollte, und der Wahl des Zertifikatherstellers.

a) Das qualifizierte Zertifikat für die digitale Signatur von Rechtsschriften

84   Gemäss Art. 42 Abs. 1 müssen die dem Bundesgericht zugestellten Rechtsschriften unterschrieben sein. Weiter ist im vierten Absatz des gleichen Artikels vorgeschrieben, dass bei elektronischer Zustellung das Dokument, welches die Rechtsschrift und die Beilagen enthält, mit einer **anerkannten elektronischen Signatur** versehen sein muss. Die Botschaft zum BGG definiert die anerkannte elektronische Signatur wie folgt: «Nur eine digitale Signatur, die mit einem kryptografischen Schlüssel versehen ist, der von einem Zertifizierungsdienst gem. der Verordnung des Bundesrates über die Dienste der elektronischen Zertifizierung (…) ausgestellt worden ist, kann als nach schweizerischem Recht anerkannt gelten.»[108] Die Verordnung des Bundesrates wurde inzwischen durch das am 1.1.2005 in Kraft getretene Signaturgesetz[109] ersetzt. Daraus ergibt sich, dass die für die Eingabe von Rechtsschriften ans Bundesgericht zu verwendende elektronische Signatur

---

[107] BG vom 19.12.2003 über die Zertifizierungsdienste im Bereich der elektronischen Signatur (ZertES; SR 943.03).

[108] BBl 2001 4295 (s.a. BBl 2001 4263 ff.).

[109] Bundesgesetz vom 19.12.2003 über Zertifizierungsdienste im Bereich der elektronischen Signatur (ZertES); SR 943.03.

die Anforderungen des ZertES erfüllen muss. Dieses Gesetz zählt verschiedene Typen von digitalen Signaturen auf.[110]

Das Signaturgesetz und dessen Verordnung[111] regeln einzig die **qualifizierte digitale** **85** **Signatur**[112]. Demzufolge kann ein anderer Signaturtyp nicht als ZertES-konform – also nicht als anerkannt – gelten.[113] Der Inhalt der fortgeschrittenen Signatur, welche im Bereich der Identifizierung des Inhabers ähnliche Anforderungen wie die qualifizierte Signatur stellen kann, wird von Zertifikatsanbietern oder von Standardisierungsgruppen,[114] aber nicht vom Gesetzgeber definiert. Beim Empfang einer digital qualifiziert signierten Meldung ist der Empfänger von Gesetzes wegen sicher, dass diese Meldung effektiv vom aufgeführten Absender stammt,[115] und er wird nur in diesem Fall durch die im Signaturgesetz vorgesehenen Haftungsbestimmungen[116] geschützt.

b) Die Zertifikatsanbieter

Drei Firmen sind zum Zeitpunkt der Drucklegung als Zertifikatsanbieter anerkannt: **86** Swisscom Solutions AG, QuoVadis Trustlink Schweiz AG und SwissSign AG. Das Bundesamt für Informatik und Telekommunikation (BIT) steht mitten im Zertifizierungsverfahren. Die für die qualifizierte Signatur erforderlichen Zertifikate können bei diesen Firmen bezogen werden. Gemäss Angaben der Post sollte ab Anfang April 2007 die Kommunikation über die Zustellplattform mit dem qualifizierten Zertifikat von SwissSign funktionieren. Die Termine für die Inbetriebnahme der anderen Zertifikate sind nicht bekannt. Auf der Zustellplattform ist die Liste der funktionierenden, zugelassenen und anerkannten elektronischen Signaturen ersichtlich.[117]

2. Einschreibung auf der Zustellplattform

Der zweite Schritt nach dem Erwerb der Zertifikate für die elektronische Signatur ist die **87** **Einschreibung auf der Zustellplattform**. Diese erfolgt durch Eintrag in das Register auf der Zustellplattform gem. Art. 3 ReRBGer (dazu Art. 39 N 17 f.).

3. Installation eines Mail-Clients

Der dritte Schritt nach dem Erwerb der Zertifikate für die elektronische Signatur und der **88** Einschreibung auf der Zustellplattform ist die Installation eines mit der Zustellplattform funktionierenden **Mail-Clients** (dazu Art. 39 N 20).

VIII. Die elektronische Eingabe

Erst nach den drei hier oben beschriebenen einmaligen Schritten kann dem Bundes- **89** gericht eine Rechtsschrift elektronisch zugestellt werden. Sie muss im richtigen Format erstellt, unterschrieben und an die Zustelladresse des Bundesgerichts geschickt werden.

---

[110] Im Art. 2 ZertES werden die folgenden Signaturen aufgezählt:
 – die elektronische Signatur
 – die fortgeschrittene elektronische Signatur
 – die qualifizierte elektronische Signatur.
[111] Verordnung vom 3.12.2004 über die Zertifizierungsdienste im Bereich der elektronischen Signatur (VZertES; SR 943.032).
[112] Mehr zu den technischen Merkmalen der qualifizierten digitalen Signatur s. SPÜHLER/DOLGE/ VOCK, Kurzkommentar, Art. 39 N 4.
[113] DOLGE, AJP 2007, 302.
[114] Z.B. eCH.
[115] Dieser musste sich nämlich persönlich mit einem gültigen Pass oder einer gültigen Identitätskarte bei der Ausstellung der Signaturzertifikate identifizieren (Art. 8 ZertES, Art. 5 Abs. 1 VZertES).
[116] Art. 16 und 17 ZertES.
[117] Art. 4 Abs. 3 ReRBGer.

1. Das Format der Eingabe

90   Das Bundesgericht bestimmt in einem Reglement, in welchem **Format** die elektronische Zustellung erfolgen soll (Art. 42 Abs. 4 in fine). Es muss sichergestellt werden, dass das Gericht die elektronischen Eingaben lesen kann. Eingaben in unlesbaren Formaten könnten rechtsmissbräuchlich sein, indem dem Gericht zum Beispiel elektronisch zufällige Zeichenfolgen geschickt werden um zu versuchen, eine Beschwerdefrist zu wahren. Solche Eingaben sollen durch diese Bestimmung verhindert werden.[118]

Je nach Informatikumgebung sind gewisse Formate lesbar und andere nicht. Aus diesem Grunde wurde die Definition der zugelassenen Formate dem Gericht überlassen. Das Bundesgericht hat seine Informatikstrategie auf Opensource ausgerichtet. Es wäre aber kaum zumutbar, dass für Textdokumente einzig das relativ wenig verbreitete OpenOffice-Format zugelassen würde.

Gemäss Art. 4 ReRBGer werden die Parteien verpflichtet, ihre Rechtsschriften im PDF-Format und als XML-Datei sowie die Beilagen im PDF-Format zuzustellen. Die Dokumente (Texte, Bilder, usw.) müssen also im PDF-Format der Firma Adobe® zugestellt und als XML-Datei zur elektronischen Wiederverwendung der Nutzdaten mitgeliefert werden. Der vom Bundesgericht im Rahmen des Projekts JusLink entwickelte eGovLink-Client (dazu Art. 39 N 20) realisiert beim Versand eine automatische Konvertierung der Meldung ins PDF-Format und generiert ebenfalls automatisch die auf CHJusML basierte XML-Datei.

Gemäss Art. 4 Abs. 2 ReRBGer werden die Parteien verpflichtet, die vom Bundesgericht auf dessen Homepage oder auf der Zustellplattform zur Verfügung gestellten Formulare zu verwenden. Das Formular ist Bestandteil des eGovLink-Clients. Demzufolge muss zum heutigen Zeitpunkt der auf der Zustellplattform zum Herunterladen bereit gestellte eGov-Link-Client für Eingaben ans Bundesgericht genutzt werden. Gegenwärtig ist ebenfalls ein PDF Formular zur Einreichung von Rechtsschriften in Vorbereitung. Dieses Formular wird ebenfalls über die Zustellplattform und die Homepage des Gerichts erhältlich sein.

2. Die Unterschrift der vollständigen Meldung

91   Grundsätzlich soll die **vollständige Meldung** – im BGG «das Dokument, das die Rechtsschrift und die Beilagen enthält» – elektronisch mittels einer qualifizierten, anerkannten elektronischen Signatur unterschrieben werden (dazu N 84 f.); damit werden die eindeutige Herkunft und die Integrität der Beilagen ebenfalls sichergestellt.[119] Die Liste der zugelassenen, anerkannten elektronischen Signaturen kann auf der Zustellplattform eingesehen werden (Art. 4 Abs. 3 in fine ReRBGer).

Aus praktischen Gründen sollte auch beim Bundesgericht zugelassen werden, dass einzig die Rechtsschrift mit einer qualifizierten, anerkannten elektronischen Signatur von der Partei oder deren Anwalt versehen wird. Die Meldung, die diese «handschriftlich» unterschriebene Rechtsschrift sowie die Beilagen und allenfalls noch weitere Dokumente (Vollmacht, Begleitschreiben, etc.) enthält, sollte von Mitarbeitern der Partei oder der Anwaltskanzlei mittels einer anderen, durch die anerkannte Zustellplattform zugelassenen elektronischen Signatur (z.B. eines fortgeschrittenen Organisationszertifikates) unterschrieben werden können. Die Integritäts- und Herkunftsgarantie sind in diesem Fall ebenfalls gegeben.[120] Wenn das Bundesgericht dies nicht zulässt, verunmöglicht es, dass eine grössere

---

[118] Botschaft zum BGG, BBl 4266 und 4296.
[119] Botschaft zum BGG, BBl 4265 f. und 4295.
[120] Im Verwaltungs- und Verwaltungsgerichtsverfahren, d.h. unter anderem für die Einreichung von Eingaben an das Bundesverwaltungsgericht und für einen Teil der Eingaben an das Bundesstrafgericht, wird auf das Verlangen einer qualifizierten digitalen Signatur verzichtet, wenn die

Anwaltskanzlei oder eine Firma den Postverkehr unter Kontrolle hält, indem die ganze sichere elektronische Kommunikation über eine einzige Ein- und Ausgangsstelle läuft.

3. Der Versand an die Zustelladresse des Gerichts

Gemäss Art. 5 ReRBGer müssen die elektronischen Eingaben an die im auf dem Internetauftritt des Bundesgerichts publizierten Anhang zum ReRBGer bezeichneten Zustelladressen des Bundesgerichts gesendet und mit dessen öffentlichen Schlüssel verschlüsselt werden. Die **offizielle Zustelladresse des Bundesgerichts** ist die Adresse des elektronischen Postfachs auf der Zustellplattform der Kanzlei des Bundesgerichts. Die Botschaft bestätigt, dass eine Behörde als offizielle Adresse eine solche beim Intermediär wählen kann; dieser ist in der Folge dafür besorgt, dass der elektronische Verkehr zum System der Behörden gelangt.[121]   **92**

IX. Die elektronische Kommunikation mit den Vorinstanzen

Wenn eine Vorinstanz dem Bundesgericht die Gerichtsakten elektronisch übermitteln möchte, gelten mutatis mutandis die gleichen Regeln wie für die Einreichung von Rechtsschriften durch die Parteien (Art. 1 Abs. 2 ReRBGer). Es wird erwartet, dass die **Akten der Vorinstanzen** im PDF-Format übermittelt werden und dass die formellen Daten, insb. diejenigen der Prozessbeteiligten, in einer CHJusML-konformen XML-Datei mitgeliefert werden. Damit kann ein elektronisches Dossier geführt und der gegewärtige Datenbruch bzw. die auf allen Stufen wiederholte Dateneingabe vermieden werden.   **93**

X. Nachbesserungsfrist (Abs. 5 und 6)

1. Nicht zur Vervollständigung einer unzureichenden Begründung

Wie bisher bei Art. 30 Abs. 3 und 108 Abs. 3 OG dient die Nachfrist nach Art. 42 Abs. 5 und 6 nicht dazu, eine ungenügend begründete Rechtsschrift inhaltlich zu ergänzen[122] oder Beweismittel erst zu benennen.[123] Bei ungenügend begründeter Rechtsschrift ist grundsätzlich (Ausnahme denkbar bei Art. 41, s. dort N 27–29) keine Nachfrist anzusetzen.[124] Das Bundesgericht kann sogleich gem. Art. 108 Abs. 1 lit. b auf die Beschwerde nicht eintreten (s. auch N 38 f.). Das gilt wohl auch dann, wenn das Gericht gem. Art. 106 Abs. 1 das Recht an sich von Amts wegen anwendet.[125] Wenn allerdings zusätzlich ein Mangel bei der Unterschrift (dazu N 34–36) oder Vollmacht (dazu Art. 40 N 41 ff.) vorliegt, muss das Gericht grundsätzlich zunächst eine Nachfrist nach Art. 42 Abs. 5 ansetzen. Das Gericht muss nämlich klären, ob die Partei die nicht unterschriebene Beschwerde wirklich einreichen wollte bzw. ob der Vertreter bevollmächtigt war. Das spielt v.a. für den Kostenentscheid eine Rolle: Sollen überhaupt Kosten erhoben werden? Wem sollen sie auferlegt werden (dazu Art. 40 N 43)?   **94**

Transaktion über eine anerkannte Zustellplattform erfolgt ist (Art. 6 Abs. 3 des Entwurfs vom 19.2.2007 der Verordnung über die elektronische Übermittlung im Rahmen eines Verwaltungsverfahrens [Verordnung über die elektronische Übermittlung]).

[121] BBl 2001 4267.

[122] Vgl. zum BGG: BGer, II. ÖRA, 9.8.2007, 2C_248/2007, E. 2; zum OG: BGE 131 II 449, 452 E. 1.3 und 470, 475 E. 1.3; 130 I 312, 320 E. 1.3.1; BGer, II. ÖRA, 23.3.1992, 2A.423/1990, ASA 61, 822; 28.8.1991, 2A.407/1990, E. 2b, StR 47/1992 563; POUDRET, Commentaire, Bd. I, Art. 30 N 3.1 und 3.2 186 f.; AESCHLIMANN, recht 1987, 32; BATZ, ZBJV 1999, 550.

[123] BGer, II. ZA, 26.4.2005, 5C.71/2005, E. 1.

[124] SPÜHLER/DOLGE/VOCK, Kurzkommentar, Art. 42 N 10; anders im Verwaltungsbeschwerdeverfahren, wo Art. 52 Abs. 2 VwVG gilt.

[125] AUER/MALINVERNI/HOTTELIER, droit constitutionnel[2], Bd. I, 768 N 2193.

95 Das Bundesgericht hat bisweilen entgegenkommenderweise eine Nachfrist zur Einreichung fehlender Seiten einer Rechtsschrift eingeräumt, wenn dies offensichtlich auf einem Versehen beruhte (z.B. wenn sich bei einer zehnseitigen Rechtsschrift herausstellt, dass eine Seite oder sämtliche Seiten mit gerader oder ungerader Seitenzahl fehlen).[126] Ein Anspruch darauf, fehlende Seiten nach Fristablauf nachzureichen, besteht jedoch nicht. Diese Möglichkeit sollte v.a. zur Vermeidung von Rechtsmissbräuchen nur selten eingeräumt werden.

2. Zu Art. 42 Abs. 5

96 Gemäss Art. 42 Abs. 5 wird eine angemessene Frist zur Behebung des Mangels angesetzt, wenn die **Unterschrift** der Partei oder ihrer Vertretung, deren Vollmacht oder die vorgeschriebenen **Beilagen** fehlen. Mit «Fehlen» sind auch die Fälle erfasst, in denen sich die genannten Elemente als fehlerhaft erweisen (vgl. etwa für die Unterschrift N 36). Die vorgeschriebenen Beilagen sind im Prinzip in Art. 42 Abs. 3 aufgezählt; es handelt sich dabei um die verfügbaren Urkunden, auf die sich die Partei als Beweismittel berufen hat (dazu N 25–30 und 32), sowie um den angefochtenen Entscheid. Das Gesetz kann in anderen Bestimmungen weitere vorzulegende Unterlagen vorsehen. Die Nachfrist dient nicht dazu, der Partei Gelegenheit zu geben, Beweismittel erstmals zu benennen[126a]; vielmehr kann es nur um das Nachreichen von in der Rechtsschrift erwähnten Beilagen gehen. Zur **Vollmacht** s. Art. 40 N 42.

97 Nach Art. 42 Abs. 5 besteht für das Gericht eine **Pflicht zur Rückweisung** zwecks Nachbesserung. Die in Art. 42 Abs. 5 aufgeführten Elemente betreffen Verfahrensvoraussetzungen, deren Einhaltung nicht zur Disposition des Gerichts gestellt ist. Daher ist Art. 42 Abs. 5 im Gegensatz zu Abs. 6 nicht als Kann-Vorschrift gefasst; das Gericht muss im Prinzip zunächst zur Behebung des Mangels zurückweisen, auch wenn es nach Art. 108 Abs. 1 zu entscheiden gedenkt. Es muss sich, v.a. wenn es um die Unterschrift und Vollmacht geht, vergewissern, ob die Partei Beschwerde einreichen wollte[126b] bzw. einen Vertreter entsprechend bevollmächtigt hat. Das kann für den Kostenausspruch von Bedeutung sein (dazu Art. 40 N 43). Eine Ausnahme kann für die «Beilagen» erwogen werden, wenn das Gericht in zulässiger Weise zur Überzeugung gelangt, dass es auf diese gar nicht ankommt (s. auch N 32).

3. Zu Art. 42 Abs. 6

98 Gemäss Art. 42 Abs. 6 «**können**» unleserliche, ungebührliche, unverständliche, übermässig weitschweifige oder nicht in einer Amtssprache verfasste Rechtsschriften zur Änderung zurückgewiesen werden. Unseres Erachtens ist die Formulierung als Kann-Bestimmung nur so zu verstehen, dass das Gericht die betreffenden Rechtsschriften trotz der genannten Mängel beachten kann; es verzichtet dann auf eine Rückweisung zur Änderung. Beispielsweise kann es die fremdsprachige Rechtsschrift ohne Rückweisung behandeln (dazu auch Art. 41 N 16). Es kann zudem sofort durch Einzelrichterentscheid im vereinfachten Verfahren entscheiden, wenn die Beschwerde bereits aus einem anderen (von Art. 42 Abs. 6 nicht erfassten), in Art. 108 Abs. 1 lit. a–b angegebenen Grund unzulässig ist.[127]

99 Zu Art. 46 Abs. 6 gilt somit Folgendes: Beabsichtigt das Gericht, die Schriften (oder Teile davon) mit den in Art. 42 Abs. 6 genannten Mängeln unbeachtet zu lassen, muss es der Partei vorher die Gelegenheit zur Änderung geben mit der Androhung, dass die bean-

---

[126] Vgl. BGer, I. ÖRA, 11.5.2000, 1P.106/2000, E. 1a.

[126a] BGer, II. ZA, 26.4.2005, 5C.71/2005, E. 1.

[126b] Vgl. aber BGer, II. ZA, 21.8.2007, 5A_417/2007, wo nach fruchtlosem Ablauf der Nachfrist der Partei, die die Rechtsschrift nicht unterzeichnet hatte, eine Gerichtsgebühr auferlegt wurde.

[127] Corboz, SJ 2006, 331.

standeten Elemente andernfalls unbeachtet bleiben. Verzichtet das Gericht auf die Rückweisung zur Verbesserung heisst das aber nicht, dass es sich dann etwa mit sämtlichen Vorbringen in einer weitschweifigen Rechtschrift befassen muss. Es kann sich mit der Behandlung der relevanten Streitpunkte und Fragen begnügen.[128] Diese Interpretation entspricht dem Willen des Gesetzgebers, wonach Art. 42 Abs. 6 dem Art. 30 Abs. 3 OG entsprechen sollte, also insoweit insbesondere keine Schlechterstellung zulasten der Parteien beabsichtigt war:[129] Gemäss Art. 30 Abs. 3 OG waren («sind») die entsprechende Schriften zur Änderung zurückzuweisen.[130] Art. 42 Abs. 6 ist somit nicht derart zu verstehen, dass das Gericht die betreffenden Rechtsschriften wegen der in dieser Bestimmung erwähnten Mängel unbeachtet lassen oder gar auf die Beschwerde nicht eintreten darf, ohne vorher eine Nachfrist angesetzt zu haben.[131] Eine derartige Interpretation würde Art. 42 Abs. 6 aus den Angeln heben und zur blossen Makulatur werden lassen. Ein solches Vorgehen mag zwar bei Art. 55 Abs. 2 OG und dem früheren Art. 273 Abs. 2 BStP möglich gewesen sein; dort ging es aber um Mängel, die bereits zur Unvollständigkeit der Begründung führten mit der Folge, dass auf die Rechtsmittel ohne Behebung der Mängel grundsätzlich nicht eingetreten werden konnte.[132] Bei Art. 42 Abs. 6 wird hingegen davon ausgegangen, dass die Rechtsschrift an sich den Begründungsanforderungen des Art. 42 Abs. 2 zu entsprechen scheint (dazu oben N 94 f.).[133] Zum Verzicht auf eine Nachfristansetzung vgl. im Übrigen N 110–115.

Die Anwendungsfälle des Art. 42 Abs. 6 sind die Folgenden: **100**

a) Unleserlichkeit

Darunter ist v.a. die in der Eingabe benutzte Schrift zu verstehen. Zwar ist auch Hand- **101** schrift erlaubt, diese muss dann aber allgemein leserlich sein. Unleserlichkeit kann sich bei Maschinenschrift ebenfalls ergeben z.B. bei Benutzung eines schlechten Druckers oder von Schriftzeichen, die für gewohnte einheimische Verhältnisse kaum zu entziffern sind. Geht es um die Lesbarkeit des sachlichen Inhalts der Eingabe kommen hingegen eher die Tatbestandsalternativen der Verständlichkeit und der Weitschweifigkeit (allenfalls kumulativ) in Betracht (dazu N 103 und 104).

b) Ungebührliche Rechtsschrift

Das betrifft v.a. den inhaltlichen Stil, allenfalls aber auch das für die Fertigung der **102** Rechtsschrift verwendete Material. Es gilt dabei den durch die gute Sitten gebotenen prozessualen Anstand zu wahren. Vor allem bei Anwälten und Behörden wird ein strengerer Massstab angelegt werden können.[134] Der Vorwurf der Ungebührlichkeit ist aber immer auch im Lichte der Meinungsäusserungsfreiheit zu sehen (Art. 16 BV, Art. 10 Ziff. 1 EMRK), die v.a. sachliche Kritik zulässt.[135] Hiervon zu unterscheiden ist die querulatorische oder missbräuchliche Prozessführung nach Art. 42 Abs. 7 (dazu N 112 ff.), was das Bundesgericht etwa bei einer Aneinanderreihung von Ungebührlichkeiten, Verunglimpfungen und Verbalinjurien annimmt.

---

[128] Vgl. allgemein zur Begründung von Entscheiden mit Blick auf den Anspruch auf rechtliches Gehör: BGE 129 I 232, 236 E. 3.2; 126 I 97, 102 E. 2b; 112 Ia 107, 109 f. E. 2b.
[129] BBl 2001 4296.
[130] POUDRET, Commentaire, Bd. I, Art. 30 N 3.1 186.
[131] CORBOZ, SJ 2006, 331, könnte insoweit missverstanden werden.
[132] Vgl. POUDRET, Commentaire, Bd. I, Art. 30 N 3.2 187.
[133] SPÜHLER/DOLGE/VOCK, Kurzkommentar, Art. 42 N 10.
[134] Vgl. BGer, StrafA, 8.2.2007, 6S.47/2007; I. ÖRA, 19.1.2001, 1P.721/2000, E. 1; EVG, 24.6.2002, U 109/01, E. 1; 13.12.2001, U 219/01, E. 1; 26.7.2001, K 82/01.
[135] Vgl. dazu BGE 106 Ia 100, 108 E. 8b; EVG, 15.3.2001, U 269/98, E. 2a und b.

c) Unverständliche Rechtsschrift

103 Der Begriff «unverständlich» ist weder in der Botschaft noch im BGG definiert. Er wurde im OG, BZP oder BStP überhaupt nicht verwendet. Art. 30 Abs. 3 OG enthielt keinen vergleichbaren Fall. Eine Rechtsschrift kann in Bezug auf das Begehren oder auf die Begründung unverständlich sein. Wie ausgeführt (dazu N 94) dient die Nachfrist nach Art. 42 Abs. 5 und 6 nicht dazu, eine ungenügend begründete Rechtsschrift zu ergänzen. Ist eine Rechtsschrift demnach unverständlich, weil sie ungenügend begründet ist, kommt eine Nachfristansetzung nicht in Betracht. Das frühere OG sah in seinem Art. 108 Abs. 3 eine Nachfristansetzung vor, wenn die Begehren oder die Begründung «die nötige Klarheit vermissen» liessen. Unseres Erachtens ist «unverständlich» entsprechend zu interpretieren. Das Bundesgericht verstand unter «**unklar**» i.S.v. Art. 108 Abs. 3 OG **Mehrdeutigkeit**.[136] Darunter ist wohl auch die Widersprüchlichkeit von Begehren zu subsumieren.[137] Unverständlichkeit liegt mitunter vor, wenn zwar ein ausdrückliches Begehren formuliert wurde, es aber nicht klar ist, was damit gewollt ist. Lässt sich durch Auslegung – v.a. unter Rückgriff auf die Beschwerdebegründung – ermitteln, was die Partei will bzw. meinte, bedarf es keiner Nachfristansetzung.[138]

d) Übermässig weitschweifige Rechtsschrift

104 Hierdurch können der Gang der Rechtspflege behindert und Ressourcen der Justiz unnütz gebunden werden. Um das zu verhindern, kann das Gericht derartige Rechtsschriften zur Kürzung zurückweisen. Bereits Art. 42 Abs. 2 Satz 1 verlangt die Darlegung der Begründung in «gedrängter» Form. Ob eine Eingabe übermässig weitschweifig ist, hängt von den Umständen des Einzelfalls ab. Kriterien sind dabei der Umfang des angefochtenen Entscheids, früherer oder gegnerischer Rechtsschriften. Es kommt aber auch auf den Inhalt an, ob die Partei etwa vom Prozessthema abschweift.[139]

e) Nicht in Amtssprache abgefasste Rechtsschrift

105 Dazu N 3–7 und 98 sowie Art. 41 N 16.

4. Zur Nachfrist im Allgemeinen und zu ihrer Verlängerung

106 Das Gericht wird die Dauer der Frist je nach den Gesamtumständen bestimmen. Dabei wird auch im Auge zu behalten sein, dass es grundsätzlich nicht darum geht, der Partei Gelegenheit zu zusätzlichen Ausführungen zu geben (s. N 94), so dass die Frist im Prinzip eher kurz bemessen sein kann. Da es sich bei den gem. Art. 42 Abs. 5 und 6 angesetzten Fristen um richterlich und nicht gesetzlich bestimmte Fristen handelt, können sie gem. Art. 47 Abs. 2 aus zureichenden Gründen erstreckt werden, wenn das Gesuch vor Fristablauf gestellt wird (vgl. Kommentierungen zu Art. 47). Zu den übrigen Fragen, die sich bei Fristen stellen (z.B. Berechnung, Einhaltung, Stillstand), wird auf die Art. 44 ff. und die dortigen Kommentierungen verwiesen. Für die Nachfristansetzung nach Art. 42 Abs. 5 und 6 spielt keine Rolle, dass die Rechtsmittel- oder Vernehmlassungsfrist bereits abgelaufen ist.[140]

---

[136] BGE 131 II 449, 452, E. 1.3; 123 II 359, 369 E. 6b/bb; 118 Ib 134, 136 E. 2.
[137] AESCHLIMANN, recht 1987, 32; BATZ, ZBJV 1999, 550.
[138] EVG, 27.10.2003, I 138/02, E. 3.2.3; vgl. zur Auslegung von Prozesserklärungen auch BGE 113 Ia 94, 96 f. E. 2; I. ÖRA, 3.9.2003, 1P.424/2003, E. 2.5.
[139] Vgl. Bsp. in BGer, I. ÖRA, 9.1.2007, 1S.16/2006, E. 2.3.
[140] BGE 120 V 413, 419 E. 5c.

5. Folgen bei fruchtlosem Ablauf der Nachfrist

Behebt die Partei den vom Gericht gerügten Mangel nicht innert Frist, lässt das Gericht **107** die Eingabe unbeachtet. Das gilt nicht nur bei Art. 42 Abs. 5, sondern auch bei Abs. 6.[141] In der französischen Fassung von Art. 42 Abs. 6 wird das deutlicher zum Ausdruck gebracht, indem es insoweit nicht bloss «in gleicher Weise» heisst, sondern der gleiche Text wie bei Art. 42 Abs. 5 wiedergegeben wird. Handelt es sich dabei um die Beschwerde- oder Klageschrift, so tritt das Gericht darauf – allenfalls gem. Art. 108 Abs. 1 lit. a durch Einzelrichterentscheid – nicht ein. Das gilt v.a. bei fehlender Unterschrift, aber auch etwa bei insgesamt unleserlicher oder nicht in einer Amtssprache verfasster Beschwerde (vgl. aber Art. 41 N 6 und 12–18). Betraf die Nachfristansetzung nur die als Beweismittel benannten Urkunden wird das Gericht hingegen regelmässig nur die entsprechenden Beweismittel aus dem Recht weisen und seinen Entscheid auf der Basis der übrigen, dem Art. 42 genügenden Eingaben fällen (dazu auch N 32). Entsprechendes muss gelten, wenn die Beschwerde oder Klage den Anforderungen des Gesetzes im Wesentlichen genügt und nur Teile der Rechtsschrift oder erst spätere Rechtsschriften der Partei Mängel aufweisen; das Gericht wird nur die betreffenden Teile oder späteren Rechtsschriften unbeachtet lassen.

Zu den Folgen bei fehlender Vollmacht s. Art. 40 N 43 und bei Vertretung durch eine **108** nicht zugelassene Person s. Art. 40 N 39.

6. Andere Massnahmen

Statt oder zusätzlich zur Zurückweisung der Rechtsschrift kann das Gericht v.a. in den **109** in Art. 42 Abs. 6 genannten Fällen auch **disziplinarische Massnahmen** nach Art. 33 verhängen oder für den Wiederholungsfall androhen.[142] Denkbar sind auch Anordnungen nach Art. 41 (vgl. dort vor allem N 12–14 und 18).

7. Unbeachtlichkeit einer Rechtsschrift ohne Nachfristansetzung

Jeweils neue Aufforderungen nach Art. 42 Abs. 6 werden dann nicht nötig sein, wenn **110** weitere Rechtsschriften der Partei oder ihres Vertreters sogleich wieder die gleichen «Mängel» aufweisen (z.B. wieder unleserlich, ungebührlich oder in einer Fremdsprache).[143] Das muss v.a. gelten, wenn das Gericht die Partei oder ihren Vertreter ausdrücklich darauf hingewiesen hat, dass es bei künftiger Wiederholung die Rechtsschrift ohne erneute Fristansetzung unbeachtet lassen werde oder es ihn bereits mehrmals wegen gleicher Beanstandungen gemassregelt hat. Lässt die Partei solche Hinweise bei späteren Rechtsschriften unbeachtet, könnte dabei auch eine rechtsmissbräuchliche und damit unzulässige Prozessführung nach Art. 42 Abs. 7 erwogen werden (dazu auch N 112 f.).[144]

Der Nachfristansetzung nach Art. 42 Abs. 5 und 6 liegt die Idee zugrunde, dass prozessuale **111** Formstrenge dort gemildert werden soll, wo sie sich durch schutzwürdige Interessen rechtfertigt.[145] Somit ist eine Nachfrist anzusetzen, wenn die Partei versehentlich oder unabsichtlich eine mangelhafte Eingabe i.S. dieser Vorschriften eingereicht hat.[146] Daneben ist aber

---

[141] SPÜHLER/DOLGE/VOCK, Kurzkommentar, Art. 42 N 10. Zu Art. 30 Abs. 3 OG war POUDRET, Commentaire, Bd. I, Art. 30 N 3.1 186 noch anderer Ansicht; möglicherweise wurde deswegen die französische Fassung von Art. 42 Abs. 6 expliziter gefasst.

[142] Vgl. EVG, 24.6.2002, U 109/01, E. 1; 13.12.2001, U 219/01, E. 8.

[143] BGer, I. ÖRA, 19.1.2001, 1P.721/2000, E. 1.

[144] BGer, I. ÖRA, 19.1.2001, 1P.721/2000, E. 1.

[145] Vgl. BGE 120 V 413, 419 E. 5c.

[146] Vgl. BGE 121 II 252, 255 f. E. 4b; SPÜHLER/DOLGE/VOCK, Kurzkommentar, Art. 42 N 9.

auch an die Fälle zu denken, in denen die Partei in ihrer Eingabe Gründe geltend macht, die eine spätere Vervollständigung der Eingabe rechtfertigen können (z.b. wegen postalischer Übermittlung der Vollmacht im Auslandsverkehr, die viel Zeit in Anspruch nimmt). Reicht die Partei aber **absichtlich** und zudem **ohne berechtigte** bzw. nachvollziehbare **Gründe** eine unvollständige oder fehlerhafte Rechtsschrift ein, kann das Gericht auf die Ansetzung einer Nachfrist verzichten und sogleich die entsprechenden Konsequenzen ziehen. Schliesslich kann auf eine Nachfrist aus prozessökonomischen Gründen verzichtet werden, wenn die Eingabe schon an einem anderen unheilbaren Mangel leidet (z.b. unzureichende Begründung, verspätete Beschwerde, offensichtlich unbegründete Rüge).[146a]

XI. Querulatorische und rechtsmissbräuchliche Prozessführung (Abs. 7)

112   Gemäss Art. 42 Abs. 7 sind Rechtsschriften, die auf querulatorischer oder rechtsmissbräuchlicher Prozessführung beruhen, unzulässig. Demnach bleiben derartige Rechtsschriften unbeachtet, ohne dass hier zunächst eine Nachfristansetzung nötig wäre (anders die ungebührliche Rechtsschrift, dazu N 102). Handelt es sich um die Beschwerdeschrift, kann bereits der Einzelrichter gem. Art. 108 Abs. 1 lit. c einen Nichteintretensentscheid fällen. Art. 42 Abs. 7 soll wie Art. 36a Abs. 2 OG verstanden werden.[147] Diesen Bestimmungen liegt der Gedanke zugrunde, dass sich das Gericht nicht mit Eingaben befassen soll, die ihrer Art nach keinen Rechtsschutz verdienen. Die Anrufung des Gerichts muss auf den Schutz berechtigter Interessen abzielen.

113   Eine auf systematische Obstruktion angelegte Prozessführung ist ebenso wie trölerisches Prozessieren zwecks Zeitgewinn rechtsmissbräuchlich. Das Gleiche gilt für mutwilliges Prozessieren durch eine Vielzahl von aussichtslosen Eingaben. Rechtsmissbräuchliche Prozessführung kann auch vorliegen bei einem krassen Missverhältnis des Aufwands zu den dabei vordergründig verfolgten Interessen, v.a. wenn es der Partei letztlich nur noch um reine Schikane geht.[148] Sie kann auch angenommen werden, wenn aus der Eingabe ersichtlich ist, dass es dem Beschwerdeführer nicht ernsthaft um eine Überprüfung durch das Bundesgericht geht.[149] Gestützt auf Art. 42 Abs. 7 kann das Bundesgericht mithin die Prüfung von solchen Begehren ablehnen, die jede vernünftige Grundlage vermissen lassen.[150] Das Bundesgericht subsumiert unter Art. 42 Abs. 7 auch extreme Ungebührlichkeiten.[150a]

114   Bisweilen ist das Bundesgericht in Fällen von **psychopathischer Querulanz** auf Beschwerden nicht eingetreten, weil es insoweit bereits von der Prozess- bzw. Urteilsunfähigkeit der Partei ausging (dazu Art. 41 N 9). Allerdings erklärte es, dass nicht jeder, der sein vermeintliches Recht hartnäckig mit allen ihm zur Verfügung stehenden Mitteln und gelegentlich unter Missachtung des gebotenen Anstands durchzusetzen versucht und auf diese Weise die Geduld von Gerichten und Behörden über Gebühr in Anspruch nimmt, als psychopathischer Querulant gilt.[151] Insoweit kommt dann die Anwendung von Art. 42 Abs. 7 in Betracht. Das Gericht wird allerdings auch erwägen müssen, ob nicht (nur) **Unfähigkeit zur Prozessführung** vorliegt (dazu Art. 41 insb. N 18).

[146a] BGer, II. ZA, 2.8.2007, 5A_191/2007, E. 3 und 5; StrafA, 9.8.2007, 6B_313/2007, E. 2, 4 und 5, sowie 6B_387/2007, E. 1 und 2.

[147] BBl 2001 4296.

[148] Vgl. BGE 118 II 87, 89 f. E. 4; 118 IV 291, 292 f. E. 2; 111 Ia 148.

[149] BGer, II. ÖRA, 2.5.1990, 2P.316/1989, E. 2, in Bezug auf eine als Glosse eingereichte Beschwerde.

[150] BGer, II. ÖRA, 13.2.2004, 2A.77/2004, E. 2; 5.7.2007, 2C_238/2007, E. 2.4.

[150a] BGer, StrafA, 9.5.2007, 6B_126/2007, E. 1; 12.6.2007, 6B_243/2007, E. 1; 2.7.2007, 6B_286/2007, E. 1; II. SozA, 6.8.2007, 9C_499/2007.

[151] Vgl. BGE 118 Ia 236, 237 f. E. 2b; 98 Ia 324, 326 E. 3; 76 IV 142.

Bei missbräuchlicher Prozessführung kann das Bundesgericht auch disziplinarische   115
Massnahmen nach Art. 33 Abs. 2 erwägen. Es kann auch vorkommen, dass es dem bei
der Festsetzung der Gerichtskosten nach Art. 65 Abs. 2 Rechnung trägt.[152]

Art. 43

Ergänzende Beschwerdeschrift	**Das Bundesgericht räumt den beschwerdeführenden Parteien auf Antrag eine angemessene Frist zur Ergänzung der Beschwerdebegründung ein, wenn:** **a. es eine Beschwerde auf dem Gebiet der internationalen Rechtshilfe in Strafsachen als zulässig erachtet; und** **b. der aussergewöhnliche Umfang oder die besondere Schwierigkeit der Beschwerdesache eine Ergänzung erfordert.**
Mémoire complémentaire	Le Tribunal fédéral accorde au recourant, à sa demande, un délai approprié pour compléter la motivation de son recours en matière d'entraide pénale internationale: a. s'il a déclaré recevable ce recours, et b. si l'étendue exceptionnelle ou la difficulté particulière de l'affaire le commande.
Memoria integrativa	Il Tribunale federale accorda alla parte che ne abbia fatto richiesta nel ricorso un congruo termine per completarne la motivazione se: a. ritiene ammissibile un ricorso interposto in materia di assistenza giudiziaria internazionale; b. l'estensione straordinaria o la particolare difficoltà della causa lo richiede.

Inhaltsübersicht

Materialien

AB 2005 S 128; AB 2005 N 646.

Literatur

s. Literatur zu Art. 84.

I. Vorbemerkungen

Die zentrale und wichtigste Bestimmung des BGG zur internationalen Rechtshilfe in   1
Strafsachen (RH) ist Art. 84. Im Rahmen der Kommentierung von Art. 84 wird die RH
umfassend erörtert. Spezielle Fragestellungen werden bei den Art. 43 (ergänzende Beschwerdeschrift), 100 Abs. 2 lit. b (Beschwerdefrist), 103 Abs. 2 lit. c (aufschiebende
Wirkung) und Art. 107 Abs. 3 (Nichteintretensentscheid) behandelt. Für Probleme der
RH, welche über die in Art. 43 geregelte ergänzende Beschwerdeschrift hinausgehen,
wird auf die Kommentierungen zu den obgenannten Gesetzesartikeln verwiesen. Art. 43
wurde erst in den parlamentarischen Beratungen ins Gesetz aufgenommen. Das OG enthielt keine entsprechende Bestimmung.

---

[152] BGer, II. ZA, 19.3.2007, 5A_90/2007; II. ÖRA, 5.7.2007, 2C_238/2007, E. 2.4.

II. Kommentar zu Art. 43

2   Gestützt auf Art. 43 räumt das BGer den beschwerdeführenden Parteien *auf Antrag* eine angemessene Frist zur *Ergänzung der Beschwerdebegründung* ein. Es darf dies aber nur tun, *wenn es eine Beschwerde auf dem Gebiet der RH als zulässig im Sinne von Art. 84 erachtet* (Art. 43 lit. a) *und* wenn zudem der *aussergewöhnliche Umfang oder die besondere Schwierigkeit der Beschwerdesache eine Ergänzung erfordert* (Art. 43 lit. b). Diese Vorschrift ist auf besonders umfangreiche und komplexe Fälle zugeschnitten, für welche die in Art. 100 Abs. 2 lit. b vorgesehene zehntätige Beschwerdefrist nicht ausreicht, um sämtliche materiellen Rügen mit der nötigen Sorgfalt und Tiefe rechtsgenüglich zu begründen.

3   Art. 43 ist nach dem Vorbild von Art. 53 VwVG formuliert. Danach gestattet die Beschwerdeinstanz dem Beschwerdeführer, der darum in seiner (sonst ordnungsgemäss eingereichten) Beschwerde nachsucht, deren Begründung innert einer angemessenen Nachfrist zu ergänzen, sofern es der aussergewöhnliche Umfang oder die besondere Schwierigkeit der Beschwerdesache erfordert. Art. 43 lit. b spricht ausdrücklich von einem aussergewöhnlichen Umfang (oder einer besonderen Schwierigkeit) der *Beschwerdesache*. Nach dem Gesetzeswortlaut und dessen Sinn und Zweck ist eine aussergewöhnlich umfangreiche oder besonders schwierige Beschwerdesache nicht ohne weiteres gleichzusetzen mit einem besonderen Umfang der *Rechtshilfeakten*. Auch bei weniger aufwändigen oder schwierigen RH-Fällen bestehen oft umfangreiche Akten. Damit Art. 43 lit. b anwendbar ist, müssen auch umfangreiche Akten *im konkreten Beschwerdefall* zu sehr vielen oder zu besonders schwierigen *Tat- oder Rechtsfragen* führen. In RH-Sachen gilt grundsätzlich die gesetzlich (Art. 100 Abs. 2 lit. b) vorgesehene zehntätige Beschwerdefrist. In Nachachtung des rechtshilferechtlichen *Beschleunigungsgebots* (Art. 17a IRSG) muss die Einräumung einer richterlichen Nachfrist nach Art. 43 die Ausnahme darstellen. Der Begriff der aussergewöhnlich umfangreichen oder besonders schwierigen Beschwerdesache ist insofern eher restriktiv auszulegen.

4   Zu beachten ist, dass eine Nachfrist zur Ergänzung der Beschwerdebegründung *innerhalb der gesetzlichen zehntägigen Rechtsmittelfrist* (Art. 110 Abs. 2 lit. b) *beantragt* werden muss. Eine Nachfrist nach Art. 43 kann nur erteilt werden, wenn das BGer die Beschwerde als zulässig erachtet hat, d.h., sofern das BGer das Vorliegen der Beschwerdevoraussetzungen von Art. 84 bejaht und keinen Nichteintretensentscheid i.S.v. Art. 107 Abs. 3 i.V.m. Art. 109 Abs. 1 fällt. Das bedeutet, dass auch die *Begründung* hinsichtlich dieser *Annahmevoraussetzungen* (Art. 42 Abs. 2 Satz 2) abschliessend *innerhalb der zehntägigen Beschwerdefrist* (Art. 110 Abs. 2 lit. b) erfolgen muss. Ein Stillstand der gesetzlichen Frist (sog. «Gerichtsferien») erfolgt in RH-Fällen nicht (Art. 46 Abs. 2). Innerhalb dieser zehn Tage ist somit darzulegen, weshalb ein besonders bedeutender Fall vorliegt und inwiefern eine Streitsache betr. Auslieferung, Beschlagnahme, Herausgabe von Gegenständen oder Vermögenswerten oder betr. Übermittlung von Informationen aus dem Geheimbereich gegeben ist (Art. 84 N 33 sowie N 16 ff. und 29 ff.; Art. 42 Abs. 2 Satz 2). In Bezug auf die Begründung dieser Zulässigkeitsvoraussetzungen gem. Art. 84 ist eine Fristerstreckung zur Ergänzung der Beschwerde nach Art. 43 grundsätzlich ausgeschlossen. Ebenso ist (gleichzeitig mit dem Antrag auf Ansetzung einer richterlichen Nachfrist) innert der zehntägigen Beschwerdefrist darzulegen, inwiefern eine *aussergewöhnlich umfangreiche oder besonders schwierige Beschwerdesache* gegeben sei (Art. 43 lit. b).

5   Wird der Fall nicht durch einen Nichteintretensentscheid i.S.v. Art. 107 Abs. 3 im vereinfachten Verfahren nach Art. 109 Abs. 1 erledigt und sind zudem die Voraussetzungen von Art. 43 lit. b erfüllt, so setzt der Instruktionsrichter eine angemessene Frist zur Beschwerdeergänzung an. Hält er die gesetzlichen Voraussetzungen für nicht erfüllt, so

wird in der Sache ein Referat erstellt und es bleibt dem urteilenden Spruchkörper überlassen, allenfalls noch eine Beschwerdeergänzung zuzulassen, nämlich wenn das Gremium die Voraussetzungen von Art. 43 bejaht. Angesichts des Beschleunigungsgebots in RH-Fällen (Art. 17a IRSG) ist die angemessene Nachfrist nach Art. 43 grundsätzlich kurz zu bemessen; in der Regel wird sie nicht erstreckt werden. Ein Stillstand der richterlich verfügten Nachfrist erfolgt in RH-Fällen nicht (Art. 46 Abs. 2).

Art. 43 ist auf *Vor- und Zwischenentscheide* auf dem Gebiet der RH nicht anwendbar[1].   **6**
Ein Beschwerdeergänzungsverfahren wäre hier mit dem rechtshilferechtlichen Beschleunigungsgebot (Art. 17a IRSG) nicht vereinbar. Vor- und Zwischenentscheide werden denn auch in Art. 43 nicht erwähnt.

---

[1] Diese können nur ausnahmsweise mit Beschwerde an das BGer angefochten werden (vgl. dazu Art. 93 Abs. 2 und Kommentierung zu Art. 84 N 24 ff.).

5. Abschnitt: Fristen

Art. 44[*]

Beginn

[1] **Fristen, die durch eine Mitteilung oder den Eintritt eines Ereignisses ausgelöst werden, beginnen am folgenden Tag zu laufen.**

[2] **Eine Mitteilung, die nur gegen Unterschrift des Adressaten oder der Adressatin oder einer anderen berechtigten Person überbracht wird, gilt spätestens am siebenten Tag nach dem ersten erfolglosen Zustellungsversuch als erfolgt.**

Début

[1] Les délais dont le début dépend d'une communication ou de la survenance d'un événement courent dès le lendemain de celles-ci.

[2] Une communication qui n'est remise que contre la signature du destinataire ou d'un tiers habilité est réputée reçue au plus tard sept jours après la première tentative infructueuse de distribution.

Decorrenza

[1] I termini la cui decorrenza dipende da una notificazione o dal verificarsi di un evento decorrono a partire dal giorno successivo.

[2] Una notificazione recapitabile soltanto dietro firma del destinatario o di un terzo autorizzato a riceverla è reputata avvenuta al più tardi il settimo giorno dopo il primo tentativo di consegna infruttuoso.

Inhaltsübersicht

Materialien

Art. 41 E ExpKomm; Art. 40 E 2001 BBl 2001 4489; Botschaft 2001 BBl 2001 4297; AB 2003 S 896; AB 2004 N 1593.

Literatur

A. BAUMBACH/W. LAUTERBACH/J. ALBERS/P. HARTMANN, Beck'sche Kurz-Kommentare, Bd. 1: Zivilprozessordnung, 65., völlig neu bearbeitete Aufl. von Peter Hartmann, München 2007 (zit. Baumbach/Lauterbach/Albers/Hartmann, Kommentar ZPO[65]); A. BÜHLER/A. EDELMANN/A. KILLER, Kommentar zur Aargauischen Zivilprozessordnung, 2. Aufl., Frankfurt am Main 1998 (zit.

---

[*] Wir danken Dr. iur. Thomas Nussbaumer, lic. iur. Andreas Traub und lic. iur. Marcel Attinger herzlich für die kritische Lektüre der Kommentierung (Art. 40–50, exkl. Art. 48 Abs. 2) und die wertvollen Anregungen.

Bühler/Edelmann/Killer, Kommentar ZPO[2]); Y. DONZALLAZ, La notification en droit interne suisse, Bern 2002 (zit. Donzallaz, notification); TH. GEISER, § 1 Grundlagen, in: Th. Geiser/P. Münch (Hrsg.), Prozessieren vor Bundesgericht, 2. Aufl., Basel 1998 (zit. GEISER/MÜNCH[2]-TH. GEISER); E. GRISEL, Traité de droit administratif, Bd. II, Neuenburg 1984 (zit. Grisel, traité); R. HAUSER/ E. SCHWERI, Kommentar zum zürcherischen Gerichtsverfassungsgesetz, Zürich 2002 (zit. Hauser/ Schweri, Kommentar GVG); M. IMBODEN/R. RHINOW, Schweizerische Verwaltungsrechtsprechung, Bd. I: Allgemeiner Teil, 6. Aufl., Basel/Frankfurt am Main 1986 (zit. Imboden/Rhinow, Verwaltungsrechtsprechung[6]); TH. KOLLER/M. REY, Haftungsrisiken beim elektronischen Rechtsverkehr mit Gerichten und Behörden des Bundes, Jusletter 11.12.2006, www.rechtsinformatik.ch/ Tagungsband_2006/Koller_und_Rey.pdf (zit Koller/Rey, Jusletter 2006); G. LEUCH/O. MARBACH, Die Zivilprozessordnung für den Kanton Bern, von F. KELLERHALS und M. STERCHI vollständig überarbeitete 5. Aufl., Bern 2000 (zit. Leuch/Marbach/Kellerhals/Sterchi, ZPO[5]); TH. MERKLI/ A. AESCHLIMANN/R. HERZOG, Kommentar zum Gesetz vom 23. Mai 1989 über die Verwaltungsrechtspflege des Kantons Bern, Bern 1997 (zit. Merkli/Aeschlimann/Herzog, Kommentar VRG); R. RHINOW/B. KRÄHENMANN, Schweizerische Verwaltungsrechtsprechung, Ergänzungsband, Basel/ Frankfurt a.M. 1990 (zit. Rhinow/Krähenmann, Verwaltungsrechtsprechung); J. STADELWIESER, Die Eröffnung von Verfügungen. Unter besonderer Berücksichtigung des eidgenössischen und des st. gallischen Rechts, Diss. SG 1993, St. Gallen 1994 (zit. Stadelwieser, Eröffnung).

I. Allgemeines

1. Gegenstand und Anwendungsbereich (Art. 44 ff.)

Im Interesse der geordneten und möglichst raschen Verfahrenserledigung sowie der Rechtssicherheit knüpft die Rechtsordnung zahlreiche rechtserhebliche Vorgänge an bestimmte Fristen. Die Art. 44–50 regeln die Berechnung und Einhaltung von **prozessualen Fristen**[1] (eigentliche Fristen). Als prozessuale Frist gilt der Zeitraum, innert welchem eine Rechtshandlung (Parteihandlung) wirksam vorgenommen werden kann oder muss.[2] Die **Nichteinhaltung** solcher Fristen hat, anders als bei blossen Ordnungsfristen, unmittelbare **Rechtsfolgen**. Vorbehältlich der Fristwiederherstellung (Art. 50) sowie des aus dem Grundsatz von Treu und Glauben (Art. 9 BV; Art. 49 [mangelhafte Eröffnung]) und dem Verbot des überspitzten Formalismus (Art. 29 Abs. 1 BV) fliessenden prozessualen Schutzes geht die Partei ihrer nicht innert Frist erfolgten Prozesshandlung grundsätzlich verlustig. Diese ist unwirksam und kann nicht mehr gültig nachgeholt werden (Verwirkungsfolge).[3] Die Partei hat die entsprechenden Säumnisfolgen (Nichtbeachtung einer Eingabe, formelles Nichteintreten auf ein Rechtsmittel oder Gesuch) zu tragen.

1

Vorbehältlich Art. 47 Abs. 1 gelten die Art. 44–50 sowohl für gesetzlich als auch für richterlich festgesetzte prozessuale Fristen. **Gesetzlich bestimmte Fristen** sind solche, deren Dauer im Gesetz unveränderlich festgelegt ist, wozu insb. die Beschwerdefristen gem. Art. 100, aber auch die Frist zur Einreichung eines Revisionsgesuchs (Art. 124) oder eines Gesuchs um Wiederherstellung der Frist (Art. 50 Abs. 1) gehören. Die für das Verfahren vor Bundesgericht geltenden gesetzlichen Fristen sind **nach Tagen** bestimmt, was in der Bundesrechtspflege die Regel ist.[4] Die Länge **richterlich bestimmter Fristen** wird im Einzelfall durch das Gericht oder den Instruktionsrichter/die Instruktionsrichterin nach pflichtgemässem Ermessen festgesetzt (z.B. Art. 62 Abs. 3, Art. 102 Abs. 1,

2

---

[1] Davon zu unterscheiden sind Fristen materiellrechtlicher Natur; zur Abgrenzung s. etwa BGer, EVG, 14.8.2006, C 108/06, ARV 2006, 264; BGer, EVG, 28.7.2005, K 26/05, RKUV 2005, 297 E. 3.5 m.Hinw.

[2] HAUSER/SCHWERI, Kommentar GVG, Vorbemerkungen zu §§ 189 ff., N 6, 11–14; BAUMBACH/LAUTERBACH/ALBERS/HARTMANN, Kommentar ZPO[65], Übersicht § 214 N 9 ff.

[3] Vgl. MERKLI/AESCHLIMANN/HERZOG, Kommentar VRG, Art. 42 N 1.

[4] Vgl. auch GEISER/MÜNCH[2]-GEISER, § 1 N 1.57.

Art. 127; ferner Art. 42 Abs. 5 und Abs. 6, Art. 43). Sie können nach **Anzahl Tagen** bestimmt oder auf einen **bestimmten Kalendertag** («bis…[Stichtag/Datum]») terminiert sein; nicht prinzipiell ausgeschlossen, im bundesgerichtlichen Verfahren aber praktisch nie anzutreffen sind vom Instruktionsrichter/von der Instruktionsrichterin **nach Wochen oder Monaten** festgesetzte Fristen.

3   Die Art. 44–50 gelten für das Verfahren vor dem Bundesgericht, einschliesslich den Bundeszivilprozess, soweit die einschlägigen Bestimmungen der BZP nichts Abweichendes enthalten (Art. 1 Abs. 2 BZP in der seit 1.1.2007 geltenden Fassung), und grundsätzlich auch für die Bundesstrafrechtspflege (Art. 99 Abs. 1 BStP, Art. 30 SGG). Wo auf Bundesebene (oder analog auf kantonaler Ebene) kraft Verweisungsnorm (vgl. Art. 31 Abs. 1 VStrR, Art. 37 VGG) die Fristenregelungen des VwVG zum Zuge kommen, ist zu berücksichtigen, dass der Gesetzgeber Art. 44 Abs. 2, Art. 45 und Art. 46 Abs. 1 lit. c (praktisch) wörtlich ins VwVG überführt hat (vgl. Art. 20 Abs. 2bis und Abs. 3, Art. 22a Abs. 1 lit. c VwVG) und weitere Angleichungen dazu geführt haben, dass die Fristenregelungen des BGG und des VwVG seit dem 1.1.2007 weitestgehend übereinstimmen.[5] Ferner wurden die Fristbestimmungen im Entwurf für eine Schweizerische Zivilprozessordnung (E ZPO) bewusst über weite Strecken auf die Bundesrechtspflege abgestimmt.[6] Schliesslich finden sich auch im Entwurf für eine Schweizerische Strafprozessordnung (E StPO) zahlreiche Entsprechungen.[7]

4   Nebst den Bestimmungen des BGG ist für das bundesgerichtliche Verfahren auch das am 16.5.1972 abgeschlossene und für die Schweiz am 28.4.1983 in Kraft getretene **Europäische Übereinkommen über die Berechnung von Fristen (FrÜb)** zu beachten[8], welches auf die Berechnung von gesetzlich oder richterlich bestimmten Fristen[9] auf dem Gebiet des Zivil-, Handels- und Verwaltungsrechts einschliesslich des diese Gebiete betreffenden Verfahrensrechts anzuwenden ist (Art. 1 FrÜb) und mit dem eine Angleichung der Fristberechnungen sowohl für innerstaatliche wie auch für internationale Zwecke angestrebt wurde.[10] Die Bestimmungen des Übereinkommens beanspruchen in der Schweiz unmittelbare innerstaatliche Geltung (self-executing).[11]

2. Punktuelle Änderungen des Fristenrechts

5   Das Fristenrecht gem. Art. 44–48 und Art. 50 stimmt inhaltlich weitgehend mit Art. 32–35 OG überein. Sodann entspricht Art. 49, wonach den Parteien aus mangelhafter Eröffnung, insb. wegen unrichtiger oder unvollständiger Rechtsmittelbelehrung oder wegen Fehlens einer vorgeschriebenen Rechtsmittelbelehrung, keine Nachteile erwachsen dür-

---

5   Vgl. etwa Art. 20 VwVG (Art. 44 BGG); Art. 21 Abs. 1 und Abs. 3 VwVG (Art. 48 Abs. 1 und Abs. 4 BGG), Art. 21a Abs. 3 VwVG (Art. 48 Abs. 2 BGG), Art. 22 VwVG (Art. 47 BGG), Art. 22a Abs. 2 VwVG (Art. 46 Abs. 2 BGG). Die Anpassungen des VwVG haben ihrerseits zu Änderungen der Fristbestimmungen in anderen bundesrechtlichen Erlassen geführt; vgl. etwa Art. 38 Abs. 2bis (Zustellungsfiktion) und Abs. 4 lit. c (Fristenstillstand), Art. 41 (Fristwiederherstellung) ATSG.

6   S. dazu im Einzelnen Botschaft des Bundesrates zur Schweizerischen Zivilprozessordnung vom 28.6.2006, BBl 2006 7221 ff., hier: 7308 ff.; Art. 140–144 E ZPO BBl 2006 7444 f.

7   S. z.B. Art. 87 Abs. 1 E StPO (Art. 47 Abs. 1); Art. 88 E StPO (Art. 44 Abs. 1); Art. 88 Abs. 2 Satz 2 E StPO (Art. 45 Abs. 2]) Art. 89 Abs. 3 E StPO (Art. 48 Abs. 2) und Art. 89 Abs. 5 E StPO (Art. 48 Abs. 4); Art. 90 Satz 2 E StPO (Art. 47 Abs. 2).

8   SR 0.221.122.3.

9   Für weitere, vom Anwendungsbereich erfasste Fristen s. Art. 1 Ziff. 1 lit. b und lit. c FrÜb.

10 Botschaft des Bundesrates vom 9.5.1979 betr. zwei Übereinkommen des Europarates, BBl 1979 II 109 ff., 112.

11 Vgl. vorangehende FN sowie Ingress des Übereinkommens; s.a. BÜHLER/EDELMANN/KILLER, Kommentar ZPO², § 81 N 4; LEUCH/MARBACH/KELLERHALS/STERCHI, ZPO⁵, Art. 120 N 2a.

fen, einem aus Treu und Glauben (Art. 5 Abs. 3 BV, Art. 9 BV) abgeleiteten Grundsatz des öffentlichen Prozessrechts,[12] welcher bisher für das Verfahren vor dem Bundesgericht in Art. 107 Abs. 3 OG (i.V.m. Art. 132 OG [Eidgenössisches Versicherungsgericht]) ausdrücklich statuiert war und überdies in Art. 38 VwVG verankert ist. Das BGG hat jedoch punktuelle – teilweise nur geringfügige, aber praktisch bedeutsame – **Änderungen und Präzisierungen** des Fristenrechts gebracht, so in Art. 44 Abs. 1 (Änderung), Art. 45 Abs. 1 (Änderung) und Abs. 2 (Präzisierung), Art. 46 Abs. 1 lit. c (Änderung) und Abs. 2 (Änderung betr. Anwendungsbereich), Art. 48 Abs. 1 (Änderung Einreichungsstelle), Abs. 2 (Änderung betr. elektronische Zustellung), Abs. 4 (Änderung betr. rechtzeitige Zahlung Kostenvorschuss und Sicherstellung), Art. 50 Abs. 1 (Änderung) und Abs. 2 (Präzisierung).

Die in Art. 48 Abs. 2 für das bundesgerichtliche Verfahren erstmals ausdrücklich geregelte **Fristwahrung bei elektronischer Zustellung** einer Eingabe ergibt sich aus der Neuerung, dass Rechtsschriften seit 1.1.2007 gem. Art. 42 Abs. 4 auch auf elektronischem Weg beim Bundesgericht eingereicht werden können und das Gesetz überdies generell die Möglichkeit vorsieht, dass der Rechtsverkehr zwischen den Parteien bzw. ihren Vertretern/Vertreterinnen und dem Bundesgericht mittels elektronischer Datenübermittlung erfolgt (Art. 39 Abs. 2, Art. 60 Abs. 3). Die Fristwahrung bei elektronischer Zustellung einer Rechtsschrift unterliegt besonderen (technischen) Regeln. Im Übrigen gilt auch im Rahmen von Art. 48 Abs. 2, dass eine rechtzeitig eingereichte Rechtsschrift grundsätzlich nur beachtlich ist, wenn sie den formellen und inhaltlichen Anforderungen von Art. 42 genügt (s. Art. 42 N 81 ff.). Auf alle Übermittlungsarten gleichermassen anwendbar sind die Bestimmungen über die Nachfristansetzung gem. Art. 42 Abs. 5 und Abs. 6 sowie Art. 43. **6**

II. Beginn des Fristenlaufs (Abs. 1)

1. Fristauslösender Sachverhalt

Eine Mitteilung oder der Eintritt eines Ereignisses sind – als **fristauslösender Sachverhalt** – Voraussetzung für den Beginn des Fristenlaufs, fallen nach der Regelung des BGG jedoch mit diesem zeitlich nicht zusammen. Die Frist beginnt erst an dem der fristauslösenden Mitteilung oder dem Eintritt des fristauslösenden Ereignisses folgenden Tag zu **laufen**; von diesem an werden die zur wirksamen Vornahme einer Prozesshandlung zur Verfügung stehenden Tage gezählt (s. nachfolgende Ziff. 2). **7**

a) Mitteilung

aa) Entscheideröffnung und richterliche Fristansetzung

Durch Mitteilung ausgelöst werden namentlich die gesetzlichen **Beschwerdefristen** gem. Art. 100 und – je nach geltend gemachtem Revisionsgrund (Art. 121–123) – die Frist zur Einreichung eines Revisionsgesuchs (Art. 124). Als fristauslösende Mitteilung gilt die **Eröffnung des Entscheids** (franz.: «notification des décisions»; ital.: «notificazione delle decisioni»), gegen den sich die Beschwerde richtet (Art. 100 Abs. 1) oder dessen Revision verlangt wird (vgl. Art. 124 Abs. 1 lit. b und d). Mit der Eröffnung wird der Entscheid dem Adressaten/der Adressatin offiziell bekannt gemacht; erst dadurch entfaltet er seine rechtliche Wirkung. Die ordnungsgemässe Eröffnung fristauslösender Mitteilungen des Bundesgerichts richtet sich nach Art. 60 (Entscheide) bzw. nach Art. 71 **8**

---

[12] BGE 129 II 125, 134 E. 3.3.

i.V.m. Art. 10 f. BZP (andere gerichtliche Mitteilungen, namentlich Kostenvorschussverfügungen). Für die Eröffnung der anfechtbaren Entscheide der Vorinstanzen des Bundesgerichts ist grundsätzlich das für diese einschlägige Verfahrensrecht massgebend. Um den nahtlosen Anschluss der Bundesrechtspflege an das kantonale Verfahren zu gewährleisten, statuiert jedoch Art. 112 für die Eröffnung der der Beschwerde an das Bundesgericht unterliegenden letztinstanzlichen kantonalen Entscheide **bundesrechtliche Mindestanforderungen**. Unabdingbare formelle Voraussetzung für die Auslösung der Rechtsmittelfrist ist, dass der anfechtbare Entscheid den Parteien schriftlich eröffnet wird (Art. 112 Abs. 1 [Art. 51 Abs. 1 lit. d OG]).[13] Massgebend ist dabei die **schriftliche Eröffnung des begründeten Entscheids**, nicht etwa des Dispositivs. Im Übrigen aber steht eine unter dem Blickwinkel von Art. 112 Abs. 1 lit. a–d (oder weitergehenden Vorschriften über die gehörige Bekanntmachung) **mangelhafte Eröffnung** – vorbehältlich schwerer Eröffnungsfehler mit Nichtigkeitsfolge – dem Beginn der Beschwerdefristen gem. Art. 100 grundsätzlich nicht entgegen (s. Art. 49 N 4, Art. 100 N 4). Reicht der Empfänger eines schriftlich begründeten, jedoch mit einem Eröffnungsmangel behafteten Entscheids nicht innert ordentlicher Frist beim Bundesgericht Beschwerde ein, kommt zwar der in Art. 49 verankerte Grundsatz zum Tragen, dass den Parteien aus mangelhafter Eröffnung keine Nachteile erwachsen dürfen. Die Berufung auf einen Eröffnungsfehler setzt aber eine tatsächliche Irreführung und Benachteiligung durch die mangelhafte Eröffnung voraus und findet jedenfalls ihre Grenze im Grundsatz von Treu und Glauben mit den daraus fliessenden Sorgfaltspflichten der Prozessbeteiligten (s. Art. 49 N 4 ff.).

9   Nebst den gesetzlichen Beschwerdefristen sind auch sämtliche im bundesgerichtlichen Verfahren **richterlich angesetzten Fristen** zur Vornahme einer Prozesshandlung (s. N 2) mitteilungsbedürftig. Die Mitteilung der richterlich bestimmten Frist wirkt fristauslösend, sofern der Richter oder die Richterin die Fristauslösung nicht ausdrücklich vom Eintritt eines in der Zukunft liegenden Ereignisses abhängig macht. Wie die fristauslösende Eröffnung von Entscheiden ist auch die richterliche Fristansetzung mittels prozessleitender Verfügung an das **Schrifterfordernis** gebunden.

bb) Empfangsbedürftigkeit

10   Fristauslösende Mitteilungen sind einseitige Rechtshandlungen, die **empfangsbedürftig**, nicht aber annahmebedürftig sind. Sie entfalten ihre Rechtswirkungen ab dem Zeitpunkt der **persönlichen Übergabe** bzw. **rechtsgültigen Zustellung** der schriftlichen Mitteilung an den Adressaten/die Adressatin, einen bevollmächtigten Vertreter/eine bevollmächtigte Vertreterin oder eine andere empfangsberechtigte Person. Dabei gilt eine gerichtliche Sendung nach einem in der Schweiz allgemein anerkannten Grundsatz als zugestellt, wenn sie auf ordentlichem Weg in den **Machtbereich des Adressaten** gelangt ist, so dass er sie zur Kenntnis nehmen kann; nicht erforderlich ist die tatsächliche Empfang- oder Kenntnisnahme.[14]

cc) Zustellung

11   Die individuelle, fristauslösende Mitteilung ist dem Adressaten an das nach den einschlägigen Vorschriften massgebende **Zustellungsdomizil** zu senden (für das Verfahren vor Bundesgericht: Art. 39). Gemäss Art. 39 Abs. 3 haben die im **Ausland** wohnhaften Par-

---

[13] Vgl. SEILER/VON WERDT/GÜNGERICH, BGG, Art. 112 N 6; SPÜHLER/DOLGE/VOCK, Kurzkommentar, Art. 112 N 2.

[14] BGE 122 III 316, 320 E. 4b (m. zahlreichen Hinw. auf Lehre und Rechtsprechung); 122 I 139, 143 E. 1; 119 V 89, 95 E. 4c (m.Hinw.); BGer, KassH, 30.1.2007, 6A.117/2006, E. 3.

teien ein Zustellungsdomizil in der Schweiz zu bezeichnen. Erweist sich im Einzelfall die Zustellung (auch: fristauslösender) gerichtlicher Schriftstücke ins Ausland als notwendig,[15] ist – ausgenommen bei Mitteilungen bloss informativen Inhalts, die keine Rechtswirkungen nach sich ziehen[16] – grundsätzlich der diplomatische oder konsularische Weg[17] bzw., sofern in konkret anwendbaren bi- oder multinationalen Vereinbarungen vorgesehen, der Rechtshilfeweg[18] zu beschreiten.[19] Die direkte postalische Zustellung gerichtlicher Entscheide und richterlicher Fristansetzungen an im Ausland wohnhafte Parteien ist als Hoheitsakt auf fremdem Territorium nur mit staatsvertraglicher Zustimmung oder anderweitigem Einverständnis des fremden Staates zulässig (s. zum Ganzen Art. 39 N 26–47; zum elektronischen Zustellungsdomizil insb. Art. 39 N 21 ff.).[20]

Ist ein rechtmässiger **Vertreter** bestellt und der Behörde bekannt gegeben worden, hat **12** die Zustellung an diesen zu erfolgen[21], solange die Partei die Vollmacht nicht schriftlich widerruft.[22] Der Grundsatz dient – im Interesse der Rechtssicherheit – dazu, allfällige Zweifel darüber zum Vornherein zu beseitigen, ob die Mitteilungen an die Partei selber oder an ihren Vertreter zu erfolgen haben.[23] Bei tatsächlich erfolgter Zustellung an den rechtmässigen Vertreter wirkt nur diese fristauslösend; die zusätzliche (frühere oder spätere) Zustellung einer Orientierungskopie an die Partei ist für die Fristberechnung unbeachtlich.

Wird die Mitteilung bei bekanntem Vertretungsverhältnis zunächst einzig dem Vertretenen zugestellt, liegt ein Eröffnungsmangel vor, aus welchem der Partei nach Massgabe von Art. 49 kein Nachteil erwachsen darf: Die vertretene Partei, die einen sie betreffenden Entscheid erhält, darf in der Regel annehmen, dass der von ihm beauftragte, der Behörde bekannte Vertreter den Entscheid

---

[15] Vgl. Spühler/Dolge/Vock, Kurzkommentar, Art. 39 N 12.

[16] Gutachten der Direktion für Völkerrecht vom 12.3.1998, in: VPB 65/II (2001) Nr. 71, 759 ff. und vom 10.4.2000, in: VPB 66/IV (2002) Nr. 128, 1364 ff.; BGer, EVG, 18.7.2006, K 18/04, E. 1.2.

[17] BGE 124 V 47, 50 E. 3a; BGE 105 Ia 307, 310 f. E. 3b m.Hinw.; BGer, I. ÖRA, 2.8.2004, 1P.187/2004, E. 1.

[18] So etwa nach dem Haager Übereinkommen über die Zustellung gerichtlicher und aussergerichtlicher Schriftstücke ins Ausland in Zivil- und Handelssachen vom 15.11.1965, SR 0.274.131. Zur Frage der analogen Anwendbarkeit in Sozialversicherungsfällen vgl. BGer, EVG, 19.11.2004, K 44/03, SVR 2006 KV Nr. 6, 13.

[19] Vgl. auch Spühler/Dolge/Vock, Kurzkommentar, Art. 39 N 12; Poudret, Commentaire, Bd. I, Art. 29 N 6.4.

[20] S.a. Stadelwieser, Eröffnung, 195 ff.; ferner EVGE 1966 67, 69 ff. E. 3 und 4. – In BGer, EVG, 19.11.2004, K 44/03, SVR 2006 KV Nr. 6, 13, 14 E. 2.5 liess das EVG offen, ob die dem im Ausland wohnhaften Beschwerdeführer direkt mit normaler Post versandte Aufforderung eines kantonalen Gerichts zur Angabe eines Zustellungsdomizils in der Schweiz ordnungsgemäss erfolge, oder ob sie einen staatlichen Hoheitsakt darstelle, dessen Ausführung den örtlichen Behörden obliegt (s. dazu auch Art. 39 N 34). Vgl. ferner BGE 131 III 448 (Nichtigkeit einer in Verletzung staatsvertraglicher Bestimmungen erfolgten direkten Zustellung einer Konkursandrohung an den im Ausland wohnhaften Gesellschafter).

[21] Vgl. Rhinow/Krähenmann, Verwaltungsrechtsprechung, Nr. 84 B.IV.c, 283 (m.Hinw.); Grisel, traité, 876. S.a. BGer, EVG, 29.4.1991, I 248/90, ZAK 1991, 377 E. 2a; BGer, EVG, 18.2. 1986, U 95/84, RKUV 1986 Nr. U 6, 333 E. 3b m.Hinw. Vorbehalten bleiben abweichende Regelungen in den für die Vorinstanzen des Bundesgerichts massgebenden Verfahrensordnungen.

[22] S.a. Art. 11 Abs. 3 VwVG, Art. 10 Abs. 1 BZP, ferner Art. 135 E ZPO. – Nach der zu Art. 29 Abs. 4 OG i.V.m. Art. 40 OG und Art. 10 Abs. 1 BZP ergangenen Rechtsprechung befindet sich das von den im Ausland wohnhaften Prozessparteien in der Schweiz zu bezeichnende Zustellungsdomizil bei Vertretung durch einen schweizerischen Anwalt von Gesetzes wegen bei diesem; vgl. Poudret, Commentaire, Bd. I, Art. 29 N 6.1; BGer, I. ZA, 30.7.2004, 4P.92/2003, E. 3; BGer, I. ZA, 30.7.2003, 4P.90/2003, E. 3.

[23] BGE 99 V 177, 182 E. 3; BGer, EVG, 29.4.1991, I 248/90, ZAK 1991, 377 E. 2a; BGer, EVG, 18.2.1986, U 95/84, RKUV 1986 Nr. U 6, 333 E. 3b m.Hinw.

ebenfalls erhalten hat.[24] War dies nicht der Fall, wird die (Rechtsmittel-)Frist unter dem Blickwinkel von Treu und Glauben frühestens im Zeitpunkt ausgelöst, in dem die Partei oder ihr Vertreter bei gebotener Sorgfalt vom Eröffnungsmangel Kenntnis haben konnte und musste,[25] spätestens mit der nachträglichen, ordnungsgemässen Zustellung der schriftlichen Mitteilung an den Rechtsvertreter.[26]

Wird hingegen die fristauslösende Mitteilung dem Vertretenen im Original und ihrem Rechtsvertreter bloss in Kopie zugestellt, liegt darin zwar ein Eröffnungsmangel; die Partei wird aber dadurch nicht irregeführt und benachteiligt, weshalb die Frist mit der Zustellung der Mitteilungskopie an den Rechtsvertreter ausgelöst wird. Die nochmalige Zustellung einer gleichlautenden, aber mit einem anderen Datum versehenen Mitteilung im Original an den Rechtsvertreter ist für den Beginn des Fristenlaufs unmassgeblich.[27]

13 Die **Zustellungsart** der beim Bundesgericht anfechtbaren Entscheide richtet sich nach dem für die Vorinstanzen massgebenden Verfahrensrecht, bezüglich der Entscheide letzter kantonaler Instanzen mithin nach kantonalem Prozessrecht. Im Regelfall bedienen sich die Gerichte für die Zustellung ihrer ausgefertigten Entscheide der **Schweizerischen Post**. Je nach massgebender Verfahrensordnung kann die Zustellung auch durch **elektronische Übermittlung** (Bundesgericht: Art. 39 Abs. 2, Art. 60 Abs. 3). oder auf andere Weise (z.B. Bote, Gehilfe) erfolgen. Bei unbekanntem Aufenthaltsort oder Unerreichbarkeit einer im Ausland wohnhaften Partei oder ihres Vertreters auf eine andere, in (vorrangigen) staatsvertraglichen Vereinbarungen oder in massgebenden innerstaatlichen Regelungen vorgesehene Weise ist als letzte Möglichkeit regelmässig die Zustellung durch **öffentliche Bekanntmachung** in einem amtlichen Publikationsorgan (Ediktalzustellung) vorgesehen (Bundesgericht: Art. 39 Abs. 3 [Art. 29 Abs. 4 OG]; Art. 71 i.V.m. Art. 11 BZP).[28] Vorbehältlich abweichender Regelungen in den einschlägigen Prozessordnungen der Vorinstanzen fällt der fristauslösende Zeitpunkt der möglichen Kenntnisnahme diesfalls auf den Tag der amtlichen Publikation der Mitteilung.[29]

14 Die **Inanspruchnahme der Schweizerischen Post** richtet sich nach der eidgenössischen Postgesetzgebung (Postgesetz vom 30.4.1997 und Postverordnung vom 26.11.2003[30]), den Allgemeinen Geschäftsbedingungen «Postdienstleistungen» (AGPD) der Post und den übrigen Vorschriften der Post über den Briefversand[31]; abweichende kantonale Regelungen gelangen bei Benützung der Post nicht zur Anwendung.[32] Das Regelwerk der Post bestimmt die möglichen Zustellungsarten (wie einfache, uneingeschriebene Sendung; eingeschriebene Sendung mit oder ohne Rückschein [allenfalls verbunden mit eigenhändiger Auslieferung]; Gerichtsurkunde, etc.). Das BGG verlangt nicht, dass die beim Bundesgericht anfechtbaren Entscheide zwingend **eingeschrieben** (Aushändigung nur gegen Unterschrift einer empfangsberechtigten Person) versendet werden.[33] Aus beweisrechtlichen Gründen drängt sich jedoch die – von den meisten kantonalen Prozessordnungen[34] vorgeschriebene – **Zustellung als Gerichtsurkunde oder in anderer Weise gegen Empfangsbestätigung** auf (vgl. Art. 39 N 5); gleiches hat für Zustellung von prozesslei-

---

[24] Vgl. IMBODEN/RHINOW, Verwaltungsrechtsprechung[6], Bd. I Nr. 29, 181 oben.
[25] Vgl. etwa BGer, EVG, 13.2.2001, C 168/00, SZS 2002, 509.
[26] BGE 99 V 177, 182 E. 3.
[27] Vgl. BGer, EVG, 29.4.1991, I 248/90, ZAK 1991, 376.
[28] S.a. GEISER/MÜNCH[2]-GEISER, § 1 N 1.56.
[29] Vgl. Art. 71 BGG i.V.m. Art. 11 Abs. 3 Satz 2 BZP.
[30] SR 783.0 und SR 783.01.
[31] AGPD, Ausgabe 2006; vgl. auch die von der Post herausgegebene Broschüre «Briefe und mehr», Ausgabe März 2007.
[32] HAUSER/SCHWERI, Kommentar GVG, § 177 N 9; POUDRET, Commentaire, Bd. I, Art. 32 N 1.3.
[33] SEILER/VON WERDT/GÜNGERICH, BGG, Art. 112 N 6.
[34] Vgl. etwa auch Art. 136 E ZPO (bezüglich Vorladungen, Verfügungen und Entscheide).

tenden Anordnungen mit richterlicher Fristansetzung zu gelten.[35] Kann die Partei den – grundsätzlich ihr obliegenden – Beweis der Rechtzeitigkeit einer Parteihandlung im Verfahren aus Gründen nicht erbringen, die nicht von ihr, sondern von der Behörde zu verantworten sind, ist die Absenderin bzw. jene Behörde beweisbelastet, die an den unbewiesenen Sachverhalt Rechtsfolgen knüpft (vgl. Art. 48 N 8). Eine solche **Beweislastumkehr**[36] tritt namentlich **bei uneingeschriebener Zustellung** einer fristauslösenden Mitteilung (Entscheid, fristsetzende prozessleitende Anordnung) ein, da die Partei bei uneingeschriebener Zustellung regelmässig (unverschuldet) nicht in der Lage ist, das Empfangsdatum nachzuweisen.[37]

Nach der Rechtsprechung liegt ein Fehler bei der Postzustellung nicht derart ausserhalb jeder Wahrscheinlichkeit, dass nicht damit gerechnet werden müsste und die Behörde sich für den Nachweis ausschliesslich mit einer aus Wahrscheinlichkeitsüberlegungen fliessenden Fiktion begnügen könnte. Daher muss im Zweifel auf die Darstellung des Empfängers abgestellt werden, wenn seine Darlegung der Umstände nachvollziehbar ist und einer gewissen Wahrscheinlichkeit entspricht, wobei sein guter Glaube zu vermuten ist. Allerdings kann der Nachweis der Zustellung auch aufgrund von Indizien oder gestützt auf die gesamten Umstände erbracht werden.[38]

Eine **eingeschriebene Postsendung** gilt grundsätzlich **in dem Zeitpunkt** als **zugestellt,** **15** in welchem der Adressat (oder eine andere zur Entgegennahme der Sendung berechtigte Person) sie tatsächlich gegen Unterschrift in Empfang nimmt.[39] Ist keine empfangsberechtigte Person anzutreffen, kommt die Zustellungsfiktion gem. Art. 44 Abs. 2 zum Tragen (N 21 ff. hernach). Scheitert jedoch ein Zustellungsversuch wegen **wissentlicher und grundloser Annahmeverweigerung des Adressaten,** löst bereits die (ordnungsgemäss) versuchte Zustellung die Frist aus.[40] Auch die Abreise vom Wohnort ohne Adressangabe, obwohl mit der Zustellung eines behördlichen Aktes gerechnet werden muss, kann in besonderen Fällen einer Annahmeverweigerung gleichgestellt sein.[41]

b) Eintritt eines Ereignisses

Durch «Eintritt eines Ereignisses» ausgelöst werden etwa die gesetzlichen Fristen gem. **16** Art. 50 (Wegfall des unverschuldeten Hindernisses), Art. 124 Abs. 1 lit. a (Entdeckung des Ausstandsgrundes), lit. c (endgültig gewordenes Urteils des EGMR), lit. d (Entdeckung anderer Gründe) und Art. 38 Abs. 1 (Kenntnis des Ausstandsgrundes). Auch der Beginn richterlich bestimmter Fristen kann – sofern in der fristansetzenden, schriftlichen Mitteilung des Gerichts ausdrücklich und unmissverständlich so festgehalten – vom Eintritt eines erst noch abzuwartenden Ereignisses abhängig sein.

---

[35] Vgl. Art. 71 BGG i.V.m. Art. 10 Abs. 2 BZP. S. ferner BGE 101 Ia 7, 8 E. 1: «Si une autorité veut s'assurer qu'un envoi parvienne effectivement à la connaissance de son destinataire, elle doit le notifier par lettre recommandée, voire par lettre avec avis de réception».

[36] Vgl. BGE 122 I 97, 100 E. 3b; 114 III 51, 53 ff. E. 3c und 4 (je m.Hinw.), ferner BGE 103 V 63, 65 f. E. 1; 92 I 253, 257 f. E. 3.

[37] BGE 114 III 51, 54 E. 3c; BGer, II. ÖRA, 5.7.2000, 2P.54/2000, StE 2001 B 93.6 Nr. 22, E. 2b.

[38] BGer, II. ÖRA, 21.5.2002. 2A.293/2001, E. 1b u.a. m.Hinw. auf BGE 105 III 43, 46 E. 3; s. etwa auch BGer, EVG, 14.12.1999, C 294/99, ARV 2000 Nr. 25, 121 E. 1b.

[39] Vgl. BGE 111 V 99, 101 E. 2b; 104 Ia 465, 466 E. 3.

[40] Die Zustellungsfiktion greift insoweit nicht; vgl. BGE 98 Ia 135, 138 E. 2; BGE 82 II 167; BGer, EVG, 14.12.1979, H 174/79, ZAK 1980, 496 E. 1c; IMBODEN/RHINOW, Verwaltungsrechtsprechung[6], Bd. I Nr. 84 B.I.2, 528 oben; STADELWIESER, Eröffnung, 127; HAUSER/SCHWERI, Kommentar GVG, § 177 N 48. Vgl. auch Art. 136 Abs. 3 lit. b E ZPO.

[41] So nicht veröffentlichte E. 2 von BGE 118 V 190; ferner unv. Urteil BGer, EVG, 30.9.1991, K 61/91. Vgl. auch HAUSER/SCHWERI, Kommentar GVG, § 177 N 49 («Annahmevereitelung»).

Im Übrigen ist die Abgrenzung zu den durch Mitteilung ausgelösten Fristen nicht scharf, zumal auch die erfolgte Zustellung einer fristauslösenden Mitteilung als «Ereignis» verstanden werden kann.[42] Praktisch ist dies jedoch unbedeutend, da bei beiden fristauslösenden Sachverhalten der Beginn des Fristenlaufs gleich berechnet wird.

2. Fristenlauf («Dies a quo»)

17   Die Frist beginnt an dem der Mitteilung oder dem Eintritt eines Ereignisses **folgenden Tag** zu laufen. Dies gilt auch dann, wenn der Folgetag ein Samstag[43], Sonntag oder[44] ein vom Bundesrecht oder vom kantonalen Recht anerkannter Feiertag ist; Samstage, Sonn- und Feiertage beeinflussen mithin nur das Ende (Art. 45), nie aber den Anfang einer Frist.[45]

18   Der fristauslösende Sachverhalt (Ziff. II. 1 hievor) kann sich auch während des Fristenstillstands gem. Art. 46 rechtsgültig verwirklichen.[46] Fällt die tatsächliche Zustellung einer fristauslösenden Mitteilung bzw. der Eintritt des fristauslösenden Ereignisses in diesen Zeitraum, wird der Fristenlauf durch den gesetzlichen Stillstand lediglich einstweilen gehemmt. Gemäss Art. 44 Abs. 1 gilt – entgegen der jüngeren, gefestigten Rechtsprechung zu Art. 32 Abs. 1 OG (s. N 19), aber nunmehr übereinstimmend mit der bisherigen und weiterhin geltenden Praxis zu Art. 20 Abs. 1 und 2 i.V.m. Art. 22a VwVG[47] – **neu** der **erste Tag nach dem Ende des Fristenstillstands** als erster zählender Tag der Frist.[48]

19   Nach dem Willen des Bundesrates sollte mit der bewusst vom Wortlaut des Art. 32 Abs. 1 OG abweichenden Formulierung von Art. 44 Abs. 1 die Praxis gem. BGE 122 V 60 hinfällig werden, nach welcher im Falle der Zustellung eines Entscheids während der Gerichtsferien der erste Tag danach *nicht* mitzuzählen war[49]; in den parlamentarischen Beratungen erwuchs dagegen keinerlei Opposition.[50]

20   Zur Konstellation, dass während des **Fristenstillstands** ein **erster, erfolgloser Zustellungsversuch** vorgenommen wird, s. nachfolgende Ziff. III (Zustellungsfiktion).

---

[42] Vgl. etwa BGE 131 V 305, 309 oben E. 4.2.1.

[43] Hinsichtlich der gesetzlichen Fristen des eidgenössischen Rechts und der kraft eidgenössischen Rechts von Behörden angesetzten Fristen ist der Samstag einem anerkannten Feiertag gleichgestellt; Art. 1 des Bundesgesetzes über den Fristenlauf an Samstagen vom 21.6.1963, SR 173. 110.3.

[44] Diesbezüglich unvollständig SEILER/VON WERDT/GÜNGERICH, BGG, Art. 44 N 2.

[45] BÜHLER/EDELMANN/KILLER, Kommentar ZPO², § 81 N 3. Vgl. auch BGE 114 III 55, 57 E. 1b m.Hinw.

[46] BGE 132 II 153, 158 E. 4.1; 131 V 305, 309 E. 4.2.3.

[47] S. dazu ausführlich BGE 132 II 153,155 E. 2 und 158 E. 4.1; 131 V 305, 308 ff. E. 4.2 und 311 E. 4.4.

[48] BGer, II. SRA, 20.6.2007, 9C_296/2007; BGer, StA, 2.7.2007, 6B_187/2007; BGer, I. ZA, 6.7.2007, 4A_167/2007. Ebenso – ausdrücklich – Art. 144 Abs. 1 E ZPO; dazu Botschaft des Bundesrates zur Schweizerischen Zivilprozessordnung vom 28.6.2006, BBl 2006 7221 ff., 7309.

[49] BGE 122 V 60, 61 f. E. 1b (m.Hinw. auf die teilweise uneinheitliche Rechtsprechung zu Art. 32 Abs. 1 i.V.m. Art. 34 OG und verschiedene Lehrmeinungen); ebenso BGer, I. ÖRA, 14.11. 2000, 1P.597/2000, Pra 2001, Nr. 5, 31, 32 E. 1a; ferner BGer, I. ZA, 7.5.2001, 4C.32/2001, E. 1. Ebenso auch noch – aber unter Hinw. auf die kurz bevorstehende Änderung mit dem Inkrafttreten des BGG – BGE 132 II 153, 155 E. 2.2 und 158 E. 4.2.

[50] S. Botschaft 2001 BBl 2001 4297; AB 2003 S 896; AB 2004 N 1593; vgl. auch BGE 132 II 153, 159 E. 4.2 in fine.

III. Zustellungsfiktion (Abs. 2)

1. Ausgangspunkt

Art. 44 Abs. 2 fingiert für Mitteilungen, deren Überbringung unterzeichnungsbedürftig **21** ist, spätestens den siebenten Tag nach dem ersten erfolglosen Zustellungsversuch als fristauslösendes Zustellungsdatum.[51] Diese Zustellfiktion ist Ausfluss der – als Korrelat zur Zustell- und Eröffnungspflicht der Behörde bestehenden – **Empfangspflicht der an einem Verfahren Beteiligten.** Diese sind nach dem Grundsatz von Treu und Glauben verpflichtet, dafür zu sorgen, dass ihnen eine behördliche Akte zugestellt werden kann; sie können sich grundsätzlich nicht darauf berufen, eine nur gegen Unterschrift überreichbare gerichtliche Sendung nicht entgegengenommen zu haben.[52]

Die gesetzlich verankerte **rechtliche Fiktion** entspricht der **bisherigen Rechtsprechung** **22** des Bundesgerichts und des Eidgenössischen Versicherungsgerichts.[52a] Die nach konstanter Praxis geltende siebentägige Abholungsfrist lehnte sich dabei ihrerseits an Art. 169 Abs. 1 lit. d und e der Verordnung I vom 1.9.1967 zum Postverkehrsgesetz (PVV 1)[53] an. Seit Aufhebung dieser Verordnung auf den 1.1.1998[54] ist die postalische Abholungsfrist von sieben Tagen als Grundsatz, von dem abweichende Abmachungen zulässig sind, in den Allgemeinen Geschäftsbedingungen «Postdienstleistungen» (AGPD)[55] der Post enthalten, weshalb das Bundesgericht sie als allgemein bekannt voraussetzt und für die Frage, wann eine Sendung als zugestellt gilt, weiterhin als anwendbar erachtet hat.[56] Angesichts der seit 1998 fehlenden Grundlage in einem formellen oder materiellen Gesetz drängte sich die ausdrückliche Regelung der Zustellungsfiktion im BGG auf.[57] Die gesetzliche Verankerung bringt nunmehr klar zum Ausdruck, dass der im bundesgerichtlichen Verfahren für den Fristbeginn massgebende **Zustellungszeitpunkt** als Frage des Bundesrechts grundsätzlich **unabhängig von einem** – irrtümlich oder aus Kundenfreundlichkeit – **abweichenden Verhalten der Post oder anderslautenden,** *inter partes* **getroffenen Abmachungen über die Abholungsfrist** bestimmt wird.[58]

Art. 44 Abs. 2 ist für den Beginn aller im Verfahren vor Bundesgericht geltenden prozes- **23** sualen Fristen massgebend. Sehen die Prozessgesetze der Kantone für ihre Verfahren keine abweichenden Vorschriften vor und übernehmen die kantonalen Behörden aus diesem Grund die bundesrechtliche Zustellungsfiktion in ihrer Praxis, überprüft das Bundesgericht deren Anwendung unter dem Gesichtswinkel der Willkür.[59]

---

[51] Für den Beginn des Fristenlaufs gilt das unter N 17–20 hievor Gesagte.
[52] BGer, II. ÖRA, 5.7.2000, 2P.54/2000, StE 2006 B 93.6 Nr. 27, E.4.1.
[52a] Vgl. auch BGer, II. SRA, 16.4.2007, 9C_42/2007.
[53] AS 1967 1462.
[54] Art. 13 lit. a der Postverordnung vom 29.10.1997 (in Kraft getreten am 1.1.1998 und aufgehoben durch Art. 45 der Postverordnung vom 26.11.2003 [VPG, SR 783.01] per 1.1.2004).
[55] Vgl. Ziff. 2.3.7 lit. b AGPD (2006).
[56] BGE 130 III 396, 399 E. 1.2.3; 127 I 31, 34 E. 2a/aa.
[57] Botschaft 2001 BBl 2001 4297.
[58] Diesbezüglich sehr klar BGE 127 I 31, 34 f. E. 2b; Botschaft 2001 BBl 2001 4297; vgl. auch Spühler/Dolge/Vock, Kurzkommentar, Art. 44 N 2; Seiler/von Werdt/Güngerich, BGG, Art. 44 N 7; M. Schöll, Rechtsmittelfrist bei nicht zugestellten behördlichen Akten, in: TREX 2/2002, 68 ff., 69 mit Anm. 29. Bezüglich elektronisch zugestellter Sendungen s. Koller/Rey, Jusletter 2006, N 20 mit Anm. 38.
[59] BGE 116 Ia 90, 92 E. 2b; 115 Ia 12, 15 E. 3a.

2. Voraussetzungen

a) Eingeschriebene Sendung

24   Art. 44 Abs. 2 gilt für die nur gegen Unterschrift überbrachten Mitteilungen, d.h. solche, die von der Post als **eingeschriebene Sendung** oder als **Gerichtsurkunde** spediert werden. Die Bestimmung gilt auch für die vom Bundesgericht nach Massgabe von Art. 39 Abs. 2 und Art. 60 Abs. 3 versandten **elektronischen Gerichtsurkunden**[60]: Gemäss Art. 7 Abs. 4 ReRBGer gilt eine Gerichtsurkunde, die auf der Zustellplattform (Art. 3 ReRBGer) zum Abholen bzw. Herunterladen bereitgestellt ist, spätestens am siebten Tag nach der Bereitstellung als zugestellt. Wird die elektronische Sendung vor Ablauf der siebentägigen Abholungsfrist heruntergeladen, beginnt die Frist gem. Art. 44 Abs. 1 am folgenden Tag zu laufen (vgl. Art. 60 N 21).

b) Zustellungswahrscheinlichkeit

25   Die Zustellungsfiktion ist nach der Rechtsprechung nur zulässig, wenn die Zustellung einer gerichtlichen Sendung aufgrund der Umstände mit einer gewissen Wahrscheinlichkeit zu erwarten war, der Adressat oder die Adressatin mithin damit rechnen musste,[61] was praxisgemäss ein hängiges Verfahren (Verfahrens-/Prozessrechtsverhältnis) voraussetzt.[62] Diesfalls rechtfertigt es sich, von der betroffenen Person zu verlangen, dass sie ihre Post regelmässig kontrolliert und allenfalls längere Ortsabwesenheiten der Behörde mitteilt oder einen Stellvertreter ernennt.[63]

26   Nach der Rechtsprechung kann von einem Verfahrensbeteiligten indessen nicht erwartet werden, dass er bei einem hängigen Verfahren über Jahre hinweg in jedem Zeitpunkt erreichbar sein und auch kürzere Ortsabwesenheiten der Behörde melden muss, um keinen Rechtsnachteil zu erleiden. Die Zustellfiktion kann daher bei langer Verfahrensdauer zeitlich nicht unbeschränkt zur Anwendung gelangen. Das Bundesgericht erachtet es als vertretbar, die Zustellungsfiktion im Zeitraum von bis zu einem Jahr seit der letzten verfahrensbezogenen Handlung eintreten zu lassen; liegt der letzte Kontakt mit der Behörde längere Zeit zurück, kann von einer Zustellfiktion nicht mehr ausgegangen werden, sondern nur noch von einer Empfangspflicht des am Verfahren Beteiligten in dem Sinne, dass dieser für die Behörde erreichbar sein muss (Meldung von Adressänderungen und länger dauernde Abwesenheiten).[64]

c) Erster erfolgloser Zustellungsversuch

27   Die Mitteilung gilt bereits nach einem **ersten** erfolglosen **Zustellungsversuch** und unbenutztem Ablauf der Abholungsfrist als zugestellt. Ein allfälliger **zweiter Versand** und die spätere Entgegennahme der Sendung sind für die Frage, ob die (Beschwerde-) Frist eingehalten worden ist, grundsätzlich unerheblich.[65] Dies gilt auch bei (erster)

---

[60] Art. 2 lit. a ReRBGer subsumiert unter den Begriff «Gerichtsurkunde» Entscheide, Dispositive, Verfügungen und Mitteilungen des Bundesgerichts.

[61] Vgl. auch Art. 136 Abs. 3 lit. a ZPO; Art. 83 Abs. 4 lit. a E StPO («… sofern die Person mit der Zustellung rechnen musste»).

[62] BGE 130 III 396, 399 E. 1.2.3, m.Hinw.; ferner BGE 127 I 31, 34 E. 2a/aa; 122 I 139, 143 E. 1; 115 Ia 12, 15 E. 3a.

[63] BGE 119 V 89, 94 E. 4b/aa; BGer, II. ÖRA, 23.3.2006, 2P.120/2005, StE 2006 B 93.6 Nr. 27, E. 4.1.

[64] BGer, II. ÖRA, 23.3.2006, 2P.120/2005, StE 2006 B 93.6 Nr. 27, E. 4.2. Vgl. auch Donzallaz, notification, 501.

[65] BGE 119 V 89, 94 E. 4b/aa m.Hinw.; BGer, II. ÖRA, 13.7.2004, 2A.186/2004, E. 2.2.

elektronischer Zustellung der Sendung.[66] Hingegen rechtfertigt sich eine Verlängerung der Rechtsmittelfrist gestützt auf das verfassungsmässige Recht auf Vertrauensschutz allenfalls dann, wenn noch vor Fristende eine vertrauensbegründende Auskunft erteilt wird. Eine solche Auskunft kann darin bestehen, dass der mit Rechtsmittelbelehrung versehene Entscheid dem Betroffenen noch vor Ablauf der Frist erneut zugestellt wird.[67] Der Vertrauensschutz greift demgegenüber dann nicht Platz, wenn die Auskunft (d.h. die zweite Zustellung) erst nach Ablauf der ordentlichen Rechtsmittelfrist erteilt wird.[68]

Erfolglos ist ein erster (postalischer) Zustellungsversuch, wenn **weder der Adressat/die** **28** **Adressatin** der Mitteilung **noch eine «andere berechtigte Person»** an dem als Zustelladresse angegebenen Wohn- oder Geschäftsdomizil **anzutreffen** ist, um die Inempfangnahme der Sendung mit Unterschrift zu bestätigen.[69] Der Kreis der empfangs- bzw. unterzeichnungsberechtigten Personen wird im Gesetz nicht näher umschrieben. Gestützt auf Art. 147 lit. b der per 1.1.1998 aufgehobenen PVV 1 (vgl. N 22) hat die **Rechtsprechung** die mit dem Adressaten/der Adressatin **im gleichen Haushalt lebenden erwachsenen Familienangehörigen ohne gegenteiligen Auftrag und ohne Vollmacht des Empfängers** als bezugsberechtigt eingestuft.[70] In solchen Fällen wird das Bestehen einer Vollmacht nach den Erfahrungen des täglichen Lebens angenommen bzw. der Familienangehörige erscheint nach aussen als zur Entgegennahme berechtigt.[71] Seit 1.1.1998 wird die Bezugsberechtigung in den gestützt auf Art. 11 Abs. 1 PG verabschiedeten Allgemeinen Geschäftsbedingungen «Postdienstleistungen» (AGPD) geregelt. Die Rechtsprechung zur Bezugsberechtigung der im gleichen Haushalt lebenden erwachsenen Familienangehörigen hat in deren Lichte **weiterhin Geltung** (s.a. nachfolgende N 29).[72]

Unter Herrschaft der PVV 1 durften eingeschriebene Briefpostsendungen bei Abwesen- **29** heit des Empfängers oder des von ihm Bevollmächtigten nicht ohne weiteres an **Haus- oder Geschäftsangestellte** bzw. **Hilfspersonen** ausgehändigt werden, es sei denn, diese wären ausdrücklich oder stillschweigend zur Annahme ermächtigt gewesen;[73] (nur) diesfalls hatte sich der Adressat einer eingeschriebenen Sendung das Zustellungsdatum gem. Empfangsbestätigung der mit der Entgegennahme von Postsendungen betrauten Hilfsperson anrechnen zu lassen.[74] Ziff. 2.3.5 AGPD (Ausgabe 2006) fasst die postalische Bezugsberechtigung nunmehr weiter als die PVV 1 und sieht eine weitgehende Freizeichnung der Post vor, die offenbar auch für eingeschriebene Sendungen gilt:[75] Neben dem Empfänger sind nicht nur die im gleichen Haushalt lebenden erwachsenen Fami-

---

[66] So KOLLER/REY, Jusletter 2006, N 20.
[67] BGE 115 Ia 12, 20 E. 5c; BGer, EVG, 28.12.2004, P 54/04, E. 2; BGer, EVG, 11.7.2000, H 220/98, E. 3c m.Hinw.
[68] BGE 118 V 190, 191 E. 3a; 117 II 508, 511 E. 2; BGer, EVG, 11.7.2000, H 220/98, E. 3b; BGer, EVG, 5.1.2006, C 189/05, E. 3.4; BGer, EVG, 28.6.2004, H 60/04, E. 2.3.1; unv. Urteil BGer, II. ÖRA, 14.8.1998, 1P.284/1998, E. 6; s.a. DONZALLAZ, notification, 501.
[69] Zur Annahmeverweigerung s. vorne N 15.
[70] BGE 113 Ia 22, 25 E. 2c. Als erwachsen gelten nach der Rechtsprechung (urteilsfähige) Personen über sechzehn Jahre; BGE 92 I 213, 216 E. 2a. Vgl. auch Art. 83 Abs. 3 E StPO; Art. 136 Abs. 2 E ZPO.
[71] BGer, EVG, 26.9.1986, I 162/85, ZAK 1987, 50 E. 3.
[72] Unv. Urteil BGer, EVG, 26.4.1999, H 34/99, E. 2a; unv. Urteil BGer, II. SRA, 19.1.2007, I 999/06.
[73] BGer, II. ÖRA, 2.12.2004, 2A.533/2004, E. 3.1.3. m.Hinw. auf Art. 146 ff. PVV 1, insb. Art. 147 lit. b (AS 1994 1447) sowie Art. 146 Abs. 3 PVV 1 sowie Hinw. auf die Rechtsprechung.
[74] Dies auch dann, wenn intern irrtümlich ein anderes Empfangsdatum vermerkt wurde; vgl. BGE 110 V 36, 37 E. 3b; und 97 V 120, 123 E. 2; BGer, EVG, 22.11.1988, I 398/88, ZAK 1989, 222 f. E. 2a.
[75] BGer, II. ÖRA, 2.12.2004, 2A.533/2004, E. 3.1.3.

lienangehörigen, sondern «sämtliche im selben Wohn- und Geschäftsdomizil anzutreffenden Personen zum Bezug von Sendungen berechtigt, wobei gegenteilige Weisungen des Absenders oder des Empfängers gem. dem Angebot der Post vorbehalten bleiben». Vor diesem Hintergrund hat die Rechtsprechung die Aushändigung an eine Hausangestellte[76] und an einen Geschäftsangestellten[77] auch ohne ausdrückliche oder stillschweigende Ermächtigung zur Entgegennahme eingeschriebener Postsendungen als rechtsgenügliche Zustellung erachtet; das Bundesgericht erwog, dass der Adressat oder die Adressatin einer eingeschriebenen Sendung vorbehältlich gegenteiliger Weisungen an die Post für das Verhalten von Angestellten, denen eingeschriebene Sendungen nach der Regel der Post grundsätzlich ausgehändigt werden dürfen, einzustehen hat.[78]

30   Da derzeit mit Ausnahme von Art. 9 VPG[79] auf Bundesebene keine öffentlichrechtliche Bestimmung existiert, welche die Postzustellung regelt, wird sich das Bundesgericht hinsichtlich der Berechtigung zur Entgegennahme eingeschriebener Briefpostsendungen weiterhin an den AGPD der Post orientieren. Ungeachtet der extensiveren Formulierung in den AGPD wäre es u.E. sachgerecht, dass in Anlehnung an aArt. 146 ff. PVV 1 und die hierzu ergangene Rechtsprechung nur erwachsene (vgl. N 28 Fn 70), im gleichen Haushalt lebende Familienangehörige (einschliesslich Konkubinatspartner) sowie im selben Wohn- oder Geschäftsdomizil[80] ausdrücklich[81] oder stillschweigend[82] zum Empfang eingeschriebener Briefpostsendungen – im Falle der elektronischen bevollmächtigte Dritte als «andere berechtigte Person» i.S.v. Art. 44 Abs. 2 anerkannt werden.[83]

d) Abholungseinladung

31   Wird beim ersten postalischen Zustellungsversuch weder der Adressat der eingeschriebenen Briefpostsendung oder Gerichtsurkunde noch eine andere empfangsberechtigte Person angetroffen, wird eine **Abholungseinladung** in den **Briefkasten** oder das **Postfach** des Empfängers gelegt.[84] Für deren ordnungsgemässe Ausstellung wie auch für die ordnungsgemässe Eintragung des Zustelldatums im Zustellbuch besteht eine widerlegbare Vermutung. Mit anderen Worten trägt der Empfänger dafür, dass er die Abholungseinladung – aus welchen Gründen auch immer – nicht erhalten hat, die Beweislast in dem Sinn, dass im Falle der Beweislosigkeit der Entscheid zu seinen Ungunsten ausfällt.[85]

---

[76] Unv. Urteil BGer, EVG, 26.4.1999, H 34/99, E. 2a (Aupair-Mädchen).

[77] BGer, II. ÖRA, 2.12.2004, 2A.533/2004, E. 3.1.2.; vgl. auch unv. Urteil BGer, EVG, 15.11.2002, C 117/02, E. 2.2 und 2.3.

[78] BGer, II. ÖRA, 2.12.2004, 2A.533/2004, E. 3.2.2; vgl. auch BGer, EVG, 23.7.2003, B 107/01, E. 3.2. Vgl. – in gleichem Sinne – Art. 136 Abs. 2 E ZPO und Art. 83 Abs. 3 E StPO.

[79] S. vorne FN 54.

[80] In einem mehrfach belegten Gebäude ist dasselbe Wohn- oder Geschäftsdomizil die baulich abgegrenzte Wohn-/Geschäftseinheit des Adressaten der eingeschriebenen Sendung.

[81] Im Falle einer vereinbarten elektronischen Zustellung gerichtlicher Sendungen erfolgt die ausdrückliche Bevollmächtigung von Dritten – etwa im Verhältnis Anwalt/Anwältin und Sekretariatsperson – durch die willentliche Weitergabe des Passwortes für die (digitale) Signatur und damit für das elektronische Postfach auf der Zustellplattform.

[82] Die stillschweigende Ermächtigung muss sich aus den Umständen schlüssig ergeben; vgl. BGE 110 V 36, 37 f. E. 3a und b.

[83] In diesem Sinne wohl auch BGer, SchK, 8.5.2006, 7B.47/2006, E. 2.2.

[84] BGE 123 III 492, 493 E. 1; 119 V 89, 94 E. 4b/aa; 116 III 59, 61 E. 1b. Vgl. auch Ziff. 2.3.7 AGPD (2006).

[85] BGE 85 IV 115, 117; ferner BGer, EVG, 16.9.2005, C 171/05, SVR 2006 AlV Nr. 10, 37 f. E. 4.2 m.Hinw.; BGer, II. ÖRA, 15.2.2002, 2A.234/2001, Pra 2002, Nr. 100, 580 E. 2.2; unv. Urteile BGer, EVG, 10.2.1989, K 61/88, E. 3c und BGer, EVG, 3.6.1987, H 118/86, E. 3a.

Bei eingeschriebenen, **postlagernd adressierten Sendungen** (nicht: Gerichtsurkunden[86]) ist es naturgemäss nicht möglich, dass eine Abholungseinladung in den Briefkasten oder das Postfach des Adressaten gelegt wird und damit in dessen Machtbereich gelangt.[87] Zur Frage des fiktiven Zustellungszeitpunkts bei postlagernden Sendungen sowie bei «Nachsendeauftrag postlagernd» s. hinten, N 36.

Im Falle der **elektronischen Zustellung** einer Gerichtsurkunde des Bundesgerichts besteht gem. Art. 39 Abs. 2 und Art. 60 Abs. 3 i.V.m. Art. 7 ReRBGer keine gesetzliche Pflicht, bei Bereitstellung der Sendung auf der Zustellplattform eine Abholungseinladung per E-Mail zuzustellen. Es obliegt dem Nutzer oder der Nutzerin (Adressat/-in, Rechtsvertreter/-in), den elektronischen Briefkasten regelmässig zu leeren; es kann jedoch mit dem Intermediär optional vereinbart werden, dass dieser über den Eingang elektronischer Post per einfacher E-Mail informiert (vgl. Art. 60 N 20).[88] **32**

e) Unbenutzter Ablauf der siebentägigen Abholungsfrist

Die Mitteilung gilt gem. Art. 44 Abs. 2 **spätestens** am siebenten Tag nach dem ersten erfolglosen Zustellungsversuch als zugestellt. Wird die gerichtliche Sendung vor Ablauf der siebentägigen Abholungsfrist rechtsgültig entgegengenommen, wirkt das tatsächliche Aushändigungsdatum – bei elektronischer Zustellung: das Abholen auf der Zustellungsplattform – fristauslösend (vgl. vorne N 24 und Art. 60 N 21). **33**

Die im Gesetz statuierte und als allgemein bekannt vorausgesetzte **siebentägige Abholungsfrist** gilt auch dann, wenn der oder die Postangestellte auf der Abholungseinladung irrtümlich keine oder – sei es versehentlich, sei es aufgrund der anwendbaren Bestimmungen der Post (z.B. infolge eines Zurückbehaltungsauftrags; s. N 37 hernach) oder anderer Abmachungen mit der Post – eine andere Abholungsfrist vermerkt.[89] Sie **beginnt** am Folgetag der Hinterlegung der Abholungseinladung im Briefkasten bzw. der Ankunftsmeldung im Postfach zu laufen (vgl. Art. 44 Abs. 1) und **endet** am siebenten Tag danach, welcher – bei bis dahin unterbliebener Abholung – als fiktiver Zustellungstag gilt. In BGE 127 I 31 entschied das Bundesgericht, dass die Zustellungsfiktion auch dann am siebenten Tag nach dem ersten erfolglosen Zustellungsversuch eintreten muss, wenn dieser **letzte Tag der Abholungsfrist** auf einen **Samstag, Sonntag oder** einen anerkannten **Feiertag** fällt. Art. 45 ist demnach für die Berechnung der Abholungsfrist unbeachtlich. Dies erscheint folgerichtig: Die Zustellungsfiktion gem. Art. 44 Abs. 2 mit allen ihren Tatbestandsvoraussetzungen bezieht sich auf den Beginn der gesetzlich oder richterlich bestimmten prozessualen Fristen; der Fristbeginn aber wird durch Samstage, Sonntage oder sonstige Feiertage nie beeinflusst (vgl. N 17).[90] Sodann fällt der vorrangige Zweck von Art. 45 – die mögliche Beanspruchung der Schweizerischen Post noch am letzten Tag der Frist (vgl. Art. 45 N 14) – bei der Abholungsfrist weg, besteht doch im Unterschied zu den prozessualen Fristen kein Anspruch auf deren Ausschöpfung bis zum letzten Tag der Frist. Mit Blick auf die Unabhängigkeit der Zustellungsfiktion von der postalischen Abholungsfrist (vgl. vorne N 22) steht schliesslich auch die allenfalls abweichende Praxis der Post (Verlängerung der Abholungsfrist auf den nächstfolgenden **34**

---

[86] Gerichtsurkunden (Vorladungen, Notifikationen, Urteile und Entscheide) können gem. Regelung der Post nicht an Postlageradressen aufgegebenen werden; vgl. Broschüre der Post «Briefe und mehr», Ausgabe März 2007, S. 24; ehemals ausdrücklich Art. 166 Abs. 1 PVV 1.

[87] BGE 116 III 59, 61 E. 1b.

[88] KOLLER/REY, Jusletter 2006, N 21.

[89] BGE 127 I 31, 34 f. E. 2b; BGer, II. ÖRA, 27.10.2000, 2P.210/1999, StE 2001 B 96.21 Nr. 8, E. 2b.

[90] BGE 127 I 31, 34 f. E. 2b.

Werktag)[91] dem in BGE 127 I 31 vertretenen Standpunkt nicht entgegen. Die Festlegung des fiktiven Zustellungszeitpunktes immer exakt auf den siebenten Tag nach dem ersten erfolglosen Zustellungsversuch ermöglicht eine «klare, einfache und vor allem einheitliche»[92] Handhabung der Zustellungsfiktion.

35   Der **Fristenstillstand** gem. Art. 46 hemmt den Beginn bzw. Lauf der Abholungsfrist nicht. Die Fristenstillstandsregelung betrifft Fristen zur Vornahme einer prozessualen Handlung. Die Abholungsfrist selbst ist keine prozessuale Frist. Sie regelt einzig die Frage, in welchem Zeitpunkt die – eine prozessuale Frist auslösende – Zustellung spätestens als rechtsgültig erfolgt zu gelten hat; dieser kann auch in die Periode des Fristenstillstands fallen (vgl. N 18).

Beispiele

1) Fällt das Ende der Abholungsfrist auf den letzten Tag des Fristenstillstands oder einen Tag nach Ende des Fristenstillstands, gilt dieser betreffende Tag als fiktiver, fristauslösender Zustellungstag; die prozessuale Frist (s. vorne N 1) beginnt in beiden Fällen am unmittelbar folgenden Tag zu laufen (vgl. N 17).[93]

2) Auch wenn die siebentägige Abholungsfrist noch vor dem letzten Tag des Fristenstillstands unbenutzt abläuft, hat der siebente Tag als fristauslösender Zustellungstag zu gelten. Die prozessuale Frist beginnt aber diesfalls erst am ersten Tag nach dem Ende des Fristenstillstands zu laufen (vgl. N 18).[94]

3. Besondere Fragen

36   Nach der Regelung der Post kann uneingeschriebene und eingeschriebene Briefpost – ausgenommen Gerichtsurkunden – an eine **Postlagernd-Adresse** versendet werden, wobei die Post die nicht mit Nachnahme belegten Postlagersendungen nach bisheriger Praxis einen Monat bei der Poststelle aufbewahrte.[95] In Anlehnung daran entschied das EVG in BGE 111 V 99, dass postlagernd adressierte Sendungen in dem Zeitpunkt als zugestellt gelten, in welchem sie auf der Post abgeholt werden, spätestens am letzten Tag der von der Post eingeräumten Aufbewahrungsfrist von einem Monat. Aufgrund des klaren Wortlauts von Art. 44 Abs. 2 sowie aus Gründen rechtsgleicher Behandlung hat jedoch unter Geltung des BGG – in Abweichung von BGE 111 V 99 und anderslautenden Bestimmungen der Post – auch für **postlagernde Sendungen** eine **siebentägige Abholungsfrist** zu gelten,[96] welche an dem dem Eingang auf der Bestimmungspoststelle folgenden Tag zu laufen beginnt. Bei «**Nachsendeauftrag postlagernd**»

---

[91] Vgl. Ziff. 2.3.3 AGPD (2006).

[92] BGE 127 I 31, 35 f. E. 2b und 3b/bb in fine.

[93] In diesem Sinne auch BGE 131 V 305, 310 E. 4.2.2. Vgl. auch BGer, I. SRA, 21.3.2007, C 30/07, E. 2.3 und E. 2.4.

[94] Wie es sich in dieser Konstellation – Ablauf der postalischen Abholungsfrist noch während des Fristenstillstands – verhält, wurde in BGE 131 V 305, 310 E. 3.2.2 ausdrücklich offen gelassen.

[95] Broschüre der Post «Briefe Schweiz», Ausgabe April 2006, Ziff. 14, 52; ehemals Art. 166 Abs. 2 lit. a PVV 1. In der Broschüre der Post «Briefe und mehr», Ausgabe März 2007, S. 48 wird die 1-Monatsfrist nicht mehr erwähnt.

[96] So auch Urteil BGer, II. ZA, 20.1.2006, 5P.425/2005, E. 3.2 und 3.3 (in ausdrücklicher Abweichung zu BGE 111 V 99) sowie bereits BGer, I. ÖRA, 24.7.2000, 1P.369/2000, E. 1b; offen gelassen in BGE 127 III 173, 174 f. E. 1; schwankend unv. Urteil BGer, II. ÖRA, 27.10.2000, 2P.159/2000, E. 2c m.Hinw. auf BGE 116 III 59, 61 E. 1b und das unv. Urteil BGer, I. ÖRA, 6.12.1990, 1P.665/1990, E. 3b.

gilt dieselbe Abholungsfrist, wobei diese am Tag nach Eingang bei dem durch den Nachsendeauftrag bestimmten Postamt zu laufen beginnt; die durch die Nachsendung entstehende Zeitverzögerung darf mithin nicht angerechnet werden.[97]

Postlagernd adressierte Gerichtsurkunden werden – da unzulässig (s. N 31) – von der Post an den Absender zurückgesandt, worauf dieser die gerichtliche Sendung durch normal eingeschriebene Sendung erneut postlagernd zustellt. Die siebentägige Abholungsfrist beginnt erst mit Eingang dieser zweiten, ordnungsgemäss verschickten Sendung auf der Bestimmungspoststelle zu laufen.[98]

Auch ein **Zurückbehaltungsauftrag** gegenüber der Post – infolge längerer Abwesenheit – kann den Zeitpunkt, ab welchem die Zustellfiktion greift, nicht hinausschieben; auch hier gilt die siebentägige Abholungsfrist gem. Art. 44 Abs. 2, sofern der Adressat mit der Zustellung einer gerichtlichen Sendung rechnen musste. Die Tatsache, dass die Post die Sendungen bei Auftrag «Post zurückbehalten» während maximal zwei Monaten aufbewahrt,[99] ändert daran nichts, zumal es nicht angeht, das (Beschwerde-)Verfahren auf diese Weise um mehrere Wochen zu verzögern.[100]

37

Art. 45

Ende	[1] **Ist der letzte Tag der Frist ein Samstag, ein Sonntag oder ein vom Bundesrecht oder vom kantonalen Recht anerkannter Feiertag, so endet sie am nächstfolgenden Werktag.** [2] **Massgebend ist das Recht des Kantons, in dem die Partei oder ihr Vertreter beziehungsweise ihre Vertreterin den Wohnsitz oder den Sitz hat.**
Fin	[1] Si le dernier jour du délai est un samedi, un dimanche ou un jour férié selon le droit fédéral ou cantonal, le délai expire le premier jour ouvrable qui suit. [2] Le droit cantonal déterminant est celui du canton où la partie ou son mandataire a son domicile ou son siège.
Scadenza	[1] Se l'ultimo giorno del termine è un sabato, una domenica o un giorno riconosciuto festivo dal diritto federale o cantonale, il termine scade il primo giorno feriale seguente. [2] È determinante il diritto del Cantone ove ha domicilio o sede la parte o il suo patrocinatore.

---

[97] Vgl. BGer, II. ZA, 20.1.2006, 5P.425/2005, E. 3.3.
[98] In diesem Sinne auch unv. Urteil BGer, II. ÖRA, 27.10.2000, 2P.159/2000, E. 2c.
[99] Broschüre der Post «Briefe und mehr», Ausgabe März 2007, S. 36; ehemals Art. 166 Abs. 2 lit. a PVV 1.
[100] BGE 127 I 31, 34 f. E. 2b; BGE 123 III 492 ff. E. 1; vgl. – statt vieler – auch BGer, I. SRA, 27.3.2007, I 1029/06; BGer, I. ÖRA, 12.9.2006, 1P.404/2006, E. 3.2; BGer, II. ÖRA, 23.3.2006, 2P.120/2005, E. 3; BGer, I. ZA, 5.11.2002, 4P.188/2002, E. 2.

Inhaltsübersicht   Note

Materialien

Art. 41 E ExpKomm; Art. 41 E 2001 BBl 2001 4489; Botschaft 2001 BBl 2001 4297; AB 2003 S 896; AB 2004 N 1593; Schlussbericht 1997, 66.

Literatur

TH. GEISER, § 1 Grundlagen, in: Th. Geiser/P. Münch (Hrsg.): Prozessieren vor Bundesgericht, 2. Aufl., Basel 1998 (zit. Geiser/Münch[2]-Geiser); R. HAUSER/E. SCHWERI, Kommentar zum zürcherischen Gerichtsverfassungsgesetz, Zürich 2002 (zit. Hauser/Schweri, Kommentar GVG); U. KIESER, ATSG-Kommentar, Zürich/Basel/Genf 2003 (zit. Kieser, ATSG-Kommentar); A. KÖLZ/ J. BOSSHART/M. RÖHL, Kommentar zum Verwaltungsrechtspflegegesetz des Kantons Zürich (VRG), 2. Aufl., Zürich 1999 (zit. Kölz/Bosshart/Röhl, Kommentar VRG[2]); W. PORTMANN/ C. PETROVIC, Art. 20a, in: Th.Geiser/A. v. Kaenel/R. Wyler (Hrsg.), Arbeitsgesetz, Bern 2005 (zit. Geiser/von Kaenel/Wyler-Portmann/Petrovic); P. RICHLI, Art. 116bis, in: J.-F. Aubert/K. Eichenberger/J.-P. Müller/R. Rhinow/D. Schindler (Hrsg.), Kommentar zur Bundesverfassung der Schweizerischen Eidgenossenschaft vom 29.5.1874, Basel/Zürich/Bern 1987–1997 (zit: BVK-Richli; R. WEBER, Schweizerisches Zivilgesetzbuch. Das Obligationenrecht, Band VI, 1. Abteilung: Allgemeine Bestimmungen, 4. Teilband: Artikel 68–96, 2. Aufl., Bern 2005 (zit. BK-Weber).

I. Allgemeines

1   Art. 45 entspricht dem bisherigen Art. 32 Abs. 2 OG mit dem Unterschied, dass nebst den vom kantonalen Recht anerkannten Feiertagen **neu** der 1. August als vom Bundesrecht anerkannter Feiertag genannt wird.[1] Diese Ergänzung, welche im E ExpKomm noch nicht enthalten war,[2] gab in den parlamentarischen Beratungen zu keinen Diskussionen Anlass.

2   **Abs. 1,** wonach Fristen, deren letzter Tag auf einen Samstag, Sonntag oder anerkannten Feiertag fällt, um einen Werktag verlängert werden, statuiert einen **anerkannten Grundsatz,**[3] der über das bundesgerichtliche Verfahren und generell das Prozessrecht[4] hinaus

---

[1] Botschaft 2001 BBl 2001 4297.

[2] Art. 41 Abs. 2 E ExpKomm erwähnte – analog zu Art. 32 Abs. 2 OG – ausschliesslich die «vom kantonalen Recht» anerkannten Feiertage.

[3] So bereits BGE 83 IV 185, 186; vgl. etwa auch BGer, EVG, 19.8.2004, H 20/04, AHI 2004, 261 E. 2.4.3 und 262 E. 2.5; POUDRET, Commentaire, Bd. I, Art. 32 N 3.1.

[4] Zur Geltung des Grundsatzes im Bereich prozessualer Fristen s. etwa Art. 20 Abs. 3 VwVG (auch: i.V.m. Art. 37 VGG), Art. 140 Abs. 3 E ZPO, Art. 38 Abs. 3 ATSG, Art. 31 Abs. 3 SchKG; Art. 29 StGB i.V.m. BGE 83 IV 185, 186, Art. 211 Abs. 3 MStG; Art. 46 Abs. 1 MStP; Art. 133 Abs. 1 Bundesgesetz über die direkte Bundessteuer vom 14.12.1990; SR 642.11; vgl. auch Art. 5 FrÜb (zu diesem Abkommen s. Art. 44 N 4).

Bedeutung hat.[5] **Abs. 2** legt in **Präzisierung von Abs. 1** fest, dass für die Bestimmung der bei Fristende zu berücksichtigenden Feiertage das kantonale Recht am Wohnsitz oder Sitz der Partei oder ihres Vertreters/ihrer Vertreterin massgebend ist. In Art. 32 Abs. 2 OG fehlte – im Unterschied zu Art. 20 Abs. 3 VwVG oder Art. 38 Abs. 3 ATSG etwa – eine entsprechende Regelung. Die Rede war nur vom «zutreffenden kantonalen Recht». Angesichts der nur spärlichen, nicht durchwegs einheitlichen Rechtsprechung des Bundesgerichts und des Eidgenössischen Versicherungsgerichts zur Frage des «zutreffenden» kantonalen Rechts i.S.v. Art. 32 Abs. 2 OG hat Art. 45 Abs. 2 insoweit eine wichtige Klärung gebracht (vgl. Ziff. III/2 hernach).

Anders als Art. 45 Abs. 2 bezeichnete Art. 41 Abs. 3 E ExpKomm für die Frage, ob ein kantonaler Feiertag vorliegt, das Recht jenes Kantons als massgebend, «in dem der angefochtene Entscheid gefällt worden ist».[6] Der korrespondierende Art. 41 Abs. 2 E 2001 entsprach dagegen – abgesehen von geringfügigen redaktionellen Änderungen – der heute geltenden Regelung.

II. Gesetzliche Fristverlängerung (Abs. 1)

1. Grundsätze

Die prozessualen Fristen des BGG laufen am letzten Tag der Frist («*dies ad quem*») um   **3**
Mitternacht ab (vgl. Art. 48 N 4). Art. 45 Abs. 1 sieht für den Sonderfall, dass dieser letzte Tag der Frist ein Samstag, Sonntag oder ein vom Bundesrecht oder vom kantonalen Recht anerkannter Feiertag ist, eine **gesetzliche Fristverlängerung** auf den nächstfolgenden Werktag vor. Damit wird eine von Zufälligkeiten abhängige (faktische) Fristverkürzung vermieden. Art. 45 bezieht sich **ausschliesslich** auf das Ende einer Frist; der Fristbeginn[7] und der Fristenlauf zwischen dem ersten und dem letzten Tag der Frist werden mithin durch Samstage, Sonntage oder anerkannte Feiertage nicht beeinflusst (vgl. Art. 44 N 17).

Während die gesetzlichen Fristen des BGG ausschliesslich nach Tagen bestimmt sind, können **rich-**   **4**
terlich angesetzte Fristen im bundesgerichtlichen Verfahren auch in **Wochen oder Monaten** ausgedrückt sein (vgl. Art. 44 N 2). Gemäss Art. 4 Ziff. 1 und 2 FrÜb ist der *dies ad quem* bei einer nach Wochen festgesetzten Frist der Tag der letzten Woche, der dem *dies a quo* im Namen entspricht, bei einer nach Monaten festgesetzten Frist der Tag des letzten Monats, der nach seiner Zahl dem *dies a quo* entspricht, oder, wenn eine entsprechender Tag fehlt, der letzte Tag des Monats. Der *dies a quo* ist gem. Art. 2 FrÜb dabei jener Tag, an dem die Frist zu *laufen* beginnt. Abweichend von dieser Regelung ist das EVG bei der Berechnung von *Monatsfristen* in ständiger Rechtsprechung[8] – und in Anlehnung an Art. 77 Abs. 1 Ziff. 3 OR – davon ausgegangen, dass eine Monatsfrist an demjenigen Tag endet, der dem Tag der *Eröffnung* der Mitteilung bzw. des Eintritts des fristauslösenden Ereignisses in der Zahl entspricht; andernfalls stehe bei Monatsfristen ein zusätzlicher Tag zur Verfügung.[9] Es mag offen bleiben, ob diese an sich stichhaltig begründete Recht-

---

[5] Vgl. bzgl. materiellrechtlicher Fristen (vgl. Art. 44 N 1 mit FN 1) etwa Art. 78 Abs. 1, Art. 1081 Abs. 2, Art. 1136 Abs. 2 OR; ferner BGer, II. ÖRA, 17.3.2005, 2A.511/2004, E. 4.4 (Zahlungsfrist bei Schwerverkehrsabgabe [Art. 25 Abs. 3 SVAV]); BGer, EVG, 19.8.2004, H 20/04, AHI 2004, 258 ff. E. 2 (Frist zur Zahlung ausstehender AHV-Beiträge).
[6] Ebenso Art. 241 Abs. 3 des unveröffentlichten Vorentwurfs der ExpKomm vom 5.9.1996; wie Art. 41 dagegen Art. 241 Abs. 3 der späteren, unveröffentlichten Vorentwürfe der Exp-Komm vom 15.10.1996, 22.11.1996, 23.12.1996, 3.2.1997, 26.2.1997.
[7] BGE 114 III 55, 57 E. 1b m.Hinw.
[8] BGE 125 V 37, 39 f. E. 4a; 119 V 89, 93 E. 4a; 103 V 157, 159 f. E. 2b (je m.Hinw.); BGer, EVG, 24.2.2005, U 244/02, SVR 2005 UV Nr. 13, 43 f. E. 1.2 und 2.1 m.Hinw.
[9] Ebenso KIESER, ATSG-Kommentar, Art. 38 N 10.

sprechung mit den Bestimmungen des FrÜb vereinbar ist.[10] Jedenfalls unter dem Blickwinkel von Art. 140 Abs. 2 E ZPO – welcher gem. Botschaft des Bundesrats auf Art. 44 und Art. 45 BGG abgestimmt wurde[11] – erscheint fraglich, ob inskünftig an der erwähnten Praxis festgehalten werden kann. So enden gem. Art. 140 Abs. 2 E ZPO nach Monaten bestimmte Fristen «im letzten Monat an dem Tag, der dieselbe Zahl trägt wie der Tag, *an dem die Frist zu laufen begann*» (H.v.Verf.). Fristen, die durch eine Mitteilung oder ein Ereignis ausgelöst werden, beginnen gem. Art. 140 Abs. 1 E ZPO am *folgenden* Tag zu laufen.

Beim Regelfall der nach Tagen oder auf einen bestimmten Kalendertermin festgesetzten richterlichen Fristen wird das Gericht darauf achten, dass der letzte Tag der Frist nicht auf einen in Art. 45 genannten Tag fällt, doch besteht keine Gewähr hierfür.

5   Nach seinem klaren Wortlaut zählt Art. 45 Abs. 1 die Tage **abschliessend** auf, bei welchen die gesetzliche Fristverlängerung bis zum nächsten Werktag zum Zuge kommt: Der **Samstag** wird in Art. 45 Abs. 1 nunmehr – anders als in Art. 32 Abs. 2 OG – explizit erwähnt, ohne dass sich materiellrechtlich etwas geändert hat. Unter altem Recht ergab sich bereits aus Art. 1 des Bundesgesetzes über den Fristenlauf an Samstagen vom 21.6.1963[12], dass die gesetzliche Fristverlängerung auch dann Platz greift, wenn der letzte Tag der Frist auf einen Samstag fällt. Als **Sonntag** i.S.v. Art. 45 Abs. 2 gilt der so bezeichnete siebente Wochentag (= Kalendertag). Ist der darauffolgende Montag ein vom Bundesrecht oder vom massgebenden kantonalen Recht anerkannter Feiertag, verschiebt sich die Fristverlängerung auf den nächstfolgenden Werktag.[13] **Feiertage** i.S.v. Art. 45 Abs. 2 sind die «vom Bundesrecht oder vom kantonalen Recht» als solche anerkannten Tage («echte» Feiertage[14]). Gestützt auf Art. 5 FrÜb ebenfalls darunter zu subsumieren sind Tage, die «**wie ein gesetzlicher Feiertag behandelt**» werden.[15] **Vortage** eines rechtlich anerkannten Feiertages (vgl. Ziff. 2 hernach) fallen nicht unter Art. 45 Abs. 1, auch wenn die Geschäfte an solchen Tagen früher als an normalen Werktagen schliessen.[16] **Werktage** sind die nicht i.S.v. Art. 45 Abs. 1 als Feiertag anerkannten Wochentage von Montag bis Freitag. Unter nächstfolgendem Werktag ist der nächstfolgende Werktag der *laufenden* Frist zu verstehen (zum Fristenstillstand s. Art. 46 N 5 f.).

6   Art. 45 Abs. 1 kommt auch im Rahmen der **Fristerstreckung** zum Tragen. Gesuche um Fristerstreckung sind gem. Art. 47 Abs. 2 «vor Ablauf der Frist» zu stellen. Fällt der letzte Tag der (erstmals) angesetzten Frist ausnahmsweise (vgl. N 4 hievor *in fine*) auf einen Samstag, Sonntag oder rechtlich anerkannten Feiertag, ist u.E. der nächstfolgende Werktag von Gesetzes wegen (Art. 45 Abs. 1) zur erstmals angesetzten («ursprünglichen») Frist hinzuzuzählen mit der Folge, dass die Partei noch bis zu diesem Tag rechtzeitig ein Fristerstreckungsgesuch stellen kann (vgl. aber Art. 47 N 6);[17] dieser Tag steht auch einer Partei, die auf ein Fristerstreckungsgesuch verzichtet,

---

[10] Ausdrücklich bejaht in BGE 125 V 37, 40 (E. 4b); vgl. auch Urteil BGer, EVG, 24.2.2005, U 244/02, SVR 2005 UV Nr. 13, 44 E. 2.1.

[11] Botschaft des Bundesrates zur Schweizerischen Zivilprozessordnung vom 28.6.2006, BBl 2006 7221 ff., 7308.

[12] SR 173.110.3; vgl. amtlich publizierte Anm. zu Art. 32 Abs. 2 OG.

[13] Vgl. etwa Urteile BGer, II. ÖRA, 19.12.1996, 2A.395/1996, StE 1997 B 92.8 Nr. 6, E. 2; BGer, I. ÖRA, 19.7.2006, 1P.343/2006, E. 1.2; BGer II. ÖRA, 12.1.2005, 2P.142/2004, E. 1.4; BGer, I. ÖRA, 23.6.2006, 1P.321/2004, E.1.1; BGer, EVG, 23.9.2002, U 249/00, E. 1b.

[14] Urteil BGer, I. ÖRA, 11.6.1998, Pra 1998, Nr. 150, 806 E. 2b; frz. Original: BGE 124 II 527, 528 E. 2b: «véritable jour férié».

[15] BGE 124 II 527, 528 E. 2b.

[16] So – mit Bezug auf den praktisch gleichlautenden Art. 20 Abs. 3 VwVG (in der bis 31.12.2006 gültig gewesenen Fassung) – BGE 110 V 36, 39 E. 3c.

[17] In diesem Sinne auch KIESER, ATSG-Kommentar, Art. 38 N 9. **A.M.** offenbar HAUSER/SCHWERI, Kommentar GVG, Art. 192 N 10 und KÖLZ/BOSSHART/RÖHL, Kommentar VRG², Art. 11 N 4;

vollumfänglich für die fristgebundene prozessuale Handlung zur Verfügung. Das Gericht kann in der Folge die ursprüngliche Frist *erstrecken* oder (über das Parteibegehren hinaus) ausdrücklich eine *neue* Frist zur Vornahme der prozssualen Handlung setzen. Im ersten Fall wird kein neuer Fristenlauf begründet, sondern die ursprüngliche Frist ohne Unterbruch fortgesetzt;[18] daher schliesst der erste Tag der erstreckten Frist (Samstag, Sonntag, Feiertag eingeschlossen; vgl. N 3) unmittelbar an den letzten Tag der ursprünglichen Frist an.[19] Wird die erstreckte Frist versehentlich wiederum so angesetzt, dass ihr letzter Tag auf einen Samstag, Sonntag oder anerkannten Feiertag fällt, muss u.E. erneut die gesetzliche Fristverlängerung auf den nächstfolgenden Werktag zum Zuge kommen.

Beispiel:

Partei mit Wohnsitz im Kanton Solothurn: Fällt der letzte Tag einer (ersten) angesetzten Frist auf den 1. November, welcher im Kanton Solothurn ein vom kantonalen Recht anerkannter Feiertag ist, kann das Fristerstreckungsgesuch nach Art. 47 Abs. 2 noch rechtzeitig bis um 24.00 Uhr des nächstfolgenden Werktages (2. November) gestellt werden. Bei bewilligter Fristerstreckung um 20 Tage ist der 3. November der 1. Tag dieser erstreckten Frist. Die verlängerte Frist endet somit am 22. November bzw. – sofern es sich bei diesem Tag um einen Samstag, Sonntag oder anerkannten Feiertag handelt – am nächstfolgenden Werktag.

2. Insbesondere: Anerkannter Feiertag

Massgebend ist die offizielle, **staatliche Anerkennung** als Feiertag bzw. Gleichstellung　　**7**
(s. N 5) mit einem solchen; nicht staatlich anerkannte Feiertage und Festlichkeiten kirchlicher und sonstiger religiöser Gemeinschaften oder anderer gesellschaftlicher Kreise (Fasnacht, Brauchtum, etc.) etwa sind fristenrechtlich unbeachtlich,[20] selbst wenn die Feierlichkeit in der Bevölkerung tief verwurzelt ist.[21]

Die staatliche Anerkennung als Feiertag oder die Gleichstellung mit einem solchen be-　　**8**
darf einer **Rechtsgrundlage**. Die weit verbreitete faktische Behandlung als Feiertag – so etwa der Umstand, dass die öffentlich-rechtlichen Angestellten an bestimmten Tagen frei haben und die staatlichen Büros an diesen Tagen geschlossen sind (z.B. Ostermontag, Pfingstmontag) – genügt nicht.[22] Die rechtsprechungsgemäss erforderliche «gesetzliche

---

diese Autoren gehen davon aus, dass dann, wenn der letzte Tag der ursprünglichen Frist ein Samstag, Sonntag oder anerkannter Feiertag ist, bereits der erste Tag der bewilligten Fristerstreckung auf den nächstfolgenden Werktag fällt.

[18] Unv. Urteil BGer, EVG, 16.8.1995, K 197/94, E. 2c; die «erstmals angesetzte Frist (…) und die gewährte Erstreckung (…) bilden ein einheitliches Ganzes» (a.a.O.).

[19] Unv. Urteil BGer, EVG, 16.8.1995, K 197/94, E. 2c.

[20] Vgl. etwa auch BK-Weber, Art. 78 N 17 (welche OR-Bestimmung gem. Urteil BGer, EVG, 19.8.2004, H 20/04, AHI 2004 257, 261 E. 2.4.3 in fine eine mit Art. 32 Abs. 2 OG «inhaltlich übereinstimmende» Regelung enthält).

[21] Vgl. BGE 115 IV 266, 267 E. 2 (Patroziniumsfest des St. Leodegar/Stadt Luzern); s.a. BGer, I. ÖRA, 25.7.2006, 1P. 322/2006, E. 2.5 m.Hinw. und BGer, I. ÖRA, 18.6.2001, 1P.184/2001, E. 2b m.Hinw.; ferner unv. Urteil BGer, I. ÖRA, 14.10.1999, 1P.469/1999, E. 3c (Pfingstmontag/ Kt. ZG).

[22] BGE 87 I 210, 211, E. 2; 63 II 331, 333 E. 2; BGer, EVG, 13.6.1967, H 52/67, ZAK 1967 476 E. 1 (1.5./Kt. ZH); ebenso Urteil BGer, I. ÖRA, 25.7.2006, 1P.322/2006, E. 2.6 (26.12./Kt. SO); unv. Urteil BGer, I. ÖRA, 14.10.1999, 1P.469/1999, E. 3c (Pfingstmontag/Kt. ZG); unv. Urteil BGer, I. ÖRA, 8.7.1996, 1P.259/1996, Pra 1996, Nr. 217, 840 E. 3c (Berchtoldstag/Kt. GE); unv. Urteil BGer, I. ÖRA, 7.9.1992, 1P.440/1992, E. 2c (Ostermontag/Kt. ZG).

Grundlage»[23] muss nicht formellgesetzlicher Natur sein;[24] ausreichend ist eine im betreffenden Staatsgebiet «für die Gesamtheit der Bevölkerung geltende ausdrückliche Bestimmung»[25] des öffentlichen Rechts (generell-abstrakte Rechtsnorm[26]).

9   Art. 110 Abs. 3 BV erklärt den 1. August zum **Bundesfeiertag**, welcher den Sonntagen arbeitsrechtlich gleichgestellt und bezahlt ist.[27] Es handelt sich bei diesem gesamtschweizerischen Gedenktag zur Entstehung des Bundesstaates[28] um den **einzigen eidgenössischen Feiertag**.[29] Abgesehen vom Bundesfeiertag liegt die staatliche Anerkennung allgemeiner Feiertage und der ihnen gleichgestellten Tage in der Zuständigkeit der Kantone.[30]

10   Die Anerkennung **kantonaler Feiertage** ergibt sich in erster Linie aus der kantonalen Gesetzgebung über die öffentlichen Ruhetage, aber auch – namentlich bei Fehlen einer allgemeinen Ruhetagsgesetzgebung – aus anderen öffentlich-rechtlichen Normen des kantonalen (Verfahrens-)Rechts. Im Kollisionsfall hat die allgemein geltende **Ruhetagsgesetzgebung** Vorrang gegenüber den in kantonalen **Vollziehungsverordnungen zum Arbeitsgesetz**[31] aufgeführten, arbeitsfreien Feiertagen und gleichgestellten Tagen, welche konkret dem Arbeitnehmerschutz dienen. Anerkennen spezifische **Fristbestimmungen des kantonalen Verfahrensrechts** (z.B. der Zivilrechts-, Strafrechts-, Verwaltungsrechtspflege) einen im kantonalen Ruhetagsgesetz (oder in arbeitsrechtlichen Vollziehungsverordnungen) nicht ausdrücklich aufgeführten Feiertag als solchen bzw. gleichgestellten Tag, geht diese fristenrechtliche Regelung als *lex specialis* vor. Ob dies auch dann gilt, wenn die betreffende kantonale Prozessnorm *nicht* das Verfahren der letzten kantonalen Instanz regelt, gegen deren Entscheid beim Bundesgericht Beschwerde geführt wird, bleibt im Lichte der spärlichen Kasuistik fraglich.

In einem nicht amtlich publizierten, den Kanton Zug betreffenden Entscheid aus dem Jahre 2002 berücksichtigte das EVG den Pfingstmontag als Feiertag i.S.v. Art. 32 Abs. 2 OG, obwohl weder das damals gültig gewesene kantonale Gesetz über die öffentlichen Ruhetage und die Öffnungszeiten der Verkaufsgeschäfte vom 4.11.1974 (wie die seit 1.1.2004 in Kraft stehende § 2 des Ruhetags-

---

[23] Vgl. BGE 115 IV 266, 267 E. 2; vgl. auch Art. 5 FrÜb («gesetzliche» Feiertage).

[24] BGE 66 II 331, 333 E. 1 (zu aArt. 41 Abs. 2 OG); vgl. auch BGE 87 I 210, 211 E. 2 m.Hinw.

[25] BGer, I. ÖRA, 25.7.2006, 1P.322/2006, E. 2.6; vgl. auch BGE 66 II 331, 333 E.2, wonach eine «disposition explicite du droit cantonal» (H. v. Verf.) verlangt ist.

[26] Blosse Verwaltungsverordnungen fallen nicht darunter; vgl. HÄFELIN/MÜLLER/UHLMANN, Verwaltungsrecht[5], N 384.

[27] Vgl. auch Art. 116bis aBV und Art. 20 Abs. 2 und 3 UebBest aBV; Art. 1 Abs. 1 der Verordnung über den Bundesfeiertag vom 30.5.1994, SR 116; ferner Art. 20a Abs. 1 des Bundesgesetzes über die Arbeit in Industrie, Gewerbe und Handel (Arbeitsgesetz; ArG) vom 13.3.1964, SR 822.11.

[28] So Botschaft des Bundesrates vom 20.11.1996 über eine neue Bundesverfassung, BBl 1997 I 1 ff., 322. Der 1. August wird als Feiertag «eigener Art» (a.a.O.) bzw. als Feiertag «sui generis» (so Botschaft des Bundesrates vom 19.10.1994 zum Bundesgesetz über den Bundesfeiertag, BBl 1994 IV 821 ff., 829 oben [zit.: Botschaft BG Bundesfeiertag]) verstanden.

[29] GEISER/VON KAENEL/WYLER-PORTMANN/PETROVIC, Art. 20a N 8.

[30] Vgl. Botschaft BG Bundesfeiertag (FN 28), BBl 1994 IV 828 f.; BVK-RICHLI, Art. 116bis N 1 ff.; GEISER/VON KAENEL/WYLER-PORTMANN/PETROVIC, Art. 20a N 6.

[31] S. Art. 20a Abs. 1 Satz 2 i.V.m. Art. 41 ArG (FN 27). Für den Kanton Aargau etwa vgl. § 9 der Vollziehungsverordnung des Kantons Aargau zum Bundesgesetz über die Arbeit in Industrie, Gewerbe und Handel (Arbeitsgesetz) vom 18.8.1966 (VVO zum Arbeitsgesetz; SAR 961.111); § 81 Abs. 3 ZPO/AG (SAR 221.100) führt sämtliche Feiertage i.S.v. § 9 VVO zum Arbeitsgesetz – auch die nur in einzelnen Bezirken gefeierten – als fristenrechtlich massgebend auf; kraft Verweisung gilt § 81 Abs. 3 ZPO/AG auch für den Strafprozess (§ 52 Abs. 1 StPO/AG, SAR 251.100) und die Verwaltungsrechtspflege (§ 31 VRPG/AG; SAR 271.100).

und Ladenöffnungsgesetzes vom 28.8.2003[32]) noch das kantonale Verwaltungsrechtspflegegesetz und das Gesetz über den Ablauf von Fristen im Gerichts- und Verwaltungsverfahren vom 15.6.1964 den Pfingstmontag unter den öffentlichen Ruhetagen oder den Feiertagen aufführten. Das Gericht liess es für die Fristberechnung im letztinstanzlichen Verwaltungsgerichtsbeschwerdeverfahren genügen, dass § 92 Abs. 2 (in der seit 1.1.2000 geltenden Fassung) des die Zivil- und Strafrechtspflege betreffenden kantonalen Gesetzes über die Organisation der Gerichtsbehörden vom 3.10.1940 den Pfingstmontag fristenrechtlich als Feiertag anerkennt. Zur Begründung führte es an, Art. 32 Abs. 2 OG unterscheide «nach Kantonen und nicht nach innerkantonalen Verfahrensarten».[33]

Feiertage, die ihre Grundlage ausschliesslich im **kommunalen Recht** haben, beeinflussen den Fristenlauf im bundesgerichtlichen Verfahren nicht.[34] Anders verhält es sich, wenn eine lokale Feierlichkeit (Gemeinde/Bezirk) vom kantonalen Recht (vgl. N 10) ausdrücklich anerkannt wird[35] oder sich deren gesetzliche Anerkennung auf Gemeindeebene auf eine explizite kantonale Ermächtigungsnorm stützt.[36] **11**

Eine Zusammenstellung der im Rahmen von Art. 45 **generell** zu beachtenden, gesetzlichen Feiertage der Kantone findet sich im nicht amtlich publizierten[37] **Verzeichnis «Gesetzliche Feiertage und Tage, die in der Schweiz wie gesetzliche Feiertage behandelt werden»**, das die Schweiz in Nachachtung von Art. 11 i.V.m. Art. 5 FrÜb[38] zu Handen des Generalsekretärs des Europarates erstellt hat (Notifikation) und das mit Inkrafttreten des Übereinkommens für die Schweiz am 28.4.1983 verbindlich geworden ist (vgl. Art. 44 N 4). Die darin enthaltene Auflistung der einzelnen kantonalen Feiertage entspricht dem Stand von 1983 und entlastet nicht davon, die aktuell massgebenden kantonalen Bestimmungen zu konsultieren. **12**

III. Massgebendes kantonales Recht (Abs. 2)

1. Klärung der Rechtslage

Für die Bestimmung der kantonalrechtlich anerkannten Feiertage (und der diesen gleichgestellten Tage) ist gem. Art. 45 Abs. 2 – analog zu Art. 20 Abs. 3 VwVG (aber abweichend etwa von Art. 140 Abs. 3 E ZPO[39]) – das **Recht des Kantons** massgebend, in dem die **Partei oder ihr Vertreter beziehungsweise ihre Vertreterin den Wohnsitz oder Sitz** hat. Das **OG** hatte sich zu dieser – an sich regelungsbedürftigen – Frage nicht geäussert (vgl. N 2). Die publizierte höchstrichterliche **Rechtsprechung** enthielt ebenfalls keine klare, einheitliche Antwort.[40] Die nunmehr vom Gesetzgeber gewählte Lösung ent- **13**

---

[32] BGS 942.31.

[33] Urteil BGer, EVG, 23.9.2002, U 249/00, E. 1b.

[34] BGE 115 IV 266, 267 E. 2. SPÜHLER/DOLGE/VOCK, Kurzkommentar, Art. 45 N 1. Vgl. auch GEISER/MÜNCH[2]-GEISER, § 1 N 1.59.

[35] S. – illustrativ – die Rechtslage im Kanton Aargau, vorne FN 31.

[36] Vgl. etwa § 1a Abs. 1 lit. c des Ruhetags- und Ladenschlussgesetzes des Kantons Luzern vom 23.11.1987 (SRL 855); § 4 des Gesetzes über die öffentlichen Ruhetage des Kantons Solothurn vom 24.5.1964 (BGS 512.41).

[37] Das Verzeichnis ist online direkt über ‹http://www.bundespublikationen.admin.ch› bestellbar; vgl. ferner auch die Auflistung der «gesetzlich anerkannten kantonalen Feiertage» bei BK-WEBER, Art. 78 N 20.

[38] Vgl. Botschaft des Bundesrates vom 9.5.1979 betr. zwei Übereinkommen des Europarates, BBl 1979 II 109 ff., 114.

[39] Gemäss Art. 140 Abs. 3 E ZPO ist die Feiertagsregelung «am Gerichtsort» massgebend; Botschaft des Bundesrates zur Schweizerischen Zivilprozessordnung vom 28.6.2006, BBl 2006 7221 ff., 7308 («Sitz des Gerichts»).

[40] Vgl. dazu eingehend POUDRET, Commentaire, Bd. I, Art. 32 N 3.3.1 (m.Hinw. auf Rechtsprechung und unterschiedliche Lehrmeinungen); vgl. auch GEISER/MÜNCH[2]-GEISER, § 1 N 1.58.

spricht im Wesentlichen der vom Eidgenössischen Versicherungsgericht erstmals in BGE 98 V 62 begründeten Rechtsprechung.[41] Im selben Sinne hatte das Bundesgericht in Lausanne in einigen nicht amtlich publizierten Urteilen – auch unter Verweis auf den nämlichen Standpunkt von JEAN-FRAÇOIS POUDRET[42] – entschieden,[43] seine Praxis jedoch nie in einem amtlich veröffentlichten Entscheid klar bestätigt.[44] Die Regelung ist mit Blick darauf, dass sich die für die fristgerechte Prozesshandlung verantwortliche Partei bzw. ihr Vertreter/ihre Vertreterin in der Regel einer Poststelle an ihrem (Wohn-)Sitzkanton bedient,[45] sachgerecht und der früheren bundesgerichtlichen Rechtsprechung vorzuziehen,[46] wonach auf die Feiertagsordnung jenes Kantons abzustellen ist, «in welchem sich der Sitz der Amtsstelle befindet, bei der die an die Frist gebundene Handlung vorzunehmen ist»[47] (*iudex ad quem*). Gegen letztere Lösung sprechen namentlich praktische Gründe, zumal eine Vielzahl der beim Bundesgericht prozessierenden Parteien ihre fristgebundenen Handlungen weder im Kanton Waadt (Bundesgericht/Sitz Lausanne) noch im Kanton Luzern (Bundesgericht/Standort Luzern) haben (s. aber N 16 hernach).

14 Nach dem Wortlaut des Abs. 2 ist das Recht des Kantons am Wohnsitz/Sitz der **Partei oder ihres Vertreters/ihrer Vertreterin** massgebend. Entgegen der Auffassung von A. GÜNGERICH können u.E. die Feiertage nicht in dem Sinne «im Verhältnis zwischen Anwalt und Partei gewissermassen ›kumuliert‹ werden»,[48] dass sich beispielsweise «der in Luzern ansässige Anwalt einer Berner Partei auf den Allerheiligen (1. November) als gesetzlicher Feiertag berufen kann, wie im umgekehrten Fall auch der Berner Anwalt die Eingabe im Namen seiner Luzerner Klientschaft erst am nächsten Werktag nach dem 1. November einreichen muss».[49] Nicht stichhaltig das Argument von A. GÜNGERICH, dass wegen eines Feiertags die Kommunikation und Instruktion zwischen Partei und Vertreter/Vertreterin erschwert sein könne.[50] Art. 45 soll in erster Linie ermöglichen, dass eine Rechtsschrift an das Bundesgericht auch noch am *letzten* Tag der Frist nachweislich der Schweizerischen Post übergeben werden kann (vgl. Art. 48 Abs. 1).[51] Die Bestimmung bezweckt indessen nicht die Erleichterung der Geschäftsbeziehung zwischen Partei und Anwalt/Anwältin, die an einem letzten Tag der Frist – wie generell in dringenden Fällen – ohnehin sinnvollerweise nicht auf dem Postweg, sondern auf dem schnellstmöglichen formlosen Weg erfolgt (Telefon, E-Mail, Fax). Aufgrund des Normzwecks, aber auch des Gesetzeswortlauts, welcher nur auf «das Recht des Kantons» in Einzahl Bezug

---

[41] BGE 98 V 62 (Regest), 63; das EVG entschied, das die Feiertage bestimmende kantonale Recht sei grundsätzlich jenes des Wohnsitzkantons des Beschwerdeführers, wenn er selber handle, sonst jenes seines Vertreters, wenigstens wenn ein Zustellungsdomizil bei diesem verzeigt wurde. – So auch Urteil BGer, EVG, 31.8.1999, H 141/99, E. 1.

[42] POUDRET, Commentaire, Bd. I, Art. 32 N 3.3.1; gl.M. GEISER/MÜNCH²-GEISER, § 1 N 1.58.

[43] BGer: I. ÖRA, 18.2.2003, 1A.24/2003, E. 4.2; BGer, I. ÖRA, 17.12.2002, 1A.232/2002, E. 2; unv. Urteil BGer, II. ÖRA, 31.3.1981, A.206/1979, E. 1b.

[44] Nicht eindeutig BGE 124 II 527, 528 E. 2b.

[45] Vgl. SPÜHLER/DOLGE/VOCK, Kurzkommentar, Art. 45 N 2, wonach hinter Art. 45 Abs. 2 der Gedanke steht, dass das Postamt am Ort der Postaufgabe geöffnet sein soll; in diesem Sinne auch GEISER/MÜNCH²-GEISER, § 1 N 1.58; POUDRET, Commentaire, Bd. I, Art. 32 N 3.3.1, (214).

[46] Vgl. – mit Bezug auf Art. 32 Abs. 2 OG – auch POUDRET, Commentaire, Bd. I, Art. 32 N 3.3.1, (215); GEISER/MÜNCH²-GEISER, § 1 N 1.58.

[47] BGE 83 IV 185, 187 (in analoger Anwendung von Art. 78 Abs. 1 OR) m.Hinw. auf BGE 40 III 132 und BGE 59 III 96; offen gelassen in der in BGE 116 II 639 nicht veröffentlichten E. 2a des Urteils BGer, I. ZA, 19.12.1990, 4P. 143/1990.

[48] SEILER/VON WERDT/GÜNGERICH, BGG, Art. 45 N 3.

[49] A.a.O.

[50] A.a.O.

[51] S.a. FN 45.

nimmt,[52] ist das die Feiertage bestimmende Recht im Wohnsitz-/Sitzkanton der **Partei** massgebend, **wenn diese selber handelt**; ist aber **ein bevollmächtigter Vertreter/eine bevollmächtige Vertreterin** bestellt und bei diesem/dieser ein Zustellungsdomizil verzeigt worden, ist **ausschliesslich** auf das Recht des Kantons abzustellen, wo die Parteivertretung ihren Wohnsitz/Sitz hat.[53] Liegen Wohnsitz und Geschäftssitz nicht im selben Kanton, ist das kantonale Recht am verzeigten **Zustellungsdomizil** massgebend (vgl. aber N 15).

2. Besondere Fragen

Bei rechtsgültiger **Auflösung des Vertretungsverhältnisses** während des Verfahrens ist für alle weiteren fristgebundenen Prozesshandlungen das Recht jenes Kantons massgebend, in welchem die selber handelnde Partei ihren Wohnsitz oder Sitz hat, oder – sofern ein **Anwaltswechsel** vollzogen wurde – desjenigen Kantons, in welchem die neue Prozessvertretung ihren Wohnsitz oder Sitz hat. Dies hat auch bei – hinreichend erstellter – Mandatsniederlegung/Änderung des Rechtsvertreters während laufender Frist zu gelten.[54] Hat der Vertreter/die Vertreterin für das bundesgerichtliche Verfahren eine gültige **Substitutionsvollmacht** erteilt, ist u.E. grundsätzlich das Recht jenes Kantons anwendbar, in welchem der bestellte Substitut seinen Wohnsitz oder Sitz hat.[55] **15**

Für den Fall, dass eine **Partei weder selber in der Schweiz Wohnsitz/Sitz noch hier einen Vertreter/eine Vertreterin bestellt** hat, erscheint es mit Blick auf Art. 48 Abs. 1, wonach alle Rechtsschriften direkt beim Bundesgericht einzureichen sind, sachgerecht, auf das kantonale Recht des *iudex ad quem* abzustellen;[56] vorbehalten bleiben vorrangige internationale Vereinbarungen. Die Rechtsprechung hat die Frage, soweit ersichtlich, bisher nicht beantwortet. **16**

---

[52] Vgl. auch POUDRET, Commentaire, Bd. I, Art. 32 N 3.3.1.

[53] Vgl. in diesem Sinne auch die in Anm. 41 zitierte Rechtsprechung. – In BGer, I. ÖRA, 23.6.2004, 1P.321/2004, E. 1.1 stand für das Gericht fest, dass entweder das Thurgauische Recht (Wohnsitz der Partei) oder das St. Galler Recht (Advokaturbüro des Anwalts) anwendbar ist; welche der kantonalen Rechtsordnungen konkret massgebend war, konnte aufgrund der gleichen Regelung betr. Pfingstmontag offen gelassen werden.

[54] Frage offen gelassen im unv. Urteil BGer, II. ÖRA, 31.3.1979, A.206/1979, E. 1b (Wechsel des Rechtsvertreters während laufender Frist).

[55] Frage offen gelassen in der in BGE 116 II 639 nicht veröffentlichten E. 2a des Urteils BGer, I. ZA, 19.12.1990, 4P. 143/1990.

[56] Altrechtlich gl.M. POUDRET, Commentaire, Bd. I, Art. 32 N 3.3.1 in fine, wonach diesfalls auf das kantonale Recht am Sitz der Behörde abzustellen sei, «à laquelle l'acte droit être adressé», was unter Herrschaft des OG das Bundesgericht (Art. 89 Abs. 1, Art. 106 Abs. 1 OG) oder die Instanz war, welche den angefochtenen Entscheid gefällt hat (Art. 54 Abs. 1 OG; Art. 69 Abs. 1 OG; Art. 78 Abs. 1 OG; Art. 272 BStP [in Kraft gestanden bis 31.12.2006]); altrechtlich **a.M.** GEISER/MÜNCH[2]-GEISER, § 1 N 1.58.

Art. 46

Stillstand

[1] **Gesetzlich oder richterlich nach Tagen bestimmte Fristen stehen still:**
a. **vom siebenten Tag vor Ostern bis und mit dem siebenten Tag nach Ostern;**
b. **vom 15. Juli bis und mit dem 15. August;**
c. **vom 18. Dezember bis und mit dem 2. Januar.**

[2] **Diese Vorschrift gilt nicht in Verfahren betreffend aufschiebende Wirkung und andere vorsorgliche Massnahmen sowie in der Wechselbetreibung und auf dem Gebiet der internationalen Rechtshilfe in Strafsachen.**

Suspension

[1] Les délais fixés en jours par la loi ou par le juge ne courent pas:
a. du septième jour avant Pâques au septième jour après Pâques inclus;
b. du 15 juillet au 15 août inclus;
c. du 18 décembre au 2 janvier inclus.

[2] Cette règle ne s'applique pas dans les procédures concernant l'octroi de l'effet suspensif et d'autres mesures provisionnelles, la poursuite pour effets de change et l'entraide pénale internationale.

Sospensione

[1] I termini stabiliti in giorni dalla legge o dal giudice sono sospesi:
a. dal settimo giorno precedente la Pasqua al settimo giorno successivo alla Pasqua incluso;
b. dal 15 luglio al 15 agosto incluso;
c. dal 18 dicembre al 2 gennaio incluso.

[2] Questa disposizione non si applica nei procedimenti concernenti l'effetto sospensivo e altre misure provvisionali, né nell'esecuzione cambiaria e nel campo dell'assistenza giudiziaria internazionale in materia penale.

Inhaltsübersicht

Materialien

Art. 42 E ExpKomm; Art. 42 E 2001 BBl 2001 4489; Botschaft 2001 BBl 2001 4297; AB 2003 S 896; AB 2004 N 1593; AB 2005 S 128; AB 2005 N 646; Schlussbericht 1997, 66 f.

Literatur

TH. ACKERMANN, Fristenstillstand gemäss ATSG im kantonalen Rechtspflegeverfahren, ZBJV 2005, 810–813 (zit. Ackermann, ZBJV 2005); H. AEMISEGGER, Der Beschwerdegang in öffentlich-rechtlichen Angelegenheiten, in: B. Ehrenzeller/R. J. Schweizer (Hrsg.), Die Reorganisation der Bundesrechtspflege – Neuerungen und Auswirkungen in der Praxis, St. Gallen 2006, 103–210 (zit. Ehrenzeller/Schweizer-Aemisegger); K. AMONN/F. WALTHER, Grundriss des Schuldbetreibungs- und Konkursrechts, 7., überarbeitete Aufl., Bern 2003 (zit. Amonn/Walther, Grundriss⁷); TH. GEI-

SER, § 1 Grundlagen, in: Th. Geiser/P. Münch (Hrsg.): Prozessieren vor Bundesgericht, 2. Aufl., Basel 1998 (zit. Geiser/Münch[2]-Geiser); C. JAEGER/H.U. WALDER/TH. KULL/M. KOTTMANN, Bundesgesetz über Schuldbetreibung und Konkurs, 4. Aufl., Zürich 1997 (zit. Jaeger/Walder/Kull/ Kottmann, SchKG[4]); U. KIESER, ATSG-Kommentar, Zürich/Basel/Genf 2003 (zit. Kieser, ATSG-Kommentar); H. PETER, Das neue Bundesgerichtsgesetz und das Schuldbetreibungs- und Konkursrecht, BlSchK 1/2007, 1–15 (zit. Peter, BlSchK 2007); E. PHILIPPIN, La nouvelle loi sur le Tribunal fédéral. Effets sur le droit de poursuites et faillites, JdT 2007 II. Poursuite, Supplément hors édition à la partie II/2007, 130–162 (zit. Philippin, JdT 2007); H.P. WALTER, Neue Zivilrechtspflege, in: P. Tschannen (Hrsg.), Neue Bundesrechtspflege. Auswirkungen der Totalrevision auf den kantonalen und eidgenössischen Rechtsschutz. Berner Tage für die juristische Praxis BTJP 2006, Bern 2007, 113–143 (zit. Tschannen-Walter).

I. Allgemeines

Von der altrechtlichen Fristenstillstandsregelung des Art. 34 OG weicht Art. 46 insoweit **1** ab, als der Stillstand über die Weihnachts- und Neujahrstage neu bis und mit dem 2.1. dauert (Art. 46 Abs. 1 lit. c; Art. 34 Abs. 1 lit. c OG: 1.1.)[1] und Abs. 2 den **Ausschluss des Fristenstillstands** gem. Abs. 1 **nunmehr enger** fasst als Art. 34 Abs. 2 OG. Auf entstehungsgeschichtliche Hintergründe dieser Neuerungen wird in den nachfolgenden Ziff. II und III gesondert eingegangen.

Der **Geltungsbereich** des Art. 46 Abs. 1 erstreckt sich – wie nach altrechtlichem Art. 34 **2** Abs. 1 OG – auf **gesetzlich** und **richterlich bestimmte** Fristen (vgl. Art. 44 N 2). Art. 42 Abs. 1 E ExpKomm hatte abweichend von Art. 34 Abs. 1 OG kommentarlos[2] eine Beschränkung auf gesetzliche Fristen vorgeschlagen, wofür abgesehen vom Interesse an der Verfahrensbeschleunigung keine Gründe ersichtlich sind. Art. 42 Abs. 1 E 2001 verzichtete denn auch auf eine solche Einschränkung, was in den parlamentarischen Beratungen widerspruchslos angenommen wurde.[3] Der Fristenstillstand gilt nach dem klaren Wortlaut des Gesetzes **nur** für **nach Tagen bestimmte Fristen**,[4] nicht aber für Monatsfristen[5] oder solche Fristen, die an einem richterlich festgesetzten Kalendertermin (Datum) enden;[6] hier obliegt es dem Gericht – wie generell bei richterlich bestimmten Fristen – indessen, Art. 46 wenn möglich bereits bei der Fristansetzung zu berücksichtigen. Sofern nach Anzahl Tagen bestimmt, fallen auch richterlich angesetzte **Nachfristen** sowie **erstreckte Fristen** unter die Stillstandsregelung des Art. 46 Abs. 1. Vorbehältlich des Ausschlusses gem. Art. 46 Abs. 2 gilt der Stillstand für **alle Beschwerdearten** (inkl. subsidiäre Verfassungsbeschwerde).

Der Stillstand der im Verfahren vor Bundesgericht geltenden prozessualen Fristen richtet **3** sich ausschliesslich nach Art. 46; **kantonale Gerichtsferien**[7] sind **nicht massge-**

---

[1] So nunmehr auch Art. 22a Abs. 1 lit. c VwVG (in der seit 1.1.2007 geltenden Fassung); identisch etwa auch Art. 143 Abs. 1 E ZPO; Art. 38 Abs. 4 lit. c ATSG.

[2] Vgl. Schlussbericht 1997, 66 f.

[3] AB 2003 S 896; AB 2004 N 1593; AB 2005 S 128; AB 2005 N 646.

[4] Ebenso: Art. 22a VwVG.

[5] Anders etwa: Art. 31 Abs. 2 SchKG, Art. 38 Abs. 4 ATSG. Zur Regelung des ATSG vgl. BGE 133 V 96; 132 V 361; 131 V 305, 314 und 325; KIESER, ATSG-Kommentar, Art. 38 N 11 f.; ACKERMANN, ZBJV 2005, 810 ff.

[6] SEILER/VON WERDT/GÜNGERICH, BGG, Art. 45 N 3; SPÜHLER/DOLGE/VOCK, Kurzkommentar, Art. 45 N 2; POUDRET, Commentaire, Bd. I, Art. 34 N 2.2; GEISER/MÜNCH[2]-GEISER, § 1 N 1.61.

[7] «Gerichtsferien» kennen, da einem praktischen Bedürfnis entsprechend, fast alle Kantone; s.a. Art. 143 Abs. 1 E ZPO und dazu Botschaft des Bundesrates zur Schweizerischen Zivilprozessordnung vom 28.6.2006, BBl 2006 7221 ff., 7309 und 7444. Im Strafverfahren dagegen gibt es gem. Art. 87 Abs. 2 E StPO keine Gerichtsferien.

bend.[8] Namentlich beurteilt sich auch die «Rechtzeitigkeit» der Eingabe gem. Art. 48 Abs. 3 einzig nach den Frist(stillstands)bestimmungen des – neu für die Entgegennahme aller Parteieingaben direkt[9] – zuständigen Bundesgerichts (Art. 48 Abs. 1 und Art. 100 Abs. 1) und nicht nach den Stillstandszeiten des für die Vorinstanz oder die unzuständige eidgenössische oder kantonale Behörde (vgl. Art. 48 Abs. 3) massgebenden Verfahrensrechts. In **unterinstanzlichen Verfahren** gilt die Stillstandsregelung des Art. 46, sofern die massgebende Prozessordnung die Verfahrens- bzw. Fristbestimmungen des BGG kraft bundesrechtskonformer Verweisungsnorm ausdrücklich für massgebend erklärt.[10] Sieht dagegen eine vom kantonalen Gesetzgeber kompetenzgemäss erlassene kantonale Verfahrensordnung keinen Stillstand der Fristen vor, ist Art. 46 Abs. 1 auch bei einem im Gesetz enthaltenen allgemeinen Vorbehalt zugunsten des Bundesrechts nicht als «stellvertretendes kantonales Recht» anwendbar.[11]

II. Stillstand der Fristen (Abs. 1)

1. Stillstandszeiten

4 Abs. 1 zählt **abschliessend** die Zeiträume auf, in denen die gesetzlich oder richterlich nach Tagen bestimmten Fristen (vgl. N 2) stillstehen. Lit. a («vom siebenten Tag vor bis und mit dem siebenten Tag nach Ostern») und lit. b («vom 15. Juli bis und mit dem 15. August») stimmen mit Art. 34 Abs. 1 lit. a und b OG wörtlich überein. Die in **lit. c neu** enthaltene Ausdehnung des Fristenstillstands auf den **2. Januar** (vgl. N 1) war bereits in Art. 42 Abs. 1 lit. c E ExpKomm und in Art. 42 Abs. 1 lit. c E 2001[12] vorgesehen und in den Räten unbestritten.[13] Die – in den Materialien nicht begründete – Änderung trägt v.a. dem Umstand Rechnung, dass der 2. Januar (Berchtoldstag) vielerorts wie ein gesetzlicher Feiertag (vgl. Art. 45 N 10 ff.) behandelt wird, was bei **Fristende** an diesem Tag ohnehin zu einer gesetzlichen Fristverlängerung bis zum 3. Januar führte (Art. 32 Abs. 2 OG; Art. 45 Abs. 1). Die unter Geltung des OG bisweilen umstritten gewesene Frage des Feiertagscharakters des Berchtoldstags stellt sich im bundesgerichtlichen Verfahren nunmehr, wenn überhaupt, nur noch in den wenigen, vom Fristenstillstand nicht betroffenen Sachgebieten sowie bei gerügter willkürlicher oder überspitzt formalistischer Anwendung des im kantonalen Verfahren massgebenden Fristenrechts.[14] Im Weiteren führt die Ausdehnung des Stillstands auf den 2. Januar dazu, dass es bei **Verwirklichung des fristauslösenden Sachverhalts** in den Weihnachts-/Neujahrsferien mit Bezug auf den **Beginn des Fristenlaufs** *faktisch* beim Alten bleibt: Weil neu der erste Tag nach Ende des Stillstands bereits mitgezählt wird (s. N 5), beginnt die Frist – wie früher – am 3. Januar zu laufen (s. Beispiele unter Ziff. 2 hernach).

---

[8] Vgl. BGE 123 III 67, 69 E. 2 m.Hinw.; s.a. BIRCHMEIER, Handbuch, 37 und POUDRET, Commentaire, Bd. I, Art. 34 N 2.1 (je m.Hinw.).

[9] Altrechtlich abweichend Art. 54 Abs. 1, Art. 69 Abs. 1 OG.

[10] S. etwa Art. 99 BStP; vgl. auch Art. 44 N 3.

[11] BGE 115 Ib 206, 208 E. 3; vgl. auch BGE 133 V 96, 101 E. 4.4.5 (offen gelassen, ob eine bundesrechtliche Stillstandsregelung [Art. 38 Abs. 4 ATSG] aufgrund einer in einem kantonalen Verwaltungsrechtspflegegesetz enthaltenen «dynamischen Aussenverweisung» – etwa des Inhalts: «für den Fristenstillstand gelten die einschlägigen Vorschriften des Bundesrechts» – direkt zur Anwendung gelangen könnte).

[12] BBl 2001 4489. Vgl. Botschaft 2001 BBl 2001 4297.

[13] SR Beratung vom 23.9.2003, AB 2003 S 896; SR Beratung vom 8.3.2005, AB 2005 S 128; NR Beratung vom 5.10.2005, AB 2005 N 1593; NR Beratung vom 6.6.2005, AB 2005 N 646.

[14] Dazu – altrechtlich – etwa BGer, I. ÖRA, 8.7.1996, 1P.259/1996, Pra 1996, Nr. 217, 839 ff. E. 3; ferner BGer, I. ÖRA, 24.10.2006, 1P.456/2006, E. 2; BGer, I. ÖRA, 25.7.2006, 1P./322.2006, E. 2; BGer, I. ÖRA, 18.6.2001, 1P.184/2001, E. 2.

2. Wirkungen des Fristenstillstands

Art. 46 Abs. 1 hindert den Eintritt des fristauslösenden Sachverhalts nicht, sondern 5 beeinflusst einzig den Fristenlauf: Durch den gesetzlichen Stillstand wird eine bereits **laufende Frist unterbrochen**[15] oder der **Beginn des Fristenlaufs gehemmt**. In beiden Fällen ist – bereits (s. N 4 *in fine*) – der **erste Tag nach dem Ende des Stillstandes** zählender Tag der Frist (vgl. Art. 44 N 18 mit FN 48).[16] Ist dieser Tag zugleich der letzte Tag der Frist, ist Art. 45 zu berücksichtigen.

Beispiele: 6

1) Unterbrechung des Fristenlaufs:

a) Der beim Bundesgericht anfechtbare Entscheid wird am 2.12. eröffnet (= fristauslösender Sachverhalt). Die 30-tägige Rechtsmittelfrist (Art. 100 Abs. 1) beginnt am 3.12. (= Folgetag; Art. 44 Abs. 1) zu laufen. Der Fristenlauf wird – nach 15 zählenden Tagen – vom 18.1. bis zum 2.1. unterbrochen und am 3.1. fortgesetzt.[17] Die Frist endet am 17.1. um 24.00 Uhr. Ist dieser letzte Tag ein Samstag, Sonntag oder ein vom Bundesrecht oder vom kantonalen Recht anerkannter Feiertag, endet die Frist am nächstfolgenden Werktag (Art. 45).

b) Am achten Tag vor Ostern sind bereits 29 Tage der 30-tägigen Frist verstrichen. Der letzte Tag der Frist fällt aufgrund des Fristenstillstands nach Art. 46 Abs. 1 lit. a erst auf den achten Tag nach Ostern, allenfalls auf den nächstfolgenden Werktag (Bsp. 1a, letzter Satz).

c) Der letzte Tag der Frist ist der 14.7., bei dem es sich um einen Samstag, Sonntag oder einen kantonalrechtlich anerkannten Feiertag i.S.v. Art. 45 Abs. 1 handelt. Da der nächstfolgende Werktag in den Fristenstillstand vom 15.7. bis 15.8. fällt, läuft die Frist erst am nächstfolgenden Werktag der wieder laufenden Frist ab (vgl. Art. 45 N 5), d.h. frühestens am 16.8.

2) Hemmung des Beginns des Fristenlaufs:

a) Der anfechtbare Entscheid wird am vierten Tag vor Ostern und damit während des Fristenstillstands gem. Art. 46 Abs. 1 lit. a eröffnet. Die 30-tägige Rechtsmittelfrist beginnt am achten Tag nach Ostern zu laufen (= erster zählender Tag).[18] Die Frist endet mithin am siebenunddreissigsten Tag nach Ostern, allenfalls am nächstfolgenden Werktag (s. Bsp. 1a, letzter Satz).

b) Der beim Bundesgericht anfechtbare Entscheid wird am 14.7. eröffnet. Aufgrund des Fristenstillstands vom 15.7. bis und mit 15.8. beginnt die 30-tägige Rechtsmittelfrist nicht – wie die Regel (s. Bsp. 1a) – am Folgetag, sondern erst am 16.8. zu laufen. Sie endet am 14.9., allenfalls am nächstfolgenden Werktag (s. Bsp. 1a, letzter Satz).[19]

Zur Konstellation, dass **während des Fristenstillstands** ein **erster, erfolgloser Zustel-** 7 **lungsversuch** vorgenommen und eine Abholungseinladung in den Briefkasten oder das Postfach des Adressaten gelegt wird, s. Art. 44 N 35.

---

[15] Bzw. «um die Ferienzeit verlängert»; so BIRCHMEIER, Handbuch, 37.

[16] S.a. Art. 144 Abs. 1 E ZPO: «Bei Zustellung während des Stillstandes beginnt der Fristenlauf am ersten Tag nach Ende des Stillstandes».

[17] Analog bei Art. 46 Abs. 1 lit. a (Fristfortsetzung am achten Tag nach Ostern) und Art. 46 Abs. 1 lit. a (Fristfortsetzung am 16.8.).

[18] Analog bei Art. 46 Abs. 1 lit. b (Beginn des Fristenlaufs immer am 16.8.) und Art. 46 Abs. 1 lit. c (Beginn des Fristenlaufs immer am 3.1.).

[19] Zu Art. 32 Abs. 1 OG analog BGer, I. SRA, 31.1.2007, M 8/06, E. 2.2.

III. Ausschluss des Fristenstillstands (Abs. 2)

8   Während gem. Art. 34 Abs. 2 OG der Fristenstillstand nach Abs. 1 der Bestimmung in sämtlichen Strafsachen und Schuldbetreibungs- und Konkurssachen nicht galt, sieht Art. 46 Abs. 2 eine gänzliche «Umkehrung» vor: Die **Stillstandszeiten gem. Art. 46 Abs. 1 gelten neu auch in allen Strafsachen und Schuldbetreibungs- und Konkurssachen, ausser auf dem Gebiet der internationalen Rechtshilfe und in der Wechselbetreibung und ausser in Verfahren betr. aufschiebende Wirkung und andere vorsorgliche Massnahmen.**

Art. 42 Abs. 2 E ExpKomm beschränkte den Stillstandsausschluss auf die Verfahren betr. aufschiebende Wirkung und andere vorsorgliche Massnahmen. Hinsichtlich des Schuldbetreibungs- und Konkursrechts war aber zusätzlich Art. 47 E ExpKomm zu beachten; dieser erklärte die Bestimmungen des Abschnitts über die Fristen in Schuldbetreibungs- und Konkurssachen generell nur insoweit für anwendbar, «als das Bundesgesetz über Schuldbetreibung und Konkurs keine abweichenden Vorschriften enthält». Der Schlussbericht 1997 erläuterte, den Fristenregelungen des SchKG komme Vorrang zu, soweit «in Schuldbetreibungs- und Konkurssachen die Aufsichtsbehörden entscheiden (Art. 17 ff. SchKG)».[20] Dieser Vorbehalt zugunsten der SchKG-Normen fehlte alsdann im bundesrätlichen Entwurf von 2001; der Bundesrat erstreckte den Stillstandsausschluss in Art. 42 Abs. 2 E 2001 aber immerhin auf die Wechselbetreibung[21], da auch das SchKG in diesem Bereich «keine Ferien» kenne (Art. 56 Ziff. 2 SchKG).[22] Das Gebiet der internationalen Rechtshilfe in Strafsachen kam im Laufe der parlamentarischen Beratung auf bundesrätlichen Antrag dazu, welcher nicht gänzlich unwidersprochen blieb, jedoch die mehrheitliche Zustimmung im National- und Ständerat fand.[23]

9   Die in Schuldbetreibungs- und Konkurssachen nunmehr einzig vom Fristenstillstand ausgenommene **Wechselbetreibung** ist praktisch wenig bedeutsam. Der für die **übrigen Schuldbetreibungs- und Konkurssachen** massgebende Fristenstillstand nach Art. 46 Abs. 1 gilt – vorbehältlich der Verfahren betr. aufschiebende Wirkung und andere vorsorgliche Massnahmen (vgl. N 11 hernach) – für sämtliche nach Tagen bestimmten, prozessualen Fristen und hier für alle Beschwerdearten.[24] Die SchKG-Normen über die Betreibungsferien (**Art. 56 Ziff. 2 SchKG**) und deren Wirkungen auf den Fristenlauf (**Art. 63 SchKG**) treten im bundesgerichtlichen Verfahren hinter Art. 46 Abs. 1 zurück,[25] was sich mit Bezug auf Beschwerden gegen Entscheide der kantonalen Aufsichtsbehörden (Art. 72 Abs. 2 lit. a i.V.m. Art. 74 Abs. 2 lit. c) auch unmittelbar aus dem in Art. 19 SchKG (in der seit 1.1.2007 geltenden Fassung) enthaltenen Globalverweis auf die Bestimmungen des BGG ergibt.[26]

Die Fristenstillstandszeiten des BGG fallen entweder mit den Betreibungsferien gem. Art. 56 Ziff. 2 SchKG (sieben Tage vor und sieben Tage nach Ostern und Weihnachten; 15.7. bis 31.7.) zeitlich zusammen (Art. 46 Abs. 1 lit. a) oder sind in diesen mitenthalten (Art. 46 Abs. 1 lit. b und lit. c).

Die Verlängerung einer während der Betreibungsferien endenden Frist um drei Werktage[27] nach Ende der Schonzeit (**Art. 56 Ziff. 2 i.V.m. Art. 63 Satz 2 SchKG**) fällt im Verfahren vor dem Bundesgericht – in Schuldbetreibungs- und Konkurssachen neu ausschliesslich Beschwerdeinstanz[28] – praktisch ausser Betracht:[29] Nach der z.T. kritisierten[30] Rechtspre-

---

[20] Schlussbericht 1997, 67.
[21] Botschaft 2001 BBl 2001 4489.
[22] Botschaft 2001 BBl 2001 4297.
[23] AB 2003 S 896; AB 2005 S 128; AB 2004 N 1593; AB 2005 N 646.
[24] Vorrangig Beschwerde in Zivilsachen; Art. 72 Abs. 2 lit. a.
[25] So auch PETER, BlSchK 2007, 12.
[26] Art. 31–33 SchKG (Berechnung, Wahrung und Wiederherstellung von Fristen). Vgl. AMONN/ WALTHER, Grundriss[7], § 11 N 21 und N 27.
[27] BGE 108 III 49, 51.
[28] Vgl. Art. 15 SchKG in der seit 1.1.2007 geltenden Fassung; Botschaft 2001 BBl 2001 4307.

chung des Bundesgerichts ist der Anwendung von Art. 63 SchKG von vornherein dort der «Boden entzogen»,[31] wo es an einer «Betreibungshandlung» i.S.v. Art. 56 SchKG fehlt. Als «Betreibungshandlung» gelten nach der in BGE 115 III 6 begründeten **Rechtsprechung des Bundesgerichts** nur Massnahmen, mit denen die (Aufsichts-)Behörde selbständig in das Verfahren eingreift und die Schuldbetreibung damit in ein vorgerücktes Stadium bringt. Dies trifft praxisgemäss nicht zu für Entscheide der Aufsichtsbehörden, die sich bloss über die Begründetheit einer Beschwerde aussprechen, ohne den Vollstreckungsorganen eine bestimmte Betreibungshandlung vorzuschreiben oder eine solche gleich selbst anzuordnen;[32] ebenfalls keine Betreibungshandlung i.S.v. Art. 56 SchKG liegt laut Bundesgericht etwa dann vor, wenn eine Aufsichtsbehörde in ihrem Entscheid ein Betreibungsamt zur Fortsetzung der Betreibung anweist, da eine solche Anweisung den Betreibenden dem Ziel nicht näher bringt.[33] Die Eröffnung der beim Bundesgericht anfechtbaren Entscheide ist nach dieser Rechtsprechung regelmässig nicht als «Betreibungshandlung» zu qualifizieren. Im Übrigen stösst der Normzweck von Art. 63 SchKG[34] im bundesgerichtlichen Verfahren ohnehin praktisch ins Leere, da die Beschwerdefristen gem. Art. 100 während des (die Betreibungsferien nach SchKG zeitlich miteinschliessenden) BGG-Fristenstillstands ohnehin weder zu laufen beginnen noch enden können.

Die Nichtanwendbarkeit des Art. 46 Abs. 1 auf dem Gebiet der **Internationalen Rechts-** **10**
hilfe in Strafsachen[35] ergibt sich – wie bereits unter der Herrschaft des OG – aus der spezialgesetzlichen Regelung des Art. 12 Abs. 2 IRSG, wonach (die kantonalen und) eidgenössischen Bestimmungen über den Stillstand von Fristen auf diesem Gebiet nicht gelten. Damit soll die rasche Vollstreckbarkeit der – gem. Art. 84 nur sehr beschränkt an das Bundesgericht weiterziehbaren – Rechtshilfeentscheide gewährleistet werden.[36] Unterlässt es die Vorinstanz, in der Rechtsmittelbelehrung auf den **ununterbrochenen Fristenlauf** hinzuweisen, liegt darin rechtsprechungsgemäss keine unvollständige oder irreführende Rechtsmittelbelehrung (vgl. Art. 49).[37]

Gemäss Botschaft 2001[38] rechtfertigt sich die Ausnahme vom Fristenstillstand in den **übrigen Strafsachen** – Verfahren betr. vorsorgliche Massnahmen vorbehalten – deshalb nicht mehr, weil das Bundesgericht hier nur noch Beschwerdeinstanz ist.[39] Mit der Aus-

---

[29] Vgl. auch Philippin, JdT 2007, 141; Peter, BlSchK 2007, 12. – Anderes gilt für die unterinstanzlichen Verfahren; vgl. dazu etwa Botschaft des Bundesrates zur Schweizerischen Zivilprozessordnung vom 28.6.2006, BBl 2006 7221 ff., 7310.
[30] S. dazu etwa Poudret, Commentaire, Bd. II, Art. 77 N 2.2.2, Art. 78 N 5.1.3; Jaeger/Walder/Kull/Kottman, SchKG[4], Art. 63 N 3; vgl. auch Philippin, JdT 2007, 140.
[31] BGE 117 III 4, 5 E. 3 in fine.
[32] Ausführlich BGE 117 III 4; 115 III 6; 115 III 11; ferner auch BGE 121 III 284 E. 2a.
[33] BGer, SchK, 4.10.2002, 7B.160/2002, Pra 2003, Nr. 9, 45 f. E. 2.2.
[34] Art. 63 SchKG soll «im Interesse desjenigen, der innert Frist eine bestimmte Handlung vorzukehren hat und zu dessen Ungunsten die Frist trotz Rechtsstillstand oder der Betreibungsferien läuft (vgl. Art. 63 Satz 1 SchKG; Anm. Verf.), diese gesetzliche Frist (...) um drei Werktage (...), an denen von morgens bis abends die fragliche Handlung vorgenommen werden kann», verlängern; BGE 108 III 49, 51 E. 2.
[35] Soweit im Bereich der innerstaatlichen Rechtshilfe in Strafsachen die Beschwerde an das Bundesgericht zulässig ist (bejahend Seiler/von Werdt/Güngerich, BGG, Art. 84 N 2), gilt der Stillstandsausschluss nach dem Wortlaut des Art. 46 Abs. 2 nicht (vgl. auch N 2 in fine).
[36] Vgl. auch Ehrenzeller/Schweizer-Aemisegger, 191.
[37] BGer, I. ÖRA, 14.5.2004, 1A/76/2004, E. 2; I. ÖRA, 2.2.2000, 1A.16/2000, E. 1b/bb.
[38] Botschaft 2001 BBl 2001 4297.
[39] Art. 1 Abs. 1 Ziff. 2 BStP i.V.m. Art. 80 Abs. 1. – Freilich ist zu beachten, dass die mit Art. 46 Abs. 2 einhergegangene Ausdehnung des Fristenstillstands in Strafsachen gestützt auf die Verweisungsnorm von Art. 99 Abs. 1 BStP auch bereits im Rahmen der vom Bundesstrafgericht

dehnung des Fristenstillstands auf alle Strafsachen, die nicht die internationale Rechtshilfe betreffen, verliert die zu Art. 34 Abs. 2 OG ergangene Rechtsprechung zum Begriff der «Strafsachen»[40] ihre Bedeutung.

11   Der Stillstandausschluss in Verfahren betreffend aufschiebende Wirkung und andere vorsorgliche Massnahmen ergibt sich aus ihrer dringlichen Natur.[41] Der Begriff der vorsorglichen Massnahmen ist inhaltlich offen.[42] Allgemein sind darunter einstweilige Verfügungen (Anordnungen) zu verstehen, die einen bestehenden Zustand erhalten oder bedrohte Interessen einstweilen sicherstellen, bis über die diesbezüglich einschlägige Rechtsfrage in einem späteren Hauptentscheid definitiv entschieden wird;[43] das Bundesgericht spricht auch von «Verfügungen mit provisorischem Charakter, die solange aufrecht bleiben, als aussergewöhnliche Verhältnisse ihren Bestand erfordern»[44]. Gemäss der bisher zu Art. 46 Abs. 2 ergangenen Rechtsprechung des Bundesgerichts ist der in dieser Bestimmung verwendete Begriff «vorsorgliche Massnahmen» mit dem in Art. 98 BGG aufgeführten, gleichlautenden Begriff identisch.[45] Der Ausschluss des Fristenstillstands erfasst mithin grundsätzlich alle Verfahren nach Art. 98 (Zwischen-, Vor- und Endentscheide).[46] Unter die vorsorglichen Massnahmen gemäss Art. 98 fallen beispielsweise die Gewährung oder der Entzug der aufschiebenden Wirkung einer Beschwerde[47], (in der Regel) Massnahmen zum Schutz der ehelichen Gemeinschaft gem. Art. 172 ff. ZGB[48], Massnahmeentscheide gem. Art. 137 ZGB[49], der Sicherungsbehelf der Bestreitung gem. Art. 559 Abs. 1 Ziff. 1[50], der Arrestbefehl[51], die Weiterziehung (Art. 278 Abs. 3 SchKG) des Entscheides über die Einsprache gegen den Arrestbefehl (Art. 278 Abs. 1 und 2 SchKG)[52], nicht aber – wie jüngst vom Bundesgericht geklärt – die definitive oder provisorische Rechtsöffnung[53]. Gemäss BGer, II. ZA, 7.8.2007, 5A_168/2007, E. 2 in keinem Zusammenhang zu Art. 46 Abs. 2 BGG stehen dagegen die vorsorglichen Massnahmen gemäss Art. 104 BGG.

12   Es besteht kein Grund zur Annahme, dass sich der Stillstandsausschluss über den Wortlaut von Art. 46 Abs. 2 BGG hinaus generell auf alle Verfahren erstreckt, die aus irgend-

---

erstinstanzlich ausgeübten Strafrechtspflege des Bundes gilt. Mit Bezug auf das Verfahren betr. Bundesstrafsachen vor kantonalen Gerichten s. Art. 247 Abs. 3 BStP. Vgl. ferner auch Art. 31 Abs. 2 VStR.

[40] Grundlegend dazu BGE 103 Ia 367; s.a. nicht publizierte E. 1.8 von BGE 128 I 218 (= BGer, I. ÖRA, 3.6.2002, 1P.46/2002); BGE 120 IV 44, 48 E. 1b/dd; ferner BGer, I. ÖRA, 6.10.2003, 1P.534/2003, E. 1.

[41] Vgl. SPÜHLER/DOLGE/VOCK, Kurzkommentar, Art. 46 N 2; SEILER/VON WERDT/GÜNGERICH, BGG, Art. 46 N 3.

[42] TSCHANNEN-WALTER, 142.

[43] BGE 133 III 393, 396 E. 5.1; Botschaft 2001 BBl 2001, 4336.

[44] Vgl. BGE 133 III 393, 396 E. 5.1; BGer, II. ZA, 16.7.2007, 5A_162/2007, E. 5.1.

[45] BGer, II. ZA, 1.6.2007, 5A_177/2007, E. 1.3; BGer, II. ZA, 21.6.2007, 5A_169/2007, E. 3; BGer, II. ZA, 16.7.2007, 5A_162/2007, E. 5; BGer, II. ZA, 7.8.2007, 5A_168/2007, E. 1; vgl. auch BGer, II. ZA 2.8.2007, 5A_191/2007, E. 4.

[46] S.a. SEILER/VON WERDT/GÜNGERICH, BGG, Art. 98 N 7 und N 8.

[47] BGer, I. SRA, 8.5.2007, 9C_191/2007; BGer, I. SRA, 17.7.2007, 8C_120/2007; Botschaft 2001 BBl 2001, 4336.

[48] BGE 133 III 393, 396 f. E. 5.

[49] BGer, II. ZA, 20.4.2007, 5A_9/2007, E. 1.2.3 und etliche seither.

[50] BGer, II. ZA, 16.7.2007, 5A_162/2007.

[51] BGer, II. ZA, 9.8.2007, 5A_301/2007, E. 1.

[52] BGer, II. ZA, 7.8.2007, 5A_218/2007, E. 3.2.

[53] BGE 133 III 399, 400 E. 1.5. – Zuvor verneint etwa von TSCHANNEN-WALTER, 142; offen gelassen von SEILER/VON WERDT/GÜNGERICH, BGG, Art. 98 N 11.

welchen Gründen rasch durchzuführen sind,[54] was namentlich im Zwangsvollstreckungs-recht praktisch durchwegs anzunehmen wäre. Die Frage, inwieweit die «unaufschieb-baren Massnahmen» gem. Art. 56 SchKG zur Erhaltung von Vermögensgegenständen unter den Begriff der «vorsorglichen Massnahmen» gem. Art. 46 Abs. 2 (und Art. 98) fallen, wird im Einzelnen von der Rechtsprechung zu klären sein.[55]

Art. 47

Erstreckung	[1] **Gesetzlich bestimmte Fristen können nicht erstreckt werden.** [2] **Richterlich bestimmte Fristen können aus zureichenden Grün-den erstreckt werden, wenn das Gesuch vor Ablauf der Frist gestellt worden ist.**
Prolongation	[1] Les délais fixés par la loi ne peuvent être prolongés. [2] Les délais fixés par le juge peuvent être prolongés pour des motifs suffi-sants si la demande en est faite avant leur expiration.
Proroga	[1] I termini stabiliti dalla legge non possono essere prorogati. [2] I termini stabiliti dal giudice possono essere prorogati per motivi sufficienti se ne è fatta domanda prima della scadenza.

Inhaltsübersicht

Materialien

Art. 43 E ExpKomm; Art. 43 E 2001 BBl 2001 4489; Botschaft 2001 BBl 2001 4297; AB 2003 S 896; AB 2004 N 1593.

Literatur

M. GULDENER, Schweizerisches Zivilprozessrecht, 3. Aufl., Zürich 1979 (zit. Guldener, Zivil-prozessrecht[3]); R. HAUSER/E. SCHWERI, Kommentar zum zürcherischen Gerichtsverfassungsgesetz, Zürich 2002 (zit. Hauser/Schweri Kommentar GVG); U. KIESER, ATSG-Kommentar, Zürich/Basel/Genf 2003 (zit. Kieser, ATSG-Kommentar); G. LEUCH/O. MARBACH, Die Zivilprozessordnung für den Kanton Bern, von F. KELLERHALS und M. STERCHI vollständig überarbeitete 5. Aufl., Bern 2000 (zit. Leuch/Marbach/Kellerhals/Sterchi, ZPO[5]).

I. Allgemeines

Art. 47 **stimmt inhaltlich mit Art. 33 OG überein.**[1] Daran ändert nichts, dass der 1 Wortlaut von Art. 47 Abs. 2 geringfügig von jenem des Art. 33 Abs. 2 OG abweicht, indem nicht mehr ausdrücklich erwähnt wird, die verlangten «zureichenden Gründe» für

---

[54] Vgl. – altrechtlich – BGer, II. ÖRA, 2.3.2000, 2P.222/1999, E. 1.
[55] Siehe dazu differenziert PETER, BlSchK 2007, 12.
[1] So ausdrücklich Botschaft 2001 BBl 2001 4297.

eine Fristerstreckung müssten «gehörig bescheinigt» sein; diesem Erfordernis kam bereits altrechtlich keine eigenständige Bedeutung zu. Der mit Art. 43 E ExpKomm und Art. 43 E 2001 identische Art. 47 wurde im National- und Ständerat diskussionslos angenommen.[2]

2   Als **Kann-Vorschrift** räumt Abs. 2 der Bestimmung keinen gesetzlichen Anspruch auf Fristerstreckung ein. Über deren Bewilligung und Bemessung entscheidet das Bundesgericht im Einzelfall nach **pflichtgemässem Ermessen**, namentlich unter Rücksicht auf die Interessen und Verfahrensrechte der gesuchstellenden Partei einerseits und das Gebot der Verfahrensbeschleunigung andererseits (vgl. N 7). Dabei lässt das Gesetz Raum für **mehrere Fristerstreckungen**, wobei für jede weitere Erstreckung erneut «zureichende Gründe» darzutun sind.

3   Eine bewilligte Fristerstreckung **begründet keine neue, sondern verlängert die bereits laufende Frist**; der erste Tag der erstreckten Frist schliesst dabei – grundsätzlich ungeachtet des Zeitpunkts, in welchem der Partei die Gesuchsbewilligung mitgeteilt wird – unmittelbar an den letzten Tag der ursprünglich angesetzten Frist an (s. dazu auch Art. 45 N 6).

II. Keine Erstreckung gesetzlicher Fristen (Abs. 1)

4   **Gesetzlich bestimmte Fristen** sind unabänderlich und können daher gem. Art. 47 Abs. 1 nicht erstreckt werden, was einem weithin anerkannten Grundsatz entspricht.[3] Zu den gesetzlich bestimmten Fristen gehören namentlich die **Beschwerdefristen** gem. Art. 100 (weitere: s. Art. 44 N 2). Die vom Gesetzgeber vorrangig aus Gründen der Rechtssicherheit und Rechtsgleichheit eindeutig bestimmten Zeiträume zur Ergreifung eines Rechtsmittels sollen vom Gericht nicht situationsbedingt und ermessensweise abgeändert werden können.

Genügt eine rechtzeitig eingereichte Beschwerdeschrift den substantiellen Anforderungen bezüglich Antrag und Begründung nicht (Art. 42 Abs. 1 und 2), ist dieser **Mangel nur innert der Rechtsmittelfrist behebbar**; auf diese Möglichkeit ist die Partei nach dem Grundsatz von Treu und Glauben (Art. 9 BV) aufmerksam zu machen, sofern eine schriftliche Verbesserung innert laufender Beschwerdefrist zeitlich noch realistisch erscheint.

5   **Keine Erstreckung** der gesetzlichen Rechtsmittelfrist stellt die **Nachfristansetzung gem. Art. 42 Abs. 5 und Abs. 6** (wie auch die Ansetzung einer Frist zur Beschwerdeergänzung auf dem Gebiet der internationalen Rechtshilfe; vgl. Art. 43 N 2 ff.)[4] dar. Die Nachfristansetzung gem. Art. 42 Abs. 5 und 6 dient namentlich nicht dazu, eine fehlende oder nicht rechtsgenügliche Begründung nach Fristablauf nachträglich abzuändern oder zu ergänzen, mithin in der Beschwerdeschrift Versäumtes nachzuholen.[5] Sie bezweckt lediglich die Behebung jener (unbeabsichtigten[6]) Formmängel, die allein das Nichteintreten auf die an sich begründete und mit einem Antrag versehene Eingabe nicht zu recht-

---

[2] AB 2003 S 896; AB 2004 N 1593; entgegen SEILER/VON WERDT/GÜNGERICH, BGG, Art. 47 N 1 erfolgte im Ständerat keine «Anpassung von Abs. 1».

[3] S. etwa Art. 22 VwVG, Art. 40 Abs. 1 ATSG, Art. 142 Abs. 1 E ZPO, Art. 90 E StPO; vgl. auch KIESER, ATSG-Kommentar, Art. 40 N 2. – Ausnahmsweise können gesetzliche Fristen erstreckt werden, wenn – was auf das BGG nicht zutrifft – das Gesetz diese Möglichkeit ausdrücklich vorsieht; vgl. GULDENER, Zivilprozessrecht[3], 267 m.Hinw. in Anm. 22 und 23; s. etwa auch (restriktiv) § 12 Abs. 1 Satz 1 VRPG/ZH.

[4] Ebenso SEILER/VON WERDT/GÜNGERICH, BGG, Art. 43 N 2.

[5] BGE 131 II 449, 452 E. 1.2 m.Hinw. Vgl. auch BGer, I. SRA, 28.6.2007, 8C_313/2007, E. 3.2; BGer, II. ÖRA, 5.7.2007, 2C_318/2007, E. 3.

[6] Vgl. BGE 121 II 252, 255 E. 4b.

fertigen vermögen, und ist damit Ausdruck eines aus dem Verbot des überspitzten Formalismus fliessenden allgemeinen prozessualen Rechtsgrundsatzes.[7]

III. Erstreckung richterlich bestimmter Fristen (Abs. 2)

1. Rechtzeitiges Fristerstreckungsgesuch

Nach Abs. 2 können **richterlich bestimmte (Nach-)Fristen** (vgl. zum Begriff Art. 44   6
N 2) – etwa auch solche zur Zahlung eines Kostenvorschusses (Art. 62 Abs. 3[8]) – auf
Gesuch hin erstreckt werden. Das Fristerstreckungsgesuch muss «**vor Ablauf der
Frist**», d.h. bis um 24 Uhr des letzten Tages (Art. 48 N 4), **gestellt** werden; nicht verlangt
ist, dass das Gesuch vor Ablauf der Frist beim Gericht eintrifft.[9] Fällt der letzte Tag der
Frist auf einen Samstag, Sonntag oder einen vom Bundesrecht oder vom kantonalen
Recht anerkannten Feiertag, kann das Gesuch u.E. noch rechtzeitig bis am nächstfolgenden Werktag eingereicht werden (s. Art. 45 N 6), wobei die Partei stets das Risiko trägt,
dass sie im Falle der Nichtbewilligung der Fristerstreckung nicht mehr rechtzeitig reagieren kann und lediglich die Berufung auf Art. 50 (Wiederherstellung der Frist) in
Betracht fällt.[10] Obwohl in Art. 47 nicht ausdrücklich erwähnt, ist das Gesuch um Verlängerung der richterlich bestimmten Frist – wie bereits unter Geltung des OG[11] –
schriftlich einzureichen (vgl. Art. 48 N 6).[12]

2. Begründetes Fristerstreckungsgesuch

Nach Art. 47 Abs. 2 wird die Fristerstreckung nur gewährt, wenn die Partei «**zureichende**   7
Gründe» dafür geltend macht. Dabei fallen praxisgemäss auch Gründe in Betracht, die
für eine Wiederherstellung der Frist gem. Art. 50 nicht genügen würden; insb. wird nicht
verlangt, dass die Partei oder ihren Vertreter keinerlei Verschulden am Hinderungsgrund
trifft.[13] Die Praxis des Bundesgerichts ist hinsichtlich der «zureichenden Gründe» grosszügig, wenn das Verfahren der Natur der Sache nach nicht besonders dringlich ist und der
Fristerstreckung keine überwiegenden öffentlichen oder privaten Interessen entgegenstehen. Dies gilt jedenfalls dann, wenn erstmals um Fristerstreckung ersucht wird und die
Frist nicht von vornherein als «nicht erstreckbar» bezeichnet worden ist. Unter diesen
Umständen kann eine Partei oder ihre Vertretung in der Regel damit rechnen, dass einem
ersten Fristerstreckungsgesuch stattgegeben wird, sofern **plausible Gründe** dafür vorgebracht werden, weshalb die Partei bzw. ihr Vertreter/ihre Vertreterin die ursprüngliche
Frist nicht einhalten können.[14] Plausibel sind Gründe, die nach allgemeiner Lebenserfahrung geeignet erscheinen, die fristgerechte Vornahme der Prozesshandlung zu hin-

---

[7] BGE 120 V 413, 419 E. 6a m.Hinw.; BGer, I. ÖRA, 30.8.2005, 1P.254/2005, Pra 2006, Nr. 51,
   364 f. E. 2.5.
[8] Im Rahmen der erstmaligen Fristansetzung zur Zahlung eines Kostenvorschusses hat die Fristerstreckungsmöglichkeit praktisch wenig Bedeutung, da bei Nichtbezahlung des Kostenvorschusses von Gesetzes wegen eine Nachfrist – ihrerseits keine Fristerstreckung i.S.v. Art. 47 –
   anzusetzen ist (Art. 62 Abs. 3 Satz 2).
[9] BGE 124 II 358, 359 f. E. 2; BGer, I. ÖRA, 2.2.2002, 1A.94/2002, E. 2.2.2; POUDRET, Commentaire, Bd. I, Art. 33 N 2; BIRCHMEIER, Handbuch, Art. 33 N 2; vgl. auch LEUCH/MARBACH/
   KELLERHALS/STERCHI, ZPO[5], Art. 116 N 2.
[10] Vgl. auch SEILER/VON WERDT/GÜNGERICH, BGG, Art. 47 N 2.2 zu Art. 47.
[11] BGE 124 II 358, 359 E. 2.
[12] S.a. KARLEN, BGG, 30 oben.
[13] E contrario sind Wiederherstellungsgründe i.S.v. Art. 50 immer auch «zureichende Gründe»
   i.S.v. 47 Abs. 2.
[14] Zum Ganzen praktisch gleichlautend Urteil BGer, I. ÖRA, 2.7.2002, 1A.94/2002, E. 3.4; unv.
   Urteil BGer, EVG, 18.6.2004, H 10/04, E. 1b.

dern.[15] Dazu gehören z.B. «Krankheit, Spitalaufenthalt Todesfall, Militärdienst, Inhaftierung, Abwesenheit, Arbeitsüberlastung,[16] Auslandaufenthalt, Einigung der Parteien usw.».[17] Bei **weiteren Fristerstreckungsgesuchen** ist von **tendenziell steigenden Anforderungen** an die «zureichenden Gründe» auszugehen. Wird eine bewilligte Fristerstreckung vom Gericht ausdrücklich als «einmalig» oder «letztmalig» bezeichnet, fällt eine weitere Fristerstreckung grundsätzlich nur noch in «eigentlichen Notfällen»[18] in Betracht. Die Gründe für die erstmals oder erneut verlangte Fristerstreckung sind (bereits) im Fristerstreckungsgesuch zu **belegen** oder zumindest **glaubhaft**[19] darzutun.

8 Die **Dauer** der bewilligten Fristverlängerung muss nach den Umständen des Einzelfalls (vgl. N 2 und N 7) **angemessen** sein.[20] Eine Fristverlängerung auf unbestimmte Zeit fällt dabei ebenso ausser Betracht[21] wie eine solche, die so kurz bemessen ist, dass sie – unter Mitberücksichtigung der üblichen postalischen Übermittlungszeit der gerichtlichen Mitteilung (s. aber N 3) – ihren Zweck realistischerweise nicht erfüllen kann.

Art. 48

Einhaltung

[1] **Eingaben müssen spätestens am letzten Tag der Frist beim Bundesgericht eingereicht oder zu dessen Handen der Schweizerischen Post oder einer schweizerischen diplomatischen oder konsularischen Vertretung übergeben werden.**

[2] **Im Falle der elektronischen Zustellung ist die Frist gewahrt, wenn der Empfang bei der Zustelladresse des Bundesgerichts vor Ablauf der Frist durch das betreffende Informatiksystem bestätigt worden ist.**

[3] **Die Frist gilt auch als gewahrt, wenn die Eingabe rechtzeitig bei der Vorinstanz oder bei einer unzuständigen eidgenössischen oder kantonalen Behörde eingereicht worden ist. Die Eingabe ist unverzüglich dem Bundesgericht zu übermitteln.**

[4] **Die Frist für die Zahlung eines Vorschusses oder für eine Sicherstellung ist gewahrt, wenn der Betrag rechtzeitig zu Gunsten des Bundesgerichts der Schweizerischen Post übergeben oder einem Post- oder Bankkonto in der Schweiz belastet worden ist.**

---

[15] Vgl. HAUSER/SCHWERI, Kommentar GVG, § 195 N 25; vgl. auch Urteil BGer, I. ÖRA, 2.2.2002, 1A.94/2002, E. 3.6 in fine.; Urteil BGer, EVG, 22.10.02, I 230/2002, E. 4.2.1; BGer, EVG, 7.3.1986, H 270/85, ZAK 1986, 426 E. 1b in fine.

[16] So BGer, EVG, 6.10.1995, C 194/95, E. 6 in fine.

[17] So Botschaft des Bundesrates zur Schweizerischen Zivilprozessordnung vom 28.6.2006, BBl 2006 7221 ff., 7309 mit Bezug auf Art. 142 E ZPO, welcher gem. Botschaft Art. 47 entspricht und namentlich auch «zureichende Gründe» für eine Fristerstreckung verlangt.

[18] Urteil BGer, KassH, 17.8.2006, 6P.115/2006, E. 1. Vgl auch HAUSER/SCHWERI, Kommentar GVG, § 195 N 26, welcher «schwerwiegende Gründe oder allenfalls die Zustimmung der Gegenpartei» verlangt.

[19] Unv. Urteil BGer, EVG, 18.6.2004, H 10/04; gl.M. SPÜHLER/DOLGE/VOCK, Kurzkommentar, Art. 47 N 3; POUDRET, Commentaire, Bd. I, Art. 33 N 2; vgl. auch HAUSER/SCHWERI, Kommentar GVG, § 195 N 26; GULDENER, Zivilprozessrecht[3], 268 oben.

[20] Zur «angemessenen» Fristansetzung vgl. auch Art. 42 Abs. 5 und Abs. 6 sowie Art. 43.

[21] Vgl. HAUSER/SCHWERI, Kommentar GVG, § 195 N 27.

Observation

[1] Les mémoires doivent être remis au plus tard le dernier jour du délai, soit au Tribunal fédéral soit, à l'attention de ce dernier, à La Poste Suisse ou à une représentation diplomatique ou consulaire suisse.

[2] En cas de transmission par voie électronique, le délai est observé si, avant son échéance, le système informatique correspondant à l'adresse électronique officielle du Tribunal fédéral confirme la réception du mémoire.

[3] Le délai est également réputé observé si le mémoire est adressé en temps utile à l'autorité précédente ou à une autorité fédérale ou cantonale incompétente. Le mémoire doit alors être transmis sans délai au Tribunal fédéral.

[4] Le délai pour le versement d'avances ou la fourniture de sûretés est observé si, avant son échéance, la somme due est versée à La Poste Suisse ou débitée en Suisse d'un compte postal ou bancaire en faveur du Tribunal fédéral.

Osservanza

[1] Gli atti scritti devono essere consegnati al Tribunale federale oppure, all'indirizzo di questo, alla posta svizzera o a una rappresentanza diplomatica o consolare svizzera al più tardi l'ultimo giorno del termine.

[2] In caso di trasmissione per via elettronica, il termine è osservato se, prima della sua scadenza, il sistema informatico corrispondente al recapito elettronico del Tribunale federale conferma la ricezione dell'atto scritto.

[3] Il termine è reputato osservato anche se l'atto scritto perviene in tempo utile all'autorità inferiore o a un'autorità federale o cantonale incompetente. In tal caso, l'atto deve essere trasmesso senza indugio al Tribunale federale.

[4] Il termine per il versamento di anticipi o la prestazione di garanzie è osservato se, prima della sua scadenza, l'importo dovuto è versato alla posta svizzera, o addebitato a un conto postale o bancario in Svizzera, in favore del Tribunale federale.

Inhaltsübersicht

Materialien

Art. 44 E ExpKomm; Art. 44 E 2001 BBl 2001 4489 f.; Botschaft 2001 BBl 2001 4297 ff.; AB 2003 S 896; AB 2004 N 1593.

Literatur

F. WALTHER, Auswirkungen des BGG auf die Anwaltschaft/Parteivertretung, in: B. Ehrenzeller/ R.J. Schweizer (Hrsg.): Die Reorganisation der Bundesrechtspflege – Neuerungen und Auswirkungen in der Praxis, St. Gallen 2006, 351 ff. (zit. Ehrenzeller/Schweizer-Walther); TH. GEISER, § 1

Grundlagen, in: Th. Geiser/P. Münch (Hrsg.): Prozessieren vor Bundesgericht, 2. Aufl., Basel 1998 (zit. Geiser/Münch²-Geiser); R. HAUSER/E. SCHWERI, Kommentar zum zürcherischen Gerichtsverfassungsgesetz, Zürich 2002 (zit. Hauser/Schweri, Kommentar GVG); A. KÖLZ/J. BOSSHART/ M. RÖHL, Kommentar zum Verwaltungsrechtspflegegesetz des Kantons Zürich, Zürich 1999 (zit. Kölz/Bosshart/Röhl, Kommentar VRG); T. MERKLI/A. AESCHLIMANN/R. HERZOG, Kommentar zum Gesetz über die Verwaltungsrechtspflege im Kanton Bern, Bern 1997 (zit. Merkli/Aeschlimann/Herzog, Kommentar VRG); M. MERKER, Rechtsmittel, Klage und Normenkontrollverfahren nach dem aargauischen Gesetz über die Verwaltungsrechtspflege (VRPG) vom 9. Juli 1968, Diss. ZH 1998, Zürich 1997 (zit. Merker, Rechtsmittel); R. RÜEDI, Allgemeine Rechtsgrundsätze des Sozialversicherungsprozesses, in: W.R. Schluep et al. (Hrsg.): Recht, Staat und Politik am Ende des zweiten Jahrtausends, Festschrift zum 60. Geburtstag von Bundesrat Arnold Koller, Bern 1993 (zit. FS-A. Koller-Rüedi).

I. Allgemeines

1 Die Art. 48 Abs. 1 und 3 entsprechen gesamthaft den Art. 32 Abs. 3 bis 5 OG,[1, 2] weshalb die sachbezügliche altrechtliche Judikatur regelmässig auch unter Geltung des neuen Verfahrensrechts zu berücksichtigen ist. Der **Kontinuitätsgedanke** findet seine Grenze dort, wo der Gesetzgeber abweichend vom bisherigen Rechtszustand legiferiert hat. So sind beispielsweise neu **alle Beschwerden direkt beim Bundesgericht** – oder zu dessen Handen – einzureichen;[3] für den Bereich der Zivilrechtspflege sah das bisherige Recht vor, dass die Beschwerde bei derjenigen kantonalen Behörde einzureichen war, deren Entscheid angefochten wurde.[4]

2 Besonders bedeutsame **punktuelle Änderungen** der Vorschriften über die Fristwahrung betreffen die neue Regel zur Einhaltung der Frist bei **elektronischer Zustellung** gem. Art. 48 Abs. 2 (nachfolgend: III.) sowie die fristgerechte **Vorschusszahlung oder Sicherstellung** nach Art. 48 Abs. 4 (nachfolgend: V.).

3 **Nach Fristablauf** (zum Begriff der Frist vorstehend: Art. 44 N 1 f.) sind prozessuale Handlungen unter Vorbehalt der mangelhaften Eröffnung (Art. 49), der Wiederherstellung (Art. 50) oder der Ergänzung oder Verbesserung (Art. 42 Abs. 5 und 6 sowie Art. 43) **grundsätzlich unwirksam und als solche unbeachtlich**. Die damit verbundenen Rechtsfolgen lassen sich, wie nachfolgende Beispiele belegen, freilich nicht einheitlich umschreiben:

– Ob eine Beschwerde gegen einen Entscheid (Art. 100) oder gegen einen Erlass (Art. 101) innert Frist eingereicht wurde, ist Rechtsmittel- oder besondere Prozessvoraussetzung. Bei **Nichteinhaltung der Beschwerdefrist** ist die Rechtsvorkehr offensichtlich unzulässig, und es ergeht ohne Weiterungen ein Nichteintretensentscheid (Art. 108 Abs. 1 lit. a).

– Läuft die Frist zur Leistung des **Kostenvorschusses oder der Sicherstellung der Parteientschädigung** (Art. 62 Abs. 3) unbenutzt ab, wird der säumigen Partei eine Nachfrist gesetzt. Erst wenn der Kostenvorschuss oder die Sicherheit auch innert dieser neuen Frist nicht geleistet wird, tritt das Bundesgericht auf die Eingabe gem. Art. 108 Abs. 1 lit. a nicht ein.

---

[1] Vgl. Botschaft 2001 BBl 2001 4297.
[2] Vgl. auch die weitgehend identische Regelung des Art. 21 Abs. 1 und 2 VwVG (SR 172.021).
[3] Vgl. Art. 100 Abs. 1.
[4] Vgl. Art. 54 OG (Berufung), 69 OG (Nichtigkeitsbeschwerde) und 78 OG (Beschwerde gem. Art. 19 SchKG); Botschaft 2001 BBl 2001 4297.

– Die Konsequenzen einer verspäteten **Vernehmlassung** (Art. 102) können dadurch gemildert werden, dass das Bundesgericht nach Massgabe von Art. 105 Abs. 2 und 3 die vorinstanzliche Sachverhaltsfeststellung von Amtes wegen berichtigen oder ergänzen kann und das Gericht im Rahmen von Art. 106 Abs. 1 das Recht von Amtes wegen anwendet.

II. Übergabe der Eingabe an das Bundesgericht, die Schweizerische Post oder eine schweizerische diplomatische oder konsularische Vertretung (Abs. 1)

1. Allgemeines

Die Frist ist eingehalten oder gewahrt, wenn die Eingabe am **letzten Tag der Frist bis** **4** **spätestens 24.00 Uhr**[5] beim Bundesgericht eingereicht oder zu dessen Handen einer der im Gesetz genannten Stellen übergeben wird.[6]

Der **Begriff der Eingabe** ist weit gefasst. Er umfasst nicht bloss Beschwerden, sondern **5** alle fristgebundenen Rechtsvorkehren, wie beispielsweise ergänzende Beschwerdeschriften gem. Art. 43, Vernehmlassungen nach Art. 102 Abs. 1 und 3 oder Stellungnahmen zu nachträglichen letztinstanzlichen Beweisvorkehren (Art. 55 f. i.V.m. Art. 68 Abs. 2 BZP; s. auch Art. 42 N 1).

Eingaben bedürfen der **Schriftform**. Art. 42 Abs. 1 statuiert – analog zum altrechtlichen **6** Art. 30 Abs. 1 OG – die allgemeine Vorschrift, dass sämtliche prozessualen Handlungen schriftlich erfolgen müssen. Das gilt auch für Eingaben (fr.: «les mémoires…»; it.: «gli atti scritti…») gem. Art. 48 Abs. 1, die laut Gesetzesvorschrift beim Bundesgericht einzureichen oder den im Gesetz genannten Stellen zu übergeben sind, was beispielsweise eine mündliche, insb. telefonische Antragsstellung, ausschliesst.[7]

Die Einhaltung der Schriftform bei Eingaben in Papierform[8] setzt bei inhaltlich unveränderter Rechtslage[9] voraus, dass die Rechtsschrift **eigenhändig** durch die Partei oder ihren Vertreter **unterschrieben** wird (vgl. Art. 42 N 34 und N 96). Aus Sicherheitsgründen nicht rechtsgenüglich ist eine Rechtsschrift, welche statt der Originalunterschrift ihres Verfassers bloss eine **Fotokopie** der Unterschrift enthält.[10] Ebenfalls ungültig ist die Einreichung einer Rechtsschrift per **Telefax**. Selbst wenn die Person, welche das Telefax sendet, das in ihrem Besitz befindliche und als Träger der Übermittlung dienende Original unterschreibt, erhält die empfangende Stelle bloss eine (tele-)kopierte und als solche nicht originale Unterschrift, was Missbrauchsrisiken in sich birgt (vgl. Art. 42 N 35).[10a]

Gemäss Art. 42 Abs. 5 wird bei fehlender Unterschrift der Partei eine angemessene Frist zur Behebung des Mangels angesetzt mit der Androhung, dass die Rechtsschrift sonst unbeachtet bleibt. Nach bisheriger Rechtsprechung zum analog lautenden Art. 30 Abs. 2 OG knüpfte die Ansetzung

---

[5] Statt vieler: BGE 79 I 245, 246 E. 1; 82 I 67, 70 f. E. 1; HAUSER/SCHWERI, Kommentar GVG, § 193 N 2; KÖLZ/BOSSHART/RÖHL, Kommentar VRG, § 11 N 4; MERKER, Rechtsmittel, § 40 N 8. Der Umstand, dass Fristen bis zur letzten Sekunde ausgenutzt werden dürfen, schliesst die Möglichkeit ein, die fristgebundenen Prozesshandlungen bis zum Fristablauf zu ergänzen, zu erweitern oder zu berichtigen.

[6] Zur Fristwahrung bei Einreichung bei unzuständiger Stelle vgl. nachstehend Art. 48 N 21 ff.

[7] Vgl. BGE 124 II 358, 359 E. 2 (Unzulässigkeit eines telefonisch gestellten Fristerstreckungsantrages nach Art. 33 Abs. 2 OG).

[8] Zur Fristwahrung bei elektronischer Zustellung vgl. Art. 48 Abs. 2 und 4 i.V.m. Art. 39 Abs. 2.

[9] Vgl. Art. 32 Abs. 3 i.V.m. Art. 30 Abs. 1 und 2 OG; vgl. auch Art. 21 Abs. 1 VwVG.

[10] BGE 112 Ia 173 E. 1.

[10a] BGE 121 II 252, 255 E. 4; 112 Ia 173 E. 1; BGer, II. ÖRA, 8.10.2002, 2A.494/2002, ASA 72 430; BGer, I. ÖRA, 4.9.2007, 1C_246/2007, E. 2; BGer, II. ZA, 12.2.2007, 5A_1/2007.

einer Nachfrist daran an, dass die fehlende Unterschrift auf einem Versehen beruht und nicht absichtlich erfolgte; dies wurde in BGE 121 II 252, 255 f. E. 4 hinsichtlich einer mittels Telefax erhobenen Beschwerde verneint (zum Ganzen s. auch Art. 42 N 35).[11]

2. Fristwahrende Handlungen

7   Das Gericht prüft die Einhaltung der Frist **von Amtes wegen** und mit **voller Kognition**.[12]

8   Während das Gericht den Fristbeginn (vgl. Art. 44 N 14) belegen muss, tragen die **Parteien** in der Regel die **Beweislast** für die Rechtzeitigkeit ihrer fristgebundenen Eingaben. Anders verhält es sich ausnahmsweise, wenn der Beweis der Fristwahrung aus Gründen nicht erbracht werden kann, die vom Gericht zu verantworten sind. Eine entsprechende Umkehr der Beweislast rechtfertigt sich beispielsweise, wenn es das Gericht versäumt, bei fristgebundenen Eingaben die dazugehörigen vollständigen Briefumschläge in den Akten festzuhalten.[13]

Die Rechtzeitigkeit der Eingabe muss mit Gewissheit feststehen, d.h. es greift der im Zivil- und Strafverfahren übliche **volle Beweis** und nicht der – etwa im materiellen Sozialversicherungsrecht regelmässig anwendbare – herabgesetzte Beweisgrad der überwiegenden Wahrscheinlichkeit.[14]

Diese beweisrechtlichen Grundsätze gelten generell, d.h. unabhängig davon, ob die Eingabe direkt beim Bundesgericht eingereicht oder – alternativ – zu dessen Handen der Schweizerischen Post oder einer schweizerischen diplomatischen oder konsularischen Vertretung übergeben wird.

9   Wird die Rechtsschrift **beim Bundesgericht eingereicht**, ist erforderlich, dass diese innert Frist am Sitz des Gerichts in Lausanne (Art. 4 Abs. 1) oder an dessen Standort in Luzern (Art. 4 Abs. 2) **übergeben** wird. Dies geschieht dadurch, dass die Eingabe den Angestellten des Gerichts persönlich überreicht oder in den Briefkasten des Gerichts eingeworfen wird. Das Recht, die Eingabe gegen Abgabe einer beweissichernden Empfangsbestätigung persönlich beim Gericht zu übergeben, ist beschränkt auf die Öffnungszeiten des Gerichts. Soweit der gerichtseigene Briefkasten benutzt wird, ist aus beweisrechtlichen Gründen geboten, dass Zeugen den fristgerechten Einwurf der Sendung belegen können.[15]

10   Der Einreichung beim Bundesgericht gleichgestellt ist die **Übergabe** der Eingabe an die **Schweizerische Post**. Um den Verkehrsbedürfnissen Rechnung zu tragen, wird in Kauf genommen, dass für die – regelmässig kurze – Zeit zwischen fristwahrender Übergabe an die Schweizerische Post und Eingang der postalischen Sendung beim Gericht Unsicherheit über die Fristeinhaltung besteht.[16] Gemäss ausdrücklicher Gesetzesvorschrift ist, wie bereits unter Geltung des OG,[17] ausschliesslich die Übergabe an die inländische Post fristwahrend. Bei Benützung der ausländischen Post muss – anders lautende staatsver-

---

[11] Zustimmend: KÖLZ/BOSSHART/RÖHL, Kommentar VRG, § 11 N 10; **a.M.** MERKER, Rechtsmittel, § 40 N 8; MERKLI/AESCHLIMANN/HERZOG, Kommentar VRG, Art. 42 N 8; GEISER/MÜNCH²-GEISER, § 1 N 1.66, der die Übermittlung mittels Fax für die Fristwahrung als genügend erachtet und einen verbesserlichen Mangel annimmt.

[12] Vgl. hiezu statt vieler: GYGI, Bundesverwaltungsrechtspflege², 71 ff.; BGE 121 I 93, 94 E. 1 m.Hinw. auf BGE 120 Ia 165, 166 E. 1; BGer. i. ZA, 16.1.2004, 4P.197/2003, E. 3.

[13] Vgl. BGE 124 V 372, 375 f. E. 3 (m.Hinw. auf u.a. BGE 115 Ia 97, 99 E. 4c) betr. Rechtzeitigkeit einer Einsprache sowie BGE 92 I 253, 257 f. E. 3.

[14] BGE 121 V 5, 6 f. E. 3b; 119 V 7, 9 f. E. 3c/bb.

[15] Vgl. BGE 109 Ia 183 ff. E. 3 m.Hinw.

[16] Vgl. BGE 125 V 65, 66 E. 1 m.Hinw. auf BGE 97 I 6.

[17] Vgl. Art. 32 Abs. 3 zweiter Satz, zweiter Satzteil.

tragliche Regelungen vorbehalten – die Sendung entweder am letzten Tag der Frist beim Gericht eingehen oder vor Fristablauf von der Schweizerischen Post in Empfang genommen werden.[18] Hinsichtlich des Zeitpunktes der Übernahme der Sendung aus dem Ausland durch die Schweizerische Post ist, entsprechend den allgemeinen Beweislastregeln,[19] die handelnde Partei beweisbelastet. Gemäss Art. 2 Abs. 1 Postgesetz (PG)[20, 21] erbringt die Post einen ausreichenden Universaldienst, bestehend aus Dienstleistungen des Post- und Zahlungsverkehrs. Die Dienstleistungen des Postverkehrs umfassen die Annahme, die Abholung, den Transport und die Zustellung von Sendungen in der Regel an allen Werktagen, mindestens aber an fünf Tagen pro Woche. Laut Art. 11 Abs. 1 PG regelt die Post die Bedingungen für die Inanspruchnahme ihrer Dienstleistungen in Allgemeinen Geschäftsbedingungen. Diese sehen (in der Fassung vom April 2006) unter Ziff. 2.1.2 «Übergabe an die Post» vor, dass die Sendungen gem. dem Angebot der Post aufgegeben werden können. Soweit es die Angebote der Post vorsehen, werden Sendungen durch die Post oder durch einen von ihr beauftragten Dritten abgeholt, womit laut aktuellem Dienstleistungsangebot[22] u.a. auch die **Übergabe an den Kurierdienst** der Post fristwahrend ist. Daneben ist, wie bereits unter Geltung des alten Rechts,[23] nebst der **Aufgabe am Postschalter** insb. auch der **Einwurf in einen Briefkasten der Post** eine grundsätzlich fristwahrende Handlung.

Hinsichtlich des Beweises des fristgerechten Einwurfes in einen Briefkasten ist von der widerlegbaren Vermutung auszugehen, wonach das Datum des Poststempels – nicht aber die eigene Datierung einer Sendung mit der Frankiermaschine[24] – mit demjenigen der Aufgabe übereinstimmt. Der Gegenbeweis kann jedoch mit allen tauglichen Beweismitteln, insb. durch Zeugen, erbracht werden.[25] Bei der Abklärung der Fristwahrung ist der Anspruch auf rechtliches Gehör der handelnden Partei zu berücksichtigen.[26]

Der Übergabe an die Schweizerische Post gleich kommt diejenige an eine **schweizerische diplomatische oder konsularische Vertretung**. Fristwahrend ist demnach alternativ die – direkte, physische – Übergabe der schriftlichen Eingabe an das Personal der diplomatischen oder konsularischen Einrichtung oder deren Einwurf in den Briefkasten der genannten Institutionen. **11**

Im internationalen Verhältnis zu berücksichtigen sind schliesslich staatsvertragliche Bestimmungen, welche regelmässig darauf zielen, der Gefahr des Anspruchsverlusts aus rein formalen Gründen entgegenzuwirken. So sieht beispielsweise Art. 86 Abs. 1 der Verordnung (EWG) Nr. 1048/71 des Rates vom 14.6.1971 (SR 0.831.109.268.1) für den Bereich des europäischen koordinierenden Sozialrechts vor, dass Anträge, Erklärungen oder Rechtsbehelfe, die gemäss den Rechtsvorschriften eines Mitgliedstaates innerhalb einer bestimmten Frist bei einer Behörde, einem Träger oder einem Gericht dieses Staates einzureichen sind, innerhalb der gleichen Frist bei einer entsprechenden Behörde, einem entsprechenden Träger oder einem entsprechenden Gericht eines andern Mitgliedstaates eingereicht werden können. Mit dem Einreichen eines Antrages oder Rechtsbe- **12**

---

18 BGE 125 V 65, 66 f. E. 1; BGE 92 II 215, 215 f.
19 Vgl. N 8 vorstehend.
20 Vom 30.4.1997 (SR 783.0), in Kraft getreten am 1.1.1998 (AS 1997 2457).
21 Zum Auftrag und Angebot des Feldpostdienstes vgl. Art. 2 Verordnung über den Feldpostdienst vom 24.11.1999 (SR 513.316).
22 Vgl. ‹www.post.ch›.
23 Vgl. BGE 109 Ia 183, 184 E. 3a m.Hinw.
24 BGE 109 Ib 343, 344 E. 2a.
25 BGer, II. ÖRA, 13.10.1998, 2A.242/1998, E. 2a m.Hinw.
26 Vgl. BGE 115 Ia 8, 10 f. E. 2.

helfs bei einer Stelle in einem anderen Mitgliedstaat wird – im Sinne des Gleichwertigkeitsprinzips – die Frist unter den gleichen Voraussetzungen gewahrt, wie wenn das entsprechende Begehren direkt bei der zuständigen Stelle eingereicht worden wäre. Die konkrete Berechnung der Frist zur Einreichung der Beschwerde ist demgegenüber mangels einer einschlägigen gemeinschaftsrechtlichen Regelung nach schweizerischem Recht zu beurteilen.[26a]

III. Elektronische Übermittlung (Abs. 2)

1. Allgemeines

13   Das BGG erlaubt die **elektronische, rechtsgültige Einreichung von Rechtsschriften** ans Bundesgericht. Umgekehrt hat das Bundesgericht die Möglichkeit, mit dem Einverständnis der Parteien, Gerichtsurkunden rechtsgültig elektronisch zu eröffnen. Die elektronische Kommunikation zwischen Gericht und Parteien erfolgt über eine Zustellplattform, die die Rolle einer elektronischen Poststelle wahrnimmt. Der elektronische Verkehr ist freiwillig und wird dem Schriftverkehr gleichgestellt (dazu Art. 39 N 11 ff.).

2. Gesetzliche Grundlagen

14   Art. 48 Abs. 2 regelt die Einhaltung der Fristen speziell für den elektronischen Rechtsverkehr.

15   Die Parteien müssen dem Bundesgericht die Dokumente, die sie nicht elektronisch übermitteln, innert Frist per Post zustellen (Art. 4 Abs. 4 **ReRBGer**). Das Bundesgericht, als einfacher Benutzer der Zustellplattform, lehnt jede Haftung für die Zustellplattform ab (Art. 6 ReRBGer). Das ReRBGer (Art. 4 Abs. 4 und 6) regelt die Einhaltung der Fristen für Dokumente, die in einem grundsätzlich elektronischen Verkehr postalisch eingereicht werden, sowie die Frage der Haftung für die Zustellplattform.

3. Die Wahrung der Fristen

16   Im Bereich der **Einhaltung der Fristen** besteht eine spezielle Regelung für die elektronische Eingabe von Rechtsschriften. Es genügt nicht, wenn die Meldung am letzten Tag der Frist der Schweizerischen Post übergeben wird. Im Falle der elektronischen Zustellung ist die Frist nur dann gewahrt, wenn der Empfang bei der Zustelladresse des Bundesgerichts vor Ablauf der Frist durch das betreffende Informatiksystem bestätigt worden ist.

17   Die **offizielle Zustelladresse** des Gerichts wird im auf dem Internetauftritt[27] des Gerichts publizierten Anhang zum ReRBGer angegeben (Art. 5 ReRBGer). Sie entspricht der Adresse des elektronischen Postfaches der Kanzlei des Bundesgerichts auf der Zustellplattform IncaMail der Schweizerischen Post (dazu Art. 42 N 92).

18   Der Absender einer elektronischen Beschwerde muss also seine Meldung so früh abschicken, dass ihm die Zustellplattform innert Frist noch eine automatisch erstellte **Quittung**

[26a] BGE 130 V 132 ff. – Vorbehalten bleiben die Grundsätze der Gleichwertigkeit und der Effektivität. Altrechtlich entschied das Eidgenössische Versicherungsgericht im vorangehend erwähnten Urteil, dass die Berechnung der dreissigtägigen Frist zur Erhebung der Verwaltungsgerichtsbeschwerde (Art. 106 Abs. 1 OG) nicht gegen die diese Grundsätze verstösst (BGE 130 V 132, 137 f. E. 4).

[27] ‹www.bger.ch›.

zustellen kann. Es handelt sich hier nicht um die Empfangsbestätigung des Bundesgerichts, die den Eingang der Eingabe offiziell mit gleichzeitiger Bekanntgabe der Geschäftsnummer bestätigt.

Die Partei, die dem Bundesgericht eine Eingabe elektronisch übermittelt, sieht innert **19** Sekunden anhand der von der Zustellplattform erzeugten Quittung, ob ihre Meldung im Postfach des Bundesgerichts deponiert wurde oder nicht. Beim **Scheitern der elektronischen Übermittlung** muss sie sie nochmals, allenfalls auf dem «klassischen» postalischen Weg, zustellen.[28] Gemäss Art. 6 ReRBGer lehnt das Bundesgericht verständlicherweise jede Haftung für das gute Funktionieren der Zustellplattform ab (dazu Art. 39 N 19).

Da die elektronische Einreichung von Rechtsschriften fakultativ ist, darf eine Partei dem **20** Gericht einen Teil der Dokumente elektronisch und einen anderen **Teil per Post** zustellen. Dieser muss jedoch innert der gleichen Frist abgeschickt werden (Art. 4 Abs. 4 ReRBGer).

IV. Einreichung der Eingabe bei einer unzuständigen Stelle (Abs. 3)

Art. 48 Abs. 3 **konkretisiert den allgemeinen Rechtsgrundsatz, wonach die Recht** **21** **suchende Person nicht ohne Not um die Beurteilung ihres Rechtsbegehrens durch die zuständige Instanz gebracht werden soll.** Die rechtzeitige Eingabe an die im Gesetz genannten Stellen – Vorinstanz und unzuständige eidgenössische oder kantonale Behörde – ist fristwahrend. Ob die gem. Art. 48 Abs. 3 Satz 2 verlangte unverzügliche Weiterleitung an das zuständige Bundesgericht ihrerseits noch innert Frist erfolgt, ist demgegenüber nicht massgebend.[29]

Der bundesrätliche Gesetzesentwurf sah in Art. 44 Abs. 3 E 2001[30] vor, dass nebst der **22** rechtzeitigen Eingabe an die Vorinstanz bloss jene bei einer unzuständigen Bundesbehörde fristwahrend sei. Nachdem die erstbehandelnde ständerätliche Kommission dem Vorschlag des Bundesrates noch gefolgt war, wurde im Ständerat beantragt, Art. 44 Abs. 3 E 2001 sei dahingehend zu ändern, dass, nebst der Eingabe an die Vorinstanz, auch diejenige **bei einer unzuständigen eidgenössischen oder kantonalen Behörde** – unter der Voraussetzung der Rechtzeitigkeit – fristwahrend sei. Der Antrag fand die Zustimmung des Erstrates, nachdem betont worden war, es gehe um die Korrektur der Fahne, die offensichtlich nicht richtig sei. Im Nationalrat blieb die Bestimmung ohne Diskussion.[31]

Laut – klarem und eindeutigem – Wortlaut **nicht fristwahrend** ist die **Eingabe an die** **23** **Behörde einer Gemeinde.** Dies entspricht der altrechtlichen Ordnung des – generell anwendbaren – Art. 32 Abs. 4 OG[32], welche freilich nicht in allen Streitlagen zum

---

[28] SPÜHLER/DOLGE/VOCK, Kurzkommentar, Art. 48 N 2.
[29] Vgl. BGE 121 I 93, 95 E. 1d m.Hinw. auf BGE 118 Ia 241, 243 f. E. 3b m.Hinw. (insb. auf BGE 103 Ia 53, 55 E. 1); FS A. KOLLER-RÜEDI, 459.
[30] Art. 44 E 2001 BBl 2001 4489.
[31] Vgl. AB 2003 S 896; AB 2004 N 1593.
[32] Dieser lautete in der seit 15.2.1992 gültig gewesenen Fassung (AS 1992 288; SR 173.110.0; BBl 1991 II 465):
«… Bestimmt das Gesetz nichts anderes, so gilt die Frist als gewahrt: (a) wenn eine beim Gericht einzulegende Eingabe rechtzeitig bei einer anderen Bundesbehörde oder bei der kantonalen Behörde, welche den Entscheid gefällt hat, eingereicht worden ist; (b) wenn eine bei der kantonalen Vorinstanz einzulegende Eingabe rechtzeitig beim Gericht oder bei einer anderen Bundesbehörde eingereicht worden ist.»

Tragen kam. So sah beispielsweise Art. 107 Abs. 1 OG hinsichtlich der Verwaltungsgerichtsbeschwerde nach Art. 97 ff. OG vor, dass diese fristwahrend an eine unzuständige Behörde eingereicht werden könne, worunter laut Rechtsprechung nebst eidgenössischen und kantonalen auch gemeindliche Behörden fielen.[33]

24　Art. 48 Abs. 3 gilt für sämtliche Eingaben. Hinsichtlich der praktisch bedeutsamen Beschwerdeschriften wird die unter Geltung des OG unbefriedigende Rechtslage überwunden, wonach neben dem generell anwendbaren Art. 32 Abs. 4 OG Art. 107 Abs. 1 OG (für die Verwaltungsgerichtsbeschwerde) und Art. 96 Abs. 1 OG (für die staatsrechtliche Beschwerde) als Sonderregeln zu berücksichtigen, mithin je nach Art des in Frage stehenden Rechtsmittels hinsichtlich der Fristwahrung durch Eingabe bei einer unzuständigen Stelle verschiedene Regelungen massgebend waren, was verschiedene Abgrenzungsprobleme nach sich zog.[34, 35]

V. Vorschusszahlung oder Sicherstellung (Abs. 4)

25　Unter bisherigem Recht wurde Art. 32 Abs. 3 OG betr. die Einreichung von Rechtsschriften analog auf die Leistung fristgebundener Zahlungspflichten angewandt. **Neu** wird die Fristwahrung für die Zahlung eines Kostenvorschusses oder für eine Sicherstellung in Art. 48 Abs. 4 **gesondert geregelt**.

26　Gemäss Art. 48 Abs. 4 ist die Frist für die Zahlung eines Vorschusses oder für eine Sicherstellung gewahrt, wenn der Betrag innert Frist zu Gunsten des Bundesgerichts der **Schweizerischen Post übergeben oder einem Post- oder Bankkonto in der Schweiz belastet worden ist**. Obwohl in Art. 48 Abs. 4 nicht speziell erwähnt, ist davon auszugehen, dass das – direkte – Überbringen der Geldsumme ans Bundesgericht (bzw. dessen Gerichtskasse) wie bisher als weitere Möglichkeit der Fristwahrung offen steht.

27　Hinsichtlich der – alternativ – fristwahrenden **Barübergabe des Geldes an die schweizerische Post** bringt das neue Recht keine materielle Änderung. Wie bereits unter der Herrschaft des OG ist die Zahlung fristgerecht erfolgt, wenn der Betrag am letzten Tag der Frist der schweizerischen Post übergeben wird, was etwa der Fall ist, wenn die Summe am inländischen Postschalter einbezahlt wird. Bei einer **im Ausland getätigten Überweisung** ist massgebend, dass das Geld innert Frist an die Schweizerische Post gelangt.

28　**Nach bisherigem Recht** konnten die Rechtsuchenden **einzig auf die Post zurückgreifen, um fristwahrend Vorschüsse oder Sicherstellungen zu leisten**.

Wurde demgegenüber ein **Kostenvorschuss über eine Bank** geleistet, so war dieser nur rechtzeitig erbracht, wenn die Bank ihrerseits i.S.v. Art. 32 Abs. 3 OG handelte. Erfolgte die Ausführung der Zahlung zwischen der Bank und der Post auf elektronischem Weg (Benützung elektronischer Datenträger, Datenfernübermittlung im Rahmen des EZAG), so kamen dabei angesichts der Besonderheiten dieser Zahlungsart und der damit verbundenen technischen Abläufe spezielle Regeln zur Anwendung. Die Zahlung galt nur dann

---

[33] BGer, EVG, 27.11.2001, U 212/00, E. 1e m.Hinw. auf BGE 111 V 408.

[34] Vgl. Botschaft betr. die Änderung des Bundesgesetzes über die Organisation der Bundesrechtspflege sowie die Änderung des Bundesbeschlusses über eine vorübergehende Erhöhung der Zahl der Ersatzrichter und der Urteilsredaktoren des Bundesgerichts vom 18.3.1991 (BBl 1991 II 465 ff., 514 f.); POUDRET, Commentaire, Bd. I, Art. 32 N 5.4.

[35] Aus der Kasuistik statt vieler: BGE 121 I 93, 94 ff. E. 1; BGer, I. ÖRA, 13.4.1995, 1P.685/1994, E. 1c und d.

als rechtzeitig geleistet, wenn die elektronischen Daten spätestens am letzten Tag der vom Bundesgericht gesetzten Frist der Post übermittelt und auch das eingesetzte Fälligkeitsdatum noch innerhalb der vom Bundesgericht festgesetzten Zahlungsfrist lag.[36] Allfällige Versäumnisse der Bank im Zahlungsverkehr mit der Post wurden der Partei zugerechnet.[37] Das Bundesgericht hat die Kriterien seither in zahlreichen – wenn auch meist unveröffentlichten – Urteilen unter Berücksichtigung gewisser technischer Weiterentwicklungen der Zahlungsabläufe ausnahmslos bestätigt. Es erachtete dabei den Umstand, dass die Bank das Fälligkeitsdatum nicht frei einsetzen konnte, sondern an die bei der Post geltenden Abläufe gebunden war, deshalb nicht als ausschlaggebend, weil die Bank als Benutzerin des von der Post angebotenen elektronischen Zahlungsdienstes über die technischen Abläufe im Bild war und deshalb auch wissen musste, auf welche Art und Weise das Fälligkeitsdatum eingesetzt oder allenfalls durch das Programm gar angepasst wurde.[38]

Gemäss Art. 48 Abs. 4 ist **neu** die **Belastung** des auf die rechtsuchende Partei (oder ihren Vertreter) lautenden **Post- oder Bankkontos** zu Gunsten des Bundesgerichts fristwahrend. Den letzten Tag der Frist als Valutadatum, d.h. als Datum einzusetzen, an welchem das Konto der handelnden Partei zu belasten ist, reicht allein nicht aus. Erforderlich ist, dass die Verarbeitung des Auftrages und die damit verbundene Belastung tatsächlich spätestens am letzten Tag der Frist geschieht. Mit der gesetzlichen Gleichstellung von Post- und Banküberweisungen ist die zur altrechtlichen Leistung des Kostenvorschusses durch Bankzahlung ergangene, eben dargelegte Judikatur Makulatur.[39]

Weil nunmehr auf den Zeitpunkt der Belastung von Post- und Bankkonto abgestellt wird, ist im Unterschied zum bisherigen Recht **die am letzten Tag der Frist vorgenommene postalische Sendung des Überweisungsauftrags (Giromandat) oder eines Post- oder Bankchecks für sich allein nicht mehr fristwahrend.**[40]

Die zahlungspflichtige Partei hat den **vollen Beweis** dafür zu erbringen,[41] dass die Zahlung fristgemäss erfolgte. Geschieht die Zahlung mittels Zahlungsauftrages, ist der handelnden Partei nach dem Gesagten zu empfehlen, den Auftrag frühzeitig zu erteilen, damit die – rechtserhebliche – Belastung rechtzeitig erfolgt. Das verbleibende Restrisiko der verspäteten Belastung, etwa bedingt durch eine Informatikpanne, hat die zahlungspflichtige Partei zu tragen. Das gilt jedenfalls im Verhältnis zum Bundesgericht, im Innenverhältnis (d.h. gegenüber Post oder Bank) ist die vertragliche Abrede massgebend.[42]	29

Wird der Kostenvorschuss oder die Sicherheit nicht innert Frist geleistet, ist gem. Art. 62	30
Abs. 3 Satz 2 neu eine Nachfrist zu setzen, wodurch die Folgen einer verspäteten Zahlung erheblich gemindert werden.[43] Für die Einhaltung der Frist gilt das vorstehend Gesagte analog.

---

[36] BGE 117 Ib 220, 221 ff. E. 2.
[37] BGE 114 Ib 67, 69 ff. E. 2 und 3.
[38] BGer, II. ÖRA, 9.3.2005, 2A.107/2005, E. 2 und 3 m.Hinw.
[39] Laut EHRENZELLER/SCHWEIZER-WALTHER, 360, wird damit eine besonders perfide Prozessfalle beseitigt.
[40] Vgl. Botschaft 2001 BBl 2001 4299 oben; SPÜHLER/DOLGE/VOCK, Kurzkommentar, Art. 48 N 4; aus der altrechtlichen Judikatur statt vieler: BGE 118 Ia 8, 11 ff. E. 2; 105 Ia 51, 52 ff. E. 3.
[41] Vgl. BGE 121 V 5, 6 f. E. 3; 119 V 7, 9 f. E. 3c/bb.
[42] Vgl. Botschaft 2001 BBl 2001 4299.
[43] Hiezu krit. SPÜHLER/DOLGE/VOCK, Kurzkommentar, Art. 62 N 7.

Art. 49

Mangelhafte Eröffnung	**Aus mangelhafter Eröffnung, insbesondere wegen unrichtiger oder unvollständiger Rechtsmittelbelehrung oder wegen Fehlens einer vorgeschriebenen Rechtsmittelbelehrung, dürfen den Parteien keine Nachteile erwachsen.**
Notification irrégulière	Une notification irrégulière, notamment en raison de l'indication inexacte ou incomplète des voies de droit ou de l'absence de cette indication si elle est prescrite, ne doit entraîner aucun préjudice pour les parties.
Notificazione viziata	Una notificazione viziata, segnatamente l'indicazione inesatta o incompleta dei rimedi giuridici o la mancanza di tale indicazione, qualora sia prescritta, non può causare alcun pregiudizio alle parti.

Inhaltsübersicht   Note

Materialien

Art. 45 E ExpKomm; Art. 45 E 2001 BBl 2001 4490; Botschaft 2001 BBl 2001 4299; AB 2003 S 896; AB 2004 N 1593.

Literatur

M. IMBODEN/R. RHINOW, Schweizerische Verwaltungsrechtsprechung, Bd. I: Allgemeiner Teil, 6. Aufl., Basel/Frankfurt a.M. 1986 (zit. Imboden/Rhinow, Verwaltungsrechtsprechung[6]); A. KÖLZ/ J. BOSSHART/M. RÖHL, Kommentar zum Verwaltungsrechtspflegegesetz des Kantons Zürich, Zürich 1999 (zit. Kölz/Bosshart/Röhl, Kommentar VRG); J. STADELWIESER, Die Eröffnung von Verfügungen. Unter besonderer Berücksichtigung des eidgenössischen und des st. gallischen Rechts, Diss. SG 1993, St. Gallen 1994 (zit. Stadelwieser, Eröffnung).

I. Allgemeines

1. Ausgangspunkt

1 Die Regelung, wonach einer Partei aus mangelhafter Eröffnung, insb. wegen unrichtiger, unvollständiger oder fehlender Rechtsmittelbelehrung kein Nachteil erwachsen darf, entspricht einem aus dem Prinzip von **Treu und Glauben** (Art. 5 Abs. 3 und Art. 9 BV; Art. 4 aBV) abgeleiteten **Grundsatz des öffentlichen Prozessrechts**, dessen allgemeine Tragweite von der Judikatur wiederholt betont wurde[1] und welcher bisher auf Bundesebene in Art. 107 Abs. 3 OG (für das Verwaltungsgerichtsbeschwerdeverfahren) sowie in Art. 38 VwVG (für das Verfahren in Verwaltungssachen; vgl. Art. 1 Abs. 1 VwVG) positivrechtlich verankert war.

---

[1] Statt vieler: BGE 124 I 255, 257 f. E. 1a m.Hinw. (betr. das Verfahren der staatsrechtlichen Beschwerde) sowie BGE 117 Ia 421, 422 ff. E. 2 m.Hinw. (betr. kantonales Zivilprozessrecht).

Der Grundsatz von Treu und Glauben schützt den Bürger in dessen berechtigtem Vertrauen auf behördliches Verhalten. In seinem Lichte können falsche Auskünfte von Verwaltungsbehörden unter bestimmten Voraussetzungen eine vom materiellen Recht abweichende Behandlung des Rechtsuchenden gebieten. Gemäss Rechtsprechung und Doktrin ist dies der Fall, 1. wenn die Behörde in einer konkreten Situation mit Bezug auf bestimmte Personen gehandelt hat; 2. wenn die Behörde (resp. die Auskunftsperson) für die Erteilung der betreffenden Auskunft zuständig war oder wenn die rechtsuchende Person die Behörde aus zureichenden Gründen als zuständig betrachten durfte; 3. wenn die Person die Unrichtigkeit der Auskunft nicht ohne weiteres erkennen konnte; 4. wenn sie im Vertrauen auf die Richtigkeit der Auskunft Dispositionen getroffen hat, die nicht ohne Nachteil rückgängig gemacht werden können, und 5. wenn die gesetzliche Ordnung seit der Auskunftserteilung keine Änderung erfahren hat.[2]

Art. 49 stimmt praktisch wörtlich mit **Art. 107 Abs. 3 OG** überein. Gemäss Botschaft 2001 wird die altrechtliche Norm übernommen; zusätzlich wird hervorgehoben, dass keine Änderung der Rechtsprechung bezweckt werde, wonach sich niemand auf die Fehlerhaftigkeit einer Rechtsmittelbelehrung berufen kann, falls die Fehlerhaftigkeit allein durch Konsultierung der Gesetzestexte hätte erkannt werden können.[3]   **2**

2. Objektiv mangelhafte Eröffnung

a) Eröffnungsfehler und ihre Rechtsfolge

Die **Eröffnung (förmliche Bekanntgabe oder Mitteilung)** der von den Behörden getroffenen verfahrensleitenden oder -abschliessenden Anordnungen (vgl. Art. 44 N 2) ist Voraussetzung dafür, dass der entsprechende autoritative Wille der Behörde rechtswirksam wird (vgl. auch Art. 44 N 8).   **3**

Die **fehlende Eröffnung** stellt einen schwerwiegenden Eröffnungsfehler dar. Sie hat – nach der vom Bundesgericht angewandten Evidenztheorie (N 5 hernach) – zur Folge, dass der betreffende Entscheid **nichtig**, d.h. absolut unwirksam ist; ein nicht eröffneter Entscheid gilt als nicht existent und seine Unwirksamkeit ist von Amtes wegen zu beachten.[4]   **4**

Ein **fehlerhaft eröffneter Entscheid** ist – wie ein mit inhaltlichen Mängeln behafteter Entscheid – **nur ausnahmsweise nichtig**. Nichtig bzw. absolut unwirksam sind fehlerhafte Entscheide nach der **Evidenztheorie** allgemein dann, wenn der ihnen anhaftende Mangel besonders schwer ist, wenn er offensichtlich oder zumindest leicht erkennbar ist und wenn zudem die Rechtssicherheit durch die Annahme der Nichtigkeit nicht ernsthaft gefährdet wird.[5] Nichtig ist etwa ein Entscheid, der in Missachtung staatsvertraglicher Regelungen direkt ins Ausland zugestellt wird,[6] und ein Urteil, das in Verletzung der gesetzlich vorgeschriebenen Schriftlichkeit bloss mündlich eröffnet wird.[7]   **5**

---

[2] BGE 131 II 627, 636 E. 6.1; 129 I 161, 170 E. 4.1; 126 II 377, 387 E. 3a; 122 II 113, 123 E. 3b/cc; 121 V 65, 66 f. E. 2a.

[3] Vgl. Botschaft 2001 BBl 2001 4299.

[4] Vgl. BGE 122 I 97, 98 ff. E. 3.

[5] Als Nichtigkeitsgründe fallen vorab funktionelle und sachliche Unzuständigkeit der entscheidenden Behörde sowie krasse Verfahrensfehler in Betracht; BGE 132 II 21, 27 E. 3.1; 130 III 430, 434 E. 3.3 und 129 I 361, 363 f. E. 2.1, je m.Hinw. (u.a. BGE 122 I 97, 99 E. 3a/aa und BGer, II. ÖRA., 30.10.2001, 2A.189/2001, E. 2).

[6] Vgl. BGE 131 III 448, 448 ff. E. 2.

[7] HÄFELIN/MÜLLER/UHLMANN, Verwaltungsrecht[5], N 974; IMBODEN/RHINOW, Verwaltungsrechtsprechung[6], 243.

Von der Nichtigkeit als Folge eines schwerwiegenden **Eröffnungsfehlers** – rechtstheoretisch – zu unterscheiden[8] ist die Nichtigkeit des Entscheids aufgrund eines schwer wiegenden **Verfahrensfehlers**, obwohl die Rechtsfolge in beiden Fällen ihren Grund in einer Verletzung grundlegender Parteirechte hat. Ein schwer wiegender Verfahrensfehler bzw. eine nicht heilbare Verletzung des Anspruchs auf rechtliches Gehör[9] liegt etwa vor, wenn der von einem Entscheid Betroffene gar keine Gelegenheit erhalten hat, an einem gegen ihn laufenden Verfahren teilzunehmen; in BGE 129 I 361 E. 2.1 364 beispielsweise erachtete das Bundesgericht ein Vaterschaftsurteil als nichtig, welches gefällt wurde, ohne dass die beklagte Person vom Prozess Kenntnis erhielt und ohne dass die Voraussetzungen für ein Säumnisurteil erfüllt gewesen wären.

6   **Weniger schwer wiegende Form- oder Eröffnungsfehler** machen die fragliche Anordnung nicht nichtig, **sondern bloss anfechtbar**. Auf diesen Fall ist Art. 49 zugeschnitten. Die Bestimmung sieht als Rechtsfolge mangelhafter Eröffnung vor, dass diese der betroffenen Partei nicht zum Nachteil gereichen darf. Dadurch wird sichergestellt, dass die Verfahrensrechte hinsichtlich einer fehlerhaft eröffneten Verfügung vollumfänglich gewahrt bleiben, indem z.B. die Möglichkeit, Beschwerde zu führen, nicht eingeschränkt oder vereitelt werden darf.

Die Folgen eines Eröffnungsmangels lassen sich freilich nicht generell umschreiben, sondern bestimmen sich auf Grund der Verhältnisse des konkreten Falles mittels **Abwägung** des Rechtsschutzinteresses des von einem Eröffnungsmangel Betroffenen gegenüber dem Interesse der Allgemeinheit und der Gegenpartei an Rechtssicherheit, welches dafür spricht, dass der ungewissen Situation über die Rechtskraft einer Verfügung oder eines Entscheids einmal ein Ende gesetzt wird. Dabei gilt das Gebot des Verhaltens nach **Treu und Glauben** nicht nur für die Behörden (vgl. N 1 hievor), sondern für alle Verfahrensbeteiligten (vgl. N 8 hernach).[10]

b) Fallgruppen mangelhaft eröffneter Entscheide

7   Art. 49 regelt die Folgen mangelhafter Eröffnung, äussert sich jedoch nicht zur Frage, welchen Anforderungen eine rechtsgenügliche Eröffnung zu genügen hat. Hinsichtlich der praktisch besonders ins Gewicht fallenden – letztinstanzlichen kantonalen – Entscheide, die der (Einheits-)Beschwerde an das Bundesgericht unterliegen, statuiert **Art. 112 Abs. 1** einzelne **bundesrechtliche Mindestvorschriften eröffnungsrechtlicher Natur** (vgl. Art. 44 N 8; Art. 112 N 1 ff.).[11] Dabei lassen sich – summarisch – folgende **Konstellationen/Fallgruppen mangelhaft eröffneter letztinstanzlicher kantonaler Entscheide** unterscheiden (vgl. auch Art. 112 N 17 ff.):

(1) Solange ein Entscheid **nicht** erwiesenermassen **eröffnet** worden ist, gilt er als nicht existent und entfaltet als solcher keinerlei Rechtswirkungen (vgl. N 4 hievor).

---

[8] In dieser Weise differenzierend: HÄFELIN/MÜLLER/UHLMANN, Verwaltungsrecht[5], N 965 ff. und N 972 ff.; im Unterschied dazu beide Konstellationen als Eröffnungsfehler bezeichnend: SEILER/VON WERDT/GÜNGERICH, BGG, Art. 112 N 25.

[9] Verfahrensmängel, die in Gehörsverletzungen liegen, sind an sich heilbar und führen in der Regel nur zur Anfechtbarkeit des fehlerhaften Entscheids. Handelt es sich jedoch um krasse Verfahrensfehler bzw. um einen besonders schwer wiegenden Verstoss gegen grundlegende Parteirechte, so haben auch Verletzungen des Anspruchs auf rechtliches Gehör Nichtigkeit zur Folge; BGE 129 I 361, 363 f. E. 2.1.

[10] BGer, I. ÖRA, 7.4.1994, 1P.127/1994, E. 2b m.Hinw. auf J.F. EGLI, La protection de la bonne foi dans le procès, in: Giurisdizione costituzionale e Giurisdizione amministrativa, 1992, 231 f.

[11] Darüber hinaus sind für bundesverwaltungsrechtliche Angelegenheiten die Art. 34–38 sowie Art. 61 Abs. 2 und 3 VwVG und für das Verfahren in sozialversicherungsrechtlichen Sachen zudem Art. 61 lit. h ATSG zu berücksichtigen.

(2) Der fehlenden Eröffnung gleichgestellt ist die bloss **mündliche** Bekanntgabe eines kantonalen Entscheids. Diese zeitigt fristenrechtlich ebenfalls keinerlei Rechtswirkungen, was sich bereits daraus ergibt, dass gem. Art. 100 Abs. 1 die Beschwerdefrist erst mit der schriftlichen Eröffnung des begründeten Entscheids – der entsprechenden «vollständigen Ausfertigung» – zu laufen beginnt (vgl. Art. 44 N 8 und vorstehend N 5 i.f.).

(3) Versäumt es das Gericht bei einer **nach kantonalem Recht zulässigen Eröffnung ohne Begründung**, auf Gesuch hin den bisher unbegründeten Entscheid gem. Art. 112 Abs. 2 samt Begründung zu eröffnen (vgl. Art. 112 N 12 ff.), steht es der rechtsuchenden Partei offen, Rechtsverweigerungs- oder -verzögerungsbeschwerde zu erheben. Es liegt hier kein eigentlicher Eröffnungsfehler vor.

(4) Wird der Entscheid **ohne Begründung eröffnet, ohne dass dies das kantonale Recht vorsieht** (vgl. Art. 112 Abs. 2), ist wie folgt zu differenzieren: Geschieht die – gesetzeswidrige – Eröffnung im Dispositiv mit dem Hinweis darauf, dass innert 30 Tagen eine vollständige Ausfertigung des Entscheids verlangt werden kann, hat die rechtsuchende Partei diese innert Frist zu verlangen, andernfalls ihr Beschwerderecht verwirkt ist. Erfolgt die – gesetzeswidrige – Eröffnung ohne Hinweis darauf, dass innert 30 Tagen eine vollständige Ausfertigung des Entscheids verlangt werden kann, fragt sich, ob mit Blick auf die mehrfache Rechtswidrigkeit der Eröffnung nicht auf einen schwer wiegenden Eröffnungsfehler zu erkennen ist, der die Nichtigkeit nach sich zieht. In jedem Fall aber darf der Partei aus der mangelhaften Eröffnung kein Nachteil erwachsen.

(5) Leidet ein **schriftlich und mit Begründung eröffneter Entscheid** an einem **Eröffnungsmangel gem. Art. 112 Abs. 1 lit. a–d**, steht dies dem Beginn der Rechtsmittelfrist nicht entgegen. Eine nicht innert gesetzlicher Frist erfolgte Beschwerdeeinreichung gegen den mangelhaft eröffneten Entscheid gereicht der betroffenen Partei indes innerhalb der Grenzen von Treu und Glauben gem. Art. 49 nicht zum Nachteil (vgl. Art. 44 N 8; s. auch N 9 nachfolgend).

3. Individuelle Voraussetzungen der Berufung auf Art. 49

Die erfolgreiche Berufung auf Art. 49 setzt – in Ergänzung bzw. Präzisierung der unter **8** N 1 hievor genannten allgemeinen Voraussetzungen des Schutzes von Treu und Glauben – auf individueller Ebene **kumulativ** voraus, dass

(1) die rechtsuchende Partei von einem Eröffnungsmangel betroffen ist,

(2) sie den Mangel nicht erkannte und bei gebotener Sorgfalt auch nicht hätte erkennen müssen, die Berufung auf den Eröffnungsmangel mithin nicht treuwidrig erfolgt,[12] und

(3) die betroffene Partei durch die fehlerhafte Eröffnung einen Nachteil erleidet,[13] woran es u.a. mangelt, wenn die objektiv mangelhafte Eröffnung trotz des Mangels ihren Zweck erreicht hat.[14]

---

[12] Vgl. statt vieler: BGE 121 II 72, 78 E. 2a; 119 IV 330, 332 ff. E. 1c; 118 Ib 326, 330 E. 1c.

[13] Dieser kann beispielsweise darin bestehen, dass eine Partei durch die fehlende Rechtsmittelbelehrung davon abgehalten wurde, rechtzeitig Beschwerde beim Bundesgericht einzureichen.

[14] Vgl. BGE 122 V 189, 194 E. 2 und 112 III 81, 84 f. E. 2.

II. Unrichtige, unvollständige oder fehlende Rechtsmittelbelehrung als Hauptanwendungsfall

9   Ein wichtiger Anwendungsfall des verfassungsmässigen **Rechts auf Vertrauens-schutz** besteht nach konstanter bundesgerichtlicher Rechtsprechung darin, dass einer Partei aus einer fehlerhaften Rechtsmittelbelehrung – grundsätzlich – kein Nachteil erwachsen darf.[15] Dabei wird vorausgesetzt, dass kantonales (Verfahrens-)Recht oder bundesgesetzliche Verfahrensbestimmungen[16] Rechtsmittelbelehrungen als unerlässlichen Bestandteil einer Verfügung oder eines Entscheids vorsehen; **ein (bundes-)verfassungsrechtlicher Anspruch auf Rechtsmittelbelehrung existiert nämlich nicht.**[17]

10 Es gilt indes nicht uneingeschränkter (Vertrauens-)Schutz in eine unrichtige Rechtsmittelbelehrung. Voraussetzung ist insb., dass **die Unrichtigkeit der Rechtsmittelbeleh-rung nicht erkannt wurde und auch bei gebotener Sorgfalt nicht hätte erkannt werden müssen** (vgl. auch Art. 112 N 18). Dabei vermag freilich bloss grobe prozessuale Unsorgfalt einer Partei oder ihres Vertreters eine mangelhafte Rechtsmittelbelehrung aufzuwiegen. Kein Vertrauensschutz geniessen Rechtsuchende, wenn sie oder ihr Vertreter die Unrichtigkeit der Rechtsmittelbelehrung allein durch Konsultierung des massgeblichen Gesetzestextes hätten erkennen können; nicht verlangt wird demgegenüber, dass neben dem Gesetzestext auch noch die einschlägige Rechtsprechung oder Literatur hätte nachgeschlagen werden müssen.[18]

11 **Nennt die Rechtsmittelbelehrung ein Rechtsmittel, obwohl gar keines gegeben ist, ist die Eröffnung mangelhaft.** Ungeachtet davon, ob die betroffene Partei den Fehler erkannte oder hätte erkennen müssen, erleidet sie aber dadurch, dass auf das unzulässige Rechtsmittel nicht eingetreten wird, **keinen Rechtsnachteil**: Ob und welches Rechtsmittel gegeben ist, bestimmt sich nach dem Gesetz; eine fehlerhafte Rechtsmittelbelehrung ist nicht geeignet, eine von Gesetzes wegen nicht bestehende Möglichkeit zur Rechtsmitteleinreichung einzuräumen.[19] Beruht die Einreichung eines unzulässigen Rechtsmittels auf einem schützenswerten Irrtum, darf die angerufene Behörde für den Nichteintretensentscheid indes keine Kosten zu Lasten der Beschwerde führenden Partei auferlegen; weiter hat sie die Rechtsmittelklägerin für die ihr entstandenen nutzlosen Aufwendungen zu entschädigen.[20]

Ebenfalls kein Rechtsnachteil tritt ein, wenn die betroffene Partei oder ihr Vertreter **den Mangel bemerkt und innert Frist das gesetzlich vorgesehene Rechtsmittel ein-reicht.**[21]

---

[15] Statt vieler: BGE 129 II 125, 134 f. E. 3.3; 123 II 231, 238 E. 8b; 121 II 72, 77 ff. E. 2; 117 Ia 421, 422 E. 2a.

[16] Vgl. u.a. Art. 35 VwVG und Art. 112.

[17] BGE 98 Ib 333, 338 E. 2a; 123 II 231, 237 f. E. 8a; MÜLLER, Grundrechte[3], Art. 4 N 116; SGK-HOTZ, Art. 29 N 37.

[18] BGE 124 I 255, 257 f E. 1a/aa; 122 II 359, 362 E. 1b; 117 Ia 119, 124 f. E. 3a, 421, 422 E. 2a, je m.Hinw.

[19] BGE 113 Ib 212, 213 E. 1; HÄFELIN/MÜLLER/UHLMANN, Verwaltungsrecht[5], N 1646.

[20] Vgl. HÄFELIN/MÜLLER/UHLMANN, Verwaltungsrecht[5], N 1646 und insb. KÖLZ/BOSSHART/RÖHL, Kommentar VRG, § 10 N 55 sowie KÖLZ/HÄNER, Verwaltungsrechtspflege[2], N 369. In BGer, EVG, 9.4.1998, K 12/98, E. 3 verzichtete das EVG auf die Auferlegung von Gerichtskosten zu Lasten der Beschwerde führenden Krankenkasse, die als Folge einer falschen Rechtsmittelbelehrung statt an das Bundesgericht an das EVG gelangt war (vgl. BGer, EVG, 20.6.1996, H 2/94, E. 5, teilweise publiziert in BGE 122 V 189).

[21] Vgl. BGE 114 Ib 112, 115 f. E. 2a m.Hinw.

Welche **(Rechts-)Folgen an eine mangelhafte Rechtsmittelbelehrung anknüpfen**, **12** hängt von den Umständen des konkreten Falles ab.[22] Bedeutsam ist u.a., worin die Mangelhaftigkeit der Rechtsmittelbelehrung besteht. Die Rechtsmittelbelehrung kann entweder **fehlen**,[23] **unvollständig, unrichtig**[24] oder auf Grund ihrer Formulierung oder optischen Darstellung **missverständlich**[25] sein. Im Sinne einer nicht abschliessenden beispielhaften Aufzählung gilt dabei Folgendes:

(1) Ist als Folge einer unrichtigen Rechtsmittelbelehrung nicht die gesetzliche Frist, wohl aber die – längere – Frist gem. erhaltener Auskunft eingehalten, ist die Beschwerde als rechtzeitig zu betrachten, d.h. auf Grund der unrichtigen Auskunft verlängert sich die gesetzliche Frist im Einzelfall entsprechend. Dies unter der Voraussetzung, dass die Berufung auf Vertrauensschutz statthaft ist, d.h. insb. die Mangelhaftigkeit der Rechtsmittelbelehrung weder erkannt wurde noch bei gebotener Aufmerksamkeit hätte erkannt werden müssen.[26]

(2) In BGE 121 II 72 überwies das Bundesgericht die bei ihm als Folge unrichtiger Rechtsmittelbelehrung eingereichte Verwaltungsgerichtsbeschwerde zwecks Ausschöpfung des kantonalen Instanzenzuges an das zuständige kantonale Gericht. Wird ein Rechtsmittel auf Grund falscher Belehrung (oder Auskunft) bei einer unzuständigen kantonalen oder Bundesbehörde eingereicht, ergibt sich die Fristwahrung und die Pflicht zur Weiterleitung nunmehr bereits aus Art. 48 Abs. 3.

(3) Um sich gegenüber einer im Ausland wohnhaften Versicherten auf die in Art. 21 Abs. 1 VwVG enthaltene Regel berufen zu können, wonach eine Beschwerdeschrift der Schweizerischen Post zu übergeben ist, muss die Verwaltung nach BGE 125 V 65, 67 f. E. 4 diese Gesetzesbestimmung in der Rechtsmittelbelehrung wörtlich wiedergeben, andernfalls auf die Beschwerde als Folge unrichtiger Rechtsmittelbelehrung einzutreten ist, wenn sie innert Frist bei der ausländischen Post aufgegeben wurde.

(4) Bei fehlender Rechtsmittelbelehrung ist davon auszugehen, dass es zum Allgemeinwissen gehört, dass behördliche Entscheide angefochten werden können, diese Möglichkeit aber durch gesetzliche Rechtsmittelfristen zeitlich beschränkt ist. Enthält ein behördlicher Entscheid keinerlei Rechtsmittelbelehrung, so ist dem Adressaten, der den Entscheid anfechten möchte, zuzumuten, innert einer üblichen Frist ein Rechtsmittel einzureichen oder sich innert nützlicher Frist nach den in Frage kommenden Rechtsmitteln zu erkundigen. Wie lange eine solche Frist ist, hängt von den konkreten Umständen ab. Es liegt jedoch nahe, auch dafür im Regelfall die gewöhnliche Dauer einer Rechtsmittelfrist anzunehmen (vgl. auch Art. 112 N 19 mit Fn 26), wobei davon auszugehen ist, dass mit der nachträglichen – mündlichen oder schriftlichen – Rechtsmittelbelehrung die gesetzliche Frist (neu) zu laufen beginnt, damit der rechtsuchenden Partei die volle Frist zur Wahrung ihrer Rechte offen steht. Jedenfalls bleiben mangelhaft eröffnete Verfügungen nicht unbeschränkt lange anfechtbar. In BGE 111 Ia 280, 282 f. E. 2b hat das Bundesgericht entschieden, dass es willkürlich ist, auf ein nach sechs Monaten eingereichtes Rechtsmittel noch einzutreten.[27]

---

[22] Vgl. BGE 121 II 72, 77 ff. E. 1e, 2 und 4.
[23] Statt vieler: BGE 129 II 125, 134 f. E. 3.3; BGer, I. ÖRA, 7.4.1994, 1P.127/1994, E. 2b.
[24] Statt vieler: BGE 124 I 255; 121 II 72.
[25] BGer, I. ÖRA, 27.10.1998, 1P.345/1998, E. 3b.
[26] BGE 117 Ia 297, 288 ff. E. 2 und 421, 422 E. 2a.
[27] Vgl. auch statt vieler: BGE 129 II 193, 197, E. 1; BGer, II. ÖRA, 9.6.1998, 2A.479/1997, E. 2c m.Hinw. u.a. auf BGE 119 IV 330, 334 E. 1c.

III. Weitere Fälle mangelhafter Eröffnung

13 Die fehlerhafte Eröffnung umfasst alle formellen Fehler in der Ausfertigung und Mitteilung des Entscheides.[28] Aus der reichen, unter Geltung des BGG prinzipiell nach wie vor massgebenden Judikatur seien hier folgende Beispiele herausgegriffen:

(1) Wird ein Entscheid **als Ganzes nicht eröffnet**, gilt er als nicht existent und seine Unwirksamkeit ist von Amtes wegen zu beachten (vgl. N 4 hievor).

Versäumt es eine Behörde – i.S. einer **teilweisen Nichteröffnung** – eine Verfügung einzelnen Adressaten (oder zur Beschwerde berechtigten Drittpersonen wie Nachbarn)[29] zu eröffnen, beginnt für die Betroffenen die Rechtsmittelfrist grundsätzlich nicht zu laufen und der Eintritt der formellen Rechtskraft wird ihnen gegenüber gehindert. Anders verhält es sich, wenn der Adressat von der – belastenden – Verfügung durch die Medien Kenntnis erhält; hier ist im Einzelfall zu beurteilen, ob der Verfügungsadressat die ihm zumutbaren Schritte unternommen hat, um, nach Kenntnisnahme vom Bestand einer ihn betreffenden Verfügung, in den Besitz aller für die erfolgreiche Wahrung seiner Rechte notwendigen Elemente zu gelangen.[30]

(2) Wenn eine Behörde ihren Entscheid, der eine **vorbehaltlose Rechtsmittelbelehrung** enthält, innerhalb der Rechtsmittelfrist, die durch einen **ersten erfolglosen Zustellungsversuch** ausgelöst worden ist, ein zweites Mal zustellt, ist dies insofern irreführend und damit mangelhaft, als der zweite Versand und die spätere Entgegennahme der Sendung grundsätzlich nichts am Beginn der Rechtsmittelfrist mit Ablauf der siebentägigen Abholfrist ändern (vgl. Art. 44 N 27). Zu prüfen bleibt, ob sich die Rechtsmittelfrist gestützt auf den Anspruch auf Vertrauensschutz verlängert.[31] Ein entsprechender Anspruch scheidet demgegenüber von vornherein aus, wenn der zweite Versand erst nach Ablauf der – ordentlichen – Rechtsmittelfrist erfolgte.[32]

(3) Ist eine **Verfügung nicht klar als solche erkennbar**, weil sie nicht als das bezeichnet wird und keine Rechtsmittelbelehrung enthält, ist der Empfänger nach Treu und Glauben gehalten, jene innert der gewöhnlichen Rechtsmittelfrist anzufechten oder sich innert nützlicher Frist nach den in Frage kommenden Rechtsmitteln zu erkundigen, falls er den Verfügungscharakter trotz mangelhafter Eröffnung erkennen musste und die Verfügung nicht gegen sich gelten lassen will.[33]

(4) **Wird ein Entscheid bei bekanntem Vertretungsverhältnis zunächst einzig dem Vertretenen zugestellt**, liegt darin ein Eröffnungsmangel (vgl. Art. 44 N 12). Die vertretene Partei, die einen Entscheid erhält, darf in der Regel annehmen, dass der von ihr beauftragte, der Behörde bekannte Vertreter den Entscheid ebenfalls erhalten hat.[34] War dies nicht der Fall, beginnt die Rechtsmittelfrist nach Treu und Glauben frühestens in dem Zeitpunkt, in dem die Partei oder ihr Vertreter bei gebotener Sorgfalt vom Eröffnungsmangel Kenntnis haben konnte und

---

[28] SPÜHLER/DOLGE/VOCK, Kurzkommentar, Art. 49 N 2; vgl. auch die Zusammenstellung wichtigster Fälle mangelhafter Verfügungseröffnung einschliesslich der Rechtsfolgen bei STADEL-WIESER, Eröffnung, 169 ff.
[29] BGE 116 Ib 321, 325 f. E. 3a.
[30] BGE 112 Ib 170, 174 f. E. 5c; 102 Ib 91, 93 ff. E. 3.
[31] BGE 119 V 89, 94 ff. E. 4b/aa.
[32] BGE 118 V 190 f., E. 3a.
[33] BGE 129 II 125 ff. E. 3.3 134 f.
[34] IMBODEN/RHINOW, Verwaltungsrechtsprechung[6], 181 oben.

musste,[35] spätestens mit der nachträglichen, ordnungsgemässen Zustellung des Entscheides an den Rechtsvertreter.[36]

Wird der Entscheid im Original der vertretenen Person und dem Rechtsvertreter bloss in Kopie zugestellt, liegt darin zwar ebenfalls ein Eröffnungsmangel; die Partei wird aber dadurch nicht irregeführt und benachteiligt, weshalb die Frist mit der Zustellung der Kopie des Entscheides an den Rechtsvertreter ausgelöst wird (s. auch Art. 44 N 12).[37]

(5) Erfolgt die **Zustellung eines Entscheides an die falsche Behörde** und leitet diese den Entscheid der von Gesetzes wegen zur Beschwerde legitimierten Behörde weiter, beginnt die Rechtsmittelfrist in dem Zeitpunkt zu laufen, in welchem der Entscheid der zuständigen Behörde zugeht.[38]

(6) **Prozessleitende Verfügungen,** wie z.B. Kostenvorschussverfügungen, die Erstreckung einer Vernehmlassungsfrist, die Schliessung der Instruktion oder die Bekanntgabe des Spruchkörpers, **welche vom Sekretär anstelle des Präsidenten unterzeichnet werden,** sind weder nichtig, noch verstossen sie gegen die Garantie des verfassungsmässigen Richters (Art. 30 BV). Bei Zweifel an der Authentizität der Verfügungen, die vom Sekretär «für den Präsidenten» unterzeichnet wurden, hätte sich die betroffene Person innert nützlicher Frist an den Präsidenten wenden sollen; ihre im Nachhinein erhobenen Einwendungen sind unbehelflich.[39]

Die Frage, **wer den Entscheid eines kantonalen Versicherungsgerichts zu unterzeichnen hat, richtet sich nach kantonalem Recht,** zumindest wenn dieses eine entsprechende Regelung enthält. Sieht kantonales Recht vor, dass Entscheide, die keine Sachentscheide darstellen, insb. prozesserledigende Beschlüsse, lediglich vom Gerichtssekretär als Urkundsperson zu unterzeichnen sind, ist es nicht zu beanstanden, dass der kantonale Nichteintretensentscheid bloss die Unterschrift des Gerichtsschreibers i.V. und nicht auch des Präsidenten trägt.[40]

Art. 50

Wieder-	[1] **Ist eine Partei oder ihr Vertreter beziehungsweise ihre Vertre-**
herstellung	**terin durch einen anderen Grund als die mangelhafte Eröffnung unverschuldeterweise abgehalten worden, fristgerecht zu handeln, so wird die Frist wiederhergestellt, sofern die Partei unter Angabe des Grundes innert 30 Tagen nach Wegfall des Hindernisses darum ersucht und die versäumte Rechtshandlung nachholt.**
	[2] **Wiederherstellung kann auch nach Eröffnung des Urteils bewilligt werden; wird sie bewilligt, so wird das Urteil aufgehoben.**

---

[35] Etwa BGer, EVG, 13.2.2001, C 168/00, SZS 2002, 509.
[36] Statt vieler BGE 99 V 177, 182 E. 2, 113 Ib 296, 298 f. E. 2c.
[37] BGer, EVG, 29.4.1991, I 248/90, ZAK 1991, 376.
[38] BGE 129 V 245, 246 E. 1.
[39] BGer, II. ÖRA, 27.5.2005, 2A.15/2005, E. 1.
[40] BGer, EVG, 14.7.2006, I 252/06, Anwaltsrevue 2006, 444 (Präzisierung der Rechtsprechung gem. BGE 131 V 483, wonach die Unterschrift des Gerichtspräsidenten oder Einzelrichters Gültigkeitserfordernis für den Zwischenentscheid darstellt [und der Rechtsprechung gem. Urteil BGer, EVG, 6.1.2006, I 644/05, wonach dies umso mehr für instanzabschliessende Endentscheide gelte]).

Restitution

¹ Si, pour un autre motif qu'une notification irrégulière, la partie ou son mandataire a été empêché d'agir dans le délai fixé sans avoir commis de faute, le délai est restitué pour autant que la partie en fasse la demande, avec indication du motif, dans les 30 jours à compter de celui où l'empêchement a cessé; l'acte omis doit être exécuté dans ce délai.

² La restitution peut aussi être accordée après la notification de l'arrêt, qui est alors annulé.

Restituzione per inosservanza

¹ Se, per un motivo diverso dalla notificazione viziata, una parte o il suo patrocinatore sono stati impediti senza loro colpa di agire nel termine stabilito, quest'ultimo è restituito in quanto, entro 30 giorni dalla cessazione dell'impedimento, la parte ne faccia domanda motivata e compia l'atto omesso.

² La restituzione del termine può essere accordata anche dopo la notificazione della sentenza; in tal caso la sentenza è annullata.

Inhaltsübersicht

Materialien

Art. 46 E ExpKomm; Art. 46 E 2001 BBl 2001 4490; Botschaft 2001 BBl 2001 4299; AB 2003 S 896; AB 2004 N 1593.

Literatur

A. BÜHLER/A. EDELMANN/A. KILLER, Kommentar zur Aargauischen Zivilprozessordnung, 2. Aufl., Frankfurt a.M. 1998 (zit. Bühler/Edelmann/Killer, Kommentar ZPO²); TH. GEISER, § 1 Grundlagen, in: Th. Geiser/P. Münch (Hrsg.), Prozessieren vor Bundesgericht, 2. Aufl., Basel 1998 (zit. Geiser/Münch²-Geiser); R. HAUSER/E. SCHWERI, Kommentar zum zürcherischen Gerichtsverfassungsgesetz, Zürich 2002 (zit. Hauser/Schweri, Kommentar GVG); A. KÖLZ/J. BOSSHART/M. RÖHL, Kommentar zum Verwaltungsrechtspflegegesetz des Kantons Zürich, Zürich 1999 (zit. Kölz/Bosshart/Röhl, Kommentar VRG); G. LEUCH/O. MARBACH, Die Zivilprozessordnung für den Kanton Bern, von F. KELLERHALS und M. STERCHI vollständig überarbeitete 5. Aufl., Bern 2000 (zit. Leuch/Marbach/Kellerhals/Sterchi, ZPO⁵); TH. MERKLI/A. AESCHLIMANN/R. HERZOG, Kommentar zum Gesetz über die Verwaltungsrechtspflege im Kanton Bern, Bern 1997 (zit. Merkli/Aeschlimann/Herzog, Kommentar VRG); R. RHINOW/B. KRÄHENMANN, Schweizerische Verwaltungsrechtsprechung, Ergänzungsband, Basel/Frankfurt a.M. 1990 (zit. Rhinow/Krähenmann, Verwaltungsrechtsprechung); R. RÜEDI, Allgemeine Rechtsgrundsätze des Sozialversicherungsprozesses, in: W. R. Schluep et al. (Hrsg.), Recht, Staat und Politik am Ende des zweiten Jahrtausends, Festschrift zum 60. Geburtstag von Bundesrat Arnold Koller, Bern 1993 (zit. FS A. Koller-Rüedi).

I. Allgemeines

1   Die Möglichkeit, eine unverschuldet versäumte (Verwirkungs-)Frist wiederherzustellen, ist ein **allgemeiner Rechtsgrundsatz**,¹ der bisher in **Art. 35 OG** statuiert war und auf

---

¹ BGE 117 Ia 297, 301 unten E. 3; 108 V 109, 110 E. 2; statt vieler: KÖLZ/HÄNER, Verwaltungsrechtspflege², N 345; FS A. KOLLER-RÜEDI, 460; RHINOW/KRÄHENMANN, Verwaltungsrechtsprechung, 310.

Bundesebene u.a. auch in **Art. 24 VwVG und Art. 13 BZP** positivrechtlich verankert ist. Die Wiederherstellung – auch Wiedereinsetzung in den vorigen Stand (restitutio in integrum) genannt – bezweckt, bei unverschuldeter prozessualer Säumnis die daran in der Regel geknüpften Rechtsnachteile zu vermeiden (vgl. Art. 48 N 3 Ingress) und damit die Gefahren des prozessualen Formalismus abzuschwächen.[2]

Der Rechtsbehelf der Wiederherstellung hat durch das Inkrafttreten des BGG **keine in-** **2** **haltlichen Änderungen** erfahren, weshalb die zu Art. 35 OG ergangene Rechtsprechung weiterhin massgebend ist.[3] Soweit Fristversäumnisse in Folge mangelhafter Eröffnung von Entscheiden in Frage stehen, ist zu berücksichtigen, dass **Art. 49 lex specialis zu Art. 50** ist.[4]

Keine prozessuale Säumnis und damit – strikte betrachtet – **kein Tatbestand der Wiederherstellung** i.S.v. Art. 50 liegt vor, wenn ein Entscheid einem im Ausland weilenden Adressaten (oder einer anderen berechtigten Person) nicht übergeben werden kann und in Verletzung von Bundesrecht von einer fingierten Zustellung ausgegangen wird, obwohl der Adressat auf Grund der Umstände nicht mit einer gewissen Wahrscheinlichkeit mit einer Zustellung rechnen musste (vgl. Art. 44 N 25 f.). Weil die diesfalls **fehlende Eröffnung** keine Rechtswirkungen nach sich zieht, ist für den Beginn der Rechtsmittelfrist erforderlich, dass der Adressat vom fraglichen Entscheid Kenntnis erhält (vgl. Art. 49 N 4 und 13.1).[5]

In **formellrechtlicher Hinsicht** ist bedeutsam, dass **das Gesuch um Fristwiederherstellung neu innert 30 Tagen** – gegenüber bisher 10 Tagen – nach Wegfall des Hindernisses einzureichen ist; innerhalb dieser Frist ist auch die versäumte Rechtshandlung nachzuholen.[6]

II. Materielle Voraussetzungen der Wiederherstellung

Gegenstand der Wiederherstellung nach Art. 50 sind versäumte **richterliche** sowie – im **3** Unterschied zu Art. 47 (Erstreckung) – **gesetzliche Fristen**. Art. 13 BZP, wonach gegen die Folgen der Versäumung eines Rechtstages unter bestimmten Voraussetzungen Wiederherstellung gewährt wird, ist insofern bedeutsam, als Art. 120 Abs. 3 für das Klageverfahren vor Bundesgericht auf die BZP verweist.[7]

Die Wiederherstellung setzt in grundsätzlicher Weise voraus, dass die Frist gegen den **4** Willen der Partei nicht eingehalten wurde. **Hat eine Partei oder ihr Vertreter eine Frist freiwillig und irrtumsfrei verstreichen lassen, bleibt kein Raum für die Anwendung von Art. 50.** Gleiches gilt, wenn ein rechtzeitig eingereichtes Rechtsmittel zurückgezogen wird; dabei ist es unerheblich, ob der Rückzug seinerseits irrtumsfrei erfolgte, weil durch die Einreichung der Rechtsvorkehr erstellt ist, dass fristgemässes Handeln möglich war.[8]

---

[2] Vgl. HAUSER/SCHWERI, Kommentar GVG, § 199 N 1.

[3] Vgl. insb. POUDRET, Commentaire, Bd. I, Art. 35 N 2.7.

[4] Vgl. SPÜHLER/DOLGE/VOCK, Kurzkommentar, Art. 50 N 1 in fine.

[5] Anders: BGE 107 V 190, worin die Auslandabwesenheit als Wiederherstellungsgrund gem. Art. 24 VwVG qualifiziert und ein 15 Tage nach der Rückkehr in die Schweiz gestelltes Gesuch um Wiederherstellung als verspätet abgewiesen wurde; vgl. auch: POUDRET, Commentaire, Bd. I, Art. 35 N 1.4.

[6] Vgl. Botschaft 2001 BBl 2001 4299.

[7] Vgl. POUDRET, Commentaire, Bd. I, Art. 35 N 1.1; HAUSER/SCHWERI, Kommentar GVG, § 199 N 12.

[8] Vgl. POUDRET, Commentaire, Bd. I, Art. 35 N 2.2; HAUSER/SCHWERI, Kommentar GVG, § 199 N 3 f.; BGer, II. ÖRA, 6.1.2004, 2A.506/2003, SJ 2004 I 389 und BGer, EVG, 3.9.1979, K 20/78, RSKV 1980 398 29.

5 Hinsichtlich der Umschreibung der **Gründe**, welche die Wiederherstellung rechtfertigen, hat das Bundesgericht in Anwendung von Art. 35 OG ursprünglich nur den Nachweis «**objektiver Unmöglichkeit des Handelns**» – wie Naturereignisse, Verkehrsstörungen, Hemmnisse der Postbeförderung infolge Kriegswirren und die schwere Erkrankung des Anwaltes – als ausreichend erachtet.[9] Diese Rechtsprechung wurde in der Folge als zu eng bezeichnet. Hindernis (Grund) könne, so die Judikatur, auch ein Sachverhalt bilden, der zwar die Wahrung der Frist nicht verunmöglicht hätte, der aber deren Versäumung ohne Verschulden des Gesuchstellers verursacht habe. Auch Hinderungsgründe, die nicht objektiver, sondern «**subjektiver, psychischer Art**» seien, könnten die Wiederherstellung unter Umständen rechtfertigen.[10] Der bei der Anwendung der Wiederherstellungsvorschriften angelegte Massstab blieb dabei weiterhin sehr streng, indem in konstanter Praxis am Erfordernis der «**klaren Schuldlosigkeit**» festgehalten wurde.[11]

In einem kurz vor Aufhebung des OG ergangenen Urteil[12] fasste das Bundesgericht seine – langjährige – Praxis wie folgt zusammen: «Auf Wiederherstellung der Frist ist nur zu erkennen, wenn die Säumnis auf ein «unverschuldetes Hindernis», also auf die – objektive oder subjektive – Unmöglichkeit, rechtzeitig zu handeln, zurückzuführen ist. Waren der Gesuchsteller bzw. sein Vertreter wegen eines von ihrem Willen unabhängigen Umstandes verhindert, zeitgerecht zu handeln, liegt objektive Unmöglichkeit vor. Subjektive Unmöglichkeit wird angenommen, wenn zwar die Vornahme einer Handlung objektiv betrachtet möglich gewesen wäre, der Betroffene aber durch besondere Umstände, die er nicht zu verantworten hat, am Handeln gehindert worden ist. Die Wiederherstellung ist nach der bundesgerichtlichen Praxis nur bei klarer Schuldlosigkeit des Gesuchstellers und seines Vertreters zu gewähren.»

6 Mit Blick auf die eben dargelegte Praxis ist davon auszugehen, dass das Bundesgericht auch bei der Prüfung der Wiederherstellungsvoraussetzungen nach Art. 50 nicht strikt zwischen Hinderungsgrund und Verschulden differenziert, sondern – **gleichsam uno actu** – prüft, ob ein die Wiederherstellung rechtfertigender Sachverhalt vorliegt. Das ist der Fall, wenn die Fristversäumnis als Folge objektiver oder subjektiver Unmöglichkeit i.S. der Rechtsprechung zu qualifizieren ist. Wiederherstellung wird demgegenüber nicht gewährt, wenn auf schuldhaftes Verhalten zu erkennen ist. Unabhängig davon, ob die für die Säumnis ins Feld geführten Gründe **objektiver** oder **subjektiver Natur**[13] sind, ist jeweils entscheidend darauf abzustellen, **ob der konkret geltend gemachte Hinderungsgrund es der säumigen Partei (oder den Personen, für deren Verhalten sie einzustehen hat** [vgl. N 8 nachfolgend]) **verunmöglichte, trotz Anwendung der gebotenen Sorgfalt fristgerecht zu handeln.** Das Mass der anzuwendenden Sorgfalt richtet sich nach den konkreten Verhältnissen. Es ist insb. danach zu differenzieren, ob der geltend gemachte Wiederherstellungsgrund sich in der Person der Partei oder in derjenigen des Rechtsvertreters verwirklichte. Anwälte haben sich grundsätzlich so zu organisieren, dass die Fristen im Falle ihrer Verhinderung trotzdem gewahrt bleiben. Das geschieht durch umgehende Bestellung eines Substituten oder bei fehlender Substitutionsvollmacht dadurch, dass die Klientin sogleich veranlasst wird, selbst zu handeln oder einen anderen Rechtsvertreter zu mandatieren.[14]

---

[9] Vgl. BGE 67 III 72; 60 II 352, 353 ff. E. 3; BIRCHMEIER, Handbuch, 38.

[10] Vgl. BGE 76 I 355.

[11] Vgl. statt vieler: BGer, I. ÖRA, 14.6.2005, 1P.123/2005, ZBl 2006, 390 E. 1.2 mit zahlreichen Hinweisen.

[12] BGer, KassH, 2.11.2006, 6S.54/2006, E. 2.2.1.

[13] Vgl. KÖLZ/BOSSHART/RÖHL, Kommentar VRG, § 12 N 15. Subjektive Gründe sind solche, die in der Person des Säumigen (oder des Vertreters) liegen, mithin auch Krankheit, welche nach bisheriger Praxis bei entsprechender Schwere bei der «objektiven Unmöglichkeit» eingereiht wurde.

[14] Vgl. BGE 119 II 86, 87 f. E. 2a.

Nach dem klaren Gesetzeswortlaut[15] schliesst – wie bereits unter altem Recht – **jedes** 7 **Verschulden**, insb. auch bloss leichte Fahrlässigkeit, im Interesse eines geordneten Rechtsgangs, der Verfahrensdisziplin und der Rechtssicherheit eine Wiederherstellung aus.[16] Die damit im Einzelfall allenfalls verbundenen Härten sind als vom Gesetzgeber gewollt zu betrachten, nachdem bereits unter Geltung des Art. 35 OG ein **strenger Massstab** bei der Prüfung des Verschuldens angelegt worden ist, wobei gar «klare Schuldlosigkeit» als Voraussetzung für die Wiederherstellung genannt wurde.[17] Der Umstand, dass verschiedene kantonale Prozessordnungen die Wiederherstellung auch bei verschuldeter Säumnis, insb. bei nicht grober Nachlässigkeit, allenfalls vorbehältlich der Einwilligung der Gegenpartei, zulassen,[18] fällt bundesrechtlich nicht entscheidend ins Gewicht.

Für die Beurteilung der Frage, ob nebst den mit der Prozessführung betrauten **Partei-** 8 **vertretern gem. Art. 40 Abs. 1** weitere Personen als **Vertreter** nach Art. 50 Abs. 1 zu qualifizieren sind, ist an die zu Art. 35 OG ergangene Judikatur anzuknüpfen: In BGE 114 Ib 67 bezeichnete es das Bundesgericht als fragwürdig und wenig überzeugend, eine Bank, welche vom Parteivertreter einen Vergütungsauftrag erhalten hatte, nicht als Vertreterin gem. Art. 35 Abs. 1 OG anzusehen;[19] ob der Bank die Stellung einer Vertreterin nach Art. 35 OG zukomme, sei indessen irrelevant, da das Verhalten der beauftragten Bank in analoger Anwendung des Art. 101 OR dem Parteivertreter bzw. der Partei anzurechnen sei. In der Folge hat das Gericht in ständiger Praxis trotz teils heftiger Kritik[20] daran festgehalten, dass eine Wiederherstellung auch dann nicht möglich ist, wenn nicht die Partei oder ihr (Partei-)Vertreter selber, jedoch die von ihnen eingesetzte Hilfsperson ein Verschulden trifft. **Hilfsperson** ist dabei nicht nur, wer gegenüber der Partei oder ihrem Parteivertreter weisungsgebunden ist, sondern jeder Erfüllungsgehilfe[21] (Bank,[22] Rechtsschutzversicherung,[23] Kanzleipersonal[24] etc.), selbst wenn zu ihm kein ständiges Rechtsverhältnis besteht.[25] Es ist davon auszugehen, dass das Bundesgericht die bisherige Praxis auch unter Geltung des BGG weiterführen wird. Mit der gesetzlichen Gleichstellung von Post- und Banküberweisungen (vgl. Art. 48 N 10) ändert sich u.E. nichts daran, dass die Bank (auch) im Rahmen der Banküberweisung nach wie vor als Hilfsperson im dargelegten Sinne wirkt, weshalb ein Verschulden in ihrer Person der Partei angerechnet wird.

---

[15] Vgl. dt: «unverschuldeterweise»; frz.: «sans avoir commis de faute»; it.: «senza loro colpa di agire».

[16] Statt vieler: BGE 112 V 255 f. E. 2a; BGer, KassH, 2.11.2006, 6S.54/2006, E. 2.2.1; BGer, I. ÖRA, 14.6.2005, 1P.123/2005, ZBl 2006 390, E. 1.2; BGer, II. ÖRA, 5.10.1994, 2P.359/1994, E. 2a; POUDRET, Commentaire, Bd. I, Art. 35 N 2.3 m.Hinw.

[17] Vgl. BGer, KassH, 2.11.2006, E. 2.2.1; BGer, I. ÖRA, 14.6.2005, 1P.123/2005, ZBl 2006 390, E. 1.2.

[18] Vgl. BGer, I. ÖRA, 14.6.2005, 1P.123/2005, ZBl 2006 390, E. 1.2 m.Hinw.

[19] So BGE 96 I 472, wonach der Begriff «Vertreter» in Art. 35 OG einzig «Parteivertreter» nach Art. 29 OG umfasst.

[20] Vgl. insb. POUDRET, Commentaire, Bd. I, Art. 35 N 2.5 und 2.6 m.Hinw. sowie LEUCH/MARBACH/KELLERHALS/STERCHI, ZPO[5], Art. 288 N 6a.

[21] Statt vieler: BGE 119 II 86, 87 E. 2a m.Hinw.

[22] Vgl. etwa: BGer, EVG, 22.6.2001, K 23/01; BGer, KassH, 3.6.1991, 6S.86/1991. In BGE 104 II 61 hiess das Gericht demgegenüber ein Wiederherstellungsgesuch aus der Erwägung heraus gut, dass die Fehlleitung der Kostenvorschusszahlung zwar teilweise durch die beauftragte Bank (als Hilfsperson) verschuldet war, letzten Endes aber auf einem Fehler der Post beruhte.

[23] Vgl. BGer, I. ÖRA, 1.3.2002, 1P.603/2001, E. 2 m.Hinw.

[24] BGE 107 Ia 168, 169 unten E. 2a.

[25] BGE 107 Ia 168, 169 f. E. 2a m.Hinw.; RHINOW/KRÄHENMANN, Verwaltungsrechtsprechung, 310.

9   Wiederherstellung setzt voraus, dass der geltend gemachte Hinderungsgrund **kausal** für die prozessuale Säumnis war. Daran mangelt es, wenn ein Hindernis bloss in der ersten Zeit der Frist bestand, die verbleibende Zeit aber noch zur Fristwahrung hätte genutzt werden können; es besteht kein Anspruch darauf, die volle Frist zur Wahrung der Parteirechte zur Verfügung zu haben. Weil es den Rechtsuchenden unbenommen ist, Prozesshandlungen erst in den letzten Tagen vor Fristende vorzunehmen, schliesst unverschuldete Verhinderung erst in den letzten Tagen einer Frist die Wiederherstellung demgegenüber nicht aus.[26]

III. Formelle Voraussetzungen der Wiederherstellung

10 Das Gesuch um Fristwiederherstellung ist **innert 30 Tagen nach Wegfall des Hindernisses** einzureichen. **Innerhalb dieser Frist ist auch die versäumte Rechtshandlung nachzuholen** (vgl. N 2 hievor), wobei beides in einer Eingabe erfolgen kann.[27]

11 Das Hindernis gilt als weggefallen und **die Wiederherstellungsfrist beginnt zu laufen**, wenn es der Partei objektiv möglich und subjektiv zumutbar ist, entweder persönlich zu handeln oder eine andere Person mit der Wahrung ihrer Interessen zu beauftragen. Soweit sich der Hinderungsgrund in der Person des Rechtsvertreters verwirklichte, ist massgebend, wann dieser in die Lage kommt, entweder die versäumte Prozesshandlung selbst nachzuholen oder damit einen geeigneten Substituten zu beauftragen oder aber den Klienten auf die Notwendigkeit der Fristeinhaltung aufmerksam zu machen.[28]

12 Fristwiederherstellung nach Art. 50 beabsichtigt nicht – i.S. einer wörtlich verstandenen Wiedereinsetzung in den vorigen Stand –, die von einem unverschuldeten Hinderungsgrund betroffene Partei prozessual exakt in die Situation zurückzuversetzen, die ohne Säumnisgrund bestanden hätte, indem die ursprünglich versäumte Frist entweder neu angesetzt oder aber – bei bloss vorübergehender Hinderung – die Frist entsprechend verlängert wird. Art. 50 Abs. 1 räumt stattdessen – wie bereits Art. 35 OG – eine **Nachfrist**[29] ein, innert welcher fristwahrendes Handeln gegebenenfalls noch möglich sein soll. Mit Blick auf die eben dargelegte Konzeption und auf Grund des klaren Gesetzeswortlautes verkürzt sich die Frist von 30 Tagen u.E. nicht, wenn die ursprüngliche Frist ausnahmsweise[30] kürzer gewesen ist.

13 **Legitimiert**, die Wiederherstellung zu verlangen, ist **einzig die Prozesspartei**. Die an die Säumnis geknüpften Folgen bedrohen ausschliesslich sie, weshalb ihr Vertreter auch dann nicht befugt ist, ein Gesuch um Wiederherstellung in eigenem Namen einzureichen, wenn er oder sein Personal die Säumnis zu verantworten haben.[31]

14 Das Gesuch um Wiederherstellung ist **schriftlich** zu stellen und **zu begründen**. Die säumige Person ist beweisbelastet für den behaupteten Wiederherstellungsgrund; all-

---

[26] Vgl. BGE 112 V 255f., 256 unten E. 2a m.Hinw.; MERKLI/AESCHLIMANN/HERZOG, Kommentar VRG, Art. 43 N 13.

[27] Vgl. GEISER/MÜNCH[2]-GEISER, § 1 N 1.73; POUDRET, Commentaire, Bd. I, Art. 35 N 3.2.

[28] Vgl. BGE 119 II 86, 87 E. 2a; KÖLZ/BOSSHART/RÖHL, Kommentar VRG, § 12 N 22.

[29] Zutreffend GEISER/MÜNCH[2]-GEISER, § 1 N 1.73.

[30] Vgl. Art. 100 Abs. 2 und 3, welche Ausnahmen vom Grundsatz der 30-tägigen Beschwerdefrist gem. Art. 100 Abs. 1 vorsehen; unentschieden: GEISER/MÜNCH[2]-GEISER, § 1 N 1.73.

[31] Vgl. BÜHLER/EDELMANN/KILLER, Kommentar ZPO[2], § 98 N 5; HAUSER/SCHWERI, Kommentar GVG, § 199 N 7.

fällige Beweismittel sind mit dem Gesuch einzureichen,[32] wobei das Gericht von sich aus weitere Beweise erheben kann.[33]

IV. Wiederherstellung nach Urteilseröffnung

Sind die materiellen und formellen Voraussetzungen für die Fristwiederherstellung er-   **15**
füllt, kann diese auch nach Eröffnung des Urteils bewilligt werden, was bisheriger Praxis und der Lehre entspricht.[34] Der Umstand, dass die Entscheide des Bundesgerichts am Tag ihrer Ausfällung in Rechtskraft erwachsen,[35] steht dem nicht entgegen. Die Verbindlichkeit rechtskräftiger Entscheide ist nicht absolut, sondern unterliegt den Einschränkungen, die sich aus dem Bestehen gesetzlicher Mittel zur Beseitigung der Rechtskraft ergeben. Zu diesen zählt, nebst der praktisch bedeutsameren Revision nach Art. 121, die Fristwiederherstellung gem. Art. 50.[36] Wird die Wiederherstellung bewilligt, so wird das Urteil des Bundesgerichts aufgehoben. Das ist beispielsweise der Fall, wenn eine Beschwerdefrist oder die Frist zur Leistung des Kostenvorschusses wegen unverschuldeter Säumnis[37] nicht eingehalten wurden, was je verfahrensabschliessende Nichteintretensentscheide (vgl. Art. 108 Abs. 1 lit. a) nach sich zog.

V. Aus der Kasuistik

(1) Ein **Krankheitszustand** (der auch Folge eines Unfalles im rechtlichen Sinne sein   **16**
kann: BGE 108 V 109, 110 E. 2c) bildet ein unverschuldetes zur Wiederherstellung führendes Hindernis, wenn und solange er jegliches auf die Fristwahrung gerichtetes Handeln verunmöglicht (vgl. BGer, KassH, 2.11.2006, 6S.54/2006 m.Hinw. auf BGE 119 II 86 und 112 V 255).

Das Bundesgericht hat die *Wiederherstellung gewährt*: bei durch Herzinfarkt eingetretener und mit Arztzeugnis belegter 100%iger Arbeitsunfähigkeit des Rechtsvertreters (BGer, KassH, 24.6.1998, 6S.282/1998), bei einem an einer schweren Lungenentzündung leidenden, hospitalisierten 60-jährigen Versicherten (in BGE 102 V 140 nicht veröffentlichte E. 1 des Urteils BGer, EVG, 14.9.1976, U 34/75), bei einem an Schizophrenie erkrankten Anwalt, dessen prozessualer Fehler nachweislich Folge der vorhandenen Geisteskrankheit war (Bundesgerichtsentscheid vom 23.10.1978 E. 3 zit. in BGer, KassH, 2.11.2006, 6S54/2006), ebenso bei einem Rechtsuchenden, der wegen schwerer nachoperativer Blutungen massive zerebrale Veränderungen aufwies, intellektuell stark beeinträchtigt und daher während der gesamten Rechtsmittelfrist weder fähig war, selber Beschwerde zu erheben, noch sich bewusst werden konnte, dass er jemanden mit der Interessenwahrung hätte betrauen sollen (BGer, EVG, 25.3.1981, H 281/80, E. 2b, ZAK 1981 523).

Die *Wiederherstellung nicht bewilligt* wurde: bei einer behaupteten (unbemerkten) Konzentrationsschwäche des Rechtsvertreters (BGer, KassH, 2.11.2006, 6S.54/2006), bei einem Rechtsanwalt, der während einer siebentägigen Hospitalisation (12. bis 17.9.1992)

---

[32] Vgl. BGE 119 II 86 E. 2b m.Hinw.; POUDRET, Commentaire, Bd. I, Art. 35 N 3.2 und 3.4; SPÜHLER/DOLGE/VOCK, Kurzkommentar, Art. 50 N 2.

[33] Vgl. Art. 55 Abs. 2; GEISER/MÜNCH[2]-GEISER, § 1 N 1.72.

[34] Vgl. Botschaft 2001 BBl 2001 4299 m.Hinw. auf BGE 85 II 145 und POUDRET, Commentaire, Bd. I, Art. 35 N 3.3.

[35] Vgl. Art. 61.

[36] Vgl. BGer, EVG, 22.11.1988, I 398/88, ZAK 1989 222.

[37] Vgl. BGer, EVG, 11.4.2005, H 44/05 und BGer, KassH, 10.2.1995, 6P.2/1995.

wegen einer Blutvergiftung das Bundesgericht am letzten Tag der (Berufungs-)Frist (am 14.9.1992) schriftlich benachrichtigte, er sei erkrankt, wies das Gericht das am 15.10.1992 gestellte Wiederherstellungsgesuch als verspätet ab, da es am Nachweis dafür mangle, dass der Zustand des Anwalts bis zum 5.10.1992 (d.h. 10 Tage vor Einreichung des Wiederherstellungsgesuchs) die wenig arbeitsintensive Bestellung eines Vertreters oder die blosse Benachrichtigung der Klientschaft ausgeschlossen hätte (BGE 119 II 86), bei vor Ablauf der Berufungsfrist eingetretener Handlungsunfähigkeit eines Berufungs-klägers, weil der Rechtsvertreter nicht unverschuldet daran gehindert war, statt am 18.1. spätestens am 15.1.1988 und damit fristwahrend zu handeln (BGE 114 II 181, 182 f. E. 2), bei einem immobilisierten rechten Arm bzw. einer schweren Grippe, als keine objektiven Anhaltspunkte dafür bestanden und dies auch nicht weiter belegt wurde, dass der Rechtsuchende nicht im Stande gewesen wäre, trotz der Behinderung frist-gerecht zu handeln oder nötigenfalls einen Vertreter mit der Interessenwahrung zu beauf-tragen (BGE 112 V 255 f. E. 2a m.Hinw.), bei einem Rechtsanwalt, der am drittletzten Tag der Frist einen Achillessehnenriss erlitt (BGer, EVG, 19.1.1996, I 106/95), als der Sohn des Rechtsvertreters des Beschwerdeführers vier Tage vor Ablauf der Frist zur Leistung des Kostenvorschusses hospitalisiert werden musste (BGer, I. ÖRA, 1.2.1994, 1P.784/1993).

17   (2) Fristwiederherstellung wurde gewährt, als eine **Unwetterkatastrophe** den Rechts-vertreter als Chef des kantonalen Führungsstabes daran hinderte, die Beschwerdeschrift endgültig auszuarbeiten, wobei auf Grund der Komplexität der Sache eine kurzfristige Substitution des Mandats ausgeschlossen war (BGE 114 Ib 56).

18   (3) **Militärdienst** rechtfertigt keine Fristwiederherstellung, soweit der Zugang zu den Einrichtungen der Militärpost gewährleistet ist (BGer, EVG, 8.7.1994, H 189/03). In BGE 104 IV 209 bezeichnete das Gericht die Leistung obligatorischen Militärdienstes demgegenüber generell als Restitutionsgrund und betonte – u.E. zu Unrecht: vgl. Art. 50 N 9 vorstehend – dass die volle Beschwerdefrist nicht durch Militärdienst verkürzt werden dürfe.

19   (4) Blosse **Unkenntnis von Rechtsregeln**, insb. solcher verfahrensrechtlicher Natur, beziehungsweise ein Irrtum über deren Tragweite gibt keinen Anlass zur Fristwieder-herstellung; vorbehalten ist der Fall, dass der Irrtum durch eine behördliche Auskunft hervorgerufen worden ist, was in casu verneint wurde (BGer, II. ÖRA, 11.5.2006, 2A.175/2006, E. 2.2.2).

20   (5) Das Verlegen einer Aufforderung zur Bezahlung des Kostenvorschusses ist ein blos-ses **auf Unachtsamkeit zurückzuführendes Versehen** und, auch wenn grosse Geschäfts-last geltend gemacht wird, kein unverschuldetes Hindernis, weshalb keine Wiederher-stellung gewährt werden kann (BGer, II. ÖRA, 7.10.1991, 2P.343/1990).

21   (6) Bei Bauarbeiten im Post- und Empfangsbereich eines Anwaltsbüros hat der **Rechts-anwalt** durch geeignete Vorkehren dafür zu sorgen, dass der beauftragte Bauführer eine Eingabe nicht verlegt. Mangelhafte Arbeitsorganisation schliesst Fristwiederher-stellung aus (BGer, II. ÖRA, 2P.359/1994, E. 2). Die Fristwiederherstellung ebenfalls nicht bewilligt wurde, als der Rechtsanwalt eine Verfügung betr. die Kostenvorschuss-pflicht seinem (ferienabwesenden) Klienten zustellte, ohne sich zu vergewissern, ob dieser die Mitteilung tatsächlich erhalten und den Vorschuss fristgemäss geleistet hatte (BGE 110 Ib 94). Gleich entschied das Gericht, als die Kostenvorschussleistung vom Rechtsanwalt der Haftpflichtversicherung (BGE 107 Ia 168) beziehungsweise der Rechtsschutzversicherung (BGer, KassH, 3.6.1991, 6S.86/1991) übertragen wurde. Keine Restitution wurde schliesslich gewährt, als der Anwalt ein Urteil zum Nachteil seines

Klienten mit gewöhnlicher Post an ihn weiterleitete und sich vor Ablauf der Berufungsfrist nicht durch Rückfrage vergewisserte, ob der Mandant es anfechten wolle (BGE 106 II 173).

(7) Ein Fehler der mit der Bezahlung des Kostenvorschusses betrauten **Sekretärin** rechtfertigt keine Wiederherstellung (BGer, I. ÖRA, 9.11.1993, 1P.438/993).   **22**

(8) In gleicher Weise entschied das Gericht, als die Säumnis ihren Grund in einem (Buchungs-)Fehler der mit der Kostenvorschussleistung betrauten **Bank** hatte (statt vieler: BGer, I. ÖRA, 9.11.1993, 1A.113/1993).   **23**

(9) Fristwiederherstellung wurde nicht bewilligt bei einem **Computerdefekt** am letzten Tag der Frist um ca. 14.30 Uhr (BGer, EVG, 11.5.1998, U 49/98).   **24**

6. Abschnitt: Streitwert

Art. 51*

Berechnung

[1] Der Streitwert bestimmt sich:
a. bei Beschwerden gegen Endentscheide nach den Begehren, die vor der Vorinstanz streitig geblieben waren;
b. bei Beschwerden gegen Teilentscheide nach den gesamten Begehren, die vor der Instanz streitig waren, welche den Teilentscheid getroffen hat;
c. bei Beschwerden gegen Vor- und Zwischenentscheide nach den Begehren, die vor der Instanz streitig sind, wo die Hauptsache hängig ist;
d. bei Klagen nach den Begehren des Klägers oder der Klägerin.

[2] Lautet ein Begehren nicht auf Bezahlung einer bestimmten Geldsumme, so setzt das Bundesgericht den Streitwert nach Ermessen fest.

[3] Zinsen, Früchte, Gerichtskosten und Parteientschädigungen, die als Nebenrechte geltend gemacht werden, sowie Vorbehalte und die Kosten der Urteilsveröffentlichung fallen bei der Bestimmung des Streitwerts nicht in Betracht.

[4] Als Wert wiederkehrender Nutzungen oder Leistungen gilt der Kapitalwert. Bei ungewisser oder unbeschränkter Dauer gilt als Kapitalwert der zwanzigfache Betrag der einjährigen Nutzung oder Leistung, bei Leibrenten jedoch der Barwert.

Calcul

[1] La valeur litigieuse est déterminée:
a. en cas de recours contre une décision finale, par les conclusions restées litigieuses devant l'autorité précédente;
b. en cas de recours contre une décision partielle, par l'ensemble des conclusions qui étaient litigieuses devant l'autorité qui a rendu cette décision;
c. en cas de recours contre une décision préjudicielle ou incidente, par les conclusions restées litigieuses devant l'autorité compétente sur le fond;
d. en cas d'action, par les conclusions de la demande.

[2] Si les conclusions ne tendent pas au paiement d'une somme d'argent déterminée, le Tribunal fédéral fixe la valeur litigieuse selon son appréciation.

[3] Les intérêts, les fruits, les frais judiciaires et les dépens qui sont réclamés comme droits accessoires, les droits réservés et les frais de publication du jugement n'entrent pas en ligne de compte dans la détermination de la valeur litigieuse.

[4] Les revenus et les prestations périodiques ont la valeur du capital qu'ils représentent. Si leur durée est indéterminée ou illimitée, le capital est formé par le montant annuel du revenu ou de la prestation, multiplié par vingt, ou, s'il s'agit de rentes viagères, par la valeur actuelle du capital correspondant à la rente.

* Der Verfasser dankt Dr. Stephan Wullschleger, Appellationsgerichtspräsident Basel-Stadt, herzlich für die kritische Durchsicht und anregende Diskussion.

Calcolo

[1] Il valore litigioso à determinato:

a. in caso di ricorso contro una decisione finale, dalle conclusioni rimaste controverse dinanzi all'autorità inferiore;

b. in caso di ricorso contro una decisione parziale, dall'insieme delle conclusioni che erano controverse dinanzi all'autorità che ha pronunciato la decisione;

c. in caso di ricorso contro decisioni pregiudiziali e incidentali, dalle conclusioni che sono controverse dinanzi all'autorità competente nel merito;

d. in caso di azione, dalle conclusioni dell'attore.

[2] Se nelle conclusioni non è chiesto il pagamento di una somma di denaro determinata, il Tribunale federale stabilisce il valore litigioso secondo il suo apprezzamento.

[3] Gli interessi, i frutti, le spese giudiziarie e ripetibili fatti valere come pretese accessorie, i diritti riservati e le spese di pubblicazione della sentenza non entrano in linea di conto nella determinazione del valore litigioso.

[4] Le rendite e prestazioni periodiche hanno il valore del capitale che rappresentano. Se la loro durata è incerta o illimitata, è considerato valore del capitale l'importo annuo della rendita o della prestazione moltiplicato per venti o, se si tratta di rendite vitalizie, il valore attuale del capitale corrispondente alla rendita.

Inhaltsübersicht

Materialien

Art. 48 E ExpKomm; Art. 47 E 2001, BBl 2001 4490; Botschaft 2001 BBl 2001 4299 f.; AB 2003 S 896 f.; AB 2004 N 1593.

Literatur

P. GOEPFERT, Die zivilprozessuale Streitwertberechnung nach baselstädtischem und Bundeszivilprozessrecht, Diss. BS, Basel 1954 (zit. Goepfert, Streitwertberechnung); E. JAGGI, Das neue Bundesgerichtsgesetz – Zivilrechtliche und strafrechtliche Aspekte, in: recht, Zeitschrift für juristische Ausbildung und Praxis, 2/2007 (zit. Jaggi, recht 2007); G. MESSMER/H. IMBODEN, Die eidgenössischen Rechtsmittel in Zivilsachen: Berufung, zivilrechtliche Nichtigkeitsbeschwerde und staatsrechtliche Beschwerde, Zürich 1992 (zit. Messmer/Imboden, Rechtsmittel); S. SCHULLER, Die Berechnung des Streitwertes, Grundsätze zivilprozessualer Streitwertberechnung im Bund und in den Kantonen, Diss. ZH 1972, Zürich 1974 (zit. Schuller, Streitwert); A. WURZBURGER, Les conditions objectives de recours en réforme au Tribunal fédéral, Diss. Lausanne, Lausanne 1964 (zit. Wurzburger, Conditions).

I. Allgemeine Bemerkungen zu den Streitwertregelungen im BGG

1. Streitwertregelung im OG und im BGG

1   Im Zivilprozessrecht galt schon bisher als anerkannter Grundsatz, dass die Rechtsmittelmöglichkeiten in einem **vernünftigen Verhältnis zur Bedeutung der Streitsache** stehen sollen.[1] Dementsprechend war unter der Geltung des OG die Berufung in Zivilrechtsstreitigkeiten über vermögensrechtliche Ansprüche – mit Ausnahmen[2] – nur zulässig, wenn der Streitwert nach Massgabe der Rechtsbegehren, wie sie vor der letzten kantonalen Instanz noch streitig waren, wenigstens Fr. 8000.– betrug.[3]

2   Um das Bundesgericht zu entlasten, sollte mit dem Erlass des BGG der **Zugang zum Bundesgericht** erschwert werden. Art. 191 BV – in der per 1.1.2007 im Rahmen der Justizreform in Kraft getretenen Fassung – erlaubt dafür nur drei «Arten» von Zugangsbeschränkungen:[4] die Festsetzung von Streitwertgrenzen,[5] den Ausschluss des Zugangs für bestimmte Sachgebiete[6] und die Einführung eines vereinfachten Verfahrens zur Behandlung offensichtlich unbegründeter Beschwerden.[7] Der Bundesrat schlug nun in der Botschaft vor, die *Streitwertgrenze* in Zivilsachen von Fr. 8000.– auf Fr. 40 000.– zu erhöhen[8] und zusätzlich bei der Beschwerde in Strafsachen – v.a. bei Geldstrafen[9] – und bei der Beschwerde in öffentlich-rechtlichen Angelegenheiten – im sog. zivilrechtsnahen Bereich, bei Staatshaftungsfällen[10] – einen Mindeststreitwert vorauszusetzen. Ausserdem sollte neu der Streitwert nach der *Differenzmethode* bestimmt werden, also nach der Differenz zwischen den vor der Vorinstanz streitig gebliebenen Begehren und dem Dispositiv des angefochtenen Entscheids.[11] Den verfassungsrechtlichen Vorgaben sollte Rechnung getragen werden, indem in den Artikeln, welche für die einzelnen Einheitsbeschwerden die Streitwertgrenzen festlegten, jeweils die Beschwerde zulässig erklärt wird, wenn sich wenn sich eine *Rechtsfrage von grundsätzlicher Bedeutung* stellt.[12]

3   Die Festlegung eines Mindeststreitwerts ist eine wirksame Massnahme zur Entlastung eines Gerichts, die Festlegung des Streitwertbetrages dementsprechend **politisch um-**

---

[1] GEISER/MÜNCH[2]-MÜNCH, Rz 4.12.
[2] Art. 45 OG.
[3] Art. 46 OG.
[4] SGK-KISS/KOLLER, Art. 191 BV (Justizreform), Rz 12 ff.
[5] Art. 191 Abs. 2 BV.
[6] Art. 191 Abs. 3 BV.
[7] Art. 191 Abs. 4 BV.
[8] Art. 70 E 2001.
[9] Art. 74 E 2001.
[10] Art. 79 E 2001.
[11] Art. 47 E 2001.
[12] Art. 70 Abs. 2 lit. a; Art. 74 Abs. 2 und Art. 79 E 2001.

stritten. 1990 war der Versuch, die Bundesrechtspflege zu reformieren,[13] in der Volksabstimmung gescheitert, insb. wegen der Erhöhung der Streitwertgrenzen in der Zivilrechtspflege und des besonderen Vorprüfungsverfahrens für die staatsrechtliche Beschwerde.[14] Der bundesrätliche Vorschlag für die Streitwertregelung im BGG setzte sich denn auch bei der parlamentarischen Beratung nur zum Teil durch. Erstens wurde bei der Beschwerde in Zivilsachen die Streitwertgrenze nur auf Fr. 30 000.– erhöht und für arbeits- und mietrechtliche Fällen auf Fr. 15 000.– festgesetzt.[15] Entsprechend wurde zweitens bei der Beschwerde in öffentlich-rechtlichen Angelegenheiten die Grenze auch bei Staatshaftungsfällen auf Fr. 30 000.– gesenkt und eine solche von Fr. 15 000.– auf dem Gebiet der öffentlich-rechtlichen Arbeitsverhältnisse eingeführt.[16] Drittens wurde bei der Beschwerde in Strafsachen gänzlich auf die Einführung von Streitwertgrenzen verzichtet.[17] Und schliesslich wurde die Bestimmung des Streitwerts nach der Differenzmethode fallen gelassen; es blieb – analog der alten Regelung in Art. 36 OG – bei der Bestimmung nach dem Begehren, die vor der Vorinstanz streitig geblieben waren (N 22 f.).[18]

2. Bedeutung der Streitwertregelung in den Art. 51–53

Im 2. Kapitel (Allgemeine Verfahrensbestimmungen) wird im 6. Abschnitt in drei Artikeln die **Berechnung des Streitwerts allgemein** geregelt, d.h. mit Gültigkeit für alle Fälle, wo ein Streitwert bestimmt werden muss. Die drei Artikel befassen sich mit der Berechnung des Streitwertes bei End-, Teil-, Vor- und Zwischenentscheiden, bei Klagen und bei besonderen Fällen,[19] mit der Zusammenrechnung von Begehren[20] und mit der Berechnung im Fall einer Widerklage.[21]   **4**

Von **Bedeutung** sind die Regeln zur Bestimmung des Streitwertes: **5**

– für die Frage, ob bei vermögensrechtlichen Streitigkeiten die Beschwerde in Zivilsachen[22] zulässig ist (Art. 74 N 7 ff.).[23]

– für die Frage, ob auf dem Gebiet der Staatshaftung und auf dem Gebiet der öffentlich-rechtlichen Arbeitsverhältnisse die Beschwerde in öffentlich-rechtlichen Angelegenheiten[24] zulässig ist (Art. 85 N 7 ff.);[25]

– für die Bestimmung der Gerichtsgebühr (Art. 65 N 10 f.)[26] und

– für die Festsetzung der Parteientschädigung (Art. 68 N 7 f.).[27]

Zum nach Art. 75 Abs. 2 lit. c relevanten Streitwert vgl. Art. 75 N 6.   **6**

---

[13] Referendumsvorlage: BBl 1989 II 872 ff.
[14] Botschaft 2001 BBl 2001 4218; POUDRET, Commentaire, Bd. II, Art. 46 N 1.3.
[15] Art. 74; vgl. Art. 74 N 7 ff., insb. 9 ff. und 14 f.
[16] Art. 85.
[17] Vgl. dazu Art. 85 N 7 ff., insb. 10 ff. und 18 ff.; zur Zulassung adhäsionsweise geltend gemachter Zivilforderungen vgl. Art. 78 N 12 ff.
[18] Art. 51 Abs. 1 lit. a.
[19] Art. 51.
[20] Art. 52.
[21] Art. 53.
[22] Art. 72 ff.
[23] Art. 74.
[24] Art. 82 ff.
[25] Art. 85 Abs. 1.
[26] Art. 65 Abs. 2.
[27] Art. 68 Abs. 2, umgesetzt im Art. 3 ff. des Reglements (des Bundesgerichts) vom 31.3.2006 über die Parteientschädigung und die Entschädigung für die amtliche Vertretung im Verfahren vor dem Bundesgericht (SR 173.110.210.3).

7   Eine spezielle streitwerterfordernisähnliche Beschränkung des Zugangs zum Bundes-
     gericht enthält Art. 83 lit. f Ziff. 1. Danach ist die Beschwerde in öffentlich-rechtlichen
     Angelegenheiten gegen Entscheide auf dem Gebiet der öffentlichen Beschaffungen nur
     zulässig, wenn der geschätzte Wert des zu vergebenden Auftrags den massgebenden
     Schwellenwert des BoeB oder des Abkommens vom 21.6.1999 zwischen der Schweiz
     und der EG über bestimmte Aspekte des öffentlichen Beschaffungswesens erreicht
     (Art. 83 N 149 ff.). Aufgrund der spezifischen Beschreibung der Bestimmung des mass-
     geblichen Werts sind die Regeln der Art. 51–53 höchstens insofern anwendbar, als sich
     aus den relevanten Rechtsnormen keine Regel entnehmen lässt.

     ## II. Voraussetzung: Vermögensrechtliche Streitigkeit

8   Einen Streitwert haben logischerweise nur vermögensrechtliche Streitigkeiten.[28] Daraus
     folgt zunächst lapidar, dass *nicht-vermögensrechtliche Streitigkeiten keinen Streitwert*
     haben, die Zulässigkeit einer Beschwerde in diesen Fällen also – wie bisher schon nach
     dem OG – auch nicht von einem Streitwerterfordernis abhängt. Die Frage nach der
     Qualifikation als vermögensrechtliche Streitigkeit stellt sich nicht nur im Zusammenhang
     mit der Beschwerde in Zivilsachen (Art. 74 N 7 ff.): Auch bei den mit der Beschwerde in
     öffentlich-rechtlichen Angelegenheiten anfechtbaren Entscheiden auf dem Gebiet öffent-
     lich-rechtlicher Arbeitsverhältnisse (Art. 85 N 7 ff. und 21) können nicht vermögens-
     rechtliche Streitigkeiten (z.B. Frage des Persönlichkeitsschutzes am Arbeitsplatz) streit-
     wertunabhängig ans Bundesgericht gezogen werden.

9   Heikle neue Fragen werden sich dem Bundesgericht im Zusammenhang mit den (neuen)
     Beschwerdeobjekten nach Art. 72 Abs. 2 stellen, welche unter der Geltung des OG
     der Nichtigkeitsbeschwerde, der staatsrechtlichen Beschwerde oder der Verwaltungs-
     gerichtsbeschwerde unterlagen: Ist etwa die Löschung eines Eintrages im Handelsregis-
     ter eine vermögensrechtliche Streitigkeit?[28a]

10   Auf der anderen Seite soll bei den *vermögensrechtlichen Streitigkeiten*, wo es «nur» um
     finanzielle Interessen geht, nicht jede betragsmässig noch so unbedeutende Streitsache
     mit Beschwerde ans Bundesgericht gezogen werden können,[29] weshalb dafür – gestützt
     auf Art. 191 Abs. 2 BV – der Zugang zum Bundesgericht durch die Festsetzung von
     Streitwertgrenzen eingeschränkt wird.

     1. Vermögensrechtliche Streitigkeiten

11   Was eine vermögensrechtliche Streitigkeiten («affaire pécuniaire»[30]) ist, regelt das BGG
     nicht. Für die Auslegung des Begriffs darf wohl an die bisherige Praxis zu Art. 44 ff. OG
     angeknüpft werden.[31]

12   Für die Qualifikation als *vermögensrechtliche Streitigkeit* – oder vielleicht wäre es tref-
     fender, in Anlehnung an die Terminologie in Art. 65 Abs. 3 lit. a, von einer Streitigkeit
     mit Vermögensinteresse zu sprechen – ist es unerheblich, ob ein Anspruch in Geld
     ausgedrückt ist oder nicht und aus welchem Rechtsgebiet ein Anspruch entspringt. Mass-
     geblich ist vielmehr, ob der Rechtsgrund des streitigen Anspruchs letzten Endes im Ver-

---

[28] JAGGI, recht 2007, 54; SEILER/VON WERDT/GÜNGERICH, BGG, Art. 51 N 2; GEISER/MÜNCH²-
      MÜNCH, Rz 4.13; POUDRET, Commentaire, Bd. II, Art. 46 N 1.2.

[28a] Vgl. inzwischen BGer, I. ZA, 22.6.2007, 4A.24/2007, E. 1.3.

[29] Von GEISER/MÜNCH²-MÜNCH, Rz 4.13 (FN 42), als «Grundgedanke» des Streitwerterfordernis-
      ses (Art. 46 OG) bezeichnet.

[30] Zum französischen Begriff vgl. WURZBURGER-TAPPY, Ziff. 15.

[31] GÖKSU, Beschwerden, Rz 159; WURZBURGER-TAPPY, Ziff. 15 f.; TSCHANNEN-WALTER, 116 f.;
      EHRENZELLER/SCHWEIZER-AUER, 65 f. (insb. FN 9).

mögensrecht ruht, mit der Klage letztlich und überwiegend ein *wirtschaftlicher Zweck* verfolgt wird.[32]

Kasuistik: Als **vermögensrechtlich** gelten etwa: 13

– Klagen auf eine bestimmte Geldleistung, ob beispielsweise aus Vertrag, aus unerlaubter Handlung, aus ungerechtfertigter Bereicherung, aus Geschäftsführung ohne Auftrag oder aus Gesetz;

– Klagen aus Aktienrecht,[33] insb. auf Anfechtung von Generalversammlungsbeschlüssen einer Aktiengesellschaft, sowie Gesuche um Einsetzung eines Sonderprüfers bei einer Aktiengesellschaft;[34]

– Löschung eines Eintrages im Handelsregister;[34a]

– der Streit um die Mitgliedschaft bei einer Genossenschaft, wenn sich die Mitgliedschaft in einem rein wirtschaftlichen Interesse erschöpft;[35]

– der Streit um die Mitgliedschaft in einer einfachen Gesellschaft, wenn ökonomische und damit geldwerte Ziele dominieren (wie etwa bei einem Baukonsortium);[36]

– das Gesuch um Erstreckung eines Mietverhältnisses;[37]

– der Streit um ein Arbeitszeugnis;[38]

– der Ausschluss aus einer Stockwerkeigentümergemeinschaft und die Anfechtung von Beschlüssen einer Stockwerkeigentümergemeinschaft;[39]

– Streitigkeiten aus unlauterem Wettbewerb, selbst wenn nicht auf Schadenersatz, sondern bloss auf Feststellung oder Unterlassung unlauteren Wettbewerbs geklagt wird;[40]

– Scheidungsprozesse, wenn einzig noch Rentenansprüche (eines Ehegatten oder der Kinder) streitig sind;[41]

– der Kollokationsprozess, wenn Ansprüche des Bundeszivilrechts umstritten sind;[42]

– die Feststellungsklage nach Art. 85a SchKG.[43]

Das *Streitwerterfordernis* bei vermögensrechtlichen Streitigkeiten gilt *nicht ausnahms-* 14 *los.* Art. 74 sieht – auch abgesehen von den Fällen, wo sich eine Rechtsfrage von grund-

---

[32] BGE 118 II 528 E. 2c; 116 II 380 E. 2a m.Hinw.; SEILER/VON WERDT/GÜNGERICH, BGG, Art. 51 N 2 (m.w.Hinw. auf die Rechtsprechung).

[33] BGE 120 II 393 E. 2; 107 II 179 E. 1; SEILER/VON WERDT/GÜNGERICH, BGG, Art. 51 N 5; GEISER/MÜNCH[2]-MÜNCH, Rz 4.14.

[34] BGE 133 III 133, nicht publ. E. 2 (wiedergegeben in: BGer, I. ZA, 20.12.2006, 4C.278/2006); 129 III 301 E. 1.2.2; 120 II 393 E. 2; SEILER/VON WERDT/GÜNGERICH, BGG, Art. 51 N 5.

[34a] BGer, I. ZA, 22.6.2007, 4A.24/2007, E. 1.3.

[35] BGE 80 II 71 E. 1 betr. die Mitgliedschaft bei einer Krankenkasse.

[36] GEISER/MÜNCH[2]-MÜNCH, Rz 4.14, FN 49, mit Verweis auf unveröffentlichtes Urteil (des Bundesgerichts) vom 13.5. 1997 i.S. A. und Kons. gegen P., E. 1.

[37] SEILER/VON WERDT/GÜNGERICH, BGG, Art. 51 N 9.

[38] BGE 116 II 379 E. 2b; SEILER/VON WERDT/GÜNGERICH, BGG, Art. 51 N 6; POUDRET, Commentaire, Bd. V, Art. 36 N 4.1., Art. 46 N 1.2.

[39] BGE 113 II 15 E. 1; 108 II 77 E. 1b.

[40] BGE 104 II 124 E. 1.

[41] BGE 116 II 493 E. 2a; SEILER/VON WERDT/GÜNGERICH, BGG, Art. 51 N 13; GEISER/MÜNCH[2]-MÜNCH, Rz 4.14; POUDRET, Commentaire, Bd. V, Art. 44 N 1.3.2, schlägt ausserdem vor, diese Lösung auch auf Streitigkeiten über die nurmehr güterrechtliche Auseinandersetzung der Ehegatten auszudehnen.

[42] BGE 131 III 451.

[43] BGE 132 III 89 E. 1.1 und 1.2.

sätzlicher Bedeutung stellt – verschiedene **Ausnahmen** vor: So braucht der verlangte Streitwert bei Beschwerden in Zivilsachen nicht erreicht zu sein, wenn ein Bundesgesetz eine einzige kantonale Instanz vorschreibt (Art. 74 N 18 ff.), bei Beschwerden gegen Entscheide der kantonalen Aufsichtsbehörden in Schuldbetreibungs- und Konkurssachen (Art. 74 N 28 f.) sowie bei Beschwerden gegen Entscheide des Konkurs- und Nachlassrichters oder der Konkurs- und Nachlassrichterin (Art. 74 N 30).

2. Nicht vermögensrechtliche Streitigkeiten

15 Als *nicht vermögensrechtlich* sind Streitigkeiten über *ideelle Inhalte* zu betrachten, über Rechte, die *ihrer Natur nach nicht in Geld geschätzt* werden können. Es muss sich um Rechte handeln, die weder zum Vermögen einer Person gehören noch mit einem vermögensrechtlichen Rechtsverhältnis eng verbunden sind. Dass die genaue Berechnung des Streitwertes nicht möglich oder dessen Schätzung schwierig ist, genügt aber nicht, um eine Streitsache als eine solche nicht vermögensrechtlicher Natur erscheinen zu lassen.[44]

16 Kasuistik: Als **nicht vermögensrechtlich** gelten etwa:

- Unterlassungs-, Beseitigungs- und Feststellungsklagen aus Persönlichkeitsverletzung;[45] demgegenüber sind Schadenersatzklagen aus Persönlichkeitsverletzung vermögensrechtliche Streitigkeiten;[46]

- Klagen wegen Verletzung von Namensrechten, soweit sie sich auf etwas anderes als Vermögensleistungen beziehen;[47]

- Scheidungsprozesse, auch wenn regelmässig finanzielle Nebenfolgen zu regeln sind;[48]

- Klage auf Feststellung oder Anfechtung des Kindesverhältnisses, auch wenn die Klage mit vermögensrechtlichen Interessen verbunden ist;[49]

- der Streit um die Mitgliedschaft bei einer Genossenschaft, wenn die Mitgliedschaft einen ideellen Gehalt aufweist;[50]

- der Streit um die Mitgliedschaft in einer einfachen Gesellschaft, wenn nicht ökonomische und damit geldwerte Ziele im Vordergrund stehen, sondern ein ideeller Zweck dominiert (wie etwa bei einer Jagdgesellschaft);[51]

- Streitigkeiten betr. die Mitgliedschaft bei einem Verein mit ideellem Zweck;[52]

---

[44] BGE 108 II 77 E. 1a; die Schwierigkeit, den Streitwert zu bestimmen, wird aber in der Botschaft 2001 (BBl 2001 4228) als Begründung dafür angeführt, dass in Art. 74 Abs. 2 einige Bereiche des Schuldbetreibungs- und Konkursrechts vom Erfordernis eines Mindeststreitwertes ausgenommen werden.

[45] Art. 28a ZGB, Art. 15 DSG; BGE 132 III 641, nicht publ. E. 1.1; 127 III 481 E. 1a; 110 II 411 E. 1; 106 II 92 E. 1a; 102 II 161 E. 1; SEILER/VON WERDT/GÜNGERICH, BGG, Art. 51 N 11; GEISER/MÜNCH²-MÜNCH, Rz 4.14.

[46] GEISER/MÜNCH²-MÜNCH, Rz 4.14; POUDRET, Commentaire, Bd. II, Art. 44 N 1.3.1; WURZBURGER, Conditions, 115 f.

[47] BGE 102 II 161 E. 1.

[48] BGE 116 II 493 E. 2a; SEILER/VON WERDT/GÜNGERICH, BGG, Art. 51 N 13; GEISER/MÜNCH²-MÜNCH, Rz 4.14 (m.w.Hinw.); POUDRET, Commentaire, Bd. II, Art. 44 N 1.3.2.

[49] BGE 129 III 288 E. 2.2.

[50] GEISER/MÜNCH²-MÜNCH, Rz 4.14, FN 49, mit Verweis auf BGE 80 II 71 E. 1; POUDRET, Commentaire, Bd. II, Art. 44 N 1.3.4.

[51] GEISER/MÜNCH²-MÜNCH, Rz 4.14, FN 49, mit Verweis auf unveröffentlichtes Urteil (des Bundesgerichts) vom 13.5.1997 i.S. A. und Kons. gegen P., E. 1.

[52] BGE 108 II 77; 82 II 292 E. 1; SEILER/VON WERDT/GÜNGERICH, BGG, Art. 51 N 12; GEISER/ MÜNCH²-MÜNCH, Rz 4.14.

– der Streit um die Mitgliedschaft bei einer Genossenschaft, bei denen die Mitgliedschaft sich nicht im wirtschaftlichen Interesse erschöpft, sondern daneben einen ideellen Gehalt einschliesst[53];
– Streitigkeiten im markenrechtlichen Eintragungsverfahren.[54]

3. Streitigkeiten mit vermögensrechtlichen und nicht-vermögensrechtlichen Aspekten

Schwierigkeiten bei der Anwendung dieser Grundsätze bereiten der Praxis jene Fälle,   **17**
die sowohl vermögensrechtliche als auch nicht vermögensrechtliche Aspekte aufweisen.
In solchen **Grenzfällen** ist darauf abzustellen, ob das geldwerte oder das ideelle Interesse
des Klägers überwiegt,[55] wie es etwa bei der Mitgliedschaft in einer einfachen Gesellschaft unter den Beispielen zu vermögensrechtlichen Streitigkeiten (N 13) bzw. zu den
nicht vermögensrechtlichen Streitigkeiten (N 16) bereits zum Ausdruck kommt.

III. Für die Streitwertberechnung massgebliche Begehren (Abs. 1)

Art. 51 Abs. 1 legt fest, welche Begehren für die Streitwertberechnung zu berücksichti-   **18**
gen sind, je nach dem, was für Entscheide mit Beschwerde ans Bundesgericht gezogen
werden: bei Beschwerden gegen Endentscheide (lit. a, N 19 ff.), gegen Teilentscheide
(lit. b, N 26 ff.) bzw. gegen Vor- und Zwischenentscheide (lit. c, N 30 ff.). Lit. d regelt
das massgebliche Begehren bei einer Klage (N 34 ff., aber auch N 39 ff.).

1. Bei Beschwerden gegen Endentscheide (Abs. 1 lit. a)

Bei Beschwerden gegen Endentscheide bestimmt sich der Streitwert nach den Begehren,   **19**
die vor der Vorinstanz streitig geblieben sind.

Erfasst von Art. 51 Abs. 1 lit. a – wie auch von den folgenden lit. b und c – sind   **20**
Beschwerden ans Bundesgericht, konkret die Beschwerde in Zivilsachen[56] und die Beschwerde in öffentlich-rechtlichen Angelegenheiten.[57]

Für die Qualifikation eines mittels Beschwerde angefochtenen Entscheides als **Endent-**   **21**
scheid vgl. Art. 90 N 4 ff.

Der *bundesrätliche Entwurf* hatte für die Streitwertbestimmung die Einführung der *Diffe-*   **22**
renzmethode vorgeschlagen.[58] Danach hätte sich der Streitwert «nach der Differenz zwischen den vor der Vorinstanz streitig gebliebenen Begehren und dem Dispositiv des angefochtenen Entscheids» bestimmt,[59] also nach dem Betrag, um den eine Partei vor der
Vorinstanz nicht durchgedrungen ist. Wenn zum Beispiel die Klage vor der Vorinstanz auf
Fr. 40 000.– lautet, der Beklagte die vollumfängliche Abweisung verlangt, dann ist vor der
Vorinstanz der Betrag von Fr. 40 000.– streitig geblieben. Wenn das Gericht dem Kläger
nun Fr. 30 000.– zuspricht, ist dieser im Umfang von Fr. 10 000.– nicht durchgedrungen.

---

[53] BGE 120 II 393 E. 2; 107 II 179 E. 1; 80 II 71 E. 1; GEISER/MÜNCH[2]-MÜNCH, Rz 4.14, FN 49;
POUDRET, Commentaire, Art. 44 N 1.3.4.
[54] JAGGI, recht 2007, 54 (mit Verweis auf P. HEINRICH, Totalrevision der Bundesrechtspflege: Was
bringt sie für das Immaterialgüterrecht?, sic! 2002, 117).
[55] BGE 108 II 77 E. 1a; 82 II 296 f.; 80 II 75 f.; 66 II 46.
[56] Art. 72 ff.
[57] Art. 82 ff.
[58] Botschaft 2001, BBl 2001 4299 f.
[59] Art. 47 Abs. 1 lit. a E 2001.

Diese Differenz (die Beschwer, das Gravamen) wäre nach der Differenzmethode der massgebliche Streitwert für das bundesgerichtliche Verfahren. Die Streitwertgrenze nach Art. 74 Abs. 1 lit. b wäre damit nicht erreicht, die Beschwerde nicht zulässig.

23 Nach der nun in Art. 51 Abs. 1 lit. a festgeschriebenen Regelung – identisch zur früheren Regelung in Art. 36 OG: nach den Begehren, die **vor der Vorinstanz noch streitig** waren – spielt es keinerlei Rolle, wie die Vorinstanz entschieden hat; entscheidend ist, was sie noch zu entscheiden hatte. Weil diese Berechnung nicht darauf abstellt, welchen Betrag die Vorinstanz zugesprochen hat, beträgt der für die Beurteilung, ob die Beschwerde ans Bundesgericht zulässig ist, massgebliche Streitwert im oben erwähnten Beispiel (N 22) nach wie vor Fr. 40 000.–. Damit wird die Streitwertgrenze nach Art. 74 Abs. 1 lit. b erreicht und die Beschwerde zulässig, obwohl die Beschwer, der Wert der vor Bundesgericht streitigen Rechtsbegehren, weit unter diesem Betrag liegt. Der Entscheid der Vorinstanz wird gleichsam als inexistent behandelt. Damit wird die Absicht, die hinter der Einführung von Streitwertgrenzen liegt, nämlich die Beschränkung der höchstrichterlichen Rechtsprechung zu vermögensrechtlichen Streitigkeiten auf Fälle von einer gewissen (pekuniären) Bedeutung,[60] klar verfehlt. Mit dieser Regelung soll – so wurde die diesbezüglich identische Regelung im OG begründet[61] – ermöglicht werden, dass die Berufungsfähigkeit schon vor Erlass des letztinstanzlichen kantonalen Urteils festgestellt werden kann. Dieses Ziel wird mit der gesetzlichen Regelung ohnehin kaum erreicht, weil sich der massgebliche Streitwert noch bis zum letzten Moment vor der Urteilsberatung der letzten kantonalen Instanz noch durch teilweise Anerkennung oder teilweisen Abstand verändern kann (N 49 a.E.).[62] Was schliesslich mit dieser (begrenzten) Voraussehbarkeit überhaupt gewonnen werden soll, ist nicht nachzuvollziehen.[63] Die Regelung hat aber zur Folge, dass ein Teil der Entlastung des Bundesgerichtes, die durch die Anpassung der Streitwertgrenzen erreicht werden soll, vereitelt wird.

24 Wichtig ist vorgängig der Streitwertbestimmung die genaue Bestimmung des **Streitgegenstandes**. Ist bei einem Erbteilungsstreit der Teilungsanspruch an sich streitig, dann bildet das gesamte Teilungsvermögen den Streitwert; betrifft die Streitfrage dagegen nur den Anteil eines am Gesamtnachlass Berechtigten, stellt lediglich dessen im Streit stehendes Betreffnis den Streitwert dar.[64]

25 Der Streitwert richtet sich nach den **Rechtsbegehren**, die bei der letzten kantonalen Instanz noch streitig waren. Darunter sind die Anträge zu verstehen, die Gegenstand des Urteilsspruches sein sollen und, wenn gutgeheissen, an dessen Rechtskraft teilnehmen würden; die Begründung gehört nicht dazu. Das Interesse der Parteien an der einen oder anderen Begründung eines Urteilsspruchs fällt bei der Bestimmung des Streitwertes ausser Betracht.[65]

---

[60] Mit dem Korrektiv, Rechtsfragen von grundsätzlicher Bedeutung auch streitwertunabhängig anhand zu nehmen (Art. 74 Abs. 2, Art. 85).

[61] Botschaft 2001 4300 mit Verweis auf BBl 1943 120. Krit. dazu GEISER/MÜNCH[2]-MÜNCH, Rz 4.12, FN 41.

[62] GEISER/MÜNCH[2]-MÜNCH, Rz 4.12, FN 41 (m.w.Hinw.).

[63] Es wird ja wohl angenommen werden dürfen, dass der Gesetzgeber nicht davon ausging, die letzten kantonalen Instanzen würden bei ihrer Urteilsfindung auf die (Verhinderung der) Beschwerdemöglichkeit ans Bundesgericht schielen. Somit bleibt als Vorteil wohl nur, dass die Vorinstanz die Rechtsmittelbelehrung (inkl. der Angabe des Streitwerts nach Art. 112 Abs. 1 lit. d) verfassen kann, bevor sie das Urteil fällt.

[64] BGE 127 III 396 E. 1b/cc mit Verweis auf BGE 86 II 451 E. 2, 65 II 89, 78 II 181 und 78 III 286; S.a. POUDRET, Commentaire, Bd. I, Art. 36 N 2 (m.w.Hinw.), und SCHULLER, Streitwert, 51 ff.

[65] BGE 103 II 155 E. 2; 97 II 108 E. 1; POUDRET, Commentaire, Bd. I, Art. 36 N 3.1.

2. Bei Beschwerden gegen Teilentscheide (Abs. 1 lit. b)

Bei Beschwerden gegen Teilentscheide richtet sich der Streitwert nach den gesamten **26** Begehren, die vor der Instanz streitig waren, welche den Teilentscheid getroffen hat.

Für die Qualifikation eines mittels Beschwerde angefochtenen Entscheides als **Teilent-** **27** **scheid** vgl. Art. 91 N 3 ff.

Im Unterschied zur Streitwertberechnung bei Beschwerden gegen Endentscheide muss **28** die **massgebliche Instanz** somit nicht die unmittelbare Vorinstanz sein.[66] Wenn z.B. der Entscheid des letztinstanzlichen kantonalen Gerichts über einen Teilentscheid eines erstinstanzlichen kantonalen Gerichts beim Bundesgericht angefochten wird, dann ist die für die Streitwertbestimmung massgebliche Instanz das erstinstanzliche Gericht.

Mit der Regelung soll vermieden werden, dass eine Vorinstanz durch eine Trennung des **29** Prozesses in mehrere *Teilentscheide* den Zugang zum Bundesgericht beeinflussen kann.[67] Anders als das Gericht kann hingegen die Klagpartei diese Wirkung durch die Beschränkung der Klage auf eine Teilforderung (*Teilklage*) erreichen.

3. Bei Beschwerden gegen Vor- und Zwischenentscheide (Abs. 1 lit. c)

Bei Beschwerden gegen Vor- und Zwischenentscheide richtet sich der Streitwert nach **30** den Begehren, die vor der Instanz streitig sind, wo die Hauptsache hängig ist.

Für die Qualifikation eines mittels Beschwerde angefochtenen Entscheides als **Vor- oder** **31** **Zwischenentscheid** vgl. Art. 92 N 2 ff. bzw. Art. 93 N 1.

Im Unterschied zur Streitwertberechnung bei Beschwerden gegen Endentscheide muss **32** die **massgebliche Instanz** auch hier nicht die unmittelbare Vorinstanz sein.[68] Wenn z.B. der Entscheid des letztinstanzlichen kantonalen Gerichts über einen Vor- oder Zwischenentscheid eines erstinstanzlichen kantonalen Gerichts beim Bundesgericht angefochten wird, dann liegt die für die Streitwertbestimmung relevante Hauptsache immer noch beim erstinstanzlichen Gericht.

Mit einer anderen Lösung könnte der mit der Einräumung der Beschwerdemöglichkeit **33** gegen selbständig eröffnete Vor- und Zwischenentscheide verfolgte Zweck nicht erreicht werden. Mit der Beschwerdemöglichkeit gegen solche Entscheide soll verhindert werden, dass diese einen nicht wieder gutzumachenden Nachteil bewirken oder dass ein bedeutender Aufwand an Zeit oder Kosten für ein weitläufiges Beweisverfahren getrieben werden muss, obwohl mit der Gutheissung der Beschwerde sofort ein Endentscheid herbeigeführt werden könnte (Art. 93 N 2 ff., 6 ff.). Es wäre sinnlos, nicht denselben Streitwert zu verlangen wie in der Hauptsache.

4. Bei Klagen (Abs. 1 lit. d)

Bei Klagen bestimmt sich nach Art. 51 Abs. 1 lit. d der Streitwert nach den Begehren des **34** Klägers oder der Klägerin.

Die Einfügung dieser Bestimmung in Abs. 1 irritiert ein wenig. Die lit. a bis c dieses Ab- **35** satzes erfassen die *Beschwerden* ans Bundesgericht («der Streitwert bestimmt sich […] bei Beschwerden gegen …»), also konkret die Beschwerde in Zivilsachen[69] und die Beschwerde in öffentlich-rechtlichen Angelegenheiten;[70] die dritte Einheitsbeschwerdeart, die Beschwerde in Strafsachen, wäre – und war nach dem bundesrätlichen Entwurf –

---

[66] GÖKSU, Beschwerden, Rz 161.
[67] SEILER/VON WERDT/GÜNGERICH, BGG, Art. 51 N 18.
[68] GÖKSU, Beschwerden, Rz 161.
[69] Art. 72 ff.
[70] Art. 82 ff.

auch erfasst, sieht aber in der vom Parlament schliesslich beschlossenen Fassung kein Streitwerterfordernis mehr vor. Es wäre nun zu erwarten, dass die Regelung der Streitwertbestimmung bei **Klagen** in lit. d die Klage ans Bundesgericht als einzige Instanz[71] beträfe. Das hätte in der Form, wie sie der bundesrätliche Entwurf (für die Beschwerden) vorsah,[72] auch Sinn gemacht, weil die Differenzmethode in einem erstinstanzlichen Verfahren bei einem einzigen Gericht[73] logischerweise nicht anwendbar ist. Allerdings sah Art. 106 E 2001 (wie heute Art. 120) keinen Mindeststreitwert vor, so dass es diese Bestimmung hier (fast) obsolet war (und ist). Es kommt ihr einzig bei der Streitwertsbestimmung für die Festlegung von *Gerichtsgebühr* und *Parteientschädigung* im Falle von *Direktprozessen beim Bundesgericht* noch eine gewisse Bedeutung zu.

36 Was hingegen in Art. 51 **fehlt**, ist die **allgemeine Regel**, *wie* aus den Begehren, die in Abs. 1 lit. a bis c als massgeblich erklärt werden, *der Streitwert eruiert* werden soll. Für den Fall, dass solche Begehren nicht auf Bezahlung einer bestimmten Geldsumme lauten, enthält Abs. 2 die Regel: Das Bundesgericht setzt den Streitwert nach Ermessen fest (früher Art. 36 Abs. 2 OG). Was aber, wenn die durch Abs. 1 lit. a bis c erfassten Begehren auf Bezahlung einer bestimmten Geldsumme lauten? Die dafür anwendbare allgemeine Regel war früher in Art. 36 Abs. 1 OG festgehalten: Der Wert des Streitgegenstandes wird durch das klägerische Rechtsbegehren bestimmt. Entsprechend müsste die Bestimmung von Art. 51 Abs. 1 lit. d diese Funktion übernehmen, gehörte aber m.E. dafür als erster Satz in den Abs. 2.[74]

37 Dann wäre die *Systematik* sinnvoll hergestellt:

– Abs. 1 regelt, *welche Begehren* für den Streitwert betrachtet werden: bei Beschwerden gegen Endentscheide (lit. a), bei Beschwerden gegen Teilentscheide (lit. b) und bei Beschwerden gegen Vor- oder Zwischenentscheide (lit. c).

– Abs. 2 legt fest, *wie aus den* nach Abs. 1 *massgeblichen Begehren der Streitwert berechnet wird*, abhängig davon, ob das Begehren auf Bezahlung einer bestimmten Geldsumme lautet (im geltenden Text Abs. 1 lit. d, der zweckmässigerweise als Satz 1 in den Abs. 2 gehörte) oder nicht (im geltenden Text Abs. 2, würde damit zu Abs. 2 Satz 2).

– Abs. 3 legt fest, was *nicht in die Streitwertberechnung einbezogen* wird, obwohl es im Begehren enthalten ist, und

– Abs. 4 schliesslich regelt die Fälle, in denen *wiederkehrende oder dauernde Nutzungen oder Leistungen* Gegenstand des Streits sind.

38 In diesem Sinne werden die Auswirkungen des Art. 51 Abs. 1 lit. d sogleich unter N 39 ff. behandelt.

IV. Bestimmung des Streitwerts aus den massgeblichen Begehren (Abs. 2)

39 Art. 51 Abs. 2 soll die Frage beantworten, wie aus den nach Art. 51 Abs. 1 massgeblichen Begehren der Streitwert bestimmt wird. Nach der hier vertretenen Meinung (N 35 ff.) gehört die in Art. 51 Abs. 1 lit. d enthaltene Regel ebensosehr dazu und wird deshalb hier behandelt (N 40 ff.)

---

[71] Art. 120.

[72] Art. 47 Abs. 1 lit. a E 2001: «Der Streitwert bestimmt sich a. bei Beschwerden gegen Endentscheide nach der Differenz zwischen den vor der Vorinstanz streitig gebliebenen Begehren und dem Dispositiv des angefochtenen Entscheids» (heute Art. 51, aber mit geändertem Abs. 1).

[73] Anders, wenn im kantonalen Gerichtsorganisations- oder Zivilprozessrecht Streitwertgrenzen über die Zuständigkeit verschiedener erstinstanzlicher Gerichte entscheiden.

[74] Mangels der allgemeinen Regel muss WURZBURGER-TAPPY, Ziff. 25, die Berechnungsart e contrario aus Art. 51 Abs. 2 ableiten.

1. Bei Begehren auf Bezahlung einer bestimmten Geldsumme

Lautet das nach Art. 51 Abs. 1 massgebliche Begehren vorbehaltlos auf **Bezahlung einer bestimmten Geldsumme**, so entspricht der Streitwert diesem Betrag,[74a] selbst wenn dieser offensichtlich übersetzt sein sollte und nicht dem wirklichen vermögensrechtlichen Streitinteresse der Klagpartei entspricht.[75] Die Sanktion für eine übertrieben hohe Forderung ist die Auferlegung von Gerichtskosten und Parteientschädigung in dem Mass, als die Forderung übertrieben ist und abgewiesen wird.[76]   **40**

Unbeachtlich für die Streitwertbestimmung sind allfällige vertragliche *Gegenleistungen* der Beklagten oder *Gegenforderungen*, welche die Beklagten zur Verrechnung stellen.[77]   **41**

Wird nur eine **Teilforderung** eingeklagt, so ist nur der eingeklagte Betrag für den Streitwert massgebend.[78] Was vom Gericht nicht zu entscheiden ist, fällt auch für die Bestimmung des Streitwerts ausser Betracht. Ebensowenig wie der nicht eingeklagte Teil der Forderung sind bei der Bestimmung des Streitwerts Zinsen, Früchte, Gerichtskosten und Parteientschädigungen, die als Nebenrechte geltend gemacht werden, sowie Vorbehalte und die Kosten der Urteilsveröffentlichung zu berücksichtigen (Abs. 3, N 50 ff.).   **42**

Lautet das Begehren auf Leistung einer Geldsumme in **ausländischer Währung**, so ist die Forderung zum Wechselkurs im Zeitpunkt der Begründung der Rechtshängigkeit in Franken umzurechnen.[79]   **43**

2. Bei Begehren, die nicht auf Bezahlung einer bestimmten Geldsumme lauten

Lautet bei einer vermögensrechtlichen Streitigkeit das Begehren **nicht** auf **Bezahlung einer bestimmten Geldsumme**, so setzt das Bundesgericht den Streitwert nach Ermessen fest.   **44**

Die Bestimmung trägt der Schwierigkeit Rechnung, die entsteht, sobald das Begehren in einer vermögensrechtlichen Angelegenheit nicht auf die Bezahlung einer bestimmten Summe lautet. Das ist etwa der Fall bei Leistungsklagen, die auf Einräumung von Eigentum, anderer dinglicher Rechte oder Besitz, auf Tun oder Unterlassen gehen, oder bei Gestaltungsklagen.   **45**

Der Streitwert bei solchen Begehren wird vom Bundesgericht nach Ermessen festgesetzt. Es handelt sich dabei um eine **Schätzung**. Das Bundesgericht kann, wie es Art. 36 Abs. 2 OG früher festhielt, für seine Schätzung Sachverständige beiziehen.[80]   **46**

Das Bundesgericht hat den Streitwert nach einem **objektiven Massstab** zu schätzen; es geht darum, den Wert der geforderten Leistung oder des Vorteils, der sich aus dem streitigen Tun oder Unterlassen oder aus der geforderten Rechtsgestaltung ergibt, möglichst   **47**

[74a] Vgl. die entsprechende Regelung im Entwurf zur eidg. ZPO (Art. 89 Abs. 1 Satz 1 E-ZPO, BBl 2006 7432) und die Ausführungen dazu in der Botschaft (BBl 2006 7291).

[75] BGE 99 III 27 E. 1; WURZBURGER-TAPPY, Ziff. 25 Spiegelstrich 5; POUDRET, Commentaire, Bd. I, Art. 36 N 3.3 (m.w.Hinw.); BIRCHMEIER, Handbuch, Art. 36 N 2.

[76] POUDRET, Commentaire, Bd. I, Art. 36 N 3.3.

[77] BGE 102 II 397 E. 1; SEILER/VON WERDT/GÜNGERICH, BGG, Art. 51 N 19; GEISER/MÜNCH²-MÜNCH, Rz 4.16; POUDRET, Commentaire, Bd. I, Art. 36 N 3.5.

[78] POUDRET, Commentaire, Bd. I, Art. 36 N 7.4.

[79] WURZBURGER-TAPPY, Ziff. 25 Spiegelstrich 7; SEILER/VON WERDT/GÜNGERICH, BGG, Art. 51 N 20; POUDRET, Commentaire, Bd. 1, Art. 36 N 3.3.

[80] Nach WURZBURGER-TAPPY, Ziff. 25, Spiegelstrich 6, FN 47, ist der Beizug von Experten nur «pas totalement exclu».

objektiv zu schätzen.[81] Das bedeutet – worauf mit der Erwähnung des Ermessens des Bundesgerichts noch verstärkt hingewiesen wird –, dass das Bundesgericht *nicht gebunden* ist *an andere Schätzungen*, weder an die Schätzung durch die Vorinstanz noch an solche von Betreibungs- oder Steuerbehörden, an Schätzungen der Parteien, zwischen ihnen vereinbarte Preise oder ein allfälliges Affektionsinteresse einer Partei.[82] In der Praxis wird das Bundesgericht wohl wie bis anhin von einer Schätzung der Vorinstanz nicht abweichen,[82a] ausser wenn die für die Schätzung verwendeten Kriterien einer objektiven Prüfung nicht standzuhalten vermögen. Orientieren kann sich das Bundesgericht aber, beispielsweise bei der Schätzung des Streitwerts bei einer Klage auf Eigentumsübertragung, an einem nachweisbaren Verkehrs- oder Marktwert oder, z.B. bei der Schätzung des Streitwerts einer Mietausweisung aus einer zu verkaufenden Liegenschaft, am daraus entstehenden Verspätungsschaden. Vertragliche Gegenleistungen der Beklagten, beispielsweise bei Klagen auf Erfüllung oder Rückabwicklung eines zweiseitigen Vertrages, bleiben aber ausser Betracht.[83] Im Kollokationsprozess bestimmt sich der Streitwert nach der Differenz zwischen der Dividende, welche gem. Kollokationsplan auf die umstrittene Forderung entfällt, und derjenigen, welche sich ergibt, wenn die Klage gutgeheissen würde.[84] Das Bundesgericht braucht seine Schätzung nicht in genauen Zahlen anzugeben, wenn die erforderliche Streitwertgrenze offensichtlich überschritten oder offensichtlich nicht erreicht wird.[84a]

48 Das BGG enthält keine Regelung für den Fall, dass Interesse der Klagpartei und der Beklagten *nicht gleich hoch* geschätzt wird. Nach der bisherigen Praxis ist auf den *höheren Betrag* abzustellen.[85]

49 Ebensowenig enthält das BGG eine Regelung für die Frage, auf welchen Zeitpunkt bei der Schätzung des Streitwertes abzustellen ist. Auch wenn für die Bestimmung des Streitwertes die Begehren im Moment vor dem Entscheid der Vorinstanz massgeblich sind (Abs. 1 lit. a, N 19 ff.), ist – nach der bisherigen Praxis – für die Schätzung des Streitwertes auf den **Zeitpunkt der Begründung der Rechtshängigkeit** abzustellen.[86] Inzwischen eingetretene *Wertänderungen*, Wertverminderungen wie Werterhöhungen, etwa durch Kursänderungen von fremden Währungen oder Wertschriften, aber auch infolge des Konkurses der beklagten Partei, sind unbeachtlich.[87] Ist beispielsweise der Streitwert bei einer Klage auf Eigentumsübertragung an bestimmten Aktien auf Fr. 32 000.– geschätzt (100 Aktien zum Kurswert von Fr. 320.– im Zeitpunkt der Klageinreichung), dann bleibt es bei diesem Betrag, auch wenn der Kurswert der Aktien inzwischen auf Fr. 280.– gesunken ist. Hingegen sind Änderungen des Klagumfanges, z.B. durch teilweise Anerkennung oder teilweisen Abstand, zu berücksichtigen.[88]

---

[81] POUDRET, Commentaire, Bd. 1, Art. 36 N 5.1. Vgl. auch Botschaft zur eidg. ZPO (BBl 2006 7291 zu Art. 89 Abs. 2 E-ZPO).

[82] BGE 90 II 135 E. 1; POUDRET, Commentaire, Bd. 1, Art. 36 N 4.3 und 5.1.

[82a] Vgl. z.B. BGer, II. ZA, 20.7.2007, 5A_212/2007, E. 1.2.

[83] BGE 116 II 431 E. 1 (Wandelungsklage); SEILER/VON WERDT/GÜNGERICH, BGG, Art. 51 N 19; POUDRET, Commentaire, Bd. 1, Art. 36 N 5.2 (m.w.Hinw.).

[84] BGE 131 III 451 E. 1.2.

[84a] Vgl. z.B. BGer, II. ZA, 20.7.2007, 5A_212/2007, E. 1.2 (Streitwertgrenze nicht erreicht); I. ZA, 22.6.2007, 4A_24/2007, E. 1.3 (Streitwertgrenze erreicht).

[85] BGE 109 II 245 E. 1; POUDRET, Commentaire, Bd. I, Art. 36 N 4.3. Vgl. auch Botschaft zur eidg. ZPO (BBl 2006 7291 zu Art. 89 Abs. 2 E-ZPO).

[86] SEILER/VON WERDT/GÜNGERICH, BGG, Art. 51 N 22; POUDRET, Commentaire, Bd. 1, Art. 36 N 6.

[87] BGE 116 II 431 E. 1; 87 II 190; SEILER/VON WERDT/GÜNGERICH, BGG, Art. 51 N 22; POUDRET, Commentaire, Bd. 1, Art. 36 N 6.

[88] BGE 116 II 431 E. 1; GEISER/MÜNCH[2]-MÜNCH, Rz 4.16 (FN 56).

V. Nebenrechte und Vorbehalte (Abs. 3)

Zinsen, Früchte, Gerichtskosten und Parteientschädigungen, die als **Nebenrechte** geltend **50**
gemacht werden, sowie Vorbehalte und die Kosten der Urteilsveröffentlichung fallen bei
der Bestimmung des Streitwerts nicht in Betracht.[88a]

Abs. 3 schliesst bestimmte Posten, die in den Begehren der Parteien enthalten sein kön- **51**
nen, von der Streitwertrechnung aus, sei es wegen ihrer ausschliesslich *akzessorischen
Natur* (Zinsen, Früchte), weil sie im Zeitpunkt der Streitwertbestimmung noch *nicht
abgeschätzt* werden können (Gerichtskosten, Parteientschädigungen, mindestens jene des
Verfahrens vor Bundesgericht, und Kosten der Urteilsveröffentlichung) oder weil sie
eben gerade *nicht Gegenstand des Prozesses* bilden (Vorbehalte).[89]

Zu den **Zinsen** gehören laufende wie rückständige, vertraglich vereinbarte wie gesetz- **52**
liche Zinse, Schadenszinse wie Verzugszinse; zu den **Früchten** gehört alles, was die
Streitsache, eine Sache oder ein Recht abwerfen kann, also beispielsweise die Ernte oder
bei Aktien die Dividende oder Bezugsrechte, bei Wertpapieren der Gegenwert der ihnen
beigegebenen Coupons. Unerheblich ist, ob die als Nebenforderung geltend gemachten
Zinse den Wert der Hauptforderung übersteigen oder nicht.[90] Entscheidend unter dem
Gesichtspunkt der Streitwertberechnung ist allein das Merkmal der *Akzessorietät zur
eingeklagten Hauptforderung*. Damit ist es klar, dass der Ausschluss von Zinsen und
Früchten zur Streitwertbestimmung nicht gilt, wenn sie nicht akzessorisch zur Hauptforderung, sondern als eigenständige Forderung geltend gemacht werden, also selber
Gegenstand der Hauptforderung sind, etwa wenn sie als Zins eines Kapitals gefordert
werden, das selber nicht Teil des Streitgegenstandes bildet (etwa, weil es bereits gezahlt
wurde), oder wenn sie Berechnungskomponenten für Regressforderungen oder für
Forderungen aus ungerechtfertigter Bereicherung darstellen und in diesen neuen Haupt-
forderungen aufgegangen sind.[91]

Zu den **Gerichtskosten und Parteientschädigungen** zählen alle im Verfahren um diesen **53**
Streitgegenstand angefallenen Gerichtskosten und Parteientschädigungen, sei es im lau-
fenden Verfahren vor Bundesgericht, sei es vor den Vorinstanzen. Ebenfalls dazu gehören
Kosten aus allenfalls vorangegangenen, dazu gehörenden Verfahren (Betreibung, Arrest,
Hinterlegung).[92]

Zu den **Vorbehalten** gehört jede Art von Ausbedingungen, beispielsweise Nachklage- **54**
vorbehalte oder Rektifikationsvorbehalte.[93] Diese vorbehaltenen Bereiche sind nicht Gegenstand des laufenden Verfahrens, sind deshalb vom Gericht nicht zu entscheiden und
fallen darum auch bei der Streitwertberechnung ausser Betracht.

Zu den **Kosten der Urteilsveröffentlichung** gehören alle Kosten, die durch die in einer **55**
vermögensrechtlichen Streitigkeit akzessorisch geforderte Urteilsveröffentlichung entstehen, beispielsweise für die Publikation des Urteils in einer Tageszeitung gem. deren
Insertionstarif. Im Vergleich zu Art. 36 Abs. 3 OG stellt Art. 51 Abs. 2 nun klar, dass es
um die Kosten der akzessorisch geforderten Urteilsveröffentlichung, nicht um den
Streitwert der Urteilsveröffentlichung als solche geht.[94]

[88a] Vgl. die entsprechende Regelung im Entwurf zur eidg. ZPO (Art. 89 Abs. 1 Satz 2 E-ZPO,
BBl 2006 7432) und die Ausführungen dazu in der Botschaft (BBl 2006 7291).
[89] POUDRET, Commentaire, Bd. 1, Art. 36 N 7.1.
[90] SEILER/VON WERDT/GÜNGERICH, BGG, Art. 51 N 23.
[91] BGE 118 II 363 E. 1 (m.w.Hinw.); POUDRET, Commentaire, Bd. 1, Art. 36 N 7.6.
[92] POUDRET, Commentaire, Bd. I, Art. 37 N 7.3; BIRCHMEIER, Handbuch, Art. 36 N 4.
[93] POUDRET, Commentaire, Bd. 1, Art. 36 N 7.4.
[94] Vgl. dazu POUDRET, Commentaire, Bd. I, Art. 36 N 7.5.

56   Sind in der Hauptforderung solche Nebenrechte enthalten, z.B. Zinsen des geforderten Kapitals zu diesem hinzugerechnet, müssen sie für die Bestimmung des Streitwertes wieder **abgezogen** werden. *Ausgenommen* ist der Fall, wo sie nicht akzessorisch zur Hauptforderung, sondern als eigenständige Forderung geltend gemacht werden, also selber Gegenstand der Hauptforderung sind (N 52).

VI. Wiederkehrende Nutzungen oder Leistungen (Abs. 4)

57   Als Wert wiederkehrender Nutzungen oder Leistungen gilt der Kapitalwert. Bei ungewisser oder unbeschränkter Dauer gilt als Kapitalwert der zwanzigfache Betrag der einjährigen Nutzung oder Leistung, bei Leibrenten jedoch der Barwert.[94a]

58   Der Streitwert ist bei wiederkehrenden Nutzungen und Leistungen – insb. bei ungewisser oder unbeschränkter Dauer – schwierig zu bestimmen. Deshalb stellt Abs. 4 Regeln auf für verschiedene Fälle von wiederkehrenden Nutzungen und Leistungen: die generelle Regel der Kapitalisierung in Satz 1, eine spezielle Regelung bei ungewissen oder unbeschränkter Dauer in Teil 1 von Satz 2, und schliesslich eine abweichende Regel für Leibrenten im Teil 2 von Satz 2.

59   Unter **wiederkehrenden Nutzungen und Leistungen** sind einerseits *Nutzungsrechte* zu verstehen, bei denen dem Berechtigten eine ununterbrochene Nutzung zusteht wie etwa bei Nutzniessungen, Wohnrechten, Wegrechten oder Wasserrechten; andererseits fallen darunter identische oder annähernd gleichbleibende *Leistungen*, die aufgrund eines Dauerschuldverhältnisses geschuldet sind und periodisch anfallen, wie Renten, Löhne oder Mieten, nicht aber Leistungen etwa aus Sukzessivlieferungs- oder Konsumkreditverträgen.[95] Voraussetzung für die Anwendung der Kapitalisierungsvorschrift ist, dass die Gesamtheit der Leistungen Gegenstand der Forderung ist, nicht bloss einzelne Teilleistungen daraus, etwa einzelne rückständige Mietzinszahlungen.[96]

60   Generell bei wiederkehrenden Nutzungen und Leistungen gilt als Streitwert der **Kapitalwert**. Das Gesetz sagt allerdings – ausser in den Fällen von Satz 2, also bei ungewisser oder unbeschränkter Dauer und bei Leibrenten – nichts dazu aus, wie die Kapitalisierung zu erfolgen hat.

61   Ist die **Dauer** der Leistung oder Nutzung **ungewiss oder unbeschränkt**, so gilt, ungeachtet der tatsächlichen Marktzinssätze, der *zwanzigfache Betrag der einjährigen Nutzung oder Leistung* als Kapitalwert, was einem Zinssatz von 5% entspricht.[97] Diese Berechnung ist etwa anzuwenden bei der Berechnung des Streitwerts eines streitigen Wegrechts (zwanzigfacher Betrag einer wegen des Wegrechts eingesparten Garagen-Jahresmiete),[98] eines streitigen Wasser(nutzungs)rechts,[99] bei der Ermittlung des Streitwerts einer Klage wegen unlauteren Wettbewerbs (zwanzigfacher Betrag des Bruttojahresgewinns)[100] oder bei einer Streitigkeit über die Tarife der Zusatzversicherung zur Krankenversicherung[101] oder bei Mietzinserhöhungen (zwanzigfacher Betrag der streitigen Jahreserhöhung),[102] nicht jedoch bei Anfechtungen von Kündigungen und bei Be-

---

[94a]   Vgl. auch die entsprechende Regelung im Entwurf zur eidg. ZPO (Art. 90 Abs. 1 und 2 E-ZPO, BBl 2006 7432) und die Ausführungen dazu in der Botschaft (BBl 2006 7291).

[95]   POUDRET, Commentaire, Bd. I, Art. 36 N 8.1.

[96]   POUDRET, Commentaire, Bd. I, Art. 36 N 8.1.

[97]   POUDRET, Commentaire, Bd. I, Art. 36 N 8.2.

[98]   BGE 84 II 614 E. 1.

[99]   BGE 89 II 287 E. 1.

[100]   BGE 114 II 91 E. 1.

[101]   BGE 124 III 231 E. 2c.

[102]   BGE 121 III 397 E. 1; 119 II 147 E. 1; 118 II 422 E. 1.

gehren um Erstreckung von Mietverhältnissen: Dort bestimmt sich nach der bisherigen Bundesgerichtspraxis zu Art. 36 Abs. 4 und 5 OG der Streitwert aufgrund des Mietzinses für den Zeitraum, während dem der Mietvertrag fortdauern würde, wenn die Kündigung nicht gültig wäre, also bis zum nächsten ordentlichen Kündigungstermin,[103] allenfalls bis zum Ende des dreijährigen Kündigungsschutzes nach Abschluss eines mit dem Mietverhältnis zusammenhängenden Schlichtungs- oder Gerichtsverfahrens;[104] diese Praxis wird von einem Teil der Lehre aus dogmatischen Gründen kritisiert,[105] vom einem anderen Teil aber mit dem Bedürfnis nach einer klaren und einfachen Lösung gerechtfertigt.[106] Es wird aber auch – umgekehrt – die Frage gestellt, ob die gesetzliche Regelung sachgerecht sei, die dazu führe, dass bei Lohn- und Mietzinsstreitigkeiten – mit regelmässig gegebener kurzfristiger Kündigungsmöglichkeit – bereits ein Monatsbetreffnis von Fr. 62.50 den Weg ans Bundesgericht öffne.[107]

Bei **Leibrenten** gilt als Streitwert – in Abweichung von der Regel von Halbsatz 1 von Satz 2 – stets der *Barwert*, der aufgrund von Barwerttafeln ermittelt werden kann.[108] Als Leibrente gilt nicht bloss der Leibrentenvertrag nach Art. 516 ff. OR, sondern ebenso die Leibrentenverträge, die unter das VVG fallen,[109] sowie andere Renten, die bis zu einem bestimmten Ereignis – üblicherweise bis zum Tod des Empfängers – zu bezahlen sind. **62**

VII. Verfahrenshinweis

Das BGG schreibt vor, dass Entscheide, die der Beschwerde an das Bundesgericht unterliegen, den Parteien schriftlich zu eröffnen sind. Zwingend ist vorgeschrieben, dass diese Entscheide auch eine Rechtsmittelbelehrung enthalten müssen einschliesslich der **Angabe des Streitwerts**, soweit das BGG für die Beschwerde eine Streitwertgrenze vorsieht (Art. 112 N 10).[110] **63**

Art. 52*

Zusammen-rechnung	**Mehrere in einer vermögensrechtlichen Sache von der gleichen Partei oder von Streitgenossen und Streitgenossinnen geltend gemachte Begehren werden zusammengerechnet, sofern sie sich nicht gegenseitig ausschliessen.**
Addition	Les divers chefs de conclusions formés dans une affaire pécuniaire par la même partie ou par des consorts sont additionnés, à moins qu'ils ne s'excluent.
Pluralità di pretese	Nelle cause di carattere pecuniario le conclusioni di una parte o di litisconsorti sono sommate, sempreché non si escludano a vicenda.

---

[103] BGE 119 II 147 E. 1; 111 II 384 E. 1; Seiler/von Werdt/Güngerich, BGG, Art. 51 N 24; Geiser/Münch²-Münch, Rz 4.16; Poudret, Commentaire, Bd. 1, Art. 36 N 8.4.

[104] Art. 271a Abs. 1 lit. e OR; BGer, I. ZA, 6.7.2004, 4C.198/2004, E. 2.2.

[105] Poudret, Commentaire, Bd. 1, Art. 36 N 8.4.

[106] Geiser/Münch²-Münch, Rz 4.16.

[107] So Tschannen-Walter, 117 f.: 20 x 12 x Fr. 62.50 = Fr. 15 000.– (Art. 74 Abs. 1 lit. a).

[108] Wurzburger-Tappy, Ziff. 25 Spiegelstrich 7.

[109] Vgl. Art. 520 OR.

[110] Art. 112 Abs. 1 lit. d.

* Der Verfasser dankt Dr. Stephan Wullschleger, Appellationsgerichtspräsident Basel-Stadt, herzlich für die kritische Durchsicht und anregende Diskussion.

Materialien

Art. 49 E ExpKomm; Art. 48 E 2001, BBl 2001, 4491; Botschaft 2001 BBl 2001 4300; AB 2003 S 897; AB 2004 N 1593.

Literatur

S. Literatur zu Art. 51.

I. Allgemeine Bemerkungen

1. Normzweck

1   Art. 52 regelt die Streitwertberechnung für den Fall, dass in einem Verfahren vor Bundesgericht eine Partei mehrere Begehren geltend macht oder dass mehrere Parteien auf der Klag- und/oder Beklagtenseite beteiligt sind. Die Begehren gehen also untereinander immer *in die gleiche Richtung*, entweder als mehrere Begehren einer Klagpartei gegen eine Beklagte (N 7), als Begehren mehrerer Parteien auf der Klagseite gegen dieselbe Beklagte oder als Begehren einer Klagpartei gegen mehrere Parteien auf der Beklagtenseite (N 8 ff., 11) – im Unterschied zu der Art. 53 zugrunde liegenden Konstellation, wo es um die Streitwertberechnung der von den Parteien *gegenseitig geltend gemachten Begehren* (Klage und Widerklage) geht (Art. 53 N 1 ff.).

2   Bezüglich des **Normzwecks** der Regelung wird erstens etwa geltend gemacht, es soll dadurch *verhindert* werden, dass die verschiedenen Begehren durch *sachlich widersprechende Entscheidungen* erledigt werden.[1] Dafür wäre es allerdings unnötig, die verschiedenen Begehren zusammenzurechnen; es würde reichen, für alle Begehren die Weiterzugsmöglichkeit ans Bundesgericht vom Erreichen des Streitwerterfordernisses durch eines der Begehren – mit dem höchsten Streitwert – abhängig zu machen. Zweitens wird vom Bundesgericht etwa angeführt, die Zusammenrechnung sei eine dem Kläger aus Gründen der *Verfahrensökonomie* eingeräumte Erleichterung (une facilité accordée au demandeur).[2] Eine Erleichterung ist es aber gerade nicht, wenn das Bundesgericht bei der subjektiven Klagenhäufung nicht (mehr) nur darauf abstellt, ob über die verschiedenen Begehren vor der Vorinstanz in einem einzigen Urteil entschieden worden ist, son-

---

[1] Diese Zweckbestimmung schimmert etwa durch bei BIRCHMEIER, Handbuch, 155, N 3 a.E., oder bei GOEPFERT, Streitwertberechnung, 23, bezüglich Klagen aus gleichem Klaggrund.
[2] BGE 99 II 125 E. 1.

dern die Frage, ob eine Streitgenossenschaft bestehe, nach BZP beurteilt (N 18). Es lässt sich drittens nicht wegdiskutieren, dass die Zusammenrechnung für die verschiedenen Begehren, die je einzeln aufgrund eines zu niedrigen Streitwerts nicht vor Bundesgericht angefochten werden könnten, die Weiterzugsmöglichkeit herstellt. Dahinter steckt der Gedanke, dass die Anfechtung vor Bundesgericht zulässig sein soll, wenn eine *Streitsache «als Ganzes»* die erforderliche Streitwertgrenze erreicht, was – angesichts der Erhöhung der bzw. Einführung von Streitwertgrenzen im BGG – an Bedeutung gewinnen wird. Allerdings wird man dann auch fragen müssen, wie eng ein Zusammenhang sein muss, damit es ein «Ganzes» gibt.

Der Normzweck lässt sich somit nicht auf einen einzigen der Zwecke reduzieren, son-   **3**
dern umfasst letztlich wohl Aspekte aller drei aufgeführten Begründungen.

2. Verhältnis zur altrechtlichen Regelung im OG

Art. 52 entspricht – mit kleinen Unterschieden, auf die im Folgenden hingewiesen wird[3]   **4**
– der Regelung in Art. 47 Abs. 1 OG. Es ist deshalb davon auszugehen, dass die bisherige Rechtsprechung des Bundesgerichts zu Art. 47 Abs. 1 OG weiterhin von Bedeutung ist.[4] Als Vorinstanzen kommen aber – neben den letzten kantonalen Instanzen wie bisher bei der Berufung – auch letztinstanzliche öffentlich-rechtliche Vorinstanzen (insb. das Bundesverwaltungsgericht) in Betracht.

II. Voraussetzungen für die Zusammenrechnung

1. Allgemein

Eine Zusammenrechnung erfolgt nur in einer **vermögensrechtlichen Sache** – kann nur   **5**
dort erfolgen, da nicht vermögensrechtliche Streitigkeiten keinen Streitwert aufweisen. Zur Qualifikation als vermögensrechtlich vgl. Art. 51 N 11 ff.

2. Unterscheidungen

a) Objektive Klagenhäufung

Es gilt zu unterscheiden zwischen objektiver Klagenhäufung (N 7) und subjektiver   **6**
Klagenhäufung (N 8 ff.).

Eine **objektive Klagenhäufung** stellt die Geltendmachung *mehrerer Begehren* durch die   **7**
Klagpartei gegenüber der Beklagtenpartei dar. Diese Begehren können auf einem und *demselben Rechtsgrund* basieren (z.B. Lohn, Anteil am Geschäftsergebnis und Provision aus Arbeitsvertrag, Art. 322 ff. OR, die Verbindung von Unterlassungs- und Schadenersatzklage oder von Schadenersatzklage mit der Geltendmachung einer Vertragsstrafe,[5] Verbindung von Feststellungs-, Schadenersatz- und Genugtuungsklage aus einer Persönlichkeitsverletzung[6]) oder sich auf *mehrere verschiedene Rechtsgründe* stützen (einerseits Forderung aus Mietvertrag, andererseits Forderung aus Werkvertrag). Keine Klagenhäu-

---

[3] So wurde beispielsweise die Differenz zwischen dem Wortlaut des allgemeinen Streitwertberechnungsartikels und demjenigen des Zusammenrechnungsartikels beseitigt, indem in zweiterem nicht mehr von «mehreren Ansprüchen» (Art. 47 Abs. 1 OG), sondern von «mehreren Begehren» (Art. 52) die Rede ist; im französischen Text hiess und heisst es «divers chefs de conclusions»; zu den entsprechenden Interpretationsproblemen bezüglich des OG-Wortlautes vgl. POUDRET, Commentaire, Bd. II, Art. 47 N 1.2.1.

[4] Ebenso WURZBURGER-TAPPY, Ziff. 17, FN 33.

[5] BIRCHMEIER, Handbuch, 154.

[6] BGer, II. ZA, 7.12.2006 (i.S. Schnyder gg. Ringier), 5C.66/2006, E. 1.

fung, sondern eine Klagekonkurrenz besteht, wenn ein Begehren auf mehrere Rechtsgründe gestützt wird. Ob die Klagenhäufung von Verfahrensbeginn weg bestand oder erst später im Laufe des kantonalen oder bundesverwaltungsgerichtlichen Verfahrens realisiert wird, ist unerheblich.

b) Subjektive Klagenhäufung

8   Eine **subjektive Klagenhäufung** besteht darin, dass *auf der Klag- und/oder Beklagtenseite je mehrere Personen* beteiligt sind, in dem Sinne, dass entweder eine Klagpartei Begehren gegen eine Mehrzahl von Beklagten geltend macht oder dass mehrere Personen auf der Klagseite Begehren gegen einen Beklagten geltend machen. Während unter der Geltung von Art. 47 Abs. 1 OG noch begründet werden musste, dass die Zusammenrechnungsregel auch eine Personenmehrheit auf Beklagtenseite miterfasst,[7] stellt das der BGG-Wortlaut durch die Verwendung von «Partei» anstelle von «Kläger» klar.

9   Bei den **Streitgenossenschaften**, den Personenmehrheiten auf der Klag- und/oder Beklagtenseite, ist weiter zu unterscheiden zwischen der notwendigen Streitgenossenschaft (N 10) und der freiwilligen (oder einfachen) Streitgenossenschaft (N 11).

10   Eine **notwendige Streitgenossenschaft** besteht bei Rechten, die nur durch eine Mehrheit von Personen oder umgekehrt nur gegen eine Mehrzahl von Personen geltend gemacht werden kann (z.B. bei Gesamthandverhältnissen wie bei der Gütergemeinschaft, Erbengemeinschaft, einfachen Gesellschaft usw.). Ein Erbe allein ist berechtigt, das Urteil über die Erbteilung unabhängig von seinen Miterben anzufechten; jedoch muss er auf Grund des materiellen Bundeszivilrechts bei der Anfechtung des Teilungsurteils alle Miterben belangen.[8] Hier stellt sich somit die Frage nach der Zusammenrechnung des Streitwerts nicht.[9] Wenn jedoch bei einem Gesamthandverhältnis jedes einzelne Mitglied solidarisch haftet, etwa jeder Erbe für die Schulden des Erblassers (Art. 603 Abs. 1 ZGB), dann besteht für diese Forderung keine notwendige, sondern allenfalls eine freiwillige Streitgenossenschaft. Wenn der Gläubiger sich nicht nur an den nach seiner Ansicht zahlungskräftigsten Erben hält, sondern seine Forderung gegenüber alle oder mehreren der Erben geltend macht, stehen diese zueinander im Verhältnis einer freiwilligen passiven Streitgenossenschaft.

11   Eine **freiwillige (oder einfache) Streitgenossenschaft** besteht dann, wenn an einem Verfahren ohne zwingende gesetzliche Vorschrift eine Mehrheit von Personen als Kläger (*aktive Streitgenossenschaft*) oder Beklagte (*passive Streitgenossenschaft*) beteiligt ist. Eine freiwillige aktive Streitgenossenschaft liegt etwa vor, wenn mehrere von einer vergleichenden Werbung betroffene Konkurrenten wegen unlauteren Wettbewerbs gegen den vergleichend Werbenden klagen.[10] Nur diese freiwillige Streitgenossenschaft ist im Zusammenhang mit der Zusammenrechnung von Bedeutung.

3. Voraussetzungen bezüglich der Begehren

a) Mehrheit von Begehren

12   Der Wortlaut von Art. 52 stellt keine Anforderungen bezüglich der Begehren, die zusammengerechnet werden dürfen, ausser dass sie sich nicht gegenseitig ausschliessen dürfen (N 13). Selbstverständliche, aber nicht immer einfach zu beurteilende Voraussetzung ist eine **Mehrheit von Begehren**. Damit mehrere Begehren zusammengerechnet

---

[7]   BIRCHMEIER, Handbuch, 155.
[8]   BGE 130 III 550.
[9]   POUDRET, Commentaire, Bd. II, N 1.2.1. (m.w.Hinw.) und 1.2.4.
[10]   BGE 104 II 124 E. 1.

werden können, müssen mehrere Begehren vorliegen; es muss sich um Verschiedenes und nicht um Gleiches handeln. Deswegen darf nicht zusammengezählt werden, wenn eine Forderung gleichzeitig von mehreren Solidargläubigern oder gegen mehrere Solidarschuldner geltend gemacht wird[11] oder wenn in einem Verfahren der gleiche Anspruch durch den Kläger und durch einen Intervenienten geltend gemacht wird.[12] Dieser Sachverhalt ist aber zu unterscheiden von der Nichtzusammenrechnung aufgrund der Akzessorietät von Begehren: Der Wert eines Pfandrechts und der dadurch gesicherten Forderung werden ebenfalls nicht zusammengezählt, aber nicht weil es sich nicht um eine Mehrzahl handelt, sondern weil das Pfandrecht nicht unabhängig, sondern bloss akzessorisch zur Forderung besteht und die Tilgung der Schuld auch den Untergang des Pfandrechts bewirkt.[13] Das Gleiche gilt für das Verhältnis zwischen dem Begehren auf Feststellung des Bestehens eines Rechts und dem Begehren auf Erfüllung.[14]

b) Kein gegenseitiger Ausschluss der zusammenzurechnenden Begehren

Nicht zusammengerechnet werden die verschiedenen, von der gleichen Partei oder von Streitgenossen und Streitgenossinnen geltend gemachten Begehren, wenn sie sich gegenseitig ausschliessen.[14a] Der **gegenseitige Ausschluss** der Begehren kann im materiellen Recht begründet sein oder sich aus dem Willen des Klägers ergeben. Nach dem *materiellen Recht* schliessen sich Begehren aus, wenn die Gutheissung des einen Begehren zwingend die Abweisung des oder der anderen zur Folge hat. So steht beim Fahrniskauf im Gewährleistungsfall wegen Mängel der Sache entweder die Wandelung oder die Minderung zur Verfügung (Art. 205 OR).[15] Aus dem *Willen des Klägers* ergibt sich die Ausschliessung insbesondere, wenn er Begehren alternativ oder in Form von Haupt- und Eventualbegehren stellt.[16]

13

4. Voraussetzungen bei der objektiven Klagenhäufung

Voraussetzung dafür, dass bei einer objektiven Klagenhäufung für die Frage des Streitwertes im Verfahren vor Bundesgericht eine Zusammenrechnung erfolgen darf, ist (abgesehen davon, dass sich die Begehren nicht gegenseitig ausschliessen dürfen: N 13), dass die Vorinstanz (N 4) über die Ansprüche in einem **einzigen Urteil** entschieden hat.[17] Werden mit einer einzigen Beschwerde mehrere verschiedene letztinstanzliche kantonale oder bundesverwaltungsgerichtliche Urteile angefochten,[18] erfolgt ebensowenig eine Zusammenrechnung wie für den Fall, dass das Bundesgericht mehrere Beschwerdeverfahren zusammenlegt.[19]

14

Ob eine objektive Klagenhäufung **zulässig** ist, also die verschiedenen Begehren des Klägers gegen den Beklagten in einem einzigen Verfahren beurteilt werden, oder ob eine

15

---

[11] BIRCHMEIER, Handbuch, 156 N 4.
[12] POUDRET, Commentaire, Bd. II, N 1.2.1 mit Verweis auf BGE 95 II 200, wobei das Bundesgericht allerdings die Zusammenrechnung ausschliesst, weil die Forderung der Intervenienten diejenige des Klägers ausschliesse.
[13] POUDRET, Commentaire, Bd. II, Art. 47 N 1.2.1 (m.w.Hinw.).
[14] POUDRET, Commentaire, Bd. II, Art. 47 N 1.2.1 (m.w.Hinw.).
[14a] Vgl. auch die entsprechende Regelung im Entwurf zur eidg. ZPO (Art. 91 Abs. 1 E-ZPO, BBl 2006 7433) und die Ausführungen dazu in der Botschaft (BBl 2006 7291 f.)
[15] POUDRET, Commentaire, Bd. II, Art. 47 N 1.5.
[16] SEILER/VON WERDT/GÜNGERICH, BGG, Art. 52 N 3, POUDRET, Commentaire, Bd. II, Art. 47 N 1.5; BIRCHMEIER, Handbuch, 156 f., E. 5.
[17] BGE 116 II 587 E. 1; POUDRET, Commentaire, Bd. II, Art. 47 N 1.3.
[18] BGE 78 II 181 E. a; POUDRET, Commentaire, Bd. II, Art. 47 N 1.3.
[19] BGE 111 II 270 E. 1; POUDRET, Commentaire, Bd. II, Art. 47 N 1.3.

Klagteilung vorgenommen wird, entscheidet sich nach dem kantonalen Prozessrecht bzw. nach dem für das Bundesverwaltungsgericht massgeblichen Verfahrensrecht.

16   Wenn bei der objektiven Klagenhäufung im kantonalen Verfahren eine Vereinigung verschiedener Rechtsbegehren stattgefunden hat, wovon nur einige vor Bundesgericht noch streitig sind, dann berücksichtigt das Bundesgericht für die Zusammenrechnung **nur die noch streitigen Begehren**; die nicht mehr streitigen werden mit den noch streitigen Ansprüchen nur dann zusammengerechnet, wenn sie miteinander zusammenhängen (si elles sont connexes).[20] Die Lehre *kritisiert* diese Praxis: Wenn der *Zeitpunkt*, auf den für die Streitwertberechnung grundsätzlich abgestellt wird, der Moment vor dem Urteil der Vorinstanz ist (Art. 51 N 19 ff.), sei es falsch, für die Frage der Zusammenrechnung bei der objektiven Klagenhäufung nicht auf diesen Zeitpunkt abzustellen und mit der Berücksichtigung nur solcher Forderungen, die vor dem Bundesgericht noch streitig sind, also das (damals dem OG und nun auch) dem BGG fremde Kriterium des Beschwers (Gravamen) einzubeziehen.[21]

5. Voraussetzungen bei der subjektiven Klagenhäufung

17   Voraussetzung dafür, dass bei einer subjektiven-Klagenhäufung für die Frage des Streitwertes im Verfahren vor Bundesgericht eine Zusammenrechnung erfolgen darf, ist wiederum, dass die Vorinstanz (N 4) über die Ansprüche in einem **einzigen Urteil** entschieden hat.[22]

18   Ob eine subjektive Klagenhäufung **zulässig** ist, also in einem einzigen Verfahren beurteilt wird, oder ob eine Klagteilung vorgenommen wird, entscheidet sich primär nach dem kantonalen Prozessrecht bzw. nach dem für das Bundesverwaltungsgericht massgeblichen Verfahrensrecht (abgesehen davon, dass nur Begehren zusammengerechnet werden dürfen, die sich nicht gegenseitig ausschliessen: N 13). Nach einem Teil der Lehre – und nach der früheren bundesgerichtlichen Rechtsprechung[23] – ist es auch die einzige Voraussetzung, dass die Begehren vor der letzten kantonalen Instanz vereint behandelt und in einem einzigen Urteil entschieden worden sind.[24] Das Bundesgericht allerdings entscheidet seit 1977 die Frage, ob – falls die letzte kantonale Instanz in einem Urteil über die vereinigten Begehren entschieden hat – die Mehrheit eine *Streitgenossenschaft* darstelle, deren Begehren zur Streitwertberechnung für das Verfahren vor Bundesgericht zusammengerechnet werden dürfen, nicht nach dem jeweiligen kantonalen, sondern *nach Bundesrecht*. Zwar enthalte das OG (und nun auch das BGG) keine ausdrückliche Regelung der Streitgenossenschaft, aber Art. 40 OG (und nun Art. 71) halte fest, dass, wo das OG (und heute das BGG) keine besonderen Bestimmungen über das Verfahren enthalte, die Vorschriften des BZP Anwendung fänden (Art. 71: sinngemäss anwendbar seien). Deshalb bestimme sich der Begriff der Streitgenossen nach Art. 24 BZP.[25] Diese Auslegung wird – wie erwähnt (N 2) – vom Bundesgericht damit begründet, die Zusammenrechnung sei eine dem Kläger aus Gründen der Verfahrensökonomie

---

[20] BGE 99 II 125 Regeste und E. 1.

[21] POUDRET, Commentaire, Bd. II, Art. 47 N 1.2.3 (m.w.Hinw.).

[22] BGE 116 II 587 E. 1; POUDRET, Commentaire, Bd. II, Art. 47 N 1.3.

[23] POUDRET, Commentaire, Bd. II, Art. 47 N 1.4, zur Änderung der bundesgerichtlichen Praxis durch BGE 103 II 41.

[24] POUDRET, Commentaire, Bd. II, Art. 47 N 1.4, mit Verweis auf die ältere Lehre und BGE 86 II 59; 89 II 370 E. 6; 95 II 200; 100 II 453 E. 1.

[25] BGE 103 II 41 E. 1c; **a.M.** ausdrücklich BIRCHMEIER, Handbuch, 155, wonach der Begriff der Streitgenossen in Art. 47 OG nicht derjenige von (damals noch) Art. 6 aBZP sei; er sei nicht im eigentlichen Sinne zu nehmen, sondern habe bloss den Sinn mehrerer Kläger.

eingeräumte Erleichterung (une facilité accordée au demandeur).[26] Sie schafft jedoch eine erhebliche *Rechtsunsicherheit*, indem selbst dann, wenn die Vorinstanz über verschiedene Begehren mit feststehendem Streitwert in einem einzigen Urteil entschieden hat, völlig offen ist, ob die Personenmehrheit eine Streitgenossenschaft i.S.v. Art. 24 BZP darstellt. Abgesehen davon wird die Zulässigkeit einer subjektiven Klagenhäufung nach Art. 24 Abs. 2 lit. b BZP bei nicht gleichen, sondern nur gleichartigen, auf einem im Wesentlichen gleichartigen tatsächlichen und rechtlichen Grunde beruhende Ansprüchen davon abhängig gemacht, dass die Zuständigkeit des Bundesgerichts für jeden einzelnen Anspruch begründet ist, was ja im Zusammenhang bezüglich des Streitwerts mit der Zusammenrechnung eben gerade nicht erforderlich ist.

III. Rechtsfolge

Sind die Voraussetzungen erfüllt, dann dürfen die entsprechenden Begehren **zusammengerechnet** und in ihrer Summe an den für die Zulassung der Beschwerde in Zivilsachen[27] bzw. der Beschwerde in bestimmten Bereichen von öffentlich-rechtlichen Angelegenheiten[28] geltenden Streitwertgrenze gemessen werden.

19

Art. 53[*]

Widerklage	[1] Der Betrag einer Widerklage wird nicht mit demjenigen der Hauptklage zusammengerechnet.

[2] Schliessen die in Hauptklage und Widerklage geltend gemachten Ansprüche einander aus und erreicht eine der beiden Klagen die Streitwertgrenze nicht, so gilt die Streitwertgrenze auch für diese Klage als erreicht, wenn sich die Beschwerde auf beide Klagen bezieht.

Demande reconventionnelle	[1] Le montant d'une demande reconventionnelle et celui de la demande principale ne sont pas additionnés.

[2] Si les conclusions de la demande principale et de la demande reconventionnelle s'excluent et si l'une de ces demandes n'atteint pas à elle seule la valeur litigieuse minimale, cette demande est quand même réputée atteindre la valeur litigieuse minimale si le recours porte sur les deux demandes.

Domanda riconvenzionale	[1] L'importo della domanda riconvenzionale non è sommato con quello della domanda principale.

[2] Qualora le pretese della domanda principale e quelle della domanda riconvenzionale si escludano a vicenda e una della due domande non raggiunga il valore litigioso minimo, tale valore è reputato raggiunto anche per quest'ultima se il ricorso verte su entrambe le domande.

---

[26] BGE 99 II 125 E. 1.
[27] Art. 74.
[28] Art. 85.
[*] Der Verfasser dankt Dr. Stephan Wullschleger, Appellationsgerichtspräsident Basel-Stadt, herzlich für die kritische Durchsicht und anregende Diskussion.

Materialien

Art. 50 E ExpKomm; Art. 49 E 2001, BBl 2001 4491; Botschaft 2001 BBl 2001 4300; AB 2003 S 897; AB 2004 N 1593.

Literatur

S. Literatur zu Art. 51.

I. Allgemeine Bemerkungen

1. Normzweck

1   Art. 53 regelt das Verhältnis von Haupt- und Widerklage in Bezug auf den Streitwert. Es geht also – in Abgrenzung zur Regelung in Art. 52 (Art. 52 N 1) – um gegeneinander gerichtete Begehren. Hier wird nun in Abs. 1 der Grundsatz der *Nichtaddition* des Betrages von Haupt- und Widerklage festgelegt: Jede der Klagen muss mit ihrem eigenen Streitwert die Streitwertgrenze erreichen, damit gegen sie die Beschwerde ans Bundesgericht zulässig ist. Wenn sich aber die Ansprüche, die in Hauptklage und Widerklage geltend gemacht werden, gegenseitig ausschliessen, dann findet nach Abs. 2 eine *Kompetenzattraktion* statt: Wenn nur eine der Klagen die Streitwertgrenze erreicht, dann gilt die Streitwertgrenze, wenn sich die Beschwerde auf beide Klagen bezieht, auch für die andere Klage als erreicht. Bezweckt wird mit dieser Kompetenzattraktion die *Verhinderung widersprüchlicher Entscheidungen.*[1] Diese könnten entstehen, wenn aufgrund der für das bundesgerichtliche Verfahren (im Vergleich zum Verfahren vor der Vorinstanz) höheren Streitwertgrenze zwei verschiedene Gerichte letztinstanzlich über die zwei Klagen urteilen, deren Ansprüche sich gegenseitig ausschliessen.

2. Verhältnis zur altrechtlichen Regelung im OG

2   Art. 53 entspricht – mit kleinen begrifflichen Unterschieden, die beispielsweise berücksichtigen, dass die Erreichung der Streitwertgrenzen nicht mehr nur über die Zulassung einer Berufung entscheidet,[2] sondern nun Voraussetzung ist für die Zulassung der Beschwerde in Zivilsachen[3] wie auch der Beschwerde in öffentlich-rechtlichen Angelegenheiten in bestimmten Bereichen[4] – der altrechtlichen Regelung in Art. 47 Abs. 2 und 3 OG. Es ist deshalb davon auszugehen, dass die bisherige Rechtsprechung des

---

[1] Poudret, Commentaire, Bd. II, Art. 47 N 3.
[2] Art. 44 OG.
[3] Art. 74 Abs. 1.
[4] Art. 85 Abs. 1.

Bundesgerichts zu Art. 47 Abs. 2 und 3 OG weiterhin von Bedeutung ist.[5] Als Vorinstanzen, deren Entscheide angefochten werden können, kommen aber – neben den letzten kantonalen Instanzen wie bisher bei der Berufung – auch letztinstanzliche öffentlichrechtliche Vorinstanzen (insb. das Bundesverwaltungsgericht) in Betracht.

II. Nichtzusammenrechnung von Hauptklage und Widerklage (Abs. 1)

Die Frage nach der Zusammenrechnung stellt sich nur in einer **vermögensrechtlichen** 　**3**
Sache – kann sich nur dort stellen, da nicht vermögensrechtliche Streitigkeiten keinen Streitwert aufweisen. Zur Qualifikation als vermögensrechtlich vgl. Art. 51 N 11 ff.

Die **Widerklage** ist eine Klage, mit welcher ein ins Recht gefasster Beklagter gegenüber 　**4**
der Klagpartei die Vorklage «erwidert». Sie ist, wie es das Bundesgericht[6] umschreibt, weder Angriffs- noch Verteidigungsmittel, sondern **Klage wie die Vorklage**, ein gegen den Angriff geführter Gegenangriff, mit welchem die Beklagtenseite ein selbständiges Ziel verfolgt, indem sie einen von der Vorklage nicht erfassten, unabhängigen Anspruch ins Recht legt. In gewissem Sinne atypisch – und Grund für etliche Schwierigkeiten bei der Streitwertbestimmung in der Vergangenheit[7] – ist die Ergreifung der Widerklage, wenn der Widerkläger mit der Klage (nur) verrechnen will.

Der **Streitwert** bestimmt sich bei der Widerklage wie bei jeder anderen Klage auch 　**5**
nach Art. 51 (Art. 51 N 18 ff.).[8] Im Fall einer (Wider-)Klagenhäufung richtet sich die Zusammenrechnung auch wie bei einer anderen Mehrzahl von Begehren nach Art. 52 (Art. 52 N 6 ff.).[9]

Bei der Berechnung des Streitwerts der Widerklage darf bei einander nicht ausschliessenden, mit Klage und Widerklage geltend gemachten Ansprüchen – bei den anderen 　**6**
stellt sich die Frage logischerweise nicht – der zur **Verrechnung** mit der (insoweit anerkannten) Klagforderung gestellte Teil der widerklageweise geltend gemachten Gesamtforderung nicht mitberechnet werden, da sich die Widerklageforderung um den durch Verrechnung getilgten Forderungsbetrag reduziert.

Die Regel, dass der Betrag von (Haupt-)Klage und Widerklage nicht zusammenzurech- 　**7**
nen sind, gilt nach den meisten kantonalen Zivilprozessordnungen.[10] Die gewichtigste Ausnahme ist in der ZPO des Kantons Zürich verankert; nach deren Art. 19 Abs. 2 wird der Streitwert der Widerklage mit demjenigen der Hauptklage zusammengerechnet, soweit sich Haupt- und Widerklage nicht gegenseitig ausschliessen. Die kantonalen Verwaltungsverfahrens- oder -prozessordnungen sehen zum Teil Widerklagen in Klageverfahren vor, in der Regel aber ohne ein Streitwerterfordernis und damit logischerweise auch ohne Regeln für die Streitwertbestimmung.

Das **Verbot der Addition** der Beträge von Klage und Widerklage ist **nicht unbestritten**. 　**8**
Wenn das Bundesgericht (N 4) anführt, die Widerklage sei nicht Verteidigungsmittel gegen eine Klage, sondern Klage wie die Vorklage, ein gegen den Angriff geführter Gegenangriff, mit welchem die Beklagtenseite ein selbständiges Ziel verfolgt, indem sie einen

---

[5]　Ebenso Wurzburger-Tappy, Ziff. 17, FN 33.
[6]　BGE 124 III 207 E. 1 mit Verweis auf BGE 123 III 35 E. 3c.
[7]　BGE 95 II 281, insb. 283; Poudret, Commentaire, Bd. II, Art. 47 N 3.2; Birchmeier, Handbuch, 157.
[8]　Poudret, Commentaire, Bd. II, Art. 47 N 2.1.
[9]　Poudret, Commentaire, Bd. II, Art. 47 N 2.1.
[10]　Poudret, Commentaire, Bd. II, Art. 47 N 2.2. Vgl. auch die entsprechende Regelung im Entwurf zur eidg. ZPO (Art. 92 Abs. 1 E-ZPO, BBl 2006 7433) und die Ausführungen dazu in der Botschaft (BBl 2006 7292).

von der Vorklage nicht erfassten, unabhängigen Anspruch ins Recht legt,[11] dann erhöht sich die Bedeutung der Streitsache wie bei einer objektiven Klagenhäufung, und es ist schwer nachvollziehbar, weshalb hier nicht gelten soll, was dort gilt: die Zusammenrechnung, soweit sich die Begehren nicht ausschliessen.[12] Auch wenn bezweifelt werden darf, ob die Regel der Nichtaddition sachgerecht ist, ist de lege lata an der Unzulässigkeit der Zusammenrechnung nach BGG nicht zu rütteln.

III. Kompetenzattraktion bei einander ausschliessenden Ansprüchen (Abs. 2)

9   Wenn die in Hauptklage und Widerklage geltend gemachten Ansprüche einander ausschliessen und eine der beiden Klagen die Streitwertgrenze nicht erreicht, so gilt die Streitwertgrenze auch für diese Klage als erreicht, wenn sich die Beschwerde auf beide Klagen bezieht.

1. Voraussetzungen

a) Gegenseitiger Ausschluss der in Haupt- und Widerklage geltend gemachten Ansprüche

10   Erste Voraussetzung ist, dass sich die in der Hauptklage und in der Widerklage geltend gemachten Ansprüche **gegenseitig ausschliessen**.

11   Klage und Widerklage schliessen sich gegenseitig *nicht* aus, wenn die Widerklage unabhängig vom Urteil über die Klage auch gutgeheissen oder abgewiesen werden kann, oder umgekehrt: Sie schliessen sich gegenseitig aus, wenn die **Gutheissung der einen** Klage zwingend die **Abweisung der anderen** zur Folge hat. Der Ausschluss kann *materiellrechtlich oder logisch* begründet sein. Irrelevant ist es, ob die Ansprüche aus Klage und Widerklage aus einem und demselben Rechtsgeschäft stammen: Auch konnexe Ansprüche aus dem gleichen Rechtsgeschäft müssen sich nicht zwingend gegenseitig ausschliessen, und andererseits können sich zwei Ansprüche auch gegenseitig ausschliessen, wenn sie sich auf unterschiedliche Rechtsgründe stützen, aber die ganze oder teilweise Gutheissung des einen logischerweise die entsprechende Abweisung des anderen zur Folge haben muss, etwa bei Haftungskollisionen.[13]

12   In den folgenden Fällen[14] *schliessen sich Ansprüche gegenseitig aus* und kommt deshalb eine Kompetenzattraktion in Frage:

– Die Klage auf Kaufpreiszahlung und die Widerklage auf Schadenersatz wegen Nichterfüllung des Kaufvertrages;

– die Klage auf Bezahlung des Kaufpreises und die Widerklage, mit welcher infolge Wandelung Ersatz der Kosten für die Feststellung der Mängel geltend gemacht wird;[15]

---

[11] BGE 124 III 207 E. 1 mit Verweis auf BGE 123 III 35 E. 3c; **a.M.** aber offenbar noch die von POUDRET, Commentaire, Art. 47 N 2.2, zitierte ältere Literatur (H. DESCHENAUX/J. CASTELLA, La nouvelle procédure civile fribourgeoise, Fribourg 1960, 44), welche das Additionsverbot damit begründen wollen, dass die Widerklage vor allem ein Mittel der Verteidigung gegen die Hauptklage sei.

[12] POUDRET, Commentaire, Bd. II, Art. 47 N 2.2 mit Verweis auf ältere Literatur (M. GULDENER, Schweizerisches Zivilprozessrecht, 3. Aufl., Zürich 1979, 114 f., Ziff. 6 lit. b, und G. LEUCH, Die Zivilprozessordnung für den Kanton Bern, 4. Aufl., Bern 1985, 156, Art. 139 N 3).

[13] BGE 108 II 51 E. 1, wo aber festgestellt wurde, dass sich Ansprüche aus Werkeigentümerhaftung und aus Motorfahrzeughalterhaftung im konkreten Fall gegenseitig nicht ausschliessen.

[14] POUDRET, Commentaire, Bd. II, Art. 47 N 3.2; WURZBURGER, Conditions, 157 f.; BIRCHMEIER, Handbuch, Art. 47 N 7.

[15] Art. 208 Abs. 2 OR; SEILER/VON WERDT/GÜNGERICH, BGG, Art. 53 N 3.

– die Klage des Mieters auf Schadenersatz wegen ungenügenden Unterhalts des Mietobjekts und die Widerklage des Vermieters auf Ausführung dieser Reparaturarbeiten;

– die Klage auf Rückzahlung von Geschäftseinlagen und die Widerklage auf Auflösung und Liquidation der Gesellschaft.

Andererseits *schliessen sich Ansprüche* in den folgenden Fällen *gegenseitig nicht aus* und **13** steht deshalb eine Kompetenzattraktion nicht in Frage:

– Die Klage auf Auflösung einer Gesellschaft und die Widerklage über Modalitäten der Liquidation;

– die Klage des Arbeitnehmers auf Schadenersatz wegen ungerechtfertigter fristloser Entlassung und die Widerklage des Arbeitgebers auf Rückgabe von Arbeitsgeräten oder auf Schadenersatz für ihm vom Arbeitnehmer zugefügten Schaden;

– von Unternehmen gegenseitig geltend gemachte Ansprüche aus unlauterem Wettbewerb;

– aus einem Werkvertrag die Klage auf Vollendung oder Verbesserung eines Werkes und die Widerklage auf Leistung der Vergütung für die bereits ausgeführte Arbeit.[16]

b) Streitwertgrenze nur durch eine der beiden Klagen erreicht

Art. 53 Abs. 2 setzt weiter das Vorliegen einer Hauptklage und einer Widerklage voraus, **14** von denen – nach den allgemeinen Regeln (N 5) berechnet – **nur die eine** die für die Zulassung der Beschwerde erforderliche **Streitwertgrenze erreicht**.

c) Beschwerde auf beide Klagen bezogen

Was unter der Geltung des OG noch zu Auseinandersetzungen Anlass gab,[17] ist heute **15** durch den Wortlaut des Gesetzes klar: Nur wenn die Beschwerde **auf beide Klagen**, Haupt- und Widerklage, bezogen ist, kann eine Kompetenzattraktion stattfinden.

Wenn vor der Vorinstanz Hauptklage und Widerklage mit einander ausschliessenden An- **16** sprüchen abgewiesen worden sind und der Beklagte und Widerkläger mit Beschwerde nur die Abweisung seiner Widerklage anficht, diese aber – im Gegensatz zur Hauptklage – die Streitwertgrenze nicht erreicht, dann ist eine Voraussetzung für die Kompetenzattraktion nicht erfüllt.

2. Rechtsfolge: Streitwertgrenze gilt auch für die andere Klage als erreicht

Sind die erwähnten Voraussetzungen erfüllt, dann gilt die Streitwertgrenze auch **für** **17** diejenige der **beiden Klagen** erfüllt, die selber einen zu tiefen Streitwert aufweist. So wird erreicht, dass das Bundesgericht über beide Klagen entscheiden kann, womit widersprüchliche Entscheidungen vermieden werden.

---

[16] POUDRET, Commentaire, Bd. II, Art. 47 N 3.2 mit Verweis auf WURZBURGER, Conditions, 158.
[17] Vgl. POUDRET, Commentaire, Bd. II, Art. 47 N 3.1 (m.w.Hinw.).

7. Abschnitt: Verfahrenssprache

Art. 54[*]

[1] Das Verfahren wird in einer der Amtssprachen (Deutsch, Französisch, Italienisch, Rumantsch Grischun) geführt, in der Regel in der Sprache des angefochtenen Entscheids. Verwenden die Parteien eine andere Amtssprache, so kann das Verfahren in dieser Sprache geführt werden.

[2] Bei Klageverfahren wird auf die Sprache der Parteien Rücksicht genommen, sofern es sich um eine Amtssprache handelt.

[3] Reicht eine Partei Urkunden ein, die nicht in einer Amtssprache verfasst sind, so kann das Bundesgericht mit dem Einverständnis der anderen Parteien darauf verzichten, eine Übersetzung zu verlangen.

[4] Im Übrigen ordnet das Bundesgericht eine Übersetzung an, wo dies nötig ist.

[1] La procédure est conduite dans l'une des langues officielles (allemand, français, italien, rumantsch grischun), en règle générale dans la langue de la décision attaquée. Si les parties utilisent une autre langue officielle, celle-ci peut être adoptée.

[2] Dans les procédures par voie d'action, il est tenu compte de la langue des parties s'il s'agit d'une langue officielle.

[3] Si une partie a produit des pièces qui ne sont pas rédigées dans une langue officielle, le Tribunal fédéral peut, avec l'accord des autres parties, renoncer à exiger une traduction.

[4] Si nécessaire, le Tribunal fédéral ordonne une traduction.

[1] Il procedimento si svolge in una delle lingue ufficiali (tedesco, francese, italiano, rumantsch grischun), di regola nella lingua della decisione impugnata. Se le parti utilizzano un'altra lingua ufficiale, il procedimento può svolgersi in tale lingua.

[2] Nei procedimenti promossi mediante azione è tenuto conto della lingua delle parti, sempreché si tratti di una lingua ufficiale.

[3] Se una parte produce documenti non redatti in una lingua ufficiale, il Tribunale federale può, previo assenso delle altre parti, rinunciare a esigerne la traduzione.

[4] Per il rimanente, il Tribunale federale ordina una traduzione se necessario.

---

[*] Die Kommentierung gibt nur die persönliche Meinung des Verfassers wieder.

Materialien

Art. 51 E ExpKomm; Art. 50 E 2001 BBl 2001 4491; Botschaft 2001 BBl 2001 4300 f.; AB 2003 S 897; AB 2004 N 1593.

Literatur

M. ALBERTINI, Der verfassungsmässige Anspruch auf rechtliches Gehör im Verwaltungsverfahren des modernen Staates, Bern 2000 (zit. Albertini, rechtliches Gehör); M. BORGHI, § 37 Langues nationales et langues officielles, 593 ff., in: D. Thürer/J.-F. Aubert/J.P. Müller, Verfassungsrecht (zit. Thürer/Aubert/Müller-Borghi); B. BOVAY, Les dispositions générales de procédures, in: U. Portmann (Hrsg.), La nouvelle loi sur le Tribunal fédéral, Lausanne 2007, 27 ff. (zit. Portmann/Bovay); E. CATENAZZI, Linguaggio giuridico e lingua delle sentenze, in: Commissione ticinese per la formazione permanente dei giuristi, a cura di M. Borghi, Lingua e diritto, Basel/Genf/München 2005, 93 ff. (zit. Catenazzi, Linguaggio giuristi); A. GUCKELBERGER, Das Sprachenrecht in der Schweiz, ZBl 106/2005, 609 ff. (zit. Guckelberger, ZBl 2005); N. JEANDIN, Les dispositions générales de la LTF, in: B. Foëx/M. Hottelier/N. Jeandin (Hrsg.), Les recours au Tribunal fédéral, Zürich/Basel/Genf 2007, 43 ff. (zit. Foëx/Hottelier/Jeandin-Jeandin); A. PAPAUX, Droit des langues en matière judiciaire, Die Schweizer Richterzeitung/Justice-Justiz-Giustizia, 2006/2 (Papaux, Justiz 2006); D. RICHTER, Sprachenordnung und Minderheitenschutz im schweizerischen Bundesstaat, Berlin/Heidelberg/New York 2005 (zit. Richter, Sprachenordnung).

I. Allgemeine Bemerkungen

Die **Mehrsprachigkeit** ist ein besonderes Merkmal der Schweizerischen Eidgenossen- 1 schaft.[1] Art. 4 BV bezeichnet Deutsch, Französisch, Italienisch und Rätoromanisch als die vier Landessprachen des Bundes. Nach Art. 70 Abs. 1 BV bilden die ersten drei gleichzeitig die Amtssprachen des Bundes, während das Rätoromanische nur im Verkehr mit Personen rätoromanischer Sprache ebenfalls eine Amtssprache des Bundes ist.[2] Auf kantonaler Ebene (vgl. dazu Art. 70 Abs. 2 BV) sind der Kanton Graubünden dreispra-chig (Deutsch, Italienisch und Rätoromanisch) und die Kantone Freiburg, Wallis und Bern zweisprachig (jeweils Deutsch und Französisch),[3] während alle anderen Kantone nur eine Amtssprache kennen.[4] Diese Mehrsprachigkeit hat nicht nur Auswirkungen auf die Rechtsetzung[5] und die Verwaltungspraxis, sondern auch auf die Rechtsprechung. Für die Verfahren vor dem Bundesgericht bedarf es daher einer Vorschrift über die darin zu verwendende Sprache.

---

[1] Dazu etwa THÜRER/AUBERT/MÜLLER-BORGHI, Rz 8 ff.; RICHTER, Sprachenordnung, 263 ff.
[2] THÜRER/AUBERT/MÜLLER-BORGHI, Rz 30; GUCKELBERGER, ZBl 2005, 617 ff.; SGK-KÄGI-DIENER, N 10. Vgl. nunmehr auch das Bundesgesetz vom 5.10.2007 über die Landessprachen und die Verständigung zwischen den Sprachgemeinschaften (Sprachengesetz, SpG; Referen-dumsvorlage in BBl 2007 6951).
[3] Dazu THÜRER/AUBERT/MÜLLER-BORGHI, Rz 36; RICHTER, Sprachenordnung, 549 ff. Vgl. dazu auch Art. 21 Abs. 2 des Bundesgesetzes vom 5.10.2007 über die Landessprachen und die Ver-ständigung zwischen den Sprachgemeinschaften (Sprachengesetz, SpG; Referendumsvorlage in BBl 2007 6951, 6956).
[4] AUBERT/MAHON, commentaire, Art. 70 N 5; PAPAUX, Justiz 2006, Rz 6 f.
[5] Dazu etwa CATENAZZI, Linguaggio giuristi, 107 ff.; G. CAUSSIGNAC, Mehrsprachige Recht-setzung, ius.full 3+4/2006, 152 ff.

2 Art. 54 regelt in diesem Sinne die **Verfahrenssprache des Bundesgerichts** sowie allfällige **Abweichungen** davon, insb. beim Umgang mit Unterlagen, die nicht in einer zugelassenen Sprache verfasst sind. Im Unterschied dazu enthalten Art. 42 Abs. 1 und 6 die sprachlichen Vorschriften zur Abfassung von Rechtsschriften (dazu Art. 42).

3 Die Regeln von Art. 54 sind **zwingender Natur**. Weder die Sprachenfreiheit nach Art. 18 BV[6] noch der Anspruch auf rechtliches Gehör gem. Art. 29 Abs. 2 BV[7] räumen dem Rechtsuchenden einen unbeschränkten Anspruch darauf ein, die Verfahrenssprache frei zu wählen.

4 Das Bundesgericht verfügt über ein gewisses **Ermessen bei der Bestimmung und bei Abweichungen von der Verfahrenssprache.** Dies geht aus verschiedenen Formulierungen im Gesetzeswortlaut wie dem Ausdruck «in der Regel» in Art. 54 Abs. 1 erster Satz oder wie dem Wort «kann» in Art. 54 Abs. 1 zweiter Satz und Art. 54 Abs. 3 hervor. Auch die Pflicht zur Rücksichtnahme auf die Sprache der Parteien in Art. 54 Abs. 2 bewirkt eine lediglich relative Verbindlichkeit.

5 Das **bisherige Recht** schrieb einzig die Sprache der Rechtsschriften[8] und des Urteils[9] vor, wobei die für die Urteilssprache geltende Regelung sinngemäss auch auf die Verfahrensinstruktion angewendet wurde.[10] Dass das Gesetz die Sprache des ganzen Verfahrens bestimmt, stellt insofern eine Erweiterung dar. Eine Neuerung bildet auch die ausdrückliche gesetzliche Anerkennung des Rumantsch Grischun als Verfahrenssprache.

II. Verfahrenssprache (Abs. 1 und 2)

1. Festlegung der Verfahrenssprache

6 Art. 54 Abs. 1 und 2 enthalten die Regeln für die im bundesgerichtlichen Verfahren zu verwendende Sprache. Die **Verfahrenssprache** ist **in jedem Einzelfall** festzulegen. Sie wird regelmässig am Anfang des Verfahrens, nach Eingang der Beschwerdeschrift, bestimmt und bleibt grundsätzlich im ganzen Verfahren dieselbe.

7 Die Bestimmung der Verfahrenssprache erfolgt gemeinhin durch stillschweigende (konkludente) **Anordnung des Instruktionsrichters** (des Abteilungspräsidenten oder eines anderen von diesem beigezogenen Richters; vgl. Art. 32), die sich ohne weiteres aus der in den gerichtlichen Schriften verwendeten Sprache ergibt. Nur bei besonderem Bedarf ergeht ein entsprechender ausdrücklicher Entscheid des Bundesgerichts. Ein solcher kann sich etwa dann rechtfertigen, wenn von der im Gesetz vorgesehenen Regel bei der Bestimmung der Verfahrenssprache abgewichen wird oder wenn eine Partei ausdrücklich beantragt, es sei eine andere Sprache zu benutzen.

8 Bei der Verfahrenssprache muss es sich zwingend um eine **Amtssprache des Bundes** (dazu N 24 ff.) handeln.

---

[6] BGer, I. ÖRA, 11.1.2005, 1S.6/2004, E. 2.2, SJ 127/2005 I, 315 (auszugsweise); vgl. auch VPB 65/2001, Nr. 72, 783 ff.

[7] ALBERTINI, rechtliches Gehör, 342.

[8] Art. 30 Abs. 1 OG.

[9] Art. 37 Abs. 3 OG.

[10] BGE 130 I 234, 238 f., E. 3.5.

2. *Anwendungsbereiche*

a) *Anwendung im externen Verkehr*

Die Verfahrenssprache gelangt **im Umgang mit den Parteien**, also im externen Verkehr,   **9**
zur Anwendung. Sie kommt sowohl für schriftliche als auch für mündliche Prozesshandlungen zum Zuge.[11] Die Verfahrenssprache ist demnach nicht nur für Gerichtsurkunden
wie verfahrensleitende Verfügungen, Ladungen und die gefällten Urteile, sondern auch
für Parteiverhandlungen und -befragungen sowie für sonstige Ermittlungshandlungen wie
allfällige Zeugeneinvernahmen und Gutachten anwendbar.[12]

Inbesondere die **Eröffnung des Urteils** (dazu Art. 60) stellt eine externe Prozesshand-   **10**
lung dar, weshalb sie, selbst wenn sie mündlich erfolgt, in der Verfahrenssprache zu ergehen hat. Dasselbe gilt für die **schriftliche Begründung** des Entscheids; diese muss
daher in aller Regel von einem Gerichtsschreiber verfasst werden, der die Verfahrenssprache nicht nur passiv, sondern auch aktiv beherrscht.

Bei den – vor Bundesgericht seltenen – **Partei- oder Zeugenbefragungen** können je   **11**
nach den Sprachkenntnissen der zu befragenden Personen andere Sprachen Anwendung
finden. Eventuell kann es sich sogar ergeben, dass sich die befragten Personen abweichend von der grundsätzlich üblichen Verwendung der Standardsprachen eines Dialekts
oder Regionalidioms bedienen, wenn sie sich darin besser auszudrücken vermögen und
dies vorziehen. Der Instruktionsrichter zieht in solchen Fällen bei Bedarf für die Verhandlungen bzw. Befragungen einen Richter bei (vgl. Art. 55 Abs. 3), der die zweite
verwendete Sprache beherrscht.[13] Soweit notwendig, ist im Übrigen mit Übersetzungen
(aus einer Fremd- oder einer anderen Amtssprache) oder Transkriptionen (etwa aus Dia-
lekt in Schriftsprache) zu arbeiten (dazu N 39 ff.).

Selbst wenn in diesem Sinne ausnahmsweise im gleichen bundesgerichtlichen Verfahren   **12**
mehr als eine Amtssprache Anwendung finden, bildet **nur eine** davon die eigentliche
Verfahrenssprache. Dies gilt es namentlich bei der Eröffnung und Begründung des Urteils zu beachten.

Abgesehen von den erwähnten möglichen Ausnahmen ist dem Bundesgericht die **Ver-**   **13**
wendung einer anderen Sprache als der Amtssprachen für externe Prozesshandlungen verboten. Insb. ist es ausgeschlossen, in einer Verfügung oder einem Urteil, namentlich im Dispositiv, ganze Anordnungen, die genauso gut in einer Amtssprache ergehen
können, in einer anderen Sprache zu verfassen.[14] Zulässig ist es hingegen, Ausdrücke
(einzelne Worte, Wortfolgen oder Satzteile) oder ausnahmsweise sogar ganze Sätze in
einer Sprache zu zitieren, die nicht Amtssprache ist. Das trifft insb. zu, wenn es sich um
Fachausdrücke handelt oder wenn die Zitate für die Rechtsfindung von Bedeutung sind.
Am häufigsten dürfte dies bei lateinischen oder englischen Ausdrücken oder Wendungen
der Fall sein.[15] Abgesehen davon bleibt aber zu beachten, dass es sich bei der englischen

---

[11] Vgl. THÜRER/AUBERT/MÜLLER-BORGHI, Rz 28.
[12] BVK-MALINVERNI, Rz 27.
[13] Vgl. PAPAUX, Justiz 2006, Rz 33.
[14] Vgl. BGer, II. ÖRA, 24.7.2001, 2A.206/2001, E. 3b/bb; GUCKELBERGER, ZBl 2005, 618.
[15] Vgl. etwa für juristische Begriffe BGE 132 III 564, 571 E. 3.2.3 («culpa in contrahendo»),
    BGE 133 III 153, 157 E. 2.4 («restitutio in integrum»), BGE 133 I 100, 103 E. 4.4 («fair trial»)
    oder BGE 130 I 388, 394 E. 5.1 («civil rights»), für technische Fachausdrücke BGE 132 II 257,
    274, E. 6.1 (z.B. «long run incremental costs»), BGer, II. ÖRA, 24.7.2001, 2A.206/2001,
    E. 3b/bb (z.B. «calling line identification») sowie BGer, I. ZA, 31.7.1996, 4A.12/1995, sic!
    1/1997, 77, E. 4 («perpetuum mobile») und für medizinische Fachbegriffe BGE 130 V 396, 397,
    E. 5.1 («morbus …»), BGE 116 V 239, 240 E. 3b («human immunodeficiency virus») sowie als

Sprache nicht um eine schweizerische Amtssprache und damit nicht um eine zulässige Verfahrenssprache handelt.

14 Zwar sind die **Parteien** gem. Art. 42 Abs. 1 in der Wahl einer Amtssprache für ihre Rechtsschriften frei. Es wird von ihnen aber erwartet, dass sie die vom Bundesgericht bestimmte **Verfahrenssprache verstehen,** solange sie nicht dartun, dass sie dazu aus nachvollziehbaren Gründen ausserstande wären[16] (dazu N 47).

b) Anwendung im internen Verkehr

15 Im **gerichtsinternen** – schriftlichen oder mündlichen – **Verkehr** besteht keine Pflicht zur Verwendung der Verfahrenssprache. Insoweit sind die Gerichtsmitglieder, die Gerichtsschreiber und das weitere Personal des Bundesgerichts bei der Wahl der Sprache frei. Soweit sie allerdings in amtlicher Funktion handeln, müssen sie sich im Hinblick auf die Gewährleistung der Funktionsfähigkeit des Gerichts auch im internen Verkehr so ausdrücken, dass sie von den anderen Mitwirkenden verstanden werden. Das bedeutet, dass sie sich wenigstens im Zusammenhang mit der Behandlung eines Falls einer Amtssprache zu bedienen haben. Üblicherweise wird dabei die Mutter- bzw. Herkunftssprache verwendet. Die italienisch sprechenden und rätoromanischen Gerichtspersonen drücken sich freilich häufig in Deutsch oder Französisch aus, um von den anderen besser verstanden zu werden. Das gilt insb. für die **Urteilsberatung** (dazu Art. 58).[17] Selbst wenn diese öffentlich ist (vgl. Art. 59), handelt es sich im Grunde genommen um einen gerichtsinternen Verfahrensabschnitt. Der Zwang zur Verwendung der Verfahrenssprache besteht daher nicht, wohl aber die Pflicht, sich in einer Amtssprache nach Wahl auszudrücken. Mitunter, wenn auch eher selten, ergeht auch der Antrag des referierenden Gerichtsmitglieds in einer anderen als der Verfahrenssprache.[18]

3. Verfahrenssprache bei der nachträglichen Rechtspflege

16 Art. 54 Abs. 1 enthält die Regeln für die Bestimmung der **Verfahrenssprache in den Verfahren der nachträglichen Rechtspflege** vor dem Bundesgericht, also insb. in den verschiedenen Beschwerdeverfahren.

17 In der Regel bestimmt sich die Verfahrenssprache nach der **Sprache des angefochtenen Entscheids,**[19] womit grundsätzlich gewährleistet wird, dass die Verfahrenssprache innerhalb des gesamten Instanzenzugs bis zur rechtskräftigen Erledigung des Falls einheitlich bleibt. Bei der Anfechtung von kantonalen Entscheiden wird damit auch dem Territorialitätsprinzip gem. Art. 70 Abs. 2 BV Rechnung getragen.[20]

Bsp. der griechischen Sprache BGE 130 V 299, 301 E. 3 («Adipositas»). Ein Beispiel für eine Produktbezeichnung bildet BGer, II. ÖRA, 28.8.2006, 2A.693/2005 («Clinique Water Therapy»), ein solches im Zusammenhang mit dem Schutz eines fremdsprachigen Namens BGer, II. ZA, 25.5.2004, 5C.76/2004 («Swiss Dentist's Society [SDS]»). Vgl. auch GUCKELBERGER, ZBl 2005, 618.

[16] Vgl. BGE 124 III 205, 206, E. 2, sowie BGer, I. ÖRA, 8.7.1999, 1P.82/1999, E. 1b, ZBl 101/2000, 610.

[17] AUBERT/MAHON, commentaire, Art. 70 N 4; BVK-MALINVERNI, Rz 27; PAPAUX, Justiz 2006, Rz 33.

[18] Vgl. dazu BVK-MALINVERNI, Rz 27; GEISER/MÜNCH²-GEISER, 46, Rz 1.83; PAPAUX, Justiz 2006, Rz 33.

[19] Vgl. BBl 2001 4301, sowie etwa BGE 131 I 145, 147, E. 1; 130 I 234, 239, E. 3.5; 122 I 93, 94 bzw. 95, E. 1.

[20] RICHTER, Sprachenordnung, 340.

Von der **Anknüpfung am angefochtenen Entscheid** kann **abgewichen** werden, wenn **18** sich beide Parteien einer anderen Amtssprache bedienen.[21] Verwenden sie die gleiche Amtssprache, wird diese somit grundsätzlich zur Verfahrenssprache. Benützen sie hingegen verschiedene, von der Sprache des angefochtenen Entscheids abweichende Amtssprachen, kommt es darauf an, über welche Sprachkenntnisse die Parteien am besten verfügen. Im Zweifel bleibt es diesfalls bei der Sprache des angefochtenen Entscheids.

Der Umstand allein, dass die **Beschwerdeschrift in einer anderen Amtssprache** als der **19** des angefochtenen Entscheids eingereicht wird, was zulässig ist (vgl. Art. 42 Abs. 1), genügt für eine Ausnahme nicht. Vielmehr kommt es in solchen Fällen entscheidend darauf an, wieweit die beschwerdeführende Partei in der Lage ist, die im angefochtenen Entscheid verwendete Sprache zu verstehen, bzw. ob sie sonst durch ein Festhalten an dieser als Verfahrenssprache einen ungerechtfertigten Nachteil erleiden würde.[22] Die Partei muss einen entsprechenden Ausnahmetatbestand allerdings dartun, bzw. dieser muss sich aus den Akten ergeben.[23] Versteht in diesem Sinne insb. ein Beschwerdeführer nur eine Sprache, während die Gegenpartei, namentlich wenn es sich dabei um eine Behörde handelt, sowohl die Sprache des angefochtenen Entscheids als auch der Beschwerdeschrift beherrscht, kann als Verfahrenssprache abweichend von derjenigen des angefochtenen Entscheids die Sprache der Beschwerdeschrift gewählt werden.[24]

Besondere Situationen können sich bei **angefochtenen Entscheiden von Behörden** **20** **mehrsprachiger Gemeinwesen** ergeben. So mag sich etwa eine Ausnahme rechtfertigen, wenn ein Deutschschweizer dem Bundesgericht eine in Deutsch abgefasste Beschwerde gegen ein in französischer Sprache ausgefertigtes Urteil aus einem mehrsprachigen Kanton einreicht; diesfalls darf für das Bundesgericht Deutsch als Verfahrenssprache gewählt werden, wenn die Beschwerdegegnerin gem. kantonalem Recht verpflichtet ist, mit im Kanton wohnhaften Personen deutscher Zunge in deren Muttersprache zu verkehren.[25] Gleichermassen kann ein Verfahren auf Deutsch geführt werden, wenn eine Bundesbehörde gegen einen deutschsprachigen Entscheid in einem Verfahren mit einer deutschsprachigen Gegenpartei und mit deutschsprachiger Vertretung Beschwerde in französischer Sprache erhebt; dabei erwartet das Bundesgericht in solchen Fällen allerdings grundsätzlich, dass die Bundesbehörde ihre Prozesseingaben in der Sprache des angefochtenen Entscheids einreicht.[26]

Werden **mehrere Rechtsmittelverfahren gegen in verschiedenen Amtssprachen abge-** **21** **fasste Entscheide** vereinigt, wird bei der Wahl der Verfahrenssprache berücksichtigt, welche der Amtssprachen möglichst viele oder sogar alle Parteien verstehen.[27]

Entscheide von Schiedsgerichten können in einer anderen als der vier Amtssprachen, **22** insb. in Englisch, ergehen. Wird ein solches Schiedsurteil beim Bundesgericht angefochten (dazu Art. 77), ist es von vornherein ausgeschlossen, für die Bestimmung der Verfahrenssprache an die Sprache des angefochtenen Entscheids anzuknüpfen. Massgeblich ist diesfalls die von beiden Parteien verwendete Amtssprache. Bedienen sich diese zweier

---

[21] BGE 127 III 461, 465, E. 1; SPÜHLER/DOLGE/VOCK, Kurzkommentar, Art. 54 N 3.
[22] Vgl. BGE 132 IV 108, 110, E. 1.1, sowie BGer, I. ÖRA, 16.1.2002, 1P.693/2001, E. 1, und BGer, I. ÖRA, 19.6.200, 1A.32/2000, E. 1a (nicht in den BGE publizierte Erwägung von BGE 126 II 258). Vgl. auch AUBERT/MAHON, commentaire, Art. 70 N 8.
[23] BGE 124 III 205, 206, E. 2, e contrario.
[24] Vgl. BGer, I. ÖRA, 8.7.1999, 1P.82/1999, E. 1d, ZBl 101/2000, 610.
[25] BGer, II. ZA, 15.8.2000, 5P.242/2000, E. 2.
[26] BGE 130 I 234, 238 f., E. 3.5; SPÜHLER/DOLGE/VOCK, Kurzkommentar, Art. 54 N 3.
[27] BGE 120 IV 260, 261 f. E. 2c; SPÜHLER/DOLGE/VOCK, Kurzkommentar, Art. 54 N 3.

verschiedener Sprachen, kommt diejenige zur Anwendung, die beide Parteien verstehen. Trifft dies auf beide Sprachen zu, kommt praxisgemäss in der Regel der Sprache der Beschwerdeschrift der Vorrang zu.[28]

4. Verfahrenssprache bei Klageverfahren

23 **Klageverfahren** gem. Art. 120 sind Verfahren der ursprünglichen Rechtspflege, bei denen es keinen angefochtenen Entscheid und somit auch keine entsprechende Sprache gibt, auf die abgestellt werden kann.[29] Nach Art. 54 Abs. 2 hat das Bundesgericht in solchen Fällen bei der Bestimmung der Verfahrenssprache auf die **Sprache der Parteien** Rücksicht zu nehmen, sofern es sich um eine Amtssprache handelt.[30] Sind die Parteien Gemeinwesen, was in den Anwendungsfällen von Art. 120 mehrheitlich zutreffen dürfte, kommt es wesentlich darauf an, über welche offiziellen Sprachen sie verfügen. Einer gemeinsamen Sprache steht gegebenenfalls der Vorrang zu. Kennen die Parteien verschiedene Amtssprachen, ist darauf zu abzustellen, welche Amtssprache sie und ihre Rechtsvertreter am besten verstehen.[31] Werden mehrere Klagen in verschiedenen Amtssprachen in einem gemeinsamen Verfahren vereinigt, wird bei der Wahl der Verfahrenssprache zu berücksichtigen sein, welche der Amtssprachen möglichst viele oder sogar alle Parteien beherrschen. Im Übrigen gelten die für die Verfahren der nachträglichen Rechtspflege anwendbaren Regeln analog.

5. Amtssprachen

24 Art. 54 Abs. 1 nimmt die verfassungsrechtliche Regelung von Art. 70 Abs. 1 BV auf und bezeichnet die vier Amtssprachen **Deutsch, Französisch, Italienisch** und **Rätoromanisch** als zulässige Verfahrenssprachen des Bundesgerichts.[32] Dieses leitete bereits unter der Geltung des alten Verfahrensrechts aus der Sprachenregelung der Bundesverfassung ab, dass das Urteil zumindest in jenen Fällen in rätoromanischer Sprache zu verfassen war, in denen eine romanische Gemeinde oder Person gegen den Entscheid einer Instanz des Kantons Graubünden Beschwerde führte.[33] Auch wenn das Gesetz keinen entsprechenden Vorbehalt anbringt, ist doch für das Rätoromanische weiterhin davon auszugehen, dass die Verfassungsregel auch auf die neue Gesetzesbestimmung durchschlägt und das Rätoromanische somit nur im Verkehr mit rätoromanisch sprechenden Personen und Behörden bzw. romanischen Gemeinwesen Verfahrenssprache sein kann.

25 Auch ohne ausdrückliche Bestimmung im Bundesgerichtsgesetz erweist sich aus Gründen der Fairness die Verständlichkeit der Prozesshandlungen des Bundesgerichts als unerlässlich. Insbesondere ergibt sich aus dem in Art. 29 Abs. 2 BV verankerten Grundsatz des rechtlichen Gehörs ein Anspruch auf eine nachvollziehbare Begründung eines Entscheids.[34] Das bedingt u.a. **sprachliche Verständlichkeit**.[35] Soweit möglich, sollten daher namentlich Verfügungen und Urteile sowie deren Begründungen auch für rechtliche Laien

---

[28] Vgl. BGer, I. ZA, 18.9.2003, 4P.74/2003, E. 1 (nicht in den BGE publizierte Erwägung von BGE 130 III 76). Vgl. auch POUDRET, Commentaire, Bd. I, Art. 37 N 4.1.

[29] Vgl. RICHTER, Sprachenordnung, 340.

[30] BBl 2001 4301.

[31] SPÜHLER/DOLGE/VOCK, Kurzkommentar, Art. 54 N 4.

[32] BBl 2001 4301.

[33] BGE 122 I 93, 94 f. bzw. 95 f. Dazu etwa RICHTER, Sprachenordnung, 341 ff.

[34] BGE 132 II 257, 271 ff., E. 4.6; ALBERTINI, rechtliches Gehör, 403.

[35] Zur sprachlichen Verständlichkeit von Rechtstexten vgl. die originelle Darstellung bei H.P. WALTER, Präzision – die Sprache und die Juristen, in: Schweizerische Baurechtstagung, Freiburg 2005, 221 ff. Vgl. auch A. LÖTSCHER/M. NUSSBAUMER (Hrsg.), Denken wie ein Philosoph und Schreiben wie ein Bauer, Zürich/Basel/Genf 2007.

sprachlich fassbar sein. Darauf ist bei der Sprachverwendung Rücksicht zu nehmen. Gerichtsurkunden sind aber in der Regel juristische Schriftstücke, und das Bundesgericht muss häufig Rechtsbegriffe anwenden, auslegen und erläutern und dabei auch auf juristische Fachausdrücke[36] abstellen. Eine gewisse Fachsprache ist daher oft unvermeidbar. Auf unnötig komplizierte Formulierungen und Fremdwörter ist jedoch zu verzichten, und rechtliche Erwägungen müssen jedenfalls in sprachlicher Hinsicht verständlich sein.[37] Analoges gilt für mündliche Prozesshandlungen oder Erläuterungen gegenüber den Parteien.

In allen Amtssprachen hält sich das Bundesgericht grundsätzlich an die übliche Grammatik und Rechtschreibung. Es gibt aber keine offiziell als verbindlich erklärten Regeln.[38] Angestrebt wird eine grammatisch, orthografisch und syntaktisch korrekte Sprache sowie ein gepflegter Stil. Für Deutsch und Italienisch wird jeweils die Hochsprache verwendet, d.h. **Schriftdeutsch** bzw. **Standarditalienisch**.[39] Auch in **Französisch** werden regionale oder lokale Idiome und Einzelausdrücke vermieden. Zur Anwendung gelangen freilich vereinzelte Helvetismen der Juristensprache.[40] Beim Rätoromanischen ist gem. der ausdrücklichen gesetzlichen Regelung in Art. 54 Abs. 1 ausschliesslich die Einheitssprache **Rumantsch Grischun** Verfahrenssprache, wie es das Bundesgericht bereits unter der insofern noch offenen Geltung des alten Gesetzesrechts bestimmt hatte;[41] dies gilt unabhängig davon, dass es den Parteien nach Art. 42 Abs. 1 unbenommen ist, ihre Rechtsschriften in einer Regionalsprache einzureichen.[42] Mundart- bzw. Regional- oder Dialektausdrücke können immerhin zitiert werden, wenn sie für die Rechtsfindung eine Rolle spielen, wenn etwa darüber zu entscheiden ist, ob ein bestimmter Begriff ehrverletzend sei.[43] **26**

Der **Sprachausdruck** muss die Seriosität der Arbeit des Bundesgerichts widerspiegeln. Üblich ist daher ein nüchterner sachlicher Ton (dazu Art. 24 N 64) von vorzugsweise gepflegtem Niveau. Umgangssprachliche, saloppe, rhetorische, ironische, polemische oder sogar sarkastische Formulierungen werden gemeinhin, ausser sie seien in tatsächlicher oder rechtlicher Hinsicht gerade von Bedeutung,[44] genauso vermieden wie literarische Stilweisen.[45] In der mündlichen Urteilsberatung besteht allenfalls noch eher Raum für leicht spitze, humorvolle oder ironische Bemerkungen. **27**

---

[36] Dazu etwa P. METZGER, Schweizerisches juristisches Wörterbuch, Basel/Genf/München 2005.

[37] CATENAZZI, Linguaggio giuristi, 93 ff. Vgl. auch B. MERZ, Der lange Weg zum kurzen Urteil – Die Redaktion von Urteilen, Die Schweizer Richterzeitung/Justice – Justiz – Giustizia 2007/3, insb. Rz. 11 und 28 ff.

[38] Das gilt auch für die Regeln der Académie française bzw. des «Grand Robert de la langue française» für das Französische oder diejenigen des «Duden» für die deutsche Sprache, auch wenn sich das Bundesgericht meist an diese Regeln hält.

[39] Vgl. THÜRER/AUBERT/MÜLLER-BORGHI, Rz 28; SGK-KÄGI-DIENER, N 8.

[40] Z.B. das Substantiv «das Marginale» (vgl. etwa BGE 132 I 201, 204, E. 3.3) anstelle des im «Duden» einzig aufgeführten Worts «die Marginalie» für Randtitel oder das in der Schweiz gebräuchliche, dem «Duden» jedoch unbekannte Substantiv «das Vorbringen» i.S.v. «die Rüge» oder «das Argument» (vgl. etwa BGE 132 III 620, 623, E. 3, oder BGE 132 I 167, 172, E. 4.3). Vgl. dazu jeweils den DUDEN, die deutsche Rechtschreibung, 24. Aufl., Mannheim/Leipzig/Wien/Zürich 2006.

[41] BGE 122 I 93, 95 bzw. 96, E. 1.

[42] SEILER/VON WERDT/GÜNGERICH, BGG, Art. 54 N 4; BBl 2001 4301.

[43] Vgl. etwa BGE 116 IV 146, 152 ff., E. 5, wo die juristische Tragweite des Mundartausdrucks «verseckeln» zu beurteilen war.

[44] So musste z.B. das Bundesgericht, beurteilen, wieweit das umgangssprachliche französische Wort «salopard» ehrverletzend ist (BGer, KassH, 24.3.1993, 6S.28/1993). Vgl. auch die Beschreibung verschiedener Beleidigungen (wie «connard») im Sachverhalt B.b von BGer, KassH, 2.4.2004, 6S.46/2004.

[45] Seltene Ausnahmen bestätigen lediglich die Regel, so etwa die berühmte Formulierung, ein tätlich Angegriffener «stürzte mit gestrecktem Körper auf den Rücken, als ob er Scharniere an den

28   Das Bundesgericht verwendet ausschliesslich die Form der **Prosa**. Das Gesetz schreibt dies zwar nicht vor, doch kommt die Versform wohl nur dann in Frage, wenn ein besonderer Anlass zu deren Verwendung bestünde, etwa weil auch die Beschwerdeschrift in Versform ergangen ist, und wenn die Ernsthaftigkeit des Inhalts bzw. die Seriosität des Gerichts dadurch nicht in Frage gestellt würde.[46]

III. Abweichungen von der Verfahrenssprache (Abs. 3 und 4)

29   Art. 54 Abs. 3 und 4 bestimmen, wie hinsichtlich wesentlicher Unterlagen und Äusserungen vorzugehen ist, die **nicht in der Verfahrenssprache** abgefasst sind bzw. ergehen.

30   **Nicht erforderlich** ist die Übersetzung von fremdsprachigen Urkunden oder Unterlagen in einer anderen Amts- als der Verfahrenssprache, die sich **von vornherein** als **unmassgeblich** erweisen.[47] Allerdings kann eine Übersetzung nötig sein, um überhaupt beurteilen zu können, ob das Dokument wesentlich ist.

1. Verzicht auf eine amtliche Übersetzung

31   Nach Art. 54 Abs. 3 kann das Bundesgericht mit dem **Einverständnis der anderen Parteien von der Anordnung einer Übersetzung absehen**, wenn eine Partei wesentliche Urkunden einreicht, die nicht in einer Amtssprache verfasst sind.

32   Aus der Entstehungsgeschichte und dem Wortlaut des Gesetzes ist somit zu schliessen, dass **fremdsprachige Urkunden** ohne Übersetzung in eine Amtssprache **eingereicht werden dürfen**.[48]

33   Ebenso bleibt es den Parteien unbenommen, fremdsprachigen Urkunden von sich aus eine **private Übersetzung** beizulegen. Wird diese von den übrigen Verfahrensbeteiligten nicht in Frage gestellt und hat auch das Bundesgericht keine Zweifel an ihrer Richtigkeit, kann darauf grundsätzlich abgestellt werden.[49]

34   Auch ohne beigelegte private Übersetzung müssen **fremdsprachige Urkunden nicht zwingend übersetzt** werden. Verstehen alle Beteiligten, d.h. insb. die Gerichtsmitglieder, die Gerichtsschreiberin und die Parteien, die Fremdsprache, was namentlich bei Englisch zutreffen mag,[50] kann im Einverständnis mit den Parteien auf eine Übersetzung verzichtet werden.[51] Dabei kann es genügen, dass der Rechtsvertreter einer Partei die fragliche Fremdsprache beherrscht.

Absätzen hätte» (BGE 74 IV 81, 82), oder der leicht süffisante Satz «Ebenso wie man den Stahl schmieden sollte, solange er heiss ist, sollte man Spuren nachgehen, solange sie heiss sind.», der sich in den Erwägungen eines Urteils befindet, in dem es um den verbotenen Export von Kriegsmaterial durch eine Unternehmung aus der Eisen- und Stahlbranche geht (BGE 122 IV 103, 111, E. I.4). S.a. BGer, I. ÖRA, 10.9.2007, 1A.202/2006, wo in E. 5.1 eine umstrittene Weihnachtsdekoration in ungewohnt malerischer (der Weihnachtsstimmung angepasster, weitgehend freilich dem unterinstanzlichen Entscheid entnommener) Wortwahl umschrieben wird. Vgl. im Übrigen zu einem literarischeren und teilweise humorvollen Stil bei der Abfassung von Gerichtsurteilen O. GUILLOD/P. SCHWEIZER (Hrsg.), Instants d'instances, Mélanges Jean Hoffmann, Paris/New York/Amsterdam/Neuenburg 1992.

[46] Vgl. dazu (für Deutschland) W. BEAUMONT, Gesetz und Recht – in Vers und Reim, NJW 1989, 372 f., sowie die originellen Beispiele am gleichen Ort und in NJW 1982, 650 f.
[47] SPÜHLER/DOLGE/VOCK, Kurzkommentar, Art. 54 N 5.
[48] BBl 2001 4301; SPÜHLER/DOLGE/VOCK, Kurzkommentar, Art. 54 N 5.
[49] SPÜHLER/DOLGE/VOCK, Kurzkommentar, Art. 54 N 5.
[50] FOËX/HOTTELIER/JEANDIN-JEANDIN, 47; PORTMANN-BOVAY, 43.
[51] SPÜHLER/DOLGE/VOCK, Kurzkommentar, Art. 54 N 5.

Erforderlich ist das **Einverständnis aller anderen Parteien** zum Verzicht auf eine Über-　**35**
setzung, also grundsätzlich auch der beteiligten Behörden, soweit diese noch ins bundesgerichtliche Verfahren einbezogen sind.

Das Einverständnis muss nicht ausdrücklich erfolgen. Eine **stillschweigende (konklu-**　**36**
dente) Zustimmung genügt. Eine solche liegt insb. schon vor, wenn jede Partei Urkunden in der gleichen Fremdsprache einreicht, ohne eine Übersetzung in einer Amtssprache
beizulegen.[52]

Befinden sich in einem Verfahren der nachträglichen Rechtspflege **in Kenntnis der Par-**　**37**
teien unübersetzte Unterlagen in einer anderen als der Verfahrenssprache in den Akten
der unteren Instanz, ohne dass die Parteien im damaligen Verfahren Einwände dagegen
erhoben haben, kann ebenfalls vom Einverständnis auf einen Verzicht auf Übersetzung
ausgegangen werden.

Schliesslich erscheint es nicht ausgeschlossen, dass das Bundesgericht unübersetzte **Ak-**　**38**
ten in einer anderen als der Verfahrenssprache den anderen Parteien **kommentarlos zu-**
stellt und es diesen überlässt, gegebenenfalls eine amtliche Übersetzung zu verlangen. Bei
Unterbleiben eines Übersetzungsantrags kann Zustimmung zum Verzicht auf Übersetzung
angenommen werden. Häufig dürften auch Behörden oder private Parteien andere Amtssprachen des Bundes oder gängige Fremdsprachen wie Englisch verstehen. Insbesondere
in Verfahren, bei denen ein Beschleunigungsgebot gilt, wie etwa bei Haftbeschwerden
oder auch in Rechtshilfeverfahren, kann sich ein solches Vorgehen rechtfertigen.

2. Anordnung einer amtlichen Übersetzung

Nach Art. 54 Abs. 4 ordnet das Bundesgericht eine **Übersetzung** an, **wo dies nötig**　**39**
ist. Die Bestimmung verleiht dem Bundesgericht einen weiten Ermessensspielraum und
ist offen formuliert, um alle denkbaren Konstellationen zu erfassen.[53]

Ist eine Übersetzung erforderlich, bezieht sich dies auf alle **wesentlichen Schriftstücke**　**40**
und gegebenenfalls mündlichen **Äusserungen**, auf deren Verständnis die Parteien und
das Gericht angewiesen sind, um dem Verfahren folgen zu können.[54]

Gestützt auf Art. 29 Abs. 2 BV gibt es unter bestimmten Voraussetzungen einen (beding-　**41**
ten) **Anspruch auf amtliche Übersetzung** wesentlicher Unterlagen bzw. auf Beizug
eines Dolmetschers. Dies gilt namentlich, wenn es einer Partei (etwa aus finanziellen
Gründen) unmöglich oder unzumutbar ist, sich Übersetzungen anfertigen zu lassen.[55]
Insbesondere in strafrechtlichen Verfahren kann gestützt auf Art. 32 Abs. 2 BV bzw.
Art. 6 Ziff. 3 lit. e EMRK ein Anspruch auf Übersetzung der wesentlichen Dokumente
und Äusserungen bzw. auf Beizug eines Dolmetschers selbst dann bestehen, wenn der
Rechtsvertreter die Amtssprache beherrscht.[56] Ein Anspruch auf Übersetzung des schrift-
lichen Urteils in eine andere Sprache steht indessen auch dem strafrechtlich Verurteilten
nicht zu.[57]

---

[52] BBl 2001, 4301; CORBOZ, SJ 2006, 334; SEILER/VON WERDT/GÜNGERICH, BGG, Art. 54 N 5;
SPÜHLER/DOLGE/VOCK, Kurzkommentar, Art. 54 N 5.
[53] FOËX/HOTTELIER/JEANDIN-JEANDIN, 47; SPÜHLER/DOLGE/VOCK, Kurzkommentar, Art. 54 N 6.
[54] BBl 2001 4301; BGE 118 Ia 462.
[55] ALBERTINI, rechtliches Gehör, 343.
[56] BBl 2001 4301; BGE 118 Ia 462, 464 ff., E. 2 und 3; vgl. auch BGer, I. ÖRA, 11.1.2005,
1S.6/2004, E. 2, SJ 127/2005 I, 315 (auszugsweise); PAPAUX, Justiz 2006, Rz 26 ff.; SPÜHLER/
DOLGE/VOCK, Kurzkommentar, Art. 54 N 8. Zur Verlegung der Übersetzungskosten vgl. BGE
127 I 141.
[57] BGE 115 Ia 64, 65, E. 6; SPÜHLER/DOLGE/VOCK, Kurzkommentar, Art. 54 N 8.

42 Wird eine Übersetzung angeordnet, ist darauf zu achten, dass damit nur **unabhängige, neutrale und uneinvorgenommene Dolmetscher** beauftragt werden, die über die erforderlichen sprachlichen Fähigkeiten verfügen und die Bedeutung ihrer Tätigkeit für den Rechtsstreit einzuschätzen wissen.[58] In der Regel wird die Identität des Übersetzers den Parteien auf Anfrage hin bekannt gegeben, sofern nicht überwiegende private oder öffentliche Interessen dagegenstehen.

43 Die **Kostenfolgen** bei der Vornahme einer amtlichen Übersetzung richten sich nach Art. 63 ff. (vgl. dazu die entsprechende Kommentierung).

44 Im Übrigen lassen sich bei den möglichen Anwendungsfällen insb. **zwei Grundkonstellationen** unterscheiden, einerseits die Übersetzung fremdsprachiger und andererseits die Übersetzung amtssprachiger Dokumente und Äusserungen.

a) Übersetzung aus einer Fremdsprache

45 Die **Übersetzung fremdsprachiger Unterlagen**, wozu in Schiedsverfahren (dazu Art. 77) auch das angefochtene Schiedsurteil zählen kann, ist namentlich dann erforderlich, wenn ein anderer Verfahrensbeteiligter sein Einverständnis zu einem Verzicht auf Übersetzung nicht gibt oder wenn die mitwirkenden Gerichtspersonen (Gerichtsmitglieder und Gerichtsschreiber) die fragliche Fremdsprache nicht beherrschen. In den meisten Fällen, abgesehen eventuell bei englischsprachigen Urkunden, dürfte eine Übersetzung angeordnet werden.[59] Das Bundesgericht verpflichtet diesfalls in der Regel diejenige Partei, die das fragliche Dokument eingereicht hat, eine (beglaubigte) Übersetzung nachzureichen. Im Säumnisfall oder u.U. auch in Ausnahmesituationen, etwa in Haftfällen, wird die Übersetzung von Amts wegen vorgenommen.[60]

46 **Ausnahmsweise** lässt das Bundesgericht sogar – eigentlich unzulässige (vgl. Art. 42 Abs. 1) – **fremdsprachige Beschwerdeschriften** und allfällige weitere Rechtsschriften von Amts wegen übersetzen. Dies trifft insb. zwecks Vermeidung einer Verfahrensverzögerung zu bei Laienbeschwerden gegen die Anordnung ausländerrechtlicher Administrativhaft.[61] Das Urteil ergeht aber auch diesfalls in der Verfahrenssprache, wobei teilweise (namentlich bei offensichtlicher Mittellosigkeit und fehlender Verbeiständung des Häftlings) die unteren Instanzen ersucht werden, für eine verständliche Mitteilung, d.h. zumindest eine mündliche Übersetzung, besorgt zu sein.[62]

b) Übersetzung aus einer Amtssprache

47 Versteht eine **Partei** die Verfahrenssprache nicht, ist es grundsätzlich ihre Sache, sich amtliche Schriftstücke, die in dieser Sprache verfasst sind, **übersetzen** zu **lassen**.[63] Sie hat freilich auch das Recht dazu.[64] Unter bestimmten Voraussetzungen kann eine private

---

[58] Vgl. etwa PAPAUX, Justiz 2006, Rz 28.
[59] CORBOZ, SJ 2006, 334.
[60] SPÜHLER/DOLGE/VOCK, Kurzkommentar, Art. 54 N 7.
[61] Nach Art. 75 ff. AuG bzw. früher nach Art. 13a ff. ANAG. Vgl. als Beispiele die Sachverhalte zu BGE 126 II 439, 440 (Übersetzung einer russischsprachigen Beschwerdeschrift), und BGE 128 II 241, 242 (Entgegennahme bzw. Übersetzung einer Beschwerdeschrift in albanischer Sprache).
[62] Vgl. T. HUGI YAR, § 7 Zwangsmassnahmen im Ausländerrecht, in: P. Uebersax/P. Münch/T. Geiser/M. Arnold, Ausländerrecht, Ausländerinnen und Ausländer im öffentlichen Recht, Privatrecht, Strafrecht, Steuerrecht und Sozialrecht der Schweiz, Basel/Genf/München 2002, Rz 7.129, Anm. 281.
[63] BGE 115 Ia 64; SPÜHLER/DOLGE/VOCK, Kurzkommentar, Art. 54 N 2.
[64] ALBERTINI, rechtliches Gehör, 342 f.

Übersetzung jedoch nicht verlangt werden, namentlich wenn der Partei eine solche unmöglich oder unzumutbar ist (vgl. dazu N 41).[65]

Das **Bundesgericht ordnet** etwa eine **Übersetzung an**, wenn eine Rechtsschrift, na-   **48**
mentlich die Rechtsmitteleingabe, zwar in einer Amtssprache des Bundes, nicht aber in
einer offiziellen Sprache des Kantons der (kantonalen) Behörde verfasst ist, deren Entscheid angefochten wird.[66] So kann beispielsweise das Bundesgericht nicht zwingend
von einer Basler oder Genfer Behörde oder von einer deutsch- oder französischsprachigen privaten Partei verlangen, zu einer italienisch- oder romanischsprachigen Rechtsschrift Stellung zu nehmen.

Ausnahmsweise kann sich die **Transkription aus einer Mundartsprache** bzw. einem   **49**
Regionalidiom als erforderlich erweisen, etwa bei einem Protokoll einer in einer solchen
Sprache durchgeführten Befragung (dazu auch N 11).

Schliesslich kommt eine Übersetzung in Betracht, wenn nicht alle beteiligten Gerichts-   **50**
mitglieder die Verfahrenssprache oder die in einer Rechtsschrift gewählte Amtssprache
verstehen. In solchen Fällen ordnet das Gericht die **Übersetzung** von Amts wegen **aus
internen Gründen** und ohne direkte Kostenfolgen für die Parteien an.[67] Dies stellt aber
einen Ausnahmefall dar, wird doch von den Gerichtsmitgliedern und den Gerichtsschreibern grundsätzlich erwartet, dass sie abgesehen vom Rätoromanischen die Amtssprachen
des Bundes wenigstens passiv verstehen.[68] Übersetzungen aus internen Gründen kommen
in diesem Sinne eigentlich nur bei rätoromanisch verfassten Rechtsschriften[69] und bei
solchen in einer anderen Amtssprache lediglich unter besonderen Voraussetzungen (wie
bei ausserordentlicher Komplexität des Falls) in Frage.

---

[65] ALBERTINI, rechtliches Gehör, 342 f.; PORTMANN-BOVAY, 44.
[66] BBl 2001 4301; FOËX/HOTTELIER/JEANDIN-JEANDIN, 47; SPÜHLER/DOLGE/VOCK, Kurzkommentar, Art. 54 N 9.
[67] SPÜHLER/DOLGE/VOCK, Kurzkommentar, Art. 54 N 9.
[68] PAPAUX, Justiz 2006, Rz 51 f.
[69] Vgl. als Beispiel den auch aus internen Gründen zweisprachig (auf Rätoromanisch sowie auf
Deutsch) verfassten BGE 122 I 94.

8. Abschnitt: Beweisverfahren

Art. 55

Grundsatz

[1] **Das Beweisverfahren richtet sich nach den Artikeln 36, 37 und 39–65 des Bundesgesetzes vom 4. Dezember 1947 über den Bundeszivilprozess (BZP).**

[2] **Der Instruktionsrichter oder die Instruktionsrichterin kann die notwendigen Beweismassnahmen selbst vornehmen oder der zuständigen eidgenössischen oder kantonalen Behörde übertragen.**

[3] **Zu Zeugeneinvernahmen, Augenschein und Parteiverhör zieht er oder sie einen zweiten Richter oder eine zweite Richterin bei.**

Principe

[1] La procédure probatoire est régie par les art. 36, 37 et 39 à 65 de la loi fédérale de procédure civile fédérale du 4 décembre 1947 (PCF).

[2] Le juge instructeur peut prendre lui-même les mesures probatoires qui s'imposent ou charger les autorités fédérales ou cantonales compétentes de le faire.

[3] Il s'adjoint un second juge pour l'audition des témoins, l'inspection locale et l'interrogatoire des parties.

Principio

[1] La procedura probatoria è retta dagli articoli 36, 37 e 39–65 della legge del 4 dicembre 1947 di procedura civile federale (PC).

[2] Il giudice dell'istruzione può prendere lui stesso le misure probatorie necessarie o demandarne l'adozione alle autorità federali o cantonali competenti.

[3] Procede all'audizione di testimoni, alle ispezioni oculari e all'interrogatorio delle parti insieme con un secondo giudice.

Inhaltsübersicht

Philipp Gelzer

Materialien

Art. 52 E ExpKomm; Schlussbericht 1997 80; Art. 51 E 2001 BBl 2001 4491; Botschaft 2001 BBl 2001 4300 f.; AB 2003 S 897; AB 2003 N 1593.

Literatur

W. J. HABSCHEID, Schweizerisches Zivilprozess- und Gerichtsorganisationsrecht, unter Mitarbeit von Stephen Berti, 2. Aufl. Basel/Frankfurt a.M., 1990 (zit. Habscheid, SZPO[2]); M. KUMMER, Grundriss des Zivilprozessrechts nach den Prozessordnungen des Kantons Bern und des Bundes, 4. Aufl. Bern 1984 (zit. Kummer, Grundriss[4]); M. SIDLER/J. ZACHARIAE, Das Redaktionsgeheimnis ist gewährleistet» – aber wodurch?, Zur partiellen Unvereinbarkeit von Art. 27bis StGB mit Art. 10 EMRK und Art. 17 Abs. 3 BV, in: Madeleine Camprubi (Hrsg.), Angst und Streben nach Sicherheit in Gesetzgebung und Praxis, Zürich 2004, 69–92 (zit. Camprubi-Sidler/Zachariae); O. VOGEL/ K. SPÜHLER, Grundriss des Zivilprozessrechts und des internationalen Zivilprozessrechts der Schweiz, 8. Aufl. Bern 2006 (zit. Vogel/Spühler, Grundriss[8]); H.U. WALDER-RICHLI, Zivilprozessrecht nach den Gesetzen des Bundes und des Kantons Zürich unter Berücksichtigung anderer Zivilprozessordnungen, 4. Aufl. Zürich 1996 (zit. Walder-Richli, Zivilprozessrecht[4]).

I. Allgemeines

1. Grundsätze der Regelung

Der Gesetzgeber ging davon aus, im BGG seien eigenständige Vorschriften über das Beweisverfahren nicht notwendig, da auf die Bestimmungen im siebten Titel des Bundeszivilprozesses (BZP)[1] verwiesen werden könne.[2] Entsprechend verweist Art. 55 Abs. 1 bezüglich des Beweisverfahrens auf die Art. 36–65 BZP, wobei Art. 38 BZP ausgeschlossen wird. An Stelle dieser Bestimmung mit der Marginalie: «Anwesenheit der Parteien und Urkundeneinsicht» sieht Art. 56 unter der gleichen Marginalie eine von Art. 38 BZP leicht abweichende Regelung vor (vgl. Art. 56 N 1).   **1**

Der Verweis auf den Bundeszivilprozess wird auch nach dem Inkrafttreten der neuen **Schweizerischen Zivilprozessordnung** bestehen bleiben, da diese nach dem Vorschlag des Bundesrats den Bundeszivilprozess zumindest vorläufig nicht ersetzen soll.[3]

Art. 55 Abs. 2 und 3 betreffen die Durchführung der Beweisabnahmen.

2. Anwendungsbereich

Die Regelung des Beweisverfahrens in Art. 55 f. kommt auf Beweisabnahmen im **Beschwerdeverfahren** zur Anwendung. In diesem Verfahren legt das Bundesgericht seinem Urteil grundsätzlich den Sachverhalt zu Grunde, den die Vorinstanz festgestellt hat.[4] Das Bundesgericht kann jedoch gem. Art. 105 Abs. 2 oder 118 Abs. 2 die Sachverhaltsfeststellung der Vorinstanz berichtigen oder ergänzen, wenn sie auf einer Rechtsverletzung i.S.v. Art. 95 bzw. 116 beruht. In diesem Rahmen sind bundesgerichtliche Beweiserhebungen möglich.[5] Das Bundesgericht ist jedoch nicht verpflichtet, solche Erhebungen vorzunehmen, sondern kann den angefochtenen Entscheid auch aufheben und die Streit-   **2**

---

[1] Bundesgesetz über den Bundeszivilprozess vom 4.12.1947, SR 273.

[2] Schlussbericht 1997, 80; Botschaft 2001 4032; vgl. auch SPÜHLER/DOLGE/VOCK, Kurzkommentar, Art. 55 N 1, die annehmen, das BGG wäre zu stark belastet und aufgebläht worden, wenn das Beweisverfahren im BGG selbst geregelt worden wäre.

[3] Vgl. Botschaft vom 28.6.2006 zur Schweizerischen Zivilprozessordnung (ZPO), BBl 2006 7244 FN 23.

[4] Art. 105 Abs. 1 und Art. 118 Abs. 1.

[5] Vgl. Botschaft 2001 4344.

sache zur Sachverhaltsergänzung an die Vorinstanz zurückweisen.[6] Beweiserhebungen des Bundesgerichts sind auch bei Beschwerden gegen Entscheide über die Zusprechung oder Verweigerung von Geldleistungen der Militär- oder Unfallversicherung möglich, da das Bundesgericht bei solchen Beschwerden gem. Art. 105 Abs. 3 nicht an die Sachverhaltsfeststellung der Vorinstanz gebunden ist.

3   Die Regelung des Beweisverfahrens in Art. 55 f. kommt dagegen nicht zur Anwendung, wenn das Bundesgericht gem. Art. 120 Abs. 1 als einzige Instanz **Klagen** beurteilt. Solche Verfahren richten sich gem. Art. 120 Abs. 3 alleine nach dem Bundeszivilprozess.[7]

II. Die Regelung des Beweisverfahrens im Bundeszivilprozess

4   Art. 55 Abs. 1 verweist bezüglich des Beweisverfahrens – unter Ausschluss von Art. 38 BZP – auf die Regelung des Beweises in den Art. 36–65 BZP. Diese Bestimmungen regeln, welche Tatsachen zu beweisen sind, welche Beweismittel der Richter beizieht, wie Beweisaufnahmen im Ausland herbeizuführen, wie die Beweise zu würdigen und zu sichern und welche Beweismittel zulässig sind. Im Folgenden werden die wesentlichen Elemente dieser Regelung wiedergegeben und soweit erforderlich kommentiert.

1. Beweisbedürftige Tatsachen

5   Gemäss Art. 36 Abs. 1 BZP wird nur über erhebliche und, soweit nicht der Sachverhalt von Amtes wegen zu erforschen ist oder ein Fall nach Art. 12 Abs. 3 BZP[8] vorliegt, nur über bestrittene Tatsachen Beweis geführt.

Tatsachen sind **erheblich**, bzw. entscheidrelevant, wenn sie feststehen müssen, um die geltend gemachten Rechtsfolgen auszulösen.[9]

Ob eine Tatsache als **bestritten** anzusehen ist, hat der Richter mangels eines ausdrücklichen Geständnisses nach Art. 36 Abs. 2 BZP unter Berücksichtigung des gesamten Inhalts der Vorbringen und des Verhaltens der Partei im Prozess zu beurteilen. Die Anerkennung einer Tatsache kann sich somit auch aus konkludentem Verhalten der Parteien ergeben.[10] Gemäss Art. 36 Abs. 3 BZP beurteilt der Richter nach freiem Ermessen, inwiefern das Geständnis durch beigefügte Zusätze und Einschränkungen oder durch Widerruf unwirksam wird. In gleicher Weise beurteilt er nach Art. 36 Abs. 4 BZP, inwiefern infolge eines aussergerichtlichen Geständnisses der Beweis unnötig wird (vgl. zur so genannten antizipierten Beweiswürdigung N 6).

Nicht beweisbedürftig sind auch notorische oder gerichtsnotorische Tatsachen. **Notorisch** sind allgemein bekannte, bzw. der allgemeinen sicheren Wahrnehmung zugängliche Tatsachen, selbst wenn das Gericht sie ermitteln muss.[11] **Gerichtsnotorisch** sind Tatsachen, welche dem Gericht auf Grund seiner amtlichen Tätigkeit bekannt sind. Privates Wissen eines Richters über eine Tatsache entbindet dagegen nicht von der Beweisführung.[12]

---

[6] Vgl. Art. 107 Abs. 2; Art. 107 N 15 f.

[7] Nach Art. 1 Abs. 1 BZP regelt dieses Gesetz das Verfahren in den vom Bundesgericht als einzige Instanz auf Klage zu beurteilenden Streitsachen, die in Art. 120 angeführt sind.

[8] Art. 12 Abs. 3 BZP lautet: «Sind infolge Versäumung einer Prozessschrift oder Ausbleibens einer Partei vom Rechtstage tatsächliche Behauptungen der Gegenpartei unbestritten geblieben, so ist darüber Beweis zu erheben, wenn Gründe vorliegen, an ihrer Richtigkeit zu zweifeln.»

[9] SEILER/WERDT/GÜNGERICH, BGG, Art. 55 N 3; VOGEL/SPÜHLER, Grundriss[8], 254 Rz 11.

[10] Vgl. Botschaft vom 28.6.2006 zur Schweizerischen Zivilprozessordnung (ZPO), BBl 2006 7311.

[11] BGE 128 III 4, 8 E. 4c/bb; VOGEL/SPÜHLER, Grundriss[8], 255 Rz 17.

[12] VOGEL/SPÜHLER, Grundriss[8], 255 Rz 17; vgl. auch Botschaft vom 28.6.2006 zur Schweizerischen Zivilprozessordnung (ZPO), BBl 2006 7311.

2. Bestimmung der Beweismittel durch den Richter

Gemäss Art. 37 BZP ist der Richter an die von den Parteien angebotenen Beweismittel **6**
nicht gebunden; er berücksichtigt nur die notwendigen.

Im Sinne dieser Bestimmung ist ein Beweismittel nicht **notwendig**, wenn es eine nicht
erhebliche oder notorische Tatsache betrifft (vgl. N 5) oder es offensichtlich beweisun-
tauglich ist. Dies trifft bezüglich einer verlangten Messung des Lärms spielender Kinder
zu, wenn dazu wissenschaftliche Methoden fehlen.[13]

Nach der Rechtsprechung des Bundesgerichts ist die Erhebung eines Beweismittels auch
nicht notwendig, wenn das Gericht aufgrund der bereits abgenommenen Beweise seine
Überzeugung gebildet hat und in vorweggenommener bzw. **antizipierter Beweiswürdigung** annehmen kann, seine Überzeugung werde durch weitere Beweiserhebungen
nicht geändert.[14] Diese Annahme ist jedoch nur zulässig, wenn das Gericht mit Sicherheit
sagen kann, seine Überzeugung werde auch nicht geändert, wenn das beantragte Beweismittel die Tatsachenbehauptung des Antragstellers bestätigen würde.[15]

Gemäss Art. 36 Abs. 4 BZP kann der Richter weitere Beweismittel als unnötig qualifizieren, wenn er gestützt auf ein **aussergerichtliches Geständnis** davon ausgehen kann, eine
bestimmte Tatsache sei anerkannt. Nach Art. 57 Abs. 1 BZP ist ein Gutachten eines
Sachverständigen nur nötig, wenn zur Aufklärung des Sachverhalts **Fachkenntnisse**
erforderlich sind (vgl. N 24 hiernach).

Gemäss Art. 37 Satz 2 BZP kann der Richter auch von den Parteien nicht angebotene **7**
Beweismittel beiziehen.

Damit kann der Richter das Beweisverfahren im Interesse der Wahrheitsfindung von
Amtes wegen ausdehnen,[16] was der **Untersuchungsmaxime** entspricht.[17] Dieser Maxime
kommt hauptsächlich im erstinstanzlichen Verfahren Bedeutung zu, für welches Art. 37
Satz 2 BZP geschaffen wurde. Dagegen schliesst ist die Untersuchungsmaxime – auch
wenn sie bundesrechtlich vorgeschrieben ist – im Rechtsmittelverfahren ein **Novenverbot** nicht aus.[18] Demnach ist im Beschwerdeverfahren das grundsätzliche Novenverbot
gem. Art. 99 Abs. 1 zu beachten, das neue Tatsachen und Beweismittel nur so weit zulässt, als erst der Entscheid der Vorinstanz dazu Anlass gibt. Ausschliesslich in solchen
Fällen kommt daher die Abnahme von Beweismitteln in Frage, welche von den Parteien
nicht bereits im vorinstanzlichen Verfahren beantragt worden sind.

3. Beweisabnahmen im Ausland

Nach Art. 39 BZP sind im Ausland notwendige Beweisaufnahmen im Wege der Rechts- **8**
hilfe herbeizuführen. Kann der Beweis durch einen schweizerischen diplomatischen
oder konsularischen Vertreter «aufgenommen» werden, so ist das Ersuchen an diesen zu
richten.

---

[13] Vgl. BGer, I ÖRA, 28.2.2005, 1A.167/2004, E. 2.2.
[14] BGE 130 II 425, 429 E. 2.1; 124 I 208 E. 4a; 122 II 464 E. 4a; vgl. auch SEILER/VON WERDT/
    GÜNGERICH, BGG, Art. 55 N 4.
[15] Vgl. Kassationsgericht Zürich, Zusammenstellung der Vernehmlassungen zum Vorentwurf für
    ein Bundesgesetz über die Schweizerische Zivilprozessordnung (ZPO), Bern 2004, 400.
[16] Vgl. GEISER/MÜNCH²-YAR, 257 Rz 7.26, welche darauf hinweisen, dass nach Art. 3 Abs. 2 BZP
    der Richter darauf hinwirken soll, dass die Parteien Tatsachen und Beweismittel, die für die Fest-
    stellung des wahren Sachverhalts notwendig erscheinen, vollständig angeben.
[17] Vgl. dazu VOGEL/SPÜHLER, Grundriss⁸, 172 ff. Rz 54.
[18] BGE 125 III 231 E. 4a m.Hinw.

Insoweit ist namentlich das Haager Übereinkommen über die Beweisaufnahme im Ausland in Zivil- und Handelssachen vom 18.3.1970 zu beachten.[19]

4. Beweiswürdigung

9 Nach Art. 40 BZP würdigt der Richter die Beweise nach freier Überzeugung.

Der **Grundsatz der freien Beweiswürdigung** ist auch in Art. 249 BStP[20] und gewissen Bestimmungen des ZGB und OR vorgesehen.[21] Er besagt, dass der Richter bei der Würdigung der erhobenen Beweise deren Überzeugungskraft anhand der konkreten Umstände des Einzelfalls und des Verhaltens der Parteien im Prozess[22] zu prüfen und bewerten hat, ohne dabei an gesetzliche Regeln gebunden zu sein oder sich von schematischen Betrachtungsweisen leiten zu lassen.[23] Mit dem Grundsatz der freien Beweiswürdigung ist daher unvereinbar, wenn einem bestimmten Beweismittel – z.B. der anonymisierten Zeugenaussage – in allgemeiner Weise die Beweiseignung abgesprochen wird.[24] Der Grundsatz der freien Beweiswürdigung wird durch Art. 9 ZGB eingeschränkt, der bestimmt, dass öffentliche Urkunden und Register für die durch sie bezeugten Tatsachen vollen Beweis erbringen, solange nicht die Unrichtigkeit ihres Inhalts nachgewiesen ist.[25]

5. Beweissicherung

10 Gemäss Art. 41 BZP trifft der Instruktionsrichter zur Sicherung gefährdeter Beweise die geeigneten Vorkehren. So kann er einen Zeugen vorzeitig einvernehmen, wenn die Gefahr besteht, dass eine spätere Einvernahme aus gesundheitlichen oder anderen Gründen nicht mehr möglich ist.[26] Droht ein Gebäude einzustürzen oder abgebrochen zu werden, kann sich ein vorzeitiger Augenschein aufdrängen.[27]

6. Beweismittel

11 Der Bundeszivilprozess sieht als Beweismittel Zeugen, schriftliche Auskünfte, Urkunden, Augenscheine, Sachverständige und Parteiverhöre vor. Damit werden die zulässigen Beweismittel grundsätzlich **abschliessend** aufgezählt.[28] Ausnahmen können nach der Rechtsprechung zugelassen werden, wenn uneingeschränkt die Untersuchungsmaxime gilt, insb. im Bereich des Kindesschutzes.[29] Entsprechend sieht Art. 165 Abs. 2 des Entwurfs für eine Schweizerische Zivilprozessordnung bei «Kinderbelangen in familienrechtlichen Angelegenheiten» eine Ausnahme von der Beschränkung der zulässigen Beweismittel vor. In diesem Bereich können auch auf unübliche Art Beweise erhoben

---

[19] SR 0.274.132; vgl. dazu Vogel/Spühler, Grundriss[8], 272 Rz 86b.
[20] Bundesgesetz über die Bundesstrafrechtspflege vom 15.6.1934 (SR 312.0).
[21] Vgl. Art. 139 ZGB (Scheidung), Art. 254 Ziff. 1 ZGB (Kindesverhältnis), Art. 274d Abs. 3 OR (Miete von Wohn- und Geschäftsräumen) und Art. 343 Abs. 4 OR (Arbeitsverhältnis).
[22] Gemäss Art. 40 Satz 2 BZP hat der Richter das Verhalten der Parteien im Prozesse, wie das Nichtbefolgen einer persönlichen Vorladung, das Verweigern der Beantwortung richterlicher Fragen und das Vorenthalten angeforderter Beweismittel, mitzuwägen.
[23] BGE 133 I 33 E. 2.1; 130 II 482 E. 3.2.
[24] BGE 133 I 33 E. 2.5.
[25] Habscheid, SZPO[2], 412 Rz 682.
[26] Vgl. Vogel/Spühler, Grundriss[8], 274 Rz 92.
[27] Botschaft vom 28.6.2006 zur Schweizerischen Zivilprozessordnung (ZPO), BBl 2006 7315.
[28] Vgl. BGer, EVG, 27.7.1992, U 120/91, E. 2b; Vogel/Spühler, Grundriss[8], 275 Rz 95a; Kummer, Grundriss[4], 125.
[29] BGE 122 I 53 E. 4a; vgl. auch Vogel/Spühler, Grundriss[8], 275 Rz 95a.

werden. Zu denken ist etwa an Aufzeichnungen von Befragungen und Gesprächen, welche nicht in Form einer Zeugeneinvernahme oder einer Parteibefragung stattgefunden haben.[30]

a) Zeugen (Art. 42–49 BZP)

Zeugen sind am Rechtsstreit nicht beteiligte Dritte, die zur Feststellung von Tatsachen über ihre eigene Wahrnehmungen einvernommen werden.[31] Soweit Zeugen nur Aussagen von Personen über den strittigen Sachverhalt wahrgenommen haben, wird vom Zeugnis «vom Hörensagen» gesprochen. Ein solches Zeugnis kann im Rahmen der freien Beweiswürdigung als Indiz berücksichtigt werden.[32]   **12**

Art. 42 BZP regelt das **Zeugnisverweigerungsrecht**. Gemäss Art. 42 Abs. 1 lit. a BZP kann das Zeugnis von Personen verweigert werden, wenn die Beantwortung der Frage sie, ihren Ehegatten, ihre eingetragene Partnerin, ihren eingetragenen Partner oder einer Person, mit der sie eine faktische Lebensgemeinschaft führt, oder ihre Verwandten oder Verschwägerten in gerader Linie und im zweiten Grad der Seitenlinie der Gefahr der strafgerichtlichen Verfolgung oder einer schweren Benachteiligung der Ehre aussetzen kann oder ihnen einen unmittelbaren vermögensrechtlichen Schaden verursachen würde.   **13**

Nach Art. 42 Abs. 1 lit. a[bis] BZP kann das Zeugnis von Personen verweigert werden, gegen die nach Art. 27bis StGB für die Verweigerung des Zeugnisses keine Strafen oder prozessuale Massnahmen verhängt werden dürfen. Art. 27bis StGB wurde mit der am 1.1.2007 in Kraft getretenen Revision des allgemeinen Teils des Strafrechts praktisch unverändert in Art. 28a StGB überführt.[33] Nach Abs. 1 dieser Bestimmung dürfen gegen Personen, die sich beruflich mit der Veröffentlichung von Informationen im redaktionellen Teil eines periodisch erscheinenden Mediums befassen oder ihre Hilfspersonen, weder Strafen noch prozessuale Zwangsmassnahmen verhängt werden, wenn sie das Zeugnis über die Identität des Autors oder über Inhalt und Quellen ihrer Informationen verweigern. Dies gilt gem. Art. 28a Abs. 2 StGB nicht, wenn der Richter feststellt, dass (a) das Zeugnis erforderlich ist, um eine Person aus einer unmittelbaren Gefahr für Leib und Leben zu retten; oder (b) ohne das Zeugnis ein Tötungsdelikt i.S. der Art. 111–113 StGB oder ein anderes Verbrechen, das mit einer Mindeststrafe von drei Jahren Freiheitsstrafe bedroht ist, oder andere im Einzelnen aufgezählte Straftaten[34] nicht aufgeklärt oder der einer solchen Tat Beschuldigte nicht aufgegriffen werden kann.   **14**

Diese Regelung wurde in das Strafgesetzbuch aufgenommen, nachdem der EGMR im Entscheid «Goodwinn v. United Kingdom» vom 27.3.1996[35] aus der Meinungsäusserungsfreiheit gem. Art. 10 ERMK das Recht eines Journalisten abgeleitet hatte, über

---

[30] Vgl. Botschaft vom 28.6.2006 zur Schweizerischen Zivilprozessordnung (ZPO), BBl 2006 7320.

[31] VOGEL/SPÜHLER, Grundriss[8], 280 Rz 123; HABSCHEID, SZPO[2], 416 Rz 685.

[32] BGer, EVG, 14.2.1992, C 41/91, E. 3b; vgl. auch VOGEL/SPÜHLER, Grundriss[8], 280 Rz 126.

[33] Als einzige Abweichung von Art. 27bis StGB weist Art. 28a StGB in Abs. 2 lit. b keinen Verweis auf Art. 288 StGB auf, da dieser durch Ziff. I 1 des BG vom 22.12.1999 betr. die Revision des Korruptionsstrafrechts aufgehoben wurde.

[34] Genannt werden Straftaten nach den Art. 187, 189–191, 197 Ziff. 3, 260ter, 260[quinquies], 305bis, 305ter und 322ter–322[septies] StGB sowie nach Art. 19 Ziff. 2 BetmG.

[35] EGMR-RJD 1996-II, 483; vgl. dazu BGE 123 IV 236, 247 E. 8a/aa; BSK StGB-ZELLER, Art. 27bis N 7.

seine Informationsquellen die Auskunft zu verweigern.[36] Das damit gewährleistete **Redaktionsgeheimnis** wird in Art. 17 Abs. 3 BV ausdrücklich genannt. Es dient insb. dem Schutz journalistischer Quellen[37] und erfasst auch Informationen in einem einmalig erscheinenden Buch.[38] Demnach ist die Beschränkung des Schutzes in Art. 27bis bzw. Art. 28a StGB auf Informationen in einem periodisch erscheinenden Medium als verfassungs- bzw. EMRK-widrig zu qualifizieren.[39] Mit dem Redaktionsgeheimnis ist auch die Beschränkung auf Informationen im «redaktionellen Teil» nicht vereinbar, da auch im damit ausgeschlossenen Anzeige- bzw. Werbeteil[40] eines Mediums meinungsbildende Informationsvermittlungen enthalten sein können, die den Schutz der Medienfreiheit verdienen.[41] Schliesslich ist die Zulässigkeit des starren Ausnahmekatalogs fragwürdig, weil dieser eine konkrete Abwägung der Interessen und damit die Verhältnismässigkeitsprüfung im Einzelfall ausschliesst.[42]

15　　Nach Art. 42 Abs. 1 lit. b BZP kann das Zeugnis von den in Art. 321 Ziff. 1 StGB genannten Personen über Tatsachen, die nach dieser Vorschrift unter das **Berufsgeheimnis** fallen, verweigert werden, sofern der Berechtigte nicht in die Offenbarung des Geheimnisses eingewilligt hat. Dem Berufsgeheimnis gem. Art. 321 Ziff. 1 StGB unterstehen Geistliche, Rechtsanwälte, Verteidiger, Notare, nach Obligationenrecht zur Verschwiegenheit verpflichtete Revisoren, Ärzte, Zahnärzte, Apotheker, Hebammen und ihre Hilfspersonen.

16　　Art. 43 BZP schreibt vor, wie die Zeugen vorzuladen sind. Art. 44 BZP bestimmt, welche Folgen sie bei ihrem Ausbleiben zu gewärtigen haben und Art. 45 BZP regelt, wie der Richter die Zeugen einzuvernehmen hat. Gemäss Art. 46 Satz 2 BZP erhalten die Parteien Gelegenheit, **Erläuterungs- und Ergänzungsfragen** zu beantragen, über deren Zulässigkeit der Richter entscheidet. Dieses **Fragerecht** entspricht dem aus dem Anspruch auf rechtliches Gehör abgeleiteten Anspruch, am Beweisverfahren mitzuwirken.[43] Gemäss Art. 47 BZP kann die Einvernahme von Zeugen dem Richter des Wohnorts übertragen werden (vgl. N 33 hiernach). Art. 48 BZP regelt das Zeugengeld.

17　　Gemäss Art. 49 BZP kann der Richter von Amtsstellen und ausnahmsweise auch von Privatpersonen **schriftliche Auskunft** einziehen und nach freiem Ermessen darüber befinden, ob sie zum Beweis tauglich ist oder der Bekräftigung durch gerichtliches Zeugnis bedarf. Damit können die Parteien die Einvernahme der Auskunftsperson als Zeugen verlangen. Solchen Anträgen ist stattzugeben, wenn Zweifel an der Richtigkeit der Auskunft berechtigt sind. Ist jedoch eine Auskunft auf Grund anderer Beweise nicht zweifelhaft, so kann in antizipierter Beweiswürdigung auf die Einverahme der Auskunftsperson als Zeuge verzichtet werden.[44]

---

[36] Botschaft des Bundesrats vom 17.6.1996 über die Änderung des Schweizerischen Stafgesetzbuches und des Militärstrafgesetzes (Medienstraf- und Verfahrensrecht), BBl 1996 IV 525 ff., 572.

[37] Camprubi-Sidler/Zachariae, 69.

[38] EGMR, Observer & Gaurdian v. United Kingdom, 26.11.1991, EuGRZ 1995, 16, 20 Ziff. 59.

[39] Camprubi-Sidler/Zachariae, 80; vgl. auch BSK StGB-Zeller, Art. 27bis N 12.

[40] Vgl. BSK StGB-Zeller, Art. 27bis N 15; Camprubi-Sidler/Zachariae, 81 f.

[41] Müller, Grundrechte 3, 253; Camprubi-Sidler/Zachariae, 81 f.; BSK StGB-Zeller, Art. 27bis N 15.

[42] Camprubi-Sidler/Zachariae, 82 ff.; Müller, Grundrechte[3], 260.

[43] Vgl. BGE 117 V 282, 285 f. E. 4c; 127 I 54, 56 E. 2b, je m.Hinw.; vgl. auch Art. 6 Ziff. 3 lit. d EMRK, der dem Angeklagten das Recht einräumt, Fragen an die Belastungszeugen zu stellen oder stellen zu lassen; vgl. dazu BGE 125 I 127, 135 ff. E. 6c; 131 I 476, 481 E. 2.2.

[44] Vgl. BGer, EVG, 23.1.2003, B 43/02, E. 2; vgl. auch Art. 54 Abs. 1 BZP.

b) Urkunden (Art. 50–54 BZP)

Der Begriff der Urkunde wird im Bundeszivilprozess nicht definiert. Unter Urkunden **18** werden im weiten Sinne Gegenstände verstanden, welche menschliche Gedanken verkörpern.[45] Im engeren Sinne fallen nur Schriftstücke unter den Urkundenbegriff.[46] Zur Erleichterung des Beweises ist in prozessrechtlicher Hinsicht von einem weiten Urkundenbegriff auszugehen, welcher – in Anlehnung an die strafrechtliche Umschreibung der Urkunde[47] – auch Aufzeichnungen auf **Bild- und Datenträgern** erfassen kann.[48] Davon geht auch der Entwurf für eine Schweizerische Zivilprozessordnung aus, der in Art. 174 bestimmt, dass als Urkunden alle Dokumente wie Schriftstücke, Zeichnungen, Pläne, Fotos, Filme, Tonaufzeichnungen, elektronische Dateien und dergleichen gelten, die geeignet sind, rechtserhebliche Tatsachen zu beweisen. Würde der Urkundenbegriff auf Schriftstücke begrenzt, müsste in Bezug auf Aufzeichnungen auf Bild- und Datenträgern eine Gesetzeslücke[49] angenommen werden, welche durch die analoge Anwendung der Bestimmungen über die Urkunden zu schliessen wäre.[50]

Art. 50 Abs. 1 BZP sieht für die **Parteien** bezüglich der in ihren Händen befindlichen **19** Urkunden eine **Editionspflicht** vor und erlaubt dem Richter, die Partei, welche den Besitz einer Urkunde bestreitet, über ihren Verbleib zur Aussage unter Straffolge zu verhalten. Weigert sich die Partei, die Urkunde vorzulegen oder über deren Verbleib Auskunft zu geben, oder hat sie die Urkunde absichtlich beseitigt oder untauglich gemacht, so berücksichtigt der Richter dieses Verhalten gem. Art. 50 Abs. 2 BZP im Rahmen der freien Beweiswürdigung.

Nach Art. 51 Abs. 1 BZP trifft auch **Dritte** eine **Editionspflicht**, soweit die Urkunde sich nicht auf Tatsachen bezieht, über welche sie das Zeugnis verweigern könnten. Ist die Verweigerung der Edition nur in Bezug auf einzelne Teile einer Urkunde begründet, die durch Versiegelung oder auf andere Weise der Einsicht entzogen werden können, so besteht die Verpflichtung zur Vorlegung gem. Art. 51 Abs. 1 Satz 2 BZP nur unter dieser Sicherung. Nach Art. 52 Abs. 1 BZP ist das Einreichen von Urkunden in Fotokopie oder elektronischer Kopie grundsätzlich zulässig, jedoch kann der Richter die Eidition des **Originals** verlangen. Art. 52 Abs. 2 BZP erlaubt, mit Ermächtigung des Richters die Teile der Urkunden, welche nicht dem Beweis dienen, der Einsicht der Parteien zu entziehen.

---

[45] VOGEL/SPÜHLER, Grundriss[8], 277 Rz 107; WALDER-RICHLI, Zivilprozessrecht[4], 335 Rz 96; WAHRIG, Deutsches Wörterbuch, Renate Wahrig-Burfeind (Hrsg.), Gütersloh 1996, 1646.

[46] Vgl. HABSCHEID, SZPO[2], 411 Rz 680, der angibt, Urkunden seien Schriftstücke, welche Gedanken enthalten; vgl. auch Botschaft 2001 4352, welche eine Urkunde als Schriftstück definiert, das dem Beweis rechtserheblicher Tatsachen dient.

[47] Gemäss Art. 110 Abs. 4 StGB sind Urkunden Schriften, die bestimmt und geeignet sind, oder Zeichen, die bestimmt sind, eine Tatsache von rechtlicher Bedeutung zu beweisen. Die Aufzeichnung auf Bild- und Datenträgern steht der Schriftform gleich, sofern sie demselben Zweck dient.

[48] Gl.M. KUMMER, Grundriss[4], 131, der annimmt, Schallträger und Filme seien Urkunden; ebenso WALDER-RICHLI, Zivilprozessrecht[4], 335 Rz 96; vgl. auch SEILER/VON WERDT/GÜNGERICH, BGG, Art. 55 N 7, die ausführen, der Gesetzgeber habe insb. mit Blick auf die technische Entwicklung auf eine Definition des Begriffs der Urkunde verzichtet; vgl. ferner BGer, EVG, 27.7.1992, U 72/91, E. 3c, wo das EVG annahm, das Akteneinsichtsrecht erfasse auch Röntgenbilder, auf welche man abstellen könne, wenn kein medizinischer Experte abstellte.

[49] Vgl. zum Begriff der Gesetzeslücke bzw. der planwidrigen Unvollständigkeit des Gesetzes: BGE 132 III 470 E. 5.2 m.Hinw.

[50] Vgl. HABSCHEID, SZPO[2], 402 Rz 664 und 411 FN 2, der Tonbandaufnahmen als «neue Beweismittel» zulassen, nicht jedoch den Urkunden zuordnen möchte.

20   Gemäss Art. 53 BZP ist in Urkunden an Ort und Stelle Einsicht zu nehmen, wenn deren Vorlegung beim Gericht auf Grund ihrer Beschaffenheit nicht tunlich ist oder berechtigte Interessen verletzen würde. Wird die Echtheit einer Urkunde bestritten und sind Zweifel daran begründet, so ist darüber nach Art. 54 BZP Beweis zu führen.

c) Augenschein (Art. 55–56 BZP)

21   Ein **Augenschein** ist die Beweiserhebung mittels sinnlicher Wahrnehmung durch Mitglieder des Gerichts oder Sachverständige als Gehilfen des Gerichts. Dabei kommen nicht nur visuelle Wahrnehmungen, sondern auch solche durch den Gehörs-, Geruchs-, Tast- und Geschmackssinn in Frage.[51]

22   Die **Parteien** sind gem. Art. 55 Abs. 1 BZP verpflichtet, an ihrer **Person** und an den in ihrem Gewahrsam stehenden **Sachen** den Augenschein zu dulden (vgl. zum Schutz der Intimsphäre N 23 hiernach). Ihre Weigerung würdigt der Richter nach Art. 40 BZP, d.h. ihm Rahmen der freien Beweiswürdigung.

Dritte sind nach Art. 55 Abs. 2 BZP verpflichtet, an den in ihrem Gewahrsam stehenden **Sachen** den Augenschein – unter Strafandrohung[52] – zu dulden, soweit sie nicht in sinngemässer Anwendung des Zeugnisverweigerungsrechts[53] zur Weigerung berechtigt sind. Da Art. 55 Abs. 2 BZP den Augenschein an der **Person** Dritter nicht nennt, trifft diese insoweit keine Duldungspflicht.[54]

Kann die zu besichtigende Sache vor Gericht gebracht werden, so ist sie gem. Art. 55 Abs. 3 BZP wie eine Urkunde vorzulegen.

23   Der Augenschein wird grundsätzlich durch den **Richter** durchgeführt, wobei er nach Art. 56 Abs. 1 BZP Zeugen und **Sachverständige** beiziehen kann. Ist die eigene Wahrnehmung des Richters unnötig oder unangemessen, so kann er nach Art. 56 Abs. 2 BZP anordnen, dass der Sachverständige den Augenschein ohne seine Anwesenheit vornehme. Gemäss Art. 56 Abs. 3 BZP sind die Parteien von der Teilname ausgeschlossen, wenn die Geheimniswahrung gem. Art. 38 Satz 2 BZP oder die Natur der Besichtigung es verlangt. Da Art. 38 BZP von der Verweisung in Art. 55 ausgenommen wurde, muss insoweit die entsprechende Bestimmung in Art. 56 Abs. 2 zur Anwendung kommen. Bildet der **Körper einer Person** Augenscheinsobjekt, so sind zum Schutz ihres Persönlichkeitsrechts die Parteien in aller Regel auszuschliessen (vgl. Art. 56 N 11). In solchen Fällen ist auch die Teilnahme des Richters unangemessen i.S.v. Art. 56 Abs. 2 BZP, weshalb der Augenschein durch einen Sachverständigen vorzunehmen ist.

d) Sachverständige (Art. 57–61 BZP)

24   Der Richter zieht gem. 57 Abs. 1 BZP einen oder mehrere Sachverständige als Gehilfen bei, wenn zur Aufklärung des Sachverhalts **Fachkenntnisse** erforderlich sind. Dies trifft nach der Rechtsprechung zu, wenn Tatsachen technischer oder anderer Natur bestritten sind, welche nur mit spezifischen Kenntnissen beurteilt werden können, über welche das Gericht nicht verfügt.[55] Sind Richter selber fachkundig, so kann das Gericht auf ihr

---

[51]   Vgl. VOGEL/SPÜHLER, Grundriss⁸, 283 Rz 146; HABSCHEID, SZPO², 404 Rz 667; KUMMER, Grundriss⁴, 132.

[52]   Nach Art. 44 Abs. 3 und 4 BZP betr. das Ausbleiben von Zeugen.

[53]   Vgl. dazu Art. 42 BZP und N 13 hiervor.

[54]   SEILER/VON WERDT/GÜNGERICH, BGG, Art. 55 N 9.

[55]   Vgl. BGE 129 III 727 unv. E. 4.2; BGE 117 Ia 262 E. 4c; BGer, I ZA, 17.1.2007, 4P.191/2006, E. 3.3.; BGer, I ZA, 31.1.2002, 4C.319/2001, E. 2a, betr. technischer Fragen bei Patentprozessen.

Fachwissen abstellen und auf den Beizug eines aussenstehenden Sachverständigen verzichten.[56] Dadurch darf jedoch das rechtliche Gehör der Parteien nicht eingeschränkt werden, weshalb ihnen die Beurteilung des fachkundigen Richters mitzuteilen und ihnen – gleich wie bei einem externen Sachverständigen – Gelegenheit zur Stellungnahme einzuräumen ist.[57]

Der Richter unterbreitet den Sachverständigen Fragen und gibt den Parteien nach Art. 57 Abs. 2 BZP Gelegenheit, sich dazu zu äussern und Abänderungs- und Ergänzungsanträge zu stellen.

Nach Art. 58 Abs. 1 BZP gelten für Sachverständige – da sie Gehilfen des Gerichts sind – die **Ausstandsgründe** für Gerichtspersonen nach Art. 34 sinngemäss. Ob Ausstandsgründe vorliegen, ist in Bezug auf die natürlichen Personen abzuklären, welche das Gutachten tatsächlich erstellen. Wird bei einer juristischen Person oder einem staatlichen Institut wie der EMPA[58] ein Gutachten eingeholt, sollte daher der verantwortliche Sachbearbeiter als Sachverständiger bestellt werden.[59] Zumindest sind die Namen der Sachverständigen, die an einem amtlichen Gutachten mitwirkten, nachträglich mitzuteilen.[60]   **25**

Art. 58 Abs. 2 BZP schreibt vor, dass den Parteien vor der Ernennung von Sachverständigen Gelegenheit zu geben ist, Einwände gegen die in Aussicht genommenen Personen vorzubringen. Gemäss Art. 59 Abs. 1 BZP ist der Sachverständige bei der Ernennung darauf aufmerksam zu machen, dass er nach bestem Wissen und Gewissen zu amten und sich der strengsten Unparteilichkeit zu befleissigen hat. Nach Art. 59 Abs. 2 BZP zieht ungehörige Erfüllung des angenommen Auftrags Ordnungsbusse gem. Art. 33 Abs. 1 nach sich.

Damit der Sachverständige die ihm gestellten Fragen beantworten kann, stellt ihm das Gericht die erforderlichen **Akten** zur Verfügung. Zudem kann es ihn ermächtigen, an einem Augenschein des Gerichts teilzunehmen oder selber einen solchen durchzuführen,[61] weitere Urkunden beizuziehen und **Parteien und Dritte zu befragen**.[62] Solche Befragungen muss der Sachverständige nicht protokollieren. Er hat jedoch zumindest eine Zusammenfassung der Aussagen anzuführen, auf welche er abstellte, damit die Parteien oder das Gericht die Einvernahme der befragten Personen als Zeugen verlangen können, wenn hinsichtlich ihrer Aussagen Zweifel bestehen.[63]   **26**

Der Sachverständige erstattet gem. Art. 60 Abs. 1 BZP sein Gutachten mit **Begründung** entweder schriftlich oder in mündlicher Verhandlung zu Protokoll. Die Begründung muss sachlich abgefasst werden[64] und zur Wahrung des rechtlichen Gehörs die Grundlagen des Gutachtens nennen.   **27**

---

[56] Vgl. VOGEL/SPÜHLER, Grundriss[8], 285 Rz 156; **a.M.** KUMMER, Grundriss[4], 133, der annimmt, nach Art. 57 Abs. 1 BZP müsse der Richter immer einen Sachverständigen ernennen, wo die Aufklärung des Sachverhalts besonderer Fachkunde erfordere.

[57] WALDER-RICHLI, Zivilprozessrecht[4], 331 Rz 78; vgl. auch VOGEL/SPÜHLER, Grundriss[8], 285 Rz 156; Botschaft vom 28.6.2006 zur Schweizerischen Zivilprozessordnung (ZPO), BBl 2006 7324.

[58] Eidgenössische Materialprüfungs- und Forschungs-Anstalt.

[59] VOGEL/SPÜHLER, Grundriss[8], 285 Rz 155; HABSCHEID, SZPO[2], 406 Rz 671.

[60] KÖLZ/HÄNER, Verwaltungsrechtspflege[2], 111 Rz 302.

[61] Vgl. Art. 56 Abs. 1 und 2 BZP.

[62] VOGEL/SPÜHLER, Grundriss[8], 286 Rz 157; HABSCHEID, SZPO[2], 408 Rz 676; Botschaft vom 28.6.2006 zur Schweizerischen Zivilprozessordnung (ZPO), BBl 2006 7323.

[63] BGer, ZA I, 6.1.2004, 4P.172/2003, E. 2.2; vgl. auch Art. 49 Satz 2 BZP; Art. 56 Abs. 3; VOGEL/SPÜHLER, Grundriss[8], 286 Rz 157; WALDER-RICHLI, Zivilprozessrecht[4], 330 f. Rz 76.

[64] Vgl. BGer, EVG, 26.6.2003, I 671/02, E. 5.2, wo das EVG annahm, eine polemisch abgefasste Begründung erschüttere die Glaubwürdigkeit des Gutachtens.

28   Die Parteien erhalten nach Art. 60 Abs. 1 BZP Gelegenheit, **Erläuterungen und Ergänzungen** oder eine neue Begutachtung zu beantragen. Gemäss Art. 60 Abs. 2 BZP stellt der Richter die notwendig erscheinenden Ergänzungs- und Erläuterungsfragen in mündlicher Verhandlung oder zu schriftlicher Beantwortung. Er kann andere Sachverständigen beiziehen, wenn er das Gutachten als ungenügend hält.

Nach der Rechtsprechung können **inhaltliche Mängel des Gutachtens** vom Gericht nur ausnahmsweise richtiggestellt werden. Bei Zweifeln an der Überzeugungskraft eines Sachverständigenbefundes ist daher in der Regel die Einholung eines weiteren Gutachtens nötig.[65] Dies ist insb. der Fall, wenn das Gutachten mit inneren Widersprüchen behaftet ist.[66] Sind mehrere Gutachter eingesetzt worden, welche sich nicht einig wurden, so kann ein **Obergutachten** verlangt werden, wenn das Gericht nicht aus der gewonnenen Sachkunde selber entscheiden kann.[67]

e) Parteiverhör (Art. 62–65 BZP)

29   Gemäss Art. 62 BZP kann die Partei zum Beweis einer Tatsache dem Verhör unterzogen werden, wobei sie vor dem Verhör zur Wahrheit zu ermahnen ist und darauf aufmerksam zu machen ist, dass sie zur Beweisaussage unter Straffolge angehalten werden können. Insoweit wird von **einfachem Parteiverhör bzw. einfacher Parteibefragung** gesprochen.[68]

30   Gemäss Art. 64 BZP kann der Richter eine Partei zur **Beweisaussage unter Straffolge** gem. Art. 306 StGB über bestimmte Tatsachen verhalten, wenn er es nach dem Ergebnis des einfachen Parteiverhörs für geboten erachtet.

Nach Art. 306 Abs. 1 StGB wird mit Freiheitsstrafe bis zu drei Jahren oder Geldstrafe bestraft, wer in einem Zivilrechtsverfahren als Partei nach erfolgter richterlicher Ermahnung zur Wahrheit und nach Hinweis auf die Straffolgen eine falsche Beweisaussage zur Sache macht.

Art. 306 Abs. 2 StGB sieht die Möglichkeit der Bekräftigung der Aussage durch **Eid** oder **Handgelübde** vor. Der Eid beinhaltet die Anrufung Gottes und kann daher als religiöse Handlung gem. Art. 15 Abs. 4 BV nicht erzwungen werden.[69]

31   Nach Art. 65 Abs. 1 BZP würdigt der Richter den Beweiswert der Parteiaussage nach freiem Ermessen. Dies entspricht dem in Art. 40 BZP statuierten Grundsatz der freien Beweiswürdigung.[70]

III. Durchführung der Beweisabnahme

1. Durch das Bundesgericht

32   Gemäss Art. 55 Abs. 2 werden die nötigen Beweismassnahmen vom **Instruktionsrichter** vorgenommen,[71] der nach Art. 55 Abs. 3 zu Zeugeneinvernahmen, Augenschein und Parteiverhör einen zweiten Richter beizieht. Die Verpflichtung zum Beizug eines zweiten Richters wurde in Anlehnung an Art. 5 Abs. 3 BZP aufgenommen[72] und soll die subjektive

---

[65] BGer, ZA II, 13.9.2001, 5P.160/2001, E. 3b/aa; vgl. auch BGE 118 Ia 144, 146. E. 1c.
[66] Vgl. BGer, EVG, 26.6.2003, I 671/02, E. 5.2 und 5.3; BGer, EVG, 26.8.1996, U 159/95, E. 2–4.
[67] Habscheid, SZPO², 408 Rz 676.
[68] Vgl. Art. 64 Abs. 1 BZP; Vogel/Spühler, Grundriss⁸, 287 Rz 167.
[69] Vogel/Spühler, Grundriss⁸, 288 Rz 174 f.; **a.M.** Habscheid, SZPO², 424 Rz 700.
[70] Vgl. dazu N 9 hiervor.
[71] Dies in Übernahme von Art. 95 Abs. 1 OG; vgl. Schlussbericht 1997, 80.
[72] Schlussbericht 1997, 80.

Beweiswürdigung verhindern.[73] Damit wird dem so genannten **Unmittelbarkeitsprinzip**, wonach die Verhandlungen und Beweisabnahmen unmittelbar vor dem erkennenden Gericht erfolgen sollten,[74] nur teilweise entsprochen.[75] Dies ist zulässig, da die Unmittelbarkeit der Beweisabnahme kein eigenständiger Verfassungsgrundsatz ist, weshalb sich ein Anspruch darauf nur aus der anwendbaren Verfahrensordnung ergeben kann.[76]

2. Durch kantonale oder eidgenössische Behörden

Art. 55 Abs. 2 erlaubt dem Instruktionsrichter, Beweisabnahmen an die zuständigen eidgenössischen oder kantonalen Behörde zu übertragen. Gemäss Art. 47 BZP – der zu Folge der Verweisung gem. Art. 55 Abs. 1 zur Anwendung kommt – kann zur Vermeidung unverhältnismässig hoher Kosten die Einvernahme des Zeugen dem Richter des Wohnortes übertragen werden, der sie in den Formen des kantonalen Prozessrechts durchführt.   33

Da die Übertragung von Beweiserhebungen an andere Gerichte dem Unmittelbarkeitsprinzip widerspricht (vgl. dazu N 32 hiervor), sollte sie nur ausnahmsweise vorgenommen werden.[77] Sind eigene Beweiserhebung durch das Bundesgericht nicht tunlich, sollte der angefochtene Entscheid in der Regel aufgehoben und die Sache zur Sachverhaltsergänzung und Neuentscheidung zurückgewiesen werden.[78]

Art. 56

Anwesenheit der Parteien und Urkundeneinsicht	**[1] Die Parteien sind berechtigt, der Beweiserhebung beizuwohnen und in die vorgelegten Urkunden Einsicht zu nehmen.**
	[2] Wo es zur Wahrung überwiegender öffentlicher oder privater Interessen notwendig ist, nimmt das Gericht von einem Beweismittel unter Ausschluss der Parteien oder der Gegenparteien Kenntnis.
	[3] Will das Gericht in diesem Fall auf das Beweismittel zum Nachteil einer Partei abstellen, so muss es ihr den für die Sache wesentlichen Inhalt desselben mitteilen und ihr ausserdem Gelegenheit geben, sich zu äussern und Gegenbeweismittel zu bezeichnen.
Présence des parties et consultation des pièces	[1] Les parties ont le droit d'assister à l'administration des preuves et de prendre connaissance des pièces produites.
	[2] Si la sauvegarde d'intérêts publics ou privés prépondérants l'exige, le Tribunal fédéral prend connaissance d'un moyen de preuve hors de la présence des parties ou des parties adverses.
	[3] Dans ce cas, si le Tribunal fédéral entend utiliser un moyen de preuve au désavantage d'une partie, il doit lui en communiquer le contenu essentiel se rapportant à l'affaire et lui donner la possibilité de s'exprimer et d'offrir des contre-preuves.

---

[73] SPÜHLER/DOLGE/VOCK, Kurzkommentar, Art. 55 N 3 f.

[74] Vgl. VOGEL/SPÜHLER, Grundriss[8], 185 Rz 116.

[75] Vgl. VOGEL/SPÜHLER, Grundriss[8], 186 Rz 117, der annimmt, es liege Mittelbarkeit vor, wenn die Beweisabnahmen nicht vor vollständig versammelten Gericht stattfinden.

[76] Vgl. BGE 125 I 127, 134 E. 6c/aa; vgl. auch VOGEL/SPÜHLER, Grundriss[8], 186 Rz 116.

[77] Gl.M. SPÜHLER/DOLGE/VOCK, Kurzkommentar, Art. 55 N 3; vgl. auch SEILER/VON WERDT/GÜNGERICH, BGG, Art. 55 N 12.

[78] Vgl. Botschaft 2001 4344, wo angenommen wird, dies sei die übliche Folge eines ergänzungsbedürftigen Sachverhalts; vgl. auch Art. 107 N 15.

Presenza delle parti
e consultazione dei
documenti

[1] Le parti hanno diritto di assistere all'assunzione delle prove e di consultare i documenti prodotti.

[2] Se la tutela di interessi pubblici o privati preponderanti lo esige, il Tribunale federale prende conoscenza di un mezzo di prova in assenza delle parti o delle controparti.

[3] Se in tal caso intende utilizzare il mezzo di prova a pregiudizio di una parte, il Tribunale federale gliene comunica il contenuto essenziale per la causa e le dà la possibilità di esprimersi e di indicare controprove.

Inhaltsübersicht

Materialien

Art. 53 E ExpKomm; Schlussbericht 1997, 80; Art. 52 E 2001 BBl 2001, 4492.; Botschaft 2001 BBl 2001 4302; AB 2003 S 897; AB 2003 N 1593.

Literatur

M. ALBERTINI, Der verfassungsmässige Anspruch auf rechtliches Gehör im Verwaltungsverfahren des modernen Staates: eine Untersuchung über Sinn und Gehalt der Garantie unter besonderer Berücksichtigung der bundesgerichtlichen Rechtsprechung, Bern 2000 (zit. Albertini, rechtliches Gehör); TH. COTTIER, Der Anspruch auf rechtliches Gehör (Art. 4 BV), Standortbestimmung und Perspektiven – 2. Teil, recht 2/1984, 122–128 (zit. Cottier, recht 1984); ST. TRECHSEL, Akteneinsicht, Information als Grundlage des fairen Verfahrens, in: Festschrift für Jean Nicolas Druey, Zürich/Basel/Genf 2002 (zit. FS-Druey-Trechsel); O. VOGEL/K. SPÜHLER, Grundriss des Zivilprozessrechts und des internationalen Zivilprozessrechts der Schweiz, 8. Aufl., Bern 2005 (zit. Vogel/Spühler, Grundriss[8])

I. Allgemeines

1   Art. 55 Abs. 1 verweist bezüglich des Beweisverfahrens auf die Regelung im siebten Titel des Bundeszivilprozesses und schliesst dabei Art. 38 BZP aus. Diese Bestimmung mit der Marginalie «Anwesenheit der Parteien und Urkundeneinsicht» lautet:

«Die Parteien sind berechtigt, der Beweiserhebung beizuwohnen und in die vorgelegten Urkunden Einsicht zu nehmen. Wo es zur Wahrung von Geschäftsgeheimnissen einer Partei oder eines Dritten nötig ist, hat der Richter vom Beweismittel unter Ausschluss der Gegenpartei oder der Parteien Kenntnis zu nehmen.»

Art. 56 tritt an Stelle dieser Regelung und sieht eine davon leicht abweichende Lösung vor.

2   Art. 56 kommt zur Anwendung, wenn das Bundesgericht im **Beschwerdeverfahren** Beweise abnimmt (vgl. Art. 55 N 2). Beurteilt das Bundesgericht jedoch als einzige Instanz Klagen gem. Art. 120, so richtet sich das Verfahren nach dem Bundeszivilprozess, so dass Art. 38 BZP und nicht Art. 56 anwendbar ist (vgl. Art. 55 N 3).

Art. 38 BZP und Art. 56 regeln beide das Recht der Parteien, in Verfahren vor Bundesge- 3
richt bei Beweiserhebungen anwesend zu sein und Urkunden einzusehen. Da bezüglich
dieser Rechte keine Gründe für eine Differenzierung zwischen Klage- und Beschwerdeverfahren ersichtlich sind, sollte der Gesetzgeber de lege ferenda eine **einheitliche
Lösung** schaffen. Diese könnte dadurch erreicht werden, dass die modernere Regelung
von Art. 56 BGG in Art. 38 BZP übertragen wird, was erlaubt, diese Bestimmung im
Verweis in Art. 55 Abs. 1 nicht mehr auszuschliessen und Art. 56 zu streichen. Eine
andere Möglichkeit könnte darin bestehen, die geplante Schweizerische Zivilprozessordnung (ZPO) nicht nur für die kantonalen Gerichte, sondern auch für das Bundesgericht
für anwendbar zu erklären und damit auf den Bundeszivilprozess zu verzichten. Der
Bundesrat schlägt jedoch vor, die Frage der Konsolidierung des gesamten Zivilverfah-
rensrechts erst zu prüfen, nachdem die kantonalen Gerichte die neue Schweizerische
Zivilprozessordnung angewendet und in ihre Praxis integriert haben.[1]

II. Das Anwesenheits- und Einsichtsrecht

Gemäss **Abs. 1** von Art. 56 sind die Parteien berechtigt, der Beweiserhebung beizu- 4
wohnen und in die vorgelegten Urkunden Einsicht zu nehmen. Diese Regelung stimmt
mit Satz 1 von Art. 38 BZP überein.

Das Recht, der Beweiserhebung beizuwohnen, entspricht dem vom Bundesgericht aus 5
dem **rechtlichen Gehör** gem. Art. 29 Abs. 2 BV abgeleiteten persönlichkeitsbezogenen
Mitwirkungsrecht, das die Parteien berechtigt, bei der Erhebung wesentlicher Beweise
mitzuwirken und sich zum entscheiderheblichen Beweisergebnis zu äussern.[2] Die in
Art. 56 Abs. 1 genannten Beweiserhebungen betreffen die **Zeugeneinvernahme** (Art. 55
N 12 ff.), den **Augenschein** (Art. 55 N 21 ff.) und das **Parteiverhör** (Art. 55 N 29 ff.).
Durch die Anwesenheit der Parteien und ihrer Rechtsvertretern wird ihnen ermöglicht, sich
ein eigenes Bild von den Beweisen zu machen und gem. Art. 46 Satz 2 BZP Erläuterungs-
und Ergänzungsfragen (Art. 55 N 16) und allfällige zusätzliche Beweisanträge zu stellen.

Das Recht, in die vorgelegten Urkunden **Einsicht zu nehmen**, entspricht dem aus dem 6
Anspruch auf rechtliches Gehör abgeleiteten **Akteneinsichtsrecht**.[3] Dieses bezieht sich
auf sämtliche verfahrensbezogenen Akten, die geeignet sind, Grundlage des Entscheides
zu bilden. Die Einsicht in die Akten, die für ein bestimmtes Verfahren erstellt oder beigezogen wurden, kann demnach nicht mit der Begründung verweigert werden, die fraglichen Akten seien für den Verfahrensausgang belanglos. Es muss vielmehr dem Betroffenen selber überlassen sein, die Relevanz der Akten zu beurteilen.[4] Die Akten bzw.
Urkunden können nicht nur Schriftstücke, sondern auch Aufzeichnungen auf Bild- und
Datenträgern umfasssen (Art. 55 N 18). Zu den beigezogenen Urkunden gehören auch
die Akten, auf welche ein Gutachter abgestellt hat.[5] Entsprechend besteht bezüglich Tonaufzeichnungen der Befragung einer Person durch einen ärztlichen Gutachter grundsätzlich ein Einsichtsrecht, wenn dieses zur Überprüfung des Gutachtens in seinen Grundlagen und in seinen Schlussfolgerungen als erforderlich erscheint.[6]

---

[1] Vgl. Botschaft vom 28.6.2006 zur Schweizerischen Zivilprozessordnung (ZPO), BBl 2006 7244
FN 23.
[2] BGE 127 I 54 E. 2b; 129 II 497, 504 f. E. 2.2; vgl. auch BGE 117 Ia 262, 268 E. 4b, m.Hinw.
[3] BGE 132 II 485 E. 3.2; 132 V 387 E. 3.1 und 6.2, welche die Behörden verpflichten, die Parteien über beigezogene Akten zu informieren, welche die Parteien nicht kennen und nicht kennen
können.
[4] BGE 132 V 387 E. 3.2.
[5] BGer, I ÖRA, 13.3.2007, 1P.714/2006, E. 2.
[6] BGer, I ÖRA, 12.11.2003, 1P.544/2003, E. 5.3.

7   Gemäss der Rechtsprechung des Bundesgerichts sind so genannte **interne Akten**, welche ausschliesslich der verwaltungsinternen Meinungsbildung dienen und somit für den verwaltungsinternen Gebrauch bestimmt sind, wie z.b. Entwürfe, Anträge, Notizen, Mitberichte, Hilfsbelege usw., vom Einsichtsrecht zum Vornherein ausgeschlossen (vgl. zum Geheimhaltungsinteresse N 14 hiernach).[7] Das Eidgenössische Versicherungsgericht nimmt dagegen an, bei der Bestimmung des Umfangs des Akteneinsichtsrechts komme es auf die im konkreten Fall objektive Bedeutung eines Aktenstückes für die verfügungswesentliche Sachverhaltsfeststellung an, und nicht auf die Einstufung des Beweismittels durch die Verwaltung als internes Papier.[8] In der Literatur wird ebenfalls angenommen, ein genereller Ausschluss interner Akten vom Akteneinsichtsrecht sei nicht gerechtfertigt, vielmehr müsse im Einzelfall auf die objektive Bedeutung eines Schriftstücks für die entscheidwesentliche Sachverhaltsfeststellung abgestellt werden.[9]

8   Die **Modalitäten der Einsichtnahme** in die Urkunden werden weder in Art. 56 Abs. 1 noch im gem. Art. 71 subsidiär anwendbaren Bundeszivilprozess geregelt, weshalb insoweit die allgemeinen Grundsätze des Akteneinsichtsrechts zur Anwendung kommen. Dieses Recht gewährt nur einen Anspruch darauf, die Akten am Sitz der Behörde einzusehen und davon Notizen zu machen oder auf einem Kopiergerät der Verwaltung normalformatige Kopien oder solche, die ohne besonderen Aufwand erstellt werden können, selbst herzustellen, soweit es für die Verwaltung zu keinem unverhältnismässigen Aufwand führt.[10] Für das Herstellen von Kopien darf eine Kanzleigebühr verlangt werden, welche nach der Rechtsprechung des Bundesgerichts bei einer grösseren Auflage einen, jedoch nicht zwei Franken pro Kopie betragen darf.[11] Das verfassungsmässige Akteneinsichtsrecht gewährt keinen Anspruch darauf, die Akten nach Hause mitzunehmen.[12] Dies gilt grundsätzlich auch für Anwälte,[13] denen die Akten in der Praxis jedoch in der Regel zugestellt werden.[14] Haben die im Kanton ansässigen Anwälte nach kantonalem Recht einen Anspruch auf Aktenzustellung, so verstösst ein Gericht gegen das Diskriminierungsverbot, wenn es einem Anwalt aus einem anderen Kanton die Zustellung der Akten verweigert.[15] Dagegen verstösst die Verweigerung der Aktenzustellung an Nichtanwälte nicht gegen das Gleichbehandlungsprinzip, weil Anwälte eine bessere Gewähr als andere Privatpersonen dafür bieten, dass die ausgehändigten Akten vollständig und unverändert an die Behörden zurückgelangen.[16]

---

7   BGE 125 II 473, 474 E. 4a, m.Hinw.; vgl. dagegen BGer, I. ÖRA, 12.11.2003, 1P.544/2003, E. 5.3, in der das BGer aus Art. 29 Abs. 2 BV ein bedingtes Recht auf Offenlegung von Arbeitsunterlagen eines Gutachters bejahte.

8   BGE 115 V 297, 303 E. 2g/bb.

9   RHINOW/KOLLER/KISS, Prozessrecht, 69 Rz 345; COTTIER, recht 1984, 124; ALBERTINI, rechtliches Gehör, 229 f.; MÜLLER, Grundrechte³, 529 f.

10 BGE 116 Ia 324 E. 3d/aa;122 I 109 E. 2b; vgl. auch BGer, I. ÖRA, 1P.601/2003 vom 26.11.2003 E. 2.4, in der das BGer klarstellt, dass das Verbot, zur Einsicht offen stehende Akten zu kopieren, nicht mit der Gefahr der Offenlegung des Inhalts begründet werden kann.

11 BGE 107 Ia 29 E. 2d; 118 Ib 349 E. 5; krit. dazu COTTIER, recht 1984, 125 f., der annimmt, die hohen Ansätze könnten bei umfangreichen Akten zu einer Beeinträchtigung der Partizipationsmöglichkeit und der Waffengleichheit führen; ebenso: ALBERTINI, rechtliches Gehör, 253; vgl. auch TRECHSEL, in: FS DRUEY, 997.

12 BGE 108 Ia 7 E. 2b.

13 BGE 120 IV 242 E. 2c; vgl. dagegen ALBERTINI, rechtliches Gehör, 250, der praktizierenden Anwälten grundsätzlich einen Anspruch auf Aktenzustellung gewähren will.

14 Vgl. BGE 122 I 109 E. 2b; ALBERTINI, rechtliches Gehör, 249.

15 BGE 122 I 109 E. 2b und E. 3.

16 BGE 108 Ia 7 E. 3; vgl. dagegen COTTIER, recht 1984, 125, der annimmt, es sei fraglich, ob eine Verletzung der Rechtsgleichheit bzw. Waffengleichheit vorliege, wenn die Gegenpartei nicht verbeiständet sei.

III. Einschränkungen

Gemäss **Abs. 2** von Art. 56 nimmt das Gericht von einem Beweismittel unter Ausschluss der Parteien oder der Gegenpartei Kenntnis, wo es zur Wahrung überwiegender öffentlicher oder privater Interessen notwendig ist. **9**

Diese Regelung entspricht systematisch Satz 2 von Art. 38 BZP, der ebenfalls den Ausschluss der Parteien von der Beweiserhebung zulässt, jedoch als Rechtfertigung nur die Wahrung von Geschäftsgeheimnissen einer Partei oder eines Dritten nennt. Der Gesetzgeber wollte dagegen nicht nur private, sondern auch öffentliche Interessen als Rechtfertigung zulassen,[17] was der Regelung in Art. 27 Abs. 1 VwVG[18] und Art. 36 Abs. 2 BV[19] entspricht. **10**

Zu den **privaten Interessen** i.S.v. Art. 56 Abs. 2 sind – in Übereinstimmung mit Art. 38 Satz 2 BZP – namentlich die Wahrung von **Geschäftsgeheimnissen** zu zählen.[20] Ein privates Geheimhaltungsinteresse kann sich auch aus dem **Persönlichkeitsschutz** ergeben.[21] **11**

So sind zur Wahrung der **Privat- und Intimsphäre**[22] Augenscheine betr. den Körper einer Person in der Regel durch Sachverständige unter Ausschluss der Parteien und des Gerichts vorzunehmen.[23] Ausnahmen sind zum Beispiel denkbar, wenn der Augenschein bloss die Identifikation einer Person durch eine Tätowierung auf dem Vorderarm betrifft.

In der Rechtsprechung und Lehre wird angenommen, einer Person könne die **Einsicht in** **12**
die eigene Krankengeschichte oder sie betreffende ärztliche und psychiatrische Gutachten verweigert werden, wenn diese einen Gesundheitszustand offenbaren, von dessen Schwere die betroffene Person nichts ahne.[24] Meines Erachtens verlangt das Grundrecht der persönlichen Freiheit gem. Art. 10 Abs. 2 BV, dass eine urteilsfähige Person ihre Entscheidungen in Kenntnis ihres Gesundheitszustandes treffen kann,[25] weshalb ihr auf ihren Wunsch Einsicht in die Angaben über ihre Gesundheit zu gewähren ist.[26]

---

[17] Schlussbericht 1997, 80.

[18] Diese Bestimmung lautet: «Die Behörde darf die Einsichtnahme in die Akten nur verweigern, wenn: a. wesentliche öffentliche Interessen des Bundes oder der Kantone, insb. die innere oder äussere Sicherheit der Eidgenossenschaft, die Geheimhaltung erfordern; b. wesentliche private Interessen, insb. von Gegenparteien, die Geheimhaltung erfordern; c. das Interesse einer noch nicht abgeschlossenen amtlichen Untersuchung es erfordert.»

[19] Gemäss dieser Bestimmung müssen Einschränkungen von Grundrechten durch öffentliches Interesse oder durch den Schutz von Grundrechten Dritter gerechtfertigt sein.

[20] Vgl. Botschaft 2001, 4302; Schlussbericht 1997, 80; vgl. zum Begriff des Geheimnisses: BGer, I ZA, 21.6.2007, 4C.69/2007 E. 3.3.3.

[21] Vgl. KÖLZ/HÄNER, Verwaltungsrechtspflege[2], 111 Rz 303; RHINOW/KOLLER/KISS, Prozessrecht, 68 Rz 339.

[22] So zählt das Datenschutzgesetz (DSG, SR 235.1) insb. Daten über die Gesundheit und Intimsphäre einer Person zu den besonders schützenswerten Personendaten (vgl. Art. 3 lit. c Ziff. 2 DSG).

[23] Vgl. BGE 119 Ia 260, 262 E. 6c; VOGEL/SPÜHLER, Grundriss[8], 284 Rz 147.

[24] BGer, EVG, 12.2.1992, I 230/91, E. 2a; vgl. auch BGE 100 Ia 97, 102 E. 5b; FS DRUEY-TRECHSEL, 998, der ausführt, in psychiatrischen Gutachten würden die Entwicklungsaussichten eines Beschuldigten mitunter in derart düsteren Farben geschildert, dass die Bekantgabe schwerwiegende Folgen für den Betroffenen haben könne.

[25] Vgl. BGE 133 I 58, 66 f. E. 6.1, in der das BGer insb. anführt, die persönliche Freiheit gem. Art. 10 Abs. 2 BV umfasse dem Bürger eigene Fähigkeit, eine gewisse tatsächliche Begebenheit zu würdigen und danach zu handeln. Zum Selbstbestimmungsrecht i.S.v. Art. 8 Ziff. 1 EMRK gehöre auch das Recht, über Art und Zeitpunkt der Beendigung des eigenen Lebens zu entscheiden, dies zumindest, soweit der Betroffene in der Lage sei, seinen entsprechenden Willen frei zu bilden und danach zu handeln.

[26] Vgl. auch COTTIER, recht 1984, 125, der annimmt, die Abweisung des Einsichtsgesuchs müsste begründet werden, was beim Betroffenen weit grössere Ungewissheit und seelische Spannung

13   Zu den privaten Interessen ist auch der Schutz der physischen und psychischen Integrität
      von Zeugen und Auskunftspersonen zu zählen, welche auf Grund ihrer Aussagen für sich
      oder ihre Familien Repressalien befürchten müssen.[27]

14   Zu den **öffentlichen Interessen** i.S. Art. 56 Abs. 2 sind staatliche Geheimhaltungs-
      interessen – insb. zum **Schutz der inneren und äusseren Sicherheit**[28] – zu zählen.[29]
      So besteht an der Geheimhaltung von Erkenntnissen im Bereich der Terror- und Ver-
      brechensbekämpfung oder der Spionageabwehr ein öffentliches Interesse.[30] Der Schutz
      der Anonymität von V-Personen liegt ebenfalls im öffentlichen Interesse, weil diese
      Personen damit auch nach abgeschlossenem Verfahren noch im Dienste der Polizei ein-
      gesetzt werden können.[31] Zu den öffentlichen Interessen ist auch das Amtsgeheimnis der
      Behörden zu zählen, namentlich das Steuergeheimnis.[32] Zudem besteht ein öffentliches
      Interesse an einer **vertraulichen Willensbildung in Regierung und Verwaltung,**[33] bzw.
      daran, dass ihre interne Meinungsbildung nicht vollständig vor der Öffentlichkeit ausge-
      breitet wird,[34] was zur Geheimhaltung so genannter interner Akten führen kann (vgl. N 7
      hiervor).

15   Art. 56 Abs. 2 verlangt, dass die privaten oder öffentlichen Interessen am Ausschluss der
      Parteien von der Beweiserhebung gegenüber ihren Interessen an der Mitwirkung über-
      wiegen. Um festzustellen, ob dies zutrifft, sind die sich entgegenstehenden Interessen im
      Einzelfall sorgfältig gegeneinander abzuwägen.[35] Bei dieser **Interessenabwägung** ist zu
      berücksichtigen, dass mit dem Ausschluss der Parteien von der Beweiserhebung das
      Grundrecht des rechtlichen Gehörs eingeschränkt wird, was gem. Art. 36 Abs. 3 BV nur
      zulässig ist, wenn die Einschränkung **verhältnismässig** ist. Demnach darf, wenn ein-
      zelne Aktenstücke eines Dossiers der Geheimhaltung unterliegen, einer Partei nicht das
      ganze Dossier vorenthalten werden. Ebenso sind nur die Namen der in einem Schrift-
      stück genannten Personen geheim zu halten, wenn dadurch ihr Persönlichkeitsschutz
      gewahrt werden kann.[36] Entsprechend kann bei gefährdeten Zeugen unter Umständen
      bereits eine **anonyme Einvernahme** zu ihrem Schutz genügen.[37]

---

        hervorrufe, als wenn er sich aus eigenem Antrieb und Willen durch Kenntnisnahme der Akten
        Klarheit über seinen Persönlichkeitszustand verschaffen wolle.
[27]   BGE 133 I 33 E. 3.1, 3.2, 4.1 und 4.3, in der eine nicht nur theoretische, sondern praktische Ge-
        fahr von Leib und Leben verlangt wird; vgl. auch BGer, II ZA, 13.2.2004, 5A.1/2004, E. 2.3.1,
        wo das BGer daraus, dass ein ausländischer Ehemann seine Ehefrau geschlagen hatte, ableitete,
        er habe eine Gewaltbereitschaft gezeigt, welche eine Bedrohung der physischen Integrität einer
        Auskunftsperson bei Bekanntgabe ihrer Identität nicht ausschliesse.
[28]   Vgl. Art. 27 Abs. 1 lit. a VwVG; BGE 129 II 193, 208 f. E. 5.2.
[29]   Vgl. BGE 113 Ia 1, 4 E. 4a; KÖLZ/HÄNER, Verwaltungsrechtspflege[2],110 Rz 301; SEILER/VON
        WERDT/GÜNGERICH, BGG, Art. 56 N 6; ALBERTINI, rechtliches Gehör, 233.
[30]   Vgl. KÖLZ/HÄNER, Verwaltungsrechtspflege[2], 110 Rz 301.
[31]   BGE 125 I 127, 138 f. E. 6d/cc; 133 I 33 E. 3.1; FS-DRUEY-TRECHSEL, 1004.
[32]   Vgl. BGE 119 Ib 12, 21 f. E. 7.
[33]   COTTIER, recht 1984, 124.
[34]   Vgl. BGE 125 II 473, 474 f. E. 4a, m.Hinw.
[35]   BGE 122 I 153, 161 E. 6a, vgl. auch KÖLZ/HÄNER, Verwaltungsrechtspflege[2], 110 Rz 300;
        RHINOW/KOLLER/KISS, Prozessrecht, 68 Rz 341.
[36]   BGer, II ZA, 13.2.2004, 5A.1/2004, E. 2.1; COTTIER, recht 1984, 123 FN 14; vgl. auch BGE 115
        Ia 293, 304 E. 5c.
[37]   Vgl. BGE 125 I 126, 138 E. 6d/cc und 142 f. E. 7a.

IV. Wahrung des Kerngehalts

Gemäss **Abs. 3** von Art. 56 hat ein Gericht, das unter Ausschluss von Parteien von einem **16** Beweismittel Kenntnis genommen hat und zum Nachteil einer Partei darauf abstellen will, ihr den für die Sache wesentlichen Inhalt des Beweismittels mitzuteilen und ihr ausserdem Gelegenheit zu geben, sich (dazu) zu äussern und Gegenbeweismittel zu bezeichnen.

Diese Regelung – welche in Art. 38 BZP nicht enthalten ist – wurde in Anlehnung an **17** Art. 28 VwVG geschaffen.[38] Nach dieser Bestimmung darf eine Behörde zum Nachteil der Partei, welcher die Einsichtnahme in ein Aktenstück verweigert wurde, nur darauf abstellen, wenn sie der Partei von seinem für die Sache wesentlichen Inhalt mündlich oder schriftlich Kenntnis und ihr ausserdem Gelegenheit gegeben hat, sich zu äussern und Gegenbeweismittel zu bezeichnen.

Sowohl Art. 56 Abs. 3 als auch Art. 28 VwVG dienen dem Schutz des **Kerngehalts** **18** **des rechtlichen Gehörs**, der das Recht der Parteien erfasst, zum Beweisergebnis Stellung zu nehmen.[39] Da die Parteien sich nur wirksam zum Beweisergebnis äussern können, wenn ihnen die Möglichkeit eingeräumt wird, die Akten einzusehen, auf welche sich das Gericht stützt, ist das Akteneinsichtsrecht eng mit dem Äusserungsrecht verbunden und bildet gleichsam dessen Vorbedingung.[40] Zum Kerngehalt des Anspruchs auf rechtliches Gehör gehört daher auch, dass die Parteien von den entscheidrelevanten Akten hinreichend Kenntnis nehmen können.[41] Um dies zu gewährleisten verlangt Art. 56 Abs. 3, dass den Parteien bezüglich ihnen vorenthaltenen Beweismittel der «wesentliche» Inhalt mitgeteilt wird. Die Beschränkung auf die Wesentlichkeit des Inhalts führt dazu, dass dieser zusammengefasst wird,[42] was insb. bei Tabellen Schwierigkeiten bereiten kann.[43] Ob eine Zusammenfassung eine hinreichende Kenntnisnahme von Akten ermöglicht, ist fraglich, da die betroffene Partei nicht überprüfen kann, ob der Inhalt zutreffend und vollständig zusammengefasst wurde.[44] In der Lehre wird daher gefordert, dass zumindest sichergestellt sein müsse, dass die Rechtsmittelinstanz die vertraulichen Akten einsehe.[45] Meines Erachtens ist auf Grund der fehlenden Überprüfbarkeit der Mitteilung des «wesentlichen Inhalts» grundsätzlich zu fordern, dass ein Gericht eine Tatsache nicht ausschliesslich oder hauptsächlich gestützt auf geheime Unterlagen als bewiesen erachten darf. Dies entspricht der Rechtsprechung des EGMR bezüglich anonymer Zeugenaussagen, bei denen eine Überprüfung durch die betroffenen Parteien ebenfalls nur eingeschränkt möglich ist (vgl. N 19 hiernach).

---

[38] Vgl. Botschaft 2001, 4302, Schlussbericht 1997, 80.
[39] BGE 132 V 387 E. 3.1; vgl. auch SPÜHLER/DOLGE/VOCK, Kurzkommentar, Art. 56 N 2.
[40] Vgl. BGE 132 V 387 E. 3.1; ALBERTINI, rechtliches Gehör, 300.
[41] Vgl. EGMR, 18.2.1997, EGMR-RJD 1997-I, 108 Rz 24, wo der EGMR ausführt:«La notion de procès équitable implique aussi en principe le droit pour les parties à un procès de prendre connaissance de toute pièce ou observation présenté au juge et de la discuter.»
[42] Vgl. RHINOW/KOLLER/KISS, Prozessrecht, 68 Rz 342, welche anführen, jede Einschränkung auf die «Wesentlichkeit des Inhalts» sei eine Zusammenfassung aus mehr oder weniger subjektiver Sicht; vgl. auch den Sachverhalt von BGE 129 II 193, gem. welchem das Bundesgericht dem Beschwerdeführer von ihm vorenthaltenen Akten eine Zusammenfassung zustellte.
[43] Vgl. BGer, II. ÖRA, 1.10.2004, 2A.587/2003, E. 6.4 und 6.6.
[44] Vgl. ALBERTINI, rechtliches Gehör, 248 f., der sinngemäss ausführt, bei blossen Zusammenfassungen sei der Verfasser unvermeidlich dem Vorwurf ausgesetzt, ihr Inhalt entspreche seiner subjektiven Wertung und nicht der objektiven Aktenlage.
[45] MÜLLER, Grundrechte[3], 535 FN 166; ALBERTINI, rechtliches Gehör, 248.

19 Aus dem Anspruch auf ein faires Verfahren gem. Art. 6 Abs. 1 EMRK wird ein Recht
abgeleitet, den Belastungszeugen Fragen zu stellen, dem grundsätzlich absoluter Charakter zukommt.[46] Bei der anonymisierten Einvernahme eines Zeugen wird den Parteien
zwar die akustische Mitverfolgung der Befragung und das Stellen von Ergänzungsfragen
bezüglich des Sachverhalts ermöglicht. Die Fragen dürfen jedoch die geheim gehaltene
Identität des Zeugen nicht betreffen, weshalb die Parteien seine persönliche Glaubwürdigkeit und allfällige Ausschluss- und Ablehnungsgründe nicht überprüfen können.[47]
Demnach schränkt die anonymisierte Einvernahme von Zeugen, das Recht, ihnen Fragen
zu stellen, erheblich ein.[48] Gemäss der Rechtsprechung des EGMR darf daher ein Gericht
bei der Beweiswürdigung nicht ausschliesslich oder hauptsächlich auf anonyme Zeugenaussagen abstellen.[49] Das Bundesgericht schloss sich dieser Rechtsprechung zunächst
an.[50] Es geht jedoch gem. einem neueren Entscheid dem Sinne nach davon aus, wenn
eine anonymisierte Aussage anhand von Realitätskriterien überprüft werden könne, liege
in der optischen und akustischen Abschirmung des Zeugen gegenüber dem Angeklagten
und dem Verteidiger keine das Fairnessgebot verletzende Einschränkung der Verteidigung.[51] Das Bundesgericht liess in diesem Entscheid jedoch offen, ob unter dieser Voraussetzung Aussagen eines anonymisierten Zeugen auch einen Schuldspruch tragen
könnten, wenn keine weiteren Beweismittel zur Verfügung stehen.[52]

---

[46] BGE 125 I 127, 135 E. 6c/cc; 131 I 476, 481 E. 2.2.

[47] BGE 125 I 127, 138 E. 6d/bb, 148 E. 8c, 156 E. 10a, je m.Hinw.

[48] BGE 125 I 127, 135 E. 6c/cc, 156 E. 10a.

[49] BGE 133 I 33 E. 4.1; 125 I 127, 135 f. E. 6c m.Hinw. auf Entscheide des EGMR.

[50] BGE 125 I 127,157 f. E. 10b; 129 I 151, 154 E. 3.1; 131 I 476, 485 f. E. 2.3.4.

[51] BGE 133 I 33 E. 4.3; vgl. auch BGE 132 I 127, 130 E. 2, in der das BGer ausführte, entscheidend für die Zulassung anonymer Zeugen könne indessen letztlich nicht das formale Kriterium
sein, ob dem dadurch erlangten Beweis eine ausschlaggebende Bedeutung zukomme oder nicht.

[52] Vgl. BGE 133 I 33 E. 4.4.1.

9. Abschnitt: Urteilsverfahren

Art. 57*

Partei-verhandlung	Der Abteilungspräsident oder die Abteilungspräsidentin kann eine mündliche Parteiverhandlung anordnen.
Débats	Le président de la cour peut ordonner des débats.
Dibattimento	Il presidente della corte può ordinare un dibattimento.

Materialien

Art. 54 E ExpKomm; Art. 57 E 2001 BBl 2001 4492; Botschaft 2001 BBl 2001 4303 f.; AB 2003 S 897; AB 2004 N 1593.

Literatur

J.A. FROWEIN/W. PEUKERT, Die Europäische Menschenrechtskonvention, 2. Aufl., Kehl/Strassburg/Arlington 1996 (zit. Frowein/Peukert, EMRK[2]).

I. Allgemeines

Nach der (durch das BGG umgesetzten) Justizreform sind vor dem Bundesgericht grund- **1** sätzlich **keine mündlichen Parteiverhandlungen** mehr vorgesehen.[1] Diese Regelung steht **nicht** in Widerspruch zu **Art. 30 Abs. 3 BV**, welcher besagt, dass Gerichtsverhandlungen *öffentlich* sind. Nach Auffassung des Bundesgerichts fordert diese Verfassungsbestimmung nämlich lediglich, dass Verhandlungen öffentlich sind, wenn sie (nach dem massgeblichen Prozessrecht) durchgeführt werden.[2] Ein grundsätzlicher Anspruch auf eine öffentliche Parteiverhandlung besteht demgegenüber nicht.

Für die Anwendung der Ausnahmebestimmung, wonach eine mündliche Parteiverhand- **2** lung angeordnet werden *kann*, bedarf es ausserordentlicher prozessualer Umstände, die eine Abkehr vom – ansonsten im BGG im Allgemeinen vorherrschenden – **Prinzip des**

---

* Art. 57, Art. 60 Abs. 1 und 2 sowie Art. 61 wurden von S. Heimgartner, Art. 58 und 59 von H. Wiprächtiger entworfen; Art. 60 Abs. 3 wurde von J. Bühler bearbeitet.
[1] Nach alter Gerichtsordnung war im Rahmen einer Nichtigkeitsbeschwerde hinsichtlich des Zivilpunkts eine mündliche Parteiverhandlung als Regel vorgesehen (Art. 276 Abs. 3 aBstP); nach der restriktiven Praxis verkam diese Regel indessen zur Ausnahme, vgl. BGer, 13.6.2003, 6S.144/2003, E. 4; BGE 76 IV 102 E. 3.
[2] BGE 128 I 288; TSCHANNEN-AEMISSEGGER, 386, 395.

schriftlichen Verfahrens[3] indizieren. Die Durchführung von Parteiverhandlungen stellt eine noch grössere Ausnahme dar als nach bisheriger Prozessordnung.[4]

3   Die Bestimmung von Art. 57 entspricht vom Wortlaut her (abgesehen von der Erwähnung der weiblichen Form des Präsidenten in der deutschsprachigen Fassung) Art. 62 Abs. 1 und Art. 112 OG. Damit schweigt sich das Gesetz wie bisher darüber aus, unter welchen Voraussetzungen eine Parteiverhandlung anzuordnen ist. Im Unterschied zu Art. 62 OG fehlen überdies prozessuale Regeln über den Ablauf einer solchen Verhandlung.

4   Mündliche Parteiverhandlungen sind grundsätzlich **öffentlich** (Art. 59 Abs. 1), ein Ausschluss kommt v.a. aus Gründen des Persönlichkeitsschutzes in Frage (vgl. dazu Art. 59 Abs. 2).

II. Zuständigkeit

5   Zuständig zur Anordnung ist der jeweilige **Abteilungspräsident** bzw. die **Abteilungspräsidentin**. Die Entscheidungskompetenz ist ausschliesslich,[5] eine Delegation an referierende Richter fällt demgemäss ausser Betracht.

III. Voraussetzungen

6   Nach dem Gesetzeswortlaut «**kann**» der Präsident eine mündliche Parteiverhandlung anordnen. Damit stellt sich die Frage nach dem ihm zukommenden Ermessen. Da das Gesetz keine Voraussetzungen und Kriterien für die Anordnung aufstellt, ist das Ermessen gross.

7   Das Ermessen wird insofern begrenzt, als unter gewissen Umständen eine grundrechtliche **Pflicht** zur Durchführung einer öffentlichen Parteiverhandlung besteht (vgl. N 9).[6]

8   Eine **mündliche Parteiverhandlung** vor Bundesgericht kommt v.a. in zivilrechtlichen und in verwaltungsrechtlichen Streitigkeiten in Frage, in SchKG- oder in Strafsachen (ausser betr. Zivilpunkte) besteht praktisch nie die Notwendigkeit einer mündlichen Parteiverhandlung.

1. Zwingende öffentliche Parteiverhandlung

9   Grundsätzlich übt das Bundesgericht **keine Sachverhaltskontrolle** aus (vgl. Art. 105); der von der Vorinstanz festgelegte Sachverhalt ist massgebend. Aus diesem Grund besteht – soweit im vorinstanzlichen Verfahren ein allfälliger Anspruch auf eine öffentliche Verhandlung gem. Art. 6 Ziff. 1 EMRK beachtet wurde – *kein Anspruch* auf persönliche Teilnahme an einer öffentlichen Parteiverhandlung.[7] Wurde im vorinstanzlichen Verfahren ein grundrechtlicher Anspruch auf öffentliche Parteiverhandlung missachtet, kann das Bundesgericht diesen Verfahrensmangel **nicht** durch eine öffentliche Anhörung *heilen*, soweit es nur eine rechtliche Überprüfung vornehmen kann,[8] wie es in der Regel der Fall ist (vgl. Art. 105). Demgemäss hat es in solchen Fällen die Sache (mit der Anweisung,

---

[3] Botschaft 2001 4342.
[4] Vgl. Botschaft 2001 4302.
[5] Vgl. Botschaft 2001 4302; SEILER/VON WERDT/GÜNGERICH, BGG, Art. 57 N 2.
[6] Botschaft 2001 4342.
[7] Vgl. FROWEIN/PEUKERT, EMRK[2], Art. 6 N 95.
[8] Vgl. FROWEIN/PEUKERT, EMRK[2], Art. 6 N 118 m.Hinw.

eine Parteiverhandlung nachzuholen) an das zuständige kantonale Gericht bzw. an das Bundesverwaltungsgericht oder Bundesstrafgericht zurückzuweisen. Sind in der Streitsache ausnahmsweise nur Rechtsfragen zu klären, vermag demgegenüber das Bundesgericht mit Durchführung einer eigener Parteiverhandlung das Verfahren in grundrechtskonformer Weise abzuschliessen.[9]

Ein Anspruch auf eine mündliche Anhörung vor Bundesgericht kann sich **ausnahms-** **10** **weise** aus Art. 29 Abs. 2 BV und Art. 6 Ziff. 1 EMRK ergeben.[10]

Dies ist zum einen der Fall, wenn das Bundesgericht als **einzige Rechtsinstanz** entschei- **11** det und Rechte i.S.v. Art. 6 Ziff. 1 EMRK auf dem Spiel stehen.[11] Diese Voraussetzungen sind etwa bei Klagen gem. Art. 120 Abs. 1 lit. c gegeben.[12] Nach der Rechtsprechung besteht aber **keine Anhörungspflicht**, wenn sich keine Rechts- und Sachfragen stellen, die *nicht* adäquat aufgrund der Akten entschieden werden können.[13] Insbesondere wenn es um die Beurteilung von Rechtsfragen oder hochtechnischen Fragen geht, kann ein ohne mündliche Verhandlung durchgeführter Prozess den Anforderungen von Art. 6 Ziff. 1 EMRK genügen.[14]

Zum anderen ist eine mündliche Parteiverhandlung anzuordnen, wenn das Bundesgericht **12** ausnahmsweise gestützt auf **selbst erhobene Sachverhaltsfeststellungen** (Art. 55) einen *reformatorischen Entscheid* fällen will (vgl. Art. 107).[15]

2. Fakultative Parteiverhandlung

Ansonsten sind Parteiverhandlungen nur **ausnahmsweise** durchzuführen, und den Partei- **13** en steht kein diesbezüglicher Anspruch zu.[16] Nach bisheriger versicherungsgerichtlicher Praxis, müssen die Parteiverhandlungen für die Entscheidung in der Sache von **unmittelbarer Bedeutung** sein.[17] Dieser relativ unbestimmten Umschreibung der Voraussetzungen kann insofern gefolgt werden, als dass Parteiverhandlungen grundsätzlich nur durchzuführen sind, wenn dadurch für den Entscheid relevante neue Ergebnisse zu erwarten sind.

Ist ein Entscheid aufgrund der Akten **spruchreif**, ist die Anordnung einer Parteiverhand- **14** lung *nicht* angezeigt. An Spruchreife kann es etwa fehlen, wenn aufgrund der Aktenlage unklar ist, ob der Sachverhalt offensichtlich unrichtig i.S.v. Art. 97 und dies für den Ausgang des Verfahrens entscheidend ist. In einem solchen Fall kann unter Umständen eine mündliche Parteiverhandlung der Klärung und allfälligen Berichtigung der Sachverhaltsfeststellung gem. Art. 105 Abs. 2 dienen.

---

[9] Vgl. Tschannen-Aemissegger, 381, 396.

[10] Botschaft 2001 4302; Spühler/Dolge/Vock, Kurzkommentar, Art. 57 N 1 m.Hinw.

[11] Ansonsten besteht nach der Rechtsprechung des EGMR selbst bei Rechtsmittelinstanzen, die eine Sachverhaltsprüfung vornehmen, nicht zwingend die Notwendigkeit einer öffentlichen Verhandlung; erforderlich ist allerdings, dass der Fall ohne Verletzung des Prinzips eines fairen Verfahrens aufgrund der Akten entschieden werden kann und in erster Instanz eine Verhandlung durchgeführt wurde; vgl. Frowein/Peukert, EMRK[2], Art. 6 N 118 m.Hinw.

[12] Tschannen-Aemissegger, 396.

[13] Unv. E. 1.1. von BGE 132 III 668 (4A.9/2006, 18.7.2006).

[14] Unv. E. 1.1. von BGE 132 III 668 (4A.9/2006, 18.7.2006); BGer, EVG, 8.4.2004, I 573/04, E. 3.5.1, EUGRZ 2004 724.

[15] Tschannen-Aemissegger, 381, 396 m.Hinw.

[16] BGer, II. ÖRA, 19.10.2006, 2A.213/2006, E 1.2.

[17] BGer, EVG, 12.8.2004, I 178/04, E. 2.2.; VRKUV 1996 Nr. U 246, E. 6c/bb.

IV. Ablauf

15   Das Gesetz und das Reglement (BGerR) enthalten im Unterschied zum OG keine Vorschriften über den **Verhandlungsablauf**. Daraus kann geschlossen werden, dass der jeweilige Vorsitzende über relativ freie Gestaltungsmöglichkeiten verfügt. Allerdings hat er die allgemeinen Verfahrensgrundsätze für Parteiverhandlungen einzuhalten. Den Besonderheiten der verschiedenen Rechtsgebiete ist dabei Rechnung zu tragen.

16   Zur Skizzierung einer **Verfahrensordnung** können die altrechtlichen Bestimmungen (betr. die Berufung) des *OG* und die (mittels Verweis in Art. 71 ergänzend zur Anwendung gelangenden) *BZP* herangezogen werden:

– Die geladenen Parteien können das Streitverhältnis selber vortragen oder vortragen lassen.[18]

– Die Parteien haben Anspruch auf einen Vortrag sowie Replik und Duplik.[19]

– Das Ausbleiben der Parteien hat für sie keinen Rechtsnachteil zur Folge.[20]

Art. 58[*]

Beratung	[1] **Das Bundesgericht berät den Entscheid mündlich:**
	a. **wenn der Abteilungspräsident beziehungsweise die Abteilungspräsidentin dies anordnet oder ein Richter beziehungsweise eine Richterin es verlangt;**
	b. **wenn sich keine Einstimmigkeit ergibt.**
	[2] **In den übrigen Fällen entscheidet das Bundesgericht auf dem Weg der Aktenzirkulation.**
Délibération	[1] Le Tribunal fédéral délibère en audience:
	a. si le président de la cour l'ordonne ou si un juge le demande;
	b. s'il n'y a pas unanimité.
	[2] Dans les autres cas, le Tribunal fédéral statue par voie de circulation.
Deliberazione	[1] Il Tribunale federale delibera oralmente se:
	a. il presidente della corte lo ordina o un giudice lo chiede;
	b. non vi è unanimità.
	[2] Negli altri casi, il Tribunale federale giudica mediante circolazione degli atti.

Inhaltsübersicht   Note

---

[18] Art. 62 Abs. 3 OG.

[19] Art. 68 BZP; anders Art. 62 Abs. 4 OG, wonach die Parteien nur Anspruch auf einen Vortrag haben und nur ausnahmsweise Replik und Duplik zugelassen wird.

[20] Art. 62 Abs. 5 OG.

[*] Der Verfasser dankt seinem Mitarbeiter, Dr. Marc Thommen, für seine gewohnt freundschaftlichen, kritischen und gescheiten Anregungen und Korrekturen zu den Art. 58 und 59.

Materialien

Art. 58 E ExpKomm; Art. 54 E 2001 BBl 2001 4492; Botschaft 2001 BBl 2001 4302 f.; AB 2003 S 897; AB 2004 N 1593.

Literatur

P. AEBERSOLD, Schweizerisches Jugendstrafrecht, Bern 2007 (zit. Aebersold, Jugendstrafrecht); P. ALBRECHT, Brauchen wir «Schnellrichter» in der Strafjustiz?, AJP 2004, 899–903 (zit. Albrecht, AJP 2004); F. BOMMER, Öffentlichkeit der Hauptverhandlung zwischen Individualgrundrecht und rechtsstaatlich-demokratischem Strukturprinzip, in: A. Donatsch/M. Forster/Ch. Schwarzenegger (Hrsg.), Strafrecht, Strafprozessrecht und Menschenrechte, Festschrift für Stefan Trechsel zum 65. Geburtstag, Zürich 2002, 671–690 (FS Trechsel-Bommer); CH. VON COELLN, Zur Medienöffentlichkeit der Dritten Gewalt, Tübingen 2005 (zit. von Coellin, Medienöffentlichkeit); A. DONATSCH, Die öffentliche Verkündung des Strafurteils gemäss Konventionsrecht, in: A. Donatsch/N. Schmid (Hrsg.), Strafrecht und Öffentlichkeit, Festschrift für Jörg Rehberg zum 65. Geburtstag, 123–137 (zit. FS Rehberg-Donatsch); M. FELBER, Traditionelles Richterbild und Wirklichkeit am Bundesgericht, SJZ 13/2007 (zit. Felber, SJZ 2007); M. FINK, Bild- und Tonaufnahmen im Umfeld der strafgerichtlichen Hauptverhandlung, Diss., Berlin 2007 (zit. Fink, Bild- und Tonaufnahmen); C. FLÜHMANN/P. SUTTER, Kritische Betrachtung der bundesgerichtlichen Veröffentlichungspraxis oder „Wünschbares ist machbar", AJP 2003, 1026 (zit. Flühmann/ Sutter, AJP 2003); J.A. FROWEIN/W. PEUKERT, Europäische Menschenrechtskonvention, EMRK-Kommentar, 2. Aufl., Kehl, Strassburg/Arlington 1996 (zit. Frowein/Peukert, EMRK[2]); W. GOLL-WITZER, Menschenrechte in Strafverfahren: EMRK und IPBPR, Kommentar, Berlin 2005 (zit. Gollwitzer, EMRK); DERS., §§ 213–295 deutsche StPO, in: E. Löwe/H. Rosenberg, Die Straf-prozessordnung und das Gerichtsverfassungsgesetz, Grosskommentar, P. Riess (Hrsg.), 4. Bd., 25. Aufl. Berlin 2001, (zit. Löwe/Rosenberg[25]-Gollwitzer); T. GOSTOMZYK, Die Öffentlichkeitsver-antwortung der Gerichte in der Mediengesellschaft, Baden-Baden 2006 (zit. Gostomzyk, Öffent-lichkeitsverantwortung); CH. GRABENWARTER, Europäische Menschenrechtskonvention, 2. Aufl., Wien 2005 (zit. Grabenwarter, EMRK[2]); R. HAUSER/E. SCHWERI, Kommentar zum Zürcherischen Gerichtsverfassungsgesetz, Zürich 2002 (zit. Hauser/Schweri, Kommentar GVG; M. KAYSER, Die öffentliche Urteilsverkündung in der künftigen Schweizer Zivil- bzw. Strafprozessordnung, in: Auf dem Weg zu einem einheitlichen Verfahren, Hrsg. B. Schindler/R. Schlauri, Zürich 2001, 47–63 (zit. Schindler/Schlauri-Kayser); R. KIENER, Die staatsrechtliche Rechtsprechung des Bundes-gerichts in den Jahren 2002 und 2003, ZBJV 2003, 681–754 (zit. Kiener, ZBJV 2003); R. LAMPRECHT, Das Richterbild Aussenstehender, Deutsche Richterzeitung, 1988, 161–167 (zit. Lamprecht, Deutsche Richterzeitung 1988); G. MÜLLER/M. THOMMEN, Unabhängigkeit versus Öffentlichkeit der Justiz, in: Justiz und Öffentlichkeit, Schriften der Stiftung für die Weiterbildung schweizerischer Richterinnen und Richter SWR/Band 7, Hrsg.: M. Heer/A. Urwyler, Bern 2007, 23–37 (zit. Heer/Urwyler-Müller/Thommen); P. PICHONNAZ/P. SCYBOZ, Les «dissenting opinions» dans le jugements: une innovation à craindre?, SJZ 1998, 2002, 377–384 (zit. Pichonnaz/Scyboz,

SJZ 1998); T. POLEDNA, Praxis zur Europäischen Menschenrechtskonvention (EMRK), Zürich 1993 (zit. Poledna, EMRK); N. RASELLI, Das Gebot der öffentlichen Urteilsverkündung, in: Recht-Ethik-Religion, Festgabe für Bundesrichter G. Nay, Hrsg.: D. Mieth/R. Pahud de Mortanges, 23–35 (zit. FS Nay-Rasel-li); A. REICHEL, Das Bundesgesetz über die Organisation der Bundesrechtspflege, Bern 1896; J.-P. RÜTTIMANN, Jalons pour une communication active des tribunaux!, AJP 2005, 1450–1454 (zit. Rüttimann, AJP 2005); U. SAXER, Vom Öffentlichkeitsprinzip zur Justizkommunikation – Rechtsstaatliche Determinanten einer verstärkten Öffentlichkeitsarbeit der Gerichte, ZSR 2006 I., 459–484 (zit. Saxer, ZSR 2006); DERS., Justizkommunikation im Rechtsstaat, in: Justiz und Öffentlichkeit, Schriften der Stiftung für die Weiterbildung schweizerischer Richterinnen und Richter SWR/A. Urwyler, Bern 2007, 49–77 (zit. Heer/Urwyler-Saxer); M. SCHUBARTH, Öffentliche Urteilsberatung, in: FS Rehberg, 303–313 (zit. FS Rehberg-Schubarth); P. STUDER, Medien, Gerichte und Kritik an Gerichten, in: B. Schindler/P. Sutter (Hrsg.), Akteure der Gerichtsbarkeit, Zürich/St. Gallen 2007 (zit. Schindler/Sutter-Studer); U.W. STUDER/ V. RÜEGG/H. EIHOLZER, Der Luzerner Zivilprozess: Gesetz über die Zivilprozessverordnung (ZPO) vom 27. Juni 1994, Kriens 1994 (zit. Studer/Rüegg/Eiholzer, Luzerner Zivilprozess); S. TRECHSEL, Human Rights in Criminal Proceedings, Oxford 2005 (zit. Trechsel, Human Rights); P. TSCHÜM-PERLIN, Öffentlichkeit der Entscheidungen und Publikationspraxis, SJZ 2003, 265 ff. (zit. Tschümperlin, SJZ 2003); DERS., Gerichte und Medien – Die Sicht der Gerichte, Vortrag im Rahmen einer Weiterbildungsveranstaltung des Kantonsgericht St. Gallen vom 7. März 2002, 1–11 (zit. Tschümperlin, Gerichte); PH. WEISSENBERGER, Das Bundesverwaltungsgericht, AJP 2006, 1491–1516 (zit. Weissenberger, AJP 2006); T. WICKERN, §§ 169–198 deutsches GVG, in: Löwe/Rosenberg, Die Strafprozessordnung und das Gerichtsverfassungsgesetz, Grosskommentar, Hrsg. P. Riess, Berlin 2001, 7. Bd., 25. Aufl. (zit. Löwe/Rosenberg²⁵-Wickern); H. WIPRÄCHTIGER, Justiz und Medien: Erwartungen des Richters (Das Verhältnis zwischen Justiz und Medien), Schriften der Stiftung für die Weiterbildung schweizerischer Richterinnen und Richter SWR/Band 7, Hrsg.: M. Heer/ A. Urwyler, Bern 2007, 39–47 (zit. Heer/Urwyler-Wiprächtiger); DERS., Kontrolle der Strafjustiz durch Medien und Öffentlichkeit auch im Untersuchungsverfahren: Eine Illusion?, in: Prozessuales Denken als Innovationsanreiz für das materielle Strafrecht, Basel/Genf/München 2006, 101–112 (zit. Pieth/Seelmann-Wiprächtiger); DERS., Kontrolle der Strafjustiz durch Medien und Öffentlichkeit: Eine Illusion?, in: Medialex 2004, H. 1, 38–46 (zit. Wiprächtiger, Medialex 2004); DERS., Bundesgericht und Öffentlichkeit, Zum Verhältnis von Medien und Justiz, Das Gebot der öffentlichen Urteilsverkündung, in: Recht-Ethik-Religion, Festgabe für Bundesrichter G. Nay, Hrsg. D. Mieth/R. Pahud de Mortanges, 11–22 (zit. FS Nay-Wiprächtiger); DERS., Rechtsfindung im Spannungsfeld zwischen klassischen Auslegungsregeln und subjektiven Werturteilen, recht 1995, 143–150, (zit. Wiprächtiger, recht 1995); M.-PH. WYSS, Öffentlichkeit von Gerichtsverfahren und Fernsehberichterstattung, EuGRZ 1996 (zit. Wyss, EuGRZ 1996); W. YUNG, L'organisation judiciaire fédérale doit-elle être modifié?, ZSR 1935, 408a–482a ff. (zit. Yung, ZSR 1935); F. ZELLER, Medien und Hauptverhandlung – menschenrechtliche Leitplanken, in: «Justice–Justiz–Giustizia», 2006/1 (zit. Zeller, Justice 2006); DERS., Gerichtsöffentlichkeit als Quelle der Medienberichterstattung, Medialex 2003, H. 1, 15–26, (zit. Zeller, Medialex 2003); DERS., Zwischen Vorverurteilung und Justizkritik, Diss. BE 1998 (zit. Zeller, Vorverurteilung); A. ZIEGLER, Soll die Organisation der Bundesrechtspflege revidiert werden?, Basel 1935 (zit. Ziegler, Organisation).

I. Geschichte und Materialien

1 Die **Expertenkommission 1997** ging in ihrem Schlussbericht zutreffend davon aus, dass das Bundesgericht den weit überwiegenden Teil seiner Entscheide in einem Zirkulationsverfahren (Art. 36a und 36b OG) fälle. In Art. 58 E BGG erklärte sie deshalb den Entscheid auf dem Zirkulationsweg zur Regel. Im Unterschied zum bisherigen Recht sei auf das Erfordernis, dass ein solcher Entscheid einstimmig gefasst werden müsse, zu verzichten. Damit entfielen die problematischen Bemühungen, in möglichst vielen Fällen Einstimmigkeit herbeizuführen. Wie bisher könne jeder Richter eine mündliche Beratung verlangen. Der Abteilungspräsident trage eine besondere Verantwortung dafür, dass zumindest Grundsatzentscheide mündlich beraten würden. Er werde daher in dieser Vorschrift ausdrücklich erwähnt.¹

---

¹ Schlussbericht 1997 68.

Die **Botschaft 2001** schloss sich diesen Überlegungen grundsätzlich an und führte zu 2
Art. 55 E BGG aus, eine mündliche Beratung sei allerdings nötig, wenn die Richter in
einer Sache nicht einig seien, die nach dem Gesetz in der Besetzung mit fünf Richtern
entschieden werden müsse. Es handle sich dabei namentlich um Streitigkeiten, die
grundsätzliche Fragen aufwerfen würden, aber auch um solche, welche die politischen
Rechte auf kantonaler Ebene beträfen.[2]

Der **Ständerat** hob zwar die Bedeutung der mündlichen Verhandlung hervor. Doch sollte 3
– dem Entwurf entsprechend – bei fehlender Einstimmigkeit nur dann *zwingend* mündlich verhandelt werden müssen, wenn in Fünferbesetzung zu tagen sei, nicht aber bei
Sachen, die in Dreierbesetzung zu entscheiden seien.[3]

Die **Arbeitsgruppe Bundesgericht** wollte am Prinzip festhalten, wonach eine Beratung 4
nicht nur in der mit fünf Richtern und Richterinnen, sondern auch im ordentlichen Verfahren (Besetzung mit drei Richtern und Richterinnen) zwingend erfolgen solle, wenn
sich im Zirkulationsverfahren keine Einstimmigkeit ergäbe. Der Bundesrat griff diesen
Vorschlag auf und stellte dem Nationalrat den entsprechenden Antrag.[4]

Der **Nationalrat** stimmte dem neuen Antrag des Bundesrates zu, und der Ständerat 5
seinerseits übernahm in der Folge den Beschluss des Nationalrates.[5]

II. Mündliche Beratung im Allgemeinen

1. Urteilsberatung im Allgemeinen

Eine **mündliche Beratung** ist – Ausnahmen vorbehalten – immer auch eine **öffentliche** 6
(Art. 59 N 35). Dies gilt auch für die mündliche Beratung in Dreierbesetzung. Die mündliche Beratung und Abstimmung haben im demokratischen, auf Transparenz ausgerichteten Staat eine herausragende Bedeutung (Art. 59 N 7 ff.).

Eine **Urteilsberatung** ist die unmittelbar auf die Willensbildung des Spruchkörpers und 7
den Erlass eines Entscheides abzielende **mündliche Äusserung** der mitwirkenden Richter und Richterinnen.[6] Üblich ist auch am Bundesgericht, dass ein vom Abteilungspräsidenten bestimmter Referent oder eine Referentin einen schriftlichen Urteilsantrag erstellt
(*sog. Referat*, vgl. N 17). Ein solches Referat wird aber als blosse Vorbereitung der Urteilsberatung vom Prinzip der Öffentlichkeit nicht erfasst.[7] Nicht zur Beratung gehören
ferner Gespräche über Rechtsfragen mit Kolleginnen und Kollegen des Spruchkörpers,
sei es auch aus Anlass eines bestimmten Falles.[8] Die Richterinnen und Richter haben
aber auch nach derartigen «internen Beratungen» und trotz des Vorliegens von schriftlichen Meinungsäusserungen der Mitrichter ihre **innere Unabhängigkeit** zu bewahren.
Dies sollte darin zum Ausdruck kommen, dass sie anlässlich der öffentlichen Beratung
neuen und weiteren Argumenten gegenüber offen sind.

Diese innere Unabhängigkeit beinhaltet auch, dass an einer öffentlichen Urteilsbegrün- 8
dung die **Richter frei und ungebunden** argumentieren sollen. Die Richterinnen und
Richter müssen sich aufgrund der Akten und der Verhandlung eine eigene Meinung bilden und diese in den Beratungen als ihre Überzeugung vortragen. Sie unterstehen in Be-

---

[2] Botschaft 2001 BBl 2001 4302/4303 sowie 4492.
[3] AB 2003 S 897; Seiler/von Werdt/Güngerich, BGG, Art. 58 N 1.
[4] Bericht RK-N 2004, Art. 4, 9 und 10 sowie Anhang 4.
[5] AB 2004 N 1593 und AB 2005 S 128.
[6] Hauser/Schweri, Kommentar GVG, 463.
[7] Hauser/Schweri, Kommentar GVG, 463.
[8] Löwe/Rosenberg[25]-Wickern, 213; so auch Hauser/Schweri, Kommentar GVG, 463 m.Hinw.
auf ZR. 78 Nr. 12 sowie 75 Nr. 69 und SJZ 75 262.

zug auf ihre Voten weder der Aufsicht des Gerichts oder einer Abteilung[9] noch irgendeiner anderen, äusseren Aufsicht.

9 Zwar darf **bei der öffentlichen Urteilsberatung** auf die **nachfolgende schriftliche Begründung** verwiesen werden. Es wäre aber unstatthaft, dabei eine ganze Reihe von wichtigen Fragen zu übergehen, die für die Urteilsfällung von Bedeutung sind, und diese erst in der schriftlichen Begründung zu erörtern.[10]

10 Die **mündliche Urteilsberatung** soll zu einem fruchtbaren **Meinungsaustausch** zwischen den Gerichtsmitgliedern führen, was bei einem Entscheid auf dem Weg der Aktenzirkulation nicht in gleicher Weise möglich ist. Eine mündliche Beratung ist auch dann von Bedeutung, wenn eine Mehrheit im Spruchkörper sich nach der schriftlichen Zirkulation des Antrags des Referenten in dieser oder jener Richtung bereits abzeichnet. Kluge Richterinnen und Richter sind stets bereit, bei neuen Erkenntnissen ihre vorläufige Meinung zu ändern. Es ist indessen auch denkbar, dass Meinungsverschiedenheiten auf diese Weise beseitigt werden; ansonsten ist durch Mehrheitsbeschluss zu entscheiden.[11]

2. Keine Protokollierung

11 Der Gang und der Inhalt der öffentlichen Beratungen werden grundsätzlich **nicht protokolliert**. Die Urteilsfindung schlägt sich ausschliesslich in der schriftlichen Urteilsbegründung nieder.[12] Hingegen besteht insoweit eine beschränkte Protokollpflicht, als die Anträge und Gegenanträge sowie das beschlossene Urteilsdispositiv mit Stimmenverhältnis (und namentlicher Angabe, wie die Richter gestimmt haben) zu protokollieren sind. Zusätzlich wird der Gerichtsschreiber im Hinblick auf die Urteilsredaktion persönliche Notizen verfassen (s. dazu ausführlich Art. 24 N 67).

12 Die Parteien sind nicht zur Teilnahme verpflichtet; allerdings haben sie einen Anspruch auf eine Urteilsberatung. Ihr Verzicht dispensiert das Gericht nicht von der Durchführung einer dem Publikum zugänglichen Beratung, denn die Parteien können durch einen nur sie bindenden Verzicht die gesetzlich vorgeschriebene Publikumsöffentlichkeit nicht ausschliessen.[13]

3. Vorbereitung der Sitzung

13 **Die Vorbereitung der mündlichen und öffentlichen Sitzung** wird von Art. 43 Abs. 1–3 BgerR geregelt. Die Traktandenliste wird in der Regel mindestens sechs Arbeitstage vorher verteilt (Abs. 2). Aus dieser Traktandenliste sind – neben dem Sitzungsdatum und der Sitzungszeit – die mitwirkenden Richter (auch der Referent) ersichtlich. Neben den Namen der beteiligten Parteien sind die Vorinstanz und der Prozessgegenstand aufgeführt. Dieselben Informationen sind den akkreditierten Journalisten *online* (im passwortgeschützten Bereich der Webseite des Bundesgerichts) zugänglich. Abrufen können sie zudem den Sachverhalt des zu beurteilenden Falles.[14] Gerade bei öffentlicher Beratung grundsätzlicher Fragen sollte der Sachverhalt auf entsprechende Anfrage auch an weitere an der Sitzungsteilnahme interessierte Kreise (z.B. Studenten- oder Schülergruppen) abgegeben werden.

---

[9] HAUSER/SCHWERI, Kommentar GVG, 464.
[10] HAUSER/SCHWERI, Kommentar GVG, 464.
[11] HAUSER/SCHWERI, Kommentar GVG, 478.
[12] HAUSER/SCHWERI, Kommentar GVG, 464.
[13] Art. 59 N 26, 43 und 62. HAUSER/SCHWERI, Kommentar GVG, 465.
[14] Vgl. Art. 11 der Richtlinien betr. die Gerichtsberichterstattung am Bundesgericht vom 6.11.2006 (SR.173.110.133).

Die **Akten** der angesetzten Geschäfte werden spätestens mit der **Einladung** aufgelegt **14** (Art. 43 Abs. 3 BgerR). Die Parteien können sie in der Regel in der Abteilungskanzlei einsehen.

4. Formelles

Der formelle Ablauf einer mündlichen Beratung ergibt sich aus Art. 44 Abs. 1–3 BgerR: **15**

In Abs. 1 ist die **Sitzordnung** bei mündlichen Verhandlungen festgehalten.[15] **16**

Abs. 2 und 3 regeln die **Reihenfolge der Äusserungen von Richterinnen und Rich-** **17** **tern**. Der Vorsitzende erteilt zuerst dem Referenten oder der Referentin das Wort (vgl. dazu N 7). Wie nach den meisten Gerichtsordnungen wird vorgängig vom Vorsitzenden ein **Referent** bestimmt, der einen schriftlichen Antrag stellt und diesen begründet resp. von seinen Gerichtsschreiberinnen und Gerichtsschreibern erarbeiten und begründen lässt (Art. 24 Abs. 2). Dieses Referat einschliesslich des Sachverhalts wird vom Referenten oder dem für das Referat zuständigen Gerichtsschreiber eingangs der Sitzung ganz oder auszugsweise vorgelesen. Wird dem Antrag oder der Begründung opponiert, so wird der entsprechende Gegenantrag unmittelbar nach dem Antrag des Referenten oder der Referentin gestellt. Das Reglement erhebt diese Abfolge nicht als zwingend, indem es eine «Kann»-Formulierung verwendet. Es ist indessen praktisch kaum eine andere Reihenfolge denkbar, weil die nachfolgenden Richter von eventuellen Gegenanträgen Kenntnis haben müssen, um sich dazu äussern zu können. Der Vorsitzende gibt seine Meinung am Schluss kund. Damit soll ein unerwünschter Einfluss des Präsidenten auf die übrigen Gerichtsmitglieder vermieden werden,[16] denn jedes Mitglied im Kollegialgericht hat dieselbe Stimmkraft. Sachgerecht erscheinen die besonderen Befugnisse des Vorsitzenden bei der Prozessinstruktion, Sitzungsleitung oder Verhandlungsführung.[17]

5. Urteilsfällung

Die Beratung wird solange fortgesetzt, bis das Wort nicht mehr verlangt wird. Jedes Ge- **18** richtsmitglied kann einen Unterbruch oder einen Abbruch der Beratung (mit der Konsequenz der Anordnung einer neuen Sitzung) verlangen, wenn ihm – insbesondere aufgrund neuer Vorbringen während der Beratung – die notwendigen Entscheidungsgrundlagen zu fehlen scheinen. Einen derartigen (Ordnungs)antrag, der ohnehin nur ausnahmsweise erfolgen wird, sollten die übrigen Gerichtsmitglieder zustimmen. Über Ordnungsanträge ist sofort zu beraten. Zwischen der letzten Wortmeldung eines Richters und der Abstimmung soll dem mit beratender Stimme mitwirkenden Gerichtsschreiber das Wort erteilt werden. Das wurde früher konsequent so gehandhabt, heute leider nur noch gelegentlich. Auf die Beratung folgt die **Abstimmung**: Jede Richterin und jeder Richter hat ihre bzw. seine Stimme abzugeben; eine Stimmenthaltung ist nicht zulässig (Art. 21 Abs. 3). Die Stimmabgabe erfolgt offen. Über Eintretensfragen ist vor dem Entscheid über die Sache zu befinden, Eventualanträge müssen vor dem Hauptantrag bereinigt werden.[18]

Das Urteil ist das Ergebnis einer **Mehrheitsentscheidung**. Die **Eröffnung des Urteils** **19** (vgl. dazu Art. 59 N 76 ff.) muss aus sich selbst heraus verständlich sein und eindeutig zum Ausdruck bringen, welche Entscheidung das Gericht getroffen hat. Es muss den Gegenstand der Urteilsfindung erschöpfend erledigen und das vom Gericht Beschlossene

---

[15] Vgl. die etwas abweichenden Regelungen in Deutschland LÖWE/ROSENBERG[25]-WICKERN, 244.
[16] HAUSER/SCHWERI, Kommentar GVG, 479.
[17] KIENER, Unabhängigkeit, 339.
[18] HAUSER/SCHWERI, Kommentar GVG, 481.

vollständig wiedergeben.[19] Das Bundesgericht teilt den Beteiligten ohne Verzug das Dispositiv mit (vgl. Art. 60 N 8–11). Die Zustellung des begründeten Entscheids erfolgt erst nach der Genehmigung der Urteilsbegründung (vgl. N 21).

6. Urteilsbegründung

20 Auch über die **Urteilsbegründung** muss **abgestimmt** werden, wenn darüber Meinungsverschiedenheiten bestehen. Für die Begründung gilt ebenfalls, dass die Mehrheit zustimmen muss.[20] Auch hier ist eine Eventualabstimmung denkbar: Es soll zunächst über die Begründung für den Fall einer Gutheissung der Beschwerde abgestimmt werden; hernach ist der Antrag auf Gutheissung mit der betreffenden Mehrheitsbegründung dem Antrag auf Abweisung gegenüber zu stellen.[21]

7. Genehmigung der Urteilsbegründung

21 Die definitive Urteilsbegründung wird – wie in den Verfahren auf dem Wege der Aktenzirkulation gem. Abs. 2 – bei den mitwirkenden Richtern und Richterinnen **zur Genehmigung in Zirkulation** gesetzt (Art. 45 BgerR). Die in der Beratung überstimmten Gerichtsmitglieder dürfen in der Urteilsbegründung ihre eigene Meinung nicht zu erkennen geben und den Entscheid weder explizit noch implizit kritisieren *(keine schriftliche dissenting opinion; vgl. dazu N 26)*. Dies betrifft insb. die mit ihren Anträgen unterliegenden Referenten. Sie bleiben für die Verfassung der Urteilsbegründung zuständig[22] und müssen sich deshalb unter Verdrängung eigener Bedenken bemühen, die für den Mehrheitsentscheid massgeblichen Gründe überzeugend darzustellen, als ob sie selbst der Mehrheit angehört hätten.[23]

8. Beratungsordnung

22 Die im Bundesgerichtsreglement vorgesehene **Beratungsordnung** (Art. 44 Abs. 2 und 3) ist als Ordnungsvorschrift zu verstehen. Der Vorsitzende eröffnet, unterbricht und schliesst die Verhandlung. Er kann nach seinem Ermessen bestimmen, wie er die Verhandlung entwickeln und welche Reihenfolge er den Verhandlungsvorgängen geben will;[24] er muss dabei den Erfordernissen einer zweckmässigen und zügigen Verfahrensabwicklung Rechnung tragen.[25] Der Vorsitzende soll die Beratungsordnung auf subtile Weise umsetzen, indem er dafür sorgt, dass eine fruchtbare Diskussion nicht durch starre Regeln gehemmt wird.

III. Mündliche Beratung durch Anordnung des Abteilungspräsidenten oder auf Verlangen eines Richters (Abs. 1 lit. a)

1. Anordnung durch den Abteilungspräsidenten

23 Der **Abteilungspräsident** oder die **Abteilungspräsidentin** wird eine mündliche Beratung zum einen anordnen, wenn sich keine Einstimmigkeit gem. Abs. 1 lit. b ergibt und sich eine solche auch nicht herstellen lässt (N 30). Er wird sie zum anderen auch bei Einstimmigkeit anordnen, wenn es sich um Streitsachen von einiger Bedeutung handelt oder

---

[19] LÖWE/ROSENBERG[25]-GOLLWITZER, § 260 N 23–26; SCHMID, Strafprozessrecht[4], 191/192.

[20] BGE 111 Ib 116, 118 E. 2.

[21] BGE 111 Ib 116, 119 E. 2 mit dortigem Hinweis.

[22] Auch wenn sie diese im Normalfall an ihre GerichtsschreiberInnen delegieren werden (Art. 24 Abs. 2).

[23] LÖWE/ROSENBERG[25]-WICKERN, 240.

[24] Vgl. dazu im Allgemeinen PIQUEREZ, Traité, 702.

[25] LÖWE/ROSENBERG[25]-GOLLWITZER, § 238 N 3.

um die Beantwortung von Grundsatzfragen geht; ferner auch bei Einstimmigkeit mit divergierenden Begründungen (dazu Art. 20).

Der Abteilungspräsident ist verpflichtet, eine mündliche Beratung anzuordnen, 24 wenn ein Gerichtsmitglied dies verlangt (vgl. dazu N 25) oder wenn die Einstimmigkeit fehlt. Eine öffentliche Beratung bringt einen Mehraufwand mit sich, kann aufwändig sein und den Betrieb beeinträchtigen; nebenamtliche Bundesrichterinnen und Bundesrichter haben für die Urteilsberatung eigens anzureisen. Dies darf indessen kein Grund sein, auf eine mündliche Beratung zu verzichten; ebenso wenig eine grosse Geschäftslast.

2. Antrag des einzelnen Richters

Jede Richterin und jeder Richter kann eine mündliche Beratung verlangen. Es ist 25 weder fehlende Einstimmigkeit in der Sache noch ein Quorum für die mündliche Beratung erforderlich. Diese Bestimmung beinhaltet eine klare Stärkung der Position des einzelnen Gerichtsmitgliedes. Um diese Stellung nicht zu missbrauchen, wird es allerdings einen entsprechenden Antrag nur in als grundsätzlich oder bedeutsam empfundenen Fällen stellen (dazu Art. 20).

3. Rechtsentwicklung durch mündliche Beratung

Eine mündliche und öffentliche Urteilsberatung kann insofern zur **Rechtsentwicklung** 26 beitragen, als hier unterschiedliche Positionen engagiert aufgezeigt und vertreten werden können. Die verschiedenen Auffassungen können nachvollziehbar und verständlich vorgebracht werden. Dies ist gelegentlich bei schriftlichen Begründungen nicht der Fall, weil die möglicherweise verschiedenen Meinungen nicht transparent gemacht werden können. Die mündliche Beratung dient auch der Information und Kontrolle über die Justiz.[26] Ferner wird dem einzelnen Gerichtsmitglied ermöglicht, auf diese Weise seine *dissenting opinion* (vgl. Art. 59 N 46 f.) darzulegen. Diese umfassende Sitzungsöffentlichkeit ist im internationalen Vergleich einmalig. Standard ist lediglich die Öffentlichkeit der Urteilsverkündung. Dass auch die Urteilsberatungen und sogar die Abstimmungen öffentlich sind, ist eine schweizerische Eigenheit (vgl. eingehend Art. 59 N 41). Schliesslich besteht während einer öffentlichen Beratung per definitionem kein Beratungsgeheimnis (vgl. N 35).

Mit einer mündlichen Beratung kann auch die **Urteilsbegründung** *verbessert* werden.[27] 27 Wesentlicher Vorgang im Kollegialgericht ist das Einbringen unterschiedlicher Anschauungen und ihre diskursive Erörterung während der Beratung, was die Chance eines richtigen und gerechten Urteils erhöht. Gleichzeitig verwirklichen sich in Kollegialgerichten wichtige Kontrollvorgänge; das Kollegialgericht wirkt als Faktor der Machtteilung.[28]

Die mündliche Urteilsberatung ermöglicht auch ein **aktiveres Mitwirken der Gerichts-** 28 **schreiber** (Art. 24 N 30). Sie wirken bei der Instruktion der Fälle und bei der Entscheidfindung mit und haben beratende Stimme (Art. 24 Abs. 1 N 18).

Das einzelne Gerichtsmitglied muss sich gegen **allfällige Widerstände**, eine Urteilsbera- 29 tung durchzuführen, durchsetzen und eventuelle «Hemmungen», ein harmonisches Gefüge zu stören, abstreifen.[29] Gute Urteile können nur dann entstehen, wenn die einzelnen Richter und Richterinnen selbstbestimmt und selbstbewusst an der Entscheidungsfindung partizipieren.[30]

---

[26] HEER/URWYLER-MÜLLER/THOMMEN, 24.
[27] SPÜHLER/DOLGE/VOCK, Kurzkommentar, Art. 58 N 1.
[28] KIENER, Unabhängigkeit, 338; WIPRÄCHTIGER, recht 1995, 150.
[29] SPÜHLER/DOLGE/VOCK, Kurzkommentar, Art. 58 N 2.
[30] KIENER, Unabhängigkeit, 220.

IV. Mündliche Beratung bei fehlender Einstimmigkeit (Abs. 1 lit. b)

30   Eine mündliche Beratung sollte stattfinden, wenn sich aufgrund der *erstmaligen* Aktenzirkulation **keine Einigung** ergibt. Es entspricht nicht dem Sinn und Zweck von Art. 58 Abs. 1 lit. b, eine Aktenzirkulation mehrere Male vorzunehmen, bis sich eine Einigung ergibt bzw. bis unter dem «psychologischen Druck auch der letzte Richter» zugestimmt hat.[31] Indessen darf diese Gefahr nicht überschätzt werden. Von den einzelnen Richterinnen und Richter im Spruchkörper darf nämlich erwartet werden, dass sie selbstbestimmt an der Entscheidungsfindung partizipieren.[32] Die heutige Richterpersönlichkeit sollte dementsprechend robust[33] und auch gerichtsinternem Druck gewachsen sein.[34] Die richterliche Selbstständigkeit bedeutet auch, dass im Kollegialgericht niemandem eine Vorrangstellung bei der Rechtsprechung zukommt, auch einem Referenten nicht. Jede Stimme ist formell gleichwertig.[35] Das heisst aber nicht, dass bei unwesentlichen Differenzen (sowohl in der Begründung wie auch in den Anträgen) oder bei nicht substanziellen und ohne grossen Aufwand behebbaren Meinungsverschiedenheiten nicht eine einvernehmliche Lösung gesucht werden soll (allenfalls in einer nichtöffentlichen Redaktionssitzung), um zu einer Einstimmigkeit zu gelangen. In derartigen Fällen wird das einzelne Gerichtsmitglied zur Einstimmigkeit beitragen, nicht aber bei grundsätzlichen Fragen, die ihm wichtig erscheinen, und in denen es bei abweichender Auffassung zur Opposition verpflichtet ist.

31   Abs. 1 lit. b findet **keine Anwendung im vereinfachten Verfahren** für Entscheide nach **Art. 109 Abs. 1**. Bei diesen Fällen handelt es sich um ein eigentliches Vorprüfungsverfahren.[36] Es geht hier um ein Nichteintreten auf Beschwerden, bei denen sich keine Rechtsfrage von grundsätzlicher Bedeutung stellt oder kein besonders bedeutender Fall vorliegt, wenn die Beschwerde nur unter dieser Bedingung zulässig ist.[37] Ein solcher Nichteintretensentscheid ergeht immer im vereinfachten Verfahren. Selbst wenn sich in diesem Verfahren keine Einstimmigkeit ergibt, ist gem. Art. 109 Abs. 1 Satz 2 keine mündliche öffentliche Beratung nach Art. 58 Abs. 1 lit. b durchzuführen. Allerdings *kann* auch in diesen Fällen nach Art. 109 Abs. 1 eine mündliche Beratung durchgeführt werden, wenn der Präsident sie anordnet oder ein Mitglied des Spruchkörpers sie verlangt.[38]

V. Entscheid auf dem Weg der Aktenzirkulation (Abs. 2)

32   In allen anderen Fällen kann das Urteil auf dem Zirkulationsweg gefällt werden.[39] Die Beschlussfassung auf dem **Wege der Aktenzirkulation** wurde schon als «Grab des Kollegialsystems» bezeichnet,[40] weil dem Referenten oder der Referentin ein beträchtliches Übergewicht im Spruchkörper zukommt, womit die materielle Gleichwertigkeit der

---

[31] SPÜHLER/DOLGE/VOCK, Kurzkommentar, Art. 58 N 3.
[32] KIENER, Unabhängigkeit, 220.
[33] ZELLER, Vorverurteilung, 127.
[34] Was nicht heisst, dass jemand nicht empfindsam und sensibel sein soll.
[35] KIENER, Unabhängigkeit 220; zur materiellen Gleichwertigkeit der Stimmen N 33.
[36] KARLEN, BGG, 61; SPÜHLER/DOLGE/VOCK, Kurzkommentar, Art. 109 N 1; SEILER/VON WERDT/GÜNGERICH, BGG, Art. 109 N 3. Vgl. insb. Art. 109 N 1.
[37] SEILER/VON WERDT/GÜNGERICH, BGG, Art. 58 N 4.
[38] Arbeitsgruppe – Bundesgerichtsgesetz, Bericht BRK NR 2004, 11; SPÜHLER/DOLGE/VOCK, Kurzkommentar, Art. 109 N 3; TSCHANNEN-AEMISEGGER, 397.
[39] Ein weiterer Vorbehalt ergibt sich aus Art. 6 Ziff. 1 EMRK, der allerdings für das Verfahren vor Bundesgericht nur von geringer Bedeutung ist. Vgl. Art. 57 N 9; Art. 59 N 21, 37 und 39 sowie SEILER/VON WERDT/GÜNGERICH, BGG, Art. 58 N 5 und 59 N 9.
[40] HAUSER/SCHWERI, Kommentar GVG, 483.

Stimmen in Frage gestellt werde (vgl. auch N 27 und 30). Auch kann eine mögliche Harmonisierung verschiedener Auffassungen nicht gleichermassen wie bei mündlichen Beratungen gewährleistet werden.[41] Allerdings ist es angesichts der Masse der zu behandelnden Fälle unabdingbar, eine Vielzahl der Fälle auf diese Weise zu entscheiden. Der Entscheid auf dem Zirkulationsweg dient im Übrigen auch der Vereinfachung und Beschleunigung des Verfahrens.[42]

Bestehen im Spruchkörper nur unwesentliche Differenzen (insb. wenn diese nicht das Ergebnis, sondern lediglich die Begründung betreffen), so kann der Abteilungspräsident eine nichtöffentliche **Redaktionssitzung** einberufen. Es ist auch zulässig, dass Richter zuhanden einer derartigen Beratung eine schriftliche Meinungsäusserung verfassen.[43]   33

Finden keine öffentlichen Beratungen und Abstimmungen statt, haben die am Urteil mitwirkenden Richter und Gerichtsschreiber über die einzelnen Voten und die Art und Weise, wie gestimmt wurde, **Stillschweigen zu bewahren** (vgl. N 26).[44] Allerdings umfasst das Beratungsgeheimnis nicht die Überlegungen, auf die sich die getroffene Entscheidung stützt. Diese Erwägungen sind denn auch im Rahmen der erforderlichen Urteilsbegründung darzustellen und als Teil des ausgefertigten Urteils mitzuteilen.[45] Fraglich ist die Ansicht von WICKERN, der die richterliche Unabhängigkeit in starkem Masse durch das Beratungsgeheimnis geschützt sieht.[46] Es ist jedenfalls zu erwarten, dass Richterinnen und Richter sich auch bei öffentlichen Beratungen frei und nach ihrer Überzeugung äussern, und zwar ungeachtet der möglichen Reaktionen auf ihre Voten seitens der Justizverwaltung, Öffentlichkeit, Medien und Interessenverbände usw.   34

VI. Rechtsmittel

Der Entscheid, eine *mündliche* Beratung durchzuführen, liegt in der ausschliesslichen und pflichtgemäss auszuübenden Kompetenz der jeweiligen Abteilung des Bundesgerichts. Eine Anfechtung ist nicht möglich (vgl. sinngemäss die Ausführungen bei Art. 59 N 74 und 82).   35

Art. 59

Öffentlichkeit   [1] **Parteiverhandlungen wie auch die mündlichen Beratungen und die darauf folgenden Abstimmungen sind öffentlich.**

[2] **Wenn eine Gefährdung der Sicherheit, der öffentlichen Ordnung oder der Sittlichkeit zu befürchten ist oder das Interesse einer beteiligten Person es rechtfertigt, kann das Bundesgericht die Öffentlichkeit ganz oder teilweise ausschliessen.**

[3] **Das Bundesgericht legt das Dispositiv von Entscheiden, die nicht öffentlich beraten worden sind, nach dessen Eröffnung während 30 Tagen öffentlich auf.**

---

[41] KIENER, Unabhängigkeit, 341; vgl. auch N 27.
[42] HAUSER/SCHWERI, Kommentar GVG, 483.
[43] Vgl. für Deutschland LÖWE/ROSENBERG[25]-WICKERN, 214.
[44] HAUSER/SCHWERI/HARTMANN, Strafprozessrecht[6], 418.
[45] Vgl. für Deutschland LÖWE/ROSENBERG[25]-WICKERN, 224/225.
[46] LÖWE/ROSENBERG[25]-WICKERN, 223/224.

Publicité

[1] Les éventuels débats ainsi que les délibérations et votes en audience ont lieu en séance publique.

[2] Le Tribunal fédéral peut ordonner le huis clos total ou partiel si la sécurité, l'ordre public ou les bonnes mœurs sont menacés, ou si l'intérêt d'une personne en cause le justifie.

[3] Le Tribunal fédéral met le dispositif des arrêts qui n'ont pas été prononcés lors d'une séance publique à la disposition du public pendant 30 jours à compter de la notification.

Pubblicità

[1] I dibattimenti come pure le deliberazioni orali e le successive votazioni sono pubblici.

[2] Se vi è motivo di temere che siano minacciati la sicurezza, l'ordine pubblico o i buoni costumi o se lo giustifica l'interesse di un partecipante al procedimento, il Tribunale federale può ordinare che si proceda in tutto o in parte a porte chiuse.

[3] Il Tribunale federale mette a disposizione del pubblico il dispositivo delle sue sentenze non deliberate pubblicamente per 30 giorni dopo la loro notificazione.

Inhaltsübersicht   Note

Materialien

Art. 56 E ExpKomm; Art. 55 E 2001 BBl 2001 4492; Botschaft 2001 BBl 2001 4302 f.; AB 2003 S 897; AB 2003 N 1593.

Literatur

Vgl. die Literaturhinweise zu Art. 58.

I. Geschichte und Materialen

Dass Beratungen und Abstimmungen des Bundesgerichts **öffentlich** sind, beruht auf   1
einer **langen Tradition**.[1] Die öffentliche Urteilsberatung am Bundesgericht wurde durch
den Bundeszivilprozess von 1850 und den Bundesstrafprozess von 1851 eingeführt, und
zwar auch hinsichtlich des ehemaligen Kassationshofs. Durch die Revision des Bundesrechtspflegegesetzes von 1874 wurden Verhandlungen der *Anklagekammer* für nicht
öffentlich erklärt.[2] Bereits im Jahre 1892 wollte der Bundesrat die öffentliche Beratung
wieder generell abschaffen, kam aber damit im Parlament nicht durch;[3] lediglich Beratungen und Abstimmungen des damaligen *Bundesstrafgerichts* wurden zusätzlich von der
Öffentlichkeit ausgenommen.[4] Als der Gesetzgeber dem Bundesgericht im Jahre 1897
die höchstrichterliche Rechtsprechungskompetenz in *SchKG-Sachen* übertrug, bestimmte
er, dass die diesbezüglichen Beratungen und Abstimmungen unter Ausschluss der Öffentlichkeit stattfinden.[5] Anlässlich der OG-Revision im Jahre 1943 wurde in Art. 17 OG
grundsätzlich am Prinzip der öffentlichen Urteilsberatung festgehalten; lediglich die
Beratungen am *Kassationshof*, in *Disziplinar-* und *Steuersachen* wurden zusätzlich für
nichtöffentlich erklärt.[6] In der Botschaft des Bundesrates zur OG-Revision vom
21.5.1985 war eine Änderung von Art. 17 OG kein Thema.[7] Die Expertenkommission
1997 ging einen Schritt in die entgegengesetzte Richtung: Sie schlug vor, in Art. 56 Abs. 2
E BGG lediglich die grundsätzliche Ausnahmebestimmung von Art. 17 Abs. 3 OG zu
übernehmen. Für übrige – ganze Rechtsgebiete betreffende – Ausnahmen, wie sie in

---

[1] Einen ausführlichen und illustrativen Überblick gewährt FS REHBERG-SCHUBARTH, 304–306; s.a.
   HEER/URWYLER-MÜLLER/THOMMEN, 24.
[2] BBl 1874 429.
[3] ZIEGLER, Organisation, 262a und 263a; YUNG, ZSR 1935, 408 ff.; REICHEL, 29 ff.
[4] BBl 1893 1117.
[5] BBl 1895 905; AS 1897 292.
[6] BBl 1943 100 ff. und AB 1943 N 82.
[7] BBl 1985 II 737 ff.

Art. 17 Abs. 1 und 2 OG vorgesehen waren, wurde indessen keine Notwendigkeit mehr erblickt.[8]

2   Die **Botschaft** übernahm zwar in Art. 55 E BGG den Grundsatz der Öffentlichkeit, schränkte den Anwendungsbereich aber indirekt stark ein, als sie in Art. 54 E BGG von der grundsätzlichen Entscheidfassung auf dem Zirkulationsweg ausging.[9] Die neue Ausnahmebestimmung (Art. 55 Abs. 2 E BGG) sollte der Bestimmung von Art. 17 Abs. 3 OG, welcher bei höherwertigen gegenteiligen Interessen den Ausschluss der Öffentlichkeit zuliess, entsprechen. Hinsichtlich der Ausnahmen betr. ganze Rechtsgebiete (Art. 17 Abs. 1 und 2 OG) folgte der Bundesrat dem Vorschlag der Expertenkommission und schlug deren Streichung mit der Begründung vor, die generelle Ausnahmebestimmung böte genügend Handhabe, um in bestimmten Fällen die Öffentlichkeit auszuschliessen.[10]

3   Der **Ständerat** formulierte Art. 55 Abs. 1 des bundesrätlichen Entwurfs neu, indem er die Öffentlichkeit der mündlichen Beratungen und die darauf folgenden Abstimmungen davon abhängig machen wollte, dass der Abteilungspräsident dies anordnete oder ein Richter dies verlangte. Abs. 2 erwuchs keine Opposition. Zusätzlich fügte der Ständerat Abs. 3 ein, der das Gesetzgebungsverfahren im Unterschied zu Abs. 1 überstand.[11]

4   Die vom Vorsteher EJPD eingesetzte «**Arbeitsgruppe Bundesgerichtsgesetz**» betonte dann aber in ihrem Bericht vom 16.3.2004 die Vorteile einer öffentlichen Urteilsberatung. Sie wollte am Prinzip festhalten, wonach stets eine mündliche Beratung durchzuführen sei, wenn sich bei der Entscheidfindung im Zirkulationsverfahren keine Einigkeit ergäbe. Die mündliche Beratung müsse unter Vorbehalt der in Art. 55 Abs. 2 E BGG[12] genannten Ausnahmen stets öffentlich sein.[13] Diesen Vorschlag übernahm dann auch der Bundesrat in seinem neuen Antrag.[14]

5   Der **Nationalrat** folgte hinsichtlich Abs. 1 dem neuen Antrag des Bundesrates. Bei Abs. 2 und 3 stimmte er dem Beschluss des Ständerates zu.[15]

6   Am 8.3.2005 stimmte der **Ständerat** seinerseits dem Beschluss des Nationalrates zu.[16]

II. Justiz und Öffentlichkeit

1. Allgemeines

7   **Justiz und Öffentlichkeit** – eine vielschichtige, vieldeutige und ambivalente Beziehung. Das Öffentlichkeitsprinzip ist dabei das «zentrale, normative Scharnier» zwischen der Justiz und der (medienvermittelten) Öffentlichkeit.[17] Gemäss ständiger Rechtsprechung des Bundesgerichts bedeutet das Öffentlichkeitsprinzip eine **Absage an jede Form geheimer Kabinettsjustiz** (allerdings nur betr. Verhandlung und Urteilsverkündung); es soll durch die Kontrolle der Öffentlichkeit den Prozessbeteiligten eine korrekte und gesetzmässige Behandlung gewährleisten. Der allgemeinen Öffentlichkeit soll darüber hin-

---

[8] Schlussbericht 1997, 69.

[9] Botschaft 2001 BBl 2001 4302 und 4303 zu Art. 54 und 55 E BGG, ferner 4492. Vgl. auch Art. 58 N 2.

[10] Botschaft 2001 BBl 2001 4302 und 4303, ferner 4492.

[11] AB 2003 S 898.

[12] Entspricht Art. 59 Abs. 2.

[13] Bericht RK-N 2004, 4.

[14] Bundesgesetz über das Bundesgericht, Änderungen im Vergleich zur Fassung des Ständerates vom 23.9.2003, 01.023, 18.3.2004, Art. 54 und 55.

[15] AB 2004 N 1593.

[16] AB 2005 S 128.

[17] Saxer, ZSR 2006, 462.

aus auch ermöglicht werden, Kenntnis davon zu erhalten, wie das Recht verwaltet und wie die Rechtspflege ausgeführt wird. Es sorgt damit auch für Transparenz in der Rechtspflege, was eine demokratische Kontrolle durch das Volk erst ermöglicht und als wesentliches Element des Rechts auf ein faires Verfahren zu den Grundlagen eines demokratischen Rechtsstaates gehört.[18]

Aus Sicht der Gerichte hat das Öffentlichkeitsprinzip klassischerweise eine passive, rein duldende, aber neuerdings zunehmend auch eine **aktive, kommunikative Dimension**. Dass die Verhandlungen öffentlich sind, bedeutet für die Gerichte, dass Publikum (‹die Öffentlichkeit›) zuzulassen und insoweit im Gerichtssaal zu «dulden» ist. Die Justiz muss sich im Verfahren der Entscheidfindung in die Karten schauen lassen und ihre Urteile öffentlich einsehbar machen. Unter dem Öffentlichkeitsprinzip wird von der Justiz aber vermehrt auch aktive Öffentlichkeitsarbeit gefordert werden können. Gerichte haben nicht nur zu erdulden, dass von Medien und interessierten Bürgern Informationen über anstehende Geschäfte erfragt werden dürfen, sondern sie haben über Pendenzen, behandelte Fälle, aber auch personelle und organisatorische Belange aktiv und nicht bloss auf Anfrage zu informieren. Urteile sind im Internet für die Öffentlichkeit zugänglich zu machen. Gegen Angriffe auf ihre Unabhängigkeit darf und soll die Justiz öffentlich Stellung beziehen. Durch solche aktive «Justizkommunikation»[19] sollen die Belange der Justiz der Öffentlichkeit vermittelt und so ihre Eigenständigkeit betont, aber auch ihre Akzeptanz erhöht werden.

Der Grundsatz der Öffentlichkeit bezieht sich zwar nicht auf alle Gerichtsverfahren und **8** alle Verfahrensstadien, verlangt aber als **Mindeststandard** in der Regel die Durchführung öffentlicher Verhandlungen und Urteilsverkündungen.[20]

Die **Funktionen der Gerichtsöffentlichkeit** sind zur Hauptsache folgende: **9**

– Durch eine **verstärkte Transparenz** der Justiz und des Gerichtsverfahrens profitieren die Verfahrensbeteiligten; durch die Kontrolle der Öffentlichkeit soll nicht zuletzt ihnen eine *korrekte und gesetzmässige* Behandlung gewährleistet werden, was gleichzeitig auch der Qualität der Rechtsprechung förderlich ist.[21]

– Die Publikums- und Medienöffentlichkeit sollen **Vertrauen in die Gerichtsbarkeit** sichern.[22] Indem sich die Gerichtsbarkeit öffentlicher Beobachtung und Auseinandersetzung stellt, wird der Bevölkerung ermöglicht, sich an konkreten Anwendungsfällen über die Rechtsdurchsetzung zu informieren; die Justiz wird dadurch der Kritik zugänglich. Für die Allgemeinheit ist die Gerichtsöffentlichkeit ein wichtiges Mittel, über die wirksame und angemessene Erfüllung der Richteraufgaben zu wachen.[23]

– Dem Bürger kann durch ausreichende Informationen über die wirksame Verfolgung von Straftaten verdeutlicht werden, dass der Staat in der Lage ist, die öffentliche **Sicherheit und Ordnung zu gewährleisten**.[24]

---

[18] BGE 124 IV 234, 238 E. 3b; 122 V 47 f. E. 1c, 51 f.; 121 I 306; 121 II 22 E. 4c, je m.Hinw.; BGer, I. ZA, 19.6.2006, 4P.74/2006 E. 8.1; AUER/MALINVERNI/HOTTELIER, droit constitutionnel[2], Rz 1287; mit etwas spitzfindiger Kritik zur bundesgerichtlichen Rechtsprechung FS TRECHSEL-BOMMER, 674 ff.

[19] HEER/URWYLER-SAXER, 49 ff.

[20] SAXER, ZSR 2006, 462 und dortige zahlreiche Hinweise.

[21] WIPRÄCHTIGER, Medialex 2004, 38, m.Hinw. auf BGE 108 Ia 90; ausführlich VON COELLN, Medienöffentlichkeit, 198–219.

[22] BGE 119 Ia 99, ZELLER, Medialex 2003, 16.

[23] ZELLER, Medialex 2003, 16; ausführlich VON COELLN, Medienöffentlichkeit, 167–197.

[24] LÖWE/ROSENBERG[25]-WICKERN, 6.

– Dem Öffentlichkeitsgrundsatz kommt ferner eine zwar nicht messbare, aber dennoch nicht zu unterschätzende **präventive Bedeutung** zu.[25]

– Das Öffentlichkeitsprinzip dient schliesslich auch **kommunikationsbezogenen Interessen**: Mit ihm können in der Bevölkerung Rechtskenntnisse verbreitet und Rechtsbewusstsein geschaffen werden. Damit ruft es auch die Justiz als wesentliche Staatsfunktion ins Bewusstsein und fördert öffentliche Debatten in Justiz- und Rechtsfragen.[26]

2. Arten der Öffentlichkeit

10   Lehre und Rechtsprechung unterscheiden **drei Arten** der Gerichtsöffentlichkeit:[27]

– Die **Parteiöffentlichkeit** im Sinne eines Anspruchs auf mündliche Anhörung stellt einen Aspekt des Grundrechts auf rechtliches Gehör gem. Art. 29 Abs. 2 BV dar (Anwesenheit bei Beweisaufnahme, Äusserungsmöglichkeiten anlässlich der Hauptverhandlung, persönliche Eröffnung gerichtlicher Entscheide usw.).[28]

– Der Öffentlichkeitsgrundsatz umfasst auch die Zulassung der Allgemeinheit, **sog. Publikumsöffentlichkeit**: Jedermann hat Zugang zu den Verhandlungen und kann als Zuhörer den Prozessablauf unmittelbar und direkt verfolgen.[29]

– Die **Medienöffentlichkeit** bildet die Voraussetzung für die von den Medien wahrgenommene Brückenfunktion.[30]

3. Medienöffentlichkeit im Besonderen

11   Die Öffentlichkeit kann ihre notwendige Kontrolle über das staatliche Handeln, d.h. auch über die Justiz, nur wahrnehmen, wenn **die Medien als Vermittler** auftreten. Die Medien sind, um dies mit den Worten des Europäischen Gerichtshofs für Menschenrechte auszudrücken, als *«public watch dogs»* tätig.[31] Da nicht jedermann jederzeit an beliebigen Gerichtsverhandlungen teilnehmen kann, übernehmen sie mit ihrer Berichterstattung insofern eine wichtige Brückenfunktion, als sie die richterlichen Tätigkeiten einem grösseren Publikum zugänglich machen. In diesem Sinne besteht ein erhebliches öffentliches Interesse an der Arbeit der Medien.[32] Neben ihrer Wächterrolle obliegt der Gerichtsberichterstattung als ureigenste Aufgabe die Information über die Rechtsprechung und somit die geltende Rechtswirklichkeit.[33] SAXER weist indessen zu Recht darauf hin, dass Medien und Justiz auch aufgrund der Verfassung autonome gesellschaftliche Funktionssysteme sind, welche sich je an ihren eigenen Aufgaben, Regeln und Mechanismen orientieren. Die justizrelevante Medienberichterstattung kann eine (aktive) Justizkommunikation keinesfalls ersetzen.[34]

---

[25] FS RAY-RASELLI, 23.

[26] HEER/URWYLER-SAXER, 52; vgl. auch SCHINDLER/SUTTER-STUDER, wonach die Gerichtsöffentlichkeit sozial verhaltensbildend wirkt, 340. Vgl. dazu N 11 ff.

[27] SGK¹-HOTZ, Art. 30 N 21; HAUSER/SCHWERI/HARTMANN, Strafprozessrecht⁶, 235; BGE 122 V 47, 51 E. 2c; BGer, I. ÖRA, 19.10.2004 E. 2.3, 1A.120/2004.

[28] SGK²-STEINMANN, § 30 N 35.

[29] ZELLER, Justice 2006, Rz 19; ausführlich LÖWE/ROSENBERG²⁵-WICKERN, 26 ff.

[30] BGE 129 III 529, 532 E. 3.2; SGK²-STEINMANN, Art. 30 N 35; ZELLER, Justice 2006, Rz 17 ff. und 23 ff.; HAUSER/SCHWERI/HARTMANN, Strafprozessrecht⁶, 235.

[31] WIPRÄCHTIGER, Medialex 2004, 39 und dortige Hinweise.

[32] BGE 129 III 529, 532 E. 3.2.

[33] HEER/URWYLER-MÜLLER/THOMMEN, 24/25; GOSTOMZYK, Öffentlichkeitsverantwortung, 26 ff.; HEER/URWYLER-SAXER, 53 ff.

[34] HEER/URWYLER-SAXER, 55. Vgl. im Übrigen auch Anhang zur Empfehlung Rec (2003) 13 des Minsterkomitees an die Mitgliedstaaten des Europarates über die Informationsverbreitung durch die Medien bezüglich Strafverfahren, Grundsatz 1.

Zur Medienfreiheit gilt es ferner festzuhalten, dass sie gemäss Art. 16 Abs. **12**
3 BV nicht nur dem Äusserungsbedürfnis des Medienschaffenden, sondern auch der **Information des Publikums** dient.[35] Die Kontrolle von aussen darf dabei nicht als Übel verstanden, sondern soll als Chance gesehen werden: Mit der Teilnahme an der Rechtsprechung durch Aussenstehende besteht auch vermehrt die Gelegenheit, die Bürger für die Sache der Justiz zu interessieren. Die Berichterstattung über die Justiz trägt neben ihrer Publizitätswirkung zudem dazu bei, das Vertrauen des Volkes in die Gesetzlichkeit und Unparteilichkeit der Justiz aufrechtzuerhalten. Vertrauen ist in der Demokratie kein gesicherter Besitz, sondern muss immer wieder von neuem erworben werden.[36] Hinzuweisen ist auch darauf, dass namentlich in justizpolitischen Fragen die Positionen, Anliegen und Probleme der Justiz und deren Angehörigen für die Öffentlichkeit von wesentlichem Interesse sind.[37]

4. Ambivalenz der Gerichtsöffentlichkeit

Nicht zu verkennen sind allerdings die **zwei Gesichter** der Gerichtsöffentlichkeit: Einer- **13**
seits verbindet man die Gerichtsöffentlichkeit mit hehren Zielen wie der Kontrolle richterlicher Macht, dem Schutz des Einzelnen vor Willkür, der Schaffung und Erhaltung von Vertrauen in die Justiz und der Bewahrung der richterlichen Unabhängigkeit vor obrigkeitlicher Einflussnahme. Andererseits wird auf die Gefahren der Gerichtsöffentlichkeit hingewiesen, etwa auf die Blossstellung von Angeklagten im Strafprozess, auf die Beeinträchtigung der Wahrheitsfindung bis hin zur Angst, Gerichtöffentlichkeit könne die richterliche Unabhängigkeit aufgrund des Drucks der öffentlichen Meinung geradezu gefährden.[38] Es wird etwa von der «Janusköpfigkeit» des Öffentlichkeitsgrundsatzes gesprochen,[39] von der Gerichtsöffentlichkeit, die «freundlich lächelt, wenn sie Kabinettsjustiz verhindert, jedoch frech grinst, wenn sie Massenjustiz zulässt».[40] Jedenfalls setzen die besondere Rolle und die Funktion der Gerichte im Rahmen der Gewaltenteilung **justizspezifische institutionell-funktionelle Grenzen der Öffentlichkeitsarbeit** und schränken die Möglichkeiten der Teilnahme an einem öffentlichen Diskurs in diesem Umfang ein.[41] Zu berücksichtigen sind bei der Justizinformation insb. die Rechte der Parteien und anderer Verfahrensbeteiligter, ebenfalls die Bindung an das Verfahrensrecht.[42]

5. Die gesetzliche Regelung der Verfahrensöffentlichkeit in Bund und Kantonen

Auf kantonaler Ebene ist das Öffentlichkeitsprinzip nur ungenügend geregelt, v.a. etwa **14**
im Gerichtsorganisations- oder Prozessrecht.[43] Allerdings erlauben Prozessgesetze – etwa im Strafverfahren – während des Untersuchungsstadiums vielfach eine Orientierung der Bevölkerung zur Beruhigung oder Warnung oder beim Vorliegen besonders schwerwiegender bzw. Aufsehen erregender Delikte.[44]

---

[35] Saxer, ZSR 2006, 465; Pieth/Seelmann-Wiprächtiger, 39; Aubert/Mahon, commentaire, Art. 16 N 9 ff.
[36] FS Nay-Wiprächtiger, 14/15 und dortige Hinweise.
[37] Rüttimann, AJP 2005, 1451; Saxer, ZSR 2006, 465; vgl. auch Schindler/Sutter-Studer, 340.
[38] Von Coelln, Medienöffentlichkeit, 1 und 2.
[39] FS Trechsel-Bommer, 671; Von Coelln, Medienöffentlichkeit, 2.
[40] Von Coelln, Medienöffentlichkeit, 2 m.Hinw.
[41] Heer/Urwyler-Saxer, 58 und dortiger Hinweis.
[42] Heer/Urwyler-Saxer, 59; Tschannen-Aemisegger, 378 und 379 und dortiger Hinweis; vgl. anschaulich verschiedene Medienrichtlinien von Gerichten des Bundes und der Kantone im Anhang zu Heer/Urwyler, 133–258.
[43] Saxer, ZSR 2006, 472.
[44] Vgl. auch Zeller, Medialex 2003, 20.

15   Auf **Bundesebene** finden sich Grundsätze der Justizöffentlichkeit – neben den Bestimmungen des Völkerrechts, der Bundesverfassung und des Bundesgerichtsgesetzes – beispielsweise im Strafgerichtsgesetz,[45] im Verwaltungsgerichtsgesetz,[46] im Bundesgesetz über das Verwaltungsverfahren[47] sowie in der Schweizerischen Strafprozessordnung[48] und im Entwurf zur Zivilprozessordnung[49]. Zu beachten sind ferner das Öffentlichkeitsgesetz,[50] das Datenschutzgesetz[51] sowie das Archivierungsgesetz.[52]

III. Öffentliche Verhandlung und öffentliche Urteilsverkündung im Völkerrecht und in der Bundesverfassung

1. Vorbemerkungen

16   Das Öffentlichkeitsprinzip verlangt als **Mindeststandard** in der Regel die Durchführung von öffentlichen Verhandlungen und Urteilsverkündungen.[53]

17   Ebenso wichtig wie öffentliche Verhandlungen und die Berichterstattung darüber ist die **Publizität von gerichtlichen Entscheidungen**. In Deutschland etwa wird die Auffassung vertreten, dass die verfassungsrechtlich fundierte Öffentlichkeit der Rechtsprechung auch unter rechtsstaatlichen Aspekten über die mündliche Verhandlung hinausgehe.[54]

18   Allerdings beschränkt sich die **Garantie der Gerichtsöffentlichkeit** grundsätzlich auf die **späteren Verfahrensstadien**, nämlich die Verhandlungen im Gerichtssaal und die Verkündung des richterlichen Urteilsspruchs. Insbesondere in Straffällen sind wichtige Phasen des Verfahrens (Ermittlungs- und Untersuchungstätigkeit) **nicht** öffentlich; dies gilt sowohl nach den massgebenden Bestimmungen der geltenden Strafprozessordnungen als auch nach der Schweizerischen Strafprozessordnung.[55] Durch die Zunahme anderer Erledigungsformen (Strafbefehlsverfahren) hat die Hauptverhandlung **im Strafverfahren** massiv an Bedeutung verloren.[56] Es wäre wünschenswert, wenn auch in diesen Verfahren mindestens die *öffentliche Verkündung jedenfalls im Sinne einer Ersatzform*[57] *(z.B. Auflegen der Strafmandate in der Kanzlei)* gewährleistet werden könnte und die Strafverfolgungsbehörden die Öffentlichkeit vermehrt informieren würden.[58]

---

[45] Bundesgesetz vom 4.10.2002 über das Bundesstrafgericht (SGG) SR 173.71.

[46] Bundesgesetz vom 17.6.2005 über das Bundesverwaltungsgericht (VGG) SR 173.32.

[47] Bundesgesetz vom 20.12.1968 über das Verwaltungsverfahren (VwVG) SR 172.021.

[48] Entwurf zur Schweizerischen Strafprozessordnung, Bundesamt für Justiz, Bern, Juni 2001; Botschaft des Bundesrates zur Vereinheitlichung des Strafprozessrechtes vom 21.12.2005, BBl 2006 1085 ff.; Schweizerische Strafprozessordnung (Strafprozessordnung, StPO) vom 5. Oktober 2007, Referendumsvorlage in BBl 2007, 6977 ff.

[49] Schweizerische Zivilprozessordnung, Vorentwurf der Expertenkommission, Juni 2003.

[50] Bundesgesetz vom 17.12.2004 über das Öffentlichkeitsprinzip (Öffentlichkeitsgesetz, BGÖ) SR 152.3.

[51] Bundesgesetz vom 19.6.1992 über den Datenschutz (DSG) SR 235.1.

[52] Bundesgesetz vom 26.6.1998 über die Archivierung (BGA) SR 152.1. Vgl. zum Ganzen Tschannen-Aemisegger, 375/376.

[53] Saxer, ZSR 2006, 462.

[54] Von Coelln, Medienöffentlichkeit, 204, m.Hinw. auf BVerwGE 104, 105/109.

[55] Art. 69 Abs. 2 und 3 Schweizerische StPO.

[56] Im Kanton Luzern beispielsweise wurde im Jahre 2001 nur rund 1% der Strafverfahren gerichtlich beurteilt, vgl. Pieth/Seelmann-Wiprächtiger, 106 und dortiger Hinweis; Albrecht, AJP 2004, 900 geht von einer «Demontage der Gerichte im Strafprozess» aus und sieht eine «gesellschaftliche Abwertung der Justiz».

[57] Vgl. N 78.

[58] Wiprächtiger, Medialex 2004, 44/45; strenger SGK²-Steinmann, Art. 30 N 32, der das Vorverfahren als von Art. 30 Abs. 3 BV ausgeschlossen erachtet.

2. Öffentlichkeit von Gerichtsverhandlungen im Besonderen

a) Völkerrecht

Sowohl **Art. 6 Ziff. 1 EMRK wie auch Art. 14 Ziff. 1 UNO-Pakt II** garantieren öffent- **19**
liche Gerichtsverhandlungen.[59] Die beiden Bestimmungen regeln die Öffentlichkeit der
Verhandlungen als Teilaspekt des umfassenderen Rechts auf ein faires Verfahren. Allerdings beziehen sich die Fairnessgarantie – und damit auch der Öffentlichkeitsgrundsatz –
nicht auf die gesamte Rechtspflege, sondern betreffen einzig Streitigkeiten über *zivilrechtliche Ansprüche und Verpflichtungen* sowie über *strafrechtliche Anklagen*. Der Begriff des Zivilrechts umfasst dabei aber auch weite Teile des öffentlichen Rechts.[60]

Öffentliche Gerichtsverhandlungen können unter Umständen entgegenstehende **schutz-** **20**
würdige Interessen beeinträchtigen. Entsprechend können gem. Art. 6 Ziff. 1 EMRK
die Presse und das Publikum (die «Öffentlichkeit») ganz oder teilweise ausgeschlossen
werden, «wenn dies im Interesse der Moral, der öffentlichen Ordnung oder der nationalen Sicherheit in einer demokratischen Gesellschaft liegt, wenn die Interessen von
Jugendlichen oder der Schutz des Privatlebens der Prozessparteien es verlangen oder
– soweit das Gericht es für unbedingt erforderlich hält – wenn unter besonderen Umständen eine öffentliche Verhandlung die Interessen der Rechtspflege beeinträchtigen
würde». Ähnliche Vorbehalte gelten nach Art. 14 Ziff. 1 UNO-Pakt II.[61]

Jedenfalls im zivilrechtlichen Verfahren ist gem. Praxis des Europäischen Gerichtshofs **21**
für Menschenrechte (EGMR) vor jeder Instanz der **Verzicht** auf die Durchführung einer
öffentlichen Verhandlung möglich. Er kann ausdrücklich oder stillschweigend erfolgen,
muss jedoch eindeutig vorgebracht werden.[62] In mehrinstanzlichen Verfahren verlangt
Art. 6 Ziff. 1 EMRK, dass mindestens einmal ein Gericht den Sachverhalt und die
Rechtsfragen voll überprüft. Wurde im unterinstanzlichen Verfahren eine öffentliche Verhandlung durchgeführt, so können die Rechtsmittelinstanzen in der Regel darauf verzichten. Anders verhält es sich, wenn das Rechtsmittelgericht in Bezug auf Sachverhalt- und
Rechtsfragen volle Überprüfungsbefugnis besitzt.[63]

Ein Recht auf Nichtöffentlichkeit ist aus Art. 6 Ziff. 1 EMRK **nicht abzuleiten**. Es
kann sich aber aus Art. 8 EMRK (Schutz des Privat- oder Familienlebens) ergeben.[64]

b) Bundesverfassung (Art. 30 Abs. 3)

Gemäss Art. 30 Abs. 3 BV sind Gerichtsverhandlungen und Urteilsverkündungen öffent- **22**
lich. Das Gesetz kann Ausnahmen vorsehen. Das **Öffentlichkeitsprinzip** der Gerichts-
verhandlung stellt ein **Verfahrensgrundrecht mit hohem Stellenwert** dar. Träger des
Anspruchs auf öffentliche Gerichtsverhandlung und Urteilsverkündung sind neben den
Verfahrensbeteiligten auch die Medien sowie das öffentliche Publikum.[65] Art. 30 Abs. 3
BV bildet Bestandteil der Verfassungsartikel, welche das gerichtliche Verfahren ordnen.
Verschiedene Elemente der grundrechtlichen Verfahrensbestimmungen von Art. 29, 29a

---

[59] SGK²-STEINMANN, Art. 30 N 29; TSCHANNEN-AEMISEGGER, 379 ff.; ZELLER, Justice 2006,
Rz 16 und 17.
[60] VILLIGER, EMRK, N 376 ff.; HAEFLIGER/SCHÜRMANN, EMRK², 132, 134 ff.; POLEDNA,
EMRK, 66; FROWEIN/PEUKERT, EMRK², 157 ff.; TSCHANNEN-AEMISEGGER, 380/381.
[61] SGK¹-HOTZ, Art. 30 N 22; TSCHANNEN-AEMISEGGER, 380/381.
[62] TSCHANNEN-AEMISEGGER, 380; FROWEIN/PEUKERT, EMRK², 248.
[63] TSCHANNEN-AEMISEGGER, 381, m.Hinw. auf VILLIGER, EMRK, N 448.
[64] FROWEIN/PEUKERT, EMRK², 248.
[65] BGE 124 IV 234, 238 E. 3b; SGK¹-HOTZ, Art. 30 N 21 ff.; AUER/MALINVERNI/HOTTELIER,
droit constitutionnel², N 1288; BIAGGINI, Bundesverfassung, Art. 30 N 16.

und 30 BV werden von den insoweit deckungsgleichen Garantien von Art. 6 Ziff. 1 EMRK und Art. 14 Ziff. 1 UNO-Pakt II beeinflusst.[66]

23   Art. 30 Abs. 3 BV gewährleistet **nicht die Öffentlichkeit** der **Urteilsberatung**.[67] Hingegen kann das Verfahrensrecht die Öffentlichkeit der Beratung vorsehen (vgl. etwa Art. 59, Art. 41 Abs. 3 VGG oder Art. 97 Abs. 1 RSTVG).[68]

24   Art. 30 Abs. 3 BV verlangt nicht ausnahmslos öffentliche Verhandlungen; die Ausnahmemöglichkeit nach Art. 30 Abs. 3 Satz 2 will u.a. **schriftliche Verfahren** zulassen.[69]

25   Gemäss Art. 30 Abs. 3 Satz 2 BV kann das Gesetz **Ausnahmen von der Öffentlichkeit** vorsehen. Diese Ausnahmen müssen sich – jedenfalls im Bereich des Zivil- und Strafrechts – an den Rahmen von Art. 6 Ziff. 1 EMRK halten.[70] Demgemäss sind in Einzelfällen Einschränkungen des Öffentlichkeitsgrundsatzes etwa aus Gründen des Persönlichkeitsschutzes oder der Privatssphäre gemäss Art. 13 BV zulässig, ferner wenn sich Beschränkungen im Interesse der Rechtspflege aufdrängen, oder wenn die Sicherstellung von unbeeinflussten Zeugenaussagen oder Geheimhaltungsinteressen dies erfordern (dazu ausführlich N 53 ff.).[71]

26   Aus dem fehlenden Anspruch auf Nichtöffentlichkeit folgt aber, dass auf die **Verhandlungsöffentlichkeit nicht im eigentlichen Sinne verzichtet** werden kann. Dies ergibt sich auch daraus, dass der Öffentlichkeitsgrundsatz im Interesse der Allgemeinheit liegt. Die Gerichte haben für seine Umsetzung zu sorgen, und das grundsätzlich auch entgegen anders lautenden Wünschen von Parteien.[72] Eine Ausnahme gilt lediglich im Zivilrecht, wo der Verzicht der Parteien auf eine öffentliche Verhandlung von der Strassburger Rechtsprechung als nicht konventionswidrig angesehen wird (vgl. N 21).

27   Mit STEINMANN[73] ist davon auszugehen, dass Art. 30 Abs. 3 BV grundsätzlich für **sämtliche von Gerichten zu beurteilenden Rechtsgebiete** gilt und insbesondere auch für nicht unter Art. 6 Ziff. 1 EMRK fallendes **Verwaltungsrecht zur Anwendung** gelangt. Nicht überzeugend ist entsprechend BGE 128 I 288, wonach das in Art. 30 Abs. 3 BV verankerte Öffentlichkeitsprinzip hinsichtlich der Gerichtsverhandlung weniger weit als Art. 6 Ziff. 1 EMRK gehe.[74] Es ist nicht einzusehen, weshalb sich der verfassungsrechtliche Anspruch auf öffentliche Verfahren bloss auf Streitigkeiten aus dem Zivil- und

---

[66] Zur Konkurrenz von BV und EMRK-Rechten im Allgemeinen vgl. HAEFLIGER/SCHÜRMANN, EMRK[2], 41/42.

[67] Botschaft BR zum VE, 184; BGE 122 V 47, 51 E. 2c; SGK-HOTZ[1], Art. 30 N 19; TSCHANNEN-AEMISEGGER, 384; SGK[2]-STEINMANN, Art. 30 N 33 m.Hinw. auf Art. 6 Ziff. 1 EMRK; BGer, I. ÖRA, 19.10.2004, 1A. 120/2004.

[68] SGK[2]-STEINMANN, Art. 30 N 32.

[69] SGK[2]-STEINMANN, Art. 30 N 31.

[70] SGK[1]-HOTZ, Art. 30 N 22; SGK[2]-STEINMANN, Art. 30 N 36.

[71] BGE 119 Ia 99, 100 f. E. 2; TSCHANNEN-AEMISEGGER, 385; AUER/MALINVERNI/HOTTELIER, droit constitutionnel[2], II, Rz 1290; SGK[1]-HOTZ, Art. 30 N 22; SGK[2]-STEINMANN, Art. 30 N 36.

[72] BGE 119 Ia 99, 100 f. E. 2a, nicht publizierte E. 3.1 von BGE 132 V 127; SGK[2]-STEINMANN, Art. 30 N 36. **A.M.** BGE 132 I 42, 45 E. 3.3.1; TSCHANNEN-AEMISEGGER, 385; AUER/MALINVERNI/HOTTELIER, droit constitutionnel[2], II, Rz 1296 ff.; SGK[1]-HOTZ, Art. 30 N 25 der auf die Rechtsprechung des Eidgenössischen Versicherungsgerichts verweist, wonach die Möglichkeit des Verzichts im Bereich des Sozialversicherungsrechts in die Pflicht einer Partei umgedeutet worden sei, die öffentliche Gerichtsverhandlung und Urteilsverkündung zu beantragen (etwa BGE 122 V 47, 50 ff. E. 2); vgl. auch FS TRECHSEL-BOMMER, 688, wonach ein Verzicht unter dem Publizitätsgesichtspunkt nur in Betracht komme, wenn die Öffentlichkeit ohnehin von der Verhandlung ausgeschlossen wäre oder werden müsste.

[73] SGK[2]-STEINMANN, Art. 30 N 34.

[74] Ausführlich dazu TSCHANNEN-AEMISEGGER, 385–388, mit impliziter Kritik an der bundesgerichtlichen Rechtsprechung; BIAGGINI, Bundesverfassung, Art. 30 N 17.

Strafrecht beschränken soll. Massgebend muss vielmehr das Rechtschutzinteresse der Rechtsunterworfenen sein. Ein Eingriff in deren Rechtsstellung wiegt bei einer verwaltungsrechtlichen Streitigkeit nicht weniger schwer als bei einer zivil- oder strafrechtlichen Angelegenheit, und das Bedürfnis nach einem fairen Verfahren ist hier nicht geringer.[75]

Verfahren vor **Rechtsmittelinstanzen** mit voller Kognition sind der Verhandlungsöffent- **28** lichkeit zugänglich. Für die Beurteilung von Beschwerden vor Rechtsmittelinstanzen, die hinsichtlich der Sachverhaltsüberprüfung nur beschränkte Kognition haben, erscheint (insbesondere nach öffentlicher Verhandlung vor unterer Instanz) das schriftliche Verfahren geeignet.[76]

Andererseits muss der Grundsatz der Öffentlichkeit nach Art. 30 Abs. 3 BV – über die **29** Anforderungen der EMRK hinausgehend – **immer zur Anwendung** kommen, wenn **tatsächlich eine Verhandlung** durchgeführt wird und zwar generell, d.h. nicht nur einmal im Verlaufe des Verfahrens.[77]

3. Öffentliche Urteilsverkündung im Besonderen

a) Völkerrecht

Die **Verkündung** der Entscheidung (mit Dispositiv und Kurzbegründung) muss wie die **30** Verhandlung öffentlich sein. Nach dem Wortlaut von Art. 6 Ziff. 1 Satz 2 EMRK gilt dies selbst dann, wenn die Öffentlichkeit der Verhandlung aus einem der aufgezählten Ausnahmegründe ausgeschlossen werden dürfte.[78] Ein Verzicht auf die öffentliche Urteilsverkündung seitens der Verfahrensberechtigten ist nicht möglich; denn der Verkündungsanspruch steht nicht nur ihnen, sondern auch der Öffentlichkeit zu.[79] Dies ergibt sich daraus, dass der primäre Zweck der öffentlichen Urteilsverkündung gem. Art. 6 Ziff. 1 Satz 2 EMRK die Information der Öffentlichkeit über den Ausgang des Verfahrens ist.[80] Schutzwürdigen Interessen der Parteien ist bspw. durch Anonymisierungen, Auslassungen im Urteil oder einer ausschliesslichen Zulassung von Pressevertretern Rechnung zu tragen (vgl. dazu eingehend N 78 ff.).[81] Dies entspricht der Rechtsprechung des EGMR, demgemäss von der Verkündung der Urteilsgründe, aber auch von der Verkündung des ganzen Urteils abgesehen werden kann, wenn die mit der öffentlichen Bekanntgabe bezweckte öffentliche Kontrolle des Urteils anderweitig gesichert ist, wobei die Strassburger Rechtsprechung **verschiedene Alternativmöglichkeiten** aufzeigt, etwa eine bloss summarische Zusammenfassung des Urteils.[82]

Gemäss Art. 14 Abs. 1 UNO-Pakt II ist jedes Urteil in einer Straf- oder Zivilsache öffent- **31** lich bekannt zu machen, sofern nicht die **Interessen Jugendlicher** dem entgegenstehen oder das Verfahren Ehestreitigkeiten oder die Vormundschaft über Kinder betrifft.[83]

---

[75] So ausdrücklich KIENER, ZBJV 2003, 732 ff.
[76] SGK²-STEINMANN, Art. 30 N 33.
[77] TSCHANNEN-AEMISEGGER, 388, m. Hinw. auf die Gegenmeinung, die es als genügend erachte, wenn das Öffentlichkeitsprinzip grundsätzlich einmal im Verlaufe des Gerichtsverfahrens eingehalten werde. Nach der zutreffenden Feststellung AEMISEGGERS stützt sich diese entgegengesetzte Auffassung allerdings regelmässig nur auf Präjudizien zu Art. 6 Ziff. 1 EMRK.
[78] GOLLWITZER, MRK, 342/343; FROWEIN/PEUKERT, EMRK², 246/247; TSCHANNEN-AEMISEGGER, 389; BGE 124 IV 234, 239, E. 3c.
[79] TSCHANNEN-AEMISEGGER, 389.
[80] SCHINDLER/SCHLAURI-KAYSER, 62.
[81] SCHINDLER/SCHLAURI-KAYSER, 62 und dortige Hinweise.
[82] GOLLWITZER, MRK, 342/343; FROWEIN/PEUKERT, EMRK², 246/247; FS REHBERG-DONATSCH, 125; FLÜHMANN/SUTTER, AJP 2003, 1033 f., wonach die Anforderungen durch die Rechtsprechung des EMGR minimal seien.
[83] GOLLWITZER, MRK, 343; FLÜHMANN/SUTTER, AJP 2003, 1036.

b) Bundesverfassung (Art. 30 Abs. 3)

32 Soweit in einem gerichtlichen Verfahren keine öffentliche mündliche Verhandlung und keine öffentliche Urteilsberatung stattgefunden haben, besteht die Öffentlichkeit des Verfahrens darin, dass das Urteil **öffentlich verkündet** wird (N 78 ff.).[84] Der Öffentlichkeitsgrundsatz gilt in Bezug auf die Urteilsverkündung allgemein und umfassend. Allerdings sind nur gerichtliche Verfahren erfasst, nicht auch Verfahren vor Administrativbehörden und Rechtssetzungsorganen.[85] Die öffentliche Urteilsverkündung kommt auch im verwaltungs*gerichtlichen* Verfahren zur Anwendung (vgl. N 27).[86] Der Grundsatz der öffentlichen Urteilsverkündung geht über denjenigen der öffentlichen Verhandlung hinaus, er gilt auch für einzelrichterliche oder summarische Entscheide (Art. 32). Er kommt im erstinstanzlichen Verfahren genauso zur Anwendung wie im Rechtsmittelverfahren. Nicht nur die öffentliche Verkündung des Dispositivs, sondern darüber hinaus auch die öffentliche Entscheidbegründung sind nach dem Öffentlichkeitsprinzip von *Verfassungs wegen* geboten (vgl. N 78).[87] Die Garantie des fairen Verfahrens, die Schaffung des Vertrauens des Publikums in die Gerichtsbarkeit und die Vermeidung des Anscheins von Geheimjustiz zählen beim «Einzelrichter am Bezirksgericht in gleicher Weise wie beim Bundesgericht».[88] Auch gemäss Art. 30 Abs. 3 BV sind neben der mündlichen Bekanntgabe weitere Formen der öffentlichen Urteilsverkündung zulässig.[89] Diese «Alternativformen» sind nicht subsidiär, sondern gehören «gleichwertig zur öffentlichen Verkündung, nehmen Rücksicht auf praktische Bedürfnisse und sind in ihrer Gesamtheit am Verkündungsgebot zu messen».[90]

33 Die **Verletzung des Verkündungsgebots** führt nicht zur Aufhebung des Urteils, sondern zur Anordnung, für die Bekanntgabe zu sorgen (N 82).[91]

34 **Ausnahmen** vom Gebot der öffentlichen Urteilsverkündung sind nur in beschränktem Ausmass möglich, etwa aus Gründen des Persönlichkeitsschutzes oder der Verfahrensgeheimhaltung (vgl. N 78 und 81). Dem Persönlichkeits- und Datenschutz kann aber in der Regel auch mit einer Anonymisierung des Urteils hinreichend Rechnung getragen werden.[92]

IV. Öffentlichkeit der Parteiverhandlungen, der mündlichen Beratungen und der Abstimmungen (Abs. 1)

1. Allgemeines

35 Hat das Bundesgericht einen Entscheid **mündlich zu beraten** (Art. 58 N 6 ff.), so erfolgt diese Beratung in aller Regel **öffentlich** (N 53 ff.). Dies war auch unter dem OG schon so und stellt somit keine grundsätzliche Neuerung dar, ebenso wenig wie die öffentlichen Parteiverhandlungen und öffentlichen Abstimmungen. Allerdings war bereits unter dem alten

---

[84] BGE 133 I 106, 107 und 108 E. 8.1 und 8.2.
[85] SGK-STEINMANN, Art. 30 N 30.
[86] TSCHANNEN-AEMISEGGER, 389; KIENER, ZBJV 2003, 732 ff., entgegen BGE 128 I 228, 292 E. 2.5.
[87] TSCHANNEN-AEMISEGGER, 402.
[88] TSCHANNEN-AEMISEGGER, 388; SGK²-STEINMANN, Art. 30 N 38 und dortige zahlreiche Hinweise, insb. auch auf entgegenstehende Rechtsprechung und Literatur.
[89] SGK²-STEINMANN, Art. 30 Abs. 39 und dortige Hinweise, insb. auf SCHINDLER/SCHLAURI-KAYSER, 55, FS NAY-RASELLI, 28 ff.
[90] SGK²-STEINMANN, Art. 30 N 39.
[91] SGK²-STEINMANN, Art. 30 N 39, BGer, I. ÖRA, 1.9.2006, 1P.298/2006; BGE 124 IV 234.
[92] BGE 133 I 106, 109 E. 8.4; SGK²-STEINMANN, Art. 30 N 40; FLÜHMANN/SUTTER, AJP 2003, 1037; BIAGGINI, Bundesverfassung, Art. 30 N 21, wonach man es mit der Anonymisierung auch übertreiben könne.

Recht die Zahl der öffentlichen Verhandlungen gering (vgl. N 36). Diese Zahl könnte sich deshalb etwas erhöhen, weil neu auch Straf-, Schuldbetreibungs- und Konkurs, Disziplinar- und die Steuersachen (vgl. N 69 ff.) am Bundesgericht öffentlich beraten werden. Der Ausnahmekatalog gemäss Art. 17 Abs. 3 OG wurde – von einigen sprachlichen Änderungen abgesehen – tale quale nach Art. 59 Abs. 2 transferiert (vgl. N 1 ff.). Nach der Auffassung des Bundesrates besteht damit genügend Spielraum, das Urteilsverfahren nötigenfalls unter Ausschluss der Parteien oder der breiten Öffentlichkeit durchzuführen.[93]

2. Öffentliche Parteiverhandlung

Schon unter dem alten Recht waren **Parteiverhandlungen eine Ausnahmeerscheinung**,[94] insbesondere seit dem starken Abbau von Direktprozessen am Bundesgericht.[95] So wurde z.B. das Bundesstrafgericht aus dem Bundesgericht in Lausanne ausgegliedert und als erstinstanzliches Strafgericht des Bundes in Bellinzona etabliert. **36**

Folgende öffentliche **Parteiverhandlungen** sind zukünftig vorstellbar:[96] **37**

Das Bundesgericht kann auf entsprechende Rüge hin oder von Amtes wegen einen Sachverhalt berichtigen oder ergänzen, wenn dieser von der Vorinstanz **offensichtlich unrichtig festgestellt** wurde oder wenn er auf einer Rechtsverletzung i.S.v. Art. 95 beruht.[97] Hier kann sich aus Art. 6 Ziff. 1 EMRK für das Bundesgericht die Notwendigkeit einer öffentlichen Verhandlung ergeben. Wurde im vorinstanzlichen Verfahren ein grundrechtlicher Anspruch auf öffentliche Parteiverhandlung missachtet, kann das Bundesgericht diesen Verfahrensmangel grundsätzlich aber nicht durch eine öffentliche Anhörung heilen (vgl. Art. 57 N 8).

Eine öffentliche Parteiverhandlung könnte insbesondere durchgeführt werden, wenn das Bundesgericht gestützt auf selbst erhobene Sachverhaltselemente einen **reformatorischen Entscheid** fällt.[98] **38**

Ferner wird es auch in Zukunft möglich sein, dass das Bundesgericht **ausnahmsweise bei Verletzung von Art. 6 Ziff. 1 EMRK** eine Gerichtsverhandlung nachholt, die im kantonalen Verfahren hätte vorgenommen werden müssen (s. ausführlich dazu Art. 57 N 9).[99] **39**

Zu denken ist schliesslich auch an eine Pflicht zur öffentlichen Parteiverhandlung in einem **Klageverfahren vor Bundesgericht** i.S.v. Art. 120 Abs. 1 lit. c (vgl. dazu ausführlich Art. 57 N 9). **40**

Ansonsten sind Parteiverhandlungen nur **ausnahmsweise** durchzuführen, und den Parteien steht **kein** diesbezüglicher Anspruch zu (Art. 57 N 10 und 11).

3. Öffentliche Urteilsberatung am Bundesgericht

Abgesehen von den doch eher seltenen Parteiverhandlungen besteht die Gerichtsöffentlichkeit am Bundesgericht insbesondere in der **öffentlichen Urteilsberatung** und der **öffentlichen Abstimmung** (vgl. Art. 58 N 6 ff. und 18). Die öffentliche Urteilsberatung ist eine schweizerische Besonderheit,[100] die sich – in unterschiedlicher Ausgestaltung – **41**

---

[93] Botschaft 2001 4303.
[94] Ausführlich dazu Tschannen-Aemisegger, 395/396.
[95] Vgl. die Änderungen der Art. 41 ff. OG (in Kraft ab 1.1.2001) und 106 ff. OG (in Kraft ab dem 1.1.1994).
[96] Tschannen-Aemisegger, 395/396.
[97] Art. 97 Abs. 1 und Art. 105 Abs. 2.
[98] Art. 107 Abs. 2; Tschannen-Aemisegger, 395/396.
[99] Tschannen-Aemisegger, 395/396.
[100] Heer/Urwyler-Müller/Thommen, 24.

auch in einigen Kantonen findet.[101] Die öffentliche Urteilsberatung und die öffentliche Abstimmung gehen über die vom Öffentlichkeitsprinzip geforderte öffentliche Verhandlung und Urteilsverkündung hinaus (vgl. N 8; Art. 30 Abs. 3 BV und Art. 6 Ziff. 1 EMRK), indem nicht nur die Erhebung der Entscheidgrundlagen und das Endresultat (Urteil), sondern auch der Prozess der Entscheidfindung selbst öffentlich zugänglich gemacht werden. Auch die öffentliche Beratung und die öffentliche Abstimmung bedeuten eine Absage an jegliche Form der Kabinettsjustiz. Sie sollen einerseits den Personen, die am Prozess beteiligt sind, eine korrekte Behandlung gewährleisten und der Allgemeinheit ermöglichen festzustellen, wie das Recht verwaltet und die Rechtspflege ausgeübt wird, und sie liegen insoweit auch im öffentlichen Interesse (vgl. N 8 und 9, Art. 58 N 27 und 28).[102] Sie dienen auf diese Weise der Kontrolle des Gerichts durch Publikum und Medien und beugen auch allfälligem Misstrauen gegenüber einer zu grossen Macht der höchsten Richter in einem demokratischen Staat vor; ferner steigert die Öffentlichkeit von Beratungen und Abstimmungen die Sorgfalt und das Verantwortungsbewusstsein der einzelnen Richter (vgl. Art. 58 N 10, 27 und 28).[103]

a) Orientierung über Verhandlungen

42 Aus dem Grundsatz der öffentlichen Verhandlung folgt, dass jedermann sich ohne besondere Schwierigkeiten darüber informieren können muss, wann und wo das Bundesgericht berät oder eine Parteiverhandlung durchführt.[104] Daraus ergibt sich, dass die Behörden die notwendigen Angaben über bevorstehende Verhandlungstermine bekannt zu geben haben. **Informationen über kommende Verhandlungen** sind insbesondere für Medienschaffende zentral, denn sie haben spezielle Informationsbedürfnisse (vgl. N 11). Über anstehende Urteilsberatungen ist öffentlich (online) zu informieren, sobald das Sitzungsdatum feststeht. Das Bundesgericht erleichtert den Medienschaffenden den Zugang zur Information und stellt eine gute Infrastruktur zur Verfügung (Art. 27 N 22 und dortige Hinweise).

43 Gemäss bundesgerichtlicher Rechtsprechung ist eine **Information der Gerichtsbehörden über kommende Verhandlungen** *verfassungsrechtlich* geboten. Es entspricht dem Sinn des Öffentlichkeitsprinzips, die Öffentlichkeit über die Presse in geeigneter Form über die bevorstehenden Gerichtsverhandlungen zu orientieren,[105] und zwar nicht nur durch die Abgabe einer Sitzungsliste an die Medien, sondern auch in Form einer Medienmitteilung. Den Parteien wird – um ihnen die Präsenz effektiv zu ermöglichen – der Zeitpunkt der öffentlichen Urteilsberatung schriftlich angezeigt. Dabei wird darauf hingewiesen, eine eigentliche Parteiverhandlung finde nicht statt, und die Anwesenheit der Parteien und ihrer Vertreter sei nicht erforderlich. Die akkreditierten Medienleute erhalten gleichzeitig vor der öffentlichen Beratung eine Traktandenliste, aus welcher die zur Beratung kommenden Fälle unter Angabe des Gegenstands sowie der Dossier-Nummer und die Besetzung des Spruchkörpers hervorgehen. Weiter werden das Sitzungsdatum, die Zeit des Sitzungsbeginns sowie den genauen Ort (Saal) angegeben. Um auch dem Publikum die Anwesenheit an öffentlichen Beratungen zu ermöglichen, werden die Traktandenlisten seit einiger Zeit auszugsweise auf der Webseite des Bundes-

---

[101] TSCHANNEN-AEMISEGGER 396/397; THOMMEN/WIPRÄCHTIGER, AJP 2006, 658/659; FS REHBERG-SCHUBARTH, 303 ff.

[102] Vgl. BGE 133 I 106, 106–109 E. 8.1–8.3; BGer, I. ZA, 4P.74/2006, 19.6.2006, E. 8.1.

[103] Botschaft 2001 4303.

[104] ZELLER, Justice 2006, Rz 74 m.Hinw. auf den Beschluss des Deutschen Bundesverfassungsgerichts vom 10.10.2001, E. 2, in NJW 2002, 814; vgl. auch VON COELLN, Medienöffentlichkeit, 523.

[105] BGer, I. ÖRA, 25.9.2002, 1P.347/2002, E. 3.2.

gerichts öffentlich zugänglich gemacht[106] (vgl. Art. 27 N 12 und 22, ferner auch Art. 58 N 13 und 14).

b) Inhaltliche Orientierung

Schwieriger erweist sich die Frage, wieweit die Justiz vorgängig eine **inhaltliche Orien-** 44 **tierung** vornehmen darf und muss. Gemäss bundesgerichtlicher Rechtsprechung wird von den Behörden generell verlangt, dass sie bei öffentlichen Orientierungen von Vorverurteilungen absehen und den Grundsatz der Verhältnismässigkeit beachten.[107] Das Verbot der Vorverurteilung gebietet indes nur, sich in Bezug auf die rechtliche Einschätzung eines Falles zurückzuhalten. Nichts spricht dagegen die tatsächlichen Grundlagen des Entscheids bekannt zu geben. Am Bundesgericht akkreditierte Journalisten haben über einen Passwort geschützten Bereich der Webseite des Bundesgerichts Zugriff auf die Sachverhalte der Fälle, die verhandelt werden.[108] Es wäre zu begrüssen, wenn die Sachverhaltsangaben nicht nur den Medienvertretern gegenüber, sondern allgemein bekannt gemacht würden.

c) Exkurs: Orientierung an anderen Gerichten

Es gibt Gerichte, die diesen Anliegen dadurch entgegenkommen, dass sie **aktiv Zeit, Ort** 45 **und Gegenstand der Sitzungen** bekannt geben, andere beschränken sich gegenüber Medienschaffenden auf eine Information **auf Anfrage**.[109] Dass die Medien nur auf Anfrage hin orientiert werden müssen, sieht etwa Art. 6 des Bernischen Reglements über die Information der Öffentlichkeit durch die Zivil- und Strafgerichte vor (BSG 122.113). Weiter geht zwar der Leitfaden des Obergerichts Luzern für den Umgang mit Medien nicht, wobei aber das Gericht in seiner Praxis darüber hinausgeht, indem es aktiv orientiert.[110]

4. Exkurs: dissenting opinion de lege lata und ferenda

Gemäss Praxis des Bundesgerichts werden keine abweichenden Meinungen einzelner 46 Gerichtsmitglieder in seine Urteile aufgenommen.[111] Es stellt sich die Frage, ob nicht vermehrt der unterliegenden Minderheit eines Gerichts die Gelegenheit gegeben werden soll, ihre Auffassung zu Protokoll zu geben[112] oder sogar in das Urteil aufnehmen zu lassen,[113] um der Minderheit so zu ermöglichen, ihre sog. «dissenting opinion» bekannt zu geben. Ein solches System würde nicht nur zur Rechtsicherheit und Rechtsfortbildung beitragen,[114] sondern könnte auch das allgemeine Rechtsempfinden durch die Einsicht in die Relativität und Zeitgebundenheit von Recht und Gerechtigkeit verstärken.[115] In einem Urteil, aus dem auch eine Minderheitsmeinung ersichtlich ist, stehen nicht abstrakte, scheinbar zwingende Begründungen einander gegenüber, sondern «rechtliches Wollen

---

[106] So explizit TSCHANNEN-AEMISEGGER, 396/397.
[107] BGer, I. ÖRA, 3.2.2003, 1P.528/2002, E. 4.2.
[108] Vgl. Art. 11 der Richtlinien betr. die Gerichtsberichterstattung am Bundesgericht vom 6.11.2006 (SR.173.110.133); vgl. dazu Art. 58 N 13.
[109] ZELLER, Justice 2006, Rz 77.
[110] Ziff. 8 vom 26.11.2004; eine Orientierung bloss auf Anfrage hin erachten HAUSER/SCHWERI/HARTMANN, Strafprozessrecht[6], 236 ff., als genügend. Vgl. auch die in FN 42 erwähnten Medienrichtlinien. Ein nicht empfehlenswertes Beispiel einer Information erwähnt SCHINDLER/SUTTER-STUDER, 348.
[111] TSCHANNEN-AEMISEGGER, 398.
[112] So z.B. § 8 138 Abs. 4 GVG/ZH.
[113] So z.B. § 276 lit. e ZPO/AG oder § 107 Abs. 3 ZP/LU.
[114] So etwa HAUSER/SCHWERI, Kommentar GVG, 482; eingehend auch PICHONNAZ/SCYBOZ, SJZ 1998, 377 ff.; zum Ganzen auch P. A. MÜLLER, Das Verfahrensrecht des Schweizerischen Bundesgerichts und die dissenting opinion, Journal für Rechtspolitik (JRP), 1999, Heft 1, 13–16.
[115] STUDER/RUEGG/EIHOLZER, Luzerner Zivilprozess, § 107 N 1.

gegen rechtliches Wollen».[116] Bei diesem System verschwindet der einzelne Richter nicht in der Anonymität des Spruchkörpers, sondern der Rechtsuchende begreift, dass Recht nichts Weiteres ist als das Ringen um eine richtige Lösung und dass Recht und Gerechtigkeit Menschenwerk sind.[117]

47   Anderseits gilt es zu beachten, dass am Bundesgericht **nichteinstimmige Urteile mündlich** (und in der Regel öffentlich) beraten werden. Diese öffentliche Beratung dient mindestens teilweise dem **gleichen Ziel** wie die *dissenting opinion*.[118]

5. Bild- und Tonaufnahmen de lege lata und ferenda

48   Gemäss Art. 62 Abs. 1 BGerR sind **Bild- und Tonaufnahmen** während der Gerichtsverhandlungen und Urteilsberatungen **untersagt**. Immerhin kann gemäss Abs. 2 der gleichen Bestimmung der oder die Vorsitzende bei der Eröffnung der Verhandlung und bei der Urteilsverkündung Ausnahmen gestatten. Etwas weiter geht Art. 69 Abs. 1 E StPO/CH, wonach Bild- und Tonaufnahmen innerhalb des Gerichtsgebäudes sowie Aufnahmen von Verfahrensverhandlungen ausserhalb des Gerichtsgebäudes nur mit Bewilligung der Verfahrensleitung gestattet sind.[119]

49   Diese eben erwähnte Formulierung scheint genügend offen zu sein, um **künftigen Entwicklungen** Rechnung zu tragen, an der die schweizerische Justiz und insbesondere auch das Bundesgericht nicht wird vorbeigehen können.[120] Unbestritten ist, dass der Gang der Verhandlung und die Persönlichkeitsrechte der beteiligten Parteien nicht durch Bild- und Tonaufnahmen beeinträchtigt werden dürfen.[121] Es kann auch nicht in die Richtung von (Live-)Übertragungen des Beweisverfahrens gehen, was in Europa im Unterschied zu gewissen US-amerikanischen Staaten aus Gründen der ungestörten Wahrheits- und Rechtsfindung und des Persönlichkeitsschutzes überwiegend abgelehnt wird.[122]

50   Die heutige Gerichtsberichterstattung in Radio und Fernsehen ist durch einen «bedauerlichen **Mangel an authentischer Schilderung** der Urteilsgründe» geprägt.[123] Die Überlegungen des Gerichts sind nicht in einer dem Medium entsprechenden Form (bildlich und akustisch) greifbar. Geradezu rührend antiquiert erscheinen die Zeichnungen, die etwa in der Presse über eine Gerichtsverhandlung anzutreffen sind, die eigentlich genau diese Authentizität vermitteln möchten, diese aber in aller Regel nur unvollkommen herzustellen vermögen. Man muss sich da fragen, warum nicht das Erstellen von Photogra-

---

[116] LAMPRECHT, Deutsche Richterzeitung 1988, 167.

[117] FS NAY-WIPRÄCHTIGER, 21.

[118] TSCHANNEN/AEMISEGGER, 396. Hinzuweisen bleibt noch darauf, dass die Mitglieder des Bundesgerichts der *dissenting opinion* mehrheitlich skeptisch gegenüber stehen und dass auch das BGG sie nicht vorsieht.

[119] Botschaft zur Vereinheitlichung des Strafprozessrechts vom 21.12.2005, BBl 2006 1408; die Persönlichkeitsrechte betonend FINK, Bild- und Tonaufnahmen, insbesondere 517 und 529.

[120] ZELLER, Justice 2006, Rz 148. Für mehr Offenheit auch SCHINDLER/SUTTER-STUDER, 361 f.

[121] FS NAY-WIPRÄCHTIGER, 19.

[122] ZELLER, Justice 2006, Rz 148 und dortiger Hinweis auf das Urteil des deutschen Bundesverfassungsgerichts vom 24.1.2001 = EuGRZ 2001, 66. Um den verschiedenen Interessen Rechnung zu tragen, könnte – wie das Bundesgericht dies im Bundesstrafprozess Isaac Bental (Urteil vom 7.7.2000, 9X.1/1999) getan hat – das Gericht als Produzent des Films auftreten, um eine optimale Verhandlung zu gewährleisten. Ein Unternehmen würde dann unter genauen Vorgaben mit den Filmaufnahmen beauftragt. Auf diese Weise könnte schon vor den öffentlichen Sitzungen allen Einwänden Rechnung getragen werden und das Verfahren mit den Prozessbeteiligten abgesprochen werden, so TSCHÜMPERLIN, Gerichte, 5; FS NAY-WIPRÄCHTIGER, 19/20.

[123] ZELLER, Justice 2006, Rz 149; dazu auch GOSTOMZYK, Öffentlichkeitsverantwortung, 142–145; M. W. HUFF, Notwendige Öffentlichkeitsarbeit der Justiz, NJW 2004, 406.

fien, welche die Wirklichkeit wahrheitsgetreuer darzustellen vermag, zugelassen wird. Mit einer audiovisuellen Übertragung der Urteilsberatung oder eines Teils davon, jedenfalls aber mit der Verkündung des Urteils, könnte bedeutend mehr Verständnis für die Anliegen der Justiz erreicht werden, als dies beispielsweise fachliche Abhandlungen zu tun vermögen.[124] Die teilweise geäusserte Befürchtung, dass das Justizwesen durch Zulassung der elektronischen Medien ihre Autorität einbüssen und sich «populistischen Stimmungsschwankungen» aussetzen würde, zeugt von einem «geringen Vertrauen in die Funktionsfähigkeit einer unabhängigen, dem Recht verpflichteten Judikative».[125]

Zu erwähnen bleibt schliesslich noch, dass nach der neueren Strassburger Rechtsprechung ein **Verbot von audiovisuellen Aufnahmen** aus dem Prozess selber die **Rechte von Art. 10 EMRK tangiert**.[126] Dies trifft etwa auf das Verbot der Aufnahme während mündlicher Urteilsverkündung zu. Letztere darf beispielsweise im EGMR oder im deutschen Bundesverfassungsgericht gefilmt werden.[127]   51

6. Öffentliche Abstimmungen

Gemäss Art. 21 Abs. 1 (vgl. auch Art. 58 N 18) treffen u.a. die Abteilungen ihre Entscheide, Beschlüsse und Wahlen mit der absoluten Mehrheit der Stimmen. Bei Entscheiden, die in einem Verfahren nach Art. 72–129 getroffen werden, ist zudem **Stimmenthaltung unzulässig** (Abs. 3). Das Verbot der Stimmenthaltung erstreckt sich demnach auf sämtliche Rechtsprechungsverfahren (Beschwerden, Klagen, Revisions-, Erläuterungs- und Berichtigungsersuchen) in der Abteilung.[128] Damit soll gemäss einer im Schrifttum geäusserten Meinung verhindert werden, dass sich ein Gerichtsmitglied in heiklen Fragen der Stellungnahme entzieht.[129] Der Hauptgrund dieser Bestimmung dürfte indessen darin liegen, dass bei der Vielzahl von Fällen, die dem Bundesgericht vorgelegt werden, eine rasche und einfache Entscheidfällung gewährleistet werden soll. Zusätzlich soll verhindert werden, dass dem Abteilungspräsidenten (insbesondere bei Dreierbesetzung) ein zu grosser Einfluss zukommt, weil andernfalls seine Stimme bei Stimmengleichstand wohl als Stichentscheid gewertet werden müsste.   52

V. Ganzer oder teilweiser Ausschluss der Öffentlichkeit (Abs. 2)

1. Vorbemerkung

Art. 59 sieht grundsätzlich die generelle Öffentlichkeit der Sitzung vor. Der Ausschluss der Öffentlichkeit in Straf-, Schuldbetreibungs- und Konkurs- sowie Disziplinarsachen (so noch Art. 17 Abs. 1 OG) wird aufgehoben, und die Beschränkung auf blosse Parteiöffentlichkeit in Steuersachen (so noch Art. 17 Abs. 2 OG) wird beseitigt und nur noch die Möglichkeit einer fallspezifischen Beschränkung der Öffentlichkeit aus besonderen Gründen vorgesehen.[130] Damit setzten sich Argumente der «Arbeitsgruppe – Bundesgerichtsgesetz» durch.[131] Diese verwies auf die verschiedenen Vorteile einer öffentlichen   53

---

[124] FS NAY-WIPRÄCHTIGER, 20.
[125] WYSS, EuGRZ 1996, 16. Zum Ganzen auch sehr ausführlich VON COELLN, Medienöffentlichkeit, 301–482.
[126] EGMR, Zulässigkeitsentscheid vom 6.5.2003, Medialex 3/2003, 175 ff.; dazu auch FRANZ ZELLER, Erster Strassburger Entscheid zur Live-Übertragung von Strafprozessen in: Jusletter vom 4.8.2003.
[127] ZELLER, Justice 2006, N 216, der darauf hinweist, dass in einem englischen Fall sogar die Verhandlungen aufgenommen werden konnten; dazu auch TRECHSEL, Human rights, 128.
[128] SEILER/VON WERDT/GÜNGERICH, BGG, Art. 21 N 10.
[129] SPÜHLER/DOLGE/VOCK, Kurzkommentar, Art. 21 N 1.
[130] KARLEN, BGG, 31.
[131] Bericht BJ an RK-N 2004, 4.

Urteilsberatung, namentlich die Kontrolle des Publikums und der Medien über die Justiz, die Förderung des Vertrauens der Parteien in das urteilende Gericht sowie die Hebung der Qualität der Rechtsprechung. **Dieser nicht geringe Ausbau der mündlichen und öffentlichen Urteilsberatung** ist ebenfalls geeignet, zu mehr «Verständlichkeit, Transparenz und damit Bürgernähe der höchstrichterlichen Entscheide beizutragen, weil das schriftliche Zirkulationsverfahren eine komplizierte Ausdrucksweise begünstigt».[132]

Beschlüsse der Vereinigung von betroffenen Abteilungen gemäss Art. 23 (Praxisänderung und Präjudiz) werden ohne Parteiverhandlung und öffentliche Beratung gefasst (Art. 23 Abs. 3). Diese Ausnahme gilt dann aber – zur Gewährleistung von Transparenz – nicht mehr für die eigentliche Beurteilung des Streitfalls der den Antrag stellenden Abteilung.

54   Es kann aus den Ausnahmen von der Öffentlichkeit gemäss Art. 6 Ziff. 1 Satz 2 EMRK **kein Recht auf Nichtöffentlichkeit** abgeleitet werden.[133] Auch ist der Umfang des Ausnahmekataloges in Art. 6 Ziff. 1 Satz 2 EMRK nicht von unmittelbarer Bedeutung, zumal der Wortlaut von Art. 6 Ziff. 1 Satz 2 EMRK über denjenigen von Art. 59 Abs. 2 hinausgeht. Allerdings kann die Rechtsprechung zu Art. 6 Ziff. 1 Satz 2 EMRK **zur Auslegung des Ausschlusskataloges** von Art. 59 Abs. 2 **herangezogen werden.**

55   Die **Ausschlussbestimmung von Art. 59 Abs. 2 ist restriktiv auszulegen.**[134] Dies ergibt sich insbesondere aus dem Ausbau der Verhandlungsöffentlichkeit vor Bundesgericht (vgl. N 53).[135] Es ginge im Übrigen auch nicht an, die Aufhebung der Ausnahmebestimmung gemäss Art. 17 Abs. 1 und 2 OG durch eine Ausdehnung von Art. 59 Abs. 2 wieder rückgängig zu machen (vgl. N 69).

Die zuständige Abteilung befindet über den **Ausschluss.** Dieser ist zu **begründen.**

Es ist kaum denkbar, dass der Ausschluss der Öffentlichkeit über das in den kantonalen Verfahren vorgenommene Mass hinausginge. Umgekehrt wird eine Einschränkung der öffentlichen Verhandlung vor Bundesgericht in der Regel weniger einschneidend sein, da sich der Öffentlichkeitsgrundsatz in den meisten Fällen bloss auf die Beratungen und Abstimmungen der Richterinnen und Richter bezieht.

2. Allgemeine Grundsätze

56   Angesichts der hohen rechtsstaatlichen und demokratischen Bedeutung des Öffentlichkeitsgrundsatzes verbietet sich der **Ausschluss der Öffentlichkeit** dort, wo nicht überwiegende Gründe der staatlichen Sicherheit oder schützenswerte Interessen Privater dies vordringlich gebieten. Für einen Ausschluss der Öffentlichkeit werden nach bundesgerichtlicher Rechtsprechung **besonders gewichtige Gründe** verlangt.[136] Diese Praxis, welche sich mit den internationalen Verpflichtungen der Schweiz[137] deckt, bezieht sich primär auf den Ausschluss der Öffentlichkeit von Hauptverhandlungen an kantonalen Gerichten. Es spricht indes nichts dagegen, diese Rechtsprechung zum Öffentlichkeitsausschluss in den Grundzügen auch auf die öffentlichen Beratungen am Bundesgericht zu übertragen, wobei für den Ausschluss der Öffentlichkeit am Bundesgericht noch grös-

---

132   KARLEN, BGG, 77.
133   N 26; vgl. auch BGE 119 Ia 99, 102 E. 2a.
134   THOMMEN/WIPRÄCHTIGER, AJP 2006, 659; tendenziell auch SEILER/VON WERDT/GÜNGERICH, BGG, Art. 59 N 11.
135   KARLEN, BGG, 31.
136   BGE 119 Ia 99, 104/105, E. 4a.
137   ZELLER, Justice 2006, Rz 107 m.Hinw. auf den Ausschuss der Menschenrechte in seinen Bemerkungen zu Art. 14 Uno-Pakt II, der ausserordentliche Umstände für einen Ausschluss der Öffentlichkeit verlangt, vgl. auch den dortigen Hinweis.

sere Zurückhaltung geboten ist, zumal die Beratung weniger direkt in die Rechte der Betroffenen eingreift als etwa die Parteibefragungen in der kantonalen Hauptverhandlung.

Bei der **Interessenabwägung** zwischen Öffentlichkeitsgrundsatz und Interessen der 57 staatlichen Sicherheit oder schützenswerten Interessen von Privaten ist zu berücksichtigen, dass auch bloss ein partieller Ausschluss der Öffentlichkeit möglich ist.[138]

Bei dieser Interessenabwägung (**Güterabwägung**)[139] sind folgende Grundsätze zu be- 58 achten:

Vor allem sind das **Verhältnismässigkeitsprinzip** zu beachten und dabei insbesondere der 59 Umstand, dass Entscheidungen über die Öffentlichkeit der Verhandlung auch Entscheidungen über Grundrechtspositionen sind.[140] Allfällige Unannehmlichkeiten für betroffene Parteien wie etwa eine eventuelle Veröffentlichung von Informationen aus dem Privatleben vermögen die Verhältnismässigkeit eines Öffentlichkeitsausschlusses nicht zu begründen, weil sie angesichts der hohen rechtsstaatlichen Bedeutung des Öffentlichkeitsprinzips grundsätzlich hinzunehmen sin.d[141] Auch ginge es nicht an, im Verfahren gegen Personen von hohem gesellschaftlichem Rang wegen solcher Nachteile die Öffentlichkeit auszuschliessen. Indessen sind bei der Anwendung des Verhältnismässigkeitsprinzips die konkreten Umstände zu berücksichtigen, etwa ob die zu erörternden Tatsachen bereits öffentlich bekannt sind und ob die zu schützende Person Täter oder Zeuge ist.[142]

Der Öffentlichkeitsausschluss **muss geeignet sein, den angeführten gegenteiligen Inte-** 60 **ressen Rechnung zu tragen.** So darf z.B. ein Strafverfahren wegen eines einfachen Diebstahls nicht im Interesse der Sittlichkeit oder der nationalen Sicherheit nicht öffentlich verhandelt werden.[143]

Schliesslich ist auch die Voraussetzung der **Erforderlichkeit** zu prüfen, ob nicht mit we- 61 niger einschränkenden Mitteln als dem Öffentlichkeitsausschluss der staatlichen Sicherheit oder schützenswerten Interessen Privater gedient werden kann. Wie erwähnt, ist auch ein partieller Ausschluss der Öffentlichkeit vom Verfahren oder für Teile des Verfahrens möglich, und es kann eine öffentliche Beratung unter Gewährung der Anonymität der Parteien und Zeugen durchgeführt werden.[144] Die vom Bundesgericht in der öffentlichen Sitzung zu entscheidenden grundsätzlichen Rechtsfragen können auch ohne Namensnennung beraten werden. So würden einerseits die Gründe, welche zu einer Grundsatzentscheidung geführt haben, transparent und damit die Ratio, die in der öffentlichen Beratung liegt, gewahrt; andererseits würde aber auch dem Persönlichkeitsschutz der Parteien ausreichend Rechnung getragen.[145] Es ist gemäss bundesgerichtlicher Rechtsprechung auch rechtmässig, nur das allgemeine Publikum auszuschliessen, die Medienschaffenden aber zuzulassen. Eine solche Mittellösung kann etwa in persönlichkeitsrechtlich heiklen Fällen die unterschiedlichen Interessen zwischen öffentlichem Kontrollbedürfnis und privatem Schutzinteresse hinreichend berücksichtigen.[146]

---

[138] FS NAY-RASELLI, 28 und dortige Beispiele.
[139] LÖWE/ROSENBERG[25]-WICKERN, 62/63.
[140] GRABENWARTER, EMRK[2], 318.
[141] BGE 119 Ia 99, 105, E. 4b; BGer, I. ÖRA, 25.9.2002 E. 3.2, 1P.347/2002.
[142] GRABENWARTER, EMRK[2], 318.
[143] GRABENWARTER, EMRK[2], 317.
[144] THOMMEN/WIPRÄCHTIGER, AJP 2006, 659.
[145] THOMMEN/WIPRÄCHTIGER, AJP 2006, 659.
[146] ZELLER, Justice 2006, Rz 130; BGE 117 Ia 387, 390 ff. E. 3; TRECHSEL, Human rights, 128; eher zurückhaltend HAUSER/SCHWERI/HARTMANN, Strafprozessrecht[6], 239; GRABENWARTER, EMRK[2], 316.

3. Ausschluss wegen Gefährdung der Sicherheit im Besonderen

62 Dieser Ausschlussgrund stellt zusammen mit denjenigen der öffentlichen Ordnung und der Sittlichkeit einen sog. allgemeinen Ausschlussgrund dar. Das **Interesse der Sicherheit** erfasst nicht jedes Sicherheitsrisiko. Vielmehr müssen durch die Veröffentlichung der Aussagen von Prozessbeteiligten Sicherheitsinteressen des Staates berührt sein. Die Gefährlichkeit der Prozessparteien, etwa eines Angeschuldigten, oder Sicherheitsrisiken, die von der Öffentlichkeit im Gerichtssaal ausgehen können, erreichen kaum die Schwelle dessen, was als Interesse der Sicherheit gelten kann. Die Sicherheit im und um den Gerichtssaal kann aber unter Umständen (bei entsprechenden Drohungen oder Warnungen) bei Prozessen betreffend Terrorverdächtige oder extremistische Gruppen derart gefährdet sein, dass sich ein Ausschluss der Öffentlichkeit aufdrängt. Dies hat insofern praktische Relevanz, als nunmehr am Bundesgericht auch in Strafsachen die Beratungsöffentlichkeit gilt und somit insbesondere auch der Verurteilte einen Anspruch darauf hat, der Beratung vor Bundesgericht beizuwohnen. Ganz allgemein sollte einer Gefährdung der Sicherheit nicht durch geheime Beratung, sondern durch entsprechende Sicherheitsvorkehren begegnet werden.[147] In aller Regel ist dieser Ausschlussgrund durch den weiter gefassten Ausschlussgrund der Gefährdung der öffentlichen Ordnung abgedeckt.[148]

4. Ausschluss wegen Gefährdung der öffentlichen Ordnung im Besonderen

63 Hier ist vor allem an Gefahren (insbesondere im Strafprozess) zu denken, die von einer Prozesspartei oder ihrem Umfeld ausgehen können. Namentlich bei Prozessen mit politischem Hintergrund kann die Ruhe und Ordnung vor und im Gerichtssaal gefährdet sein. Soweit ein Beweisverfahren durchgeführt wird, soll einer **Beeinträchtigung der Wahrheitsfindung vorgebeugt** werden.[149] Öffentliche Ordnung (*ordre public*) ist im weiten Sinne zu verstehen und umfasst den Schutz grundlegender öffentlicher Güter oder Werte. Unter Umständen vermag etwa die Aufrechterhaltung von Berufsgeheimnissen oder der Schutz der polizeilichen Informationspolitik einen Ausschluss der Öffentlichkeit zu indizieren.[150] Zu denken ist auch an Gefahren, die von der anwesenden Öffentlichkeit ausgehen können, wobei eine blosse Erleichterung des Prozessablaufs für die Gerichtsbehörde für einen Ausschluss der Öffentlichkeit nicht ausreicht.[151]

5. Ausschluss wegen Gefährdung der Sittlichkeit im Besonderen

64 In diesem Bereich ist in erster Linie an Verhandlungen in Strafsachen zu denken. Hier könnte man sich auf den ersten Blick eine Anlehnung an Art. 5 Abs. 3 OHG vorstellen, wonach die Öffentlichkeit auszuschliessen ist, wenn überwiegende Opferinteressen es erfordern oder wenn das **Opfer eines Sexualdeliktes** es verlangt. Diese Bestimmung ist ohnehin zugeschnitten auf Gerichtsverfahren, in denen man allenfalls anwesenheitspflichtigen Opfern eine öffentliche Zurschaustellung ersparen möchte. Vor Bundesgericht gibt es indessen keine Anwesenheitspflicht der Parteien des Strafverfahrens. Im Übrigen können die vom Bundesgericht in der öffentlichen Sitzung zu entscheidenden grundsätzlichen Rechtsfragen auch ohne Namensnennungen gehalten werden.[152] Vor Bundesgericht werden praktisch keine Beweise mehr abgenommen, und niemand ist dem Prozessgeschehen unmittelbar ausgesetzt, sondern jedermann wird nur durch freiwillige

---

[147] THOMMEN/WIPRÄCHTIGER, AJP 2006, 659.
[148] POUDRET, Commentaire, Art. 17 N 4a.
[149] LÖWE/ROSENBERG25-WICKERN, 69.
[150] POUDRET, Commentaire, Art. 17 N 4b; BGE 133 I 106, 107–109, E. 8.1–8.3.
[151] GRABENWARTER, EMRK2, 319.
[152] THOMMEN/WIPRÄCHTIGER, AJP 2006, 659. Zum Opferschutz ausführlich SCHINDLER/SUTTER-STUDER, 353 f.

Teilnahme Zeuge des Prozesses.[153] Der durch eine Liberalisierung erfolgte Wandel der Anschauungen zur öffentlichen Darstellung sexualbezogener Vorgänge hat im Übrigen zur Folge, dass ein Ausschluss der Öffentlichkeit wegen Gefährdung der Sittlichkeit nur selten in Betracht kommt.[154]

6. Rechtfertigung des Ausschlusses durch das Interesse einer beteiligten Person

Hier handelt es sich um einen **prozessbezogenen Ausschlussgrund**. Es fragt sich, ob 65 damit das subjektive Interesse des Betroffenen oder das vom Gericht definierte objektive *(sog. «wohlverstandene»)* Interesse gemeint ist.[155]

Zu denken ist zum einen an den Ausschluss der Öffentlichkeit **im Interesse von Jugend-lichen**, wie dies auch in Art. 6 Ziff. 1 EMRK und Art. 14 Abs. 1 UNO Pakt II vorgesehen ist.[156] Es ist davon auszugehen, dass Jugendliche in höherem Ausmass als Erwachsene einem psychischen Druck ausgesetzt sein können. Der Ausschluss der Öffentlichkeit kann in diesem Zusammenhang aber auch (vor allem im Strafverfahren) noch das Ziel verfolgen, die Identität des jugendlichen Angeklagten vor der Öffentlichkeit zu verbergen.[157] Zu beachten ist aber auch hier, dass vor Bundesgericht praktisch keine Partei-verhandlungen mehr stattfinden, sondern nur Urteilsberatungen, dass niemanden zur Teilnahme an öffentlichen Urteilsberatungen verpflichtet ist und dass der Persönlich-keitsschutz eines Jugendlichen durch den Verzicht auf Namensnennung gewährleistet werden kann.

Zu berücksichtigen sind ferner insbesondere der Schutz der Privatsphäre von Prozessbe-teiligten.[158] Wer zum Schutze der Privatsphäre den Ausschluss der Öffentlichkeit ver-langt, hat indessen konkret darzustellen, dass und inwiefern seine Interessen und diejeni-gen seiner Familie durch eine öffentliche Verhandlung gefährdet werden.[159] Zu denken ist in diesem Zusammenhang insb. an Belange des **Familienrechts**.[160]

Es kann **Art. 8 EMRK** beigezogen werden, wenn es gilt, das **Interesse der beteiligten** 66 **Person** zu definieren.[161] Dieser noch unbestimmten Formulierung kann so eine schärfere Kontur verliehen werden.

Der Begriff der beteiligten Person ist auch auf **sonstige Prozessbeteiligte**, insbesondere 67 auf Zeugen, zu erstrecken,[162] nicht aber auf Sachverständige, Dolmetscher, Gerichtsper-sonen und Verteidiger.[163] Zu denken ist hier etwa an den Ausschluss der Öffentlichkeit, wenn Zeuginnen oder Zeugen zu intimen Details befragt werden.[164] Wie bereits oben

---

[153] GRABENWARTER, EMRK[2], 319.
[154] LÖWE/ROSENBERG[25]-WICKERN, 71.
[155] THOMMEN/WIPRÄCHTIGER, AJP 2006, 659.
[156] Vgl. auch ausführlich BGE 119 Ia 98, und Art. 39 Abs. 2 des Bundesgesetzes über das Jugend-strafrecht (Jugendstrafgesetz, JStG) vom 20.6.2003 (SR 311.1), wonach das Verfahren in Jugendstrafverfahren grundsätzlich (mit Ausnahmen) nicht öffentlich ist, dazu AEBERSOLD, Jugendstrafrecht, 195–197.
[157] Vgl. insb. Art. 14 Abs. 4 UNO Pakt II sowie GRABENWARTER, EMRK[2], 320.
[158] Das Interesse des Opfers steht hier im Hintergrund, weil es vor Bundesgericht nicht aufzutreten hat und daher mögliche Namensnennung durch Anonymisierung verhindert werden kann.
[159] HAUSER/SCHWERI/HARTMANN,Strafprozessrecht[6], 239.
[160] POUDRET, Commentaire, Art. 17 N 4d.
[161] GRABENWARTER, EMRK[2], 320.
[162] GRABENWARTER, EMRK[2], 321; GOLLWITZER, EMRK, 345; tendenziell auch POUDRET, Com-mentaire, Art. 14 N 4d; missverständlich HAUSER/SCHWERI/HARTMANN, Strafprozessrecht[6], 239.
[163] LÖWE/ROSENBERG[25]-WICKERN, 57.
[164] ZELLER, Justice 2006, Rz 120 und dortiger Hinweis; vgl. auch Art. 160 Abs. 2 E StPO/CH.

erwähnt (N 64), wird ein derartiger Ausschluss mangels Parteibefragungen im Verfahren vor Bundesgericht praktisch nicht zur Anwendung kommen.

68   Auch die **Privat- und Geschäftssphäre** von Verfahrensbeteiligten fällt unter diesen Ausschlussgrund. Diese haben ein schutzwürdiges Interesse, dass ihre persönlichen und geheimen geschäftlichen Verhältnisse nicht in aller Öffentlichkeit behandelt werden.[165] Der **persönliche Lebensbereich** umfasst den privaten Bereich, der jeder Person zur Verwirklichung ihrer Menschenwürde und zur Entfaltung ihrer Individualität gewährleistet sein muss. **Geschäfts- oder Betriebsgeheimnis** ist jede nur einem beschränkten Personenkreis bekannte Tatsache, die im Zusammenhang mit einem Geschäftsbetrieb steht, an dessen Geheimhaltung der Geschäftsinhaber ein berechtigtes wirtschaftliches Interesse hat und die er geheim halten will.[166] Die öffentliche Durchführung eines Strafverfahrens, in welchem dem Angeklagten zur Last gelegt wird, er habe Geschäftsgeheimnisse verraten, würde widersprüchlich erscheinen und wäre nicht mit Bundesrecht zu vereinbaren.[167]

7. Aufhebung der generellen und partiellen Ausschlussgründe gemäss Art. 17 Abs. 1 und 2 OG

69   In Art. 17 OG waren – wie erwähnt (N 1 f.) – ganze Rechtsgebiete (Strafrecht, Schuldbetreibungsrecht und Disziplinarangelegenheiten) von der Beratungsöffentlichkeit ausgenommen; in Steuersachen galt nur Parteiöffentlichkeit. Diese Ausschlussgründe wurden im Bundesgerichtsgesetz bewusst weggelassen. Der Gesetzgeber hat mit der **Aufhebung dieser Ausschlussgründe** das Prinzip der öffentlichen Parteiverhandlungen, Urteilsberatungen und Abstimmungen ausgedehnt. Es ginge nicht an, mit einer erweiterten Auslegung der allgemeinen Ausschlussgründe gemäss Art. 59 Abs. 2 durch ein Hintertürchen diesen gesetzgeberischen Willen ganz oder teilweise wieder rückgängig zu machen (N 1–6 und 55).

70   Zur Begründung der **Nichtöffentlichkeit von Strafsachen** nach altem Recht wurde ausgeführt, der Beschuldigte solle vor der Spannung bewahrt werden, der Entscheidung des eigenen Falles untätig beiwohnen zu müssen; zudem solle vermieden werden, dass der Beschuldigte wisse, dass seine Verurteilung bloss von einer Mehrheit der Richter getragen worden sei oder möglicherweise vom Zufall abgehangen habe. Diese (paternalistische) Begründung überzeugt nicht. Dem Beschuldigten steht die Teilnahme frei, darüber hinaus braucht er nicht «zu seinem Wohl» von der Verhandlung ausgeschlossen zu werden. Dass die «Verurteilung» bei Durchführung einer Sitzung wohl mit Mehrheitsbeschluss erfolgte, war auch unter altem Recht kein Geheimnis. Ferner wurde gegen die Beratungsöffentlichkeit vorgebracht, dass der Richter seine ganze innere Freiheit bewahren müsse und im Laufe der Beratung seine Meinung noch müsse ändern können, was in Anwesenheit der Partei nur schwer möglich sei.[168] Auch wenn diese Beeinflussungsgefahr nicht von der Hand zu weisen ist, so werden die Gerichtsmitglieder externen Einflüssen zu widerstehen haben, was ihnen zumindest solange nicht schwer fallen dürfte, wie sie ihre Meinung aufgrund der überzeugenden Argumente ihrer Kollegen ändern. Schliesslich müssen von Richterinnen und Richtern auch in dieser Hinsicht kritische Distanz gegenüber ihrer eigenen Anschauung und Zivilcourage sowie hinreichende Medienresistenz erwartet werden.

Anderen Gründen kann in der Regel im Sinne des Verhältnismässigkeitsprinzips mit einer weniger weitgehenden Einschränkung als einem generellen Öffentlichkeitsausschluss genügend Rechnung getragen werden (vgl. N 61).

---

[165] HAUSER/SCHWERI/HARTMANN, Strafprozessrecht[6], 238; GRABENWARTER, EMRK[2], 320.
[166] LÖWE/ROSENBERG[25]-WICKERN, 58 und 74.
[167] BGE 120 Ia 211; vgl. BGE 133 I 106, 107/108 E. 8.1.
[168] BGE 117 Ia 508, 509 E. 1b; dazu SEILER/VON WERDT/GÜNGERICH, BGG, Art. 59 N 11.

Weggefallen ist auch die **Beschränkung auf blosse Parteiöffentlichkeit in Steuer-** 71
sachen gemäss Art. 17 Abs. 2 OG. Dies beinhaltet eine Ausdehnung des Öffentlichkeits-grundsatzes auch auf diesem Gebiet, da diese Lockerung vom Gesetzgeber bewusst vorgenommen wurde. Andererseits kann eine mindestens partielle Einschränkung des Öffentlichkeitsgrundsatzes gemäss Art. 59 Abs. 2 vorgenommen werden, wenn das Inte-resse einer beteiligten Person diese fordert (N 65 ff.). Eine uneingeschränkte Öffentlich-keit der Beratungen und Abstimmungen ist jedenfalls bei abstrakten Normenkontrollen oder bei Grundsatzfragen ohne Angaben über finanzielle Verhältnisse der Parteien ange-bracht; ferner bei gewissen Abgabekategorien (z.B. Hundesteuer). Dies gilt auch bei Leistungs- und Abgabestreitigkeiten der Sozialrechtlichen Abteilungen.[169]

Auch bei Abgaben, bei denen das **Steuergeheimnis**[170] gesetzlich vorgeschrieben ist 72
(direkte Steuern Bund/Kantone, Erbschaftssteuer, Mehrwertsteuer usw.), sind Beratungen und Abstimmungen grundsätzlich öffentlich. Allerdings kann dem Steuergeheimnis inso-fern Rechnung getragen werden, als Einschränkungen i.S.v. Art. 59 Abs. 2 vorgenommen werden können (vgl. N 61) oder durch Anonymisierungen von Namen, Zahlen und Ort-schaften das Geheimnis gewahrt werden kann.[171]

Nunmehr gilt gemäss Art. 59 Abs. 1 (im Unterschied zum OG) auch in **Schuldbetrei-** 73
bungs- und Konkurs- sowie Disziplinarsachen grundsätzlich uneingeschränkte Öffent-lichkeit. In Disziplinarsachen sind unter Umständen Einschränkungen (bspw. in Form von Anonymisierungen) denkbar.

8. Formales/Rechtsmittel

Weder die Anordnung noch die Nichtanordnung einer öffentlichen Beratung sind zu be- 74
gründen. Das Völkerrecht und insbesondere Art. 6 Ziff. 1 EMRK gewähren kein Recht auf eine öffentliche Beratung und Abstimmung. Die **Anordnung** einer (vollständigen oder teilweisen) **öffentlichen Beratung und Abstimmung kann** demgemäss **nicht** mit Individualbeschwerde am EGMR **angefochten werden**, weder von der Partei noch von Dritten. Dies gilt auch für deren Nichtanordnung. Wie unter dem alten Recht ist eine Anfechtung innerhalb des Bundesgerichts nicht möglich.[172]

Anders stellt sich die Situation bei den aufgrund von Art. 6 Ziff. 1 EMRK **zwingenden** 75
öffentlichen Parteiverhandlungen dar (N 36 ff.; Art. 57 N 8 ff.). Hier ist – bei einer Nichtanordnung oder einer (zu) eingeschränkten Anordnung einer öffentlichen Verhand-lung – die **Beschwerde an den EGMR möglich**, nicht aber eine Anfechtung innerhalb des Bundesgerichts.

VI. Öffentliche Urteilsverkündung und Auflage des Dispositivs (Abs. 3)

1. Öffentliche Verkündung des Urteils

Bei öffentlichen Parteiverhandlungen sowie bei öffentlichen Beratungen und Abstim- 76
mungen (Art. 59 Abs. 1) wird der Grundsatz der öffentlichen Urteilsverkündung umge-setzt, indem **am Ende der Sitzung das Urteil öffentlich verlesen wird**.[173]

---

[169] Implizit SEILER/VON WERDT/GÜNGERICH, BGG, Art. 59 N 4.
[170] Allgemein zum Steuergeheimnis im Zusammenhang mit dem Ausschluss der Öffentlichkeit LÖWE/ROSENBERG[25]-WICKERN, 76.
[171] Zu erwähnen bleibt noch, dass im Bereich des Steuerrechts Art. 6 EMRK keine Geltung hat.
[172] POUDRET, Commentaire, Art. 17 N 5.
[173] TSCHANNEN-AEMISEGGER, 402; BGE 133 I 106, 108 E. 8.2. Gemeint ist der Urteilsspruch.

2. Auflage des Dispositivs

77   Bei der überwiegenden Zahl der vor Bundesgericht behandelten Fälle besteht die Öffentlichkeit des Verfahrens darin, dass die **Urteile i.S.v. Art. 59 Abs. 3 öffentlich verkündet werden.**[174] Art. 59 Abs. 3 ist im Zusammenhang mit Art. 27 Abs. 1 zu sehen, der die Information der Öffentlichkeit durch das Bundesgericht vorsieht. Art. 27 Abs. 1 kann in Verbindung mit der öffentlichen Auflage von Rubrum und Urteilsdispositiv dazu beitragen, die in Art. 30 Abs. 3 BV und 6 Ziff. 1 EMRK verankerte Pflicht der öffentlichen Urteilsverkündung umzusetzen, die verlangen, dass nicht nur der Urteilsspruch, sondern auch die Urteilsmotive der Öffentlichkeit zugänglich gemacht werden.[175]

78   Abs. 3 führt für Zirkularentscheide eine **Ersatzform des Prinzips der öffentlichen Urteilsverkündung** ein. Entgegen dem absoluten Wortlaut von Art. 6 Ziff. 1 EMRK ist eine derartige Ausnahme im Sinne einer Einschränkung zulässig, etwa durch Hinterlegung von Urteilen in der Gerichtskanzlei, durch Gewährung der Einsicht in das Urteil oder die Möglichkeit, Kopien der Entscheidungen anzufordern, sodass jedermann Zugang zum gesamten Urteilstext hat.[176] Ein besonderer Nachweis eines irgendwie gearteten Interesses darf dafür nicht verlangt werden.[177] Allerdings ist bei «alternativen» Formen der Urteilsverkündung stets zu bedenken, dass sie einen ausnahmsweise zulässigen Ersatz zur grundsätzlich vorgeschriebenen mündlichen Eröffnung darstellen. Der Zweck der Publikumsöffentlichkeit darf nicht durch die schriftliche Eröffnung vereitelt werden, da ansonsten jene Geheimjustiz ermöglicht würde, die Art. 6 Ziff. 1 EMRK gerade verhindern will.[178]

3. Konnex mit Art. 27 Abs. 1

79   Die öffentliche Auflage gem. Abs. 3 dient gleichzeitig der Information der Öffentlichkeit i.S.v. **Art. 27 Abs. 1** (vgl. N 77); allerdings besteht insoweit keine Verbindung zwischen diesen beiden Artikeln als Art. 27 Abs. 2, der die grundsätzliche Anonymisierung der zu veröffentlichenden Entscheide verlangt, hinsichtlich der Auflage nicht zur Anwendung gelangt. Vielmehr sind **Rubrum und Dispositiv aller Urteile mit voller Namensnennung aufzulegen.** Die Urteilsauflage vervollständigt die anonymisierte Veröffentlichung im Internet.[179] Diese Kombination berücksichtigt in idealer Weise das Gebot der öffent-

---

[174] Gemäss Geschäftsbericht 2006 über die Amtstätigkeit des Bundesgerichts und des Eidgenössischen Versicherungsgerichts vom 9.2.2007 fanden nur in rund 1,5% aller Fälle Sitzungen i.S.v. Art. 17 OG statt; darunter fallen die nichtöffentlichen und beschränkt öffentlichen gemäss Art. 17 Abs. 1 und 2 OG. Am Eidgenössischen Versicherungsgericht war die Zahl nach Art. 17 OG in einer Sitzung erledigten Fälle nur unwesentlich grösser, nämlich in 1,6% aller Fälle.

[175] TSCHANNEN-AEMISEGGER, 402; grundsätzlich positiv zu dieser Praxis FLÜHMANN/SUTTER, AJP 2003, 1042 ff. Vgl. auch BGE 133 I 106, 108 E. 8.2.

[176] I.d.S. neustens Entscheid des Bundesgerichts, I. ÖRA, 1.9.2006, E. 2.2, 1P.298/2006, demgemäss der Grundsatz der öffentlichen Urteilsverkündung kein Recht auf Zustellung einer Urteilskopie beinhaltet. Eine Auflage des Urteils bei einer der Öffentlichkeit zugänglichen Kanzlei genügt: FS NAY-RASELLI, 28; FROWEIN/PEUKERT, EMRK², 247; TSCHÜMPERLIN, SJZ 2003, 266; TRECHSEL, Human rights, 131 ff.; ausführlich SCHEFER, Grundrechte, 193 N 50; ZELLER, Justice 2006, Rz 152.

[177] SCHINDLER/SCHLAURI-KAYSER, 54; FS NAY-RASELLI, 33/34.

[178] SCHINDLER/SCHLAURI-KAYSER, 54/55. Es würde die alleinige Veröffentlichung der Urteile nicht ausreichen, wenn sie erst nach langer Zeit oder nur selektiv erfolgen würde, vgl. SCHINDLER/SCHLAURI-KAYSER, 54.

[179] BGE 133 I 106, 108 E. 8.2; Art. 27 N 13. Auch SEILER/VON WERDT/GÜNGERICH, BGG, Art. 59 N 3, gehen davon aus, dass Art. 59 Abs. 3 nicht unter die Anonymisierungspflicht gemäss Art. 27 Abs. 2 fällt.

lichen Urteilsverkündung und damit das Öffentlichkeitsprinzip einerseits und den Schutz der Persönlichkeits- und Privatsphäre anderseits. Sie wird am Bundesgericht seit dem Jahre 2002 – anfänglich noch mit beschränkten Veröffentlichungen im Internet – auf diese Weise ohne Probleme durchgeführt.[180]

4. Art. 59 BGerR

Gemäss **Art. 59 Abs. 1 BGerR** werden im Internet einerseits alle **Entscheide der Amt-**   80
lichen Sammlung und anderseits sowohl alle **End- und Teilentscheide** wie auch die vom **Abteilungspräsidium bezeichneten Vor- und Zwischenentscheide** veröffentlicht. Diese Aufschaltung aller das Verfahren abschliessenden Erkenntnisse des Bundesgerichts verstärkt die Kontrollfunktion des Öffentlichkeitsprinzips, was im Allgemeinen mit einer «gewissen Präventivwirkung» verbunden ist.[181] So ist auch gegenüber den einzelrichterlichen Entscheiden eine Kontrollmöglichkeit gegeben, was Misstrauen zerstreuen und Vertrauen schaffen kann, auch wenn diese Kontrollmöglichkeit in der Praxis kaum je genutzt wird.[182]

5. Ausnahmen vom Verkündungsgebot

Art. 60 BGerR ergänzt Art. 59 Abs. 3 insofern, als dieser die Auflage in *nicht* anonymi-   81
sierter Form vorsieht, soweit das Gesetz nicht eine Anonymisierung verlangt. Welche Gesetzesbestimmung eine **anonymisierte Auflage** postuliert, erwähnt Art. 60 BGerR indessen nicht. Art. 27 Abs. 2 fällt ausser Betracht, weil er sich gerade nicht auf die öffentliche Verkündung bezieht (N 79; vgl. Art. 27 N 12). Auch aus verfassungsrechtlichen Gründen müsste die anonymisierte Bekanntgabe durch ein Gesetz vorgesehen sein (vgl. Art. 30 Abs. 3 Satz 2 BV).

De lege ferenda könnten **völkerrechtlichen Bestimmungen** hier als **Anknüpfungs-**
punkte für eine gesetzliche Ausnahmebestimmung dienen.[183] Beispielsweise sieht Art. 14 Ziff. 2 UNO-Pakt II Ausnahmen der öffentlichen Bekanntgabe bei Streitigkeiten über die Zuteilung des Sorgerechts für Kinder sowie bei Ehestreitigkeiten vor. Dasselbe gilt, wenn das Interesse von verurteilten oder geschädigten Jugendlichen eine «Nichtveröffentlichung» nahe legt; keine Ausnahmen sind jedoch bei Bekanntgabe von Urteilen im Erwachsenenstrafrecht zu gewähren.[184] Soweit sich die Frage einer (durch Gesetz ermöglichten) Anonymisierung der öffentlichen Urteilsverkündung i.S.v. Art. 59 Abs. 3 stellt, muss sich diese Einschränkung jedenfalls mit dem grundrechtlichen Gebot der öffentlichen Urteilsverkündung und demnach mit dem Öffentlichkeitsgrundsatz von Art. 6 Ziff. 1 EMRK und Art. 30 Abs. 3 BV vereinbaren lassen, und es müssen die divergierenden Interessen gegeneinander abgewogen werden. Stets ist zu berücksichtigen, dass

---

[180] Die öffentliche Auflage wurde von der Präsidentenkonferenz des Bundesgerichts am 22.5.2002 beschlossen. Vgl. dazu Art. 27 N 19; TSCHÜMPERLIN, SJZ 2003, 266 N 7. Die Rubren und Dispositive werden in der Eingangshalle des Bundesgerichts aufgelegt, TSCHANNEN-AEMISEGGER, 402; BGE 133 I 106, 108 E. 8.2.

[181] TSCHANNEN-AEMISEGGER, 404.

[182] Ausführlich dazu TSCHANNEN-AEMISEGGER, 404/405; vgl. aber MARKUS FELBER, in: Jusletter vom 15.10.2007, Rz 5 und 7.

[183] SGK²-STEINMANN, Art. 30 N 40.

[184] GOLLWITZER, MRK, 342, erachtet es als mit dem Öffentlichkeitsgebot vereinbar, wenn in diesen Fällen nur der Tenor der Entscheidung oder nur ein Teil der Gründe öffentlich bekannt gegeben wird, um von den Konventionen anerkannte, vorrangige öffentliche Interessen und Menschenrechte anderer Personen zu schützen, wie etwa das von Art. 8 EMRK garantierte Privat- und Familienleben oder sonstige Menschenrechte. Es muss nur die öffentliche Kontrolle des Urteils anderweitig gesichert sein.

die demokratische Öffentlichkeit ein Interesse daran hat, gerichtliche Entscheidungen, so wie sie sind, kennen zu lernen. Sie muss sich etwa vergewissern können, dass Gerichte nicht die Grossen «laufen» und die Kleinen «hängen lassen».[185]

6. Rechtsmittel

82   **Entscheide** betreffend **Urteilsverkündung** oder nicht erfolgte Verkündung sind mit Individualbeschwerde beim **EGMR anfechtbar**; ein Rechtsbehelf innerhalb des Bundesgerichts besteht demgegenüber nicht (vgl. N 74 und 75).

VII. Exkurs: Bundesverwaltungsgericht und Bundesstrafgericht

83   Das **Bundesverwaltungsgericht** und das **Bundesstrafgericht** haben die direkt anwendbaren Vorschriften des Völkerrechts und des Bundesverfassungsrechts zum Öffentlichkeitsgrundsatz gleichermassen zu beachten und umzusetzen (vgl. N 16 ff.). Gerichtsverhandlungen sind grundsätzlich öffentlich durchzuführen, und Urteile sind öffentlich zu verkünden. Sie können auch schriftlich eröffnet werden; dann aber hat die Eröffnung auf geeignete Weise zu erfolgen (vgl. N 76 ff.).

84   Das Verwaltungsgerichtsgesetz[186] und das Strafgerichtsgesetz[187] weisen in Bezug auf «**Information**» und «**Öffentlichkeitsprinzip**» im Wesentlichen inhaltsgleiche Vorschriften wie das Bundesgerichtsgesetz auf (vgl. die Ausführungen zu Art. 27 und 28).

85   Was das Bundesverwaltungsgericht betrifft, regeln Art. 40 VGG die öffentliche Parteiverhandlung und Art. 42 VGG die Urteilsverkündung, welche Art. 59 Abs. 3 entsprechen.[188] Gemäss Art. 30 SGG richtet sich beim Bundesstrafgericht das Verfahren grundsätzlich nach dem BStP; massgebend sind Art. 24 und Art. 178 BStP, welche Verhandlung und Verkündung, *nicht* aber Beratung und Abstimmung für öffentlich erklären.

Art. 60

Eröffnung des Entscheids

[1] Die vollständige Ausfertigung des Entscheids wird, unter Angabe der mitwirkenden Gerichtspersonen, den Parteien, der Vorinstanz und allfälligen anderen Beteiligten eröffnet.

[2] Hat das Bundesgericht den Entscheid in einer mündlichen Beratung getroffen, so teilt es den Beteiligten ohne Verzug das Dispositiv mit.

[3] Mit dem Einverständnis der Partei kann die Eröffnung auf dem elektronischen Weg erfolgen. Das Bundesgericht regelt in einem Reglement die Anforderungen an die elektronische Eröffnung.

---

[185]   Vgl. dazu FS NAY-RASELLI, 35; BGE 133 I 106, 108 E. 8.3. Gemäss BGer, I. ZA, 19.6.2006 E. 8.4.1, 4P.74/2006 soll in Ausnahmefällen vom Grundsatz der Bekanntgabe der Parteinamen bei der Auflage von Rubrum und Dispositiv abgewichen und diese in anonymisierter Form aufgelegt werden können. Sehr fraglich erscheint die Verkürzung dieses Entscheids in BGer, II. ÖRA, 10.1.2007 E. 3.2, 2P.231/2006, wonach dem Anspruch auf öffentliche Urteilsverkündung mit der Publikation im Internet (in anonymisierter Form) Genüge getan sei.
[186]   Art. 29 und 30 VGG.
[187]   Art. 25 und 25a SGG.
[188]   Vgl. dazu WEISSENBERGER, AJP 2006, 1514.

Notification de
l'arrêt

[1] Une expédition complète de l'arrêt, mentionnant les juges et le greffier, est notifiée aux parties, à l'autorité précédente et aux éventuels autres participants à la procédure.

[2] Si l'arrêt a été rendu en audience de délibération, le Tribunal fédéral en notifie le dispositif sans retard aux participants.

[3] La notification peut être faite par voie électronique aux parties qui ont accepté cette forme de communication. Le Tribunal fédéral fixe dans un règlement les modalités de la notification par voie électronique.

Notificazione della
sentenza

[1] Il testo integrale della sentenza, con l'indicazione del nome dei giudici e del cancelliere, è notificato alle parti, all'autorità inferiore e a eventuali altri partecipanti al procedimento.

[2] Se ha deliberato la sentenza oralmente, il Tribunale federale ne notifica senza indugio il dispositivo ai partecipanti.

[3] Previo assenso dei destinatari, la notificazione può essere loro fatta per via elettronica. Il Tribunale federale disciplina mediante regolamento le esigenze cui è subordinata la notificazione per via elettronica.

Inhaltsübersicht

Materialien

Art. 57 E ExpKomm; Art. 57 E 2001 BBl 2001 4492; Botschaft 2001 BBl 2001 4304; AB 2003 S 898; AB 2004 N 1593.

Literatur

G. MESSMER/H. IMBODEN, Die eidgenössischen Rechtsmittel in Zivilsachen, Zürich 1992 (zit. Messmer/Imboden, Rechtsmittel); W. WICHSLER, Tücken der Unabänderlichkeit eines Gerichtsurteils, SJZ 1997; 171–173 (zit. Wichsler, SJZ 1997).

I. Allgemeines

Art. 60 regelt die **formellen Anforderungen** an die Eröffnung des Entscheids und diffe-   **1**
renziert dabei zwischen Entscheiden, die *schriftlich* auf dem *Zirkularweg* und solchen die in einer *mündlichen Beratung* entschieden werden.

2 Die meisten Entscheide werden **schriftlich** auf dem Zirkularweg gem. Art. 58 Abs. 2 gefällt, indem der Spruchkörper (drei oder fünf Richter; vgl. Art. 20) dem schriftlichen Referat des Referenten zustimmt. Der Entscheid gilt in jenem Zeitpunkt als gefällt, in dem der letzte für den Entscheid erforderliche Richter seine Zustimmung erteilt.[1] Bei Dossiers, die gem. Art. 58 in einer mündlichen Beratung entschieden werden, ergeht der Entscheid in der Regel mündlich am Ende der Sitzung durch die Abstimmung der drei bzw. fünf Richter.

II. Vollständige Ausfertigung des Entscheids

3 **Art. 60 Abs. 1** hält fest, welche **personalen Angaben** die vollständige Ausfertigung des Entscheids enthalten muss und dass dieser eröffnet werden muss.

1. Personelle Angaben

4 Der Entscheid enthält die Namen der «**mitwirkenden Gerichtspersonen**»: Zum einen sind die Namen der Mitglieder des *Spruchkörpers* (die beteiligten Richter) sowie der Name des redigierenden *Gerichtsschreibers* aufzuführen. Im Unterschied zu kantonalen und ausländischen Gerichten wird dabei vor den (Nach-)Namen nur die Funktionsbezeichnung (Richter/Gerichtsschreiber/Präsident/präsidierendes Mitglied) gesetzt, und akademische Titel werden beiseite gelassen. Dieser Loslösung von akademischen Qualifikationen kommt ein symbolischer Gehalt zu, weil dadurch die Gleichwertigkeit eines jeden Mitglieds unabhängig von seiner universitären Ausbildung betont wird.

2. Formelle und materielle Anforderungen an den Entscheid

5 Das Gesetz schweigt sich darüber aus, welche **Anforderungen** an einen ordentlichen Bundesgerichtsentscheid zu stellen sind. Es kann grundsätzlich auf die für letztinstanzliche kantonale Entscheide geltenden Voraussetzungen verwiesen werden (Art. 112 Abs. 1).[2] Entscheide, die in Dreierbesetzung gefällt werden, können gem. Art. 109 Abs. 3 summarisch begründet werden, wobei ganz oder teilweise auf den angefochtenen Entscheid verwiesen werden kann (vgl. dazu Art. 109 N 15).

6 Bundesgerichtsentscheide (vollständige Urteilsausfertigungen) bedürfen der **Unterschrift** des Präsidenten oder eines als Stellvertreter fungierenden Richters (präsidierendes Mitglied) sowie des redigierenden Gerichtsschreibers oder eines Stellvertreters desselben.[3] Dabei stellt die Unterzeichnung durch den Präsidenten im Interesse der Rechtssicherheit ein Gültigkeitserfordernis dar.[4] Urteilsdispositive werden lediglich vom zuständigen Gerichtsschreiber unterzeichnet.[5]

7 Zuzustellen sind die Entscheide sämtlichen **Beteiligten**. Neben den Parteien und der Vorinstanz sind dies unter Umständen zur Vernehmlassung eingeladene Behörden oder dergleichen.[6]

---

[1] Bei fehlender Einstimmigkeit ist gem. Art. 58 Abs. 1 lit. b eine mündliche Beratung anzuordnen.

[2] SPÜHLER/DOLGE/VOCK, Kurzkommentar, Art. 60 N 1 m.Hinw. Allerdings sind vor Bundesgericht Beweisvorbringen in der Regel unzulässig, sodass auf entsprechende Rügen pauschal nicht eingetreten wird; Prozesserklärungen sind, da das bundesgerichtliche Verfahren schriftlich ist, stets aktenkundig, sodass eine besondere Erwähnung im Entscheid nur angezeigt ist, wenn in diesen Punkten eine Entscheidung zu fällen ist.

[3] Art. 47 Abs. 2 und 4 BGerR.

[4] Vgl. BGE 131 V 483 E. 2.3.3.

[5] Art. 47 Abs. 3 BGerR.

[6] SPÜHLER/DOLGE/VOCK, Kurzkommentar, Art. 60 N 2.

III. Mitteilung im Dispositiv

Hat gestützt auf Art. 58 Abs. 1 eine *mündliche Beratung* stattgefunden, so hat das Gericht   **8**
das Dispositiv gem. **Art. 60 Abs. 2** unverzüglich mitzuteilen; es besteht mithin eine entsprechende **Mitteilungspflicht**.

Der Grund für die unterschiedliche Behandlung von mündlichen und schriftlichen Urteilsverfahren lässt sich nach der neuen Gerichtsordnung, gem. welcher Sitzungen in der   **9**
Regel öffentlich sind,[7] nunmehr ohne weiteres begründen: Mit genereller Zulassung der
Öffentlichkeit besteht die erhöhte **Gefahr**, dass Entscheidungen **vor der Eröffnung**
(mittels Zustellung des begründeten Entscheids) im Ergebnis bereits auf anderen Wegen
den Parteien zugetragen würden. Obschon diese Möglichkeit nicht gänzlich zu verhindern ist, weil auch die Übermittlung des Dispositivs einen Arbeitstag benötigt, wird auf
diese Weise zumindest eine schnelle persönliche Information der Parteien über den Verfahrensausgang (durch die Gerichtsinstanz) sichergestellt.

Aus der Formulierung von Art. 60 Abs. 2 kann der Umkehrschluss gezogen werden, dass   **10**
bei Entscheiden, die **ohne Sitzung** ergehen, das Dispositiv *nicht* vorgängig mitzuteilen
ist. Diese Folgerung ist indessen nicht als Gebot in dem Sinn zu verstehen, dass das
Dispositiv nicht mitgeteilt werden darf, sondern vielmehr als *fehlende Mitteilungspflicht*:
Eine Mitteilung im Dispositiv ist stets zulässig.[8] Gemäss dem Reglement (Art. 38 Abs. 3
lit. e BGerR) hat der Gerichtsschreiber das Dispositiv von Zirkularentscheiden mitzuteilen, wenn das Urteil nach der Fällung **nicht «sofort»** mitgeteilt werden kann. «Sofort»
ist hier nicht als Synonym von «unverzüglich» zu verstehen. Der Weg vom Referat über
die Redaktion bis hin zur Mitteilung des Urteils benötigt aus organisatorischen Gründen
stets eine gewisse Zeit. Der Gerichtsschreiber hat nach Eingang des entschiedenen Dossiers eine Prognose darüber zu treffen, wie lange die Redaktion dauern wird. Dabei ist zu
beachten, dass die Dauer, die bis zur Absendung des ausgefertigten Entscheids vergehen
wird, nur schwer abzuschätzen ist. Denn gewisse Faktoren, wie etwa krankheitsbedingte
Verzögerungen von involvierten Personen, sind nicht vorhersehbar. Erkennt der Gerichtsschreiber anhand der Umstände (bspw. bei angeordneter Fünfer-Zirkulation des Urteilsentwurfs), dass eine Urteilsredaktion **längere Zeit als üblich** beanspruchen wird, teilt er
den Entscheid vorgängig im Dispositiv mit. Unter gewissen Umständen ist auch eine
vorgängige Mitteilung angezeigt, wenn die übliche Zeitdauer voraussichtlich nicht überschritten wird: Wurde etwa aufschiebende Wirkung erteilt (Art. 103 Abs. 3) oder eine
vorsorgliche Massnahme (Art. 104) getroffen, bietet sich eine vorgängige Mitteilung des
Dispositivs an, weil dadurch die Wirkungen dieser provisorischen Vorkehrungen auch
tatsächlich beendet werden können.[9]

IV. Form der Eröffnung

Der Entscheid wird in der Regel **schriftlich** eröffnet, indem das Dispositiv bzw. der voll-   **11**
ständige Entscheid den beteiligten Parteien postalisch zugestellt wird (Art. 60 Abs. 3 e
contrario). Sind die Parteien bei einer öffentlichen Beratung anwesend, kann der Entscheid im Anschluss an die Entscheidfällung **mündlich** eröffnet werden.

---

[7] Nach alter Gerichtsordnung waren etwa Sitzungen in Strafsachen nie öffentlich; vgl. Art. 17
Abs. 1 OG.

[8] Vgl. Botschaft 2001 4302. Weiter gehend SPÜHLER/DOLGE/VOCK, Kurzkommentar, Art. 60 N 3,
wonach Art. 60 Abs. 2 auch für Zirkulationsentscheide gilt, «deren Begründung eine Zeit aussteht».

[9] *De iure* endet die vorsorgliche Massnahme bzw. die aufschiebende Wirkung in der Regel am Tag
der Ausfällung des Entscheids, da dieser mit Ausfällung in Rechtskraft tritt, vgl. Art. 61.

12 Die Mitteilung des Dispositivs von in mündlichen Beratungen getroffenen Entscheiden hat **ohne Verzug** zu erfolgen. Diese Anforderung ist erfüllt, wenn das Dispositiv am selben Tag auf der Post aufgegeben wird oder – wenn dies aufgrund der fortgeschrittenen Zeit der Urteilsfällung nicht mehr möglich ist – am nächsten Werktag erfolgt.

V. Fehlerhaftes Dispositiv

13 Stellt sich heraus, dass ein bereits eröffnetes Dispositiv **Fehler** aufweist, ist es unter Umständen zu berichtigen (vgl. Art. 129). Redaktionelle oder rechnerische Fehler (falsche Besetzungsangabe, versehentliche Formulierungen; falsche Summen) sind in einer korrigierten Fassung mit einem Begleitschreiben den Parteien zuzustellen. Durch eine Berichtigung darf der Entscheid indessen nicht in der Sache abgeändert werden;[10] **materielle Fehler** können nur noch auf dem Weg der Revision korrigiert werden.

VI. Korrekturen vor der Eröffnung des Dispositivs

14 Es stellt sich die Frage, ob ein gefälltes Urteil materiell korrigiert werden kann, wenn ein **Dispositiv noch nicht eröffnet** worden ist. Gemäss Art. 61 erwachsen Entscheide am Tag der Ausfällung in Rechtskraft, weswegen Entscheide per definitionem ab diesem Zeitpunkt unabänderlich sind (vgl. Art. 61 N 5 ff.). Nach der *ratio legis* dient die Rechtskraft der *Rechtssicherheit*, insb. das Vertrauen der Beteiligten in den Bestand der Entscheidung soll unerschütterlich sein, und das Interesse an materiell richtigen Entscheidungen hat zurückzustehen. Ein gefälltes, aber vor der Eröffnung als falsch erkanntes Urteil tangiert die Rechtssicherheit indessen in keiner Weise. Insbesondere vor Bundesgericht als letzter Instanz drängt es sich deshalb auf, **vor der Eröffnung** materielle Änderungen von als rechtswidrig erkannten Entscheidungen zuzulassen.[11] Entsprechend lässt das Reglement (Art. 46 BGerR) auch im Zirkulationsverfahren Änderungen am Dispositiv und an der Begründung zu.[12] Dass dadurch Urteile, die zunächst im Dispositiv eröffnet werden, unterschiedlich behandelt werden wie solche, die lediglich in der vollständigen Ausfertigung zugestellt werden, erscheint zwar vorderhand problematisch.[13] Diese Ungleichbehandlung lässt sich indessen durch das *Interesse an materiell richtigen Entscheidungen rechtfertigen.* Es sind nämlich vor der Eröffnung keine entgegenstehenden Interessen auszumachen. Das Interesse von allfälligen Nutzniessern eines Fehlurteils ist nicht schützenswert, da mangels Kenntnisnahme noch kein Rechtsschutzinteresse entstanden ist. Ausnahmsweise ist hier für die Eröffnung (hinsichtlich der Unabänderlichkeit) demgemäss nicht die Zustellung,[14] sondern der Versand massgebend.

---

[10] MESSMER/IMBODEN, Rechtsmittel, § 7 N 32.
[11] MESSMER/IMBODEN, Rechtsmittel, § 7 N 31 m.Hinw. auf BGE 106 Ia 142 E. 2 (Art. 38 OG); vgl. dazu im Allgemeinen BGE 122 I 97; s. dazu Art. 61 N 4.
[12] Dazu erforderlich ist das Einverständnis aller beteiligten Richter, es sei denn, es handle sich lediglich um redaktionelle Änderungen (Art. 46 Abs. 1 letzter Satz BGerR); in einfachen Fällen und bei besonderer Dringlichkeit genügt die Genehmigung durch den Referenten und den Vorsitzenden (Art. 46 Abs. 2 BGerR).
[13] Vgl. dazu WICHSLER, SJZ 1997, 173.
[14] Die Zustellung erfolgt erst, wenn der Entscheid in den Machtbereich des Adressaten gelangt; vgl. BGE 122 III 316.

VII. Allgemeine Bemerkungen zur elektronischen Eröffnung des Entscheids

1. Allgemein

Das BGG erlaubt die **elektronische rechtsgültige Einreichung von Rechtsschriften** **15**
ans Bundesgericht. Umgekehrt hat das Bundesgericht die Möglichkeit, mit dem Einverständnis der Parteien, Gerichtsurkunden rechtsgültig elektronisch zu eröffnen. Die elektronische Kommunikation zwischen Gericht und Parteien erfolgt über eine Zustellplattform, die die Rolle einer elektronischen Poststelle wahrnimmt. Der elektronische Verkehr
ist freiwillig und wird dem Schriftverkehr gleichgestellt (dazu Art. 39 N 11 ff.).

2. Gesetzliche Grundlagen

In Art. 60 Abs. 3 wird die Voraussetzung der Einholung des Einverständnisses der Partei **16**
zur Eröffnung von Gerichtsurkunden auf elektronischem Weg wiederholt (dazu Art. 39
Abs. 2 in fine) und wird das Bundesgericht eingeladen, die Anforderungen an die elektronische Eröffnung in einem Reglement zu regeln.

Art. 7 **ReRBGer** regelt die Zustellung von elektronischen Gerichtsurkunden. **17**

VIII. Das Einverständnis der Partei

Die Parteien können eine elektronische Zustelladresse angeben und ihr Einverständnis **18**
dafür geben, dass **Zustellungen auf dem elektronischen Weg** erfolgen (Art. 39 Abs. 2).
Dieser Grundsatz des Einverständnisses der Parteien wird in Art. 60 Abs. 3 nochmals
wiederholt. Die Form der Zustimmung und deren Widerruf sind im Gesetz nicht geregelt;
hingegen ist in Art. 3 Abs. 2 ReRBGer vorgesehen, dass der Eintrag in das Teilnehmerregister der Zustellplattform als Einverständnis für elektronische Zustellungen von
Gerichtsurkunden gilt (dazu Art. 39 N 17 f.).

IX. Die elektronische Zustellung von Gerichtsurkunden

Das ReRBGer beschreibt die elektronische Zustellung von Gerichtsurkunden sehr **19**
detailliert. Damit wird vermieden, dass eine Partei von einer elektronischen Zustellung
überrascht wird. Selbst wenn eine Partei elektronisch mit dem Gericht verkehrt, hat
das Gericht die **Wahl**, ob es ihr die Gerichtsurkunden **elektronisch oder postalisch** zustellt.

Bei einer elektronischen Zustellung wird zuerst die Gerichtsurkunde auf der Zustellplatt- **20**
form im elektronischen Postfach des Empfängers zur Abholung bereitgestellt (Art. 7
Abs. 1 Satz 1 ReRBGer). Dieser musste sich vorgängig auf der Zustellplattform registrie-
ren (dazu Art. 39 N 17). Der Empfänger kann in seinem Client einstellen, ob er per
E-Mail über die **Bereitstellung der Meldung** informiert werden möchte (Art. 7 Abs. 1
Satz 2 ReRBGer). Da aber die Benachrichtigung per E-Mail keine sichere Kommunika-
tion darstellt, entbindet sie den Empfänger nicht davon, regelmässig – z.B. einmal in der
Woche – zu überprüfen, ob eine neue Meldung in seinem Postfach zur Abholung bereit-
gestellt wurde. Die Meldung steht während sieben Tagen zur Abholung bereit (Art. 44
Abs. 2 und Art. 7 ReRBGer).

Bezüglich des **Zeitpunktes der Zustellung** kommen die «allgemeinen» und nicht die **21**
elektronischen, spezifischen Verfahrensregeln des BGG zur Anwendung. Das Herunterladen der Gerichtsurkunde durch den Empfänger bestimmt den Zeitpunkt der Zustellung
(Art. 7 Abs. 3 ReRBGer). Gemäss Art. 44 Abs. 2 gilt eine Mitteilung spätestens am sieb-

ten Tag nach dem ersten erfolglosen Zustellungsversuch als erfolgt. Die Ablage in das elektronische Postfach einer nicht abgeholten Meldung entspricht dem ersten erfolglosen Zustellungsversuch. Demzufolge gilt ein nicht abgeholtes, elektronisch zugestelltes Urteil am Ende der siebentägigen Abholfrist als rechtsgültig zugestellt (Art. 7 Abs. 4 ReRBGer).

Art. 61

Rechtskraft	**Entscheide des Bundesgerichts erwachsen am Tag ihrer Ausfällung in Rechtskraft.**
Force de chose jugée	Les arrêts du Tribunal fédéral acquièrent force de chose jugée le jour où ils sont prononcés.
Giudicato	Le sentenze del Tribunale federale passano in giudicato il giorno in cui sono pronunciate.

Inhaltsübersicht

Materialien

Art. 58 E ExpKomm; Art. 57 E 2001 BBl 2001 4492; Botschaft 2001 BBl 2001 4300 f.; AB 2003 S 898; AB 2004 N 1593.

Literatur

M. BEGLINGER, Rechtskraft und Rechtskraftdurchbrechung im Zivilprozessrecht, ZBJV 1997, 589–631 (zit. Beglinger, ZBJV 1997); R. FRANK/H. STRÄULI/G. MESSMER, ZPO, Kommentar zur zürcherischen Zivilprozessordnung, 3. Aufl., Zürich 1997 (zit. Frank/Sträuli/Messmer, ZPO[3]); M. GULDENER, Schweizerisches Zivilprozessrecht, 3. Aufl., Zürich 1979 (zit. Guldener, Zivilprozessrecht[3]); W. HABSCHEID, Schweizerisches Zivilprozess- und Gerichtsorganisationsgesetz, 2. Aufl., Basel 1990 (zit. Habscheid, Zivilprozessrecht[2]); J. HAEMMERLI, Die Abänderung und die Anfechtung von prozessleitenden Erlassen, Diss. ZH 1955, Zürich 1955 (zit. Haemmerli, Abänderung); M. KUMMER, Das Klagerecht und die materielle Rechtskraft im schweizerischen Recht, Bern 1954 (zit. Kummer, Klagerecht); G. LEUCH/O. MARBACH/F. KELLERHALS/M. STERCHI, Die Zivilprozessordnung für den Kanton Bern, 5. Aufl., Bern 2000 (zit. Leuch/Marbach/Kellerhals/Sterchi, ZPO[5]); G. MESSMER/H. IMBODEN, Die eidgenössischen Rechtsmittel in Zivilsachen, Zürich 1992 (zit. Messmer/Imboden, Rechtsmittel); D. SCHWANDER, Die objektive Reichweite der materiellen Rechtskraft – Ausgewählte Probleme, Diss. ZH 2002, Zürich 2003 (zit. Schwander, Reichweite); A. STAEHELIN/T. SUTTER, Zivilprozessrecht, Zürich 1992 (zit. Staehelin/Sutter, Zivilprozessrecht); E. ROTH-GROSSER, Das Wesen der materiellen Rechtskraft und ihre subjektiven Grenzen, Diss. ZH 1981, Zürich 1981 (zit. Roth-Grosser, Rechtskraft); W. WICHSLER, Tücken der Unabänderlichkeit eines Gerichtsurteils, SJZ 1997; 171–173 (zit. Wichsler, SJZ 1997); O. VOGEL/ K. SPÜHLER, Grundriss des Zivilprozessrechts, 8. Aufl., Bern 2006 (zit. Vogel/Spühler, Zivilprozessrecht[8]).

I. Rechtskraft

1. Allgemeines

Um den **Rechtsfrieden** und die **Rechtssicherheit** zu gewährleisten, müssen Urteile – **1** soweit keine Rechtsmittel greifen – *unabänderlich* und *verbindlich* sein. Diesen Zwecken dient das Institut der **Rechtskraft**, das sich nach Lehre und Rechtsprechung nach den genannten Eigenschaften in einen *formellen* und *materiellen* Aspekt aufgliedern lässt. Der Grundsatz von Art. 61 hält scheinbar eine Selbstverständlichkeit fest: Letztinstanzliche Entscheide treten im Allgemeinen (mangels ordentlicher Rechtsmittel) nach der Ausfällung in Rechtskraft.[1]

Zu welchem **genauen Zeitpunkt** die Rechtskraft eintreten soll, ist *de lege ferenda* diskutabel. Nach Auffassung des Bundesgerichts beginnt die **rechtliche Existenz** von einem Entscheid nämlich erst mit der *Eröffnung*[2], sodass es inkohärent erscheint, den Zeitpunkt der *Ausfällung* als massgebend zu betrachten (vgl. dazu Art. 60 N 8). Neben dem vom Bundesgesetzgeber gewählten Moment der **Urteilsfällung** hätte somit auch der Zeitpunkt der *Urteilseröffnung* (bzw. das für die Unabänderlichkeit entscheidende Versanddatum) in Betracht gezogen werden können.[3] Letzterer hätte den Vorteil, dass sämtliche gefällte Entscheide auch tatsächlich in Rechtskraft erwachsen, weil sie eröffnet werden.[4]

Mit Rechtskraft ist in Art. 61 **formelle** und **materielle** Rechtskraft gemeint, obschon das **3** im französischen und italienischen Gesetzestext verwendete «*la force de chose jugée*» bzw. «*forza di cosa in giudicita*» sich lediglich zur formellen Rechtskraft synonym verhält.[5]

Eine **Rechtskraftbescheinigung**, wie sie hinsichtlich kantonaler Entscheide für die Voll- **4** streckung benötigt wird, ist dem BGG fremd. Da die Gefahr fehlt, dass die Rechtskraft von bundesgerichtlichen Entscheiden durch ein Urteil einer höheren Instanz aufgehoben wird, mangelt es diesem Institut hier an der Existenzberechtigung.[6] Eine Rechtskraftbestätigung kann indessen für eine Vollstreckbarkeitserklärung im Ausland nötig sein. Auf schriftliches Gesuch hin bescheinigt das Bundesgericht dann auch die Rechtskraft der von ihm gefällten Entscheide. Die Rechtskraft von Entscheiden anderer Instanzen ist von den jeweiligen Behörden bescheinigen zu lassen.

2. Formelle Rechtskraft

a) Allgemeines

Formelle Rechtskraft bedeutet grundsätzlich, dass ein Urteil *unabänderlich* ist. Sie bildet **5** die Voraussetzung für die *Vollstreckbarkeit* und die *materielle Rechtskraft*, die inhaltliche Verbindlichkeit des Entscheids für spätere Verfahren.[7]

Die Unabänderlichkeit von Entscheidungen ist nicht absolut zu verstehen; die formelle **6** Rechtskraft führt dazu, dass Urteile nicht mehr mit *ordentlichen Rechtsmitteln* angefochten, aufgehoben und verändert werden können.[8]

---

[1] Vgl. SCHMID, Strafprozessrecht[4], N 585.
[2] BGE 122 I 97.
[3] So etwa § 147 StPO-NW.
[4] Vgl. dazu Art. 60 N 14.
[5] Vgl. zur analogen Problematik in der ähnlich lautenden Bestimmung von Art. 38 OG: POUDRET, Commentaire, Bd. I, Art. 38 N 1.
[6] Vgl. SPÜHLER/DOLGE/VOCK, Kurzkommentar, Art. 61 N 3.
[7] Vgl. dazu etwa HAUSER/SCHWERI/HARTMANN, Strafprozessrecht[6], § 84 N 4 ff.; SCHMID, Strafprozessrecht[4], N 582 ff.; VOGEL/SPÜHLER, Zivilprozessrecht[8], 8. Kap. N 59 ff.
[8] Vgl. VOGEL/SPÜHLER, Zivilprozessrecht[8], 8. Kap. N 61.

7 Die **Vollstreckbarkeit** tritt nicht zwangsläufig zum selben Zeitpunkt wie die formelle Rechtskraft ein, sodass sie nicht Bestandteil derselben, sondern **deren Folge** bildet.[9] Bundesgerichtsentscheide sind indessen in aller Regel mit dem Eintritt der Rechtskraft vollstreckbar (vgl. N 10).

b) Unabänderlichkeit

8 Formelle Rechtskraft bedeutet, dass der Entscheid **unabänderlich** ist.[10] Die Bestimmung von Art. 61 ist insofern zu präzisieren, als der Entscheid erst unabänderlich wird, wenn er den Parteien (im Dispositiv oder in ausgefertigter Fassung) **eröffnet** worden ist.[11] Vor der Eröffnung kann nämlich ein Entscheid unter Umständen noch abgeändert werden (vgl. Art. 60 N 14). Als massgeblicher Zeitpunkt des Eintritts der Rechtskraft gilt aber nichtsdestotrotz der Tag der Urteilsfällung. Hinsichtlich dieser Rechtsfolge erscheint dieser *Zeitpunkt* fingiert, wenn die Unabänderlichkeit erst zu einem späteren Zeitpunkt eingetreten ist, weil der Entscheid nicht unverzüglich eröffnet worden ist (vgl. Art. 60 N 14). In einer solchen Konstellation erfolgt die Rechtskraft nämlich unter der resolutiven Bedingung, dass der Entscheid auch mit diesem Inhalt eröffnet wird.[12] Dies ist insofern problematisch, als die Rechtskraft *per definitionem* Unabänderlichkeit zum Inhalt hat.[13] *De facto* wird somit der Entscheid erst durch die Eröffnung rechtskräftig,[14] aber das Datum der Rechtskraft auf den Zeitpunkt der Urteilsfällung zurückbezogen.

9 Eine **Wiedererwägung** bundesgerichtlicher Entscheide ist damit grundsätzlich ausgeschlossen. Anders verhält es sich nur bei prozessleitenden Anordnungen, die bis zum Abschluss des Verfahrens etwa wegen veränderter Verhältnisse oder neuer Vorbringen abgeändert werden dürfen.[15]

3. Exkurs I: Vollziehbarkeit, Vollstreckbarkeit

10 Mit Eintritt der formellen Rechtskraft sind Bundesgerichtsentscheide **vollziehbar und vollstreckbar**.[16] Je nach Art des Entscheids und Inhalt des Dispositivs ist in der Sache weder ein Vollzug noch eine Vollstreckung des Bundesgerichtsentscheids notwendig, weil sich die Wirkung etwa in der Abweisung der Beschwerde oder in der Kassation eines Vorentscheids erschöpft. Derartige Entscheide bedürfen keiner Vollstreckung, weil sie selber eine Änderung der prozessualen Rechtslage herbeiführen.

11 *Praktisch* benötigt man für die Vollstreckung den Nachweis des Entscheids, sodass **vor der Eröffnung** eine Vollstreckung ausser Betracht fällt. Sobald die zum Vollzug berechtigte Partei in den Besitz des Dispositivs gelangt, kann sie den Entscheid aber vollstrecken lassen.[17] Der Besitz der vollständigen Ausfertigung des Entscheids ist nicht notwendig,[18] doch kann bei komplexeren Ansprüchen der genaue Inhalt des Dispositivs

---

[9] Vgl. POUDRET, Commentaire, Bd. I, Art. 38 N 3; VOGEL/SPÜHLER, Zivilprozessrecht[8], 8. Kap. N 64.

[10] Vgl. HAUSER/SCHWERI/HARTMANN, Strafprozessrecht[6], § 84 N 4.

[11] Vgl. dazu im Allgemeinen WICHSLER, SJZ 1997, 171 ff.

[12] *In fine* abweichend BGE 122 I 97, mit der Auffassung, dass ein Urteil erst mit der offiziellen Mitteilung rechtliche Existenz erlangt.

[13] Vgl. zur analogen Problematik bei § 190 ZPO-ZH FRANK/STRÄULI/MESSMER, ZPO[3], § 190 N 8.

[14] Vgl. MESSMER/IMBODEN, Rechtsmittel, § 7 N 31.

[15] MESSMER/IMBODEN, Rechtsmittel, § 7 N 31; vgl. zum Ganzen HAEMMERLI, Abänderung, 45.

[16] Vgl. POUDRET, Commentaire, Bd. I, Art. 38 N 3 (OG) mit dem Hinweis, dass in Art. 195 aOG dies noch ausdrücklich erwähnt wurde.

[17] Vgl. POUDRET, Commentaire, Bd. I, Art. 38 N 3 (OG).

[18] POUDRET, Commentaire, Bd. I, Art. 38 N 3 (OG).

ohne die Urteilserwägungen unter Umständen nicht nachvollzogen werden. Zur Vollstreckung s. Art. 69 f.

Das Einlegen von **ausserordentlichen Rechtsmitteln** (Beschwerde an den EGMR, 12 Revision) ändert an der Vollstreckbarkeit des Entscheids nichts, da diesen keine Suspensivwirkung zukommt. Im Rahmen der Revision *kann* der Instruktionsrichter nach Eingang des Revisionsgesuchs den Vollzug des betreffenden Entscheids aber aufschieben (vgl. Art. 126).[19]

Bei sämtlichen Urteilsarten sind **Gerichtsgebühren, Parteientschädigungen** ebenso 13 vollstreckbar wie **Entschädigungen** aus unentgeltlicher Rechtspflege.

4. Exkurs II: Wirkung von rechtskräftigen Bundesgerichtsentscheiden

a) Wirkung in der Sache (Auswahl)

– Wird eine Beschwerde **gutgeheissen**, das angefochtene Urteil **aufgehoben** und 14 die Sache an die Vorinstanz zurückgewiesen, besteht eine **kassatorische Wirkung** (Art. 107 Abs. 2). Je nach der für den Vorentscheid massgebenden Prozessordnung bzw. der jeweiligen Rechtsnatur der Beschwerde (ordentliches/ausserordentliches Rechtsmittel) wird die Rechtskraft des Entscheids der Vorinstanz aufgehoben oder der Entscheid tritt nicht in Rechtskraft (vgl. dazu aber Art. 103 N 5, wo die Auffassung vertreten wird, die Einheitsbeschwerde sei ein ordentliches Rechtsmittel und hemme grundsätzlich die Rechtskraft des angefochtenen Entscheids). Obschon formell und dem Wortlaut des Dispositivs nach das Urteil *insgesamt* aufgehoben wird, beschränkt sich die Aufhebung materiell in der Regel auf einzelne Punkte. Demgemäss sind jeweils die Erwägungen beizuziehen, um festzustellen, ob der angefochtene Entscheid ganz oder nur teilweise aufgehoben wurde. Ist Letzteres der Fall, gilt das angefochtene Urteil hinsichtlich der nicht gerügten[20] und nicht aufgehobenen Punkte als bestätigt.[21]

– Wird eine Beschwerde **gutgeheissen**, das angefochtene Urteil aufgehoben und ein neuer Entscheid gefällt (Art. 107 Abs. 2), besteht eine **reformatorische Wirkung**. Die Rechtskraft des Vorentscheids wird aufgehoben bzw. der Eintritt der Rechtskraft wird vereitelt und der Bundesgerichtsentscheid tritt in Rechtskraft.

– Wird auf die Beschwerde **nicht eingetreten** oder wird sie **abgewiesen**, ändert sich an der Rechtslage hinsichtlich der Sache nichts, es sei denn die Vorentscheide treten erst mit rechtskräftiger Erledigung der Beschwerde vor Bundesgericht in Rechtskraft.

– Eine **aufschiebende Wirkung** wird durch den Entscheid ebenso wie vorsorgliche Massnahmen beendet.[22]

---

[19] Vgl. HAEFLIGER/SCHÜRMANN, EMRK², 391; es besteht nur die Möglichkeit, den betroffenen Staat zu ersuchen, einen beanstandeten Entscheid vorläufig nicht zu vollziehen (Art. 39 der Verfahrensordnung des Gerichtshofs).

[20] Dies gilt unter dem Vorbehalt, dass es nach Treu und Glauben zumutbar gewesen wäre, die fraglichen Punkte bereits in diesem Verfahren vorzubringen (BGE 117 IV 97 E. 4; 111 II 95); vgl. dazu N 28.

[21] Vgl. BGE 122 I 250 E. 2b; in casu hatte dies zur Konsequenz, dass die durch den Entscheid beschwerte Partei ihre eigene Berufung im Rückweisungsverfahren vor Obergericht nicht mehr zu Ungunsten der Gegenpartei zurückziehen konnte.

[22] Vgl. BGer, I. ÖRA, 13.8.2001, 1P.332/2001, E. 2c.

b) Weitere Wirkung

15 Die Instanz, deren Entscheid aufgehoben worden ist,[23] hat – soweit die Rechtslage einer Neubeurteilung der Sache bedarf – einen **neuen Entscheid** zu fällen.[24]

5. Materielle Rechtskraft

16 Die Figur der materiellen Rechtskraft bedeutet **Verbindlichkeit** des Urteils hinsichtlich späterer Prozesse.[25] Dies soll verhindern, dass über die gleiche Streitsache widersprüchliche Urteile ergehen können. Auf eine dogmatische Übersicht der Rechtskrafttheorien wird an dieser Stelle ebenso verzichtet[26] wie auf eine eingehende Darstellung des allgemeinen Umfangs der Rechtskraft.[27] Das Augenmerk richtet sich im Folgenden auf die spezifischen Auswirkungen der materiellen Rechtskraft von bundesgerichtlichen Entscheiden:

17 Sämtliche Bundesgerichtsentscheide, die das Verfahren **abschliessen** (*Endentscheide*), treten in materielle Rechtskraft. Dies gilt unabhängig davon, ob es sich um einen prozessual oder materiell motivierten Entscheid handelt.[28] Bei Nichteintretensentscheiden (fehlende Prozessvoraussetzung) beschränkt sich die materielle Rechtskraft indessen auf die Eintretensfrage.[29]

18 Hat das Bundesgericht über eine **Streitfrage** (*Rechts- und Tatfrage*) entschieden, kann diese infolge der materiellen Rechtskraft *(res iudicata)* nicht noch einmal aufgeworfen werden.[30] Nach den **allgemeinen Grundsätzen** kommt nur dem Dispositiv materielle Rechtskraft zu; tatsächliche Feststellungen und rechtliche Erwägungen, Feststellungen zu präjudiziellen Rechtsverhältnissen, sonstige Vorfragen und weitere Rechtsfolgen, die sich aus der Urteilsbegründung mit logischer Notwendigkeit ergeben, erwachsen *für sich alleine* nicht in Rechtskraft.[31] Bei zurückweisenden **Bundesgerichtsentscheiden** ist demgegenüber die **Bindungswirkung** zumindest *de facto* stärker, weil sich die Vorinstanz an die *Erwägungen* des Bundesgerichts halten muss,[32] weil ansonsten eine erneute Rückweisung droht.

19 Die materielle Rechtskraft kommt v.a. in zweierlei Hinsicht zum Tragen: Zum einen gilt eine Sache im Umfang des Urteils als **abgeurteilt**, und deshalb ist **mangels Rechtsschutzinteresses**[33] auf ein erneutes Rechtsmittel nicht einzutreten (*Einrede der abgeurteilten Sache*);[34] zum anderen ist bei Kassation eines Entscheids die Vorinstanz, die in

---

[23] Ausnahmsweise auch die erste Instanz, vgl. Art. 107 Abs. 2 Satz 2.

[24] Vgl. BGer, I. ÖRA, 2.10.1991, 1P.462/1991, E. 2b, RDAT 1992 I 140 (OG).

[25] HABSCHEID, Zivilprozessrecht[2], N 477.

[26] Vgl. dazu GULDENER, Zivilprozessrecht[3], 389; nach bundesgerichtlicher Auffassung ergibt sich die materielle Rechtskraft im Bereich des Privatrechts aus ungeschriebenem Bundesprivatrecht; vgl. BGE 95 II 640; krit. dazu HABSCHEID, Zivilprozessrecht[2], N 476; STAEHELIN/SUTTER, Zivilprozessrecht, § 18 N 8.

[27] Vgl. dazu BEGLINGER, ZBJV 1997, 589 ff.; FRANK/STRÄULI/MESSMER, ZPO[3], § 191 N 2 ff.; HABSCHEID, Zivilprozessrecht[2], N 485 ff.; HAUSER/SCHWERI/HARTMANN, Strafprozessrecht[6], § 84 N 13 ff.; SCHMID, Strafprozessrecht[4], § 37 N 587 ff.; LEUCH/MARBACH/KELLERHALS/STERCHI, ZPO[5], Art. 192 N 12 ff.; ROTH-GROSSER, Rechtskraft; SCHWANDER, Reichweite.

[28] HABSCHEID, Zivilprozessrecht[2], N 482 m.Hinw. auf BGE 80 I 259 E. 1; BGE 115 II 187 E. 1.

[29] Vgl. HABSCHEID, Zivilprozessrecht[2], N 482.

[30] BGer, I. ÖRA, 28.10.1994, 1P.510/1994, E. 1.

[31] BGE 121 III 474 E. 4a m.Hinw.; SEILER/VON WERDT/GÜNGERICH, BGG, Art. 61 N 9.

[32] Vgl. BGer, I. ÖRA, 12.8.1991, 1P.489/1991 E. 3c; BGE 112 Ia 353 E. 3a (Art. 38 OG).

[33] Vgl. BGE 112 II 268 E. 1b.

[34] Vgl. Art. 71 i.V.m. Art. 22 BZP; gem. Praxis und Lehre stellt es indessen (noch) keine Bundesrechtsverletzung dar, wenn kantonale Gerichte auf eine abgeurteilte Zivilsache eintreten, sofern

einem Rückweisungsverfahren noch einmal über die Sache zu urteilen hat, an den Entscheid des Bundesgerichts gebunden *(Bindungswirkung)*.

Die Rechtskraftwirkung vermag im Allgemeinen nur **die Parteien** zu erfassen, denen vor **20** dem Bundesgericht noch Parteistellung zugekommen ist.[35] Anders verhält es sich ihrem Wesen nach bei Gestaltungsurteilen, die absolut wirken.[36]

Urteile treten auch in materielle Rechtskraft, wenn sie **unter Verletzung des formellen** **21** **und/oder materiellen Rechts** zustande gekommen sind.[37] Dies gilt selbst dann, wenn eine Partei durch arglistiges Verhalten ein günstiges Urteil herbeiführt. In solchen Fällen vermag unter Umständen eine Revision, die Rechtskraft zu beseitigen (vgl. N 31 f. und Art. 123).

a) Abgeurteilte Sache

Eine **abgeurteilte Sache** liegt vor, wenn eine Streitsache mit einer bereits beurteilten **22** *identisch* ist. Je nach Rechtsgebiet sind die Anforderungen an die Identität und die Wirkungen der res iudicata unterschiedlich. Im Allgemeinen können vom Bundesgericht endgültig beurteilte Streitsachen nicht wieder aufgenommen und zum Gegenstand eines neuen Verfahrens gemacht werden.[38] Obschon für die Rechtskraft das Dispositiv massgebend ist, kann die Frage, ob eine Streitsache identisch ist, nur unter Zuhilfenahme der Erwägungen des Urteils beantwortet werden.

Im **Zivilrecht** ist eine abgeurteilte Sache anzunehmen, wenn ein Anspruch mit einem **23** schon rechtskräftig beurteilten identisch ist.[39] Dies ist gegeben, falls ein angeblicher Anspruch aus demselben Rechtsgrund und demselben Sachverhalt erneut vor Gericht vorgetragen wird.[40] Die Lehre und Rechtsprechung haben differenzierte Kriterien dafür entwickelt, wann eine Anspruchsidentität vorliegt.[41]

Im **Strafrecht** liegt eine abgeurteilte Sache vor, wenn eine Strafsache mit einer rechts- **24** kräftig beurteilten Strafsache *identisch* ist, sodass aufgrund der Maxime «ne bis in idem» ein erneutes Verfahren unzulässig ist. Für diese **Sperrwirkung** ist eine Identität von Täter und Tat erforderlich.[42] Da in aller Regel Bundesgerichtsentscheide selber keine verurteilende Wirkung zeitigen, beschränkt sich die materielle Rechtskraft auf die in einem Entscheid in derselben Sache aufgestellten Erwägungen (vgl. dazu aber N 28).

Auch Bundesgerichtsentscheide in **Verwaltungssachen** werden materiell rechtskräftig, **25** und es gilt der Grundsatz der *res iudicata*. Allerdings darf die erstinstanzlich zuständige Behörde bei einem **sog. Dauersachverhalt** eine neue Verfügung erlassen, wenn sich die tatsächlichen Umstände oder die Rechtslage geändert haben.[43]

---

sie darüber gleich wie das rechtskräftige Urteil entscheiden; vgl. BGE 121 III 474 E. 4a; KUMMER, Klagerecht, 64.

[35] Vgl. BIRCHMEIER, Handbuch, 50 (OG).

[36] BIRCHMEIER, Handbuch, 50 (OG).

[37] Vgl. GULDENER, Zivilprozessrecht[3], 387.

[38] POUDRET, Commentaire, Bd. I, Art. 48 N 4 (OG); BGer, EVG, 11.10.1994, H 124/94 (OG).

[39] BGE 121 III 474 E. 4a.

[40] BGE 123 III 16 E. 2; 121 III E 4a; 119 II 89 E. 2a; krit. dazu SCHWANDER, Reichweite, 156.

[41] Vgl. dazu FRANK/STRÄULI/MESSMER, ZPO[3], § 191 N 5 ff.; LEUCH/MARBACH/KELLERHALS/ STERCHI, ZPO[5], Art. 192 N 12c/aa ff.; BGE 121 III 474 E. 4a, je m.Hinw.

[42] Vgl. dazu HAUSER/SCHWERI/HARTMANN, Strafprozessrecht[6], § 84 N 4 ff.; SCHMID, Strafprozessrecht[4], § 37 N 589.

[43] Vgl. KÖLZ/HÄNER, Verwaltungsrechtspflege[2], N 715.

b) Bindungswirkung

26 Auch das Bundesgericht ist bei erneuter Beschwerde an sein erstes Urteil in ein und derselben Sache gebunden.[44] Die **Bindungswirkung** bezieht sich formal lediglich auf das Dispositiv, dessen Tragweite lässt sich indessen nur anhand der Erwägungen ermitteln.[45] Dementsprechend sind auch **Weisungen** des Bundesgerichts – etwa wie Beweise zu erheben sind – für Vorinstanzen, die sich mit einem Rückweisungsentscheid befassen, verbindlich.[46]

27 Wegen dieser **Bindung** ist es für Gerichte, die sich im Rahmen einer **Rückweisung** nochmals mit einer Sache befassen, grundsätzlich[47] unzulässig, einen anderen Sachverhalt anzunehmen oder die Sache auf eine Weise zu subsumieren, die im zurückweisenden Entscheid explizit oder implizit abgelehnt wurde (vgl. zum Ganzen Art. 107 N 18).[48] Zwar wird durch die Rückweisung der Prozess hinsichtlich des Streitpunkts in die Lage versetzt, in der er sich vor der Fällung des kantonalen Urteils befunden hat, doch darf der Streitpunkt weder ausgeweitet noch auf eine neue Rechtsgrundlage gestellt werden.[49]

28 Da in der Regel die **Aufhebung eines Entscheids** nur als *teilweise* zu betrachten ist und im Übrigen der vorinstanzliche Entscheid materiell (explizit oder implizit) bestätigt wird (vgl. N 14), kann in einem neuerlichen Beschwerdeverfahren in der Regel auch nur der aufgehobene Aspekt erneut Streitgegenstand bilden.[50] Diesbezüglich kann nur vorgebracht werden, es seien *Weisungen* des Bundesgerichts nicht befolgt oder erneut *Recht* verletzt worden.[51] Allerdings tritt die Rechtskraftwirkung nur insofern ein, als über umstrittene Punkte im ersten Beschwerdeverfahren **entschieden wurde**.[52] Der neue Entscheid der unteren Instanz kann auch insoweit *nicht* angefochten werden, als eine Anfechtung bereits hinsichtlich des ersten Urteils möglich und nach Treu und Glauben zumutbar gewesen wäre.[53]

29 Zu beachten ist, dass **in Strafsachen** der Grundsatz der *reformatio in peius* gilt, wenn lediglich der Verurteilte Beschwerde geführt bzw. die Beschwerde der Staatsanwaltschaft abgewiesen wurde.[54] Unter diesen Umständen darf im Rückweisungsverfahren keine strengere Strafe ausgefällt werden.

---

[44] BGer, KassH, 8.7.1998, 6A.37/1998, SJ 1999 I 49, E. 1 (Art. 38 OG).

[45] BGE 122 I 250 E. 2; POUDRET, Commentaire, Bd. II, Art. 66 N.1.3.2; KÄLIN, Beschwerde², 399 (OG).

[46] Vgl. SEILER/VON WERDT/GÜNGERICH, BGG, Art. 61 N 9.

[47] Abgesehen von Konstellationen, in denen ausnahmsweise Noven (nach Art. 99 Abs. 1 oder einer massgeblichen kantonalen Prozessbestimmung) zulässig sind oder die Sachverhaltsfeststellung als offensichtlich unrichtig oder grundrechtswidrig betrachtet wurde (Art. 97 Abs. 1).

[48] BGer, I. ÖRA, 8.4.1993, 1P.687/1992, E. 2b; BGE 116 II 220 E. 4a; (Art. 38 OG).

[49] BGE 116 II 220 E. 4a; 61 II 358; BIRCHMEIER, Handbuch, 241; teilweise abweichend BGE 112 Ia 353, in welchem das Bundesgericht es – im Rahmen des Grundsatzes von Treu und Glauben – als zulässig betrachtete, dass die Vorinstanz ihren neuen Entscheid auf eine neue Erwägung stützte, die im ersten Entscheid nicht getroffen wurde und zu der sich das Bundesgericht nicht geäussert hatte (staatsrechtliche Beschwerde).

[50] BGer, EVG, 9.8.1985, H 91/84, E. 2a, ZAK 1986, 50.

[51] Vgl. BGer, 14.1.1994, 1A.191/1993, E. 1c (Art. 38 OG).

[52] BGE 121 III 474 E. 4a. Insbesondere jene Punkte, die von einer Partei in einem vormaligen Verfahren geltend gemacht, aber aus prozessökonomischen Gründen nicht geprüft wurden, weil die Beschwerde gutgeheissen wurde, sind noch nicht als abgeurteilt zu betrachten.

[53] BGE 117 IV 97 E. 4; 111 II 95.

[54] BGE 117 IV 97 E. 4b (BStP).

In **Zivilsachen** darf der Beschwerdeführer, der zuvor in einem Berufungsverfahren ob- **30** siegt hat, nach Gutheissung seiner Beschwerde keine Verschlechterung seiner Rechtsstellung erleiden, und er hat sich im ungünstigsten Fall mit dem von der Gegenpartei nicht angefochtenen Ergebnis zu begnügen.[55]

II. Aufhebung der Rechtskraft

Die **Rechtskraft** von Bundesgerichtsentscheiden kann im Unterschied zu kantonalen **31** Entscheiden und erstinstanzlichen Entscheiden des Bundesstrafgerichts und Bundesverwaltungsgerichts nicht durch Entscheide einer *übergeordneten Instanz* **aufgehoben** werden. Es bestehen **keine** ausserordentlichen Rechtsmittel an eine höhere Instanz, die Bundesgerichtsentscheide zu kassieren vermögen. Die Rechtskraft eines Bundsgerichtsentscheids kann einzig durch eine **Revision** durch das Bundesgericht selber aufgehoben werden (vgl. Art. 121 ff.). Neben der Revision kann ein prozessualer Entscheid *ausnahmsweise* durch die **Wiederherstellung einer Frist**, deren Nichteinhaltung zu einem Nichteintreten geführt hat, aufgehoben werden (vgl. Art. 50 Abs. 2).[56]

Dem **europäischen Gerichtshof für Menschenrechte** (EGMR) kommt nicht die Kom- **32** petenz zu, Bundesgerichtsentscheide für nichtig zu erklären. Wird eine Beschwerde durch den EGMR gutgeheissen, bedarf es eines **Revisionsverfahrens**, um die Rechtskraft des grundrechtswidrigen Entscheids aufzuheben (vgl. Art. 122).

---

[55] BGE 116 II 220 E. 4a.
[56] Vgl. BGer, KassH, 10.2.1995, 6P.2/1995, E. 2a; BGer, II. ÖRA, 7.10.1991, 2P.343/1990, ASA 1993 552 (Art. 38 OG).

10. Abschnitt: Kosten

Art. 62

Sicherstellung der Gerichtskosten und der Parteientschädigung

[1] **Die Partei, die das Bundesgericht anruft, hat einen Kostenvorschuss in der Höhe der mutmasslichen Gerichtskosten zu leisten. Wenn besondere Gründe vorliegen, kann auf die Erhebung des Kostenvorschusses ganz oder teilweise verzichtet werden.**

[2] **Wenn die Partei in der Schweiz keinen festen Wohnsitz hat oder nachweislich zahlungsunfähig ist, kann sie auf Begehren der Gegenpartei zur Sicherstellung einer allfälligen Parteientschädigung verpflichtet werden.**

[3] **Der Instruktionsrichter oder die Instruktionsrichterin setzt zur Leistung des Kostenvorschusses oder der Sicherstellung eine angemessene Frist. Läuft diese unbenutzt ab, so setzt der Instruktionsrichter oder die Instruktionsrichterin der Partei eine Nachfrist. Wird der Kostenvorschuss oder die Sicherheit auch innert der Nachfrist nicht geleistet, so tritt das Bundesgericht auf die Eingabe nicht ein.**

Avance de frais et de sûretés

[1] La partie qui saisit le Tribunal fédéral doit fournir une avance de frais d'un montant correspondant aux frais judiciaires présumés. Si des motifs particuliers le justifient, le tribunal peut renoncer à exiger tout ou partie de l'avance de frais.

[2] Si cette partie n'a pas de domicile fixe en Suisse ou si son insolvabilité est établie, elle peut être tenue, à la demande de la partie adverse, de fournir des sûretés en garantie des dépens qui pourraient être alloués à celle-ci.

[3] Le juge instructeur fixe un délai approprié pour fournir l'avance de frais ou les sûretés. Si le versement n'est pas fait dans ce délai, il fixe un délai supplémentaire. Si l'avance ou les sûretés ne sont pas versées dans ce second délai, le recours est irrecevable.

Garanzie per spese giudiziarie e ripetibili

[1] La parte che adisce il Tribunale federale deve versare un anticipo equivalente alle spese giudiziarie presunte. Se motivi particolari lo giustificano, il Tribunale può rinunciare in tutto o in parte a esigere l'anticipo.

[2] Se non ha un domicilio fisso in Svizzera o la sua insolvibilità è accertata, la parte può essere obbligata, su domanda della controparte, a prestare garanzie per eventuali spese ripetibili.

[3] Il giudice dell'istruzione stabilisce un congruo termine per il versamento dell'anticipo o la prestazione delle garanzie. Se il termine scade infruttuoso, impartisce un termine suppletorio. Se l'anticipo non è versato o le garanzie non sono prestate nemmeno nel termine suppletorio, il Tribunale federale non entra nel merito dell'istanza.

Thomas Geiser

Inhaltsübersicht Note

Materialien

Botschaft 2001 BBl 2001 4304 ff.; AB 2003 S 898; AB 2004 N 1593.

Literatur

M. BESSON, Die Beschwerde in Stimmrechtssachen, in: B. Ehrenzeller/R. J. Schweizer (Hrsg.), Die Reorganisation der Bundesrechtspflege – Neuerungen und Auswirkungen auf die Praxis, St. Gallen 2006, 403 ff. (zit. Ehrenzeller/Schweizer-Besson); TH. GEISER, Grundlagen, in: Th. Geiser/P. Münch (Hrsg.), Prozessieren vor Bundesgericht, 2. Aufl., Basel 1998, 1 ff. (zit. Geiser/Münch2-Geiser); G. MESSMER/H. IMBODEN, Die eidgenössischen Rechtsmittel in Zivilsachen, Zürich 1992, 32 ff. (zit. Messmer/Imboden, Rechtsmittel).

I. Allgemeine Bemerkungen

1. Übersicht über die Regelung

Das BGG regelt die Kosten wesentlich übersichtlicher als das alte Recht. Die ersten bei- **1** den Artikel beziehen sich auf die generelle Kostenpflicht und die zu leistenden Vorschüsse.[1] Eine weitere Bestimmung befasst sich mit der endgültigen Verteilung der Kosten.[2] Eine Bestimmung ist der Höhe der Kosten gewidmet, wobei diese nicht nur nach dem Streitwert sondern auch nach dem Streitgegenstand differenziert sind.[3] Separat geregelt wird, was mit den Kosten der Vorinstanz zu erfolgen hat.[4] Schliesslich befasst sich je ein Artikel mit der Parteientschädigung[5] und der unentgeltlichen Rechtspflege[6]. Die Anordnung der Gegenstände folgt im Wesentlichen dem prozessualen Verlauf, nicht dem inhaltlichen Zusammenhang.

---

[1] Art. 62 und 63.
[2] Art. 66.
[3] Art. 65.
[4] Art. 67.
[5] Art. 68.
[6] Art. 64.

2 Bei der Regelung der Kosten im bundesgerichtlichen Verfahren ist immer zu beachten, dass der Bund vorerst nur für die Regelung der Kosten vor Bundesgericht zuständig ist, grundsätzlich nicht aber auch die Kosten des kantonalen Verfahrens regeln kann. Deshalb sind die Kosten des bundesgerichtlichen Verfahrens nach dem Ausgang des bundesgerichtlichen Verfahrens zu verlegen, unabhängig vom endgültigen Ausgang des Rechtsstreits.[7] Das führt nicht immer zu befriedigenden Ergebnissen.

3 Wie im bisherigen Recht gilt der Grundsatz, dass die Dienstleistungen des Bundesgerichts von den Privaten, die sie beanspruchen, zu entschädigen sind. Es bestehen allerdings eine Vielzahl von Ausnahmen, in denen die Rechtspflege gratis ist.

2. Verhältnis zum bisherigen Recht

4 Die bisherige Regelung konnte ohne wesentliche materielle Änderungen übernommen werden.[8] Art. 62 entspricht inhaltlich dem bisherigen Art. 150 OG.[9]

5 Die ersten beiden Absätze der Gesetz gewordenen Bestimmung stimmen mit dem bundesrätlichen Entwurf überein. Erst der Ständerat hatte diskussionslos auf Antrag seiner Kommission beschlossen, dass eine Nachfrist für die Leistung des Kostenvorschusses gesetzt werden muss,[10] was in Abs. 3 seinen Niederschlag gefunden hat. Der Nationalrat schloss sich ebenfalls diskussionslos diesem Beschluss an.[11]

3. Anwendungsbereich

6 Die Art. 62–68 regeln die Kosten **für alle bundesgerichtlichen Verfahren**. Sie gelten sowohl für die ordentlichen Beschwerdeverfahren[12] und die subsidiäre Verfassungsbeschwerde[13], als auch für die Revision, Erläuterungen und Berichtigung[14,15].

II. Grundsatz der Kostenvorschusspflicht (Abs. 1)

1. Kostenvorschusspflicht als Regel

7 Abs. 1 hält den Grundsatz fest, dass die mutmasslichen Verfahrenskosten im Voraus zu bezahlen sind. Damit wird indirekt auch ausgedrückt, dass Private, welche die Leistungen des Bundesgerichts beanspruchen, diese zu bezahlen haben.

8 Kostenvorschusspflichtig ist **nur jene Partei**, welche das **Bundesgericht anruft**. Kein Kostenvorschuss wird von der Gegenpartei verlangt.[16] Sie ruft das Bundesgericht nicht an, selbst wenn sie einen Antrag auf Abweisung eines Rechtsmittels stellt. Die Möglichkeit einer Anschlussbeschwerde – analog zur Anschlussberufung des früheren Rechts[17] – gibt es nicht mehr.[18] Ohne jede Bedeutung ist die prozessuale Stellung im vorinstanzlichen Verfahren. Anders sieht die Regelung bei den Barauslagen aus. Diese hat, unabhängig von der prozessualen Stellung, jene Partei zu bevorschussen, infolge deren Anträge sie anfallen.[19]

---

7 Vgl. Art. 66 N 12.
8 Botschaft 2001 BBl 2001 4304.
9 Spühler/Dolge/Vock, Kurzkommentar, Art. 62 N 1.
10 AB 2003 S 898.
11 AB 2004 N 1593.
12 Art. 72 ff.
13 Art. 113 ff.
14 Art. 121 ff.
15 Seiler/von Werdt/Güngerich, BGG, Art. 128 N 12.
16 Poudret, Commentaire, N 1.1. zu Art. 150 OG.
17 Art. 59 Abs. 2 OG.
18 Seiler/von Werdt/Güngerich, BGG, Art. 102 N 14.
19 Vgl. Art. 63.

Weil kostenvorschusspflichtig nur ist, wer das Bundesgericht anruft, können auch die   **9**
weiteren am Verfahren beteiligten Personen nicht zu einem Vorschuss verpflichtet
werden. Allenfalls können ihnen im Nachhinein Kosten auferlegt werden.[20] Das gilt bezüglich des Vorschusses auch gegenüber dem Prozessvertreter.

2. Höhe des Kostenvorschusses

Der Kostenvorschuss muss die **mutmasslichen Gerichtskosten** decken. Damit sind alle   **10**
Auslagen des Gerichts gemeint, welche nach Art. 65 Abs. 1 einer Partei auferlegt werden
können. Der Kostenvorschuss hat somit auch die Auslagen des Gerichts zu decken. In
aller Regel ist aber nur die Höhe der Gerichtsgebühr vorhersehbar, so dass meistens nur
der Vorschuss dieser verlangt wird. Barauslagen entstehen auch relativ selten, weil die
Anlage des Dossiers und weitere Kanzleiaufwendungen bereits seit der Revision des OG
von 1991 in der Gerichtsgebühr enthalten sind.[21] Erweisen sich im Nachhinein gewisse
Auslagen als notwendig, kann dafür noch immer ein zusätzlicher Vorschuss verlangt
werden.[22]

Der Vorschuss dient der Sicherstellung der Gerichtskosten und **schützt das Gericht vor**   **11**
den Kreditrisiken. Der Schutz ist allerdings nur ein beschränkter, weil der Vorschuss
zurückerstattet wird, wenn die Kosten der anderen Partei auferlegt werden und das Bundesgericht dann bei der unterliegenden beschwerdebeklagten Partei dennoch die Kosten
im Nachhinein einfordern muss. Der Kostenvorschuss dient von daher wesentlich den
Parteien als Orientierung über die voraussichtlich zu erwartenden Kosten. Der Vorschuss ist für das Gericht zwar nicht bindend, er sollte aber in aller Regel der Gebühr
entsprechen, die am Schluss festgesetzt wird.

3. Ausnahme von der Kostenpflicht

a) Absehen von Gesetzes wegen

Die Kostenvorschusspflicht setzt voraus, dass im Falle des Unterliegens überhaupt eine   **12**
Kostenpflicht besteht. Deshalb entfällt die Vorschusspflicht von vornherein in allen jenen
Verfahren, in denen gar keine Kostenpflicht besteht.[23] Die Unentgeltlichkeit ist im
geltenden Recht in der Regel im materiellen Recht geregelt.[24] Ob Unentgeltlichkeit vorliegt, ist damit eine Frage der Auslegung des materiellen Rechts.[25] Mit Erlass der Eidgenössischen Zivilprozessordnung wird sich dies voraussichtlich ändern. Die Frage der
Unentgeltlichkeit wird dann nicht mehr im materiellen Recht sondern in der Zivilprozessordnung geregelt.[26] Daraus können sich Änderungen ergeben, wenn statt der staatlichen Gerichte Schiedsgerichte angerufen werden. Der Bundesrat geht in der Botschaft
davon aus, dass die Bestimmungen über die Schiedsgerichtsbarkeit Eigenständigkeit
haben und die übrigen Bestimmungen der ZPO hier nicht angewendet werden dürfen.[27]
Damit entfällt die Unentgeltlichkeit, sobald ein Schiedsgericht tätig wird.[28] Das gilt wohl

---

[20] Vgl. insb. Art. 66 N 24; BGE 129 IV 208.
[21] GEISER/MÜNCH²-GEISER, Rz 1.8.
[22] Art. 63 OG.
[23] SEILER/VON WERDT/GÜNGERICH, BGG, Art. 62 N 5.
[24] Z.B. Art. 343 Abs. 2 OR für arbeitsrechtliche Streitigkeiten unter einem Streitwert von
Fr. 30 000.–. Vgl. aber hinten Art. 65 N 18.
[25] Vgl. hinten Art. 65 N 19.
[26] Vgl. Art. 111 f. Entwurf ZPO.
[27] Vgl. Botschaft des Bundesrates zur ZPO, BBl 2006 7329.
[28] Entsprechend wird in Art. 378 Entwurf ZPO für die Schiedsgerichtsbarkeit die Gewährung der
unentgeltlichen Rechtspflege ausgeschlossen.

auch für das Rechtsmittel an das Bundesgericht gegen einen Schiedsgerichtsentscheid. Weil es schiedsgerichtsfähige Rechtsstreite auch im Bereich der grundsätzlich unentgeltlichen Prozessmaterien gibt, findet durch die Verlagerung der Bestimmungen über die Unentgeltlichkeit aus dem materiellen Recht ins Prozessrecht eine materielle Änderung statt. Teilweise ist die Kostenlosigkeit des Verfahrens nicht auf Grund des Gesetzes vorgeschrieben, sondern entspricht einer langjährigen Praxis auf Grund allgemeiner Überlegungen, wie beispielsweise bei Beschwerden wegen Verletzung politischer Rechte.[29] Solche Regeln dürften allerdings vor Art. 65 Abs. 4 kaum mehr Bestand haben.

b) Unentgeltliche Rechtspflege

13 Wird einer Partei die unentgeltliche Rechtspflege gewährt, so ist sie auch in diesem Umfang von der **Kostenvorschusspflicht befreit**.[30] Wird sie nur teilweise gewährt,[31] kann im Rahmen der verbleibenden Kostenpflicht gegebenenfalls auch ein Vorschuss verlangt werden. Allerdings muss dabei berücksichtigt werden, in welcher Zeitspanne bei der teilweisen Gewährung der unentgeltlichen Rechtspflege von der Bezahlung der verbleibenden Kosten ausgegangen worden ist.

14 Es ist allerdings zu beachten, dass über die Gewährung der unentgeltlichen Rechtsprechung nicht in jedem Fall der Instruktionsrichter in dem Zeitpunkt entscheidet, in dem er den Kostenvorschuss festlegen muss.[32] Von der Kostenvorschusspflicht ist deshalb immer abzusehen, **wenn ein Gesuch um unentgeltliche Rechtsprechung eingereicht** und dieses nicht abgewiesen worden ist. Das Gesuch um unentgeltliche Rechtspflege ist ohne weiteres auch als Gesuch um Befreiung von der Kostenvorschusspflicht zu verstehen. Mit der Abweisung des Gesuches ist eine neue Frist für die Bezahlung des Kostenvorschusses anzusetzen.[33]

c) Besondere Umstände

15 Das Gericht kann – wie bereits im bisherigen Recht[34] – auch von der Erhebung eines Kostenvorschusses ganz oder teilweise Absehen, wenn besondere Gründe vorliegen. Es handelt sich um eine Ausnahmebestimmung, von der nur mit **grosser Zurückhaltung Gebrauch** zu machen ist.[35] Namentlich genügt es nicht, dass die Solvenz der entsprechenden Partei ausser Zweifel steht.[36] Auch die Schwierigkeit die entsprechenden Mittel flüssig zu machen, genügt nicht. Diesem Umstand kann vielmehr mit angemessenen Zahlungsfristen und -modalitäten Rechnung getragen werden. Das Absehen von einem Kostenvorschuss rechtfertigt sich jedoch, wenn das Rechtsmittel offensichtlich gutzuheissen ist, namentlich im vereinfachten Verfahren nach Art. 109 Abs. 2 Bst. b.[37] Es wäre sinnlos, in diesen Fällen noch einen Kostenvorschuss einzufordern, da ohnehin die Kosten der Gegenpartei zu auferlegen sind, soweit überhaupt solche erhoben werden.

---

[29] Vgl. EHRENZELLER/SCHWEIZER-BESSON, 419.

[30] Vgl. Art. 64 N 25.

[31] Art. 64 N 29 und SEILER/VON WERDT/GÜNGERICH, BGG, Art. 64 N 19; zum bisherigen Recht vgl. GEISER/MÜNCH²-GEISER, Rz 1.45.

[32] Vgl. zur Zuständigkeit Art. 64 Abs. 3.

[33] SEILER/VON WERDT/GÜNGERICH, BGG, Art. 62 N 6.

[34] Art. 150 Abs. 1 OG.

[35] POUDRET, Commentaire, Art. 150 N 1.2 OG; SEILER/VON WERDT/GÜNGERICH, BGG, Art. 62 N 7.

[36] POUDRET, Commentaire, Art. 150 N 1.2 OG.

[37] SPÜHLER/DOLGE/VOCK, Kurzkommentar, Art. 62 N 2; POUDRET, Commentaire, Art. 150 N 1.2 OG.

Im Gegensatz zur unentgeltlichen Rechtspflege bedarf es für den Erlass des Vorschusses   **16**
nicht zwingend eines entsprechenden Antrages. vielmehr kann das Gericht diesen Entscheid auch von **Amtes wegen** fällen.

III. Sicherstellung der Parteientschädigung (Abs. 2)

1. Gegenstand

Für eine beklagte Partei sind die Parteikosten regelmässig das grössere Risiko als die   **17**
Gerichtskosten. Sie sind meist vom Betrag her höher, und überdies läuft eine Partei Gefahr, selbst beim Obsiegen auf ihren eigenen Kosten sitzen zu bleiben, wenn sie sie bei der Gegenpartei nicht eintreiben kann. Aus diesem Grund erlaubt es das Gesetz unter gewissen Voraussetzung von einer Partei zu verlangen, dass diese eine allfällige Parteientschädigung i.S.v. Art. 68 sicherstellt. Muss die zur Sicherstellung verpflichtete Partei schliesslich keine Parteientschädigung bezahlen, so ist ihr die geleistete Sicherheit zurückzuerstatten.[38] Die Voraussetzungen für einen Anspruch auf Sicherstellung sind allerdings so streng, dass diese nur geringe praktische Bedeutung hat.

Die Sicherstellung betrifft immer nur die **künftigen Parteientschädigungen**. Nicht erfasst von dieser Bestimmung wird die Sicherstellung der bereits im kantonalen Verfahren   **18**
aufgelaufenen Kosten und Entschädigungen.[39] Ebenfalls nicht erfasst sind die Kosten, welche bereits im bundesgerichtlichen Verfahren angefallen sind, bevor die Sicherstellung verlangt worden ist. Namentlich genügt es nicht, das Gesuch um Sicherstellung mit der Beschwerdeantwort zu stellen, weil der wichtigste Teil der Arbeit, nämlich das Ausarbeiten der Beschwerdeantwort dann bereits erfolgt ist.[40] Das Gesuch ist dann gegenstandslos, und es ist nicht darauf einzutreten.[41] Der Beschwerdegegner muss deshalb innerhalb der ihm für die Beschwerdeantwort gesetzten Frist das Gesuch um Sicherstellung stellen und dieses mit einem Gesuch um Fristverlängerung für die Beschwerdeantwort verbinden.[42] Die Beschwerdeantwort sollte erst eingereicht werden, nachdem die Sicherheit geleistet worden ist.[43] Wird die Antwort zwar nach dem Gesuch, aber bevor das Bundesgericht über die Sicherstellung entschieden hat, eingereicht, ist es gegenstandslos.[44] Insofern ist die Rechtslage bei der Sicherstellung eine sehr viel strengere als bei der unentgeltlichen Rechtspflege.[45]

Zur Sicherstellung der Parteikosten kann immer nur jene **Partei** verpflichtet werden,   **19**
welche das Bundesgericht angerufen hat. Die für Abs. 1 ausdrücklich formulierte Voraussetzung gilt auch bei Abs. 2.

2. Voraussetzungen

Die Sicherstellung kann nur verlangt werden, wenn die Gegenpartei entweder in der   **20**
Schweiz keinen festen Wohnsitz hat oder zahlungsunfähig ist. Die Voraussetzungen sind alternativ, aber **abschliessend aufgezählt**. Verfügt werden kann die Sicherstellung nur,

---

[38] Seiler/von Werdt/Güngerich, BGG, Art. 62 N 11.
[39] Seiler/von Werdt/Güngerich, BGG, Art. 62 N 11.
[40] BGE 79 II 305; 118 II 88; 132 I 138.
[41] Seiler/von Werdt/Güngerich, BGG, Art. 62 N 11.
[42] BGer 4P.282/201, E. 1.
[43] Vgl. Poudret, Commentaire, Art. 150 N 2.4 OG.
[44] BGer 4P.282/201, E. 1.
[45] Vgl. hinten Art. 64 N 24.

wenn der Beschwerdegegner ein entsprechendes Gesuch stellt. Das Gericht kann die Sicherstellung nicht von Amtes wegen verfügen.

21   Handelt es sich bei **mehreren Beschwerdeführern** um notwendige Streitgenossen, haften diese gegebenenfalls für eine Parteientschädigung solidarisch. Es genügt somit, wenn ein einziger in der Schweiz einen festen Wohnsitz hat und nicht zahlungsunfähig ist, damit die Sicherstellungspflicht für alle entfällt.[46] Demgegenüber haften nicht notwendige Streitgenossen nicht zwingend solidarisch für die Parteientschädigung, so dass auch für jeden einzeln zu prüfen ist, ob die Voraussetzungen für eine Sicherstellungspflicht gegeben sind.[47]

a) Nachweisliche Zahlungsunfähigkeit

22   Zahlungsunfähigkeit liegt vor, wenn jemand **nicht über die notwendige Liquidität verfügt** und auch **nicht den nötigen Kredit besitzt**, um den Zahlungsverpflichtungen nachzukommen.[48] Sie muss überdies nachgewiesen sein, was zutrifft, wenn gegen eine Partei ein Verlustschein (provisorischer oder definitiver) vorliegt, der Konkurs eröffnet worden[49] oder ein Gesuch um Nachlassstundung hängig ist.[50]

23   Die Zahlungsunfähigkeit hat dann allerdings meist zur Folge, dass die betroffene Partei Anspruch auf **unentgeltliche Rechtsprechung** hat und damit von ihr keine Sicherstellung verlangt werden kann.[51] Anders verhält es sich nur bei Aussichtslosigkeit oder wenn es sich bei der Partei um eine juristische Person handelt, welche ihrerseits keine unentgeltliche Rechtspflege verlangen kann.[52]

24   Massgeblich sind die Verhältnisses bei der **formellen Beschwerdeführerin**.[53] Handelt es sich bei dieser um eine juristische Person, müssen die Voraussetzungen bei ihr gegeben sein und nicht bei den hinter ihr stehenden wirtschaftlich Berechtigten. Entsprechend können deren Solvenz auch nicht die insolvente juristische Person vor der Vorschusspflicht schützen. Das gilt auch bei einem Konzern.

25   Soweit die **Konkursmasse** den Prozess führt, ist sie nicht in jedem Fall als zahlungsunfähig anzusehen.[54] Nur wenn selbst die Massenverbindlichkeiten nicht gedeckt sind, kann sie zur Sicherstellung angehalten werden.[55]

b) Kein fester Wohnsitz in der Schweiz

26   Unabhängig von der Zahlungsunfähigkeit kann Sicherheit verlangt werden, wenn der Beschwerdeführer keinen festen Wohnsitz in der Schweiz hat. Das Gesetz definiert nicht, was darunter zu verstehen ist. Es ist somit auf den Zweck abzustellen, die Vollstreckung des Kostenentscheids zu sichern. Von daher genügt nur ein Wohnsitz nach

---

[46] BGE 109 II 272; SEILER/VON WERDT/GÜNGERICH, BGG, Art. 62 N 13.

[47] BGE 93 II 69; POUDRET, Commentaire, Art. 150 N 1.2 OG; SEILER/VON WERDT/GÜNGERICH, BGG, Art. 62 N 13.

[48] BGE 111 II 206; POUDRET, Commentaire, Art. 150 N 2.3 OG.

[49] Auch wenn er später mangels Aktiver wieder eingestellt worden ist.

[50] POUDRET, Commentaire, Art. 150 N 1.2 OG; SEILER/VON WERDT/GÜNGERICH, BGG, Art. 62 N 13; MESSMER/IMBODEN, Rechtsmittel, 33, FN 5 m.Hinw. auf BGE 79 II 304.

[51] Vgl. vorn N 13 f.

[52] GEISER/MÜNCH[2]-GEISER, Rz 1.46; vgl. dazu hinten Art. 64 N 9 ff. und BGE 131 II 327.

[53] Vgl. die Ausnahme bezüglich der unentgeltlichen Rechtspflege hinten Art. 64 N 9 ff.

[54] POUDRET, Commentaire, Art. 150 N 2.3 OG.

[55] Offen gelassen in BGE 105 Ia 249.

Art. 23 ZGB, nicht aber nach Art. 24 ZGB.[56] Demgegenüber liegt kein Grund vor, den gesetzlichen Wohnsitz nach Art. 25 ZGB nicht genügen zu lassen.[57] Bei einer juristischen Person genügt eine Niederlassung ohne eigene Rechtspersönlichkeit in der Schweiz nicht.[58]

Es muss sich um einen Wohnsitz **in der Schweiz** handeln. Ein fester Wohnsitz im Ausland genügt nicht, weil dort die Vollstreckung nicht in jedem Fall gesichert ist. In Analogie zur Auslegung für den Wohnsitz in der Schweiz genügen auch im internationalen Verhältnis die Surrogate[59] nicht.[60]   **27**

Die Sicherstellungspflicht entfällt, wenn **völkerrechtliche Verträge** eine solche ausschliessen.[61] Von Bedeutung ist insb. das Haager Übereinkommen betr. Zivilprozessrecht vom 17.7.1905.[62] Demgegenüber verbietet das Freizügigkeitsabkommen mit der EU eine Sicherstellung nicht.[63] Einzelne bilaterale Verträge können aber der Sicherstellung entgegenstehen. Fraglich erscheint, wie weit im Anwendungsbereich des Lugano Übereinkommens ein Anschluss angenommen werden muss. Ein solcher ist in diesem Abkommen zwar nicht vorgesehen. Vom Zweck der Sicherstellung her rechtfertigt sich aber diese nicht, wenn das Urteil einschliesslich des Kostenentscheides ohne weiteres im Ausland vollstreckt werden kann, so dass von Parteien mit Wohnsitz in einem Luganostaat in der Regel keine Sicherstellung verlangt werden kann.   **28**

Auf die entsprechenden vertraglichen Ausnahmen können sich nicht nur Ausländer sondern auch **Auslandschweizer** berufen, wenn sie in einem entsprechenden Staat Wohnsitz haben.[64]   **29**

3. Höhe und Vorgehen

Es sind die Kosten sicherzustellen, welche der Partei durch das **bundesgerichtliche Verfahren mutmasslich entstehen** können und ihr als Parteientschädigung zuzusprechen sind. Das Bundesgericht hat deshalb im Voraus abzuschätzen, wie hoch im Falle des vollständigen Unterliegens die Parteientschädigung mutmasslich festgesetzt werden wird. Dabei kommt dem Gericht- wie bei der Festsetzung der Parteientschädigung selber ein erhebliches Ermessen zu.   **30**

Der Kostenvorschuss und der sicher zu stellende Betrag für die Parteientschädigung sind immer in **Landeswährung** festzusetzen.

Das Gericht kann die Sicherstellung nur anordnen, wenn ein entsprechendes **Gesuch** rechtzeitig[65] gestellt worden ist. Über die Sicherstellung entscheidet der Instruktionsrichter.[66] Es kommt ihm dabei ein grosses Ermessen zu.   **31**

---

[56] GEISER/MÜNCH[2]-GEISER, Rz 1.46; POUDRET, Commentaire, Art. 150 N 2.2 OG.
[57] **A.M.** SEILER/VON WERDT/GÜNGERICH, BGG, Art. 62 N 14.
[58] POUDRET, Commentaire, Art. 150 N 2.2 OG.
[59] Gewöhnlicher Aufenthalt gem. Art. 20 Abs. 1 IPRG.
[60] GEISER/MÜNCH[2]-GEISER, Rz 1.46.
[61] POUDRET, Commentaire, Art. 150 N 2.2 OG; GEISER/MÜNCH[2]-GEISER, Rz 1.46; SEILER/VON WERDT/GÜNGERICH, BGG, Art. 62 N 16.
[62] SR 0.274.11.
[63] SEILER/VON WERDT/GÜNGERICH, BGG, Art. 62 N 16.
[64] GEISER/MÜNCH[2]-GEISER, Rz 1.46; SEILER/VON WERDT/GÜNGERICH, BGG, Art. 62 N 16; BGE 90 II 144; 91 II 77.
[65] Vgl. vorn N 18.
[66] Art. 62 Abs. 3.

IV. Verfahren und Bezahlung (Abs. 3)

1. Verfahren zur Festsetzung

32   Über die Leistung des Kostenvorschusses und der Sicherstellung entscheidet – wie bisher – der **Instruktionsrichter**. In der Praxis wird dieser Entscheid regelmässig vor der Zuteilung des Dossiers an einen Instruktionsrichter vom Präsidenten entschieden. Dieser delegiert den Entscheid in den meisten Fällen an den Präsidialschreiber oder die Kanzlei.[67] Es ist sowohl über die Höhe des Vorschusses wie auch über die Zahlungsfrist zu entscheiden. Bei der Sicherstellung kommt der Grundsatzentscheid dazu, ob überhaupt eine Sicherstellung zu leisten ist. Vor dem Entscheid über die Sicherstellung der Parteientschädigung ist die Partei anzuhören, welche zur Sicherstellung angehalten werden soll.

33   Über den Kostenvorschuss ist am **Anfang des Verfahrens** zu entscheiden. Er soll es der Partei ermöglichen, das Kostenrisiko abzuschätzen. Aus diesem Grunde ist es m.E. nicht zulässig, nachträglich den Kostenvorschuss zu erhöhen oder ihn erst später einzufordern. Eine Ausnahme besteht nur bezüglich Barauslagen,[68] wenn sich deren Notwendigkeit erst im Nachhinein zeigt.

34   Gegen den Entscheid des Instruktionsrichters in Bezug auf den Kostenvorschuss und die Sicherstellung gibt es **kein Rechtsmittel**.[69]

2. Leistung des Vorschusses und der Sicherstellung

35   Während bis anhin nur eine Frist angesetzt werden musste, sieht Art. 62 Abs. 3 nunmehr ausdrücklich vor, dass eine zweite Frist (**Nachfrist**) anzusetzen ist, wenn der Kostenvorschuss oder die Sicherheit nicht rechtzeitig geleistet worden ist. Die Ansetzung dieser zweiten Frist ist zwingend, auch wenn nicht damit zu Rechnen ist, dass sie benutzt werden wird.

Eine **zweite Nachfrist** ist demgegenüber **nicht zulässig**. Eine Ausnahme besteht nur insoweit, als innerhalb der Nachfrist ein Gesuch um unentgeltliche Rechtspflege gestellt und abgewiesen wird. Dann ist noch einmal eine Frist für den Kostenvorschuss anzusetzen.[70] Weil das Gesuch um unentgeltliche Rechtspflege aber erst im Rahmen der Nachfrist gestellt worden ist, kann die danach gesetzte Frist für den Kostenvorschuss nicht noch einmal verlängert werden.

36   Bei **mehreren Beschwerdeführern** ist grundsätzlich von jedem Beschwerdeführer ein Kostenvorschuss zu verlangen, es sei denn, es liege auch eine gemeinsame Eingabe vor.[71] Letzteren Falls ist auf die Beschwerde einzutreten, wenn auch nur ein Beschwerdeführer den Kostenvorschuss geleistet oder ein Gesuch um unentgeltliche Rechtspflege eingereicht hat, das gutgeheissen worden ist.[72]

37   **Wird** der Kostenvorschuss oder die Sicherstellung **nicht rechtzeitig geleistet**, ist auf das Rechtsmittel nicht einzutreten, selbst wenn es offensichtlich begründet ist.[73] Will das Gericht das Rechtsmittel dennoch behandeln, kann es allerdings auf Kostenlosigkeit des Verfahrens erkennen und damit die Vorschusspflicht im Nachhinein entfallen lassen. Über die Rechtzeitigkeit des Kostenvorschusses und gegebenenfalls das Nichteintreten

---

[67] So auch SEILER/VON WERDT/GÜNGERICH, BGG, Art. 62 N 19.
[68] Art. 63 OG.
[69] Art. 32 Abs. 3.
[70] Vgl. vorn N 14 und SEILER/VON WERDT/GÜNGERICH, BGG, Art. 62 N 21.
[71] SEILER/VON WERDT/GÜNGERICH, BGG, Art. 62 N 23.
[72] BGer (SchKK) 5P.160/2004 v. 8.7.2004.
[73] SEILER/VON WERDT/GÜNGERICH, BGG, Art. 62 N 22.

entscheidet der Präsident der Abteilung als Einzelrichter.[74] Auch für den Nichteintretensentscheid können Kosten erhoben werden.

Rechtzeitig ist der Kostenvorschuss geleistet, wenn er entweder innert Frist beim Bundesgericht bar eingegangen ist oder der Betrag rechtzeitig zu Gunsten des Bundesgerichts der Schweizerischen Post übergeben oder einem Post- oder Bankkonto in der Schweiz belastet worden ist.[75] Die bisherige Praxis, dass der Vorschuss auch dann als rechtzeitig geleistet gilt, wenn er an eine unzuständige Stelle des Bundes oder eines Kantons rechtzeitig bezahlt worden ist,[76] sollte auch unter dem neuen Recht weiter gelten. Art. 48 Abs. 3 gilt insoweit auch für die Vorschüsse. Aus der engeren Formulierung in Art. 48 Abs. 4 sollte nichts anderes geschlossen werden.[77]

Auch der **Sicherstellung** wird in der Regel durch die **Hinterlegung eines bestimmten Betrages** beim Bundesgerichts nachgekommen. Es ist allerdings nicht einzusehen, warum die Sicherstellung nicht auch auf andere Weise erfolgen können soll. So sollte beispielsweise ein unwiderrufliches Zahlungsversprechen einer schweizerischen Bank auch genügen. Ihre Solvenz muss mit Blick auf die Bankenaufsicht ausser Zweifel stehen. Dass andere Formen der Sicherheiten (Grund- oder Fahrnispfänder) wegen der Verwertungsprobleme kaum in Frage kommen liegt auf der Hand. **38**

Auferlegt das Bundesgericht im Entscheid über das Rechtsmittel der entsprechenden Partei keine Kosten, bzw. verpflichtet es sie nicht zur Bezahlung einer Parteientschädigung, so sind die Vorschüsse und Sicherheiten zurück zu erstatten, selbst wenn das Bundesgericht Gefahr läuft, die eigenen Kosten bei der unterlegenen Gegenpartei nicht eintreiben zu können. Die das Bundesgericht anrufende Partei muss gegenüber dem Bundesgericht nicht auch für die Insolvenz des Beschwerdegegners einstehen. **39**

Art. 63

Vorschuss für Barauslagen	**¹ Jede Partei hat die Barauslagen vorzuschiessen, die im Laufe des Verfahrens infolge ihrer Anträge entstehen, und anteilsmässig die Barauslagen, die durch gemeinschaftliche Anträge der Parteien oder durch das Bundesgericht von Amtes wegen veranlasst werden.**
	² Der Instruktionsrichter oder die Instruktionsrichterin setzt zur Leistung des Vorschusses eine angemessene Frist. Läuft diese unbenutzt ab, so setzt der Instruktionsrichter oder die Instruktionsrichterin der Partei eine Nachfrist. Wird der Vorschuss auch innert der Nachfrist nicht geleistet, so unterbleibt die Handlung, deren Kosten zu decken sind.
Avance des débours	¹ Chaque partie doit avancer les débours causés pendant la procédure par ses réquisitions et, proportionnellement, les débours causés par des réquisitions communes ou par des actes accomplis d'office par le Tribunal fédéral.
	² Le juge instructeur fixe un délai approprié pour fournir l'avance. Si le versement n'est pas fait dans ce délai, il fixe un délai supplémentaire. Si l'avance n'est pas versée dans ce second délai, l'acte dont les frais doivent être couverts reste inexécuté.

---

[74] Art. 108 Abs. 1 Bst. a.
[75] Art. 48 Abs. 4; KARLEN, BGG, 29 f.
[76] BGE 111 V 407.
[77] Vgl. dazu die Kommentierung zu Art. 48.

Thomas Geiser 553

Anticipazione
dei disborsi

[1] Ciascuna parte deve anticipare i disborsi causati dalle proprie richieste durante il procedimento e, proporzionalmente, quelli causati da richieste congiunte o da atti ordinati d'ufficio dal Tribunale federale.

[2] Il giudice dell'istruzione stabilisce un congruo termine per il versamento dell'anticipo. Se il termine scade infruttuoso, impartisce un termine suppletorio. Se l'anticipo non è versato neppure nel termine suppletorio, l'atto per cui è stato chiesto non è eseguito.

Inhaltsübersicht   Note

Materialien

Botschaft 2001 BBl 2001 4304 ff.; AB 2003 S 898; AB 2004 N 1593.

Literatur

Vgl. die Literaturhinweise zu Art. 62.

I. Verhältnis zum bisherigen Recht

1 Materiell entspricht die geltende Regelung dem bisherigen Recht.[1] Neu ist demgegenüber, dass eine Nachfrist anzusetzen ist und die Regelung des Verfahrens.

II. Gegenstand der Barauslagen

2 Barauslagen sind jene Kosten des Gerichts, welche nicht in der Gerichtsgebühr enthalten sind.[2] Es sind regelmässig Leistungen Dritter, die das Gericht diesen zu bezahlen hat. Darunter fallen einerseits die Kosten für Übersetzungen[3] und andererseits für Beweisabnahmen,[4] soweit es sich um Dritten zu vergütende Leistungen handelt. Das sind insb. Entschädigungen für Zeugen und Sachverständige und Auslagen für weitere Expertisen. Weil – und soweit – das Bundesgericht das Recht von Amtes wegen anzuwenden hat, handelt es sich bei allfälligen Auslagen für Rechtsgutachten nicht um Barauslagen, sondern um eine besondere Art, wie das Gericht seine eigene Arbeit finanziert. Ebenfalls

---

[1] Art. 151 OG; SPÜHLER/DOLGE/VOCK, Kurzkommentar, Art. 63 N 1.
[2] Vgl. Kommentierung zu Art. 65.
[3] Art. 54 Abs. 3 und 4; POUDRET, Commentaire, Art. 151 N 1 OG; SEILER/VON WERDT/GÜNGERICH, BGG, Art. 63 N 2; SPÜHLER/DOLGE/VOCK, Kurzkommentar, Art. 63 N 2.
[4] POUDRET, Commentaire, Art. 151 N 1 OG.

nicht zu den Barauslagen gehören die eigenen Kosten des Gerichts für einen Augenschein wie Fahrspesen usw.[5] Welche Barauslagen erhoben werden können, bestimmt nicht Art. 63 sondern Art. 65 Abs. 1.[6]

III. Vorschusspflicht

1. Vorschusspflichtige Partei

Sind die Kosten die Folgen eines **Antrages** einer Partei, so trifft die Vorschusspflicht **3** diese. Es kommt insoweit auf die formelle Antragstellung und nicht darauf an, wessen Verhalten die Kosten verursacht hat. Ohne Bedeutung ist auch – im Gegensatz zur Vorschusspflicht nach Art. 62 – die verfahrensrechtliche Stellung für die Vorschusspflicht.[7] Allerdings kann die Vorschusspflicht immer nur eine Person treffen, welche schliesslich auch zur Kostentragung verpflichtet werden kann.

Erfolgen die Auslagen auf **gemeinsamen Antrag** hin, braucht die Vorschusspflicht nicht **4** notwendigerweise beide zur Hälfte zu treffen. Vielmehr kann das Gericht eine andere Teilung vorsehen oder jene Partei zum ganzen Vorschuss verpflichten, in deren Interesse die entsprechende Handlung ist.[8] Das gilt auch bezüglich der Kosten, welche für eine Handlung anfallen, die von Amtes wegen vorzunehmen ist. Muss eine Expertise erstellt werden um den Streitwert ermitteln zu können, so erfolgt die Auslage immer im Interesse des Beschwerdeführers, so dass dieser den Vorschuss zu leisten hat.[9]

2. Ausnahmen von der Vorschusspflicht

Weil die Barauslagen zu den Gerichtskosten gehören,[10] gelangt die in Art. 62 Abs. 1 vor- **5** gesehene Ausnahme auch für die Barauslagen zur Anwendung. Es liegt in der Natur der Sache, dass kein Vorschuss verlangt werden darf, wenn der entsprechenden Partei gar keine Kosten auferlegt werden können. Von daher entfällt die Vorschusspflicht, wenn die **unentgeltliche Prozessführung** bewilligt worden ist.[11] Das Verbot Auslagen aufzuerlegen kann sich auch aus dem materiellen Recht ergeben.[12] Darüber hinaus kann ausnahmsweise auch aus anderen Gründen von der Vorschusspflicht abgesehen werden.[13]

IV. Verfahren und Folgen der Nichtleistung

1. Verfahren

Das Verfahren ist identisch mit jenem zur Festsetzung des Kostenvorschusses nach **6** Art. 62.[14] Es ist somit auch hier gegebenenfalls eine zweite Frist anzusetzen. Die Wiederholung der entsprechenden Regeln in Art. 63 Abs. 2 ist insoweit eher verwirrlich, als dadurch der falsche Eindruck entstehen könnte, im Übrigen sei Art. 62 für die Barauslagen nicht anwendbar.

---

[5] SEILER/VON WERDT/GÜNGERICH, BGG, Art. 63 N 3.
[6] Vgl. Art. 65 N 4.
[7] SEILER/VON WERDT/GÜNGERICH, BGG, Art. 63 N 4.
[8] POUDRET, Commentaire, Art. 151 N 1 OG; SEILER/VON WERDT/GÜNGERICH, BGG, Art. 63 N 4.
[9] POUDRET, Commentaire, Art. 151 N 1 OG.
[10] Vgl. Art. 65 N 4.
[11] SEILER/VON WERDT/GÜNGERICH, BGG, Art. 63 N 4.
[12] So ausdrücklich Art. 343 Abs. 2 OR.
[13] Vgl. Art. 62 N 15 f.
[14] Vgl. Art. 62 N 32 ff.

Thomas Geiser

2. Folgen der nicht rechtzeitigen Leistung

7   Wird der Vorschuss nicht bzw. nicht rechtzeitig geleistet, so **unterbleibt die entsprechende Handlung**. Der Instruktionsrichter hat eine entsprechende Verfügung zu erlassen. Gegen diese gibt es kein Rechtsmittel.[15] Das Gericht entscheidet in der Sache, ohne die entsprechende Handlung vorgenommen zu haben. Das wird häufig, nicht aber zwingend, ein Nachteil für die entsprechende Partei sein.

8   Diese Rechtwirkung ist allerdings nicht in jedem Fall angemessen.[16] Namentlich wenn eine Massnahme von Amtes wegen angeordnet werden muss, rechtfertigt es sich nicht, auf die entsprechende Handlung bloss deshalb zu verzichten, weil der Kostenvorschuss nicht geleistet worden ist. Insofern müssen Ausnahmen zulässig sein.

Art. 64

Unentgeltliche Rechtspflege

[1] Das Bundesgericht befreit eine Partei, die nicht über die erforderlichen Mittel verfügt, auf Antrag von der Bezahlung der Gerichtskosten und von der Sicherstellung der Parteientschädigung, sofern ihr Rechtsbegehren nicht aussichtslos erscheint.

[2] Wenn es zur Wahrung ihrer Rechte notwendig ist, bestellt das Bundesgericht der Partei einen Anwalt oder eine Anwältin. Der Anwalt oder die Anwältin hat Anspruch auf eine angemessene Entschädigung aus der Gerichtskasse, soweit der Aufwand für die Vertretung nicht aus einer zugesprochenen Parteientschädigung gedeckt werden kann.

[3] Über das Gesuch um unentgeltliche Rechtspflege entscheidet die Abteilung in der Besetzung mit drei Richtern oder Richterinnen. Vorbehalten bleiben Fälle, die im vereinfachten Verfahren nach Artikel 108 behandelt werden. Der Instruktionsrichter oder die Instruktionsrichterin kann die unentgeltliche Rechtspflege selbst gewähren, wenn keine Zweifel bestehen, dass die Voraussetzungen erfüllt sind.

[4] Die Partei hat der Gerichtskasse Ersatz zu leisten, wenn sie später dazu in der Lage ist.

Assistance judiciaire

[1] Si une partie ne dispose pas de ressources suffisantes et si ses conclusions ne paraissent pas vouées à l'échec, le Tribunal fédéral la dispense, à sa demande, de payer les frais judiciaires et de fournir des sûretés en garantie des dépens.

[2] Il attribue un avocat à cette partie si la sauvegarde de ses droits le requiert. L'avocat a droit à une indemnité appropriée versée par la caisse du tribunal pour autant que les dépens alloués ne couvrent pas ses honoraires.

[3] La cour statue à trois juges sur la demande d'assistance judiciaire. Les cas traités selon la procédure simplifiée prévue à l'art. 108 sont réservés. Le juge instructeur peut accorder lui-même l'assistance judiciaire si les conditions en sont indubitablement remplies.

[4] Si la partie peut rembourser ultérieurement la caisse, elle est tenue de le faire.

---

[15] Art. 32 Abs. 3.
[16] POUDRET, Commentaire, Art. 151 N 1 OG.

Gratuito patrocinio

¹ Se una parte non dispone dei mezzi necessari e le sue conclusioni non sembrano prive di probabilità di successo, il Tribunale federale la dispensa, su domanda, dal pagamento delle spese giudiziarie e dalla prestazione di garanzie per le spese ripetibili.

² Se è necessario per tutelare i diritti di tale parte, il Tribunale federale le designa un avvocato. Questi ha diritto a un'indennità adeguata, versata dalla cassa del Tribunale, in quanto le spese di patrocinio non possano essere coperte dalle spese ripetibili.

³ La corte decide sulla domanda di gratuito patrocinio nella composizione di tre giudici. Rimangono salvi i casi trattati in procedura semplificata secondo l'articolo 108. Il gratuito patrocinio può essere concesso dal giudice dell'istruzione se è indubbio che le relative condizioni sono adempiute.

⁴ Se in seguito è in grado di farlo, la parte è tenuta a risarcire la cassa del Tribunale.

Inhaltsübersicht

Materialien

Botschaft 2001 BBl 2001 4304 ff.; AB 2003 S 898; AB 2004 N 1593; AB 2005 S 128; AB 2005 N 646.

Literatur

A. HAEFLIGER, Alle Schweizer sind vor dem Gesetze gleich, Bern 1985 (zit. Häfliger, Schweizer); U. KIESER, ATSG-Kommentar, Zürich 2003 (zit. Kieser, ATSG-Kommentar); G. MESSMER/H. IMBODEN, Die eidgenössichen Rechtsmittel in Zivilsachen, Zürich 1992 (zit. Messmer/Imboden, Rechtsmittel); s.a. die Literaturhinweise zu Art. 62.

I. Allgemeine Bemerkungen

1. Verfassungsmässige Ausgangslage

Der Anspruch auf unentgeltliche Rechtspflege und Rechtsverbeiständung ist in **Art. 29 Abs. 3 BV und in Art. 6 Ziff. 3 EMRK**[1] verankert. Der Text von Art. 64 Abs. 1 und 2 lehnt sich eng an den Wortlaut der Verfassungsbestimmung an.[2] Die Bundesverfassung 1

---

[1] Zum Verhältnis dieser Normen zueinander vgl. BGE 126 I 195 f.
[2] Vgl. Botschaft 2001 BBl 2001 4304.

enthält allerdings nur einen Mindeststandart. Das Prozessrecht kann einen weitergehenden Anspruch gewähren.

2   Ob die Verfassung eine **endgültige Befreiung** von der Kostenpflicht gewährt **oder** nur eine **vorläufige** (d.h. insb. von jeglichen Vorschüssen), ist fraglich.[3] Mit Blick auf die positivrechtliche Regelung im BGG ist die Frage aber ohne praktische Bedeutung.

3   **Zweck der unentgeltlichen Rechtspflege** ist es, auch eine bedürftige Partei zu befähigen, ihre Rechte in einem amtlichen Verfahren zu verteidigen. Die Mittellosigkeit soll nicht zum Verlust von Rechten führen und es soll eine gewisse Waffengleichheit mit der begüterten Partei geschaffen werden.[4] Entsprechend besteht der Anspruch in jedem staatlichen Verfahren,[5] in dem es um die Verteidigung subjektiver Rechte geht bzw. die Interessen der gesuchstellenden Partei unmittelbar betroffen sind,[6] somit auch im Rechtsöffnungsverfahren.[7] Von diesem Zweck her besteht der verfassungsmässige Anspruch nicht auch ohne weiteres im abstrakten Normenkontrollverfahren.[8] Die betroffene Person hat die Möglichkeit ihre Interessen in einem späteren Verfahren noch immer vollständig zu wahren. Ob diese für die Verfassung geltende Einschränkung allerdings auch für Art. 64 gilt, scheint mit Blick auf dessen Wortlaut fraglich.[9]

2. Verhältnis zum bisherigen Recht und Entstehungsgeschichte

4   Art. 64 folgt mit Ausnahme der Zuständigkeitsregel weitgehend Art. 152 OG. Die gesetzgewordene Fassung entspricht grundsätzlich dem Entwurf des Bundesrates.[10] Der Nationalrat hatte den Vorbehalt zu Gunsten des vereinfachten Verfahrens gestrichen,[11] was aber der Ständerat wieder korrigierte.[12] Dem stimmte dann der Nationalrat zu.[13]

3. Anwendungsbereich von Art. 64

5   Die Bestimmung findet auf **alle Verfahren vor Bundesgericht** Anwendung.[14] Die sich bezüglich des verfassungsrechtlichen Anspruchs ergebende Einschränkung auf Verfahren, in denen der Gesuchsteller subjektive Interessen wahrnimmt, hat im Gesetzeswortlaut keinen Niederschlag gefunden. Von daher scheint es fraglich, ob sich mit dem blossen Hinweis auf den Zweck der unentgeltlichen Rechtspflege diese bei der abstrakten Normenkontrolle[15] von vornherein ausschliessen lässt, wie dies das Bundesgericht in seiner bisherigen Rechtsprechung getan hat.[16]

6   **Keine Anwendung** findet Art. 64 auf das **vorgelagerte kantonale Verfahren**. Für dieses bestimmt sich der Anspruch auf unentgeltliche Rechtspflege vielmehr nach dem kantonalen Recht, wobei dieses den Vorgaben der Verfassung[17] genügen muss. Soweit es um

---

[3]   SGK-HOTZ, Art. 29 N 51 BV.
[4]   BGE 131 I 355.
[5]   SGK-HOTZ, N 49 zu Art. 29 BV; SEILER/VON WERDT/GÜNGERICH, BGG, Art. 64 N 4.
[6]   BGE 121 I 60; 125 V 32; 130 I 180; 128 I 227.
[7]   BGE 121 I 60.
[8]   BGE 128 I 227.
[9]   Vgl. BGE 121 I 314.
[10] Art. 60 Entwurf.
[11] AB 2004 N 1593.
[12] AB 2003 S 898; AB 2005 S 128.
[13] AB 2005 N 646.
[14] Vgl. Art. 62 N 6; SPÜHLER/DOLGE/VOCK, Kurzkommentar, Art. 64 N 2.
[15] Art. 82 Bst. b.
[16] BGE 121 I 314; SPÜHLER/DOLGE/VOCK, Kurzkommentar, Art. 64 N 2.
[17] Art. 29 Abs. 3 BV.

sozialversicherungsrechtliche Streitigkeiten geht, finden jedoch die entsprechenden Bestimmungen des VwVG auf Grund des Verweises in Art. 55 ATSG Anwendung.[18]

Das **Bundesgericht prüft autonom**, ob die Voraussetzungen für die unentgeltliche 7 Rechtspflege gegeben sind oder nicht.[19] Von daher ist es ohne Bedeutung, ob der Gesuchsteller im kantonalen Verfahren die unentgeltliche Prozessführung hatte oder nicht.

II. Unentgeltliche Rechtspflege i.e.S. (Abs. 1)

1. Anspruchsberechtigte Personen

Die unentgeltliche Prozessführung kann **jede natürliche Person** unabhängig erhalten. Es 8 gibt weder bezüglich der Nationalität noch des Wohnsitzes irgendwelche Einschränkungen. Der Anspruch steht somit auch Ausländern im Ausland für Verfahren vor Bundesgericht zu.[20]

Die Regelung der unentgeltlichen Rechtspflege ist mit dem Erfordernis der Bedürftigkeit 9 auf natürliche Personen zugeschnitten. Aus diesem Grunde können **juristische Personen** den Anspruch grundsätzlich nicht geltend machen.[21] Eine Ausnahme ist allerdings zu machen, wenn ihr einziges Aktivum im Streit liegt und auch die wirtschaftlich Berechtigten bedürftig sind.[22] Dabei ist der Begriff der wirtschaftlich Berechtigten weit zu fassen.[23]

Diese Regelung gilt auch für **Konkurs- und Nachlassmassen**.[24] Zu den wirtschaftlich 10 Berechtigten können hier allerdings auch die Gläubiger zählen, weil sie vom Prozessergebnis profitieren.[25]

Im Gegensatz zu juristischen Personen können **Kollektiv- und Kommanditgesellschaf-** 11 **ten** die unentgeltliche Rechtspflege beanspruchen, wenn die Voraussetzungen mit Bezug auf alle Gesellschafter gegeben sind.[26] Diese Regelung muss wohl auch auf andere Personenmehrheiten, welche als Einheit auftreten, anwendbar sein wie beispielsweise Stockwerkeigentümergemeinschaften. Anders sieht es bei (notwendigen) **Streitgenossen** aus wie beispielsweise bei einer Erbengemeinschaft. Hier kann jeder einzeln den Anspruch geltend machen.[27]

Der Anspruch steht ausschliesslich einer **Partei** zu. Er setzt Parteistellung im bundesge- 12 richtlichen Verfahren voraus. Dritte ohne Parteistellung können sich nicht auf Art. 64 berufen.[28] Ob der Antragsteller selber das Bundesgericht angerufen hat oder ob es sich um den Beschwerdegegner handelt, ist demgegenüber ohne Bedeutung.[29]

---

[18] SEILER/VON WERDT/GÜNGERICH, BGG, Art. 64 N 3; KIESER, ATSG-Kommentar, Art. 55 N 9 ATSG.
[19] SEILER/VON WERDT/GÜNGERICH, BGG, Art. 64 N 9.
[20] GEISER/MÜNCH²-GEISER, Rz 1.37; POUDRET, Commentaire, Art. 152 N 3 OG; vgl. auch BGE 120 Ia 217 ff.
[21] BGE 130 II 326; 119 Ia 337; 116 II 651.
[22] BGE 130 II 327; vgl. auch BGE 119 Ia 340 und 126 V 47.
[23] Vgl. Beschluss BGer, II. ZA, 20.2.2002, 5C.1/2002 und das Urteil 2A.65/2002, BGer, II. ÖRA, 22.5.2002, 2A.65/2002, E. 6.2.
[24] BGE 131 II 326; 116 II 656; 61 III 170; vgl. auch GEISER/MÜNCH²-GEISER, Rz 1.37; POUDRET, Commentaire, Art. 152 N 3 OG; BSK SchKG-COMETTA, Art. 20a N 15 SchKG.
[25] BGE 131 II 327.
[26] GEISER/MÜNCH²-GEISER, Rz 1.37; BGE 116 II 652; 124 I 246 f.
[27] BGE 115 Ia 193.
[28] SPÜHLER/DOLGE/VOCK, Kurzkommentar, Art. 64 N 4.
[29] SEILER/VON WERDT/GÜNGERICH, BGG, Art. 64 N 5.

2. Voraussetzungen

a) Bedürftigkeit

13 Der Anspruch auf unentgeltliche Rechtspflege kann nur eine bedürftige Partei geltend machen. Als bedürftig gilt eine Partei, welche nicht in der Lage ist, innert angemessener Frist die Gerichts- und Anwaltskostenvorschüsse zu bezahlen,[30] ohne dass sie Mittel beanspruchen müsste, die zur Deckung des Grundbedarfs für sie und ihre Familie notwendig sind.[31] Es sind somit die **vorhandenen Mittel mit dem (prozessualen) Notbedarf zu vergleichen.**[32]

14 Zu berücksichtigen ist das **ganze Einkommen**, namentlich das Netto-Erwerbseinkommen, einschliesslich 13. Monatslohn, Nachtarbeits- und andere Zulagen sowie Familien- und Kinderzulagen,[33] Vermögensertrag, Renten, usw.[34] Dabei ist auch das **Vermögen** angemessen zu berücksichtigen, soweit die entsprechende Partei darüber tatsächlich verfügen kann.[35] Befinden sich darunter Liegenschaften, ist es unter Umständen zumutbar, eine Hypothek aufzunehmen oder zu erhöhen, um die nötigen flüssigen Mittel für den Prozess zur Verfügung zu haben.[36] Während bei kantonalen Verfahren dabei nicht auch das Prozessergebnis berücksichtigt werden kann,[37] weil dieses erst mit Rechtskraft des Urteils feststeht, kann das Bundesgericht, soweit es erst im Urteil selbst über das Begehren um unentgeltliche Rechtspflege entscheidet und mit seinem Entscheid der Rechtsstreit abgeschlossen wird, auf das Ergebnis abstellen.[38]

15 Bezüglich **familienrechtlicher** Unterhalts- und Unterstützungsansprüche ist zu differenzieren. **Unterhaltsansprüche** gehen grundsätzlich dem Anspruch gegenüber dem Staat auf unentgeltliche Rechtspflege vor. Namentlich haben die Eltern, soweit dies in ihren Möglichkeiten steht, im Rahmen ihrer Unterhaltspflicht dem minderjährigen[39] und dem volljährigen Kind[40] Prozesskosten vorzuschiessen bzw. zu übernehmen. Auch die eheliche Unterhaltspflicht[41] umfasst notwendige Prozesskosten,[42] so dass für die Frage der Bedürftigkeit die Einkommen beider Ehegatten zusammen zu rechnen sind.[43] Der Anspruch auf unentgeltliche Rechtspflege kann nur dann trotz guter finanzieller Verhältnisse eines unterhaltspflichtigen Verwandten durchgesetzt werden, wenn ausnahmsweise die familienrechtlichen Ansprüche nicht rechtzeitig durchsetzbar sind.[44] Demgegenüber werden Prozesskosten nicht auch von der **Unterstützungs-**

---

[30] Vgl. BGE 118 Ia 370 f.
[31] BGE 127 I 205; 128 I 232.
[32] SEILER/VON WERDT/GÜNGERICH, BGG, Art. 64 N 10.
[33] BGer, 17.3.2000 U.219/99, E. 3b.
[34] SEILER/VON WERDT/GÜNGERICH, BGG, Art. 64 N 11.
[35] BGE 118 Ia 370.
[36] BGE 119 Ia 12 f.
[37] BGE 118 Ia 371.
[38] BGer, II. ZA, 5P.252/1993, E. 5b; GEISER/MÜNCH²-GEISER, Rz 1.42.
[39] BGE 119 Ia 134.
[40] BGE 127 I 205.
[41] Zur Streitfrage, ob sich der Anspruch aus der Beistandspflicht gem. Art. 159 ZGB oder der Unterhaltspflicht gem. Art. 163 ZGB herleitet, vgl. ZK-BRÄM, N 130 ff. zu Art. 159 ZGB, sowie BK-HAUSHEER/REUSSER/GEISER, N 38 und 38a zu Art. 159 ZGB.
[42] BGer 5P.395/2001 E. 2b; 5P 346/2005 E. 4.4.
[43] BGE 115 Ia 195.
[44] GEISER/MÜNCH²-GEISER, Rz 1.42.

pflicht[45] erfasst.[46] Unterstützungsansprüche sind somit bei der Frage der Bedürftigkeit nicht mit zu berücksichtigen.

Soweit der Anspruch auf unentgeltliche Rechtspflege wegen des Unterhaltsanspruchs   16
gegenüber dem Ehegatten (oder den Eltern) entfällt, steht der entsprechenden Partei ein **familienrechtlicher Anspruch gegenüber dem Unterhaltspflichtigen** zu. Ob dem Ansprecher eine berufliche Tätigkeit zuzumuten ist und damit von einem hypothetischen Einkommen auszugehen ist, spielt gegebenenfalls bei der Festlegung des Unterhalts während der Ehe und beim nachehelichen Unterhalt eine Rolle.[47] Für die Frage, ob dem anderen Ehegatten ein Prozesskostenvorschuss zu leisten ist, kann demgegenüber ausschliesslich von dessen tatsächlicher Bedürftigkeit ausgegangen werden.[48] Dem Pflichtigen ist allerdings in jedem Fall sein eigenes Existenzminimum zu belassen.[49] Geht es um ein **eherechtliches Verfahren,** besteht eine besondere Problematik darin, dass der Unterhaltsanspruch des Ehepartners durchgesetzt worden sein muss, bevor die unentgeltliche Rechtspflege geltend gemacht werden kann, das Bundesgericht aber selber im Beschwerdeverfahren nicht zuständig ist, gem. Art. 137 oder 173 bzw. 176 ZGB die Unterhaltsbeiträge erstinstanzlich festzusetzen. Für das Verfahren vor Bundesgericht hat die bedürftige Partei deshalb vor den kantonalen Gerichten den für die Kostenvorschüsse nötigen Betrag von der Gegenpartei zu erstreiten. Das Bundesgericht hat die Frist für den Kostenvorschuss gegebenenfalls solange abzunehmen, bis der Gesuchsteller im kantonalen Verfahren die Mittel erstritten hat.

Das Bundesgericht betont bezüglich Art. 29 Abs. 3 BV, dass **nicht einfach auf das be-**   17
treibungsrechtliche Existenzminimum abgestellt werden darf, sondern die individuellen Umstände zu berücksichtigen sind.[50] Bedürftigkeit i.S. des Prozessrechts liegt auch vor, wenn das Einkommen wenig über dem Betrag liegt, der für den Lebensunterhalt absolut notwendig ist.[51] Allerdings scheint das Bundesgericht sich nie genau festgelegt zu haben, was bezüglich Art. 64 bzw. 152 OG unter Bedürftigkeit zu verstehen ist. Es schützte im Bereich des kantonalen Pozessrechts eine Praxis, welche zum Grundbedarf einen Zuschlag von 25% vorsah.[52] Zudem sind regelmässig die laufenden Steuern zu berücksichtigen. Demgegenüber hat es die Berücksichtigung privater Schuldenzinsen abgelehnt.[53] Das lässt sich allerdings in dieser absoluten Form kaum halten. Es macht wenig Sinn jemanden zu nötigen, Privatkonkurs anzumelden, um einen Rechtsstreit führen zu können. Vielmehr sollten alle Kosten berücksichtigt werden, welche notwendig sind, damit der Gesuchsteller trotz Prozessführung seinen laufenden Verpflichtungen nachkommt – d.h. aufrecht steht – auch wenn er sich einschränken muss. Insofern deckt sich auch das prozessrechtliche Existenzminimum nicht notwendig mit dem familienrechtlichen. Zu berücksichtigen sind auch laufende familienrechtliche Unterhaltspflichten. Demgegenüber muss die Unterstützungspflicht vor der Notwendigkeit, einen Prozess zu führen, zurück treten. Wer seine Prozessführung nicht selber finanzieren kann, lebt nicht in günstigen Verhältnissen.[54] Es ist wohl sinnvoll von einem um 10 bis 30% erhöh-

---

[45] Art. 328 f. ZGB.
[46] BGer B.76/2005; BSK ZGB I²-KOLLER, Art. 328/329 N 9 ZGB; ungenau SEILER/VON WERDT/
GÜNGERICH, BGG, Art. 64 N 16.
[47] BGE 130 III 537.
[48] BGer, II. ZA, 15.11.2005, 5P.346/2005, E. 4.4.
[49] BGer, II. ZA, 15.11.2005, 5P.346/2005, E. 4.4; BGE 103 Ia 101.
[50] BGE 124 I 2; 108 Ia 109; 106 Ia 82 f.
[51] BGE 124 I 2 f.; HAEFLIGER, Schweizer, 164 f.
[52] BGE 124 I 3; SEILER/VON WERDT/GÜNGERICH, BGG, Art. 64 N 17.
[53] BGer, II. ZA, 6.11.1996, 5P.356/1996.
[54] Art. 328 Abs. 1 ZGB.

ten betreibungsrechtlichen Notbedarf auszugehen, wie dies der Bundesrat in der Botschaft zur ZPO vorschlägt.[55]

18   Wer die unentgeltliche Rechtspflege beanspruchen will, hat seine **Bedürftigkeit nachzuweisen**. Umso komplexer die wirtschaftlichen Verhältnisse sind, umso höhere Anforderungen dürfen an den Nachweis der Bedürftigkeit gestellt werden.[56] Kommt der Gesuchsteller seiner Belegpflicht nicht nach, ist das Gesuch abzuweisen. Massgeblich ist die gesamte wirtschaftliche Situation zur Zeit der Gesuchstellung.[57] In der Praxis wird das Bundesgericht in aller Regel bezüglich der Bedürftigkeit gleich entscheiden wie die kantonale Vorinstanz, sofern sich in den wirtschaftlichen Verhältnissen des Gesuchstellers seit dem kantonalen Entscheid über die unentgeltliche Rechtspflege nichts geändert hat.

b) Keine Aussichtslosigkeit

19   Die unentgeltliche Rechtspflege ist nur zu gewähren, wenn das Rechtsmittel nicht aussichtslos erscheint.[58] Aussichtslosigkeit besteht nicht schon dann, wenn das Verlustrisiko die Gewinnchancen übersteigen, sie sich aber in etwa die Waage halten. Sie ist vielmehr erst dann gegeben, wenn die **Gewinnaussichten beträchtlich geringer** sind als die Verlustgefahr und deshalb nicht als ernsthaft bezeichnet werden können. Entscheidend ist, ob eine Partei, welche über die nötigen Mittel verfügt, sich bei vernünftigem Überlegen noch zu einem Prozess entschlösse. Eine Partei soll ein risikoreicher Prozess nicht nur deshalb führen, weil das Kostenrisiko ihr vom Staat abgenommen wird.[59]

20   Aussichtslosigkeit besteht auch, wenn das Rechtsmittel **offensichtlich unzulässig** erscheint.[60] Unzulässigkeit ist auch gegeben, wenn das Rechtsbegehren rechtsmissbräuchlich ist. Dabei genügt es nach der bundesgerichtlichen Rechtsprechung, wenn der Vorwurf des Rechtsmissbrauchs das Festhalten am geltend gemachten Anspruch betrifft. Es ist nicht notwendig, dass das Rechtsmittel aus prozessualen Gründen rechtsmissbräuchlich ist.[61]

21   Für die Beurteilung der Aussichtslosigkeit ist ein Betrachtung ex ante vorzunehmen, auch wenn erst am Ende des Verfahrens darüber entschieden wird.[62] **Massgeblich ist der Zeitpunkt**, in dem das Gesuch um unentgeltliche Rechtspflege gestellt worden ist.[63]

22   **Aussichtslosigkeit** kann m.E. **nie angenommen** werden, wenn es sich bei der gesuchstellenden Partei um die **Beschwerdebeklagte** handelt. Der den Entscheid der Vorinstanz verteidigenden Partei kann die Aussichtslosigkeit nicht vorgehalten werden, selbst wenn der Entscheid offensichtlich falsch ist. Wohl könnte sie sich in den meisten Fällen dem Rechtsmittel der Gegenpartei bzw. der Klage unterziehen und damit das Verfahren vor Bundesgericht hinfällig machen. Dafür bedarf sie aber regelmässig der anwaltlichen Beratung, welche nur im Rahmen der unentgeltlichen Rechtspflege vergütet werden kann, wenn das entsprechende Gesuch gutgeheissen wird. Ebenfalls kann Aussichtslosigkeit nicht angenommen werden, wenn **mindestens ein Mitglied** des Richterkollegiums die Anträge der gesuchstellenden Partei in der Sache **gutheissen will** oder die **Rechtsauffassung** der gesuchstellenden Partei der **bisherigen Praxis des Bundesgerichts entspricht**,

---

[55] BBl 2006 7301.
[56] BGE 125 IV 164 f.
[57] BGE 120 Ia 181.
[58] BGE 128 I 236; 129 I 135.
[59] BGE 129 I 135 f.; 128 I 236.
[60] BGE 129 I 135; 128 I 235 f.; 117 Ia 284.
[61] BGE 126 I 166.
[62] Vgl. hinten N 40.
[63] BGE 129 I 136; 128 I 236; 124 I 307.

selbst wenn dieses eine Änderung der Rechtsprechung angekündigt hat.[64] Das Bundesgericht hat sich allerdings in der Vergangenheit nicht immer an diese Grundsätze gehalten. Fraglich erscheint, ob eine Beschwerde, die nach **Art. 108 f.** abgewiesen wird bzw. auf die im **vereinfachten Verfahren** nicht eingetreten wird, als von vornherein aussichtslos angesehen werden muss, wie dies teilweise in der Lehre vertreten wird.[65] Bezüglich den nach Art. 108 von einem einzigen Richter behandelten Fällen (Nicht-Eintreten oder Abweisen) kann dem vorbehaltlos zugestimmt werden. Bei vereinfachtem Verfahren in Dreierbesetzungen[66] lässt sich gleiches nicht ohne weiteres festhalten. Soweit es um die Abweisung einer offensichtlich unbegründeten Beschwerde geht,[67] wird regelmässig Aussichtslosigkeit gegeben sein, nicht aber in den anderen Fällen.[68]

c) Antrag

Die unentgeltliche Rechtspflege wird nur auf Antrag hin gewährt.[69] Eine Gewährung von Amtes wegen ist ausgeschlossen. Der Antrag muss speziell für das bundesgerichtliche Verfahren gestellt werden; ein entsprechender Antrag im kantonalen Verfahren genügt nicht.[70]

23

Da die Gewährung nicht rückwirkend erfolgt, ist das **Begehren zusammen mit dem Rechtsmittel zu stellen**.[71] Ein später gestelltes Gesuch ist zwar noch immer gültig, es werden aber von der Kostenbefreiung und namentlich von der Übernahme der Anwaltskosten nur die nachfolgenden Handlungen betroffen.[72] Massgebend ist der Zeitpunkt der Gesuchstellung, nicht jener der Bewilligung des Gesuchs.[73]

24

3. Inhalt

a) Befreiung von Kostenvorschüssen

Wer die unentgeltliche Rechtspflege bewilligt erhält, muss weder die Gerichtskosten sicherstellen[74] noch einen Kostenvorschuss für Barauslagen[75] leisten.[76] Mit Einreichung des Gesuchs entfallen die entsprechenden Fristansetzungen des Gerichts. Dieses hat eine neue Frist für die Kostenvorschüsse zu setzen, wenn es das Gesuch ablehnt.[77]

25

b) Befreiung von der Sicherstellung der Parteientschädigung

Die unentgeltliche Rechtspflege befreit auch von der Verpflichtung zur Sicherstellung der Parteientschädigung.[78] Da eine Sicherstellung aber vom Gericht nur auf Antrag der entsprechenden Partei angeordnet werden kann und die Gegenpartei vor dem entsprechenden Entscheid anzuhören ist, hat auch die bedürftige Partei vor dem Entscheid des

26

---

[64] SEILER/VON WERDT/GÜNGERICH, BGG, Art. 64 N 24; GEISER/MÜNCH[2]-GEISER, Rz 1.42.

[65] SPÜHLER/DOLGE/VOCK, Kurzkommentar, Art. 64 N 6; zum alten Recht: POUDRET, Commentaire, Art. 152 N 5 OG.

[66] Art. 109.

[67] Art. 109 Abs. 2 Bst. a.

[68] Art. 109 Abs. 1 und Abs. 2 Bst. b.

[69] Art. 64 Abs. 1.

[70] SPÜHLER/DOLGE/VOCK, Kurzkommentar, Art. 64 N 3; SEILER/VON WERDT/GÜNGERICH, BGG, Art. 64 N 7; GEISER/MÜNCH[2]-GEISER, 1.43.

[71] GEISER/MÜNCH[2]-GEISER, 1.43.

[72] BGE 122 I 204; SPÜHLER/DOLGE/VOCK, Kurzkommentar, Art. 64 N 8; vgl. auch hinten N 40.

[73] BGE 122 I 326.

[74] Art. 62.

[75] Art. 63.

[76] GEISER/MÜNCH[2]-GEISER, Rz 1.38.

[77] Vgl. vorn Art. 62 N 14.

[78] Vgl. vorn Art. 62 N 23.

Gerichts über die Sicherstellung die Möglichkeit sich zu äussern[79] und damit das Gesuch um unentgeltliche Rechtsprechung zu stellen. Hat das Gericht die Sicherstellung angeordnet, kann grundsätzlich diesbezüglich kein Gesuch auf unentgeltliche Rechtspflege mehr gestellt werden. Ausnahmen sind nur denkbar, wenn sich die wirtschaftlichen Verhältnisse verändert haben.

c) Befreiung von den Gerichtskosten

27   Die unentgeltliche Rechtsprechung stellt keinen endgültigen Kostenerlass dar. Die entsprechende Partei wird nur **vorläufig** von der Bezahlung der Gerichtskosten befreit. Eine Nachforderung für den Fall, dass die Partei zu Geld gekommen ist, wird ausdrücklich vorbehalten.[80]

d) Befreiung von der Parteientschädigung?

28   Die Gewährung der unentgeltlichen Rechtspflege entbindet bei (teilweisem oder gänzlichem) Unterliegen nicht von der Bezahlung der Entschädigung an die Gegenpartei. Sofern die Gegenpartei nicht selbst in den Genuss der unentgeltlichen Rechtspflege gekommen ist, hat sie für ihre Entschädigung einen Anspruch nur gegenüber der bedürftigen Partei und nicht gegenüber der Bundesgerichtskasse. Die vermögende Partei, welche gegen eine Partei prozessiert, der die unentgeltliche Rechtspflege gewährt worden ist, trägt neben dem mit dem Unterliegen verbundenen Kostenrisiko somit auch bei Obsiegen ein erhebliches Risiko für die Einbringbarkeit der eigenen Kosten.[81] Demgegenüber werden u.U. die Prozesskosten von der Bundesgerichtskasse übernommen.[82]

e) Teilweise Gewährung?

29   Das Gesetz kennt die Möglichkeit nicht, die unentgeltliche Rechtspflege in dem Sinne nur teilweise zu gewähren, dass die Partei die **bis zu einem maximalen Betrag selbst zu bezahlen** hat und nur die weitergehenden Kosten erlassen bzw. von der Bundesgerichtskasse übernommen werden.[83] Demgegenüber ist es selbstverständlich möglich, die unentgeltliche Rechtspflege nicht von Beginn des Verfahrens, sondern erst von einem bestimmten Zeitpunkt an zu gewähren. Diese Möglichkeit ist allerdings vor Bundesgericht insofern nicht von grosser Bedeutung, als bei den meisten Verfahren die gesamten Vorschüsse nur am Anfang zu leisten sind und auch nur dann Parteikosten anfielen – wenn von der Vermittlung des bundesgerichtlichen Urteils und der Nachbereitung durch den Prozessvertreter abgesehen wird.

III. Unentgeltliche Verbeiständung (Abs. 2)

1. Voraussetzungen

30   Das Gebot der Waffengleichheit kann auch erfordern, dass eine Person unentgeltlich eine Prozessvertretung beigeordnet erhält.[84] Die Unentgeltlichkeit rechtfertigt sich allerdings immer nur, wenn die **Bedürftigkeit** im dargelegten Sinn gegeben ist.[85] Grundsätzlich setzt sie auch voraus, dass die **Rechtsbegehren nicht aussichtslos** sind. Diesbezüglich

---

[79] Art. 62 N 32.
[80] Art. 64 Abs. 4; vgl. hinten N 43 ff.
[81] GEISER/MÜNCH[2]-GEISER, Rz 1.41.
[82] Vgl. Art. 64 Abs. 3 und hinten N 40 ff.
[83] GEISER/MÜNCH[2]-GEISER, Rz 1.44.
[84] BGE 131 I 354; 119 Ia 135; 120 Ia 43; 129 I 281.
[85] Vorn N 13 ff.

sind aber Einschränkungen vorstellbar, wenn ausnahmsweise eine Verbeiständung zwingend vorgeschrieben ist, wie bei der notwendigen Verteidigung.[86]

Die Beiordnung eines unentgeltlichen Vertreters setzt zudem voraus, dass die **sachkundige Vertretung erforderlich** ist.[87] Dem Gericht kommt für die Beurteilung dieser Frage ein grosses Ermessen zu. Es gibt nur wenig publizierte Entscheide des Bundesgerichts dazu; doch kann auf die Rechtsprechung zur Gewährung der unentgeltlichen Rechtsverbeiständung im kantonalen Verfahren abgestellt werden.[88] Obgleich vor Bundesgericht kein Anwaltszwang besteht, ist doch mit Blick auf die Komplexität des bundesgerichtlichen Verfahrens und das Ansehen des Bundesgerichts davon auszugehen, dass für ein Rechtsmittel an das höchste Gericht anwaltlicher Sachverstand notwendig ist. Das zwingt zur Inanspruchnahme einer Vertretung, wenn die Partei nicht selber über den entsprechenden Sachverstand verfügt.   **31**

Ob die Verbeiständung i.S. dieser Bestimmung notwendig ist, muss dennoch im Einzelfall auf Grund der gesamten Umstände des Einzelfalls geprüft werden.[89] Dem Bundesgericht kommt dabei ein grosses Ermessen zu. Entscheidend sind folgende Kriterien: **32**

– Entscheidend ist die **Schwierigkeit der Rechtsfrage**, welche das Bundesgericht zu beurteilen hat. Es ist durchaus vorstellbar, dass ein Rechtsstreit nicht in allen Verfahrensstadien die gleiche Komplexität aufweist.[90] Daher ist es nicht zwingend, dass vor allen Instanzen die Notwendigkeit der Beiordnung eines Rechtsanwalts gleich beurteilt wird. Sofern aber die kantonalen Instanzen den Anspruch auf unentgeltlichen Rechtsbeistand bejaht haben, wird das Bundesgericht diesen kaum je mit dem Argument verweigern, er sei vor Bundesgericht nicht mehr nötig.

– Zu berücksichtigen ist auch die **Persönlichkeit des Betroffenen**,[91] insb. seine Fähigkeit, sich in einem Verfahren zu Recht zu finden.[92] Die anwaltliche Vertretung scheint nicht nötig, wenn die Partei selbst[93] oder ihr gesetzlicher Vertreter über hinreichende juristische Kenntnisse verfügt.[94] Trifft letzteres zu, stellt sich die Zusatzfrage, ob der gesetzliche Vertreter als Prozessbeistand zu bestellen ist[95] und falls nicht, ob seine Entschädigung durch die Vormundschaftsbehörde nach dem Anwaltstarif festgesetzt werden kann.[96] Unter Umständen ist es einer Partei auch zuzumuten, auf Verbandsvertreter oder andere private Institutionen unentgeltlich zurückzugreifen, bevor ein Anwalt auf Staatskosten bestellt wird.[97]

– Ob eine Vertretung notwendig ist oder nicht, richtet sich auch danach, welche **Tragweite der Rechtsstreit für die betreffende Partei** hat. Insbesondere beeinflusst dies die Frage, was dem Gesuchsteller an eigner juristischer Leistung zugemutet werden kann.[98]

– Schliesslich ist mit Blick auf die **Waffengleichheit** auch zu beachten, ob die **Gegenpartei anwaltlich vertreten** ist oder nicht.[99]

---

[86] Vgl. dazu BGE 131 I 354; 120 Ia 43.
[87] GEISER/MÜNCH[2]-GEISER, Rz 1.42.
[88] Vgl. insb. BGer I 911/06 vom 2.2.2007; BGE 120 Ia 43; 128 I 225; 129 I 285; 130 I 183.
[89] BGer, I. SRA, 2.2.2007, I 911/06.
[90] Vgl. BGE 111 Ia 8 f.
[91] BGer I 911/06 vom 2.2.2007.
[92] SCHWANDER, Anmerkung zu BGE 122 I 8 in: AJP 1996, 495; BGer, I. SRA, 2.2.2007, I 911/06.
[93] Vgl. BGE 118 III 36 E. 2b.
[94] BGE 112 Ia 9.
[95] BGE 110 Ia 87 ff.
[96] Vgl. GEISER/MÜNCH[2]-GEISER, Rz 1.42.
[97] BGer, I. SRA, 2.2.2007, I 911/06.
[98] BGer, I. SRA, 2.2.2007, I 911/06.

– Die Verweigerung eines unentgeltlichen Rechtsbeistandes kann nicht schon damit begründet werden, das Gericht habe das **Recht von Amtes wegen anzuwenden**.[100] Weder die Offizialmaxime noch der Untersuchungsgrundsatz vermögen die Rechtsverbeiständung auszuschliessen,[101] wobei erstere aber die Anforderungen erhöhen kann.[102]

2. Bezeichnung des Prozessbeistandes

33 Der Vertreter wird **vom Gericht** bestellt. Es wird in der Regel den von der Partei Vorgeschlagenen auswählen.[103] Als Prozessbeistand kann nur ein Anwalt oder eine Anwältin bezeichnet werden,[104] was sich aus dem diesbezüglich ausdrücklichen Wortlaut der Bestimmung ergibt. Bezüglich Zivil- und Strafsachen ergibt sich dies überdies aus Art. 40 Abs. 1 und für das Sozialversicherungsrecht aus Art. 37 Abs. 4 ATSG.[105] Es muss sich um jemanden handeln, der nach dem Anwaltsgesetz[106] oder nach einem Staatsvertrag[107] berechtigt ist, Parteien vor schweizerischen Gerichtsbehörden zu vertreten.[108] Diese Voraussetzung ist nicht erfüllt, wenn die Rechtsvertretung an einen Praktikanten persönlich und nicht an den Rechtsanwalt substituiert werden soll.[109] Im kantonalen Register eingetragene Anwältinnen und Anwälte sind verpflichtet, Pflichtmandate in ihrem Kanton zu übernehmen.[110] Daraus ergibt sich auch die Pflicht, Fälle aus dem entsprechenden Kanton als Pflichtmandate vor Bundesgericht zu vertreten.[111]

34 Zwischen dem Prozessvertreter und seiner Partei besteht kein privatrechtliches Auftragsverhältnis. Der Prozessvertreter steht vielmehr in einer **öffentlichrechtlichen Beziehung zum Staat**,[112] welche jener des privatrechtlich bestellten Vertreters gleicht.[113] Weder der Vertreter selber noch die Partei können die Bestellung widerrufen,[114] sie können dies nur dem Gericht beantragen. Das Gericht bewilligt den Wechsel des amtlichen Vertretung nur, wenn aus objektiven Gründen eine sachgerechte Vertretung der Interessen nicht mehr gewährleistet ist.[115]

35 Die amtliche Bestellung erfolgt grundsätzlich **nicht rückwirkend**.[116] Von der Gerichtskasse werden nur die Kosten des Vertreters übernommen, die nach der Gesuchseinreichung entstanden sind. Eine Ausnahme besteht für die mit der Einreichung des Rechtsmittels (bzw. der Antwort) entstandenen Aufwendungen, sofern mit der entsprechenden Rechtsschrift zusammen auch das Gesuch um unentgeltliche Rechtspflege gestellt wird.[117]

---

99 GEISER/MÜNCH[2]-GEISER, Rz 1.42; gl. auch BGE 112 Ia 11 E. 2c.
100 BGE 104 Ia 73 ff.; 112 Ia 11; 117 Ia 282;
101 BGer, I. SRA, 2.2.2007, I 911/06; BGE 130 I 183 f.
102 Vgl. BGE 125 V 25; Anwaltsrevue 2005/3, 123; BGer I 692/05 v. 10.3.2006, E. 7.1.
103 GEISER/MÜNCH[2]-GEISER, Rz 1.40.
104 SEILER/VON WERDT/GÜNGERICH, BGG, Art. 64 N 32.
105 BGE 132 V 204.
106 Bundesgesetz über die Freizügigkeit der Anwältinnen und Anwälte v. 23.6.2000 [SR 935.61].
107 Vgl. Art. 21 Anwaltsgesetz.
108 Art. 40 Abs. 1.
109 BGer, II. ÖRA, 1.1.1996, 2A.445/1996.
110 Art. 12. Bst. g Anwaltsgesetz.
111 SEILER/VON WERDT/GÜNGERICH, BGG, Art. 64 N 35.
112 BGE 132 V 205; 122 I 325 f.; 113 Ia 71, E. 6; 111 Ia 153; POUDRET, Commentaire, N 7d zu Art. 152 OG; GEISER/MÜNCH[2]-GEISER, Rz 1.40.
113 MESSMER/IMBODEN, Rechtsmittel, Rz 29 FN 40.
114 POUDRET, Commentaire, Art. 152 N 7d OG; GEISER/MÜNCH[2]-GEISER, Rz 1.40.
115 BGE 116 Ia 105; 114 Ia 104.
116 BGE 122 I 326.
117 BGE 118 Ia 17; 122 I 326; 120 Ia 14.

3. Entschädigung des Prozessbeistandes

Auf Grund des mit der amtlichen Bestellung entstandenen öffentlich-rechtlichen Verhält- **36**
nisses zum Staat hat der Vertreter einen Anspruch auf **Entschädigung gegenüber dem
Gericht** bzw. dem Bund. Weil das Rechtsverhältnis gegenüber dem Staat und nicht gegenüber der vertretenen Partei besteht, darf er sich auch nicht von der verbeiständeten
Partei entschädigen lassen.[118] Verstösst der Anwalt gegen diesen Grundsatz, macht er sich
disziplinarisch verantwortlich.[119] Die Entschädigung steht dem Anwalt persönlich und
nicht der Partei zu, der die unentgeltliche Verbeiständung gewährt worden ist,[120] und enthält auch die Mehrwertsteuer.[121]

Das Gesetz verpflichtet das Gericht, dem amtlichen Vertreter eine «**angemessene Ent-** **37**
schädigung»[122] auszurichten. Gemäss der bisherigen Rechtslage und der Praxis des Bundesgerichts[123] richtet sich die Entschädigung nach dem Reglement über die Parteientschädigung und die Entschädigung für die amtliche Verteidigung im Verfahren vor dem
Bundesgericht vom 31.3.2006.[124] Massgebend ist für die amtliche Verteidigung der gleiche Tarif wie für die Entschädigung an die Gegenpartei. Das Gericht kann die Entschädigung allerdings bis zu einem Drittel kürzen.[125] Dabei handelt es sich allerdings nur um
eine «Kann-Vorschrift». Eine Kürzung muss nicht stattfinden, und das verbleibende
Honorar muss dem amtlichen Rechtsvertreter einen bescheidenen (nicht bloss symboli-
schen) Verdienst belassen.[126]

Obsiegt die bedürftige Partei, so steht ihr ein Anspruch auf Parteientschädigung gegen- **38**
über der Gegenpartei zu, woraus die Anwaltskosten zu decken sind. Der Anspruch des
amtlichen Verteidigers gegenüber der Gerichtskasse entfällt in diesem Umfang. Soweit
das von der Gegenpartei Erhaltene nicht ausreicht, bleibt der Anspruch gegenüber der
Gerichtskasse bestehen, wie das Gesetz ausdrücklich festhält.[127] Die Gerichtskasse trägt
auch das Risiko der Uneinbringlichkeit der Parteientschädigung. Hat nur die obsiegende,
nicht aber die unterlegene Partei die unentgeltliche Rechtspflege erhalten, wird zuerst die
Entschädigung nach den allgemeinen Grundsätzen für eine obsiegende Partei festgesetzt.
Es kann sodann im Urteil direkt über das Gesuch um unentgeltliche Rechtspflege befunden und für den Fall der Uneinbringlichkeit der Parteientschädigung ein reduziertes Honorar aus der Bundesgerichtskasse zugesprochen werden. Teilweise wird aber auch das
Gesuch um unentgeltliche Rechtspflege als gegenstandslos bezeichnet. Erweist sich die
Parteientschädigung nachher als uneinbringlich, hat das Bundesgericht auf Gesuch hin
die aus der Bundesgerichtskasse zu entrichtende Entschädigung noch nachträglich festzusetzen.[128] Bei teilweisem Obsiegen und Einbringbarkeit der reduzierten Parteientschädigung ist die Entschädigung aus der Gerichtskasse verhältnismässig zu kürzen.[129] Hat
nur die obsiegende Partei die unentgeltliche Rechtspflege erhalten und scheint fraglich,

---

[118] BGE 122 I 325 f.; 108 Ia 11.
[119] BGE 122 I 326; 108 Ia 11 E. 3.
[120] SEILER/VON WERDT/GÜNGERICH, BGG, Art. 64 N 39.
[121] Art. 12 Abs. 1 Reglement über die Parteientschädigung und die Entschädigung für die amtliche
Verteidigung im Verfahren vom dem Bundesgericht vom 31.3.2006 [SR 173.110.210.3].
[122] Art. 64 Abs. 2.
[123] Zur bisherigen Rechtsprechung krit.: SEILER/VON WERDT/GÜNGERICH, BGG, Art. 64 N 37.
[124] SR 173.110.210.3.
[125] Art. 10 Reglement über Parteientschädigung.
[126] BGE 132 I 201 ff.
[127] BGE 122 I 326; SEILER/VON WERDT/GÜNGERICH, BGG, Art. 64 N 40.
[128] GEISER/MÜNCH²-GEISER, 1.40.
[129] BGE 124 V 309; SEILER/VON WERDT/GÜNGERICH, BGG, Art. 64 N 41.

ob diese die Entschädigung tatsächlich an ihren Anwalt weiterleiten wird, kann die Parteientschädigung auch direkt dem Vertreter der obsiegenden Partei zugesprochen werden.

39   Die Gewährung der unentgeltlichen Rechtspflege entbindet bei (teilweisem oder gänzlichem) Unterliegen **nicht** von der **Bezahlung der Entschädigung an die Gegenpartei.** Sofern die Gegenpartei nicht selbst in den Genuss der unentgeltlichen Rechtspflege gekommen ist, hat sie für ihre Entschädigung einen Anspruch nur gegenüber der bedürftigen Gegenpartei, weder gegenüber der Gerichtskasse noch gegenüber dem Anwalt.

IV. Verfahren (Abs. 3)

40   Auf Grund des Gesuches der bedürftigen Partei entscheidet das Bundesgericht über die Gewährung der unentgeltlichen Rechtspflege entweder vorab oder erst zusammen mit dem Entscheid in der Sache selber. **Zuständig** ist die **in der Sache selber entscheidende Abteilung.** Sie entscheidet grundsätzlich in **Dreierbesetzung,** auch wenn der Entscheid selber in Fünferbesetzung erfolgt.[130] Das hindert freilich nicht, dass das Gericht über das Gesuch zusammen mit dem Entscheid in der Sache selber in Fünferbesetzung entscheidet.[131] Ergeht der Entscheid nach Art. 108 im vereinfachten Verfahren, so kann auch über die unentgeltliche Rechtspflege in diesem Verfahren entschieden werden.

41   In klaren Fällen kann der **Instruktionsrichter** überdies das Gesuch bereits vorab gutheissen. Er kann es aber nicht selber ablehnen,[132] wie sich aus dem Gesetzeswortlaut ausdrücklich ergibt.

42   Wird über das Gesuch vorab entschieden, sind die bei diesem Entscheid mitwirkenden Richter in der Sache nicht schon deshalb als Befangen anzusehen.[133] Vielmehr ist auch hier die Befangenheit im Einzelfall zu prüfen.

V. Rückerstattung (Abs. 4)

43   Der **Kostenerlass ist kein endgültiger.** Gemäss Art. 64 Abs. 4 kann das Gericht die vorläufig erlassenen Kosten bzw. die vom Gericht bezahlte Entschädigung an den Parteivertreter (der entsprechenden Partei oder der Gegenpartei) zurückfordern, wenn die entsprechende Partei nachträglich zu Geld gekommen ist. Die finanziellen Verhältnisse müssen sich in einem Masse gebessert haben, welches eine Zusprechung der unentgeltlichen Rechtspflege im gegenwärtigen Moment nicht mehr erlauben würde.[134] Die Regelung ist wenig glücklich, weil es von reinen Zufälligkeiten abhängt, ob das Bundesgericht nach Jahren von der Möglichkeit erfährt, die Kosten einzufordern.[135]

44   Wer für den **Entscheid über die Rückforderung zuständig** ist, und wie dieser verfahrensrechtlich zustande kommt, ist eben so wenig geregelt wie der Entzug der einmal bewilligten unentgeltlichen Rechtspflege während des laufenden Verfahrens. Bei der Rückerstattung geht es um die Frage, ob eine Voraussetzung für die Gewährung, nämlich die Bedürftigkeit, noch gegeben ist. Folglich muss die gleiche Zuständigkeit gelten wie für die Gewährung selber. Zuständig ist somit der in der Sache selber kompetente Spruchkörper – in der Regel in Dreierbesetzung; beim Verfahren nach Art. 108 aus-

---

[130] Botschaft 2001 BBl 2001 4304.
[131] SEILER/VON WERDT/GÜNGERICH, BGG, Art. 64 N 44.
[132] SEILER/VON WERDT/GÜNGERICH, BGG, Art. 64 N 43.
[133] BGE 131 I 120 ff.
[134] SEILER/VON WERDT/GÜNGERICH, BGG, Art. 64 N 48.
[135] GEISER/MÜNCH²-GEISER, Rz 1.38.

nahmsweise in Zweierbesetzung bzw. als Einzelrichter. Demgegenüber kann der Instruktionsrichter dafür nie zuständig sein, auch wenn er die unentgeltliche Rechtspflege selber bewilligt hatte, weil er sie nur bewilligen, nicht aber verbindlich verweigern kann.

Der Rückforderungsanspruch **verwirkt** wohl mit einer **Frist von 10 Jahren**.[136] Sie beginnt mit dem ursprünglichen Bundesgerichtsentscheid zu laufen, auch wenn über die Gewährung der unentgeltlichen Rechtspflege schon vorher entschieden worden ist. Hat das Bundesgericht die Rückerstattung innert dieser Frist verfügt, beginnt eine neue 10-jährige Frist für die Vollstreckung zu laufen. **45**

Stirbt die rückerstattungspflichtige Partei nachdem das Bundesgericht die Rückerstattung verfügt hat, so ist die **Schuld passiv vererblich**. Demgegenüber kann das Bundesgericht die Rückerstattung m.E. nicht mehr verfügen, wenn die Partei vor dem entsprechenden Entscheid des Bundesgerichtes stirbt. Da es auf die Leistungsfähigkeit der Partei ankommt, der die unentgeltliche Rechtspflege gewährt worden ist, kann ohnehin nicht auf die wirtschaftlichen Verhältnisse des Erben abgestellt werden. Es kann aber m.E. grundsätzlich auch nicht darauf ankommen, ob die Voraussetzungen für die Rückerstattungspflicht vor dem Tod bereits erfüllt waren. Massgeblich sollte ausschliesslich sein, wann das Bundesgericht die Rückerstattungspflicht verfügt hat. **46**

Art. 65

Gerichtskosten

[1] Die Gerichtskosten bestehen in der Gerichtsgebühr, der Gebühr für das Kopieren von Rechtsschriften, den Auslagen für Übersetzungen, ausgenommen solche zwischen Amtssprachen, und den Entschädigungen für Sachverständige sowie für Zeugen und Zeuginnen.

[2] Die Gerichtsgebühr richtet sich nach Streitwert, Umfang und Schwierigkeit der Sache, Art der Prozessführung und finanzieller Lage der Parteien.

[3] Sie beträgt in der Regel:
a. in Streitigkeiten ohne Vermögensinteresse 200–5000 Franken;
b. in den übrigen Streitigkeiten 200–100 000 Franken.

[4] Sie beträgt 200–1000 Franken und wird nicht nach dem Streitwert bemessen in Streitigkeiten:
a. über Sozialversicherungsleistungen;
b. über Diskriminierungen auf Grund des Geschlechts;
c. aus einem Arbeitsverhältnis mit einem Streitwert bis zu 30 000 Franken;
d. nach den Artikeln 7 und 8 des Behindertengleichstellungsgesetzes vom 13. Dezember 2002.

[5] Wenn besondere Gründe es rechtfertigen, kann das Bundesgericht bei der Bestimmung der Gerichtsgebühr über die Höchstbeträge hinausgehen, jedoch höchstens bis zum doppelten Betrag in den Fällen von Absatz 3 und bis zu 10 000 Franken in den Fällen von Absatz 4.

---

[136] GEISER/MÜNCH[2]-GEISER, Rz 1.38; SEILER/VON WERDT/GÜNGERICH, BGG, Art. 64 N 50; POUDRET, Commentaire, N 9 zu Art. 152 OG; so auch gewisse kantonale ZPOs: z.B. Art. 162a CPC TI.

Frais judiciaires

[1] Les frais judiciaires comprennent l'émolument judiciaire, l'émolument pour la copie de mémoires, les frais de traduction, sauf d'une langue officielle à une autre, et les indemnités versées aux experts et aux témoins.

[2] L'émolument judiciaire est calculé en fonction de la valeur litigieuse, de l'ampleur et de la difficulté de la cause, de la façon de procéder des parties et de leur situation financière.

[3] Son montant est fixé en règle générale:
a. entre 200 et 5000 francs dans les contestations non pécuniaires;
b. entre 200 et 100 000 francs dans les autres contestations.

[4] Il est fixé entre 200 et 1000 francs, indépendamment de la valeur litigieuse, dans les affaires qui concernent:
a. des prestations d'assurance sociale;
b. des discriminations à raison du sexe;
c. des litiges résultant de rapports de travail, pour autant que la valeur litigieuse ne dépasse pas 30 000 francs;
d. des litiges concernant les art. 7 et 8 de la loi du 13 décembre 2002 sur l'égalité pour les handicapés.

[5] Si des motifs particuliers le justifient, le Tribunal fédéral peut majorer ces montants jusqu'au double dans les cas visés à l'al. 3 et jusqu'à 10 000 francs dans les cas visés à l'al. 4.

Spese giudiziarie

[1] Le spese giudiziarie comprendono la tassa di giustizia, l'emolumento per la copia di atti scritti, le spese per le traduzioni in o da una lingua non ufficiale e le indennità versate a periti e testimoni.

[2] La tassa di giustizia è stabilita in funzione del valore litigioso, dell'ampiezza e della difficoltà della causa, del modo di condotta processuale e della situazione finanziaria delle parti.

[3] Di regola, il suo importo è di:
a. 200 a 5000 franchi nelle controversie senza interesse pecuniario;
b. 200 a 100 000 franchi nelle altre controversie.

[4] È di 200 a 1000 franchi, a prescindere dal valore litigioso, nelle controversie:
a. concernenti prestazioni di assicurazioni sociali;
b. concernenti discriminazioni fondate sul sesso;
c. risultanti da un rapporto di lavoro, sempreché il valore litigioso non superi 30 000 franchi;
d. secondo gli articoli 7 e 8 della legge del 13 dicembre 2002 sui disabili.

[5] Se motivi particolari lo giustificano, il Tribunale federale può aumentare tali importi, ma al massimo fino al doppio nei casi di cui al capoverso 3 e fino a 10 000 franchi nei casi di cui al capoverso 4.

Inhaltsübersicht   Note

Materialien

Botschaft 2001 BBl 2001 4304 ff.; AB 2003 S 898; AB 2004 N 1593 ff.; AB 2005 S 128.

Literatur

F. BÄNZIGER, Der Beschwerdegang in Strafsachen, in: B. Ehrenzeller/R. J. Schweizer (Hrsg.), Die Reorganisation der Bundesrechtspflege – Neuerungen und Auswirkung in der Praxis, St. Gallen 2006, 81 ff. (zit. Ehrenzeller/Schweizer-Bänziger); R. WYLER, Droit du travail, Bern 2002 (zit. Wyler, Droit du travail); s.a. die Literaturhinweise zu Art. 62.

I. Verhältnis zum bisherigen Recht

Im Gegensatz zum bisherigen Recht fasst das BGG die Bestimmungen über die Gerichtskosten in einer Bestimmung zusammen und bringt dadurch eine **übersichtlichere Rechtslage** als das frühere Recht. Dort waren die Gebühren und Kosten in unterschiedlichen Bestimmungen und Gesetzen geregelt.[1]   **1**

Inhaltlich unterscheidet sich die Regelung insb. dadurch, dass neu **alle Prozesse vor**   **2** **Bundesgericht gebührenpflichtig** sind.[2] Es werden auch nicht Regelungen anderer Gesetze vorbehalten, so dass die Bestimmungen über die Unentgeltlichkeit bestimmter Rechtsstreite in Spezialgesetzen nur noch für die kantonalen Instanzen und gegebenenfalls für die unteren Bundesgerichte gelten. Die Unentgeltlichkeit ist in diesen Fällen durch eine besonders tiefe Gerichtsgebühr ersetzt worden.[3] Es wird sich weisen, ob der Gesetzgeber bei künftigen Revisionen diese Regel durchhalten wird. Der erste Sündenfall erfolgte schon mit der Totalrevision des OHG.[4] Vermutungsweise wird auch bei künftigen Erlassen davon auszugehen sein, dass eine Kostenfreiheit sich nicht auf das Verfahren vor Bundesgericht bezieht. Allerdings sollte der Gesetzgeber dann die entsprechenden Streitigkeiten in Abs. 4 erwähnen. Schliesslich ist zu beachten, dass das Bundesgericht **nach Art. 66 Abs. 1** am Ende **auf die Erhebung einer Gerichtsgebühr verzichten kann**.[5] Dann bleiben an der Partei nur die übrigen Kosten hängen.

Vorzubehalten sind **internationale Verpflichtungen** zur unentgeltlichen Prozessführung.   **3** Eine solche Verpflichtung besteht beispielsweise bezüglich des Verfahrens bei internationalen Kindesentführungen.[6]

II. Gegenstand der Gerichtskosten (Abs. 1)

Wenn auch das neue Recht die Regelung wesentlich übersichtlicher gestaltet hat,   **4** bleiben auf Grund einer wenig glücklichen Terminologie einige Unklarheiten. Während die Art. 62 und 63 zwischen den Gerichtskosten und den Barauslagen unterscheiden, teilt Art. 65 die Gerichtskosten in die Gerichtsgebühr einerseits und weitere, namentlich aufgeführte Kosten andererseits. Diese decken sich aber mit den Barauslagen. Daraus ist zu schliessen, dass **Art. 65 umschreibt, welche Barauslagen zulässig sind**. In Art. 63 wird dagegen nur geregelt, wer diese vorzuschiessen hat, nicht auch worin diese im Einzelnen bestehen können. Art. 66 regelt sodann, wer die Kosten endgültig zu tragen hat.[7]

---

[1] Vgl. GEISER/MÜNCH[2]-GEISER, Rz 1.7.

[2] Botschaft 2001 BBl 2001 4305; SPÜHLER/DOLGE/VOCK, Kurzkommentar, Art. 65 N 3.

[3] Vgl. Art. 65 Abs. 4.

[4] Art. 30 Bundesgesetz über die Hilfe an Opfer von Straftaten (Opferhilfegesetz; OHG) vom 23.3.2007; BBl 2005 7233; vgl. zum alten Recht: BGE 122 II 219; vgl. hinten N 19 und 24.

[5] Vgl. Art. 66 N 16 ff.

[6] Vgl. Art. 26 Abs. 2 Übereinkommen über die zivilrechtlichen Aspekte internationale Kindesentführung [SR 0.211.230.02].

[7] SEILER/VON WERDT/GÜNGERICH, BGG, Art. 65 N 2.

5 Die **Aufzählung** der neben der Gerichtgebühr geschuldeten Kosten ist **abschliessend**.[8] Für andere als die aufgezählten Verrichtungen darf das Gericht keine Kosten erheben. Insbesondere sind die Kosten für das Anlegen des Dossiers, die Fahrspesen usw. des Gerichts für Augenscheine und die Urteilsanfertigung in der Gerichtsgebühr enthalten.[9]

6 Nach dem neuen Recht müssen die Parteien die Rechtsschriften nicht mehr in einer genügenden Anzahl Kopien einreichen. Vielmehr kopiert das Gericht diese. Dafür kann das Gericht nun aber eine Gebühr verlangen. Den Parteien können aber nur die Gebühren für das **Kopieren von Rechtsschriften** auferlegt werden. Soweit das Gericht andere Kopien erstellt, wie beispielsweise von internen Referaten, Beweisurkunden oder der Urteilsausfertigung, können keine Gebühren verlangt werden. Reicht eine Partei die Rechtsschrift in elektronischer Form ein,[10] so stellt das erstmalige Ausdrucken keine Kopie dar, für die eine Gebühr verlangt werden kann.[11] Demgegenüber sind alle weiteren Ausdrucke gebührenpflichtige Kopien.

7 Den Parteien können Auslagen für Übersetzungen nur in Rechnung gestellt werden, soweit es sich um eine **Übersetzung in oder aus einer Fremdsprache** handelt. Demgegenüber sind Übersetzungen von einer Amtssprache in eine andere, sofern dies überhaupt nötig ist, nicht kostenpflichtig. Rechtsschriften müssen immer zwingend in einer Amtssprache eingereicht werden, sofern nicht staatsvertragliche Ausnahmen bestehen.[12] Eine Übersetzung kommt deshalb bei diesen in der Regel nur in Frage, wenn ausnahmsweise im Rahmen einer Rechtshilfe mit dem Ausland der Text in einer Fremdsprache vorliegen muss. Demgegenüber können Urkunden unter Umständen in einer Fremdsprache verfasst sein, so dass eine Übersetzung notwendig ist. Auf diese kann allerdings im Einverständnis mit den Parteien verzichtet werden.[13]

8 Schliesslich kann wie bisher das Gericht die von ihm an **Zeugen und Sachverständige ausgerichteten Entschädigungen** den Parteien in Rechnung stellen.

9 Das **Gesetz regelt nur den Tarif für die Gerichtsgebühr**, nicht auch für die weiteren Kosten. Die übrigen Kosten sind nicht auf Gesetzesstufe geregelt, was bei geringfügigen Gebühren zulässig ist.[14] Auch nicht im Gesetz geregelt sind die Gebühren des Bundesgerichts, soweit es nicht um die Rechtsprechung geht, wie beispielsweise für die Herausgabe unveröffentlichter Entscheidungen, den Zugang zur Internetdokumentation usw.

III. Tarif für die Gerichtsgebühr

1. Kriterien für die Bemessung (Abs. 2)

10 Die Gerichtsgebühr richtet sich nach den **gleichen Kriterien wie im alten Recht**.[15] Bei der Anwendung dieser Kriterien kommt dem Gericht grosses Ermessen zu.[16] Das Bundesgericht hat das eine Kriterium, nämlich den Streitwert, in einem Tarif konkretisiert.[17]

---

[8] SEILER/VON WERDT/GÜNGERICH, BGG, Art. 65 N 6 f.
[9] POUDRET, Commentaire, Art. 153 N 11 OG; SEILER/VON WERDT/GÜNGERICH, BGG, Art. 65 N 7.
[10] Art. 42 Abs. 4.
[11] SPÜHLER/DOLGE/VOCK, Kurzkommentar, Art. 65 N 1.
[12] Vgl. z.B. im Sozialversicherungsrecht, Art. 84 Abs. 4 VO EWG Nr. 1408/71 [SR 0.831.109.268.1].
[13] Art. 54 Abs. 3.
[14] BGE 126 I 183.
[15] Art.153a OG.
[16] GEISER/MÜNCH²-GEISER, Rz 1.9.
[17] Tarif für die Gerichtsgebühren im Verfahren vor dem Bundesgericht vom 31.3.2006 [173.110.210.1].

Die Gebühr im Einzelfall wird vom in der Sache zuständigen Spruchkörper zusammen mit dem Urteil festgelegt.[18] Der Spruchkörper weicht allerdings dabei in der Praxis in aller Regel nicht vom Vorschuss ab,[19] den der Instruktionsrichter bzw. der Präsident festgesetzt hat.[20]

Der für die Kosten massgebende **Streitwert** braucht nicht mit dem für die Beschwerde-   **11**
fähigkeit errechneten Streitwert überein zu stimmen. Letzterer bemisst sich auf Grund des vor der Vorinstanz noch streitig gebliebenen Betrages.[21] Für die Kosten ist hingegen nur massgebend, was vor Bundesgericht noch streitig ist.[22] Im Übrigen richtet sich die Berechnung nach den Art. 51–53.

Für die Kosten ist der Streitwert sowohl in **privatrechtlichen wie auch in öffentlich-rechtlichen Streitigkeiten** von Bedeutung.

In allen Rechtsgebieten kann es vorkommen, dass **nicht ein bestimmter Geldbetrag** im Streit ist, so dass der Streitwert geschätzt werden muss.[23] Während dies für zivilrechtliche Streitigkeiten nichts Ungewohntes ist, scheint dies hin und wieder den öffentlich rechtlichen Abteilungen gewisse Schwierigkeiten zu bereiten. Regelmässig ist dann auf den Wert abzustellen, welchen der im Streit liegende hoheitliche Akt für die Parteien hat. Die Bedeutung der Rechtsfrage (Konzession oder blosse Polizeibewilligung) kann für die Streitwertberechnung keine Rolle spielen. Sie beeinflusst vielmehr den Umfang und die Schwierigkeit der Sache.[24]

Mit dem Hinweis auf den **Umfang und Schwierigkeit der Sache** wird im Wesentlichen   **12**
der Aufwand berücksichtigt, den die Fallbehandlung dem Bundesgericht bereitet hat. Werden von mehreren Parteien gegen den vorinstanzlichen Entscheid gleich gerichtete Rechtsmittel erhoben, ist bei der Festsetzung der Gebühr zu berücksichtigen, dass der Entscheid nur einmal ausgearbeitet werden muss.[25]

Das Bundesgericht kann auch die **Art der Prozessführung** bei den Kosten berück-   **13**
sichtigen. Bei einer besonders weitschweifigen Prozessführung oder unübersichtlichen Rechtsschriften wird die Gerichtsgebühr am oberen Rand des Tarifrahmens angesetzt werden. Auch ein aussichtsloses oder an Mutwilligkeit grenzendes Ergreifen eines Rechtsmittels kann unter diesem Gesichtspunkt zu einer Erhöhung innerhalb des Tarifrahmens führen.[26] Handelt es sich demgegenüber um eine wesentliche Rechtsfrage, welche über den konkreten Fall hinaus für die Rechtsfortentwicklung von grosser Bedeutung ist, können die Kosten eher am unteren Rand des Tarifs festgesetzt werden.

Schliesslich ist auch der **finanziellen Lage der Partei** Rechnung zu tragen. Damit lässt   **14**
sich der Umstand etwas ausgleichen, dass die unentgeltliche Rechtspflege nur ganz oder gar nicht gewährt werden kann.[27]

---

[18] SEILER/VON WERDT/GÜNGERICH, BGG, Art. 65 N 11.
[19] Vgl. vorn Art. 62 N 11.
[20] Vgl. Art. 62 N 32.
[21] Art. 61 Abs. 1.
[22] GEISER/MÜNCH[2]-GEISER, Rz 1.9.
[23] Art. 51 Abs. 2.
[24] Vgl. hinten N 12.
[25] BGE 122 II 372.
[26] GEISER/MÜNCH[2]-GEISER, Rz 1.9.
[27] Vgl. Art. 64 N 29.

2. Regelgebühr (Abs. 3)

15 Der in Abs. 3 festgesetzte Gebührenrahmen gilt nur «**in der Regel**». Das Bundesgericht kann indessen nach oben nur unter den in Abs. 5 festgehaltenen Gründen vom Regelrahmen abweichen und auch dies nur maximal bis zum doppelten Betrag. Damit kommt ein Abweichen vom Gebührenrahmen nach Abs. 3 grundsätzlich nur nach unten in Frage.[28] Zudem ist diese Abweichung für einzelne Rechtsgebiete in Abs. 4 besonders geregelt.

16 Der Rahmen für die Gerichtskosten **unterscheidet** danach, ob es sich um eine **Streitigkeit ohne Vermögensinteresse oder um eine Streitigkeit mit Vermögensinteresse** handelt. Dabei ist der Begriff der Streitigkeit für das Zivilrecht in einem untechnischen Sinn zu verstehen. Die Einteilung erfasst neben den öffentlichrechtlichen und den strafrechtlichen Streitigkeiten alle Zivilsachen, unabhängig davon, ob es sich um Zivilrechtsstreitigkeiten oder um Verfahren der nicht streitigen Zivilgerichtsbarkeit handelt. Entsprechend ist die Unterscheidung zwischen streitigen und nichtstreitigen Verfahren auch für die Beschwerdefähigkeit ohne Bedeutung.[29] Ein Vermögensinteresse ist in der Regel dann gegeben, wenn sich ein Streitwert bestimmen lässt. Das gilt grundsätzlich nicht nur für Zivilsachen sondern auch für öffentlichrechtliche Streitigkeiten einschliesslich solchen im Bereich des Sozialversicherungsrechts.[30] Fraglich erscheint das nur für das Strafrecht. Ursprünglich war dort für die Beschwerdefähigkeit eine Streitwertgrenze vorgesehen gewesen, welche aber im Parlament gestrichen wurde.[31] Darin ist aber kein Grund zu sehen, warum für die Kosten auf eine Abstufung nach einem Streitwert verzichtet werden müsste. Soweit es sich um Bussen handelt, lässt sich der Streitwert problemlos bemessen; bei Freiheitsstrafen bietet der Tagesansatz eine einfache Umrechnungsweise. Demgegenüber wird in der Literatur die Meinung vertreten, bei strafrechtlichen Streitigkeiten sei von einem Streitwert nur auszugehen, wenn gleichzeitig über vermögensrechtliche Zivilansprüche entschieden werde.[32]

17 Bei **Streitigkeiten mit Vermögensinteressen** kann die **Gerichtsgebühr höher** angesetzt werden, als bei solchen ohne. Zudem können bei letzteren nur die übrigen in Abs. 2 aufgeführten Kriterien für die Bemessung der Gebühr herangezogen werden. Die Abstufungen der Regelgebühr für Streitigkeiten mit Vermögensinteresse sind in einem Gebührentarif des Bundesgerichts verfeinert worden.[33] Diesem Tarif kommt allerdings nur der Charakter einer Richtlinie zu. Es kann sowohl nach oben wie auch nach unten davon abgewichen werden.[34]

3. Streitwertunabhängige Sonderregel (Abs. 4)

18 Bis anhin waren gewisse Rechtsstreitigkeiten aus sozialen Gründen unabhängig von der Leistungsfähigkeit der entsprechenden Partei von jeder Kostenpflicht befreit. Zur Entlastung des Bundesgerichts wurde auf diese Regelung verzichtet.[35] Um dem **sozialen Aspekt** aber dennoch Rechnung zu tragen, wurde für vier Arten von Streitigkeiten ein **besonders tiefer Gebührenrahmen** vorgesehen und überdies bestimmt, dass sich die **Gebühr nicht nach dem Streitwert bestimmen** darf. Letzteres ist insb. im Sozialver-

---

[28] SEILER/VON WERDT/GÜNGERICH, BGG, Art. 65 N 16.
[29] Vgl Art. 72; Botschaft 2001 BBl 2001 4306.
[30] Vgl. dazu aber Art. 65 Abs. 4.
[31] EHRENZELLER/SCHWEIZER-BÄNZIGER, 87.
[32] SEILER/VON WERDT/GÜNGERICH, BGG, Art. 65 N 18.
[33] Tarif für die Gerichtsgebühren im Verfahren vor dem Bundesgericht vom 31.3.2006 [173.110.210.1].
[34] Vorn N 15.
[35] Vgl. BBl 2001 4305; SEILER/VON WERDT/GÜNGERICH, BGG, Art. 65 N 20.

sicherungsrecht von Bedeutung, weil der Streitwert dort sehr hoch sein kann, wenn es um eine Rente geht. Unentgeltlichkeit kann sich allerdings noch immer aus Staatsverträgen ergeben.[36] So dürften wohl Beschwerden beim Bundesgericht, welche sich auf das Übereinkommen über die zivilrechtlichen Aspekte internationaler Kindesentführung von 1980[37] stützen, auch unter dem geltenden Recht unentgeltlich sein.[38] Das bisherige Argument des Bundesgerichts, für eine staatsrechtliche Beschwerde auch in diesem Rechtsgebiet eine Gebühr zu verlangen, nämlich dass es sich vor Bundesgericht um ein neues Verfahren handle,[39] lässt sich mit der Einheitsbeschwerde nicht mehr halten.

Die **Aufzählung** der Gebiete mit reduziertem Tarif **ist abschliessend gedacht.** Finden sich in anderen Bundesgesetzen Bestimmungen über die Unentgeltlichkeit eines bundesgerichtlichen Verfahrens, so sind diese Normen durch das BGG hinfällig geworden, auch wenn sie aus Versehen nicht aufgehoben worden sind. Handelt es sich um Gesetze, welche nach Erlass des BGG[40] ergangen sind, ist es eine Frage der Interpretation des neuen Gesetzes, ob bei einer allgemeinen Bestimmung über die Unentgeltlichkeit das bundesgerichtliche Verfahren in Abweichung von Art. 65 mitgemeint ist, dass bloss der reduzierte Tarif analog angewendet werden oder sich die Unentgeltlichkeit nur auf die unteren Instanzen beziehen soll. M.E. ist im Zweifel anzunehmen, dass der Gesetzgeber von Art. 65 nicht grundsätzlich abweichen wollte, sondern nur vergessen hat, die entsprechende Norm in den Katalog für den reduzierten Tarif aufzunehmen. **19**

Das Gesetz beschränkt den günstigen Tarif auf Streitigkeiten über **Leistungen der Sozialversicherungen.**[41] Andere sozialversicherungsrechtliche Streitigkeiten unterliegen dem Regeltarif. Als Sozialversicherung gelten dabei nicht nur jene Versicherungen, auf die das ATSG anwendbar ist. Erfasst werden namentlich auch Streitigkeiten über Leistungen der Zweiten Säule. Zu den Leistungsstreitigkeiten gehören auch solche über die Rückerstattung zu unrecht bezogener Leistungen,[42] nicht aber Streitigkeiten über die Beiträge und über den Regress[43] sowie Streitigkeiten über den Erlass einer Rückerstattung.[44] Ebenfalls nicht erfasst werden die Streitigkeiten zwischen Trägern der Sozialversicherung oder zwischen diesen und den Kantonen.[45] **20**

Der reduzierte Tarif gilt nach dem Wortlaut des Gesetzes für Klagen über **Diskriminierungen auf Grund des Geschlechts.** Die Formulierung ist ungenau. Gemeint sind Streitigkeiten, für welche nach dem Gleichstellungsgesetz das kantonale Verfahren unentgeltlich ist.[46] Eine weitergehende Anwendung des verbilligten Tarifs auch für jene Streitigkeiten, welche im kantonalen Verfahren kostenpflichtig sind, rechtfertigt sich nicht. **21**

Arbeitsstreitigkeiten bis zu einem Streitwert von Fr. 30 000.– sind gem. Art. 343 Abs. 3 OR unentgeltlich. Nach dem Wortlaut bezieht sich allerdings die Bestimmung über den vergünstigten Tarif nicht nur auf privatrechtliche sondern auch auf öffentlichrechtliche **22**

---

[36] Vgl. z.B. im Sozialversicherungsrecht, Art. 84 Abs. 4 VO EWG Nr. 1408/71 [SR 0.831.109. 268.1].
[37] SR 0.211.230.02.
[38] Art. 26 Übereinkommen; GEISER/MÜNCH[2]-GEISER, Rz 1.8.
[39] Vgl. BGer, II. ZA, 30.7.1990, 5P.151/1990, E. 5.
[40] 17.6.2005.
[41] Bst. a.
[42] BGE 130 V 318.
[43] BGE 131 V 4.
[44] BGE 122 V 136.
[45] SEILER/VON WERDT/GÜNGERICH, BGG, Art. 65 N 20.
[46] SEILER/VON WERDT/GÜNGERICH, BGG, Art. 65 N 29.

Streitigkeiten,[47] was grundsätzlich auch sinnvoll erscheint.[48] Die Parallelität öffentlicher und privater Arbeitsverhältnisse findet sich auch bei der Streitwertgrenze für die Anrufung des Bundesgerichts.[49] Die Streitwertgrenze für den verbilligten Tarif berechnet sich nicht nach den Grundsätzen des BGG, sondern nach den Regeln von Art. 343 OR. Massgeblich ist somit weder der vor Bundesgericht noch vor der letzten kantonalen Instanz streitige Betrag. Vielmehr ist auf den Streitwert im Zeitpunkt der Rechtshängigkeit vor erster Instanz abzustellen.[50]

23 Schliesslich kommt der reduzierte Tarif auch bei Streitigkeiten nach Art. 7 und 8 des **Behindertengleichstellungsgesetz**[51] zur Anwendung. Der tiefe Tarif kommt damit nur bei individuellen Klagen und Rechtsbehelfen zur Anwendung, nicht auch bei Klagen der Behindertenorganisationen.[52]

24 Vergessen worden ist die Streitigkeiten aufzuführen, welche nach **Art. 30 Opferhilfegesetz**[53] in der Fassung von 2007[54] unentgeltlich sind. M.E. handelt es sich um ein gesetzgeberisches Versehen und der reduzierte Tarif kommt auch bei diesen zur Anwendung.

4. Verdoppelung der Gerichtsgebühr in Ausnahmefällen (Abs. 5)

25 Das Ermessen des Spruchkörpers bei der Festsetzung der Gerichtsgebühr wird noch dadurch vergrössert, dass der gesetzliche Rahmen für die Regelgebühr – wie im früheren Recht[55] – bis zum doppelten Betrag überschritten werden darf, wenn «besondere Gründe» dies rechtfertigen. Diese können in einem besonders hohen Streitwert[56] oder auch einer besonders grossen wirtschaftlichen Bedeutung des Streites für die Partei liegen. Letzteres trifft insb. bei «Pilotprozessen» zu, mit denen eine Rechtsfrage geklärt werden soll, die sich einer Partei in einer Vielzahl ähnlicher Fälle stellt.[57] Berücksichtigt werden kann auch eine besondere Komplexität des Falles oder eine aufwändige Prozessführung durch eine Partei.[58]

26 Soweit es um den Regeltarifrahmen nach Abs. 3 geht, kann eine Erhöhung **maximal auf das Doppelte** erfolgen. Der reduzierte Streitwert nach Abs. 4 kann im Maximum auf Fr. 10 000.– erhöht werden. Das Maximum bei diesen Streitigkeiten liegt somit gleich hoch wie jenes für normale Streitigkeiten ohne Vermögensinteresse.[59] Die sich aus Abs. 5 ergebenden Beträge sind absolute Maxima. Eine weitere Erhöhung ist unter keinen Umständen mehr möglich.

---

[47] Anders unter altem Recht: BGE 121 II 208; BGer, II. ÖRA, 22.12.1997, 2P.392/1996, i.S. A.c. Kanton ZH; GEISER/MÜNCH[2]-GEISER, Rz 1.7.

[48] SEILER/VON WERDT/GÜNGERICH, BGG, Art. 65 N 30; anders wohl die Botschaft 2001: BBl 2001 4305.

[49] Art. 74 Abs. 1 Bst. a und Art. 85 Abs. 1 Bst. b.

[50] BGE 115 II 41; GEISER/MÜNCH[2]-GEISER, Rz 1.7; ZK-STAEHELIN, Art. 343 N 23 OR; WYLER, Droit du travail, 472.

[51] Bundesgesetz vom 13.12.2002 über die Beseitigung von Benachteiligungen von Menschen mit Behinderungen (Behindertengleichstellungsgesetz, BehiG [SR 151.3]).

[52] Art. 9 BehiG.

[53] Bundesgesetz über die Hilfe an Opfer von Straftaten (Opferhilfegesetz, OHG) vom 23.3.2007 [SR 312.5.].

[54] BBl 2007 2299 ff.

[55] Art. 153a Abs. 3 OG; GEISER/MÜNCH[2]-GEISER, Rz 1.10.

[56] POUDRET, Commentaire, Art. 153a N 3 OG; GEISER/MÜNCH[2]-GEISER, Rz 1.10; SEILER/VON WERDT/GÜNGERICH, BGG, Art. 65 N 32; SPÜHLER/DOLGE/VOCK, Kurzkommentar, Art. 65 N 4.

[57] GEISER/MÜNCH[2]-GEISER, Rz 1.10.

[58] SPÜHLER/DOLGE/VOCK, Kurzkommentar, Art. 65 N 4.

[59] Art. 65 Abs. 3 Bst. a.

Art. 66

Erhebung und Verteilung der Gerichtskosten

[1] Die Gerichtskosten werden in der Regel der unterliegenden Partei auferlegt. Wenn die Umstände es rechtfertigen, kann das Bundesgericht die Kosten anders verteilen oder darauf verzichten, Kosten zu erheben.

[2] Wird ein Fall durch Abstandserklärung oder Vergleich erledigt, so kann auf die Erhebung von Gerichtskosten ganz oder teilweise verzichtet werden.

[3] Unnötige Kosten hat zu bezahlen, wer sie verursacht.

[4] Dem Bund, den Kantonen und den Gemeinden sowie mit öffentlich-rechtlichen Aufgaben betrauten Organisationen dürfen in der Regel keine Gerichtskosten auferlegt werden, wenn sie in ihrem amtlichen Wirkungskreis und, ohne dass es sich um ihr Vermögensinteresse handelt, das Bundesgericht in Anspruch nehmen oder wenn gegen ihre Entscheide in solchen Angelegenheiten Beschwerde geführt worden ist.

[5] Mehrere Personen haben die ihnen gemeinsam auferlegten Gerichtskosten, wenn nichts anderes bestimmt ist, zu gleichen Teilen und unter solidarischer Haftung zu tragen.

Recouvrement des frais judiciaires

[1] En règle générale, les frais judiciaires sont mis à la charge de la partie qui succombe. Si les circonstances le justifient, le Tribunal fédéral peut les répartir autrement ou renoncer à les mettre à la charge des parties.

[2] Si une affaire est liquidée par un désistement ou une transaction, les frais judiciaires peuvent être réduits ou remis.

[3] Les frais causés inutilement sont supportés par celui qui les a engendrés.

[4] En règle générale, la Confédération, les cantons, les communes et les organisations chargées de tâches de droit public ne peuvent se voir imposer de frais judiciaires s'ils s'adressent au Tribunal fédéral dans l'exercice de leurs attributions officielles sans que leur intérêt patrimonial soit en cause ou si leurs décisions font l'objet d'un recours.

[5] Sauf disposition contraire, les frais judiciaires mis conjointement à la charge de plusieurs personnes sont supportés par elles à parts égales et solidairement.

Onere e ripartizione delle spese giudiziarie

[1] Di regola, le spese giudiziarie sono addossate alla parte soccombente. Se le circostanze lo giustificano, il Tribunale federale può ripartirle in modo diverso o rinunciare ad addossarle alle parti.

[2] In caso di desistenza o di transazione, il Tribunale federale può rinunciare in tutto o in parte a riscuotere le spese giudiziarie.

[3] Le spese inutili sono pagate da chi le causa.

[4] Alla Confederazione, ai Cantoni, ai Comuni e alle organizzazioni incaricate di compiti di diritto pubblico non possono di regola essere addossate spese giudiziarie se, senza avere alcun interesse pecuniario, si rivolgono al Tribunale federale nell'esercizio delle loro attribuzioni ufficiali o se le loro decisioni in siffatte controversie sono impugnate mediante ricorso.

[5] Salvo diversa disposizione, le spese giudiziarie addossate congiuntamente a più persone sono da queste sostenute in parti eguali e con responsabilità solidale.

Thomas Geiser 577

Materialien

Botschaft 2001 BBl 2001 4304 ff.; AB 2003 S 898; AB 2004 N 1597.

Literatur

Vgl. die Literaturhinweise zu Art. 62.

I. Verhältnis zum bisherigen Recht und Anwendungsbereich

1 Die Bestimmung entspricht **weitgehend dem alten Recht**. Dieses sah allerdings die Möglichkeit vor, bei staatsrechtlichen Streitigkeiten aus besonderen Gründen ausnahmsweise von einer Gerichtsgebühr und einer Parteientschädigung abzusehen. Art. 116 EntG sah zudem vor, dass in Enteignungsverfahren der Enteigner unabhängig vom Verfahrensausgang die Kosten zu tragen hat. Im Zusammenhang mit dem Erlass des BGG wurde die Bestimmung geändert, so dass sich nunmehr die Kosten auch für diese Verfahren vor Bundesgericht ausschliesslich nach dem BGG richten.[1]

2 Die Bestimmung gilt für **alle Verfahren vor Bundesgericht**. Die früheren Sonderregeln sind aufgehoben. Es werden auch nicht Bestimmungen anderer Gesetze vorbehalten. Soweit solche später erlassen worden sind, ist es eine Frage der Gesetzesauslegung, ob damit stillschweigend das BGG abgeändert werden sollte oder nicht.

3 Die Bestimmung regelt ausschliesslich die Verteilung der **Gerichtskosten**. Die Auferlegung einer Parteientschädigung ist demgegenüber in Art. 68 geregelt. Die Gerichtskosten, um deren Auferlegung es hier geht, bestehen sowohl aus der **Gerichtsgebühr** wie auch aus den **weiteren Auslagen**, soweit diese von einer Partei erstattet werden müssen.[2]

4 Die Kosten sind grundsätzlich auch zu verteilen, wenn die **unentgeltliche Rechtspflege** gewährt worden ist.[3] Diese befreit bloss vorläufig von der Kostenpflicht.[4] Kommt die entsprechende Partei nachträglich zu Geld, kann von ihr eine Erstattung der entsprechenden Beträge verlangt werden.[5]

---

[1] Art. 116 Abs. 3 EntG.
[2] Vgl. Art. 65 N 4 ff.
[3] SEILER/VON WERDT/GÜNGERICH, BGG, Art. 66 N 5.
[4] Vgl. Art. 64 N 27.
[5] Vgl. Art. 64 N 43 ff.

II. Kostenentscheid

Das Bundesgericht **entscheidet von Amtes wegen** darüber, welche Partei die Gerichts- **5**
kosten zu tragen hat.[6] Ein entsprechender Antrag ist nicht nötig.[7]

Die Parteien können allerdings **Vereinbarungen über die Kostentragung** treffen, die **6**
für das Bundesgericht grundsätzlich verbindlich sind.[8] Ein Abweichen dürfte aber zulässig sein, wenn mit der Vereinbarung versucht wird, die Kostenpflicht zu umgehen, indem
beispielsweise eine insolvente Partei die Kosten übernimmt, ohne dass sich dies vom
Ausgang des Verfahrens her rechtfertigt.

III. Kostenverteilung

1. Regel (Abs. 1, erster Satz)

Die Kosten können grundsätzlich **nur einer Partei auferlegt** werden. Um Kosten zu **7**
tragen, bedarf es deshalb in der Regel der Parteistellung. Abs. 1 lässt diesbezüglich keine
Ausnahmen zu. Solche sind nur im Zusammenhang mit der Bestimmung über das Tragen
unnötiger Kosten möglich.[9]

Das BGG definiert nicht, was unter einer **Partei** zu verstehen ist. Gemeint sind jene Per- **8**
sonen, an die sich die Art. 39 ff. richten. Es kann sich dabei um natürliche oder juristische Personen handeln. Ob eine Personenmehrheit ohne eigene Rechtspersönlichkeit
Parteistellung haben kann, richtet sich nach den allgemeinen Grundsätzen. Partei ist, wer
als Beschwerdeführer,[10] Kläger[11] oder Gesuchsteller[12] das Bundesgericht anruft. Partei ist
auch, wer als Beschwerdegegner oder als Beklagter vor Bundesgericht ins Recht gefasst
wird. Ohne Bedeutung ist grundsätzlich, ob vor Bundesgericht Anträge gestellt werden
oder nicht. Es kommt nur darauf an, ob die entsprechende Person im bundesgerichtlichen
Verfahren Parteistellung hatte oder nicht. Keine Parteistellung i.S. dieser Bestimmung hat
der blosse **Nebenintervenient**.[13] Ist ein unterlegener Anbieter im **Submissionsverfahren**
an das Bundesgericht gelangt, so ist das Gemeinwesen die Gegenpartei. Der Zuschlags-
empfänger wird selber nur Partei, wenn der Beschwerde aufschiebende Wirkung erteilt
worden ist und er im bundesgerichtlichen Verfahren selber mit Anträgen aufgetreten ist.[14]

Keine Parteistellung hat in aller Regel die **Vorinstanz** bzw. das Gemeinwesen, dem sie **9**
angehört.[15] Ohne Einschränkung gilt das allerdings nur für zivilrechtliche Streitigkeiten
und in Zivilsachen der freiwilligen Gerichtsbarkeit.[16] Bei öffentlich-rechtlichen Streitigkeiten kann es sich beim Gemeinwesen, dem die Vorinstanz angehört, sehr wohl um die
Gegenpartei handeln.

Die Kostenauflage setzt voraus, dass die entsprechende Person vor Bundesgericht Partei- **10**
stellung hatte. In **Verfahren der freiwilligen Gerichtsbarkeit**, sind unter Umständen
einzelne Personen nur am vorinstanzlichen Verfahren beteiligt. Die am entsprechenden

---

[6] GEISER/MÜNCH[2]-GEISER, Rz 1.17; SEILER/VON WERDT/GÜNGERICH, BGG, Art. 66 N 4.
[7] POUDRET, Commentaire, Art. 156 N 1 OG.
[8] BGE 108 II 176 E. 7.
[9] Zu den Ausnahmen vgl. hinten N 22 ff.
[10] Art. 76, 81, 89 und 115.
[11] Art. 120.
[12] Art. 121 ff. und 129.
[13] SEILER/VON WERDT/GÜNGERICH, BGG, Art. 66 N 15.
[14] BGE 125 II 103; SEILER/VON WERDT/GÜNGERICH, BGG, Art. 66 N 15.
[15] SEILER/VON WERDT/GÜNGERICH, BGG, Art. 66 N 12.
[16] Vgl. zum alten Recht: GEISER/MÜNCH[2]-GEISER, Rz 1.19.

Verfahren in den Vorinstanzen Beteiligten werden nur Partei vor Bundesgericht, wenn sie in irgendeiner Weise Anträge stellen.[17]

11 Wer ein **Revisionsbegehren stellt oder Erläuterungen verlangt**, ist Partei i.S. dieser Bestimmung.[18] Bei der Revision ist Gesuchsgegner, wer im Prozess, der zum revidierenden Urteil geführt hat, Gegenpartei war. Das gilt grundsätzlich auch für Erläuterungen, sofern diese Einfluss auf die Rechtsposition der Gegenpartei haben. Das braucht nicht immer zuzutreffen. Zu denken ist beispielsweise an Erläuterungen im Zusammenhang mit dem Vorsorgeausgleich in einer Scheidung.

12 Fehlt es an einer entsprechenden Parteivereinbarung, ist grundsätzlich der **Ausgang des Verfahrens vor Bundesgericht** für die Kostenverteilung massgebend.[19] Es ist auf die Begehren vor Bundesgericht abzustellen.[20] Das Obsiegen ist auch entscheidend, wenn das Bundesgericht innerhalb eines Rechtsstreites nur eine Teilfrage zu behandeln hat und die Sache zu weiterer Entscheidung an die Vorinstanz zurückweist. Dieses Vorgehen kann unbefriedigend sein, wenn der Rückweisungsentscheid wegen eines Fehlers einer kantonalen Instanz notwendig geworden ist, am Ende des ganzen Rechtsstreites dann aber doch die vor Bundesgericht zuvor unterlegene Partei gewinnt. Die Möglichkeit, die Kosten eines Zwischen- oder Teilentscheides in dem Sinne zur Hauptsache zu schlagen, dass erst mit dem endgültigen Entscheid über den Rechtsstreit die Kosten verteilt werden, besteht nicht.[21] In diesen Fällen kann es sich unter Umständen empfehlen, von einer Kostenpflicht teilweise oder gänzlich abzusehen.[22] Bei vermögensrechtlichen Streitigkeiten ist es dann allerdings wenig befriedigend, dass letztlich die Allgemeinheit für das Verfahren aufzukommen hat. Ein Verzicht auf Anträge kann eine Verurteilung zu Kosten nicht verhindern, wenn die entsprechende Person vor Bundesgericht Parteistellung hat.[23]

13 **Obsiegt** vor Bundesgericht **keine Partei vollständig**, sind die Kosten wie im alten Recht verhältnismässig aufzuteilen.[24] Bei vermögensrechtlichen Streitigkeiten ist für dies Aufteilung das Verhältnis zwischen den im Rechtsbegehren bezifferten Forderungen und dem schliesslich zugesprochenen Betrag von Bedeutung. Es handelt sich dabei aber nicht um das einzige zu berücksichtigende Kriterium. Namentlich wenn der vermögensrechtliche Streit sich nicht ausschliesslich um die Zusprechung eines festen Betrages dreht oder sowohl vermögensrechtliche wie auch nicht vermögensrechtliche Interessen Gegenstand des Prozesses bilden, kann auch das Gewicht der einzelnen Rechtsbegehren innerhalb des ganzen Rechtsstreites bei der Kostenverteilung berücksichtigt werden. Ist beispielsweise einer Partei von der letzten kantonalen Instanz eine Million Franken Schadenersatz zugesprochen worden und gelangt die unterlegene Partei an das Bundesgericht mit dem Hauptbegehren, die Haftung generell abzulehnen, und dem Eventualantrag, den zu ersetzenden Schaden nur auf Fr. 100 000.– festzusetzen, so wird das Bundesgericht die Kosten nicht einfach beiden Parteien zur Hälfte auferlegen, wenn im Urteil schliesslich nur Fr. 500 000.– Schadenersatz zugesprochen werden. Dem Entscheid, dass eine Partei grundsätzlich haftet, kann mehr Bedeutung zukommen als dem zu leistenden Betrag. Bei bloss teilweisem Obsiegen und Rückweisung an die Vor-

---

[17] GEISER/MÜNCH[2]-GEISER, Rz 1.19.
[18] SEILER/VON WERDT/GÜNGERICH, BGG, Art. 66 N 13.
[19] GEISER/MÜNCH[2]-GEISER, Rz 1.18.
[20] SEILER/VON WERDT/GÜNGERICH, BGG, Art. 66 N 17.
[21] POUDRET, Commentaire, Art. 156 N 2 OG.
[22] Art. 66 Abs. 1. zweiter Satz.
[23] SEILER/VON WERDT/GÜNGERICH, BGG, Art. 66 N 18.
[24] GEISER/MÜNCH[2]-GEISER, Rz 1.18.

instanz, kann es sich rechtfertigen, grundsätzlich eine hälftige Teilung vorzunehmen, um der Unsicherheit über den endgültigen Ausgang des Rechtsstreites Rechnung zu tragen.[25]

Wird das **Verfahren gegenstandslos**, so ist zu unterscheiden: **14**

– Ist der **Grund** der Gegenstandslosigkeit **vor Einreichung des bundesgerichtlichen Rechtsmittels** eingetreten, so erweist sich dieses als nicht gerechtfertigt, und die entsprechende Partei hat die Kosten zu tragen.

– Liegt der Grund in einem **nach Einreichung** des bundesgerichtlichen Rechtsmittels eingetretenen Umstand, so ist auf Grund der Sachlage, wie sie sich vor Eintritt des entsprechenden Ereignisses gezeigt hat, über die Kosten zu entscheiden. Es muss summarisch untersucht werden, wie der **Prozess mutmasslich ausgegangen** wäre.[26] Lässt sich dies nicht bestimmen, gehen die Kosten zu Lasten jener Partei, welche das gegenstandslose Verfahren eingeleitet hat oder bei welcher die Gründe für die Gegenstandslosigkeit eingetreten sind.[27]

– Der Fall des früheren Rechts, dass **zwei Rechtsmittel** (staatsrechtliche Beschwerde und Berufung) gegen den gleichen Entscheid eingereicht worden sind und eines wegen der Gutheissung des anderen gegenstandslos geworden ist, sollte sich unter neuem Recht nicht mehr ereignen. Das Verhältnis zwischen der ordentlichen Beschwerde[28] und der subsidiären Verfassungsbeschwerde[29] unterscheidet sich insofern von jenem zwischen Berufung und staatsrechtlicher Beschwerde, als im neuen Recht sich die Rechtsmittel ausschliessen. Im alten Recht konnten demgegenüber sehr wohl beide gegen den gleichen Entscheid gegeben sein. Im neuen Recht führt die Gutheissung des einen nicht zur Gegenstandslosigkeit des anderen Rechtsmittels. Vielmehr hat das Eintreten auf die ordentliche Beschwerde die Unzulässigkeit der Verfassungsbeschwerde zur Folge. Da die Zulässigkeit der ordentlichen Beschwerde allerdings zweifelhaft sein kann, müssen unter – allerdings wohl seltenen – Umständen dennoch beide Rechtsmittel ergriffen werden. Die Kosten für die Verfassungsbeschwerde hat dann unabhängig vom materiellen Ausgang des ordentlichen Beschwerdeverfahrens dann immer die Beschwerde führende Partei zu tragen.

Unterliegt eine **Behörde mit einer Beschwerde**, die sie selber erhoben hat,[30] so trägt sie   **15**
unter Vorbehalt von Abs. 4 auch die Kosten. Nicht Partei und damit auch nicht unterliegend ist demgegenüber eine Behörde, welche nur eine Vernehmlassung eingereicht hat und das Bundesgericht ihren Anträgen nicht gefolgt ist.[31]

2. Allgemeine Ausnahmen (Abs. 1, zweiter Satz)

Die Kostenverteilung nach dem Ausgang des Verfahrens stellt nur eine Regel dar. Von   **16**
dieser kann abgewichen werden, wenn die Umstände dies rechtfertigen. Gegebenenfalls kann auch gänzlich auf das Erheben von Kosten verzichtet werden. Dem Bundesgericht kommt diesbezüglich ein **weites Ermessen** zu. Zudem sind unabhängig vom Verfah-

---

[25] GEISER/MÜNCH²-GEISER, Rz 1.18; Vgl. dazu auch BGE 130 V 97 nicht publ. E. 5; vorn, N 12.
[26] BGE 118 Ia 494 f.; 111 Ib 191; POUDRET, Commentaire, Art. 40 N 2 OG und Art. 156 N 2 OG; MESSMER/IMBODEN, Rechtsmittel, Rz 27.
[27] BGE 118 Ia 474 E. 4.
[28] Art. 72 ff.
[29] Art. 113 ff.
[30] Art. 89 Abs. 2.
[31] SEILER/VON WERDT/GÜNGERICH, BGG, Art. 66 N 18.

Thomas Geiser   581

rensausgang unnötige Kosten jener Partei zu auferlegen, die sie verursacht hat,[32] und gewissen Parteien dürfen überhaupt keine Kosten auferlegt werden.[33]

17   Die **Gründe für ein Abweichen** werden im Gesetz nicht konkretisiert. Eine abschliessende Aufzählung der entsprechenden Tatbestände ist nicht möglich. Zu denken ist etwa an folgende Konstellationen:

- Es kann sich rechtfertigen, wenn die **unterlegene Partei** sich **in guten Treuen** zur Prozessführung veranlasst gesehen hat.

- In diesem Rahmen wird auch berücksichtigt, was von einer Partei der anderen **vergleichsweise angeboten** worden ist.[34]

- Es kann auch sinnvoll sein, von einer Kostenauflage ganz oder teilweise abzusehen, wenn die **kantonale Instanz** ohne das Zutun einer Partei und ohne ersichtlichen Grund von einer festen **bundesgerichtlichen Praxis** abgewichen ist, und deshalb das Bundesgericht das Rechtsmittel gutheisst[35] oder

- wenn das **Bundesgericht selber** seine **Praxis erst kürzlich geändert** hat und bloss wegen der Verzögerung des Bekanntwerdens des entsprechenden Entscheides überhaupt das Rechtsmittel ergriffen worden ist.[36]

- Auch eine **Praxisänderung im konkreten Fall** kann ein Verzicht auf Kosten rechtfertigen.[37]

- Wird in einem vor den Vorinstanzen unentgeltlichen **Verfahren von einer nach Abs. 4 kostenbefreiten Organisation** mit Erfolg ein Rechtsmittel erhoben, wird es sich regelmässig rechtfertigen, der unterliegenden selber nicht kostenbefreiten Partei keine Kosten aufzuerlegen.[38]

18   Schliesslich können auch **reine Billigkeitsüberlegungen** ein Absehen von Kosten rechtfertigen. So hatte das Bundesgericht im Fall Spring c. Eidgenossenschaft[39] von jeder Kostenauflage abgesehen und dem unterliegenden Kläger zu Lasten der obsiegenden Eidgenossenschaft überdies eine Parteientschädigung von Fr. 100 000.– zugesprochen. Der Kläger war im Zweiten Weltkrieg in widerrechtlicher Weise von den schweizerischen Grenzbehörden den deutschen Behörden überstellt und deshalb in ein Konzentrationslager gebracht worden. Das Bundesgericht erachtete einen allfälligen Genugtuungsanspruch als durch Zeitablauf verwirkt, glich aber das unbefriedigende Ergebnis durch die Kostenregelung aus.[40]

19   Im früheren Recht waren **Stimmrechtsbeschwerden** regelmässig kostenfrei.[41] Der Gesetzgeber wollte mit Erlass des BGG diese Rechtslage ausdrücklich ändern.[42] Entsprechend gilt für Stimmrechtsbeschwerden nunmehr die allgemeine Kostenregel.[43] Aller-

---

[32] Vgl. Abs. 3.
[33] Vgl. Abs. 4.
[34] Vgl. BGE 127 II 128 f.; 112 Ib 156 E. 4; für den Fall, dass noch vor Bundesgericht ein Vergleich zu Stande kommt, vgl. hinten N 20 f.
[35] Vgl. GEISER/MÜNCH[2]-GEISER, Rz 1.18.
[36] SEILER/VON WERDT/GÜNGERICH, BGG, Art. 66 N 31.
[37] BGE 119 Ib 415.
[38] Botschaft 2001 BBl 2001 4305 f.
[39] BGE 126 II 145 ff.
[40] BGE 126 II 168 ff.
[41] Vgl. BGE 129 I 206.
[42] Botschaft 2001 BBl 2001 4305.
[43] SEILER/VON WERDT/GÜNGERICH, BGG, Art. 66 N 32.

dings wird hier regelmässig die Beschwerdegegnerin nach Art. 66 Abs. 4 von jeglicher Kostenpflicht befreit sein, so dass beim unterliegenden Beschwerdeführer sich nach den dargelegten Grundsätzen[44] ein Absehen von der Kostenpflicht rechtfertigt.

3. Bei Abstand und Vergleich (Abs. 2)

Wie schon im bisherigen Recht[45] kann das Bundesgericht im Falle einer Abstandserklärung oder eines Vergleichs auf die Erhebung von Kosten ganz oder teilweise verzichten. Der Verzicht erfasst nicht nur die **Gerichtsgebühr**, sondern auch die **Barauslagen**. Die Bestimmung muss auch gelten, wenn ein Rechtsmittel zurückgezogen wird. Eine Anerkennung des Rechtsmittels ist demgegenüber nicht möglich.   **20**

Der Verzicht ist nicht zwingend. Dem Gericht steht hier ein **grosses Ermessen** zu. Für den Entscheid ist u.a. immer auch wichtig, wie weit die Bearbeitung des Falls beim Bundesgericht schon vorangeschritten ist. Liegt bereits ein ausgearbeitetes Referat vor, rechtfertigt es sich kaum, auf jegliche Gebühr zu verzichten. Wenn Vergleichsverhandlungen im Gang sind, empfiehlt es sich deshalb, eine Sistierung des Verfahrens zu beantragen.   **21**

4. Unnötige Kosten (Abs. 3)

Wie bereits im alten Recht[46] sind unnötige Kosten jener Person aufzuerlegen, welche sie verursacht hat. Unnötig können sich **nicht nur Barauslagen** für einzelne Handlungen innerhalb des Prozesses erweisen, sondern auch das **Rechtsmittelverfahren als Ganzes**, wenn von vornherein klar ersichtlich war, dass dem Rechtsmittel keinerlei Chancen einzuräumen waren, weil beispielsweise die Legitimation oder das Rechtsmittel nicht gegeben war[47] oder die Eingabe an einem schweren Formfehler litt.[48] Dann wird allerdings in der Regel ohnehin die entsprechende Partei die Kosten tragen, weil sie unterliegt.   **22**

Entsprechend können unnötige Kosten auch einer ganz oder teilweise obsiegenden **Partei** auferlegt werden. Das gilt auch, wenn es sich dabei um eine Körperschaft oder Organisation handelt, welche nach Art. 66 Abs. 4 von der Kostenpflicht befreit ist.   **23**

Die Kostenpflicht kann aber auch **andere Verfahrensbeteiligte** treffen, sei es Nebenintervenienten oder Zeugen usw. Davon betroffen kann auch der **Rechtsvertreter** sein. Das Gericht kann dem Vertreter der unterliegenden Partei statt dieser selber die Kosten auferlegen, wenn der Vertreter schon bei Beachtung elementarster Sorgfalt hätte feststellen können, dass das Rechtsmittel nicht zulässig ist.[49] Dabei sollte allerdings grosse Zurückhaltung geübt werden. In allen Fällen, in denen das Bundesgericht die Kosten dem Vertreter auferlegt hat, scheint ein Gesuch um unentgeltliche Rechtspflege gestellt worden zu sein. In diesen Fällen rechtfertigt sich dieses Vorgehen, weil das Gesuch wegen Aussichtslosigkeit hätte abgewiesen werden müssen. Dann hätte regelmässig die bedürftige Partei die Kosten tragen und bei ihrem Vertreter wieder einfordern müssen, was aber einer bedürftigen Partei kaum zuzumuten ist. Liegt demgegenüber kein Gesuch um unentgeltliche Rechtspflege vor, kann der Partei sehr wohl zugemutet werden, die Kosten   **24**

---

[44] Vorn N 17 am Ende.
[45] Art. 153 Abs. 2 OG; GEISER/MÜNCH²-GEISER, Rz 1.16.
[46] Art. 156 Abs. 6 OG.
[47] Vgl. z.B. BGE 129 IV 208.
[48] BGE 109 IV 71 f.; 105 IV 285 f.
[49] BGE 129 IV 208; 107 IV 71 f.; 105 IV 286; BGer, II. ZA, 14.6.2001, 5P.83/2001, E. 8; Pra 89/2000 Nr. 143, 841; BGer, II. ZA, 22.3.2001, 2A.76/2001, E. 3.

zu tragen und diese gegebenenfalls in einem Haftpflichtprozess von ihrem Vertreter zurückzufordern. Diesfalls genügt es, dass das Bundesgericht die grobe Sorgfaltspflichtverletzung feststellt. Ein Eingriff in das Mandatsverhältnis durch eine Auflage der Kosten an den Anwalt rechtfertigt sich demgegenüber in diesen Fällen nicht.

25 Die Bestimmung erlaubt es auch, die Kosten der **Vorinstanz** bzw. dem Gemeinwesen, dem dieses angehört, aufzuerlegen, namentlich wenn diese in qualifizierter Weise die Rechte der entsprechenden Partei verletzt oder eine falsche Rechtsmittelbelehrung erteilt und dadurch ein überflüssiges Rechtsmittel provoziert hat.[50] Zu weit ginge es demgegenüber, den Mitgliedern der Vorinstanz persönlich die Kosten aufzuerlegen. Es ist vielmehr eine Frage des entsprechenden öffentlichen Rechts, wie weit die Magistratspersonen oder Beamten ihrem Gemeinwesen gegenüber haftbar sind.

IV. Gemeinwesen und Organisationen (Abs. 4)

26 Die Kostenbefreiung nach Abs. 4 ist im **Zusammenhang** mit der Bestimmung zu sehen, welche es **ausschliesst**, dass Gemeinwesen und gewissen Organisationen bei Obsiegen eine **Parteientschädigung** zugesprochen wird.[51] In persönlicher Hinsicht decken sich die Anwendungsbereiche, während bezüglich der Verfahrensgegenstände die in Art. 66 enthaltene Ausnahme bezüglich der Kosten enger ist als jene für die Parteientschädigung.[52] Alle kostenbefreiten Gemeinwesen und Organisationen haben somit keinen Anspruch auf Parteientschädigungen bei Obsiegen, nicht aber in jedem Fall, in dem keine Parteientschädigung bei Obsiegen zugesprochen werden kann, könnte bei Unterliegen keine Kostenauflage erfolgen.

27 Kostenbefreit sind in erster Linie die **Körperschaften des öffentlichen Rechts.** Zu diesen gehören nicht nur der Bund, die Kantone und die Munizipalgemeinden. Auch Bürgergemeinden, Kirchgemeinden und Korporationen, soweit sie dem öffentlichen Recht unterstehen, sind gemeint. Erfasst werden auch selbständige Anstalten der öffentlichen Hand, wie die SBB[53] und die Post. Auf kantonaler Ebene können auch die Spitäler unter die Bestimmung fallen.

28 Neu werden zudem mit **öffentlich-rechtlichen Aufgaben betraute Organisationen** ausdrücklich erwähnt. Im bisherigen Recht hatte das Bundesgericht bisweilen diese bereits von der Kostenpflicht befreit.[54] Die ausdrückliche Erwähnung dieser Institutionen führt zu einer Erweiterung der Kostenfreiheit, was allerdings auf der anderen Seite beim Entschädigungsanspruch für den Fall des Obsiegens für diese Organisationen auch nachteilig ist.[55] Entscheidend ist, ob diese Organisationen eine öffentlich-rechtliche Aufgabe übertragen erhalten haben, wofür eine gesetzliche Grundlage erforderlich ist. Es genügt nicht, dass sie eine öffentliche Aufgabe erfüllen. Entsprechend sind politische Parteien nicht von der Kostenpflicht befreit,[56] jedoch Verwertungsgesellschaften nach dem Urheberrechtsgesetz[57] und die SRG.[58] Mit der ausdrücklichen Erwähnung der Organisationen können die Kostenbefreiung wohl nun mehr auch die Sozialversicherungsträger beanspru-

---

[50] BGE 124 V 130, nicht publ. E. 5a; SEILER/VON WERDT/GÜNGERICH, BGG, Art. 66 N 43.
[51] Art. 68 Abs. 3.
[52] Art. 68 N 19 f.
[53] BGE 126 II 62.
[54] Z.B. BGE 107 Ib 283.
[55] Vgl. hinten N 19 ff. zu Art. 68.
[56] BGE 128 IV 38 f.
[57] 2A.19/1997 E. 2c.
[58] BGE 119 Ib 247; SEILER/VON WERDT/GÜNGERICH, BGG, Art. 66 N 46.

chen,[59] namentlich die Krankenkassen, Unfallversicherer und Einrichtungen der beruflichen Vorsorge.[60] Nicht zu den Sozialversicherer in diesem Sinne zählen demgegenüber rein patronale Wohlfahrtfonds.[61] Ob zu Beschwerden ans Bundesgericht legitimierte Umwelt- und Naturschutzorganisationen wie bis anhin kostenbefreit sind,[62] scheint fraglich.[63] M.E. ist dies wohl eher zu verneinen, was allerdings mit Blick auf die analoge Auslegung von Art. 68 Abs. 3 bezüglich Parteientschädigung wohl eher ein Vorteil ist.

Die Kostenbefreiung ist an die **doppelte Voraussetzung** gebunden, dass die entspre-   **29** chende Körperschaft, Anstalt oder Organisation in ihrem amtlichen Wirkungsbereich und ohne Vermögensinteresse handelt. Das **Handeln im amtlichen Wirkungskreis** braucht nicht hoheitlich und öffentlich-rechtlich zu erfolgen. Es muss sich aber um eine Tätigkeit handeln, welche der entsprechenden Partei durch das Gesetz im öffentlichen Interesse übertragen worden ist, d.h. um eine öffentliche Aufgabe. Diese Voraussetzung ist nicht erfüllt, wenn die Partei vom angefochtenen Entscheid wie Private betroffen ist.[64] Der Begriff «**Vermögensinteresse**» umfasst nicht auch fiskalische Interessen.[65] Es geht vielmehr darum, auszuschliessen, dass der Kanton unentgeltlich in Fragen prozessiert, bei denen es um Interessen des Finanzvermögens geht. So erfolgt beispielsweise in Streitigkeiten, in denen es um Differenzzahlungen des Wohnkantons nach Art. 41 Abs. 3 KVG geht, keine Kostenauflage, wenn der Kanton unterliegt.[66]

Das Gesetz verbietet nur «**in der Regel**» eine Kostenauflage. Eine Ausnahme von dieser   **30** Regel ist möglich, wenn die Prozessführung mutwillig oder wenigstens trölerisch war. Zweck der Kostenauflage kann es allerdings immer nur sein, entweder die Kosten des Gerichts auf ein anderes Gemeinwesen zu verlegen oder der entsprechenden Behörde eine gewisse Schranke zu setzen. Ersteres macht keinen Sinn, wenn die Kosten vom Bund bezahlt werden müssten.

V. Gemeinsames Tragen von Kosten (Abs. 5)

Notwendigen Streitgenossen und Personen, welche gemeinsam eine Beschwerde einrei-   **31** chen, sind die **Kosten grundsätzlich gemeinsam aufzuerlegen**, sofern ihre Rechtsbegehren das gleiche Schicksal erleiden. Das ist auch möglich, wenn zwar formell unterschiedliche Beschwerden eingereicht werden, aber die Parteien beantragen, die Verfahren zu vereinigen.[67]

Werden die Kosten ganz oder teilweise mehreren Personen gemeinsam auferlegt, haften   **32** diese gegenüber dem Bundesgericht solidarisch. Unter sich haben sie Kosten nach Köpfen zu tragen, sofern nichts anderes bestimmt wird. In der Regel hält das Bundesgericht im Urteil die Solidarität ausdrücklich fest. Sie gilt aber auch ohne dies von Gesetzes wegen. Die solidarische Haftung besteht nur zwischen Parteien, die als Streitgenossen oder Hauptpartei und Nebenintervenienten auf der gleichen Seite auftreten.[68]

---

[59] Indirekt: Botschaft 2001 BBl 2001 4305 f.
[60] Vgl. BGE 120 V 352 nicht publ. E. 6. Grundsätzlich keine *Parteientschädigung* an die obsiegende Einrichtung der beruflichen Vorsorge: BGE 130 V 103, nicht publ. E. 4; 128 V 133 E. 5b; 126 V 150; 118 V 169.
[61] SEILER/VON WERDT/GÜNGERICH, BGG, Art. 66 N 46; SZS 2001, 190.
[62] Zum bisherigen Recht vgl. BGE 123 II 357 f.
[63] SEILER/VON WERDT/GÜNGERICH, BGG, Art. 66 N 47.
[64] SEILER/VON WERDT/GÜNGERICH, BGG, Art. 66 N 47.
[65] GEISER/MÜNCH[2]-GEISER, Rz 1.20a.
[66] GEISER/MÜNCH[2]-GEISER, Rz 1.20a.
[67] SEILER/VON WERDT/GÜNGERICH, BGG, Art. 66 N 60.
[68] POUDRET, Commentaire, Art. 156 N 8 OG; GEISER/MÜNCH[2]-GEISER, Rz 1.20.

Thomas Geiser   585

Art. 67

Kosten der Vorinstanz	**Wird der angefochtene Entscheid geändert, so kann das Bundesgericht die Kosten des vorangegangenen Verfahrens anders verteilen.**
Frais de la procédure antérieure	Si le Tribunal fédéral modifie la décision attaquée, il peut répartir autrement les frais de la procédure antérieure.
Spese del procedimento anteriore	Se modifica la decisione impugnata, il Tribunale federale può ripartire diversamente le spese del procedimento anteriore.

Materialien

Botschaft 2001 BBl 2001 4304 ff.; AB 2003 S 898; AB 2004 N 1597.

Literatur

Vgl. die Literaturhinweise zu Art. 62.

1   Die Regel über die vorinstanzlichen Kosten ist unverändert dem **bisherigen Recht entnommen.**[1] Die Bestimmung **erfasst nur die Gerichtskosten**, d.h. die Gerichtsgebühr und allenfalls die Vergütung weiterer Kosten und Barauslagen an die Vorinstanz. Die Neufestsetzung der Parteientschädigung ist in Art. 68 Abs. 5 geregelt. Ebenfalls dem bisherigen Recht ist die unterschiedliche Formulierung der Kosten und der Entschädigungsregelung entnommen, obgleich keine materiellen Unterschiede bestehen.

2   Wird vom Bundesgericht ein **Rechtsmittel abgewiesen**, ist eine Neufestsetzung der Kosten durch das Bundesgericht ausgeschlossen.[2] Daran ändert auch der Umstand nichts, dass mit der Abweisung einer Beschwerde der kantonale Entscheid vom Bundesgericht bestätigt wird, so dass das bundesgerichtliche Urteil das kantonale ersetzt.

3   Eine Partei kann allerdings mit dem kantonalen Entscheid in der Sache einverstanden sein und **nur wegen der Kostenregelung an das Bundesgericht** gelangen. Diesfalls ist allerdings Art. 67 nicht anwendbar. Ein solches beschränktes Rechtsmittel ist in aller Regel nur im Rahmen der subsidiären Verfassungsbeschwerde gegeben.[3] Es kann eine Verletzung von prozessualen Grundsätzen, die sich aus der Verfassung ergeben, geltend gemacht oder eine willkürliche Anwendung des kantonalen Rechts gerügt werden. Sind die Rügen begründet, so wird das Bundesgericht regelmässig den angefochtenen Kostenentscheid bloss aufheben und die Sache zu neuer Entscheidung an die kantonalen Instanzen zurückweisen. Eine Neufestsetzung der Kosten gestützt auf Art. 67 kommt nicht in Frage. Eine solche Neufestsetzung müsste sich vielmehr auf das materiell anzuwendende Recht selber stützen. Im Gegensatz zum früheren Recht[4] ist dies allerdings nunmehr möglich, weil die subsidiäre Verfassungsbeschwerde nicht rein kassatorischer Natur ist,[5] wie dies früher für die staatsrechtliche Beschwerde galt.

---

[1] Art. 157 OG.
[2] GEISER/MÜNCH[2]-GEISER, Rz 1.47; vgl. die Ausnahme bei der Parteientschädigung: Art. 68 N 24.
[3] Art. 113 ff.
[4] Vgl. GEISER/MÜNCH[2]-GEISER, Rz 1.47.
[5] Vgl. SEILER/VON WERDT/GÜNGERICH, BGG, Art. 117 N 12; KARLEN, BGG, 56 und 60 f.

Massgeblich bleibt der vorinstanzliche Entscheid auch, wenn das Bundesgericht auf das **4**
Rechtsmittel nicht eintritt. Doch kann das Bundesgericht die Sache zur Neufestsetzung
der Kosten an die kantonale Instanz zurückweisen, wenn der Rechtsstreit gegenstandslos
geworden ist und aus diesem Grund auf das Rechtsmittel nicht einzutreten ist.[6] Die sozialversicherungsrechtlichen Abteilungen des Bundesgerichts scheinen hier allerdings eine
abweichende Praxis zu haben. Sie belassen den vorinstanzlichen Kostenentscheid unan-
getastet. Den Umständen, warum es zur Gegenstandslosigkeit gekommen ist, tragen sie
sodann ausschliesslich bei der Festsetzung der Kosten und Parteientschädigung vor Bundesgericht Rechnung und berücksichtigen dabei auch die vorinstanzliche Kostenregelung.[7] Dieses Vorgehen scheint aber kaum befriedigend.

Die Frage einer neuen Verteilung der kantonalen Kosten durch das Bundesgericht stellt **5**
sich grundsätzlich nur, wenn das **Rechtsmittel ganz oder teilweise gutgeheissen**
wird. In der Regel weist das Gericht die Sache an die kantonale Instanz zurück, sofern
die mit dem bundesgerichtlichen Verfahren erreichte Abweichung in der Sache erheblich genug ist, um eine andere Kostenverteilung zu rechtfertigen.[8] Nur mit grosser
Zurückhaltung macht das Bundesgericht von der Möglichkeit Gebrauch, die Kosten
selbst neu zu verteilen. Es wendet dann den kantonalen Gebührentarif an. Insofern sind
Ausführungen in der Rechtsschrift zum kantonalen Recht zulässig; sie sind aber nicht
nötig.

Sofern der kantonale Entscheid auch im Kostenpunkt angefochten ist, befasst sich das **6**
Bundesgericht ohne weitere Begründung in den Rechtsschriften mit der kantonalen
Kostenregelung. Ein **entsprechender Antrag** ist **nicht notwendig**. Soweit allerdings der
Kostenpunkt gar nicht angefochten ist, kann das Bundesgericht auf diese Frage auch
nicht eingehen.

Mit der **neuen Schweizerischen Zivilprozessordnung** wird sich die Rechtslage insofern **7**
ändern, als nur noch die Tarife kantonales Recht sind,[9] die übrigen Bestimmungen der
Kosten aber Bundesrecht darstellen.[10] Das Bundesgericht wird somit in weit grösserem
Masse als bisher die vorinstanzlichen Kostenentscheide überprüfen können, weil es sich
dabei um die Anwendung von Bundesrecht handelt.

---

[6]   BGE 102 II 253 f.; POUDRET, Commentaire, zu Art. 157 OG; **a.M.** MESSMER/IMBODEN, Rechtsmittel, Rz 30; SEILER/VON WERDT/GÜNGERICH, BGG, Art. 67 N 3.
[7]   Urteil I 231/2005 v. 27.12.2005, E. 2.
[8]   BGE 114 II 152 E. 4.
[9]   Art. 94 E ZPO; BBl 2006 7433.
[10]   Art. 93 ff. E ZPO; BBl 2006 7433.

Art. 68

Partei-
entschädigung

[1] Das Bundesgericht bestimmt im Urteil, ob und in welchem Mass die Kosten der obsiegenden Partei von der unterliegenden zu ersetzen sind.

[2] Die unterliegende Partei wird in der Regel verpflichtet, der obsiegenden Partei nach Massgabe des Tarifs des Bundesgerichts alle durch den Rechtsstreit verursachten notwendigen Kosten zu ersetzen.

[3] Bund, Kantonen und Gemeinden sowie mit öffentlich-rechtlichen Aufgaben betrauten Organisationen wird in der Regel keine Parteientschädigung zugesprochen, wenn sie in ihrem amtlichen Wirkungskreis obsiegen.

[4] Artikel 66 Absätze 3 und 5 ist sinngemäss anwendbar.

[5] Der Entscheid der Vorinstanz über die Parteientschädigung wird vom Bundesgericht je nach Ausgang des Verfahrens bestätigt, aufgehoben oder geändert. Dabei kann das Gericht die Entschädigung nach Massgabe des anwendbaren eidgenössischen oder kantonalen Tarifs selbst festsetzen oder die Festsetzung der Vorinstanz übertragen.

Dépens

[1] Le Tribunal fédéral décide, dans son arrêt, si et dans quelle mesure les frais de la partie qui obtient gain de cause sont supportés par celle qui succombe.

[2] En règle générale, la partie qui succombe est tenue de rembourser à la partie qui a obtenu gain de cause, selon le tarif du Tribunal fédéral, tous les frais nécessaires causés par le litige.

[3] En règle générale, aucuns dépens ne sont alloués à la Confédération, aux cantons, aux communes ou aux organisations chargées de tâches de droit public lorsqu'ils obtiennent gain de cause dans l'exercice de leurs attributions officielles.

[4] L'art. 66, al. 3 et 5, est applicable par analogie.

[5] Le Tribunal fédéral confirme, annule ou modifie, selon le sort de la cause, la décision de l'autorité précédente sur les dépens. Il peut fixer lui-même les dépens d'après le tarif fédéral ou cantonal applicable ou laisser à l'autorité précédente le soin de les fixer.

Spese ripetibili

[1] Nella sentenza il Tribunale federale determina se e in che misura le spese della parte vincente debbano essere sostenute da quella soccombente.

[2] La parte soccombente è di regola tenuta a risarcire alla parte vincente, secondo la tariffa del Tribunale federale, tutte le spese necessarie causate dalla controversia.

[3] Alla Confederazione, ai Cantoni, ai Comuni e alle organizzazioni incaricate di compiti di diritto pubblico non sono di regola accordate spese ripetibili se vincono una causa nell'esercizio delle loro attribuzioni ufficiali.

[4] Si applica per analogia l'articolo 66 capoversi 3 e 5.

[5] Il Tribunale federale conferma, annulla o modifica, a seconda dell'esito del procedimento, la decisione sulle spese ripetibili pronunciata dall'autorità inferiore. Può stabilire esso stesso l'importo di tali spese secondo la tariffa federale o cantonale applicabile o incaricarne l'autorità inferiore.

Inhaltsübersicht   Note

Materialien

Botschaft 2001 BBl 2001 4304 ff.; AB 2003 S 898; AB 2004 N 1597.

Literatur

Vgl. die Literaturhinweise zu Art. 62.

I. Verhältnis zum bisherigen Recht

Die Regelung entspricht weitgehend dem bisherigen Recht.[1] Das frühere enthielt aller- **1**
dings Sonderregeln für Verwaltungsbeschwerden. Diese waren allerdings teilweise gegenstandslos.[2]

II. Kostenentscheid (Abs. 1 und Abs. 2)

1. Verfahren

Das Bundesgericht hat regelmässig die Entschädigung festzusetzen, welche die unter- **2**
legene Partei der obsiegenden auszurichten hat. Der Entscheid erfolgt auf Grund der
Akten zusammen mit dem Entscheid in der Sache selber. **Zuständig** ist damit der **in
der Sache selber zuständige Spruchkörper.** Regelmässig wird der Entscheid nicht begründet.[3]

Der Entscheid erfolgt **von Amtes wegen.** Es bedarf keines Antrages.[4] Entsprechende **3**
Parteivereinbarungen sind aber grundsätzlich möglich.[5] Die Parteien können auch Kos-
tennoten einreichen. Sie werden berücksichtigt, soweit sie sich im Rahmen des bundes-

---

[1] Art. 159 OG.
[2] POUDRET, Commentaire, Art. 159 N 5 OG.
[3] BGE 111 Ia 1 f.
[4] BGE 111 Ia 156 ff.; 118 V 140 f.; POUDRET, Commentaire, Art. 159 N 1 OG; GEISER/
MÜNCH[2]-GEISER, Rz 1.21; SEILER/VON WERDT/GÜNGERICH, BGG, Art. 68 N 3; SPÜHLER/
DOLGE/VOCK, Kurzkommentar, Art. 68 N 4.
[5] BGE 108 II 176.

gerichtlichen Tarifs halten. Nach dem Grundsatz, dass das Gericht nicht über die Partei-anträge hinausgehen darf, limitiert die Kostennote allerdings die Parteientschädigung nach oben. Von daher kann es sich empfehlen, die Kostennote erst nach Ablauf der Frist für Anträge einzugeben, damit darin nicht ein den Betrag limitierender Antrag erblickt werden kann.

2. Tarif

4 Die Entschädigung bemisst sich nach dem vom Bundesgericht erlassenen Tarif.[6] Nach diesem gehören zur **Parteientschädigung** einerseits die **Anwaltskosten** und andererseits die **weiteren Kosten**, welche der Partei durch den Rechtsstreit entstanden sind.[7] Die Entschädigung sollte grundsätzlich die ganzen der Partei entstandenen notwendigen Kosten decken. Sie ist allerdings häufig ungenügend.[8] Die Anwaltskosten umfassen das Honorar und die notwendigen Auslagen des Anwalts oder der Anwältin.[9]

5 Die **eigenen Auslagen** der Partei werden nur vergütet, wenn besondere Verhältnisse vorliegen.[10] In der Regel werden die Reisekosten erstattet, wenn eine Verhandlung stattgefunden hat, an der die Partei teilgenommen hat. Demgegenüber wird der eigene Zeitaufwand der Partei nur vergütet, wenn dieser ganz besonders erheblich gewesen ist und das auch nachgewiesen werden kann.[11] Das gilt auch, wenn ein Anwalt in eigener Sache vor Bundesgericht prozessiert. Als eigene Auslagen sind auch die Auf-wendungen für die Leistungen eines Vertreters anzusehen, der gleichzeitig Ange-stellter oder Organ der entsprechenden Partei ist.[12] Während im alten Recht der Tarif für diesen Fall nur eine Kürzung der Entschädigung vorgesehen hat,[13] schweigt sich das geltende Recht zu diesem Sachverhalt aus. Richtigerweise handelt es sich um die Vertretung in eigener Sache. Das dem Gericht zustehende grosse Ermessen erlaubt es auch bei besonderen Umständen ausnahmsweise aus Gründen der Gerechtigkeit eine Entschädigung zuzusprechen, welche die Auslagen der Partei bei weitem über-steigt.[14]

6 Der Tarif ist ausgerichtet auf die Vertretung durch einen patentierten Anwalt oder eine patentierte Anwältin. Das bringt der Begriff «**Anwaltskosten**» zum Ausdruck. Erfolgt die Vertretung durch eine Nichtanwältin, so kann das Bundesgericht für die Rechtsver-tretung eine angemessene Entschädigung in sinngemässer Anwendung des Reglements zusprechen, sofern die Qualität der geleisteten Arbeit und die übrigen Umstände dies rechtfertigen.[15] Dadurch wird auch die Frage entschärft, ob eine Partei, die durch einen Anwalt vertreten wird, der durch eine gemeinnützige Organisation angestellt und deshalb nicht im Anwaltsregister eingetragen ist, eine Entschädigung für dessen Tätigkeit er-hält.[16] Die Frage hat allerdings auch an Bedeutung verloren, weil sich diese Anwälte nunmehr in das Register eintragen lassen können.

---

[6] Reglement über die Parteientschädigung und die Entschädigung für die amtliche Vertretung im Verfahren vor dem Bundesgericht vom 31.3.2006 (SR 173.110.210.3).
[7] Art. 1 Parteientschädigungsreglement.
[8] GEISER/MÜNCH²-GEISER, Rz 1.22.
[9] Art. 2 Abs. 1 Parteientschädigungsreglement.
[10] Art. 11 Parteientschädigungsreglement.
[11] BGE 113 Ib 356 f.; 115 Ia 21 E. 5.
[12] BGE 129 III 276, nicht publ. E. 4.
[13] Vgl. GEISER/MÜNCH²-GEISER, Rz 1.23.
[14] BGE 126 II 168 f.; vorn Art. 66 N 18.
[15] Art. 9 Parteientschädigungsreglement.
[16] Vgl. SEILER/VON WERDT/GÜNGERICH, BGG, Art. 68 N 14; BGE 122 V 278.

Das Honorar richtet sich nicht nach den kantonalen Anwaltstarifen, sondern nach dem 7
Reglement des Bundesgerichts. Der Tarif sieht **maximale und minimale Honorarbeträge** je nach Streitwert der Sache vor. Innerhalb dieser Grenzen setzt das Bundesgericht das Honorar aufgrund der Wichtigkeit der Streitsache, ihrer Schwierigkeit sowie des Umfangs der Arbeitsleistung und des Zeitaufwandes des Anwalts fest.[17] Einen Stundenansatz gibt es demgegenüber nicht. Die Rahmenansätze können bei besonderen Umständen sowohl über- wie auch unterschritten werden.[18]

Der Tarif ist unterschiedlich ausgestaltet, je nach dem, ob es sich um ein Beschwerde- 8
verfahren, ein Klageverfahren, eine Revision oder eine Erläuterung handelt. Gesondert ist auch der Tarifrahmen festgelegt, wenn es um eine Streitsache ohne Vermögensinteresse geht.[19] Für die **Berechnung des Streitwertes** gelten im Übrigen folgende Grundsätze:[20]

– Als Streitwert gilt hier – wie bei der Gerichtsgebühr[21] – im Gegensatz zum Streitwert für die Beschwerdefähigkeit nicht, was vor letzter kantonaler Instanz noch streitig war, sondern nur, **was vor Bundesgericht im Streit liegt**.

– Der Streitwert von **Klage und Widerklage** sind **zusammenzurechnen**.

– Ist eine **Forderung offensichtlich übersetzt**, kann sie für die Streitwertberechnung entsprechend gekürzt werden.

– Die Entschädigung kann schliesslich reduziert werden, wenn die **Eingabe weitgehend am Prozessthema** vorbeigeht.[22]

3. Abschliessende Regelung

Die vom Bundesgericht getroffene Regelung der Parteientschädigung ist insofern ab- 9
schliessend, als dass sie den Haftpflichtbestimmungen als lex specialis vorgeht.[23] Deckt die Parteientschädigung nicht die ganzen Aufwendungen, kann der verbleibende Schaden nicht auf Grund **allgemeiner Haftungsnormen** eingefordert werden.[24]

Der Kostenentscheid setzt indessen das **Honorar nicht verbindlich fest**, welches einer 10
Prozessvertretung gegenüber ihrer eigenen Partei zusteht.[25] Eine Nachforderung ist somit ebenso möglich wie ein Überlassen eines Teils der Entschädigung an die Partei. Eine Nachforderung ist nur ausgeschlossen, wenn die entsprechende Partei die unentgeltliche Rechtspflege bewilligt erhalten hat.

Das Bundesgericht legt die Entschädigung als **Gesamtbetrag** fest, ohne nach Honorar, 11
Auslagen und weiteren Kosten zu unterscheiden. Die **Mehrwertsteuer** ist bei diesem Betrag inbegriffen.[26]

---

[17] Art. 3 Abs. 1 Parteientschädigungsreglement.
[18] Art. 8 Parteientschädigungsreglement.
[19] Art. 6 Parteientschädigungsreglement.
[20] Art. 3 Abs. 2 Parteientschädigungsreglement.
[21] Vorn Art. 65 N 11.
[22] BGE 129 V 27, nicht publ. E. 3.2; SEILER/VON WERDT/GÜNGERICH, BGG, Art. 68 N 20.
[23] GEISER/MÜNCH[2]-GEISER, Rz 1.21.
[24] Vgl. BGE 112 Ib 356.
[25] Art. 2 Abs. 3 Parteientschädigungsreglement; GEISER/MÜNCH[2]-GEISER, Rz 1.21 und 1.24; SEILER/VON WERDT/GÜNGERICH, BGG, Art. 68 N 7.
[26] Art. 12 Abs. 1 Parteientschädigungsreglement.

III. Parteikostenverteilung (Abs. 1 und 2)

1. Regel

12   Die Zusprechung der **Entschädigung erfolgt an die Partei** und nicht an deren Vertreter. Anders verhält es sich mit der Entschädigung des unentgeltlichen Rechtsbeistandes.[27] Eine Entschädigung ist auch dann zuzusprechen, wenn eine Partei ihre Kosten auf eine Rechtsschutzversicherung abwälzen kann.[28] Das Gesetz regelt nicht ausdrücklich, ob einer Nebenpartei (Litisdenunziant, Nebenintervenient) eine Entschädigung an die Gegenpartei auferlegt oder eine Vergütung zugesprochen werden kann. Wie im bisherigen Recht[29] dürfte wohl auch im geltenden Recht die Frage nach freiem Ermessen des Gerichts zu entscheiden sein.[30] Dabei ist das entsprechende kantonale Recht mit zu berücksichtigen. Das Bundesgericht ist mit der Zusprechung einer Entschädigung an die Nebenpartei zurückhaltend.[31] Unterliegt die vor Bundesgericht allein auftretende Nebenpartei, so wird sie entschädigungspflichtig.[32] **Schuldnerin der Entschädigung** ist die Gegenpartei. Das dem Gericht zustehende grosse Ermessen erlaubt es bei besonderen Umständen, ausnahmsweise aus Gründen der Gerechtigkeit eine Entschädigung auch zu Lasten der Bundesgerichtskasse zuzusprechen.[33]

13   Der **Ausgang des bundesgerichtlichen Verfahrens** entscheidet darüber, welche Partei die andere zu entschädigen hat. Auch hier ist es nicht möglich, die Entschädigungspflicht vom endgültigen Ausgang des Rechtsstreits abhängig zu machen.[34] Das ist für die Parteien häufig wenig verständlich, wenn das Bundesgericht wegen Verfahrensfehlern einer Vorinstanz ein Rechtmittel gutheisst und die Sache an die kantonale Instanz zurückweist, anschliessend aber im Ergebnis noch einmal gleich entschieden werden muss.

2. Ausnahmen

14   **Obsiegt keine Partei vollständig**, so findet wie bei den Gerichtskosten eine Aufteilung statt.[35] Eine vom Prozessausgang abweichende Kostenteilung ist auch möglich, wenn eine Partei sich in guten Treuen veranlasst gesehen hat, das Rechtsmittel einzureichen.[36] Dabei ist zu beachten, dass es sich um das Verhältnis zwischen den Parteien handelt. Von daher lässt sich das Abweichen vom Prozessausgang nur rechtfertigen, wenn die obsiegende Partei durch die Art ihrer Prozessführung die andere zur Einreichung eines Rechtsmittels in guten Treuen veranlasst hat und nicht auch, wenn die Veranlassung in einer fehlerhaften Begründung des angefochtenen Entscheides durch die kantonale Instanz liegt. Es kann insb. berücksichtigt werden, ob eine Partei zu einer vergleichsweisen Erledigung des Rechtsstreites bereit gewesen wäre oder nicht.[37] Das dem Gericht zustehende grosse Ermessen erlaubt es, bei besonderen Umständen ausnahmsweise aus Gründen der Gerechtigkeit eine Entschädigung zuzusprechen, selbst wenn die entsprechende Partei unterliegt.[38]

---

[27] Vgl. vorn Art. 64 N 38.
[28] BGE 117 Ia 295.
[29] GEISER/MÜNCH²-GEISER, Rz 1.26.
[30] POUDRET, Commentaire, Art. 159 N 2 OG.
[31] BGE 105 II 296; 109 II 152.
[32] MESSMER/IMBODEN, Rechtsmittel, Rz 27, FN 23.
[33] BGE 126 II 168 f.; vorn Art. 66 N 18.
[34] Vorn Art. 66 N 12.
[35] Art. 66 N 13.
[36] BGE 114 Ia 258 f.; 112 V 86.
[37] BGE 112 Ib 333.
[38] BGE 126 II 168 f.; vorn Art. 66 N 18.

Die Aufteilung der Parteikosten besteht in einer Kürzung der Entschädigung, der Verwei- **15**
gerung jeglicher Entschädigung oder in der Verurteilung zur Ausrichtung einer Entschädigung an die unterliegende Partei. Soll die Aufteilung **verhältnismässig** sein, so ist zu
beachten, dass die Partei, welche die Entschädigung bezahlen muss, immer auch noch
selber für ihre Parteikosten aufkommen muss. Zu berücksichtigen ist auch, dass nicht
notwendigerweise die Kosten der beschwerdeführenden Partei gleich hoch sein müssen
wie jene der beschwerdebeklagten.

Wird ein **Verfahren gegenstandslos**, so ist wie bei den Prozesskosten nach dem Grund **16**
der Gegenstandslosigkeit zu unterscheiden.[39]

3. Unnötige Kosten

Wie bezüglich der Gerichtskosten[40] kann auch die Parteientschädigung jener Person auf- **17**
erlegt werden, welche unnötige Kosten verursacht hat. Als unnötig können sich das ganze
bundesgerichtliche Verfahren oder auch nur einzelne Prozesshandlungen erweisen.

Das kann eine Partei sein. Unter diesem Gesichtspunkt können die Kosten aber auch **18**
Dritten, wie dem Rechtsvertreter oder der Vorinstanz, auferlegt werden.[41]

4. Gemeinwesen und Organisationen (Abs. 3)

Bund, Kantone und Gemeinden sowie mit öffentlich-rechtlichen Aufgaben betraute **19**
Organisationen sind nicht nur nicht kostenpflichtig, wenn sie unterliegen,[42] sie haben
vielmehr auch keinen Anspruch auf eine Parteientschädigung, wenn sie obsiegen. Von
der **Umschreibung des Personenkreises** her stimmen die Bestimmungen überein. Für
die Auslegung kann deshalb auf die Kommentierung zu Art. 66 verwiesen werden.[43]

Bezüglich des **Streitgegenstandes** setzt sowohl die Kostenbefreiung wie auch die Ver- **20**
weigerung der Parteientschädigung voraus, dass das Gemeinwesen oder die Organisation
in ihrem **amtlichen Wirkungskreis** prozessiert.[44] Demgegenüber ist eine Parteientschädigung unabhängig davon zu verweigern, ob mit dem Prozess ein **Vermögensinteresse**
verfolgt wird oder nicht.

Insofern besteht eine Differenz zu den Voraussetzungen für die Kostenlosigkeit, die sich **21**
kaum rechtfertigen lässt. Wohl steckt hinter der Regelung für die Verweigerung der Parteientschädigung der Gedanke, das die mit öffentlich-rechtlichen Aufgaben betrauten
Organisationen in der Regel über den nötigen Sachverstand verfügen, so dass sich eine
anwaltliche Prozessvertretung erübrigt und auch der eigene Aufwand für die Prozessführung sich in bescheidenen Grenzen hält. Diese Überlegungen treffen aber nicht auf kleinere Gemeinden oder andere kleinere Organisationen zu.[45] Es handelt sich deshalb um
einen Grundsatz, von dem im **Einzelfall abgewichen** werden kann. Solche Abweichungen rechtfertigen sich insb. in folgenden Fällen:[46]

---

[39] Vgl. Art. 66 N 14.
[40] Art. 66 N 22.
[41] Vgl. BGer, I. ÖRA, 8.6.2005, 1P.255/2005, E. 3; ARV 2005, 290; SVR 2006 KV Nr. 3, E. 7.
[42] Art. 66 Abs. 4.
[43] Vgl. vorn Art. 66 N 26 ff.
[44] Zur Auslegung dieses Erfordernisses vgl. Art. 66 N 29; BGer H 381/1999, E. 6.
[45] POUDRET, Commentaire, Art. 159 N 3 OG; GEISER/MÜNCH[2]-GEISER, Rz 1.30.
[46] BGE 128 V 133 f.

– Eine Parteientschädigung kann zugesprochen werden, wenn die unterliegende Partei leichtsinnig oder mutwillig das Rechtsmittel provoziert hat.[47]

– Auch die **Art des Prozesses** kann ein Abweichen rechtfertigen. So ist beispielsweise eine Ausnahme angebracht, wenn eine Pensionskasse gegen die Verantwortlichen in einem Haftpflichtprozess nach Art. 52 BVG obsiegt[48] oder

– wenn eine Krankenkasse in einem Prozess betr. **Honorarrückführung aus unwirtschaftlicher Behandlungsweise** des Leistungserbringers obsiegt.[49]

– Ein entsprechender Vorbehalt ist auch angebracht, wenn ein Sozialversicherungsträger in einem **Regressprozess** obsiegt.

22 Die Bestimmung entbindet nur die unterliegende private Partei dem obsiegenden Staat oder der obsiegenden Organisation eine Entschädigung auszurichten. Demgegenüber steht der gegen die entsprechenden Gemeinschaften oder den Organisationen **obsiegenden privaten Partei** sehr wohl ein **Entschädigungsanspruch** zu.

5. Verweis auf die Kostenregelung (Abs. 4)

23 Wie im bisherigen Recht[50] gelten bezüglich der Prozessentschädigung für unnötige Aufwendungen und der Solidarität mehrerer Ersatzpflichtiger die gleichen Regeln wie bei den Kosten.[51]

IV. Parteientschädigung für das vorinstanzliche Verfahren

24 Die Regelung der vorinstanzlichen Parteientschädigung **entspricht dem bisherigen Recht**[52] und jener für die Kosten.[53] Sie ist allerdings ausführlicher als diese, nicht aber klarer. Eine Abänderung kommt nämlich auch hier grundsätzlich nicht in Frage, wenn das Bundesgericht den vorinstanzlichen Entscheid in der Sache vollständig bestätigt.[54] Eine Ausnahme kann allerdings dann bestehen, wenn nach dem bundesgerichtlichen Entscheid zwar das Ergebnis bleibt, jedoch die rechtliche Grundlage vollständig geändert wird.[55]

25 Das Bundesgericht hat **drei Möglichkeiten**: Es kann die vorinstanzliche Regelung entweder bestätigen, aufheben oder ändern:

– Bei einer **Bestätigung** wird diese zum bundesgerichtlichen Entscheid. Eine spätere Revision hat sich damit gegen das bundesgerichtliche Urteil zu richten und nicht gegen das kantonale.

– Wird der Entscheid **aufgehoben**, so weist das Bundesgericht die Sache zur Neufestsetzung der Entschädigung an die Vorinstanz zurück.[56]

---

[47] BGE 126 V 150.
[48] BGE 128 V 134.
[49] BGE 119 V 456 E. 6b; SVR 1995 KV Nr. 40, 125 E. 5b.
[50] Art. 159 Abs. 5 OG.
[51] Zu den unnötigen Aufwendungen vgl. vorn Art. 66 N 22 und vorn N 17 f.; zur Solidarität vgl. Art. 66 N 31 f.
[52] Art. 159 Abs. 6 OG.
[53] Art. 67.
[54] POUDRET, Commentaire, Art. 159 N 7 OG.
[55] BGE 131 II 214 ff, E. 7.
[56] BGE 131 II 80.

– Selten wird das Bundesgericht die **Entschädigung selber festsetzen und verteilen**. Dies ist in der Regel nicht ohne Schwierigkeiten möglich, weil auch bei einer vollständigen Gutheissung des Rechtsmittels und damit einem umgekehrten Ausgang des Rechtsstreites die Entschädigungsregelung nicht einfach umgekehrt werden kann. Der Aufwand des Rechtsmittelklägers im vorinstanzlichen Verfahren braucht nicht zwingend dem zu entsprechen, was der unterliegende Rechtsmittelgegner an Aufwand hatte.

11. Abschnitt: Vollstreckung

Art. 69

Entscheide auf Geldleistung	Entscheide, die zur Zahlung einer Geldsumme oder zur Sicherheitsleistung in Geld verpflichten, werden nach dem Bundesgesetz vom 11. April 1889 über Schuldbetreibung und Konkurs vollstreckt.
Arrêts imposant une prestation pécuniaire	Les arrêts qui imposent le paiement d'une somme d'argent ou la fourniture d'une sûreté pécuniaire sont exécutés conformément à la loi fédérale du 11 avril 1889 sur la poursuite pour dettes et la faillite.
Sentenze che impongono una prestazione pecuniaria	Le sentenze che impongono il pagamento di una somma di denaro o la prestazione di garanzie pecuniarie sono eseguite conformemente alla legge federale dell'11 aprile 1889 sull'esecuzione e sul fallimento.

Inhaltsübersicht

Materialien

E ExpKomm Art. 66; Art. 65 E 2001 BBl 2001 4495; Botschaft 2001 4306; AB 2003 S 898; AB 2004 N 1597.

Literatur

M. GULDENER, Schweizerisches Zivilprozessrecht, 2. Aufl., Zürich 1958 (zit. Guldener, Zivilprozessrecht[2]); W. HABSCHEID, Schweizerisches Zivilprozess- und Gerichtsorganisationsrecht, 2. Aufl., Basel/Genf/München 1990 (zit. Habscheid, Zivilprozessrecht[2]); F. HOHL, Procédure civile, Bern 2002 (zit. Hohl, Procédure civile); P. KARLEN, Privilegien des Staates bei der Vollstreckung öffentlichrechtlicher Geldforderungen, Schweizerisches und Internationales Zwangsvollstreckungsrecht, in: H. M. Riemer/M. Kuhn/D.Vock/M. A. Gehry (Hrsg.), Festschrift für Karl Spühler zum 70. Geburtstag, Zürich 2005, 149 ff. (zit. FS Spühler-Karlen); A. STAEHELIN/T. SUTTER, Zivilprozessrecht nach den Gesetzen der Kantone Basel-Stadt und Basel-Landschaft unter Einbezug des Bundesrechts (zit. Staehelin/Sutter, Zivilprozessrecht); R. FRANK/H. STRÄULI/G. MESSMER, Kommentar zur zürcherischen Zivilprozessordnung, Zürich 1997 (zit. Frank/Sträuli/Messmer, Kommentar); O. VOGEL/K. SPÜHLER, Grundriss des Zivilprozessrechts – und des internationalen Zivilprozessrechts der Schweiz, 8. Aufl., Bern 2005 (zit. Vogel/Spühler, Grundriss[8]); K. SPÜHLER, Probleme bei der Schuldbetreibung für öffentlich-rechtliche Geldforderungen, ZBl 100/1999 254 ff. (zit. Spühler, ZBl 1999). DERS., Rechtskraftbescheinigung und internationale Vollstreckung – insbesondere bei Teilurteilen, in: K. Spühler (Hrsg.), Internationales Zivilprozess- und Verfahrensrecht, Bd. V, Zürich 2005 (zit. Spühler-Spühler).

I. Allgemeines

1   Die im Erkenntnisverfahren ergangenen richterlichen Entscheide sind aus sich selbst heraus wirksam, soweit sie feststellend oder gestaltend sind. Sie bedürfen dagegen der **staatlichen Zwangsvollstreckung**, wenn sie auf Leistung oder Unterlassung lauten und

nicht freiwillig erfüllt werden.[1] Dabei ist zwischen der Zwangsvollstreckung auf Geldleistung und Sicherheitsleistung nach SchKG einerseits und der Vollstreckung von Urteilen mit einem anderen Leistungsgegenstand bzw. auf Unterlassung anderseits zu unterscheiden.

Ursprünglich regelte Art. 39 OG die Vollstreckung aller mit der Bundesrechtspflege betrauten Behörden, nach Erlass des VwVG jedoch trotz des unveränderten Wortlauts nur noch jene des Bundesgerichts.[2] In Übereinstimmung damit beschlagen die Art. 69 und Art. 70 nur die Vollstreckung der Urteile des **Bundesgerichts**. 2

Die Vollstreckungsbestimmungen des **BGG** entsprechen materiell weitestgehend jenen des **OG**, weshalb für deren Verständnis die bisherige Rechtsprechung und Literatur herangezogen werden kann. 3

Art. 69 behandelt die Vollstreckung von Entscheiden auf **Geldleistung** und auf Sicherheitsleistung in Geld. Die Bestimmung ist gegenüber Art. 39 OG rein formal neu. Sie entspricht Art. 75 BZP und im Wesentlichen (N 5) auch Art. 40 VwVG. 4

Für die **Sicherheitsleistungen** schöpft das BGG die Vollstreckungsmöglichkeiten des SchKG nicht aus: Nach dem Wortlaut und der Systematik von Art. 69 und 70 Abs. 1 sind solche bundesgerichtliche Entscheide nur nach dem SchKG zu vollstrecken, wenn sie *in Geld* lauten. Gemäss Rechtsprechung des Bundesgerichts ist die Betreibung auf Sicherheitsleistung i.S.v. Art. 38 SchKG indessen nicht auf Sicherheitsleistung in Geld beschränkt.[3] Über die Gründe, warum bundesgerichtliche Entscheide auf Sicherheitsleistung nur nach dem SchKG vollstreckt werden sollen, wenn sie in Geld lauten, schweigen sich die Materialien aus. Die Beschränkung entspricht Art. 75 BZP; Art. 40 VwVG enthält sie dagegen nicht.[4] Die Praxis wird zu entscheiden haben, ob diese Einschränkung als ein gesetzgeberisches Versehen zu betrachten ist. 5

Zivilrechtliche Entscheide auf Geld- und Sicherheitsleistung sind gem. Art. 38 Abs. 1 SchKG in der ganzen Schweiz ausschliesslich nach **SchKG** zu vollstrecken.[5] Auch **öffentlich-rechtliche** Geldforderungen sind nur nach SchKG vollstreckbar.[6] Für bundes- 6

---

[1] FRANK/STRÄULI/MESSMER, Kommentar, § 300 N 1 der Vorbemerkung. Gestaltungs- und Feststellungsurteile vollstrecken sich von selber, indem sie ipso iure ein Recht oder ein Rechtsverhältnis gestalten bzw. als bestehend oder nicht bestehend bezeichnen. Mit dem Erlass des Urteils ist der angestrebte Zweck erreicht und der Rechtsschutz verwirklicht: STAEHELIN/SUTTER, Zivilprozessrecht, N 2 zu § 25.

[2] BIRCHMEIER, Handbuch, Art. 39 N 1 OG; POUDRET, Commentaire, Bd. I, Art. 39 N 1.1 OG.

[3] BGE 129 III 193. Das Bundesgericht liess sich bei diesem Entscheid davon leiten, dass der Wortlaut von Art. 38 SchKG für Sicherheitsleistungen keinerlei Einschränkungen enthält und der Wortlaut anlässlich der am 1.1.1997 in Kraft getretenen Revision entgegen dem Vorschlag des Vorentwurfs nicht auf Sicherheitsleitungen in Geld beschränkt worden ist. Gl.M.: SPÜHLER/DOLGE/VOCK, Kurzkommentar, N 3 zu Art. 69/70.

[4] Art. 333 Abs. 2 E-ZPO enthält die Einschränkung auf Sicherheitsleitungen in Geld ebenfalls nicht (BBl 2006 7492).

[5] BGE 108 II 180 E. 2; POUDRET, Commentaire, Bd. I, Art. 39 N 1.2 OG; Art. 40 VwVG; Art. 75 BZP.

[6] BGE 115 III 1 E. 2; FS SPÜHLER-KARLEN, 153 f.; SPÜHLER, ZBl 1999, 256 (e contrario aus Art. 43 SchKG). Aufgrund bundesrechtlicher Vorschrift sind nach SchKG vollstreckbar öffentlich-rechtliche Forderungen, die sich auf Entscheidungen der Verwaltungsbehörden des Bundes (Art. 80 Abs. 2 Ziff. 2 SchKG) oder der Behörden des Vollstreckungskantons (Art. 80 Abs. 2 Ziff. 3 SchKG) stützen. Art. 80 und 81 SchKG haben aber in erster Linie die Vollstreckung zivilrechtlicher Urteile im Auge; die Vollstreckung öffentlich-rechtlicher Ansprüche aus anderen Kantonen kann daher bundesrechtlich nicht verlangt werden (vgl. dazu BGE 71 I 23 E. 2; 54 I 166

gerichtliche Entscheide auf Geldleistung ist die Unterscheidung in zivilrechtliche und öffentlich-rechtliche Forderungen allerdings müssig: Sie sind gem. Art. 69 und Art. 70 Abs. 3 i.V.m. Art. 75 BZP unterschiedslos nach SchKG zu vollstrecken.

Die Verfügungen auf Geldleistung der *bundesgerichtlichen Verwaltung* ergehen nicht in einem bundesgerichtlichen Gerichtsverfahren; sie sind demzufolge wie jene der anderen Verwaltungsbehörden des Bundes gestützt auf Art. 80 Abs. 2 Ziff. 2 SchKG nach SchKG zu vollstrecken.

7   Wie strafrechtliche und fiskalische **Beschlagnahmungen** nach Art. 44 SchKG gehen Vermögenssperren des Bundesrats, die sich direkt auf Art. 184 Abs. 3 BV stützen, betreibungsrechtlichen Verfügungen vor. Sie hindern die Vollstreckung bundesgerichtlicher (und anderer rechtskräftiger) Urteile. Solche Vermögenssperren müssen auf dem für sie vorgesehenen Wege beseitigt werden, damit die betreibungsrechtliche Vollstreckung des bundesgerichtlichen Entscheids fortgesetzt werden kann.[7]

8   Alle Leistungen, die nicht auf Geld lauten, sowie die Verpflichtungen zu Unterlassungen werden nach **Art. 70** vollstreckt.

9   Nicht die Vollziehung steht in Frage, wenn ein unteres Gericht in einem späteren Verfahren gegen die **materielle Rechtskraft** eines bundesgerichtlichen Urteils verstösst. In solchen Fällen ist das neue unterinstanzliche Urteile mit den üblichen Rechtsmitteln beim Bundesgericht anzufechten.[8]

10   **Beschwerden** gegen mangelhafte Vollstreckung richten sich bei Geld- und Sicherheitsleistungen in Geld nach den Vorschriften des SchKG. Die Beschwerde an den Bundesrat ist nicht zulässig.[9]

II. Vollstreckungstitel und Einreden

11   Der Gläubiger, der sich auf einen rechtskräftigen Entscheid des Bundesgerichts stützen kann, verfügt über einen **definitiven Rechtsöffnungstitel** (Art. 80 Abs. 1 SchKG).[10]

12   Zu den vollstreckbaren Entscheiden nach Art. 69 und 70 zählen nicht nur die Sach-Endentscheidungen, sondern ebenso rechtskräftige Entscheide über die **Kosten**[11] sowie **Bussen** und **einstweilige Verfügungen**, in der Terminologie des BGG «andere vorsorgliche Massnahmen» (Art. 104).[12]

E. 4). Auch sie sind indessen gestützt auf das interkantonale Konkordat vom 20.12.1971 über die Gewährung gegenseitiger Rechtshilfe zur Vollstreckung öffentlich-rechtlicher Ansprüche in anderen Kantonen vollstreckbar (AS 1972 153).

[7] Vgl. dazu die Mobutu Urteile: BGE 131 III 652 und 132 I 229 E. 4, 6.3 und 9.3.

[8] BIRCHMEIER, Handbuch, Art. 39 N 3 OG; POUDRET, Commentaire, Bd. I, Art. 39 N 2 OG.

[9] POUDRET, Commentaire, Bd. I, Art. 39 N 2 OG; Botschaft 2001 4306.

[10] POUDRET, Commentaire, Bd. I, Art. 39 N 1.2 OG.

[11] BGE 97 I 235 E. 5; FRANK/STRÄULI/MESSMER, Kommentar, § 300 N 5.

[12] BIRCHMEIER, Handbuch, Art. 39 N 2 OG; POUDRET, Commentaire, Art. 39 N 1.2 OG. Gegen vorsorgliche Massnahmen des Instruktionsrichters kann innert zehn Tagen beim Gericht **Beschwerde** geführt werden (Art. 80 Abs. 2 BZP i.V.m. Art. 71). Dabei handelt es sich um ein eigentliches Rechtsmittel; über die Beschwerde ist unter Ausschluss des Instruktionsrichters zu befinden (Urteil BGer 5C.6/1992 E. 1). Die Prüfungsbefugnis der angerufenen Gerichtsabteilung ist nicht beschränkt. Da der Instruktionsrichter jederzeit auf seine Verfügung zurückkommen kann, sind neue Tatsachen nicht zugelassen (a.a.O. E. 3). Dass einstweilige Verfügungen **sofort vollstreckbar** sind, soweit nicht ein Rechtsmittel eingereicht und diesem aufschiebende Wirkung beigelegt wird, folgt aus dem Wesen der Sache: GULDENER, Zivilprozessrecht[2], 601 FN 31; HABSCHEID, Zivilprozessrecht[2], N 949. Zum **Schadenersatz** bei vorsorglichen Ver-

Gerichtliche **Klageanerkennungen** und gerichtliche **Vergleiche** sind gerichtlichen Urtei- **13** len gleichgestellt (Art. 80 Abs. 2 SchKG), soweit sie den Prozess beenden.[13]

Vollstreckbar ist nur das **Urteilsdispositiv**.[14] **14**

Allgemeine Voraussetzung für die Vollstreckung ist die **Rechtskraft** des Entscheids. Die **15** formelle Rechtskraft tritt für bundesgerichtliche Entscheide am Tage ihrer Ausfällung ein (Art. 61). Die materielle Rechtskraft, d.h. die Verbindlichkeit für spätere Prozesse, ist eine Einrichtung des materiellen Rechts, die den formell rechtskräftigen Urteilen bei-gelegt wird.[15] Sie tritt für die bundesgerichtlichen Entscheide ebenfalls am Tage der Aus-fällung des Entscheids ein.

Auf Verlangen bescheinigt das Bundesgericht auf dem zu vollstreckenden Urteil die **16** Rechtskraft.[16] Die **Rechtskraftbescheinigung** ist eine öffentliche Urkunde gem. Art. 9 ZGB.[17] Sie erbringt für die durch sie bezeugte Tatsache den vollen Beweis, solange nicht die Unrichtigkeit ihres Inhalts nachgewiesen wird. Der Nachweis der Unrichtigkeit be-darf eines Vollbeweises, der nur durch richterliches Urteil erfolgen kann.[18]

Für die Vollstreckung im **Ausland** muss die Rechtskraftbescheinigung ihrerseits **beglau-bigt** (legalisiert) werden. Im Geltungsbereich des Haager Übereinkommens zur Befrei-ung öffentlicher Urkunden von der Beglaubigung[19] beschränkt sich die Formalität auf das Anbringen der Apostille[20] durch die Bundeskanzlei. Diese wird vom Bundesgericht eingeholt. Im Anwendungsbereich des Lugano-Übereinkommens entfällt die Notwendig-keit der Legalisation (Art. 49 LugÜ) und damit auch der Apostille vollständig; die Rechtskraftbescheinigung für den bundesgerichtlichen Entscheid (Art. 47 Ziff. 1 LugÜ) genügt.[21] Mit einzelnen Ländern bestehen überdies bilaterale Staatsverträge über die Be-glaubigung öffentlicher Urkunden.

Im Ausland erleichtert das **Lugano-Übereinkommen** die Vollstreckung bundesgerichtli- **17** cher Urteile wesentlich, soweit es um Handelssachen und – mit einigen Ausnahmen – um

---

füngungen, wenn der Anspruch, für den sie bewilligt wurden, nicht zu Recht bestand oder nicht fällig war, s. Art. 84 BZP i.V.m. Art. 71 sowie BGE 91 II 143 E. 1 und BGer 1P.82/2002 E. 1.1 (offengelassen, ob an der Rechtsprechung festgehalten werden kann).
[13] BGE 87 I 61 E. 3b.
[14] BIRCHMEIER, Handbuch, Art. 39 N 2 OG.
[15] BGE 95 II 639 E. 3 für zivilrechtliche Ansprüche; BGE 121 III 474 E. 2 sinngemäss für bundes-rechtliche Ansprüche allgemein.
[16] Die Rechtskraftbescheinigung ist der Beweis für die Rechtskraft des Urteils: HOHL, Procédure civile, N 3392.
[17] VOGEL/SPÜHLER, Grundriss[8], § 67 N 16 434.
[18] SPÜHLER-SPÜHLER, 130, m.Hinw., dass die Rechtskraftbescheinigung stets durch die juristi-schen Gerichtskanzleien erbracht werde. Am Bundesgericht nimmt das Generalsekretariat diese Aufgabe zentral wahr (Art. 49 Abs. 2 Bst. h BGerR; s. Kommentar zu Art. 26).
[19] SR 0.172.030.4.
[20] Die Apostille bescheinigt gem. Art. 5 des Haager-Übereinkommens die Echtheit der Unterschrift, die Eigenschaft, in welcher der Unterzeichner der Urkunde gehandelt hat, und gegebenenfalls die Echtheit des Siegels oder Stempels, mit dem die Urkunde versehen ist und befreit vor weiterer Beglaubigungen. Die Unterschrift und das Siegel oder der Stempel auf der Apostille bedürfen keiner weiteren Bestätigung.
[21] Damit werden die Formerfordernisse jenen in der Schweiz angeglichen. In der Schweiz darf der Rechtsöffnungsrichter ohne Willkür auf eine in gehöriger Form angebrachte Rechtskraftbeschei-nigung abstellen: BGE 89 I 242 E. 2. Zur identischen Rolle der Rechtskraftbescheinigung bei ausländischen Urteilen, die in der Schweiz zu vollstrecken sind, vgl. nebst den internationalen Übereinkommen Art. 29 IPRG.

Paul Tschümperlin

andere Zivilsachen geht. Im Anwendungsbereich dieses Übereinkommens werden vor dem Richter abgeschlossene *Vergleiche* wie öffentliche Urkunden vollstreckt (Art. 51 LugÜ).[22] Entscheide über *vorsorgliche Massnahmen* des Bundesgerichts sind vollstreckbar, wenn die allgemein geltenden Anerkennungsvoraussetzungen erfüllt sind, also insb. das einleitende Schriftstück ordnungsgemäss und so rechtzeitig zugestellt worden ist, dass sich der Beklagte verteidigen konnte (Art. 27 Ziff. 2 LugÜ) und die Zustellung des Entscheids sowie dessen Vollstreckbarkeit urkundlich nachgewiesen wird (Art. 47 Ziff. 1 LugÜ). *Superprovisorische Massnahmen* des Bundesgerichts können im Ausland vollstreckt werden, wenn der Vollstreckungsstaat diese Möglichkeit vorsieht (Art. 24 LugÜ).[23]

Mit zahlreichen Ländern bestehen überdies weitere Abkommen zur Vollstreckung von Urteilen.[24]

18 Die **Einrede** der Tilgung, Stundung und Verjährung seit Eintritt der Rechtskraft des zu vollstreckenden Entscheids kann gem. Art. 81 Abs. 1 SchKG jedem Vollstreckungsbegehren entgegengehalten werden,[25] muss aber sofort durch Urkunden bewiesen werden, ebenso der Erlass der Forderung. Andere Einwendungen sind gegen bundesgerichtliche Entscheide nicht möglich. Insbesondere können die Zuständigkeit des Bundesgerichts,[26] die gehörige Vorladung und die gesetzliche Vertretung (Art. 81 Abs. 2 SchKG) nicht überprüft werden. Die Entscheidungen des höchsten Gerichts sind in dieser Hinsicht unanfechtbar.

Weil diese prozessualen Einwendungen nicht zulässig sind, kann die Vollstreckung von bundesgerichtlichen Urteilen nicht infolge solcher Mängel unmöglich werden. Damit entfällt die Folgeproblematik eines Wiederauflebens des Rechtsschutzinteresses, was seinerseits in einem neuen Prozess in den Verlust der Einrede der Rechtshängigkeit bzw. der materiellen Rechtskraft münden könnte.[27]

---

[22] Übereinkommen über die gerichtliche Zuständigkeit und die Vollstreckung gerichtlicher Entscheidungen in Zivil- und Handelssachen, abgeschlossen in Lugano am 16.9.1988, SR 0.275.11.

[23] VOGEL/SPÜHLER, Grundriss[8], § 67 N 15b m.N.

[24] S. beispielsweise die Zusammenstellung bei FRANK/STRÄULI/MESSMER, Kommentar, N 4 und 4a zu § 302.

[25] VOGEL/SPÜHLER, Grundriss[8], N 17 zu § 67.

[26] Seit der Revision von Art. 81 Abs. 2 SchKG ist die Einrede der Unzuständigkeit auch im interkantonalen Verhältnis massgeblich eingeschränkt worden. Sie ist gem. Art. 6 des Konkordats über die Gewährung gegenseitiger Rechtshilfe zur Vollstreckung öffentlich-rechtlicher Ansprüche vom 20.12.1971 noch möglich bei öffentlich-rechtlichen Forderungen aus anderen Kantonen, gleich wie die Einrede der gesetzwidrigen Eröffnung des Entscheids: SPÜHLER, ZBl 1999, 261; ebenso VOGEL/SPÜHLER, Grundriss[8], § 67 N 19.

[27] Vgl. dazu VOGEL/SPÜHLER, Grundriss[8], § 67 N 51 ff.

Art. 70

Andere
Entscheide

[1] **Entscheide des Bundesgerichts, die nicht zur Zahlung einer Geldsumme oder zur Sicherheitsleistung in Geld verpflichten, sind von den Kantonen in gleicher Weise zu vollstrecken wie die rechtskräftigen Urteile ihrer Gerichte.**

[2] **Sie werden nach den Artikeln 41–43 des Bundesgesetzes vom 20. Dezember 1968 über das Verwaltungsverfahren vollstreckt, wenn das Bundesgericht in einer Sache entschieden hat, die erstinstanzlich in die Zuständigkeit einer Bundesverwaltungsbehörde fällt.**

[3] **Sie werden nach den Artikeln 74–78 BZP vollstreckt, wenn das Bundesgericht auf Klage hin entschieden hat.**

[4] **Im Falle mangelhafter Vollstreckung kann beim Bundesrat Beschwerde geführt werden. Dieser trifft die erforderlichen Massnahmen.**

Autres arrêts

[1] Les arrêts du Tribunal fédéral qui n'imposent pas le paiement d'une somme d'argent ou la fourniture d'une sûreté pécuniaire sont exécutés par les cantons de la même manière que les jugements passés en force de leurs tribunaux.

[2] S'ils ont été rendus dans une cause relevant en première instance de la compétence d'une autorité administrative fédérale, ils sont exécutés conformément aux art. 41 à 43 de la loi fédérale du 20 décembre 1968 sur la procédure administrative.

[3] S'ils ont été rendus à la suite d'une action, ils sont exécutés conformément aux art. 74 à 78 PCF.

[4] En cas d'exécution défectueuse, un recours peut être déposé devant le Conseil fédéral. Celui-ci prend les mesures nécessaires.

Altre sentenze

[1] Le sentenze del Tribunale federale che non impongono il pagamento di una somma di denaro o la prestazione di garanzie pecuniarie sono eseguite dai Cantoni nello stesso modo di quelle passate in giudicato dei loro tribunali.

[2] Se il Tribunale federale le ha pronunciate in una causa che in prima istanza è di competenza di un'autorità amministrativa federale, le sentenze sono eseguite conformemente agli articoli 41–43 della legge federale del 20 dicembre 1968 sulla procedura amministrativa.

[3] Se il Tribunale federale le ha pronunciate su azione, le sentenze sono eseguite conformemente agli articoli 74–78 PC.

[4] In caso di esecuzione viziata può essere interposto ricorso al Consiglio federale. Quest'ultimo adotta le misure necessarie.

Inhaltsübersicht

Paul Tschümperlin 601

Materialien

Art. 67 E ExpKomm; Art. 66 E 2001 BBl 2001 4495; Botschaft 2001 4306; AB 2003 S 898; AB 2004 N 1597.

Literatur

M. GULDENER, Schweizerisches Zivilprozessrecht, 2. Aufl., Zürich 1958 (zit. Guldener, Zivilprozessrecht[2]); F. HOHL, Procédure civile, Bern 2002 (zit. Hohl, Procédure civile); G. MESSMER/ H. IMBODEN, Die eidgenössischen Rechtsmittel in Zivilsachen, Zürich 1992 (zit. Messmer/ Imboden, Rechtsmittel); A. STAEHLIN/T. SUTTER, Zivilprozessrecht nach den Gesetzen der Kantone Basel-Stadt und Basel-Landschaft unter Einbezug des Bundesrechts (zit. Staehelin/Sutter, Zivilprozessrecht); O. VOGEL/K. SPÜHLER/M. GEHRI, Grundriss des Zivilprozessrechts, 8. Aufl., Bern 2006 (zit. Vogel/Spühler/Gehri, Grundriss[8]).

I. Allgemeines

1   Art. 70 behandelt die Vollstreckung von Entscheidungen des Bundesgerichts, die nicht auf Geldleistung lauten, die sogenannte **Realvollstreckung**. Dabei unterscheidet das Gesetz, in welchem Verfahren der bundesgerichtliche Entscheid zustande gekommen ist. Die Bestimmung entspricht materiell dem bisherigen Recht, normiert die einzelnen Fälle jedoch explizit. Die Vollstreckung von Geldleistungen ist im Unterschied zu Art. 39 OG ebenfalls ausdrücklich geregelt, aber in eine separate Bestimmung ausgelagert worden (Art. 69).

2   Unter die Realexekution fallen auch Ansprüche auf Leistung in **ausländischer Währung**,[1] wenn diese aufgrund einer Effektivitätsklausel nicht in schweizerische Währung umgerechnet werden darf.[2]

3   Nicht erwähnt ist in Art. 70 die Vollstreckung von **Strafentscheiden**, wenn das Bundesgericht in der Sache selber entscheidet (Art. 107 Abs. 2). Diese richtet sich nach Art. 240 BStP. Danach sorgt der Bundesrat für den Vollzug der rechtskräftigen Urteile und Entscheidungen der eidgenössischen Strafgerichte (Abs. 1). Die Kantone sind verpflichtet, diese Urteile und Entscheidungen zu vollziehen (Abs. 2). Der Strafvollzug ist kantonalrechtlich geregelt, soweit das Bundesrecht nichts anderes bestimmt. Der Bund hat die Oberaufsicht (Abs. 3).

4   Vollstreckung ist **Verwaltungshandeln** des Staats. Wie jede staatliche Handlung bedürfen die einzelnen Vollzugsmassnahmen einer gesetzlichen Grundlage, wenn sie über die ursprüngliche Anordnung hinaus in die Rechtsposition der Person eingreifen,[3] gegen welche sich die Vollstreckung richtet, oder über das hinausgehen, was zur Herstellung des gesetzlichen Zustands notwendig ist.[4]

5   Das **Verhältnismässigkeitsprinzip** gem. Art. 42 VwVG beansprucht im Vollstreckungsrecht generelle Bedeutung. Bei dessen Verletzung kann beim Bundesrat Beschwerde geführt werden.[5]

6   Im Übrigen s. die allgemeinen Bemerkungen bei Art. 69.

---

[1] Art. 67 Abs. 1 Ziff. 3 SchKG; BGE 94 III 74 E. 3.
[2] STAEHELIN/SUTTER, Zivilprozessrecht, § 25 N 1.
[3] BGE 108 Ib 162 E. 5.
[4] KÖLZ/HÄNER, Verwaltungsrechtspflege[2], N 389. Keiner weiteren gesetzlichen Grundlage bedarf es daher beispielsweise, wenn unter Beachtung des Verhältnismässigkeits- und Vertrauensprinzips der Abbruch einer widerrechtlich erstellten Baute befohlen wird: BGE 111 Ib 213, 226.
[5] POUDRET, Commentaire, Bd. I, Art. 39 N 1.3 OG. Zur generellen Geltung des Verhältnismässigkeitsgrundsatzes bei Verwaltungssanktionen: BGE 108 Ib 162 E. 5b.

II. Kantonalrechtliche Vollstreckung von Nicht-Geldleistungen (Abs. 1)

Die Verpflichtung der Kantone, für Nicht-Geldleistungen die Urteile des Bundesgerichts **7** in gleicher Weise zu vollstrecken wie diejenigen der eigenen Gerichte, entspricht dem früheren OG.[6] Mangels eigener Vollzugsorgane des Bundes wird die Aufgabe grundsätzlich den **Kantonen** übertragen.[7]

Der Bundesrat ist damit seiner verfassungsrechtlichen Verpflichtung, die Urteile richterlicher Behörden des Bundes zu vollziehen (Art. 182 Abs. 2 BV), weitgehend enthoben. Sie lebt jedoch bei mangelhafter Vollstreckung durch die kantonalen Organe in Form des Beschwerderechts an den Bundesrat wieder auf (N 25 ff.).

Das Bundesgericht kann in seinem Entscheid ausdrücklich einen **Hinweis** auf Art. 70 Abs. 1 anbringen, wenn eine Behörde den Entscheid einer übergeordneten Gerichtsbehörde nicht beachtet hat.[8]

Zuständig ist der Kanton, auf dessen Territorium das Urteil des Bundesgerichts voll- **8** streckt werden muss. Massgeblich ist das Recht des vollstreckenden Kantons; die Rechtskraft des bundesgerichtlichen Urteils ist dagegen bundesrechtlich geregelt (Art. 61).[9]

Örtlich zuständig sind die Behörden des Orts, wo die Vorkehren zu treffen sind,[10] die zum Vollzug des Urteils notwendig sind, bei dinglichen Ansprüchen die Behörde des Orts der gelegenen Sache. Sachlich ist oft der Befehlsrichter oder eine Verwaltungsbehörde zuständig.[11]

Für die Vollstreckung nach kantonalem Recht[12] kommen folgende **Mittel** in Frage:[13] **9**

– psychischer Zwang bei der Verpflichtung zu einem Tun oder unter Unterlassen durch die Aufforderung zur Erfüllung des Urteils unter Androhung von Nachteilen, namentlich der Überweisung an den Strafrichter zur Bestrafung nach Art. 292 StGB;

– direkter Zwang durch die Polizei oder einen Verwaltungsbeamten zur Herausgabe oder Beseitigung beweglicher Sachen und Räumung unbeweglicher Sachen (Mietausweisungen, Besitzübertragen);

– Ersatzvornahme;

– Umwandlung in Schadenersatz;[14]

– die Ermächtigung zur Eintragung ins Grundbuch, wenn der zu vollstreckende Entscheid kein Gestaltungsurteil ist, sondern nur obligatorisch zur Übertragung des Rechts verpflichtet;

---

[6] Botschaft 2001 4306.
[7] BIRCHMEIER, Handbuch, Art. 39 N 1 OG; POUDRET, Commentaire, Bd. I, Art. 39 N 1.3 OG.
[8] BGer 1P.452/1996 E. 3a zu Art. 39 Abs. 1 OG.
[9] POUDRET, Commentaire, Bd. I, Art. 39 N 1.3 OG.
[10] HOHL, Procédure civile, N 3407.
[11] VOGEL/SPÜHLER, Grundriss[8], § 67 N 43 f.
[12] Der Entwurf der Schweizerischen ZPO verzichtet wie das bisherige Recht auf ein Zwangsgeld an die obsiegende Partei für jeden Tag der Nichterfüllung. Teilweise neu wird die Ordnungsbusse bis Fr. 1000.– für jeden Tag der Nichterfüllung sein (Art. 341 Abs. 1 lit. b E-ZPO), die im Unterschied zum Zwangsgeld nicht an die Partei, sondern an den Staat zu bezahlen ist (vgl. dazu die Botschaft des Bundesrats vom 28.6.2006 zur Schweizerischen Zivilprozessordnung, BBl 2006 7221 ff., 7385).
[13] Vgl. hierzu insb. die Zusammenstellung bei VOGEL/SPÜHLER, Grundriss[8], § 67 N 29 ff.; HOHL, Procédure civile, N 3397 ff.
[14] S. dazu BGE 128 III 416 ff.

– bei einer fehlenden Willenserklärung die Abgabe der Erklärung durch den Vollstreckungsrichter, soweit die Willenserklärung nicht schon durch das Sachurteil ersetzt ist;[15]

– Realteilung.[16]

10   Bei Unterlassungsurteilen besitzt die Androhung der **Ungehorsamstrafe** nach Art. 76 BZP über die bundesgerichtlichen Direktprozesse hinaus allgemeine Bedeutung. Sie kommt auch zum Tragen, wenn bundesgerichtliche Urteile nach kantonalem Recht vollstreckt werden.[17]

11   Die Partei muss lediglich um Vollstreckung ersuchen; die Vollstreckungsbehörde entscheidet von Amts wegen, welche **Vollstreckungsmittel** zur Anwendung gelangen. Hingegen hat sie nachzuweisen, dass die Voraussetzungen für die Durchführung des Vollstreckungsverfahrens gegeben sind. Ein zurückgezogenes Vollstreckungsbegehren kann erneuert werden.[18]

12   Der Beklagte kann **einwenden**, dass der Anspruch nach Ausfällung des Urteils untergegangen, gestundet oder verjährt ist. In formeller Hinsicht kann er sich darauf berufen, dass die Voraussetzungen für die Durchführung des Vollstreckungsverfahrens nicht vorhanden seien, dieses nicht ordnungsgemäss angehoben oder die Vollstreckung der Art nach unzulässig sei.[19]

III. Vollstreckung in Bundesverwaltungssachen (Abs. 2)

13   Hat das Bundesgericht in einer Sache entschieden, die erstinstanzlich von einer **Bundesverwaltungsbehörde** beurteilt worden ist, so werden die Entscheide nach den Art. 41–43 VwVG vollstreckt. In Betracht kommen gem. Art. 41 Abs. 1 VwVG a. die Ersatzvornahme[20], b. unmittelbarer Zwang gegen die Person des Verpflichteten oder an seinen Sachen, c. die Strafverfolgung, soweit ein anderes Bundesgesetz die Strafe vorsieht, und d. die Strafverfolgung wegen Ungehorsams nach Art. 292 StGB, soweit keine andere Strafbestimmung greift.

14   Die Vollstreckung nach Art. 70 Abs. 2 betrifft die beim Bundesgericht angefochtenen Fälle des Bundesverwaltungsgerichts, dagegen **nicht** die beim Bundesgericht angefochtenen Fälle, die in Anwendung des Bundesverwaltungsrechts von den **kantonalen Gerichten** entschieden worden sind. Für diese Urteile ist das kantonale Vollstreckungsrecht massgeblich. Das Gesetz beschränkt die Anwendung der Vollstreckungsbestimmungen

---

[15] Bei Urteilen, die den Beklagten zur Abgabe einer genau umschriebenen rechtsgeschäftlichen Willenserklärung verpflichten, z.B. zu Abtretung einer bestimmten Forderung an den Kläger, ersetzt das Urteil die Willenserklärung: STAEHELIN/SUTTER, Zivilprozessrecht, § 25 N 2.

[16] Nicht zu den Teilungsklagen und nicht in den Katalog kantonaler Vollzugsmittel für bundesgerichtliche Urteile gehört die Grenzscheidung (Art. 669 ZGB). Da diese gestaltende Wirkung hat, vollstreckt sich das bundesgerichtliche Urteil insoweit ipso iure. Für den Vollzug sind nur noch Grundbucheintrag und Grundbuchplan nachzuführen sowie je nach den konkreten Verhältnissen ein Grenzstreifen zu räumen, die Grenzmarkierung in Ordnung zu bringen oder die Störung zu beseitigen. Vgl. zu dieser doppelseitigen Klage (actio duplex) P. TSCHÜMPERLIN, Grenze und Grenzstreitigkeiten im Sachenrecht, Diss. Freiburg 1984, 159 ff., insb. 173 ff.

[17] BGE 107 II 82 E. 10; MESSMER/IMBODEN, Rechtsmittel, § 7 FN 9 m.w.Hinw.

[18] GULDENER, Zivilprozessrecht[2], 604.

[19] GULDENER, Zivilprozessrecht[2], 604.

[20] Zu den Voraussetzungen einer Ersatzvornahme nach Art. 41 Abs. 1 VwVG s. BGE 105 Ib 343 E. 4b.

des VwVG explizit auf die Fälle, die erstinstanzlich in die Zuständigkeit einer Bundesverwaltungsbehörde fallen. Dies gilt nach dem klaren Gesetzeswortlaut selbst dann, wenn das Bundesgericht in erstinstanzlich kantonal beurteilten Bundesverwaltungssachen reformatorisch in der Sache entscheidet (Art. 107 Abs. 2), und damit das bundesgerichtliche Urteil an die Stelle des kantonalen tritt, ebenso wenn das Bundesgericht die Beschwerde abweist und das angefochtene Urteil bestätigt. In diesen Fällen liegt ein bundesrechtliches Urteil vor, das nach kantonalem Recht zu vollstrecken ist.

Die gesetzgeberische **Anknüpfung** für das massgebliche Vollstreckungsrecht bei der **15** **erstinstanzlichen Verwaltungsbehörde** hat den Vorteil der Einfachheit für sich. Es ist in aller Regel ohne Weiteres ersichtlich, ob erstinstanzlich eine Bundesverwaltungsbehörde oder eine kantonale Verwaltungsbehörde entschieden hat. Diese Lösung entbehrt allerdings der inneren Logik. Die Vollstreckung von bundesrechtlichen Urteilen dem kantonalen Recht zu unterstellen, nur weil erstinstanzlich eine kantonale Verwaltungsbehörde entschieden hat, ist materiell nicht gerechtfertigt, wenn ein paralleles eidgenössisches Vollstreckungsrecht zur Verfügung steht. Richtigerweise müssten kantonale Urteile nach kantonalem und bundesrechtliche Urteile nach eidgenössischem Recht vollstreckt werden.

Nach Art. 41–43 VwVG wird vollstreckt, wenn das Bundesgericht im Rahmen der **Jus-** **16** **tizverwaltung** in Anwendung des VwVG selber als Bundesverwaltungsbehörde entschieden hat. Auch diese Verfügungen werden aber, wenn sie auf Geld- oder Sicherheitsleistung lauten, gem. Art. 40 VwVG auf dem Wege der Schuldbetreibung und des Konkurses vollstreckt (Art. 69 N 6).

Vor der Ergreifung sind die **Zwangsmittel anzudrohen** und dem Verpflichteten ist eine **17** angemessene Erfüllungsfrist einzuräumen (Art. 41 Abs. 2 VwVG). Wenn Gefahr im Verzuge ist, kann die Vollzugsbehörde darauf verzichten.[21] Auf diese Einleitung kann ausserdem gem. Art. 3 lit. f VwVG verzichtet werden, wenn die Natur der Verwaltungssache die Vollstreckung auf der Stelle erfordert.[22]

Die **Ungehorsamsstrafe** nach Art. 292 StGB darf nach der Rechtsprechung des Bundes- **18** gerichts wiederholt verhängt werden, wenn die rechtswidrige Situation andauert. Ob die wiederholte Verhängung zulässig ist, um eine einmalige Handlung durchzusetzen, ist umstritten.[23]

Die Kantone leisten den Bundesbehörden in der Vollstreckung **Rechtshilfe** (Art. 43 **19** VwVG).

Der Entscheid, die Vollstreckung eines **Auslieferungsentscheids** aufzuschieben, obliegt **20** dem Bundesrat, nicht den Kantonen.[24]

Im Übrigen finden sich in verschiedenen verwaltungsrechtlichen **Spezialgesetzen** beson- **21** dere Bestimmungen über **Zwangsmittel** wie Disziplinarbussen, Leistungsverweigerungen (administrative Nachteile), Androhung von Bussen und Freiheitsstrafen.[25]

---

[21] BGE 105 Ib 343 E. 4b: auf eine vorgängige Androhung der Ersatzvornahme kann nach diesem Entscheid verzichtet werden, wenn Gefahr im Verzug ist oder wenn zum vornherein klar ist, dass der Beklagte seine Verpflichtung nicht innert vernünftiger Frist erfüllen wird.
[22] KÖLZ/HÄNER, Verwaltungsrechtspflege[2], N 388.
[23] KÖLZ/HÄNER, Verwaltungsrechtspflege[2], N 391; eher bejahend: BGE 104 IV 229 E. 3; klar bejahend: BGE 121 II 273 E. 4.
[24] BGE 112 Ib 215 E. 8; krit. POUDRET, Commentaire, Bd. I, Art. 39 N 1.3 OG.
[25] Vgl. KÖLZ/HÄNER, Verwaltungsrechtspflege[2], N 385.

IV. Vollstreckung in Direktprozessen (Abs. 3)

22   Hat das Bundesgericht auf **Klage** hin entschieden, richtet sich die Vollstreckung nach den Art. 74–78 BZP und damit immer nach Bundesrecht. Dass die Direktprozesse mit dem BGG erheblich eingeschränkt worden sind, ändert daran nichts. Sie sind gem. Art. 120 noch möglich für a. Kompetenzkonflikte zwischen Bundesbehörden und kantonalen Behörden, b. zivilrechtliche und öffentlich-rechtliche Streitigkeiten zwischen Bund und Kantonen oder zwischen Kantonen; c. Ansprüche auf Schadenersatz und Genugtuung aus der Amtstätigkeit für Personen gem. Art. 1 Abs. 1 lit. a[26]–c VG, d.h. für Verantwortlichkeitsansprüche gegen den Bund aus der Amtstätigkeit der Mitglieder des Bundesrats, des Bundeskanzlers sowie der ordentlichen und nebenamtlichen Richter des Bundesgerichts.

23   Der Bundeszivilprozess regelt die verschiedenen **Vollstreckungsarten**. Urteile, die zur Zahlung einer Geldsumme oder zur Sicherheitsleistung in Geld verpflichten, werden nach dem SchKG vollstreckt (Art. 75 BZP). Für Urteile auf ein Tun oder Unterlassen kann für jede Widerhandlung die Ungehorsamstrafe des Art. 292 StGB angedroht werden (Art. 76 Abs. 1 BZP; vgl. N 18). Vorbehalten bleibt Schadenersatz wegen Nichterfüllung nach erfolgloser Vollstreckung bzw. anstelle deren zwangsweisen Durchführung oder ihrer Fortsetzung (Art. 76 Abs. 3 BZP).

24   Die Vollstreckung obliegt dem **Bundesrat** (Art. 77 Abs. 1). Er trifft auf Gesuch der berechtigten Partei unmittelbar oder durch Vermittlung der kantonalen Behörde alle hierzu erforderlichen Massnahmen (s. im Einzelnen Art. 77 Abs. 2 BZP). Die berechtige Partei hat die Kosten dieser Massnahmen vorzuschiessen; nach deren Durchführung verurteilt der Bundesrat den Pflichtigen zum Ersatz dieser Kosten (Art. 77 Abs. 3 BZP). Für den Ersatz von Willenserklärungen durch Urteil, Feststellung oder Eintragung ins Grundbuch s. Art. 78 BZP.

Für die Vollstreckung von **Zwischenverfügungen** ist in Direktprozessen ebenfalls der Bundesrat zuständig (Art. 77 BZP).[27]

V. Mangelhafte Vollstreckung (Abs. 4)

25   Wegen mangelhafter Vollstreckung kann wie bisher **Beschwerde** beim Bundesrat geführt werden (Abs. 4).[28] Dies gilt für alle nach Art. 70 zu vollstreckenden Urteile. Wie unter altem Recht ist nicht das Bundesgericht Beschwerdeinstanz.[29] Die Vollstreckung von Geldleistungsurteilen (Art. 69) erfolgt dagegen ausschliesslich nach den Regeln des SchKG. Für die Beschwerdemöglichkeiten gegen die Vollstreckung gilt dasselbe.[30]

26   Mit der Beschwerde kann nur die **Vollstreckungshandlung** als solche angefochten werden. Dazu gehört die Frage, ob die Vollzugsmassnahme weiter geht, als es dem Sinn des zu vollstreckenden Entscheids entspricht.[31]

---

[26] Buchstabe a ist durch das Parlamentsgesetz vom 13.12.2002 aufgehoben worden.

[27] POUDRET, Commentaire, Bd. I, Art. 39 N 1.2 OG.

[28] Vgl. auch Art. 182 Abs. 2 BV.

[29] BIRCHMEIER, Handbuch, Art. 39 N 5 OG; POUDRET, Commentaire, Bd. I, Art. 39 N 2 OG; BGer 2P.27/1994 E. 2.

[30] Botschaft 2001 BBl 2001 4306; SEILER/VON WERDT/GÜNGERICH, BGG, Art. 70 N 4; POUDRET, Commentaire, Bd. I, Art. 39 N 2 SchKG; SPÜHLER/DOLGE/VOCK, Kurzkommentar, Art. 69/70 N 5.

[31] BIRCHMEIER, Handbuch, Art. 39 N 5 OG.

Die Rechtmässigkeit der zu vollstreckenden Entscheidung kann mit der Vollstreckungs-
beschwerde dagegen auch vorfrageweise nicht mehr angefochten werden, weil kein
schutzwürdiges Interesse daran besteht, rechtskräftige Entscheide wieder in Frage zu
stellen. Vorbehalten bleiben unverzichtbare und unverjährbare verfassungsmässige Rechte sowie die Nichtigkeit der in Vollstreckung gesetzten Entscheidung.[32]

Für das **Verfahren** vor dem Bundesrat werden die Art. 75–77 VwVG analog angewen-   **27**
det.[33] Das BGG regelt das Beschwerdeverfahren vor dem Bundesrat nicht. Bezüglich der
Form und Frist bestehen keine gesetzlichen Erfordernisse. Unter Vorbehalt des Rechtsmissbrauchsverbots kann daher jederzeit Beschwerde geführt werden.[34] Ungebührlich
langes Warten kann zu Nichteintreten führen.[35]

Der **Entscheid des Bundesrats** kann beim Bundesgericht nicht angefochten werden.[36]   **28**

Besteht die Schwierigkeit des Vollzugs auf einer Unklarheit des Urteils, so ist zuerst um   **29**
Erläuterung nachzusuchen.[37]

VI. Neue eidgenössische Prozessordnungen

Der Entwurf für eine **Schweizerische Zivilprozessordnung** ersetzt im Bereiche des   **30**
Zivilrechts die kantonale Vollstreckung durch eine einheitliche bundesrechtliche Regelung (Art. 333 ff. E-ZPO).[38] Mit der schweizerischen ZPO wird die Schweiz grundsätzlich zu einem einheitlichen Vollstreckungsraum werden. Vereinheitlicht werden jedoch
nur die kantonalen Regelungen, nicht das Bundesvollstreckungsrecht. Der Bundeszivilprozess soll nicht aufgehoben werden, sondern für das Verfahren vor Bundesgericht
weiterhin Geltung haben;[39] Art. 70 und Art. 74–78 BZP bleiben bestehen. Damit wird für
die Vollstreckung von Urteilen aus bundesgerichtlichen Direktprozessen weiterhin Son-
derrecht gelten.

Der Bundesstrafprozess soll durch die **Schweizerische Strafpozessordnung** aufgehoben   **31**
werden (Anhang I zu Art. 453 Abs. 1 E-StPO).[40] Die Vollstreckung wird sich für die Entscheide der eidgenössischen Strafgerichte und damit der materiellrechtlichen Strafentscheide des Bundesgerichts nach Art. 447 ff. E-StPO richten. Gemäss Art. 447 E-StPO
bestimmen Bund und Kantone die für den Vollzug von Strafen und Massnahmen zuständigen Behörden sowie das entsprechende Verfahren (Abs. 1). Die Vollzugsbehörde erlässt
einen Vollzugsbefehl (Abs. 2). Art. 70 soll nach dem Entwurf für die Schweizerische
Strafprozessordnung nicht angepasst werden. De lege ferenda sollte der Wortlaut von
Art. 70 für die strafrechtliche Vollstreckung jedoch mit der effektiven Rechtslage in
Übereinstimmung gebracht werden.

---

[32] BGE 119 Ib 492 E. 3 499.
[33] POUDRET, Commentaire, Bd. I, Art. 39 N 2 OG; SEILER/VON WERDT/GÜNGERICH, BGG, Art. 70
   N 6.
[34] BIRCHMEIER, Handbuch, Art. 39 N 6 OG; SEILER/VON WERDT/GÜNGERICH, BGG, Art. 70 N 5;
   POUDRET, Commentaire, Bd. I, Art. 39 N 2 OG.
[35] SPÜHLER/DOLGE/VOCK, Kurzkommentar, Art. 69/70 N 5.
[36] BIRCHMEIER, Handbuch, Art. 39 N 5 OG; 1P.424/1989 E. 1.
[37] BIRCHMEIER, Handbuch, Art. 39 N 4 OG.
[38] Botschaft des Bundesrats vom 28.6.2006 zur Schweizerischen Zivilprozessordnung, BBl 2006
   7382 ff.; Aufhebung und Änderung bisherigen Rechts: Anhang Ziff. 2 zu Art. 400 E-ZPO, BBl
   2006 7510 f.
[39] Botschaft des Bundesrats vom 28.6.2006 zur Schweizerischen Zivilprozessordnung, BBl 2006
   7222, 7510 f.
[40] BBl 2005 2319.

12. Abschnitt: Ergänzendes Recht

Art. 71

Wo dieses Gesetz keine besonderen Bestimmungen über das Verfahren enthält, sind die Vorschriften des BZP sinngemäss anwendbar.

Lorsque la présente loi ne contient pas de dispositions de procédure, les dispositions de la PCF sont applicables par analogie.

Nei casi per i quali la presente legge non prevede disposizioni speciali sulla procedura si applicano per analogia le prescrizioni della PC.

Materialien

Art. 69 E ExpKomm; Schlussbericht 1997, 82; Art. 67 E 2001 BBl 2001 4496; AB 2003 S 898; AB 2004 N 1597.

Literatur

O. VOGEL/K. SPÜHLER, Grundriss des Zivilprozessrechts – und des internationalen Zivilprozessrechts der Schweiz, 8. Aufl., Bern 2005 (zit. Vogel/Spühler, Grundriss[8]).

I. Allgemeines

1   Art. 71 sieht in Anlehnung an Art. 40 OG[1] im Abschnitt «Ergänzendes Recht» vor, dass bei Fehlen besonderer Verfahrensbestimmung die Vorschriften des Bundeszivilprozesses sinngemäss anwendbar sind.[2]

2   Die sinngemässe Anwendung des Bundeszivilprozesses ist nicht nur ausgeschlossen, soweit das Bundesgerichtsgesetz eigene Verfahrensbestimmungen enthält, sondern auch soweit es bezüglich bestimmter Verfahrensfragen auf den Bundeszivilprozess verweist, der damit direkt anwendbar wird.[3] Solche **Verweise** finden sich in Art. 55 Abs. 1 bezüglich der Beweiserhebungen im Beschwerdeverfahren und in Art. 120 Abs. 3 bezüglich des erstinstanzlichen Klageverfahrens.

3   Art. 71 macht durch das Wort «**sinngemäss**» deutlich, dass die Vorschriften des Bundeszivilprozesses als ergänzendes Recht nur soweit anwendbar sind, wie sie mit dem Sinn und Zweck des Bundesgerichtsgesetzes vereinbar sind.[4]

---

[1] Art. 40 OG lautete: «Wo dieses Gesetz keine besonderen Bestimmungen über das Verfahren enthält, finden die Vorschriften des Bundesgesetzes vom 4.12.1947 über den Bundeszivilprozess Anwendung.»

[2] Vgl. Schlussbericht 1997, 82.

[3] SPÜHLER/DOLGE/VOCK, Kurzkommentar, Art. 71 N 1.

[4] Vgl. Schlussbericht 1997, 82, wo ausgeführt wird, es müsse jeweils geprüft werden, ob und wie eine Vorschrift des BZP angewendet werden könne, ohne dass ein Widerspruch zur ratio legis des BGG entstehe.

II. Anwendungsfälle

Die sinngemässe Anwendung des Bundeszivilprozesses gem. Art. 71 setzt voraus, dass **4** das Bundesgerichtsgesetz gewisse verfahrensrechtliche Fragen nicht selber oder durch Verweise beantwortet.[5] Solche Fragen betreffen insb.:

– Die Zulässigkeit der **Aussetzung** bzw. Sistierung des Verfahrens. Insoweit ist Art. 6 **5** BZP sinngemäss anwendbar.[6] Nach Art. 6 Abs. 1 BZP kann der Richter aus Gründen der Zweckmässigkeit das Verfahren aussetzen, insb. wenn das Urteil von der Entscheidung in einem anderen Rechtsstreit beeinflusst werden kann. Im Sinne dieser Bestimmung kann die Aussetzung des Verfahrens auch zweckmässig sein, wenn die Parteien Vergleichs- oder Mediationsgespräche führen wollen. Gemäss Art. 6 Abs. 2 und 3 BZP führt der Tod einer Partei dazu, dass das Verfahren von Gesetzes wegen ruht und die Fortsetzung verfügt werden kann, sobald die Erbschaft nicht mehr ausgeschlagen werden kann oder die amtliche Liquidation angeordnet ist. Art. 6 Abs. 3 BZP behält die vorherige Fortsetzung dringlicher Prozesse durch Erbschaftsvertreter vor. Art. 6 Abs. 4 BZP bestimmt, dass der Prozess abgeschrieben wird, wenn die für die Verfügung der Fortsetzung erforderlichen Angaben über die Rechtsnachfolge weder von der Erbengemeinschaft noch von der Gegenseite erhältlich sind.

– Die Pflicht zur **Protokollführung** bei Verhandlungen und Beweiserhebungen. Inso- **6** weit ist Art. 7 BZP sinngemäss anzuwenden.[7] Art. 7 Abs. 1 BZP bestimmt, dass die in den Schriftsätzen der Parteien nicht enthaltenen Ausführungen tatsächlicher Natur, die Ergebnisse des Augenscheins und des Parteiverhörs sowie die Aussagen der Zeugen und Sachverständigen zu protokollieren sind. Nach der Rechtsprechung des Bundesgerichts ist kein Wortprotokoll erforderlich, es genügt, wenn der wesentliche Inhalt der Aussagen wiedergegeben wird.[8] Gemäss Art. 7 Abs. 2 BZP sind den Parteien, Zeugen und Sachverständigen ihre Aussagen vom Gerichtsschreiber vorzulesen oder zu lesen zu geben; sie sind von ihnen zu unterzeichnen.

– Die Pflicht zur **Rückgabe und Aufbewahrung von Akten**. Insoweit ist Art. 8 BZP **7** sinngemäss anzuwenden. Nach Art. 8 Abs. 1 BZP sind die Beweisurkunden nach Beendigung des Rechtsstreits den Personen, die sie vorgelegt haben, gegen Empfangsschein zurückzugeben. Art. 8 Abs. 2 BZP bestimmt, dass das gerichtliche Aktenheft zu archivieren ist.

– Die **Form der Zustellung gerichtlicher Mitteilungen**, soweit sie nicht in Art. 60[9] **8** oder dem Reglement des Bundesgerichts vom 5.12.2006 über den elektronischen Rechtsverkehr mit Parteien und Vorinstanzen[10] geregelt wird. Im von diesen Regelungen nicht erfassten Bereich sind Art. 10 und 11 BZP sinngemäss anzuwenden. Gemäss Art. 10 Abs. 2 BZP werden Verfügungen und Urteile in der Regel durch die Post auf dem für die Übermittlung gerichtlicher Urkunden vorgesehen Weg zugestellt. Sie können in anderer Weise gegen Empfangsbescheinigung zugestellt werden. Nach Art. 11 Abs. 2 und 3 BZP erfolgt die Vorladung durch öffentliche Bekanntgabe im Bundes-

---

[5] Vgl. N 2 hiervor.
[6] SEILER/VON WERDT/GÜNGERICH, BGG, Art. 71 N 5.
[7] SEILER/VON WERDT/GÜNGERICH, BGG, Art. 71 N 6.
[8] BGE 126 I 15 E. 2a/aa; VOGEL/SPÜHLER, Grundriss[8], 236 Rz 20; vgl. auch Art. 173 Abs. 1 E-ZPO, BBl 2006 VI 7451, der bestimmt, die Aussage werden in ihrem wesentlichen Inhalt zu Protokoll genommen [...].
[9] Dieser regelt gem. seiner Marginalie die Eröffnung des Entscheides.
[10] SR 173.110.29.

blatt und nach dem Ermessen des Richters in anderen Blättern, wenn die Adresse des Empfängers unbekannt ist und der Kläger die ihm zumutbaren Nachforschungen nach der Adresse des Beklagten gemacht hat.

9   – Die Zulässigkeit und Folgen eines **Parteiwechsels**. Insoweit ist Art. 17 BZP sinngemäss anwendbar.[11] Nach Art. 17 Abs. 1 BZP ist der Wechsel der Partei nur mit Zustimmung der Gegenpartei gestattet. Art. 17 Abs. 2 BZP bestimmt, dass die ausscheidende Partei für die bisher entstandenen Gerichtskosten solidarisch mit der eintretenden haftet.

10   – Die Möglichkeit der **Vereinigung verschiedener Verfahren**. Insoweit kann Art. 24 BZP und die vom Bundesgericht daraus abgeleitete Möglichkeit der Vereinigung sachlich eng zusammenhängender Verfahren sinngemäss angewendet werden. Gemäss Art. 24 Abs. 2 lit. b BZP können mehrere Personen in der gleichen Klage als Kläger auftreten oder als Beklagte belangt werden, wenn gleichartige, auf einem im Wesentlichen gleichartigen tatsächlichen und rechtlichen Grunde beruhende Ansprüche den Streitgegenstand bilden und die Zuständigkeit des Bundesgerichts für jeden einzelnen Anspruch begründet ist. In analoger Anwendung dieser Bestimmung vereinigt das Bundesgericht mehrere Verfahren, wenn sie einen engen sachlichen Zusammenhang aufweisen, was insb. bejaht wird, wenn sie sich gegen denselben Beschluss richten, die gleichen Parteien und ähnliche oder gleiche Rechtsfragen betreffen.[12]

11   – Die Möglichkeit der **Trennung von Verfahren**, welche mehrerer Personen oder Streitgegenstände betreffen. Insoweit ist Art. 24 Abs. 3 BZP sinngemäss anzuwenden,[13] der dem Richter erlaubt, verbundene Klagen (d.h. Klagen mit subjektiver oder objektiver Klagenhäufung gem. Art. 24 Abs. 1 und 2 BZP) jederzeit zu trennen, wenn er es für zweckmässig hält.

12   – Die Möglichkeit der **Beschränkung der Vernehmlassung** auf die prozessuale Zulässigkeit. Insoweit ist Art. 30 BZP sinngemäss anwendbar.[14] Nach Art. 30 Abs. 1 BZP kann der Instruktionsrichter verfügen, dass sich die Antwort auf Einwendungen gegen die prozessuale Zulässigkeit der Klage beschränke, wenn erhebliche Zweifel gegen diese bestehen oder der Beklagte ohne Verzug nach Zustellung der Klage ernsthafte Gründe dagegen vorbringt.

13   – Die Frage, wie eine Partei zum Beweis angerufene **Urkunden**, die sich nicht in ihren Händen befinden,[15] und **Zeugen** zu bezeichnen hat. Insoweit ist Art. 33 Abs. 3 BZP sinngemäss anwendbar.[16] Gemäss dieser Bestimmung hat die Partei, wenn sich Urkunden nicht in ihren Händen befinden, die Inhaber mit Namen und Adresse zu bezeichnen. In gleicher Weise sind die angerufenen Zeugen zu bezeichnen.

14   – Die Erledigung des Rechtsstreits bei **Gegenstandslosigkeit** oder dem **Wegfall eines rechtlichen Interesses**. Ein Verfahren wird insb. dann gegenstandslos, wenn während

---

[11] SEILER/VON WERDT/GÜNGERICH, BGG, Art. 71 N 7.
[12] Vgl. BGE 113 Ia 390 E. 1; 123 II 16 E. 1; 124 III 382 E. 1a; 126 II 377 E. 1; 133 I 58 unv. E. 1, in dem zwei Beschwerden eines Beschwerdeführers gegen verschiedene Entscheide in einem Urteil behandelt wurden, da ein enger sachlicher und prozessualer Zusammenhang bestand und die Begründungen der beiden Beschwerden sich weitgehend deckten; BGer, II. ÖRA, 23.2.2007, 2P.70/2006, E. 1.2.
[13] SEILER/VON WERDT/GÜNGERICH, BGG, Art. 71 N 9.
[14] SEILER/VON WERDT/GÜNGERICH, BGG, Art. 71 N 8.
[15] Soweit die Partei von ihr als Beweismittel genannte Urkunden in Händen hat, sind sie gem. Art. 42 Abs. 3 der Rechtsschrift beizulegen.
[16] SEILER/VON WERDT/GÜNGERICH, BGG, Art. 71 N 10.

eines Verfahrens über einen unvererblichen Anspruch die betroffene Partei stirbt.[17] Das rechtliche Interesse fällt z.B. dann weg, wenn der Nachteil auch bei Gutheissung der Rechtsmittels nicht mehr behoben werden kann[18] oder bei einer Beschwerde wegen Rechtsverzögerung ein Entscheid getroffen wurde.[19] Auf das Erfordernis des aktuellen praktischen Interesses ist nach der Rechtsprechung ausnahmsweise zu verzichten, wenn sich die aufgeworfenen Fragen jederzeit unter gleichen oder ähnlichen Umständen wieder stellen können, eine rechtzeitige Überprüfung im Einzelfall kaum je möglich wäre und die Beantwortung der Fragen wegen ihrer grundsätzlichen Bedeutung im öffentlichen Interesse liegt.[20] Sind diese Bedingungen nicht gegeben, ist beim Wegfall des aktuellen Rechtsschutzinteresse oder bei Gegenstandslosigkeit eines Verfahrens Art. 72 BZP sinngemäss anwendbar.[21] Nach dieser Bestimmung erklärt in solchen Fällen das Gericht das Verfahren nach Vernehmlassung der Parteien ohne weitere Parteiverhandlung als erledigt und entscheidet mit summarischer Begründung über die Prozesskosten auf Grund der Sachlage vor Eintritt des Erledigungsgrunds. Damit ist bezüglich der Kostenverlegung grundsätzlich auf den **mutmasslichen Prozessausgang** abzustellen.[22] Bei der Beurteilung dieses Ausgangs ist zur Vermeidung weiterer Umtriebe nur eine summarisch Prüfung vorzunehmen. Über den Kostenentscheid soll nicht ein materielles Urteil gefällt und unter Umständen der Entscheid in einer heiklen Rechtsfrage präjudiziert werden. Lässt sich der mutmassliche Ausgang eines Verfahrens im konkreten Fall nicht ohne weiteres feststellen, ist auf allgemeine zivilprozessrechtliche Kriterien zurückzugreifen. Danach wird in erster Linie jene Partei kosten- und entschädigungspflichtig, die das gegenstandslos gewordene Verfahren veranlasst hat oder bei der die Gründe eingetreten sind, die zur Gegenstandslosigkeit des Verfahrens geführt haben.[23] Dies entspricht Art. 66 Abs. 3, der bestimmt, dass **unnötige Kosten** vom Verursacher zu bezahlen sind. Nach der Praxis des Bundesgerichts verursacht in der Regel unnötige Kosten, wer in der gleichen Sache zwei Rechtsmittel erhebt und das eine davon wegen Gutheissung des anderen gegenstandslos wird.[24]

– Die Folgen, welche die **Veräusserung der im Streit liegenden Sache** oder **die Abtretung des streitigen Anspruchs** durch eine Beschwerdepartei auf das Beschwerdeverfahren hat. Insoweit ist Art. 21 Abs. 2 BZP sinngemäss anwendbar. Gemäss dieser Bestimmung bleiben solche Veräusserungen oder Abtretungen während der Rechtshängigkeit ohne Einfluss auf die Legitimation zur Sache (vgl. auch N 9 hiervor).[25]   **15**

---

[17] BGer, SRA, 22.3.2007, I 545/04, E. 3.
[18] BGE 118 Ia 490 E. 1a.
[19] BGer, EVG, 3.9.1997, U 197/96, E. 5; BGE 125 V 373 E. 1.
[20] BGE 111 Ib 59 E. 2a, 111 Ib 185 E. 2c; 118 Ia 493 E. 3a; RHINOW/KOLLER/KISS, Prozessrecht, 243 Rz 1270.
[21] BGer, EVG, 24.5.2006, I 760/05, E. 2.
[22] BGE 125 V 373 E. 2a m.Hinw.
[23] BGer, EVG, 2.12.2004, K 139/03, E. 2.1, Anwaltsrevue 2005, 123; BGer, EVG, 24.5.2006, I 760/05, E. 2.
[24] Vgl. BGer, II ZA, 1.3.2006, 5P.160/2005, E. 2; BGer, I ZA, 24.6.2003, 4C.16/2003, E. 3.
[25] Vgl. BGE 116 II 221 E. 1b; VOGEL/SPÜHLER, Grundriss[8], 156 Rz 108.

3. Kapitel: Das Bundesgericht als ordentliche Beschwerdeinstanz

1. Abschnitt: Beschwerde in Zivilsachen

Art. 72

Grundsatz

[1] Das Bundesgericht beurteilt Beschwerden gegen Entscheide in Zivilsachen.

[2] Der Beschwerde in Zivilsachen unterliegen auch:

a. Entscheide in Schuldbetreibungs- und Konkurssachen;

b. öffentlich-rechtliche Entscheide, die in unmittelbarem Zusammenhang mit Zivilrecht stehen, insbesondere Entscheide:

   1. über die Anerkennung und Vollstreckung von Entscheiden und über die Rechtshilfe in Zivilsachen,

   2. über die Führung des Grundbuchs, des Zivilstands- und des Handelsregisters sowie der Register für Marken, Muster und Modelle, Erfindungspatente, Pflanzensorten und Topografien,

   3. über die Bewilligung zur Namensänderung,

   4. auf dem Gebiet der Aufsicht über die Stiftungen mit Ausnahme der Vorsorge- und Freizügigkeitseinrichtungen,

   5. auf dem Gebiet der Aufsicht über die Vormundschaftsbehörden, die Willensvollstrecker und Willensvollstreckerinnen und andere erbrechtliche Vertreter und Vertreterinnen,

   6. über die Entmündigung, die Errichtung einer Beirat- oder Beistandschaft und die fürsorgerische Freiheitsentziehung,

   7. auf dem Gebiet des Kindesschutzes.

Principe

[1] Le Tribunal fédéral connaît des recours contre les décisions rendues en matière civile.

[2] Sont également sujettes au recours en matière civile:

a. les décisions en matière de poursuite pour dettes et de faillite;

b. les décisions prises en application de normes de droit public dans des matières connexes au droit civil, notamment les décisions:

   1. sur la reconnaissance et l'exécution de décisions ainsi que sur l'entraide en matière civile,

   2. sur la tenue des registres foncier, d'état civil et du commerce, ainsi que des registres en matière de protection des marques, des dessins et modèles, des brevets d'invention, des obtentions végétales et des topographies,

   3. sur le changement de nom,

   4. en matière de surveillance des fondations, à l'exclusion des institutions de prévoyance et de libre passage,

   5. en matière de surveillance des autorités de tutelle, des exécuteurs testamentaires et autres représentants successoraux,

   6. sur l'interdiction, l'institution d'une curatelle ou d'un conseil légal et sur la privation de liberté à des fins d'assistance,

   7. en matière de protection de l'enfant.

Principio

[1] Il Tribunale federale giudica i ricorsi contro le decisioni pronunciate in materia civile.

[2] Al ricorso in materia civile soggiacciono anche:
a. le decisioni in materia di esecuzione e fallimento;
b. le decisioni in rapporto diretto con il diritto civile pronunciate in applicazione di norme di diritto pubblico, segnatamente le decisioni:
  1. sul riconoscimento e l'esecuzione di decisioni e sull'assistenza giudiziaria in materia civile,
  2. sulla tenuta del registro fondiario, dei registri dello stato civile, del registro di commercio e dei registri in materia di marchi, disegni e modelli, brevetti d'invenzione, varietà vegetali e topografie,
  3. sull'autorizzazione al cambiamento del nome,
  4. in materia di vigilanza sulle fondazioni, eccettuati gli istituti di previdenza e di libero passaggio,
  5. in materia di vigilanza sulle autorità tutorie, gli esecutori testamentari e altri rappresentanti previsti dal diritto successorio,
  6. sull'interdizione, l'istituzione di un'assistenza o di una curatela e la privazione della libertà a scopo d'assistenza,
  7. in materia di protezione del figlio.

Materialien

BBl 2001 4306 ff., AB 2005 S 117, AB 2005 N 968.

Literatur

K. AMONN/F. WALTHER, Grundriss des Schuldbetreibungs- und Konkursrechts, 7. Aufl., Bern 2003 (zit. Amonn/Walther, Grundriss[7]); H. PETER, Le recours en matière civile, in: U. Portmann (Hrsg.), La nouvelle loi sur le Tribunal fédéral, CEDIDAC 71, Lausanne 2007 (zit. Portmann-Peter); P. REETZ, Das neue Bundesgerichtsgesetz unter besonderer Berücksichtigung der Beschwerde in Zivilsachen, SJZ 2007/103 (zit. Reetz, SJZ 2007); M. SARBACH, BGG und Zivilverfahren, Jusletter 18.12.2006 (zit. Sarbach, Jusletter 2006); D. TAPPY, Le recours en matière civile, in: U. Portmann (Hrsg.), La nouvelle loi sur le Tribunal fédéral, CEDIDAC 71, Lausanne 2007 (zit. Portmann-Tappy); A. WURZBURGER, La nouvelle organisation judiciaire fédérale, JdT 2005 (zit. Wurzburger, JdT 2005).

I. Allgemeine Bemerkungen

1   Mit der Beschwerde in Zivilsachen ist ein einheitliches Rechtsmittel geschaffen worden, mit dem sämtliche zulässigen Rügen i.S.v. Art. 95 erhoben werden können, die bisher mit unterschiedlichen Rechtsmitteln vorgebracht werden mussten. Sie ersetzt insb. die Berufung,[1] die staatsrechtliche Beschwerde[2] und die Nichtigkeitsbeschwer-

---

[1] Sie diente als ordentliches Rechtsmittel der Gewährleistung einheitlicher Rechtsanwendung im Bereich des Privatrechts. Gemäss Art. 43 ff. OG konnte die Verletzung von Bundesrecht (Art. 95 lit. a) gerügt werden.

[2] Sie diente der spezifischen Prüfung von Entscheiden (wie kantonalen Erlassen) auf Verletzung verfassungsmässiger Rechte (Art. 84 Abs. 1 lit. a OG) sowie der Verletzung von Konkordaten

de.[3] Sie tritt überdies an die Stelle der bisherigen SchKG-Beschwerde[4] und teilweise der bisherigen Verwaltungsgerichtsbeschwerde.[5] Ob die Beschwerde in Zivilsachen ein ordentliches oder ein ausserordentliches Rechtsmittel sei, ist umstritten.[6] Die Vollstreckung hemmt sie nur ausnahmsweise, nämlich nach Art. 103 Abs. 2 lit. a von Gesetzes wegen, wenn sie sich gegen ein Gestaltungsurteil richtet oder wenn ihr im Instruktionsverfahren gem. Art. 103 Abs. 3 die aufschiebende Wirkung erteilt wird. Immerhin ist sie grundsätzlich[7] ein reformatorisches Rechtsmittel, das Bundesgericht entscheidet nach Art. 107 Abs. 2 in der Sache selbst. Ausserdem dürfte der angefochtene Entscheid erst mit dem Urteil des Bundesgerichts bzw. mit Ablauf der Beschwerdefrist in Rechtskraft erwachsen. Zu beachten sind jedenfalls weiterhin unterschiedliche Anforderungen an die **Rügenobliegenheit**. Für die Auslegung und Anwendung von Bundesrechtsnormen gilt nach Art. 106 Abs. 1 der Grundsatz der Rechtsanwendung von Amts wegen, die Verletzung von Grundrechten sowie von Konkordatsrecht und kantonalem Recht kann jedoch gem. Art. 106 Abs. 2 weiterhin nur überprüft werden, wenn die strengen Anforderungen an die Begründung erfüllt sind. Insbesondere die Beweiswürdigung kann nach Art. 97 und 105 weiterhin nur bei Mängeln beanstandet werden, die praktisch der bisherigen Verletzung des Willkürverbots gleichkommen.[8]

Während der Zugang zum Bundesgericht durch die Vereinigung der zulässigen Rügen in **2** einem einzigen Rechtsmittel formell erleichtert wird, sind mit dem neuen Rechtsmittel auch einige weniger offenkundige **Neuerungen** verbunden. So werden in Art. 90 die anfechtbaren Endentscheide entsprechend der bisherigen staatsrechtlichen Beschwerde durch ihren verfahrensabschliessenden Charakter definiert; die Voraussetzung der rechtskraftfähigen Entscheidung, die bisher für die Berufung galt,[9] entfällt. Die Abgrenzung des Endentscheids vom selbständig eröffneten Vor- oder Zwischenentscheid (Art. 93) wird danach insb. für vorsorgliche Massnahmen der Klärung bedürfen (vgl. dazu Art. 98). Soweit die Beschwerde in Zivilsachen neu auch Angelegenheiten umfasst, die bisher im Verfahren der Verwaltungsgerichtsbeschwerde oder der SchKG-Beschwerde beurteilt wurden, genügt für die Legitimation nicht mehr ein Berührtsein und ein schutzwürdiges Interesse,[10] sondern es wird neben der (möglichen) Teilnahme am Verfahren ein rechtlich geschütztes Interesse verlangt (Art. 76 Abs. 1). Zudem erfährt das Anwaltsmonopol eine erhebliche Ausdehnung, da nach Art. 72 Abs. 2 lit. b gewisse öffentlich-rechtliche Angelegenheiten der Beschwerde in Zivilsachen unterstellt werden und damit als Zivilsachen i.S.v. Art. 40 gelten.[11] Ausserdem entfällt die Möglichkeit der Gegenpartei, mehr als die Abweisung der Beschwerde zu verlangen; eine Anschlussbeschwerde ist im Unterschied

---

(lit. b) und Staatsverträgen (lit. c), soweit dafür keine anderen Rechtsmittel zur Verfügung standen (Art. 84 Abs. 2 OG).

[3] Sie diente der spezifischen Durchsetzung des Bundesrechts gegenüber Entscheiden, die der Berufung nicht unterlagen, wenn Bundesrecht insb. zu Unrecht nicht angewandt worden war (Art. 68 Abs. 1 lit. a, b OG) oder eidgenössische Zuständigkeitsvorschriften missachtet wurden (Art. 68 Abs. 1 lit. e OG).

[4] Sie diente sowohl der Aufsicht wie der einheitlichen Anwendung des SchKG (Art. 19 SchKG, Art. 76 ff. OG).

[5] Sie war in Art. 97 ff. OG geregelt und diente der Überprüfung von Verfügungen im Bereich des öffentlichen Rechts des Bundes. Sie war teilweise gegen Entscheide zulässig, die in Art. 72 Abs. 2 lit. b aufgeführt sind.

[6] ZIEGLER, SJZ 2006, 56 f.; EHRENZELLER/SCHWEIZER-AUER, 75 f.

[7] Mit Ausnahme von Art. 77.

[8] CORBOZ, RSPC 2005, 92 sowie SJ 2006, 341 ff., KARLEN, BGG, 38 FN 149.

[9] Vgl. zu Art. 48 OG etwa BGE 132 III 178 E. 1.1 180 mit Verweisen.

[10] Art. 103 lit. a OG.

[11] Wie hier PORTMANN-TAPPY, 100. Vgl. Urteil 4A_161/2007 vom 18.7.2007, E. 3.

zur Berufung[12] nicht mehr vorgesehen. Schliesslich werden die Ausnahmen vom Streit-werterfordernis für vermögensrechtliche Streitigkeiten in Art. 74 Abs. 2 gegenüber dem bisherigen Recht neu definiert.[13] In sämtlichen Fällen von Art. 74 Abs. 2, insb. auch in denjenigen gem. lit. a, ist die Beschwerde in Zivilsachen zulässig und können daher sämtliche Beschwerdegründe nach Art. 95 ff. vorgebracht werden.[14] Die Sonderbestimmung für Beweismassnahmen in Patentprozessen ist nicht ins neue Recht übernommen worden.[15]

3   Der Wortlaut von Art. 72 entspricht – mit Ausnahme einer geschlechtsbezogenen Formulierung – dem vom Bundesrat in der Botschaft vorgeschlagenen Art. 68 E-BGG.[16] Es kann somit hier für die Feststellung des historischen Willens des Gesetzgebers weitgehend auf die Begründung in der Botschaft des Bundesrats abgestellt werden. Danach beruht die Unterstellung gewisser öffentlich-rechtlicher Angelegenheiten, die einen engen Bezug zum Zivilrecht aufweisen, unter die Beschwerde in Zivilsachen auf praktischen und pragmatischen Überlegungen. Die Unterstellung ist gewollt und nicht abschliessend; sie soll insb. dort erfolgen, wo praktisch materielles Privatrecht stets (sei es auch nur vorfrageweise) Anwendung findet.[17] Es handelt sich dabei um Angelegenheiten, die überwiegend schon im bisherigen Recht reglementarisch einer der beiden zivilrechtlichen Abteilungen des Bundesgerichts zugewiesen waren. Es wird daher für die Zuweisung der Fälle wie für die Qualifikation der Beschwerden wohl weitgehend auf die bisherige Praxis abgestellt werden können, auch wenn zu erwarten ist, dass sich im Einzelfall noch zahlreiche Fragen stellen werden, die neu beantwortet werden müssen.

II. Zivilsachen (Abs. 1)

4   Zivilsachen umfassen sowohl Zivilrechtsstreitigkeiten wie die nicht streitige Gerichtsbarkeit, womit die bisherigen Probleme der Abgrenzung hier entfallen.[18] Erforderlich ist aber die Abgrenzung der Zivilsache von der öffentlich-rechtlichen Angelegenheit einerseits und der Strafsache andererseits. Denn unbesehen der Erweiterung in Abs. 2 wird der Geltungsbereich der Beschwerde in Zivilsachen gegenüber den beiden anderen Beschwerden (Art. 78, Art. 82) durch den Begriff der Zivilsache im Grundsatz definiert. Ein Verfahren gilt nach der Praxis als Zivilsache, wenn es auf endgültige, dauernde Regelung zivilrechtlicher Verhältnisse durch behördlichen Entscheid abzielt.[19] Die Abgrenzung des Privatrechts vom öffentlichen Recht wird nach verschiedenen Theorien vorgenommen, wobei für die Abgrenzung der Zuständigkeiten die Subordinationstheorie im Vordergrund steht.[20] Die Praxis des Bundesgerichts wendet die unterschiedlichen Theorien[21] allerdings

---

[12] Art. 59 OG.

[13] Materiell entspricht lit. b weitgehend dem bisherigen Art. 45 lit. a OG, da eine einzige Instanz bundesrechtlich vornehmlich im Bereich der Immaterialgüter vorgesehen ist; vgl. allerdings für Registersachen BGE 133 III 368 E. 1.3.1, 371, 133 III 490 E. 3.

[14] Beschwerden können nicht kumuliert werden: Urteil 6B_71/2007 vom 31.5.2007 E. 1. Die ordentliche Beschwerde schliesst die subsidiäre Verfassungsbeschwerde aus: BGE 133 III 446 E. 3.1 sowie zur Publ. best. Urteil 4A_12/2007 vom 3.7.2007 E. 5; vgl. auch WURZBURGER, JdT 2005, 645, TSCHANNEN-WALTER, 121; SARBACH, Jusletter 2006, Rz 11, 19; **a.M.** REETZ, SJZ 2007, 31, 39 f.

[15] Art. 67 OG, vgl. BGE 123 III 485 E. 1 487. Möglich ist ein Beweisverfahren nach Art. 55.

[16] BBl 2001 4496.

[17] BBl 2001 4306 f.

[18] TSCHANNEN-WALTER, 115; PORTMANN-TAPPY, 55 f.; vgl. auch POUDRET, Commentaire, CO II Titre II n. 1.1.

[19] BGE 101 II 366 E. 2a, vgl. auch nicht publizierte Erwägung 1.1 von BGE 132 III 49.

[20] POUDRET, Commentaire, CO II Titre II n. 2.2.

[21] Vgl. dazu statt vieler auch BK-HUBER, N 110 ff. zu Art. 6 ZGB.

nicht nach einer allgemeinen Regel, sondern pragmatisch an. So ist etwa die Haftung der Gemeinwesen für Mängel öffentlicher Strassen nach Art. 58 OR beurteilt und entsprechende Streitsachen sind als zivilrechtlich qualifiziert worden.[22] Die Haftung für die Krankenpflege in öffentlichen Spitälern ist bisher dagegen als hoheitliche Tätigkeit qualifiziert worden.[23] Zu qualifizieren ist der **Streitgegenstand**, der durch die Klagebegehren und die klägerischen Sachvorbringen bestimmt wird.[24] Der kantonale Rechtsweg ist in diesem Zusammenhang nicht massgebend.[25] Strafsachen können grundsätzlich als Verfahren umschrieben werden, die mit einer Sanktion (Strafe oder Massnahme) abgeschlossen werden und sich insofern von der Zivilsache deutlich abgrenzen lassen. Klärungsbedürftig wird allenfalls die Abgrenzung der Beschwerde in Zivilsachen zu derjenigen in Strafsachen für Adhäsionsklagen (Art. 78 Abs. 2 lit. a) sein.[26]

III. Entscheide in Schuldbetreibungs- und Konkurssachen (Abs. 2 lit. a)

Die Unterstellung von Entscheiden in Schuldbetreibungs- und Konkurssachen unter die Beschwerde in Zivilsachen wird vom Gesetzgeber – wie solche in gewissen öffentlichrechtlichen Angelegenheiten – vorwiegend mit praktischen Überlegungen begründet. Dass das Zwangsvollstreckungsrecht zum **öffentlichen Recht** gehört, ist auch ihm klar. In der Botschaft des Bundesrats wird denn auch eingeräumt, dass sich das gewählte Vorgehen aus rechtsdogmatischer Sicht nicht aufdränge. Die in diesem Zusammenhang angeführte Nähe zum **Privatrecht** überzeugt jedenfalls nicht.[27] Es wird nun an der Praxis liegen, bei der Behandlung der Beschwerde in Zivilsachen dem Gedanken des Rechtsschutzes für den weiten Bereich der Schuldbetreibungs- und Konkurssachen zum Durchbruch zu verhelfen und gleichzeitig die Eigenheiten dieses Rechtsmittels zu respektieren. Die generelle Unterstellung der Entscheide in Schuldbetreibungs- und Konkurssachen unter die Beschwerde in Zivilsachen bringt für den Rechtsuchenden auf jeden Fall einige Veränderungen. Neben einer unterschiedlichen Regelung der Fristen je nach Vorinstanz und Materie (Art. 100 Abs. 1, Abs. 2 lit. a und Abs. 3), fällt v.a. die Ausweitung des Anwaltsmonopols (Art. 40), die Neuregelung der Beschwerdebefugnis (Art. 76) und die allgemeine Kostenpflicht (Art. 66) ins Gewicht.

Der Gesetzgeber umschreibt nicht, welche Entscheide als solche in Schuldbetreibungs- und Konkurssachen i.S.v. Art. 72 Abs. 2 lit. a zu verstehen sind. Immerhin geht aus den Ausführungen in der Botschaft des Bundesrats hervor, dass gestützt auf das SchKG ergangene Entscheide rein betreibungsrechtlicher Natur sowie solche mit Reflexwirkung auf das materielle Recht gemeint sind. Rein materiellrechtliche Entscheide hingegen, die im Verlaufe eines Betreibungsverfahren gefällt werden, kommen nicht in Betracht. Nicht von Belang ist zudem, ob sich eine richterliche Behörde oder eine Aufsichtsbehörde und in welchem Verfahren mit der Sache befasst hat.[28] Unter Art. 72 Abs. 2 lit. a können jedoch nur Entscheide fallen, bei denen der **vollstreckungsrechtliche Aspekt** im Vorder-

---

[22] Vgl. etwa BGE 129 III 65.
[23] Vgl. BGE 122 III 101 E. 2a/aa 104; vgl. neu: Art. 31 BGerR sowie BGE 133 III 462 E. 2.1.
[24] GEISER/MÜNCH[2]-MÜNCH, Rz 4.7.
[25] BGE 131 V 271 E. 2, 123 III 346 E. 1a 349.
[26] Bisher war die Berufung zu ergreifen, wenn vor letzter kantonaler Instanz der Strafpunkt nicht mehr umstritten war, vgl. Art. 271 BStP, dazu BGE 129 IV 149 E. 2.1. Die strafrechtliche und die I. zivilrechtliche Abteilung sind im Verfahren des Meinungsaustauschs übereingekommen, die bisherige Praxis weiterzuführen. Nur auf diese Weise ist gewährleistet, dass die rechtsuchende Partei das zutreffende Rechtsmittel kennt. Vgl. Urteil 4A_328/2007 vom 23.10.2007.
[27] Vgl. auch PORTMANN-PETER, 213; dagegen aber BBl 2001 4306/4307.
[28] BBl 2001 4307.

grund steht. Dabei handelt es sich um die rein betreibungsrechtlichen Streitigkeiten, welche durch richterlichen Entscheid erledigt werden[29] sowie um die richterlichen Verfügungen auf einseitigen Antrag im Konkurs- und Nachlassrecht (Art. 25 Ziff. 2 SchKG). Hinzu kommen alle Verfügungen der Vollstreckungsorgane, welche auf Beschwerde nach Art. 17 SchKG von der kantonalen Aufsichtsbehörde überprüft werden. Die Beschwerde in Zivilsachen ersetzt in diesem Bereich die bisher zulässige staatsrechtliche Beschwerde wegen Verletzung verfassungsmässiger Rechte und die SchKG-Beschwerde. Sie erlaubt neu eine umfassende Prüfung im Rahmen der gesetzlichen Beschwerdegründe (Art. 95). In Anwendung von SchKG werden indes auch Entscheide gefällt, die Zivilsachen i.S.v. Art. 72 Abs. 1 oder sogar öffentlich-rechtliche Angelegenheiten i.S.v. Art. 82 lit. a darstellen. Zu erwähnen sind hier v.a. die materiellrechtlichen Streitigkeiten,[30] welche im Verlaufe eines Betreibungsverfahrens entstehen und dem Richter mit der jeweiligen Klage oder Beschwerde vorzutragen sind.[31] Im Gegensatz zur bereits erwähnten Botschaft des Bundesrats und der Lehre[32] sind auch die betreibungsrechtlichen Streitigkeiten mit Reflexwirkung auf das materielle Recht, die bisher der Berufung[33] oder der Nichtigkeitsbeschwerde zugänglich waren, unter dem neuen Recht als Zivilsachen zu verstehen. Geht es dabei um eine Forderung nach öffentlichem Recht, so war unter altem Recht die Berufung ausgeschlossen[34] und nach neuem Recht ist die Beschwerde in Zivilsachen nicht gegeben.

7   Ebenfalls in Anwendung des SchKG ergehen Entscheide, die klassischerweise **öffentliches Recht** betreffen und daher bisher mit Verwaltungsgerichtsbeschwerde anzufechten waren wie die Haftung der Vollstreckungsorgane (Art. 5 und Art. 24 Satz 2 SchKG),[35] oder mit der staatsrechtlichen Beschwerde wie die Disziplinarsachen (Art. 14 Abs. 2 SchKG)[36] sowie mit der SchKG-Beschwerde bzw. der staatsrechtlichen Beschwerde wie die Gebühren der Vollstreckungsorgane (Art. 16 SchKG).[37] Die Rechtsprechung wird hier zu klären haben, ob sich nicht die Überprüfung derartiger Entscheide auf dem Wege der Beschwerde in öffentlich-rechtlichen Angelegenheiten aufdrängt. Schliesslich werden auch ausserhalb des SchKG Materien geregelt, die als Betreibungs- und Konkurssachen nach Art. 72 Abs. 2 lit. a gelten. Zu diesen **Spezialgesetzen** gehört etwa das Bundesgesetz über die Schuldbetreibung gegen Gemeinden und andere Körperschaften des kantonalen öffentlichen Rechts.[38] In Art. 45 dieses Gesetzes wird die Anfechtung von Entscheiden der kantonalen Aufsichtsbehörde mit der Beschwerde in Zivilsachen vorgesehen und die Beschwerdeberechtigung ausdrücklich geregelt. Das Bundesgesetz über

---

[29] Dazu gehören z.B. sämtliche Rechtsöffnungsentscheide: BGE 133 III 399 E. 1; vgl. auch für die Parteientschädigung im Zivilprozess: BGE 131 III 404 E. 3; für die Steuerforderung: nicht publiziertes Urteil 5P.330/2004 vom 22.12.2004 sowie für die Zivilforderung: Urteil 5P.290/2004 in SJ 2005 I, 284.

[30] Von SPÜHLER/DOLGE/VOCK, Kurzkommentar, in Art. 72 N 3 auch unter Art. 72 Abs. 2 lit. a eingereiht.

[31] Vgl. die Übersicht bei AMONN/WALTHER, Grundriss[7], § 4 N 49 sowie BGE 131 III 268 E. 3.1 (Art. 83 Abs. 2 SchKG), BGE 132 III 89 E. 1.2 (Art. 85a SchKG), BGE 131 III 586 E. 2 (Art. 86 SchKG), Urteil 5C.177/2002 E. 1 vom 16.10.2002, in: Pra 2003 Nr. 72, 379 (Art. 273 SchKG).

[32] SPÜHLER/DOLGE/VOCK, Kurzkommentar, Art. 72 N 3; SEILER/VON WERDT/GÜNGERICH, BGG, Art. 72 N 18; REETZ, SJZ 2007, 29.

[33] BGE 131 III 451 E. 2 (Art. 250 Abs. 2 SchKG).

[34] BGE 129 III 415 E. 2.2. (Art. 250 Abs. 2 SchKG).

[35] Urteil 5A.14/2002 vom 10.12.2002 E. 1, in: Pra 2003 Nr. 125, 668.

[36] BGE 128 III 156 E. 1a.

[37] BGE 131 III 136 E. 3.1 und BGE 130 III 225 E. 2.2.

[38] SR 282.11.

die Verpfändung und Zwangsliquidation von Eisenbahn- und Schiffahrtsunternehmungen[39] findet sich nicht bei den im Anhang zum BGG aufgeführten Erlassen des Bundes. Damit bleiben zumindest vorläufig[40] nicht nur die diesbezüglichen Kompetenzen des Bundesgerichts im Falle einer Zwangsliquidation und im Hinblick auf den Abschluss eines gerichtlichen Nachlassvertrags, sondern auch die damit verbundenen Anfechtungsmöglichkeiten bestehen. Die Materie dieser Spezialgesetzgebung und ihre Nähe zum SchKG legt eine Einreihung bei den Schuldbetreibungs- und Konkurssachen nach Art. 72 Abs. 2 lit. a nahe. Hingegen sind Verfügungen, die gestützt auf das Bundesgesetz über die Banken und Sparkassen[41] erlassen werden und bisher mit Verwaltungsgerichtsbeschwerde beim Bundesgericht angefochten werden konnten, keine Entscheide in Schuldbetreibungs- und Konkurssachen, selbst wenn es um Massnahmen bei Insolvenzgefahr (Art. 25 ff. BankG) oder die Liquidation des Finanzinstituts (Art. 33 ff. BankG) geht. Sie sind neu beim Bundesverwaltungsgericht und alsdann beim Bundesgericht mit der Beschwerde in öffentlich-rechtlichen Angelegenheiten anzufechten (Art. 24 Abs. 3 BankG), auch wenn der genannte Erlass zuweilen auf das SchKG verweist (z.B. Art. 34 Abs. 2 BankG).

IV. Öffentlich-rechtliche Entscheide in unmittelbarem Zusammenhang mit Zivilsachen (Abs. 2 lit. b)

Die Aufzählung in Art. 72 Abs. 2 ist nicht abschliessend, das Gesetz nennt vielmehr in **8** lit. b nur einzelne Beispiele, um den nötigen Bezug der fraglichen Angelegenheiten zum Zivilrecht aufzuzeigen.[42] Der Anwendungsbereich der Beschwerde in Zivilsachen wird hier gegenüber der früheren Berufung nicht in jedem Fall erweitert und überschneidet sich sogar teilweise mit den in Abs. 1 angeführten Zivilsachen. Schon bisher war nämlich die Berufung etwa gegen die Errichtung einer Beistandschaft (Art. 72 Abs. 2 lit. b Ziff. 6),[43] gegen die Verweigerung der Bewilligung zur Namensänderung (Art. 72 Abs. 2 lit. b Ziff. 3),[44] gegen die Verweigerung der Einwilligung des Vormunds zur Eheschliessung (Art. 72 Abs. 2 lit. b Ziff. 5)[45] zulässig.[46] Neu werden immerhin Verfahren, die bis anhin als überwiegend öffentlich-rechtlich erachtet wurden, weil sie etwa die Vollstreckung (Ziff. 1) oder Registersachen (Ziff. 2) betrafen, ausdrücklich der Beschwerde in Zivilsachen unterstellt. Nach der Botschaft des Bundesrats sprechen Gründe des Sachzusammenhangs und der Vereinfachung für diese Zuordnung zur zivilrechtlichen Beschwerde.[47] Aus der gleichen Überlegungen heraus hat deshalb das Plenum des Bundesgerichts vorgesehen, dass Streitigkeiten aus bäuerlichem Bodenrecht nicht nur privat-, sondern auch verwaltungsrechtlicher Natur (Art. 32 Abs. 1 lit. b BGerR) sowie solche aus medizinischer Staatshaftung (Art. 31 Abs. 1 lit. d BGerR) mit der Beschwerde in Zivilsachen dem Bundesgericht unterbreitet werden können.[48] Letztere haben insofern

---

[39] SR 742.211.
[40] Zur Kompetenz der Bundesversammlung nach Art. 131 Abs. 3: BBl 2001 4355; vgl. auch BBl 2006 7759 ff.
[41] SR 952.0.
[42] BBl 2001 4307.
[43] Vgl. zu Art. 44 lit. e OG etwa BGE 121 III 1 E. 1.
[44] Vgl. zu Art. 44 lit. a OG etwa BGE 115 II 193 E. 1, 195.
[45] Vgl. zu Art. 44 lit. b OG etwa BGE 106 II 177 E. 1.
[46] Vgl. allgemein zu Art. 44 OG: POUDRET, Commentaire, n. 2.
[47] BBl 2001 4308.
[48] Die Unterstellung hat – abgesehen von der Geltung des Anwaltsmonopols (Art. 40) – keine ersichtlichen Auswirkungen, da nicht anzunehmen ist, dass jemand in diesen Angelegenheiten zwar ein schützwürdiges Interesse hätte und besonders berührt (Art. 89), aber nicht nach Art. 76 legitimiert wäre. Die Streitwertgrenzen sind identisch (Art. 85 Abs. 1 lit. a und Art. 74 Abs. 1 lit. b).

einen engen Zusammenhang mit Zivilrecht, als sich die Haftung nach denselben Grundsätzen richtet und wohl auch denkbar wäre, die Streitsachen in ähnlicher Weise wie die Werkeigentümerhaftung überhaupt als zivilrechtlich zu qualifizieren. Der Anwendungsbereich der Beschwerde in Zivilsachen wird bewusst ausgedehnt auf sämtliche Verfahren, welche die Regelung zivilrechtlicher Verhältnisse durch behördlichen Entscheid zum Gegenstand haben – und sei es bloss mittelbar. Immerhin erfasst der Anwendungsbereich nicht alle «civil rights» i.S.v. Art. 6 EMRK.[49] Die nicht abschliessende Aufzählung weiterer Verfahren als «Zivilsachen» eröffnet jedenfalls die Möglichkeit, der modernen Entwicklung der Privatisierung bisher öffentlicher Aufgaben auch verfahrensrechtlich Rechnung zu tragen.

9   Die **Anerkennung und Vollstreckung** von Entscheiden über die Rechtshilfe in Zivilsachen wird nach Art. 72 Abs. 2 lit. b Ziff. 1 neu ausdrücklich der Beschwerde in Zivilsachen unterstellt. Es handelt sich um Entscheide, die bisher mit staatsrechtlicher Beschwerde an das Bundesgericht gezogen werden konnten.[50] So war dieses Rechtsmittel bisher insb. zulässig in Verfahren über die Anerkennung und Vollstreckung von Urteilen nach IPRG (Art. 25 ff./28)[51] und ebenso im Geltungsbereich internationaler Abkommen, welche (auch) die Anerkennung und Vollstreckung zum Gegenstand haben, wie etwa das Lugano-Übereinkommen.[52] Bei den Rechtshilfesachen ist an Fälle zu denken, in denen ausländische Gerichte z.B. gestützt auf das Haager Übereinkommen vom 18.3.1970 über die Beweisaufnahme im Ausland in Zivil- und Handelssachen[53] um Einvernahme von Zeugen oder Edition von Unterlagen in hängigen Zivilstreitigkeiten ersuchen.[54] Auch die Rückführung eines Kindes gestützt auf das Haager Übereinkommen über die zivilrechtlichen Aspekte internationaler Kindesentführung[55] wird als eine Art administrative Rechtshilfe künftig der Beschwerde in Zivilsachen unterliegen.[56]

10   Mit der Beschwerde in Zivilsachen können nach Art. 72 Abs. 2 lit. b Ziff. 2 sodann Entscheide über **Registersachen** angefochten werden, die bisher der Verwaltungsgerichtsbeschwerde unterlagen. Es handelt sich insb. um Eintragungen,[57] um das Recht auf Einsicht,[58] um den Anspruch auf Berichtigung[59] bzw. Änderung[60] des Registers. Ob auch Entscheide über Behördenorganisation[61] und die Amtshaftung[62] in den Anwendungsbereich der Beschwerde in Zivilsachen fallen, wird noch der Klärung bedürfen.

11   Entscheide über die Bewilligung der **Namensänderung** können nach Art. 72 Abs. 2 lit. b Ziff. 3 mit der Beschwerde in Zivilsachen angefochten werden. In der Botschaft des Bundesrats ist nur von der Namensänderung die Rede, womit es auf den Inhalt des

---

[49] Vgl. dazu BGE 131 I 467 E. 2.5 mit Verweisen.
[50] Art. 84 Abs. 1 lit. a und c OG. Vgl. auch POUDRET, Commentaire, II Titre II n. 2.3.56 f.; GEISER/MÜNCH²-MÜNCH, Rz 4.8.
[51] Vgl. etwa BGE 130 III 336.
[52] SR 0.275.11, vgl. dazu etwa BGE 127 III 186, 123 III 374 (Anerkennung), BGE 129 III 626, 126 III 156 (Vollstreckung).
[53] SR 0.274. 132.
[54] BGE 132 III 291.
[55] SR 0.211.230.02.
[56] Zur Publ. best. Urteil 5A_446/2007 vom 12.9.2007, E. 1.2.
[57] BGE 133 III 368 E. 1.3, vgl. auch BGE 121 III 97 (Grundbuch), 131 III 201 (Zivilstandsregister), 132 III 470 (Handelsregister), 131 III 495 (Markenregister).
[58] BGE 132 III 603 (Grundbuch).
[59] BGE 123 III 346 (Grundbuch).
[60] BGE 125 III 18 (Handelsregister), 127 III 195 (Grundbuch).
[61] Vgl. etwa für das Handelsregister BGE 124 III 259.
[62] Vgl. etwa BGE 92 I 495 E. 3e.

Entscheides nicht ankommen kann.[63] Bisher war die Berufung gegen die Verweigerung der Namensänderung[64] und die staatsrechtliche Beschwerde gegen die Bewilligung der Namensänderung gegeben.[65] Streitigkeiten im Nachgang an eine Namensänderung[66] sowie aus Namensanmassung[67] waren ebenfalls der Berufung zugänglich. Dass eine Namensänderung nach Art. 30 Abs. 1 ZGB von der Regierung des Wohnsitzkantons zu bewilligen ist, erklärt wohl ihre Einreihung unter die öffentlich-rechtlichen Entscheide in Zusammenhang mit Zivilrecht.

Nach Art. 72 Abs. 2 lit. b Ziff. 4 ist die Beschwerde in Zivilsachen gegen Entscheide auf 12 dem Gebiet der Aufsicht über die **Stiftungen** gegeben. Obwohl die Stiftungsaufsicht ihre Rechtsgrundlage in Art. 84 ZGB hat, wird das Verhältnis zwischen der Stiftung und ihrer Aufsichtsbehörde als vorwiegend öffentlich-rechtlicher Natur qualifiziert. Daher waren Entscheide der Aufsichtsbehörden auf diesem Gebiet bisher mit Verwaltungsgerichtsbeschwerde anzufechten.[68] Da die Fürsorge- und Freizügigkeitseinrichtungen in Gestalt von Stiftungen einen eher geringen Bezug zum Privatrecht aufweisen, sind Entscheide auf diesem Gebiet mit der Beschwerde in öffentlich-rechtlichen Angelegenheiten durch die II. sozialrechtliche Abteilung am Standort in Luzern[69] und nicht mit der Beschwerde in Zivilsachen anfechtbar.[70]

Auch Art. 72 Abs. 2 lit. b Ziff. 5 befasst sich mit der Aufsicht und weist damit eine 13 öffentlich-rechtliche Anknüpfung mit Bezug zum Zivilrecht auf. In dieser Bestimmung werden die Vormundschaftsbehörden, die Willensvollstrecker und andere erbrechtliche Vertreter angeführt. Im **Vormundschaftsrecht** wird die Aufsicht in Gestalt konkreter Massnahmen wie die Prüfung von Berichten und Rechnungen (Art. 423 ZGB), der Zustimmung zu bestimmten Geschäften (Art. 421 und 422 ZGB) und auf Beschwerde des Entmündigten sowie interessierter Dritter gegen konkrete Handlungen des Vormunds (Art. 420 Abs. 1 ZGB) vorgenommen. Nur solche Aufsichtsentscheide der letzten kantonalen Instanz können in Ziff. 5 gemeint sein. Sie waren bisher meist nur der staatsrechtlichen Beschwerde oder der zivilrechtlichen Nichtigkeitsbeschwerde zugänglich und damit beschränkt überprüfbar. Die Berufung war nur in Fällen gegeben, die in Art. 44 OG aufgeführt waren. Die Verwaltungsgerichtsbeschwerde war aufgrund des für dieses Rechtsmittel geltenden Ausnahmekatalogs ausgeschlossen (Art. 100 lit. g OG). Von den aufsichtsrechtlichen Entscheiden sind die vormundschaftlichen Anordnungen, nämlich die Entmündigung (Art. 368 ff. ZGB), die Errichtung einer Beiratschaft (Art. 395 ZGB) oder Beistandschaft (Art. 392 ff. ZGB) und die fürsorgerische Freiheitsentziehung (Art. 397a ff. ZGB) sowie die ebenfalls von den Vormundschaftsbehörden getroffenen **Kindesschutzmassnahmen** (Art. 307 ff. ZGB)[71] zu unterscheiden. Sie finden sich in Art. 72 Abs. 2 lit. b Ziff. 6 und 7[72] und waren bisher aufgrund der Erwähnung in Art. 44

---

[63] BBl 2001 4307.
[64] Art. 44 lit. a OG; nicht publizierte E. 1 von BGE 132 III 497.
[65] Urteil 5P.135/2001 E. 1 vom 25.5.2001.
[66] BGE 129 III 369 E. 1.
[67] Urteil 5C.76/2004 vom 25.5.2004 E. 1 in sic! 10/2004, 787.
[68] Nicht publizierte E. 1 von BGE 129 III 641.
[69] Art. 35 lit. e BgerR.
[70] SPÜHLER/DOLGE/VOCK, Kurzkommentar, Art. 72 N 9.
[71] Die Kindesrückführung wird durch das Art. 72 Abs. 2 lit. b Ziff. 1 erfasste Haager Übereinkommen geregelt.
[72] Mit der vorgesehenen Änderung des ZGB (Erwachsenenschutz, Personenrecht und Kindesschutz) vom 28.6.2006 wird Ziff. 6 den Kindesschutz sowie den gesamten Erwachsenenschutz enthalten, womit in Ziff. 5 die Aufsicht über die Vormundschaftsbehörden gestrichen wird und Ziff. 7 ganz entfällt, BBl 2006 7110.

OG mit Berufung anfechtbar. Das Erbrecht sieht die Aufsicht über sämtliche erbrechtlichen Vertreter vor, nämlich den **Willensvollstrecker** (Art. 518 Abs. 1 ZGB), den **Erbschaftsverwalter** (Art. 554 ZGB), den **Erbschaftsliquidator** (Art. 595 Abs. 3 ZGB) und den **Erbenvertreter** (Art. 602 Abs. 3 ZGB). Soweit sich daraus Streitigkeiten ergaben, war bisher nicht die Berufung, sondern die staatsrechtliche Beschwerde oder die zivile Nichtigkeitsbeschwerde gegeben.[73]

Art. 73

Ausnahme	**Die Beschwerde ist unzulässig gegen Entscheide, die im Rahmen des Widerspruchsverfahrens gegen eine Marke getroffen worden sind.**
Exception	Le recours n'est pas recevable contre les décisions en matière d'opposition à l'enregistrement d'une marque.
Eccezione	Il ricorso è inammissibile contro le decisioni pronunciate nell'ambito della procedura di opposizione alla registrazione di un marchio.

Materialien

BBl 2001 4308 zu Art. 69 E-BGG, AB 2003 S 898, AB 2004 N 1597.

Allgemeine Bemerkung

Die Ausnahmebestimmung für das markenrechtliche Widerspruchsverfahren ist aus dem alten Recht übernommen worden.[1] Das Widerspruchsverfahren nach Art. 31–34 des Markenschutzgesetzes[2] erlaubt dem besser berechtigten Inhaber einer älteren Marke, die Eintragung einer jüngeren ins Markenregister zu verhindern, wenn die Gefahr der Verwechslung besteht. Das Widerspruchsverfahren wurde mit Erlass des Markenschutzgesetzes vom 28.8.1992 neu ins Gesetz aufgenommen.[3] Die gleichzeitig neu geschaffene Rekurskommission für das geistige Eigentum sollte über solche Widersprüche endgültig urteilen, wodurch sich das Parlament u.a. eine Entlastung des Bundesgerichts versprach.[4] Die Zuständigkeiten der mit der Neuorganisation der Bundesrechtspflege aufgehobenen Rekurskommission für geistiges Eigentum sind auf das Bundesverwaltungsgericht übertragen worden, das gem. Art. 33 lit. e VGG u.a. Beschwerden gegen Verfügungen der Anstalten und Betriebe des Bundes beurteilt. Die altrechtliche Ausnahme wird im BGG mit der Begründung beibehalten, dass es dem Widersprechenden bei Abweisung des Widerspruchs unbenommen ist, seine Rechte mit Zivilklage geltend zu machen, wobei das Zivilurteil an das Bundesgericht weitergezogen werden kann.[5] Das Bundesverwaltungsgericht entscheidet deshalb Beschwerden gegen den erstinstanzlichen Entscheid des Instituts für geistiges Eigentum im Widerspruchsverfahren endgültig.

---

[73] Urteil 5P.440/2002 vom 23.12.2002 E. 1, in Pra 2003, Nr. 88, 480.

[1] Art. 100 lit. w OG.

[2] MSchG, SR 232.11.

[3] Das Widerspruchsverfahren wurde von der ständerätlichen Kommission vorgeschlagen, während der Bundesrat noch darauf verzichtet hatte: AB 1992 S 23.

[4] AB 1992 S 22 (Berichterstatterin Josi Meier).

[5] BBl 2001 4308.

Art. 74[*]

Streitwertgrenze

[1] In vermögensrechtlichen Angelegenheiten ist die Beschwerde nur zulässig, wenn der Streitwert mindestens beträgt:
a. 15 000 Franken in arbeits- und mietrechtlichen Fällen;
b. 30 000 Franken in allen übrigen Fällen.

[2] Erreicht der Streitwert den massgebenden Betrag nach Absatz 1 nicht, so ist die Beschwerde dennoch zulässig:
a. wenn sich eine Rechtsfrage von grundsätzlicher Bedeutung stellt;
b. wenn ein Bundesgesetz eine einzige kantonale Instanz vorschreibt;
c. gegen Entscheide der kantonalen Aufsichtsbehörden in Schuldbetreibungs- und Konkurssachen;
d. gegen Entscheide des Konkurs- und Nachlassrichters oder der Konkurs- und Nachlassrichterin.

Valeur litigieuse minimale

[1] Dans les affaires pécuniaires, le recours n'est recevable que si la valeur litigieuse s'élève au moins à:
a. 15 000 francs en matière de droit du travail et de droit du bail à loyer;
b. 30 000 francs dans les autres cas.

[2] Même lorsque la valeur litigieuse minimale n'est pas atteinte, le recours est recevable:
a. si la contestation soulève une question juridique de principe;
b. si une loi fédérale prescrit une instance cantonale unique;
c. s'il porte sur une décision prise par une autorité cantonale de surveillance en matière de poursuite pour dettes et de faillite;
d. s'il porte sur une décision prise par le juge de la faillite ou du concordat.

Valore litigioso minimo

[1] Nelle cause di carattere pecuniario il ricorso è ammissibile soltanto se il valore litigioso ammonta almeno a:
a. 15 000 franchi nelle controversie in materia di diritto del lavoro e di locazione;
b. 30 000 franchi in tutti gli altri casi.

[2] Quando il valore litigioso non raggiunge l'importo determinante secondo il capoverso 1, il ricorso è ammissibile:
a. se la controversia concerne una questione di diritto di importanza fondamentale;
b. se una legge federale prescrive un'istanza cantonale unica;
c. contro le decisioni delle autorità cantonali di vigilanza in materia di esecuzione e fallimento;
d. contro le decisioni del giudice del fallimento e del concordato.

Inhaltsübersicht

[*] Der Verfasser dankt Dr. Stephan Wullschleger, Appellationsgerichtspräsident Basel-Stadt, herzlich für die kritische Durchsicht und anregende Diskussion.

Materialien

Art. 95 Abs. 2 E ExpKomm; Art. 70 E 2001, BBl 2001 4497; Botschaft 2001 BBl 2001 4308 ff.; AB 2003 S 898 ff.; Vorschläge der Arbeitsgruppe «Bundesgerichtsgesetz» vom 16.3.2004, 2 f. und 10; Vorschläge EJPD vom 18.3.2004, 4; AB 2004 N 1597 f.; AB 2005 S 129.

Literatur

B. EHRENZELLER, Die subsidiäre Verfassungsbeschwerde, Anwaltsrevue 2007, 103 ff. (zit. Ehrenzeller, Anwaltsrevue 2007); E. JAGGI, Das neue Bundesgerichtsgesetz, Zivilrechtliche und strafrechtliche Aspekte, recht 2007, 49 ff. (zit. Jaggi, recht 2007); M. NOVIER, La question juridique de principe dans la LTF: quelques pistes, RSPC 2006, 421 ff. (zit. Novier, Question); P. REETZ, Das neue Bundesgerichtsgesetz unter besonderer Berücksichtigung der Beschwerde in Zivilsachen, SJZ 2003, 1 ff. (erster Teil), 29 ff. (zweiter Teil) (zit. Reetz, SJZ 2007); U. STREIFF/A. VON KAENEL, Arbeitsvertrag – Kommentar zum Arbeitsvertragsrecht OR 319–362, Zürich 2005 (zit. Streiff/von Kaenel, Arbeitsvertrag); K. SPÜHLER/P. REETZ, Das neue Bundesgerichtsgesetz aus Sicht des Anwalts, Anwaltsrevue 2001, 5 ff. (zit: Spühler/Reetz, Anwaltsrevue 2001).

I. Allgemeine Bemerkungen

1 Nach Art. 191 Abs. 2 BV kann der Gesetzgeber den **Zugang** zum Bundesgericht für Streitigkeiten, die keine Rechtsfrage von grundsätzlicher Bedeutung betreffen, durch das Erfordernis eines Mindeststreitwerts **beschränken**.

2 Bereits vor dem Inkrafttreten des BGG war in Zivilrechtsstreitigkeiten die *Berufung* ans Bundesgericht bei vermögensrechtlichen Ansprüchen zulässig, wenn der Streitwert wenigstens Fr. 8000,– betrug.[1] Ohne Rücksicht auf den Streitwert war die Berufung in vermögensrechtlichen Zivilsachen nur in den in Art. 45 OG aufgeführten Fällen zulässig.

3 Das BGG regelt nun für Zivilsachen in einem einzigen Artikel gemeinsam *Regel und Ausnahme*, indem Art. 74 Abs. 1 für die streitwertpflichtigen vermögensrechtlichen Fälle den Streitwert festlegt (N 7 ff.) und Art. 74 Abs. 2 festhält, in welchen vermögensrecht-

---

[1] Art. 46 OG.

lichen Fällen die Beschwerde ans Bundesgericht zulässig ist, auch wenn der Streitwert nicht erreicht wird (N 16 ff.), u.a. wenn sich eine Rechtsfrage von grundsätzlicher Bedeutung stellt (N 31 ff.).

Einen Streitwert haben nur **vermögensrechtliche Streitigkeiten**. Nur für sie kann des- **4** halb ein Streitwerterfordernis aufgestellt oder von einem Streitwerterfordernis abgesehen werden. Zur Qualifikation als vermögensrechtliche Angelegenheit vgl. Art. 51 N 11 ff.

Wie sich der Streitwert **bestimmt**, legen die Art. 51 ff. fest. Insbesondere ist zu beachten, **5** dass der Streitwert nach den Begehren, die *vor der Vorinstanz streitig* geblieben waren, berechnet wird (Art. 51 N 19 ff.). Lautet ein Begehren nicht auf Bezahlung einer bestimmten Geldsumme, so hat das Bundesgericht den Streitwert nach *Ermessen* festzusetzen (Art. 51 N 44 ff.). Bei der Bestimmung des Streitwerts fallen Zinsen, Früchte, Gerichtskosten und Parteientschädigungen, die als *Nebenrechte* geltend gemacht werden, sowie Vorbehalte und die Kosten der Urteilsveröffentlichung nicht in Betracht (Art. 51 N 50 ff.). Als Wert *wiederkehrender Nutzungen oder Leistungen* gilt der Kapitalwert; bei ungewisser oder unbeschränkter Dauer gilt als Kapitalwert der zwanzigfache Betrag der einjährigen Nutzung oder Leistung, bei Leibrenten jedoch der Barwert (Art. 51 N 57 ff.). Die *Zusammenrechnung* von mehreren in einer vermögensrechtlichen Sache von der gleichen Partei oder von Streitgenossen geltend gemachte Begehren (objektive oder subjektive Klagenhäufung, Streitgenossenschaft) erfolgt nur, wenn sich die Begehren nicht gegenseitig ausschliessen (Art. 52 N 5 ff.). Der Betrag einer *Widerklage* wird mit demjenigen der Hauptklage nicht zusammengerechnet (Art. 53 N 3 ff.). Wenn aber die in Hauptklage und Widerklage geltend gemachten Ansprüche einander ausschliessen und eine der beiden Klagen die Streitwertgrenze nicht erreicht, so gilt die Streitwertgrenze auch für diese Klage als erreicht, wenn sich die Beschwerde auf beide Klagen bezieht (Art. 53 N 9 ff.).

Das BGG schreibt vor, dass Entscheide, die der Beschwerde an das Bundesgericht unter- **6** liegen, den Parteien schriftlich zu eröffnen sind. Zwingend ist vorgeschrieben, dass diese Entscheide auch eine Rechtsmittelbelehrung enthalten müssen einschliesslich der **Angabe des Streitwerts**, soweit das BGG für die Beschwerde eine Streitwertgrenze vorsieht[2] (Art. 112 N 10).

II. Streitwerterfordernis in vermögensrechtlichen Streitigkeiten (Abs. 1)

Grundsätzlich ist in vermögensrechtlichen Streitigkeiten die Beschwerde in Zivilsachen **7** nur zulässig, wenn der nach den Regeln von Art. 51–53 berechnete Streitwert mindestens eine bestimmte Höhe erreicht. Das BGG sieht **zwei Mindeststreitwertgrenzen** vor: eine allgemeine (Abs. 1 lit. b, N 14 ff.) und eine weniger hohe für arbeits- und mietrechtliche Fälle (Abs. 1 lit. a, N 9 ff.).

Zu beachten ist, dass die Streitwertgrenzen neu *für sämtliche vermögensrechtlichen Zivil-* **8** *sachen* i.S.v. Art. 72 gelten, also auch für jene, die unter der Geltung des OG der Nichtigkeitsbeschwerde, der staatsrechtlichen Beschwerde oder der Verwaltungsgerichtsbeschwerde unterlagen.[3] Insbesondere sind die Streitwertgrenzen auch auf dem Gebiet des Schuldbetreibungs- und Konkursrechts grundsätzlich anwendbar: Soweit nicht die Ausnahmen nach Art. 74 Abs. 2 lit. c und d zutreffen (N 28 f., 30), ist die Beschwerde auch in den SchKG-Angelegenheiten, die in den Zuständigkeitsbereich eines Gerichts fallen, beispielsweise in Arrest- und Rechtsöffnungsstreitigkeiten, nur zulässig, wenn die entsprechenden Streitwertgrenzen erreicht sind (vgl. aber auch N 13).

---

[2] Art. 112 Abs. 1 lit. d.
[3] Botschaft 2001 BBl 2001 4228; GÖKSU, Beschwerden, Rz 160; EHRENZELLER/SCHWEIZER-AUER, 65 f.; TSCHANNEN-WALTER, 116 f.

1. Fr. 15 000,– in arbeits- und mietrechtlichen Fällen (lit. a)

9   In **arbeits- und mietrechtlichen Fällen** ist die Beschwerde in Zivilsachen nur zulässig,
     wenn der Streitwert mindestens **Fr. 15 000,–** beträgt. Zur Entstehungsgeschichte vgl.
     sogleich N 15.

10   Weil die tiefere Streitwertlimite für arbeits- und mietrechtlichen Fälle erst im Laufe
     der parlamentarischen Behandlung aufgenommen wurde, fehlen logischerweise jeg-
     liche Ausführungen dazu in der Botschaft. Es spricht aber viel dafür, die Streit-
     wertprivilegierung *in Anlehnung an* die ebenfalls mit sozialpolitischen Überlegungen
     begründeten *verfahrensrechtlichen Regelungen* (einfaches und rasches Verfahren für
     Streitigkeiten aus dem Arbeitsverhältnis nach Art. 343 OR bzw. für Streitigkeiten aus
     der Miete von Wohn- und Geschäftsräumen nach Art. 274d OR) zur Anwendung zu
     bringen.[4]

11   Das bedeutet auf der einen Seite, dass neben dem Einzelarbeitsvertrag auch *alle* anderen
     arbeitsrechtlichen Verhältnisse, die in den *Geltungsbereich von Art. 343 OR* fallen, von
     der tieferen Streitwertgrenze für arbeitsrechtliche Streitigkeiten profitieren, also insb.
     auch der Lehr-, Heimarbeits-, Handelsreisenden-, Heuer- und Leiharbeitsvertrag oder
     gemischten Verträgen mit arbeitsrechtlichem Schwerpunkt (wie etwa dem Hauswartver-
     trag).[5]

12   Auf der anderen Seite stellt sich die Frage, ob generell alle Verhältnisse, die von
     Art. 274a ff. OR erfasst werden (Miete unbeweglicher Sachen),[6] in den Genuss der tiefe-
     ren Streitwertgrenze für mietrechtliche Streitigkeiten kommen sollen oder ob nur auf
     diejenigen **mietrechtlichen Verhältnisse** abzustellen ist, für welche das einfache und
     rasche Verfahren nach *Art. 274d OR (*Miete von Wohn- und Geschäftsräumen) vorzuse-
     hen ist; die Debatten im Parlament lassen m.E. eher das zweite vermuten.[7] Das bedeu-
     tet, dass die Miete von Wohn- und Geschäftsräumen, nicht aber die Miete beweglicher
     Sachen oder gar die (landwirtschaftliche oder nichtlandwirtschaftliche) Pacht darunter
     fallen.[8] Schwieriger wird es bei Verhältnissen, die Elemente der Miete aufweisen, etwa
     beim *Leasing*; m.E. dürfte das Bundesgericht bei Streitigkeiten aus solchen Verträgen die
     Beschwerde in Zivilsachen bei einem Streitwert unter Fr. 30 000,– nicht zulassen,[9] ausser
     es liege eine Ausnahme nach Art. 74 Abs. 2 vor, insb. wenn sich eine Rechtsfrage von
     grundsätzlicher Bedeutung stellt. Mindestens solange es um Konsumgüterleasing geht,
     steht einem Einbezug auch entgegen, dass das Parlament eine Ausweitung der tieferen
     Streitwertgrenze auf Verträge zwischen Verbrauchern und Lieferanten ausdrücklich abge-
     lehnt hat.[10]

13   Die niedrigere Streitwertgrenze für arbeits- und mietrechtliche Fälle muss m.E. auch in
     SchKG-Verfahren zur Anwendung kommen, wenn sie, wie etwa bei der Kollokations-
     klage, eng mit einer materiellrechtlichen Frage aus dem Arbeits- oder Mietrecht ver-
     bunden sind.[11]

---

[4]   WURZBURGER-TAPPY, Ziff. 20.
[5]   WURZBURGER-TAPPY, Ziff. 20; STREIFF/VON KAENEL, Arbeitsvertrag, Art. 343 N 2a; BSK OR
      I³-REHBINDER/PORTMANN, Art. 343 N 2.
[6]   So wohl WURZBURGER-TAPPY, Ziff. 20.
[7]   AB 2003 S 900 ff.; AB 2004 N 1597 f.; AB 2005 S 129.
[8]   WURZBURGER-TAPPY, Ziff. 20.
[9]   **A.M.** wohl WURZBURGER-TAPPY, Ziff. 20.
[10] AB 2005 S 129.
[11] WURZBURGER-TAPPY, Ziff. 20 a.E.

2. Fr. 30 000,– in allen übrigen Fällen (lit. b)

In allen **übrigen Fällen**, wenn es sich also in einer vermögensrechtlichen Streitigkeit, die **14**
nach Art. 72 f. der Beschwerde in Zivilsachen unterliegt, nicht um einen arbeits- und
mietrechtlichen Fall handelt (Abs. 1 lit. a) und auch keine der in Abs. 2 vorgesehenen
Ausnahmen vorliegt, sich also keine Rechtsfrage von grundsätzlicher Bedeutung stellt
(Abs. 2 lit. a), es sich um kein Verfahren handelt, bei dem durch Bundesgesetz nur eine
kantonale Instanz vorgeschrieben ist (Abs. 2 lit. b), und es sich nicht um Entscheide der
kantonalen SchKG-Aufsichtsbehörden (Abs. 2 lit. c) oder der Konkurs- und Nachlassrichter handelt (Abs. 2 lit. d), dann muss der Streitwert mindestens **Fr. 30 000,–** betragen,
damit die Beschwerde zulässig ist.

Schon vor Inkrafttreten des BGG sah das OG einen Mindeststreitwert für die Berufung **15**
vor, seit 1959 in der Höhe von Fr. 8000,–. Eine Erhöhung dieses Streitwerts scheiterte 1990 in der Volksabstimmung. Die BGG-Botschaft schlug eine Erhöhung auf
Fr. 40 000,– vor.[12] Mit der Erhöhung sollte einerseits die seit 1959 erfolgte Geldent-
wertung kompensiert werden: 2001, als die Botschaft veröffentlicht wurde, hätte der
Betrag inflationsbereinigt Fr. 31 000,– betragen.[13] Die zusätzliche Erhöhung sollte zur
Entlastung des Bundesgerichts beitragen. Die Erhöhung der Streitwertgrenze war politisch sehr stark umstritten. Im Erstrat obsiegte zwar der bundesrätliche Antrag in
Bezug auf die Streitwerthöhe noch.[14] Nach der bundesgerichtlichen Stellungnahme
zum Resultat der ständerätlichen Beratung wurde eine Arbeitsgruppe «Bundesgerichtsgesetz» eingesetzt, welche – nebst dem Hauptpunkt, der Einführung der subsidiären Verfassungsbeschwerde – u.a. auch zu den Streitwertgrenzen Vorschläge unterbreitete. Danach sollte der Mindeststreitwert in Zivilsachen lediglich der Teuerung angepasst und auf
Fr. 30 000,– festgelegt werden.[15] Die nationalrätliche Rechtskommission rang in diesem
Zusammenhang hart um einen Kompromiss, der im Wesentlichen in der Einführung der
generelle Streitwertgrenze von Fr. 30 000,– und der tieferen Streitwertgrenze in arbeits-
und mietrechtlichen Fällen bestand.[16] Der Ständerat schloss sich dem nationalrätlichen
Beschluss an und lehnte es insb. ab, die Streitwertgrenze auch bei Verträgen zwischen
Verbrauchern und Lieferanten sowie in Streitfällen wegen unlauteren Wettbewerbes auf
Fr. 15 000,– zu senken.[17]

III. Streitwertunabhängige Zulassung der Beschwerde (Abs. 2)

Von der Regel, dass in vermögensrechtlichen Streitigkeiten die Beschwerde in Zivilsachen **16**
nur zulässig ist, wenn der Streitwert eine bestimmte Höhe erreicht (Abs. 1), sieht Abs. 2
vier Ausnahmen vor, bei denen die Beschwerde streitwertunabhängig zulässig ist:

– wenn sich eine Rechtsfrage von grundsätzlicher Bedeutung stellt (lit. a, N 17, 31 ff.),

– wenn ein Bundesgesetz eine einzige kantonale Instanz vorschreibt (lit. b, N 18 ff.),

– gegen Entscheide der kantonalen Aufsichtsbehörden in Schuldbetreibungs- und Konkurssachen (lit. c, N 28 ff.) sowie

– gegen Entscheide des Konkurs- und Nachlassgerichts (lit. d, N 30).

---

[12] Botschaft 2001 BBl 2001 4228 f., 4308 f., Art. 70 E 2001.
[13] Botschaft 2001 BBl 2001 4308.
[14] AB 2003 S 898 ff.
[15] Vgl. Bericht BJ an RK-N 2004, 3, 10 (zu Art. 70 E 2001) und Anhang, 4 (zu Art. 70 Abs. 1 E 2001).
[16] AB 2004 N 1597 f. (Ausführungen Thanei und Glasson für die Kommission). Kritisch zur
Schaffung eines ganzen Systems weiterer Ausnahmen, die – im Widerspruch zum Grundziel der
Reform – den Rechtsschutz stark verkompliziere, KARLEN, BGG, 43.
[17] AB 2005 S 129.

1. Rechtsfrage von grundsätzlicher Bedeutung (lit. a)

17   Erreicht der Streitwert den massgebenden Betrag nach Abs. 1 nicht, so ist die Beschwerde dennoch zulässig, wenn sich eine **Rechtsfrage von grundsätzlicher Bedeutung** stellt.[18] Details siehe N 31 ff.

2. Durch Bundesgesetz eine einzige kantonale Instanz vorgeschrieben (lit. b)

18   Verschiedene Spezialgesetze des Bundes – insb. auf dem Gebiet des Urheberrechts, des gewerblichen Rechtsschutzes, aber auch im Kartellrecht und bei der Kernenergiehaftpflicht – schreiben bloss eine **einzige kantonale Instanz** vor.

19   – Das *Urheberrechtsgesetz* schreibt für den zivilrechtlichen Schutz[19] vor, dass die Kantone ein Gericht bezeichnen, das für das ganze Kantonsgebiet als einzige kantonale Instanz für Zivilklagen zuständig ist.[20]

20   – Das *Markenschutzgesetz* schreibt für den zivilrechtlichen Schutz[21] vor, dass die Kantone ein Gericht bezeichnen, das für das ganze Kantonsgebiet als einzige Instanz für Zivilklagen zuständig ist.[22]

21   – Das *Designgesetz* schreibt für den zivilrechtlichen Schutz[23] vor, dass die Kantone ein Gericht bezeichnen, das für das ganze Kantonsgebiet als einzige Instanz für Zivilklagen[24] zuständig ist.[25]

22   – Das *Patentgesetz* schreibt für den zivilrechtlichen Schutz[26] vor, dass die Kantone für die in diesem Gesetz vorgesehenen Zivilklagen[27] eine Gerichtsstelle bezeichnen, welche für das ganze Kantonsgebiet als einzige kantonale Instanz entscheidet.[28]

23   – Das *Sortenschutzgesetz* schreibt für den zivilrechtlichen Schutz[29] vor, dass jeder Kanton für Klagen aus dem Gesetz[30] ein kantonales Gericht als einzige Instanz bezeichnet;[31] die Bestimmung hält ausserdem immer noch ausdrücklich fest, dass die Berufung ans Bundesgericht ohne Rücksicht auf den Streitwert zulässig sei.[32]

24   – Das *Kartellgesetz* schreibt für das zivilrechtliche Verfahren[33] vor, dass die Kantone für Klagen aufgrund einer Wettbewerbsbeschränkung ein Gericht bezeichnen, welches für das Kantonsgebiet als einzige kantonale Instanz entscheidet; es beurteilt auch andere

---

[18] Nach JAGGI, recht 2007, 54, eine «ganz grundsätzliche Hintertür».
[19] Art. 61 ff. URG.
[20] Art. 64 Abs. 3 URG.
[21] Art. 52 ff. MSchG.
[22] Art. 58 Abs. 3 MSchG.
[23] Art. 33 ff. DesG.
[24] Insb. für Feststellungsklagen nach Art. 33 DesG, Abtretungsklagen nach Art. 34 DesG, Leistungsklagen nach Art. 35 DesG.
[25] Art. 37 DesG.
[26] Art. 33 ff. PatG.
[27] Insb. für die Feststellungsklage nach Art. 33 PatG, die Abtretungsklage nach Art. 34 PatG und die Leistungsklage nach Art. 35 PatG.
[28] Art. 37 PatG.
[29] Art. 37 ff. Sortenschutzgesetz.
[30] Insb. für die Unterlassungs-, Beseitigungs- und Schadenersatzklage nach Art. 37 und die Feststellungsklage nach Art. 39 Sortenschutzgesetz.
[31] Art. 42 Abs. 1 Sortenschutzgesetz.
[32] Art. 42 Abs. 2 Sortenschutzgesetz.
[33] Art. 12 ff. KG.

zivilrechtliche Ansprüche, wenn sie gleichzeitig mit der Klage geltend gemacht werden und mit ihr sachlich zusammenhängen.[34]

– Das *Kernenergiehaftpflichtgesetz* schreibt vor, dass die Kantone ein Gericht bezeichnen, welches für das ganze Kantonsgebiet als einzige kantonale Instanz über Klagen entscheidet, die wegen eines Nuklearschadens erhoben werden.[35]   25

In diesen Fällen – sie entsprechen den schon bisher in Art. 45 lit. a und c OG vorgesehenen Ausnahmefällen – wäre aufgrund der Beschränkung auf eine kantonale Instanz der Grundsatz des *doppelten Instanzenzuges* («*double instance*»), wie ihn das BGG für die übrigen Gebiete der Beschwerde in Zivilsachen vorsieht,[36] verletzt, wenn der Mindeststreitwert für die Beschwerde ans Bundesgericht nicht erreicht wird.[37] Aus diesem Grund verzichtet das BGG hier auf einen Mindeststreitwert. In den altrechtlich in Art. 45 lit. b OG vorgesehenen Fällen[38] besteht hingegen kein Bedürfnis mehr, sie vom Erfordernis eines Mindeststreitwerts zu befreien.[39]   26

Voraussetzung für die streitwertunabhängige Zulassung der Beschwerde ist, dass ein **Bundesgesetz** eine einzige kantonale Instanz vorschreibt. Eine Regelung bloss im kantonalen Gerichtsorganisations- oder Zivilprozessrecht – etwa die Zuständigkeit des kantonalen Sozialversicherungsgerichts als einzige Instanz für Streitigkeiten im Zusammenhang mit Zusatzversicherungen nach KVG – reicht nicht aus; hier ist im Gegenteil Handlungsbedarf beim kantonalen Recht gegeben.[40]   27

3. Entscheide der kantonalen SchKG-Aufsichtsbehörden (lit. c)

Nach Art. 72 Abs. 2 lit. a unterliegen Entscheide in Schuldbetreibungs- und Konkurssachen der Beschwerde in Zivilsachen, also nicht mehr – wie noch unter der Geltung des OG[41] – einer besonderen SchKG-Beschwerde. Mit Ausnahme der Fälle, in denen das SchKG den Weg der gerichtlichen Klage vorschreibt (insb. bei materiellrechtlichen Streitigkeiten sowie bei betreibungsrechtlichen Streitigkeiten mit Reflexwirkung auf das materielle Recht[42]), kann gegen jede Verfügung eines Betreibungs- oder eines Konkursamtes bei der oder gegebenenfalls den Aufsichtsbehörde(n) wegen Gesetzesverletzung oder Unangemessenheit Beschwerde geführt werden.[43] Gegen die im Anwendungsbereich von Art. 17 ff. SchKG ergangenen **Beschwerdeentscheide der kantonalen Aufsichtsbehörden** ist die Beschwerde ans Bundesgericht auch zugelassen, wenn der erforderliche Streitwert nicht erreicht ist.   28

Wo SchKG-Sachen hingegen in die Zuständigkeit eines Gerichts fallen – mit der Ausnahme bei Entscheiden der Konkurs- und Nachlassrichter (Art. 74 Abs. 2 lit. d, N 30) –, insb. also wenn i.S.v. Art. 17 Abs. 1 SchKG eine gerichtliche Klage vorgeschrieben ist (z.B. bei der paulianischen Anfechtung oder bei der Aberkennungsklage), ist die   29

---

[34] Art. 14 Abs. 1 KG.

[35] Art. 23 KHG.

[36] Art. 75.

[37] Botschaft 2001 BBl 2001 4310; Spühler/Reetz, Anwaltsrevue 2001, 7.

[38] Kraftloserklärung von Pfandtiteln oder Zinscoupons, von Wertpapieren, insb. von Namenpapieren, Inhaberpapieren, Wechseln, Checks, wechselähnlichen und andern Ordrepapieren, sowie von Versicherungspolicen.

[39] Botschaft 2001 BBl 2001 4310.

[40] Art. 75 Abs. 2 i.V.m. Art. 130 Abs. 2; BGer, I. ZA, 4.6.2007, 4A.68/2007, E. 2.2.2.2 (zur Publikation vorgesehen).

[41] Art. 75 ff. OG.

[42] Vgl. dazu BSK SchKG-Cometta, Art. 17 N 13.

[43] Art. 17 Abs. 1, Art. 18 Abs. 1 SchKG.

Beschwerde ans Bundesgericht nur zugelassen, wenn der entsprechende Mindeststreit-wert – Fr. 15 000,– in arbeits- und mietrechtlichen Fällen (N 13), Fr. 30 000,– in allen übrigen Fällen – erreicht wird.[44]

4. Entscheide der Konkurs- und Nachlassgerichte (lit. d)

30 Grundsätzlich gelten die Streitwertgrenzen von Art. 74 Abs. 1, wenn eine SchKG-Sache in die Zuständigkeit eines Gerichts fällt – mit einer Ausnahme im Bereich der betrei-bungsrechtlichen Summarsachen:[45] Gegen die **Entscheide der Konkursgerichte**[46] **und der Nachlassgerichte**[47] ist die Beschwerde ans Bundesgericht auch zugelassen, wenn der erforderliche Streitwert nicht erreicht ist, da die Streitwertberechnung in diesen Fäl-len heikel wäre.[48]

IV. Insbesondere die Rechtsfrage von grundsätzlicher Bedeutung (Abs. 2 lit. a)

1. Rechtliche Verankerung

a) Verfassungsrechtliche Grundlage

31 Nach Art. 191 Abs. 2 BV kann der Gesetzgeber den **Zugang zum Bundesgericht** zwar durch das Erfordernis eines Mindeststreitwerts beschränken, aber nur solange keine Rechtsfrage von grundsätzlicher Bedeutung zu beurteilen ist. Es geht in dieser Verfas-sungsbestimmung um die fundamentale Frage des *Zugangs zum höchsten Gericht* einer-seits und um die *Beschränkung des Zugangs* andererseits. Einerseits soll das Bundesge-richt als oberstes Gericht die Rechtseinheit wahren, die Rechtsfortbildung vorantreiben und auch den Rechtsschutz gewähren, auf der anderen Seite kann der Zugang zum Bun-desgericht auch nicht unbeschränkt offen sein, damit es nicht wegen Überlastung die ihm aufgegebenen Funktionen nicht erfüllen kann. Bei der Justizreform[49] wurde deshalb um das richtige Verhältnis hart gerungen und in Art. 191 BV dann der folgende Kompromiss verankert:[50]

– grundsätzliche Gewährleistung des Zugangs (Gesetzgebungsauftrag, Abs. 1),

– Zulässigkeit der Zugangsbeschränkung durch Streitwertgrenzen für Streitigkeiten, die keine Rechtsfrage von grundsätzlicher Bedeutung betreffen (Ermächtigung an den Ge-setzgeber, Abs. 2),

– Zulässigkeit des Zugangsausschlusses für bestimmte Sachgebiete (Ermächtigung an den Gesetzgeber, Abs. 3) und

– Zulässigkeit der Einführung eines vereinfachten Verfahrens für die Behandlung offen-sichtlich unbegründeter Beschwerden (Ermächtigung an den Gesetzgeber, Abs. 4).

32 Dieser Kompromiss auf Verfassungsebene verlagert die heiklen Fragen auf die Gesetzes-ebene.[51]

---

[44] Botschaft 2001 BBl 2001 4309; REETZ, SJZ 2007, 31.
[45] Art. 25 Abs. 2 SchKG.
[46] Art. 171 ff. SchKG.
[47] Art. 293 ff. SchKG.
[48] Botschaft 2001 BBl 2001 4309; REETZ, SJZ 2007, 31; SPÜHLER/REETZ, Anwaltsrevue 2001, 6.
[49] Art. 188–191*c* BV, i.K. seit 1.1.2007.
[50] Vgl. dazu SGK-KISS/KOLLER, Art. 191 (Justizreform) N 9 ff.
[51] AB 1998 S 268 (Votum Bundesrat Koller: der Tag der Wahrheit werde noch kommen, wenn der Kompromiss in der OG-Reform konkretisiert werden müsse).

b) Keine Konkretisierung auf Gesetzesstufe

Auf der Gesetzesebene wurden die *Zulassungsbeschränkungen* bezüglich der ausge- **33** schlossenen Sachgebiete und durch Streitwertgrenzen *genauer gefasst*, aber – wie der Wortlaut von Art. 74 Abs. 2 lit. a (und von Art. 85 Abs. 2) zeigt – *nicht bezüglich der Rechtsfrage von grundsätzlicher Bedeutung.* Das BGG nimmt den Begriff auf, ohne ihn in irgendeiner Weise zu präzisieren. Der Bundesrat begründete den **Verzicht auf eine Legaldefinition** in der Botschaft damit, dass eine solche «nicht sachgerecht (wäre); sie liefe Gefahr, die Anerkennung einer Grundsatzfrage durch das Bundesgericht in den Fällen zu vereiteln, in denen sich die Grundsätzlichkeit erst aus der konkreten Fallsituation ergibt».[52] Der Ständerat schlug folgende Legaldefinition vor: «Eine Rechtsfrage von grundsätzlicher Bedeutung stellt sich insbesondere, wenn es wichtig ist, dass das Bundesgericht die einheitliche Anwendung von Bundesrecht sicherstellt oder die Auslegung von Bundes- oder Völkerrecht klärt».[53] Im Nationalrat stand sie jedoch aufgrund des neuen Antrages des Bundesrates und des Kompromissvorschlages der nationalrätlichen Kommission nicht mehr zur Debatte.[54] Damit werden die heiklen Auslegungsfragen, die sich bei der Konkretisierung des unbestimmten Rechtsbegriffes stellen, ans Bundesgericht weitergereicht.

2. Bedeutung

Der Begriff der Rechtsfrage von grundsätzlicher Bedeutung hat eine wichtige **Scharnier-** **34** **funktion**:[55] Der Begriff schliesst – sobald bei vermögensrechtlichen Streitigkeiten der Mindeststreitwert nicht erreicht wird – den Zugang zum Bundesgericht auf oder sperrt ihn zu. Im Interesse der *Einheitlichkeit der Rechtsanwendung*[56] muss der Begriff einerseits dafür sorgen, dass das Bundesgericht in seiner Funktion als höchstes Gericht trotz Zugangsbeschränkung durch Streitwertgrenzen für die einheitliche Anwendung des Rechts wichtige, eben grundsätzliche Rechtsfragen entscheiden kann, andererseits aber auch dafür, dass sich das Bundesgericht nur mit Wichtigem, eben Grundsätzlichem unterhalb der Streitwertgrenze befasst, sich nicht auf Unwichtiges, «Gewöhnliches» einlässt oder mit solchem lahmgelegt wird.

Der Zugang zum Bundesgericht bei Rechtsfragen von grundsätzlicher Bedeutung ist eine **35** *Ausnahme nur zur Zugangsbeschränkung durch Streitwertgrenzen.* Die Erwähnung in Art. 191 Abs. 2 BV macht klar, dass es nicht eine generelle Pflicht des Bundesgerichts gibt zur Entgegennahme von Beschwerden, sobald sich eine Rechtsfrage von grundsätzlicher Bedeutung stellt. Nach Art. 191 Abs. 3 BV kann das Gesetz ganze Sachgebiete vom Zugang zum Bundesgericht ausschliessen, ohne dass der Zugang bei Rechtsfragen von grundsätzlicher Bedeutung vorbehalten bliebe.

3. Konturen des Begriffs

Mangels der gesetzlichen Konkretisierung bleibt die «Rechtsfrage von grundsätzlicher **36** Bedeutung» ein **unbestimmter Rechtsbegriff**. Trotz des Verzichts auf eine gesetzliche

---

[52] Botschaft 2001 BBl 2001 4309. Kritisch zu dieser angeblichen Begründung TSCHANNEN-WALTER, 118.
[53] AB 2003 S 909.
[54] AB 2004 N 1597 f.
[55] SPÜHLER/DOLGE/VOCK, Kurzkommentar, Art. 74 N 5, sprechen gar von einer «Schlüsselfrage des ganzen BGG».
[56] WURZBURGER-TAPPY, Ziff. 29; GÖKSU, Beschwerden, Rz 166; TSCHANNEN-WALTER, 118 f.; EHRENZELLER/SCHWEIZER-AUER, 67 f.; EHRENZELLER, Anwaltsrevue 2007, 105.

Konkretisierung ist er aber nicht ganz konturenlos.[57] Die Materialien zu Art. 191 BV wie auch zum BGG enthalten Anhaltspunkte für die Auslegung.

a) Materialien zu Art. 191 BV

37   Der bundesrätliche Entwurf zur Bundesverfassungsbestimmung sprach noch von einer «Rechtsfrage von grund*legender* Bedeutung»,[58] doch darf davon ausgegangen werden, dass damit nicht anderes gemeint ist als mit der «Rechtsfrage von grund*sätzlicher* Bedeutung», wie sie in der vom Parlament verabschiedeten und auf Anfang 2007 in Kraft gesetzten Fassung von Art. 191 BV Verwendung findet. Die Botschaft führte dazu aus, zu den Fällen, welche Rechtsfragen von grundlegender Bedeutung aufwerfen, gehörten etwa Entscheide, die zwar im Einzelfall als *Bagatelle* erscheinen möchten, aber als *Präjudiz für zahlreiche gleichgelagerte Fälle* dienten.[59] Fragen von grundlegender Bedeutung könnten sich ferner etwa stellen in Fällen, bei welchen die Vorinstanz *abgewichen* sei *von der Rechtsprechung des Bundesgerichts.*[60]

b) Materialien zum BGG

38   Nach der Botschaft zur Totalrevision der Bundesrechtspflege handelt es sich beim Begriff der Rechtsfrage von grundsätzlicher Bedeutung um einen unbestimmten Rechtsbegriff, der von der Praxis konkretisiert werden müsse.[61] Immerhin nannte der Bundesrat **zwei «Bedingungen»**, an die das Vorliegen einer Rechtsfrage von grundsätzlicher Bedeutung regelmässig geknüpft sei:

– Zunächst muss die *Auslegung einer Norm* streitig sein, *deren Verletzung vor Bundesgericht überhaupt gerügt werden kann*;

– sodann muss es sich um eine *Rechtsfrage* handeln, die *einer höchstrichterlichen Klärung bedarf.*[62]

aa) Bundesgerichtlicher Klärung zugänglich

39   Die erste «Bedingung» versteht sich von selbst: Das Vorliegen einer Rechtsfrage von grundsätzlicher Bedeutung erlaubt bloss das Eintreten des Bundesgerichts auf einen Fall, der andernfalls wegen des nicht erreichten Mindeststreitwerts vom Bundesgericht nicht behandelt würde. Alle anderen *Voraussetzungen* – insb. bzgl. *Beschwerdeobjekt,*[63] *Vorinstanzen,*[64] *Beschwerdegründe*[65] – bleiben indessen *unberührt.*

bb) Grundsätzlichkeit: Höchstrichterlicher Klärung bedürftig

40   Auch die zweite «Bedingung» bringt für die Beurteilung der Frage der **Grundsätzlichkeit** in der Praxis wenig Handfestes. Es stellt sich ja genau die Frage, wann eine Rechtsfrage von so grundsätzlicher Bedeutung ist, dass sie der höchstrichterlichen Klärung be-

---

[57] Vgl. auch die rechtsvergleichenden Hinweise auf die Rechtssache von grundsätzlicher Bedeutung im deutschen Recht von NOVIER, Question, 437 f.; WURZBURGER-TAPPY, Ziff. 31.

[58] Art. 178 E-BV, BBl 1997 535 ff. (Botschaft), 640 ff. (Entwurf).

[59] Z.B. Fragen der Gurtentragpflicht oder der steuerrechtlichen Abzugsfähigkeit von bestimmten Auslagen.

[60] BBl 1997 537.

[61] Botschaft 2001 BBl 2001 4309.

[62] Botschaft 2001 BBl 2001 4309.

[63] Art. 72 f.

[64] Art. 75.

[65] Art. 95 ff.; weil es sich um eine *Rechts*frage handelt muss, wird die unrichtige Feststellung des Sachverhalts (Art. 97) nicht gerügt werden können.

darf. Immerhin führt die Botschaft drei (oder vier) «Hypothesen» an, bei denen die verlangte Grundsätzlichkeit gegeben sein soll:

– *Neue Rechtsfrage – widersprüchliche Rechtsprechung der Vorinstanzen*: Eine Rechtsfrage sei vom Bundesgericht noch nicht entschieden worden, bedürfe aber der höchstrichterlichen Klärung, weil die Rechtsprechung der (verschiedenen) Vorinstanzen widersprüchlich sei.[66] Dieser Anwendungsfall erscheint logisch. Doch nicht jede neue Rechtsfrage ist von grundsätzlicher Bedeutung, auch wenn die Vorinstanzen widersprüchlich entscheiden. **41**

– *Neue Rechtsfrage – künftig viele gleichartige Fälle*: Eine neue Rechtsfrage sollte ferner auch dann vom Bundesgericht beurteilt werden, wenn dessen Entscheid für die Praxis wegleitend sein könne, namentlich wenn von unteren Instanzen viele gleichartige Fälle zu beurteilen sein würden.[67] Diese Erwähnung – ohne eigene Nummerierung – wirkt etwas fremd, als sei sie nachträglich in den Text der Botschaft eingefügt worden. Es kann wohl nicht genügen, dass es für die Annahme der grundsätzlichen Bedeutung reicht, dass ein Entscheid wegleitend sein *kann*.[68] Auch das rein quantitative Element mag ein zusätzliches Kriterium sein, aber kaum entscheidendes Merkmal der Grundsätzlichkeit. **42**

– *Bereits entschiedene Rechtsfrage – neue Gründe für die Überprüfung der bundesgerichtlichen Rechtsprechung*: Eine Rechtsfrage sei vom Bundesgericht bereits entschieden worden und der angefochtene Entscheid stimme mit der bundesgerichtlichen Rechtsprechung überein, es bestünden aber neue Gründe, die dem Bundesgericht Anlass gäben, seine Rechtsprechung zu überprüfen.[69] «Neue Gründe», die aus seiner Sicht für eine Überprüfung der Bundesgerichtspraxis sprechen, wird jeder Beschwerdeführer finden[70] – die heikle Frage ist aber vielmehr, wie sie beschaffen sein müssen, dass sie dem Bundesgericht Anlass geben zur Überprüfung. **43**

– *Bereits entschiedene Rechtsfrage – abweichender Entscheid der Vorinstanz*: Eine Rechtsfrage sei vom Bundesgericht bereits entschieden worden; der angefochtene Entscheid weiche von der Bundesgerichtspraxis ab. Es sei Sache des Bundesgerichts, seine Praxis zu bestätigen oder zu ändern.[71] Die Abweichung von einem höchstrichterlichen Präjudiz allein macht noch keine grundsätzliche Bedeutung aus; es fehlt genau das Element, das die sich im angefochtenen Entscheid stellende Rechtsfrage zu einer solchen von grundsätzlicher Bedeutung macht. **44**

Nicht wohlwollend zitiert könnten die Anwendungsfälle wie folgt zusammengefasst werden: Neue oder bereits höchstgerichtlich entschiedene Rechtsfragen – widersprüchliche oder vom höchstgerichtlichen Präjudiz abweichende oder mit ihm übereinstimmende kantonale Rechtsprechung – Anlass zur Bestätigung oder Änderung der Bundesgerichtpraxis. Kurz: Die angeführten Anwendungsfälle geben **nur sehr begrenzt Entschei-** **45**

---

[66] Botschaft 2001 BBl 2001 4309 (Ziff. 1, erster Teil). Nicht gemeint ist damit, dass im konkreten Verfahren die verschiedenen Instanzen unterschiedlich entschieden haben, sondern dass dieselbe Rechtsfrage beispielsweise von verschiedenen Kantonsgerichten unterschiedlich entschieden wurde.

[67] Botschaft 2001 BBl 2001 4309 (Ziff. 1, zweiter Teil).

[68] REETZ, SJZ 2007, 30.

[69] Botschaft 2001 BBl 2001 4310 (Ziff. 2).

[70] REETZ, SJZ 2007, 30; SPÜHLER/REETZ, Anwaltsrevue 2001, 6; mit fast wörtlich denselben Formulierungen JAGGI, recht 2007, 55.

[71] Botschaft 2001 BBl 2001 4310 (Ziff. 3).

dungshilfen ab. In der Literatur werden sie meistens unkritisch zitiert.[72] Nur vereinzelt setzt sich die Literatur kritisch mit ihnen auseinander.[73]

46 Alle angeführten Beschreibungen nehmen einzelne zutreffende Aspekte auf, doch allen fehlt letztlich genau das *entscheidende Element*, das aus der sich im angefochtenen Entscheid stellenden Rechtsfrage eben eine solche von grundsätzlicher Bedeutung macht und das es rechtfertigt, trotz nicht erreichter Streitwertgrenze eine neue Rechtsfrage anhand zu nehmen oder eine bestehende Rechtsprechung zu überprüfen, zu bestätigen, zu präzisieren oder zu ändern. Im Kern geht es um eine **objektive Beurteilung des inhaltlich-materiellen Gehalts** einer Rechtsfrage, der Tragweite der Entscheidung (oder Nichtentscheidung) neuer Rechtsfragen bzw. der Überprüfung einer bestehenden Bundesgerichtspraxis, des Stellenwerts der sich stellenden Frage für die Sicherstellung der einheitlichen Rechtsanwendung und der Rechtsfortbildung durch das Bundesgericht.

4. Parameter für die Beurteilung

47 Letztlich wird es niemand dem Bundesgericht – der jeweils mit der Vorprüfung befassten Dreierbesetzung (N 58 f.) – abnehmen können, im Einzelfall eine sorgfältige Gewichtung der Argumente für und wider die Annahme der grundsätzlichen Bedeutung einer Rechtsfrage vorzunehmen, wobei eine starke Auslastung des Gerichts so wenig ein Argument gegen die Annahme ist wie persönliche Präferenzen ein Argument für die Annahme. Auch wenn keine «harten Kriterien» für die Gewichtung genannt werden können, können doch im Sinne einer Annäherung folgende **Parameter** erwähnt werden:

48 Zu Aspekten des **konkreten Falls**, in dem sich die Frage stellt:

– Unerheblich ist, welche Bedeutung der Entscheid der Rechtsfrage *subjektiv* für die Parteien hat.[74]

– Unerheblich ist, ob die Streitwertgrenze im konkreten Fall nur *knapp oder deutlich* nicht erreicht wird.

– Im konkreten Fall nicht entscheiderhebliche Rechtsfragen können in anderem Zusammenhang trotzdem von grundsätzlicher Bedeutung sein, doch soll die Ausnahme von Art. 74 Abs. 2 lit. a nicht dazu führen, dass in abstracto obiter dicta produziert werden.[75]

49 Zu Aspekten der sich stellenden **Rechtsfragen**:

– Sowohl Rechtsfragen, die vom Bundesgericht *noch nie entschieden* wurden, als auch solche, die das Bundesgericht in der Vergangenheit *bereits entschieden* hat, können von grundsätzlicher Bedeutung sein.

---

[72] Vgl. nur etwa SEILER/VON WERDT/GÜNGERICH, BGG, Art. 74 N 8; EHRENZELLER/SCHWEIZER-AUER, 67; TSCHANNEN-WALTER, 120; JAGGI, recht 2007, 55 (krit. nur durch Verweise auf SPÜHLER/REETZ, Anwaltsrevue 2001, explizit in FN 81 und implizit in FN 78–80); HÄFELIN/HALLER/KELLER, Suppl., N 1952 (zu Art. 191 BV).

[73] Vgl. etwa SPÜHLER/DOLGE/VOCK, Kurzkommentar, Art. 74 N 6 f.; REETZ, SJZ 2007, 30 f.; SPÜHLER/REETZ, Anwaltsrevue 2001, 6.

[74] SEILER/VON WERDT/GÜNGERICH, BGG, Art. 74 N 9; WURZBURGER-TAPPY, Ziff. 31 Spiegelstrich 2; TSCHANNEN-WALTER, 119; EHRENZELLER, Anwaltsrevue 2007, 105.

[75] GÖKSU, Beschwerden, Rz 170.

Zu Aspekten der **neuen Rechtsfragen**:   **50**

– Allein die Tatsache, dass eine Rechtsfrage vom Bundesgericht noch nie entschieden wurde, macht aus ihr *nicht a priori* eine solche von grundsätzlicher Bedeutung;[76] es gibt auch noch nicht höchstrichterlich entschiedene «gewöhnliche» Rechtsfragen.

– Eine neue Rechtsfrage ist umso eher von grundsätzlicher Bedeutung, *je weniger* eine *widersprüchliche Rechtsprechung* der (verschiedenen) Vorinstanzen *hingenommen werden kann*; dabei kann die absehbare Häufigkeit gleichartiger Fälle ein Beurteilungselement sein.

Zu Aspekten der vom Bundesgericht **bereits entschiedenen Rechtsfragen**:   **51**

– Eine vom Bundesgericht bereits entschiedene Rechtsfrage ist *nicht a priori* keine Rechtsfrage von grundsätzlicher Bedeutung; die Grundsätzlichkeit kann gerade im Bedarf nach einer Überprüfung der Rechtsprechung liegen.

– Eine unterinstanzliche Abweichung von einem höchstgerichtlichen Präjudiz macht die Rechtsfrage *nicht a priori* zu einer solchen von grundsätzlicher Bedeutung; es kann sich auch um eine Abweichung von einer Rechtsprechungspraxis zu einer «gewöhnlichen» Rechtsfrage handeln.

– Eine vom Bundesgericht bereits entschiedene Rechtsfrage ist umso eher von grundsätzlicher Bedeutung und verlangt nach einer Überprüfung der Rechtsprechung – mit letztlich offenem Ausgang: Bestätigung, Präzisierung oder Praxisänderung –, je stärker die Rechtsprechung in der massgeblichen Literatur *kritisiert* wird.

– Die *Zeit*, die seit dem in Anfechtung geratenen höchstrichterlichen Präjudiz vergangen ist, ist nicht entscheidend für die Grundsätzlichkeit der Bedeutung einer Rechtsfrage; in «bewegten» Rechtsgebieten, die beispielsweise einem raschen gesellschaftlichen Wandel unterliegen, kann sich der Bedarf nach einer Überprüfung rascher einstellen als in anderen Rechtsgebieten.[77]

5. Erheblichkeit der sich wieder ergebenden Beurteilungsgelegenheit?

Darf die Annahme, dass sich eine Rechtsfrage, deren grundsätzliche Bedeutung – objek-   **52** tiv inhaltlich-materiell beurteilt – angenommen wird, früher oder später auch in einem die Streitwertgrenze erreichenden Fall stellen könnte, in dem Sinne mitberücksichtigt werden, dass auf den aktuell zur Beurteilung anstehenden Fall nicht eingetreten wird? Diese Frage ist zu **verneinen**.[78] Der verfassungsrechtliche Anspruch darauf, dass Rechtsfragen von grundsätzlicher Bedeutung streitwertunabhängig anhand genommen werden, darf nicht auf diese Weise umgangen werden.

6. Erheblichkeit des Eintretens auf eine gleichzeitig erhobene subsidiäre Verfassungsbeschwerde?

Für den Fall, dass in einer vermögensrechtlichen Zivilstreitigkeit, die nach Art. 72 f.   **53** BGG mit der *Beschwerde in Zivilsachen* ans Bundesgericht gezogen werden kann, aber den erforderlichen Mindeststreitwert nach Art. 74 Abs. 1 nicht erreicht, das Vorliegen einer Rechtsfrage von grundsätzlicher Bedeutung vom Bundesgericht verneint wird, kann mittels der *subsidiären Verfassungsbeschwerde* immerhin noch die Verletzung von verfassungsmässigen Rechten gerügt werden (N 66).[79] Beide Rechtsmittel sind in der

---

[76] So aber wohl GÖKSU, Beschwerden, Rz 171.
[77] So auch GÖKSU, Beschwerden, Rz 172.
[78] So auch GÖKSU, Beschwerden, Rz 174.
[79] Art. 113 und 116.

gleichen Rechtsschrift einzureichen.[80] Das Bundesgericht darf nun nicht mit der Begründung, es trete auf die subsidiäre Verfassungsbeschwerde ein, das Vorliegen einer Rechtsfrage von grundsätzlicher Bedeutung verneinen.[81] Ob es die Frage offen lassen darf, hängt – aus Sicht des Rechtsschutzinteresses des Beschwerdeführers – davon ab, ob alle seine Rügen mit derselben Kognition auch im Verfahren der subsidiären Verfassungsbeschwerde behandelt werden können, was höchstens der Fall ist, wenn er auch im ordentlichen Beschwerdeverfahren nur die Verletzung verfassungsmässiger Rechte rügt. Losgelöst von dieser subjektiven Sichtweise und angesichts der Leitidee, dass mit der Rechtsfrage von grundsätzlicher Bedeutung das Interesse der Einheitlichkeit der Rechtsanwendung verfolgt werden soll, erscheint auch das Offenlassen der Frage grundsätzlich problematisch, u.a. auch deshalb, weil damit die Behandlung in der Dreierbesetzung erfolgt[82] und nicht in der Fünferbesetzung, wie es bei Rechtsfragen von grundsätzlicher Bedeutung vorgeschrieben ist.[83] Das **Offenlassen** ist deshalb **abzulehnen**.[83a]

7. Verfahrenshinweise

a) Qualifizierte Begründungspflicht nach Art. 42 Abs. 2

54   Wer geltend macht, das Bundesgericht müsse trotz nicht erreichter Streitwertgrenze auf eine Beschwerde eintreten, weil sich eine Rechtsfrage von grundsätzlicher Bedeutung stelle, den trifft nach Art. 42 Abs. 2 eine **qualifizierte Begründungspflicht**:[84] Es ist «auszuführen, warum die (…) Voraussetzung erfüllt ist» (Art. 42 N 69). Es geht darum, der Dreierbesetzung, welche das Vorliegen einer Rechtsfrage von grundsätzlicher Bedeutung im vereinfachten Verfahren vorweg prüft (N 58 f.), die Begründung zu liefern, welche für die Annahme einer solchen Frage spricht. Es kann nicht Aufgabe des Bundesgerichts sein, selber nach den Gründen zu suchen. Vielmehr soll es sich beim Entscheid darüber, ob eine Rechtsfrage von grundsätzlicher Bedeutung vorliegt, im Wesentlichen auf die Argumentation des Beschwerdeführers abstützen können.[85] Soll beispielsweise eine Rechtsfrage von grundsätzlicher Bedeutung vorliegen, weil eine widersprüchliche Rechtsprechung der Vorinstanzen in einer höchstgerichtlich noch nie entschiedenen

---

[80] Art. 119.

[81] **A.M.** aber wohl KARLEN, BGG, 44, nach dem sich eine sehr restriktive Auslegung des Begriffs Rechtsfrage von grundsätzliche Bedeutung aufdränge, da ja bei Nichterreichen des Streitwerts immer noch die subsidiäre Verfassungsbeschwerde offen stehe; klar ablehnend (wie hier) auch GÖKSU, Beschwerden, 83.

[82] Art. 20 Abs. 1.

[83] Art. 20 Abs. 2.

[83a] Die I. ZA hat aber bereits auf diese Art die Beantwortung der Frage, ob es sich um eine Rechtsfrage von grundsätzlicher Bedeutung handle, umgangen; vgl. BGer, I. ZA, 3.5.2007, 4A.36/2007, E. 1.3: «Die Rüge der Verletzung verfassungsmässiger Rechte kann sowohl mit der Beschwerde in Zivilsachen (…) als auch mit der subsidiären Verfassungsbeschwerde (…) erhoben werden, wobei das Bundesgericht die Rüge in beiden Verfahren mit voller Kognition prüft. Demnach ist im vorliegenden Fall nicht von Relevanz, ob die Beschwerde in Zivilsachen zulässig ist. Würde dies verneint, wäre die vorgebrachte Rüge der Verletzung verfassungsmässiger Rechte im Rahmen der form- und fristgerecht erhobenen subsidiären Verfassungsbeschwerde zu prüfen.»

[84] Vgl. dazu SEILER/VON WERDT/GÜNGERICH, BGG, Art. 42 N 6; SPÜHLER/DOLGE/VOCK, Kurzkommentar, Art. 42 N 4; KARLEN, BGG, 27. Nach REETZ, SJZ 2007, 3, handelt es sich hier – wie auch bei Art. 106 Abs. 2 – um das sog. «Rügeprinzip». Die Anforderungen nach Art. 42 Abs. 2 («ist auszuführen, warum die jeweilige Voraussetzung erfüllt ist», qualifizierte Begründungpflicht) und Art. 106 Abs. 2 («insofern, als eine solche Rüge in der Beschwerde vorgebracht und begründet worden ist», Rügepflicht) sind zu unterscheiden (ebenso AEMISEGGER, Anwaltsrevue 2006, 421). Aus dem Wortlaut von Art. 42 Abs. 2 lässt sich m.E. keine Rügepflicht ableiten (so nun auch GÜNGERICH/COENDET, Anwaltsrevue 2007, 320).

[85] Botschaft 2001 BBl 2001 4295.

Rechtsfrage nicht hingenommen werden könne, dann sind u.a. Belege für die widersprüchliche Praxis kantonaler Gerichte sowie Argumente, warum diese nicht hingenommen werden könne, anzuführen. Allerdings darf das Bundesgericht das Vorliegen einer Rechtsfrage von grundsätzlicher Bedeutung auch aus anderen als den angeführten Gründen annehmen.

Wann eine solche Begründung **hinreichend** ist, kann nicht in allgemeiner Form gesagt   **55** werden. Das Gesetz verlange *nicht* den *Nachweis*, dass eine Rechtsfrage von grundsätzlicher Bedeutung vorliegt, führt der Bundesrat in der Botschaft aus.[86] Das Bundesgericht wird deshalb ein Nichteintreten nicht allzu formell mit einer Verletzung der qualifizierten Begründungspflicht begründen dürfen.

Darf das Bundesgericht aber, ohne dass der Beschwerdeführer dies behauptet, das Vor-   **56** liegen einer Rechtsfrage von grundsätzlicher Bedeutung annehmen und trotz Nichterreichens der Streitwertgrenze auf eine Beschwerde eintreten? Das Bundesgericht, so der Bundesrat in der Botschaft, «soll die Möglichkeit haben, in einem Begehren eine Rechtsfrage von grundsätzlicher Bedeutung zu erkennen, die der Beschwerdeführer nicht als solche eingestuft hat».[87] Wer den Zweck der Entlastung des Bundesgerichts in den Vordergrund rückt,[88] wird die Frage wohl verneinen wollen, um zu verhindern, dass die Richter «interessante Fälle» allzu leichtfertig anhand nehmen. Allerdings wird sich diese Gefahr wohl ohnehin eher bei der Beurteilung, ob (und weniger bei der **fehlenden Behauptung**, dass) sich eine Rechtsfrage von grundsätzlicher Bedeutung stellt, einstellen; es ist davon auszugehen, dass kaum ein Parteivertreter bei fraglichem Streitwert nicht das Vorliegen einer Rechtsfrage von grundsätzlicher Bedeutung behaupten wird, wenn er mit einer Streitsache überhaupt ans Bundesgericht gelangt. Unter dem Aspekt, dass es letztlich um die Fortbildung des Rechts und die Einheitlichkeit der Rechtsanwendung geht, wird die Frage kaum absolut verneint werden können. Es wird deshalb zulässig sein, im Ausnahmefall (bei klarem Vorliegen einer «echten» Rechtsfrage von grundsätzlicher Bedeutung) das Fehlen der formellen Behauptung zu «übersteuern».[89]

Angesichts all dieser Faktoren – von der Unbestimmtheit des Rechtsbegriffs der Rechts-   **57** frage von grundsätzlicher Bedeutung über die Unschärfe der zur Beurteilung dienenden Kriterien bis hin zur schwer abzuschätzenden Tragweite der qualifizierten Begründungspflicht – bleibt beim Beschwerdeführer ein **erhebliches Prozess- und Kostenrisiko**.[90]

b) Vorprüfungsverfahren

Wird in einer Beschwerde, deren Streitgegenstand den Mindeststreitwert nicht erreicht,   **58** geltend gemacht, sie sei zulässig, weil sich eine Rechtsfrage von grundsätzlicher Bedeutung stelle, dann wird in einem *vereinfachten Verfahren* darüber entschieden, ob diese Eintretensvoraussetzung gegeben ist.[91] Faktisch stellt dies ein **Vorprüfungsverfahren** dar – kritisch wird sogar angemerkt, es werde realistisch von einem «verkappten ‹Annahmeverfahren›» auszugehen sein.[92]

---

[86] Botschaft 2001 BBl 2001 4295. So nun auch BGer, II. ZA, 27.6.2007, 5A.114/2007, E. 1.4; II. ZA, 20.7.2007, 5A.212/2007, E. 1.3.
[87] Botschaft 2001 BBl 2001 4295, vgl. ebenso 4347.
[88] So etwa Karlen, BGG, 43 f., der eine sehr restriktive Auslegung verlangt.
[89] Insb. auch, weil das BGG m.E. mit Art. 42 Abs. 2 – im Vergleich zu Art. 106 – keine Rügepflicht, sondern bloss eine qualifizierte Begründungspflicht statuiert; vgl. oben FN 84.
[90] So auch Reetz, SJZ 2007, 31; Jaggi, recht 2007, 55; Spühler/Reetz, Anwaltsrevue 2001, 6.
[91] Art. 109 Abs. 1.
[92] Tschannen-Walter, 120.

59 Entschieden wird in **Dreierbesetzung**[93] mit einem **Mehrheitsentscheid**.[94] Kommt die Dreierbesetzung zum Schluss, es liege eine Rechtsfrage von grundsätzlicher Bedeutung vor, dann wird über den Fall *materiell in einer Fünferbesetzung* entschieden.[95] Der Vorprüfungsentscheid der Dreierbesetzung ist für das Fünfergremium bindend.[96]

60 Kommt die Dreierbesetzung bei der Vorprüfung zum Schluss, es liege keine Rechtsfrage von grundsätzlicher Bedeutung vor, trifft sie einen **Nichteintretensentscheid** (Art. 109 N 23 ff.).

8. Kasuistik

61 Aus der noch nicht sehr umfangreichen bundesgerichtlichen Rechtsprechung zur Rechtsfrage von grundsätzlicher Bedeutung:

– Ob die Frage der Anwendbarkeit mietrechtlicher Grundsätze im Dienstbarkeitsrecht durch die Vorinstanz für die Annahme einer Rechtsfrage von grundsätzlicher Bedeutung genügt, kann offen gelassen werden, wenn die sorgfältige Lektüre der angefochtenen Verfügung einen anderen als den behaupteten Begründungsansatz ergibt.[96a]

– Wenn nicht die vom Bundesgericht anhand von Art. 738 ZGB entwickelten Auslegungsgrundsätze zur Ermittlung von Inhalt und Umfang einer Dienstbarkeit in Frage gestellt werden, sondern die Auslegung des in Frage stehenden Fuss- und Fahrwegrechts durch die Vorinstanz als bundesrechtswidrig angefochten wird, ist gerade keine Rechtsfrage von grundsätzlicher Bedeutung dargetan, sondern wird dem Bundesgericht lediglich ein Einzelfall zur Beurteilung vorgelegt, weshalb nicht streitwertunabhängig auf die Beschwerde in Zivilsachen eingetreten werden kann.[96b]

– Wenn ein Beschwerdeführer nicht darlegt, weshalb trotz umfangreicher Rechtsprechung und Literatur zu einer Frage (i.c. unter welchen Umständen von einem Widerruf eines Auftrages zur Unzeit auszugehen sei und wer die Umstände für die Beurteilung der Rechtsfrage zu beweisen habe) eine Rechtsfrage von grundsätzlicher Bedeutung zu beantworten sei, unterbreitet er dem Gericht einen blossen Anwendungsfall zu einer in Lehre und Rechtsprechung im Grundsatz bereits beantworteten Frage; auf die Beschwerde ist wegen der Verletzung der qualifizierten Begründungspflicht (Art. 42 Abs. 2) nicht einzutreten.[96c]

V. Rechtsfolge

1. Erreichen des Mindeststreitwerts

62 Erreicht eine vermögensrechtliche Streitigkeit, die mit der Beschwerde in Zivilsachen ans Bundesgericht gezogen werden kann,[97] die Streitwertgrenze – Fr. 15 000,– in arbeits- und mietrechtlichen Fällen, Fr. 30 000,– in allen übrigen Fällen – so tritt das Bundesgericht, sofern auch die anderen Prozessvoraussetzungen erfüllt sind, auf den Fall ein.

---

[93] Krit. dazu (noch zur Zweierbesetzung nach Art. 102 E 2001) SPÜHLER/REETZ, Anwaltsrevue 2001, 5.

[94] Art. 109 Abs. 1 im Unterschied zu Art. 109 Abs. 2.

[95] Art. 20 Abs. 2.

[96] SPÜHLER/DOLGE/VOCK, Kurzkommentar, Art. 109 N 1.

[96a] BGer, II. ZA, 27.6.2007, 5A.114/2007, E. 1.4.

[96b] BGer, II. ZA, 20.7.2007, 5A.212/2007, E. 1.3.

[96c] BGer, I. ZA, 13.8.2007, 4A.139/2007, E. 2.4.

[97] Art. 72.

2. Nichterreichen des Mindeststreitwerts

a) Rechtsfrage von grundsätzlicher Bedeutung

Erreicht eine vermögensrechtliche Streitigkeit, die nach Art. 72 f. mit der Beschwerde **63** in Zivilsachen ans Bundesgericht gezogen werden kann, den erforderlichen Mindeststreitwert nicht, handelt es sich aber nach der Beurteilung im Vorprüfungsverfahren durch Dreierbesetzung nach Art. 109 Abs. 1 um eine **Rechtsfrage von grundsätzlicher Bedeutung**, so tritt das Bundesgericht, sofern auch die anderen Prozessvoraussetzungen erfüllt sind, auf den Fall ein und behandelt ihn materiell in Fünferbesetzung.[98]

Handelt es sich nach der Beurteilung im Vorprüfungsverfahren **nicht** um eine **Rechtsfrage von grundsätzlicher Bedeutung**, so tritt das Bundesgericht nicht auf die Beschwerde ein.[99] Der Entscheid wird summarisch begründet.[100]   **64**

Tritt das Bundesgericht auf eine Beschwerde ein, weil eine Rechtsfrage von grundsätzlicher Bedeutung vorliegt, stellt sich die Frage, welche Rügen es materiell behandeln darf. Das Bundesgericht wendet das Recht von Amtes wegen an.[101] Es kann deshalb **auch ungenügend oder nicht geltend gemachte Rechtsverletzungen** berücksichtigen,[102] solange nicht eine spezifische Rügepflicht besteht (nach Art. 106 Abs. 2 bei der Verletzung von Grundrechten und von kantonalem und internationalem Recht).[103]   **65**

b) Verfahren i.S.v. Art. 74 Abs. 2 lit. b–d

Ist eine der Voraussetzungen nach Art. 74 Abs. 2 lit. b–d gegeben, tritt das Bundesgericht **ohne ein separates Vorprüfungsverfahren** insofern auf die Beschwerde ein bzw. tritt nicht darauf ein, wenn die Voraussetzung nicht gegeben ist. Erfolgt der Nichteintretensentscheid wegen offensichtlicher Unzulässigkeit, so ergeht er im einzelrichterlichen Verfahren nach Art. 108 Abs. 1 lit. a, andernfalls im ordentlichen Verfahren.[104]   **66**

c) Hinweis: Subsidiäre Verfassungsbeschwerde (Art. 113 ff.)

Ist eine Beschwerde gegen einen Entscheid einer letzten kantonalen Instanz unzulässig, weil der erforderliche Mindeststreitwert nicht erreicht wird und auch keine der Ausnahmen von Art. 74 Abs. 2 Anwendung findet, kann mittels der **subsidiären Verfassungsbeschwerde** die *Verletzung verfassungsmässiger Rechte* gerügt werden[105] (vgl. Art. 113 N 32 ff., insb. 34).   **67**

---

[98] Art. 20 Abs. 2.
[99] SEILER/VON WERDT/GÜNGERICH, BGG, Art. 109 N 3 ff.
[100] Art. 109 Abs. 3.
[101] Art. 106 Abs. 1.
[102] **A.M.** wohl REETZ, SJZ 2007, 31: «das Vorliegen der Voraussetzung ‹Rechtsfrage von grundsätzlicher Bedeutung› ist also nicht etwa ein Einfallstor für sämtliche anderen zivilrechtlichen Rügen».
[103] SPÜHLER/DOLGE/VOCK, Kurzkommentar, Art. 42 N 5; KARLEN, BGG, 27 f.
[104] SEILER/VON WERDT/GÜNGERICH, BGG, Art. 109 N 5.
[105] Art. 113 i.V.m. Art. 116.

Art. 75

Vorinstanzen	[1] **Die Beschwerde ist zulässig gegen Entscheide letzter kantonaler Instanzen und des Bundesverwaltungsgerichts.**

[2] **Die Kantone setzen als letzte kantonale Instanzen obere Gerichte ein. Diese entscheiden als Rechtsmittelinstanzen; ausgenommen sind die Fälle, in denen:**

a. ein Bundesgesetz eine einzige kantonale Instanz vorschreibt;

b. ein Fachgericht für handelsrechtliche Streitigkeiten als einzige kantonale Instanz entscheidet;

c. eine Klage mit einem Streitwert von mindestens 100 000 Franken nach dem kantonalen Recht mit Zustimmung aller Parteien direkt beim oberen Gericht eingereicht wurde.

Autorités
précédentes

[1] Le recours est recevable contre les décisions prises par les autorités cantonales de dernière instance et par le Tribunal administratif fédéral.

[2] Les cantons instituent des tribunaux supérieurs comme autorités cantonales de dernière instance. Ces tribunaux statuent sur recours, sauf si:

a. une loi fédérale prescrit une instance cantonale unique;

b. un tribunal spécialisé dans les litiges de droit commercial statue en instance cantonale unique;

c. une action ayant une valeur litigieuse d'au moins 100 000 francs est, conformément au droit cantonal, déposée directement devant le tribunal supérieur avec l'accord de toutes les parties.

Autorità inferiori

[1] Il ricorso è ammissibile contro le decisioni pronunciate dalle autorità cantonali di ultima istanza e dal Tribunale amministrativo federale.

[2] I Cantoni istituiscono tribunali superiori quali autorità cantonali di ultima istanza. Tali tribunali giudicano su ricorso, salvo nei casi in cui:

a. una legge federale prescrive un'istanza cantonale unica;

b. un tribunale specializzato nelle controversie di diritto commerciale giudica in istanza cantonale unica;

c. è proposta loro direttamente, secondo il diritto cantonale e con il consenso di tutte le parti, un'azione con un valore litigioso di almeno 100 000 franchi.

Inhaltsübersicht   Note

Materialien

BBl 2001 4310; AB 2003 S 904; AB 2004 N 1599.

Literatur

L. DAVID, Der Rechtsschutz im Immaterialgüterrecht, in: R. von Büren/L. David (Hrsg.), SIWR Bd. I/2, 2. Aufl. 1998, 1 ff. (zit. von Büren/David²-David); L. MANFRINI, Le tribunal administratif, in: F. Bellanger/T. Tanquerel (Hrsg.), Les nouveaux recours fédéraux en droit public, Genf/Zürich/ Basel 2006 (zit. Bellanger/Tanquerel-Manfrini); P. REETZ, Das neue Bundesgerichtsgesetz unter besonderer Berücksichtigung der Beschwerde in Zivilsachen, SJZ 2007/103, 37 f. (zit. Reetz, SJZ 2007); D. TAPPY, Le recours en matière civile, in: U. Portmann (Hrsg.), La nouvelle loi sur le Tribunal fédéral, CEDIDAC 71, Lausanne 2007 (zit. Portmann-Tappy); P. TERCIER, Droit privé de la concurrence, in: R. von Büren/L. David (Hrsg.), SIWR Bd. V/2, 2000, 319 ff. (zit. von Büren/ David-Tercier); A. WURZBURGER, La nouvelle organisation judiciaire fédérale, JdT 2005 I, 649 (zit. Wurzburger, JdT 2005).

I. Allgemeine Bemerkungen

Die Kantone werden verpflichtet, ihre Gerichtsbarkeit so zu organisieren, dass als Vor-   1 instanzen nur noch obere Gerichte eingesetzt werden.[1] Dafür steht ihnen allerdings eine Übergangsfrist zur Verfügung.[2] Die bisher für die Berufung vorbehaltene Möglichkeit, dass als kantonale Vorinstanz auch eine untere Justizbehörde entscheidet, sofern sie als Rechtsmittelinstanz eingesetzt[3] ist oder vom kantonalen Recht als zuständig bezeichnet wird, wenn das Bundesrecht eine einzige kantonale Instanz vorschreibt,[4] kommt nicht mehr in Betracht. Eine Anpassung des kantonalen Rechts wird regelmässig in den Fällen erforderlich sein, wo die Beschwerde in Zivilsachen an die Stelle der staatsrechtlichen Beschwerde[5] oder der aufsichtsrechtlichen Beschwerde gegen Verfügungen in Schuldbetreibungs- und Konkurssachen[6] tritt, waren doch hier die Kantone bis anhin grundsätzlich frei, die Behörde zu bezeichnen, die letztinstanzlich entschied. Das BGG regelt im Gegensatz zum bisherigen Recht[7] die beiden Erfordernisse der (kantonalen) Letztinstanzlichkeit einerseits und des Endentscheids (bzw. des anfechtbaren Vor- oder Zwischenentscheids) anderseits[8] gesondert. Artikel 75 hat allein die **funktionelle Zuständigkeit** der als Vorinstanzen eingesetzten kantonalen Gerichte zum Gegenstand. Im Grundsatz wird sodann den Kantonen bundesrechtlich ein Instanzenzug vorgeschrieben; die möglichen Ausnahmen für ein einziges – oberes – Gericht werden in Abs. 2 abschliessend aufgeführt. Die Bestimmung entspricht – mit Ausnahme von Abs. 2 lit. c – dem bundesrätlichen Entwurf.[9] Die Ausnahme von Abs. 2 lit. c ist zusätzlich von der Kommission des Ständerats vorgeschlagen und diskussionslos angenommen worden.[10]

---

[1] BBl 2001 4311. Dies gilt grundsätzlich für alle drei Beschwerden, der Gesetzgeber versprach sich davon eine Entlastung des Bundesgerichts, vgl. KIENER/KUHN, ZBl 2006, 145.

[2] Die Anpassungsfrist von zunächst fünf Jahren (BBl 2001 4354) ist auf sechs Jahre erhöht worden, um die gleichzeitige Abstimmung der kantonalen Gerichtsorganisation mit der eidg. ZPO zu ermöglichen, wobei der Bundesrat nach Anhörung der Kantone zur definitiven Festsetzung der Frist ermächtigt und verpflichtet wird: AS 2006 4213; BBl 2006 3067/3074 f. 5799 ff. betr. Art. 130 Abs. 2, AB 2006 S 620, AB 2006 N 1048; vgl. dazu EHRENZELLER/SCHWEIZER-PFISTERER, 325 ff./329.

[3] Vgl. zu Art. 48 Abs. 2 OG: BGE 117 II 504 E. 2.

[4] Vgl. etwa BGE 125 III 29 (Kantonsgericht Nidwalden), 130 III 645 (Zivilgericht Basel-Stadt).

[5] Art. 86 f. OG.

[6] Art. 17 SchKG.

[7] Art. 48–50, 86 f. OG.

[8] Vgl. dazu Art. 90 ff.

[9] BBl 2001 4310 zu Art. 71 E-BGG.

[10] AB 2003 S 902. Eine entsprechende Norm wird vom Bundesrat nun auch für die neue ZPO vorgeschlagen, vgl. Botschaft zur Zivilprozessordnung in BBl 2006 7221/7262 zu Art. 7 E-ZPO.

II. Vorinstanzen (Abs. 1)

2   Als Vorinstanzen für die Beschwerde in Zivilsachen werden in Art. 75 Abs. 1 kantonal letzte Instanzen und das Bundesverwaltungsgericht genannt. Beschwerden gegen Entscheide internationaler Schiedsgerichte mit Sitz in der Schweiz werden in Art. 77 besonders geregelt. Das Bundesstrafgericht ist zu Recht als Vorinstanz nicht aufgeführt. Nach Art. 78 Abs. 1 lit. a unterliegen Zivilansprüche, die zusammen mit der Strafsache zu behandeln sind, der Beschwerde in Strafsachen.[11] Da das Bundesstrafgericht erstinstanzlich entscheidet, wird es über Zivilansprüche stets zusammen mit dem Strafpunkt zu entscheiden haben.[12] Das Bundesverwaltungsgericht ist insb. für öffentlich-rechtliche Entscheide i.S.v. Art. 72 Abs. 2 lit. b als Vorinstanz eingesetzt. Es wird gem. Art. 31 und 33 VGG regelmässig als erstes Gericht Beschwerden gegen Verfügungen von Bundesbehörden, insb. der zuständigen Registerbehörden i.S.v. Art. 72 Abs. 2 lit. b entscheiden.[13] Mit der Verwaltungsgerichtsbeschwerde konnten hier teilweise nach dem alten Recht Entscheide von Verwaltungsbehörden noch direkt beim Bundesgericht angefochten werden.[14] Teilweise waren Rekurskommissionen als Vorinstanzen eingesetzt.[15] Als kantonale Vorinstanzen kommen nach Art. 75 Abs. 1 nur letzte kantonale Instanzen in Betracht. Der Instanzenzug im Kanton muss erschöpft sein, es darf für die Rügen, die mit der Beschwerde in Zivilsachen erhoben werden können, kein kantonales Rechtsmittel mehr offen stehen.[16] Nach der Botschaft besteht der Zweck der Regelung in der Entlastung des Bundesgerichts.[17] Die Kantone können danach eine weitere Instanz mit beschränkter Kognition einsetzen, für welche Art. 100 Abs. 6 den Beginn der Beschwerdefrist hinausschiebt.[18] Allerdings ist auch eine Koordination mit der künftigen Zivilprozessordnung beabsichtigt. Ob danach eine kantonale Kassationsinstanz noch zulässig sein wird, ist zur Zeit offen. Nach der Botschaft zur eidg. ZPO soll jedenfalls eine weitere kantonale Instanz mit einem ausserordentlichen oder beschränkten Rechtsmittel ausgeschlossen werden, wo die neue ZPO eine einzige kantonale Instanz zulässt.[19]

---

[11] Nach der Botschaft soll zwar die Beschwerde in Strafsachen nicht zur Verfügung stehen, wenn allein der Entscheid über die Zivilansprüche angefochten ist, vgl. BBl 2001 4313 zu Art. 73 E-BGG (Art. 78); da die Rechtsuchenden jedoch nicht wissen könnnen, ob innert der Beschwerdefrist auch der Strafpunkt angefochten wird und ihnen nicht zumutbar ist, eventualiter alle in Betracht kommenden Rechtsmittel (im Zivilpunkt insbesondere die subsidiäre Verfassungsbeschwerde, wenn der Streitwert nicht erreicht ist) zu ergreifen, kann es auch unter geltendem Recht nur darauf ankommen, ob der Zivilpunkt zusammen mit dem Strafpunkt behandelt wurde oder hätte behandelt werden müssen, vgl. unten FN 12).

[12] Altrechtlich war nach Art. 271 BStP die Berufung zulässig, wenn der Strafpunkt vor der letzten kantonalen Instanz nicht mehr umstritten war, vgl. BGE 129 IV 149 E. 2.1. Die strafrechtliche und die I. zivilrechtliche Abteilung sind im Verfahren des Meinungsaustauschs übereingekommen, die bisherige Praxis weiterzuführen. Nur auf diese Weise ist gewährleistet, dass die rechtsuchende Partei das zutreffende Rechtsmittel kennt. Vgl. Urteil 4A_328/2007 vom 23.10.2007.

[13] Vgl. zur Zuständigkeit des Bundesverwaltungsgerichts u.a. BELLANGER/TANQUEREL-MANFRINI, 25/27 ff.; M. BEUSCH, Jusletter 18.12.2006, Rz 11, 15; PH. WEISSENBERGER, AJP 2006, 1491/1508 ff.

[14] Vgl. etwa BGE 132 III 470 (Eidg. Amt für das Handelsregister).

[15] Vgl. etwa BGE 131 III 495 (Eidg. Rekurskommission für Geistiges Eigentum).

[16] TSCHANNEN-WALTER, 127; vgl. auch REETZ, SJZ 2007, 37 f.

[17] BBl 2001 4311.

[18] BBl 2001 4350/51. Art. 100 Abs. 6 findet nach Art. 132 Abs. 1 auch übergangsrechtlich Anwendung, wenn ein vor Inkrafttreten ergangener Entscheid mitangefochten wird: Urteile 6B_51/2007 vom 3.9.2007 und 5A_86/2007 vom 3.9.2007.

[19] BBl 2006 7262 zu Art. 7 E-ZPO.

III. Grundsatz: Doppelte kantonale Instanz (Abs. 2)

Gegenstand von Art. 75 Abs. 2 bildet die funktionelle Zuständigkeit der kantonalen Vor- **3** instanzen. Unmittelbare Vorinstanzen, deren Entscheide Gegenstand der Beschwerde in Zivilsachen bilden können, sollen nur **obere kantonale Gerichte** sein. Damit werden die hierarchisch übergeordneten kantonalen Gerichtsinstanzen bezeichnet – im Gegensatz zu den kantonalen Gerichten, die innerhalb der Gerichtsorganisation auf der erstinstanzlichen, unteren Hierarchiestufe eingesetzt sind.[20] Diese im Rahmen der kantonalen Gerichtsorganisation hierarchisch übergeordneten Gerichte «entscheiden als **Rechtsmittelinstanzen**». Sie müssen zuständig sein, von einer anderen Behörde erlassene Entscheide aufgrund der Befassung mit einem kantonalen Rechtsmittel[21] zu überprüfen, sofern keine der Ausnahmen gem. Art. 75 Abs. 2 lit. a–c vorliegt. Die Kantone werden damit verpflichtet, auch unabhängig vom Streitwert ein oberes kantonales Gericht einzusetzen, wenn die Beschwerde in Zivilsachen ausnahmsweise zulässig ist, weil sich eine Rechtsfrage von grundsätzlicher Bedeutung stellt.[22] Erste Instanz kann ein nationales Schiedsgericht sein.[23] Als erste kantonale Instanz kommt auch eine Verwaltungsbehörde in Betracht.[24] Insbesondere für Verfügungen der Betreibungs- und Konkursämter, welche der betreibungsrechtlichen Beschwerde nach Art. 17 SchKG unterliegen, müssen die Kantone nicht zwei Gerichte als Rechtsmittelinstanzen einsetzen.[25] Die bundesrechtlichen Minimalanforderungen an das kantonale Verfahren werden in Art. 110–112 geregelt. Wenn, wie in Art. 75, ein Gericht als letzte kantonale Instanz eingesetzt ist, haben die Kantone zu gewährleisten, dass mindestens eine richterliche Behörde den Sachverhalt frei prüft und das Recht von Amtes wegen anwendet.[26] Das obere kantonale Gericht muss mindestens die gleiche Prüfungsbefugnis haben wie das Bundesgericht.[27]

IV. Ausnahmen: Eine kantonale Vorinstanz (Abs. 2 lit. a–c)

1. Einzige Instanz nach Bundesgesetz

Die erste der drei[28] Ausnahmen vom Grundsatz der «*double instance*» bilden gem. lit. a **4** die Normen in anderen Bundesgesetzen, die eine **einzige kantonale Instanz** vorschreiben.[28a] Dies ist regelmässig in den Materien des gewerblichen Rechtsschutzes der Fall, so

---

[20] Vgl. zu Art. 48 OG etwa GEISER/MÜNCH²-MÜNCH, Rz 4.18; POUDRET, Commentaire, Art. 48 N 1.2.3; PORTMANN-TAPPY, 84; vgl. auch AUER, ZBl 2006, 123/125, insb. für Zwischenentscheide, a.a.O., 126.

[21] Der Entwurf für die eidg. ZPO regelt die kantonale Berufung in Art. 304–306, vgl. dazu BBl 2006 7371/7486.

[22] BBl 2001 4311; vgl. auch AUER, ZBl 2006, 123, wonach aufgrund der sinngemässen Anwendbarkeit nach Art. 114 in jedem Fall ein oberes kantonales Gericht eingesetzt werden muss. Die Übergangsfrist für die Anpassung der kantonalen Gerichtsorganisation bleibt jedoch auch in dieser Hinsicht vorbehalten.

[23] Nach Art. 3 des Konkordats über die Schiedsgerichtsbarkeit vom 27.3.1969 (KSG) ist das obere kantonale Zivilgericht des Sitz-Kantons zuständig zur Ernennung, Abberufung und Verlängerung der Amtsdauer von Schiedsrichtern (lit. a–c), Mitwirkung bei Beweismassnahmen (lit. d), Hinterlegung des Schiedsspruchs (lit. e), Beurteilung von Nichtigkeitsbeschwerden (lit. f).

[24] BBl 2001 4311.

[25] Vgl. dazu insb. E. ESCHER, AJP 10/2006, 1247 ff./1249; WURZBURGER, JdT 2005, 649.

[26] Art. 110; vgl. dazu auch AUER, ZBl 2006, 129; TSCHANNEN-WALTER, 129.

[27] Art. 111 Abs. 3; vgl. BBl 2001 4311 und 4350 zu Art. 104 Abs. 3 E-BGG.

[28] Unter Berücksichtigung der Schiedsgerichte in internationalen Angelegenheiten gem. Art. 77 wären es vier.

[28a] Die einzige Instanz muss vom Bundesrecht vorgeschrieben sein, vgl. BGE 133 III 439 E. 2.2.2.2; vgl. auch Art. 5 E-ZPO in BBl 2006 7260 und 7414.

nach Art. 64 des Urheberrechtsgesetzes (URG)[29], Art. 58 des Markenschutzgesetzes (MschG)[30], Art. 37 des Designgesetzes (DesG)[31], Art. 76 des Patentgesetzes (PatG)[32] und Art. 42 des Sortenschutzgesetzes[33]. Ausserdem schreibt das Kartellgesetz[34] in Art. 14 den Kantonen eine einzige kantonale Instanz vor, die auch für andere zivilrechtliche Ansprüche zuständig ist, wenn sie gleichzeitig mit der Klage geltend gemacht werden und mit ihr sachlich zusammenhängen.[35] Nach Art. 23 des Kernenergiehaftpflichtgesetzes (KHG)[36] bezeichnen die Kantone eine einzige kantonale Instanz für Klagen wegen eines Nuklearschadens. Als Grund für die bundesrechtliche Vorschrift einer einzigen kantonalen Instanz wird die erwünschte Spezialisierung einerseits und das Bedürfnis nach rascher Entscheidung anderseits gesehen.[37] Unterinstanzliche Gerichte werden neu ausgeschlossen; den Kantonen wird vorgeschrieben, nach der Übergangsfrist ein Gericht auf der oberen Hierarchiestufe zuständig zu erklären. Die Entscheide der von Bundesrechts wegen zuständigen einzigen Instanz können gem. Art. 74 Abs. 2 lit. b mit der Beschwerde in Zivilsachen angefochten werden, auch wenn der Streitwert nicht erreicht ist.

2. Handelsgericht

5   Die Kantone können Fachgerichte für **handelsrechtliche Streitigkeiten** als einzige Instanz einsetzen. Zürich, Bern, Aargau und St. Gallen, die über ein Handelsgericht verfügen, können dieses als einzige Instanz beibehalten. Das Gericht muss in jedem Fall auf der oberen Hierarchiestufe der kantonalen Justizorganisation fungieren. Die für den Wirtschaftsstandort Schweiz wichtigen, fachkundig besetzten Handelsgerichte sollen nach der Botschaft zur eidg. ZPO auch unter der eidg. ZPO möglich bleiben; Art. 6 E-ZPO umschreibt die handelsrechtlichen Streitigkeiten.[38] Die Rechtfertigung für eine einzige Instanz wird nach der Botschaft BGG einerseits in der Entlastung des Bundesgerichts wegen der hohen Erledigungsquote durch Vergleich gesehen. Anderseits wird die Gewährleistung eines schnellen kantonalen Verfahrens angeführt,[39] was gegen die Einsetzung einer kantonalen Kassationsinstanz sprechen würde. Sie wird aber nach der Botschaft BGG noch möglich sein.[40] Die eidg. ZPO soll sie dagegen nach dem Antrag des Bundesrates in der Botschaft ZPO ausschliessen.[41] Der Streitwert muss für die Beschwerde in Zivilsachen gegen Entscheide eines Handelsgerichts gegeben sein, sofern keine Frage von grundsätzlicher Bedeutung vorliegt, da Art. 74 Abs. 2 hier keine Ausnahme vorsieht.

3. Prorogation bei Mindeststreitwert

6   Die letzte Ausnahme für eine einzige kantonale Vorinstanz bildet die **Prorogation**. Sie wurde in der Botschaft noch ausgeschlossen,[42] aber von der ständerätlichen Kommission eingefügt und soll nun auch nach der eidg. ZPO zulässig sein.[43] Unabdingbar erforderlich

---

[29] SR 231.1; auf diese Bestimmung verweist das Topographiengesetz (SR 231.2) in Art. 10.
[30] SR 232.11.
[31] SR 232.12.
[32] SR 232.14.
[33] SR 232.16.
[34] SR 251.
[35] Vgl. VON BÜREN/DAVID-TERCIER, 395/397.
[36] SR 732.44.
[37] Vgl. dazu etwa VON BÜREN/DAVID-DAVID, 13.
[38] BBl 2006 7261, 7415.
[39] BBl 2001 4311.
[40] BBl 2001 4350.
[41] BBl 2006 7262.
[42] BBl 2001 4310 unten und 4311 oben.
[43] BBl 2006 7415: Art. 7.

für die Prorogation ist ein Mindeststreitwert von Fr. 100 000.– was gegenüber geltenden kantonalen Regelungen relativ hoch ist, in der Botschaft zur eidg. ZPO aber sachlich damit gerechtfertigt wird, dass es sich um eine ausserordentliche Zuständigkeit handelt. Die Berechnung des Streitwerts wird im Entwurf der eidg. ZPO in Art. 89 ff. geregelt und entspricht materiell den Grundsätzen gemäss Art. 51 ff.[44] Nach der Botschaft zur ZPO soll eine weitere kantonale Instanz auch hier – im Unterschied zum BGG – ausgeschlossen werden.[45]

Art. 76

Beschwerderecht [1] **Zur Beschwerde in Zivilsachen ist berechtigt, wer:**

a. vor der Vorinstanz am Verfahren teilgenommen hat oder keine Möglichkeit zur Teilnahme erhalten hat; und

b. ein rechtlich geschütztes Interesse an der Aufhebung oder Änderung des angefochtenen Entscheids hat.

[2] **Gegen Entscheide nach Artikel 72 Absatz 2 Buchstabe b steht das Beschwerderecht auch der Bundeskanzlei, den Departementen des Bundes oder, soweit das Bundesrecht es vorsieht, den ihnen unterstellten Dienststellen zu, wenn der angefochtene Entscheid die Bundesgesetzgebung in ihrem Aufgabenbereich verletzen kann.**

Qualité pour recourir [1] A qualité pour former un recours en matière civile quiconque:

a. a pris part à la procédure devant l'autorité précédente ou a été privé de la possibilité de le faire, et

b. a un intérêt juridique à l'annulation ou à la modification de la décision attaquée.

[2] La qualité pour recourir contre les décisions visées à l'art. 72, al. 2, let. b, appartient également à la Chancellerie fédérale, aux départements fédéraux ou, pour autant que le droit fédéral le prévoie, aux unités qui leur sont subordonnées, si l'acte attaqué est susceptible de violer la législation fédérale dans leur domaine d'attributions.

Diritto di ricorso [1] Ha diritto di interporre ricorso in materia civile chi:

a. ha partecipato al procedimento dinanzi all'autorità inferiore o è stato privato della possibilità di farlo; e

b. ha un interesse giuridicamente protetto all'annullamento o alla modifica della decisione impugnata.

[2] Il diritto di ricorrere contro le decisioni di cui all'articolo 72 capoverso 2 lettera b spetta inoltre alla Cancelleria federale, ai dipartimenti federali o, in quanto lo preveda il diritto federale, ai servizi loro subordinati, se la decisione impugnata viola la legislazione federale nella sfera dei loro compiti.

Inhaltsübersicht

---

[44] Vgl. BBl 2006 7290 und 7432.
[45] BBl 2006 7262; dagegen BBl 2001 4350.

Materialien

BBl 2001 4312 zu Art. 72 E-BGG, AB 2003 S 902; AB 2004 N 1598, AB 2005 S 130.

Literatur

CH. AUER, Die Beschwerdebefugnis nach dem neuen Bundesgerichtsgesetz, in: Die Mitarbeiterinnen und Mitarbeiter des Bundesamtes für Justiz (Hrsg.), Aus der Werkstatt des Rechts, Festschrift für Heinrich Koller zum 65. Geburtstag, Basel/Genf/München 2006, 197 ff. (zit. FS Koller-Auer); E. POLTIER, Le recours en matière de droit public, in: U. Portmann (Hrsg.), La nouvelle loi sur le Tribunal fédéral, CEDIDAC 71, Lausanne 2007 (zit. Portmann-Poltier); D. PIOTET, L'influence de la qualité pour recourir au tribunal fédéral en matière civile selon l'art. 76 al.1 LTF sur la qualité de partie dans la procédure cantonale, z-z-z 2005, 505 (zit. Piotet, z-z-z 2005); D. TAPPY, Le recours en matière civile, in: U. Portmann (Hrsg.), La nouvelle loi sur le Tribunal fédéral, CEDIDAC 71, Lausanne 2007 (zit. Portmann-Tappy).

I. Allgemeine Bemerkungen

1   Die Legitimation, ein Rechtsmittel zu ergreifen, war bisher für die Berufung und die zivilrechtliche Nichtigkeitsbeschwerde im Unterschied zur staatsrechtlichen Beschwerde[1] und zur Verwaltungsgerichtsbeschwerde[2] nicht ausdrücklich gesetzlich geregelt.[3] Nach allgemein anerkannten Prinzipien verlangte die Rechtsprechung eine formelle und eine materielle **Beschwer.** Formell beschwert ist eine Partei, deren Anträgen im angefochtenen Entscheid nicht vollumfänglich entsprochen worden ist.[4] Massgeblich ist dafür grundsätzlich, was ihr im Dispositiv des angefochtenen Entscheids zugesprochen oder wozu sie verpflichtet wird.[5] Materiell beschwert ist eine Partei, wenn der angefochtene Entscheid sie in ihrer Rechtsstellung trifft, für sie in seiner rechtlichen Wirkung Nachteile bringt und sie daher an dessen Abänderung interessiert ist.[6] Nach der Botschaft ist die ausdrückliche Normierung des Beschwerderechts nunmehr erforderlich, weil die neue Beschwerde in Zivilsachen nicht nur die eigentlichen Zivilsachen, sondern auch eine Vielzahl von öffentlich-rechtlichen Angelegenheiten einschliesslich Schuldbetreibungs- und Konkurssachen umfasst.[7] Im Unterschied zur bisherigen Verwaltungsgerichtsbeschwerde und zur geltenden Beschwerde in öffentlich-rechtlichen Angelegenheiten genügt neu auch für diese Fälle neben der Teilnahme am bisherigen Verfahren ein tatsächliches Interesse nicht mehr, sondern es bedarf eines rechtlich geschützten Interesses an der Aufhebung oder Änderung des angefochtenen Entscheids.[8] Die Legitimation entspricht damit grundsätzlich derjenigen, die bisher für die staatsrechtliche Be-

---

[1] Art. 88 OG.
[2] Art. 103 lit. a OG.
[3] GEISER/MÜNCH[2]-MÜNCH, Rz 4.29 ff.; CORBOZ, SJ 2000, 28; FS KOLLER-AUER, 200.
[4] BGE 123 III 414 E. 3a 419.
[5] SEILER/VON WERDT/GÜNGERICH, BGG, N 3 zu Art. 76, vgl. auch für die Ausnahmen etwa im Falle der Verrechnung: a.a.O. N 4.
[6] BGE 120 II 5 E. 2a 8. Vgl. auch CORBOZ, SZZ 2005, 90; PORTMANN-TAPPY, 90.
[7] BBl 2001 4312. Art. 76 orientiert sich an der bisherigen Regelung für das Verwaltungs- und Verwaltungsgerichtsverfahren, vgl. PIOTET, z-z-z 2005, 505 f. (allerdings nach der hier vertretenen Ansicht mit zu weit gehenden Folgerungen für eine Änderung des geltenden Rechts in Bezug auf das Rechtsschutzinteresse schon nach BGG – die antizipierten Probleme dürften sich aber nach der in der Botschaft ZPO vorgeschlagenen Neuregelung stellen). Vgl. BGE 133 III 421 E. 1.1.
[8] Nach der Botschaft zur Schweizerischen ZPO soll freilich auch für die Beschwerde in Zivilsachen ein schutzwürdiges Interesse genügen und das BGG an die Klagevoraussetzungen von Art. 57 Abs. 2 E-ZPO in diesem Sinne angepasst werden, vgl. BBl 2006 7276. Vgl. auch TSCHANNEN-WALTER, 137 f. ebenso FN 21 und 35.

schwerde galt[9] und stimmt mit der Formulierung überein, die für die Beschwerde in Strafsachen[10] und für die subsidiäre Verfassungsbeschwerde[11] vorgesehen ist.

II. Teilnahme am Verfahren vor Vorinstanz (Abs. 1 lit. a)

Das kumulative Erfordernis, dass zur Beschwerde berechtigt ist, «wer vor der Vorinstanz   2
am Verfahren teilgenommen hat oder keine Möglichkeit zur Teilnahme erhalten hat» ist
für alle drei Beschwerden und die subsidiäre Verfassungsbeschwerde gleich formuliert.[12]
Die Voraussetzung der Teilnahme am Verfahren vor der oberen kantonalen Instanz, die
den angefochtenen Entscheid erlassen hat, bietet in der Regel für die Hauptparteien keine
Schwierigkeiten. Sie war bisher weder für die Berufung und die zivilrechtliche Nichtigkeitsbeschwerde noch für die staatsrechtliche Beschwerde ausdrücklich verlangt, ergab
sich aber aus dem Erfordernis der Erschöpfung des kantonalen Instanzenzugs.[13] Für die
Legitimation von Nebenparteien zur Berufung war bisher schon ausdrücklich erforderlich, dass sie vor der letzten kantonalen Instanz am Prozess teilgenommen hatten; Streitverkündung und Nebenintervention erst vor Bundesgericht war ausgeschlossen.[14] Die
Anforderung, dass eine Partei ihre Interessen schon vor den kantonalen Instanzen wahren
muss, wenn sie dazu die Möglichkeit hat, ergibt sich aus dem Gebot von Treu und Glauben.[15] Praktische Bedeutung dürfte die Voraussetzung der Teilnahme am kantonalen
Verfahren für interessierte Dritte in Angelegenheiten haben, die gem. Art. 72 Abs. 2 der
Beschwerde in Zivilsachen unterliegen, etwa für Beteiligte in SchKG-Angelegenheiten.[16]

Wer sich zu Unrecht vom kantonalen Verfahren ausgeschlossen erachtet, wird nachwei-   3
sen müssen, dass ihm eine Teilnahme trotz sorgfältiger Wahrung seiner Interessen nicht
möglich war. Bisher konnte der rechtswidrige Ausschluss vom Verfahren mit staatsrechtlicher Beschwerde,[17] allenfalls mit Verwaltungsgerichtsbeschwerde[18] als formelle
Rechtsverweigerung gerügt werden.[19] Insbesondere im Verwaltungsverfahren war **Dritt-
betroffenen**, die zwar vom angefochtenen Entscheid einen materiellen oder ideellen
Nachteil zu befürchten hatten, aber nicht Verfügungsadressaten waren, die Möglichkeit
der Teilnahme am Verfahren durch eine entsprechende Mitteilung zu eröffnen.[20] Im einheitlichen Rechtsmittel – das auch gewisse öffentlich-rechtliche Verfahren umfasst – ist
naheliegend, die Beschwerdelegitimation entsprechend zu definieren, wobei die Berechtigung zur Teilnahme am Verfahren für die Beschwerde in Zivilsachen ein rechtlich geschütztes Interesse voraussetzt,[21] was eine Orientierung der Praxis an der bisherigen
Rechtsprechung zu Art. 88 OG nahelegt. Die Möglichkeit zur Teilnahme am kantonalen

9   Vgl. etwa BGE 131 I 198 E. 2, 131 I 205 E. 2 sowie unten Rz 4.
10 Art. 81. Vgl. zum rechtlich geschützten Interesse nach Art. 270 lit. h BStP: BGE 130 IV 143 E. 2.
11 Art. 115.
12 Art. 81 Abs. 1 lit. a, Art. 89 Abs. 1 lit. a und Art. 115 lit. a. Vorbild war auch hier Art. 98a OG für
    die altrechtliche Verwaltungsgerichtsbeschwerde, vgl. AUER, ZBl 2006, 131.
13 Art. 48, 68 Abs. 1, 86 OG.
14 Art. 53 OG.
15 BELLANGER/TANQUEREL-BELLANGER, Le recours en matière public, 61 unter Verweis auf die
    Doktrin in FN 86. Es fragt sich, ob die Bestimmung auch für Bundesbehörden gilt, insb. wenn
    ihnen nach Art. 112 Abs. 4 (keine) Mitteilung zugestellt werden muss.
16 Vgl. dazu insb. E. ESCHER, AJP 10/2006 1250 Ziff. 3b m.Hinw.
17 Vgl. etwa BGE 131 I 153 E. 5, 6.
18 Vgl. etwa BGE 131 V 298 E. 5, 6.
19 Auch im Berufungsverfahren bei Verweigerung der Aktivlegitimation, z.B. BGE 129 III 316.
20 BGE 129 II 286 E. 4.3.3 293 ff.
21 Dazu unten Rz 4 f.; TSCHANNEN-WALTER, 139 f.; REETZ, SJZ 2007, 32; **a.M.** PIOTET, z-z-z
    2005, 507, der m.E. zu weitgehend aus der – aufsichtsrechtlichen – Praxis zum SchKG eine
    Ausdehnung gegenüber der bisherigen Definition des Rechtsschutzinteresses ableitet.

Verfahren muss danach den vom Entscheid in ihrer Rechtsstellung Betroffenen eröffnet werden. Nur Personen, die vom umstrittenen Entscheid in ihren rechtlich geschützten Interessen verletzt sind oder denen gesetzlich Verfahrensrechte eingeräumt werden,[22] sind zur Teilnahme am kantonalen Verfahren berechtigt. Nur unter dieser Voraussetzung ist denkbar, dass das kantonale Gericht ihnen die Teilnahme zu Unrecht verweigert oder sie zu Unrecht nicht zur Teilnahme einlädt, weil es etwa keine Kenntnis von ihrer Existenz hat. Ob bei Gutheissung der Beschwerde – in Bezug auf die zu Unrecht ausgeschlossenen Parteien quasi erstinstanzlich – in der Sache entschieden werden kann, wird sich weisen müssen.[23] Regelmässig dürfte bei Gutheissung der Beschwerde einer zu Unrecht vom Verfahren ausgeschlossenen Partei zur Wahrung des vollen Rechtsschutzes nur eine Rückweisung der Sache an die Vorinstanz in Frage kommen. Die Beschwerde der zu Unrecht an einem Verfahren nicht beteiligten Partei ist von der Beschwerde wegen Rechtsverweigerung oder Rechtsverzögerung zu unterscheiden, die mangels anfechtbaren Entscheids nicht fristgebunden ist.[24]

III. Rechtlich geschütztes Interesse (Abs. 1 lit. b)

4 Das Erfordernis des rechtlich geschützten Interesses entspricht weitgehend der bisherigen Legitimationsvoraussetzung zur staatsrechtlichen Beschwerde. Danach genügt weder ein rein tatsächliches Interesse an der Aufhebung des angefochtenen Entscheids noch ein öffentliches Interesse.[25] Es bedarf eines aktuellen und praktischen Interesses an der Aufhebung oder Änderung des Entscheids, worauf nur ausnahmsweise verzichtet werden kann, wenn sonst eine Frage von präjudizieller Tragweite nie rechtzeitig beurteilt werden könnte.[26] Erforderlich ist die Verletzung eines individuellen Rechts, wobei im Grundsatz nur Private zur Beschwerde befugt sind. Korporationen des öffentlichen Rechts sind – soweit es nicht um ihre Autonomie geht – ausnahmsweise zur Beschwerde berechtigt, wenn sie sich auf dem Gebiet des Privatrechts bewegen und wie Private von einem Entscheid betroffen sind.[27] Kantone sind grundsätzlich zur staatsrechtlichen Beschwerde nicht legitimiert.[28] Während somit etwa Private ein Rechtsschutzinteresse an der grundrechtskonformen Auslegung kantonalen Staatshaftungsrechts haben und zur Beschwerde gegen einen kantonal letztinstanzlichen Entscheid befugt sind, der ihre Haftpflichtansprüche abweist, sind die Kantone, in deren Spitäler ein ärztlicher Kunstfehler begangen worden ist und die entsprechend aufgrund kantonaler Erlasse haftpflichtig erklärt wurden, nicht zur Beschwerde legitimiert. Es ist offen, ob diese Praxis nach dem neuen Recht als überprüfenswert erachtet werden wird. Als Grundrechtsverletzung gilt die Verletzung von Verfahrensrechten unbesehen der Anspruchsberechtigung in der Sache.[29]

5 Das **rechtlich geschützte Interesse** ergibt sich für die Hauptparteien regelmässig ohne weiteres aus ihrer (streitigen) eigenen materiellen Berechtigung[30] oder aus gesetzlich

---

[22] Vgl. die Aufzählung bei SEILER/VON WERDT/GÜNGERICH, BGG, N 9 zu Art. 76 und schon Botschaft BBl 2001 4312.

[23] Denkbar ist in gewissen Fällen auch, dass der Entscheid für die betroffene Partei keine Verbindlichkeit entfaltet, vgl. dazu etwa BGE 132 V 1. Vgl. für die Rechtsfolgen des Ausschlusses Dritter auch PIOTET, z-z-z 2005, 518 f.

[24] BBl 2001 4334 zu Art. 89 E-BGG (Art. 94).

[25] Art. 88 OG, vgl. dazu etwa BGE 131 I 153 E. 1.2, 130 I 306 E. 1 309.

[26] BGE 127 III 429 E. 1b 432.

[27] BGE 132 I 140 E. 1.3.1 143 mit Verweisen. Vgl. auch FN 49.

[28] BGE 129 II 225 E. 1.5.

[29] BGE 129 I 217 E. 1.4 222.

[30] Vgl. z.B. für die Aktivlegitimation von Vereinsmitgliedern zur Anfechtung von Vereinsbeschlüssen: BGE 132 III 497 E. 3.1 506, von Erben (und Willensvollstrecker) zu Auskunftsbegehren:

eingeräumten Verfahrensrechten.[31] Die Voraussetzung ist dagegen insb. für die Legitimation zur Beschwerde Drittbetroffener bedeutsam. Sie kann sich aus kantonalem Recht ergeben. So bestimmte sich die verfahrensrechtliche Stellung der Nebenparteien im Berufungsverfahren gem. dem OG ausschliesslich nach kantonalem Recht.[32] Auch die Legitimation zur altrechtlichen staatsrechtlichen Beschwerde konnte sich aus kantonalem Recht ergeben.[33] Eine Einschränkung der Legitimation im Verhältnis zum alten Recht kann für Dritte in Verfahren eintreten, die bisher mit Verwaltungsgerichtsbeschwerde weitergezogen werden konnten und neu gem. Art. 72 Abs. 2 der Beschwerde in Zivilsachen unterliegen.[34] Denn hier waren Dritte, die nicht Verfügungsadressaten sind, zur Beschwerde legitimiert, wenn sie durch den angefochtenen Entscheid stärker als jedermann betroffen waren und in einer besonderen, beachtenswerten und nahen Beziehung zur Streitsache standen.[35] Beispiele: Die im Vergleich zum rechtlich geschützten Interesse weniger strenge Anforderung des schutzwürdigen Interesses wurde etwa für Konkurrenten in Wirtschaftszweigen bejaht, die durch wirtschaftspolitische oder sonstige spezielle Regelungen wie Kontingentierungen in eine besondere Beziehung zueinander gebracht worden waren oder wenn sie eine ungerechtfertigte Privilegierung rügten.[36] Die erforderliche Beziehungsnähe wurde dagegen etwa einem Mieter selbst für die Verwaltungsgerichtsbeschwerde abgesprochen, der sich gegen den Verkauf der Mietwohnung an eine Person im Ausland wehren wollte,[37] ebenso einem Anzeiger an die zuständige Aufsichtskommission über Rechtsanwälte[38] oder den Mitgliedern einer Konzernleitung gegen die Verfügung der Aufsichtsbehörde an die Gesellschaft, gegen sie Schadenersatzklage einzureichen.[39] Nach der geltenden engeren Definition bedarf es auch zur Anfechtung der in Art. 72 Abs. 2 aufgeführten Entscheide eines rechtlich geschützten Interesses, d.h. der **Verletzung in einer Rechtsstellung**.[39a] In diesem Sinne ist etwa ein privater Gläubiger in seiner Rechtsstellung durch die Verweigerung der Bestätigung eines Nachlassvertrags nur verletzt, wenn er selbst die Eröffnung oder wenigstens die Bestätigung des Nachlassverfahrens verlangt hat.[40] Ein Dritter, der die Eintragung eines fremden Gewerbes ins Handelsregister verlangt, kann sich nicht auf ein rechtlich geschütztes Interesse berufen.[41] Ein Drittschuldner ist nicht legitimiert, die Gültigkeit der Pfändung der Forderung anzufechten.[42] Ein Elternteil, der sich unter Berufung auf Art. 303 ZGB gegen die Bewilligung des persönlichen Verkehrs bestimmter Personen mit dem Kind wehrt, hat

---

BGE 132 III 677 E. 4.2.1 685, zur Vindikationsklage: BGE 132 III 155, des (Rück-)Zessionaren zur Forderungsklage: BGE 130 III 248 E. 2, von Krankenversicherungen zur Klage auf Rückerstattung zu Unrecht bezogener Zahlungen: BGE 127 V 281.

[31] Etwa Feststellungsansprüche zur Durchsetzung der Lauterkeit im Wettbewerb nach Art. 9 f. UWG: BGE 126 III 239 E. 1, 121 III 168 E. 4a; für die Aktivlegitimation kollozierter Gläubiger zur aktienrechtlichen Verantwortlichkeitsklage: BGE 132 III 342 E. 2.3.2 347; einer ausländischen Konkursmasse: BGE 129 III 683 E. 5.3.

[32] Vgl. BGE 113 II 10 E. 1a, b; GEISER/MÜNCH[2]-MÜNCH, Rz 4.3.1; POUDRET, Commentaire, Art. 53 N 7.3 OR.

[33] BGE 131 I 205 E. 2 210, insb. E. 2.3.

[34] KARLEN, BGG, 44; KIENER/KUHN, ZBl 2006, 151; TSCHANNEN-WALTER, 139 f. Vgl. auch FS KOLLER-AUER, 201, 205.

[35] Art. 103 lit. a OG, Art. 48 lit. a VwVG, vgl. dazu BGE 131 II 587 E. 2.1.

[36] BGE 127 II 264 E. 3c 269.

[37] BGE 131 II 649; vgl. dazu PORTMANN-POLTIER, 160.

[38] BGE 132 II 250.

[39] BGE 131 II 587. Vgl. auch BGE 131 V 298 (Arbeitgeber gegen Sozialversicherungsverfügungen).

[39a] Vgl. zum Unterschied auch PORTMANN-POLTIER, 156 ff.

[40] BGE 129 III 758 E. 1.2 (staatsrechtliche Beschwerde).

[41] Vgl. BGE 130 III 707 E. 2: Er ist nur Interessierter, nicht Partei am Eintragungsverfahren.

[42] BGE 130 III 400 E. 2 402.

ein rechtlich geschütztes Interesse.[43] Der Betreibungsschuldner hat ein Rechtsschutz-interesse an der Anfechtung des Schätzungsentscheids der Aufsichtsbehörde.[44] Der Konkursit ist durch die provisorische Verteilungsliste nicht in seiner Rechtsstellung betroffen, sofern die Liquidation keinen Aktivenüberschuss ergibt.[45]

IV. Beschwerderecht von Bundesbehörden (Abs. 2)

6 Gegen öffentlich-rechtliche Entscheide i.S.v. Art. 72 Abs. 2 lit. b des Bundesverwaltungs-gerichts oder eines oberen kantonalen Gerichts wird auch Bundesbehörden ein Beschwer-derecht eingeräumt. Es handelt sich im Wesentlichen um Entscheide, die bisher mit Ver-waltungsgerichtsbeschwerde weitergezogen werden konnten. Die Bestimmung ist auch hier für alle drei Beschwerden gleich formuliert,[46] wobei aber zu beachten ist, dass nicht sämtliche anfechtbaren Entscheide davon erfasst werden. Die Regelung entspricht min-destens teilweise der bisher in Art. 101 lit. b OG[47] geregelten Behördenbeschwerde. Sie ist zu unterscheiden von der Legitimation öffentlich-rechtlicher Körperschaften oder An-stalten in den Fällen, in denen sie wie Private betroffen sind.[48] Das Beschwerderecht der Bundeshörden soll den richtigen und rechtsgleichen Vollzug des Bundesverwaltungsrechts sicherstellen, wobei grundsätzlich kein spezifisches öffentliches Interesse an der Anfech-tung der Verfügung nachgewiesen werden muss.[49] Nach Art. 101 lit. b OG waren insb. die in der Sache zuständigen Departemente oder aufgrund einer Ermächtigung schon bisher ebenfalls unterstellte Dienststellen wie Bundesämter zur Behördenbeschwerde legiti-miert.[50] Die Bundeskanzlei war bisher in Art. 101 lit. b OG nicht ausdrücklich erwähnt, jedoch nach der Verordnung vom 3.2.1993 über die Organisation und das Verfahren eidge-nössischer Rekurs- und Schiedskommission zur Beschwerde gegen Entscheide berechtigt, die altrechtlich von Kommissionen, heute vom Bundesverwaltungsgericht getroffen wer-den.[51] Für die Ermächtigung einer unterstellten Dienstabteilung zur Beschwerde dürfte wie bis anhin die Regelung in einer Verordnung genügen,[52] wie überhaupt zu erwarten ist, dass sich die Praxis zur Behördenbeschwerde an der bisherigen Rechtsprechung zu Art. 101 lit. b OG orientieren dürfte. Wohl eher nicht zu erwarten ist eine Ausdehnung der bisherigen Praxis im Bereich des Schuldbetreibungs- und Konkursrechts etwa auf Konkursverwalter, Sachwalter oder Liquidatoren, zumal die Entscheide nach Art. 72 Abs. 2 lit. a der Behördenbeschwerde nicht unterliegen.[53] Ausnahmsweise werden freilich Hilfspersonen der Betreibungsbehörden als Private in eigenen Rechten verletzt sein.[54]

---

[43] BGE 129 III 689.

[44] BGE 129 III 595.

[45] BGE 129 III 559 E. 1 562.

[46] Art. 81 Abs. 3 für Strafsachen und Art. 89 Abs. 2 lit. a für öffentlich-rechtliche Angelegenheiten.

[47] Nicht mehr ausdrücklich erwähnt wird die Legitimation aufgrund besonderer bundesrechtlicher Normen, auf die bisher in Art. 101 lit. c OG verwiesen wurde.

[48] Vgl. z.B. BGE 132 I 140 E. 1.3 143 f., 132 V 74. Vgl. auch BGE 131 II 753 (keine Legitimation der Kantone zur Anfechtung einer GUB/GBA-Registrierung), BGE 129 I 313 E. 4 318 (keine Legitimation der Gemeinde im öffentlichen Beschaffungswesen).

[49] Vgl. etwa BGE 129 II 1 E. 1.1 mit Verweisen.

[50] Vgl. z.B. BGE 131 III 495 E. 2.2 (EJPD in Markenregistersachen), 131 II 121 E. 1 (EJPD in Opferhilfesachen), BGE 127 II 32 E. 1b (EVD in Kartellsachen). Vgl. auch BGE 129 V 450 (Bundesamt für Sozialversicherung).

[51] Art. 28 VRSK in SR 172.31, vgl. dazu BGE 131 III 495 E. 2.1.

[52] Vgl. BGE 129 II 1 E. 1.1 (betr. Art. 14 Abs. 2 der Organisationsverordnung vom 17.11.1999 für das EJPD, SR 172.213.1).

[53] So aber Spühler/Dolge/Vock, Kurzkommentar, N 7 zu Art. 76. Vgl. dagegen zutreffend E. Escher, AJP 10/2006 1250.

[54] Vgl. BGE 129 III 400 E. 1.3 403.

Art. 77

Internationale
Schiedsgerichts-
barkeit

[1] Unter den Voraussetzungen der Artikel 190–192 des Bundesgesetzes vom 18. Dezember 1987 über das Internationale Privatrecht ist gegen Entscheide von Schiedsgerichten die Beschwerde in Zivilsachen zulässig.

[2] Die Artikel 48 Absatz 3, 93 Absatz 1 Buchstabe b, 95–98, 103 Absatz 2, 105 Absatz 2 und 106 Absatz 1 sowie 107 Absatz 2, soweit dieser dem Bundesgericht erlaubt, in der Sache selbst zu entscheiden, sind in diesen Fällen nicht anwendbar.

[3] Das Bundesgericht prüft nur Rügen, die in der Beschwerde vorgebracht und begründet worden sind.

Arbitrage
international

[1] Le recours en matière civile est recevable contre les décisions de tribunaux arbitraux aux conditions prévues par les art. 190 à 192 de la loi fédérale du 18 décembre 1987 sur le droit international privé.

[2] Sont inapplicables dans ces cas les art. 48, al. 3, 93, al. 1, let. b, 95 à 98, 103, al. 2, 105, al. 2, et 106, al. 1, ainsi que l'art. 107, al. 2, dans la mesure où cette dernière disposition permet au Tribunal fédéral de statuer sur le fond de l'affaire.

[3] Le Tribunal fédéral n'examine que les griefs qui ont été invoqués et motivés par le recourant.

Giurisdizione
arbitrale
internazionale

[1] Contro i lodi arbitrali è ammesso il ricorso in materia civile alle condizioni di cui agli articoli 190–192 della legge federale del 18 dicembre 1987 sul diritto internazionale privato.

[2] In questi casi non sono applicabili gli articoli 48 capoverso 3, 93 capoverso 1 lettera b, 95–98, 103 capoverso 2, 105 capoverso 2, 106 capoverso 1 e 107 capoverso 2, per quanto quest'ultimo permetta al Tribunale federale di giudicare esso stesso nel merito.

[3] Il Tribunale federale esamina soltanto quelle censure che sono state sollevate e motivate nel ricorso.

Inhaltsübersicht

Materialien

AB 2003 S 902; AB 2004 N 1598.

Literatur

B. BERGER/F. KELLERHALS, Internationale und interne Schiedsgerichtsbarkeit in der Schweiz, Bern 2006 (zit. Berger/Kellerhals, Schiedsgerichtsbarkeit); S. BESSON, Le recours contre la sentence arbitrale internationale selon la nouvelle LTF (aspects procéduraux), ASA Bull. 2007, 2 ff. (zit. Besson, ASA Bull. 2007); CORBOZ, Le recours au tribunal fédéral en matière d'arbitrage international, SJ 2002, 1 ff. (zit. Corboz, SJ 2002); B. DUTOIT, Droit international privé suisse, 4. Aufl., Basel/ Genf/München 2005 (zit. Dutoit, LDIP⁴); G. KAUFMANN-KOHLER/A. RIGOZZI, Arbitrage international: droit et pratique à la lumière de la LDIP, Bern/Zürich 2006 (zit. Kaufmann-Kohler/ Rigozzi, Arbitrage); J. F. POUDRET, Le projet de loi sur le tribunal fédéral est-il adapté aux recours en matière d'arbitrage international?, JdT 2002, 5 (zit. Poudret, JdT 2002); DERS., Particularisme du recours en matière d'arbitrage international, in: U. Portmann (Hrsg.), La nouvelle loi sur le Tribunal fédéral, CEDIDAC 71, Lausanne 2007 (zit. Portmann-Poudret); PH. SCHWEIZER, La loi sur le Tribunal fédéral et l'arbitrage, quoi de neuf?, Anwaltsrevue 2/2007, 55 (zit. Schweizer, Anwaltsrevue 2007); H. P. WALTER, Praktische Probleme der staatsrechtlichen Beschwerde gegen internationale Schiedsentscheide (Art. 190 IPRG), ASA Bull. 2001, 2 ff. (zit. Walter, ASA Bull. 2001); F. M. R. WALTHER, Die Auslegung des schweizerischen Zivilprozessrechts, insbesondere des Bundesgesetzes über den Gerichtsstand in Zivilsachen (Gerichtsstandsgesetz), Bern 2002 (zit. Walther, Auslegung).

I. Allgemeine Bemerkungen

1. Anfechtungsobjekt

1 Der Schiedsentscheid ist ein Urteil, das aufgrund einer Schiedsvereinbarung durch ein nicht-staatliches Gericht ergeht, dem die Parteien aufgetragen haben, eine schiedsfähige (d.h. gem. Art. 177 IPRG eine vermögensrechtliche) Streitigkeit zu entscheiden.[1] Art. 77 regelt nur die internationale, nicht die nationale **Schiedsgerichtsbarkeit**; Entscheide interner Schiedsgerichte sind stets bei einem kantonalen Gericht anfechtbar, dessen Urteil seinerseits der Beschwerde in Zivilsachen unterliegt.[2] Die internationale Schiedsgerichtsbarkeit ist im 12. Kapitel des IPRG geregelt. Der internationale Charakter des Schiedsgerichts bestimmt sich gem. Art. 176 Abs. 1 IPRG nach dem Wohnsitz bzw. dem Sitz der Parteien im Zeitpunkt des Abschlusses der Schiedsvereinbarung.[3] Die Anfechtung des internationalen Entscheids eines Schiedsgerichts mit Sitz in der Schweiz nach Art. 77 setzt ausserdem voraus, dass die Parteien die Anwendbarkeit der Bestimmungen des 12. Kapitels des IPRG nicht gestützt auf Art. 176 Abs. 2 IPRG ausgeschlossen haben.[4]

2. Entstehung

2 **Rechtsmittel gegen Schiedsgerichte** an die staatliche Gerichtsbarkeit unterscheiden sich notwendig vom staatlichen Instanzenzug und folgen insofern eigenen Regeln. Auf die Beschwerde in Sachen der internationalen Schiedsgerichtsbarkeit fanden bisher die

---

[1] BGE 125 I 389 E. 4a 390, 119 II 271 E. 3b 275, vgl. auch BGE 117 Ia 166 E. 5 168 betr. Anforderungen an die Unabhängigkeit, BGE 126 III 529 E. 3c 533 betr. Abgrenzung zum Gutachten.

[2] Nach bisherigem Recht war die staatsrechtliche Beschwerde – aus den in Art. 36 KSG (in SR 279 nicht mehr enthalten) angeführten Gründen – beim Bundesgericht zulässig, vgl. z.B. BGE 131 I 45. Nach der Botschaft zur Schweizerischen Zivilprozessordnung vom 28.6.2006 (Art. 387 E-ZPO, BBl 2006 7404) soll – entgegen dem Vorentwurf – auch der interne Schiedsspruch direkt beim Bundesgericht angefochten werden können, was zu einer Zusatzbelastung sogar gegenüber der Rechtslage vor dem BGG führen würde; vgl. dazu TSCHANNEN-WALTER, 152.

[3] Vgl. etwa BGE 131 III 76 E. 2.3 80, 128 III 50 E. 1a 52, 127 III 429 E. 1a 431.

[4] Art. 176 Abs. 2 IPRG; vgl. dazu statt vieler ZK IPRG²-VISCHER, Art. 176 N 1/17; DUTOIT, LDIP⁴, Art. 176 n 10.

Normen der staatsrechtlichen Beschwerde Anwendung, soweit in den Art. 190–192 IPRG nichts geregelt war. Zuständig zur Beurteilung dieser Beschwerden war gerichtsintern stets die I. Zivilabteilung.[5] Der Bundesrat hatte in der Botschaft die Ansicht vertreten es genüge, wenn bei den Vorinstanzen die Schiedsgerichte angeführt und die Beschwerde in Zivilsachen gegen deren Entscheide unter den Voraussetzungen von Art. 190–192 IPRG als zulässig erklärt werde.[6] Nachdem in der Lehre auf die teilweise unangemessenen Folgen hingewiesen wurde,[7] normierte das Parlament die Beschwerde gegen internationale Schiedsentscheide in einem eigenen Artikel.[8] Danach gelten nun insb. bestimmte Regeln der Beschwerde in Zivilsachen für das Rechtsmittel gegen Schiedsentscheide nicht (Abs. 2), und es wird die schon nach bisherigem Recht geltende, strenge Rügepflicht ausdrücklich positiviert (Abs. 3). In den Schlussbestimmungen wird der bisherige Verweis auf die staatsrechtliche Beschwerde im IPRG (Art. 191 Abs. 1) durch den Verweis auf Art. 77 ersetzt.[9] Mit der grundsätzlichen Geltung der Beschwerde in Zivilsachen gilt formell auch die Voraussetzung des Streitwerts gem. Art. 74 Abs. 1, sofern die Beschwerde nicht eine Frage von grundsätzlicher Bedeutung aufwirft.[10] Immerhin ist fraglich, ob diese Neuerung tatsächlich gewollt ist oder ob – wie in der Lehre befürwortet – davon in systematischer und teleologischer Auslegung abzusehen ist.[11]

3. Revision, Erläuterung, Berichtigung

Da das BGG in Art. 121 ff. die Revision, Erläuterung und Berichtigung nur für die Urteile des Bundesgerichts regelt, bleiben diese Fragen – wie bis anhin – für Schiedsurteile ohne ausdrückliche gesetzliche Regelung. Nach der bisherigen Praxis des Bundesgerichts sind die Schiedsgerichte zur Erläuterung und Berichtigung offensichtlicher Versehen zuständig.[12] Ergänzungs- oder Erläuterungsurteile des Schiedsgerichts sind mit Beschwerde anfechtbar, soweit der ursprüngliche Entscheid damit tatsächlich abgeändert worden ist.[13] Gesuche um Revision von Schiedsgerichtsentscheiden beurteilt das Bundesgericht, wobei es bisher in analoger Anwendung von Art. 141 ff. OG entschied, ob ein Revisionsgrund gegeben sei.[14] Als Revisionsgründe fallen freilich nur solche in Betracht, die nicht mit der Beschwerde unmittelbar im Anschluss an den Entscheid des Schiedsgerichts mit einer Rüge gem. Art. 190 Abs. 2 IPRG erhoben werden können.[15] Neu dürften die Art. 121 ff.[16] entsprechende Anwendung finden.

3

---

[5] Art. 4 Ziff. 2 des Reglements für das Bundesgericht vom 14.12.1978.

[6] BBl 2001 4312 zu Art. 71 Abs. 3 E-BGG.

[7] POUDRET, JdT 2002, 18.

[8] AB 2003 S 902 und AB 2004 N 1598: Der Vorschlag der Kommission wurde im Plenum nicht begründet.

[9] Ziff. 8 der Schlussbestimmungen. Der Bundesrat hatte in der Botschaft noch unspezifisch einen Verweis auf die Beschwerde in Zivilsachen vorgeschlagen: BBl 2001 4358 (Ziff. 5).

[10] Art. 74 Abs. 2.

[11] TSCHANNEN-WALTER, 147; SCHWEIZER, Anwaltsrevue 2007, 57; BESSON, ASA Bull. 2007, 16; PORTMANN-POUDRET, 126.

[12] BGE 126 III 524.

[13] BGE 131 III 164 E. 1.2.4 169 ff.

[14] BGE 118 II 199, 122 III 492.

[15] Vgl. für den Ausschluss der Verfahrensmängel gem. Art. 136 OG (im Wesentlichen Art. 121 entsprechend): BGE 129 III 727 E. 1 729 mit Verweisen.

[16] Vgl. dazu Beitrag von E. ESCHER zu Art. 121 ff.

II. Verweis auf Art. 190–192 IPRG (Abs. 1).

1. Art. 190 Abs. 1 IPRG

4   Art. 190 Abs. 1 IPRG erklärt die **Entscheide der Schiedsgerichte** als mit der Eröffnung endgültig. Sie werden – sofern nicht ein Rechtsmittel ergriffen und diesem die aufschiebende Wirkung erteilt wird – sofort vollstreckbar und verbindlich i.S. des New Yorker Übereinkommens.[17] Die Beschwerdefrist von 30 Tagen beginnt mit der Eröffnung des Entscheids und berechnet sich nach den allgemeinen Normen.[18] Entscheide i.S.v. Art. 190 Abs. 1 IPRG sind Endentscheide, mit denen das Verfahren i.S.v. Art. 90 beendet wird. Sie sind grundsätzlich mit sämtlichen Rügen anfechtbar, die in Art. 190 Abs. 2 IPRG aufgezählt sind.[19] Mit der Beschwerde in Zivilsachen anfechtbar sind nach Art. 91 aber auch Teilentscheide, was für die internationale Schiedsgerichtsbarkeit schon bisher anerkannt war.[20] Fragen wird sich hier, ob neu in analoger Anwendung von Art. 92 Abs. 2 eine spätere Anfechtung ausgeschlossen ist. Die Beschwerde in Zivilsachen ist gem. Art. 190 Abs. 3 IPRG auch zulässig gegen Vor- und Zwischenentscheide, mit denen allerdings nur gerügt werden kann, das Schiedsgericht sei vorschriftswidrig ernannt bzw. zusammengesetzt worden[21] oder es habe seine Zuständigkeit zu Unrecht bejaht oder verneint.[22] Werden derartige Entscheide über die Zuständigkeit oder den Ausstand selbstständig eröffnet, so ergibt sich die Zulässigkeit der Beschwerde nun aus Art. 92.[23] In dieser Bestimmung wird auch klargestellt, dass solcherart selbstständig eröffnete Entscheide später nicht mehr angefochten werden können. Aber auch wenn Vor- oder Zwischenentscheide weder die Zuständigkeit noch ein Ausstandsbegehren zum Gegenstand haben, müssen sie bei Gefahr der Verwirkung der entsprechenden Rügen nach der Praxis sofort angefochten werden, was sich aus dem Grundsatz von Treu und Glauben ergibt.[24] Für Ausstands- bzw. Ablehnungsbegehren ist freilich Art. 180 Abs. 3 IPRG zu beachten. Danach entscheidet der Richter am Sitz des Schiedsgerichts – nicht das Bundesgericht – endgültig über die Ablehnung. Dies bedeutet, dass kantonale Entscheide über die Befangenheit eines Schiedsrichters nicht direkt beim Bundesgericht angefochten werden können.[25] Dies gilt erst recht, wenn die Parteien von der ebenfalls in Art. 180 Abs. 3 IPRG eröffneten Möglichkeit Gebrauch gemacht haben, das Ablehnungsverfahren selbst zu regeln. In diesem Fall ist immerhin die Rüge gem. Art. 190 Abs. 2 lit. a IPRG noch im Anschluss an den Endentscheid des Schiedsgerichts zulässig, während der Entscheid des zuständigen kantonalen Richters verbindlich bleibt.[26]

2. Art. 191 IPRG

5   Art. 191 IPRG bestimmt das Bundesgericht als einzige Beschwerdeinstanz und verweist für das Verfahren – neu gem. Ziff. 8 der Schlussbestimmungen BGG – auf Art. 77. Die gegenseitigen Verweise – in Art. 77 Abs. 1 auf die Art. 190–192 IPRG einerseits, in

---

[17] Vgl. dazu ZK IPRG^2-Heini, Art. 190 N 2; BSK IPRG-Berti/Schnyder, Art. 190 N 7/12; Dutoit, LDIP^4, Art. 190 n 1.

[18] Art. 100 Abs. 1, 44 ff.

[19] BGE 130 III 76 E. 3.1 78; vgl. unten Rz 9 ff.

[20] BGE 130 III 755.

[21] Art. 190 Abs. 2 lit. a IPRG; dazu unten Rz 9.

[22] Art. 190 Abs. 2 lit. b IPRG; dazu unten Rz 10.

[23] Vgl. BGE 130 III 76 E. 3.2 79 ff. für die bisherige Praxis.

[24] BGE 130 III 66 E. 4.3 75; vgl. auch Art. 38 Abs. 1, wonach eine Frist von 5 Tagen seit Kenntnis zur Geltendmachung eines Ausstandsgrundes gilt, was als Konkretisierung des Grundsatzes gelten kann: F. M. R. Walther, Auslegung, 364 FN 27.

[25] BGE 122 I 370.

[26] BGE 128 III 330 E. 2 332.

Art. 191 IPRG auf Art. 77 anderseits – belegen hinreichend deutlich die **Eigenständigkeit des Beschwerdeverfahrens** in der internationalen Schiedsgerichtsbarkeit. Die Beschwerde in Zivilsachen und damit die Verfahrensregeln des BGG finden nur beschränkt Anwendung. Denn nach Art. 77 Abs. 2 gelten einige für die Beschwerde in Zivilsachen massgebende Normen nicht.[27] Sodann ergeben sich Besonderheiten nicht nur aus den ausdrücklich erwähnten Vorschriften von Art. 190–192 IPRG, sondern auch aus anderen Bestimmungen des 12. Kapitels des IPRG, die mit dem Erlass des BGG nicht abgeändert worden sind.[28] Bisher konnten die Parteien statt des Bundesgerichts sodann das kantonale Gericht am Sitz des Schiedsgerichts einsetzen.[29] Die Kantone hatten eine einzige Instanz zu bezeichnen, wobei umstritten war, ob gegen den endgültigen Entscheid des von den Parteien prorogierten kantonalen Gerichts die staatsrechtliche Beschwerde wegen Verletzung verfassungsmässiger Rechte zulässig sei.[30] Auch wenn die Botschaft ZPO noch davon ausgeht, dass Art. 191 Abs. 2 IPRG weiterhin gilt,[31] ist die Darstellung von Art. 8 der Schlussbestimmungen BGG wohl so zu interpretieren, dass der gesamte Art. 191 IPRG geändert und damit die Möglichkeit der Prorogation kantonaler Gerichte statt des Bundesgerichts abgeschafft wurde, womit die Frage der Zulässigkeit der subsidiären Verfassungsbeschwerde nach Art. 113 ff. für diesen Fall entfällt. Immerhin könnte sich die Frage stellen, ob die subsidiäre Verfassungsbeschwerde zulässig sei, wenn die Mitwirkung staatlicher Gerichte i.S.v. Art. 183 Abs. 2, Art. 184 Abs. 2 oder Art. 185 IPRG erforderlich ist. Praktisch dürfte auch neurechtlich die Zulässigkeit der Beschwerde gegen entsprechende Zwischenentscheide regelmässig schon am Erfordernis des nicht wieder gut zu machenden Nachteils gem. Art. 93 scheitern.[32]

3. Art. 192 IPRG

Art. 192 IPRG ermöglicht Parteien ohne Inlandbezug, die Beschwerde an die schweizerische staatliche Gerichtsbarkeit überhaupt ganz oder teilweise auszuschliessen. Erforderlich ist dafür, dass keine der Parteien ihren Wohnsitz, Sitz oder gewöhnlichen Aufenthalt in der Schweiz hat. Dies bedeutet in Verfahren mit mehreren Parteien – wie etwa internationalen Sportverbänden – dass ein **Rechtsmittelverzicht** nicht zulässig ist, wenn auch nur eine Partei ihren Sitz oder Wohnsitz in der Schweiz hat.[33] Umstritten ist, ob in Analogie zu Art. 176 IPRG für die Bestimmung des Wohnsitzes oder Sitzes der Parteien der Zeitpunkt der Schiedsvereinbarung bzw. der Zeitpunkt der (allenfalls späteren) Verzichtserklärung massgebend ist oder der Zeitpunkt der Urteilseröffnung.[34] Der Verzicht auf Rechtsmittel an staatliche Gerichte muss in jedem Fall schriftlich und ausdrücklich erfolgen. Dabei ist nach der neueren Praxis nicht erforderlich, dass die Art. 190–192 IPRG ausdrücklich erwähnt werden. Es genügt, ist aber in jedem Fall erforderlich, dass aus der schriftlichen Erklärung der Parteien unzweideutig der Wille hervorgeht, auf jedes Rechtsmittel an ein staatliches Gericht zu verzichten. Dabei ist mit den herkömmlichen Auslegungsmitteln festzustellen, ob die Parteien dies tatsächlich wollten. Bei einem teil-

6

---

[27] Vgl. unten Rz 7, vgl. auch oben FN 11.
[28] Vgl. z.B. oben Rz 4 in fine betr. Art. 180 Abs. 3 IPRG.
[29] Art. 191 Abs. 2 aIPRG. Diese Vereinbarung setzte die Anwendbarkeit des 12. Kapitels des IPRG voraus und war daher klar von der Vereinbarung nach Art. 176 Abs. 2 IPRG zu unterscheiden.
[30] BGE 116 II 721 E. 5d 728.
[31] BBl 2006 7404 zu Art. 388 E-ZPO.
[32] Vgl. für das alte Recht WALTER, ASA Bull. 2001, 14 Rz 6.2.
[33] Vgl. für den umgekehrten Fall, wo mangels Sitzes oder Wohnsitzes einer Partei im Ausland trotz Beteiligung internationaler Sportverbände das KSG zwingend anwendbar war: 4P.148/2006 vom 10.1.2007.
[34] ZK IPRG²-SIEHR, Art. 192 N 16; BSK IPRG-PATOCCHI/JERMINI, Art. 192 N 12; DUTOIT, LDIP⁴, Art. 192 n 2.

weisen Verzicht ist immerhin kaum vorstellbar, dass ohne ausdrückliche Benennung der betreffenden Rügen ein Verzicht ausgesprochen werden könnte.[35] Der gültige Rechtsmittelverzicht hat gem. Art. 192 Abs. 2 IPRG zur Folge, dass die Vollstreckung des Schiedsgerichtsurteils auch in der Schweiz nur nach den Voraussetzungen des New Yorker Übereinkommens über die Anerkennung und Vollstreckung ausländischer Schiedssprüche vom 10.6.1958[36] erfolgen kann.[37]

III. Unanwendbare Normen (Abs. 2)

7 Absatz 2 nennt einige Verfahrensregeln des BGG, die für die Beschwerde gegen Entscheide nichtstaatlicher Gerichte unangemessen sind. So ist in der Tat nicht einzusehen, weshalb unzuständige Behörden der Kantone oder des Bundes zur Überweisung von an sie gerichteten Eingaben an das Bundesgericht verpflichtet werden sollten.[38] Die zulässigen Beschwerdegründe sind sodann in Art. 190 Abs. 2 IPRG abschliessend aufgezählt, was die in den Art. 95–98 aufgeführten allgemein zulässigen Rügen ausschliesst. Die kassatorische Natur der Beschwerde gegen internationale Schiedsgerichtsurteile ist einzig angemessen.[39] Dass an der bisher geltenden kassatorischen Wirkung festgehalten werden soll, wird klargestellt, indem Normen als unanwendbar erklärt werden, die reformatorische Entscheide voraussetzen, nämlich Art. 107 Abs. 2, soweit er dem Bundesgericht erlaubt, in der Sache selbst zu entscheiden, und Art. 93 Abs. 1 lit. b, der die Anfechtung eines Vor- oder Zwischenentscheides unter der Voraussetzung ermöglicht, dass sofort in der Sache entschieden werden kann. Die aufschiebende Wirkung, die der Beschwerde in Zivilsachen ausnahmsweise von Gesetzes wegen zukommt, wenn sie sich gegen Gestaltungsurteile richtet, ist für Beschwerden gegen internationale Schiedsentscheide als unnötig erachtet worden. Dabei dürfte insb. die Inkohärenz berücksichtigt worden sein, die sich gegenüber der Regelung nach dem Schiedsgerichtskonkordat ergibt, wo die Beschwerde an das kantonale Gericht gem. Art. 38 KSG keine aufschiebende Wirkung entfaltet.[40] Wer mit seiner Beschwerde gegen einen Schiedsentscheid aufschiebende Wirkung erreichen will, muss sie somit auch dann beantragen, wenn mit dem Urteil etwa ein Vertrag oder ein Konkurrenzverbot aufgehoben worden ist.[41] Wird keine aufschiebende Wirkung verlangt, hat dies u.U. zur Folge, dass das Interesse an der Beschwerde während der Hängigkeit des Beschwerdeverfahrens entfallen kann.[42] Schliesslich entspricht den eng begrenzten zulässigen Rügen gem. Art. 190 Abs. 2 IPRG, dass das Bundesgericht wie bis anhin die Sachverhaltsfeststellungen des Schiedsgerichts nicht – auch nicht im engen Rahmen von Art. 105 Abs. 2 – überprüft, und dass das Recht nicht von Amts wegen angewendet wird, wie es die allgemeine Bestimmung von Art. 106 Abs. 1 vorschreibt. Dass die bisherige strenge Rügeobliegenheit weiterhin gilt, wird denn auch in Art. 77 Abs. 2 nochmals betont. Wieweit die Verweise

---

[35] BGE 131 III 173 E. 4.2.3.1 178 f.

[36] SR 0.277.12.

[37] Dies wirft für die Vollstreckung insb. bei teilweisem Verzicht Fragen auf, vgl. dazu ZK IPRG[2]-SIEHR, Art. 192 N 25; BSK IPRG-PATOCCHI/JERMINI, Art. 192 N 35; DUTOIT, LDIP[4], Art. 192 n 6.

[38] Art. 48 Abs. 3.

[39] POUDRET, JdT 2002, 17; vgl. für die Ausnahme bei der Frage der Zuständigkeit etwa BGE 128 III 50 E. 1b 53 mit Verweisen.

[40] POUDRET, JdT 2002, 12 f.

[41] Der Beschwerde kann zwar nach Art. 103 Abs. 3 auch von Amts wegen aufschiebende Wirkung erteilt werden. Dies dürfte jedoch mangels Kenntnis der tatsächlichen Voraussetzungen praktisch kaum geschehen.

[42] Z.B. bei einer mangels aufschiebender Wirkung sofort anwendbaren befristeten Sperre eines Sportlers, vgl. etwa BGE 127 III 429.

auf nicht anwendbare Normen des BGG in Art. 77 Abs. 2 abschliessend zu verstehen sind, wird sich weisen müssen. Der Gesetzgeber hat insb. Art. 112 nicht erwähnt, der in Abs. 1 eine schriftliche Eröffnung und Begründung der Entscheide vorschreibt, welche der Beschwerde an das Bundesgericht unterliegen, wobei immerhin nach Abs. 2 dem kantonalen Recht vorbehalten bleibt, eine Eröffnung ohne Begründung zuzulassen.[43]

IV. Rügepflicht (Abs. 3)

1. Allgemeine Anforderungen

Die **strenge Rügepflicht** ergab sich bisher aus den Anforderungen von Art. 90 Abs. 1 lit. b OG für die staatsrechtliche Beschwerde. Danach genügte nicht, die Verletzung bestimmter Normen zu rügen, sondern es war in Auseinandersetzung mit dem angefochtenen Entscheid konkret aufzuzeigen, inwiefern die angerufenen verfassungsmässigen Rechte oder staatsvertraglichen Normen nach Ansicht der Beschwerdeführer verletzt worden sein sollten.[44] Diese strenge Rügeobliegenheit galt ohne weiteres auch für die Beschwerde gegen internationale Schiedsgerichtsentscheide, die nur aus den in Art. 190 Abs. 2 IPRG aufgeführten Gründen angefochten werden können.[45] Mit Art. 77 Abs. 3 wird nun klar gestellt, dass die bisherige Rechtsprechung weiterhin gilt. Das Bundesgericht wendet das Recht nicht von Amts wegen an, sondern es obliegt den Beschwerdeführern aufzuzeigen, inwiefern das Schiedsgericht einen der in Art. 190 Abs. 2 IPRG aufgeführten Beschwerdegründe gesetzt hat. Zulässig sind ausschliesslich die in lit. a–e dieser Bestimmung genannten Rügen, bzw. die Rügen gem. lit. a und b, soweit sich die Beschwerde gegen einen Vor- oder Zwischenentscheid richtet.[46] Die Rügen sollen die grundlegenden Anforderungen gewährleisten, denen ein Gericht und ein gerichtliches Verfahren nach schweizerischer Auffassung genügen müssen, damit der Entscheid als vollstreckbares Urteil anerkannt werden kann. Die bisherige Praxis dazu dürfte auch unter neuem Recht im Wesentlichen weitergelten.[47]

2. Art. 190 Abs. 2 lit. a IPRG

Nach Art. 190 Abs. 2 lit. a IPRG kann das Schiedsgerichtsurteil zunächst mit der Begründung angefochten werden, der Einzelschiedsrichter sei vorschriftswidrig ernannt oder das Schiedsgericht sei vorschriftswidrig zusammengesetzt worden. Die **Ernennung der Schiedsrichter** erfolgt gem. Art. 179 IPRG primär nach der Vereinbarung der Parteien, subsidiär unter Mitwirkung des zuständigen kantonalen Gerichts. Der Entscheid, mit dem ein staatlicher Richter die Ernennung des Schiedsrichters ablehnte, ist als Endentscheid qualifiziert worden, der mit staatsrechtlicher Beschwerde wegen Verletzung verfassungsmässiger Rechte angefochten werden konnte.[48] Entscheide, mit denen ein Schiedsrichter ernannt wird, sind dagegen Zwischenentscheide.[49] Art. 190 Abs. 2 lit. a IPRG ist sodann im Zusammenhang mit Art. 180 IPRG zu sehen, der die Ablehnungsgründe gegen einen Schiedsrichter aufführt. Wird die Beschwerde nach dieser Bestimmung mit der Begründung erhoben, bestimmte Schiedsrichter seien nicht unabhängig oder nicht unbefangen, so ist dieser Mangel zunächst gegenüber dem Schiedsgericht und

---

[43] Vgl. zur begründeten Eröffnung POUDRET, JdT 2002, 13 f. Würde man dieser Lehrmeinung folgen, wäre Art. 112 Abs. 2 wohl sinngemäss anwendbar.
[44] Vgl. statt vieler BGE 131 I 377 E. 4.3 385.
[45] BGE 128 III 50 E. 1c 53.
[46] BGE 130 III 76 E. 4.6 86.
[47] Vgl. Urteil 4A_17/2007 vom 8.6.2007 E. 3.2, 4A_18/2007 vom 6.6.2007 E. 5.
[48] BGE 118 Ia 20.
[49] BGE 115 II 294 E. 2d 295.

dann mit Beschwerde an die durch Parteivereinbarung bestimmte, eventuell an die kantonal zuständige Instanz zu rügen – eine unmittelbare Beschwerde an das Bundesgericht ist ausgeschlossen.[50] Wird die Ernennung eines Schiedsgerichts dagegen aus einem anderen Grund als vorschriftswidrig beanstandet, z.B. weil die Ernennung durch eine andere als die in der Schiedsvereinbarung vorgesehene Stelle erfolgt, so ist die Beschwerde an das Bundesgericht zulässig.[51] Die Rüge, die Besetzung des Schiedsgerichts sei vorschriftswidrig erfolgt oder sei im Laufe des Verfahrens wegen einer Veränderung vorschriftswidrig geworden, muss sofort erhoben werden. Denn nach einem allgemeinen Grundsatz müssen gerichtsorganisatorische Fragen unmittelbar im Anschluss an einen entsprechenden Vor- oder Zwischenentscheid des Schiedsgerichts gerügt werden; später sind entsprechende Rügen verwirkt.[52] Die Obliegenheit, später auftretende Mängel sofort zu rügen, gilt gegenüber dem Schiedsgericht uneingeschränkt. Das Bundesgericht tritt aber auf entsprechende Rügen im Anschluss an den Endentscheid jedenfalls dann noch ein, wenn sich die beanstandeten Unregelmässigkeiten gegen Ende des Schiedsverfahrens zugetragen haben.[53]

3. Art. 190 Abs. 2 lit. b IPRG

10   Nach Art. 190 Abs. 2 lit. b IPRG kann das Schiedsgerichtsurteil mit der Begründung angefochten werden, das Schiedsgericht habe seine Zuständigkeit zu Unrecht bejaht oder verneint. Nach Art. 186 Abs. 1 IPRG entscheidet das Schiedsgericht selbst über seine Zuständigkeit und zwar gem. Abs. 3 in der Regel in einem selbständigen Vorentscheid. Die Einrede der Unzuständigkeit muss nach Abs. 2 vor der Einlassung auf die Sache erhoben werden. Gemäss Art. 92 ist die Beschwerde gegen den selbstständig eröffneten Vorentscheid über die Zuständigkeit bei Verwirkungsfolge innert der 30tägigen Beschwerdefrist nach Art. 100 sofort zu erheben. Nach der bisherigen Praxis zur staatsrechtlichen Beschwerde prüft das Bundesgericht im Rahmen der Beurteilung der Zuständigkeit die Rechtsfragen mit Einschluss der Vorfragen frei.[54] Die Sachverhaltsfeststellungen des Schiedsgerichts prüft es dagegen nur, soweit eine der Rügen nach Art. 190 Abs. 2 IPRG gegen diese Feststellungen erhoben werden kann oder ausnahmsweise Noven im Beschwerdeverfahren zulässig sind.[55] Die in Art. 77 Abs. 2 erwähnten Ausnahmen[56] deuten darauf hin, dass daran nach geltendem Recht nichts geändert werden soll. Für die Zuständigkeit des Schiedsgerichts ist eine gültige Schiedsvereinbarung erforderlich.[57] Das Schiedsgericht hat u.a. auch den Einwand zu prüfen, die Schiedsvereinbarung sei später widerrufen worden.[58] Die formellen Erfordernisse für die Gültigkeit der Schiedsvereinbarung regelt Art. 178 IPRG; die Auslegung der Schiedsvereinbarung folgt den für die Interpretation privater Willenserklärungen allgemein geltenden Grundsätzen.[59] Durch Auslegung ist insb. auch die subjektive Tragweite der Schiedsvereinbarung

---

[50] BGE 122 I 370.
[51] Vgl. H.P. WALTER, ASA Bull. 2001, 15 f.; vgl. auch ZK IPRG²-VISCHER, Art. 179 N 27 f. Es gelten dieselben Anforderungen wie für staatliche Gerichte: BGE 129 III 445 betr. das Tribunal Arbitral du Sport, insb. E. 3.3.3 454.
[52] BGE 130 III 66 E. 4 74 ff.
[53] BGE 128 III 234 E. 3 236.
[54] BGE 128 III 50 E. 2 54 betr. die Gültigkeit einer Zession, die über die subjektive Tragweite der Schiedsklausel entscheidet. BGE 129 III 727 E. 5.2 und 5.3 betr. die Gültigkeit einer Schiedsvereinbarung für eine Drittpartei.
[55] BGE 119 II 380 E. 3c 383, 128 III 50 E. 2a 54.
[56] Art. 105 Abs. 2 und Art. 106 Abs. 1.
[57] BGE 130 III 125 E. 2.1.2 129.
[58] BGE 121 III 495.
[59] BGE 130 III 66 E. 3.2 71.

festzustellen.[60] Im Rahmen der Zuständigkeitsbeschwerde konnte bisher auch vorgetragen werden, es sei in der gleichen Sache bereits ein Verfahren vor einem schweizerischen oder einem ausländischen staatlichen Gericht hängig. Das Schiedsgericht war nach der bisherigen Praxis verpflichtet, das Verfahren gem. Art. 9 IPRG auszustellen, bis das staatliche Gericht über seine Zuständigkeit entschieden hatte.[61] Mit einer Gesetzesänderung vom 6.10.2006 hat das Parlament Art. 186bis IPRG erlassen, wonach das Schiedsgericht über seine Zuständigkeit ungeachtet einer bereits hängigen Klage vor einem staatlichen Gericht entscheidet, sofern keine beachtenswerten Gründe ein Aussetzen des Verfahrens erfordern.[62]

4. Art. 190 Abs. 2 lit. c IPRG

Nach Art. 190 Abs. 2 lit. c IPRG kann das Schiedsgerichtsurteil mit der Begründung angefochten werden, das Gericht habe über Streitpunkte entschieden, die ihm nicht unterbreitet wurden oder es habe Rechtsbegehren unbeurteilt gelassen. Im Gegensatz zu Art. 36 lit. c Schiedsgerichtskonkordat wird in dieser Bestimmung trotz wörtlicher Übereinstimmung in der deutschen und italienischen Fassung der Fall der Unzuständigkeit nicht geregelt. Entsprechend dem französischen Text wird damit vielmehr sowohl der Fall normiert, dass Rechtsbegehren überhaupt unbeurteilt bleiben wie das Verbot, den Parteien mehr oder anderes zuzusprechen als sie verlangen.[63] Im Rahmen der Rechtsbegehren der Parteien wendet das Schiedsgericht das Recht von Amts wegen an, soweit jedenfalls die Ansprüche von den Parteien nicht abschliessend rechtlich qualifiziert oder die Zuständigkeit des Schiedsgerichts auf die Beurteilung bestimmter rechtlicher Fragen eingeschränkt worden ist.[64] Während das Bundesgericht in einem unveröffentlichten Urteil die Verletzung des Grundsatzes «**ne eat judex ultra petita partium**» bejaht hatte, als das Schiedsgericht eine negative Feststellungsklage nicht nur abgewiesen, sondern dem Beklagten gleich noch die umstrittene Forderung zugesprochen hatte, verneinte es die Verletzung des Grundsatzes, als sich das Schiedsgericht nicht auf die Abweisung der negativen Feststellungsklage beschränkte, sondern festgestellt hatte, dass der eingeklagte Anspruch nicht bestehe.[65]

11

5. Art. 190 Abs. 2 lit. d IPRG

Nach Art. 190 Abs. 2 lit. d IPRG kann das Schiedsgerichtsurteil mit der Begründung angefochten werden, es sei der Grundsatz der **Gleichbehandlung der Parteien** oder deren **Anspruch auf rechtliches Gehör** verletzt worden. Es handelt sich bei dieser Rüge um den praktisch wichtigsten Beschwerdegrund. Die Bestimmung gewährleistet die Minimalgarantien i.S.v. Art. 182 Abs. 3 IPRG, während die Verletzung der von den Parteien selbst bestimmten Verfahrensnormen nicht gerügt werden kann.[66] Dem Grundsatz der Gleichbehandlung der Parteien kommt neben den spezifischen Garantien der Gewährleistung des rechtlichen Gehörs kaum eigenständige Bedeutung zu, zumal der Anspruch auf gleiche Behandlung (nur) unter der Voraussetzung gleicher Umstände gilt und das spezifische Prinzip des kontradiktorischen Verfahrens den Anspruch garantiert, besonders zu den Vorbringen der Gegenpartei Stellung nehmen zu können.[67] Der Anspruch auf recht-

12

---

[60] BGE 129 III 727 E. 5.3 734, 128 III 50 E. 3a 62.

[61] BGE 127 III 279.

[62] AS 2007 387, vgl. dazu B. BERGER, ZBJV 2007, 151.

[63] BGE 116 II 639 E. 3 642, 128 III 234 E. 4a 242.

[64] H.P. WALTER, ASA Bull. 2001, 17; CORBOZ, SJ 2002, 21.

[65] BGE 120 II 172 E. 3a 175 mit Verweis auf den unpublizierten Entscheid 4P.273/1991 vom 30.4.1992.

[66] BGE 130 III 35 E. 5 37, H.P. WALTER, ASA Bull. 2001, 17.

[67] BGE 130 III 35 E. 5 38, CORBOZ, SJ 2002, 21 f.; vgl. auch ZK IPRG[2]-VISCHER, Art. 182 N 25 f.

liches Gehör entspricht dem in Art. 29 Abs. 2 BV gewährleisteten Grundrecht.[68] Da es um formelle Ansprüche geht, sind entsprechende Mängel auch hier bei Gefahr der Verwirkung gegenüber dem Schiedsgericht sofort zu rügen.[69] Aus dem Anspruch auf rechtliches Gehör ergibt sich nach konstanter Praxis der Anspruch der Parteien, sich vor Erlass eines sie allenfalls belastenden Entscheides zu äussern, erhebliche Beweise beizubringen, Einsicht in die Akten zu nehmen und an der Erhebung wesentlicher Beweise mitzuwirken oder sich mindestens zum Beweisergebnis zu äussern, wenn dieses geeignet ist, den Entscheid zu beeinflussen.[70] Dem Mitwirkungsrecht der Parteien entspricht die Pflicht der entscheidenden Instanz, die Argumente und Verfahrensanträge der Parteien entgegenzunehmen und zu prüfen sowie die ihr rechtzeitig und formrichtig angebotenen Beweismittel abzunehmen, soweit diese nicht unerhebliche Tatsachen betreffen oder offensichtlich untauglich sind, über die streitige Tatsache Beweis zu erbringen. Die Verweigerung des rechtlichen Gehörs wurde bejaht, als der Schiedsrichter nach seinen eigenen Angaben eine übereinstimmende Tatsachenbehauptung der Parteien übersehen hatte.[71] Der Anspruch auf rechtliches Gehör umfasst dagegen nicht den Anspruch auf einen sachlich richtigen Entscheid, weshalb nicht jedes erhebliche offensichtliche Versehen schon eine **formelle Rechtsverweigerung** darstellt. Als entscheidend ist vielmehr bezeichnet worden, dass das Recht einer Partei im Verfahren derart missachtet wurde, dass ihre Vorbringen zu einer entscheidwesentlichen Frage praktisch überhaupt nicht gehört wurden.[72] Das Anhörungsrecht bezieht sich grundsätzlich auf Tatsachenvorbringen, nach schweizerischem Verständnis jedoch regelmässig nicht auf die rechtliche Würdigung, die jedes Gericht von Amts wegen vorzunehmen hat. Entsprechend sind die Parteien nur ausnahmsweise zur Anwendung und Auslegung der vom Schiedsgericht in Aussicht genommenen Rechtsnormen ausdrücklich anzuhören.[73] Der verfassungsrechtliche Anspruch auf rechtliches Gehör umfasst das Recht auf Begründung eines Entscheids.[74] Die Parteien und die Rechtsmittelinstanz müssen sich danach ein Bild über die Tragweite des Entscheids machen können, ohne dass jedoch eine ausdrückliche Auseinandersetzung mit jeder tatbeständlichen Behauptung und jedem rechtlichen Einwand erforderlich wäre.[75] Da Art. 190 Abs. 2 IPRG den Beschwerdegrund der fehlenden Begründung im Unterschied zum Schiedsgerichtskonkordat[76] nicht nennt, hat das Bundesgericht allerdings erkannt, die Verletzung des Anspruchs auf Begründung sei von der Gewährleistung des rechtlichen Gehörs i.S.v. Art. 190 Abs. 2 lit. d IPRG nicht umfasst.[77] In der Literatur wird ein genereller Ausschluss der Begründung teilweise kritisiert. Es wird zwar zugestanden, dass die Parteien nach Art. 189 Abs. 1 IPRG auf eine Begründung verzichten können, aber es wird darauf hingewiesen, dass mangels Verzicht bei fehlender Begründung u.U. auch zulässige Rügen nicht hinreichend begründet werden können.[78] Nachdem Art. 112 Abs. 1 lit. b trotz eines Hinweises in der Lehre[79] nicht in

---

[68] BGE 117 II 346 E. 1a 347, 130 III 35 E. 5 38.

[69] BGE 119 II 386 E. 1a 388.

[70] BGE 124 I 241 E. 2 242, 129 II 497 E. 2.2 504.

[71] BGE 121 III 331 E. 3b 334.

[72] BGE 127 III 576 E. 2d und e, 579 f.

[73] BGE 130 III 35 E. 5, 6 38 ff., wo keine der Parteien mit der Anwendung einer Vertragsbestimmung auf den Streitfall gerechnet hatte.

[74] BGE 129 I 232 E. 3.2 236.

[75] BGE 126 I 97 E. 2b 102.

[76] Art. 36 lit. h i.V.m. Art. 33 Abs. 1 lit. e KSG.

[77] BGE 116 II 373 seither bestätigt: BGE 128 III 234 E. 4b 243, 130 III 125 E. 2.2 130.

[78] ZK IPRG²-Heini, Art. 190 N 32 f.; BSK IPRG-Berti/Schnyder, Art. 190 N 65; vgl. dagegen auch Dutoit, LDIP⁴, Art. 190 n 7.

[79] Poudret, JdT 2002, 13.

Art. 77 Abs. 2 erwähnt ist, wird wohl zu beurteilen sein, ob Art. 112 Abs. 2 sinngemäss anwendbar oder die Praxis zu Art. 190 Abs. 2 lit. d IPRG für die Begründung der Schiedsurteile zu überdenken sei.

6. Art. 190 Abs. 2 lit. e IPRG

Nach Art. 190 Abs. 2 lit. e IPRG kann das Schiedsgerichtsurteil mit der Begründung an- **13**
gefochten werden, es sei mit dem **ordre public** unvereinbar. Die Unvereinbarkeit mit
dem ordre public kann sich sowohl auf formelle wie auf materielle Fragen beziehen.[80]
Der formelle ordre public ist verletzt, wenn allgemein anerkannte verfahrensrechtliche
Grundsätze in der Weise missachtet worden sind, dass das Ergebnis mit rechtsstaatlichen
Prinzipien schlicht als unvereinbar erscheint.[81] Die Verletzung einer Verfahrensregel als
solche genügt nicht, sondern es bedarf der Verletzung einer grundlegenden Verfahrens-
vorschrift, welche die Fairness im Verfahren schlechthin garantiert,[82] ohne dass diese von
den besonderen Beschwerdegründen der Art. 190 Abs. 2 lit. a–d IPRG erfasst würden.
Solche formellen Mängel sind etwa die Nichtbeachtung fehlender Schiedsfähigkeit der
Streitsache,[83] die fehlende Unabhängigkeit und Unparteilichkeit eines Experten,[84] die
Nichtberücksichtigung der Rechtskraft.[85] Materiell verletzt ein Schiedsgerichtsurteil den
ordre public i.S.v. Art. 190 Abs. 2 lit. e IPRG, wenn er mit den allgemein anerkannten
Rechtsprinzipien und Wertungen schlechterdings nicht in Einklang zu bringen ist.[86] Darunter fallen insb. der Grundsatz der Vertragstreue «*pacta sunt servanda*», der Grundsatz
von Treu und Glauben und das Verbot des Rechtsmissbrauchs, das Verbot entschädi-
gungsloser Enteignung und diskriminierender Massnahmen sowie der Schutz Urteilsun-
fähiger.[87] Diese Grundsätze sind vom Verbot der Willkür klar zu unterscheiden, denn ein
willkürlicher oder aktenwidriger Entscheid wird auf Beschwerde gegen internationale
Schiedsurteile nicht aufgehoben.[88] Insbesondere fällt eine willkürliche Würdigung der
Beweise[89] ebenso wie die schlechterdings unvertretbare Auslegung einer Vertragsklau-
sel[90] ausser Betracht. Der Entscheid muss sodann nicht nur in der Begründung, sondern
i.E. dem *ordre public* widersprechen.[91]

---

[80] BGE 129 III 445 E. 4.2.1 464.
[81] BGE 128 III 191 E. 4a 194.
[82] BGE 129 III 445 E. 4.2 464.
[83] BGE 118 II 353 E. 3c 356 f.
[84] BGE 126 III 249 E. 3c 253.
[85] BGE 128 III 191 E. 4a 194 m.N.
[86] Vgl. zum massgebenden Bezugspunkt dieser Wertungen BGE 132 III 389 E. 2 391.
[87] BGE 128 III 191 E. 6b 198, 116 II 634 E. 4 636.
[88] Vgl. zum Unterschied zum KSG: BGE 131 I 45 E. 3.7 50.
[89] BGE 121 III 331 E. 3a 333.
[90] BGE 117 II 604 E. 4 607.
[91] BGE 120 II 155 E. 6a 167, 116 II 634 E. 4 637.

2. Abschnitt: Beschwerde in Strafsachen

Art. 78

Grundsatz

[1] Das Bundesgericht beurteilt Beschwerden gegen Entscheide in Strafsachen.

[2] Der Beschwerde in Strafsachen unterliegen auch Entscheide über:
a. Zivilansprüche, wenn diese zusammen mit der Strafsache zu behandeln sind;
b. den Vollzug von Strafen und Massnahmen.

Principe

[1] Le Tribunal fédéral connaît des recours contre les décisions rendues en matière pénale.

[2] Sont également sujettes au recours en matière pénale:
a. les décisions sur les prétentions civiles qui doivent être jugées en même temps que la cause pénale;
b. les décisions sur l'exécution de peines et de mesures.

Principio

[1] Il Tribunale federale giudica i ricorsi contro le decisioni pronunciate in materia penale.

[2] Al ricorso in materia penale soggiacciono anche le decisioni concernenti:
a. le pretese civili trattate unitamente alla causa penale;
b. l'esecuzione di pene e misure.

Inhaltsübersicht

Materialien

Bericht BJ an RK-N 2004.[1]

---

[1] Publiziert: www.bj.admin.ch (Themen/Staat & Bürger/Gesetzgebung/Abgeschlossene Projekte/ Totalrevision der Bundesrechtspflege), siehe Anhang.

Literatur

H. AEMISEGGER, Der Beschwerdegang in öffentlich-rechtlichen Angelegenheiten, in: B. Ehren-zeller/R.J. Schweizer (Hrsg.), Die Reorganisation der Bundesrechtspflege, St. Gallen 2006, (zit. Ehrenzeller/Schweizer-Aemisegger); CH. AUER, Auswirkungen der Bundesrechtspflege auf die Kantone, ZBl 107/2006 Nr. 3 (zit. Auer, ZBl 2006); F. BÄNZIGER, Der Beschwerdegang in Strafsachen, in: B. Ehrenzeller/R.J. Schweizer (Hrsg.), Die Reorganisation der Bundesrechtspflege, St. Gallen 2006 (zit. Ehrenzeller/Schweizer-Bänziger); F. BOMMER, Offensive Verletztenrechte im Strafprozess, Bern 2006 (zit. Bommer, Verletztenrechte); DERS., Ausgewählte Fragen der Straf-rechtspflege nach Bundesgerichtsgesetz, in: P. Tschannen (Hrsg.), Neue Bundesrechtspflege. Aus-wirkungen der Totalrevision auf den kantonalen und eidgenössischen Rechtsschutz. Berner Tage für die juristische Praxis BTJP 2006, Bern 2007 (zit. Tschannen-Bommer); B. CORBOZ, Le pourvoi en nullité, in: Fédération Suisse des Avocats (éd.), Les recours au Tribunal fédéral, Bern 1997 (zit. FSA-Corboz); M. FORSTER, Kettentheorie der Strafprozessualen Beweiswürdigung, ZStrR 115/ 1997 (zit. Forster, ZStrR 1997); P. GUIDON/W. WÜTHRICH, Zur Praxis bei Beschwerden gegen das Bundesstrafgericht, Plädoyer Nr. 4/2005 (zit. Guidon/Wüthrich, Plädoyer 2005); E. JAGGI, Das neue Bundesgerichtsgesetz – zivilrechtliche und strafrechtliche Aspekte, Recht 2007/249-63 (zit. Jaggi, Recht 2007); Y. JEANNERET/R. ROTH, Le recours en matière pénale, in: B. Foëx/M. Hotte-lier/N. Jeandin (Hrsg.), Les recours au Tribunal fédéral, Zürich 2007, 109 ff. (zit. Foëx/Hottelier/ Jeandin-Jeanneret/Roth); G. KOLLY, Le pourvoi en nullité à la Cour de cassation pénale du Tribunal fédéral, Berne 2004 (zit. Kolly, pourvoi en nullité); L. MOREILLON, Le recours en matière pénale, in: U. Portmann (Hrsg.), la nouvelle loi sur le Tribunal fédéral, Lausanne 2007 (zit. Portmann-Moreillon); G. NAY, Das neue Bundesgerichtsgesetz im Kontext der Justizreform, in: St. Breiten-moser/B. Ehrenzeller/M. Sassòli/W. Stoffel/B. Wagner Pfeifer (Hrsg.), Menschenrechte, Demokra-tie und Rechtsstaat – Liber amicorum Luzius Wildhaber, 1469 ff. (zit. FS Wildhaber-Nay); DERS., Recht haben und Recht bekommen vor Bundesgericht, in: M. A. Niggli et. al. (Hrsg.), Strafe, Pro-zess, Jugend und Medien (in Druck), Zürich 2007 (zit. Nay 2007); N. SCHMID, Die Strafrechtsbe-schwerde nach dem Bundesgesetz über das Bundesgericht – eine erste Auslegeordnung, ZStrR 124/2006, 160 ff. (zit. Schmid, ZStrR 2006); DERS., Auswirkungen des Bundesgerichtsgesetzes auf die Strafrechtspflege unter besonderer Berücksichtigung des Kantons Zürich, Jusletter 18. Dezem-ber 2006 (zit. Schmid, Jusletter 2006); M. SCHUBARTH, Die Einheitsbeschwerde in Strafsachen – Flop oder Ei des Kolumbus?, ZStrR 120/2002, 62 ff. (zit. Schubarth, ZStrR 2002); DERS., Nichtig-keitsbeschwerde 2001, Bern 2001 (zit. Schubarth, Nichtigkeitsbeschwerde); P. SUTTER, Rechts-schutzlücke gegen Urteile des Bundesstrafgerichts über Zivilansprüche (Adhäsionsklagen), AJP 2007 (zit. Sutter, AJP 2007); M. THOMMEN/H. WIPRÄCHTIGER, Die Beschwerde in Strafsachen, AJP 2006, 651 ff. (zit. Thommen/Wiprächtiger, AJP 2006); H. WIPRÄCHTIGER, Nichtigkeitsbe-schwerde in Strafsachen, in: Th. Geiser/P. Münch (Hrsg.), Prozessieren vor Bundesgericht, 2. Aufl., Basel 1998 (zit. Geiser/Münch[2]-Wiprächtiger).

I. Entscheide in Strafsachen (Art. 78 Abs. 1)

1. Definition der «Strafsachen»

Das Bundesgericht beurteilt Beschwerden gegen Entscheide in Strafsachen.[1a] Art. 78   **1**
definiert die zulässigen Anfechtungsobjekte der Strafrechtsbeschwerde nach inhaltlichen
Kriterien (zu den formellen vgl. Art. 90–94). Dies wirft die Frage auf, welche Entscheide
als Strafsachen i.S.v. Art. 78 Abs. 1 gelten. Ausschlaggebend ist zunächst das zugrunde
liegende Recht. Als Strafsachen gelten Entscheide, die sich auf materielles Bundeskern-
(StGB) und Nebenstrafrecht (SVG, BtMG, WG, etc.) sowie dereinst eidgenössisches
Strafprozessrecht stützen. Ebenso als Strafsachen angefochten werden können Entscheide, denen kantonales Straf- und Strafprozessrecht zugrunde liegen. Mit dem Hinweis auf
die Rechtsgrundlage ist die Strafsache aber noch nicht definiert, sondern lediglich die
weitere Frage nach dem Umfang des materiellen Bundes- oder kantonalen Strafrechts
aufgeworfen. Es geht also mit anderen Worten um eine prozessrechtliche Umschreibung

---

[1a] BGE 1B_6/2007 vom 20.2.2007, E. 1.2.

des Strafrechts: Diese Frage kann ihrerseits nach inhaltlichen Kriterien (N 2) oder in Form einer Enummerierung (N 3 ff.) beantwortet werden.

2 Als inhaltliches Kriterium wurde vorgeschlagen, bei der Begriffsumschreibung auf die von der Strassburger Rechtsprechung zu **Art. 6 EMRK entwickelte Definition der Strafsache** abzustellen.[2] Bei dieser Definition wird nicht auf die Bezeichnung, sondern auf den Inhalt des gefällten Entscheids und dessen Auswirkungen für den Betroffenen abgestellt.[3] Für diese Lösung spricht die Ratio legis. Ein erklärtes Ziel der Gesetzesrevision war die Vereinfachung des Rechtsmittelwegs. Die Einheitsbeschwerde kann ihre vereinheitlichende Funktion nur übernehmen bei Zugrundelegung eines weiten materiellen Begriffs der Strafsache. Auch wenn es sich bei der ‹strafrechtlichen Anklage› um einen autonomen Begriff des Konventionsrechts handelt, welcher mit Blick auf die Durchsetzung der Verfahrensgarantien entwickelt wurde.[4] Wie noch zu zeigen sein wird, gibt es Bereiche, die von der Beschwerde in Strafsachen ausgenommen sind, obwohl sie unter den konventionsrechtlichen Begriff der «strafrechtlichen Anklage» fallen.[5]

2. Strafurteile

3 Zur näheren Bestimmung der beschwerdefähigen Strafsachen hilft somit eine beispielhafte Aufzählung. Wie bisher als Strafsachen gelten alle eigentlichen **Strafurteile**. Unabhängig von der Bezeichnung (Urteil, Beschluss, Verfügung) sind damit alle Entscheide über den Ausgang des Strafprozesses gemeint, also Freisprüche, Schuldsprüche, Einstellungen, etc.[6]

Zur Zeit ist die Frage pendent, ob Entscheide betreffend die mit einem Strafverfahren verbundenen Parteikosten sowie die durch ein Strafverfahren ausgelösten Staatshaftungsansprüche der Beschwerde in Strafsachen oder derjenigen in öffentlich-rechtlichen Angelegenheiten unterliegen.[7]

3. Strafprozessuale Vor- und Zwischenentscheide

4 Neu unterliegen auch die **strafprozessualen Vor- und Zwischenentscheide**,[8] welche bisher mit staatsrechtlicher Beschwerde vorzubringen waren, der Beschwerde in Strafsachen. Dazu zählen insb. die Haftbeschwerden,[9] aber auch die Anfechtung anderer strafprozessualer Zwangsmassnahmen (Telefonüberwachungen,[10] Beschlagnahmen etc.[11]). Zur Verhinderung unzulässiger Vorbefassungen werden diese strafprozessualen Zwischenentscheide bundesgerichtsintern von der Ersten öffentlich-rechtlichen Abteilung behandelt, sind aber

---

[2] THOMMEN/WIPRÄCHTIGER, AJP 2006, 652.
[3] BGE 128 I 346, E. 2.1 m.w.Hinw.; TRECHSEL/SUMMERS, Human Rights in Criminal Proceedings, Oxford 2005, 14 ff.
[4] TSCHANNEN-BOMMER, 155 f.
[5] Dazu unten N 6 ff. (bei Ausnahmen).
[6] Es kann hier auf die bisherige Praxis verwiesen werden, Nachweise bei KOLLY, pourvoi en nullité, 1 ff.; GEISER/MÜNCH²-WIPRÄCHTIGER, Rz 6.11 ff.; FSA-CORBOZ, 63 ff.; FERBER, Nichtigkeitsbeschwerde, 22 f.; SCHWERI, Nichtigkeitsbeschwerde, 47 ff.; HAUSER/SCHWERI/HARTMANN, Strafprozessrecht⁶, § 105 N 5 ff.
[7] Vgl. Prozessnummer 6B_300/2007.
[8] Im Detail Kommentierung zu Art. 93 hinten; s.a. SCHMID, ZStrR 2006, 175; TSCHANNEN-BOMMER, 163 ff.
[9] So explizit der erste Entscheid des Bundesgerichts über eine Beschwerde in Strafsachen: BGE 1B_3/2007 vom 13.2.2007, E. 2; die folgenden Bundesgerichtsurteile lassen die Frage allerdings wieder offen, ob es sich bei Haftentscheiden um Zwischenentscheide handelt (Urteil 1B_12/2007 vom 26.2.2007 und Urteil 1B_8/2007 vom 28.2.2007).
[10] Vgl. Art. 10 des Bundesgesetzes betr. die Überwachung des Post- und Fernmeldeverkehrs (BÜPF; SR 780.1) vom 6.10.2000.
[11] Weitere Beispiele bei SCHMID, ZStrR 2006, 175.

gleichwohl als «Beschwerden in Strafsachen» zu verfassen.[12] Zu beachten ist, dass diese strafprozessualen Zwischenentscheide nach Art. 93 nur bei drohenden, nicht wiedergutzumachenden Nachteilen anfechtbar sind.[13] Ferner gelten sie nach der Vorstellung des Bundesrats als «vorsorgliche Massnahmen»[14] i.S.v. Art. 98 und unterliegen deshalb der Einschränkung der Beschwerdegründe (nur Verletzung verfassungsmässiger Rechte) und den erhöhten Rüge- und Substanziierungsanforderungen nach Art. 106 Abs. 2.[15]

Diese Rügeeinschränkungen haben Folgen, welche vom Gesetzgeber wohl übersehen wurden. Telefonüberwachungen und verdeckte Ermittlungen stützen sich bereits heute auf Bundesrecht,[16] das gleiche gilt künftig z.B. auch für Untersuchungshaft oder Beschlagnahmen nach der schweizerischen Strafprozessordnung.[17] Wie ist die Einschränkung der Beschwerdegründe auf verfassungsmässige Rechte in diesem Zusammenhang zu verstehen? Einer abstrakten Überprüfung dieser Bundesgesetze auf ihre Verfassungsmässigkeit steht Art. 190 BV entgegen. Sie könnten allenfalls auf ihre EMRK-Konformität überprüft werden.[18] Eine eigentliche Überprüfung der Bundesrechtskonformität der Haft- oder Überwachungsanordnung bleibt wegen der beschränkten Beschwerdegründe in Art. 98 allerdings ausgeschlossen.[19] Diese Konsequenz ist mit der Kernaufgabe des Bundesgerichts, für die einheitliche Anwendung des Bundesrechts zu sorgen, nur schwer vereinbar.

4. Verwaltungsstrafrechtliche Entscheide

Schliesslich gelten auch Entscheide im Bereich des **Verwaltungsstrafrechts** als Strafsachen. Hat das zuständige Departement des Bundes die Angelegenheit den kantonalen Gerichten zur Beurteilung überwiesen (Art. 21 Abs. 1 des Bundesgesetzes über das Verwaltungsstrafrecht, SR.313.0; VStrR) oder wurde die Beurteilung durch (kantonale) Gerichte vom Betroffenen verlangt (Art. 21 Abs. 2 VStrR), so sind die letztinstanzlichen kantonalen Entscheide in diesen Angelegenheiten mit Beschwerde in Strafsachen anfechtbar.[20] Nach Art. 83 VStrR ist zwar weiterhin die Nichtigkeitsbeschwerde an den Kassationshof vorgesehen, doch handelt es sich offensichtlich um ein Versehen in der Revision. Ebenso können Verwaltungsstrafsachen, die der Bundesrat nach Art. 21 Abs. 3 VStrR dem Bundesstrafgericht zur Beurteilung überwiesen hat, mit Beschwerde in Strafsachen an das Bundesgericht weitergezogen werden. Innerhalb des Bundesstrafgerichts ist die Strafkammer zum Entscheid zuständig (s. Art. 26 lit. b SGG i.V.m. Art. 80 Abs. 1). Die verwaltungsstrafrechtlichen Anstände, welche nach Art. 25 Abs. 1 VStrR der Beschwerdekammer des Bundesstrafgerichts zugewiesen sind, können nur an das Bundesgericht weitergezogen werden, sofern sie Zwangsmassnahmen betreffen (Art. 26 Abs. 1 VStrR; Art. 79). Die übrigen Anstände entscheidet die Beschwerdekammer letztinstanzlich (Art. 30 Abs. 5 und Art. 98 Abs. 2 VStrR).[21]

5

---

[12] Art. 29 Abs. 3 Reglement für das Bundesgericht vom 20.11.2006 (BGerR; SR 173.110.131); BGE 1B_3/2007 vom 13.2.2007, E. 2.

[13] SCHMID, ZStrR 2006, 175 f.

[14] Botschaft 2001 4337; dazu EHRENZELLER/SCHWEIZER-BÄNZIGER, 85.

[15] BGE 1B_3/2007 vom 13.2.2007, E. 3.

[16] Bundesgesetz vom 6.10.2000 betr. die Überwachung des Post- und Fernmeldeverkehrs (BÜPF, SR 780.1); Bundesgesetz vom 20.6.2003 über die verdeckte Ermittlung (BVE, SR 312.8).

[17] Vgl. Art. 219 ff. und Art. 262 ff. E-StPO, BBl 2006 1454 ff.

[18] BGE 128 IV 201 E. 1.2 ff.; 126 I 1 E. 2 f.

[19] Diesen Hinweis verdanke ich Prof. Niklaus Ruckstuhl, Basel und Prof. Felix Bommer, Luzern.

[20] Vgl. noch unter altem Recht Urteil 6P.17/2006 vom 14.12.2006, E. 1.3.2, betr. ein kantonalgerichtlich beurteiltes Verwaltungsstrafverfahren aus dem Bereich des Spielbankengesetzes; in der gleichen Sache nunmehr 6B_205/2007 (pendent).

[21] Zum Weiterzug bundesstrafgerichtlicher Entscheide im Detail unten Art. 80 N 3 ff.

5. Ausnahmen

6 Nicht als Strafsachen interpretieren lassen sich Entscheide auf Gebieten, die vom **Gesetzgeber explizit** vom strafrechtlichen Beschwerdeweg **ausgenommen** wurden. Dies gilt etwa für das Militärstrafrecht, die internationale Rechtshilfe in Strafsachen, Führerausweisentzüge zu Warnzwecken, die Steuerhinterziehung, das Disziplinarrecht[22] sowie für Verwaltungssanktionen nach dem Kartellgesetz. Infolge der eindeutigen gesetzgeberischen Entscheidung verbietet es sich in diesen Fällen eine Strafsache i.S.v. Art. 78 anzunehmen. Dass ein enger materieller Zusammenhang zum Strafrecht besteht und dass sie nach der Strassburger Rechtsprechung grösstenteils unter den konventionsrechtlichen Begriff der «strafrechtlichen Anklage» fallen, kann nicht berücksichtigt werden.

a) Militärstrafrecht

7 Die Militärjustiz ist unabhängig (Art. 1 MStP), nicht nur gegenüber militärischen Führungsorganen, sondern auch von der zivilen Gerichtsbarkeit. Entscheide in Militärstrafsachen sind letztinstanzlich beim Militärkassationsgericht anfechtbar (Art. 13 und 184 MStP). Eine Beschwerde in Strafsachen ans Bundesgericht ist deshalb nicht vorgesehen.[23]

b) Internationale Rechtshilfe in Strafsachen

8 Gegen Entscheide auf dem Gebiet der internationalen Rechtshilfe in Strafsachen ist die Beschwerde in öffentlich-rechtlichen Angelegenheiten gegeben (Art. 84). Diese Verfahren gelten als verwaltungsrechtlich, weil es um die administrative Unterstützung ausländischer Strafverfahren geht. Die Garantien von Art. 6 Ziff. 1 EMRK sind deshalb nicht anwendbar.[24] Insofern ist es auch wenig konsequent, dass die Beschwerden in internationalen Rechtshilfeangelegenheiten erstinstanzlich dem Bundesstrafgericht in Bellinzona zugewiesen sind.[25] Ursprünglich sollten diese Beschwerden erst- und letztinstanzlich vom Bundesverwaltungsgericht entschieden werden.[26]

c) Führerausweisentzug zu Warnzwecken

9 Warnungsentzüge von Führerausweisen nach Art. 16 ff. SVG fallen unter den konventionsrechtlichen Begriff der ‹strafrechtlichen Anklage›. Die Verfahrensgarantien von Art. 6 Ziff. 1 EMRK sind deshalb in jeden Fall einzuhalten.[27] Soweit diese Garantien aber eingehalten werden, ist es dem nationalen Gesetzgeber unbenommen, den Entscheid einer Verwaltungsbehörde zu übertragen. Nach expliziter Anordnung von Art. 22 Abs. 1 SVG werden die Ausweise von Verwaltungsbehörden erteilt und entzogen. Auch im Rahmen der StGB AT-Revision wurde der ursprüngliche Vorschlag, Warnungsentzüge in strafrichterliche Kompetenz zu stellen, vom Gesetzgeber verworfen.[28] Vor diesem Hintergrund erscheint es ausgeschlossen, Führerausweisentzüge der Beschwerde in Strafsachen zu unterstellen.

---

[22] BGE 97 I 831 E. 1; zur Anwendbarkeit von Art. 6 EMRK auf disziplinarische Sanktionen BGE 128 I 346, E. 2.

[23] BOMMER, Verletztenrechte, 154 und dortige FN 3.

[24] BGE 120 Ib 112 E. 4; bestätigt in BGE 131 II 169 E. 4.

[25] Art. 28 lit. e SGG.

[26] Botschaft 2001 4230; zur Entstehungsgeschichte von Art. 84 im Detail EHRENZELLER/ SCHWEIZER-AEMISEGGER, 179 ff.

[27] BGE 122 II 22 E. 3.

[28] Botschaft 2001 BBl 1999 4493; Botschaft 1998 2058.

d) Steuerstrafsachen

Zu unterscheiden ist zwischen Steuervergehen und Steuerhinterziehung. **Steuervergehen** **10** wie z.B. Steuerbetrug nach Art. 186 BG über die direkte Bundessteuer (DBG) oder nach Art. 59 des Steuerharmonisierungsgesetzes (StHG) gelten als Strafsachen, die letztinstanzlich der strafrechtlichen Beschwerde unterliegen (Art. 188 Abs. 3 DBG; Art. 61 StHG).

Die **Steuerhinterziehung** hingegen gilt als Verwaltungssache. Zwar werden Steuerhinterziehungsbussen nach DBG von der Rechtsprechung als Strafe i.S.v. Art. 6 EMRK eingestuft,[29] was aber lediglich zur Anwendbarkeit der entsprechenden Verfahrensgarantien führt. Die Steuerhinterziehung nach Art. 175 ff. DBG und Art. 56 StHG wurde vom Gesetzgeber explizit der Beschwerde in öffentlich rechtlichen Angelegenheiten unterstellt (Art. 73 Abs. 1 StHG).[30]

e) Verwaltungssanktionen nach Kartellgesetz

Trotz ihrer potentiell massiven Höhe wurden die Sanktionen nach Art. 49a des Kartellge- **11** setzes vom Gesetzgeber bewusst als Verwaltungssache qualifiziert. Gemäss der Botschaft zum revidierten Kartellgesetz dienen die Sanktionen der Durchsetzung verwaltungsrechtlicher Pflichten und setzen – im Gegensatz zu einer Strafsanktion (vgl. Art. 54 f. KG) – kein Verschulden voraus.[31] Ein nationalrätlicher Minderheitenantrag, der sich explizit gegen die Verschuldensunabhängigkeit der Sanktionen wandte, wurde verworfen.[32] Die Verwaltungssanktionen nach Art. 49a KG, welche bisher der Verwaltungsgerichtsbeschwerde unterlagen,[33] sind somit letztinstanzlich mit Beschwerde in öffentlichrechtlichen Angelegenheiten anzufechten.

II. Entscheide über Zivilansprüche (Art. 78 Abs. 2 lit. a)

Wie soeben dargelegt, können gewisse Entscheide, die in der Sache zwar strafrechtlichen **12** Charakter haben, nicht mit Beschwerde in Strafsachen angefochten werden, sofern sie vom Gesetzgeber explizit davon ausgenommen wurden. Andererseits hat der Gesetzgeber in zwei Fällen auch nichtstrafrechtliche Entscheide der Beschwerde in Strafsachen unterstellt. Nach Art. 78 Abs. 2 unterliegen die hier zu behandelnden zivilrechtlichen Adhäsionsansprüche sowie Entscheide über den Vollzug von Strafen und Massnahmen der Beschwerde in Strafsachen (vgl. unten III.).

1. Definition

Bei den **Adhäsionsforderungen** geht es um Entschädigungs- oder Genugtuungsansprü- **13** che von Personen, die durch eine strafbare Handlung verletzt oder geschädigt wurden. Diese Forderungen richten sich primär gegen den Straftäter und haben somit einen direkten Zusammenhang mit der Strafsache. Die Verfahrenseffizienz, vor allem aber Gesichtspunkte des Opferschutzes sprechen dafür, diese Straf- und Zivilsachen gemeinsam zu behandeln. Auf der Ebene des Bundesgerichts stellt sich die Frage, unter welchen Vor-

---

[29] BGE 119 Ib 311 E. 2e.
[30] Unklar noch Art. 182 Abs. 2 DBG, s. allerdings Art. 51 VGG, AS 2006 2210.
[31] Botschaft über die Änderung des Kartellgesetzes vom 7.11.2001, BBl 2002 2034.
[32] Vgl. Minderheitenantrag I und dazu Votum von Nationalrat Spuhler in der Sitzung vom 26.9.2002, AmtlBull NR 2002 1449 f.; vgl. auch die Debatte im Ständerat vom 20.3.2003, Amtl-Bull StR 2003 333 ff.
[33] Entscheid des Bundesgerichts 2A.287/2005 vom 19.8.2005, E. 1.

aussetzungen die mit einer Straftat zusammenhängenden zivilrechtlichen Probleme dem Bundesgericht im Rahmen einer Beschwerde in Strafsachen unterbreitet werden können und wann allenfalls eine Beschwerde in Zivilsachen zu ergreifen ist. Nachfolgend wird zunächst aufgezeigt, wie sich der Gesetzgeber die Behandlung von Adhäsionsansprüchen vorstellte (2.). Der Vorschlag des Gesetzgebers erweist sich in verschiedener Hinsicht als problematisch (3.), weshalb abschliessend ein eigener Lösungsvorschlag unterbreitet werden soll (4).

2. Vorstellungen des Gesetzgebers

14   Nach Art. 78 Abs. 2 lit. a unterliegen der Beschwerde in Strafsachen auch Entscheide über *«Zivilansprüche, wenn diese zusammen mit der Strafsache zu behandeln sind»*. Bemerkenswert ist, dass nicht wie bisher darauf abgestellt wird, ob die Zivilforderung zusammen mit der Strafsache «beurteilt worden ist» (Art. 271 Abs. 1 BStP). Nach der deutschen und französischen Fassung unterliegen Zivilansprüche vielmehr der Strafrechtsbeschwerde, wenn sie zusammen mit der Strafsache «zu behandeln sind» («doivent être jugées»). Es soll also nicht auf die tatsächlich erfolgte gemeinsame Beurteilung, sondern auf die Wünschbarkeit oder Angebrachtheit einer adhäsionsweisen Beurteilung abgestellt werden. Dazu ist in der Botschaft[34] zu lesen, dass unter dem neuen Recht nicht mehr allein das angefochtene Urteil massgeblich sei. Wesentlich sei, ob es sachlich gerechtfertigt ist, dass das Bundesgericht gleichzeitig Zivilansprüche und strafrechtliche Fragen beurteilt, unabhängig davon, ob dies im angefochtenen Entscheid ebenso gehandhabt worden war.

Die bundesrätliche Erläuterung ist nur verständlich, wenn man sich vor Augen hält, dass sie sich gegen eine dort[35] zitierte Rechtsprechung (BGE 118 II 420) richtet. In diesem französischsprachigen Entscheid ging es um Genugtuungszahlungen, welche zwei misshandelten Kindern durch ein erstinstanzliches Strafgerichtsurteil zugesprochen wurden. Vor zweiter Instanz waren nur noch diese Zivilforderungen streitig, weshalb das Kantonsgericht als Zivilgericht konstituiert war. Auf die strafrechtliche Nichtigkeitsbeschwerde wurde nicht eingetreten, weil das kantonsgerichtliche im Gegensatz zum erstinstanzlichen Urteil die Zivilforderungen nicht gleichzeitig mit der Strafsache behandelte. Dieses strikt am Wortlaut orientierte Abstellen auf die *Gleichzeitigkeit* der Behandlung von Zivil- und Strafansprüchen durch die Vorinstanz ist aufgrund des französischen Gesetzestextes (‹en même temps›) vertretbar, erschien dem Bundesrat wohl aber unter Gesichtspunkten der Opferhilfe nicht opportun. Nach seiner Vorstellung sollen derartige Spezialfälle neu der Beschwerde in Strafsachen unterliegen. Für eine solche Interpretation spricht in casu, dass die fraglichen Zivilforderungen letztlich auf ein erstinstanzliches Straferkenntnis zurückgingen und somit Bestandteil einer Strafsache waren. Dagegen spricht, dass das Kantonsgericht in jenem Fall als ‹Cour civile› tagte und es nur noch um die Zivilforderungen ging.

3. Kritik

15   Der Wortlaut von Art. 78 Abs. 2 und die Erläuterungen dazu in der Botschaft haben zu einiger Verwirrung Anlass gegeben.[36] Nachfolgend werden Problempunkte der gesetzgeberischen Vorlage aufgezeigt. Erstens stellen sich Kompetenzprobleme (3a.), zweitens Fragen im Zusammenhang mit der (fehlenden) Streitwertbegrenzung (3b.) und schliesslich praktische Verfahrensfragen (3c.).

---

[34] Botschaft 2001 BBl 2001 4313.
[35] Botschaft 2001 BBl 2001 4313.
[36] EHRENZELLER/SCHWEIZER-BÄNZIGER, 83 f.; BOMMER Verletztenrechte, 156 ff.; SCHMID, ZStrR 2006 165; SCHUBARTH, ZStR 2002, 69 ff.; THOMMEN/WIPRÄCHTIGER, AJP 2006, 653.

a) Fehlende Entscheidkompetenz

In der Botschaft wird anhand des erwähnten Beispielfalls (BGE 118 II 420) vom Bun-   **16**
desgericht gefordert, Zivilansprüche künftig, wann immer dies sachlich gerechtfertigt sei,
zu entscheiden. So unbehelflich der in Botschaft gewählte Beispielfall im Gesamtzusammenhang auch sein mag, so unmissverständlich ist die bundesrätliche Forderung an
die Strafrichter, Zivilansprüche nach Möglichkeit im Strafurteil mit zu behandeln. Allerdings kann das Bundesgericht nicht primärer Adressat dieser Forderung sein. Zu weit
geht die Botschaft deshalb mit dem Anspruch, das Bundesgericht solle Zivilansprüche
selbst dann beurteilen, wenn die Vorinstanz dies nicht gemacht hat.[37] Als oberste Recht
sprechende Behörde (Art. 1 Abs. 1) obliegt dem Bundesgericht die ‹revisio in iure›. Für
die zur Entscheidung von Zivilansprüchen notwendige Instruktion fehlt ihm deshalb
nicht nur die Kapazität, sondern auch die Kompetenz. Hat die Vorinstanz Zivilansprüche
zu Unrecht nicht behandelt, so hat das Bundesgericht nicht an deren Stelle zu entscheiden, sondern den vorinstanzlichen Entscheid aufzuheben und zur adhäsionsweisen Beurteilung der Ansprüche zurück zu weisen.[38]

b) Fehlende Streitwertbegrenzung

Unter bisherigem Recht war die alleinige Anfechtung von Zivilansprüchen nur zulässig   **17**
bei Erreichen der (alten) Streitwertgrenze von Fr. 8000–.[39] Trotz Hinweisen in der Literatur[40] fehlt im neuen Recht eine Streitwertbegrenzung bei den Adhäsionsansprüchen. Ob
diese Änderung bewusst erfolgte oder das Problem bei der Diskussion um die nicht damit
zu verwechselnden und schliesslich fallengelassenen «**strafrechtlichen Streitwertgrenzen**»[41] schlicht unterging, ist nicht mehr rekonstruierbar. Jedenfalls steht fest, dass die
Streitwertgrenzen, welche nach Art. 74 für die Beschwerde in Zivilsachen bestehen
(i.d.R. Fr. 30 000–.), für die in einer Beschwerde in Strafsachen angefochtenen Adhäsionsansprüche nicht gelten. Dies wirft eine Reihe von Fragen auf. Sollte – wie dies die
Botschaft vorsieht – die Beschwerde in Strafsachen bei alleiniger Anfechtung der Zivilansprüche nicht und statt dessen die Beschwerde in Zivilsachen gegeben sein, so führte
dies zu perplexen Situationen:[42] Ein Geschädigter, welcher zur Anfechtung des Strafpunkts (nach h.L. und Rspr.) nicht legitimiert ist,[42a] müsste seine Zivilansprüche grundsätzlich mit Zivilrechtsbeschwerde unter Beachtung der Streitwertgrenzen (Art. 74)
durchsetzen. Wird das vorinstanzliche Urteil auch noch vom Angeschuldigten oder
Staatsanwalt weitergezogen, dann könnte der Geschädigte Beschwerde in Strafsachen
erheben, weil dann nicht länger «*allein der Entscheid über die Zivilansprüche angefochten ist*».[43] Dies setzt allerdings voraus, dass er von deren Beschwerdeerhebung erfährt.
Vollkommen unklar ist in diesem Zusammenhang, welche Folgen ein Beschwerderückzug des Angeschuldigten hätte. Aber auch wenn man entgegen der h.L. davon ausgeht,

---

[37] Botschaft 2001 BBl 2001 4313.
[38] Dazu sogleich unten N 21.
[39] Art. 271 Abs. 2 BStP, Art. 46 OG; Ausnahme: Art. 277[quater] Abs. 2 BStP; BGE 127 IV 203, E. 8b;
      im Detail KOLLY, pourvoi en nullité, 66 f.
[40] SCHUBARTH, ZStrR 2002, 70.
[41] Nach Art. 74 Entwurf-Bundesgerichtsgesetz (BBl 2001 4480 ff.) sollte die Beschwerde u.a. un-
      zulässig sein bei Verurteilungen unter 30 Tagessätzen Geldstrafe, unter 120 Stunden gemeinnüt-
      ziger Arbeit sowie unter Fr. 500.– Busse für eine natürliche Person (s.a. Botschaft 2001 4314 f.).
      Von diesen strafrechtlichen Zugangsbeschränkungen wurde auf Vorschlag der Arbeitsgruppe
      «Bundesgerichtsgesetz» abgesehen (vgl. Bericht Arbeitsgruppe [FN 1 oben] S. 3); vgl. EHREN-
      ZELLER/SCHWEIZER-BÄNZIGER, 87.
[42] Hinweise bei SCHUBARTH, ZStrR 2002, 70 f.; SCHMID, ZStrR 2006, 165 f.
[42a] Vgl. hinten: Art. 81 N 16 ff.
[43] Botschaft 2001 BBl 2001 4313.

dass der Geschädigte zur Beschwerde im Schuldpunkt legitimiert ist,[44] ergibt sich kein anderes Bild. Der Geschädigte müsste dann nämlich den Schuldpunkt stets mitanfechten, um sich im Zivilpunkt die für ihn günstigere weil nicht streitwertbegrenzte Beschwerde in Strafsachen offen zu halten. Dasselbe gilt für den Angeschuldigten oder das Opfer. Auch diese könnten die Streitwerteinschränkungen (nur) dadurch umgehen, dass sie gleichzeitig den Schuldspruch anfechten.

c) Praktische Verfahrensprobleme

18 Nimmt man den Gesetzestext und die Botschaft beim Wort, so ergeben sich zumindest für den deutschen und französischen Gesetzeswortlaut weitere Schwierigkeiten verfahrensrechtlicher Natur. Nach Art. 78 Abs. 2 unterliegen Zivilansprüche der Beschwerde in Strafsachen, «wenn sie zusammen mit der Strafsache zu behandeln sind» («sont également sujettes au recours en matière pénale: les décisions sur les prétentions civiles qui doivent être jugées en même temps que la cause pénale»). Problematisch daran ist, dass die Zulässigkeit der Beschwerde gegen Zivilansprüche von einem künftigen Ereignis abhängig gemacht wird, der Frage nämlich, ob das höchste Gericht den Strafpunkt und den Zivilpunkt gleichzeitig behandeln *wird*.[45] Mit anderen Worten hat der Gesetzgeber zur Eintretensvoraussetzung gemacht, was eigentlich Gegenstand des Urteils in der Sache ist, nämlich die (opferhilferechtliche) Frage der Angebrachtheit gemeinsamer Behandlung von Zivil- und Strafpunkt. Weil der Beschwerdeführer die gemeinsame Behandlung aber nicht vorhersehen kann, müsste er zur Überprüfung der Adhäsionsansprüche sorgfältigerweise eine nicht streitwertbegrenzte Beschwerde in Strafsachen und parallel dazu eine Beschwerde in Zivilsachen erheben. Diese Lösung ist augenscheinlich unsinnig.

4. Lösungsvorschlag

19 Die geschilderten Probleme rufen nach einer praktikablen Lösung. Eine solche liefert der italienische Gesetzestext: «*Al ricorso in materia penale soggiacciono anche le pretese civili **trattate** unitamente alla causa penale*». Nach dieser Fassung gilt als Eintretensvoraussetzung wie bisher,[46] dass der Zivilanspruch letztinstanzlich zusammen mit der Strafsache beurteilt wurde oder eine gemeinsame Beurteilung hätte erfolgen sollen. Der Lösungsvorschlag geht somit dahin, den deutschen und französischen Gesetzestext **teleologisch** auf den italienischen **zu reduzieren**. Es wird einzig darauf abgestellt, was die Vorinstanz mit den Zivilforderungen gemacht hat und nicht darauf, was das Bundesgericht machen sollte. Was die fehlende Streitwertbegrenzung der Adhäsionsansprüche angeht, so wird man diese Privilegierung gegenüber der Beschwerde in Zivilsachen de lege lata in Kauf nehmen müssen. Damit ergeben sich folgende möglichen Konstellationen bei der Anfechtung von Entscheiden über Zivilansprüche:

a) Zivilansprüche letztinstanzlich **zusammen** mit der Strafsache behandelt

20 Wurde der Zivilanspruch gemeinsam mit der Strafsache behandelt, ist die Beschwerde in Strafsachen in jedem Fall gegeben. Und zwar entgegen der Botschaft[47] auch dann, wenn auch vor Bundesgericht nur noch die Zivilforderungen bestritten werden. Dies ergibt sich, wie gezeigt wurde, aus dem italienischen Gesetzestext, wonach alleine die Behandlung der Adhäsionsansprüche im vorinstanzlichen Urteil massgeblich ist. Streitwertgren-

---

[44] Dazu unten Art. 81 N 16 ff.
[45] BOMMER, Verletztenrechte, 158 f.
[46] Vgl. Art. 271 aBStP.
[47] Botschaft 2001 BBl 2001 4313.

zen gelten in diesem Fall keine. Mit dieser Lösung kann verhindert werden, dass der Strafanspruch mitangefochten werden muss, nur um sich die Beschwerde in Strafsachen offen zu halten.

b) Zivilansprüche letztinstanzlich **getrennt** von der Strafsache behandelt

Wurde der Zivilanspruch durch die letzte Instanz indes getrennt von der Strafsache beurteilt, so sind drei Konstellationen zu unterscheiden. **21**

– Schadenersatz- und Genugtuungsansprüche, die vom kantonalen Gericht auf den **Zivilweg verwiesen** und von einem Zivilgericht entschieden wurden, können nicht mit Beschwerde in Strafsachen angefochten werden.[48] Selbstverständlich kann in diesen Fällen die Verweisung auf den Zivilweg selbst zum Gegenstand der Beschwerde in Strafsachen gemacht werden, indem etwa eine Verletzung von Art. 9 Abs. 1 OHG gerügt wird. Nach dieser Bestimmung sind Zivilansprüche des Opfers nach Möglichkeit zusammen mit der Strafsache zu entscheiden.[49] Nach neuem Recht stellt die Verweisung auf den Zivilweg das Opfer ganz allgemein schlechter, weil ihm so auf Bundesebene ‹nur› noch die streitwertbegrenzte Beschwerde in Zivilsachen oder allenfalls eine subsidiäre Verfassungsbeschwerde bleibt. Besonders eindeutig wird diese Schlechterstellung, wenn man sich vor Augen führt, dass gerade Genugtuungszahlungen nur selten Fr. 30 000.– übersteigen.

– Nach Art. 9 Abs. 2 OHG kann das Gericht **zuerst über den Strafpunkt und erst später über den Zivilpunkt** urteilen. In solchen Fällen gestaffelter Beurteilung liegt zwar keine im Sinne der französischen Gesetzesfassung gleichzeitige (Art. 78 Abs. 2 lit. a: «en même temps») Behandlung vor, doch dürfte angesichts der geschilderten bundesrätlichen Kritik an der strengen Rechtsprechung[50] auch hier auf den weniger einschränkenden italienischen Gesetzestext abzustellen sein («trattate *unitamente* alla causa penale»). Wie unter bisherigem Recht ist die *Gemeinsamkeit* der Behandlung (Art. 271 Abs. 1 aBStP: «zusammen»; «insieme») massgeblich. Auch aufgeschobene Entscheide über die Zivilansprüche werden stets durch das gleiche Strafgericht und in einem Strafprozess entschieden und somit «zusammen» mit der Strafsache, weshalb die Beschwerde in Strafsachen gegeben sein dürfte.[51]

– Bei komplexen und aufwändigen Schadensberechnungen eröffnet Art. 9 Abs. 3 OHG die Möglichkeit, **Zivilansprüche nur dem Grundsatz** nach zu entscheiden.[52] Dieser Grundsatzentscheid ist Bestandteil der Strafsache und unterliegt als solcher auch der strafrechtlichen Beschwerde. Der später auf diesen Grundsatz durch ein Zivilgericht ergangene Entscheid unterliegt der Beschwerde in Zivilsachen (Art. 74) und damit auch den Streitwertgrenzen.

5. Fazit

Der deutsche und französische Gesetzestext machen die Zulässigkeit der Adhäsionsbeschwerde davon abhängig, ob die Zivilansprüche vom Bundesgericht «zu behandeln sind». Die Beschwerdezulässigkeit von künftigen Ereignissen abhängig zu machen, bie- **22**

---

[48] BGE 118 II 410, E. 1 m.Hinw. auf BGE 104 IV 68, E. 3b.
[49] Vgl. BGE 123 IV 78 E. 3a.
[50] BGE 118 II 420; Botschaft 2001 BBl 2001 4313, s.a. KOLLY, pourvoi en nullité, 63.
[51] BGE 96 I 629 E. 1b.
[52] BGE 125 IV 153, s.a. Entscheid 6S.13/2006 vom 30.8.2006, E. 3 f.; KOLLY, pourvoi en nullité, 65.

tet unüberwindbare praktische Schwierigkeiten. Abzustellen ist deshalb auf den **italienischen Text**, der für das Eintreten auf das angefochtene Urteil zurückblickt. Ferner wurde gezeigt, dass die fehlenden Streitwertgrenzen in Kombination mit der bundesrätlichen Erläuterung, wonach bei *alleiniger* Anfechtung der Zivilansprüche die Beschwerde in Strafsachen nicht gegeben sei, problematische Konsequenzen haben. Um sich die nicht streitwertbegrenzte Strafrechtsbeschwerde offen zu halten, müsste der Strafpunkt stets mitangefochten werden. Auch dieser Folgerung ist zu entgehen, indem mit dem italienischen Text alleine auf das vorinstanzliche Urteil abgestellt wird. Hat die Vorinstanz die Zivilansprüche mitbehandelt, so können diese auch *alleine* mit Beschwerde in Strafsachen angefochten werden. Hat die Vorinstanz die Zivilansprüche nicht gemeinsam mit der Strafsache behandelt, so kann allenfalls dieser Umstand unter opferhilferechtlichen Gesichtspunkten beanstandet werden.

Das **Bundesgericht** hat in einem ersten **Grundsatzurteil** im Sinne dieses Lösungsvorschlags auf den italienischen Gesetzestext abgestellt. Es entschied, dass wenn in einem Strafverfahren vor der oberen kantonalen Instanz nur noch der Zivilpunkt streitig ist, nicht die Beschwerde in Strafsachen, sondern die Beschwerde in Zivilsachen gegeben ist[52a].

III. Entscheide zu Straf- und Massnahmenvollzug (Art. 78 Abs. 2 lit. b)

23   Der Beschwerde in Strafsachen unterliegen auch Entscheide über den Vollzug von Strafen und Massnahmen (Art. 78 Abs. 2 lit. b).[52b] Damit entfällt die bisherige Zweiteilung, wonach die strafgerichtliche Anordnung von Strafen und Massnahmen der Nichtigkeitsbeschwerde, die verwaltungsbehördlichen Entscheide über den Vollzug von Strafen und Massnahmen mit Verwaltungsgerichtsbeschwerde (resp. soweit sie sich auf kantonale Vollzugsbestimmungen stützten mit staatsrechtlicher Beschwerde) anfechtbar waren. Bisher ging die Rechtsprechung davon aus, dass Entscheide betr. den Straf- und Massnahmenvollzug (z.B. bedingte Entlassung) materiell verwaltungsrechtlicher Natur seien. Sie werden von Verwaltungsbehörden gefällt und unterstanden deshalb öffentlichrechtlichen Beschwerden.[53] Mag diese Einteilung formell richtig gewesen sein, so führte sich doch zu einer komplexen Rechtsmittelzersplitterung.[54] Die Entflechtung des Rechtsmittelwegs war eines der Hauptziele der Justizreform.[55] Die Idee der drei Einheitsbeschwerden besteht darin, mit einer Beschwerde einheitlich ein ganzes Rechtsgebiet abzudecken. Es macht deshalb Sinn, die Entscheide über den Vollzug von Strafen und Massnahmen der Beschwerde in Strafsachen zu unterstellen. Denn auch wenn diese Entscheide von einer Verwaltungsbehörde ausgehen, so sind sie doch direkte Folge einer Straftat und somit eine Strafsache. Dieser Konnex zum Strafurteil bestünde auch bei Führerausweisentzügen, soweit sie von den Verwaltungsbehörden im Gefolge einer strafrechtlichen Verurteilung wegen Strassenverkehrsvergehen angeordnet wurden. Doch gelten die Warnungsentzüge nach dem Willen des Gesetzgebers als verwaltungsrechtliche Angelegenheiten und unterliegen somit der Beschwerde in öffentlich-rechtlichen Angelegenheiten.[56]

[52a] Urteil 4A_328/2007 vom 23.10.2007, E. 2 (BGE-Publ.).

[52b] BGE 133 IV 121, E. 1; BGE 6B_2/2007 vom 14.3.2007, E. 2.

[53] Zum bisherigen Recht BGE 100 Ib 323 E. 1; 122 IV 8 E. 1a; vgl. FERBER, Nichtigkeitsbeschwerde, 24; SCHWERI, Nichtigkeitsbeschwerde, Rz 92; GEISER/MÜNCH²-WIPRÄCHTIGER, Rz 6.18 und 6.64.

[54] THOMMEN/WIPRÄCHTIGER, AJP 2006, 652.

[55] Botschaft 2001 BBl 2001 4208.

[56] Art. 23 f. SVG; Botschaft 1998 2058; BGE 132 II 234 E. 1 und 248, E. 1; vgl. oben N 9.

Art. 79

Ausnahme	**Die Beschwerde ist unzulässig gegen Entscheide der Beschwerdekammer des Bundesstrafgerichts, soweit es sich nicht um Entscheide über Zwangsmassnahmen handelt.**
Exception	Le recours est irrecevable contre les décisions de la cour des plaintes du Tribunal pénal fédéral, sauf si elles portent sur des mesures de contrainte.
Eccezione	Il ricorso è inammissibile contro le decisioni della Corte dei reclami penali del Tribunale penale federale, eccetto che si tratti di decisioni in materia di provvedimenti coattivi.

Inhaltsübersicht

Materialien

Botschaft 2001 BBl 2001 4316 ff.

I. Grundsatz

Bei der Zwangsmassnahmenbeschwerde nach Art. 79 handelt es sich um eine Beschwerde in Strafsachen sui generis. Gemäss Art. 78 beurteilt das Bundesgericht (BGer) Beschwerden gegen Entscheide in Strafsachen. Als Vorinstanz kommt insbesondere die *Strafkammer* des Bundesstrafgerichtes (BstGer) in Frage (Art. 80 Abs. 1). Art. 79 bestimmt, dass die Beschwerde gegen Entscheide der *Beschwerdekammer* (BK) des BstGer hingegen unzulässig ist, soweit es sich nicht um Entscheide über *Zwangsmassnahmen* handelt. Damit wollte der Gesetzgeber grundsätzlich die bisherige Beschwerdemöglichkeit ans BGer gegen Zwangsmassnahmenentscheide der BK BstGer beibehalten.[1] Die *Erste öffentlich-rechtliche Abteilung* des BGer (I.örA) behandelt alle Beschwerden in Strafsachen gegen strafprozessuale Zwischenentscheide.[2] Die I.örA ist somit (wie nach bisherigem Recht) für die Beschwerde nach Art. 79 zuständig. **1**

II. Bisheriges Verfahrensrecht

Bis zum Inkrafttreten der Totalrevision der Bundesrechtspflege bzw. des BGG per 1.1.2007 konnte gegen die Entscheide der BK BstGer über Zwangsmassnahmen innert 30 Tagen seit der Eröffnung wegen Verletzung von Bundesrecht beim BGer (I. örA) **2**

---

[1] BBl 2001 4316; SEILER/VON WERDT/GÜNGERICH, BGG, Art. 79 N 1.
[2] Art. 29 Abs. 3 BGerR. Als strafprozessuale Zwischenentscheide im Sinne dieser Bestimmung gelten sämtliche die Strafverfolgung betreffende Entscheide vor Erlass des Strafurteils.

Beschwerde geführt werden (SGG-Zwangsmassnahmenbeschwerde). Das altrechtliche Verfahren richtete sich sinngemäss nach den Art. 214–216, 218 und 219 BStP (Art. 33 Abs. 3 lit. a SGG).[3] Zum *Übergangsrecht* s. unten, N 12.

III. Anfechtungsobjekt

3   Anfechtungsobjekte der Beschwerde in Strafsachen nach Art. 79 sind Zwangsmassnahmenentscheide[4] der BK BstGer im Rahmen der *Bundesstrafrechtspflege*[5] gestützt auf eidgenössisches Prozessrecht (BStP[6], VStrR[7]). Gemäss Art. 28 Abs. 1 lit. b SGG entscheidet die BK über Zwangsmassnahmen gestützt auf das BStP bzw. auf andere Bundesgesetze.[8] Zudem beurteilt die BK Beschwerden (insbesondere betreffend Zwangsmassnahmen), die ihr das VStrR zuweist.[9] Für die Anfechtung von *rechtshilferechtlichen* Zwangsmassnahmenentscheiden der BK BstGer ist hingegen ausschliesslich die Beschwerde in öffentlich-rechtlichen Angelegenheiten (Art. 84 i.V.m. Art. 93 Abs. 2) gegeben (s. Art. 84 N 15, 24–28, «lex specialis»[10]). Eine Übersicht über die strafprozessualen *Haftbeschwerdearten* (Haftentscheide der BK BstGer als Zwangsmassnahmengericht, kantonale Haftentscheide, Auslieferungshaftentscheide) findet sich unten in N 11. Soweit keine Zwangsmassnahmen streitig sind, können Amtshandlungen des Bundesanwaltes und der eidgenössischen Untersuchungsrichter[11] vom BGer grundsätzlich nicht überprüft werden.[12]

4   Es fragt sich, ob Art. 79 das zulässige Anfechtungsobjekt der Zwangsmassnahmenbeschwerde abschliessend regelt oder ob zusätzlich die Voraussetzungen von Art. 93 Abs. 1 (etwa das Erfordernis des «nicht wieder gutzumachenden Nachteils»[13] bei Beschlagnahmungen usw.) erfüllt sein müssen. Zwar sind die Zwangsmassnahmenentscheide der BK BstGer – bezogen auf den gesamten Strafprozess – grundsätzlich als strafprozessuale *Vor- und Zwischenentscheide* einzustufen. Es handelt sich jedoch um besonders einschneidende Massnahmen, gegen die sowohl das alte (oben, N 2) als auch das neue Verfahrensrecht (Art. 79) die Beschwerde ans BGer ausdrücklich vorsehen. Nach altem Recht wurden Zwangsmassnahmenentscheide des BstGer denn auch – im Hinblick auf ihren schwerwiegenden (etwa freiheitsentziehenden) Charakter – prozessual als anfechtbare Entscheide

---

3   BGE 130 I 234, 236 E. 2.1; 130 II 306, 308 f. E. 1.2; 130 IV 154, 155 E. 1.1.

4   Zum Begriff der *Zwangsmassnahmen* i.S.v. Art. 79 s. unten, N 7–8.

5   Der Umfang der Bundesgerichtsbarkeit wird in Art. 336 f. StGB geregelt.

6   Die strafprozessualen Zwangsmassnahmen nach BStP sind materiellrechtlich in Art. 44 ff. BStP normiert.

7   Ist die Verfolgung und Beurteilung von Widerhandlungen einer *Verwaltungsbehörde des Bundes* übertragen (etwa der Eidgenössischen Steuerverwaltung in Fiskalstrafsachen), so findet das VStrR Anwendung (Art. 1 VStrR). Die BK BstGer entscheidet über die ihr nach dem VStrR zugewiesenen Beschwerden (Art. 25 Abs. 1 VStrR). Gegen Zwangsmassnahmen gestützt auf das VStrR kann bei der BK BstGer Beschwerde geführt werden (Art. 26 Abs. 1 VStrR); vgl. dazu die (altrechtlichen) Urteile des BGer 1S.8/2006 vom 12.12.2006; 1S.5/2005 vom 26.9.2005.

8   Zu den Zwangsmassnahmen, die sich auf «andere Bundesgesetze» stützen, können grundsätzlich auch *Telefonabhörungen* gehören (Art. 10 Abs. 5 lit. a BÜPF [SR 780.1]; vgl. zur amtl. Publikation bestimmtes Urteil des BGer 1B_25/2007 vom 15.3.2007, E. 4 = SJ 2007 I S. 364).

9   Art. 28 Abs. 1 lit. d SGG i.V.m. Art. 26 Abs. 1 VStrR.

10   Das gilt auch für die Anfechtung von Auslieferungshaftbefehlen bzw. von Entscheidungen des BstGer betreffend Auslieferungshaft, s. Art. 84 N 27 sowie unten, N 7; Tschannen-Bommer, 161.

11   Im Sinne von Art. 28 Abs. 1 lit. a SGG.

12   Tschannen-Bommer, 161. Zum Begriff der Zwangsmassnahmen i.S.v. Art. 79 s. unten, N 7–8.

13   Art. 93 Abs. 1 lit. a.

sui generis behandelt.[14] Daran ändert auch das neue Recht nichts. *Überhaupt nicht anfechtbar* (auch nicht unter dem Gesichtspunkt eines nicht wieder gutzumachenden Nachteils) waren hingegen schon nach altem Recht verfahrensleitende Vor- und Zwischenentscheide des BstGer im engeren Sinne, welche *keine Zwangsmassnahmen* betrafen.[15]

Das SGG und die bisherige Praxis des BGer beschränkten die (altrechtliche) Zwangs-   **5** massnahmenbeschwerde an das BGer (oben, N 2) nicht auf Fälle mit drohendem «nicht wieder gutzumachendem Nachteil».[16] Auch Art. 79 erwähnt die Voraussetzungen von Art. 93 nicht. Er bezeichnet vielmehr die strafprozessualen Zwangsmassnahmenentscheide der BK BstGer (im Sinne einer «lex specialis») ohne weiteres als zulässige Anfechtungsobjekte. Es erschiene inkonsequent, die Beschwerde gegen solche Entscheide in Art. 79 ausdrücklich und voraussetzungslos als zulässig zu bezeichnen und sie dann doch wieder den Erfordernissen von Art. 93 Abs. 1 zu unterstellen.[17] Für eine «lex specialis» spricht weiter, dass auch Art. 92 auf Zwangsmassnahmenbeschwerden nach Art. 79 nicht anwendbar ist: Bei verfahrensleitenden Zwischenentscheiden über die Zuständigkeit und den Ausstand handelt es sich grundsätzlich[18] nicht um Zwangsmassnahmen. Art. 79 bestimmt aber ausdrücklich, dass nur Zwangsmassnahmenentscheide der BK BstGer anfechtbar sind. Hinzu kommt, dass sich auch den Materialien nicht entnehmen lässt, dass der Gesetzgeber hier den Beschwerdeweg an das BGer gegenüber der früheren Rechtslage (SGG/BStP) einschränken wollte.[19] Zu den zulässigen *Beschwerdegründen* siehe unten, N 9, zur Beschwerdelegitimation N 10.

Dass es sich bei Art. 79 hinsichtlich des zulässigen Anfechtungsobjektes um eine «lex   **6** specialis» handelt, ergibt sich auch aus einem Vergleich mit der Anfechtbarkeit von *rechtshilferechtlichen* Zwangsmassnahmenentscheiden (Art. 84 i.V.m. Art. 93 Abs. 2). Schon das alte Verfahrensrecht hatte die selbständige Anfechtbarkeit von rechtshilfeweisen Beschlagnahmungs-Zwischenentscheiden auf Fälle des «unmittelbaren und nicht wieder gutzumachenden Nachteils» beschränkt.[20] Art. 93 Abs. 2 verlangt nun für die Anfechtung von Rechtshilfe-Zwischenentscheiden (auf dem Wege der Beschwerde in öffentlich-rechtlichen Angelegenheiten) ebenfalls ausdrücklich das Erfülltsein der Voraussetzungen von Art. 93 Abs. 1.[21]

---

[14] Urteil des BGer 1S.11/2004 vom 22.11.2004, E. 2.2. Von den Zwangsmassnahmenentscheiden der BK BstGer sind die *materiellen Endentscheide in Strafsachen* zu unterscheiden; Letztere werden von der *Strafkammer* des BstGer gefällt (Art. 26 SGG).

[15] Etwa Entscheide betreffend Zuständigkeit oder Ausstand, s. dazu, unten, N 8.

[16] BGE 130 I 234; 130 IV 154; Urteile des BGer 1S.8/2006 vom 12.12.2006, 1S.42/2005 vom 28.3.2006 und 1S.5/2005 vom 26.9.2005.

[17] Im Sinne der oben (N 4) dargelegten bisherigen Praxis sind Erkenntnisse des BstGer gemäss Art. 79 prozessual als anfechtbare Entscheide (sui generis) über strafprozessuale Zwangsmassnahmen zu behandeln. Strafprozessuale Zwischenentscheide gestützt auf *kantonales* Recht (Art 78 i.V.m. Art. 93) umfassen hingegen *nicht nur Zwangsmassnahmen*, weshalb hier die Voraussetzungen von Art. 93 Abs. 1 erfüllt sein müssen.

[18] Ausnahmen können nach der Praxis des BGer gegeben sein, wenn solche Zwischenentscheide einen engen Bezug zu zwangsmassnahmenrechtlichen Fragen aufweisen (BGE 131 I 436; Urteil des BGer 1S.11/2006 vom 31.8.2006, E. 1).

[19] BBl 2001 4316; SEILER/VON WERDT/GÜNGERICH, BGG, Art. 79 N 1.

[20] Art. 80e lit. b Ziff. 1 i.V.m. aArt. 80f Abs. 2 und 80g Abs. 2 IRSG. Bei der Anfechtung von Beschlagnahmungen gestützt auf *kantonales* Strafprozessrecht (staatsrechtliche Beschwerde) wurde der Nachteil i.S.v. Art. 87 OG regelmässig bejaht.

[21] Das Rechtsschutzbedürfnis zur Anfechtung *rechtshilferechtlicher* Zwischenverfügungen, namentlich von vorläufigen Beschlagnahmungen, ist denn auch regelmässig geringer: Werden direkt *strafprozessuale Zwangsmassnahmen* im Rahmen eines *innerstaatlichen* Strafverfahrens angefochten (z.B. Hausdurchsuchungen, Beschlagnahmungen oder Entsiegelungen), geht es bereits um die Frage, ob die Strafverfolgungsbehörde die betreffenden Unterlagen und Gegenstände zu

IV. Zwangsmassnahmen

7 Anfechtbar sind Zwangsmassnahmenentscheide der BK BstGer i.S.v. Art. 28 Abs. 1 lit. b SGG.[22] Nicht zu diesen Zwangsmassnahmen zählt das Gesetz ausdrücklich die *übrigen Amtshandlungen* (oder Säumnis) des Bundesanwalts und der eidgenössischen Untersuchungsrichter (Art. 28 Abs. 1 lit. a SGG), *Ausstandsbegehren* gegen den Bundesanwalt bzw. gegen eidgenössische Untersuchungsrichter und ihre Gerichtsschreiber (Art. 28 Abs. 1 lit. c SGG) sowie die Ernennung von Ermittlern und Ermittlerinnen gemäss dem Bundesgesetz vom 20.6.2003[23] über die *verdeckte Ermittlung* (Art. 28 Abs. 1 lit. c[bis] SGG).[24] Als Entscheide der BK BstGer über strafprozessuale *Zwangsmassnahmen* gelten schon nach der bisherigen Praxis des BGer zunächst Entscheide über *strafprozessuale Haft* (Untersuchungs- und Sicherheitshaft, vorzeitiger Strafvollzug) sowie *Ersatzmassnahmen* für Haft (Pass- und Schriftensperre, Meldepflicht, Haftkaution etc.).[25] Eine Änderung bringt das neue Recht bei der Anfechtung von Entscheiden der BK BstrGer betreffend *Auslieferungshaft*: Nach altem Recht (s. oben, N 2) war diesbezüglich die Zwangsmassnahmenbeschwerde nach SGG an das BGer gegeben.[26] Das neue Recht sieht hier nicht die Zwangsmassnahmenbeschwerde (als Beschwerde in Strafsachen sui generis) nach Art. 79 vor. Vielmehr sind die Entscheide der BK BstGer betreffend Auslieferungshaft (innert zehn Tagen) mit der Beschwerde in *öffentlich-rechtlichen* Angelegenheiten (Art. 84 i.V.m. Art. 93 Abs. 2 und Art. 100 Abs. 2 lit. b) anzufechten.[27] Weiter gehören zu den Zwangsmassnahmen nach Art. 79 *Hausdurchsuchungen, Beschlagnahmungen* von Dokumenten, elektronischen Datenträgern, Gegenständen oder Vermögenswerten, *Entsiegelungen, Grundbuch-* und *Kontensperren*[28] sowie strafbewehrte *Informationssperren*.[29]

Strafverfolgungszwecken sicherstellen und verwenden darf. *Rechtshilfeweise* beschlagnahmte Gegenstände hingegen werden der ausländische Strafuntersuchungsbehörde erst gestützt auf eine rechtskräftige *Schluss- bzw. Herausgabeverfügung* zur Verfügung gestellt; umso mehr rechtfertigt sich bei der selbständigen Anfechtung rechtshilferechtlicher Zwischenverfügungen (vor Erlass der Schlussverfügung) die Voraussetzung des «nicht wieder gutzumachenden Nachteils».

[22] Bzw. Art. 28 Abs. 1 lit. d SGG i.V.m. Art. 26 Abs. 1 VStrR, soweit das VStrR nicht schon unter die «anderen Bundesgesetze» i.S.v. Art. 28 Abs. 1 lit. b SGG zu subsumieren ist.

[23] BVE, SR 312.8.

[24] Zu den Zwangsmassnahmen, die sich auf «andere Bundesgesetze» (Art. 28 Abs. 1 lit. b SGG) stützen, gehören grundsätzlich auch *Telefonabhörungen* bzw. *Überwachungen der postalischen und elektronischen Korrespondenz* gestützt auf das BÜPF (vgl. Art. 28 Abs. 1 lit. g[bis] SGG). Als Anfechtungsobjekte gemäss Art. 79 kommen hier ausschliesslich *Entscheide der BK über die nachträgliche richterliche Prüfung* von Überwachungsmassnahmen in Frage (Art. 10 Abs. 5 lit. a BÜPF [in der Version gemäss Ziff. 84 Anhang VGG, in Kraft seit 1.1.2007]). Die *vorläufige* Bewilligung hingegen (Art. 7 Abs. 1 lit. a BÜPF) erfolgt naturgemäss geheim und ist nicht *anfechtbar;* ausserdem wird sie nicht durch die BK verfügt, sondern *einzelrichterlich* (BK-Präsident). Auch die Bundesanwaltschaft kann daher eine Verweigerung der Bewilligung von Überwachungsmassnahmen *nicht* beim BGer anfechten (zur amtl. Publikation bestimmtes Urteil des BGer 1B_25/2007 vom 15.3.2007, E. 4 = SJ 2007 I S. 364). Analoges gilt für die Verweigerung der Genehmigung von Massnahmen der *verdeckten Ermittlung* (Art. 8 Abs. 1 lit. a BVE [in der Version gemäss Ziff. 29 Anhang VGG]; vgl. Urteil des BGer 1S.12/2005 vom 7.2.2005, E. 1). Über den richterlichen Genehmigungsentscheid hinaus sieht das BVE *keine* nachträgliche Prüfung der verdeckten Ermittlung (analog Art. 10 BÜPF) auf dem Beschwerdeweg vor (vgl. Art. 17 f. und 22 BVE). Zur richterlichen Anordnung von strafprozessualen *DNA-Proben* und -Probenanalysen s. Art. 7 *DNA-Profil-Gesetz* (SR 363).

[25] BGE 131 I 52, 54 E. 1.2.2, 66 ff.; 130 I 234, 236 f. E. 2.2; 125 IV 222, 224 E. 1c; nach neuem Recht ebenso Urteil 1B_123/2007 vom 16.7.2007.

[26] BGE 131 I 52, 54 E. 1.2.2; 130 II 306 E. 1.2.1–1.2.2.

[27] Siehe dazu näher Art. 84 N 27.

[28] BGE 131 I 52, 54 E. 1.2.2; 130 IV 154, 155 E. 1.2; Urteile des BGer 1S.8/2006 vom 12.12.2006, E. 1.2; 1S.42/2005 vom 28.3.2006, E. 1.2; 1S.5/2005 vom 26.9.2005, E. 1.2.

Gegen selbständig eröffnete verfahrensleitende *Vor- und Zwischenentscheide* des BstGer   **8**
(bzw. seiner Kammerpräsidenten) im engeren Sinne, welche nicht unmittelbar Zwangsmassnahmen zum Gegenstand haben, ist die Beschwerde an das BGer grundsätzlich nicht gegeben.[30] Dies gilt insbesondere für Entscheide betreffend *sachliche* und
örtliche Zuständigkeit von Behörden, *Ausstand* von Gerichtspersonen, *aufschiebende
Wirkung* (der Beschwerde an die BK BstGer), *Akteneinsicht, provisorische Versiegelung* (bis zum Entscheid über die hängige Beschwerde), *vorläufige* richterliche
Bewilligung von *Telefonabhörungen*[31], Nichtgenehmigung von Massnahmen der *verdeckten Ermittlung*[32], *Beizug des Verteidigers* zum Verhör des Beschuldigten oder Entscheide betreffend *Entschädigung des amtlichen Verteidigers*.[33] Mit der Einrichtung
des BstGer wollte der Gesetzgeber nicht zuletzt das BGer entlasten.[34] Eine Anfechtbarkeit von verfahrensleitenden Zwischenentscheiden (im engeren Sinne) wäre weder
mit diesem spezifischen gesetzgeberischen Ziel, noch mit dem allgemeinen Anliegen
der Prozessökonomie zu vereinbaren.[35] Das BstGer entscheidet daher abschliessend
über diese Verfahrensfragen. Da Art. 79 (als lex specialis) nur die Zwangsmassnahmenentscheide selbst für anfechtbar erklärt, bleibt kein Raum für die Anwendung
von Art. 92. Die Nichtanfechtbarkeit von Entscheiden des BstGer betreffend sachliche
und örtliche Zuständigkeit, Ausstand, aufschiebende Wirkung, Akteneinsicht etc.
gilt grundsätzlich auch für selbständig eröffnete Vor- und Zwischenverfügungen (im
engeren Sinne) betreffend Zwangsmassnahmen: So ist z.B. gegen verfahrensleitende
Zwischenentscheide des BstGer zu Fragen der Zuständigkeit im Haftprüfungsverfah-
ren, bei denen weder materielle Haftvoraussetzungen geprüft, noch eine Inhaftierung
oder Haftentlassung angeordnet werden, in der Regel keine Beschwerde ans BGer
möglich.[36] Ausnahmen lässt die Praxis zu, wenn solche Zwischenentscheide einen
engen Sachbezug zu zwangsmassnahmenrechtlichen (materiellrechtlichen) Fragen aufweisen.[37]

---

[29] Etwa zulasten von Banken, die Adressatinnen von Editionsverfügungen (betreffend Kundendaten
und Kundendokumente) sind und denen unter Strafandrohung verboten wird, ihre Klientschaft
über die prozessualen Massnahmen zu informieren; BGE 131 I 425 ff.

[30] BGE 131 I 52, 54 f. E. 1.2.3; 130 IV 156, 158 f. E. 1.1–1.2.3; Urteile des BGer 1S.5/2005 vom
26.9.2005, E. 1.2; 1S.11/2004 vom 22.11.2004, E. 1.2; 1S.5/2004 vom 7.9.2004, E. 1.2;
1S.9/2004 vom 23.9.2004, E. 2. Nach Art. 79 sind nur «Entscheide der *Beschwerdekammer* des
Bundesstrafgerichts» anfechtbar (s. auch nach altem Recht schon Art. 33 Abs. 3 lit. a SGG),
nicht aber verfahrensleitende Entscheide der *Kammerpräsidenten* (BGE 130 IV 156, 159
E. 1.2.1). Zu diesen gehört auch die *vorläufige* richterliche Bewilligung von Telefonabhörungen
gestützt auf Art. 7 Abs. 1 lit. a BÜPF (zur amtl. Publikation bestimmtes Urteil des BGer
1B_25/2007 vom 15.3.2007, E. 4 = SJ 2007 I S. 364); für die beschwerdeweise *nachträgliche*
richterliche Prüfung von Überwachungsmassnahmen ist hingegen die BK zuständig (Art. 10
Abs. 5 lit. a BÜPF).

[31] Bzw. Überwachungen der postalischen und elektronischen Korrespondenz gestützt auf Art. 7
Abs. 1 lit. a BÜPF.

[32] Art. 8 Abs. 1 lit. a BVE.

[33] BGE 131 I 52, 54 f. E. 1.2.3; 130 IV 156, 158 f. E. 1.1–1.2.3, je m.Hinw.; zur amtl. Publikation
bestimmtes Urteil 1B_25/2007 vom 15.3.2007, E. 4; Urteile 1S.9/2004 vom 23.9.2004, E. 2;
1S.12/2005 vom 7.2.2005, E. 1.

[34] BBl 2001 4225 f.

[35] Urteil des BGer 1S.11/2004 vom 22.11.2004, E. 2.2.

[36] Urteile des BGer 1S.6/2004 vom 11.1.2005, E. 1.1–1.2; 1S.11/2004 vom 22.11.2004, E. 2.1–2.2;
s. auch 1S.9/2004 vom 23.9.2004, E. 2 (Zwischenentscheid betreffend aufschiebende Wirkung
einer Haftbeschwerde an das BstGer).

[37] BGE 131 I 436 ff.; Urteile des BGer 1S.11/2006 vom 31.8.2006, E. 1; 1S.6/2004 vom 11.1.2005,
E. 1.3; vgl. auch BGE 131 I 66 ff.

V. Beschwerdegründe und Beschwerdefrist

9   Nach der allgemeinen Verfahrensvorschrift von Art. 98 könnte mit einer Beschwerde gegen Entscheide über «vorsorgliche Massnahmen» nur noch die Verletzung verfassungsmässiger Rechte gerügt werden. Es stellt sich die Frage, ob diese Einschränkung der zulässigen *Beschwerdegründe* auch auf die Zwangsmassnahmenbeschwerde nach Art. 79 anwendbar ist. Diese stellt wie dargelegt eine Beschwerde in Strafsachen sui generis dar. Das alte Recht (Art. 33 Abs. 3 lit. a SGG) hatte ausdrücklich die Rüge der Verletzung von *Bundesrecht* (inklusive BStP, VStrR oder StGB) zugelassen. Wie oben (in N 3–6) erläutert, sind Zwangsmassnahmenentscheide des BstGer nach Art. 79 nicht als «vorsorgliche Massnahmen» i.S.v. Art. 98 zu behandeln, sondern als prozessuale Entscheide sui generis. Die Einschränkung der Beschwerdegründe in Art. 98 ist damit auf Art. 79 nicht anwendbar.[38] Die *Beschwerdefrist* der Zwangsmassnahmenbeschwerde nach Art. 79 beträgt 30 Tage (Art. 100 Abs. 1). Bei *Haftbeschwerdefällen* gelten schon angesichts des verfassungsmässigen *Beschleunigungsgebotes* in Haftsachen (Art. 31 Abs. 3 BV, Art. 5 Ziff. 3 EMRK) die Bestimmungen über den *Stillstand von Fristen* (Art. 46 Abs. 1 BGG, «Gerichtsferien») *nicht.*[39]

VI. Beschwerdelegitimation

10   Die *Beschwerdelegitimation* richtet sich nach den Bestimmungen von Art. 81. Es kann hier auf die betreffende Kommentierung verwiesen werden. Was speziell die Zwangsmassnahmenbeschwerde nach Art. 79 angeht, ist auf die Beschwerdebefugnis der *Bundesanwaltschaft* (BA) hinzuweisen. Diese bestand schon nach altem Recht (SGG/BStP)[40] und gilt auch nach Art. 81 Abs. 1–2.[41] Art. 81 Abs. 1 lit. a–b anerkennt die Legitimation zunächst bei Behörden und Personen, die *vor der Vorinstanz am Verfahren teilgenommen* haben und zudem ein *rechtlich geschütztes Interesse* an der Aufhebung oder Änderung des angefochtenen Entscheides haben. Dazu kann insbesondere die BA gehören: Sie ist Prozesspartei und als solche bereits im Beschwerdeverfahren vor BstGer zugelassen.[42] Die Aufzählung in Art. 81 Abs. 1 lit. b («insbesondere») ist denn auch nicht abschliessend. Auch der Wortlaut von Art. 81 *Abs. 2*[43] drängt den Schluss auf, dass bereits nach Abs. 1 eine Beschwerdelegitimation der BA grundsätzlich gegeben ist. Als zusätzlichen Legitimationsgrund nennt Abs. 2 den Fall, dass das Bundesrecht vorsieht, den *angefochtenen Entscheid* der *BA mitzuteilen.* Bei Zwangsmassnahmenentscheiden der BK BstGer nach BStP (Art. 79) trifft dies stets zu, da die BA (wie erwähnt) Prozesspartei ist.[44]

---

[38] Andernfalls könnte bei Zwangsmassnahmen nach BStP/VStrR die Einhaltung der Bundesgesetzgebung vom BGer nicht geprüft werden; vgl. auch Urteil des BGer 1B_123/2007 vom 16.7.2007, E. 1.2.

[39] Die Anordnung von strafprozessualer Haft ist insofern als «vorsorgliche Massnahme» i.S.v. *Art. 46 Abs. 2 BGG* zu qualifizieren (zur amtl. Publ. bestimmtes Urteil 1B_154/2007 vom 14.9.2007, E. 1.2; vgl. Botschaft BGG, BBl 2001 4336 f.)

[40] 130 I 234, 237 E. 3.1; 130 IV 154, 155 f. E. 1.2.

[41] Siehe auch schon Art. 76 E-BGG, BBl 2001 4498 f.

[42] Art. 34 und Art. 214 Abs. 2 BStP i.V.m. Art. 30 SGG. Analoges dürfte grundsätzlich auch für die *Eidgenössische Steuerverwaltung* gelten (bei Zwangsmassnahmenbeschwerden in Steuerstrafsachen nach VStrR) oder für *Swissmedic* (in Verwaltungsstrafverfahren nach VStrR gestützt auf die eidg. Heilmittelgesetzgebung; vgl. schon nach altem Verfahrensrecht BGE 130 IV 156, 158 E. 1.1).

[43] «Die Bundesanwaltschaft ist *auch* zur Beschwerde berechtigt, wenn ...».

[44] Weitere Fälle der Mitteilungspflicht i.S.v. Art. 81 Abs. 2, die nicht das Beschwerdeverfahren nach Art. 79 betreffen (sondern andere Beschwerdefälle in Strafsachen nach Art. 78 ff.) und in denen die BA auch nicht Prozesspartei zu sein braucht, ergeben sich aus dem einschlägigen Bundesrecht (s. dazu Kommentierung zu Art. 81 Abs. 2).

VII. Übersicht über die strafprozessualen Haftbeschwerdearten

Strafprozessuale Haftentscheide der BK BstGer gestützt auf BStP bzw. VStrR sind **11** mit Beschwerde in Strafsachen an das BGer nach Art. 79 anfechtbar. Gegen letztinstanzliche Entscheide *kantonaler Haftgerichte* gestützt auf kantonales Prozessrecht steht die Beschwerde in Strafsachen nach Art. 78 ff. offen.[45] Entscheide der BK BstGer über *Auslieferungshaft* und andere rechtshilferechtliche Zwangsmassnahmen sind hingegen (innert zehn Tagen) mit der Beschwerde in *öffentlich-rechtlichen* Angelegenheiten (Art. 84 i.V.m. Art. 93 Abs. 2 und Art. 100 Abs. 2 lit. b) anfechtbar (s. dazu Art. 84 N 27).

VIII. Übergangsrecht

Intertemporalrechtlich gilt für Beschwerden nach Art. 79 die Vorschrift von Art. 132 **12** Abs. 1. Das neue Verfahrensrecht (nach BGG) ist anwendbar, wenn der angefochtene Zwangsmassnahmenentscheid der BK BstGer nach dem 31.12.2006 gefällt wurde. Massgeblich ist das *Urteilsdatum* (nicht das Datum der Eröffnung des Dispositivs oder des begründeten Urteils). Bei Zwangsmassnahmenentscheiden, die vor dem 1.1.2007 gefällt wurden, ist die altrechtliche Zwangsmassnahmenbeschwerde nach SGG (s. oben, N 2) gegeben.[46]

Art. 80

Vorinstanzen	**¹ Die Beschwerde ist zulässig gegen Entscheide letzter kantonaler Instanzen und des Bundesstrafgerichts.**
	² Die Kantone setzen als letzte kantonale Instanzen obere Gerichte ein. Diese entscheiden als Rechtsmittelinstanzen.
Autorités précédentes	¹ Le recours est recevable contre les décisions prises par les autorités cantonales de dernière instance et par le Tribunal pénal fédéral.
	² Les cantons instituent des tribunaux supérieurs comme autorités cantonales de dernière instance. Ces tribunaux statuent sur recours.
Autorità inferiori	¹ Il ricorso è ammissibile contro le decisioni delle autorità cantonali di ultima istanza e contro le decisioni del Tribunale penale federale.
	² I Cantoni istituiscono tribunali superiori quali autorità cantonali di ultima istanza. Tali tribunali giudicano su ricorso.

---

[45] Urteil des BGer 1B_6/2007 vom 20.2.2007, E. 1.2; THOMMEN/WIPRÄCHTIGER, AJP 2006, 652 f., 655.

[46] Urteil des BGer 1S.2/2007 vom 24.1.2007, E. 1 und 1.2. Für die Anfechtung von *Auslieferungshaft* bzw. *Auslieferungshaftbefehlen* gilt eine spezielle Übergangsregelung: Hier ist *neu* die Beschwerde in öffentlich-rechtlichen Angelegenheiten nach Art. 84 i.V.m. Art. 93 Abs. 2 gegeben (s. näher Art. 84 N 27). Bei der Auslieferungshaft ist die Spezialvorschrift von Art. 110b IRSG zu beachten: Falls der erstinstanzliche Auslieferungshaftentscheid des Bundesamtes für Justiz vor dem 1.1.2007 erging, ist gegen den Beschwerdeentscheid des BstGer (auch wenn dieser nach dem 1.1.2007 gefällt wurde) die altrechtliche Beschwerde nach SGG an das BGer zulässig (s. Art. 84 N 38; Urteil des BGer 1C_1/2007 vom 22.1.2007, E. 1).

Literatur

Vgl. die Literaturhinweise zu Art. 78.

I. Letztinstanzlichkeit (Art. 80 Abs. 1)

1. Kantonale Vorinstanzen

1   Die Beschwerde in Strafsachen ist zulässig gegen Entscheide letzter kantonaler Instanzen. Wie bisher muss der kantonale Instanzenzug erschöpft, der angefochtene Entscheid somit letztinstanzlich sein.[1] Die **Letztinstanzlichkeit** ist nach bisherigem Verständnis eine Anforderung an das Anfechtungsobjekt, sie gilt für alle drei ordentlichen Beschwerden gleichermassen, weshalb diese Sachurteilsvoraussetzung auch bei den «Anfechtbaren Entscheiden» (Art. 90 ff.) hätte geregelt werden können.[2] Die Voraussetzung der Letztinstanzlichkeit wirft im Normalfall keine allzu grossen Probleme auf. Ganz im Gegensatz zu der durch das Bundesgerichtsgesetz neu geregelten Frage, welche (Gerichts-) Instanzen im Kanton als letzte zu entscheiden haben (dazu unten II.).

2   Hinzuweisen bleibt einzig auf den Kanton **Zürich**, wo erstinstanzliche Strafurteile des Ober- und Geschworenengerichts mit **kantonaler Nichtigkeitsbeschwerde** an das kantonale Kassationsgericht weitergezogen werden können.[3] Da dieses Rechtsmittel die Überprüfung eidgenössischen (Gesetzes-)Rechts nicht zulässt,[4] gilt der Entscheid zumindest insoweit als letztinstanzlich. Dies führte unter bisherigem Recht dazu, dass Verletzungen von Bundesstrafrecht direkt mit eidgenössischer Nichtigkeitsbeschwerde vorzubringen waren und im Übrigen (z.B. für Sachverhaltsfragen) *gleichzeitig* die kantonale Nichtigkeitsbeschwerde zu erheben war. Das Bundesgericht sistierte dann in der Regel die Behandlung der eidgenössischen Nichtigkeitsbeschwerde bis zum Entscheid des kantonalen Kassationsgerichts. Neu richtet sich das Vorgehen nach Art. 100 Abs. 6: Wird gegen ein Obergerichts- oder Geschworenengerichtsurteil eine kantonale Nichtigkeitsbeschwerde erhoben, dann beginnt die Frist für die Beschwerde in Strafsachen erst mit dem Entscheid des kantonalen Kassationsgerichts zu laufen. Bezüglich derjenigen Fragen, die dem Kassationsgericht nicht unterbreitet werden können, gilt freilich immer noch das Obergerichtsurteil als letzter kantonaler Entscheid.[5]

Auf den ersten Blick erscheint die neue Rechtslage klar: Ein Obergerichtsurteil kann wie bisher entweder direkt mit Beschwerde in Strafsachen angefochten werden oder es kann zunächst noch eine kantonale Nichtigkeitsbeschwerde erhoben werden. Für letzteren Fall sieht Art. 100 Abs. 6 einen einheitlichen Firstenlauf vor. Für den erstgenannten Fall der direkten Anfechtung des Obergerichtsurteils stellt sich indes folgendes Problem: Die

---

[1] Art. 268 BStP und Art. 86 Abs. 1 OG; SCHUBARTH, Nichtigkeitsbeschwerde, 15 ff.
[2] Vgl. KARLEN, BGG, 34 f.
[3] Art. 428 ff. StPO/ZH.
[4] § 430b StPO/ZH; dazu SCHMID, Strafprozessrecht[4], N 1075 ff.
[5] Im Detail SCHMID, Jusletter 2006, Ziff. 2.

Beschwerde in Strafsachen ist eine Einheitsbeschwerde. Sachverhalts- und Rechtsverletzungsrügen können deshalb in der gleichen Beschwerde vorgebracht werden. Andererseits gilt nach Art. 80 Abs. 1, dass der kantonale Instanzenzug in jedem Fall zu durchlaufen ist. Damit ist aber klar, dass bei der Direktanfechtung von Obergerichtsurteilen nur die Verletzung von Bundes(straf)recht vorgebracht werden kann. Insbesondere die Rüge der unrichtigen Sachverhaltsfeststellung und die Verletzung kantonalen Prozessrechts können – obwohl in einer Einheitsbeschwerde erhoben – nicht behandelt werden, weil es an der Erschöpfung des kantonalen Instanzenzugs fehlt. Diese Fragen sind zunächst dem kantonalen Kassationsgericht zu unterbreiten. Dieses Resultat entspricht der bisher geltenden Regelung. Mit dieser Beschneidung der Rügegründe wird die neue Einheitsbeschwerde wieder zu einer alten eidgenössischen Nichtigkeitsbeschwerde «degradiert». Die Möglichkeit alle (in einer Einheitsbeschwerde zulässigen) Rügen gegen das Obergerichtsurteil zu erheben, lebt erst mit dem ablehnenden Entscheid des kantonalen Kassationsgerichts wieder auf. Wird also das Zürcher Obergerichts- oder Geschworenengerichtsurteil zuerst mit kantonaler Nichtigkeitsbeschwerde weitergezogen und weist das Kassationsgericht diese ab oder tritt darauf nicht ein, dann ist für sämtliche einheitsbeschwerdefähigen Rügen der kantonale Instanzenzug erschöpft und die Beschwerde in Strafsachen gegen das Obergerichtsurteil zulässig.

2. Bundesstrafgericht als Vorinstanz

Die Beschwerde in Strafsachen ist zulässig gegen Entscheide des Bundesstrafgerichts   **3**
(Art. 80 Abs. 1). In dieser absoluten Formulierung ist die Bestimmung trügerisch. Es ist zu unterscheiden zwischen den grundsätzlich anfechtbaren Entscheiden der Strafkammer (a.) und den grundsätzlich unanfechtbaren Entscheiden der Beschwerdekammer (b.).

a) Entscheide der Strafkammer

Das Bundesstrafgericht in Bellinzona amtet als gerichtliches Organ der Bundesstraf-   **4**
rechtspflege. Früher war das Bundesstrafgericht eine besondere Abteilung des Bundesgerichts in Lausanne. Dieses stellte auch die Anklagekammer und als Beschwerdeinstanz den Ausserordentlichen Kassationshof. Mit dem Bundesgesetz über das Bundesstrafgericht vom 4.10.2002 (Strafgerichtsgesetz; SGG) wurde ein eigenständiges erstinstanzliches Strafgericht des Bundes geschaffen.[6] Sein Sitz ist in Bellinzona (Art. 4 SGG). Das Bundesstrafgericht verfügt über getrennte Straf- und Beschwerdekammern.[7] Die *Strafkammern* haben im Wesentlichen die Aufgaben des ehemaligen Bundesstrafgerichts in Lausanne übernommen und beurteilen in erster Instanz **Straffälle in Bundeszuständigkeit** sowie vom Bundesrat überwiesene **Verwaltungsstrafsachen** (Art. 26 SGG).[8] Die Entscheide der Strafkammern können grundsätzlich mit Beschwerde in Strafsachen an das Bundesgericht weitergezogen werden (Art. 1 BStP; Art. 80 Abs. 1).

b) Entscheide der Beschwerdekammer

Die Beschwerdekammer des Bundesstrafgerichts ersetzt die ehemalige Anklagekammer   **5**
des Bundesgerichts. Nicht übernommen von der Anklagekammer hat die Beschwerdekammer die Aufgabe der Anklagezulassung. Diese ist entfallen.[9] Die übrigen Entscheid-

---

[6] S.a. Art. 191a BV; Botschaft 2001 BBl 2001 4247 und 4254 ff.
[7] Zur Notwendigkeit dieser Trennung vgl. BGE 112 Ia 290, 114 Ia 57.
[8] BGE 132 IV 89, E. 1; zu den Verwaltungsstrafsachen vgl. oben Art. 78 N 5.
[9] Ehemals Art. 128–134 BStP (vgl. Anhang Ziff. 9 des Strafgerichtsgesetzes vom 4.10.2002). Begründet wurde die Streichung der Anklagezulassung mit der Umständlichkeit des zweistufigen Verfahrens. Zudem stelle der Entscheid der Anklagekammer über die Anklagezulassung eine Art «Vor-Urteil» dar (Botschaft 2001 BBl 2001 4255; zum ganzen BGE 133 IV 93.

zuständigkeiten der Beschwerdekammer werden in Art. 28 SGG aufgezählt. Sie übt die Aufsicht über die Ermittlungs- und Untersuchungsbehörden des Bundes aus (Art. 28 Abs. 1 lit. a und Abs. 2 SGG),[10] sie entscheidet u.a. über strafprozessuale Zwangsmassnahmen (lit. b, c^bis und g^bis), über Ausstandsbegehren betr. den Bundesanwalt und die eidg. Untersuchungsrichter (lit. c), verwaltungsstrafrechtliche Anstände (lit. d),[11] Streitigkeiten zwischen den Kantonen untereinander und mit dem Bund betr. die Zuständigkeit und die innerstaatliche Rechtshilfe (lit. g),[12] ferner ist sie Beschwerdeinstanz für bundesverwaltungsgerichtsinterne Arbeitsstreitigkeiten (lit. h). Neuerdings ist die Beschwerdekammer auch zuständig für die Beurteilung von Beschwerden betr. die internationale Rechtshilfe in Strafsachen (lit. e).[13]

6 Die Entscheide der Beschwerdekammer sind **grundsätzlich letztinstanzlich**.[14] Dies gilt insb. für Gerichtsstandsstreitigkeiten (Art. 345 StGB) und die innerstaatliche Rechtshilfe (Art. 361 StGB).[15] Der Grundsatz kennt zwei wichtige **Ausnahmen:**

– Nach Art. 79 sind Entscheide der Beschwerdekammer mit Beschwerde in Strafsachen anfechtbar, soweit sie **Zwangsmassnahmen**[16] oder Einziehungen[16a] betreffen. Dies gilt auch für verwaltungsstrafrechtliche Zwangsmassnahmen (Art. 26 Abs. 1 VStrR).[17]

– Gegen Entscheide der Beschwerdekammer auf dem Gebiet der **internationalen Rechtshilfe in Strafsachen** ist die Beschwerde in öffentlich-rechtlichen Angelegenheiten nach Massgabe von Art. 84 gegeben.

II. Zweitinstanzlichkeit (Art. 80 Abs. 2)

1. Bundesrechtliche Vorgaben («Double Instance»)

7 Nach Art. 80 Abs. 2 setzen die Kantone als letzte Instanz obere Gerichte ein, welche als Rechtsmittelinstanzen entscheiden.[17a] Der Bund macht damit von seiner Kompetenz Gebrauch, in die **kantonale Gerichtsorganisation** einzugreifen (Art. 123 Abs. 2 BV). Für die Kantone ergeben sich zwei Verpflichtungen: Erstens muss ihre letztinstanzliche Behörde ein oberes Gericht sein, und zweitens muss das obere Gericht als Rechtsmittelinstanz entscheiden. Als Rechtsmittelinstanz muss es dabei mindestens die gleiche Überprüfungsbefugnis haben wie das Bundesgericht, also eine volle Überprüfungsmöglichkeit in rechtlicher und eine beschränkte in tatsächlicher Hinsicht (Art. 111 Abs. 3).

---

[10] Vgl. Entscheid 6C_1/2007 E. 2.2 (Die Weigerung des Bundesanwalts eine Strafanzeige weiter zu verfolgen, kann nur an Beschwerdekammer, nicht aber an das Bundesgericht weitergezogen werden).

[11] Dazu oben Art. 78 N 5.

[12] Botschaft 2001 BBl 2001 4359 ff.; ferner BSK StGB²-NAY/THOMMEN, Art. 336 N 1 ff. und Art. 361 N 1 ff.

[13] Ursprünglich sollten diese int. Strafrechtshilfebeschwerden letztinstanzlich vom Bundesverwaltungsgericht behandelt werden, Botschaft 2001 4230; dazu im Detail EHRENZELLER/SCHWEIZER-AEMISEGGER, 179 ff.

[14] BGE 6B_226/2007 vom 12.8.2007, E. 1.2 (BGE-Publ.); 6C_1/2007 vom 20.3.2007; 1S_4/2006 vom 16.5.2006, E. 1; KISS AJP 2003, 151.

[15] Vgl. dazu BSK StGB²-NAY/THOMMEN Art. 345 N 1 und Art. 361 N 1.

[16] Zu den anfechtbaren Zwangsmassnahmen vgl. BGE 131 I 52 E. 1.2.2 und Entscheid 1S.4/2006 vom 16.5.2006, E. 1; zum Ganzen Kommentierung von HEINZ AEMISSEGGER/MARC FORSTER, Art. 79 N 1 ff.

[16a] Im Urteil 6B_226/2007 vom 12.8.2007, E. 1.2 (BGE-Publ.) wurde ein Entscheid der Beschwerdekammer über eine von der Bundesanwaltschaft verfügte Einziehung als beschwerdefähig erklärt, obwohl diese keine strafprozessuale Zwangsmassnahme darstellt.

[17] Vgl. dazu oben Art. 78 N 5.

[17a] BGE 6B_104/2007 vom 23.7.2007, E. 1.

Liest man diese Bestimmung zusammen mit der Rechtsweggarantie (Art. 29a und Art. 191b BV) und der Rechtsmittelgarantie von Art. 32 Abs. 3 BV, dann ergibt sich für die Kantone ein Obligatorium der **Doppelinstanzlichkeit**.[18] Erstere Verfassungsbestimmungen verpflichten die Kantone nämlich, mindestens eine kantonale *Gerichts*instanz mit voller Kognition hinsichtlich aller Tat- und Rechtsfragen einzurichten.[19] Art. 80 Abs. 2 verpflichtet sie, eine *gerichtliche* Rechtsmittelinstanz einzusetzen. Diese Vorgaben bedeuten jedoch nicht – wie man auf den ersten Blick meinen könnte –, dass die Kantone einen doppelten *gerichtlichen* Instanzenzug vorzusehen haben.[20] Solange die kantonale Rechtsmittelinstanz sämtliche nach Art. 29a BV verlangten rechtlichen und tatsächlichen Überprüfungsbefugnisse hat, kann als erste Instanz auch eine Verwaltungsbehörde eingesetzt werden. Anderseits kann, wenn bereits erstinstanzlich ein kantonales Gericht tagte, die Rechtsmittelinstanz auch bloss eingeschränkt (i.S.v. Art. 111 Abs. 3) überprüfen.[21]

Die Vorinstanzenregelung von Art. 80 Abs. 2 zielt auf gewisse kantonale Strafprozessordnungen, in denen für Verurteilungen bei **Kapitalverbrechen ordentliche Rechtsmittel**[22] fehlen, weil diese erstinstanzlich bereits von oberen Gerichten beurteilt werden.[23] Allerdings erfüllt auch der Bund diese Vorgaben nicht. Gegen Urteile der Strafkammer des Bundesstrafgerichts fehlt ein ordentliches Rechtsmittel.[24] Mit der zwingenden Überprüfbarkeit durch Gerichte wurde eine Entlastung des Bundesgerichts angestrebt.[25] Es darf bezweifelt werden, dass die Möglichkeit einer *gerichtlichen* Überprüfung innerhalb des Kantons mässigenden Einfluss auf die Weiterzugsfreudigkeit der Parteien haben wird. Doch wird damit der Rechtsschutz ausgebaut und so eines der Justizreformziele verwirklicht.

2. Übergangsrechtliche Lösung

Da sowohl das Bundesgerichtsgesetz als auch die künftige schweizerische Strafprozess-ordnung Anpassungen in der kantonalen Gerichtsorganisation notwendig machen, hat der Gesetzgeber auf Betreiben der kantonalen Justiz- und Polizeidirektionen entschieden, die beiden Reformen aufeinander abzustimmen. Nach Art. 130 Abs. 1 erlassen die Kantone auf den Zeitpunkt des Inkrafttretens einer schweizerischen Strafprozessordnung Ausführungsbestimmungen über die Zuständigkeit, die Organisation und das Verfahren der Vorinstanzen in Strafsachen im Sinne der Art. 80 Abs. 2 und 111 Abs. 3, einschliesslich der Bestimmungen, die zur Gewährleistung der Rechtsweggarantie nach Art. 29a BV erforderlich sind. Ist sechs Jahre nach Inkrafttreten dieses Gesetzes noch keine schweizerische Strafprozessordnung in Kraft, so legt der Bundesrat die Frist zum Erlass der Ausführungsbestimmungen nach Anhörung der Kantone fest.[26]

Damit sind die soeben besprochenen (II.1) gerichtsorganisatorischen Vorgaben an die Kantone einstweilen ausgesetzt.

8

---

[18] Botschaft 2001 BBl 2001 4316 f. und 4350 f.; zum Prinzip der «double instance» s. SGK-KISS/KOLLER, Art. 188 BV (Justizreform) N 25 sowie J. FROWEIN/W. PEUKERT, EMRK-Kommentar, 2. Aufl., Kehl etc. 1996, 858 ff.

[19] Hierzu SGK-KISS/KOHLER, Art. 191b BV (Justizreform) N 5 ff.

[20] Vgl. jedoch Art. 13 E-StPO (BBl 2006 1392), dazu Botschaft E-StPO, BBl 2006 1134 ff.

[21] Zum Ganzen eingehend: KARLEN, BGG, 69 ff.; ferner SEILER/VON WERDT/GÜNGERICH, BGG, Art. 80 N 7.

[22] Zum Begriff des ordentlichen Rechtsmittels vgl. SCHMID, Strafprozessrecht[4], N 955 ff.

[23] Vgl. etwa § 56 des Gerichtsverfassungsgesetzes des Kantons Zürich (LS 211.1).

[24] SCHMID, ZStrR 2006, 171; weiter KISS, AJP 2003, 151.

[25] Botschaft (FN 1) 2001 4317.

[26] Dazu Botschaft zum Bundesgesetz über die Bereinigung und Aktualisierung der Totalrevision der Bundesrechtspflege vom 1.3.2006, BBl 2006 3074 ff.

9 Dies führt zur Frage der derzeit geltenden Regelung. Art. 80 knüpft wie erwähnt zwei An-
fechtungsvoraussetzungen an kantonale Entscheide, sie müssen letztinstanzlich (Abs. 1)
und zweitinstanzlich (Abs. 2) sein.[27] Das Erfordernis der **Zweitinstanzlichkeit** ist jedoch
einstweilen suspendiert (Art. 130 Abs. 1).[27a] Deshalb sind während der Übergangsfrist
sowohl die Entscheide unterer kantonaler Gerichte, welche als einzige Instanz z.B. Haftsachen entscheiden,[28] als auch diejenigen oberer kantonaler Gerichte, welche als einzige
Instanz über Kapitalverbrechen[29] oder grössere Wirtschaftsdelikte[30] entscheiden, direkt
mit Beschwerde in Strafsachen anfechtbar. Bisher war die Nichtigkeitsbeschwerde ausgeschlossen gegen Urteile *unterer* kantonaler Gerichte, wenn diese als einzige kantonale
Instanz entschieden haben (Art. 268 Ziff. 1 Satz 2 aBStP).[31] Neu wird bei Entscheiden
einer einzigen (und damit letzten) kantonalen Instanz nicht mehr danach unterschieden, ob
diese von einer unteren Instanz (Ebene Bezirksgericht; Strafgericht) oder oberen Instanz
(Ebene Obergericht; Kantonsgericht; Appellationsgericht) gefällt werden.

Art. 81

Beschwerderecht   [1] Zur Beschwerde in Strafsachen ist berechtigt, wer:
a. vor der Vorinstanz am Verfahren teilgenommen hat oder keine Möglichkeit zur Teilnahme erhalten hat; und
b. ein rechtlich geschütztes Interesse an der Aufhebung oder
Änderung des angefochtenen Entscheids hat, insbesondere:
1. die beschuldigte Person,
2. ihr gesetzlicher Vertreter oder ihre gesetzliche Vertreterin,
3. die Staatsanwaltschaft,
4. die Privatstrafklägerschaft, wenn sie nach dem kantonalen
Recht die Anklage ohne Beteiligung der Staatsanwaltschaft
vertreten hat,
5. das Opfer, wenn der angefochtene Entscheid sich auf die
Beurteilung seiner Zivilansprüche auswirken kann,
6. die Person, die den Strafantrag stellt, soweit es um das
Strafantragsrecht als solches geht.

[2] Die Bundesanwaltschaft ist auch zur Beschwerde berechtigt,
wenn das Bundesrecht vorsieht, dass ihr der Entscheid mitzuteilen ist oder wenn die Strafsache den kantonalen Behörden zur
Beurteilung überwiesen worden ist.

[3] Gegen Entscheide nach Artikel 78 Absatz 2 Buchstabe b steht
das Beschwerderecht auch der Bundeskanzlei, den Departementen des Bundes oder, soweit das Bundesrecht es vorsieht, den
ihnen unterstellten Dienststellen zu, wenn der angefochtene
Entscheid die Bundesgesetzgebung in ihrem Aufgabenbereich
verletzen kann.

---

[27] Eingehend BOMMER, Verletztenrechte, 166 ff.
[27a] Bundesgerichtsentscheid 6B_104/2007 vom 23.7.2007, E. 1.
[28] Vgl. z.B. § 6 StPO/BS; § 24 Abs. 1 GVG/ZH.
[29] Vgl. z.B. § 56 GVG/ZH (Geschworenengericht) oder § 44 GVG/ZH i.V.m. § 198a StPO/ZH.
[30] Vgl. z.B. Art. 11 Ziff. 2 GOG/BE.
[31] BGE 126 IV 95; 117 IV 84 E. 1b; dazu SCHUBARTH, Nichtigkeitsbeschwerde, N 27 f.

Qualité pour
recourir

¹ A qualité pour former un recours en matière pénale quiconque:

a. a pris part à la procédure devant l'autorité précédente ou a été privé de la possibilité de le faire, et

b. a un intérêt juridique à l'annulation ou à la modification de la décision attaquée, soit en particulier:
   1. l'accusé,
   2. le représentant légal de l'accusé,
   3. l'accusateur public,
   4. l'accusateur privé, si, conformément au droit cantonal, il a soutenu l'accusation sans l'intervention de l'accusateur public,
   5. la victime, si la décision attaquée peut avoir des effets sur le jugement de ses prétentions civiles,
   6. le plaignant, pour autant que la contestation porte sur le droit de porter plainte.

² Le Ministère public de la Confédération a aussi qualité pour recourir si le droit fédéral prescrit que la décision doit lui être communiquée ou si la cause a été déférée pour jugement aux autorités cantonales.

³ La qualité pour recourir contre les décisions visées à l'art. 78, al. 2, let. b, appartient également à la Chancellerie fédérale, aux départements fédéraux ou, pour autant que le droit fédéral le prévoie, aux unités qui leur sont subordonnées, si l'acte attaqué est susceptible de violer la législation fédérale dans leur domaine d'attributions.

Diritto di ricorso

¹ Ha diritto di interporre ricorso in materia penale chi:

a. ha partecipato al procedimento dinanzi all'autorità inferiore o è stato privato della possibilità di farlo; e

b. ha un interesse giuridicamente protetto all'annullamento o alla modifica della decisione impugnata, segnatamente:
   1. l'imputato,
   2. il rappresentante legale dell'accusato,
   3. il pubblico ministero,
   4. l'accusatore privato, se in virtù del diritto cantonale ha sostenuto l'accusa senza la partecipazione del pubblico ministero,
   5. la vittima, se la decisione impugnata può influire sul giudizio delle sue pretese civili;
   6. il querelante, per quanto trattasi del diritto di querela come tale.

² Anche il Ministero pubblico della Confederazione è legittimato a ricorrere se il diritto federale prevede che la decisione deve essergli notificata o se la causa penale è stata deferita per giudizio alle autorità cantonali.

³ Il diritto di ricorrere contro le decisioni di cui all'articolo 78 capoverso 2 lettera b spetta inoltre alla Cancelleria federale, ai dipartimenti federali o, in quanto lo preveda il diritto federale, ai servizi loro subordinati, se la decisione impugnata viola la legislazione federale nella sfera dei loro compiti.

Inhaltsübersicht

Materialien

Botschaft 2001 BBl 2001 4318 ff.

Literatur

Vgl. die Literaturhinweise zu Art. 78.

I. Beschwerdelegitimation im Allgemeinen

1   Zur Beschwerde in Strafsachen ist berechtigt, wer am vorinstanzlichen Verfahren teilge-
    nommen *und* ein rechtlich geschütztes Interesse an der Aufhebung oder Änderung des
    angefochtenen Entscheids hat.[1] Art. 81 stellt somit zwei **kumulativ** zu erfüllende Legi-
    timationsvoraussetzungen auf. Es folgt eine beispielhafte («insbesondere») Aufzählung
    beschwerdeberechtigter Personen. Wie von SCHMID[2] zutreffend hervorgehoben wurde, ist
    die Norm strukturiert als «**Generalklausel mit Regelbeispielen**». Dies führt unweiger-
    lich zur Frage, ob es nicht enumerierte Personen gibt, die zur Beschwerde berechtigt
    sind. Ohne dem im Einzelnen vorgreifen zu wollen, sind nach dem Willen des Gesetz-
    gebers alle Personen zur Beschwerde legitimiert, die eine Verfahrensteilnahme (oder
    deren Verweigerung) vor Vorinstanz sowie ein rechtlich geschütztes Interesse nachweisen
    können, unabhängig von einer Nennung in der nachfolgenden Liste.[3]

1. Teilnahme am vorinstanzlichen Verfahren (Abs. 1 lit. a)

2   Die erste allgemeine Legitimationsvoraussetzung zur Beschwerde in Strafsachen ist die
    Teilnahme am vorinstanzlichen Verfahren, resp. der zu Unrecht erfolgte Ausschluss da-
    von. Die diesbezügliche Erläuterung in der Botschaft, wonach für sich die Verfah-
    rensteilnahme zumindest in der Stellung von **Anträgen** manifestiert haben müsse, wurde
    mit Recht als zu weit gehend kritisiert.[4] Bei einem Freispruch in erster Instanz hat die
    beschuldigte Person u.U. keine Veranlassung, Appellationsanträge zu stellen. Trotzdem
    muss sie gegen eine zweitinstanzliche Verurteilung Beschwerde in Strafsachen erheben
    können. Öffentliche Ankläger und Beschuldigte sind aufgrund ihrer Parteistellung vor
    Vorinstanz unabhängig von allfällig gestellten Anträgen beschwerdelegitimiert. Anderes
    gilt für Personen, deren Verfahrensteilnahme fakultativ ist, namentlich **Opfer und (ein-
    fache) Geschädigte**. Von ihnen wird man eine aktive Teilnahme am Vorverfahren ver-
    langen können. So erlaubt denn auch das Opferhilfegesetz dem Opfer nur dann den
    Gerichtsentscheid mit den gleichen Rechtsmitteln anzufechten wie der Beschuldigte,
    wenn es sich bereits vorher am Verfahren beteiligt hat (Art. 8 Abs. 1 lit. c OHG). Die
    Voraussetzung, wonach auch zur Beschwerde legitimiert ist, wem die Teilnahme am
    vorinstanzlichen Verfahren verwehrt wurde, ist wohl am ehesten auf Opfer und Geschä-
    digte zugeschnitten. Sie betrifft jedenfalls nicht den unentschuldigt abwesenden Ange-
    klagten. Bei **Abwesenheits-/Kontumazialurteilen** kann eine Beschwerde erst erhoben

---

[1] BGE 133 IV 121 E. 1.1; THOMMEN/WIPRÄCHTIGER, AJP 2006, 655 f.

[2] SCHMID, ZStrR 2006, 179.

[3] BGE 133 IV 121 E. 1.1; Botschaft 2001 4318; in den parlamentarischen Debatten hat die Struk-
    turierung der Beschwerderechtsklausel zu keinen Diskussionen Anlass gegeben.

[4] Kritik und eingehende Begründung bei SCHMID, ZStrR 2006, 178 f. und BOMMER, Verletzten-
    rechte, 171 ff.

werden, wenn ein Wiederaufnahmebegehren gestellt und eine Verurteilung im gewöhnlichen Verfahren verlangt wurde. Vorher fehlt es an der Erschöpfung des kantonalen Instanzenzugs. Wenn der Verurteilte dieses Gesuch nicht oder nicht rechtzeitig stellt, ist das Kontumazialurteil nicht anfechtbar.[5] In der **parlamentarischen Beratung** zum Bundesgerichtsgesetz verlangte Nationalrat Daniel Vischer mit einer Motion, die Legitimation auf die einfachen Geschädigten auszudehnen. Der Bundesrat hielt fest, dass die explizite Erwähnung der Geschädigten nicht notwendig sei. Die Liste in Art. 81 BGG sei nicht abschliessend. Zur Beschwerdelegitimation werde einzig die Teilnahme vor Vorinstanz und ein rechtlich geschütztes Interesse verlangt. Es sei somit möglich, die Geschädigten zur Beschwerde in Strafsachen zuzulassen. Ferner würden die Geschädigten nach dem Entwurf zur Schweizer Strafprozessordnung ohnehin zur Beschwerde zugelassen, sofern sie sich als Privatkläger konstituieren.[5a]

Die Voraussetzung der Verfahrensteilnahme vor der Vorinstanz wirft auch in Bezug auf die **öffentlichen Ankläger** Fragen auf. In einem kürzlich entschiedenen Fall wurde die Anklage im obergerichtlichen Verfahren vom Statthalteramt Pfäffikon vertreten, die Beschwerde in Strafsachen indes von der Oberstaatsanwaltschaft des Kantons Zürich erhoben, obwohl diese am obergerichtlichen Verfahren nicht teilgenommen hatte. Das Bundesgericht hielt fest, dass die Oberstaatsanwaltschaft das Rechtsmittelverfahren zwar nicht selbst geführt, ihre Interessen aber durch eine ihr untergeordnete Behörde mittelbar hat wahrnehmen lassen und insoweit am vorinstanzlichen Verfahren beteiligt gewesen ist.[5b] Die Oberstaatsanwaltschaft wurde somit im Ergebnis trotz fehlender unmittelbarer Verfahrensteilnahme vor Vorinstanz zur Beschwerde zugelassen. Damit übernimmt das Bundesgericht seine Rechtsprechung zum alten Verfahrensrecht, wonach grundsätzlich stets die obersten kantonalen Anklagebehörden die Beschwerde vor Bundesgericht vertreten sollen (BGE 131 IV 142). Ob daneben auch noch die unteren Anklagebehörden, welche die Anklage vor Vorinstanz vertreten haben, beschwerdebefugt sind, bleibt nach diesem Entscheid aber weiterhin offen.

2. Rechtlich geschütztes Interesse (Abs. 1 lit. b)

Die zweite allgemeine Beschwerderechtsvoraussetzung ist der Nachweis eines rechtlich geschützten Interesses. Faktische Interessen genügen nicht.[6] Die Terminologie ist aus **Art. 88 OG** übernommen, weshalb bei der Auslegung die bisherige Legitimationspraxis zur staatsrechtlichen Beschwerde beigezogen werden kann. Es ist geltend zu machen, dass der Akt eine Norm verletzt, deren Ziel es ist, die Interessen des Beschwerdeführers zu schützen und die ihm auf diese Weise ein subjektives Recht einräumt.[7] Darauf ist im Rahmen der (angeblichen) Legitimation der Staats-/Bundesanwaltschaft zu Verfassungsbeschwerden zurückzukommen (N 7). Normalerweise bereitet der Nachweis der Verletzung rechtlich geschützter Interessen keine grossen Schwierigkeiten. Im Hauptanwendungsfall ist der Verurteilte in seinen rechtlich geschützten Vermögens- und Freiheitsinteressen betroffen. Wobei sich aus dem Urteilsdispositiv ergibt, wer durch den Entscheid beschwert ist. Ein Arbeitgeber kann deshalb die Verurteilung eines Angestellten zu einer Freiheitsstrafe nicht anfechten.[8] Aus der Anlehnung an die Rechtspre-

3

---

[5] BGE 121 IV 340; 106 IV 227 E. 2; 80 IV 137.
[5a] www.parlament.ch, Curia vista, Geschäft: 06.3097.
[5b] Urteil 6B_89/2007 vom 24.10.2007, E. 1.3 (BGE-Publ.).
[6] BGE 133 IV 121 E. 1.2.
[7] Botschaft 2001 4328; in BGE 131 IV 191 E. 1.2 wurde das Rechtsschutzinteresse des Beschwerdeführers verneint mit der Begründung, dass Art. 10c Abs. 1 OHG die Interessen des Kindes und nicht seine schütze.
[8] Beispiel von Karlen, BGG, 47.

chung zur staatsrechtlichen Beschwerde ergibt sich sodann, dass das Rechtsschutzinteresse aktuell zu sein hat,[9] auch wenn diese Einschränkung nach wie vor nicht explizit aus dem Gesetzestext hervorgeht. An der Aktualität fehlt es etwa bei einer Beschwerde gegen ein abgelehntes Haftentlassungsgesuch, wenn der Beschwerdeführer in der Zwischenzeit aus der Haft entlassen wurde.[10] Weiterhin können dem Bundesgericht auch keine abstrakten Rechtsfragen unterbreitet werden.[11]

II. Beschwerdelegitimierte im Einzelnen

1. Beschuldigte und deren gesetzliche Vertreter (Ziff. 1 und 2)

4 Wie erwähnt, ergibt sich die Beschwer des Beschuldigten aus dem Urteilsdispositiv. Im Rahmen seiner Beschwer ist der Beschuldigte uneingeschränkt zur Beschwerde sowohl im Straf- als auch im Zivilpunkt[12] legitimiert. Diese Voraussetzung ist auch erfüllt, wenn die Vorinstanz nach der Schuldigerklärung von Strafe Umgang genommen hat. Der Betroffene hat in diesem Fall ein rechtlich schützenswertes Interesse an der Aufhebung des Schuldspruchs.[13]

5 Beschwerdelegitimiert sind sodann die **gesetzlichen Vertreter** (Ziff. 2). Aus dem Wortlaut («*ihr* gesetzlicher Vertreter») ist zu schliessen, dass nur die Vertreter der beschuldigten Person legitimiert sein sollen. Da jedoch dem Opfer von Bundesrechts wegen dieselben Rechtsmittelbefugnisse zustehen wie der beschuldigten Person (Art. 8 Abs. 1 lit. c OHG) ist nicht einsichtig, weshalb nicht auch dessen gesetzliche Vertreter zur Beschwerde legitimiert sein sollten. Gesetzliche Vertretungsrechte haben nur die **Eltern** und **Vormünder** sowie in gewissen Fällen **Beistände**,[14] hingegen haben beispielsweise **Ehegatten kein** gesetzliches Vertretungsrecht. Dass Eltern und Vormünder zur Prozessführung berechtigt sind, bedeutet nicht, dass ihre Vertretungsbefugnisse exklusiv sind. Unmündige Jugendliche oder entmündigte Erwachsene üben im Rahmen ihrer Urteilsfähigkeit Rechte selbständig aus, die ihnen um ihrer Persönlichkeit willen zustehen (Art. 19 Abs. 2 ZGB). Zu diesen höchstpersönlichen und im Konfliktfall der Vertretungsmacht vorgehenden Rechten gehört auch die Befugnis Rechtsmittel zu ergreifen.[15] Nicht mehr eo ipso legitimiert sind die **Angehörigen verstorbener Angeklagter**. Sie können jedoch beim Nachweis schützenswerter rechtlicher Interessen zur Beschwerde zugelassen werden.[16] Zur Vermeidung von Missverständnissen sei angemerkt, dass mit gesetzlicher Vertreter nicht der (amtliche) **Verteidiger** der beschuldigten Person gemeint ist. Dieser ist mangels Beschwer nicht zur Beschwerde legitimiert.[17] Er führt die Beschwerde namens und auftrags seines beschwerdelegitimierten Mandanten.

---

[9] BGE 131 I 153 E. 1.3.

[10] Vgl. BGE 125 I 394 E. 4 m.Hinw., worin klargestellt wird, dass die Rechtmässigkeit der Haft nach der Entlassung nur noch im Entschädigungsverfahren thematisiert werden kann. Zur Effizienz von Haftbeschwerden vgl. Urteil des EGMR i.S. R.M.D. c. Suisse vom 26.9.1997.

[11] BGE 124 IV 94 E. 1c; 116 Ia 359 E. 2a.

[12] Zum Zivilpunkt eingehend oben Art. 78 N 12 ff.

[13] BGE 101 IV 324 E. 1.

[14] Eltern: Art. 296 Abs. 1 i.V.m. Art. 304 Abs. 1 ZGB; Vormund: Art. 407 ZGB; Vertretungsbeistand: Art. 392 ZGB.

[15] BGE 120 Ia 369 E. 1; s.a. HAUSER/SCHWERI/HARTMANN, Strafprozessrecht[6], § 39 N 28; SCHMID, ZStrR 2006, 181.

[16] Vgl. Art. 270 lit. b aBStP; Botschaft 2001 4318. Zu den Unwägbarkeiten der alten Regelung eingehend SCHUBARTH, Nichtigkeitsbeschwerde, 74 ff.

[17] So aber SCHMID, ZStrR 2006, 181 mit Verweis auf Art. 39 ff. Die Bestimmungen regeln nur die Voraussetzungen, unter welchen Rechtsvertreter zur Verteidigung befugt sind. Zum Ganzen vgl. BGE 6S.15/2005 vom 12.5.2005.

2. Staatsanwaltschaft/Bundesanwaltschaft (Ziff. 3 und Abs. 2)

Obwohl der Gesetzestext nur die «Staatsanwaltschaft» nennt, sind damit wohl die öffent- **6**
lichen Ankläger von Bund und Kantonen gemeint. Im Falle kantonaler Entscheide sind
dies die kantonalen Staatsanwaltschaften, Generalprokuratoren, etc. (Art. 81 Abs. 1 lit. b
Ziff. 3).[18] Noch offen ist, ob auch nach neuem Recht *nur* die oberste Anklagebehörde des
Kantons zur Beschwerde berechtigt ist, oder allenfalls diejenige Anklagebehörde, welche
den Staat vor der oberen kantonalen Instanz vertrat.[18a] Die Bundesanwaltschaft ist berechtigt, Entscheide der Strafkammer des Bundesstrafgerichts anzufechten, was sich aus
ihrer Parteistellung ergibt.[19] Inwieweit die Bundesanwaltschaft auch zur Anfechtung von
(Zwangsmassnahmen-)Entscheiden der Beschwerdekammer berechtigt ist, ist noch offen
(dazu sogl. unten). Der Bundesanwalt kann sich durch seine Stellvertreter vertreten lassen (Art. 16 Abs. 1 BStP). Als solche kommen vorab die stellvertretenden und die ausserordentlichen Bundesanwälte (Art. 16 Abs. 2 und 3 BStP), aber auch die ebenfalls vom
Bundesrat gewählten Staatsanwälte des Bundes in Frage.[20] Die Bundesanwaltschaft ist
ferner zur Beschwerde berechtigt, wenn das Bundesrecht vorsieht, dass ihr der **Entscheid mitzuteilen** ist oder wenn die Strafsache den kantonalen Behörden zur Beurteilung überwiesen worden ist (Art. 81 Abs. 2). Welche Entscheide der Bundesanwaltschaft
mitzuteilen sind, ergibt sich aus Art. 1 Ziff. 2 und Art. 2 der Verordnung vom 10.11.2004
über die Mitteilung kantonaler Strafentscheide (Mitteilungsverordnung; SR.312.3). Mit
den überwiesenen Strafsachen, sind die sog. **Delegationsstrafsachen** (Art. 18 f. BStP)
gemeint, also Strafsachen in Bundeszuständigkeit (Art. 336 f. StGB), die die Bundesanwaltschaft an die Kantone delegiert hat.[21]

Der Bundesrat sowie namhafte Literaturstimmen, die sich bisher zum neuen Bundes- **7**
gerichtsgesetz geäussert haben, gehen davon aus, dass die Staats- und Bundesanwaltschaft unter neuem Recht zur Erhebung *aller* Rügen, insb. **Sachverhalts-, Willkür-**
und sonstigen **Verfassungsrügen** berechtigt sein sollen. Begründet wird dies mit dem
Grundsatz der Waffengleichheit sowie damit, dass im System der Einheitsbeschwerde die Rüge der Verletzung von Bundesrecht nach Art. 95 auch Verletzungen der
Verfassung umfasse.[22] Zu ‹in dubio pro reo› hat das Bundesgericht festgehalten, dass
dieser Verfassungsgrundsatz[23] nicht von der «Anklagebehörde zu Ungunsten des Angeklagten angerufen und dadurch kurzerhand in sein Gegenteil verkehrt werden»

---

18 Zur Einschränkung der Beschwerdeberechtigung auf den Generalprokuratoren gegenüber nicht
    legitimierten «procureurs régionaux» im Kanton Wallis vgl. BGE 131 IV 142.
18a Im Urteil 6B_89/2007 vom 24.10.2007, E. 1.3 (BGE-Publ.) hat das Bundesgericht die Ober-
    staatsanwaltschaft des Kantons Zürich zur Beschwerde zugelassen, obwohl die Anklage vor Vor-
    instanz nicht von ihr sondern vom Statthalteramt vertreten wurde.
19 Art. 15 BStP; Art. 81 Abs. 1 lit. b Ziff. 3.
20 Vgl. zur Publikation vorgesehener Entscheid 6S.530/2006 vom 19.6.2007. Siehe ferner Art. 2
    Abs. 1 lit. g BPV i.V.m Art. 9 Abs. 5 BPG; vgl. auch Bundesgerichtsentscheid 6S.50/2005 vom
    26.10.2005, E. 1.4, wo auch der «stellvertretende Leiter des Rechtsdienstes» als Vertreter des
    Bundesanwalts akzeptiert wurde.
21 BSK StGB²-NAY/THOMMEN, Art. 336 N 19 ff.
22 Botschaft 2001 BBl 2001 4216, 4318, 4334 f., noch weiter gehend Schlussbericht der Experten-
    kommission, 89; im Parlament waren die neuen Anfechtungsrechte der Ankläger kein Thema
    (vgl. AmtlBull StR 2003, 882 ff., insb. 910 f. und AmtlBull NR 2004, 1576 ff., insb. 1607);
    BOMMER, Verletztenrechte, 178 ff.; KARLEN, BGG, 2006, 47; KISS, AJP 2003, 151; SCHMID,
    ZStrR 2006, 181; Krit. KIENER/KUHN, ZBl 2006, 152; SCHUBARTH, ZStrR 2002, 73 ff.; diffe-
    renzierend EHRENZELLER/SCHWEIZER-BÄNZIGER, 97 ff.; ferner THOMMEN/WIPRÄCHTIGER, AJP
    2006, 656.
23 In BGE 120 Ia 31 E. 2b wurde entschieden, dass ‹in dubio pro reo› ein Grundsatz der Verfassung
    und nicht des einfachen Bundesrechts sei.

könne.[24] In Bezug auf die Rüge der willkürlichen Anwendung kantonalen Prozessrechts sowie der willkürlichen Sachverhaltsfeststellung wurde sodann auf die objektive Bedeutungsschicht des Willkürverbots verwiesen.[25] Weil das Gebot der Willkürfreiheit alles Staatshandeln binde und auch eine willkürliche Bevorzugung Privater verbiete, könnten sich auch die öffentlichen Ankläger darauf berufen. Mit Blick auf die künftig vereinheitliche Strafprozessordnung argumentiert BOMMER, dass strafprozessuale Rechte nichts anderes als in Gesetzesform gegossene Verfassungsrechte seien. Und weil die Staatsanwaltschaft künftig die Verletzung der schweizerischen Strafprozessordnung ohnehin auch als einfache Bundesrechtsverletzung werde vorbringen können, spreche nichts dagegen, ihnen diese Rügemöglichkeit bereits jetzt einzuräumen.[26]

Da das Bundesgericht ohnehin bei erster Gelegenheit wird festlegen müssen, zu welchen Rügen öffentliche Ankläger zugelassen sind, wird der Streit in absehbarer Zeit ein rein akademischer werden.[26a] Kurz vor Inkrafttreten des Bundesgerichtsgesetzes ist das Bundesgericht auf Willkürrügen der Bundesanwaltschaft nicht eingetreten mit der Begründung, dass diese als Trägerin von Hoheitsgewalt die Verletzung verfassungsmässiger Rechte des Bürgers nicht rügen könne.[27] Dieses Argument überzeugt nach wie vor: Eröffnet man der öffentlichen Anklägerin diese Beschwerdemöglichkeit, so besteht die Gefahr, dass verfassungsmässige Rechte von den Adressaten gegen ihre Träger durchgesetzt werden.[28] Insbesondere der Wortlaut des Willkürverbots lässt hinsichtlich der Träger- und Adressatenschaft keine Zweifel offen: **Jede Person** hat Anspruch darauf, **von den staatlichen Organen** ohne Willkür und nach Treu und Glauben behandelt zu werden (Art. 9 BV). Angesichts des eindeutigen Verfassungswortlauts wird man die angestrebte Erweiterung der Legitimation der Staatsanwaltschaft auch nicht einfach mit dem Willen des Gesetzgebers erklären können. Eine solche Entscheidung kann nur der Verfassungsgeber treffen.

Von einer **objektivrechtlichen Dimension des Willkürverbots** lässt sich erst sprechen, wenn man auch dem Individuum die uneingeschränkte Berufung auf das Willkürverbot zugesteht. Nach ständiger und unter dem BGG bereits wieder bestätigter Rechtsprechung des Bundesgerichts begründet das Willkürverbot zumindest dort, wo eine willkürliche Rechtsanwendung geltend gemacht wird, keine selbstständig geschützte Rechtsstellung (i.S.v. Art. 88 aOG).[29] Wenn sich aber nicht einmal der einzelne Bürger uneingeschränkt auf das Willkürverbot berufen kann, so ist nicht ersichtlich, inwiefern man der Vertreterin der Staatsmacht dieses Recht qua dessen objektiver Bedeutungsschicht soll einräumen können. Formell lässt sich die hier vertretene Lösung damit begründen, dass Art. 81 Abs. 1 lit. b als Eintretensvoraussetzung ein rechtlich geschütztes Interesse verlangt, welches sich bei verfassungsmässigen Rechte aus der Trägerschaft und dem Schutzbereich des angerufenen Rechts ergibt.[30] Diese Lösung liegt uneingeschränkt auf der Linie der bisherigen Rechtsprechung zur staatsrechtlichen Beschwerde. Nach BGE 121 I 267 E. 2: können *«die eigenen rechtlichen Interessen, auf die sich der Beschwerdeführer be-*

---

[24] Nicht amtlich veröffentlichter BGE 1P.518/1998, E. 5b, Urteilsnachweise in: ZBJV 1999, 234 f. sowie plädoyer 1998 Nr. 3, 57 ff.; s.a. FORSTER, ZStrR 1997, 64 FN 16.

[25] Dazu eingehend F. UHLMANN, Das Willkürverbot (Art. 9 BV), Bern 2005, 224 ff. N 295 ff. und 304 ff. N 415 ff.

[26] BOMMER, Verletztenrechte, 178 ff.

[26a] In dieser Frage ist eine Beschwerde unter der Prozessnummer 6B_89/2007 pendent.

[27] BGE 6S.150/2006 vom 21.12.2006, E. 3.

[28] KIENER/KUHN, ZBl 2006, 152; FORSTER, ZStrR 1997, 64 FN 16; nicht amtlich veröffentlichter BGE 1P.518/1998, E. 5b, Urteilsnachweise in: ZBJV 1999, 234 f. sowie plädoyer 1998 Nr. 3, 57 ff.

[29] Neuster Leitentscheid BGE 133 I 185; vgl. BGE 107 Ia 182; 121 I 267; bestätigt unter der neuen Bundesverfassung, in: BGE 126 I 81; zu Recht kritisch FS WILDHABER-NAY, 1476 ff.

[30] Hierzu HÄFELIN/HALLER, Bundesstaatsrecht[6], N 2003 ff.

rufen muss, entweder durch kantonales oder eidgenössisches Gesetzesrecht oder aber unmittelbar durch ein angerufenes spezielles Grundrecht geschützt sein, sofern sie auf dem Gebiet liegen, welches dieses beschlägt».[31]

Dem Einwand BOMMERS ist entgegen zu halten, dass das Bundesgericht auch bei der Berufung auf einfaches Gesetzesrecht darauf abstellt, ob die als verletzt gerügte Norm die Interessen des Beschwerdeführers schützt.[32] In Bezug auf ‹in dubio pro reo› hat das Bundesgericht bereits entschieden, dass dieser Verfassungsgrundsatz «ein Verteidigungsrecht des Angeklagten zum Schutz gegen ungerechtfertigte strafrechtliche Verfolgung darstellt». Er könne deshalb «nicht von der Anklagebehörde zu Ungunsten des Angeklagten angerufen und dadurch kurzerhand in sein Gegenteil verkehrt werden».[33] Um mit der erwähnten Waffengleichheit ernst zu machen, ist deshalb sowohl bei Verfassungs- als auch bei einfachgesetzlichen Rügen der öffentlichen Anklägerin mit der selben Strenge wie beim Beschuldigten zu prüfen, ob die angerufenen Rechte Positionen des Ansprechers schützen, mithin ein Rechtsschutzinteresse nach Art. 81 Abs. 1 lit. b gegeben ist. Das Rechtsschutzinteresse der Staatsanwaltschaft resultiert jedenfalls nicht aus deren allgemeiner Aufgabe, den staatlichen Strafanspruch durchzusetzen. Das staatsanwaltschaftliche *Recht* auf Durchsetzung des staatlichen Strafanspruchs ist die notwendige Kehrseite zu den strafbewehrten *Pflichten* des Bürgers, welche sich aus dem Strafgesetzbuch ergeben. Strafprozessrechtlich bietet sich jedoch ein umgekehrtes Bild: Die strafprozessualen *Rechte* des Beschuldigten sind Abwehr- und Schutzbestimmungen, zu deren Respektierung die öffentliche Anklägerin bei der Durchsetzung des Strafanspruchs *verpflichtet* ist. Zusammenfassend fehlt der öffentlichen Anklägerin nach der hier vertretenen Meinung ein Rechtsschutzinteresse und damit die Legitimation, verfassungsmässige Rechte als verletzt zu rügen. In einem Grundsatzurteil hat das Bundesgericht die dargestellte Argumentation verworfen und entschieden, dass die Staatsanwaltschaft nach Art. 81 lit. b Ziff. 3 BGG uneingeschränkt zur Beschwerde in Strafsachen legitimiert ist. Sie kann deshalb alle Beschwerdegründe nach Art. 95–98 BGG, also auch die Verletzung von Grundrechten, vorbringen. Praktisch bedeutet dies, dass sie künftig insbesondere die unrichtige Sachverhaltsfeststellung sowie Willkür in der Anwendung kantonalen Prozessrechts rügen kann.[33a]

3. Privatstrafklägerschaft (Ziff. 4)

Die **Privatstrafklägerschaft** darf nicht mit der **Privatklägerschaft** verwechselt werden; **8** die beiden Begriffe können, müssen sich aber nicht überschneiden. Die Privatstrafklägerschaft ist ein Institut vieler kantonaler Prozessordnungen, bei dem der Staat die Strafverfolgung und Anklage insb. für Ehrverletzungs- oder andere Antragsdelikte an den Geschädigten abtritt.[34] Als Privatklägerschaft gilt die geschädigte Person, die ausdrücklich erklärt, sich am Strafverfahren als Straf- oder Zivilklägerin zu beteiligen.[35]

Die Privatstrafklägerschaft ist beschwerdelegitimiert, wenn sie nach dem kantonalen **9** Recht die Anklage ohne Beteiligung der Staatsanwaltschaft vertreten hat. Abgesehen

---

[31] S.a. BGE 122 I 44 E. 2b.

[32] Vgl. BGE 131 IV 191 E. 1.2, wo ein Rechtsschutzinteresse des Beschwerdeführers verneint wurde mit der Begründung, dass Art. 10c Abs. 1 OHG die Interessen des Kindes und nicht seine schütze.

[33] Nicht amtlich veröffentlichter Bundesgerichtsentscheid 1P.518/1998, E. 5b, Urteilsnachweise in: ZBJV 1999, 234 f. sowie plädoyer 1998 Nr. 3, 57 ff.; s.a. FORSTER, ZStrR 1997, 64 FN 16.

[33a] Urteil 6B_89/2007 vom 24.10.2007 (BGE-Publ.).

[34] Botschaft zur schweizerischen StPO BBl 2006, 1111, wonach das Institut des Privatstrafklageverfahrens unter der neuen StPO entfallen soll.

[35] Art. 116 Abs. 1 E-StPO, BBl 2006 1423; dazu Botschaft StPO BBl 2006, 1171.

von der geschlechtsneutralen Formulierung entspricht diese Bestimmung wörtlich Art. 270 lit. g aBStP. Es kann deshalb auf die bisherige Rechtsprechung zurückgegriffen werden. So hat das Bundesgericht in BGE 128 IV 39 festgehalten, dass die Privatstrafklägerschaft legitimiert ist, wenn sie nach den Vorschriften des kantonalen Rechts allein und ohne Beteiligung des öffentlichen Anklägers die Anklage geführt hat. Dies betrifft jene kantonalen Prozessordnungen, in denen der Privatstrafkläger von Anfang an an die Stelle des öffentlichen Anklägers tritt, weil die Verfolgung der Straftat wegen ihres geringen Unrechtsgehalts oder mit Rücksicht auf das vorwiegend private Interesse an der Bestrafung dem Geschädigten überlassen wird (so genanntes **prinzipales Privatstrafklageverfahren**).[36] Voraussetzung für die Legitimation des Privatstrafklägers ist somit, dass der öffentliche Ankläger nach dem kantonalen Prozessrecht nicht zur Anklage befugt ist, so dass diese von Anfang an einzig dem Privatstrafkläger zusteht. Mit dieser Regelung ist sichergestellt, dass auch dort, wo der öffentliche Ankläger nach den Vorschriften des kantonalen Rechts überhaupt keine Parteirechte ausüben konnte, ein zur Beschwerde befugter Kläger vorhanden ist.[37] Der Privatstrafkläger führt die Anklage auch dann nicht alleine, wenn der öffentliche Ankläger beispielsweise von seinem Appellationsrecht keinen Gebrauch macht oder wenn der öffentliche Ankläger im kantonalen Verfahren in anderer als in Parteifunktion das öffentliche Interesse vertreten hat, indem er beispielsweise die Verfahrenseinstellung verfügte.[38]

4. Opfer (Ziff. 5)

10 Wie bisher ist die Legitimation des Opfers im Wesentlichen von drei Voraussetzungen abhängig. Erstens muss die beschwerdeführende Person Opfer i.S.v. Art. 2 Abs. 1 des Opferhilfegesetzes (OHG) sein[39] und sich zweitens bereits vorher am Verfahren beteiligt haben.[40] Drittens muss der Entscheid Zivilansprüche betreffen oder sich auf deren Beurteilung auswirken können.[41] Aus diesen Voraussetzungen hat die Rechtsprechung abgeleitet, dass das Opfer zur Beschwerde im Strafpunkt[42] nur berechtigt ist, wenn es seine Zivilansprüche im Strafverfahren bereits geltend gemacht hat. Andererseits ist es zur Anfechtung von gerichtlich bestätigten Einstellungsbeschlüssen unabhängig davon legitimiert, ob es bis zu diesem Zeitpunkt im Strafverfahren Zivilforderungen geltend gemacht hat.[43]

11 Zu beachten ist zunächst, dass das Erfordernis der bisherigen Verfahrensteilnahme nicht länger eine spezifische Anforderung an das Opfer ist, sondern zur allgemeinen Legitimationsvoraussetzung erhoben wurde (Art. 81 Abs. 1 lit. a).[44] In der Sache dürfte sich damit nichts geändert haben. Nicht mehr explizit erwähnt wird, dass das Opfer unabhängig von geltend gemachten Zivilansprüchen zur Beschwerde legitimiert ist, «soweit es eine Verletzung von Rechten geltend macht, die ihm das Opferhilfegesetz

---

[36] HAUSER/SCHWERI, Schweizerisches Strafprozessrecht, 4. Aufl. 1999, 377 ff.

[37] BGE 62 I 55; 110 IV 114 E. 1a.

[38] BGE 128 IV 39 E. 2; 128 IV 37 E. 3; 127 IV 236 E. 2b; s.a. Entscheid 6S.159/2005 vom 16.11.2005, E. 1, betr. Legitimation des Privatstrafklägers im Kanton Wallis und Entscheid 6S.125/2005, E. 2, vom 18.5.2005 (betr. Kanton Tessin).

[39] Zum Opferbegriff vgl. BGE 131 I 455, E. 1.2.2; 129 IV 216 E. 1 (Tätlichkeiten gegen Kinder); 131 IV 78, E. 1.2 (Opferstellung bei Rassendiskriminierung); s.a. SCHUBARTH, Nichtigkeitsbeschwerde, N 100 ff.

[40] Hierzu grundlegend BOMMER, Verletztenrechte, 144; zur Verfahrensteilnahme ferner KOLLY, pourvoi en nullité, 30 f.

[41] Zur Tangierung der Zivilansprüche grundlegend BOMMER, Verletztenrechte, 150 ff.

[42] Zur Beschwerdelegitimation des Opfers in Bezug auf den Adhäsionsanspruch vgl. oben Art. 78 N 12 ff.

[43] BGE 120 IV 44, E. 4; 127 IV 185.

[44] Vgl. noch Art. 270 lit. e Ziff. 1 aBStP.

einräumt».[45] Dass die Opfer zur Erhebung der «klassischen» Opferrechte i.S.v. Art. 5 ff. OHG weiterhin legitimiert sind, ergibt sich ohne weiteres aus der allgemeinen Legitimationsvoraussetzung des rechtlich geschützten Interesses. Unter diesem Titel kann beispielsweise vorgebracht werden, bei der kantonalen Appellation zu Unrecht nicht als Opfer anerkannt worden zu sein.[46]

Das Bundesgerichtsgesetz äussert sich nicht explizit zur **Beschwerdeberechtigung des** 12 **Opfers im Zivilpunkt.** Bisher waren alle Geschädigten (also sowohl Opfer als auch «einfache» Geschädigte) zur Beschwerde im Zivilpunkt legitimiert.[47] Daran dürfte auch künftig festzuhalten sein. Art. 78 Abs. 2 regelt die Voraussetzungen, unter welchen Zivilansprüche der Beschwerde in Strafsachen unterliegen. Liegt ein anfechtbarer Strafentscheid im Sinne dieser Bestimmung vor, so hat das Opfer zu seiner Beschwerdelegitimation lediglich noch darzulegen, welche rechtlich geschützten Interessen durch die Behandlung oder Nichtbehandlung der Zivilansprüche verletzt werden (z.B. Art. 8 Abs. 1 lit. a oder Art. 9 OHG). Wie bereits bei der Kommentierung zu Art. 78 Abs. 2 ausführlich dargelegt wurde,[48] kennt das neue Recht **keine Streitwertbegrenzung bei den Adhäsionsansprüchen** mehr. Bisher war die alleinige Anfechtung von Zivilansprüchen nur zulässig bei Erreichen der alten Streitwertgrenze von Fr. 8000.–.[49] Die nach Art. 74 für die Beschwerde in Zivilsachen bestehende Streitwertgrenze (i.d.R. Fr. 30 000.–) gilt mangels Verweisen für die adhäsionsweise zur Beschwerde in Strafsache erhobenen Zivilansprüche nicht.

Hinzuweisen bleibt noch auf die bundesgerichtliche Praxis, wonach Opfer, die von **Be-** 13 **amten** geschädigt wurden, nicht zur Beschwerde im Strafpunkt legitimiert sind. Entschädigungsansprüche gegenüber Beamten sind in der Regel öffentlich-rechtlicher Natur, weshalb sich der Entscheid nicht auf die *Zivil*ansprüche des Opfers auswirken kann.[50] Diese wortgetreue Handhabung der Opferlegitimation wird vom Bundesgericht mit der ratio legis begründet. Dem Opfer sollte die effiziente Durchsetzung seiner Schadenersatz- und Genugtuungsansprüche ermöglicht und ihm eine kostenrisikobehaftete und wegen Täterinsolvenz oft erfolglose Verweisung auf den Zivilweg erspart werden. Diese Gefahr bestehe nicht, wenn der Staat das Opfer anstelle des schädigenden Beamten entschädige.[51] Das entscheidende Kriterium ist jedoch, ob sich der Entscheid im Strafpunkt auf die Haftungsforderung auswirken kann. Wird das Verfahren wegen vorsätzlicher Tatbegehung eingestellt, so wirkt sich der Umstand, dass der Beamte nur noch wegen Fahrlässigkeit belangt werden kann auf die Zivilforderungen des Opfers aus.[52] Diese Auswirkungsmöglichkeit besteht unabhängig davon, ob das Opfer nach zivilem oder öffentlichem Haftungsrecht entschädigt wird. An diesem Ergebnis ändert auch Art. 53 Abs. 2 OR nichts. Denn sollte das strafgerichtliche Erkenntnis für den Zivilrichter tatsächlich nicht verbindlich sein, dann könnte auf gar keine Opferbeschwerde eingetreten werden. Wegen der zivilrichterlichen Unabhängigkeit fehlte es dann immer an einer möglichen Auswirkung auf die Zivilansprüche.[53]

---

[45] Vgl. noch Art. 270 lit. e Ziff. 2 aBStP; BGE 129 IV 179 E. 1.2; 122 IV 71 E. 2; 122 IV 79 E. 1a.

[46] BGE 129 IV 95, E. 2.

[47] Art. 271 und 277^quater aBStP; vgl. BGE 129 IV 149 E. 2.1; ferner Entscheid 6S.14/2006 vom 30.8.2006 Erw. 3.

[48] Oben Art. 78 N 17.

[49] Vgl. Art. 271 Abs. 2 BStP, Art. 46 OG; Ausnahme: Art. 277^quater Abs. 2 BStP; BGE 127 IV 203, E. 8b; im Detail KOLLY, pourvoi en nullité, 66 f.

[50] BGE 128 IV 188 E. 2; 127 IV 189 E. 2b; 125 IV 161 E. 2b.

[51] BGE 128 IV 188 E. 2.3.

[52] Vgl. Entscheid 6S.230/2004 vom 11.12.2005 (Zürcher Fall, in dem ein Opfer durch einen Polizeieinsatz ein Bein verlor).

[53] Vgl. aber BGE 119 IV 339, 344 (vgl. unten N 17); zum Ganzen BOMMER, Verletztenrechte, 150 f.

5. Strafantragsteller/in (Ziff. 6)

14 Die Person, die den Strafantrag stellt, ist zur Beschwerde in Strafsachen legitimiert, soweit es um das Strafantragsrecht als solches geht. Auch diese Bestimmung wurde tel quel aus dem bisherigen Recht übernommen.[54] Mit der Legitimation der strafantragstellenden Person in Bezug auf den Strafantrag soll einzig sichergestellt werden, dass die Bestimmungen über den Strafantrag (Art. 30 ff. StGB) bundesweit einheitlich angewendet werden. Ist die Antragstellerin mit der Verurteilung des Täters, welcher wegen eines Antragsdelikts schuldig/frei gesprochen wurde, nicht einverstanden, so geht es nicht länger um das Strafantragsrecht als solches.[55] Sie ist dann allenfalls als Opfer zur Beschwerde legitimiert (dazu oben Ziff. 3.). Um das Strafantragsrecht als solches geht es z.B., wenn streitig ist, ob sich der Untersuchungsrichter bei der Verfahrenseinstellung zu Recht auf die Unteilbarkeit des Strafantrags gem. Art. 31 Abs. 3 StGB stützte.[56]

15 Die Strafantragstellerin darf nicht verwechselt werden mit der Person, die Strafanzeige erstattet.[57] Aus der Stellung als **Strafanzeigerin** als solche ergibt sich keine Beschwerdelegitimation.[58] Soweit die Strafanzeige erstattende Person gleichzeitig das Opfer der angezeigten Straftat ist, ist sie allenfalls in dieser Eigenschaft nach Art. 81 Abs. 1 lit. b Ziff. 5 beschwerdelegitimiert.

6. ‹Einfache› Geschädigte?

16 Als einfache Geschädigte werden Deliktsbetroffene bezeichnet, die nicht Opfer i.S.v. Art. 2 Abs. 1 OHG sind.[59] Mit dem Inkrafttreten des Opferhilfegesetzes im Jahre 1993 wurden die Geschädigten zur eidgenössischen Nichtigkeitsbeschwerde legitimiert.[60] Im Rahmen der Teilrevision der Bundesrechtspflege zur Entlastung des Bundesgerichts wurde die Beschwerdelegitimation auf Opfer im engeren Sinne eingeschränkt.[61] Begründet wurde diese Einschränkung damit, dass keine Gründe für eine derart weit gefasste Geschädigtenlegitimation ersichtlich seien.[62] Seit 2001 waren die Geschädigten somit nicht mehr zur Nichtigkeitsbeschwerde legitimiert,[63] wobei zu präzisieren ist, dass dies nur für die Anfechtung des Schuld- und Strafpunkts galt. Im Zivilpunkt waren die Geschädigten weiterhin zur Beschwerde legitimiert.[64]

In der **parlamentarischen Beratung** zum Bundesgerichtsgesetz verlangte Nationalrat Daniel Vischer mit einer Motion, die Legitimation auf die einfachen Geschädigten auszudehnen. Der Bundesrat hielt fest, dass die explizite Erwähnung der Geschädigten nicht notwendig sei. Die Liste in Art. 81 BGG sei nicht abschliessend. Zur Beschwerdelegitimation werde einzig die Teilnahme vor Vorinstanz und ein rechtlich geschütztes Interesse ver-

---

[54] Art. 270 lit. f aBStP.

[55] BGE 127 IV 185, E. 2; vgl. auch 120 IV 107 E. 1b.

[56] BGE 132 IV 97, n.p. E. 1 (= Entscheid 6P.24/2006 vom 23.11.2006, E. 1).

[57] Zur Abgrenzung vgl. BSK STGB-RIEDO, VorArt. 28 N 16.

[58] BGE 129 IV 197 E. 1; 128 IV 37 E. 3.

[59] Zu begrifflichen Abgrenzung von Geschädigten, Opfer und Privatkläger vgl. Botschaft E-StPO, BBl 2006 1169 ff.

[60] Vgl. Art. 270 Abs. 1 BStP in der durch das Opferhilfegesetz vom 4.10.1991 eingefügten Fassung, BBl 1991 III 1470.

[61] Art. 270 lit. e BStP in der Fassung gem. Ziff. II 3 des BG vom 23.6.2000, in Kraft seit 1.1.2001 (AS 2000 2719 2724; BBl 1999 9518 9606).

[62] Vgl. den Bericht der Geschäftsprüfungskommissionen des Ständerates und des Nationalrates vom 4. und 8.9.1999 zur Teilrevision des Bundesrechtspflegegesetzes zur Entlastung des Bundesgerichts, BBl 1999 9524.

[63] BGE 6S.709/2000 vom 26.5.2003 E. 3.1.

[64] Art. 271 und 277[quater] aBStP.

langt. Es sei somit möglich, die Geschädigten zur Beschwerde in Strafsachen zuzulassen. Ferner würden die Geschädigten nach dem Entwurf zur Schweizer Strafprozessordnung ohnehin zur Beschwerde zugelassen, sofern sie sich als Privatkläger konstituieren.[64a]

Unter dem Bundesgerichtsgesetz ist eine Debatte darüber entbrannt, ob die Beschwerde- **17** legitimation weiterhin auf Opfer i.e.S. beschränkt ist oder ob die einfachen Geschädigten wieder zur Beschwerde zugelassen sind. Für eine enge Legitimationspraxis sprechen weiterhin Kapazitätsüberlegungen, auch das Bundesgerichtsgesetz strebt eine Entlastung des Bundesgerichts an. Dagegen spricht der offene Gesetzeswortlaut. Art. 81 ist wie erläutert als Generalklausel mit einer nicht abschliessenden («insbesondere») Aufzählung von Regelbeispielen strukturiert. Wer ein Rechtsschutzinteresse und die Verfahrensteilnahme vor Vorinstanz nachweisen kann, ist unabhängig von der expliziten Aufzählung beschwerdelegitimiert. Dies gilt zunächst für die **Legitimation im Zivilpunkt**. Den Gesetzesmaterialien lassen sich keine Hinweise darauf entnehmen, dass die Geschädigten, welche auch nach der Einführung der Beschwerderechtsbeschränkungen im Jahre 2001 noch zur Nichtigkeitsbeschwerde im Zivilpunkt berechtigt waren, dies unter neuem Recht nicht mehr sein sollten.[65] Doch auch für die **Anfechtung im Strafpunkt** bestehen entgegen der zitierten Begründung sehr wohl gute Gründe für eine Legitimation der Geschädigten. Auch für die Geschädigten gilt, dass der Strafentscheid Auswirkungen zeitigen kann für Zivilforderungen, auf deren Erwahrung sie ein rechtlich schützenswertes Interesse haben. Dies gilt allerdings nur für die Anfechtung des *Schuldpunkts*. Ob der Täter freigesprochen oder verurteilt, resp. ob er wegen fahrlässiger oder vorsätzlicher Tatbegehung für schuldig befunden wird, sind Umstände, die sich auf die Zivilforderungen des Geschädigten auswirken. Zwar ist der Zivilrichter nach Art. 53 Abs. 2 OR nicht an dieses Straferkenntnis gebunden, doch bedeutet dies nur, dass er es nicht berücksichtigen muss und nicht, dass er das Straferkenntnis nicht berücksichtigen darf. In den Worten des Bundesgerichts: «*...le juge civil, même si rien ne l'y contraint, se sent lié par l'arrêt rendu au pénal*»[66]. Für die Anfechtung im *Strafpunkt* (besser: im «*Bestrafungspunkt*») fehlt den Geschädigten ein rechtlich geschütztes Interesse.[67] Der Strafanspruch steht dem Staat zu. Ferner dürfte die Frage, ob der Täter eine bedingte oder unbedingte Freiheits- oder Geldstrafe auferlegt bekommt faktisch keinen Einfluss auf seine Zivilforderungen haben.[68] Für die hier vorgeschlagene Lösung spricht, dass in der schweizerischen Strafprozessordnung die Beschwerdedelegitimation ohnehin auf einfache Geschädigte erweitert werden soll,[69] sofern sich diese als sog. Privatkläger[70] konstituieren.

Das **Bundesgericht** hatte für die dargestellten und vom Gegenreferenten in der öffentlichen Sitzung vom 5.7.2007 vorgetragenen Argumente kein Gehör. In einem **Grundsatzentscheid** entschied es, an der Praxis unter dem bisherigen Recht festzuhalten und

---

[64a] www.parlament.ch, Curia vista, Geschäft: 06.3097.

[65] So hält auch das Bundesgericht im Grundsatzentscheid zur Geschädigtenlegitimation fest: «*Il résulte de l'examen des travaux préparatoires et de ces diverses opinions doctrinales que le nouveau droit s'inscrit dans la continuité de l'ancien*» (vgl. zur amtlichen Publikation vorgesehener Entscheid 6B_12/2007, E. 2.3 vom 5.7.2007).

[66] BGE 119 IV 339, 344; vgl oben N 13 a.E.

[67] Unter neuem Recht bereits wieder bestätigt Präsidialentscheid 6B_5/2007 vom 19.2.2007, E. 1.

[68] So zu Recht SCHMID, ZStrR 2006, 186 m.Hinw. auf E-StPO (dazu Botschaft StPO, BBl 2006 1308); grundlegend ferner BOMMER, Verletztenrechte, 247 ff.

[69] Vgl. Art. 390 E-StPO, Botschaft StPO, BBl 2006 1308. Konsequenterweise wird deshalb im Anhang Ziff. 3 zum Entwurf der StPO vorgeschlagen Art. 81 Abs. 1 Bst. b Ziff. 5 wie folgt zu ändern: «*Zur Beschwerde in Strafsachen ist berechtigt: ... 5. die Privatklägerschaft, soweit sie nach der Strafprozessordnung zur Ergreifung von Rechtsmitteln legitimiert ist*».

[70] Art. 116 Abs. 1 i.V.m Art. 390 Abs. 2 E-StPO.

Marc Thommen   695

die Geschädigten nicht zur Beschwerde im Strafpunkt zuzulassen. Diesen fehle ein rechtlich geschütztes Interesse, weil der Strafanspruch dem Staat und nicht dem Individuum zustehe.[70a] Noch offen ist, ob die Geschädigten damit neu auch von der Beschwerde im Zivilpunkt ausgenommen sind. Unter bisherigem Recht waren die Geschädigten im Zivilpunkt beschwerdelegitimiert.[70b]

7. Weitere Legitimierte

18   Aus der offenen Formulierung von Art. 81 folgt, dass wer die vorinstanzliche Verfahrenteilnahme und eine Verletzung in rechtlich geschützten Interesse nachweisen kann, zur Beschwerde legitimiert ist. Bereits in der Botschaft genannt wurden die **Nachkommen** der Beschuldigten und Geschädigten. Wie bisher sind auch die durch eine Einziehung oder **Urteilspublikation berührten Personen** legitimiert.[71] Ferner wurden die **Unternehmung** (Art. 102 f. StGB), durch **Einziehungs-** oder strafprozessuale **Zwangsmassnahmen** betroffene Dritte, **Friedensbürgen** und durch **Kosten- und Entschädigungsentscheide** betroffene Personen erwähnt.[72] Die Öffnung der Beschwerdelegitimation bedeutet nicht zwangläufig eine Erleichterung des Zugangs zum Bundesgericht. Gerade die in Art. 81 nicht aufgezählten Personen tun deshalb gut daran, ihre Beschwer sorgfältig zu begründen und darzulegen, inwiefern die als verletzt gerügten Interessen rechtlich geschützt sein sollen.

8. Behördenlegitimation betreffend Straf-/Massnahmenvollzug (Abs. 3)

19   Entscheide über den Vollzug von Strafen und Massnahmen (Art. 78 Abs. 2 lit. b) können auch von der Bundeskanzlei, den **Departementen des Bundes** oder, soweit das Bundesrecht es vorsieht, den ihnen unterstellten Dienststellen angefochten werden, wenn der angefochtene Entscheid die Bundesgesetzgebung in ihrem Aufgabenbereich verletzen kann (Art. 81 Abs. 3). Entscheide über den Straf- und Massnahmenvollzug galten bisher als materiell verwaltungsrechtlicher Natur und unterlagen deshalb letztinstanzlich nicht der Nichtigkeits- sondern der Verwaltungsgerichtsbeschwerde. Auch wenn sich an dieser formellen Einschätzung nichts geändert hat, unterstehen sie wegen ihrer Nähe zum Strafrecht neu der Beschwerde in Strafsachen. Art. 81 Abs. 3 übernimmt insoweit die Regelung von Art. 103 lit. b OG. Gemäss der Botschaft dürfe der Einbezug des Straf- und Massnahmenvollzugsbereichs in die Beschwerde in Strafsachen nicht dazu führen, dass das Eidgenössische Justiz- und Polizeidepartement davon abgehalten wird, gegen einen einschlägigen kantonalen Entscheid Beschwerde zu führen.[73] Soweit ersichtlich bestehen indes keine Präzedenzfälle, in denen ein Bundesamt in Bezug auf Straf- und Massnahmenvollzug Verwaltungsgerichtsbeschwerde geführt hat.[74] Praxisgemäss wurde das EJPD hingegen zur Stellungnahme zu solchen Beschwerden eingeladen.[75]

20   Auch bei der Beschwerde nach Art. 81 Abs. 3 stellt sich die Frage, inwieweit die Behörden die Verletzung verfassungsmässiger Rechte geltend machen können.[76] In der Ver-

---

[70a] Zur amtlichen Publikation vorgesehener Entscheid 6B_12/2007, E. 2.3 vom 5.7.2007; zu Recht kritisch G. NAY, 2007, Ziff. 3.

[70b] Art. 271 und 277[quater] aBStP; s.a. den vorstehenden Absatz sowie Art. 81 N 12 m.w.Hinw.

[71] Art. 270 lit. h aBStP.

[72] SCHMID, ZStrR 2006, 187.

[73] Botschaft 2001 4318.

[74] Vgl. immerhin Entscheid 6A.47/2005 vom 29.11.2005, E. 2.

[75] BGE 122 IV 8; ferner unv. Entscheid des Bundesgerichts 6A.147/1994 vom 6.3.1995 lit. g, in: Pra 1996 Nr. 175, 643; weiter Entscheid 6A.20/2006 vom 12.5.2006, lit. c.

[76] Vgl. N 7 oben zu Willkür- und Verfassungsrügen der Staatsanwaltschaft.

waltungsgerichtsbeschwerde war es den Behörden bisher verwehrt, Grundrechte anzurufen.[77]

Kasuistik: In einem ersten Grundsatzurteil zu Art. 81 entschied das Bundesgericht, dass **21** einzig das Eidgenössische Justiz- und Polizeidepartement nach Abs. 3 zur Beschwerde befugt ist. Das Amt für Justizvollzug des Kantons Zürich hat keine eigenen, rechtlich geschützten Interessen an der Aufhebung eines Verwaltungsgerichtsentscheids, mit dem es angewiesen wird, eine bedingte Entlassung näher zu prüfen.[78]

---

[77] BGE 122 IV 8, E. 2a; vgl. das obiter dictum in BGE 124 II 409 E. 5.
[78] BGE 133 IV 121.

3. Abschnitt: Beschwerde in öffentlich-rechtlichen Angelegenheiten

Art. 82

Grundsatz

Das Bundesgericht beurteilt Beschwerden:
a. gegen Entscheide in Angelegenheiten des öffentlichen Rechts;
b. gegen kantonale Erlasse;
c. betreffend die politische Stimmberechtigung der Bürger und Bürgerinnen sowie betreffend Volkswahlen und -abstimmungen.

Principe

Le Tribunal fédéral connaît des recours:
a. contre les décisions rendues dans des causes de droit public;
b. contre les actes normatifs cantonaux;
c. qui concernent le droit de vote des citoyens ainsi que les élections et votations populaires.

Principio

Il Tribunale federale giudica i ricorsi:
a. contro le decisioni pronunciate in cause di diritto pubblico;
b. contro gli atti normativi cantonali;
c. concernenti il diritto di voto dei cittadini nonché le elezioni e votazioni popolari.

Inhaltsübersicht

Materialien

Art. 76 E ExpKomm; Art. 77 E 2001 BBl 2001 4499; Botschaft 2001 BBl 2001 4318 ff.; AB 2003 S 903; AB 2004 N 1599; Botschaft des Bundesrates vom 31.5.2006 über die Einführung der allgemeinen Volksinitiative und über weitere Änderungen der Bundesgesetzgebung über die politischen Rechte, BBl 2006 5261 (zit. Botschaft allgemeine Volksinitiative)

Literatur

A. BENOÎT, La garantie de l'accès au juge – L'art. 29a Cst. et ses répercussions sur la révision de l'organisation judiciaire fédérale, in: S. Besson/M. Hottelier/F. Werro (Hrsg.), Les droits de l'homme, Zürich 2006, 159–187 (zit. Besson/Hottelier/Werro-Benoît); M. BESSON, Behördliche Information vor Volksabstimmungen, Diss. BE 2002, Bern 2003 (zit. Besson, Behördliche Information); EIDGENÖSSISCHES JUSTIZ- UND POLIZEIDEPARTEMENT/BUNDESAMT FÜR RAUMPLANUNG, Erläuterungen zum Bundesgesetz über die Raumplanung, Bern 1981 (zit. EJPD/BRP, Erläuterungen); E. GRISEL, Initiative et référendum populaires, 3. Aufl., Bern 2004 (zit. Grisel, Initiative³); R. HERZOG, Auswirkungen auf die Staats- und Verwaltungsrechtspflege, in: P. Tschannen (Hrsg.), Neue Bundesrechtspflege. Auswirkungen der Totalrevision auf den kantonalen und eidgenössischen Rechtsschutz. Berner Tage für die juristische Praxis BTJP 2006, Bern 2007 (zit. Tschannen-Herzog); C. HILLER, Die Stimmrechtsbeschwerde, Diss. ZH 1990 (zit. Hiller, Stimmrechtsbeschwerde); M. IMBODEN/R. RHINOW, Schweizerische Verwaltungsrechtsprechung, 5. Aufl., Basel 1976 (zit. Imboden/Rhinow, Verwaltungsrechtsprechung⁵); T. JAAG, Kantonale Verwaltungsrechtspflege im Wandel, ZBl 1998, 497–523 (zit. Jaag, ZBl 1998); DERS., Die Abgrenzung zwischen Rechtssatz und Einzelakt, Habil. Zürich 1985 (zit. Jaag, Abgrenzung); DERS., Die Allgemeinverfügungen im schweizerischen Recht, ZBl 1984, 433–456 (zit. Jaag, ZBl 1984); W. KÄLIN, Die Bedeutung der Rechtsweggarantie für die kantonale Verwaltungsjustiz, ZBl 1999, 49–63 (zit. Kälin, ZBl 1999); R. KIENER, Die Beschwerde in öffentlich-rechtlichen Angelegenheiten, in: P. Tschannen (Hrsg.), Neue Bundesrechtspflege. Auswirkungen der Totalrevision auf den kantonalen und eidgenössischen Rechtsschutz. Berner Tage für die juristische Praxis BTJP 2006, Bern 2007 (zit. Tschannen-Kiener); M. MÜLLER, Rechtsschutz im Bereich des informalen Staatshandelns, ZBl 1995, 533–556 (zit. Müller, ZBl 1995); DERS., Rechtsschutz gegen Verwaltungsrealakte, in: P. Tschannen (Hrsg.), Neue Bundesrechtspflege. Auswirkungen der Totalrevision auf den kantonalen und eidgenössischen Rechtsschutz. Berner Tage für die juristische Praxis BTJP 2006, Bern 2007 (zit. Tschannen-Müller); R. RHINOW/B. KRÄHENMANN, Schweizerische Verwaltungsrechtsprechung: Die Rechtsgrundsätze der Verwaltungspraxis, erläutert an Entscheiden der Verwaltungsbehörden und Gerichte, Ergänzungsband zur 5. (und unveränderten 6.) Aufl., der Schweizerischen Verwaltungsrechtsprechung von M. Imboden und R. Rhinow (zit. Rhinow/Krähenmann, Verwaltungsrechtsprechung); P. RICHLI, Zum Rechtsschutz gegen verfügungsfreies Staatshandeln in der Totalrevision der Bundesrechtspflege, AJP 1998, 1426–1442 (zit. Richli, AJP 1998); N. SPORI, Rechtsschutz in der Raumplanung, Das neue System der Bundesrechtspflege im Überblick – Auswirkungen auf die Raumplanung, Raum & Umwelt 1/2007, 2–19 (zit. Spori, Rechtsschutz); G. STEINMANN, Die Gewährleistung der politischen Rechte durch die neue Bundesverfassung (Artikel 34 BV), ZBJV 2003, 481–507 (zit. Steinmann, ZBJV 2003); DERS., Interventionen des Gemeinwesens im Wahl- und Abstimmungskampf, in AJP 1996, 255–269 (zit. Steinmann, AJP 1996); P. TSCHANNEN, Staatsrecht der schweizerischen Eidgenossenschaft, 2. Aufl., Bern 2007 (zit. Tschannen, Staatsrecht²); P. TSCHANNEN/U. ZIMMERLI, Allgemeines Verwaltungsrecht, 2. Aufl., Bern 2005 (zit. Tschannen/Zimmerli, Verwaltungsrecht²); B. WALDMANN/P. HÄNNI, Raumplanungsgesetz (RPG), Bern 2006 (zit. Waldmann/Hänni, RPG).

I. Allgemeine Bemerkungen

Art. 82 umschreibt den **Zulässigkeitsbereich** der **Beschwerde in öffentlich-rechtlichen** **1** **Angelegenheiten** und grenzt ihn somit von der Beschwerde in Zivilsachen (Art. 72) und der Beschwerde in Strafsachen (Art. 78) ab. Die dreiteilige (lit. a–c) Umschreibung des Zulässigkeitsbereiches erfolgt aus zwei unterschiedlichen Perspektiven:

– In lit. a und b wird die Zulässigkeit der Beschwerde über das *Anfechtungsobjekt* definiert. Die Beschwerde steht sowohl gegen Entscheide in Angelegenheiten des öffentlichen Rechts (N 5 ff.) als auch gegen kantonale Erlasse (N 23 ff.) offen.

Dazu kommt mit Art. 94 eine weitere Kategorie von Anfechtungsobjekten: Wo der Erlass eines anfechtbaren Entscheids zu Unrecht verweigert oder verzögert wird, kann hiergegen ebenfalls Beschwerde geführt werden (*«Beschwerde wegen Rechtsverweigerung und Rechtsverzögerung»*).

– In lit. c wird der Anwendungsbereich der Beschwerde hingegen nicht über das Anfechtungsobjekt, sondern über das *betroffene Rechtsgebiet* – nämlich die *politischen Rechte* – umschrieben (N 75 ff.).

2 Diese Aufzählung weist auf **drei Typen von Beschwerden** in öffentlich-rechtlichen Angelegenheiten hin: die *Beschwerde gegen Entscheide in Angelegenheiten des öffentlichen Rechts* (Ziff. II, N 5 ff. hiernach), die *Beschwerde gegen kantonale Erlasse* (Ziff. III, N 23 ff. hiernach) sowie die *Beschwerde wegen Verletzung politischer Rechte* (Ziff. IV, N 75 ff. hiernach). Grundsätzlich gelten für alle Beschwerdetypen dieselben Eintretensvoraussetzungen und Verfahrensbestimmungen. Teilweise unterstellt jedoch das Gesetz einzelne Beschwerdetypen besonderen Regelungen[1]. Darüber hinaus dürften aber auch die spezifischen Grundsätze, die das Bundesgericht schon unter dem bisherigen Recht für die Erlassanfechtung und die Stimmrechtsbeschwerde entwickelt hat, weiterhin zur Geltung kommen.

3 In der Aufzählung von Art. 82 werden ferner die Anfechtungsobjekte und -gegenstände der unter dem bisherigen Recht vorgesehenen Rechtsmittel der **Verwaltungsgerichtsbeschwerde** (Art. 97 OG) und der **staatsrechtlichen Beschwerde** (Art. 84 und Art. 85 lit. a OG) sichtbar. Obwohl sich die Regelung zur Beschwerde in öffentlich-rechtlichen Angelegenheiten insgesamt an die Verwaltungsgerichtsbeschwerde anlehnt,[2] knüpft Art. 82 terminologisch eher an Art. 84 OG an. Dies gilt nicht nur mit Bezug auf *kantonale Erlasse* (lit. b) und *Akte in Stimm- und Wahlrechtssachen* (lit. c), sondern auch hinsichtlich der *Entscheide* (lit. a): Aus den Materialien geht deutlich hervor, dass sich Art. 82 lit. a am Entscheidbegriff von Art. 84 OG und nicht am Verfügungsbegriff von Art. 97 OG orientiert. Vor diesem Hintergrund liegt es nahe, für die Auslegung der unbestimmten Rechtsbegriffe, die zur Umschreibung des Zulässigkeitsbereichs und der Anfechtungsobjekte der Beschwerde in öffentlich-rechtlichen Angelegenheiten verwendet werden, in erster Linie auf Lehre und Praxis zu Art. 84 Abs. 1 und 85 lit. a OG zurückzugreifen. Zwar gilt es zu berücksichtigen, dass das BGG eine neue Ordnung des Zugangs zum Bundesgericht geschaffen hat;[3] dies schliesst jedoch eine Orientierung an der Praxis zu den Begriffen des bisherigen Rechts nicht grundsätzlich aus.

Im Verhältnis zu Art. 84 und Art. 97 OG hat der Zugang zum Bundesgericht nach Art. 82 nur in geringem Ausmass eine Erweiterung erfahren: Der Beschwerde an das Bundesgericht unterliegen neu auch Akte in eidgenössischen Stimmrechtsangelegenheiten (N 93 ff.). Hingegen bleiben Erlasse des Bundes weiterhin der direkten Anfechtbarkeit an das Bundesgericht entzogen.

4 Seit dem Inkrafttreten der Totalrevision der Bundesrechtspflege stellt die Beschwerde in öffentlich-rechtlichen Angelegenheiten das **ordentliche Rechtsmittel** in öffentlich-rechtlichen Streitigkeiten dar.[4] Mit der subsidiären Verfassungsbeschwerde (Art. 113 ff.) und der Klage (Art. 120) sieht das Gesetz weitere Verfahren vor, mit welchen dem Bundesgericht öffentlich-rechtliche Streitigkeiten unterbreitet werden können.[5]

---

[1] Vgl. z.B. die Ausschlussgründe für Entscheide in Art. 83–85, die Regelung der Vorinstanzen in Art. 86–88 oder die Beschwerdelegitimation in Stimmrechtssachen (Art. 89 Abs. 3).

[2] EHRENZELLER/SCHWEIZER-AEMISEGGER, 111 f.; SEILER/VON WERDT/GÜNGERICH, BGG, Art. 82 N 3; Botschaft 2001 697 BBl 2001 4319.

[3] KARLEN, BGG, 34.

[4] EHRENZELLER/SCHWEIZER-AEMISEGGER, 116; TSCHANNEN-KIENER, 220; **a.M.** ZIEGLER, SJZ 2006, 56 f.

[5] Vgl. zur Abgrenzung zu den ordentlichen Beschwerden in Zivil- und Strafsachen unten N 17 ff.

– Das Verhältnis der *subsidiären Verfassungsbeschwerde* zu den ordentlichen Beschwerden wird in Art. 113 explizit geregelt. Demnach steht die subsidiäre Verfassungsbeschwerde gegen letztinstanzliche kantonale Entscheide in Angelegenheiten des öffentlichen Rechts nur zur Verfügung, wenn die ordentliche Beschwerde gem. Art. 82 ff. wegen des Vorliegens eines Ausschlussgrundes (Art. 83–85) unzulässig ist.[6] Gegen andere Akte scheidet die subsidiäre Verfassungsbeschwerde zum vornherein aus (zum Ganzen Art. 113 N 9 f.).

– Anders gestaltet sich das Verhältnis der Beschwerde nach Art. 82 ff. zur *«Einheitsklage»* nach Art. 120. Im Rahmen ihres abschliessend geregelten Anwendungsbereichs (Art. 120 Abs. 1 lit. a–c unter Vorbehalt von spezialgesetzlichen Bestimmungen gem. Art. 120) geht die Klage als das *«prinzipiale Rechtsmittel»* der Beschwerde vor (Art. 120 N 3).[7] Dies hat insb. zur Folge, dass für die Behördenbeschwerde nach Art. 89 Abs. 2 lit. a gegen kantonale Erlasse und Entscheide in Fällen, in denen die Klagevoraussetzungen nach Art. 120 gegeben sind, kein Raum mehr bleibt.[8]

II. Beschwerde gegen Entscheide in Angelegenheiten des öffentlichen Rechts (lit. a)

Der Beschwerde in öffentlich-rechtlichen Angelegenheiten unterliegen gem. Art. 82 lit. a **5** **Entscheide in Angelegenheiten des öffentlichen Rechts**, die von den in Art. 86 Abs. 1 genannten Vorinstanzen ausgehen. Nicht unter Art. 82 lit. a fallen hingegen Entscheide, die in Stimm- und Wahlrechtssachen ergehen (Art. 82 lit. c; N 86), sowie kantonale Entscheide über Beschwerden gegen kantonale Erlasse (Art. 82 lit. b; N 48).

1. «Entscheide»

a) Vorbemerkungen

Beim Begriff des **Entscheids** (lit. a) handelt es sich «um einen autonomen Begriff des **6** Bundesgerichtsgesetzes»,[9] der über den Verfügungsbegriff, wie er Art. 5 VwVG oder dem kantonalen Verwaltungsverfahrensrecht zugrunde liegt, hinausreicht. Wie bereits erwähnt (N 3), wird die zu Art. 84 Abs. 1 OG entwickelte Lehre und Rechtsprechung im Kontext von Art. 82 lit. a weiterhin von Bedeutung sein.

> Gemäss bisheriger bundesgerichtlicher Praxis ist der Entscheidcharakter i.S.v. Art. 84 Abs. 1 OG zunächst jenen hoheitlichen Akten vorbehalten, welche die Rechtsstellung des Einzelnen in irgendeiner Weise berühren, indem sie ihn verbindlich und erzwingbar zu einem Tun, Dulden oder Unterlassen verpflichten oder sonstwie seine Rechtsbeziehung zum Staat verbindlich festlegen.[10] Darüber hinaus pflegte das Bundesgericht in der Beurteilung der Frage, ob eine beanstandete Handlung als anfechtbarer Hoheitsakt i.S.v. Art. 84 Abs. 1 OG einzustufen ist, ebenfalls das Bestehen eines Rechtsschutzbedürfnisses zu berücksichtigen. Es bejahte folglich – trotz Kritik in der Lehre[11] – auch in Fällen, in denen es an einer förmlichen Verfügung fehlte, eine Anfechtungsmöglichkeit, sofern Grundrechte beeinträchtigt waren und ein besonderes Rechtsschutzbedürfnis bestand.[12]

---

6   Tschannen-Kiener, 224 f.; Tschannen-Herzog, 75.
7   Tschannen-Kiener, 222 f.
8   Vgl. im Kontext der Anfechtung von kantonalen Erlassen durch den Bund Ehrenzeller/ Schweizer-Aemisegger, 153 f. sowie unten N 61; vgl. zum Ganzen auch Art. 89 N 51 sowie Art. 120 N 3 und 5.
9   Botschaft 2001 BBl 2001 4319.
10 Statt vieler BGE 128 I 167, 170 E. 4; 126 I 250, 251 f. E. 1a; 125 I 119, 121 E. 2a. Vgl. zum Ganzen auch Kälin, Beschwerde², 137 f.
11 Vgl. etwa Kälin, Beschwerde², 115 f.
12 BGE 126 I 250, 254 f. E. 2d; 121 I 87, 91 E. 1b.

7   Für das Verständnis von Art. 82 lit. a ist an dieser Rechtsprechung anzuknüpfen[13] (lit. b
[N 8 ff.] und c [N 13 ff.] hiernach). In der Praxis dürfte das Vorliegen eines tauglichen
Anfechtungsobjekts allerdings nur selten Probleme bieten, da es sich bei den Einzelakten
der in Art. 86 genannten *Vorinstanzen* in der Regel um *«Entscheide»* i.S.v. Art. 82 lit. a
handeln dürfte. Dies gilt selbst dann, wenn sich der von der Vorinstanz zu beurteilende
(Anfechtungs-)Gegenstand auf Akte bezieht, denen kein Verfügungs- oder Entscheidcharakter zukommt. Für den Zugang zum Bundesgericht ist mit anderen Worten entscheidend, welche Einzelrechtsakte im Verfahren vor der Vorinstanz auf ihre Rechtmässigkeit
überprüft werden können und wie diese Akte von den genannten Vorinstanzen qualifiziert
werden.[14] Wo beispielsweise kantonale Instanzen Beschwerden gegen Realakte materiell
behandeln, kommt dem daraus hervorgehenden Entscheid der letzten kantonalen Instanz
Entscheidqualität i.S.v. Art. 82 lit. a zu. Wo sie hingegen auf entsprechende Beschwerden
nicht eintreten, bildet der Nichteintretensentscheid der letzten kantonalen Instanz Anfechtungsobjekt der Beschwerde in öffentlich-rechtlichen Angelegenheiten; das Bundesgericht wird daraufhin insb. im Lichte der Rechtweggarantien zu prüfen haben, ob das
Nichteintreten zu Recht oder zu Unrecht erfolgt ist (N 14).

b) Begriff des Entscheids

8   Als *«Entscheide»* i.S.v. *Art. 82 lit. a* gelten im Grundsatz nur hoheitliche Anordnungen
individuell-konkreter Natur, welche in Angelegenheiten des öffentlichen Rechts für einzelne Bürger in verbindlicher und erzwingbarer Weise Rechte und Pflichten begründen,
aufheben, ändern oder deren Bestand oder Nichtbestand feststellen. Für das Vorliegen
eines anfechtbaren Entscheids sind mit anderen Worten folgende Elemente in kumula-
tiver Weise vorausgesetzt:[15]

9   – Es muss sich erstens um einen **hoheitlichen Akt** handeln. Dies setzt voraus, dass er
       von einem Träger öffentlicher Gewalt erlassen worden ist. Ob es sich dabei um Ho-
       heitsträger des Bundes oder der Kantone handelt, bleibt ohne Belang, solange es sich
       um Akte von Organen handelt, die ihre Zuständigkeit aus der Hoheitsgewalt des
       Bundes oder der Kantone ableiten. Als hoheitlich gelten auch Akte, die von Selbstver-
       waltungskörpern mit eigener Rechtspersönlichkeit (öffentlich-rechtliche Anstalten,
       Körperschaften oder Stiftungen) oder von interkantonalen Organen ausgehen. Sogar
       Anordnungen Privater fallen darunter, sofern diese im Rahmen der ihnen vom Bund
       oder von den Kantonen ausgestatteten hoheitlichen Gewalt handeln. Zu beachten
       bleibt selbstverständlich, dass die Beschwerde nur gegen Entscheide der in Art. 86
       aufgelisteten Instanzen offen steht; in den meisten Fällen wird es sich um Beschwer-
       deentscheide des Bundesverwaltungsgerichts oder der kantonalen Verwaltungsgerichte
       handeln (N 7 hiervor; Art. 86 N 4 ff.).

---

[13] So ebenfalls KARLEN, BGG, 35; vgl. implizit auch DAUM, plädoyer 2006, 34; SEILER/VON
WERDT/GÜNGERICH, BGG, Art. 82 N 10.
[14] Vgl. Botschaft 2001 BBl 2001 4319; GÄCHTER/THURNHERR, plädoyer 2006, 36; TSCHANNEN-
MÜLLER, 343. – **A.M.** TSCHANNEN-KIENER, 227 f., ein Beschwerdeentscheid vermöge das
Fehlen einer beschwerdefähigen Verfügung nicht zu ersetzen, was aus der Rechtsprechung zur
Aufsichtsbeschwerde deutlich werde. Massgebend ist m.E., ob ein Akt vor der Vorinstanz be-
schwerdefähig war und der Beschwerdeführer in diesem Verfahren Parteistellung innehatte, was
für Aufsichtsverfahren gerade nicht der Fall ist (vgl. BGE 123 II 402, 406 E. 1b/bb), jedoch bei
(Beschwerde-)entscheiden über Realakte durchaus gegeben sein kann.
[15] Zum Ganzen BELLANGER/TANQUEREL-BELLANGER, 45 f.; HÄFELIN/HALLER/KELLER, Suppl.,
N 1938; HALLER, Jusletter 2006, N 7 ff.; TSCHANNEN-KIENER, 226 f.; SEILER/VON WERDT/
GÜNGERICH, BGG, Art. 82 N 10, 15 ff.; vgl. ferner zu Art. 84 Abs. 1 OG KÄLIN, Beschwerde²,
114 f.

Urteile und Entscheide über Streitigkeiten aus *öffentlichrechtlichen Verträgen* gelten als hoheitlich, obwohl der Anfechtungsgegenstand vertragliche und damit nicht hoheitlich begründete Ansprüche zum Gegenstand hat.[16] Streitigkeiten aus öffentlichrechtlichen Verträgen mit dem *Bund* entscheidet das Bundesverwaltungsgericht in der Regel im Klageverfahren als erste Instanz (Art. 35 lit. a VGG); das entsprechende Urteil unterliegt der Beschwerde in öffentlich-rechtlichen Angelegenheiten an das Bundesgericht (Art. 82 lit. a i.V.m. Art. 86 Abs. 1 lit. a). Dem Bundesgesetzgeber bleibt es vorbehalten, die Erledigung des Streits einer der in der Art. 33 VGG erwähnten Verwaltungsbehörden zu übertragen (Art. 36 VGG); deren Verfügungen können mit Beschwerde an das Bundesverwaltungsgericht weitergezogen werden (Art. 33 VGG), wogegen die Beschwerde an das Bundesgericht offen steht (Art. 82 lit. a i.V.m. Art. 86 Abs. 1 lit. a). Entscheide der kantonalen Verwaltungsgerichte über Streitigkeiten aus öffentlichrechtlichen Verträgen mit *Kantonen* oder *Gemeinden* unterliegen der Beschwerde an das Bundesgericht unabhängig davon, ob die letzte kantonale Instanz ihren Entscheid auf dem Klageweg als erste Instanz oder aber als Beschwerdeinstanz gefällt hat.

Kein hoheitlicher Akt liegt hingegen vor, wo das Gemeinwesen, gemischte Unternehmen oder Beliehene als Subjekte des Privatrechts einen *Vertrag* abschliessen oder den Abschluss eines solchen verweigern.[17] Vorbehalten bleiben besondere Vorschriften, die solche Anordnungen ausdrücklich als Verfügungen qualifizieren.[18]

– Zweitens muss es sich um einen **individuell-konkreten** Akt handeln, der die Rechts- **10** stellung des einzelnen Bürgers berührt, indem er ihn verbindlich und erzwingbar zu einem Tun, Dulden oder Unterlassen verpflichtet oder sonst wie seine Rechtsbeziehungen zum Staat **verbindlich** festlegt.

Diese Voraussetzung erfüllen sowohl *Verfügungen* gestützt auf Art. 5 VwVG als auch auf kantonales Recht gestützte Entscheide.[19] Als solche gelten auch Beschwerdeentscheide, Entscheide über Wiedererwägungsgesuche und Revisions- bzw. Erläuterungsbegehren.[20] *Allgemeinverfügungen*[21] werden mit Bezug auf ihre Anfechtbarkeit zumindest dann wie Verfügungen behandelt, wenn sie ohne konkretisierende Anordnung einer Behörde angewendet und vollzogen werden können; ihnen bzw. den Beschwerdeentscheiden über Allgemeinverfügungen kommt folglich Entscheidcharakter i.S.v. Art. 82 lit. a zu.[22]

Genehmigungsbeschlüsse über Verfügungen gelten ihrerseits als Verfügungen und sind unter denselben Voraussetzungen anfechtbar.[23] Hingegen bilden Genehmigungsbeschlüsse über rechtsetzende Erlasse Teil des Rechtsetzungsverfahrens; Anfechtungsobjekt bildet hier – unter der Voraussetzung, dass es sich um einen kantonalen Erlass i.S.v. Art. 82 lit. b handelt (vgl. im Einzelnen N 41 f.) – der Erlass selbst.[24]

Eine Verfügung, mit der ein früherer, rechtskräftiger Entscheid vollzogen bzw. ohne sachliche Überprüfung bestätigt wird, kann grundsätzlich nur soweit angefochten werden, als die ge-

---

[16] BGE 122 I 328, 333 E. 1c/aa.
[17] Vgl. BGE 126 I 250, 254 E. 2d (ablehnende Entscheide des gemischtwirtschaftlich organisierten Messeveranstalters gegenüber interessierten Ausstellern an der internationalen Kunstmesse ART in Basel); BGE 127 I 84, 87 E. 4a (Rechtsverhältnis zwischen der Allgemeinen Plakatgesellschaft APG und einzelnen privaten Kontrahenten).
[18] So im Bereich des öffentlichen Beschaffungsrechts: Art. 5 Abs. 1 und Art. 9 BGBM, Art. 29 lit. a BoeB, Art. 15 und 18 IVoeB; vgl. dazu eingehender BGE 125 II 86, 94 f. E. 3b. Zu beachten bleibt allerdings Art. 83 lit. f.
[19] BGer, I. ÖRA, 4.5.2007, 1C_7/2007, E. 2.
[20] Tschannen-Kiener, 227 m.w.Hinw.
[21] Allgemeinverfügungen sind dadurch gekennzeichnet, dass sie sich einerseits an einen unbestimmten Personenkreis richten, also «genereller» Natur sind, andererseits aber einen «konkreten» Tatbestand regeln; vgl. statt vieler BGE 101 Ia 73, 74 E. 3a m.w.Hinw.
[22] So auch Bellanger/Tanquerel-Bellanger, 46; Seiler/von Werdt/Güngerich, BGG, Art. 82 N 15; vgl. zum Rechtsschutz gegen Allgemeinverfügungen ferner BGE 125 I 313, 316 f. E. 2b; 112 Ib 249, 252 E. 1b.
[23] Vgl. Kälin, Beschwerde[2], 146.
[24] Zur Situation unter dem bisherigen Recht Kälin, Beschwerde[2], 112 f. und 144 f. m.w.Hinw.

rügte Rechtswidrigkeit in der *Vollstreckungsverfügung* selbst begründet ist.[25] Auf den ersten (früheren) Entscheid kann im Vollzugsstadium ausnahmsweise dann zurückgekommen werden, wenn der Beschwerdeführer besonders schwerwiegende Grundrechtsverletzungen geltend macht oder die Nichtigkeit der ursprünglichen Verfügung zur Diskussion steht.[26]

Nutzungspläne (bzw. letztinstanzliche Entscheide über Nutzungspläne) sind unabhängig davon, ob sie sich auf das Raumplanungsgesetz stützen oder Anordnungen des Umweltrechts enthalten, mit Beschwerde in öffentlich-rechtlichen Angelegenheiten anfechtbar (N 34 ff.).[27] Grundsätzlich wird aber vorausgesetzt, dass sie durch die Genehmigung i.S.v. Art. 26 RPG verbindlich geworden sind.[28]

Keinen Entscheidcharakter weisen Akte auf, die nicht unmittelbar auf die Erzeugung von Rechtswirkungen ausgerichtet sind, wie *organisatorische Anordnungen*[29] sowie – zumindest im Grundsatz (vgl. im Einzelnen N 13) – *innerdienstliche Anweisungen*[30] oder *Realakte*. Durch behördliche *Zusicherungen, Auskünfte, Empfehlungen* oder *Ermahnungen* werden in der Regel keine Rechtsfolgen verbindlich festgelegt, weshalb sie der Anfechtbarkeit entzogen bleiben.[31] Belehrungen, Verweise, Mahnungen oder Androhungen belastender Anordnungen sind hingegen anfechtbar, wenn sie selbst eine vom Gesetz vorgesehene Disziplinarmassnahme bilden[32] oder wenn sie die Rechtsstellung der Betroffenen verschlechtern, was insb. dann zutrifft, wenn sie für die Beurteilung der Verhältnismässigkeit späterer Massnahmen in Verfügungsform von Bedeutung sind.[33] Mit Bezug auf die Anfechtbarkeit von *Richtplänen* ist zu unterscheiden: Für Private entfalten sie grundsätzlich keine rechtlichen Auswirkungen, weshalb sie der Beschwerde entzogen bleiben. Verbindlich sind die Richtpläne hingegen für die Gemeinden; diesen steht daher die Anfechtung der Richtpläne (wegen Verletzung der Gemeindeautonomie) offen.[34]

Nicht anfechtbar ist der Entscheid einer Behörde, auf eine Aufsichtsbeschwerde nicht einzutreten, sie abzuweisen oder ihr keine Folge zu geben.[35]

Begnadigungsentscheide stellten nach bisheriger bundesgerichtlicher Rechtsprechung zwar keine Verfügungen dar, unterlagen aber als Hoheitsakte «sui generis» der staatsrechtlichen Beschwerde.[36] Ihnen kommt nach neuem Recht Entscheidcharakter zu,[37] wobei nicht eindeutig ist, ob sie dem Bereich des öffentlichen Rechts zugerechnet werden müssen (N 17).

11 – Unerheblich ist hingegen, ob der angefochtene Entscheid in Anwendung von Bundesrecht oder von kantonalem Recht ergangen ist. Es kommt ferner nicht einmal darauf an, ob er sich auf öffentliches Recht stützt oder nicht. Massgebend ist vielmehr, dass er eine Angelegenheit betrifft, die dem **öffentlichen Recht** zuzuordnen ist (N 17 ff.).

12 Der Anfechtung unterliegen grundsätzlich **End-** und **Teilentscheide** (Art. 90 f.); erfasst sind sowohl **Sach-** als auch **Nichteintretensentscheide**. Zwischenentscheide sind hingegen nur nach Massgabe der Voraussetzungen von Art. 92 f. anfechtbar. Die Beschwerde

---

[25] Statt vieler (unter bisherigem Recht) BGE 129 I 410, 412 E. 1.1; 107 Ia 331, 333 f. E. 1a.

[26] BGer, I. ÖRA, 27.4.2007, 1C_15/2007, E. 1.3; SEILER/VON WERDT/GÜNGERICH, BGG, Art. 82 N 31; vgl. zur früheren Rechtsprechung auch BGE 129 I 410, 412 E. 1.1; 118 Ia 209, 214 E. 2c.

[27] Vgl. Art. 34 Abs. 1 RPG (in der Fassung gem. Ziff. 64 des Anhangs zum VGG vom 17.6.2005). Dazu WALDMANN/ HÄNNI, RPG, Art. 34 N 75.

[28] Dazu eingehender WALDMANN/HÄNNI, Art. 26 N 8 in fine m.w.Hinw.

[29] BGE 109 Ib 253, 255 E. 1b.

[30] Vgl. BGE 128 I 167, 170 f. E. 4.2 und 173 E. 4.4 (Polizeieinsatzbefehl); BGE 121 II 473, 478 f. E. 2b.

[31] Statt vieler BGE 121 II 473, 479 E 2c.

[32] BGE 124 I 310; 113 Ia 279.

[33] BGE 125 I 119, 121 E. 2a; 103 Ib 350, 353 E. 2.

[34] SPORI, Rechtsschutz, 12; SEILER/VON WERDT/GÜNGERICH, BGG, Art. 82 N 23; WALDMANN/ HÄNNI, RPG, Art. 34 N 53.

[35] Vgl. zu Art. 84 ff. OG BGE 121 I 87, 90 E. 1a; 116 Ia 8, 10 E. 1a; 109 Ia 251, 252 E. 3; ferner zu Art. 97 ff. OG BGE 128 II 156, 158 E. 1a; 123 II 402, 406 E. 1b/bb.

[36] BGE 106 Ia 131, 132 E. 1a; bestätigt in BGE 117 Ia 84, 86 E. 1b.

[37] So auch TSCHANNEN-KIENER, 227; TOPHINKE, ZBl 2006, 103.

steht schliesslich auch offen gegen das unrechtmässige Verweigern oder Verzögern eines anfechtbaren Entscheids (Art. 94).

c) Anfechtbarkeit aus Gründen des Rechtsschutzinteresses?

Selbst wenn kein Entscheid vorliegt, der die hiervor (N 8 ff.) aufgelisteten Kriterien er- **13** füllt, kann sich – gem. der bundesgerichtlichen Rechtsprechung zu Art. 84 OG (N 6), die im Folgenden mindestens sinngemäss zu übernehmen ist – eine Anfechtungsmöglichkeit aus Gründen des **Rechtsschutzbedürfnisses** aufdrängen. Dies ist einerseits der Fall, wenn eine Behörde den Erlass einer Verfügung zu Unrecht verweigert oder verzögert (vgl. ausdrücklich Art. 94). Darüber hinaus kann es im Lichte der Rechtsweggarantien (Art. 6 und 13 EMRK, Art. 29a BV) geboten sein, eine Anfechtungsmöglichkeit auch gegenüber Handlungen ohne Verfügungs- und Entscheidcharakter vorzusehen, sofern diese in grundrechtlich geschützte Positionen eingreifen. Es muss sich aber in jedem Fall um Akte oder Anordnungen handeln, welche dem Staat oder einem Träger öffentlicher Aufgaben zuzurechnen sind und von ihrem Inhalt oder von den berührten Grundrechten her ein besonderes Rechtsschutzbedürfnis begründen.[38] Der (unmittelbare) Zugang zum Bundesgericht entfällt zudem, wenn das bestehende Rechtsschutzbedürfnis anderweitig befriedigt werden kann. Mit anderen Worten bleibt die Beschwerde in öffentlich-rechtlichen Angelegenheiten in Fällen, da kein Entscheid i.S.v. Art. 82 lit. a OG vorliegt, subsidiär.

– Diese (unter dem Regime der staatsrechtlichen Beschwerde entwickelte) Rechtspre- **14** chung ist in erster Linie für den Rechtsschutz gegenüber **Realakten**[39] von Bedeutung.[40] Wo Realakte die Rechtsstellung von Privaten berühren, garantieren die Rechtsweg-garantien von Art. 29a BV und Art. 6 Ziff. 1 EMRK unter den jeweiligen Anwendungs-voraussetzungen einen einklagbaren Anspruch auf gerichtlichen Rechtsschutz, wäh-rend Art. 13 EMRK ein Recht auf eine wirksame Beschwerde verbrieft, wo Garantien der EMRK betroffen sind.[41] Die Totalrevision der Bundesrechtspflege war allerdings von der Idee getragen, dass dieser Rechtsschutz nicht primär vom Bundesgericht, son-dern in erster Linie im vorangehenden Beschwerdeverfahren vor Bundes- bzw. kanto-nalen (Gerichts-)Instanzen sichergestellt wird.[42] *Realakte stellen keine Entscheide i.S.v. Art. 82 lit. a dar.*[43] In Anlehnung an die bisherige Rechtsprechung zu Art. 84 OG dürfte das Bundesgericht zwar trotzdem auch in Zukunft auf Beschwerden (in öffent-lich-rechtlichen Angelegenheiten) gegen Realakte eintreten, sofern diese von ihrem Inhalt her oder von den berührten Grundrechten her ein besonderes Rechtsschutzbe-dürfnis begründen und keine anderweitige Möglichkeiten des gerichtlichen Rechts-schutzes bestehen. In erster Linie sind jedoch die Kantone (für kantonale Realakte)

---

[38] Vgl. BGE 126 I 250, 255 E. 2d; 121 I 87, 91 E. 1b; BGer, II. ÖRA, 30.4.2004, 2P.53/2003, E. 1.2.7.

[39] Unter den Begriff der «Realakte» werden Verwaltungshandlungen subsumiert, die nicht un-mittelbar auf Rechtswirkungen, sondern auf die Herbeiführung eines tatsächlichen Erfolgs ausgerichtet sind. Dazu zählen etwa Auskünfte, Zusicherungen, Warnungen, Empfehlungen oder Vollzugshandlungen. Vgl. BGE 130 I 369, 378 f. E. 6.1 m.w.Hinw.; ausführlich TSCHANNEN-MÜLLER, 315 ff.

[40] Realakte im Kontext von Abstimmungen und Wahlen unterstehen der Beschwerde in öffentlich-rechtlichen Angelegenheiten auf der Grundlage von Art. 82 lit. c (N 88).

[41] Vgl. zu den Rechtsweggarantien eingehender HANGARTNER, AJP 2002, 132 ff.; KÄLIN, ZBl 1999, 49 ff.; MÜLLER, ZBl 1995, 533 ff.; TOPHINKE, ZBl 2006, 88 ff.; WALDMANN, AJP 2003, 749 ff.

[42] Botschaft 2001, BBl 2001 4221; TOPHINKE, ZBl 2006, 91.

[43] BELLANGER/TANQUEREL-BELLANGER, 47; TSCHANNEN-HERZOG, 99; TOPHINKE, ZBl 2006, 91.

sowie die Bundesverwaltungsbehörden und das Bundesverwaltungsgericht (für Realakte der Bundesbehörden) gefordert, den erforderlichen Rechtsschutz zu gewährleisten. Wo gegen Realakte Rechtsschutzmöglichkeiten tatsächlich zur Verfügung stehen, bleibt für eine Sicherstellung des Rechtsschutzes durch das Bundesgericht kein Raum.

Auf **Bundesebene** bleibt das Beschwerdeverfahren zwar auf Verfügungen beschränkt (Art. 44 VwVG, Art. 31 VGG), was vor den Rechtsweggarantien standhält, solange es Möglichkeiten gibt, den erforderlichen Rechtsschutz anderweitig sicherzustellen. Im Vordergrund steht künftig die Bestimmung von **Art. 25a VwVG,** die bei Realakten jedem Betroffenen, der ein schutzwürdiges Interesse hat, einen Anspruch auf den Erlass einer gestaltenden oder feststellenden Verfügung einräumt. Im Einzelnen kann verlangt werden, dass die Behörde widerrechtliche Handlungen unterlässt, einstellt oder widerruft (Abs. 1 lit. a), die Folgen widerrechtlicher Handlungen beseitigt (Abs. 1 lit. b) oder die Widerrechtlichkeit von Handlungen feststellt (Abs. 1 lit. c). Auch wenn für die Auslegung dieser – erst im Laufe der parlamentarischen Beratung eingefügten[44] – Vorschrift viele Fragen offen bleiben, wird das Bundesgericht im Bereich des tatsächlichen Verwaltungshandelns durch Bundesbehörden in aller Regel erst dann befasst, wenn bereits eine Verfügung erlassen worden ist und somit ein anfechtbarer Entscheid i.S.v. Art. 82 lit. a vorliegt. Vor diesem Hintergrund besteht kein Bedarf mehr für eine Erweiterung des Anfechtungsobjekts.[45]

Im Bereich der **kantonalen** (und kommunalen) Realakte findet Art. 25a VwVG keine Anwendung.[46] Die Kantone haben grundsätzlich freie Hand, wie sie den erforderlichen Rechtsschutz sicherstellen wollen. So können sie beispielsweise in ihren Verwaltungsrechtspflegesetzen die Anfechtungsobjekte im Beschwerdeverfahren über Verfügungen hinaus erweitern oder – in Anlehnung an Art. 25a VwVG – Ansprüche auf den Erlass von gestaltenden oder feststellenden Verfügungen gewähren. Wo nötig, sind die Kantone sogar von Bundesrechts wegen angehalten, ihre Verwaltungsrechtspflegesetze zumindest analog auf Realakte zur Anwendung zu bringen und nötigenfalls die Beschwerde gegen Realakte zuzulassen.[47] Soweit kantonale Instanzen auf derartige Begehren nicht eintreten, können entsprechende Nichteintretensentscheide auf dem Rechtsmittelweg weitergezogen werden. Es steht schliesslich die Beschwerde in öffentlich-rechtlichen Angelegenheiten zur Verfügung, welche alsdann auf dem Hintergrund, dass hinreichender Rechtsschutz zu gewähren ist, zu prüfen sein wird.[48]

Vor diesem Hintergrund dürften die Fälle, in denen die öffentlich-rechtliche Beschwerde vor Bundesgericht den erforderlichen Rechtsschutz bieten müsste, eher selten sein. Am ehesten dürfte dies auf Realakte interkantonaler Organe zutreffen.

---

[44] Diese Bestimmung wurde von der Kommission für Rechtsfragen des Ständerats eingebracht (vgl. Protokoll vom 23.5.2002, 6) und von den Räten diskussionslos übernommen (AB 2003 S 870, 872; AB 2004 N 1616). Von ihrer Struktur her ist sie den Bestimmungen von Art. 25 Abs. 1 DSG, Art. 5 Abs. 1 GlG und Art. 28a ZGB nachgebildet. – Vgl. zu Art. 25a VwVG eingehend TSCHANNEN-MÜLLER, 340 ff.

[45] Zum Ganzen auch SEILER/VON WERDT/GÜNGERICH, BGG, Art. 82 N 24 ff.

[46] TSCHANNEN-MÜLLER, 363. **A.M.** TOPHINKE, ZBl 2006, 95, welche eine Anwendung von Art. 25a VwVG auf letztinstanzliche kantonale Verfahren bejaht, soweit die Kantone Bundesverwaltungsrecht anwenden. Diese Auffassung lässt sich u.E. nur schwer mit der *Organisationsautonomie* der Kantone (Art. 47 BV) in Einklang bringen, solange diese nicht über eine entsprechende gesetzliche Grundlage durchbrochen wird (in Art. 1 Abs. 3 VwVG wird die Bestimmung von Art. 25a VwVG nicht aufgeführt). Freilich wäre es sinnvoll, wenn die Kantone eine Art. 25a VwVG entsprechende Bestimmung in ihren Verwaltungsrechtspflegesetzen aufnehmen würden. Vgl. zum Ganzen auch BELLANGER/TANQUEREL-LUGON/POLTIER/TANQUEREL, 129; BELLANGER/TANQUEREL-MOOR, 164; MARTI/MÜLLER, plädoyer 3/2007, 34.

[47] BGE 130 I 369, 379 E. 6.1. Vgl. zum Ganzen auch TSCHANNEN-HERZOG, 99 f.; JAAG, ZBl 1998, 508 ff.; KNÜSEL, Jusletter 2006, N 9; BELLANGER/TANQUEREL-LUGON/POLTIER/TANQUEREL, 129; RICHLI, AJP 1998, 1431 ff.; SEILER/VON WERDT/GÜNGERICH, BGG, Art. 82 N 27.

[48] Vgl. analog im Kontext der früheren staatsrechtlichen Beschwerde BGE 128 I 167, 176 E. 4.5.

– Ähnlich präsentiert sich die Situation auch bei **verwaltungsinternen Weisungen:**   **15**
Obwohl diese einseitig und gegenüber den verwaltungsinternen Adressaten verbindlich sind, gelten sie nicht als Entscheide i.S.v. Art. 82 lit. a, da sie nicht unmittelbar Rechte oder Pflichten des Bürgers begründen. Zur Sicherstellung des gebotenen Rechtsschutzes kann es aber geboten sein, die unmittelbare Anfechtung solcher Weisungen zuzulassen, sofern ihnen eine «Aussenwirkung» zukommt und gegen die Anordnungen, die gestützt auf die Weisungen vorgenommen werden, kein hinreichender Rechtsschutz möglich und zumutbar ist.[49] In aller Regel wird dieser Rechtsschutz jedoch durch die Vorinstanzen des Bundesgerichts sichergestellt.

– Ein Rechtsschutzbedürfnis kann ferner ebenfalls gegenüber nicht hoheitlichen **An-**   **16**
ordnungen Privater bestehen. Solche Anordnungen können (in Anlehnung an die bundesgerichtliche Rechtsprechung zu Art. 84 Abs. 1 OG) Anfechtungsobjekt der Beschwerde sein, wenn ansonsten die Beeinträchtigung der Rechtspositionen der Betroffenen keiner gerichtlichen Beurteilung zugeführt werden könnte. Diese Möglichkeit scheidet indes aus, wenn im fraglichen Bereich eine hoheitliche Regelungszuständigkeit[50] oder eine anderweitige Anfechtungsmöglichkeit besteht.[51]

2. «In Angelegenheiten des öffentlichen Rechts»

Das BGG sieht für jedes der drei klassischen Rechtsgebiete (Zivil-, Straf- und öffentliches Recht) je eine Beschwerde vor. Die Beschwerde in öffentlich-rechtlichen Angelegenheiten hat die Funktion sowohl der Verwaltungsgerichts- als auch der staatsrechtlichen Beschwerde übernommen. Sie steht gegen Entscheide zur Verfügung, die Angelegenheiten des öffentlichen Rechts betreffen; dies unabhängig davon, ob sich der Entscheid auf Bundesrecht oder kantonales Recht stützt und ob er von einer Bundes- oder einer kantonalen Behörde ausgegangen ist. Keine Rolle spielt ebenfalls, welche Beschwerdegründe angerufen werden.[52]   **17**

Dem **öffentlichen Recht** zuzuordnen sind vorab Entscheide in den Bereichen des (besonderen) Verwaltungsrechts und des Staatsrechts.[53] Obwohl sich das Sozialversicherungsrecht – nicht zuletzt aufgrund der besonderen Verfahrensordnung – weitgehend verselbständigt hat, hat das Bundesgerichtsgesetz die Sozialversicherungs- in die allgemeine öffentliche Rechtspflege zurückgeführt.[54] Für die Abgrenzung zwischen öffent-   **18**

---

[49] Vgl. im Grundsatz BGE 128 I 167, 170 E. 4.2 und 173 E. 4.5 (Voraussetzungen der Anfechtbarkeit im konkreten Fall verneint). – Analog wird auch die nur im Ausnahmefall bestehende Anfechtbarkeit von generell-abstrakten Verwaltungsverordnungen begründet (N 33).

[50] Vgl. BGer, II. ÖRA, 30.4.2004, 2P.53/2003, E. 1.2.8 betreffend die Nichtanerkennung eines ausländischen Diploms durch den Schweizerischen Krippenverband (Verein nach Art. 60 ZGB): Das Bundesgericht ist auf eine Beschwerde gegen diese Nichtanerkennung nicht eingetreten, da die Beschwerdeführerin die Möglichkeit hätte, ein Anerkennungsgesuch an die EDK zu stellen und deren Entscheid mit staatsrechtlicher Beschwerde anzufechten.

[51] BGer, II. ÖRA, 8.6.2001, 2P.96/2000, ZBl 2001, 656 ff. betreffend die Anfechtbarkeit von Rechnungen eines privaten Vereins, dem öffentlicher Grund zum gesteigerten Gemeingebrauch überlassen worden ist, an die Standbetreiber: Obwohl dem privaten Verein weder eine öffentliche Aufgabe noch eine Verfügungskompetenz übertragen wurde, ist der private Verein an die Grundrechte gebunden (Art. 35 Abs. 2 BV). Die kantonalen Instanzen haben gegen die Rechnungen trotz Fehlens einer Verfügung eine Rekursmöglichkeit zu gewähren. Vgl. dazu auch die Bemerkungen von Y. HANGARTNER, AJP 2002, 67 ff.

[52] HÄFELIN/HALLER/KELLER, Suppl., N 1939; KOLLER, ZBl 2006, 75 f.; WALDMANN, AJP 2003, 752; vgl. auch KIENER/KUHN, ZBl 2006, 145 f.

[53] Entscheide über Beschwerden wegen Verletzung politischer Rechte fallen nicht unter Art. 82 lit. a, sondern unter Art. 82 lit. c (vgl. auch N 86).

[54] Botschaft 2001 BBl 2001 4237.

lichem Recht und *Zivilrecht* haben Rechtsprechung und Lehre zahlreiche Abgrenzungskriterien entwickelt, von denen keinem a priori eine Vorrangstellung zukommt. Das massgebende Abgrenzungskriterium ist jeweils anhand der konkreten Regelungsbedürfnisse und der Rechtsfolgen, die im Einzelfall in Frage stehen, zu bestimmen.[55] Relativ problemlos gestaltet sich hingegen die Abgrenzung zum *Strafrecht:* So mündet der Rechtsschutz gegen polizeiliche Anordnungen ausserhalb eines Strafverfahrens letztinstanzlich grundsätzlich in die Beschwerde in öffentlich-rechtlichen Angelegenheiten.[56]

19   Der entscheidende **Bezugspunkt** für die Zuordnung bildet weniger der Rechtssatz, auf den sich der angefochtene Entscheid stützt, als vielmehr das *Rechtsgebiet,* das die jeweilige Angelegenheit der Sache nach regelt.[57] Entscheidend ist mit anderen Worten, welchem Rechtsgebiet das auf den konkreten Fall zur Anwendung gelangende bzw. von der Vorinstanz angewandte materielle Recht angehört.[58] In diesem Sinne sind beispielsweise prozessuale Entscheide, die im Rahmen einer zivilrechtlichen Streitigkeit getroffen werden, dem Rechtsgebiet des Zivilrechts zuzuordnen, obwohl das Prozessrecht eigentlich zum öffentlichen Recht gehört. Analog werden auch SchKG-Angelegenheiten trotz ihrer grundsätzlich öffentlich-rechtlichen Natur der Beschwerde in Zivilsachen unterstellt; demgegenüber handelt es sich bei materiellrechtlichen Streitigkeiten, die im Laufe der Betreibung für öffentlich-rechtliche Forderungen entstehen können, um öffentlich-rechtliche Angelegenheiten.[59] Des Weiteren unterliegen Entscheide über strafprozessuale Zwangsmassnahmen trotz ihrer öffentlich-rechtlichen Natur der Beschwerde in Strafsachen.[60]

Nicht vollends geklärt ist die Situation im Zusammenhang mit *Begnadigungsentscheiden* Unter dem bisherigen Recht hat das Bundesgericht Begnadigungen die Zugehörigkeit zum Straf- und Strafvollzugsrecht abgesprochen.[61] Art. 78 Abs. 2 lit. b ordnet zwar den Strafvollzug dem Bereich des Strafrechts zu, schweigt sich indes bezüglich der Zuordnung der Begnadigung aus. Vor diesem Hintergrund ist anzunehmen, dass Entscheide über Begnadigungen der Beschwerde in öffentlich-rechtlichen Angelegenheiten unterstehen.[62]

20   Das System der Abgrenzung der Einheitsbeschwerden nach betroffenem Rechtsgebiet wird vom Bundesgerichtsgesetz punktuell durchbrochen. Mit Bezug auf die Anfechtung von öffentlich-rechtlichen Entscheiden sind folgende **Ausnahmen** zu beachten:[63]

21   – Öffentlich-rechtliche Entscheide, die in *unmittelbarem Zusammenhang mit dem Zivilrecht* stehen, unterliegen der Beschwerde in Zivilsachen (Art. 72 Abs. 2 lit. b). Das Gesetz nennt nur einzelne Beispiele, um den für die Anwendung dieser Ausnahmeregelung notwendigen Bezug der fraglichen Angelegenheiten zum Zivilrecht aufzuzeigen (vgl. im Einzelnen Art. 72 N 8 ff.).

---

[55] Statt vieler BGE 120 II 412, 414 E. 1b; 109 Ib 146, 149 E. 1b.

[56] BGer, I. ÖRA, 13.7.2007, 1C_89/2007 E. 1.1; vgl. zum Ganzen auch TSCHANNEN/ZIMMERLI, Verwaltungsrecht², § 18 N 13.

[57] Botschaft 2001 BBl 2001 4319; BELLANGER/TANQUEREL-BELLANGER, 48; TSCHANNEN-KIENER, 228; SPÜHLER/DOLGE/VOCK, Kurzkommentar, Art. 82 N 3.

[58] HÄFELIN/HALLER/KELLER, Suppl., N 1940.

[59] Botschaft 2001 BBl 2001 4307; SEILER/VON WERDT/GÜNGERICH, BGG, Art. 82 N 37.

[60] Unter dem bisherigen Recht fielen solche Entscheide in die Zuständigkeit der öffentlich-rechtlichen Kammer, vgl. BGE 125 I 113 (Untersuchungshaft), 125 I 46 (Telefonabhörung).

[61] BGE 118 Ia 104, 107 E. 2b; 106 Ia 131, 132 E. 1a.

[62] So auch SEILER/VON WERDT/GÜNGERICH, BGG, Art. 82 N 34; TOPHINKE, ZBl 2006, 103.

[63] Mit Bezug auf die Anfechtung von kantonalen Erlassen kommt stets die Beschwerde in öffentlich-rechtlichen Angelegenheiten zum Zug, unabhängig davon, ob es sich um öffentlich-, zivil- oder strafrechtliche Bestimmungen handelt (vgl. N 27 hiernach).

Diese Offenheit in der Bezeichnung des zulässigen Rechtsmittels ist im Lichte der Rechtsstaatlichkeit nicht unproblematisch. Der Katalog der öffentlich-rechtlichen Entscheide, die wegen ihres unmittelbaren Zusammenhangs mit dem Zivilrecht der Beschwerde in Zivilsachen unterliegen, wird sich im Laufe der bundesgerichtlichen Praxis erweitern. Solange sich diese Praxis nicht gefestigt hat, wird das Bundesgericht Beschwerden in öffentlich-rechtlichen Angelegenheiten, welche den Anwendungsbereich von Art. 72 Abs. 2 lit. b betreffen, als Beschwerden in Zivilsachen entgegennehmen müssen.[64]

– Entscheide über den *Vollzug von Strafen und Massnahmen* unterliegen der Beschwerde in Strafsachen (Art. 78 Abs. 2 lit. b; vgl. im Einzelnen Art. 78 N 23). **22**

Demgegenüber wurden Streitigkeiten in Bezug auf die *internationale Rechtshilfe in Strafsachen* dem Beschwerdeverfahren in öffentlich-rechtlichen Angelegenheiten unterstellt (Art. 84), wobei die Anfechtungsmöglichkeiten auf bestimmte Gegenstände (Auslieferung, Beschlagnahme, Herausgabe von Gegenständen oder Vermögenswerten, Übermittlung von Informationen aus dem Geheimbereich) und auf besonders bedeutende Fälle beschränkt wurden.

III. Beschwerden gegen kantonale Erlasse (lit. b)

1. Allgemeines

Die Erlassanfechtungsbeschwerde ist eine Unterart der Beschwerde in öffentlich-rechtlichen Angelegenheiten mit verschiedenen Besonderheiten. Sie hat in diesem Bereich am 1.1.2007 vollumfänglich die Funktion der früheren staatsrechtlichen Beschwerde gegen Erlasse übernommen. Der subsidiären Verfassungsbeschwerde unterliegen nach Art. 113 nur Entscheide, weshalb Erlasse damit nicht angefochten werden können. Materiell ist diese Rechtsänderung mit einigen, allerdings nicht sehr zahlreichen **Neuerungen** verbunden. Im Wesentlichen gelten die Grundsätze weiter, wie sie für die staatsrechtliche Beschwerde massgeblich waren. Gewisse Änderungen ergeben sich namentlich aus den für die Beschwerdeverfahren **einheitlichen Bestimmungen** im 2. und 4. Kapitel des BGG. Sind diese für die Erlassanfechtung von besonderer Bedeutung, wird darauf hingewiesen. Vor allem werden jedoch die **bisher geltenden allgemeinen Grundsätze** – unter Beizug der dazu ergangenen Rechtsprechung – behandelt, soweit sie auch im Rahmen der öffentlich-rechtlichen Einheitsbeschwerde einschlägig sind. Im Vordergrund steht dabei der Begriff des kantonalen Erlasses. **23**

Anfechtungsobjekt bildet der **kantonale Erlass** i.S.v.Art. 82 lit. b. Er wird vom Bundesgericht im Verfahren der **abstrakten Normenkontrolle**[65] auf seine Vereinbarkeit mit dem übergeordneten Recht hin geprüft. **Verfahren**smässig gelten namentlich hinsichtlich Anfechtungsobjekt, Vorinstanzen (vgl. den Kommentar zu Art. zu Art. 87 hiernach), Beschwerdefrist und Legitimation **besondere Grundsätze**. Der Ausnahmenkatalog von Art. 83 nennt ausschliesslich Entscheide und erwähnt die Erlasse nicht.[66] Streitwertgrenzen sind für die abstrakte Normenkontrolle nicht vorgesehen.[67] Die Anfechtung hat gemäss Art. 101 innert 30 Tagen seit der amtlichen Publikation des Erlasses zu erfolgen (vgl. Kommentar zu Art. 101 sowie hinten N 64). Zur Anfechtung berechtigt ist der vom **24**

---

[64] In diesem Sinne auch EHRENZELLER/SCHWEIZER-AEMISEGGER, 120, unter Berufung auf eine analoge Anwendung von Art. 119 Abs. 3.

[65] Die Prüfung wird auch als selbständige, prinzipale oder hauptfrageweise Normenkontrolle bezeichnet. RHINOW/KOLLER/KISS, Prozessrecht, N 643.

[66] TSCHANNEN-KIENER, III. 5, 236 f.; SEILER/VON WERDT/GÜNGERICH, BGG, Art. 82 N 4. Das bestätigt, dass die subsidiäre Verfassungsbeschwerde gegen Erlasse ausgeschlossen ist, richtet sich doch dieses Rechtsmittel gem. Art. 113 ausschliesslich gegen Entscheide, vgl. N 23.

[67] TSCHANNEN-KIENER, IV. 3, 245.

Erlass virtuell Betroffene.[68] Die Beschwerdegründe sind in den Art. 95 ff. aufgeführt (vgl. Kommentar zu den Art. 95 ff. hiernach sowie hinten N 49 ff.). Bei Gutheissung der Beschwerde erfolgt die Aufhebung des angefochtenen Erlasses, soweit eine rechtskonforme Auslegung kaum denkbar ist.[69] Die Beschwerde hat grundsätzlich keine aufschiebende Wirkung (Art. 103). Da Erlasse keine Begründung aufweisen, werden regelmässig Beschwerdeergänzungen zugelassen.

25   Von der abstrakten ist die **konkrete Normenkontrolle** zu unterscheiden.[70] Bei ihr überprüft das Bundesgericht generell-abstrakte Vorschriften im Zusammenhang mit einem konkreten Anwendungsfall: Anfechtungsobjekt bildet ein individuell-konkreter Hoheitsakt und beurteilt wird vorfrageweise, ob dieser auf einer rechtswidrigen Norm beruht. Dies geschieht in der Regel nach unbenütztem Ablauf der Beschwerdefrist für die abstrakte Normenkontrolle.[71]

26   Bis Ende 2006 waren kantonale Erlasse meist gestützt auf Art. 84 Abs. 1 OG mit **staatsrechtlicher Beschwerde**[72] anfechtbar. In wenigen Fällen konnten sie bis zum 1.3.2000 gemäss Art. 73 VwVG beim Bundesrat angefochten werden.[73] Die Beschwerde an den Bundesrat ging der staatsrechtlichen Beschwerde ans Bundesgericht wegen der in Art. 84 OG vorgesehenen absoluten Subsidiarität der Letzteren vor. Vom 1.3.2000 bis zum 31.12.2006 waren kantonale Erlasse nur noch mit staatsrechtlicher Beschwerde beim Bundesgericht anfechtbar.

2. Anfechtungsobjekt: kantonale Erlasse

a) Begriff

27   Erlasse sind Anordnungen genereller und abstrakter Natur, die für eine unbestimmte Vielheit von Menschen gelten und eine unbestimmte Vielheit von Tatbeständen regeln ohne Rücksicht auf einen bestimmten Einzelfall oder auf eine Person. Der Begriff des kantonalen Erlasses in Art. 82 lit. b ist materiell zu verstehen.[74] Er entspricht demjenigen von Art. 84 Abs. 1 OG. Es handelt sich dabei um einen bundesrechtlichen Begriff, der sich auf sämtliche kantonalen Hoheitsakte mit rechtsetzendem Charakter bezieht.[75] Er umfasst somit **alle kantonalen Gesetze, Dekrete und Verordnungen**, auch solche von Gemeinden.[76] Ausgenommen sind wie bisher die Kantonsverfassungen.[77] Im französischen bzw. italienischen Text verwendet Art. 84 Abs. 1 OG die engeren Begriffe «arrêté cantonal» bzw. «decreti cantonali». In Art. 82 lit. b hingegen ist die Rede von «actes normatifs cantonaux» bzw. «atti normativi cantonali». Diese beiden letzteren Definitionen des Anfechtungsobjekts bei der abstrakten Normenkontrolle geben den Sinn des Gesetzes klarer wieder als diejenigen in Art. 84 Abs. 1 OG. Sie stimmen denn auch

---

[68] Vgl. hinten N 54.

[69] KÄLIN, Beschwerde², 132, 397. S. dazu auch N 68 hiernach.

[70] RHINOW/KOLLER/KISS, Prozessrecht, N 644.

[71] EHRENZELLER/SCHWEIZER-AEMISEGGER, 127 ff. Botschaft 2001 BBl 2001 4319 ff.

[72] Vgl. hingegen BGE 108 Ib 392.

[73] Art. 73 VwVG wurde durch Ziff. I 1 des BG vom 8.10.1999 über prozessuale Anpassungen an die neue BV (AS 2000 416; BBl 1999 7922), in Kraft seit 1.3.2000, aufgehoben; in der Literatur wurde diese Beschwerde an den Bundesrat als «kleine staatsrechtliche Beschwerde» bezeichnet: s. dazu RHINOW/KOLLER/KISS, Prozessrecht, N 1395 ff., 1399.

[74] BGE 106 Ia 307, 308 E. 1a.

[75] TSCHANNEN-KIENER, III. 4, 233.

[76] BGE 113 Ia 437, 439 E. 1; 102 Ia 533, 536 E. 1; EHRENZELLER/SCHWEIZER-AEMISEGGER, 127; TSCHANNEN-HERZOG, III. 1b/bb 90.

[77] Vgl. hinten N 40.

besser mit der deutschen Bezeichnung «kantonale Erlasse» überein. Selbst wenn der Erlass zivil- oder strafrechtlicher Natur ist, unterliegt er der Beschwerde in öffentlich-rechtlichen Angelegenheiten.[78] Angefochten werden die einzelnen kantonalen Normen als solche.

Bis anhin war die staatsrechtliche Beschwerde gestützt auf Art. 84 Abs. 1 OG unmittel-   **28** bar gegen kantonale Erlasse gegeben, sofern der Kanton kein eigenes Verfahren der abstrakten Normenkontrolle kannte.[79] Auch ein letztinstanzlicher kantonaler Normenkontrollentscheid unterlag dem Erlass- und nicht dem Einzelaktanfechtungsverfahren. Dabei wurde die angefochtene Norm abstrakt auf ihre Übereinstimmung mit übergeordnetem Recht überprüft.[80] Die gleichen Grundsätze gelten nach Art. 87: Gegen letztinstanzliche kantonale Erlassentscheide ist die Beschwerde i.S.v. Art. 82 lit. b zu ergreifen, und es kann sowohl die Aufhebung des kantonalen Urteils als auch des umstrittenen Erlasses verlangt werden.[81]

Bundeserlasse unterliegen der abstrakten Normenkontrolle **nicht** (vorbehalten bleibt die   **29** Kompetenzkonfliktsklage gemäss Art. 120 Abs. 1 lit. a [vgl. Kommentar zu Art. 120 hiernach][82]).[83] Das Bundesgericht kann zwar eine bundesrätliche Verordnung – soweit sie in Bezug auf den angefochtenen kantonalen Hoheitsakt von Bedeutung ist – grundsätzlich vorfrageweise auf ihre Gesetzes- und Verfassungsmässigkeit hin überprüfen;[84] es kann ihr gegebenenfalls aber nur die Anwendung versagen, sie im Beschwerdeverfahren indessen nicht aufheben.[85] Gleiches gilt für Parlamentsverordnungen.[86]

b) Abgrenzung zur Verfügung

Im Unterschied zum Rechtssatz richtet sich die Verfügung als Einzelakt regelmässig an   **30** einen Einzelnen oder an eine bestimmte Anzahl von Adressaten. Sie enthält verbindliche Anordnungen, durch die eine konkrete Rechtsbeziehung rechtsbegründend, -aufhebend, -gestaltend oder -feststellend geordnet wird. Werden entsprechende Regelungsbegehren abgewiesen oder wird darauf nicht eingetreten, so gilt auch dieser Entscheid als Verfügung.[87] Zwischen Rechtssatz und Verfügung steht die so genannte Allgemeinver-

---

[78] Botschaft 2001 BBl 2001 4320; SEILER/VON WERDT/GÜNGERICH, BGG, Art. 82 N 39; HALLER/ KÖLZ, Staatsrecht[3], N 13.

[79] Art. 86 Abs. 1 OG; BGE 128 I 155, 158 E. 1.1; 124 I 11, 13 E. 1a. EHRENZELLER/SCHWEIZER-AEMISEGGER, 127 f.

[80] BGE 128 I 155, 158 E. 1.1; KÄLIN, Beschwerde[2], 328.

[81] TSCHANNEN-KIENER, III. 5. 236 f.

[82] I.V.m. Art. 189 Abs. 2 BV 2000. Im Hinblick auf Art. 190 BV 2000 können allerdings Bundesgesetze und vom Bund abgeschlossene Staatsverträge mit der Klage nicht angefochten werden (SEILER/VON WERDT/GÜNGERICH, BGG, Art. 120 N 7). Als Beispiele zur staatsrechtlichen Klage i.S.v. Art. 83 lit. a OG vgl. BGE 108 Ib 392 (Schweizerische Eidgenossenschaft gegen Kanton Basel-Stadt); 117 Ia 202 (Schweizerische Eidgenossenschaft gegen Kanton Basel-Landschaft).

[83] Vgl. Art. 189 Abs. 4 und Art. 190 BV 2000; Art. 82 und 86 Abs. 1. Botschaft 2001 BBl 2001 4320; EHRENZELLER/SCHWEIZER-AEMISEGGER, 127 f.; SEILER/VON WERDT/GÜNGERICH, BGG, Art. 82 N 41 ff.; BELLANGER/TANQUEREL-BELLANGER, 52; HALLER/KÖLZ, Staatsrecht[3], N 15; TSCHANNEN-KIENER, III. 4, 234.

[84] Botschaft 2001 BBl 2001 4320. Vgl. BGE 130 I 26, 32 E. 2.2; 126 II 522, 589 E. 46; 119 Ia 241, 247 E. 6c. AUER/MALINVERNI/HOTTELIER, droit constitutionnel[2], N 1867; ANDREAS AUER, Die schweizerische Verfassungsgerichtsbarkeit, Basel 1984, N 184.

[85] Vgl. BGE 128 I 102, 105 f. E. 3; 124 I 289, 291 E. 2, je m.Hinw.

[86] AUER/MALINVERNI/HOTTELIER, droit constitutionnel[2], N 1866.

[87] BGE 125 I 313, 316 E. 2a; vgl. auch BGE 122 I 328, 331 E. 1; 123 V 290, 296 E. 3a. RHINOW/ KOLLER/KISS, Prozessrecht, N 976.

fügung, die zwar einen konkreten Sachverhalt regelt, sich aber an einen mehr oder weniger grossen, offenen oder geschlossenen Adressatenkreis richtet.[88]

31   Ihrer Konkretheit wegen werden die Allgemeinverfügungen in der Regel auch hinsichtlich ihrer Anfechtbarkeit den gewöhnlichen Verfügungen gleichgestellt.[89] Ist indessen – wie etwa bei Verkehrsanordnungen – der Kreis der Adressaten offen und werden diese durch den Erlass der Allgemeinverfügung nur virtuell berührt, so muss die Allgemeinverfügung im Anwendungsfall einem Erlass gleich vorfrageweise auf ihre Rechtmässigkeit hin überprüft werden können.[90] Ob und inwieweit die Anfechtbarkeit solcher Allgemeinverfügungen auch unmittelbar im Zusammenhang mit deren Erlass gewährleistet sein muss, ist umstritten.[91]

c) Abgrenzung zur Rechts- und Verwaltungsverordnung

32   **Rechtsverordnungen** enthalten Rechtsnormen, die sich an die Allgemeinheit richten und damit dem Einzelnen Rechte einräumen oder Pflichten auferlegen, oder die Organisation und das Verfahren der Behörden regeln. Sie müssen in der Gesetzessammlung publiziert werden, um für den Privaten rechtswirksam zu sein.[92] Für sie gelten wie bis anhin die Regeln der Erlassanfechtung.

33   Demgegenüber sind **Verwaltungsverordnungen**[93] generelle Dienstanweisungen,[94] die sich an bestimmte untergeordnete Behörden richten. Sie verpflichten grundsätzlich nur diese und weisen somit keine Rechtsnormen auf.[95] Daher unterliegen sie der abstrakten Normenkontrolle nicht. Anders verhält es sich, wenn darin enthaltene Anweisungen indirekt zugleich geschützte Rechte des Bürgers berühren und damit «Aussenwirkungen» entfalten, und wenn zusätzlich im von der Verwaltungsverordnung erfassten Bereich

---

[88] Vgl. BGE 101 Ia 73, 74 E. 3a; 112 Ib 249, 251 f. E. 2b; 119 Ia 141,150 E. 5c/cc; vgl. JAAG, Abgrenzung, 52 f.

[89] BGE 101 Ia 73, 74 E. 3a; 112 Ib 249, 251 f. E. 2b m.Hinw.; BGE 103 Ib 315, nicht publ. E. 3; JAAG, ZBl 1984, 453 mit N 85 und 87; RHINOW/KRÄHENMANN, Verwaltungsrechtsprechung, Nr. 5 Bc 16 f. S.a. BGE 125 I 313 zu einem Regierungsratsbeschluss des Kantons Bern, welcher die Sistierung des ordentlichen Gehaltsanstiegs zum Inhalt hatte: Das Bundesgericht erachtete den Beschluss als ein der Verfügung gleichgestelltes Anfechtungsobjekt.

[90] Urteil des Bundesgerichts vom 17.3.1976, E. 1a, publ. in ZBl 77/1976 353; BGE 112 Ib 249, 252 E. 2b in fine, anders dagegen BGE 113 IV 123, wo eine allgemeine Geschwindigkeitsbeschränkung als reine Verfügung behandelt worden ist; HÄFELIN/MÜLLER/UHLMANN, Verwaltungsrecht[5], N 930 ff.; T. MERKLI/A. AESCHLIMANN/R. HERZOG, Kommentar zum Gesetz über die Verwaltungsrechtspflege im Kanton Bern, Bern 1997, Art. 49 N 45; JAAG, ZBl 1984, 454 f.

[91] Vgl. JAAG, ZBl 1984, 452; Entscheid des Bundesrats vom 22.10.1985, publ. in ZBl 87/1986 237 f.

[92] HÄFELIN/MÜLLER/UHLMANN, Verwaltungsrecht[5], N 120 f.; TSCHANNEN/ZIMMERLI, Verwaltungsrecht[2], § 14 N 12.

[93] Verwaltungsverordnungen können unterschiedlichste Bereiche betreffen und werden demnach in verschiedene Kategorien eingeteilt. Entsprechend variieren ihre Bezeichnungen: Direktiven, Weisungen, Dienstanweisungen, Dienstreglemente, allgemeine Dienstbefehle, Rundschreiben, Kreisschreiben, Zirkulare, Wegweisungen, Anleitungen, Instruktionen, Merkblätter, Leitbilder, etc.; BGE 128 I 167, 171 E. 4.3; 121 II 473, 478 E. 2b; vgl. auch 104 Ia 161, 163 f. E. 2. Zu den Verwaltungsverordnungen organisatorischer Natur und den verhaltenslenkenden Verwaltungsverordnungen vgl. BGE 128 I 167, 171 f. E. 4.3 (Erklärung von Bern); HÄFELIN/MÜLLER/UHLMANN, Verwaltungsrecht[5], N 124; TSCHANNEN/ZIMMERLI, Verwaltungsrecht[2], § 41 N 13 und 14.

[94] Vgl. HÄFELIN/MÜLLER/UHLMANN, Verwaltungsrecht[5], N 123 ff.

[95] BGE 98 Ia 508, 510 f. E. 1; 104 Ia 161, 163 f. E. 2. TSCHANNEN/ZIMMERLI, Verwaltungsrecht[2], § 14 N 10.

keine förmlichen Verfügungen ergehen, gegen die sich der Betroffene ohne Nachteil auf dem üblichen Beschwerdeweg zur Wehr setzen kann.[96] An dieser Praxis hat das Bundesgericht trotz der in der Lehre[97] geübten Kritik festgehalten.[98] Bei der Beurteilung der Frage, ob ein Hoheitsakt als Erlass oder als interne Weisung ohne Aussenwirkungen zu betrachten ist, stellt das Bundesgericht nicht auf dessen Bezeichnung, sondern auf den Inhalt ab.[99]

d) Raumpläne

aa) Nutzungsplan

Ist der Nutzungsplan als **Erlass** oder als **Summe von Einzelverfügungen** zu betrachten?   **34** Das Bundesgericht hat diese Frage nie abschliessend geklärt. Verschiedentlich hat es sie sogar ausdrücklich offen gelassen, den Plan mit Bezug auf einzelne Fragen als Einzelverfügung behandelt oder sich damit begnügt, ihn als «Zwischengebilde eigener Art» (zwischen Erlass und Verfügung) zu bezeichnen.[100] Im Wesentlichen hat es sich darauf konzentriert, zu entscheiden, in welchen Fällen Raumpläne *verfahrensrechtlich* einem Erlass und in welchen einer Verfügung gleichzustellen seien. So entschied es, der von einem Nutzungsplan betroffene Grundeigentümer sei vor dessen Festsetzung anzuhören,[101] was

---

[96] Botschaft 2001 BBl 2001 4319; EHRENZELLER/SCHWEIZER-AEMISEGGER, 127; SEILER/VON WERDT/GÜNGERICH, BGG, Art. 82 N 52; BGE 122 I 44; 128 I 167, 172 f. E. 4.3 m.Hinw. Im Jahre 1972 hat das Bundesgericht ausgeführt, dass auch Verwaltungsverordnungen mit staatsrechtlicher Beschwerde angefochten werden können, sofern die darin enthaltenen Regeln nicht nur aus internen Anweisungen an Beamte und Angestellte bestehen, sondern darüber hinaus die Rechtsstellung des Privaten direkt oder indirekt näher umschreiben und ihn auf diese Weise in seinen rechtlich geschützten Interessen berühren (BGE 98 Ia 508, 510 f. E. 1). In BGE 105 Ia 349, 351 ff. E. 2 hat es seine Rechtsprechung 1979 dahingehend präzisiert, dass eine Verwaltungsanordnung nur dann mit staatsrechtlicher Beschwerde angefochten werden kann, wenn sie Aussenwirkungen entfaltet und wenn gestützt auf sie keine Verfügungen getroffen werden, deren Anfechtung möglich ist und dem Betroffenen zugemutet werden kann. S.a. BGE 102 Ia 533, 536 E. 1; 105 Ib 136, 139 E. 1; im Fall BGE 107 Ia 77, 84 E. 2b, einen Gesamtplan betr., hat das Bundesgericht Aussenwirkung verneint. In folgenden Fällen wurde die Anfechtbarkeit bejaht: bei Richtlinien zur Vornahme von Obduktionen und Organentnahmen (BGE 98 Ia 508), bei Empfehlungen zur Berücksichtigung von Unternehmen, welche Gesamtarbeitsverträgen unterstellt sind, bei der Vergabe öffentlicher Arbeiten (BGE 102 Ia 533, 536 E. 1), bei Weisungen betr. die straflose Unterbrechung der Schwangerschaft (BGE 114 Ia 452) sowie bei Richtlinien zur Bemessung von Eigenmietwerten hinsichtlich von Mietern (BGE 124 I 193), nicht aber in Bezug auf Hauseigentümer (letzteres wegen deren Beschwerdemöglichkeit gegen konkrete Veranlagungen [BGer, II. ÖRA, 20.7.1994, 2P.299/1992, ZBl 96/1995 44; BGer, II. ÖRA, 22.6.2000, 2P.143/1999]). Unzulässig war die Beschwerde gegen kantonale, an die Baubehörden gerichtete Merkblätter über ökologisches Bauen (BGE 120 Ia 321) bzw. gegen Weisungen, für die Prüfung des Blutalkoholgehalts eine öffentliche Ausschreibung vorzunehmen (BGE 104 Ia 148, 150 E. 1). Sinngemäss sind Aussenwirkungen im Konkordat und den Richtlinien hinsichtlich des Zugangs zu den Akten «Kinder der Landstrasse» bejaht worden (BGer, I. ÖRA, 1.2.1989, 1P.428/1988).

[97] Vgl. etwa KÄLIN, Beschwerde[2], 144.

[98] Vgl. BGE 128 I 167,171 f. E. 4.3 m.Hinw.

[99] BGer, I. ÖRA, 30.5.1984, P.415/1983, ZBl 85/1984 538, 542 f. E. 5c. In BGer, II. ÖRA, 21.11.1994, 2P.93/1994 hatte das Bundesgericht «Richtlinien» für die Festlegung von Nutzungsgebühren für Bootsliegeplätze zu beurteilen. Es befand, die Nutzungsgebühren könnten ohne weiteres noch bei der Vergabe der Konzessionen angefochten werden. Als Verwaltungsverordnung wären die «Richtlinien» des Regierungsrats folglich nicht anfechtbar; sie seien es nur, wenn sie den Charakter einer Rechtsverordnung hätten.

[100] BGE 94 I 336, 342 E. 3.

[101] BGE 104 Ia 65, 67 E. 2b.

im Erlassverfahren ausgeschlossen sei.[102] Aus Gründen der Rechtssicherheit und Planbeständigkeit sei die vorfrageweise Überprüfung von Nutzungsplänen grundsätzlich unzulässig.[103] Die ganze Problematik wurde mit dem Erlass des Raumplanungsgesetzes[104] entschärft. Art. 33 RPG verlangt von den Kantonen die öffentliche Auflage der Nutzungspläne. Überdies haben sie wenigstens ein kantonales Rechtsmittel dagegen zur Verfügung zu stellen. Nutzungspläne waren gemäss Art. 34 RPG[105] grundsätzlich mit staatsrechtlicher Beschwerde beim Bundesgericht anzufechten. Die bundesgerichtliche Rechtsprechung hat in der Folge gegen Nutzungspläne die Verwaltungsgerichtsbeschwerde zugelassen, soweit sie sich auf Bundesrecht ausserhalb des RPG stützten oder soweit eine Umgehung von Art. 24 ff. RPG zur Diskussion stand.[106] All das zeigt, dass Nutzungspläne gemäss bisheriger Rechtsprechung *verfahrensrechtlich* im Wesentlichen den Regeln der **Einzelakt-** und nicht der **Erlass**anfechtung unterworfen waren. Anders verhielt es sich bei Vorschriften der Nutzungsordnung, welche losgelöst vom Plan alle Merkmale von Rechtssätzen erfüllten und insoweit nicht Bestandteil des Planinhalts waren.[107]

35 Diese Grundsätze galten für **alle Nutzungspläne,** auch für solche, welche sich auf **grössere Gebiete** bezogen. Das BGG ändert an dieser Rechtslage nichts. Nach Art. 34 Abs. 1 RPG in der Fassung gemäss Anhang 64 zum VGG gelten für die Rechtsmittel an Bundesbehörden vom 1.1.2007 an die allgemeinen Bestimmungen über die Bundesrechtspflege.[108] Nutzungspläne unterliegen danach in jedem Fall der Beschwerde in öffentlich-rechtlichen Angelegenheiten ans Bundesgericht. Soweit sie **Erlassqualität** im vorn erwähnten Sinn aufweisen, unterstehen sie den Regeln der Erlassanfechtung und damit den erweiterten Legitimationsvoraussetzungen,[109] dies mit der Möglichkeit der vorfrageweisen Überprüfung im einzelnen Anwendungsfall. Im Übrigen und in erster Linie sind darauf aber die Verfahrensgrundsätze der **Einzelaktanfechtung** anzuwenden.[110] Insoweit ist die spätere akzessorische Überprüfung des Plans grundsätzlich ausgeschlossen.[111]

---

[102] BGE 100 Ia 386, 391 E. 3.

[103] BGE 90 I 345; BGE 106 Ia 310, 316 E. 3; 106 Ia 383, 385 E. 3; IMBODEN/RHINOW, Verwaltungsrechtsprechung[5], I 37, 61 ff.; EJPD/BRP, Erläuterungen, Einleitung N 47 ff.

[104] Bundesgesetz vom 22.6.1979 über die Raumplanung, RPG, SR 700.

[105] In der Fassung vom 22.6.1979.

[106] BGE 132 II 209, 212 E. 2.2.

[107] IMBODEN/RHINOW, Verwaltungsrechtsprechung[5], I 37; zur ausnahmsweise zulässigen vorfrageweisen Überprüfung von Bau- oder Nutzungsordnungsbestimmungen vgl. BGE 116 Ia 207; zur Zulässigkeit der Rüge der Nichtigkeit des Nutzungsplans vgl. BGE 115 Ia 1.

[108] Aus Anlass einer Teilrevision des RPG (vgl. Botschaft des Bundesrats vom 2.12.2005) hat allerdings der Ständerat am 2.10.2006 (AB 2006 S 813) beschlossen, Art. 34 Abs. 1 RPG erneut wie folgt zu ändern: «Die Beschwerde in öffentlich-rechtlichen Angelegenheiten an das Bundesgericht ist zulässig gegen Entscheide letzter kantonaler Instanzen über Entschädigungen als Folge von Eigentumsbeschränkungen (Art. 5), über die Zonenkonformität von Bauten und Anlagen ausserhalb der Bauzonen sowie über Bewilligungen im Sinne der Artikel 24 bis 24d und 37a (Abs. 1). Kantone und Gemeinden sind zur Beschwerde berechtigt (Abs. 2). Andere Entscheide letzter kantonaler Instanzen sind endgültig; vorbehalten bleibt die subsidiäre Verfassungsbeschwerde an das Bundesgericht (Abs. 3)». Der Nationalrat ist ihm an der Sitzung vom 11.12.2006 nicht gefolgt, hat aber eine parlamentarische Initiative angenommen, welche in die Richtung der vom Ständerat angenommenen Bestimmung geht (AB 2006 N 1791). In der Frühjahrssession 2007 hat der Ständerat dem Nationalrat zugestimmt (AB 2007 S 60 f.).

[109] «Virtuelle Betroffenheit», s. dazu N 54 ff.

[110] TSCHANNEN-KIENER, III. 5c 238 f.; HÄFELIN/HALLER/KELLER, Suppl., § 64 N 1950; **a.M.** SPÜHLER/DOLGE/VOCK, Kurzkommentar, Art. 82 N 4.

[111] S. dazu TSCHANNEN-KIENER, III. 5c 238 f.

Für kantonale Rechtsmittelverfahren zur Beurteilung von Nutzungsplänen haben die **36**
Kantone gemäss Art. 86 Abs. 2 als unmittelbare Vorinstanzen des Bundesgerichts **obere
Gerichte** einzusetzen. Nichtrichterliche Behörden i.S.v. Art. 86 Abs. 3 fallen mit Blick
auf die Art. 29a BV und 6 Ziff. 1 EMRK ausser Betracht. Andernfalls hätte das Bundesgericht als einziges nationales Gericht die Rechtsweggarantie zu gewährleisten und mithin den Sachverhalt zu überprüfen.[112] Ausserdem müsste es in civil rights-Fällen gestützt
auf Art. 6 Ziff. 1 EMRK öffentliche Verhandlungen durchführen.[113] Diese Aufgaben
wollte der Gesetzgeber dem Bundesgericht mit dem BGG nicht überbinden.

bb) Richtplan

Der kantonale Richtplan gemäss Art. 6 ff. RPG stellt ein ausschliesslich behördenver- **37**
bindliches Planungsinstrument dar.[114] Er gibt u.a. an, wie die raumwirksamen Tätigkeiten
im Hinblick auf die anzustrebende Entwicklung aufeinander abgestimmt werden[115] und
lenkt das Planungsermessen der Planungsbehörden von Bund, Kantonen und Gemeinden.
Deshalb berührt er die Privaten, insbesondere die Grundeigentümer, nicht und erweist
sich ihnen gegenüber nicht als staatlicher Hoheitsakt.[116] Der Richtplan wird auch unter
dem neuen Recht gegenüber dem einzelnen Bürger weder von der **Rechtsweggarantie**
erfasst, noch unterliegt er der **abstrakten Normenkontrolle**, da er keine Rechte und
Pflichten von Privaten begründet.[117] Möglich ist dagegen wie bisher die **akzessorische
Infragestellung** des Richtplans im Rahmen eines Nutzungsplan- oder Baubewilligungs-
verfahrens.[118]

Anders verhält es sich bei den **Gemeinden**, soweit sie durch den Richtplan in der ihnen **38**
garantierten **Autonomie**[119] betroffen sind. Insoweit stellt der Richtplan nach bisheriger
Rechtsprechung einen anfechtbaren Hoheitsakt dar, den die Gemeinden direkt und unter
Umständen auch akzessorisch anfechten können.[120] Das BGG ändert daran nichts. Die in
Art. 11 RPG vorgesehene Genehmigung des kantonalen Richtplans durch den Bundesrat
steht einer solchen Überprüfung durch das Bundesgericht nicht entgegen.[121]

Bei der Richtplanfestsetzung kommen im Wesentlichen Grundsätze des Erlassverfahrens **39**
zur Anwendung. Der Richtplan ist deshalb, soweit er vor Bundesgericht anfechtbar ist,
verfahrensrechtlich den Regeln der **Erlassanfechtung** zu unterstellen.[122] Damit ist die
vorfrageweise Anfechtungsmöglichkeit evident. Ferner ist mit Blick auf Art. 87 klargestellt, dass die Kantone gegen kantonale Richtpläne kein Rechtsmittelverfahren schaffen
müssen. Tun sie es trotzdem, stellt sich die Frage, ob sie als Vorinstanz des Bundesge-

---

[112] TOPHINKE, ZBl 2006, 91.
[113] Vgl. BGE 122 I 294; 117 Ia 497; 122 V 47, 54 f. E. 3; 121 I 30, 37 f. E. 5 f.; 119 Ia 319.
[114] Art. 9 Abs. 1 RPG.
[115] TSCHANNEN/ZIMMERLI, Verwaltungsrecht², § 37 N 5 ff.
[116] EJPD/BRP, Erläuterungen, Art. 9 N 4 ff.
[117] HÄFELIN/MÜLLER/UHLMANN, Verwaltungsrecht⁵, N 943; SEILER/VON WERDT/GÜNGERICH,
     BGG, Art. 82 N 23. Soweit der kantonale Richtplan gestützt auf kantonales Recht und – ent-
     gegen der Regelung des RPG (vgl. Art. 9 RPG) – für den Grundeigentümer rechtsverbindliche
     Anordnungen enthält, dürfte man ihm die Anfechtbarkeit wohl nicht absprechen (vgl. BGE 121
     II 430, 432 E. 1c).
[118] BGE 107 Ia 77, 87 ff. E. 3; 119 Ia 285, 289 f. E. 3b.
[119] Art. 50 BV.
[120] BGE 119 Ia 285, 290 E. 3b und 293 f. E. 4a; 111 Ia 129, 131 E. 3c und 3d. EJPD/BRP, Erläute-
     rungen, Art. 9 N 11; TSCHANNEN-KIENER, III. 5c 240; HÄFELIN/HALLER/KELLER, Suppl., § 64
     N 1950; TOPHINKE, ZBl 2006, 100 f.
[121] Zur Genehmigung kantonaler Erlasse vgl. hinten N 41.
[122] TSCHANNEN-KIENER, III. 5c 240.

richts ein oberes Gericht einsetzen müssen (Art. 87 Abs. 2 i.V.m. Art. 86 Abs. 3). In den Materialien zum BGG wird dies verneint und der vorwiegend politische Charakter des Richtplans bejaht.[123]

e) Kantonsverfassungen, internationale Verträge der Kantone

40 In Fortführung der bisherigen Praxis können Änderungen von **Kantonsverfassungen** auch nach dem BGG nicht im abstrakten Normenkontrollverfahren angefochten werden;[124] sie unterliegen ausschliesslich der Gewährleistung durch die **Bundesversammlung**.[125] Gleiches dürfte für die von den Kantonen abgeschlossenen **internationalen Verträge**[126] gelten, fällt doch auch deren Überprüfung auf Bundesrechtskonformität und Genehmigung in den Kompetenzbereich des Parlaments.[127] Kantonale Verfassungsbestimmungen werden heute jedenfalls **akzessorisch** auf ihre Vereinbarkeit mit der EMRK und den Grundrechtsgarantien des UNO-Pakts II sowie mit dem übrigen Bundesrecht geprüft, wenn das übergeordnete Recht im Zeitpunkt der Gewährleistung durch die Bundesversammlung noch nicht in Kraft war.[128] Auch im Rahmen der öffentlich-rechtlichen Einheitsbeschwerde wird eine solche akzessorische Überprüfung von kantonalen Verfassungsbestimmungen und ebenso von internationalen Verträgen der Kantone möglich sein.

f) Genehmigungsbedürftige kantonale Erlasse

41 Gesetze und Verordnungen, für welche die **Genehmigung des Bundes** erforderlich ist,[129] sind von der Überprüfung gemäss Art. 82 lit. b nicht ausgeschlossen.[130] Verweigert jedoch der Bundesrat die Genehmigung, ist das Bundesgericht daran gebunden. Eine Nachprüfung des bundesrätlichen Entscheids ist unzulässig.[131] Indes hat die Genehmigung kantonaler Erlasse durch den Bundesrat im Allgemeinen nur den Charakter einer vorläufigen Rechtskontrolle. Die bundesrätliche Genehmigung schliesst deshalb eine nochmalige Überprüfung des Erlasses in einem abstrakten Normenkontrollverfahren nicht aus und steht auch einer nachträglichen konkreten Normenkontrolle nicht entgegen.[132]

---

[123] Botschaft zum BGG BBl 2001 4327; vgl. TOPHINKE, ZBl 2006, 101; SEILER/VON WERDT/GÜNGERICH, BGG, Art. 82 N 23; TSCHANNEN-HERZOG, III. 1b/aa 86 f., IV. 1b 104. Damit entfällt auch für die Gemeinden die Möglichkeit, die Verletzung ihrer Autonomie vor einem kantonalen Gericht geltend zu machen.

[124] Botschaft 2001 BBl 2001 4319 f.

[125] Art. 51 und 172 Abs. 2 BV. Botschaft 2001 BBl 2001 4319 f. EHRENZELLER/SCHWEIZER-AEMISEGGER, 127; BGE 17, 630; 89 I 389, 392 E. 2; 104 Ia 215, 219 E. 1b m.w.Hinw. auf Judikatur und Doktrin. S.a. BGE 118 Ia 124, 126 E. 3. Diese Rechtsprechung bezog sich zu Beginn auf Fälle, in denen nach einer kantonalen Verfassungsänderung ein Begehren um abstrakte Normkontrolle gestellt wurde. Später wurde sie auf die vorfrageweise Überprüfung kantonaler Verfassungsbestimmungen ausgedehnt (BGE 83 I 173, 181 E. 6; 100 Ia 362, 363 f. E. 1b; 104 Ia 215). Mit Blick auf die in der Literatur erhobene Kritik hat das Bundesgericht seine Rechtsprechung im Jahre 1984 präzisiert (BGE 111 Ia 239, 240 ff. E. 3, 3a und 3b mit zahlreichen Hinweisen).

[126] Art. 56 BV.

[127] Art. 172 Abs. 3 und 186 Abs. 3 BV; SEILER/VON WERDT/GÜNGERICH, BGG, Art. 82 N 47.

[128] BGE 111 Ia 239, bestätigt in BGE 116 Ia 359, 366 f. E. 4b; 121 I 128, 146 ff. E. 5c.

[129] S. Art. 61b des Regierungs- und Verwaltungsorganisationsgesetzes vom 21.3.1997 (RVOG; SR 712.010). TSCHANNEN-KIENER, III. 5b 237.

[130] BGE 128 II 13, 18 f. E. 2a; 114 II 40, 43 f. E. 3 m.Hinw.

[131] BGE 114 II 40, 43 f. E. 3 m.Hinw. HÄFELIN/HALLER/KELLER, Suppl., § 64 N 1960;

[132] BGE 103 Ia 130, 133 f. E. 3a und 3b, bestätigt in BGE 128 II 13, 18 f. E. 4.3; zur Situation beim kantonalen Richtplan vgl. vorn N 38.

Bedarf ein Erlass der Genehmigung einer **kantonalen Behörde**, ist zu unterscheiden: **42** Wird die kantonale Norm genehmigt, ist Anfechtungsobjekt der **genehmigte Erlass**, nicht der Genehmigungsakt.[133] Wird der kantonale Akt nicht genehmigt, tritt er nicht in Kraft, weshalb es an einem Anfechtungsobjekt im abstrakten Normenkontrollverfahren fehlt. Betrifft jedoch die **Nichtgenehmigung** einen kommunalen Erlass, so kann sich die betroffene Gemeinde dagegen im Verfahren der Einzelaktanfechtung[134] mit der Rüge der **Autonomieverletzung** wehren.[135] Anfechtungsobjekt bildet dann der Nichtgenehmigungsakt.

g) Kantonale Vollzugsregelungen

Anfechtbar sind auch kantonale Erlasse, welche **Bundesrecht ausführen**. Ergibt sich der **43** Inhalt der kantonalen Norm jedoch aus einem Bundesgesetz, sind dessen Vorgaben für das Bundesgericht grundsätzlich auch bei der Anwendung nachgelagerter, das Bundesgesetz ausführender Normen, massgeblich.[136]

h) Konkordate

Soweit **interkantonale Verträge** aufgrund der kantonalen Souveränität abgeschlossen **44** werden, stellen sie kantonale Hoheitsakte dar.[137] Handelt es sich dabei um **rechtsetzende Konkordate**, sind sie verfahrensrechtlich wie Erlasse zu behandeln.[138]

i) Total- oder Teilrevisionen von Erlassen

Bei der **Teilrevision eines Erlasses** können unverändert übernommene Normen dem **45** Bundesgericht zur Prüfung unterbreitet werden, sofern ihnen im Rahmen des geänderten Gesetzes eine gegenüber ihrem ursprünglichen Gehalt **veränderte Bedeutung** zukommt und dem Beschwerdeführer dadurch **Nachteile** entstehen.[139] Gleich verhält es sich, wenn eine bis anhin umstrittene Regelung ausdrücklich bestätigt wurde.[140]

Bei der **Totalrevision** kantonaler Erlasse ist hingegen **jede einzelne Bestimmung** an- **46** fechtbar, auch wenn sie inhaltlich mit der bisherigen Regelung übereinstimmt.[141] Das gilt umso mehr, wenn die Verletzung übergeordneten Rechts gerügt wird, das erst nach dem Erlass des alten Gesetzes eingeführt worden ist.[142] Die für Partialrevisionen geltenden besonderen Regeln sind bei Totalrevisionen somit nicht anwendbar.[143]

---

[133] Vgl. BGE 103 Ia 130, 133 E. 3a.
[134] Tschannen-Kiener, III. 5b 238.
[135] BGE 116 Ia 221, 224 E. 1c.
[136] Art. 190 BV 2000; BGE 130 I 26, 32 E. 2.2 m.Hinw.; 126 I 1, 5 E. 2f.; Seiler/von Werdt/Güngerich, BGG, Art. 82 N 44.
[137] BGer, I. ÖRA, 1.2.1989, 1P.428/1988 E. 1a; vgl. BGE 104 Ia 480, 484 E. 3b; 103 Ia 130, 133 E. 3.
[138] Kälin, Beschwerde², 111; BGer, II. ÖRA, 2.5.1996, 2P.39/1996, E. 2.
[139] BGE 122 I 222, 224 f. E. 1b/aa; 110 Ia 7, 12 E. 1d; 108 Ia 126, 130 f. E. 1b und c m.Hinw.; Seiler/von Werdt/Güngerich, BGG, Art. 82 N 48; Kälin, Beschwerde², 349 f.
[140] BGE 128 I 254, nicht publ. E. 1.4 (BGer, I. ÖRA, 14.8.2002, 1P. 494/2001).
[141] Vgl. BGE 108 Ia 126, 130 f. E. 1b.
[142] BGer, II. ÖRA, 13.4.2005, 2P.244/2004, E. 4.2.4; BGer, I. ÖRA, 16.7.2002, 1P.621/2001, ZBl 104/2003 327, E. 1.1 m.Hinw. auf BGE 108 Ia 126, 130 f. E. 1b und c.; BGer, II. ÖRA, 10.7. 1986, P.1334/1985, ZBl 88/1987 167, E. 1d; Seiler/von Werdt/Güngerich, BGG, Art. 82 N 48; Kälin, Beschwerde², 350.
[143] Vgl. dazu BGE 122 I 222, 224 f. E. 1b. Zur Anfechtung einer kantonalen Besoldungsverordnung s. BGE 125 I 71, 74 f. E. 1a.

3. Instanzenzug

47 Steht kein kantonales Rechtsmittel zur Verfügung, kann nach Art. 87 Abs. 1 gegen kantonale Erlasse **unmittelbar** die öffentlich-rechtliche **Beschwerde** ergriffen werden.[144]

48 Soweit das kantonale Recht jedoch ein abstraktes Normenkontrollverfahren vorsieht, finden gemäss Art. 87 Abs. 2 die Bestimmungen von Art. 86 Anwendung. Hinsichtlich der Bedeutung, welche Art. 86 im kantonalen Erlassanfechtungsverfahren zukommt, wird auf den Kommentar zu Art. 87 hiernach verwiesen.

4. Beschwerdegründe (Art. 95 ff.)

49 Nachfolgend werden einige speziell die Erlassanfechtung betreffende Ausführungen zu den Beschwerdegründen gemacht. Im Übrigen wird auf den Kommentar zu Art. 95 ff. hiernach verwiesen.

50 Zur Geltendmachung des Grundsatzes der **derogatorischen Kraft des Bundesrechts**[145] bedarf es nach neuem Recht des «Umwegs» über eine Verfassungsrüge nicht mehr. Dafür steht nun die öffentlich-rechtliche Beschwerde zur Verfügung. Zum Bundesrecht i.S.v. Art. 95 lit. a gehört auch der verfassungsrechtliche Grundsatz der **Verhältnismässigkeit**.[146] Dessen Bedeutung im Rahmen der abstrakten Normenkontrolle wird die künftige Rechtsprechung des Bundesgerichts klären.[147]

51 Normen, die vom **unzuständigen Rechtsetzungsorgan** erlassen wurden, können im Normenkontrollverfahren wegen Verletzung des Grundsatzes der **Gewaltenteilung** angefochten werden.[148] Das Bundesgericht hat dieses durch alle Kantonsverfassungen garantierte Prinzip seit jeher anerkannt.[149]

52 Soweit ein Erlass auf die **Vereinbarkeit mit dem Verfassungsrecht** des Bundes und der Kantone sowie mit den Grundrechtsgarantien der EMRK[150] geprüft wird,[151] stellt die Normenkontrolle Verfassungsgerichtsbarkeit dar.

5. Legitimation

a) Allgemeines

53 Im Gegensatz zur Beschwerde wegen Verletzung politischer Rechte (Art. 89 Abs. 3) finden sich im BGG keine besonderen Legitimationsvorschriften zum Normenkontrollverfahren. Nach den allgemeinen Grundsätzen von Art. 89 Abs. 1 muss der Beschwerdeführer **formell beschwert** sein (lit. a), d.h. am vorinstanzlichen Verfahren teilgenommen haben oder dazu die Möglichkeit erhalten haben (zum Erfordernis der formellen Beschwer vgl. Kommentar zu Art. 89 N 8 hiernach). Das gilt nur, sofern der Kanton überhaupt ein Erlassanfechtungsverfahren eingeführt hat (vgl. Art. 87). Ferner muss der Beschwerdeführer durch den angefochtenen Erlass **besonders berührt** sein und ein **schutzwürdiges Interesse** an dessen Aufhebung haben (Stichwort **materielle Beschwer;** vgl. Kommentar zu Art. 89 N 10 hiernach).

---

[144] Vgl. BGE 128 I 155, 158 f. E. 1.1.

[145] Art. 49 BV («Vorrang des Bundesrechts»).

[146] Art. 5 Abs. 2 BV.

[147] Tschannen-Kiener, VII. 2. 273.

[148] BGE 131 I 291, 295 E. 1.1; 131 I 386, 389 E. 2.2; vgl. hinten N 71.

[149] BGE 131 I 291, 297 E. 2.1 m.Hinw. Dessen Inhalt ergibt sich in erster Linie aus dem kantonalen Recht. Zur Abgrenzung von der Stimmrechtsbeschwerde vgl. N 72 hiernach.

[150] SR 0.101.

[151] Rhinow/Koller/Kiss, Prozessrecht, N 1675.

b) Besonderes Berührtsein, schutzwürdiges Interesse, aktuelles und praktisches Interesse

Zur Erlassanfechtung war bisher nach Art. 88 OG legitimiert, wer durch den Erlass un- 54
mittelbar oder **virtuell** (d.h. mit einer minimalen Wahrscheinlichkeit früher oder später
einmal) in seiner rechtlich geschützten Stellung **betroffen** wurde (zur Legitimation bei
der Beschwerde in öffentlich-rechtlichen Angelegenheiten vgl. den Kommentar zu
Art. 89 hiernach).[152] Der Kreis der zur Erlassanfechtung Legitimierten war somit schon
bisher weiter als bei der Entscheidanfechtung. Das wird auch künftig in Anwendung von
Art. 89 i.V.m 82 lit. b so bleiben,[153] geht doch das BGG bei der Erlassanfechtung ebenfalls vom (materiellen) Erfordernis des virtuellen Betroffenseins aus.[154] Allerdings muss
der Beschwerdeführer vom umstrittenen Erlass **besonders berührt** sein. Zur Erlassanfechtung ist somit legitimiert, *wer virtuell in schutzwürdigen tatsächlichen*[155] *Interessen
besonders berührt ist.*

Das Anrufen bloss tatsächlicher oder allgemeiner öffentlicher Interessen genügte unter 55
dem Geltungsbereich des OG nicht zur Erlassanfechtung. Vielmehr war ein drohender
Eingriff in **rechtlich geschützte** eigene Interessen erforderlich.[156] Für Rügen der Verletzung der **Gewaltenteilung** sowie der **derogatorischen Kraft** des Bundesrechts bedurfte
es bei der abstrakten Normenkontrolle ebenfalls eines Eingriffs in rechtlich geschützte
Interessen.[157] Die neue Regelung verlangt nun «lediglich» das Vorliegen eines eigenen
schutzwürdigen tatsächlichen Interesses (Art. 89 Abs. 1 lit. c) an der Aufhebung des
Erlasses.

Aus der Eintretensvoraussetzung des schutzwürdigen Interesses leitet sich das weitere Er- 56
fordernis des **aktuellen und praktischen Interesses**[158] an der Erlassüberprüfung ab (vgl.
Kommentar zu Art. 89 N 17 hiernach). Dieses Erfordernis gilt auch für die in Art. 89
Abs. 2 genannten Beschwerdeberechtigten. Es soll sicherstellen, dass das Gericht konkrete
und nicht bloss theoretische Fragen entscheidet und dient damit der Prozessökonomie.[159]

---

[152] Vgl. Botschaft 2001 BBl 2001 4329; HÄFELIN/HALLER/KELLER, Suppl., § 64 N 2002. Zu
Art. 88 OG: BGE 131 I 198, 200 E. 2.1 m.Hinw.; 130 I 82, 85 E. 1.3; 125 I 71, 75 E. 1b/aa, 173,
174 E. 1b, je m.Hinw.

[153] TSCHANNEN-KIENER, VI. 4a 264.

[154] Botschaft 2001 BBl 2001 4329; TSCHANNEN-KIENER, VI. 4a 264.

[155] Bisweilen wird auch bezogen auf Art. 89 vom Erfordernis des rechtlich geschützten *oder* tatsächlichen Interesses gesprochen. Bei der öffentlich-rechtlichen Einheitsbeschwerde wird aber
kein rechtlich geschütztes (im Sinne eines qualifizierten tatsächlichen) Interesses verlangt.
Nötig ist lediglich ein blosses faktisches Interesse.

[156] Art. 88 OG. BGE 131 I 198, 200 E. 2.1. Beispielsweise sind zur Anfechtung eines kantonalen
Steuererlasses grundsätzlich die im betroffenen Kanton Steuerpflichtigen legitimiert. Dies gilt
vorab für diejenigen Personen, die dort ihren Wohnsitz haben: vgl. BGE 130 I 174, 176 f.
E. 1.2; 124 I 145, 148 f. E. 1c. Anders verhält es sich bei einer nicht im Kanton niedergelassenen Person, welche dort auch nicht einer beschränkten Steuerpflicht unterliegt. Es fehlt in diesem Fall an der erforderlichen virtuellen Betroffenheit, welche grundsätzlich voraussetzt, dass
der Beschwerdeführer der Territorialhoheit des betreffenden Kantons untersteht. S. dazu BGE
102 Ia 201, 205 ff. E. 3 m.Hinw.; 123 I 221, 225 E. 2a. Zur direkten Anfechtung von Gesetzesbestimmungen über den Finanzausgleich s. BGE 119 Ia 214, 217 f. E. 2b und BGer, I. ÖRA,
28.4.2004, 1P.364/2002.

[157] BGE 127 I 60, 63 E. 2a und 68, E. 4 m.Hinw.; BGE 131 I 205, 210 E. 2.1; BGer, II. ÖRA,
10.8.2005, 2P.191/2004; BGer, II. ÖRA, 14.10.1994, 2P.109/1994, ZBl 96/1995 508, E. 3b;
BGer, II. ÖRA, 30.3.1984, P.1590/1983, ZBl 87/1986 368, E. 1b.

[158] Ein solches liegt vor, wenn der angefochtene Erlass im Zeitpunkt der Beurteilung durch das
Bundesgericht noch besteht und durch die beantragte Aufhebung beseitigt würde. BGE 116 Ia
159, 363 E. 2a; KÄLIN, Beschwerde[2], 258 f. Zum Verhältnis zwischen aktuellem und prakti-
schem Interesse und virtueller Beschwer vgl. TSCHANNEN-KIENER, VI. 4a 265.

[159] BGE 116 Ia 159, 363 E. 2a; 114 Ia 131 m.Hinw.; KÄLIN, Beschwerde[2], 258 f.

c) Auswirkungen der Neuerungen auf die abstrakte Normenkontrolle

57   Die neue Legitimationsregelung führt bei der Erlassanfechtung zu einer gewissen Erweiterung des Beschwerderechts.[160] Die Popularbeschwerde ist aber nach wie vor ausgeschlossen. Namentlich mit den Eintretensvoraussetzungen des unmittelbaren eigenen tatsächlichen Interesses und des besonderen Berührtseins wird das Bundesgericht dies in angemessener Weise sicherstellen.

58   Bisher konnte der Bürger einen Erlass wegen **Privilegierung Dritter** anfechten, wenn er von diesem direkt in seiner eigenen Rechtstellung bzw. in rechtlich geschützten Interessen betroffen wurde. Ferner war er zur Beschwerde berechtigt, wenn der Erlass Dritte in objektiv nicht zu rechtfertigender Weise rechtsungleich begünstigte. Dazu war erforderlich, dass der Beschwerdeführer sich in einer Lage befand, die derjenigen der Dritten vergleichbar war, und dass sich der den Dritten gewährte Vorteil gleichzeitig für ihn als Nachteil auswirkte (so genannte «AVLOCA-Praxis»).[161] Nach dem Wegfall des Erfordernisses des rechtlich geschützten Interesses kann diese Rechtsprechung nicht unverändert weitergeführt werden. Mit den beiden in N 57 genannten Steuerungselementen kann es das Bundesgericht indessen auch in diesen Fällen verhindern, dass die Beschwerde zur Popularbeschwerde wird.

59   Ein als juristische Person konstituierter **Verband** kann die Verletzung von Rechten seiner Mitglieder geltend machen, soweit er nach den Statuten die entsprechenden Interessen zu wahren hat und die Mehrheit oder zumindest eine Grosszahl der Mitglieder durch die angefochtene Regelung virtuell betroffen wird.[162] Zur Wahrnehmung allgemeiner öffentlicher Interessen ist jedoch eine Vereinigung – auch eine politische Partei – ebenso wenig wie eine Einzelperson legitimiert,[163] sofern sie vom kritisierten Erlass nicht virtuell in schutzwürdigen Interessen besonders berührt ist (Art. 89 Abs. 1 lit. b und c).

60   Zur Anfechtung von **Verwaltungsverordnungen mit Aussenwirkungen** war bisher legitimiert, wer virtuell in rechtlich geschützten Interessen[164] (zur Legitimation bei der öffentlich-rechtlichen Einheitsbeschwerde siehe den Kommentar zu Art. 89 hiernach) betroffen war.[165] Neu genügt, dass der Beschwerdeführer virtuell in schutzwürdigen tatsächlichen Interessen besonders berührt ist.

d) Behördenbeschwerde

61   Die Botschaft zum BGG geht davon aus, die Behördenbeschwerde richte sich auch bei der Anfechtung kantonaler Erlasse nach den Grundsätzen der öffentlich-rechtlichen Einheitsbeschwerde.[166] Dies ist vor dem Hintergrund der Art. 82 lit. b und 89 Abs. 2

---

[160] Botschaft 2001 BBl 2001 4237 oben.

[161] BGer, I. ÖRA, 13.4.1983, P.428/1982 i.S. AVLOCA, teilweise publiziert in BGE 109 Ia 252, 255 E. 4c und d; zur älteren Praxis vgl. BGE 110 Ia 7, 10 f. E. 1a m.Hinw. auf BGE 108 Ia 126, 131 f. E. 2; 107 Ia 340, 341 E. 2a; 105 Ia 349, 355 ff. E. 3a; vgl. ferner BGE 131 I 198, 203 E. 2.6; 124 I 145, 149 E. 1c, 159, 162 E. 1c, je m.w.Hinw. BGer, II. ÖRA, 15.6.1999, 2P.195/1998, ZBl 101/2000 533, nicht abgedruckte E. 2a/bb.

[162] Sog. «egoistische Verbandsbeschwerde»; BGE 130 I 26, 29 E. 1.2.1; 125 I 71, 75 E. 1b/aa, 369, 372 E. 1a; 123 I 221, 225 E. I/2; 122 I 90, 92 E. 2c.

[163] BGE 130 I 82, 85 E. 1.3; 123 I 41, 45 E. 5c/ff.

[164] BGE 104 Ia 148, 153 E. 2b; 105 Ia 349, 351 E. 2a; 128 I 167, 173 f., E. 4.5; 122 I 44, 45 f. E. 2; 120 Ia 321, 325 E. 3; 128 I 167, 172 f. E. 4.3 m.Hinw. KÄLIN, Beschwerde², 142 ff.

[165] Zur Frage der Erlassqualität von Verwaltungsverordnungen mit Aussenwirkungen vgl. vorne N 33.

[166] Botschaft 2001 BBl 2001 4330.

lit. a naheliegend. Kompetenzkonflikte zwischen Bundes- und kantonalen Behörden im Bereich der kantonalen Rechtsetzung unterliegen jedoch gemäss der ausdrücklichen Vorschrift in Art. 120 Abs. 1 lit. a der Klage. Diese stellt im Verhältnis zur Beschwerde das prinzipale Rechtsmittel dar.[167] Bisher waren solche Streitigkeiten Gegenstand der staatsrechtlichen Klage[168] (Art. 83 lit. a OG). Bringt eine Bundesbehörde im Rahmen einer Klage i.S.v. Art. 120 Abs. 1 lit. a gegen einen Kanton neben der Verletzung von Bundeskompetenzen und damit der Missachtung des Vorrangs des Bundesrechts[169] weitere Rügen vor, so dürften diese aus Gründen des Sachzusammenhangs in der Regel ebenfalls im Klageverfahren zu behandeln sein. Folgt man dieser Sichtweise, dürfte kaum Raum übrig bleiben für die Erlassanfechtung durch Beschwerden von Bundesbehörden.[170]

6. Das Verfahren vor Bundesgericht

a) Zuständige Abteilungen

Nach den Bestimmungen des Bundesgerichtsreglements[171] befassen sich neu **alle** sieben **62** **Abteilungen** des Bundesgerichts im Umfang der ihnen zur Behandlung zugewiesenen Rechtsgebiete mit der abstrakten Normenkontrolle kantonaler Erlasse.

b) Feststellungsbegehren

Kantonale Erlasse können im Verfahren der abstrakten Normenkontrolle unmittelbar **63** nach deren Veröffentlichung angefochten werden.[172] Nachher ist dies nicht mehr zulässig. Möglich ist einzig noch die inzidente Infragestellung im Rahmen einer Beschwerde gegen einen darauf gestützten Einzelakt.[173] Demnach besteht **kein bundesrechtlicher Anspruch** darauf, **jederzeit** die Verfassungskonformität einer generell-abstrakten Regelung mit einem **Feststellungsbegehren** beurteilen zu lassen.[174]

c) Beschwerdefrist

Die Beschwerde gegen einen Erlass ist innert 30 Tagen nach der nach dem kantonalen **64** Recht massgebenden Veröffentlichung des Erlasses beim Bundesgericht einzureichen (siehe den Kommentar zu Art. 101 hiernach).

d) Besetzung

Die Besetzung des Spruchkörpers richtet sich nach Art. 20 sowie nach den Art. 32 Abs. 2 **65** und 108 f. (vgl. den Kommentar zu den entsprechenden Bestimmungen). Zu beachten ist insbesondere Art. 20 Abs. 3, wonach die Abteilungen in **Fünferbesetzung** über

---

[167] Vgl. BGE 108 Ib 392 (Schweizerische Eidgenossenschaft gegen Kanton Basel-Stadt); 117 Ia 202, 206 f. E. 1a und b (Schweizerische Eidgenossenschaft gegen Kanton Basel-Landschaft); 117 Ia 221 (Kanton Genf gegen Schweizerische Eidgenossenschaft); BGer, I. ÖRA, 1P. 697/1990 vom 10.12.1991 E. 2a (Kanton Bern gegen Schweizerische Eidgenossenschaft); TSCHANNEN-KIENER, VI. 4b 265 f.; EHRENZELLER/SCHWEIZER-AEMISEGGER, 153 f.; vgl. auch Art. 112 Abs. 4, wo nur die «Entscheide», nicht auch die Erlasse erwähnt werden.
[168] Art. 83 lit. a OG. Vgl. BGE 108 Ib 392 (Schweizerische Eidgenossenschaft gegen Kanton Basel-Stadt); 117 Ia 202 (Schweizerische Eidgenossenschaft gegen Kanton Basel-Landschaft).
[169] Art. 49 Abs. 1 BV.
[170] TSCHANNEN-KIENER, VI. 4b 265 f.
[171] Reglement vom 20.11.2006 für das Bundesgericht (BGerR), SR 173.110, AS 2006 1205.
[172] Art. 84 Abs. 1 und Art. 89 OG; neu Art. 101.
[173] ZBl 101/2000 471 E. 2c; BGE 129 I 265, 268 E. 2.3 m.Hinw.
[174] ZBl 101/2000 471 E. 2c; BGE 108 Ib 540, 546 E. 3.

Beschwerden gegen referendumspflichtige kantonale Erlasse entscheiden. Liegen die Voraussetzungen für das **vereinfachte Verfahren** vor, entfällt jedoch die obligatorische Fünferbesetzung auch in diesen Fällen. Die entsprechenden Entscheide werden lediglich summarisch begründet.[175]

e) Kognition

66   Das Bundesgericht überprüft einen Erlass im Rahmen der abstrakten Normenkontrolle zwar grundsätzlich mit freier Kognition, auferlegt sich aber aus föderalistischen Gründen eine gewisse Zurückhaltung.[176]

f) Urteil

67   Die Einheitsbeschwerde hat bei der Erlassanfechtung trotz der in Art. 107 Abs. 2 aufgeführten Reformationsmöglichkeit **kassatorische Funktion.**[177] Das Bundesgericht kann eine als rechtswidrig erkannte Norm nur aufheben, nicht aber abändern oder ersetzen. Nötigenfalls hebt es den ganzen Erlass, nach Möglichkeit aber nur die einzelnen rechtswidrigen Bestimmungen auf.[178]

68   **Aufgehoben** wird eine kantonale Norm nur, wenn sie sich jeglicher rechtskonformen Auslegung[179] entzieht, nicht jedoch, wenn sie einer solchen in vertretbarer Weise zugänglich bleibt.[180] Für die Beurteilung dieser Frage sind die Tragweite der Rechtsverletzung sowie die Möglichkeit von Bedeutung, bei einer späteren konkreten Normenkontrolle – d.h. im Anwendungsfall – einen hinreichenden Rechtsschutz zu erhalten. Dabei trägt das Bundesgericht auch der Wahrscheinlichkeit künftiger rechtskonformer Anwendung Rechnung. Es berücksichtigt deshalb die Erklärungen der Behörden zur künftigen Rechtsanwendung.[181] Der blosse Umstand, dass die angefochtene Norm in einzelnen Fällen rechtswidrig angewendet werden könnte, führt noch nicht zu deren Aufhebung.[182]

69   Wäre ein kantonales Gesetz ohne bestimmte Vorschriften nicht erlassen worden, hat dies nicht zur Folge, dass mehr als die rechtswidrigen Teile des Erlasses aufgehoben werden.[183]

70   Mit Erlassanfechtungsbeschwerde wird regelmässig neben dem kantonalen Rechtsmittelentscheid auch die Aufhebung der umstrittenen Normen verlangt.[184]

---

[175] Art. 109 Abs. 3; zum Ganzen EHRENZELLER/SCHWEIZER-AEMISEGGER, 174 ff., 177. Zum einzelrichterlichen Abschreibungsverfahren s. Art. 32 Abs. 2.

[176] BGE 130 I 82, 86 E. 2.1; 129 I 12, 15 E. 3.2; 125 I 71, 76 E. 1c.

[177] EHRENZELLER/SCHWEIZER-AEMISEGGER, 171 ff. BGE 110 Ia 7, 13 E. 1e; 108 Ia 197, 199 E. 1; TSCHANNEN-KIENER, VIII. 280.

[178] Vgl. BGE 110 Ia 7, 10 ff. E. 1.

[179] Vgl. Art. 95.

[180] BGE 130 I 26, 31 E. 2.1, 82, 86 E. 2.1, je m.Hinw.; 124 I 11, 13 E. 1a; 123 I 112, 116 E. 2a; 122 I 18, 20 E. 2a; 118 Ia 427, 433 E. 3b; 115 Ia 234 nicht publ. E. 2; 113 Ia 126, 131 E. 5; 111 Ia 23, 24 f. E. 2; 109 Ia 273, 277 E. 2a und 301 E. 12c.

[181] BGE 130 I 26, 31 E. 2.1, 82, 86 E. 2.1, je m.Hinw.; 129 I 12, 15 E. 3.2; 125 I 369, 374 E. 2; 118 Ia 427, 433 E. 3b; 113 Ia 126, 131 E. 5; vgl. auch BGE 131 I 198, 205 E. 2.6.

[182] BGE 130 I 26, 31 f. E. 2.1 m.Hinw. S. dazu insb. BGE 116 Ia 359 betr. das Stimm- und Wahlrecht der Frauen im Kanton Appenzell-Innerrhoden.

[183] BGE 124 I 143, 150 E. 1e.

[184] BGE 106 Ia 310, 318 E. 5; 104 Ia 131, 136 E. 2a; 121 I 129, unveröffentlichte E. 1, je m.Hinw.; KÄLIN, Beschwerde[2], 34; TSCHANNEN-KIENER, III. 5. 237 und V. 3. 249.

7. Abgrenzung zur Beschwerde wegen Verletzung politischer Rechte

Nach der bisherigen Rechtsprechung war die Rüge, die Exekutive überschreite ihre　**71**
Rechtsetzungskompetenz, weil sie eine dem (referendumspflichtigen) Gesetz vorbehaltene Materie durch Verordnung regle, grundsätzlich mit staatsrechtlicher Beschwerde wegen Verletzung des **Gewaltenteilungsprinzips**[185] und nicht mit Beschwerde wegen Verletzung politischer Rechte[186] geltend zu machen.[187] Nach dem BGG ist hierfür die
Erlassanfechtungsbeschwerde gegeben. Gleich verhält es sich, wenn eine Regierungs-
ratsverordnung Anordnungen enthält, dass die vom Kantonsparlament in einem nicht
referendumspflichtigen Dekret festzulegen wären.

Soweit jedoch geltend gemacht wird, ein Erlass verletze das politische Stimmrecht, wird　**72**
die Eingabe vom Bundesgericht grundsätzlich als **Beschwerde wegen Verletzung politischer Rechte** i.S.v. Art. 82 lit. c behandelt. Das trifft etwa zu, wenn der angefochtene
Erlass das Stimmrecht selbst regelt und gerügt wird, dadurch werde dieses politische
Recht für die Zukunft beschränkt[188](vgl. im Übrigen den Kommentar zu Art. 82 lit. c
hiernach).

Zur Beschwerde wegen Verletzung politischer Rechte ist **legitimiert**, wer in der betref-　**73**
fenden Angelegenheit stimmberechtigt ist (Art. 89 Abs. 3) und ein Interesse an der Aufhebung des angefochtenen Erlasses besitzt. Ein virtuelles Betroffensein ist nicht erforderlich (weiterführend: Kommentar zu Art. 82 lit. c und 89 Abs. 3 hiernach).[189]

Generell-abstrakte Weisungen oder Richtlinien mit grundsätzlich verwaltungsinterner　**74**
Verbindlichkeit unterliegen der abstrakten Normenkontrolle nur, wenn es für den Stimmberechtigten unzumutbar wäre, die Umsetzung der Weisung im Einzelfall abzuwarten.[190]

IV. Beschwerde wegen Verletzung politischer Rechte (lit. c)

1. Grundlagen

Mit Art. 82 lit. c wird zum Schutze der demokratischen Mitwirkung der Stimmberechtig-　**75**
ten die **Zuständigkeit des Bundesgerichts** zur Beurteilung von Beschwerden wegen
Verletzung politischer Rechte[191] begründet. Diese schliesst die politischen Rechte auf
Bundes- und Kantonsebene ein und ist grundsätzlich **umfassend**. Die Beschwerde in
Stimmrechtssachen steht eigenständig neben den Beschwerden gem. Art. 82 lit. a und
lit. b.

---

[185] Art. 84 Abs. 1 lit. a OG; vgl. vorn N 51.
[186] Art. 85 lit. a OG.
[187] BGE 130 I 140, nicht publizierte E. 2.1 von BGer, I. ÖRA, 12.5.2004, 1P.523/2003; grundlegend BGE 104 Ia 305, 308 E. 1b und 105 Ia 349, 360 ff. E. 4b, bestätigt in BGE 123 I 41, 46
E. 6b; BGer, I. ÖRA, 9.11.1998, 1P.451/1998, Pra 1999 Nr. 88 486 und SJ 1999 I 268, E. 1b.
[188] BGE 131 I 291, 294 ff. E. 1.1; 131 I 386, 389 E. 2.2; BGer, I. ÖRA, 15.12.1997, 1P.342/1997,
E. 2c.
[189] BGE 123 I 41, 46 E. 6a m.Hinw.
[190] BGer, I. ÖRA, 23.3.2003, 1P.731/2003, E. 1.3.
[191] Zur Terminologie: Im Folgenden wird die Beschwerde nach Art. 82 lit. c als «Beschwerde wegen Verletzung politischer Rechte» (vgl. Art. 189 Abs. 1 lit. f BV) bzw. als «Beschwerde in
Stimmrechtssachen» (vgl. Titel von Art. 88 sowie Art. 89 Abs. 3) bezeichnet. Der Ausdruck
«Stimmrechtsbeschwerde» war für die Beschwerde nach Art. 85 lit. a OG gebräuchlich; er überschneidet sich mit der spezifischen Stimmrechtsbeschwerde gem. Art. 77 Abs. 1 lit. a BPR. Diese terminologische Klarstellung wird (und soll) den Gebrauch von «Stimmrechtsbeschwerde»
für *sämtliche* von Art. 82 lit. c erfassten Beschwerden nicht verhindern; die Beschwerde i.S.v.
Art. 77 Abs. 1 lit. a BPR kann als «Stimmberechtigungsbeschwerde» bezeichnet werden.

76   Der Bereich der politischen Rechte wurde traditionellerweise als **politische Angelegenheit** betrachtet[192] und die Beurteilung von Beschwerden – ohne verfassungsrechtliche Vorgabe oder Notwendigkeit[193] – **politischen Instanzen** vorbehalten. Die gerichtliche und höchstgerichtliche Überprüfung von Streitigkeiten über politische Rechte setzte erst allmählich ein. Das Bundesgericht übernahm 1912 die Behandlung von **Stimmrechtsbeschwerden** bezüglich kantonaler politischer Rechte;[194] aufgrund des Bundesgesetzes über die politischen Rechte von 1976 (BPR) beurteilte es **Verwaltungsgerichtsbeschwerden** gegen Verfügungen der Bundeskanzlei.[195] Die Auffassung, dass die politischen Rechte eine den Gerichten entzogene politische Domäne darstellen, prägte – mit der Zuständigkeit von Bundesrat und Nationalrat zur Beurteilung von Abstimmungs- und Wahlbeschwerden (aArt. 81 und 82 BPR) – das (ursprüngliche) Bundesgesetz über die politischen Rechte[196] sowie das kantonale Recht. Sie wirkt in der Regelung von Art. 88 und Art. 77 BPR sowie in der Unanfechtbarkeit von Beschlüssen der Bundesversammlung und des Bundesrates noch heute fort.

77   In formeller Hinsicht stützt sich die bundesgerichtliche Zuständigkeit auf **Art. 189 Abs. 1 lit. f BV**, wonach Streitigkeiten wegen Verletzung von eidgenössischen und kantonalen Bestimmungen über die politischen Rechte vom Bundesgericht beurteilt werden. Die Forderung nach höchstgerichtlichem Rechtsschutz leitet sich in materieller Hinsicht aus **Art. 34 und Art. 29a BV** ab: Die grundrechtliche Garantie der politischen Rechte nach Art. 34 Abs. 1 BV ruft nach effektivem gerichtlichen Rechtsschutz.[197] Die politischen Rechte sind in jeder Hinsicht justiziabel und gerichtlicher Beurteilung zugänglich, wie die reiche bundesgerichtliche Rechtsprechung zeigt; sie unterliegen Art. 29a BV.[198] Die neue Bundesrechtspflege verfolgt das Ziel, die Vorgaben der Rechtsweggarantie – mit Einschränkungen – auch für die politischen Rechte umzusetzen;[199] das Bundesgerichtsgesetz ist vor diesem Hintergrund auszulegen. Mit der neuen Bundesrechtspflege ist der **gerichtliche Rechtsschutz** in Bezug auf kantonale Angelegenheiten **gewahrt** bzw. leicht ausgebaut (Art. 88 N 15), in eidgenössischen Angelegenheiten mit dem Einbezug der Wahl- und Abstimmungsbeschwerde **wesentlich erweitert** worden (N 93). Gleichwohl ist die Entwicklung zu vollem gerichtlichen Rechtsschutz nicht abgeschlossen und verbleiben in eidgenössischen Angelegenheiten **gewichtige Rechtsschutzlücken**.[200] Sie betreffen namentlich die Unanfechtbarkeit von Beschlüssen der Bundesversammlung über die Gültigkeit bzw. Ungültigkeit von Volksinitiativen und der Abstimmungserläuterungen des Bundesrates (N 95); zudem fehlt eine volle Sachverhaltsprüfung durch ein Gericht (N 90). Diese, dem Geist von Art. 34 Abs. 1 und Art. 29a BV widersprechenden Lücken beruhen auf politischen Überlegungen der Bundesversammlung und deren unzu-

---

[192] Vgl. TSCHANNEN-HERZOG, 63 f. und 68 ff.

[193] Vgl. SGK²-HALLER, Art. 189 N 38.

[194] Hinweise in BGE 121 I 138, 142 E. 3; HILLER, Stimmrechtsbeschwerde, 83 ff.; BIRCHMEIER, Handbuch, 339.

[195] Vor Inkrafttreten des BPR war die Beschwerde ans Bundesgericht nur in seltenen Einzelfällen gegeben; vgl. BGE 100 Ib 1.

[196] Vgl. zum Rechtsschutz in politischen Angelegenheiten vor der Rechtspflegerevision: EHRENZELLER/SCHWEIZER-BESSON, 406 ff.

[197] SGK²-STEINMANN, Art. 34 N 5 und 22 f.; BESSON, Behördliche Information, 16.

[198] BGer 1P.338/2006 und 1P. 582/2006 vom 12.2.2007 E. 3.10, in ZBl 2007 313; SGK²-KLEY, Art. 29a N 30 ff.; SGK²-STEINMANN, Art. 34 N 22; TOPHINKE, ZBl 2006 104; TSCHANNEN-HERZOG, 69 und 89.

[199] Vgl. die ausdrückliche Bezugnahme auf Art. 29a BV in Botschaft 2001 4215 f. und 4327.

[200] SGK²-HALLER, Art. 189 N 39 und 59 f.; SGK²-KLEY, Art. 29a N 30 ff.; SGK²-STEINMANN, Art. 34 N 23; STEINMANN, ZBJV 2003, 503 ff.; EHRENZELLER/SCHWEIZER-BESSON, 423 ff.; KARLEN, BGG, 53.

treffendem Verständnis der Gewaltenteilung;[201] sie könnten ohne Verfassungsänderung behoben werden.

2. Grundzüge der Beschwerde wegen Verletzung politischer Rechte

Art. 82 lit. c begründet die Zuständigkeit des Bundesgerichts zur Beurteilung von Be-   **78** schwerden wegen Verletzung politischer Rechte und umschreibt deren Sachbereich. Die Beschwerde in Stimmrechtssachen stellt eine **spezifische Form** der Beschwerde in öffentlich-rechtlichen Angelegenheiten dar, ist eigenständiger Natur und hebt sich mit zahlreichen Besonderheiten ab (Art. 88, Art. 89 Abs. 3, Art. 95 lit. d, Art. 100 Abs. 3 lit. b und Abs. 4).[202] Insbesondere knüpft sie, anders als Art. 82 lit. a und lit. b, nicht an Entscheiden und Erlassen, sondern am materiellen Kriterium und **Sachbereich der politischen Rechte** an und erhält damit eine erweiterte Dimension: Die Beschwerde in Stimmrechtssachen dient in umfassender Weise dem Schutz der politischen Rechte und dem Funktionieren der demokratischen Entscheidfindungsprozesse,[203] richtet sich auch gegen blosse Gefährdungen der Wahl- und Abstimmungsfreiheit durch unterschiedlichste Handlungen von Behörden und Privaten (N 85 ff.) und verfolgt vorab öffentliche Interessen (N 51; Art. 89 N 72).

Entsprechend den verfassungsrechtlichen Vorgaben (N 77) schliesst die neue Bundes-   **79** rechtspflege mit Art. 82 lit. c über die (mit Art. 85 lit. a OG schon bisher erfasste) **kantonale Ebene**[204] hinaus auch die politischen Rechte auf **Bundesebene** ein. Insbesondere obliegt neu die Beurteilung von Beschwerden betr. die Nationalratswahlen und die eidgenössischen Abstimmungen dem Bundesgericht (Art. 77 und Art. 80 Abs. 1 BPR i.V.m. Art. 88 Abs. 1 lit. b).[205] Die beiden Ebenen sind prozessual in der Beschwerde in Stimmrechtssachen zusammengeschlossen. Der Beschwerdeweg führt, vorbehältlich der Verfügungen der Bundeskanzlei, in beiden Konstellationen über die Kantone ans Bundesgericht. **Unterschiede** bleiben indes bestehen: In prozessualer Hinsicht regeln Art. 77–79 BPR das kantonale Verfahren in eidgenössischen Angelegenheiten und bezeichnen die kantonalen Regierungen als einzige Entscheidinstanz; die Kantone ordnen in ihren eigenen Angelegenheiten das Verfahren unter Beachtung des eingeschränkten Erfordernisses einer gerichtlichen Rechtsmittelinstanz (Art. 88 Abs. 2; Art. 88 N 10 und 14 ff.). In materieller Hinsicht unterliegen kantonale Entscheide (von Parlamenten) über die Gültigkeit bzw. Ungültigkeit von Volksinitiativen und Abstimmungserläuterungen (von kantonalen Regierungen) der Beschwerde ans Bundesgericht; entsprechende Akte der Bundesversammlung und des Bundesrates können nicht angefochten werden (vgl. Art. 88 Abs. 1 lit. b; N 95). Die «Herkunft» der Beschwerde in Stimmrechtssachen ist daher trotz des einheitlichen Beschwerdeweges prozessual und materiell weiterhin von Bedeutung und im Einzelfall zu beachten. Der vereinheitlichte Beschwerdeweg bietet umgekehrt die Chance, unterschiedliche Praktiken in Bund und Kantonen vor dem Hintergrund von Art. 34 Abs. 2 BV einer einheitlichen Betrachtung zuzuführen (N 96).

---

[201] SGK²-HALLER, Art. 189 N 60; SGK²-HANGARTNER, Art. 173 N 80.

[202] Schon die Stimmrechtsbeschwerde nach Art. 85 lit. a OG wurde als eine besondere Form der staatsrechtlichen Beschwerde verstanden.

[203] Zur Rechtsnatur der politischen Rechte HÄFELIN/HALLER, Bundesstaatsrecht⁶, N 1381 f.; TSCHANNEN, Staatsrecht², 610 ff.

[204] Die kantonale Ebene schliesst stets auch die politischen Rechte auf kommunaler Ebene ein; vgl. Art. 88 Abs. 1 lit. a und Abs. 2, Art. 89 Abs. 3 und Art. 95 lit. d; BGer, I. ÖRA, 6.11.2007, 1C_185/2007. Dies entspricht der Rechtsprechung zu Art. 85 lit. a OG; vgl. BGE 129 I 185, 188 E. 1.1. Gleichermassen sind andere öffentlichrechtliche Körperschaften einbezogen; vgl. BGE 120 Ia 194; 105 Ia 368 (= ZBl 1980 243).

[205] Schon bisher war das BGer zuständig im Bereiche der eidg. Stimmberechtigung (aArt. 80 Abs. 1 BPR) und der Verfügungen der Bundeskanzlei (aArt. 80 Abs. 2 und 3 BPR).

80 Das Verfahren der Beschwerde wegen Verletzung politischer Rechte knüpft an Art. 85 lit. a OG an, schliesst die bisherige Verwaltungsgerichtsbeschwerde gem. aArt. 80 BPR ein und nimmt die Wahl- und Abstimmungsbeschwerde nach aArt. 81 und 82 BPR auf.[206] Als **Vorbild** diente in erster Linie das **Verfahren nach Art. 85 lit. a OG** und die dazu ergangene bundesgerichtliche Rechtsprechung.[207] Diese wird daher massgeblich bleiben.

81 Neben der Beschwerde gem. Art. 82 lit. c besteht im Bereiche der politischen Rechte kein Raum für die **subsidiäre Verfassungsbeschwerde** nach Art. 113 ff.

3. Sachlicher Anwendungsbereich und Beschwerdegründe

82 In materieller Hinsicht spricht Art. 82 lit. c ausdrücklich die **politische Stimmberechtigung** und die **Volkswahlen und -abstimmungen** an. Dieser Wortlaut (vgl. auch Art. 88 Abs. 1 und Art. 95 lit. d) – der sich offenbar an der schon früher zu restriktiven Formulierung von Art. 85 lit. a OG orientiert – ist zu eng gefasst. Er entspricht weder den Absichten des Gesetzgebers noch den verfassungsrechtlichen Vorgaben. Art. 82 lit. c schliesst vielmehr die **Gesamtheit der politischen Rechte** ein; der sachliche Anwendungsbereich ist bezogen auf die politischen Rechte umfassend. Der Wortlaut von Art. 82 lit. c bringt indes zum Ausdruck, dass entsprechend der bisherigen Rechtsprechung die unmittelbare Ausübung politischer Rechte von Stimmberechtigten in Frage stehen muss. Nicht dazu zählen namentlich sog. indirekte Wahlen durch Parlamente oder andere Wahlkörper sowie parlamentarische Verfahren.[208]

83 In diesem Sinne gehören namentlich **folgende Sachgebiete** zum sachlichen Anwendungsbereich nach Art. 82 lit. c:[209]

– Stimm- und (aktives wie passives) Wahlrecht, inkl. Fragen der Unvereinbarkeit

– Vorbereitung und Durchführung von Volksabstimmungen,

– Abstimmungen an Landsgemeinden und in Gemeindeversammlungen

– Vorbereitung und Durchführung von Wahlen

– Initiativrecht (in allen seinen Formen)

– Referendumsrecht, inkl. Finanzreferendum

– Weitere Formen der demokratischen Partizipation wie Volksmotionen, Volksvorschlag und ähnliches

– Parteienregister (Art. 76a BPR).

Trotz der Nähe zu den politischen Rechten untersteht das Petitionsrecht nach Art. 33 BV[210] nicht der Beschwerde in Stimmrechtssachen.

---

[206] Vgl. Botschaft 2001 4320.

[207] Vgl. allgemein zur Stimmrechtsbeschwerde nach Art. 85 lit. a OG: STEINMANN, AJP 1996, 257 ff.; BESSON, Behördliche Information, 52 ff.; KÄLIN, Beschwerde[2], 96 ff., 150 ff., 278 ff.; GRISEL, Initiative[3], 146 ff. N 347 ff.; BIRCHMEIER, Handbuch, 341 ff.; umfassend HILLER, Stimmrechtsbeschwerde, 79–431.

[208] Vgl. BGE 131 I 366, 367 E. 2.1; BGer 1P.36/1997 vom 18.11.1997 E. 1, in ZBl 1999 483; BGer 1P.571/2000 vom 16.11.2000 E. 1. – Vorschriften über den Ausstand von Parlamentsmitgliedern betreffen in diesem Sinne das parlamentarische Verfahren; sie unterliegen indes der Beschwerde in Stimmrechtssachen, soweit sie sich auf das Wahlrecht der Stimmberechtigten auswirken; BGE 123 I 97; 125 I 289 (E. 1). – Vgl. BGE 133 I 178 zum Erfordernis einer zweiten parlamentarischen Lesung; der Entscheid beruht *nicht* auf einer Verletzung der politischen Rechte.

[209] Nicht den Anwendungsbereich im Grundsatz betrifft die Frage, ob gewisse Akte – wie Abstimmungserläuterungen des Bundesrates – tatsächlich angefochten werden können.

In formeller Hinsicht können die **Beschwerdegründe** von Art. 95 angerufen werden   **84**
(Art. 95 N 60 ff.).

4. Anfechtungsobjekt und Streitgegenstand[211]

Mit der Beschwerde wegen Verletzung politischer Rechte werden unterschiedliche Kate-   **85**
gorien von Anfechtungsobjekten und Streitgegenständen, eine Vielfalt von Schritten auf
dem Weg zum Wahl- und Abstimmungsergebnis[212] erfasst (N 78). Zu unterscheiden sind
namentlich Entscheide, Erlasse, behördliche Realakte und Handlungen von Privaten. Die
Abgrenzung im Einzelnen ist prozessual nicht von praktischer Bedeutung.

Der Beschwerde unterliegen **Entscheide** von Parlamenten sowie von Exekutiv- und Ver-   **86**
waltungsbehörden unterschiedlichsten Inhalts. Es sind dies beispielsweise:

– Gültig-, Teilgültig- und Ungültigerklärungen von Initiativen[213]

– Genehmigung und Abänderung von Initiativ-Titeln[214]

– Feststellung des Zustandekommens und Scheiterns von Initiativen und Referenden[215]

– Anerkennung oder Aberkennung des Stimm- und Wahlrechts[216]

– Unterstellung und Nichtunterstellung eines Ausgabenbeschlusses unter das (obligatorische oder fakultative) Referendum[217]

– Kreditbeschlüsse für Informationen vor Abstimmungen[218]

– Anordnung oder Verweigerung einer Nachzählung[219]

– Gültig- und Ungültigerklärung von Wahlvorschlägen[220].

Erlasse können in zweifacher Hinsicht Gegenstand der Beschwerde in Stimmrechts-   **87**
sachen sein. Zum einen in der Form der **abstrakten Normkontrolle**, wenn ein das Stimm-
und Wahlrecht regelnder kantonaler (oder kommunaler) Erlass wegen inhaltlicher Verletzungen von politischen Rechten gem. übergeordnetem Recht und Art. 34 BV beanstandet
wird.[221] Die Beschwerde nach Art. 82 lit. c übernimmt diesfalls die Funktion von Art. 82
lit. b (N 27 ff.), richtet sich indes – insbes. in Bezug auf die Legitimation und den kantonalen Instanzenzug – nach den spezifischen Regeln der Beschwerde in Stimmrechtssachen.
In gleicher Weise fällt die inzidente Normkontrolle in Betracht.[222] Zum andern können –
im Hinblick auf eine Abstimmung – **einem Erlass anhaftende Mängel** wie etwa die Ver-

---

[210] Vgl. SGK²-Steinmann, Art. 33 N 2.
[211] Hier wird wiederum nicht danach differenziert, ob der Streitgegenstand – wie Abstimmungs-
       erläuterungen des Bundesrates – der Beschwerde tatsächlich unterliegt.
[212] Tschannen-Herzog, 95 FN 272.
[213] BGE 130 I 185; 110 Ia 176.
[214] BGer 1P.358/2006 und 1P.582/2006 vom 12.2.2007, in ZBl 2007 313; BGer 1A.314/1997 vom
       30.3.1998, in ZBl 1999 527.
[215] Vgl. BGE 131 II 449.
[216] BGE 116 Ia 359, 364 E. 3, m.Hinw.; 114 Ia 263.
[217] BGE 125 I 87; BGer 1P.123/2002 vom 25.6.2003, in ZBl 2004 253; BGer 1P.59/2004 vom
       17.8.2004, in ZBl 2005 238; BGer 1C_5/2007 vom 30.8.2007.
[218] BGE 132 I 104; 108 Ia 155; Entscheid BR vom 12.9.1984, in ZBl 1986 274 = VPB 1984 Nr. 53.
[219] BGE 131 I 442.
[220] BGE 113 Ia 43; BGer 1P.370/1993 vom 12.8.1993.
[221] BGE 131 I 74; 123 I 41, 46 E. 6b; BGer 1P.563/2001 vom 26.2.2002, in ZBl 2002 537;
       Tschannen-Kiener, 241.
[222] BGE 129 I 185.

letzung des Grundsatzes der Einheit der Materie gerügt werden; die Gutheissung der Beschwerde führt zur Aufhebung der Abstimmung ohne inhaltliche Korrektur des Erlasses.[223] Schliesslich ist die Beschwerde wegen Verletzung der **Gewaltenteilung** entsprechend bisheriger Rechtsprechung im Rahmen der Beschwerde gem. Art. 82 lit. a und lit. b und nicht im Verfahren nach Art. 82 lit. c vorzubringen; das Bundesgerichtsgesetz hat in dieser Hinsicht keine Änderungen zur Folge (N 71 ff.; Art. 89 N 72).[224]

88   **Realakte** und zahlreiche Vorbereitungshandlungen sichern die Umsetzung der politischen Rechte, können indes die Abstimmungsfreiheit nach Art. 34 Abs. 2 BV beeinträchtigen. Sie bilden Gegenstand der Beschwerde in Stimmrechtssachen und weisen unterschiedlichste Inhalte auf. Als Beispiele können genannt werden:

– Abstimmungserläuterungen[225]

– Behördliche Informationen vor Abstimmungen[226]

– Abstimmungs- und Wahlunterlagen[227]

– Unterstützungen offener oder verdeckter Natur[228]

– Verzögerungen in der Behandlung von Initiativen[229]

– Wahl- und Abstimmungsanordnungen[230]

– Formulierung von Abstimmungsfragen[231].

89   Schliesslich können **Handlungen von Privaten** Streitgegenstand von Beschwerden in Stimmrechtssachen sein. Das Bundesgericht hat insb. geprüft, ob Informationen von privater Seite unter besondern Voraussetzungen die Wahl- und Abstimmungsfreiheit gefährden.[232]

5. Nichtgerichtliche Vorinstanzen und Sachverhaltsprüfung

90   Im Bereiche der politischen Rechte treten als Vorinstanz in verschiedener Hinsicht nichtgerichtliche Behörden auf.[233] Bei der Anfechtung von kantonalen Realakten (etwa regierungsrätlicher Abstimmungserläuterungen oder Äusserungen im Vorfeld von Ab-

---

[223] BGer 1P.223/2006 vom 12.9.2006, in ZBl 2007 332; BGE 129 I 366.

[224] TSCHANNEN-KIENER, 275. Vgl. zur Abgrenzung zwischen Stimmrechts- und Gewaltenteilungsbeschwerde BGE 131 I 291, 294 E. 1.1; 131 I 386, 389 E. 2.2; 123 I 41, 46 E. 6b. Die beiden Beschwerden können sich – mit unterschiedlicher Ausrichtung – überschneiden; vgl. BGE 130 I 140 (E. 2); 128 I 327 (E. 1).

[225] BGE 130 I 290, 296 E. 4; BGer 1P.582/2005 und 1P.650/2005 vom 20.4.2006, in ZBl 2007 275.

[226] BGE 130 I 290, 303 E. 5; Entscheid des BR vom 22.11.2006, in ZBl 2007 326.

[227] BGE 132 I 104, 107 E. 3; BGer 1P.298/2000 vom 31.8.2000, in ZBl 2001 188; Entscheid NR vom 4.12.1995, in VPB 1996 Nr. 69.

[228] BGE 132 I 104, 114 E. 5; 114 Ia 427; 113 Ia 291.

[229] BGer P.852/1986 vom 10.2.1987, in ZBl 1987 463; vgl. Botschaft allgemeine Volksinitiative, 5294.

[230] BGE 105 Ia 11; 113 Ia 46; 131 I 85; BGer 1P.421/1997 vom 15.10.1997, in ZBl 1998 415; BGer 1P.545/2005 vom 10.11.2005. Weiteres Beispiel für eine (nicht anfechtbare) Wahlanordnung: Kreisschreiben des Bundesrates an die Kantonsregierungen vom 18.10.2006 über die Gesamterneuerungswahl des Nationalrates vom 21.10.2007, BBl 2006 8721.

[231] BGE 106 Ia 20.

[232] BGE 119 Ia 271, 274 E. 3c, m.Hinw.; BGer 1P.536/1990 vom 7.2.1991 E. 7, in ZBl 1991 347; BESSON, Behördliche Information, 355 ff.

[233] Art. 88 Abs. 2 Satz 1 verpflichtet die Kantone allerdings zur Einrichtung gerichtlicher Rechtsmittelinstanzen; BGer 1P.338/2006 und 1P.582/2006 vom 12.2.2007, E. 3.10, in ZBl 2007 313; Art. 88 N 15.

stimmungen) fehlt gar eine eigentliche Vorinstanz. Im Einzelnen fallen folgende Konstellationen in Betracht:

– Kantonale Parlamente und Regierungen in kantonalen Angelegenheiten (Art. 88 Abs. 2 Satz 2)

– Kantonsregierungen in eidgenössischen Angelegenheiten (Art. 88 Abs. 1 lit. b Teil 2)

– Bundeskanzlei in eidgenössischen Angelegenheiten (Art. 88 Abs. 1 lit. b Teil 1).

Vor dem Hintergrund von Art. 97 Abs. 1 und Art. 105 Abs. 1, wonach nur offensichtlich unrichtige und auf Rechtsverletzungen beruhende Sachverhaltsfeststellung gerügt werden kann und im Übrigen der festgestellte Sachverhalt dem bundesgerichtlichen Verfahren zugrunde zu legen ist, haben die genannten Konstellationen zur Folge, dass der **Sachverhalt** in Stimmrechtssachen von **keiner gerichtlichen Behörde frei geprüft** wird. Insoweit wird die Rechtsweggarantie nach Art. 29a BV, welche eine freie Sachverhaltsprüfung durch ein Gericht erfordert,[234] nicht umgesetzt.[235]

Diese Problematik, als Verfahrensfrage verstanden, ist nicht neu. Das Bundesgericht prüfte Sachverhaltsfragen im Verfahren nach Art. 85 lit. a OG lediglich unter dem Gesichtswinkel der Willkür.[236] Soweit ersichtlich, beeinträchtigte dies die **effektive Beschwerdeführung** in Stimmrechtssachen nicht: Sachverhalte sind kaum je in zentralen Punkten umstritten;[237] das Bundesgericht ging Sachverhaltsfragen pragmatisch an.[238]   **91**

Der Mangel einer vollen gerichtlichen Sachverhaltsprüfung in den genannten Konstellationen geht nur beschränkt auf eine bewusste Einschränkung der Rechtsweggarantie i.S.v. Art. 29a Satz 2 BV zurück.[239] Sind Realakte von kantonalen Regierungen Streitgegenstand, nähert sich das bundesgerichtliche Verfahren in Stimmrechtssachen einem Klageverfahren oder Direktprozess. Verfahrensmässig kann nicht auf den gar nicht festgestellten Sachverhalt abgestellt werden; dieser ist (in analoger Anwendung von Art. 99 Abs. 1 bzw. gem. Art. 120 Abs. 3 nach BZP) frei festzuhalten.[240] Bei der Anfechtung von Entscheiden von kantonalen Parlamenten und Regierungen bzw. der Bundeskanzlei fehlt eine Art. 105 OG entsprechende Bestimmung. Das Bundesgericht wird gem. bisheriger Rechtsprechung (N 91) die Sachverhaltfeststellung zwar nur beschränkt überprüfen können, indes in **grosszügiger Auslegung** von Art. 97 Abs. 1 und Art. 105 Abs. 1 den Rechtsschutz in Stimmrechtssachen zu wahren wissen.[241]   **92**

---

[234] SGK²-KLEY, Art. 29a N 5; TOPHINKE, Rechtsweggarantie, 91.

[235] EHRENZELLER/SCHWEIZER-BESSON, 417 f. und 430; TOPHINKE, ZBl 2006, 106 f.; BESSON/ HOTTELIER/WERRO-BENOÎT, 183 ff. Die fehlende Umsetzung von Art. 29a BV wird in der Botschaft 2001 4327 und 4328 ausdrücklich angesprochen.

[236] Vgl. BGE 129 I 392, 394 E. 2.1; 115 Ia 148, 153 E. 2; BGer 1P.582/2005 und 1P.650/2005 vom 20.4.2006 E. 3, in ZBl 2007 275; BGer 1P.346/1990 vom 7.2.1991 E. 3b, in ZBl 1991 347.

[237] Daran ändern auch die eben genannten Urteile nichts. Sachverhaltsfragen von einer gewissen Bedeutung könnten sich stellen, wenn der politische Wohnsitz (vgl. den Hintergrund von BGer 1P.511/2006 vom 14.12.2006) oder schlecht protokollierte Äusserungen an einer Gemeindeversammlung umstritten sind.

[238] Vgl. etwa BGer 1P.582/2005 und 1P.650/2005 vom 20.4.2006, in ZBl 2007 275.

[239] Vgl. immerhin die Hinweise in Botschaft 2001 4327 und 4328.

[240] Vgl. EHRENZELLER/SCHWEIZER-BESSON, 417 f.

[241] Vgl. TOPHINKE, ZBl 2006, 106 f.; SGK²-STEINMANN, Art. 34 N 22.

6. Besonderheiten in eidgenössischen Angelegenheiten

93   Als wesentlichste Neuerung begründet die neue Bundesrechtspflege die Zuständigkeit des Bundesgerichts zur Beurteilung von Beschwerden hinsichtlich **eidgenössischer Abstimmungen** und der **Nationalratswahlen** (Art. 88 Abs. 1 lit. b Teil 2 i.V.m. Art. 80 Abs. 1 und Art. 77 BPR).[242] Sie bedeutet eine wichtige Erweiterung des gerichtlichen Rechtsschutzes in Stimmrechtssachen. Das Bundesgericht löst den Bundesrat und den Nationalrat ab, welche als politische, nicht unabhängige Behörden entsprechende Beschwerden bisher behandelten (aArt. 81 und 82 BPR).[243, 244] Weiterhin bleibt das Bundesgericht zuständig im Bereiche der Stimmberechtigung und der Verfügungen der Bundeskanzlei (Art. 88 Abs. 1 i.V.m. Art. 80 Abs. 1 und Art. 77 BPR; vgl. aArt. 80 BPR).

94   Das **Beschwerdeverfahren** wegen Verletzung politischer Rechte in eidgenössischen Angelegenheiten führt – vorbehältlich der Verfügungen der Bundeskanzlei – zwingend über die **Kantonsregierungen** (Art. 88 N 7). Diese urteilen von Bundesrechts wegen (erstinstanzlich) als einzige Vorinstanz des Bundesgerichts (Art. 88 Abs. 1 lit. b Teil 2 i.V.m. Art. 80 Abs. 1 und Art. 77 BPR). Dieses Verfahren ist sachgerecht, wenn kantonale Sachverhalte beanstandet werden.[245] Auf prozessuale Schwierigkeiten stossen demgegenüber Beschwerden, mit denen Sachverhalte mit gesamtschweizerischen Auswirkungen oder Akte von Bundesbehörden gerügt werden.[246] Auf das Fehlen einer vollen gerichtlichen Sachverhaltsprüfung ist bereits hingewiesen worden (N 90).

95   Der Beschwerde wegen Verletzung politischer Rechte unterliegen **nicht Akte** der **Bundesversammlung** und des **Bundesrates** (Erlasse, Entscheide, Realakte; N 85 ff.).[247] Dies ergibt sich aus Art. 88 Abs. 1 lit. b Teil 2 und stützt sich letztlich auf Art. 189 Abs. 4 BV. Dieser Ausschluss bezieht sich insb. auf die Abstimmungserläuterungen des Bundesrates und Ungültigerklärungen von Volksinitiativen durch die Bundesversammlung.[248] Auf die Problematik vor dem Hintergrund von Art. 34 und 29a BV ist bereits hingewiesen worden (N 77). Der Ausschluss bedeutet insb., dass solche Akte von Bundesrat und Bundesversammlung weder direkt beim Bundesgericht angefochten noch zum Streitgegenstand eines Verfahrens vor einer kantonalen Regierung gemacht werden können.[249] In Auslegung von Art. 189 Abs. 4 BV wird im Einzelfall zu entscheiden sein, ob ein Realakt einer (untern) Bundesbehörde der Bundesversammlung oder dem Bundesrat zuzuordnen und damit unanfechtbar ist oder aber – wie im Falle von Informationen oder Unterstützungen eines Bundesamtes – Streitgegenstand der Beschwerde in Stimmrechtssachen bilden kann.[250]

---

[242] Die Wahl des Ständerates verbleibt eine kantonale Angelegenheit; Art. 150 Abs. 3 BV; BGE 114 Ia 263.

[243] STEINMANN, ZBJV 2003, 502.

[244] Zur Praxis des NR: VPB 2004 Nr. 64; VPB 1996 Nr. 69; VPB 1996 Nr. 70; VPB 1996 Nr. 71. Zur Praxis des BR: VPB 2000 Nr. 100–104 und VPB 1984 Nr. 53 = ZBl 1986 274; weitere Hinweise in BGer 1P.48/1992 vom 3.2.1992, in ZBl 1992 308.

[245] Vgl. die Sachverhalte der Entscheide des NR vom 4.12.1995, in VPB 1996 Nr. 69; des BR vom 22.11.2006, in ZBl 2007 326.

[246] EHRENZELLER/SCHWEIZER-BESSON, 430; Art. 88 N 6.

[247] Vom Ausschluss ausgenommen sind Umsetzungserlasse zu allgemeinen Volksinitiativen; N 101 f.

[248] Weitere Beispiele wären etwa: Kredite für Informationen vor Abstimmungen; Anordnung einer Volksabstimmung über eine Vorlage, die den Grundsatz der Einheit der Materie nicht wahrt (vgl. demgegenüber zur Abstimmung über kantonale Vorlagen BGE 131 I 366; BGer 1P.223/2006 vom 12.9.2006, in ZBl 2007 332); Anordnung der Wahl des Nationalrates durch den Bundesrat (z.B. BBl 2006 8721). Zu den bundesrätlichen Abstimmungserläuterungen insb. BGer 1P.48/1992 vom 3.2.1992, in ZBl 1992 308.

[249] Anderer Ansicht SGK²-KLEY, Art. 29a N 32.

[250] EHRENZELLER/SCHWEIZER-BESSON, 428 f.; FS KOLLER-BESSON, 229 ff.

Soweit in diesem Sinne Akte von Bundesbehörden der Beschwerde in Stimmrechts-   **96**
sachen unterliegen, wird sich insb. in Bezug auf **behördliche Informationen** vor Abstimmungen die Frage der materiellen Beurteilung stellen. Nach der bundesgerichtlichen
Rechtsprechung zur Abstimmungsfreiheit gem. Art. 34 Abs. 2 BV haben sich die Kantone grosse Zurückhaltung aufzuerlegen; abgesehen von Abstimmungserläuterungen und
Abstimmungsempfehlungen bedürfen behördliche Informationen einer Rechtfertigung
(triftige Gründe) und müssen objektiv und massvoll sein.[251] Demgegenüber entfalten
Bundesbehörden vor Abstimmungen weitgehende Informationstätigkeiten.[252] Im Rahmen
der Beschwerde in Stimmrechtssachen rufen die stark voneinander abweichenden Praktiken in Bund und Kantonen vor dem Hintergrund von Art. 34 Abs. 2 BV – wie von der
Doktrin aufgezeigt[253] – einer Harmonisierung.[254]

7. Ausgang des Verfahrens

Das Bundesgericht beurteilt im Vorfeld von Wahlen und Abstimmungen erhobene Be-   **97**
schwerden in Stimmrechtssachen meist erst nach deren Durchführung; hierzu tragen die
Beschwerdefristen (Art. 100 N 18) und die Abweisung von Gesuchen um aufschiebende
Wirkung und vorsorgliche Massnahmen bei. Bisweilen kann vorweg entschieden werden.[255] Demgegenüber erlaubt es die Regelung der Beschwerde betr. eidgenössische Abstimmungen und Nationalratswahlen (Art. 100 Abs. 3 lit. b und Art. 100 Abs. 4 i.V.m.
Art. 77 und 79 BPR; Art. 100 N 16 f.), unter Umständen noch vor dem Urnengang einen
Entscheid zu treffen, i.S.v. Art. 79 Abs. 2 BPR allfällige Korrekturen anzubringen und für
eine entsprechende Information zu sorgen[256] (vgl. Art. 88 N 7).

Die **Begründetheit der Beschwerde** führt zur **Aufhebung** sowohl des angefochtenen   **98**
Rechtsmittelentscheides wie auch des (inzwischen ergangenen) Urnengangs,[257] allenfalls
zu einer Nachzählung (in einzelnen oder allen Kreisen).[258] Das Bundesgericht hebt den
Urnengang indes nur auf, wenn die festgestellten Unregelmässigkeiten erheblich sind
und das Ergebnis beeinflusst haben könnten.[259] Mangels ziffernmässiger Feststellung der
Auswirkungen der Mängel wird deren Einfluss auf das Wahl- oder Abstimmungsergebnis
nach den gesamten Umständen beurteilt; erscheint dieser als nicht massgeblich, so wird
von der Aufhebung abgesehen.[260] Diese Rechtsprechung wird auch für eidgenössische

---

[251] Vgl. BGE 130 I 290 E. 3 und 5; STEINMANN, ZBJV 2003, 491, m.Hinw.; BESSON, Behördliche
Information, 113 ff. und 139.
[252] STEINMANN, ZBJV 2003, 492 f., mit zahlreichen Hinweisen; vgl. Bericht der Arbeitsgruppe
erweiterte Konferenz der Informationsdienste, Das Engagement von Bundesrat und Bundesverwaltung im Vorfeld von eidgenössischen Abstimmungen, Bern 11.2001 (Bericht AG KID); vgl.
auch Botschaft des Bundesrates vom 29.6.2005 über die Volksinitiative «Volkssouveränität statt
Behördenpropaganda», BBl 2005 4373, 4393 f.
[253] BESSON, Behördliche Information, 141–226; STEINMANN, ZBJV 2003, 493 ff.; vgl. auch Botschaft des Bundesrates vom 29.6.2005 über die Volksinitiative «Volkssouveränität statt Behördenpropaganda», BBl 2005 4373, 4383–4394.
[254] EHRENZELLER/SCHWEIZER-BESSON, 422; FS KOLLER-BESSON, 226 f.
[255] Vgl. BGE 121 I 138; 106 Ia 20.
[256] Vgl. Entscheid des BR vom 22.11.2006, in ZBl 2007 326; Korrektur von Mängeln bereits im
kantonalen Verfahren: BGer 1P.536/1990 vom 7.2.1991, in ZBl 1991 347.
[257] BGE 129 I 185, 188 E. 1.2. Betrifft der festgestellte Mangel anlässlich eines kantonalen Urnengangs nur eine einzelne Gemeinde, kann sich die Aufhebung u.U. auf diese beschränken; vgl.
HILLER, Stimmrechtsbeschwerde, 412.
[258] Vgl. zur Nachzählung BGE 131 I 442.
[259] Dies wird bei Verletzung der Einheit der Materie ohne weiteres angenommen; BGer 1P.223/
2006 vom 12.9.2006, in ZBl 2007 332; BGE 113 Ia 46, 59 E. 7a.
[260] BGE 132 I 104 E. 3.3, 4.3 und 5.3; 130 I 290, 296 E. 3.4; 129 I 185, 204 E. 8.1; BGer
1P.582/2005 und 1P.650/2005 vom 20.4.2006 E. 2 und 5, in ZBl 2007 275.

Angelegenheiten massgebend sein; die Aufhebung einer Abstimmung oder Wahl lediglich in einem einzelnen Kanton ist im Hinblick auf einen dadurch erforderlichen neuen Urnengang nicht unproblematisch.[261]

99 Bisweilen führt das Beschwerdeverfahren trotz Begründetheit der Beschwerde aus praktischen Gründen zu blossen **Appellentscheiden**.[262] In Einzelfällen werden **positive Anordnungen** getroffen.[263] Schliesslich kann die Verletzung politischer Rechte **förmlich festgestellt** werden;[264] dies mag sich bei klaren Unregelmässigkeiten vermehrt rechtfertigen.[265]

100 Im Verfahren nach Art. 85 lit. a OG sind unterlegenen Beschwerdeführern in aller Regel keine Kosten auferlegt worden.[266] Nach der Botschaft sollen nunmehr in Anwendung von Art. 66 Abs. 1 Satz 1 auch in Stimmrechtssachen **Gerichtskosten** verlangt werden können.[267] Die Besonderheit der Beschwerde wegen Verletzung politischer Rechte, mit der Stimmberechtigte in ihrer Organstellung öffentliche Interessen wahrnehmen (N 78; Art. 89 N 72), mag es rechtfertigen, unterliegenden Beschwerdeführern nach Art. 66 Abs. 1 Satz 2 in sinngemässer Anwendung von Art. 86 Abs. 1 BPR nur im Falle klar unbegründeter Beschwerden Kosten aufzuerlegen (**a.A.** Art. 66 N 19).[268] Das Bundesgericht bejaht nunmehr die Kostenpflicht und erhebt grundsätzlich eine (massvoll angesetzte) Gerichtsgebühr;[269] es zieht eine Kostenbefreiung in Betracht, hat die Voraussetzungen hierfür indes nicht näher umschrieben.

8. Beschwerden gegen Umsetzungserlasse der Bundesversammlung (Art. 189 Abs. 1bis BV [Reform der Volksrechte])

101 Der von Volk und Ständen am 9.2.2003 angenommene Bundesbeschluss über die Änderung der Volksrechte vom 4.10.2002 führt auf Verfassungsstufe neu die **allgemeine Volksinitiative** ein (Art. 139a BV [Reform der Volksrechte]).[270] Mit dieser neuen Initiativform sollen in nicht ausformulierter Weise sowohl Verfassungs- als auch Gesetzesänderungen angeregt werden können. Die Bundesversammlung hat die Initiativanliegen umzusetzen und bestimmt dabei die angemessene Rechtsstufe.[271] Zur Stärkung dieses neuen Initiativrechts sieht die Revision der Volksrechte eine **Beschwerde ans Bundesgericht** vor; nach Art. 189 Abs. 1bis BV (Reform der Volksrechte) kann wegen Missachtung von Inhalt und Zweck der allgemeinen Volksinitiative Beschwerde geführt werden. Damit wird das Bundesgericht in den Prozess der Verwirklichung des Initiativrechts einbezogen.[272] – Mit seiner Botschaft schlug der Bundesrat die entsprechenden Ausfüh-

---

[261] Vgl. Entscheid des NR vom 4.12.1995 betr. NR-Wahl im Kanton Tessin, in VPB 1996 Nr. 69: die NR-Wahl war wegen Verletzung des Stimmgeheimnisses infolge allzu durchsichtiger Wahlzettel für den ganzen Kanton angefochten worden.

[262] BGE 131 I 74, 84 E. 6.

[263] BGE 113 Ia 46, 60 ff. E. 7b mit Dispositiv.

[264] BGE 129 I 185, 206 E. 9 und Dispositiv.

[265] Etwa in Fällen wie BGE 132 I 104; BGer 1P.582/2005 und 1P.650/2005 vom 20.4.2006, in ZBl 2007 275.

[266] Vgl. BGE 131 II 449, 457 E. 4; 129 I 185, 206 E. 9.

[267] Botschaft 2001 4305 und 4355 f.

[268] EHRENZELLER/SCHWEIZER-BESSON, 419.

[269] BGE 133 I 141.

[270] AS 2003 1949; teilweise Inkraftsetzung gem. Bundesbeschluss vom 19.6.2003, AS 2003 1953.

[271] Botschaft allgemeine Volksinitiative, 5266 ff. und 5291.

[272] Zur Bedeutung dieser Beschwerdemöglichkeit im Allgemeinen: Botschaft allgemeine Volksinitiative, 5291 f. Zu deren Würdigung vor dem Hintergrund der Gewährleistung der politischen Rechte und eines effektiven Rechtsschutzes: SGK^2-STEINMANN, Art. 34 N 22 f.; DERS., ZBJV 2003, 506 f.

rungsbestimmungen vor. Diese enthalten Änderungen und Ergänzungen des Parlamentsgesetzes, des Bundesgesetzes über die politischen Rechte und insb. auch des Bundesgerichtsgesetzes. – In der Folge hat die Bundesversammlung das neue (von ihr selbst initiierte) Initiativrecht verworfen und ist auf die Botschaft des Bundesrates in dieser Hinsicht gar nicht eingetreten.[273] Die beiden Räte haben in Aussicht genommen, die Reform der Volksrechte auf Verfassungsstufe wieder rückgängig zu machen. Mit einer parl. Initiative wird nunmehr der Verzicht auf die Einführung der allgemeinen Volksinitiative vorgeschlagen.[274] Ein entsprechender Beschluss wird wiederum der Abstimmung von Volk und Ständen unterliegen. Damit entfällt eine Beschwerde ans Bundesgericht.

Im Einzelnen hat der Bundesrat in seiner Botschaft folgende **Änderungen** und **Ergänzungen** des **Bundesgerichtsgesetzes** vorgeschlagen:[275]   **102**

– Art. 20: Das Bundesgericht entscheidet über Beschwerden gegen Umsetzungserlasse der Bundesversammlung in Fünferbesetzung.

– Art. 82: Das Bundesgericht beurteilt (auch) Beschwerden gegen Umsetzungserlasse der Bundesversammlung zu allgemeinen Volksinitiativen.

– Art. 88: Beschwerden wegen Verletzung politischer Rechte sind in eidgenössischen Angelegenheiten (auch) gegen Umsetzungserlasse der Bundesversammlung zu allgemeinen Volksinitiativen zulässig.

– Art. 89: Zur Beschwerde gegen Umsetzungserlasse der Bundesversammlung zu allgemeinen Volksinitiativen ist einzig das Initiativkomitee berechtigt.

Art. 83

Ausnahmen   Die Beschwerde ist unzulässig gegen:

a. **Entscheide auf dem Gebiet der inneren oder äusseren Sicherheit des Landes, der Neutralität, des diplomatischen Schutzes und der übrigen auswärtigen Angelegenheiten, soweit das Völkerrecht nicht einen Anspruch auf gerichtliche Beurteilung einräumt;**

b. **Entscheide über die ordentliche Einbürgerung;**

c. **Entscheide auf dem Gebiet des Ausländerrechts betreffend:**
   1. **die Einreise,**
   2. **Bewilligungen, auf die weder das Bundesrecht noch das Völkerrecht einen Anspruch einräumt,**
   3. **die vorläufige Aufnahme,**
   4. **die Ausweisung gestützt auf Artikel 121 Absatz 2 der Bundesverfassung und die Wegweisung,**
   5.[1] **Abweichungen von den Zulassungsvoraussetzungen,**
   6.[2] **die Verlängerung der Grenzgängerbewilligung, den Kantonswechsel, den Stellenwechsel von Personen mit Grenz-**

---

[273] Beschluss des Nationalrates vom 19.12.2006, AB 2006 N 1972–1979; Beschluss des Ständerates vom 19.3.2007, AB 2007 S 219–225.

[274] Parl. Initiative der SPK N 06.458 mit Vorentwurf und Bericht vom 27.8.2007.

[275] Botschaft allgemeine Volksinitiative, 5292 (Erläuterungen) und 5338 f. (Entwurf).

[1] Bis zum Inkrafttreten des AuG lautet Art. 83 lit. c Ziff. 5 noch: «Ausnahmen von den Höchstzahlen».

[2] Art. 83 lit. c Ziff. 6 tritt erst zusammen mit dem AuG in Kraft.

gängerbewilligung sowie die Erteilung von Reisepapieren an schriftenlose Ausländerinnen und Ausländer;

d. Entscheide auf dem Gebiet des Asyls, die:
   1. vom Bundesverwaltungsgericht getroffen worden sind,
   2. von einer kantonalen Vorinstanz getroffen worden sind und eine Bewilligung betreffen, auf die weder das Bundesrecht noch das Völkerrecht einen Anspruch einräumt;

e. Entscheide über die Verweigerung der Ermächtigung zur Strafverfolgung von Behördenmitgliedern oder von Bundespersonal;

f. Entscheide auf dem Gebiet der öffentlichen Beschaffungen:
   1. wenn der geschätzte Wert des zu vergebenden Auftrags den massgebenden Schwellenwert des Bundesgesetzes vom 16. Dezember 1994 über das öffentliche Beschaffungswesen oder des Abkommens vom 21. Juni 1999 zwischen der Schweizerischen Eidgenossenschaft und der Europäischen Gemeinschaft über bestimmte Aspekte des öffentlichen Beschaffungswesens nicht erreicht,
   2. wenn sich keine Rechtsfrage von grundsätzlicher Bedeutung stellt;

g. Entscheide auf dem Gebiet der öffentlich-rechtlichen Arbeitsverhältnisse, wenn sie eine nicht vermögensrechtliche Angelegenheit, nicht aber die Gleichstellung der Geschlechter betreffen;

h. Entscheide auf dem Gebiet der internationalen Amtshilfe;

i. Entscheide auf dem Gebiet des Militär-, Zivil- und Zivilschutzdienstes;

j. Entscheide auf dem Gebiet der wirtschaftlichen Landesversorgung, die bei zunehmender Bedrohung oder schweren Mangellagen getroffen worden sind;

k. Entscheide betreffend Subventionen, auf die kein Anspruch besteht;

l. Entscheide über die Zollveranlagung, wenn diese auf Grund der Tarifierung oder des Gewichts der Ware erfolgt;

m. Entscheide über die Stundung oder den Erlass von Abgaben;

n. Entscheide auf dem Gebiet der Kernenergie betreffend:
   1. das Erfordernis einer Freigabe oder der Änderung einer Bewilligung oder Verfügung,
   2. die Genehmigung eines Plans für Rückstellungen für die vor Ausserbetriebnahme einer Kernanlage anfallenden Entsorgungskosten,
   3. Freigaben;

o. Entscheide über die Typengenehmigung von Fahrzeugen auf dem Gebiet des Strassenverkehrs;

p. Entscheide des Bundesverwaltungsgerichts auf dem Gebiet des Fernmeldeverkehrs und von Radio und Fernsehen betreffend:
   1. Konzessionen, die Gegenstand einer öffentlichen Ausschreibung waren,
   2. Streitigkeiten nach Artikel 11*a* des Fernmeldegesetzes vom 30. April 1997;

q. **Entscheide auf dem Gebiet der Transplantationsmedizin betreffend:**
   1. **die Aufnahme in die Warteliste,**
   2. **die Zuteilung von Organen;**
r. **Entscheide auf dem Gebiet der Krankenversicherung, die das Bundesverwaltungsgericht gestützt auf Artikel 34 des Verwaltungsgerichtsgesetzes vom 17. Juni 2005 getroffen hat;**
s. **Entscheide auf dem Gebiet der Landwirtschaft betreffend:**
   1. **die Milchkontingentierung,**
   2. **die Abgrenzung der Zonen im Rahmen des Produktionskatasters;**
t. **Entscheide über das Ergebnis von Prüfungen und anderen Fähigkeitsbewertungen, namentlich auf den Gebieten der Schule, der Weiterbildung und der Berufsausübung.**

Le recours est irrecevable contre:
a. les décisions concernant la sûreté intérieure ou extérieure du pays, la neutralité, la protection diplomatique et les autres affaires relevant des relations extérieures, à moins que le droit international ne confère un droit à ce que la cause soit jugée par un tribunal;
b. les décisions relatives à la naturalisation ordinaire;
c. les décisions en matière de droit des étrangers qui concernent:
   1. l'entrée en Suisse,
   2. une autorisation à laquelle ni le droit fédéral ni le droit international ne donnent droit,
   3. l'admission provisoire,
   4. l'expulsion fondée sur l'art. 121, al. 2, de la Constitution ou le renvoi,
   5. les dérogations aux conditions d'admission,
   6. la prolongation d'une autorisation frontalière, le déplacement de la résidence dans un autre canton, le changement d'emploi du titulaire d'une autorisation frontalière et la délivrance de documents de voyage aux étrangers sans pièces de légitimation;
d. les décisions en matière d'asile qui ont été rendues:
   1. par le Tribunal administratif fédéral,
   2. par une autorité cantonale précédente et dont l'objet porte sur une autorisation à laquelle ni le droit fédéral ni le droit international ne donnent droit;
e. les décisions relatives au refus d'autoriser la poursuite pénale de membres d'autorités ou du personnel de la Confédération;
f. les décisions en matière de marchés publics:
   1. si la valeur estimée du mandat à attribuer est inférieure aux seuils déterminants de la loi fédérale du 16 décembre 1994 sur les marchés publics ou de l'accord du 21 juin 1999 entre la Confédération suisse et la Communauté européenne sur certains aspects relatifs aux marchés publics,
   2. si elles ne soulèvent pas une question juridique de principe;
g. les décisions en matière de rapports de travail de droit public qui concernent une contestation non pécuniaire, sauf si elles touchent à la question de l'égalité des sexes;
h. les décisions en matière d'entraide administrative internationale;
i. les décisions en matière de service militaire, de service civil ou de service de protection civile;
j. les décisions en matière d'approvisionnement économique du pays, en cas de menace aggravée ou de pénurie grave;
k. les décisions en matière de subventions auxquelles la législation ne donne pas droit;

Thomas Häberli

l. les décisions en matière de perception de droits de douane fondée sur le classement tarifaire ou le poids des marchandises;

m. les décisions sur la remise de contributions ou l'octroi d'un sursis de paiement;

n. les décisions en matière d'énergie nucléaire qui concernent:
1. l'exigence d'un permis d'exécution ou la modification d'une autorisation ou d'une décision,
2. l'approbation d'un plan de provision pour les coûts d'évacuation encourus avant la désaffection d'une installation nucléaire,
3. les permis d'exécution;

o. les décisions en matière de circulation routière qui concernent la réception par type de véhicules;

p. les décisions du Tribunal administratif fédéral en matière de télécommunications et de radio-télévision qui concernent:
1. une concession ayant fait l'objet d'un appel d'offres public,
2. un litige découlant de l'art. 11a de la loi du 30 avril 1997 sur les télécommunications;

q. les décisions en matière de médecine de transplantation qui concernent:
1. l'inscription sur la liste d'attente,
2. l'attribution d'organes;

r. les décisions en matière d'assurance-maladie qui ont été rendues par le Tribunal administratif fédéral sur la base de l'art. 34 de la loi du 17 juin 2005 sur le Tribunal administratif fédéral;

s. les décisions en matière d'agriculture qui concernent:
1. le contingentement laitier,
2. la délimitation de zones dans le cadre du cadastre de production;

t. les décisions sur le résultat d'examens ou d'autres évaluations des capacités, notamment en matière de scolarité obligatoire, de formation ultérieure ou d'exercice d'une profession.

Eccezioni

Il ricorso è inammissibile contro:

a. le decisioni in materia di sicurezza interna o esterna del Paese, neutralità, protezione diplomatica e altri affari esteri, in quanto il diritto internazionale non conferisca un diritto al giudizio da parte di un tribunale;

b. le decisioni in materia di naturalizzazione ordinaria;

c. le decisioni in materia di diritto degli stranieri concernenti:
1. l'entrata in Svizzera,
2. i permessi o autorizzazioni al cui ottenimento né il diritto federale né il diritto internazionale conferiscono un diritto,
3. l'ammissione provvisoria,
4. l'espulsione fondata sull'articolo 121 capoverso 2 della Costituzione federale e l'allontanamento,
5. le deroghe alle condizioni d'ammissione,
6. la proroga del permesso per frontalieri, il cambiamento di Cantone, il cambiamento d'impiego del titolare di un permesso per frontalieri, nonché il rilascio di documenti di viaggio a stranieri privi di documenti;

d. le decisioni in materia d'asilo pronunciate:
1. dal Tribunale amministrativo federale,
2. da un'autorità cantonale inferiore e concernenti un permesso o un'autorizzazione al cui ottenimento né il diritto federale né il diritto internazionale conferiscono un diritto;

e. le decisioni concernenti il rifiuto dell'autorizzazione a procedere penalmente contro membri di autorità o contro agenti della Confederazione;

f. le decisioni in materia di acquisti pubblici se:
1. il valore stimato della commessa non raggiunge la soglia determinante secondo la legge federale del 16 dicembre 1994 sugli acquisti pubblici o secondo l'Accordo del 21 giugno 1999 tra la Confederazione Svizzera e la Comunità europea su alcuni aspetti relativi agli appalti pubblici;
2. non si pone alcuna questione di diritto d'importanza fondamentale;

g. le decisioni in materia di rapporti di lavoro di diritto pubblico, in quanto concernano una controversia non patrimoniale, ma non la parità dei sessi;
h. le decisioni concernenti l'assistenza amministrativa internazionale;
i. le decisioni in materia di servizio militare, civile o di protezione civile;
j. le decisioni in materia di approvvigionamento economico del Paese adottate in caso di aggravamento della minaccia o di situazioni di grave penuria;
k. le decisioni concernenti i sussidi al cui ottenimento la legislazione non conferisce un diritto;
l. le decisioni concernenti l'imposizione di dazi operata in base alla classificazione tariffaria o al peso delle merci;
m. le decisioni concernenti il condono o la dilazione del pagamento di tributi;
n. le decisioni in materia di energia nucleare concernenti:
   1. l'esigenza di un nulla osta o la modifica di un'autorizzazione o di una decisione,
   2. l'approvazione di un piano d'accantonamenti per le spese di smaltimento antecedenti lo spegnimento di un impianto nucleare,
   3. i nulla osta;
o. le decisioni in materia di circolazione stradale concernenti l'omologazione del tipo di veicoli;
p. le decisioni del Tribunale amministrativo federale in materia di traffico delle telecomunicazioni e di radiotelevisione concernenti:
   1. concessioni oggetto di una pubblica gara,
   2. controversie secondo l'articolo 11a della legge del 30 aprile 1997 sulle telecomunicazioni;
q. le decisioni in materia di medicina dei trapianti concernenti:
   1. l'iscrizione nella lista d'attesa,
   2. l'attribuzione di organi;
r. le decisioni in materia di assicurazione malattie pronunciate dal Tribunale amministrativo federale in virtù dell'articolo 34 della legge del 17 giugno 2005 sul Tribunale amministrativo federale;
s. le decisioni in materia di agricoltura concernenti:
   1. il contingentamento lattiero,
   2. la delimitazione delle zone nell'ambito del catasto della produzione;
t. le decisioni concernenti l'esito di esami e di altre valutazioni della capacità, segnatamente nei settori della scuola, del perfezionamento e dell'esercizio della professione.

Inhaltsübersicht

Materialien

Art. 77 E ExpKomm; Art. 78 E 2001, BBl 2001 4499 f.; Botschaft 2001 BBl 2001 4320 ff.; AB 2003 S 904 ff.; AB 2004 N 1599 ff.; AB 2005 S 124 ff., AB 2005 N 647 f.

I. Verfassungsrechtliche Grundlage

1   Gemäss Art. 191 BV hat der Gesetzgeber grundsätzlich den **Zugang zum Bundesgericht** zu gewährleisten (Abs. 1), kann diesen aber für bestimmte Sachgebiete ausschliessen (Abs. 3). Der Ausnahmekatalog von Art. 83 findet seine verfassungsrechtliche Grundlage mithin in Art. 191 Abs. 3 BV.

2   Weil der Zugang zum Bundesgericht die Regel bildet und in Art. 191 Abs. 3 BV von «**Sachgebieten**» (z.B. ordentliche Einbürgerung) die Rede ist, wäre die Ausnahme ganzer Rechtszweige (z.B. Verwaltungsrecht) von der Beschwerde in öffentlichrechtlichen Angelegenheiten verfassungswidrig. «A maiore minus» ergibt sich aus der Verfassung, dass der Gesetzgeber in gewissen Sachgebieten eine Beschränkung der Beschwerde (z.B. auf Rechtsfragen von grundsätzlicher Bedeutung[3]) statt des gänzlichen Ausschlusses vorsehen kann.[4]

II. Bedeutung und Funktion des Ausnahmekatalogs

1. Der neue und der alte Ausnahmekatalog im Vergleich

a) Formelle Aspekte

3   Das OG hatte jene Fälle, in denen die Verwaltungsgerichtsbeschwerde unzulässig war, noch auf wenig übersichtliche Art und Weise in mehreren Bestimmungen aufgezählt: Es gab Ausnahmen nach dem Verfügungsgegenstand (Art. 99 OG), nach Sachgebieten (Art. 100 OG) sowie nach der verfahrensrechtlichen Natur des Entscheids (Art. 101 OG; für die Verwaltungsgerichtsbeschwerde beim EVG vgl. Art. 129 OG). Demgegenüber ist im BGG die **Unzulässigkeit der Beschwerde** in öffentlichrechtlichen Angelegenheiten fast gänzlich in Art. 83 und damit in einem einzigen Artikel geregelt; allein betr. Staatshaftung und öffentlichrechtliche Arbeitsverhältnisse ist punktuell zusätzlich Art. 85 heranzuziehen (vgl. auch Art. 84, welcher den Sonderfall der Zulässigkeit der Beschwerde im Bereich der internationalen Rechtshilfe in Strafsachen regelt).

---

[3] Vgl. Art. 83 lit. f Ziff. 2 BGG.
[4] Vgl. SGK-Kiss/Koller, Art. 191 N 23 und 29.

Hinsichtlich der Formulierung von Art. 83 fällt auf, dass das Anfechtungsobjekt der Be-   **4**
schwerde nicht mehr wie im OG als Verfügung, sondern neu als «**Entscheid**» bezeichnet
wird. Diese redaktionelle Änderung betrifft allein den deutschen Gesetzestext; der französische und der italienische Wortlaut («décisions» bzw. «decisioni») sind gegenüber
Art. 99 ff. OG unverändert. Die neue Formulierung des deutschen Textes soll zunächst
zum Ausdruck bringen, dass das Bundesgericht nach geltendem Recht durchgehend Entscheidungen richterlicher Vorinstanzen (vgl. Art. 86[5]) und keine erstinstanzlichen Verfügungen mehr zu überprüfen hat.[6] Dies lässt sich insb. aus dem Umstand schliessen,
dass der Gesetzgeber für die entsprechende Regelung beim Bundesverwaltungsgericht
als erster Rechtsmittelinstanz weiterhin den Begriff der Verfügung verwendet hat (vgl.
Art. 31 f. VGG).

Wichtiger dürfte aber sein, dass insoweit die **Parallele zu Art. 82 lit. a** gesucht   **5**
worden ist: In dieser Bestimmung wird das Anfechtungsobjekt der Beschwerde als
«Entscheide in Angelegenheiten des öffentlichen Rechts» bezeichnet, wobei die betreffende Formulierung nicht nur die Verfügungen gem. Art. 5 VwVG, sondern darüber
hinaus grundsätzlich alle Hoheitsakte i.S.v. Art. 84 OG erfasst (Näheres in N 6 ff. zu
Art. 82). Damit drängte sich eine entsprechende Anpassung des deutschen Textes
von Art. 83 auf, um die Kongruenz von Anwendungsbereich der Beschwerde in öffentlichrechtlichen Angelegenheiten und Geltungsbereich des Ausnahmekatalogs sicherzustellen.

b) Inhaltliche Aspekte

Trotz der Tatsache, dass der Ausnahmekatalog des BGG weitestgehend in einem einzigen   **6**
Artikel enthalten ist, wurde die Regelung, welche für die Verwaltungsgerichtsbeschwerde
nach OG galt, ohne grundlegende inhaltliche Umgestaltung ins neue Recht überführt.
Deshalb kann die **bisherige Rechtsprechung** des Bundesgerichts zu Art. 99 ff. OG
grundsätzlich auf Art. 83 BGG übertragen werden.

Soweit im Vergleich zum alten Recht dennoch **Änderungen** vorgenommenen wurden,   **7**
sind sie teils politisch motiviert (z.B. die Ausnahme betr. die ordentliche Einbürgerung;
vgl. N 47 ff.), sollen sie teils zu einer Entlastung des Bundesgerichts führen (z.B. die
Ausnahmen betr. die internationale Amtshilfe oder das Fernmelderecht; vgl. N 178 ff.
und N 243 ff.) oder dienen sie allgemein dem primären Ziel der Vereinfachung und Ver-
wesentlichung des Rechtsmittelsystems auf Bundesebene (etwa durch den Verzicht auf
Ausnahmebestimmungen ohne praktische Bedeutung[7]).

2. Charakter des neuen Ausnahmekatalogs

Die Aufzählung der Ausnahmen von der Beschwerde in öffentlichrechtlichen Ange-   **8**
legenheiten in Art. 83 ist grundsätzlich **abschliessender Natur**. Werden im Rahmen
der materiellen Regelung eines Rechtsbereichs auf Bundesebene zusätzliche Ausnahmen
von diesem Rechtsmittel vorgesehen, so ist der Ausnahmekatalog entsprechend zu
ergänzen (vgl. etwa Art. 83 lit. p für die Bereiche des Fernmeldeverkehrs sowie von

---

[5] Ausser bei Entscheiden mit vorwiegend politischem Charakter, für welche die Kantone anstelle
eines Gerichts eine andere Behörde als Vorinstanz des Bundesgerichts einsetzen können (Art. 86
Abs. 3 BGG).
[6] Vgl. Art. 191a Abs. 2 BV; zur Lage unter Geltung des alten Rechts vgl. insb. Art. 98 OG.
[7] Z.B. Art. 100 Abs. 1 lit. k OG betr. Entscheide über die Anerkennung schweizerischer Maturitäts-
ausweise oder von Schweizer Schulen im Ausland.

Radio und Fernsehen, welcher auf den 1.4.2007 geändert worden ist). Wird eine entsprechende Anpassung von Art. 83 aufgrund eines gesetzgeberischen Versehens unterlassen, so führt dies allerdings nicht dazu, dass die Beschwerde in öffentlichrechtlichen Angelegenheiten dennoch zulässig wäre: Die Rechtsschutzregelung des Spezialgesetzes geht dem BGG als «lex specialis» vor. Deshalb ist es unerlässlich, im konkreten Einzelfall auch die verfahrensrechtlichen Bestimmungen des einschlägigen materiellen Erlasses zu konsultieren. Allerdings ist auch hier Vorsicht geboten, sind doch im Rahmen der Totalrevision der Bundesrechtspflege häufig die massgeblichen Bestimmungen der Spezialgesetze bloss redaktionell überarbeitet und anscheinend nicht wirklich durchdacht worden; teils wurde lediglich der Hinweis auf die Verwaltungsgerichtsbeschwerde durch jenen auf die Beschwerde in öffentlichrechtlichen Angelegenheiten ersetzt, ohne dass die entsprechende Anpassung des Wortlauts auf ihre Stimmigkeit hin überprüft bzw. effektiv mit dem BGG koordiniert worden wäre. Als Beispiel sei hier **Art. 73 Abs. 1 StHG** erwähnt,[8] in dem aufgrund eines entsprechenden Vorgehens des Gesetzgebers die bisherige Beschränkung der Beschwerdemöglichkeit auf bestimmte Materien des Gesetzes unverändert weiterzugelten scheint, obschon sie heute keinen Sinn mehr macht: Ein Überdenken des Gesetzestextes wäre hier schon deshalb angebracht gewesen, weil das Bundesgericht bereits unter Geltung des OG vereinzelt Verwaltungsgerichtsbeschwerden entgegen genommen hatte, mit denen die Verletzung von ausserhalb des Anwendungsbereichs von Art. 73 Abs. 1 StHG liegender Bestimmungen gerügt wurde.[9] Ins Gewicht fällt diesbezüglich aber vor allem, dass unter Geltung des BGG für die Wahl des zulässigen Rechtsmittels ans Bundesgericht nicht mehr ausschlaggebend ist, ob sich der angefochtene Entscheid ausschliesslich auf kantonales Recht stützt oder aber auch eine Grundlage im Bundesrecht hat. Heute kann das Bundesgericht auch im Bereich der kantonal geregelten Staats- und Gemeindesteuern generell mit dem ordentlichen Rechtsmittel der Beschwerde in öffentlichrechtlichen Angelegenheiten angerufen werden, so dass Art. 73 Abs. 1 StHG insoweit keine Ausnahme mehr begründet. Der Gesetzgeber hätte deshalb gut daran getan, den bisherigen Wortlaut der Bestimmung durch einen blossen Verweis auf die allgemeine Rechtsmittelregelung des BGG zu ersetzen, wie dies bspw. in Art. 116 Abs. 4 ZG gemacht worden ist. Ein entsprechendes Vorgehen hätte sich umso mehr aufgedrängt, als das BGG auch die Beschwerde in Strafsachen regelt, welche gegen Entscheide betreffend Steuervergehen (Art. 59 ff. StHG) zu ergreifen ist; unter dem alten Recht stand insoweit noch die nicht im OG enthaltene, sondern in Art. 268 ff. BStP geregelte Eidgenössische Nichtigkeitsbeschwerde offen, was die Formulierung von Art. 73 Abs. 1 StHG wesentlich beeinflusst hatte.[10] Weil es letztlich auch keine Rolle spielt, ob ein Verstoss gegen jene Bestimmungen des StHG, welche vom Wortlaut von Art. 73 Abs. 1 StHG an sich nicht erfasst werden, mit subsidiärer Verfassungsbeschwerde wegen Verletzung des Vorrangs des Bundesrechts (Art. 49 BV) oder direkt mit Beschwerde in öffentlichrechtlichen Angelegenheiten gerügt wird, vermag die bestehende Fassung von Art. 73 Abs. 1 StHG nicht zu befriedigen. Soweit die einschlägigen gesetzlichen Voraussetzungen erfüllt sind (und insb. kein Entscheid in Strafsachen vorliegt; vgl. Art. 78 BGG) muss die Beschwerde in öffentlichrechtlichen Angelegenheiten auch im Bereich des StHG ohne Einschränkungen zulässig sein.

---

8 Vgl. Botschaft 2001 4440.
9 So betr. Art. 69 StHG: BGer, II. ÖRA, 16.9.2003, 2A.439/2002, StR 59/2004 135, StE 2004 B 65.4 Nr. 15, RDAF 2004 II 22, E. 1; BGer, II. ÖRA, 21.1.2004, 2P.181/2003, StR 59/2004 361, E. 1; BGer, II. ÖRA, 21.1.2004, 2P.199/2003, StR 59/2004 367, E. 1 und BGer, II. ÖRA, 1.9.2005, 2P.35/2005, StR 61/2006 310, E. 2.3.
10 Vgl. Botschaft des Bundesrats vom 25.5.1983 über die Steuerharmonisierung, BBl 1983 III 147.

Die einzelnen Bestimmungen von Art. 83 haben neu den Charakter von **beschränkten** **9**
Generalklauseln:[11] Hinsichtlich der Zulässigkeit der Beschwerde kommt es im Regelfall
weder auf die verfahrensrechtliche Natur des Entscheids an (z.B. Zwischen- oder Endentscheid), noch spielt es eine Rolle, ob kantonales Recht oder Bundesrecht angewandt
worden ist, noch ob bloss die Klärung von Sachverhalts- und Verfahrensfragen oder auch
von materiellen Streitpunkten verlangt wird; soweit sich aus dem Gesetzestext nichts
anderes ergibt, ist auch unerheblich, von welcher (gesetzlich vorgesehenen; vgl. Art. 86)
Vorinstanz der Entscheid stammt, welcher Streitwert der Sache zukommt (vgl. aber
Art. 85) und ob sich Rechtsfragen von grundsätzlicher Bedeutung stellen oder nicht (vgl.
aber Art. 83 lit. f Ziff. 2). Handelt es sich um ein Verfahren, welches in den Bereich einer
Ausnahmeregelung fällt, so kann demnach kein (irgendwie gearteter) in diesem Verfahren getroffener Entscheid mit Beschwerde in öffentlichrechtlichen Angelegenheiten beim
Bundesgericht angefochten werden (vgl. aber unten N 12); so sind insb. auch Kostenentscheide oder Entscheide über Gewährung der unentgeltlichen Rechtspflege von der Beschwerde ausgenommen,[12] ohne dass es einer ausdrücklichen Ausnahmebestimmung in
der Art von Art. 101 OG bedürfte.

Zu beachten ist, dass die Regelung von Art. 83 nur für jene Beschwerden in öffentlich- **10**
rechtlichen Angelegenheiten gilt, die **gegen Entscheide gerichtet** sind (Art. 82 lit. a),
nicht aber für solche gegen kantonale Erlasse (Art. 82 lit. b) oder in Stimmrechtsangelegenheiten (Art. 82 lit. c).[13] Geht es um eine abstrakte Normenkontrolle oder um eine
Stimmrechtssache, kann das Bundesgericht auch in den vom Ausnahmekatalog erfassten
Rechtsbereichen mit der Beschwerde in öffentlichrechtlichen Angelegenheiten angerufen
werden.[14] Die nachfolgenden Ausführungen zu den einzelnen Bestimmungen betreffen
deshalb nur die Beschwerde gegen Entscheide.

3. Einheitsbeschwerde und subsidiäre Verfassungsbeschwerde

Zwar spielt es für die Zulässigkeit der Beschwerde in öffentlichrechtlichen Angelegen- **11**
heiten keine Rolle, ob der anzufechtende Entscheid von einer kantonalen Gerichtsbehörde oder dem Bundesverwaltungsgericht (oder einer anderen Gerichtsbehörde des
Bundes) ausgeht (vgl. aber Art. 83 lit. d; N 129). Im Geltungsbereich der Ausnahmebestimmungen gem. Art. 83 kommt dieser Unterscheidung aber praktische Bedeutung
zu.

Wiewohl die Beschwerde in öffentlichrechtlichen Angelegenheiten unzulässig ist, kann **12**
das Bundesgericht in der fraglichen Streitsache gegebenenfalls angerufen werden, wenn
die Entscheidung einer **kantonalen Gerichtsbehörde** in Frage steht. Gegen eine solche
ist nämlich u.U. die subsidiäre Verfassungsbeschwerde zulässig; mit dieser können dem
Bundesgericht – wie bis anhin mit der staatsrechtlichen Beschwerde – Entscheide letzter
kantonaler Instanzen zur Überprüfung unterbreitet werden, falls auf Bundesebene kein
anderes Rechtsmittel offen steht (vgl. Art. 113). Allerdings können im Verfahren der subsidiären Verfassungsbeschwerde nur Verletzungen von verfassungsmässigen Rechten
(vgl. Art. 116) geltend gemacht und nicht alle Rügen vorgetragen werden, welche bei der
Beschwerde in öffentlichrechtlichen Angelegenheiten möglich sind (vgl. Art. 95 ff.). Zudem hat das Bundesgericht in jenen Fällen, in welchen sich der angefochtene kantonale

---

[11] Botschaft 2001 4321.
[12] BGer, II. ÖRA, 8.3.2007, 2C_46/2007; BGer, II. ÖRA, 2.7.2007, 2C_18/2007 E. 2.
[13] SEILER/VON WERDT/GÜNGERICH, BGG, Art. 82 N 4.
[14] SEILER/VON WERDT/GÜNGERICH, BGG, Art. 83 N 12.

Entscheid auf Bundesrecht stützt, das für Bundesgesetze geltende sog. Anwendungsgebot (Art. 190 BV) zu beachten.[15]

13   Entscheide des **Bundesverwaltungsgerichts** unterliegen demgegenüber nicht der subsidiären Verfassungsbeschwerde, so dass sie nicht ans Bundesgericht weitergezogen werden können, wenn sie in den Anwendungsbereich von Art. 83 fallen; sie sind diesfalls letztinstanzlich.[16] Dadurch wird die Rechtsweggarantie gem. Art. 29a BV nicht tangiert, da es um Entscheidungen geht, die bereits von einer Gerichtsbehörde getroffen worden sind und insoweit lediglich eine zweite gerichtliche Überprüfung auf Bundesebene ausgeschlossen wird.[17] Anders als noch unter Geltung des OG ist heute auch im Bereich des Ausnahmenkatalogs eine (fast) lückenlose gerichtliche Überprüfung erstinstanzlicher Verfügungen der Bundesverwaltung – vorab durch das Bundesverwaltungsgericht (vgl. Art. 47 VwVG i.V.m. Art. 31 f. VGG) – sichergestellt.

4. Einige Änderungen im Vergleich zum OG im Besonderen

a) Genehmigung von Erlassen und Tarifen

14   Keine wesentliche Änderung ergibt sich aus dem Umstand, dass auf eine Art. 99 Abs. 1 lit. a und lit. b sowie Art. 129 lit. a und lit. b OG entsprechende Ausnahmebestimmung verzichtet worden ist: Die Genehmigung von Erlassen und (generell-abstrakten) Tarifen erfolgt nicht durch Verfügung, sondern stellt eine **Mitwirkung am Rechtsetzungsakt** dar. Anders verhält es sich praxisgemäss nur bei jenen Tarifen, welche vertraglich umgesetzt werden (z.B. im Urheberrecht und im Privatversicherungsrecht); bezüglich solcher Tarife erfolgt die Genehmigung durch eine anfechtbare Verfügung, welche der gerichtlichen Überprüfung zugänglich ist.[18] Ansonsten stellt die Überprüfung eines solchen Genehmigungsaktes aber eine abstrakte Normenkontrolle dar,[19] welche bezüglich Erlassen des Bundes bereits aufgrund der Umschreibung des Anfechtungsobjekts von der Beschwerde in öffentlichrechtlichen Angelegenheiten in Art. 82 ausgeschlossen ist. Soweit kantonale Genehmigungsakte in Frage stehen, ist eine Anfechtung grundsätzlich denkbar, sieht das Gesetz doch die bundesgerichtliche Überprüfung kantonaler Erlasse auf Beschwerde in öffentlichrechtlichen Angelegenheiten hin ausdrücklich vor (Art. 82 lit. b).

b) Konzessionen, auf die das Bundesrecht keinen Anspruch einräumt

15   Der Gesetzgeber hat auf eine Art. 99 Abs. 1 lit. d OG entsprechende Ausnahmebestimmung verzichtet, so dass heute **alle Entscheide** über Erteilung oder Verweigerung von Konzessionen anfechtbar sind, soweit nicht eine besondere Bestimmung des Ausnahmekatalogs greift (z.B. Art. 83 lit. p Ziff. 1). Im Bereich der kantonalen Bewilligungen und Konzessionen war bisher die staatsrechtliche Beschwerde nur zulässig, soweit sich der Betroffene diesbezüglich auf ein verfassungsmässiges Recht berufen konnte.[20] Neu ist gegen kantonale Entscheide über die Sondernutzung oder den gesteigerten Gemeingebrauch von öffentlichen Sachen sowie über Regalkonzessionen vorbehaltlos die Beschwerde in öffentlichrechtlichen Angelegenheiten zulässig.[21]

---

[15] Allerdings verhält es sich insoweit beim ordentlichen Rechtsmittel nicht anders: Vgl. BGE 131 II 697, 706 ff. E. 5; 129 II 249, 263 E. 5.4; 128 II 34, 40 f. E. 3b; 128 IV 201, 204 f. E. 1.2.

[16] Vgl. etwa BGer, II. ÖRA, 8.3.2007, 2C_46/2007; Verfahrensgegenstand bildete die Abweisung des Gesuchs um unentgeltlichen Prozessführung in einem Verfahren betr. die Verweigerung der Einreise bzw. der Visumserteilung.

[17] Vgl. SEILER/VON WERDT/GÜNGERICH, BGG, Art. 83 N 9.

[18] Vgl. Botschaft 2001 4322.

[19] Vgl. GYGI, Bundesverwaltungsrechtspflege², 105.

[20] Vgl. etwa BGE 119 Ia 445, 447 E. 1a/bb.

[21] Vgl. SEILER/VON WERDT/GÜNGERICH, BGG, Art. 82 N 14.

c) Gegenausnahme für den Bereich des Datenschutzes

Die Gegenausnahme von Art. 100 Abs. 2 lit. a OG, welche den Zugang zum Bundesge-   **16**
richt dann ermöglichte, wenn Entscheide, welche unter eine Bestimmung des Ausnahmekatalogs fielen, den Datenschutz betrafen, wurde nicht ins BGG übernommen. Wie
sich aus den Materialien klar ergibt, wollte der Gesetzgeber damit **keine Änderung** der
Rechtslage herbeiführen, sondern ging er davon aus, dass der Datenschutz einen eigenständigen Bereich darstellt. Deshalb ist die Beschwerde in öffentlichrechtlichen Angelegenheiten gegen Entscheide über datenschutzrechtliche Ansprüche selbst dann zulässig,
wenn diese in einem Bereich ergangen sind, der von einer Ausnahmebestimmung gem.
Art. 83 erfasst wird.[22] Voraussetzung ist allerdings, dass es sich um einen eigentlichen
Entscheid auf dem Gebiet des Datenschutzes handelt,[23] d.h. dass die sich stellenden datenschutzrechtlichen Fragen im Vordergrund stehen; dies ist zumindest immer dann der
Fall, wenn datenschutzrechtliche Aspekte in einem selbständigen Sachentscheid unabhängig von einem anderen Verfahren beurteilt werden.[24] Mithin bleibt die Beschwerde in
öffentlichrechtlichen Angelegenheiten unzulässig, wenn ein Entscheid lediglich neben
anderen Rechtsfragen auch solche des Datenschutzes aufwirft.[25] Gleich verhält es sich,
wenn die datenschutzrechtlichen Ansprüche (z.B. auf Akteneinsicht) deckungsgleich mit
Ansprüchen sind, wie sie sich für das betroffene Verfahren aus dem einschlägigen Prozessrecht ergeben.[26]

III. Nationale Sicherheit und auswärtige Angelegenheiten (Art. 83 lit. a)

1. Änderungen im Vergleich zum alten Recht

Die **Formulierung** der Bestimmung entspricht weitgehend jener von Art. 100 Abs. 1   **17**
lit. a OG; geändert wurde lediglich Folgendes:

Der Gesetzestext enthält neu eine Gegenausnahme. Danach kann im Geltungsbereich von   **18**
Art. 83 lit. a die Beschwerde in öffentlichrechtlichen Angelegenheiten dennoch erhoben
werden, wenn das **Völkerrecht** einen Anspruch auf gerichtliche Beurteilung einräumt.
Damit wird auf die Anforderungen verwiesen, welche sich für das innerstaatliche Verfah-
rensrecht insb. aus Art. 6 Ziff. 1 EMRK ergeben und letztlich nur zum Ausdruck gebracht,
was aufgrund der genannten Konventionsbestimmung bzw. der einschlägigen bundesgerichtlichen Rechtsprechung schon bis anhin galt und im Anwendungsbereich von
Art. 83 lit. a weiterhin gelten muss.[27] Deshalb führt die entsprechende Ergänzung des
Gesetzestextes im Ergebnis zu keiner Rechtsänderung. Einige Fragen wirft allerdings der
Umstand auf, dass für die Beschwerde ans Bundesverwaltungsgericht eine mit Art. 83 lit. a
deckungsgleiche Regelung besteht (Art. 32 Abs. 1 lit. a VGG; vgl. N 30 und N 40 ff.).

Die Bereiche der **Entwicklungszusammenarbeit** und der **humanitären Hilfe**, welche in   **19**
Art. 100 Abs. 1 lit. a OG noch ausdrücklich genannt wurden, finden keine Erwähnung
mehr. Damit wird insoweit der Zustand vor der Teilrevision des OG von 1991 wiederher-
gestellt. Obschon mit der damaligen Revision keine Ausdehnung der Ausnahmebestimmung gewollt war und der Gesetzgeber davon ausging, die Erwähnung der beiden
Rechtsbereiche sei bloss deklaratorischer Natur,[28] soll die heutige Streichung nunmehr zu

---

[22] Vgl. Botschaft 2001 4323.
[23] Vgl. BGE 128 II 259, 264 E. 1.3.
[24] Vgl. BGE 123 II 534, 536 E. 1b.
[25] Vgl. BGE 126 II 126, 135 f. E. 5c/bb.
[26] Vgl. Botschaft 2001 4323.
[27] Vgl. BGE 132 I 229, 237 f. E. 6.1.
[28] Vgl. die Botschaft zur OG-Revision 1991, BBl 1991 II 525.

einer Rechtsänderung führen: Der Bundesrat äussert in der Botschaft die Überzeugung, die Bereiche der Entwicklungszusammenarbeit und der humanitären Hilfe würden vom Begriff der «übrigen auswärtigen Angelegenheiten» in Art. 83 lit. a nicht erfasst, so dass die Beschwerde in öffentlichrechtlichen Angelegenheiten gegen Entscheide auf diesen Gebieten zulässig sei[29] (vgl. N 26).

2. Geltungsbereich der Ausnahmebestimmung

20 Gestützt auf Art. 83 lit. a sind von der Beschwerde in öffentlichrechtlichen Angelegenheiten eigentliche **Regierungsakte** (sog. «actes de gouvernement») ausgenommen, weil es sich dabei weitgehend um Ermessensentscheide handelt, für welche die Verantwortung allein bei der Regierung liegen muss;[30] derartige Entscheidungen sind nicht oder kaum justiziabel. Art. 83 lit. a ist restriktiv auszulegen[31] und kommt nur dann zum Tragen, wenn unmittelbar die politische Regierungstätigkeit in den Bereichen der nationalen Sicherheit und der Aussenbeziehungen des Landes in Frage steht.[32]

21 Weil sich die Entscheidungen im Geltungsbereich von Art. 83 lit. a von der Sache her nicht für eine **gerichtliche Überprüfung** eignen, ist eine solche auf Bundesebene überhaupt nicht vorgesehen, zumal das VGG mit Art. 32 Abs. 1 lit. a eine gleichlautende Ausnahmebestimmung kennt. Soweit Entscheide der Bundesverwaltung (oder einer autonomen Anstalt) betroffen sind, ist die Verwaltungsbeschwerde an den Bundesrat zulässig (Art. 72 lit. a VwVG), während Entscheide, welche der Bundesrat selber getroffen hat, grundsätzlich nicht anfechtbar sind (vgl. aber N 39 ff.).

a) Sicherheit des Landes

22 Um «Entscheide auf dem Gebiet der inneren oder äusseren Sicherheit des Landes» handelt es sich, wenn effektiv Sicherheitsanliegen der Eidgenossenschaft selbst oder zumindest solche von überregionaler Bedeutung betroffen sind. Der Begriff der **«inneren Sicherheit»** ist traditionell gleichbedeutend mit der «verfassungsmässigen Ordnung» bzw. mit der öffentlichen Ruhe und Ordnung.[33] Um die **«äussere Sicherheit»** geht es dann, wenn die Unabhängigkeit der Schweiz – bzw. ihre Fähigkeit, die Grenzen oder die verfassungsmässige Ordnung nach aussen hin zu verteidigen – bedroht ist.[34] Allerdings war diese klassische Unterscheidung in der bisherigen bundesgerichtlichen Praxis kaum von Bedeutung; sie wird denn auch in der Lehre zunehmend in Frage gestellt.[35]

23 Als Massnahmen zur Wahrung der nationalen Sicherheit gelten vorab **Anordnungen des Bundesrats und der Bundesverwaltung** gestützt auf Art. 184 Abs. 3 oder Art. 185 Abs. 3 BV (so z.B. Zwangsmassnahmen zur Durchsetzung von UNO-Sanktionen gem. Art. 1 ff. EmbG[36]).[37] Das Bundesgericht wendet die vorliegende Ausnahmebestimmung

---

[29] Botschaft 2001 4322 f.

[30] BGE 121 II 248, 251 E. 1a; vgl. auch die Botschaft vom 24.9.1965 über den Ausbau der Verwaltungsgerichtsbarkeit im Bunde, BBl 1965 II 1306.

[31] BGE 121 II 248, 251 E. 1a; BGer, I. ÖRA, 6.10.2005, 1A.157/2005.

[32] BGE 104 Ib 129, 131 f. E. 1.

[33] BVK-EICHENBERGER, Art. 102 Ziff. 10 aBV N 150.

[34] Vgl. den Bericht des Bundesrats vom 7.6.1999 an die Bundesversammlung über die Sicherheitspolitik der Schweiz; BBl 1999 7730; BVK-SCHINDLER, Art. 8 N 38.

[35] Zur Frage, ob die Unterscheidung von innerer und äusserer Sicherheit heute noch relevant ist, vgl. SGK-SCHWEINZER/KÜPFER, vor Art. 57–61 N 4.

[36] Bundesgesetz vom 22.3.2002 über die Durchsetzung von internationalen Sanktionen (Embargogesetz; SR 946.231)

[37] BGer, I. ÖRA, 6.10.2005, 1A.157/2005, E. 3.1.

weiter an, wenn polizeiliche Massnahmen in Frage stehen, welche unmittelbar auf eine Prävention von Terrorismus, Spionage, gewalttätigem Extremismus, organisiertem Verbrechen oder politischer Agitation ausgerichtet sind. So wurden u.a. die Entscheidungen des Sonderbeauftragten über die Einsicht in die Staatsschutzakten des Bundes[38] «Fichen-Affäre»)[39] oder die Beschlagnahme von Propagandamaterial der Kurdischen Arbeiterpartei PKK[40] von der Rechtsprechung als Verfügungen betr. die nationale Sicherheit beurteilt. Gleich hat das Bundesgericht bezüglich eines Einreiseverbots entschieden, welches im Interesse der öffentlichen Ordnung und der nationalen Sicherheit gegen einen LPK- und UÇK-Aktivisten verhängt worden ist.[41] Insoweit standen jeweils unmittelbar Sicherheitsanliegen im Vordergrund oder waren eigentliche «actes de gouvernement» betroffen.

Entsprechendes ist nicht der Fall, wenn ein öffentlicher Bediensteter als Sicherheitsrisiko   **24** gewertet und deswegen vorläufig des Dienstes enthoben wird,[42] oder wenn eine Personensicherheitsüberprüfung gem. Art. 19 Abs. 1 lit. c BWIS in Frage steht.[43]

b) Auswärtige Angelegenheiten

Neben den ausdrücklich erwähnten «Entscheiden auf dem Gebiet der Neutralität» und   **25** des «diplomatischen Schutzes» zählen zu den «auswärtigen Angelegenheiten» i.S.v. Art. 83 lit. a nur Anordnungen mit **ausgeprägt politischem Charakter**. Der Begriff der auswärtigen Angelegenheiten ist restriktiv auszulegen und erfasst nicht etwa alle Geschäfte mit blossem Auslandbezug.

Entsprechendes ergibt sich aus den Materialien: Der Bundesrat geht nämlich – ohne in   **26** den Räten auf Widerstand gestossen zu sein – ausdrücklich davon aus, die Beschwerde in öffentlichrechtlichen Angelegenheiten sei in den Rechtsbereichen der **Entwicklungszusammenarbeit** und der **humanitären Hilfe** zulässig, sobald diese aus dem Wortlaut der Ausnahmebestimmung gestrichen worden seien[44] (vgl. N 19). Fallen diese traditionsreichen Bereiche der Schweizer Aussenpolitik nicht unter Art. 83 lit. a, so kann die Ausnahmebestimmung nur auf Entscheide mit qualifiziert politischem Charakter Anwendung finden.

Als solche gelten etwa Entscheide betr. die in der Schweiz ansässigen **internationalen**   **27** **Organisationen**, deren Funktionäre sowie die von Letzteren beschäftigten Privatangestellten (insb. Entscheide über die Erteilung oder Verweigerung einer «carte de légitimation»).[45] Nicht anfechtbar ist auch die Weigerung der zuständigen Bundesstelle, bei einem anderen Staat diplomatisch zu intervenieren (z.B. wegen der Verletzung des Spezialitätsprinzips in Auslieferungssachen[46]).

Demgegenüber weisen Entscheidungen über die Rückforderung von finanziellen Leis-   **28** tungen, welche im Rahmen des diplomatischen oder konsularischen Schutzes erbracht

---

[38] Vgl. Art. 5 ff. der Verordnung vom 5.3.1990 über die Behandlung von Staatsschutzakten des Bundes (AS 1990 386; 1992 1968).
[39] BGE 117 Ia 202, 217 f. E. 6b; 117 Ia 221, 231 f. E. 4; 118 Ib 277, 279 f. E. 2b.
[40] BGE 125 II 417, 420 ff. E. 4.
[41] BGE 129 II 193, 197 f. E. 2.1.
[42] BGE 104 Ib 129, 131 f. E. 1.
[43] BGer, II. ÖRA, 16.3.2005, 2A.705/2004, E. 1.1; vgl. auch BGE 130 II 473.
[44] Botschaft 2001 4322 f.
[45] BGer, II. ÖRA, 12.4.2000, 2A.432/1999, E. 2.
[46] BGE 121 II 248, 251 E. 1.

worden sind,[47] keinen genügend politischen Auslandbezug auf, um unter Art. 83 lit. a zu fallen. Ähnlich verhält es sich mit wirtschafts- oder aussenpolitisch motivierten **Ausfuhrbeschränkungen**,[48] welche nur in besonderen Einzelfällen – wenn qualifizierte politische Interessen auf dem Spiel stehen – von der Beschwerde in öffentlichrechtlichen Angelegenheiten ausgenommen sind.[49]

3. Gegenausnahme

29 Im Geltungsbereich von Art. 83 lit. a kann dennoch Beschwerde in öffentlichrechtlichen Angelegenheiten erhoben werden, wenn das **Völkerrecht** dem Betroffenen einen Anspruch auf gerichtliche Beurteilung einräumt. Der Gesetzestext verweist damit zwar primär auf Art. 6 Ziff. 1 EMRK, für Staatsangehörige von EU- oder EFTA-Mitgliedstaaten kann sich ein Anspruch auf gerichtliche Beurteilung jedoch auch aus Art. 11 FZA bzw. Art. 11 EFTA-Übereinkommen[50] ergeben (vgl. N 37 f. und N 46). Nicht unter die Gegenausnahme fallen demgegenüber Ansprüche auf eine «wirksame Beschwerde» gem. Art. 13 EMRK (vgl. N 36 und N 45).

30 Art. 32 Abs. 1 lit. a VGG enthält für die Beschwerde ans **Bundesverwaltungsgericht** eine mit Art. 83 lit. a identische Regelung, wobei das Verhältnis der beiden Bestimmungen nicht ohne Weiteres ersichtlich ist; insb. mit Blick auf die Gegenausnahme besteht Klärungsbedarf: Art. 6 Ziff. 1 EMRK, welcher bei der Formulierung der Gegenausnahme im Vordergrund gestanden hat, verlangt lediglich eine einmalige gerichtliche Beurteilung von Streitigkeiten, die in seinen Anwendungsbereich fallen. Mithin ergibt sich aus dieser Konventionsbestimmung immer dann kein Anspruch auf Anrufung des Bundesgerichts, wenn in der gleichen Sache das Bundesverwaltungsgericht zuständig ist. Wird dieser logische Grundsatz im Bereich der Gegenausnahmen von Art. 32 Abs. 1 lit. a VGG und Art. 83 lit. a BGG streng gehandhabt, so käme jene von Art. 83 lit. a kaum je zum Tragen, weil dem völkerrechtlichen «Anspruch auf gerichtliche Beurteilung» an sich bereits mit der Beurteilung der Streitsache durch das Bundesverwaltungsgericht Genüge getan wäre. Eine entsprechende Auslegung dürfte jedoch kaum den Absichten des Gesetzgebers entsprechen; im Gegenteil bildete wohl gerade die Überlegung Anlass für das Einfügen der Gegenausnahme in Art. 32 Abs. 1 lit. a VGG, dass sich durch den **doppelten Instanzenzug** bzw. die vorgängige Anrufung des Bundesverwaltungsgerichts ein Konflikt mit Art. 86 BGG vermeiden lässt, welcher die zulässigen Vorinstanzen des Bundesgerichts regelt. Dies ist darum wesentlich, weil in den Anwendungsbereich von Art. 83 lit. a fallende politische Entscheide typischerweise nicht von einer Vorinstanz nach Art. 86 Abs. 1 stammen. Aus diesem Grund wurde denn auch für politische Entscheide kantonaler Behörden eine Ausnahme von der Verpflichtung vorgesehen, als unmittelbare Vorinstanz des Bundesgerichts ein Gericht einzusetzten (Art. 86 Abs. 3). Nach dem Gesagten ist davon auszugehen, dass in jenen Fällen, in denen Art. 6 Ziff. 1 EMRK Anwendung findet, grundsätzlich zunächst die Beschwerde beim Bundesverwaltungsgericht und anschliessend auch die Beschwerde in öffentlichrechtlichen Angelegenheiten beim Bundesgericht zulässig ist.

---

[47] Vgl. die Verordnungen vom 29.11.2006 über die Gebühren der diplomatischen und konsularischen Vertretungen der Schweiz (SR 191.11) und vom 3.7.2002 über die finanzielle Hilfe an vorübergehend im Ausland weilende Schweizer Staatsangehörige (SR 191.2).

[48] Vgl. Art. 1 des Bundesgesetzes vom 25.6.1982 über aussenwirtschaftliche Massnahmen (SR 946.201), Art. 4 ff. des Bundesgesetzes vom 13.12.1996 über die Kontrolle zivil und militärisch verwendbarer Güter sowie besonderer militärischer Güter (Güterkontrollgesetz, GKG; SR 946.202) sowie Art. 6 ff. des Kernenergiegesetzes vom 21.3.2003 (KEG; SR 732.1).

[49] SEILER/VON WERDT/GÜNGERICH, BGG, Art. 83 N 18.

[50] Übereinkommen vom 4.1.1960 zur Errichtung der Europäischen Freihandelsassoziation (SR 0.632.31).

a) Art. 6 Ziff. 1 EMRK

aa) Zivilrechtliche Streitigkeiten

Art. 6 Ziff. 1 EMRK kommt dann zum Tragen, wenn **«civil rights»** betroffen sind, wobei   **31**
das Bundesgericht diesen Begriff autonom (d.h. entsprechend der Praxis der Strassburger
Organe) auslegt: Die Konventionsbestimmung erfasst demnach nicht nur zivilrechtliche
Streitigkeiten i.s. der Schweizer Rechtsauffassung, sondern kann auch für Verwaltungs-
akte einer hoheitlich handelnden Behörde Geltung beanspruchen, sofern massgeblich in
Rechte oder Verpflichtungen privatrechtlicher Natur eingegriffen wird.

Voraussetzung für die Anwendbarkeit von Art. 6 Ziff. 1 EMRK bildet nach dem Gesag-   **32**
ten das Bestehen von (aus dem innerstaatlichen Recht abzuleitenden) zivilrechtlichen
Ansprüchen oder Verpflichtungen im dargelegten Sinn. Weiter muss eine **Streitigkeit**
(«contestation») vorliegen, welche Existenz, Inhalt, Umfang oder Art der Ausübung eines
solchen Anspruchs oder einer solchen Verpflichtung betrifft. Dabei wird verlangt, dass
die Streitigkeit echt und ernsthafter Natur ist und sich ihr Ausgang für den zivilrechtlichen Anspruch als unmittelbar entscheidend erweist; bloss weit entfernte Auswirkungen
reichen nicht aus.[51]

Bejaht wurde die Anwendbarkeit von Art. 6 Ziff. 1 EMRK etwa bei der Einziehung von   **33**
Propagandamaterial aus Gründen der äusseren und inneren Sicherheit[52] oder bezüglich
einer Intervention des EDA, mit welcher der Forderung eines Privaten gegen Joseph Mobutu[53] die vom Bundesrat gestützt auf Art. 184 Abs. 3 BV angeordnete Vermögenssperre
entgegengehalten wurde.[54, 55]

bb) Strafrechtliche Anklage

Art. 6 Ziff. 1 EMRK findet ferner Anwendung, soweit eine «strafrechtliche Anklage» in   **34**
Frage steht, wobei sich der entsprechende Anwendungsbereich der Konventionsbestimmung und der Geltungsbereich von Art. 83 lit. a kaum je überschneiden dürften. Zum
Begriff der strafrechtlichen Anklage gem. Art. 6 Ziff. 1 EMRK sei an dieser Stelle immerhin kurz Folgendes ausgeführt:

Was als strafrechtliche Anklage zu gelten hat, beurteilt sich in **drei Schritten**. Zunächst   **35**
wird geprüft, ob die (angeblich) verletzte Regelung landesintern dem Strafrecht zugeordnet wird. Handelt es sich nach der entsprechenden rechtstechnischen Qualifikation nicht
um ein Strafverfahren, so ist – angesichts der autonomen Definition der strafrechtlichen
Anklage i.S.v. Art. 6 EMRK – die «wahre Natur» des Tatbestands unter Berücksichtigung von Art und Ziel der Sanktion zu ermitteln. Erscheint das Verfahren auch unter diesem Gesichtspunkt nicht als strafrechtlich, so bleibt aufgrund der Schwere der Sanktion
zu beurteilen, ob diese eine Strafe darstellt.[56]

b) Art. 13 EMRK

Soweit die Verletzung von Rechten und Freiheiten, die sich aus der Konvention bzw. den   **36**
Zusatzprotokollen ergeben, auf vertretbare Art und Weise behauptet wird («arguable

---

[51] Vgl. BGE 132 I 388, 394 f. E. 5.1 mit zahlreichen Hinweisen.
[52] BGE 125 II 417, 420 E. 4b.
[53] Ehemaliger Herrscher von Zaire.
[54] BGE 132 I 229, 237 ff. E. 6.
[55] Für die im vorliegenden Zusammenhang nicht im Vordergrund stehende Frage der Anwendbar-
     keit von Art. 6 Ziff. 1 EMRK auf öffentliche Angestellte vgl. BGE 129 I 207.
[56] Vgl. BGE 125 I 104, 107 f. E. 2a; 121 I 379, 380 E. 3a.

claim»), gewährt Art. 13 EMRK einen Anspruch auf eine vertiefte Prüfung und Untersuchung aufgrund einer **«wirksamen Beschwerde»** an eine innerstaatliche Behörde.[57] Allerdings muss es sich dabei, anders als im Anwendungsbereich von Art. 6 EMRK, nicht zwingend um ein Rechtsmittel an ein Gericht handeln. Es genügt vielmehr eine Beschwerdemöglichkeit an ein hinreichend unabhängiges **verwaltungsinternes Rechtspflegeorgan**, welches – unter Wahrung der rechtsstaatlich notwendigen minimalen Verfahrensrechte – die Vorbringen des Betroffenen prüfen und gegebenenfalls den angefochtenen Akt aufheben bzw. dessen Auswirkungen beseitigen kann.[58] Mithin ergibt sich aus Art. 13 EMRK kein völkerrechtlicher Anspruch auf eine gerichtliche Beurteilung i.S. der Gegenausnahme von Art. 83 lit. a.

c) Art. 11 FZA und Art. 11 EFTA-Übereinkommen

37 Art. 11 FZA und Art. 11 EFTA-Übereinkommen[59] schreiben für Streitigkeiten über Ansprüche nach diesen Abkommen ein **zweistufiges Beschwerdeverfahren** vor, bei dem mindestens die zweite Rechtsmittelinstanz ein Gericht sein muss. Soweit das schweizerische Verfahrensrecht bezüglich Entscheiden, die in den Anwendungsbereich der vorliegenden Ausnahmebestimmung fallen, keinen entsprechenden Rechtsmittelzug vorsieht, ergibt sich aus den genannten Staatsvertragsbestimmungen ein **völkerrechtlicher Anspruch** auf gerichtliche Beurteilung i.S. der Gegenausnahme von Art. 32 Abs. 1 lit. a VGG und Art. 83 lit. a BGG.

38 Zu denken ist diesbezüglich vorab an das politische Einreiseverbot (vgl. N 60; vgl. auch N 56 ff.) und die politische Ausweisung (vgl. N 103 und N 106).

d) Sonderfall: Verfügungen des Bundesrats

aa) Mit Blick auf Art. 6 Ziff. 1 EMRK

39 Verfügungen des Bundesrats sind als solche **nicht** beim Bundesgericht **anfechtbar**, ausser ein Bundesgesetz sieht eine Ausnahme vor (Art. 189 Abs. 4 BV). Im vorliegenden Zusammenhang fragt sich, ob Art. 83 lit. a einen derartigen gesetzlich geregelten Sonderfall darstellt. Dies träfe zu, wenn Regierungsakte des Bundesrats, die ein **«civil right»** (bzw. allenfalls eine strafrechtliche Anklage) i.S.v. Art. 6 Ziff. 1 EMRK tangieren, aufgrund der Gegenausnahme (völkerrechtlicher Anspruch auf gerichtliche Beurteilung) weiterhin unmittelbar beim Bundesgericht angefochten werden könnten; unter dem alten Recht war in solchen Fällen die Verwaltungsgerichtsbeschwerde zulässig.[60]

40 Weil Art. 32 Abs. 1 lit. a VGG für die Beschwerde beim **Bundesverwaltungsgericht** eine mit Art. 83 lit. a BGG identische Regelung enthält, ist zumindest gegen Entscheide einer untergeordneten Bundesbehörde zunächst dieses anzurufen (vgl. Art. 33 lit. d VGG). Bezüglich der bundesrätlichen «actes de gouvernement» ist unklar, ob diese – entsprechend den allgemeinen Überlegungen zum Zusammenwirken von Art. 32 Abs. 1 lit. a VGG und Art. 83 lit. a BGG (vgl. N 30) – zunächst beim Bundesverwaltungsgericht anzufechten sind[61] oder unmittelbar die Beschwerde in öffentlichrechtlichen Angelegenheiten an das Bundesgericht offen steht.

---

[57] Vgl. BGE 131 I 455, 463 E. 1.2.5; 130 I 369, 380 E. 7.1.

[58] BGE 129 II 193, 199 E. 3.1.

[59] Übereinkommen vom 4.1.1960 zur Errichtung der Europäischen Freihandelsassoziation (SR 0.632.31).

[60] BGE 125 II 417, 424 ff. E. 4d.

[61] So SEILER/VON WERDT/GÜNGERICH, BGG, Art. 83 N 21.

Eher für eine vorgängige Zuständigkeit des Bundesverwaltungsgerichts spricht, dass ge- **41** wisse Entscheidungen des Bundesrats – in Personalbelangen (vgl. Art. 33 lit. a VGG) und betr. die Amtsenthebung von Organen der Nationalbank (Art. 33 lit. b VGG und Art. 53 Abs. 1 lit. b NBG) – beim Bundesverwaltungsgericht angefochten werden können, während der Bundesrat – der Absicht des Gesetzgebers entsprechend, für das Bundesgericht grundsätzlich nur gerichtliche **Vorinstanzen** zu bestimmen – nicht zu den in Art. 86 ff. BGG vorgesehenen Vorinstanzen zählt. Allerdings darf diesem Umstand nicht zuviel Gewicht beigemessen werden: Der Bundesrat wurde nämlich in den Fällen von Art. 33 lit. a und lit. b VGG, bei denen es sich offensichtlich um besondere Konstellationen handelt, ausdrücklich als Vorinstanz des Bundesverwaltungsgerichts eingesetzt. Art. 33 VGG enthält demgegenüber keine Regelung, in welcher für den Anwendungsbereich der Gegenausnahme von Art. 32 Abs. 1 lit. a VGG eine entsprechende Zuständigkeit zur Überprüfung von bundesrätlichen Verfügungen begründet würde. Aus diesem Umstand ist ersichtlich, dass der Gesetzgeber den Regelungsbedarf übersehen hat, welcher insoweit hinsichtlich des Rechtsmittelzugs besteht. Für das Füllen der fraglichen Lücke sind die gesamten Implikationen zu berücksichtigen und nicht einfach auf die Formalität abzustellen, dass der Bundesrat generell nicht als Vorinstanz nach Art. 86 ff. BGG vorgesehen ist. Sinn und Zweck der Regelung legen nämlich eine unmittelbare Anfechtbarkeit bundesrätlicher Verfügungen beim Bundesgericht nahe.

Auch wenn ein völkerrechtlicher Anspruch auf gerichtliche Überprüfung besteht, ist **42** nicht aus den Augen zu verlieren, dass im Anwendungsbereich von Art. 83 lit. a doch die eigentliche Regierungstätigkeit betroffen ist und **Ermessensentscheidungen** der obersten Exekutivbehörde des Landes in Frage stehen; eine rasche Umsetzung des Beschlossenen dürfte regelmässig im öffentlichen Interesse liegen. Unter diesen Voraussetzungen scheint ein doppelter Instanzenzug an und für sich nicht angebracht.

Hinzu kommt, dass der Gesetzgeber den Kantonen für Entscheide mit vorwiegend **politi-** **43** **schem Charakter** ausdrücklich die Möglichkeit einräumt, als Vorinstanz des Bundesgerichts eine andere Behörde als ein Gericht einzusetzen (vgl. Art. 86 Abs. 3 BGG). Es handelt sich dabei um die einzige Durchbrechung des Grundsatzes, wonach Entscheide, gegen welche die Beschwerde in öffentlichrechtlichen Angelegenheiten zulässig ist, von einer Gerichtsbehörde gefällt werden müssen. Ist eine solche Ausnahme gerade für politische Entscheide vorgesehen, zu denen die «actes de gouvernement» gem. Art. 83 lit. a BGG und Art. 32 Abs. 1 lit. a VGG gehören, liegt es nahe, auf Bundesebene gleich zu verfahren. Es ist denn auch kein Wille des Gesetzgebers erkennbar, zwar gegen politische Entscheide der obersten kantonalen Exekutivbehörden[62] den direkten Weg ans Bundesgericht zu eröffnen, aber auf Bundesebene für Entscheidungen des Bundesrats (soweit diese der Beschwerde unterliegen) eine zweimalige gerichtliche Überprüfung vorzusehen.

Allerdings könnte eine konsequente Anwendung des **Delegationsautomatismus** von **44** Art. 47 Abs. 6 Satz 1 RVOG die vorliegende Rechtsfrage weitgehend entschärfen: Gemäss dieser Bestimmung gehen Geschäfte des Bundesrats automatisch auf das in der Sache zuständige Departement über, soweit Verfügungen zu treffen sind, die der Beschwerde ans Bundesverwaltungsgericht unterliegen. Verlangt das Völkerrecht eine gerichtliche Beurteilung, so ergäbe sich im vorliegenden Zusammenhang eine entsprechende Zuständigkeit des Bundesverwaltungsgerichts grundsätzlich aus der Gegenausnahme von Art. 32 Abs. 1 lit. a VGG. Entscheide des Departements wären als solche ohne weiteres beim Bundesverwaltungsgericht anfechtbar (vgl. Art. 33 lit. d VGG), dessen Ent-

---

[62] Im vorliegenden Zusammenhang dürfte der kantonale Gesetzgeber wohl gestützt auf Art. 86 Abs. 3 regelmässig den Regierungsrat als Vorinstanz des Bundesgerichts einsetzen.

scheid alsdann gestützt auf die Gegenausnahme in Art. 83 lit. a BGG ans Bundesgericht weitergezogen werden könnte.

bb) Mit Blick auf Art. 13 EMRK

45   Wie gesehen ergibt sich aus Art. 13 EMRK kein völkerrechtlicher Anspruch auf eine gerichtliche Beurteilung im Sinne der Gegenausnahme von Art. 83 lit. a. Nichts anderes gilt hinsichtlich bundesrätlicher Verfügungen: Gegen diese steht zwar in aller Regel keine Beschwerdemöglichkeit offen (vgl. Art. 189 Abs. 4 BV), was nach dem Gesagten insoweit gegen Art. 13 EMRK und mithin gegen Völkerrecht verstösst, als Rechtspositionen in Frage stehen, die sich aus der EMRK oder den Zusatzprotokollen ergeben. Deshalb wäre an sich denkbar, dass im Anwendungsbereich von Art. 83 lit. a die Gegenausnahme zum Tragen kommt und das Bundesgericht (oder allenfalls gestützt auf Art. 32 Abs. 1 lit. a VGG das Bundesverwaltungsgericht) angerufen werden könnte. Der Gesetzgeber hat jedoch die Beschwerde gegen politische Entscheide ausdrücklich nur insoweit zugelassen, als das Völkerrecht einen Anspruch auf **«gerichtliche Beurteilung»** einräumt («confère un droit à ce que la cause soit jugée par un tribunal» bzw. «conferisca un diritto al giudizio da parte di un tribunale»). Entsprechendes trifft bloss im Anwendungsbereich von Art. 6 Ziff. 1 EMRK zu, nicht aber in jenem von Art. 13 EMRK; letztere Konventionsbestimmung gibt gerade nicht Anspruch darauf, an ein Gericht gelangen zu können.[63]

cc) Mit Blick auf Art. 11 FZA bzw. Art. 11 EFTA-Übereinkommen

46   Art. 11 FZA und Art. 11 EFTA-Übereinkommen schreiben je einen **doppelten Instanzenzug** vor. Fällt also eine bundesrätliche Verfügung gleichzeitig in den Anwendungsbereich einer dieser Bestimmungen als auch in jenen von Art. 32 Abs. 1 lit. a VGG und Art. 83 lit. a BGG, so ist zunächst das Bundesverwaltungsgericht und anschliessend das Bundesgericht zur Beurteilung der Streitsache zuständig (vgl. N 37 und N 56 f.).

IV. Ordentliche Einbürgerung (Art. 83 lit. b)

1. Änderungen im Vergleich zum alten Recht

47   Im Bereich des Einbürgerungsrechts ist die **Rechtsmittelordnung** auf Bundesebene wesentlich **umgestaltet** worden: Im alten Recht war zwar die Verwaltungsgerichtsbeschwerde nur gegen die Erteilung oder Verweigerung der (bundesrechtlichen) Einbürgerungsbewilligung ausdrücklich ausgeschlossen (Art. 100 Abs. 1 lit. c OG). Sie stand jedoch auch gegen den eigentlichen Einbürgerungsentscheid nicht zur Verfügung, zumal dieser nicht auf Bundesrecht, sondern auf kantonalem Recht beruht (vgl. Art. 12 Abs. 1 BüG). Aufgrund von Art. 83 lit. b ist heute nur bezüglich des Entscheids über die ordentliche Einbürgerung, nicht aber bezüglich der Einbürgerungsbewilligung die Anrufung des Bundesgerichts mit dem ordentlichen Rechtsmittel ausgeschlossen.

2. Geltungsbereich der Ausnahmebestimmung

48   Art. 83 lit. b schliesst die Beschwerde in öffentlichrechtlichen Angelegenheiten bezüglich Entscheiden über die ordentliche Einbürgerung aus, wodurch auch das gesamte **kantonale und kommunale Einbürgerungsverfahren** von der Beschwerde ausgenommen wird. Dem Beschluss, die vorliegende Ausnahmebestimmung (welche im bundesrätlichen Entwurf nicht vorgesehen war) ins Gesetz aufzunehmen, ist in beiden Räten eine engagierte Debatte vorausgegangen; erst die Aufnahme der (ebenfalls im Gesetzesent-

---

[63] Vgl. auch BGE 129 II 193, 199 ff. E. 3 und 4.

wurf nicht vorgesehenen) subsidiären Verfassungsbeschwerde hat die Diskussion entschärft:[64] Mangels eines Rechtsanspruchs auf Einbürgerung erlaubt dieses Rechtsmittel zwar grundsätzlich[65] nicht die Anfechtung eines abschlägigen Einbürgerungsentscheids als solchen (vgl. N 61), gewährleistet aber zumindest im bisherigen Umfang ein verfassungskonformes Verfahren.[66]

Nicht von Art. 83 lit. b erfasst wird die (in Art. 12 Abs. 2 und Art. 13 ff. BüG geregelte) **49** **Einbürgerungsbewilligung**, deren Erteilung oder Verweigerung deshalb letztinstanzlich mit Beschwerde in öffentlichrechtlichen Angelegenheiten beim Bundesgericht angefochten werden kann. Art. 51 Abs. 3 BüG,[67] welcher insoweit lediglich die Verwaltungsbeschwerde ans EJPD vorsah, ist per 1.1.2007 aufgehoben worden. Zur Anfechtung legitimiert sind auch die betroffenen Kantone und Gemeinden (Art. 51 Abs. 2 BüG).

Neben der Einbürgerungsbewilligung unterliegen auch die übrigen **Verfügungen des** **50** **Bundesamts für Migration** auf dem Gebiet des Bürgerrechts – die Wiedereinbürgerung (Art. 25 BüG), die erleichterte Einbürgerung (Art. 32 BüG), die Nichtigerklärung einer (nicht ordentlichen) Einbürgerung (Art. 41 Abs. 1 BüG) und der Entzug des Bürgerrechts (Art. 48 BüG) – letztinstanzlich der Beschwerde in öffentlichrechtlichen Angelegenheiten.

Die Beschwerde steht ebenfalls zur Verfügung gegen **Entscheide letzter kantonaler** **51** **Instanzen** über Verfügungen im Feststellungsverfahren (Art. 49 BüG), die Entlassung aus dem Bürgerrecht (Art. 42 Abs. 2 BüG) und die Nichtigerklärung einer (ordentlichen) Einbürgerung (Art. 41 Abs. 2 BüG).

Die **Nichtigerklärung** einer Einbürgerung fällt selbst dann nicht in den Anwendungsbe- **52** reich von Art. 83 lit. b, wenn eine (von kantonalen und kommunalen Organen bewilligte) ordentliche Einbürgerung betroffen ist; das Verfahren auf Nichtigerklärung mündet nicht in einen Einbürgerungsentscheid i.S. der Ausnahmebestimmung, sondern es handelt sich um ein von der eigentlichen Einbürgerung getrenntes eigenständiges Verfahren. Die Implikationen sind denn auch wesentlich andere, je nachdem ob ein Einbürgerungsgesuch zu beurteilen oder zu prüfen ist, ob eine vollzogene Einbürgerung aufzuheben ist. Im ersten Fall handelt es sich um einen Ermessensentscheid der zuständigen Behörde (oder in gewissen Gemeinden gar des Stimmvolks), während im zweiten Fall grundsätzlich ein Anspruch auf Fortbestand des Bürgerrechts besteht (es ist die Rechtsfrage zu beantworten, ob der Betroffene die Einbürgerung durch Unredlichkeit erschlichen hat).

V. Ausländerrecht (Art. 83 lit. c)

1. Änderungen im Vergleich zum alten Recht

Die vorliegenden Ausnahmebestimmungen sind im Unterschied zu Art. 100 Abs. 1 lit. b **53** OG, dem sie inhaltlich weitgehend entsprechen, mit «Ausländerrecht» und nicht mit «Fremdenpolizei» überschrieben. Anlass für diese redaktionelle Änderung gab der Umstand, dass das **Asylrecht** nun – vom klassischen Ausländerrecht getrennt – in einer eigenen Ausnahmebestimmung behandelt wird (Art. 83 lit. d; vormals Art. 100 Abs. 1

---

[64] AB 2003 S 904 ff.; AB 2004 N 1600 ff.
[65] Die Rechtsprechung leitet allerdings aus dem Diskriminierungsverbot von Art. 8 Abs. 2 BV ein rechtlich geschütztes Interesse ab, welches unmittelbar zur staatsrechtlichen Beschwerde bzw. heute zur subsidiären Verfassungsbeschwerde legitimiert (vgl. BGE 129 I 217, 220 E. 1.1).
[66] Vgl. die einschlägige bundesgerichtliche Rechtsprechung: BGE 129 I 217 (Emmen); 129 I 232 (Zürich); 130 I 140 (Schwyz); 131 I 18 (Oberrohrdorf-Staretschwil).
[67] Fassung vom 23.3.1990, AS 1991 1039.

lit. b Ziff. 2 OG). Hinzu kommen zwei weitere Änderungen rein redaktioneller Natur bezüglich der Bereiche der Einreise (vgl. N 55) und der Bewilligungen ohne Rechtsanspruch (vgl. N 61).

54 Die einzigen materiellen Änderungen für den Zugang zum Bundesgericht im Bereich des Ausländerrechts finden sich in den Ziffern 5 und 6: Nach Art. 83 lit. c Ziff. 5 sind nun auch die Entscheide über Ausnahmen von den Höchstzahlen für Ausländer (Art. 13 BVO) bzw. über **Abweichungen von den Zulassungsvoraussetzungen** (Art. 30 AuG) von der ordentlichen Beschwerde ans Bundesgericht ausgenommen. Gänzlich neu ist sodann die Ausnahmebestimmung von Art. 83 lit. c Ziff. 6, welche erst zusammen mit dem AuG in Kraft tritt.

2. Geltungsbereich der Ausnahmebestimmung

a) Einreise (Ziff. 1)

55 Gemäss Art. 83 lit. c Ziff. 1 unterliegen «Entscheide auf dem Gebiet des Ausländerrechts betr. die Einreise» nicht der Beschwerde in öffentlichrechtlichen Angelegenheiten. Der Verzicht des Gesetzgebers auf eine Aufzählung der einzelnen Aspekte des Einreiserechts, wie sie Art. 100 Abs. 1 lit. b Ziff. 1 OG noch kannte, ist redaktionell bedingt und führt zu keiner Änderung im Anwendungsbereich der vorliegenden Ausnahmebestimmung. Diese erfasst neben der **Verweigerung der Einreise** (Art. 8 Abs. 2 AuG[68]) und dem **Einreiseverbot** (Art. 67 AuG[69]) auch den Bereich der **Visumserteilung**[70] (Art. 5 f. AuG[71]).

aa) Sonderfall: Staatsangehörige von EU- oder EFTA-Mitgliedstaaten

56 Bis anhin griff die Ausnahme betr. die Einreise bei Staatsangehörigen von EU- und EFTA-Mitgliedstaaten darum nicht, weil (die dem Landesrecht vorgehenden) Art. 11 FZA und Art. 11 EFTA-Übereinkommen[72] für Streitigkeiten über Ansprüche nach diesen Abkommen ein zweistufiges Beschwerdeverfahren vorschreiben, bei dem mindestens die zweite Instanz ein **Gericht** sein muss. Dieser staatsvertraglichen Verpflichtung konnte die Schweiz nur Genüge tun, wenn sie für EU- und EFTA-Angehörige – in Abweichung von Art. 100 Abs. 1 lit. b Ziff. 1 OG – die Verwaltungsgerichtsbeschwerde ans Bundesgericht zuliess.[73]

57 Heute steht in Einreisestreitigkeiten die Beschwerde ans Bundesverwaltungsgericht offen, so dass der gesetzliche Rechtsmittelweg die vom Freizügigkeitsabkommen geforderte Anrufung eines Gerichts vorsieht. Es besteht aber insoweit ein Problem, als einerseits Art. 11 FZA und Art. 11 EFTA-Übereinkommen ein **zweistufiges Beschwerdeverfahren** verlangen und andererseits Art. 83 lit. c Ziff. 1 ausschliesst, dass der Entscheid des Bundesverwaltungsgerichts ans Bundesgericht weitergezogen werden kann. Unter geltendem Recht ist deshalb für Bürger von EU- und EFTA-Staaten unverändert eine Sonderregelung erforderlich.

---

[68] Vor dem Inkrafttreten des AuG nur punktuell geregelt, z.B. in Art. 108 AsylG.

[69] Vor dem Inkrafttreten des AuG noch Einreisesperre (Art. 13 Abs. 1 ANAG) und Einreisebeschränkung (Art. 13 Abs. 2 ANAG).

[70] BGer, II. ÖRA, 8.3.2007, 2C_46/2007; vgl. auch P. UEBERSAX, in: Uebersax/Münch/Geiser/Arnold (Hrsg.), Ausländerrecht, Basel 2002, N 5.183.

[71] Vor dem Inkrafttreten des AuG: Art. 9 ff. und Art. 27 der Verordnung vom 14.1.1998 über Einreise und Anmeldung von Ausländerinnen und Ausländern (VEA; SR 142.211).

[72] Übereinkommen vom 4.1.1960 zur Errichtung der Europäischen Freihandelsassoziation (SR 0.632.31).

[73] BGE 131 II 352, 354 ff. E. 1.

Denkbar wäre zunächst eine Lösung, welche die erstinstanzliche Anfechtung von Ver-   **58**
fügungen des Bundesamts betr. die Einreise von Bürgern der EU- und EFTA-Staaten
beim EJPD zuliesse und das Bundesverwaltungsgericht erst als zweite Instanz einsetzen
würde. Es erscheint indessen nicht unproblematisch, nur für Bürger von EU- und EFTA-
Staaten eine ansonsten nicht mit solchen Rechtsprechungsaufgaben betraute Vorinstanz
zwischenzuschalten. Es ist deshalb vorzuziehen, auch Bürger von EU- und EFTA-Staaten
dem gesetzlichen Rechtsmittelzug entsprechend direkt ans Bundesverwaltungsgericht
gelangen zu lassen und ihnen alsdann gegen dessen Entscheid – in **Abweichung von
Art. 83 lit. c Ziff. 1** – die Beschwerde in öffentlichrechtlichen Angelegenheiten ans
Bundesgericht zu eröffnen.

bb) Sonderfall: politisches Einreiseverbot

Verfügt das Bundesamt für Polizei gestützt auf Art. 67 Abs. 2 AuG ein politisches Ein-   **59**
reiseverbot, so geht es um eine Massnahme zur Wahrung der **inneren oder äusseren
Sicherheit**. Die Beschwerde beim Bundesverwaltungsgericht ist daher nicht zulässig
(Art. 32 Abs. 1 lit. a VGG), aber die Verfügung ist mit Verwaltungsbeschwerde beim
EJPD (Art. 47 Abs. 1 lit. d VwVG) und letztinstanzlich beim Bundesrat anfechtbar
(Art. 72 lit. a VwVG).

Ist ein **Staatsangehöriger eines EU- oder EFTA-Mitgliedstaats** von einem politischen   **60**
Einreiseverbot betroffen, so steht der geschilderte Rechtsmittelweg im Konflikt zu
Art. 11 FZA bzw. Art. 11 EFTA-Übereinkommen. Zwar handelt es sich um ein zweistufiges Rechtsmittelverfahren, aber es fehlt am Zugang zum «zuständigen nationalen Gericht» gem. Art. 11 Abs. 3 FZA bzw. Art. 11 Abs. 3 EFTA-Übereinkommen. Aus diesen
Bestimmungen ergibt sich insoweit ein völkerrechtlicher Anspruch auf gerichtliche Beurteilung i.S. der Gegenausnahme von Art. 83 lit. a BGG und Art. 32 Abs. 1 lit. a VGG
(vgl. N 37), womit die letztinstanzliche Zuständigkeit des Bundesrats entfällt (vgl.
Art. 72 lit. a VwVG). Demgegenüber wird die erstinstanzliche Zuständigkeit des EJPD
nicht berührt, weil gem. Art. 11 FZA und Art. 11 EFTA-Übereinkommen nur die zweite
Instanz ein Gericht sein muss. Es stellt sich lediglich die Frage, ob der Beschwerdeentscheid des EJPD beim Bundesverwaltungsgericht oder beim Bundesgericht anzufechten
ist. Weil das Departement gem. Art. 86 keine zulässige Vorinstanz des Bundesgerichts
darstellt, ist zunächst das **Bundesverwaltungsgericht** anzurufen, dessen Zuständigkeit
sich aus der Gegenausnahme von Art. 32 Abs. 1 lit. a VGG ableitet. Damit ist den Anforderungen von Art. 11 FZA und Art. 11 EFTA-Übereinkommen Genüge getan. Es wäre
aber vorzuziehen, aufgrund der Überlegungen zum Zusammenwirken von Art. 32 Abs. 1
lit. a VGG und Art. 83 lit. a BGG (vgl. N 30) zusätzlich auch die Beschwerde in öffentlichrechtlichen Angelegenheiten ans Bundesgericht zuzulassen.

b) Bewilligungen ohne Rechtsanspruch (Ziff. 2)

aa) Regelfall Ermessensbewilligung

Gemäss Art. 83 lit. c Ziff. 2 unterliegen «Entscheide auf dem Gebiet des Ausländerrechts   **61**
betr. Bewilligungen, auf die weder das Bundesrecht noch das Völkerrecht einen Anspruch
einräumt», nicht der Beschwerde in öffentlichrechtlichen Angelegenheiten. Mithin ist dieses Rechtsmittel gegen die Verweigerung einer **Aufenthalts- oder Niederlassungsbewilligung** grundsätzlich ausgeschlossen, weil die Erteilung einer solchen regelmässig im
freien Ermessen der Fremdenpolizeibehörden liegt[74] (Art. 4 ANAG bzw. Art. 18 f. und

---

[74] BGE 132 II 65, 67 E. 2.1.

Art. 27 ff. i.V.m. Art. 32 ff. und Art. 44 f. AuG). Ein Anspruch auf Anwesenheit besteht nur ausnahmsweise, wenn eine Sondernorm des Bundesrechts oder eines Staatsvertrags einen solchen ausdrücklich einräumt. In den eigens in Art. 83 lit. c Ziff. 6 aufgezählten Fällen ist die Beschwerde allerdings selbst bei Bestehen eines Rechtsanspruchs auf die entsprechende Bewilligung ausgeschlossen (vgl. N 113 ff.). Angesichts der reichhaltigen bundesgerichtlichen Praxis zu Art. 8 EMRK kommen auch Ansprüche aus dem Völkerrecht in Frage, weshalb in Art. 83 lit. c Ziff. 2 – anders als noch in Art. 100 Abs. 1 lit. b Ziff. 3 OG – ausdrücklich auf dieses hingewiesen wird. Fehlt es an einem Rechtsanspruch auf die streitige ausländerrechtliche Bewilligung, so ist diesbezüglich nicht nur die Beschwerde in öffentlichrechtlichen Angelegenheiten, sondern – zumindest in der Sache selber – auch die **subsidiäre Verfassungsbeschwerde** ausgeschlossen: Der betroffene Ausländer könnte hinsichtlich der Verweigerung einer Ermessensbewilligung regelmässig nur das Willkürverbot anrufen, ist zu dieser Rüge aber mangels Rechtsanspruch nicht legitimiert.[75] Er kann indes Verfassungsbeschwerde erheben, soweit er die Verletzung von Parteirechten rügt, deren Missachtung eine formelle Rechtsverweigerung darstellt. Hinsichtlich der Abgrenzung zwischen zulässigen verfahrensrechtlichen Rügen und Rügen, die auf eine Überprüfung des Sachentscheids hinauslaufen und deshalb unzulässig sind, gilt für Art. 115 lit. b BGG – gleich wie unter der Herrschaft von Art. 88 OG – die sog. «Star-Praxis»[76].

62   Zu beachten ist, dass die Fremdenpolizeibehörden über **Widerruf** oder Erlöschen einer Aufenthalts- oder Niederlassungsbewilligung nicht nach Ermessen entscheiden; es besteht insoweit ein Rechtsanspruch auf Beibehaltung der einmal erteilten Bewilligung. Deshalb ist die Beschwerde in öffentlichrechtlichen Angelegenheiten gegen den Widerruf einer Aufenthalts- oder Niederlassungsbewilligung bzw. gegen den Entscheid, mit dem ihr Erlöschen festgestellt wird, auch dann zulässig, wenn die Erteilung der Bewilligung ursprünglich im freien Ermessen der Behörde lag.[77] Es verhält sich insoweit gleich wie unter dem alten Recht, auch wenn das BGG keine Bestimmung mehr enthält, welche (wie Art. 101 lit. d OG) den Widerruf von begünstigenden ausländerrechtlichen Verfügungen ausdrücklich dem ordentlichen Rechtsmittel ans Bundesgericht unterstellt. Eine dahingehende Regelung ist nicht (mehr) nötig, war sie doch auch im alten Recht nur darum vorgesehen, weil Art. 101 lit. d OG den Widerruf von Verfügungen grundsätzlich vom Anwendungsbereich der Verwaltungsgerichtsbeschwerde ausnahm, was bezüglich den begünstigenden ausländerrechtlichen Verfügungen eine Gegenausnahme erforderlich machte (der Widerruf einer Aufenthalts- oder Niederlassungsbewilligung fiel nicht etwa in den Geltungsbereich des dem Art. 83 lit. c Ziff. 2 entsprechenden Art. 100 Abs. 1 lit. b Ziff. 3 OG). Im vorliegenden Zusammenhang ergibt sich deshalb aus der Streichung von Art. 101 lit. d OG keine Änderung; die Materialien enthalten denn auch keine Hinweise dafür, dass der Gesetzgeber eine solche gewollt hätte.[78]

63   Schliesslich ist zu bemerken, dass die zuständige Behörde einen positiven kantonalen Bewilligungsentscheid auch dann mit der Beschwerde in öffentlichrechtlichen Angelegenheiten anfechten kann (vgl. Art. 89 Abs. 2 lit. a BGG), wenn sie rügen will, es sei in Verletzung von Bundesrecht das Vorliegen eines Rechtsanspruchs auf die streitige fremdenpolizeiliche Bewilligung angenommen worden; mithin vermag sie die Beschwerde

---

[75] BGE 133 I 185.

[76] BGer, II. ÖRA, 14.5.2007, 2D_13/2007, E. 2.2 und 2.3; vgl. auch BGE 133 I 185, 198 f. E. 6.2; BGer, II. ÖRA, 2.8.2007, 2A.110/2007, E. 2.2 und 4; zur «Star-Praxis» als solcher vgl. BGE 114 Ia 307.

[77] BGE 98 Ib 85, 87 f. E. 1a; 99 Ib 1, 4 f. E. 2; vgl auch BGE 120 Ib 369 und 112 Ib 1.

[78] In der Zwischenzeit hat das Bundesgericht entsprechend entschieden; vgl. BGer, II. ÖRA, 16.4.2007, 2C_21/2007, E. 1.2; BGer, II. ÖRA, 24.7.2007, 2C_106/2007, E. 1.

selbst dann zu ergreifen, wenn sie gerade geltend macht, es sei kein Rechtsanspruch gegeben. Art. 83 lit. c Ziff. 2 steht dem nicht entgegen, andernfalls könnte die **Behördenbeschwerde** ihren Sinn und Zweck (Sicherstellung des richtigen und rechtsgleichen Vollzugs des Bundesverwaltungsrechts) bei einer bundesrechtswidrigen Bewilligung der Anwesenheit gar nicht erfüllen.[79]

bb) Ausnahme: Anwesenheitsrecht gestützt auf Bundesrecht

Das Erfüllen der formellen Voraussetzungen des behaupteten Rechtsanspruchs (z.B. Ehe mit einem Schweizer Bürger [vgl. N 66] oder das Zusammenleben der Familie [vgl. N 67]) prüft das Bundesgericht bereits im Rahmen der **Sachurteilsvoraussetzungen**.[80] Sind diese formellen Elemente gegeben, tritt es auf die Beschwerde ein und beurteilt im Rahmen der materiellen Erwägungen, ob die Aufenthalts- oder Niederlassungsbewilligung im konkreten Fall zu erteilen ist.[81] Fehlt es bereits an den formellen Voraussetzungen für den Rechtsanspruch, so liegt ein Fall von Art. 83 lit. c Ziff. 2 vor und das Bundesgericht tritt nicht auf die Beschwerde ein.[82]   **64**

Der Schutzbereich des in Art. 13 Abs. 1 BV garantierten Rechts auf **Achtung des Privat- und Familienlebens** entspricht materiell jenem von Art. 8 EMRK und gewährt im Bereich des Ausländerrechts keine darüber hinausgehenden zusätzlichen Ansprüche. Stützt sich ein Beschwerdeführer auf beide Bestimmungen, so prüft das Bundesgericht deshalb regelmässig nur, ob sich aus der Konvention ein Rechtsanspruch ableiten lässt, und verweist bezüglich Art. 13 Abs. 1 BV auf das zu Art. 8 EMRK Gesagte. Insoweit kann deshalb auch hier auf die Ausführungen zur Konventionsbestimmung verwiesen werden (vgl. N 80 ff.).   **65**

aaa) Ausländischer Ehegatte eines Schweizer Bürgers

Für den ausländischen Ehegatten eines Schweizer Bürgers ergibt sich ein Rechtsanspruch auf Anwesenheit in der Schweiz nach geltendem Recht aus Art. 7 Abs. 1 ANAG. Vorbehalten bleibt, dass die Ehe nicht eingegangen worden ist, um die Vorschriften über Aufenthalt und Niederlassung von Ausländern und namentlich jene über die Begrenzung der Zahl der Ausländer zu umgehen (sog. Schein- oder **Ausländerrechtsehe**; vgl. Art. 7 Abs. 2 ANAG bzw. Art. 51 Abs. 1 lit. a AuG), und dass sich der ausländische Gatte nicht rechtsmissbräuchlich auf eine definitiv gescheiterte Ehe beruft.[83] Im Wesentlichen das Gleiche gilt aufgrund der Regelung von Art. 42 Abs. 1 AuG. Allerdings setzt diese zusätzlich voraus, dass die Ehegatten zusammenleben,[84] ausser es liegen – bei Fortbestehen der Familiengemeinschaft – wichtige Gründe für getrennte Wohnorte vor (vgl. Art. 49 AuG). Hinzu kommt, dass gegebenenfalls auch nach Auflösung der Ehe ein Rechtsanspruch auf Anwesenheit fortbesteht (vgl. Art. 50 AuG).   **66**

Für die Eintretensfrage prüft das Bundesgericht bisher lediglich, ob (formell) eine Ehe besteht,[85] zumal – wenn diese Voraussetzung erfüllt ist – grundsätzlich ein Rechtsanspruch gegeben ist; das allfällige Vorliegen einer Scheinehe oder eines Rechtsmiss-   **67**

---

[79] BGE 130 II 137, 140 f. E. 1.2.
[80] BGer, II. ÖRA, 18.6.2007, 2C_126/2007, E. 2.2; BGE 130 II 281, 283 E. 1; 127 II 161, 164 f. E. 1b.
[81] BGE 126 II 265, 266 E. 1b.
[82] Vgl. BGer, II. ÖRA, 29.3.2007, 2C_64/2007, E. 2.1.
[83] BGE 128 II 145, 151 f. E. 2.
[84] Das Zusammenleben bildet gem. Art. 7 Abs. 1 ANAG keine Voraussetzung für das Bestehen eines Rechtsanspruchs (BGE 130 II 113, 116 E. 4.1; 121 II 97, 100 f. E. 2).
[85] BGE 126 II 265, 266 E. 1b.

brauchs ist erst anschliessend für die materielle Beurteilung der Streitigkeit ausschlaggebend. Art. 42 Abs. 1 AuG sieht neu zusätzlich das Erfordernis des **Zusammenwohnens**
vor, von dem gleichermassen wie von der Voraussetzung des Fortbestands der Ehe Ausnahmen möglich sind, so dass das Prüfen der formellen Voraussetzungen des Rechtsanspruchs gelegentlich mit einigem Aufwand verbunden sein wird. Das Bundesgericht
nimmt aber im Anwendungsbereich von Art. 8 EMRK bereits heute umfangreiche Erörterungen über das Bestehen eines Rechtsanspruchs vor (vgl. N 82). Es ist deshalb nicht
auszuschliessen, dass es weiterhin gänzlich im Rahmen der Eintretensvoraussetzungen
beurteilt, ob ein ausländischer Ehegatte eines Schweizer Bürgers die formellen Voraussetzungen des Rechtsanspruchs erfüllt. Angesichts der delikaten Natur der sich in diesem
Zusammenhang stellenden Fragen und aufgrund deren enger Verknüpfung mit Aspekten
der Rechtsmissbrauchsprüfung würde sich allerdings eine Erörterung im Rahmen der
materiellen Erwägungen aufdrängen.

68   Mit dem Inkrafttreten des Ausländergesetzes werden Scheinehen neu **zivilrechtlich ungültig** (vgl. Art. 105 Ziff. 4 ZGB), so dass sich aus ihnen keinerlei Rechtsansprüche mehr
ableiten lassen. Auf die Zulässigkeit der Beschwerde in öffentlichrechtlichen Angelegenheiten wird diese Änderung grundsätzlich keine Auswirkungen haben: Auch eine offensichtliche Scheinehe hat zumindest solange formell Bestand, bis sie rechtskräftig für ungültig erklärt worden ist. Der ausländische Ehegatte wird deshalb – ein Zusammenleben
i.S.v. Art. 42 Abs. 1 AuG vorausgesetzt (vgl. N 67) – auch im Fall einer Scheinehe gegen
die Verweigerung der Aufenthalts- oder Niederlassungsbewilligung regelmässig das ordentliche Rechtsmittel ergreifen können.

bbb) Registrierter gleichgeschlechtlicher Partner eines Schweizer Bürgers

69   Gemäss Art. 52 AuG[86] gilt die Regelung betr. den ausländischen Ehegatten eines
Schweizer Bürgers (vgl. N 66 ff.) sinngemäss für eingetragene Partnerschaften von
gleichgeschlechtlichen Paaren. Das Gesetz verlangt nicht, dass es sich um eine Partnerschaft schweizerischen Rechts handelt.[87] Soweit eine ausländische Partnerschaft[88] betroffen ist, welche von ihrem materiellen Gehalt her mit einer schweizerischen vergleichbar
ist, können sich die Partner deshalb auf Art. 52 AuG berufen.

ccc) Ausländisches Kind eines Schweizer Bürgers

70   Ein Rechtsanspruch auf Anwesenheit kommt zudem den ausländischen Kindern eines
Schweizer Bürgers zu, wenn sie weniger als 18 Jahre alt sind und mit dem Schweizer
Elternteil **zusammenwohnen** (Art. 42 Abs. 1 AuG;[89] zu den Ausnahmen vom Erfordernis
des Zusammenwohnens bzw. vom Bestehen einer Familiengemeinschaft vgl. N 66 f.).

ddd) Ausländisches Pflegekind eines Schweizer Bürgers

71   Auch ausländischen Pflegekindern eines Schweizer Bürgers kommt unter gewissen Voraussetzungen ein Rechtsanspruch auf Anwesenheit zu (Art. 48 AuG[90]). Ist erstellt, dass
ein **Pflegekindverhältnis** besteht, so ist auf die Beschwerde einzutreten. Ob die gesetz-

---

[86] Vor Inkrafttreten des AuG: Art. 7 Abs. 3 ANAG erklärt Art. 7 Abs. 1 und Abs. 2 ANAG für sinngemäss anwendbar.
[87] Vgl. das Bundesgesetz vom 18.6.2004 über die eingetragene Partnerschaft gleichgeschlechtlicher
Paare (Partnerschaftsgesetz, PartG; SR 211.231).
[88] Zur Rechtslage im Ausland vgl. die bundesrätliche Botschaft vom 29.11.2002 zum Bundesgesetz
über die eingetragene Partnerschaft gleichgeschlechtlicher Paare (BBl 2003 1295 ff.).
[89] Vor Inkrafttreten des AuG: Art. 17 Abs. 2 ANAG analog; vgl. BGE 118 Ib 153, 155 ff. E. 1b.
[90] Vor Inkrafttreten des AuG: Art. 7a ANAG.

lichen Voraussetzungen für das Bestehen eines Anspruchs auf Erteilung (oder Verlängerung) einer Aufenthaltsbewilligung – geplante Adoption in der Schweiz, Erfüllen der zivilrechtlichen Voraussetzungen für die Aufnahme von Pflegekindern zur Adoption und rechtmässige Einreise zum Zweck der Adoption – gegeben sind, bildet alsdann Gegenstand der materiellen Prüfung.

Das Pflegekind hat zudem einen Anspruch auf **Verlängerung der Aufenthaltsbewilli-** 72 **gung,** selbst wenn die Adoption nicht zu Stande kommt; fünf Jahre nach der Einreise besteht gar ein Anspruch auf Erteilung der Niederlassungsbewilligung.

eee) Familienangehörige aus Vertragsstaaten eines Freizügigkeitsabkommens

Art. 42 Abs. 2 AuG soll die Inländerbenachteiligung beseitigen, welche unter Geltung 73 des ANAG im Vergleich zu EU-Bürgern besteht.[91] In Anlehnung an die Bestimmungen des FZA und des EFTA-Übereinkommens wird das Nachzugsrecht auf weitere ausländische Familienangehörige von Schweizer Bürgern ausgedehnt: Voraussetzung bildet, dass der nachzuziehende Familienangehörige im Besitz einer **dauerhaften Aufenthaltsbewilligung** eines Staates ist, mit dem die Schweiz ein Freizügigkeitsabkommen geschlossen hat. Ein Recht auf Anwesenheit kommt Verwandten in absteigender Linie zu, die unter 21 Jahre alt sind, sowie – wenn ihnen Unterhalt gewährt wird – sämtlichen Verwandten in auf- und absteigender Linie. Weiter werden die Verwandten des ausländischen Ehegatten in aufsteigender Linie erfasst, sofern für ihren Unterhalt gesorgt wird.[92]

fff) Ausländischer Ehegatte eines niedergelassenen Ausländers

Der ausländische Ehegatte eines Ausländers mit Niederlassungsbewilligung hat An- 74 spruch auf Erteilung und Verlängerung der Aufenthaltsbewilligung, wenn die Ehegatten **zusammenwohnen** (Art. 43 Abs. 1 AuG[93]). Leben die Gatten getrennt, so besteht nach Art. 17 Abs. 2 ANAG kein Rechtsanspruch auf Anwesenheit mehr und zwar unabhängig vom Grund für die Trennung.[94] Demgegenüber kommen unter der Geltung von Art. 43 Abs. 1 AuG die gleichen Ausnahmen vom Erfordernis des Zusammenwohnens (Art. 49 AuG) und vom Bestand der Ehe (Art. 50 AuG) zur Anwendung, wie für den Gatten eines Schweizer Bürgers (vgl. N 66 f.).

ggg) Registrierter gleichgeschlechtlicher Partner eines niedergelassenen Ausländers

Gemäss Art. 52 AuG[95] gilt die Regelung betr. den ausländischen Ehegatten eines nieder- 75 gelassenen Ausländers (vgl. N 74) sinngemäss für eingetragene Partnerschaften von **gleichgeschlechtlichen Paaren.** Das Gesetz verlangt nicht, dass es sich um eine Partnerschaft schweizerischen Rechts handelt.[96] Soweit eine ausländische Partnerschaft[97] betroffen ist, welche von ihrem materiellen Gehalt her mit einer schweizerischen vergleichbar ist, können sich die Partner deshalb auf Art. 52 AuG berufen.

---

[91] BGE 129 II 249, 261 ff. E. 5.
[92] Näheres zum Unterhalt: Urteil des EuGH vom 9.1.2007 in der Rechtssache C-1/05, Yunying Jia c. Migrationsverket.
[93] Vor dem Inkrafttreten des AuG: Art. 17 Abs. 2 Sätze 1 und 2 ANAG.
[94] BGE 132 II 113, 117 f. E. 4.3.
[95] Vor Inkrafttreten des AuG: Art. 17 Abs. 3 ANAG erklärt Art. 17 Abs. 2 ANAG für sinngemäss anwendbar.
[96] Vgl. das Bundesgesetz vom 18.6.2004 über die eingetragene Partnerschaft gleichgeschlechtlicher Paare (Partnerschaftsgesetz, PartG; SR 211.231).
[97] Zur Rechtslage im Ausland vgl. die bundesrätliche Botschaft vom 29.11.2002 zum Bundesgesetz über die eingetragene Partnerschaft gleichgeschlechtlicher Paare (BBl 2003 1295 ff.).

hhh) Ausländisches Kind eines niedergelassenen Ausländers

76 Auch ledigen Kindern eines Ausländers mit Niederlassungsbewilligung kommt grundsätzlich ein Rechtsanspruch auf Anwesenheit zu, wenn sie mit ihren Eltern zusammenwohnen und noch nicht **18 Jahre alt** sind (Art. 43 Abs. 1 AuG[98]); Kinder unter 12 Jahren haben gar Anspruch auf Erteilung der Niederlassungsbewilligung (Art. 43 Abs. 3 AuG). Das Bundesgericht tritt auf eine Verwaltungsgerichtsbeschwerde gegen die Verweigerung des Familiennachzugs ein, wenn das betroffene Kind im Zeitpunkt der Gesuchseinreichung noch nicht 18 Jahre alt war[99] und mit den Eltern **zusammenwohnt** bzw. – beim zeitlich verschobenen Nachzug – zusammenwohnen soll. Für die anschliessende materielle Behandlung des Rechtsstreits war bisher von entscheidender Bedeutung, ob das Gesuch um Familiennachzug das Kind mit beiden Eltern vereinen sollte oder ob nur ein Elternteil in der Schweiz ansässig war.[100] Ob und inwiefern sich der wesentlich andere Wortlaut von Art. 43 Abs. 1 AuG – der für sich allein genommen keinen Anlass für die Beibehaltung der bisherigen Unterscheidung gäbe – auf die Praxis auswirken wird, ist noch offen.[101]

iii) Anerkannter Flüchtling

77 Anders als ein Asylsuchender verfügt der anerkannte Flüchtling über das Recht auf Anwesenheit in der Schweiz (Art. 2 Abs. 2 AsylG); er hat Anspruch auf eine Aufenthaltsbewilligung im **Kanton**, dem er nach seiner Einreise **zugewiesen** worden ist (Art. 60 Abs. 1 AsylG i.V.m. Art. 41 Abs. 1 AsylV 1[102]). Nach fünf Jahren ordnungsgemässem Aufenthalt hat der anerkannte Flüchtling zudem grundsätzlich Anspruch auf Erteilung der Niederlassungsbewilligung (Art. 60 Abs. 2 AsylG).

jjj) Staatenloser

78 Art. 31 AuG gewährt den Personen, die von der Schweiz als staatenlos anerkannt worden sind,[103] Anspruch auf eine Aufenthaltsbewilligung jenes **Kantons**, in welchem sie sich **rechtmässig aufhalten** (Abs. 1), und nach fünf Jahren rechtmässigen Aufenthalts auf die Niederlassungsbewilligung (Abs. 2). Nicht als staatenlos gelten Ausländer, die freiwillig auf ihre Staatsbürgerschaft verzichtet haben oder deren (Wieder-)Einbürgerung im Heimatstaat möglich wäre.[104]

kkk) Kantonswechsel

79 Unter Geltung des ANAG verschafft weder die Aufenthaltsbewilligung noch die Niederlassungsbewilligung einen Anspruch auf **Kantonswechsel**; die Kantone können nach

---

[98] Vor dem Inkrafttreten des AuG: Art. 17 Abs. 2 Satz 3 ANAG.

[99] Vgl. BGE 129 II 11, 13. f E. 2.

[100] Nach der bisherigen Rechtsprechung zu Art. 17 Abs. 2 ANAG sind Gesuche um Familiennachzug, welche in der Schweiz beide Eltern mit ihren minderjährigen Kindern in einem gemeinsamen ehelichen Haushalt zusammenführen sollen, grundsätzlich jederzeit zulässig; vorbehalten bleibt einzig das Rechtsmissbrauchsverbot (vgl. BGE 126 II 329, 332 E. 3b). Wesentlich strengere Anforderungen gelten demgegenüber für den Familiennachzug durch einen allein in der Schweiz lebenden Elternteil; insb. muss dieser die beabsichtigte Änderung des Betreuungsverhältnisses mit besonderen, stichhaltigen Gründe rechtfertigen (vgl. BGE 125 II 633; 125 II 585; 124 II 361; 122 I 267; 122 II 385).

[101] Das Bundesgericht scheint zumindest heute nicht gewillt, mit Inkrafttreten des AuG von seiner Praxis zum Familiennachzug durch einen Elternteil allein abzurücken (vgl. BGE 133 II 6, 20 ff. E. 5.4.).

[102] Asylverordnung 1 vom 11.8.1999 über Verfahrensfragen (AsylV 1; SR 142.311).

[103] Vgl. das Übereinkommen vom 28.9.1954 über die Rechtsstellung der Staatenlosen (SR 0.142.40).

[104] BGer, II. ÖRA, 15.3.1999, 2A.545/1998, E. 2; BGer, II. ÖRA, 3.10.1996, 2A.65/1996, E. 3c.

freiem Ermessen entscheiden, ob sie einem Ausländer die Übersiedlung aus einem anderen Kanton bewilligen wollen.[105] Anders die Regelung des AuG, welche einen grundsätzlichen Anspruch auf den Kantonswechsel gewährt (vgl. Art. 37 AuG). Die Beschwerde in öffentlichrechtlichen Angelegenheiten ist in diesen Fällen jedoch aufgrund von Art. 83 lit. c Ziff. 6 ausgeschlossen (vgl. N 113 ff.).

cc) Ausnahme: Anwesenheitsrecht gestützt auf Völkerrecht

aaa) Schutz des Familienlebens (Art. 8 EMRK und Art. 17 UNO-Pakt II)

Zwar verleiht Art. 8 EMRK keinen unmittelbaren Rechtsanspruch auf Anwesenheit in der Schweiz, aber praxisgemäss kann es diese Konventionsbestimmung verletzen, wenn fremdenpolizeiliche Entscheidungen zur Trennung von Familienmitgliedern führen. Aus dem Recht auf Achtung des Familienlebens kann sich deshalb für einen Ausländer **indirekt** – über den Anwesenheitsanspruch eines **nahen Verwandten** – ein Rechtsanspruch auf Anwesenheit ergeben.   **80**

Voraussetzung ist, dass das betreffende Familienmitglied selber über ein **gefestigtes Anwesenheitsrecht** in der Schweiz verfügt sowie dass die familiäre Beziehung intakt ist und tatsächlich gelebt wird.[106] Ein solches gefestigtes Anwesenheitsrecht stellt neben dem Schweizer Bürgerrecht und der Niederlassungsbewilligung auch eine Aufenthaltsbewilligung dar, sofern diese ihrerseits auf einem gefestigten Rechtsanspruch (der seinerseits aus Art. 8 EMRK abgeleitet sein kann) beruht[107] und nicht bloss ermessensweise erteilt worden ist. Es gilt insoweit die Regel, dass derjenige, der selber kein Recht auf eine längere Anwesenheit in der Schweiz hat, ein solches grundsätzlich auch nicht einem Dritten zu verschaffen vermag.[108] Ein aus dem Schutz des Familienlebens abgeleiteter Anwesenheitsanspruch kommt primär innerhalb der Kernfamilie (Ehegatten und minderjährige Kinder) in Frage; bezüglich anderer Verwandter ist zusätzlich ein eigentliches Abhängigkeitsverhältnis erforderlich.[109]   **81**

Weil das Bestehen eines Rechtsanspruchs Voraussetzung für die Zulässigkeit der Beschwerde bildet, prüft das Bundesgericht bereits im Rahmen der **Eintretensfrage**, ob sämtliche soeben dargestellten Voraussetzungen erfüllt sind.[110]   **82**

Zu beachten ist, dass vor Bundesgericht dann regelmässig nicht die Erteilung der Bewilligung als solche Verfahrensgegenstand bildet, wenn der **Kanton** eine zu Art. 83 lit. c Ziff. 2 analoge Regelung kennt und den Zugang zum zuständigen Gericht vom Bestehen eines Rechtsanspruchs abhängig macht.[111] Ficht der Betroffene einen in Verneinung des Rechtsanspruchs ergangenen **Nichteintretensentscheid** an, kann das Bundesgericht deshalb nur prüfen, ob potentiell ein Rechtsanspruch besteht. Ist ein solcher im Grundsatz zu bejahen, so weist es die Sache unter Aufhebung des angefochtenen Urteils an die Vorinstanz (oder das zuständige Ausländeramt) zur Prüfung der materiellen Bewilligungsvoraussetzungen zurück.[112] Angesichts der seit 1.1.2007 geltenden Rechtsweggarantie (Art. 29a BV) ist eine entsprechende Beschränkung des Zugangs zum kantonalen Gericht   **83**

---

[105] BGE 132 II 65, 67 E. 2; 126 II 265, 267 E. 2a.
[106] BGE 129 II 193, 211 E. 5.3.1.
[107] BGE 130 II 281, 285 E. 3.1.
[108] BGE 126 II 335, 340 E. 2a.
[109] BGE 120 Ib 257, 261 E. 1d und 1e.
[110] BGE 127 II 161, 167 E. 3a; 130 II 281, 283 E. 1; BGer, II. ÖRA, 10.1.2007, 2A.564/2006.
[111] Zur Zeit ist dies z.B. in den Kantonen Bern, Zürich, Basel-Stadt, Luzern und Glarus der Fall.
[112] BGE 130 II 281, 290 E. 4.1.

auf jene Fälle, in denen ein Rechtsanspruch besteht, an sich nicht mehr zulässig.[113] Allerdings wird den Kantonen durch Art. 130 Abs. 3 BGG eine Frist bis zum 31.12.2008 für die Anpassung ihrer Verfahrensgesetze gewährt.

84   **Art. 17 UNO-Pakt II** gewährt in einer mit Art. 8 EMRK vergleichbaren Art und Weise den Schutz des Privat- und Familienlebens, vermittelt aber keine weitergehenden Ansprüche[114] und ist deshalb in der bundesgerichtlichen Praxis nahezu bedeutungslos geblieben.

bbb) Schutz des Privatlebens (Art. 8 EMRK)

85   Im Rahmen von Art. 8 EMRK kann ausnahmsweise auch das Recht auf Achtung des Privatlebens einen Anspruch auf Anwesenheit in der Schweiz vermitteln. Hierfür bedarf es aber besonders intensiver, überdurchschnittlicher privater Beziehungen beruflicher oder gesellschaftlicher Natur, mithin entsprechend vertiefter sozialer **Beziehungen zum ausserfamiliären und ausserhäuslichen Bereich**; eine lange Anwesenheit und die damit verbundene normale Integration genügen nicht.[115]

86   Das Bundesgericht stellt insoweit derart hohe Anforderungen, dass es bisher noch nie einen Rechtsanspruch allein gestützt auf den Schutz des Privatlebens bejaht hat.

ccc) Kombinierter Schutzbereich von Privat- und Familienleben (Art. 8 EMRK)

87   Ist bei der Interessenabwägung neben intensiven privaten Beziehungen in der Schweiz zusätzlich einer konkreten, gefestigten Partnerschaft Rechnung zu tragen, so befindet sich der betroffene Ausländer in einem kombinierten Schutzbereich von Privat- und Familienleben. Das Bundesgericht hat erwogen, dass bei einer Anwesenheitsberechtigung, die über viele Jahre hinweg verlängert worden ist und zu einem Dauerstatus geführt hat, ein «**faktisches Anwesenheitsrecht**» entstehen kann.

88   Einen solchen Rechtsanspruch hat es erstmals bei einem in Wien geborenen, aus Serbien/ Montenegro stammenden Roma bejaht, der sich seit zwanzig Jahren mit einer Aufenthaltsbewilligung in der Schweiz befand, seit zwölf Jahren verheiratet war und seine Ehe aufgrund der ethnischen Zugehörigkeit praktisch nirgendwo anders in zumutbarer Weise leben könnte.[116]

ddd) EU-Bürger und ihre Familienangehörigen[117]

89   Das FZA vermittelt Staatsangehörigen von Mitgliedstaaten der EU grundsätzlich einen **generellen Rechtsanspruch auf Anwesenheit**, sei es zur Stellensuche bzw. zur Ausübung einer selbständigen oder unselbständigen Erwerbstätigkeit (Art. 2 Abs. 1 i.V.m. Art. 6 ff. Anhang I FZA), zum Verbleib nach Beendigung der Erwerbstätigkeit (Art. 4 Anhang I FZA) oder überhaupt als Nichterwerbstätige (Studierende, Rentner und übrige Nichterwerbstätige), wobei diese allerdings über genügende finanzielle Mittel und eine Kranken- sowie Unfallversicherung verfügen müssen (Art. 2 Abs. 2 i.V.m. Art. 24 Anhang I FZA). Der Anspruch erstreckt sich auf die ganze Schweiz, so dass für einen Kantonswechsel keine Bewilligung erforderlich ist.

---

[113]   So auch KIENER/KUHN, Jahrbuch 2005, 102 f.

[114]   BGer, II. ÖRA, 17.11.1998, 2A.49/1998, E. 1b/aa.

[115]   BGE 126 II 425, 432 E. 4c/aa.

[116]   BGE 130 II 281, 286 ff. E. 3.2 und 3.3; vgl. auch BGer, II. ÖRA, 4.5.2005, 2A.2/2005, E. 2.4.1.

[117]   Vgl. die Verordnung vom 22.5.2002 über die schrittweise Einführung des freien Personenverkehrs zwischen der Schweizerischen Eidgenossenschaft und der Europäischen Gemeinschaft und deren Mitgliedstaaten sowie unter den Mitgliedstaaten der Europäischen Freihandelsassoziation (Verordnung über die Einführung des freien Personenverkehrs, VEP; SR 142.203).

Gemäss Art. 3 Anhang I FZA haben die **Familienangehörigen** von EU-Bürgern grund- **90**
sätzlich einen Rechtsanspruch darauf, mit diesen zusammenzuwohnen. Neben dem Ehegatten gilt dies für die Verwandten des EU-Bürgers in absteigender Linie, die unter
21 Jahre alt sind oder denen Unterhalt gewährt wird. Weiter werden, falls ihnen Unterhalt
gewährt wird, sämtliche Verwandten des EU-Bürgers und seines Ehegatten in aufsteigender Linie erfasst. Bei Studierenden kommt der Rechtsanspruch nur dem Ehegatten und
den unterhaltsberechtigten Kindern zu.

In all diesen Fällen steht den EU-Bürgern und ihren Familienangehörigen die Beschwerde **91**
in öffentlichrechtlichen Angelegenheiten offen, sollte ihnen die Erteilung oder Verlängerung einer Aufenthaltsbewilligung verweigert werden. Das Bundesgericht überprüft die
Rechtmässigkeit der Verweigerung erst im Rahmen der materiellen Erwägungen.[118]

In Frage kommt ein ablehnender Entscheid primär für Familienangehörige aus Drittstaa- **92**
ten, für welche sich – in Anlehnung an ein Urteil des EuGH aus dem Jahre 2003 zur Personenfreizügigkeit in der EU[119] – nur dann ein unbedingter Anspruch aus Art. 3 Anhang I
FZA ergibt, wenn sie sich bereits rechtmässig in einem Vertragsstaat aufhalten.[120] Allerdings hat der EuGH dieses Urteil seit neuestem nuanciert, wobei er grosszügiger mit
Drittstaatsangehörigen umgeht.[121] Es stellt sich deshalb die Frage, ob und inwieweit
diese Tendenz die Praxis des Bundesgerichts zum FZA beeinflussen wird. Weil sich die
Schweiz vertraglich nur zur Berücksichtigung jener Rechtsprechung des EuGH verpflichtet hat, welche im Zeitpunkt der Unterzeichnung des FZA bereits ergangen war
(vgl. Art. 16 Abs. 2 FZA), ist die Entwicklung ungewiss.

Zudem steht die Bewilligung des Aufenthalts wie im innerstaatlichen Recht unter dem **93**
Vorbehalt des **Rechtsmissbrauchsverbots**.[122]

eee) Bürger von EFTA-Mitgliedstaaten und ihre Familienangehörigen

Das EFTA-Übereinkommen gewährt den Bürgern von Mitgliedstaaten der EFTA die **94**
gleichen Rechte wie das FZA (vgl. Art. 16 Abs. 1 und Art. 18 ff. des EFTA-Übereinkommens; vgl. auch die detaillierte Regelung der Freizügigkeit in Anhang K Anlage 1
zum EFTA-Übereinkommen).

fff) Niederlassungsverträge

Kein Rechtsanspruch auf Bewilligung des (erstmaligen) Aufenthalts lässt sich heute aus **95**
den alten Niederlassungsabkommen ableiten, welche die Schweiz geschlossen hat. Seit
dem ersten Weltkrieg werden die einschlägigen Vertragsbestimmungen in stillschwei-
gendem gegenseitigem Einverständnis **restriktiv ausgelegt** und nur noch auf diejenigen
Staatsangehörigen der Vertragspartner angewandt, die bereits eine Niederlassungsbewilligung besitzen. Für alle anderen ausländischen Staatsangehörigen gelten die alten
Staatsverträge nur unter dem Vorbehalt entgegenstehenden Landesrechts.[123]

Niedergelassene Ausländer aus Vertragsstaaten können allenfalls einen **Anspruch auf** **96**
Kantonswechsel aus dem Niederlassungsabkommen ableiten,[124] was aber mit Blick auf

---

[118] BGE 131 II 339, 343 f. E. 1.2.
[119] Urteil des EuGH vom 23.9.2003 in der Rechtssache C-109/01, Secretary of State for the Home
Department c. Akrich, Slg. 2003, I-9607.
[120] BGE 130 II 1, 9 ff. E. 3.6.
[121] Vgl. Urteil des EuGH vom 9.1.2007 in der Rechtssache C-1/05, Yunying Jia c. Migrationsverket.
[122] BGE 130 II 113, 129 ff. E. 9 f.
[123] BGE 132 II 65, 68 f. E. 2.3.
[124] BGE 132 II 65, 68 f. E. 2.3.

Art. 37 Abs. 3 AuG künftig kaum noch von Bedeutung sein dürfte und angesichts der Regelung von Art. 83 lit. c Ziff. 6 keine Beschwerdemöglichkeit ans Bundesgericht eröffnet (vgl. N 118 f.).

c) Vorläufige Aufnahme (Ziff. 3)

97   Aufgrund von Art. 83 lit. c Ziff. 3 unterliegen Entscheide über die **vorläufige Aufnahme** der Beschwerde in öffentlichrechtlichen Angelegenheiten nicht; dies gilt auch soweit Fragen betr. die Zuweisung an einen Kanton (Art. 85 Abs. 2 AuG i.V.m. Art. 27 AsylG),[125] den Kantonswechsel (Art. 85 Abs. 3 AuG), die Bewilligung einer Erwerbstätigkeit (Art. 85 Abs. 6 AuG) oder den Familiennachzug betroffen sind (Art. 85 Abs. 7 AuG).[126]

98   Trotz Art. 83 lit. c Ziff. 3 **zulässig** ist die Beschwerde allerdings, auch wenn die vorläufige Aufnahme betroffen ist, gegen Entscheide betr. die Sozial- und Nothilfe[127] (Art. 86 Abs. 1 AuG i.V.m. Art. 80 ff AsylG), die Krankenversicherung (Art. 86 Abs. 2 AuG i.V.m. Art. 82a AsylG) und die Sicherheitsleistung (Art. 88 AuG i.V.m. Art. 85 ff. AsylG).[128]

99   Obschon in Art. 83 lit. c von Entscheiden auf dem Gebiet des «Ausländerrechts» die Rede ist, erfasst die vorliegende Ausnahmebestimmung auch abgewiesene **Asylbewerber**, deren Wegweisungsentscheid nicht vollstreckt werden kann und die deshalb vorläufig aufgenommen werden. Art. 44 Abs. 2 AsylG verweist für die Regelung der vorläufigen Aufnahme auf die einschlägigen Bestimmungen des ANAG bzw. AuG, so dass ohne weiteres auch die Asylbewerber unter Art. 83 lit. c Ziff. 3 fallen.

100 Die vorläufige Aufnahme ist keine Bewilligung i.S.v. Art. 83 lit. c Ziff. 2, was sich u.a. daran zeigt, dass der Gesetzgeber für den Ausschluss von der Beschwerde in öffentlichrechtlichen Angelegenheiten eine eigenständige Regelung getroffen hat (so schon im alten Recht: Art. 100 Abs. 1 lit. b Ziff. 5 OG). Dementsprechend stellt die **Aufhebung einer vorläufigen Aufnahme** keinen Widerruf einer Bewilligung dar, auf deren Beibehaltung ein Rechtsanspruch besteht; es wird nicht in eine eigentliche Rechtsposition eingegriffen, sondern bloss ein bereits gefällter Weg- oder Ausweisungsentscheid vollzogen, dessen Vollstreckung bisher nicht möglich, nicht zulässig oder nicht zumutbar gewesen ist.[129] Anders als der Widerruf einer Aufenthaltsbewilligung (vgl. N 62) ist die Aufhebung einer vorläufigen Aufnahme deshalb nicht mit der Beschwerde in öffentlichrechtlichen Angelegenheiten anfechtbar.

d) Politische Ausweisung und Wegweisung (Ziff. 4)

aa) Politische Ausweisung

101 Die Ausnahme gem. Art. 83 lit. c Ziff. 4 betrifft nur die auf Art. 121 Abs. 2 BV zurückgehende politische Ausweisung nach Art. 68 AuG wegen **Gefährdung der Sicherheit** des Landes, welche an sich bereits unter Art. 83 lit. a fallen würde. Nicht erfasst werden die Ausweisung nach Art. 10 f. ANAG bzw. der Bewilligungswiderruf nach Art. 62 f. AuG. Gegen diese Anordnungen, welche im Unterschied zur politischen Ausweisung ein Fehlverhalten des betroffenen Ausländers voraussetzen, ist die Beschwerde in öffentlichrechtlichen Angelegenheiten zulässig.

---

[125] Botschaft 2001 4321.
[126] Vor dem Inkrafttreten des AuG: Art. 14c ANAG.
[127] BGer, II. ÖRA, 26.10.2001, 2A.242/2001, E. 1.
[128] SEILER/VON WERDT/GÜNGERICH, BGG, Art. 83 N 31.
[129] BGer, II. ÖRA, 19.12.1997, 2A.556/1997, E. 2; BGer, II. ÖRA, 20.4.1995, 2A.98/1995, E. 2.

Im Fall einer politischen Ausweisung ist **keine richterliche Überprüfung** vorgesehen: **102** Die Verfügung wird grundsätzlich vom Bundesamt für Polizei erlassen (Art. 68 Abs. 1 AuG) und ist aufgrund der Ausnahmeregelung von Art. 32 Abs. 1 lit. a VGG nicht beim Bundesverwaltungsgericht, sondern beim EJPD (Art. 47 Abs. 1 lit. d VwVG) und letztinstanzlich beim Bundesrat (Art. 72 lit. a VwVG) anfechtbar.

Ist ein **Staatsangehöriger eines EU- oder EFTA-Mitgliedstaats** betroffen, so steht die-   **103** ser Rechtsmittelweg im Konflikt mit Art. 11 FZA bzw. Art. 11 EFTA-Übereinkommen, welche für Streitigkeiten über Ansprüche nach dem Freizügigkeitsabkommen ein zweistufiges Beschwerdeverfahren vorschreiben, bei dem mindestens die zweite Instanz ein Gericht sein muss; insoweit präsentieren sich die Dinge gleich wie beim politischen Einreiseverbot (vgl. N 56 ff.).

bb) Politische Ausweisung durch den Bundesrat

Geht eine politische Ausweisung ausnahmsweise direkt vom **Bundesrat** aus, so steht   **104** grundsätzlich kein Rechtsmittel zur Verfügung. Fällt die Streitigkeit aber in den Geltungsbereich von Art. 6 Ziff. 1 EMRK, so kann – analog zur Rechtslage im Anwendungsbereich der Gegenausnahme von Art. 83 lit. a – das Bundesgericht angerufen werden (vgl. N 39 ff.). Der Umstand, dass in Art. 83 lit. c Ziff. 4 der Hinweis auf einen allfälligen völkerrechtlichen Anspruch auf gerichtliche Beurteilung fehlt, soll nicht etwa i.S. einer «lex specials» die Anwendung der Gegenausnahme von Art. 83 lit. a ausschliessen.

Stehen **Konventionsgarantien** in Frage, ohne dass Art. 6 EMRK tangiert wird, so kann   **105** sich bezüglich bundesrätlicher Ausweisungsentscheide die (bisher ungelöste[130]) Frage stellen, in welcher Form dem Anspruch auf eine «wirksame Beschwerde», der sich hinsichtlich angeblicher Verletzungen der EMRK aus deren Art. 13 ergibt, Genüge zu tun ist.

Betrifft die bundesrätliche Ausweisung einen **Staatsangehörigen eines EU- oder**   **106** **EFTA-Mitgliedstaats**, so sind – um den Anforderungen von Art. 11 FZA bzw. Art. 11 EFTA-Übereinkommen zu entsprechen – die Anfechtung beim Bundesverwaltungsgericht und der Weiterzug von dessen Entscheid ans Bundesgericht zuzulassen (vgl. N 46).

cc) Wegweisung

Mit der **ordentlichen Wegweisung** werden Ausländer, deren Bewilligung für den Aufent-   **107** halt verweigert, widerrufen oder nicht verlängert wurde, zum Verlassen der Schweiz angehalten (Art. 66 AuG). Neben solchen Vollstreckungsverfügungen sind auch die **formlose Wegweisung** von Ausländern, die sich illegal in der Schweiz aufhalten oder die Einreisevoraussetzungen gem. Art. 5 AuG nicht mehr erfüllen (Art. 64 AuG), sowie von Ausländern, deren Einreise bei der Grenzkontrolle am Flughafen verweigert wird (Art. 65 AuG),[131] von der Beschwerde in öffentlichrechtlichen Angelegenheiten ausgenommen.

Gleiches gilt für die Wegweisung von abgewiesenen **Asylbewerbern** (vgl. auch N 131)   **108** und die Vollstreckung solcher Wegweisungsverfügungen (Art. 44 Abs. 1 i.V.m. Art. 45 AsylG und Art. 46 AsylG).

e) Abweichung von den Zulassungsvoraussetzungen (Ziff. 5)

Für die erstmalige Erteilung von Kurz- und Jahresaufenthaltsbewilligungen an erwerbs-   **109** tätige Ausländer werden periodisch **Höchstzahlen** bestimmt (Art. 12 BVO bzw. Art. 20

---

[130] Vgl. BGE 129 II 193.
[131] Vor Inkrafttreten des AuG: Art. 12 ANAG i.V.m. Art. 17 Abs. 1 ANAV.

AuG), wobei Ausnahmefälle vorgesehen sind, in denen ein Ausländer vom festgesetzten Kontingent befreit ist (Art. 13 BVO) bzw. befreit werden kann (Art. 30 AuG).

110   Nach altem Recht war bezüglich der Frage der Unterstellung unter die Höchstzahlen die **Verwaltungsgerichtsbeschwerde** an das Bundesgericht zulässig.[132] Heute ist aufgrund von Art. 83 lit. c Ziff. 5 in diesen Fällen die Beschwerde in öffentlichrechtlichen Angelegenheiten ausgeschlossen.

111   Mit Blick auf die Rechtslage unter Geltung des ANAG hat Art. 83 lit. c Ziff. 5 zunächst nur «Ausnahmen von den Höchstzahlen» erfasst.[133] Nach der Regelung von Art. 30 AuG kann alsdann nicht nur von den Begrenzungsmassnahmen abgewichen werden, sondern überhaupt von **allen Zulassungsvoraussetzungen** gem. Art. 18–29 AuG. Die Bundesversammlung hat deshalb (auf dem Verordnungsweg) eine entsprechende Anpassung der Formulierung von Art. 83 lit. c Ziff. 5 vorgenommen,[134] so dass die neue Fassung der Ausnahmebestimmung für sämtliche Fälle von Abweichungen von den gesetzlichen Zulassungsvoraussetzungen Geltung hat.

112   Auch wenn Bundesrat und Parlament davon ausgingen, es sei damit keine materielle Änderung verbunden,[135] wird letztlich doch der Geltungsbereich von Art. 83 lit. c Ziff. 5 erweitert; allerdings dürften die Kompetenzen, welche der Gesetzgeber den Räten in Art. 131 Abs. 3 BGG eingeräumt hat, vorliegend nicht überschritten worden sein: Die Ausnahmebestimmung ist in ihrer Tragweite einzig den durch das AuG veränderten rechtlichen Verhältnissen angepasst worden und hält sich damit im Rahmen dessen, was der Gesetzgeber mit der ursprünglichen Formulierung von Art. 83 lit. c Ziff. 5 beabsichtigt hat.

f) Bewilligungen, bei denen die Beschwerde unabhängig vom Bestehen eines Rechtsanspruchs ausgeschlossen ist (Ziff. 6)

113   Art. 83 lit. c Ziff. 2 schliesst die Beschwerde in öffentlichrechtlichen Angelegenheiten für das Gebiet des Ausländerrechts generell bezüglich aller Streitigkeiten aus, die Bewilligungen betreffen, auf deren Erteilung kein Rechtsanspruch besteht. Mit Verabschiedung des AuG hat der Gesetzgeber zusätzlich eine Reihe von Bereichen definiert, in denen die **Beschwerde immer ausgeschlossen** ist, ohne dass es darauf ankäme, ob der betroffene Ausländer im konkreten Fall grundsätzlich über einen Rechtsanspruch verfügt.

114   Weil Ziff. 3 des Anhangs zum AuG diesbezüglich noch eine Ergänzung von Art. 100 Abs. 1 lit. b Ziff. 3 OG vorsah,[136] ist das Parlament gestützt auf Art. 131 Abs. 3 BGG zu einer **Anpassung** von Art. 83 lit. c **auf dem Verordnungsweg** geschritten. Zwar hätte es der beschlossenen Änderung von Art. 100 Abs. 1 lit. b Ziff. 3 OG – und wohl auch der Sachlogik – besser entsprochen, wenn die Aufzählung der ausgenommenen Bereiche in Ziff. 2 von Art. 83 lit. c eingefügt worden wäre. Mit Blick auf die Lesbarkeit des Gesetzestextes ist jedoch zu begrüssen, dass darauf verzichtet und Art. 83 lit. c stattdessen um eine neue Ziff. 6 ergänzt worden ist.

---

[132] Vgl. BGE 123 II 125, 127 E. 2; 122 II 113, 116 E. 1; 122 II 403, 404 f. E. 1.

[133] Vgl. AS 2006 1228.

[134] Verordnung der Bundesversammlung vom 20.12.2006 über die Anpassung von Erlassen an die Bestimmungen des Bundesgerichtsgesetzes und des Verwaltungsgerichtsgesetzes (AS 2006 5600).

[135] Vgl. die Botschaft des Bundesrats vom 6.9.2006 zur Verordnung der Bundesversammlung betr. die Anpassung von Erlassen an die Bestimmungen des Bundesgerichtsgesetzes und des Verwaltungsgerichtsgesetzes (BBl 2006 7763).

[136] Vgl. BBl 2005 7421.

aa) Verlängerung der Grenzgängerbewilligung

Während der ersten fünf Jahre steht die Verlängerung der Grenzgängerbewilligung, die   **115**
zunächst nur für ein Jahr erteilt wird, im **Ermessen** der Behörden (vgl. Art. 35 Abs. 3
AuG), so dass insoweit bereits die Ausnahmebestimmung von Art. 83 lit. c Ziff. 2 greifen
würde.

Nach einer ununterbrochenen Erwerbstätigkeit von fünf Jahren besteht indessen ein **An-**   **116**
spruch auf Verlängerung der Grenzgängerbewilligung, wenn keine Widerrufsgründe
nach Art. 62 AuG vorliegen (Art. 35 Abs. 4 AuG[137]), so dass insoweit allein Art. 83 lit. c
Ziff. 6 zum Tragen kommt.

Den **Bürgern von EU- oder EFTA-Mitgliedstaaten** kommt gestützt auf das FZA bzw.   **117**
das EFTA-Übereinkommen ein Rechtsanspruch auf die Grenzgängerbewilligung zu, was
nach einer Sonderregelung verlangt: Eine sog. Grenzgängerbewilligung EG/EFTA ist auf
fünf Jahre und nicht bloss auf ein Jahr befristet und gilt für die gesamte Grenzzone der
Schweiz.[138] Zudem können Bürger von EU- oder EFTA-Mitgliedstaaten insoweit ungeachtet der Regelung von Art. 83 lit. c Ziff. 6 Beschwerde in öffentlichrechtlichen Angelegenheiten erheben (vgl. Art. 11 FZA bzw. Art. 11 EFTA-Übereinkommen; vgl. N 37,
56 f. und 60).

bb) Kantonswechsel

Unter Geltung des ANAG verschaffen weder Aufenthaltsbewilligung noch Niederlas-   **118**
sungsbewilligung einen Anspruch auf Kantonswechsel;[139] die Kantone können nach freiem **Ermessen** entscheiden, ob sie einem Ausländer die Übersiedlung aus einem anderen
Kanton bewilligen wollen.[140] Damit ist die Beschwerde in öffentlichrechtlichen Ange-
genheiten bereits gestützt auf Art. 83 lit. c Ziff. 2 ausgeschlossen.

Gemäss Art. 37 AuG haben Personen mit einer Aufenthaltsbewilligung demgegenüber   **119**
Anspruch auf den Kantonswechsel, wenn sie nicht arbeitslos sind und keine Widerrufsgründe nach Art. 62 AuG vorliegen (Abs. 2); Niedergelassene haben ihrerseits Anspruch auf den Kantonswechsel, wenn keine Widerrufsgründe nach Art. 63 AuG vorliegen (Abs. 3). Die Beschwerde in öffentlichrechtlichen Angelegenheiten ist in diesen
Fällen erst aufgrund von Art. 83 lit. c Ziff. 6 ausgeschlossen.

Keinen Rechtsanspruch auf Kantonswechsel haben **Kurzaufenthalter** (Art. 37 AuG e   **120**
contrario[141]), was angesichts der bewilligten Aufenthaltsdauer von maximal einem Jahr
nicht erstaunt; sie fallen gleichzeitig in den Geltungsbereich der Ziffern 2 und 6 von
Art. 83 lit. c.

Ebenfalls keinen Anspruch auf einen Kantonswechsel haben vorläufig aufgenommene   **121**
Personen (Art. 85 Abs. 3 AuG),[142] wobei ein die **vorläufige Aufnahme** betreffender Entscheid bereits gestützt auf Art. 83 lit. c Ziff. 3 von der Beschwerde in öffentlichrechtlichen Angelegenheiten ausgenommen ist (vgl. N 97).

---

[137] Zur Rechtslage vor Inkrafttreten des AuG vgl. Art. 23 BVO.
[138] Vgl. Art. 4 Abs. 3 der Verordnung vom 22.5.2002 über die schrittweise Einführung des freien Personenverkehrs zwischen der Schweizerischen Eidgenossenschaft und der Europäischen Gemeinschaft und deren Mitgliedstaaten sowie unter den Mitgliedstaaten der Europäischen Freihandelsassoziation (Verordnung über die Einführung des freien Personenverkehrs, VEP; SR 142.203).
[139] Anders verhält es sich für Bürger von EU- oder EFTA-Mitgliedsstaaten; vgl. N 89.
[140] BGE 132 II 65, 67 E. 2; 126 II 265, 267 E. 2a.
[141] Vor Inkrafttreten des AuG: Art. 29 Abs. 2 lit. c BVO.
[142] Mit Blick auf die Rechtsweggarantie von Art. 29a BV erscheint allerdings zumindest als problematisch, dass das Bundesamt gem. Art. 85 Abs. 3 AuG endgültig über ein Gesuch um Kantonswechsel entscheiden soll (vgl. hierzu: KIENER/KUHN, Jahrbuch 2005, 101 f.).

122 Die Frage des Kantonswechsels stellt sich bei **Bürgern von EU- oder EFTA-Mitglied-staaten** nicht, weil die ihnen erteilte Bewilligung für die gesamte Schweiz Geltung hat.[143]

cc) Stellenwechsel von Grenzgängern

123 Wollen Grenzgänger den Schwerpunkt ihrer Erwerbstätigkeit in die Grenzzone eines anderen Kantons verlegen, so müssen sie von diesem im Voraus eine Bewilligung einholen, wobei deren Erteilung im **Ermessen** der Behörden steht (Art. 39 Abs. 1 und Abs. 2 AuG). Damit ist die Beschwerde in öffentlichrechtlichen Angelegenheiten bereits gestützt auf Art. 83 lit. c Ziff. 2 ausgeschlossen.

124 Nach einer ununterbrochenen Erwerbstätigkeit von fünf Jahren haben Grenzgänger grundsätzlich **Anspruch** auf eine entsprechende Bewilligung (Art. 39 Abs. 1 AuG[144]). Die Beschwerde in öffentlichrechtlichen Angelegenheiten ist deshalb erst aufgrund von Art. 83 lit. c Ziff. 6 ausgeschlossen.

125 In Frage steht insoweit ein (beruflicher) Kantonswechsel, so dass Art. 83 lit. c Ziff. 6 den Stellenwechsel des Grenzgängers an sich bereits aufgrund der Erwähnung des **Kantons-wechsels** erfassen würde (anders als noch für die Ergänzung von Art. 100 Abs. 1 lit. b Ziff. 3 vorgesehen[145] spricht der Gesetzestext heute generell vom Kantonswechsel und nicht bloss von der «Verlegung des Wohnsitzes in einen anderen Kanton»). Dass das Parlament in der verabschiedeten Formulierung von Art. 83 lit. c Ziff. 6 dennoch eigens auf den Stellenwechsel von Grenzgängern hinweist ist mit Blick auf Klarheit und Verständlichkeit der Bestimmung zu begrüssen.

126 Bezüglich der Rechtsstellung der **Bürger von EU- oder EFTA-Mitgliedstaaten** vgl. N 117.

dd) Ausstellung von Reisepapieren für Schriftenlose

127 Ist die Ausstellung von Reisepapieren für Ausländer (Art. 2 RDV[146]) streitig, so ist nicht direkt die **Einreise** betroffen, weshalb die Ausnahmebestimmung von Art. 83 lit. c Ziff. 1, anders als wenn beispielsweise die Erteilung eines Rückreisevisums in Frage steht,[147] nicht greift.[148] Weil zumindest ein Teil der schriftenlosen Ausländer – solche, denen gemäss dem Flüchtlingsabkommen[149] die Flüchtlingseigenschaft zukommt, solche die von der Schweiz aufgrund des einschlägigen Übereinkommens[150] als Staatenlose anerkannt sind und solche die als Schriftenlose über eine Niederlassungsbewilligung verfügen – **Anspruch** auf Ausstellung von Reisepapieren durch die Schweizer Behörden hat (Art. 59 Abs. 2 AuG), sind entsprechende Streitigkeiten durch Art. 83 lit. c Ziff. 2 nicht gänzlich von der Beschwerde in öffentlichrechtlichen Angelegenheiten ausgenommen. Insoweit kommt Art. 83 lit. c Ziff. 6 zum Tragen.

---

[143] Vgl. Art. 4 Abs. 2 der Verordnung vom 22.5.2002 über die schrittweise Einführung des freien Personenverkehrs zwischen der Schweizerischen Eidgenossenschaft und der Europäischen Gemeinschaft und deren Mitgliedstaaten sowie unter den Mitgliedstaaten der Europäischen Freihandelsassoziation (Verordnung über die Einführung des freien Personenverkehrs, VEP; SR 142.203).

[144] Vor Inkrafttreten des AuG: Art. 29 Abs. 4bis BVO.

[145] Vgl. BBl 2005 7421.

[146] Verordnung vom 27.10.2004 über die Ausstellung von Reisedokumenten für ausländische Personen (SR 143.5).

[147] Vgl. BGer, II. ÖRA, 18.8.2005, 2A.483/2005, E. 2.2; BGer, II. ÖRA, 14.6.2002, 2A.56/2002, E. 1.3.

[148] Vgl. BGer, II. ÖRA, 18.8.2005, 2A.483/2005, E. 2.1.

[149] Abkommen vom 28.7.1951 über die Rechtsstellung der Flüchtlinge (SR 0.142.30).

[150] Übereinkommen vom 28.9.1954 über die Rechtsstellung der Staatenlosen (SR 0.142.40).

VI. Asylrecht (Art. 83 lit. d)

1. Änderungen im Vergleich zum alten Recht

Art. 100 Abs. 1 lit. b Ziff. 2 OG schloss die Verwaltungsgerichtsbeschwerde nur gegen   **128**
Entscheide über die **Asylgewährung** aus. Art. 105 Abs. 1 AsylG sah in seiner ursprünglichen Fassung[151] einige weitere Bereiche vor, in welchen die Asylrekurskommission
endgültig entschied und die Verwaltungsgerichtsbeschwerde mithin ausgeschlossen war.
Ansonsten konnte das Bundesgericht jedoch auch im Bereich des Asylrechts angerufen
werden.

Nach neuem Recht ist die Beschwerde in öffentlichrechtlichen Angelegenheiten im Asyl-   **129**
recht gegen sämtliche Entscheide des Bundesverwaltungsgerichts und gegen alle Ermessensentscheide kantonaler Behörden unzulässig.

2. Geltungsbereich der Ausnahmebestimmung

a) Entscheide des Bundesverwaltungsgerichts (Ziff. 1)

Art. 83 lit. d Ziff. 1 schliesst die Beschwerde in öffentlichrechtlichen Angelegenheiten   **130**
gegen sämtliche Entscheide des Bundesverwaltungsgerichts «auf dem Gebiet des Asyls»
aus. Mithin erfasst die Ausnahmebestimmung sämtliche **Verfügungen des Bundesamts
für Migration** aus dem Asylbereich, zumal diese – soweit nicht die innere oder äussere
Sicherheit i.S.v. Art. 32 Abs. 1 lit. a VGG betroffen ist – ohne Einschränkungen beim
Bundesverwaltungsgericht anfechtbar sind. Auf die Letztinstanzlichkeit der Entscheide
des Bundesverwaltungsgerichts wird denn auch in der geltenden Fassung von Art. 105
Abs. 1 AsylG ausdrücklich hingewiesen.

Konkret von Art. 83 lit. d Ziff. 1 betroffen sind neben dem Entscheid über die Gewäh-   **131**
rung oder Verweigerung des Asyls (Art. 6a AsylG) insb. auch Verfügungen des Bundesamts über die Wegweisung (Art. 6a i.V.m. Art. 44 Abs. 1 AsylG), den Widerruf des Asyls
bzw. die Aberkennung der Flüchtlingseigenschaft (Art. 63 AsylG), die Einreisebewilli-
gung bei Einreichung eines Asylgesuchs (Art. 20 ff. AsylG), über die Zuweisung an
einen Kanton (Art. 27 Abs. 3 AsylG) sowie die Zuweisung eines Aufenthaltsorts oder
einer Unterkunft (Art. 28 AsylG), über die Gewährung, die Beendigung und den Widerruf vorübergehenden Schutzes (Art. 68 f., Art. 76 und Art. 78 AsylG) und über die Ge-
bührenbefreiung oder -bevorschussung im Wiedererwägungsverfahren (Art. 17b Abs. 2
und Abs. 3 AsylG).

Dass der **Widerruf** des Asyls, anders als der Entzug einer ausländerrechtlichen Ermes-   **132**
sensbewilligung (vgl. N 62), von der Beschwerde in öffentlichrechtlichen Angelegenheiten ausgenommen ist, macht Sinn. Im Bereich des Asylrechts wurde die Anrufung des
Bundesgerichts aus Gründen der Entlastung ausgeschlossen und nicht weil kein Rechtsanspruch auf Asylgewährung bestehen oder sich nicht justiziable Fragen stellen würden.
Deshalb ist die Rechtsstellung des Asylsuchenden bezüglich der Gewährung von Asyl
keine wesentlich andere als bezüglich dessen Widerrufs. Ist die Beschwerde in dem einen
Fall ausgeschlossen, leuchtet es ein, sie auch im anderen auszuschliessen.

b) Entscheide einer kantonalen Instanz (Ziff. 2)

Bezüglich der Entscheide kantonaler Instanzen besteht demgegenüber eine Parallele zur   **133**
Regelung, wie sie für den Bereich des Ausländerrechts gilt: Analog zu Art. 83 lit. c
Ziff. 2 erfasst Art. 83 lit. d Ziff. 2 nur jene Bewilligungen, deren Erteilung im **Ermessen**
der Behörden liegt.

---

[151] AS 1999 2293.

134 Zu denken ist diesbezüglich an die Möglichkeit der Kantone, Asylsuchenden schon vor Abschluss des Asylverfahrens eine **Härtefallbewilligung** zu erteilen (Art. 14 Abs. 2 AsylG). Allerdings erfordert eine solche Aufenthaltsbewilligung die Zustimmung des Bundesamts für Migration, dessen (abschlägiger) Entscheid beim Bundesverwaltungsgericht anfechtbar ist und mithin unter die Ausnahmebestimmung von Art. 83 lit. d Ziff. 1 fällt. Verweigert bereits der Kanton eine beantragte Härtefallbewilligung, so kann der Asylsuchende diesen Entscheid grundsätzlich nicht anfechten, weil er aufgrund ausdrücklicher Regelung nur im Zustimmungsverfahren vor dem Bundesamt über Parteistellung verfügt (Art. 14 Abs. 4 AsylG). Insoweit besteht offensichtlich ein Spannungsverhältnis zur Rechtsweggarantie von Art. 29a BV.

135 Ins Ermessen der Kantone fällt weiter der Entscheid, ob Personen, denen vor mehr als zehn Jahren **vorübergehender Schutz** gewährt worden ist, eine Niederlassungsbewilligung erteilt werden soll (Art. 74 Abs. 3 AsylG). Insoweit ist weder eine Zustimmung des Bundesamts für Migration erforderlich noch sind die Parteirechte des Betroffenen eingeschränkt, so dass die vorliegende Ausnahmebestimmung zum Tragen kommt. Allenfalls könnte man sich fragen, ob hier nicht (auch) ein Fall von Art. 83 lit. c Ziff. 2 vorliegt, zumal letztlich eine **ausländerrechtliche Bewilligung** betroffen ist. Weil Art. 83 lit. d Ziff. 2 und Art. 83 lit. c Ziff. 2 insoweit deckungsgleich sind, ist die Zuordnung jedoch unerheblich.

136 Gleich verhält es sich mit jenen Bewilligungen, auf welche gemäss Bundes- oder Völkerrecht ein **Rechtsanspruch** besteht. Egal ob sie unter Art. 83 lit. d Ziff. 2 oder unter Art. 83 lit. c Ziff. 2 zu subsumieren sind, ist die Beschwerde in öffentlichrechtlichen Angelegenheiten zulässig. Über einen derartigen Rechtsanspruch verfügen zunächst Personen, denen Asyl gewährt wurde; sie können die Erteilung einer Aufenthalts- und nach fünf Jahren einer Niederlassungsbewilligung verlangen (Art. 60 AsylG; vgl. N 77). Weiter haben Personen, denen vorübergehender Schutz gewährt worden ist, nach fünf Jahren Anspruch auf eine – bis zur Aufhebung des vorübergehenden Schutzes befristete – Aufenthaltsbewilligung (Art. 74 Abs. 2 AsylG). Rechtsansprüche stehen sodann in Frage bezüglich der asylrechtlichen Sozial- und Nothilfe gem. Art. 80 ff. AsylG sowie bezüglich der Rückerstattungspflicht und der Sonderabgabe gem. Art. 85 ff. AsylG.

VII. Ermächtigung zur Strafverfolgung (Art. 83 lit. e)

1. Änderungen im Vergleich zum alten Recht

137 Bei Art. 83 lit. e handelt es sich um eine neue Ausnahmebestimmung. Nach altem Recht war bis anhin die **Verwaltungsgerichtsbeschwerde** ans Bundesgericht ausdrücklich zulässig, wenn die Verweigerung einer Ermächtigung zur Strafverfolgung von Bundespersonal in Frage stand (vgl. Art. 100 Abs. 1 lit. f OG). Neu ist ferner, dass eine allenfalls erforderliche Ermächtigung zur Strafverfolgung von Behördenmitgliedern der Kantone unter die Ausnahmebestimmung fällt (vgl. N 146).

2. Geltungsbereich der Ausnahmebestimmung

a) Bundespersonal

138 Art. 83 lit. e schliesst die Beschwerde in öffentlichrechtlichen Angelegenheiten aus, soweit die Ermächtigung zur Strafverfolgung von Bundespersonal verweigert wird. Das **Ermächtigungserfordernis** ergibt sich aus Art. 15 VG und erstreckt sich auf alle unmittelbar mit öffentlichen Aufgaben betrauten Angestellten des Bundes, einschliesslich des Personals der dezentralisierten Bundesverwaltung (Art. 1 Abs. 1 lit. f und Art. 19 Abs. 2 VG); nicht erfasst werden einzig die Armeeangehörigen mit Bezug auf ihre militärische Stellung und ihre dienstlichen Pflichten (Art. 1 Abs. 2 VG).

Die Strafverfolgung setzt nur dann eine Ermächtigung voraus, wenn sie eine strafbare **139** Handlung im Zusammenhang mit der **amtlichen Tätigkeit oder Stellung** des Bundesangestellten betrifft, so dass zum Vornherein nur entsprechende Verfahren in den Geltungsbereich von Art. 83 lit. e fallen. Ohne Ermächtigung zulässig ist die Strafverfolgung bezüglich eines Delikts, das über keinen Bezug zum Amt verfügt. Sodann ist eine Strafverfolgung wegen **Strassenverkehrsdelikten** in jedem Fall ohne besondere Ermächtigung zulässig (Art. 15 Abs. 1 VG).

Die Ermächtigung zur Strafverfolgung wird formell vom **EJPD** erteilt, wobei die Bundes- **140** desanwaltschaft für den eigentlichen Entscheid zuständig ist.[152] Bezüglich der Angestellten der Parlamentsdienste entscheidet die Verwaltungsdelegation der Bundesversammlung, während dies für das Personal des Bundesgerichts, des Bundesstrafgerichts und des Bundesverwaltungsgerichts die Verwaltungskommission des jeweiligen Gerichts tut (Art. 15 Abs. 1 VG). Deren Entscheid ist endgültig, während gegen die Verweigerung der Ermächtigung durch das EJPD oder die Verwaltungsdelegation der Bundesversammlung das Bundesverwaltungsgericht angerufen werden kann (Art. 15 Abs. 5 VG; vgl. auch Art. 33 lit. a VGG).

Wird die Ermächtigung erteilt, so kann dieser Entscheid vom Betroffenen nicht ange- **141** fochten werden. Das ergibt sich direkt aus Art. 15 Abs. 4 VG, welcher das Erteilen der Ermächtigung für endgültig erklärt: Als der Gesetzgeber mit Erlass des Verantwortlichkeitsgesetzes im Jahr 1959 neu die Verwaltungsgerichtsbeschwerde gegen die Verweigerung der Ermächtigung zur Strafverfolgung zuliess,[153] nahm er mit Art. 15 Abs. 4 VG gleichzeitig die **Erteilung der Ermächtigung** von der Anfechtung beim Bundesgericht aus; er erachtete es als genügend, dass sich der dem Strafrichter überwiesene Beamte anschliessend im Strafverfahren verteidigen kann.[154] An dieser Rechtslage hat weder der Ausbau der Verwaltungsgerichtsbarkeit[155] noch die OG-Revision von 1991[156] etwas geändert. Auch anlässlich der Justizreform wurde zwar Art. 15 Abs. 5 VG angepasst und dort neu die Beschwerde an das Bundesverwaltungsgericht anstelle der Verwaltungsgerichtsbeschwerde für zulässig erklärt, nicht aber Art. 15 Abs. 4 VG verändert. Damit bleibt es unter Geltung des BGG und VGG dabei, dass der Betroffene seine Rechte im Falle einer Erteilung der Ermächtigung im Strafverfahren selber zu wahren hat und den Ermächtigungsentscheid nicht anfechten kann. Weil ein Rechtsmittelverfahren überhaupt ausgeschlossen ist, kann sich diesfalls die Frage der Zulässigkeit der Beschwerde in öffentlichrechtlichen Angelegenheiten gar nicht stellen. Es ist deshalb korrekt, wenn Art. 83 lit. e nur von der Verweigerung der Ermächtigung spricht. Mithin stellt Art. 15 Abs. 5 VG eine der gesetzlich vorgesehenen Ausnahmen von der **Rechtsweggarantie** (Art. 29a BV) dar,[157] was angesichts des überwiegend politischen Charakters des Er-

---

[152] Art. 7 Abs. 1 der Verordnung vom 30.12.1958 zum Verantwortlichkeitsgesetz (SR 170.321).

[153] Vgl. Art. 15 Abs. 5 VG; AS 1958 1417.

[154] Botschaft des Bundesrats vom 29.6.1956 zum Entwurf eines neuen Verantwortlichkeitsgesetzes (BBl 1956 I 1401).

[155] Vgl. die Botschaft vom 24.9.1965 über den Ausbau der Verwaltungsgerichtsbarkeit im Bunde (BBl 1965 II 1306).

[156] Vgl. die Botschaft vom 18.3.1991 betr. die Änderung des OG und des Bundesbeschlusses über eine vorübergehende Erhöhung der Zahl der Ersatzrichter und der Urteilsredaktoren des Bundesgerichts (BBl 1991 II 495 und 534).

[157] SEILER/VON WERDT/GÜNGERICH, BGG (vgl. Art. 83 N 43), betrachten die Erteilung der Ermächtigung als nicht anfechtbaren Zwischenentscheid gem. Art. 45 f. VwVG. Es erscheint indessen fraglich, ob diese Betrachtungsweise zutrifft: Zunächst stellt die Ermächtigung zwar eine Prozessvoraussetzung für das einzuleitende Strafverfahren dar, weil sie aber in einem Verwaltungsverfahren erteilt wird, das gänzlich von der Strafuntersuchung getrennt geführt wird, kann

mächtigungserfordernisses nicht zu beanstanden ist. Im Übrigen ist der Eingriff in die Rechtsstellung des betroffenen Bundesangestellten nicht derart weitreichend, wie es auf den ersten Blick scheinen mag, wird er doch letztlich bloss den übrigen Rechtsunterworfenen gleichgestellt.

b) Behördenmitglieder des Bundes

142   Für ihre Äusserungen in den Räten und in deren Organen können die Mitglieder der Bundesversammlung und des Bundesrats sowie der Bundeskanzler rechtlich nicht zur Verantwortung gezogen werden; sie geniessen insoweit **absolute Immunität**, so dass weder zivil- noch strafrechtlich eine Verantwortung besteht (vgl. Art. 162 Abs. 1 BV).

143   Im Übrigen gilt für strafbare Handlungen im Zusammenhang mit der amtlichen Stellung oder Tätigkeit in dem Sinne eine **relative Immunität**, dass eine Strafverfolgung nur gestützt auf eine besondere Ermächtigung zulässig ist. Für Mitglieder der eidgenössischen Räte wird die Ermächtigung von der Bundesversammlung erteilt (Art. 17 Abs. 1 ParlG). Das Gleiche gilt für die durch die Bundesversammlung gewählten Behördenmitglieder und Magistratspersonen (Art. 14 Abs. 1 VG). Der Entscheid der Bundesversammlung ist bereits als solcher nicht beim Bundesgericht anfechtbar (Art. 189 Abs. 4 BV; vgl. auch Art. 86 Abs. 1), so dass Art. 83 lit. e insoweit lediglich der Klarstellung dient.

144   Steht ein **Vergehen oder Verbrechen**[158] ohne Bezug zum Amt in Frage, so ist es – falls der Betroffene der Einleitung eines Strafverfahrens nicht selber zustimmt – je Sache von Bundesrat (Art. 61a RVOG), Bundesgericht (Art. 11 BGG), Bundesstrafgericht (Art. 11a SGG) und Bundesverwaltungsgericht (Art. 12 VGG) über die Aufhebung der Immunität eines seiner Mitglieder[159] zu befinden; verweigert die Gesamtbehörde die Ermächtigung zur Strafverfolgung, so steht der Strafverfolgungsbehörde – nicht aber dem Anzeiger – die Beschwerde an die Bundesversammlung offen, deren Entscheid endgültig ist (vgl. Art. 189 Abs. 4 BV). Gegen die Erteilung der Ermächtigung zur Strafverfolgung ist zum Vornherein keine Beschwerdemöglichkeit gegeben.[160]

145   Soll gegen ein **Ratsmitglied** wegen eines Verbrechens oder eines Vergehens, das nicht im Zusammenhang mit seiner amtlichen Stellung oder Tätigkeit steht, ein Strafverfahren eingeleitet werden, so bedarf dies nur während der Session entweder der schriftlichen Zustimmung des Ratsmitglieds oder einer Ermächtigung des Rates, dem der Betroffene angehört (Art. 20 Abs. 1 ParlG).

c) Behördenmitglieder der Kantone

146   Auch die Kantone können die Strafverfolgung der Mitglieder ihrer obersten Behörden für **Verbrechen und Vergehen**,[161] die im Zusammenhang mit dem Amt stehen, von einer

---

sie nicht leichthin als blosser Zwischenentscheid im Bereich der Strafverfolgung betrachtet werden. Zudem dürfte die Erteilung der Ermächtigung für den Betroffenen – gegen den diesfalls eine Strafuntersuchung mit all ihren (regelmässig) unangenehmen Konsequenzen eingeleitet wird – zu einem nicht wiedergutzumachenden Nachteil i.S.v. Art. 46 Abs. 1 lit. a VwVG führen. Weiter fragt sich auch, ob nicht gleichzeitig ein Fall von Art. 46 Abs. 1 lit. b VwVG vorliegt, zumal eine Verweigerung der Ermächtigung ein gegebenenfalls aufwändiges Strafverfahren verhindern würde.

[158] Vgl. Art. 10 StGB.

[159] Ist der Bundeskanzler betroffen, so entscheidet der Bundesrat über die Erteilung der Emächtigung (vgl. Art. 61a Abs. 1 RVOG).

[160] So auch THOMAS SÄGESSER, Handkommentar zum Regierungs- und Verwaltungsorganisationsgesetz, Bern 2007, Art. 61a N 54.

[161] Vgl. Art. 10 StGB.

Ermächtigung abhängig machen (Art. 347 Abs. 2 lit. b StGB).[162] Wird eine solche Ermächtigung bezüglich eines kantonalen Magistraten verweigert, so ist gegen den betreffenden Entscheid die Beschwerde in öffentlichrechtlichen Angelegenheiten ausgeschlossen.

Bei den in Art. 83 lit. e erwähnten **Behördenmitgliedern** handelt es sich nämlich nicht   **147** nur um solche des Bundes. Während der französische Gesetzestext insoweit unklar ist – aufgrund der Formulierung «poursuite pénale de membres d'autorités ou du personnel de la Confédération» könnte es sich sowohl bei den gewöhnlichen Angestellten als auch bei den Behördenmitgliedern ausschliesslich um solche des Bundes handeln – betreffen die italienische und die deutsche Fassung eindeutig neben den Magistraten des Bundes auch solche der Kantone:[163] Der deutsche Text spricht allgemein und ohne Einschränkung von «Behördenmitgliedern», während er beim Personal ausdrücklich und präzise nur jenes des Bundes erwähnt. Im italienischen Text («procedere penalmente contro membri di autorità o contro agenti della Confederazione») zeigt die Wiederholung von «contro», dass sich «della Confederazione» nur auf die Angestellten und nicht auf die Behördenmitglieder bezieht.

Die Ermächtigung der Kantone, für ihre Magistraten ein Strafverfolgungsprivileg einzu-   **148** führen, erstreckt sich – neben der absoluten Immunität für Äusserungen in den Sitzungen der Behörden (Art. 347 Abs. 2 lit. a StGB) – nur auf Verbrechen und Vergehen **«im Amte»** (vgl. Art. 347 Abs. 2 lit. b StGB). Damit ist von Bundesrechts wegen ausgeschlossen, dass die Kantone die Strafverfolgung der Mitglieder ihrer Behörden wegen Delikten, bei denen kein Zusammenhang zur amtlichen Tätigkeit oder Stellung besteht, von einer besonderen Ermächtigung abhängig machen.[164]

VIII. Öffentliches Beschaffungswesen (Art. 83 lit. f)

1. Änderungen im Vergleich zum alten Recht

Im alten Recht war die **Verwaltungsgerichtsbeschwerde** im Bereich des öffentlichen   **149** Beschaffungswesens generell ausgeschlossen (Art. 100 Abs. 1 lit. x OG). Dennoch bestand auf Bundesebene ein gut ausgebauter Rechtsschutz.

Die **kantonal letztinstanzlichen Entscheide** in Submissionsstreitigkeiten konnten mit   **150** staatsrechtlicher Beschwerde angefochten werden,[165] wobei dem Bundesgericht relativ weitgehende Kontrollbefugnisse zukamen. Zum einen sind zahlreiche Aspekte des öffentlichen Beschaffungswesens in Konkordats- oder Staatsvertragsbestimmungen geregelt, deren Anwendung das Bundesgericht auch im Verfahren der staatsrechtlichen Be-

---

[162] Vgl. BGE 120 IV 78, 80 f. E. 1a; 106 IV 43.

[163] So im Ergebnis auch SEILER/VON WERDT/GÜNGERICH, BGG, Art. 83 N 42.

[164] Für den Entscheid über die Ermächtigung erklärt das StGB eine «nicht richterliche Behörde» für zuständig. Im Bereich der subsidiären Verfassungsbeschwerde, welche angesichts der Ausnahmeregelung von Art. 83 lit. e vorliegend zur Anwendung kommt, führt dies hinsichtlich der kantonalen Vorinstanz zu einem gewissen Spannungsverhältnis mit Art. 114 i.V.m. Art. 86 BGG. Allerdings dürfte es sich bei der Frage, ob die Ermächtigung zur Strafverfolgung eines kantonalen Magistraten erteilt wird, um eine politische i.S.v. Art. 86 Abs. 3 BGG handeln, so dass die Bestimmung einer nicht richterlichen Vorinstanz auch nach BGG zulässig ist. Wegen des politischen Charakters dürfte es sich sodann um eine zulässige Ausnahme von der Rechtsweggarantie gem. Art. 29a BV handeln.

[165] So zumindest ab Inkrafttreten von Art. 9 Abs. 2 BGBM (ursprüngliche Fassung, AS 1996 1741), welcher die staatsrechtliche Beschwerde ans Bundesgericht ausdrücklich vorsah; zur früheren Praxis, welche jegliche materielle Überprüfung des Zuschlags ausschloss, vgl. BGE 119 Ia 424.

schwerde grundsätzlich mit freier Kognition überprüfte.[166] Zum anderen konnte ein unterlegener Anbieter auch dann noch Beschwerde führen, wenn der Vertrag mit dem ausgewählten Bewerber bereits abgeschlossen worden war.[167] Es findet sich denn auch eine reichhaltige bundesgerichtliche Praxis zu diesem Rechtsbereich.

151   Die **Vergabeentscheide des Bundes** waren bei der Rekurskommission für das öffentliche Beschaffungswesen anfechtbar, welche – angesichts der Ausnahmebestimmung von Art. 100 Abs. 1 lit. x OG und der Beschränkung des Anwendungsbereichs der staatsrechtlichen Beschwerde auf kantonale Hoheitsakte – endgültig entschied.[168]

152   Heute steht zwar im öffentlichen Vergaberecht der ordentliche Rechtsmittelweg ans Bundesgericht grundsätzlich offen, aufgrund der Regelung von Art. 83 lit. f Ziff. 2 jedoch nur für Rechtsfragen von grundsätzlicher Bedeutung. Deshalb fragt sich, ob das neue Recht über alle Submissionsstreitigkeiten gesehen zu einer **Verbesserung des Rechtsschutzes** führen wird: Einerseits kann das Bundesgericht nun auch gegen (gewisse) Vergabeentscheide des Bundes angerufen werden. Andererseits wird ein Grossteil der kantonalen Submissionsverfahren in den Anwendungsbereich der vorliegenden Ausnahmebestimmung fallen, so dass insoweit nur die subsidiäre Verfassungsbeschwerde zur Verfügung steht. Mit diesem Rechtsmittel kann lediglich die Rüge der Verletzung verfassungsmässiger Rechte erhoben werden (vgl. Art. 116). Ob und inwieweit damit ein bundesgerichtlicher Rechtsschutz im bisherigen Umfang möglich ist, wird sich weisen, zumal in den betreffenden Verfahren nicht mehr nur die Überprüfung der Anwendung des kantonalen Submissionsrechts, sondern auch jene der massgebenden Konkordats- und Staatsvertragsbestimmungen auf Willkür beschränkt ist.

2. Elemente der geltenden Regelung

a) Entscheide auf dem Gebiet des öffentlichen Beschaffungswesens

153   Art. 83 lit. f erfasst den ganzen Bereich des öffentlichen Beschaffungswesens, so dass sich die Zulässigkeit der Beschwerde in öffentlichrechtlichen Angelegenheiten nicht nur bezüglich des **Zuschlags** nach dieser Bestimmung richtet, sondern bezüglich aller im Submissionsverfahren getroffener Entscheide. Anlass zu derartigen Entscheiden geben insb. die **selbständig anfechtbaren Verfügungen** gem. Art. 29 BoeB und Art. 17 Abs. 1bis IVöB: die Ausschreibung des Auftrags, die Aufnahme eines Anbieters in eine ständige Liste qualifizierter Leistungserbringer, die Auswahl der Bewerber im selektiven Verfahren, der Ausschluss eines Bewerbers vom Vergabeverfahren, der Abruch des Vergabeverfahrens und der Widerruf des Zuschlags.

154   Nicht in den Geltungsbereich von Art. 83 lit. f BGG fallen demgegenüber Entscheide aus Bereichen, für welche zwar – wie etwa für die Vergabe von Standplätzen auf Jahrmärkten[168a] oder auch für die Erteilung gewisser Monopolkonzessionen – ein mehr oder weniger formalisiertes Vergabeverfahrern vorgesehen ist, die aber nicht in den Anwendungsbereich der einschlägigen Submissionserlasse fallen. Gleiches gilt für Entscheide betr.

---

[166] Vgl. BGE 125 II 86, 98 f. E. 6.

[167] Vgl. BGE 125 II 86, 95 ff. E. 4 und 5b; 125 I 406, 408 E. 1.

[168] Vgl. Art. 27 Abs. 1 BoeB in seiner ursprünglichen Fassung (AS 1996 515).

[168a] Vgl. etwa BGer, II. ÖRA, 29.8.2007, 2C_144/2007 betreffend die basel-städtische Verordnung vom 28.3.2000 über die Zuteilung von Standplätzen im Bereich Messen und Märkte sowie das auf diese Verordnung gestützte Reglement über die Stammbeschickung an der Basler Herbstmesse und am Weihnachtsmarkt oder auch BGE 132 I 97 bezüglich die Marktordnung der Gemeinde Fleurier (NE).

den **Schadenersatz** (vgl. Art. 34 BoeB), welcher dem im Vergabeverfahren unterlegenen Konkurrenten zusteht, der zwar erfolgreich Beschwerde geführt hat, aber im Rechtsmittelverfahren – weil mit dem ausgewählten Bewerber bereits ein Vertrag abgeschlossen wurde – nur noch die Rechtswidrigkeit des Zuschlags feststellen lassen konnte (Art. 9 Abs. 3 BGBM; Art. 32 Abs. 2 BoeB; Art. 18 Abs. 2 IVöB).[169] Gegen einen derartigen Staatshaftungsentscheid ist die Beschwerde in öffentlichrechtlichen Angelegenheiten zulässig, wenn die Streitwertgrenze von Art. 85 Abs. 1 lit. a BGG erreicht ist (bzw. bei Vorliegen einer Rechtsfrage von grundsätzlicher Bedeutung; Art. 85 Abs. 2 BGG). Ist eine kantonale Submission betroffen, so richtet sich das unterinstanzliche Verfahren zur Geltendmachung des Schadenersatzes nach kantonalem Recht. Erfolgte der rechtswidrige Zuschlag in einem Vergabeverfahren des Bundes, so ist ein Schadenersatzbegehren an das EFD zu richten (Art. 35 Abs. 1 BoeB i.V.m. Art. 22 Abs. 1 Org-VoeB[170]), dessen Entscheid zunächst ans Bundesverwaltungsgericht und anschliessend ans Bundesgericht weitergezogen werden kann (Art. 35 Abs. 2 BoeB).

b) Massgebende Schwellenwerte

Die verschiedenen Erlasse und Abkommen zum Vergaberecht sollen die Submissions-   **155** verfahren der öffentlichen Hand liberalisieren, nicht aber blosse Bagatellaufträge komplizieren. Sie finden deshalb nur auf Aufträge Anwendung, denen eine gewisse **wirtschaftliche Mindestbedeutung** zukommt. Der Geltungsbereich dieser Erlasse und Abkommen wird je nach Art der nachgefragten Leistung über unterschiedliche sog. Schwellenwerte definiert: Erreicht der gesamte Wert des Auftrags einen bestimmten Mindestbetrag, so findet der Erlass bzw. das Abkommen Anwendung, andernfalls nicht. Angesichts des weiten (sachlichen) Anwendungsbereichs des GPA sowohl auf Bundesebene als auch in Kantonen und Gemeinden sind heute vor allem die staatsvertraglich bestimmten Schwellenwerte ausschlaggebend. Diesen werden insb. auch die Schwellenwerte von Art. 6 BoeB periodisch angepasst, auf welche in Art. 83 lit. f Ziff. 1 Bezug genommen wird. Zur Zeit[171] betragen sie Fr. 248 950.– für Lieferungen und Dienstleistungen sowie Fr. 9,575 Mio. für Bauwerke (bzw. Fr. 766 000.– für Lieferungen und Dienstleistungen bei Organisationen nach Art. 2 Abs. 2 BoeB[172]). Das im Gesetzestext ebenfalls erwähnte bilaterale Abkommen mit der EU[173] erfasst gewisse zusätzliche Anbieter öffentlicher Dienstleistungen in den Bereichen Telekommunikation, Verkehr und Energie und sieht für seinen Geltungsbereich teils etwas tiefere Schwellenwerte vor als das BoeB bzw. das GPA.[174]

---

[169] Vgl. Botschaft 2001 4321 f.

[170] Verordnung vom 22.11.2006 über die Organisation des öffentlichen Beschaffungswesens des Bundes (SR 172.056.15).

[171] Fassung gem. der Verordnung des EVD vom 30.11.2006 über die Anpassung der Schwellenwerte im öffentlichen Beschaffungswesen für das Jahr 2007 (SR 172.056.12).

[172] Gemäss Art. 2 Abs. 2 BoeB bezeichnet der Bundesrat die öffentlichrechtlichen und die privatrechtlichen Organisationen, die in der Schweiz Tätigkeiten in den Bereichen der Wasser-, der Energie- und der Verkehrsversorgung sowie der Telekommunikation ausüben und für diese Tätigkeiten nach dem GPA und andern völkerrechtlichen Verträgen auch unter dieses Gesetz fallen. Aufgrund von Art. 6 Abs. 1 lit. d BoeB gelten die gleichen Schwellenwerte wie für Lieferungen und Dienstleistungen im Auftrag einer Auftraggeberin nach Art. 2 Abs. 2 BoeB auch für Aufträge, welche die Automobildienste der Schweizerischen Post zur Durchführung ihrer in der Schweiz ausgeübten Tätigkeit im Bereich des Personentransports vergeben.

[173] Abkommen vom 21.6.1999 zwischen der Schweizerischen Eidgenossenschaft und der Europäischen Gemeinschaft über bestimmte Aspekte des öffentlichen Beschaffungswesens (SR 0.172.052.68).

[174] Vgl. die Darstellung unter lit. b des Anhangs 1 zur IVöB.

c) Rechtsfrage von grundsätzlicher Bedeutung

156 Was der Gesetzgeber im vorliegenden Zusammenhang unter dem Begriff der Rechtsfrage von grundsätzlicher Bedeutung versteht, ergibt sich nicht (direkt) aus den Materialien.[175] Der Bundesrat hat sich hierzu nicht geäussert, weil sein Entwurf für den Bereich des Vergaberechts einen gänzlichen Ausschluss der Beschwerde in öffentlichrechtlichen Angelegenheiten vorsah.[176] Der Ständerat beabsichtigte demgegenüber, dieses Rechtsmittel ab Erreichen der Schwellenwerte von Art. 6 BoeB uneingeschränkt zuzulassen.[177] Die von den Räten schliesslich verabschiedete Fassung geht auf einen Antrag der nationalrätlichen Kommission für Rechtsfragen zurück,[178] wobei die Bestimmung trotz ihrer bewegten Entstehungsgeschichte erstaunlicherweise im Parlament nie diskutiert worden ist.

157 Letztlich wird es Sache des Bundesgerichts sein, die Tragweite von Art. 83 lit. f Ziff. 2 näher zu definieren und im Einzelfall zu entscheiden, welchen Rechtsfragen grundsätzliche Bedeutung zukommt. Es ist anzunehmen, dass zumindest neue, noch nicht entschiedene **Rechtsfragen von einigem Gewicht** unter Art. 83 lit. f Ziff. 2 zu subsumieren sind. Weiter dürfte mit Blick auf das Interesse an einer einheitlichen Anwendung des Bundesrechts (einschliesslich des Staatsvertragsrechts) auch dann eine Rechtsfrage von grundsätzlicher Bedeutung vorliegen, wenn in den Kantonen eine **uneinheitliche Praxis** besteht oder die Vorinstanz von einem bundesgerichtlichen Präjudiz abgewichen ist.[179] Denkbar ist ferner, dass in gewissen Fällen Anlass besteht, eine gefestigte Rechtsprechung zu überprüfen oder zu bekräftigen.[180] Zu beachten ist in diesem Zusammenhang auch die besondere Begründungspflicht, welche den Beschwerdeführer hinsichtlich der grundsätzlichen Bedeutung der Rechtsfrage trifft (Art. 42 Abs. 2 BGG; vgl. Art. 42 N 69 und Art. 85 N 36 ff.).

158 Der Begriff der Rechtsfrage von grundsätzlicher Bedeutung wird in gleicher Weise verwendet im Zusammenhang mit den **Streitwertgrenzen** für die vermögensrechtlichen Angelegenheiten auf den Gebieten der Staatshaftung und der öffentlichrechtlichen Arbeitsverhältnisse (Art. 85; vgl. Art. 85 N 29 ff.) sowie im Bereich der Beschwerde in Zivilsachen (Art. 74 Abs. 2 lit. a; vgl. Art. 74 N 31 ff.). Für den Entscheid, ob eine Rechtsfrage von grundsätzlicher Bedeutung vorliegt, ist eine **Dreierbesetzung** vorgesehen, wobei keine Einstimmigkeit bestehen muss, sondern ein Mehrheitsentscheid möglich ist (Art. 109 Abs. 1 BGG; vgl. Art. 85 N 40 ff.).

3. Zusammenhang zwischen Ziff. 1 und Ziff. 2

159 In keiner der drei Amtssprachen erschliesst sich aus dem Gesetzestext selber, wie die Ziffern 1 und 2 von Art. 83 lit. f zusammenhängen. An sich wäre deshalb denkbar, dass die Beschwerde in öffentlichrechtlichen Angelegenheiten aufgrund von Ziff. 1 zwar bezüglich Aufträgen unterhalb der **Schwellenwerte** grundsätzlich ausgeschlossen, im Fall von höheren Auftragswerten aber generell zulässig wäre. Im Bereich jener Vergabeverfahren, welche die nach Ziff. 1 massgebenden Schwellenwerte nicht erreichen, wäre alsdann die Beschwerde gem. Ziff. 2 dennoch zulässig, wenn sich eine **Rechtsfrage von**

---

[175] Vgl. aber die Ausführungen zum Begriff der Rechtsfrage von grundsätzlicher Bedeutung, welche der Bundesrat in der Botschaft 2001 hinsichtlich der Streitwertgrenze für die Beschwerde in Zivilsachen macht (BBl 2001 4310).

[176] Art. 78 lit. e E 2001; Botschaft 2001 4500.

[177] AB 2003 S 904, 909.

[178] AB 2004 N 1600.

[179] Zum Begriff der Rechtsfrage von grundsätzlicher Bedeutung im Rahmen von Art. 191 BV vgl. SGK-KISS/KOLLER, Art. 191 N 18.

[180] Vgl. Botschaft 2001 4310.

grundsätzlicher Bedeutung stellt. Es würde sich insoweit gleich wie bei Art. 74 und Art. 85 BGG verhalten, wo zwar Streitwertgrenzen bestimmt werden, aber die Beschwerde bei deren Unterschreiten dennoch zulässig ist, falls eine Rechtsfrage von grundsätzlicher Bedeutung vorliegt (vgl. Art 74 Abs. 2 lit. a und Art. 85 Abs. 2 BGG). Die beiden zuletzt genannten Regelungen beruhen auf Art. 191 Abs. 2 BV, welcher Streitwertgrenzen für den Zugang zum Bundesgericht nur insoweit erlaubt, als keine Rechtsfragen von grundsätzlicher Bedeutung betroffen sind.

Bei näherer Betrachtung kann Art. 83 lit. f jedoch nicht in diesem Sinn verstanden werden: Die Schwellenwerte nach Ziff. 1 haben **nicht die Funktion einer Streitwertgrenze**, welche den Zugang zum höchsten Schweizer Gericht beschränken soll. Sie stellen vielmehr eine generelle Untergrenze für die Anwendbarkeit des einschlägigen öffentlichen Vergaberechts dar (vgl. N 155). Erreicht eine Ausschreibung die massgeblichen Schwellenwerte nicht, so finden auf das betreffende Verfahren weder BoeB, GPA noch das bilaterale Abkommen mit der EU[181] Anwendung, so dass auch die entsprechenden Rechtsmittelregelungen[182] nicht zum Tragen kommen; gem. Art. 39 i.V.m. Art. 32 lit. a Ziff. 1 VoeB gilt ein Vergabeentscheid unterhalb der Schwellenwerte nicht einmal als anfechtbare Verfügung. Mithin enthält Art. 83 lit. f Ziff. 1 keine Streitwertgrenze i.S.v. Art. 191 Abs. 2 BV und es besteht keine Parallele zu Art. 74 und Art. 85 BGG, so dass sich die Auslegung von Art. 83 lit. f nicht an den genannten Bestimmungen zu orientieren hat. | 160

Bezüglich der Vergabeentscheide des Bundes macht eine bundesgerichtliche Überprüfung von Submissionsverfahren unterhalb des Schwellenwerts nach dem Gesagten keinen Sinn. Demgegenüber regelt das IVöB auch jene **kantonalen Submissionen**, die nicht in den «Staatsvertragsbereich» fallen (vgl. Art. 5bis Abs. 3, Art. 6 Abs. 2 und Art. 8 Abs. 2 IVöB), und sieht dort – insb. für Bauwerke – tiefere Schwellenwerte vor (Art. 7 Abs. 1bis IVöB und Anhang 2 zum IVöB). Die betreffenden öffentlichen Vergabeverfahren unterliegen also trotz Unterschreitens der Schwellenwerte von Art. 6 BoeB einer detaillierten materiellen Regelung, deren Einhaltung auf dem Rechtsmittelweg durchgesetzt werden kann (Art. 15 Abs. 1 IVöB). Insoweit wäre es an sich denkbar, die Beschwerde in öffentlichrechtlichen Angelegenheiten (für Rechtsfragen von grundsätzlicher Bedeutung) zuzulassen. In Art. 83 lit. f Ziff. 1 wird indessen bezüglich der kantonalen Vergabeverfahren nicht zwischen dem «Staatsvertragsbereich» und den übrigen Submissionen unterschieden, sondern generell auf die Schwellenwerte des GPA bzw. von Art. 6 BoeB abgestellt. Hieraus ist ohne weiteres zu schliessen, dass Ziff. 1 und 2 von Art. 83 lit. f zusammen zu lesen und nicht als alternative Voraussetzungen zu verstehen sind. Deshalb steht die Beschwerde in öffentlichrechtlichen Angelegenheiten nur offen, wenn die Schwellenwerte von Art. 6 BoeB erreicht werden und sich **gleichzeitig** eine Rechtsfrage von grundsätzlicher Bedeutung stellt.[183] Es ist durchaus sachgerecht, für alle öffentlichen Vergabeverfahren sowohl des Bundes als auch der Kantone und Gemeinden einheitlich zu regeln, wann das Bundesgericht mit der Beschwerde in öffentlichrechtlichen Angelegenheiten angerufen werden kann. Zudem steht bezüglich kantonaler Vergabeverfahren regelmässig die subsidiäre Verfassungsbeschwerde offen. Im Übrigen scheint auch die nationalrätliche Kommission für Rechtsfragen, auf welche Art. 83 lit. f in seiner geltenden Form | 161

---

[181] Abkommen vom 21.6.1999 zwischen der Schweizerischen Eidgenossenschaft und der Europäischen Gemeinschaft über bestimmte Aspekte des öffentlichen Beschaffungswesens (SR 0.172.052.68).

[182] Vgl. BGE 131 I 137, 141 E. 2.4.

[183] Das Bundesgericht hat inzwischen (allerdings ohne nähere Begründung) in diesem Sinne entschieden; vgl. BGer, II. ÖRA, 10.9.2007, 2C_224/2007, E. 2.1. So im Ergebnis auch SEILER/ VON WERDT/GÜNGERICH, BGG, Art. 83 N 50; KARLEN, BGG, 50; EHRENZELLER/SCHWEIZER-AEMISEGGER, 138.

zurückgeht, die Bestimmung im hier dargestellten Sinn verstanden zu haben.[184] Sind beide Voraussetzungen erfüllt, so tritt das Bundesgericht auf die Beschwerde als Ganzes ein und beantwortet nicht etwa nur die Rechtsfrage von grundsätzlicher Bedeutung.

4. Rechtsmittelzug

a) Vergabeentscheide des Bundes

162   Gegen Vergabeentscheide des Bundes steht die Beschwerde ans **Bundesverwaltungsgericht** offen, falls die Ausschreibung die Schwellenwerte von Art. 6 Abs. 1 BoeB erreicht (Art. 27 Abs. 1 BoeB). Ist dies nicht der Fall, so findet das BoeB als Ganzes (einschliesslich der Rechtsmittelregelung) keine Anwendung auf das betreffende Submissionsverfahren und der getroffene Vergabeentscheid gilt nicht als anfechtbare Verfügung (Art. 39 i.V.m. Art. 32 lit. a Ziff. 1 VoeB). Diesfalls kann der unterlegene Bewerber immerhin mit dem Begehren an die Vergabebehörde gelangen, den Abschluss des in seinen Augen widerrechtlichen Vertrags zu unterlassen; so vermag er eine **Verfügung gem. Art. 25a VwVG** zu erwirken, die er beim Bundesverwaltungsgericht anfechten kann.[185] Dessen Entscheid ist alsdann endgültig, zumal – wie gesehen – die Beschwerde in öffentlichrechtlichen Angelegenheiten nur zulässig ist, falls die Schwellenwerte von Art. 6 Abs. 1 BoeB erreicht werden und sich gleichzeitig eine Rechtsfrage von grundsätzlicher Bedeutung stellt.

b) Vergabeentscheide der Kantone und Gemeinden

163   Die Anfechtung von Vergabeentscheiden der Kantone und Gemeinden richtet sind nach dem kantonalen Recht, wobei die Kantone von Bundesrechts wegen gehalten sind (vgl. Art. 9 Abs. 2 BGBM), zumindest ein Rechtsmittel an eine **richterliche Behörde** zur Verfügung zu stellen.[186] Ob es heute (wie noch vor der Justizreform[187]) unverändert zulässig ist, dass Kantone für Vergabeverfahren unter einem gewissen Schwellenwert keinerlei gerichtliche Überprüfung ermöglichen, erscheint mit Blick auf die Rechtsweggarantie fraglich; gegebenenfalls wäre Art. 29a BV aber Genüge getan, wenn die Kantone ein Art. 25a VwVG entsprechendes Verfahren (vgl. N 162) vorsehen würden.[188] Wie gesehen unterliegt der letztinstanzliche kantonale Gerichtsentscheid der Beschwerde in öffentlichrechtlichen Angelegenheiten nur dann, wenn sowohl die Schwellenwerte von Art. 6 Abs. 1 BoeB erreicht werden als auch eine Rechtsfrage von grundsätzlicher Bedeutung zu beantworten ist. Trifft das eine oder das andere nicht zu, so ist – soweit Verfassungsverletzungen in Frage stehen – die **subsidiäre Verfassungsbeschwerde** zulässig.

IX. Öffentlichrechtliche Arbeitsverhältnisse (Art. 83 lit. g)

1. Änderungen im Vergleich zum alten Recht

164   Im alten Recht stand, soweit öffentlichrechtliche Angestellte der Kantone betroffen waren, als Rechtsmittel auf Bundesebene zum Vornherein nur die staatsrechtliche Beschwerde zur Verfügung. Auch bei Bundesangestellten war die Verwaltungsgerichtsbeschwerde grundsätzlich ausgeschlossen, konnte diese doch nur bezüglich der Auflösung des Arbeitsverhältnisses (vgl. Art. 100 Abs. 1 lit. e OG) und hinsichtlich Fragen der Geschlechtergleichstellung (Art. 100 Abs. 2 lit. b OG) ergriffen werden.

---

[184] SEILER/VON WERDT/GÜNGERICH, BGG, Art. 83 N 50, verweisen diesbezüglich auf ein Sitzungsprotokoll vom 1./2.7.2004.

[185] SEILER/VON WERDT/GÜNGERICH, BGG, Art. 83 N 47.

[186] BGE 125 I 406, 408 ff. E. 2; vgl. auch Art. 15 Abs. 1 IVöB.

[187] Vgl. BGE 131 I 137.

[188] SEILER/VON WERDT/GÜNGERICH, BGG, Art. 83 N 48.

Neu schliesst Art. 83 lit. g die Beschwerde in öffentlichrechtlichen Angelegenheiten nur **165** insoweit generell aus, als eine nicht vermögensrechtliche Streitigkeit betroffen ist; sowohl in vermögensrechtlichen Angelegenheiten (vgl. aber Art. 85 BGG) als auch hinsichtlich Fragen der Geschlechtergleichstellung ist dieses Rechtsmittel – gleichermassen für Angestellte von Bund, Kantonen und Gemeinden – grundsätzlich zulässig.

2. Geltungsbereich der Ausnahmebestimmung

Die Rechtstellung des Personals mit öffentlichrechtlichem Arbeitsverhältnis ergibt sich **166** aus den einschlägigen Erlassen: Für das Bundespersonal aus dem BPG und den zugehörigen Verordnungen[189] und für das Personal der Kantone und Gemeinden aus deren personalrechtlichen Erlassen.

Öffentlichrechtlicher Natur sind alle Arbeitsverhältnisse mit öffentlichrechtlichen Kör- **167** perschaften, die nicht auf privatrechtlichem Vertrag beruhen. Rechte und Pflichten aus einer privatrechtlichen Anstellung richten sich – auch wenn der Betroffene für die öffentliche Hand tätig ist – nach den einschlägigen Bestimmungen des OR und sind auf dem für Zivilsachen massgebenden Rechtsweg zu verfolgen (vgl. Art. 6 Abs. 7 BPG).

In einem Arbeitsverhältnis i.S.v. Art. 83 lit. g stehen neben den **Beamten** und den (durch **168** öffentlichrechtlichen Vertrag oder Verfügung) **Angestellten** auch die **Magistraten.** Kein Arbeitsverhältnis ist dann betroffen, wenn die fragliche Arbeitsleistung in Erfüllung einer gesetzlichen (oder freiwillig begründeten) Dienstpflicht erbracht wird; die Zulässigkeit der Beschwerde in öffentlichrechtlichen Angelegenheiten richtet sich diesfalls nach Art. 83 lit. h.[190] Vom Milizdienst zu unterscheiden ist die Arbeitsleistung der Berufsmilitärpersonen; diese werden mit einem Vertrag nach BPG (befristet oder unbefristet) angestellt (vgl. Art. 47 Abs. 2 und Abs. 3 MG)

Von der Ausnahmebestimmung erfasst werden sämtliche Entscheide, welche ein (beste- **169** hendes; vgl. N 173) öffentlichrechtliches Arbeitsverhältnis als solches betreffen und **nicht vermögensrechtlicher Natur** sind. Ausgenommen sind mithin jene Streitigkeiten, denen ein direkter Bezug zu pekuniären Interessen fehlt, d.h. Entscheide über Rechte und Pflichten, die gar nicht oder bloss mittelbar von wirtschaftlicher Bedeutung sind.

Dabei ist insb. zu denken an Fragen der Weiterbildung, der Arbeits- und Ruhezeit (ein- **170** schliesslich der Verpflichtung zu Überzeit oder Wochenendarbeit, nicht aber deren Abgeltung), an rein dienstliche oder organisatorische Anordnungen aller Art, Aspekte des Persönlichkeitsschutzes am Arbeitsplatz, an das Berufs-, Geschäfts- oder Amtsgeheimnis, an Verbot oder Gestattung einer Nebenbeschäftigung (allerdings bloss bei einem Vollzeitbeschäftigten, dürften doch bei einem Teilzeitbeschäftigten insoweit wirtschaftliche Interessen im Vordergrund stehen), an Fragen im Zusammenhang mit der Einschränkung von Rechten der Angestellten (vgl. hierzu Art. 24 BPG) sowie an einen internen Stellenwechsel ohne Lohneinbusse.

Kommt es im Rahmen eines öffentlichrechtlichen Arbeitsverhältnisses zu einer **vermö-** **171** **gensrechtlichen Streitigkeit,** so ist die Beschwerde in öffentlichrechtlichen Angelegenheiten grundsätzlich zulässig.[191] Allerdings muss der Streitwert mindestens Fr. 15 000.–

---

[189] Soweit Magistraten betroffen sind, finden das Bundesgesetz vom 6.10.1989 über Besoldung und berufliche Vorsorge der Magistratspersonen (SR 172.121) sowie die zugehörige Verordnung gleichen Datums (SR 172.121.1) Anwendung.

[190] Vgl. SEILER/VON WERDT/GÜNGERICH, BGG, Art. 83 N 57.

[191] Das Bundesgericht hatte im alten Recht für die Rechtsmittelregelung im Zivilrecht (vgl. Art. 44 ff. OG) zwischen vermögensrechtlichen und nicht vermögensrechtlichen Zivilsachen zu

betragen (Art. 85 Abs. 1 lit. b BGG) oder sich eine Rechtsfrage von grundsätzlicher Bedeutung stellen (Art. 85 Abs. 2 BGG). Vermögensrechtlicher Natur sind neben Lohnansprüchen, die Entlassung[192] und eine diesbezüglich allfällig geschuldete Entschädigung, die Beförderung und – sofern lohnrelevant – die Mitarbeiterbeurteilung,[193] der Spesenersatz, der Teuerungsausgleich sowie Haftungs- und Regressansprüche aus dem Arbeitsverhältnis (Näheres unter Art. 85 N 21; vgl. auch Art. 74 N 4 und insb. Art. 51 N 11 ff.).

172   Nicht das **Arbeitsverhältnis** als solches betreffen Entscheide bezüglich dessen sozialversicherungsrechtliche Aspekte sowie bezüglich die berufliche Vorsorge. Gleich verhält es sich mit rein datenschutzrechtlichen Fragen (vgl. N 16), etwa im Zusammenhang mit dem Gesundheitszustand eines Angestellten oder mit dessen Personaldossier. Auf diesen Gebieten ist die Beschwerde in öffentlichrechtlichen Angelegenheiten ohne Einschränkungen zulässig, auch wenn keine vermögensrechtliche Streitigkeit vorliegt bzw. die vermögensrechtliche Streitigkeit im Hintergrund über einen Streitwert von weniger als Fr. 15 000.– verfügt.

173   Die **Nichtberücksichtigung eines Stellenbewerbers** muss wohl als vermögensrechtlicher Natur betrachtet werden, so dass die Ausnahmebestimmung von Art. 83 lit. g nicht zum Tragen kommt. Allerdings dürfte sich die Frage nach der Zulässigkeit der Beschwerde in öffentlichrechtlichen Angelegenheiten in diesem Zusammenhang kaum je stellen: Vorbehältlich des Diskriminierungsverbots entscheidet auch die öffentliche Hand grundsätzlich frei darüber, welchen Stellenbewerber sie berücksichtigen will, weshalb die Nichtanstellung einer bestimmten Person bzw. die Anstellung einer anderen Person nicht als anfechtbarer Entscheid betrachtet wird. Was das Bundespersonal betrifft, so wird das Arbeitsverhältnis mit **öffentlichrechtlichem Vertrag** begründet (Art. 8 Abs. 1 BPG). Demnach findet das VwVG auf das Anstellungsverfahren keine Anwendung (vgl. Art. 1 Abs. 1 VwVG), weshalb es dem nichtberücksichtigten Bewerber auch nicht möglich ist, einen Entscheid gem. Art. 25a VwVG zu erwirken, welcher alsdann als Anfechtungsobjekt dienen könnte (vgl. N 162).

3. Gegenausnahme

174   Ein Entscheid, der nicht vermögensrechtliche Aspekte eines öffentlichrechtlichen Arbeitsverhältnisses betrifft, unterliegt dann dennoch der Beschwerde in öffentlichrechtlichen Angelegenheiten, wenn Aspekte der **Geschlechtergleichstellung** betroffen sind. Im Vordergrund stehen dabei Ansprüche aus dem Diskriminierungsverbot gem. Art. 3 f. GlG.

175   Auch wenn der Grossteil der Präjudizien Fragen der Lohngleichheit und mithin vermögensrechtliche Angelegenheiten betrifft, so können durchaus auch Diskriminierungen bezüglich **nicht vermögensrechtlicher Aspekte des Arbeitsverhältnisses** zur Diskussion stehen. Zu denken ist etwa an die Aufgabenzuteilung,[194] die allgemeinen Arbeitsbedingungen, die Aus- und Weiterbildung sowie insb. die sexuelle Belästigung am Arbeitsplatz. Letztere ist selbst dann zu den nicht vermögensrechtlichen Angelegenheiten zu zählen, wenn eine Entschädigung zugesprochen wird (vgl. Art. 5 Abs. 3 und Art. 13 Abs. 2 GlG), weil der wirtschaftliche Aspekt kaum je im Vordergrund stehen dürfte.

---

unterscheiden, so dass sich der einschlägigen Rechtsprechung Hinweise auf die Unterscheidung entnehmen lassen.

[192] Vgl. SEILER/VON WERDT/GÜNGERICH, BGG, Art. 85 N 11.
[193] Für das Bundespersonal vgl. aber Art. 36a BPG und Art. 32 Abs. 1 lit. c VGG.
[194] Vgl. etwa BGer, II. ÖRA, 8.9.2004, 2A.453/2003.

Art. 83 lit. g erfasst ausschliesslich die nicht vermögensrechtlichen Angelegenheiten, weshalb sich die Zulässigkeit der Beschwerde in öffentlichrechtlichen Angelegenheiten gegen Entscheide, welche die **Lohngleichheit** oder andere vermögensrechtliche Aspekte eines öffentlichrechtlichen Arbeitsverhältnisses betreffen, nach Art. 85 Abs. 1 lit. b und Abs. 2 BGG beurteilt. Letztere Bestimmung sieht keine Sonderregelung hinsichtlich Fragen der Gleichstellung der Geschlechter vor, so dass das Erreichen der Streitwertgrenze bzw. das Vorliegen einer Rechtsfrage von grundsätzlicher Bedeutung ausschlaggebend ist.[195]   **176**

Um Entscheide vermögensrechtlicher Natur handelt es sich insb. auch, wenn eine diskriminierende Nichtanstellung oder Entlassung, zu beurteilen ist, zumal die betroffene Person insoweit einzig Anspruch auf eine Entschädigung hat (Art. 5 Abs. 2 GlG).   **177**

X. Amtshilfe (Art. 83 lit. h)

1. Änderungen im Vergleich zum alten Recht

Bei Art. 83 lit. h handelt es sich um eine neue Ausnahmebestimmung, welche einerseits die Verfahren der internationalen Amtshilfe durch eine **Verkürzung des Rechtsmittelzugs** beschleunigen und andererseits das Bundesgericht entlasten soll.[196] Weil das Bundesverwaltungsgericht letztinstanzlich entscheidet, hat es mit einer einzigen Rechtsmittelinstanz sein Bewenden; es verhält sich insofern gleich wie unter dem alten Recht, welches im Bereich der internationalen Amtshilfe unmittelbar die Verwaltungsgerichtsbeschwerde ans Bundesgericht zuliess. Von der Ausnahmebestimmung betroffen sind vorab die Gebiete der Börsen- und Finanzmarktaufsicht[197] und des Steuerstrafrechts,[198] welche in der jüngsten Vergangenheit zu zahlreichen Bundesgerichtsentscheiden Anlass gegeben haben.   **178**

2. Geltungsbereich der Ausnahmebestimmung

Gemäss Art. 83 lit. h ist die Beschwerde in öffentlichrechtlichen Angelegenheiten gegen Entscheide auf dem Gebiet der internationalen Amtshilfe gänzlich ausgeschlossen. Die Bestimmung erfasst allerdings explizit nur die internationale und nicht die innerstaatliche Amtshilfe, so dass die Beschwerde gegen Entscheide betr. die **Amtshilfe im Binnenverhältnis** uneingeschränkt zulässig ist. Dieser Umstand stellt die Entlastungswirkung von Art. 83 lit. h nicht ernsthaft in Frage, da die Anzahl der internationalen Amtshilfeverfahren bis anhin wesentlich grösser war als die Zahl der inländischen. Des Weiteren sind im Binnenverhältnis – anders als bei internationalen Verfahren – regelmässig Rechtsstreitigkeiten betroffen, bei denen nicht Aspekte des Amtshilferechts, sondern andere Rechtsfragen im Vordergrund stehen. Urteile, die als eigentliche Entscheide auf dem Gebiet der innerstaatlichen Amtshilfe bezeichnet und von einer entsprechenden Ausnahmebestimmung erfasst werden könnten, gibt es kaum. Amtshilferechtliche Fragen stellen sich vor allem im Zusammenhang mit dem Steuerrecht (vgl. Art. 111 ff. DBG und Art. 39 f. StHG)[199] sowie gelegentlich auch im Ausländer-[200] oder Sozialversicherungs-   **179**

---

[195] So auch SEILER/VON WERDT/GÜNGERICH, BGG, Art. 85 N 7.

[196] Botschaft 2001 4323 f.

[197] Vgl. BGE 129 II 484; 128 II 407; 127 II 323; 127 II 142; 126 II 409; 126 II 126; 126 II 86; 125 II 450; 125 II 83; 125 II 79; 125 II 65.

[198] Vgl. BGer, II. ÖRA, 10.8.2006, 2A.608/2005, StE 2006 A 31.4 Nr. 9; BGer, II. ÖRA, 27.1.2004, 2A.185/2003, RDAF 2004 II 10; BGer, II. ÖRA, 22.12.2003, 2A.233/2003, StR 59/2004, 475; BGer, II. ÖRA, 6.2.2002, 2A.250/2001, Pra 2002 Nr. 52, 283; BGE 124 II 58.

[199] Aus der Praxis des Bundesgerichts: BGE 128 II 311; BGE 124 II 58; BGer, II. ÖRA, 8.5.2006, 2A.585/2005, E. 3; BGer, II. ÖRA, 25.7.2001, 2A.96/2000, ASA 71 551; BGer, II. ÖRA, 20.11.1998, 2A.28/1997, StR 54/1999 347; BGer, II. ÖRA, 9.2.1998, 2A.28/1997, ASA 68 579.

[200] Vgl. etwa BGer, II. ÖRA, 1.2.2007, 2A.692/2006, E. 4.2.3.

recht.[201] Betroffen sind mithin Rechtsgebiete, bei denen die Beschwerde in öffentlich-rechtlichen Angelegenheiten grundsätzlich zulässig ist; es ist zum Vornherein ausgeschlossen, dieses Rechtsmittel bei solchen Streitigkeiten allein deswegen für unzulässig zu erklären, weil sich auch gewisse Fragen amtshilferechtlicher Natur stellen.

180   Mit Blick auf die vorliegende Ausnahmebestimmung ist eine **Abgrenzung** von internationaler Amtshilfe und internationaler Rechtshilfe erforderlich. Im Vordergrund steht dabei der Bereich der Rechtshilfe in Verwaltungssachen, in welchem – weil er von Art. 83 lit. h nicht erfasst wird – die Beschwerde in öffentlichrechtlichen Angelegenheiten uneingeschränkt zulässig ist. Das gleiche Rechtsmittel steht grundsätzlich auch auf dem Gebiet der internationalen Rechtshilfe in Strafsachen zur Verfügung (vgl. die eigene Regelung der Zulässigkeit in Art. 84 BGG), wobei sich dort aber hinsichtlich des Geltungsbereichs von Art. 83 lit. h in der Praxis kaum Abgrenzungsfragen stellen dürften: Dies aus dem einfachen Grund, dass im Bereich der Rechtshilfe in Strafsachen als Vorinstanz des Bundesgerichts nicht das Bundesverwaltungsgericht, sondern das Bundesstrafgericht wirkt (Art. 28 Abs. 1 lit. e SGG; vgl. auch Art. 86 Abs. 1 lit. b BGG). Schliesslich unterliegen die Rechtshilfeverfahren betr. Zivilsachen ebenfalls der Beschwerde ans Bundesgericht (Art. 72 Abs. 2 lit. b BGG), so dass sich eine Abgrenzung von Amts- und Rechtshilfe auch insoweit aufdrängt.

181   Im konkreten Einzelfall lassen sich Amts- und Rechtshilfe im Wesentlichen nach folgenden **drei Gesichtspunkten** unterscheiden:[202] Zunächst dient die Rechtshilfe unmittelbar einem im ersuchenden Staat geführten Gerichtsverfahren; die Amtshilfe besteht demgegenüber in einer blossen – von einem konkreten gerichtlichen Verfahren unabhängigen – behördlichen Zusammenarbeit (sog. finale Betrachtungsweise). Weiter wird die Rechtshilfe an ausländische Gerichts- und nicht an Verwaltungsbehörden geleistet; dies im Unterschied zur Amtshilfe, welche auf Ersuchen einer ausländischen Verwaltungsbehörde erbracht wird (sog. organisationsrechtliche Betrachtungsweise). Schliesslich werden Rechtshilfegesuche – soweit nicht Staatsverträge Erleichterungen vorsehen – auf diplomatischem Weg übermittelt, während die Amtshilfe unter Verwaltungsbehörden regelmässig informell auf direktem Weg erfolgt.

XI. Militärdienst, Zivilschutzdienst und Zivildienst (Art. 83 lit. i)

1. Änderungen im Vergleich zum alten Recht

182   Auch im Anwendungsbereich von Art. 83 lit. i ist es zu einer wesentlichen Umgestaltung gekommen: Während Art. 100 lit. d OG für die Bereiche Militär und Zivilschutz in einer mehrere Ziffern umfassenden Aufzählung die Verwaltungsgerichtsbeschwerde ans Bundesgericht weitgehend ausschloss, ist nach dem neuen Recht das ordentliche Rechtsmittel nur noch in Bezug auf die Dienstleistung als solche unzulässig.

2. Geltungsbereich der Ausnahmebestimmung

183   Art. 83 lit. i schliesst die Beschwerde in öffentlichrechtlichen Angelegenheiten bezüglich Entscheiden auf dem Gebiet des Militärdienstes, des Zivilschutzdienstes und des Zivildienstes aus. Die Aufzählung der ausgenommenen Arten einer Dienstleistung ist ab-

---

[201] Vgl. EVG, 28.1.2003, I 448/02.
[202] Näheres bei STEPHAN BREITENMOSER, Neuere Rechtsentwicklungen in den Bereichen der internationalen Amts- und Rechtshilfe, in: Bernhard Ehrenzeller (Hrsg.), Aktuelle Fragen der internationalen Amts- und Rechtshilfe, St. Gallen 2005, 13 ff.; THIERRY AMY, Entraide administrative internationale en matière bancaire, boursière et financière, Diss. Lausanne 1998, 216 ff.

schliessend, weshalb die Beschwerde bezüglich **anderer Milizdienste**, insb. der Feuerwehr, ohne Einschränkungen zulässig ist.[203]

Von der Ausnahmebestimmung erfasst werden sämtliche Entscheide, die den **Dienst**   **184** **bzw. die Dienstpflicht** betreffen, nicht aber Entscheide im Zusammenhang mit dem Arbeitsverhältnis von Berufsmilitärpersonen (vgl. N 168).

Nicht den Dienst als solchen betreffen weiter rein **datenschutzrechtliche Fragen** (vgl.   **185** N 16), insb. im Zusammenhang mit dem militärischen Kontrollwesen und der Bearbeitung von Personendaten (Art. 146 ff. MG), sowie Streitigkeiten bezüglich des **Wehrpflichtersatzes** (vgl. Art. 31 Abs. 3 WPEG[204]).

Gleiches gilt für **sozialversicherungsrechtliche Ansprüche** des Dienstleistenden, mithin   **186** für Entscheide über die Erwerbsausfallentschädigung[205] und Leistungen der Militärversicherung. Mangels einer Beitragszahlungspflicht der Dienstleistenden[206] handelt es sich bei Letzterer nicht um eine Versicherung im eigentlichen Sinne und sie wird traditionellerweise sowohl dem Sozialversicherungsrecht als auch dem Staatshaftungsrecht zugerechnet.[207] Dieser Doppelcharakter der **Militärversicherung** darf indessen nicht dazu führen, dass sich die Zulässigkeit der Beschwerde in öffentlichrechtlichen Angelegenheiten nach Art. 85 Abs. 1 lit. a und Abs. 2 BGG beurteilt. Für den Dienstleistenden, der in seiner körperlichen, geistigen oder psychischen Gesundheit geschädigt wurde, steht klar der sozialversicherungsrechtliche Charakter des Leistungsanspruchs im Vordergrund; die Staatshaftungsaspekte (Dienstleistung aufgrund einer allgemeinen Dienstpflicht sowie Finanzierung der Versicherungsleistungen aus dem allgemeinen Bundesbudget) treten in den Hintergrund. Auch wenn das MVG teilweise weitergehende Ansprüche als die übrigen Sozialversicherungszweige gewährt,[208] drängt es sich unter Gleichbehandlungsgesichtspunkten mit Leistungsbezügern der Kranken- und Unfallversicherung geradezu auf, die Beschwerde in öffentlichrechtlichen Angelegenheiten ohne Einschränkungen zuzulassen.

Art. 83 lit. i unterscheidet – anders als noch Art. 100 lit. d Ziff. 1 OG – nicht zwischen   **187** **vermögensrechtlichen und anderen Angelegenheiten**, so dass insb. auch Entscheide über Regress-[209] (Art. 138 MG; Art. 61 BZG; Art. 55 Abs. 2 ZDG) und Schadenersatzansprüche (Art. 139 f. MG; Art. 62 BZG; Art. 55 Abs. 3 ZDG), die der Bund gegenüber dem Dienstleistenden geltend macht (bezüglich Zivilschutzdienstleistenden kann es sich auch um Ansprüche des Kantons oder der Gemeinde handeln; vgl. Art. 61 f. BZG und Art. 40 ZSV[210]), von der Beschwerde in öffentlichrechtlichen Angelegenheiten ausgenommen sind.

Zu beachten ist insoweit, dass Art. 83 lit. i einzig das Verhältnis zwischen dem Dienst-   **188** leistenden und der Armee, dem Zivilschutz oder der zuständigen Zivildienstbehörde[211]

---

[203]   So auch SEILER/VON WERDT/GÜNGERICH, BGG, Art. 83 N 71.

[204]   Bundesgesetz vom 12.6.1959 über die Wehrpflichtersatzabgabe (SR 661).

[205]   Vgl. das Bundesgesetz vom 25.9.1952 über den Erwerbsersatz für Dienstleistende und bei Mutterschaft (Erwerbsersatzgesetz, EOG; SR 834.1).

[206]   Vgl. aber Art. 2 Abs. 1 MVG.

[207]   Vgl. BGE 127 II 289, 292 f. E. 3.

[208]   Vgl. insb. die Mitversicherung von Sachschäden (Art. 57 MVG) sowie die Entschädigungen für die Verzögerung der Berufsausbildung (Art. 30 MVG) und für Selbständigerwerbende (Art. 32 MVG).

[209]   Vgl. etwa BGE 111 Ib 192; BGer, II. ÖRA, 11.1.2005, 2A.585/2004.

[210]   Verordnung vom 5.12.2003 über den Zivilschutz (Zivilschutzverordnung, ZSV; SR 520.11).

[211]   Beim Zivildienst besteht insoweit eine besondere Situation, als dem Dienstleistenden nicht primär eine Behörde, sondern der (zivile) Einsatzbetrieb gegenübersteht (vgl. Art. 44 ZDG).

beschlägt, nicht aber das **Verhältnis zu Dritten**. Deshalb handelt es sich um eine Angelegenheit des Staatshaftungsrechts, wenn aufgrund von Handlungen Dienstleistender die Haftung des Bundes (beim Zivilschutz allenfalls des Kantons und der Gemeinde; vgl. Art. 60 Abs. 1 und Abs. 2 BZG) gegenüber Dritten in Frage steht; die Zulässigkeit der Beschwerde in öffentlichrechtlichen Angelegenheiten richtet sich diesfalls nicht nach der vorliegenden Ausnahmebestimmung, sondern nach Art. 85 Abs. 1 lit. a und Abs. 2 BGG. Ein geschädigter Dritter kann Haftungsansprüche nur gegenüber der öffentlichen Hand, nicht aber gegenüber den Dienstleistenden persönlich geltend machen (vgl. Art. 135 Abs. 4 MG; Art. 60 Abs. 3 BZG; Art. 55 Abs. 1 ZDG).

XII. wirtschaftliche Landesversorgung (Art. 83 lit. j)

1. Änderungen im Vergleich zum alten Recht

189   Im Wesentlichen unverändert präsentieren sich die Dinge im Bereich der wirtschaftlichen Landesversorgung: Zwar kannte das OG selber keine Art. 83 lit. j entsprechende Ausnahmebestimmung; die einschlägige Rechtsmittelregelung im LVG sah jedoch in Bezug auf die Verwaltungsgerichtsbeschwerde ans Bundesgericht die gleichen Ausnahmen vor wie das BGG heute hinsichtlich der Beschwerde in öffentlichrechtlichen Angelegenheiten.

2. Geltungsbereich der Ausnahmebestimmung

190   Grundsätzlich unterliegen die Entscheide des Bundesverwaltungsgerichts auf dem Gebiet der wirtschaftlichen Landesversorgung der Beschwerde in öffentlichrechtlichen Angelegenheiten. Art. 83 lit. j nimmt lediglich jene **zwei klar umrissenen Bereiche** von der Beschwerde aus, in welchen schon bis anhin der Zugang zum Bundesgericht verwehrt war (vgl. Art. 38 lit. c LVG[212]):

a) Massnahmen bei zunehmender Bedrohung

191   Ist die **Versorgung mit lebenswichtigen Gütern oder Dienstleistungen** infolge zunehmender kriegerischer oder machtpolitischer Bedrohung erheblich gefährdet oder gestört, so kann der Bundesrat verschiedene (teils weitreichende) Massnahmen treffen, um die inländische Produktion und Distribution zu sichern und zu verbessern (vgl. Art. 23 Abs. 1 LVG[213]); flankierend kann er zum einen die Preise für lebenswichtige Güter und Dienstleistungen überwachen lassen und gegebenenfalls Höchstpreise anordnen (Art. 24 LVG)

---

[212] AS 1992 319.

[213] Der Gesetzestext zählt detailliert die zu verfolgenden Ziele sowie beispielhaft mögliche Massnahmen zu deren Verwirklichung auf. Erwähnt werden Massnahmen zur Steigerung und Anpassung der inländischen Produktion in der Landwirtschaft (wie Durchführung von Ausbau- und Nutzungsprogrammen, Einführung der Anbau- und der Ablieferungspflicht) und in der Energiewirtschaft sowie durch Nutzung von Bodenschätzen und Ersatzstoffen (lit. a); zur Güterbeschaffung (wie Abschluss von Rechtsgeschäften, gemeinsame Vorkehren von Importeuren, Finanzierung dieser Vorkehren, Deckung des Preisverlustes und der unversicherbaren Risiken, Lieferungspflicht; lit. b); zur Schaffung und Erhaltung von Produktionsstätten (lit. c); zur Lenkung der Verarbeitung (wie Bestimmung von Herstellungsverfahren, von Verwendungszwecken und Mengen; lit. d); zur Beschränkung der Ausfuhr (lit. e); zur verstärkten Lagerhaltung und zur Verlagerung von Vorräten (lit. f); zur angemessenen Verteilung von Gütern (wie Zuweisung, Kontingentierung, Rationierung, Sperre, Verhütung des Aufkaufs; lit. g); zur Verminderung des Verbrauchs (lit. h) und zur Sicherstellung von Dienstleistungen, namentlich von Transporten (wie Einführung der Pflicht zur Dienstleistung, Sicherung von Transportmitteln, Änderung oder Aufhebung von Vorschriften über Betriebs-, Transport-, Fahrplan- und Flugplanpflicht, Bewilligungspflicht für die Veräusserung oder die Stilllegung von Transportmitteln; lit. i).

und zum anderen den zuständigen Stellen das Requisitionsrecht einräumen (Art. 25 LVG). Gegen Entscheide über derartige Massnahmen ist die Beschwerde in öffentlich-rechtlichen Angelegenheiten unzulässig.

Wird eine Massnahme nach Art. 23 ff. LVG ergriffen, **ohne** dass eine **Bedrohungslage** i.S.v. Art. 23 Abs. 1 LVG vorliegt,[214] so dient die Massnahme der Vorbereitung ausserhalb von Krisenzeiten (vgl. Art. 25 Abs. 2 LVG) und unterliegt letztinstanzlich der Beschwerde in öffentlichrechtlichen Angelegenheiten.   **192**

b) Massnahmen bei schweren Mangellagen

Kommt es infolge von **Marktstörungen**, denen die Wirtschaft nicht selbst zu begegnen vermag, zu schweren Mangellagen, so kann der Bundesrat einerseits selbst mit Förderungsmassnahmen eingreifen (Förderung von Vorratshaltung sowie Beschaffung und Verteilung von Gütern, nötigenfalls mittels Finanzhilfen; Art. 26 Abs. 1 LVG) und andererseits die Selbsthilfemassnahmen der Wirtschaft unterstützen (Art. 26 Abs. 2 LVG). Kann die (schwere) Mangellage dergestalt nicht behoben werden und betrifft sie lebenswichtige Güter oder Dienstleistungen, so ist der Bundesrat aufgrund von Art. 28 Abs. 1 LVG zum Erlass von weitreichenden Vorschriften ermächtigt;[215] gleichzeitig kann er die Überwachung der Preise anordnen und wenn nötig Höchstpreise festsetzen (Art. 28 Abs. 3 LVG). Gegen Entscheide über derartige Massnahmen ist die Beschwerde in öffentlich-rechtlichen Angelegenheiten unzulässig.   **193**

XIII. Subventionen (Art. 83 lit. k)

1. Änderungen im Vergleich zum alten Recht

Inhaltlich entspricht Art. 83 lit. k der Regelung von Art. 99 Abs. 1 lit. h OG, welche die Verwaltungsgerichtsbeschwerde im Bereich von öffentlichrechtlichen Zuwendungen ausschloss, soweit das Bundesrecht keinen Anspruch auf diese einräumte.   **194**

Neu ist, dass die Ausnahmebestimmung auch die Subventionen nach kantonalem Recht erfasst. Entscheide betr. kantonalrechtliche Subventionen unterlagen bis anhin der staatsrechtlichen Beschwerde, wobei die Legitimation zu diesem Rechtsmittel ein rechtlich geschütztes Interesse des Beschwerdeführers voraussetzte. Im vorliegenden Zusammenhang bedeutete dies, dass der Betroffene – gleich wie heute – über einen Rechtsanspruch   **195**

---

[214] Der Bundesrat hat die Organisation der wirtschaftlichen Landesverteidigung und die Vorbereitungsmassnahmen in einer Vielzahl von Erlassen geregelt: Neben die allgemeine Bestimmungen enthaltenden Verordnungen vom 6.7.1983 über die Organisation der wirtschaftlichen Landesversorgung (Organisationsverordnung Landesversorgung; SR 531.11) und vom 2.7.2003 über die Vorbereitungsmassnahmen der wirtschaftlichen Landesversorgung (SR 531.12) ist insb. die Pflichtlagerhaltung in allen Einzelheiten normiert. Die Verordnungen vom 6.7.1983 über die allgemeinen Grundsätze der Vorratshaltung (Vorratshaltungsverordnung; SR 531.211) und vom 6.7.1983 über das Aussonderungs- und das Pfandrecht des Bundes an Pflichtlagern (SR 531.212) enthalten für alle Pflichtlager geltende Regeln, während in zusätzlichen elf Verordnungen (vgl. SR 531.215) die obligatorische Pflichtlagerhaltung je für die Bereiche Lebens- und Futtermittel, Düngemittel, Arzneimittel sowie Treib-, Brenn- und Schmierstoffe durchreglementiert wird.

[215] Er kann Regelungen treffen über die Freigabe von Pflichtlagern (lit. a); die Mengen für die Erzeugung, die Verarbeitung, die Verteilung und den Verbrauch (lit. b); die Verminderung des Verbrauchs (lit. c); den Verwendungszweck von Gütern und ihre Einstufung je nach Wichtigkeit für die Versorgung (lit. d); die Beschränkung der Ausfuhr (lit. e); die Rückgewinnung von Stoffen und die Verwertung von Altstoffen (lit. f) und die Beschaffung von Ersatzgütern (lit. g).

auf die streitige Subvention verfügen musste, um mit staatsrechtlicher Beschwerde ans Bundesgericht gelangen zu können.[216]

2. Subventionsbegriff

196   Der Begriff der Subventionen[217] umfasst **alle geldwerten Vorteile** (nicht rückzahlbare Geldleistungen, Bürgschaften, Vorzugsbedingungen bei der Gewährung von Darlehen sowie unentgeltliche oder verbilligte Dienst- und Sachleistungen), welche Empfängern ausserhalb der Verwaltung gewährt werden.[218]

197   Gewöhnlich wird zwischen Finanzhilfen («aides financières» bzw. «aiuti finanziari») und Abgeltungen («indemnités» bzw. «indennità») unterschieden: **Finanzhilfen** sind geldwerte Vorteile, die zur Förderung einer vom Empfänger selber gewählten Aufgabe ausgerichtet werden, während **Abgeltungen** finanzielle Lasten mildern oder ausgleichen sollen, die sich aus der Erfüllung von bundesrechtlich vorgeschriebener oder eigens vom Bund übertragener Aufgaben ergeben (vgl. Art. 3 SuG[219]).

198   In den **Kantonen** werden teils auch andere Begriffe verwendet, wobei durch die Wahl des Begriffs gegebenenfalls zum Ausdruck gebracht wird, ob ein Rechtsanspruch auf Gewährung des Staatsbeitrags besteht oder nicht. So braucht z.B. der Zürcher Gesetzgeber die Begriffe «Kostenanteile» und «Kostenbeiträge» für jene staatlichen Beihilfen, auf die ein gesetzlicher Anspruch besteht, während er dann von «Subventionen» spricht, wenn kein Rechtsanspruch auf die Ausrichtung des geldwerten Vorteils besteht.[220]

3. Geltungsbereich der Ausnahmebestimmung

199   Art. 83 lit. k schliesst die Beschwerde in öffentlichrechtlichen Angelegenheiten aus gegen «Entscheide betr. Subventionen, auf die kein Anspruch besteht». Die Frage, ob die Beschwerde in öffentlichrechtlichen Angelegenheiten zulässig ist, setzt also eine **Auslegung** jener Normen voraus, welche den streitigen Staatsbeitrag regeln.

200   Gewöhnlich besteht dann ein **Rechtsanspruch** auf eine Subvention, wenn der anwendbare Erlass die Bedingungen, unter denen der Beitrag zu gewähren ist, selber umschreibt, ohne den entsprechenden Entscheid ins Ermessen der rechtsanwendenden Behörde zu stellen. Unerheblich ist dabei, ob sich der Anspruch auf die Subvention aus einem Gesetz, einer Verordnung oder aus mehreren Erlassen zusammen ergibt.[221]

201   Durch den Umstand, dass die massgebende Regelung die Höhe (oder jedenfalls die Mindesthöhe) der Beiträge nicht bestimmt, sondern der zuständigen Behörde hinsichtlich einzelner Beitragsvoraussetzungen einen gewissen Beurteilungsspielraum belässt, so dass diese die **Beitragshöhe** innerhalb bestimmter Grenzen festsetzen kann, wird das Bestehen eines Rechtsanspruchs nicht ausgeschlossen.[222] Es kann (ausnahmsweise[223])

---

[216]   Vgl. BGer, II. ÖRA, 26.2.2007, 2P.244/2006, E. 1.2; BGer, II. ÖRA, 12.5.1995, 2P.211/1994, E. 2a; BGer, II. ÖRA, 13.3.1995, 2P.121/1994, E. 2b.

[217]   Eine umfassende Darstellung des Subventionsbegriffs findet sich bei F. MÖLLER, Rechtsschutz bei Subventionen, Diss. Basel 2006, 20–48.

[218]   Bspw. auch Stipendien, vgl. BGer, II. ÖRA, 17.8.2007, 2C_121/2007.

[219]   Die gleichen Begriffe wie der Bund verwenden auch etliche Kantone, vgl. bspw. Art. 3 des Berner Staatsbeitragsgesetzes (StBG) vom 16.9.1992 (BSG 641.1) oder § 3 des Luzerner Staatsbeitragsgesetzes vom 17.9.1996 (SRL 601).

[220]   Vgl. §§ 2 ff. des Zürcher Staatsbeitragsgesetzes vom 1.4.1990 (OS 132.2).

[221]   Vgl. BGE 118 V 16, 19 E. 3a; 117 Ib 225, 227 E. 2a; 116 Ib 309, 312 E. 1b; 110 Ib 148, 152 f. E. 1b.

[222]   BGE 110 Ib 297, 300 E. 1; vgl. auch BGer, II. ÖRA, 20.4.2006, 2A.529/2005, E. 1.

[223]   BGer, II. ÖRA, 18.2.2004, 2A.95/2004, E. 2.5.

selbst dann ein Rechtsanspruch auf eine Subvention bestehen, wenn diese nach der gesetzlichen Regelung lediglich im Rahmen der bewilligten Kredite gewährt wird und insoweit an einen **Kreditvorbehalt** geknüpft ist.[224] Ohne weiteres zulässig ist die Beschwerde aber auch bezüglich einer Subvention, die an sich der parlamentarischen Budgethoheit untersteht, falls das anwendbare Verordnungsrecht einen Rechtsanspruch gewährt.[225]

Die Auslegung der einschlägigen Bestimmungen hat sich zunächst am **Wortlaut** zu   **202** orientieren: Eine Formulierung in verpflichtender «Ist-Form» legt das Bestehen eines Anspruchs nahe, während eine Norm in bloss ermächtigender «Kann-Form» eher gegen einen Rechtsanspruch spricht.

Selbstverständlich darf sich die Auslegung aber nicht auf die grammatikalischen Ge-   **203** sichtspunkte der Regelung beschränken; das Bundesgericht hat denn auch wiederholt bei sog. **«Kann-Vorschriften»** ein Entschliessungsermessen der zuständigen Behörde verneint und auf das Bestehen eines Rechtsanspruchs geschlossen.[226] In diesem Sinne entschieden hat es kürzlich hinsichtlich von Pauschalen, welche der Bund den Kantonen im Asylbereich für spezielle Unterbringungsformen bezahlt (Art. 88 Abs. 4 AsylG i.V.m. Art. 25 AsylV 2[227]),[228] nicht aber bezüglich der Beiträge an die Kosten von Einrichtungen zur Behandlung traumatisierter Personen (Art. 91 Abs. 3 AsylG i.V.m. Art. 44 Abs. 1 AsylV 2[229]).

Weil ein Rechtsanspruch in Frage steht, ist die Beschwerde in öffentlichrechtlichen   **204** Angelegenheiten zulässig gegen Entscheide über die Beiträge, welche der Bund an die Kosten des Baus der Hauptstrassen leistet (Art. 12 ff. MinVG[230]).[231] Mangels Rechtsanspruchs ausgeschlossen ist die Beschwerde demgegenüber bezüglich Finanzhilfen zur Schaffung von familienergänzenden Betreuungsplätzen für Kinder.[232, 233]

Mit dem **Widerruf** einer Subvention wird stets in die Rechtsstellung des Empfängers   **205** eingegriffen. Entscheide betr. die Rückforderung von bereits ausgerichteten Subventionen werden deshalb nie von Art. 83 lit. k erfasst, auch dann nicht, wenn der Betroffene ursprünglich keinen Anspruch auf die Ausrichtung von Staatsbeiträgen hatte. Ebenfalls immer der Beschwerde in öffentlichrechtlichen Angelegenheiten unterliegen Entscheide, mit denen von einer **Subventionszusicherung** abgewichen wird, zumal eine solche einen subjektiven Rechtsanspruch des Empfängers begründet.[234]

---

[224] BGer, II. ÖRA, 18.8.1997, 2A.453/1996, ZBl 100/1999 166, E. 1b; BGer, II. ÖRA, 20.4.2006, 2A.529/2005, E. 1; vgl. auch den Meinungsaustausch zwischen Bundesgericht und Bundesrat, VPB 49/1985 371.

[225] Vgl. Seiler/von Werdt/Güngerich, BGG, Art. 83 N 80.

[226] Vgl. BGE 118 V 16, 19 E. 3a; EVG, 4.10.2000, I 193/98, E. 3; BGer, II. ÖRA, 18.8.1997, 2A.453/1996, ZBl 100/1999 166, E. 1b.

[227] Asylverordnung 2 vom 11.8.1999 über Finanzierungsfragen (Asylverordnung 2, AsylV 2; SR 142.312).

[228] BGer, II. ÖRA, 17.2.2005, 2A.260/2004, E. 1.4 und 1.5.

[229] BGer, II. ÖRA, 17.2.2005, 2A.260/2004, E. 3.

[230] Bundesgesetz vom 22.3.1985 über die Verwendung der zweckgebundenen Mineralölsteuer (MinVG; SR 725.116.2); vgl. auch die Verordnung vom 8.4.1987 über die Hauptstrassen (SR 725.116.23).

[231] BGer, II. ÖRA, 20.4.2006, 2A.529/2005, E. 1.

[232] Bundesgesetz vom 4.10.2002 über Finanzhilfen für familienergänzende Kinderbetreuung (SR 861).

[233] BGer, II. ÖRA, 18.2.2004, 2A.95/2004.

[234] BGer, II. ÖRA, 2.6.2006, 2P.291/2005, E. 4.1; vgl. auch BGE 107 Ib 43, 48 E. 3; 104 Ib 157, 162 E. 4; 101 Ib 78, 81 E. 3a; BGer, II. ÖRA, 30.5.1995, 2P.67/1994, ZBl 97/1996 91, E. 4a.

206   Zu beachten ist schliesslich, dass in jenen Fällen von Subventionen des kantonalen Rechts, in denen mangels Bestehens eines Rechtsanspruchs aufgrund von Art. 83 lit. k die Beschwerde in öffentlichrechtlichen Angelegenheiten unzulässig ist, gleichzeitig auch die **subsidiäre Verfassungsbeschwerde** ausgeschlossen ist. Fehlt es an einem Rechtsanspruch auf die Staatsbeiträge, so besteht regelmässig kein rechtlich geschütztes Interesse i.S.v. Art. 115 lit. b BGG.

XIV. Zollveranlagung (Art. 83 lit. l)

1. Änderungen im Vergleich zum alten Recht

207   Art. 83 lit. l ist inhaltlich identisch mit Art. 100 Abs. 1 lit. h OG; die minimen Abweichungen in der Wortwahl sind ausschliesslich redaktioneller Natur.

2. Geltungsbereich der Ausnahmebestimmung

208   Die Beschwerde in öffentlichrechtlichen Angelegenheiten ist gegen Entscheide auf dem Gebiet des Zollrechts grundsätzlich zulässig (vgl. Art. 116 Abs. 4 ZG). Art. 83 lit. l nimmt lediglich jene Fälle der Zollveranlagung von der Beschwerde aus, die aufgrund der Tarifierung oder des Gewichts der Ware erfolgen. Die genannten Kriterien sind wegen ihres «technischen Charakters» **nicht justiziabel** und eignen sich deshalb nicht für eine Überprüfung durch das Bundesgericht.[235] Aus diesem Grund greift Art. 83 lit. l auch dann, wenn die Tarifierung nicht zur Zollerhebung, sondern zu anderen Zwecken erfolgt.[236]

209   Von der Ausnahmebestimmung erfasst werden zunächst Streitigkeiten über die Frage, welcher Tarif[237] bzw. welche Tarifbestimmung (oder welcher Ansatz innerhalb einer bestimmten Tarifnummer[238]) im konkreten Fall anzuwenden ist. Weil sich im Bereich der **Tarifierung** Sachverhaltsfeststellung und rechtliche Qualifikation kaum auf vernünftige Art und Weise trennen lassen, schliesst Art. 83 lit. l die Beschwerde aber bezüglich der zugehörigen Sachverhaltsfeststellung ebenfalls aus: Einerseits steht mit der Bestimmung der Beschaffenheit einer Ware regelmässig auch unmittelbar der anwendbare Zollansatz fest; andererseits lässt sich die Beschaffenheit einer Ware zum Vornherein nur mit Blick auf eine konkrete Tarifposition ermitteln, da sich erst aus dieser ergibt, nach welchen Gesichtspunkten eine Ware zu untersuchen bzw. zu bestimmen ist.[239]

210   Im Zusammenhang mit der Veranlagung aufgrund des **Gewichts der Ware** stellen sich zum Vornherein primär Sachverhaltsfragen; analog dem, was für Streitigkeiten über die zollrechtliche Tarifierung gilt, sind von der Beschwerde in öffentlichrechtlichen Angelegenheiten gleichermassen die damit verbundenen Rechtsfragen ausgenommen. So gehört beispielsweise die Frage, wie die Verpackung einer Ware zollrechtlich zu berücksichtigen ist,[240] zur «Veranlagung aufgrund des Gewichts» i.S.v. Art. 83 lit. l.[241]

---

[235] Vgl. BGE 119 Ib 103, 106 f. E. 1a.
[236] BGE 115 Ib 202, 205 f. E. 2d.
[237] Vgl. das Zolltarifgesetz vom 9.10.1986 (ZTG; SR 632.10) sowie die weiteren zahlreichen Erlasse und Beschlüsse zur Umsetzung der abgeschlossenen internationalen Verträge unter SR 632; vgl. auch Art. 19 f. ZG und Art. 21 ff. aZG.
[238] BGE 106 Ib 270, 271 f. E. 1.
[239] BGE 115 Ib 202, 204 E. 2b.
[240] Vgl. die Taraverordnung vom 4.11.1987 (SR 632.13).
[241] BGer, II. ÖRA, 29.9.2005, 2A.276/2005, E. 1.2.1.

Kein Fall von Art. 83 lit. l liegt allerdings dann vor, wenn zwar eine Zollveranlagung **211** betroffen ist, die auf einem Tarif beruht, aber im bundesgerichtlichen Verfahren nicht die Tarifierung als solche streitig ist, sondern lediglich zu beurteilen ist, ob eine Änderung der rechtlichen Grundlagen berücksichtigt werden muss, welche im Laufe des Rechtsmittelverfahrens eingetreten ist.[242] Gleich verhält es sich, wenn lediglich die Anrechnung eines Zollkontingents strittig ist,[243] oder wenn bezüglich einer Zollveranlagung, die aufgrund der Tarifierung oder der Gewichtsbemessung erfolgt ist, vor Bundesgericht nur noch geltend gemacht wird, die Forderung sei verjährt und ihre Erhebung verstosse gegen Treu und Glauben; die Beschwerde in öffentlichrechtlichen Angelegenheiten ist insoweit selbst dann zulässig, wenn im unterinstanzlichen Verfahren in erster Linie noch die Veranlagung als solche streitig war.[244]

XV. Abgaben (Art. 83 lit. m)

1. Änderungen im Vergleich zum alten Recht

Die Formulierung von Art. 83 lit. m entspricht weitestgehend jener von Art. 99 Abs. 1 **212** lit. g OG; eine Art. 129 Abs. 1 lit. c OG entsprechende Sonderregelung für Sozialversicherungsbeiträge ist im neuen Recht nicht mehr vorgesehen.

Im Unterschied zum alten Recht erfasst Art. 83 lit. m auch die **kantonalen Abgaben**. **213** Bezüglich dieser ist bis anhin die staatsrechtliche Beschwerde zulässig gewesen; die Legitimation zu diesem Rechtsmittel setzte allerdings ein rechtlich geschütztes Interesse des Beschwerdeführers voraus, was im vorliegenden Zusammenhang bedeutete, dass der Betroffene über einen Rechtsanspruch auf Erlass bzw. Stundung der Abgabe verfügen musste, um die staatsrechtliche Beschwerde ergreifen zu können.[245]

2. Geltungsbereich der Ausnahmebestimmung

Die Beschwerde in öffentlichrechtlichen Angelegenheiten ist im Abgaberecht, in welchem der Bindung der Behörden an das Gesetz traditionell besondere Bedeutung **214** zukommt, an sich durchwegs zulässig.[246] Indem Art. 83 lit. m «Entscheide über die Stundung oder den Erlass von Abgaben» von der Beschwerde ausnimmt, regelt er einen Spezialfall: Die zuständigen Behörden entscheiden meist nach **freiem Ermessen** über die Gewährung einer Stundung oder den Erlass des geschuldeten Betrags, was für den Bereich des Abgaberechts untypisch ist (so handelt es sich z.B. weder bei der sog. «Ermessenseinschätzung» für die Bemessung der direkten Steuern[247] noch bei der Gebührenfestsetzung in Anwendung eines blossen Rahmentarifs um reine Ermessensentscheide). Angesichts der Tatsache, dass dem Bundesgericht eine Überprüfung der Angemessenheit ohnehin verwehrt ist (vgl. Art. 95 ff. BGG[248]), hat der Gesetzgeber die betreffenden Entscheide bewusst der bundesgerichtlichen Überprüfung entzogen.[249]

---

[242] BGE 119 Ib 103, 107 E. 1b.
[243] BGer, II. ÖRA, 3.7.2007, 2C_82/2007, E. 1.2.
[244] BGer, II. ÖRA, 7.2.2001, 2A.457/2000, ASA 70 330, E. 1.
[245] Vgl. BGE 122 I 373; 112 Ia 93.
[246] Vgl. aber N 8 zur unbefriedigenden Anpassung von Art. 73 StHG ans BGG.
[247] Vgl. Art. 130 Abs. 2 DBG und Art. 46 Abs. 3 StHG.
[248] Vgl. auch für das alte Recht Art. 104 lit. c OG.
[249] Vgl. die Botschaft vom 24.9.1965 über den Ausbau der Verwaltungsgerichtsbarkeit im Bunde, BBl 1965 II 1313 und 1322 f.

215 Aus dem Gesagten folgt umgekehrt, dass die Beschwerde in öffentlichrechtlichen Angelegenheiten dann gegen Entscheide über die Stundung oder den Erlass von Abgaben zulässig sein muss, wenn die zuständige Behörde nicht nach Ermessen entscheidet, sondern dem Betroffenen ein **Rechtsanspruch** zukommt. Dem steht nicht entgegen, dass der Wortlaut von Art. 83 lit. m keine entsprechende Differenzierung macht: Aus den Materialien zum OG ergibt sich klar, dass der Gesetzgeber die Regelung von Art. 99 Abs. 1 lit. g OG im dargestellten Sinne verstanden hatte, zumal ausdrücklich festgehalten wurde, dass gegen Entscheide über den **Zollerlass** – auf den bei Erfüllung der gesetzlichen Voraussetzungen ein Rechtsanspruch besteht (vgl. heute Art. 86 ZG[250]) – das Bundesgericht angerufen werden könne.[251] So ist dieses denn auch in ständiger Rechtsprechung auf entsprechende Verwaltungsgerichtsbeschwerden eingetreten.[252] Hinweise darauf, dass der Gesetzgeber die gleichlautende Regelung von Art. 83 lit. m anders verstanden hätte, gibt es nicht. Dennoch scheint das **Bundesgericht** diese Bestimmung nunmehr enger auslegen zu wollen als bis anhin Art. 99 Abs. 1 lit. g OG, zumal es – unter ausdrücklichem Hinweis auf Art. 83 lit. m – nicht (mehr) auf eine Beschwerde gegen die Verweigerung des Erlasses einer Zollabgabe eingetreten ist.[253] Etwas anders als beim Zollerlass, der von Bundesbehörden beurteilt wird und der deshalb nicht der subsidiären Verfassungsbeschwerde unterliegt (vgl. N 13), präsentieren sich die Dinge bezüglich des Erlasses von **kantonalen Steuern:** Zwar hat das Bundesgericht die Eingabe einer Berner Steuerpflichtigen nicht als Beschwerde in öffentlichrechtlichen Angelegenheiten behandelt, obschon die Beschwerdeführerin aufgrund der einschlägigen kantonalen Regelung über einen Rechtsanspruch auf Steuererlass verfügte.[254] Es hat aber angesichts dieser kantonalen Rechtslage das Bestehen eines (für die Legitimation zur Willkürrüge auch unter Geltung des BGG noch erforderlichen[255]) rechtlich geschützten Interesses bejaht und ist auf die erhobene subsidiäre Verfassungsbeschwerde eingetreten; dabei hat es sich allerdings weder näher mit der Tragweite von Art. 83 lit. m noch mit seiner Rechtsprechung zu Art. 99 Abs. 1 lit. g OG auseinandergesetzt.[256] Letztlich wird das Ausmass an Rechtsschutz, welches der Steuerpflichtige geniesst, aber durch das vom Bundesgericht gewählte Verfahren nicht beeinflusst. Im einen wie im andern Fall kann bezüglich des kantonalen Steuerrechts nur eine Verletzung von Verfassungsrecht (vorab des Willkürverbots) gerügt werden. Deshalb erstaunt das Vorgehen des Bundesgerichts umso mehr, zumal die Behandlung derartiger Eingaben im Verfahren der subsidiären Verfassungsbeschwerde als tendenziell aufwändiger erscheint.

216 Der Begriff der **Abgabe** ist umfassend zu verstehen, weshalb in den Geltungsbereich von Art. 83 lit. m sowohl alle Steuern (direkte Steuern, Verkehrssteuern[257] und übrige

---

[250] Vgl. die im Wesentlichen gleich lautende Regelung in Art. 127 aZG.

[251] Vgl. die Botschaft vom 24.9.1965 über den Ausbau der Verwaltungsgerichtsbarkeit im Bunde, BBl 1965 II 1313.

[252] BGer, II. ÖRA, 17.2.2006, 2A.534/2005, E. 1.1; BGer, II. ÖRA, 9.6.2004, 2A.566/2003, ASA 74 246, E. 1; BGer, II. ÖRA, 18.4.2000, 2A.601/1999, E. 5b/bb.

[253] Allerdings handelte es sich dabei um einen grundsätzlich nicht praxisbildenden Einzelrichterentscheid, wobei die betreffende Beschwerde zudem auch aus anderen Gründen unzulässig war; vgl. BGer, II. ÖRA, 9.3.2007, 2C_49/2007.

[254] Vgl. Art. 240 des Steuergesetzes vom 21.5.2000 (BSG 661.11) i.V.m. Art. 35 Abs. 1 und Art. 42 der Verordnung vom 18.10.2000 über den Bezug und die Verzinsung von Abgaben und anderen zum Inkasso übertragenen Forderungen, über Zahlungserleichterungen, Erlass sowie Abschreibungen infolge Uneinbringlichkeit (Bezugsverordnung, BEZV; BSG 661.733); zur analogen Regelung des alten Berner Steuergesetzes vom 29.10.1944 vgl. BGer, II. ÖRA, 23.1.1995, 2P.353/1994.

[255] BGE 133 I 185.

[256] BGer, II. ÖRA, 25.5.2007, 2D_40/2007.

[257] Für die Mehrwertsteuer vgl. BGer, II. ÖRA, 9.1.2002, 2A.488/2001, StR 57/2002 668, E. 2.

Steuern) als auch alle Kausalabgaben (Gebühren, Beiträge bzw. Vorzugslasten, Ersatzabgaben) und Mischformen (Gemengsteuern, Mehrwertabgaben, Kostenanlastungssteuern und Lenkungsabgaben) fallen. Erfasst werden auch die Sozialversicherungsbeiträge,[258] so dass Entscheide über die Stundung und den Erlass (bzw. den Teilerlass; vgl. Art. 11 Abs. 1 AHVG) von solchen – anders als gem. Art. 129 Abs. 1 lit. c OG – nicht mit Beschwerde in öffentlichrechtlichen Angelegenheiten angefochten werden können. Nicht um Abgaben i.S.v. Art. 83 lit. m handelt es sich demgegenüber bei der Rückerstattung von unrechtmässig bezogenen Leistungen (vgl. insb. Art. 25 Abs. 1 ATSG i.V.m. Art. 4 ATSV[259]) und bei Schadenersatzzahlungen.

Obschon sie im Gesetzestext keine ausdrückliche Erwähnung finden, fallen neben Erlass   **217**
und Stundung auch Entscheide über die Gewährung oder Verweigerung von **Zahlungserleichterungen** unter die Ausnahmebestimmung.[260]

Über den Erlass der **direkten Bundessteuer** entscheidet ab einem Betrag von Fr. 5000.–   **218**
die Eidgenössische Erlasskommission für die direkte Bundessteuer (vgl. Art. 102 Abs. 4 DBG); Beträge unter dieser Grenze fallen in die Entscheidkompetenz der kantonalen Erlassbehörde.[261] Gemäss der ausdrücklichen Regelung von Art. 167 Abs. 3 DBG waren solche Erlassentscheide bis anhin endgültig; insb. unterlagen auch jene der kantonalen Behörden nicht der staatsrechtlichen Beschwerde.[262] Letztere Bestimmung ist mit Blick auf die Rechtsweggarantie von Art. 29a BV aufgehoben worden,[263] so dass gegen Entscheide der Eidgenössischen Erlasskommission nunmehr die Beschwerde an das Bundesverwaltungsgericht zulässig ist, während Entscheide der kantonalen Behörden einer innerkantonalen Beschwerdemöglichkeit unterliegen. Weil es dem Steuerpflichtigen an einem Rechtsanspruch auf Erlass der direkten Bundessteuer fehlt,[264] bleibt die Beschwerde in öffentlichrechtlichen Angelegenheiten aufgrund von Art. 83 lit. m ausgeschlossen; Entsprechendes ergibt sich auch ausdrücklich aus den Materialien.[265] Die etwas ungeschickte Formulierung von Art. 2 Abs. 1 Satz 1 der Steuererlassverordnung[266] («sind die gesetzlichen Voraussetzungen erfüllt, so hat die steuerpflichtige Person einen Anspruch auf Erlass») darf insoweit nicht falsch verstanden werden; dies umso weniger, als sich aus dem zweiten Satz derselben Bestimmung ergibt, dass der Verordnungsgeber nicht verkannt hat, dass die Erlassbehörde «nach pflichtgemässem Ermessen» entscheidet.

---

[258] SEILER/VON WERDT/GÜNGERICH, BGG, Art. 83 N 84.
[259] Verordnung vom 11.9.2002 über den Allgemeinen Teil des Sozialversicherungsrechts (ATSV; SR 830.11).
[260] BGer, II. ÖRA, 8.10.2002, 2A.490/2002, ASA 72 579, E. 2.
[261] Vgl. Art. 4 der Verordnung des EFD vom 19.12.1994 über die Behandlung von Erlassgesuchen für die direkte Bundessteuer (Steuererlassverordnung; SR 642.121).
[262] Vgl. BGer, II. ÖRA, 3.1.2006, 2P.347/2005, E. 1; BGer, II. ÖRA, 8.2.1999, 2P.390/1998, ASA 68 77, RDAF 2000 II 50, StR 55/2000 837, E. 1.
[263] Vgl. AS 2006 2257.
[264] Vgl. die «Kann-Formulierung» in Art. 167 Abs. 1 DBG; vgl. auch BGer, II. ÖRA, 8.2.1999, 2P.390/1998, ASA 68 77, RDAF 2000 II 50, StR 55/2000 837, E. 1, sowie W. LÜDIN, in: Zweifel/Athanas (Hrsg.), Kommentar zum schweizerischen Steuerrecht, Band I/2b: Bundesgesetz über die direkte Bundessteuer, Basel 2000, Art. 167 N 23; F. RICHNER/W. FREI/S. KAUFMANN, Handkommentar zum DBG, Zürich 2003, Art. 167 N 4.
[265] Vgl. Botschaft 2001 4440.
[266] Verordnung des EFD vom 19.12.1994 über die Behandlung von Erlassgesuchen für die direkte Bundessteuer (Steuererlassverordnung; SR 642.121).

XVI. Kernenergie (Art. 83 lit. n)

1. Entwicklung der Rechtsmittelregelung

219   Die Rechtsmittelregelung für den Bereich der Kernenergie ist in den letzten Jahren **grundlegend umgestaltet** worden: Art. 101 Abs. 1 lit. u OG, welcher die Verwaltungsgerichtsbeschwerde auf dem Gebiet der Kernenergie gegen «Verfügungen über Bewilligungen von Kernanlagen und von vorbereitenden Handlungen» ausschloss, war ursprünglich zur (rein deklaratorischen) Vervollständigung des Ausnahmekatalogs ins Gesetz aufgenommen worden.[267] Die Bestimmung betraf nach den damals (vor Inkrafttreten des KEG am 1.2.2005) geltenden Normen der Atomgesetzgebung ausschliesslich Entscheide des Bundesrats,[268] welche als solche ohnehin der bundesgerichtlichen Überprüfung entzogen waren.[269]

220   Mit Inkrafttreten des KEG hat das **UVEK** weitreichende Kompetenzen erhalten: Es ist neu für das Erteilen von Baubewilligungen (Art. 15 ff. KEG) und Betriebsbewilligungen für Kernanlagen (Art. 19 ff. KEG), für die Bewilligung von erdwissenschaftlichen Untersuchungen (Art. 35 KEG) sowie für die Anordnung der Stilllegung einer Kernanlage (Art. 26 ff. KEG) zuständig. Die Entscheide des UVEK konnten bis anhin bei dessen Rekurskommission angefochten werden, da Art. 76 KEG[270] eine Beschwerdemöglichkeit gegen alle Verfügungen eröffnete, die nicht vom Bundesrat selber stammten.

221   Unter Geltung des KEG kam Art. 101 Abs. 1 lit. u OG damit ein neuer, **nicht mehr bloss deklaratorischer Gehalt** zu: Weil das UVEK und nicht der Bundesrat über Bau- und Betriebsbewilligungen für Kernanlagen sowie über die Bewilligung von erdwissenschaftlichen Untersuchungen befindet, konnten derartige Entscheide – wie andere Verfügungen des Departements – bei dessen Rekurskommission angefochten werden; aufgrund der Ausnahmebestimmung war deren Entscheid aber endgültig.

222   Heute besteht eine **differenzierte zweitstufige Ausnahmeregelung** bezüglich der Beschwerde beim Bundesverwaltungsgericht (Art. 32 Abs. 1 lit. e VGG) und der Beschwerde in öffentlichrechtlichen Angelegenheiten beim Bundesgericht (Art. 83 lit. n), die es im Folgenden darzustellen gilt.

2. Ausnahmen von der Beschwerde ans Bundesverwaltungsgericht (Art. 32 Abs. 1 lit. e VGG)

223   Zwar betrifft Art. 32 Abs. 1 lit. e VGG die Beschwerde ans Bundesverwaltungsgericht; im Ergebnis ist diese Bestimmung jedoch für die Frage nach der Zulässigkeit der Beschwerde in öffentlichrechtlichen Angelegenheiten beim Bundesgericht von ebenso grosser Bedeutung wie Art. 83 lit. n. Soweit nämlich die Beschwerde ans Bundesverwaltungsgericht unzulässig ist, befasst sich keine **Vorinstanz** gem. Art. 86 Abs. 1 mit der Streitsache, so dass es zu keinem beim Bundesgericht anfechtbaren Entscheid kommt.

---

[267] Vgl. die Botschaft vom 18.3.1991 betr. die Änderung des OG und des Bundesbeschlusses über eine vorübergehende Erhöhung der Zahl der Ersatzrichter und der Urteilsredaktoren des Bundesgerichts (BBl 1991 II 525).

[268] Vgl. Art. 4 des Bundesgesetzes vom 23.12.1959 über die friedliche Verwendung der Atomenergie (AS 1960 542; 1987 544), Art. 8 und Art. 10 des Bundesbeschlusses vom 6.10.1978 zum Atomgesetz (AS 1979 819 f.) und Art. 6 Abs. 1 der Verordnung vom 18.1.1984 über Begriffsbestimmungen und Bewilligungen auf dem Gebiet der Atomenergie (Atomverordnung; AS 1984 210).

[269] Vgl. BGer, II. ÖRA, 20.9.1996, 1A.277/1996, Pra 1997 192, E. 2.

[270] AS 2004 4744.

Dies führt zu folgender Rechtslage: Im Geltungsbereich von Art. 32 Abs. 1 lit. e VGG ist weder die Beschwerde ans Bundesverwaltungsgericht noch die Beschwerde in öffentlich-rechtlichen Angelegenheiten beim Bundesgericht zulässig, während im Geltungsbereich von Art. 83 lit. n zwar das Bundesverwaltungsgericht angerufen werden kann, dessen Entscheid aber endgültig ist.

Art. 32 Abs. 1 lit. e VGG nimmt jene Fälle von der Beschwerde an das Bundesverwal- **224** tungsgericht aus, in denen der **Bundesrat** die Verfügung einer untergeordneten Behörde genehmigt oder selber entschieden hat. Weil Entscheide des Bundesrats gerichtlich nicht überprüfbar sind, ausser eine gesetzliche Sondernorm sehe dies vor (vgl. Art. 189 Abs. 4 BV), könnte der Eindruck entstehen, die vorliegende Ausnahmebestimmung sei rein deklaratorischer Natur. Dem ist jedoch nicht so, käme es doch ohne die Regelung von Art. 32 Abs. 1 lit. e VGG zu einem **Delegationsautomatismus**, bei welchem die Ent- scheidkompetenz des Bundesrats auf das UVEK übergehen würde. Mit Blick auf die Rechtsweggarantie von Art. 29a BV sieht Art. 47 Abs. 6 Satz 1 RVOG nämlich ausdrück- lich vor, dass Geschäfte des Bundesrats automatisch auf das in der Sache zuständige Departement übergehen, soweit Verfügungen zu treffen sind, die der Beschwerde an das Bundesverwaltungsgericht unterliegen.

a) Rahmenbewilligung (Ziff. 1)

Unzulässig ist die Beschwerde zunächst gegen Verfügungen betr. Rahmenbewilligungen **225** für Kernanlagen.[271] Eine Rahmenbewilligung bildet – ausser für Anlagen mit geringem Gefährdungspotenzial – die Voraussetzung für eine spätere Erteilung von Bau- und Be- triebsbewilligungen durch das UVEK (vgl. Art. 12 ff. i.V.m. Art. 16 Abs. 2 und Art. 20 Abs. 1 lit. b KEG). Es besteht **kein Rechtsanspruch** auf Erteilung einer Rahmenbewilli- gung (Art. 12 Abs. 2 KEG); es handelt sich dabei um einen qualifiziert politischen Ent- scheid. Als solcher eignet er sich zum Vornherein nicht für eine gerichtliche Über- prüfung; Rahmenbewilligungen werden denn auch vom Bundesrat selber erteilt (Art. 12 Abs. 1 KEG), wobei dessen Entscheid der **Genehmigung durch die Bundesversamm- lung** unterliegt und deren Beschluss seinerseits dem fakultativen Referendum untersteht (Art. 48 KEG).

Durch Art. 32 Abs. 1 lit. e Ziff. 1 VGG wird nicht nur die erstmalige Erteilung einer **226** Rahmenbewilligung (Art. 12 ff. KEG) erfasst; vielmehr fallen auch Streitigkeiten betr. eine Änderung der Bewilligung (Art. 65 Abs. 1 KEG), eine Übertragung auf einen neuen Inhaber (Art. 66 KEG), den Entzug (Art. 67 KEG) oder das Erlöschen (Art. 68 KEG) in den Geltungsbereich der Ausnahmebestimmung. In all diesen Fällen ist denn auch aus- drücklich vorgesehen, dass der Bundesrat entscheidet (Art. 65 Abs. 5 lit. a, Art. 66 Abs. 3 und Art. 67 Abs. 2 KEG), wobei sein Entscheid der Genehmigung durch die Bundesver- sammlung unterliegt, soweit ein Bewilligungsentzug betroffen ist (Art. 67 Abs. 3 KEG).

b) Genehmigung des Entsorgungsprogramms (Ziff. 2)

Betreiber von Kernanlagen sind verpflichtet, die aus ihrer Anlage stammenden **radioak-** **227** **tiven Abfälle** auf eigene Kosten sicher zu entsorgen (Art. 31 KEG); sie haben in einem Entsorgungsprogramm darzulegen, wie sie dieser Verpflichtung nachzukommen geden- ken (Art. 32 Abs. 1 KEG i.V.m. Art. 52 KEV). Die Hauptabteilung für die Sicherheit der Kernanlagen (HSK) überprüft das Programm und das UVEK legt es dem Bundesrat

---

[271] Kernanlagen gem. Art. 3 lit. d KEG sind Einrichtungen zur Nutzung von Kernenergie, zur Ge- winnung, Herstellung, Verwendung, Bearbeitung oder Lagerung von Kernmaterialien sowie zur Entsorgung von radioaktiven Abfällen i.S.v. Art. 2 Abs. 1 lit. c KEG.

anschliessend zur Genehmigung vor (Art. 32 Abs. 2 KEG). Dieser Genehmigungsentscheid ist aufgrund von Art. 32 Abs. 1 lit. e Ziff. 2 VGG von der Beschwerde ans Bundesverwaltungsgericht ausgenommen.

c) Verschluss eines geologischen Tiefenlagers (Ziff. 3)

228 Ebenfalls von der Beschwerde ausgenommen ist der Verschluss von geologischen Tiefenlagern. Wenn die **Einlagerung von radioaktiven Abfälle** abgeschlossen oder die Betriebsbewilligung für das geologische Tiefenlager erloschen oder entzogen worden ist, so kommt es nach einer Beobachtungsphase zum Verschluss des Lagers; die Verschlussarbeiten werden vom Bundesrat selber angeordnet (vgl. Art. 39 KEG).

d) Entsorgungsnachweis (Ziff. 4)

229 Kernanlagen, welche bei Inkrafttreten des KEG bereits in Betrieb waren, dürfen gem. **Übergangsbestimmungen** ohne Rahmenbewilligung weiterbetrieben werden, solange keine bewilligungspflichtige Änderung i.S.v. Art. 65 Abs. 1 KEG vorgenommen wird (Art. 106 Abs. 1 KEG). Die Eigentümer bestehender Kernkraftwerke sind jedoch verpflichtet, dem Bundesrat innert zehn Jahren den Nachweis für die Entsorgung der anfallenden **radioaktiven Abfälle** (also für die Konditionierung, Zwischenlagerung und Lagerung in einem geologischen Tiefenlager; vgl. Art. 3 lit. b KEG) zu erbringen. Gegen Entscheide betr. diesen Entsorgungsnachweis – der auch im Rahmen eines Gesuchs um Erteilung einer Rahmenbewilligung zu erbringen ist (vgl. Art. 13 Abs. 1 lit. d KEG) – ist die Beschwerde beim Bundesverwaltungsgericht unzulässig.

3. Ausnahmen von der Beschwerde in öffentlichrechtlichen Angelegenheiten
   (Art. 83 lit. n)

230 Soweit die Beschwerde ans Bundesverwaltungsgericht zulässig ist, kann grundsätzlich auch Beschwerde in öffentlichrechtlichen Angelegenheiten beim Bundesgericht eingereicht werden. Dies gilt insb. hinsichtlich Bau- und Betriebsbewilligungen für Kernanlagen sowie Bewilligungen für erdwissenschaftliche Untersuchungen, welche bisher in die endgültige Entscheidkompetenz der Rekurskommission des UVEK gefallen sind (vgl. N 221). Ausgeschlossen ist die Beschwerde in öffentlichrechtlichen Angelegenheiten in folgenden Fällen:

a) Erfordernis einer Bewilligungsänderung (Ziff. 1)

231 Für **wesentliche Abweichungen** von der Bau- oder Betriebsbewilligung, der Bewilligung für erdwissenschaftliche Untersuchungen und von der Stilllegungs- oder Verschlussverfügung ist eine Änderung der Bewilligung bzw. Verfügung erforderlich, wobei insoweit das selbe Verfahren wie für deren Erlass Anwendung findet (Art. 65 Abs. 2 KEG). Ob eine wesentliche und mithin bewilligungspflichtige Änderung vorliegt, entscheidet das **UVEK** (Art. 65 Abs. 5 lit. b KEG), welches bereits für die Bewilligungserteilung zuständig war. Dessen Entscheid kann anschliessend beim Bundesverwaltungsgericht angefochten werden. Weil Art. 83 lit. n Ziff. 1 die Beschwerde in öffentlichrechtlichen Angelegenheiten auf dem Gebiet der Kernenergie betr. «das Erfordernis [...] der Änderung einer Bewilligung oder Verfügung» ausschliesst, ist der Entscheid des Bundesverwaltungsgerichts endgültig.

232 Ist die **Bewilligungspflicht** der Änderung **unstreitig**, so entscheidet das UVEK im gleichen Verfahren, wie es auf die ursprüngliche Erteilung der Bewilligung Anwendung fand, über die Änderung der Bewilligung. Diese Verfügung fällt nicht in den Geltungs-

bereich der vorliegenden Ausnahmebestimmung, welche einzig Streitigkeiten über die Frage erfasst, ob für eine bestimmte Änderung überhaupt eine (neue) Bewilligung erforderlich ist.

Nicht unter Art. 83 lit. n Ziff. 1 fällt sodann die **Änderung einer Rahmenbewilligung** 233 (Art. 65 Abs. 1 KEG), zumal insoweit bereits die Beschwerde ans Bundesverwaltungsgericht unzulässig ist (vgl. N 225 f.).

b) Genehmigung des Rückstellungsplans für Entsorgungskosten (Ziff. 2)

Zur Sicherstellung der Finanzierung jener Kosten, welche bei der Stilllegung von Kern- 234 anlagen für den Abbruch und die Entsorgung der Anlage und der radioaktiven Abfälle entstehen, existieren ein Stilllegungsfonds und ein Entsorgungsfonds, an welche die Eigentümer von Kernanlagen Beiträge leisten (Art. 77 ff. KEG).[272] Die Kosten, welche **vor der Stilllegung** der Kernanlagen für die Entsorgung anfallen, werden nicht durch die genannten Fonds abgesichert. Die Eigentümer werden aber gesetzlich verpflichtet, **Rückstellungen zur Finanzierung** dieser Entsorgungskosten zu bilden, wobei der Entsorgungsfonds Berechnungen über die erforderliche Höhe anstellt (Art. 82 Abs. 1 KEG). Die Eigentümer müssen weiter einen «Rückstellungsplan» erarbeiten, in dem sie insb. Aktiven bezeichnen, welche zur Deckung der Entsorgungskosten zweckgebunden sind (Art. 82 Abs. 2 KEG). Gegen die Erteilung oder Verweigerung der Genehmigung des Plans ist die Beschwerde in öffentlichrechtlichen Angelegenheiten ausgeschlossen.

c) Freigaben (Ziff. 1 und Ziff. 3)

Bei der Freigabe handelt es sich um ein **aufsichtsrechtliches Kontrollinstrument**. Zu- 235 ständig sind mithin die Aufsichtsbehörden – die Hauptabteilung für die Sicherheit der Kernanlagen (HSK) bzw. das Bundesamt für Energie (vgl. Art. 6 KEV) – und nicht die Bewilligungsbehörden. Ist eine Freigabe erforderlich, so darf der Bewilligungsinhaber eine gewisse (regelmässig besonders heikle) Handlung nur vornehmen, wenn die Aufsichtsbehörde ihre Zustimmung erteilt hat; der betreffende Schritt bedarf mithin der «Freigabe» durch die Aufsichtsbehörde. Dieser wird es so ermöglicht, jeweils vorgängig die Einhaltung der Bewilligungpflichten und der Sicherheitbestimmungen im Einzelnen zu prüfen. Die unautorisierte Vornahme einer freigabepflichtigen Handlung ist unter Strafe gestellt (vgl. Art. 90 Abs. 1 lit. d KEG).

Das Instrument der Freigabe findet eine breite Anwendung: In der Baubewilligung 236 werden Bauten und Anlageteile bezeichnet, die erst nach Freigabe durch die Aufsichtsbehörden ausgeführt bzw. eingebaut werden dürfen (Art. 17 Abs. 1 lit. f KEG), und in der Betriebsbewilligung werden jene Stufen der Inbetriebnahme umschrieben, deren Beginn einer vorgängigen Freigabe durch die Aufsichtsbehörden bedarf (Art. 21 Abs. 1 lit. f KEG[273]). Freigaben sind weiter im Rahmen von Stilllegungsverfügungen (Art. 28 KEG), Bewilligungen für erdwissenschaftliche Untersuchungen (Art. 36 Abs. 1 lit. b KEG) und Betriebsbewilligungen für geologische Tiefenlager (Art. 37 Abs. 3 KEG) vorgesehen. Schliesslich ist eine Freigabe für jede Änderung der erwähnten Bewilligungen erforderlich, die zwar (weil nicht wesentlich; vgl. N 231 f.) nicht bewilligungspflichtig ist, aber

---

[272] Vgl. auch: Verordnung vom 5.12.1983 über den Stilllegungsfonds für Kernanlagen (Stilllegungsfondsverordnung, StiFV; SR 732.013); Reglement des UVEK vom 21.2.1985 für den Stilllegungsfonds für Kernanlagen (SR 732.013.3); Verordnung vom 6.3.2000 über den Entsorgungsfonds für Kernkraftwerke (Entsorgungsfondsverordnung, EntsFV; SR 732.014); Reglement des UVEK vom 15.10.2001 für den Entsorgungsfonds für Kernkraftwerke (SR 732.014.1).

[273] Eine (nicht abschliessende) Aufzählung der betroffenen Stufen enthält Art. 29 KEV.

einen Einfluss auf die nukleare Sicherheit oder Sicherung haben kann (Art. 65 Abs. 3 KEG[274]).

237 Im Verfahren betr. eine Freigabe ist nur der Gesuchsteller **Partei** (Art. 64 Abs. 3 KEG), so dass es überhaupt nur dann zu einem Rechtsstreit kommen kann, wenn die Freigabe verweigert wird. Diesfalls ist die Beschwerde ans Bundesverwaltungsgericht zulässig, welches endgültig entscheidet; die Beschwerde in öffentlichrechtlichen Angelegenheiten ist aufgrund von Art. 83 lit. n Ziff. 3 ausgeschlossen.

238 Zu einem Rechtsstreit kann indessen nicht nur die Verweigerung der Freigabe durch die Aufsichtsbehörde führen, sondern auch bereits die Frage, welche Handlungen einer vorgängigen Freigabe bedürfen. Die freigabepflichtigen Handlungen werden vom UVEK als Bewilligungsbehörde in der Bewilligung umschrieben, so dass bei einer Uneinigkeit über die **Unterstellung unter die Freigabepflicht** beim Bundesverwaltungsgericht die Bewilligung selber anzufechten ist. Gemäss Art. 83 lit. n Ziff. 1 ist der betreffende Entscheid letztinstanzlich, soweit es um das «Erfordernis einer Freigabe» geht, wiewohl die Beschwerde in öffentlichrechtlichen Angelegenheiten ansonsten gegen Entscheide des Bundesverwaltungsgerichts, welche kernenergierechtliche Bewilligungen betreffen, zulässig ist (vgl. N 222 ff.).

XVII. Typengenehmigung von Strassenfahrzeugen (Art. 83 lit. o)

1. Änderungen im Vergleich zum alten Recht

239 Das alte Recht nahm in Art. 100 Abs. 1 lit. l OG auf dem Gebiet des Strassenverkehrs «Verfügungen über Klassifizierung von Fahrzeugen» (Ziff. 2) und «Verfügungen, die den Bau oder die Ausrüstung von Motorfahrzeugen beanstanden» (Ziff. 3), von der Verwaltungsgerichtsbeschwerde aus. Weiter erklärte Art. 99 Abs. 1 lit. e OG die Verwaltungsgerichtsbeschwerde für unzulässig gegen «die Erteilung oder Verweigerung von Bau- oder Betriebsbewilligungen für Fahrzeuge oder für technische Anlagen».

240 Der Grund für diese letztere Ausnahmebestimmung lag darin, dass Voraussetzung für die Erteilung der Betriebsbewilligung regelmässig eine Prüfung der technischen Beschaffenheit des Fahrzeugs oder der Anlage ist, welche sich als solche grundsätzlich nicht für eine gerichtliche Beurteilung eignet. Dessen ungeachtet nimmt Art. 83 lit. o heute nur noch die Typengenehmigung für Strassenfahrzeuge von der Beschwerde aus.

2. Geltungsbereich der Ausnahmebestimmung

241 Art. 83 lit. o schliesst die Beschwerde in öffentlichrechtlichen Angelegenheiten aus gegen «Entscheide über die Typengenehmigung von Fahrzeugen auf dem Gebiet des Strassenverkehrs». Sind andere Fragen im Zusammenhang mit Bau- oder Betriebsbewilligungen (insb. die Einzelprüfung von Fahrzeugen; Art. 13 SVG) betroffen, so findet die Ausnahmebestimmung keine Anwendung. Gleiches gilt bezüglich Fahrzeugen, die nicht im Strassenverkehr eingesetzt werden, etwa Luftfahrzeugen, die bis anhin von Art. 99 Abs. 1 lit. e OG miterfasst worden sind.[275]

242 Bei der Typengenehmigung handelt es sich um die amtliche Bestätigung, dass das untersuchte «Muster» mit den einschlägigen technischen Anforderungen übereinstimmt und sich zum vorgesehenen Gebrauch eignet.[276] Gemäss Art. 12 SVG unterstehen insb.

---

[274] Näheres zu den freigabepflichtigen Änderungen findet sich in Art. 40 KEV.
[275] Vgl. BGer, II. ÖRA, 1.6.2005, 2A.351/2005, E. 2.
[276] Art. 2 lit. b der Verordnung vom 19.6.1995 über die Typengenehmigung von Strassenfahrzeugen (TGV; SR 741.511).

serienmässig hergestellte Motorfahrzeuge und Motorfahrzeuganhänger einer derartigen Typengenehmigung und dürfen deshalb nur in der genehmigten Ausführung in den Handel gebracht werden.

XVIII. Fernmeldeverkehr sowie Radio und Fernsehen (Art. 83 lit. p)

1. Entwicklung der Rechtsmittelregelung

Bei Art. 83 lit. p handelt es sich um eine neue Ausnahmebestimmung. Nach altem Recht   **243** war die Verwaltungsgerichtsbeschwerde in den Bereichen von Radio und Fernsehen und des Fernmelderechts lediglich insoweit unzulässig, als die Erteilung oder Verweigerung von Konzessionen in Frage stand, auf die das Bundesrecht keinen Anspruch einräumte (Art. 99 Abs. 1 lit. d OG).

Neben den Konzessionen zur Veranstaltung lokaler und regionaler Radio- und Fern-   **244** sehprogramme[277] waren namentlich die von der **Kommunikationskommission** erteilten Konzessionen des Fernmelderechts betroffen;[278] entsprechende Entscheide unterlagen keinerlei gerichtlichen Überprüfung.[279] Ansonsten stand gegen Verfügungen der Kommunikationskommission aber unmittelbar die Verwaltungsgerichtsbeschwerde an das Bundesgericht offen, während Verfügungen des **Bundesamts für Kommunikation** vorgängig bei der Rekurskommission für Infrastruktur und Umwelt anzufechten waren.[280] Die Frage, inwieweit das Bundesgericht mit Blick auf Art. 99 Abs. 1 lit. a bzw. lit. c OG gegen den Frequenzzuweisungsplan und die Nummerierungspläne hätte angerufen werden können,[281] musste nie beantworten werden.

Mit der Totalrevision der Bundesrechtspflege wurde im Fernmelderecht generell die   **245** Beschwerde ans Bundesverwaltungsgericht eröffnet. Gleichzeitig sah Art. 83 lit. p[282] für diesen Bereich einen **Totalausschluss** der Beschwerde in öffentlichrechtlichen Angelegenheiten vor. Die resultierende Beschränkung des Rechtsmittelzugs auf eine einzige Beschwerdeinstanz wurde damit gerechtfertigt, «dass sich die technischen Möglichkeiten und die wirtschaftlichen Bedingungen auf dem Gebiet der Telekommunikation oft sehr rasch ändern», weshalb eine Verlängerung des Verfahrens unerwünscht sei.[283] Diese Argumentation, welche in zahlreichen anderen Fällen gleichermassen vorgetragen werden könnte, vermag angesichts der grossen volkswirtschaftlichen Bedeutung des Telekommunikationssektors kaum zu überzeugen.

Nun wurde aber Art. 83 lit. p am 24.3.2006 anlässlich der **Revision des Fernmelde-**   **246** **gesetzes** und der Verabschiedung des **neuen RTVG** geändert. Dabei rückte der Gesetzgeber für den Bereich des Fernmeldeverkehrs vom Totalausschluss ab und nahm nur noch die öffentlich ausgeschriebenen Konzessionen und die Streitigkeiten gem. Art. 11 FMG von der Beschwerde aus. Gleichzeitig dehnte er aber den Geltungsbereich der Ausnahmebestimmung auf den Bereich von Radio und Fernsehen aus.

---

[277] Vgl. Art. 23 des (alten) Bundesgesetzes vom 21.6.1991 über Radio und Fernsehen (RTVG; AS 1992 609).

[278] Ausser es bestand gestützt auf Art. 6 Abs. 3 FMG (AS 1997 2188) ein Rechtsanspruch auf Erteilung der Konzession.

[279] Vgl. BGE 125 II 293, 300 ff. E. 3.

[280] Art. 61 FMG; AS 1997 2202.

[281] Vgl. BGE 125 II 293, 303 E. 3c.

[282] AS 2006 1229.

[283] Botschaft 2001 4324.

2. Geltungsbereich der Ausnahmebestimmung

a) Öffentlich ausgeschriebene Konzessionen (Ziff. 1)

247 Art. 83 lit. p Ziff. 1 nimmt jene Entscheide auf den Gebieten Fernmeldeverkehr sowie Radio und Fernsehen von der Beschwerde in öffentlichrechtlichen Angelegenheiten aus, die Konzessionen betreffen, welche «**Gegenstand einer öffentlichen Ausschreibung**» waren. In all diesen Fällen kann das Bundesverwaltungsgericht angerufen werden, welches endgültig entscheidet.

248 Von der Ausnahmebestimmung werden alle Streitigkeiten betr. die **Erteilung** oder die **Verweigerung** solcher Konzessionen erfasst, was sämtliche mit der Konzessionserteilung zusammenhängenden **Nebenbestimmungen** und Nebenpunkte einschliesst. Deshalb können neu auch Streitigkeiten über die Konzessionsgebühren[284] nicht mehr einer bundesgerichtlichen Überprüfung zugeführt werden.

249 Nicht unter Art. 83 lit. p Ziff. 1 fallen demgegenüber Entscheide im Zusammenhang mit einmal **erteilten Konzessionen**, auch wenn sich dies nicht ohne weiteres aus dem Wortlaut der Bestimmung ergibt. Es kann insoweit eine Parallele zur Regelung betr. die ausländerrechtlichen Bewilligungen (vgl. Art. 83 lit. c Ziff. 2) oder den Widerruf der Einbürgerung (vgl. N 52) gezogen werden: Auf die Erteilung jener Konzessionen, die von Art. 83 lit. p Ziff. 1 erfasst werden, besteht zwar kein Rechtsanspruch; ist eine solche Konzession aber erteilt worden, so greift deren Änderung bzw. deren Entzug oder Widerruf in die Rechtsstellung des Betroffenen ein. Hinzu kommt, dass die Gründe, welche den Gesetzgeber zum Verzicht auf einen doppelten Instanzenzug bewogen haben (Erschwerung des Markteintritts für neue Anbieter, Hemmung der Bereitschaft der Kunden zum Anbieterwechsel sowie Schnelllebigkeit des Telekommunikationsbereichs[285]), für spätere Streitigkeiten viel weniger ins Gewicht fallen als bezüglich der Erteilung der Konzession. Bei Entscheiden im Zusammenhang mit einmal erteilten Konzessionen gehen demnach die Rechtsschutzinteressen der Betroffenen vor und die Beschwerde in öffentlichrechtlichen Angelegenheiten ist zulässig.

aa) Fernmeldeverkehr

250 Im Fernmelderecht erfasst die Ausnahmebestimmung vorab die sog. **Grundversorgungskonzession**, welche von der Kommunikationskommission[286] erteilt wird (Art. 14 Abs. 1 FMG) und für die eine öffentliche Ausschreibung zwingend vorgeschrieben ist (Art. 14 Abs. 3 FMG). Die Grundversorgungskonzession ist mit der Auflage verbunden, dass der Konzessionär die zur Grundversorgung gehörenden Dienste (insb. Telefon und Datenübertragung; vgl. Art. 16 FMG) im Konzessionsgebiet allen Bevölkerungskreisen zugänglich macht (Art. 14 Abs. 2 FMG).

251 Grundsätzlich fällt auch die **Funkkonzession** nach Art. 22 ff. FMG unter die Ausnahmebestimmung, zumal für deren Erteilung die öffentliche Ausschreibung die Regel bildet (vgl. Art. 24 Abs. 1 und Abs. 3 FMG). Eine Funkkonzession benötigt, wer das Funkfrequenzspektrum benutzen will (ausser Armee und Zivilschutz für die Benutzung des ihnen zugewiesenen Frequenzbereichs; Art. 22 FMG), wobei auch insoweit die Kommunikationskommission zuständig ist (Art. 24a Abs. 1 FMG).

---

[284] Vgl. etwa BGE 131 II 735.
[285] Botschaft vom 18.12.2002 zur Totalrevision des Bundesgesetzes über Radio und Fernsehen (RTVG; BBl 2003 1758).
[286] Vgl. Art. 56 f. FMG.

Im Übrigen setzt die Erbringung von Fernmeldedienstleistungen keine Konzession   252
(mehr) voraus; das revidierte Fernmeldegesetz statuiert diesbezüglich eine blosse **Meldepflicht** gegenüber dem Bundesamt für Kommunikation (Art. 4 Abs. 1 FMG[287]).

bb) Radio und Fernsehen

Die Konzession für **landesweit verbreitete Programme** ist der SRG vorbehalten, die   253
deshalb grundsätzlich keine regionalen Programme ausstrahlen darf (vgl. Art. 26 RTVG).
Zur Verbreitung lokaler bzw. regionaler Radio- und Fernsehprogramme werden «andere
Veranstalter» zugelassen, wobei diese einer Konzession bedürfen, auf deren Erteilung sie
keinen Anspruch haben.

Vorab für die Ausstrahlung nicht-kommerzieller Programme sind sog. **Konzessionen**   254
mit Leistungsauftrag und Gebührenanteil vorgesehen (Art. 38 ff. RTVG), während
für Programme mit ausreichenden Finanzierungsmöglichkeiten **Konzessionen mit
Leistungsauftrag ohne Gebührenanteil** (Art. 43 ff. RTVG) vergeben werden. Über Erteilung und Verweigerung beider Konzessionsarten entscheidet das UVEK, dessen
Verfügungen der Beschwerde beim Bundesverwaltungsgericht unterliegen. Weil die
Konzessionen in der Regel öffentlich ausgeschrieben werden (vgl. Art. 45 Abs. 1 RTVG),
ist eine Anrufung des Bundesgerichts grundsätzlich ausgeschlossen; mithin sind die
Rechtsmittelentscheide des Bundesverwaltungsgerichts letztinstanzlich.

Die **SRG** ist als privatrechtlicher Verein organisiert und verfügt über weitreichende   255
Autonomie; sie hat allerdings einen gesetzlichen und verfassungsrechtlichen Programm-
auftrag zu erfüllen (vgl. Art. 93 Abs. 2 BV und Art. 24 RTVG), weshalb ihr der Gesetzgeber einen Rechtsanspruch auf die Konzessionserteilung gewährt und auf eine öffentliche Ausschreibung verzichtet hat (Art. 25 Abs. 1 RTVG).[288] Zu einer Streitigkeit wegen
Verweigerung der Konzession kann es mithin nicht kommen. Will die SRG aber gegen
den **Konzessionsinhalt** vorgehen und gewisse Bestimmungen einer gerichtlichen Überprüfung zuführen, so kann sie – auch wenn sich dies aus der gesetzlichen Regelung nicht
ohne weiteres ergibt – ans Bundesverwaltungsgericht gelangen: Art. 25 Abs. 1 RTVG
sieht zwar ausdrücklich vor, dass die SRG-Konzession vom Bundesrat erteilt wird, dessen Entscheide gerichtlich nur dann überprüfbar sind, wenn eine gesetzliche Sondernorm
dies vorsieht (vgl. Art. 189 Abs. 4 BV). Die Kompetenz zur Konzessionserteilung an die
SRG wird jedoch gestützt auf Art. 47 Abs. 6 Satz 1 RVOG an das UVEK delegiert.
Nach letzterer Bestimmung gehen Geschäfte des Bundesrats automatisch auf das in der
Sache zuständige Departement über, soweit Verfügungen zu treffen sind, die der Beschwerde ans Bundesverwaltungsgericht unterliegen. Dies ist hier der Fall, zumal im
Bereich von Radio und Fernsehen – anders als bei den ebenfalls vom Bundesrat erteilten
Konzessionen für Spielbanken (vgl. Art. 32 Abs. 1 lit. h VGG) und Infrastrukturkonzes-
sionen für Eisenbahnen (vgl. Art. 32 Abs. 1 lit. f VGG) sowie den bundesrätlichen Verfügungen auf dem Gebiet der Kernenergie (Art. 32 Abs. 1 lit. e VGG; vgl. N 225) und
der bundesrätlichen Genehmigung einer Fachhochschule (Art. 32 Abs. 1 lit. d VGG), für
die der Gesetzgeber mit Blick auf die Regelung von Art. 47 Abs. 6 RVOG Ausnahmebestimmungen erlassen hat – auf Stufe Bundesverwaltungsgericht die ordentliche
Rechtsmittelregelung zur Anwendung kommt (vgl. auch Art. 99 RTVG). Der Entscheid
des Bundesverwaltungsgerichts kann anschliessend an das Bundesgericht weitergezogen werden, da keine Konzession in Frage steht, die Gegenstand einer öffentlichen

---

[287] Demgegenüber sah das alte Recht eine grundsätzliche Konzessionspflicht vor (vgl. Art. 4 FMG
in seiner ursprünglichen Fassung; AS 1997 2188).
[288] Vgl. die Botschaft vom 18.12.2002 zur Totalrevision des Bundesgesetzes über Radio und Fernsehen (RTVG; BBl 2003 1689).

Ausschreibung gebildet hat, so dass die Ausnahmebestimmung von Art. 83 lit. p Ziff. 1 nicht greift.

b) Streitigkeiten nach Art. 11 FMG

256 Art. 83 lit. p Ziff. 2 schliesst die Beschwerde in öffentlichrechtlichen Angelegenheiten aus gegen Entscheide, welche Streitigkeiten nach Art. 11 FMG betreffen. Diese Bestimmung regelt die Art und Weise, in welcher ein marktbeherrschender Anbieter den Konkurrenten Zugang zu seinen Diensten (bisher: **Interkonnektion**[289]) gewähren muss. Gemäss der ausdrücklichen Regelung von Art. 11 Abs. 5 FMG erstreckt sich die Verpflichtung, den Konkurrenten Zugang zu gewähren, nicht auf die Verbreitung von Radio- und Fernsehprogrammen.

257 Einigen sich die konkurrierenden Telekommunikationsunternehmen nicht innert Frist über die Bedingungen des Zugangs, so erlässt die Kommunikationskommission (auf Gesuch hin) eine Verfügung (Art. 11a Abs. 1 FMG). Früher stand gegen derartige regulatorische Entscheide der Konzessionsbehörde unmittelbar die Verwaltungsgerichtsbeschwerde an das Bundesgericht offen.[290] Heute kann insoweit zwar Beschwerde beim Bundesverwaltungsgericht geführt werden; gestützt auf Art. 83 lit. p Ziff. 2 ist die Anrufung des Bundesgerichts jedoch in allen entsprechenden Fällen – einschliesslich sämtlicher Nebenpunkte, wie Interkonnektionsgebühren und Parteientschädigungen[291] – ausgeschlossen.

258 Ergibt sich aus einer vertraglichen Vereinbarung, in welcher die Konkurrenten den Zugang i.S.v. Art. 11 FMG einvernehmlich geregelt haben, oder aus einer rechtskräftigen Verfügung der Kommunikationskommission über die Gewährung des Zugangs eine Streitigkeit, so ist diese zivilrechtlicher Natur und wird von den **Zivilgerichten** beurteilt (vgl. Art. 11b FMG). Letztinstanzlich kann beim Bundesgericht Beschwerde in Zivilsachen (vgl. Art. 72 ff.) eingereicht werden.

259 Nicht in den Geltungsbereich von Art. 83 lit. p Ziff. 2 fallen jene Verfahren, für welche von Gesetzes wegen (Art. 56 Abs. 4 RTVG; Verbreitungspflicht für Inhaber von Funkkonzessionen) oder nach der Rechtsprechung (Sicherstellung der Nummernportabilität;[292] vgl. Art. 28 Abs. 4 FMG) die Regeln des Zugangs bzw. der Interkonnektion von Art. 11 FMG **sinngemäss zur Anwendung** kommen. Es handelt sich insoweit bloss um eine mittelbare Anwendung der fraglichen Bestimmung, so dass keine «Streitigkeit nach Art. 11 FMG» vorliegt.

3. Für die Beschwerde in öffentlichrechtlichen Angelegenheiten verbleibender Anwendungsbereich

260 Zulässig ist die Beschwerde in öffentlichrechtlichen Angelegenheiten in allen übrigen Fällen von öffentlichrechtlichen Streitigkeiten aus den Bereichen des FMG und des RTVG:

261 In Frage kommen namentlich Streitigkeiten über die Änderung, die Übertragung, die Suspendierung oder den Entzug einer **erteilten Konzession** (vgl. Art. 19a, 24d, 24e, 58 Abs. 2 lit. d FMG;[293] Art. 48–50 RTVG), über die Rückerstattung der Konzessionsgebühr

---

[289] Vgl. Art. 11 FMG in der ursprünglichen Fassung (AS 1997 2189).
[290] Vgl. Art. 11 Abs. 4 FMG in der ursprünglichen Fassung (AS 1997 2190); vgl. etwa BGE 132 II 257, 261 E. 2.3; 132 II 47, 49 E. 1.1; 131 II 13, 16 f. E. 1.3.
[291] Zur bisherigen Rechtsprechung zu solchen Fragen vgl. etwa BGE 132 II 47, 53 ff. E. 3 ff.
[292] BGer, II, ÖRA, 15.1.2007, 2A.507/2006, E. 3.5.
[293] Vgl. BGE 132 II 485.

bzw. die Entschädigung bei Konzessionsentzug und Konzessionsänderung (Art. 24e FMG;[294] Art. 49 Abs. 2 RTVG) sowie **aufsichtsrechtliche Verfahren** (Art. 58 FMG;[295] Art. 89 f. RTVG[296]).

Im Bereich von Radio und Fernsehen ist die Beschwerde in öffentlichrechtlichen Angelegenheiten überdies zulässig, soweit der **Inhalt redaktioneller Sendungen** betroffen ist; die Aufsicht über diesen Bereich des RTVG obliegt der UBI (Art. 86 Abs. 1 und Art. 94 ff. RTVG), deren Entscheide direkt beim Bundesgericht angefochten werden können (Art. 99 RTVG und Art. 86 Abs. 1 lit. c BGG).[297] Zuständig bleibt das Bundesgericht weiter im Bereich der **Empfangsgebühren**, welche die Schweizer Haushalte für den Empfang von Radio- und Fernsehprogrammen zu entrichten haben (Art. 68 ff. RTVG),[298] sowie in Streitigkeiten über (kommerzielle und politische) **Werbung und Sponsoring** (Art. 9 ff. RTVG).[299] Das Gesetz sieht darüber hinaus noch eine Vielzahl weiterer behördlicher Anordnungen vor, welche nicht unter Art. 83 lit. p fallen (vgl. etwa die Kürzung der Gebührenanteile gem. Art. 47 Abs. 2 RTVG wegen Unzulänglichkeiten bei der Erfüllung des Leistungsauftrags oder die Einschränkungen bei der fernmeldetechnischen Übertragung eines Programms nach Art. 52 RTVG).   **262**

Art. 58 RTVG sieht die Möglichkeit der Gewährung von **Investitionsbeiträgen** an jene Kosten vor, welche konzessionierten Veranstaltern im Rahmen der Einführung neuer Technologien für die Errichtung von Sendernetzen entstehen. Die Zulässigkeit der Beschwerde in öffentlichrechtlichen Angelegenheiten gegen Entscheide auf diesem Gebiet richtet sich nach der Regelung von Art. 83 lit. k und nicht nach Art. 83 lit. p.   **263**

XIX. Transplantationsmedizin (Art. 83 lit. q)

1. Änderungen im Vergleich zum alten Recht

Bei Art. 83 lit. q handelt es sich um eine neue Ausnahmebestimmung, zumal das Bundesgesetz vom 8.10.2004 über die Transplantation von Organen, Geweben und Zellen (Transplantationsgesetz, TPG; SR 810.21), welches eine einheitliche Regelung der Transplantationsmedizin auf nationaler Ebene bringt, erst am am 1.7.2007 in Kraft getreten ist.   **264**

2. Geltungsbereich der Ausnahmebestimmung

Art. 68 Abs. 1 TPG sieht gegen Verfügungen, die gestützt auf das Gesetz oder die zugehörigen Ausführungsbestimmungen ergehen, generell die Beschwerde ans Bundesverwaltungsgericht[300] vor. Besonderheiten bestehen allein in jenen beiden Bereichen, in denen die Beschwerde in öffentlichrechtlichen Angelegenheiten aufgrund von Art. 83 lit. q unzulässig ist: **265**

---

[294] Vgl. BGE 132 II 485, 511 ff. E. 9; BGer, II. ÖRA, 18.7.2006, 2A.432/2004.
[295] Vgl. etwa BGE 132 II 485, 508 ff. E. 8; 127 II 8.
[296] Vgl. BGE 127 II 79; BGer, II. ÖRA, 30.4.2001, 2A.15/2001, sic! 5/2001 401.
[297] Vgl. BGE 132 II 290; 131 II 253; 130 II 514; 126 II 7; 126 II 21; 125 II 497; 121 II 359; BGer, II. ÖRA, 26.1.2005, 2A.303/2004, EuGRZ 2005 719.
[298] Vgl. BGE 121 II 183; BGer, II. ÖRA, 23.6.2003, 2A.426/2002, RDAT 2003 II 229; BGer, II. ÖRA, 23.6.2003, 2A.393/2002; BGer, II. ÖRA, 28.1.2002, 2A.569/2001.
[299] Die Art. 11–23 der Radio- und Fernsehverordnung vom 9.3.2007 (RTVV; SR 784.401) enthalten weitere detaillierte Bestimmung zu Werbung und Sponsoring.
[300] Im Gesetzestext ist allerdings fälschlicherweise noch von der Rekurskommission für Heilmittel die Rede.

a) Aufnahme in die Warteliste (Ziff. 1)

266   Die Nationale Zuteilungsstelle führt eine Liste jener Personen, welche auf die Transplantation eines Organs warten (Warteliste). Der Entscheid darüber, wer in die Warteliste aufzunehmen oder daraus zu streichen ist, steht jedoch den **Transplantationszentren** zu (Art. 21 TPG). Deren Entscheid kann beim Bundesverwaltungsgericht angefochten werden, welches aufgrund der ausdrücklichen Bestimmung von Art. 68 Abs. 3 TPG ebenso wie gem. Art. 83 lit. q Ziff. 1 endgültig entscheidet.

b) Zuteilung von Organen (Ziff. 2)

267   Hat der Spender nicht eine bestimmte Person genannt, welcher er das gespendete Organ zukommen lassen will, findet ein besonderes Verfahren für die Zuteilung des Organs Anwendung (Art. 16 ff. TPG). Zuständig ist die **Nationale Zuteilungsstelle**, welche einerseits die Warteliste führt und alle mit der Zuteilung zusammenhängenden Tätigkeiten auf nationaler Ebene organisiert und koordiniert sowie im Einzelfall über die Zuteilung von Organen entscheidet (Art. 19 TPG).

268   Obschon der Zuteilungsentscheid in aller Regel vollzogen worden sein dürfte, bevor ein Rechtsmittelverfahren überhaupt eingeleitet werden konnte, sind auch Verfügungen über die Zuteilung von Organen beim Bundesverwaltungsgericht anfechtbar. Angesichts der besonderen Natur der Streitsache kann Letzteres jedoch, wenn eine Beschwerde begründet ist, **nur die Verletzung von Bundesrecht feststellen** (Art. 68 Abs. 2 TPG).

269   Beim Entscheid, welchem Patienten ein gespendetes Organ zugeteilt wird, stehen gewichtige Interessen auf dem Spiel; es ist deshalb – auch mit Blick auf die Rechtsweggarantie von Art. 29a BV – sachgerecht, dass insoweit eine Gerichtsbehörde angerufen werden kann. Andererseits handelt es sich um einen Rechtsbereich, der **kaum justiziabel** ist, zumal vorwiegend komplexe nicht-juristische Fragen im Vordergrund stehen: Weder vermag der Richter die medizinischen Implikationen ernsthaft zu überprüfen, noch ist er dazu berufen, Fragestellungen überwiegend ethischer Natur zu beantworten. Es leuchtet deshalb ein, dass der Gesetzgeber trotz der Bedeutung der vorliegenden Streitigkeiten für die Betroffenen darauf verzichtet hat, eine zweite Gerichtsinstanz zur Verfügung zu stellen, und die Beschwerde in öffentlichrechtlichen Angelegenheiten ans Bundesgericht ausgeschlossen hat.

XX. Krankenversicherung (Art. 83 lit. r)

1. Änderungen im Vergleich zum alten Recht

270   Auch die Ausnahmebestimmung von Art. 83 lit. r ist neu, wobei der gerichtliche Rechtsschutz hier nicht etwa eingeschränkt, sondern ausgebaut worden ist. Die von der Ausnahmebestimmung erfassten Entscheide betreffen (bis auf den Fall von Art. 55a KVG) genau jene Beschlüsse der Kantonsregierungen zur Spitalplanung und zu den Spitaltarifen, für die Art. 53 Abs. 1 KVG[301] bis anhin die Beschwerde an den Bundesrat vorgesehen hat. Dessen Entscheide konnten nicht – grundsätzlich auch nicht gestützt auf Art. 6 Ziff. 1 EMRK[302] – mit Verwaltungsgerichtsbeschwerde beim EVG angefochten werden, sondern waren endgültig.

271   Das neue Recht sieht nun anstelle der Beschwerdemöglichkeit beim Bundesrat die Anrufung des Bundesverwaltungsgerichts vor (Art. 34 VGG), wobei dieses wie zuvor der

---

[301] AS 1995 1344.
[302] BGE 132 V 299; 132 V 6.

Bundesrat letztinstanzlich entscheidet, zumal Art. 83 lit. r den Weiterzug ans Bundesgericht ausschliesst. Nicht anders verhält es sich im Übrigen, wenn Entscheide gem. Art. 34 VGG nicht von der Regierung, sondern vom Kantonsparlament ausgehen.

2. Geltungsbereich der Ausnahmebestimmung

Gemäss Art. 83 lit. r ist die Beschwerde in öffentlichrechtlichen Angelegenheiten unzulässig gegen «Entscheide auf dem Gebiet der Krankenversicherung, die das Bundesverwaltungsgericht gestützt auf Art. 34 VGG getroffen hat». Der Geltungsbereich der Ausnahmebestimmung ist damit deckungsgleich mit dem **Zuständigkeitsbereich**, welcher sich für das **Bundesverwaltungsgericht aus Art. 34 VGG** ergibt. Andere Entscheide des Bundesverwaltungsgerichts auf dem Gebiet der Krankenversicherung (insb. betr. Verfügungen und Einspracheentscheide der gemeinsamen Einrichtung der Krankenversicherer; vgl. Art. 18 KVG) werden von Art. 83 lit. r nicht erfasst und unterliegen deshalb der Beschwerde in öffentlichrechtlichen Angelegenheiten. Gleiches gilt für Urteile der kantonalen Sozialversicherungsgerichte, welche in Anwendung der fraglichen Beschlüsse der Kantonsregierungen ergehen.   **272**

Im Einzelnen betrifft die Ausnahmebestimmung die folgenden kantonalen Beschlüsse: **273**

– die **Zulassung** von Spitälern, Pflegeheimen und Einrichtungen der teilstationären Krankenpflege als Leistungserbringer zu Lasten der obligatorischen Krankenpflegeversicherung (Art. 39 KVG[303]);   **274**

– die Massnahmen zur **Sicherstellung der medizinischen Versorgung**, die nötig werden, weil Leistungserbringer in den Ausstand treten (d.h. die Erbringung von Leistungen nach KVG verweigern; vgl. Art. 44 Abs. 2 KVG) und deshalb eine Behandlung der Versicherten im gesetzlichen Rahmen nicht gewährleistet ist (Art. 45 KVG);   **275**

– die **Genehmigung von (kantonalen) Tarifverträgen**, welche die Krankenversicherer und die Leistungserbringer zusammen ausgehandelt haben (Art. 46 Abs. 4 KVG; ein gesamtschweizerischer Tarifvertrag bedarf der Genehmigung durch den Bundesrat), wobei auch Änderungen des Tarifvertrags genehmigungspflichtig sind, einschliesslich der Anpassung von Taxpunktwerten an eine Indexklausel (selbst wenn Letztere bereits tarifvertraglich vereinbart worden ist);[304]   **276**

– die **behördliche Festsetzung eines Tarifs**, wenn zwischen Leistungserbringern und Krankenversicherern kein Tarifvertrag zustande kommt (Art. 47 KVG[305]);   **277**

– die **Festsetzung eines Rahmentarifs für Ärzteverbände**, der im Fall einer Auflösung des genehmigten Tarifvertrags bis zum Abschluss eines neuen Vertrags zur Anwendung kommen soll, oder der wegen Scheiterns der Tarifverhandlungen auf Antrag der Parteien erlassen wird (Art. 48 KVG);   **278**

– die **Festsetzung eines Spitaltarifs**, wenn die Krankenversicherer den Tarifvertrag mit dem Spital gekündigt haben, weil ein Betriebsvergleich ergeben hat, dass die Kosten des Spitals deutlich über den Kosten vergleichbarer Spitäler liegen (Art. 49 Abs. 7 KVG;[306] eine Kündigung ist auch möglich, wenn das Spital die für den Betriebsvergleich nötigen Unterlagen nicht liefert);   **279**

---

[303] Vgl. BGE 132 V 6; 126 V 172.
[304] BGE 123 V 280.
[305] Vgl. BGE 132 V 299.
[306] Vgl. auch die Verordnung vom 3.7.2002 über die Kostenermittlung und die Leistungserfassung durch Spitäler und Pflegeheime in der Krankenversicherung (VKL; SR 832.104).

280   – die Festsetzung eines Gesamtbetrags für die Finanzierung der Spitäler oder der Pflegeheime (**Globalbudget** als finanzielles Steuerungsinstrument; Art. 51 KVG);

281   – die Festsetzung eines Gesamtbetrags für die Finanzierung der Spitäler oder der Pflegeheime auf Antrag der Krankenversicherer (**Globalbudget** als befristete ausserordentliche Massnahme zur Eindämmung eines überdurchschnittlichen Kostenanstiegs;
Art. 54 KVG);

282   – die «**Einfrierung**» **der Tarife**, wenn die durchschnittlichen Kosten je Versicherten und
Jahr in der obligatorischen Krankenpflegeversicherung für ambulante oder stationäre
Behandlung doppelt so stark ansteigen wie die allgemeine Preis- und Lohnentwick-
lung (Art. 55 KVG);

283   – Entscheide der Kantone im Zusammenhang mit der (befristeten) **Beschränkung der
Zulassung von Leistungserbringern** zur Tätigkeit zu Lasten der obligatorischen
Krankenpflegeversicherung (Art. 55a KVG; vgl. die auf diese Bestimmung gestützte
Verordnung vom 3.7.2002 über die Einschränkung der Zulassung von Leistungs-
erbringern zur Tätigkeit zu Lasten der obligatorischen Krankenpflegeversicherung
[SR 832.103], welche seit dem 4.7.2002 und vorderhand bis zum 3.7.2008 in Kraft
steht und für Ärzte, Zahnärzte, Chiropraktiker, Apotheker, Laboratorien und zahlreiche
andere Leistungserbringer Höchstzahlen pro Region vorschreibt).

284   Nicht von Art. 83 lit. r erfasst wird hingegen die **kantonale Spitalplanung**, soweit sie
über Fragen hinausgeht, welche die Zulassung von Spitälern nach Art. 39 KVG bzw.
deren Aufnahme in die kantonale Spitalliste betreffen. Die Gestaltung der Spitalplanung
und insb. der Entscheid, welche Spitäler mit welchen Leistungsaufträgen der Kanton
selber betreiben oder als subventionierte Einrichtungen in die öffentliche Spitalversor-
gung einbeziehen will, richtet sich nicht nach dem KVG, sondern nach kantonalem
Recht.[307] Grundsätzlich ist also gegen diesbezügliche kantonale Hoheitsakte die Beschwerde in öffentlichrechtlichen Angelegenheiten bzw. – sofern eine andere Ausnahmebestimmung als Art. 83 lit. r greifen sollte – nach Massgabe von Art. 113 ff. OG die subsidiäre Verfassungsbeschwerde zulässig.

285   Gleich verhält es sich mit dem Entscheid über die Frage, ob einem bestimmten Spital
Subventionen auszurichten sind. Dies gilt selbst dann, wenn Subventionen gestrichen
werden, weil das betreffende Spital nicht in die Spitalliste aufgenommen wurde. Zwar
fusst beides auf dem politischen Grundentscheid, das betreffende Krankenhaus schliessen zu wollen. Dessen ungeachtet geht es aber um zwei verschiedene Rechtsfragen, zumal es immerhin denkbar wäre, dass ein Spital, das nicht auf der Spitalliste figuriert,
trotzdem weiterbesteht und sogar Staatsbeiträge erhält, oder umgekehrt keine Staatsbeiträge erhält, obwohl es auf der Spitalliste aufgeführt ist. Die Zulässigkeit der Beschwerde
in öffentlichrechtlichen Angelegenheiten beurteilt sich deshalb nach Art. 83 lit. k.[308]

XXI. Landwirtschaft (Art. 83 lit. s)

1. Änderungen im Vergleich zum alten Recht

286   Die Ausnahmebestimmung von Art. 83 lit. s entspricht mit ihrer Ziff. 1 dem bisherigen
Recht, hat doch bereits Art. 100 Abs. 1 lit. m Ziff. 2 OG «Verfügungen über die Milchkontingentierung» von der Verwaltungsgerichtsbeschwerde ausgenommen. Neu ist demgegenüber die Ziff. 2 betr. den Produktionskataster.

---

[307] Vgl. BGer, II. ÖRA, 15.8.2000, 2P.5/2000, Pra 2001 139, E. 1.
[308] Vgl. BGer, II. ÖRA, 3.10.1997, 2P.450/1996, ZBl 100/1999 273, E. 1a; vgl. auch BGer,
II. ÖRA, 26.2.2007, 2P.244/2006.

Gemäss Art. 100 Abs. 1 lit. m Ziff. 1 OG waren zusätzlich «Verfügungen über die **287** Verkürzung der Pachtdauer, die parzellenweise Verpachtung und Zupacht und über den Pachtzins» von der Verwaltungsgerichtsbeschwerde ausgenommen. Diese Regelung wurde wegen ihrer geringen praktischen Relevanz nicht in den geltenden Ausnahmekatalog übernommen.[309]

2. Geltungsbereich der Ausnahmebestimmung

a) Milchkontingentierung (Ziff. 1)

Für **Kuhmilch** (Art. 28 Abs. 1 LwG) ist zur Zeit noch ein Kontingentierungssystem in **288** Kraft, das die Menge der Milch begrenzt, welche ein Landwirt pro Jahr vermarkten[310] darf (vgl. Art. 30 ff. LwG). Diese Regelung der Milchkontingente gilt allerdings nur noch bis zum 30.4.2009 bzw. längstens bis zum 30.4.2011 (Art. 36a Abs. 1 und Abs. 3 LwG).

Erstinstanzliche Verfügungen über die Milchkontingentierung unterliegen der Beschwer- **289** de an eine regionale Rekurskommission, welche vom EVD ernannt wird. Deren Entscheide sind beim Bundesverwaltungsgericht anfechtbar (Art. 167 LwG). Art. 83 lit. s Ziff. 1 schliesst die Beschwerde in öffentlichrechtlichen Angelegenheiten gegen «Entscheide auf dem Gebiet der Landwirtschaft betr. die Milchkontingentierung» aus, so dass das Bundesverwaltungsgericht insoweit letztinstanzlich urteilt.

Art. 83 lit. s Ziff. 1 erfasst sämtliche Entscheide, welche die **Milchkontingentierung** **290** betreffen (vgl. Art. 30–36 LwG:[311] Umfang der Kontingente, Anpassung von Kontingenten an veränderte Betriebsverhältnisse oder auf Begehren einer Branchenorganisation, Übertragung von Kontingenten auf andere Produzenten, Sonder- und Zusatzkontingente sowie Anordnungen bei Kontingentsüberschreitungen), und schliesst Entscheide im Zusammenhang mit dem Ausstieg aus der Milchkontingentierung mit ein (vgl. Art. 36a Abs. 2 LwG und die einschlägige Verordnung[312]).

Nicht von der Ausnahmebestimmung erfasst werden demgegenüber die Instrumente zur **291** Stützung des Milchmarktes (Art. 38–42 LwG[313]) und Streitigkeiten, die allein eine allfällige Direktvermarktung betreffen (vgl. Art. 37 LwG[314]), ohne Fragen im Zusammenhang mit Milchkontingenten aufzuwerfen.

b) Produktionskataster (Ziff. 2)

Art. 4 LwG verpflichtet die Behörden, die erschwerenden Produktions- und Lebens- **292** bedingungen im **Berg- und Hügelgebiet** bei der Anwendung des LwG angemessen zu

---

[309] Vgl. Botschaft 2001 4322.

[310] Zum Begriff der vermarkteten Milch bzw. Verkehrsmilch vgl. Art. 28 der Verordnung vom 7.12.1998 über landwirtschaftliche Begriffe und die Anerkennung von Betriebsformen (Landwirtschaftliche Begriffsverordnung, LBV; SR 910.91).

[311] Vgl. auch die Verordnung vom 7.12.1998 über die Kontingentierung der Milchproduktion (Milchkontingentierungsverordnung, MKV; SR 916.350.1).

[312] Verordnung vom 10.11.2004 über den Ausstieg aus der Milchkontingentierung (VAMK; SR 916.350.4).

[313] Vgl. auch die Verordnung vom 7.12.1998 über Zulagen und Beihilfen im Milchbereich (Milchpreisstützungsverordnung, MSV; SR 916.350.2) sowie die Verordnung des EVD vom 7.12.1998 über die Höhe der Beihilfen für Milchprodukte und Vorschriften für die Einfuhr von Vollmilchpulver (SR 916.350.21).

[314] Um Direktvermarktung handelt es sich, wenn Produzenten eigene Produkte ab ihren Betrieben direkt an Verbraucher verkaufen. Vgl Art. 5 der Verordnung vom 7.12.1998 über landwirtschaftliche Begriffe und die Anerkennung von Betriebsformen (Landwirtschaftliche Begriffsverordnung, LBV; SR 910.91).

berücksichtigen. Als Instrument hierfür dient der vom BUWAL zu erlassende Produktionskataster, welcher die landwirtschaftlich genutzte Fläche nach Massgabe der Erschwernisse in Zonen einteilt. Im Talgebiet wird zwischen Hügelzone, Übergangszone, erweiterter Übergangszone und Ackerbauzone unterschieden, während das Berggebiet in vier verschiedene Zonen (Bergzonen I–IV) unterteilt ist; zusätzlich wird ein die Sömmerungsfläche umfassendes Sömmerungsgebiet ausgeschieden. Die Kriterien, nach denen diese Zonen des Berg- und Talgebiets gegeneinander abgegrenzt werden, hat der Bundesrat in einer Zonenverordnung[315] näher umschrieben.

293   Die Festlegung oder Änderung von Zonengrenzen des Produktionskatasters durch das Bundesamt kann beim Bundesverwaltungsgericht angefochten werden (Art. 167 Abs. 2 LwG). Dessen Entscheid ist endgültig, zumal die Beschwerde in öffentlichrechtlichen Angelegenheiten nach Art. 83 lit. s Ziff. 2 ausgeschlossen ist.

XXII. Prüfungsergebnisse (Art. 83 lit. t)

1. Änderungen im Vergleich zum alten Recht

294   In der Ausnahmebestimmung von Art. 83 lit. t wird im wesentlichen die Regelung von Art. 99 Abs. 1 lit. f OG («Ergebnis von Berufs-, Fach- oder anderen Fähigkeitsprüfungen») übernommen; keine Aufnahme in den Gesetzestext fand Art. 100 Abs. 1 lit. v OG, welcher «auf dem Gebiet der Berufsbildung» neben Prüfungsergebnissen auch die «Verfügungen über die Zulassung zu Prüfungen und zu Kursen» von der Verwaltungsgerichtsbeschwerde ausgenommen hat.[316]

295   Von Art. 83 lit. t werden neu auch Prüfungsergebnisse nach kantonalem Recht erfasst; letztlich führt dies zu keiner wesentlichen Änderung der Anfechtungsmöglichkeiten auf Bundesebene, unterlagen solche Entscheide doch einerseits bis anhin nur der staatsrechtlichen Beschwerde und dürfte andererseits heute in ähnlichem Umfang die subsidiäre Verfassungsbeschwerde zur Verfügung stehen.

2. Geltungsbereich der Ausnahmebestimmung

296   Art. 83 lit. t nimmt nicht nur das Ergebnis von Prüfungen, sondern **alle Fähigkeitsbewertungen** von der Beschwerde in öffentlichrechtlichen Angelegenheiten aus. Zwar werden im Gesetzestext lediglich die «Gebiete der Schule, der Weiterbildung und der Berufsausübung» explizit erwähnt; aus dem Umstand, dass diese Aufzählung mit dem Wort «namentlich» eingeleitet wird, ist aber ersichtlich, dass sich der Geltungsbereich von Art. 83 lit. t nicht auf die betreffenden Gebiete beschränkt.[317] Vielmehr werden sämtliche bundesrechtlichen und kantonalrechtlichen Entscheide erfasst, die primär auf einer Beurteilung der **persönlichen Fähigkeiten** des Bewerbers beruhen. Zu diesen zählt das Bundesgericht auch die geistigen und körperlichen Fähigkeiten, wie sie – im Hinblick auf die Zulassung zu einer Tätigkeit – Gegenstand von medizinischen Untersuchungen bilden können. Hängt ein Entscheid letztlich von der Feststellung des **Gesundheitszustands** des Bewerbers ab, ist die Beschwerde in öffentlichrechtlichen Angelegenheiten mithin unzulässig.[318]

---

[315] Verordnung vom 7.12.1998 über den landwirtschaftlichen Produktionskataster und die Ausscheidung von Zonen (Landwirtschaftliche Zonen-Verordnung; SR 912.1).

[316] Zu dieser Bestimmung vgl. BGer, II. ÖRA, 10.11.2005, 2A.343/2005, E. 1.2.

[317] So auch SEILER/VON WERDT/GÜNGERICH, BGG, Art. 83 N 103.

[318] Vgl. BGer, II. ÖRA, 3.5.2007, 2C_176/2007, E. 2, betr. die Unzulässigkeit der Beschwerde gegen eine Fluguntauglichkeitserklärung aus medizinischen Gründen. Unter altem Recht hatte

Der Ausschluss solcher Fähigkeitsbewertungen von der Beschwerde in öffentlichrecht- **297** lichen Angelegenheiten liegt hauptsächlich darin begründet, dass sich einerseits ausgesprochene **Ermessensfragen** stellen und andererseits häufig **technische Aspekte** im Vordergrund stehen. Der Bereich erscheint deshalb für eine gerichtliche Überprüfung ungeeignet, zumal es sich insoweit nicht um justiziable Streitigkeiten i.S.v. Art. 6 Ziff. 1 EMRK handelt.[319]

Neben eigentlichen Prüfungs- und Promotionsentscheiden von Schulen,[320] Universitäten **298** sowie Institutionen der Berufs- und Weiterbildung fallen in den Anwendungsbereich von Art. 83 lit. t insb. auch Entscheide über Berufszulassungen, etwa als Rechtsanwalt,[321] Notar,[322] Facharzt FMH, Privatdozent an einer Universität[323] oder Treuhänder[324]. Anders verhält es sich nur dann, wenn für den Zulassungsentscheid nicht die persönlichen Fähigkeiten des Bewerbers, sondern andere Umstände – wie etwa ein allgemeiner Bedürfnisnachweis – ausschlaggebend sind. Erfasst werden weiter sowohl das Ergebnis einer Führerprüfung[325] als auch das Resultat einer Kontrollfahrt (vgl. Art. 29 VZV[326]).[327]

Ausgeschlossen ist die Beschwerde in öffentlichrechtlichen Angelegenheiten nur, wenn **299** das **Ergebnis** der Prüfung bzw. Fähigkeitsbewertung umstritten ist. Gleich wie Art. 99 Abs. 1 lit. f OG[328] – und anders als Art. 100 Abs. 1 lit. v OG – erfasst Art. 83 lit. t nicht die Frage der Zulassung zu einer Prüfung (oder der Anrechnung früherer Lehrveranstaltungen und Examina[329]). Ferner ist die Beschwerde auch zulässig, wenn überhaupt streitig ist, ob im konkreten Fall eine Prüfung erforderlich ist,[330] oder wenn die rechtlichen Voraussetzungen umstritten sind, unter denen das (als solches nicht in Frage stehende) Prüfungsresultat zur Diplomerteilung oder -verweigerung führt.[331]

---

das Bundesgericht insoweit grundsätzlich noch eine andere Praxis: Vgl. BGer, II. ÖRA, 9.7.1996, 2A.458/1995 betr. die Nichtzulassung eines Farbenblinden als Berufspilot; vgl. auch BGer, II. ÖRA, 4.5.2001, 2A.557/2000, E. 1.

[319] BGE 131 I 467, 472 f. E. 2.9.
[320] Vgl. BGer, II. ÖRA, 14.5.2007, 2D_19/2007, E. 2.1; BGer, II. ÖRA, 9.8.2007, 2D_21/2007, E. 1; BGer, II. ÖRA, 20.7.2007, 2D_34/2007, E. 1; BGer, II. ÖRA, 2.8.2007, 2D_29/2007, E. 1; vgl. auch BGer, II. ÖRA, 16.8.2007, 2C_187/2007, E. 2, wo das Bundesgericht die Frage der Einschulung in eine Sonderklasse differenziert beurteilt.
[321] Vgl. BGE 122 I 130.
[322] Vgl. BGer, II. ÖRA, 30.6.1998, 2P.433/1997, Pra 1998 879.
[323] Vgl. BGer, II. ÖRA, 22.8.2001, 2P.113/2001, E. 2; BGer, II. ÖRA, 5.2.1996, 2P.433/1995, E. 3.
[324] Vgl. BGer, II. ÖRA, 4.12.1995, 2P.257/1994, RDAT 1996 II 178.
[325] BGE 98 Ib 222, 224 E. 1.
[326] Verordnung vom 27.10.1976 über die Zulassung von Personen und Fahrzeugen zum Strassenverkehr (Verkehrszulassungsverordnung, VZV; SR 741.51).
[327] BGer, KassH, 14.3.2002, 6A.121/2001, E. 1a.
[328] Vgl. BGE 105 Ib 399, 401 E. 1.
[329] Vgl. BGer, II. ÖRA, 17.5.1991, 2A.32/1991.
[330] So auch SEILER/VON WERDT/GÜNGERICH, BGG, Art. 83 N 104.
[331] Vgl. BGer, II. ÖRA, 26.3.1997, 2P.230/1996, E. 1c und d.

Art. 84

Internationale Rechtshilfe in Strafsachen

[1] **Gegen einen Entscheid auf dem Gebiet der internationalen Rechtshilfe in Strafsachen ist die Beschwerde nur zulässig, wenn er eine Auslieferung, eine Beschlagnahme, eine Herausgabe von Gegenständen oder Vermögenswerten oder eine Übermittlung von Informationen aus dem Geheimbereich betrifft und es sich um einen besonders bedeutenden Fall handelt.**

[2] **Ein besonders bedeutender Fall liegt insbesondere vor, wenn Gründe für die Annahme bestehen, dass elementare Verfahrensgrundsätze verletzt worden sind oder das Verfahren im Ausland schwere Mängel aufweist.**

Entraide pénale internationale

[1] Le recours n'est recevable contre une décision rendue en matière d'entraide pénale internationale que s'il a pour objet une extradition, une saisie, le transfert d'objets ou de valeurs ou la transmission de renseignements concernant le domaine secret et s'il concerne un cas particulièrement important.

[2] Un cas est particulièrement important notamment lorsqu'il y a des raisons de supposer que la procédure à l'étranger viole des principes fondamentaux ou comporte d'autres vices graves.

Assistenza internazionale in materia penale

[1] Contro le decisioni nel campo dell'assistenza giudiziaria internazionale in materia penale il ricorso è ammissibile soltanto se concerne un'estradizione, un sequestro, la consegna di oggetti o beni oppure la comunicazione di informazioni inerenti alla sfera segreta e si tratti di un caso particolarmente importante.

[2] Un caso è particolarmente importante segnatamente laddove vi sono motivi per ritenere che sono stati violati elementari principi procedurali o che il procedimento all'estero presenta gravi lacune.

Inhaltsübersicht

Literatur

M. FORSTER, Internationale Rechtshilfe bei Geldwäschereiverdacht, ZStrR 124 (2006) 274–294 (zit. Forster, ZStrR 2006); DERS., Die Internationalisierung des Strafrechts und der Verteidigungsrechte, in: C. Meier-Schatz/R. Schweizer (Hrsg.), Recht und Internationalisierung, Festgabe der Juristischen Abteilung der Universität St. Gallen zum Juristentag 2000, Zürich 2000, 309–330 (zit. FS Juristentag 2000-Forster); S. HEIMGARTNER, Auslieferungsrecht, Diss. ZH 2002 (zit. Heimgartner, Auslieferungsrecht); T. MERKLI/A. AESCHLIMANN/R. HERZOG, Kommentar zum Gesetz vom 23.5.1989 über die Verwaltungsrechtspflege des Kantons Bern, Bern 1997 (zit. Merkli/ Aeschlimann/Herzog, Kommentar VRPG); L. MOREILLON (Hrsg.), Entraide internationale en matière pénale, Commentaire romand, Basel/Genf/München 2004 (zit. Moreillon, EIMP); P. POPP, Grundzüge der internationalen Rechtshilfe in Strafsachen, Basel 2001 (zit. Popp, Grundzüge); R. ZIMMERMANN, La coopération judiciaire internationale en matière pénale, 2. Aufl., Bern 2004 (zit. Zimmermann, coopération[2]).

I. Vorbemerkungen

Art. 84 enthält *Spezialvorschriften*[1] für Beschwerdefälle der *internationalen Rechtshilfe*   **1** *in Strafsachen* (RH) mit exklusiver Geltung für dieses Rechtsgebiet.[2] Die *materielle Rechtsnatur* der RH ist in Lehre und Praxis umstritten.[3] Das RH-Verfahren ist zwar kein Strafprozess (i.S.v. Art. 32 BV bzw. Art. 6 Ziff. 1 EMRK). Es wird darin nicht von einem Strafgericht über Schuld und Strafe von Angeklagten entschieden.[4] Bei der RH handelt sich jedoch um ein besonderes international-verwaltungsrechtliches Verfahren mit starker Konnexität zum Straf- und Strafprozessrecht.[5] Insofern wird die RH auch unter das internationale Strafrecht i.w.S. eingeordnet.[6] Diese «hybride» materiellrechtliche Natur der RH hat zu spezifischen und komplexen Verfahrens- und Rechtsmittelordnungen geführt.

Wie die nachfolgende *Rechtsquellen-Übersicht* (N 11 ff.) zeigt, sind die wichtigsten Vor-   **2** schriften betr. die RH in verschiedenen Bundesgesetzen sowie in bilateralen und multilateralen völkerrechtlichen Verträgen verankert. Im BGG bildet Art. 84 die *zentrale Bestimmung* zur Beschwerdeführung vor Bundesgericht (BGer) in Rechtshilfesachen. Das geht schon aus dem Titel der Vorschrift hervor. Art. 84 regelt die wichtigsten Eintretensvoraussetzungen der öffentlich-rechtlichen Einheitsbeschwerde in diesem Rechtsgebiet, nämlich die *Anfechtungsobjekte* (N 16 ff.) und die spezielle Sachurteilsvoraussetzung des *besonders bedeutenden Falles* (N 29 ff.). Im Rahmen der Kommentierung von Art. 84 werden darüber hinaus verschiedene allgemeine verfahrensrechtliche Ausführungen mit engem Bezug zur RH gemacht. Zudem enthält das BGG in den Art. 43 (ergänzende Beschwerdeschrift), 93 Abs. 2 (Vor- und Zwischenentscheide in RH-Sachen[7]), 100 Abs. 2 lit. b (Beschwerdefrist, Beschwerde gegen Entscheide), 103 Abs. 2 lit. c (aufschiebende

---

[1] Im Verhältnis zu den allgemeinen Bestimmungen über die Beschwerde in öffentlich-rechtlichen Angelegenheiten (Art. 82 f., 85 ff.).

[2] SEILER/VON WERDT/GÜNGERICH, BGG, Art. 84 N 2.

[3] Zum Meinungsstand vgl. für viele: HEIMGARTNER, Auslieferungsrecht, 1 f.; MOREILLON, EIMP, 14 f.; POPP, Grundzüge, N 17–19; ZIMMERMANN, coopération[2], N 8. Das BGer qualifiziert die RH grundsätzlich als *verwaltungsrechtliche* Materie (BGE 127 II 104, 109, E. 3d m.w.Hinw.).

[4] FORSTER, ZStrR 2006, 278 f.; MOREILLON, EIMP, 14 N 50; ZIMMERMANN, coopération[2], N 8.

[5] Insbesondere können zum Zwecke der RH grundsätzlich *strafprozessuale Zwangsmassnahmen* angeordnet werden. Ausserdem hat im Rahmen der RH-Voraussetzung der *beidseitigen Strafbarkeit* eine materiellstrafrechtliche «prima facie»-Prüfung zu erfolgen (vgl. Art. 63 f. IRSG; zu weiteren strafprozessualen und materiellstrafrechtlichen Berührungspunkten s. z.B. Art. 5, 9, 12 Abs. 1 Satz 2, 13 f., Art. 65–66 und Art. 74a IRSG).

[6] FS Juristentag 2000-FORSTER, 310 f.; HEIMGARTNER, Auslieferungsrecht, 1, je m.w.Hinw. auf das Schrifttum.

[7] S. dazu N 24 ff.

Wirkung) und 107 Abs. 3 (Nichteintretensentscheid) weitere Spezialvorschriften zur RH, welche grundsätzlich direkt bei den genannten Bestimmungen kommentiert werden. Sodann weisen namentlich die Art. 79 (Beschwerde in Strafsachen, Ausnahme), 83 lit. h (internationale Amtshilfe) sowie 109 Abs. 1 (vereinfachtes Verfahren, Dreierbesetzung) Berührungspunkte zur RH auf, die bei den betreffenden Kommentierungen zu behandeln sind. Schliesslich wird bei Art. 84 auch ein Bezug geschaffen zu den allgemeinen Vorschriften des 2. und 4. Kapitels BGG betr. Einheitsbeschwerde, soweit sie für die RH von besonderer Bedeutung sind.

3   Nach *bisherigem* Recht unterlagen RH-Verfügungen erstinstanzlicher Bundes- oder letztinstanzlicher kantonaler Behörden (mit Ausnahme der Auslieferungshaftbeschwerden) grundsätzlich unmittelbar der Verwaltungsgerichtsbeschwerde ans BGer (aArt. 25 Abs. 1 IRSG, vgl. auch die aArt. 55 Abs. 3, 80f und 80g IRSG sowie aArt. 17 Abs. 1 BG-RVUS).[8] Zum *Intertemporalrecht* s. näher N 38.

II. Entstehungsgeschichte

4   Der Beschwerdeweg ans BGer gegen Entscheide betr. die RH (und die internationale Amtshilfe) war in der bundesrätlichen Vorlage vom 28.2.2001 noch für unzulässig erklärt worden (Art. 78 Abs. 1 lit. g E-BGG). Als letztinstanzliche Rechtsmittelbehörde wurde (des verwaltungsrechtlichen Charakters der Rechtshilfe wegen) zunächst das Bundesverwaltungsgericht vorgesehen. Damit wollte der Bundesrat das BGer erheblich entlasten.[9]

5   Das BGer beantragte, dass ihm zumindest Rechtsfragen von grundsätzlicher Bedeutung auf diesem Gebiet vorgelegt werden können, was vom Bundesrat abgelehnt wurde.[10] Es hielt dafür, bei der RH handle es sich weder um einen wenig justiziablen noch um einen überwiegend technischen Bereich. Auch andere Gründe für einen völligen Ausschluss der bundesgerichtlichen Zuständigkeit seien nicht ersichtlich. Es gehe im fraglichen Gebiet um rechtsstaatlich, staatspolitisch und völkerrechtlich grundlegende Fragen.[11]

6   Der Ständerat stimmte als Erstrat der bundesrätlichen Vorlage zu.[12] In der Sitzung des Nationalrats vom 5.10.2004 (erste Lesung) stellte Nationalrat Bader den Einzelantrag, Art. 78 Abs. 1 lit. g E-BGG ersatzlos zu streichen. Nationalrat Jutzet beantragte, die bundesrätliche Fassung durch folgenden Satz zu ergänzen: Die Beschwerde an das BGer «ist jedoch zulässig, wenn es um Auslieferungen geht oder wenn sich Rechtsfragen von

---

[8] BGE 132 II 81, 83 E. 1.2; 130 II 337, 340 E. 1.2; 129 II 384, 385, E. 2.3; 127 II 198, 201 ff. E. 2; 126 II 495 ff.; 125 II 356, 361 E. 3a, je m.Hinw.; MOREILLON, EIMP, 382–85; POPP, Grundzüge, N 541 ff.; ZIMMERMANN, coopération[2], N 293 ff. In *Auslieferungshaftfällen* war nach altem Recht zunächst die Beschwerde an das BstGer und danach die Zwangsmassnahmenbeschwerde (nach SGG) an das BGer gegeben (BGE 131 I 52, 54 E. 1.2.2; 130 II 306, 308 f. E. 1).

[9] Im Jahr 2005 wurden vom BGer rund 170 Rechtshilfefälle erledigt, 2006 waren es ca. 130 Beschwerdesachen (inklusive Auslieferungsfälle, exklusive internationale Amtshilfe). Nach bisherigem Verfahrensrecht waren Entscheide von Bundesverwaltungsbehörden grundsätzlich direkt beim BGer anfechtbar (Botschaft BBl 2001 4323). Der ursprünglich vorgesehene kurze Instanzenzug an das BVerwGer sollte gem. E-BGG eine rasche Vollstreckung von Rechtshilfemassnahmen erlauben: Art. 191a Abs. 2 BV-Justizreform schliesst neu eine direkte Beschwerde ans BGer aus. Um weiterhin ein rasches Verfahren gewährleisten zu können, sollte (gem. E-BGG) das BVerwGer bei der RH endgültig entscheiden können; aus Gründen der Einheitlichkeit der Rechtsprechung war dies auch mit Bezug auf die anfechtbaren kantonalen RH-Entscheide vorgesehen.

[10] Botschaft 2001 BBl 2001 4324.

[11] Stellungnahme des Bundesgerichts vom 23.2.2001 zur Botschaft zur Totalrevision der Bundesrechtspflege bzw. zu den Entwürfen des BGG, des SGG und des VGG, BBl 2001 5891 f.

[12] AB 2003 S 904 ff.

grundsätzlicher Bedeutung stellen.» In der Abstimmung obsiegte der Einzelantrag Jutzet.[13] Damit war eine Differenz zur vom Ständerat verabschiedeten Fassung gegeben.[14] In der Herbstsession 2004 änderte der Nationalrat ferner das IRSG und das SGG und übertrug dabei die Zuständigkeit für die (erstinstanzliche) Beurteilung von RH-Fällen der Beschwerdekammer des *Bundesstrafgerichts* (BstGer).[15] Die internationale *Amtshilfe* blieb weiterhin in der Zuständigkeit des Bundesverwaltungsgerichts, welches in diesem Sachbereich nun endgültig entscheidet (Art. 83 lit. h).[16]

Die *RH* betreffend hat der Bundesrat in der Folge dem Ständerat (Erstrat) in der 2. Lesung vom 8.3.2005 einen neuen Art. 78a E-BGG unterbreitet, wonach die Beschwerde an das *BGer* gegen einen Entscheid auf dem Gebiet der RH nur zulässig ist, «wenn er eine Auslieferung, eine Beschlagnahme, eine Herausgabe von Gegenständen oder Vermögenswerten oder eine Übermittlung von Informationen aus dem Geheimbereich betrifft und es sich um einen besonders bedeutenden Fall handelt.»[17] «Ein besonders bedeutender Fall liegt insbesondere vor, wenn Gründe für die Annahme bestehen, dass elementare Verfahrensgrundsätze verletzt worden sind oder das Verfahren im Ausland schwere Mängel aufweist.»[18] Diese Fassung machte Anpassungen bei weiteren Gesetzesartikeln notwendig.[19] Der Ständerat stimmte diesen neuen Normenvorschlägen des Bundesrats zu. Das Gleiche tat in der Folge der Nationalrat.[20] Art. 78a E-BGG entspricht damit dem heutigen Art. 84. Letzterer befindet sich im 3. Abschnitt des 3. Kapitels des Gesetzes und ist damit den Vorschriften betr. die *öffentlich-rechtliche Einheitsbeschwerde* zugeordnet.[21] **7**

Nach Art. 28 Abs. 1 lit. e SGG (in der Fassung gem. Ziff. 14 Anhang VGG[22]) und Art. 25 Abs. 1 IRSG (in der Fassung gem. Ziff. 30 Anhang VGG) entscheidet über RH-Fälle als *erste* Gerichtsinstanz die Beschwerdekammer des *BstGer*. **8**

Mit dieser Lösung hat das Parlament versucht, den Bedenken der Gegner einer beschränkten Anfechtungsmöglichkeit von RH-Entscheiden und auch den Argumenten der Befürworter Rechnung zu tragen. Die völkerrechtliche Verpflichtung der Schweiz, den ersuchenden Staaten rasch und qualitativ gute Rechtshilfe zu leisten, sollte nicht durch ein Rechtsmittelverfahren unterlaufen werden, das Verzögerungen Vorschub leistet.[23] **9**

---

[13] AB 2004 N 1600 ff. 1606.
[14] AB 2003 S 904 ff.
[15] AB 2004 N 1553 (Art. 28 lit. e SGG, vgl. auch Fassung gem. Anhang VGG Ziff. 14) sowie AB 2004 N 1555 (Art. 25 IRSG, vgl. auch Fassung gem. Anhang VGG Ziff. 30). Die RH-Entscheide der kantonalen und der Bundesbehörden stellen an sich Verfügungen i.S.v. Art. 5 VwVG dar. Nach Art. 25 Abs. 1 IRSG in der eben genannten Fassung unterliegen erstinstanzliche Verfügungen der kantonalen Behörden und der Bundesbehörden, soweit das Gesetz nichts anderes bestimmt, jedoch unmittelbar der Beschwerde an die Beschwerdekammer des Bundesstrafgerichts. Damit ist der Ausschlussgrund für die Beschwerde ans Bundesverwaltungsgericht gem. Art. 32 Abs. 2 lit. a VGG erfüllt. Art. 25 IRSG stellt eine spezialgesetzliche Regelung i.S. dieser Vorschrift dar.
[16] EHRENZELLER/SCHWEIZER-AEMISEGGER, 136.
[17] Art. 78a Abs. 1 E-BGG.
[18] Art. 78a Abs. 2 E-BGG; AB 2005 S 136.
[19] Art. 88 Ab. 1bis E-BGG, AB 2005 S 137 (betr. Vor- und Zwischenentscheide).
[20] AB 2005 N 647; vgl. SEILER/VON WERDT/GÜNGERICH, BGG, Art. 84 N 1.
[21] Bisher waren RH-Entscheide von letztinstanzlichen kantonalen Gerichten sowie von Bundesbehörden grundsätzlich mit Verwaltungsgerichtsbeschwerde beim BGer anzufechten, s. dazu N 3. Diese Regelung trug dem Umstand Rechnung, dass die RH eine verwaltungsrechtliche Materie mit Berührungspunkten zum Strafrecht darstellt.
[22] In Kraft seit 1.1.2007 (SR 173.32).
[23] Dies würde dem Wirtschaftsstandort Schweiz schaden; zudem könnte die Bereitschaft ausländischer Staaten, ihrerseits der Schweiz Rechtshilfe zu leisten, beeinträchtigt werden.

Daher beschränkte sich der Gesetzgeber darauf, dem BGer nur besonders wichtige Rechtshilfefälle zur abschliessenden Beurteilung zu unterbreiten.[24] Überdies wurde ein äusserst straffes Verfahren mit kurzen Fristen eingeführt.

10 Art. 74 E-BGG (in der Fassung des Nationalrats nach der ersten Lesung), welcher dem heutigen Art. 79 entspricht, hatte die *strafrechtliche* Einheitsbeschwerde ans BGer gegen Entscheide der Beschwerdekammer des BstGer nur für zulässig erklärt, soweit Zwangsmassnahmen betroffen waren, die nicht im Rahmen der RH verfügt wurden.[25] In Art. 79 ist nicht mehr die Rede von Entscheiden der RH, weil diese (wie dargelegt) neu in eingeschränkter Weise im Rahmen der *öffentlich-rechtlichen* Einheitsbeschwerde anfechtbar sind. Zu den gemäss Art. 84 *anfechtbaren Entscheiden* s. ausführlich N 16 ff.

III. Übersicht über die wichtigsten Vorschriften mit Bezug zur internationalen Rechtshilfe in Strafsachen

1. Bundesgerichtsgesetz

11 – Art. 42 Abs. 2: Rechtsschriften

– Art. 43 lit. a: Ergänzende Beschwerdeschrift

– Art. 46 Abs. 2: Stillstand (Fristen)

– Art. 83 lit. h: Amtshilfe (Ausnahmen von der Einheitsbeschwerde)

– Art. 84: Internationale Rechtshilfe in Strafsachen

– Art. 86 Abs. 1 lit. b: Vorinstanzen im Allgemeinen

– Art. 93 Abs. 2: Andere Vor- und Zwischenentscheide

– Art. 100 Abs. 2 lit. b: Beschwerde gegen Entscheide (Beschwerdefrist)

– Art. 103 Abs. 2 lit. c: Aufschiebende Wirkung

– Art. 107 Abs. 3: Nichteintretensentscheid, Entscheidfrist

– Art. 109 Abs. 1: Dreierbesetzung

2. Weitere Bundeserlasse

12 – Bundesgesetz vom 4.10.2002 über das Bundesstrafgericht (Strafgerichtsgesetz, SGG; SR 173.71) vgl. Art. 28 Abs. 1 lit. e SGG (gem. Ziff. 14 Anhang VGG[26])

– Bundesgesetz vom 20.3.1981 über internationale Rechtshilfe in Strafsachen (Rechtshilfegesetz, IRSG; SR 351.1), vgl. insb. die revidierten Art. 25, 55, 80e, 80l und 80p Abs. 4 IRSG (SR 351.1; gem. Ziff. 30 Anhang zum VGG)

– Bundesbeschluss vom 21.12.1995 über die Zusammenarbeit mit den internationalen Gerichten zur Verfolgung von schwerwiegenden Verletzungen des humanitären Völkerrechts (SR 351.20; Änderungen gem. Ziff. 31 Anhang VGG)

– Bundesgesetz vom 22.6.2001 über die Zusammenarbeit mit dem Internationalen Strafgerichtshof (SR 351.6; Änderungen gem. Ziff. 32 Anhang VGG)

– Bundesgesetz vom 3.10.1975 zum Staatsvertrag mit den Vereinigten Staaten von Amerika über gegenseitige Rechtshilfe in Strafsachen (SR 351.93; Änderungen gem. Ziff. 33 Anhang VGG).

---

[24] Art. 188 Abs. 1 BV-Justizreform.
[25] AB 2004 N 1598.
[26] In Kraft seit 1.1.2007 (SR 173.32); AB 2004 N 1553.

3. Internationale Verträge

Nachfolgend findet sich ein Überblick über die *wichtigsten multilateralen* RH-Ab-   **13**
kommen. Zu beachten sind darüber hinaus die zahlreichen *bilateralen* Abkommen in
SR 0.351 («kleine» bzw. akzessorische Rechtshilfe) bzw. SR 0.353 (Auslieferung).[27]

a) Rechtshilfe

– Europäisches Übereinkommen vom 20.4.1959 über die Rechtshilfe in Strafsachen
(SR 0.351.1)

– Zweites Zusatzprotokoll vom 8.11.2001 zum Europäischen Übereinkommen über die
Rechtshilfe in Strafsachen (SR 0.351.12)

– Zusatzprotokoll vom 15.3.1978 zum Europäischen Übereinkommen betr. Auskünfte
über ausländisches Recht (SR 0.351.21)

– Internationales Übereinkommen vom 17.12.1979 gegen Geiselnahme (SR 0.351.4)

– Übereinkommen vom 14.12.1973 über die Verhütung, Verfolgung und Bestrafung
von Straftaten gegen völkerrechtlich geschützte Personen, einschliesslich Diplomaten
(SR 0.351.5).

b) Auslieferung   **14**

– Europäisches Auslieferungsübereinkommen vom 13.12.1957 (SR 0.353.1)

– Zusatzprotokoll vom 15.10.1975 zum Europäischen Auslieferungsübereinkommen
(SR 0.353.11)

– Zweites Zusatzprotokoll vom 17.3.1978 zum Europäischen Auslieferungsübereinkommen (SR 0.353.12)

– Internationales Übereinkommen vom 15.12.1997 zur Bekämpfung terroristischer
Bombenanschläge (SR 0.353.21)

– Internationales Übereinkommen vom 9.9.1999 zur Bekämpfung der Finanzierung des
Terrorismus (SR 0.353.22)

– Europäisches Übereinkommen vom 27.1.1977 zur Bekämpfung des Terrorismus
(SR 0.353.3).

IV. Kommentar zu Art. 84

1. Vorinstanz

Die RH-Beschwerde an das BGer in öffentlich-rechtlichen Angelegenheiten richtet sich   **15**
ausnahmslos gegen Entscheide der Beschwerdekammer des *BstGer*. Dies gilt sowohl für
die sog. «kleine» Rechtshilfe (Art. 25 Abs. 1 IRSG), als auch für die Auslieferung
(Art. 55 Abs. 3 IRSG).[28] Kantonale Instanzen oder erstinstanzliche Bundesbehörden
fungieren hier nicht mehr als Vorinstanzen. Die betreffenden Bestimmungen des IRSG
gehen Art. 86 BGG als «leges speciales» vor. Zum Übergangsrecht s. N 38.

---

[27] Zu diesen Rechtsquellen, etwa den Rechtshilfevertrag (RVUS, SR 0.351.933.6; mit BG-RVUS,
SR 351.93) und den Auslieferungsvertrag (AVUS, SR 0.353.933.6) mit den USA s. näher HEIM-
GARTNER, Auslieferungsrecht, 21 ff.; MOREILLON, EIMP, 445 ff.; ZIMMERMANN, coopération[2],
N 9 ff.

[28] Je in den Fassungen gem. Ziff. 30 Anhang VGG; vgl. auch Art. 28 Abs. 1 lit. e SGG (in der
Fassung gem. Ziff. 14 Anhang VGG).

2. Anfechtungsobjekt

16   Die Zugangsregelung von Art 84 Abs. 1 BGG beschränkt zunächst die Anfechtungsgegenstände auf Auslieferung, Beschlagnahme, Herausgabe von Gegenständen oder Vermögenswerten sowie Übermittlung von Informationen aus dem Geheimbereich.

17   Nach Art. 93 Abs. 2 anfechtbar sind ausserdem gewisse *Vor- und Zwischenentscheide* in RH-Sachen.[29]

18   Es wurde bereits bei der Auswahl der Anfechtungsgegenstände darauf geachtet, dass der normale Verfahrensablauf bei der Rechtshilfe möglichst optimal gewährleistet bleibt. So kann z.B. die Frage der Anwesenheit von Personen, die am ausländischen Prozess beteiligt sind, nicht mehr selbständig ans BGer weiter gezogen werden.[30] Gleiches gilt für Vollzugsentscheide. Auch über annahmebedürftige Auflagen entscheidet die Beschwerdekammer des BstGer im Anfechtungsfall nach ausdrücklicher Vorschrift in Art. 80p Abs. 4 IRSG (in der Fassung gem. Ziff. 30 Anhang VGG[31]) endgültig (BGE 133 IV 134, 136).

19   Der im BGG verwendete Begriff «internationale Rechtshilfe in Strafsachen» umfasst auch die Kooperation mit den internationalen Strafgerichten gemäss dem Bundesgesetz vom 22.6.2001 über die Zusammenarbeit mit dem Internationalen Strafgerichtshof[32] sowie dem Bundesbeschluss vom 21.12.1995 über die Zusammenarbeit mit den Internationalen Gerichten zur Verfolgung von schwerwiegenden Verletzungen des humanitären Völkerrechts.[33] Ebenso ist mit dem Begriff «Auslieferung» auch die «Überstellung» an die internationalen Strafgerichte i.S. der genannten Erlasse zu verstehen.

a) Auslieferung

20   Zum *Auslieferungsrecht* i.w.S. (vgl. Art. 32 ff. IRSG) gehören die rechtshilferechtliche Festnahme, Inhaftierung (Auslieferungshaft) und zwangsweise Überstellung an den ersuchenden Staat bzw. das ersuchende internationale Gericht zum Zwecke der Strafverfolgung bzw. zum Strafvollzug.[34] Zu den wichtigsten verfahrensrechtlichen und materiellen *Rechtsquellen* des Auslieferungsrechts s. N 11–14. Der Sonderfall der *Sachauslieferung*[35] gehört ebenfalls zum Auslieferungsrecht. Zum zusätzlichen Sachurteilserfordernis des *«besonders bedeutenden Falls»* s. N 29 ff.

b) Beschlagnahme

21   Der Begriff der *Beschlagnahme* i.S.v. Art. 84 Abs. 1 umfasst rechtshilferechtliche strafprozessuale Einziehungs-, Deckungs- und Beweismittelbeschlagnahmen (im Rahmen der sog. «kleinen» oder akzessorischen RH, inklusive Konten- und Grundbuchsperren; vgl. Art. 9, 63 Abs. 2, 64, 67a, 74 und 80a IRSG; Art. 69–73 nStGB).[36]

---

[29] Vgl. dazu unten N 24–28.

[30] Vgl. Art. 80e Abs. 2 lit. b IRSG in der Fassung von Ziff. 30 Anhang VGG. Dieser Anfechtungsgegenstand wird in Art. 93 Abs. 2 nicht mehr erwähnt.

[31] In Kraft seit 1.1.2007 (SR 173.32).

[32] SR 351.6; vgl. Ziff. 32 Anhang VGG.

[33] SR 351.20; vgl. Ziff. 31 Anhang VGG.

[34] Zum Begriff und zu den Rechtsquellen des Auslieferungsrechts s. HEIMGARTNER, Auslieferungsrecht, 1 ff., 21 ff. Zur *materiellrechtlichen* Auslieferungspraxis s. z.B. BGE 133 IV 58 ff. und 76 ff. («Erdogan» und M.E.); 131 II 235; 130 II 337; 128 II 355; HEIMGARTNER, Auslieferungsrecht, 73 ff.; MOREILLON, EIMP, 254 ff.

[35] Art. 59 f. IRSG; BGE 112 Ib 610, 617 ff. E. 5; HEIMGARTNER, Auslieferungsrecht, 26 f.; MOREILLON, EIMP, 305–309; ZIMMERMANN, coopération², N 183 ff.

[36] Zum Begriff des RH-Rechts bzw. der Rechtshilfemassnahme i.w.S. s. MOREILLON, EIMP, 7 ff.; POPP, Grundzüge, N 1, 101 ff.; ZIMMERMANN, coopération², N 1 ff., 209 f. Zur *materiellrechtlichen* RH-Praxis in Beschlagnahmefällen s. die in N 22–23 erwähnten Urteile. Zum

c) Herausgabe von Gegenständen oder Vermögenswerten

Zur bisherigen *materiellrechtlichen* Rechtshilfepraxis in *Herausgabefällen* (Art. 63   **22**
Abs. 2, 64, 67a, 74 und 80a IRSG) s. BGE 130 II 193, 329; 129 II 544; 125 II
238, 356; 120 Ib 179; MOREILLON, EIMP, 314–317, 328 ff., 341 ff., 370 f.; ZIMMER-
MANN, coopération², N 188 ff. Zur Problematik der Herausgabe zur Einziehung oder
Rückerstattung (Art. 74a IRSG, Art. 69–73 nStGB) s. BGE 132 II 178; 131 II 169; 129
II 453; 123 II 134, 268, 595; 116 Ib 452; 115 Ib 517; 112 Ib 576; MOREILLON, EIMP,
347–358; POPP, Grundzüge, N 417–419; ZIMMERMANN, coopération², N 177 ff. Zum
zusätzlichen Sachurteilserfordernis des «*besonders bedeutenden Falls*» s. N 29 ff.

d) Übermittlung von Informationen aus dem Geheimbereich

Zur Rechtshilfepraxis im Bereich des *Geheimnisschutzes* (Art. 9 IRSG i.V.m Art. 69   **23**
BStP; Art. 63 Abs. 1–2 und Art. 80b Abs. 3 IRSG) s. BGE 132 II 1; 130 II 193, 236, 302;
127 II 151; 126 II 258, 495; 123 II 161; 120 Ib 112, 179; 115 Ib 64; MOREILLON, EIMP,
195 f., 314–317; POPP, Grundzüge, N 420 ff.; ZIMMERMANN, coopération², N 220 ff.
Zum zusätzlichen Sachurteilserfordernis des «*besonders bedeutenden Falls*» s. N 29 ff.

e) Vor- und Zwischenentscheide

Auf dem Gebiet der RH sind Vor- und Zwischenentscheide[37] *grundsätzlich nicht anfecht-*   **24**
bar (Art. 93 Abs. 2 BGG). Der Grund dafür liegt darin, dass Rechtshilfeverfahren mög-
lichst rasch zum Abschluss gebracht werden müssen (vgl. Art. 100 Abs. 2 lit. b und
Art. 17a IRSG). Deshalb sah bereits das bisherige Recht (aArt. 80e lit. b i.V.m. aArt. 80f
Abs. 2 und 80g Abs. 2 IRSG) bei der «kleinen» RH[38] nur zwei Fälle vor, in denen der
Schlussverfügung vorangehende Zwischenverfügungen angefochten werden konnten:
Erstens die Beschlagnahme von Vermögenswerten und Wertgegenständen und zweitens
die Anwesenheit von Personen, die am ausländischen Prozess beteiligt sind. In beiden
Fällen musste überdies ein unmittelbarer und nicht wieder gutzumachender Nachteil ge-
geben sein. Von diesen beiden Fällen hält nun Art. 93 Abs. 2 BGG lediglich an der Anfechtbarkeit der *Beschlagnahme von Vermögenswerten und Wertgegenständen* fest. Zudem werden dort Beschwerden vorbehalten gegen Entscheide über die *Auslieferungshaft*.
In beiden Fällen müssen *zusätzlich* die Voraussetzungen von Art. 93 Abs. 1 erfüllt sein:
Es muss entweder ein nicht wieder gutzumachender Nachteil drohen,[39] oder die Gutheissung einer Beschwerde gegen den Zwischenentscheid müsste sofort einen Endentscheid
herbeiführen und damit einen bedeutenden Aufwand an Zeit oder Kosten für ein weitläu-

---

zusätzlichen Sachurteilserfordernis des «*besonders bedeutenden Falls*» s. N 29–32. Zur Anfechtbarkeit von *Zwischenentscheiden* s. Art. 93 Abs. 1–2 sowie N 24–28.

[37] Zu den Begriffen und zu den allgemeinen rechtshilferechtlichen Verfahrensfragen der vorläufigen Massnahme (Art. 18 IRSG) bzw. des Vor- und Zwischenentscheids s. MOREILLON, EIMP,
380–82; POPP, Grundzüge, N 546 f.; ZIMMERMANN, coopération², N 145, 206 ff., 296.

[38] Bezüglich der *Auslieferungshaft* vgl. zur *früheren* Rechtslage: BGE 131 I 52, 54 E. 1.2.2; 130 II
306, 308 f. E. 1 (Beschwerde ans BGer nach SGG gegen Entscheide der Beschwerdekammer des
BstGer, s.a. Urteil des BGer 1S.41/2005 vom 24.10.2005). Zum noch früheren Verfahrensrecht
(vor Erlass des SGG): BGE 117 IV 359, 360 f. E. 1 (direkte IRSG-Beschwerde an die damalige
Anklagekammer des BGer).

[39] Zur amtl. Publ. bestimmtes Urteil 1C_126/2007 vom 11.7.2007, E. 1.1. Zum Eintretenserfordernis des «nicht wieder gutzumachenden Nachteils» gem. Art. 93 Abs. 1 lit. a s. Kommentierung zu Art. 93 Abs. 1; vgl. auch TSCHANNEN-BOMMER, 164–166; SEILER/VON WERDT/
GÜNGERICH, BGG, Art. 93 N 7–9. Zur altrechtlichen Praxis betr. den «unmittelbaren und nicht
wieder gutzumachenden Nachteil» (aArt. 80e lit. b IRSG) s. BGE 130 II 329, 332 f. E. 2; 128
II 353; 127 II 198, 203–205 E. 2b; 126 II 495, 500 f. E. 5a–d; MOREILLON, EIMP, 380–82;
POPP, Grundzüge, N 547 f.; ZIMMERMANN, coopération², N 296.

figes Beweisverfahren ersparen können (vgl. zur amtl. Publ. bestimmtes Urteil des BGer 1C_126/2007 vom 11.7.2007, E. 1.1). Ist die Beschwerde gegen einen solchen Vor- und Zwischenentscheid nicht zulässig oder wurde von ihr kein Gebrauch gemacht, so ist er gemäss Art. 93 Abs. 3 durch Beschwerde gegen den Endentscheid anfechtbar, soweit er sich auf dessen Inhalt auswirkt und sofern der Endentscheid mit Blick auf Art. 84 überhaupt anfechtbar ist. Gemäss Art. 98 kann mit einer Beschwerde gegen Entscheide über vorsorgliche Massnahmen nur noch die *Verletzung verfassungsmässiger Rechte* gerügt werden. Insofern wurden die zulässigen *Beschwerdegründe* gegenüber dem früheren Verfahrensrecht eingeschränkt. Art. 80e Abs. 2 IRSG (in der Fassung gem. Ziff. 30 Anhang VGG[40]) beschränkt überdies die selbständige Anfechtbarkeit von Zwischenverfügungen bereits im Beschwerdeverfahren vor BstGer ganz erheblich.

25   Es fällt auf, dass Art. 93 Abs. 2 keinerlei Hinweis auf Art. 84 enthält. Dies liesse zunächst die Interpretation zu, dass die anfechtbaren Vor- und Zwischenentscheide auf dem Gebiet der RH in Art. 93 Abs. 2 (i.V.m. Abs. 1) eine abschliessende Regelung i.S. einer lex specialis erfahren hätten. Einer solchen Auslegung ist jedoch entgegen zu halten, dass es das ausdrückliche Ziel des Gesetzgebers war, das BGer als Beschwerdeinstanz in RH-Fällen nur noch bei besonders bedeutenden Fällen i.S.v. Art. 84 vorzusehen (N 29 ff.). Dieses Ziel würde verfehlt, wenn das BGer (gestützt auf Art. 93) verpflichtet wäre, Beschwerden gegen sämtliche Vor- und Zwischenentscheide i.S.v. Art. 93 Abs. 2 uneingeschränkt entgegen zu nehmen (vgl. Urteil des BGer 1C_144/2007 vom 8.6.2007, E. 1.2).

26   Nach dem Grundsatz der Einheit des Verfahrens richtet sich der Rechtsmittelzug bei Zwischenentscheiden grundsätzlich nach dem Rechtsmittel, das in der Hauptsache zulässig ist. Ausnahmsweise wird jedoch gerichtlicher Rechtsschutz auch unabhängig von der Zuständigkeit in der Sache gewährt.[41] Würde dieser Grundsatz unbesehen auf die Zwischenentscheide gemäss Art. 93 Abs. 2 übertragen, könnten sie nur ans BGer weiter gezogen werden, wenn dies auch für den RH-Endentscheid selbst zuträfe, d.h. wenn diesbezüglich ein besonders bedeutender Fall vorläge. Eine vertiefte Prüfung der Frage, ob eine RH-Sache als solche einen besonders bedeutenden Fall i.S.v. Art. 84 darstellt, kann im Rahmen der Beschwerde gegen einen Zwischenentscheid jedoch aus praktischen Gründen oft nicht erfolgen: Nicht selten sind noch gar nicht alle Sachverhaltselemente bekannt, welche die Beantwortung dieser Frage erlauben würden. Abklärungen hierzu würden unnötige Verfahrensverzögerungen mit sich bringen. Und schliesslich gilt es auch zu verhindern, dass sich das BGer (im regelmässig frühen Verfahrensstadium des Zwischenentscheids und im Hinblick auf eine allfällige Beschwerde gegen den Endentscheid) bereits präjudizierlich festlegen müsste. Deshalb ist es naheliegend, das Eintretenserfordernis des besonders bedeutenden Falls hier ausschliesslich auf den Streitgegenstand des Zwischenentscheids i.S.v. Art. 93 Abs. 2 zu beziehen (vgl. zur amtl. Publ. bestimmtes Urteil 1C_126/2007 vom 11.7.2007, E. 1.2). Die Beurteilung des besonders bedeutenden Falls würde damit nur mit Bezug auf den Zwischenentscheid Rechtswirkungen entfalten.

aa) Auslieferungshaft

27   Die *Auslieferungshaft* (Art. 47 ff. IRSG) greift tief in die Rechte des Verfolgten ein. Dies wird namentlich in Art. 31 BV besonders betont. Das in Art. 31 Abs. 4 BV verbriefte Recht einer Person, der die Freiheit nicht von einem Gericht entzogen wird, jederzeit ein Gericht anzurufen, wird im Bereich der Auslieferungshaft zwar durch die Beschwerdekammer des BstGer gewährleistet (vgl. Art. 48 Abs. 2 und Art. 55 Abs. 3 i.V.m. Art. 25

---

[40] In Kraft seit 1.1.2007 (SR 173.32).
[41] Merkli/Aeschlimann/Herzog, Kommentar VRPG, Art. 75 N 1 ff.

Abs. 1 IRSG[42]). Im Hinblick auf die in Art. 31 Abs. 1 und 2 BV enthaltenen Garantien hat es der Gesetzgeber jedoch für richtig erachtet, Entscheide des BstGer über Auslieferungshaft grundsätzlich der öffentlich-rechtlichen Einheitsbeschwerde ans BGer zu unterstellen.[43] Der nicht wieder gutzumachende Nachteil i.S.v. Art. 93 Abs. 1 lit. a i.V.m. Abs. 2 BGG ist hier ohne weiteres gegeben. Zum Eintretenserfordernis des besonders bedeutenden Falls (Art. 84) bei Vor- und Zwischenentscheiden s. N 25–26. Erhebt ein Inhaftierter Beschwerde gegen die Auslieferungshaft und ist nach Auffassung des BGer ausnahmsweise[44] eine Haftentlassung am Platz, dürfte ein besonders bedeutender Fall in der Regel zu bejahen sein. Analoges muss gelten, wenn das BstGer nach Ansicht des BGer zu Unrecht eine Haftentlassung angeordnet hat und das Bundesamt für Justiz dagegen Beschwerde erhebt. Andernfalls würde die Beschwerdelegitimation des Bundesamts in Auslieferungssachen (s. nachfolgend sowie unten, N 34) ihres Sinns entleert. Die Anfechtbarkeit der Auslieferungshaft ist damit (unter dem Vorbehalt des Erfordernisses des besonders bedeutenden Falls) ähnlich geregelt wie bei der strafprozessualen Untersuchungshaft. Allerdings unterliegen Entscheide betr. *Untersuchungshaft* (wie die übrigen strafprozessualen Zwangsmassnahmen) gemäss den Art. 78 und 79 der *Beschwerde in Strafsachen*,[45] während die Auslieferungshaft (wie erwähnt) mit der Beschwerde in öffentlich-rechtlichen Angelegenheiten anzufechten ist. Gegen eine allfällige Aufhebung der Auslieferungshaft durch das BstGer kann das Bundesamt für Justiz beim BGer Beschwerde führen (Art. 89 Abs. 2 lit. a i.V.m Art. 25 Abs. 3 IRSG[46]) und damit die geordnete Weiterführung des Verfahrens im Hauptpunkt der Auslieferung (mit Einschluss des allfälligen Beschwerdeverfahrens vor BGer) sicherstellen.

bb) Beschlagnahme von Vermögenswerten und anderen Wertgegenständen

Die ungerechtfertigte *Beschlagnahme*[47] von *Vermögenswerten* und anderen *Wertgegenständen* greift ebenfalls tief in die Rechtsstellung der betroffenen Person ein und kann dieser grossen Schaden verursachen. Die Zwangsmassnahme tangiert nach der Praxis des BGer[48] und des Europäischen Gerichtshofs für Menschenrechte[49] die «civil rights» der betroffenen Person und verlangt daher nach einer richterlichen Kontrolle. Diese wird in erster Linie von der Beschwerdekammer des BstGer sichergestellt. Die öffentlich-rechtliche Einheitsbeschwerde ans BGer ist hingegen nur zulässig, wenn (schon im Zeitpunkt der Beschlagnahme) ein *nicht wieder gutzumachender Nachteil* droht (i.S.v. Art. 93 Abs. 1 lit. a i.V.m. Abs. 2 BGG).[50] Kommt das BstGer entgegen der Mei- **28**

---

[42] Je in den Fassungen gem. Ziff. 30 Anhang VGG.

[43] Zum *alten* Verfahrenrecht (nach SGG) s. oben, FN 38.

[44] Zu den restriktiven materiellrechtlichen Voraussetzungen vgl. BGE 130 II 306, 309 ff. E. 2.

[45] S. Kommentierungen zu Art. 78 und Art. 79; THOMMEN/WIPRÄCHTIGER, AJP 2006, 652 f., 655.

[46] Fassung gem. Ziff. 30 Anhang VGG. Diese Beschwerdelegitimation des Bundesamts in Auslieferungshaftsachen bestand schon nach *altem* Verfahrensrecht (Beschwerde nach SGG): BGE 130 II 306, 308 f. E. 1.

[47] In Frage kommen hier als Anfechtungsobjekte rechtshilferechtliche *strafprozessuale Einziehungs-, Deckungs- und Beweismittelbeschlagnahmen* inkl. Konten- oder Grundbuchsperren (vgl. Art. 9, 63 Abs. 2, 64, 67a, 74 und 80a IRSG; Art. 69–73 nStGB); s.a. oben, N 21–22 und die dortigen Hinweise auf die (materiellrechtliche) Lehre und Praxis.

[48] BGE 125 II 417 (PKK).

[49] Affaire *Linnekogel c. Schweiz*, Requête N° 43874/98, EGMR vom 1.3.2005.

[50] S. N 24. Zum Eintretenserfordernis des «nicht wieder gutzumachenden Nachteils» s. Kommentierung zu Art. 93 Abs. 1. Zur altrechtlichen Praxis betr. den «unmittelbaren und nicht wieder gutzumachenden Nachteil» (aArt. 80e lit. b IRSG) s. BGE 130 II 329, 332 f. E. 2; 128 II 353; 127 II 198, 203–205 E. 2b; 126 II 495, 500 f. E. 5a–d; MOREILLON, EIMP, 380–82; POPP, Grundzüge, N 547 f.; ZIMMERMANN, coopération[2], N 296. Zum Vorliegen eines «besonders

nung des Bundesamts für Justiz zum Schluss, eine Beschlagnahme sei aufzuheben, so kann das Bundesamt den Entscheid des BstGer (unter den analogen Voraussetzungen und gestützt auf Art. 89 Abs. 2 lit a i.V.m Art. 25 Abs. 3 IRSG[51]) beim BGer anfechten.[52]

3. Besonders bedeutender Fall

29 Der Begriff des «*besonders bedeutenden Falls*» nach Art. 84 umfasst nicht nur RH-Fälle, die *Rechtsfragen von grundsätzlicher Bedeutung* aufwerfen, sondern überdies auch solche, die aus *anderen Gründen* besonders bedeutsam sind.[53] Im zur amtl. Publikation bestimmten Urteil 1C_187/2007 vom 19.7.2007 bejahte das BGer das Vorliegen eines besonders bedeutenden Falles. Die italienischen Behörden hatten rechtshilfeweise die *Identifizierung* von zwei *Internet-Protokolladressen* (IP) bei zwei schweizerischen Providerfirmen verlangt. Zwar erwog das BGer, dass hinsichtlich des Gegenstandes der Strafuntersuchung (Ehrverletzung) allein kein besonders bedeutender Fall vorgelegen hätte. Die Frage, inwiefern die Mitteilung von IP-Adressen auf dem Weg der RH zulässig sei, wurde jedoch als *Rechtsfrage von grundsätzlicher Bedeutung* eingestuft und (in Anwendung von Art. 84 i.V.m. Art. 20 Abs. 2 BGG) in Fünferbesetzung beurteilt (vgl. auch zur amtl. Publikation bestimmtes Urteil 1C_126/2007 vom 11.7.2007: Frage der Zulässigkeit einer *Kontensperre zur Sicherung einer fiskalstrafrechtlichen Ersatzforderung* als Rechtsfrage von grundsätzlicher Bedeutung).

30 Im ersten Grundsatzurteil im Fall *Yukos*[54] mussten hingegen keine Rechtsfragen von grundsätzlicher Bedeutung beurteilt werden. Trotzdem wäre hier das Erfordernis des besonders bedeutenden Falls erfüllt gewesen. Es standen primär Fragen der Anwendung des Verhältnismässigkeitsprinzips zur Diskussion, denen in rein rechtlicher Hinsicht keine besondere Bedeutung zukam. Konkret war im Wesentlichen die Frage zu prüfen, ob die beschlagnahmten Vermögenswerte von insgesamt ca. Fr. 6,2 Mia. mit den verfolgten Delikten in einem hinreichend engen Zusammenhang standen und ob die Beschlagnahme im genannten Umfang verhältnismässig war. Es lag aber – namentlich mit Blick auf die beteiligten Parteien, die grossen Geldsummen und die besondere politische Bedeutung des Falls – eine Streitsache von ausserordentlicher Tragweite vor.[55] Unabhängig von den beurteilten schwierigen Rechtsfragen war auch der Auslieferungsfall «*Erdogan*» von besonders hoher (insb. humanitärer und rechtspolitischer) Bedeutung.[56]

---

bedeutenden Falls» (Art. 84) bei der Anfechtung von Vor- und Zwischenentscheiden s. oben, N 25–26.

[51] Fassung gem. Ziff. 30 Anhang VGG.

[52] Damit wird sichergestellt, dass die Beschlagnahme, soweit sie gerechtfertigt ist, für das weitere Rechtshilfeverfahren (mit Einschluss eines allfälligen bundesgerichtlichen Beschwerdeverfahrens) aufrecht erhalten bleibt.

[53] SEILER/VON WERDT/GÜNGERICH, BGG, Art. 84 N 8. Zur Entstehungsgeschichte von Art. 84 bzw. des gesetzlichen Sachurteilserfordernisses des «besonders bedeutenden Falls» s. oben, N 4–10. Zu den Begriffen der «Rechtsfrage von grundsätzlicher Bedeutung» und des «besonders bedeutenden Falls» s.a. Art. 74 Abs. 2 lit. a, 83 lit. f Ziff. 2, 85 Abs. 2 und 109 Abs. 1.

[54] BGE 130 II 329; im Anschluss daran hatte das BGer zahlreiche weitere Fälle in dieser Angelegenheit zu beurteilen, von denen jedenfalls nicht mehr alle die Voraussetzungen von Art. 84 erfüllt hätten.

[55] Ähnlich z.B. auch BGE 129 II 462, *Alberto Fujimori* (akzessorische Rechtshilfe an Peru zur Verfolgung von mutmasslichen schweren Straftaten des ehemaligen peruanischen Staatspräsidenten und seines Geheimdienstchefs).

[56] BGE 133 IV 58 (türkisch-kurdischer Bürgerkrieg); s. ebenso BGE 133 IV 76 (i.S. M.E./PKK). Von ähnlicher Tragweite waren z.B. auch die Auslieferungsfälle BGE 131 II 235 und 130 II 337 (serbisch-kosovarischer Bürgerkrieg) und BGE 128 II 355, Nicola Bortone («Brigate Rosse»).

Im Auslieferungsfall des ehemaligen russischen Atomministers *Adamov* waren Rechts-   **31**
fragen von grundsätzlicher Bedeutung zu beurteilen. Es musste entschieden werden, welchem der beiden um Rechtshilfe nachsuchenden Staaten (USA oder Russland) bei der
Auslieferung die Priorität einzuräumen war. Dieser Fall wäre auch unabhängig davon,
dass Rechtsfragen von grundsätzlicher Bedeutung vorlagen, im Hinblick auf die beteiligten Parteien, die Auswirkungen auf den Verfolgten, die politische Tragweite usw. vom
BGer als besonders bedeutend eingestuft worden.[57] Analoges gilt für das Grundsatzurteil
in Sachen *Thomson*, in dem entschieden wurde, dass zur Verfolgung einer internationalen
Korruptionsaffäre (Verkauf von sechs Marinefregatten durch eine französische Firma an
Taiwan) auch RH an Taiwan (Nationalchina) geleistet werden konnte.[58] Rechtsfragen von
grundsätzlicher Bedeutung können sich im Interesse der Rechtssicherheit und einer einheitlichen Rechtsprechung v.a. nach dem Erlass neuer materiell- oder verfahrensrechtlicher Normen stellen.

Ein besonders bedeutender Fall liegt nach Art. 84 Abs. 2 *«insbesondere* vor, wenn Grün-   **32**
de für die Annahme bestehen, dass *elementare Verfahrensgrundsätze verletzt* worden sind
oder das *Verfahren im Ausland schwere Mängel* aufweist.» Das Gesetz enthält nach ausdrücklichem Wortlaut von Abs. 2 («insbesondere») eine nicht abschliessende, nur beispielhafte Aufzählung von möglichen Anwendungsfällen des besonders bedeutenden
Falls. Das BGer erhält damit den nötigen Auslegungsspielraum für die Klärung dieses
unbestimmten Rechtsbegriffs. Was die *Verletzung elementarer Grundsätze des Rechtshilfe-
verfahrens* betrifft, ist (angesichts der Absicht des Gesetzgebers, die Beschwerdemöglichkeit einzuschränken und das BGer zu entlasten[59]) eine zurückhaltende Eintretenspraxis des BGer zu erwarten (vgl. BGE 133 IV 125, 128 f. E. 1.4; 131 f.; 132 ff.; Urteil
1C_138/2007 vom 17.7.2007, E. 2). Art. 84 Abs. 2 nennt als zweiten Beispielsfall des
«besonders bedeutenden Falls» *schwere Mängel des ausländischen Verfahrens*. Schon
der bisherige Art. 2 IRSG sah «schwere Mängel»[60] des Verfahrens im Ausland als materiellen Ausschlussgrund der Rechtshilfe vor. Die (nach altem Verfahrensrecht auf die
Legitimationsvoraussetzungen gestützte) Eintretenspraxis des BGer dazu ist ebenfalls
restriktiv.[61]

---

[57] BGE 132 II 81. Das Urteil wurde denn auch als Leitentscheid in der amtlichen Sammlung der
Bundesgerichtsurteile publiziert. In E. 3.4 wird ausdrücklich darauf hingewiesen, bei der Beurteilung der Rechtsfrage, ob dem russischen oder dem amerikanischen Auslieferungsbegehren
Priorität zukomme, sei auch der besonderen Tragweite des Falls Rechnung zu tragen. Die Frage
war nach Sinn und Zweck des internationalen Auslieferungsrechts zu beantworten. Im Fall *«Erdogan»* (BGE 133 IV 58) stellten sich Rechtsfragen grundsätzlicher Bedeutung im Zusammenhang mit der Anwendung des EAUe auf jugendstrafrechtliche Fälle bzw. auf Fragen des internationalen Terrorismusstrafrechts; vgl. dazu M. Forster, Internationales Strafrecht im Spannungsfeld der Weltpolitik. Zu den rechtshistorischen und geopolitischen Hintergründen der Auslieferungsfälle Adamov, Kosovo und kurdischer Widerstand, in: P. Nobel et al. (Hrsg.), Festgabe
25 Jahre juristische Abschlüsse an der Universität St. Gallen (HSG), Zürich 2007, 165 ff.
[58] BGE 130 II 217.
[59] Dazu ausführlich oben, N 4–10.
[60] Generalklausel von Art. 2 lit. d IRSG: «andere schwere Mängel».
[61] S. dazu unten, N 37. Eine zurückhaltende Eintretenspraxis (gestützt auf Art. 84 Abs. 2 und Art. 89
Abs. 1) wird sich auch nach neuem Recht aufdrängen, besonders in den Fällen der kleinen bzw.
akzessorischen Rechtshilfe bzw. im Anwendungsbereich des EUeR und GwUe. Die Annahme
«schwerer Mängel des ausländischen Verfahrens» käme jedenfalls einem schwerwiegenden Misstrauensvotum gegenüber der Strafjustiz des ersuchenden Signatarstaats gleich (Forster, Rechtshilfe, 279 FN 18). In menschenrechtlich und politisch belasteten RH-Fällen können sich in
diesem Zusammenhang allerdings schwierige Fragen stellen, vgl. z.B. BGE 132 II 81; 131 II 235
und 130 II 337; 130 II 329; dazu oben, N 30–31. Zum *Verfahren* bei Nichteintreten mangels «besonders bedeutendem Fall» (Art. 109 i.V.m. Art. 107 Abs. 3 BGG) s. BGE 133 IV 125.

4. Qualifizierte Begründungsobliegenheit

33   In der Beschwerdeschrift ist innert der zehntägigen Beschwerdefrist (Art. 100 Abs. 2 lit. b
BGG) im Einzelnen klar darzulegen, dass und inwiefern die Eintretensvoraussetzungen
von Art. 84 (zulässiges Anfechtungsobjekt, N 16 ff., sowie besonders bedeutender Fall,
N 29 ff.) erfüllt sind (Art. 42 Abs. 2 Satz 2). Es handelt sich dabei um eine (im Verhältnis
zu Art. 43 Ingress: «auf Antrag») qualifizierte prozessuale Begründungs- bzw. Substanziierungsobliegenheit. Für das Element des besonders bedeutenden Falls wird dies in
Art. 42 Abs. 2 Satz 2 ausdrücklich gesagt. Sachlich umfassen die Eintretensvoraussetzungen von Art. 84 aber zusätzlich auch ein zulässiges Anfechtungsobjekt (z.B. Ausliefe-
rungsentscheid). Der Sinn und Zweck von Art. 42 Abs. 2 Satz 2 ist es, dem BGer eine
Zulässigkeitsprüfung gemäss Art. 84 zu ermöglichen (Art. 107 Abs. 3 und Art. 43 lit. a).
Innert Beschwerdefrist sind dem BGer daher alle Angaben zu unterbreiten, die für eine
Zulässigkeitsprüfung notwendig sind. Wird die Substanziierungsobliegenheit in Bezug
auf die genannten Punkte nicht hinreichend beachtet, und erweist sich die Beschwerde
deshalb als *offensichtlich nicht hinreichend begründet,* so wird auf die Sache im vereinfachten *einzelrichterlichen Verfahren* nach Art. 108 Abs. 1 lit. b materiell *nicht eingetreten.*[62] Es ist nicht Sache des BGer, nach Gründen zu forschen, welche die Zulässigkeit der
Beschwerde nahe legen könnten. Sind die Begründungserfordernisse hingegen erfüllt und
verneint das BGer das Vorliegen eines *besonders bedeutenden Falls,* so wird über das
Nichteintreten im vereinfachten Verfahren nach Art. 109 Abs. 1 entschieden. Da es sich
bei Art. 109 Abs. 1 um eine Spezialvorschrift handelt, gilt dies auch bei *offensichtlich*
fehlendem besonders bedeutendem Fall (vgl. Art. 107 Abs. 3 N 5; BGE 133 IV 125,
127 f. E. 1.2). Ein solcher Nichteintretensentscheid ergeht in Dreierbesetzung und in der
Regel ohne öffentliche Beratung, es sei denn, ein Gerichtsmitglied verlange eine solche
(Art. 58 Abs. 1 lit. a). Einstimmigkeit ist nicht erforderlich (Art. 109 Abs. 1 i.V.m. Art. 58
Abs. 1 lit. b). Bei *anderen* offensichtlichen Unzulässigkeitsgründen (z.B. offensichtlich
fehlende Legitimation, Nichtleistung des Kostenvorschusses, offensichtliches Versäumen
der Beschwerdefrist etc.) i.S.v. Art. 108 Abs. 1 lit. a sowie in den Fällen nach Art. 108
Abs. 1 lit. b[63]–c wird im *einzelrichterlichen* Verfahren entschieden. Die Vorschrift von
Art. 107 Abs. 3 (Entscheidungsfrist von 15 Tagen) beschränkt sich auf Nichteintretensentscheide i.S.v. Art. 109 Abs. 1 i.V.m. Art. 84 (fehlender besonders bedeutender Fall).[64]

5. Beschwerdelegitimation

34   Es bestehen (auch nach neuem Recht) zwei Spezialbestimmungen des IRSG zu Fragen
der Beschwerdelegitimation, nämlich Art. 25 Abs. 3 IRSG (Beschwerdelegitimation des
Bundesamts für Justiz)[65] sowie Art. 21 Abs. 3 IRSG i.V.m. Art. 9a IRSV (Legitimation

---

[62] Ein Nichteintreten im *einzelrichterlichen* Verfahren erfolgt grundsätzlich auch in den übrigen
von Art. 108 Abs. 1 lit. a–c vorgesehenen Fällen. Das gilt jedenfalls bei Fällen *offensichtlicher*
Unzulässigkeit, die *nicht* die Frage des besonders bedeutenden Falls regeln, z.B. Nichteintreten
wegen offensichtlich fehlender *Legitimation* oder offensichtlich fehlendem zulässigem *Anfechtungsobjekt* (Einzelrichter, Art. 108 Abs. 1 lit. a). Das Verfahren bei *offensichtlich fehlendem besonders bedeutendem Fall* wird hingegen durch Art. 109 Abs. 1 *spezialgesetzlich* geregelt
(Nichteintreten in Dreierbesetzung, BGE 133 IV 125, 127 f. E. 1.2). Ein Nichteintreten im *einzelrichterlichen* Verfahren erfolgt sodann bei offensichtlich fehlender Begründung in *anderer*
Hinsicht (Art. 108 Abs. 1 lit. b i.V.m. Art. 42 Abs. 2 Satz 1) sowie bei *querulatorischen* oder
rechtsmissbräuchlichen Beschwerden (Art. 108 Abs. 1 lit. c).

[63] Z.B. im oben bereits erwähnten Fall der offensichtlichen Verletzung der Begründungsobliegenheit.

[64] BGE 133 IV 125, 127 E. 1.2.

[65] Zur amtl. Publ. bestimmtes Urteil des BGer 1C_126/2007 vom 11.7.2007, E. 1.3; vgl. betr. *Zentralstelle USA* des BJ auch Art. 19 Abs. 1 erster Satz BG-RVUS (in der Fassung gem. Ziff. 33
Anhang VGG).

der im ausländischen Strafverfahren angeschuldigten Personen).[66] Art. 89 Abs. 2 lit. a BGG i.V.m Art. 25 Abs. 3 IRSG begründet sowohl bei der «kleinen» RH als auch bei Auslieferungen eine Legitimation des Bundesamts für Justiz zur Beschwerde in öffentlich-rechtlichen Angelegenheiten (s. schon nach altem Recht aArt. 80h lit. a IRSG[67]). Von diesen Spezialfällen abgesehen, ist die Befugnis der von RH-Massnahmen betroffenen Personen bzw. Gesellschaften, Beschwerde beim BGer zu führen, in Art. 89 Abs. 1 BGG geregelt.

Zur öffentlich-rechtlichen Beschwerde in RH-Angelegenheiten ist gemäss Art. 89 Abs. 1   **35** lit. a–c[68] BGG berechtigt, wer

– a) *vor der Vorinstanz*[69] *am Verfahren teilgenommen* hat oder keine Möglichkeit zur Teilnahme erhalten hat;

– b) durch den angefochtenen Entscheid *besonders berührt* ist; *und*

– c) ein *schutzwürdiges Interesse* an dessen Aufhebung oder Änderung hat.

Diese *kumulativ* zu erfüllenden Voraussetzungen (N 35) entsprechen im Wesentlichen   **36** den bisherigen Legitimationsanforderungen in RH-Sachen der (altrechtlichen) Verwaltungsgerichtsbeschwerde an das BGer.[70] Danach ist zur Beschwerdeführung nur berechtigt, wer *persönlich und direkt von den angeordneten Rechtshilfemassnahmen betroffen* ist und ein *schutzwürdiges Interesse* an deren Aufhebung oder Änderung hat. Dies gilt namentlich auch für angeschuldigte Personen, gegen die sich das ausländische Strafverfahren richtet. Ein schutzwürdiges Interesse liegt nicht schon dann vor, wenn jemand irgendeine Beziehung zum Streitobjekt zu haben behauptet. Vielmehr muss eine vom einschlägigen Bundesrecht erfasste «spezifische Beziehungsnähe» dargetan sein. Eine blosse mittelbare Betroffenheit genügt hingegen nicht.[71] Als persönlich und direkt betroffen wird im Falle der Erhebung von *Konteninformationen* bzw. bei *Kontensperren* der jeweilige *Kontoinhaber*[72] angesehen, im Falle von *Hausdurchsuchungen* der jeweilige *Eigentümer oder Mieter*.[73] Das Analoge gilt nach der Rechtsprechung für Personen, gegen die *unmittelbar Zwangsmassnahmen* angeordnet wurden.[74] Für bloss *indirekt* Betroffene, insb. Personen, die zwar in den erhobenen Unterlagen erwähnt werden, aber nicht direkt von Zwangsmassnahmen betroffen bzw. Inhaber von sichergestellten Dokumenten sind, ist die Beschwerdebefugnis grundsätzlich zu verneinen.[75] Bloss *wirtschaftlich* an einem Bankkonto oder Depot Berechtigte sind (im Gegensatz zu den Konteninhabern) grundsätzlich nicht legitimiert, Rechtshilfemassnahmen anzufechten, welche die Bank-

---

[66] IRSG-Fassungen gem. Ziff. 30 Anhang VGG.

[67] Zur Beschwerdelegitimation des Bundesamts gegen Entlassungen aus der *Auslieferungshaft* durch das BstGer (nach dem früheren SGG) s. BGE 130 II 306, 308 f. E. 1.

[68] Zur Legitimation des *Bundesamts für Justiz* nach Art. 89 *Abs.* 2 lit. a s. oben, N 34.

[69] Nach neuem Recht handelt es sich dabei in RH-Fällen immer um die Beschwerdekammer des BstGer, s. oben, N 15.

[70] Gestützt auf aArt. 80h lit. b IRSG i.V.m. Art. 9a IRSV und Art. 103 lit. a OG bzw. Art. 21 Abs. 3 IRSG sowie aArt. 16 Abs. 1 BG-RVUS.

[71] BGE 129 II 268, 269 E. 2.3.3; 128 II 211, 216 f. E. 2.2; 127 II 104, 107 ff. E. 3; 198, 205 E. 2d; 126 II 258, 259 E. 2d; 125 II 356, 361 f. E. 3b/aa; 123 II 153, 156 E. 2b; vgl. auch MOREILLON, EIMP, 385–391; POPP, Grundzüge, N 551 ff.; ZIMMERMANN, coopération[2], N 306 ff.

[72] Art. 9a lit. a IRSV.

[73] Art. 9a lit. b IRSV.

[74] BGE 128 II 211, 217 ff. E. 2.3–2.5; 123 II 153, 157 E. 2b.

[75] BGE 129 II 268, 269 f. E. 2.3.3; 123 II 153, 157 E. 2b; 161, 164 E. 1d.

verbindung betreffen. Eine Ausnahme lässt die Praxis zu, wenn einzige Kontoinhaberin eine juristische Person war, die aufgelöst worden ist, und falls keine Anhaltspunkte dafür bestehen, dass die Liquidation dieser Kontoinhaberin nur vorgeschoben wird bzw. rechtsmissbräuchlich erfolgt ist.[76] *Zeugen* sind nur beschränkt beschwerdelegitimiert. Eine rechtshilfeweise Herausgabe von Befragungsprotokollen können sie nur anfechten, soweit ihre eigenen Aussagen sie selbst betreffen oder soweit sie sich auf ein Zeugnisverweigerungsrecht berufen können.[77]

37   Gelegentlich verwechseln Anwälte das Rechtshilfeverfahren mit einem Strafprozess, indem sie wie an Schranken eines Strafgerichts «plädieren», den inkriminierten Sachverhalt bestreiten, die Unschuldsvermutung bzw. den Grundsatz «in dubio pro reo»[78] anrufen und Beweisanträge stellen. Nicht selten werden im Rechtshilfeverfahren auch spezifische *Verteidigungsrechte* (etwa die Garantien von Art. 6 Ziff. 3 EMRK) als verletzt gerügt, und zwar auf zwei separaten Argumentationsebenen: Zum einen machen nicht angeschuldigte Personen, die von Rechtshilfemassnahmen betroffen sind, unter Berufung auf Art. 2 IRSG – und quasi «stellvertretend» für den Angeschuldigten – geltend, im *ausländischen* Strafverfahren würden die prozessualen Grundrechte des *Angeschuldigten* missachtet. Zum anderen wird argumentiert, dass im *Rechtshilfeverfahren* «analog» die besonderen *Verteidigungsrechte* heranziehbar seien. – Das BGer trat schon nach altem Recht auf solche Vorbringen grundsätzlich nicht ein. Art. 2 IRSG kann von *Dritten,* die im ersuchenden Staat gar keiner Verfolgung ausgesetzt sind und denen dort auch keine grundrechtswidrige Behandlung droht, nicht «stellvertretend» oder vorsorglich angerufen werden. Eine *Ausnahme* lässt die Praxis zu, wenn die Rüge von einer *verfolgten Person selbst* vorgebracht wird und diese darlegen kann, dass sie sich im ersuchenden Staat aufhält und ihr dort konkret eine grundrechtswidrige Behandlung droht.[79] Von Rechtshilfemassnahmen betroffene (nicht angeschuldigte) Dritte können sich auch nicht «analog» auf die spezifischen Verteidigungsrechte eines Angeschuldigten berufen. Jeder von Rechtshilfemassnahmen (Hausdurchsuchungen, Kontenerhebungen, Kontensperren, Beschlagnahmungen usw.) unmittelbar[80] Betroffene ist hingegen legitimiert, *eigene* Rechte[81] als verletzt anzurufen.[82]

---

[76]   BGE 129 II 268, 269 E. 2.3.3; 123 II 153, 157 f. E. 2c–d.

[77]   BGE 126 II 258, 261 E. 2d/bb; 121 II 459, 461 f. E. 2c.

[78]   Art. 32 Abs. 1 BV, Art. 6 Ziff. 2 EMRK.

[79]   Vgl. BGE 130 II 217 E. 8.2 227 f.; 129 II 268 E. 6.1 271; FORSTER, ZStrR 2006, 278 f. Im Rahmen des Anwendungsgebiets des EUeR und GwUe (kleine Rechtshilfe) dürfte ein solcher Verdacht heute nur schwer zu begründen sein. Er käme jedenfalls einem schwerwiegenden Misstrauensvotum gegenüber der Strafjustiz des betreffenden Signatarstaates gleich. Selbst wenn die Justiz des ersuchenden Staats oder der Europäische Gerichtshof für Menschenrechte in einzelnen Fällen eine Verletzung von Grundrechten festgestellt hätte (auch die Schweiz wurde bekanntlich schon mehrmals «verurteilt»), dürfte die völlige Verweigerung von Rechtshilfe gegenüber einem Signatarstaat des GwUe oder des EUeR gestützt auf Art. 2 IRSG in der Regel ihrerseits völkerrechtswidrig sein (vgl. BGE 1A.21/2006 vom 7.3.2006, E. 1.2.3). In menschenrechtlich und politisch belasteten RH-(insb. Auslieferungs-)Fällen können sich in diesem Zusammenhang allerdings schwierige Fragen stellen, vgl. z.B. BGE 132 II 81; 131 II 235 und 130 II 337; 130 II 329; dazu oben, N 30–31.

[80]   Art. 21 Abs. 3 IRSG i.V.m. Art. 9a IRSV. Art. 89 Abs. 1 BGG verlangt neben der Teilnahme am vorinstanzlichen Verfahren (lit. a) ein «besonderes Berührtsein» (lit. b) sowie ein «schutzwürdiges Interesse» (lit. c).

[81]   Bei Beschlagnahmungen, Kontenerhebungen oder Kontensperren z.B. die persönliche Freiheit, die Wirtschaftsfreiheit, die Eigentumsgarantie oder die gesetzlichen und verfassungsmässigen Verfahrensrechte wie der Anspruch auf rechtliches Gehör. Auch *verfolgte* Personen können sich im Rechtshilfeverfahren grundsätzlich *nicht* auf die besonderen Verteidigungsrechte Angeschuldigter berufen, da das Verfahren nicht mit dem (im ersuchenden Staat geführten) *Strafprozess*

6. Übergangsrecht

Für das Beschwerdeverfahren vor BGer gilt das BGG in Bezug auf alle grundsätzlich **38** anfechtbaren Entscheide des BstGer, welche nach dem 31.12.2006 ergangen sind (vgl. Art. 132 Abs. 1). Dabei ist das Entscheidungsdatum des (und nicht der Zeitpunkt der Zustellung des ausgefertigten) Erkenntnisses massgebend. Für die *Rechtshilfe* enthält Art. 110b IRSG (in der Fassung gem. Ziff. 30 des Anhangs zum VGG[83]) eine *besondere Übergangsbestimmung* zur Änderung des IRSG.[84] Danach richten sich Beschwerdeverfahren gegen Verfügungen, die in erster Instanz vor dem Inkrafttreten dieser Änderung getroffen worden sind, nach dem bisherigen Recht. Das bedeutet, dass *erstinstanzliche Verfügungen* der kantonalen Behörden und der Bundesbehörden, welche *nach dem 31.12.2006* ergangen sind, grundsätzlich *unmittelbar an die Beschwerdekammer des BstGer* weiter zu ziehen sind (Art. 25 Abs. 1 und Art. 55 Abs. 3 IRSG[85]). *Vor* diesem Datum ergangene *erstinstanzliche* Verfügungen sind hingegen nach den *altrechtlichen* Bestimmungen anfechtbar.[86] In diesem Fall (erstinstanzliche Verfügung vor dem 1.1.2007) ist die Verwaltungsgerichtsbeschwerde gegen *letztinstanzliche* Entscheide kantonaler Rechtshilfegerichte auch dann noch gegeben, wenn diese nach dem 31.12.2006 ergangen sind (Urteil des BGer 1C_53/2007 vom 29.3.2007, E. 1.2). Vom 1.1.2007 an sind auch die in Abs. 3 von Art. 25 IRSG[87] enthaltenen Grundsätze betr. die Beschwerdelegitimation des Bundesamts für Justiz gültig.[88] Nach altem Recht waren Entscheide des BstGer betr. *Auslieferungshaft* mit Zwangsmassnahmenbeschwerde an das BGer anfechtbar (Art. 33 Abs. 3 lit. a SGG).[89] Auch diesbezüglich gilt die Regel von Art. 110b IRSG: Falls der erstinstanzliche Auslieferungshaftentscheid des Bundesamts für Justiz vor dem 1.1.2007 erging, ist gegen den Beschwerdeentscheid des BstGer (auch wenn dieser nach dem 31.12.2006 gefällt wurde) die altrechtliche Beschwerde nach SGG an das BGer zulässig.[90]

---

gleichgesetzt werden kann (BGE 131 II 169, 173 E. 2.2.3; FORSTER, ZStrR 2006, 278 f.; zur Rechtsnatur der RH s. oben, N 1). Soweit weder eine strafrechtliche Anklage noch eine Streitigkeit über zivilrechtliche Ansprüche vorliegt, ist Art. 6 EMRK im Rahmen der Beschwerde in öffentlich-rechtlichen Angelegenheiten nicht anwendbar (TSCHANNEN-BOMMER, 155). Es gelten immerhin die übrigen (gesetzlich und grundrechtlich garantierten) allgemeinen Partei- und Individualrechte.

[82] BGE 132 II 81 E. 1.3 83 f.; 130 II 337 E. 1.3 340 f.; 124 II 132 E. 2a 137; FORSTER, ZStrR 2006, 278 f.
[83] In Kraft seit 1.1.2007 (SR 173.32).
[84] Analog auch die spezialrechtliche Übergangsbestimmung von Art. 37b BG-RVUS in der Fassung gem. Ziff. 33 Anhang VGG; Urteil des BGer 1A.178/2006 vom 19.1.2007, E. 1.1.
[85] In der Fassung gem. Ziff. 30 Anhang VGG. Analoges gilt für Entscheidungen der Zentralstelle USA des BJ betr. die (kleine) *Rechtshilfe an die USA* gestützt auf BG-RVUS (Art. 17–17c i.V.m. Art. 37b BG-RVUS in der Fassung gem. Ziff. 33 Anhang VGG).
[86] BGE 133 IV 58, 60 («Erdogan»), E. 1.1 (Auslieferung); s.a. Urteile des BGer 1A.178/2006 vom 19.1.2007, E. 1.1 (kleine Rechtshilfe an die USA, Art. 37b BG-RVUS); 1A.189/2006 vom 7.2.2007, E. 1.1 (kleine RH an Deutschland); 1C.1/2007 vom 22.1.2007, E. 1 (Auslieferungshaft, Art. 110b IRSG i.V.m. Art. 33 Abs. 3 lit. a SGG).
[87] In der Fassung gem. Ziff. 30 Anhang VGG. Zur Beschwerdelegitimation der Zentralstelle USA des BJ s.a. Art. 19 Abs. 1 erster Satz BG-RVUS (in der Fassung gem. Ziff. 33 Anhang VGG).
[88] Zur Beschwerdeführung vor dem BstGer und vor dem BGer sowie in Bezug auf die Beschwerdeberechtigung der kantonalen Behörde vor dem BstGer; massgeblich ist wie dargelegt das Datum der *erstinstanzlichen* Verfügung.
[89] BGE 131 I 52, 54 E. 1.2.2; 130 II 306, 308 f. E. 1; Urteil des BGer 1S.41/2005 vom 24.10.2005.
[90] Urteil des BGer 1C.1/2007 vom 22.1.2007, E. 1.

Art. 85*

**Streit-
wertgrenzen**

[1] In vermögensrechtlichen Angelegenheiten ist die Beschwerde unzulässig:

a. auf dem Gebiet der Staatshaftung, wenn der Streitwert weniger als 30 000 Franken beträgt;

b. auf dem Gebiet der öffentlich-rechtlichen Arbeitsverhältnisse, wenn der Streitwert weniger als 15 000 Franken beträgt.

[2] Erreicht der Streitwert den massgebenden Betrag nach Absatz 1 nicht, so ist die Beschwerde dennoch zulässig, wenn sich eine Rechtsfrage von grundsätzlicher Bedeutung stellt.

Valeur litigieuse
minimale

[1] S'agissant de contestations pécuniaires, le recours est irrecevable:

a. en matière de responsabilité étatique si la valeur litigieuse est inférieure à 30 000 francs;

b. en matière de rapports de travail de droit public si la valeur litigieuse est inférieure à 15 000 francs.

[2] Même lorsque la valeur litigieuse n'atteint pas le montant déterminant, le recours est recevable si la contestation soulève une question juridique de principe.

Valore litigioso
minimo

[1] In materia patrimoniale il ricorso è inammissibile:

a. nel campo della responsabilità dello Stato se il valore litigioso è inferiore a 30 000 franchi;

b. nel campo dei rapporti di lavoro di diritto pubblico, se il valore litigioso è inferiore a 15 000 franchi.

[2] Se il valore litigioso non raggiunge l'importo determinante secondo il capoverso 1, il ricorso è nondimeno ammissibile se si pone una questione di diritto di importanza fondamentale.

Inhaltsübersicht

* Der Verfasser dankt Dr. Stephan Wullschleger, Appellationsgerichtspräsident Basel-Stadt, herzlich für die kritische Durchsicht und anregende Diskussion.

Materialien

Art. 79 E 2001, BBl 2001 4501; Botschaft 2001, BBl 2001 4325; AB 2003 S 904 ff. (Art. 78 f.); Vorschläge der Arbeitsgruppe «Bundesgerichtsgesetz» vom 16.3.2004, 2 f. und 10; Vorschläge EJPD vom 18.3.2004, 4; AB 2004 N 1606 ff.; AB 2005 S 136.

Literatur

B. EHRENZELLER, Die subsidiäre Verfassungsbeschwerde, Anwaltsrevue 2007, 103 ff. (zit. Ehrenzeller, Anwaltsrevue 2007); E. JAGGI, Das neue Bundesgerichtsgesetz, Zivilrechtliche und strafrechtliche Aspekte, recht 2007, 49 ff. (zit. Jaggi, recht 2007); M. NOVIER, La question juridique de principe dans la LTF: quelques pistes, RSPC 2006, 421 ff. (zit. Novier, RSPC 2006); P. REETZ, Das neue Bundesgerichtsgesetz unter besonderer Berücksichtigung der Beschwerde in Zivilsachen, SJZ 2003, 1 ff. (erster Teil), 29 ff. (zweiter Teil) (zit. Reetz, SJZ 2007); K. SPÜHLER/P. REETZ, Das neue Bundesgerichtsgesetz aus Sicht des Anwalts, Anwaltsrevue 2001, 5 ff. (zit. Spühler/Reetz, Anwaltsrevue 2001); M. SUTER, Der neue Rechtsschutz in öffentlich-rechtlichen Angelegenheiten vor dem Bundesgericht, Diss. St. Gallen/Bamberg 2007 (zit. Suter, Rechtsschutz).

I. Allgemeine Bemerkungen

Nach Art. 191 BV kann der Gesetzgeber den **Zugang** zum Bundesgericht für Streitigkeiten, die keine Rechtsfrage von grundsätzlicher Bedeutung betreffen, durch das Erfordernis eines Mindeststreitwerts **beschränken** (Abs. 2) und für bestimmte Sachgebiete ganz ausschliessen (Abs. 3).   **1**

Bis zum Inkrafttreten des BGG sah das OG bei der Verwaltungsgerichtsbeschwerde bereits den Ausschluss von bestimmten Sachgebieten vor.[1] Eine Streitwertgrenze kannte es hingegen ausschliesslich im zivilrechtlichen Bereich, bei der Berufung[2] (Art. 74 N 15), nicht jedoch bei den Rechtsmitteln im öffentlich-rechtlichen Bereich.   **2**

Das BGG enthält nun für die Beschwerde in öffentlich-rechtlichen Angelegenheiten[3] einerseits wiederum einen umfangreichen Katalog von Sachgebieten, bei welchen der Zugang zum Bundesgericht ausgeschlossen wird.[4] Neu wird anderseits in Art. 85 auch für bestimmte öffentlich-rechtliche Sachgebiete der Zugang zum Bundesgericht vom Erreichen eines **Mindeststreitwerts** abhängig gemacht (Abs. 1); streitwertunabhängig ist die Beschwerde in diesen Gebieten nur zulässig, wenn sich eine Rechtsfrage von grundsätzlicher Bedeutung stellt (Abs. 2).   **3**

Anders als bei der Beschwerde in Zivilsachen (Art. 74 N 7 f.) ist das Streitwerterfordernis bei der Beschwerde in öffentlich-rechtlichen Angelegenheiten **nicht generell bei vermögensrechtlichen Streitigkeiten** vorgesehen, sondern nur in zwei Sachgebieten: bei der Staatshaftung (N 10 ff.) und bei öffentlich-rechtlichen Anstellungsverhältnissen (N 18 ff.).   **4**

---

[1] Art. 100 OG.
[2] Art. 46 OG.
[3] Art. 82 ff.
[4] Art. 83.

5 Wie sich der Streitwert **bestimmt**, legen die Art. 51 ff. fest. Insbesondere ist zu beachten, dass der Streitwert nach den Begehren, die *vor der Vorinstanz streitig* geblieben waren, berechnet wird (Art. 51 N 19 ff.). Lautet ein Begehren nicht auf Bezahlung einer bestimmten Geldsumme, so hat das Bundesgericht den Streitwert nach *Ermessen* festzusetzen (Art. 51 N 44 ff.). Bei der Bestimmung des Streitwerts fallen Zinsen, Früchte, Gerichtskosten und Parteientschädigungen, die als *Nebenrechte* geltend gemacht werden, sowie Vorbehalte und die Kosten der Urteilsveröffentlichung nicht in Betracht (Art. 51 N 50 ff.). Als Wert *wiederkehrender Nutzungen oder Leistungen* gilt der Kapitalwert; bei ungewisser oder unbeschränkter Dauer gilt als Kapitalwert der zwanzigfache Betrag der einjährigen Nutzung oder Leistung (Art. 51 N 57 ff.). Die *Zusammenrechnung* von mehreren in einer vermögensrechtlichen Sache von der gleichen Partei oder von Streitgenossen geltend gemachte Begehren (objektive oder subjektive Klagenhäufung, Streitgenossenschaft) erfolgt nur, wenn sich die Begehren nicht gegenseitig ausschliessen (Art. 52 N 5 ff.). Der Betrag einer *Widerklage* wird mit demjenigen der Hauptklage nicht zusammengerechnet (Art. 53 N 3 ff.). Wenn aber die in Hauptklage und Widerklage geltend gemachten Ansprüche einander ausschliessen und eine der beiden Klagen die Streitwertgrenze nicht erreicht, so gilt die Streitwertgrenze auch für diese Klage als erreicht, wenn sich die Beschwerde auf beide Klagen bezieht (Art. 53 N 9 ff.).

6 Das BGG schreibt vor, dass Entscheide, die der Beschwerde an das Bundesgericht unterliegen, den Parteien schriftlich zu eröffnen sind. Zwingend ist vorgeschrieben, dass diese Entscheide auch eine Rechtsmittelbelehrung enthalten müssen einschliesslich der **Angabe des Streitwerts**, soweit das BGG für die Beschwerde eine Streitwertgrenze vorsieht (Art. 112 N 10).[5]

II. Streitwerterfordernis bei der Staatshaftung und bei öffentlich-rechtlichen Anstellungsverhältnissen (Abs. 1)

7 Die bundesrätliche Botschaft schlug bei allen Einheitsbeschwerden die Einführung von Streitwertgrenzen vor,[6] bei den Beschwerden in Zivilsachen[7] und in Staatshaftungssachen in der Höhe von Fr. 40 000.–,[8] bei der Beschwerde in Strafsachen u.a. in der Höhe von 30 Tagessätzen Geldbusse.[9]

8 Die Erhöhung bzw. Einführung der Streitwertgrenzen sollte zur Entlastung des Bundesgerichts beitragen, war aber politisch sehr stark umstritten. Der Erstrat beliess die Grenze auf dem vorgeschlagenen Betrag, beschloss zusätzlich die Einführung einer Streitwertgrenze bei Steuern und Abgaben sowie bei vermögensrechtlichen Streitigkeiten aus dem öffentlichen Arbeitsrecht.[10] Nach der bundesgerichtlichen Stellungnahme zum Resultat der ständerätlichen Beratung wurde eine Arbeitsgruppe «Bundesgerichtsgesetz» eingesetzt, welche – nebst dem Hauptpunkt, der Einführung der subsidiären Verfassungsbeschwerde – u.a. auch zu den Streitwertgrenzen Vorschläge unterbreitete. Danach sollte auf Streitwertgrenzen in Strafsachen und bei Steuern und Abgaben verzichtet und der

---

[5] Art. 112 Abs. 1 lit. d.
[6] Botschaft 2001 BBl 2001 4320 ff.
[7] Art. 70 Abs. 1 E 2001.
[8] Art. 79 E 2001.
[9] Art. 74 Abs. 1 lit. a Ziff. 1–6 E 2001: 30 Tagessätze Geldstrafe, 120 Stunden gemeinnütziger Arbeit, Fr. 500.– Busse für eine natürliche Person, Fr. 10 000.– Busse für eine Unternehmung, 30 Strafeinheiten beim Aussetzen der Strafe, 30 Tage Freiheitsstrafe infolge Umwandlung einer Geldstrafe, einer Busse oder einer gemeinnützigen Arbeit.
[10] AB 2003 S 904 ff. (zu Art. 78 E 2001: Abs. 1 lit. c^bis – anstelle von Art. 79 –, lit. f Ziff. 1, lit. l Ziff. 1).

Mindeststreitwert auf den Gebieten der Staatshaftung und der öffentlich-rechtlichen Arbeitsverhältnisse wie in Zivilsachen auf Fr. 30 000.– festgelegt werden.[11] Die nationalrätliche Rechtskommission rang hart um einen Kompromiss (Art. 74 N 15), der im hier interessierenden Zusammenhang im Wesentlichen in der Festlegung der Streitwertgrenze auf Fr. 30 000.– für Staatshaftungsfragen und – wie im privatrechtlichen Arbeitsrecht – auf Fr. 15 000.– für öffentlich-rechtliche Arbeitsverhältnisse bestand.[12] Der Ständerat schloss sich dem nationalrätlichen Beschluss an.[13]

Einen Streitwert haben nur **vermögensrechtliche Streitigkeiten.** Nur für sie kann deshalb ein Streitwerterfordernis aufgestellt oder von einem Streitwerterfordernis abgesehen werden. Auch auf den Gebieten der Staatshaftung und der öffentlich-rechtlichen Arbeitsverhältnisse unterstehen nur vermögensrechtliche Streitigkeiten dem Streitwerterfordernis. Zur Qualifikation als vermögensrechtliche Angelegenheit vgl. Art. 51 N 11 ff.   **9**

1. Fr. 30 000.– auf dem Gebiet der Staatshaftung (lit. a)

In vermögensrechtlichen Angelegenheiten auf dem Gebiet der Staatshaftung ist die Beschwerde unzulässig, wenn der Streitwert weniger als Fr. 30 000.– beträgt. Begründet wird die Einführung eines Streitwerterfordernisses mit der **Zivilrechtsnähe** der Staatshaftung,[14] was sich auch daran zeigt, dass für die Beurteilung der Staatshaftung nach den kantonalen Verantwortlichkeitsgesetzen zum Teil die Zivilgerichte zuständig sind.   **10**

Unter **Staatshaftung** sind die Haftungstatbestände einerseits des allgemeinen Staatshaftungsrechts als auch spezialgesetzliche Haftungen zu verstehen.[15] Es ist unerheblich, ob die Haftung Verschuldens- oder Kausalhaftung ausgestaltet ist. Unter Staatshaftung i.S.v. Art. 85 Abs. 1 lit. a fällt einerseits die *Staatshaftung i.e.S.* des Einstehenmüssens des Staates für einen durch seine Bediensteten Dritten zugefügten Schaden, anderseits aber auch die *Beamtenhaftung,* also das Einstehenmüssen der einzelnen Bediensteten für durch sie zugefügten Schaden,[16] ob direkt gegenüber der geschädigten Person (externe Beamtenhaftung) oder gegenüber dem Staat in Form des Regresses (interne Beamtenhaftung).[17] Unerheblich ist deshalb auch, in welcher Form die Staatshaftung ausgestaltet ist, ob als primäre oder subsidiäre, als ausschliessliche oder solidarische Haftung des Staates.   **11**

Als **Haftungssubjekte** kommen nicht nur «der Staat» – d.h. der Bund, die Kantone oder die Gemeinden – und seine Bediensteten in Frage, sondern ebenso andere juristische Personen des öffentlichen Rechts und Private, die in Erfüllung öffentlicher Aufgaben, mit denen sie betraut sind, Dritten Schaden zufügen;[18] es wird deshalb vorgeschlagen, statt von Staatshaftung zutreffender von öffentlich-rechtlicher Haftung zu sprechen.[19]   **12**

---

[11] Vgl. Bericht BJ zu RK-N 2004, 3, 10 f. (zu Art. 70, 74 und 79 E 2001) und Anhang, 4 f. (zu Art. 70 Abs. 1, Art. 74 und 79 E 2001).

[12] AB 2004 N 1598 f. (zu Art. 74 E 2001).

[13] AB 2005 S 136.

[14] Botschaft 2001 BBl 2001 4229, 4325; SPÜHLER/DOLGE/VOCK, Kurzkommentar, Art. 85 N 1; SEILER/VON WERDT/GÜNGERICH, BGG, Art. 85 N 2.

[15] SEILER/VON WERDT/GÜNGERICH, BGG, Art. 85 N 5 f.; HÄFELIN/MÜLLER/UHLMANN, Verwaltungsrecht[5], Rz 2215 ff., insb. Rz 2221.

[16] TSCHANNEN-ZIMMERLI, 519 ff.

[17] HÄFELIN/MÜLLER/UHLMANN, Verwaltungsrecht[5], Rz 2305 ff. und 2309 ff. Für die Ansprüche des Bundes gegenüber Amtspersonen auf Ersatz des direkten oder indirekten Schadens vgl. Art. 10 Abs. 1 VG.

[18] HÄFELIN/MÜLLER/UHLMANN, Verwaltungsrecht[5], Rz 2237 mit Verweis auf Art. 19 VG für den Bund.

[19] BELLANGER/TANQUEREL-MOOR, 171 f. (insb. FN 61).

13 Das **allgemeine Staatshaftungsrecht** besteht insb. aus dem *Verantwortlichkeitsgesetz des Bundes* – insb. Art. 3 ff. VG, wonach der Bund ohne Rücksicht auf das Verschulden des Beamten für den Schaden haftet, den ein Beamter in Ausübung seiner amtlichen Tätigkeit Dritten widerrechtlich zufügt – wie der *Verantwortlichkeitsgesetze der Kantone*.

14 Als **spezialgesetzliche Haftungen** kommen alle Haftungen in Frage, welche an eine (i.d.R. widerrechtliche) Verursachung eines Schadens eine Entschädigungspflicht des Staates knüpfen, etwa aus dem Bundesrecht:[20]

– Art. 46 ZGB: Haftung des Kantons für widerrechtliche Verletzungen durch die im Zivilstandswesen tätigen Personen in Ausübung ihrer amtlichen Tätigkeit;

– Art. 426 ff. ZGB: Haftung des Vormunds und der Mitglieder der vormundschaftlichen Behörden für Schaden, den sie bei der Ausübung ihres Amtes absichtlich oder fahrlässig verschulden;

– Art. 955 ZGB: Haftung der Kantone für allen Schaden, der aus der Führung des Grundbuches entsteht;

– Art. 928 OR: Haftbarkeit der Aufsichtsbehörden über die Handelsregisterführer analog der Vorschriften über die Verantwortlichkeit der vormundschaftlichen Behörden;

– Art. 5 ff. SchKG: Haftung des Kantons für den Schaden, den die Beamten und Angestellten, ihre Hilfspersonen, die ausseramtlichen Konkursverwaltungen, die Sachwalter, die Liquidatoren, die Aufsichts- und Gerichtsbehörden sowie die Polizei bei der Erfüllung der Aufgaben, die ihnen das SchKG zuweist, widerrechtlich verursachen;

– Art. 135 MG: Verschuldensunabhängige Haftung des Bundes für den Schaden, den Angehörige der Armee oder die Truppe Dritten durch eine besonders gefährliche militärische Tätigkeit oder in Ausübung einer andern dienstlichen Tätigkeit widerrechtlich zufügen;

– Art. 60 BZG: Haftung des Bundes, der Kantone und Gemeinden für alle Schäden, die das Lehrpersonal sowie Schutzdienstpflichtige in Ausbildungsdiensten oder bei sonstigen Verrichtungen Dritten widerrechtlich zufügen, sofern sie nicht beweisen, dass der Schaden durch höhere Gewalt oder durch Verschulden des Geschädigten oder Dritter verursacht wurde;

– Art. 78 ATSG: Haftung der öffentlichen Körperschaften, privaten Trägerorganisationen oder Versicherungsträger[20a] für Schäden, die von Durchführungsorganen oder einzelnen Funktionären von Versicherungsträgern einer versicherten Person oder Dritten widerrechtlich zugefügt wurden;

– Art. 70 AHVG: Haftung des Bundes und der Kantone für Schäden, die von ihren Kassenorganen oder einzelnen Kassenfunktionären durch strafbare Handlungen oder durch absichtliche oder grob fahrlässige Missachtung von Vorschriften der Alters- und Hinterlassenenversicherung zugefügt wurden;

---

[20] SEILER/VON WERDT/GÜNGERICH, BGG, Art. 85 N 5; HÄFELIN/MÜLLER/UHLMANN, Verwaltungsrecht[5], Rz 2282 ff.

[20a] Nach EHRENZELLER/SCHWEIZER-KIESER, 453 f., nur, wenn eine Haftung von Bund oder Kantonen bestehe.

– Art. 71a AHVG: entsprechende Haftung des Bundes für Schäden, die der Alters- und Hinterlassenenversicherung von den Organen der Zentralen Ausgleichsstelle zugefügt wurde;

– Art. 85g AVIG: Haftung der Kantone gegenüber dem Bund für Schäden, die ihre Amtsstellen, ihre Regionalen Arbeitsvermittlungszentren, ihre Logistikstellen für arbeitsmarktliche Massnahmen, ihre tripartiten Kommissionen oder die Arbeitsämter ihrer Gemeinden durch strafbare Handlungen oder durch absichtliche oder fahrlässige Missachtung von Vorschriften verursachen;

– Art. 89a AVIG: Haftung von Bundesstellen (Ausgleichsstelle, Ausgleichsfonds, AHV-Ausgleichskassen, Zentrale Ausgleichsstelle der AHV oder Aufsichtskommission) gegenüber Versicherten und Dritten nach Art. 78 ATSG.

– Art. 55 Abs. 4 VwVG (und analoge kantonale Vorschriften): Haftung der Körperschaft oder der autonomen Anstalt, in deren Namen die Behörde verfügt hat, für den Schaden, der durch willkürliche Entscheide über Entzug oder Wiederherstellung der aufschiebenden Wirkung entstanden ist;

– Art. 34 BoeB (und analoge kantonale Vorschriften): Haftung des Bundes oder der Auftraggeberinnen ausserhalb der ordentlichen Bundesverwaltung für den Schaden, den sie durch eine Verfügung verursacht haben, deren Rechtswidrigkeit im Rahmen eines Beschwerde- oder Revisionsverfahrens nach BoeB festgestellt worden ist;

– Art. 23 Abs. 3 EpG: Subsidiäre Haftung der Kantone für den Schaden aus behördlich angeordneten oder empfohlenen Impfungen.

Nicht unter die Staatshaftung fallen etwa: **15**

– Entschädigungspflichten aus formeller oder materieller Enteignung,[21]

– Entschädigungen und Genugtuung nach OHG,[22]

– Kostenbeteiligung des Staates als Verursacher von Umweltschädigungen nach Art. 32*d* und 59 USG und analogen Bestimmungen,[23]

– die Rückerstattung von zu Unrecht erhobenen Abgaben[24] oder

– Haftung des Staates gem. Privatrecht,[25] insb. für privatrechtliche oder gewerbliche Tätigkeiten,[26] aus Grundeigentümer-[27] oder Werkeigentümerhaftung[28].

Soweit **kantonales Staatshaftungsrecht** massgeblich ist, ist zu beachten, dass mit der   **16** Beschwerde in öffentlich-rechtlichen Angelegenheiten nur die bundesrechts- oder verfassungswidrige Anwendung gerügt werden kann (Art. 95 N 46 ff., 55 ff.).

Als **Vorinstanzen** kommen das Bundesverwaltungsgericht oder letztinstanzliche kanto-   **17** nale Gerichte (Zivil- oder Verwaltungsgerichte) in Betracht.[29]

---

[21] Seiler/von Werdt/Güngerich, BGG, Art. 85 N 6.
[22] Häfelin/Müller/Uhlmann, Verwaltungsrecht[5], Rz 2218; Seiler/von Werdt/Güngerich, BGG, Art. 85 N 6; BGE 125 II 554 E. 2a.
[23] Seiler/von Werdt/Güngerich, BGG, Art. 85 N 6.
[24] Seiler/von Werdt/Güngerich, BGG, Art. 85 N 6.
[25] Was aber bezüglich des Streitwerterfordernisses nichts ändert, weil Art. 74 Abs. 1 lit. b die Zulassung der Beschwerde in Zivilsachen ans Bundesgericht ebenfalls einem Mindeststreitwert von Fr. 30 000.– abhängig macht.
[26] Art. 41 ff., 61 Abs. 2 OR.
[27] Art. 679 ZGB; BGE 119 II 411 E. 3 (Zivilklage).
[28] Art. 58 OR; BGE 108 II 184 (Berufung).
[29] Spühler/Dolge/Vock, Kurzkommentar, Art. 85 N 3.

2. Fr. 15 000.– auf dem Gebiet der öffentlich-rechtlichen Anstellungsverhältnisse (lit. a)

18 In vermögensrechtlichen Angelegenheiten auf dem Gebiet der öffentlich-rechtlichen Arbeitsverhältnisse ist die Beschwerde unzulässig, wenn der Streitwert weniger als Fr. 15 000.– beträgt. Begründet wird die Einführung eines Streitwerterfordernisses wie auch die tiefere Streitwertlimite mit der **Zivilrechtsnähe** der öffentlich-rechtlichen zu den privatrechtlichen Arbeitsverhältnissen.[30]

19 Zur Qualifikation als **öffentlich-rechtliches Arbeitsverhältnis** vgl. Art. 83 N 164 ff. (zu Art. 83 lit. g). Öffentlich-rechtlich ist ein Arbeitsverhältnis, das nicht nach Bundesprivatrecht abgeschlossen ist, sondern gestützt auf das einschlägige *Personalrecht des Bundes,*[31] *der Kantone oder der Gemeinden.*[32]

20 **Nicht** zum Gebiet der Arbeitsverhältnisse i.S.v. Art. 85 Abs. 1 lit. b gehören Verfahren, in denen spezifische andere Rechtsgebiete – wenn auch im Zusammenhang mit Arbeitsverhältnissen – im Mittelpunkt stehen; so sind beispielsweise *sozialversicherungsrechtliche Fragen* ebenso streitwertunabhängig mit Beschwerde anfechtbar[33] (Art. 83 N 172) wie *datenschutzrechtliche Ansprüche,* die in einem spezifisch datenschutzrechtlichen Verfahren nach Art. 25 DSG beurteilt werden (Art. 83 N 172).[34]

21 Nur **vermögensrechtliche Streitigkeiten** aus öffentlich-rechtlichen Arbeitsverhältnissen fallen unter Art. 85; nicht vermögensrechtliche Angelegenheiten sind nach Art. 83 lit. g zu behandeln (Art. 83 N 169 ff.).[35] Zur Qualifikation als vermögensrechtliche Angelegenheit vgl. Art. 51 N 11 ff. Als solche kommen hier insb. in Frage:[36]

– Streitigkeiten über den Lohn inkl. Nebenleistungen und Teuerungsausgleich;

– Haftungsansprüche des Arbeitgebers gegenüber dem Arbeitnehmer oder umgekehrt;

– Streitigkeiten über die Auflösung des Arbeitsverhältnisses;

– Streitigkeiten über die im Zusammenhang mit der Auflösung des Arbeitsverhältnisses zuzusprechende Entschädigungen;

– Streitigkeiten über das Arbeitszeugnis[37] und – soweit lohnrelevant – die Mitarbeiterbeurteilung;

– bei Arbeitsverhältnissen im Geltungsbereich des BPG aber nicht Streitigkeiten über leistungsabhängige Lohnanteile, ausser bei einer Geschlechtsdiskriminierung.[38]

22 Soweit **kantonales (oder kommunales) Personalrecht** massgeblich ist, ist zu beachten, dass mit der Beschwerde in öffentlich-rechtlichen Angelegenheiten nur die *bundesrechts- oder verfassungswidrige Anwendung* gerügt werden kann (Art. 95 N 46 ff., 55 ff.).

---

[30] Vgl. nur Spühler/Dolge/Vock, Kurzkommentar, Art. 85 N 1; Seiler/von Werdt/Güngerich, BGG, Art. 85 N 2.

[31] Insb. gestützt auf das BPG und das Magistratengesetz.

[32] Seiler/von Werdt/Güngerich, BGG, Art. 83 N 56.

[33] Seiler/von Werdt/Güngerich, BGG, Art. 83 N 59 und Art. 85 N 12; Ehrenzeller/Schweizer-Kieser, 454.

[34] Botschaft 2001 BBl 2001 4323; Seiler/von Werdt/Güngerich, BGG, Art. 83 N 15; zur (altrechtlichen) Zulässigkeit der Verwaltungsgerichtsbeschwerde BGE 128 II 259 E. 1.3.

[35] Seiler/von Werdt/Güngerich, BGG, Art. 83 N 62.

[36] Seiler/von Werdt/Güngerich, BGG, Art. 85 N 9 f.

[37] Art. 51 N 13.

[38] Art. 36a BPG.

Als **Vorinstanzen** kommen das Bundesverwaltungsgericht oder letztinstanzliche kantonale Gerichte in Betracht.[39]   **23**

III. Streitwertunabhängige Zulassung der Beschwerde bei Rechtsfragen von grundsätzlicher Bedeutung (Abs. 2)

Erreicht der Streitwert den Betrag von Fr. 30 000.– in Staatshaftungsfällen bzw. von   **24**
Fr. 15 000.– auf dem Gebiet der öffentlich-rechtlichen Arbeitsverhältnisse nicht, so sieht
Abs. 2 **eine Ausnahme** vor, bei welcher die Zulassung der Beschwerde streitwertunabhängig zulässig ist: wenn sich eine Rechtsfrage von grundsätzlicher Bedeutung stellt.

1. Rechtliche Verankerung

a) Verfassungsrechtliche Grundlage

Nach Art. 191 Abs. 2 BV kann der Gesetzgeber den **Zugang zum Bundesgericht** zwar   **25**
durch das Erfordernis eines Mindeststreitwerts beschränken, aber nur solange keine
Rechtsfrage von grundsätzlicher Bedeutung zu beurteilen ist. Zur Entstehungsgeschichte
vgl. Art. 74 N 31 f.

b) Keine Konkretisierung auf Gesetzesstufe

Auf der Gesetzesebene wurden die *Zulassungsbeschränkungen* bezüglich der ausge-   **26**
schlossenen Sachgebiete und durch Streitwertgrenzen *genauer gefasst*, aber – wie der
Wortlaut von Art. 85 Abs. 2 (und von Art. 74 Abs. 2 lit. a) zeigt – *nicht bezüglich der
Rechtsfrage von grundsätzlicher Bedeutung*. Das BGG nimmt den Begriff auf, ohne ihn
in irgendeiner Weise zu präzisieren (zum **Verzicht auf eine Legaldefinition** vgl. Art. 74
N 33). Damit werden die heiklen Auslegungsfragen, die sich bei der Konkretisierung des
unbestimmten Rechtsbegriffes stellen, ans Bundesgericht weitergereicht.

2. Bedeutung

Vgl. zur Scharnierfunktion des Begriffs Art. 74 N 34.   **27**

3. Konturen des Begriffs

Mangels der gesetzlichen Konkretisierung bleibt die «Rechtsfrage von grundsätzlicher   **28**
Bedeutung» ein **unbestimmter Rechtsbegriff**. Trotz des Verzichts auf eine gesetzliche
Konkretisierung ist er aber nicht ganz konturenlos.[40] Die Materialien zu Art. 191 BV wie
auch zum BGG enthalten Anhaltspunkte für die Auslegung. Vgl. ausführlich dazu Art. 74
N 37 ff.

4. Parameter für die Beurteilung

Letztlich wird es niemand dem Bundesgericht – der jeweils mit der Vorprüfung befassten   **29**
Dreierbesetzung (N 40 f.) – abnehmen können, im Einzelfall eine sorgfältige Gewichtung
der Argumente für und wider die Annahme der grundsätzlichen Bedeutung einer Rechtsfrage vorzunehmen, wobei eine starke Auslastung des Gerichts so wenig ein Argument
gegen die Annahme ist wie persönliche Präferenzen ein Argument für die Annahme.
Auch wenn keine «harten Kriterien» für die Gewichtung genannt werden können, können doch im Sinne einer Annäherung folgende **Parameter** erwähnt werden:

---

[39] SPÜHLER/DOLGE/VOCK, Kurzkommentar, Art. 85 N 3.
[40] Vgl. auch die rechtsvergleichenden Hinweise auf die Rechtssache von grundsätzlicher Bedeutung im deutschen Recht von NOVIER, RSPC 2006, 437 f.; WURZBURGER-TAPPY, Ziff. 31.

30   Zu Aspekten des **konkreten Falls**, in dem sich die Frage stellt:

– Unerheblich ist, welche Bedeutung der Entscheid der Rechtsfrage *subjektiv* für die Parteien hat.[41]

– Unerheblich ist, ob die Streitwertgrenze im konkreten Fall nur *knapp oder deutlich* nicht erreicht wird.

– Im konkreten Fall nicht entscheiderhebliche Rechtsfragen können in anderem Zusammenhang trotzdem von grundsätzlicher Bedeutung sein, doch soll die Ausnahme von Art. 85 Abs. 2 nicht dazu führen, dass in abstracto obiter dicta produziert werden.[42]

31   Zu Aspekten der sich stellenden **Rechtsfragen**:

– Sowohl Rechtsfragen, die vom Bundesgericht *noch nie entschieden* wurden, als auch solche, die das Bundesgericht in der Vergangenheit *bereits entschieden* hat, können von grundsätzlicher Bedeutung sein.

32   Zu Aspekten der **neuen Rechtsfragen**:

– Allein die Tatsache, dass eine Rechtsfrage vom Bundesgericht noch nie entschieden wurde, macht aus ihr *nicht a priori* eine solche von grundsätzlicher Bedeutung;[43] es gibt auch noch nicht höchstrichterlich entschiedene «gewöhnliche» Rechtsfragen.

– Eine neue Rechtsfrage ist umso eher von grundsätzlicher Bedeutung, *je weniger eine widersprüchliche Rechtsprechung* der (verschiedenen[44]) Vorinstanzen *hingenommen werden kann*;[44a] dabei kann die absehbare Häufigkeit gleichartiger Fälle ein Beurteilungselement sein.

33   Zu Aspekten der vom Bundesgericht **bereits entschiedenen Rechtsfragen**:

– Eine vom Bundesgericht bereits entschiedene Rechtsfrage ist *nicht a priori* keine Rechtsfrage von grundsätzlicher Bedeutung; die Grundsätzlichkeit kann gerade im Bedarf nach einer Überprüfung der Rechtsprechung liegen.

– Eine unterinstanzliche Abweichung von einem höchstgerichtlichen Präjudiz macht die Rechtsfrage *nicht a priori* zu einer solchen von grundsätzlicher Bedeutung; es kann sich auch um eine Abweichung von einer Rechtsprechungspraxis zu einer «gewöhnlichen» Rechtsfrage handeln.

– Eine vom Bundesgericht bereits entschiedene Rechtsfrage ist umso eher von grundsätzlicher Bedeutung und verlangt nach einer Überprüfung der Rechtsprechung – mit letztlich offenem Ausgang: Bestätigung, Präzisierung oder Praxisänderung –, je stärker die Rechtsprechung in der massgeblichen Literatur *kritisiert*[44b] wird.

---

[41] SEILER/VON WERDT/GÜNGERICH, BGG, Art. 85 N 13 i.V.m. Art. 74 N 9; WURZBURGER-TAPPY, Ziff. 31 Spiegelstrich 2; TSCHANNEN-WALTER, 119; EHRENZELLER, Anwaltsrevue 2007, 105.

[42] GÖKSU, Beschwerden, Rz 170.

[43] So aber wohl GÖKSU, Beschwerden, Rz 171.

[44] Gemeint ist damit, dass dieselbe Rechtsfrage beispielsweise von verschiedenen Kantonsgerichten unterschiedlich entschieden wurde, nicht dass im aktuellen, konkreten Verfahren die Vorinstanzen unterschiedlich entschieden haben.

[44a] Nach SUTER, Rechtsschutz, N 449, wenn ein grosser Teil der Lehre gegen die einstimmigen Entscheide der Vorinstanzen opponiert.

[44b] SUTER, Rechtsschutz, N 450: wenn sich ein grosser Teil der Lehre gegen die bundesgerichtliche Rechtsprechung äussert.

– Die Zeit, die seit dem in Anfechtung geratenen höchstrichterlichen Präjudiz vergangen ist, ist nicht entscheidend für die Grundsätzlichkeit der Bedeutung einer Rechtsfrage; in «bewegten» Rechtsgebieten, die beispielsweise einem raschen gesellschaftlichen Wandel unterliegen, kann sich der Bedarf nach einer Überprüfung rascher einstellen als in anderen Rechtsgebieten.[45]

5. Erheblichkeit der sich wieder ergebenden Beurteilungsgelegenheit?

Darf die Annahme, dass sich eine Rechtsfrage, deren grundsätzliche Bedeutung – objek- **34** tiv inhaltlich-materiell beurteilt – angenommen wird, früher oder später auch in einem die Streitwertgrenze erreichenden Fall stellen könnte, in dem Sinne mitberücksichtigt werden, dass auf den aktuell zur Beurteilung anstehenden Fall nicht eingetreten wird? Diese Frage ist zu **verneinen**.[46] Der verfassungsrechtliche Anspruch darauf, dass Rechtsfragen von grundsätzlicher Bedeutung streitwertunabhängig anhand genommen werden, darf nicht auf diese Weise umgangen werden.

6. Erheblichkeit des Eintretens auf eine gleichzeitig erhobene subsidiäre Verfassungsbeschwerde?

Für den Fall, dass in einer vermögensrechtlichen Angelegenheit auf den Gebieten der **35** Staatshaftung oder der öffentlich-rechtlichen Arbeitsverhältnisse der erforderliche Mindeststreitwert nach Art. 85 Abs. 1 nicht erreicht wird und das Vorliegen einer Rechtsfrage von grundsätzlicher Bedeutung vom Bundesgericht verneint wird, kann mittels der *subsidiären Verfassungsbeschwerde* immerhin noch die Verletzung von verfassungsmässigen Rechten gerügt werden (N 47).[47] Beide Rechtsmittel sind in der gleichen Rechtsschrift einzureichen.[48] Das Bundesgericht darf nun nicht mit der Begründung, es trete auf die subsidiäre Verfassungsbeschwerde ein, das Vorliegen einer Rechtsfrage von grundsätzlicher Bedeutung verneinen.[49] Ob es die Frage offen lassen darf, hängt – aus Sicht des Rechtsschutzinteresses des Beschwerdeführers – davon ab, ob alle seine Rügen mit derselben Kognition auch im Verfahren der subsidiären Verfassungsbeschwerde behandelt werden können, was höchstens der Fall ist, wenn er auch im ordentlichen Beschwerdeverfahren nur die Verletzung verfassungsmässiger Rechte rügt. Losgelöst von dieser subjektiven Sichtweise und angesichts der Leitidee, dass mit der Rechtsfrage von grundsätzlicher Bedeutung das Interesse der Einheitlichkeit der Rechtsanwendung verfolgt werden soll, erscheint auch das Offenlassen der Frage grundsätzlich problematisch, u.a. auch deshalb, weil damit die Behandlung in der Dreierbesetzung erfolgt[50] und nicht in der Fünferbesetzung, wie es bei Rechtsfragen von grundsätzlicher Bedeutung vorgeschrieben ist.[51] Das **Offenlassen** ist deshalb **abzulehnen**.[51a]

---

[45] So auch GÖKSU, Beschwerden, Rz 172.
[46] So auch GÖKSU, Beschwerden, Rz 174.
[47] Art. 113 und 116.
[48] Art. 119.
[49] **A.M.** aber wohl KARLEN, BGG, 44, nach dem sich eine sehr restriktive Auslegung des Begriffs Rechtsfrage von grundsätzliche Bedeutung aufdränge, da ja bei Nichterreichen des Streitwerts immer noch die subsidiäre Verfassungsbeschwerde offen stehe; klar ablehnend (wie hier) auch GÖKSU, Beschwerden, 83.
[50] Art. 20 Abs. 1.
[51] Art. 20 Abs. 2.
[51a] Die I. ZA hat aber – bei der identischen Fragestellung bezüglich der streitwertunabhängigen Zulässigkeit der Beschwerde in Zivilsachen nach Art. 74 Abs. 2 lit. a – bereits auf diese Art die Beantwortung der Frage, ob es sich um eine Rechtsfrage von grundsätzlicher Bedeutung handle, umgangen; vgl. I. ZA, 3.5.2007, 4A.36/2007, E. 1.3; Näheres dazu vgl. Art. 74 FN 83a.

7. Verfahrenshinweise

a) Qualifizierte Begründungspflicht nach Art. 42 Abs. 2

36   Wer geltend macht, das Bundesgericht müsse trotz nicht erreichter Streitwertgrenze auf eine Beschwerde eintreten, weil sich eine Rechtsfrage von grundsätzlicher Bedeutung stelle, den trifft nach Art. 42 Abs. 2 eine **qualifizierte Begründungspflicht**:[52] Es ist «auszuführen, warum die (…) Voraussetzung erfüllt ist» (Art. 42 N 69). Es geht darum, der Dreierbesetzung, welche das Vorliegen einer Rechtsfrage von grundsätzlicher Bedeutung im vereinfachten Verfahren vorweg prüft (N 40 ff.), die Begründung zu liefern, welche für die Annahme einer solchen Frage spricht. Es kann nicht Aufgabe des Bundesgerichts sein, selber nach den Gründen zu suchen. Vielmehr soll es sich beim Entscheid darüber, ob eine Rechtsfrage von grundsätzlicher Bedeutung vorliegt, im Wesentlichen auf die Argumentation des Beschwerdeführers abstützen können.[53] Soll beispielsweise eine Rechtsfrage von grundsätzlicher Bedeutung vorliegen, weil eine widersprüchliche Rechtsprechung der Vorinstanzen in einer höchstgerichtlich noch nie entschiedenen Rechtsfrage nicht hingenommen werden könne, dann sind u.a. Belege für die widersprüchliche Praxis kantonaler Gerichte sowie Gründe, warum diese nicht hingenommen werden könne, anzuführen. Allerdings darf das Bundesgericht das Vorliegen einer Rechtsfrage von grundsätzlicher Bedeutung auch aus anderen als den angeführten Gründen annehmen.

37   Wann eine solche Begründung **hinreichend** ist, kann nicht in allgemeiner Form gesagt werden. Das Gesetz verlange *nicht* den *Nachweis*, dass eine Rechtsfrage von grundsätzlicher Bedeutung vorliegt, führt der Bundesrat in der Botschaft aus.[54] Das Bundesgericht wird deshalb ein Nichteintreten nicht allzu formell mit einer Verletzung der qualifizierten Begründungspflicht begründen dürfen.

38   Darf das Bundesgericht aber, ohne dass der Beschwerdeführer dies behauptet, das Vorliegen einer Rechtsfrage von grundsätzlicher Bedeutung annehmen und trotz Nichterreichens der Streitwertgrenze auf eine Beschwerde eintreten? Das Bundesgericht, so der Bundesrat in der Botschaft, «soll die Möglichkeit haben, in einem Begehren eine Rechtsfrage von grundsätzlicher Bedeutung zu erkennen, die der Beschwerdeführer nicht als solche eingestuft hat».[55] Wer den Zweck der Entlastung des Bundesgerichts in den Vordergrund rückt,[56] wird die Frage wohl verneinen wollen, um zu verhindern, dass die Richter «interessante Fälle» allzu leichtfertig anhand nehmen. Allerdings wird sich diese Gefahr wohl ohnehin eher bei der Beurteilung, ob (und weniger bei der **fehlenden Behauptung**, dass) sich eine Rechtsfrage von grundsätzlicher Bedeutung stellt, einstellen; es ist davon auszugehen, dass kaum ein Parteivertreter bei fraglichem Streitwert nicht das Vorliegen einer Rechtsfrage von grundsätzlicher Bedeutung behaupten wird, wenn er mit

---

[52] Vgl. dazu SEILER/VON WERDT/GÜNGERICH, BGG, Art. 42 N 6; SPÜHLER/DOLGE/VOCK, Kurzkommentar, Art. 42 N 4; KARLEN, BGG, 27. Nach REETZ, SJZ 2007, 3, handelt es sich hier – wie auch bei Art. 106 Abs. 2– um das sog. «Rügeprinzip». Die Anforderungen nach Art. 42 Abs. 2 («ist auszuführen, warum die jeweilige Voraussetzung erfüllt ist», qualifizierte Begründungpflicht) und Art. 106 Abs. 2 («insofern, als eine solche Rüge in der Beschwerde vorgebracht und begründet worden ist», Rügepflicht) sind zu unterscheiden (ebenso AEMISEGGER, Anwaltsrevue 2006, 421). Aus dem Wortlaut von Art. 42 Abs. 2 lässt sich m.E. keine Rügepflicht ableiten (so nun auch GÜNGERICH/COENDET, Anwaltsrevue 2007, 320).
[53] Botschaft 2001 BBl 2001 4295.
[54] Botschaft 2001 BBl 2001 4295.
[55] Botschaft 2001 BBl 2001 4295, vgl. ebenso 4347.
[56] So etwa KARLEN, BGG, 43 f., der eine sehr restriktive Auslegung verlangt: SUTER, Rechtsschutz, N 447, befürwortet mit Verweis auf die RK-N (Protokoll RK-N vom 1.7.2004, 47) eine restriktive Auslegung des Begriffs in Art. 83 lit. f Ziff. 2 bzgl. öffentlichen Beschaffungen, verweist aber im Zusammenhang mit Art. 85 Abs. 2 bloss auf N 448 ff. (FN 1383 und 1386).

einer Streitsache überhaupt ans Bundesgericht gelangt. Unter dem Aspekt, dass es letztlich um die Fortbildung des Rechts und die Einheitlichkeit der Rechtsanwendung geht, wird die Frage kaum absolut verneint werden können. Es wird deshalb zulässig sein, im Ausnahmefall (bei klarem Vorliegen einer «echten» Rechtsfrage von grundsätzlicher Bedeutung) das Fehlen der formellen Behauptung zu «übersteuern».[57]

Angesichts all dieser Faktoren – von der Unbestimmtheit des Rechtsbegriffs der Rechtsfrage von grundsätzlicher Bedeutung über die Unschärfe der zur Beurteilung dienenden Kriterien bis hin zur schwer abzuschätzenden Tragweite der qualifizierten Begründungspflicht – bleibt beim Beschwerdeführer ein **erhebliches Prozess- und Kostenrisiko**.[58]   **39**

b) Vorprüfungsverfahren

Wird in einer Beschwerde, deren Streitgegenstand den Mindeststreitwert nicht erreicht, geltend gemacht, sie sei zulässig, weil sich eine Rechtsfrage von grundsätzlicher Bedeutung stelle, dann wird in einem *vereinfachten Verfahren* darüber entschieden, ob diese Eintretensvoraussetzung gegeben ist.[59] Faktisch stellt dies ein **Vorprüfungsverfahren** dar – kritisch wird sogar angemerkt, es werde realistisch von einem «verkappten ‹Annahmeverfahren›» auszugehen sein.[60]   **40**

Entschieden wird in **Dreierbesetzung**[61] mit einem **Mehrheitsentscheid**.[62] Kommt die Dreierbesetzung zum Schluss, es liege eine Rechtsfrage von grundsätzlicher Bedeutung vor, dann wird über den Fall *materiell in einer Fünferbesetzung* entschieden.[63] Der Vorprüfungsentscheid der Dreierbesetzung ist für das Fünfergremium bindend.[64]   **41**

Kommt die Dreierbesetzung bei der Vorprüfung zum Schluss, es liege keine Rechtsfrage von grundsätzlicher Bedeutung vor, trifft sie einen **Nichteintretensentscheid** (Art. 109 N 23 ff.).   **42**

8. Kasuistik

Vgl. die Beispiele aus der noch nicht sehr umfangreichen bundesgerichtlichen Rechtsprechung: Art. 74 N 61.   **43**

IV. Rechtsfolge

1. Erreichen des Mindeststreitwerts

Erreicht eine vermögensrechtliche Streitigkeit auf den Gebieten der Staatshaftung oder der öffentlich-rechtlichen Arbeitsverhältnisse den erforderlichen Mindeststreitwert von Fr 30 000.– bzw. Fr. 15 000.– nach Art. 85 Abs. 1, so tritt das Bundesgericht, sofern auch die anderen Prozessvoraussetzungen erfüllt sind, auf den Fall ein.   **44**

2. Nichterreichen des Streitwerts, aber Rechtsfrage von grundsätzlicher Bedeutung

Erreicht eine vermögensrechtliche Streitigkeit auf den Gebieten der Staatshaftung oder der öffentlich-rechtlichen Arbeitsverhältnisse den erforderlichen Mindeststreitwert von   **45**

---

[57] Insb. auch, weil das BGG m.E. mit Art. 42 Abs. 2 – im Vergleich zu Art. 106 – keine Rügepflicht, sondern bloss eine qualifizierte Begründungspflicht statuiert; vgl. oben FN 52.
[58] So auch REETZ, SJZ 2007, 31; JAGGI, recht 2007, 55; SPÜHLER/REETZ, Anwaltsrevue 2001, 6.
[59] Art. 109 Abs. 1.
[60] TSCHANNEN-WALTER, 120.
[61] Krit. dazu (noch zur Zweierbesetzung nach Art. 102 E 2001) SPÜHLER/REETZ, Anwaltsrevue 2001, 5.
[62] Art. 109 Abs. 1 im Unterschied zu Art. 109 Abs. 2.
[63] Art. 20 Abs. 2.
[64] SPÜHLER/DOLGE/VOCK, Kurzkommentar, Art. 109 N 1.

Fr. 30 000.– bzw. Fr. 15 000.– nach Art. 85 Abs. 1 nicht, handelt es sich aber nach der Beurteilung im Vorprüfungsverfahren durch Dreierbesetzung nach Art. 109 Abs. 1 um eine **Rechtsfrage von grundsätzlicher Bedeutung**, so tritt das Bundesgericht, sofern auch die anderen Prozessvoraussetzungen erfüllt sind, auf den Fall ein und behandelt ihn materiell in Fünferbesetzung.[65]

46   Handelt es sich nach der Beurteilung im Vorprüfungsverfahren **nicht** um eine **Rechtsfrage von grundsätzlicher Bedeutung**, so tritt das Bundesgericht nicht auf die Beschwerde ein.[66] Der Entscheid wird summarisch begründet.[67]

47   Tritt das Bundesgericht auf eine Beschwerde ein, weil eine Rechtsfrage von grundsätzlicher Bedeutung vorliegt, stellt sich die Frage, welche Rügen es materiell behandeln darf. Das Bundesgericht wendet das Recht von Amtes wegen an.[68] Es kann deshalb **auch ungenügend oder nicht geltend gemachte Rechtsverletzungen** berücksichtigen,[69] solange nicht eine spezifische Rügepflicht besteht (nach Art. 106 Abs. 2 bei der Verletzung von Grundrechten und von kantonalem und internationalem Recht).[70]

3. Hinweis: Subsidiäre Verfassungsbeschwerde (Art. 113 ff.)

48   Ist eine Beschwerde gegen einen Entscheid einer letzten kantonalen Instanz unzulässig, weil der erforderliche Mindeststreitwert nicht erreicht wird und auch keine der Ausnahmen von Art. 74 Abs. 2 Anwendung findet, kann mittels der **subsidiären Verfassungsbeschwerde** die *Verletzung verfassungsmässiger Rechte* gerügt werden (vgl. Art. 113 N 32 ff., insb. 34).[71]

Art. 86

Vorinstanzen im Allgemeinen

[1] **Die Beschwerde ist zulässig gegen Entscheide:**

a. **des Bundesverwaltungsgerichts;**

b. **des Bundesstrafgerichts;**

c. **der unabhängigen Beschwerdeinstanz für Radio und Fernsehen;**

d. **letzter kantonaler Instanzen, sofern nicht die Beschwerde an das Bundesverwaltungsgericht zulässig ist.**

[2] **Die Kantone setzen als unmittelbare Vorinstanzen des Bundesgerichts obere Gerichte ein, soweit nicht nach einem anderen Bundesgesetz Entscheide anderer richterlicher Behörden der Beschwerde an das Bundesgericht unterliegen.**

[3] **Für Entscheide mit vorwiegend politischem Charakter können die Kantone anstelle eines Gerichts eine andere Behörde als unmittelbare Vorinstanz des Bundesgerichts einsetzen.**

---

[65] Art. 20 Abs. 2.

[66] SEILER/VON WERDT/GÜNGERICH, BGG, Art. 109 N 3 ff.

[67] Art. 109 Abs. 3.

[68] Art. 106 Abs. 1.

[69] **A.M.** (im Zusammenhang mit der Beschwerde in Zivilsachen) wohl REETZ, SJZ 2007, 31: «das Vorliegen der Voraussetzung ‹Rechtsfrage von grundsätzlicher Bedeutung› ist also nicht etwa ein Einfallstor für sämtliche anderen zivilrechtlichen Rügen».

[70] SPÜHLER/DOLGE/VOCK, Kurzkommentar, Art. 42 N 5; KARLEN, BGG, 27 f.

[71] Art. 113 i.V.m. Art. 116.

Autorités
précédentes en
général

¹ Le recours est recevable contre les décisions:
a. du Tribunal administratif fédéral;
b. du Tribunal pénal fédéral;
c. de l'Autorité indépendante d'examen des plaintes en matière de radio-
télévision;
d. des autorités cantonales de dernière instance, pour autant que le recours
devant le Tribunal administratif fédéral ne soit pas ouvert.

² Les cantons instituent des tribunaux supérieurs qui statuent comme autorités précédant immédiatement le Tribunal fédéral, sauf dans les cas où une
autre loi fédérale prévoit qu'une décision d'une autre autorité judiciaire peut
faire l'objet d'un recours devant le Tribunal fédéral.

³ Pour les décisions revêtant un caractère politique prépondérant, les cantons
peuvent instituer une autorité autre qu'un tribunal.

Autorità inferiori
in generale

¹ Il ricorso è ammissibile contro le decisioni:
a. del Tribunale amministrativo federale;
b. del Tribunale penale federale;
c. dell'autorità indipendente di ricorso in materia radiotelevisiva;
d. delle autorità cantonali di ultima istanza, sempreché non sia ammissibile
il ricorso al Tribunale amministrativo federale.

² I Cantoni istituiscono tribunali superiori che giudicano quali autorità di
grado immediatamente inferiore al Tribunale federale, in quanto un'altra
legge federale non preveda che le decisioni di altre autorità giudiziarie sono
impugnabili mediante ricorso al Tribunale federale.

³ Per le decisioni di carattere prevalentemente politico i Cantoni possono
istituire quale autorità di grado immediatamente inferiore al Tribunale federale un'autorità diversa da un tribunale.

Inhaltsübersicht

Materialien

Art. 78 E ExpKomm; Schlussbericht 17 ff., 79; Art. 80 E 2001 BBl 2001 4501; Botschaft 2001 BBl
2001 4325 ff.; AB 2003 S 909; AB 2004 N 1607; AB 2005 S 136 f.; AB 2005 N 647.

Literatur

M. BEUSCH, Auswirkungen der Rechtsweggarantie von Art. 29a BV auf den Rechtsschutz im
Steuerrecht, ASA 2005, 709 ff. (zit. Beusch, ASA 2005); CHR. KISS, Rechtsweggarantie und Total-
revision der Bundesrechtspflege, ZBJV 1998, 288 ff. (zit. Kiss, ZBJV 1998); A. MEIER/D. CLAVA-
DETSCHER, Prozessuale Klippen bei der Durchsetzung des interkantonalen Doppelbesteuerungsver-
bots, IFF Forum für Steuerrecht 2007, 135 ff. (zit. Meier/Clavadetscher, FStR 2007); M. MÜLLER,
Die Rechtsweggarantie – Chancen und Risiken: Ein Plädoyer für mehr Vertrauen in die öffentliche
Verwaltung, ZBJV 2004, 161 ff. (zit. Müller, ZBJV 2004).

I. Richterliche Vorinstanzen

1   Art. 86 umschreibt – zusammen mit den Art. 87 und 88 – für die Materien, die der Beschwerde in öffentlich-rechtlichen Angelegenheiten unterliegen, die zulässigen Vorinstanzen des Bundesgerichts. Nach dem Bundesgerichtsgesetz können grundsätzlich nur noch Entscheide richterlicher Behörden beim Bundesgericht angefochten werden (Art. 75, 80, 86 und Art. 114 i.V.m. Art. 75 Abs. 2 bzw. Art. 86 Abs. 1 Bst. d und Abs. 2[1]). Die Ausnahmen vom Prinzip der **richterlichen Vorinstanzen** sind eng begrenzt und nur im Anwendungsbereich der öffentlich-rechtlichen Beschwerde (Art. 86 Abs. 3, 87, 88 und 132 Abs. 2) sowie der subsidiären Verfassungsbeschwerde (Art. 114 i.V.m. Art. 86 Abs. 3) noch möglich. Bei Entscheiden, die vor Bundesgericht mit Beschwerde in Zivil- oder Strafsachen anfechtbar sind, hat ausnahmslos eine gerichtliche Vorinstanz zu entscheiden (Art. 75 und 80). Dies gilt auch für öffentlich-rechtliche Entscheide, die wegen ihres engen Zusammenhangs mit Zivilrecht (z.B. Grundbuchsachen) oder mit Strafrecht (Vollzug von Strafen und Massnahmen) der zivilrechtlichen bzw. der strafrechtlichen Beschwerde zugeordnet sind (Art. 72 Abs. 2 Bst. b und Art. 78 Abs. 2 Bst. b).

2   Der Ausbau der richterlichen Vorinstanzen stellt eine wichtige Massnahme zur **Entlastung des Bundesgerichts** und zur **Verbesserung des Rechtsschutzes** dar.[2] Der von der **Rechtsweggarantie** (Art. 29a BV) geforderte Rechtsschutz der Bürgerinnen und Bürger soll in erster Linie durch die richterlichen Vorinstanzen, welche über volle Kognition in Rechts- und Sachverhaltsfragen verfügen, gewährt werden.[3] Der Ausbau des Rechtsschutzes auf unterer Stufe verfolgt das Ziel, dass beim höchsten Gericht weniger oder zumindest weniger aufwändige Beschwerden erhoben werden (Filter- bzw. Trichterfunktion[4]). Ferner erlaubt diese Massnahme, die Sachverhaltskontrolle des Bundesgerichts zu begrenzen (Art. 97 und 105) sowie das oberste Gericht von der Durchführung von Direktprozessen zu entlasten (Art. 120). Das Bundesgericht soll sich wieder auf seine zentrale Funktion – Gewährleistung der einheitlichen Rechtsanwendung und der Rechtsfortbildung – konzentrieren können. Der Ausbau der richterlichen Vorinstanzen betrifft namentlich die Verwaltungsrechtspflege auf eidgenössischer und kantonaler Ebene. Durch die Einsetzung des Bundesverwaltungsgerichts (Art. 191a Abs. 2 BV, VGG) und die Verpflichtung der Kantone, auch für die Beurteilung von Streitigkeiten aus dem kantonalen Verwaltungsrecht durchwegs Gerichte einzusetzen (Art. 191b Abs. 1 BV, Art. 86 Abs. 2), werden empfindliche Lücken im gerichtlichten Rechtsschutz geschlossen.

3   Mit Beschwerde in öffentlich-rechtlichen Angelegenheiten können nach Art. 82 nicht nur Entscheide, sondern auch Erlasse sowie Akte, welche die politischen Rechte betreffen, angefochten werden. Für die **drei Kategorien von Anfechtungsobjekten** sind die zulässigen Vorinstanzen je separat geregelt. Entscheide in Angelegenheiten des öffentlichen Rechts (Art. 82 Bst. a) können nur dann vor Bundesgericht angefochten werden, wenn sie von einer der in Art. 86 Abs. 1 genannten Vorinstanzen – Bundesverwaltungsgericht, Bundesstrafgericht, Unabhängige Beschwerdeinstanz für Radio und Fernsehen, letzte kantonale Instanz – ausgehen. Von der Überprüfung durch das Bundesgericht ausgeschlossen sind namentlich Entscheide der Bundesversammlung oder des Bundesrats (vgl. auch Art. 189 Abs. 4 BV). Soweit Verfügungen des Bundesrats ausnahmsweise vor Gericht angefochten werden können, ist das Bundesverwaltungsgericht die zuständige Be-

---

[1] Zur Tragweite des Verweises von Art. 114 vgl. statt vieler TSCHANNEN-HERZOG, 76 ff.
[2] Botschaft 2001 BBl 2001 4325; AUER, ZBl 2006, 121 f.
[3] Botschaft 2001 BBl 2001 4227; KARLEN, BGG, 6, 65.
[4] Vgl. dazu EHRENZELLER/SCHWEIZER-PFISTERER 285 f., 289 ff.

schwerdeinstanz (Art. 33 Bst. a und b VGG). Bei der Beschwerde gegen kantonale Erlasse (Art. 82 Bst. b) und bei der Beschwerde wegen Verletzung politischer Rechte (Art. 82 Bst. c) richten sich die zulässigen Vorinstanzen nach den Spezialbestimmungen in den Art. 87 und 88.

II. Bundesverwaltungsgericht (Abs. 1 Bst. a)

Das Bundesverwaltungsgericht ist die zentrale Vorinstanz des Bundesgerichts bei öffentlich-rechtlichen Streitigkeiten aus dem Zuständigkeitsbereich der gesamten Bundesverwaltung. Es urteilt auf **Beschwerde** (Art. 31 ff. VGG) oder **Klage** hin (Art. 35 VGG). Das neue Gericht ist an die Stelle der rund 30 eidgenössischen Rekurskommissionen getreten, die nach altem Recht als richterliche Vorinstanzen des Bundesgerichts oder – wie etwa die Asylrekurskommission – als letzte Gerichtsinstanzen urteilten. Ferner hat das Bundesverwaltungsgericht weitgehend die bisherigen Rechtspflegeaufgaben der Beschwerdedienste der eidgenössischen Departemente sowie des Bundesrats übernommen.[5]   **4**

Verfügungen eidgenössischer Behörden sind nicht direkt beim Bundesgericht anfechtbar, sondern unterliegen der vorgängigen Beschwerde an das Bundesverwaltungsgericht oder allenfalls an das Bundesstrafgericht (vgl. hierzu Art. 86 N 7). Eine Ausnahme gilt übergangsrechtlich für Plangenehmigungsentscheide des Eidgenössischen Departements für Umwelt, Verkehr, Energie und Kommunikation betr. die zweite Phase der NEAT (Art. 132 Abs. 2). Im Spezialgebiet der politischen Rechte können ferner gestützt auf Art. 88 Abs. 1 Bst. b Verfügungen der Bundeskanzlei beim Bundesgericht angefochten werden (vgl. Art. 88 N 3). Das Bundesverwaltungsgericht beurteilt nicht nur Verfügungen der Bundeskanzlei, der Departemente und der ihnen unterstellten oder administrativ zugeordneten Dienststellen der Bundesverwaltung, sondern auch solche der Anstalten und Betriebe des Bundes, der eidgenössischen Kommissionen, der Schiedsgerichte aufgrund öffentlich-rechtlicher Verträge, der Instanzen oder Organisationen ausserhalb der Bundesverwaltung, die in Erfüllung ihnen übertragener öffentlich-rechtlicher Aufgaben des Bundes verfügen, sowie personalrechtliche Verfügungen des Bundesrats, der Organe der Bundesversammlung und des Bundesstrafgerichts (Art. 33 VGG). Ausnahmsweise überprüft das Bundesverwaltungsgericht auch Verfügungen kantonaler Instanzen (Art. 33 Bst. i VGG). Auf der anderen Seite kann das Spezialgesetz Verfügungen von eidgenössischen Anstalten und Organisationen den kantonalen Gerichten zur Kontrolle zuweisen, so namentlich Verfügungen der SUVA über Leistungen aus der Unfallversicherung oder Militärversicherung (Art. 56 ff. ATSG). In den Ausnahmefällen von Art. 32 VGG ist die Beschwerde an das Bundesverwaltungsgericht ausgeschlossen.   **5**

Entscheide des Bundesverwaltungsgerichts sind beim Bundesgericht anfechtbar, soweit kein **Ausschlussgrund** nach den Art. 83 und 85 vorliegt. Ist die Beschwerde ausgeschlossen, so steht – anders als bei Entscheiden letzter kantonaler Instanzen – die subsidiäre Verfassungsbeschwerde nicht zur Verfügung, auch nicht wegen Verletzung von Verfahrensgarantien. Bei Entscheiden des Bundesverwaltungsgerichts, die in einem unmittelbaren Zusammenhang mit Zivilrecht stehen, ist die zivilrechtliche Beschwerde (Art. 72 Abs. 2 Bst. b) zu ergreifen.   **6**

---

[5] Zum neuen Bundesverwaltungsgericht vgl. TSCHANNEN-BANDLI, 195 ff.; WEISSENBERGER, AJP 2006, 1491 ff.; KARLEN, BGG, 67 f.; BELLANGER/TANQUEREL-MANFRINI, 25 ff.

Esther Tophinke

III. Bundesstrafgericht (Abs. 1 Bst. b)

7   Ausnahmsweise ist die öffentlich-rechtliche Beschwerde auch gegen einen Entscheid des Bundesstrafgerichts zulässig. Dies ist dann der Fall, wenn sich dieser nicht auf materielles Strafrecht oder Bundesstrafprozessrecht, sondern auf **öffentliches Recht des Bundes** stützt. Im Entwurf des Bundesrats war die öffentlich-rechtliche Beschwerde noch einzig gegen Entscheide des Bundesstrafgerichts auf dem Gebiet des Arbeitsverhältnisses des Personals des Bundesverwaltungsgerichts vorgesehen gewesen[6] (vgl. auch Art. 36 Abs. 4 BPG). Im Verlauf der parlamentarischen Beratungen wurden dem Bundesstrafgericht noch weitere Aufgaben übertragen, die dem öffentlichen Recht zuzuordnen sind: So beurteilt die Beschwerdekammer des Bundesstrafgerichts auch Beschwerden gegen Verfügungen des Bundesverwaltungsgerichts über das Arbeitsverhältnis seiner Richter und Richterinnen (Art. 28 Abs. 1 Bst. h SGG),[7] Beschwerden in internationalen Rechtshilfeangelegenheiten (Art. 28 Abs. 1 Bst. e SGG)[8] und Beschwerden betr. die Überwachung des Post- und Fernmeldeverkehrs gestützt auf das BÜPF (Art. 28 Abs. 1 Bst. g^bis SGG[9]; Art. 84 Abs. 5 Bst. a BÜPF), soweit solche Überwachungsmassnahmen dem Vollzug eines Rechtshilfeersuchens dienen. Nicht dem öffentlichen Recht zugeordnet werden können indessen Überwachungsmassnahmen, die im Rahmen eines Strafverfahrens angeordnet werden. Gegen entsprechende Beschwerdeentscheide des Bundesstrafgerichts ist die Beschwerde in Strafsachen zu ergreifen. Trifft das Bundesstrafgericht Verfügungen im Bereich des Zugangs zu amtlichen Dokumenten nach dem Öffentlichkeitsgesetz (Art. 25a SGG) so unterliegen auch diese der Beschwerde in öffentlich-rechtlichen Angelegenheiten.[10] Während das Parlament zuerst in Art. 86 Abs. 1 Bst. b die Fälle einzeln aufführen wollte, in denen gegen Entscheide des Bundesstrafgerichts die öffentlich-rechtliche Beschwerde zulässig ist,[11] verzichtete es schliesslich darauf, da eine Aufzählung als nicht vollständig erachtet wurde.[12]

8   Entscheide des Bundesstrafgerichts auf dem Gebiet der internationalen Rechtshilfe in Strafsachen sind vor Bundesgericht nur anfechtbar, wenn die in **Art. 84** genannten Voraussetzungen vorliegen (vgl. Art. 84 N 15 ff.). Beim Weiterzug von Entscheiden des Bundesstrafgerichts über Streitigkeiten aus dem Arbeitsverhältnis des Bundesverwaltungsgerichts mit seinen Richtern und Richterinnen und seines Personals ist die Ausnahme von **Art. 83 Bst. g** und die Streitwertgrenze in **Art. 85 Abs. 1 Bst. b** zu beachten.

IV. Unabhängige Beschwerdeinstanz für Radio und Fernsehen (Abs. 1 Bst. c)

9   Entscheide der Unabhängigen Beschwerdeinstanz für Radio und Fernsehen (UBI) können direkt beim Bundesgericht angefochten werden (vgl. auch Art. 32 Abs. 1 Bst. g VGG). Als einzige richterliche Fachinstanz auf Bundesebene ist diese nicht in das Bundesverwaltungsgericht integriert worden. Dies rechtfertigt sich durch die besondere Aufgabe, welche die UBI wahrnimmt. Sie behandelt Beschwerden über den Inhalt redaktioneller Radio- und Fernsehsendungen schweizerischer Veranstalter sowie Beschwerden wegen rechtswidriger Verweigerung des Zugangs zum Programm (Art. 83 Abs. 1 Bst. a, 86 Abs. 5, 94 und 97 Abs. 2 RTVG). Die **Programmbeschwerde** dient nicht primär dem

---

[6] Art. 80 Abs. 1 Bst. b E 2001 BBl 2001 4501.
[7] AB 2003 S 909.
[8] AB 2004 N 1653, 1655 ff.
[9] AB 2004 N 1653.
[10] Vgl. AB 2004 N 1607.
[11] AB 2003 S 909; AB 2004 N 1607.
[12] AB 2005 S 136 f.; AB 2005 N 647; zur Entstehungsgeschichte von Art. 86 Abs. 1 Bst. b vgl. Seiler/von Werdt/Güngerich, BGG, Art. 86 N 1.

Schutz individueller Rechte, sondern dem Interesse des Publikums an einer freien, unabhängigen und unverfälschten Meinungsbildung.[13] Entsprechend dieser Zielrichtung weichen auch die Regeln für das Verfahren vor der UBI z.T. vom VwVG ab. Dies gilt namentlich für die Legitimationsvoraussetzungen. Neben den von einer Sendung oder vom Programmausschluss direkt Betroffenen (vgl. Art. 94 Abs. 1 Bst. b RTVG) können bei der UBI auch natürliche Personen, die keine enge Beziehung zum Gegenstand der beanstandeten Sendung nachweisen, Beschwerde führen, wenn sie mindestens 20 Unterschriften beibringen (Art. 94 Abs. 2 RTVG, Popularbeschwerde).

V. Letzte kantonale Instanzen

1. Erschöpfung des kantonalen Instanzenzugs (Abs. 1 Bst. d)

Nach Art. 86 Abs. 1 Bst. d können nur Entscheide letzter kantonaler Instanzen beim   **10**
Bundesgericht angefochten werden. Bevor eine Rechtsstreitigkeit dem höchsten Gericht vorgelegt werden kann, sind zuerst sämtliche zuständigen Rechtspflegeinstanzen des jeweiligen Kantons in der gesetzlich vorgegebenen Reihenfolge anzurufen. Der **kantonale Instanzenzug** richtet sich nach kantonalem Recht. Die Kantone sind dabei allerdings an die Vorgaben des Bundesrechts, namentlich an Art. 86 Abs. 2 und 3 gebunden (vgl. unten N 12 ff.).

Das Bundesgerichtsgesetz sieht, anders als noch das Bundesrechtspflegegesetz (Art. 86 Abs. 2 OG), keine Ausnahme von Art. 86 Abs. 1 Bst. d vor. Auch auf dem Gebiet der interkantonalen Doppelbesteuerung können mithin nur Entscheide letzter kantonaler – gerichtlicher (vgl. Art. 86 Abs. 2) – Instanzen mit öffentlich-rechtlicher Beschwerde beim Bundesgericht angefochten werden. Die Regelung des Bundesgerichtsgesetzes trägt damit den verfahrensrechtlichen Schwierigkeiten, vor die sich der doppelt Besteuerte gestellt sieht, nicht mehr Rechnung und erscheint in diesem Sinne weniger günstig für den Steuerpflichtigen. Nach Auffassung des Bundesgerichts steht die Neuerung jedoch im Einklang mit einem der wichtigen Ziele der Bundesrechtspflegereform, das Bundesgericht nicht als erste richterliche Behörde tätig werden zu lassen; bevor es angerufen werden kann, soll zuvor immer mindestens ein Gericht über die Streitsache entschieden haben. Das Bundesgerichtsgesetz enthält insofern keine Lücke. Bei der Neuregelung der Frage der Letztinstanzlichkeit handelt es sich somit nicht um ein Versehen, sondern sie ist Folge einer bewussten gesetzgeberischen Entscheidung[13a] (zur Beschwerdefrist vgl. Art. 100 Abs. 5).

Entscheide letzter kantonaler Instanzen können ausnahmsweise dann nicht (direkt) an   **11**
das Bundesgericht weitergezogen werden, wenn das Spezialgesetz den Rechtsweg an das Bundesverwaltungsgericht (vgl. Art. 33 Bst. i VGG) oder das Bundesstrafgericht[14] vorsieht. Beim **Bundesverwaltungsgericht** können Entscheide letzter kantonaler Instanzen namentlich nach folgenden Spezialbestimmungen angefochten werden: Art. 66 BZG, Art. 38 Abs. 2 LVG, Art. 24 IHG, Art. 166 Abs. 2 LwG und Art. 23 des Regionalpolitikgesetzes. Gestützt auf Art. 74 BVG unterliegen zudem Verfügungen der kantonalen Aufsichtbehörden im Bereich der beruflichen Vorsorge der Beschwerde an das Bundesverwaltungsgericht. Ferner beurteilt das Bundesverwaltungsgericht nach Art. 34 VGG auch

---

[13] Botschaft des Bundesrats vom 18.12.2002 zur Totalrevision des RTVG, BBl 2003 1742 f.; Botschaft 2001 BBl 2001 4326, 4388.
[13a] BGer, II. ÖRA, 21.9.2007, 2P.63/2007 sowie ebenfalls 21.9.2007, 2C_346/2007, mit Verweis auf Botschaft 2001 BBl 2001 4326; vgl. auch MEIER/CLAVADETSCHER, FStR 2007, 137 ff.
[14] Vgl. zum fehlenden Hinweis auf das Bundesstrafgericht in Art. 86 Abs. 1 Bst. d SEILER/VON WERDT/GÜNGERICH, BGG, Art. 86 N 12.

Beschwerden gegen Beschlüsse der Kantonsregierungen betr. Spitalplanung und medizinisches Tarifwesen nach KVG. Das **Bundesstrafgericht** beurteilt im Bereich der internationalen Rechtshilfe in Strafsachen nicht nur erstinstanzliche Verfügungen von Bundesbehörden, sondern auch solche kantonaler Stellen (Art. 25 Abs. 1 IRSG). Die genannten Fälle bilden **Abweichungen vom Modellinstanzenzug**,[15] wonach Entscheide letzter kantonaler Instanzen, auch wenn sie sich auf öffentliches Recht des Bundes stützen, nicht beim Bundesverwaltungsgericht bzw. beim Bundesstrafgericht, sondern direkt beim Bundesgericht anzufechten sind. Wo die Kantone Bundesverwaltungsrecht anwenden und vollziehen, sind sie auch für den Rechtsschutz zuständig. Das Bundesverwaltungsgericht beurteilt grundsätzlich nur Verfügungen von Bundesverwaltungsbehörden.

2. Kantonale Gerichte (Abs. 2)

12   Ist gegen kantonale Entscheide die öffentlich-rechtliche Beschwerde nach den Art. 82 Bst. a sowie 83–85 zulässig ist, so verpflichtet Art. 86 Abs. 2 BGG die Kantone, als **unmittelbare Vorinstanzen** des Bundesgerichts **Gerichte** einzusetzen.[16] Vorbild für diese Regelung bildete Art. 98a Abs. 1 OG, wonach die Kantone bereits im Bereich der bisherigen Verwaltungsgerichtsbeschwerde richterliche Vorinstanzen des Bundesgerichts einzusetzen hatten.[17] Mit der öffentlich-rechtlichen Beschwerde (Art. 82 Bst. a) können nicht nur kantonale Entscheide angefochten werden, die sich auf öffentliches Recht des Bundes stützen, sondern auch solche, denen kantonales öffentliches Recht zugrunde liegt und die früher der staatsrechtlichen Beschwerde unterlagen. Nach Art. 86 Abs. 2 haben die Kantone somit neu für sämtliche Streitigkeiten aus dem Bereich des kantonalen Verwaltungsrechts Zugang zu einer Gerichtsinstanz zu gewähren. Damit werden die verfassungsrechtlichen Vorgaben der Art. 29a und 191b Abs. 1 BV auf Gesetzesstufe konkretisiert. Nach der **Rechtsweggarantie** (Art. 29a BV) hat jede Person bei Rechtsstreitigkeiten Anspruch auf Beurteilung durch eine richterliche Behörde, welche in Rechts- und Sachverhaltsfragen über freie Kognition verfügt.[18] Da das Bundesgericht den Sachverhalt nicht frei kontrollieren und das kantonale Recht nur eingeschränkt prüfen kann, ist die Rechtsweggarantie von den kantonalen Gerichten zu gewährleisten. Art. **191b Abs. 1 BV** verpflichtet die Kantone, auch für die Beurteilung von öffentlich-rechtlichen Streitsachen richterliche Behörden zu bestellen.

13   Die **Anforderungen an die kantonalen Gerichte** ergeben sich aus Art. 30 Abs. 1 BV, Art. 6 Ziff. 1 EMRK, Art. 191c BV, allenfalls aus kantonalem Verfassungsrecht sowie aus den kantonalen Justizorganisations- und Verfahrenserlassen. Zentrales Kennzeichen eines Gerichts ist seine institutionelle Unabhängigkeit.[19] Zu den Gerichten zählen auch gesetzlich vorgesehene staatliche Schiedsgerichte und Schiedskommissionen (z.B. Art. 89 KVG) sowie allenfalls vertraglich vereinbarte Schiedsgerichte.[20] Aus Art. 86 Abs. 2 folgt ferner, dass es sich bei den unmittelbaren Vorinstanzen des Bundesgerichts in der Regel um «obere Gerichte» handeln muss (dazu unten N 14). Bei der Ausgestaltung des Verfah-

---

[15] Vgl. dazu KOLLER, ZBl 2006, 87; Botschaft 2001 BBl 2001.

[16] Für öffentlich-rechtliche Entscheide der Kantone, die der zivilrechtlichen Beschwerde, der strafrechtlichen Beschwerde oder der subsidiären Verfassungsbeschwerde unterliegen, ergibt sich die Pflicht der Kantone zur Einsetzung richterlicher Vorinstanzen aus Art. 75 Abs. 2, Art. 80 Abs. 2 sowie Art. 114 i.V.m. Art. 75 Abs. 2 und 86 Abs. 2.

[17] Botschaft 2001 BBl 2001 4326.

[18] Botschaft über eine neue Bundesverfassung vom 20.11.1996, BBl 1997 523; KISS, ZBJV 1998, 293 f.; KIENER/KÄLIN, Grundrechte, 434.

[19] Grundlegend KIENER, Unabhängigkeit, 25 ff., 315 ff.

[20] KIENER, Unabhängigkeit, 317; SEILER/VON WERDT/GÜNGERICH, BGG, Art. 86 N 14.

rens vor den richterlichen Vorinstanzen haben die Kantone neben den Verfahrensgrundrechten (insb. Art. 29 ff. BV und Art. 6 EMRK) auch die Art. 110–112 zu beachten. Danach hat die richterliche Vorinstanz des Bundesgerichts oder eine vorgängige andere richterliche Behörde namentlich den Sachverhalt frei zu prüfen und das massgebende Recht von Amtes wegen anzuwenden.

Während der Expertenentwurf in Art. 78 Abs. 2 – in Anlehnung an die Regelung des   **14** Art. 98a Abs. 1 OG – im Bereich der öffentlich-rechtlichen Beschwerde lediglich richterliche Behörden als letzte kantonale Instanzen vorsah, verlangt Art. 86 Abs. 2 in Analogie zu den Zivil- und Strafsachen (Art. 75 Abs. 2 und 80 Abs. 2), dass die Kantone grundsätzlich **obere Gerichte** als unmittelbare Vorinstanzen des Bundesgerichts bestellen. Vorbehalten bleiben spezialgesetzliche Ausnahmen (vgl. unten N 15). Sieht ein Kanton in Verwaltungssachen einen mehrstufigen gerichtlichen Instanzenzug vor, so muss er als unmittelbare Vorinstanz des Bundesgerichts die höchste Instanz einsetzen. Kennt ein Kanton für die Beurteilung öffentlich-rechtlicher Streitigkeiten lediglich eine Gerichtsinstanz, gilt diese automatisch als oberes Gericht.[21] In der Regel wird das **kantonale Verwaltungsgericht**, welches in Umsetzung der allgemeinen Rechtsweggarantie neu über eine generelle Sachzuständigkeit in öffentlich-rechtlichen Sachen und über volle Kognition in Rechts- und Sachverhaltsfragen verfügen sollte, oberes Gericht i.S.v. Art. 86 Abs. 2 sein. Nicht ausgeschlossen ist indessen vom Wortlaut und der Entstehungsgeschichte der Bestimmung her, dass die Kantone neben dem Verwaltungsgericht für bestimmte Materien noch andere Justizbehörden als obere Gerichte einsetzen.[22] Dies können oberinstanzlich urteilende kantonale **Zivil- oder Strafgerichte**, aber auch **verwaltungsunabhängige besondere Justizbehörden** (kantonale Rekurskommissionen, Sozialversicherungsgericht, Steuergericht usw.) sein. Für die Qualifizierung einer richterlichen Behörde als oberes Gericht können folgende Kriterien herangezogen werden: Gegen Entscheide der entsprechenden Justizbehörde ist auf kantonaler Ebene kein ordentliches Rechtsmittel mehr gegeben.[23] Steht gegen Entscheide einer besonderen Justizbehörde – wenn auch nur teilweise – noch die Beschwerde an das Verwaltungsgericht offen, so kann diese wohl nicht als oberes Gericht betrachtet werden.[24] Die betreffende Justizbehörde sollten ferner hierarchisch keiner anderen Gerichtsinstanz unterstellt sein.[25] Dies kann etwa problematisch sein, wenn nicht das Parlament, sondern das allgemeine Verwaltungsgericht die Aufsicht über Spezialjustizbehörden ausübt.[26] Als obere Gerichte kommen zudem nur Justizbehörden in Frage, die für das ganze Kantonsgebiet zuständig sind.[27] Nicht massgebend ist indessen, ob die Mitglieder der entsprechenden Gerichtsinstanz vom Volk, Parlament oder von der Regierung gewählt werden.[28]

Auch eine andere, d.h. eine **untere richterliche Behörde** kann unmittelbare Vorinstanz   **15** des Bundesgerichts sein, falls ein Bundesgesetz dies vorsieht (Art. 86 Abs. 2, zweiter

---

[21] Botschaft 2001 BBl 2001 4326.
[22] BELLANGER/TANQUEREL-LUGNON/POLTIER/TANQUEREL, 114 f.; BELLANGER/TANQUEREL-MOOR, 166 ff.; TSCHANNEN-HERZOG, 80 f.; SEILER/VON WERDT/GÜNGERICH, BGG, Art. 86 N 17.
[23] BELLANGER/TANQUEREL-LUGNON/POLTIER/TANQUEREL, 114 f.; BELLANGER/TANQUEREL-MOOR, 167 f.; PORTMANN-POLTIER, 154 f.
[24] TSCHANNEN-HERZOG, 81.
[25] BELLANGER/TANQUEREL-LUGNON/POLTIER/TANQUEREL, 115; BELLANGER/TANQUEREL-MOOR, 168; PORTMANN-POLTIER, 154 f.
[26] TSCHANNEN-HERZOG, 81.
[27] TSCHANNEN-HERZOG, 79; EHRENZELLER/SCHWEIZER-AEMISEGGER, 145.
[28] BELLANGER/TANQUEREL-LUGNON/POLTIER/TANQUEREL, 115; BELLANGER/TANQUEREL-MOOR, 168; TSCHANNEN-HERZOG, 79 f.; **a.M.** EHRENZELLER/SCHWEIZER-AEMISEGGER, 145.

Halbsatz).[29] In diesen Fällen müssen die Kantone kein oberes Gericht einsetzen. Die BOT-SCHAFT nennt als Beispiel Art. 146 DBG, wonach Entscheide der **kantonalen Steuerre-kurskommission** im Bereich der direkten Bundessteuern unmittelbar beim Bundesgericht angefochten werden können, soweit der entsprechende Kanton keinen vorgängigen Beschwerdeweg an eine weitere verwaltungsunabhängige kantonale Instanz (Art. 145 Abs. 1 DBG) vorsieht.[30] Lässt allerdings ein Kanton für die harmonisierten kantonalen Steuern den Weiterzug des Beschwerdeentscheids der Steuerrekurskommission an eine weitere verwaltungsunabhängige kantonale Instanz zu (Art. 50 Abs. 3 StHG), so muss nach der Rechtsprechung des Bundesgerichts derselbe Rechtmittelweg auch für Streitigkeiten betr. die direkten Bundessteuern offen stehen.[31] Es fragt sich, ob die Kantone in jenen Fällen, in denen die Bundesgesetzgebung auf kantonaler Ebene die Einrichtung einer einzigen richterlichen Beschwerdeinstanz verlangt und deren Stellung in der Gerichtshierarchie nicht näher definiert, auch untere Justizbehörden einsetzen können. Dies dürfte im Hinblick auf das verfassungsrechtliche Gebot, wonach der Bund den Kantonen bei der Umsetzung des Bundesrechts möglichst grosse Gestaltungsfreiheit belässt (Art. 46 Abs. 2 BV), zu bejahen sein. So ist es wohl nicht ausgeschlossen, das von Art. 57 ATSG geforderte **kantonale Sozialversicherungsgericht**, dessen Entscheide nach Art. 62 Abs. 1 ATSG direkt beim Bundesgericht angefochten werden können, als untere Instanz auszugestalten.[32] Behandelt dieses Gericht auch Materien, die nicht dem Sozialversicherungsrecht zuzurechnen sind – etwa Streitigkeiten betr. Zusatzversicherungen zur sozialen Krankenversicherung – so ist der Zugang zu einem oberen Gericht zu gewährleisten.[33]

16   Anders als im Rahmen der zivil- und strafrechtlichen Beschwerde (Art. 75 und 80) müssen die oberen Gerichte bei der öffentlich-rechtlichen Beschwerde nicht als Rechtsmittelinstanzen entscheiden. Ein **doppelter Instanzenzug wird nicht verlangt**. Die Kantone haben bei der Ausgestaltung des Instanzenzugs, der dem oberen Gericht vorgelagert ist, einen grossen Gestaltungsspielraum. So können sie der richterlichen Vorinstanz des Bundesgerichts noch einen verwaltungsinternen Beschwerdeweg vorschalten, wie das bereits heute in den meisten Kantonen bei der nachträglichen Verwaltungsgerichtsbarkeit verwirklicht ist.[34] Die Kantone können aber auch zwei Gerichtsinstanzen einrichten, so namentlich bei steuerrechtlichen Streitigkeiten. Ferner ist es zulässig, im Bereich der ursprünglichen Verwaltungsgerichtsbarkeit – etwa bei Staatshaftungsfällen oder bei Streitigkeiten aus öffentlich-rechtlichen Verträgen – lediglich eine einzige Gerichtsinstanz vorzusehen, die auf Klage hin als erste Instanz entscheidet.[35]

17   Können Entscheide letzter kantonaler Instanzen gestützt auf ein Spezialgesetz beim Bundesverwaltungsgericht oder beim Bundesstrafgericht angefochten werden, so müssen die Kantone **keinen Rechtsweg** an ein kantonales Gericht vorsehen.[36] In diesen Fällen ist nicht die letzte kantonale Instanz Vorinstanz des Bundesgerichts, sondern – soweit kein Ausschlussgrund vorliegt – eines der beiden erstinstanzlichen Bundesgerichte, welches auch die Rechtsweggarantie (Art. 29a BV) einlöst.

---

[29] Botschaft 2001 BBl 2001 4326 f.
[30] Botschaft 2001 BBl 2001 4326 f.
[31] BGE 130 II 65 (Gebot vertikaler Steuerharmonisierung). Vgl. dazu TSCHANNEN-HERZOG, 82; AUER, ZBl 2006, 124 FN 4; BELLANGER/TANQUEREL-LUGNON/POLTIER/TANQUEREL, 116.
[32] BELLANGER/TANQUEREL-LUGNON/POLTIER/TANQUEREL, 142 ff.; TSCHANNEN-HERZOG, 83; PORTMANN-POLTIER, 155.
[33] BELLANGER/TANQUEREL-LUGNON/POLTIER/TANQUEREL, 144; TSCHANNEN-HERZOG, 83.
[34] TSCHANNEN-HERZOG, 60 f.
[35] SEILER/VON WERDT/GÜNGERICH, BGG, Art. 86 N 15; TSCHANNEN-HERZOG, 85.
[36] SEILER/VON WERDT/GÜNGERICH, BGG, Art. 86 N 18; TSCHANNEN-HERZOG, 95 f.; BELLANGER/TANQUEREL-LUGNON/POLTIER/TANQUEREL, 111.

3. Andere kantonale Behörden (Abs. 3)

Art. 86 Abs. 3 sieht eine Ausnahme vom Gerichtzugang vor. Es ist den Kantonen frei-   **18**
gestellt, für die Beurteilung von **Entscheiden mit vorwiegend politischem Charakter**
anstelle von Gerichten andere Behörden als unmittelbare Vorinstanzen des Bundesgerichts einzusetzen. Art. 86 Abs. 3 konkretisiert für Entscheide, die der öffentlich-
rechtlichen Beschwerde unterliegen (Art. 82 Bst. a), die zulässigen **Ausnahmen von der
Rechtsweggarantie** i.S.v. Art. 29a 2. Satz BV.[37]

Die Materialien erläutern nicht näher, was unter dem **unbestimmten Gesetzesbegriff**   **19**
«Entscheide mit vorwiegend politischem Charakter» im Einzelnen zu verstehen ist. Genannt werden etwa als Beispiele der Richtplan oder die Begnadigung.[38] Der Gesetzgeber
hat die Auslegung des Begriffs der Rechtsprechung des Bundesgerichts überlassen.[39]
Aufgrund des engen Zusammenhangs zwischen Art. 86 Abs. 3 und der Rechtsweggarantie[40] kann auf folgende Leitlinie zur Bestimmung der zulässigen Ausnahmen vom Gerichtzugang zurückgegriffen werden: Die Kantone können «die Gerichtsinstanz in Ausnahmefällen *durch Gesetz* ausschliessen. Der Ausschluss der richterlichen Beurteilung
kommt aber ausdrücklich nur für *Ausnahmefälle* in Betracht, d.h. es müssen spezifische
Gründe dafür vorliegen. Solche können etwa sein: mangelnde Justiziabilität (z.B. Regierungsakte, bei denen sich vorwiegend politische Fragen stellen, die einer richterlichen
Überprüfung nicht zugänglich sind), spezielle Ausgestaltung der demokratischen Mitwirkungsrechte in einem Kanton und damit verbunden Argumente der Gewaltentrennung
(z.B. referendumsfähige Beschlüsse des Parlaments)».[41]

Ein Ausschluss der gerichtlichen Überprüfung kann also namentlich zulässig sein wegen   **20**
des **politischen Inhalts** eines Entscheids oder wegen seines **politischen Umfelds**, etwa
weil er von obersten politischen Behörden (Regierung, Parlament), allenfalls unter Mitwirkung des Volks, getroffen wird.[42] Im letzteren Fall spielen Gewaltenteilungsüberle-
gungen und die demokratischen Mitwirkungsrechte[43] eine Rolle. Auf Bundesebene
schliesst Art. 189 Abs. 4 BV – gesetzliche Ausnahmen vorbehalten – die richterliche
Kontrolle von Akten des Bundesrats und des Parlaments aus. Wo politische Entscheid-
träger funktional Verwaltungsakte ohne politischen Inhalt erlassen, wird das Bundesgericht zu entscheiden haben, ob diese Akte allein aufgrund der Entscheidzuständigkeit
als vorwiegend politisch zu qualifizieren sind. Werden durch einen Entscheid Rechtsansprüche Privater berührt, so rechtfertigt sich ein Gerichtsausschluss nur, wenn die politi-

---

[37] Auer, ZBl 2006, 134 ff.; Seiler/von Werdt/Güngerich, BGG, Art. 86 N 20; Bellanger/
Tanquerel-Lugnon/Poltier/Tanquerel, 117 f. Aufgrund des Verweises von Art. 114 gilt diese Ausnahme auch für öffentlich-rechtliche Entscheide der Kantone, nicht für die subsidiäre Verfassungsbeschwerde. Indessen greift die Ausnahme nicht für verwaltungsrechtliche Entscheide, die mit der zivil- oder strafrechtlichen Beschwerde anzufechten sind (Art. 72 Abs. 2 und
Art. 78 Abs. 2 Bst. b). Für Erlasse (Art. 82 Bst. b) und Akte betr. die politischen Rechte (Art. 82
Abs. c) sind die Ausnahmen von Gerichtzugang in den Art. 87 und 88 geregelt. Das Bundesgericht
erachtet die politischen Rechte als justiziabel. Für die Auslegung der auf die politischen Rechte
ausgerichteten Bestimmung von Art. 88 Abs. 2 bedarf es keiner Bezugnahme auf Art. 86 Abs. 3
(BGer, I. ÖRA, 12.2.2007, 1P.338/2006 und 1P.582/2006, E. 3.10, in: ZBl 2007 313, 320 f.).

[38] Botschaft 2001 BBl 2001 4327; Schlussbericht 19, 79.

[39] Botschaft 2001 BBl 2001 4327.

[40] Vgl. Auer, ZBl 2006, 135 f.; Seiler/von Werdt/Güngerich, BGG, Art. 86 N 348; Bellan-
ger/Tanquerel-Lugnon/Poltier/Tanquerel, 118.

[41] Botschaft über eine neue Bundesverfassung vom 20.11.1996, BBl 1997 524.

[42] Tschannen-Herzog, 86 ff.

[43] Seiler/von Werdt/Güngerich, BGG, Art. 86 N 21, erachten Entscheide, die im direktdemo-
kratischen Verfahren ergehen, per se als politische Entscheide, so z.B. direktdemokratisch gefällte Entscheide über Nutzungspläne.

schen Erwägungen die individualrechtlichen Interessen klar überwiegen.[44] Wo Streitigkeiten in den Anwendungsbereich von Art. 6 Ziff. 1 EMRK fallen, können sie nicht vom Gerichtszugang ausgenommen werden.[45]

21 Das Kriterium der **Justiziabilität** ist im Rahmen von Art. 86 Abs. 3 im Hinblick auf die politischen Implikationen zu verstehen.[46] Ein Entscheid hat nicht schon deswegen vorwiegend politischen Charakter, weil den Verwaltungsbehörden Ermessen zusteht oder fachtechnisches Wissen erforderlich ist.[47] Wo das Gesetz nur wenige oder keine rechtlichen Kriterien für die Regelung des konkreten Rechtsverhältnisses vorgibt, ist die verwaltungsgerichtliche Kontrolle entsprechend eingeschränkt. Überprüft werden können allenfalls nur die Sachverhaltsfeststellung, die Überschreitung oder der Missbrauch des Ermessens oder die Einhaltung von Verfahrensgarantien.[48]

22 Legitimerweise **von der gerichtlichen Überprüfung ausgenommen** werden dürfen eigentliche actes de gouvernement, jedenfalls soweit nicht individuelle Rechtspositionen berührt sind.[49] Dazu gehören etwa Akte, welche das Verhältnis zwischen den obersten Staatsorganen oder aussenpolitische Beziehungen betreffen, sowie Massnahmen zur inneren oder äusseren Sicherheit.[50] Ferner können bloss behördenverbindliche Richtpläne als Entscheide mit vorwiegend politischem Charakter betrachtet werden, soweit ihnen überhaupt Entscheidcharakter zukommt.[51] Auch für Gemeinden, welche die Richtpläne nach bisheriger Praxis wegen Verletzung der Gemeindeautonomie anfechten können, müssen die Kantone keinen Rechtsweg an ein Gericht vorsehen.[52] Zudem dürften auch gewisse gesundheitspolitische Standort- oder Versorgungsentscheide wie auch bildungspolitische Grundsatzentscheide unter die Ausnahme von Art. 86 Abs. 3 fallen.[53] Zulässig bleibt der Ausschluss gerichtlicher Kontrolle bei politischen Wahlen von Behördenmitgliedern durch das Volk, das kantonale Parlament, die Kantonsregierung oder durch Gemeindebehörden, bei Entscheiden über aufsichtsrechtliche Anzeigen sowie aufsichtsrechtlichen Massnahmen mit vorwiegend politischem Einschlag,[54] bei Sachgeschäften des Parlaments (z.B. Finanzbeschlüssen)[55] oder bei der Begnadigung.[56] Allenfalls können auch politisch bedeutsame, referendumsfähige Grossverwaltungsakte des Parlaments wie etwa die Erteilung von Wasserkraft- oder Bergwerkkonzessionen von der verwaltungsgerichtlichen Überprüfung ausgenommen werden. Dies betrifft v.a. das Entschliessungsermessen des

---

[44] KÄLIN, ZBl 1999, 60; TOPHINKE ZBl 2006, 99; TSCHANNEN-HERZOG, 87, die zu Recht darauf hinweist, dass bei der Interessenabwägung auch die Art. 46 und 47 BV zu berücksichtigen sind; SPÜHLER/DOLGE/VOCK, Kurzkommentar, Art. 86 N 7.

[45] Botschaft über eine neue Bundesverfassung vom 20.11.1996, BBl 1997 524; vgl. auch BGE 125 II 417.

[46] TSCHANNEN-HERZOG, 88 ff.

[47] TSCHANNEN-HERZOG, 89 f.; TOPHINKE, ZBl 2006, 107 f.

[48] KÄLIN, ZBl 1999, 61 f.

[49] SEILER/VON WERDT/GÜNGERICH, BGG, Art. 86 N 22; TOPHINKE, ZBl 2006, 98 f.

[50] SGK²-KLEY, Art. 29a N 22 ff.; KÄLIN, ZBl 1999, 58 f.; MÜLLER, ZBJV 2004, 170; TSCHANNEN-HERZOG, 87. Vgl. auch Art. 32 Abs. 1 Bst. a VGG und Art. 83 Bst. a.

[51] Botschaft 2001 BBl 2001 4327; TSCHANNEN-HERZOG, 103; SEILER/VON WERDT/GÜNGERICH, BGG, Art. 86 N 22; TOPHINKE, ZBl 2006, 100 f.

[52] TSCHANNEN-HERZOG, 103; TOPHINKE, ZBl 2006, 100 f.

[53] TSCHANNEN-HERZOG, 88 mit konkreten Bsp. aus dem Kanton Bern. Vor Bundesverwaltungsgericht angefochten werden können indessen nach Art. 34 VGG Beschlüsse der Kantonsregierungen betr. Spitalplanung nach KVG. Vgl. auch die bundesrechtliche Ausnahme von der Rechtsweggarantie in Art. 32 Abs. 1 Bst. d VGG.

[54] TSCHANNEN-HERZOG 103.

[55] TSCHANNEN-HERZOG 104.

[56] Schlussbericht, 19; SGK²-KLEY, Art. 29a N 36; SEILER/VON WERDT/GÜNGERICH, BGG, Art. 86 N 22; TOPHINKE, ZBl 2006, 102 f.

Parlaments bzw. des Volks. Der Gerichtszugang ist indessen zu gewähren, wenn der entsprechende Verwaltungsakt in den Anwendungsbereich von Art. 6 Ziff. 1 EMRK fällt.[57]

In folgenden Bereichen muss in der Regel künftig der **Gerichtszugang gewährt** werden:[58] personalrechtliche Entscheide, die Inhaber und Inhaberinnen von hoheitlichen Funktionen betreffen (z.B. Kaderangestellte, Notarinnen oder Polizisten);[59] Abberufungen von Richtern und Richterinnen im gesetzlich vorgesehenen Verfahren; Bewilligungsentscheide betr. den Gebrauch öffentlichen Grunds oder öffentlicher Sachen; Bewilligungs- und Konzessionsentscheide, auch wenn in der Sache kein Rechtsanspruch besteht (z.B. Ausländerrecht); Entscheide aus dem berufsständischen Disziplinarrecht; Entscheide aus dem Bereich des Bildungs- und Prüfungsrechts;[60] Entscheide über finanzielle Leistungen, auf die kein Rechtsanspruch besteht; Erlass und Stundung von Abgaben.[61] Nachdem das Bundesgericht Einbürgerungen als Verwaltungsakte und nicht als politische Akte betrachtet,[62] dürfte kantonalen Einbürgerungsentscheiden kein vorwiegend politischer Charakter zugesprochen werden.[63] Die Frage wird indessen voraussichtlich im Rahmen der laufenden Revision des BüG spezialgesetzlich geregelt werden.[64] Die Volksinitiative «für demokratische Einbürgerungen» möchte in einem neuen Art. 38 Abs. 4 BV festlegen, dass die Stimmberechtigten jeder Gemeinde in der Gemeindeordnung festlegen, welches Organ das Gemeindebürgerrecht erteilt. Der Entscheid dieses Organs über die Erteilung des Gemeindebürgerrechts soll endgültig sein.[65]

Der Ausschluss der gerichtlichen Überprüfung von vorwiegend politischen Entscheiden auf kantonaler Ebene führt dazu, dass der Sachverhalt nie von einem Gericht frei überprüft werden kann. Nach altem Recht konnte das Bundesgericht im verwaltungsgerichtlichen Beschwerdeverfahren die Feststellung des Sachverhalts frei überprüfen, wenn die Vorinstanz kein Gericht war (Art. 105 OG).[66] Nach neuem Recht übt das Bundesgericht nur eine **beschränkte Sachverhaltskontrolle** aus (Art. 97 Abs. 1 und 105 Abs. 1 und 2).[67] Da Art. 86 Abs. 3 indessen die zulässigen Ausnahmen von der Rechtsweggarantie konkretisiert, also bei Entscheiden mit vorwiegend politischem Charakter keine gerichtliche Überprüfung fordert, ist das Bundesgericht auch nicht gehalten, hier entgegen den gesetzlichen Kognitionsregeln eine freie Sachverhaltskontrolle vorzusehen.[68] Etwas an-

---

57   Differenziert TSCHANNEN-HERZOG 104 f.; SGK²-KLEY, Art. 29a N 26; SEILER/VONWERDT/ GÜNGERICH, BGG, Art. 86 N 23.

58   Zum Folgenden TSCHANNEN-HERZOG 101 ff. m.w.N.

59   BELLANGER/TANQUEREL-LUGNON/POLTIER/TANQUEREL, 147, ziehen hier eine Ausnahme in Betracht.

60   Vgl. auch BELLANGER/TANQUEREL-LUGNON/POLTIER/TANQUEREL, 118, 147; KISS, ZBJV 1998, 290; **a.M.** EHRENZELLER/SCHWEIZER-SCHWEIZER, 216, 227 ff.

61   BELLANGER/TANQUEREL-LUGNON/POLTIER/TANQUEREL; 118, 147; BEUSCH, ASA 2005, 725 ff.

62   BGE 129 I 232.

63   Vgl. dazu TSCHANNEN-HERZOG, 102; TOPHINKE, ZBl 2006, 101 f.

64   Parlamentarische Initiative PFISTERER THOMAS, Bürgerrechtsgesetz. Änderung (03.454), Bericht der Staatspolitischen Kommission des Ständerats: BBl 2005 6941; Entwurf der Gesetzesänderung (insb. Art. 50a): BBl 2005 6957; Stellungnahme des Bundesrats: BBl 2005 7125; Beratungen des Ständerats: AB 2005 S 1134; Beratungen des Nationalrats: AB 2007 N 730.

65   Vgl. den Entwurf des Bundesbeschlusses über die Eidgenössische Volksinitiative «für demokratische Einbürgerungen»: BBl 2006 8975 und die BOTSCHAFT des Bundesrats: BBl 2006 8953; Beratungen des Nationalrats: AB 2007 N 730.

66   Das alte Versicherungsgericht war ferner an die Feststellung des Sachverhalts auch durch eine gerichtliche Vorinstanz nicht gebunden, soweit Versicherungsleistungen strittig waren (Art. 132 Bst. b OG).

67   Ausgenommen sind Entscheide über die Zusprechung oder Verweigerung von Geldleistungen der Militär- oder Unfallversicherung (Art. 97 Abs. 2 und Art. 105 Abs. 3).

68   Vgl. auch KARLEN, BGG, 51 FN 195.

deres gilt auf Bundesebene übergangsrechtlich für die Überprüfung von Plangenehmigungsentscheiden des UVEK betr. die zweite Phase der NEAT. Diese Entscheide des Departements können in Abweichung von Art. 86 Abs. 1 direkt beim Bundesgericht angefochten werden. In diesen Fällen kann das Bundesgericht den Sachverhalt frei überprüfen (Art. 132 Abs. 2).

25 Den Kantonen steht es **frei**, auch dort einen Rechtsmittelzug an ein Gericht vorzusehen, wo sie aufgrund von Art. 86 Abs. 3 dazu nicht verpflichtet wären.[69]

4. Übergangsrecht

26 Art. 130 Abs. 3 gewährt den Kantonen eine **zweijährige Übergangsfrist** für die Anpassung ihrer Zuständigkeitsordnung an die neue Bundesrechtspflege, namentlich an die Anforderungen aus Art. 86 Abs. 2 und 3.

27 Nach Ablauf der Übergangsfrist werden die Bestimmungen von Art. 86 Abs. 2 und 3 **unmittelbar anwendbar**.[70] Wird die kantonale Zuständigkeitsordnung nicht fristgerecht angepasst, so hat die am ehesten zuständige Gerichtsinstanz – in der Regel das Verwaltungsgericht – eine entsprechende Beschwerde direkt gestützt auf die bundesrechtlichen Vorgaben zu behandeln.[71] Rechtsuchende können einen Entscheid einer nichtrichterlichen Behörde, die nach bisherigem Recht letztinstanzlich zuständig war, nicht direkt beim Bundesgericht anfechten. Dieses wird mangels Erschöpfung des bundesrechtlich vorgegebenen kantonalen Instanzenzugs auf die Beschwerde nicht eintreten. Vielmehr ist zuerst Beschwerde an die am ehesten zuständige kantonale Gerichtsinstanz zu erheben.[72]

Art. 87

Vorinstanzen bei Beschwerden gegen Erlasse	[1] **Gegen kantonale Erlasse ist unmittelbar die Beschwerde zulässig, sofern kein kantonales Rechtsmittel ergriffen werden kann.** [2] **Soweit das kantonale Recht ein Rechtsmittel gegen Erlasse vorsieht, findet Artikel 86 Anwendung.**
Autorités précédentes en cas de recours contre un acte normatif	[1] Le recours est directement recevable contre les actes normatifs cantonaux qui ne peuvent faire l'objet d'un recours cantonal. [2] Lorsque le droit cantonal prévoit un recours contre les actes normatifs, l'art. 86 est applicable.
Autorità inferiori in caso di ricorsi contro atti normativi	[1] Gli atti normativi cantonali sono direttamente impugnabili mediante ricorso se non è possibile avvalersi di alcun rimedio giuridico cantonale. [2] Se il diritto cantonale prevede un rimedio giuridico contro gli atti normativi, si applica l'articolo 86.

---

[69] SEILER/VON WERDT/GÜNGERICH, BGG, Art. 86 N 24.

[70] Vgl. BGE 123 II 231, 236 E. 7 bzgl. Art. 98a OG. **A.M.** EHRENZELLER/SCHWEIZER-PFISTERER 330 f.

[71] SEILER/VON WERDT/GÜNGERICH, BGG, Art. 130 N 28 f.

[72] Vgl. BGE 123 II 231, 237 E. 7 (hinsichtlich Art. 98a OG); SEILER/VON WERDT/GÜNGERICH, BGG, Art. 130 N 30; TOPHINKE, ZBl 2006, 110 Anm. 103; BELLANGER/TANQUEREL-LUGON/POLTIER/TANQUEREL 120.

Inhaltsübersicht   Note

Materialien

Art. 79 E Expertenkommission; Art. 81 E 2001 BBl 2001 4501; Botschaft BBl 2001 4327; AB 2003 S 909; AB 2004 N 1607.

Literatur

R. HERZOG, Auswirkungen auf die Staats- und Verwaltungsrechtspflege in den Kantonen, in: P. Tschannen (Hrsg.), Neue Bundesrechtspflege. Auswirkungen der Totalrevision auf den kantonalen und eidgenössischen Rechtsschutz. Berner Tage für die juristische Praxis BTJP 2006, Bern 2007 (zit. Tschannen-Herzog); R. KIENER, Die Beschwerde in öffentlich-rechtlichen Angelegenheiten, in: P. Tschannen (Hrsg.), Neue Bundesrechtspflege. Auswirkungen der Totalrevision auf den kantonalen und eidgenössischen Rechtsschutz. Berner Tage für die juristische Praxis BTJP 2006, Bern 2007 (zit. Tschannen-Kiener).

I. Grundsatz

Gemäss Art. 87 Abs. 1 ist gegen kantonale Erlasse (zur Erlassanfechtung s. den Kommentar zu Art. 82 lit. b hiervor) **unmittelbar** die öffentlich-rechtliche Beschwerde zulässig, sofern kein **kantonales Rechtsmittel** ergriffen werden kann.   1

II. Ausnahme

Mit Blick auf die Art. 29a und 46 f. BV[1] ist es den Kantonen unbenommen, ein Verfahren zur Überprüfung von Erlassen vorzusehen.[2] Besteht diese Überprüfungsmöglichkeit, ist vor der Anrufung des Bundesgerichts der kantonale Instanzenzug auszuschöpfen.[3]   2

Es stellt sich die Frage, ob für das kantonale Verfahren **obere Gerichte** (dazu Kommentar zu Art. 86 Abs. 2 hiervor)[4] als Vorinstanzen des Bundesgerichts eingesetzt werden müssen. Art. 87 Abs. 2 verweist dazu auf Art. 86, und in Art. 86 Abs. 2 wird dies grundsätzlich vorgeschrieben.[5] Das BGG verlangt im Falle einer kantonalen Normenkontrolle somit in der Regel ein gerichtliches Verfahren.[6] Nicht-richterliche Rechtsmittelbehörden fallen bei der Erlassanfechtung als Vorinstanzen des Bundesgerichts kaum in Betracht.[7]   3

---

[1] Rechtsweggarantie und Autonomie der Kantone.

[2] Eine umfassende abstrakte Normenkontrolle ist gem. TSCHANNEN-HERZOG, II. 3. 63, lediglich in den Kantonen NW, JU, VD und GR eingeführt.

[3] Art. 87 Abs. 2 i.V.m. Art. 86; BGE 128 I 155,158 f., E.1.1; 124 I 11, 13 E. 1a; 119 Ia 197, 200 E. 1b, 321, 324 E. 2a; 107 Ia 304 nicht publ. E. 1a; 103 Ia 360, 363 f. E. 1a; SEILER/VON WERDT/GÜNGERICH, BGG, Art. 87 N 5; TSCHANNEN-KIENER, V. 2b 248.

[4] AUER, ZBl 2006, 123 ff.

[5] Dies gilt jedenfalls, soweit nicht nach einem anderen Bundesgesetz Entscheide anderer richterlicher Behörden der Beschwerde an das Bundesgericht unterliegen.

[6] TOPHINKE, ZBl 2006, 94; TSCHANNEN-HERZOG, III. 1b/bb 91 f. **A.M.** SEILER/VON WERDT/GÜNGERICH, BGG, Art. 87 N 6, welche generell-abstrakten Rechtssätzen einen vorwiegend politischen Charakter zuschreiben, weshalb die Kantone ihres Erachtens i.S.v. Art. 86 Abs. 3 auch eine nichtgerichtliche Normenkontrolle vorsehen könnten.

[7] SPÜHLER/DOLGE/VOCK, Kurzkommentar, halten Art. 86 Abs. 3 bei der Erlassanfechtung für nicht anwendbar; im Ergebnis gl.M. TOPHINKE, ZBl 2006, 104; TSCHANNEN-HERZOG, III. 1. b/bb 91 f. m.w.Hinw.

4 Für Entscheide mit «**vorwiegend politischem Charakter**» (zu diesem Begriff vgl. Kommentar zu Art. 86 Abs. 3 N 19 ff. hiervor)[8] können die Kantone allerdings anstelle eines Gerichts eine andere Behörde als unmittelbare Vorinstanz des Bundesgerichts einsetzen. Bei der abstrakten Normenkontrolle geht es aber im Wesentlichen um die Beurteilung von Rechtsfragen, wofür sich Gerichte besonders eignen. Entscheide über Erlasse mögen bisweilen politische Auswirkungen haben. Sie werden dadurch jedoch nicht zu Entscheiden mit vorwiegend politischem Charakter. Kantone, welche die Erlass-Überprüfung durch kantonale Gerichte vermeiden wollen, können dies erreichen, indem sie ganz oder beschränkt auf einzelne Materien auf die Schaffung eines kantonalen Normenkontrollverfahrens verzichten.

5 Von besonderer Bedeutung ist die Einrichtung eines kantonalen Erlassanfechtungsverfahrens in Bezug auf kommunale Erlasse.[9]

6 Nach der Rechtsprechung des Bundesgerichts braucht ein kantonales Rechtsmittel nicht ergriffen zu werden, wenn an seiner Zulässigkeit im konkreten Fall ernstliche Zweifel bestehen.[10]

7 Sieht ein Kanton ein Genehmigungsverfahren für kommunale Erlasse vor, kann dieses nur einem Rechtsmittelverfahren gleichgestellt werden, wenn in seinem Rahmen auch Private die zu genehmigenden Erlasse anfechten können, nicht aber, wenn es sich um ein rein behördliches Verfahren handelt.[11]

Art. 88

Vorinstanzen in Stimmrechtssachen

[1] **Beschwerden betreffend die politische Stimmberechtigung der Bürger und Bürgerinnen sowie betreffend Volkswahlen und -abstimmungen sind zulässig:**

a. in kantonalen Angelegenheiten gegen Akte letzter kantonaler Instanzen;

b. in eidgenössischen Angelegenheiten gegen Verfügungen der Bundeskanzlei und Entscheide der Kantonsregierungen.

[2] **Die Kantone sehen gegen behördliche Akte, welche die politischen Rechte der Stimmberechtigten in kantonalen Angelegenheiten verletzen können, ein Rechtsmittel vor. Diese Pflicht erstreckt sich nicht auf Akte des Parlaments und der Regierung.**

Autorités précédentes en matière de droits politiques

[1] Le recours concernant le droit de vote des citoyens ainsi que les élections et votations populaires est recevable:

a. en matière cantonale, contre les actes d'autorités cantonales de dernière instance;

b. en matière fédérale, contre les décisions de la Chancellerie fédérale et des gouvernements cantonaux.

[2] Les cantons prévoient une voie de recours contre tout acte d'autorité qui est susceptible de violer les droits politiques cantonaux des citoyens. Cette obligation ne s'étend pas aux actes du parlement et du gouvernement.

---

[8] TSCHANNEN-HERZOG, III.1.b/bb 92; AUER, ZBl 2006, 124.
[9] AUER, ZBl 2006, 124.
[10] BGE 110 Ia 211, 213 E. 1; 97 Ia 193, 199 E. 2; 96 I 636, 644 E. 1.
[11] SEILER/VON WERDT/GÜNGERICH, BGG, Art. 87 N 7.

Autorità inferiori
in materia di diritti
politici

¹ I ricorsi concernenti il diritto di voto dei cittadini nonché le elezioni e votazioni popolari sono ammissibili:

a. in materia cantonale, contro gli atti delle autorità cantonali di ultima istanza;

b. in materia federale, contro le decisioni della Cancelleria federale e dei Governi cantonali.

² I Cantoni prevedono un rimedio giuridico contro gli atti delle autorità che possono violare i diritti politici dei cittadini in materia cantonale. Quest'obbligo non si estende agli atti del Parlamento e del Governo.

Inhaltsübersicht

Materialien

Art. 80 E ExpKomm; Schlussbericht ExpKomm 79 f.; Art. 82 E 2001; Botschaft 2001 4327 f.; Botschaft vom 31.5.2006 über die Einführung der allgemeinen Volksinitiative und über weitere Änderungen der Bundesgesetzgebung über die politischen Rechte, BBl 2006 5261 (zit. Botschaft allgemeine Volksinitiative).

Literatur

E. GRISEL, Initiative et référendum populaires, 3. Aufl., Bern 2004 (zit. Grisel, Initiative³); CH. HILLER, Die Stimmrechtsbeschwerde, Diss. ZH 1990 (zit. Hiller, Stimmrechtsbeschwerde); W. STUTZ, Rechtspflege, in: I. Hangartner (Hrsg.), Das Bundesgesetz über die politischen Rechte, St. Gallen 1978, 117–135 (zit. Hangartner-Stutz); CH. WINZELER, Die politischen Rechte des Aktivbürgers nach schweizerischem Recht, Diss. BS 1982, Basel 1983 (zit. Winzeler, Politische Rechte).

I. Einleitung

Art. 88 bezeichnet die **Vorinstanzen** des Bundesgerichts für den Bereich der Beschwerden wegen Verletzung politischer Rechte **in spezifischer Weise** und stellt lex specialis zur allgemeinen Umschreibung der Vorinstanzen gem. Art. 86 und Art. 87 dar (Art. 86 N 1 und 3). Die Bestimmung schliesst die Ebene der **eidgenössischen** und diejenige der **kantonalen** politischen Rechte ein. Die beiden Ebenen weisen erhebliche materielle und strukturelle Unterschiede auf; sie sind im Folgenden getrennt voneinander zu behandeln. Inhaltlich bezieht sich Art. 88 – über die im Wortlaut genannten Stimmberechtigung sowie Volkswahlen und -abstimmungen hinaus – auf die **Gesamtheit der politischen Rechte** (Art. 82 N 82 f.).   **1**

II. Eidgenössische Stimmrechtssachen (Abs. 1 lit. b)

1. Vorbemerkung

2   Die **Bundeskanzlei** und die **Kantonsregierungen** sind nach Art. 88 Abs. 1 lit. b Vorinstanzen des Bundesgerichts im Beschwerdeverfahren wegen Verletzung von **eidgenössischen** politischen Rechten.[1] Spiegelbildlich schliesst das Verwaltungsgerichtsgesetz entsprechende Beschwerden ans Bundesverwaltungsgericht aus (Art. 32 Abs. 1 lit. b VGG). Die Bestimmung von Art. 88 Abs. 1 lit. b stellt im Wesentlichen einen Verweis auf bzw. eine Wiederholung von Bestimmungen des Bundesgesetzes über die politischen Rechte (BPR) dar. Sie ist vor diesem Hintergrund zu verstehen und auszulegen.

2. Bundeskanzlei als Vorinstanz

3   Gegen Verfügungen der Bundeskanzlei auf dem Gebiete der politischen Rechte sieht Art. 88 Abs. 1 lit. b in genereller Weise die Beschwerde ans Bundesgericht vor. Die **Bundeskanzlei verfügt** nach dem Bundesgesetz über die politischen Rechte über das Zustandekommen von Volks- und Kantonsreferenden (Art. 66 Abs. 1 bzw. Art. 67b BPR), über das Zustandekommen von Volksinitiativen (Art. 72 Abs. 1 BPR), im Rahmen einer Vorprüfung über Titel und Formalien von Volksinitiativen (Art. 69 Abs. 1 und 2 BPR) sowie über die Aufnahme von Parteien ins Parteienregister (Art. 76a BPR[2]).[3] Nach Art. 80 Abs. 2 und 3 BPR unterliegen diese Verfügungen der Beschwerde ans Bundesgericht. Nicht ausdrücklich genannt wurden vorerst die Verfügungen über die Aufnahme ins Parteienregister. Die Verweigerung der Aufnahme ins Parteienregister unterlag der Verwaltungsgerichtsbeschwerde ans Bundesgericht[4] und kann nunmehr gestützt auf Art. 88 Abs. 1 lit. b angefochten werden. Diese Beschwerdemöglichkeit wird – zur Herstellung der Kongruenz von BGG und BPR – förmlich in das Bundesgesetz über die politischen Rechte aufgenommen.[5] Die Beschwerde gegen blosse Hinweise der Bundeskanzlei im Bundesblatt über das deutliche Verfehlen des Quorums bei eidgenössischen Volksbegehren war zwischenzeitlich im Grundsatz möglich, wird nun wiederum ausdrücklich ausgeschlossen.[6]

3. Kantonsregierungen als Vorinstanz

4   Kantonsregierungen sind nach Art. 88 Abs. 1 lit. b und Art. 80 Abs. 1 BPR Vorinstanz des Bundesgerichts in eidgenössischen Stimmrechtssachen. Die Beschwerde ist zulässig gegen deren **Entscheide** i.S.v. **Art. 77 BPR**. Diese betreffen die Stimmberechtigung sowie Unregelmässigkeiten bei eidgenössischen Abstimmungen und Nationalratswahlen.

---

[1] Vgl. zudem N 8.

[2] Vgl. zum Parteienregister ferner Verordnung der Bundesversammlung über das Parteienregister, SR 161.15.

[3] Darüber hinaus verfügt die Bundeskanzlei etwa im Rahmen von Art. 27 Abs. 2 BPR und erlässt Wahlanleitungen zur Nationalratswahl gem. Art. 34 BPR.

[4] BGE 129 II 305, 306 E. 1.1.

[5] Bundesgesetz betr. die Änderung der Bundesgesetzgebung über die politischen Rechte vom 23.3.2007, Art. 80 Abs. 2 (AS 2007 4635); vgl. Botschaft allgemeine Volksinitiative, 5302 (Erläuterung) und 5344 (Art. 80 Abs. 2 E-BPR).

[6] Bundesgesetz betr. die Änderung der Bundesgesetzgebung über die politischen Rechte vom 23.3.2007, Art. 80 Abs. 2 (AS 2007 4635). aArt. 80 Abs. 2 BPR schloss die Beschwerde gegen blosse Hinweise im Bundesblatt über das deutliche Verfehlen des Quorums bei eidgenössischen Volksbegehren aus. Dieser Ausschluss ist in Art. 80 Abs. 2 BPR aus einem gesetzgeberischen Versehen weggelassen worden. Er wird mit der Änderung des BPR wiederum eingeführt. Vgl. Botschaft allgemeine Volksinitiative, 5303 (Erläuterung) und 5344 (Art. 80 Abs. 2 E-BPR).

Das Verfahren vor Kantonsregierungen nach **Art. 77 Abs. 1 lit. a BPR** betrifft die   5
Stimmberechtigung in eidgenössischen Angelegenheiten, die Grundsätze der Stimmabgabe und die Stimmrechtsbescheinigung bei Volksbegehren (Art. 62, 63 und 70 BPR).
Vor dem Hintergrund des aus Art. 34 Abs. 2 BV fliessenden Anspruchs auf richtige Zusammensetzung der Aktivbürgerschaft[7] ist auf Beschwerde hin über die Verweigerung
bzw. die fälschliche Anerkennung der Stimmberechtigung zu befinden.[8]

Im Verfahren gem. **Art. 77 Abs. 1 lit. b und c BPR** kann bei den Kantonsregierungen   6
wegen Unregelmässigkeiten anlässlich von **eidgenössischen Abstimmungen** und **Nationalratswahlen** Beschwerde geführt werden;[9] die Kantonsregierungen können Mängel
nach Art. 79 Abs. 2 BPR überdies von Amtes wegen prüfen.[10] Im Verfahren vor den Kantonsregierungen werden Unregelmässigkeiten jeglicher Art und Form erfasst, die sich auf
die Abstimmung und Wahl auswirken können. Diese beschränken sich nicht auf förmliche
Akte der Vorbereitung und Durchführung.[11] Einbezogen sind auch behördliche Realakte
sowie private Handlungen (Art. 82 N 78 und 85 ff.). Das trifft auf Interventionen einer
Gemeinde oder einer kantonalen Behörde in einen eidgenössischen Abstimmungskampf[12]
oder auf eine das Stimmgeheimnis unzureichend gewährleistende Ausgestaltung der kantonalen Wahlzettel[13] zu. Gleichermassen sind Akte bei den Kantonsregierungen zu rügen,
welche – wie etwa unzulässig erachtete Informationen eines Bundesamtes vor eidgenössischen Abstimmungen – von einer Bundesbehörde ausgehen und gesamtschweizerische
Auswirkungen haben (können);[14] das Verfahren stösst diesfalls allerdings auf nicht gelös-
te prozessuale Schwierigkeiten (hinsichtlich des Antrages, der Prüfung und der Folgen;
Art. 82 N 94).[15] Dies gilt auch für private Handlungen, welche die Abstimmungsfreiheit nach Art. 34 Abs. 2 BV gefährden können. Akte der Bundesversammlung und des
Bundesrates hingegen – beispielsweise Kredite für Abstimmungsinformationen oder die
Abstimmungserläuterungen und Anordnung der Nationalratswahlen des Bundesrates –
können in Anbetracht von Art. 189 Abs. 4 BV nicht angefochten und zum Streitgegenstand eines Verfahrens vor einer Kantonsregierung gemacht werden (Art. 82 N 95).

Der Rechtsmittelweg führt zwingend über die **Kantonsregierungen**. Das Bundesgesetz   7
über die politischen Rechte bezeichnet die Kantonsregierungen als einzige Entscheidinstanz (Art. 77 Abs. 1 lit. b und c BPR) und Beschwerdeinstanz (Art. 77 Abs. 1 lit. a

---

[7] BGE 121 I 138, 141 E. 3; 109 Ia 41, 46 E. 3.
[8] Vgl. aus der Rechtsprechung zur Stimmrechtsbeschwerde nach Art. 85 lit. a OG BGE 109 Ia 41,
    46 E. 3; 114 Ia 263, 264 E. 1; 116 Ia 359, 364 E. 3.Vgl. Entscheid des NR vom 1.12.2003 E. 4.4
    zum Erfordernis der Richtigkeit des Stimmregisters, in VPB 2004 Nr. 64. Zur sog. Stimmrechts-
    beschwerde GRISEL, Initiative[3], 136 N 313; HILLER, Stimmrechtsbeschwerde, 16 ff.; HANGART-
    NER-STUTZ, 123 f.; WINZELER, Politische Rechte, 147 f.
[9] Zur sog. Abstimmungs- und Wahlbeschwerde GRISEL, Initiative[3], 137 N 314; HILLER, Stimm-
    rechtsbeschwerde, 18 ff.; HANGARTNER-STUTZ, 124 f.; WINZELER, Politische Rechte, 149 ff.
[10] Daneben nimmt auch die Bundeskanzlei aufsichtsrechtliche Funktionen wahr; vgl. Entscheid des
    BR vom 22.11.2006, E. 353, in ZBl 2007 326.
[11] Die unterschiedlichen Formulierungen in Art. 77 Abs. 1 lit. b und lit. c BPR ändern nichts am
    Umstand, dass sich die Unregelmässigkeiten auch bei der Wahlbeschwerde nicht auf förmliche
    Akte der «Vorbereitung und Durchführung» beschränken. Vgl. Botschaft des Bundesrates vom
    1.9.1993 über eine Teiländerung der Bundesgesetzgebung über die politischen Rechte, BBl 1993
    III 445, 498 (Erläuterung) und 541 (Art. 77 Abs. 1 lit. b E-BPR).
[12] Vgl. Entscheid des BR vom 22.11.2006, in ZBl 2007 326; Antwort BR auf Anfrage *Berberat*, AB
    2006 N 2051 und Beilagen 70 f.; Entscheid des BR vom 12.9.1984, in ZBl 1986 274 = VPB 1984
    Nr. 53; Entscheid RR AG vom 20.8.1984, in ZBl 1985 201 (mit Bemerkungen von G. MÜLLER).
[13] Entscheid des NR vom 4.12.1995, in VPB 1996 Nr. 69.
[14] Vgl. Entscheid des BR vom 17.5.2000, in VPB 2000 Nr. 104; HILLER, Stimmrechtsbeschwerde, 20.
[15] Vgl. GRISEL, Initiative[3], 139 N 322 ff.; EHRENZELLER/SCHWEIZER-BESSON, 430; HILLER,
    Stimmrechtsbeschwerde, 34 ff.

BPR). Art. 88 Abs. 1 lit. b und Art. 80 Abs. 1 BPR schliessen einen gerichtlichen Rechtsmittelzug vor Anrufung des Bundesgerichts generell aus.[16] Damit entfällt eine freie Sachverhaltsprüfung durch ein Gericht und wird die Rechtsweggarantie von Art. 29a BV nicht voll umgesetzt (Art. 82 N 90). Die Bestimmungen von Art. 77–79 BPR umschreiben das kantonale Verfahren weitgehend.[17] Es ist mit kurzen Fristen ausgerichtet auf einen raschen Entscheid und eine Behebung von Mängeln vor dem Urnengang (vgl. Art. 79 Abs. 2 BPR; Art. 82 N 97; Art. 100 N 17). Nach erfolgtem Urnengang sind die gerügten Unregelmässigkeiten gleichwohl zu prüfen; das Verfahren führt nach Art. 79 Abs. 2bis BPR zur Abweisung, wenn der Mangel nicht geeignet ist, das Resultat wesentlich zu beeinflussen, und damit auch die Voraussetzungen für eine Nachzählung entfallen.[18] Die Legitimation richtet sich nach der Umschreibung von Art. 89 Abs. 3 (Art. 89 N 71 ff.). Die Regierungsentscheide sind der Bundeskanzlei mitzuteilen (Art. 79 Abs. 3 BPR).[19]

4. Bundesversammlung als Vorinstanz

8   Die Reform der Volksrechte sieht u.a. die Einführung der allgemeinen Volksinitiative vor. Zur Stärkung dieser neuen Initiativform sollen Umsetzungserlasse der Bundesversammlung nach **Art. 189 Abs. 1bis BV (Reform der Volksrechte)** beim Bundesgericht wegen Missachtung von Inhalt und Zweck angefochten werden können. In diesem Rahmen wäre die Bundesversammlung Vorinstanz des Bundesgerichts. Vgl. zur Reform der Volksrechte und ihrer Umsetzung Art. 82 N 101 f.

III. Kantonale Stimmrechtssachen (Abs. 1 lit. a und Abs. 2)

1. Vorbemerkung

9   Art. 88 umschreibt auch die Vorinstanzen in **kantonalen Stimmrechtssachen**. Diese schliessen die Ebene der **kommunalen** politischen Rechte und solche anderer öffentlich-rechtlicher Körperschaften mit ein (Art. 82 N 79). Abs. 1 lit. a und Abs. 2 von Art. 88 bilden eine Einheit und sind gemeinsam zu behandeln. Entsprechend den allgemeinen Grundsätzen zum Beschwerdeverfahren wegen Verletzung politischer Rechte sind Erlasse, Verfügungen, Realakte und Handlungen von Privaten in die Betrachtung einzubeziehen (Art. 82 N 85 ff.).

2. Letzte kantonale Instanz

10   Art. 88 Abs. 1 lit. a sieht die Beschwerde wegen Verletzung politischer Rechte gegen Akte letzter kantonaler Instanzen vor. Die Bestimmung verlangt – in Übereinstimmung mit Art. 86 und Art. 87 – die **Ausschöpfung des kantonalen Instanzenzuges**. Dieser richtet sich – unter Vorbehalt der Vorgaben von Art. 88 Abs. 2 – nach kantonalem Recht.[19a] Bei dessen Ausgestaltung stehen den Kantonen ein weiter Gestaltungsspielraum und unterschiedliche Möglichkeiten offen.

---

[16] Botschaft 2001 4328.

[17] Vgl. zum Verfahren vor der Kantonsregierung GRISEL, Initiative[3], 136 ff. N 311 ff.; HILLER, Stimmrechtsbeschwerde, 34 ff.; HANGARTNER-STUTZ, 124 ff.; WINZELER, Politische Rechte, 145 ff.

[18] Vgl. Botschaft des Bundesrates vom 1.9.1993 über eine Teiländerung der Bundesgesetzgebung über die politischen Rechte, BBl 1993 III 445, 498.

[19] Die Mitteilung erfolgt aus aufsichtsrechtlichen Überlegungen im Hinblick auf eine mögliche Anfechtung durch die Bundeskanzlei nach Art. 89 Abs. 2 lit. b; die Bundeskanzlei hat von der Kompetenz nach aArt. 80 Abs. 2 BPR nie Gebrauch gemacht.

[19a] BGer, I. ÖRA, 13.8.2007, 1C_5/2007.

3. Akte des Parlaments und der Regierung

Art. 88 Abs. 2 verpflichtet die Kantone – in Übereinstimmung mit Art. 86 – zur Ein- **11** richtung eines kantonalen Rechtsmittelzuges in Stimmrechtssachen. Im Sinne einer Ausnahmeregelung entfällt diese Verpflichtung nach Art. 88 Abs. 2 Satz 2 für Akte des Parlaments und der Regierung. Diese Ausnahmeregelung ist vorweg zu behandeln.

Aus Gründen der Gewaltenteilung und überkommener Auffassungen über die Natur der **12** politischen Rechte (Art. 82 N 76 f.) unterliegen in vielen Kantonen Akte des Parlaments und der Regierung in Stimmrechtssachen **keiner Beschwerde** bzw. keiner gerichtlichen Beschwerde.[20] Diese Ordnung sollte mit dem Bundesgerichtsgesetz nicht geändert werden.[21] Die Bestimmung von Art. 88 Abs. 2 Satz 2 gilt – über den Wortlaut hinaus – auch für Landsgemeinden.[22] Sie hat zur Folge, dass eine freie Sachverhaltsüberprüfung durch ein Gericht unterbleibt und die Rechtsweggarantie nach Art. 29a BV nicht voll umgesetzt wird (Art. 82 N 90). Das Bundesgerichtsgesetz belässt den Kantonen indes die Freiheit und Möglichkeit, (gewisse) Akte des Parlaments und der Regierung einer Beschwerdemöglichkeit zu unterstellen; diesfalls muss die letzte Rechtsmittelinstanz entsprechend Art. 88 Abs. 2 Satz 1 ein Gericht sein (N 13 und 15).

In diesem Sinne brauchen **folgende Kategorien** von Akten des Parlaments und der **13** Regierung von Bundesrechts wegen **keiner Beschwerde** unterstellt zu werden:

Entscheide (Verfügungen und Beschlüsse), etwa betr.:

– Gültig-, Teilgültig- und Ungültigerklärung von Initiativen[23]

– Unterstellung oder Nichtunterstellung eines Ausgabenbeschlusses unter das (obligatorische oder fakultative) Finanzreferendum[24]

– Kreditbeschlüsse für Informationen vor Abstimmungen[25]

– Anordnung oder Verweigerung einer Nachzählung[26]

– Wahlanordnung[27]

– Erwahrungsbeschlüsse[28]

– Formulierung von Abstimmungsfragen[29].

Erlasse zur Ausübung der politischen Rechte

– Gesetze über die politischen Rechte oder über Wahlen[30]

– Verordnungen über die Ausübung der politischen Rechte[31].

---

[20] Beschwerdemöglichkeiten sehen immerhin mehrere Kantone vor; vgl. Hinweise bei GRISEL, Initiative³, 142 N 335; HILLER, Stimmrechtsbeschwerde, 59 ff.

[21] Botschaft 2001 4327.

[22] Vgl. BGE 132 I 291; BGer 1P.339/2006 vom 3.11.2006.

[23] BGE 130 I 185.

[24] BGE 125 I 87; BGer 1P.123/2002 vom 25.6.2003, in ZBl 2004 253; BGer 1P.59/2004 vom 17.8.2004, in ZBl 2005 238.

[25] Vgl. BGE 132 I 104, 114 E. 5.

[26] Vgl. betr. kommunale Ebene BGE 131 I 442.

[27] BGE 131 I 85; BGer 1P.545/2005 vom 10.11.2005.

[28] Die Erwahrung von Abstimmungs- und Wahlergebnissen ist u.U. vom Beschwerdeverfahren abzutrennen.

[29] BGE 106 Ia 20.

[30] BGE 131 I 74.

[31] BGE 130 I 140.

Realakte im Zusammenhang mit Wahlen und Abstimmungen

– (Finanzielle) Unterstützungen vor Abstimmungen und Wahlen[32]

– Abstimmungserläuterungen[33]

– Informationen vor Abstimmungen und Wahlen[34]

– Verzögerungen in der Behandlung von Initiativen[35].

Im Einzelnen fällt die **Abgrenzung** zwischen Akten, die keiner Beschwerde unterstellt werden müssen bzw. nach Art. 88 Abs. 2 Satz 1 BPR einem Beschwerdeverfahren unterliegen, in unterschiedlichsten konkreten Konstellationen nicht leicht. Rechtsmittelentscheide gehören nicht zur Kategorie von Akten i.S.v. Art. 88 Abs. 2 Satz 2; soweit eine Regierung – etwa in Bezug auf kommunale Stimmrechtssachen – als Beschwerdeinstanz entscheidet, sind die Anforderungen nach Art. 88 Abs. 2 Satz 1 zu beachten und ist letztinstanzlich eine gerichtliche Behörde vorzusehen (N 15). Umgekehrt fallen aufsichtsrechtliche Entscheidungen der Regierung im Vorfeld von kantonalen Urnengängen unter die Bestimmung von Art. 88 Abs. 2 Satz 2.[36] Bei Realakten einer unteren kantonalen Behörde ist vor dem Hintergrund von Art. 88 Abs. 2 Satz 2 (N 12) darüber zu befinden, ob sie dem Parlament oder der Regierung zuzuordnen sind (vgl. Art. 82 N 95)[37] oder aber einem gerichtlichen Beschwerdeverfahren unterliegen (N 16).

4. Kantonale Rechtsmittelinstanz

14   Art. 88 Abs. 2 Satz 1 verlangt im Bereiche der politischen Rechte ein kantonales **Beschwerdeverfahren**, das vor Anrufung des Bundesgerichts auszuschöpfen ist.[38] Ein Rechtsmittelzug ist grundsätzlich geboten in Anbetracht der Stellung des Bundesgerichts und der Eigenart des Beschwerdeverfahrens in Stimmrechtssachen; das Bundesgericht soll nicht als erstes Gericht über erstinstanzliche Entscheidungen und Realakte befinden müssen.[39] Es stellt sich die Frage, welcher Natur das Beschwerdeverfahren von Bundesrechts wegen sein muss und welche Akte diesem zu unterwerfen sind.

15   Das Bundesgerichtsgesetz umschreibt die **Natur** des von Art. 88 Abs. 2 Satz 1 geforderten Rechtsmittels – anders als Art. 86 Abs. 2 – nicht. Der Bundesrat liess in seiner Botschaft ausdrücklich offen, ob die Rechtsmittelinstanz eine Verwaltungsbehörde wie eine kantonale Regierung sein könne oder aber eine gerichtliche Instanz sein müsse; er überliess die Beantwortung der künftigen Auslegung von Art. 29a BV und damit der Rechtsprechung des Bundesgerichts.[40] Dieses hat die Frage – frühzeitig und in einer den Kantonen vor Ablauf der Übergangsfrist nach Art. 130 Abs. 3 Klarheit verschaffenden Weise – im Sinne des Erfordernisses eines **gerichtlichen** Beschwerdeverfah-

---

[32] BGE 132 I 104, 114 E. 5; 114 Ia 427.

[33] BGE 130 I 290, 296 E. 4; 132 I 104, 111 E. 4; BGer 1P.582/2006 und 650/2006 vom 20.4.2006, in ZBl 2007 275.

[34] BGE 130 I 290, 303 E. 5; 118 Ia 259; 117 Ia 452.

[35] BGer P.852/1986 vom 10.2.1987, in ZBl 1987 463; vgl. Botschaft allgemeine Volksinitiative, 5294.

[36] Vgl. die Konstellation in BGer 1P.838/2006 vom 28.3.2007: Der Regierungsrat hatte ein Begehren um Verschiebung einer Volksabstimmung wegen angeblicher Unregelmässigkeiten abgelehnt; gleich verhielte es sich, wenn eine Verschiebung der Abstimmung tatsächlich angeordnet worden wäre.

[37] EHRENZELLER/SCHWEIZER-BESSON, 432.

[38] Die Formulierung von Art. 88 Abs. 2 Satz 1 – wonach gegen Akte, welche die politischen Rechte *verletzen können*, ein Rechtsmittel vorzusehen ist – vermengt formelle und materielle Elemente.

[39] Vgl. BGer 1P.338/2006 und 1P.582/2006 vom 12.2.2007 E. 3.10, in ZBl 2007 313.

[40] Botschaft 2001 4327.

rens entschieden:[41] Die politischen Rechte sind justiziabel und unterliegen der Rechtsweggarantie von Art. 29a BV (Art. 82 N 77); sie weisen keinen politischen Charakter i.S.v. Art. 86 Abs. 3 auf; deren Anwendung soll vor Anrufung des Bundesgerichts von einer gerichtlichen Instanz mit voller Sachverhaltskognition überprüft werden können. Die Bestimmung von Art. 88 Abs. 2 Satz 1 verlangt demnach ein justizmässig ausgestaltetes Beschwerdeverfahren; ein blosses Aufsichts- oder Genehmigungsverfahren genügt den bundesrechtlichen Anforderungen nicht. In dieser Hinsicht erfahren die politischen Rechte mit einer vollen justizmässigen Sachverhaltskontrolle eine Stärkung der gerichtlichen Überprüfung i.S.v. Art. 34 Abs. 1 und Art. 29a BV (Art. 82 N 77 und 90).

Demnach ist auf **kantonaler Ebene** eine gerichtliche Rechtsmittelbehörde in Bezug auf   16
Verfügungen von Departementen, Ämtern und anderen unteren Behörden erforderlich; mit dem Bundesrecht nicht mehr vereinbar ist, gegen einen Departementsentscheid ein kantonales Rechtsmittel überhaupt auszuschliessen oder eine ausschliesslich behördliche Beschwerdeinstanz einzurichten.[42] Gleichermassen sind Ausführungsverordnungen von Departementen, der Staatskanzlei oder von Ämtern zu den politischen Rechten einem abstrakten Normkontrollverfahren zu unterstellen; soweit damit Art. 88 Abs. 2 Satz 1 über Art. 87 (Art. 87 N 1) hinausgeht, vermag die Regelung aus systematischer Sicht nicht zu überzeugen.[43] Schliesslich ist auch in Bezug auf Realakte von kantonalen Behörden unterer Stufe ein gerichtliches Rechtsmittel vorzusehen; die Rüge, Informationen von Departementen und Ämtern verletzten die Abstimmungsfreiheit gem. Art. 34 Abs. 2 BV, sowie der damit verbundene Antrag um Aufhebung eines Urnenganges müssen einem Gericht vorgelegt werden können. Daneben behält das aufsichtsrechtliche Verfahren insb. im Vorfeld eines Urnenganges seine Bedeutung; die kantonale Regierung kann auf Anzeige hin oder von Amtes wegen vor der Abstimmung oder Wahl entsprechende Vorkehren treffen.[44]

Eine gerichtliche Rechtsmittelbehörde in Stimmrechtssachen ist nach Art. 88 Abs. 2   17
Satz 1 auch in Bezug auf **kommunale Akte** erforderlich.[44a] Eine direkte Anrufung des Bundesgerichts ist generell ausgeschlossen; es bestehen keine Ausnahmen in Analogie zu Art. 88 Abs. 2 Satz 2, da eine (gerichtliche) Überprüfung von kommunalen Akten teils schon bisher vorgesehen war und keine spezifischen Gewaltenteilungsprobleme aufwirft.[45] In diesem Sinne unterliegen kommunale Entscheide aus dem Bereich der politischen Rechte einer gerichtlichen Kontrolle; dies betrifft beispielsweise die Gültigkeit von Initiativen und Vorstössen an Gemeindeversammlungen[46] sowie die Verweigerung einer

---

[41] BGer 1P.338/2006 und 1P.582/2006 vom 12.2.2007 E. 3.10, in ZBl 2007 313. Das Bundesgericht nahm Bezug auf Lehrmeinungen zum BGG; dabei zeigt sich, dass diese, soweit sie sich mit der Frage vertieft auseinandersetzen, das Erfordernis eines Gerichtes bejahen; vgl. die Hinweise im genannten Urteil. Vgl. BGer, I. ÖRA, 6.11.2007, 1C_185/2007.

[42] BGer 1P.338/2006 und 1P.582/2006 vom 12.2.2007 E. 3 und 3.10, in ZBl 2007 313.

[43] Diesen (grundsätzlich wünschbaren) kantonalen Rechtsschutz von Bundesrechts wegen allein in Stimmrechtssachen zu fordern und ihn in allen andern Sachmaterien gem. Art. 87 nicht zu verlangen, lässt sich nicht rechtfertigen. Zur Behebung dieser Inkonsistenz liesse sich erwägen, Art. 88 Abs. 2 Satz 1 in Bezug auf die abstrakte Normkontrolle aus systematisch-funktionellen Überlegungen i.S.v. Art. 87 auszulegen und demnach eine bundesrechtliche Pflicht für ein dem Bundesgericht vorgeschaltetes abstraktes Normkontrollverfahren in Stimmrechtssachen zu verneinen. – An dieser Stelle ist nicht näher einzugehen auf die Frage, ob umgekehrt ein dem Bundesgericht vorgeschaltetes kantonales Normkontrollverfahren im Ausmass von Art. 88 Abs. 2 Satz 1 *und* 2 allgemein für den Anwendungsbereich von Art. 87 wünschbar wäre.

[44] Vgl. die Konstellation in BGer 1P.838/2006 vom 28.3.2007: Der Regierungsrat sah sich nicht veranlasst, eine Volksabstimmung wegen der gerügten Unregelmässigkeiten zu verschieben.

[44a] BGer, I. ÖRA, 6.11.2007, 1C_185/2007.

[45] TSCHANNEN-HERZOG, 63; EHRENZELLER/SCHWEIZER-BESSON, 432 f.; Botschaft 2001 4327.

[46] BGer 1P.820/2005 vom 4.5.2006, in ZBl 2006 536.

Nachzählung.[47] Gleichermassen unterliegen Gemeindeerlasse über die politischen Rechte einer abstrakten Normkontrolle in einem gerichtlichen Verfahren und nicht einem blossen Genehmigungsverfahren (Art. 87 N 1 und 7); wie dargelegt (N 16 mit FN 41), überzeugt diese Regelung nicht. Ferner muss gerichtlich gerügt werden können, kommunale Realakte – etwa im Zusammenhang mit der Durchführung eines Urnenganges oder einer Gemeindeversammlung – verstiessen gegen die politischen Rechte.[48]

18   Schliesslich müssen **Handlungen** und Informationen **von Privaten** (Art. 82 N 89) in einem gerichtlichen Verfahren auf die Frage der Verletzung politischer Rechte hin überprüft werden können. Im Vorfeld von Urnengängen können solche Anlass zu behördlichen Vorkehren und insb. zu entsprechenden Informationen von Seiten der Exekutive bilden.[49]

5. Übergangsfrist

19   Art. 130 Abs. 3 räumt den Kantonen eine Frist von zwei Jahren zur Anpassung ihrer Verfahren und namentlich zur Umschreibung von Zuständigkeit, Organisation und Verfahren der Vorinstanzen gem. Art. 88 Abs. 2 ein. Mit seinem Urteil vom 12.2.2007[50] hat das Bundesgericht frühzeitig entschieden, dass Art. 88 Abs. 2 Satz 1 ein gerichtliches Beschwerdeverfahren erfordert (N 15), und den Kantonen insoweit wichtige Anhaltspunkte für ihre Verfahrensausgestaltung gegeben.

Art. 89

Beschwerderecht   **¹ Zur Beschwerde in öffentlich-rechtlichen Angelegenheiten ist berechtigt, wer:**

   a. vor der Vorinstanz am Verfahren teilgenommen hat oder keine Möglichkeit zur Teilnahme erhalten hat;

   b. durch den angefochtenen Entscheid oder Erlass besonders berührt ist; und

   c. ein schutzwürdiges Interesse an dessen Aufhebung oder Änderung hat.

² Zur Beschwerde sind ferner berechtigt:

   a. die Bundeskanzlei, die Departemente des Bundes oder, soweit das Bundesrecht es vorsieht, die ihnen unterstellten Dienststellen, wenn der angefochtene Akt die Bundesgesetzgebung in ihrem Aufgabenbereich verletzen kann;

   b. das zuständige Organ der Bundesversammlung auf dem Gebiet des Arbeitsverhältnisses des Bundespersonals;

   c. Gemeinden und andere öffentlich-rechtliche Körperschaften, wenn sie die Verletzung von Garantien rügen, die ihnen die Kantons- oder Bundesverfassung gewährt;

   d. Personen, Organisationen und Behörden, denen ein anderes Bundesgesetz dieses Recht einräumt.

---

[47] BGE 131 I 442.

[48] BGE 113 Ia 291 betr. Finanzierung von Wahlinseraten; 105 Ia 368 (= ZBl 1980 243) betr. Informationen an einer öffentlichrechtlichen Korporationsversammlung; BGer 1P.113/2004 vom 25.8. 2004, in ZBl 2005 246 betr. Informationen an Gemeindeversammlung; BGer 1P.486/1988 vom 1.3.1989 betr. Einhaltung der von der Gemeinde festgelegten Öffnungszeiten des Stimmlokals.

[49] Vgl. BGE 130 I 290, 303 E. 5.

[50] BGer 1P.338/2006 und 1P.582/2006 vom 12.2.2007 E. 3.10, in ZBl 2007 313. Vgl. BGer, I. ÖRA, 6.11.2007, 1C_185/2007.

³ **In Stimmrechtssachen (Art. 82 Bst. c) steht das Beschwerderecht ausserdem jeder Person zu, die in der betreffenden Angelegenheit stimmberechtigt ist.**

Qualité pour recourir

¹ A qualité pour former un recours en matière de droit public quiconque:

a. a pris part à la procédure devant l'autorité précédente ou a été privé de la possibilité de le faire;
b. est particulièrement atteint par la décision ou l'acte normatif attaqué, et
c. a un intérêt digne de protection à son annulation ou à sa modification.

² Ont aussi qualité pour recourir:

a. la Chancellerie fédérale, les départements fédéraux ou, pour autant que le droit fédéral le prévoie, les unités qui leur sont subordonnées, si l'acte attaqué est susceptible de violer la législation fédérale dans leur domaine d'attributions;
b. l'organe compétent de l'Assemblée fédérale en matière de rapports de travail du personnel de la Confédération;
c. les communes et les autres collectivités de droit public qui invoquent la violation de garanties qui leur sont reconnues par la constitution cantonale ou la Constitution fédérale;
d. les personnes, organisations et autorités auxquelles une autre loi fédérale accorde un droit de recours.

³ En matière de droits politiques (art. 82, let. c), quiconque a le droit de vote dans l'affaire en cause a qualité pour recourir.

Diritto di ricorso

¹ Ha diritto di interporre ricorso in materia di diritto pubblico chi:

a. ha partecipato al procedimento dinanzi all'autorità inferiore o è stato privato della possibilità di farlo;
b. è particolarmente toccato dalla decisione o dall'atto normativo impugnati; e
c. ha un interesse degno di protezione all'annullamento o alla modifica degli stessi.

² Hanno inoltre diritto di ricorrere:

a. la Cancelleria federale, i dipartimenti federali o, in quanto lo preveda il diritto federale, i servizi loro subordinati, se l'atto impugnato può violare la legislazione federale nella sfera dei loro compiti;
b. in materia di rapporti di lavoro del personale federale, l'organo competente dell'Assemblea federale;
c. i Comuni e gli altri enti di diritto pubblico, se fanno valere la violazione di garanzie loro conferite dalla costituzione cantonale o dalla Costituzione federale;
d. le persone, le organizzazioni e le autorità legittimate al ricorso in virtù di un'altra legge federale.

³ In materia di diritti politici (art. 82 lett. c), il diritto di ricorrere spetta inoltre a chiunque abbia diritto di voto nell'affare in causa.

Inhaltsübersicht   Note

Bernhard Waldmann   859

Materialien

Art. 81 und 82 E ExpKomm; Art. 83 und 84 E 2001 BBl 2001 4502; Botschaft 2001 BBl 2001 4328 ff.; AB 2003 S 909; AB 2004 N 1607.

Literatur

A. GRIFFEL, Auswirkungen der neuen Bundesrechtspflege, insb. auf den Rechtsschutz im Planungs-, Bau- und Umweltrecht, URP 2006, 822–830 (zit. Griffel, URP 2006); I. HÄNER, Die Beteiligten im Verwaltungsverfahren und Verwaltungsprozess, Zürich 2000 (zit. Häner, Die Beteiligten); N. SPORI, Rechtsschutz in der Raumplanung, Das neue System der Bundesrechtspflege im Überblick – Auswirkungen auf die Raumplanung, Raum & Umwelt 1/2007, 2–19 (zit. Spori, Rechtsschutz); B. WALDMANN/P. HÄNNI, Raumplanungsgesetz (RPG), Bern 2006 (zit. Waldmann/Hänni, RPG); C. WALKER SPÄH, Behördenbeschwerde – Ein Instrument zu Gunsten der Umwelt, pbg aktuell, 3/2006, 5–16 (zit. Walker Späh, pbg 2006).

I. Allgemeine Bemerkungen

1 Die Bestimmung von Art. 89 regelt das **Beschwerderecht (= Beschwerdelegitimation, Beschwerdebefugnis)** im Kontext der Beschwerde in öffentlich-rechtlichen Angelegenheiten. Sie umschreibt, wer zur Anfechtung eines der Beschwerde in öffentlich-rechtlichen Angelegenheiten unterliegenden Hoheitsakts (Art. 82 lit. a–c) in einem bestimmten Rechtsstreit befugt ist.[1] Fehlt es an dieser Befugnis, wird auf die Beschwerde nicht eingetreten.

Abzugrenzen von der Beschwerdelegitimation ist zunächst die *Parteifähigkeit,* die zwar wie erstere ebenfalls eine Prozessvoraussetzung (N 3) bildet, jedoch von Art. 89 nicht geregelt, sondern vorausgesetzt wird. Die Parteifähigkeit umschreibt die prozessuale Rechtsfähigkeit, also die Fähigkeit, im Verfahren der Beschwerde in öffentlich-rechtlichen Angelegenheiten als Partei aufzutreten.[2] Wer Partei im Beschwerdeverfahren vor Bundesgericht sein kann, bestimmt das Zivilrecht. Parteifähig sind natürliche und juristische Personen (sowohl des Zivil- als auch des öffentlichen Rechts). Trotz fehlender Rechtspersönlichkeit sind auch die Kollektiv- und die Kommanditgesellschaft, die Erbengemeinschaft, die Stockwerkeigentümergemeinschaft sowie die Konkursmasse beschwerdefähig.[3] Nicht parteifähig sind hingegen die einfache Gesellschaft,[4] die Behörden der Zentralverwaltung oder die unselbständigen öffentlich-rechtlichen Anstalten.[5]

Eine weitere – von der Beschwerdelegitimation abzugrenzende – Prozessvoraussetzung bildet die *Prozessfähigkeit.* Auch diese wird von Art. 89 nicht geregelt, sondern vorausgesetzt. Sie umschreibt die prozessuale Handlungsfähigkeit, also die Fähigkeit, eine Beschwerde in öffentlich-rechtlichen Angelegenheiten einzureichen und den Prozess selbst zu führen oder durch einen gewählten[6] Vertreter führen zu lassen.[7] Natürliche Personen sind prozessfähig, wenn sie mündig

---

[1] Vgl. HÄFELIN/HALLER/KELLER, Suppl., N 1998.

[2] HÄFELIN/HALLER/KELLER, Suppl., N 1988; ZIMMERLI/KÄLIN/KIENER, Verfahrensrecht, 96.

[3] Vgl. BGE 102 Ia 430, 431 E. 3.

[4] Vgl. BGE 132 I 256, 258 E. 1.1 («Bündnis für ein buntes Brunnen»).

[5] Vgl. auch SPÜHLER/DOLGE/VOCK, Kurzkommentar, Art. 89 N 1.

[6] Im Gegensatz zu Zivil- und Strafsachen besteht für Beschwerden in öffentlich-rechtlichen Angelegenheiten kein Anwaltsmonopol (vgl. Art. 40 Abs. 1; anders noch Art. 37 E 2001 [dazu Botschaft 2001 BBl 2001 4293]). Die Parteivertreter und -vertreterinnen haben sich allerdings in jedem Fall durch eine Vollmacht auszuweisen (Art. 40 Abs. 2).

[7] HÄFELIN/HALLER/KELLER, Suppl., N 1992; ZIMMERLI/KÄLIN/KIENER, Verfahrensrecht, 97.

und urteilsfähig sind. Mündig ist, wer das 18. Altersjahr vollendet hat (Art. 14 ZGB).[8] Urteilsfähige unmündige oder entmündigte Personen müssen sich in der Regel durch ihren gesetzlichen Vertreter vertreten lassen; Rechte, die ihnen um ihrer Persönlichkeit willen zustehen, können sie indes selbständig oder durch einen Vertreter ihrer Wahl geltend machen (Art. 11 Abs. 2 BV, Art. 19 Abs. 2 ZGB).[9] Urteilsunfähige können hingegen nur durch ihren gesetzlichen Vertreter Beschwerde führen. Stellt das Bundesgericht fest, dass eine Partei offensichtlich nicht imstande ist, ihre Sache selber zu führen, kann es diese Person auffordern, einen Vertreter oder eine Vertreterin beizuziehen; bei Nichtbefolgen innert der angesetzten Frist bestellt das Gericht einen Anwalt oder eine Anwältin (Art. 41 Abs. 1). – Juristische Personen werden durch ihre gesetzlich oder statutarisch berufenen Organe vertreten (Art. 54 ZGB).

Gesamteigentümer stehen kraft Zivilrechts in einer Rechtsgemeinschaft, aufgrund derer sie grundsätzlich nur zu gemeinsamem Handeln befugt sind. Dies gilt auch für die Erhebung von Beschwerden (sog. notwendige Streitgenossenschaft): Fehlt es an der Zustimmung aller Gesamteigentümer, ist in entsprechenden Bereichen auf die Beschwerde nicht einzutreten, selbst wenn die Legitimationsvoraussetzungen nach Art. 89 Abs. 1 in der Person, die Beschwerde führt, erfüllt wären. Lehre und Rechtsprechung anerkennen ausnahmsweise eine selbständige Anfechtungsbefugnis jedes einzelnen Streitgenossen, soweit das Rechtsmittel darauf angelegt ist, eine belastende oder pflichtbegründende Anordnung abzuwenden.[10]

Der Gesetzgeber unterscheidet in **Art. 89** zwischen drei Gruppen von in sich abgeschlossenen Tatbeständen, die unter jeweils verschiedenen Voraussetzungen eine Beschwerdebefugnis begründen: **2**

– *Abs. 1* regelt das **allgemeine Beschwerderecht**. In Anlehnung an Art. 103 lit. a OG umschreibt dieser Absatz den Regelfall der Beschwerdeberechtigung privater natürlicher oder juristischer Personen, die von einem staatlichen Hoheitsakt, welcher der Beschwerde in öffentlich-rechtlichen Angelegenheiten unterliegt (Art. 82), betroffen sind und diesen anfechten wollen[11] (N 5 ff.). Ebenfalls unter das allgemeine Beschwerderecht fällt die sog. «egoistische» Verbandsbeschwerde (N 31 ff.). Unter restriktiven Voraussetzungen kann sich schliesslich auch das Gemeinwesen auf das allgemeine Beschwerderecht berufen (N 37 ff.).

– *Abs. 2* enthält eine abschliessende Aufzählung von **besonderen (abstrakten) Beschwerderechten** (N 45 ff.). Abgesehen von Art. 89 Abs. 2 lit. c («Autonomiebeschwerde») sowie einigen Nuancierungen lehnt sich diese Regelung eng an Art. 103 lit. b OG an. Im Gegensatz zum allgemeinen Beschwerderecht dienen diese Beschwerderechte nicht dem Rechtsschutz des Einzelnen, sondern der Wahrung öffentlicher Interessen.

– Schliesslich normiert *Abs. 3* in Anlehnung an Art. 85 lit. a OG ein in sich abgeschlossenes, auf den Kontext der **politischen Rechte** beschränktes Beschwerderecht (N 71 ff.).

Das Vorliegen der Beschwerdelegitimation wird im Rahmen der Eintretensvoraussetzungen (Prozessvoraussetzungen) **von Amtes wegen** geprüft.[12] Aus der Pflicht, die Beschwerde zu begründen (Art. 42 BGG), ergibt sich für den Beschwerdeführer allerdings **3**

---

[8] Mit Bezug auf die Geltendmachung des Rechts auf Glaubens- und Gewissensfreiheit (Art. 15 BV) tritt die Mündigkeit bereits mit dem vollendeten 16. Altersjahr ein (Art. 303 Abs. 2 ZGB). Ferner kann das kantonale Recht die Mündigkeit in Stimmrechtssachen (politische Mündigkeit) unter 18 Altersjahren ansetzen.

[9] Vgl. BGE 120 Ia 369, 371 f. E. 1a (12-jähriges Mädchen wehrt sich unter Berufung auf seine persönliche Freiheit gegen das Besuchsrecht des Vaters).

[10] Vgl. BGer, I. ÖRA, 23.6.1997, 1P.134/1997, ZBl 1998, 386 ff. E. 3 und 5 (Unterschutzstellung eines Gebäudes unter Denkmalschutz).

[11] Vgl. BGE 127 V 80, 83 E. 3a/bb.

[12] SEILER/VON WERDT/GÜNGERICH, BGG, Art. 89 N 4; ZIMMERLI/KÄLIN/KIENER, Grundlagen, 100.

die Pflicht, den Nachweis für einzelne Legitimationsvoraussetzungen selbst zu erbringen (N 12). Die Beschwerdebefugnis vor Bundesgericht richtet sich – ungeachtet der Vorschriften, welche die Parteistellung im Verfahren der Vorinstanz umschreiben – allein nach Art. 89 (N 8). Wo sie fehlt, wird auf die Beschwerde nicht eingetreten. Ist sie gegeben, ist der Beschwerdeführer im Allgemeinen mit sämtlichen der in Art. 95 ff. aufgeführten Rügegründe zuzulassen. Es kann insbesondere auch die Verletzung von Normen geltend gemacht werden, die den Schutz von Interessen Dritter bezwecken oder öffentlichen Interessen zu dienen bestimmt sind. Vorbehalten bleiben die besonderen Beschwerderechte (Art. 89 Abs. 2 und 3), die den Umfang der Beschwerdebefugnis auf bestimmte Beschwerdegründe beschränken (N 52, 60 ff., 70). [13]

Vor diesem Hintergrund wird sich das Bundesgericht unter Art. 89 Abs. 1 nicht mehr auf seine restriktive Eintretenspraxis zur Willkürbeschwerde und zur Rüge der ungleichen Rechtsanwendung (Art. 88 OG)[14] abstützen dürfen.[15] Eine besondere Bedeutung erlangt dieser Systemwechsel für Beschwerden von Nachbarn, die sich gegen ein Bauprojekt zur Wehr setzen wollen. Erfüllen sie die Legitimationsvoraussetzungen von Art. 89 Abs. 1 lit. a–c, können sie neu auch die Verletzung von Vorschriften rügen, denen keine «nachbarschützende» Funktion zukommt. Das Bundesgericht will nun jedoch aus dem Legitimationskriterium des schutzwürdigen Interesses gem. Art. 89 Abs. 1 lit. c ableiten, dass der Beschwerdeführer nur die Überprüfung des Bauvorhabens im Lichte jener Rechtssätze verlangen könne, die sich rechtlich oder tatsächlich auf seine Stellung auswirkten; an diesem Erfordernis fehle es beispielsweise bei Normen über die innere Ausgestaltung der Baute auf dem Nachbargrundstück, die keinerlei Auswirkungen auf die Situation des Beschwerdeführers hätten.[16] Mit einer solchen «rügespezifischen» Beurteilung der Beschwerdebefugnis vermengt das Bundesgericht aber u.E. Beschwerdelegitimation und Rügegründe: Die Betroffenheit und das schutzwürdige Interesse der Nachbarn hängen nicht von den geltend gemachten Beschwerdegründen ab, sondern ergeben sich allein daraus, dass sich das Bauprojekt (als Ganzes) in besonderem Ausmass auf ihre rechtliche oder tatsächliche Situation auswirkt. In diesem Sinne können beispielsweise Nachbarn, die zum Einsprache- und Beschwerdeverfahren gegen die Errichtung einer Mobilfunkanlage legitimiert sind, nicht nur eine Überschreitung der Immissions- oder der Anlagegrenzwerte auf ihren eigenen Grundstücken geltend machen, sondern generell die Rechtmässigkeit des Bauvorhabens in Frage stellen und somit auch die Überschreitung der Grenzwerte auf anderen Grundstücken rügen.[17]

4 Wie die anderen Eintretensvoraussetzungen muss auch die Beschwerdelegitimation bei der Einreichung der Beschwerde gegeben sein und grundsätzlich im **Zeitpunkt** des bun-

---

[13] So wird beispielsweise den Behindertenorganisationen von gesamtschweizerischer Bedeutung durch Art. 9 Abs. 3 lit. b BehiG in Verfahren zur Erteilung einer Bewilligung für den Bau oder die Erneuerung von Bauten und Anlagen ein Beschwerderecht gewährt, um Ansprüche nach Art. 7 BehiG geltend zu machen.

[14] Dazu statt vieler BGE 126 I 81.

[15] In diesem Sinne auch EHRENZELLER/SCHWEIZER-AEMISEGGER, 149 f.; FS KOLLER-AUER, 203; KARLEN, BGG, 52; TSCHANNEN-KIENER, 257; KIENER/KUHN, ZBl 2006, 153; SCHINDLER/SCHLAURI-KUHN, 82; BELLANGER/TANQUEREL-MOOR, 177. Vgl. insbesondere im Kontext des Raumplanungs- und Baurechts GRIFFEL, URP 2006, 826 f.

[16] BGE 133 II 249, 253 E. 1.3.2; ebenso BGer, I. ÖRA, 2.7.2007, 1C_64/2007, E. 2; weniger eindeutig BGer, I. ÖRA, 4.5.2007, 1C_7/2007, E. 3. – Schon unter dem bisherigen Recht prüfte das Bundesgericht in seiner Rechtsprechung zum Nationalstrassen- und Eisenbahnbau die erforderliche persönliche Beziehungsnähe zur Streitsache «rügespezifisch», indem es verlangte, dass der Betroffene konkret aufzuzeigen hat, inwiefern das Projekt im Bereich seines Grundstücks gegen Bundesrecht verstösst; BGer, I. ÖRA, 8.11.2006, 1A.116/2006, E. 2.2 m.w.Hinw.

[17] So explizit BGE 128 II 168, 172 E. 2.6.

desgerichtlichen Urteils noch vorliegen. Eine nachträgliche «Heilung» ist nicht ausgeschlossen, sofern sie spätestens im Urteilszeitpunkt eintritt.[18]

II. Allgemeines Beschwerderecht (Abs. 1)

1. Vorbemerkungen

Art. 89 Abs. 1 regelt die Voraussetzungen des allgemeinen Beschwerderechts (N 2). Der   **5**
Gesetzgeber hat dabei die Regelung von **Art. 103 lit. a OG** – unter Vorbehalt einer etwas
engeren Formulierung hinsichtlich der verlangten persönlichen Betroffenheit (N 12) –
übernommen und sie auf die gesamte Rechtspflege im öffentlich-rechtlichen Bereich
ausgedehnt.[19] Vor diesem Hintergrund kann für die Auslegung dieser Bestimmung auf
die Rechtsprechung zu Art. 103 lit. a OG (sowie Art. 48 lit. a VwVG in der bis zum
31.12.2006 geltenden Fassung, heute Art. 48 Abs. 1) zurückgegriffen werden.[20]

> Gemäss dieser Rechtsprechung setzte die Zulassung zur Verwaltungsgerichtsbeschwerde auf-
> grund von Art. 103 lit. a OG sowohl eine materielle als auch eine formelle Beschwer voraus: Als
> *materiell beschwert* galt, wer durch den angefochtenen Entscheid berührt war und ein schutz-
> würdiges Interesse an dessen Aufhebung hatte. Dabei war insb. verlangt, dass der Beschwerde-
> führer durch den angefochtenen Entscheid stärker als jedermann betroffen wurde und in einer
> besonderen, beachtenswerten, nahen Beziehung zur Streitsache stand. Ausserdem musste er ein
> aktuelles und praktisches Interesse an der Beschwerdeführung dartun. Unter der Voraussetzung
> der *formellen Beschwer* war grundsätzlich verlangt, dass der Beschwerdeführer am bisherigen
> Verfahren teilgenommen hatte und dort mit seinen Anträgen ganz oder teilweise unterlag.[21]
> Diese Rechtsprechung ist grundsätzlich auch unter dem neuen Recht massgebend.

Art. 89 Abs. 1 gilt für Beschwerden sowohl gegen **Entscheide** (Art. 82 lit. a) als auch   **6**
gegen kantonale **Erlasse** (Art. 82 lit. b). Damit richtet sich die Beschwerdelegitimation
bei der abstrakten Normenkontrolle nach den gleichen Grundsätzen wie bei der Anfechtung von Entscheiden; insb. braucht der Beschwerdeführer durch den angefochtenen
Erlass nicht mehr in rechtlichen Interessen betroffen zu sein. Daneben dürften aber
die vom Bundesgericht zum Verfahren der abstrakten Normenkontrolle entwickelten
Legitimationsvoraussetzungen weiterhin gelten.[22] Separat geregelt wird schliesslich die
Legitimation zur Beschwerde wegen Verletzung politischer Rechte (Art. 89 Abs. 3,
N 71 ff.).

2. Voraussetzungen im Allgemeinen

Art. 89 Abs. 1 stellt das allgemeine Beschwerderecht unter drei – kumulativ zu erfüllen-   **7**
de – Voraussetzungen: Lit. a behandelt das Erfordernis der formellen Beschwer, während
lit. b und c die Voraussetzungen der materiellen Beschwer umschreiben.

a) Formelle Beschwer (lit. a)

Der Beschwerdeführer muss durch den angefochtenen Akt formell beschwert sein. Dies   **8**
setzt voraus, dass er am **Verfahren vor der Vorinstanz teilgenommen** hat und dort mit
seinen Anträgen ganz oder teilweise **unterlegen** ist.[23] Diese Bestimmung findet freilich

---

18 Vgl. BGE 120 Ib 257, 262 E. 1f m.w.Hinw.
19 Botschaft 2001, BBl 2001 4329.
20 So nun auch das Bundesgericht; statt vieler BGer, I. ÖRA, 11.6.2007, 1C_69/2007, E. 2.2. Vgl.
   auch EHRENZELLER/SCHWEIZER-AEMISEGGER, 110 f.
21 Vgl. statt vieler BGE 130 II 514, 516 E. 1 m.w.Hinw.
22 TSCHANNEN-KIENER, 263 ff.; vgl. auch N 13 hiernach sowie Art. 82 N 53 ff.
23 BGE 127 V 107, 110 E. 2a; 118 Ib 356, 359 E. 1a mit jeweils weiteren Hinweisen.

keine Anwendung, wo das kantonale Recht kein Beschwerdeverfahren gegen kantonale Erlasse kennt und es somit an einer Vorinstanz fehlt.[24]

Die Teilnahmeberechtigung am *Verfahren der Vorinstanz* beurteilt sich grundsätzlich nach dem hierfür geltenden Verfahrensrecht: Für das Bundesverwaltungsgericht ist Art. 48 Abs. 1 VwVG einschlägig, der sich mit Art. 89 Abs. 1 (Art. 103 lit. a OG) deckungsgleich verhält. Die Parteistellung vor der letzten kantonalen Instanz bestimmt sich nach kantonalem Verfahrensrecht. Von Bundesrechts wegen dürfen die Kantone allerdings den Parteibegriff für das Verfahren vor ihren Instanzen nicht enger fassen als Art. 89 Abs. 1: Wer zur Beschwerde an das Bundesgericht legitimiert ist, muss sich am Verfahren vor allen kantonalen Vorinstanzen als Partei beteiligen können (Art. 111 Abs. 1). Es ist indes nicht erforderlich, dass der Beschwerdeführer, der die Voraussetzungen von Art. 89 Abs. 1 lit. b und c erfüllt, bereits im Verfahren vor der Vorinstanz als Betroffener aufgetreten ist, sofern das für dieses Verfahren anwendbare Verfahrensrecht keine solche Betroffenheit verlangt.[25]

9   Auf das Erfordernis der formellen Beschwer wird kraft des ausdrücklichen Wortlauts von Art. 89 Abs. 1 lit. a verzichtet, wenn der Beschwerdeführer **keine Möglichkeit hatte, am Verfahren vor der Vorinstanz teilzunehmen**. Dies ist etwa der Fall, wenn jemand ohne eigenes Verschulden an der Teilnahme verhindert war, weil ihm die Durchführung des Verfahrens nicht bekannt war und auch nicht bekannt sein musste. Dasselbe gilt, wenn die Vorinstanz(en) dem Beschwerdeführer zu Unrecht die Parteistellung und die damit zusammenhängenden Rechte versagt habe(n)[26] oder wenn erst der angefochtene Entscheid die Parteistellung begründet.[27]

b) Materielle Beschwer (lit. b und c)

10   Unter dem Erfordernis der materiellen Beschwer wird verlangt, dass der Beschwerdeführer durch den angefochtenen Hoheitsakt **besonders berührt** ist (Abs. 1 lit. b) und ein **schutzwürdiges Interesse** an dessen Aufhebung oder Änderung hat (Abs. 1 lit. c). Damit bestätigt der Gesetzgeber das in der schweizerischen Verwaltungsrechtspflege geltende Prinzip des *Ausschlusses der Popularbeschwerde*. Im Einzelnen lassen sich diese beiden Voraussetzungen von lit. b und lit. c nicht konsequent auseinander halten, weshalb sie in Lehre und Rechtsprechung regelmässig in einem Zug genannt werden:[28] Wer durch einen Akt besonders berührt ist, hat in der Regel ein schutzwürdiges Interesse an dessen Änderung oder Aufhebung. Umgekehrt setzt das schutzwürdige Interesse voraus, dass sich jemand in einer besonderen, beachtenswerten nahen Beziehung zur Streitsache befindet und daher vom angefochtenen Akt besonders berührt wird. In Doktrin und Praxis wird teilweise das **aktuelle Interesse** an der Aufhebung oder Änderung des angefochtenen

---

[24] Botschaft 2001 BBl 2001 4329; HÄFELIN/HALLER/KELLER, Suppl., N 1996; TSCHANNEN-KIENER, 264; SEILER/VON WERDT/GÜNGERICH, BGG, Art. 89 N 15.

[25] So sind beispielsweise vor der Unabhängigen Beschwerdeinstanz UBI, die als Vorinstanz des Bundesgerichts über Beanstandungen von Radio- und Fernsehsendungen entscheidet, auch Personen legitimiert, die von der Sendung nicht betroffen sind (vgl. Art. 63 Abs. 1 lit. a RTVG). Art. 89 Abs. 1 lit. a verlangt nicht, dass der Beschwerdeführer auch bereits vor der UBI als Betroffener aufgetreten ist (vgl. BGE 130 II 514, 516 E. 1; 121 II 359, 362 E. 1b/aa).

[26] Vgl. etwa BGE 108 Ib 92, 94 ff. E. 3; SPÜHLER/DOLGE/VOCK, Kurzkommentar, Art. 89 N 3.

[27] Zum Ganzen eingehender BELLANGER/TANQUEREL-BELLANGER, 62 f.

[28] Vgl. BGer, I. ÖRA, 20.6.2007, 1C_3/2007, E. 1.3.1; HÄFELIN/HALLER/KELLER, Suppl., N 1999; TSCHANNEN-KIENER, 255 ff.; ZIMMERLI/KÄLIN/KIENER, Verfahrensrecht, 102. Auf den Punkt bringt es insbesondere auch BGE 133 V 188, 192 E. 4.3.1, wonach das «Berührtsein» nicht eine selbständige und damit kumulativ zum «schutzwürdigen Interesse» zu erfüllende Legitimationsvoraussetzung, sondern letztlich eine Präzisierung desselben darstelle.

Akts als zusätzliches Erfordernis aufgeführt;[29] in Art. 89 Abs. 1 ist es im Erfordernis des schutzwürdigen Interesses enthalten.

aa) «Besonders berührt» (lit. b)

Die Beschwerde in öffentlich-rechtlichen Angelegenheiten soll nur jenen offen stehen, **11** die vom angefochtenen Akt betroffen sind. Mit Bezug auf die Intensität dieser Betroffenheit ist – in Anlehnung an die bisherige Rechtsprechung – nach der Art des Anfechtungsobjekts zu unterscheiden:

– Zur Anfechtung eines **Entscheids** ist nur legitimiert, wer von diesem *stärker als je-* **12** *dermann* betroffen ist und in einer *besonderen, beachtenswerten, nahen Beziehung zur Streitsache* steht. In der Rechtsprechung sind teilweise für die Abgrenzung der besonderen von der bloss allgemeinen Betroffenheit schematische «Faustregeln» entwickelt worden.[30] Wo solche fehlen, ist die besondere Betroffenheit primär vom Beschwerdeführer nachzuweisen, da sich seine Pflicht, die Beschwerde zu begründen (Art. 42 Abs. 1 und 2), auch auf die Frage der Legitimation erstreckt.[31]

  Art. 89 Abs. 1 lit. b verlangt ein *«besonderes»* Berührtsein, während es bisher nach Art. 103 lit. a OG genügte, dass der Beschwerdeführer vom angefochtenen Entscheid *«berührt»* ist. Nach Auffassung des Bundesrates sollte mit dieser neuen Formulierung die frühere Regelung bewusst verschärft werden.[32] In der Lehre wird allerdings die Tragweite dieser Änderung in der Formulierung mit guten Gründen bezweifelt,[33] denn schon unter dem bisherigen Recht legte das Bundesgericht das Erfordernis des «Berührtseins» restriktiv aus und verlangte eine Betroffenheit, die sich vom allgemeinen Interesse des Bürgers klar abhebt.

– Weniger streng sind die Anforderungen für die Anfechtung von **kantonalen Erlassen:** **13** Beschwerdelegitimiert ist zunächst, wer durch den Erlass *unmittelbar* betroffen ist, weil er bzw. seine Tätigkeit vom Geltungsbereich des Erlasses erfasst werden;[34] eine im Verhältnis zu den übrigen Gesetzesadressaten besondere Betroffenheit wird nicht verlangt. Nach der Rechtsprechung des Bundesgerichts (sog. «AVLOCA-Praxis») steht überdies die Legitimation zur Anfechtung eines Erlasses wegen rechtsungleicher Begünstigung Dritter auch Bürgern zu, die nicht Adressaten der beanstandeten Bestimmungen sind, sofern sie sich in einer vergleichbaren Lage befinden und der Dritten gewährte Vorteil sich für sie als Nachteil auswirkt, das heisst sofern zwischen der beanstandeten Drittprivilegierung und ihrer eigenen Situation ein relevanter Zu-

---

[29] Vgl. etwa ZIMMERLI/KÄLIN/KIENER, Verfahrensrecht, 105; VerwGer ZH, 16.7.1998, ZBl 1999, 387 f.; Einordnung offengelassen bei TSCHANNEN-KIENER, 258.

[30] So befinden sich beispielsweise im Bereich der Mobilfunkanlagen alle Personen, die innerhalb eines Radius wohnen, ausserhalb dessen in jedem Fall eine tiefere Strahlung als 10% des Anlagegrenzwertes erzeugt wird, in einer besonderen Beziehung zur Streitsache; vgl. BGE 128 II 168 m.w.Hinw. Ferner hat es das Bundesgericht für recht- und zweckmässig befunden, die Grenze zur Bejahung der Beschwerdelegitimation gegen Anlagen, die Verkehrsimmissionen nach sich ziehen, bei einer Verkehrszunahme von 10% zu setzen; vgl. BGer, I. ÖRA, 20.12.2005, 1A.148/2005, ZBl 2006, 609 ff. – Vgl. zum Ganzen N 21 hiernach.

[31] Vgl. BGer, I. ÖRA, 20.6.2007, 1C_76/2007, E. 3; BGE 120 Ib 431, 433 E. 1; 119 Ib 458 (nicht publ. E. 3b).

[32] Botschaft 2001 BBl 2001 4329.

[33] EHRENZELLER/SCHWEIZER-AEMISEGGER, 151; BELLANGER/TANQUEREL-BELLANGER, 59 f.; HÄFELIN/HALLER/KELLER, Suppl., N 1999; HALLER, Jusletter 2006, N 34; KARLEN, BGG, 52 (FN 197); TSCHANNEN-KIENER, 256; SCHINDLER/SCHLAURI-KUHN, 83; WALDMANN, AJP 2003, 756; **a.M.** SEILER/VON WERDT/GÜNGERICH, BGG, Art. 89 N 28; SPÜHLER/DOLGE/VOCK, Kurzkommentar, Art. 89 N 3 f.

[34] Vgl. zum Spezialfall des Geltungsbereichs von gewerbepolizeilichen Vorschriften für Betroffene mit Sitz ausserhalb des Kantons BGE 125 I 474.

sammenhang besteht.[35] Darüber hinaus genügt es für die Legitimation, dass der Beschwerdeführer durch die angefochtenen Bestimmungen zumindest *virtuell,* das heisst mit einer minimalen Wahrscheinlichkeit früher oder später einmal, in seinen (rechtlichen oder tatsächlichen) Interessen betroffen sein könnte (Art. 82 N 54).[36] In vielen Fällen trifft dies grundsätzlich auf alle Einwohner des entsprechenden Kantons (bzw. der entsprechenden Gemeinde) zu. Ansonsten hat der Beschwerdeführer die Tatsachen darzulegen, welche die Wahrscheinlichkeit begründen, dass er durch den Erlass in Zukunft betroffen sein könnte.[37]

bb) «Schutzwürdiges Interesse» (lit. c)

14 Die Berechtigung zur Beschwerde in öffentlich-rechtlichen Angelegenheiten setzt gem. Art. 89 Abs. 1 lit. c weiter voraus, dass der Beschwerdeführer ein **schutzwürdiges Interesse** an der Aufhebung oder Änderung des angefochtenen Entscheides oder Erlasses hat. Lit. c hat gegenüber lit. b keine eigenständige Bedeutung, da das Erfordernis des schutzwürdigen Interesses teilweise in der Voraussetzung der persönlichen Betroffenheit aufgeht (N 10). Es spielt v.a. dann eine Rolle, wenn es *Dritte* (N 19 ff.) sind, die einen Entscheid anfechten:

15 – Als schutzwürdig gelten Beschwerden nur dann, wenn die verlangte Aufhebung oder Änderung des angefochtenen Akts der Wahrung der Interessen des Beschwerdeführers dient. Legitimiert ist mit anderen Worten nur, wer die Beschwerde **im eigenen Interesse** führt. Auf Beschwerden, die im Interesse der Allgemeinheit oder der richtigen Gesetzesanwendung geführt werden, ist hingegen nicht einzutreten.[38]

16 – Das erforderliche, eigene Interesse besteht im praktischen Nutzen, den die erfolgreiche Beschwerde dem Beschwerdeführer eintragen würde. Dieser Nutzen kann **rechtlicher** oder **tatsächlicher** Natur sein, sei es dass durch den Ausgang des Verfahrens die rechtliche Situation des Beschwerdeführers beeinflusst werden kann oder dass sich damit ein wirtschaftlicher, ideeller oder materieller Nachteil, den der angefochtene Entscheid für ihn zur Folge hätte, abwenden lässt.[39] Schutzwürdig ist dieses Interesse – und das ergibt sich in erster Linie aus lit. a von Art. 89 Abs. 1 – aber nur dann, wenn der Beschwerdeführer durch den angefochtenen Entscheid stärker als jedermann betroffen ist und in einer besonderen, beachtenswerten, nahen Beziehung zur Streitsache steht (N 12).

Art. 89 führt zu einer Erweiterung des Beschwerderechts in jenen Bereichen, in denen bisher nur die staatsrechtliche Beschwerde zulässig war und das Beschwerderecht folglich die Betroffenheit in rechtlich geschützten Interessen voraussetzte. Das gilt vorab für kantonale Erlasse (Art. 82 N 57 ff.). Ferner kann ein Beschwerdeführer nunmehr einen kantonalen Entscheid auch wegen rechtsungleicher oder willkürlicher Auslegung des kantonalen Rechts vor Bundesgericht anfechten. Vor diesem Hintergrund wird das Bundesgericht seine restriktive Eintretenspraxis zur Willkürbeschwerde und zur Beschwerde wegen ungleicher Rechtsanwendung aufgeben müssen (vgl. zum Ganzen eingehender N 3).

---

[35] Grundlegend BGE 109 Ia 252, 255 E. 4c (vgl. dazu auch Art. 82 N 58). Nach diesen Grundsätzen sind beispielsweise Mieter legitimiert, Bestimmungen über die Festsetzung des Eigenmietwerts oder des Vermögenssteuerwerts, welche die Hauseigentümer steuerlich begünstigen können, anzufechten (vgl. BGE 124 I 145, 149 E. 1c; 124 I 159, 161 f. E. 1c).

[36] FS Koller-Auer, 207; Haller, Jusletter 2006, N 35; Tschannen-Kiener, 264; Seiler/von Werdt/Güngerich, BGG, Art. 89 N 32; vgl. zu Art. 88 OG BGE 130 I 26, 29 E. 1.2.1; 125 I 369, 371 f. E. 1a.

[37] Vgl. BGE 125 I 173, 174 f. E. 1b betr. gesetzliche Zulassungsbeschränkungen zum Medizinstudium und die virtuelle Betroffenheit von Personen, die in einem anderen Kanton wohnhaft sind.

[38] BGE 121 II 39, 44 E. 2c/aa; vgl. auch BGE 125 I 7, 9 E. 3c; 123 II 376, 378 f. E. 2.

[39] Statt vieler BGE 131 II 361, 365 E. 1.2; 123 II 376, 378 E. 2; 120 Ib 48, 51 f. E. 2a.

– Schliesslich muss der Beschwerdeführer ein **aktuelles** und **praktisches** Interesse an der   **17**
Überprüfung des angefochtenen Entscheids oder Erlasses haben. Dies ist der Fall, wenn
der erlittene Nachteil im Zeitpunkt der Beurteilung durch das Bundesgericht (sic!) noch
besteht und durch die beantragte Aufhebung des angefochtenen Hoheitsakts beseitigt
würde.[40] Hingegen fehlt es an einem aktuellen und praktischen Interesse an der Beschwerde, wenn der angefochtene Akt im Zeitpunkt des bundesgerichtlichen Urteils
keine Rechtswirkungen mehr entfaltet, weil er in der Zwischenzeit ausser Kraft getreten ist oder das Ereignis, auf welches er sich bezogen hatte, bereits stattgefunden hat.

Auf das Erfordernis des aktuellen Interesses kann auch künftig – in Anlehnung an die bisherige
bundesgerichtliche Rechtsprechung[41] – verzichtet werden, wenn sich die mit der Beschwerde
aufgeworfene Frage jederzeit und unter gleichen oder ähnlichen Umständen wieder stellen
könnte, an ihrer Beantwortung wegen ihrer grundsätzlichen Bedeutung ein hinreichendes öffentliches Interesse besteht und eine rechtzeitige Überprüfung im Einzelfall kaum je möglich wäre.
Gemäss bundesgerichtlicher Rechtsprechung besteht ein aktuelles praktisches Interesse an der
Aufhebung der angefochtenen Verfügung, die schon vollzogen ist oder deren Wirkung nicht
mehr rückgängig gemacht werden kann, nicht schon darin, dass der Beschwerdeführer Schadenersatz geltend zu machen beabsichtigt. Zugleich hat das Gericht aber festgehalten, dass die
Rechtskraft solcher Entscheide dem Betroffenen im Schadenersatzprozess nicht entgegengehalten werden kann.[42]

3. Verfügungsadressaten und Dritte

a) Verfügungsadressaten

Als **materielle (= primäre) Verfügungsadressaten** werden jene Personen bezeichnet,   **18**
denen durch den Entscheid unmittelbar Rechte eingeräumt oder Pflichten auferlegt werden. Die Anwendung der Legitimationsvoraussetzungen bereitet in der Praxis kaum
Probleme: Die besondere, beachtenswerte, nahe Beziehung zur Streitsache ist mit Bezug
auf den oder die Verfügungsadressaten regelmässig bereits dadurch erfüllt, dass sie im
Verfahren vor der Vorinstanz Parteistellung innehatten.[43] Im Hinblick auf die erforderliche materielle Beschwer sind überdies das Bestehen eines tatsächlichen, aktuellen und
praktischen Interesses an der Aufhebung oder Änderung des angefochtenen Entscheids
zu prüfen. Daran fehlt es beispielsweise, wenn die Vorinstanz den Begehren des Beschwerdeführers voll und ganz entsprochen hat.[44] Abgesehen davon ergibt sich aus der
formellen meistens auch die materielle Beschwer.

In einem *Baubewilligungsverfahren* ist der Baugesuchsteller primärer Verfügungsadressat. Dringt
er mit seinen Begehren vor der Vorinstanz nicht oder nur teilweise durch, ist er unmittelbar betroffen und hat ein schutzwürdiges Interesse an der Aufhebung (oder Änderung) des angefochtenen Entscheids. Die Nachbarn gelten indes im Lichte von Art. 89 Abs. 1 als Dritte, selbst wenn
sie im Verfahren vor der Vorinstanz Beschwerdeführer waren.

---

[40] BGE 116 Ia 359, 363 E. 2a; vgl. auch BGE 133 II 81, 84 E. 3; 125 II 497, 499 E. 1a/bb.
[41] Vgl. zu *Art. 103 lit. a OG* statt vieler BGE 131 II 361, 365 f. E. 1.2 (Feststellung der Verfassungswidrigkeit eines nicht mehr praktizierten Quotensystems zur Förderung des Zugangs von
Frauen zu universitären Lehrämtern); 128 II 156, 157 E. 159 (Einschränkung der Bewegungs-
freiheit eines Asylbewerbers in einer Empfangsstelle); BGE 123 II 285 (Voraussetzungen verneint für eine Beschwerde gegen die Veranstaltung eines Bootsrennens); vgl. analog im Kontext
von *Art. 88 OG* statt vieler BGE 127 I 164, 166 E. 1a (Verweigerung einer Demonstration anlässlich des Weltwirtschaftsforums 2001 in Davos). Das Bundesgericht hat sich kürzlich dieser
Praxis angeschlossen: BGer, I. ÖRA, 13.7.2007, 1C_89/2007, E. 1.3.
[42] Vgl. BGE 125 I 394, 397 ff. E. 4 und 5 (Untersuchungshaft); 126 I 144, 148 E. 2a (Beschaffungswesen); 129 I 139, 143 E. 3.1 (Ausschaffungshaft).
[43] Vgl. BGE 130 V 560, 564 E. 3.4.
[44] Vgl. BGE 129 V 339, 343 E. 4a.

Besonders präsentiert sich die Situation im *öffentlichen Vergabeverfahren* mit mehreren Anbietern. Sowohl der Anbieter, der den Zuschlag erhalten hat, als auch seine Mitbewerber gehören zu den primären Verfügungsadressaten. Nach Auffassung der meisten kantonalen Gerichte sind Mitbewerber nur dann beschwerdelegitimiert, wenn sie bei einer Aufhebung des Zuschlags durch die Beschwerdeinstanz echte Chancen hätten, diesen selber zu erhalten. Zugelassen werden nur solche Rügen, die den Entscheid zu ihren Gunsten beeinflussen können. Das Bundesgericht hat diese Praxis unter dem Vorbehalt geschützt, dass gravierende Formfehler, die – wie etwa die Verletzung von Ausstandspflichten – eine Wiederholung des Verfahrens rechtfertigen könnten, unabhängig von den Zuschlagschancen anfechtbar bleiben müssen.[45] Demgegenüber vertrat die Eidgenössische Rekurskommission für das öffentliche Beschaffungswesen (EBRK) den Standpunkt, dass jeder unterlegene Bewerber unabhängig von seinen tatsächlichen Zuschlagschancen, Anspruch auf Überprüfung des Zuschlagentscheids haben müsse, zumal nach der Aufhebung des Zuschlags nur jene Anbieter berücksichtigt werden, die den Zuschlag angefochten haben.[46]

Eine weitere Besonderheit betrifft die *Allgemeinverfügungen:* Aufgrund des offenen Adressatenkreises bestimmt sich die Beschwerdebefugnis nach den für Drittpersonen geltenden Kriterien.[47] So wird beispielsweise bei Verkehrsanordnungen ein schutzwürdiges Anfechtungsinteresse als gegeben erachtet, wenn die strittige Massnahme eine Strasse betrifft, die der Beschwerdeführer regelmässig und über eine längere Zeitspanne hinweg benutzt, wie dies typischerweise für Anwohner und Pendler der Fall ist.[48]

b) Dritte

19   Im Gegensatz zu den primären Verfügungsadressaten werden **Dritte** (also Nichtadressaten) durch die Verfügung als solche definitionsgemäss insofern nicht «berührt», als diese ihnen nicht direkt Rechte einräumt oder Pflichten auferlegt. Für sie sind daher die Voraussetzungen von Art. 89 Abs. 1 von besonderer Bedeutung: Im Hinblick auf die *konkrete Konstellation* muss geprüft werden, ob sie durch den Entscheid in ihren Interessen berührt werden (N 16), in einer besonderen, beachtenswerten, nahen Beziehung zur Streitsache stehen (N 12) und damit ein schutzwürdiges Interesse an der Aufhebung oder Änderung des angefochtenen Entscheids haben. Bei der Beurteilung der Intensität der Betroffenheit ist danach zu unterscheiden, ob Dritte die Beschwerde gegen einen den Verfügungsadressaten begünstigenden Entscheid richten (Drittbeschwerde «contra Adressat»; N 20) oder ob die Beschwerde zu dessen Gunsten erhoben werden soll (Drittbeschwerde «pro Adressat», N 28).[49]

aa) Drittbeschwerde «contra Adressat»

20   Dritte sind zur Beschwerde gegen eine den Adressaten begünstigende Verfügung befugt, wenn sie ein eigenes schutzwürdiges Interesse an der Aufhebung oder Änderung dieser Verfügung haben und in einer besonderen, beachtenswerten, nahen Beziehung zur Streitsache stehen. Diese allgemeinen Anforderungen an die materielle Beschwer sind in der Praxis für verschiedene Sachbereiche ausdifferenziert worden.

---

[45] BGer, II. ÖRA, 6.2.2004, 2P.176/2003, ZBl 2004, 597, 601 E. 3.3 m.w.Hinw.; vgl. zum Ganzen auch R. WOLF, Die Beschwerde gegen Vergabeentscheide – Eine Übersicht über die Rechtsprechung zu den neuen Rechtsmitteln, ZBl 2003, 11 f.

[46] EBRK, Entscheid vom 16.8.1999, VPB 64 (2000) Nr. 29 E. 1b.

[47] SEILER/VON WERDT/GÜNGERICH, BGG, Art. 89 N 18.

[48] BGer, I. ÖRA, 6.7.2004, 1A.73/2004, E. 2 in Anlehnung an die frühere Praxis des Bundesrats zu Art. 48 lit. a VwVG (vgl. dazu etwa VPB 55 [1991] Nr. 32 E. 4b). Im Unterschied zum Bundesrat erachtete es das Bundesgericht als fraglich, ob ein schützenswertes Interesse auch dann bestehe, wenn der Beschwerdeführer nicht zwingend auf die Benutzung des fraglichen Strassenabschnitts angewiesen sei; es liess die Frage jedoch offen.

[49] BGE 130 V 560, 564 f. E. 3.4–3.5; 125 V 339, 343 E. 4a; HÄNER, Die Beteiligten, N 521, 711 ff., 761 ff.; SEILER/VON WERDT/GÜNGERICH, BGG, Art. 89 N 19 ff.

aaa) Nachbarn von Bauprojekten

In Plangenehmigungs- und Bewilligungsverfahren zur Errichtung von Bauten und Anla-   **21**
gen ist die für Dritte (**Nachbarn**) erforderliche Beziehungsnähe zur Streitsache in erster
Linie dann gegeben, wenn der Bau oder Betrieb der projektierten Anlage auf ihrem
Grundstück **mit Sicherheit oder grösster Wahrscheinlichkeit** zu *materiellen Immissionen* (Lärm-, Staub-, Erschütterungs-, Licht- oder anderen Einwirkungen) führt[50] oder
ideelle Einwirkungen auf das Grundstück der Beschwerdeführer bewirkt.[51] Die Beschwerdelegitimation ist aber nicht erst dann gegeben, wenn die Immissionsbelastung
gesetzlich festgelegte Grenzwerte erreicht, sondern schon vorher, sofern die Beschwerdeführer mehr als jedermann betroffen sind.[52] Dabei ist die räumliche Distanz zwischen den
Bauvorhaben und der Liegenschaft des Beschwerdeführers zwar ein wichtiges, aber nicht
das einzige Kriterium.[53] Vielmehr ist stets eine Würdigung aller rechtlich erheblichen
Sachverhaltselemente vorzunehmen.[54]

Bei immissionsträchtigen Anlagen kann unter Umständen ein sehr weiter Kreis Betroffener zur Beschwerdeführung legitimiert sein, wie zum Beispiel die Anwohner eines *Flughafens* einschliesslich
jener, die in der Verlängerung der Flugplatzpisten wohnen.[55] Dasselbe gilt für die Errichtung einer
Schiessanlage in dicht besiedeltem Gebiet.[56] Soweit die Legitimationsvoraussetzungen von Art. 89
Abs. 1 erfüllt sind, sind auch Einwohner mit Wohnsitz im Ausland beschwerdeberechtigt.[57]

Haben die Anwohner einer bestehenden Strasse durch die Errichtung einer Baute oder Anlage mit
einer *Verkehrszunahme* zu rechnen, vermag dies allein noch keine besondere Betroffenheit zu begründen, solange sich die erwarteten Beeinträchtigungen weitgehend mit den allgemeinen Stras-
senimmissionen vermischen und kaum mehr als eigenständige Belastung feststellbar sind.[58] In der
Praxis einzelner Kantone wird die Einsprache- und Beschwerdebefugnis bei einer Zunahme des
durchschnittlichen täglichen Verkehrsaufkommens um mindestens 10% bejaht; das Bundesgericht
erachtet diese Grenze als sachlich begründet und angemessen.[59] Vorbehalten bleiben überdies die
Umstände des Einzelfalls.[60]

---

[50] BGE 120 Ib 379, 387 E. 4c (Umbauprojekt an biotechnischer Anlage); 119 Ib 179, 183 f. E. 1c
(Sägerei); 112 Ib 270, 272 f. E. 1c (Gärtnerei); 111 Ib 159, 160 E. 1b (Schweinestall). – Vgl.
zum Ganzen auch EHRENZELLER/SCHWEIZER-AEMISEGGER, 152 f.; WALDMANN/HÄNNI, RPG,
Art. 33 N 35 ff.

[51] Vgl. BGer, I. ÖRA, 10.11.2006, 1A.118/2006, 1P.330/2006, E. 2.5 (ideelles Interesse an der
Freihaltung des Seeufers für Anstösser eines Seegrundstücks bejaht). Vgl. zu den Grenzen der
Berücksichtigung von ideellen Interessen B. WALDMANN, Der Schutz vor ideellen Immissionen
in Wohngebieten – eine kritische Würdigung, BR/DC 2005, 156 ff.

[52] Vgl. BGer, I. ÖRA, 20.9.2006, 1A.44/2006, E. 2.1.1 m.w.Hinw.

[53] Vgl. BGE 125 II 10, 15 f. (280 Meter); BGer, I. ÖRA, 12.10.2006, 1A.119/2006, 1P.329/2006,
E. 2 (600 Meter); BGer, I. ÖRA, 8.11.2006, 116/2006, E. 2.2 (200 Meter) m.w.Hinw.

[54] BGer, I. ÖRA, 20.6.2007, 1C_76/2007, E. 3; BGer, I. ÖRA, 20.12.2005, 1A.148/2005,
1A.152/2005, 1A.154/2005, 1A.156/2005, URP 2006 144 ff. = ZBl 2006 609 ff. E. 3.3.

[55] BGE 104 Ib 307, 318 E. 3b; 124 II 293, 303 E. 3a.

[56] BGE 110 Ib 99, 100 ff., E. 1.

[57] Vgl. BGE 124 II 293, 304 E. 3a (Einwohner der deutschen Gemeinde Hohentengen, die in der
Anflugschneise des Flughafens Zürich liegt).

[58] Vgl. BGE 113 Ib 225, 228 f. E. 1c (Verkehr infolge einer Kiesgrube); 112 Ib 154, 160 E. 3 (Verkehr aus dem Betrieb einer Deponie); BGer, I. ÖRA, 7.12.1995, E. 62/1993 und E. 63/1993, ZBl
1997, 136, 138 ff. E. 5; BGE 111 Ib 290, 292 E. 1b (Verkehrszunahme aufgrund des Baus einer
Nationalstrasse).

[59] BGer, I. ÖRA, 20.12.2005, 1A.148/2005, 1A.152/2005, 1A.154/2005, 1A.156/2005, URP 2006
144 ff. = ZBl 2006 609 ff. E. 3.5–3.6 (vgl. auch die Anmerkungen von A. MARTI, in ZBl 2006,
612 ff.); BGer, I. ÖRA, 7.6.2004, 1A.123/2003, 1P.354/2003, E. 3.5.3. Vgl. demgegenüber BGer,
I. ÖRA, 27.12.2006, 1A.11/2006, 1P.41/2006, E. 3 (Verneinung der Beschwerdelegitimation für
Anstösser einer Strasse, die durch das angefochtene Projekt mit einer Verkehrszunahme von
zweitweise rund 2% zu rechnen haben).

[60] Vgl. BGer, I. ÖRA, 1.11.2006, 1A.24/2006, 1P.68/2006, E. 2.3 (Betrieb eines Kontrollzentrums
verursacht täglich 80 bzw. 160 zusätzliche Lastwagen-Fahrten).

Im Zusammenhang mit dem Verfahren zur Errichtung einer *Mobilfunkanlage* sind alle Personen beschwerdelegitimiert, die innerhalb eines Radius wohnen, ausserhalb dessen in jedem Fall eine tiefere Strahlung als 10% des Anlagegrenzwerts erzeugt wird.[61] Dabei ist die Legitimation nach neuester Rechtsprechung anhand der im Standortdatenblatt beantragten Strahlungsleistung bzw., nach Vorliegen der Baubewilligung, anhand der von den Behörden bewilligten Strahlungsleistung zu bestimmen.[62]

22 Dritte können ferner auch dann besonders betroffen sein, wenn von der projektierten Baute oder Anlage zwar bei Normalbetrieb keine Emissionen ausgehen, mit diesen aber ein **besonderer Gefahrenherd** geschaffen wird und sich die Anwohner einem **erhöhten Risiko** ausgesetzt sehen.[63]

Ein besonderes Gefährdungspotenzial beinhalten insb. *Kernkraftwerke* und andere *atomare Anlagen*. Hier besteht ein Risiko der Freisetzung von radioaktiven Stoffen. Bei Kernkraftwerken erstreckt sich dieses Risiko auf einen sehr weiten Raum, so dass unter Umständen ganze Landesgegenden davon betroffen sein können. Im Hinblick auf die Abgrenzung zur unzulässigen Popularbeschwerde hat der Bundesrat deshalb schon seit einiger Zeit gefordert, dass rund um Kernkraftwerke Zonen abgegrenzt werden, in denen von einer erkennbaren stärkeren Gefährdung der Bewohner und daher von deren Beschwerderecht auszugehen sei, während ausserhalb dieser Zonen Wohnende ihre besondere Gefährdung nachzuweisen hätten.[64] Diese Rechtsprechung wurde vom Bundesgericht im Zusammenhang mit einem Umbauprojekt an einer *biotechnischen Anlage* sinngemäss übernommen.[65] Umgekehrt ist auch die Betreiberin einer gefährlichen Anlage berechtigt, gegen eine Baubewilligung für ein in unmittelbarer Nähe ihrer Anlage geplantes Projekt Beschwerde zu erheben, wenn sie wegen der geplanten Baute ev. zusätzliche Massnahmen zur Risikovermeidung ergreifen muss.[66]

Nach bundesgerichtlicher Rechtsprechung vermögen nur Gefahren von einer gewissen Bedeutung und Wahrscheinlichkeit eine Beschwerdelegitimation zu begründen. Vor diesem Hintergrund verneinte das Bundesgericht beispielsweise die Legitimation von Anstössern einer Eisenbahnstrecke, auf der mehrmals jährlich radioaktive Rückstände transportiert werden.[67] Ebenso sind die Eigentümer eines an das öffentliche Trinkwasserversorgungsnetz angeschlossenen Grundstücks oder einfache Wasserbezüger grundsätzlich nicht legitimiert, die Festlegung von Grundwasserschutzzonen anzufechten, da das Risiko einer Vergiftung ausserhalb des Perimeters der Schutzzone relativ klein ist und überdies selbst innerhalb der Schutzzone immer ein Restrisiko besteht.[68]

bbb) Konkurrenten

23 Für **Konkurrenten** eines Bewilligungsempfängers ergibt sich das schutzwürdige Interesse für eine Anfechtung der Bewilligung nicht schon auf Grund der blossen Befürchtung, einer verstärkten Konkurrenz ausgesetzt zu sein, denn Letzteres liegt im Wesen der (letztlich durch die Bundesverfassung begründeten) freien Wirtschaftsordnung. Auch die Befürchtung, dass der Berufsstand oder die Volksgesundheit leide, bildet kein eigenes, schutzwürdiges Interesse, um die Beschwerdelegitimation zu begründen. Erforderlich ist vielmehr eine **spezifische Beziehungsnähe** zwischen den Konkurrenten. Eine solche

---

[61] Vgl. grundlegend BGE 128 II 168; dazu auch oben N 3. – Das Bundesgericht hat es offen gelassen, ob und inwiefern dieser Berechnungsweise Allgemeingültigkeit zukommt: vgl. BGer, I. ÖRA, 7.9.2004, 1A.66/2004, E. 2.2 (Mittelwellensender Beromünster).

[62] BGer, I. ÖRA, 1.2.2007, 1A.140/2006, E. 2.4 m.w.Hinw.

[63] BGE 121 II 176, 178 f. E. 2c; 120 Ib 379, 388 E. 4d.

[64] Bundesrat, Entscheid vom 22.2.1978, VPB 42 (1978) Nr. 96; Bundesrat, Entscheid vom 29.4.1981, VPB 46 (1982) Nr. 54.

[65] BGE 120 Ib 379, 388 f. E. 4d–e.

[66] BGer, I. ÖRA, 4.10.2006, 1A.133/2006, URP 2006, 904, 906 f. E. 2.

[67] BGE 121 II 176, 180 ff. E. 3.

[68] BGE 121 II 39, 45 f. E. 2c/cc.

kann sich insb. durch wirtschaftspolitische oder sonstige spezielle Regelungen (wie z.B. eine Kontingentierung oder eine Bedürfnisklausel) ergeben, denen die Konkurrenten gemeinsam unterworfen sind.[69] Im Einzelnen ist nach der Art der wirtschaftsverwaltungsrechtlichen Vorschriften zu unterscheiden, auf deren Grundlage Bewilligungen erteilt werden:

– Im Zusammenhang mit *polizeilichen, sozialpolitischen* oder anderen Vorschriften, die   **24**
   keine wirtschaftspolitischen Zwecke verfolgen, reicht es für die Beschwerdelegitimation des Konkurrenten nicht aus, dass dieser und der Bewilligungsempfänger der gleichen gesetzlichen Regelung unterstellt sind. Ein Konkurrent ist nur zur Beschwerde befugt, soweit er geltend macht, andere Konkurrenten würden in Anwendung dieser Regelung privilegiert bzw. die Vorschriften würden zu seinem Nachteil ungleich angewendet.[70] In diesem Sinne waren beispielsweise die Apotheker der Stadt Bern zur Anfechtung einer Betriebsbewilligung für eine neue Apotheke im Bahnhof Bern befugt, weil darin vorgesehen war, dass diese auch zu Zeiten offen halten konnte, da die anderen Apotheken in der Regel geschlossen sein mussten.[71] Hingegen sprach das Bundesgericht den «Bio»-Produzenten und Vertreibern von Sojaprodukten die Befugnis ab, gegen die Zulassung von aus genmanipulierter Soja hergestellten Lebensmitteln Beschwerde zu führen.[72] Ebenso ist es bereits in mehreren Fällen den Produzenten von natürlichen Erzeugnissen ergangen, die sich gegen die Zulassung eines direkten künstlichen Ersatzgutes zur Wehr setzen wollten.[73]

– Eine besondere Beziehungsnähe zwischen einzelnen Konkurrenten wird hingegen   **25**
   durch *wirtschaftspolitische* Regelungen geschaffen.[74] Wo das Gesetz ausdrücklich den Schutz bestehender Betriebsinhaber bezweckt, besteht für diese gar ein rechtlich geschütztes Interesse, vor Konkurrenz geschützt zu werden.[75] Im Zusammenhang mit der Erteilung von *Kontingenten* sind die Konkurrenten zur Anfechtung legitimiert, sofern ihre eigenen Kontingente dadurch entsprechend geändert werden müssen[76] oder sie ihre Beschwerde mit der richtigen Durchführung der Kontingentsordnung begründen.[77] Analog der Beschwerdelegitimation des Kontingentsinhabers gegen Kontingentsbewerber sprach das Bundesgericht das Beschwerderecht auch dem Konkurrenten eines zu eröffnenden oder umzuwandelnden Kinobetriebs zu, weil die filmrechtliche Regelung die erforderliche spezifische Beziehungsnähe schaffe.[78] Eine besondere Beziehungsnähe kann sich ferner bei *Bedürfnisklauseln* ergeben, auch wenn diese – wie im Lotteriewesen – nicht wirtschafts-, sondern sozialpolitisch motiviert sind. Sie liegt darin, dass die kantonale Behörde, anders als bei reinen Polizeibewilligungen, konkurrierende Gesuche gegeneinander abwägen kann.[79]

---

[69] Grundlegend BGE 125 I 7, 9 ff. E. 3d–g m.w.Hinw.; ebenso BGer, II. ÖRA, 24.5.2006, 2A.19/2006, E. 2.2; BGE 127 II 264, 269 E. 2c; BGE 123 II 376, 382 E. 5b/aa; 113 Ib 363, 366 f. E. 3.
[70] BGE 125 I 7, 12 E. 3g/cc.
[71] BGE 97 I 591, 593 E. 2; 98 Ib 226, 229 E. 2.
[72] BGE 123 II 376, 383 E. 5b/cc.
[73] BGE 113 Ib 363 («Valflora minical» als Butterersatz); 100 Ib 331 (Pulver als Schlagrahmersatz).
[74] BGE 125 I 7, 10 E. 3e.
[75] Vgl. BGE 119 Ia 433, 437 E. 2c; BGer, II. ÖRA, 15.6.1999, 2P.195/1998, ZBl 2000, 533, 538 f. E. 4.
[76] BGE 97 I 293, 297 E. 1b.
[77] BGE 100 Ib 421, 424 E. 1b; vgl. auch BGE 101 Ib 87, 90 E. 2a.
[78] BGE 113 Ib 97, 100 E. 1b.
[79] BGE 127 II 264, 271 E. 2h.

ccc) Konsumenten

26   Das Interesse der **Konsumenten**, dass keine gesundheitsgefährdenden oder den gesetzlichen Vorschriften widersprechende Tätigkeiten bewilligt werden und entsprechende
Produkte auf den Markt kommen, begründet für sich allein noch keine **schutzwürdige
Beziehungsnähe** i.S.v. Art. 89 Abs. 1. Den Konsumenten kommt in entsprechenden Be-
willigungsverfahren nur dann Parteistellung zu, wenn sie sowohl mit Bezug auf die
Wahrscheinlichkeit des Schadenseintritts als auch hinsichtlich der möglichen Schwere
der Beeinträchtigung einem nicht unwesentlich höheren Risiko ausgesetzt sind als die
Allgemeinheit.[80]

> Im Lichte dieser Kriterien verneinte das Bundesgericht die Parteistellung und Beschwerdelegiti-
> mation von Konsumenten im Verfahren um die Zulassung von aus genmanipulierter Soja («GTS»-
> Soja) hergestellten Lebensmitteln.[81] Ebenso sprach es Trinkwasserkonsumenten im Verfahren zur
> Festlegung von Grundwasserschutzzonen die Parteistellung ab.[82]

ddd) Anzeiger

27   Für Dritte begründen aufsichtsrechtliche Verfahren in der Regel keine Parteistellung;
selbst dann nicht, wenn diese das Verfahren durch eine entsprechende Anzeige ausgelöst
haben. Gemäss bundesgerichtlicher Rechtsprechung zu Art. 103 lit. a OG ist der **Anzeiger** in einer durch das (Bundes-)Verwaltungsrecht geregelten aufsichtsrechtlichen Streitigkeit nur dann beschwerdelegitimiert, wenn die angerufene Behörde zur Ausübung der
Aufsicht verpflichtet ist und der Anzeiger an der abgelehnten Aufsichtsmassnahme ein
konkretes schutzwürdiges Interesse hat.[83]

> Wo das aufsichtsrechtliche Verfahren lediglich in einer nachträglichen (disziplinarrechtlichen)
> Sanktionierung für fehlbares Verhalten besteht, hat der Anzeiger in aller Regel keinen Anspruch
> darauf, dass seinem Begehren um Durchführung einer Disziplinaruntersuchung oder um Verhän-
> gung einer Disziplinarmassnahme entsprochen wird.[84] Anders zu beurteilen sind Fälle, in denen
> Aufsichtsbehörden nicht nur Sanktionen ergreifen, sondern auch die für die Beseitigung von
> Missständen und die Wiederherstellung des ordnungsgemässen Zustandes erforderlichen Mass-
> nahmen treffen und dadurch auf hängige Geschäfte zwischen Anzeiger und Beaufsichtigtem Ein-
> fluss nehmen.[85]

bb) Drittbeschwerde «pro Adressat»

28   Von den hiervor dargestellten Konstellationen sind jene Fälle zu unterscheiden, in denen
der Dritte einen den Verfügungsadressaten belastenden Entscheid anfechten will. Im
Kontext von Art. 89 Abs. 1 kommt ein Beschwerderecht nur in Betracht, wenn der Dritte
ein **selbständiges, eigenes Rechtsschutzinteresse** an der Beschwerdeführung für sich in
Anspruch nehmen kann.[86] Ob diese Voraussetzung im Einzelfall erfüllt ist, beurteilt sich
grundsätzlich selbständig und unabhängig davon, ob der Verfügungsadressat selbst ebenfalls Beschwerde ergreift oder aber auf ein Rechtsmittel verzichtet.

---

[80] Grundlegend BGE 123 II 376, 379 f. E. 4a, b/aa.
[81] BGE 123 II 376, 380 f. E. 4b/bb.
[82] BGE 121 II 39, 46 E. 2c/cc.
[83] Statt vieler BGE 129 II 297, 302 E. 3.1; 120 Ib 351, 355 E. 1b m.w.Hinw.
[84] Vgl. BGE 132 II 250, 254 f. E. 4.2–4.3 und BGE 129 II 297, 302 f. E. 3 betr. die Disziplinar-
      aufsicht über Rechtsanwälte. Dasselbe gilt auch für die Disziplinaraufsicht über öffentlich Be-
      dienstete.
[85] Dies betrifft typischerweise den Bereich der Bankenaufsicht: BGE 120 Ib 351, 355 E. 3b; 130 II
      351, 354 E. 2.1.
[86] GYGI, Bundesverwaltungsrechtspflege[2], 161 f.; HÄNER, Die Beteiligten, N 761 ff.; SEILER/VON
      WERDT/GÜNGERICH, BGG, Art. 89 N 30 f.; BGE 130 V 560, 564 ff. E. 3.5–3.6.

aaa) Vertragspartner des Verfügungsadressaten

Der blosse Umstand, dass der angefochtene Entscheid Rückwirkungen auf ein **Vertrags-** **29**
verhältnis zwischen dem Verfügungsadressaten und dem Dritten zeitigen kann, vermag
allein noch nicht zu genügen, um für diesen ein schutzwürdiges Interesse und damit die
Beschwerdelegitimation zu begründen. Für die erforderliche Beziehungsnähe zur Streitsache wird vielmehr vorausgesetzt, dass der Drittperson durch die streitige Verfügung ein
unmittelbarer Nachteil entsteht. Blosse mittelbare, faktische Interessen an der Aufhebung
oder Änderung der Verfügung reichen hingegen nicht aus.

So sind beispielsweise weder der *Architekt* noch der *Generalunternehmer* befugt, gegen die
Verweigerung einer Baubewilligung Beschwerde zu führen.[87] Obwohl sich ein negativer Vergabeentscheid auf die Beschäftigungslage und damit die Arbeitsverhältnisse in einem Betrieb auswirken kann, ist der *Arbeitnehmer* durch einen solchen Entscheid nicht unmittelbar betroffen und
daher nicht beschwerdelegitimiert.[88]

Hingegen ist der *Verkäufer* eines Grundstücks legitimiert, die dem Käufer verweigerte Rodungs-
bewilligung anzufechten, sofern er und der Käufer im Zeitpunkt des Verkaufs vorausgesetzt
hatten, dass das Grundstück gerodet werden dürfe, und er somit mit Forderungen aus dem Kauf-
vertrag rechnen muss.[89] Ähnlich ist gegen den Entscheid, einen Grundstückerwerb der Bewilligungspflicht zu unterstellen, neben dem Käufer als Verfügungsadressat auch der Verkäufer
legitimiert.[90] Ebenso ist der Dritte zur Anfechtung des Entscheids befugt, mit dem seinem Vertragspartner eine staatliche Subvention verweigert oder widerrufen wird, sofern die Parteien bei
Vertragsabschluss von der Gewährung dieser Subvention ausgegangen sind.[91]

Ferner anerkennt das Bundesgericht die Legitimation des *Mieters*, sich gegen Verfügungen, die
an den Eigentümer gerichtet sind und das Mietobjekt betreffen, zu wehren, wenn er dadurch in
seinen Rechten als Mieter beschränkt wird.[92] Hingegen fehlt es ihm an der Befugnis, Beschwerde gegen eine Verfügung zu erheben, mit welcher der Verkauf der von ihm belegten Wohnung an
eine Person im Ausland bewilligt worden ist, um damit eine Kündigung seines Mietverhältnisses
zu verhindern.[93]

Eine reichhaltige Praxis existiert hinsichtlich der Anfechtung von Leistungsverweigerungen und
-kürzungen in der *Sozialversicherung*: In vielen Entscheiden begründete die Rechtsprechung die
Beschwerdelegitimation des Arbeitgebers mit den direkten Auswirkungen des Entscheids auf
seine Leistungspflicht und mit dem engen Zusammenhang der jeweiligen Versicherung zum
konkreten Arbeitsverhältnis. Ein solcher wurde neben der Arbeitslosenversicherung[94] insb. für
die obligatorische Unfallversicherung,[95] welche ebenfalls eine Arbeitnehmerversicherung darstellt, für die Familienzulagen in der Landwirtschaft[96] sowie hinsichtlich einer von der Arbeitgeberin für ihr Personal abgeschlossenen Krankentaggeldversicherung[97] bejaht. Im Gegensatz dazu
sind die Alters- und Hinterlassenenversicherung und die Invalidenversicherung als Versicherungen für die gesamte Bevölkerung konzipiert und vom Bestehen eines Anstellungsverhältnisses
unabhängig; sie dienen nicht dem Zweck, die Arbeitgeberin von irgendwelchen rechtlichen Ver-

---

[87] Vgl. analog BGE 99 Ib 377, 378 f. E. 1b betr. eine beleuchtete Beschriftung auf einem Fabrik-
gebäude.
[88] Vgl. VerwGer ZH, 25.11.1998, ZBl 1999, 444.
[89] BGE 98 Ib 368, 371 E. 1.
[90] BGE 101 Ib 383, 385 E. 1a; bestätigt in BGE 131 II 649, 653, E. 3.4.
[91] Vgl. BGE 107 Ib 43, 45 f. E. 1b.
[92] Vgl. zu Art. 88 OG BGE 116 Ia 177, 179 E. 3a; 109 Ia 91, 94 f. E. c; 105 Ia 43, 46 E. 1c; vgl.
mit Bezug auf Pächter BGer, I. ÖRA, 14.6.2004, 1A.256/2003, teilw. publ. in URP 2004, 476 ff.,
E. 1.1.
[93] BGE 131 II 649.
[94] ARV 1979 Nr. 22, 113.
[95] BGE 106 V 222. – Hingegen steht dem Privatversicherer gegen die Verfügung eines Unfallversicherers kein Beschwerderecht zu, BGE 129 V 339.
[96] BGE 120 V 496, 498 E. 1b/bb.
[97] BGE 120 V 38, 39 E. 1b.

pflichtungen zu entlasten. Letztere sind daher grundsätzlich nicht zur Anfechtung von an ihre Arbeitnehmer gerichteten Verfügungen befugt.[98]

Ein behandelnder *Arzt* einer Sozialhilfeempfängerin ist gegen einen Entscheid der zuständigen Behörde, die Behandlungskosten nicht zu übernehmen, nicht beschwerdelegitimiert.[99]

bbb) Mitglieder einer Körperschaft

30 Die Mitglieder einer Körperschaft und die Körperschaft selbst verfügen je über eine eigene Rechtspersönlichkeit und damit insb. auch über eigenes Vermögen. Vor diesem Hintergrund werden die **Gesellschafter** durch eine an die Gesellschaft gerichtete Verfügung nicht unmittelbar betroffen. Die Eigenschaft allein, Mitglied der Gesellschaft zu sein, begründet kein schutzwürdiges Interesse zur Anfechtung einer solchen Verfügung.[100] Das gilt auch für Mitglieder, die allein oder mehrheitlich an der Gesellschaft beteiligt sind.[101]

4. Juristische Personen des Privatrechts (insbesondere Verbände)

31 **Verbände** (körperschaftlich organisierte juristische Personen[102]) können unter Art. 89 Abs. 1 sowohl für sich selbst (N 32) als auch im Interesse ihrer Mitglieder (N 33 ff.) Beschwerde führen. Diese Arten der Verbandsbeschwerde sind gegenüber der ideellen Verbandsbeschwerde abzugrenzen, die gem. Art. 89 Abs. 2 lit. d einer spezialgesetzlichen Grundlage bedarf (N 69 ff.).

a) Beschwerde zur Wahrung der eigenen Interessen

32 Wo Verbände im **eigenen Namen** und zur Wahrung **eigener Interessen** als Beschwerdeführer auftreten, richtet sich die Beschwerdelegitimation nach Art. 89 Abs. 1 (vgl. zur Legitimation in Stimmrechtssachen Art. 89 Abs. 3). Unter diesen Voraussetzungen können sie sowohl gegen kantonale Erlasse als auch – sei es als Verfügungsadressaten[103] (N 18) oder als Dritte[104] (N 19) – gegen Entscheide Beschwerde führen.

b) Beschwerde zur Wahrung der Interessen der Mitglieder

33 Nach bisherigem Recht waren Verbände zur Verwaltungsgerichtsbeschwerde und zur staatsrechtlichen Beschwerde unter gewissen Voraussetzungen auch dann zugelassen, wenn sie im **eigenen Namen**, aber im **Interesse ihrer Mitglieder** Beschwerde führten, ohne selbst durch den angefochtenen Akt betroffen zu sein (sog. «egoistische» Verbandsbeschwerde).[105] Da die Beschwerde in öffentlich-rechtlichen Angelegenheiten die Funk-

---

[98] Vgl. BGE 110 V 145, 150 f. E. 2c (Rückerstattung AHV/IV/EO-Beiträge infolge Verneinung der Versicherteneigenschaft der Angestellten); 130 V 560, 567 ff. E. 4 (Leistungsanspruch IV). Hingegen ist ein Arbeitgeber, dessen Gesuch um Drittauszahlung einer IV-Rente abgelehnt wurde, berechtigt, gegen den Entscheid über den Auszahlungsmodus Beschwerde zu erheben (BGE 130 V 560, 568 E. 4.2 m.w.Hinw.).

[99] Vgl. aus der kantonalen Praxis VerwGer FR, 30.1.2006, FZR 2006, 110.

[100] Vgl. BGE 116 Ib 331, 335 f. E. 1c betr. eine Aktiengesellschaft. – Vgl. zum umgekehrten Fall, da eine Gesellschaft im Interesse ihrer Mitglieder Beschwerde führt unten N 33.

[101] BGE 116 Ib 331, 336 E. 1c; anders noch BGE 110 Ib 105, 110 E. 1d.

[102] Vgl. zu den Gemeinden N 37 hiernach.

[103] Z.B. als Adressat einer Steuerveranlagung.

[104] Z.B. als Nachbar eines Bauprojekts.

[105] Vgl. zu *Art. 103 lit. a OG* statt vieler BGE 130 II 514, 519 E. 2.3.3; 128 II 24, 26 E. 1b; 127 V 80, 82 f. E. 3a/aa; 121 II 39, 46 E. 2d/aa. Vgl. zu *Art. 88 OG* statt vieler BGE 130 I 26, 30 E. 1.2.1; 125 I 71, 75 E. 1b/aa; 123 I 221, 225 E. I/2. Vgl. ebenso zu Art. 48 VwVG BGE 133 V 239, 243 E. 6.4.

tion sowohl der Verwaltungsgerichts- als auch der staatsrechtlichen Beschwerde übernimmt, wird diese Praxis auch unter Art. 89 Abs. 1 weiter gelten. Demnach sind Verbände unter folgenden, kumulativ zu erfüllenden Voraussetzungen befugt, gegen Entscheide oder kantonale Erlasse für ihre Mitglieder Beschwerde zu führen:[106]

– Der Verband muss als *juristische Person* konstituiert sein.   **34**

– Der Verband muss *statutarisch* zur Wahrung der in der Streitsache in Frage stehenden   **35**
  persönlichen Interessen der Mitglieder verpflichtet sein. Zur Wahrung öffentlicher Interessen steht die Beschwerde hingegen nicht zur Verfügung.[107]

– Die *Mehrheit* bzw. eine *Grosszahl der Mitglieder* sind durch den angefochtenen Akt   **36**
  besonders berührt und haben ein schutzwürdiges Interesse an dessen Aufhebung oder Änderung. Mit anderen Worten müssen die Mehrheit bzw. Grosszahl der Mitglieder ihrerseits zur Beschwerde legitimiert sein.[108] Mit Bezug auf die Anfechtung von kantonalen Erlassen genügt es, dass die Mehrheit bzw. Grosszahl der Mitglieder in ihren tatsächlichen Interessen virtuell betroffen ist (Art. 82 N 59). Zur Wahrnehmung allgemeiner öffentlicher Interessen steht das Beschwerderecht jedoch auch für Verbände nicht zur Verfügung; vorbehalten bleiben spezialgesetzliche Beschwerderechte (Art. 89 Abs. 2 lit. d).

5. Gemeinwesen

Die Beschwerdelegitimation nach Art. 89 Abs. 1 ist – wie bereits unter Art. 88 und   **37**
Art. 103 lit. a OG – hauptsächlich auf Private zugeschnitten. Bereits unter dem bisherigen Recht liess das Bundesgericht aber auch ein **Gemeinwesen** zur Beschwerde zu, wenn es *gleich oder ähnlich wie ein Privater betroffen* oder aber in *schutzwürdigen eigenen hoheitlichen Interessen* berührt war.[109] Gemeinden und andere öffentlich-rechtliche Körperschaften konnten sich insb. mit staatsrechtlicher Beschwerde gegen eine Verletzung ihrer durch das kantonale Recht gewährleisteten Autonomie oder Bestandesgarantie zur Wehr setzen.[110]

Es ist mit guten Gründen anzunehmen, dass diese Praxis auch unter Art. 89 Abs. 1 weiter   **38**
gilt,[111] weshalb die folgenden Ausführungen daran anknüpfen (vgl. N 42 ff.). Im Einzelnen dürfen allerdings folgende Punkte nicht aus den Augen gelassen werden:

– Für **Gemeinden** und **andere öffentlich-rechtlichen Körperschaften**, die sich gegen   **39**
  Beeinträchtigungen von verfassungsmässig gewährten Garantien (Bestandesgarantie, Autonomie) zur Wehr setzen, richtet sich die Beschwerdebefugnis nach der besonderen Bestimmung von Art. 89 Abs. 2 lit. c (N 56 ff.). In solchen Fällen besitzen sie ein qualifiziertes rechtliches Interesse («intérêt juridique qualifié»[112]) zur Beschwerdefüh-

---

[106] SEILER/VON WERDT/GÜNGERICH, BGG, Art. 89 N 10. – Vgl. zur Verbandsbeschwerde im Kontext der politischen Rechte N 73.

[107] Vgl. BGE 113 Ia 426, 429 E. 2a (Legitimation eines Quartiervereins gegen Verkehrsberuhigungsmassnahmen).

[108] Vgl. BGE 119 Ia 433, 438 E. 2d, wo es sogar als genügend erachtet wurde, dass nur 5 von 15 Mitgliedern zur Beschwerde befugt wären. Vgl. ferner BGer, II. ÖRA, 25.9.2006, 2A.159/2006, E. 3.2, wonach wohl nicht von einer «Grosszahl» im Sinne der bisherigen Praxis gesprochen werden kann, wenn von 26 Mitgliedern nur 8 betroffen sind.

[109] Vgl. zu Art. 103 lit. a OG statt vieler BGE 131 II 58, 61 f. E. 1.3; 131 II 753, 757 E. 4.3.1; 124 II 293, 304 f. E. 3b; 123 II 371, 374 f. E. 2c; ferner zu Art. 88 OG BGE 129 I 313, 318 f. E. 4.1; 125 I 173, 175 E. 1b; 121 I 218, 219 f. E. 2a; 120 Ia 95, 96 E. 1a.

[110] Statt vieler BGE 125 I 173, 175 E. 1b m.w.Hinw.

[111] So auch SEILER/VON WERDT/GÜNGERICH, BGG, Art. 89 N 11, 34 ff.

[112] BGE 123 II 425, 428 E. 3b; 130 V 196, 203 E. 3.

rung. Für eine Anwendung von Art. 89 Abs. 1 bleibt Raum, soweit sie durch einen Hoheitsakt wie eine Privatperson betroffen werden oder in schutzwürdigen eigenen hoheitlichen Interessen tatsächlicher Natur berührt sind.

40   – Das Bundesgericht hat grundsätzlich immer nur das **Gemeinwesen** als solches als beschwerdefähig erachtet, hingegen nicht die einzelnen Behörden oder Verwaltungszweige ohne eigene Rechtspersönlichkeit.[113] In der Praxis wurde die Beschwerdelegitimation denn auch lediglich in Fällen bejaht, in denen von Kantonen,[114] Gemeinden[115] oder öffentlichrechtlichen Anstalten und Körperschaften mit eigener Rechtspersönlichkeit[116] gegen Entscheide von Bundesbehörden oder kantonalen Gerichten Beschwerde geführt wurde oder in denen eidgenössische Stellen (für den Bund)[117] kantonale Entscheide anfochten. Vor diesem Hintergrund wurde beispielsweise dem Eidgenössische Datenschutzbeauftragten,[118] der Meteo-Schweiz[119] oder einem kantonalen Untersuchungsrichteramt[120] die Beschwerdebefugnis abgesprochen.

41   – **Privatrechtlich organisierte Träger von öffentlichen Aufgaben** wurden in der bisherigen Rechtsprechung zur Beschwerdelegitimation mit den Staatsorganen gleichgestellt mit der Folge, dass ihnen grundsätzlich die Befugnis abgesprochen wurde, gegen Hoheitsakte der ihnen übergeordneten Behörden Beschwerde zu führen. Gemäss ständiger Praxis waren sie ausnahmsweise zur Beschwerde zugelassen, wenn sie durch den angefochtenen Hoheitsakt wie Private betroffen wurden: Dies traf namentlich auf Fälle zu, in denen sie in ihrer Eigenschaft als Eigentümerin von Gegenständen des Finanz- oder Verwaltungsvermögens (mit Ausnahme von Sachen im Gemeingebrauch) betroffen waren oder in denen ihnen (neue) öffentliche Aufgaben übertragen wurden. Vorbehalten blieb ihnen auch die Beschwerde wegen Verletzung der ihnen durch das kantonale Recht eingeräumten Autonomierechte.[121] *Krankenkassen* erfüllen im Bereich der obligatorischen Krankenversicherung eine öffentliche Aufgabe des Bundes. Als öffentliche Aufgabenträger sind sie – wie das Gemeinwesen selbst – nur unter gewissen Voraussetzungen zur Beschwerde zugelassen. Darüber hinaus wird den Krankenkassen – ähnlich wie bei den Gemeinden – aber auch die Befugnis zuerkannt, sich gegen Hoheitsakte zur Wehr zu setzen, die ihre Existenz oder ihre Autonomierechte beeinträchtigen.[122] Der *SRG*, die als privatrechtlicher Verein mit einem Grundversorgungsauftrag betraut ist, steht die Beschwerdelegitimation wie einem Privaten zu, um im Verhältnis zum Konzedenten ihre institutionelle Autonomie zu verteidigen.[123]

---

[113] BGer, I. ÖRA, 26.3.2007, 1A.28/2007, E. 2.2; BGE 127 II 32, 38 f. E. 2f; 123 II 371, 375 E. 2d; 123 II 542, 545 E. 2f.

[114] Vgl. BGE 122 II 33 (Kanton Solothurn gegen ein Urteil des Verwaltungsgerichts des Kantons Solothurn).

[115] Vgl. BGE 118 Ib 614, 616 E. 1b (Gemeinde Weggis gegen einen Entscheid des EDI).

[116] Vgl. BGE 125 II 192 (Eidgenössische Alkoholverwaltung gegen einen Entscheid der Eidgenössischen Alkoholrekurskommission).

[117] Vgl. BGE 120 Ib 287 (SBB gegen ein Urteil des Verwaltungsgerichts des Kantons Genf); 116 Ib 400 (SBB gegen ein Urteil des Verwaltungsgerichts des Kantons Zürich).

[118] BGE 123 II 542.

[119] Vgl. analog BGE 127 II 32, 39 f. E. 2g.

[120] BGE 123 II 371, 375 E. 2d.

[121] Zum Ganzen eingehend BGE 112 Ia 356, 363 ff. E. 5a–b; 121 I 218, 220 f. E. 2b.

[122] BGE 130 V 196, 203 E. 3 (Beschwerde einer Krankenkasse gegen den Entscheid des EDI, ihr die Bewilligung zur Durchführung der sozialen Krankenversicherung zu entziehen); vgl. auch BGE 127 V 80, 83 E. 3a/bb (Voraussetzungen in casu verneint).

[123] BGE 123 II 402, 408 E. 2b/cc.

a) Gleiche oder ähnliche Betroffenheit wie Private

Ein Gemeinwesen ist zur Beschwerde in öffentlich-rechtlichen Angelegenheiten nach   **42**
Art. 89 Abs. 1 legitimiert, wenn es gleich oder ähnlich **wie ein Privater** in seinen *materiellen* oder *vermögensrechtlichen Interessen* berührt ist.[124] Darüber hinaus muss es sich auch über ein eigenes schutzwürdiges Interesse an der Aufhebung oder Änderung des angefochtenen Akts ausweisen; das allgemeine öffentliche Interesse an der richtigen Auslegung und Durchsetzung des Bundesrechts vermag nicht zu genügen.[125]

> So ist beispielsweise das Gemeinwesen zur Anfechtung der Bewilligung für eine Baute oder Anlage befugt, wenn gleichsam wie bei Privaten auf seinem Grundstück mit Immissionen zu rechnen ist.[126]
>
> Typischerweise wie eine Privatperson berührt ist das Gemeinwesen sodann, wenn es sich gegen Anordnungen wehrt, die sein Finanzvermögen beeinträchtigen wie z.B. die Erhebung von Abgaben auf Vermögenswerten. Dasselbe gilt für die Verpflichtung zur Bezahlung von Entschädigungsleistungen, sofern diese zumindest auf einer der zivilrechtlichen Verantwortlichkeit vergleichbaren Grundlage beruhen. So ist beispielsweise ein Kanton befugt, das Urteil seines Verwaltungsgerichts, das ihn zur Zahlung einer Entschädigung aus formeller Enteignung[127] oder nach Art. 5 Gleichstellungsgesetz (GlG)[128] verpflichtet, beim Bundesgericht anzufechten. Dasselbe gilt für einen Entscheid, der ihn als Strasseneigentümer zur Übernahme der Kosten für eine Schallschutzmassnahme an einem Gebäude, das an die Kantonsstrasse angrenzt, verpflichtet.[129] Hingegen ist der Kanton nicht zur Beschwerde gegen einen kantonalen Entscheid legitimiert, der sich auf das Opferhilfegesetz (OHG) stützt und ihn zur Zahlung einer Entschädigung an das Opfer einer Straftat verpflichtet, weil sich diese Entschädigungspflicht nach dem Willen des Gesetzgebers aus einer allgemeinen staatlichen Unterstützungspflicht ergibt und nicht mit der vermögensrechtlichen Verantwortlichkeit des Staates zusammenhängt.[130]

b) Betroffenheit in eigenen schutzwürdigen hoheitlichen Interessen

Ebenfalls gestützt auf Art. 89 Abs. 1 legitimiert ist das Gemeinwesen dann, wenn es   **43**
durch den angefochtenen Akt in seinen **hoheitlichen Befugnissen berührt** ist und ein **eigenes schutzwürdiges Interesse** an dessen Aufhebung oder Änderung hat. Es handelt sich – im Unterschied zur oben dargestellten Konstellation – gerade nicht um Interessen, die mit denjenigen von Privatpersonen vergleichbar sind. Die allgemeine Beschwerdelegitimation des Gemeinwesens ist vielmehr dann zu bejahen, wenn das Gemeinwesen als Träger öffentlicher Aufgaben schutzwürdige, spezifische öffentliche Interessen geltend machen kann und in einem Mass betroffen ist, das die Bejahung der Rechtsmittelbefugnis im als verletzt gerügten Aufgabenbereich rechtfertigen lässt.[131] Ein schutzwürdiges öffentliches Interesse kann das Gemeinwesen im Bereich seiner hoheitlichen Aufgabenerfüllung insb. in Anspruch nehmen:

– als Gläubiger von Kausalabgaben;[132]
– als Projektant eines öffentlichen Werks;[133]

---

[124] Statt vieler BGE 127 II 32, 38 E. 2d; 125 II 192, 194 E. 2a/aa; 123 V 113, 116 f. E. 5a.
[125] BGE 112 Ia 59, 62 E. 1b.
[126] Vgl. BGE 124 II 293, 304 E. 3b. Wo sich Immissionen auf ausländisches Gebiet erstrecken, haben auch ausländische Gemeinden ein schutzwürdiges Interesse an der Beschwerdeführung.
[127] Vgl. analog BGE 103 Ib 210, 216 E. 1f für eine Entschädigung aus materieller Enteignung; hierfür ergibt sich heute die Legitimation aus Art. 34 Abs. 2 RPG (vgl. etwa BGE 125 II 1, 4 E. 1b).
[128] BGE 124 II 409, 419 E. 1e/dd.
[129] BGE 122 II 33, 36 f. E. 1b.
[130] BGE 123 II 425, 431 f. E. 4c.
[131] BGE 123 II 371, 374 f. E. 2c m.w.Hinw.
[132] BGE 125 II 192 (Eidgenössische Alkoholverwaltung für die Erhebung von Monopolabgaben); 119 Ib 389, 391 E. 2e (Stadt Zürich für die Erhebung von Gebühren).
[133] BGE 112 Ib 564, unv. E. 2 (Gemeinde als Projektant einer öffentlichen Sportanlage).

- als Inhaber der planungs- und baurechtlichen Kompetenzen hinsichtlich der Abgrenzung zur Zuständigkeit des Bundes für öffentliche Werke des Bundes;[134]
- als Subventionsempfänger;[135]
- wenn es als kostenmässig involvierte Partei Gewässerschutzmassnahmen anordnet;[136]
- wenn es ihm um spezifische öffentliche Anliegen seiner Einwohner geht, wie z.B. den Schutz vor Immissionen,[137] den Schutz des Grundwassers[138] oder das Interesse an der Aufrechterhaltung einer bedienten Bahnstation.[139]

Wo die Gemeinden in ihrer Autonomie oder in anderen verfassungsmässig gewährten Garantien betroffen sind, richtet sich die Beschwerdelegitimation nach den Voraussetzungen von Art. 89 Abs. 2 lit. c (N 56 ff.).

44   Hingegen begründet das blosse allgemeine Interesse an einer richtigen Anwendung des objektiven Bundesrechts nach ständiger Praxis keine Beschwerdelegitimation des Gemeinwesens; insb. ist eine Vorinstanz nicht bereits wegen eines allfälligen Unterliegens in einem Rechtsmittelverfahren bzw. allein wegen der Tatsache beschwerdelegitimiert, dass sie in einem Bereich, in dem sie zur Rechtsanwendung zuständig ist, eine bestimmte Rechtsauffassung vertritt, die in Widerspruch zu jener einer anderen zuständigen oder übergeordneten Behörde oder Instanz steht.[140] Ebensowenig genügt das alleinige Interesse, von den finanziellen Folgen eines Entscheids verschont zu bleiben.[141]

> In diesem Sinn ist ein Kanton nicht in seinen eigenen hoheitlichen Interessen betroffen, wenn er sich gegen das Urteil seiner letzten Instanz zur Wehr setzt, das einer Naturschutzorganisation das Beschwerderecht für die Anfechtung der Abschussbewilligung für einen Wolf zuerkennt.[142] Dasselbe gilt, wo ein Kanton den Entscheid seines obersten Gerichts über die Bewilligung einer Baute innerhalb der Bauzone[143] oder über die Ausrichtung einer Entschädigung nach Opferhilfegesetz[144] vom Bundesgericht auf die Vereinbarkeit mit dem Bundesrecht überprüfen lassen will. Ebenso ist ein Kanton nicht befugt, gegen die Weigerung der Eidgenössischen Bankenkommission, einen Mitarbeiter in einer Strafsache zu ermächtigen, Beschwerde zu führen, wenn es ihm darum geht, die Anwendung und Durchsetzung des Strafrechts sicherzustellen.[145]

---

[134] BGE 117 Ib 111, 113 f. E. 1b (eisenbahnrechtliches Plangenehmigungsverfahren und kantonale bzw. kommunale Bewilligungshoheit).

[135] BGE 122 II 382, 383 E. 2b (Gemeinde als Gesuchstellerin für die Ausrichtung von Bundesbeiträgen für ein Schutzraumprojekt).

[136] BGE 123 II 371, 374 E. 2c m.w.Hinw.

[137] BGE 124 II 293, 304 E. 3b; 123 II 371, 375 E. 2c m.w.Hinw.

[138] Vgl. analog zu Art. 48 lit. a VwVG VPB 44 (1980) Nr. 66.

[139] Vgl. analog zu Art. 48 lit. a VwVG VPB 44 (1980) Nr. 60; VPB 43 (1979) Nr. 47.

[140] BGE 131 II 58, 62 E. 1.3; 125 II 192, 194 f. E. 2a; 123 II 371, 375 E. 2d; 123 II 542, 545, E. 2f.; 122 II 382, 383 f. E. 2c.

[141] BGE 133 V 188, 194 f. E. 4.5; 131 II 58, 62 E. 1.3; 124 II 409, 418 E. 1e/cc. – Der Bundesrat wollte in dieser Hinsicht den Kantonen mit einem besonderen Beschwerderecht eine zusätzliche Rechtsschutzmöglichkeit verschaffen: Er schlug vor, auch Kantonsregierungen zur Beschwerde zuzulassen, wenn der Entscheid einer richterlichen letzten Instanz oder die Beachtung desselben in gleichartigen Fällen für den Kanton bedeutende Mehrausgaben oder einen erheblichen Verlust an Einnahmen zur Folge hat (Art. 84 lit. d E 2001, vgl. dazu Botschaft 2001, BBl 2001 4331). Das Parlament hat diese Erweiterung des Beschwerderechts verworfen (AB 2003 S 909).

[142] BGE 131 II 58.

[143] BGE 129 II 225; vgl. auch BGer, I. ÖRA, 4.10.2007, 1C_2/2007, E. 2.4 betreffend die Anfechtung eines Urteils des kantonalen Verwaltungsgerichts, mit welchem eine kommunale Baubewilligung widerrufen wird.

[144] BGE 123 II 425.

[145] BGE 123 II 371, 376 E. 2e. Das Bundesgericht liess die Frage offen, ob der Kanton möglicherweise als in seinem Vermögen Geschädigter legitimiert wäre, zumal das kantonale Untersuchungsrichteramt die Beschwerde nicht im Namen und in Vertretung des Kantons eingereicht

Bei Streitigkeiten über den Schutz von Ursprungsbezeichnungen könnte die Beschwerdebefugnis gestützt auf Art. 89 Abs. 1 allenfalls dann gegeben sein, wenn sich ein Kanton dagegen zur Wehr setzen will, dass geografische Bezeichnungen, die sein eigenes Gebiet betreffen, oder sein eigener Name zu Unrecht in Anspruch genommen werden. Wo die Kantone aber nicht eigene ideelle und hoheitliche Interessen dieser Art vertreten, sondern ihre Betroffenheit darin erblicken, dass durch die Ursprungsbezeichnung der Absatz der in ihrem Kanton produzierenden Betriebe beeinträchtigt werde, sind sie nicht in ihren eigenen hoheitlichen Interessen betroffen.[146]

III. Besondere Beschwerderechte (Abs. 2)

Art. 89 Abs. 2 sieht für Behörden, Körperschaften, Organisationen und andere Personen, **45** die bestimmte öffentliche Interessen verfolgen, besondere Beschwerderechte vor. Im Unterschied zu Art. 89 Abs. 1 handelt es sich dabei um **abstrakte Beschwerderechte,** die nach Massgabe der in Art. 89 Abs. 2 lit. a–d (und für lit. d in Spezialgesetzen) umschriebenen Tatbestände begründet werden.[147] Die Erfordernisse der materiellen und formellen Beschwer nach Abs. 1 müssen zwar nicht erfüllt sein; hingegen muss der Beschwerdeführer auch im Kontext von Abs. 2 ein aktuelles und praktisches Interesse an der Beschwerdeführung haben.[148] Die besonderen Beschwerderechte gelten hinsichtlich aller Hoheitsakte, die der Beschwerde in öffentlich-rechtlichen Angelegenheiten unterliegen (Art. 82), also insb. auch für die Anfechtung von kantonalen Erlassen.

1. Bundesbehörden (Abs. 2 lit. a und b)

Art. 89 Abs. 2 lit. a und b sieht für bestimmte Organe der Bundesverwaltung und der **46** Bundesversammlung abstrakte Beschwerderechte vor.

a) Bundesverwaltung (lit. a)

Art. 89 Abs. 2 lit. a begründet die Rechtsgrundlage für ein **abstraktes Beschwerderecht** **47** **der Bundesverwaltung.** Wie bereits unter dem bisherigen Recht (Art. 103 lit. b OG) erhält die Bundesverwaltung damit ein Instrument, um den Vollzug des Bundesverwaltungsrechts in den Kantonen und in der Bundesverwaltung zu überwachen. In beiden Fällen dient die Beschwerde in erster Linie dem Zweck, die *richtige und einheitliche Anwendung des Bundesverwaltungsrechts* sicherzustellen.[149] Hingegen darf die Behördenbeschwerde nicht zur Durchsetzung von privaten Interessen benutzt werden.[150]

Träger des besonderen Beschwerderechts sind die Bundeskanzlei, die Departemente und **48** – soweit das Bundesrecht es vorsieht – die ihnen unterstellten Dienststellen.

– Der *Bundeskanzlei* und den *Departementen* steht das Beschwerderecht unmittelbar **49** kraft Art. 89 Abs. 2 lit. a zu, ohne dass es hierfür einer zusätzlichen Rechtsgrundlage bedürfte. Das Beschwerderecht der Bundeskanzlei war in Art. 103 lit. b OG nicht vorgesehen. Es dürfte etwa gegen Entscheide des Bundesverwaltungsgerichts in Angelegenheiten ihres Personals Bedeutung erlangen.

---

hatte und als Strafverfolgungsbehörde wohl auch sonst nicht die zuständige Behörde wäre, um Vermögensinteressen des Kantons geltend zu machen.

[146] Vgl. BGE 131 II 753, 758 E. 4.3.2 (Beschwerden der Kantone Graubünden, Bern und Freiburg gegen die Eintragung des «Raclette-Käses» in das Register für geschützte Ursprungsbezeichnungen und geschützte geografische Angaben).

[147] ZIMMERLI/KÄLIN/KIENER, Verfahrensrecht, 110 f.

[148] So auch TSCHANNEN-KIENER, 261.

[149] Botschaft 2001, BBl 2001 4330; HÄFELIN/HALLER/KELLER, Suppl., N 2010; SEILER/VON WERDT/GÜNGERICH, BGG, Art. 89 N 40; vgl. analog zu Art. 103 lit. b OG BGE 129 II 1, 3 E. 1.1; 127 II 32, 35 E. 1b; 113 Ib 219, 221 E. 1b.

[150] BGE 125 II 326, 329 E. 2c; 123 II 16, 21 f. E. 2c.

Bernhard Waldmann

50 – Für das Beschwerderecht der den Departementen *unterstellten Dienststellen* bedarf es hingegen einer entsprechenden Ermächtigung im Bundesrecht. Erforderlich ist eine generell-abstrakte Grundlage; diese kann jedoch auch durch Verordnung des Bundesrates[151] oder gar des Departements geschaffen werden.[152] Besteht eine solche Grundlage, steht dem vorgesetzten Departement kein Beschwerderecht mehr zu; mit anderen Worten ist die Zuständigkeit des Departements subsidiär. Zu den «unterstellten Dienststellen» i.S.v. Art. 89 Abs. 2 lit. a gehören ausschliesslich Verwaltungseinheiten der *zentralen Bundesverwaltung* i.S.v. Art. 43 RVOG, Art. 7 RVOV und dem Anhang zur RVOV, also vorab die Bundesämter. Für Einheiten der dezentralen Bundesverwaltung (Art. 8 RVOV) sowie für ausgegliederte Verwaltungsträger besteht das Beschwerderecht hingegen nur nach Massgabe spezialgesetzlicher Grundlagen (Art. 89 Abs. 2 lit. d).[153]

51 Das besondere Beschwerderecht erstreckt sich auf **alle Hoheitsakte, die der Beschwerde in öffentlich-rechtlichen Angelegenheiten unterliegen** (Art. 82). So kann beispielsweise die zuständige Behörde (N 48) *Entscheide des Bundesverwaltungsgerichts,* in welchen dieses Beschwerden gegen Verfügungen von Bundesstellen aufhebt oder ändert, beim Bundesgericht anfechten.[154] Ferner erstreckt sich die Behördenbeschwerde auf (letztinstanzliche) *kantonale Entscheide*[155] sowie neu auch auf *kantonale Erlasse.*[156] Im Anwendungsbereich der Klage nach Art. 120 bleibt allerdings für die Behördenbeschwerde kein Raum (zum Ganzen Art. 120 N 3 ff.; für Erlasse Art. 82 N 61).

52 Wie bisher kann jedoch die Bundesverwaltung von ihrem Beschwerderecht nur Gebrauch machen, **«wenn der angefochtene Akt die Bundesgesetzgebung in ihrem Aufgabenbereich verletzen kann».** Im Übrigen muss sie grundsätzlich kein besonderes Interesse an der Anfechtung nachweisen. Es genügt das öffentliche Interesse an der richtigen Durchsetzung des Bundesrechts,[157] das in ihrem durch die Organisationsgesetzgebung umschriebenen Aufgabenbereich zur Anwendung gelangt.[158] Die Beschwerdeführerin hat einzig nachzuweisen, dass der angefochtene Akt diesen spezifischen Aufgabenbereich berührt bzw. die richtige Anwendung des in Frage stehenden Bundesrechts gefährdet scheint; ob das Bundesrecht in diesem Bereich hingegen tatsächlich verletzt ist, ist keine Frage der Legitimation, sondern Gegenstand der materiellen Beurteilung.[159] Im Übrigen steht das besondere Beschwerderecht nur für die Behandlung von **konkreten Rechtsfragen** in einer tatsächlich bestehenden Streitsache, nicht aber für theoretische Rechtsab-

---

[151] Vgl. z.B. Art. 48 Abs. 4 RPV.

[152] Vgl. Botschaft 2001, BBl 2001 4330; SPÜHLER/DOLGE/VOCK, Kurzkommentar, Art. 89 N 8.

[153] Dazu auch KARLEN, BGG, 52; SEILER/VON WERDT/GÜNGERICH, BGG, Art. 89 N 48. Vgl. zu Art. 103 lit. b OG BGE 131 III 495, 498 (Eidgenössisches Institut für Geistiges Eigentum) m.w.Hinw.; BGE 133 II 104, unv. E. 2.3 (Wettbewerbskommission).

[154] SEILER/VON WERDT/GÜNGERICH, BGG, Art. 89 N 40. – Nach Auffassung dieser Autoren sind die Departemente überdies befugt, einen vom Bundesverwaltungsgericht bestätigten Entscheid eines ihnen unterstellten Amtes überprüfen zu lassen. U.E. entfällt die Beschwerdebefugnis mindestens in jenen Fällen, in denen das Departement dem unterstellten Amt im Einzelfall eine Weisung erteilt hat.

[155] Vgl. BGE 127 II 94 E. 1; 124 V 299 E. 1d.

[156] Vgl. Botschaft 2001, BBl 2001 4330; KIENER/KUHN, ZBl 2006, 153; SEILER/VON WERDT/GÜNGERICH, BGG, Art. 89 N 42.

[157] In diesem Sinn ist der Wortlaut von Art. 89 Abs. 2 lit. a «Bundesgesetzgebung» zu eng; vgl. auch TSCHANNEN-KIENER, 260 f.

[158] BELLANGER/TANQUEREL-BELLANGER, 63. Vgl. zu Art. 103 lit. b OG BGE 129 II 1, 4 E. 1.1; 127 II 32, 35 E. 1b; 125 II 192, 196 E. 2b; 125 II 633, 635 E. 1a; ZIMMERLI/KÄLIN/KIENER, Verfahrensrecht, 111 f.

[159] Vgl. Botschaft 2001, BBl 2001 4330.

klärungen zur Verfügung.[160] Dieses Erfordernis weist zwar eine gewisse Verwandtschaft zur Legitimationsvoraussetzung des aktuellen und praktischen Interesses gem. Art. 89 Abs. 1 (N 17) auf, unterscheidet sich von Letzterem aber dadurch, dass alleine öffentliche Interessen über die Beschwerdeberechtigung entscheiden.[161]

Mit der Revision der Bundesrechtspflege wurde das Beschwerderecht des Bundesamtes für Raumentwicklung gegenüber dem bisherigen Recht auf jene Bereiche ausgeweitet, in denen bisher lediglich die staatsrechtliche Beschwerde offen stand, in der es kein entsprechendes Beschwerderecht der Behörden gab. Neben Entscheiden letzter kantonaler Instanzen über Entschädigungen als Folge von Eigentumsbeschränkungen (Art. 5 RPG), über die Zonenkonformität von Bauten und Anlagen ausserhalb der Bauzonen und über Bewilligungen im Sinne der Art. 24–24d RPG wird das Bundesamt künftig auch gegen kantonale Erlasse und wohl auch gegen Entscheide über Nutzungspläne Beschwerde erheben können, sofern eine Verletzung der bundesrechtlichen Grundsätze des Raumplanungsgesetzes in Frage steht.[162]

Die Beschwerdebefugnis setzt hingegen nicht voraus, dass zugleich einer der beteiligten   **53** privaten Parteien Beschwerde erhebt.[163] Auch die **Voraussetzungen von Art. 89 Abs. 1 müssen nicht erfüllt sein**: Weder ist ein schutzwürdiges (öffentliches oder privates) Interesse nachzuweisen (materielle Beschwer) noch müssen die Behörden bereits am Verfahren vor der Vorinstanz teilgenommen haben (formelle Beschwer).[164] Gemäss Art. 111 Abs. 2 steht es ihnen aber offen, die Rechtsmittel des kantonalen Rechts zu ergreifen und sich vor jeder kantonalen Instanz am Verfahren beteiligen zu lassen, wenn sie dies beantragen. Das Beschwerderecht entfällt aber dort, wo es am aktuellen und praktischen Interesse an der Beschwerdeführung fehlt (N 45).

Für die Wahrnehmung der Beschwerderechte ist zwar vorausgesetzt, dass die Bundesbe-   **54** hörden von den anfechtbaren Rechtsakten **Kenntnis** erhalten. Anderseits macht es keinen Sinn, die Bundesbehörden mit allen kantonalen Hoheitsakten zu überfluten. Aus diesem Grund delegiert Art. 112 Abs. 4 die Entscheidung, welche *Entscheide* die kantonalen Behörden den Bundesbehörden zu eröffnen haben, an den Bundesrat (Art. 112 N 23). Die entsprechende Verordnung sieht im Grundsatz vor, dass die kantonalen Behörden den beschwerdeberechtigten Bundesbehörden letztinstanzliche Entscheide, die vor Bundesgericht angefochten werden können, sofort und unentgeltlich zu eröffnen haben.[165] Demgegenüber findet sich für die kantonalen und kommunalen *Erlasse* keine entsprechende Bundesvorschrift.

b) Arbeitgeber des Personals der Parlamentsverwaltung (lit. b)

Der Bund als Arbeitgeber ist in der Regel gestützt auf Art. 89 Abs. 2 lit. a (vgl. Art. 103   **55** lit. b OG) bzw. Art. 13 GlG legitimiert, gegen Entscheide des Bundesverwaltungsgerichts bzw. des Bundesstrafgerichts über personalrechtliche Streitigkeiten (Art. 36 BPG) Be-

---

[160] Vgl. BGE 129 II 1, 4 E. 1.1; 128 II 193, 195 E. 1; 125 II 633, 635 E. 1b m.w.Hinw.

[161] Es besteht auch dann ein hinreichendes öffentliches Interesse an der geltend gemachten Rechtsfrage, ob und unter welchen Voraussetzungen der Haftrichter den Wegweisungsentscheid im Hinblick auf die Kontrolle der Rechtmässigkeit fremdenpolizeirechtlicher Haft überprüfen und gegebenenfalls für unverbindlich erklären kann, wenn der Ausländer zum Zeitpunkt des bundesgerichtlichen Urteils bereits aus der Haft entlassen worden und verschwunden ist, BGE 128 II 193, 195 E. 1.

[162] Vgl. hingegen enger EHRENZELLER/SCHWEIZER-AEMISEGGER, 142; SPORI, Rechtsschutz, 15.

[163] SEILER/VON WERDT/GÜNGERICH, BGG, Art. 89 N 45.

[164] SEILER/VON WERDT/GÜNGERICH, BGG, Art. 89 N 43; vgl. analog zu Art. 103 lit. b OG BGE 116 Ib 418, 433 E. 3h.

[165] Vgl. Art. 1 der Verordnung vom 8.11.2006 über die Eröffnung letztinstanzlicher kantonaler Entscheide in öffentlich-rechtlichen Angelegenheiten (SR 173.110.47). In Art. 2 findet sich eine Liste von Entscheiden, die nicht eröffnet werden müssen.

schwerde beim Bundesgericht zu erheben.[166] Art. 89 Abs. 2 lit. a findet indes auf Streitigkeiten aus Arbeitsverhältnissen für Personal der Parlamentsverwaltung keine Anwendung. Für solche Fälle schliesst Art. 89 Abs. 2 lit. b eine Lücke, indem es auch dem **zuständigen Organ der Bundesversammlung** in ihrer Funktion als *Anstellungsbehörde*
eine entsprechende Beschwerdebefugnis zuspricht.[167]

Anstellungsbehörde für das Personal der Parlamentsdienste sind gem. Art. 27 der ParlVV[168] der
Generalsekretär und für gewisse Funktionen die *Verwaltungsdelegation;*[169] für den General-
sekretär bzw. die Generalsekretärin ist es die *Koordinationskonferenz* (Art. 26 ParlVV). Das
Personal der Parlamentsdienste untersteht dem Bundespersonalgesetz (Art. 25 ParlVV; vgl. auch
Art. 2 Abs. 1 lit. b BPG).

2. Gemeinden und andere öffentlich-rechtliche Körperschaften (lit. c)

56   In Anknüpfung an Art. 189 Abs. 1 lit. e BV räumt Art. 89 Abs. 2 lit. c den Gemeinden
und anderen öffentlich-rechtlichen Körperschaften ein Beschwerderecht zur Anfechtung
von Akten ein, wenn sie die Verletzung von Garantien rügen, die ihnen durch die Bun-
des- oder die Kantonsverfassung gewährt werden. Es handelt sich um ein **Beschwerderecht zum Schutz eines qualifizierten rechtlichen Interesses** («intérêt juridique qualifié»[170]), dessen Tragweite über die bisher im Bereich der staatsrechtlichen Beschwerde
geltende Gemeindeautonomiebeschwerde (Art. 88 OG[171]) hinausreicht. Die Anrufung
verfassungsmässig garantierter Bestandes- und Autonomierechte ist neu nicht nur gegenüber kantonalen Hoheitsakten, sondern auch gegenüber Entscheiden der Bundesbehörden
möglich.[172]

57   Auf das Beschwerderecht können sich **Gemeinden** und **andere öffentlich-rechtliche
Körperschaften** berufen:

58   – *Gemeinden* werden durch das öffentliche Recht der Kantone konstituiert. In den meisten Kantonen existieren verschiedene Arten von Gemeinden (Einwohner- und andere
Gemeinden). Auf das Beschwerderecht gem. Art. 89 Abs. 2 lit. c können sich alle Gemeinden berufen. Auch Gemeindeverbänden steht dieses Recht zu.[173]

Die Gemeinden können sich ausserdem auf das *allgemeine Beschwerderecht* von Art. 89 Abs. 1
berufen, wenn sie wie Private betroffen sind oder ein schutzwürdiges eigenes hoheitliches Interesse an der Aufhebung oder Änderung des angefochtenen Aktes besitzen (N 37 ff.). Im letzteren
Fall können gleichzeitig die Voraussetzungen für das allgemeine als auch jene für das besondere
Beschwerderecht gegeben sein: Berührt der angefochtene Akt durch die Bundes- oder Kantonsverfassung gewährte Rechte, richtet sich die Beschwerdelegitimation in erster Linie nach Art. 89
Abs. 2 lit. c.

---

[166] Vgl. zum früheren Recht BGE 124 II 409, 419 E. 1e/dd.
[167] Vgl. Botschaft 2001 BBl 2001 4330; HÄFELIN/HALLER/KELLER, Suppl., N 2011; TSCHANNEN-
KIENER, 259.
[168] Verordnung der Bundesversammlung über die Parlamentsverwaltung (Parlamentsverwaltungsverordnung, ParlVV) vom 3.10.2003 (SR 171.115). Vgl. auch Art. 66 ParlG.
[169] Die Verwaltungsdelegation besteht aus je drei von der Koordinationskonferenz gewählten Mitgliedern der Büros beider Räte (Art. 38 Abs. 1 ParlG).
[170] BGE 123 II 425, 428 E. 3b; 130 V 196, 203 E. 3.
[171] Vgl. zur Gemeindeautonomiebeschwerde im Kontext des Vollzugs von Bundesrecht BGE 121 II
235, 237 f. E. 1.
[172] Vgl. SEILER/VON WERDT/GÜNGERICH, BGG, Art. 89 N 53 mit dem zutreffenden Hinweis, dass
eine sich aus dem Bundesrecht ergebende Autonomiebeschränkung allfällige kantonale Gewährleistungen derogiert.
[173] Vgl. zur Praxis unter Art. 88 OG KÄLIN, Beschwerde², 274 m.w.Hinw.

Vorbehalten bleiben ferner die durch die *Spezialgesetzgebung* geschaffenen abstrakten Beschwerderechte (Art. 89 Abs. 2 lit. d, N 67 ff.), die den Gemeinden unabhängig vom Betroffensein in rechtlich geschützten Interessen ein weitergehendes Beschwerderecht zur Verteidigung von öffentlichen Interessen einräumen.

– Neben den Gemeinden werden auch *andere öffentlich-rechtliche Körperschaften* zur   **59**
Beschwerde nach Art. 89 Abs. 2 lit. c zugelassen, sofern sie in ihrer Funktion als Träger öffentlicher Gewalt betroffen sind und das kantonale Recht ihnen ein Selbstbestimmungsrecht einräumt, das mit jenem der Gemeinden vergleichbar ist. Dies trifft typischerweise auf kantonale öffentlich-rechtliche Kirchenkorporationen zu.[174] Nicht als Körperschaften i.S.v. Art. 89 Abs. 2 lit. c gelten hingegen Einheiten der dezentralen Verwaltung, selbst wenn sie in der Erfüllung von Verwaltungsaufgaben weitgehend autonom sind.[175] Gegenüber Hoheitsakten von Bundesbehörden steht schliesslich auch den *Kantonen* die Beschwerde wegen Verletzung der durch die Bundesverfassung gewährten Autonomierechte zur Verfügung.[176] Nicht geklärt ist allerdings hier das Verhältnis zur staatsrechtlichen Klage (Art. 120).

Die Voraussetzungen des Beschwerderechts werden am Rügegrund festgemacht: Für das   **60**
Beschwerderecht nach Art. 89 Abs. 2 lit. c ist einzig erforderlich, dass die Gemeinden oder andere öffentlich-rechtliche Körperschaften die **Verletzung von Garantien** rügen, die ihnen die **Kantons-** oder **Bundesverfassung** gewährt:

– Der *Bestand* und – bei Gebietskörperschaften – das *Gebiet* der Körperschaft werden   **61**
durch die Kantonsverfassung und die darauf gestützte Gesetzgebung gewährleistet.

– Auch Bestand und Umfang der *Selbstbestimmungsrechte* werden durch das kantonale   **62**
Recht bestimmt. Im Vordergrund steht die in erster Linie durch das kantonale Verfassungs- und Gesetzesrecht gewährte *Gemeindeautonomie*; die Bundesverfassung garantiert die Gemeindeautonomie allein nach Massgabe des kantonalen Rechts (Art. 50 Abs. 1 BV). Der Autonomiebereich kann sich auf die Befugnis zum Erlass oder Vollzug eigener kommunaler Vorschriften beziehen oder einen entsprechenden Spielraum bei der Anwendung des kantonalen oder des Bundesrechts betreffen.[177] Für das Eintreten auf die Beschwerde ist allein entscheidend, dass die Gemeinde durch einen Akt in ihrer Eigenschaft *als Trägerin hoheitlicher Gewalt berührt* ist und eine *Verletzung der Autonomie geltend macht*. Ob die beanspruchte Autonomie tatsächlich besteht, ist hingegen keine Frage des Eintretens, sondern der materiellen Beurteilung. Dasselbe gilt für die Frage, ob die Autonomie im konkreten Fall tatsächlich verletzt worden ist.[178]

In der Geltendmachung einer Verletzung ihrer Autonomie kann sich die Gemeinde u.a. dagegen zur Wehr setzen, dass eine kantonale Behörde in einem Rechtsmittel- oder Genehmigungsverfahren ihre Prüfungsbefugnis überschreitet oder die den betreffenden Sachbereich ordnenden kommunalen, kantonalen oder bundesrechtlichen Normen falsch anwendet. Eine Autonomieverletzung kann aber auch vorliegen, wenn der Kanton durch anderweitige Anordnungen – z.B. durch den Erlass einer generell-abstrakten Regelung oder einer kantonalen Planungszone – zu Unrecht in geschützte Autonomiebereiche eingreift.[179] Innerhalb des Rahmens von Art. 95 ff. kann die Gemeinde überdies auch weitere Rügen wie z.B. die Verletzung von Verfahrensfragen vorbringen, sofern diese mit der Rüge der Verletzung der Gemeindeautonomie zusammenhängen; zu

---

[174] Grundlegend BGE 108 Ia 82, 85 E. 1b (evangelisch-reformierte Kirche des Kantons St. Gallen). Zum Ganzen auch HÄFELIN/HALLER/KELLER, Suppl., N 2007 m.w.Hinw.
[175] Vgl. BGer, I. ÖRA, 27.1.2000, 1P.555/1999, E. 1b (selbständige öffentlich-rechtliche Anstalt).
[176] SEILER/VON WERDT/GÜNGERICH, BGG, Art. 89 N 59.
[177] Statt vieler BGE 129 I 290, 294 E. 2.1 m.w.Hinw.
[178] Statt vieler BGE 129 I 313, 319 E. 4.2; 128 I 3, 7 E. 2c m.w.Hinw.
[179] Statt vieler BGE 129 I 290, 295 E. 2.3; 119 Ia 214, 218 E. 3a m.w.Hinw.

Rügen ohne diesen Sachzusammenhang ist sie hingegen nur zugelassen, wenn sie sich für ihre Beschwerde (zugleich) auf Art. 89 Abs. 1 (und/oder auf Art. 89 Abs. 2 lit. d) berufen kann.[180]

63   Über den Wortlaut von Art. 89 Abs. 2 lit. c hinaus ist zusätzlich im Grundsatz vorausgesetzt, dass die Gemeinde ein *aktuelles* und *praktisches Interesse* an der Aufhebung oder Änderung des angefochtenen Aktes hat.[181]

3. Spezialgesetzliche Beschwerderechte (lit. d)

64   Art. 89 Abs. 2 lit. d behält schliesslich in anderen *Bundesgesetzen* begründete Beschwerderechte für **Personen**, **Organisationen** und **Behörden** vor. Im Unterschied zum früheren Art. 103 lit. c OG bedürfen solche Beschwerderechte einer ausdrücklichen Grundlage in einem Bundesgesetz.[182] Dabei kann der Bundesgesetzgeber das Beschwerderecht an bestimmte Voraussetzungen knüpfen, indem er es beispielsweise auf die Geltendmachung spezifischer öffentlicher Interessen oder auf die Anfechtung von Entscheiden beschränkt oder die Teilnahme am Verfahren vor der Vorinstanz verlangt. Die allgemeinen Voraussetzungen von Art. 89 Abs. 1 kommen hingegen nicht zur Anwendung. Im Folgenden können die im Bundesrecht vorgesehenen besonderen Beschwerderechte bloss skizziert werden.

a) Bundesbehörden

65   In der Bundesgesetzgebung werden verschiedentlich den für den Vollzug zuständigen Bundesbehörden **abstrakte Beschwerderechte** zugesprochen. Das Beschwerderecht hängt nicht von der Geltendmachung bestimmter Interessen ab, sondern ergibt sich in der Regel aus dem Interesse an der richtigen Anwendung des Bundesrechts. Bundesbehörden, die zur Beschwerde an das Bundesgericht berechtigt sind, können von Bundesrechts wegen (Art. 111 Abs. 2) die Rechtsmittel des kantonalen Rechts ergreifen und sich vor jeder kantonalen Instanz am Verfahren beteiligen, wenn sie dies beantragen. Das Beschwerderecht vor Bundesgericht besteht indes unabhängig davon, ob sie an diesem Verfahren teilgenommen haben.

> Die Beschwerderechte von Art. 89 Abs. 2 lit. d und Art. 82 Abs. 2 lit. a können sich auch überschneiden: Art. 89 Abs. 2 lit. a begründet für Departemente ein unmittelbares Beschwerderecht und lässt für das Beschwerderecht der Bundesämter eine Verordnungsgrundlage genügen (N 49 f.). Wo die Bundesgesetzgebung selbst bestimmte Bundesämter oder andere Einheiten zur Beschwerde ermächtigt, richtet sich die Beschwerdebefugnis primär nach den spezialgesetzlichen Vorschriften. Ebenso ist Art. 89 Abs. 2 lit. d einschlägig, wo der Bundesgesetzgeber Behörden ausserhalb der Zentralverwaltung zur Beschwerde legitimiert.[183]

66   Beispiele von **bundesgesetzlich begründeten Beschwerderechten** für Bundesbehörden:[184]

> Art. 56 Abs. 1 USG berechtigt das *Bundesamt für Umwelt (BafU)*, gegen Verfügungen der kantonalen Behörden, die in Anwendung des USG und seiner Ausführungsbestimmungen erlassen worden sind, die Rechtsmittel des eidgenössischen und des kantonalen Rechts zu ergreifen. Für

---

[180] HÄFELIN/HALLER/KELLER, Suppl., N 2008; SEILER/VON WERDT/GÜNGERICH, BGG, Art. 89 N 55; vgl. zur Rechtsprechung zu Art. 88 OG statt vieler BGE 129 I 290, 295 E. 2.3; 129 I 313, 319 E. 4.1; 128 I 3, 9 E. 2b.

[181] Vgl. zu Art. 88 OG statt vieler BGE 128 I 136, 139 E. 1.3.

[182] Botschaft 2001 BBl 2001 4331. Vgl. dazu auch BGE 133 II 104 (nicht publ. E. 2.4), wonach die Grundlage in Art. 15 Abs. 2bis OV-EVD (SR 172.216.1) für die Beschwerdelegitimation der Wettbewerbskommission unter dem neuen Recht (Art. 89 Abs. 2 lit. d BGG) nicht mehr genügt.

[183] KARLEN, BGG, 52.

[184] Vgl. zum Ganzen auch die Übersicht bei WALKER-SPÄH, pbg 2006, 5 ff.

das Gewässerschutzgesetz (GSchG), das Waldgesetz (WaG) und das Gentechnikgesetz (GTG) finden sich analoge Beschwerderechte in Art. 67a Abs. 1 GSchG, Art. 46 Abs. 2 WaG und Art. 29 Abs. 1 GTG.

Im Bereich des Natur- und Heimatschutzes gewährt Art. 12g Abs. 2 NHG dem für den Vollzug des NHG zuständigen *Bundesamt (BafU, BAK, ASTRA)* das Recht zur Beschwerde gegen kantonale Verfügungen, soweit gegen diese die Beschwerde an das Bundesgericht zulässig ist. Letzteres ist der Fall, sofern die in Frage stehende Verfügung i.S.v. Art. 78 Abs. 2 BV und Art. 2 NHG in Erfüllung einer Bundesaufgabe ergangen ist. Das Bundesamt kann die Rechtsmittel des eidgenössischen und kantonalen Rechts ergreifen (Art. 12g Abs. 2 in fine NHG).

Ferner steht der *Eidgenössischen Steuerverwaltung* das Beschwerderecht gegen letztinstanzliche Entscheide im Bereich der direkten Kantons- und Gemeindesteuern zu (Art. 73 Abs. 2 StHG).

Gegen kantonale Verfügungen, die den freien Zugang zum Markt beschränken, ist neu die *Wettbewerbskommission* zur Beschwerde an das Bundesgericht berechtigt (Art. 9 Abs. 2bis BGBM). Sie kann mit der Beschwerde feststellen lassen, ob ein Entscheid den Zugang zum Markt in unzulässiger Weise beschränkt. Das Beschwerderecht steht ihr unabhängig davon zu, ob der betroffene Private seinerseits Beschwerde erhebt.[185]

Im Bereich der Spielbankengesetzgebung steht der *Eidgenössischen Spielbankenkommission* das Beschwerderecht gegen Entscheide des Bundesverwaltungsgerichts zu (Art. 48 Abs. 3 lit. e SBG).

b) Kantone und Gemeinden

Verschiedene Bundesgesetze sehen in ihrem Anwendungsbereich ein Beschwerderecht **67** für **Kantone** und **Gemeinden** vor. Diese müssen grundsätzlich weder ein besonderes Interesse nachweisen (vgl. Art. 89 Abs. 1 lit. a, N 37 ff.) noch eine Verletzung ihrer Autonomie- und Bestandesrechte geltend machen (vgl. Art. 89 Abs. 2 lit. c, N 56 ff.). Vielmehr richten sich die Legitimationsvoraussetzungen ausschliesslich nach den spezialgesetzlichen Bestimmungen. Diese können allerdings ihrerseits die Beschwerdebefugnis von einem besonderen Interesse abhängig machen oder/und die Teilnahme am Verfahren vor den Vorinstanzen vorschreiben.

Beispiele von **bundesgesetzlich begründeten Beschwerderechten** für Kantone und **68** Gemeinden:

– Im Zusammenhang mit den der Beschwerde an das Bundesgericht unterliegenden Entscheiden über die Einbürgerung steht das Beschwerderecht gem. *Art. 51 Abs. 2 BüG* auch den betroffenen Kantonen und Gemeinden zu.

– *Art. 12 Abs. 1 lit. a NHG* gewährt Gemeinden das Beschwerderecht gegen Verfügungen der kantonalen und der Bundesbehörden, soweit gegen diese die Beschwerde an das Bundesgericht zulässig ist. Letzteres ist der Fall, sofern die in Frage stehende Verfügung i.S.v. Art. 78 Abs. 2 BV und Art. 2 NHG in Erfüllung einer Bundesaufgabe ergangen ist.[186] Unter denselben Voraussetzungen sind auch die Kantone zur Anfechtung von Verfügungen von Bundesbehörden legitimiert (Art. 12g Abs. 1 NHG). Das Beschwerderecht der Kantone und Gemeinden wird kraft *Art. 46 Abs. 3 WaG* auf eine Vielzahl von Verfügungen, die sich auf das WaG stützen, ausgedehnt.

Besteht in einem Verfahren ein Beschwerderecht nach Art. 12 Abs. 1 lit. a NHG, so eröffnet die Behörde ihre Verfügung den *Gemeinden* durch schriftliche Mitteilung oder durch Veröffentlichung im Bundesblatt oder im kantonalen Publikationsorgan. Die öffentliche Auflage dauert

---

[185] Vgl. Botschaft über die Änderung des Binnenmarktgesetzes vom 24.10.2001, BBl 2005 491.
[186] Vgl. statt vieler WALDMANN/HÄNNI, RPG, Art. 33 N 57 ff. m.w.Hinw.

in der Regel 30 Tage (Art. 12b Abs. 1 NHG). Sieht das Bundesrecht oder kantonale Recht vor, dass vor dem Erlass der Verfügung ein *Einspracheverfahren* durchgeführt wird, so sind die Gemeinden nur beschwerdebefugt, wenn sie sich an diesem Einspracheverfahren als Partei beteiligt haben; in diesem Fall ist das Gesuch nach den Vorschriften von Art. 12b Abs. 2 NHG zu veröffentlichen (Art. 12c Abs. 2 NHG). Gemeinden, die kein Rechtsmittel ergriffen haben, können sich am weiteren Verfahren nur noch als Partei beteiligen, wenn die Verfügung zugunsten einer anderen Partei geändert wird und sie dadurch beschwert werden (Art. 12c Abs. 1 NHG).

– Gemäss *Art. 146 DBG* ist die kantonale Verwaltung für die direkte Bundessteuer zur Anfechtung des letztinstanzlichen kantonalen Entscheids legitimiert.[187] Gegen letztinstanzliche Entscheide im Bereich der direkten Kantonssteuern steht der durch das kantonale Recht zu bezeichnenden Behörde das Beschwerderecht an das Bundesgericht zu *(Art. 73 Abs. 2 StHG)*.

– *Art. 34 Abs. 2 RPG* berechtigt Kantone und Gemeinden zur Beschwerde gegen Entscheide letzter kantonaler Instanzen über Entschädigungen als Folge von Eigentumsbeschränkungen (Art. 5 RPG), über die Zonenkonformität von Bauten und Anlagen ausserhalb der Bauzonen sowie über Bewilligungen im Sinne der Art. 24–24d und Art. 37a RPG. Gemäss einem Teil der Lehre bleibt das Beschwerderecht der Kantone und Gemeinden auf die Wahrung ihrer Planungsinteressen beschränkt; ein bloss allgemeines Interesse an der richtigen Anwendung des Bundesrechts reicht dagegen nicht aus.[188] Auf jeden Fall bleibt das abstrakte Beschwerderecht für Kantone und Gemeinden auf jene Verfahren beschränkt, in denen sie bereits nach bisherigem Recht zur Verwaltungsgerichtsbeschwerde an das Bundesgericht befugt waren.[189] Namentlich ist der Kanton selbst dann nicht legitimiert, Entscheide seines Verwaltungsgerichts über die Bewilligung einer Baute innerhalb der Bauzone anzufechten, wenn er die Umgehung der Bestimmungen von Art. 24–24d RPG geltend macht.[190]

– *Art. 2 Abs. 3bis SVG* legitimiert die Gemeinden zur Anfechtung von Verfügungen des Bundesamts für Strassen über Massnahmen der örtlichen Verkehrsregelung auf Nationalstrassen 1. und 2. Klasse, sofern diese Massnahmen auf ihrem Gebiet angeordnet worden sind.

– Des Weiteren sind die Gemeinden nach *Art. 14 Abs. 1 lit. a FWG* berechtigt, Verfügungen anzufechten, die gestützt auf das Bundesgesetz vom 4.10.1985 über Fuss- und Wanderwege in kantonalen und bundesrechtlichen Verfahren ergangen sind, sofern ihr Gebiet betroffen ist. Zur Beschwerde gegen Verfügungen von Bundesbehörden sind auch die Kantone legitimiert (Art. 14 Abs. 2 FWG). Besteht in einem Verfahren ein Beschwerderecht nach Art. 14 Abs. 1 FWG, so eröffnet die Behörde ihre Verfügung den Gemeinden durch schriftliche Mitteilung oder durch Veröffentlichung im Bundesblatt oder im kantonalen Publikationsorgan. Gemeinden, die kein Rechtsmittel ergriffen haben, können sich am weiteren Verfahren nur noch als Partei beteiligen, wenn die Verfügung zugunsten einer anderen Partei geändert wird und sie dadurch beschwert werden (Art. 14 Abs. 3 FWG). Sieht das Bundesgericht oder das kantonale Recht vor, dass vor dem Erlass der Verfügung ein Einspracheverfahren durchgeführt wird, sind Gemeinden nur beschwerdebefugt, wenn sie sich an diesem Verfahren als Partei beteiligt haben. In diesem Fall ist das Gesuch nach den Vorschriften von Art. 14 Abs. 3 FWG zu veröffentlichen (Art. 14 Abs. 4 FWG).

---

[187] Vgl. hierzu auch BGE 130 II 65, 67 E. 2.1.
[188] Vgl. WALDMANN/HÄNNI, RPG, Art. 33 N 52 m.w.Hinw.
[189] Botschaft 2001 BBl 2001 4443; SPORI, Rechtsschutz, 14 f.
[190] BGE 129 II 227.

– *Art. 56 Abs. 2 USG* räumt den Kantonen das Recht ein, gegen Verfügungen der Behörden eines Nachbarkantons, die in Anwendung des USG und seiner Ausführungsbestimmungen getroffen sind, die Rechtsmittel des eidgenössischen und des kantonalen Rechts zu ergreifen, soweit Einwirkungen auf ihr Gebiet strittig sind. Eine analoge Bestimmung findet sich auch in *Art. 29 Abs. 2 GTG. Art. 57 USG* ermächtigt die Gemeinden, gegen Verfügungen der kantonalen und der Bundesbehörden, die in Anwendung des USG erlassen worden sind, die Rechtsmittel des eidgenössischen und kantonalen Rechts zu ergreifen, sofern sie dadurch berührt werden und ein schutzwürdiges Interesse an der Aufhebung oder Änderung haben.[191]

c) Organisationen

Der Bundesgesetzgeber hat für verschiedene Gebiete – vorab im Umweltrecht – abstrakte   **69** Beschwerderechte für **Organisationen** geschaffen. Die Voraussetzungen des Beschwerderechts richten sich ausschliesslich nach den jeweiligen Vorschriften. Die allgemeinen Voraussetzungen von Art. 89 kommen gerade nicht zur Anwendung: Die Organisationen müssen weder ein schutzwürdiges persönliches Interesse nachweisen noch die Wahrung der Interessen ihrer Mitglieder geltend machen (vgl. N 31 ff.); es reicht ein nach Massgabe der jeweiligen Vorschriften definiertes abstraktes Interesse. In Abgrenzung zu Art. 89 Abs. 1 wird daher von der sog. «ideellen» **Verbandsbeschwerde** gesprochen. Zwar finden sich in der Bundesgesetzgebung in erster Linie Beschwerderechte für Organisationen mit ideeller Zielsetzung; es steht dem Bundesgesetzgeber jedoch frei, die Beschwerdebefugnis auch anderen Organisationen zu gewähren. Dem Bundesgesetzgeber steht es ausserdem frei, Beschwerderechte für Organisationen auch für kantonale Erlasse zu begründen.[192]

In der Bundesgesetzgebung finden sich Beschwerderechte insb. für: **70**

– *Natur- und Heimatschutzorganisationen:* Art. 12 Abs. 1 lit. b NHG[193] gewährt gesamtschweizerisch tätigen Organisationen, die sich dem Naturschutz, dem Heimatschutz, der Denkmalpflege oder verwandten Zielen widmen,[194] das Beschwerderecht gegen Verfügungen der kantonalen Behörden oder der Bundesbehörden zu, soweit gegen diese die Beschwerde an das Bundesgericht zulässig ist. Letzteres ist der Fall, sofern die in Frage stehende Verfügung im Sinne von Art. 78 Abs. 2 BV und Art. 2 NHG in Erfüllung einer Bundesaufgabe ergangen ist.[195] Das Beschwerderecht ist darüber hinaus auch gegen bestimmte Verfügungen, die sich auf das Waldgesetz (WaG) stützen, gegeben (Art. 46 Abs. 3 WaG). Der Bundesrat bezeichnet die zur Beschwerde

---

[191] Vgl. dazu BGE 130 II 32, 34 E. 1 (Interesse der Gemeinde am Betrieb eines Jugend- und Kulturzentrums).

[192] Vgl. dazu TSCHANNEN-KIENER, 266.

[193] Die Bestimmungen zum Verbandsbeschwerderecht im NHG wurden von der Bundesversammlung am 20.12.2006 im Zuge der Revision der Umweltverträglichkeitsprüfung (UVP) und des Verbandsbeschwerderechts nach USG neu gefasst und an Art. 55 USG angeglichen; die Änderung ist seit dem 1.7.2007 in Kraft. Vgl. zur Stossrichtung der Revision im Einzelnen Bericht der Kommission für Rechtsfragen des Ständerates vom 27.6.2005, BBl 2005 5351 ff. (im Folgenden: RK-S, Bericht).

[194] Die Organisation muss rein ideelle Zwecke verfolgen; allfällige wirtschaftliche Tätigkeiten müssen der Erreichung der ideellen Zwecke dienen (Art. 12 Abs. 1 lit. b Ziff. 2 NHG). Die Zielsetzungen eines Tierschutzvereins gehören nicht zum Natur- und Heimatschutz (BGE 119 Ib 308). Auch die beiläufige Erwähnung des Natur- und Heimatschutzes oder verwandter, rein ideeller Ziele in den Statuten einer gesamtschweizerischen Sportvereinigung begründen noch keine Legitimation im Sinne von Art. 12 NHG (BGE 98 Ib 125).

[195] Vgl. oben FN 186.

berechtigten Organisationen (Art. 12 Abs. 3 NHG; Anhang VBO[196]); dieser Bezeichnung kommt jedoch nur deklaratorische Bedeutung zu.[197] Das Beschwerderecht steht den Organisationen allerdings nur für Rügen in Rechtsbereichen zu, die seit mindestens zehn Jahren Gegenstand ihres statutarischen Zwecks bilden (Art. 12 Abs. 2 NHG). Des Weiteren muss die Beschwerde vom zuständigen Organ der Vereinigung, nämlich dem obersten Exekutivorgan, erhoben werden (Art. 12 Abs. 4 NHG); die Organisationen können allerdings ihre rechtlich selbständigen kantonalen und überkantonalen Unterorganisationen für deren örtliches Tätigkeitsgebiet generell zur Erhebung von Einsprachen und im Einzelfall zur Erhebung von Beschwerden ermächtigen (Art. 12 Abs. 5 NHG). Schliesslich besteht die Beschwerdelegitimation nur, wenn sich die beschwerdeberechtigten Organisationen an den im Bundes- und im kantonalen Recht vorgesehenen Einsprache- und Beschwerdeverfahren beteiligt haben und dort mit ihren Anträgen ganz oder teilweise unterlegen sind (vgl. Art. 12c NHG). Besonders hervorzuheben ist die Bestimmung von Art. 12c Abs. 3 NHG: Hat eine Organisation gegen einen Nutzungsplan mit Verfügungscharakter zulässige Rügen nicht erhoben oder sind die Rügen rechtskräftig abgelehnt worden, so darf die Organisation diese Rügen in einem nachfolgenden (Baubewilligungs-)Verfahren nicht mehr vorbringen. Organisationen, die sich an den Verfahren vor den Vorinstanzen nicht beteiligt haben, können sich vor Bundesgericht nur noch als Partei beteiligen, wenn sie durch eine Änderung der Verfügung beschwert sind (Art. 12c Abs. 1 NHG). Diese Regelung setzt voraus, dass den Organisationen die Eröffnung eines Verfahrens bekannt gemacht wurde. Aus diesem Grund verpflichtet Art. 12b Abs. 1 NHG die Behörde in einem Verfahren, in welcher ein Beschwerderecht nach Art. 12 Abs. 1 NHG besteht, ihre Verfügung den Organisationen durch schriftliche Mitteilung oder durch Veröffentlichung im Bundesblatt oder im kantonalen Publikationsorgan zu eröffnen; die öffentliche Auflage dauert in der Regel 30 Tage. Findet auf der Grundlage des Bundesrechts oder des kantonalen Rechts ein Einspracheverfahren statt, so sind auch die Gesuche entsprechend zu veröffentlichen (Art. 12b Abs. 2 NHG).

– *Umweltschutzorganisationen:* Art. 55 Abs. 1 USG[198] gewährt den gesamtschweizerisch tätigen Umweltschutzorganisationen, die rein ideelle Zwecke verfolgen[199], das Beschwerderecht gegen Verfügungen der kantonalen Behörden oder der Bundesbehörden über die Planung, Errichtung oder Änderung von Anlagen, für die eine Umweltverträglichkeitsprüfung nach Art. 10a USG erforderlich ist[200]. Der Bundesrat bezeichnet die zur Beschwerde berechtigten Organisationen (Art. 55 Abs. 3 USG; Anhang VBO); dieser Bezeichnung kommt jedoch nur deklaratorische Bedeutung zu[201]. Das

---

[196] Verordnung über die Bezeichnung der im Bereich des Umweltschutzes sowie des Natur- und Heimatschutzes beschwerdeberechtigten Organisationen vom 27.6.1990 (VBO; SR 814.076).

[197] Vgl. bereits unter Art. 12 Abs. 2 a NHG BGE 115 Ib 472, 480 E. 1d/bb–cc m.w.Hinw.

[198] Vgl. FN 193 hiervor.

[199] Dass eine Organisation auch wirtschaftlich tätig ist, vermag ihre Beschwerdeberechtigung nach Art. 55 USG nur solange nicht zu beeinflussen, als die wirtschaftlichen Tätigkeiten der Erreichung der ideellen Zwecke dienen (Art. 55 Abs. 1 lit. b USG). Steht indes die Erzielung von Gewinn im Vordergrund, handelt es sich um ein Unternehmen, für das die ideelle Verbandsbeschwerde nicht zur Verfügung steht. Den Organisationen steht seit dem 1.7.2007 ein Zeitraum von drei Jahren zur Verfügung, um ihre Organisationsstruktur an die veränderten gesetzlichen Rahmenbedingungen anzupassen (vgl. Ziff. III Abs. 3 der Übergangsbestimmungen zur Teilrevision vom 20.12.1996, BBl 2007 16; vgl. dazu auch RK-S, Bericht, BBl 2005 5370).

[200] Gegen Bewilligungen über das Inverkehrbringen gentechnisch veränderter Organismen, die bestimmungsgemäss in der Umwelt verwendet werden sollen, ergibt sich das Beschwerderecht aus *Art. 28 GTG.*

[201] Vgl. bereits FN 197 hiervor.

Beschwerderecht steht den Organisationen allerdings nur für Rügen in Rechtsbereichen zu, die seit mindestens zehn Jahren Gegenstand ihres statutarischen Zwecks bilden (Art. 55 Abs. 2 USG); ad-hoc gebildete Schutzvereinigungen sind hingegen auf die egoistische Verbandsbeschwerde (Art. 89 Abs. 1 BGG, N 32) zu verweisen[202]. Des Weiteren muss die Beschwerde vom zuständigen Organ der Vereinigung, nämlich dem obersten Exekutivorgan, erhoben werden (Art. 55 Abs. 4 USG); die Organisationen können allerdings ihre rechtlich selbständigen kantonalen und überkantonalen Unterorganisationen für deren örtliches Tätigkeitsgebiet generell zur Erhebung von Einsprachen und im Einzelfall zur Erhebung von Beschwerden ermächtigen (Art. 55 Abs. 5 USG). Schliesslich besteht die Beschwerdelegitimation nur, wenn sich die beschwerdeberechtigten Organisationen an den im Bundes- und im kantonalen Recht vorgesehenen Einsprache- und Beschwerdeverfahren beteiligt haben und dort mit ihren Anträgen ganz oder teilweise unterlegen sind (vgl. 55b USG)[203]. Organisationen, die sich an den Verfahren vor den Vorinstanzen nicht beteiligt haben, können sich vor Bundesgericht nur noch als Partei beteiligen, wenn sie durch eine Änderung der Verfügung beschwert sind (Art. 55b Abs. 1 USG). Diese Regelung setzt voraus, dass den Organisationen die Eröffnung eines Verfahrens bekannt gemacht wurde. Aus diesem Grund verpflichtet Art. 55a Abs. 1 USG die Behörde in einem Verfahren, in welcher ein Beschwerderecht nach Art. 55 Abs. 1 USG besteht, ihre Verfügung den Organisationen durch schriftliche Mitteilung oder durch Veröffentlichung im Bundesblatt oder im kantonalen Publikationsorgan zu eröffnen. Wo ein Einspracheverfahren vorgesehen ist, sind auch die Gesuche entsprechend zu veröffentlichen (Art. 55a Abs. 2 USG).

– *Fachorganisationen im Bereich Fuss- und Wanderwege:* Art. 14 Abs. 1 FWG gewährt Fachorganisationen von gesamtschweizerischer Bedeutung ein Beschwerderecht, sofern diese vom UVEK anerkannt worden sind. Im Unterschied zu den Natur- und Umweltschutzorganisationen ist diese Anerkennung konstitutiver Natur. Die Fachorganisationen werden – analog zu den Natur- und Umweltschutzorganisationen – verpflichtet, sich an allfälligen Einsprache- und Beschwerdeverfahren als Partei zu beteiligen, ansonsten sie ihr Beschwerderecht verlieren, es sei denn, die Parteistellung werde erst durch den angefochtenen Entscheid begründet (Art. 14 Abs. 3–4 FWG).

– *Behindertenorganisationen:* Aufgrund von Art. 9 BehiG steht Behindertenorganisationen von gesamtschweizerischer Bedeutung, die seit mindestens zehn Jahren bestehen, ein Beschwerderecht gegen bestimmte, im Gesetz abschliessend aufgezählte Verfügungen zu.[204] Ausserdem begrenzt sich das Beschwerderecht von seinem Gegenstand her auf die Geltendmachung von bestimmten, ebenfalls im Gesetz definierten Ansprüchen. Die Behindertenorganisationen werden – analog zu den Natur- und Umweltschutzorganisationen – verpflichtet, sich an allfälligen Einsprache- und Beschwerdeverfahren als Partei zu beteiligen, ansonsten sie ihr Beschwerderecht verlieren, es sei denn, die Parteistellung werde erst durch den angefochtenen Entscheid begründet (Art. 9 Abs. 4–5 BehiG).

---

[202] Vgl. BGE 124 II 293, 307 E. 3d betreffend den «Schutzverband der Bevölkerung um den Flughafen Zürich (SBFZ)».

[203] Die Organisationen sind insbesondere verpflichtet, sich bereits auf der Stufe der Raumplanung (und nicht erst im Baubewilligungsverfahren) gegen *Nutzungspläne mit Verfügungscharakter* zur Wehr zu setzen. Werden zulässige Rügen im Planungsverfahren nicht erhoben oder rechtskräftig abgelehnt, so darf die Organisation diese Rügen in einem nachfolgenden (Baubewilligungs-)Verfahren nicht mehr vorbringen (Art. 55b Abs. 3 USG). Vgl. auch RK-S, Bericht, BBl 2005 5372 f.

[204] Vgl. Art. 9 Abs. 3 lit. b (Baubewilligungsverfahren), lit. c (Plangenehmigung, Zulassung und Prüfung von Fahrzeugen), lit. d (Erteilung gewisser Bundeskonzessionen).

– *Arbeitnehmer- und Arbeitgeberverbände:* Gegen Entscheide in Anwendung des Arbeitsgesetzes (ArG), die der Beschwerde in öffentlich-rechtlichen Angelegenheiten unterliegen, können kraft Art. 58 ArG auch Arbeitnehmer- und Arbeitgeberverbände der jeweiligen Branche Beschwerde führen. Das Beschwerderecht besteht unabhängig davon, ob direkt betroffene Arbeitgeber oder Arbeitnehmer zu den Mitgliedern des Verbands gehören.[205]

– *Konsumentenorganisationen:* Gestützt auf Art. 21 PüG sind Organisationen von nationaler oder regionaler Bedeutung, die sich in ihren Statuten dem Konsumentenschutz widmen, legitimiert, Entscheide des Bundesverwaltungsgerichts über Beschwerden gegen Verfügungen des Preisüberwachers beim Bundesgericht anzufechten.

– *Kantonale Anwaltsverbände:* Gestützt auf Art. 6 Abs. 4 BGFA steht das Beschwerderecht gegen Entscheide über Eintragungen in das kantonale Anwaltsregister auch dem Anwaltsverband des betroffenen Kantons zu.[206]

IV. Legitimation zur Beschwerde wegen Verletzung politischer Rechte (Abs. 3)

71   Art. 89 Abs. 3 umschreibt die Legitimation zur Beschwerde wegen Verletzung politischer Rechte in spezifischer Weise. Die Bestimmung knüpft am **formalen Kriterium der Stimmberechtigung** an. Die Regelung steht als ein in sich geschlossenes Ganzes neben derjenigen von Art. 89 Abs. 1 und 2 (vorne N 2); einer Bezugnahme auf Art. 89 Abs. 1 bedarf es nicht. Die Legitimationsumschreibung von Art. 89 Abs. 3 ist Ausdruck der Besonderheit der Beschwerde in Stimmrechtssachen (Art. 82 N 75, 78 und 85). Sie gilt für die Anfechtung von **Einzelakten** wie für die **abstrakte Kontrolle** von Normen über die Ausübung der politischen Rechte (Art. 82 N 85 ff.).[207] Die Regelung führt die Praxis des Bundesgerichts zu Art. 85 lit. a OG weiter.

72   Mit der Ausübung der politischen Rechte nehmen die Stimmberechtigten Organstellung ein und üben zur Wahrung allgemeiner Interessen **öffentliche Funktionen** aus (Art. 82 N 78).[208] Dies findet über das Abstimmen, Wählen und Unterzeichnen von Volksbegehren hinaus auch Ausdruck im Rechtsmittelverfahren; die Stimmberechtigten sollen die Einhaltung der rechtlichen Rahmenbedingungen der politischen Rechte gerichtlich überprüfen lassen können. Die Berechtigung zur Beschwerde in Stimmrechtssachen schliesst daher allein an die **politische**[209] **Stimmberechtigung** an.[210] Diese muss sich auf die **betreffende Angelegenheit** beziehen.[211] Die Stimmberechtigung ist hinreichendes und erforderliches Kriterium zugleich; die Rechtsstellung der Stimmberechtigten wird schon dadurch als betroffen betrachtet, dass Vorschriften über die politischen Rechte als verletzt

---

[205] BGE 116 Ib 270, 271 E. 1a; 116 Ib 284, 286 E. 1b.

[206] Hierzu BGE 130 II 87, 90 E. 1.

[207] TSCHANNEN-KIENER, 241.

[208] BGE 119 Ia 167, 171 E. 1d; 128 I 190, 193 E. 1.1; 131 I 442 E. 1.

[209] Anknüpfungspunkt ist die *politische* Stimmberechtigung in öffentlichrechtlichen Körperschaften; dies trifft nicht zu auf eine öffentlichrechtliche Güterzusammenlegungskorporation, für deren Mitgliedschaft die Grundeigentümereigenschaft ausschlaggebend ist; BGer, I. ÖRA, 22.5.2000, E. 2a.

[210] Dies gilt auch für Auslandschweizer, welche die Stimmberechtigung im Rahmen des Bundesgesetzes über die politischen Rechte der Auslandschweizer (SR 161.5) wahrnehmen.

[211] Die auf die konkrete Stimmrechtssache ausgerichtete Formulierung des Nebensatzes von Art. 89 Abs. 3 deckt sich inhaltlich mit der Formulierung des BGer zu Art. 85 lit. a OG, die mehr das räumliche Element der Stimmberechtigung im entsprechenden Gemeinwesen anspricht; vgl. BGE 130 I 290, 292 E. 1.1; BGer, I. ÖRA, 6.11.2007, 1C_185/2007.

gerügt werden;[212] fraglich – und, soweit ersichtlich, noch nie entschieden – ist, ob bei der abstrakten Anfechtung eines Erlasses – im Hinblick auf das bevorstehende Erreichen des Stimmrechtsalters oder einen nahen Umzug – auch eine virtuelle Stimmberechtigung ausreicht. Ein **besonderes persönliches Interesse** i.S.v. Art. 89 Abs. 1, wie es sich etwa aus einer konkreten politischen Auseinandersetzung ergeben mag,[213] ist **nicht erforderlich**.[214] Die Verfolgung persönlicher und finanzieller Interessen steht der Beschwerde wegen Verletzung politischer Rechte allerdings nicht entgegen.[215] Umgekehrt verleiht die besondere Betroffenheit eines auswärtigen, in der betreffenden Angelegenheit nicht stimmberechtigten Grundeigentümers hinsichtlich einer Abstimmung über eine kommunale Zonenplanung keine Berechtigung zur Beschwerde in Stimmrechtssachen;[216] einer Aktiengesellschaft als Grundeigentümerin kommt die Legitimation mangels Stimmberechtigung nicht zu.[217] Vor dem Hintergrund des passiven Wahlrechts in der betreffenden Angelegenheit sind auch Personen zur Beschwerde berechtigt, die zwar ausserhalb des Wahlkreises wohnend nicht über das aktive Wahlrecht verfügen, indes als **Kandidaten an der Wahl** teilnehmen;[218] eine Bezugnahme auf Art. 89 Abs. 1 ist entbehrlich.[219] Gleichermassen sind Personen legitimiert, welche die **Verweigerung des Stimm- und Wahlrechts** anfechten.[220] Im Übrigen ändert Art. 89 Abs. 3 an der Abgrenzung zwischen der Beschwerde wegen Verletzung politischer Rechte und der Beschwerde wegen **Verletzung der Gewaltenteilung** nichts (Art. 82 N 87);[221] indes erscheint die Problematik vor dem Hintergrund von Art. 89 Abs. 1 und neuerer Entscheidungen[222] entschärft.

Die Beschwerdeberechtigung kommt überdies auch **politischen Parteien** zu, die im Gebiet des betreffenden Gemeinwesens tätig sind.[223] Legitimiert sind ferner politische Vereinigungen, namentlich ad hoc gebildete, mit juristischer Persönlichkeit ausgestattete **Initiativ- und Referendumskomitees**;[224] fraglich mag sein, ob vor dem Hintergrund des Bundesgesetzes über die politischen Rechte allgemein am Erfordernis der juristischen Persönlichkeit solcher Komitees festzuhalten ist.[225] Verbände mit anderen Zielsetzungen und anderer Mitgliederstruktur als Parteien sowie übrige Gruppierungen, deren Mitglieder nicht ausschliesslich stimmberechtigte Bürger des betreffenden Ge-

73

---

[212] BGE 130 I 290, 293 E. 1.3.
[213] Vgl. BGE 128 I 34, 38 E. 1e.
[214] BGE 130 I 290, 293 E. 1.3; 128 I 190, 193 E. 1.1; 123 I 41, 46 E. 6a; 114 Ia 395, 398 E. 3a. Für das Begehren um Nachzählung einer Volkswahl war nicht erforderlich, dass die Beschwerdeführer aus einem «gegnerischen Lager» stammten oder persönliche politische Interessen vertraten; vgl. BGE 131 I 442.
[215] Vgl. Urteil BGer 1P.113/2004 vom 25.8.2005, in ZBl 2005 246; Urteil BGer 1P.89/1988 vom 18.12.1988 E. 3b, in ZBl 1989 491.
[216] EHRENZELLER/SCHWEIZER-BESSON, 414 f.; a.A. SEILER/VON WERDT/GÜNGERICH, BGG, Art. 89 N 68.
[217] Urteil BGer 1P.89/1988 vom 18.12.1988 E. 1, in ZBl 1989 491.
[218] BGE 128 I 34, 38 E. 1e; 119 Ia 167, 169 E. 1; SEILER/VON WERDT/GÜNGERICH, BGG, Art. 89 N 69.
[219] A.A. Botschaft 2001 4329 f.
[220] BGE 116 Ia 359, 364 E. 3a; 114 Ia 263, 264 E. 1.
[221] TSCHANNEN-KIENER, 275. Vgl. zur Abgrenzung zwischen Stimmrechts- und Gewaltenteilungsbeschwerde BGE 131 I 291, 294 E. 1.1; 131 I 386, 389 E. 2.2; 123 I 41, 46 E. 6b. Die beiden Beschwerden können sich – mit unterschiedlicher Ausrichtung – überschneiden; vgl. BGE 130 I 140 (E. 2); 128 I 327 (E. 1).
[222] Vgl. BGE 131 I 205, 210 E. 2.
[223] BGE 129 I 232; 121 I 334, 337 E. 1a.
[224] BGE 129 I 381 (E. 1.2); 125 I 289 (E. 1b).
[225] Vgl. Art. 73 Abs. 1 BPR.

meinwesens sind, können nicht als eigentliche politische Vereinigungen betrachtet werden;[226] diese Rechtsprechung hat in jüngster Zeit eine gewisse Ausdehnung erfahren.[227]

74 Die Beschwerde wegen Verletzung politischer Rechte unterliegt dem allgemeinen Erfordernis des **aktuellen Interesses**.[228] Fehlt ein solches oder fällt es während der Hängigkeit des bundesgerichtlichen Verfahrens dahin, wird auf die Beschwerde nicht eingetreten oder diese als gegenstandslos abgeschrieben;[229] vorbehalten sind (seltenste) Fälle mit Fragen von grundsätzlicher Bedeutung.[230] Eine Besonderheit weist die Anfechtung von **Vorbereitungshandlungen** zu Urnengängen auf: Wird der Urnengang – etwa in Folge der Abweisung eines Gesuchs um aufschiebende Wirkung oder vorsorgliche Massnahmen – während der Hängigkeit des bundesgerichtlichen Verfahrens durchgeführt, so entfällt das aktuelle Interesse nicht und wird die Beschwerde als auch gegen die Abstimmung oder Wahl gerichtet verstanden.[231]

75 Spezifische Legitimationsbestimmungen ergeben sich aus dem **Bundesgesetz über die politischen Rechte**: Nach Art. 80 Abs. 3 BPR steht die Beschwerde gegen Verfügungen der Bundeskanzlei über die formelle Gültigkeit der Unterschriftenlisten und betr. den Titel von Initiativen ausschliesslich den Mitgliedern des Initiativkomitees zu; andere, nicht direkt beteiligte Stimmberechtigte sind ausgeschlossen;[232] diese Bestimmung geht der allgemeineren von Art. 89 Abs. 3 vor.[233] Ferner war die Beschwerde gegen blosse Hinweise der Bundeskanzlei im Bundesblatt über das deutliche Verfehlen des Quorums bei eidgenössischen Volksbegehren zwischenzeitlich im Grundsatz möglich, wird nun wiederum ausdrücklich ausgeschlossen (Art. 80 Abs. 2 BPR).[234] Schliesslich kommt die Legitimation für den (noch nie eingetretenen) Fall des Scheiterns eines (erst ein einziges Mal ergriffenen) Kantonsreferendums den betreffenden Kantonen zu (Art. 80 Abs. 2 i.V.m. Art. 67b BPR).

---

[226] BGE 111 Ia 115, 116 E. 1a; 125 I 289 (E. 1c).

[227] BGE 130 I 290, 292 E. 1.3.

[228] BGE 116 Ia 359, 363 E. 2a.

[229] Am aktuellen Interesse fehlte es im Zusammenhang mit einer Initiative zum Schutz des Stadt-Theaters in Basel, nachdem dieses bereits rechtmässig abgebrochen worden war; Urteil BGer P.166/1975 vom 23.3.1977.

[230] Beispiel für dahin gefallenes aktuelles Interesse und Fehlen von Grundsatzfragen: Beschluss BGer 1P.435/2006 vom 14.12.2006.

[231] BGE 113 Ia 46, 50 E. 1c; Urteil BGer 1P.582/2005 und 1P.650/2005 vom 20.4.2006 E. 1.2, in ZBl 2007 275.

[232] Urteil BGer 1A.314/1997 vom 30.3.1998, in ZBl 1999 527; vgl. Urteil BGer 1P.338/2006 und 1P.582/2006 vom 12.2.2007, in ZBl 2007 313.

[233] SEILER/VON WERDT/GÜNGERICH, BGG, Art. 89 N 70.

[234] Bundesgesetz betr. die Änderung der Bundesgesetzgebung über die politischen Rechte vom 23.3.2007, Art. 80 Abs. 2 (AS 2007 4635). aArt. 80 Abs. 2 BPR schloss die Beschwerde gegen blosse Hinweise im Bundesblatt über das deutliche Verfehlen des Quorums bei eidgenössischen Volksbegehren aus. Dieser Ausschluss ist in Art. 80 Abs. 2 BPR aus einem gesetzgeberischen Versehen weggelassen worden. Er wird mit der Änderung des BPR wiederum eingeführt. Vgl. Botschaft des Bundesrates vom 31.5.2006 über die Einführung der allgemeinen Volksinitiative und über weitere Änderungen der Bundesgesetzgebung über die politischen Rechte, BBl 2006 5261, 5303 (Erläuterung) und 5344 (Art. 80 Abs. 2 E-BPR).

4. Kapitel: Beschwerdeverfahren

1. Abschnitt: Anfechtbare Entscheide[*]

Art. 90

Endentscheide	**Die Beschwerde ist zulässig gegen Entscheide, die das Verfahren abschliessen.**
Décisions finales	Le recours est recevable contre les décisions qui mettent fin à la procédure.
Decisioni finali	Il ricorso è ammissibile contro le decisioni che pongono fine al procedimento.

Inhaltsübersicht

Materialien

Botschaft 2001 BBl 2001 4331 f.; Botschaft zur Vereinheitlichung des Strafprozessrechts vom 21.12.2005, BBl 2006 1297 ff. (zit. Botschaft Strafprozessrecht).

Literatur

T. GÖKSU, Die Beschwerde ans Bundesgericht, Zürich/St. Gallen 2007 (zit. Göksu, Beschwerden); I. JENT-SØRENSEN, BGG und SchKG, in: I. Meier/I. Jent-Sørensen/P. Diggelmann/K. Müller, Wege zum Bundesgericht in Zivilsachen nach dem Bundesgerichtsgesetz, Zürich/St. Gallen 2007, 61–89 (zit. Jent-Sørensen, SchKG); I. MEIER, Rechtsmittel an das Bundesgericht in Zivilsachen nach dem BGG, in: I. Meier/I. Jent-Sørensen/P. Diggelmann/K. Müller, Wege zum Bundesgericht in Zivilsachen nach dem Bundesgerichtsgesetz, Zürich/St. Gallen 2007, 7–59 (zit. Meier, Bundesgericht); G. MESSMER/H. IMBODEN, Die eidgenössischen Rechtsmittel in Zivilsachen, Zürich 1992 (zit. Messmer/Imboden, Rechtsmittel); P. REETZ, Das neue Bundesgerichtsgesetz unter besonderer Berücksichtigung der Beschwerde in Zivilsachen, Auswirkungen auf die Anfechtung von Entscheiden des Zürcher Obergerichts und Handelsgerichts (Fortsetzung), SJZ 2007, 29–41 (zit. Reetz, SJZ 2007); M. SUTER, Der neue Rechtsschutz in öffentlich-rechtlichen Angelegenheiten vor dem Bundesgericht, Diss. SG, Bamberg 2007 (zit. Suter, Rechtsschutz); F. UHLMANN, Das Willkürverbot, Habil., Bern 2005 (zit. Uhlmann, Willkürverbot).

I. Überblick und Systematik

Art. 90–94 stehen unter dem ersten Abschnitt des 4. Kapitels über das Beschwerdeverfahren. Sie beantworten die Frage nach dem zulässigen Beschwerdeobjekt. Das Gesetz verwendet den Begriff «anfechtbare Entscheide». **1**

Zu den anfechtbaren Entscheiden gehören Endentscheide (Art. 90), Teilentscheide (Art. 91), gewisse Vor- und Zwischenentscheide (Art. 92 f.) sowie das unrechtmässige Verweigern oder Verzögern eines Entscheides (Art. 94). Genau genommen bildet im **2**

---

[*] Frau lic. iur. Simone Bär (Art. 90–94) sowie Frau lic. iur. Cristina Bognuda (Art. 94) danke ich bestens für ihre äusserst kompetente Mitwirkung bei diesen Kommentierungen.

letzten Fall nicht unbedingt ein Entscheid das Beschwerdeobjekt, sondern die pflichtwidrige Untätigkeit einer Vorinstanz (dazu Art. 94 N 2).

3   Art. 90 ff. gelten einheitlich für alle drei Einheitsbeschwerden und die subsidiäre Verfassungsbeschwerde (Art. 117). In der Einheitlichkeit und Vereinfachung liegt ein wesentliches konzeptionelles Anliegen des neuen Gesetzes,[1] welches sich allerdings nicht vollständig verwirklichen liess. So haben einerseits Vor- und Zwischenentscheide auf dem Gebiete der internationalen Rechtshilfe in Strafsachen nach Art. 93 Abs. 2 eine gewisse Sonderregelung erfahren (dazu Art. 93 N 10). Andererseits sind Art. 82 lit. b und c zu beachten, wonach der Beschwerde in öffentlich-rechtlichen Angelegenheiten auch kantonale Erlasse und Entscheide betr. der politischen Rechte unterliegen.

II. Endentscheide

1. Allgemeine Begriffsumschreibung

4   Gemäss Art. 90 sind Endentscheide «Entscheide, die das Verfahren abschliessen» unter Vorbehalt des Weiterzugs des entsprechenden Entscheides an die nächst höhere Instanz.[2] Dabei ist die prozessuale Form unerheblich.[3] Entsprechend der Stellung des Bundesgerichts handelt es sich dabei in aller Regel um Rechtsmittelentscheidungen gerichtlicher Vorinstanzen.[4] Formell haben die Entscheidungen den Anforderungen von Art. 112 resp. den einschlägigen Bestimmungen des SGG und des VGG zu entsprechen.

5   Der Begriff des «Entscheides» ist im Bundesrecht nicht definiert. Auszugehen ist von einer verbindlichen Klärung einer individuell-konkreten rechtlichen Streitigkeit.[5] Keine solche Streitigkeit liegt in der Klärung einer abstrakten Rechtsfrage[6] oder wenn eine Behörde darüber entscheidet, ob sie auf eine Aufsichtsbeschwerde eintritt, eine Aufsichtsbeschwerde abweist oder ihr keine Folge gibt.[7] Ebenso wenig ist ein kantonaler Entscheid über die Zulässigkeit einer Anklage ein Entscheid i.S.v. Art. 90.[8] Differenziert zu beurteilen sind disziplinarische Verwarnungen und Mahnungen nach Art. 41 Ziff. 3 Abs. 1 StGB.[9]

6   Zuordnungsschwierigkeiten bereiten **Entscheide über generell-abstrakte Regelungen**. Zu denken ist etwa an Prüfungen oder Genehmigungen von Rechtserlassen untergeordneter Stufe.[10] In BGE 128 II 13 hat das Bundesgericht den Entscheid einer kantonalen

---

[1] Botschaft 2001 4331; zur Kritik an der alten Regelung vgl. KARLEN, BGG, 34.

[2] Vgl. ZIEGLER, Einheitsbeschwerde, 360 m.w.Hinw., BGer, I. ÖRA, 7.2.2006, 1P.530/2005 E. 1. betr. staatsrechtliche Beschwerde; der Endentscheid ist «instanzabschliessend» (so KÄLIN, Beschwerde[2], 338, für die staatsrechtliche Beschwerde).

[3] REETZ, SJZ 2007, 32.

[4] Bei Teilentscheiden (Art. 91) sowie Vor- und Zwischenentscheiden (Art. 92 f.) ist der Entscheid der in dieser Frage erstinstanzlich verfügenden Behörde zu berücksichtigen (vgl. MEIER, Bundesgericht, 20, für alle Arten von Entscheiden).

[5] HÄFELIN/HALLER/KELLER, Suppl., N 1938, sprechen von «individuell-konkreten Rechtsanwendungsakten». Zu weit geht die Äusserung in der Botschaft (Botschaft 2001 4319), der Entscheid (nach Art. 82 lit. a) umfasse «einerseits die Verfügung nach Artikel 5 VwVG, andererseits auch das Anfechtungsobjekt der staatsrechtlichen Beschwerde, wie es von der bundesgerichtlichen Rechtsprechung definiert worden sei.» Erlasse fallen gerade nicht unter Art. 90 resp. Art. 82 lit. a, da ansonsten die Bestimmung von Art. 82 lit. b überflüssig wäre (so auch SPÜHLER/DOLGE/VOCK, Kurzkommentar, Art. 82 N 2).

[6] BGE 124 IV 94, 96.

[7] BGE 121 I 87, 90 E. 1a; 121 I 42, 45 E. 2a m.w.Hinw.

[8] BGE 123 IV 252, 252 f. E. 1 m.w.Hinw.

[9] Vgl. BGE 128 IV 34, 36; 125 I 119, 121 E. 2a.

[10] Gegen die Genehmigung von Erlassen war in Art. 99 Abs. 1 lit. a aOG die Verwaltungsgerichtsbeschwerde ausdrücklich ausgeschlossen gewesen.

Behörde über die Ausdehnung der Allgemeinverbindlichkeit eines Gesamtarbeitsvertrages nicht als individuell-konkreten Entscheid und damit als Verfügung i.S.v. Art. 5 VwVG qualifiziert. Möglich war damit nur die staatsrechtliche Beschwerde.[11] Heute ist die Beschwerde in öffentlichen-rechtlichen Angelegenheiten zwar auch gegen Erlasse möglich (Art. 82 lit. b), die Unterteilung zwischen Entscheiden und Erlassen bleibt aber relevant für den Ausschlusskatalog von Art. 83 (welcher sich nur auf «Entscheide» bezieht), im Anwendungsbereich von Art. 5 VwVG und Art. 31 VGG sowie bei der subsidiären Verfassungsbeschwerde.

Der Begriff des Entscheids ist für die Kantone nicht abschliessend definiert. Zwar ist **7** durch die Rechtsweggarantie, durch die Pflicht zur Gewährleistung von Bundesrecht[12] sowie zukünftig durch die einheitlichen Zivil- und Strafprozessordnungen weitgehend vorgegeben, worüber die Kantone zu entscheiden haben. Darüber hinaus sind die Kantone aber grundsätzlich frei, weitere Bereiche einer gerichtlichen Beurteilung zuzuführen. Sie haben etwa die Möglichkeit, den Kreis der anfechtbaren Realakte weiter zu ziehen als dies für das Bundesverwaltungsrecht in Art. 25a VwVG vorgesehen und durch Art. 29a BV geboten ist.[13]

Zu klären wird sein, ob mit den Endentscheiden i.S.v. Art. 90 ausnahmsweise auch wei- **8** tere Anfechtungsobjekte mitangefochten werden können, wie dies bei der staatsrechtlichen Beschwerde möglich gewesen ist (so genannte **Dorénaz-Praxis**).[14] Es ist nicht anzunehmen, dass das neue Recht diesbezüglich eine Änderung bringen sollte.

2. Sach- und Prozessentscheide

Beim Begriff des Endentscheides nach Art. 90 ist auf die bisherige Definition in der **9** Staats- und Verwaltungsrechtspflege abzustellen.[15] Danach spielt es – im Gegensatz zur bisherigen Zivilrechtspflege auf Bundesebene[16] – keine Rolle, ob das Verfahren materiell-rechtlich oder prozessual vor der Vorinstanz seinen Abschluss gefunden hat.[17] «Constitue une décision finale celle qui met définitivement fin à la procédure, qu'il s'agisse d'une décision sur le fond ou d'une décision qui clôt l'affaire pour un motif tiré

---

[11] Vgl. BGE 128 II 13, 16 ff. E. 1.
[12] «Nach der Rechtsprechung des Bundesgerichts ist der verfassungsmässige Grundsatz der derogatorischen Kraft des Bundesrechts verletzt, wenn kantonale prozessuale Vorschriften die Möglichkeit der Berufung an das Bundesgericht in Streitsachen ausschliessen, die gemäss den Art. 43 ff. [a] OG an sich berufungsfähig sind. Das bedeutet insbesondere, dass die oberen kantonalen Gerichte verpflichtet sind, in solchen Streitsachen Urteile zu fällen, welche den formellen Voraussetzungen von Art. 48 Abs. 1 [a] OG gerecht werden» (BGE 131 I 242, 246 f. E. 3.2; vgl. auch BGE 119 II 183, 188 E. 4b/ee).
[13] Vgl. in diesem Sinne wohl auch Botschaft 2001 4319 zu Art. 82 lit. a. Beispielsweise steht es den Kantonen auch frei, Beschaffungen unterhalb der einschlägigen Schwellenwerte freihändig und ohne entsprechenden Rechtsschutz zu vergeben (vgl. dazu – mit gewissen Vorbehalten – BGE 131 I 137 ff.). Sie können aber auch Rechtsschutz vorsehen und über diese Streitigkeiten entscheiden, was unter dem Gesichtspunkt des Beschwerdeobjekts den Rechtsweg ans Bundesgericht öffnet. Vorbehalten bleiben natürlich Art. 83 lit. f und die einschlägigen Einschränkungen bei der subsidiären Verfassungsbeschwerde.
[14] Vgl. zum alten Recht BGE 94 I 459 ff.; BGE 126 II 377, 395 E. 8b; BGE 127 II 161, 167 E. 3; SPÜHLER, Beschwerde, N 297 ff.
[15] Botschaft 2001 BBl 2001 4331; DAUM, plädoyer 2006, 34; SEILER/VON WERDT/GÜNGERICH, BGG, Art. 90 N 5.
[16] Botschaft 2001 BBl 2001 4331; SEILER/VON WERDT/GÜNGERICH, BGG, Art. 90 N 5; SPÜHLER/DOLGE/VOCK, Kurzkommentar, Art. 90 N 3; CORBOZ, SJ 2006, 322 f.; zu weitgehend wohl BELLANGER/TANQUEREL-BELLANGER, 48.
[17] Botschaft 2001 BBl 2001 4331; SPÜHLER/DOLGE/VOCK, Kurzkommentar, Art. 90 N 3.

des règles de la procédure».[18] Es genügt somit ein Entscheid, welcher das Verfahren aus prozessualen Gründen abschliesst. In diesem Sinne kann von einer «prozessualen Betrachtungsweise des Endentscheides» gesprochen werden.[19] Dieser Ansicht hat sich auch das Bundesgericht angeschlossen, welches der Ansicht ist, dass «allgemein der rein formelle Abschluss eines Verfahrens» genüge.[20]

Keine Endentscheide sind **Vor- und Zwischenentscheide** nach Art. 92 f., weshalb diese auch nur Beschwerdeobjekt sein können, wenn sie bestimmte Voraussetzungen erfüllen.[21] Ebenso wenig sind **Rückweisungsbeschlüsse** Endentscheide,[22] dies zumindest dann, wenn der unteren Instanz eine gewisse Entscheidungsfreiheit bleibt.[23] Ist das der Fall, sind Rückweisungsentscheide als Zwischenentscheide zu behandeln.[24] In seiner jüngsten Rechtsprechung hat das Bundesgericht eine solche Differenzierung allerdings nicht vorgenommen, sondern qualifiziert allgemein Rückweisungsentscheide als Zwischenentscheide.[25]

10   Diese Begriffsbestimmung bringt Neuerungen in der Zivilrechtspflege, war doch bei der **Berufung** i.S.v. Art. 48 aOG ein Sachentscheid erforderlich gewesen, d.h. ein Entscheid über den streitigen Anspruch zwischen den Parteien. Ein Endentscheid nach Art. 48 aOG setzte voraus, dass «das kantonale Sachgericht über den im Streit stehenden Anspruch materiell entschieden oder dessen Beurteilung aus einem Grund abgelehnt hat, der endgültig verbietet, dass der gleiche Anspruch nochmals geltend gemacht wird».[26]

11   Dies hat zur Folge, dass gewisse Entscheidungen, die unter dem alten Recht nur mit staatsrechtlicher Beschwerde angefochten werden konnten, nun im Rahmen des ordentlichen Beschwerdeverfahrens durch das Bundesgericht beurteilt werden. Zu den Endentscheiden gehören heute im Bereich der Beschwerde in Zivilsachen etwa:

– Entscheide in Eheschutzsachen (Art. 172 ff. ZGB);[27]

– Kindesschutzmassnahmen (Art. 315 ZGB etc.);[28]

– Besitzesschutz (Art. 926 ff. ZGB);[29]

---

[18] BGE 129 III 107, 110 E. 1.2.1; BGE 129 I 313, 316 E. 3.2; BGer, I. ÖRA, 7.2.2006, 1P.530/2005.

[19] SARBACH, Jusletter 2006, Rz 5; ähnlich Botschaft 2001 BBl 2001 4331; MEIER, Bundesgericht, 26.

[20] BGer, II. ZA, 20.4.2007, 5A_9/2007, E. 1.2.2.

[21] CORBOZ, RSCP 2005, 82. Vgl. zum Begriff Art. 92 N 2.

[22] BGer, II. ÖRA, 23.2.2007, 2P.70/2006 E. 2.1; SEILER/VON WERDT/GÜNGERICH, BGG, Art. 90 N 9 m.w.Hinw.; GÖKSU, Beschwerden, N 78 und 83; vgl. aber POUDRET, Commentaire, Art. 48 N 1.1.4.12.

[23] Vgl. e contrario BGE 129 II 286, 291 E. 4.2; GEISER/MÜNCH²-FORSTER, N 2.16 FN 81 m.w.Hinw.; offen gelassen in BGE 129 I 313, 316 ff. E. 3.

[24] Offen SEILER/VON WERDT/GÜNGERICH, BGG, Art. 90 N 9.

[25] Vgl. BGer, II. SRA, 23.5.2007, 9C_258/2007; BGer, StA, 7.6.2007, 6B_137/2007.

[26] Vgl. BGE 132 III 785, 789 E. 2; BGE 132 III 178, 180 E. 1.1; BGE 131 III 667, 669 E. 1.1; BGE 128 III 250, 252 E. 1b; MESSMER/IMBODEN, Rechtsmittel, N 65, mit ausführlicher Darstellung der älteren Praxis.

[27] BGE 133 III 393, 395 f. E. 4, mit der Klarstellung, dass es sich um eine vorsorgliche Massnahme i.S.v. Art. 98 handelt (BGer., a.a.O., 396 f. E. 5); BGer, II. ZA, 8.6.2007, 5A_131/2007, E. 1; BGer, II. ZA, 1.6.2007, 5A_177/2007, E. 1.1; BGer, II. ZA, 25.5.2007, 5A_75/2007, E. 1; Botschaft 2001 BBl 2001 4331; KARLEN, BGG, 35; SARBACH, Jusletter 2006, N 5; SEILER/VON WERDT/GÜNGERICH, BGG, Art. 90 N 6; REETZ, SJZ 2007, 32; vgl. MEIER, Bundesgericht, 34.

[28] BGer, II. ZA, 13.6.2007, 5A_188/2007, E. 2 betr. Art. 392 ZGB.

[29] Botschaft 2001 BBl 2001 4332; SEILER/VON WERDT/GÜNGERICH, BGG, Art. 90 N 6; MEIER, Bundesgericht, 27; vgl. unter altem Recht BGE 113 II 243.

- Ausweisung eines Mieters (Art. 257d OR);[30]
- Konkurrenzverbot (Art. 340b Abs. 3 OR);[31]
- Entscheide betr. Arrestlegung,[32] Rechtsöffnung,[33] Konkurseröffnung,[34] Nachlassverfahren,[35] Klage auf Feststellung neuen Vermögens[36] und Aufhebung und Einstellung der Betreibung;[37]
- Annerkennung und Vollstreckung ausländischer Entscheide in Zivilsachen (Art. 72 Abs. 2 lit. b Ziff. 1).

Gemäss Botschaft ist ein Endentscheid gegeben, wenn die entsprechenden Massnah-   **12** men «losgelöst von einem Hauptverfahren angeordnet werden».[38] Es geht allerdings nicht nur um die Anordnung. Entscheidend muss sein, ob die Massnahme prosequiert werden muss oder nicht. Dies ist nicht notwendig bei Ehe- und Besitzesschutz, so aber beim **Bauhandwerkerpfandrecht**. Dementsprechend ist ein Entscheid über letzteres nach der hier vertretenen Auffassung kein Endentscheid i.S.v. Art. 90.[39]

In einem Entscheid über die provisorische Eintragung eines Pfandrechts für Betragsforderungen im Sinne von Art. 712i ZGB hat das Bundesgericht unter Berufung auf die Ausführungen in der Botschaft zum Bauhandwerkerpfandrecht allerdings gegenteilig entschieden.[40] Nach der hier vertretenen Auffassung sind vorsorgliche Massnahmen keine Endentscheide. Das schliesst nicht aus, dass die gesuchstellende Partei in einer Eingabe gleichzeitig einen materiellen Anspruch geltend macht, welcher mit den beantragten Massnahmen sachlich zusammenhängt. Umgekehrt können vorsorgliche Mass-

---

[30] Unter altem Recht konnte gegen eine Ausweisung, sofern sie sie nur auf Art. 257d OR stützte, Berufung erhoben werden, wenn gem. kantonalem ZPR definitiv darüber entschieden wurde, wie z.B. in ZH. Erging der Ausweisungsentscheid als einstweilige Verfügung, war die Berufung nicht möglich. Nur wenn ein Fall von Art. 274g OR vorlag (Anfechtungsklage und Ausweisung), waren die Kantone gehalten, ein vollständiges Erkenntnisverfahren durchzuführen, damit der Entscheid in mat. Rechtskraft erwuchs und somit berufungsfähig war (vgl. BGE 132 III 747; BGE 122 III 94 f.).

[31] Vgl. BGE 131 III 473, E. 1.2 (unpubl.).

[32] Offengelassen in BGer, II. ZA, 26.6.2007, 5A_150/2007; Botschaft 2001 BBl 2001 4332; SARBACH, Jusletter 2006, N 5; SEILER/VON WERDT/GÜNGERICH, BGG, Art. 90 N 6; nach MEIER, Bundesgericht, 27, soll der Arrest als Endentscheid behandelt werden, obwohl dieser gem. Art. 279 SchKG prosequiert werden muss; nach JENT-SØRENSEN, SchKG, 76, handelt es sich beim Arrest und beim Arresteinspracheverfahren um vorsorgliche Massnahmen, welche jedoch dennoch als Endentscheide zu gelten haben.

[33] JENT-SØRENSEN, SchKG, 73; SEILER/VON WERDT/GÜNGERICH, BGG, Art. 90 N 6.

[34] JENT-SØRENSEN, SchKG, 75; SEILER/VON WERDT/GÜNGERICH, BGG, Art. 90 N 6.

[35] SEILER/VON WERDT/GÜNGERICH, BGG, Art. 90 N 6.

[36] SEILER/VON WERDT/GÜNGERICH, BGG, Art. 90 N 6.

[37] JENT-SØRENSEN, SchKG, 74.

[38] Botschaft 2001 BBl 2001 4331 f., bezügl. Schutzmassnahmen. Auch im öffentlichen Recht finden sich solche Massnahmen, etwa im Rahmen der Vorbereitungs- und Ausschaffungshaft (Art. 75 ff. AuG; Art. 13a ff. aANAG).

[39] Vgl. ähnlich REETZ, SJZ 2007, 32; GÖKSU, Beschwerden, N 80; **a.M.** SEILER/VON WERDT/ GÜNGERICH, BGG, Art. 93 N 3 und Art. 90 N 6 konkret betr. die vorläufige Eintragung eines Bauhandwerkerpfandrechts; so auch Botschaft 2001 BBl 2001 4331. Vgl. auch MEIER, Bundesgericht, 26; SUTER, Rechtsschutz, N 382.

[40] BGer, II. ZA, 29.6.2007, 5A_102/2007, E. 1.3: «Beim Entscheid über die provisorische Eintragung eines Pfandrechts für Betragsforderungen im Sinne von Art. 712i ZGB im Grundbuch handelt es sich um einen Endentscheid im Sinne dieser Bestimmung, so dass auch diese Voraussetzung gegeben ist (vgl. Botschaft vom 28. Februar 2001 zur Totalrevision der Bundesrechtspflege, BBl 2001 Ziff. 4.1.4.1, 4331, wo als Beispiel insbesondere auf die provisorische Eintragung des Bauhandwerkerpfandrechts nach Art. 839 und 961 ZGB hingewiesen wird).»

nahmen auch vor Einleitung eines Hauptverfahrens beantragt werden. Entscheidend ist, dass den Massnahmen nicht ein Hauptverfahren folgen muss, welches zu ihrer Überprüfung führt. Kann über sie selbständig entschieden werden, liegt ein Endentscheid vor.

Auch hier geht die Praxis des Bundesgerichts allerdings weiter: Während das Bundesgericht in einem Entscheid vom 11.4.2007 die Frage noch offengelassen hatte,[41] entschied es in einem Urteil vom 20.4.2007, dass vorsorgliche Massnahmen während des Scheidungsverfahrens i.S.v. Art. 137 ZGB und solche während eines Prozesses auf Abänderung des Scheidungsurteils nach Art. 129 ZGB als Endentscheide nach Art. 90 zu gelten haben.[42] Entscheidend ist dabei für das Bundesgericht:[43]

«Vorsorgliche Massnahmen nach Art. 137 ZGB ergehen ‹während des Scheidungsverfahrens› (Marginale). Sie unterscheiden sich von rein prozessualen, den Ablauf des Verfahrens regelnden Vorkehren und werden denn auch nicht im Hauptverfahren selbst angeordnet, sondern in einem zur gleichen Zeit laufenden Nebenverfahren. Sodann dienen vorsorgliche Massnahmen im Sinne von Art. 137 ZGB nicht etwa der Vollstreckung des zu fällenden Scheidungsurteils und sind insofern von diesem unabhängig. Ihr Zweck besteht darin, ohne Begründung (...) und ohne Formalitäten den gemeinsamen Haushalt aufzuheben (Art. 137 Abs. 1 ZGB) und zum Schutz eines der Ehegatten oder der Kinder die nötigen Modalitäten des Getrenntlebens zu regeln (Art. 137 Abs. 2 ZGB).

Entscheide über vorsorgliche Massnahmen nach Art. 137 ZGB sind nach dem Gesagten als Endentscheide im Sinne von Art. 90 BGG zu betrachten. Für vorsorgliche Massnahmen, die im Rahmen eines Abänderungsprozesses nach Art. 129 ZGB erlassen wurden, sind keine Besonderheiten ersichtlich, die eine abweichende Behandlung gebieten würden.»

13   In *Strafsachen* folgte die Trennlinie zwischen staatsrechtlicher Beschwerde und Nichtigkeitsbeschwerde nach Art. 268 ff. BStP massgeblich gem. dem zulässigen Beschwerdegrund nach Art. 269 BStP.[44] Im Strafvollzug war auch die Möglichkeit der Verwaltungsgerichtsbeschwerde zu prüfen.[45] Heute ist grundsätzlich von der Anwendbarkeit der Beschwerde in Strafsachen nach Art. 78 auszugehen.[46]

Neben den verfahrensabschliessenden Entscheiden in der Hauptsache[47] fallen unter den Begriff der Endentscheide i.S.v. Art. 90 etwa:

– Verfahren gegen Schuldunfähige (Art. 19 Abs. 3 StGB);[48]

– Einziehung (Art. 69–73 StGB);[49]

---

[41] BGer, II. ZA, 11.4.2007, 5A_110/2007.
[42] BGer, II. ZA, 20.4.2007, 5A_9/2007, E. 1.2.
[43] BGer, II. ZA, 20.4.2007, 5A_9/2007, E. 1.2.3 u. 1.2.4.
[44] Zum Verhältnis der Rechtsmittel vgl. SCHMID, Strafprozessrecht[4], N 1089.
[45] Vgl. BGE 124 I 231, 233 E. 1a/aa; vgl. heute Art. 78 Abs. 2 lit. b; SCHUBARTH, ZStR 2002, 64; THOMMEN/WIPRÄCHTIGER, AJP 2006, 652.
[46] SCHMID, ZStrR 2006, 163, spricht von einer Verschmelzung.
[47] Vgl. dazu SCHMID, ZStR 2006, 172, mit Beispielen, der diesbezüglich verfahrenserledigenden Sachentscheiden spricht und diese weiter unterteilt.
[48] SCHMID, ZStrR 2006, 172.
[49] SPÜHLER/DOLGE/VOGT, Kurzkommentar, Art. 90 N 6; SCHMID, ZStrR 2006, 172; vgl. zum alten Recht BGE 126 IV 107.

- Friedensbürgschaft (Art. 66 StGB);[50]

- Verweigerung der bedingten Entlassung (Art. 86 StGB);[51]

- Entscheide über den Vollzug von Strafen und Massnahmen (Art. 78 Abs. 2 lit. b),[52] z.B. so genannte nachträgliche richterliche Entscheide über die Anordnung einer Ersatzfreiheitsstrafe (Art. 36 StGB), Umwandlung einer gemeinnützigen Arbeit in eine Geld- oder Freiheitsstrafe (Art. 39 StGB) oder die Anordnung der Verwahrung (Art. 62c Abs. 3 StGB).[53]

Eine Sonderstellung nehmen mutmasslich nach wie vor Begnadigungen ein, welche **14** das Bundesgericht bisher als «kantonalen Hoheitsakt sui generis» bezeichnet hat.[54] Gegen diese Entscheidungen bestand unter altem Recht im Rahmen der staatsrechtlichen Beschwerde nur ein sehr beschränkter verfahrensrechtlicher Schutz.[55] Wenn heute bei Art. 78 ff. tatsächlich von einem «weitest möglichen Verständnis der ‹Strafsache›» auszugehen ist,[56] wäre eine Zuordnung unter Art. 78 i.V.m. Art. 90 an sich denkbar und würde ein heute bestehendes rechtsstaatliches Defizit[57] möglicherweise beseitigt.[58]

Art. 91

Teilentscheide	**Die Beschwerde ist zulässig gegen einen Entscheid, der:**
	a. nur einen Teil der gestellten Begehren behandelt, wenn diese Begehren unabhängig von den anderen beurteilt werden können;
	b. das Verfahren nur für einen Teil der Streitgenossen und Streitgenossinnen abschliesst.
Décisions partielles	Le recours est recevable contre toute décision:
	a. qui statue sur un objet dont le sort est indépendant de celui qui reste en cause;
	b. qui met fin à la procédure à l'égard d'une partie des consorts.
Decisioni parziali	Il ricorso è ammissibile contro una decisione che:
	a. concerne soltanto talune conclusioni, se queste possono essere giudicate indipendentemente dalle altre;
	b. pone fine al procedimento soltanto per una parte dei litisconsorti.

---

[50] SCHMID, ZStrR 2006, 172.

[51] BGE 133 IV 201.

[52] SCHMID, ZStrR 2006, 166; SCHUBARTH, ZStrR 2002, 65.

[53] Botschaft Strafprozessrecht, 1297 ff. mit weitergehender Liste; SCHMID, ZStrR 2006, 172. Generell sind Endentscheide Entscheide, mit denen frühere Strafentscheide abgeändert oder ergänzt werden (SPÜHLER/DOLGE/VOGT, Kurzkommentar, Art. 90 N 6; SCHMID, ZStrR 2006, 172).

[54] BGer, I. ÖAB, 18.6.2001, 1P.240/2001.

[55] BGer, I. ÖAB, 18.6.2001, 1P.240/2001, BGE 118 Ia 104, 106 E. 1 betreffend Widerruf einer Begnadigung.

[56] THOMMEN/WIPRÄCHTIGER, AJP 2006, 653.

[57] Vgl. dazu UHLMANN, Willkürverbot, N 271 und 277.

[58] Die Voraussetzungen von Art. 80 Abs. 2 und Art. 111 Abs. 3 erscheinen nicht unlösbar. Auch die Anwendung von Art. 86 Abs. 3 ist nicht undenkbar.

Inhaltsübersicht   Note

Materialien

Botschaft 2001 BBl 2001 4332 f.

Literatur

C. VON HOLZEN, Die Streitgenossenschaft im schweizerischen Zivilprozess, Diss. BS 2006 (zit. von Holzen, Streitgenossenschaft); P. LEUMANN LIEBSTER, Die Stufenklage im schweizerischen Zivilprozessrecht, Diss. BS 2004, Basel 2005 (zit. Leumann Liebster, Stufenklage); I. MEIER, Rechtsmittel an das Bundesgericht in Zivilsachen nach dem BGG, in: I. Meier/I. Jent-Sørensen/ P. Diggelmann/K. Müller, Wege zum Bundesgericht in Zivilsachen nach dem Bundesgerichtsgesetz, Zürich/St. Gallen 2007, 7–59 (zit. Meier, Bundesgericht); O. VOGEL/K. SPÜHLER, Grundriss des Zivilprozessrechts, 8. Aufl., Bern 2006 (zit. Vogel/Spühler, Grundriss[8]).

I. Überblick und Hintergrund der Regelung

1   Teilentscheide regeln einen selbständigen Teil eines ganzen Rechtsstreits.[1] «Une décision partielle est celle qui statue, de manière finale, sur un ou plusieurs chefs d'une demande, mais renvoie l'examen d'un ou plusieurs autres à une décision ultérieure».[2]

Teilentscheide sind «eine Variante des Endentscheids» i.S.v. Art. 90.[3] Im Gegensatz zu Vor- und Zwischenentscheiden sind Teilentscheide der materiellen Rechtskraft zugänglich.[4] Daraus folgt, dass Teilentscheide unmittelbar nach ihrem Erlass angefochten werden können und angefochten werden müssen.[5] Es handelt sich bei Teilentscheiden auch nicht um vorsorgliche Massnahmen i.S.v. Art. 98 (dazu Art. 98).

2   Die Regelung der Anfechtung von Teilentscheiden folgt dem Gedanken der **Prozessökonomie**.[6] Im alten Recht fand sich dieser Gesichtspunkt in Art. 50 Abs. 1 aOG; heute sieht Art. 93 Abs. 1 lit. b die Anfechtbarkeit von Vor- und Zwischenentscheiden vor,

---

[1] ZIEGLER, Einheitsbeschwerde, 364.

[2] BGE 132 III 785, 789 E. 2 mit Verweis auf BGE 124 III 406, 409 E. 1a. Alternativ geht das Bundesgericht an der gleichen Stelle von folgender Definition aus: «Selon une autre définition, la décision partielle proprement dite est celle qui statue sur une partie quantitativement limitée de la prétention litigieuse ou sur l'une des prétentions en cause – en cas de cumul objectif ou subjectif d'actions ou lorsqu'une demande reconventionnelle a été formée» (BGE 132 III 785, 789 f. E. 2 mit Verweis auf unveröffentlichte Entscheide).

[3] Botschaft 2001 BBl 2001 4332.

[4] BGE 128 III 191, 194 E. 4a; SEILER/VON WERDT/GÜNGERICH, BGG, Art. 91 N 6; anders ZIEGLER, Einheitsbeschwerde, 364, welcher den Begriff des Teilentscheids weitergehend definiert. Das Bundesgericht spricht bei Teilentscheiden, welcher der materiellen Rechtskraft zugänglich sind, von «echten Teilentscheiden [oder] Teilentscheiden im engeren Sinne» (BGer, a.a.O.). Im vorliegenden Zusammenhang wird der Begriff des Teilentscheids als «echter» Teilentscheid verstanden.

[5] Ebenso MEIER, Bundesgericht, 31; gem. KARLEN, BGG, 36, ergibt sich dies e contrario aus Art. 92 Abs. 2 und Art. 93 Abs. 3. Nahe liegender erscheint, Teilentscheide als Sonderform des Endentscheides zu verstehen, woraus sich Recht und Pflicht zur sofortigen Anfechtung ohne weiteres ergibt.

[6] Vgl. BGE 131 III 667, 669 E. 1.3; BGE 129 III 25, 27 E. 1.1; BGE 123 III 140, 141 E. 2a.

«wenn die Gutheissung der Beschwerde sofort einen Endentscheid herbeiführen und damit einen bedeutenden Aufwand an Zeit oder Kosten für ein weitläufiges Beweisverfahren ersparen würde» (dazu Art. 93 N 6 ff.). Bei der Auslegung von Art. 91 ist Art. 93 Abs. 1 lit. b sinngemäss zu berücksichtigen.[7] Die Zulassung von Teilentscheiden widerspricht an sich der Prozessökonomie, da sich das Bundesgericht nach Möglichkeit nur einmal mit einer bestimmten Streitigkeit befassen sollte.[8] Dort, wo aber ein Entscheid des Bundesgerichts erheblichen Aufwand für das kantonale Verfahren, namentlich für ein aufwändiges Beweisverfahren, erspart,[9] ist eine Anfechtung im Zweifel zuzulassen.[10]

II. Teilentscheide

1. Objektive Klagenhäufung

Gemäss Art. 91 lit. a ist die Beschwerde zulässig gegen einen Entscheid, der «nur einen **3** Teil der gestellten Begehren behandelt, wenn diese Begehren unabhängig von den anderen beurteilt werden können.» Die Voraussetzung, dass ein Begehren «unabhängig von den anderen beurteilt» werden kann, ist neu und entspricht nicht ohne weiteres den gem. altem Recht geltenden Voraussetzungen.[11]

Im **Zivilrecht** war nach bisheriger Praxis des Bundesgerichts ein Teilentscheid anfecht- **4** bar, «lorsqu'il tranche au fond le sort d'une prétention qui aurait pu faire à elle seule l'objet d'un procès distinct et dont le jugement est préjudiciel à celui des autres conclusions encore litigieuses».[12] Diese Rechtsprechung betraf in erster Linie den Fall objektiver Klagenhäufung.[13] Von objektiver Klagenhäufung spricht man, wenn derselbe Kläger in ein und demselben Verfahren mehrere Ansprüche gegen den gleichen Beklagten stellt. Dies kann durch die Einreichung mehrerer Klagebegehren der Fall sein, aber auch, wenn mehrere getrennt eingereichte Klagen gegen die gleiche Partei zusammengelegt werden.[14]

Im **Verwaltungsrecht** stellte der Entscheid über eine **Vorfrage** (dazu Art. 92 N 3 f.) einen anfechtbaren Teilentscheid dar, so etwa die vorfrageweise geklärte Anwendbarkeit von Art. 24 RPG,[15] der Grundsatzentscheid über die Frage der Interkonnektionspflicht,[16] die Anordnung einer Umweltverträglichkeitsprüfung,[17] Grundsatzentscheide betr. die Bejahung materieller Enteignung[18] oder Haftung,[19] die grundsätzliche Bejahung eines

---

[7] Auch in der Botschaft 2001 BBl 2001 4332, wird ausgeführt, dass Teilentscheide «nur unter gewissen eng umschriebenen Voraussetzungen» anfechtbar seien und dabei «die Prozessökonomie im Vordergrund» stehe.

[8] BGE 131 III 404, 407 E. 3.3; BGE 123 III 140, 143 E. 2c; ZIEGLER, Einheitsbeschwerde, 364.

[9] Vgl. etwa BGE 129 III 25, 26 f. E. 1.

[10] Dabei ist allerdings im Auge zu behalten, dass auch wenn es sich nicht um einen anfechtbaren Teilentscheid handelt, eine Anfechtung allenfalls gestützt auf Art. 93 Abs. 1 möglich ist.

[11] CORBOZ, SJ 2006, 323.

[12] BGE 131 III 667, 669 f. E. 1.3 mit ausführlichen Hinweisen auf die bundesgerichtliche Rechtsprechung.

[13] Für den Fall subjektiver Klagenhäufung sind diese Anforderungen «nicht ohne weiteres angemessen» (BGE 129 III 25, 27 E. 1.1). Die Anfechtung von Teilentscheiden war in diesen Fällen nur zulässig, wenn sich dadurch für das Beweisverfahren eine erhebliche Aufwandsersparnis ergab (BGer, a.a.O.).

[14] VOGEL/SPÜHLER, Grundriss[8], 7. Kapitel N 44; VON HOLZEN, Streitgenossenschaft, 19; BGE 131 III 667, 670 E. 1.3.

[15] BGE 132 II 10, 13 E. 1.

[16] BGE 131 II 13, 18 E. 2.4.

[17] BGE 115 Ib 342, 344 E. 1.

[18] DAUM, plädoyer 2006, 34.

[19] DAUM, plädoyer 2006, 34.

Rodungsgesuches,[20] die Feststellung, dass die Verjährung noch nicht eingetreten ist,[21] oder die Feststellung einer Lohndiskriminierung ohne Berechnung der detaillierten Lohndifferenzen.[22] Im **Strafrecht** ist die Konstellation der objektiven Klagenhäufung zwar nicht gänzlich undenkbar, spielt aber keine nennenswerte Rolle.[23]

5   Der Begriff «**unabhängig**» i.S.v. Art. 91 lit. a erscheint somit nicht ohne weiteres eindeutig.[24] Zu denken ist in erster Linie an das erste Kriterium der bisherigen zivilrechtlichen Rechtsprechung, wonach der Teilentscheid eine Frage betreffen muss, die zum Gegenstand eines eigenen Prozesses hätte gemacht werden können. Nicht notwendig wäre dagegen das zweite Kriterium der bisherigen zivilrechtlichen Rechtsprechung, wonach der Teilentscheid für andere Ansprüche präjudizierend wirkt. Daraus ergäbe sich eine gewisse Ausweitung gegenüber der bisherigen zivilrechtlichen Rechtsprechung.[25] In einem Entscheid vom 30.7.2007 hat das Bundesgericht eine solche Ausweitung allerdings noch nicht erkennen lassen und betreffend einem Entscheid über eine materielle Vorfrage ohne weiteres an seine bisherige Rechtsprechung angeknüpft.[26]

Gegenstand eines eigenen Prozesses bedeutet aber auch, dass ein entsprechendes Teilurteil einen Teil des Prozesses endgültig abschliesst und für diesen Teil grundsätzlich vollstreckbar ist. Dies ist oft nicht der Fall, wenn eine Vorfrage entschieden wird. Entsprechend ist im Bereich der Verwaltungsrechtspflege mit einer gewissen Einschränkung der bisherigen Anfechtungsmöglichkeiten zu rechnen.[27]

6   Art. 91 regelt für alle Beschwerden die Frage des Teilentscheids einheitlich. Dies schliesst allerdings Differenzierungen nach Sachgebieten nicht prinzipiell aus. Die Auslegung von Art. 91 folgt dem Grundsatz der Prozessökonomie (Art. 91 N 2). Es ist denkbar, dass beispielsweise aufgrund unterschiedlicher Prozessverfahren (z.B. im Beweisrecht) die Frage der Anfechtbarkeit von Teilentscheiden im Zivilrecht anders als im öffentlichen Recht zu beurteilen sein wird.

2. Subjektive Klagenhäufung

7   Ein anfechtbarer Teilentscheid liegt auch vor, wenn er «das Verfahren nur für einen Teil der Streitgenossen und Streitgenossinnen abschliesst» (Art. 91 lit. b). Geregelt wird der Fall **subjektiver Klagenhäufung**,[28] d.h. der Fall, dass «mehrere Personen, die aus den gleichen Tatsachen oder Rechtsgründen berechtigt oder verpflichtet sind, (…) gemein-

---

[20] BGE 117 Ib 325, 327 E. 1b.

[21] DAUM, plädoyer 2006, 34.

[22] BGE 124 II 409, 420 E. 1f.

[23] SCHMID, ZStrR 2006, 173.

[24] Vgl. CORBOZ, SJ 2006, 323 ff., mit ausführlichen Überlegungen, auch zum Verhältnis von französischem und deutschem Text.

[25] KARLEN, BGG, 35.

[26] BGer, I. ZA, 30.7.2007, 4A_109/2007, E. 2, E. 2.3: «Der angefochtene Entscheid behandelt eine materielle Vorfrage, nämlich diejenige, ob die Voraussetzungen einer Haftung der Beschwerdeführerin für den geltend gemachten Schaden grundsätzlich gegeben sind. Mit der Bejahung dieser Vorfrage ist der Streit zwischen den Parteien nicht beendet. Vielmehr hat das Verfahren betreffend das Quantitativ seinen Fortgang vor der ersten Instanz zu nehmen. Der angefochtene Entscheid erweist sich damit als Zwischenentscheid.»

[27] KARLEN, BGG, 35 f.

[28] Heute werden die Begriffe subjektive Klagehäufung und Streitgenossenschaft als überwiegend gleichbedeutend erachtet (vgl. VON HOLZEN, Streitgenossenschaft, 5, mit dem Hinweis, dass gelegentlich jedoch der Begriff der subjektiven Klagehäufung im Zusammenhang mit der einfachen Streitgenossenschaft gebraucht werde).

sam als Kläger auftreten oder als Beklagte belangt werden».[29] Praktisch geht es um die Fälle **freiwilliger**[30] **Streitgenossenschaft**,[31] da Teilentscheide bei notwendiger Streitgenossenschaft kaum denkbar sind.[32] Erfasst wird auch ein **Parteiwechsel**, wenn dieser zur Folge hat, dass eine bisher am Verfahren beteiligte Partei durch eine andere ersetzt wird und damit definitiv aus dem Verfahren ausscheidet.[33]

Die subjektive Klagenhäufung findet sich v.a. im Zivilprozessrecht und strukturell ähnlichen Bereichen des Verwaltungsrechts (z.B. Staatshaftung). Im Strafrecht dürfte sich die Frage der subjektiven Klagenhäufung nicht stellen.[34]

Gemäss bisheriger zivilprozessualer Praxis waren Teilurteile bei subjektiver Klagenhäufung vor Bundesgericht anfechtbar, «wenn der Umfang des Beweisverfahrens in erheblichem Mass davon abhängt, ob das Verfahren gegen alle oder nur gegen einen Teil der Beklagten durchgeführt wird».[35] Art. 50 OG wurde dabei analog angewendet.[36]   **8**

Unter geltendem Recht ist fraglich, ob diese Praxis weitergeführt werden kann. Der Gedanke der Prozessökonomie findet sich in Art. 91 lit. b nicht und kann als allgemeine Voraussetzung auch nicht ohne weiteres zu dieser Bestimmung hinzugedacht werden. Ein Teilentscheid, der das Verfahren für einen Streitgenossen abschliesst, ist somit vor Bundesgericht anfechtbar. Dies hat allerdings zur Folge, dass das Bundesgericht im Wesentlichen an die prozessökonomische Beurteilung der Vorinstanz gebunden ist, ob diese zum Beispiel aufgrund eines einfachen Beweisverfahrens das Verfahren zunächst auf eine Streitgenossin oder einen Streitgenossen beschränken will.[37]

Ebenso ist fraglich, ob ein anfechtbarer Teilentscheid nur dann vorliegt, «wenn kein notwendiger Zusammenhang zwischen den Entscheiden mit Bezug auf die verschiedenen Streitgenossen vorliegt».[38] Das Fehlen einer präjudizierenden Verbindung wird im Gegensatz zu Art. 91 lit. a in Art. 91 lit. b gerade nicht gefordert. Dementsprechend ist grundsätzlich jedes Urteil, das das Verfahren für einen Streitgenossen abschliesst, nach Art. 91 lit. b anfechtbar. Daraus ergeben sich allerdings gewisse Abstimmungsprobleme.[39]   **9**

3. Teilklagen

Entscheide über Teilklagen, d.h. Klagen über einen Teilbetrag der behaupteten Schuld,[40] stellen Endentscheide dar.[41] Entschieden wird über den gesamten Streitgegenstand. Dass weitere Ansprüche allenfalls noch eingeklagt werden können, macht den Entscheid nicht zu einem Teilentscheid. Die Zuordnung zu Art. 90 oder zu Art. 91 ist aber von geringer praktischer Bedeutung. Der Entscheid erwächst in jedem Fall in Rechtskraft, wenn er nicht nach seinem Erlass angefochten wird.   **10**

---

[29] Vgl. VOGEL/SPÜHLER, Grundriss[8], 5. Kapitel N 59; vgl. BGE 131 III 667, 670 E. 1.3.
[30] Die Begriffe freiwillige Streitgenossenschaft und einfache Streitgenossenschaft werden als Synonyme verwendet (VON HOLZEN, Streitgenossenschaft, 40).
[31] Zum Begriff der notwendigen und der einfachen bzw. freiwilligen Streitgenossenschaft vgl. VON HOLZEN, Streitgenossenschaft, 39 f.; VOGEL/SPÜHLER, Grundriss[8], 5. Kapitel N 45 ff.
[32] SPÜHLER/DOLGE/VOCK, Kurzkommentar, Art. 91 N 3; MEIER, Bundesgericht, 29.
[33] BGE 131 I 57, 60 E. 1.1.
[34] SCHMID, ZStrR 2006, 173.
[35] BGE 129 III 25, 27 E.1.1; BGE 131 III 667, 670 E. 1.3.
[36] BGE 129 III 25, 27 E.1.1; BGE 131 III 667, 670 E. 1.3.
[37] Beispiel gem. Botschaft 2001 4333.
[38] SPÜHLER/DOLGE/VOCK, Kurzkommentar, Art. 91 N 3.
[39] Vgl. dazu SPÜHLER/DOLGE/VOCK, Kurzkommentar, Art. 91 N 3.
[40] VOGEL/SPÜHLER, Grundriss[8], 7. Kapitel N 47; Botschaft 2001 BBl 2001 4333.
[41] Botschaft 2001 4333; SEILER/VON WERDT/GÜNGERICH, BGG, Art. 91 N 8.

4. Stufenklagen

11 Bei einer Stufenklage verbindet der Kläger einen Informationsanspruch (sog. Hilfs-anspruch) mit einem vorerst unbestimmten Hauptanspruch, da er zur Bestimmung des Hauptanspruchs auf die Information durch den Beklagten angewiesen ist.[42] Ein Entscheid über eine Stufenklage stellt einen Teilentscheid dar, da die Rechtslage zwischen den Par-teien nicht umfassend bereinigt wird.[43] Gemäss bisheriger Praxis war ein entsprechender Teilentscheid unabhängig vom Erfordernis der Prozessökonomie anfechtbar.[44]

12 Im geltenden Recht ist die Frage der Stufenklage nach Art. 91 lit. a zu beurteilen. Ge-mäss dieser Bestimmung muss der Teilentscheid eine Frage betreffen, die zum Gegen-stand eines eigenen Prozesses hätte gemacht werden können (Art. 91 N 5). Dieses Erfor-dernis ist für Auskunfts- oder Rechnungslegungsbegehren in der Regel ohne weiteres erfüllt, so dass Teilentscheide über Stufenklagen ein taugliches Beschwerdeobjekt i.S.v. Art. 91 bilden.

Dabei ist allerdings darauf zu achten, dass der Anspruch auf Auskunft oder Edition von Unterlagen materiell-rechtlicher Natur sein muss. Handelt es sich lediglich um eine vor-sorgliche Massnahme im Rahmen eines materiellen Prozesses, ist eine Anfechtung nur unter den Voraussetzungen von Art. 93 Abs. 1 möglich.

Art. 92

Vor- und Zwischen-entscheide über die Zuständig-keit und den Ausstand	**[1] Gegen selbständig eröffnete Vor- und Zwischenentscheide über die Zuständigkeit und über Ausstandsbegehren ist die Be-schwerde zulässig.** **[2] Diese Entscheide können später nicht mehr angefochten wer-den.**
Décisions préjudi-cielles et incidentes concernant la compétence et les demandes de récusation	[1] Les décisions préjudicielles et incidentes qui sont notifiées séparément et qui portent sur la compétence ou sur une demande de récusation peuvent faire l'objet d'un recours. [2] Ces décisions ne peuvent plus être attaquées ultérieurement.
Decisioni pregiudi-ziali e incidentali sulla competenza e la ricusazione	[1] Il ricorso è ammissibile contro le decisioni pregiudiziali e incidentali noti-ficate separatamente e concernenti la competenza o domanda di ricusazione. [2] Tali decisioni non possono più essere impugnate ulteriormente.

---

[42] VOGEL/SPÜHLER, Grundriss[8], 7. Kapitel N 6; LEUMANN LIEBSTER, Stufenklage, 40 f.; BGE 123 III 140.

[43] BGE 123 III 140, 141 E. 2a.

[44] «Der Hilfsanspruch auf Auskunftserteilung oder Rechnungslegung setzt den Kläger überhaupt erst in die Lage, seine Forderung zu beziffern und das Verfahren fortzusetzen. Versagt man dem Teilurteil über den Hilfsanspruch die selbständige Anfechtbarkeit, könnte sich der Beklagte gegen die Durchsetzung der Rechenschaftspflicht mit dem Argument wehren, das Teilurteil sei nicht in Rechtskraft erwachsen, und dadurch das Verfahren blockieren. Die aus prozessökonomi-schen Gründen zugelassene Verbindung von Hilfs- und Hauptanspruch würde sich für den Kläger damit zum Nachteil wenden ...» (BGE 123 III 140, 143 E. 2c, bestätigt in BGer, I. ZA, 27.1.2004, 4C.319/2003).

Inhaltsübersicht   Note

Materialien

Botschaft 2001 BBl 2001 4333 f.

Literatur

J. A. FROHWEIN/W. PEUKERT, Europäische Menschenrechtskonvention, EMRK-Kommentar, 2. Aufl., Kehl/Strassburg/Arlington 1996 (zit. Frohwein/Peukert, EMRK-Kommentar[2]); R. KIENER, Richterliche Unabhängigkeit, Verfassungsrechtliche Anforderungen an Richter und Gerichte, Habil., Bern 2001 (zit. Kiener, Unabhängigkeit); R. KIENER, Anwalt oder Richter? – Eine verfassungsrechtliche Sicht auf die Richtertätigkeit von Anwältinnen und Anwälten, in: Aargauischer Anwaltsverband (Hrsg.), Festschrift 100 Jahre Aargauischer Anwaltsverband, Zürich/Basel/Genf 2005, 3–26. (zit. FS Aargauischer Anwaltsverband-Kiener); R. KIENER/M. KRUESI, Die Unabhängigkeit von Gerichtssachverständigen, ZSR 2006 I, 487–513 (zit. Kiener/Kruesi, ZSR 2006); I. MEIER, Rechtsmittel an das Bundesgericht in Zivilsachen nach dem BGG, in: I. Meier/I. Jent-Sørensen/P. Diggelmann/K. Müller, Wege zum Bundesgericht in Zivilsachen nach dem Bundesgerichtsgesetz, Zürich/St. Gallen 2007, 7–59 (zit. Meier, Bundesgericht); B. SCHINDLER, Die Befangenheit der Verwaltung, Diss. ZH 2002 (zit. Schindler, Befangenheit); M. SUTER, Der neue Rechtsschutz in öffentlich-rechtlichen Angelegenheiten vor dem Bundesgericht, Diss. SG, Bamberg 2007 (zit. Suter, Rechtsschutz).

I. Überblick

Art. 92 und Art. 93 regeln die Anfechtbarkeit selbstständig eröffneter Vor- und Zwi- **1** schenentscheide. Betreffen diese Ausstand und Zuständigkeit, müssen sie unmittelbar nach ihrem Erlass angefochten werden (Art. 92 Abs. 2).[1] Andere Vor- und Zwischenentscheide können angefochten werden, wenn sie einen nicht wieder gutzumachenden Nachteil oder eine Zeit- oder Kostenersparnis bewirken können (Art. 93 Abs. 1).

Eine Sonderregelung hat die internationale Rechtshilfe in Strafsachen erfahren (Art. 93 Abs. 2).

Hinsichtlich der beschränkten Beschwerdegründe bei der Anfechtung vorsorglicher Massnahmen ist Art. 98 zu berücksichtigen.

II. Vor- und Zwischenentscheide

Vor- und Zwischenentscheide sind Entscheide, welche das Verfahren nicht abschliessen, **2** sondern bloss eine formell- oder materiellrechtliche Frage im Hinblick auf die Verfahrenserledigung regeln, mithin einen Schritt auf dem Weg zum Endentscheid darstellen.[2]

---

[1] Vgl. unten Art. 92 N 13.

[2] BGE 132 III 785, 789 E. 2; BGE 129 I 313, 316 f. E. 3.2; BGE 128 I 215, 216 E. 2; BGE 123 I 325, 327 E. 3b; BGE 122 I 39, 41 E. 1aa; GÖKSU, Beschwerden, N 82; vgl. die negative Definition bei Botschaft 2001 BBl 2001 4333, SPÜHLER/DOLGE/VOCK, Kurzkommentar, Art. 92 N 2 und SEILER/VON WERDT/GÜNGERICH, BGG, Art. 92 N 3.

Sie binden grundsätzlich die erlassende Behörde, geniessen aber keine materielle Rechtskraft.[3] Im Gegensatz zu End- und Teilentscheiden können sie «nicht unabhängig» (Art. 91 lit. a) von der Hauptfrage des Prozesses beurteilt werden.

3 Vor- und Zwischenentscheide werden meist in einem Atemzug genannt und nicht weiter unterschieden. Es liegt nahe, von Vorentscheiden dann zu sprechen, wenn eine materielle Frage entschieden wird, z.B. die Verneinung der Verjährungseinrede, während Zwischenentscheide eine prozessuale Frage betreffen, z.B. die Gewährung oder Verweigerung des Kostenerlasses.[4] Dabei ist allerdings zu beachten, dass im Bereich der Verwaltungsrechtspflege von «Zwischenverfügungen» gesprochen wird, obwohl diese eine materiellrechtliche Frage betreffen können;[5] auch der revidierte Art. 45 VwVG, welcher auf Art. 92 f. abgestimmt werden sollte,[6] spricht unvermindert von Zwischenverfügungen, obwohl dieser Begriff kaum enger verstanden werden dürfte als Vor- und Zwischenentscheide nach Art. 92 f.[7] Die Differenzierung ist jedoch ohne praktische Bedeutung, da Vor- und Zwischenentscheide durch das Gesetz gleich behandelt werden.[8]

Wesentlich ist dagegen die Frage, ob der Vor- oder Zwischenentscheid eine **provisorische Massnahme** nach Art. 98 darstellt. Zu beachten ist auch, dass die bisherige verwaltungsrechtliche Praxis gewisse Vorentscheide als Teilentscheide betrachtete (dazu Art. 91 N 4).

4 Zu den Vor- und Zwischenentscheiden gehören etwa:[9]

– Entscheid über (materielle) Vorfragen, soweit dadurch der letztlich geschuldete Betrag offen bleibt;[10]

– Entscheid über die Frage, ob eine Partei den Vertrag gebrochen habe oder ob der Vertrag nichtig sei;[11]

– Entscheid, in welchem die Verjährungseinrede verneint wird;[12]

---

3 «Quant aux sentences préjudicielles ou incidentes (Vor- oder Zwischenentscheide), qui règlent des questions préalables de fond ou de procédure, elles ne jouissent pas de l'autorité de la chose jugée; il n'en demeure pas moins que, contrairement aux simples ordonnances ou directives de procédure qui peuvent être modifiées ou rapportées en cours d'instance, de telles sentences lient le tribunal arbitral dont elles émanent» (BGE 128 III 191, 194 f. E. 4a).

4 BGE 130 III 76, 79 E. 3.1.3 bezüglich internationaler Schiedsgerichtsentscheide: «Ohne rechtliche Bedeutung ist im hier interessierenden Zusammenhang die allein in der deutschen Sprache geläufige Abgrenzung von Vor- und Zwischenentscheiden in dem Sinne, dass der Vorentscheid eine materiellrechtliche, der Zwischenentscheid dagegen eine prozessrechtliche Vorfrage zum Gegenstand hat … Sie hat allein theoretisch-klassifikatorische Bedeutung, ist aber für die Frage der Anfechtbarkeit eines Schiedsspruches, wie sie hier zu beurteilen ist, ohne Belang. Die Unterscheidung wird denn auch in der französischen und italienischen Rechtssprache nicht gemacht, wo die beiden Typen einheitlich als ‹décisions incidentes› und ‹decisioni pregiudiziali› bezeichnet werden.»

5 Vgl. etwa BGE 131 V 42, 46 E. 2.4: «La décision incidente se caractérise par le fait qu'elle est prise en cours de procédure et qu'elle ne constitue qu'une étape vers la décision finale. En général, elle porte sur une question de procédure. Il n'est cependant pas exclu qu'elle tranche un problème de fond.» Auch GÖKSU, Beschwerde, N 82 ff., spricht beispielsweise nur von Zwischenentscheiden, meint damit aber auch materiell-rechtliche Fragen.

6 Botschaft 2001 BBl 2001 4407.

7 Umgekehrt spricht Art. 190 Abs. 3 IPRG bloss von Vorentscheiden, auch wenn damit ebenfalls Zwischenentscheide erfasst werden sollen (BGE 130 III 76, 79 E. 3.1.3 a.E.).

8 BGE 130 III 76, 79 E. 3.1.3; CORBOZ, SJ 2000, 8.

9 Für weitere Beispiele vgl. im Zusammenhang mit dem nicht wieder gutzumachenden Nachteil Art. 93 N 5.

10 BGer, I. ZA, 30.7.2007, 4A_109/2007, E. 2; BGE 132 III 785, 790 f. E. 3; vgl. auch MEIER, Bundesgericht, 32.

11 BGE 130 III 76, 81 E. 3.2.2.

12 BGE 118 II 447, 449; vgl. allgemein Botschaft 2001 BBl 2001 4333; GÖKSU, Beschwerden, N 83.

– Entscheid, in welchem lediglich über das anwendbare Recht entschieden wird;[13]
– Entscheid, in welchem die Streitverkündung nicht bewilligt wird;[14]
– Kostenvorschussverfügungen;[15]
– Entscheid über die Bewilligung des Wechsels des amtlichen Verteidigers;[16]
– Entscheid über die Verweigerung der unentgeltlichen Prozessführung und eines unentgeltlichen Rechtsbeistands;[17]
– Entscheid der Beschwerdeinstanz über ihre Kosten oder über eine Parteientschädigung, wenn sie die Sache zur neuen Entscheidung an eine Behörde zurückweist;[18]
– Überweisungsentscheid;[19]
– Entscheid betr. strafrechtliche Zwangsmassnahmen wie Untersuchungs-, Sicherheitshaft und Beschlagnahme;[20]
– Förmliche Mahnung i.S.v. Art. 41 Ziff. 3 Abs. 1 StGB;[21]
– Unter Umständen vorsorgliche Massnahmen.[22]

III. Selbständige Eröffnung

Die Anfechtung von Vor- und Zwischenentscheiden nach Art. 92 und Art. 93 setzt vor- **5** aus, dass diese «selbständig eröffnet» worden sind. Dies bedeutet, dass der Entscheid schriftlich mitgeteilt, begründet und mit einer Rechtsmittelbelehrung versehen werden muss (Art. 112 Abs. 1). Eine bloss **mündliche Eröffnung** genügt nicht.[23] Nicht selbständig eröffnet sind Entscheidungen, die dem Empfänger innerhalb des Endentscheids oder mittels separater Verfügung, aber zeitgleich mit dem Endentscheid zugehen. Solche Entscheidungen sind Teil des Endentscheids und können nur mit diesem angefochten werden, sofern sie sich auf den Inhalt auswirken (Art. 93 Abs. 3).[24]

Auch keine selbständige Eröffnung liegt vor, wenn das Gericht nur implizit eine solche Frage entscheidet, etwa weil eine Gerichtsinstanz **stillschweigend** von ihrer Zuständigkeit ausgeht.[25] Auch dort, wo das Gericht beispielsweise an einer Hauptverhandlung über den Einwand der Befangenheit oder der Unzuständigkeit nach kurzer Beratung formlos befindet, liegt keine Rechtsfrist auslösende selbständige Eröffnung vor.[26] Fraglich kann

---

[13] BGE 129 III 288, 290.
[14] BGE 132 I 13, 15 E. 1.1.
[15] BGE 128 V 199, 202 ff.
[16] BGE 126 I 207, 209 f.
[17] BGE 129 I 281, 283 E. 1.1; BGer, I. ZA, 15.3.2007, 4P.333/2006; Botschaft 2001 BBl 2001 4333; MEIER, Bundesgericht, 32.
[18] BGE 122 I 39, 41 f.; BGE 131 III 404, 407.
[19] BGE 132 III 178, 180 f. E. 1.
[20] Botschaft 2001 BBl 2001 4334; SCHMID, ZStrR 2006, 175; BGE 128 I 129, 131 betr. Beschlagnahme; vgl. nun auch BGer, I. ÖRA, 14.2.2007, 1B_5/2007 betr. Haft.
[21] BGE 128 IV 34, 36.
[22] Vgl. Art. 90 N 12.
[23] SCHMID, ZStrR 2006, 173.
[24] Für die analoge Anwendung von Art. 93 Abs. 3 auf Art. 92 auch GÖKSU, Beschwerden, N 97. Vgl. anders wohl MEIER, Bundesgericht, 34, welcher die Anwendbarkeit von Art. 93 Abs. 3 auf (materielle) Vorentscheide beschränkt sieht.
[25] Botschaft 2001 BBl 2001 4333; SEILER/VON WERDT/GÜNGERICH, BGG, Art. 92 N 5. Hier fehlt es an der «Äusserlichkeit» des Vor- oder Zwischenentscheides (Vgl. BGE 115 Ia 311, 313 E. 2a, Hervorhebung nur hier: «... Entscheide, die ... *äusserlich* als Zwischenentscheide zu betrachten sind ...»).
[26] GÖKSU, Beschwerden, N 87 und FN 222; SCHMID, ZStrR 2006, 173 betr. Unzuständigkeitseinrede.

die selbständige Eröffnung bei einfachen prozessleitenden Handlungen, z.B. der Durchführung eines Augenscheins sein, namentlich wenn diese schriftlich, aber nicht in der Form von Art. 112 Abs. 1 erfolgen (fehlende Begründung, fehlende Rechtsmittelbelehrung). Im Zweifel ist von den Betroffenen eine vollständige Ausfertigung nach Art. 112 Abs. 2 zu verlangen. Von einer selbständigen Eröffnung ist zumindest dort auszugehen, wo auch bei Formfehlern der Wille der Behörden erkenntlich ist, einen selbständig anfechtbaren Vor- oder Zwischenentscheid zu fällen.

Fraglich kann schliesslich sein, ob die Beschwerdeführerin oder der Beschwerdeführer unter Umständen einen Anspruch auf selbständige Eröffnung des Vor- oder Zwischenentscheids hat. Dies ist grundsätzlich zu bejahen. Gerade dort, wo einer Beschwerdeführerin oder einem Beschwerdeführer ein nicht wieder gutzumachender Nachteil i.S.v. Art. 93 Abs. 1 lit. a droht, kann es nicht allein im Ermessen der Behörde liegen, ob sie einen Vor- oder Zwischenentscheid erst zusammen mit dem Endentscheid trifft. Wird beispielsweise eine Beschwerdeführerin oder ein Beschwerdeführer zur Führung eines unerschwinglichen Prozesses oder zur Unterlassung einer lukrativen Tätigkeit für die Dauer des Prozesses gezwungen, gebieten Rechtsweggarantie (Art. 29a BV) und betroffene Grundrechte (Art. 29 Abs. 3 BV, Art. 27 BV) den Erlass eines anfechtbaren Vor- oder Zwischenentscheids. Kommt die betreffende Behörde ihrer Pflicht nicht nach, ist von einer Beschwerdemöglichkeit nach Art. 94 auszugehen.

IV. Zuständigkeit und Ausstand

1. Vor- und Zwischenentscheide über die Zuständigkeit

6 Betrifft der Entscheid einer Vorinstanz ihre Zuständigkeit, so ist dieser Entscheid ungeachtet prozessökonomischer oder anderer Überlegungen anfechtbar. Dabei ist zu beachten, dass es sich bei einem solchen Entscheid sowohl um einen Endentscheid nach Art. 90 wie auch um einen (anfechtbaren) Vor- oder Zwischenentscheid nach Art. 92 handeln kann. Verneint nämlich das Gericht seine Zuständigkeit, handelt es sich dabei aufgrund der prozessualen Betrachtungsweise bei Art. 90 um einen Endentscheid (Art. 90 N 9). Bejaht dagegen das Gericht seine Zuständigkeit, wird das Verfahren vor diesem Gericht weitergeführt. Dementsprechend stellen **negative Entscheide** über die Zuständigkeit in der Regel Endentscheide nach Art. 90 dar, während **positive Entscheide** über die Zuständigkeit in der Regel nach Art. 92 Abs. 1 anfechtbar sind.[27]

7 Zu den anfechtbaren Vor- und Zwischenentscheiden betr. die Zuständigkeit gehören Entscheide betr. die **örtliche Zuständigkeit**, so z.B. ein **Überweisungsentscheid** gem. Art. 36 Abs. 2 GestG,[28] die Bejahung der örtlichen Zuständigkeit aufgrund des Gerichtsstandsgesetzes oder aufgrund weiterer bundesrechtlicher oder staatsvertraglicher Bestimmungen.[29] Anfechtbar sind auch Vor- und Zwischenentscheiden betr. die **sachliche Zuständigkeit**, also beispielsweise der Entscheid über die Frage, ob für eine bestimmte Streitigkeit ein Zivil- oder ein Verwaltungsgericht zuständig ist.[30]

---

[27] So auch SPÜHLER/DOLGE/VOCK, Kurzkommentar, Art. 92 N 4. Unter aArt. 9 Abs. 2 VwVG i.V.m. aArt. 45 Abs. 2 lit. a VwVG galten Nichteintretensverfügungen als sogenannte atypische Zwischenverfügungen (BGE 108 Ib 540, 545 E. 2c; RHINOW/KOLLER/KISS, Prozessrecht, N 1237; vgl. heute Art. 45 VwVG, welcher gem. seinem Wortlaut Art. 90 entspricht).

[28] BGE 132 III 178, 180 f.

[29] SEILER/VON WERDT/GÜNGERICH, BGG, Art. 92 N 11; vgl. SCHMID, ZStrR 2006, 174, für das Strafrecht; BGE 124 V 310 ff. betr. aUVG.

[30] Auch hier liegt ein anfechtbarer Zwischenentscheid vor, wenn das Gericht seine Zuständigkeit bejaht und damit das Verfahren nicht im Sinne eines Endentscheides abgeschlossen wird (vgl. zu letzterem BGE 128 III 250, 252 E. 1).

Ist die **funktionelle Zuständigkeit** streitig, d.h. die Zuständigkeit einer Behörde im Instanzenzug,[31] so war nach bisheriger Rechtsprechung eine Anfechtung nur bei Vorliegen eines nicht wieder gutzumachenden Nachteils möglich.[32] Ein entsprechender Vorbehalt findet sich im geltenden Recht nicht, so dass grundsätzlich von der Anfechtbarkeit der entsprechenden Vor- oder Zwischenentscheide auszugehen ist.[33] Auch sachlich erscheint es nahe liegend, dass über den korrekten Ablauf des Instanzenzugs Klarheit bestehen muss, bevor dieser durchschritten wird.

8

2. Vor- und Zwischenentscheide über den Ausstand

Im Gegensatz zu Entscheiden über die Zuständigkeit (Art. 92 N 6) stellen Entscheidungen über den Ausstand immer Vor- und Zwischenentscheide dar. Sie schliessen das Verfahren nie i.S. eines Endentscheids ab.[34]

9

Die Garantie eines durch Gesetz geschaffenen, zuständigen, unabhängigen und unparteiischen Gerichts ergibt sich aus Art. 30 Abs. 1 BV, Art. 6 Abs. 1 EMRK und Art. 14 Abs. 1 UNO-Pakt II sowie für nicht gerichtliche Behördenmitglieder wie Untersuchungsbehörden oder Verwaltungsbehörden aus Art. 29 Abs. 1 BV.[35] Dabei kommt gem. gefestigter Rechtsprechung des Bundesgerichts den internationalen Garantien keine weitergehende Tragweite zu als Art. 30 Abs. 1 BV.[36] Art. 29 Abs 1 BV stimmt bezüglich der Unparteilichkeit des Untersuchungsrichters i.S.v. Unabhängigkeit und Unbefangenheit weitgehend mit dem Gehalt von Art. 30 Abs. 1 BV überein.[37]

10

Art. 92 Abs.1 spricht von Entscheiden über Ausstandsbegehren. Mit Blick auf die bisherige Rechtsprechung liegt nahe, den Begriff des «Ausstands» in einem weiten Sinn zu verstehen, so dass darunter alle «Organmängel»[38] i.S.v. Art. 30 BV fallen.[39] Anfechtbar

---

[31] RHINOW/KOLLER/KISS, N 959; ZIMMERLI/KÄLIN/KIENER, Verfahrensrecht, 56; VPB 65.42 E. 1c/aa: «Die funktionelle Zuständigkeitsordnung beschreibt die Stufen, die eine Streitsache zu durchlaufen hat, wenn sie mit einem ordentlichen Rechtsmittel von der ersten bis zur letzten Instanz geführt wird.»

[32] BGE 115 Ia 311, 313 f. E. 2a, allerdings noch mit Bezug auf die alte Fassung von Art. 87 OG. Unklar erscheint auch, ob das Bundesgericht den Begriff der funktionellen Zuständigkeit im hier verstandenen Sinne benutzt, wenn es um die Frage geht, *«welches erstinstanzliche Strafgericht zur Beurteilung einer Strafsache zuständig sein soll»* (Hervorhebung nur hier).

[33] So wohl auch SPÜHLER/DOLGE/VOCK, Kurzkommentar, Art. 92 N 4; demgegenüber erwähnt MEIER, Bundesgericht, 32, die funktionelle Zuständigkeit nicht.

[34] So auch SPÜHLER/DOLGE/VOCK, Kurzkommentar Art. 92 N 5 und BGer, II. SRA, 4.6.2007, 9C_149/2007, E. 1.

[35] BGE 127 I 196, 198 E. 2b; KIENER, Unabhängigkeit, 18, 23 f., 33; SEILER/VON WERDT/ GÜNGERICH, BGG, Art. 92 N 16. Zum Anwendungsbereich von Art. 6 Ziff. 1 EMRK vgl. FROH- WEIN/PEUKERT, EMRK-Kommentar², Art. 6 N 122. Zum Begriff des Gerichts vgl. BGE 126 I 228, 230 f. E. 2a/bb.

[36] BGE 133 I 1, 3 E. 5.2; BGE 131 I 31, 34 E. 2.1.2.1.

[37] Vgl. BGE 127 I 196, 198 E. 2b; KIENER, Unabhängigkeit, 82. Allerdings kann die spezifische Rechtsprechung des Bundesgerichts zu Art. 30 Abs. 1 BV betreffend gerichtliche Mitglieder nicht per se auf nicht richterliche Personen und Behörden nach Art. 29 Abs. 1 BV übertragen werden (vgl. BGE 125 I 199, 122 ff. E. 3). Ausstands- und Ablehnungsbegehren gegen solche Personen bzw. Behörden sind laut Bundesgericht nicht leicht zu bejahen, da dadurch das Verfahren verzögert oder verkompliziert werden kann (BGer, I. ÖRA, 29.5.2007, 1B_22/2007, E. 3.3). Rekurskommissionen gelten als Gerichte, sofern sie ausschliesslich rechtsprechende Funktionen ausüben und nicht der Weisungsgewalt einer übergeordneten Behörde unterliegen (BGE 127 I 128, 131).

[38] Vgl. diesen Begriff in BGE 132 II 485, 496 E. 4.3.

[39] So führte das Bundesgericht bereits in seiner Rechtsprechung zu Art. 87 OG in der Fassung vor dem 8.10.1999 aus, dass gerichtsorganisatorische Entscheide vom Erfordernis des nicht wieder gutzumachenden Nachteils ausgenommen seien (BGE 124 I 255, 260 E. 1b/bb). Diese

sind dementsprechend auch Zwischenentscheide über gerichtsorganisatorische Fragen, beispielsweise betr. der Rüge einer zahlenmässigen unrichtigen Besetzung der entscheidenden Behörde.[40]

11   Ein Mitglied des Gerichts[41] hat in den Ausstand zu treten, «wenn Umstände vorliegen, die bei objektiver Betrachtung den Anschein der Befangenheit und Voreingenommenheit erwecken».[42] Dabei kann sich die Befangenheit nicht nur aus einem bestimmten persönlichen Verhalten des Mitglieds, sondern auch aus funktionellen und organisatorischen Gegebenheiten ergeben.[43] Ob Befangenheit vorliegt, muss gem. bundesgerichtlicher Praxis im Einzelfall überprüft werden.[44]

Bei der Beurteilung geht das Bundesgericht zweistufig vor. Zuerst legt das Gericht das für die fragliche Behörde anzuwendende Ausstandsrecht aus und prüft, ob die Norm richtig angewandt wurde.[45] Dies macht es jedoch lediglich unter dem Gesichtswinkel der Willkür, wenn es sich um kantonales Recht handelt.[46] In einem zweiten Schritt prüft es dann frei, ob die Ansprüche aus Art. 29 Abs. 1 BV, Art. 30 Abs. 2 BV und Art. 6 Abs. 1 EMRK verletzt sind.[47]

12   Als Gründe für ein Ausstandsbegehren kommen insb. enge Beziehungen zu einer Partei, Vorbefassung oder Äusserungen einer Gerichtsperson in Frage.

Enge Beziehungen können auch das Verhältnis zwischen einem Richter und einem Parteivertreter betreffen.[48] Ein Richter gilt als befangen, wenn er in einem anderen Verfahren als Parteivertreter auftritt, wenn es in diesem Verfahren um die gleichen Interessen geht und diese Streitfrage noch nicht präjudizell entschieden ist.[49] Demgegenüber muss ein Richter grundsätzlich nicht in den Ausstand treten, wenn ein Richterkollege vor seinen Schranken oder vor Vorinstanzen berufsmässig Dritte vertritt.[50] Die Möglichkeit kollegialer Gefühle bewirkt in der Regel keinen Ausstandsgrund.[51] Dies gilt auch für einen

---

Rechtsprechung wurde nach der Revision von Art. 87 aOG übernommen (BGE 126 I 207, 209 E. 1b).

[40] Vgl. dazu BGE 129 V 335, 339 ff. E. 3; BGE 127 I 128, 131 f. E. 4b und c; BGE 125 V 499, 502 f. E. 3c.

[41] Ausstandsbegehren können gegen die Instanz als solche (vgl. BGE 105 Ib 301 betr. Gesamtheit der Bundesrichterinnen und Bundesrichter; enger SCHINDLER, Befangenheit, 76) wie auch gegen jede am Verfahren beteiligte Person gestellt werden, mit Ausnahme natürlich der Parteien.

[42] EGMR Steck-Risch c. Liechtenstein, 19.5.2005, Nr. 63151/00 Ziff. 38; EGMR Wettstein c. Schweiz, 21.12.2000, Nr. 33958/96 Ziff. 42; BGE 133 I 1, 6 E. 6.2; BGE 127 I 196, 198 E. 2b; KIENER, Unabhängigkeit, 37; HÄFLIGER/SCHÜRMANN, EMRK[2], 168 f.; MEYER-LADEWIG, Handkommentar[2], Art. 6 N 30a.

[43] Vgl. EGMR Švarc und Kavnik c. Slowakei, 8.2.2007, Nr. 75617/01 Ziff. 37 ff.; BGE 117 Ia 182, 184 E. 3b; HÄFLIGER/SCHÜRMANN, EMRK[2], 168; MEYER-LADEWIG, Handkommentar[2], Art. 6 N 30a.

[44] BGE 131 I 113, 117 betr. Vorbefassung.

[45] BGer, I. SRA, 31.5.2007, 8C_113/2007; BGE 129 V 335, 338 E. 1.3.2; BGE 127 I 128, 130 E. 3c; KIENER, Unabhängigkeit, 31; SEILER/VON WERDT/GÜNGERICH, BGG, Art. 92 N 16.

[46] BGer, II. SRA, 4.6.2007, 9C_149/2007, E. 3.1; BGer, I. SRA, 31.5.2007, 8C_113/2007; BGE 131 I 113, 115 E. 3.2; BGE 129 V 335, 338 E. 1.3.2; BGE 127 I 128, 130 E. 3c; KIENER, Unabhängigkeit, 31; SEILER/VON WERDT/GÜNGERICH, BGG, Art. 92 N 16.

[47] BGer, II. SRA, 4.6.2007, 9C_149/2007, E. 3.1; BGer, I. SRA, 31.5.2007, 8C_113/2007; BGE 129 V 335, 338 E. 1.3.2; BGE 127 I 128, 130 E. 3c; KIENER, Unabhängigkeit, 31 f.; SEILER/VON WERDT/GÜNGERICH, BGG, Art. 92 N 16.

[48] BGE 133 I 1, 3 f. E. 5.2.

[49] BGE 133 I 1, 8 f.; weitergehend KIENER, FS Aargauischer Anwaltsverband, 17.

[50] BGE 133 I 1, 11; **a.M.** KIENER, FS Aargauischer Anwaltsverband, 17.

[51] BGE 133 I 1, 8 E. 6.4.4.

nebenamtlichen Richter, welcher gleichzeitig als Anwalt eine Bürogemeinschaft mit dem vorinstanzlichen Richter betreibt, soweit keine finanzielle Abhängigkeit aufgrund dieser Bürogemeinschaft oder eine enge Freundschaft zwischen diesen Büropartnern besteht.[52]

Ein Richter, der bereits andere Verfahren gegen dieselbe Person entschieden hat, ist lediglich aufgrund dieses Umstandes nicht befangen.[53] Das Bundesgericht und der EGMR sehen keine unzulässige Vorbefassung in der personellen Identität zwischen Haft- und Sachrichter.[54] Demgegenüber wurde die Personalunion von Untersuchungsrichter und erkennendem Strafrichter als unzulässige Vorbefassung gewertet.[55] Ein Zivilrichter muss nicht per se in den Ausstand treten, weil er zivilprozessuale Anordnungen, etwa die Ablehnung der unentgeltlichen Rechtspflege,[56] angeordnet hat. Dafür müssten weitere Gründe hinzutreten.[57] Demgegenüber beurteilte der EGMR im konkreten Fall einen Richter als befangen, welcher vor erster Instanz als Experte einen Bericht abgegeben hat.[58] Nicht befangen gem. Bundesgericht war der Präsident der Kommunikationskommission betr. die Vergabe von UMTS-Konzessionen, obwohl er früher Direktor des Bundesamtes gewesen und in dieser Stellung verantwortlich für die Vorbereitung der Auktion über die UMTS-Konzessionen gewesen war. Das Bundesgericht begründet dies damit, dass die beiden Behörden nicht in aufeinander folgenden und organisatorisch getrennten Funktionen der Rechtsprechung auftreten würden, weshalb nicht aus der Mitwirkung derselben Person eine den Ausstand erzwingende Vorbefassung abgeleitet werden könne.[59]

Die Äusserung eines Untersuchungsrichters gegenüber dem Angeschuldigten, er sei immer gut gewesen, nicht nur als Betrüger, sondern auch als Zahntechniker, wurde vom Bundesgericht als Umstand gewertet, der objektiv geeignet sei, Zweifel an der Unbefangenheit des Untersuchungsrichters zu erwecken.[60] Als befangen angesehen wurde auch ein Schiedsrichter, welcher sich vorgängig in einer Fachpublikation zu Rechtsfragen eine Meinung gebildet hat, welche im Zusammenhang mit der zu beurteilenden Streitsache steht, weil er sich «durch die Art seiner Besprechung in einer Weise festgelegt hat, die bei objektiver Betrachtungsweise befürchten lässt (...), er [habe] seine Meinung abschliessend gebildet (...) und [werde] die im Streitfall konkret sich stellenden Fragen nicht mehr umfassend und offen beurteilen (...)».[61] Als nicht befangen gilt demgegenüber ein Gutachter, der dem gleichen wissenschaftlichen Institut angehört wie ein ande-

---

[52] EGMR Steck-Risch c. Lichtenstein, 19.5.2005, Nr. 63151/00 Ziff. 44 ff.; **a.M.** wohl KIENER, FS Aarganischer Anwaltsverband, 17.

[53] Vgl. EGMR Fehr c. Österreich, 3.2.2005, Nr. 19247/02 Ziff. 30; BGer, StA, 16.4.2007, 6B_95/2007 E. 2.

[54] Vgl. BGE 131 I 113, 117 f. E. 3.5 mit einer Zusammenfassung der Rechtsprechung im Strafprozess betr. die Vorbefassung; demgegenüber ist die personelle Identität zwischen Haftrichter und Anklagevertreter eine unzulässige Vorbefassung (BGE 131 I 113, 118 m.w.Hinw.).

[55] BGE 131 I 113, 117 E. 3.5 mit einer Zusammenfassung der Praxis im Strafrechtsprozess betr. Vorbefassung, KIENER, Unabhängigkeit, 152 m.w.Hinw. bezüglich der Vorbefassung im Strafrechtsprozess (150 ff.); zur EMRK vgl. nur FROHWEIN/PEUKERT, EMRK-Kommentar[2], Art. 6 N 132; HÄFLIGER/SCHÜRMANN, EMRK[2], 171.

[56] KIENER, Unabhängigkeit, 166 ff. äussert Zweifel an dieser Auffassung.

[57] BGE 131 I 113, 123 mit einer ausführlichen Auseinandersetzung dieser Problematik; differenzierter KIENER, Unabhängigkeit, 164, 168 ff.

[58] EGMR Švarc und Kavnik c. Slowakei, 8.2.2007, Nr. 75617/01 Ziff. 37 ff.

[59] BGE 132 II 485, 496 ff. E. 4; s. dazu auch KIENER, Unabhängigkeit, 141 ff.; SCHINDLER, Befangenheit, 146 ff.

[60] BGE 127 I 196, 201 E. 3e mit weiteren Ausführungen und Beispielen zu vorverurteilenden Äusserungen durch einen Untersuchungsrichter.

[61] BGE 133 I 89, 91 ff. E. 3 und Regeste; vgl. aber auch BGer, II. SRA, 4.6.2007, 9C_149/2007.

rer Gutachter, der den Beschwerdeführer bereits früher begutachtet hat, da jeder Gutachter persönlich für sein Gutachten verantwortlich ist.[62]

V. Verwirkung

13 Selbständig eröffnete Vor- und Zwischenentscheide über Zuständigkeit und Ausstand müssen unmittelbar nach ihrem Erlass angefochten werden. Eine spätere Anfechtung ist ausgeschlossen (Art. 92 Abs. 2); das Recht zur Anfechtung ist verwirkt.[63]

Die Verwirkungsfolge dient einer doppelten Zielsetzung: Einerseits ist es ein Gebot der Prozessökonomie, dass zunächst Zuständigkeits- und Ausstandsfragen verbindlich geklärt werden, bevor ein ganzes Verfahren durchgeführt wird.[64] Andererseits konkretisiert Art. 92 Abs. 2 den Grundsatz von Treu und Glauben (Art. 5 Abs. 3 BV) im Prozessrecht. Gerade bei Ausstandsbegehren soll eine Partei nicht die Möglichkeit haben, das Verfahren zunächst mit einem befangenen Gericht zu «versuchen» und dann im Falle eines negativen Ausgangs nochmals ein neues Verfahren anstrengen können.[65] Daraus folgt, dass ein entsprechender Mangel «so früh als möglich» geltend zu machen ist.[66]

Art. 93

Andere Vor- und Zwischen- entscheide	**¹ Gegen andere selbständig eröffnete Vor- und Zwischenentscheide ist die Beschwerde zulässig:** **a. wenn sie einen nicht wieder gutzumachenden Nachteil bewirken können; oder** **b. wenn die Gutheissung der Beschwerde sofort einen Endentscheid herbeiführen und damit einen bedeutenden Aufwand an Zeit oder Kosten für ein weitläufiges Beweisverfahren ersparen würde.** **² Auf dem Gebiet der internationalen Rechtshilfe in Strafsachen sind Vor- und Zwischenentscheide nicht anfechtbar. Vorbehalten bleiben Beschwerden gegen Entscheide über die Auslieferungshaft sowie über die Beschlagnahme von Vermögenswerten und Wertgegenständen, sofern die Voraussetzungen von Absatz 1 erfüllt sind.**

---

[62] BGer, I. ÖRA, 29.5.2007, 1B_22/2007.

[63] Botschaft 2001 BBl 2001 4333; Suter, Rechtsschutz, N 392; Dies entspricht der bisherigen Rechtsprechung (vgl. BGE 132 II 485, 496 E. 4.3); BGer, I. ÖRA, 29.5.2007, 1B_22/2007, E. 2.2.

[64] Spühler/Dolge/Vock, Kurzkommentar, Art. 92 N 6; BGE 115 Ia 311, 313 E. 2a.

[65] BGE 132 II 485, 496 E. 4.3: «Nach der bundesgerichtlichen Rechtsprechung wird gestützt auf den auch für die Privaten geltenden Grundsatz von Treu und Glauben und das Verbot des Rechtsmissbrauchs (Art. 5 Abs. 3 BV) verlangt, dass ein echter oder vermeintlicher Organmangel so früh wie möglich, d.h. nach dessen Kenntnis bei erster Gelegenheit, geltend gemacht wird. Es verstösst gegen Treu und Glauben, Einwände dieser Art erst im Rechtsmittelverfahren vorzubringen, wenn der Mangel schon vorher hätte festgestellt und gerügt werden können. Wer den Mangel nicht unverzüglich vorbringt, wenn er davon Kenntnis erhält, sondern sich stillschweigend auf ein Verfahren einlässt, verwirkt den Anspruch auf spätere Anrufung der vermeintlich verletzten Ausstandsbestimmungen ... Soweit am Verfahren weitere Parteien betroffen sind, entspricht es auch deren Interesse, dass der Beschwerdeführer sofort handelt und nicht den Endentscheid abwartet.

[66] BGE 132 II 485, 496 E. 4.3.

³ **Ist die Beschwerde nach den Absätzen 1 und 2 nicht zulässig oder wurde von ihr kein Gebrauch gemacht, so sind die betreffenden Vor- und Zwischenentscheide durch Beschwerde gegen den Endentscheid anfechtbar, soweit sie sich auf dessen Inhalt auswirken.**

Autres décisions préjudicielles et incidentes

¹ Les autres décisions préjudicielles et incidentes notifiées séparément peuvent faire l'objet d'un recours:

a. si elles peuvent causer un préjudice irréparable, ou

b. si l'admission du recours peut conduire immédiatement à une décision finale qui permet d'éviter une procédure probatoire longue et coûteuse.

² En matière d'entraide pénale internationale, les décisions préjudicielles et incidentes ne peuvent pas faire l'objet d'un recours. Le recours contre les décisions relatives à la détention extraditionnelle ou à la saisie d'objets et de valeurs est réservé si les conditions de l'al. 1 sont remplies.

³ Si le recours n'est pas recevable en vertu des al. 1 et 2 ou qu'il n'a pas été utilisé, les décisions préjudicielles et incidentes peuvent être attaquées par un recours contre la décision finale dans la mesure où elles influent sur le contenu de celle-ci.

Altre decisioni pregiudiziali e incidentali

¹ Il ricorso è ammissibile contro altre decisioni pregiudiziali e incidentali notificate separatamente se:

a. esse possono causare un pregiudizio irreparabile; o

b. l'accoglimento del ricorso comporterebbe immediatamente una decisione finale consentendo di evitare una procedura probatoria defatigante o dispendiosa.

² Le decisioni pregiudiziali e incidentali nel campo dell'assistenza giudiziaria internazionale in materia penale non sono impugnabili. Rimangono salvi i ricorsi contro le decisioni sulla carcerazione in vista d'estradizione come anche sul sequestro di beni e valori, sempreché siano adempiute le condizioni di cui al capoverso 1

³ Se il ricorso in virtù dei capoversi 1 e 2 non è ammissibile o non è stato interposto, le decisioni pregiudiziali e incidentali possono essere impugnate mediante ricorso contro la decisione finale in quanto influiscano sul contenuto della stessa.

Inhaltsübersicht

Materialien

Botschaft 2001 BBl 2001 4333 f.

Literatur

I. MEIER, Rechtsmittel an das Bundesgericht in Zivilsachen nach dem BGG, in: I. Meier/I. Jent-Sørensen/P. Diggelmann/K. Müller, Wege zum Bundesgericht in Zivilsachen nach dem Bundesgerichtsgesetz, Zürich/St. Gallen 2007, 7–59 (zit. Meier, Bundesgericht); M. SUTER, Der neue Rechtsschutz in öffentlich-rechtlichen Angelegenheiten vor dem Bundesgericht, Diss. SG, Bamberg 2007 (zit. Suter, Rechtsschutz).

Felix Uhlmann 913

I. Selbständig eröffnete Vor- und Zwischenentscheide

1   Der Begriff des Vor- oder Zwischenentscheids folgt der Begriffsbestimmung in Art. 92 (Art. 92 N 2 ff.). Das Gesetz bringt dies dadurch zum Ausdruck, dass Art. 93 Abs. 1 von «anderen» Vor- und Zwischenentscheiden spricht. Unter Art. 93 fallen somit alle Vor- und Zwischenentscheide, welche weder die Zuständigkeit noch den Ausstand i.S.v. Art. 92 Abs. 1 betreffen.

Die Anfechtbarkeit von Vor- oder Zwischenentscheiden setzt voraus, dass diese «selbständig eröffnet» worden sind. Auch in diesem Punkt stimmen die Voraussetzungen von Art. 93 mit Art. 92 überein (vgl. Art. 92 N 5).

II. Anfechtungsmöglichkeiten

1. Nicht wieder gutzumachender Nachteil

2   Grundsätzlich befindet das Bundesgericht erst dann über eine Belastung, wenn sicher ist, dass diese überhaupt eintritt.[1] Es kann aber sein, dass eine Belastung schon für die Dauer des Prozesses besteht und die Beschwerdeführerin oder der Beschwerdeführer durch die Aufrechterhaltung eines Vor- oder Zwischenentscheids einen Nachteil erleidet. Von einem nicht wieder gutzumachenden Nachteil wird gesprochen, wenn dieser auch durch ein nachfolgend günstiges Urteil nicht oder nicht mehr vollständig behoben werden kann.[2]

3   Im Rahmen der staatsrechtlichen Beschwerde musste ein solcher Nachteil **rechtlicher Natur** sein (Art. 87 Abs. 2 aOG),[3] während bei der Verwaltungsgerichtsbeschwerde (Art. 97 aOG i.V.m. Art. 5 Abs. 2 VwVG und Art. 45 VwVG) und der Verwaltungsbeschwerde (Art. 45 VwVG) ein **tatsächlicher Nachteil** ausreichte.[4] Bei der staatsrechtlichen Beschwerde betonte das Bundesgericht, dass namentlich eine blosse **Verlängerung oder Verteuerung des Verfahrens** keinen Rechtsnachteil darstelle und damit eine Anfechtung unter Art. 87 Abs. 2 aOG nicht möglich sei;[5] allerdings stellte die Verlängerung oder Verteuerung des Verfahrens auch bei der Verwaltungsgerichtsbeschwerde nicht ohne weiteres einen nicht wieder gut zu machenden Nachteil dar.[6] Zutreffend ist aber, dass wirtschaftliche Interessen im Rahmen der Verwaltungsgerichtsbeschwerde stärker oder überhaupt berücksichtigt wurden.[7] Ebenso ist davon auszugehen, dass die Beurteilung des Bundesgerichts im Rahmen der staatsrechtlichen Beschwerde insgesamt strenger war.[8] Im

---

[1] BGE 131 III 404, 407 E. 3.3.

[2] «Par préjudice irréparable, la jurisprudence entend un dommage juridique qui ne peut être réparé ultérieurement, notamment par la décision finale» (BGE 131 I 57, 59 E. 1). Vgl. auch BGE 131 V 362, 369 E. 3.1; BGE 129 III 107, 110 E. 1.2.1; BGE 126 V 244, 247 E. 2c.

[3] Vgl. BGE 131 I 57, 59 E. 1; BGE 129 III 107, 110 E. 1.2.1; BGer, II. ÖRA, 23.2.2007, 2P.70/2006, E. 2.1; BGer, I. ZA, 25.1.2007, 4P.252/2006 E. 2.2.

[4] Vgl. BGE 130 II 149, 153 E. 1.1; BGE 120 Ib 97, 100 E. 1c; BGE 129 II 183, 187 E. 3.2, welcher von «un intérêt digne de protection» spricht; BGer, EVG, 1.3.2006, K183/05 E. 1.1, spricht von tatsächlichen, insb. wirtschaftlichen Interessen.

[5] BGE 131 I 57, 59 E. 1; BGE 127 I 92 94 E. 1c; BGer, I. ZA, 25.1.2007, 4P.252/2006 E. 2.2.

[6] BGE 120 Ib 97, 100 E. 1c.

[7] «Der nicht wiedergutmachende Nachteil muss [bei der Verwaltungsgerichtsbeschwerde] nicht rechtlicher Natur sein, vielmehr reicht auch ein bloss wirtschaftliches Interesse, sofern es dem Beschwerdeführer bei der Anfechtung einer Zwischenverfügung nicht lediglich darum geht, eine Verlängerung oder Verteuerung des Verfahrens zu verhindern» (BGE 120 Ib 97, 100 E. 1c). Vgl. auch KARLEN, BGG, 36 FN 143, sowie die Aufarbeitung der Praxis bei SEILER/VON WERDT/GÜNGERICH, BGG, Art. 93 N 8.

[8] So auch SEILER/VON WERDT/GÜNGERICH, BGG, Art. 93 N 9.

Ergebnis handelte es sich bei der Unterscheidung eher um einen graduellen als einen prinzipiellen Unterschied.[9]

Fraglich ist, welcher Massstab heute zur Anwendung kommt. Dem Wortlaut des geltenden **4** Rechts ist nicht zu entnehmen, auf welche Praxis abzustellen ist. Immerhin stimmen Art. 92 f. weitgehend mit dem Wortlaut von Art. 87 aOG überein. Dies hatte der Bundesrat möglicherweise vor Augen, als er in der Botschaft von der Anwendbarkeit der Praxis der staatsrechtlichen Beschwerde ausging.[10] Auch das Bundesgericht folgt dieser Ansicht stützt sich bei Art. 93 Abs. 1 lit. a auf seine bisherige Rechtsprechung zur staatsrechtlichen Beschwerde (Art. 87 Abs. 2 aOG) und geht damit von einem Nachteil rechtlicher Natur aus.[11]

Sachlich erscheint diese Lösung nicht zwingend. Zutreffend ist, dass die heutige Regelung die Anfechtbarkeit von Vor- und Zwischenentscheiden tendenziell ausdehnt, weil sie gewissermassen die Anfechtungsmöglichkeiten im Zivilrecht und im öffentlichen Recht kombiniert.[12] Dies gebietet eine tendenziell zurückhaltende Anwendung von Art. 93 Abs. 1 lit. a.

Auf der anderen Seite ist zu berücksichtigen, dass das Erfordernis des rechtlich geschützten Interesses zumindest bei der Beschwerde in öffentlich-rechtlichen Angelegenheiten nicht mehr zu finden ist; Art. 89 Abs. 1 lit. c verlangt lediglich ein schutzwürdiges Interesse. Bloss ein schutzwürdiges Interesse verlangen auch weiterhin Art. 45 f. VwVG;[13] es ist nicht ohne weiteres einzusehen, weshalb diese fast wörtlich identischen Bestimmungen anders interpretiert werden sollen als Art. 92 f.[14] Weiter ist zu berücksichtigen, dass bei der Beschwerde in Strafsachen die vorliegende Regelung in jedem Fall zu einer Einschränkung führt, da nach altem Recht eine Nichtigkeitsbeschwerde in Strafsachen auch gegen Vor- und Zwischenentscheide erhoben werden konnte, sofern darin definitiv eine Frage des Bundesrechts entschieden wurde.[15] Im Bereich der Verwaltungsgerichtsbarkeit ist schliesslich zu berücksichtigen, dass der Begriff des Teilentscheids heute enger gefasst ist als unter altem Recht (Art. 91 N 5).

Entsprechend scheint es richtig, bei Art. 93 Abs. 1 lit. a den nicht wieder gutzumachenden Nachteil i.S. der bisherigen Praxis zur Verwaltungs- und Verwaltungsgerichtsbeschwerde zu verstehen. Dies schliesst weder aus, im Rahmen der subsidiären Verfassungsbeschwerde bei der Anfechtung von Vor- und Zwischenentscheiden weiterhin vom Erfordernis des rechtlich geschützten Interesses auszugehen noch die bisherige Praxis zur Verwaltungs-

---

[9] Vgl. ähnlich MEIER, Bundesgericht, 33.
[10] Botschaft 2001 BBl 2001 4333 f.; folgend SPÜHLER/DOLGE/VOCK, Kurzkommentar, Art. 93 N 4; SCHMID, ZStrR 2006, 175; CORBOZ, SJ 2006, 326; ausführlich SUTER, Rechtsschutz, N 402; GÖKSU, Beschwerden, N 88; abweichend KARLEN, BGG, 36; SEILER/VON WERDT/ GÜNGERICH, BGG, Art. 93 N 9.
[11] BGer, I. ÖRA, 25.6.2007 E. 3.1, 1B_121/2007; BGer, I. ZA, 8.6.2007, 4A_95/2007, E. 2; BGer, I. ZA, 8.6.2007, 4A_92/2007, E 2; BGer, I. ÖRA, 29.5.2007, 1B_81/2007 E. 4.1. Einen Nachteil rechtlicher Natur verneint das Bundesgericht insbesondere bei Zwischenentscheiden betreffend die Beweisführung (BGer, I. ÖRA, 25.6.2007 E. 3.1, 1B_121/2007; 29.5.2007, 1B_81/2007 E. 4.1).
[12] Die Botschaft 2001 BBl 2001 4333 f., verweist bei Art. 93 Abs. 1 lit. a auf Art. 87 Abs. 2 aOG und bei Art. 93 Abs. 1 lit. b auf Art. 50 Abs. 1 aOG.
[13] Vgl. dazu Botschaft 2001 BBl 2001 4408 mit dem Hinweis, dass das Erfordernis des nicht wiedergutzumachenden Nachteils vom geltenden Recht (Art. 45 Abs. 1 VwVG) übernommen wurde.
[14] Die Botschaft 2001 BBl 2001 4407 spricht ausdrücklich davon, dass diese «in Abstimmung mit der diesbezüglichen Regelung des Bundesgerichtsgesetzes» neu geregelt werden sollen.
[15] «La décision attaquée ne met pas fin à l'action pénale mais tranche une question de procédure soulevée par le recourant; il s'agit donc d'une décision incidente. En application de l'art. 268 PPF, la recevabilité d'un pourvoi en nullité contre une décision préjudicielle ou incidente, émanant d'une autorité cantonale de dernière instance, présuppose que cette dernière se soit prononcée définitivement sur un point de droit fédéral» (BGE 129 IV 179, 181 E. 1.1).

und Verwaltungsgerichtsbeschwerde tendenziell etwas strenger zu handhaben. Die bundesgerichtliche Rechtsprechung weist allerdings in eine andere Richtung.

5   Als nicht wieder gutzumachende Nachteile gelten etwa:

– Offenbarung von Geschäftsgeheimnissen;[16]

– Die Bewilligung oder Verweigerung einer Streitverkündigung verursacht in der Regel keinen nicht wieder gutzumachenden Nachteil; ihre direkte Anfechtbarkeit kann aber aus prozessökonomischen Gründen geboten sein;[17]

– Verweigerung der Anwesenheit des Verteidigers bei der polizeilichen Einvernahme;[18]

– Haft;[19]

– Die Verweigerung der unentgeltlichen Rechtspflege und Verbeiständung; nicht aber zwingend die Ablehnung des Gesuchs um Verteidigerwechsel;[20]

– Abweisung des Begehrens um Gewährung der amtlichen Verteidigung in einem strafrechtlichen Wiederaufnahmeverfahren;[21]

– Die Aufforderung zur Leistung eines Kostenvorschusses verbunden mit der Androhung, dass im Säumnisfall auf die Klage bzw. das Rechtsmittel nicht eingetreten werde;[22]

– Aufrechterhaltung der Beschlagnahme und Abweisung des Herausgabebegehrens eines Geldbetrages[23] oder Beschlagnahme eines Personenwagens;[24]

– Verfügungsverbot über Aktien als vorläufige Massnahme im Rahmen einer Strafuntersuchung;[25]

– Bewilligung zum Plakatanschlag resp. Zwang zur Anfechtung des eigenen Entscheids für eine Gemeinde;[26]

– Verweigerung der aufschiebenden Wirkung im Submissionsverfahren.[27]

---

[16] BGE 129 II 183, 187 f. E. 3.2.2.

[17] BGE 131 I 57, 60 f. E. 1.2.

[18] BGE 129 I 281, 283 f. E. 1.1; BGer, I. ÖRA, 25.1.2007, 1P.556/2006 E. 2.2.

[19] BGer, I. ÖRA, 14.2.2007, 1B_5/2007 E. 4.

[20] BGE 126 I 207, 210 f. E. 2; BGer, II. ZA, 17.4.2007, 5A_85/2007 E 1.2; BGer, II. ZA, 17.4.2007, 5D_15/2007; BGer, II. ÖRA, 2.4.2007, 2D_1/2007; vgl. auch BGE 129 I 281, 283 f. E. 1.1 betreffend Verweigerung der unentgeltlichen Verteidigung im Appellationsverfahren sowie betreffend nachträglich geleistetem Kostenvorschuss BGer, II. ÖRA, 2.4.2007, 2D_1/2007, E. 3.2: «Von einem nicht wieder gutzumachenden Nachteil ist auszugehen, wenn nicht nur die unentgeltliche Rechtspflege verweigert, sondern zugleich auch die Anhandnahme des Rechtsmittels von der Bezahlung eines Kostenvorschusses durch die gesuchstellende Partei abhängig gemacht wird (...). Im vorliegenden Fall wurde der Beschwerdeführer mit der Ablehnung des Gesuchs um unentgeltliche Rechtspflege zur Leistung eines Vorschusses aufgefordert. Er hat diesen dem Verwaltungsgericht jedoch bezahlt. Dieser Umstand ist im bundesgerichtlichen Verfahren zu berücksichtigen, obwohl er erst nach dem angefochtenen Entscheid eingetreten ist. Denn das Bundesgericht prüft die Eintretensvoraussetzungen von Amtes wegen und mit freier Kognition (...). Diese müssen zudem nicht nur im Zeitpunkt der Einreichung der Beschwerde, sondern (...) auch noch im Zeitpunkt der Urteilsfällung erfüllt sein (...).»

[21] BGE 129 I 129, 131 E. 1.1.

[22] BGE 128 V 199, 202 ff. E. 2b und 2c.

[23] BGE 128 I 129, 131 E. 1.

[24] BGer, I. ÖRA, 15.2.2007, 1B_2/2007 E. 3.

[25] BGer, I. ÖRA, 25.7.2006, 1P.327/2006 E. 1.

[26] BGE 128 I 3, 7 E. 1b; BGer, II. ÖRA, 23.2.2007, 2P.71/2006 E. 2.1 und 2.2.

[27] BGer, II. ÖRA, 29.5.2006, 2P.103/2006 E. 1.

2. Prozessökonomie

Die Anfechtung von Vor- und Zwischenentscheiden ist – alternativ zur Voraussetzung　**6**
des nicht wieder gut zu machenden Nachteils – zulässig, «wenn die Gutheissung der Beschwerde sofort einen Endentscheid herbeiführen und damit einen bedeutenden Aufwand an Zeit oder Kosten für ein weitläufiges Beweisverfahren ersparen würde» (Art. 93 Abs. 1 lit. b). Die Formulierung ist Art. 50 Abs. 1 aOG nachempfunden; entsprechend wird auf diese Bestimmung in der Botschaft auch verwiesen.[28]

Immerhin ist zu beachten, dass auch im Rahmen von Art. 87 Abs. 2 aOG vom Erfordernis des nicht wieder gutzumachenden Nachteils abgesehen wurde, sofern eine direkte Anfechtung aus prozessökonomischen Gründen angezeigt erschien.[29] Entsprechend ist auch diese Praxis für die Auslegung von Art. 93 Abs. 1 lit. b zu berücksichtigen.

Die Anfechtbarkeit von Vor- und Zwischenentscheiden nach Art. 93 Abs. 1 lit. b steht　**7**
unter der doppelten Voraussetzung, dass erstens dadurch ein Endentscheid herbeigeführt und dass zweitens dadurch ein bedeutender Aufwand an Zeit oder Kosten gespart werden kann. Ersteres ist beispielsweise nicht der Fall, wenn auch nach einer Entscheidung des Bundesgerichts nicht feststeht, welchen Betrag die eine Partei der anderen schuldet.[30]

Eine erheblich Kosten- oder Aufwandsersparnis hat das Bundesgericht etwa in folgenden　**8**
Fällen angenommen:

– Abklärung des anwendbaren Rechts zur Feststellung des Kindesverhältnisses, weil bei der Anwendbarkeit von argentinischem Recht die Klage verwirkt wäre;[31]

– Abklärung der Verjährung der Mängelrechte, da durch die Beantwortung dieser Frage allenfalls die Klärung der Streifrage, ob das Dach der Liegenschaft mangelhaft war, wegfällt;[32]

– Haftpflichtfall, in dem durch die Abklärung, ob jemand grundsätzlich haftbar ist, allenfalls das Beweisverfahren für die Schadensberechnung entfällt;[33]

– Abklärung, ob für den Versicherungsbeginn einer Reiseversicherung das angegebene Datum gilt oder ob sich dieser nach der tatsächlichen Einreise bestimmt.[34]

---

[28] BGer, I. ZA, 8.6.2007, 4A_92/2007 E. 2; Botschaft 2001 BBl 2001 4334; folgend SCHMID, ZStrR 2006, 176; CORBOZ, SJ 2006, 326; SPÜHLER/DOLGE/VOCK, Kurzkommentar, Art. 93 N 5; MEIER, Bundesgericht, 32; GÖKSU, Beschwerden, N 92; SUTER, Rechtsschutz, N 413 f.

[29] Vgl. BGE 132 I 13, 15, E. 1.1; BGE 127 I 92, 95 E. 1d; BGE 129 I 281, 283 f. E. 1.1; BGE 129 I 313, 329 E. 12.

[30] BGE 132 III 785, 791 f. E. 4.1 f.: «[Die Voraussetzung der Herbeiführung eines Endentscheids] est réalisée si le Tribunal fédéral peut mettre fin une fois pour toutes à la procédure en jugeant différemment la question tranchée dans la décision préjudicielle ou incidente … Cette condition n'est manifestement pas remplie en l'espèce. Quelle que soit l'issue du recours en réforme, on ne peut pas dire maintenant quelle est la somme due entre les parties; il est donc impossible de mettre fin à la procédure.» Mit Blick auf die Übernahme der bisherigen Praxis ist dabei im Auge zu behalten, dass der Begriff des Endentscheids heute im Zivilrecht weiter verstanden wurde als bisher (Art. 90 N 10).

[31] BGE 129 III 288, 291 E. 2.3.2; vgl. dazu GÖKSU, Beschwerden, 50.

[32] BGer, I. ZA, 19.10.2006, 4C.185/2005 E. 1. betr. Verjährung vgl. auch BGer, I. ZA, 18.9.2001, 4C.182/2001 (E. teilw. publ. in BGE: 127 III 538); BGer, I. ZA, 14.10.2004, 4C.134/2004.

[33] Unveröff. E. 1 in BGE 131 III 115, BGer, I. ZA, 4.10.2004, 4C.268/2004. Zum Haftpflichtrecht vgl. auch BGer, I. ZA, 11.2.2000, 4C.458/1999; BGer, I. ZA, 8.7.2003, 4C.332/2002, BGer, I. ZA, 14.3.2003, 4C.358/2002 (E. teilw. publ. in BGE 129 III 410); BGer, I. ZA, 1.6.2004, 4C.102/2004 E. 1; BGer, I. ZA, 1.7.2002, 4C.97/2002.

[34] BGer, II. ZA, 28.2.2002, 5C.305/2001 E. 1.

9 Gemäss Art. 50 Abs. 2 aOG entschied das Bundesgericht über die Anwendung von Art. 50 Abs. 1 aOG nach freiem Ermessen. Eine entsprechende Bestimmung findet sich im geltenden Recht nicht mehr. Eine Änderung der alten Praxis dürfte aber weder beabsichtigt noch angezeigt sein; es liegt auf der Hand, dass es sich bei der Abwägung zwischen widerstrebenden prozessökonomischen Interessen naturgemäss um eine typische Ermessensfrage handelt.

Das Bundesgericht wird für diese Frage in der Regel auch keine umfangreichen Erhebungen durchführen. Dies dispensiert die Beschwerdeführerin oder den Beschwerdeführer aber keinesfalls davon, die befürchteten Prozesskosten und/oder den Prozessaufwand gebührend zu substantiieren.[35]

III. Rechtshilfe in Strafsachen

10 Für die Rechtshilfe in Strafsachen hat Art. 93 Abs. 2 eine Sonderregelung aufgestellt. Diesbezüglich kann auf die Kommentierung zu Art. 84 N 24 ff. verwiesen werden.

IV. Keine Verwirkung

11 Im Gegensatz zu den Vor- und Zwischenverfügungen über die Zuständigkeit und den Ausstand (Art. 92 Abs. 2) müssen andere Vor- und Zwischenentscheide nicht unmittelbar nach ihrem Erlass angefochten werden; eine entsprechende Unterlassung hat keine Verwirkung zur Folge. Soweit sie sich auf den Inhalt des Endentscheids auswirken, können sie zusammen mit diesem angefochten werden (Art. 93 Abs. 3). Die Klarstellung ist sinnvoll, da dadurch vorsichtige Parteien nicht gezwungen werden, die oft unsicheren Voraussetzungen von Art. 93 durch das Bundesgericht klären zu lassen.

12 Diese Regelung entspricht der Praxis zu Art. 87 Abs. 3 aOG und Art. 48 Abs. 3 aOG, welche trotz Differenzen im Wortlaut vom Bundesgericht weitgehend identisch gehandhabt wurden.[36] Im Wortlaut von Art. 93 Abs. 3 findet sich neu die Wendung, dass die Anfechtung von Vor- und Zwischenentscheiden zusammen mit dem Endentscheid nur möglich sei, «soweit sie sich auf dessen Inhalt auswirken».[37] Diese Voraussetzung erscheint einleuchtend, da in diesem Fall ein rechtliches oder tatsächliches Interesse an der Beurteilung des Vor- oder Zwischenentscheids mit dem Endentscheid fehlt. In diesem Sinne dürfte der neue Wortlaut dem geltenden Recht entsprechen.[38]

---

[35] Zu den Einzelheiten der Substantiierungspflichten vgl. SEILER/VON WERDT/GÜNGERICH, BGG, Art. 93 N 13 ff.; unter neuem Recht nun BGer, I. ZA, 8.6.2007, 4A_92/2007 E. 2 a.E.: «Auf eine Beschwerde kann von vornherein nicht eingetreten werden, wenn sie sich zu diesen Rechtsmittelvoraussetzungen ausschweigt, die Eintretensfrage mithin schlechthin übersehen worden ist. Wird dagegen ausdrücklich geltend gemacht, die Voraussetzungen seien erfüllt, ist zu differenzieren. Liegt nach dem angefochtenen Urteil oder der Natur der Streitsache klar auf der Hand, dass für ein weitläufiges Beweisverfahren ein bedeutender Zeit- oder Kostenaufwand erforderlich sein wird, darf auf lange Ausführungen verzichtet werden. Andernfalls hat die Beschwerdeführerin im Einzelnen darzutun, welche Tatfragen offen sind und welche weitläufigen Beweiserhebungen in welchem zeitlichen und kostenmässigen Umfang erforderlich sein werden.»

[36] BGE 131 III 404, 407 E. 3.4.

[37] Zu denken ist etwa an vorsorgliche Massnahmen, die durch den Endentscheid hinfällig geworden sind (SEILER/VON WERDT/GÜNGERICH, BGG, Art. 93 N 18).

[38] Zutreffend ist der Hinweis, wonach die Formulierung insofern zu präzisieren ist, dass es genügt, dass sich die Anfechtung des Vor- oder Zwischenentscheids auf den Inhalt des Endentscheids auswirken *kann*, da die Auswirkungen im Zeitpunkt der Beschwerdeerhebung gerade nicht feststehen (SPÜHLER/DOLGE/VOCK, Kurzkommentar, Art. 93 N 6).

Art. 94

Rechts-verweigerung und Rechts-verzögerung	**Gegen das unrechtmässige Verweigern oder Verzögern eines anfechtbaren Entscheids kann Beschwerde geführt werden.**
Déni de justice et retard injustifié	Le recours est recevable si, sans en avoir le droit, la juridiction saisie s'abstient de rendre une décision sujette à recours ou tarde à le faire.
Denegata e ritardata giustizia	Può essere interposto ricorso se la giurisdizione adita nega o ritarda indebitamente la pronuncia di una decisione impugnabile.

Inhaltsübersicht

Materialien

Botschaft 2001 BBl 2001 4339.

Literatur

J.A. FROWEIN/W. PEUKERT, Europäische Menschenrechtskonvention, EMRK-Kommentar, 2. Aufl., Kehl/Strassburg/Arlington 1996 (zit. Frowein/Peukert, EMRK-Kommentar[2]); J. MEYER-LADEWIG, Europäische Menschenrechtskonvention, Handkommentar, 2. Aufl., Baden-Baden 2006 (zit. Meyer-Ladewig, Handkommentar[2]).

I. Begriffliches

Beim Begriff «Rechtsverweigerung» wird unterschieden zwischen formeller und materieller Rechtsverweigerung.[1] Formelle Rechtsverweigerung bedeutet, dass eine Behörde dem Rechtssuchenden «auf eine Art und Weise begegnet, die vor rechtsstaatlichen Verfahrensprinzipien unhaltbar erscheint».[2] Unter materieller Rechtsverweigerung werden in der Regel Willkür und andere materielle Fehler verstanden.[3]   **1**

Von formeller Rechtsverweigerung i.e.S. wird gesprochen, wenn es eine Behörde zu Unrecht unterlässt, einen Entscheid zu fällen.[4] Art. 94 bezieht sich nur auf diese Form der Rechtsverweigerung sowie auf die Rechtsverzögerung, d.h. auf den Fall, dass eine Behörde nicht innert angemessener Frist tätig wird.[5] Entsprechend formuliert Art. 94, dass

---

[1] RHINOW/KOLLER/KISS, Prozessrecht, N 200; SEILER/VON WERDT/GÜNGERICH, BGG, Art. 94 N 9.

[2] RHINOW/KOLLER/KISS, Prozessrecht, N 201.

[3] RHINOW/KOLLER/KISS, Prozessrecht, N 205.

[4] BGE 124 V 130, 133 E. 4; KIENER/KÄLIN, Grundrechte, 413; MÜLLER, Grundrechte[3], 495 und 504 m.w.N.; RHINOW KOLLER/KISS, Prozessrecht, N 224.

[5] SEILER/VON WERDT/GÜNGERICH, BGG, Art. 94 N 11; MÜLLER, Grundrechte[3], 504.

Felix Uhlmann   919

gegen das «unrechtmässige Verweigern [Rechtsverweigerung] oder Verzögern [Rechts-verzögerung]» eines Entscheids Beschwerde geführt werden kann.[6]

2　Die Weigerung einer Behörde, einen Entscheid zu treffen, kann den Betroffenen förmlich eröffnet werden. In diesem Fall liegt keine Rechtsverweigerung i.S.v. Art. 94 vor. Viel-mehr ist ein solcher Nichteintretensentscheid unter den Voraussetzungen von Art. 90 ff. anfechtbar.[7] Art. 94 regelt die Frage der Rechtsverweigerung nicht allgemein (vgl. N 4 f.), sondern schafft im Falle der an sich formlosen Rechtsverweigerung oder Rechts-verzögerung ein taugliches Beschwerdeobjekt.[8]

Für die Unterscheidung zwischen (formloser) Rechtsverweigerung und förmlichem Nichteintreten ist entscheidend, ob aus einer allfälligen Mitteilung der Behörde deren Wille erkenntlich ist, einen Entscheid i.S.v. Art. 112 zu fällen. Ist dies der Fall, kommt nicht Art. 94, sondern Art. 90 ff. zur Anwendung. Dies bedeutet, dass auch ein man-gelhaft eröffneter Entscheid als förmlicher Nichteintretensentscheid zu betrachten ist, dies im Gegensatz etwa zu einfachen Schreiben oder anderen formlosen Mitteilungen. Das Bundesgericht hat diese Differenzierung allerdings noch nicht vorgenommen.[9]

Die Unterscheidung zwischen (formloser) Rechtsverweigerung und förmlichem Nicht-eintreten ist von praktischer Bedeutung, da nur gegen erstere keine Rechtsmittelfrist gem. Art. 100 Abs. 7 läuft.[10] Demgegenüber ist die Unterscheidung zwischen Rechts-verweigerung und Rechtsverzögerung innerhalb von Art. 94 nur von untergeordneter Bedeutung.[11]

II. Verhältnis zu Art. 29 BV und weiteren Bestimmungen

3　Gemäss Art. 29 Abs. 1 BV hat jede Person in Verfahren vor Gerichts- und Verwaltungs-instanzen «Anspruch auf gleiche und gerechte Behandlung sowie auf Beurteilung innert angemessener Frist».[12] Für sog. zivilrechtliche Ansprüche und strafrechtliche Anklagen sieht Art. 6 Ziff. 1 EMRK ebenfalls einen Anspruch auf Behandlung innert angemessener Frist vor, welcher allerdings nicht über die Garantien von Art. 29 BV hinausgeht.[13] Ebenfalls keine weiteren Garantien ergeben sich aus Art. 14 Abs. 3 lit. c UNO-Pakt II.

---

[6]　Die in Klammer gesetzten Begriffe bilden den Randtitel von Art. 94.

[7]　Botschaft 2001 BBl 2001 4334; SEILER/VON WERDT/GÜNGERICH, BGG, Art. 94 N 12.

[8]　KARLEN, BGG, 35; SPÜHLER/DOLGE/VOCK, Kurzkommentar, Art. 94 N 3; KÖLZ/HÄNER, Ver-waltungsrechtspflege[2], N 724, zur Verwaltungsgerichtsbeschwerde; RHINOW/KOLLER/KISS, Pro-zessrecht, N 631, zum alten Recht.

[9]　Vgl. BGer, I. ZA, 25.5.2007, 4A_69/2007, E 1.1: «Nach Art. 94 BGG kann eine Partei gegen das unrechtmässige Verweigern oder Verzögern eines anfechtbaren Entscheids Beschwerde erheben, wobei ohne Belang ist, ob das Gericht formell verfügt, das Verfahren auszusetzen, oder ohne formellen Sistierungsbeschluss untätig bleibt (…).»

[10]　Botschaft 2001 BBl 2001 4334; SEILER/VON WERDT/GÜNGERICH, BGG, Art. 94 N 12; SPÜHLER/DOLGE/VOCK, Kurzkommentar, Art. 94 N 3.

[11]　Die Rechtsverzögerung kann als besondere Form der formellen Rechtsverweigerung bezeich-net werden (BGE 119 Ia 237, 238 E. 2a; SEILER/VON WERDT/GÜNGERICH, BGG, Art. 94 N 5).

[12]　Vgl. BGE 130 I 312, 331 E. 5.1; HÄFELIN/MÜLLER/UHLMANN, Verwaltungsrecht[5], N 1657 ff.

[13]　BGE 119 Ia 237, 238 E. 2a; BGE 107 Ib 160, 164 f. E. 3b. Das Bundesgericht berücksichtigt aber die entsprechende Praxis des EGMR bezüglich der angemessenen Verfahrensdauer. Zu beachten ist, dass Art. 6 Ziff. 1 EMRK nur für zivilrechtliche Streitigkeiten und strafrechtliche Anklagen gilt, wogegen Art. 29 Abs. 1 BV bei alle Verfahren vor Gerichts- und Verwaltungsbe-hörden Anwendung findet (BGE 130 I 269, 272 f. E. 2.3; KIENER/KÄLIN, Grundrechte, 405 ff., 412).

Eine besondere Ausprägung erlangt das Rechtsverzögerungsgebot durch das Beschleunigungsgebot im Strafverfahren.[14] Danach muss das Strafverfahren ohne Verzögerung durchgeführt werden, sobald der Angeschuldigte über die ihm zu Last gelegten Vorwürfe in Kenntnis gesetzt wurde.[15] Für die Untersuchungshaft wird in Art. 31 Abs. 3 BV[16] ausdrücklich festgehalten, dass der Richter innert angemessener Frist über die Aufrechterhaltung der Untersuchungshaft zu entscheiden hat.[17] Für andere Fälle eines Freiheitsentzugs, wie z.b. bei der fürsorgerischen Freiheitsentziehung, sieht Art. 31 Abs. 4 BV[18] vor, dass das angerufene Gericht so rasch als möglich über die Rechtmässigkeit zu entscheiden hat.[19]

Beschleunigungsgebote finden sich auch im Zivil- und Vollstreckungsrecht. An verschiedenen Stellen schreibt das Gesetz vor, dass das Gericht «unverzüglich» oder «rasch» zu entscheiden habe.[20] Auch im Sozialversicherungsrecht besteht die Pflicht zu einem «raschen» Verfahren.[21]

Art. 29 BV und weitere Garantien bilden die materielle Beurteilungsgrundlage einer **4** Verweigerung oder Verzögerung eines Entscheids. Sie bestimmen den Begriff der «Unrechtmässigkeit» i.S.v. Art. 94. Art. 94 selbst sind dagegen keine Beurteilungsmassstäbe zu entnehmen, ob das Bundesgericht gegen eine Verweigerung oder eine Verzögerung durch eine Vorinstanz einzuschreiten hat. Art. 94 beseitigt lediglich das prozessuale Hindernis, dass im Falle einer Rechtsverzögerung oder Rechtsverweigerung in der Regel kein anfechtbarer Entscheid i.S.v. Art. 90 ff. vorliegt.[22]

Betrachtet man Art. 94 als reine Verfahrensbestimmung zum Beschwerdeobjekt, ergibt **5** sich daraus, dass für **Rechtsverweigerungs- und Rechtsverzögerungsbeschwerden** grundsätzlich die gleichen formellen Anforderungen wie bei allen anderen Beschwerden zu gelten haben.[23] Konkret bedeutet dies, dass dort, wo die Beschwerde in der Hauptsache nicht zulässig ist, auch keine Beschwerde wegen Rechtsverweigerung oder Rechtsverzögerung möglich ist. Wäre also beispielsweise ein sich verzögernder Entscheid des Bundesverwaltungsgerichts aufgrund des Ausschlusskatalogs nach Art. 83 endgültig, kann gegen die Verzögerung vor Bundesverwaltungsgericht auch keine Beschwerde in öffentlich-rechtlichen Angelegenheiten geführt werden. Dies dürfte dem Rechtszustand unter der Verwaltungsgerichtsbeschwerde entsprechen.[24]

---

[14] BGer, I. ÖRA, 18.6.2007, 1B_32/2007, E. 4. Gemäss Bundesgericht soll dieses Gebot insb. verhindern, «dass der Angeschuldigte unnötig lange Zeit über die gegen ihn erhobenen Vorwürfe im Ungewissen belassen und den Belastungen eines Strafverfahrens ausgesetzt wird» (BGE 130 I 269, 274 E. 3.3; BGE 124 I 139, 140 E. 2a).

[15] BGE 130 IV 54, 54 E. 3.3.1; BGE 119 Ib 311, 323 f. E. 5a.

[16] Vgl. auch Art. 5 Ziff. 3 EMRK und Art. 9 Ziff. 3 UNO-Pakt II.

[17] HÄFELIN/HALLER, Bundesverwaltungsrecht⁶, N 862; KIENER/KÄLIN, Grundrechte, 456 f.

[18] Vgl. auch Art. 5 Ziff. 4 EMRK und Art. 9 Ziff. 4 UNO-Pakt II.

[19] HÄFELIN/HALLER, Bundesstaatsrecht⁶, N 863; KIENER/KÄLIN, Grundrechte, 457 f.

[20] Vgl. Art. 281 Abs. 3 ZGB, Art. 280 Abs. 1 ZGB, Art. 397f Abs. 1 ZGB, Art. 274d Abs. 1 OR, Art. 343 Abs. 2 OR, Art. 176 SchKG, Art. 293 Abs. 3 SchKG, Art. 294 Abs. 2 SchKG etc.

[21] Art. 61 lit. a ATSG.

[22] Dies ergibt sich aus der systematischen Stellung von Art. 94 und der Tatsache, dass andere Besonderheiten der Rechtsverweigerung und Rechtsverzögerung im Gesetz an anderer Stelle geregelt sind, namentlich in Art. 100 Abs. 7 (Frist).

[23] Vgl. für das Erfordernis der Ausschöpfung des Instanzenzuges SEILER/VON WERDT/GÜNGERICH, BGG, Art. 94 N 13 ff.

[24] Vgl. KÖLZ/HÄNER, Verwaltungsrechtspflege², N 1022.

Konsequenterweise muss dementsprechend auch bei Rechtsverweigerungs- und Rechtsverzögerungsbeschwerden die Aufteilung in drei resp. vier Beschwerden beachtet werden, was bedeutet, dass eine Rechtsverzögerung gegen ein ausstehendes Zivilurteil eines
kantonalen Obergerichts mit Beschwerde in Zivilsachen zu rügen ist.[25] Dies entspricht
der Neufassung der Beschwerdegründe in Art. 95 ff. und ist sachgerecht, da für die materielle Beurteilung der Beschwerde ein zivilprozessuales Verständnis bezüglich der angemessenen Verfahrensdauer ein Vorteil ist.

III. Überlange Verfahrensdauer

6 Gemäss Rechtsprechung des Bundesgerichts entscheidet eine Behörde nicht innert angemessener Frist, wenn sie länger benötigt als dies nach der Natur der Sache und nach
der Gesamtheit der übrigen Umstände angemessen erscheint.[26] Weder das Bundesgericht
noch der EGMR haben eine bestimmte Zeitgrenze festgelegt, bei deren Überschreitung
eine unzulässige Rechtsverzögerung vorliegt.[27] Vielmehr sind die gesamten Umstände
des Einzelfalles zu berücksichtigen. Massgebend sind etwa Umfang und Schwierigkeit
des Falles, die Schwere der Betroffenheit des Einzelnen, die Anzahl Verfahrensbeteiligter, aber auch das Verhalten des Betroffenen, namentlich ob dieser durch sein Verhalten
zur Verfahrensverzögerung beigetragen hat.[28] Keine Rolle spielt dagegen das Mass an
Vorwerfbarkeit gegenüber der untätigen Behörde; bei der Beurteilung der angemessenen
Verfahrensdauer geht es immer um die Würdigung objektiver Gegebenheiten.[29] So rechtfertigt beispielsweise eine Berufung auf eine übermässige Arbeitsbelastung eine überlange Verfahrensdauer nicht.[30]

Auch wenn die Verfahrensdauer vor der jeweiligen Instanz für sich allein noch als angemessen gilt, kann die Gesamtdauer der Verfahren als unangemessen erscheinen.[31] Gilt in
einem Verfahren die Dispositionsmaxime, ist das Gericht von der Verpflichtung einen
Entscheid innert angemessener Frist nach Art. 6 Ziff. 1 EMRK zu fällen nicht entbunden,

---

[25] CORBOZ, RSPC 2005, 86; so auch BGer, I. ÖRA, 18.6.2007, 1B_32/2007, E. 2 (Beschwerde
in Strafsachen), entschieden jeweils durch eine öffentlich-rechtliche Abteilung des Bundesgerichts.

[26] Vgl. statt vieler BGE 131 V 407, 409 E. 1.1; BGE 130 I 269, 273 E. 3.1. Die Beurteilung der
Angemessenheit der Frist kommt nur dann in Betracht, wenn das Gesetz selbst keine Behand-
lungsfristen vorschreibt. Überschreitet das Gericht eine gesetzlich vorgesehene Frist, verletzt es
das Verbot der Rechtsverzögerung (KIENER/KÄLIN, Grundrechte, 413; MÜLLER, Grundrechte[3],
505).

[27] Unveröffentlichte E. 4.2 in BGE 133 IV 201, BGer, StA, 21.6.2002, 6B_122/2002; BGE 130 I
269, 273 E. 3.1; BGE 119 Ib 311, 325 E. 5b; HAEFLIGER/SCHÜRMANN, EMRK[2], 201, m.Hinw.
auf die Rechtsprechung des EGMR; FROWEIN/PEUKERT, EMRK-Kommentar[2], Art. 6 N 144;
MEYER-LADEWIG, Handkommentar[2], Art. 6 N 77.

[28] Vgl. EGMR Herbst c. Deutschland, 11.1.2007, Nr. 20027/02, Ziff. 75; EGMR Uhl c. Deutschland, 10.2.2005, Nr. 64387/01, Ziff. 27; EGMR Müller c. Deutschland, 6.10.2005, Nr. 69584/01,
Ziff. 79; BGE 130 I 312, 332 E. 5.2; BGE 119 Ib 311, 325 E. 5b; aber auch MÜLLER, Grundrechte[3], 505 ff.; SCHEFER, Grundrechte, 282 ff.; HÄFLIGER/SCHÜRMANN, EMRK[2], 201 ff.; FRO-
WEIN/PEUKERT, EMRK-Kommentar[2], Art. 6 N 145 ff.

[29] SEILER/VON WERDT/GÜNGERICH, BGG, Art. 94 N 8; RHINOW/KOLLER/KISS, Prozessrecht,
N 228; vgl. immerhin BGE 107 Ib 160, 167 E. 3e.

[30] HÄFLIGER/SCHÜRMANN, EMRK[2], 204. Gemäss EGMR sind die Vertragstaaten verpflichtet, das
Gerichtswesen so zu organisieren, dass die Gerichte ihre Entscheide innert angemessener Frist
fällen können (EGMR Mc Hugo c. Schweiz, 21.9.2006, Nr. 55705/00, Ziff. 42; EGMR Müller c.
Deutschland, 6.10.2005, Nr. 69584/01, Ziff. 85; vgl. auch KARL/MIEHSLER-RENZIKOWSKI,
Art. 5 N 267; MEYER-LADEWIG, Handkommentar[2], Art. 6 N 79).

[31] EGMR Uhl c. Deutschland, 10.2.2005, Nr. 64387/01, Ziff. 4; FROWEIN/PEUKERT, EMRK-Kommentar[2], Art. 6 N 144.

sondern es hat das gebotene zügige Verfahren sicherzustellen.[32] Ein Gericht hat deshalb ein ausgesetztes Verfahren – insb. bei bereits längerer Verfahrensdauer – von sich auf wieder aufzunehmen, wenn der Grund für die Sistierung dahinfällt.[33] Generell ist eine Sistierung nur ausnahmsweise zulässig und muss sich auf sachliche Gründe stützen. So gilt nach der Rechtsprechung insbesondere «die Hängigkeit eines anderen Verfahrens, dessen Ausgang von präjudizieller Bedeutung ist, als zureichender Grund für eine Sistierung».[34]

Die **Angemessenheit der Untersuchungshaft** nach Art. 31 Abs. 3 BV und Art. 5 Abs. 3 EMRK beurteilt sich grundsätzlich nach den allgemeinen Kriterien, jedoch kann «im konkreten Fall die Fortdauer der Haft nur dann gerechtfertigt sein, wenn es bestimmte Anhaltspunkte dafür gibt, dass sie im öffentlichen Interesse wirklich erforderlich ist, und dieses öffentliche Interesse, ungeachtet der Unschuldsvermutung, den Grundsatz der Achtung der Freiheit der Person überwiegt».[35] Nach einer gewissen Zeit lässt sich die Fortdauer der Haft nicht mehr allein mit dem Tatverdacht begründen, sondern es muss weitere Gründe – wie Flucht-, Wiederholungs- und Verdunkelungsgefahr – geben, die die Haft rechtfertigen und die Behörden müssen bei der Durchführung des Verfahrens «besonders zügig» vorgegangen sein.[36] Je länger das Verfahren dauert, desto stärker müssen diese Gründe wiegen, damit die Haft noch gerechtfertigt werden kann.[37] Das Beschleunigungsgebot entbindet die Behörden aber nicht von der Pflicht, den Sachverhalt sorgfältig und vollständig abzuklären.[38] Die Anforderungen an die Dauer des Verfahrens bei der Untersuchungshaft sind aufgrund der besonderen Stellung des Beschuldigten strenger, als diejenigen bei Art. 6 Ziff. 1 EMRK.[39] Anders als der EGMR sieht das Bundesgericht «eine Art absolute Höchstdauer der Untersuchungshaft» vor. Diese ist dann erreicht, wenn die Dauer der Untersuchungshaft «in grosse Nähe der konkret zu erwartenden Strafe rückt».[40]

Aus der Praxis des Bundesgerichts können etwa folgende Fälle erwähnt werden:　　7

– Abweisung einer Beschwerde bei einer Untersuchungshaft von insgesamt 2 Jahren und 8 Monaten mit dem Hinweis darauf, die Streitsache sei dringend zu erledigen oder der Angeschuldigte aus der Untersuchungshaft zu entlassen;[41]

---

[32] FROWEIN/PEUKERT, EMRK-Kommentar[2], Art. 6 N 143, m.Hinw. auf die Rechtsprechung des EGMR.

[33] EGMR Herbst c. Deutschland, 11.1.2007, Nr. 20027/02, Ziff. 78; EGMR Müller c. Deutschland, 6.10.2005, Nr. 69584/01, Ziff. 86.

[34] BGer, I. ZA, 25.5.2007, 4A_69/2007, E. 2.2.

[35] EGMR Dzelili c. Deutschland, 10.11.2005, Nr. 65745/01, Ziff. 69.

[36] EGMR Dzelili c. Deutschland, 10.11.2005, Nr. 65745/01, Ziff. 70; EGMR Belevitskiy c. Russland, 1.3.2007, Nr. 72967/01, Ziff. 100 f.; EGMR Waridel c. Schweiz, 12.4.2001, Nr. 39765/98, VPB 65.121, E. 1; BGE 124 I 208, 215 E. 6; 116 Ia 143, 147 E. 5a.

[37] KARL/MIEHSLER-RENZIKOWSKI, Art. 5 N 262; FROWEIN/PEUKERT, EMRK-Kommentar[2], Art. 5 N 123.

[38] KARL/MIEHSLER-RENZIKOWSKI, Art. 5 N 267; FROWEIN/PEUKERT, EMRK-Kommentar[2], Art. 5 N 119.

[39] VILLIGER, EMRK, N 360; KARL/MIEHSLER-RENZIKOWSKI, Art. 5 N 251; FROWEIN/PEUKERT, EMRK-Kommentar[2], Art. 5 N 118; MEYER-LADEWIG, Handkommentar[2], Art. 5 N 34. Es kann daher sein, dass in einem gleichen Fall die Dauer des Untersuchungsverfahrens mit Art. 6 Ziff. 1 EMRK vereinbar ist, wobei die ähnliche Dauer der Untersuchungshaft gegen Art. 5 Ziff. 3 EMRK verstösst (PETTITI/DECAUX CEDH[2], 220).

[40] BGE 124 I 208, 215 E. 6; 116 Ia 143, 147 E. 5a; 107 Ia 256, 258 f. E. 2b; HÄFLIGER/SCHÜRMANN, EMRK[2], 114 f.; s.a. KARL/MIEHSLER-RENZIKOWSKI, Art. 5 N 258, wonach die vorzeitige Entlassung bei der Berechnung der zu erwartenden Strafe auch zu berücksichtigen ist.

[41] BGE 107 Ia 256, 257 ff. E. 2 und 3.

– Abweisung einer Beschwerde gegen ein Scheidungsverfahren, das vor kantonalen Gerichten insgesamt gut 3 Jahre gedauert hat;[42]

– Gutheissung einer Beschwerde gegen eine Untersuchungshaft von ca. 10 Monaten bei einem Ermittlungsverfahren wegen gewerbsmässigen Betruges, weil die Haftdauer in grosse Nähe der konkret zu erwartenden Freiheitsstrafe gerückt ist;[43]

– Abweisung einer Beschwerde gegen die Anordnung des Vollzugs einer Freiheitsstrafe 12 Jahren nach dem Strafurteil, da die ambulante Behandlung, zu deren Gunsten die Freiheitsstrafe aufgeschoben wurde, massgeblich am Verhalten des Beschwerdeführers gescheitert ist;[44]

– Verneinung der Rechtsverzögerung unter Berücksichtigung der Komplexität des Falles, in welchem es weniger als vier Monate von der Einsprache bei der Krankenkasse bis zur Beschwerde vor dem kantonalen Versicherungsgericht dauerte;[45]

– Bejahung einer überlangen Verfahrensdauer in einem Sozialversicherungsverfahren vor erster Instanz, bei welchem die gesamte Verfahrensdauer 33 Monate seit Anhängigmachung und 27 Monate seit Eintritt der Behandlungsreife dauerte;[46]

– Vorliegen einer Rechtsverzögerung, wenn die Beschwerdeinstanz 11 Jahre zur Behandlung einer Beschwerde gegen die Nutzungsplanung, welche zu einer materiellen Enteignung führte, benötigte;[47]

– Als unangemessen beurteilt wurde das Verhalten des Eidgenössischen Departement des Innern, welches in einem Aufsichtsverfahren fast ein Jahr lang überhaupt nichts mehr vorkehrte;[48]

– Gutheissung einer Rechtsverweigerungsbeschwerde, weil die angeordnete Sistierung sich nicht auf sachliche Gründe stützen lässt und somit zu einer weiteren unnötigen Verzögerung des bereits seit drei Jahren hängigen Verfahrens führte;[49]

– Verneinung einer Rechtsverzögerung, wenn die Ausgleichskasse noch nicht über den beitragsrechtlichen Status des Beschwerdeführers entschieden hat, weil es die vom Beschwerdeführer eingereichten Unterlagen für die Anerkennung als Selbständigerwerbender zu recht als ungenügend erachtet hat und diesen aufforderte, weitere Unterlagen einzureichen.[50]

– Verletzung des Beschleunigungsverbots, wenn das kantonale Verwaltungsgericht in einem Verfahren betreffend die bedingte Entlassung aus dem Strafvollzug erst nach 5½ Monaten entscheidet und dies obwohl der Zeitpunkt des unbedingt zu verbüssenden Strafteils bereits verstrichen war. Demgegenüber verletzt die erstinstanzliche Behörde, welche über das Gesuch um bedingte Entlassung aus dem Strafverfahren erst

---

[42] BGE 107 Ib 160, 163 ff. E. 3.

[43] BGE 116 Ia 143, 147 ff. E. 5.

[44] BGE 130 I 269, 273 ff. E. 3 und 4.

[45] BGE 125 V 188, 192 E. 2b.

[46] BGE 125 V 373, 375 E. 2a.

[47] BGE 121 II 305, 306 f. E. 4c/aa.

[48] BGer, II. ZA, 18.4.2006, 5A.36/2005 E. 2.3.

[49] BGer, EVG, 17.7.2006, Nr. B 5/05 E. 3.4 f., mit dem Hinweis, dass eine Sistierung im Hinblick auf Art. 29 Abs. 1 BV nur zulässig ist, wenn diese sich auf sachliche Gründe stützen lässt, worunter gem. Rechtsprechung u.a. die Vornahme zweckmässiger zusätzlicher Abklärungen oder die Hängigkeit eines anderen Verfahrens, dessen Ausgang präjudizieller Bedeutung sei, fallen würden.

[50] BGer, EVG, 10.4.2006, H 2/06, E. 4.1 ff.

kurz vor Ablauf des «Zwei-Drittel-Termin» entscheidet, das Beschleunigungsgebot nicht, da diese ihren Entscheid auf einer breiten und aktuellen Grundlage fällen können muss. In einem solchen Fall sind jedoch die Rechtsmittelinstanzen aufgefordert, ihr Verfahren mit besonderer Beschleunigung voranzutreiben.[51]

Der Europäische Gerichtshof für Menschenrechte hat u.a. folgende Klagen gegen die Schweiz wegen Verletzung des Anspruchs auf Entscheidung innert angemessener Frist beurteilt:

– Keine Verletzung von Art. 5 Ziff. 3 EMRK bei einer Untersuchungshaft von 2 Jahren, 9 Monaten und 11 Tagen in einem besonders komplexen Strafverfahren betr. den internationalen Handel mit Betäubungsmitteln, dies angesichts der Tatsache, dass die Untersuchungen beförderlich und ohne Unterbrechung geführt wurden;[52]

– Keine Verletzung von Art. 6 Ziff. 1 EMRK im gleichen Verfahren, das insgesamt 3 Jahre, 8 Monate und 23 Tage gedauert hat, unter Berücksichtigung der Tatsache, dass sich das Verfahren auch aufgrund des Verhaltens des Beschwerdeführers verlängert hat;[53]

– Verletzung von Art. 6 Ziff. 1 EMRK bei einem materiellen Enteignungsverfahren, dass insgesamt 11 Jahre, 6 Monate und 10 Tage gedauert hat, u.a. aufgrund des zeitweisen Untätigseins des Bundesgerichts bei der Erledigung der bei ihr während 4 Jahren hängigen Verwaltungsgerichtsbeschwerde;[54]

– Verletzung von Art. 6 Ziff. 1 EMRK bei einem Strafverfahren mit einer Dauer von über 8 Jahren vor einer einzigen Instanz;[55]

– Verletzung von Art. 6 Ziff. 1 EMRK bei einem Strafverfahren der Dauer von mehr als 11 Jahren unter Hinweis darauf, dass Arbeitsüberlastung beim Strafgericht und Wechsel im Personal der Untersuchungsbehörden keine Rechtfertigung für eine übermässige Dauer darstellen.[56]

IV. Sanktion

Heisst das Bundesgericht eine Rechtsverweigerungs- oder eine Rechtsverzögerungsbeschwerde gut, weist es die Behörde an, die Sache «an die Hand zu nehmen und so rasch als möglich zum Entscheid zu führen».[57] Konkrete Fristen werden in der Regel nicht gesetzt. Allerdings ist nicht auszuschliessen, dass das Bundesgericht deutlicher werden könnte, falls sich eine Behörde wiederholt eine Rechtsverweigerung oder Rechtsverzögerung zuschulde kommen lässt. Ein Entscheid des Bundesgerichts in der Sache selbst dürfte eine (den Rechtsweg verkürzende) ultima ratio darstellen, die bisher – soweit ersichtlich – weder vorgekommen ist noch angedroht wurde.

8

---

[51] Unveröffentlichte E. 4.3 in BGE 133 IV 2001, BGer, StA, 21.6.2002, 6B_122/2002.
[52] EGMR Waridel c. Schweiz, 12.4.2001, Nr. 39765/98.
[53] EGMR Waridel c. Schweiz, 12.4.2001, Nr. 39765/98.
[54] EGMR Müller c. Schweiz, 5.11.2002, Nr. 41202/98, Ziff. 31 ff.
[55] EGMR Munari c. Schweiz, 12.7.2005, Nr. 7957/02, Ziff. 29 ff.
[56] EGMR McHugo c. Schweiz, 21.9.2006, Nr. 55705/00, Ziff. 37 ff.
[57] BGE 103 V 190, 199; bei einer unverhältnismässigen Dauer der Untersuchungshaft weist das Bundesgericht die Behörde an, «den Beschwerdeführer unverzüglich aus der Haft zu entlassen» (BGE 116 Ia 143, 148).

Die gerichtliche Feststellung der Rechtsverzögerung kann bei der Regelung der prozessualen Kosten- und Entschädigungsfolge berücksichtigt werden.[58] Falls die Voraussetzungen für die Staatshaftung erfüllt sind, kann ausserdem eine Verletzung des Beschleunigungsgebotes zur Verantwortlichkeitsklage gegen den Staat führen.[59] Im Strafrecht kann eine lange Verfahrensdauer bei der Strafzumessung berücksichtigt werden.[60]

---

[58] BGE 129 V 411, 417 E. 1.3 und 422; BGE 130 I 312, 333 E. 5.3.

[59] BGE 129 V 411, 417 E. 1.4. Gemäss Art. 41 EMRK kann der Europäische Gerichtshof für Menschenrechte selber der verletzten Partei eine «gerechte Entschädigung» zusprechen, falls das innerstaatliche Recht keine oder nur eine ungenügende Wiedergutmachung für die Verletzung des Anspruchs auf Entscheidung innert angemessener Frist vorsieht (vgl. EGMR Müller c. Deutschland, 6.10.2005, Nr. 69584/01, Ziff. 93, wo der Gerichtshof feststellt, dass im betreffenden Fall eine gerechte Entschädigung für den immateriellen Schaden – u.a. aufgrund des Verhaltens der Beschwerdeführerin – in der Feststellung der Verletzung von Art. 6 Ziff. 1 EMRK anzusehen ist). In BGE 107 Ib 160, 162 E. 2a wurden als Schaden die Unterhaltsbeiträge betrachtet, die der Beschwerdeführer der Ehefrau während der letzten Monate des übermässig dauernden Scheidungsverfahrens bezahlen musste.

[60] BGE 122 IV 103, 111 E. 1.4; EGMR Dzelili c. Deutschland, 10.11.2005, Nr. 65745/01, Ziff. 83, wonach eine «eindeutige und messbare Minderung der Strafe» auch eine Verletzung von Art. 5 Ziff. 3 EMRK wiedergutzumachen vermag. Wenn das Verfahren nicht bereits von Gesetzes wegen aufgrund der Verjährung einzustellen ist, kann eine Verfahrenseinstellung in ausserordentlichen Fällen als Sanktion für die Verletzung des Beschleunigungsgebots in Frage kommen (BGE 130 I 269, 274 E. 3.3; BGE 117 IV 124, 128 f. E. 4c). Weiter könnte der Täter unter gleichzeitigem Verzicht auf Strafe schuldig gesprochen werden (BGE 130 IV 54, 55 E. 3.3.1; für eine Übersicht der Sanktionsmöglichkeiten vgl. BGE 117 IV 124, 127 ff. E. 4; s. dazu auch MÜLLER, Grundrechte[3], 508 f.).

2. Abschnitt: Beschwerdegründe

Art. 95

Schweizerisches Recht

Mit der Beschwerde kann die Verletzung gerügt werden von:
a. **Bundesrecht;**
b. **Völkerrecht;**
c. **kantonalen verfassungsmässigen Rechten;**
d. **kantonalen Bestimmungen über die politische Stimmberechtigung der Bürger und Bürgerinnen und über Volkswahlen und -abstimmungen;**
e. **interkantonalem Recht.**

Droit suisse

Le recours peut être formé pour violation:
a. du droit fédéral;
b. du droit international;
c. de droits constitutionnels cantonaux;
d. de dispositions cantonales sur le droit de vote des citoyens ainsi que sur les élections et votations populaires;
e. du droit intercantonal.

Diritto svizzero

Il ricorrente può far valere la violazione:
a. del diritto federale;
b. del diritto internazionale;
c. dei diritti costituzionali cantonali;
d. delle disposizioni cantonali in materia di diritto di voto dei cittadini e di elezioni e votazioni popolari;
e. del diritto intercantonale.

Inhaltsübersicht

Materialien

Art. 88 E ExpKomm; Art. 90 E 2001 BBl 2001 4503 f.; Botschaft 2001 BBl 2001 4334 ff.

Literatur

G. BIAGGINI, Die vollzugslenkende Verwaltungsverordnung: Rechtsnorm oder Faktum?, ZBl 1997, 1 ff. (zit. Biaggini, ZBl 1997); M. HOTTELIER, Entre tradition et modernité: le recours constitutionnel subsidiaire, in: François Bellanger/Thierry Tanquerel (Hrsg.), Les nouveaux recours fédéraux en droit public, Genf etc. 2006, 71 ff. (zit. Bellanger/Tanquerel-Hottelier); H. KELLER, Rezeption des Völkerrechts, Berlin etc. 2003 (zit. Keller, Rezeption); A. KLEY-STRULLER, Der richterliche Rechtsschutz gegen die öffentliche Verwaltung, Zürich 1995 (zit. Kley-Struller, Rechtsschutz); E. KRAMER, Juristische Methodenlehre, 2. Aufl., Bern 2005 (zit. Kramer, Methodenlehre²); M. LEUTHOLD, Die Prüfungsdichte des Bundesgerichts im Verfahren der staatsrechtlichen Beschwerde wegen Verletzung verfassungsmässiger Rechte, Bern 1992 (zit. Leuthold, Prüfungsdichte); L. MADER, La réforme de la justice fédérale: genèse et grands principes, in: François Bellanger/Thierry Tanquerel (Hrsg.), Les nouveaux recours fédéraux en droit public, Genf etc. 2006, 9 ff. (zit. Bellanger/Tanquerel-Mader); F. UHLMANN, Das Willkürverbot (Art. 9 BV), Bern 2005 (zit. Uhlmann, Willkürverbot); O. VOGEL/K. SPÜHLER, Grundriss des Zivilprozessrechts und des internationalen Zivilprozessrechts der Schweiz, 8. Aufl., Bern 2006 (zit. Vogel/Spühler, Grundriss⁸); D. WÜGER, Anwendbarkeit und Justiziabilität völkerrechtlicher Normen im schweizerischen Recht: Grundlagen, Methoden und Kriterien, Bern 2005 (zit. Wüger, Anwendbarkeit); PH. ZIEGLER, Von der Rechtsmittelvielfalt zur Einheitsbeschwerde: Bestandesaufnahme – Probleme – Lösungen, Basel etc. 2003 (zit. Ziegler, Rechtsmittelvielfalt).

I. Die Beschwerdegründe im System des bundesgerichtlichen Rechtsschutzes

1. Prozessuale Bedeutung und Arten von Beschwerdegründen

1   Die Beschwerdegründe bezeichnen die **zulässigen Rügen** in einem Rechtsmittelverfahren. Die beschwerdeführende Partei muss demnach ihre Vorbringen, d.h. ihre Kritik, inwiefern der angefochtene Entscheid fehlerhaft sei, auf die zugelassenen Beschwerdegründe abstützen. Die Geltendmachung eines zulässigen Beschwerdegrundes stellt eine **Sachurteilsvoraussetzung** dar.[1]

2   Den Beschwerdegründen entsprechen die **Prüfungsbefugnis** und die **Prüfungspflicht** der Rechtsmittelinstanz.[2] Allfällige Mängel eines Entscheids, die ausserhalb der zulässigen Beschwerdegründe liegen, darf die Rechtsmittelinstanz weder von sich aus noch auf Antrag einer Partei beurteilen. Gestützt auf zulässige Beschwerdegründe vorgetragene Rügen muss sie demgegenüber überprüfen, sofern die übrigen Sachurteilsvoraussetzungen erfüllt sind.

3   Der Begriff der **Kognition** wird heute meist synonym mit dem der Prüfungsbefugnis verwendet.[3] In der Rechtsprechung des Bundesgerichts zur staatsrechtlichen Beschwerde und in einem Teil der Lehre wurde indessen die Kognition zuweilen als *separate Kategorie* neben der Prüfungsbefugnis angeführt. Demnach wurde unterschieden, ob das Bundesgericht gewisse Prüfungen *frei* oder lediglich unter dem beschränkten Gesichtswinkel der *Willkür* vornimmt.[4] Das geltende Recht bietet keine Grundlage für eine Einschränkung der Kognition des Bundesgerichts im Rahmen der durch das BGG definierten Beschwerdegründe. Dies bedeutet, dass die Überprüfung der zulässigen Rügen durch das Bundesgericht prinzipiell **uneingeschränkt und frei** erfolgt. Eine unzulässige Ein-

---

[1] Vgl. KÖLZ/HÄNER, Verwaltungsrechtspflege², N 617; RHINOW/KOLLER/KISS, Prozessrecht, N 1031.

[2] Vgl. KÖLZ/HÄNER, Verwaltungsrechtspflege², N 617; RHINOW/KOLLER/KISS, Prozessrecht, N 1028; ZIMMERLI/KÄLIN/KIENER, Verfahrensrecht, 77.

[3] Vgl. RHINOW/KOLLER/KISS, Prozessrecht, N 1028; KÖLZ/HÄNER, Verwaltungsrechtspflege², N 617.

[4] Vgl. zur Problematik der freien Kognition und der Willkürkognition ausführlich KÄLIN, Beschwerde², 157 ff. sowie UHLMANN, Willkürverbot, 306 ff. und 407 ff. je m.w.Hinw.

schränkung der Überprüfung stellt eine Verletzung des Anspruchs auf rechtliches Gehör (Art. 29 Abs. 2 BV) dar und ist als formelle Rechtsverweigerung zu qualifizieren.[5]

Grundsätzlich werden drei Kategorien von Beschwerdegründen unterschieden: **Rechtsverletzungen, fehlerhafte Sachverhaltsfeststellung** und **Unangemessenheit** (vgl. zu den Unterscheidungen hinten N 27 ff.). Mit einem *vollkommenen Rechtsmittel* können alle drei Arten von Beschwerdegründen uneingeschränkt vorgebracht werden, mit einem *unvollkommenen Rechtsmittel* lediglich ein eingeschränktes Spektrum, etwa nur Rechtsverletzungen oder keine Unangemessenheit.[6] Ferner wird innerhalb der Kategorie der Rechtsverletzungen danach eingeteilt, ob sämtliche oder nur gewisse Rechtsverletzungen durch die Rechtsmittelinstanz überprüft werden können.[7]   **4**

2. Die Vereinheitlichung der Beschwerdegründe im BGG

Die **Vereinheitlichung und Vereinfachung der Beschwerdewege** an das Bundesgericht durch Einführung von drei Einheitsbeschwerden sind v.a. auf dem Gebiet der Beschwerdegründe von grosser Bedeutung. Das *frühere Rechtsmittelsystem* kannte in allen Rechtsbereichen mehrere Rechtsmittel, die sich insb. hinsichtlich der zulässigen Rügen unterschieden haben.[8] Dies führte zu zahlreichen Abgrenzungsschwierigkeiten und hatte zur Folge, dass oftmals zwei Beschwerden in der gleichen Angelegenheit gleichzeitig eingereicht werden mussten.[9] Ein wichtiges Ziel der Justizreform war deshalb die einheitliche Regelung der Beschwerdegründe für alle Rechtsmittel an das Bundesgericht. Dieses Ziel ist zu einem guten Teil, aber nicht ganz erreicht worden.   **5**

Die Art. 95–98 regeln die Beschwerdegründe im Grunde **für alle drei Einheitsbeschwerden** einheitlich.[10] Allerdings kommen gewisse Rügen nur in bestimmten Rechtsgebieten zum Tragen: die Verletzung kantonaler Bestimmungen über die politischen Rechte gem. Art. 95 Bst. d wird nur mit Beschwerde in öffentlich-rechtlichen Angelegenheiten, die Rügen betr. ausländisches Recht gem. Art. 96 nur mit Beschwerde in Zivilsachen vorgebracht werden können.   **6**

Ausserhalb der drei Einheitsbeschwerden gelten die Art. 95–98 nicht. So kann mit **subsidiärer Verfassungsbeschwerde** gem. Art. 116 nur die Verletzung verfassungsmässiger Rechte gerügt werden.[11] Besondere Regeln gelten auch für das ausserordentliche Rechtsmittel der **Revision** gem. den Art. 121–123. Die **Klage** an das Bundesgericht gem. Art. 120 BGG zählt zur ursprünglichen Gerichtsbarkeit und kennt dementsprechend keine Beschwerdegründe.   **7**

3. Funktionale Zuordnung der Beschwerdegründe

Die Zuordnung der Prüfungsbefugnisse auf verschiedene Rechtsmittelinstanzen erfolgt herkömmlicherweise nach einem *funktionalen Kriterium*. Zwei allgemeine Regeln haben sich herausgebildet, wobei die erste *föderalistisch* und die zweite durch den Grundsatz der *Gewaltenteilung* begründet ist: **8**

---

5   Vgl. KÖLZ/HÄNER, Verwaltungsrechtspflege², N 618 mit Verweisen auf BGE 120 Ia 115; 106 Ia 71 und BGE 104 Ib 418.
6   Vgl. RHINOW/KOLLER/KISS, Prozessrecht, N 609 ff.
7   Vgl. RHINOW/KOLLER/KISS, Prozessrecht, N 1041.
8   Vgl. GEISER/MÜNCH²-GEISER, 2 f. sowie die Darstellung bei ZIEGLER, Rechtsmittelvielfalt, 127 ff. und insb. 183 ff.
9   Vgl. Botschaft 2001 BBl 2001 4233 f.
10   Vgl. Botschaft 2001 BBl 2001 4236 und 4334 f.; KOLLER, ZBl 2006, 75 f.
11   Vgl. BELLANGER/TANQUEREL-HOTTELIER, 77 ff.

a) Die richtige und einheitliche Anwendung des **Bundesrechts** ist durch *Bundesbehörden*, die richtige Anwendung des **kantonalen Rechts** durch *kantonale Behörden* sicherzustellen.

b) Die **Ermessensausübung** im öffentlichen Recht ist Sache der *Verwaltungsbehörden*, deren Überprüfung erfolgt im verwaltungsinternen Beschwerdeverfahren und nicht durch *Gerichte*.

9 Als weitere Regel gilt, dass sich die Überprüfungsbefugnis im **Instanzenzug** nur *verengen*, hingegen nicht erweitern darf. Alle Rügen, die vor einer höheren Instanz zugelassen sind, müssen m.a.W. auch vor allen unteren Rechtsmittelinstanzen zulässig gewesen sein. Im Verhältnis zwischen dem Bundesgericht und den unmittelbaren Vorinstanzen der Kantone wird dieser Grundsatz in Art. 111 Abs. 3 gesetzlich verankert.

10 Das Bundesgericht ist gem. Art. 188 Abs. 1 BV die **oberste rechtsprechende Behörde** der Schweiz. Mit dieser Stellung verbinden sich die drei Hauptfunktionen des Bundesgerichts (vgl. dazu auch ausführlich Art. 1 N 11 ff.):[12]

1. Sicherstellung der einheitlichen und korrekten Anwendung des *Bundesrechts*;

2. *Fortbildung des Rechts*;

3. Gewährleistung des *Individualrechtsschutzes*.

11 Weil die Schweiz kein abgesondertes Verfassungsgericht kennt, hat das Bundesgericht diese drei Funktionen nicht nur mit Bezug auf das einfache, infrakonstitutionelle Bundesrecht, sondern auch mit Bezug auf die Bundesverfassung mit dem Instrument der **Verfassungsgerichtsbarkeit** zu erfüllen (zur Einschränkung aufgrund von Art. 190 BV vgl. indessen hinten N 49).

12 Die Beschwerdegründe gem. den Art. 95–98 widerspiegeln Stellung und Funktionen des Bundesgerichts. Ganz im Vordergrund steht demnach die **Rechtskontrolle** (Art. 95 und Art. 96), primär bezogen auf das *Bundesrecht* (Art. 95 Bst. a) und die *verfassungsmässigen Rechte* (Art. 95 Bst. a und c). Eine Überprüfung der Anwendung von kantonalem Recht ist, abgesehen von den kantonalen verfassungsmässigen Rechten (Art. 95 Bst. c), nur in Ausnahmefällen, bezüglich der Bestimmungen zu den politischen Rechten (Art. 95 Bst. d) und bezüglich interkantonalen Rechts (Art. 95 Bst. e), möglich. Die *Sachverhaltskontrolle* obliegt den Vorinstanzen im Bund bzw. in den Kantonen und ist vor Bundesgericht, abgesehen von wenigen Ausnahmen (Art. 97), grundsätzlich nicht (mehr) möglich.[13] Eine *Ermessenskontrolle* nimmt das Bundesgericht gar nicht (mehr) vor.[14]

II. Bezüge innerhalb und ausserhalb des BGG

1. Vorgaben des übergeordneten Rechts

13 Die **Bundesverfassung** definiert in Art. 189 Abs. 1 die **Zuständigkeit des Bundesgerichts** zur Beurteilung von Rechtsstreitigkeiten anhand einer nicht-abschliessenden Liste von Beschwerdegründen, welche sich teilweise mit Art. 95 decken. Neben der Ver-

---

[12] Vgl. Botschaft 2001 BBl 2001 4236; KOLLER/AUER, ZSR 2002, 477 m.w.Hinw.; KISS, Anwaltsrevue 2001, 45 mit Verweis auf BBl 1997 I 488; ZIEGLER, Rechtsmittelvielfalt, 15 ff.

[13] Vgl. CORBOZ, SJ 2006, 342 und zur Abgrenzung hinten N 28 ff. Die Sachverhaltskontrolle war gem. Art. 104 Bst. b i.V.m. Art. 105 OG demgegenüber im Verfahren der Verwaltungsgerichtsbeschwerde grundsätzlich zulässig.

[14] Vgl. Botschaft 2001 BBl 2001 4335 und zur Abgrenzung hinten N 31 ff. Demgegenüber hatte das Bundesgericht gem. Art. 104 Bst. c und Art. 132 Bst. a OG in gewissen Sachbereichen, insb. in sozialversicherungsrechtlichen Streitigkeiten, noch eine Ermessenskontrolle ausüben können.

letzung von Bundesrecht, Völkerrecht, interkantonalem Recht und kantonalen verfassungsmässigen Rechten – entsprechend den Bst. a, b, c und e von Art. 95– wird die Verletzung der «*Gemeindeautonomie und anderer Garantien der Kantone zu Gunsten von öffentlich-rechtlichen Körperschaften*» besonders erwähnt (vgl. dazu hinten N 59). Die Verletzung von Bestimmungen über die politischen Rechte gem. Art. 189 Abs. 1 Bst. f BV geht über Art. 95 Bst. d insofern hinaus, als auch die *eidgenössischen Normen*, welche im BGG unter Art. 95 Bst. a fallen, explizit genannt werden (vgl. dazu hinten N 60 ff.). Gemäss Art. 189 Abs. 3 BV kann das Gesetz weitere Zuständigkeiten des Bundesgerichts vorsehen. Hierunter fallen die Überprüfungsbefugnisse gem. den Art. 96 und 97.

Die **Massgeblichkeit von Bundesgesetzen und von Völkerrecht** gem. Art. 190 BV **14** limitiert die Überprüfungsbefugnis des Bundesgerichts und bedeutet eine partielle aber empfindliche **Einschränkung der Verfassungsgerichtsbarkeit** (vgl. dazu hinten N 49). Im Rahmen der *Justizreform* haben die eidgenössischen Räte die ursprünglich vom Bundesrat beabsichtigte moderate Ausweitung der Überprüfungsbefugnis auf eine konkrete Normenkontrolle gegenüber Bundesgesetzen[15] abgelehnt und den früheren Art. 191 unverändert als Art. 190 BV übernommen.

Die **Rechtsweggarantie** von Art. 29a BV verlangt grundsätzlich in allen Rechtsstreitig- **15** keiten eine umfassende Überprüfung aller Rechts- und Sachverhaltsfragen – aber keine Ermessenskontrolle – durch ein unabhängiges Gericht.[16] Diese grundrechtliche Garantie muss nicht durch das Bundesgericht eingelöst werden. Regelmässig werden unterinstanzliche Gerichte der Kantone oder des Bundes diese Rolle übernehmen. Fehlt hingegen eine gerichtliche Vorinstanz und sieht das Gesetz keine berechtigten Ausnahmen gem. Art. 29a Satz 2 BV vor, so hat das Bundesgericht den Rechtsschutz im Einklang mit Art. 29a BV zu gewährleisten.

Rechtsweggarantien für die Beurteilung von **zivilrechtlichen Ansprüchen und straf- 16 rechtliche Anklagen** enthalten Art. 6 Ziff. 1 EMRK und Art. 14 Abs. 1 UNO-Pakt II. Diese direkt anwendbaren Staatsvertragsbestimmungen verlangen die vollständige Rechts- und Sachverhaltskontrolle durch ein unabhängiges und unparteiisches Gericht.[17] Art. 32 Abs. 3 BV sowie Art. 2 Abs. 1 Prot. Nr. 7 EMRK und Art. 14 Abs. 5 UNO-Pakt II gewährleisten das Recht, ein Strafurteil bei einem *Gericht zweiter Instanz* anfechten zu können. Allerdings verlangen diese Garantien nicht, dass ein solches Gericht volle Prüfungsbefugnis in allen Rechts- und Sachverhaltsfragen haben muss.[18] Alle diese Rechtsweggarantien sind wiederum grundsätzlich nicht durch das Bundesgericht, sondern durch die unterinstanzlichen Gerichte der Kantone und des Bundes zu erfüllen.

Für den **Freiheitsentzug** garantieren Art. 31 Abs. 4 BV sowie Art. 5 Ziff. 4 EMRK und **17** Art. 9 Abs. 4 UNO-Pakt II die Beurteilung bzw. Überprüfung der Rechtmässigkeit durch ein Gericht mit voller Kognition in rechtlicher und tatsächlicher Hinsicht.

2. Andere Prozessgesetze von Bund und Kantonen

Die Beschwerdegründe, welche vor dem **Bundesverwaltungsgericht** geltend gemacht **18** werden können, richten sich gem. Art. 37 VGG nach dem VwVG. Art. 49 VwVG nennt als Beschwerdegründe die *Verletzung von Bundesrecht*, die unrichtige oder unvollstän-

---

[15] Vgl. BBl 1997 BBl 2001 I 511 ff.
[16] Vgl. BBl 1997 I 523.
[17] Vgl. zu Art. 6 EMRK VILLIGER, EMRK, N 427.
[18] Vgl. SGK-VEST, Art. 32 N 33; BGE 124 I 95.

dige *Sachverhaltsfeststellung* sowie die *Unangemessenheit* der angefochtenen Verfügung. Die Rüge der Unangemessenheit ist indessen unzulässig, wenn als Vorinstanz eine kantonale Beschwerdeinstanz entschieden hat. Art. 49 VwVG gilt auch für das verwaltungsinterne Beschwerdeverfahren im Bund.

19　Dass das Bundesverwaltungsgericht regelmässig zur Überprüfung der **Angemessenheit** befugt ist, widerspricht eigentlich der *funktionalen Trennung* zwischen Verwaltung und Gericht, wonach die Ermessensausübung Sache der Verwaltungsbehörden ist und keiner gerichtlichen Kontrolle unterliegt (vgl. vorne N 8). Weil mit der Reform der Bundesrechtspflege der verwaltungsinterne Rekurs durch die Beschwerde an das Bundesverwaltungsgericht in weitem Masse ersetzt worden ist (vgl. Art. 47 Abs. 1 VwVG), und zumindest eine einmalige Überprüfung der Angemessenheit beibehalten werden sollte, wurde dem Bundesverwaltungsgericht diese Aufgabe übertragen.[19]

20　Wird das **Bundesstrafgericht** als Beschwerdeinstanz angerufen (Art. 28 SGG), so gelten bis zum Inkrafttreten der Bundesstrafprozessordnung gem. Art. 30 SGG die Verfahrensregeln des BStP. Die Art. 214 ff. BStP betr. das Beschwerdeverfahren äussern sich nicht ausdrücklich zur Überprüfungsbefugnis der Beschwerdeinstanz. Dies bedeutet, dass eine *vollständige Überprüfung* des angefochtenen Entscheids in rechtlicher und tatsächlicher Hinsicht möglich ist. Zulässige Beschwerdegründe vor der Beschwerdekammer des Bundesstrafgerichts sind demnach die Verletzung von Bundesrecht sowie die fehlerhafte Sachverhaltsfeststellung.

21　Die **Kantone** sind – bis zum Inkrafttreten der schweizerischen StPO und ZPO[20] – grundsätzlich frei in der Ausgestaltung des Rechtsschutzes durch kantonale Behörden. Dies betrifft auch die Definition der Überprüfungsbefugnis und der Beschwerdegründe für die kantonalen Rechtsmittelinstanzen. Allerdings haben die Kantone dabei die *Vorgaben des übergeordneten Rechts* – Bundesrecht und Völkerrecht – zu beachten. Zu nennen sind diesbezüglich die *Rechtsweggarantien* (vgl. vorne N 15 ff.) und die Verpflichtungen zur Einsetzung von *gerichtlichen Vorinstanzen des Bundesgerichts* (Art. 75 Abs. 2, Art. 80 Abs. 2 und Art. 86 Abs. 2). Die kantonalen Gerichte haben sodann den Anforderungen von Art. 110 zu genügen. Demnach muss mindestens eine kantonale Gerichtsinstanz den Sachverhalt umfassend überprüfen können und das Recht von Amtes wegen anwenden. Schliesslich muss die unmittelbare kantonale Vorinstanz des Bundesgerichts gem. Art. 111 Abs. 3 mindestens die Rügen nach den Art. 95–98 prüfen können.

3. Die Beschwerdegründe gemäss Art. 95–98 in der Systematik des BGG

a) Geltungsbereich

22　Die Beschwerdegründe gem. Art. 95–98 gelten grundsätzlich umfassend und unterschiedslos für die drei Einheitsbeschwerden, d.h. die **Beschwerde in Zivilsachen** gem. den Art. 72 ff., die **Beschwerde in Strafsachen** gem. den Art. 78 ff. und die **Beschwerde in öffentlich-rechtlichen Angelegenheiten** gem. den Art. 82 ff. (vgl. vorne N 5 ff.).

---

[19] Vgl. Botschaft 2001 BBl 2001 4256.
[20] Der Entwurf für die *Schweizerische Strafprozessordnung* vom 21.12.2005 (BBl 2006 1389 ff.) sieht in Art. 401 Abs. 2 für die Beschwerde und in Art. 406 Abs. 3 für die Berufung jeweils grundsätzlich eine umfassende Rechts- und Sachverhaltskontrolle vor. Der Entwurf für die *Schweizerische Zivilprozessordnung* vom 28.6.2006 (BBl 2006 7413 ff.) sieht in Art. 306 für die Berufung ebenfalls eine umfassende Rechts- und Sachverhaltskontrolle, in Art. 317 für die Beschwerde allerdings neben der Rüge der unrichtigen Rechtsanwendung nur die Rüge der willkürlichen Sachverhaltsfeststellung vor.

Die Art. 95–98 gelten allerdings nicht für die Beschwerde in Zivilsachen betr. die **inter-** **23** **nationale Schiedsgerichtsbarkeit** (Art. 77 Abs. 2). Für die Anfechtung von Schiedssprüchen beim Bundesgericht sind die zulässigen Beschwerdegründe in Art. 190 Abs. 2 IPRG *abschliessend* aufgezählt: vorschriftswidrige Bestellung des Schiedsgerichts (Bst. a), fehlerhafter Entscheid über die Zuständigkeit (Bst. b), Entscheid über die Parteibegehren hinaus oder fehlende Beurteilung von Parteibegehren (Bst. c), Verletzung der Gleichbehandlung der Parteien oder des rechtlichen Gehörs (Bst. d) sowie Verletzung des ordre public (Bst. e).[21]

Für die **subsidiäre Verfassungsbeschwerde** gem. den Art. 113 ff. gelten die Art. 95–98 **24** ebenfalls nicht. Mit ihr kann gem. Art. 116 ausschliesslich der Beschwerdegrund der *Verletzung verfassungsmässiger Rechte* vorgebracht werden.[22]

b) Bezüge zu anderen Verfahrensbestimmungen

Die Bestimmungen über die Beschwerdegründe stehen in einem engen Zusammenhang **25** mit der Vorschrift betr. **neue Vorbringen**, Art. 99. Während jene bezeichnen, welche Fehler überhaupt gerügt werden können, bestimmen letztere, ob sich diese Rügen vor Bundesgericht auf neue Grundlagen, welche den Vorinstanzen nicht vorgetragen worden sind, abstützen dürfen. Gemäss Art. 99 dürfen neue Tatsachen und Beweismittel nur vorgebracht werden, wenn erst der Entscheid der Vorinstanz dazu Anlass gegeben hat. Eine neue rechtliche Begründung der Beschwerde ist demgegenüber zulässig (vgl. Art. 99 N 23 ff.). Neue Rechtsbegehren können vor Bundesgericht nicht gestellt werden.[23]

Die Art. 105 und 106 legen fest, inwiefern das Bundesgericht an die Sachverhaltsfeststel- **26** lungen der Vorinstanz und die rechtlichen Ausführungen im angefochtenen Entscheid bzw. die rechtlichen Vorbringen der Parteien gebunden ist. Diese Bestimmungen definieren somit, ob und in welchem Umfang das Bundesgericht eine Rechts- oder Sachverhaltskontrolle von sich aus (*ex officio*) im Rahmen eines Beschwerdeverfahrens durchführen kann oder muss:

a) Die sehr eingeschränkte Prüfungsbefugnis bezüglich *Sachverhaltsfragen* gem. Art. 97 wird durch Art. 105 dupliziert. Prinzipiell ist das Bundesgericht demnach an die **Sachverhaltsfeststellungen der Vorinstanz** gebunden, und es kann von sich aus nur diejenigen Sachverhaltskontrollen vornehmen, welche auch die beschwerdeführende Partei gem. Art. 97 verlangen kann.

b) Art. 106 legt den wichtigen Grundsatz der **Rechtsanwendung von Amtes wegen** fest. Das Bundesgericht ist demnach berechtigt und grundsätzlich auch verpflichtet, sämtliche Rechtsfehler des angefochtenen Entscheids unabhängig von einer entsprechenden Rüge der beschwerdeführenden Partei zu korrigieren. Eine wichtige Ausnahme von diesem Grundsatz bildet freilich das **Rügeprinzip** gem. Abs. 2 von Art. 106. Die Verletzung von *Grundrechten* und von *kantonalem bzw. interkantonalem Recht* ist nur auf eine entsprechende, hinlänglich begründete Rüge hin zu überprüfen. Dasselbe gilt gem. Art. 77 Abs. 3 auf dem Gebiet der internationalen Schiedsgerichtsbarkeit. Die formellen **Anforderungen an die Beschwerdeschrift** gem. Art. 42 Abs. 2, wonach grundsätzlich sämtliche Rechtsverletzung «in gedrängter Form» darzulegen sind, werden dadurch erhöht (vgl. Art. 106 N 1 ff.; Art. 42 N 45 ff.).

---

[21] Zur *Binnenschiedsgerichtsbarkeit* vgl. Art. 36 SchKonk betr. die Nichtigkeitsbeschwerde an das obere ordentliche kantonale Zivilgericht und Art. 391 E-ZPO betr. die zivilrechtliche Beschwerde an das Bundesgericht.

[22] Vgl. BELLANGER/TANQUEREL-HOTTELIER, 77 ff.

[23] Vgl. Botschaft 2001 BBl 2001 4339 f.

III. Rechtsverletzung als Beschwerdegrund

1. Abgrenzungen

27 Das Spektrum der zulässigen Rügen vor Bundesgericht konzentriert sich gem. den Art. 95 und 96 auf bestimmte **Rechtsverletzungen.** Eine *Sachverhaltskontrolle* nimmt das Bundesgericht gem. Art. 97 (und Art. 105) nur ganz eingeschränkt und ausnahmsweise vor, zu einer *Ermessenskontrolle* ist es nicht befugt (vgl. vorne N 12). Die gegenseitige Abgrenzung dieser drei Kategorien von Fehlern ist deshalb für die Bestimmung der Prüfungsbefugnis und der zulässigen Rügen von hervorragender Bedeutung.

a) Sachverhaltsfragen

28 Rechtsfragen und **Sachverhaltsfragen**[24] lassen sich in abstrakter Weise klar auseinanderhalten: Sachverhaltsfragen beziehen sich auf die *tatsächlichen Gegebenheiten*. Mit der Feststellung des Sachverhalts beantwortet das Gericht demnach die folgenden Fragen: wer, wo, wann, was, wie, warum?[25] Sachverhaltsfragen können einerseits *äussere*, d.h. mit den Sinnen wahrnehmbare oder mit Instrumenten erfass- oder messbare Zustände und Abläufe betreffen: die Geschwindigkeit und Farbe eines Fahrzeugs, der Zeitpunkt einer Aussage, die Höhe eines Aktienkurses. Anderseits umfassen Sachverhaltsfragen auch *innere* Vorgänge beim Menschen: der Kenntnisstand zu einem bestimmten Zeitpunkt, die Absicht bei einer Handlung, die Hoffnung vor einer Unterlassung. Auch *Rechtshandlungen* und insb. *Prozesshandlungen* gehören zum Sachverhalt.[26] Der Sachverhaltsfeststellung dienen die verschiedenen *Beweismittel* (Art. 71 verweist diesbezüglich auf die Art. 36 ff. BZP). **Rechtsfragen** betreffen demgegenüber die rechtliche Würdigung eines Sachverhaltes, d.h. die Subsumtion unter einen Tatbestand sowie die Bestimmung der Rechtsfolge. Die Beantwortung von Rechtsfragen erfolgt anhand der verschiedenen Rechtsquellen, unter Berücksichtigung der *Auslegungsregeln*, welche die juristische Lehre und Praxis entwickelt haben.[27]

29 Rechts- und Sachverhaltsfragen sind regelmässig eng miteinander verbunden und direkt aufeinander bezogen: der Tatbestand definiert, welche Tatsachen inwiefern rechtlich relevant sind. Mitunter fällt die Zuordnung einer bestimmten Frage zum Sachverhalt oder zum Recht schwer.[28] Das Bundesgericht hat in einer reichhaltigen Rechtsprechung, insb. zur zivilrechtlichen Berufung (Art. 43 OG) und zur strafrechtlichen Nichtigkeitsbeschwerde (Art. 268 aBStP), eine Reihe von **Zweifelsfällen** entschieden. Weil die Abgrenzung durch Erlass des BGG nicht geändert hat, kann diese Rechtsprechung weiterhin Geltung beanspruchen. Demnach sind **Sachverhaltsfragen:**

a) Fragen der *Beweiswürdigung*, auch der *antizipierten* Beweiswürdigung,[29] und insb. das Ziehen von Schlussfolgerungen aus mehreren widerstreitenden *Gutachten;*[30]

b) die Bestimmung und Abschätzung von *Wahrscheinlichkeiten;*[31]

---

[24] Im Strafrecht ist der synonyme Begriff der «Tatfragen» geläufiger.

[25] Vgl. CORBOZ, SJ 2006, 340.

[26] Vgl. CORBOZ, SJ 2006, 340.

[27] Vgl. zum Ganzen KRAMER, Methodenlehre², 47 ff.; ferner SEILER/VON WERDT/GÜNGERICH, BGG, Art. 97 N 10 ff.; KÖLZ/HÄNER, Verwaltungsrechtspflege², N 958.

[28] Vgl. BGE 123 II 49, 55; BGE 112 V 1, 4 f.

[29] Vgl. BGE 122 III 219, 223 f. sowie POUDRET, Commentaire, Art. 63 N 4.2.1; SEILER/VON WERDT/GÜNGERICH, BGG, Art. 97 N 12; VOGEL/SPÜHLER, Grundriss⁸, 392.

[30] Vgl. POUDRET, Commentaire, Art. 63 N 4.2.1.5; SEILER/VON WERDT/GÜNGERICH, BGG, Art. 97 N 12.

[31] Vgl. BGE 122 III 219, 223 sowie POUDRET, Commentaire, Art. 63 N 4.2.1; SEILER/VON WERDT/GÜNGERICH, BGG, Art. 97 N 12.

c) die Beurteilung *hypothetischer Geschehensabläufe;*[32]

d) die Feststellung der *natürlichen Kausalität* zwischen Ursache und Wirkung;[33]

e) die Feststellung oder Abschätzung eines *Schadens;*[34]

f) die Bestimmung von *Wissen und Willen* einer Person, mithin die Feststellung des *tatsächlichen Konsenses* oder eines *Irrtums*[35] sowie des *guten Glaubens* oder des *Unrechtsbewusstseins;*[36]

g) die Bestimmung der invaliditätsbedingten *Arbeitsunfähigkeit.*[37]

Demgegenüber zählen zu den **Rechtsfragen:**   **30**

a) die Feststellung, dass eine Tatsache *gerichtsnotorisch* ist;[38]

b) Folgerungen ausschliesslich aufgrund der *allgemeinen Lebenserfahrung;*[39]

c) die Herabsetzung des Beweismasses auf einen bestimmten *Wahrscheinlichkeitsgrad;*[40]

d) die Bestimmung der *adäquaten Kausalität* zwischen Ursache und Wirkung;[41]

e) Auslegung und Subsumtion unter den *Schadensbegriff* sowie die *Schadenersatzbemessung;*[42]

f) die *Auslegung von Willenserklärungen* und die Anwendung des *Vertrauensgrundsatzes,* mithin die Feststellung eines *normativen Konsenses;*[43]

g) die Feststellung der Anwendung der *gebotenen Aufmerksamkeit* bei der Frage, ob sich jemand auf den guten Glauben berufen kann;[44]

h) die Bestimmung von *Fahrlässigkeit oder Vorsatz* bei der Tatbegehung;[45]

i) die Feststellung der *Urteilsfähigkeit* und der *Zurechnungsfähigkeit.*[46]

b) Ermessensfragen

Rechtsfragen und **Ermessensfragen** können auf einer abstrakten Ebene ebenfalls klar   **31** voneinander unterschieden werden: eine Behörde verfügt über Ermessen, wenn die Rechtsgrundlagen ihr einen *Entscheidungsspielraum* bei der Rechtsanwendung einräu-

---

[32] Vgl. POUDRET, Commentaire, Art. 63 N 4.2.3.
[33] Vgl. BGE 123 III 111 sowie VOGEL/SPÜHLER, Grundriss[8], 393.
[34] Vgl. BGE 123 III 243; BGE 122 III 219, 222 sowie VOGEL/SPÜHLER, Grundriss[8], 393; GEISER/MÜNCH[2]-MÜNCH, 139.
[35] Vgl. BGE 129 III 118, 122; BGE 108 II 412 sowie GEISER/MÜNCH[2]-MÜNCH, 138; VOGEL/SPÜHLER, Grundriss[8], 393.
[36] Vgl. BGE 122 V 221, 223.
[37] Vgl. BGE 132 V 393, 398.
[38] Vgl. POUDRET, Commentaire, Art. 63 N 4.2.1.8.
[39] Vgl. BGE 132 V 393, 398 f.; POUDRET, Commentaire, Art. 63 N 4.2.4; GEISER/MÜNCH[2]-MÜNCH, 135 f.; SEILER/VON WERDT/GÜNGERICH, BGG, Art. 97 N 13; VOGEL/SPÜHLER, Grundriss[8], 392.
[40] Vgl. BGE 122 III 219, 222 sowie SEILER/VON WERDT/GÜNGERICH, BGG, Art. 97 N 13.
[41] Vgl. BGE 128 III 22, 25; BGE 123 III 110 sowie CORBOZ, SJ 2006, 341.
[42] Vgl. BGE 123 III 243; BGE 116 II 299 sowie VOGEL/SPÜHLER, Grundriss[8], 393.
[43] Vgl. BGE 121 III 123; BGE 129 III 118, 123 sowie VOGEL/SPÜHLER, Grundriss[8], 392.
[44] Vgl. BGE 122 V 221, 223.
[45] Vgl. BGE 103 IV 155 sowie HAUSER/SCHWERI/HARTMANN, Strafprozessrecht[6], 534.
[46] Vgl. BGE 102 II 367; BGE 100 IV 130 sowie VOGEL/SPÜHLER, Grundriss[8], 392; HAUSER/SCHWERI/HARTMANN, Strafprozessrecht[6], 534.

men.[47] Ob eine Norm die Ermessensausübung zulässt, ist durch *Auslegung* zu entscheiden und ist eine Rechtsfrage. Typische Beispiele für die Einräumung eines Ermessensspielraums sind insb. «*Kann-Vorschriften*» und die Aufzählung verschiedener möglicher Rechtsfolgen für einen einheitlichen Tatbestand.

32   Ein Ermessensentscheid ist **unangemessen**, wenn er zwar aufgrund sachlicher Kriterien gefällt wird und die Grenzen der Ermessensausübung beachtet, aber unter Berücksichtigung aller Umstände als *unzweckmässig* beurteilt wird (z.B. würde die Leistung eine genügende Note 4 anstelle einer ungenügenden Note 3 bei einer Skala von 1–6 verdienen).

33   Die Kategorie der Unangemessenheit war und ist in diesem selbständigen Sinne v.a. im Bereich des öffentlichen Rechts von Bedeutung (vgl. Art. 49 Bst. c VwVG). Im *Zivilrecht* und im *Strafrecht* wurde demgegenüber bisher lediglich zwischen Rechts- und Sachverhaltskontrolle unterschieden. Die fehlerhafte Ausübung von **Rechtsfolgeermessen** konnte als Rechtsverletzung gerügt werden, wobei sich das Bundesgericht eine gewisse Zurückhaltung bei der Überprüfung auferlegte und nur bei Missbrauch oder Ermessensüberschreitung eingriff. Die Anwendung des **Tatbestandsermessens** wurde demgegenüber als grundsätzlich nicht überprüfbare Sachverhaltsfrage qualifiziert.[48] An dieser Rechtsprechung wird sich wohl auch unter dem neuen Regime nichts ändern.[49]

34   Während die blosse *Unangemessenheit* einer Entscheidung vor Bundesgericht nicht gerügt werden kann,[50] stellen **Ermessensmissbrauch, Ermessensüberschreitung und Ermessensunterschreitung**[51] als Rechtsverletzungen mögliche Beschwerdegründe vor Bundesgericht dar:[52]

a) beim *Ermessensmissbrauch* wird ein unsachliches Kriterium zur Ermessensausübung benutzt, die Grenzen der Ermessensausübung werden aber beachtet (z.B. die Note 4 innerhalb einer Skala von 1–6 aufgrund der Nationalität des Kandidaten);

b) bei der *Ermessensüberschreitung* werden die Grenzen der Ermessensbetätigung missachtet (z.B. die Note 7 bei einer Skala von 1–6 aufgrund einer hervorragenden Leistung);

c) bei der *Ermessensunterschreitung* wird der Ermessensspielraum nicht ausgenutzt (z.B. erhalten alle Schüler nur die Noten 3 oder 4 bei einer Skala von 1–6, obwohl ihre Leistungen weitergehende Differenzierungen erfordern würden).

35   Besondere Schwierigkeiten bereitet die Abgrenzung zwischen der Ermessensausübung und der Auslegung **unbestimmter Rechtsbegriffe**.[53] Ein unbestimmter Rechtsbegriff

---

[47] Vgl. HÄFELIN/MÜLLER/UHLMANN, Verwaltungsrecht[5], N 429 ff.

[48] Vgl. BGE 130 III 2123, 220; BGE 122 III 219, 222 für das Zivilrecht und BGE 127 IV 101, 104; BGE 123 IV 150, 152 f. und BGE 123 IV 49, 51 für das Strafrecht, insb. betr. die Frage der Strafzumessung.

[49] Vgl. SEILER/VON WERDT/GÜNGERICH, BGG, Art. 95 N 52.

[50] Die Art. 104 Bst. c und Art. 132 Abs. 1 Bst. a OG erlaubten dem Bundesgericht noch die Überprüfung der Angemessenheit in wenigen ausgewählten Bereichen, insb. auf dem Gebiet der Sozialversicherungen. Diese Prüfungsbefugnis wurde aus funktionalen Gründen und zur Entlastung des Bundesgerichts bei Erlass des BGG aufgehoben. Vgl. dazu Botschaft 2001 4238 f. und 4335 sowie BELLANGER/TANQUEREL-MADER, 18 f.; CORBOZ, SJ 2006, 344; HÄFELIN/HALLER/KELLER, Suppl., N 1986.

[51] Vgl. zu den verschiedenen Ermessensfehlern HÄFELIN/MÜLLER/UHLMANN, Verwaltungsrecht[5], N 460 ff.

[52] Vgl. Botschaft 2001 BBl 2001 4335 f.; CORBOZ, SJ 2006, 344; SEILER/VON WERDT/GÜNGERICH, BGG, Art. 95 N 50; RHINOW/KOLLER/KISS, Prozessrecht, N 1039.

[53] Vgl. KLEY-STRULLER, Rechtsschutz, 282 ff.

eröffnet aufgrund seiner allgemeinen und relativ offenen Formulierung der rechtsanwendenden Behörde ebenfalls einen gewissen Entscheidungsspielraum. Die Handhabung unbestimmter Rechtsbegriffe unterliegt aber als Rechtsfrage – im Gegensatz zur Ermessensausübung – grundsätzlich einer uneingeschränkten Überprüfung durch das Bundesgericht. Allerdings hält sich das Bundesgericht auch bei der Überprüfung der Auslegung von unbestimmten Rechtsbegriffen zurück, wenn tatsächliche Verhältnisse zu berücksichtigen sind, welche die Vorinstanzen wegen ihres besonderen Fachwissens oder ihrer Vertrautheit mit den lokalen Gegebenheiten besser beurteilen können.[54]

Unbestimmte Rechtsbegriffe, deren Anwendung das Bundesgericht überprüft, sind insb. **36** das **öffentliche Interesse** sowie die verschiedenen Teilgehalte der **Verhältnismässigkeit** – Eignung, Erforderlichkeit und Zumutbarkeit – einer staatlichen Massnahme gem. Art. 5 Abs. 2 sowie Art. 36 Abs. 2 und 3 BV.[55] Auch hier auferlegt sich das Bundesgericht indessen zuweilen explizit eine gewisse Zurückhaltung, welche nicht immer gerechtfertigt ist.[56]

2. Arten von Rechtsverletzungen und Eingrenzungen

Der Begriff der **Rechtsverletzung** beinhaltet zwei Elemente, das des *Rechts* und das der **37** *Verletzung*. Beide sind erklärungsbedürftig. Das BGG enthält keine Legaldefinition der Rechtsverletzung, sondern setzt diesen Begriff voraus.[57]

Als (verletzbares) Recht gelten zunächst alle **generell-abstrakten, staatlichen Normen**. **38** Dieser Rechtsbegriff umfasst neben dem *gesetzten* Recht aller Stufen (Verfassung, Gesetze und Verordnungen) auch das *ungeschriebene* Recht, d.h. Richterrecht und Gewohnheitsrecht.[58] Grundsätzlich unerheblich ist auch, welcher Stufe von Gemeinwesen – Bund, Kanton oder Gemeinde – das Recht zuzuordnen ist.[59] Die Verletzung von **Allgemeinverfügungen**, d.h. generell-konkreter Anordnungen, kann ebenfalls als Rechtsverletzung gerügt werden, wenn gestützt darauf eine fehlerhafte individuelle Anordnung ergeht.[60]

Rechtsnormen regeln entweder Rechte und Pflichten von Privaten oder die Organisation **39** und das Verfahren von Behörden. Sowohl das *materielle Recht* als auch das *Organisations- und Verfahrensrecht* fallen unter den Rechtsbegriff und können Gegenstand einer

---

[54] Vgl. BGE 132 II 257, 263 ff.; BGE 131 II 680, 683 ff. sowie HÄFELIN/MÜLLER/UHLMANN, Verwaltungsrecht[5], N 446c f. und LEUTHOLD, Prüfungsdichte, 73 ff.
[55] Vgl. BGE 124 II 114, 116; BGE 130 I 16, 25 sowie SEILER/VON WERDT/GÜNGERICH, BGG, Art. 95 N 51.
[56] Vgl. BGE 126 II 366, 374 f. und LEUTHOLD, Prüfungsdichte, 156 ff.
[57] Art. 43 OG betr. die Berufungsgründe hatte die (Bundes-)Rechtsverletzung in den Abs. 2 und 4 noch wie folgt umschrieben:
  [2] Das Bundesrecht ist verletzt, wenn ein in einer eidgenössischen Vorschrift ausdrücklich ausgesprochener oder daraus sich ergebender Rechtssatz nicht oder nicht richtig angewendet worden ist.
  [4] Jede unrichtige rechtliche Beurteilung einer Tatsache ist als Rechtsverletzung anzusehen.
[58] Vgl. HÄFELIN/HALLER/KELLER, Suppl., N 1970.
[59] Vgl. aber zu den diesbezüglichen Einschränkungen bei den Einheitsbeschwerden an das Bundesgericht hinten N 45 ff.
[60] Vgl. zur Allgemeinverfügung allgemein HÄFELIN/MÜLLER/UHLMANN, Verwaltungsrecht[5], N 923 ff. Von der Frage nach der Möglichkeit der Rüge einer Verletzung einer Allgemeinverfügung (Allgemeinverfügung als *Massstab einer Rechtsverletzung*) ist die Frage nach der Möglichkeit der Überprüfung der Rechtmässigkeit der Allgemeinverfügung selbst (Allgemeinverfügung als *rechtsverletzender Akt*) zu unterscheiden.

Rechtsverletzung sein.[61] Dies gilt nach herkömmlicher Ansicht hingegen nicht für **Verwaltungsverordnungen**, d.h. generelle Dienstanweisungen für eine Behörde (z.B. Richtlinien, Kreisschreiben, Reglemente, Merkblätter).[62] Demnach kann eine Verletzung von Verwaltungsverordnungen von Privaten als Rechtsverletzung lediglich geltend gemacht werden, wenn der entsprechenden Norm *Aussenwirkung* zukommt.[63] Weil die Grenze zu Rechtsverordnungen fliessend verläuft und wegen ihrer Bedeutung im Rechtsverwirklichungsprozess ist eine unterschiedliche Behandlung von Verwaltungsverordnungen unter dem Aspekt des Beschwerdegrundes heute nicht mehr gerechtfertigt.[64]

40   Von **Privaten** erlassene Normen (Gesellschaftsstatuten und -reglemente, Vertragsklauseln etc.) stellen grundsätzlich kein Recht dar, dessen Verletzung mit Beschwerde an das Bundesgericht gerügt werden kann.[65] Sofern allerdings der Private öffentliche Aufgaben erfüllt und Normen gestützt auf eine öffentlich-rechtliche Ermächtigung durch das Gemeinwesen erlässt, werden solche Normen Bestandteil der objektiven Rechtsordnung, und deren Missachtung kann als Rechtsverletzung gerügt werden.[66] Dies gilt etwa für die *Reglemente der Vorsorgeeinrichtungen der beruflichen Vorsorge*[67] oder die *allgemeinverbindlich erklärten Gesamtarbeitsverträge*.[68] Ausserdem können private Normen, z.B. die Standesregeln der Anwaltsverbände oder die medizinisch-ethischen Richtlinien der Schweizerischen Akademie der medizinischen Wissenschaften, als *Auslegungshilfen* bei der Anwendung unbestimmter Rechtsbegriffe oder bei der *Lückenfüllung* angewandt werden.[69]

41   Eine **Verletzung** des Rechts liegt typischerweise vor, wenn eine Rechtsnorm (vgl. dazu vorne N 38 ff.) auf einen bestimmten Sachverhalt (vgl. dazu vorne N 28 ff.) *nicht richtig angewandt* wird.[70] Die richtige Anwendung ist v.a. eine Frage der *Auslegung* und kann deshalb örtlichen und zeitlichen Veränderungen unterliegen.[71] Eine unrichtige Rechtsanwendung kann neben den materiellen Normen auch Verfahrens- und Organisationsnormen betreffen (vgl. vorne N 39).

42   Eine Rechtsverletzung besteht ferner darin, dass nicht das **richtige Recht** zur Anwendung gelangte, weil der *persönliche, geographische oder zeitliche Geltungsbereich* der entsprechenden Rechtsnormen missachtet wurde. Falsche Rechtsanwendung liegt auch vor, wenn das Recht eines *unzuständigen Gemeinwesens* angewandt wird, etwa eidgenössisches statt kantonales Recht, oder umgekehrt.[72]

---

[61] Vgl. RHINOW/KOLLER/KISS, Prozessrecht, N 1034; KÖLZ/HÄNER, Verwaltungsrechtspflege[2], N 626.

[62] Vgl. zu den Verwaltungsverordnungen HÄFELIN/MÜLLER/UHLMANN, Verwaltungsrecht[5], N 123 ff. Von der Frage nach der Möglichkeit der Rüge einer Verletzung einer Verwaltungsverordnung (Verwaltungsverordnung als *Massstab einer Rechtsverletzung*) ist die Frage nach der Möglichkeit einer direkten Anfechtung einer Verwaltungsverordnung (Verwaltungsverordnung als *Anfechtungsobjekt*) zu unterscheiden.

[63] Vgl. BGE 122 V 25 und BGE 118 Ib 168 f. sowie RHINOW/KOLLER/KISS, Prozessrecht, N 1038.

[64] Vgl. BIAGGINI, ZBl 1997, 17 ff. und 22 ff.

[65] Vgl. BGE 132 II 288 sowie CORBOZ, SJ 2006, 344.

[66] Vgl. BGer 2A.249/2002, E. 2.3; BGer 2A.536/2004, E. 1.2; BGer 2P.53/2003, E. 1.2.3 sowie SEILER/VON WERDT/GÜNGERICH, BGG, Art. 95 N 27.

[67] Vgl. BGE 132 V 149, nicht publ. E. 2; BGE 116 V 333, 334 f. sowie SEILER/VON WERDT/GÜNGERICH, BGG, Art. 95 N 28.

[68] Vgl. BGE 98 II 205, 207 sowie SEILER/VON WERDT/GÜNGERICH, BGG, Art. 95 N 28.

[69] Vgl. BGE 130 II 270, 275; BGE 122 IV 17, 20.

[70] Vgl. statt aller RHINOW/KOLLER/KISS, Prozessrecht, N 1036.

[71] Vgl. zur Auslegung von Rechtsnormen allgemein KRAMER, Methodenlehre[2], 47 ff.

[72] Vgl. statt aller RHINOW/KOLLER/KISS, Prozessrecht, N 1035.

In einem Beschwerdeverfahren vor Bundesgericht kann grundsätzlich nur eine Rechts- **43**
verletzung durch die **Vorinstanz**, d.h. durch eine *staatliche Behörde*, gerügt werden.
Eine Ausnahme gilt für die zivilrechtliche Beschwerde auf dem Gebiet der internationalen Schiedsgerichtsbarkeit gem. Art. 77, wo der Schiedsspruch eines *privaten Schiedsgerichts* angefochten werden kann.

Das BGG hebt an verschiedenen Orten zwei Arten von Beschwerden besonders hervor: **44**
einerseits die Beschwerden, in denen sich **Rechtsfragen von grundsätzlicher Bedeutung** stellen,[73] andererseits die Beschwerden, in denen ein **besonders bedeutender Fall**
vorliegt.[74] Die erste Kategorie hebt die Bedeutung der bundesgerichtlichen Rechtsprechung für die *Rechtsfortbildung* hervor und steht in einem gewissen Zusammenhang
mit den zulässigen Beschwerdegründen vor Bundesgericht. Eine Rechtsfrage von grundsätzlicher Bedeutung muss jedenfalls die Auslegung einer Rechtsnorm betreffen, deren
Verletzung vor Bundesgericht im betreffenden Verfahren überhaupt gerügt werden
kann.[75] Eine prinzipielle Einschränkung auf bestimmte Rügen im Rahmen der Art. 95–98
erscheint allerdings nicht statthaft. Im Übrigen ist die Auslegung des unbestimmten
Rechtsbegriffs der «Rechtsfrage von grundsätzlicher Bedeutung» Sache der bundesgerichtlichen Rechtsprechung (vgl. dazu insb. Art. 74 N 31 ff.; Art. 85 N 24 ff.; Art. 109
N 23 ff.).[76] Die Kategorie des «besonders bedeutenden Falles» bei Beschwerden auf dem
Gebiet der *internationalen Rechtshilfe in Strafsachen* wird in Art. 84 Abs. 2 beispielhaft
konkretisiert. Demnach liegt ein solcher Fall insb. vor, wenn mit der Beschwerde vor
Bundesgericht die Verletzung elementarer Verfahrensgrundsätze oder die schwere Man-
gelhaftigkeit des ausländischen Verfahrens gerügt wird. Auch hier obliegt die weitere
Auslegung der bundesgerichtlichen Rechtsprechung (vgl. dazu Art. 84 N 29 ff.).

IV. Die Verletzung von schweizerischem Recht

Dem Bundesgericht kann nicht die Verletzung jeglicher Rechtsnormen mit Beschwerde **45**
zur Prüfung vorgelegt werden. Grundsätzlich überprüft das Bundesgericht auf Beschwerde hin gem. Art. 95 nur die Verletzung von **schweizerischem Recht**. Die Verletzung ausländischer Rechtsnormen ist nur in eingeschränktem Umfang gem. Art. 96
möglich. Ferner überprüft das Bundesgericht – anders als die kantonalen Gerichte – nicht
die Verletzung aller schweizerischen Rechtsnormen, sondern ausschliesslich der fünf
Kategorien gem. Art. 95 Bst. a–e (vgl. auch Art. 106 N 8 ff.). Im Wesentlichen geht es
bei Art. 95 darum, die richtige Anwendung des einfachen *kantonalen Rechts* von einer
Überprüfung durch das Bundesgericht auszunehmen, bzw. den Bereich der ausnahmsweisen Überprüfbarkeit kantonaler Rechtsnormen durch das Bundesgericht zu definieren.

1. Verletzung von Bundesrecht (Bst. a)

Das Bundesrecht gem. Bst. a umfasst die von Bundesbehörden erlassenen Rechts- **46**
normen aller Erlassstufen und aller Rechtsgebiete (Zivilrecht, Strafrecht, öffentliches
Recht):[77] **Bundesverfassung** (Art. 192 ff. BV), **Bundesgesetze** (Art. 164 BV) und **Ver-**

---

[73] Vgl. Art. 20 Abs. 2, Art. 42 Abs. 2, Art. 74 Abs. 2 Bst. a, Art. 83 Bst. f Ziff. 2, Art. 85 Abs. 2 und
Art. 109 Abs. 1.
[74] Vgl. Art. 42 Abs. 2, Art. 84 und Art. 109 Abs. 1.
[75] Vgl. Botschaft 2001 BBl 2001 4309.
[76] Vgl. Botschaft 2001 BBl 2001 4309 f.; SPÜHLER/DOLGE/VOCK, Kurzkommentar, Art. 74 N 5 ff.;
SEILER/VON WERDT/GÜNGERICH, BGG, Art. 74 N 8 f.
[77] Vgl. Botschaft 2001 BBl 2001 4334 f.

ordnungen der Bundesversammlung (Art. 163 Abs. 1 BV), des Bundesrates (Art. 182 Abs. 1 BV), der Departemente und der weiteren Einheiten der Bundesverwaltung (Art. 48 RVOG) sowie des Bundesgerichts.[78] Auch die Erlasse von *ausgegliederten Verwaltungseinheiten* des Bundes, etwa der ETH oder der Schweizerischen Nationalbank, zählen in diesem Sinne zum Bundesrecht, wenn ihnen Rechtscharakter eigen ist.[79] Ferner gelten als Bundesrecht auch die von privaten Versicherungseinrichtungen oder solchen der Kantone oder Gemeinden erlassenen Reglemente im Bereich der *beruflichen Vorsorge* (Art. 50 BVG).[80] *Rechtsetzende Verträge* zwischen dem Bund und Kantonen (sog. vertikale Konkordate, vgl. Art. 63a Abs. 4 BV[81]) sind ebenfalls zum Bundesrecht i.S.v. Bst. a und nicht zum interkantonalen Recht gem. Bst. e zu rechnen.[82]

47 Auf *Verfassungsstufe* steht die Verletzung der **Grundrechte** (Art. 7–36 BV) im Vordergrund.[83] Daneben kann mit den Einheitsbeschwerden aber auch jede andere Verfassungsverletzung, also die Verletzung von anerkannten **verfassungsmässigen Rechten** des Privaten (vgl. dazu Art. 116 N 13 ff. m.w.Hinw.) und allfälliger weiterer justiziabler Verfassungsnormen gerügt werden. Zu nennen sind in dieser Hinsicht insb. der *Vorrang des Bundesrechts* (Art. 49 Abs. 1 BV) und das *Verbot der interkantonalen Doppelbesteuerung* (Art. 127 Abs. 3 BV). Mangels Justiziabilität ist die *Sozialzielbstimmung*, Art. 41 BV, kein möglicher Beschwerdegrund. Hingegen können justiziable **Verfassungsprinzipien**, insb. das *Legalitätsprinzip*, das *Verhältnismässigkeitsprinzip* und das Erfordernis des *öffentlichen Interesses* gem. Art. 5 Abs. 1 und 2 BV sowie das *Gewaltenteilungsprinzip*, direkt als Beschwerdegründe vorgebracht werden.[84]

48 **Allgemeine Rechtsgrundsätze**,[85] wie das Recht auf Rückerstattung grundlos erbrachter Leistungen sowie Verjährung, Verzinsung und Verrechnung stehen auf Gesetzesstufe und gelten als Bundesrechtsnormen, wenn sie Lücken im geschriebenen Bundesrecht füllen.

49 Zu beachten ist, dass Art. 190 BV **Bundesgesetze und Völkerrecht** für alle Behörden, also auch für das Bundesgericht, für massgeblich erklärt. Eine Verfassungsverletzung, welche sich aus der korrekten Anwendung eines Bundesgesetzes ergibt, oder eine Bundesrechtsverletzung durch eine staatsvertragliche Norm können somit vom Bundesgericht nicht korrigiert werden. Allerdings hat die bundesgerichtliche Rechtsprechung diese Regel in mehrfacher Hinsicht stark relativiert:[86]

---

[78] Die Oberaufsicht über das *Schuldbetreibungs- und Konkurswesen* gem. Art. 15 SchKG ist mit der Einführung des BGG vom Bundesgericht auf den Bundesrat übergegangen. Zukünftig werden also die entsprechenden Verordnungen gem. Art. 15 Abs. 2 SchKG vom Bundesrat erlassen. Die bestehenden Verordnungen des Bundesgerichts auf diesem Gebiet bleiben aber in Kraft. Die Verordnungskompetenz gem. Art. 63 EntG betr. die *eidgenössischen Schätzungskommissionen* ist mit Einführung des VGG vom Bundesgericht auf das Bundesverwaltungsgericht übergegangen. Die entsprechende Verordnung bleibt aber ebenfalls in Kraft.

[79] Vgl. SEILER/VON WERDT/GÜNGERICH, BGG, Art. 95 N 12.

[80] Vgl. BGE 116 V 333. Die Aufhebung von Art. 73 Abs. 4 BVG durch Ziff. 109 des Anhangs zu Art. 49 Abs. 1 VGG erfordert keine Änderung dieser Rechtsprechung.

[81] Vgl. dazu BBl 2005 5527 f.

[82] Diese Unterscheidung ist v.a. mit Blick auf die Rügepflicht gem. Art. 106 Abs. 2 von Belang.

[83] Keine Besonderheiten gelten diesbezüglich mehr für die Rüge der Verletzung des Willkürverbotes, Art. 9 BV.

[84] Vgl. Botschaft 2001 BBl 2001 4335; KIENER/KUHN, ZBl 2006, 156; SEILER/VON WERDT/ GÜNGERICH, BGG, Art. 95 N 19 f.

[85] Vgl. dazu HÄFELIN/MÜLLER/UHLMANN, Verwaltungsrecht[5], N 184 ff.

[86] Vgl. dazu HÄFELIN/HALLER, Bundesstaatsrecht[6], N 2086 ff.

a) eine *Überprüfung* der Verfassungsmässigkeit eines Bundesgesetzes ist möglich, dieses muss aber in jedem Fall angewandt werden;[87]

b) ist eine *verfassungskonforme Auslegung* des Gesetzes möglich, ist diese zu wählen;[88]

c) verstösst ein Bundesgesetz gegen bindendes Völkerrecht, insb. die Menschenrechte der EMRK, so geht dieses vor.[89]

2. Verletzung von Völkerrecht (Bst. b)

Völkerrecht erlangt im schweizerischen monistischen System mit der völkerrecht- **50** lichen Verbindlichkeit für die Schweiz unmittelbar auch landesrechtliche Gültigkeit, und zwar auf Ebene des Bundesrechts.[90] Weil es sich beim **Völkerrecht** indessen um eine selbständige Rechtsquelle handelt, ist eine separate Nennung in Bst. b neben dem Bundesrecht nicht überflüssig.[91] Dadurch wird überdies die steigende Bedeutung des internationalen Rechts auch für den *Individualrechtsschutz* angemessen hervorgehoben.

Zum Völkerrecht zählen neben den bi-, multi- und plurilateralen Staatsverträgen auch die **51** übrigen **Völkerrechtsquellen**, d.h. das Völkergewohnheitsrecht und die von den Kulturvölkern anerkannten allgemeinen Rechtsgrundsätze.[92] Völkerrechtliches Sekundärrecht, d.h. verbindliche Rechtsakte internationaler Organisationen, sowie Notenaustausche und Verwaltungsabkommen zählen ebenfalls zum Völkerrecht.[93] Die internationale völkerrechtliche Rechtsprechung und Lehre dienen schliesslich als Hilfsmittel zur Feststellung des Völkerrechts.[94]

Neben den Staatsverträgen, welche der Bund mit dem Ausland abschliesst (Art. 54 BV), **52** unterliegen auch die völkerrechtlichen Verträge der **Kantone** mit dem Ausland der bundesgerichtlichen Überprüfungsbefugnis gem. Bst. b.[95]

Das Recht der **Europäischen Gemeinschaft** kann durch Verweise in Abkommen **53** zwischen der Schweiz und der EG innerstaatliche Geltung erlangen. Diesfalls ist seine Verletzung als Norm des Völkerrechts gem. Bst. b zu rügen.

Die Rüge einer Verletzung von Völkerrecht ist nur hinsichtlich solcher völkerrecht- **54** licher Normen zulässig, denen **direkte Anwendbarkeit** («*self-executing character*») zukommt.[96] Voraussetzung hierfür ist die Justiziabilität, d.h. die hinreichende Bestimmtheit und Klarheit der Norm als Grundlage für einen individuell-konkreten Rechtsanwendungsakt.[97] Wichtige Quellen von direkt anwendbaren Völkerrechtsnormen sind die EMRK, der UNO-Pakt II sowie das FZA.

---

[87] Vgl. BGE 105 Ib 165, 168; BGE 103 Ia 53, 55.
[88] Vgl. BGE 104 IV 11, 13; BGE 111 Ia 292, 297.
[89] Vgl. BGE 125 II 417, 424 f.; BGE 131 II 352, 355 f.
[90] Vgl. HÄFELIN/HALLER, Bundesstaatsrecht[6], N 1913 ff.
[91] Vgl. Botschaft 2001 BBl 2001 4335.
[92] Die früheren Regelungen in den Art. 43 Abs. 1, Art. 68 Abs. 1 Bst. e und Art. 84 Abs. 1 Bst. c OG hatten lediglich die (durch den Bund abgeschlossenen) Staatsverträge genannt.
[93] Vgl. SEILER/VON WERDT/GÜNGERICH, BGG, Art. 95 N 29.
[94] Vgl. Art. 38 des Statuts des IGH (SR 0.193.501) sowie HÄFELIN/HALLER/KELLER, Suppl., N 1971.
[95] Vgl. HÄFELIN/HALLER/KELLER, Suppl., N 1971; SEILER/VON WERDT/GÜNGERICH, BGG, Art. 95 N 30.
[96] Vgl. Botschaft 2001 BBl 2001 4335; HÄFELIN/HALLER/KELLER, Suppl., N 1971.
[97] Vgl. dazu ausführlich KELLER, Rezeption, 348 ff.; WÜGER, Anwendbarkeit, 205 ff.

3. Verletzung kantonaler verfassungsmässiger Rechte (Bst. c)

55 Das Bundesgericht überprüft als höchstes Schweizer Gericht und Behörde des Bundes *grundsätzlich nicht* die richtige Anwendung des **kantonalen Rechts**. Diese Aufgabe obliegt vielmehr aus Respekt vor der kantonalen Autonomie (vgl. Art. 3 und Art. 47 BV) den kantonalen Gerichten.[98] Von diesem Grundsatz macht Art. 95 drei Ausnahmen. Demnach überprüft das Bundesgericht auf Beschwerde hin die Verletzung kantonaler verfassungsmässiger Rechte (Bst. c), politischer Rechte (Bst. d) und von interkantonalem Recht (Bst. e). Ausserhalb dieser Bereiche kann die Verletzung von kantonalem Recht nur vor Bundesgericht geltend gemacht werden, wenn darin gleichzeitig eine Verletzung von Bundesrecht (Bst. a) oder Völkerrecht (Bst. b) liegt. Dies ist etwa bei einer Verletzung von Grundrechten der BV, insb. des Willkürverbots (Art. 9 BV) oder des Rechtsgleichheitsgebots (Art. 8 BV) der Fall.

56 Der Begriff der **verfassungsmässigen Rechte** wird im BGG und im übrigen Bundesrecht nicht definiert. Auch in Bezug auf die kantonalen verfassungsmässigen Rechte i.S.v. Art. 95 Bst. c handelt es sich bei diesem Begriff um einen solchen des Bundesrechts. Demnach entscheidet das Bundesgericht anhand eines für alle Kantone geltenden einheitlichen Begriffs, ob ein vom betreffenden Kanton garantiertes Recht als verfassungsmässiges Recht zu qualifizieren sei, d.h. ob es die bundesrechtlichen Kriterien hiefür erfüllt: die entsprechende Norm muss zumindest auch dem *Individualrechtsschutz* dienen, einem ausgewiesenen *Rechtsschutzbedürfnis* entsprechen und *justiziabel* sein (vgl. diesbezüglich Art. 116 N 27 ff.).[99]

57 Die Berufung auf kantonale verfassungsmässige Rechte ist nur von **selbständiger Bedeutung**, wenn die kantonale Garantie über die entsprechenden *Gewährleistungen der Bundesverfassung und der internationalen Menschenrechtsabkommen* (Art. 95 Bst. a und b) hinausgeht.[100] Angesichts des umfassenden Grundrechtskatalogs der BV ist dies bei den Grundrechten nur selten der Fall, etwa im *Schulbereich*, wo gewisse neuere Kantonsverfassungen über Art. 19 BV hinausgehende Ansprüche gewährleisten.[101]

58 Der Grundsatz der **Gewaltenteilung** gilt nicht nur als ungeschriebenes verfassungsmässiges Element der Behördenorganisation des Bundes, sondern auch als bundesrechtliche Vorgabe für die Kantone.[102] Allerdings sind die Kantone bei der näheren Ausgestaltung der Gewaltenteilung in organisatorischer und personeller Hinsicht relativ frei.[103] Das Bundesgericht prüft die Beachtung der *verfassungsmässigen Zuständigkeitsordnung* unter dem Aspekt der Gewaltenteilung nach Bst. c. Soweit indessen der Inhalt des Gewaltenteilungsprinzips erst auf Gesetzesstufe konkretisiert wird, ist dem Bundesgericht die Überprüfung einer Verletzung der entsprechenden Bestimmungen gestützt auf Bst. c verwehrt. Diesfalls kommt lediglich die Berufung auf einen anderen Beschwerdegrund, etwa eine *Willkürrüge* (Art. 9 BV) oder die Anrufung des *Legalitätsprinzips* (Art. 5 Abs. 1 BV) in Frage.[104] Gestützt auf den zuletzt genannten Beschwerdegrund kann auch eine Verletzung der bundesrechtlichen *Delegationsvoraussetzungen* gerügt werden.

---

[98] Vgl. Botschaft 2001 BBl 2001 4335; HÄFELIN/HALLER/KELLER, Suppl., N 1972; SPÜHLER/DOLGE/VOCK, Kurzkommentar, Art. 95 N 5.

[99] Vgl. BGE 131 I 366, 368; HÄFELIN/HALLER/KELLER, Suppl., N 1973.

[100] Vgl. BGE 121 I 196, 200; HÄFELIN/HALLER/KELLER, Suppl., N 1975.

[101] Vgl. etwa Art. 29 Abs. 2 KV BE und dazu BGE 129 I 12, 17 sowie Art. 14 und 15 KV ZH und Art. 37 KV VD.

[102] Vgl. THÜRER/AUBERT/MÜLLER-NUSPLIGER, § 69 N 4; SGK-RUCH, Art. 51 N 8; SGK-SCHWEIZER/KÜPFER, Art. 52 N 8.

[103] Vgl. BGE 131 I 291, 297; BGE 130 I 1, 5.

[104] Vgl. BGE 128 I 113, 116 und 121 m.w.Hinw.

Die **Autonomie** von Gemeinden und anderen öffentlich-rechtlichen Körperschaften der   **59**
Kantone wird durch die Bundesverfassung lediglich im Rahmen der kantonalrechtlichen
Gewährleistung garantiert (Art. 50 Abs. 1 BV).[105] Eine Verletzung dieser Gewährleistung
kann gem. Art. 189 Abs. 1 Bst. e BV mit (öffentlich-rechtlicher) Beschwerde an das
Bundesgericht gerügt werden. Nach der Systematik von Art. 95 fällt die Autonomiebeschwerde unter Bst. c, sofern der entsprechenden kantonalen Garantie *Verfassungsrang*
zukommt. Die Verletzung von nur auf *Gesetzesstufe* verankerten Garantien kann demgegenüber nicht selbständig, sondern allenfalls als Verletzung des *Willkürverbots* gem.
Bst. a gerügt werden.[106] Zur Beschwerde berechtigt sind u.U. neben den betroffenen
Körperschaften (Art. 89 Abs. 2 Bst. c) auch Private, wenn sie eine Verletzung der Gemeindeautonomie *vorfrageweise* geltend machen.[107]

4. Verletzung kantonaler Bestimmungen über die politischen Rechte (Bst. d)

Mit der Beschwerde wegen Verletzung politischer Rechte (Art. 82 Bst. c) können unter-   **60**
schiedliche Beschwerdegründe angerufen und Normen verschiedenartigster Stufen als
verletzt gerügt werden. Allgemein richten sich diese Beschwerden nach

– Art. 95 Bst. a wegen Verletzung von Bundesverfassungsrecht (insb. Art. 34) oder von
  übrigem Bundesrecht (insb. BPR),

– Art. 95 Bst. b in Bezug auf Völkerrecht (Art. 25 UNO-Pakt II),[108]

– Art. 95 Bst. c hinsichtlich von kantonalem Verfassungsrecht (insb. Bestimmungen
  über das Initiativ- und Referendumsrecht),

– Art. 95 Bst. e, soweit interkantonales Recht politische Rechte umschreibt.

Darüber hinaus kann mit der Beschwerde in Stimmrechtssachen nach dem spezifischen
Beschwerdegrund von **Art. 95 Bst. d kantonales Recht** angerufen und als verletzt gerügt werden.

Der Beschwerdegrund von Art. 95 Bst. d bedeutet, dass das Bundesgericht die entspre-   **61**
chenden kantonalen Bestimmungen mit **freier Kognition prüft** und nicht auf eine blosse
Beurteilung unter dem Gesichtswinkel des Willkürverbotes nach Art. 9 BV beschränkt
ist. Die freie Kognition schliesst eine gewisse Zurückhaltung bei Auslegung und Anwendung des kantonalen Rechts nicht aus. Entsprechend der Praxis zur Stimmrechtsbeschwerde nach Art. 85 Bst. a OG schliesst sich das Bundesgericht in ausgesprochenen
Zweifelsfällen der vom obersten kantonalen Organ vertretenen Auffassung an; als solches werden Volk und Parlament anerkannt.[109]

Inhaltlich schliesst der Beschwerdegrund von Art. 95 Bst. d – über die im Wortlaut ge-   **62**
nannte Stimmberechtigung sowie die Volkswahlen und -abstimmungen hinaus – die **Gesamtheit** der die **politischen Rechte** betreffenden kantonalen Bestimmungen ein (Art. 82
N 82). Die Formulierung von Art. 95 Bst. d bringt zum Ausdruck, dass es sich um kantonale Bestimmungen handeln muss, welche die politischen Rechte der Stimmberechtigten

---

[105] Vgl. dazu allgemein HÄFELIN/HALLER, Bundesstaatsrecht[6], N 974 ff. und HÄFELIN/MÜLLER/
   UHLMANN, Verwaltungsrecht[5], N 1382 ff.
[106] Vgl. Botschaft 2001 BBl 2001 4335; BGE 132 I 68, 69 f.; BGE 131 I 91, 93.
[107] Vgl. HÄFELIN/MÜLLER/UHLMANN, Verwaltungsrecht[5], N 1471.
[108] Vgl. zur Bedeutung des Völkerrechts für die politischen Rechte SGK[2]-STEINMANN, Art. 34
   N 24 f., m.Hinw.
[109] Vgl. BGE 129 I 392, 394 E. 2.1; 123 I 175, 178 E. 2d/aa.

zum **Gegenstand** haben.[110] Entsprechend der Rechtsprechung zu Art. 85 Bst. a OG können Vorschriften angerufen werden, welche den Inhalt des Stimm- und Wahlrechts normieren oder mit diesem in engem Zusammenhang stehen.[111] Die Anwendung weiterer kantonaler Vorschriften[112] und die Feststellung des Sachverhalts (Art. 97 N 6 ff. und Art. 82 N 90) werden nur unter dem Gesichtswinkel des Willkürverbotes geprüft.

63   Mit den in Art. 95 Bst. d angesprochenen «kantonalen Bestimmungen» werden **sämtliche Stufen** von **kantonalen Normen** erfasst: Kantonales Gesetzesrecht (wie Gesetze über die politischen Rechte und Wahlen sowie Finanzhaushaltgesetze[113]); Bestimmungen von Kantonsverfassungen, die keine verfassungsmässigen Rechte i.S.v. Art. 95 Bst. c darstellen;[114] schliesslich Verordnungen und mannigfaltigste Ausführungsordnungen. Der Einbezug aller Normstufen entspricht der Eigenart der Materie der politischen Rechte, welche in Anbetracht der grossen Zahl von beteiligten Akteuren sehr detaillierter Regelung und organisatorischer Umsetzung bedürfen. Zu den «kantonalen Bestimmungen» zählt entsprechend der bisherigen Praxis zu Art. 85 Bst. a OG auch das **kommunale Recht** (Art. 82 N 79) sämtlicher Normstufen.[115] Das kantonale Organisationsrecht bestimmt, in welchem Ausmass den Gemeinden die Ordnung der politischen Rechte obliegt.

5. Verletzung von interkantonalem Recht (Bst. e)

64   Die Befugnis des **Bundesgerichts**, auf (Individual-)Beschwerde hin Verletzungen von interkantonalem Recht umfassend zu prüfen, dient der Sicherstellung einer *einheitlichen Rechtsanwendung* und eines *effektiven Individualrechtsschutzes*, welche eine Überprüfung lediglich durch die Gerichte der beteiligten Kantone nicht gewährleisten könnte.[116]

65   Das **interkantonale Recht** umfasst die *öffentlich-rechtlichen Verträge*[117] zwischen zwei oder mehr Kantonen (Konkordate oder interkantonale Vereinbarungen[118]) und die von *interkantonalen Organen* erlassenen Rechtsnormen[119] (vgl. Art. 48 Abs. 4 BV in der Fassung vom 28.11.2004[120]). Vereinbarungen zwischen einem Kanton und einer oder mehreren seiner Gemeinden haben keinen interkantonalen Bezug, und ihre Verletzung kann somit nicht mit Beschwerde gem. Bst. e gerügt werden. Allenfalls wäre hier eine Autonomiebeschwerde nach Bst. c (vgl. vorne N 59) oder eine Willkürbeschwerde nach Bst. a (vgl. vorne N 83) einschlägig.

---

[110] Botschaft 2001 BBl 2001 4335.

[111] BGE 129 I 392, 394 E. 2.1; 123 I 175, 178 E. 2d.

[112] BGE 123 I 175, 181 E. 2d/cc.

[113] Beispiele für Beschwerden, mit denen ausschliesslich kantonale Sachverhalte gerügt werden: BGer 1P.563/2001 vom 26.2.2002, in ZBl 2002 537; BGer 1P.69/2001 vom 28.6.2001, in ZBl 2002 206; BGer 1P.298/2000 vom 31.8.2000, in ZBl 2001 188.

[114] Botschaft 2001 BBl 2001 4335; zum Begriff der verfassungsmässigen Rechte BGE 131 I 366, 367 E. 2.2.

[115] BGer 1P.486/1988 vom 1.3.1989 betraf die von der Gemeinde festgelegten Öffnungszeiten des Stimmlokals.

[116] Vgl. RHINOW/KOLLER/KISS, Prozessrecht, N 1830. Als Alternative wäre denkbar, dass die beteiligten Kantone ein interkantonales Spezialgericht für die Erledigung von Streitigkeiten aus horizontalen Konkordaten errichten.

[117] Vgl. SPÜHLER/DOLGE/VOCK, Kurzkommentar, Art. 95 N 5. In verwaltungsrechtlicher Diktion wird mitunter von koordinationsrechtlichen Verwaltungsverträgen gesprochen; vgl. HÄFELIN/MÜLLER/UHLMANN, Verwaltungsrecht[5], N 1063 ff.

[118] Gegenrechtserklärungen zwischen Kantonen gelten ebenfalls als Konkordate; vgl. BGE 109 Ia 335, 337 f.

[119] Vgl. BGer 2P.53/2003, E. 1.2.2; BGer 2P.113/2003, E. 1.1 und BGer 2P.176/2001, E. 1a/aa.

[120] Vgl. BBl 2003 6591.

Zivilrechtliche Vereinbarungen und **reine Verwaltungsabkommen** zwischen mehreren **66** Kantonen sind als nicht rechtsetzende Akte kein interkantonales Recht i.S.v. Bst. e.[121] Zu ihrer Durchsetzung steht den Kantonen als Vertragsparteien die *Klage* an das Bundesgericht gem. Art. 120 Abs. 1 Bst. b offen.

Im Gegensatz zur früheren Regelung der staatsrechtlichen Beschwerde gem. OG genügt **67** für die **Legitimation** zur Beschwerde in öffentlich-rechtlichen Angelegenheiten wegen Verletzung von interkantonalem Recht nun ein *schutzwürdiges Interesse* (Art. 89 Abs. 1), eine Verletzung rechtlich geschützter Interessen ist nicht mehr nötig.[122] Insofern dürfte auch die Rüge einer Verletzung von interkantonalem Recht, welches nicht unmittelbar oder in erster Linie dem Individualrechtsschutz dient, gem. Bst. e zulässig sein.[123] Am grundsätzlichen Erfordernis der *Justiziabilität* der Norm, deren Verletzung gerügt wird, ändert dies indessen nichts.

Streitigkeiten zwischen Kantonen über die Anwendung und Auslegung von interkanto- **68** nalem Recht sind mittels *Klage* an das Bundesgericht gem. Art. 120 Abs. 1 Bst. b einer gerichtlichen Entscheidung zuzuführen.

Art. 96

Ausländisches Recht	Mit der Beschwerde kann gerügt werden: a. ausländisches Recht sei nicht angewendet worden, wie es das schweizerische internationale Privatrecht vorschreibt; b. das nach dem schweizerischen internationalen Privatrecht massgebende ausländische Recht sei nicht richtig angewendet worden, sofern der Entscheid keine vermögensrechtliche Sache betrifft.
Droit étranger	Le recours peut être formé pour: a. inapplication du droit étranger désigné par le droit international privé suisse; b. application erronée du droit étranger désigné par le droit international privé suisse, pour autant qu'il s'agisse d'une affaire non pécuniaire.
Diritto estero	Il ricorrente può far valere che: a. non è stato applicato il diritto estero richiamato dal diritto internazionale privato svizzero; b. il diritto estero richiamato dal diritto internazionale privato svizzero non è stato applicato correttamente, sempreché la decisione non concerna una causa di natura pecuniaria.

Inhaltsübersicht

---

[121] Vgl. ZIEGLER, Rechtsmittelvielfalt, 394.
[122] Vgl. Art. 88 OG. Eine staatsrechtliche Beschwerde nach Art. 84 Abs. 1 Bst. b OG war demnach nur zulässig, wenn das betreffende Konkordat den Privaten unmittelbar Rechte einräumte; vgl. RHINOW/KOLLER/KISS, Prozessrecht, N 1829 und BGE 99 Ia 216, 222 f.
[123] Vgl. SEILER/VON WERDT/GÜNGERICH, BGG, Art. 95 N 48; **a.A.** HÄFELIN/HALLER/KELLER, Suppl., N 1982.

Materialien

Art. 91 E 2001 BBl 2001 4504; Botschaft 2001 BBl 2001 4337 f.

Literatur

CH. BREINING-KAUFMANN, Internationales Verwaltungsrecht, ZBl 2006 II, 5 ff. (zit. Breining-Kaufmann, ZBl 2006); M.S. NGUYEN, Droit administratif international, ZBl 2006 II, 75 ff. (zit. Nguyen, TBl 2006).

Vgl. ferner die Literaturhinweise zu Art. 95.

I. Das Territorialitätsprinzip im gerichtlichen Rechtsschutz

1   Schweizerische staatliche Gerichte wenden nach dem *Territorialitätsprinzip* grundsätzlich ausschliesslich **schweizerisches Recht** an. Die schweizerische Rechtsordnung umfasst sowohl das *Landesrecht* der verschiedenen Gemeinwesen (Bund, Kantone und Gemeinden) sowie das für die Schweiz verbindliche *Völkerrecht*.

2   Im Rahmen der schweizerischen Rechtsordnung kann ausländisches Recht kraft *Verweises* oder gestützt auf *Kollisionsnormen* indessen in der Schweiz ebenfalls zur Anwendung gelangen. Kollisionsnormen, welche die Anwendung ausländischen Rechts durch schweizerische Gerichte erlauben oder verlangen, finden sich insb. im **internationalen Privatrecht**, wobei Art. 13 IPRG das ausländische öffentliche Recht grundsätzlich in einen Verweis des IPRG miteinbezieht. Im **Strafrecht** kommt ausländisches Recht gem. Art. 6 Abs. 2 und Art. 7 Abs. 3 StGB nur noch insofern zum Tragen, als das Gericht die Sanktionen nach schweizerischem Recht so bestimmt, dass sie insgesamt nicht schwerer wiegen als nach dem Recht am ausländischen Begehungsort.[1] Im **öffentlichen Recht** ist die Anwendung ausländischen Rechts durch schweizerische Gerichte aufgrund des Territorialitätsprinzips, abgesehen von staatsvertraglichen Verpflichtungen, grundsätzlich ausgeschlossen.[2] Die *vorfrageweise Feststellung* ausländischen Rechts aufgrund eines Erfordernisses des schweizerischen öffentlichen Rechts oder Strafrechts (z.B. beiderseitige Strafbarkeit gem. Art. 6 Abs. 1 Bst. a und Art. 7 Abs. 1 Bst. a StGB; Mängel ausländischer Verfahren gem. Art. 2 IRSG) fällt nicht unter Art. 96.[3] Allenfalls kann in solchen Fällen eine Verletzung der entsprechenden Vorschriften des schweizerischen Rechts gestützt auf Art. 95 gerügt werden.

3   Das anwendbare Recht wird in internationalen zivilrechtlichen Verhältnissen durch das IPRG auf Grundlage des Kriteriums des **engsten sachlichen Zusammenhangs** bestimmt.[4] In verschiedenen Bereichen wird primär auf das durch die Partei(en) gewählte Recht verwiesen. Dieses kann entweder frei gewählt werden,[5] oder es muss eine bestimmte Anknüpfung aufweisen.[6] Das gem. IPRG anwendbare ausländische Recht umfasst grundsätzlich alle nach diesem Recht anwendbaren Rechtsnormen, auch wenn diese öffentlich-rechtlichen Charakter aufweisen (Art. 13 IPRG). Die schweizerischen Gerichte haben gem. Art. 16 IPRG das anwendbare ausländische Recht *von Amtes wegen* festzu-

---

[1] Demgegenüber hatten die Art. 5 Abs. 1 Satz 2, Art. 6 Abs. 1 Satz 2 und Art. 6bis Abs. 1 Satz 2 aStGB noch direkt das mildere ausländische Recht am Begehungsort für anwendbar erklärt.

[2] Vgl. HÄFELIN/MÜLLER/UHLMANN, Verwaltungsrecht[5], N 355 ff.; differenzierend BREINING-KAUFMANN, ZBl 2006, 15 ff. und NGUYEN, TBl 2006, 116 ff.

[3] Vgl. SEILER/VON WERDT/GÜNGERICH, BGG, Art. 96 N 4.

[4] Vgl. ausdrücklich Art. 15 Abs. 1, Art. 48 Abs. 2, Art. 117 Abs. 1 und Art. 163c Abs. 2 IPRG.

[5] Vgl. Art. 105 IPRG für die Verpfändung, Art. 116 IPRG für schuldrechtliche Verträge, Art. 145 IPRG für die Abtretung, Art. 163c Abs. 2 IPRG für den Fusionsvertrag.

[6] Vgl. Art. 52 f. IPRG für das eheliche Güterrecht, Art. 65c Abs. 2 für die eingetragene Partnerschaft, Art. 90 Abs. 2 und Art. 95 IPRG für das Erbrecht.

stellen, wobei die Parteien hierbei zur Mitwirkung verpflichtet sind. Die Art. 17–19 IPRG sehen drei Einschränkungen betr. die Anwendung des betreffenden ausländischen Rechts vor: die Vorbehalte des schweizerischen *ordre public* und der schweizerischen *lois d'application immédiates* sowie die Anwendung *zwingender Vorschriften eines anderen ausländischen Rechts*.

Art. 96 ermöglicht eine beschränkte Überprüfung der Anwendung ausländischen Rechts **4** in Entscheiden von schweizerischen **staatlichen Gerichten**. Bei der Anfechtung von Schiedssprüchen *internationaler Schiedsgerichte* ist Art. 96 demgegenüber gem. Art. 77 nicht anwendbar. Hier sind lediglich die eingeschränkten Rügen gem. Art. 190 Abs. 2 IPRG zulässig, eine materielle Überprüfung der richtigen Rechtsanwendung (*révision à fond*) ist grundsätzlich ausgeschlossen.

Art. 96 setzt die Anwendung ausländischen Rechts aufgrund des **schweizerischen inter-** **5** **nationalen Privatrechts**, also des IPRG oder eines primär anwendbaren Staatsvertrags (Art. 1 Abs. 2 IPRG), voraus. Der sachliche Anwendungsbereich des IPRG umfasst alle *internationalen zivilrechtlichen Rechtsverhältnisse*. Gelangt ausländisches Recht demgegenüber – etwa im Rahmen einer zulässigen Rechtswahl in einem Vertrag (Art. 19 f. OR) – bei einem *reinen Binnensachverhalt* zur Anwendung, so ist Art. 96 nicht anwendbar, und eine rechtliche Überprüfung des Entscheids ist nur im Rahmen der Beschwerdegründe gem. Art. 95 möglich.

Die Kompetenz des Bundesgerichts zur Überprüfung ausländischen Rechts gem. Art. 96 **6** entspricht der früheren Regelung für die zivilrechtliche Berufung gem. Art. 43a Abs. 1 Bst. a und Abs. 2 OG.[7] Die geringfügigen redaktionellen Abweichungen zwischen den beiden Bestimmungen bedeuten keine Veränderung in der Sache. Art. 43a Abs. 1 Bst. b OG hatte zusätzlich noch die Rüge zugelassen, «*der angefochtene Entscheid habe zu Unrecht festgestellt, die Ermittlung des ausländischen Rechts sei nicht möglich*». Ein solcher Fehler stellte eine **Verletzung von Art. 16 Abs. 2 IPRG** dar, und kann nunmehr mit Beschwerde wegen Verletzung von Bundesrecht gem. Art. 95 Bst. a gerügt werden.[8]

II. Falsches ausländisches Recht (Bst. a)

Gemäss Bst. a kann gerügt werden, in Verletzung des internationalen Privatrechts der **7** Schweiz (IPRG und völkerrechtliche Verträge) sei

a) ausländisches Recht anstelle von schweizerischem Recht oder

b) schweizerisches Recht anstelle von ausländischem Recht oder

c) das falsche ausländische Recht

angewendet worden. Weil es sich bei einer solchen Rechtsverletzung nicht (oder zumindest nicht notwendigerweise) um eine fehlerhafte Anwendung ausländischen Rechts handelt,

---

[7] Art. 68 Abs. 1 Bst. b, c und d OG hatten für die *zivilrechtliche Nichtigkeitsbeschwerde* die Rügen zugelassen, dass «statt des massgebenden eidgenössischen Rechts ausländisches Recht angewendet worden ist oder umgekehrt», dass «nicht das ausländische Recht angewendet worden ist, wie es das schweizerische internationale Privatrecht vorschreibt» und dass «das nach schweizerischem internationalem Privatrecht anwendbare ausländische Recht nicht oder nicht genügend sorgfältig ermittelt worden ist». Die beiden erstgenannten Rügegründe entsprachen demjenigen von Art. 43a Abs. 1 Bst. a OG. Der letztgenannte Rügegrund konnte dahingehend (miss-) verstanden werden, dass bei der Nichtigkeitsbeschwerde eine Überprüfung der richtigen Anwendung des ausländischen Rechts in weitergehendem Masse als bei der Berufung nach Art. 43a Abs. 2 OG zulässig war. Vgl. dazu POUDRET, Commentaire, Art. 68 N 4–7; GEISER/MÜNCH[2]-MÜNCH, 160.
[8] Vgl. Botschaft 2001 BBl 2001 4337 f.

sondern primär um eine **Verletzung von Bundesrecht oder Völkerrecht**, ist auch eine Berufung auf die Rügegründe *gem.* Art. 95 Bst. a und b möglich. Die Vorschrift von Art. 96 Bst. a ist somit eigentlich überflüssig,[9] und dient lediglich der Verdeutlichung.

8   Ob die verletzte Norm des schweizerischen IPR direkt auf ein ausländisches Recht verweist oder eine Rechtswahl ermöglicht, ist unerheblich. Auch die Missachtung einer in dieser Weise zulässigen **Rechtswahl** durch ein schweizerisches Gericht kann gestützt auf Bst. a gerügt werden.[10]

9   Die **unvollständige Feststellung** oder nur **teilweise Anwendung** ausländischen Rechts verletzt Art. 16 IPRG,[11] und die Anwendung des schweizerischen Rechts wegen einer fehlerhaften Berufung auf den schweizerischen **ordre public** verletzt Art. 17 oder 18 IPRG.[12] Beides kann mit Beschwerde *gem.* Bst. a gerügt werden, ebenso anderweitige Verletzungen der Art. 13–19 IPRG.[13]

III. Fehlerhafte Anwendung ausländischen Rechts (Bst. b)

10   Der Beschwerdegrund von Art. 96 Bst. b betrifft die **falsche Anwendung** des ausländischen Rechts. Diese Rüge ist unter zwei Voraussetzungen zulässig:

a) das ausländische Recht wurde in Übereinstimmung mit dem *schweizerischen IPR* (IPRG und völkerrechtliche Verträge) bestimmt und angewendet;

b) es handelt sich um eine *nicht vermögensrechtliche* Sache.

11   Das anwendbare ausländische Recht ist nach allen einschlägigen Normen des schweizerischen IPR zu bestimmen, *insb.* nach den **Art. 13–19 IPRG**. Auch eine *Rück- oder Weiterverweisung* durch das ausländische Recht ist im Rahmen von Art. 14 IPRG zu beachten.[14]

12   Gemäss Art. 16 IPRG und Art. 106 ist das ausländische Recht grundsätzlich **von Amtes wegen** festzustellen und anzuwenden (vgl. Art. 106 N 9). Die Mithilfe der Parteien kann vom Gericht verlangt werden, in vermögensrechtlichen Angelegenheiten kann der Nachweis des ausländischen Rechts gar den Parteien ganz auferlegt werden (Art. 16 Abs. 2 IPRG).

13   Bst. b setzt eine **Anwendung** des *zutreffenden* ausländischen Rechts voraus. Wurde das *falsche* Recht angewandt (Art. 96 Bst. a), so entscheidet das Bundesgericht nicht selbst auf Grundlage des richtigerweise anwendbaren Rechts, sondern weist die Sache zur neuen Beurteilung an die Vorinstanz zurück.[15]

14   Die Unterscheidung zwischen vermögensrechtlichen und **nicht vermögensrechtlichen Sachen** *gem.* Bst. b kommt auch in den Art. 74 und 85 vor[16] und ist einheitlich durchzuführen. Im Übrigen kann an die Rechtsprechung zu Art 43a Abs. 2 und Art. 44 OG angeknüpft werden.[17] Demnach sind nicht vermögensrechtlich alle Ansprüche, die keinen *bestimm-*

---

[9]   Vgl. POUDRET, Commentaire, Art. 43a N 2.1 und 3; SEILER/VON WERDT/GÜNGERICH, BGG, Art. 96 N 5.

[10] Vgl. BGE 126 III 492, 493.

[11] Vgl. BGE 126 III 492, 494 f.

[12] Vgl. BGE 128 III 201, 204.

[13] Vgl. SEILER/VON WERDT/GÜNGERICH, BGG, Art. 96 N 8.

[14] Insofern missverständlich SEILER/VON WERDT/GÜNGERICH, BGG, Art. 96 N 11.

[15] Vgl. BGE 121 III 246, 248; POUDRET, Commentaire, Art. 43 N 1.6.2, Art. 43a N 3, Art. 65 N 1.1 und 2.1.

[16] Vgl. auch Art. 5 Abs. 1 IPRG betr. die Zulässigkeit einer Gerichtsstandsvereinbarung, Art. 6 IPRG über die Einlassung, Art. 16 Abs. 1 betr. den Nachweis des ausländischen Rechts und Art. 177 Abs. 1 über die Schiedsfähigkeit.

[17] Vgl. dazu POUDRET, Commentaire, Art. 43a N 5 sowie Art. 44 N 1.2 und 1.3.

baren Geldwert haben. Im Bereich des IPRG sind insb. Ansprüche aus den folgenden Rechtsbereichen relevant, in denen ausländisches Recht zur Anwendung gelangen kann:

a) die Eheschliessung (Art. 44 Abs. 2 IPRG), die allgemeinen Wirkungen der Ehe (Art. 48 IPRG) und die Ehescheidung (Art. 61 IPRG), jedoch *nicht* das eheliche Güterrecht;

b) die eingetragene Partnerschaft (Art. 65c IPRG) *ohne* das Güterrecht;

c) das Kindesrecht (Art. 68, 72, 77, 82, IPRG) *ohne* das Unterhaltsrecht;

d) Feststellungs-, Unterlassungs- und Beseitigungsansprüche aus Persönlichkeitsverletzung (Art. 132 f. und 139 IPRG), jedoch *nicht* Schadenersatz- und Genugtuungsansprüche.

Bei Entscheiden in **vermögensrechtlichen Sachen** kann eine Überprüfung der richtigen   15
Anwendung des ausländischen Rechts vom Bundesgericht nicht verlangt werden. Hier
bleibt lediglich die Rüge, es sei das falsche Recht angewandt worden (Bst. a). Daneben
kann mit *Beschwerde in Zivilsachen* allenfalls eine Rechtsverletzung gem. Art. 95, insb.
eine Verletzung verfassungsmässiger Rechte, gerügt werden.[18]

Art. 97

Unrichtige Feststellung des Sachverhalts	**[1] Die Feststellung des Sachverhalts kann nur gerügt werden, wenn sie offensichtlich unrichtig ist oder auf einer Rechtsverletzung im Sinne von Artikel 95 beruht und wenn die Behebung des Mangels für den Ausgang des Verfahrens entscheidend sein kann.**
	[2] Richtet sich die Beschwerde gegen einen Entscheid über die Zusprechung oder Verweigerung von Geldleistungen der Militär- oder Unfallversicherung, so kann jede unrichtige oder unvollständige Feststellung des rechtserheblichen Sachverhalts gerügt werden.
Etablissement inexact des faits	[1] Le recours ne peut critiquer les constatations de fait que si les faits ont été établis de façon manifestement inexacte ou en violation du droit au sens de l'art. 95, et si la correction du vice est susceptible d'influer sur le sort de la cause.
	[2] Si la décision qui fait l'objet d'un recours concerne l'octroi ou le refus de prestations en espèces de l'assurance-accidents ou de l'assurance militaire, le recours peut porter sur toute constatation incomplète ou erronée des faits.
Accertamento inesatto dei fatti	[1] Il ricorrente può censurare l'accertamento dei fatti soltanto se è stato svolto in modo manifestamente inesatto o in violazione del diritto ai sensi dell'articolo 95 e l'eliminazione del vizio può essere determinante per l'esito del procedimento.
	[2] Se il ricorso è diretto contro una decisione d'assegnazione o rifiuto di prestazioni pecuniarie dell'assicurazione militare o dell'assicurazione contro gli infortuni, può essere censurato qualsiasi accertamento inesatto o incompleto dei fatti giuridicamente rilevanti.

---

[18] **A.A.** Seiler/von Werdt/Güngerich, BGG, Art. 96 N 14, wonach die subsidiäre Verfassungsbeschwerde einschlägig sein soll. Die Analogie zur Zulässigkeit der staatsrechtlichen Beschwerde nach altem Recht geht jedoch fehl, weil mit Beschwerde in Zivilsachen – anders als mit der Berufung nach Art. 43 Abs. 1 OG – auch die Verletzung verfassungsmässiger Rechte gerügt werden kann.

Inhaltsübersicht   Note

Materialien

Art. 90 E ExpKomm; Art. 92 E 2001 BBl 2001 4504; Botschaft 2001 BBl 2001 4338 f.; AB 2003 S 909 f.; AB 2004 N 1607 ff.; AB 2005 S 137.

Literatur

F. BELLANGER, Le recours en matière de droit public, in: François Bellanger/Thierry Tanquerel (Hrsg.), Les nouveaux recours fédéraux en droit public, Genf etc. 2006, 43 ff. (zit. Bellanger/ Tanquerel-Bellanger); M. DUMERMUTH, Die Programmaufsicht bei Radio und Fernsehen in der Schweiz, Basel/Frankfurt a.M. 1992 (zit. Dumermuth, Programmaufsicht); P. MOOR, De l'accès au juge et de l'unification des recours, in: François Bellanger/Thierry Tanquerel (Hrsg.), Les nouveaux recours fédéraux en droit public, Genf etc. 2006, 153 ff. (zit. Bellanger/Tanquerel-Moor).

Vgl. ferner die Literaturhinweise zu Art. 95.

I. Gerichtliche Überprüfung des Sachverhalts im Allgemeinen

1   Umfassender Rechtsschutz erfordert die Beurteilung eines Rechtsstreits in rechtlicher und tatsächlicher Hinsicht durch ein unabhängiges Gericht. Diesem Erfordernis entsprechen die *Rechtsweggarantien* der Bundesverfassung und des internationalen Rechts, insb. die Art. 29a BV, Art. 6 Ziff. 1 EMRK und Art. 14 Abs. 1 UNO-Pakt II (vgl. Art. 95 N 15 ff.). Eine solchermassen umfassende Überprüfung eines Entscheids durch das *oberste* Gericht ist aber weder nötig noch zweckmässig. Vielmehr können **untere Gerichtsinstanzen**, die zeitlich und oft auch geographisch näher an den zu beurteilenden Tatsachen sind, die Überprüfung der Sachverhaltsfeststellungen besser und effizienter vornehmen. Dem **obersten Gericht** in einem Bundesstaat obliegt demgegenüber die Kontrolle der richtigen Rechtsanwendung im Interesse der Sicherstellung des Individualrechtsschutzes, der einheitlichen Anwendung des Bundesrechts in den Gliedstaaten und der Fortbildung des Bundesrechts (vgl. Art. 95 N 10 ff.).

2   Diese funktionale Aufteilung der Überprüfungsbefugnisse auf die verschiedenen Stufen eines gerichtlichen Instanzenzugs ist im BGG weitgehend verwirklicht. Das **Bundesgericht** beurteilt gem. den Art. 95, 96 und 98 in erster Linie Rechtsverletzungen, und eine Überprüfung der *Sachverhaltsermittlung* ist nach Art. 97 nur in Ausnahmefällen möglich.[1] Die Überprüfungsbefugnisse und -pflichten der *Vorinstanzen* sind durch das Bundesrecht ebenfalls in mancher Hinsicht vorgegeben:

---

[1] Vgl. Botschaft 2001 BBl 2001 4338.

a) Im **Zivilrecht** und im **Strafrecht** urteilen als Vorinstanzen des Bundesgerichts regelmässig obere kantonale Gerichte (Art. 75 Abs. 2 und Art. 80 Abs. 2), welche als Rechtsmittelinstanzen gem. Art. 111 Abs. 2 mindestens über dieselben Prüfungsbefugnisse wie das Bundesgericht verfügen müssen. Mindestens eine kantonale gerichtliche Instanz muss gem. Art. 110 ausserdem das Recht von Amtes wegen anwenden und den Sachverhalt frei prüfen. Die kantonalen Prozessrechte sehen für die oberen Gerichte im Einklang mit diesen Vorgaben grundsätzlich eine umfassende Prüfungsbefugnis in rechtlicher und tatsächlicher Hinsicht vor.[2] Somit besteht in diesen Bereichen regelmässig eine zweistufige gerichtliche Beurteilung mit voller Kognition, bevor eine Sache an das Bundesgericht weitergezogen werden kann. Dem *Bundesstrafgericht* obliegt als erstinstanzlichem Gericht und direkter Vorinstanz des Bundesgerichts (Art. 80 Abs. 1) ebenfalls die umfassende Beurteilung einer strafrechtlichen Anklage in rechtlicher und tatsächlicher Hinsicht. Eine *zweitinstanzliche* Überprüfung der Sachverhaltsfeststellung fehlt aber gegenüber dem Bundesstrafgericht.[3] Dies wird freilich vom einschlägigen Verfassungs- und Völkerrecht auch nicht gefordert (vgl. Art. 95 N 13 ff.).

b) Im **öffentlichen Recht** beurteilt das Bundesgericht typischerweise Beschwerden gegen Entscheide kantonaler Verwaltungsgerichte (Art. 86 Abs. 2) oder des Bundesverwaltungsgerichts (Art. 86 Abs. 1 Bst. a), welche ihrerseits als Rechtsmittelinstanzen vorgängig die Verfügungen von Verwaltungsbehörden der Kantone bzw. des Bundes überprüft haben.[4] Für die *kantonalen Verwaltungsgerichte* gelten die Vorgaben von Art. 110 und Art. 111 Abs. 2 ebenfalls: Rechtsanwendung von Amtes wegen, freie Überprüfung der Sachverhaltsfeststellung, Rügenspektrum mindestens wie vor Bundesgericht. Aus der Rechtsweggarantie gem. Art. 29a BV ergibt sich ebenfalls ein grundsätzlicher Anspruch auf volle Kognition der kantonalen Verwaltungsgerichtsbarkeit, allerdings ohne Angemessenheitskontrolle. Wo ausnahmsweise eine nicht-gerichtliche Rechtsmittelinstanz im Kanton als Vorinstanz des Bundesgerichts entscheidet, d.h. bei Entscheiden mit überwiegend politischem Charakter (Art. 86 Abs. 3) und in Stimmrechtssachen (Art. 88), handelt es sich um gesetzliche Ausnahmen von der Rechtsweggarantie gem. Art. 29a Satz 2 BV.[5] Das *Bundesverwaltungs-*

---

[2] Der Entwurf für die *Schweizerische Strafprozessordnung* vom 21.12.2005 (BBl 2006 1389 ff.) sieht in Art. 401 Abs. 2 für die Beschwerde und in Art. 406 Abs. 3 für die Berufung jeweils grundsätzlich eine umfassende Rechts- und Sachverhaltskontrolle vor. Der Entwurf für die *Schweizerische Zivilprozessordnung* vom 28.6.2006 (BBl 2006 7413 ff.) sieht in Art. 306 für die Berufung ebenfalls eine umfassende Rechts- und Sachverhaltskontrolle, in Art. 317 für die Beschwerde allerdings neben der Rüge der unrichtigen Rechtsanwendung nur die Rüge der willkürlichen Sachverhaltsfeststellung vor.

[3] Dasselbe gilt in den Fällen von Art. 75 Abs. 2, wo die Kantone in Zivilsachen eine einzige kantonale Gerichtsinstanz vorsehen können oder müssen.

[4] Das Bundesstrafgericht ist nur Vorinstanz gem. Art. 86 Abs. 1 Bst. b, wenn es Entscheide mit öffentlich-rechtlichem Charakter trifft, z.B. bezüglich des Arbeitsverhältnisses der eigenen Angestellten (vgl. Art. 16 SGG). Die UBI ist gem. Art. 86 Abs. 1 Bst. c eine weitere unmittelbare Vorinstanz des Bundesgerichts. Sie überprüft gem. Art. 62 Abs. 2 und Art. 65 Abs. 1 RTVG nur das Vorliegen bestimmter Rechtsverletzungen und stellt zu diesem Zweck den Sachverhalt von Amtes wegen fest (vgl. DUMERMUTH, Programmaufsicht, 199 f. und 225 ff.).

[5] Vgl. SEILER/VON WERDT/GÜNGERICH, BGG, Art. 97 N 6. Sofern die kantonalen Verwaltungsgerichte *civil rights* gem. Art. 6 Ziff. 1 EMRK bzw. Art. 14 Abs. 1 UNO-Pakt II beurteilen, haben sie eine volle Überprüfung in rechtlicher und tatsächlicher Hinsicht zu gewährleisten (vgl. Art. 95 N 16). Die Ausnahmeregelung von Art. 86 Abs. 3 betr. Entscheide mit «vorwiegend politischem Charakter», für welche die Kantone eine nicht-gerichtliche Vorinstanz des Bundesgerichts vorsehen können, ist in einem Konfliktsfall völkerrechtskonform in dem Sinne auszulegen, dass Entscheide betr. *civil rights* i.S.v. Art. 6 Ziff. 1 EMRK und Art. 14 Abs. 1 UNO-Pakt II keine Entscheide mit vorwiegend politischem Charakter sind.

gericht kann gem. Art. 49 VwVG i.V.m. Art. 37 VGG die bei ihm angefochtenen Entscheide umfassend – inklusive Angemessenheitskontrolle – überprüfen (vgl. Art. 95 N 18 f.).

3   Die grundsätzliche Beschränkung der Kognition des Bundesgerichts auf eine Rechtskontrolle in den Art. 95–98 widerspiegelt sich in den **allgemeinen Verfahrensvorschriften** der Art. 105 und 106.[6] Demnach legt das Bundesgericht seinem Entscheid den durch die Vorinstanz festgestellten Sachverhalt zugrunde. Es kann gem. Art. 105 Abs. 2 und 3 indessen von sich aus eine Sachverhaltskontrolle in denjenigen Fällen vornehmen, in denen auch eine Rüge gem. Art. 97 zulässig ist. **Neue Tatsachen und Beweismittel** dürfen gem. Art. 99 dementsprechend nur ausnahmsweise vorgebracht werden, wenn der Entscheid der Vorinstanz dazu Anlass gegeben hat.[7]

4   Die **Abgrenzung zwischen Sachverhaltsfragen und Rechtsfragen** ist theoretisch klar, in der Praxis aber oft schwierig durchzuführen. Die Feststellung des Sachverhalts bezieht sich auf die tatsächlichen Gegebenheiten und beantwortet die Fragen: *wer, wo, wann, was, wie, warum*? Rechtsfragen betreffen demgegenüber die korrekte *Subsumtion* eines Sachverhalts unter die einschlägigen Rechtsnormen und die richtige Bestimmung der *Rechtsfolgen* (vgl. zum Ganzen Art. 95 N 28 ff.).[8]

5   Um das Bundesgericht zu entlasten und damit es sich auf seine Kernaufgabe, die Rechtskontrolle, konzentrieren kann, wollte der Bundesrat die Sachverhaltskontrolle im **E 2001** gegenüber dem früheren Recht stark einschränken. Das **OG** hatte eine Sachverhaltskontrolle in *Patentstreitigkeiten* bezüglich technischer Fragen (Art. 67 OG), im Verfahren der *Verwaltungsgerichtsbeschwerde*, wenn als Vorinstanz kein Gericht entschieden hatte (Art. 104 Bst. c OG), sowie für das *Eidgenössische Versicherungsgericht* (Art. 132 Bst. b OG) vorgesehen. Der E 2001 schaffte diese Überprüfungsbefugnisse ab und liess eine Sachverhaltskontrolle nur noch entsprechend der Regelung von Art. 97 Abs. 1 zu.[9] Die Bundesversammlung hat indessen Abs. 2 von Art. 97 betr. das politisch besonders sensible *Sozialversicherungsrecht* als Kompromiss wieder eingeführt (vgl. hinten N 25 ff.).

II. Grundsatz: eingeschränkte Sachverhaltskontrolle durch das Bundesgericht (Abs. 1)

6   Abs. 1 von Art. 97 umschreibt nach seinem Wortlaut, unter welchen Voraussetzungen vor Bundesgericht ausnahmsweise die Rüge zulässig ist, dem angefochtenen Entscheid liege eine **fehlerhafte Sachverhaltsfeststellung** zugrunde. Unterschieden werden *zwei Varianten*, einerseits die offensichtlich unrichtige Sachverhaltsfeststellung (vgl. hinten N 9 ff.), andererseits die fehlerhafte Sachverhaltsfeststellung aufgrund eines Rechtsfehlers gem. Art. 95 (vgl. hinten N 16 ff.). Beide Varianten knüpfen an Formulierungen des alten Rechts an.[10]

7   Die Bestimmung veranschaulicht die Schwierigkeiten der Abgrenzung zwischen Rechtsfehlern und Sachverhaltsfehlern. Rechtsfehler können sich auch aus der Missachtung von

---

[6] Vgl. CORBOZ, SJ 2006, 342.

[7] Vgl. BELLANGER/TANQUEREL-BELLANGER, 68.

[8] Vgl. SEILER/VON WERDT/GÜNGERICH, BGG, Art. 97 N 10 ff. m.w.Hinw.

[9] Vgl. Botschaft 2001 BBl 2001 4238 f., 4338 f., 4343 f.

[10] Vgl. Art. 43 Abs. 3 OG (Verletzung bundesrechtlicher Beweisvorschriften), Art. 55 Abs. 1 Bst. d OG (offensichtliches Versehen), Art. 63 Abs. 2 OG (Verletzung bundesrechtlicher Beweisvorschriften oder offensichtliches Versehen) und Art. 105 Abs. 2 OG (offensichtlich unrichtig, unvollständig oder unter Verletzung bundesrechtlicher Beweisvorschriften) sowie Art. 277bis aBStP (offensichtliches Versehen).

Verfahrensvorschriften, insb. bei der Sachverhaltsfeststellung, ergeben (vgl. Art. 95 N 39). Hauptbeispiele sind die Verletzung des rechtlichen Gehörs (Art. 29 Abs. 2 BV) und die willkürliche Beweiswürdigung (Art. 9 BV).[11] Die offensichtlich unrichtige Sachverhaltsfeststellung als Grundlage der Rechtsanwendung führt zu einer **Verletzung des Willkürverbots** und/oder anderer Grundrechte und wird somit durch die Rüge der Verletzung von Bundesrecht gem. Art. 95 Bst. a bereits abgedeckt (vgl. Art. 95 N 46). Insofern, und weil auch das Erfordernis der Bedeutung für den Ausgang des Verfahrens bereits durch die allgemeinen Beschwerdevoraussetzungen abgedeckt ist (vgl. hinten N 22), kommt Art. 97 Abs. 1 im Prinzip keine über Art. 95 hinausgehende Bedeutung zu.[12]

Art. 97 Abs. 1 gilt grundsätzlich für alle drei **Einheitsbeschwerden** an das Bundesgericht, unabhängig vom betroffenen Sachgebiet (vgl. aber hinten N 25 ff. zu Art. 97 Abs. 2).[13] Die Bestimmung gilt hingegen nicht für die *subsidiäre Verfassungsbeschwerde*, Art. 116, für Beschwerden gegen vorsorgliche Massnahmen, Art. 98,[14] und die zivilrechtliche Beschwerde auf dem Gebiet der *internationalen Schiedsgerichtsbarkeit*, Art. 77 Abs. 2[15] (vgl. auch Art. 95 N 22 ff.). $\quad$ **8**

1. Erste Variante: Offensichtliche Unrichtigkeit

Die Beschränkung des Bundesgerichts auf die Überprüfung und Korrektur *offensichtlich unrichtiger Sachverhaltsfeststellungen* galt nach altem Recht für die Verwaltungsgerichtsbeschwerde gegen Entscheide richterlicher Behörden gem. Art. 105 Abs. 2 OG. An die diesbezügliche Rechtsprechung des Bundesgerichts zur Konkretisierung des unbestimmten Rechtsbegriffs der «offensichtlichen Unrichtigkeit» kann somit primär angeknüpft werden. Demnach ist eine Sachverhaltsermittlung nicht schon dann offensichtlich unrichtig, «wenn sich Zweifel anmelden, sondern erst, wenn sie **eindeutig und augenfällig** unzutreffend ist».[16] Erforderlich ist also ein *qualifizierter Mangel*, ein klares Abweichen der tatsächlichen Gegebenheiten von der Sachverhaltsfeststellung im angefochtenen Entscheid. $\quad$ **9**

Wird der rechtlich relevante Sachverhalt in diesem Sinne offensichtlich unkorrekt ermittelt und wirkt sich dies auf den Entscheid aus (vgl. hinten N 21 ff.), so liegt auch eine **willkürliche Rechtsanwendung** vor (Art. 9 BV).[17] Insofern fällt auch die erste Variante von Art. 97 Abs. 1 unter die *Rechtsverletzungen* i.S. der zweiten Variante von Art. 95 $\quad$ **10**

---

[11] Vgl. CORBOZ, SJ 2006, 342.

[12] BELLANGER/TANQUEREL-MOOR, 176 f., hält Art. 97 Abs. 1 deshalb für allenfalls pädagogisch bedeutsam. Allerdings untersteht die Rüge der offensichtlich unrichtigen Sachverhaltsfeststellung anders als die Rüge einer Grundrechtsverletzung nicht dem Rügeprinzip gem. Art. 106 Abs. 2.

[13] Vgl. SEILER/VON WERDT/GÜNGERICH, BGG, Art. 97 N 7.

[14] Eine Sachverhaltskontrolle ist bei der subsidiären Verfassungsbeschwerde lediglich insofern möglich, als die fehlerhafte Sachverhaltsfeststellung der Vorinstanz zu einer Verletzung verfassungsmässiger Rechte (Art. 116) geführt hat. Im Vordergrund stehen auch hier die Verletzung des Willkürverbots (Art. 9 BV) sowie des Anspruchs auf rechtliches Gehör (Art. 29 Abs. 2 BV). Dasselbe gilt bei Beschwerden gegen Entscheide über vorsorgliche Massnahmen (Art. 98).

[15] Eine Sachverhaltskontrolle gegenüber Entscheiden der internationalen Schiedsgerichtsbarkeit ist gem. Art. 190 Abs. 2 IPRG grundsätzlich ausgeschlossen; vgl. BGE 119 II 380, 383. Im Zusammenhang mit den Beschwerdegründen der Verletzung des rechtlichen Gehörs (Art. 190 Abs. 2 Bst. d IPRG) sowie eines Verstosses gegen den ordre public (Art. 190 Abs. 2 Bst. e IPRG) kann indessen auch eine fehlerhafte Sachverhaltsfeststellung zum Tragen kommen. Vgl. dazu auch BSK IPRG²-BERTI/SCHNYDER, Art. 190 N 51.

[16] BGE 132 I 32, 44 m.Hinw. auf GYGI, Bundesverwaltungsrechtspflege², 286 (Hervorhebung nur hier).

[17] Vgl. SEILER/VON WERDT/GÜNGERICH, BGG, Art. 97 N 14 m.w.Hinw.; BELLANGER/TANQUEREL-MOOR, 176.

(vgl. dazu hinten N 16 ff.). Im Rahmen von *staatsrechtlichen Beschwerden* wegen Verletzung verfassungsmässiger Rechte gem. Art. 84 Abs. 1 Bst. a OG hatte das Bundesgericht fehlerhafte Sachverhaltsfeststellung mit Bezug auf eine Verletzung des Willkürverbots geprüft. Diese Rechtsprechung kann somit für die Anwendung und Auslegung der ersten Variante von Art. 97 Abs. 1 ebenfalls fruchtbar gemacht werden.

11 Eine offensichtlich unrichtige bzw. willkürliche Sachverhaltsfeststellung hat das Bundesgericht etwa in folgenden Fällen *bejaht*:

a) **Aktenwidrigkeit**;[18]

b) **widersprüchliche** Sachverhaltsfeststellungen;[19]

c) Abweichung von einem **Gutachten** ohne erkennbaren Grund[20] oder unbesehenes Abstellen auf ein nicht schlüssiges Gutachten;[21]

d) Entscheid über eine Sachverhaltsfrage, welche wegen des notwendigen **Fachwissens** nur gestützt auf ein Gutachten beantwortet werden kann;[22]

e) **einseitige Beweiswürdigung** zu Gunsten einer Partei;[23]

und in folgenden Fällen *verneint*:

a) **Ungenauigkeiten**, welche nicht die entscheidwesentlichen Punkte betreffen;[24]

b) Verzicht auf die Einholung eines **zusätzlichen Gutachtens** aufgrund antizipierter Beweiswürdigung;[25]

c) Abstellen auf eines von zwei einander **widersprechenden Gutachten** aus haltbaren Gründen.[26]

12 Damit eine offensichtlich fehlerhafte Sachverhaltsermittlung vom Bundesgericht überhaupt festgestellt werden kann, muss aus der **Begründung** des angefochtenen Entscheids hervorgehen, wie der Sachverhalt ermittelt worden ist und ob alle wesentlichen Gesichtspunkte bei der Entscheidfindung berücksichtigt worden sind (vgl. Art. 112 Abs. 1 Bst. b). Dies setzt wiederum voraus, dass die relevanten Tatsachen in der Begründung des angefochtenen Entscheides selber angeführt sind oder sich ohne weiteres aus den Akten ergeben, auf welche verwiesen wird.[27]

13 Ferner muss die offensichtliche Fehlerhaftigkeit für das *Bundesgericht* **erkennbar** sein, d.h. es genügt nicht, wenn der Fehler nur für Fachleute offensichtlich ist.[28]

14 Das Bundesgericht beurteilt die Sachlage im **Zeitpunkt** des angefochtenen Entscheids und grundsätzlich aufgrund der Beweismittel, welche der Vorinstanz vorgelegen haben.[29] Neue tatsächliche Behauptungen und Beweismittel sind unter den Voraussetzungen von

---

[18] Vgl. BGE 132 II 290, 296; BGE 125 II 29, 42; BGE 121 V 5.

[19] Vgl. BGE 124 II 103, 105.

[20] Vgl. BGE 130 I 337, 346.

[21] Vgl. BGE 128 I 81, 86; BGE 129 I 49.

[22] Vgl. BGE 132 III 83, 88; BGE 122 I 397, 402; BGE 120 Ib 305, 309.

[23] Vgl. BGE 117 II 374, 378 f.

[24] Vgl. BGE 123 II 16, 24. Vgl. auch BGE 120 Ib 312, 315.

[25] Vgl. BGE 132 II 171, 177.

[26] Vgl. BGE 132 V 393, 399 f.

[27] Vgl. BGE 119 Ib 193, 200.

[28] Vgl. BGer 1A.118/2005, E. 3.2.

[29] Vgl. BGE 130 II 56, 62; BGE 130 II 493, 497; BGE 128 II 145, 149; BGE 125 II 217, 221.

Art. 99 zulässig. Eine zwischenzeitliche Veränderung der Sachlage ist im Beschwerdeverfahren vor Bundesgericht unbeachtlich und kann allenfalls Grund für ein Wiedererwägungsgesuch vor der Vorinstanz oder für ein Revisionsverfahren vor Bundesgericht (Art. 123) sein. Ausnahmsweise entscheidet das Bundesgericht aufgrund der späteren Tatsachen, wenn ein anderes Vorgehen als *überspitzter Formalismus* zu qualifizieren wäre.[30]

Gelangt das Bundesgericht zur Feststellung einer offensichtlich unrichtigen Sachverhaltsermittlung durch die Vorinstanz, so kann es in der Sache **selbst entscheiden** (Art. 107 Abs. 2) und allenfalls zu diesem Zweck die notwendigen tatsächlichen Erhebungen durchführen (Art. 55). Es kann die Sache aber auch zur neuen Beurteilung an die *Vorinstanz* oder die *erste Instanz* **zurückweisen** (Art. 107 Abs. 2). **15**

2. Zweite Variante: Rechtsverletzung

Gemäss der zweiten Variante von Art. 97 Abs. 1 kann eine mangelhafte Sachverhaltsermittlung auch gerügt werden, wenn diese auf einer **Rechtsverletzung** i.S.v. Art. 95 beruht. In Frage kommen sämtliche Normen gem. Art. 95, Bundesrecht und Völkerrecht sowie gewisse Normen des kantonalen Rechts: verfassungsmässige Rechte, politische Rechte und interkantonales Recht (vgl. Art. 95 N 45 ff.). **16**

Typischerweise geht es bei dieser Variante um die Verletzung von **Verfahrensvorschriften**. Die in Art. 105 Abs. 2 OG noch vorgesehen Beschränkung auf die Verletzung «wesentlicher Verfahrensbestimmungen» kennt Art. 97 allerdings nicht mehr. Neben den verfahrensrechtlichen Bestimmungen des Völkerrechts, der BV und der eidgenössischen Prozessgesetze kann die Verletzung von *kantonalem Prozessrecht* nur im Rahmen von Art. 95 der Beschwerde zugrunde gelegt werden. Fällt die verletzte kantonale Verfahrensvorschrift demnach nicht unter die Kategorien von Art. 95 Bst. c, d und e, handelt es sich mithin um einfachgesetzliche Verfahrensvorschriften ausserhalb des Bereichs der politischen Rechte, so ist eine Anfechtung grundsätzlich ausgeschlossen, es sei denn, es liege gleichzeitig eine Verletzung von Bundesrecht oder Völkerrecht vor. **17**

Die wichtigsten Verfahrensvorschriften mit Bezug auf die Sachverhaltsermittlung sind die Garantie des **rechtlichen Gehörs** (Art. 29 Abs. 2 BV) mit ihren diversen Ausprägungen (Äusserungs- und Anhörungsrecht, Mitwirkungsrecht, Akteneinsichtsrecht, Begründungspflicht),[31] die einschlägigen **Prozessmaximen** betr. die Sachverhaltsermittlung (Untersuchungs- oder Verhandlungsprinzip; Beweisführungs- und Mitwirkungspflichten der Parteien)[32] sowie die Regeln der **Beweislastverteilung** (Art. 8 ZGB).[33] **18**

Eine fehlerhafte Sachverhaltsermittlung i.S.v. Art. 97 Abs. 1 zweite Variante kann gem. der Botschaft auch gerügt werden, wenn aufgrund einer *unvollständigen Sachverhaltsfeststellung* **materielles Recht** verletzt wird.[34] Der Wortlaut der Bestimmung bringt dies nicht hinreichend klar zum Ausdruck, denn die fehlerhafte Sachverhaltsermittlung beruht diesfalls nicht auf einer Rechtsverletzung, sondern es verhält sich gerade umgekehrt. Gemeint ist der Fall, in dem zu einem Tatbestandselement einer angewendeten Rechtsnorm keine oder ungenügende tatsächlichen Erhebungen angestellt worden sind. Das alte Recht hatte in Art. 105 Abs. 2 OG die Unvollständigkeit neben der Fehlerhaftigkeit der **19**

---

[30] Vgl. BGE 125 II 217, 224 f.
[31] Vgl. HÄFELIN/HALLER, Bundesstaatsrecht[6], N 835 ff.
[32] Z.B. Art. 12 und 13 VwVG. Vgl. HÄFELIN/MÜLLER/UHLMANN, Verwaltungsrecht[5], N 1623 ff.
[33] Vgl. HÄFELIN/MÜLLER/UHLMANN, Verwaltungsrecht[5], N 1623.
[34] Vgl. Botschaft 2001 BBl 2001 4338.

Sachverhaltsfeststellung noch ausdrücklich aufgeführt.[35] Indem Art. 97 Abs. 1 *erste Variante* die unvollständige Sachverhaltsfeststellung neben der offensichtlichen Unrichtigkeit nicht mehr separat nennt, soll zum Ausdruck kommen, dass die Berufung auf eine Rechtsverletzung nur im Rahmen von Art. 95 zulässig ist. Die unvollständige Sachverhaltsermittlung bei der Anwendung einfachen kantonalen Gesetzesrechts ist somit durch das Bundesgericht nicht überprüfbar.[36]

20   Soweit der Sachverhalt vollständig und nicht offensichtlich unrichtig festgestellt worden ist, fällt eine Überprüfung der Sachverhaltsfeststellungen durch das Bundesgericht ausser Betracht, auch wenn durch eine **anderweitig fehlerhafte Sachverhaltsermittlung** materielles Recht gem. Art. 95 verletzt wird. Dies ergibt sich zwar nicht aus der insofern missglückten Formulierung von Art. 97 Abs. 1, entspricht aber dem klaren Willen des Gesetzgebers, wonach das Bundesgericht grundsätzlich keine Sachverhaltskontrolle durchführt (vgl. vorne N 2). Wäre unter Berufung auf eine materielle Rechtsverletzung gem. Art. 95 die Sachverhaltsermittlung auf jeden Fehler hin zu überprüfen, so würde dem Bundesgericht letztlich entgegen der *ratio legis* eine umfassende Pflicht zur Sachverhaltskontrolle übertragen.

3. Bedeutung für den Ausgang des Verfahrens

21   Die Sachverhaltsermittlung kann gem. beiden Varianten von Art. 97 Abs. 1 – offensichtliche Unrichtigkeit und Rechtsverletzung i.S.v. Art. 95 – nur auf Beschwerde hin[37] überprüft werden, «wenn die Behebung des Mangels für den **Ausgang des Verfahrens entscheidend** sein kann».[38] Diese Voraussetzung war in den entsprechenden Bestimmungen des OG nicht ausdrücklich vorgesehen. Durch sie soll eine unnötige Verzögerung des Verfahrens verhindert werden.[39]

22   Die genannte Voraussetzung für die Zulässigkeit einer Beschwerde an das Bundesgericht betr. mangelhafte Sachverhaltsermittlung steht in engem Zusammenhang mit der allgemeinen Beschwerdevoraussetzung der **Beschwerdeberechtigung** gem. den Art. 76, 81 und 89. In allen drei Rechtsbereichen ist ein *praktisches und aktuelles Interesse* der beschwerdeführenden Partei an der *Aufhebung oder Änderung des angefochtenen Entscheids oder Erlasses* grundsätzlich Eintretensvoraussetzung für das Bundesgericht.[40] Ein solches Interesse setzt wiederum prinzipiell voraus, dass bei Gutheissung der Beschwerde aufgrund der vorgetragenen Rügen der erlittene Nachteil für die beschwerdeführende Partei tatsächlich beseitigt würde. Insofern behandeln die Eintretensvoraussetzungen des allgemeinen Beschwerderechts und des zulässigen Beschwerdegrundes gem. Art. 97 Abs. 1 dieselbe Frage aus zwei verschiedenen Perspektiven: einmal steht die beschwerdeführende Partei, das andere Mal stehen die vorgetragenen Rügen im Vordergrund. Beide Male geht es letztlich um dasselbe: die praktische Relevanz einer Gutheissung der Beschwerde für die tatsächliche Situation der beschwerdeführenden Partei.

23   Der Gesetzestext verlangt keinen strikten Nachweis, dass die Behebung des Mangels für den Ausgang des Verfahrens entscheidend *ist*, sondern lediglich, dass dies der Fall **sein**

---

[35] Vgl. dazu BGE 130 II 449, 468; BGE 128 II 18, 38; BGE 125 II 29, 43; BGE 123 II 49, 54 f.; BGE 122 I 397, 402; BGE 122 II 56, 64. Vgl. zur Schätzung von Sachverhaltselementen BGE 118 V 65, 70 ff.

[36] Vgl. SEILER/VON WERDT/GÜNGERICH, BGG, Art. 97 N 24.

[37] Art. 105 Abs. 2 kennt das Erfordernis der Bedeutung für den Ausgang des Verfahrens nicht.

[38] Hervorhebung nur hier.

[39] Vgl. Botschaft 2001 BBl 2001 4338.

[40] Ausnahmen gelten bei der Behördenbeschwerde und gem. Art. 89 Abs. 3 für die Beschwerde in öffentlich-rechtlichen Angelegenheiten betr. Stimmrechtssachen.

kann. Dies bedeutet nichts anderes, als dass die beschwerdeführende Partei dartun muss, dass bei korrekter Ermittlung des Sachverhalts ein anderer Entscheid in der Sache *möglich* ist.[41] Ausgeschlossen sind somit Rügen gem. Art. 97 Abs. 1, welche zum Vornherein nicht entscheidrelevante Sachverhaltselemente oder untaugliche Beweismittel betreffen. Hingegen muss nicht nachgewiesen werden, dass bei korrekter Sachverhaltsermittlung (deren Ergebnis – etwa im Falle der Nicht-Befragung eines Zeugen oder einer gänzlich fehlenden tatsächlichen Feststellung betr. eines Tatbestandselementes – noch offen sein kann), notwendigerweise eine andere rechtliche Qualifikation und mithin eine andere Rechtsfolge die Konsequenz sein müssen.[42]

Gemäss der **formellen Natur** des Anspruchs auf rechtliches Gehör war nach bisheriger Rechtsprechung des Bundesgerichts ein Entscheid bei einer Verletzung dieses Rechts grundsätzlich aufzuheben, unabhängig davon, ob sich die Gehörsverletzung auf den Entscheid in der Sache ausgewirkt hat.[43] Das Bundesgericht hat indessen eine «Heilung» von Gehörsverletzungen zugelassen und von einer Rückweisung der Sache an die Vorinstanz abgesehen, wenn es die unterlassenen Prüfungen mit derselben Kognition vornehmen konnte.[44] In seiner neuesten Rechtsprechung hat das Bundesgericht diese Praxis aufgrund der Kritik in der Lehre auf diejenigen Fälle eingeschränkt, in denen sie im Interesse des Betroffenen liegt bzw. ihm nicht zum Nachteil gereicht. Die Heilung einer Gehörsverletzung müsse die Ausnahme bleiben.[45] Das Erfordernis der möglichen Bedeutung für den Ausgang des Verfahrens gem. Abs. 1 bewirkt – bei Anwendung im oben beschriebenen Sinn (N 23) – *keine Änderung* dieser differenzierten Praxis, welche die selbständige Bedeutung des Gehörsanspruchs und die Interessen des Privaten in den Vordergrund stellt.[46] Nur wenn das Bundesgericht aufgrund seiner eigenen Beurteilung zum Schluss gelangt, dass die nicht berücksichtigten Sachverhaltselemente keinen Einfluss auf den Verfahrensausgang haben können, ist die entsprechende Rüge unzulässig. Dasselbe muss selbstverständlich auch gelten, wenn die beschwerdeführende Partei die Rüge der Gehörsverletzung i.S. einer selbständigen Rechtsverletzung nicht auf Art. 97, sondern direkt auf Art. 95 abstützt.

24

III. Ausnahme: Geldleistungen der Militär- oder Unfallversicherung (Abs. 2)

1. Entstehungsgeschichte

Nach dem Willen des Bundesrates sollte die uneingeschränkte Überprüfungsbefugnis des eidgenössischen Versicherungsgerichts betr. die Bewilligung oder Verweigerung von Sozialversicherungsleistungen gem. Art. 132 OG abgeschafft und die Kognition des Bundesgerichts in Sozialversicherungsangelegenheiten wie in den übrigen Rechtsbereichen

25

---

[41] Vgl. Botschaft 2001 BBl 2001 4338, welche verlangt, dass der Beschwerdeführer einen anderen Verfahrensausgang «glaubhaft» macht. In der Praxis dürfte dies auf dasselbe hinauslaufen. Jedenfalls darf die Anwendung von Art. 97 Abs. 1 nicht dazu führen, dass das Bundesgericht die fehlende Sachverhaltsermittlung selbst durchführen muss, um die Zulässigkeit der entsprechenden Rüge zu beurteilen.

[42] Eine grosszügige Handhabung des Erfordernisses der Entscheidrelevanz rechtfertigt sich auch wegen der beschränkten Überprüfungsbefugnis des Bundesgerichts betr. die Anwendung des kantonalen Gesetzesrechts und bei der Anfechtung von Vor- und Zwischenentscheiden. Vgl. dazu Botschaft 2001 BBl 2001 4338 f.

[43] Vgl. BGE 127 V 431, 437 sowie HÄFELIN/HALLER, Bundesstaatsrecht⁶, N 839; HÄFELIN/MÜLLER/UHLMANN, Verwaltungsrecht⁵, N 1709 ff.

[44] Vgl. BGE 124 II 460, 470 m.w.Hinw.

[45] Vgl. BGE 129 I 361, 363 f.; BGE 127 V 431, 438; BGE 126 I 68, 72; BGE 126 V 130, 132.

[46] **A.A.** offenbar SEILER/VON WERDT/GÜNGERICH, BGG, Art. 97 N 26.

auf die Rechtskontrolle beschränkt werden.[47] Bundesgericht und EVG hatten diesem Vorgehen in ihren Stellungnahmen grundsätzlich zugestimmt.[48] Gründe für die Abschaffung der Angemessenheits- und Sachverhaltskontrolle durch das oberste Gericht im **E 2001** waren die Konzentration auf dessen Kernaufgaben, das Fehlen einer sachlichen Rechtfertigung für eine unterschiedliche Behandlung des Sozialversicherungsrechts gegenüber dem übrigen, durch die Kantone vollzogenen Bundesverwaltungsrecht sowie die Entlastung des Bundesgerichts. Durch die Einführung eines obligatorischen *Einspracheverfahrens* in allen Sozialversicherungszweigen (Art. 52 ATSG) sowie der Pflicht der Kantone, ein *Sozialversicherungsgericht* als einzige Beschwerdeinstanz einzurichten (Art. 57 ATSG), hatte der **ATSG** den unterinstanzlichen Rechtsschutz im Sozialversicherungsbereich verbessert. Die vorgeschriebene volle Kognition der kantonalen Versicherungsgerichte in Bezug auf die Sachverhaltsfeststellung (Art. 61 Bst. c ATSG) sollte dem legitimen Rechtsschutzbedürfnis der Betroffenen genügen.

26   Die **Bundesversammlung** hat die Befugnis des Bundesgerichts zur Sachverhaltskontrolle in Art. 97 Abs. 2 (und in Art. 105 Abs. 3) i.S. eines doppelten Kompromisses wieder eingeführt.[49] In *rechtlicher Hinsicht* stellt die Norm einen Kompromiss zwischen der Regelung des OG und dem E 2001 dar: die Angemessenheitskontrolle fällt definitiv weg; die unbeschränkte Sachverhaltskontrolle ist nur noch in gewissen Sozialversicherungen (ursprünglich Invaliden-, Militär- und Unfallversicherung; vgl. aber sogleich N 27) sowie nur bezüglich Geldleistungen zulässig. In *politischer Hinsicht* war diese Regelung Teil eines Kompromisses zwischen den politischen Lagern, welcher die Fragen der Kostenpflicht im Sozialversicherungsbereich (Art. 65 Abs. 4) sowie der Streitwertgrenzen bei der Beschwerde in Zivilsachen (Art. 74) mitumfasste.[50] Als sachliche Gründe für die Beibehaltung der Sachverhaltskontrolle durch das Bundesgericht wurde angeführt, dass die richtige Feststellung des Sachverhalts im Zusammenhang mit Sozialversicherungsleistungen in technischer Hinsicht besonders schwierig und für die Betroffen von besonderer Bedeutung sei.[51] Ausserdem befürchteten die Räte ein von den Behindertenorganisationen getragenes Referendum gegen das BGG.

27   Nur knapp ein halbes Jahr nach der Verabschiedung des BGG und noch vor dessen Inkrafttreten revidierte die Bundesversammlung Art. 97 Abs. 2 (sowie Art. 105 Abs. 3) bereits, indem die **Invalidenversicherung** als Ausnahmebereich mit unbeschränkter Sachverhaltskontrolle durch das Bundesgericht wieder *gestrichen* wurde.[52] Entgegen den Voten einiger Ratsmitglieder, die dem Gesetzgeber Inkonsistenz und den politischen Kräften den Bruch eines vor kurzem ausgehandelten Paktes vorwarfen, haben die Räte dieser Massnahme im Rahmen der Bestrebungen zur Vereinfachung und Straffung der Rechtsmittelverfahren bei der IV zwecks Beschleunigung und Verbesserung der Reintegration am Ende zugestimmt.[53] Es bleibt abzuwarten, ob die verbleibenden Ausnahmebereiche bei zukünftigen Revisionen der entsprechenden gesetzlichen Grundlagen eben-

---

[47] Vgl. Botschaft 2001 BBl 2001 4238 f.

[48] Das *Bundesgericht* brachte jedoch den Vorbehalt an, dass ein unterinstanzliches Bundesverwaltungsgericht vor dem Bundesgericht eine umfassende Sachverhalts- und Rechtskontrolle gegenüber den kantonalen Vorinstanzen ausüben müsse (vgl. Stellungnahme 2001, 5892). Das *EVG* regte wiederum i.S. einer flankierenden Massnahme die Einführung einer «differenzierten Kognition» des Bundesgerichts für gewisse sensible Rechtsbereiche, insb. für Teile des Sozialversicherungsrechts, an (vgl. Stellungnahme 2001, 5901).

[49] Vgl. AB 2003 S 909 f.; AB 2004 N 1607 ff.; AB 2005 S 137.

[50] Vgl. AB 2004 N 1607 ff.; AB 2005 S 137; Votum SR Fetz, AB 2005 S 1018.

[51] Vgl. AB 2003 S 909 f.; AB 2004 N 1607 ff.

[52] Vgl. AS 2006 2003 ff.

[53] Vgl. AB 2005 N 1383 ff.; AB 2005 S 1017 ff.

falls verschwinden werden.[54] Die geltenden, rein politisch motivierten Ausnahmen für die Militär- und Unfallversicherung sind jedenfalls sachlich in keiner Weise mehr gerechtfertigt.

2. Bedingungen der Sachverhaltskontrolle

Die Ausnahmsweise uneingeschränkte Sachverhaltskontrolle des Bundesgerichts gilt zunächst nur für die beiden Sozialversicherungszweige der **Militärversicherung** gem. MVG und der **Unfallversicherung** gem. UVG. Nicht erfasst sind demnach die übrigen Sozialversicherungen (AHV/IV, EO, ALV, berufliche Vorsorge, Krankenversicherungen), die weiteren Sozialleistungen wie Familienzulagen und Fürsorgeleistungen sowie die privaten Versicherungen. Diese Definition des Anwendungsbereichs ist sachlich kaum zu rechtfertigen und lässt sich lediglich aufgrund der Entstehungsgeschichte der Norm (vgl. vorne N 25 ff.) verstehen.   **28**

Innerhalb der genannten Sozialversicherungszweige sind wiederum nicht sämtliche Rechtsstreitigkeiten erfasst, sondern lediglich diejenigen betr. **Geldleistungen**. Diese sind in den jeweiligen Erlassen abschliessend definiert (vgl. auch Art. 15 ATSG). Bei der *Unfallversicherung* handelt es sich um   **29**

a) Taggelder (Art. 16 f. UVG);

b) Invaliditäts- und Hinterlassenenrenten (Art. 18 ff. und Art. 28 ff. UVG);

c) Integritäts- und Hilflosenentschädigungen (Art. 24 f. und Art. 26 f. UVG).

Bei der *Militärversicherung* sind es   **30**

a) Taggelder (inkl. Entschädigungen für die Verzögerung der Berufsausbildung oder für Selbständigerwerbende, Art. 28 ff. MVG);

b) Invaliden- und Hinterlassenenrenten (Art. 40 ff. und Art. 51 ff. MVG);

c) Integritätsschadenrenten (Art. 48 ff. MVG);

d) Genugtuungsleistungen (Art. 59 MVG).

Nicht zu den Geldleistungen zählen die *Sachleistungen* gem. UVG und MVG (vgl. auch Art. 14 ATSG),[55] wie die Erstattung der Kosten der Heilbehandlung (Art. 10 UVG und Art. 16 ff. MVG) und der Hilfsmittel (Art. 11 UVG und Art. 21 MVG) sowie der Ersatz von Sachschäden (Art. 12 UVG und Art. 57 MVG), Reise-, Transport- und Rettungskosten (Art. 13 UVG und Art. 19 MVG) sowie von Leichentransport- und Bestattungskosten (Art. 14 UVG und Art. 60 MVG) und Entschädigungen für Berufsausbildungskosten (Art. 61 MVG). Nicht unter die Geldleistungen fallen auch Eingliederungsmassnahmen (Art. 33 ff. MVG) sowie Tarifstreitigkeiten (Art. 57 UVG und Art. 27 MVG).   **31**

Die «**Zusprechung oder Verweigerung**» gem. Art. 97 Abs. 2 entspricht der «Bewilligung oder Verweigerung» gem. Art. 132 OG. Nach der dazu ergangenen Rechtsprechung des EVG fallen auch die *Kürzung* von Leistungen (Art. 36 ff. UVG und Art. 64 ff. MVG) sowie die *Rückerstattung* von zu Unrecht ausbezahlten Leistungen (Art. 25 ATSG),[56] nicht jedoch der Entscheid über den *Erlass* einer Rückerstattung (Art. 25 Abs. 1 Satz 2 ATSG und Art. 4 f. ATSV)[57] in den Anwendungsbereich der Ausnahmeregelung.   **32**

---

[54] So die Prognose von KIENER/KUHN, ZBl 2006, 155 f.

[55] Nicht als Geldleistung gilt gem. Art. 15 ATSG auch der Geldersatz für eine Sachleistung.

[56] Vgl. BGE 122 V 134, 136.

[57] Vgl. BGE 122 V 221, 223; BGE 98 V 274.

33 Im Anwendungsbereich von Art. 97 Abs. 2 kann **jeder Fehler** bei der Sachverhaltsfeststellung gerügt werden. Erforderlich ist aber immerhin, dass der Fehler sich auf die Feststellung eines **rechtserheblichen** Sachverhaltselements bezieht.

34 Das **Novenrecht** von Art. 99 und die Regelung betr. die **Entscheidbefugnisse** des Bundesgerichts gem. Art. 107 Abs. 2 gelten auch im Anwendungsbereich von Art. 97 Abs. 2.

Art. 98

Beschränkte Be-schwerdegründe	**Mit der Beschwerde gegen Entscheide über vorsorgliche Massnahmen kann nur die Verletzung verfassungsmässiger Rechte gerügt werden.**
Motifs de recours limités	Dans le cas des recours formés contre des décisions portant sur des mesures provisionnelles, seule peut être invoquée la violation des droits constitutionnels.
Limitazione dei motivi di ricorso	Contro le decisioni in materia di misure cautelari il ricorrente può far valere soltanto la violazione di diritti costituzionali.

Inhaltsübersicht

Materialien

Art. 90 Abs. 2 E 2001 BBl 2001, 4503; Botschaft 2001 BBl 2001, 4337.

Literatur

ST. BERTI, Die vorsorglichen Massnahmen im Zivil-, Verwaltungs- und Strafverfahren – Vorsorgliche Massnahmen im Schweizerischen Zivilprozess, ZSR 1997 II, 173 ff. (zit. Berti, ZSR 1997); I. HÄNER, Die vorsorglichen Massnahmen im Zivil-, Verwaltungs- und Strafverfahren – Vorsorgliche Massnahmen im Verwaltungsverfahren und Verwaltungsprozess, ZSR 1997 II, 255 ff. (zit. Häner, ZSR 1997); H. PETER, Le recours en matière de poursuites et faillites, in: Urs Portmann (Hrsg.), La nouvelle loi fédérale sur le tribunal fédéral, Lausanne 2007, 195 ff. (zit. Portmann-Peter); G. PIQUEREZ, Les mesures provisoires en procédure civile, administrative et pénale – La procédure pénale, ZSR 1997 II, 1 ff. (zit. Piquerez, ZSR 1997); B. REEB, Les mesures provisoires en procédure civile, administrative et pénale – Les mesures provisoires dans la procédure de poursuite, ZSR 1997 II, 423 ff. (zit. Reeb, ZSR 1997); P. REETZ, Das neue Bundesgerichtsgesetz unter besonderer Berücksichtigung der Beschwerde in Zivilsachen, SJZ 2007, 1 ff. und 29 ff. (Reetz, SJZ 2007); P. SCHÄDLER, Vorsorgliche Massnahmen und einstweilige Anordnungen im Kartellverwaltungsverfahren der Schweiz und der Europäischen Gemeinschaft: Bestandsaufnahme, Kritik und Vorschläge de lege ferenda, Basel etc. 2002 (zit. Schädler, Kartellverwaltungsverfahren).

Vgl. ferner die Literaturhinweise zu Art. 95.

I. Die Anfechtung von vorsorglichen Massnahmen vor Bundesgericht

1. Wesen und Bedeutung vorsorglicher Massnahmen

Vorsorgliche Massnahmen sind **einstweilige Verfügungen**, die eine Rechtsfrage nur vorläufig regeln, bis darüber in einem späteren Hauptentscheid definitiv entschieden wird. Sie werden wegen der zeitlichen Dringlichkeit aufgrund einer *summarischen Prüfung* der Sach- und Rechtslage in einem einfachen und raschen Verfahren – regelmässig mit Beweismittel- und Beweisstrengebeschränkungen – erlassen. Je nach dem, ob eine vorsorgliche Massnahme in einem separaten Verfahren ergeht, kann sie als *Zwischen- oder Endentscheid* ausgestaltet sein.[1] **1**

Mit Blick auf ihren **Zweck** werden verschiedene Kategorien von vorsorglichen Massnahmen, insb. die Sicherungsmassnahmen und die Regelungsmassnahmen, unterschieden,[2] wobei die Abgrenzung nicht immer eindeutig ist. Mit dem Erlass vorsorglicher Massnahmen soll demnach entweder sichergestellt werden, dass der *Hauptprozess* ordentlich durchgeführt werden kann und dass die Vollstreckung des *Hauptentscheids* nicht vereitelt wird oder dass während der Prozessdauer eine *vorläufige Friedensordnung* gilt.[3] **2**

Vorsorgliche Massnahmen sind in allen **Rechtsgebieten**, im Privatrecht, Strafrecht und im öffentlichen Recht anzutreffen (vgl. hinten N 11 ff.), wobei im Strafrecht der Begriff kaum gebräuchlich ist, und stattdessen von *strafprozessualen Zwangsmassnahmen* gesprochen wird. Nicht für alle Rechtsgebiete einheitlich definiert werden auch die *allgemeinen Voraussetzungen* von vorsorglichen Massnahmen: **3**

a) im *Zivilrecht* wird grundsätzlich ein drohender, nicht leicht wieder gutzumachender Nachteil sowie die wahrscheinliche Begründetheit des Hauptbegehrens vorausgesetzt, wobei Glaubhaftmachung genügt;[4]

b) *strafprozessuale Zwangsmassnahmen* erfordern einen dringenden Tatverdacht, müssen auf einer ausreichenden gesetzlichen Grundlage beruhen, im öffentlichen Interesse liegen, verhältnismässig sein und den Kerngehalt der betroffenen Grundrechte wahren (Art. 36 BV);[5]

c) im *öffentlichen Recht* wird verlangt, dass die Anordnung vorsorglicher Massnahmen zur Wahrung überwiegender öffentlicher Interessen notwendig ist, andernfalls ein nicht leicht wieder gutzumachender Nachteil eintritt, wobei der Endentscheid dadurch nicht präjudiziert werden darf. Eine ausdrückliche gesetzliche Grundlage wird hingegen im öffentlichen Recht nicht verlangt, bzw. es wird angenommen, dass die materiellrechtliche Norm, um deren Durchsetzung es geht, die Anordnung vorsorglicher Massnahmen ebenfalls abdeckt.[6]

2. Beschwerde an das Bundesgericht

Nach der Rechtsmittelordnung des **OG** war die Zulässigkeit einer Beschwerde gegen eine vorsorgliche Massnahme für jedes Rechtsmittel separat zu beurteilen. Die *zivilrechtliche Berufung* scheiterte am Erfordernis eines Endentscheids gem. Art. 48 OG, d.h. **4**

---

[1] Vgl. Botschaft 2001 BBl 2001 4336 f.
[2] Vgl. VOGEL/SPÜHLER, Grundriss[8], 348 ff.; RHINOW/KOLLER/KISS, Prozessrecht, N 1089; KÖLZ/HÄNER, Verwaltungsrechtspflege[2], N 332.
[3] Vgl. VOGEL/SPÜHLER, Grundriss[8], 348 ff.
[4] Vgl. VOGEL/SPÜHLER, Grundriss[8], 354 ff.; vgl. auch Art. 257 E-ZPO.
[5] Vgl. SCHMID, 240 ff.; HAUSER/SCHWERI/HARTMANN, Strafprozessrecht[6], 323 ff.; vgl. auch Art. 194 E-StPO.
[6] Vgl. RHINOW/KOLLER/KISS, Prozessrecht, N 1090 f.; KÖLZ/HÄNER, Verwaltungsrechtspflege[2], N 333 ff.; HÄNER, ZSR 1997, 313 ff.

eines Entscheids, der materielle Rechtskraft erlangen kann.[7] Die *Nichtigkeitsbeschwerde in Strafsachen* war regelmässig ausgeschlossen, weil mit der Verletzung von Bundesrecht unter Ausschluss der verfassungsmässigen Rechte gem. Art. 269 BStP angesichts der kantonalrechtlichen Rechtsgrundlagen kein wirksamer Beschwerdegrund vorlag.[8] Somit stand im Bereich des Zivil- und Strafrechts gegen vorsorgliche Massnahmen in der Regel ausschliesslich die *staatsrechtliche Beschwerde* wegen Verletzung verfassungsmässiger Rechte (Art. 84 Abs. 1 Bst. a OG) offen.[9] Im Bereich des öffentlichen Rechts war die *Verwaltungsgerichtsbeschwerde* gegen vorsorgliche Massnahmen grundsätzlich zulässig, falls diese als Zwischenentscheid ergingen allerdings nur, wenn ein nicht wieder gutzumachender Nachteil drohte (Art. 97 Abs. 1 OG i.V.m. Art. 5 Abs. 2 sowie Art. 45 Abs. 1 und 2 Bst. g aVwVG).[10] Sofern die vorsorgliche Massnahme gestützt auf kantonales Recht angeordnet worden war, kam wiederum lediglich die *staatsrechtliche Beschwerde* wegen Verletzung verfassungsmässiger Rechte (Art. 84 Abs. 1 Bst. a OG) in Frage.

5   Vorsorgliche Massnahmen werden als Objekt einer Beschwerde an das Bundesgericht gem. BGG grundsätzlich nicht separat geregelt.[11] Sie sind entsprechend dem Sachgebiet des Hauptentscheids mit den drei **Einheitsbeschwerden** anfechtbar, sofern die allgemeinen Beschwerdevoraussetzungen, insb. die Art. 90 ff. betr. zulässige *Anfechtungsobjekte*, erfüllt sind.[12] Demnach sind vorsorgliche Massnahmen, die ein Verfahren abschliessen, als Endentscheid gem. Art. 90 grundsätzlich ohne weiteres anfechtbar.[13] Ergeht eine vorsorgliche Massnahme in der Form eines selbständig eröffneten Zwischenentscheids, so ist dieser gem. Art. 93 Abs. 1 Bst. a nur anfechtbar, wenn ein nicht wieder gutzumachender Nachteil droht (vgl. Art. 93 N 2 ff.).[14] Andernfalls kann die vorsorgliche Massnahme nur noch durch Beschwerde gegen den Endentscheid gem. Art. 93 Abs. 3 angefochten werden, sofern sie sich auf dessen Inhalt ausgewirkt hat, was kaum je der Fall sein dürfte (vgl. Art. 93 N 11 f.).

6   Die Befugnis zur Anfechtung von vorsorglichen Massnahmen richtet sich nach den allgemeinen Bestimmungen zur **Legitimation** der drei Einheitsbeschwerden. Für die Beschwerden in Zivilsachen und in Strafsachen ist gem. Art. 76 bzw. Art. 81 primär legitimiert, wer am vorinstanzlichen Verfahren teilgenommen hat oder keine Möglichkeit zur Teilnahme hatte und ein *rechtlich geschütztes Interesse* an der Aufhebung oder Änderung der angefochtenen Massnahme hat. Im öffentlichen Recht genügt demgegenüber gem. Art. 89 neben der Verfahrensbeteiligung ein besonderes Berührtsein und ein *schutzwürdiges tatsächliches Interesse* an der Aufhebung oder Änderung der angefochtenen Massnahme.

7   Die **Frist** zur Anfechtung von vorsorglichen Massnahmen richtet sich nach Art. 100, wobei der Fristenlauf gem. Art. 46 Abs. 2 während den Gerichtsferien *nicht stillsteht*.

---

[7] Vgl. GEISER/MÜNCH²-MÜNCH, 129; BERTI, ZSR 1997, 237 f.; POUDRET, Commentaire, Art. 48 N 1.1.2.1 und 1.1.6. Die *zivilrechtliche Nichtigkeitsbeschwerde* war grundsätzlich zulässig, aber auf die Beschwerdegründe gem. Art. 68 OG beschränkt.

[8] Vgl. PIQUEREZ, ZSR 1997, 119 f.

[9] Vgl. SEILER/VON WERDT/GÜNGERICH, BGG, Art. 98 N 1. Eine Revision von Art. 87 OG dehnte ab 1.3.2000 das Erfordernis eines *nicht wieder gutzumachenden Nachteils* bei der Anfechtung von Zwischenentscheiden von Beschwerden wegen Verletzung von Art. 4 BV auf sämtliche Beschwerdegründe aus (vgl. AS 2000 416).

[10] Vgl. BGer 1A.39/2003, E. 1.2; GEISER/MÜNCH²-KARLEN, 96.

[11] Vgl. demgegenüber die Regelung der *Anordnung* vorsorglicher Massnahmen durch das Bundesgericht in den Art. 103 f. und Art. 126.

[12] Vgl. BELLANGER/TANQUEREL-HOTTELIER, 83 f.

[13] Vgl. Botschaft 2001 BBl 2001 4331 f.

[14] Vgl. Botschaft 2001 BBl 2001 4333 f.

Die Beschwerde gegen eine vorsorgliche Massnahme ist gem. Art. 98 nur wegen **Verletzung verfassungsmässiger Rechte** zulässig (vgl. dazu hinten N 17 ff.). Die Berufung auf die Beschwerdegründe der Art. 95–97 ist demgegenüber ausgeschlossen. Ebenfalls nicht anwendbar ist Art. 105. In analoger Anwendung von Art. 118 legt das Bundesgericht vielmehr seinem Urteil betr. vorsorgliche Massnahmen den *Sachverhalt* zugrunde, den die Vorinstanz festgestellt hat, und berichtigt oder ergänzt die Sachverhaltsfeststellung nur, wenn diese auf der Verletzung eines verfassungsmässigen Rechts beruht. Schliesslich gilt auch der Grundsatz der Rechtsanwendung von Amtes wegen bei der Anfechtung von vorsorglichen Massnahmen gem. Art. 106 Abs. 1 nur beschränkt auf die verfassungsmässigen Rechte, wobei bezüglich der Verletzung von Grundrechten Art. 106 Abs. 2 das *Rügeprinzip* vorbehält.   **8**

Die **Einschränkung der zulässigen Beschwerdegründe** auf die Verletzung verfassungsmässiger Rechte hat drei Gründe.[15] *Erstens* soll das Bundesgericht sich nicht mehrmals mit identischen Fragen in derselben Angelegenheit befassen müssen. Die umfassende Kontrolle einer Anordnung sowohl als vorsorgliche Massnahme als auch im Hauptentscheid ist weder nötig noch sinnvoll. Grundsätzlich soll sich das Bundesgericht erst mit der definitiven Festlegung durch die Vorinstanz befassen. Allerdings soll die Anordnung vorsorglicher Massnahmen nicht ganz vom höchstrichterlichen Schutz ausgenommen sein, sondern einer beschränkten Überprüfung mit Blick auf die Verletzung verfassungsmässiger Rechte unterliegen. Diese Kognitionsbeschränkung rechtfertigt sich *zweitens* mit Blick auf die ebenfalls beschränkte Beurteilung der Rechts- und Sachlage durch die Behörde, welche die vorsorgliche Massnahme anordnet. Es wäre inkohärent, wenn dem obersten Gericht eine weitergehende Überprüfungsbefugnis und -pflicht zukäme. Schliesslich rechtfertigt sich die Regelung von Art. 98 *drittens* auch mit Blick auf das Ziel, das Bundesgericht auf seine wesentlichen Rechtsprechungsfunktionen zu fokussieren und von weniger wichtigen Aufgaben zu entlasten.   **9**

Vor dem Hintergrund dieser *ratio legis* für die Einschränkung der Beschwerdegründe und Überprüfungsbefugnis rechtfertigt sich eine **einheitliche Auslegung** des Begriffs der «vorsorglichen Massnahmen» gem. Art. 98, die von überkommenen Kategorienbildungen in den einzelnen Rechtsgebieten teilweise abweicht. Nur wo eine spätere Überprüfung der Anordnung durch das Bundesgericht unter dem Rügespektrum der Art. 95–97 gewährleistet ist und dadurch das legitime Rechtsschutzbedürfnis der Parteien gewahrt werden kann, ist die Beschränkung der Kognition gem. Art. 98 sinnvoll und zulässig.[16]   **10**

Im materiellen Recht ausdrücklich genannte vorsorgliche Massnahmen im Bereich des **Zivilrechts** sind – in teilweiser Anlehnung an die Rechtsprechung des Bundesgerichts zu Art. 48 OG – etwa: **11**

– vorsorgliche Massnahmen des Persönlichkeitsschutzes (Art. 28c ff. ZGB), auch des Datenschutzes (Art. 15 Abs. 1 DSG), *nicht* aber die Gegendarstellung (Art. 28g ff. ZGB);[17]

– vorsorgliche Massnahmen während des Scheidungsverfahrens (Art. 137 Abs. 2 ZGB), und Eheschutzmassnahmen (Art. 172 ff. ZGB; *umstritten*);[18]

---

[15] Vgl. Botschaft 2001 BBl 2001 4336 f.

[16] Vgl. dazu auch REETZ, SJZ 2007, 32, der vorsorgliche Massnahmen, die in der Form eines Endentscheids ergehen, (zumindest im Bereich des Zivilrechts) generell vom Anwendungsbereich von Art. 98 ausnehmen möchte.

[17] Vgl. BGE 112 II 193, 195 f.

[18] Vgl. BGE 127 II 474; BGE 133 III 393, 396 f.; zu Recht **a.A.** POUDRET, Commentaire, Art. 48 N 1.1.6.6 m.w.Hinw.

– vorsorgliche Massregeln in Unterhaltssachen (Art. 281 ff. ZGB) und bei Unterstützungsleistungen (Art. 329 Abs. 3 ZGB);

– vorläufige Kindesschutzmassnahmen der Vormundschaftsbehörde im eherechtlichen Verfahren (Art. 315 Abs. 3 Ziff. 2 ZGB);

– Massregeln der vorläufigen Fürsorge durch die Vormundschaftsbehörde (Art. 386 ZGB);

– vorläufige Verfügungen des Vormundes in dringenden Fällen (Art. 421 Ziff. 8 ZGB);

– vorläufige Massregeln der Vormundschaftsbehörde gegenüber dem Vormund (Art. 448 ZGB);

– Sicherungsmassnahmen bei der Erbschaftsklage (Art. 598 Abs. 2 ZGB);

– vorsorgliche Massnahmen im Rahmen einer Erbteilung (z.B. Art. 604 Abs. 3 ZGB);

– vorsorgliche Massnahmen betr. die Aufhebung von Miteigentum an Tieren im häuslichen Bereich (Art. 651a Abs. 3 ZGB);

– vorläufige Eintragungen im Grundbuch (Art. 961 ZGB), insb. die vorläufige Eintragung eines Bauhandwerkerpfandrechts (Art. 837 Abs. 1 Ziff. 3 ZGB);

– Massnahmen des Besitzesschutzes (Art. 926 ff. ZGB; *umstritten*);[19]

– vorsorgliche Massnahmen bei der Anfechtung missbräuchlicher Forderungen des Vermieters (Art. 270e Bst. b OR) und bei anderen mietrechtlichen Streitigkeiten (Art. 274f Abs. 2 OR) betr. Wohn- und Geschäftsräume, jedoch *nicht* die Erstreckung von Miete und Pacht (Art. 272 ff. und Art. 300 OR);[20]

– provisorische Wiedereinstellung der Arbeitnehmerin oder des Arbeitnehmers aufgrund des Gleichstellungsgesetzes bei Arbeitsverhältnissen nach OR (Art. 11 Abs. 3 GlG);

– vorläufiger Entzug der Vertretungsbefugnis des Kollektivgesellschafters (Art. 565 Abs. 2 OR), worauf im Recht der Kommanditgesellschaft (Art. 603 OR), der Kommandit-AG (Art. 767 Abs. 1 OR) und der GmbH (Art. 814 Abs. 2 OR) verwiesen wird;

– vorsorgliche Massnahmen bei der Klage auf Auflösung einer Kollektivgesellschaft (Art. 574 Abs. 3 OR), einer Kommanditgesellschaft (Art. 619 Abs. 1 i.V.m. Art. 574 Abs. 3 OR) einer Aktiengesellschaft (Art. 625 Abs. 2 und Art. 643 Abs. 3 OR), einer Kommandit-AG (Art. 764 Abs. 2 i.V.m. Art. 625 Abs. 2 und Art. 643 Abs. 3 OR) einer GmbH (Art. 775 Abs. 2 OR) oder einer Genossenschaft (Art. 831 Abs. 2 OR);

– vorsorgliche zivilrechtliche Massnahmen im Kartellrecht (Art. 17 KG) und im Lauterkeitsrecht (Art. 14 UWG);

– vorsorgliche Massnahmen im Immaterialgüterrecht (Art. 65 URG; Art. 59 MSchG; Art. 38 DesG; Art. 77 PatG; Art. 43 ff. Sortenschutzgesetz).

12 Zu den **strafprozessualen Zwangsmassnahmen** zählen:

– Anordnung, Verlängerung und Entlassung aus der Untersuchungshaft[21] sowie die Ersatzmassnahmen;[22]

---

[19] Vgl. BGE 113 II 243; zu Recht **a.A.** POUDRET, Commentaire, Art. 48 N 1.1.6.8 m.w.Hinw.

[20] Vgl. POUDRET, Commentaire, Art. 48 N 1.1.6.

[21] Vgl. BGer 1B.4/2007, E. 1; HAUSER/SCHWERI/HARTMANN, Strafprozessrecht[6], 325 ff.; Botschaft 2001 BBl 2001 4337. Vgl. auch Art. 219 ff. E-StPO.

[22] Vgl. PIQUEREZ, ZSR 1997, 66 ff.; vgl. auch Art. 236 ff. E-StPO.

– vorläufige Beschlagnahmung von Vermögenswerten;[23]

– die Durchsuchung;[24]

– Überwachungsmassnahmen;[25]

– die Untersuchung und die erkennungsdienstlichen Massnahmen.[26]

Vorsorgliche Massnahmen auf dem Gebiet des **öffentlichen Rechts** sind etwa: **13**

– vorsorgliche Massnahmen und einstweilige Anordnungen im Kartellverwaltungsverfahren,[27] insb. der Entscheid über den vorläufigen Vollzug eines Unternehmenszusammenschlusses (Art. 33 Abs. 2 KG);

– die Gewährung eines Vorschusses im Opferhilferecht (Art. 15 OHG) und im Sozialversicherungsrecht (Art. 19 Abs. 4 ATSG; vgl. auch Art. 31 AVIV);

– die vorsorgliche Unterschutzstellung im Natur- und Heimatschutz (Art. 16 NHG und Art. 29 NHV);

– die Anordnung der Sicherstellung einer Steuerforderung (Art. 169 DBG);

– vorbereitende Handlungen (Art. 15 EntG) und vorzeitige Besitzeinweisung (Art. 76 EntG) im Enteignungsrecht;

– die vorsorgliche Sanierung oder Stilllegung einer Anlage (Art. 16 Abs. 4 USG);

– vorsorgliche Massnahmen im Lebensmittelrecht (Art. 30 LMG).

Noch weitgehend ungeklärt ist die Einordnung verschiedener Entscheide auf dem Gebiet **14** des **Schuldbetreibungs- und Konkursrechts** in die Kategorie der vorsorglichen Massnahmen gem. Art. 98. Dies gilt insb. für die SchKG-spezifischen Rechtsinstitute der *Rechtsöffnung* (Art. 80 ff. SchKG) und des *Arrests* (Art. 271 ff. SchKG).[28]

In allen Rechtsgebieten gilt die Gewährung oder der Entzug der **aufschiebenden Wir- 15 kung** als prozessuale vorsorgliche Massnahme (vgl. Art. 312, 323 und 329 E-ZPO, Art. 395 und 409 E-StPO, Art. 55 VwVG und Art. 36 SchKG).[29]

Keine vorsorglichen Massnahmen i.S.v. Art. 98 sind **befristete eigenständige Regelun- 16 gen** wie die ausländerrechtliche Vorbereitungs-, Ausschaffungs- und Durchsetzungshaft (Art. 13a ff. ANAG bzw. Art. 75 ff. AuG).[30]

---

[23] Vgl. HAUSER/SCHWERI/HARTMANN, Strafprozessrecht[6], 339 ff.; vgl. auch Art. 240 ff. E-StPO.

[24] Vgl. HAUSER/SCHWERI/HARTMANN, Strafprozessrecht[6], 349 ff.; vgl. auch Art. 262 ff. E-StPO.

[25] Vgl. HAUSER/SCHWERI/HARTMANN, Strafprozessrecht[6], 356 ff.; vgl. auch Art. 268 ff. E-StPO.

[26] Vgl. HAUSER/SCHWERI/HARTMANN, Strafprozessrecht[6], 367 ff.; vgl. auch Art. 250 ff. E-StPO.

[27] Vgl. BGE 130 II 521; BGE 130 II 149; SCHÄDLER, Kartellverwaltungsverfahren, 54 ff.

[28] Vgl. PORTMANN-PETER, 204 f. der sowohl die Rechtsöffnungsentscheide als auch die Arrestverfügungen vom Anwendungsbereich von Art. 98 ausnehmen möchte; ferner REEB, ZSR 1997, 429 ff.

[29] Vgl. SEILER/VON WERDT/GÜNGERICH, BGG, Art. 98 N 7.

[30] Vgl. BGer 2C.1/2007, E. 1.3; SEILER/VON WERDT/GÜNGERICH, BGG, Art. 98 N 13. KÖLZ/HÄNER, Verwaltungsrechtspflege[2], N 334 behandeln die Vorbereitungshaft hingegen als vorsorgliche Massnahme. Vgl. dazu auch BGE 127 II 168, 173 f.; BGE 125 II 465, 472; BGE 125 II 369, 374; BGE 125 II 217, 221 ff.

Markus Schott

II. Verletzung verfassungsmässiger Rechte

17   Art. 90 Abs. 2 **E 2001** sah für die Beschwerde gegen Entscheide über vorsorgliche Massnahmen die Rüge der «Verletzung des Willkürverbots oder eines anderen Grundrechts» vor.[31] Die Erweiterung der zulässigen Beschwerdegründe auf die Verletzung aller verfassungsmässigen Rechte wurde auf Antrag der ständerätlichen Rechtskommission zusammen mit der Verselbständigung in einem eigenen Artikel von den Räten diskussionslos beschlossen.[32]

18   Der Begriff der **verfassungsmässigen Rechte** erscheint auch in Art. 116 betr. die *subsidiäre Verfassungsbeschwerde* und ist für beide Fälle einheitlich, entsprechend der bisherigen Praxis des Bundesgerichts zur staatsrechtlichen Beschwerde gem. Art. 84 Abs. 1 Bst. a OG auszulegen (vgl. Art. 116 N 8).

19   **Rechtsquellen** der verfassungsmässigen Rechte sind das geschriebene und ungeschriebene *Verfassungsrecht* von Bund und Kantonen (vgl. auch Art. 95 Bst. c), sowie die für die Schweiz verbindlichen *internationalen Menschenrechtsabkommen*, insb. die EMRK und die UNO-Pakte.[33]

20   Der **bundesrechtliche Begriff** der verfassungsmässigen Rechte gem. Art. 98 und 116 gilt für alle genannten Rechtsquellen und setzt drei Elemente voraus: die entsprechende Norm muss zumindest auch dem *Individualrechtsschutz* dienen, einem ausgewiesenen *Rechtsschutzbedürfnis* entsprechen und *justiziabel* sein (vgl. diesbezüglich Art. 116 N 7, 27 f.).[34]

21   Als verfassungsmässige Rechte sind vom Bundesgericht anerkannt:[35]

– alle Grundrechte der Bundesverfassung (Art. 7–34 BV), jedoch *nicht* die Sozialziele (Art. 41 BV);

– die Grundrechte der Kantonsverfassungen, insofern sie über die entsprechenden Garantien der BV hinausgehen (vgl. Art. 95 N 55 ff.);

– das Bürgerrecht (Art. 37 BV);[36]

– der Grundsatz des Vorrangs des Bundesrechts (Art. 49 BV);[37]

– die Garantie der Gemeindeautonomie (Art. 50 Abs. 1 BV) sowie weiterer Garantien zugunsten öffentlich-rechtlicher Körperschaften;[38]

– der Anspruch auf gebührenfreie Benützung öffentlicher Strassen (Art. 82 Abs. 3 BV);[39]

– das Legalitätsprinzip im Abgaberecht (Art. 127 Abs. 1 BV)[40] und im Strafrecht;[41]

---

[31] Vgl. Botschaft 2001 BBl 2001 4336.

[32] Vgl. AB 2003 S 910 und AB 2004 N 1612.

[33] Vgl. BELLANGER/TANQUEREL-HOTTELIER, 77 ff.

[34] Vgl. BGE 131 I 366, 368; HÄFELIN/HALLER/KELLER, Suppl., N 1973; BELLANGER/TANQUEREL-HOTTELIER, 86 f.

[35] Vgl. RHINOW/KOLLER/KISS, Prozessrecht, N 1808 ff.; BELLANGER/TANQUEREL-HOTTELIER, 78 f.

[36] Vgl. BGE 132 I 68, 71 f.

[37] Vgl. BGE 131 I 198, 201.

[38] Vgl. BGE 131 I 91, 93 f.

[39] Vgl. BGE 122 I 279, 283 zum entsprechenden Art. 37 Abs. 2 aBV.

[40] Vgl. BGE 132 I 117, 120.

[41] Vgl. BGE 123 I 1, 4.

– die verfassungsrechtlichen Grundsätze der Steuererhebung (Art. 127 Abs. 2 BV) und das Verbot der interkantonalen Doppelbesteuerung (Art. 127 Abs. 3 BV);[42]

– der Grundsatz der Gewaltenteilung.[43]

Keine selbständigen verfassungsmässigen Rechte sind die **Verfassungsprinzipien** gem. Art. 5 BV, insb. das Erfordernis des *öffentlichen Interesses* und das *Verhältnismässigkeitsprinzip*. Dies gilt ausserhalb der Bereiche der öffentlich-rechtlichen Abgaben und des Strafrechts auch für das *Legalitätsprinzip*.[44]   **22**

In praktischer Hinsicht stehen bei der Anfechtung von vorsorglichen Massnahmen vor Bundesgericht regelmässig die Rügen der Verletzung des **Willkürverbots** (Art. 9 BV) und der allgemeinen **Verfahrensgarantien** (Art. 29 BV) im Vordergrund. Demgegenüber kann vor den Vorinstanzen regelmässig das Fehlen der gesetzlichen Voraussetzungen der angefochtenen Massnahme gerügt werden. Eine Änderung der rechtlichen Begründung ist vor Bundesgericht jedoch zulässig (vgl. Art. 99 N 23 ff.).   **23**

Die Reduktion der zulässigen Beschwerdegründe auf die Verletzung verfassungsmässiger Rechte bedeutet für die Anfechtung vorsorglicher Massnahmen auf dem Gebiet des *öffentlichen Rechts* eine gewisse **Einschränkung des Rechtsschutzes** gegenüber der früheren Regelung bei der Verwaltungsgerichtsbeschwerde gem. den Art. 104 f. OG, was sich insb. im Bereich des öffentlichen Wirtschaftsrechts als problematisch erweisen könnte. In den Bereichen der *Zivil- und Strafrechtspflege* wird zwar die Kognition der früheren staatsrechtlichen Beschwerde gem. Art. 84 Abs. 1 Bst. a OG übernommen. Allerdings könnte dereinst der Erlass der eidgenössischen ZPO und StPO das Bedürfnis nach Gewährleistung einer einheitlichen Anwendung dieser Bundesgesetze eine Ausweitung der Kognition bei vorsorglichen Massnahmen auch hinsichtlich gewisser Bereiche des Zivil- und Strafprozessrechts, etwa bei der Anordnung von strafprozessualen Zwangsmassnahmen, erheischen.   **24**

---

[42] Vgl. BGE 132 I 220; BGE 131 II 697, 705.
[43] Vgl. BGE 131 I 291, 297.
[44] Vgl. HÄFELIN/MÜLLER/UHLMANN, Verwaltungsrecht[5], N 364; BELLANGER/TANQUEREL-HOTTELIER, 86.

3. Abschnitt: Neue Vorbringen

Art. 99

[1] Neue Tatsachen und Beweismittel dürfen nur so weit vorgebracht werden, als erst der Entscheid der Vorinstanz dazu Anlass gibt.

[2] Neue Begehren sind unzulässig.

[1] Aucun fait nouveau ni preuve nouvelle ne peut être présenté à moins de résulter de la décision de l'autorité précédente.

[2] Toute conclusion nouvelle est irrecevable.

[1] Possono essere addotti nuovi fatti e nuovi mezzi di prova soltanto se ne dà motivo la decisione dell'autorità inferiore.

[2] Non sono ammissibili nuove conclusioni.

Inhaltsübersicht

Materialien

E ExpKomm 87; E BR 93 (BBl 2001 4339, 4504; AB 2003 S 910; AB 2004 N 1612).

Literatur

A. BÜHLER/A. EDELMANN/A. KILLER, Kommentar zur aargauischen Zivilprozessordnung, 2. Aufl., Aarau usw. 1998 (zit. Bühler/Edelmann/Killer, Kommentar ZPO[2]); M. KUMMER, Grundriss des Zivilprozessrechts, nach den Prozessordnungen des Kantons Bern und des Bundes, 4. Aufl., Bern 1984 (zit. Kummer, Grundriss[4]); G. LEUCH/O. MARBACH, Die Zivilprozessordnung für den Kanton Bern, 5. Aufl., vollständig überarbeitet von F. KELLERHALS und M. STERCHI (unter Mitarbeit von ANDREAS GÜNGERICH), Bern 2000 (zit.: Leuch/Marbach, ZPO[5]); O. VOGEL/K. SPÜHLER, Grundriss des Zivilprozessrechts und des internationalen Zivilprozessrechts der Schweiz, 8. Aufl., Bern 2006 (zit. Vogel/Spühler, Grundriss[8]).

I. Sinn und Zweck der Novenregelung

1. Das Bundesgericht als Rechtskontrollinstanz

Das Bundesgericht ist von Verfassungs[1] und Gesetzes wegen[2] die oberste rechtsprechende **1** Behörde des Bundes. Zentrale Aufgabe des (nunmehr vereinigten) Bundesgerichts sind die **Rechtskontrolle** (d.h. die Überprüfung der Rechtsanwendung durch eine kantonale Vorinstanz, das Bundesverwaltungsgericht oder das Bundesstrafgericht), im Weiteren die **Rechtsfortentwicklung** und die **Sicherstellung der Einheit der Rechtsordnung**.[3]

Grundlage der bundesgerichtlichen Beurteilung sollen diejenigen Rechtsfragen sein, über **2** welche die Vorinstanz von Amtes wegen und unter Berücksichtigung der von den Parteien eingenommenen Standpunkte und vertretenen Auffassungen im angefochtenen Entscheid befunden hat. Die Erweiterung des Prozessthemas hingegen, die Ausdehnung des Prozessstoffes, neue Vorbringen somit, sind der letztinstanzlichen Prüfung grundsätzlich fremd.

2. Die Bindung des Bundesgerichts an den vorinstanzlich festgestellten Sachverhalt

Verstärkt wird die grundsätzliche Unzulässigkeit neuer Vorbringen durch die Bindung **3** des Bundesgerichts an den vorinstanzlich festgestellten Sachverhalt. Unter Vorbehalt der Regelung in Art. 105 Abs. 2 (und der beiden in Abs. 3 dieser Bestimmung erwähnten Ausnahmen) ist das Bundesgericht **verpflichtet**, seinem Urteil denjenigen Sachverhalt zugrunde zu legen, welchen die Vorinstanz festgestellt hat (Art. 105 Abs. 1). Angesichts dieser bundesgesetzlich – und damit für das Bundesgericht verbindlich (Art. 190 BV) – angeordneten Beschränkung der letztinstanzlichen Beurteilung auf den vorinstanzlich festgestellten (rechtserheblichen) Sachverhalt bleibt für neue Vorbringen grundsätzlich kein Raum.

3. Die Bezüge des Novenverbots zu anderen Prozessmaximen

Das Novenverbot weist **mannigfaltige Bezüge** zu verschiedenen Prozessmaximen auf. **4** Bald erscheint es als deren Ausfluss, bald steht die Einschränkung neuer Vorbringen in einem Spannungsverhältnis zu andern Grundsätzen des Prozesses.[4] Das Bundesgericht hat sich in seiner Rechtsprechung, wie zu zeigen sein wird,[5] verschiedentlich an solchen Prozessmaximen orientiert, um die **Tragweite des Novenverbotes** festzulegen. Soweit sie auf allgemeinen prozessrechtlichen Grundsätzen beruht, kann die bisherige Praxis im Rahmen von Art. 99 Abs. 1 weitergeführt werden.

a) Untersuchungs- und Verhandlungsgrundsatz/Offizial- und Verfügungsgrundsatz

Der Novenausschluss in letzter Instanz erscheint als logische Konsequenz dort, wo der **5** vorausgehende Prozess von den **Grundsätzen der Verhandlung (Beibringung) und**

---

[1] Art. 188 Abs. 1 BV in der Fassung des Bundesbeschlusses über die Reform der Justiz vom 8.10.1999, angenommen in der Volksabstimmung vom 12.3.2000 und mit dem BGG auf den 1.1.2007 in Kraft gesetzt.
[2] Art. 1 Abs. 1.
[3] BBl 2001 4338 f.; KARLEN, BGG, 5 ff.
[4] KUMMER, Grundriss[4], 74 ff., insb. 82 f.; VOGEL/SPÜHLER, Grundriss[8], 177 ff., insb. 182 f.
[5] Vgl. N 5 ff.

Verfügung (Disposition) geprägt ist: Wer in erster Instanz sich darauf beschränkt hat, gewisse Tatsachen zu behaupten und bestimmte Rechte geltend zu machen, hat damit das Prozessthema umrissen und kann es nicht beliebig erweitern.

6   Mit dem **Untersuchungsgrundsatz** und der **Offizialmaxime** verträgt sich das Verbot neuer Vorbringen hingegen nicht ohne weiteres. Zwar ist der Verwaltungsprozess vom Untersuchungsgrundsatz beherrscht, wonach die Verwaltung und – im Streitfall – das Gericht von sich aus für die richtige und vollständige Abklärung des Sachverhalts zu sorgen haben, was für die Zulassung von Noven spricht; doch entbindet das den Rechtsuchenden weder davon, selber diejenigen Beanstandungen vorzubringen, die er für einschlägig und zutreffend hält (Begründungspflicht), noch seinerseits zur Feststellung des Sachverhalts beizutragen, v.a. dann, wenn die umstrittenen und beweisbedürftigen Tatsachen in seinem Einflussbereich liegen (Mitwirkungspflicht). Hat die Partei die eine oder die andere dieser prozessualen Lasten im vorausgehenden Verfahren nicht wahrgenommen, ist sie mit neuen Vorbringen nicht zu hören.[6] Das Bundesgericht spricht von «moyens de fait fautivement tardifs».[7]

b) Eventualmaxime (Konzentrationsgrundsatz)

7   Die Nichtzulassung neuer Tatsachen oder Beweismittel in letzter Instanz kann als Folge der **Eventualmaxime** verstanden werden. Danach hat der Rechtssuchende alles, was ihm als Haupt- oder Eventualstandpunkt dienen kann, gleichzeitig in den Prozess einzuführen, somit nicht nur, worauf er sich in erster Linie zu stützen gedenkt, sondern auch das, was er im Weiteren vorzutragen beabsichtigt, falls er mit dem ersten Vorbringen keinen Erfolg haben sollte.[8]

8   Nicht Thema von Art. 99 Abs. 1 sind Voraussetzungen und Tragweite der Eventualmaxime in den vorausgehenden (kantonalen) Verfahren, die sich nach dem jeweils massgeblichen (kantonalen) Prozessrecht bestimmen. Die Anwendung des **Konzentrationsgrundsatzes** im Rahmen des funktionellen Instanzenzuges, d.h. vor der (ersten oder zweiten) Rechtsmittelinstanz, ist ohne weiteres verfassungsmässig, sofern ihn das (kantonale) Gericht in einer Weise handhabt, dass daraus nicht eine (offensichtliche) Verletzung des Grundsatzes der Rechtsanwendung von Amtes wegen (iura novit curia) resultiert.[9]

c) Die Mitwirkungspflichten

9   Seit je haben Bundesgericht und EVG Sachbehauptungen und -belege als unzulässige Noven von der Hand gewiesen, wenn sie **in Verletzung der prozessualen Mitwirkungspflichten** nicht in das vorausgehende (kantonale) Verfahren eingebracht worden sind.[10]

---

[6] In BGE 126 V 237 nicht publ. E. 1b, H 297/99.

[7] RDAF 1999 I 110 E. 1b.

[8] KUMMER, Grundriss[4], 82.

[9] RtiD 2004 II n. 5c 509 E. 3.3.

[10] BGE 107 II 222 E. I. 3: Der Einwand der Beklagten, der Berechnung des entgangenen Gewinns seien sämtliche Drittverkäufe in der Schweiz zugrunde gelegt worden, ohne zu prüfen, ob diese Kunden überhaupt von der Klägerin hätten beliefert werden können, ist im Verfahren vor dem kantonalen Handelsgericht nicht rechtzeitig und gehörig erhoben worden, stellt daher eine neue, erstmals vor Bundesgericht aufgestellte Behauptung dar und ist daher unzulässig (Art. 55 Abs. 1 lit. c OG); ZAK 1986 130: Versicherter bzw. sein Rechtsvertreter haben dem kantonalen Gericht unaufgefordert die für die Festsetzung der Parteientschädigung erforderlichen Angaben zu machen; wird dies unterlassen und sind die ausnahmsweisen Voraussetzungen für die Berücksichtigung von Nova im Rahmen von Art. 105 Abs. 2 OG nicht erfüllt, hat die Willkürprüfung bezüglich der Höhe der Parteientschädigung von der Aktenlage auszugehen, wie sie sich dem kan-

Diese Rechtsprechung ist im Rahmen von Art. 99 Abs. 1 weiterzuführen; denn Tatsachen (und Beweismittel), welche infolge verletzter Mitwirkungspflicht zurückbehalten worden sind, können nicht als durch den angefochtenen Entscheid veranlasst betrachtet werden.[11]

Die Verletzung der Mitwirkungspflichten bei der Beibringung des Sachverhaltes konnte   **10**
zur Nichtberücksichtigung neuer Tatsachen und Beweismittel selbst in Verfahren führen, in denen das Bundesgericht nicht an die vorinstanzliche Sachverhaltsfeststellung gebunden war, z.B. im Patentprozess. Während das **Novenverbot** des allgemeinen Berufungsverfahrens (Art. 55 Abs. 1 lit. c OG) die Parteien daran hinderte, von der Vorinstanz nicht festgestellte oder im kantonalen Verfahren nicht prozesskonform behauptete Tatsachen vorzubringen, gab ihnen Art. 67 Ziff. 2 Abs. 2 OG[12] die Möglichkeit, neue Tatsachen und Beweismittel vorzubringen, welche sich auf technische Verhältnisse beziehen, wenn sie dieselben im kantonalen Verfahren nicht geltend machen konnten oder wenn dazu kein Grund bestand. An die Voraussetzungen dieses Novenrechts legte das Bundesgericht angesichts des Ausnahmecharakters der Bestimmung und im Interesse der Verfahrenbeschleunigung einen strengen Massstab an. Es liess neue Tatsachen oder Beweismittel nur zu, wenn der Partei, die sie vorbringt, nicht vorgeworfen werden kann, sie hätte sich bereits im kantonalen Verfahren darauf berufen können und müssen, sofern sie dieses mit der gebotenen Sorgfalt geführt hätte.[13]

In dieser Hinsicht bestand ein **Unterschied zur Rechtsprechung des EVG**. Soweit das Gericht über die Bewilligung oder Verweigerung von Versicherungsleistungen urteilte,[14] führte die Verletzung der Mitwirkungspflichten nicht zum Ausschluss des unechten Novums (z.B. ein vor dem kantonalen Gerichtsentscheid datierendes medizinisches Gutachten) von der letztinstanzlichen Beurteilung. Einerseits beschränkte das EVG, welches über volle Kognition im Streit um Sozialversicherungsleistungen verfügte, lediglich die Zulässigkeit (echter und unechter) Noven auf während der Rechtsmittelfrist aufgestellte neue Tatsachenbehauptungen oder eingereichte neue Beweismittel;[15] andererseits trug das EVG der verletzten Mitwirkungspflicht bei der Festlegung der Parteientschädigung Rechnung.[16]

Es stellt sich die Frage, in welchem Verhältnis Art. 99 Abs. 1 zu Art. 105 Abs. 3 steht.[17]   **11**
Vom Wortlaut her enthält Art. 99 Abs. 1 keine Einschränkung. Doch ist zu bedenken, dass der **Novenausschluss** mit der freien Sachverhaltsüberprüfung von Amtes wegen sachlich kaum vereinbar ist. Als zulässig zu betrachten sind jedoch – soweit innert der Beschwerdefrist erhoben oder beigebracht – lediglich neue tatsächliche Behauptungen und Beweismittel, bezüglich deren der Partei nicht der Vorwurf gemacht werden kann, sie habe die Mitwirkungspflicht verletzt.

---

tonalen Gericht darbot. Im gleichen Sinne die verwaltungsgerichtliche Rechtsprechung auf dem Gebiet des Ausländerrechts: Urteile 2A.715/2005 vom 13.2.2006 (Kindernachzug) und 2A.271/ 2005 vom 12.8.2005 (Familiennachzug).

[11] Vgl. Ziff. III/2 hienach.
[12] Soweit er im Rahmen von Art. 132 Abs. 1 intertemporal rechtlich noch zur Anwendung gelangt.
[13] BGE 123 III 485 E. 1; 120 II 312 E. 3a; 98 II 325 E. 3a; Urteil 4C.502/1997 vom 20.4.1998 E. 2.
[14] Art. 132 lit. a OG in der bis 30.6.2006 gültig gewesenen Fassung; Art. 132 Abs. 1 lit. b OG in der seit 1.7.2006 in Kraft stehenden Fassung (Ausschluss der Invalidenversicherung, vgl. Abs. 2).
[15] BGE 127 V 353 (Änderung der Rechtsprechung) E. 2 (Angleichung an die bundesgerichtliche Praxis).
[16] Art. 159 Abs. 5 i.V.m. Art. 156 Abs. 6 OG (unnötige Kosten, Verursacherprinzip). Offen ist, welche der beiden Praxislinien sich im Rahmen von Art. 97 Abs. 2/Art. 105 Abs. 3 durchsetzt, d.h. in Streitigkeiten betr. Geldleistungen der Militär- und Unfallversicherung, wo dem Bundesgericht auch weiterhin (noch) Tatsachenkontrolle zusteht.
[17] Vgl. Ziff. III/3c.

Ulrich Meyer

d) Treu und Glauben

12 Namentlich im Bereich der eidgenössischen Nichtigkeitsbeschwerde in Strafsachen ist das Bundesgericht bisweilen auf einen erstmals gestellten Antrag nicht eingetreten, weil es angenommen hat, dass dieser bei den gegebenen Umständen gegen Treu und Glauben verstosse.[18]

13 Bezüglich Zulässigkeit neuer Vorbringen (Tatsachen und Beweismittel) hat Treu und Glauben als Rechtsgedanke weiterhin eine gewisse Bedeutung; hinsichtlich neuer Anträge (Rechtsbegehren) jedoch dürfte er gegenstandslos sein, da Art. 99 Abs. 2 neue Begehren ohne Wenn und Aber ausschliesst.[19]

14 Massgeblich ist Treu und Glauben hingegen für die Frage, ob ein Vorbringen oder Begehren neu ist; denn Richtschnur für die Auslegung von Erklärungen der Parteien im Prozess – der Rechtsschriften – ist das Vertrauensprinzip, welches für die Ermittlung der tatsächlich gestellten Anträge ebenso gilt wie für die Interpretation der Begründung.[20]

4. Bisherige Praxis

15 Bald gestützt auf ausdrückliche gesetzliche Vorschrift,[21] bald abgeleitet aus der gesetzlich angeordneten Bindung des Bundesgerichts an den vorinstanzlich festgestellten Sachverhalt,[22] bald mit Blick auf das der (Verfassungs-)Rechtskontrolle dienende Verfahren[23] hat das Bundesgericht seit je die Zulassung von Noven grundsätzlich abgelehnt.[24] Die Umschreibungen, wann ausnahmsweise neue Tatsachen (oder Beweismittel) zu berücksichtigen waren, decken sich untereinander im Kern, ohne dass in den Einzelheiten volle Übereinstimmung bestanden hätte. Die zivil- und strafrechtlichen Praxen waren dabei im Vergleich zu den öffentlich-rechtlichen Streitigkeiten und hier – zumindest anfänglich – der Sozialversicherungsrechtspflege im Nichtleistungsbereich – tendenziell strenger. Das erklärt sich zwanglos aus dem Umstand, dass im Zivil- und Strafrecht – jedenfalls in umstrittenen Verhältnissen – stets vor Gericht Beweis geführt werden muss – unter Umständen durch zwei Tatinstanzen hindurch –, ohne dass vorgängig ein Abklärungs- oder Beweisverfahren vor einer (quasi-)staatlichen Behörde stattgefunden hätte, die ihrerseits über (bisweilen beschränkte[25]) Befugnisse zur Beweiserhebung verfügt. Eine doppelte

---

[18] BGE 122 IV 285 E. 1f; Pra 2004 Nr. 46 238 E. 2.4: Der Kassationshof muss davon ausgehen, dass der Beschwerdeführer seine Einweisung in eine Arbeitserziehungsanstalt erstmals in der eidgenössischen Nichtigkeitsbeschwerde einzig deshalb beantragt, um wenigstens bis auf weiteres dem drohenden Vollzug der gerichtlichen Landesverweisung zu entgehen. Auch angesichts der erheblichen praktischen Auswirkungen hätte ein solcher Antrag betr. die Art der Sanktion viel früher gestellt werden müssen und können. Dass die Behörden grundsätzlich von Amtes wegen abzuklären haben, ob die Voraussetzungen einer bestimmten Sanktion erfüllt sind, ändert nichts.

[19] Vgl. Ziff. IV.

[20] BGer, I. ZA, 3.11.2003, 4C.165/2003, E. 1: Ob ein Begehren neu und daher unzulässig ist, beurteilt sich unter Auslegung des Begehrens und der dazugegebenen Begründung nach Treu und Glauben. Vgl. zur Auslegung der Prozesserklärungen (Rechtsschriften) grundlegend die in BGE 130 V 61 nicht publizierte E. 3.2 des Urteils I 138/02 mit zahlreichen Verweisungen.

[21] Z.B. Art. 55 Abs. 1 lit. c OG.

[22] Art. 105 Abs. 2 OG.

[23] Vgl. für die staatsrechtliche Beschwerde BGE 128 I 354 E. 6c m.Hinw.; ZBl 107/2006 555 E. 3.3.

[24] KÄLIN, Beschwerde², 313–316: differenziertes Novenrecht je nachdem, ob für die eingereichte staatsrechtliche Beschwerde der Grundsatz der relativen Subsidiarität galt oder nicht (mit gegenseitigen Ausnahmen).

[25] Z.B. keine Befugnis zur Zeugeneinvernahme, vgl. Art. 14 Abs. 1 VwVG, e contrario.

gerichtliche Tatsachenprüfung (auf kantonaler Ebene) bildet demgegenüber im öffentlichen Recht die Ausnahme;[26] mitunter ist eine zweite kantonale Instanz aus Gründen eines einfachen und raschen Verfahrens sogar bundesrechtlich ausgeschlossen.[27] Es ist ein Wesenszug des öffentlichen Rechts, dass die Beschaffung der Entscheidungs- und Beurteilungsgrundlagen – somit die Beweiserhebung – schwergewichtig auf der Stufe des Administrativverfahrens erfolgt; denn die hinreichende Abklärung der Verhältnisse ist Voraussetzung dafür, dass eine (den Rechtsweg eröffnende) Verfügung erlassen werden kann.[28]

Im **Berufungsverfahren** erfuhr der gesetzliche Novenausschluss **drei sehr begrenzte**   **16**
Ausnahmen: erstens bei Verletzung der aus dem Bundesrecht sich ergebenden Beweisvorschriften durch das kantonale Gericht, zweitens im Rahmen der Berichtigung offensichtlich auf Versehen beruhender Feststellungen von Amtes wegen (Art. 63 Abs. 2 in fine OG) und drittens bei einer die korrekte Anwendung des Bundesrechts ausschliessenden qualifiziert fehlerhaften Begründung des angefochtenen Urteils.[29]

Im Rahmen der **verwaltungsgerichtlichen Rechtsprechung** waren Bundesgericht und   **17**
EVG an die Feststellung des Sachverhalts durch die gerichtliche Vorinstanz gebunden, soweit sie nicht unvollständig oder offensichtlich unrichtig oder unter Verletzung wesentlicher Verfahrensbestimmungen erfolgt war (Art. 105 Abs. 2 OG). Im bundesgerichtlichen Verfahren waren im Rahmen von Art. 105 Abs. 2 OG neue tatsächliche Behauptungen und Beweismittel grundsätzlich nur soweit zulässig, als sie die Vorinstanz von Amtes wegen hätte erheben müssen und deren Nichterhebung eine Verletzung wesentlicher Verfahrensvorschriften darstellt.[30]

II. Der Begriff des neuen Vorbringens

Das Gesetz definiert den Begriff des neuen Vorbringens in der Form neuer Tatsachen   **18**
oder neuer Beweismittel nicht. Da der Gesetzgeber nicht beabsichtigt hat, das Novenrecht grundsätzlich neu zu regeln, steht nichts entgegen, die **bisherige Lehre und Praxis zum Novenrecht** heranzuziehen, soweit Art. 99 Abs. 1 dies zulässt.

1. Der sachliche Gehalt

Vorbringen meint erstens Behauptung. Darunter fällt **jedes Angriffs- oder Verteidi-**   **19**
gungsmittel[31] **tatsächlicher Natur**, welches geeignet ist, den verfolgten Rechtsstandpunkt zu stützen. Es werden neue Tatsachen (Sachverhalte) behauptet, gleichgültig ob kausale, finale oder kontemporale, innere oder äussere, vergangene oder gegenwärtige, hypothetische oder zukünftige (prognostizierte).

Ob die behauptete Tatsache neu ist, ergibt sich aus dem Vergleich mit den Vorbringen im   **20**
vorausgehenden (kantonalen) Verfahren: Wurde die vor Bundesgericht behauptete Tat-

---

[26] Vgl. zur Zulässigkeit einer Kognitionsbeschränkung vor einer weiteren kantonalen Beschwerdeinstanz und der damit einhergehenden Beschränkung des Novenrechts im Bereich des Bundessteuerrechts (Art. 145 DBG) BGE 131 II 548 E. 2.
[27] Z.B. im Sozialversicherungsrecht, vgl. Art. 57 und Art. 82 Abs. 2 ATSG; BGE 110 V 54 E. 3b 58 E. 4.
[28] Vgl. Art. 12–19 VwVG, Art. 27–54 ATSG.
[29] Pra 2004 N 38 204 E. 2.1 m. zahlreichen Hinw.
[30] BGE 128 III 454 E. 1; 125 II 217 E. 3a; 121 II 97 E. 1c; 107 I b 167 E. 1b; SJ 2004 I 389 E. 1.2; AHI 1994 211 E. 2b m.Hinw.; SVR 2006 BVG Nr. 26 98; BGE 120 V 84 E. 1b; Pra 2005 Nr. 143 968 E. 1.2; BGE 106 Ib 77; RDAF 1999 I 110 E. 1b; ZAK 1983 31 und 532.
[31] BÜHLER/EDELMANN/KILLER, Kommentar ZPO², N1 zu § 321 ZPO/AG und N 2–7 zu § 183 ZPO/AG.

sache nicht schon der Vorinstanz vorgetragen oder fand sie nicht auf anderem Wege in prozessual zulässiger Weise Eingang in das Dossier (z.B. durch die Rechtsschriften der Gegenpartei, durch Aktenbeizug auf Antrag oder von Amtes wegen, wo gesetzlich vorgesehen usw.), ist sie neu, andernfalls nicht. Allerdings kann **nicht Kongruenz der Sachdarstellungen** verlangt werden. Vielmehr wurde es mit dem aus Art. 105 Abs. 2 OG abgeleiteten Novenverbot als vereinbar betrachtet, wenn die Partei im kantonalen Verfahren schon einen bestimmten Standpunkt vertreten hat und dazu letztinstanzlich lediglich sachbezogene Präzisierungen vornimmt[32], was auch im Rahmen von Art. 99 Abs. 1 BGG zulässig ist.

21   Zweitens sind dem Novenbegriff zugänglich alle zulässigen, d.h. gesetzlich vorgesehenen **Beweismittel**, welche geeignet sind, Tatsachen nachzuweisen.

22   Novencharakter hat ein neu eingereichtes Beweismittel nicht nur, wenn es neue Sachverhalte enthält, sondern auch dann, wenn es sich auf schon in den Prozess eingeführte Tatsachen bezieht (z.B. ein zusätzliches medizinisches Gutachten, welches die im vorinstanzlichen Verfahren thematisierten gesundheitlichen Befunde zum Gegenstand hat und sie u.U. anders qualifiziert [diagnostiziert]).

a) Abgrenzung zu rechtlichen Vorbringen

23   Nicht unter das Novenverbot fallen Standpunkte, Auffassungen, Angriffs- und Verteidigungsmittel, Einreden und Vorbringen rechtlicher Art.[33] Das war schon nach den bisherigen Praxen zu den verschiedenen Rechtsmitteln so, hat aber auch im Rahmen von Art. 99 Abs. 1 seine Richtigkeit. Die Zulässigkeit neuer rechtlicher Vorbringen ergibt sich direkt aus Art. 95, der diesbezüglich keine Rügeneinschränkungen vorsieht, ferner aus dem Grundsatz der Rechtsanwendung von Amtes wegen, wie er in Art. 106 Abs. 1 festgeschrieben ist.[34]

24   Die Beanstandung, das Gericht habe eine Sachbehauptung unzutreffenderweise für **rechtsunerheblich** gehalten, konnte bisher mit Berufung vorgetragen werden.[35] Das hat auch fortan seine Richtigkeit, kann doch diese Rüge zwanglos unter den Tatbestand der durch den angefochtenen Entscheid neu herbeigeführten Rechtswesentlichkeit[36] subsumiert werden.

25   Allgemein hat das Bundesgericht in der Berufung eine neue rechtliche Argumentation zugelassen, wenn sie im Rahmen des durch den angefochtenen Entscheid festgestellten **Sachverhaltes** blieb.[37] Als zulässiges neues Vorbringen hat das Bundesgericht ferner

---

[32] Urteil H 86/81 vom 17.12.1982; in BGE 108 V 177 nicht publizierte, aber in ZAK 1983 200 ff. veröffentlichte E. 5 des Urteils H 165/81.

[33] Ausser wenn die neue rechtliche Argumentation unlautere Prozesstaktik darstellt und somit gegen Treu und Glauben verstösst.

[34] Vgl. Bem. zu Art. 106 Abs. 1. – Dass rechtliche Vorbringen von Novenverbot nicht erfasst sein können, ergibt sich im Übrigen auch daraus, dass bei ihnen der zeitliche Aspekt (Ziff. II 1 lit. b hienach) keinen Sinn ergibt: Ein rechtliches Vorbringen kann nicht «neu» im novenrechtlichen Sinne sein, weil es jederzeit im Verlaufe des funktionellen Instanzenzuges in den Prozess eingebracht werden kann. Es verhält sich nicht wie beim tatsächlichen Novum (neue Behauptung oder neues Beweismittel), das sich im Laufe der Zeit einmal ereignet und wo das zeitliche Verhältnis, in welchem das Novum zum angefochtenen Entscheid steht, eine gewisse Bedeutung hat (Ziff. II 1b).

[35] In BGer, I. ZA, 3.11.2003, 4C.165/2003, E. 2.3.

[36] Vgl. Ziff. III 2.

[37] BGE 130 III 28 E. 4.4 (verspätete Erklärung der Kündigung als neues rechtliches Vorbringen? Frage mangels genügender tatsächlicher Feststellungen offengelassen) m.Hinw. auf die ständige Rechtsprechung gem. BGE 125 III 305 E. 2e; 123 III 129 E. 3baa; 107 II 465 E. 6a; in BGE 119 II 323 nicht publ. E. 3a (Berufung neu auf Art. 219 ZGB statt Art. 612a ZGB vor kantonaler In-

betrachtet die Berufung auf Rechtsmissbrauch im Zusammenhang mit einer als nichtig behaupteten Betreibung[38] oder die erstmalige Berufung einer Gewerkschaft auf Art. 7 UWG mit Bejahung der daraus fliessenden Aktivlegitimation.[39]

Nur unter gewissen Voraussetzungen hat der **Kassationshof** in Anwendung von iura novit curia neue Rechtsfragen in der Nichtigkeitsbeschwerde in Strafsachen zugelassen. Nach dem **Grundsatz von Treu und Glauben** ist Rechtsschutz nur bei loyalem Rechtsverständnis zu gewähren. Der Kassationshof prüfte jeweils, ob der Nichtigkeitsbeschwerdeführer bei den gegebenen Umständen nach Treu und Glauben verpflichtet gewesen wäre, seinen Einwand schon im vorinstanzlichen Verfahren zu erheben. Der Grundsatz, wonach mit der Nichtigkeitsbeschwerde Rechtsfragen neu vorgetragen werden können, sofern sie bereits vorinstanzlich hätten geprüft werden können, galt daher nicht uneingeschränkt.[40] Konnte dem Nichtigkeitsbeschwerdeführenden ein Verstoss gegen das Gebot loyalen Prozessierens nicht vorgeworfen werden, hing die Zulässigkeit neuer rechtlicher Vorbringen entscheidend davon ab, ob die letzte kantonale Instanz – nach dem jeweils einschlägigen kantonalen Strafprozessrecht – nur die vorgebrachten Rügen zu beurteilen hatte. Bejahendenfalls betrachtete der Kassationshof das Erfordernis der Ausschöpfung des kantonalen Instanzentzuges als nicht erfüllt, sodass die neuen rechtlichen Vorbringen nicht zu prüfen waren. Stand der zweiten kantonalen Instanz dagegen volle Prüfung der Sache nach Massgabe der Rechtsanwendung von Amtes wegen zu, konnte die Partei unerörtert gebliebene neue Rechtsstandpunkte in der Nichtigkeitsbeschwerde in zulässiger Weise vortragen.[41] Ob die Staatsanwaltschaft in der eidgenössischen Nichtigkeitsbeschwerde erstmals eine völlig neue Rechtsfrage aufwerfen kann, liess das Bundesgericht offen.[42]

Im verwaltungsgerichtlichen Beschwerdeverfahren liessen die **beiden öffentlich-rechtlichen Abteilungen und das EVG** neue rechtliche Vorbringen zu, dies aber immer nur

26

27

---

stanz); Urteil X. AG vom 31.5.1995, 4C. 354/1994 E. 3a (Berufung auf die Hypothese identischen Schadeneintritts bei rechtmässigem Alternativverhalten als Frage des natürlichen Kausalzusammenhangs: unzulässiges Novum) und E. 3b (Berufung auf Inadäquanz wegen Hinzutretens ganz aussergewöhnlicher und ausserhalb des normalen Geschehens liegender Umstände: zulässiger neuer rechtlicher Rügegrund).

[38] Pra 2004 Nr. 142 802 E. 3.2.

[39] BGE 125 III 82 E. 3 85, E. 4 86.

[40] BGE 122 IV 285 E. 1f 288; Urteil X. vom 19.12.1996, 6S.611/1996 E. 5: Der Sache nach beweisrechtliche Einwände sind im kantonalen Verfahren zu erheben.

[41] BGE 123 IV 42 E. 2a; 122 IV 56 E. 3b; 122 IV 285 E. 1c; 121 IV 340 E. 1a; SJ 1996 341; Urteil X. vom 30.6.2005, 6S.148/2005 (neu erhobene Rechtsungleichheitsrüge bei der Strafsetzung zulässig, nachdem der Beschwerdeführer vor dem Kantonsgericht die Verletzung von Art. 63 StGB geltend gemacht sowie den Antrag auf Strafherabsetzung gestellt hatte und die angerufene Instanz nach Art. 220 der freiburgischen Strafprozessordnung nicht an die Parteianträge gebunden war); Urteil X. vom 21.11.2002, 6P.102/2002 (gegenteilige kognitionsrechtliche Lage nach Art 288 ff. der Tessiner Strafprozessordnung mit der Folge der Unzulässigkeit neuer rechtlicher Einwendungen in der eidgenössischen Nichtigkeitsbeschwerde); Urteil X. vom 7.6.1999, 6S.283/1999 (zu Art. 189 Abs. 2 Walliser Strafprozessordnung, welche dem Kantonsgericht volle Kognition einräumt); Urteil X. vom 4.3.1999, 6S.849/1998 (zu Art. 439 Abs. 1 der waadtländischen Strafprozessordnung); Urteile X. vom 20.1.1999, 6S.771/1998 und X. vom 6.5.1997, 6S.162/1997 (beide zu Art. 447 Abs. 2 der waadtländischen Strafprozessordnung, welcher die Bindung an die Parteianträge vorsieht) und X. vom 10.12.1996, 6S.400/1996 (Prüfung neuer Rechtsfragen bei voller Kognition der letzten kantonalen Instanz nur unter dem Vorbehalt loyalen Rechtsverständnisses).

[42] BGE 120 IV 98 betr. Freispruch vom Vorwurf der kantonalrechtlichen Editionsverweigerung (BGE a.a.O., E. 1), wogegen die Staatsanwaltschaft in der eidgenössischen Nichtigkeitsbeschwerde erstmals als völlig neue Rechtsfrage aufgeworfen hatte, der bundesrechtliche Straftatbestand der Begünstigung nach Art. 305 StGB sei erfüllt (BGE a.a.O., E. 2c).

Ulrich Meyer   975

im Rahmen des Streitgegenstandes.[43] Unzulässig waren neue rechtliche Vorbringen, wenn sie neue tatsächliche Behauptungen voraussetzten, welche im vorinstanzlichen Verfahren nicht erhoben worden waren.[44] Die aus Art. 114 Abs. 1 OG abgeleitete Zulässigkeit neuer rechtlicher Vorbringen[45] durfte aber nicht dazu dienen, den Streitgegenstand vor Bundesgericht auf neue Fragen auszudehnen, die überhaupt nicht Gegenstand des vorinstanzlichen Verfahrens waren.[46]

28 Nicht entgegen stand das Novenverbot nach bisheriger Praxis der erstmals in der Verwaltungsgerichtsbeschwerde erhobenen Rüge, die der angefochtenen Verfügung zu Grunde liegende Verordnungsbestimmung sei verfassungs- oder gesetzwidrig.[47] Daran ist festzuhalten. Die Befugnis des Bundesgerichts zur konkreten, vorfrageweisen oder inzidenten Normenkontrolle, wo sie besteht, hat sich nötigenfalls unabhängig von den vorgetragenen Rügen von Amtes wegen zu entfalten. Das folgt ohne weiteres aus dem Grundsatz der Rechtsanwendung von Amtes wegen (Art. 106 Abs. 1) in Verbindung mit der verfassungsrechtlichen Verpflichtung, die Rechtsstaatsgarantien (Gesetzesvorrang, Gesetzesvorbehalt) und die Grundrechte jederzeit zu verwirklichen.

29 Keine Rüge rechtlicher Art und daher vom Novenverbot erfasst ist der Hinweis auf **Rechtstatsachen**, soweit sie nicht publikumsöffentlich sind.[48] So dürfen etwa im Bereich der Beiträge aus selbstständiger Erwerbstätigkeit (Art. 9 AHVG) Ausgleichskasse und – im Beschwerdefall – das Gericht davon ausgehen, dass die der ordnungsgemäss erstatteten Steuermeldung zugrunde liegende Veranlagung für die direkte Bundessteuer (Art. 23 Abs. 4 AHVV) rechtskräftig ist, dies vorbehältlich besonderer Anhaltspunkte, welche die gegenteilige Annahme indizieren. Macht der Beitragspflichtige nicht schon im kantonalen Verfahren sondern erst vor dem EVG geltend, die Veranlagung sei noch nicht rechtskräftig, handelt es sich dabei nicht um ein zulässiges neues rechtliches Vorbringen sondern um die erstmalige Behauptung einer Rechtstatsache, welche unter das aus Art. 105 Abs. 2 OG abgeleitete Novenverbot fällt,[49] woran unter der Geltung von Art. 99 Abs. 1 festzuhalten ist.

b) Neues Recht

30 Während der Rechtsmittelverfahren – vor oder nach Anrufung des Bundesgerichts – können nen **Änderungen des objektiven Rechts** eintreten, welche für die Beurteilung erheblich sind. Es fragt sich, ob solches neues Recht und daraus abgeleitete (geänderte) Rechts-

---

[43] URP 2006 180 betr. neue rechtliche Vorbringen des BUWAL.

[44] BGE 114 I B 27 E. 8b betr. neue tatsächliche Behauptungen, mit denen der Beschwerdeführer eine Verletzung des Prinzips der Unschuldvermutung (Art. 6 II EMRK) durch die kantonale Steuerverwaltung und den – die Untersuchung führenden – Steuerbeamten dartun wollte.

[45] Welche im Übrigen auch erlaubte, die Verwaltungsgerichtsbeschwerde aus anderen Gründen abzuweisen oder gutzuheissen als gestützt auf die in ihr vorgetragenen, vgl. BGE 110 V 17 E. 1 20 und 48, 53 f.

[46] Vgl. grundlegend zur Abgrenzung neuer rechtlicher und tatsächlicher Vorbringen sowie neuer Begehren im Falle einer erstmals vor Bundesgericht geltend gemachten Überführung einer Liegenschaft ins Privatvermögen StE 2003 B 96.21 Nr. 10 E. 1. Vgl. ferner zur Anführung neuer Tatsachen und Beweismittel im Rahmen der Verwaltungsgerichtsbeschwerde betr. Baubewilligung für einen Coop-Verbrauchermarkt URP 2002 441 ff E. 2 (auch publ. in RDAF 2003 I 508).

[47] Vgl. ZAK 1990 284 betr. des in Art. 41bis Abs. 4 AHVV festgelegten Verzugszinssatzes von 0,5% im Monat/6% im Jahr.

[48] Rechtstatsachen, die sich aus öffentlichen Registern ergeben, sind stets als bekannt vorauszusetzen (BGE 122 V 270). können daher aber auch jederzeit vorgebracht werden.

[49] StR 56/2001 689.

standpunkte erstmals vor Bundesgericht geltend gemacht werden können. Dies ist grundsätzlich zu bejahen, stets aber unter der – nach intertemporalrechtlichen Regeln zu beurteilenden – Prämisse, dass das neue Recht der bundesgerichtlichen Beurteilung des streitigen Rechtsverhältnisses zugrunde zu legen ist. Das ist in materiellrechtlicher Hinsicht relativ selten der Fall, weil im Allgemeinen jener materielle Rechtssatz zur Anwendung gelangt, der in Kraft stand, als sich der zu den streitigen Rechtsfolgen führende Sachverhalt ereignete.[50] Anders verhält es sich zum Beispiel im Umweltschutzrecht, wo zwingende Gründe für eine Anwendung des neuen Rechts sprechen können.[51]

c) Verwirkung

Der Untergang (Erlöschensgrund) einer Berechtigung oder einer Verpflichtung durch **31** Verwirkung ist von Amtes wegen zu prüfen und kann daher jederzeit – somit erstmalig auch neu – vor Bundesgericht geltend gemacht werden.[52] Es überzeugt daher nicht, wenn im Erlassverfahren (Art. 25 Abs. 1 zweiter Satz ATSG; Art. 4 ATSV) nach der Praxis[53] nicht eingewendet oder gegebenenfalls von Amtes festgestellt werden kann, dass die rechtskräftig festgelegte Leistungsrückerstattung (Art. 25 Abs. 1 erster Satz ATSG; Art. 3 ATSV) nach Art. 25 Abs. 2 ATSG verwirkt ist.

d) Nichtigkeit

Gleich verhält es sich mit der Nichtigkeit eines Rechtsverhältnisses, welche **in jedem** **32** **Stadium** des Beurteilungsverfahrens von Amtes wegen oder auf (erstmalige) Rüge hin zu prüfen ist.[54]

e) Verjährung

Anders verhält es sich im Zivil- und öffentlichen Recht mit der Verjährungseinrede, so-**33** weit sie hier nicht ausnahmsweise von Amtes wegen zu prüfen ist.[55] Unterblieb sie im kantonalen Verfahren, kann sie vor Bundesgericht nicht erhoben werden, ausser wenn die Verjährung erst während des bundesgerichtlichen Verfahrens eingetreten ist.[56] Anders verhält es sich mit der Strafverfolgungsverjährung: hätte sie als dauerndes Prozesshindernis vom letztinstanzlichen kantonalen Sachrichter von Amtes wegen berücksichtigt

---

[50] ULRICH MEYER/PETER ARNOLD, Intertemporales Recht, in: ZSR 124/2005 I 127 ff. mit zahlreichen Verweisungen auf die verschiedenen übergangsrechtlichen Praxislinien von Bundesgericht und EVG.

[51] BGE 125 II 591 E. 5e/aa 598; 123 II 325 E. 4e/aa; 120 Ib 233 E. 3a; 112 Ib 639 E. 1c.

[52] Vgl. BGE 107 V 208 und Urteil H 1/06 vom 30.11.2006 E. 2.1 m. zahlreichen Hinw.: von Amtes wegen zu berücksichtigende Verwirkungsfristen (im Bereich des Art. 16 AHVG). – Im Bereich von Art. 25 ATSG sollte daher der Einwand, die rechtskräftig verfügte Leistungsrückerstattung sei verwirkt gewesen, auch im entsprechenden Erlassprozess (der nicht unter Art. 83 lit. m fällt), somit gegebenenfalls auch im Rahmen von Art. 99 Abs. 1, erhoben werden können.

[53] Urteil P 31/87 vom 10.5.1989 (beruhend auf einem Beschluss des Gesamtgerichts) und seitherige Rechtsprechung.

[54] Wird Nichtigkeit gerügt, dürfen neue Tatsachen vorgebracht werden (Pra 2003 Nr. 32 162). – Dabei ist die Nichtigkeit nach Massgabe der Evidenztheorie zu prüfen, d.h. Annahme von Nichtigkeit nur bei schwerwiegenden formellen und schwerwiegenden offensichtlichen materiellen Mängeln, soweit dadurch die Rechtssicherheit nicht gefährdet wird (ständige Rechtsprechung, vgl. zuletzt Urteil I 572/05 der II. sozialrechtlichen Abteilung vom 20.3.2007 E. 4.3 m.Hinw.).

[55] BGE 106 Ib 357.

[56] BGE 123 III 213 E. 4 und E. 5; ZBGR 80/1999 387 E. 4b (auch wiedergegeben in SJ 2000 I 533 und recht 2001 68); SJ 2006 I 433 E. 3.1; anders das EVG im Bereich der Beiträge an die Auffangeinrichtung nach BVG, wonach die Verjährungseinrede erstmals auch erst in der Verwaltungsgerichtsbeschwerde erhoben werden kann (SZS 1994 388 E. 3a).

werden müssen, gilt für ihre Geltendmachung vor Bundesgericht das Novenverbot ausnahmsweise nicht.[57]

f) Verrechnung

34   Die Erhebung der Verrechnungseinrede[58] ist Rechtsausübung und von daher an sich zulässig. Doch stützt sich die Verrechnung auf Tatsachen, welche für das Bestehen einer verrechenbaren Gegenforderung konstitutiv sind. Soweit diese Tatsachen nicht im kantonalen Verfahren geltend gemacht wurden, ist die Verrechnungseinrede unzulässig.

2. Der zeitliche Gehalt

35   Wie der Titel des dritten Abschnittes und der Wortlaut des Art. 99 Abs. 1 ausdrücklich sagen, darf das Vorbringen – soweit es nicht schon von seinem sachlichen Gehalt her ausscheidet[59] – nicht «neu» sein, um dem gesetzlichen Novenverbot zu entgehen. Ob das Vorbringen in diesem Sinne neu ist oder nicht, beurteilt sich im zeitlichen Verhältnis zum vorinstanzlichen Entscheid, genauer in Funktion zu jenem Zeitpunkt, bis zu dem ein Vorbringen – in nach der jeweils anwendbaren kantonalen Prozessordnung zulässigen Weise – in das Verfahren eingeführt werden darf.

36   Die Prozesslehre unterscheidet im Allgemeinen zwischen **echten** und **unechten Noven**: echte Noven sind Sachumstände, welche sich nach dem (s. oben umschriebenen) Zeitpunkt der letztmöglich zulässigen Einbringung ins kantonale Verfahren ereignen;[60] unechte Noven sind hingegen Tatsachen oder Beweismittel, welche vor diesem Zeitpunkt entstanden, aber nicht in den Prozess eingebracht worden sind. Ein Teil der Lehre betrachtet auch als echte Noven Tatsachen oder Beweismittel, welche zwar vor dem letztmöglichen Zeitpunkt zulässiger Einbringung in den kantonalen Prozess vorhanden gewesen sind, die aber der Partei (wohl unverschuldeterweise) nicht bekannt waren.[61] Es wird zu prüfen sein, ob und inwieweit im Rahmen von Art. 99 Abs. 1 an der herkömmlichen Unterscheidung echter und unechter Noven festgehalten werden kann.[62]

III. Die gesetzliche Ausgestaltung der Novenregelung

37   Das Anwendungsgebiet des Art. 99 Abs. 1 ist beschränkt auf die Frage nach der Zulässigkeit neuer Vorbringen, welche in der **dem Bundesgericht** eingereichten Beschwerde enthalten sind. Hingegen lässt sich aus dieser Bestimmung nichts ableiten für die Frage, ob und inwieweit die Kantone, soweit sie einen mehrstufigen funktionellen Instanzenzug kennen, die Kognition der höheren Instanz einschränkend ausgestalten und somit ein Novenverbot vorsehen können.[63]

---

[57] Urteil 1P.511/1995 vom 14.11.1995.

[58] Soweit sie vom Rechtsgebiet her überhaupt in Betracht fällt, z.B. nicht die versicherte Person gegenüber dem Sozialversicherungsträger (SVR 2006 KV Nr. 11 32, in Bestätigung von BGE 110 V 183.

[59] Ziff. II 1.

[60] LEUCH/MARBACH, ZPO[5], 296.

[61] BÜHLER/EDELMANN/KILLER, Kommentar ZPO[2], 655. Vgl. auch LEUCH/MARBACH, ZPO[5], 297.

[62] Ziff. III 1.

[63] Vgl. dazu BGE 131 II 548, SJ 1997 416 (Feststellung des Sachverhalts im Rahmen von Art. 274d Abs. 3 OR von Amtes wegen und Novenverbot nach kantonalem Zivilprozessrecht); Urteil P. vom 18.2.2000, 5C.211/1999 (Verletzung des Prinzips der Rechtsanwendung von Amtes wegen im kantonalen ordentlichen Rechtsmittelverfahren, begangen dadurch, dass die angerufene obere Instanz einen erst ihr unter Berufung auf Art. 648 Abs. 3 ZGB unterbreiteten Rechtsstandpunkt nicht prüfte).

Nicht nach Art. 99 Abs. 1 sondern nach der zu Art. 107 zu bildenden Rechtsprechung   **38**
beurteilt sich sodann, ob und inwieweit neue Tatsachen zulässig sind, wenn das Bundesgericht die Sache an die kantonale Behörde zur Vervollständigung des Sachverhaltes in
bestimmten Punkten zurückweist.[64]

Mit dem Dahinfall der Spezialbestimmungen über den Patentprozess[65] ist die Rechtspre-   **39**
chung zu den zulässigen neuen Vorbringen, namentlich solchen technischer Natur, gegenstandslos geworden.[66]

1. Der Grundsatz: Ausschluss von Noven

Wie allein der Gesetzeswortlaut zeigt, beruht die neue Regelung nicht auf der klassischen   **40**
Einteilung in echte und unechte Noven. Dessen ungeachtet ist die gesetzliche Stossrichtung klar: Das Bundesgericht soll grundsätzlich nicht mit neuen Tatsachen oder Beweismitteln konfrontiert werden, welche der vorinstanzlichen Beurteilung nicht zugrunde
lagen.[67] Anders – aus der Sicht der rechtssuchenden Partei – betrachtet: sie kann nicht
dem Bundesgericht erstmals Behauptungen oder Beweismittel unterbreiten, die vorzutragen oder einzureichen sie im vorinstanzlichen Verfahren einerseits prozessual Gelegenheit und andererseits nach **Treu und Glauben** Anlass gehabt hat. Damit sind, in der
herkömmlichen Terminologie, alle unechten Noven unzulässig, weil bei ihnen die prozessuale Möglichkeit und die objektive Zumutbarkeit zur Beibringung im kantonalen
Verfahren bestand.

2. Die Ausnahme: Das vom angefochtenen Entscheid veranlasste Novum

Indem das Gesetz neue Tatsachen und Beweismittel vorzubringen – nur aber immerhin –   **41**
soweit erlaubt («dürfen»), als erst der anzufechtende Entscheid «dazu Anlass gibt», wird
eine **kausale Beziehung** zwischen der vorinstanzlichen Entscheidung (Urteilsdispositiv
und Erwägungen) und der Notwendigkeit, den eigenen Standpunkt mit neuen tatsächlichen Behauptungen zu untermauern, hergestellt.

Anlass zu neuen Vorbringen können das Dispositiv (Erkenntnis, Entscheidformel, getroffene Entscheidung), aber auch die Erwägungen geben, letzte aber nur, wenn sie für den
Verfahrensausgang ausschlaggebend sind. Obiter dicta und Eventualbegründungen, auf
die das Bundesgericht nicht einzugehen braucht, berechtigen daher nicht zu neuen Vorbringen.

Diese in der Lehre als **Rechtswesentlichkeit**[68] bezeichnete kausale Beziehung ist der   **42**
Grundgedanke der Novenregelung. Es handelt sich um die konsequente Fortschreibung
des Ausschlusses unechter Noven nach bisheriger Terminologie. Daraus ergibt sich zweierlei:

a) Echte Noven

Auf das vorinstanzlich beurteilte Prozessthema bezogene Tatsachen oder Beweismittel,   **43**
die sich nach dem anzufechtenden Entscheid[69] ereignen oder entstehen, können von

---

[64] BGE 131 III 91 E. 5; 128 III 411; 116 II 220 E. 4a.
[65] BBl 2001 4141; CORBOZ, RSCP 2005, 95.
[66] Art. 67 Ziff. 1 OG; SMI 1991 I 198 E. 3a; Urteile X. AG vom 16.6.1992, 4C.38/1992 und X Co.
      vom 6.2.1989, 4C.133/1988.
[67] Vgl. zur Funktion des Novenverbots Ziff. I.
[68] SEILER/VON WERDT/GÜNGERICH, BGG, N 6 zu Art. 99.
[69] Bzw. nach dem letztmöglichen Zeitpunkt, da die Vorinstanz sie prozessual berücksichtigen konnte.

vornherein nicht durch das weitergezogene Urteil veranlasst worden sein und sind daher von der Regelung des Art. 99 Abs. 1 im Grunde genommen gar nicht erfasst. Die Lehre verweist für solche Tatsachen oder Beweismittel auf die Möglichkeit, die Revision des kantonalen Gerichtsentscheides zu beantragen.[70] Diese Auffassung übersieht, dass revisionsbegründend nur vorbestandene Tatsachen oder Beweismittel sein können, d.h. solche, welche im Zeitpunkt der Ausfällung des angefochtenen Gerichtsentscheides schon existierten.[71] Nach dem angefochtenen Entscheid[72] sich ereignende Lebenssachverhalte und gestützt darauf erhobene Behauptungen oder geführte Beweise sind von der Natur der Sache her nur bei Dauerrechtsverhältnissen beurteilungsrelevant.[73] Ein punktuelles oder zeitlich befristetes Rechtsverhältnis jedoch, für dessen rechtliche Beurteilung ein in der Vergangenheit liegender (abgeschlossener) Sachverhalt ausschlaggebend ist, kann nachträglichen Änderungen tatsächlicher Natur im Verlaufe der Rechtsmittelverfahren grundsätzlich nicht zugänglich sein. Trifft dies dennoch zu, handelt es sich in aller Regel um einen neuen Sachverhalt (Anspruchs- oder Verpflichtungsgrundlage), welcher im Streitfall den Parteien wiederum den Rechtsweg (Klage, Recht auf Erlass einer anfechtbaren Verfügung usw.) eröffnet.

b) Vorinstanzlicher Entscheid als Ursache

44 Kausal verursacht oder rechtswesentlich und damit nach Art. 99 Abs. 1 zulässig sind hingegen alle Gesichtspunkte tatsächlicher Art, welche aufgrund des Umstandes, dass die Vorinstanz entscheidet und auf welche Weise sie – materiell oder formell – das Urteil spricht, für die Rechtsverfolgung neu bedeutsam werden:

45 Das trifft erstens zu für alle Umstände, welche für die **Anfechtung** des vorinstanzlichen Entscheides von Bedeutung sind (Eröffnung, Zustellung, Fristwahrung usw.); es geht somit um alle Gesichtspunkte, welche für die Eintretensvoraussetzungen des bundesgerichtlichen Verfahrens von Belang sind.

46 Die zweite Fallgruppe zulässiger Noven sind **formellrechtliche Mängel** des angefochtenen Entscheides, mit denen der Rechtssuchende nicht rechnete und nach einer objektivierenden, an Treu und Glauben im Verfahren orientierten Betrachtungsweise nicht zu rechnen brauchte: Verletzungen des rechtlichen Gehörs,[74] Fehler bei der Besetzung des Spruchkörpers usw. geben Anlass, entsprechende sachbezügliche Rügen zu erheben, z.B. auszuführen, inwiefern das rechtliche Gehör verletzt, die Richterbank unrichtig besetzt worden sein soll usw.

47 Die dritte Gruppe zulässiger Noven besteht darin, dass das kantonale Gericht materielles Recht in einer Weise spricht, dass bestimmte Sachumstände neu und erstmals – durch den angefochtenen Entscheid – **Rechtserheblichkeit** gewinnen: Die kantonale Instanz beruft sich auf einen Rechtstitel, der von den Parteien bisher nicht thematisiert worden

---

[70] SEILER/VON WERDT/GÜNGERICH, BGG, N 5 zu Art. 99.

[71] Statt vieler BGE 108 V 167 E. 2b m.Hinw.

[72] Auch hier i.S. des letztmöglichen Zeitpunktes, da die Vorinstanz sie prozessual berücksichtigen konnte.

[73] Z.B. die Invalidenrente, deren anspruchsbegründender Sachverhalt sich immer wieder aufs Neue ereignet, weswegen sie unter zeitlich unbeschränktem Revisionsvorbehalt i.S. der Anpassung an geänderte Verhältnisse steht (Art. 17 ATSG). Ein Berücksichtigung der tatsächlichen Entwicklung (Gesundheitszustand, Erwerbssituation usw.) bis zum Urteil des kantonalen Versicherungsgerichts ist aus verfahrensökonomischen Gründen und Praktikabilitätsüberlegungen abzulehnen. Vielmehr ist ein neues Administrativverfahren einzuleiten, wenn der Verlauf nach Verfügung bzw. Einspracheentscheid dies nahelegt.

[74] Sofern begründet, was nach Art. 42 Abs. 1 zweiter Satz zu substantieren ist.

ist, und legt ihn ihrem Urteil als massgebliches Entscheidmotiv zugrunde. Wenn beispielsweise ein kantonales Sozialversicherungsgericht die auf Art. 17 ATSG von der IV-Stelle verfügte Rentenherabsetzung mit der substituierten Begründung der Wiedererwägung[75] schützt, ist der Beschwerdeführer letztinstanzlich mit tatsächlichen Vorbringen zu den Wiedererwägungsvoraussetzungen (zweifellose Unrichtigkeit und erhebliche Bedeutung der Berichtigung) zu hören, wenn ihm das kantonale Gericht dazu nicht – z.B. im Rahmen eines zweiten Schriftenwechsels – das rechtliche Gehör gewährt hat.

Daraus ausgibt sich, dass die bisherigen Novenpraxen im Bereich von Berufung und Verwaltungsgerichtsbeschwerde im Wesentlichen **ihre Bedeutung behalten**.[76] Das gilt namentlich für die Berücksichtigung wesentlicher Tatsachen, die erst nach dem angefochtenen Entscheid eingetreten sind.[77] Hinsichtlich der Streitwertberechnung, welche die Parteien vor Bundesgericht nach wie vor ändern können, müssen neue tatsächliche Vorbringen zulässig sein.[78] Die Ausgleichskasse kann die fehlende Verfügungsbegründung nach wie vor nicht im letztinstanzlichen Verfahren nachschieben.[79] Die Rechtsprechung des EVG, wonach neue Beweismittel zulässig sind, wenn sie erst durch den kantonalen Entscheid veranlasst werden oder wenn sie sich auf Veränderungen des Sachverhaltes nach Erlass des angefochtenen Entscheides beziehen,[80] bleibt weiterhin gültig,[81] ebenso die Rechtssprechung zu den «moyens de fait fautivement tardifs», weil solche Noven nicht als durch den angefochtenen Entscheid veranlasst betrachtet werden können.[82] Auch die Kognitionspraxis im Ausländerrecht dürfte unter dem BGG Bestand haben.[83] **48**

3. Abgrenzungen

a) Keine Tatsachenfeststellungen einer gerichtlichen Vorinstanz

Nach Art. 87 Abs. 1 und Art. 88 Abs. 2 Satz 1 ist im Bereich der politischen Rechte die direkte Anrufung des Bundesgerichts vorgesehen, ohne dass zuvor eine kantonale Gerichtsinstanz geamtet hätte. Nach dem Wortlaut würde das Novenverbot auch für diese Verfahren gelten. In systematisch-teleologischer Hinsicht ist aber zu berücksichtigen, dass die Kognitionsbestimmungen des BGG einen gerichtlichen Rechtsschutz auf der unteren Stufe voraussetzen. Mangels gerichtlicher Tatsachenfeststellungen, die für das Bundesgericht verbindlich wären, können daher in diesem Bereich Noven vorgetragen werden. **49**

b) Der am vorinstanzlichen Verfahren nicht beteiligte Beschwerdeführer

Das Bundesgericht hat in BGE 122 II 221 offen gelassen, ob die eidgenössische Steuerverwaltung, welche in den kantonalen Verfahren betr. die direkte Bundessteuer nicht Par- **50**

---

[75] Art. 53 Abs. 2 ATSG und dazu ergangene Rechtssprechung.
[76] Vgl. Ziff. I 4.
[77] BGE 106 Ib 34 E. 4; 107 Ib 167 E. 1b.
[78] Urteil X. Ltd vom 3.2.1994, 5C.80/1993.
[79] ZAK 1990 394.
[80] In BGE 108 V 177 nicht, jedoch in ZAK 1983 200 publ. E. 5b des Urteils M. vom 13.12.1982, H 165/81.
[81] Vgl. auch SVR 1997 AHV Nr. 122 373 betr. Schriftstück, das die Partei im kantonalen Beschwerdeverfahren nicht auflegen konnte, weil es noch nicht existierte.
[82] Vgl. Ziff. I 1a in fine und im Weiteren RDAF 1999 I 110.
[83] BGE 125 II 217 E. 3c; RDAT 1999 I Nr. 55 194 E. 2; zur Zulässigkeit neuer Behauptungen und Beweismittel im Verfahren betr. Grundstückerwerb durch Personen im Ausland grundlegend BGE 102 Ib 124 E. 2 126.

tei war, vor Bundesgericht neue, d.h. im Prozess von den Parteien nicht thematisierte, Behauptungen und Beweismittel vorbringen oder auflegen darf.[84] Die Frage ist unter Art. 99 Abs. 1 zu bejahen. Wer am vorausgegangenen Verfahren nicht teilgenommen hat und dennoch kraft gesetzlicher Vorschrift zur Beschwerde an das Bundesgericht berechtigt ist, dem kann nicht das Novenverbot entgegengehalten werden.

c) Bundesgerichtliche Beschwerdeverfahren mit Tatsachenüberprüfung

51 Die Rechtsprechung zur Zulässigkeit von Noven, namentlich zur Berücksichtigung verspäteter obligatorischer Gutachten im Bereich des Nationalstrassenbaus, nach Massgabe von Art. 105 Abs. 1 OG[85] ist obsolet.[86] Dagegen stellt sich die Frage, ob und inwieweit die bisherige Praxis zur Zulassung von nova (und freier Tatsachenprüfung) in Verfahren betr. interkantonale Doppelbesteuerung[87] unter der Geltung des BGG fortgeführt werden kann. Dafür spricht die besondere Konstellation dieser Streitigkeiten, in welche u.U. **zwei** kantonale gerichtliche Vorinstanzen involviert sind.

52 Nach wie vor aktuell ist die Problematik von Noven ferner in denjenigen Verfahren, in denen das Bundesgericht weiterhin nicht an die vorinstanzliche Sachverhaltsfeststellung gebunden ist, d.h. in der **Unfall- und Militärversicherung**.[88] Die Anwendbarkeit des Novenverbotes auch in den Beschwerdeverfahren betr. Geldleistungen der Militär- und Unfallversicherung wird von der Lehre bejaht.[89] Dieser am Wortlaut des Art. 99 Abs. 1 orientierten Auffassung ist mit Blick auf systematische und teleologische Überlegungen zu widersprechen. Sowohl das Bundesgericht (im Rahmen von Art. 105 Abs. 1 OG[90]) als auch das EVG (im Rahmen von Art. 132 lit. b OG) liessen neue tatsächliche Vorbringen zu, sofern sie form- und fristgerecht in den Prozess eingebracht wurden.[91] Die fehlende Bindung an den vorinstanzlich festgestellten Sachverhalt und die Zulässigkeit neuer Vorbringen stehen in einem engen inneren Zusammenhang. Die militär- oder unfallversicherte Person vermag den angefochtenen Entscheid in tatsächlicher Hinsicht nicht wirksam anzufechten, wenn es ihr verwehrt ist, neue Tatsachen ins Feld zu führen, welche die vorinstanzliche Beweiswürdigung als nicht überzeugend erscheinen lassen. Solange diese beiden kognitionsrechtlichen Ausnahmen (noch) bestehen, sind hier rechtzeitig, d.h. innert der Beschwerdefrist eingereichte oder erhobene Noven zuzulassen.

d) Gerichtsnotorische Tatsachen

53 Von der Prozesslehre seit je anerkannt ist die Zulässigkeit gerichtsnotorischer Tatsachen, welche nicht unter das Novenverbot fallen.[92]

---

[84] BGE 122 II E. 2.

[85] In BGE 122 II 165 nicht publ. E. 4 und 17a; URP 2006 180; vgl. auch BGE 115 II 213 E. 2.

[86] Unter Vorbehalt von Art. 132 Abs. 2 (Direktbeschwerde an das Bundesgericht gegen Plangenehmigungsentscheide des UVEK betr. die zweite Phase der NEAT); freie Prüfung des Sachverhaltes durch das Bundesgericht, was für die Zulassung von Noven spricht.

[87] Urteil 2P.393/1998 vom 9.9.1999.

[88] Art. 97 Abs. 3 und Art. 105 Abs. 2.

[89] SEILER/VON WERDT/GÜNGERICH, BGG, N 4 zu Art. 99.

[90] BGE 109 I 246 E. 3b.

[91] Früher liess das EVG im Rahmen der vollen Tatsachenprüfung nach Art. 132 lit. b OG (in der bis 30.6.2006 gültig gewesenen Fassung) neue Vorbringen auch nach Abschluss des Schriftenwechsels zu, vgl. die Hinweise in BGE 127 V 353 E. 2 auf die mit diesem Urteil geänderte Praxis.

[92] POUDRET, Commentaire, Art. 55 N 1.5.3.2.

IV. Der Ausschluss neuer Begehren

1. Der Begriff des «Begehrens»

Art. 99 Abs. 2 erklärt neue «Begehren» für unzulässig. Um die Tragweite dieser Be-   **54**
stimmung zu verstehen, ist der Begriff des Begehrens (gleichbedeutend: Antrag; französisch: conclusion; italienisch: conclusione) von dessen Begründung zu unterscheiden.
Hat Art. 99 Abs. 1 die **Begründung** ein und desselben Begehrens im Auge und ordnet er,
wie dargelegt, den grundsätzlichen Ausschluss neuer Vorbringen tatsächlicher Natur an,
soweit sie nicht durch den angefochtenen Entscheid veranlasst sind, bezieht sich Abs. 2
der Bestimmung auf das durch den angefochtenen Entscheid geregelte **Rechtsverhältnis**
als solches.

Die Unterscheidung von Begehren und Begründung der Partei verläuft parallel zur Un-   **55**
terscheidung von Dispositiv und Begründung des angefochtenen Entscheides. Begehren
ist, was der angefochtene Entscheid dispositivmässig regelt. Welche – von der Partei
allenfalls bestrittenen – Gründe dem kantonalen Urteilsspruch unterlegt sind, ist für den
Begriff des Begehrens nicht von Belang.

Das Begehren kann kassatorischer oder reformatorischer Natur sein, gerichtet auf Be-   **56**
rechtigung oder Verpflichtung, lautend auf Leistung,[93] Unterlassung, Rechtsgestaltung
oder Feststellung.

Solange und soweit ein Vorbringen (rechtlicher oder tatsächlicher Natur) der Stützung   **57**
oder – aus Sicht der Gegenpartei – der Schwächung eines solchen durch das kantonale
Gericht dispositivmässig beurteilten Begehrens dient, beurteilt sich die Zulässigkeit nach
Art. 99 Abs. 1. Auch wenn neue rechtliche und/oder tatsächliche Gesichtspunkte zur
Beurteilung anstehen, geht es dennoch um das gleiche Begehren.

2. Der Begriff des «neuen» Begehrens

Ob ein dem Bundesgericht unterbreites Begehren «neu» ist, beurteilt sich danach, was   **58**
Gegenstand der **dispositivmässigen** vorinstanzlichen Entscheidung bildet. Ob ein Begehren neu und daher unzulässig ist, ergibt sich aus der Auslegung des Begehrens
und der dazugegebenen Begründung nach Treu und Glauben.[94] Obsiegt der Kläger im
erstinstanzlichen kantonalen Verfahren mit seinem Hauptstandpunkt und nimmt er seinen dort gestellten Eventualantrag vor der letzten kantonalen Instanz – für den Fall des
Unterliegens – nicht wieder auf, so handelt es sich um ein unzulässiges neues Begehren.[95]

Wie bei Art. 99 Abs. 1 der Fall, ist auch die Tragweite von Abs. 2 der Bestimmung auf   **59**
das **bundesgerichtliche Verfahren** selber beschränkt. Ob und inwieweit die **Kantone** es
zuzulassen haben, dass im Laufe des funktionellen Instanzenzuges wenigstens einmal
neue Tatsachen und Beweismittel sowie u.U. dadurch veranlasste neue Rechtsbegehren
vorgetragen werden können, ergibt sich nicht aus Art. 99 Abs. 2 sondern aus einer durch
Bundesrecht gewährleisteten Minimalanforderung.[96]

---

[93] Geldleistung, Sachleistung, Dienstleistung oder Abgabe von Willenserklärung (KUMMER,
Grundriss[4], 99 f.).
[94] In BGer, I. ZA, 3.11.2003, 4C.165/2003, E. 1.
[95] In BGE 116 II 164 nicht publ. E. 1a.
[96] BGE 131 III 189 E. 2.

a) Neu im Sinne von anders («aliud»)

60   Unzulässiges neues Begehren liegt vor, wenn die das Bundesgericht anrufende Partei um anderes streitet, als Gegenstand des vorinstanzlichen Entscheiderkenntnisses ist: statt Wandelung will sie Minderung, statt Nachbesserung Schadenersatz, statt Rente eine Eingliederungsmassnahme usw.

b) Neu im Sinne von mehr («plus»)

61   Ebenfalls neu und daher unzulässig sind Begehren, welche auf eine höhere Leistung oder Verpflichtung gerichtet sind, als sie Gegenstand des kantonalen Entscheides waren. Die im kantonalen gestellte Schadenersatzforderung kann nicht erhöht, statt der bisher verfolgten halben vor Bundesgericht nicht eine ganze Invalidenrente beantragt werden.

c) Neu im Sinne von weniger («minus»)

62   Kein neues Begehren i.S.v. Art. 99 Abs. 2 liegt vor, wenn die Partei weniger einfordert, als sie vor der (letzten) kantonalen Instanz verlangte. Darin ist eine Einschränkung des Streitgegenstandes zu erblicken, welche zulässig ist (auch in denjenigen Verfahren, welche durch die Offizialmaxime geprägt sind). Es kann von mehreren schadenersatzrechtlichen Positionen vor Bundesgericht nur noch eine (z.B. der Pflegeschaden, nicht aber der Erwerbsausfall) weiterverfolgt, statt der bisher beanspruchten Dreiviertels- nur noch die Viertels-Invalidenrente anbegehrt werden. Einschränkung ein und desselben Begehrens ist daher zulässig.

d) Neu im Sinne von gegen eine andere Partei gerichtet

63   Dieser Aspekt betrifft nicht das neue Begehren i.S.v. Art. 99 Abs. 2 sondern die Frage, ob und unter welchen Voraussetzungen vor Bundesgericht ein **Parteiwechsel** statthaft ist. Diese im BGG direkt nicht geregelte Frage beurteilt sich nach dem auch diesbezüglich subsidiär anwendbaren Art. 17 BZP.[97]

3. Neuverfügung lite pendente

64   Dem neuen Begehren verwandt, jedoch keinen Anwendungsfall von Art. 99 Abs. 2 darstellend, ist die Situation, dass der angefochtene Entscheid lite pendente zurückgenommen wird. Zwei Ebenen sind dabei zu unterscheiden:

a) Durch die gerichtliche Vorinstanz

65   Das (kantonale) Gericht kommt während der Rechtshängigkeit des bundesgerichtlichen Verfahrens auf seinen Entscheid zurück, ändert ihn ab oder hebt ihn auf. Nach der bisherigen Rechtsprechung des EVG war eine Wiedererwägung kantonaler Gerichtsentscheide nicht zulässig.[98] Eine Rücknahme kantonaler Gerichtsentscheide ist im Hinblick auf den Devolutiveffekt der Einheitsbeschwerde[99] in der Tat unzulässig, vorbehältlich solcher kantonaler Erkenntnisse, welche der materiellen Rechtskraft nicht zugänglich sind, wie

---

[97] Art. 71.

[98] BGE 130 V 138 E. 4.2 m.Hinw.; vgl. auch Urteil I 497/03 vom 31.8.2004 in ZBJV 140/2004 751.

[99] Das BGG kennt keine Art. 58 VwVG (i.V.m. Art. 37 VGG auch im Verfahren vor dem Bundesverwaltungsgericht anwendbare) entsprechende Bestimmung, welche einen Einbruch in den Devolutiveffekt bedeutet (GYGI, Bundesverwaltungsrechtspflege[2], 189).

Prozessentscheide oder im Rahmen des vorsorglichen Rechtsschutzes erlassene Entscheide, die grundsätzlich jederzeit abänderbar sind.

b) Durch die Verwaltungsbehörde (erste Instanz)

Zulässig – im Bereich des Bundesverwaltungsrechts gesetzlich vorgesehen (Art. 58 **66** VwVG) – ist dagegen die lite pendente Rücknahme angefochtener Verwaltungsakte bis und mit Einreichung der Vernehmlassung im erstinstanzlichen Verfahren durch die verfügende Behörde. Eine solche Verfügungsrücknahme beendet das Verfahren insoweit, als dem Begehren der Partei entsprochen worden ist.[100]

---

[100] Zu den unterschiedlichen Praxen betr. Zulässigkeit der Wiedererwägung und zweitem Verfügungserlass mit erneuter Eröffnung des Rechtsweges s. die in BGE 129 III 225 nicht veröffentlichte E. 3 im Vergleich zu BGE 117 V 8 E. 2 und 116 V 62.

4. Abschnitt: Beschwerdefrist

Art. 100[*]

Beschwerde gegen Entscheide

[1] Die Beschwerde gegen einen Entscheid ist innert 30 Tagen nach der Eröffnung der vollständigen Ausfertigung beim Bundesgericht einzureichen.

[2] Die Beschwerdefrist beträgt zehn Tage:

a. bei Entscheiden der kantonalen Aufsichtsbehörden in Schuldbetreibungs- und Konkurssachen;

b. bei Entscheiden auf dem Gebiet der internationalen Rechtshilfe in Strafsachen;

c. bei Entscheiden über die Rückgabe eines Kindes nach dem Übereinkommen vom 25. Oktober 1980 über die zivilrechtlichen Aspekte internationaler Kindesentführung.

[3] Die Beschwerdefrist beträgt fünf Tage:

a. bei Entscheiden der kantonalen Aufsichtsbehörden in Schuldbetreibungs- und Konkurssachen im Rahmen der Wechselbetreibung;

b. bei Entscheiden der Kantonsregierungen über Beschwerden gegen eidgenössische Abstimmungen.

[4] Bei Entscheiden der Kantonsregierungen über Beschwerden gegen die Nationalratswahlen beträgt die Beschwerdefrist drei Tage.

[5] Bei Beschwerden wegen interkantonaler Kompetenzkonflikte beginnt die Beschwerdefrist spätestens dann zu laufen, wenn in beiden Kantonen Entscheide getroffen worden sind, gegen welche beim Bundesgericht Beschwerde geführt werden kann.

[6] Wenn der Entscheid eines oberen kantonalen Gerichts mit einem Rechtsmittel, das nicht alle Rügen nach den Artikeln 95–98 zulässt, bei einer zusätzlichen kantonalen Gerichtsinstanz angefochten worden ist, so beginnt die Beschwerdefrist erst mit der Eröffnung des Entscheids dieser Instanz.

[7] Gegen das unrechtmässige Verweigern oder Verzögern eines Entscheids kann jederzeit Beschwerde geführt werden.

Recours contre une décision

[1] Le recours contre une décision doit être déposé devant le Tribunal fédéral dans les 30 jours qui suivent la notification de l'expédition complète.

[2] Le délai de recours est de dix jours contre:

a. les décisions d'une autorité cantonale de surveillance en matière de poursuite pour dettes et de faillite;

b. les décisions en matière d'entraide pénale internationale;

c. les décisions portant sur le retour d'un enfant fondées sur la Convention du 25 octobre 1980 sur les aspects civils de l'enlèvement international d'enfants.

---

[*] Wir danken Dr. iur. Thomas Nussbaumer herzlich für die kritische Lektüre unserer Kommentierung (Art. 100 exkl. Abs. 2 lit. b, Abs. 3 lit. b und Abs. 4) und für seine wertvollen Anregungen.

Kathrin Amstutz / Peter Arnold

³ Le délai de recours est de cinq jours contre:
a. les décisions d'une autorité cantonale de surveillance en matière de poursuite pour effets de change;
b. les décisions d'un gouvernement cantonal sur recours concernant des votations fédérales.

⁴ Le délai de recours est de trois jours contre les décisions d'un gouvernement cantonal sur recours touchant aux élections au Conseil national.

⁵ En matière de recours pour conflit de compétence entre deux cantons, le délai de recours commence à courir au plus tard le jour où chaque canton a pris une décision pouvant faire l'objet d'un recours devant le Tribunal fédéral.

⁶ Si la décision d'un tribunal cantonal supérieur peut être déférée à une autre autorité judiciaire cantonale pour une partie seulement des griefs visés aux art. 95 à 98, le délai de recours commence à courir à compter de la notification de la décision de cette autorité.

⁷ Le recours pour déni de justice ou retard injustifié peut être formé en tout temps.

Ricorso contro decisioni

¹ Il ricorso contro una decisione deve essere depositato presso il Tribunale federale entro 30 giorni dalla notificazione del testo integrale della decisione.

² Il termine è di dieci giorni per i ricorsi contro le decisioni:
a. delle autorità cantonali di vigilanza in materia di esecuzione e fallimento;
b. nel campo dell'assistenza giudiziaria internazionale in materia penale;
c. in materia di ritorno di un minore secondo la Convenzione del 25 ottobre 1980 sugli aspetti civili del rapimento internazionale di minori.

³ Il termine è di cinque giorni per i ricorsi contro le decisioni:
a. delle autorità cantonali di vigilanza in materia di esecuzione e fallimento pronunciate nell'ambito dell'esecuzione cambiaria;
b. dei Governi cantonali su ricorsi concernenti votazioni federali.

⁴ Il termine è di tre giorni per i ricorsi contro le decisioni dei Governi cantonali su ricorsi concernenti le elezioni al Consiglio nazionale.

⁵ Per i ricorsi concernenti conflitti di competenza tra due Cantoni, il termine decorre al più tardi dal giorno in cui in ciascun Cantone sono state pronunciate decisioni impugnabili mediante ricorso al Tribunale federale.

⁶ Se la decisione di un tribunale superiore cantonale è impugnata dinanzi a un'ulteriore autorità giudiziaria cantonale mediante un rimedio giuridico che consente di sollevare soltanto parte delle censure di cui agli articoli 95–98, il termine di ricorso decorre dalla notificazione della decisione di tale autorità.

⁷ Il ricorso per denegata o ritardata giustizia può essere interposto in ogni tempo.

Inhaltsübersicht   Note

Materialien

Art. 92 E ExpKomm; Art. 94 E 2001 BBl 2001 4504 f.; Botschaft 2001 BBl 2001 4340 f.; AB 2003 S 911; AB 2004 N 1612; AB 2005 S 137 f.; AB 2005 N 648; Schlussbericht 1997, 89.

Literatur

CH. AUER, Der Rechtsweg in Zivilsachen, in: B. Ehrenzeller/R. J. Schweizer, Die Reorganisation der Bundesrechtspflege – Neuerungen und Auswirkungen in der Praxis, St. Gallen 2006, 61–79 (zit. Ehrenzeller/Schweizer-Auer); M. BESSON, Die Beschwerde in Stimmrechtssachen, in: DIES., 403–437 (zit. Ehrenzeller/Schweizer-Besson); F. WALTHER, Auswirkungen des BGG auf die Anwaltschaft/Parteivertretung, in: DIES., 351–387 (zit. Ehrenzeller/Schweizer-Walther); F. LORANDI, Besonderheiten der Beschwerde in Zivilsachen gegen Entscheide der kantonalen Aufsichtsbehörden in SchKG-Sachen, AJP 2007, 433–450 (zit. Lorandi, AJP 2007); H. PETER, Das neue Bundesgerichtsgesetz und das Schuldbetreibungs- und Konkursrecht, BlSchK 1/2007, 1–15 (zit. Peter, BlSchK 2007); E. PHILIPPIN, La nouvelle loi sur le Tribunal fédéral. Effets sur le droit de poursuites et faillites, JdT 2007 II. Poursuite, Supplément hors édition à la partie II/2007, 130–162 (zit. Philippin, JdT 2007).

I. Allgemeines

1   Die altrechtlich in Art. 54, 69, 89 und 106 OG sowie Art. 76 ff. OG i.V.m. Art. 19 Abs. 1 und Art. 20 SchKG verstreut verankert gewesenen Fristen für **Beschwerden gegen Entscheide**[1] werden in Art. 100 nunmehr übersichtlich geregelt. Der – mit Art. 92 Abs. 1 E ExpKomm und Art. 94 Abs. 1 E 2001 praktisch übereinstimmende – **Abs. 1** statuiert die **Grundregel** der 30-tägigen Beschwerdefrist, welche abweichend von Art. 106 Abs. 1 OG (zehn Tage), jedoch analog zur bisherigen Regelung im staatsrechtlichen Beschwerdeverfahren (Art. 89 OG) **neu auch** für die anfechtbaren[2] **Zwischenentscheide** gilt.[3] Diese Änderung wurde vom Bundesrat namentlich mit der bisweilen umstrittenen und für die beschwerdeführende Partei daher risikobelasteten Qualifikation einer Entscheidung als End- oder Zwischenverfügung begründet[4] und in den Räten diskussionslos genehmigt. **Abs. 2–7** beinhalten **Ausnahmen** von der Grundregel der 30-tägigen Be-

---

[1] Für Beschwerden gegen Erlasse s. Art. 101, für Gesuche um Revision bundesgerichtlicher Urteile s. Art. 124.
[2] Vgl. Art. 92 und 93.
[3] Botschaft 2001 BBl 2001 4341; s.a. KARLEN, BGG, 41.
[4] Botschaft 2001 BBl 2001 4341; s.a. SEILER/VON WERDT/GÜNGERICH, BGG, Art. 100 N 5.

schwerdefrist oder **Besonderheiten** für einzelne Beschwerden, welche mehrheitlich bisherigem Recht entsprechen;[5] **Neuerungen** finden sich in den Abs. 2 lit. b (internationale Rechtshilfe in Strafsachen) und lit. c (Rückgabe eines Kindes nach dem HEntfÜ), ferner in Abs. 4 (Nationalratswahlen) und Abs. 6 (interkantonale Kompetenzkonflikte), auf deren Inhalt und entstehungsgeschichtlicher Hintergrund in den nachfolgenden Abschnitten spezifisch eingegangen wird.

Die Absätze 1–4 des Art. 100 legen die Dauer der Rechtsmittelfristen gesetzlich fest. Im **2** Übrigen gilt für die Beschwerdefristen (Beginn, Ende, Stillstand, Erstreckung, Wahrung, Wiederherstellung) – wie für sämtliche anderen prozessualen Fristen (vgl. Art. 44 N 1) – das **allgemeine Fristenrecht gem. Art. 44–50, auf deren Kommentierung integral verwiesen wird**. **Besonderheiten** ergeben sich einzig hinsichtlich des Beginns des Fristenlaufs aus **Art. 100 Abs. 5 und Abs. 6**, die als **lex specialis** Art. 44 vorgehen.

II. Beschwerdefristen nach Abs. 1, Abs. 2 und Abs. 3 lit. a

1. Dreissigtägige Frist

Vorbehältlich der abweichenden Bestimmungen gem. Abs. 2–7 sind sämtliche Be- **3** schwerden gegen anfechtbare End-, Vor- und Zwischenentscheide **innert 30 Tagen nach der Eröffnung** (s. Art. 44 N 8 ff.; Art. 112 N 3 ff.) der vollständigen Ausfertigung **beim Bundesgericht** (Art. 48 N 4) einzureichen, wobei die Frist an dem der Eröffnung folgenden Tag zu laufen beginnt (s. Art. 44 N 17 ff.).

Die Anknüpfung an die Eröffnung der **vollständigen Ausfertigung des Entscheids**[6] trägt **4** dem Umstand Rechnung, dass die Kantone die schriftliche Begründung des Entscheids nicht durchwegs zur Pflicht machen (vgl. Art. 112 N 12).[7] In diesem Fall können die Parteien innert 30 Tagen ab Mitteilung des Urteilsdispositivs die Nachreichung einer (schriftlichen) Begründung verlangen (Art. 112 Abs. 2); wird von dieser Möglichkeit nicht Gebrauch gemacht, ist grundsätzlich von fehlendem Anfechtungswillen auszugehen.[8] Für den gegenteiligen Fall stellt Art. 100 Abs. 1 klar, dass die bundesgerichtliche Rechtsmittelfrist erst am Tag nach der schriftlichen **Eröffnung des begründeten Entscheids** – nach der «Zustellung der Motive»[9] – zu laufen beginnt. Hingegen ist unter «vollständiger Ausfertigung» nicht eine unter dem Blickwinkel von Art. 112 «mängelfreie» Eröffnung des Entscheids zu verstehen.[10] Liegt ein schriftlicher Entscheid mit Dispositiv und Angabe der Entscheidmotive vor, ist grundsätzlich auch dann innert 30 Tagen nach dessen Eröffnung Beschwerde zu erheben, wenn die Begründung des angefochtenen Entscheids den gesetzlichen oder verfassungsrechtlichen Anforderungen (Art. 112 Abs. 1; Art. 29 BV) nicht zu genügen scheint. Bei nicht fristgerechtem Handeln bietet das Gesetz nur in den Grenzen von Treu und Glauben Schutz (vgl. Art. 44 N 8; Art. 49 N 3 ff.; Art. 112 N 17 ff.).

---

5 So ausdrücklich Botschaft 2001 BBl 2001 4341.
6 Bezüglich Revision bundesgerichtlicher Urteile s. Art. 124 Abs. 1 lit. b und lit. d i.V.m. Art. 60.
7 Botschaft 2001 BBl 2001 4351. – Vgl. auch Art. 79 Abs. 1 lit. b und Abs. 3 und Art. 80 E StPO; Art. 235 E ZPO (mit ausdrücklichem Vorbehalt zugunsten der Vorschriften des BGG in Abs. 3).
8 In diesem Sinne auch Botschaft 2001 BBl 2001 4351; gl.M.: SPÜHLER/DOLGE/VOCK, Kurzkommentar, Art. 112 N 4; SEILER/VON WERDT/GÜNGERICH, BGG, Art. 112 N 18; EHRENZELLER/SCHWEIZER-WALTHER, 356.
9 Botschaft 2001 BBl 2001 4341 und 4351; Schlussbericht 1997, 89.
10 Gl.M. SEILER/VON WERDT/GÜNGERICH, BGG, Art. 100 N 13 (bemerkend, dass der Wortlaut von Art. 100 Abs. 1 «insofern irreführend ist, als auch im Sinne von Art. 112 Abs. 1 BGG unvollständig eröffnete Entscheide innert Frist angefochten werden müssen». – **A.M.** offenbar SPÜHLER/DOLGE/VOCK, Kurzkommentar, Art. 100 N 3.

5   Gemäss Art. 112 Abs. 3 kann das Bundesgericht einen Entscheid, der den Anforderungen des Art. 112 Abs. 1 nicht genügt, an die kantonale Behörde zur Verbesserung zurückweisen oder aufheben. Bei Aufhebung des vorinstanzlichen Entscheids geht die Sache zwecks fehlerfreier Neueröffnung an die Vorinstanz zurück, worauf eine neue Rechtsmittelfrist gem. Art. 100 ausgelöst wird. Im Falle der Rückweisung zur Verbesserung des vorinstanzlichen Entscheids i.S. einer blossen Instruktionsmassnahme bleibt die Sache beim Bundesgericht hängig (vgl. Art. 112 N 21);[11] nach erfolgter Verbesserung beginnt keine neue Rechtsmittelfrist zu laufen.

6   Soweit das Gesetz nicht ausdrücklich etwas Abweichendes bestimmt, gilt die **allgemeine Regel** nach Abs. 1, wonach die Rechtsmittelfrist am Tag nach der Eröffnung der vollständigen Ausfertigung zu laufen beginnt (Art. 44 Abs. 1), in allen Beschwerdefällen gem. Art. 100 (vgl. auch Art. 124 Abs. 1 lit. b und lit. d).

2. Zehntägige Frist

a) Entscheide der kant. Aufsichtsbehörden in SchKG-Sachen

7   Die gemäss Art. 100 Abs. 1 lit. a verkürzte Beschwerdefrist von zehn Tagen bei **Entscheiden der kantonalen Aufsichtsbehörden in Schuldbetreibungs- und Konkurssachen**[12] entspricht bisherigem Recht (Art. 19 Abs. 1 SchKG). Die zehntägige Frist gilt nicht für Beschwerden gegen Entscheide von Konkurs- und Nachlassgerichten sowie für die übrigen SchKG-Sachen, über welche in summarischen, ordentlichen oder beschleunigten Verfahren entschieden wird.[13]

8   Auch die bloss zehntägige Frist beginnt erst am Tag nach Eröffnung der vollständigen Ausfertigung des Entscheids der kantonalen Aufsichtsbehörde zu laufen, d.h. der schriftlichen Eröffnung des begründeten Entscheids (vgl. N 4 hievor), wie sie nebst Art. 112 auch Art. 20a Abs. 2 Ziff. 4 SchKG verlangt.[14] Ausser in der Wechselbetreibung (Art. 46 Abs. 2) gilt neu in sämtlichen Schuldbetreibungs- und Konkurssachen der Fristenstillstand gem. 46 Abs. 1 (s. dazu Art. 46 N 9).

b) Entscheide auf dem Gebiet der internationalen Rechtshilfe in Strafsachen

aa) Vorbemerkung

9   Die zentrale und wichtigste Bestimmung des BGG zur internationalen Rechtshilfe in Strafsachen (RH) ist Art. 84. Im Rahmen der Kommentierung von Art. 84 wird die RH umfassend erörtert. Spezielle Fragestellungen werden bei den Art. 43 (ergänzende Beschwerdeschrift), Art. 100 Abs. 2 lit. b (Beschwerdefrist), 103 Abs. 2 lit. c (aufschiebende Wirkung) und Art. 107 Abs. 3 (Nichteintretensentscheid) behandelt. Für Probleme der RH, welche über die in Art. 100 Abs. 2 lit. b geregelte Beschwerdefrist hinausgehen, wird auf die Kommentierung zu den oben genannten Gesetzesartikeln verwiesen.

---

[11]   Seiler/von Werdt/Güngerich, BGG, Art. 112 N 30.
[12]   Die der Beschwerde in Zivilsachen (Art. 72 Abs. 2 lit. a BGG i.V.m. Art. 19 SchKG; bisher: Beschwerde in Betreibungssachen) unterliegenden letztinstanzlichen Beschwerdeentscheide der kantonalen Aufsichtsbehörden über Verfügungen der Vollstreckungsorgane gemäss Art. 17 SchKG sind – zumal diese Verfügungen im laufenden Vollstreckungsverfahren grundsätzlich nicht mehr in Frage gestellt werden können – Endentscheide im Sinne von Art. 90 BGG; sie sind unabhängig von einer gesetzlichen Streitwertgrenze anfechtbar (Art. 74 Abs. 2 lit. c BGG); BGE 133 III 350, 351 E. 1.2.
[13]   Ehrenzeller/Schweizer-Walther, 357.
[14]   Zum Verhältnis von Art. 112 und Art. 20a Abs. 2 Ziff. 4 SchKG vgl. Lorandi, AJP 2007, 449 f.

bb) Kommentierung

Gemäss Art. 100 Abs. 2 lit. b BGG beträgt die gesetzliche Beschwerdefrist bei Entscheiden auf dem Gebiet der RH in Strafsachen generell nur noch **zehn Tage**. Dies gilt nach neuem Recht **sowohl für anfechtbare Schluss-, als auch für Vor- und Zwischenentscheide**.[15] Damit wollte der Gesetzgeber dem bei der RH besonders wichtigen Gebot der **Verfahrensbeschleunigung** (Art. 17a IRSG) Rechnung tragen. Die Schweiz hat sich in zahlreichen internationalen Verträgen zur Leistung von RH verpflichtet. Diese beruht auf dem Prinzip der Gegenseitigkeit: Die Schweiz kann nur dann auf eine rasche und effektive Zusammenarbeit mit anderen Staaten zählen, wenn die von ihr selbst gewährte RH ebenfalls diesen Ansprüchen gerecht wird. **10**

Der Fristenlauf beginnt mit der Eröffnung der vollständigen Ausfertigung des RH-Entscheids (Art. 100 Abs. 1).[16] Gesetzlich oder richterlich nach Tagen bestimmte Fristen stehen während den in Art. 46 Abs. 1 BGG genannten Zeiträumen («Gerichtsferien») grundsätzlich still. Diese Regel gilt (wiederum aus Gründen der Verfahrensbeschleunigung) auf dem Gebiet der RH in Strafsachen ausdrücklich **nicht** (Art. 46 Abs. 2 BGG; Art. 12 Abs. 2 IRSG).[17] Zu den allgemeinen Bestimmungen betr. Fristenlauf s. Art. 44–50 BGG. Für den Ausnahmefall einer richterlichen **Nachfrist** zur **Ergänzung** der Beschwerde s. Kommentierung zu Art. 43. **11**

c) Entscheide über die Rückgabe eines Kindes nach dem HEntfÜ

Ebenfalls eine zehntägige Frist gilt bei Entscheiden über die Rückführung eines Kindes nach dem Haager Übereinkommen vom 25.10.1980 über die zivilrechtlichen Aspekte internationaler Kindesentführung (HEntfÜ).[18] Diese in Art. 92 E ExpKomm noch nicht vorgesehen gewesene Fristverkürzung erklärt sich aus dem Ziel des HEntfÜ, die sofortige Rückgabe widerrechtlich in einen Vertragsstaat verbrachter oder dort zurückgehaltener Kinder sicherzustellen (Art. 1 lit. a, Art. 12 Abs. 1 HEntfÜ), und der daraus fliessenden Pflicht der zuständigen Behörden eines jeden Vertragsstaates, in diesen Verfahren mit der gebotenen Eile zu handeln (**Art. 11 Abs. 1 HEntfÜ**). Hat das zuständige Gericht nicht innerhalb von sechs Wochen nach Eingang des Antrags eine Entscheidung getroffen, so kann u.a. der Gesuchsteller eine Darstellung der Gründe für die Verzögerung verlangen (Art. 11 Abs. 2 HEntfÜ). Das Übereinkommen konkretisiert demnach das allgemein geltende **Beschleunigungsgebot** gem. Art. 6 Abs. 1 EMRK und Art. 29 Abs. 1 BV.[19] **12**

Nach der Rechtsprechung des Bundesgerichts handelt es sich beim Verfahren betr. die Rückführung eines Kindes gem. HEntfÜ nicht um eine Zivilrechtsstreitigkeit, sondern um eine Art administrative Rechtshilfe für den Fall von Kindesentführungen. Altrechtlich konnte daher ein letztinstanzlicher kantonaler Entscheid weder mit Berufung noch mit Nichtigkeitsbeschwerde, sondern nur mit staats- **13**

---

[15] Art. 110 Abs. 2 lit. b spricht generell von «*Entscheiden* auf dem Gebiet der internationalen Rechtshilfe in Strafsachen»). Nach *altem* Recht (Verwaltungsgerichtsbeschwerde) hatte die Beschwerdefrist zur Anfechtung von Schlussverfügungen noch 30 Tage betragen (aArt. 80k IRSG; Art. 106 Abs. 1 OG i.V.m. aArt. 17 Abs. 1 Satz 1 BG-RVUS). Für die Fristen der Beschwerden an das *Bundesstrafgericht* gelten eigene Regeln (vgl. z.B. Art. 48 Abs. 2 IRSG [in der Fassung nach Ziff. 30 des Anhanges zum VGG]; Art. 17c BG-RVUS in der Fassung nach Ziff. 33 des Anhanges zum VGG]).

[16] Insofern analog schon das alte Recht, vgl. aArt. 80k IRSG.

[17] Analoges galt in diesem Rechtsgebiet schon nach bisherigem Recht (Art. 12 Abs. 2 IRSG; aArt. 17 Abs. 1 Satz 2 BG-RVUS; Art. 6 Abs. 3 BB-Int.Strafgerichte). Art. 12 Abs. 2 IRSG blieb per 1.1.2007 (in der Revision gem. Ziff. 30 Anhang zum VGG) *unverändert*.

[18] SR 0.211.230.02.

[19] BGE 131 III 334, 336 E. 2.1.

rechtlicher Beschwerde beim Bundesgericht angefochten werden.[20] Neurechtlich sind Entscheide über die Rückführung eines Kindes nach dem HEntfÜ unter die in unmittelbarem Zusammenhang mit Zivilrecht stehenden öffentlichrechtlichen Entscheide gem. Art. 72 Abs. 2 lit. b zu subsumieren.[21]

14 Der Beginn des **Fristenlaufs** setzt die schriftliche Eröffnung des begründeten Entscheids voraus (s. N 4 hievor). Hinsichtlich des **Fristenstillstandes** ist zu beachten, dass Art. 297 lit. a E ZPO für das **kantonale Verfahren** vorschreibt, dass Rückführungsentscheide nach dem HEntfÜ aufgrund ihrer zeitlichen Dringlichkeit vom kantonalen Gericht (als einziger Instanz; Art. 5 E ZPO) im summarischen Verfahren zu treffen sind. Für summarische Verfahren gilt der in Art. 143 Abs. 1 E ZPO (übereinstimmend mit Art. 46 Abs. 1) geregelte Fristenstillstand ausdrücklich nicht (Art. 143 Abs. 2 lit. c E ZPO).[22] Für das **bundesgerichtliche Verfahren** fehlt eine entsprechende gesetzliche Grundlage. Der Ausschluss des Fristenstillstands lässt sich auch nicht unmittelbar aus Art. 11 HEntfÜ ableiten.[23] Die dort statuierte sechswöchige Behandlungsfrist (als Ordnungsfrist) gilt für jede Instanz je neu «ab Eingang des Antrags», d.h. im Beschwerdeverfahren ab Eingang der Beschwerde; die Beschwerdefrist selbst wird mithin nicht davon erfasst. Mangels Erwähnung im Ausnahmekatalog des Art. 46 Abs. 2 und mangels ausdrücklicher spezialgesetzlicher Abweichungen muss somit (derzeit) davon ausgegangen werden, dass Art. 46 Abs. 1 bei der nach Tagen bestimmten Frist des Art. 100 Abs. 2 lit. c zum Tragen kommt, obwohl dies im Einzelfall den verfahrensbeschleunigenden Effekt der verkürzten Beschwerdefrist empfindlich schwächen kann. Vorbehalten bleiben Verfahren betr. aufschiebende Wirkung und andere vorsorgliche Massnahmen (Art. 46 Abs. 2).

3. Fünftägige Frist

15 Die gem. Abs. 3 lit. a bloss fünftägige Beschwerdefrist bei Entscheiden der kantonalen Aufsichtsbehörden in Schuldbetreibungs- und Konkurssachen im Rahmen der **Wechselbetreibung** entspricht bisherigem Recht (Art. 20 SchKG).[24] Hinsichtlich des Beginns des Fristenlaufs gilt das unter N 4 und 8 Gesagte. Der **Fristenstillstand** gem. Art. 46 Abs. 1 **gilt nicht** (Art. 46 Abs. 2).

III. Beschwerdefristen nach Abs. 3 lit. b und Abs. 4 (politische Rechte)

16 Für einen Teil der Beschwerden wegen Verletzung politischer Rechte sehen Art. 100 Abs. 3 lit. b und Art. 100 Abs. 4 spezifische, gegenüber der Grundregel von Art. 100 Abs. 1 auf 5 bzw. 3 Tage **verkürzte Beschwerdefristen** vor. Sie betreffen Beschwerden im Zusammenhang mit **eidgenössischen Volksabstimmungen** und der **Wahl** des **Nationalrates**, welche neu vom Bundesgericht (Art. 88 Abs. 1 lit. b Teil 2 i.V.m.

---

[20] BGE 123 II 419, 421 E. 1a; 120 II 222, 224 E. 2b.
[21] So auch Schlussbericht der Eidg. Expertenkommission über den Kinderschutz bei Kindesentführungen vom 6.12.2005, 40; vgl. EHRENZELLER/SCHWEIZER-AUER, 65 Anm. 7. – Zur (schwierigen) rechtsdogmatischen Qualifikation der Rückgabeentscheide nach dem HEntfÜ s. etwa A. MARKUS, Beschleunigungsgebot und Berufungsfähigkeit bei Kinder-Rückgabeentscheiden nach dem Haager Übereinkommen, AJP 1997, 1085 ff., insb. 1088 ff.
[22] Gemäss Art. 132 Abs. 3 E ZPO sind die Parteien auf diese Ausnahme hinzuweisen; unterbleibt der Hinweis, «stehen die Fristen gleichwohl still»; Botschaft des Bundesrates zur Schweizerischen Zivilprozessordnung vom 28.6.2006, BBl 2006 7309.
[23] In diesem Sinne – implizit – auch BGE 131 III 334, 337 E. 2.3 *in fine*.
[24] SPÜHLER/DOLGE/VOCK, Kurzkommentar, Art. 100 N 4; PETER, BlSchK 2007, 9 oben; PHILIPPIN, JdT 2007, 139; ferner in BGE 113 III 123 nicht veröffentlichte E. 1 des Urteils BGer, SchK, 26.10.1987, B.128/1987.

Art. 77 und Art. 80 Abs. 1 BPR) anstelle des Bundesrates und des Nationalrates (aArt. 81 und 82 BPR) beurteilt werden (Art. 82 N 93). Die Regelung knüpft an Art. 77 Abs. 1 lit. b und lit. c BPR und die Entscheide der Kantonsregierungen über Beschwerden wegen Unregelmässigkeiten bei eidgenössischen Abstimmungen und der Wahl des Nationalrates an (Art. 88 N 6). Der Anwendungsbereich von Art. 100 Abs. 3 lit. b und Art. 100 Abs. 4 bestimmt sich nach der Regelung im Bundesgesetz über die politischen Rechte (BPR).

Die kurzen Fristen von 5 Tagen für die Abstimmungsbeschwerde und von 3 Tagen für **17** die Wahlbeschwerde bezwecken – in Verbindung mit der Ausgestaltung des kantonalen Verfahrens (Art. 77 und 79 BPR) –, **Mängel** bei eidgenössischen Abstimmungen und der Wahl des Nationalrates **frühzeitig** zu **erkennen** und möglichst vor dem Urnengang zu **beheben** (vgl. Art. 79 Abs. 2 BPR) sowie auf diese Weise baldmöglichst definitive Wahl- und Abstimmungsresultate zu erlangen (Art. 82 N 97; Art. 88 N 7). Schon das alte Recht sah kurze Beschwerdefristen von 5 Tagen vor (für Abstimmungs- *und* Wahlbeschwerden gem. aArt. 81 und 82 BPR). Art. 100 Abs. 4 verkürzt die Beschwerdefrist für Wahlbeschwerden auf 3 Tage. Dies rechtfertigt sich wegen des kurzen Zeitraums zwischen der Wahl des Nationalrates und der sieben Wochen darauf erfolgenden Konstituierung (Art. 53 Abs. 1 BPR); in der Zwischenzeit sind die Resultate zu publizieren (Art. 52 Abs. 2 BPR), die kantonalen Beschwerdeverfahren durchzuführen (Art. 77 Abs. 2 und Art. 79 Abs. 1 BPR) und das Verfahren vor Bundesgericht (innert eines sehr kurzen Zeitraums) abzuschliessen. Es soll sichergestellt werden, dass der neu gewählte Nationalrat rechtzeitig konstituiert, die Legislatur ordentlich eröffnet sowie daran anschliessend der Voranschlag verabschiedet und die Wahl des Bundesrates vorgenommen werden können.[25] Vor diesem Hintergrund besteht trotz der ausserordentlich kurzen Frist von 3 Tagen kaum Raum für Beschwerdeergänzungen.[26] Allgemein hat das Bundesgericht kurze Beschwerdefristen (vgl. Art. 77 Abs. 2 BPR) und Rechtsmittelfristen gebilligt, indes gefordert, dass an die Erkennbarkeit der beanstandeten Mängel und die Substantiierung der Beschwerden keine allzu hohen Anforderungen gestellt und die Beschwerdefristen sinnvoll gehandhabt werden.[27]

Demgegenüber richtet sich die Beschwerdefrist in allen übrigen Beschwerden wegen **18** Verletzung politischer Rechte nach der **Grundregel von Art. 100 Abs. 1**. Dies trifft auch auf Vor- und Zwischenentscheide zu.[28] Wird eine Vorbereitungshandlung angefochten und reicht die Frist über den Urnengang hinaus, kann innert neuer Frist gegen den Urnengang Beschwerde erhoben werden.[29] Die Bestimmung von Art. 100 Abs. 1 gilt gleichermassen für kantonale Angelegenheiten[30] wie in eidgenössischen Angelegenheiten in Bezug auf die Stimmberechtigung (Art. 77 Abs. 1 lit. a BPR) und die Verfügungen der Bundeskanzlei (Art. 80 Abs.2 und 3 BPR).[31]

---

[25] Botschaft 2001 BBl 2001 4341.

[26] In dieser Hinsicht werden die Zeitverhältnisse unterschätzt von EHRENZELLER/SCHWEIZER-BESSON, 418 und KARLEN, BGG, 41; im Gegensatz zu Wahlbeschwerden mag bei Abstimmungsbeschwerden bisweilen mehr Spielraum bestehen. Zudem ist allgemein zu beachten, dass ein Entscheid des BGer vor dem Urnengang wünschbar sein kann; Art. 82 N 97 f.

[27] Vgl. BGE 121 I 1 E. 2–4; BGer, I. ÖRA, 26.5.1995, 1P.141/1994, ZBl 1996, 233 E. 2b.

[28] Allgemein oben N 1 und 3; vgl. für die Stimmrechtsbeschwerde nach Art. 85 lit. a OG BGer, I. ÖRA, 8.11.1993, 1P.569/1994, ZBl 1994, 222.

[29] BGer, I. ÖRA, 20.4.2006, 1P.582/2005 und 1P.650/2005, ZBl 2007, 275, E. 1.1; BGer, I. ÖRA, 12.9.2006, 1P.223/2006, E. 1.1, ZBl 2007, 332; BGE 110 Ia 176, 180 E. 2b; 106 Ia 197, 198 E. 2c.

[30] Nach Ausschöpfung des kantonalen Instanzenzuges; vgl. BGE 110 Ia 176, 177 E. 2; 118 Ia 271.

[31] Vgl. BGE 129 II 305; 131 II 449. Bundesgesetz betr. die Änderung der Bundesgesetzgebung über die politischen Rechte vom 23.3.2007, Art. 80 Abs. 2 (BBl 2007 2293, Referendumsvor-

IV. Sonderfälle nach Abs. 5 und Abs. 6 (Fristbeginn)

1. Interkantonale Kompetenzkonflikte

19 Nach dem Wortlaut des – inhaltlich Art. 89 Abs. 3 OG entsprechenden und in den Räten diskussionslos angenommenen – Art. 100 Abs. 5 (identisch: Art. 92 Abs. 2 E ExpKomm und Art. 94 Abs. 5 E 2001) beginnt bei Beschwerden wegen interkantonaler Kompetenzkonflikte (negativer oder positiver Art[32]) die dreissigtägige Beschwerdefrist (Art. 100 Abs. 1) spätestens[33] dann zu laufen, wenn **in beiden Kantonen Entscheide getroffen** worden sind, gegen welche beim Bundesgericht Beschwerde geführt werden kann. Die Anknüpfung an die **Entscheidfällung** in beiden Kantonen ändert nichts daran, dass die Frist grundsätzlich erst mit der **Eröffnung**[34] des (auch) im Zweitkanton getroffenen, beim Bundesgericht anfechtbaren Entscheids ausgelöst wird (Art. 44 N 8) und – am Folgetag (Art. 44 N 17) – zu laufen beginnt, zumal ein nicht eröffneter Entscheid einem Nicht-Entscheid gleichzustellen ist (Art. 49 N 4).

20 Unter Abs. 5 fallen – nebst z.B. Kompetenzkonflikten betr. die Unterstützungspflicht eines Kantons gem. ZUG[35] – namentlich Beschwerden wegen Verletzung des Verbots der **Doppelbesteuerung** (Art. 127 Abs. 3 BV). Nach der zu Art. 89 Abs. 3 OG ergangenen, hinsichtlich des Fristbeginns grundsätzlich weiterhin massgebenden Rechtsprechung hat die Sondernorm im Bereich der Doppelbesteuerung zur Folge, dass eine Beschwerde wegen Verletzung von Art. 127 Abs. 3 BV spätestens im Anschluss an die Geltendmachung des letzten der einander ausschliessenden kantonalen Steueransprüche innert dreissigtägiger Frist beim Bundesgericht zu erheben ist und mit der rechtzeitig gegen den zweitverfügenden Kanton erhobenen Beschwerde auch die bereits rechtskräftige Steuerveranlagung des erstverfügenden Kantons angefochten werden kann.[36]

Geht dem Veranlagungsverfahren ein kantonaler Steuerdomizilentscheid voraus, ist dieser grundsätzlich innert dreissig Tagen nach dessen Zustellung anzufechten; erwächst der Entscheid unangefochten in Rechtskraft, kann auf die Frage des Steuerdomizils im nachfolgenden Veranlagungsverfahren grundsätzlich nicht mehr zurückgekommen werden.[37] Nach bundesgerichtlicher Rechtsprechung gilt dies indessen nur in jenen Fällen, in denen der Steuerdomizilentscheid erst *nach* der definitiven Veranlagungsverfügung des *anderen* Kantons erging. Erlässt dagegen der erstverfügende Kanton einen Steuerdomizilentscheid, braucht der Steuerpflichtige diesen nicht sofort anzufechten, wenn er sich diesem Entscheid unter der Bedingung fügen will, dass kein anderer Kanton die unbeschränkte Steuerhoheit in Anspruch nimmt. Will er sich dem Steuerdomizilentscheid des Erstkantons nur unter diesem Vorbehalt widersetzen, so kann er nach der Rechtsprechung zuwarten, bis ein zweiter Kanton ebenfalls verfügt hat. Die Beschwerde an das Bundesgericht steht ihm in diesem Fall nicht nur zur Anfechtung des eben ergangenen Steuerentscheids des

---

lage); vgl. Botschaft des Bundesrates vom 31.5.2006 über die Einführung der allgemeinen Volksinitiative und über weitere Änderungen der Bundesgesetzgebung über die politischen Rechte, BBl 2006 5261, 5302 (Erläuterung) und 5344 (Art. 80 Abs. 2 E-BPR).

[32] SPÜHLER/DOLGE/VOCK, Kurzkommentar, Art. 100 N 8.

[33] Selbstverständlich kann (und muss u.U. zwecks Wahrung sämtlicher Rechte) bereits der Entscheid des Erstkantons innert dreissig Tagen angefochten werden.

[34] Vgl. etwa auch BGer, II. ÖRA, 7.12.2006, 2P.165/2006, E. 1.3.

[35] Bundesgesetz vom 24.6.1977 über die Zuständigkeit für die Unterstützung Bedürftiger (Zuständigkeitsgesetz), SR 851.1.

[36] Zu Art. 100 Abs. 5 im Bereich der Doppelbesteuerung – einschliesslich Übergangsrecht – nunmehr ausführlich BGer, II. ÖRA, 20.9.2007, 2C_502/2007; s. auch BGer, II. ÖRA, 21.9.2007, 2P.63/2007 (zur Publ. in der Amtlichen Sammlung vorgesehen); altrechtlich BGE 132 I 220, 222 E. 1; unv. E. 1 von BGE 131 I 409 (= BGer, II. ÖRA, 23.6.2005, 2P.301/2003); BGer, II. ÖRA, 20.2.2006, 2P.293/2005, StE2006 A 24.35 Nr. 5, E.1.1.

[37] BGE 123 I 289 E. 1a.

Zweitkantons offen, sondern auch zur Bestreitung des (an sich rechtskräftig festgelegten) Steuerdomizils im Erstkanton.[38]

Gemäss Rechtsprechung verliert jedoch ein Steuerpflichtiger das Recht zur Anfechtung **21** der Veranlagung eines Kantons, wenn er in Kenntnis des kollidierenden Steueranspruchs eines anderen Kantons die Besteuerungsbefugnis ausdrücklich oder stillschweigend *vorbehaltlos* anerkennt, so etwa durch ausdrückliche Erklärung, Abgabe der Steuererklärung, Unterlassen der Einsprache oder weiterer Rechtsmittel und Bezahlung des veranlagten Steuerbetrags. Indessen wird die Verwirkung nicht von Amtes wegen berücksichtigt, sondern nur auf Einrede des Kantons, dessen Steueranspruch dermassen anerkannt wurde.[39]

2. Mehrstufiger kantonaler Instanzenzug

Abs. 6 steht in Zusammenhang mit den – auch als Folge der Rechtsweggarantie (Art. 29a **22** BV) eingeführten – Neuerungen des BGG betr. die (richterlichen) Vorinstanzen des Bundesgerichts. Der erwähnte Absatz regelt den Beginn des Fristenlaufs in Fällen, in denen der kantonale Instanzenzug zusätzlich zu den bundesrechtlich vorgeschriebenen «oberen kantonalen Gerichten» gem. Art. 75 Abs. 2, Art. 80 Abs. 2, Art. 86 Abs. 2 und 114 eine weitere – letzte – kantonale Gerichtsinstanz (z.B. Kassationsgericht des Kantons Zürich) mit bloss eingeschränkter Überprüfungsbefugnis vorsieht: Wenn ein Entscheid eines oberen kantonalen Gerichts mit einem Rechtsmittel, das nicht alle Rügen nach den Art. 95– 98 zulässt, bei einer **zusätzlichen kantonalen Gerichtsinstanz** angefochten worden ist, beginnt die (dreissigtägige) Beschwerdefrist erst mit der **Eröffnung** des – vollständig ausgefertigten (Art. 100 Abs. 1) – Entscheids dieser Instanz zu laufen.[40]

Art. 94 Abs. 6 E 2001 wich vom geltenden Abs. 6 insoweit ab, als nicht von einer «zusätzlichen» kantonalen Instanz, sondern von einer «dritten» kantonalen Instanz die Rede war. Gegen diese Lösung erwuchs Kritik, da sie es den Kantonen verboten hätte, auch dort ein zusätzliches Rechtsmittel mit eingeschränkten Beschwerdegründen vorzusehen, wo das obere kantonale Gericht als einzige Instanz entscheidet und das zusätzliche Gericht somit bloss zweite Instanz gewesen wäre. Die vom Bundesrat in der Folge vorgeschlagene heutige Fassung des Abs. 6 wurde von den Räten diskussionslos genehmigt.[41]

Abs. 6 knüpft an die bisherige Rechtsprechung an, wonach der Entscheid einer unteren **23** kantonalen Instanz mitangefochten werden kann, wenn entweder der letzten kantonalen Instanz nicht sämtliche vor Bundesgericht zulässigen Rügen unterbreitet werden konnten oder wenn solche Rügen zwar von der letzten kantonalen Instanz zu beurteilen waren, jedoch mit einer engeren Prüfungsbefugnis, als sie dem Bundesgericht zusteht («**Dorénaz-Praxis**»).[42]

V. Rechtsverweigerung oder -verzögerung (Abs. 7)

Gegen das unrechtmässige Verweigern oder Verzögern eines beim Bundesgericht an- **24** fechtbaren Entscheids kann **jederzeit** Beschwerde erhoben werden (Art. 94 i.V.m. Art. 100 Abs. 7), was bisheriger Rechtslage entspricht (Art. 97 Abs. 2 i.V.m. Art. 106

---

[38] Zum Ganzen – so – BGer, II. ÖRA, 5.6.2001, 2P.26/2001, StE 2002 A 24.21 Nr. 13, E. 1c.
[39] BGE 123 I 264, 267 E. 2d m.Hinw.
[40] Vgl. – betreffend die Beschwerde in Zivilsachen – BGer, I. ZA, 16.5.2007, 4A_74/2007, E. 1.1.
[41] AB 2004 N 1612; AB 2005 S 137 (je Zustimmung zum Antrag des Bundesrates vom 7.4.2004). S. zum Ganzen AUER, ZBl 2006, 128.
[42] Vgl. auch SPÜHLER/DOLGE/VOCK, Kurzkommentar, Art. 100 N 9; KARLEN, BGG, 41 mit Anm. 158; zur Dorénaz-Praxis s. im Einzelnen BGE 126 II 377, 395 E. 8b m. zahlreichen Hinw.; 127 II 161, 167 E. 3b.

Abs. 2 OG).[43] Die jederzeitige Beschwerdemöglichkeit gilt für den (Regel-)Fall der Rechtsverweigerungs- oder Rechtsverzögerungsbeschwerde,[44] dass infolge Untätigbleibens bzw. unnötig verzögernden Handelns der Behörde ein Anfechtungsobjekt und somit ein fristauslösender Sachverhalt (vgl. Art. 44 N 7 ff.) fehlt. Ergibt sich die Rechtsverzögerung/-verweigerung nicht aus einem stillschweigenden oder ausdrücklichen **faktischen Verhalten**, sondern aus einem anfechtbaren **formellen Entscheid**,[45] ist dagegen innert der ordentlichen Beschwerdefrist (i.d.R.: dreissig Tage, Art. 100 Abs. 1) Beschwerde zu erheben;[46] gleiches gilt für Beschwerden gegen einen beim Bundesgericht anfechtbaren Entscheid eines oberen kantonalen Gerichts, welcher eine Rechtsverweigerung/-verzögerung einer unteren Instanz verneint.[47]

25 Der Anspruch auf Erledigung innert angemessener Frist (Art. 29 Abs. 1 BV) entbindet die Rechtsuchenden – als Ausfluss des aus dem **Grundsatz von Treu und Glauben** fliessenden Fairnessgebots – nicht davon, ihrerseits das ihnen Mögliche und Zumutbare zu einer zügigen Verfahrenserledigung beizutragen, wozu im Falle einer vermuteten Rechtsverzögerung auch die Obliegenheit gehört, die säumige Behörde zunächst auf die Prozessdauer aufmerksam zu machen und um eine raschere Abwicklung des Verfahrens zu ersuchen, allenfalls verbunden mit einer Fristansetzung und Androhung einer Rechtsverzögerungsbeschwerde. Zwar verwirkt der oder die diese prozessuale Sorgfaltspflicht Missachtende nicht das Recht auf materielle Behandlung der *jederzeit* einlegbaren Rechtsverzögerungsbeschwerde; indessen wird die Unterlassung vom Gericht gegebenenfalls entschädigungsseitig berücksichtigt.[48]

Art. 101

Beschwerde gegen Erlasse	**Die Beschwerde gegen einen Erlass ist innert 30 Tagen nach der nach dem kantonalen Recht massgebenden Veröffentlichung des Erlasses beim Bundesgericht einzureichen.**
Recours contre un acte normatif	Le recours contre un acte normatif doit être déposé devant le Tribunal fédéral dans les 30 jours qui suivent sa publication selon le droit cantonal.
Ricorso contro atti normativi	Il ricorso contro un atto normativo deve essere depositato presso il Tribunale federale entro 30 giorni dalla pubblicazione di tale atto secondo il diritto cantonale.

Materialien

Art. 93 E Expertenkommission; Art. 95 E 2001 BBl 2001 4505; Botschaft 2001 BBl 2001 4341; Zustimmung Ständerat AB 2003 S 911; Zustimmung Nationalrat AB 2004 N 1612.

---

[43] Vgl. auch Art. 46a VwVG (eingfügt durch Anhang Ziff. 10 des VGG vom 17.6.2005, in Kraft seit 1.1.2007 [bis 31.12.2006: Art. 70 Abs. 1 VwVG]); vgl. auch Art. 19 Abs. 2 SchKG; Art. 56 Abs. 2 ATSG.

[44] Zu den Begriffen der Rechtsverweigerung und der Rechtsverzögerung s. Kommentierung von Art. 94; vgl. auch BGE 130 I 312, 331 f. E. 5.1; 124 V 130, 133 E. 4; 107 Ib 160, 164 E. 3b.

[45] Betr. «Negativverfügung» s. etwa BGer, I. ÖRA, 5.3.2001, 1A.314/2000, E. 2c; zu Sistierungsverfügungen s. BGer, EVG, 17.7.2006, B 5/05.

[46] Vgl. Seiler/von Werdt/Güngerich, BGG, Art. 94 N 12; Art. 100 N 12; Spühler/Dolge/Vock, Kurzkommentar, Art. 94 N 3; Art. 100 N 10; vgl. auch BGE 108 Ia 205 ff.; ferner BGer, I. ÖRA, 5.3.2001, 1A.314/2000, E. 2c.

[47] Seiler/von Werdt/Güngerich, BGG, Art. 94 N 16; Art. 100 N 12.

[48] BGE 125 V 373, 375 f. E. 2b; 107 Ib 155, 158 f. E. 2b/bb; BGer, EVG, 24.5.2006, I 760/05; BGer, I. ÖRA, 5.3.2001, 1A.314/2000, E. 2e.

Beschwerden gegen Erlasse (zur Erlassanfechtung s. den Kommentar zu Art. 82 lit. b 1
hiervor) sind gem. Art. 101[1] innert **30 Tagen** seit der nach dem kantonalen Recht massgebenden **Veröffentlichung** des Erlasses beim Bundesgericht einzureichen. Als Veröffentlichung gilt die Publikation des Erlasses und die Feststellung, dass derselbe zustande gekommen ist und damit in Kraft treten kann (**Erwahrungsbeschluss**).[2] Nicht
massgeblich ist somit die Veröffentlichung im Hinblick auf eine Volksabstimmung,
bevor letztere durchgeführt wurde. Diese Publikation ist hingegen relevant für allfällige
Beschwerden wegen Verletzung politischer Rechte.[3] Mit der Publikation des Erlass-
textes allein beginnt die Beschwerdefrist noch nicht zu laufen. Es muss vielmehr
zugleich klargestellt sein, dass der Erlass – z.B. infolge einer nicht benützten Referendumsfrist oder seiner Annahme in der Volksabstimmung – definitiv verabschiedet und
damit auf einen gleichzeitig bestimmten oder noch zu bestimmenden Termin in Kraft
gesetzt werden kann.[4] Der Zeitpunkt des Inkrafttretens ist für die Fristberechnung
ohne Bedeutung.[5] Zu frühe Eingabe der Beschwerde schadet grundsätzlich nicht
und führt nicht zum Nichteintreten auf die Beschwerde.[6] In der Regel sistiert das
Bundesgericht in diesem Fall das Verfahren und setzt die Instruktion aus, bis die Beschwerdefrist formell zu laufen beginnt.[7] Nur ausnahmsweise fällt es einen Nichteintretensentscheid.[8]

Kennt das kantonale Recht ein Erlassanfechtungsverfahren, beginnt die Frist zur Be- 2
schwerde ans Bundesgericht mit der Eröffnung des letztinstanzlichen kantonalen Nor-
menkontrollentscheids zu laufen.[9] Mit Blick auf Art. 112 ist dabei die Eröffnung in vollständiger Ausfertigung massgeblich.[10]

Ist die Erlassanfechtung bei einer kantonalen Rechtsmittelinstanz **jederzeit** zulässig, so 3
tritt das Bundesgericht auf eine Beschwerde gegen einen kantonalen Normenkontrollentscheid nur ein, wenn dieser **innert einer üblichen Rechtsmittelfrist** seit Erlass der
Norm erwirkt wurde.[11] Wird das kantonale Normenkontrollverfahren erst später eingeleitet, so sind im bundesgerichtlichen Verfahren nur noch Rügen zulässig, welche sich
gegen das Verfahren vor der kantonalen Normenkontrollinstanz richten, nicht mehr aber

---

[1] Vormals Art. 89 Abs. 1 OG.
[2] BGE 130 I 82, 84 f. E. 1.2; 121 I 187, 189 E. 1a, 291, 293 E. 1b; 119 Ia 321, 325 E. 3a; 114 Ia
221, 222 E. 1a; 108 Ia 140, 142 E. 1.
[3] Vgl. BGer, I. ÖRA, 12.9.2006, 1P.223/2006, E. 1.1.
[4] BGE 130 I 82, 84 f. E. 1.2; 121 I 187, 189 E. 1a.
[5] BGE 103 Ia 191, 193 f. E. 1; KÄLIN, Beschwerde[2], 348.
[6] BGE 124 I 159, 162 E. 1d; 121 I 291, 293 E. 1b; 117 Ia 328, 330 E. 1a; 110 Ia 7, 12 E. 1c; 108
Ia 126, 130 E. 1a.
[7] KÄLIN, Beschwerde[2], 349 m.Hinw. auf BGE 117 Ia 328, 330 E. 1a; 110 Ia 7, 12 E. 1c.
[8] Vgl. BGer, II. ÖRA, 4.12.2006, 2P.312/2006: In diesem Fall ist das Bundesgericht auf eine verfrüht eingereichte Beschwerde nicht eingetreten, weil sich die Verfahrensordnung durch das Inkrafttreten des BGG nach Einreichung der staatsrechtlichen Beschwerde, aber noch vor dem
frühest möglichen Zeitpunkt der Publikation des Erwahrungsbeschlusses, massgeblich geändert
hat. Das Bundesgericht führte aus, es sei nicht ausgeschlossen, dass nach der Publikation des
Erwahrungsbeschlusses weitere Beschwerden gegen denselben Erlass, aber nach neuem Recht
(Art. 132 Abs. 1) eingereicht würden. Bei einer solchen Konstellation sei im Interesse klarer
verfahrensrechtlicher Verhältnisse auf die staatsrechtliche Beschwerde (ohne Kostenfolge) nicht
einzutreten. Dem Beschwerdeführer bleibe die Möglichkeit, zu gegebener Zeit eine neue Beschwerde nach den dannzumal geltenden Verfahrensvorschriften einzureichen. Vgl. ferner BGer,
II. ÖRA, 4.12.2006, 2P.306/2006 und 6.12.2006, 2P.243/2006.
[9] BGE 128 I 155,158 E. 1.1.
[10] SEILER/VON WERDT/GÜNGERICH, BGG, Art. 101 N 4.
[11] BGE 128 I 155, 158 f. E. 1.1.; 111 Ia 270; AGVE 1981 273.

Rügen gegen die Norm selber.[12] Diese unterliegt vor Bundesgericht lediglich noch der akzessorischen Überprüfung aus Anlass eines Anwendungsfalls.

4   Wurden **Weisungen** weder amtlich publiziert noch den Beschwerdeführern zugestellt, beginnt die Beschwerdefrist im **Zeitpunkt der Kenntnisnahme** zu laufen.[13] Der Fristbeginn kann jedoch nicht beliebig lang hinausgezögert werden. Vielmehr ist im Einzelfall zu entscheiden, ob ein Beschwerdeführer alle sich aufdrängenden Schritte zur Erlangung weiterer Informationen unternommen hat, nachdem er vom Bestand eines anfechtbaren Akts erfahren hatte.[14]

5   Was die Fristberechnung anbelangt, wird auf die in Art. 44 ff. festgelegten Grundsätze verwiesen (vgl. den Kommentar zu Art. 44 ff. hiervor).

---

[12] BGE 128 I 155, 158 f. E. 1.1.; 111 Ia 270, 271 E. 2; 106 Ia 310, 318 ff. E. II. 5a–c. BGer, II. ÖRA, 25.9.1995, 2P.264/1993, E. 1a.
[13] BGE 114 Ia 452, 455 f. E. 1b; 108 Ia 1, 3 E. 2b.
[14] BGE 114 Ia 452, 455 f. E. 1b; 102 Ib 91, 93 f. E. 3.

5. Abschnitt: Weitere Verfahrensbestimmungen

Art. 102

Schriftenwechsel **¹ Soweit erforderlich stellt das Bundesgericht die Beschwerde der Vorinstanz sowie den allfälligen anderen Parteien, Beteiligten oder zur Beschwerde berechtigten Behörden zu und setzt ihnen Frist zur Einreichung einer Vernehmlassung an.**

² Die Vorinstanz hat innert dieser Frist die Vorakten einzusenden.

³ Ein weiterer Schriftenwechsel findet in der Regel nicht statt.

Echange d'écritures   ¹ Si nécessaire, le Tribunal fédéral communique le recours à l'autorité précédente ainsi qu'aux éventuels autres parties ou participants à la procédure ou aux autorités qui ont qualité pour recourir; ce faisant, il leur impartit un délai pour se déterminer.

² L'autorité précédente transmet le dossier de la cause dans le même délai.

³ En règle générale, il n'y a pas d'échange ultérieur d'écritures.

Scambio di scritti   ¹ Se necessario, il Tribunale federale notifica il ricorso all'autorità inferiore e a eventuali altre parti, altri partecipanti al procedimento o autorità legittimate a ricorrere impartendo loro un termine per esprimersi in merito.

² L'autorità inferiore gli trasmette gli atti entro tale termine.

³ Di regola non si procede a un ulteriore scambio di scritti.

Materialien

E ExpKomm 97; Botschaft 2001 BBl 2001 4341; AB 2003 S 911; AB 2005 S 138; AB 2004 N 1612.

Ulrich Meyer   999

Literatur

A. BÜHLER/A. EDELMANN/A. KILLER, Kommentar zur aargauischen Zivilprozessordnung, 2. Aufl., Aarau usw. 1998 (zit. Bühler/Edelmann/Killer-Kommentar ZPO[2]); MAX KUMMER, Grundriss des Zivilprozessrechts, nach den Prozessordnungen des Kantons Bern und des Bundes, 4. Aufl., Bern 1984 (zit. Kummer, Zivilprozessrecht[4]); G. LEUCH/O. MARBACH, Die Zivilprozessordnung für den Kanton Bern, 5. Aufl., vollständig überarbeitet von F. KELLERHALS und M. STERCHI (unter Mitarbeit von A. GÜNGERICH), Bern 2000 (zit. Leuch/Marbach, ZPO[5]); O. VOGEL/K. SPÜHLER, Grundriss des Zivilprozessrechts und des internationalen Zivilprozessrechts der Schweiz, 8. Aufl., Bern 2006 (zit.: Vogel/Spühler-Grundriss[8]).

I. Die Funktion des Schriftenwechsels

1 Der Schriftenwechsel dient dem **Anspruch auf rechtliches Gehör der Gegenpartei** und den **prozessualen Mitwirkungsrechten**, soweit diese vor Bundesgericht nach Massgabe der Vorschriften des BGG über das Beschwerdeverfahren in zulässiger Weise ausgeübt werden können. Der Schriftenwechsel soll so geführt werden, dass unter den Parteien **Waffengleichheit** entsteht: Was der Beschwerdeführende dem Bundesgericht in prozessual zulässiger Weise zur Anfechtung des vorinstanzlichen Entscheides vorträgt, dazu soll sich die Gegenpartei äussern können, sofern das Bundesgericht eine Abänderung des angefochtenen Entscheides zu deren Lasten in Betracht zieht.

2 Im Hinblick darauf, dass vor Bundesgericht grundsätzlich Rechtskontrolle stattfindet (Art. 95 i.V.m. Art. 106), dient die einzureichende Vernehmlassung dementsprechend der **Rechtserörterung**, d.h. der Darlegung des Rechtsstandpunktes der Gegenpartei. Soweit der Beschwerdeführende den vorinstanzlichen Entscheid mit Rügen tatsächlicher Natur angreift (Art. 97 i.V.m. Art. 105), kann die Gegenpartei auch darauf antworten. Die gleiche Parallelität greift Platz, wenn die Beschwerde ein nach Art. 99 Abs. 1 zulässiges Novum enthält.

3 Die im Rahmen des Schriftenwechsels einzureichende Vernehmlassung hat in doppelter Hinsicht nur unselbständige Bedeutung: Zum einen vermag sie am Streitgegenstand, welcher sich aus den Anträgen der beschwerdeführenden Partei zum angefochtenen Entscheid ergibt, nichts zu ändern. Zum andern hat der zur Vernehmlassung Aufgeforderte keine Dispositionsbefugnis über den Streitgegenstand; insb. kann er nicht, wie die beschwerdeführende Partei durch jederzeitigen Rückzug, das Verfahren unmittelbar beenden.[1]

4 Wie schon nach bisheriger Rechtsprechung[2] zu Art. 110 OG eröffnet Art. 102 **nicht** die Möglichkeit zur Einreichung einer **Anschlussbeschwerde**. Dies ist für die Zivilrechtspflege eine Neuerung, indem die bisherige Anschlussberufung[3] dahingefallen ist.

---

[1] Vorbehalten bleibt die Unterziehung dort, wo die Parteien frei über die streitigen Ansprüche verfügen können. Vgl. dazu Kommentar zu Art. 32 Abs. 2: Abschreibung von Verfahren zufolge Gegenstandslosigkeit, Rückzugs oder Vergleichs. Ob unter diese Aufzählung auch die Unterziehung unter das Rechtsbegehren der beschwerdeführenden Partei fällt, ist vom Wortlaut her zwar fraglich, aus systematischen Gründen aber zu bejahen: Art. 32 Abs. 2 schafft eine instruktionsrichterliche Kompetenz zur Verfahrenserledigung ohne Urteil in allen Fällen von Gegenstandslosigkeit, d.h. wenn der Prozess materiell nichts Streitiges mehr enthält und daher abzuschreiben ist. Der Instruktionsrichter ist dabei auch befugt, über die Kostenfolgen (Gerichtskosten, Parteientschädigung) zu befinden.

[2] BGE 107 Ib 341 E. 4; 110 Ib 29 E. 2; ebenso die Praxis des EVG (selbst in Verfahren mit fehlender Bindung an die Parteianträge, Art. 132 Abs. 1 lit. c OG): in Plädoyer 1993/3 62 nicht publ. E. 5 des Urteiles F. vom 4.2.1993, U 79/91.

[3] Art. 59 OG.

Mit dem einleitenden Passus «Soweit erforderlich …» bringt das Gesetz zum Ausdruck,   5
dass nicht in allen Fällen ein Schriftenwechsel durchzuführen ist, sondern nur dann,
wenn ein solcher für die Beurteilung (oder überhaupt für die Verfahrenserledigung) erforderlich ist. Nicht mehr als notwendig prozessualen Aufwand und Verfahrensweiterun-
gen zu betreiben, entspricht einem allgemeinen Prozessgrundsatz,[4] der in Art. 102 Abs. 1
in initio nunmehr seinen ausdrücklichen Niederschlag gefunden hat. Auch wenn in den
Bestimmungen über das vereinfachte Verfahren (Einzelrichterentscheide nach Art. 108;
Urteile in Dreierbesetzung nach Art. 109) der Verzicht auf den Schriftenwechsel nicht
vorgesehen ist,[5] besteht zweifellos auch unter dem BGG die Möglichkeit, von der Durchführung des Schriftenwechsels abzusehen, wenn es beim kantonalen Entscheid bleibt.
Durch ein solches Vorgehen sind die Rechte und Interessen der Gegenpartei nicht betroffen.[6]

Art. 102 und die in seinem Rahmen geltenden Grundsätze und Regeln sind auch im Ver-   6
fahren der subsidiären Verfassungsbeschwerde **sinngemäss anwendbar** (vgl. Art. 117).

II. Die Adressaten des Schriftenwechsels

1. Die Gegenpartei

Das Gesetz umschreibt den Kreis der zur Vernehmlassung Aufzufordernden nicht genau.[7]   7
Primärer Adressat der bundesgerichtlichen Fristansetzung, eine Vernehmlassung einzureichen, ist die **Gegenpartei** des Beschwerdeführenden. Im Zivilrecht ergibt sich aus dem
materiellen Rechtsverhältnis, das auf Grund der eingereichten Beschwerde dem Bundesgericht zur Beurteilung unterbreitet wird, wer (aktivlegitimierte) Partei und (passivlegiti-
mierte) Gegenpartei ist. Im öffentlichen Recht stehen sich als Partei und Gegenpartei in
der Regel der Einzelne und das Gemeinwesen oder der Einzelne und der aus der allgemeinen Staatsverwaltung ausgegliederte Selbstverwaltungskörper gegenüber,[8] bisweilen
auch Private unter sich (wie im Baurecht), im Strafrecht oft Täter und Geschädigter.

Nicht Gegenpartei ist die Behörde als solche, sondern das am Recht stehende **Gemein-**   8
wesen (oder der Verband, Selbstverwaltungskörper usw.), welches die Behörde vertritt.

2. Die Vorinstanz

Das Gesetz bezeichnet indirekt die Vorinstanz als Partei («… der Vorinstanz sowie den   9
allfälligen anderen Parteien …»). Aus dem Parteibegriff[9] folgt jedoch, dass die Vorinstanz, d.h. das Gericht in seiner Eigenschaft als Urheber des angefochtenen Entscheides,
nicht Partei im Verfahren vor dem Bundesgericht sein kann, sondern allenfalls der Kanton, dem es angehört. Insbesondere nicht Partei ist das kantonale Gericht in den häufigs-

---

[4] KUMMER, Zivilprozessrecht[4], 53.
[5] Vgl. demgegenüber Art. 127, wo bei der Revision in Weiterführung von Art. 143 Abs. 1 und
   Abs. 2 OG das Gesetz ausdrücklich die Möglichkeit vorsieht, dass bei unzulässigen oder unbegründeten Gesuchen kein Schriftenwechsel stattfindet.
[6] Voraussetzung für den Verzicht auf den Schriftenwechsel ist aber zweckmässigerweise, dass das
   Urteil umgehend oder zumindest in absehbarer Zeit gefällt werden kann.
[7] Worauf unter Ziff. II/2 zurückzukommen sein wird.
[8] Vgl. als Hauptbeispiel die Durchführungsstellen der Sozialversicherung, denen das Gesetz mitunter zwar Rechtspersönlichkeit abspricht, jedoch Prozessfähigkeit zumisst (Art. 79 Abs. 2 AVIG
   für die Arbeitslosenkassen).
[9] Ziff. II 1.

ten Zweiparteienverfahren (Zivilprozess, nachträgliche Verwaltungsrechtspflege), wo die Parteien vor Bundesgericht um die Richtigkeit des angefochtenen Entscheides streiten.[10]

Auch im Strafrecht handelt das Gericht nicht als Partei, sondern es spricht Recht über den Strafanspruch des Staates oder den Strafantrag des Privaten gegen den Beschuldigten.

10 Erscheint somit ein kantonales Versicherungs-, Verwaltungs- oder Obergericht nicht als Partei im bundesgerichtlichen Beschwerdeverfahren, ist der betreffende Kanton rechtlich dann Gegenpartei, wenn «sein» Gericht über ein Prozessrechtsverhältnis geurteilt hat, an welchem das Gemeinwesen (Kanton) und die Partei (nicht aber die Gegenpartei) **beteiligt** sind, wie das z.B. bei der Anfechtung kantonaler Entscheidungen über die unentgeltliche Rechtspflege im kantonalen Klage- oder Beschwerdeprozess zutrifft.[11]

11 Wieder etwas anderes ist es, wenn der Kanton selber **am materiellen Rechtsverhältnis** beteiligt ist, z.B. wenn er aus Staatshaftung heraus belangt wird oder von ihm als Arbeitgeber paritätische AHV-Beiträge eingefordert werden. Hier ergibt sich jedoch die Parteirolle des Kantons als Gemeinwesen aus der materiellen Streitigkeit selber; dass darüber ein kantonales Gericht geurteilt hat, macht dieses nicht zur Partei im bundesgerichtlichen Verfahren.

3. Zur Beschwerde berechtigte Behörden

12 Sofern eine der in Art. 89 Abs. 2 lit. a–d[12] erwähnten Behörden, Personen oder Organisationen berechtigt gewesen wäre, selber den angefochtenen Entscheid mit eigener Beschwerde dem Bundesgericht zu unterbreiten, ist auch sie in den Schriftenwechsel einzubeziehen.[13] Das gleiche gilt, soweit Behörden zur Beschwerde in Zivil- oder Strafsachen legitimiert sind.[14]

4. Weitere Beteiligte

13 Der schon in Art. 110 Abs. 1 OG enthaltene Begriff der (anderen) Beteiligten, den Art. 102 Abs. 1 übernimmt, ist schillernd und hat nach einer kaum überblickbaren Rechtsprechung[15] keine festen Konturen erhalten. Den Erscheinungsformen des anderen Beteiligten ist lediglich gemeinsam, dass er – ohne formell Gegenpartei des Beschwerdeführers zu sein – durch den Ausgang des bundesgerichtlichen Verfahrens in rechtlicher oder tatsächlicher Weise, direkt oder indirekt betroffen sein kann.[16] Ob eine solche Auswirkung besteht und ob deshalb die betroffene Person durch Einräumung der Gelegenheit, sich vor Bundesgericht zur Sache vernehmen lassen zu können, in das Verfahren einzubeziehen ist, lässt sich immer nur auf dem Hintergrund des jeweiligen konkreten materiell- und verfahrensrechtlichen Zusammenhanges entscheiden.

---

[10] Das kantonale Gericht macht keinen Funktionswandel durch wie die verfügende Instanz, welche vom (zum neutralen und objektiven Gesetzesvollzug verpflichteten; vgl. BGE 122 V 157 E. 1c m.Hinw.) gesetzlichen Durchführungsorgan zur Partei im Beschwerdeverfahren mutiert (BGE 114 V 228 E. 5c m.Hinw.): Als Behörde führt sie das Administrativverfahren bis zur Verfügung (allenfalls bis zum Einspracheentscheid); als Partei tritt die Verwaltung (das Gemeinwesen oder der ausgegliederte Verband) vor dem Richter auf, welche Rolle sie auch vor Bundesgericht beibehält.

[11] Art. 61 lit. f ATSG; RKUV 1994 Nr. U 184 77.

[12] Behördenbeschwerde, vgl. zu deren Voraussetzungen RKUV 2006 Nr. KV 352 6 ff. m. zahlreichen Hinw. und Bem. zu Art. 89 Abs. 2.

[13] Immer unter Vorbehalt des Erforderlichkeitsprinzips, vgl. Ziff. I in fine.

[14] Art. 76 Abs. 2, Art. 81 Abs. 2 und Abs. 3.

[15] Vgl. N 14.

[16] SEILER/VON WERDT/GÜNGERICH, BGG, N 10 zu Art. 102.

Die Frage hat sich u.a. gestellt: **14**

– im Rechtshilfeverfahren;[17]

– für den Anlagefonds im Verfahren zwischen Anleger und Eidg. Bankenkommission betr. dessen Legitimation;[18]

– bezüglich der Stellung des vorinstanzlichen Aufsichtsbeschwerdeführers im Verfahren vor dem Bundesgericht;[19]

– hinsichtlich des seine Parteirolle nicht mehr ausübenden Betroffenen im Prozess eines anderen Drittbeschwerdeführers;[20]

– für den Anzeiger oder Popularbeschwerdeführer im Verfahren betr. Konzessionsverletzung auf dem Gebiet von Radio und Fernsehen;[21]

– für den Dritten, welcher die Eintragung eines Gewerbes ins Handelsregister verlangt;[22]

– im Verfahren zwischen Ausgleichskasse und Versichertem betr. Zusatzrente für dessen Ehefrau;[23]

– im Bereich der direkten Auszahlung von Zusatzrenten für den Ehegatten und/oder Kinderrenten an den Ehepartner des Rentenberechtigen;[24]

– im Dreiecksverhältnis Unfallversicherer, Arbeitgeber und versicherte Person betr. Höhe und Berechnung des versicherten Verdienstes für das Taggeld;[25]

– bei den paritätischen Arbeitgeber- und Arbeitnehmerbeiträgen;[26]

– unter mehreren solidarisch für Schadenersatz Haftpflichtigen nach Art. 52 AHVG;[27]

– in der internationalen Leistungskoordination;[28]

– bezüglich des Krankenversicherers im Prozess um die Differenzauszahlungspflicht nach Art. 41 Abs. 3 KVG zwischen dem Wohnsitzkanton und der versicherten Person;[29]

– hinsichtlich der vertraglichen Schlichtungsinstanz im Überarztungsprozess;[30]

– in der intersystemischen Koordination von Invaliditätsleistungen aus Erster, Zweiter Säule und Unfallversicherung;[31]

---

[17] BGE 127 II 104, 112 Ib 462.
[18] BGE 120 Ib 351.
[19] ZBl 96/1995 178.
[20] URP 2003 693.
[21] BGE 131 II 253, 118 Ib 356; Pra 1999 Nr. 109 597.
[22] BGE 130 III 707.
[23] BGE 119 V 424; vgl. auch BGE 126 V 417 betr. Beitragspflicht des nicht erwerbstätigen Versicherten, dessen Ehegatte Beiträge an die AHV zahlt; RSKV 1969 Nr. 51 118.
[24] Pra 2002 Nr. 63 361.
[25] In BGE 133 V 196 nicht veröffentlichte E. 2 des Urteiles P. vom 28.12.2006, U 266/06.
[26] BGE 113 V 1; ZAK 1986 331.
[27] SVR 1995 AHV-Nr. 70 213, bestätigt in Urteil W. vom 16.10.2006, H 72/06, publ. in BSV-Liste 2007 01 6.
[28] In BGE 130 V 57 nicht, jedoch in SVR 2004 IV Nr. 22 67 publ. E. 1 des Urteiles D. vom 18.9.2003, I 449/03.
[29] In RKUV 2003 Nr. KV 254 234 nicht publ. E. 5.4 des Urteiles H. vom 24.6.2003, K 77/01.
[30] In RKUV 1993 Nr. K 908 37 nicht publ. E. 1 des Urteiles K. vom 12.1.1993, K 69/91.
[31] AHI 2004, HAVE 2006 250, RKUV 2004 Nr. U 506 252, RKUV 1996 Nr. U 236 30; BGE 115 V 422.

- bezüglich der Versicherungseinrichtung, welche die versicherungstechnischen Risiken der Vorsorgestiftung in Rückdeckung genommen hat[32] und

- des Krankenversicherers im Prozess zwischen versicherter Person und Unfallversicherung.[33]

III. Die Akteneinsendung

15 Abs. 2 verpflichtet die Vorinstanz, innert ihr gesetzter Frist zur Einreichung der Vernehmlassung **die Vorakten einzusenden.** In der Praxis werden in der Regel jedoch zunächst die Vorakten beigezogen, ohne dass die Vorinstanz bereits eine Vernehmlassung abzugeben hätte. Es handelt sich bei der Akteneinsendung um eine behördliche Pflicht im Rahmen der Amtshilfe im anhängig gemachten bundesgerichtlichen Verfahren.

16 Von der Einleitung des Schriftenwechsels kann abgesehen werden, wenn er zur Urteilsfällung und Verfahrenserledigung nicht erforderlich ist.[34] Das Gleiche gilt auch für die Einsendung der Vorakten: falls diese für die beabsichtigte Verfahrenserledigung (Nichteintreten, Abweisung, Abschreibung) nicht notwendig sind, kann auf deren Einholung verzichtet werden.

IV. Die Fristen

17 Anders als die Beschwerdefristen (Art. 100 f.) legt das Gesetz die Länge der Vernehmlassungsfristen nicht fest. Es handelt sich somit um richterlich bestimmte Fristen, die – im Gegensatz zur Beschwerdefrist – aus zureichenden Gründen erstreckbar sind, wenn das Gesuch rechtzeitig gestellt wird (Art. 47).

18 Die Festsetzung der **Vernehmlassungsfrist** (und gegebenenfalls ihre Erstreckung) hat sich von der Gleichbehandlung der Parteien,[35] dem Gebot zur Beschleunigung des Prozesses und von den Umständen des konkreten Einzelfalles leiten zu lassen.

V. Weiterer Schriftenwechsel

1. Die Regel: Einfacher Schriftenwechsel

19 Aus Abs. 3 ist – e contrario – zu folgern, dass es vor Bundesgericht in der Regel bei einem einfachen Schriftenwechsel sein Bewenden hat. D.h. jeder der nach Abs. 1 zur Vernehmlassung berechtigten Partei oder Mitbeteiligten ist einmal Gelegenheit zur Stellungnahme einzuräumen.

2. Die Ausnahmen

a) Zweiter Schriftenwechsel

20 Ein zweiter Schriftenwechsel ist vorab dann durchzuführen, wenn sich dies aus Gründen des **rechtlichen Gehörs** gebietet: Die Vernehmlassung enthält prozessual zulässige und für den Verfahrensausgang wesentliche, u.U. entscheidende Aspekte, zu denen sich der Beschwerdeführende äussern können soll.

---

[32] SVR 1997 BVG Nr. 81 249.
[33] BGE 127 V 107.
[34] Vgl. Ziff. I in fine.
[35] BGE 126 V 244.

Im Weiteren sprechen auch **Zweckmässigkeitsüberlegungen** bisweilen für einen doppelten Schriftenwechsel.[36] Allerdings kann ein zweiter Schriftenwechsel nicht dazu dienen, Anträge und Rügen vorzutragen, welche bereits in der Beschwerde selber hätten gestellt oder vorgebracht werden können.[37] **21**

Schon in der Beschwerde selber gestellte Anträge auf Durchführung eines zweiten Schriftenwechsels sind verfrüht, da der Beschwerdeführer noch gar nicht beurteilen kann, ob aus seiner Sicht eine Stellungnahme zu den Eingaben der Gegenseite erforderlich sein wird. Hält der Beschwerdeführer – nach Kenntnisnahme von den Vernehmlassungen – eine Stellungnahme für erforderlich, muss er diese dem Bundesgericht unverzüglich beantragen oder sogleich einreichen.[38] **22**

b) Instruktionsmassnahmen

Der mit der Sache betraute Instruktionsrichter kann im Rahmen seiner Verfahrensleitung **Verfügungen erlassen** (Art. 32 Abs. 1 und Abs. 3) und, soweit prozessual möglich und geboten, **Beweis führen**.[39] Bewährt hat sich namentlich die Einholung schriftlicher Beweisauskünfte bei Behörden oder sonstigen Dritten,[40] was sehr oft eine abschliessende Beurteilung der Sache erlaubt und eine Kassation des angefochtenen Entscheides, verbunden mit Rückweisung zur Aktenvervollständigung an die Vorinstanz, entbehrlich macht. Zu allen solchen Instruktionsschritten ist den Parteien und allfälligen weiteren Beteiligten in gleicher Weise das **rechtliche Gehör** zu gewähren. Dies kann dazu führen, dass ein weiterer Schriftenwechsel anzuordnen ist. **23**

3. Konkretisierung im Lichte der EMRK

Nach der vom EGMR ab Mitte der 90er-Jahre eingeleiteten Rechtssprechung umfasst der Anspruch auf ein billiges (faires) Verfahren nach Art. 6 Abs. 1 EMRK auch das Recht der Parteien, von sämtlichen dem Gericht eingereichten Eingaben oder Vernehmlassungen Kenntnis zu haben und zu diesen Stellung nehmen zu können. Unerheblich ist dabei, ob die Vernehmlassung bereits in der angefochtenen Verfügung genannte Tatsachen und Begründungen enthält oder neue Entscheidgründe anführt.[41] Bundesgericht und EVG haben diese Anforderungen in ihren Spruchpraxen umgesetzt.[42] Dennoch ist die Schweiz einigen Verurteilungen in Strassburg nicht entgangen.[43] Die Rechtsprechung berücksichtigt daher nun vermehrt die EGMR-Praxis in dem Sinne, dass es grundsätzlich **Sache der Parteien** ist zu beurteilen, ob eine Vernehmlassung neue Argumente enthält und ob eine weitere Stellungnahme erforderlich ist. Die Partei muss sich zu dieser Notwendigkeit im Verfahren äussern können. Das verlangt, ihr die Möglichkeit einzuräumen, ihren Standpunkt zu den Vorbringen in der Vernehmlassung vorzutragen. Diesen Anforderungen genügt nicht, wenn das Gericht eine Vernehmlassung zwar zustellt, aber einen Antrag auf Replik mit Zwischenverfügung abweist. Gegen die Menschenrechte verstösst auch, unaufgefordert eingereichte Eingaben zu einer Vernehmlassung im Endentscheid aus den **24**

---

[36] BGE 128 III 104 E. 1a.
[37] BGE 118 Ia 305.
[38] URP 2005 563.
[39] Art. 55 i.V.m. Art. 36 f. und Art. 39–65 BZP.
[40] Art. 49 BZP.
[41] EGMR-Urteil Nideröst-Huber vom 18.2.1997, wiedergegeben in: VPB 1997 Nr. 108 955.
[42] RDAT 1996 I N 11 36; SZIER 1999 553; VPB 2002 Nr. 113 1307; ZBL 106/2005 36.
[43] Urteile des EGMR in Sachen Ziegler Jost (VPB 2002 Nr. 113 1307), Contardi vom 12.7.2005 (VPB 2005 Nr. 131 1582) und Spang vom 11.10.2005 (Plädoyer 2005/6 82, vgl. dazu das auf das Revisionsgesuch hin ergangene Urteil in SZS 2007 71).

Akten zu weisen. Art. 6 Abs. 1 EMRK ist schliesslich auch dann verletzt, wenn das Gericht bei der Zustellung einer Vernehmlassung an die beschwerdeführende Partei zum Ausdruck bringt, der Schriftenwechsel sei geschlossen, womit dem Rechtsuchenden die Möglichkeit zu einer Stellungnahme verlegt werde.[44]

25 Wenn auch in der Literatur wiederholt auf die **Problematik dieser EGMR-Praxis** hingewiesen wurde,[45] bleibt – in öffentlich-rechtlichen Angelegenheiten – wohl nichts anderes übrig, als dem rechtsuchenden Privaten gleichsam «Das letzte Wort» zuzugestehen, um einer möglichen Verurteilung der Schweiz in Strassburg vorzubeugen.

26 Das auf Art. 29 Abs. 2 BV gestützte Replikrecht, sich gegenüber dem Gericht zu Eingaben der übrigen Verfahrensparteien, unteren Instanzen und weiteren Stellen zu äussern,[46] gilt **für alle gerichtlichen Verfahren**, auch solche, die von ihrem Gegenstand her nicht in den Schutzbereich des Art. 6 Ziff. 1 EMRK fallen.[47] Dieses verfassungs- und menschenrechtliche fundierte Replikrecht ist bei der Konkretisierung von Art. 102 mit zu berücksichtigen (verfassungskonforme oder -bezogene Interpretation).

VI. Schriftenwechsel, Streitverkündung und Beiladung

27 Sowenig wie Art. 110 OG hat Art. 102 Streitverkündung und Beiladung zum Gegenstand.[48] Im Zivilprozessrecht sind die Institute der Intervention, Streitverkündung und des Parteiwechsels positivrechtlich geregelt.[49] Für das öffentliche Prozessrecht des Bundes trifft dies nicht zu. Nun bestand und besteht weiterhin – in vielerlei Kontexten, v.a. solchen koordinations- oder nachfolgerechtlicher Natur, sogar vermehrt – das Bedürfnis, die **Rechtskraft des Urteils auf einen am Prozess bisher nicht beteiligten Dritten auszudehnen**. Deshalb hat die Rechtsprechung Art. 110 OG zur Grundlage genommen, Beiladungen Dritter zu verfügen.[50] Zu dem das Prozessthema bildenden Rechtsverhältnis (zwischen Haupt- und Gegenpartei) muss der (beizuladende) Dritte aber in einer besonders engen Beziehung stehen.[51] Diese Rechtsprechung gilt im Rahmen von Art. 102 weiterhin.

---

[44] BGE 132 I 42 E. 3.3.2, 46.
[45] PETER GOLDSCHMID, Auf dem Weg zum endlosen Schriftenwechsel?, in: ZBJV 138/2002 281 ff.; HANS-JÖRG SEILER, Das öffentliche Recht als Schikane der KMU, in: Girsberger/ Schmid (Hrsg.), Rechtsfragen um die KMU, Zürich 2006, 85 ff.
[46] Zur Publikation in BGE 133 bestimmtes Urteil 1A.10/2006 vom 14.12.2006, E. 2.1–2.3.
[47] Zur Publikation in BGE 133 bestimmtes Urteil 1A.56/2006 vom 11.1.2007, E. 4.3–4.6.
[48] Grundlegend zum Unterschied dieser beiden Institute Urteil G. Ltd vom 11.11.1994, 4P.86/1994.
[49] Art. 15–17 BZP.
[50] BGE 130 V 501 E. 1, 502; SVR 2007 IV Nr. 8 27; vgl. auch BGE 132 V 1; 129 V 73; 127 V 377; 125 V 80; SZS 2006 367; 2004 451.
[51] Vgl. nebst den in der vorangehenden Fussnote erwähnten Präjudizien RKUV 2003 Nr. U485 253, wo das qualifiziert enge Verhältnis zwischen Sozial- und Privatversicherung verneint und damit die Beiladung der letzten in den Sozialversicherungsprozess abgelehnt wurde.

Art. 103

Aufschiebende
Wirkung

[1] Die Beschwerde hat in der Regel keine aufschiebende Wirkung.

[2] Die Beschwerde hat im Umfang der Begehren aufschiebende Wirkung:
a. in Zivilsachen, wenn sie sich gegen ein Gestaltungsurteil richtet;
b. in Strafsachen, wenn sie sich gegen einen Entscheid richtet, der eine unbedingte Freiheitsstrafe oder eine freiheitsentziehende Massnahme ausspricht; die aufschiebende Wirkung erstreckt sich nicht auf den Entscheid über Zivilansprüche;
c. in Verfahren auf dem Gebiet der internationalen Rechtshilfe in Strafsachen, wenn sie sich gegen eine Schlussverfügung oder gegen jede andere Verfügung richtet, welche die Übermittlung von Auskünften aus dem Geheimbereich oder die Herausgabe von Gegenständen oder Vermögenswerten bewilligt.

[3] Der Instruktionsrichter oder die Instruktionsrichterin kann über die aufschiebende Wirkung von Amtes wegen oder auf Antrag einer Partei eine andere Anordnung treffen.

Effet suspensif

[1] En règle générale, le recours n'a pas d'effet suspensif.

[2] Le recours a effet suspensif dans la mesure des conclusions formulées:
a. en matière civile, s'il est dirigé contre un jugement constitutif;
b. en matière pénale, s'il est dirigé contre une décision qui prononce une peine ferme ou une mesure privative de liberté; l'effet suspensif ne s'étend pas à la décision sur les prétentions civiles;
c. en matière d'entraide pénale internationale, s'il a pour objet une décision de clôture ou toute autre décision qui autorise la transmission de renseignements concernant le domaine secret ou le transfert d'objets ou de valeurs.

[3] Le juge instructeur peut, d'office ou sur requête d'une partie, statuer différemment sur l'effet suspensif.

Effetto sospensivo

[1] Di regola il ricorso non ha effetto sospensivo.

[2] Nei limiti delle conclusioni presentate, il ricorso ha effetto sospensivo:
a. in materia civile, se è diretto contro una sentenza costitutiva;
b. in materia penale, se è diretto contro una decisione che infligge una pena detentiva senza sospensione condizionale o una misura privativa della libertà; l'effetto sospensivo non si estende alla decisione sulle pretese civili;
c. nei procedimenti nel campo dell'assistenza giudiziaria internazionale in materia penale, se è diretto contro una decisione di chiusura o contro qualsiasi altra decisione che autorizza la comunicazione di informazioni inerenti alla sfera segreta o la consegna di oggetti o beni.

[3] Il giudice dell'istruzione può, d'ufficio o ad istanza di parte, decidere altrimenti circa l'effetto sospensivo.

Inhaltsübersicht

Materialien

E ExpKomm 98; Botschaft 2001 BBl 2001 4342, AB 2003 S 911; AB 2005 S 138; AB 2004 N 1612; AB 2005 N 648.

Literatur

ST. V. BERTI, Vorsorgliche Massnahmen im Schweizerischen Zivilprozess, in: ZSR NF 116 1997 II, 173 ff. (zit. Berti, ZSR 1997); F. GYGI, Aufschiebende Wirkung und vorsorgliche Massnahmen in der Verwaltungsrechtspflege, in: ZBl 77/1976, 1 ff. (zit. Gygi, ZBl 1976); I. HÄNER, Vorsorgliche Massnahmen im Verwaltungsverfahren und Verwaltungsprozess, in: ZSR NF 116 1997 II, 255 ff. (zit. Häner, ZSR 1997); M. KUMMER, Grundriss des Zivilprozessrechts, nach den Prozessordnungen des Kantons Bern und des Bundes, 4. Aufl., Bern 1984 (zit. Kummer, Zivilprozessrecht[4]); G. PIQUEREZ, Les mesures provisoires en procédure civile, administrative et pénale, in: ZSR NF 116 1997 II, 1 ff. (zit. Piquerez, ZSR 1997); G. SCARTAZZINI, Zum Institut der aufschiebenden Wirkung der Beschwerde in der Sozialversicherungsrechtspflege, in: SZS 37/1993, 313 ff. (zit. Scartazzini, SZS 1993); G. STEINMANN, Vorläufiger Rechtsschutz im Verwaltungsbeschwerdeverfahren und im Verwaltungsgerichtsverfahren, in: ZBl 94/1993, 141 ff. (zit. Steinmann, ZBl 1993); O. VOGEL/K. SPÜHLER, Grundriss des Zivilprozessrechts und des internationalen Zivilprozessrechts der Schweiz, 8. Aufl., Bern 2006 (zit. Vogel/Spühler, Grundriss[8]).

I. Sinn und Zweck der aufschiebenden Wirkung

1. Der Inhalt des angefochtenen Entscheides

1   Jeder Entscheid, der nach Massgabe der Art. 90–94, unter Beachtung der zulässigen Beschwerdegründe (Art. 95–98) und unter grundsätzlichem Ausschluss neuer Vorbringen und Anträge (Art. 99) an das Bundesgericht gezogen werden kann, ordnet eine **Rechtsfolge** an. Diese kann in die Form eines Sachurteils, eines Prozessurteils (Nichteintretensentscheid) oder einer Prozesserledigung ohne Urteil (Abschreibung des Verfahrens zufolge Gegenstandslosigkeit) gekleidet sein.

2   Unter den **materiellen Urteilen (Sachurteilen)** kann der angefochtene Entscheid lauten auf:

a) Verpflichtung oder Berechtigung zu einer Zahlung oder einer anderen Leistungsart (Sach- oder Dienstleistung, Abgabe einer Willenserklärung, an deren Stelle im Falle der Gutheissung das Urteil tritt);

b) Unterlassung (oft verbunden mit angedrohten Sanktionen für den Fall der Zuwiderhandlung);

c) Rechtsgestaltung;

d) Feststellung.[1]

Jede Beschwerde, die dem Bundesgericht unterbreitet wird, greift die im angefochtenen   **3**
Entscheid getroffene **Rechtsfolge** an. Es stellt sich die Frage nach deren rechtlichen
Schicksals im Anschluss an die Erhebung der Beschwerde, somit ab Eintritt der Rechtshängigkeit der Sache (Litispendenz) beim Bundesgericht. Diesem Fragenkreis dient das
Recht der **aufschiebenden Wirkung**, welches zusammen mit **den vorsorglichen Massnahmen** (Art. 104) den **vorläufigen Rechtsschutz** bildet.

Die Art. 103/104 enthalten nur eine äusserst knappe Regelung. Im Rahmen einiger weni-   **4**
ger gesetzlicher Grundentscheidungen ist der vorläufige Rechtsschutz vor Bundesgericht
der Konkretisierung durch die Praxis überlassen. Sie wird sich, wie bisher, vom BZP als
subsidiär anwendbarer Rechtsquelle,[2] sodann von allgemeinen prozessualen Grundsätzen, schliesslich von der Rechtsprechung zu Art. 103/104 vergleichbaren Bestimmungen[3]
leiten lassen, welche die Rechtsprechung bisweilen ohne ausdrückliche gesetzliche
Grundlage in Gebieten anwendet, wo es an einer entsprechenden Regelung fehlt.[4]

2. Die Rechtskraft des angefochtenen Entscheides

Es stellt sich die Frage, in welchem Verhältnis aufschiebende Wirkung und **Rechtskraft**   **5**
des angefochtenen Entscheides zueinander stehen. Formelle Rechtskraft tritt ein, sobald
das Urteil nicht mehr mit einem ordentlichen Rechtsmittel angefochten werden kann;[5]
das Erkenntnis wird somit bei fehlender Rechtsmittelergreifung mit dem Ablauf der Beschwerdefrist formell rechtskräftig. Der Eintritt der formellen Rechtskraft zieht die materielle Rechtskraft nach sich; d.h. der formell rechtskräftige Entscheid entzieht sich jeder
inhaltlichen Abänderung,[6] sofern Identität der Sache (res iudicata) vorliegt.[7] Weil nun das
Gesetz die aufschiebende Wirkung in der Regel ausschliesst (Art. 103 Abs. 1), ist die
Frage gestellt worden, ob die Einheitsbeschwerde ordentliches oder bloss ausserordentliches Rechtsmittel sei.[8] Nach hier vertretener Auffassung ist die Einheitsbeschwerde als
– vorbehältlich der erst im Nachhinein ins Gesetz aufgenommenen subsidiären Verfas-

---

[1] KUMMER, Zivilprozessrecht[4], 98 ff.
[2] Art. 71 i.V.m. Art. 79 ff. BZP.
[3] Im Vordergrund stehen Art. 55 f. VwVG; BGE 129 II 232, 286; sic! 5/2006 358; ZBl 100/1999
   64; RDAT 1996 II Nr. 10 34.
[4] BGE 119 V 295 E. 4, 297 (Anwendung von Art. 56 VwVG im kantonalen Berufsvorsorgeprozess
   nach Art. 73 BVG); Urteil C 150/93 vom 29.3.1994 (Anwendung von Art. 55 f. VwVG im kantonalen Beschwerdeverfahren betr. Arbeitslosenversicherung).
[5] KUMMER, Zivilprozessrecht[4], 145.
[6] Möglich ist stets die formlose Berichtigung von Kanzlei-, Schreib- und Rechnungsfehlern (BGE
   119 Ib 366). Vgl. zu deren Abgrenzung zum nicht korrigierbaren Rechtsanwendungsfehler EVG-
   Urteil I 172/06 vom 26.4.2006 m.w.Hinw.
[7] Die materielle Rechtskraft steht unter Vorbehalt der gesetzlichen Revisionsgründe (Art. 121 ff.).
[8] Vgl. die in diese Richtung gehenden Andeutungen in der Botschaft 2001 BBl 2001 4342 (das
   Bundesgericht sei «keine letzte Appellationsinstanz, die von den Parteien mit vollkommenen
   Rechtsmitteln angerufen werden könne»).

sungsbeschwerde – einziger Rechtsbehelf der letztinstanzlichen Bundesrechtspflege ordentliches Bundesrechtsmittel. Als solches hemmt es – solange die Möglichkeit zu seiner Ergreifung besteht oder sofern es erhoben wird und solange es anhängig ist – den Eintritt der formellen und materiellen Rechtskraft des angefochtenen Entscheides,[9] ganz unabhängig davon, ob ihm aufschiebende Wirkung eignet oder nicht.

3. Die Vollstreckbarkeit des angefochtenen Entscheides

6   Zu unterscheiden von der formellen und materiellen Rechtskraft ist die Vollstreckbarkeit des angefochtenen Entscheides. Sie verläuft nicht parallel zum Eintritt der formellen (und materiellen) Rechtskraft, dies schon deswegen nicht, weil ein vollstreckter Entscheid – grundsätzlich – rückgängig gemacht werden kann. Auf dieser Ebene der Vollstreckbarkeit des angefochtenen Entscheides entfaltet sich der Suspensiveffekt: Die angeordnete Rechtsfolge[10] kann vorläufig nicht verwirklicht werden, das Erkenntnis der kantonalen Instanz keinen Rechtstitel für Massnahmen der Zwangsvollstreckung abgeben.[11]

7   Aufschiebende Wirkung bedeutet somit **fehlende Vollstreckbarkeit** des erstinstanzlichen Entscheides während der Rechtshängigkeit des letztinstanzlichen Verfahrens, dies unter Vorbehalt der Anordnung einer abweichenden vorsorglichen Massnahme.[12]

II. Die gesetzliche Ordnung der aufschiebenden Wirkung vor Bundesgericht

1. Abgrenzungen und Anwendungsgebiet

8   Art. 103 (und auch Art. 104) bezieht sich einzig **auf das Beschwerdeverfahren**[13] vor Bundesgericht und setzt dessen **Anhängigmachung** voraus.[14] Die Art. 103 f. OG sind an die Stelle der bisherigen einzelnen Regelungen für die verschiedenen Rechtsmittel getreten[15] und bringen eine einheitliche Ordnung.[16]

9   Die Regelung der Art. 103 f. steht unter dem **Vorbehalt spezialgesetzlicher Ausnahmen**.[17]

10   Sie ist nicht anwendbar auf Tatbestände des vorsorglichen Rechtsschutzes in den der Beschwerde ans Bundesgericht **vorausgehenden** oder **nachfolgenden** Verfahren.[18]

---

[9] Davon zu unterscheiden sind die Auswirkungen der Beschwerdeeinreichung auf den Lauf der Verjährungsfristen, welche zum Untergang des streitigen Rechtsverhältnisses auch während der Prozesshängigkeit vor Bundesgericht führen können, vgl. BGE 106 Ia 155 (Zuerkennung der aufschiebenden Wirkung einer staatsrechtlichen Beschwerde gegen einen Steuerentscheid), 106 IV 144 (wonach die staatsrechtliche Beschwerde den Eintritt der Rechtskraft des angefochtenen Entscheides nicht hemmt und die strafrechtliche Verfolgungsverjährung nicht weiterlaufen lässt).

[10] Vgl. Ziff. I/1.

[11] Sei es – für Geldforderungen – nach SchKG (Art. 69), sei es – für andere Verpflichtungen – nach den Mitteln des gerichtlichen Zwangsvollstreckungsrechts (Art. 70 Abs. 2 i.V.m. Art. 41–43 VwVG; Art. 70 Abs. 3 i.V.m. Art. 74–78 BZP).

[12] BGE 119 V 503; SZS 2001 197.

[13] Und über den Verweis in Art. 117 auch auf die subsidiäre Verfassungsbeschwerde, dies mit Ausnahme des Abs. 2 von Art. 103.

[14] Einreichung der Beschwerde, vgl. Ziff. III 2.

[15] Art. 54, 70, 80, 94 und 111 OG; Art. 272b BStP; Art. 36 SchKG.

[16] BBl 2001 4342.

[17] Z.B. Art. 100 Abs. 3 AVIG; THOMAS NUSSBAUMER, Arbeitslosenversicherung, in: SBVR, Soziale Sicherheit, 2. Aufl., Basel 2007, NN 891, 900, 903.

[18] Vgl. z.B. BGE 127 III 569 E. 3 und 4 (aufschiebende Wirkung des Rechtsmittels gegen den Rechtsöffnungsentscheid), 131 I 242 (aufschiebende Wirkung der «kleinen Appellation» nach

Nicht Thema von Art. 103 f. sind im Weiteren die Fragen, ob in einem bestimmten **mate-**   **11**
riellrechtlichen Kontext das Rechtsmittel aufschiebende Wirkung hat[19] und ob eine vorinstanzlich getroffene Anordnung über aufschiebende Wirkung oder vorsorgliche Massnahmen einen nach den Art. 93 und Art. 98 anfechtbaren Vor- oder Zwischenentscheid
darstellt.[20]

2. Die Regel: Keine aufschiebende Wirkung (Abs. 1)

In Abkehr von der bisher überwiegend geltenden Regelung[21] hat der Gesetzgeber   **12**
die Einheitsbeschwerde grundsätzlich nicht mit aufschiebender Wirkung ausgestattet
(Art. 103 Abs. 1). Dies wird mit dem Charakter der Beschwerde an das Bundesgericht als
eines auf Gewährung von Rechtskontrolle abzielenden «unvollkommenen» Behelfes gerechtfertigt.[22] Damit verbunden ist die Absicht, einer «falschen Attraktivität des Rechtsmittels» zu wehren.[23] In der Lehre wird aus dieser gesetzgeberischen Entscheidung der
Schluss gezogen, die nach Abs. 3 allenfalls zu treffende abweichende Anordnung sei nur
sehr restriktiv zu handhaben.[24] Ob der Ausschluss der aufschiebenden Wirkung als Regel
ein für die allfällig zu treffende andere Anordnung massgeblicher Leitgesichtspunkt in
dem Sinne ist, dass vermutungsweise nicht vom Grundsatz fehlender aufschiebender
Wirkung abzugehen sei, ist allerdings zu bezweifeln; denn es kommt in jedem einzelnen
Fall auf die konkrete materiell- und verfahrensrechtliche Lage an.

3. Die Ausnahme: Aufschiebende Wirkung in bestimmten Rechtsgebieten (Abs. 2)

Die gesetzliche Regel fehlender aufschiebender Wirkung gilt nicht in drei Tatbeständen,   **13**
welche Art. 103 Abs. 2 lit. a–c abschliessend aufzählt. Die Ausnahmen kommen nicht
zum Zuge, soweit ein entsprechender kantonaler Entscheid in diesen Rechtsgebieten mit
subsidiärer Verfassungsbeschwerde angefochten ist (vgl. Art. 117).

a) in Zivilsachen (Abs. 2 lit. a)

Die **Berufung** hatte nach Art. 54 Abs. 2 OG von Gesetzes wegen aufschiebende Wir-   **14**
kung; der Eintritt der Rechtskraft wurde danach durch zulässige Berufung und Anschlussberufung im Umfang der Anträge gehemmt.[25] Eine Ausnahme galt nur für Entscheide über die fürsorgerische Freiheitsentziehung; ihnen kam von Gesetzes wegen
keine aufschiebende Wirkung zu, der zuständige Abteilungspräsident konnte sie auf

---

baselstädtischem Zivilprozessrecht gegen einen Entscheid betr. Mieterausweisung), 129 II 286
(Entzug gegen einen Entscheid betr. Mieterausweisung), 129 II 286 (Entzug der aufschiebenden
Wirkung einer Beschwerde gegen einen Freisetzungsversuch mit gentechnisch verändertem Wei-
zen), 130 V 407 (aufschiebende Wirkung von Beschwerden gegen Einspracheentscheide über die
Rückerstattung unrechtmässig bezogener Leistungen); HAVE 2004 127 (Bestätigung der Praxis
zu Art. 55 VwVG unter der Geltung des ATSG).

[19] Vgl. BGE 117 II 209 (Ausschluss der aufschiebenden Wirkung von Rechtsmitteln beim Gegen-
      darstellungsrecht).

[20] Vgl. BGE 130 IV 156 (provisorische Versiegelung beschlagnahmter Dokumente ist weder Ent-
      scheid der Beschwerdekammer noch ein solcher über eine Zwangsmassnahme, weshalb die Be-
      schwerde ans Bundesgericht ausgeschlossen ist).

[21] Z.B. Art. 111 Abs. 1 OG, wonach die Verwaltungsgerichtsbeschwerde gegen einen zu einer
      Geldleistung verpflichtenden Entscheid von Gesetzes wegen aufschiebende Wirkung hatte. Vgl.
      weiter für die Berufung Art. 54 Abs. 2 OG.

[22] BBl 2001 4342.

[23] BBl 2001 4342; SEILER/VON WERTH/GÜNGERICH, BGG, N 6 zu Art. 103.

[24] BAUMBERGER, aufschiebende Wirkung, 177 N 601.

[25] Vgl. dazu POUDRET, Commentaire, Art. 54 N 2; GEISER/MÜNCH²-MÜNCH, Rz 4.87 f.

Begehren des Berufungsklägers verfügen.[26] Die **Nichtigkeitsbeschwerde in Zivil-sachen** hemmte dagegen den Eintritt der Rechtskraft nicht;[27] auf Begehren konnte der Präsident des Bundesgerichts den Vollzug des angefochtenen Entscheides aufschieben und dies von einer Sicherheitsleistung abhängig machen. Der **staatsrechtlichen Be-schwerde** kam keine aufschiebende Wirkung zu; der Präsident des Bundesgerichts konnte nach Eingang der Beschwerdeschrift auf Ansuchen einer Partei diejenigen vor-sorglichen Verfügungen treffen, die erforderlich waren, um den bestehenden Zustand zu erhalten oder bedrohte rechtliche Interessen einstweilen sicherzustellen.[28] Die **SchKG-Beschwerde** hatte keine aufschiebende Wirkung.[29] Die **Verwaltungsgerichts-beschwerde** hatte aufschiebende Wirkung gegen Verfügungen, die zu einer Geldleistung verpflichteten; in den anderen Fällen nur, wenn sie der Abteilungspräsident von Am-tes wegen oder auf Begehren einer Partei verfügte.[30] Neu hat nun die Beschwerde in Zivilsachen von Gesetzes wegen entsprechend der altrechtlichen Nichtigkeits-beschwerde, der altrechtlichen SchKG-Beschwerde und der altrechtlichen staatsrecht-lichen Beschwerde keine aufschiebende Wirkung mehr, sofern sie im Instruktionsver-fahren nicht – entsprechend der altrechtlichen Verwaltungsgerichtsbeschwerde entweder auf Begehren einer Partei oder von Amtes wegen – angeordnet wird. Von Gesetzes wegen hat die Beschwerde in Zivilsachen aber aufschiebende Wirkung, wenn sie sich gegen ein Gestaltungsurteil richtet. In der Botschaft werden als Beispiele Vater-schafts- oder Scheidungsurteile oder die Auflösung einer juristischen Person ge-nannt.[31] Es handelt sich um Urteile, die eine neue Rechtslage schaffen.[32] Für die Be-schwerde in Angelegenheiten der internationalen Schiedsgerichtsbarkeit gilt die Ausnahme jedoch nicht;[33] die Beschwerde gegen Urteile internationaler Schiedsge-richte hat von Gesetzes wegen in keinem Fall aufschiebende Wirkung. Ob konstitutive Eintragungen in Register, die gem. Art. 72 Abs. 2 lit. b mit der Beschwerde in Zivil-sachen angefochten werden können, unter Art. 103 Abs. 2 lit. a zu subsumieren sind, erscheint offen. Es handelt sich hier zwar nicht um «Urteile», aber es wird zu ent-scheiden sein, ob sie ihrer konstitutiven Wirkung wegen den ausdrücklich genannten Urteilen gleichzustellen sind.[33a] Im Zweifel empfiehlt sich, ein Begehren um Anord-nung der aufschiebenden Wirkung zu stellen. Denn in der Regel dürfte kaum damit zu rechnen sein, dass die aufschiebende Wirkung von Amtes wegen angeordnet wird, wenn der angefochtene Entscheid nicht als «Gestaltungsurteil» qualifiziert wird. Die besonderen Umstände, welche die Anordnung der Suspensivwirkung mangels Vorlie-gens eines Gestaltungsurteils i.S.v. Abs. 2 lit. a rechtfertigen, dürften sich aus dem angefochtenen Entscheid eher ausnahmsweise ergeben und bedürfen deshalb besonde-rer Darlegung. Der Eintritt der Rechtskraft von Gestaltungsurteilen wird unter Um-stände zu Diskussionen Anlass geben, wenn etwa Dritte ungerechtfertigt vom Ver-fahren ausgeschlossen worden sind.[34] Allgemein wird sich die Frage stellen, welche

---

[26] Art. 54 Abs. 3 OG.

[27] Art. 70 OG; dazu POUDRET, Commentaire, Art. 54 N 1.

[28] Art. 94 OG.

[29] Art. 80 Abs. 2 OG; dazu POUDRET, Commentaire, Art. 54 N 2.1.

[30] Art. 111 OG.

[31] BBl 2001 4342 f. zu Art. 97 E-BGG; vgl. auch BGE 74 II 173; weitere Beispiele bei POUDRET, JdT 2002, 12 (Ungültigerklärung eines Vertrages, eines Konkurrenzverbots, eines Patents, einer Generalversammlung).

[32] CORBOZ, RSPC 2005, 94.

[33] Art. 77 Abs. 2.

[33a] Die Tendenz geht dahin, nur eigentliche Zivilurteile unter Art. 103 Abs. 2 lit. a zu subsumieren, vgl. Urteil 4A_116/2007 vom 27.6.2007, E. 2.

[34] Vgl. dazu PIOTET, z-z-z 2005, 519 f.

«gestalterischen» Wirkungen des angefochtenen Entscheides von Art. 103 Abs. 2 lit. a erfasst werden sollen.

b) in Strafsachen (Abs. 2 lit. b)

Auch in Strafsachen gilt der Grundsatz von Art. 103 Abs. 1, wonach der Beschwerde im **15** Normalfall keine aufschiebende Wirkung zukommt. Nach Art. 103 Abs. 2 lit. b (erster Halbsatz) soll der Beschwerde in Strafsachen nun aber im Umfang der Begehren aufschiebende Wirkung zukommen, wenn sie sich gegen einen Entscheid richtet, der eine **unbedingte Freiheitsstrafe** oder eine **freiheitsentziehende Massnahme** anordnet. Gemäss der Botschaft soll in diesen Fällen «von Gesetzes wegen» die aufschiebende Wirkung gegeben sein.

Wie diese Suspensivwirkung «von Gesetzes wegen» zu verstehen ist, lässt sich am besten **16** mit einem Blick auf die **bisherige Praxis des Kassationshofs** beantworten. Unter altem Recht wurde die Gewährung aufschiebender Wirkung von zwei Voraussetzungen abhängig gemacht: In formeller Hinsicht musste sie explizit beantragt werden, und in materieller Hinsicht musste der Beschwerdeführer nachweisen, dass er bereits behördlich zum Antritt des Strafvollzugs aufgefordert worden war. Wurde die aufschiebende Wirkung bloss begehrt, ohne dies mittels eines Haftantrittsbefehls zu belegen, so wurde über den Antrag (einstweilen) nicht entschieden und dieser – sofern sich keine weiteren Änderungen ergaben – mit dem Entscheid in der Sache als gegenstandslos abgeschrieben. Über belegte Begehren wurde superprovisorisch verfügt und nach Einholung von Stellungnahmen der Gegenparteien entschieden.

Nach neuem Recht ist nicht mehr relevant, ob der Vollzug unmittelbar droht resp. be- **17** reits angeordnet wurde. Es wird alleine darauf abgestellt, ob im angefochtenen Entscheid eine unbedingt vollziehbare Freiheitsstrafe ausgesprochen wurde. Ist dies der Fall, so wirkt eine Beschwerde automatisch vollzugsaufschiebend. Feststehen dürfte damit, dass die aufschiebende Wirkung in den Fällen von Art. 103 Abs. 2 nicht mehr beantragt werden muss. Weil sie i.S. der Botschaft ‹von Gesetzes wegen› eintritt, braucht sie vom Bundesgericht nicht (mehr) explizit angeordnet zu werden. Eine explizite Anordnung ist denkbar für den Fall, dass ein Kanton den Beschwerdeführer trotz hängiger Beschwerde zum Haftantritt auffordert.

Die Einschränkung im Gesetzestext, wonach die aufschiebende Wirkung (nur) «im Rah- **18** men der Begehren» eintritt, hat in Strafsachen bloss marginale Bedeutung. Auch künftig wird wohl in den allermeisten vom Bundesgericht behandelten Straffällen die Aufhebung des gesamten angefochtenen Urteils verlangt werden. In diesem Antrag ist auch das Begehren mitenthalten, einstweilen auf den Vollzug zu verzichten. Abweichendes gilt etwa, wenn bloss die Dauer, nicht aber die «Unbedingtheit» der Freiheitsstrafe oder z.B. nur Kostenfolgen angefochten würden.

aa) Unbedingte Freiheitsstrafen/freiheitsentziehende Massnahmen

Wie erwähnt tritt die Suspensivwirkung ex lege ein, wenn sich die Beschwerde gegen **19** einen Entscheid richtet, der eine unbedingte Freiheitsstrafe anordnet. Präzisierend sind darunter sämtliche Anordnungen von Freiheitsstrafen zu verstehen, deren **Vollzug nicht** (Art. 42 StGB) oder **nur teilweis**e (vgl. Art. 43 StGB) aufgeschoben oder **widerrufen** (Art. 46 StGB) wurde.

Entgegen VON WERDT (in: Handkommentar Art. 103 N 8) tritt bei der **Verweigerung der** **20** **bedingten Entlassung** nicht von Gesetzes wegen die aufschiebende Wirkung ein. Wie vorne erläutert (Art. 103 N 1 ff.), dient das Institut der aufschiebenden Wirkung dazu, den Eintritt einer angeordneten Rechtsfolge einstweilen zu suspendieren. Bei der Verweigerung der bedingten Entlassung droht durch die angeordnete Rechtsfolge (i.c. Verbleib im Strafvollzug) gerade keine Änderung des status quo, welche während des Beschwerdeverfahrens aufgeschoben werden könnte.

21   Auch auf die *Anordnung* gemeinnütziger Arbeit (Art. 37 StGB) ist Art. 103 Abs. 2 lit. b nicht anwendbar. Diese Strafe beschränkt die Freiheit des Betroffenen zwar auch, doch ergibt sich aus der Gesetzessystematik und den Marginalien von Art. 34–41 StGB klar, dass sie nicht zu den Freiheitsstrafen gezählt wird. Bei der **Umwandlung gemeinnütziger Arbeit** (Art. 39 StGB) kann jedoch unter Umständen unbedingter Freiheitsentzug drohen, insoweit tritt die aufschiebende Wirkung ein.

bb) Freiheitsentziehende Massnahmen

22   Unter freiheitsentziehende Massnahmen fallen die drei **stationären therapeutischen Massnahmen** der Behandlung von psychischen Störungen (Art. 59 StGB), der Suchtbehandlung (Art. 60 StGB) und der Massnahmen für junge Erwachsene (Art. 61 StGB) sowie die Verwahrung nach Art. 64 StGB.

cc) Entscheid über Zivilansprüche

23   In Bezug auf die **adhäsionsweisen Zivilansprüche** ergibt sich aus Art. 103 Abs. 2 lit. b (zweiter Halbsatz), dass sich die aufschiebende Wirkung nicht von Gesetzes wegen auf die Zivilansprüche erstreckt. Will der Beschwerdeführer die Vollstreckung der Adhäsionsforderungen hemmen, so hat er dies explizit zu beantragen. Der Entscheid darüber obliegt dem Instruktionsrichter (Abs. 3).

c) in Verfahren auf dem Gebiet der internationalen Rechtshilfe in Strafsachen (Abs. 2 lit. c)

24   Die zentrale und wichtigste Bestimmung des BGG zur **internationalen Rechtshilfe in Strafsachen** (RH) ist Art. 84. Im Rahmen der Kommentierung von Art. 84 wird die RH umfassend erörtert. Spezielle Fragestellungen werden bei den Art. 43 (ergänzende Beschwerdeschrift), 100 Abs. 2 lit. b (Beschwerdefrist), 103 Abs. 2 lit. c (aufschiebende Wirkung) und Art. 107 Abs. 3 (Nichteintretensentscheid) behandelt. Für Probleme der RH, welche über die in Art. 103 Abs. 2 lit. c geregelte aufschiebende Wirkung der Beschwerde hinausgehen, wird auf die Kommentierungen zu den obgenannten Gesetzesartikeln verwiesen.

25   Grundsätzlich hat die Einheitsbeschwerde keine aufschiebende Wirkung (Art. 103 Abs. 1). Art. 103 Abs. 2 bezeichnet *Ausnahmen* von diesem Grundsatz. Zu ihnen gehört in bestimmten Fällen die RH (lit. c). Gemäss Art. 103 Abs. 2 lit. c hat die Beschwerde in Verfahren auf dem Gebiet der RH (im Umfang der Begehren) aufschiebende Wirkung, wenn sie sich gegen eine Schlussverfügung[35] oder gegen jede andere Verfügung[36] richtet, welche die *Übermittlung von Auskünften aus dem Geheimbereich* oder die *Herausgabe von Gegenständen oder Vermögenswerten* (an die ersuchende Behörde) bewilligt.[37] Dem

---

[35] Vgl. Art. 80d und 80e IRSG (Art. 80e IRSG in der Fassung gem. Ziff. 30 Anhang VGG, in Kraft seit 1.1.2007).

[36] Zur Anfechtbarkeit von *Vor- und Zwischenentscheiden* in RH-Sachen s. Art. 84 N 24 ff. sowie Art. 93 Abs. 2.

[37] Vgl. auch Art. 21 Abs. 4 lit. b IRSG, der mit Art. 103 Abs. 2 lit. c übereinstimmt. Zur bisherigen Praxis s. BGE 120 Ib 179; 115 Ib 64; 113 Ib 257, 267 f. E. 4b. Zu den Begriffen der *Übermittlung von Auskünften aus dem Geheimbereich* bzw. der *Herausgabe von Gegenständen oder Vermögenswerten* s. BGE 132 II 1, 178; 131 II 169; 130 II 193, 236, 302; 129 II 453; 127 II 151; 126 II 258, 495; 123 II 134, 161, 268, 595; 120 Ib 112; 116 Ib 452; 115 Ib 64, 517; 112 Ib

Entscheid, mit welchem die *Auslieferung* bewilligt wird, kommt gem. ausdrücklicher Spezialvorschrift von Art. 21 Abs. 4 lit. a IRSG ebenfalls von Gesetzes wegen die aufschiebende Wirkung zu.[38] Ohne aufschiebende Wirkung wäre der Rechtsschutz durch das BGer als zweite Gerichtsinstanz weitgehend wirkungslos. Gemäss Art. 103 Abs. 3 BGG kann der Instruktionsrichter oder die Instruktionsrichterin über die aufschiebende Wirkung von Amtes wegen oder auf Antrag einer Partei auch eine andere[39] Anordnung treffen, als in den Abs. 1–2 vorgesehen.

III. Die abweichende «andere Anordnung» (Abs. 3)

1. Das Anwendungsgebiet

Abs. 1 ist ausdrücklich als Regel formuliert, Abs. 2 hingegen nicht. Daraus lässt sich jedoch nicht ableiten, dass die Beschwerde auch in den unter die lit. a–c des Art. 103 Abs. 2 fallenden Fällen stets aufschiebende Wirkung hätte. Vielmehr bezieht sich die durch Abs. 3 eingeräumte Möglichkeit, eine «andere Anordnung» zu treffen, auf beide vorangehenden Absätze.   **26**

Auch bei der von Regel (Abs. 1) und Ausnahmetatbeständen (Abs. 2) abweichenden anderen Anordnung ist zu berücksichtigen, dass es bei Art. 103 nur um den Prozess **vor dem Bundesgericht** geht, nicht um die aufschiebende Wirkung im vorangehenden Verfahren unterer Stufe;[40] ebensowenig werden damit allfällig bei den kantonalen Behörden verbliebene Befugnisse tangiert.[41] Auch beschlägt Art. 103 Abs. 3 nicht die Frage, was nach Abschluss des bundesgerichtlichen Verfahrens mit der aufschiebenden Wirkung geschieht, welche im Verlaufe des zum Bundesgericht führenden Verfahrens durch einen Verwaltungsakt oder Gerichtsentscheid einem Rechtsmittel entzogen worden ist.[42]   **27**

2. Zeitpunkt und Zuständigkeit

Eine abweichende andere Anordnung über die aufschiebende Wirkung kann während des bundesgerichtlichen Verfahrens jederzeit getroffen werden, frühestens nach Eingang der Beschwerde (Anhängigmachung der Sache), spätestens bis zur Fällung des End-   **28**

---

[38] 576; vgl. auch MOREILLON, EIMP, N 195 f., 314–317, 328 ff., 341 ff., 370 f.; ZIMMERMANN, Coopération², N 188 ff., 220 ff.

[38] Dies galt schon nach altem Recht (Art. 21 Abs. 4 lit. a IRSG blieb in der Revision gem. Ziff. 30 Anhang VGG unverändert).

[39] Gemeint ist hier primär ein ausnahmsweises Abweichen von der in Art. 103 Abs. 1 verankerten Regel (der grundsätzlich fehlenden aufschiebenden Wirkung). In begründeten Ausnahmefällen erlaubt das Gesetz aber auch ein Abweichen von den Abs. 2 (lit. a–c) geregelten Grundsätzen.

[40] Vgl. z.B. BGE 116 Ib 344 E. 3 (Verwaltungsbeschwerde); SVR 2003 KV Nr. 16 61 (Anfechtung einer Präsidialverfügung beim Schiedsgericht in der Krankenversicherung).

[41] BGE 107 Ia 3 (Weiterziehung eines Strafurteils ans Bundesgericht belässt kantonalen Behörden Zuständigkeit zu Anordnung u.a. von Verhaftung oder Haftentlassung).

[42] Z.B. die in ZAK 1987 263 und BGE 129 V 370 bestätigte Rechtsprechung nach BGE 106 V 18, wonach der mit der revisionsweise verfügten Herabsetzung oder Aufhebung einer Rente oder Hilflosenentschädigung verbundene Entzug der aufschiebenden Wirkung der Beschwerde bei Rückweisung der Sache an die Verwaltung auch für den Zeitraum dieses Abklärungsverfahrens bis zum Erlass der neuen Verwaltungsverfügung andauert. Hier bildet die aufschiebende Wirkung die Hauptsache, d.h. sie ist das Prozessthema des bundesgerichtlichen Verfahrens, worüber urteilsmässig befunden wird. Unter der Geltung des BGG werden solche dem Bundesgericht als Hauptsache unterbreitete Begehren um aufschiebende Wirkung nicht nur die Hürde der Eintretensvoraussetzungen nach Art. 93 zu nehmen haben, sondern auf die Rüge der Verletzung verfassungsmässiger Rechte beschränkt sein (Art. 98, der sich nicht nur auf vorinstanzliche Entscheide betr. vorsorgliche Massnahmen, sondern über seinen Wortlaut hinaus aus systematischen Gründen auch auf die aufschiebende Wirkung bezieht).

urteils (Art. 61), mit welchem allfällig getroffene Massnahmen dahinfallen. Allerdings müssen grundsätzlich die Prozessvoraussetzungen erfüllt, namentlich gem. Art. 62 der Kostenvorschuss geleistet sein, soll die Partei in den Genuss der aufschiebenden Wirkung gegenüber dem sie (z.B. zur Zahlung von Schadenersatz) verpflichtenden Urteil gelangen.[43]

29   Das Gesetz bezeichnet **den Instruktionsrichter** als zuständig, d.h. entweder den Präsidenten oder den von ihm mit der Instruktion des Falles betrauten Richter.[44]

Die Verfügungen des Instruktionsrichters über eine andere Anordnung im Bereich der aufschiebenden Wirkung sind nicht anfechtbar,[45] d.h. es gibt keinen Weiterzug an den Spruchkörper.

3. Die prozessleitende Verfügung

30   Die abweichende andere Anordnung erlässt der Instruktionsrichter in Form einer **prozessleitenden Verfügung**, die grundsätzlich[46] jederzeit bis zum Urteil abgeändert werden kann. Mit dem Urteil fällt sie automatisch dahin; ihrer Erwähnung im Dispositiv des bundesgerichtlichen Urteils bedarf es nicht.

31   Soweit die verfügte andere Anordnung belastend wirkt, ist der davon betroffenen Partei dazu das **rechtliche Gehör** zu gewähren. Doch ist nach der Rechtsprechung anerkannt, dass bei zeitlicher Dringlichkeit der Anspruch auf rechtliches Gehör eingeschränkt werden kann.[47] Im Rahmen des vorsorglichen Rechtsschutzes vor Bundesgericht waren schon bisher **superprovisorische**, nicht auf Anhören der Gegenpartei hin ergangene Verfügungen zulässig.[48] Die Möglichkeit – unter Umständen Gebotenheit – superprovisorischer Verfügungen besteht auch unter der Geltung des BGG.[49]

32   Nach superprovisorisch verfügter anderer Anordnung ist den Parteien im Rahmen des Schriftenwechsels **Gelegenheit zur Äusserung** einzuräumen, und nach Eingang der Stellungnahmen ist die Verfügung allenfalls zu ändern.

4. Entscheidgesichtspunkte für die aufschiebende Wirkung

33   Ob eine abweichende andere Anordnung über die aufschiebende Wirkung zu treffen ist, hängt stets von den konkreten materiell- und verfahrensrechtlichen Gegebenheiten **des Einzelfalles** ab.

34   Bei seinem Entscheid wird sich der Instruktionsrichter von jenen Gesichtspunkten leiten lassen, welche die **bisherige Praxis** für die Beurteilung der aufschiebenden Wirkung

---

[43] In dringlichen Fällen (z.B. wo Anhaltspunkte dafür bestehen, dass die vorinstanzlich obsiegende Partei das Urteil sofort vollstrecken lassen will, z.B. die Betreibung einleitet) besteht die Möglichkeit, die aufschiebende Wirkung superprovisorisch zu erteilen und nach Zahlung des Kostenvorschusses erneut darüber zu befinden.

[44] Art. 32 Abs. 1.

[45] Art. 32 Abs. 3.

[46] D.h. wenn nicht Gründe bestehen, die einem Rückkommen auf die Verfügung im Wege stehen, seien sie sachlicher oder vertrauensrechtlicher Natur.

[47] SJ 2006 I 9, wonach dies allerdings nur in restriktiver Weise geschehen darf.

[48] Auch hier über den Verweis in Art. 71 auf Art. 79 ff. BZP.

[49] Präsidialverfügung vom 3.2.2007 in der Sache 9C_7/2007: Kantonales Gericht verpflichtet IV-Stelle in Gutheissung einer Rechtsverzögerungsbeschwerde zum umgehenden Erlass einer Verfügung über den Rentenanspruch; aufschiebende Wirkung der von der IV-Stelle hiegegen erhobenen Beschwerde in öffentlich-rechtlichen Angelegenheiten superprovisorisch gewährt; vgl. nunmehr Urteil in der Sache vom 20.3.2007.

formuliert hat.[50] Neu ist nach BGG nur die Regelung, wann von Gesetzes wegen aufschiebende Wirkung besteht (nur in den Fällen des Abs. 2) und wann nicht (die Regel nach Abs. 1). Davon abgesehen jedoch ist das Recht der aufschiebenden Wirkung durch das BGG **nicht grundsätzlich neu geordnet** worden. Die in einem Teil der Lehre vertretene Auffassung,[51] Gewährung und Entzug der aufschiebenden Wirkung stets von strengeren Voraussetzungen abhängig zu machen, stellt nach hier vertretener Auffassung keinen selbständigen Leitgesichtspunkt dar. Denn die vorsorglichen Massnahmen, zu denen die aufschiebende Wirkung gehört, haben sich wesensgemäss auf allen Stufen und somit auch vor Bundesgericht ohnehin auf das Nötigste zu beschränken.

Stellt sich die Frage nach einer anderen Anordnung, ist stets zu prüfen, ob diese nicht **35** durch eine **Verfahrensbeschleunigung**, d.h. durch eine Beurteilung innert kurzer Zeit, entbehrlich gemacht werden kann. Massnahmen des vorläufigen Rechtsschutzes stellen immer einen Prozess im laufenden Hauptprozess dar, sind eine Komplikation, welche nach Möglichkeit zu vermeiden ist. Lässt sich somit im Vergleich zu einer umgehenden Beurteilung durch den Erlass einer anderen Anordnung nichts gewinnen, ist davon abzusehen und zur sofortigen Erledigung zu schreiten.

Scheidet demgegenüber die Möglichkeit zu umgehender Beurteilung der Hauptsache aus, **36** ist weiter zu prüfen, ob das Verfahren **voraussichtlich kürzere oder längere Zeit** dauern wird.[52] Abweichende andere Anordnungen sind eher zu treffen, wenn mit einer längeren Verfahrensdauer zu rechnen ist und sich die Gewährung der aufschiebenden Wirkung (oder deren Entzug in den Fällen des Abs. 2) auf Grund der weiteren Leitgesichtspunkte rechtfertigt.

Zu berücksichtigen sind, wie nach bisheriger Praxis,[53] **eindeutige Prozessaussichten**,[54] **37** sofern solche feststellbar sind.

Lassen die Leitgesichtspunkte der sofortigen Beurteilbarkeit, der voraussichtlichen Verfahrensdauer und der eindeutigen Prozessaussichten noch Raum für eine abweichende **38** andere Anordnung, hat praxisgemäss eine **Interessenabwägung** Platz zu greifen. Diese hat alle ersichtlichen auf dem Spiele stehenden berechtigten Interessen zu berücksichtigen und sie im Lichte des Gebots schonender Rechtsausübung, der Verhältnismässigkeit, der Kontinuität des Verfahrens und der in Art. 104 enthaltenen Gesichtspunkte gegeneinander abzuwägen.[55]

Eine andere Anordnung des Instruktionsrichters ist begrenzt durch **spezialgesetzliche** **39** Bestimmungen, die Art. 103 vorgehen.[56]

5. Wirkungen

Die instruktionsrichterliche Verfügung derogiert der aus den Abs. 1 und 2 sich ergebenden Wirkung hinsichtlich (Nicht-)Vollstreckbarkeit der im vorinstanzlichen Entscheid **40** getroffenen Rechtsfolge nur in dem Umfange, als eine abweichende Massnahme tatsäch-

---

[50] RDAT 1995 II Nr. 64 169.
[51] BAUMBERGER, aufschiebende Wirkung, 177 N 601.
[52] Vgl. (zu Art. 55 Abs. 1 VwVG) ZBl 106/2005 63.
[53] Z.B. ZAK 1986 306; SVR 2001 KV Nr. 12 31; RDAT 1995 II Nr. 64 169.
[54] BGE 115 Ib 157, wonach bei Warnungsentzügen die aufschiebende Wirkung verweigert werden kann, wenn die angeordnete Administrativmassnahme offensichtlich begründet und die Beschwerde aussichtslos ist.
[55] Vgl. z.B. ZBJV 142/2006 694 betr. Bewilligungsentzug zur Durchführung der sozialen Krankenversicherung in acht Kantonen.
[56] BGE 119 Ib 302 (zu Art. 47 WaG); vgl. auch FN 17.

lich angeordnet worden ist. Soweit hingegen die Verfügung des Instruktionsrichters nicht in das Dispositiv des angefochtenen Entscheides eingreift, bleibt es bei der gesetzlichen Rechtslage gem. Art. 103 Abs. 1 oder Abs. 2, d.h. der angefochtene Entscheid kann in entsprechendem Umfang vollstreckt oder nicht vollstreckt werden.[57]

Art. 104

Andere vor-   **Der Instruktionsrichter oder die Instruktionsrichterin kann von**
sorgliche Mass- **Amtes wegen oder auf Antrag einer Partei vorsorgliche Mass-**
nahmen   **nahmen treffen, um den bestehenden Zustand zu erhalten oder**
                     bedrohte Interessen einstweilen sicherzustellen.

Autres mesures   Le juge instructeur peut, d'office ou sur requête d'une partie, ordonner les
provisionnelles   mesures provisionnelles nécessaires au maintien de l'état de fait ou à la
                     sauvegarde d'intérêts menacés.

Altre misure   Il giudice dell'istruzione può, d'ufficio o ad istanza di parte, ordinare misure
cautelari   cautelari al fine di conservare lo stato di fatto o tutelare provvisoriamente
                     interessi minacciati.

Inhaltsübersicht   Note

Materialien

E ExpKomm 99; Botschaft 2001 BBl 2001 4343; AB 2003 S 911; AB 2004 N 1612.

Literatur

St. V. Berti, Vorsorgliche Massnahmen im Schweizerischen Zivilprozess, in: ZSR NF 116 1997 II 173 ff. (zit. Berti, ZSR 1997); F. Gygi, Aufschiebende Wirkung und vorsorgliche Massnahmen in der Verwaltungsrechtspflege, in: ZBl 77/1976 1 ff. (zit. Gygi, ZBl 1976); I. Häner, Vorsorgliche Massnahmen im Verwaltungsverfahren und Verwaltungsprozess, in: ZSR NF 116 1997 II 255 ff. (zit. Häner, ZSR 1997); M. Kummer, Grundriss des Zivilprozessrechts, nach den Prozessordnungen des Kantons Bern und des Bundes, 4. Aufl., Bern 1984 (zit. Kummer, Grundriss[4]); G. Piquerez, Les mesures provisoires en procédure civile, administrative et pénale, in: ZSR NF 116 1997 II 1 ff. (zit. Piquerez, ZSR 1997); G. Scartazzini, Zum Institut der aufschiebenden Wirkung der Beschwerde in der Sozialversicherungsrechtspflege, in: SZS 37/1993 313 ff. (zit. Scartazzini, SZS 1993); G. Steinmann, Vorläufiger Rechtsschutz im Verwaltungsbeschwerdeverfahren und im Verwaltungsgerichtsverfahren, in: ZBl 94/1993 141 ff. (zit. Steinmann, ZBl 1993);

---

[57] Vgl. Ansetzung neuer Frist für die Kollokationsklage nach Gewährung der aufschiebenden Wirkung der Beschwerde gegen Kollokationsverfügung und -plan BGE 130 III 769, E. 4.

O. VOGEL/K. SPÜHLER, Grundriss des Zivilprozessrechts und des internationalen Zivilprozessrechts der Schweiz, 8. Aufl., Bern 2006 (zit. Vogel/Spühler, Grundriss[8]).

I. Das Verhältnis von aufschiebender Wirkung und anderen vorsorglichen Massnahmen

1. Der vorläufige Rechtsschutz

Aufschiebende Wirkung und andere vorsorgliche Massnahmen machen zusammen den   1
vorsorglichen Rechtsschutz aus. Letzte fallen dort in Betracht, wo die aufschiebende Wirkung vom Regelungsgegenstand her nicht zum Zuge kommen kann.[1] Andere vorsorgliche Massnahmen sind ferner angezeigt, wenn die gesetzliche Regelung über die aufschiebende Wirkung (oder eine nach Art. 103 Abs. 3 instruktionsrichterlich zu treffende andere Anordnung darüber) dem **Rechtsschutzbedürfnis der Parteien während des hängigen bundesgerichtlichen Prozesses** nicht genügt. Das kann aus den verschiedensten materiellrechtlichen Gründen der Fall sein, letztlich aber immer dann, wenn die vorinstanzlich angeordnete Rechtsfolge bezüglich des umstrittenen Rechtsverhältnisses zwar noch nicht wirksam werden soll, dieses aber während der letztinstanzlichen Litispendenz zwingend vorläufiger Regelung bedarf.

Vorläufiger Rechtsschutz ist demnach zwei übergeordneten gesetzlichen Zielrichtungen   2
untergeordnet:

– Entweder soll damit **drohenden präjudizierenden Wirkungen begegnet** werden, die sich allein durch den Zeitablauf oder die Entwicklung der tatsächlichen Verhältnisse während des Prozesses ergeben können. Es gilt die Schaffung von faits accomplis zu vermeiden, so dass die Voraussetzungen für eine freie rechtliche Beurteilung der Hauptsache bis zum Schluss des Verfahrens erhalten bleiben.

– Oder das Rechtsverhältnis ruft während der Prozesshängigkeit zwingend nach **einer richterlichen Regelung**, weil die Parteien sich auch darüber nicht einigen können, jedoch nach Lage der Dinge einer vorläufigen Ordnung bedürfen, bis die Rechtslage durch das Urteil in der Hauptsache geklärt ist.

2. Negative Verfügungen

Hauptanwendungsgebiet der anderen vorsorglichen Massnahmen im öffentlichen Recht   3
bilden die negativen Verfügungen, bezüglich deren Anfechtung die Gewährung der aufschiebenden Wirkung von der Natur der Sache her ausscheidet: Die Beschwerde, welche sich gegen eine negative Rechtsfolge richtet (Ablehnung einer Berechtigung oder einer Verpflichtung), kann nicht aufschiebende Wirkung erteilt werden; denn ihre Gewährung liefe darauf hinaus, dem Beschwerdeführenden diejenige Rechtsfolge zuzuerkennen, um welche er im Hauptprozess streitet. Negative Verfügungen sind daher zum vornherein nur vorsorglichen Massnahmen zugänglich.[2]

Diese Rechtslage zeigt sich besonders deutlich im Ausländerrecht, wenn ein negativer   4
Bewilligungsentscheid an das Bundesgericht weitergezogen wird. Da die Verweigerung

---

[1] GYGI, ZBl 1976, 1; HÄNER, ZSR 1997, 264; STEINMANN, ZBl 1993, 143.
[2] BGE 117 V 185 (vorsorgliche Massnahme im Beitragserlassprozess nach Art. 11 AHVG), 119 V 295 (vorsorgliche Massnahmen im Klageverfahren nach Art. 73 BVG); BGE 126 V 407 (keine aufschiebende Wirkung von Beschwerden gegen Verfügungen, mit welchen die Vermittlungsfähigkeit nach Art. 15 AVIG verneint wird), RKUV 2003 Nr. U 479 188 (Einstellung von Taggeldleistungen des Unfallversicherers), BGE 123 V 39 (Verfügungen, welche den Anspruch auf Versicherungsleistungen von Anfang an zeitlich begrenzen, sind negative Verfügungen, die Beschwerde dagegen ist der aufschiebenden Wirkung nicht zugänglich).

der Bewilligung in der Regel mit vor Bundesgericht nicht anfechtbarer Wegweisung verbunden ist,[3] genügt die aufschiebende Wirkung nicht, sondern es ist eine vorsorgliche
Massnahme auszusprechen, die an sich den Streitgegenstand sprengt und dazu führt, dass
der Ausländer das Urteil über die Bewilligung in der Schweiz abwarten kann. Dennoch
wird der vorläufige Aufenthalt im Rahmen der Interessenabwägung in der Regel gewährt.[4]

II. Arten vorsorglicher Massnahmen

5   Die vorsorglichen Massnahmen nach Art. 104 sollen der **Erhaltung des bestehenden Zustandes** oder der **einstweiligen Sicherstellung bedrohter Interessen** dienen. Im Rahmen
von Art. 104 fallen alle nach der Lage des Einzelfalles geeigneten Sicherungs-, Regelungs-,
Leistungs- und Beweissicherungsmassnahmen in Betracht,[5] sofern und soweit sie zur
Erreichung (zumindest) einer der beiden gesetzlichen Zwecksetzungen erforderlich sind.

6   Sicherungsmassnahmen sollen die dereinstige **Vollstreckung des Urteils sicherstellen**
und dienen somit der Erhaltung des bestehenden Zustandes während der Prozessdauer,
sei es in Form von Stilllegemassnahmen (Beispiele: Veräusserungsverbot, Beschlagnahme), sei es in Form von Vorsorgemassnahmen (Beispiele: Hinterlegung, Sicherstellung, Grundbuchsperre, Verbot eines Eintrages im Handelsregister).[6]

7   Regelungsmassnahmen bezwecken die **vorläufige Ordnung des Dauerrechtsverhält-
nisses** während des Prozesses (Beispiele: Wohnungszuweisung, Kinderzuteilung, Festlegung der Unterhaltsbeiträge bei anhängiger Scheidungsklage).[7]

8   Leistungsmassnahmen dienen der **vorläufigen Vollstreckung behaupteter Ansprüche**
während der Prozessdauer. Zivilprozessual sind sie zulässig für Unterlassungs- und Leis-
tungsansprüche, soweit letzte nicht auf Geldzahlung lauten.[8]

9   Beweissicherungsmassnahmen sind anzuordnen, wenn der **drohende Verlust eines
rechtserheblichen Beweismittels** glaubhaft gemacht ist.[9]

10 Art. 104 gilt ungeachtet dogmatischer Unterschiede[10] für vorsorgliche Massnahmen **im
Zivil- und öffentlichen Recht**; der Begriff ist daher weit zu fassen, um den Eigenheiten
des jeweiligen Regelungsbereichs gerecht zu werden, in welchem sich das Bedürfnis
nach vorläufigem Rechtsschutz manifestiert.

III. Die Anordnung vorsorglicher Massnahmen

1. Anwendungsgebiet

11 Die Anordnung anderer vorsorglicher Massnahmen nach Art. 104 ist, wie die Vorkehren
im Bereich der aufschiebenden Wirkung nach Art. 103 Abs. 3, auf das **Verfahren vor
dem Bundesgericht** beschränkt. Nicht Gegenstand der Regelung sind vorsorgliche
Massnahmen im Rahmen der unterinstanzlichen Verfahren,[11] bezüglich deren sich die

---

[3] Art. 83 lit. c Ziff. 4 in fine.
[4] Vgl. RDAT 1996 II Nr. 10 34.
[5] KUMMER, Grundriss[4], 268 ff.; VOGEL/SPÜHLER, Grundriss[8], 349 ff.; PIQUEREZ, ZSR 1997,
    15 ff.; BERTI, ZSR 1997, 200 ff.
[6] VOGEL/SPÜHLER, Grundriss[8], 349 f.
[7] VOGEL/SPÜHLER, Grundriss[8], 350.
[8] VOGEL/SPÜHLER, Grundriss[8], 350 f.; SZS 2001 197.
[9] VOGEL/SPÜHLER, Grundriss[8], 352.
[10] Vgl. HÄNER, ZSR 1997, 266 ff.
[11] BGE 130 II 521 (vorsorgliche Massnahmen im Rahmen einer Vorabklärung gem. Kartellgesetz),
    121 V 112 (vorsorgliche Massnahmen bei der Durchführung des Risikoausgleichs in der Kran-

Frage der beschwerdeweisen Anfechtbarkeit nach Art. 93 (mit den eingeschränkten Rüge-gründen nach Art. 98) stellt.[12]

2. Zeitpunkt und Zuständigkeit

Die Anordnung vorsorglicher Massnahmen fällt – im Gegensatz zu Art. 58 OG (Einst-weilige Verfügungen bei der Berufung) – nunmehr stets in die Zuständigkeit des **Bundesgerichts**, und zwar in jene des **Instruktionsrichters** (Präsident oder von ihm bezeichneter Richter);[13] die Verfügungen sind nicht anfechtbar. Sie können frühestens nach Anhängigmachung der Beschwerde getroffen werden und fallen mit dem Urteil in der Hauptsache dahin.[14] **12**

3. Die prozessleitende Verfügung

Es kann auf die Kommentierung von Art. 103 Abs. 3 verwiesen werden.[15] Die dortigen Ausführungen gelten sinngemäss für die vorsorglichen Massnahmen. **13**

4. Entscheidgesichtspunkte der Anordnung vorsorglicher Massnahmen

Die zu Art. 103 gemachten Ausführungen[16] gelten sinngemäss, soweit vorsorgliche Massnahmen bezwecken, vorläufigen Rechtsschutz dort zu gewähren, wo wegen der negativen Tragweite des angefochtenen Entscheides die aufschiebende Wirkung von vornherein entfällt. Im Weiteren sind die anderen vorsorglichen Massnahmen nach Art. 104 an die gesetzliche Erfordernis gebunden, den bestehenden Zustand zu erhalten oder bedrohte Interessen einstweilen sicherzustellen. Massnahmen des vorsorglichen Rechtsschutzes, welche nicht unter eine der beiden gesetzlichen Zielsetzungen fallen, sind daher vor Bundesgericht nicht anzuordnen. Auch sind vorsorgliche Massnahmen stets auf das Nötigste zu beschränken. **14**

Art. 105

Massgebender
Sachverhalt

¹ **Das Bundesgericht legt seinem Urteil den Sachverhalt zugrunde, den die Vorinstanz festgestellt hat.**

² **Es kann die Sachverhaltsfeststellung der Vorinstanz von Amtes wegen berichtigen oder ergänzen, wenn sie offensichtlich unrichtig ist oder auf einer Rechtsverletzung im Sinne von Artikel 95 beruht.**

³ **Richtet sich die Beschwerde gegen einen Entscheid über die Zusprechung oder Verweigerung von Geldleistungen der Militär- oder Unfallversicherung, so ist das Bundesgericht nicht an die Sachverhaltsfeststellung der Vorinstanz gebunden.**

---

kenversicherung); Pra 2006 Nr. 40 298 (Beurteilung der Ausschaffungshaft während eines vor der Schweizerischen Asylrekurskommission hängigen Wiedererwägungsverfahrens), BGE 131 III 473 (Aussprechung eines Konkurrenzverbotes im Rahmen vorsorglicher Massnahmen), 132 III 209 (vorsorgliche Massnahmen während des Scheidungsverfahrens).
[12] Vgl. JdT 2004 III 113.
[13] Art. 32 Abs. 1.
[14] Vgl. die Ausführungen zu Art. 103.
[15] Ziff. III/3 zu Art. 103.
[16] Ziff. III/4 zu Art. 103. Vgl. zu den bei der Anordnung vorsorglicher Massnahmen zu berücksichtigenden Gesichtspunkten BERTI, ZSR 1997, 223 ff.; GYGI, ZBl 1976, 6 ff.; HÄNER, ZSR 1997, 322 ff.; STEINMANN, ZBl 1993, 149 f.

Faits déterminants

[1] Le Tribunal fédéral statue sur la base des faits établis par l'autorité précédente.

[2] Il peut rectifier ou compléter d'office les constatations de l'autorité précédente si les faits ont été établis de façon manifestement inexacte ou en violation du droit au sens de l'art. 95.

[3] Lorsque la décision qui fait l'objet d'un recours concerne l'octroi ou le refus de prestations en espèces de l'assurance-accidents ou de l'assurance militaire, le Tribunal fédéral n'est pas lié par les faits établis par l'autorité précédente.

Fatti determinanti

[1] Il Tribunale federale fonda la sua sentenza sui fatti accertati dall'autorità inferiore.

[2] Può rettificare o completare d'ufficio l'accertamento dei fatti dell'autorità inferiore se è stato svolto in modo manifestamente inesatto o in violazione del diritto ai sensi dell'articolo 95.

[3] Se il ricorso è diretto contro una decisione d'assegnazione o rifiuto di prestazioni pecuniarie dell'assicurazione militare o dell'assicurazione contro gli infortuni, il Tribunale federale non è vincolato dall'accertamento dei fatti operato dall'autorità inferiore.

Inhaltsübersicht

Ulrich Meyer

Materialien

E ExpKomm. 100; Botschaft 2001 BBl 2001 4343 99; AB 2003 S 911; AB 2004 N 1612; AB 2005 S 138; erneute Änderung durch BG betr. Verfahrensstraffung in der Invalidenversicherung vom 16.12.2005, BBl 2005 7285.

Literatur

A. BÜHLER/A. EDELMANN/A. KILLER, Kommentar zur aargauischen Zivilprozessordnung, 2. Aufl., Aarau usw. 1998 (zit. Bühler/Edelmann/Killer-Kommentar ZPO[2]); TH. GÄCHTER, Rechtsmissbrauch im öffentlichen Recht, Zürich 2005 (zit. Gächter, Rechtsmissbrauch); F. HOHL, Procédure civile. Organisation, compétence et procédure, tome II, Bern 2002 (zit. Hohl, Procédure civile II), M. KUMMER, Grundriss des Zivilprozessrechts, nach den Prozessordnungen des Kantons Bern und des Bundes, 4. Aufl., Bern 1984 (zit. Kummer, Grundriss[4]); G. LEUCH/O. MARBACH, Die Zivilprozessordnung für den Kanton Bern, 5. Aufl., vollständig überarbeitet von F. KELLERHALS und M. STERCHI (unter Mitarbeit von A. GÜNGERICH), Bern 2000 (zit. Leuch/Marbach, ZPO[5]); O. VOGEL/K. SPÜHLER, Grundriss des Zivilprozessrechts und des internationalen Zivilprozessrechts der Schweiz, 8. Aufl., Bern 2006 (zit. Vogel/Spühler, Grundriss[8]).

I. Sinn und Zweck

1. Das Bundesgericht als Rechtskontrollinstanz

Abs. 1 verpflichtet das Bundesgericht, seine Beurteilung auf diejenigen Tatsachen abzustützen, welche die Vorinstanz festgestellt hat. Das Bundesgericht ist somit **kein Tatgericht**; seine Aufgabe ist Rechtskontrolle. Auf die zentrale Bedeutung der damit einhergehenden Kognitionsbeschränkung hat das Bundesgericht in seiner Rechtsprechung zu Art. 105 Abs. 2 OG stets hingewiesen,[1] welchem die Regelung des Art. 105 nach Wortlaut und Systematik offensichtlich nachgebildet ist. Die Aufgabe einer freien und uneingeschränkten Tatsachenprüfung entfällt im Rahmen von Art. 105 Abs. 1,[2] insb. nunmehr grundsätzlich auch in der Sozialversicherungsrechtspflege.[3]   **1**

Die Trennung von Rechtsanwendung und Sachverhaltserhebung darf indes nicht verabsolutiert werden. Dagegen sprechen methodologische Einsichten und Gerechtigkeitsüberlegungen. Zum einen hängen Tatsachenfeststellung und Rechtsanwendung eng miteinander zusammen.[4] Zum anderen kann auf einer eindeutig als unrichtig erkannten Entscheidungsgrundlage Recht nicht gedeihen. Wahrhaftigkeit des tatsächlichen Beurteilungsfundamentes ist ein zentrales Gerechtigkeitsanliegen und daher ein entscheidender Gesichtspunkt der Rechtmässigkeit des Urteils. Die Bindung des Bundesgerichts an den vorinstanzlich festgestellten Sachverhalt ist infolgedessen nicht uneingeschränkt, sondern entfällt, wenn einer der in Abs. 2 angelegten Tatbestände erfüllt ist.   **2**

---

[1] BGE 123 II 49 E. 6a.

[2] Vgl. z.B. BGE 124 II 529 E. 6a.

[3] Vgl. Abs. 3 (Ziff. IV/2, dies in grundsätzlicher Abkehr von Art. 132 lit. b OG [in der bis 30.6.2006 gültig gewesenen Fassung] bzw. Art. 132 Abs. 1 lit. b OG [in der vom 1.7.–31.12.2006 in Kraft gestandenen Fassung]).

[4] Das geschieht namentlich über das Bindeglied der Subsumtion, d.h. dem topischen Hin- und Herwandern der Gedanken zwischen dem auf Rechtserheblichkeit hin zu befragenden Sachverhalt und dem zu ermittelnden Rechtssinn der Norm, deren Anwendung zur Diskussion steht, u.U. auch zur Ermittlung der einschlägigen Rechtsnorm unter mehreren in Betracht fallenden (GÄCHTER, Rechtsmissbrauch, 86).

2. Qualifizierte Verantwortung der vorgelagerten Tatsacheninstanz

3   Nach ständiger Rechtsprechung hatte das Bundesgericht seiner Entscheidung im Berufungsverfahren die tatsächlichen Feststellungen der Vorinstanz als wahr und vollständig
zu Grunde zu legen, es sei denn, diese beruhten auf einem offensichtlichen Versehen,
seien unter Verletzung bundesrechtlicher Beweisvorschriften zustande gekommen oder
bedürften der Ergänzung, weil das Sachgericht in fehlerhafter Rechtsanwendung einen
gesetzlichen Tatbestand nicht oder nicht hinreichend klärte, obgleich ihm entscheidwesentliche Behauptungen und Beweisanerbieten dazu prozesskonform unterbreitet worden
waren.[5] Diese **weitgehende Verbindlichkeitswirkung** kam auch dann zum Zuge, wenn
im angefochtenen Entscheid auf Tatsachenfeststellungen der unteren Instanz verwiesen
wurde.[6]

4   Die qualifizierte Verantwortlichkeit des kantonalen Tatgerichts, des Bundesverwaltungs-
und des Bundesstrafgerichts für die Ermittlung des entscheiderheblichen Sachverhaltes
besteht auch unter der Geltung des Art. 105. Der Entscheid der Vorinstanzen bildet in
tatsächlicher Hinsicht die Grundlage, auf welcher die Beurteilung des Bundesgerichts
beruht. Deshalb hat die Prüfung der in der Beschwerde erhobenen Tatsachenrügen stets
ausgehend vom vorinstanzlich festgestellten Sachverhalt stattzufinden.

3. Vorbehalt allfälliger Spezialvorschriften

5   Im Zivil- und Strafrecht war die freie Tatsachenprüfung durch das Bundesgericht schon
nach den bisherigen Verfahrensvorschriften praktisch ausgeschlossen.[7] Demgegenüber
gab es im öffentlichen Recht – über die Sozialversicherungsleistungen (Art. 132 OG)
hinaus – Materien, in denen das Bundgericht nach Art. 105 Abs. 1 OG den Sachverhalt
auf seine Richtigkeit hin zu überprüfen hatte.[8]

6   Es fragt sich, ob im öffentlichen Recht – über die durch das BGG selber ausdrücklich
vorgesehenen (Art. 105 Abs. 3) oder sich aus ihm implizit ergebenden (vgl. Ziff. III/1)
Ausnahmen hinaus – letzte Residien freier Tatsachenprüfung durch das Bundesgericht
bestehen. Derogationen des Art. 105 durch ihm zuwiderlaufende Änderungen anderer
Bundesgesetze gem. Anhang zum BGG sind nicht ersichtlich. Sollten andernorts im
Bundesverwaltungsrecht abweichende Kognitionsbestimmungen belassen worden sein,
würde sich die Frage nach einem Versehen des Gesetzgebers oder einem qualifizierten
Schweigen stellen. Im Hinblick auf die Ziele des BGG[9] hätten solche unverändert ge-
bliebene, nicht im Anhang zum BGG erwähnte spezielle Kognitionsbestimmungen vor
Art. 105 zurückzutreten.

---

[5] In BGE 127 III 300 und 453 nicht publ. E. 1, je m. zahlreichen Hinw.; Pra 2003 Nr. 106 574 E. 2.
[6] In BGE 127 III 147 nicht publ. E. 1.
[7] Art. 63 Abs. OG (Berufung), Art. 269 Abs. 1, Art. 277 BStP (Nichtigkeitsbeschwerde in Strafsachen) usw.; Ausnahmen z.B. im Patentprozess (Art. 67 Ziff. 1 OG).
[8] Z.B. im Bereich der formellen Enteignung (BGE 132 II 427 E. 1; 119 Ib 447), der behördlichen
Festlegung von Interkonnektionsbedingungen (BGE 132 II 257 E. 3; sic! 2/2005 111), der Be-
triebs- und Rahmenkonzession für einen Flugplatz (BGE 125 II 643 E. 4a).
[9] Insbesondere Vereinheitlichung der Rechtswege zum Bundesgericht und dessen Entlastung (BBl
2001 4225 ff., 4233 ff.).

II. Sachverhalt

1. Begriff

Sachverhalt ist ein Begriff der **Seinsebene**.[10] Es ist «der Fall», d.h. das Lebensereignis, **7** welches das rechtliche Problem aufwirft, zum Prüfstein der Rechtsordnung und allenfalls zum Impuls für ihre Ergänzung oder Weiterentwicklung wird.[11]

Sachverhalt kann – selten – **eine einzige Tatsache** sein.[12] In aller Regel meint Sachver- **8** halt jedoch eine **Gesamtheit von Tatsachen**. Ein solches Tatsachenspektrum kann völlig verschieden strukturiert sein, indem die einzelnen Gesichtspunkte bald unabhängig voneinander, bald in kausalem, finalem oder kontemporalem Verhältnis zueinander stehen, die einen Aspekte die anderen bedingen, voraussetzen, ergänzen, begrenzen, verändern oder ausschliessen.

Sachverhalt umschliesst alle Tatsachen, die **dem Beweis zugänglich** sind: Vergange- **9** ne, gegenwärtige, künftige (erwartete, prognostizierte) und hypothetische (unterstellte) Tatsachen, d.h. solche, von denen – mit dem im Kontext erforderlichen Beweisgrad – anzunehmen ist, sie wären existent, wenn eine andere Tatsache sich nicht ereignet hätte.[13]

2. Rechtserheblichkeit

Sachverhalt i.S.v. Abs. 1 ist nur **der rechtserhebliche Sachverhalt**, d.h. jener, welcher **10** rechtlich einschlägig («topisch») ist. Hier berühren sich Tatsachenfeststellung und Rechtsanwendung, weil sich erst aus der Letzten ergibt, welcher Sachverhalt der für die Beurteilung des streitigen Rechtsverhältnisses massgebliche ist. Das mag in vielen Fällen klar zu Tage treten, weshalb insoweit die Bindungswirkung der vorinstanzlichen Sachverhaltsfeststellung ohne weiteres spielt. Ergebnis richtiger Rechtsanwendung kann aber gerade sein, dass die Erheblichkeit des Sachverhaltes ändert, d.h. dass Tatsachen rechtliche Bedeutung erlangen, die bisher nicht festgestellt worden sind.[14] Darin liegt einer der Gründe, warum die Verbindlichkeitswirkung des Abs. 1 durch Abs. 2 in fine («oder auf einer Rechtsverletzung i.S.v. Art. 95 beruht») entfällt.

3. Der in zeitlicher Hinsicht massgebende Sachverhalt

Art. 105 legt den massgebenden Sachverhalt in zeitlicher Hinsicht nicht fest. Es lässt sich **11** aus ihm keine Vorschrift ableiten, welche die Vorinstanz verpflichten würde, alle Tatsachen festzustellen, die sich bis zu einem bestimmten Zeitpunkt (z.B. dem Tag ihres Urteils oder dem Tag der letztmöglichen Einbringung von Tatsachen in den [kantonalen]

---

[10] Der Begriff «Tatbestand» sollte demgegenüber der normativen Ebene vorbehalten bleiben i.S. der Erfüllung des Tatbestandes einer Norm (und ihrer einzelnen Tatbestandsmerkmale) durch Eintritt eines Sachverhaltes, der einer (wertenden) normorientierten Betrachtung unterworfen, unter Einschluss der vorgefallenen tatsächlichen Aspekte qualifiziert und, je nach Auslegungsergebnis, dem Normtatbestand zugeordnet wird oder nicht. In der Praxis hat sich die Trennung von Sachverhalt und Tatbestand terminologisch nicht durchgesetzt, wie unzählige Urteile zeigen.

[11] MAX GUTZWILLER, Der juristische «Fall», in: Erhaltung und Entfaltung des Rechts in der Rechtsprechung des Schweizerischen Bundesgerichts, Basel 1975, 9 ff.

[12] Z.B. im Bereich der Einhaltung von Fristen (Ist eine die Beschwerdefrist auslösende Zustellung erfolgt?) oder im Bereich deskriptiver Anspruchserfordernisse (Hat X das 65. Altersjahr vollendet?).

[13] KUMMER, Grundriss[4], 121. Vgl. zu den verschiedenen Typen von Tatsachen ZELTER, 238 ff.

[14] Vgl. zur Berufung Ziff. I 2.

Prozess) ereignen. Die Beibringung von im Verlaufe des funktionellen Instanzenzuges eingetretenen neuen Tatsachen ist vielmehr eine Frage des kantonalen Prozessrechts. Im Laufe des vor ihr anhängigen Verfahrens eintretende Tatsachen hat die Vorinstanz jedoch zu berücksichtigen, soweit eine vollständige, d.h. für die rechtliche Beurteilung erforderliche, Feststellung des Sachverhaltes dies gebietet.

12   Indirekt lässt sich aus Abs. 1 ferner schliessen, dass Tatsachen, welche die Vorinstanz nicht feststellen konnte, weil sie sich nach Erlass des angefochtenen Entscheides[15] ereigneten, grundsätzlich ausser Betracht bleiben. Ausnahmen sind dort zuzulassen, wo nach dem vorinstanzlichen Entscheid eingetretene Tatsachen geeignet sind, die materielle Beurteilung der Streitsache zu beeinflussen (was sehr selten und praktisch nur bei Dauerrechtsverhältnissen der Fall sein dürfte) **und** prozessökonomische Überlegungen gebieten, die Sache direkt abschliessend durch das Bundesgericht zu entscheiden, statt an die Vorinstanz zurückzuweisen.

13   Die Zulässigkeit neuer Vorbringen ist nicht Gegenstand des Art. 105 sondern der Novenregelung in Art. 99.

14   Im Bereich des Bundesverwaltungsrechts können die verschiedenen Praxen über den zeitlich massgebenden Sachverhalt bei der Beurteilung von Dauerrechtsverhältnissen oder anderen Lebenssachverhalten, die sich in rechtlich erheblicher Weise im Laufe der Zeit verändern können, im Rahmen von Art. 105 beibehalten werden.[16]

III. Sachverhaltsfeststellung

1. Begriff

15   Sachverhaltsfeststellung ist **Erhebung, Würdigung** und daraus gezogener **Schluss** auf Vorhandensein, Beschaffenheit oder Fehlen von Tatsachen.

16   Sachverhaltsfeststellung ist Ergebnis des Behauptungs- und Beweisverfahrens. Ob der vorinstanzliche Prozess dem Verhandlungs- oder Untersuchungsgrundsatz, der Dispositions- oder Offizialmaxime unterliegt,[17] macht für den Gegenstand der Tatsachener-

---

[15] Bzw. des Zeitpunktes, bis zu welchem sie nach kantonalem Recht in prozessual zulässiger Weise in das Verfahren eingebracht werden konnten.

[16] Zusammenleben der Ehegatten mit Blick auf die Verlängerung der Aufenthaltsbewilligung (BGE 121 II 97 E. 1c); Entwicklung der persönlich-wirtschaftlichen Verhältnisse im Hinblick auf die Erteilung einer Niederlassungsbewilligung an einen Ausländer sowie des Nachzugs seines ausländischen Kindes aus früherer Beziehung (BGE 122 II 385 E. 2); Beschränkung der gerichtlichen Prüfung im Sozialversicherungsrecht auf die bis zum Erlass der angefochtenen Verfügung (Art. 49 ATSG) bzw. – wo vorhanden – des angefochtenen Einspracheentscheides (Art. 52 Abs. 2 ATSG) eingetretenen Verhältnisse (BGE 131 V 9 E. 1; 129 V 167 E. 1 in fine m.Hinw.; SJ 2000 II 442). Die Rechtsprechung über die ausnahmsweise Berücksichtigung später (d.h. zwischen Verfügung oder Einspracheentscheid einerseits und dem vorinstanzlichen Urteil andererseits) eingetretener Tatsachen (wenn sie geeignet sind, zu einer im Zeitpunkt von Verfügung oder Einspracheentscheid abweichenden Beurteilung zu führen; vgl. etwa BGE 99 V 102; SJ 1997 454) kann demgegenüber nur noch insoweit angewendet werden, als diese späteren Sachverhalte von der Vorinstanz festgestellt worden sind (oder hätten festgestellt werden müssen). Die gleiche Einschränkung erfährt die bisherige Praxis des EVG zur Berücksichtigung späterer Tatsachen im Beitragsherabsetzungs- oder Erlassprozess (vgl. etwa Art. 11 AHVG), wo nunmehr wegen Art. 83 lit. m die subsidiäre Verfassungsbeschwerde (Art. 112 ff.) zum Zuge kommt (Art. 118), vgl. BGE 104 V 61, ZAK 1979 423 und – betr. Zahlungsaufschub – ZAK 1981 341.

[17] KUMMER, Grundriss[4], 76 f., 80 f.

hebung (Beweisthema) und die qualitativen Anforderungen an die gerichtliche Sachverhaltsfeststellung an sich keinen Unterschied, erlangt aber dann Bedeutung, wenn die Vorinstanz einen von Bundesrechts wegen im kantonalen Verfahren geltenden Prozessgrundsatz[18] verletzt oder eine nach kantonalem Recht geltende Regel willkürlich (oder sonstwie in bundesrechtswidriger Weise) anwendet.

In der Sachverhaltsfeststellung muss die **Überzeugung der Vorinstanz** über das Bestehen oder Nichtbestehen einer Tatsache zum Ausdruck kommen, weshalb diesbezüglich einige Anforderungen zu beachten sind.[19]   **17**

Es fragt sich vorab, welche **Arten von Vorinstanzen** unter Art. 105 fallen, nur gerichtliche[20] oder auch andere dort, wo das BGG dies zulässt.[21] Die Botschaft schweigt sich darüber aus,[22] die Lehre ebenfalls.[23] Die Frage ist nach den allgemeinen Auslegungsgrundsätzen zu entscheiden.[24] Der Wortlaut («die Vorinstanz») ist klar; er enthält sprachlich keine Einschränkung auf gerichtliche Vorinstanzen.[25] Die weiteren Auslegungselemente zeigen jedoch triftige Gründe[26] auf, welche in bestimmten Bereichen für ein Abweichen vom Wortlaut des Art. 105 Abs. 1 sprechen können. In systematischer Hinsicht ist dabei zweierlei zu beachten. Einerseits kann es zumindest im Bereich der Beschwerde in öffentlich-rechtlichen Angelegenheiten Anfechtungsobjekte geben, denen keine Sachverhaltsfeststellungen zu Grunde liegen, wo sich aber doch auch Tatfragen erheben können.[27] Ist hier die Bindungswirkung der Tatsachenfeststellungen von nichtgerichtlichen Instanzen, welche der Gesetzgeber in Anbetracht des politischen Kontextes bewusst zugelassen hat, seitens des Bundesgerichts zu respektieren, müsste andererseits eine verfassungs- und EMRK-konforme Auslegung des Art. 105 Abs. 1 dort zu einer Beschränkung der Bindungswirkung auf Tatsachenfeststellungen von Gerichten führen, wo ein unter die Rechtsweggarantie oder Art. 6 Abs. 1 EMRK fallender Anspruch im vorausgehenden funktionellen Instanzenzug nie von einer mit der Kompetenz zu voller Tatsachenprüfung ausgestatteten richterlichen Behörde beurteilt worden ist.[28]   **18**

Nach der Rechtsprechung zu Art. 105 Abs. 2 OG entfiel die dort angeordnete Verbindlichkeitswirkung, wenn (zufolge Verzichts) keine schriftliche Begründung vorlag, welche die Sachverhaltsfeststellung des Haftrichters wiedergab.[29] Diese Praxis hat auch im Rahmen von Art. 105 ihre Bedeutung insofern, als i.S.v. BGE 125 II 369 unzulässige Verzichte auf schriftliche Begründung vorinstanzlicher Entscheide als rechtsfehlerhaft i.S.v. Art. 105 Abs. 2 i.V.m. Art. 95 zu betrachten sind.   **19**

---

[18] Z.B. den Untersuchungsgrundsatz (Art. 143 Abs. 1 DBG, Art. 61 lit. c ATSG usw.), dessen Verletzung unter Art. 105 Abs. 2 in fine i.V.m. Art. 95 lit. a fällt.

[19] Ziff. III 2.

[20] Im Sinne der Rechtsprechung zur richterlichen Behörde nach Art. 105 Abs. 2 OG (BGE 132 II 485 E. 1.2 m.Hinw., 121 II 127; zum Prüfungsumfang vgl. BGE 133 II 35).

[21] Vgl. Art. 86 Abs. 3 und Art. 87 f.

[22] BBl 2001 4343 f.

[23] SEILER/VON WERTH/GÜNGERICH, BGG, N 2 zu Art. 105.

[24] BGE 132 V 265 E. 2.3, 131 I 394 E. 3.2 S. 396, je m.Hinw.

[25] Ebenso die französische («autorité précédente») und italienische («autorità inferiore») Sprachfassungen.

[26] Vgl. TSCHANNEN-KIENER, 276 unten f., Anm. 278 m.Hinw.

[27] Z.B. bei der abstrakten Normenkontrolle gegenüber kantonalen Erlassen (Art. 82 lit. b) und im Bereich der politischen Stimmberechtigung (Art. 82 lit. c i.V.m. Art. 86/88).

[28] Art. 29a BV.

[29] BGE 125 II 369 E. 2d.

2. Anforderungen

a) Klarheit

20 Um als für das Bundesgericht verbindliche Sachverhaltsfeststellung gelten zu können, muss diese klar sein, d.h. es darf bei einem objektiven Verständnis des angefochtenen Entscheides kein Zweifel darüber bestehen, welche Tatsachen festgestellt worden sind und welche nicht. Massgebend hiefür ist der tatsächliche wirkliche Bedeutungsgehalt der vorinstanzlichen Entscheiderwägungen, und nicht der bisweilen mit Unzulänglichkeiten behaftete Wortlaut.[30]

21 Keine verbindliche Sachverhaltserhebung liegt demnach vor, wenn diese – im Gesamtzusammenhang des angefochtenen Entscheides gelesen und verstanden – unklar bleibt, sei es dass sich ihr verschiedene Bedeutungsgehalte entnehmen lassen, sei es dass sie als solche nicht nachvollziehbar ist. Hingegen ist nicht der Gesichtspunkt der Klarheit sondern der Aspekt der Vollständigkeit (lit. d hienach) angesprochen, wenn sich die Bedeutung der Tatsachenfestellung nicht aus ihr selber sondern nur unter Beizug der Akten erschliesst.

b) Bestimmtheit

22 Sachverhaltsfeststellung setzt **autoritative** – eben **verbindliche** – Tatsachenentscheidung voraus, die keinen vernünftigen Zweifel daran lässt, dass die Vorinstanz die fragliche Tatsache als bewiesen betrachtet. Tatsachen, deren Existenz die Vorinstanz als bloss möglich betrachtet,[31] sind nicht i.S.v. Art. 105 Abs. 1 verbindlich festgestellt.

23 Das Bestimmtheitsgebot gilt auch im Bereiche der rechtlichen und tatsächlichen Vermutungen. Hier muss dem angefochtenen Entscheid klar entnommen werden können, von welchen Tatsachen die Vorinstanz bei der Entstehung der Vermutungsgrundlage und dem Beweis des Gegenteils ausgeht, worauf sie die natürliche Vermutung stützt und auf Grund welcher Tatsachen sie den Gegenbeweis als erbracht betrachtet.[32]

c) Bewusstheit

24 Die Sachverhaltsfeststellung, soll sie das Bundesgericht binden, muss ferner ersichtlicherweise **Ergebnis der vorinstanzlichen Meinungsbildung und Entscheidfindung** sein. Es genügt daher nicht, wenn der angefochtene Entscheid die Tatsachen – sei es in der Prozessgeschichte, sei es in den Erwägungen – bloss erwähnt, ohne dazu – beweiswürdigend – Stellung zu beziehen. Die Vorinstanz hat im Rahmen der verfassungsmässigen[33] und gesetzlichen[34] Begründungspflicht darzutun, also zumindest kurz anzugeben, warum sie von den Parteien behauptete Tatsachen verwirft oder gegenteils aus dem Beweisverfahren (z.B. dem Sachverständigengutachten) sich ergebende oder sonstwie in den Akten liegende Tatsachen zum Gegenstand eigener Feststellung macht.

d) Vollständigkeit

25 Das Bundesgericht hat es seiner Rechtsprechung zu Art. 105 Abs. 2 OG als Gegenstück zur Beschränkung der Prüfungsbefugnis bezeichnet, dass sich die rechtserheblichen

---

[30] In BGE 123 V 106 nicht publ. E. 1c m.Hinw., 120 V 496 E. 1.
[31] Zum Ausdruck gebracht mit «anscheinend», «offenbar», «unter Umständen», «möglicherweise» u.a.m. Dabei ist aber stets der Kontext mit zu berücksichtigen, in welchem diese Wörter verwendet werden.
[32] KUMMER, Grundriss[4], 140 f.
[33] Art. 29 Abs. 2 BV.
[34] Art. 112 Abs. 1 lit. b.

Tatsachen **aus der Begründung des angefochtenen Entscheides selber** *oder* doch wenigstens **ohne weiteres aus den** (von den vorinstanzlichen Behörden beigezogenen und dem Bundesgericht vorgelegten) **Akten** ergeben müssen.[35] Hingegen ist es nicht Sache des Bundesgerichts, von Amtes wegen in den (Administrativ-)Akten nachzuforschen, ob darin Tatsachen enthalten sind, welche die gerichtliche Vorinstanz nicht festgestellt hat. Diese Rechtsprechung kann im Rahmen von Art. 105 weitergeführt werden.

Das Vollständigkeitserfordernis bezieht sich auf die (rechtserhebliche) Tatsache als solche und nicht auf die sie umgebenden Umstände, Indizien und Motive, ansonsten die Grenze zur freien Tatsachenprüfung (wie in Abs. 3 des Art 105 enthalten) unterlaufen würde. Wenn die Vorinstanz zum (rechtserheblichen) Beweisgegenstand als solchen eine Feststellung trifft (z.B. sich ausspricht zur Arbeitsfähigkeit[36] i.S. des funktionellen Leistungsvermögens oder des Vorhandenseins psychischer Ressourcen[37]), kann ihr nicht eine unvollständige Sachverhaltsfeststellung vorgeworfen werden, obwohl sie sich nicht zu sämtlichen Einzelgesichtspunkten äussert, welche sie vorgängig ihrer Entscheidung gegeneinander abgewogen hat. **26**

Liegen demnach zu einem einzelnen Beweisgegenstand klare, bestimmte und bewusste Tatsachenfeststellungen vor, ist insoweit die Vollständigkeit der Sachverhaltserhebung zu bejahen; es können sich in der weiteren Prüfungsabfolge nur noch die Fragen nach deren offensichtlicher Unrichtigkeit oder nach der Verletzung der Begründungspflicht, namentlich der Pflicht zu nachvollziehbarer freier Beweiswürdigung, stellen,[38] wenn der Entscheid zu knapp ausgefallen ist. **27**

3. Abgrenzung Tat-/Rechtsfrage

a) Allgemein

Wie schon bei der Berufung,[39] der strafrechtlichen Nichtigkeitsbeschwerde[40] und der Verwaltungsgerichtsbeschwerde[41] ist die Unterscheidung von Tat- und Rechtsfrage für den bundesgerichtlichen Rechtsschutz nach BGG **von erstrangiger Bedeutung**: Während das Bundesgericht das Recht grundsätzlich von Amtes wegen anwendet,[42] sind Sachverhaltsfeststellungen der Vorinstanz nur in engen Grenzen überprüfbar.[43] **28**

Die Anwendung von Art. 105 verlangt daher eine Unterscheidung von Tat- und Rechtsfrage. Diese kann sich **an den bisherigen Praxen** im Bereich der verschiedenen Rechtsmittel orientieren, weil keine Anhaltspunkte dafür ersichtlich sind, dass der Gesetzgeber hier eine Systemänderung vorgenommen hätte. **29**

Die Zusammenführung von zivil-, straf- und verwaltungsrechtlicher Betrachtungsweise wirft die Frage auf, wo **Ermessensausübung und ihre Kontrolle** durch gerichtliche **30**

---

[35] BGE 123 II 49 E. 5; 119 Ib 193 E. 4a; RDAT 1995 II Nr. 57 151.

[36] Art. 6 ATSG.

[37] BGE 132 V 393.

[38] Beispiel in einer Verfügung der II. sozialrechtlichen Abteilung vom 18.1.2007, I 850/06: Wenn das kantonale Gericht aufgrund der Akten auf ein Valideneinkommen (Art. 16 ATSG) bestimmter Höhe schliesst, kann ihm nicht unvollständige (noch in Verletzung wesentlicher Verfahrensvorschriften zustande gekommene) Sachverhaltserhebung vorgeworfen werden, wenn es sich nicht mit einer in den beigezogenen Akten enthaltenen, davon abweichenden (höheren) Angabe auseinandersetzt; es kann sich in deren Lichte einzig die Frage nach der offensichtlichen Unrichtigkeit stellen, was in casu verneint wurde.

[39] BGE 122 III 219 E. 3b; 115 II 440 E. 5b; 107 II 269 E. 2b.

[40] BGE 116 IV 353 E. 2b.

[41] BGE 117 Ib 114 E. 4b; auf dem Gebiet der Invalidenversicherung seit 1.7.2006: BGE 132 V 393.

[42] Art. 106 Abs. 1.

[43] Art. 105 Abs. 2.

Ermessensüberprüfung anzusiedeln sind. Die Dreiteilung in Tat-, Rechts- und Ermessensfragen nach Art. 104 OG kennt das BGG nicht. Entweder kann die Ermessensfrage i.S. der Rechtsprechung zur Berufung als Rechtsfrage bezeichnet werden, hinsichtlich deren Beantwortung der Vorinstanz ein eigener Ermessensspielraum zugebilligt wird, solange er nicht missbraucht oder überschritten ist.[44] Ebenso räumen im Strafrecht zahlreiche Vorschriften dem kantonalen Richter in verschiedenen Belangen (Strafzumessung, Frage des bedingten Vollzuges einer Strafe usw.) ein Ermessen ein, welchem das Bundesgericht mit der Einräumung eines weiten Spielraumes Rechnung trägt.[45] Missbrauch, Überschreitung und Unterschreitung (Schrumpfung) des Ermessens können aber auch weiterhin i.S. der öffentlich-rechtlichen Betrachtungsweise zu Art. 104 lit. a OG als Formen rechtsfehlerhafter Ermessensbetätigung und infolgedessen als Rechtsverletzung i.S.v. Art. 95 lit. a betrachtet werden. Ausgeschlossen ist so oder anders in allen Fällen die freie gerichtliche Ermessensprüfung i.S. der Angemessenheitskontrolle,[46] und zwar auch in jenen Fällen, in denen auf dem Gebiet der Geldleistungen der Militär- und Unfallversicherung weiterhin freie Sachverhaltsprüfung besteht.[47]

31 Die Abgrenzung hat im Weiteren zu berücksichtigen, dass Tat- und Rechtsfragen zwar sehr oft **aufs Engste miteinander zusammenhängen**, z.B. bei gewissen Straftatbeständen oder der Abgrenzung von Eventualvorsatz und bewusster Fahrlässigkeit,[48] bei Bejahung oder Verneinung einer erheblichen Arbeitsunfähigkeit[49] (als Voraussetzung für das Taggeld) oder einer Invalidität[50] (als Voraussetzung für die Rente), was letztlich stets Akte der Rechtsanwendung und nicht Sachverhaltsfeststellungen sind.[51] Indessen führt der Umstand, dass (zumindest) der letzte Schritt der Subsumtion eines rechtserheblichen Sachverhaltes unter eine gesetzliche Norm[52] Rechtsanwendung bedeutet, nicht dazu, dass bezüglich des gesamten Prozess- und Beweisthemas eine freie Tatsachenprüfung Platz griffe. Vielmehr gilt es in Anlehnung und Weiterführung der bisherigen Rechtssprechung in den einzelnen Gebieten aufzuzeigen, was Tat- und was Rechtsfrage ist.

32 Tatfrage ist, ob sich die (rechtserheblichen) Tatsachen verwirklicht haben; Rechtsfrage ist die **rechtliche Würdigung** der Tatsachen, d.h. die Rechtsanwendung gestützt auf die festgestellten Tatsachen.[53] Rechtsfrage ist demnach, ob der festgestellte Sachverhalt die Tatbestandselemente der einschlägigen Rechtsnormen erfüllt und ob die richtigen Rechtsfolgen gezogen wurden. Es kann daher nach wie vor, wie schon bei der Berufung, als rechtliche Rüge dem Bundesgericht die Beanstandung unterbreitet werden, die Vorinstanz habe eine Sachbehauptung fälschlicherweise für rechtsunerheblich gehalten.[54]

33 In schwerlich justiziablen Gebieten, wo sich Rechts-, Tat- und Ermessensfragen miteinander vermengen, ist den Vorinstanzen ein **Beurteilungsspielraum** einzuräumen.[55]

---

[44] BGE 116 II 299.
[45] GEISER/MÜNCH[2]-WIPRÄCHTIGER, 208 f., N 6.102 ff.
[46] Nach Art. 132 lit. a bzw. (ab 1.7.2006) Art. 132 Abs. 1 lit. a und Art. 104 lit. c OG (BGE 108 Ib 28 E. 1).
[47] Art. 105 Abs. 3.
[48] GEISER/MÜNCH[2]-WIPRÄCHTIGER, 207 f. N 6.101.
[49] Art. 6 ATSG.
[50] Art. 8 ATSG.
[51] BGE 132 V 393 E. 3.1.
[52] Z.B. die Verneinung eines rentenbegründenden Invaliditätsgrades nach Art. 28 IVG.
[53] VOGEL/SPÜHLER, Grundriss[8], 392.
[54] In BGE 130 III 113 nicht publ. E. 2.3.
[55] BGE 125 II 385. Vgl. die Rechtsprechung zu den Konzessionsverletzungen im Bereich von Radio und Fernsehen. BGE 121 II 359 E. 2a, E. 2b; 119 Ib 166; 116 Ib 37.

b) Tatfragen

Als Tatfragen gelten: **34**

Im Allgemeinen **34a**

– Feststellungen auf Grund eines Beweisverfahrens;[56]

– der äussere Sachverhalt,[57] d.h. Feststellungen, die auf die Fragen antworten: wer, was, wo, womit, warum, wie, wann?[58]

– richterliche Beweiswürdigung einschliesslich Indizien, fallbezogene Wahrscheinlichkeitsüberlegungen[59] und auf Grund von (unter Umständen widersprüchlichen) Expertisen gezogene Schlussfolgerungen;[60]

– antizipierte Beweiswürdigung;[61]

– Beurteilung hypothetischer Geschehensabläufe, insoweit sie auf Beweiswürdigung beruht, selbst wenn darin auch Schlussfolgerungen aus der allgemeinen Lebenserfahrung mitberücksichtigt werden;[62]

– innere oder psychische Tatsachen (Wissen, Wollen), namentlich auch im Zusammenhang mit dem guten Glauben;[63]

– hypothetisches Einkommen des Unterhaltspflichtigen;[64]

– tatsächlicher Parteiwille.[65]

Im Strafrecht im Besonderen **34b**

– der innere Sachverhalt, d.h. was der Täter wusste, wollte, beabsichtigte, in Kauf nahm,[66] womit er rechnete, in welcher Absicht und aus welchen Beweggründen er handelte oder hypothetisch gehandelt hätte,[67] ob er volle Einsicht in das Unrecht der Tat besitzt;[68]

– körperlicher, seelischer oder geistiger Gesundheitszustand;[69]

– ob eine Tatsache oder ein Beweismittel dem Sachrichter i.S.v. Art. 397 StGB bekannt war oder neu ist, ebenso, ob eine neue Tatsache oder ein neues Beweismittel geeignet sei, die tatsächlichen Grundlagen des Urteils zu erschüttern, dessen Revision verlangt wird;[70]

---

[56] POUDRET, Commentaire, N 4.2.1 zu Art. 63 OG.
[57] In BGer, KassH, 23.12.2004, 6S.243/2004, E. 2.4.3.
[58] HAUSER/SCHWERI/HARTMANN, Strafprozessrecht[6], 533 N 46.
[59] BGE 122 III 219 E. 3b, POUDRET, Commentaire, N 4.2.1.6 zu Art. 63 OG; HOHL, Procédure civile II, 296, Rz 3224.
[60] POUDRET, Commentaire, N 4.2.1.5 zu Art. 63 OG; HAUSER/SCHWERI/HARTMANN, Strafprozessrecht[6], 534 N 47.
[61] BGE 122 III 219 E. 3c; HOHL, Procédure civile II, 294 Rz 3216; POUDRET, Commentaire, N 4.2.2.7 zu Art. 63 OG.
[62] BGE 115 II 448; Urteil 4C.213/1990 E. 3b.
[63] BGE 124 III 184 E. 3; HOHL, Procédure civile II, 295 Rz 3219.
[64] BGE 126 III 10, vorbehältlich Schlussfolgerungen, die ausschliesslich auf allgemeiner Lebenserfahrung beruhen.
[65] In BGE 122 III 66 nicht publ. E. 2.
[66] BGE 133 IV 9 E. 4.1.
[67] HAUSER/SCHWERI/HARTMANN, Strafprozessrecht[6], 534 N 46 m.Hinw. auf die Judikatur.
[68] GEISER/MÜNCH[2]-WIPRÄCHTIGER, 206 N 6.99.
[69] BGE 124 III 5 E. 4; 113 II 89.
[70] GEISER/MÜNCH[2]-WIPRÄCHTIGER, 206 N 6.99.

34c Im Schadensausgleichsrecht

– Vorliegen einer Suchterkrankung;[71]

– Vorbestehen einer Krankheit;[72]

– medizinisch-theoretische Invalidität;[73]

– Ausmass und Dauer der Arbeitsunfähigkeit;[74]

– Auswirkung einer konstitutionellen Prädisposition auf die Arbeitsfähigkeit;[75]

– Bestand und Höhe des Schadens;[76]

– natürliche Kausalität, einschliesslich der hypothetischen Kausalität;[77]

– Gesundheitsschaden, Befunderhebung, Diagnose, Prognose, Pathogenese/Ätiologie, funktionelle Leistungsfähigkeit, psychische Ressourcen;[78]

– Feststellung der beiden hypothetischen Vergleichseinkommen nach Art. 16 ATSG, soweit sie auf konkreter Beweiswürdigung beruht;[79]

– Schadensschätzung gem. Art. 42 Abs. 2 OR;[80]

– der den Verzugszins übersteigende Schaden;[81]

– Neuschätzungen eines Grundstückes im Verfahren auf Grundpfandverwertung.[82]

34d Im Verwaltungsrecht

– Schätzungen im Verfahren betr. Festlegung der Enteignungsentschädigung;[83]

– technische Brauchbarkeit einer Erfindung;[84]

– für den Führerausweisentzug oder die Verwarnung erhebliche Begehung von Verkehrsregelübertretungen;[85]

– Erfassung künftiger Immissionen;[86]

---

[71] BGE 120 Ib 305 E. 4a; Urteil 2A.598/1996 E. 2a.

[72] BGE 113 II 89.

[73] Urteil 4C.407/1994 E. 2a.

[74] BGE 111 II 301.

[75] BGE 113 II 86.

[76] BGE 122 III 219 E. 3b; 119 II 251.

[77] BGE 125 IV 195; 116 II 311; 113 II 89; Hauser/Schweri/Hartmann, Strafprozessrecht[6], 534 N 47 m.w.Hinw.

[78] BGE 132 V 393 E. 3.2: In diesem Sinne ist die auf Grund von (medizinischen) Untersuchungen gerichtlich festgestellte Arbeits(un)fähigkeit Entscheidung über eine Tatfrage. Als solche erfasst sie auch den in die gesetzliche Begriffsumschreibung der Arbeitsunfähigkeit nach Art. 16 ATSG integrierten Aspekt der zumutbaren Arbeit; denn in dem Umfange, wie eine versicherte Person von funktionellem Leistungsvermögen und Vorhandensein/Verfügbarkeit psychischer Ressourcen her eine (Rest-)Arbeitsfähigkeit aufweist, ist ihr die Ausübung entsprechend profilierter Tätigkeiten zumutbar (a.a.O., 398).

[79] BGE 132 V 393 E. 3.3.

[80] Pra 1995 Nr. 172 548 E. 3b; BGE 126 III 388 E. 8; Pra 2002 Nr. 151 816 (ad konstitutionelle Prädisposition); sic! 3/2005 215.

[81] BGE 123 III 241.

[82] Pra 2002 Nr. 132 722.

[83] BGE 108 Ib 334.

[84] Sic! 1/1997 77.

[85] BGE 121 II 127.

[86] BGE 112 Ib 154 E. 2.

– Vorhandensein, Ausmass und Beschaffenheit der Bestockung im Waldfeststellungsverfahren;[87]

– ermessensweise Festlegungen des steuerbaren oder beitragspflichtigen Einkommens im Bereich der indirekten[88], direkten[89] Steuern sowie im Bereich der paritätischen Beiträge.[90]

Im Sozialversicherungsrecht im Besonderen   **34e**

– Feststellungen des Schiedsgerichts im Bereich der Überarztung (Polypragmasie).[91]

– Vorinstanzliche Feststellung fehlender Spruchreife und damit begründete Rückweisung der Sache an den Sozialversicherungsträger zur Aktenergänzung und neuer Verfügung;[92]

– im Gesundheitsfall hypothetisch ausgeübte Tätigkeit für die Festlegung des IV-rechtlichen Status als nicht-, teil- oder vollerwerbstätige Person;[93]

– Mass der Behinderung im Aufgabenbereich nach Art. 28 Abs. 2bis IVG;

– das Rechnen mit den Zahlen der Lohnstrukturerhebung (LSE) zur Ermittlung der beiden Vergleichseinkommen nach Art. 16 ATSG;

– Vorhandensein eines Geburtsgebrechens;

– Widersetzlichkeit der versicherten Person gegenüber Behandlungs- oder Erwerbsmöglichkeiten;

– Notwendigkeit und Geeignetheit der Eingliederungsmassnahmen (Art. 8 Abs. 1 IVG) in Würdigung der konkreten Umstände;

– Hilfsbedürftigkeit in der Vornahme der einzelnen Lebensverrichtungen als Grundlage des Schlusses auf Hilflosigkeit im Rechtssinne;[94]

– Vorliegen neuer Tatsachen im Revisions- oder Neuanmeldeverfahren;[95]

– Tatsachenfeststellungen, auf welchen der Schluss auf zweifellose Unrichtigkeit als Wiedererwägungsvoraussetzung[96] beruht.

c) Rechtsfragen

Als Rechtsfragen sind zu betrachten: **35**

Im Allgemeinen   **35a**

– Ermittlung des Rechtssinnes einer Norm, d.h. die Auslegung von Verfassung, Gesetz und Verordnung, einschliesslich Konkretisierung unbestimmter Rechtsbegriffe und Subsumtion des Sachverhaltes unter die als einschlägig erkannten Rechtsnormen;[97]

---

[87] ZBl 106/2005 110.
[88] ASA 68 652.
[89] STR 53/1998 743.
[90] BGE 118 V 65.
[91] RKUV 1995 Nr. K 955 6, 1993 Nr. K 908 37.
[92] Urteil I 818/06 der II. sozialrechtlichen Abteilung vom 1.2.2007.
[93] Urteil I 701/06 der II. sozialrechtlichen Abteilung vom 5.1.2007.
[94] Art. 42 Abs. 2 und 3 IVG; Art. 37 IVV.
[95] Art. 87 IVV.
[96] Art. 53 Abs. 2 ATSG.

- Schlussfolgerungen tatsächlicher Natur, die der Rechtsanwender ausschliesslich – unabhängig vom konkreten Sachverhalt – auf die allgemeine Lebenserfahrung stützt;[98]

- Folgerungen aus dem Vertrauensprinzip, namentlich im Zusammenhang mit der Vertragsauslegung und -ergänzung;[99]

- Festlegung des erforderlichen Beweisgrades im streitigen Kontext, d.h. Urteil über den Grad an Wahrscheinlichkeit, welcher gegeben sein muss, um einen Sachverhalt als bewiesen zu betrachten;[100]

- Anwendung des Verhältnismässigkeitsprinzips sowie vollständige und richtige Interessenabwägung, wobei sich aber das Bundesgericht bezüglich Korrektur entsprechender ermessensähnlicher Entscheide in der Regel Zurückhaltung auferlegt;[101]

- Regeln über die Verfügungszustellung;[102]

- Beurteilung des guten Glaubens im Zusammenhang mit der ihn ausschliessenden groben Sorgfaltsverletzung;[103]

- Beurteilung der Absicht dauernden Verbleibens an einem Ort zum Zwecke der Wohnsitzbegründung;[104]

35b Im Schadensausgleichsrecht

- Rechtsbegriff der formellen Enteignung, des Schadens und Rechtsgrundsätze der Schadensberechnung, z.B. ob bestimmte Posten zu Recht darin einbezogen wurden oder nicht;[105]

- das richtige Verständnis der natürlichen Kausalität als Rechtsbegriff;[106]

- mit dem Rechtsbegriff der adäquaten Kausalität in Zusammenhang stehende Fragen, sei es im Zivilrecht[107], im Strafrecht[108] oder im Sozialversicherungsrecht, wo insb. Rechtsfrage ist, welche der für die verschiedenen im Anschluss an erlittene Unfälle aufgetretenen Gesundheitsschädigungen massgebliche Rechtsprechung anzuwenden ist;[109]

---

[97] HOHL, Procédure civile II, 239 f.; HAUSER/SCHWERI/HARTMANN, Strafprozessrecht[6], 534 N 48 m.Hinw. auf BGE 112 IV 17; 106 Ib 43.

[98] BGE 95 II 124, 169, ZAK 1973 612; GEISER/MÜNCH[2]-MÜNCH, 121 f.; HOHL, Procédure civile II, 297 Rz 3227; Urteil 4C.213/1990 E. b.

[99] HOHL, Procédure civile II, 295 f. Rz 3220 ff.

[100] BGE 122 III 219 E. 3b; in BGE 124 III 72 nicht publ. E. 3b; HOHL, Procédure civile II, 293 Rz 3210, 296, Rz 3223.

[101] BGE 117 Ib 285 E. 4 m.Hinw. Vgl. weiter zur Interessenabwägung BGE 121 II 384; 112 Ib 280 E. 8b, E. 1d; in BGE 122 II 165 nicht publ. E. 4; zu Ermessensfragen BGE 118 II 413; 116 II 299 (zivilrechtliche Genugtuung), BGE 125 II 174; in BGE 131 II 656 nicht publ. E. 11.2 und Pra 2003 Nr. 27 E. 2 (Überprüfung von Genugtuungen nach Opferhilfegesetz), BGE 125 II 391 (zur Lohnfestsetzung unter dem Gesichtswinkel der Lohngleichheit).

[102] BGE 97 V 120.

[103] BGE 102 V 245; 100 V 151.

[104] BGE 106 Ib 353 E. 2.

[105] BGE 132 II 427; 122 III 219 E. 3b; Urteil 4C.8/1997 E. 2a, c.

[106] BGE 122 IV 23; 101 IV 152 f.; Urteil 5C.125/2003 = SJ 2004 I 407.

[107] BGE 129 III 181; 113 II 89 f., Pra 2002 Nr. 151 E. 3b.

[108] BGE 131 IV 145; HAUSER/SCHWERI/HARTMANN, Strafprozessrecht[6], 534 N 49 m.Hinw. auf die Praxis.

[109] BGE 115 V 133; BGE 117 V 359, 369.

– Begriff der Erwerbsfähigkeit;[110]

– Grundsätze für die Ermittlung des Ehegattenunterhaltes.[111]

Im Beweisrecht   35c

– Verletzung von Beweisregeln (Untersuchungsgrundsatz/Mitwirkungspflichten, Beweiswürdigung, einschliesslich antizipierte Beweiswürdigung, Beweisgrad und Beweislast) als solchen,[112] insb. Nichteinholung eines bundesrechtlich vorgeschriebenen
Beweismittels (dessen Würdigung Tatfrage ist).[113]

Im Strafrecht im Besonderen   35d

– ob von den richtigen Begriffen der «neuen Tatsache», des «neuen Beweismittels» und
deren «Erheblichkeit» i.S.v. Art. 397 StGB ausgegangen worden ist, ebenso, ob die
voraussichtliche Veränderung der tatsächlichen Grundlagen rechtlich relevant sei, d.h.
zu einem in Schuld- oder Strafpunkt für den Verurteilten günstigeren Urteil führen
könne;[114]

– der Schluss aus einem bestimmten Geisteszustand (Tatfrage) auf das Vorhandensein
oder Fehlen der Urteilsfähigkeit;[115]

– ob ein von der kantonalen Instanz festgestellter biologisch-psychologischer Zustand
(Tatfrage) die Zurechnungsfähigkeit des Angeklagten aufgehoben oder vermindert
hat;[116]

– ob gegenüber einem unzurechnungsfähigen Täter eine Massnahme (und welche) anzuordnen sei und der Täter die öffentliche Sicherheit in schwerwiegender Weise ge-
fährde;[117]

– ob Nachlässigkeit oder Fahrlässigkeit i.S.v. Art. 12 StGB vorliege, die Einschätzung
der gebotenen Vorsicht im Kontext;[118]

– ob der Rechtsirrtum i.S.v. Art. 21 StGB auf zureichenden Gründen beruhe.[119]

Im Verwaltungsrecht   35e

– Fragen nach der Entschädigungspflicht gem. Raumplanungsgesetz und der richtigen
Ermittlung der Entschädigungshöhe;[120]

– der bundesrechtliche Waldbegriff;[121]

– die Voraussetzungen für das Tätigwerden der Eidg. Bankenkommission;[122]

---

[110] Urteil 4C.407/1994 E. 2a.
[111] JdT 2003 I 193.
[112] BGE 132 V 393 E. 4.1.
[113] HAUSER/SCHWERI/HARTMANN, Strafprozessrecht[6], 534 N 47 in fine.
[114] GEISER/MÜNCH[2]-WIPRÄCHTIGER, 207 N 6.100 in fine m.Hinw. auf BGE 116 IV 356.
[115] HAUSER/SCHWERI/HARTMANN, Strafprozessrecht[6], 534 N 49a in fine m.Hinw. auf BGE 88 IV
114.
[116] HAUSER/SCHWERI/HARTMANN, Strafprozessrecht[6], 534 N 49a in initio m.Hinw. auf BGE 100
IV 130, 98 IV 153.
[117] HAUSER/SCHWERI/HARTMANN, Strafprozessrecht[6], 534 N 49b.
[118] HAUSER/SCHWERI/HARTMANN, Strafprozessrecht[6], 534 N 50 erstes Lemma.
[119] HAUSER/SCHWERI/HARTMANN, Strafprozessrecht[6], 534 N 50 zweites Lemma.
[120] BGE 112 Ib 514; 115 Ib 408.
[121] BGE 110 Ib 147; ZBL 89/1988 81.
[122] BGE 115 Ib 55, nicht aber die Wahl der Massnahme, welche eine Ermessensfrage ist (BGE
a.a.O. E. 2d).

– ob die umstrittene Auflage in einer Baubewilligung auf einem Irrtum der Baubehörde beruht,[123] ebenso die Frage, ob das jahrzehntelange Stillschweigen seitens der Behörde gegenüber der auflagewidrigen Nutzung bei objektiver Betrachtungsweise geeignet war, einen Vertrauenstatbestand zu schaffen.[124]

35f Im Sozialversicherungsrecht im Besonderen

– Einhaltung der Regeln über die Durchführung des Einkommensvergleichs nach Art. 16 ATSG;[125]

– rechtsprechungswidrige Ansetzung des Indexwertes im Überarztungsprozess nach dem Durchschnittskostenvergleich;[126]

– Qualifikation des beitragspflichtigen Einkommens aus selbstständiger oder unselbstständiger Erwerbstätigkeit;[127]

– Zumutbarkeit der Aufnahme der bisherigen oder einer anderen (Erwerbs-)Tätigkeit, soweit sie nebst der medizinischen Zumutbarkeit selbständige Bedeutung hat;[128]

– die Wahl der massgeblichen LSE-Tabelle;

– die Regeln für die Durchführung von DAP-Vergleichen;[129]

– die Frage, ob ein Leidensabzug[130] zu gewähren ist;[131]

– die Qualifikation eines Leidens als Geburtsgebrechen;

– die Zumutbarkeit einer Behandlungs- oder Erwerbsmöglichkeit und die gegebenenfalls damit begründete Leistungskürzung;

– die Notwendigkeit und Geeignetheit von Eingliederungsmassnahmen (Art. 8 Abs. 1 IVG), soweit sie auf allgemeiner Lebenserfahrung beruhen;

– der erforderliche Wahrscheinlichkeitsgrad zur Anerkennung einer glaubhaft gemachten Tatsachenänderung als Eintretenserfordernis für ein Revisions- oder Neuanmeldegesuch nach Art. 87 Abs. 3 und 4 IVV;

– die zweifellose Unrichtigkeit und die erhebliche Bedeutung der Berichtigung als Wiedererwägungsvoraussetzungen nach Art. 53 Abs. 2 ATSG, soweit es nicht um Sachverhaltsfeststellungen geht.

IV. Die Verbindlichkeit der vorinstanzlichen Sachverhaltsfeststellung

1. Grundsatz

36 Liegen vorinstanzliche Feststellungen vor, die sich auf die (im jeweiligen Kontext) rechtserheblichen Tatsachen[132] beziehen und welche den dargelegten Anforderungen[133] genügen, greift die **gesetzlich angeordnete Verbindlichkeitswirkung** Platz. Das Bundesgericht hat insoweit keine eigene Tatsachenfeststellungen zu treffen und seiner Beur-

---

[123] BGE 132 II 21 E. 2.1.
[124] BGE 132 II 21 E. 2.2.
[125] BGE 132 V 393 E. 3.3.
[126] SVR 1995 KV Nr. 40 125.
[127] BGE 98 V 18, weshalb insoweit keine Verbindlichkeit nach Art. 23 AHVV besteht.
[128] BGE 132 V 393 E. 3.2.
[129] Dokumentierte Arbeitsplatz-Vergleiche.
[130] BGE 126 V 75.
[131] BGE 132 V 393 E. 3.3.
[132] Ziff. II 1, III 3.
[133] Ziff. III 2.

teilung keinen andern als den vorinstanzlich festgestellten Sachverhalt zu Grunde zu legen. Dabei ist es notwendig, aber auch hinreichend, dass die Vorinstanz alle rechtserheblichen Tatsachen festgestellt hat. Es tut der Verbindlichkeitswirkung keinen Abbruch, wenn der angefochtene Entscheid darüber hinaus Tatsachen feststellt, welche für die Beurteilung keine Rolle spielen.

2. Die Ausnahmen der Militär- und Unfallversicherung (Abs. 3)

a) Zusprechung oder Verweigerung von «Geldleistungen»

Die Aufhebung der letztinstanzlichen freien Tatsachenprüfung hinsichtlich **Leistungen** **der Sozialversicherung**[134] bildete einen der Hauptstreitpunkte bei der Schaffung des BGG.[135] Schlussendlich blieben als Anwendungsgebiet der bundesgerichtlichen Tatsachenüberprüfung die Geldleistungen der Militär- oder Unfallversicherung übrig.   37

Die Ausnahme ist auf **«Geldleistungen»** («prestations en espèce»; «prestazioni pecuniarie») beschränkt. Das bedeutet, dass in militär- und unfallversicherungsrechtlichen Prozessen die gewöhnliche Kognition (Art. 105 Abs. 1 und Abs. 2) zum Zuge kommt, wenn das (prozessual zulässige) Rechtsbegehren der beschwerdeführenden Partei oder das von Amtes wegen (im Bereich der Prozessvoraussetzungen) durch das Bundesgericht festgelegte Prozessthema auf anderes als Geldleistungen lautet.   38

Was sachlich unter Geldleistungen zu verstehen ist, ergibt sich aus der **Legaldefinition** **des Art. 15 ATSG**. Danach sind Geldleistungen alle Arten von Renten sowie Taggelder, Hilflosenentschädigungen und alle anderen in Geld ausgerichteten Leistungen, soweit sie nicht Kostenvergütungen, d.h. Abgeltung von Sachleistungen, darstellen[136].   39

Geldleistungen der **Militärversicherung** sind Taggelder, Invalidenrenten, Hinterlassenenrenten, Hilflosenentschädigungen, Integritätsschadensrenten und die Genugtuung. Am Geldleistungscharakter ändert sich nichts, wenn die Rente kapitalisiert oder eine Abfindung zugesprochen wird.   40

Alle anderen Leistungen der Militärversicherung sind **Sachleistungen**, die nach dem Naturalleistungsprinzip erbrachten (insb. die Krankenpflege) ebenso wie jene Massnahmen, deren Kosten nach dem Kostenvergütungsprinzip (ganz oder teilweise) erstattet werden (insb. die Massnahmen der Nachfürsorge). Ebenfalls keine Geldleistungen der Militärversicherung bilden Schadenersatzansprüche gegen den Bund gestützt auf das Bundesgesetz über die Militärorganisation.[137]   41

Geldleistungen der **Unfallversicherung** sind Taggelder, Invalidenrenten, Hinterlassenenrenten, Integritäts- und Hilflosenentschädigungen.   42

Alle anderen Leistungen sind **Sachleistungen**, die nicht unter Art. 105 Abs. 3 fallen, ungeachtet ob es sich um Naturalleistungen (wie die Krankenpflege) oder Kostenvergütungsleistungen (wie z.B. Beiträge an die Hauspflege) handelt.[138]   43

---

[134] Zu den historischen Gründen dieser speziellen Regelung vgl. Ulrich Meyer/Peter Arnold, Der letztinstanzliche Sozialversicherungsprozess nach dem bundesrätlichen Entwurf für ein Bundesgerichtsgesetz (E-BGG), in: ZSR NF 121 2002 I 489 ff.
[135] BBl 2001 4339.
[136] Vgl. zur Unterscheidung Geld- Sachleistungen und deren Unterteilung in Naturalleistungen (im engen und weiteren Sinn) sowie Kostenvergütungsleistungen Ulrich Meyer, Allgemeine Einführung, in: SBVR, Soziale Sicherheit, 2. Aufl., Basel 2007, 74 N 119 ff.
[137] Dies trotz des engen sachlichen Zusammenhangen zwischen dem MOG und der Militärversicherung als staatshaftungsähnlichem System.
[138] BGE 116 V 41.

44 Nebst der sachlichen Beschränkung auf **Geld**leistungen hat die Anwendung von Art. 105 Abs. 3 darüber hinaus – a fortiori – zu beachten, dass es sich um **Versicherungs**leistungen handelt. Darunter sind nach der Rechtsprechung zu Art. 132 (Abs. 1) lit. b OG, welche im Rahmen von Art. 105 Abs. 3 insoweit weitergeführt werden kann, Leistungen zu verstehen, welche bei Eintritt des Versicherungsfalles fällig werden.[139] Darunter fallen sämtliche Streitigkeiten, welche die erstmalige Geltendmachung, die Weiterausrichtung im Verlaufe der Bezugszeit sowie die Leistungsbeendigung betreffen.[140]

45 Als solche Streitigkeit um eine Leistung aus (behauptetem) eingetretenem, fortdauerndem oder beendetem Versicherungsfall hat die Rechtsprechung zu Art. 132 (Abs. 1) lit. b OG auch die **Rückerstattung unrechtmässiger Leistungen**, nicht aber den Streit um deren Erlass wegen gutem Glauben und grosser Härte bezeichnet.[141] Auch daran ist unter der Geltung des BGG festzuhalten.

46 In bestimmten prozessualen Situationen kann es vorkommen, dass der angefochtene Entscheid sich nicht direkt über die Begründetheit im Streit liegender Geldleistungen ausspricht, sondern sich nur indirekt auf sie bezieht. Beispielsweise kann die Militärversicherung bei Erfüllung der rechtssprechungsgemässen Voraussetzungen[142] einen Feststellungsentscheid über die Bundeshaftung erlassen, ohne dass darin über einzelne Geldleistungen befunden wird. Oder der angefochtene Entscheid ergeht überhaupt nur bei Gelegenheit einer Streitigkeit über Geldleistungen der Militär- oder Unfallversicherung, was z.B. auf Vor-, Zwischen- und Endentscheide prozessualer Natur zutrifft.[143] In allen diesen Situationen bildet die streitige Geldleistung gleichsam nur den Hintergrund des angefochtenen Entscheides, der einen ganz anderen Inhalt, meist verfahrensrechtlicher Natur, hat.[144] Die Rechtsprechung zu Art. 132 (Abs. 1) OG war uneinheitlich. In der Regel ging das EVG von einer Versicherungsleistungsstreitigkeit aus, wenn der angefochtene Entscheid einen **direkten** Bezug zur Verfolgung des im Hintergrund stehenden materiellen Anspruches aufwies.[145] Davon abgesehen beurteilte das EVG angefochtene Zwischenverfügungen und Endentscheide prozessualer Natur mit enger Kognition.[146] Die für die Unfall- und Militärversicherung zuständige I. sozialrechtliche Abteilung[147] wird den unbestimmten Rechtsbegriff «Entscheid über die Zusprechung oder Verweigerung von Geldleistungen» im Hinblick auf diese verfahrensrechtlichen Anfechtungsgegen-

---

[139] BGE 131 V 417 E. 4.1 m.Hinw.

[140] Ob die (ganze oder teilweise) Leistungseinstellung gestützt auf Art. 17 ATSG (Revision i.S. der Anpassung an geänderte Verhältnisse), Art. 53 Abs. 1 ATSG (prozessuale Revision wegen anfänglicher tatsächlicher Unrichtigkeit) oder Art. 53 Abs. 2 ATSG (Wiedererwägung wegen zweifelloser Unrichtigkeit und erheblicher Bedeutung der Berichtigung der ursprünglichen Leistungszusprechung) erfolgt, ändert am Geldleistungscharakter der Streitigkeit nichts. Anders ist es, wenn der Versicherungsträger Begehren der versicherten Person um prozessuale Revision oder Wiedererwägung ablehnt oder darauf nicht eintritt.

[141] In BGE 122 V 134 nicht, jedoch in SVR 1997 EL Nr. 28 79 publizierte E. 1 m.Hinw.

[142] BGE 132 V 18 E. 2.1; 130 V 388.

[143] Z.B. wenn das kantonale Versicherungsgericht (Art. 57 ATSG) auf eine Beschwerde gegen einen Einspracheentscheid der Militär- oder Unfallversicherung, der seinerseits die Ablehnung von Geldleistungen betrifft, zufolge Verspätung nicht eintritt.

[144] Entscheide über unentgeltliche Verbeiständung (Art. 61 lit. f ATSG), geltend gemachte Ablehnungs- und Ausstandsgründe im kantonalen Verfahren usw.

[145] Z.B. die Anfechtung einer vorinstanzlichen Zwischenverfügung betr. Ablehnung einer beantragten Gerichtsexpertise. Ebenfalls kostenfrei beurteilte das EVG Rechtsverzögerungsbeschwerden, und zwar generell, nicht nur bei Gelegenheit eines laufenden Leistungsprozesses erhobene.

[146] Namentlich die vorinstanzlichen Nichteintretensentscheide (wegen Verspätung, ungenügender Beschwerdeschrift, mangelnder Legitimation u.a.m.).

[147] Art. 34 BGerR.

stände konkretisieren, wohl auch unter Mitberücksichtigung des Ausnahmecharakters des Art. 105 Abs. 3.

b) Grundsätze der freien Tatsachenprüfung

Die Rechtsfolge des Abs. 3 besteht in der **fehlenden Bindung** des Bundesgerichts an die   47
Sachverhaltsfeststellung der Vorinstanz. Das Bundesgericht ist daher in diesen Fällen zuständig, einerseits die vorinstanzliche Tatsachenfeststellung frei zu überprüfen und – wenn es vom Urteil des (kantonalen) Tatgerichts nicht überzeugt ist – eigene Tatsachenfeststellungen zu treffen.

Dennoch bleibt das Bundesgericht auch in diesen Fällen letzte **Gerichtsinstanz** im funk-   48
tionellen Rechtsmittelzug und wird nicht zur Aufsichtsbehörde.[148] Folglich hat das Bundesgericht auch im Rahmen von Art. 105 Abs. 3 sich primär mit dem angefochtenen Entscheid und den darin enthaltenen Tatsachenfeststellungen der gerichtlichen Vorinstanz zu befassen. Die Prüfung durch das Bundesgericht ist nur insofern frei, als es die vorinstanzlichen Tatsachenfeststellungen und die dagegen vorgebrachten tatsächlichen Einwendungen in der Beschwerde gegeneinander abwägt und jener Sachverhaltsdarstellung den Vorzug gibt, welche im Kontext der Aktenlage am meisten überzeugt.[149]

Die freie Tatsachenprüfung im Rahmen des Abs. 3 beschränkt sich auf den **Streitgegen-** 49
stand und schliesst nicht die Befugnis ein, über diesen (geschweige denn über den Anfechtungsgegenstand) hinauszugehen.[150]

Die Bestimmung ändert auch nichts an der **Bindung an die Parteianträge**,[151] lässt je-   50
doch nach hier vertretener Auffassung[152] die Berücksichtigung von Noven zu, soweit sie innert der Beschwerdefrist in das Verfahren eingebracht werden.[153]

3. Die Situation in der Invalidenversicherung

Mit der Beschränkung auf Geldleistungen der Militär- und Unfallversicherung durch   51
das Bundesgesetz vom 16.12.2005 über die **Verfahrensstraffung** in der Invalidenversicherung war das Bundesgerichtsgesetz vom 17.6.2005 geändert worden, noch bevor es am 1.1.2007 überhaupt in Kraft getreten ist. Alle Streitigkeiten im Gebiet der Invalidenversicherung unterliegen daher der engen Kognition nach Art. 105 Abs. 1 und Abs. 2,[154] soweit es sich nicht um die Beurteilung von Verwaltungsgerichtsbeschwerden handelt, welche bei Inkrafttreten der kleinen IV-Revision am 1.7.2006 am damaligen Eidgenössischen Versicherungsgericht schon anhängig waren.

---

[148] BGE 110 V 48 E. 4a.

[149] Wie bei der Angemessenheitskontrolle (BGE 126 V 75 E. 6), die es unter dem BGG nicht mehr gibt, heisst freie Tatsachenprüfung nicht voraussetzungsloses Abweichen von der vorinstanzlichen Tatsachenfeststellung. Die beschwerdeführende Partei muss vielmehr im Rahmen der einfachen Begründungspflicht nach Art. 42 Abs. 2 erster Satz Tatsachen aufzeigen, welche triftig genug sind, um zu einer abweichenden Beweiswürdigung zu gelangen. Für die Konkretisierung der Prüfungspraxis kann auch die Rechtsprechung des Bundesgerichts zu Art. 105 Abs. 1 OG herangezogen werden (z.B. BGE 132 II 485 betr. Überprüfung der tatsächlichen Feststellungen der Kommunikationskommission).

[150] BGE 125 V 413.

[151] Art. 107 Abs. 1.

[152] N 51 f. zu Art. 99.

[153] BGE 127 V 353.

[154] Abschaffung der Angemessenheitskontrolle und der fehlenden Bindung an die Parteianträge.

V. Keine Bindungswirkung der vorinstanzlichen Sachverhaltsfeststellung

1. Bei offensichtlicher Unrichtigkeit

52 Die aus Abs. 1 sich ergebende Verbindlichkeitswirkung tritt nicht ein, wenn die vorinstanzliche Sachverhaltsfeststellung offensichtlich unrichtig ist. Es handelt sich dabei um einen eigenständigen, d.h. von sonstigen Rechtsverletzungen irgendwelcher Art völlig unabhängigen Kognitionstatbestand, welcher dem nach Art. 97 Abs. 1 zulässigen gesetzlichen Beschwerdegrund entspricht. Zwischen Art. 105 Abs. 2 und Art. 97 Abs. 1 besteht Kongruenz: Die zulässige Rüge ruft, sofern begründet, nach entsprechender Korrektur durch das Bundesgericht. Die Parallelität zwischen Rüge und Kognition gilt ebenfalls für den zweiten Tatbestand, bei dem die Sachverhaltsfeststellung der Vorinstanz auf einer Rechtsverletzung i.S.v. Art. 95 beruht. Auch wenn in Art. 105 Abs. 2 nicht erwähnt, ist bei seiner Anwendung schliesslich zu berücksichtigen, dass Art. 97 Abs. 1 die Tatsachenrüge von der weiteren Voraussetzung abhängig macht, dass die Behebung des Mangels für den Ausgang des Verfahrens entscheidend sein kann.[155]

53 Art. 105 Abs. 2 **lehnt sich an die Regelung des Art. 105 Abs. 2 OG an**; dafür sprechen die Verwandtschaft der beiden Bestimmungen bezüglich Wortlaut und Aufbau, der systematische Zusammenhang des Art. 105 Abs. 2 mit Art. 95 und der Charakter der Einheitsbeschwerde, welche sich überwiegend an der bisherigen Verwaltungsgerichtsbeschwerde orientiert.[156]

54 Der Beschwerdegrund der offensichtlichen Unrichtigkeit stimmt wörtlich mit jenem in Art. 105 Abs. 2 OG überein. Im System der nach Art. 104/105 OG zulässigen Rügen hatte die offensichtliche Unrichtigkeit der gerichtlichen Sachverhaltsfeststellung fraglos einen selbstständigen Beschwerdegrund dargestellt.[157] Da in den Gesetzesmaterialien keine Anhaltspunkte dafür bestehen, dass der Gesetzgeber unter «offensichtlich unrichtig» etwas anderes als bisher verstanden haben wollte, steht nichts entgegen, insoweit die (überwiegende) Rechtsprechung zu Art. 105 Abs. 2 OG weiterzuführen.[158]

55 Der Begriff der offensichtlichen Unrichtigkeit geht demnach weiter als das ohne Weiterungen zu berichtigende Aktenversehen nach Art. 63 Abs. 2 OG.[159]

56 Offensichtlich unrichtig ist insb. nicht gleichzusetzen mit willkürlich.[160] Willkür ist eine (qualifizierte) Form von Rechtsverletzung und daher vom zweiten Beschwerdegrund in Art. 105 Abs. 2 in fine i.V.m. Art. 95 und Art. 9 BV erfasst. Deshalb hätte die offensichtliche Unrichtigkeit im Gesetzestext keiner Erwähnung bedurft, wenn sie im Willkürver-

---

[155] Vgl. Bem. zu Art. 107 Abs. 2.

[156] EHRENZELLER/SCHWEIZER-AEMISEGGER, 167.

[157] GYGI, Bundesverwaltungsrechtspflege², 286.

[158] BGE 107 Ib 237 E. 2a; 99 V 145; StE 2003 B 96.21 Nr. 10; Pra 2002 Nr. 100 579; RDAT 1997 II Nr. 35t 404.

[159] Dazu SJ 1995 262; Rep 1999 78.

[160] Anderer Auffassung CORBOZ, RSPC 2005, 92; GÖKSU, Beschwerden, 63; KARLEN, BGG, 38, 149; SUTER, Rechtsschutz, 288; SPÜHLER/DOLGE/VOCK, Kurzkommentar, N 4 zu Art. 105. Diese Gleichsetzung von offensichtlich unrichtig und willkürlich lehnt sich an eine Formulierung an, die erst in den letzten Jahren Eingang in die Rechtsprechung des Bundesgerichts zu Art. 105 Abs. 2 OG gefunden hat, dies mit der Beifügung, offensichtlich unrichtig entspreche «in etwa» willkürlich. In der Tat wird eine offensichtliche Unrichtigkeit in der Sachverhaltsfeststellung dem Willkürvorwurf oft nicht entgehen. Aber identisch sind sie nicht. Offensichtliche Unrichtigkeit ist ein auf die Ermittlung des Sachverhalts beschränkter und ihr immanenter qualifizierter Fehler; Willkür dagegen bedeutet Unrecht und Verletzung des Gerechtigkeitsgedankens schlechthin.

bot aufginge. Die gegenteilige Auffassung,[161] welche durch die Gleichsetzung von offensichtlicher Unrichtigkeit und Willkür in der Sachverhaltsermittlung dem Rügeprinzip nach Art. 106 Abs. 2 im Rahmen von Art. 105 zur Anwendung verhilft, lässt im Weiteren Art. 118 ausser Betracht, nach dessen Abs. 2 das Bundesgericht bei der subsidiären Verfassungsbeschwerde die Sachverhaltsfeststellung der Vorinstanz nur dann von Amtes wegen berichtigen oder ergänzen kann, wenn sie auf einer Rechtsverletzung i.S.v. Art. 116 (Verletzung verfassungsmässiger Rechte) beruht. Durch die unterschiedliche Formulierung von Art. 105 und Art. 118 hat der Gesetzgeber zum Ausdruck gebracht, dass die Kognition des Bundesgerichts bei ordentlicher Beschwerde und subsidiärer Verfassungsbeschwerde – auch bezüglich des massgebenden Sachverhaltes – nicht die Gleiche sein soll.

Offensichtliche Unrichtigkeit ist nicht nur die in die Augen springende, auf Anhieb und ohne weitere Betrachtung erkennbare Fehlerhaftigkeit. Wie die Rechtsprechung zu Art. 105 Abs. 2 OG zeigt, kann der Schluss auf offensichtliche Unrichtigkeit darüber hinaus auch Ergebnis einer eingehenden, vertieften und umfassenden bundesgerichtlichen Prüfung sein.[162] Der Unterschied zur freien Tatsachenkontrolle liegt jedoch darin, dass Zweifel an der Richtigkeit der vorinstanzlichen Sachverhaltsfeststellung **keine Preisgabe der Verbindlichkeitswirkung** rechtfertigen.[163] Zur Annahme offensichtlicher Unrichtigkeit braucht es vielmehr eine klare, eindeutige, mit plausibler Erklärung nicht zu beseitigende Mangelhaftigkeit; eine solche objektive Unrichtigkeit liegt namentlich vor, wenn die Tatsachenfeststellungen widersprüchlich sind.[164]   **57**

2. Bei Rechtsverletzung im Sinne von Art. 95

Keine Verbindlichkeitswirkung i.S. des Abs. 1 besteht im Weiteren, wenn die vorinstanzliche Sachverhaltsfeststellung auf einer Rechtsverletzung i.S.v. Art. 95 beruht. Hierunter fallen im Wesentlichen **drei Fallgruppen**:   **58**

Im Unterschied zu Art. 105 Abs. 2 OG erwähnt Art. 105 Abs. 2 die **unvollständige Sachverhaltsfeststellung** nicht mehr. Indessen ist anerkannt, dass eine unvollständige Beurteilungsgrundlage eine Rechtsverletzung darstellt.[165] Es steht nichts entgegen, die bisherige Rechtsprechung zur unvollständigen Sachverhaltsfeststellung gem. Art. 105 Abs. 2 OG[166]   **59**

---

[161] GÖKSU, Beschwerden, 63 N 124.
[162] Vgl. etwa RDAT 1999 I Nr. 55 194; 1999 II Nr. 10 40; 1998 II Nr. 41 150; URP 2002 441.
[163] BGE 100 V 202.
[164] In BGE 126 III 431 nicht publ. E. 4.
[165] BBl 2001 4343 unten f.; SEILER/VON WERDT/GÜNGERICH, BGG, N 24 zu Art. 97; abweichend TSCHANNEN-KIENER, 276: Hätte der Gesetzgeber die unvollständige Sachverhaltsfeststellung als selbstständigen Rügegrund ausgestaltet, hätte dies im Ergebnis zu einer Überprüfung kantonalen Rechts durch das Bundesgericht geführt, welchen Rügegrund Art. 95 aber nicht vorsieht. – Dem ist zu entgegnen: Die Unvollständigkeit der Sachverhaltserhebung kann als solche nur dann eine Bundesrechtsverletzung sein, wenn es um die Anwendung von Bundesrecht geht. Bedeutet die einfach fehlerhafte Anwendung kantonalen Rechts keine Bundesrechtsverletzung, kann eine solche auch nicht darin erblickt werden, dass die angefochtene Beurteilung des kantonalen Rechtsverhältnisses auf einem unvollständig festgestellten Sachverhalt beruht. Die Einheitlichkeit der Beschwerde bedeutet, dass in allen ihren drei Spielarten die gleichen Beschwerdegründe erhoben werden können (Art. 95–98) und es bei der Beschwerde in öffentlichrechtlichen Angelegenheiten **nicht mehr auf die Entscheidgrundlage** (Art. 82 lit. a) ankommt, hingegen keineswegs, dass bezüglich der rechtlich und in tatsächlicher Hinsicht zulässigen Rügen nicht mehr zwischen Bundes- und kantonalem Recht zu differenzieren wäre, welche Art. 95 offensichtlich trifft und die infolgedessen auch bei den Beschwerdegründen des Art. 97 Abs. 2 (i.V.m. Art. 105 Abs. 2) zu beachten ist.
[166] Z.B. BGE 122 II 397 E. 2, E. 3; ASA 61 733; RDAT 1999 I Nr. 66 245.

unter der Geltung des BGG weiterzuführen. Eine unvollständige Erhebung des Sachverhaltes liegt vor, wenn die für die Beurteilung des streitigen Rechtsverhältnisses erforderlichen Tatsachen nicht festgestellt worden sind.[167]

60   Rechtsverletzend i.S.v. Art. 105 Abs. 2 in fine sind sodann **Verstösse gegen wesentliche Verfahrensvorschriften** i.S. der Rechtsprechung zu Art. 105 Abs. 2 OG, wie rechtliches Gehör[168], Grundsätze der Beweislastverteilung[169], Pflicht des kantonalen Gerichts zur Feststellung des Sachverhaltes von Amtes wegen nach dem Untersuchungsgrundsatz[170], Pflicht zur Sachverhaltsabklärung nach den Regeln von Art. 9 USG bei UVP-pflichtigen Projekten[171], Mitwirkungspflichten der Parteien[172].

61   Recht verletzt die vorinstanzliche Tatsachenfeststellung schliesslich dann, wenn sie die **aus dem materiellen Recht sich ergebenden Anforderungen** an die Erhebung des Sachverhaltes unberücksichtigt lässt.[173] Diese Unvollständigkeit kann sich insb. ergeben, wenn die Erkenntnis des richtigen Rechts im Rahmen der Rechtsanwendung von Amtes wegen nach Art. 106 Abs. 1 das Bundesgericht zum Ergebnis führt, dass die Vorinstanz die hiefür massgeblichen Tatsachen nicht oder nicht vollständig festgestellt hat.

3. Folgen

62   Liegt eine offensichtlich unrichtige oder auf einer Rechtsverletzung beruhende Tatsachenfeststellung vor, deren Korrektur für den Ausgang des Verfahrens entscheidend sein kann,[174] stellt sich die Frage, ob das Bundesgericht den angefochtenen Entscheid kassiert oder selber zur Behebung des Mangels schreitet und ein reformatorisches Urteil fällt. Dies beurteilt sich nach den **zu Art. 107 Abs. 2 aufgestellten Regeln.**

VI. Untersuchungsgrundsatz und Mitwirkungspflicht

1. Problemstellung

63   Nach Abs. 2 kann das Bundesgericht die Sachverhaltsfeststellung der Vorinstanz «**von Amtes wegen berichtigen oder ergänzen**», wenn einer der die Verbindlichkeitswirkung nach Abs. 1 aufhebenden Beschwerdegründe (offensichtliche Unrichtigkeit; Rechtsverletzung nach Art. 95) gegeben ist.

64   Die Bestimmung wirft die Frage auf, in welchem Verhältnis die dem Bundesgericht eingeräumte Befugnis («von Amtes wegen») zu den Mitwirkungspflichten steht, d.h. zur Begründungspflicht nach Art. 42 Abs. 2 erster Satz und – soweit im Zusammenhang mit der Sachverhaltsfeststellung durch die Vorinstanz eine Grundrechtsverletzung geltend gemacht wird – zur Rügepflicht nach Art. 106 Abs. 2.

65   Entgegen dem missverständlichen Wortlaut kann Art. 105 Abs. 2 nicht als Grundlage für eine bundesgerichtliche Prüfung der vorinstanzlichen Sachverhaltserhebung von Amtes

---

[167] Zur Tragweite des Erfordernisses vollständiger Sachverhaltsfeststellung vgl. Ziff. III 2d.

[168] BGE 99 V 60; Pra 2003 Nr. 190; URP 2005 568.

[169] Pra 1999 Nr. 170 886.

[170] BGE 130 III 102 E. 2. Allerdings verpflichtet der Untersuchungsgrundsatz nur zur Erhebung der notwendigen Beweise (BGE 98 V 223). Ob eine solche Notwendigkeit im Einzelfall gegeben ist, beurteilt sich auf Grund (antizipierter) Beweiswürdigung. Ist diese regelkonform erfolgt und hat sie zum Ergebnis geführt, dass keine weiteren Beweisvorkehren mehr erforderlich sind, kann dem kantonalen Gericht keine Verletzung des Untersuchungsgrundsatzes vorgeworfen werden.

[171] Urteil 1A.136/2004 vom 4.11.2002; URP 2005 1 ff., insb. 10.

[172] AHI 1994 210; FamPra.CH 2002 329; URP 1999 264; BGE 128 II 139.

[173] BGE 125 III 368 E. 3; 122 III 219 E. 3a, E. 3b, E. 3c.

[174] Vgl. Art. 97 Abs. 2.

wegen auf offensichtliche Unrichtigkeit oder Rechtsfehlerhaftigkeit hin verstanden werden. Denn damit würde die Grenze zur (dem Abs. 3 vorbehaltenen) freien Tatsachenprüfung überschritten, was mit der auf Rechtskontrolle beschränkten Aufgabe des Bundesgerichts unvereinbar wäre. Vielmehr handelt es sich auch hiebei um **Beschwerdegründe**, welche nach der allgemeinen und für jede Beschwerdeerhebung i.S. eines Eintretenserfordernisses verlangten Weise gem. Art. 42 Abs. 2 erster Satz vorgetragen werden müssen, soll sich das Bundesgericht damit befassen. Erst wenn die gerichtliche Prüfung die Begründetheit der vorgebrachten und hinreichend substanziierten Beanstandungen ergeben hat, kommt die Befugnis zur Berichtigung oder Ergänzung des Sachverhaltes von Amtes wegen zum Zuge.[175] Allerdings setzt diese Korrektur nicht voraus, dass die offensichtliche Unrichtigkeit oder die Rechtsverletzung nur und ausschliesslich gerade den umstrittenen Sachverhaltsaspekt betrifft; es genügt vielmehr, dass das Bundesgericht im Zuge der Prüfung der genügend substanziierten Sachverhaltsbeanstandungen auf offensichtliche Unrichtigkeiten stösst, die sich ohne weiteres und in klar erkennbarer Weise aus den Akten ergeben und unausweichlich zu einer abweichenden (materiellen) Beurteilung Anlass geben. Natürlich ist es in erster Linie Sache der Parteien, auf Fehler in der vorinstanzlichen Tatsachenerhebung hinzuweisen. Springen jedoch dem Richter i.S.v. Art. 105 Abs. 2 qualifizierte Sachverhaltsmängel geradezu in die Augen, so muss er auch von Amtes wegen eingreifen **können**, andernfalls er u.U. gezwungen wäre, wissentlich ein Fehlurteil zu fällen.

2. Verhältnis zur Begründungspflicht (Art. 42 Abs. 2 Satz 1)

Aus der hier vertretenen Auffassung, dass offensichtliche Unrichtigkeit **nicht** mit Willkür gleichzusetzen ist, folgt, dass für alle Beschwerdegründe nach Art. 105 Abs. 2 die Anforderungen im Rahmen der **einfachen Begründungspflicht**[176] nach Art. 42 Abs. 2 erster Satz erforderlich sind (soweit im Zusammenhang mit der vorinstanzlichen Sachverhaltsfeststellung nicht eine Grundrechtsverletzung behauptet wird; dazu Ziff. 3). Das gilt auch, wenn gerügt wird, der Sachverhalt sei i.S.v. Art. 95 lit. a in Verletzung einer einschlägigen Vorschrift des Bundesgesetzesrechts (z.B. Art. 9 USG) festgestellt worden. Die bisherige Praxis zur Rüge der offensichtlich fehlerhaften Sachverhaltsfeststellung im Rahmen der Verwaltungsgerichtsbeschwerde kann weitergeführt werden.[177]

3. Verhältnis zum Rügeprinzip (Art. 106 Abs. 2)

Wirft die beschwerdeführende Partei der Vorinstanz vor, bei der Sachverhaltsfeststellung ein Grundrecht verletzt zu haben, ist die entsprechende Rüge vom Bundesgericht nur zu prüfen, wenn die **qualifizierten Substanziierungsanforderungen** nach Art. 106 Abs. 2 erfüllt sind. Insoweit ergibt sich unter dem BGG eine Vereinheitlichung der bisher uneinheitlichen Praxis betr. die geforderte Substanziierung der Rüge der Verletzung verfassungsmässiger Rechte im Rahmen der Verwaltungsgerichtsbeschwerde.[178]

Nicht unter Art. 106 Abs. 2 fällt hingegen die Rüge, es sei bei der angefochtenen Sachverhaltsfeststellung **Bundesgesetzes- oder Bundesverordnungsrecht verletzt** worden,

66

67

68

---

[175] Vgl. demgegenüber die Rechtsprechung zu Art. 105 Abs. 2 OG: BGE 123 II 49 E. 5a; 97 V 134 E. 1 und ZAK 1971 505, welche von der Untersuchungsmaxime auch im Rahmen der beschränkten Überprüfungsbefugnis ausgehen.

[176] Es geht dabei nicht um Rechtspflichten, sondern um Obliegenheiten der Parteien im Prozess, denen sie zu genügen haben, wollen sie mit ihren Anträgen Rechtsschutz finden.

[177] BGE 137 II 21 E. 2.

[178] In BGE 129 II 82 nicht publ. E. 1.3; RDAT 1998 II Nr. 41 150.

das die verfassungsrechtlichen Anforderungen an die administrativen und gerichtlichen Verfahren, insb. bezüglich Sachverhaltsfeststellung und Beweiserhebung, bereichsspezifisch konkretisiert.[179]

Art. 106

Rechts-anwendung	**[1] Das Bundesgericht wendet das Recht von Amtes wegen an.**
	[2] Es prüft die Verletzung von Grundrechten und von kantonalem und interkantonalem Recht nur insofern, als eine solche Rüge in der Beschwerde vorgebracht und begründet worden ist.
Application du droit	[1] Le Tribunal fédéral applique le droit d'office.
	[2] Il n'examine la violation de droits fondamentaux ainsi que celle de dispositions de droit cantonal et intercantonal que si ce grief a été invoqué et motivé par le recourant.
Applicazione del diritto	[1] Il Tribunale federale applica d'ufficio il diritto.
	[2] Esamina la violazione di diritti fondamentali e di disposizioni di diritto cantonale e intercantonale soltanto se il ricorrente ha sollevato e motivato tale censura.

Inhaltsübersicht

Materialien

Art. 101 E ExpKomm; Art. 100 E 2001 BBl 2001 4344; AB 2003 S 911; AB 2004 N 1613.

Literatur

A. BÜHLER/A. EDELMANN/A. KILLER, Kommentar zur aargauischen Zivilprozessordnung, 2. Aufl., Aarau usw. 1998 (zit. Bühler/Edelmann/Killer-Kommentar ZPO[2]); M. KUMMER, Grundriss des Zivilprozessrechts, nach den Prozessordnungen des Kantons Bern und des Bundes, 4. Aufl., Bern 1984 (zit. Kummer, Grundriss[4]); G. LEUCH/O. MARBACH, die Zivilprozessordnung für den Kanton Bern, 5. Aufl., vollständig überarbeitet von F. KELLERHALS und M. STERCHI (unter Mitarbeit von A. GÜNGERICH), Bern 2000 (zit. Leuch/Marbach, ZPO[5]); O. VOGEL/K. SPÜHLER, Grundriss des Zivilprozessrechts und des internationalen Zivilprozessrechts der Schweiz, 8. Aufl., Bern 2006 (zit. Vogel/Spühler, Grundriss[8]).

---

[179] Namentlich nicht unter Art. 106 Abs. 2 fallen die als verletzt gerügten Beweisvorschriften des Bundesverwaltungsrechts (Art. 9 USG; UVPV; ATSG; VwVG) oder des (künftigen) Bundesprozessrechts (eidg. StPO, ZPO), vgl. N 17 zu Art. 106.

I. Der Grundsatz der Rechtsanwendung von Amtes wegen (Abs. 1)

1. Bedeutung

Art. 106 Abs. 1 sagt ausdrücklich,[1] dass das Bundesgericht das Recht von Amtes wegen **1** anwendet; der Grundsatz «**iura novit curia**» ist damit positivrechtlich (gesetzlich) verankert. Er bedeutet, dass das Bundesgericht – unabhängig von den (allenfalls übereinstimmenden) Rechtsauffassungen der Parteien – den einschlägigen Rechtssatz selber ermittelt (Rechtsermittlung) und ihm denjenigen Rechtssinn[2] beimisst, den es von sich aus als den Richtigen betrachtet (Rechtsanwendung).[3]

Es stellt sich auch im Rahmen des BGG die Frage nach der Tragweite von iura novit **2** curia; die Ausführungen in der Botschaft sind unergiebig.[4] Entscheidend für seine praktische Bedeutung im Prozess ist, wie der **Streitgegenstand** zu verstehen ist. Dazu sagt das Gesetz nichts. Rechtsanwendung von Amtes wegen kann sich indessen von vornherein nur im Rahmen des dem Bundesgericht unterbreiteten und in seine Verantwortung gestellten Streitgegenstandes[5] entfalten. Denn die Zuständigkeit der Gerichte – und damit auch des Bundesgerichts –, Recht zu sprechen, begründet keine Aufsichtskompetenz und befugt den Richter nicht, über den Streitgegenstand hinaus Punkte aufzuwerfen und zu beurteilen, die nicht Gegenstand des ihm unterbreiteten Entscheides sind.[6]

Aber was bildet den Streitgegenstand? Die Auffassungen darüber sind geteilt und die **3** bisherigen Praxen am Bundesgericht und am EVG durchaus unterschiedlich, wobei sich im Wesentlichen zwei Standpunkte gegenüberstehen:[7]

– Die Rechtsanwendung von Amtes wegen bezieht sich auf das **Anfechtungsobjekt**, d.h. das vorinstanzliche Entscheid**dispositiv**, welches sich über die Klage oder Beschwerde ausspricht und, **sofern** beschwerdeweise an das Bundesgericht weitergezogen, **als solches** den **Streitgegenstand** ausmacht. In dieser Sichtweise sind nicht nur die erhobenen rechtlichen Rügen zu beurteilen, sondern es ist, wenn dazu rechtlicher Anlass besteht, das angefochtene Dispositiv des vorinstanzlichen Urteils, über die erhobenen Rügen hinaus, von Amtes wegen auf seine Übereinstimmung mit dem objektiven Recht zu überprüfen.[8]

– Die Rechtsanwendung von Amtes wegen bezieht sich zwar auf das vorinstanzliche Urteils**dispositiv** als **Anfechtungsobjekt**, dies aber nur, **soweit** es durch Beschwerde angefochten worden ist. Diese Auffassung betrachtet als **Streitgegenstand** das **Strittige**, d.h. die **erhobenen Rügen**, welche die beschwerdeweise bestrittenen **Teilaspekte des Anfechtungsobjektes** beschlagen.Die Prüfung des Gerichts beschränkt sich auf die vorgetragenen, namhaft gemachten Beschwerdegründe.[9] Nur im Rahmen der Beurteilung dieser Rügen findet Rechtsanwendung von Amtes wegen statt.

Der Unterschied der beiden Auffassungen über den Umfang der bundesgerichtlichen **4** Beurteilung ist beträchtlich: Die erste erlaubt und gebietet eine umfassende rechtliche

---

[1] Im OG nicht enthalten.
[2] Als Ergebnis der Auslegung.
[3] BGE 116 V 23 E. 3c m.Hinw.
[4] Botschaft 2001 BBl 2001 4344.
[5] BGE 124 II 361; 122 V 34; 119 Ib 33; 110 V 48.
[6] BGE 110 V 48 E. 4a in fine 53.
[7] Die letztlich die schon an anderer Stelle erörterte Unterscheidung zwischen Dispositiv und Begründung des angefochtenen Entscheides widerspiegeln, vgl. Bemerkungen zu Art. 99 N 54 ff.
[8] JdT 2005 I 447 E. 2.4.2; BGE 125 V 413.
[9] RDAF 1999 I 254 E. 4b/cc m. zahlreichen Hinw.

Prüfung im Umfange der vorgetragenen **Begehren**, d.h. soweit auf Grund der Anträge die vorinstanzlich angeordnete Rechtsfolge im Streit liegt.

Die zweite Auffassung unterstellt die Rechtsanwendung von Amtes wegen **der Begründungspflicht nach Art. 42 Abs. 2 erster Satz**, sodass nur im Rahmen der erhobenen und genügend begründeten Rügen das Recht von Amtes wegen anzuwenden ist. Der angefochtene Entscheid, der gestellte Antrag **und die erhobenen Rügen mitsamt Begründungen** legen in dieser Sichtweise den Streitgegenstand fest, was die Rechtsanwendung von Amtes wegen entsprechend beschränkt, somit eben auf die genügend vorgebrachten und begründeten Rügen.[10]

5   Ob sich in dieser zentralen Frage im vereinigten Bundesgericht eine **einheitliche Rechtsprechung** herausbilden wird, bleibt abzuwarten. Jedenfalls darf i.S. der zweiten Auffassung der Streitgegenstand nicht so eng umschrieben werden, dass die Einschränkung der Rechtsanwendung von Amtes wegen bei Verletzung von Grundrechten und von kantonalem sowie interkantonalem Recht in Art. 106 Abs. 2 (Rügeprinzip) überflüssig wird. Davon abgesehen ist es für die Rechtsuchenden vielleicht besser, wenn die Abteilungen pragmatisch ihre bisherigen zum Teil unterschiedlichen Praxislinien fortschreiben. Gesetzwidrig wäre dies jedenfalls nicht (auch nicht unter dem Gesichtswinkel des Art. 23 Abs. 2), da die Frage des Streitgegenstandes durch das BGG nicht geregelt ist und es Unterschieden des Zivil-, Straf- und öffentlichen Rechts in verfahrensmässiger Hinsicht Rechnung zu tragen gilt, die sich aus der Natur der Sache ergeben. An den **Verschiedenheiten der einzelnen Rechtsgebiete** vermag das System der Einheitsbeschwerde nichts zu ändern; es kann sie höchstens zudecken, was gewiss kein Rationalitätsgewinn für die letztinstanzliche Rechtspflege bedeutet.[11]

---

[10] Beispiel: Die Invalidenversicherungsstelle verfügt unter Annahme einer 70%-igen Arbeitsunfähigkeit und der gemischten Methode (Art. 28 1ter IVG; Art. 27 f. IVV) eine ¾-Rente. Auf Beschwerde hin spricht das kantonale Versicherungsgericht unter der Annahme, die Versicherte sei als Vollerwerbstätige zu betrachten und der Invaliditätsgrad demzufolge durch Einkommensvergleich zu ermitteln, eine ganze Invalidenrente zu. Hiegegen wird Beschwerde in öffentlichrechtlichen Angelegenheiten durch die Invalidenversicherungsstelle erhoben, welche die Aufhebung des kantonalen Gerichtsentscheides ausschliesslich mit der Rüge begründet, die Vorinstanz habe zu unrecht den Einkommensvergleich statt die gemischte Methode angewendet. Nach der zweiten Auffassung bildet dieser Punkt den Streitgegenstand; die Rechtsanwendung von Amtes wegen beschränkt sich darauf, ob das kantonale Gericht zu recht (Art. 95 lit. a) die Einkommensvergleichsmethode angewendet hat, dies in Befolgung der praxisgemässen Grundsätze zur Methodenwahl. Alle anderen Punkte der Invaliditätsbemessung, z.B. das Vorliegen eines invalidisierenden Gesundheitsschadens, würden bei dieser Betrachtungsweise von der Rechtsanwendung von Amtes wegen nicht erfasst. Nach der ersten Auffassung würden auch die unbestrittenen Gesichtspunkte, soweit für die umstrittene Ansprüche auf eine ganze oder eine ¾-Rente erheblich, zum Streitgegenstand zählen und wären von Amtes wegen zu überprüfen, immer unter der Voraussetzung, dass die grundsätzliche Bindung an den vorinstanzlich festgestellten Sachverhalt (Art. 105 Abs. 1 und Abs. 2) respektiert wird.

[11] TSCHANNEN-RASELLI, der zutreffend darauf hinweist, dass die Vereinheitlichung über weite Strecken zur Simplifizierung geraten ist (432 ff.). Das gilt nicht nur für die dargelegten Schwierigkeiten bei der Festlegung des Streitgegenstandes und der Tragweite der Rechtsanwendung von Amtes wegen, sondern noch verstärkt bei der Ermittlung des Sachverhaltes (TSCHANNEN-RASELLI, 433; vgl. Bem. zu Art. 105). Vielleicht liegt ein Ausweg aus diesem Dilemma – vom Gesetz geforderte Einheitlichkeit contra sachlich bedingte Unterschiede in Zivil-, Straf- und öffentlichem Recht – darin, dass bei der Auslegung der Begriffe darauf bereichsspezifisch Rücksicht genommen wird. Insb. könnte die offensichtlich unrichtige Sachverhaltsfeststellung (Art. 105 Abs. 2) in Funktion zum Rechtsweg verstanden werden, welcher ans Bundesgericht führt. Es ist nicht das Gleiche, ob dem Bundesgericht zwei Instanzen vorgelagert sind – wie im Zivil- und Strafrecht die Regel (Art. 75 Abs. 1 und Art. 80) – oder nur ein einziges zur Tatsachenprüfung gegenüber der Verwaltungstätigkeit eingesetztes Gericht, wie z.B. im Sozialversicherungsrecht.

Rechtsanwendung von Amtes wegen ist beschränkt auf die Überprüfung der Rechtmäs-   **6** sigkeit der im angefochtenen Entscheid angeordneten **Rechtsfolge als solchen**,[12] nicht hingegen bezüglicher aller sie stützenden Begründungen. So ist eine Beschwerde gegen einen Entscheid, der auf zwei selbständigen Begründungen beruht (Haupt- und Eventualbegründung), abzuweisen, sobald sich zeigt, dass eine davon vor Bundesrecht standhält; die gegen die zweite Entscheidbegründung vorgebrachten Rügen müssen nicht behandelt werden.[13]

Schranke der Rechtsanwendung von Amtes wegen ist die **res iudicata**. Ob eine solche   **7** vorliegt, ist stets von Amtes wegen zu prüfen. Ist sie gegeben, bleibt für eine erneute materielle Beurteilung kein Raum.[14]

Themen der Rechtsanwendung von Amtes wegen im Rahmen des Streitgegenstandes[15]   **8** sind insb.:

– Aktiv- und Passivlegitimation als materiellrechtliche Voraussetzungen des eingeklagten Anspruchs;[16]

– sämtliche Eintretensfragen, d.h. die Beurteilung der Prozessvoraussetzungen (Sachurteilsvoraussetzungen) des bundesgerichtlichen Verfahrens;[17]

– Überprüfung der Behandlung der Eintretensvoraussetzungen durch das kantonale Gericht;[18]

– die Anwendung des gesamten Bundesrechts einschliesslich des Völkerrechts;[19]

– insb. die Anwendung des massgebenden intertemporalen Rechts;[20]

– konkrete, inzidente oder vorfrageweise Normenkontrolle dort, wo sie dem Bundesgericht bei Gelegenheit der Anfechtung eines Entscheides zusteht, sei es bei den selbständigen,[21] unselbständigen Rechtsverordnungen[22] oder kantonalen Erlassen;

– die Einhaltung der formellen Verfahrensgarantien in den unterinstanzlichen Verfahren wie die Wahrung des Anspruchs auf rechtliches Gehör durch die Vorinstanz;[23]

– Vorgehen bei Gutheissung einer Beschwerde im Rahmen von Art. 107 Abs. 2;[23a]

– die Entscheidung über Sachverhaltsergänzung oder Sachverhaltsberichtigung im Rahmen von Art. 105 Abs. 2.

Ausländisches Recht ist vom Bundesgericht von Amtes wegen anzuwenden, soweit   **9** dessen Verletzung nach Massgabe von Art. 96 gerügt werden kann, insb. soweit eine spezialgesetzliche Ermittlungspflicht besteht.[24]

---

[12] Auch hier wieder die am Dispositiv als der verfügten Rechtsfolge orientierte Betrachtungsweise.

[13] Pra 2002 Nr. 100 632 (zur Berufung); Urteil 1B_9/2007 vom 19.3.2007.

[14] BGE 112 II 268 E. II.

[15] Im soeben umschriebenen Sinne, vgl. N 3 ff.

[16] BGE 108 II 216 E. 1.

[17] BGE 130 III 136 E. 1.1.

[18] Urteil H 130/06 der II. sozialrechtlichen Abteilung vom 13.2.2007 E. 4.1 m.Hinw. auf die bisherige sozialversicherungsgerichtliche Praxis.

[19] BGE 124 II 293.

[20] BGE 126 II 522 m.Hinw.

[21] BGE 123 II 295.

[22] BGE 126 V 70 m.Hinw.

[23] BGE 107 V 246 E. 1b.

[23a] Vgl. nun aber zur Publ. in BGE 133 bestimmtes Urteil 4A_102/2007 vom 9.7.2007 der I. Zivilabteilung, welches von der Unzulässigkeit eines kassatorischen Begehrens dort ausgeht, wo ein reformatorischer Antrag möglich wäre.

[24] Vgl. Art. 16 IPRG.

10 Im **Recht der weitergehenden beruflichen Vorsorge** (Art. 49 BVG) überprüfte das
EVG bisher ungeachtet der Normstufe (Bund, Kanton, Gemeinde) öffentliches Vorsorge-
recht uneingeschränkt und von Amtes wegen, dies auf Grund der gesetzlichen Gleichstellung von privat- und öffentlich-rechtlichen Vorsorgeeinrichtungen.[25] Da Art. 73 Abs. 4
BVG mit dem Inkrafttreten des Verwaltungsgerichtsgesetzes auf den 1.1.2007 aufgehoben worden ist,[26] kann an der Rechtsanwendung von Amtes wegen im Gebiet des kantonalen und kommunalen Vorsorgerechts nicht mehr festgehalten werden. Hingegen ist
die Anwendung privaten Vorsorgerechts nach Art. 95 lit. a – jedoch auf Beschwerde in
öffentlich-rechtlichen Angelegenheiten an die II. sozialrechtliche Abteilung hin[27] – wie
bisher als Frage des Bundeszivilrechts frei zu prüfen.

2. Die Motivsubstitution

11 Darunter wird ein Doppeltes verstanden:

– Das Bundesgericht kann die Beschwerde aus anderen als den angerufenen rechtlichen
   Gründen abweisen oder gutheissen;[28]

– das Bundesgericht kann den angefochtenen Entscheid aus anderen rechtlichen Gründen als bundesrechtskonform bestätigen als jene Erwägungen, welche **für das kantonale Gericht massgebend** waren.[29]

12 In beiden Konstellationen ist die bundesgerichtliche Motivsubstitution als Form der
Rechtsanwendung von Amtes wegen grundsätzlich ohne weiteres zulässig, sofern sie
sich im Rahmen des Streitgegenstandes hält[30] und sofern sie nicht die Heranziehung von
Tatsachen erforderlich macht, welche die Vorinstanz nicht festgestellt hat noch festzustellen rechtlich gebotenen Anlass hatte.

13 Es fragt sich aber, ob nicht der **Anspruch auf rechtliches Gehör** in besonderen Situationen gebietet, die Partei zur neu in Aussicht genommenen Begründung anzuhören.[31]
Wenn mit der neuen rechtlichen Begründung nach den gesamten Umständen des Einzelfalls schlechterdings nicht zu rechnen war, ist der Partei das Äusserungsrecht einzuräumen,[32] ebenso, wenn mit der Motivsubstitution Tatsachen neu rechtliche Bedeutung erlangen, zu denen sich die Parteien nicht äussern konnten oder nicht zu äussern brauchten,
weil mit ihrer Rechtserheblichkeit nicht zu rechnen war.

3. Folgen für die Sachverhaltsfeststellung

14 Iura novit curia zeitigt unter Umständen **Rückwirkungen** auf die vorinstanzliche Sachverhaltsfeststellung (Art. 105). Deren grundsätzliche Verbindlichkeitswirkung (Art. 105
Abs. 1) entfällt, wenn die Rechtsanwendung von Amtes wegen durch das Bundesgericht

---

[25] Art. 73 Abs. 4 BVG als lex specialis zu Art. 104 lit. a OG; BGE 114 V 102 E. 1b; SZS 1991
   43.
[26] Ziff. 109 des Anhanges zu Art. 49 Abs. 1 Verwaltungsgerichtsgesetz.
[27] Vgl. Art. 35 BGerR.
[28] BGE 110 V 20, 48; ASA 56 137 E. 3.
[29] Vgl. BGE 125 V 368 zur substituierten Begründung der Wiedererwägung (Art. 53 Abs. 2 ATSG)
   bei der revisionsweise verfügten (Art. 17 ATSG) Aufhebung einer Dauerleistung.
[30] Vgl. vorn Ziff. I 1. Die Motivsubstitution kann aber den Streitgegenstand überschreiten, soweit
   dieser i.S. der zweiten dargelegten Auffassung (N 3 f.) strikt rügebezogen umrissen wird.
[31] Verneint von SEILER/VON WERDT/GÜNGERICH, BGG, N 5 zu Art. 106.
[32] Gleichsam spiegelbildlich zu der in der Botschaft vertretenen Auffassung, die Partei sei trotz
   Rechtsanwendung von Amtes wegen nicht mit neuen rechtlichen Standpunkten zu hören, die sie
   schon im kantonalen Verfahren hätte geltend machen können, jedoch entgegen Treu und Glauben
   zurückgehalten habe.

zeigt, dass andere Umstände als die im angefochtenen Entscheid festgestellten rechtlich erheblich sind.[33] Dies wird gerade bei der Motivsubstitution oft zutreffen.[34]

II. Die Einschränkung bei Verletzung von Grundrechten und (inter)kantonalem Recht (Abs. 2)

Der Grundsatz der Rechtsanwendung von Amtes wegen gilt **nicht** bezüglich Verletzungen   **15** von **Grundrechten** und von **kantonalem sowie interkantonalem Recht** (Art. 106 Abs. 2). Das Bundesgericht prüft diese Art von Rechtsverletzungen nur, sofern und soweit eine solche Rüge in der Beschwerde vorgebracht und begründet worden ist (Rügeprinzip). Darin liegt die Inkorporation der Verfassungsrechtspflege gem. bisheriger staatsrechtlicher Beschwerde in das (ordentliche) Rechtsmittel der zivil-, straf- und öffentlich-rechtlichen Einheitsbeschwerde.[35]

1. Grundrechte

Grundrechte i.S.v. Art. 106 Abs. 2 sind die **Grundrechte gem. den Art. 7–34 BV**.[36] Ob   **16** der angefochtene Entscheid vor der Rechtsgleichheit (Art. 8 BV) standhält, dem Willkür- vorwurf entgeht, Treu und Glauben wahrt (Art. 9 BV), mit den einzelnen materiellen Grundrechten der Art. 10 ff. vereinbar ist, den verfassungsrechtlichen Minimalanspruch auf rechtliches Gehör beachtet (Art. 29 Abs. 2 BV) usw., beurteilt das Bundesgericht nur auf ausdrücklich erhobene und qualifiziert substanziiert begründete Rüge hin.[37]

Die Einschränkung der Rechtsanwendung von Amtes wegen gem. Art. 106 Abs. 2   **17** kommt jedoch dort nicht zum Zuge, wo das **Grundrecht in das positive Recht unter- verfassungsrechtlicher Stufe überführt** worden ist. Ob das Grundrecht dabei seinen minimalen verfassungsrechtlichen Charakter beibehalten hat oder aber durch den Ge- setzgeber in Richtung eines weitergehenden öffentlich-rechtlichen Standards entwickelt worden ist, spielt keine Rolle. Denn mit seiner Aufnahme in das öffentliche Verfahrens- und Prozessrecht bringt der Gesetzgeber zum Ausdruck, dass die Grundrechte in den betreffenden Regelungsbereichen von besonderer Aktualität und Wichtigkeit sind. Das rechtfertigt die Anwendung der konkretisierenden, spezifischen Gesetzesnorm von Amtes wegen.[38]

2. Interkantonales und kantonales Recht

Darunter fällt das gesamte kantonale und zwischenkantonale Recht (Konkordate), ein-   **18** schliesslich des kantonalen Verfassungsrechts.

---

[33] In BGE 126 III 395 nicht publ. E. 3–5.

[34] Z.B. dann wenn das kantonale Gericht zur zweifellosen Unrichtigkeit der ursprünglichen Leis- tungszusprechung als Wiedererwägungsvoraussetzung – anstelle der revisionsweisen Aufhebung – keine Tatsachenfeststellungen getroffen hat (Urteil I 806/06 der II. sozialrechtlichen Abteilung vom 21.2.2007).

[35] SEILER/VON WERDT/GÜNGERICH, BGG, N 10 zu Art. 106.

[36] SEILER/VON WERDT/GÜNGERICH, BGG, N 9 zu Art. 106.

[37] Dazu Ziff. 3 hienach.

[38] Vgl. die Bestimmungen der Art. 27 ff. ATSG, welche das Verwaltungsverfahren vor den Ver- sicherungsträgern ordnen. Die gleiche Überlegung gilt aber auch für das Verwaltungsverfahrens- gesetz, dessen Garantien primär nicht von Verfassungswegen sondern kraft bundesgesetzlicher Verbindlichkeit (Art. 190 BV) zu beachten sind.

3. Das Rügeprinzip

19 Mit Art. 106 Abs. 2 ist die bisherige uneinheitliche Rechtsprechung[39] dahingehend geklärt worden, dass Verfassungsverletzungen i.S. der bisherigen Praxis zu Art. 90 Abs. 1 lit. b OG qualifiziert gerügt werden müssen, sollen sie Gegenstand der bundesgerichtlichen Beurteilung sein.[40]

20 **Nicht** unter Art. 106 Abs. 2 fällt nach hier vertretener Auffassung die **Rüge der offensichtlich unrichtigen Sachverhaltsfeststellung** gem. Art. 97 Abs. 1 i.V.m. Art. 105 Abs. 2.[41]

Art. 107

Entscheid	[1] **Das Bundesgericht darf nicht über die Begehren der Parteien hinausgehen.**
	[2] **Heisst das Bundesgericht die Beschwerde gut, so entscheidet es in der Sache selbst oder weist diese zu neuer Beurteilung an die Vorinstanz zurück. Es kann die Sache auch an die Behörde zurückweisen, die als erste Instanz entschieden hat.**
	[3] **Erachtet das Bundesgericht eine Beschwerde auf dem Gebiet der internationalen Rechtshilfe in Strafsachen als unzulässig, so fällt es den Nichteintretensentscheid innert 15 Tagen seit Abschluss eines allfälligen Schriftenwechsels.**
Arrêt	[1] Le Tribunal fédéral ne peut aller au-delà des conclusions des parties.
	[2] Si le Tribunal fédéral admet le recours, il statue lui-même sur le fond ou renvoie l'affaire à l'autorité précédente pour qu'elle prenne une nouvelle décision. Il peut également renvoyer l'affaire à l'autorité qui a statué en première instance.
	[3] Si le Tribunal fédéral considère qu'un recours en matière d'entraide pénale internationale est irrecevable, il rend une décision de non entrée en matière dans les 15 jours qui suivent la fin d'un éventuel échange d'écritures.
Sentenza	[1] Il Tribunale federale non può andare oltre le conclusioni delle parti.
	[2] Se accoglie il ricorso, giudica esso stesso nel merito o rinvia la causa all'autorità inferiore affinché pronunci una nuova decisione. Può anche rinviare la causa all'autorità che ha deciso in prima istanza.
	[3] Se ritiene inammissibile un ricorso interposto nel campo dell'assistenza giudiziaria internazionale in materia penale, il Tribunale federale prende la decisione di non di entrare nel merito entro 15 giorni dalla chiusura di un eventuale scambio di scritti.

---

[39] In BGE 129 II 82 nicht publ. E. 1.3 m.Hinw.; RDAT 1998 II Nr. 41 150 E. 2.
[40] SEILER/VON WERDT/GÜNGERICH, BGG, N 10 zu Art. 106 m.Hinw. auf die Rechtsprechung.
[41] Vgl. N 52 ff. zu Art. 105.

Inhaltsübersicht   Note

Materialien

Art. 102 E ExpKomm; Art. 101 E 2001 BBl 2001 4345; AB 2003 S 911; AB 2004 N 1613; AB 2005 S 138; AB 2005 N 648.

Literatur

A. BÜHLER/A. EDELMANN/A. KILLER, Kommentar zur aargauischen Zivilprozessordnung, 2. Aufl., Aarau usw. 1998 (zit. Bühler/Edelmann/Killer-Kommentar ZPO[2]); M. KUMMER, Grundriss des Zivilprozessrechts, nach den Prozessordnungen des Kantons Bern und des Bundes, 4. Aufl., Bern 1984 (zit. Kummer, Grundriss[4]); G. LEUCH/O. MARBACH, die Zivilprozessordnung für den Kanton Bern, 5. Aufl., vollständig überarbeitet von F. KELLERHALS und M. STERCHI (unter Mitarbeit von A. GÜNGERICH), Bern 2000 (zit. Leuch/Marbach, ZPO[5]); O. VOGEL/K. SPÜHLER, Grundriss des Zivilprozessrechts und des internationalen Zivilprozessrechts der Schweiz, 8. Aufl., Bern 2006 (zit. Vogel/Spühler, Grundriss[8]).

I. Bindung an die Parteibegehren (Abs. 1)

Art. 107 Abs. 1 bindet das Bundesgericht an die Begehren der Parteien. Das **materielle** 1
Urteil (Sachurteil) darf ihnen nicht mehr und nicht anderes zuerkennen, als sie beantragt haben.[1] Davon ausgenommen ist das Prozessurteil, weil das Bundesgericht die Prozess- oder Sachurteilsvoraussetzungen von Amtes wegen und unabhängig von den Parteian- trägen prüft.

Ausgangspunkt der Bindungswirkung ist das **Rechtsbegehren der beschwerdeführen-** 2
den Partei, nicht jenes der Beschwerdegegnerin. Der Antrag des Beschwerdegegners hat keine selbstständige Bedeutung für die Festlegung der Spruchzuständigkeit; er kann, ab- gesehen vom Nichteintreten auf die Beschwerde, nicht mehr und nicht anderes als die ganze oder teilweise Abweisung der Beschwerde beantragen, einschliesslich der Mög- lichkeit, sich ihr zu unterziehen (wo die Parteien über den Streitgegenstand verfügen können, demnach die Offizialmaxime nicht gilt).

Eine **Ausnahme zur Bindung an die Parteibegehren** gem. Abs. 1 ergibt sich aus sys- 3
tematischen Gründen mit Blick auf Abs. 2 des Art. 107. Diese Bestimmung räumt dem Bundesgericht im Falle, da es eine Beschwerde für begründet hält und sie gutheissen

---

[1] Vgl. Bem. zu Art. 99 Abs. 2.

will, die Kompetenz ein, die Sache selbst (reformatorisch) zu entscheiden oder sie (kassatorisch) zu neuer Beurteilung an die Vorinstanz zurückzuweisen. Diese gesetzlich eingeräumte Befugnis des Bundesgerichts kann die beschwerdeführende Partei nicht dadurch unterlaufen, dass sie in Streitsachen ein bloss kassatorisches Rechtsbegehren (auf Aufhebung des kantonalen Entscheides) stellt, wo auch ein reformatorisches Begehren (abschliessende Beurteilung des Streitgegenstandes durch das Bundesgericht) von der Sache her möglich, prozessual zulässig und nach den Umständen (namentlich um eine Verlängerung des Verfahrens zu vermeiden) angezeigt wäre.[2]

4   Art. 107 Abs. 1 bedeutet eine **bewusste Abwendung von den bisherigen Regelungen** im Bereich der **Abgabestreitigkeiten** (Art. 114 Abs. 1 OG) und im Prozess betr. **Sozialversicherungsleistungen** (Art. 132 [Abs. 1] lit. c OG). Diese Materien unterliegen fortan den gleichen Regeln, wie sie für die übrigen Rechtsgebiete gelten.

5   Die Bindung an das Rechtsbegehren der beschwerdeführenden Partei gem. Art. 107 Abs. 1 weicht zurück, soweit ein **Spezialgesetz** dem Bundesgericht die Kompetenz zu von den Parteianträgen abweichender Beurteilung in peius vel melius einräumt.[3]

6   Nicht Gegenstand des Art. 107 Abs. 1 ist die Frage, ob und inwieweit **das kantonale Gericht** im innerkantonalen funktionellen Instanzenzug an die Parteianträge gebunden ist, was in weiten Bereichen von Bundesrechts wegen nicht der Fall ist, z.B. im Steuerrecht[4] und Sozialversicherungsrecht.[5]

7   Bevor die Tragweite der Bindungswirkung feststeht, ist das **Rechtsbegehren** zu ermitteln[6] und auszulegen.[7]

8   Bei der Bindung an das Begehren kommt es ebenfalls auf den **Antrag als solchen** an, d.h. darauf, welche Rechtsfolge – abweichend vom vorinstanzlichen Dispositiv – vor Bundesgericht anbegehrt wird. Wenn beispielsweise auf ein und derselben Anspruchsgrundlage verschiedene Schadensposten eingeklagt werden, ist das Bundesgericht nur an den Totalbetrag der streitigen Forderung gebunden, innerhalb dessen es für die einzelnen Schadenspositionen mehr oder weniger zusprechen kann.[8]

---

[2] So ausdrücklich EHRENZELLER/SCHWEIZER-AEMISEGGER, 173. Vgl. demgegenüber die Rechtsprechung zur Berufung gem. Art. 43 ff. OG, welche grundsätzlich ein reformatorisches Rechtsbegehren verlangte (BGE 130 III 136 E. 1.2) und nun von der I. Zivilrechtlichen Abteilung weitergeführt wird (Urteil 4A_102/2007 vom 9.7.2007, zur Publ. in BGE 133 bestimmt). – Im Steuerrecht stellt sich die Frage, ob der unverändert belassene Art. 73 Abs. 3 StHG (Erweist sich die Beschwerde als begründet, so hebt das Bundesgericht den Entscheid auf und weist die Sache zur neuen Beurteilung an die Vorinstanz zurück.) den neuen Art. 107 Abs. 2 derogiert. Die Frage ist wohl zu verneinen. Es liegt eher ein Versehen des Gesetzgebers vor, sind doch keine Gründe ersichtlich, warum die Möglichkeit zu reformatorischer Entscheidung in diesem Bereich nicht zum Zuge kommen soll (vgl. schon Urteil 2A.705/2005 vom 13.4.2006 E. 9).

[3] Vgl. bis 31.12.2006 Art. 132 Abs. 1 lit. c OG (in der seit 1.7.2006 gültig gewesenen Fassung) betr. Versicherungsleistungsstreitigkeiten (ausser der Invalidenversicherung); ferner bei der internationalen Rechtshilfe in Strafsachen BGE 112 Ib 576 E. 3.

[4] Art. 143 Abs. 1 DBG; StE 2004 B 96.12 Nr. 14: reformatio in peius vor der kantonalen Steuerrekurskommission. Pra 2005 Nr. 18 126: Die Steuerrekurskommission darf einem Beschwerderückzug wegen drohender reformatio in peius nicht stattgeben, wenn die angefochtene Verfügung offensichtlich unrichtig und die Korrektur von erheblicher Bedeutung ist.

[5] Art. 61 lit. d ATSG; BSV-Liste 2007 01 2; ZBJV 140/2004 752.

[6] BGE 133 II 30.

[7] BGE 130 V 378; 129 II 470 E. 10.

[8] SJ 1997 149.

Die Bindung an die Parteibegehren gilt auch in jenen Verfahren, wo **freie Tatsachen-   9
prüfung** herrscht.[9]

Einige prozessuale Gestaltungsmöglichkeiten, die nach Art. 132 (Abs. 1) lit. c OG zuläs-   10
sig waren,[10] entfallen unter dem BGG, insb. die **Verfahrensausdehnung** über den Streit-
oder Anfechtungsgegenstand hinaus gem. bisheriger Rechtssprechung,[11] währenddem die
Ausdehnung des Verfahrens vor der Vorinstanz[12] durch Art. 107 Abs. 1 nicht ausgeschlossen ist.

Die Behandlung der Begehren hat gegebenenfalls den Eintritt eines zur Gegenstands-   11
losigkeit des Verfahrens führenden Grundes zu berücksichtigen.[13]

II. Reformatorisches Urteil (Abs. 2)

Einheitsbeschwerde und auch subsidiäre Verfassungsbeschwerde[14] sind Rechtsmittel,   12
welche das Bundesgericht **kassatorisch** oder **reformatorisch** erledigen kann.[15] Das Bundesgericht wird, wenn es die Beschwerde für begründet hält, in der Regel wohl eher
reformatorisch entscheiden, soweit dies im Einzelfall nach der konkreten Sach- und
Rechtslage möglich ist. Dafür spricht, zeitraubende und verfahrensverlängernde Weiterungen, die mit gerichtlichen Rückweisungen zu ergänzenden Abklärungen und/oder
Neuverfügung unvermeidlich einhergehen, wenn immer möglich zu vermeiden.

Es stellt sich im Rahmen von Art. 107 die Frage, ob die bisherige Rechtsprechung zur   13
Kassation angefochtener Entscheide infolge formeller Verfahrensfehler[16] aufrechterhalten werden kann. Dagegen scheint auf den ersten Blick die dem Gericht in Art. 107
Abs. 2 ausdrücklich eingeräumte Befugnis zu reformatorischer Entscheidung zu sprechen, dies zudem verbunden mit der Einschränkung der Sachverhaltsrüge in Art. 97
Abs. 1, wonach die offensichtlich unrichtige oder auf einer Rechtsverletzung i.S.v. Art. 95
beruhende Feststellung des Sachverhaltes nur noch mit Erfolg gerügt werden kann, wenn
die Behebung des Mangels für den Ausgang des Verfahrens entscheidend sein kann, was
bei der Anwendung von Art. 105 Abs. 2 entsprechend zu berücksichtigen ist.[17] Dennoch
wird die bisherige Rechtsprechung, welche ohne Rücksicht auf die Erfolgsaussichten in
der Sache bei formellen Verfahrensfehlern, insb. Gehörsverletzungen, auf Kassation des
angefochtenen Entscheides und Rückweisung zur Neubeurteilung erkannte,[18] unter der
Herrschaft des BGG nicht einfach obsolet. Die Einhaltung formeller Verfahrensgarantien
(nicht nur solchen von Verfassungsrang; vgl. Art. 29 ff. BV) stellt keinen Selbstzweck dar.

---

[9] In Geldleistungsstreitigkeiten der Militär- und Unfallversicherung; vgl. Bemerkungen zu
     Art. 105 Abs. 3.
[10] BGE 122 V 34; SVR 2006 IV Nr. 13 47, 1996 ALV Nr. 72 219.
[11] ULRICH MEYER/ISABEL VON ZWEHL, L'objet du litige en procédure de droit administratif
     fédéral, in: Mélanges Pierre Moor, Bern 2005, 444 ff. mit zahlreichen Hinweisen auf die Praxis
     zur Ausdehnung des Verfahrens über den Streit- oder Anfechtungsgegenstand hinaus.
[12] RDAF 2005 II 335; STR 46/1991 355.
[13] In BGE 131 III 1 nicht publ. E. 1.
[14] Vgl. Art. 117, welcher auch auf Art. 107 Abs. 2 verweist.
[15] BBl 2001 4345 f.
[16] BGE 132 V 387 E. 5.1 m.Hinw.
[17] Vgl. Bem. zu Art. 105.
[18] Ausser wenn die Voraussetzungen für eine Heilung des Mangels gegeben waren, vgl. Urteil
     2A.315/2001 E. 2a, b vom 26.11.2001, verneint, wenn der Verfahrensfehler schwer ist, die
     Rechtsmittelinstanz nicht über volle Kognition verfügt oder der unteren Behörde in der Sache ein
     Beurteilungsspielraum zusteht (Urteil 2P.125/2000 vom 18.8.2000 E. 2e).

Die Kritik an der geltenden Rechtsprechung zur formellen Natur des Anspruchs auf rechtliches Gehör[19] trägt der doppelten Bedeutung der rechtsstaatlichen Verfahrensanforderungen nicht hinreichend Rechnung. Danach hat ein Gerichtsurteil nicht nur materiell richtig sondern auch Ergebnis eines Verfahrens zu sein, das rechtlich korrekt durchgeführt worden ist, d.h. die (verfassungsrechtlichen) Garantien beachtet und den Rechtsuchenden nicht als Objekt regelwidriger Entscheidfindung behandelt. Die regelkonforme Verfahrensdurchführung auf allen Stufen bedeutet daher nicht nur ein (einschränkbares) subjektives Recht, sondern sie hat darüber hinaus objektiv-institutionellen Charakter. Denn aus ihr schöpft sich wesentlich – in jedem einzelnen Fall wieder aufs Neue – die **Legitimität des Gerichtsurteils** und damit auch die Akzeptanz des Entscheids durch die Rechtsunterworfenen. Art. 97 Abs. 1 (i.V.m. Art. 105 Abs. 2 und Art. 107 Abs. 2) kann daher nicht dahingehend verstanden werden, dass dadurch die Tragweite insb. des grundrechtlichen Anspruchs auf rechtliches Gehör modifiziert worden wäre.[20]

III. Kassatorisches Urteil

14   Einheitsbeschwerde und subsidiäre Verfassungsbeschwerde sind zwar grundsätzlich reformatorische Rechtsmittel. Dennoch verbleibt auch dem kassatorischen Urteil ein **weites Anwendungsgebiet**. Insbesondere im öffentlichen Recht gibt es eine Vielzahl von belastenden (z.B. leistungsaufhebenden) Verfügungen und vorinstanzliche Entscheide, deren Kassation einziger Gegenstand des Rechtsbegehrens vor Bundesgericht bildet. Ist die Beschwerde begründet, führt dies zur ersatzlosen Aufhebung des Entscheides, indem allein dadurch die belastende Rechtsfolge dahinfällt, die aufgehobene Rente, das sistierte Taggeld usw. wieder auflebt. Eines reformatorischen Urteils bedarf es in diesen Fällen nicht.[21]

IV. Kassatorisches Urteil mit Rückweisung

15   Das Bundesgericht hebt den kantonalen Entscheid auf und weist die Sache zurück, wenn es aus vorab tatsächlichen (seltener: rechtlichen) Gründen nicht in der Lage ist, ein abschliessendes Urteil in der Sache zu sprechen (und die blosse Kassation zur Erledigung des Streites nicht ausreicht). Diese Art des Urteils kommt v.a. dort zum Zuge, wo die **tatsächliche Beurteilungsgrundlage fehlt**, die Vorinstanz demnach den rechtserheblichen Sachverhalt offensichtlich unrichtig, unvollständig oder in Begehung einer Bundesrechtsverletzung festgestellt hat, ohne dass das Bundesgericht selber zur Vervollständigung des Sachverhaltes schreitet. Bei seinem Entscheid berücksichtigt das Bundesgericht auch den Umstand mit, dass der Rechtsunterworfene grundsätzlich Anspruch auf Einhaltung des Instanzenzuges hat, v.a. bei beschränkter Kognition der Rechtsmittelbehörde.[22]

1. An die Vorinstanz

16   Die Rückweisung an die Vorinstanz zur Neubeurteilung dürfte im **Straf- und Zivilrecht** die Regel bilden.

---

[19] Vorab HANSJÖRG SEILER, Abschied von der formellen Natur des rechtlichen Gehörs, in: SJZ 100/2004 377 ff.

[20] So überzeugend aus verfassungsrechtlicher Sicht begründet von TSCHANNEN-KIENER, 277.

[21] Urteil 1B_51/2007 vom 24.4.2007 E. 7.1 betr. Aufhebung der vom kantonalen Gericht überbundenen Gerichtskosten.

[22] ZAK 1991 370 E. 8; Urteil I 303/92 vom 25.4.1994.

2. An die erste Instanz

An die erste Instanz ist v.a. **im öffentlichen Recht** zurückzuweisen, d.h. v.a. dort, wo   **17**
Aktenergänzungen erforderlich sind, die ohne gerichtliche Beweiserhebung getroffen
werden können.[23]

3. Die Wirkungen der Rückweisung

Die Behörde, an welche zurückgewiesen wird, ebenso wie das Bundesgericht selber, falls   **18**
die Sache erneut ihm unterbreitet wird, sind an die rechtlichen Erwägungen im Rückweisungsentscheid gebunden.[24] Setzt sich die Rückweisungsinstanz über die verbindlichen
Erwägungen des bundesgerichtlichen Urteils hinweg, liegt Rechtsverweigerung vor, was
ohne weiteres zur Aufhebung des zweiten Entscheides führt.[25] Dabei beschlägt die
Verbindlichkeit sowohl Punkte, bezüglich deren keine Rückweisung erfolgt (die also
«definitiv» entschieden wurden), wie auch für diejenigen Erwägungen, welche den Rück-
weisungsauftrag umschreiben. Die Rechtskraftwirkung steht aber immer unter dem Vorbehalt, dass sich nicht aus dem Rückweisungsverfahren neue Tatsachen oder Beweismittel im Sinne der prozessualen Revision[26] ergeben, welche die sachverhaltliche Grundlage
des Rückweisungsurteils erschüttern.

Eine besondere Situation entsteht, wenn das kantonale Gericht in einem ersten unange-   **19**
fochten gebliebenen Entscheid einzelne Begründungspunkte eines verfügten Rechtsverhältnisses abschliessend beurteilt und in anderen Punkten zur Aktenergänzung an die
Verwaltung zurückweist.[26a] Kommt es im Anschluss an das Rückweisungsverfahren zu
einem **zweiten Rechtsmittelzug**, diesmal jedoch bis ans Bundesgericht, stellt sich die
Frage, ob dieses an die Erwägungen im ersten kantonalen auf Rückweisung lautenden
Entscheid gebunden ist.[27]

V. Prozessurteil

Art. 107 ist eine Vorschrift über die Art und Weise wie das Bundesgericht in der Streit-   **20**
sache (materiell) urteilt. Ist eine der **Prozess- oder Sachurteilsvoraussetzungen** nicht
gegeben, fällt das Bundesgericht weder einen reformatorischen noch einen kassatorischen Entscheid sondern von Amtes wegen ein Nichteintretensurteil.[28]

VI. Verfahrenserledigung ohne Urteil

Im Falle von Rückzug, Vergleich oder Unterziehung, ferner bei Eintritt von Gegenstands-   **21**
losigkeit zufolge Dahinfalls des Rechtsschutzinteresses wird das bundesgerichtliche Verfahren nicht durch Urteil beendet, sondern von Amtes wegen abgeschrieben, und zwar
durch Verfügung des Instruktionsrichters.[29]

---

[23] HAVE 2007 62.
[24] BGE 117 V 237 E. 2; 122 II 72 E. 4; 131 II 72 E. 4; SJ 1999 I 49; Urteil 4C.374/2006 vom
    15.3.2007 (zur Publ. in BGE 133 vorgesehen); Urteil 4C.57/2002 vom 10.9.2002; Urteil
    4C.46/2007 vom 17.4.2007.
[25] StE 1989 B 23.5 Nr. 4; RKUV 1999 Nr. U 331 126.
[26] Art. 53 Abs. 1 ATSG.
[26a] Dazu grundlegend Urteil 9C_15/2007 der II. sozialrechtlichen Abteilung vom 25.7.2007.
[27] Vgl. BGE 117 V 237, 122 II 72 E. 4; SJ 1999 I 49; RKUV 1999 Nr. U 331 126; BGE 131 II 72
    E. 4. Urteil P 41/05 der I. sozialrechtlichen Abteilung vom 8.2.2007.
[28] Sei es in den vereinfachten Verfahren nach Art. 108 oder 109 oder im ordentlichen Verfahren.
[29] Art. 32 Abs. 2.

VII. Nichteintretensentscheid, Entscheidfrist – Rechtshilfe (Abs. 3)

22 Die zentrale und wichtigste Bestimmung des BGG zur internationalen Rechtshilfe in Strafsachen (RH) ist Art. 84. Im Rahmen der Kommentierung von Art. 84 wird die RH umfassend erörtert. Spezielle Fragestellungen werden bei den Art. 43 (ergänzende Beschwerdeschrift), 100 Abs. 2 lit. b (Beschwerdefrist), 103 Abs. 2 lit. c (aufschiebende Wirkung) und Art. 107 Abs. 3 (Nichteintretensentscheid) behandelt. Für Probleme der RH, welche über den in Art. 107 Abs. 3 geregelten Nichteintretensentscheid (bzw. die Entscheidfrist von 15 Tagen) hinausgehen, wird auf die Kommentierungen zu den obgenannten Gesetzesartikeln verwiesen.

23 Erachtet das Bundesgericht eine Beschwerde auf dem Gebiet der RH *wegen fehlenden besonders bedeutenden Falles* (Art. 84) als unzulässig, so fällt es *innert 15 Tagen* seit Abschluss eines allfälligen Schriftwechsels einen *Nichteintretensentscheid* (Art. 107 Abs. 3). Dieser Entscheid wird grundsätzlich im vereinfachten Verfahren gem. Art. 109 Abs. 1 in Dreierbesetzung[30] auf dem Zirkulationsweg getroffen, wobei keine Einstimmigkeit erforderlich ist. Auf Antrag eines Gerichtsglieds wird mündlich und in der Regel öffentlich beraten (Art. 109 Abs. 1 i.V.m. Art. 58 f.). Art. 107 Abs. 3 beschränkt die 15-Tages-Frist zwar nicht ausdrücklich auf Fälle des Nichteintretens nach Art. 109 Abs. 1 i.V.m. Art. 84. Nach dem Sinn und Zweck der Norm sowie im Lichte der Entstehungsgeschichte der BGG-Vorschriften zur RH (Art. 84 N 4 ff.) ist Art. 107 Abs. 3 jedoch nur auf Fälle des Nichteintretens mangels besonders bedeutendem Fall anwendbar.[31]

24 Das Vorliegen eines besonders bedeutenden Falls gem. Art. 84 bildet nur bei der RH eine Zulässigkeitsvoraussetzung der öffentlich-rechtlichen Einheitsbeschwerde. Bei Rechtshilfefällen ist (nach neuem Verfahrensrecht) einzig das Bundesstrafgericht Vorinstanz des Bundesgerichts[32]. Die subsidiäre Verfassungsbeschwerde ist in diesen Fällen nicht gegeben.

25 Das Verfahren von Art. 109 Abs. 1 (Dreierbesetzung) bezieht sich mit Blick auf die RH ausschliesslich auf die *besondere* Eintretensvoraussetzung des besonders bedeutenden Falls. Davon zu unterscheiden sind die *offensichtlichen allgemeinen Unzulässigkeitsgründe* i.S.v. Art. 108 Abs. 1 lit. a–c, z.B. das eindeutige Versäumen der Beschwerdefrist (Art. 100 Abs. 2 lit. b) oder die offensichtlich ungenügende Beschwerdebegründung (Art. 42 Abs. 1–2). Liegt offensichtlich ein solcher allgemeiner Unzulässigkeitsgrund vor, ist im *einzelrichterlichen* Verfahren ein Nichteintretensentscheid zu fällen. In diesen Fällen erübrigt sich die zusätzliche Prüfung des besonderen Eintretenserfordernisses von Art. 109 Abs. 1 (besonders bedeutender Fall), selbst wenn sein Vorliegen geltend ge-

---

[30] BGE 133 IV 125, 127 f. E. 1.2. Bei Art. 109 Abs. 1 handelt es sich (im Verhältnis zu Art. 108) um eine *rechtshilferechtliche lex specialis* (betr. vereinfachtes Verfahren bei Nichteintreten mangels fehlendem besonders bedeutendem Fall). Daher ist Art. 109 Abs. 1 grundsätzlich auch bei *offensichtlich* fehlendem besonders bedeutendem Fall anwendbar.

[31] BGE 133 IV 125, 127 E. 1.2. Weder kann es der vernünftige Sinn von Art. 107 Abs. 3 sein, noch entspräche es der Absicht des Gesetzgebers, dass das BGer innert 15 Tagen z.B. auch über komplexe Rechtsfragen verfahrensrechtlicher Natur (wie z.B. anspruchsvolle Probleme der Beschwerdelegitimation) entscheiden müsste. Analoges gilt für Teil-Nichteintretensentscheide mit materiellrechtlicher Prüfung.

[32] Nach Art. 25 Abs. 1 IRSG (in der Fassung gem. Anhang 30 zum VGG) unterliegen erstinstanzliche Verfügungen der kantonalen Behörden und der Bundesbehörden, soweit das Gesetz nichts anderes bestimmt, unmittelbar der Beschwerde an die Beschwerdekammer des Bundesstrafgerichts (vgl. auch Art. 28 lit. e SGG in der Fassung gem. Anhang 14 zum VGG). S. dazu auch Art. 84 N 15; zum *früheren* Recht s. Art. 84 N 3.

macht wird. Art. 109 Abs. 1 kommt somit nur (aber immer dann) zum Zug, wenn die dort genannte Eintretensvoraussetzung für das Nichteintreten *entscheidend* ist. In diesem Fall erweist sich Art. 109 Abs. 1 (im Verhältnis zu Art. 108 Abs. 1 lit. a) als *lex specialis* und hat insoweit Vorrang.[33]

Stellt die Frage, ob ein besonders bedeutender Fall vorliegt, eine *Rechtsfrage von grund-* **26** *sätzlicher Bedeutung* dar, so ist diese (im Hinblick auf die in Art. 107 Abs. 3 vorgesehene kurze Entscheidfrist und trotz Art. 20 Abs. 2) im Dreierverfahren gem. Art. 109 Abs. 1 (i.V.m. Art. 107 Abs. 3) zu behandeln. Art. 109 Abs. 1 ist auch im Verhältnis zu Art. 20 Abs. 2 die lex specialis.

Kommen die drei Gerichtsmitglieder im vereinfachten Verfahren zum Schluss, es liege **27** ein besonders bedeutender Fall vor, weshalb *kein Nichteintretensentscheid* gestützt auf Art. 109 Abs. 1 gefällt werden dürfe, so ist die Sache im ordentlichen Verfahren zu erledigen. Dabei dürfte der verfahrensabschliessende Entscheid in der Regel in Fünferbesetzung zu treffen sein. Mit Blick auf Art. 20 Abs. 2 ist dies zwingend, wenn eine Rechtsfrage von grundsätzlicher Bedeutung zu entscheiden ist oder ein Mitglied des Spruchkörpers dies verlangt (BGE 133 IV 125, 127 E. 1.2). Die Fristbestimmung von Art. 107 Abs. 3 kommt **nicht** zur Anwendung, wenn auf die Beschwerde eingetreten wird.[34]

---

[33] BGE 133 IV 125, 127 f. E. 1.2. Dafür spricht zunächst der Wortlaut von Art. 109 Abs. 1, welcher das Nichteintreten mangels besonders bedeutenden Falles ausdrücklich regelt und auch keinen Vorbehalt zu Gunsten von Art. 108 Abs. 1 lit. a enthält. Zudem legt auch die Entstehungsgeschichte der Art. 108 und 109 diese Auslegung nahe: In der bundesrätlichen Vorlage (Art. 102 Abs. 1 lit. c und 102 Abs. 3 E-BGG) war vorgesehen, das Nichteintreten auf Beschwerden, bei denen sich keine Rechtsfrage von grundsätzlicher Bedeutung stellt, seiner grossen Bedeutung für den Rechtsuchenden wegen einem Spruchkörper mit zwei Richtern vorzubehalten. Bei Uneinigkeit der beiden Richter sollte der Entscheid in die Kompetenz des Abteilungspräsidenten fallen. Das in Art. 109 Abs. 1 enthaltene Eintretenserfordernis des besonders bedeutenden Falls war noch nicht Bestandteil der bundesrätlichen Vorlage (vgl. Art. 102 E-BGG). Es wurde erst im Laufe der parlamentarischen Beratungen ins Gesetz aufgenommen (vgl. neben Art. 84 BGG auch Art. 78a E-BGG; AB 2005 136; AB 2005 N 647; AB 2004 N 1600 ff. 1606). Der Entscheid über das Vorliegen eines besonders bedeutenden Falles wurde vom Gesetzgeber als so wichtig erachtet, dass er ihn ebenfalls bewusst dem Verfahren mit Dreierbesetzung zugeordnet hat, obwohl ihm speditives Vorgehen bei der RH ein besonderes Anliegen war. Dieses Anliegen (vgl. Art. 17a IRSG) hat der Gesetzgeber dadurch zum Ausdruck gebracht, dass die Beschwerdefrist nach Art. 100 Abs. 2 lit. b nur zehn Tage beträgt und (gem. Art. 107 Abs. 3) ein Nichteintretensentscheid i.S.v. Art. 109 Abs. 1 i.V.m. Art. 84 innert 15 Tagen seit Abschluss eines allfälligen Schriftenwechsels zu fällen ist.

[34] BGE 133 IV 125, 127 E. 1.2.

6. Abschnitt: Vereinfachtes Verfahren

Art. 108

Einzelrichter oder Einzelrichterin

[1] **Der Präsident oder die Präsidentin der Abteilung entscheidet im vereinfachten Verfahren über:**

a. **Nichteintreten auf offensichtlich unzulässige Beschwerden;**

b. **Nichteintreten auf Beschwerden, die offensichtlich keine hinreichende Begründung (Art. 42 Abs. 2) enthalten;**

c. **Nichteintreten auf querulatorische oder rechtsmissbräuchliche Beschwerden.**

[2] **Er oder sie kann einen anderen Richter oder eine andere Richterin damit betrauen.**

[3] **Die Begründung des Entscheids beschränkt sich auf eine kurze Angabe des Unzulässigkeitsgrundes.**

Juge unique

[1] Le président de la cour décide en procédure simplifiée de ne pas entrer en matière:

a. sur les recours manifestement irrecevables;

b. sur les recours dont la motivation est manifestement insuffisante (art. 42, al. 2);

c. sur les recours procéduriers ou abusifs.

[2] Le président de la cour peut confier cette tâche à un autre juge.

[3] L'arrêt est motivé par une brève indication de la cause de l'irrecevabilité.

Giudice unico

[1] Il presidente della corte decide in procedura semplificata circa:

a. la non entrata nel merito su ricorsi manifestamente inammissibili;

b. la non entrata nel merito su ricorsi manifestamente non motivati in modo sufficiente (art. 42 cpv. 2);

c. la non entrata nel merito su ricorsi querulomani o abusivi.

[2] Può delegare questo compito a un altro giudice.

[3] La motivazione della decisione si limita a una breve indicazione del motivo d'inammissibilità.

Inhaltsübersicht

Eva Maria Belser / Bettina Bacher

Materialien

Botschaft 2001 BBl 2001 4202 ff.; AB 2003 S 911 f.; AB 2004 N 1613; AB 2005 S 138; AB 2005 N 648.

Literatur

TH. MERKLI/A. AESCHLIMANN/R. HERZOG, Kommentar zum Gesetz vom 23. Mai 1989 über die Verwaltungsrechtspflege des Kantons Bern, Bern 1997 (zit. Merkli/Aeschlimann/Herzog, Kommentar VRPG); R. HERZOG, Art. 6 EMRK und kantonale Verwaltungsrechtspflege, Diss. BE 1995 (zit. Herzog, Verwaltungsrechtspflege); G. LEUCH/O. MARBACH, Die Zivilprozessordnung für den Kanton Bern, 5. Aufl., vollständig überarbeitet von F. KELLERHALS und M. STERCHI (unter Mitarbeit von A. GÜNGERICH), Bern 2000 (zit. Leuch/Marbach, ZPO⁵); M. KUMMER, Grundriss des Zivilprozessrechts, 4. Aufl., Bern 1984 (zit. Kummer, Grundriss⁴).

I. Einleitung

Das **Bundesgesetz über die Organisation der Bundesrechtspflege** vom 16.12.1943 1
kannte in seiner ursprünglichen Fassung kein vereinfachtes Verfahren vor Bundesgericht. Erst im Jahre 1992 schuf der Gesetzgeber einen neuen Art. 36a OG mit dem Randtitel «Vereinfachtes Verfahren», um das Bundesgericht zu entlasten und die Beurteilung liquider Fälle zu beschleunigen.[1] Abs. 1 der Bestimmung sah vor, dass die Abteilungen über drei Fragen in Dreierbesetzung und bei Einstimmigkeit ohne öffentliche Beratung entscheiden konnten: Das Nichteintreten auf offensichtlich unzulässige Rechtsmittel (lit. a), die Abweisung offensichtlich unbegründeter Rechtsmittel (lit. b) sowie die Gutheissung offensichtlich begründeter Rechtmittel (lit. c). Abs. 2 hielt fest, dass querulatorische und rechtsmissbräuchliche Rechtsmittel und Klagen unzulässig seien und Abs. 3 erlaubte es den Abteilungen, ihre Entscheide lediglich summarisch zu begründen und auf die Ausführungen im angefochtenen Entscheid oder in den Vernehmlassungen der Parteien oder Behörden zu verweisen.

Die Regelung von Art. 36a OG führte nur zu einer geringfügigen Abnahme der bundes- 2
gerichtlichen Arbeitslast. Die **wirksame Entlastung des höchsten Gerichts** gehörte deshalb zu den zentralen Anliegen der Totalrevision der Bundesrechtspflege, die mit dem Bundesgesetz über das Bundesgericht ihren vorläufigen Abschluss gefunden hat. Neben der Erhöhung der Streitwertgrenzen und prozessualen Vereinfachungen soll v.a. der Ausbau des vereinfachten Verfahrens der Entlastung dienen. Die neuen Art. 108 und 109 sehen denn auch eine zusätzliche Vereinfachung sowie einen erweiterten Anwendungsbereich des vereinfachten Verfahrens vor.[2] Das Bundesgericht soll in offensichtlichen Fällen rasch und unkompliziert über Nichteintreten, Abweisung oder Gutheissung entscheiden können. Ebenfalls im vereinfachten Verfahren soll es beurteilen, ob eine Beschwerde eine Rechtsfrage von grundsätzlicher Bedeutung aufwirft und damit zulässig ist, obwohl sie den verlangten Streitwert nicht erreicht, oder ob ein besonders bedeutender Fall vorliegt, wo nur ein solcher zur Beschwerde an das höchste Gericht berechtigt. Weil insb. auch über das Vorliegen einer Rechtsfrage von grundsätzlicher Bedeutung im vereinfachten Verfahren zu entscheiden ist, wird die Handhabung dieses Verfahrens nicht

---

[1] Vgl. Botschaft vom 18.3.1991 betr. die Änderung des Bundesgesetzes über die Organisation der Bundesrechtspflege sowie die Änderung des Bundesbeschlusses über eine vorübergehende Erhöhung der Zahl der Ersatzrichter und der Urteilredaktoren des Bundesgerichts, BBl 1991 II 465 ff., 487 ff.

[2] Botschaft 2001 BBl 2001 4232, 4346.

nur für die Entlastung des höchsten Gerichts, sondern auch für den Zugang zum Gericht und die bundesweite Einheitlichkeit der Rechtspflege von entscheidender Bedeutung sein.

3 Die ursprünglichen Entwürfe waren weiter gegangen als das, was die Art. 108 und 109 heute vorsehen. Das vom Bundesrat im Jahre 1997 vorgelegte Paket «Justizreform auf Verfassungsebene» sah neben der Rechtsweggarantie (Art. 29a BV) und zahlreichen anderen Neuerungen die Einführung eines **Vorprüfungsverfahrens** für den Zugang zum Bundesgericht vor.[3] Diesen Vorschlag, Beschwerden an das Bundesgericht mit Hilfe eines Vorverfahrens zu filtern, lehnte die Bundesversammlung jedoch aufgrund verfassungsrechtlicher Bedenken ab.[4] Bei der Ausarbeitung des BGG verzichtete der Bundesrat deshalb auf ein Vorprüfungsverfahren und setzte bei der Entlastung des Bundesgerichts vornehmlich auf das vereinfachte Verfahren.

4 Der bundesrätliche Vorschlag zum vereinfachten Verfahren erfuhr während der **Beratungen im Parlament** noch einmal wichtige Veränderungen. Botschaft und Entwurf des Bundesrats hatten vorgesehen, dass das Bundesgericht im vereinfachten Verfahren in Zweierbesetzung amte.[5] Der Ständerat lehnte diesen Vorschlag jedoch ab und verlangte ein Dreiergremium.[6] Die Arbeitsgruppe Bundesgerichtsgesetz erarbeitete daraufhin den vom Bundesrat später übernommenen Vorschlag.[7] Danach sind Nichteintretensentscheide in offensichtlichen Fällen in Einerbesetzung zu fällen. In allen übrigen Fällen ist dagegen auch im vereinfachten Verfahren eine Dreierbesetzung vorzusehen.[8] Dieser Vorschlag wurde schliesslich in beiden Räten angenommen.

II. Anwendungsbereich

5 Das vereinfachte Verfahren nach Art. 108 kann bei allen Beschwerden zur Anwendung kommen, bei denen das **Bundesgericht als ordentliche Beschwerdeinstanz** entscheidet (Beschwerde in Zivilsachen, in Strafsachen und in öffentlich-rechtlichen Angelegenheiten). Auch subsidiäre Verfassungsbeschwerden können im einzelrichterlichen Verfahren erledigt werden.[9] Wo das Bundesgericht dagegen eine Klage als einzige Instanz beurteilt (Art. 120), hat in jedem Fall ein ordentliches Verfahren stattzufinden. Aus der Systematik des BGG wird abgeleitet, dass auch Revisions-, Erläuterungs- und Berichtigungsgesuche (Art. 121 ff., 129) nicht im einzelrichterlichen Verfahren erledigt werden können.[10] Unseres Erachtens ist es aber nicht zum Vornherein ausgeschlossen, offensichtlich unzulässige Gesuche um Revision, Erläuterung oder Berichtigung im einzelrichterlichen Verfahren zu behandeln.

6 Das vereinfachte Verfahren nach Art. 108 ist von der **Abschreibung des Verfahrens** durch die Instruktionsrichterin zu unterscheiden. Die Instruktionsrichterin entscheidet als Einzelrichterin über die Abschreibung von Verfahren, wenn Beschwerden gegenstandslos geworden oder zurückgezogen worden sind oder wenn es zwischen den Parteien zu

---

[3] KOLLER/AUER, ZSR 2002, 462 f.
[4] Botschaft 2001 BBl 2001 4220 f. Die Änderung erfolgte im Rahmen der Debatte über die Verfassungsgrundlage der Justizreform.
[5] Botschaft 2001 BBl 2001 4347.
[6] AB 2003 S 912.
[7] Abrufbar unter: ‹http://www.parlament.ch/ed-biblioplus-04-05-2004.pdf›.
[8] AB 2004 N 1613.
[9] SEILER/VON WERDT/GÜNGERICH, BGG, Art. 108 N 9.
[10] SEILER/VON WERDT/GÜNGERICH, BGG, Art. 108 N 9 und Art. 109 N 2.

einem Vergleich gekommen ist (Art. 32 Abs. 2). Diese Aufzählung ist abschliessend.[11] In allen anderen Fällen sind Beschwerden im vereinfachten (oder ordentlichen) Verfahren zu erledigen.

Auch das vereinfachte Verfahren hat den verfassungsrechtlichen **Verfahrensgarantien**,   7
namentlich dem Öffentlichkeitsprinzip nach Art. 30 Abs. 3 BV, sowie den Anforderungen von Art. 6 Ziff. 1 EMRK zu genügen. Der Öffentlichkeitsgrundsatz der BV geht nach heutigem Stand der Rechtsprechung weniger weit als die europäische Garantie. Er beinhaltet keinen Anspruch auf ein öffentliches Verfahren, sondern verlangt lediglich, dass Verhandlungen – falls sie stattfinden – öffentlich sind.[12] Er kennt dafür aber keine Beschränkung des Anwendungsbereichs, gilt also insb. auch für öffentlich-rechtliche Verfahren. Im Gegensatz dazu gewährt Art. 6 Ziff. 1 EMRK jeder Person ein Recht darauf, dass über ihre zivilrechtlichen Ansprüche und Verpflichtungen und über die Stichhaltigkeit strafrechtlicher Anklagen in einem öffentlichen Verfahren entschieden wird.[13] Eine öffentliche Verhandlung muss aber nur stattfinden, wenn dies aufgrund öffentlicher Interessen als geboten erscheint oder wenn die Parteien dies ausdrücklich oder konkludent beantragen.[14] Bei mehrinstanzlichen Verfahren genügt es, dass vor *einer* Instanz, die den Sachverhalt und die Rechtsfragen voll überprüfen kann, eine öffentliche Verhandlung stattfindet.[15] Ist den Anforderungen der Konvention bereits im kantonalen Verfahren genüge getan worden, so kann das Bundesgericht, welches mit beschränkter Kognition entscheidet, die Öffentlichkeit ohne weiteres einschränken.[16] Eine öffentliche Verhandlung kann sich aber dann als notwendig erweisen, wenn das Bundesgericht ausnahmsweise eine Sachverhaltskontrolle vornimmt oder die Anforderungen von Art. 6 EMRK zu beachten hat, weil das kantonale Verfahren diese nicht erfüllte. In diesen Fällen kommt jedoch das einzelrichterliche Verfahren von vornherein nicht zur Anwendung.

III. Merkmale des Verfahrens

Das vereinfachte Verfahren nach Art. 108 ist ein **einzelrichterliches Verfahren.** Kommt   8
die Präsidentin der Abteilung zum Schluss, dass die Beschwerde offensichtlich unzulässig, offensichtlich unzureichend begründet, querulatorisch oder rechtsmissbräuchlich ist, so kann sie allein einen Nichteintretensentscheid fällen (Abs. 1). Sie kann auch einen anderen Richter mit dieser Aufgabe betrauen (Abs. 2). Die Aufzählung der Nichteintretensentscheide, die im einzelrichterlichen Verfahren gefällt werden können, ist abschliessend. In allen anderen Fällen kommt das vereinfachte Verfahren nach Art. 109 (Dreierbesetzung) oder das ordentliche Verfahren (Dreier- oder Fünferbesetzung) zum Zug. Die einzelrichterliche Kompetenz für instanzabschliessende Entscheide ist neu; unter altem Recht konnten nur verfahrensleitende Verfügungen einzelrichterlich ergehen. Der Einzelrichter entscheidet in den Fällen von Art. 108 ohne Rücksicht darauf, ob im ordentlichen Verfahren eine Dreier- oder eine Fünferbesetzung erforderlich wäre.

---

[11] EHRENZELLER/SCHWEIZER-AEMISEGGER, 487.
[12] BGE 128 I 288, 293 E. 2.6; vgl. auch TSCHANNEN-AEMISEGGER, 388.
[13] Vgl. dazu z.B. MERKLI/AESCHLIMANN/HERZOG, Kommentar VRPG, Art. 1 N 17 f.; HERZOG, Verwaltungsrechtspflege, 15 ff. und 32 ff. sowie SEILER/VON WERDT/GÜNGERICH, BGG, Art. 59 N 5.
[14] BGE 121 I 30, 37 E. 5f; bestätigt in z.B. BGE 125 II 417, 426 E. 4f; 127 I 44, 48 E. 2e/aa; vgl. auch HERZOG, Verwaltungsrechtspflege, 332.
[15] MERKLI/AESCHLIMANN/HERZOG, Kommentar VRPG, Art. 1 N 16.
[16] MERKLI/AESCHLIMANN/HERZOG, Kommentar VRPG, Art. 1 N 16.

1. Urteilsverfahren

9 Die Präsidentin der Abteilung, die im einzelrichterlichen Verfahren entscheidet, kann grundsätzlich eine **mündliche Parteiverhandlung** anordnen (Art. 57). Eine solche stellt aber selbst im ordentlichen Verfahren die grosse Ausnahme dar.[17] Da Art. 108 nur offensichtliche Fälle des Nichteintretens erfasst, ist kaum denkbar, dass die Abteilungspräsidentin eine mündliche Parteiverhandlung für erforderlich erachtet. Der Verzicht auf die Parteiverhandlung ist mit der EMRK durchaus vereinbar, da es bei mehrinstanzlichen Verfahren genügt, dass vor *einer* Instanz, die den Sachverhalt und die Rechtsfragen voll überprüfen kann, eine öffentliche Verhandlung stattfindet (vgl. oben N 7).[18]

10 Die **mündlichen Beratungen** des Bundesgerichts sind grundsätzlich öffentlich (Art. 59 Abs. 1). Die Frage der mündlichen Urteilsberatung (Art. 58) stellt sich indes nicht, wo das Bundesgericht im einzelrichterlichen Verfahren entscheidet. Die Einzelrichterin fällt den Nichteintretensentscheid allein. Mit der mündlichen Beratung und der Parteiverhandlung (N 9) entfällt im einzelgerichtlichen Verfahren auch die Publikums- und Presseöffentlichkeit der Urteilsfindung. Das Bundesgericht hat aber das Dispositiv der Entscheide, die nicht öffentlich beraten worden sind, während 30 Tagen öffentlich aufzulegen (Art. 59 Abs. 3).

2. Schriftenwechsel

11 Das BGG sieht grundsätzlich nur einen einfachen Schriftenwechsel vor (Art. 102 Abs. 1); Repliken und Dupliken sollen die Ausnahme bleiben (Art. 102 Abs. 3).[19] Der bundesrätliche Entwurf hatte vorgesehen, dass bei offensichtlich unzulässigen oder unbegründeten Beschwerden **auf einen Schriftenwechsel verzichtet** werden könne (Art. 96 Abs. 2 E-BGG). Diese ausdrückliche Regelung ist im Verlauf der Verhandlungen dahin gefallen. Ein Schriftenwechsel ist aber auch nach der Gesetz gewordenen Formulierung nur «soweit erforderlich» (Art. 102 Abs. 1) anzuordnen. Da das einzelrichterliche Verfahren nach Art. 108 auf offensichtliche Fälle zugeschnitten ist, wird sich hier ein Schriftenwechsel in der Regel erübrigen.[20]

3. Begründung des Urteils

12 Die allgemeinen Verfahrensgarantien der Bundesverfassung verpflichten Gerichts- und Verwaltungsinstanzen, die Vorbringen der Betroffenen zu hören, sorgfältig zu prüfen und bei der Entscheidfindung zu berücksichtigen.[21] Aus dem **Anspruch auf rechtliches Gehör** (Art. 29 Abs. 2 BV) ergibt sich eine Pflicht zur Begründung aller Entscheide, welche eine Partei materiell betreffen.[22] Die Begründungspflicht sichert die transparente Entscheidfindung und die Selbstkontrolle der urteilenden Behörde.[23] Aus dem verfassungsrechtlichen Anspruch lassen sich laut Bundesgericht aber keine allgemeinen Regeln ableiten, denen eine Begründung zu genügen hat.[24] Die Anforderungen, welche das Bundesgericht für die Begründung kantonaler Entscheide entwickelt hat, lassen sich ausserdem nicht unbesehen auf letztinstanzliche Entscheide des Bundesgerichts übertragen.

---

[17] SEILER/VON WERDT/GÜNGERICH, BGG, Art. 58 N 2.
[18] MERKLI/AESCHLIMANN/HERZOG, Kommentar VRPG, Art. 1 N 16.
[19] Vgl. SEILER/VON WERDT/GÜNGERICH, BGG, Art. 102 N 4.
[20] Vgl. KÄLIN, Beschwerde[2], 375.
[21] BGE 112 Ia 107, 109 E. 2b.
[22] BGE 129 I 232, 237 E. 3.2.
[23] BGE 112 Ia 107, 109 E. 2b; BGE 129 I 232, 239 E. 3.3.
[24] BGE 112 Ia 107, 110 E. 2b.

Auch Bundesgerichtsentscheide müssen jedoch kurz die Überlegungen nennen, von denen sich das Bundesgericht bei seinem Entscheid leiten liess.[25] Das Urteil muss sich aber nicht mit jedem rechtlichen Einwand ausdrücklich auseinandersetzen, sondern kann sich auf die für den Entscheid wesentlichen Gesichtspunkte beschränken.[26]

Den grundrechtlichen Verfahrensgarantien haben auch Entscheide zu genügen, die im **13** vereinfachten Verfahren ergehen. Das vereinfachte Verfahren stellt jedoch geringere Anforderungen an die Begründung des Urteils: Wird ein Nichteintretensentscheid auf Art. 108 gestützt, so kann sich die Begründung nach Gesetz auf eine kurze Angabe des Unzulässigkeitsgrundes beschränken (Art. 108 Abs. 3). Liegen offensichtlich Gründe für einen Nichteintretensentscheid vor, soll das Bundesgericht nicht durch aufwendige Begründungspflichten aufgehalten werden. Bei der Anwendung von Art. 108 Abs. 3 sind jedoch die Garantien zu beachten, die sich aus dem Anspruch auf rechtliches Gehör ergeben (vgl. N 12). Auch im einzelrichterlichen Verfahren gefällte Nichteintretensentscheide sind danach so zu begründen, dass die vom Entscheid betroffene Partei die Überlegungen des Gerichts nachvollziehen kann. Das blosse Erwähnen eines Unzulässigkeitsgrundes reicht deshalb auch bei Verfahren nicht, die im einzelrichterlichen Verfahren erledigt werden. Die Begründung ist vielmehr durch eine **kurze, fallbezogene Subsumtion** zu ergänzen.[27]

IV. Nichteintretensentscheide in der Zuständigkeit der Einzelrichterin

Im vereinfachten Verfahren nach Art. 108 entscheidet die Einzelrichterin über das Nicht- **14** eintreten auf offensichtlich unzulässige Beschwerden (lit. a), das Nichteintreten auf Beschwerden, die offensichtlich keine hinreichende Begründung enthalten (lit. b) sowie über das Nichteintreten auf querulatorische oder rechtsmissbräuchliche Beschwerden (lit. c). Das Gericht fällt mit dem Nichteintretensentscheid ein **Prozessurteil**, welches das Verfahren beendet (Endurteil), ohne dass es zu einer Auseinandersetzung mit der Beschwerde in materieller Hinsicht kommt.

1. Nichteintreten auf offensichtlich unzulässige Beschwerden

Eine Beschwerde ist unzulässig, wenn eine der **Prozessvoraussetzungen** für ein Be- **15** schwerdeverfahren vor Bundesgericht fehlt. Der Nichteintretensentscheid darf im einzelrichterlichen Verfahren gefällt werden, wenn die Unzulässigkeit der Beschwerde offensichtlich ist. Fehlt es an der Offensichtlichkeit, so kommt entweder das vereinfachte Verfahren nach Art. 109 Abs. 1 (Dreierbesetzung) oder das ordentliche Verfahren zum Zuge. Auch dieses kann – falls das Gericht zum Schluss kommt, eine Prozessvoraussetzung fehle – mit einem Nichteintretensentscheid enden. Es kann deshalb nicht bei jeder Prozessvoraussetzung, die nicht erfüllt ist, auf die offensichtliche Unzulässigkeit der Beschwerde geschlossen werden. Bereits unter altem Recht (Art. 36a OG) konnten die Abteilungen in der Besetzung mit drei Richterinnen und bei Einstimmigkeit ohne öffentliche Beratung über das Nichteintreten auf offensichtlich unzulässige Rechtsmittel und Klagen entscheiden (vgl. oben N 2). Dieser Entscheid wird neu von der Einzelrichterin gefällt. Soweit diese nicht durch Neuerungen im BGG hinfällig geworden ist, kann für die Konkretisierung des Begriffs «offensichtlich unzulässig» jedoch weiterhin auf die altrechtliche Rechtsprechung abgestellt werden.

---

[25] Vgl. BGE 112 Ia 107, 110 E. 2b.
[26] BGE 112 Ia 107, 110 E. 2b; BGE 126 I 97, 103 E. 2b.
[27] Nach Botschaft 2001 BBl 2001 4348 genügt es jedenfalls nicht, den Entscheid lediglich damit zu begründen, die Beschwerde sei unzulässig.

16 Ein Nichteintretensentscheid im einzelrichterlichen Verfahren ist dann gerechtfertigt, wenn offen zu Tage liegt, dass es an einer Prozessvoraussetzung fehlt. Dieses Verfahren ist auf Fälle zugeschnitten, bei denen jede Bundesrichterin, die sich mit der Beschwerde befasst, ohne weiteres deren Unzulässigkeit feststellen und ohne Zögern davon ausgehen kann, dass auf die Beschwerde einstimmig nicht eingetreten würde, wenn sich ein Richtergremium mit der Zulässigkeit befassen würde. Es sollte nur auf Fälle zur Anwendung kommen, bei denen ein sorgfältig handelnder Rechtssuchender bzw. dessen Vertreter ohne weiteres hätte feststellen können, dass die Prozessvoraussetzungen nicht gegeben sind. Kann ein Rechtssuchender nach Treu und Glauben davon ausgehen, dass die Beschwerde möglicherweise zulässig ist oder kann nicht ausgeschlossen werden, dass verschiedene Bundesrichter die Frage der Zulässigkeit unterschiedlich einschätzen, fehlt es an der verlangten **Offensichtlichkeit** und das vereinfachte Verfahren nach Art. 108 ist fehl am Platz. Nichteintretensentscheide im vereinfachten Verfahren sind auch in Zukunft v.a. in jenen Bereichen zu erwarten, bei denen sich die Unzulässigkeit der Beschwerde aus einer gefestigten und unbestrittenen Rechtsprechung ergibt (z.B. bei fehlender Zulässigkeit der Beschwerde gegen die Nichtverlängerung einer Aufenthaltsbewilligung[28]). Bei neueren Gesetzesbestimmungen, zu denen es sehr wenig oder gar keine Rechtsprechung gibt, sollte die offensichtliche Unzulässigkeit dagegen nicht leichthin angenommen werden. Im Zweifel ist stets im ordentlichen Verfahren zu entscheiden. Erst wenn sich zu einer Rechtsfrage im ordentlichen Verfahren eine ausführlich begründete und publizierte Rechtsprechung entwickelt hat, rechtfertigt sich die einzelrichterliche Zuständigkeit.

17 Nach der Rechtsprechung des Bundesgerichts können Rechtsmittel nur dann als offensichtlich unzulässig gelten, «wenn die Sachumstände der Rechtsmittelerhebung klar und unbestritten sind, so dass die von Amtes wegen zu prüfende Eintretensfrage zweifelsfrei und ohne weitere Abklärungen beantwortet werden kann und insoweit keine Notwendigkeit besteht, den Rechtsmittelkläger […] anzuhören.»[29] Aus der bisherigen Rechtsprechung lassen sich verschiedene **Fallgruppen** bilden, in denen offensichtliche Unzulässigkeit angenommen wurde.

a) Nichteinhaltung der Rechtsmittelfrist und verspätet bezahlter Kostenvorschuss

18 Die Einzelrichterin tritt auf die Beschwerde nicht ein, wenn auf der Hand liegt, dass die Beschwerdeführerin die **Frist**, die für die Eingabe an das Bundesgericht gilt,[30] nicht eingehalten hat.[31] Dies ist der Fall, wenn seit Ablauf der Frist mehrere Wochen oder Monate vergangen sind.[32] Offensichtlichkeit kann aber auch gegeben sein, wenn der Beschwerdeführer die Frist nur um einen Tag verpasst hat. Bestehen Zweifel irgendwelcher Art über den Fristenlauf (z.B. über den Beginn des Fristenlaufs oder über den Fristenstillstand), so darf die Einzelrichterin dagegen nicht allein entscheiden. Vielmehr ist im ordentlichen Verfahren über Eintreten bzw. Nichteintreten zu entscheiden. Ist streitig, ob die Vorinstanz die Prozessvoraussetzung der Fristwahrung richtig beurteilt hat, so liegt kein Fall

---

[28] Vgl. aus der bisherigen Rechtsprechung z.B. unv. BGE vom 19.5.2006 (i.S. A.X. und B.X.) 2A.271/2006.

[29] Unv. BGE vom 16.3.2006 (i.S. J.) H181/2005 E. 2.3 mit Verweis auf unv. BGE vom 8.7.1996 (i.S. X. und Y.) 1P.259/1996, Pra 1996, Nr. 217, 839, E. 2c.

[30] Grundsätzlich beträgt die Beschwerdefrist 30 Tage, teilweise beträgt sie auch 5 oder 10 Tage, vgl. Art. 100.

[31] Vgl. ebenfalls SEILER/VON WERDT/GÜNGERICH, BGG, Art. 109 N 12; EHRENZELLER/SCHWEIZER-AEMISEGGER, 487.

[32] Vgl. z.B. unv. BGE vom 23.2.2005 (i.S. A. und B.) 2P.62/2005 E. 1.2.

von Art. 108 Abs. 1 lit. a vor. Soweit das Rechtsmittel an das Bundesgericht selbst rechtzeitig eingereicht wurde, ist über die Gutheissung oder Abweisung (nicht über das Eintreten) im vereinfachten Verfahren nach Art. 109 Abs. 2 oder im ordentlichen Verfahren zu entscheiden.[33]

Die Rechtsmittelfrist ist auch dann nicht eingehalten, wenn die Beschwerdeführerin es **19** versäumt, rechtzeitig den **Kostenvorschuss** zu bezahlen oder die Parteientschädigung sicherzustellen. Leistet die Beschwerdeführerin die Zahlung nicht innerhalb der gesetzten Frist, so hat die Instruktionsrichterin jedoch zwingend eine Nachfrist anzusetzen (Art. 62 Abs. 3 Satz 2). Diese gibt der Beschwerdeführerin Gelegenheit, die Zahlung zu leisten oder einen Antrag auf unentgeltliche Rechtspflege (Art. 64) zu stellen. Wird das Gesuch um unentgeltliche Rechtspflege abgewiesen, so ist eine neue Frist zur Bezahlung des Vorschusses anzusetzen.[34] Hat der Beschwerdeführer den Vorschuss innerhalb der Frist oder Nachfrist nicht geleistet, so tritt das Bundesgericht auf die Eingabe nicht ein (Art. 62 Abs. 3). Dieser Entscheid wird im einzelrichterlichen Verfahren gefällt, wenn der Kostenvorschuss bzw. die Sicherstellung offensichtlich nicht oder verspätet erfolgt ist.[35] Dies gilt auch dann, wenn die Beschwerde selbst (offensichtlich) begründet gewesen wäre.[36] Ist die Pflicht zur Leistung des Kostenvorschusses (oder zur Sicherstellung der Parteientschädigung) oder die Einhaltung der Frist oder Nachfrist nicht zweifelsfrei festgestellt, so entfällt die Zuständigkeit der Einzelrichterin.

b) Unzulässiges Anfechtungsobjekt

Richtet sich die Beschwerde offensichtlich gegen ein unzulässiges Anfechtungsobjekt, so **20** kann der Einzelrichter einen Nichteintretensentscheid fällen.[37] Offensichtliche Unzulässigkeit ist etwa gegeben, wenn sich die Beschwerde gegen den Entscheid einer Behörde richtet, welche das BGG nicht als **Vorinstanz des Bundesgerichts** anerkennt (Art. 75, 80, 86 und 114). Ein einzelrichterlicher Nichteintretensentscheid kann demnach erfolgen, wenn die Beschwerdeführerin den kantonalen Instanzenzug nicht ausgeschöpft hat[38] oder bereits eine Beschwerde an das Bundesgericht erhebt, obwohl die Beschwerde bei der Vorinstanz noch hängig ist.[39] Offensichtliche Unzulässigkeit kann auch gegeben sein, wenn ein Anfechtungsobjekt gänzlich fehlt, z.B. weil lediglich ein verwaltungsrechtlicher Realakt und keine beschwerdefähige Verfügung vorliegt.[40] Die Einzelrichterin ist jedoch nur zuständig, wenn offen zu Tage liegt, dass sich die Beschwerde gegen ein unzulässiges Anfechtungsobjekt richtet.

---

[33] Vgl. z.B. unv. BGE vom 8.9.2005 (i.S. X.) 1P.380/2005; unv. BGE vom 3.5.2004 (i.S. X.) 1P.146/2004.

[34] SEILER/VON WERDT/GÜNGERICH, BGG, Art. 62 N 20.

[35] In der Botschaft des Bundesrates steht, dass die Beschwerde in diesem Fall als gegenstandslos abzuschreiben sei (Botschaft 2001 4304). Richtigerweise erfolgt aber ein Nichteintretensentscheid nach Art. 108. Die Aufzählung der Gründe für die Abschreibung des Verfahrens durch den Instruktionsrichter (Art. 32) ist abschliessend. Vgl. SEILER/VON WERDT/GÜNGERICH, BGG, Art. 62 N 24; EHRENZELLER/SCHWEIZER-AEMISEGGER, 487 f.

[36] SEILER/VON WERDT/GÜNGERICH, BGG, Art. 62 N 22.

[37] EHRENZELLER/SCHWEIZER-AEMISEGGER, 487; SEILER/VON WERDT/GÜNGERICH, BGG, Art. 108 N 12.

[38] Vgl. z.B. unv. BGE vom 5.2.2002 (i.S. P.) 1P.9/2002.

[39] Vgl. z.B. unv. BGE vom 4.1.2005 (i.S. X.) 2P.337/2004.

[40] Auch ohne Anfechtungsobjekt kann die Beschwerde ausnahmsweise zulässig sein, wenn sie sich gegen das unrechtmässige Verweigern oder Verzögern eines anfechtbaren Entscheids richtet (Art. 94).

c) Wahl eines unzulässigen Rechtsmittels

21 Ergreift die Beschwerdeführerin ein unzulässiges Rechtsmittel, so fehlt es dem Rechtsmittelverfahren an einer Prozessvoraussetzung. Ist der Fehler in der Wahl des Rechtsmittels offensichtlich, so kann die Einzelrichterin einen Nichteintretensentscheid fällen.
Nach altem Recht galt ein Rechtsmittel als offensichtlich unzulässig, wenn es klarerweise der publizierten und der auf dem Internet zugänglichen Rechtsprechung des Bundesgerichts widersprach.[41] Sofern die Eingabe den formellen Anforderungen des korrekten
Rechtsmittels genügte, war die falsche Bezeichnung des Rechtsmittels dagegen nach
bisheriger Rechtsprechung kein Unzulässigkeitsgrund.[42]

22 Die Einführung der Einheitsbeschwerde durch das BGG hat das Rechtsmittelverfahren
vor Bundesgericht wesentlich vereinfacht. Auch nach BGG gibt es aber nicht eine einzige umfassende Beschwerde, sondern drei verschiedene Beschwerdearten,[43] die **je eigene
Zulässigkeitsvoraussetzungen** kennen. Die subsidiäre Verfassungsbeschwerde, welche
das Parlament zur Ergänzung der Einheitsbeschwerde geschaffen hat, sieht wiederum
andere Zulässigkeitsvoraussetzungen vor.[44] Unterschiede gelten insb. für das Anfechtungsobjekt, den Anwendungsbereich der Beschwerde, die Vorinstanzen und das Beschwerderecht.[45] Um die Frage des Streitwerts, der Legitimation oder der Anfechtbarkeit
zu klären, ist es deshalb weiterhin erforderlich, die einzelnen Beschwerdearten voneinander abzugrenzen.[46] Es ist damit auch weiterhin möglich, gegen einen Entscheid ein
unzulässiges oder das falsche Rechtsmittel zu ergreifen, sei es weil das Gesetz die Anfechtbarkeit des Rechtsakts gänzlich ausschliesst oder weil es eine andere als die tatsächlich ergriffene Beschwerde vorschreibt. Weiterhin gilt jedoch die Rechtsprechung, dass
die falsche Bezeichnung des Rechtsmittels nicht schadet (vgl. oben N 21).

23 Soweit die neue Regelung mit dem alten Recht übereinstimmt – was insb. bei einigen
Ausschlussgründen der Beschwerde in öffentlich-rechtlichen Angelegenheiten der Fall
ist[47] – ist die Rechtsprechung zum alten Gesetz weiterhin bedeutsam.[48] Wo die besonderen Zulässigkeitsvoraussetzungen dagegen neu geregelt sind, wird es in der Regel an der
Offensichtlichkeit fehlen, die Art. 108 voraussetzt. Die neue Praxis zur Zulässigkeit der
verschiedenen Beschwerdearten ist in diesen Fällen im ordentlichen Verfahren zu bilden.
Erst wenn sich eine **gefestigte Rechtsprechung** entwickelt hat, kann die Einzelrichterin
die offensichtliche Unzulässigkeit alleine feststellen.

24 Die Zulässigkeit eines Rechtsmittels kann bei der Beschwerde in Zivilsachen sowie vereinzelt bei Beschwerden in öffentlich-rechtlichen Angelegenheiten durch einen Streitwert
(Art. 74 und 85) oder besondere Zulässigkeitsvoraussetzungen (Art. 84 Abs. 2) begrenzt
sein. Die Einheitsbeschwerde ist in diesen Fällen nur zulässig, wenn sie eine **Rechtsfrage von grundsätzlicher Bedeutung** aufwirft oder wenn es sich um einen **besonders
bedeutenden Fall** handelt. Ob dies der Fall ist, entscheidet das Bundesgericht grundsätzlich im vereinfachten Verfahren nach Art. 109 Abs. 1. Fehlt es aber offensichtlich sowohl

---

[41] Vgl. unv. BGE vom 19.5.2006 (i.S. A.X. und B.X.) 2A.271/2006 E. 2.
[42] BGE 120 Ib 379, 381 E. 1a; vgl. auch z.B. BGE 128 II 259, 265 E. 1.5; BGE 127 II 198, 203
     E. 2a; unv. BGE vom 10.1.2006 (i.S. X AG) 2A.7/2006 E. 3.2.
[43] KARLEN, BGG, 23.
[44] KIENER/KUHN, ZBL 2006, 149 f.; vgl. Art. 113 ff.
[45] SEILER/VON WERDT/GÜNGERICH, BGG, Vorbem. Art. 72–89 N 3.
[46] KARLEN, BGG, 23.
[47] Vgl. SEILER/VON WERDT/GÜNGERICH, BGG, Art. 83 N 8, wonach sich der Ausnahmekatalog
     an die Art. 99, 100 und 129 anlehnt, aber teilweise auch eine andere Bedeutung erlangt hat. Für
     Einzelfälle vgl. die Kommentierung zu Art. 83.
[48] Gleicher Ansicht SEILER/VON WERDT/GÜNGERICH, BGG, Vorbem. Art. 72–89 N 4.

am Streitwert als auch an der Grundsätzlichkeit der Rechtsfrage oder der besonderen Bedeutung des Falls, so kann die Einzelrichterin einen Nichteintretensentscheid fällen.[49] Da es sich bei der Grundsätzlichkeit oder der besonderen Bedeutung des Falls um unbestimmte Rechtsbegriffe handelt, zu deren Konkretisierung noch keine Rechtsprechung vorliegt, ist bei der Anwendung des einzelrichterlichen Verfahrens allerdings Zurückhaltung geboten. Vom offensichtlichen Fehlen einer Rechtsfrage von grundsätzlicher Bedeutung ist nur auszugehen, wenn der Fall von vornherein als bedeutungslos erscheint (z.B. weil er überhaupt keine Rechtsfrage, sondern lediglich Sachverhaltsfragen aufwirft) oder wenn er sich über eine etablierte Rechtsprechung zur Bedeutung einer Rechtsfrage hinwegsetzt.

d) Fehlende Legitimation

Das Bundesgericht fällt im einzelrichterlichen Verfahren einen Nichteintretensentscheid, **25** wenn der Beschwerdeführerin offensichtlich die Legitimation fehlt.[50] Ist die Frage der Legitimation umstritten, so wird ein einzelrichterliches Verfahren jedoch in der Regel nicht angebracht sein.[51] Von offensichtlicher Unzulässigkeit ist nur auszugehen, wenn die Beschwerde klarerweise einer gefestigten und unbestrittenen Rechtsprechung des Bundesgerichts widerspricht.

e) Verletzung der Formvorschriften

Rechtsschriften sind in einer Amtssprache abzufassen und haben die Begehren, deren **26** Begründung und die Unterschrift zu enthalten (Art. 42 Abs. 1). Fehlt die Unterschrift der Partei oder ihrer Vertretung, ist die Schrift unleserlich, ungebührlich, unverständlich, übermässig weitschweifig oder nicht in einer Amtssprache verfasst, so ist eine angemessene Frist zur Behebung des Mangels anzusetzen, verbunden mit der Drohung, dass die Rechtsschrift sonst unbeachtet bleibe (Art. 42 Abs. 5 und Abs. 6). Wird der Mangel innerhalb der angesetzten Nachfrist nicht behoben, so tritt das Bundesgericht auf die Beschwerde nicht ein. Dieser Entscheid kann im einzelrichterlichen Verfahren gefällt werden, wenn sowohl der Mangel als auch das Nichteinhalten der Frist offensichtlich sind. **Offensichtlichkeit** ist etwa gegeben, wenn die Rechtsschrift auch nach Ablauf der Nachfrist keine Unterschrift aufweist, nicht in einer Amtssprache verfasst oder unleserlich ist oder wenn die Vertretung nicht zugelassen ist.[52] Ob die Rechtsschrift ungebührlich, unverständlich oder übermässig weitschweifig ist, liegt dagegen häufig nicht offen zu Tage. Die Einzelrichterin darf über diese Fragen nur dann alleine entscheiden, wenn die Rechtsschrift klarerweise die bundesgerichtlichen Zulässigkeitsvoraussetzungen nicht erfüllt. Dabei genügt es nicht, dass die Rechtsschrift übermässig weitschweifig ist; vorausgesetzt ist vielmehr, dass die Übermässigkeit so offensichtlich ist, dass jede mit der Rechtsschrift befasste Richterin deren Unzulässigkeit feststellen würde.

---

[49] A.A. EHRENZELLER/SCHWEIZER-AEMISEGGER, 494, wonach Art. 109 Abs. 1 dem Art. 108 als *lex specialis* vorgeht und das Vorliegen einer Rechtsfrage von grundsätzlicher Bedeutung immer durch ein Dreiergremium zu prüfen sei.

[50] Im Zivilrecht ist die Legitimation zur Sache zwar eine materiellrechtliche und keine formelle Frage (LEUCH/MARBACH, ZPO⁵, Art. 191 N 1a). Das Vorliegen eines rechtlich geschützten Interesses (Beschwer) an der Änderung des angefochtenen Entscheides ist jedoch auch im Zivilrecht Zulässigkeitsvoraussetzung für ein Rechtsmittel (POUDRET, Commentaire, Bd. II, Art. 53 N 5.1 und Art. 71 N 5).

[51] Vgl. SEILER/VON WERDT/GÜNGERICH, BGG, Art. 108 N 12.

[52] Vgl. SEILER/VON WERDT/GÜNGERICH, BGG, Art. 108 N 12.

2. Nichteintreten auf offensichtlich nicht hinreichend begründete Beschwerden

27 Die Einzelrichterin entscheidet allein über das Nichteintreten auf Beschwerden, die offensichtlich keine hinreichende Begründung enthalten (Art. 108 Abs. 1 lit. b).

Das offensichtliche Fehlen einer hinreichenden Begründung stellt einen Spezialfall der offensichtlich unzulässigen Beschwerde dar.[53] Nach bundesgerichtlicher Rechtsprechung genügt die Beschwerdeführerin der **Begründungspflicht**, wenn die Beschwerdeschrift als Ganze dem Gericht hinreichende Klarheit darüber verschafft, «worum es beim Rechtsstreit geht».[54] Es muss erkennbar sein, was die beschwerdeführende Person verlangt und auf welche Tatsachen sie sich beruft. Die Begründung braucht nicht zuzutreffen, muss aber sachbezogen sein. Ein blosser Hinweis auf frühere Rechtsschriften oder auf den angefochtenen Entscheid reicht jedoch nicht.[55] Genügt eine Rechtsschrift diesen Anforderungen offensichtlich nicht, so kann die Einzelrichterin einen Nichteintretensentscheid fällen.[56] Dies ist etwa der Fall, wenn der Beschwerdeführer lediglich erklärt, ein Rechtsmittel ergreifen zu wollen, ohne in irgendeiner Form zu begründen, inwiefern der angefochtene Entscheid gegen Bundesrecht verstösst[57] oder wenn es der Eingabe «hinsichtlich der Anträge sowie der Begründung an jedem Bezug zum Verfahrensgegenstand» fehlt.[58]

28 Ein Nichteintretensentscheid nach Art. 108 wird nur gefällt, wenn die Begründung des Rechtsmittels gänzlich fehlt oder wenn sämtliche Rechtsbegehren offensichtlich mangelhaft begründet sind.[59] Das Prüfungskriterium ist ein formelles. Die offensichtlich unzureichend begründete Beschwerde (Art. 108 Abs. 1 lit. b) ist denn auch zu unterscheiden von der offensichtlich unbegründeten Beschwerde, die im vereinfachten Verfahren nach Art. 109 Abs. 2 lit. a abgewiesen wird. Nichteintreten (und eine Einerbesetzung) ist nur möglich, wo eine **Begründung klarerweise fehlt**, sei es, dass der Beschwerdeführer gänzlich darauf verzichtet, sei es, dass er sich auf eine Art und Weise äussert, die dem Fehlen einer Begründung gleichkommt. Ist nur ein Teil der Begehren gar nicht oder unzureichend begründet, so ist auf die Beschwerde teilweise einzutreten und im ordentlichen oder vereinfachten Verfahren über die begründeten Begehren zu entscheiden.[60] Eine Abweisung im vereinfachten oder ordentlichen Verfahren ist ausserdem angebracht, wo zwar formell eine Begründung vorliegt, die Beschwerde aber materiell (offensichtlich) unbegründet ist (Art. 109 Abs. 2).

3. Nichteintreten auf querulatorische oder rechtsmissbräuchliche Beschwerden

29 Bereits nach altem Recht waren Rechtsmittel, die auf querulatorischer oder rechtsmissbräuchlicher Prozessführung beruhten, unzulässig (Art. 36a Abs. 2 OG). Über das Nichteintreten wurde im vereinfachten Verfahren, jedoch in Dreierbesetzung entschieden (vgl. N 1). Das BGG übernimmt den Unzulässigkeitsgrund der querulatorischen oder rechts-

---

[53] EHRENZELLER/SCHWEIZER-AEMISEGGER, 488.
[54] Unv. BGE vom 20.1.2006 (i.S. P.) U.371/05, E. 2.1.
[55] Unv. BGE vom 20.1.2006 (i.S. P.) U.371/05, E. 2.1. mit Verweis auf BGE 123 V 335, 336 E. 1a; BGE 130 I 312, 320 E. 1.3.1.
[56] Vgl. SEILER/VON WERDT/GÜNGERICH, BGG, Art. 42 N 4.
[57] Unv. BGE vom 13.1.2004 (i.S. X.) 2A.15/2004 E. 2.
[58] Unv. BGE vom 5.1.2001 (i.S. X) 2A.4/2001: Der Beschwerdeführer hatte gegen eine Verfügung über Direktzahlungen u.a. deren Abschaffung beantragt, ebenso die Abschaffung der Mehrwertsteuer und die Einführung der Todesstrafe auf der ganzen Welt.
[59] Botschaft 2001 BBl 2001 4294.
[60] Botschaft 2001 BBl 2001 4294 f.; vgl. z.B. unv. BGE vom 20.1.2006 (i.S. P.) U.371/05.

missbräuchlichen Prozessführung, weist den Entscheid über das Nichteintreten aber in die **Zuständigkeit des Einzelrichters**. Art. 108 Abs. 1 lit. c ist damit die einzige Norm, welche ein einzelrichterliches Verfahren vorsieht, ohne ausdrücklich die Offensichtlichkeit der Unzulässigkeit zu verlangen. Schon unter bisheriger Rechtsprechung wurden aber nur offensichtlich querulatorische oder rechtsmissbräuchliche Fälle durch Nichteintreten im vereinfachten Verfahren erledigt. An dieser Voraussetzung ist weiterhin festzuhalten.

Wegen Querulantentum oder Rechtsmissbrauch kann das Bundesgericht im vereinfach- **30** ten Verfahren die Prüfung von Begehren ablehnen, «die jede vernünftige Grundlage vermissen lassen».[61] Als **rechtsmissbräuchlich** gilt es zum Beispiel, wenn eine Beschwerde gegen tatsächliche Feststellungen der Vorinstanz geführt wird, welche vor Bundesgericht nicht gerügt werden können. Wer «unbekümmert um die Bestimmungen des OG und ohne jede Auseinandersetzung mit der Frage der Zulässigkeit ein Rechtsmittel ergreift, das nach Gesetz und ständiger Rechtsprechung die vorgebrachten Rügen gar nicht zulässt», verdient keinen Schutz.[62] Rechtsmissbräuchliches Prozessieren ist nicht erst dann anzunehmen, wenn die Justiz durch eine Vielzahl von aussichtslosen Eingaben ein und derselben Person geradezu blockiert wird und deren Zahl in einem krassen Missverhältnis zu den Interessen steht.[63] Vielmehr kann «bereits das im kantonalen Verfahren an den Tag gelegte Verhalten zeigen, dass die Anrufung des Bundesgerichts nicht auf den Schutz berechtigter Interessen abzielt, sondern ausschliesslich andere und damit missbräuchliche Zwecke verfolgt, wie namentlich den Zeitgewinn durch trölerisches Prozessieren».[64] So trat das Bundesgericht z.B. auf eine Beschwerde nicht ein, weil es trölerisch sei, sich gegen eine Baubusse zu wehren, nachdem bereits das Baubewilligungsverfahren durch alle Instanzen gezogen worden sei und in einem rechtskräftigen Entscheid geendet habe. Unter diesen Umständen bestehe kein legitimes Interesse daran, sich gegen die Baubusse, die wegen Verletzung der Rückbauverfügung verhängt worden war, noch einmal mit dem Einwand zu wehren, die Planabweichungen seien bewilligt gewesen.[65] Ebenfalls als rechtsmissbräuchlich bezeichnete das Bundesgericht das unnötige Zuwarten mit der Einreichung eines Ausstandsbegehrens[66] oder das rechtsmissbräuchliche Zurückbehalten von Verfahrensakten.[67]

Als **Querulant** (von lateinisch querulus = gern klagend) gilt ein Beschwerdeführer, der **31** immer wieder aus geringfügigem oder ohne Anlass an Behörden gelangt. Querulanten fallen dadurch auf, dass sie oft offensichtlich unbegründete Anträge stellen oder Beschwerden führen, sich durch Belehrungen kaum beeinflussen lassen und auch dann auf ihrem vermeintlichen Recht beharren, wenn ihr Anliegen wiederholt nicht stattgegeben wird. Das Bundesgericht bezeichnete eine Beschwerde als querulatorisch, in der – trotz Belehrung durch untere Instanzen – ganz allgemein die Überprüfung behördlichen Handelns verlangt wurde.[68] Auch vollkommen unbegründete Ausstandsbe-

---

[61] Unv. BGE vom 13.2.2004 (i.S. X.) 2A.77/2004 E. 2. Dies gilt selbst dann, wenn es sich um ein Verfahren handelt, bei dem an sich die Grundsätze von Art. 6 Abs. 1 EMRK zu beachten wären.
[62] BGE 119 II 84, 85 E. 3.
[63] BGE 118 II 87, 89 E. 4.
[64] BGE 118 II 87, 89 E. 4. Vorliegend war entscheidend, dass auch eine Gutheissung der Rechtsmittel eine weitere Verzögerung des vom Kläger nur zu diesem Zweck geführten Aberkennungsprozesses zur Folge gehabt hätten.
[65] Unv. BGE vom 26.8.2002 (i.S. X.) 1P.188/2002 E. 1.3
[66] Unv. BGE vom 19.9.2006 (i.S. X.) 1P.457/2006 E. 3.
[67] Unv. BGE vom 24.8.2006 (i.S. X.) 1P.375/2006.
[68] Unv. BGE vom 3.10.2000 (i.S. X. AG) 2A.364/2000.

gehren gegen Gerichtspersonen erachtete das Bundesgericht als querulatorisch (und zugleich rechtsmissbräuchlich).[69] Diese Rechtsprechung bewahrt auch unter neuem Recht ihre Bedeutung.

Art. 109

Dreierbesetzung

[1] Die Abteilungen entscheiden in Dreierbesetzung über Nichteintreten auf Beschwerden, bei denen sich keine Rechtsfrage von grundsätzlicher Bedeutung stellt oder kein besonders bedeutender Fall vorliegt, wenn die Beschwerde nur unter einer dieser Bedingungen zulässig ist (Art. 74 und 83–85). Artikel 58 Absatz 1 Buchstabe b findet keine Anwendung.

[2] Sie entscheiden ebenfalls in Dreierbesetzung bei Einstimmigkeit über:

a. Abweisung offensichtlich unbegründeter Beschwerden;

b. Gutheissung offensichtlich begründeter Beschwerden, insbesondere wenn der angefochtene Akt von der Rechtsprechung des Bundesgerichts abweicht und kein Anlass besteht, diese zu überprüfen.

[3] Der Entscheid wird summarisch begründet. Es kann ganz oder teilweise auf den angefochtenen Entscheid verwiesen werden.

Cours statuant à trois juges

[1] Le refus d'entrer en matière sur les recours qui ne soulèvent pas de question juridique de principe ni ne portent sur un cas particulièrement important alors qu'ils ne sont recevables qu'à cette condition (art. 74 et 83 à 85) est prononcé par la cour statuant à trois juges. L'art. 58, al. 1, let. b, n'est pas applicable.

[2] La cour décide dans la même composition et à l'unanimité:

a. de rejeter un recours manifestement infondé;

b. d'admettre un recours manifestement fondé, en particulier si l'acte attaqué s'écarte de la jurisprudence du Tribunal fédéral et qu'il n'y a pas de raison de la réexaminer.

[3] L'arrêt est motivé sommairement. Il peut renvoyer partiellement ou entièrement à la décision attaquée.

Corti trimembri

[1] Le corti giudicano nella composizione di tre giudici circa la non entrata nel merito su ricorsi che non sollevano una questione di diritto di importanza fondamentale o non riguardano un caso particolarmente importante, se il ricorso è ammissibile soltanto a una condizione siffatta (art. 74 e 83–85). L'articolo 58 capoverso 1 lettera b non è applicabile.

[2] Le corti decidono nella stessa composizione, con voto unanime, su:

a. la reiezione di ricorsi manifestamente infondati;

b. l'accoglimento di ricorsi manifestamente fondati, segnatamente se l'atto impugnato diverge dalla giurisprudenza del Tribunale federale e non vi è motivo di riesaminare tale giurisprudenza.

[3] La decisione è motivata sommariamente. Può rimandare in tutto od in parte alla decisione impugnata.

---

[69] Unv. BGE vom 9.8.2004 (i.S. X.) 1P.419/2004.

Materialien

Botschaft 2001 BBl 2001 4211 ff.; AB 2004 N 1612; AB 2005 S 138; AB 2003 S 909.

I. Einleitung

Das BGG kennt **zwei Arten vereinfachter Verfahren**. Wo die Voraussetzungen für ein 1
Beschwerdeverfahren vor Bundesgericht offensichtlich nicht erfüllt sind, kann nach
Art. 108 die Einzelrichterin einen Nichteintretensentscheid fällen. Das vereinfachte Verfahren nach Art. 109 sieht dagegen eine Dreierbesetzung vor. Das Dreiergremium entscheidet mit Mehrheitsbeschluss über Nichteintreten auf Beschwerden, bei denen sich
keine Rechtsfrage von grundsätzlicher Bedeutung stellt oder kein besonders bedeutender
Fall vorliegt (Abs. 1). In gleicher Besetzung, aber nur bei Einstimmigkeit, beschliesst das
Gericht die Abweisung offensichtlich unbegründeter oder die Gutheissung offensichtlich
begründeter Beschwerden (Abs. 2). Während sich die Begründung des Nichteintretensentscheids im einzelrichterlichen Verfahren auf eine kurze Angabe des Unzulässigkeitsgrundes beschränken kann (Art. 108 Abs. 1), sind Nichteintretensentscheide und Sachurteile,
die das Gericht in Dreierbesetzung fällt, summarisch zu begründen (Art. 109 Abs. 3).

Für Angaben zu Literatur, Materialien, Entstehungsgeschichte und Bedeutung des vereinfachten Verfahrens (N 1 ff.) kann auf die Ausführungen zu Art. 108 verwiesen werden.

II. Anwendungsbereich

Wie das einzelrichterliche Verfahren (Art. 108) kommt auch das vereinfachte Verfahren 2
nach Art. 109 **nicht zur Anwendung**, wenn das Bundesgericht im Klageverfahren als
einzige Instanz entscheidet (Art. 120). Aus der Systematik des BGG wird abgeleitet, dass
auch Revisions-, Erläuterungs- und Berichtigungsgesuche (Art. 121 ff., 129) nicht im
vereinfachten Verfahren erledigt werden können.[1] Unseres Erachtens ist es aber nicht
von vornherein ausgeschlossen, offensichtlich begründete bzw. unbegründete Gesuche
um Revision, Erläuterung oder Berichtigung im vereinfachten Verfahren nach Art. 109
Abs. 2 zu beurteilen (vgl. Art. 108 N 5).

---

[1] SEILER/VON WERDT/GÜNGERICH, BGG, Art. 108 N 9 und Art. 109 N 2.

3 Der Anwendungsbereich des Nichteintretensverfahrens nach Art. 109 Abs. 1 ist auf **Beschwerden in Zivilsachen** sowie auf **Beschwerden in öffentlich-rechtlichen Angelegenheiten** beschränkt. Nach diesem Verfahren sind Rechtsmittel zu behandeln, die – aufgrund ihres Streitwerts oder ihres Anfechtungsobjekts – grundsätzlich unzulässig sind, die aber dennoch den Gang vor das Bundesgericht erlauben, wenn sie eine Rechtsfrage von grundsätzlicher Bedeutung aufwerfen oder wenn ein besonders bedeutender Fall vorliegt. Weil die Beschwerde in Strafsachen und die subsidiäre Verfassungsbeschwerde die ausnahmsweise Zulässigkeit einer Beschwerde aus den genannten Gründen nicht kennen, ist das Nichteintretensverfahren nach Art. 109 Abs. 1 für sie bedeutungslos.[2]

4 Bei Beschwerden in Zivilsachen ist das Nichteintretensverfahren nur dort von Bedeutung, wo es um **vermögensrechtliche Streitigkeiten** geht, die den verlangten Streitwert (Fr. 15 000.– in arbeits- und mietrechtlichen Fällen bzw. Fr. 30 000.– in allen übrigen Fällen) nicht erreichen (Art. 74). Sie können dem höchsten Gericht grundsätzlich nicht vorgelegt werden. Das Bundesgericht tritt aber ausnahmsweise dennoch auf die Beschwerde ein, wenn sie eine Rechtsfrage von grundsätzlicher Bedeutung aufwirft. Ob dies der Fall ist und sich ein Eintreten rechtfertigt, entscheidet das Bundesgericht im vereinfachten Verfahren nach Art. 109 Abs. 1. Ob bei *offensichtlichem* Fehlen der grundsätzlichen Bedeutung die Einzelrichterin einen Nichteintretensentscheid fällen kann (Art. 108 Abs. 1) oder ob in jedem Fall eine Dreierbesetzung nach Art. 109 Abs. 1 erforderlich ist, ist in der Lehre umstritten.[3] Unseres Erachtens kann der Nichteintretensentscheid sehr wohl im einzelrichterlichen Verfahren gefällt werden, wenn es auf der Hand liegt, dass die Voraussetzungen für ein Eintreten nicht gegeben sind (vgl. Art. 108, N 24). Die Beschwerde ist jedoch nur dann offensichtlich unzulässig, wenn davon auszugehen ist, dass jeder Richter ohne Zögern dieser Meinung wäre und anzunehmen ist, dass auch ein Richtergremium ohne weiteres einstimmig das Fehlen der Grundsätzlichkeit feststellen würde. Dies ist etwa der Fall, wenn das Gericht bereits in verschiedenen, ähnlich gelagerten Fällen die Grundsätzlichkeit der Rechtsfrage verneint hat.

5 Bei Beschwerden in öffentlich-rechtlichen Angelegenheiten ist das Nichteintretensverfahren in drei Bereichen von Bedeutung. Erstens sind **Beschwerden gegen Submissionsentscheide** nur zulässig, wenn sie den nach nationalem oder internationalem Recht massgebenden Schwellenwert erreichen und eine Rechtsfrage von grundsätzlicher Bedeutung aufwerfen (Art. 83 lit. f). Das Nichteintretensverfahren nach Art. 109 Abs. 1 ist zweitens anwendbar, wenn die Beschwerde in öffentlich-rechtlichen Angelegenheiten eine dem Zivilrecht verwandte Streitsache betrifft und den verlangten Streitwert (Fr. 30 000.– auf dem Gebiet der **Staatshaftung** bzw. Fr. 15 000.– auf dem Gebiet der **öffentlich-rechtlichen Arbeitsverhältnisse**) nicht erreicht (Art. 85 Abs. 1). Solche Beschwerden sind grundsätzlich unzulässig. Wie in vermögensrechtlichen Angelegenheiten des Zivilrechts tritt das Bundesgericht aber trotz Nichterreichen des Streitwerts auf die Beschwerde ein, wenn sich eine Rechtsfrage von grundsätzlicher Bedeutung stellt (Art. 85 Abs. 2).

6 Schliesslich ist das Nichteintretensverfahren in öffentlich-rechtlichen Angelegenheiten anwendbar, wenn es um einen Entscheid auf dem Gebiet der **internationalen Rechtshilfe in Strafsachen** geht. Beschwerden an das Bundesgericht sind in diesem Bereich nur zulässig, wenn sie eine Auslieferung, Beschlagnahme, Herausgabe von Gegenständen oder Vermögenswerten oder Übermittlung von Informationen aus dem Geheimbereich betreffen und es sich um einen besonders bedeutenden Fall handelt (Art. 84

---

[2] Vgl. EHRENZELLER/SCHWEIZER-AEMISEGGER, 481 und 492.
[3] Für den Einzelrichter: SEILER/VON WERDT/GÜNGERICH, BGG, Art. 109 N 4; für die Dreierbesetzung: EHRENZELLER/SCHWEIZER-AEMISEGGER, 494 f.

Abs. 1). Das Bundesgericht entscheidet im vereinfachten Verfahren über das Nichteintreten, wenn es zum Schluss kommt, der vorgelegte Fall sei nicht besonders bedeutend. Es kann sich dabei an den Beispielen orientieren, mit Hilfe welcher das Gesetz den besonders schweren Fall umschreibt (Art. 84 Abs. 2).

Im Gegensatz zum Nichteintretensentscheid nach Art. 109 Abs. 1 kommt das **vereinfachte Verfahren nach Art. 109 Abs. 2** in allen Beschwerdeverfahren, einschliesslich der subsidiären Verfassungsbeschwerde, zur Anwendung, in denen das Bundesgericht als ordentliche Beschwerdeinstanz entscheidet. Sein Anwendungsbereich entspricht dem des einzelrichterlichen Verfahrens nach Art. 108 (vgl. Art. 108 N 5 ff.). Ein Urteil kann auch dann im vereinfachten Verfahren ergehen, wenn die Instruktion nach dem ordentlichen Verfahren durchgeführt wurde.[4]

7

III. Merkmale des Verfahrens

Im vereinfachten Verfahren nach Art. 109 entscheiden die Abteilungen in **Dreierbesetzung**.[5] Urteile in der Sache können allerdings nur dann im vereinfachten Verfahren gefällt werden, wenn die drei Richterinnen einstimmig der Auffassung sind, die Beschwerde sei offensichtlich begründet bzw. unbegründet (Art. 109 Abs. 2). Fehlt es an der Einstimmigkeit, so ist die Beschwerde in das ordentliche Verfahren zu verweisen. Nichteintretensentscheide nach Art. 109 Abs. 1 verlangen dagegen keine Einstimmigkeit. Das Bundesgericht kann auch dann einen Nichteintretensentscheid fällen, wenn eine der drei Richterinnen der Meinung ist, die Beschwerde werfe eine Rechtsfrage von grundsätzlicher Bedeutung auf oder es liege ein besonders bedeutsamer Fall vor.

8

1. Urteilsverfahren

Als der Gesetzgeber im Jahre 1992 erstmals ein vereinfachtes Verfahren vor Bundesgericht einführte (Art. 36a OG), sah er den Unterschied zum ordentlichen Verfahren v.a. im Verzicht auf eine mündliche Urteilsberatung. Die Richter sollten im vereinfachten Verfahren auf dem Weg der Aktenzirkulation entscheiden. Diese Regelung verlor in dem Masse an Bedeutung als das **Zirkulationsverfahren** bald auch im ordentlichen Verfahren zur Regel wurde.[6] Nach neuem BGG entscheidet das Bundesgericht grundsätzlich auf dem Weg der Aktenzirkulation (Art. 58 Abs. 2). Nur wenn die Abteilungspräsidentin dies anordnet, eine Richterin dies verlangt (Art. 58 Abs. 1 lit. a) oder wenn sich keine Einstimmigkeit ergibt (Art. 58 Abs. 1 lit. b), berät das Bundesgericht mündlich.[7]

9

Nach der ausdrücklichen Vorschrift von Art. 109 Abs. 1 zweiter Satz findet Art. 58 Abs. 1 lit. b keine Anwendung, wenn Nichteintretensentscheide in Dreierbesetzung gefällt werden. Selbst wenn sich die Richter uneinig sind, ob eine Rechtsfrage von grundsätzlicher Bedeutung oder ein besonders bedeutender Fall vorliegt, findet danach **keine öffentliche Urteilsberatung** statt. Dies ist bedauerlich. Der Entscheid über das Nichteintreten in Fällen von Art. 109 Abs. 1 ist nicht nur für die Entlastung des Bundesgerichts von grundlegender Bedeutung, sondern auch für den Zugang zum Bundesgericht, die Auswirkun-

10

---

[4] Botschaft 2001 BBl 2001 4348; vgl. auch POUDRET, Commentaire, Bd. I, Art. 36a N 2.4.
[5] Das BGG geht auch im ordentlichen Verfahren von einer Dreierbesetzung aus (Art. 20 Abs. 1). Nur über Rechtsfragen von grundsätzlicher Bedeutung oder auf Antrag einer Richterin (Art. 20 Abs. 2) sowie in einigen für die politischen Rechte besonders bedeutsamen Fällen (Art. 20 Abs. 3) entscheidet das Gericht in Fünferbesetzung.
[6] Botschaft 2001 4302; s.a. POUDRET, Commentaire, Bd. I, Art. 36a N 1.
[7] Vgl. SEILER/VON WERDT/GÜNGERICH, BGG, Art. 58 N 3.

gen der Erhöhung der Streitwerte und die Folgen, welche die Ausweitung der Beschwerde in Zivilsachen auf öffentlich-rechtliche Fragen (und damit deren Unterstellung unter die Streitwertgrenze) haben. Nicht zuletzt entscheidet die Handhabung von Art. 109 Abs. 1 auch über die Verfassungsmässigkeit der Zugangsschranken zum Bundesgericht. Nach Art. 191 Abs. 2 BV darf nur für Streitigkeiten, die keine Rechtsfrage von grundsätzlicher Bedeutung betreffen, eine Streitwertgrenze gelten. Da es bei der Anwendung von Art. 109 Abs. 1 damit auch um die Konkretisierung einer Verfassungsnorm geht, ist das Fehlen einer mündlichen Beratung unbefriedigend. Sind nur zwei der Richterinnen der Auffassung, der Beschwerde fehle es an grundsätzlicher oder besonderer Bedeutung, wäre eine mündliche Urteilsberatung wünschenswert. Dies gilt umso mehr als Nichteintretensentscheide wegen fehlender Grundsätzlichkeit bzw. Bedeutung immer im vereinfachten Verfahren ergehen, und nicht etwa nur dann, wenn das Fehlen der grundsätzlichen oder besonderen Bedeutung offensichtlich ist.[8] Bis sich eine Rechtsprechung zur Frage der grundsätzlichen oder besonderen Bedeutung gefestigt hat, sollte die Abteilungspräsidentin deshalb bei fehlender Einstimmigkeit eine mündliche Urteilsberatung anordnen (Art. 58 Abs. 1 lit. a). Versäumt sie dies, so kann (und sollte) eine andere Richterin die mündliche Urteilsberatung verlangen (Art. 58 Abs. 1 lit. b).

11   Über die Abweisung oder Gutheissung von Beschwerden nach Art. 109 Abs. 2 kann nur bei **Einstimmigkeit** im vereinfachten Verfahren entschieden werden. Art. 58 Abs. 1 lit. b kommt damit von vornherein nicht zur Anwendung. Die Abteilungspräsidentin oder eine Richterin kann aber auch in diesem Fall eine mündliche Urteilsberatung anordnen oder verlangen (Art. 58 Abs. 1 lit. a).

12   Nach Art. 57 kann die Abteilungspräsidentin in allen Verfahren eine **mündliche Parteiverhandlung** anordnen. In den Fällen von Art. 109 Abs. 2, die das Dreiergremium einstimmig als offensichtlich erachtet, wird sich eine solche jedoch kaum je als erforderlich erweisen.[9] Nimmt das Bundesgericht ausnahmsweise eine Sachverhaltskontrolle vor oder hat es die Anforderungen von Art. 6 EMRK zu beachten, weil diesen nicht bereits im kantonalen Verfahren genüge getan worden ist, so ist das vereinfachte Verfahren ohnehin fehl am Platz (vgl. Art. 108 N 7). Etwas anderes gilt für das Nichteintretensverfahren nach Art. 109 Abs. 1. Ob es der Beschwerde an grundsätzlicher oder besonderer Bedeutung fehlt, ist stets im vereinfachten Verfahren zu entscheiden, auch dann, wenn die Frage unklar und unter den Bundesrichtern streitig ist (vgl. N 10). Da es um die Bewertung einer Rechtsfrage geht, wird sich in diesen Fällen eine mündliche Parteiverhandlung dennoch nur selten als sinnvoll erweisen. Etwas anderes mag gelten, wo das Gericht zu entscheiden hat, ob ein Rechtshilfefall besonders bedeutend ist oder nicht. Zur Frage der Öffentlichkeit des Urteilsverfahrens kann im Übrigen auf die Ausführungen zu Art. 108 (N 9 ff.) verwiesen werden.

2. Schriftenwechsel

13   Nach Art. 102 Abs. 1 ist ein Schriftenwechsel anzuordnen, soweit dies als erforderlich erscheint.[10] Nichteintretensentscheide und Abweisungen können ohne weiteres ohne Schriftenwechsel gefällt werden. Eine Gutheissung kann dagegen nur erfolgen, wenn die

---

[8] In offensichtlichen Fällen kommt vielmehr das einzelrichterlicher Verfahren nach Art. 108 zur Anwendung (vgl. Art. 108 N 24 sowie oben N 4).

[9] Vgl. SEILER/VON WERDT/GÜNGERICH, BGG, Art. 109 N 17.

[10] Art. 96 Abs. 2 des bundesrätlichen Entwurfs hatte vorgesehen, bei offensichtlich unzulässigen oder unbegründeten Beschwerden auf einen Schriftenwechsel zu verzichten. Diese ausdrückliche Regelung ist im Verlauf der Beratungen dahin gefallen und durch das Kriterium der Erforderlichkeit ersetzt worden. AB 2004 N 1612 und AB 2005 S 138.

Beschwerdegegnerin Gelegenheit zur Stellungnahme erhielt.[11] Dieser Grundsatz, der sich aus dem **Anspruch auf rechtliches Gehör** ableitet, galt bereits unter dem alten Recht und bewahrt weiterhin seine Gültigkeit.[12]

3. Begründung des Urteils

Entscheide nach Art. 109 sind **summarisch**, allenfalls unter Verweisung auf das ange- **14** fochtene Urteil, zu begründen (Art. 109 Abs. 3). Beim Nichteintretensentscheid nach Art. 109 Abs. 1 ist insb. festzuhalten, warum keine Rechtsfrage von grundsätzlicher Bedeutung oder kein besonders bedeutender Fall vorliegt.[13] Zu den allgemeinen Anforderungen an die Begründung im vereinfachten Verfahren kann auf Art. 108 verwiesen werden (vgl. Art. 108 N 12 f.).

Die vom Gesetz verlangte summarische Begründung von Urteilen nach Art. 109 darf auf **15** den Entscheid der Vorinstanz verweisen. Eine **kurze Begründung mit Hinweis auf den angefochtenen Entscheid** ist dabei einer vollständigen Verweisung auf das vorinstanzliche Urteil vorzuziehen. Ansonsten kann der Eindruck entstehen, das Bundesgericht habe sich gar nicht mit den Rügen des Beschwerdeführers auseinandergesetzt, was unter Umständen die Akzeptanz des Urteils beeinträchtigt. Von offensichtlicher Unbegründetheit der Beschwerde i.S.v. Art. 109 Abs. 2 ist nur auszugehen, wenn die Beschwerde ohne wesentliche eigene Begründung – gestützt auf das Urteil der Vorinstanz – abgewiesen werden kann. Bei offensichtlicher Begründetheit i.S.v. Art. 109 Abs. 2 hat das Bundesgericht summarisch anzugeben, inwiefern die Vorinstanz Recht verletzt hat und dieser Mangel offensichtlich ist. Kann der Entscheid aufgrund seiner Komplexität nicht in knapper Form begründet werden, so kommt nicht das vereinfachte, sondern das ordentliche Verfahren zur Anwendung.

Beim Nichteintretensentscheid nach Art. 109 Abs. 1 hat das Bundesgericht selbst die **16** Konkretisierung eines unbestimmten Rechtsbegriffs («Rechtsfrage von grundsätzlicher Bedeutung», «besonders bedeutender Fall») vorzunehmen. Da es hier sein Ermessen betätigt (und nicht die Ermessensausübung der Vorinstanz überprüft), gelten hier – trotz Art. 109 Abs. 3 – **erhöhte Begründungspflichten**. Das Bundesgericht hat darzulegen, warum es einer Rechtsfrage die grundsätzliche Bedeutung zu- oder abspricht bzw. warum es einen Fall für besonders bedeutend hält oder nicht. Es kann dabei nicht auf die Erwägungen der Vorinstanz verweisen, weil sich diese mit den bundesgerichtlichen Zulässigkeitsvoraussetzungen nicht zu befassen hatte. Da es sich bei den konkretisierungsbedürftigen Ausdrücken um neue Rechtsbegriffe handelt, besteht ein besonders grosses Bedürfnis an einer mehr als summarischen Begründung der ersten Präjudizien.

IV. Nichteintretensentscheid in Dreierbesetzung

Das Bundesgericht entscheidet – auch bei fehlender Einstimmigkeit – in Dreierbesetzung **17** und in jedem Fall ohne öffentliche Beratung über Nichteintreten auf Beschwerden, bei denen sich keine **Rechtsfrage von grundsätzlicher Bedeutung** stellt oder kein **besonders bedeutender Fall** vorliegt (Art. 109 Abs. 1). Kommen die Richterinnen zum Schluss, dass eine Rechtsfrage von grundsätzlicher Bedeutung vorliegt, so wird die Beschwerde im ordentlichen Verfahren behandelt. Da es sich um eine Rechtsfrage von grundsätzlicher Bedeutung handelt, entscheidet das Gericht in diesem Fall in Fünferbe-

---

[11] KÄLIN, Beschwerde[2], 375; ZIMMERLI/KÄLIN/KIENER, Verfahrensrecht, 235; POUDRET, Commentaire, Bd. I, Art. 36a N 4.
[12] Vgl. auch EHRENZELLER/SCHWEIZER-AEMISEGGER, 477.
[13] EHRENZELLER/SCHWEIZER-AEMISEGGER, 490.

setzung (Art. 20 Abs. 2).[14] Auch für die Behandlung besonders bedeutender Fälle wird sich in der Regel eine Fünferbesetzung aufdrängen.

1. Anwendungsbereich

18   Das Bundesgericht tritt auf **zivilrechtliche** und auf bestimmte **öffentlich-rechtliche Beschwerden** nur ein, wenn diese eine Rechtsfrage von grundsätzlicher Bedeutung aufwerfen oder ein besonders bedeutender Fall vorliegt. Für die Beschwerde in Strafsachen ist Art. 109 Abs. 1 dagegen ohne Bedeutung (vgl. oben N 3).

a) Zivilrechtliche Einheitsbeschwerde

19   Der Beschwerde in Zivilsachen unterliegen sowohl Entscheide in Zivilsachen (Art. 72 Abs. 1) als auch Entscheide in Schuldbetreibungs- und Konkurssachen sowie bestimmte öffentlich-rechtliche Entscheide, die in unmittelbarem Zusammenhang mit dem Zivilrecht stehen (Art. 72 Abs. 2).[15] Handelt es sich bei diesen Entscheiden um nicht-vermögensrechtliche Streitigkeiten, so ist die Beschwerde in Zivilsachen ohne weiteres zulässig.[16] Liegt dagegen eine **vermögensrechtliche Streitigkeit** vor, so ist die Beschwerde in Zivilsachen grundsätzlich nur zulässig, wenn ein bestimmter Streitwert erreicht wird. Diese Streitwertgrenze hat das BGG im Interesse der Entlastung des Bundesgerichts erhöht. Für arbeits- und mietrechtliche Fälle gilt neu die Streitwertgrenze von Fr. 15 000.–, für alle übrigen Fälle die von Fr. 30 000.– (Art. 74 Abs. 1).[17] Erreicht der Streitwert diesen Betrag nicht, so ist die Beschwerde dennoch zulässig, wenn sich eine Rechtsfrage von grundsätzlicher Bedeutung stellt (Art. 74 Abs. 2). Rechtsfragen von grundsätzlicher Bedeutung ist bereits aufgrund der Verfassung der Zugang zum Bundesgericht ohne Rücksicht auf den Streitwert zu gewährleisten (N 10).

20   Das *Vorliegen* einer Rechtsfrage von grundsätzlicher Bedeutung ist in folgenden Fällen besonders bedeutsam:

– *In allen unter altem Recht als vermögensrechtliche Streitigkeit qualifizierten Fällen (Art. 72 Abs. 1):*

   Als solche gelten Streitigkeiten um Geld- oder Sachleistungen sowie um andere Rechtsfolgen mit wirtschaftlicher Zielsetzung.[18] Betrifft eine Streitigkeit sowohl vermögensrechtliche als auch nicht-vermögensrechtliche Aspekte, so ist darauf abzustellen, ob das geldwerte oder das ideelle Interesse der Beschwerdeführerin überwiegt.[19]

---

[14] EHRENZELLER/SCHWEIZER-AEMISEGGER, 495.

[15] TSCHANNEN-WALTER, 115 und 123. Diese Zivilsachen waren bisher ohne Rücksicht auf den Streitwert berufungsfähig (Art. 45 lit. b OG).

[16] TSCHANNEN-WALTER, 116.

[17] Zur Berechnung des Streitwerts vgl. die Kommentierung zu Art. 51. Es ist darauf hinzuweisen, dass der Streitwert sich danach bestimmt, was vor der Vorinstanz streitig geblieben ist (Art. 51 Abs. 1). Es ist irrelevant, welchen Betrag die Vorinstanz zugesprochen hat, falls die Partei nur teilweise obsiegt hat; massgebend ist einzig die ganze vor der Vorinstanz beantragte Summe; SEILER/VON WERDT/GÜNGERICH, BGG, Art. 51 N 17.

[18] BGE 108 II 77, 78 E. 1a, bestätigt u.a. in BGE 116 II 379, 380 E. 2; BGE 118 II 528, 531 E. 2c; GEISER/MÜNCH²-MÜNCH, N 4.13; KUMMER, Grundriss⁴, 109; a.A. POUDRET, Commentaire, Bd. II, Art. 44 N 1.2, wonach lediglich auf den Streitgegenstand, nicht aber auf die Rechtsnatur der durch die Parteien verfolgten Interessen abzustellen ist. LEUCH/MARBACH, ZPO⁵, Art. 137 N 1a.

[19] BGE 108 II 77, 78 E. 1a m.w.Hinw.; LEUCH/MARBACH, ZPO⁵, Art. 137 N 1a. Dies gilt auch für Feststellungsbegehren, ebenda Art. 137 N 1a.

– *Bei Schuldbetreibungs- und Konkurssachen (Art. 72 Abs. 2 lit. a):*

Schuldbetreibungs- und Konkurssachen unterliegen nur dann nicht dem Streitwerterfordernis, wenn es sich um einen Entscheid der kantonalen Aufsichtsbehörden in Schuldbetreibungs- und Konkurssachen oder um einen Entscheid des Konkurs- oder Nachlassrichters handelt (Art. 74 Abs. 2 lit. c und d).

– *Bei Entscheiden über die Anerkennung und Vollstreckung von Entscheiden über die Rechtshilfe in Zivilsachen (Art. 72 Abs. 2 lit. b Ziff. 1):*

Diese unterstehen der Streitwertgrenze, soweit sie vermögensrechtlicher Natur sind.

– *Bei Entscheiden über die Führung des Grundbuchs, des Handelsregisters sowie der immaterialgüterrechtlichen Register (Art. 72 Abs. 2 lit. b Ziff. 2):*

Diese Entscheide waren unter altem Recht als Verwaltungsgerichtsbeschwerden von der Streitwertgrenze ausgenommen.

– *Bei Entscheiden auf dem Gebiet der Stiftungsaufsicht (Art. 72 Abs. 2 lit. b Ziff. 4):*

Auch diese Beschwerden unterstellt das BGG neu dem Streitwerterfordernis.

– *Bei Entscheiden auf dem Gebiet der Aufsicht über die Vormundschaftsbehörden, die Willensvollstrecker und andere erbrechtliche Vertreterinnen (Art. 72 Abs. 2 lit. b Ziff. 5):*

Soweit sie nicht-vermögensrechtlicher Natur sind, unterstehen auch diese Entscheide neu einer Streitwertgrenze.

b) Öffentlich-rechtliche Einheitsbeschwerde

Im Bereich des öffentlichen Rechts gilt grundsätzlich keine Streitwertgrenze. Die Be- **21** schwerde in öffentlich-rechtlichen Angelegenheiten setzt aber in zwei, dem Zivilrecht verwandten Bereichen ausnahmsweise voraus, dass ein bestimmter Streitwert erreicht wird:[20] Im Bereich der Staatshaftung gilt eine **Streitwertgrenze** von Fr. 30 000.–, im Bereich der öffentlich-rechtlichen Arbeitsverhältnisse eine Grenze von Fr. 15 000.– (Art. 85 Abs. 1). Ausserdem sind Entscheide auf dem Gebiet der öffentlichen Beschaffungen nur anfechtbar, wenn der geschätzte Wert des Auftrages den massgebenden Schwellenwert des BoeB bzw. des Abkommens der Eidgenossenschaft mit der EG erreicht und sich eine Rechtsfrage von grundsätzlicher Bedeutung stellt (Art. 83 lit. f). Die öffentlich-rechtliche Beschwerde im Bereich der **internationalen Rechtshilfe in Strafsachen** ist nur zulässig, wenn ein besonders bedeutender Fall vorliegt (vgl. dazu Art. 84 sowie oben N 6).

c) Vorinstanz

Die Beschwerde in Zivilsachen ist zulässig gegen Entscheide letzter kantonaler Instanzen **22** und des Bundesverwaltungsgerichts (Art. 75 Abs. 1). Die Kantone sind verpflichtet, als letzte kantonale Instanzen Gerichte einzusetzen, die als Rechtsmittelinstanzen entscheiden (Art. 75 Abs. 2). Beschwerden in öffentlich-rechtlichen Angelegenheiten richten sich gegen Entscheide des Bundesverwaltungsgerichts, des Bundesstrafgerichts, der unabhängigen Beschwerdeinstanz für Radio und Fernsehen und letzter kantonaler Instanzen (Art. 86 Abs. 1). Die Kantone sind auch im Bereich der öffentlich-rechtlichen Verfahren verpflichtet, als unmittelbare Vorinstanzen des Bundesgerichts obere Gerichte einzuset-

---

[20] Tschannen-Kiener, 245.

zen (Art. 86 Abs. 2). Diese Bestimmungen sollen sicherstellen, dass die Rechtsweggarantie auf kantonaler Ebene gewährleistet ist. Den Kantonen wurde jedoch für die Umsetzung der Vorinstanzenregelung und damit auch für die Gewährleistung der Rechtsweggarantie eine **Übergangsfrist** bis zum 1.1.2009 gewährt.[21] Bis zu diesem Zeitpunkt wird es deshalb möglich sein, dass einzelne Entscheide (etwa solche mit bescheidenem Streitwert) nicht oder nicht mit bundesrechtskonformer Kognition bei einem oberen kantonalen Gericht angefochten werden können.[22] Während dieser Übergangsfrist können deshalb Streitigkeiten von unteren kantonalen Gerichten direkt an das Bundesgericht weitergezogen werden, wenn sie eine Rechtsfrage von grundsätzlicher Bedeutung aufwerfen.[23]

2. Rechtsfragen von grundsätzlicher Bedeutung

23   Der Ausdruck «Rechtsfrage von grundsätzlicher Bedeutung» findet sich sowohl im BGG als auch in der Bundesverfassung. Bei der Konkretisierung des **unbestimmten Rechtsbegriffs** ist deshalb den verfassungsrechtlichen Vorgaben zum Zugang an das Bundesgericht besondere Bedeutung beizumessen.

a) Verfassungsrechtliche Vorgaben

24   Nach Art. 191 Abs. 1 BV gewährleistet das Gesetz den Zugang zum Bundesgericht. Es handelt sich dabei um einen **Auftrag an den Gesetzgeber**, nicht um einen individualrechtlichen Anspruch. Es liegt am Gesetzgeber, den Zugang zum höchsten Gericht im Einzelnen zu regeln. Nach Art. 191 Abs. 2 BV ist es zulässig, den Zugang zum Bundesgericht vom Erreichen eines bestimmten Streitwerts abhängig zu machen. Streitigkeiten, welche Rechtsfragen von grundsätzlicher Bedeutung aufwerfen, müssen dem Bundesgericht aber von Verfassung wegen auch dann unterbreitet werden können, wenn sie den Streitwert nicht erreichen (vgl. oben N 10).

25   Der Vorbehalt der grundsätzlichen Rechtsfrage trägt dem Bedürfnis Rechnung, dem Bundesgericht Fragen vorzulegen, die sehr viele Personen betreffen, im Einzelfall aber kaum je zu einem hohen Streitwert führen, oder die aus anderen Gründen der höchstrichterlichen Klärung bedürfen.[24] Liegt eine Rechtsfrage von grundsätzlicher Bedeutung vor, so ist deshalb der Zugang zum Bundesgericht **ohne Rücksicht auf den Streitwert** gesichert. Die Verfassung gewährleistet «im Zusammenhang mit Streitwertgrenzen – und nur in diesem Zusammenhang – eine Zugangsgarantie für Rechtsfragen von grundsätzlicher Bedeutung».[25] Der Vorbehalt stellt keine generelle verfassungsrechtliche Zugangsgarantie für Rechtsfragen von grundsätzlicher Bedeutung dar, sondern dient der Milderung hoher Streitwertgrenzen.[26] Die Verfassung verzichtet jedoch darauf, den für den Zugang zum Bundesgericht zentralen Begriff der Rechtsfrage von grundsätzlicher Bedeutung näher zu umschreiben.

---

[21] Vgl. TSCHANNEN-HERZOG, 109 m.w.Hinw.
[22] TSCHANNEN-WALTER, 130.
[23] TSCHANNEN-WALTER, 130 m.w.Hinw.
[24] Vgl. AB 1999 N 1014 (Votum des Berichterstatters).
[25] SGK-KISS/KOLLER, Art. 191 N 10.
[26] SGK-KISS/KOLLER, Art. 191 N 16: «Die Zugangsgarantie besteht nur, aber immerhin, als gewisse Kompensation für Streitwertgrenzen.»

b) Konkretisierung des Begriffs

Im Unterschied zum besonders bedeutenden Fall, welchen das BGG näher umschreibt **26** (Art. 84 Abs. 2),[27] verzichtete auch der Bundesrat bewusst darauf, den Begriff der Rechtsfrage von grundsätzlicher Bedeutung zu definieren: «Eine **Legaldefinition** wäre nicht sachgerecht; sie liefe Gefahr, die Anerkennung einer Grundsatzfrage durch das Bundesgericht in Fällen zu vereiteln, in denen sich die Grundsätzlichkeit erst aus der konkreten Fallsituation ergibt.»[28] Der Ständerat war anderer Meinung und schlug folgende Begriffsbestimmung vor: «Eine Rechtsfrage von grundsätzlicher Bedeutung stellt sich insbesondere, wenn es wichtig ist, dass das Bundesgericht die einheitliche Anwendung von Bundsrecht sicherstellt oder die Auslegung von Bundes- oder Völkerrecht klärt».[29] Schliesslich entschied der Nationalrat, diese Definition wieder zu streichen und dem bundesrätlichen Vorschlag zu folgen. Damit ist der Begriff weder in der Bundesverfassung noch im BGG näher umschrieben.

Von der Konkretisierung des Begriffes der Rechtsfrage von grundsätzlicher Bedeutung **27** kann es abhängen, ob das Bundesgericht auf eine Beschwerde eintritt oder nicht. Das entscheidende Verdikt des Eintretens oder Zurückweisens einer Beschwerde steht dabei in einem Spannungsverhältnis zur Unbestimmtheit des Gesetzes. Diesem Spannungsverhältnis, welches dadurch verschärft wird, dass der Entscheid im vereinfachten Verfahren, mit Mehrheitsbeschluss und ohne öffentliche Urteilsberatung gefällt wird, gilt es bei der Konkretisierung des Begriffs Rechnung zu tragen. Schliesslich kristallisieren sich in Art. 109 Abs. 1 die verschiedenen, teilweise widersprüchlichen **Ziele der Justizreform**, die Entlastung des Bundesgerichts und die Verbesserung und Vereinfachung des Rechtsschutzes.[30] Bei der Konkretisierung des Begriffs sind deshalb die im öffentlichen Interesse liegenden Anliegen der Justizreform miteinzubeziehen: Das Interesse des Beschwerdeführers und der Allgemeinheit an einem umfassenden Rechtsschutz und die ebenfalls im öffentlichen Interesse liegende Beschränkung der bundesgerichtlichen Arbeitslast.

Bis anhin erschien der Begriff der Streitsache von grundsätzlicher Bedeutung lediglich in **28** **Art. 15 Abs. 3 OG**, wonach in der Besetzung von drei Richtern zu urteilen sei, soweit es sich nicht um eine Streitsache von grundsätzlicher Bedeutung handelt. Der Begriff wurde, da die Besetzung des Spruchkörpers letztlich eine gerichtsinterne Angelegenheit ist, weder in der Rechtsprechung noch in der Lehre definiert.[31] POUDRET, der sich als einziger zu dieser Frage äusserte, ging davon aus, dass es aufgrund der Terminologie («Rechtsfrage») ausschliesslich um Rechtsfragen gehen müsse. Es sei erforderlich, aber auch ausreichend, dass die Streitigkeit eine oder mehrere Rechtsfragen aufwerfe, deren Lösung von grundsätzlicher Tragweite sei oder ein Präjudiz in der Auslegung des Gesetzes darstelle. Auf die Bedeutung des konkreten Falles komme es nicht an.[32]

Die **Botschaft** enthält einige Hinweise zur Auslegung des Begriffes der Rechtsfrage von **29** grundsätzlicher Bedeutung. Sie hält zunächst die Selbstverständlichkeit fest, dass es sich um eine Rechtsfrage handeln muss, deren Verletzung vor Bundesgericht gerügt werden

---

[27] Der besonders bedeutende Fall ist nicht identisch mit dem Begriff der Rechtsfrage von grundsätzlicher Bedeutung. Eine besondere Bedeutung kann sich auch etwa aus einer besonderen völkerrechtlichen oder politischen Brisanz ergeben. Vgl. SEILER/VON WERDT/GÜNGERICH, BGG, Art. 84 N 8.
[28] Botschaft 2001 BBl 2001 4309.
[29] AB 2003 S 909.
[30] Botschaft 2001 BBl 2001 4211 ff., 4214 ff.
[31] POUDRET, Commentaire, Bd. I, Art. 15 N 4; TSCHANNEN-WALTER, 119.
[32] POUDRET, Commentaire, Bd. I, Art. 15 N 4.

kann.[33] Zudem muss es sich um eine Rechtsfrage handeln, die der höchstrichterlichen Klärung bedarf. Dabei sind laut Botschaft folgende Konstellationen denkbar:[34]

– Die Rechtsfrage wurde vom Bundesgericht noch nicht entschieden, bedarf aber einer einheitlichen Antwort. Dieses Bedürfnis kann sich daraus ergeben, dass die Vorinstanzen widersprüchlich entschieden haben oder eine neue Rechtsfrage aufgetaucht ist, von der zu erwarten ist, dass die unteren Instanzen öfters mit ihr konfrontiert sein werden.

– Die Rechtsfrage wurde vom Bundesgericht bereits entschieden, der angefochtene Entscheid stimmt mit dieser Rechtsprechung überein, aber es gibt Gründe, diese Rechtsprechung zu überprüfen.

– Die Rechtsfrage wurde vom Bundesgericht bereits entschieden, die Vorinstanz ist aber von dieser Praxis abgewichen. In diesem Fall ist es «Sache des Bundesgerichts, seine Praxis zu bestätigen oder zu ändern».[35]

30 Weder aus dem alten Recht noch aus der Botschaft ergeben sich eindeutige Kriterien zur Abgrenzung grundsätzlicher von anderen Rechtsfragen. Unbestritten ist, dass die aufgeworfene Frage entscheiderheblich sein muss.[36] Fraglich ist jedoch, ob der Begriff **«Rechtsfrage»** unter Umständen auch Tatfragen erfassen kann.[37] Während der Ausdruck «besonders bedeutender Fall» diesbezüglich offen ist, schliesst der Ausdruck «Rechtsfrage» die Berücksichtigung von Tatfragen aus. Daraus folgt indes nicht, dass das Bundesgericht die Feststellung des Sachverhalts bei Nichterreichen des Streitwerts in keinem Fall überprüfen könnte. Es legt zwar seinem Entscheid grundsätzlich den Sachverhalt zugrunde, den die Vorinstanz festgestellt hat (Art. 105 Abs. 1). Die Feststellung des Sachverhalts kann aber gerügt werden, wenn sie offensichtlich unrichtig oder auf einer Rechtsverletzung beruht und wenn die Behebung des Mangels für den Ausgang des Verfahrens entscheidend sein kann (Art. 97 Abs. 1). Behauptet der Beschwerdeführer, der Sachverhalt sei unrichtig festgestellt worden, so ist jedoch kaum vorstellbar, dass er damit Fragen aufwirft, denen über den Einzelfall hinaus grundsätzliche Bedeutung zukommt. Seine Beschwerde ist deswegen vorbehaltlos an die Streitwertgrenze gebunden. Macht der Beschwerdeführer hingegen geltend, die Vorinstanz habe bei der Sachverhaltsfeststellung Recht verletzt, so handelt es sich um eine Rechtsfrage, die im Fall der Grundsätzlichkeit unabhängig vom Streitwert den Zugang zum Bundesgericht eröffnet.

31 Bei der Frage, ob die aufgeworfene Rechtsfrage von grundsätzlicher Bedeutung ist, ist auf **objektive Kriterien** abzustellen.[38] Die subjektive Betroffenheit der Beschwerdeführerin oder ihr Interesse an einer Überprüfung des Entscheids durch das Bundesgericht sind nicht ausschlaggebend. In nicht-vermögensrechtlichen Streitigkeiten, welche für die Beschwerdeführerin besonders einschneidend sein können, ist der Zugang zum Bundesgericht ohnehin nicht beschränkt. In vermögensrechtlichen Streitigkeiten, die den Streitwert nicht erreichen und nur subjektiv von grosser Bedeutung sind, ist die Beschwerdeführerin auf die subsidiäre Verfassungsbeschwerde zu verweisen. Die Zugangsgarantie

---

[33] Botschaft 2001 BBl 2001 4309.

[34] Botschaft 2001 BBl 2001 4309 f. zum Ganzen.

[35] Botschaft 2001 BBl 2001 4310.

[36] Vgl. auch GOEKSU, Beschwerden, N 170.

[37] Für eine Abgrenzung vgl. TSCHANNEN-WALTER, 139: «Was wahr oder unwahr sein kann, ist Tatfrage und gehört zum Sachverhalt, was richtig oder unrichtig sein kann, ist Rechtsfrage und gehört zur Rechtsanwendung». Notorietät, tatsächliche Vermutung und Normhypothese werden vom Bundesgericht wie Rechtsfragen behandelt.

[38] Vgl. GOEKSU, Beschwerden, FN 406 m.w.Hinw.; TSCHANNEN-WALTER, 119.

für Rechtsfragen von grundsätzlicher Bedeutung verfolgt nicht den Zweck, in besonders stossenden Fällen den Gang an das Bundesgericht zu ermöglichen. Sie soll es vielmehr erlauben, ungeklärte Rechtsfragen, deren Bedeutung über den Einzelfall hinausreicht, einer höchstrichterlichen Klärung zuzuführen.

Die grundsätzliche Bedeutung ist zu bejahen, wenn die Beschwerde eine Rechtsfrage   **32** aufwirft, an deren höchstrichterlichen Klärung ein allgemeines, **über den Einzelfall hinausweisendes Interesse** besteht.[39] Dies ist nur gegeben, wenn die Rechtsfrage von einiger praktischer Bedeutung ist und zu erwarten ist, dass sie sich auf diese oder ähnliche Art und Weise wieder stellen wird. Das Bundesgericht hat auf die Beschwerde einzutreten, wenn sich ihm die Gelegenheit bietet, durch ein Präjudiz Rechtssicherheit zu schaffen und für eine möglichst einheitliche Anwendung des Bundes- und Völkerrechts zu sorgen.[40]

aa) Noch nicht entschiedene Rechtsfrage?

Nach Botschaft (vgl. oben N 31) und wohl herrschender Lehre ist die grundsätzliche   **33** Bedeutung einer Rechtsfrage zu bejahen, wenn eine Rechtsfrage noch **nie vom Bundesgericht beurteilt** worden ist.[41] Diese Regel hat zwar einiges für sich und ermöglicht die höchstrichterliche Beurteilung von Rechtsfragen, die den verlangten Streitwert regelmässig nicht erreichen. Es gilt aber doch zu bedenken, dass häufig nicht eindeutig festzustellen ist, ob genau die aufgeworfene Rechtsfrage bereits höchstrichterlich beurteilt worden ist oder nicht vielmehr nur eine ähnliche. Wird die Gleichung «kein Bundesgerichtsentscheid gleich grundsätzliche Bedeutung» allzu strikt gehandhabt, so verschiebt sich die Auseinandersetzung auf die Frage, ob die aufgeworfene Rechtsfrage neu sei oder nicht. Diese Frage lässt sich aber nicht unbedingt leichter beantworten als die Frage nach ihrer Grundsätzlichkeit.

Um die Grundsätzlichkeit neuer Rechtsfragen zu beurteilen, sind vielmehr verschiedene   **34** **Kriterien** beizuziehen. So ist etwa die Tatsache, dass die aufgeworfene Rechtsfrage in der kantonalen Rechtsprechung unterschiedlich beantwortet wird, ein Indiz für deren Grundsätzlichkeit. Das Vorliegen widersprüchlicher kantonaler Rechtsprechung ist aber nicht vorauszusetzen.[42] Wirft eine neue oder revidierte Rechtsnorm neue Rechtsfragen auf, so kann sich ein baldiges höchstrichterliches Präjudiz als sinnvoll erweisen. Eine bundesrichterliche Klärung sollte baldmöglichst erfolgen können, wenn die Rechtsfrage von grosser praktischer Bedeutung ist. Den Rechtssuchenden ist in diesem Fall nicht zuzumuten, abzuwarten bis widersprüchliche kantonale Entscheide vorliegen.[43] Bei älteren Gesetzen kann die Tatsache, dass eine Rechtsfrage die Gerichte bis anhin noch nicht beschäftigt hat, auf deren mangelnde Grundsätzlichkeit hinweisen. Selbst wenn eine Rechtsfrage noch nie höchstrichterlich beurteilt worden ist, kann ihr schliesslich die Grundsätzlichkeit abgehen, wenn nicht zu erwarten ist, dass sie sich in ähnlicher Weise wieder stellen wird. Es besteht in diesem Fall kein Bedürfnis nach einer einheitlichen Antwort.

---

[39] GOEKSU, Beschwerden, N 169; TSCHANNEN-WALTER, 119.
[40] TSCHANNEN-WALTER, 119.
[41] Botschaft 2001 BBl 2001 4309; GOEKSU, Beschwerden, N 171; TSCHANNEN-WALTER, 120. Massgebend ist dabei nicht, ob es in der amtlichen Sammlung publizierte Rechtsprechung gibt, sondern ob ein allenfalls vorliegender Entscheid in irgendeiner Form der Öffentlichkeit zugänglich gemacht wurde; GOEKSU, Beschwerden, N 171.
[42] So aber die Botschaft 2001 BBl 2001 4309.
[43] Vgl. TSCHANNEN-WALTER, 120; GOEKSU, Beschwerden, N 171.

bb) Vom Bundesgericht abweichender Entscheid der Vorinstanz?

35 Botschaft (vgl. oben N 31) und ein Teil der Lehre gehen des Weiteren davon aus, dass eine Rechtsfrage von grundsätzlicher Bedeutung vorliegt, wenn sie vom **Bundesgericht bereits entschieden** wurde, die Vorinstanz aber von dieser Praxis abweicht. In diesem Fall habe das Bundesgericht seine Praxis zu bestätigen oder zu ändern.[44] Auch dieses Kriterium darf jedoch nicht mechanisch gehandhabt werden. Allein aus der Tatsache, dass eine Vorinstanz von der bundesgerichtlichen Rechtsprechung abweicht, kann nicht auf die Grundsätzlichkeit der aufgeworfenen Rechtsfrage geschlossen werden. Ginge man vom Gegenteil aus, so stellte man nicht auf die Grundsätzlichkeit der Rechtsfrage ab, sondern auf das Verhalten der Vorinstanz und das Interesse der Beschwerdeführerin an einer Überprüfung im Einzelfall. Eine solche soll aber nach dem Willen des Gesetzgebers nur erfolgen können, wenn die Rechtsstreitigkeit einen bestimmten Streitwert erreicht. Der bundesgerichtlichen Rechtsprechung widersprechende Entscheide eröffnen nur dann ohne Rücksicht auf den Streitwert den Gang an das Bundesgericht, wenn sie für die Weiterentwicklung der Rechtsordnung von Bedeutung sind. Erscheint der Entscheid der Vorinstanz trotz fehlender Grundsätzlichkeit als stossend, so bleibt dem Beschwerdeführer nur die subsidiäre Verfassungsbeschwerde.

cc) Überprüfung der Rechtsprechung?

36 Schliesslich gehen Botschaft (vgl. oben N 31) und Lehre von der Grundsätzlichkeit einer Rechtsfrage aus, wenn der angefochtene Entscheid zwar mit der bundesgerichtlichen Rechtsprechung übereinstimmt, es aber Gründe gibt, diese **Rechtsprechung zu überprüfen**.[45] Auch diese Fallkonstellation wirft Fragen auf. Zwar mag es einleuchten, dass Grundsätzlichkeit nicht gegeben ist, wenn die Rechtsfrage in verschiedenen (publizierten und unpublizierten) Urteilen entschieden wurde und sich eine Änderung der Rechtsprechung weder aufdrängt noch abzeichnet, doch bleibt damit die Frage unbeantwortet, *wann* eine Änderung der Rechtsprechung zu erwägen ist. Gerade diese Frage lässt sich in den meisten Fällen nur aufgrund einer umfassenden Abklärung der Rechtsfrage, der bisherigen Rechtsprechung und des seither eingetretenen Wandels beantworten.

37 Ein Indiz für die **Notwendigkeit einer Überprüfung** der Rechtsprechung kann sich daraus ergeben, dass diese in der Lehre starker Kritik ausgesetzt ist. Es kann jedoch nicht unbesehen vom Vorliegen zahlreicher Kritik auf die Grundsätzlichkeit der Rechtsfrage geschlossen werden, denn es ist auch möglich, dass eine Frage reges akademisches Interesse weckt, ohne für die Rechtsanwendung von besonderer Bedeutung zu sein. Umgekehrt darf auch nicht ohne weiteres davon ausgegangen werden, eine Rechtsprechung, die keiner Kritik ausgesetzt war, bedürfe keiner Überprüfung. Im Verfahren nach Art. 109 Abs. 1 hat das Bundesgericht nur darüber zu entscheiden, ob sich eine Überprüfung der bisherigen Rechtsprechung als erforderlich erweist und nicht, ob sie tatsächlich erfolgen soll. Hinweise für die Notwendigkeit einer Überprüfung sind insb. das Alter der bestehenden Entscheide sowie die Veränderung des gesellschaftlichen und rechtlichen Umfelds.[46] So kann sich ein Eintreten etwa dann rechtfertigen, wenn im Vergleich zum letzten Urteil neue Elemente aufgetaucht sind, an welche in diesem Urteil nicht gedacht worden war, und die seine Relativierung oder Berichtigung rechtfertigen könnten.[47]

---

[44] Botschaft 2001 BBl 2001 4310; ebenso TSCHANNEN-WALTER, 120; **a.A.** GOEKSU, Beschwerden, N 175.
[45] Vgl. Botschaft 2001 BBl 2001 4310; GOEKSU, Beschwerden, N 172.
[46] GOEKSU, Beschwerden, N 172.
[47] GOEKSU, Beschwerden, N 172.

3. Subsidiäre Verfassungsbeschwerde bei fehlender grundsätzlicher Bedeutung

Bis sich eine Rechtsprechung zur Frage der Rechtsfrage von grundsätzlicher Bedeutung   **38**
oder zum besonders bedeutenden Fall gebildet hat, ist für den Beschwerdeführer schwer
voraussehbar, ob das Bundesgericht nach Art. 109 Abs. 1 auf seine Einheitsbeschwerde
eintreten wird. Er wird sich deshalb oft dafür entscheiden, **neben der Einheitsbeschwerde eine subsidiäre Verfassungsbeschwerde** zu erheben.[48] Tut er dies, so hat er
beide Rechtsmittel in der gleichen Rechtsschrift einzureichen (Art. 119 Abs. 1). Da die
Beschwerdegründe und die Legitimation der Einheitsbeschwerde und der Verfassungsbeschwerde nicht übereinstimmen, sind die beiden Rechtsmittel allerdings separat zu begründen.[49] Auch ihre Zulässigkeit ist separat zu überprüfen. Im vereinfachten Verfahren
nach Art. 109 Abs. 1 ist nur über die Frage zu entscheiden, ob die Einheitsbeschwerde
trotz Nichterreichen des Streitwerts zulässig ist. Beschliesst das Dreiergremium im vereinfachten Verfahren ein Nichteintreten, so ist die Zulässigkeit einer allfälligen Verfassungsbeschwerde im vereinfachten Verfahren nach Art. 108 Abs. 1 oder im ordentlichen
Verfahren zu prüfen.

V. Sachurteil in Dreierbesetzung

Das Bundesgericht entscheidet bei Einstimmigkeit in Dreierbesetzung über die Ab-   **39**
weisung offensichtlich unbegründeter und die Gutheissung offensichtlich begründeter
Beschwerden. Im Gegensatz zu den Nichteintretensentscheiden, die in Art. 108 und
Art. 109 Abs. 1 vorgesehen sind, fällt das Bundesgericht im vereinfachten Verfahren nach
Art. 109 Abs. 2 ein **Urteil in der Sache**.

1. Abweisung offensichtlich unbegründeter Beschwerden

Ist eine Beschwerde offensichtlich unbegründet, so kann sie das Bundesgericht im ver-   **40**
einfachten Verfahren abweisen. Das Verfahren nach Art. 109 Abs. 2 kommt aber nur zur
Anwendung, wenn die Richterinnen des Dreiergremiums **einstimmig** zur Auffassung
gelangen, die Beschwerde sei offensichtlich unbegründet. Fehlt es an der Einstimmigkeit,
so kommt das ordentliche Verfahren zur Anwendung, das seinerseits zu einer Abweisung
führen kann.

Eine Abweisung wegen offensichtlicher Unbegründetheit ist möglich, ohne dass dem   **41**
Beschwerdegegner vorgängig die Gelegenheit zur Stellungnahme gewährt wird.[50] Wird
die Beschwerde wegen offensichtlicher Unbegründetheit abgewiesen, so beeinträchtigt
der Verzicht auf einen **Schriftenwechsel** (Art. 102) seinen Anspruch auf rechtliches Gehör nicht (N 13). Das Bundesgericht kann zur Begründung der Abweisung ganz oder
teilweise auf den angefochtenen Entscheid verweisen. Da das Verfahren auf Fälle zugeschnitten ist, die sämtliche mit dem Dossier befassten Richterinnen als offensichtlich
unbegründet erachten, wird sich eine ausführliche **Begründung** der Abweisung in der
Regel erübrigen. Eine vollständige Verweisung auf das angefochtene Urteil vermag aber
nicht zu genügen. Die Beschwerdeführerin ist vielmehr summarisch darüber zu informieren, warum das Bundesgericht ihre Beschwerde für offensichtlich unbegründet hält (vgl.
oben N 15).

---

[48] Vgl. auch TSCHANNEN-ZIMMERLI, 293 f.; EHRENZELLER/SCHWEIZER-AUER, 30.
[49] Namentlich gilt für die Verfassungsbeschwerde das Rügeprinzip.
[50] Vgl. unv. BGE vom 7.2.2007 (i.S. J.) I 21/07, E. 6 mit Verweis auf unv. BGE vom 15.3.2006
(i.S.M.) C 26/06 und unv. BGE vom 13.9.2004 (i.S. R.) H 45/04.

42   Die Abweisung offensichtlich unbegründeter Beschwerden im vereinfachten Verfahren war bereits unter altem Recht vorgesehen (Art. 36a Abs. 1 lit. b OG, vgl. Art. 108 N 1). Die Rechtsprechung zu Art. 36a Abs. 1 lit. b OG bewahrt auch unter neuem Recht ohne weiteres ihre Bedeutung. Die Fälle, in denen das Bundesgericht Beschwerden als **offensichtlich unbegründet** erachtet hat, sind jedoch so vielfältig, dass sich keine Fallgruppen bilden lassen. Nach POUDRET sind Beschwerden offensichtlich unbegründet, «qui apparaissent d'emblée, sur la base d'un examen sommaire mais certain, dépourvu de toute chance de succès».[51] Gemäss SEILER ist eine Beschwerde nicht erst dann unbegründet, «wenn sie einem klaren Gesetzessinn widerspricht, sondern auch dann, wenn sie allein aufgrund des Gesetzestexts allenfalls vertretbar wäre, aber einer ständigen Gerichtspraxis widerspricht, oder wenn der gleiche Beschwerdeführer, nachdem eine frühere Beschwerde abgewiesen worden ist, in einem vergleichbaren Sachverhalt wieder eine gleiche Beschwerde einreicht».[52]

43   Die Beurteilung eines Falles im vereinfachten Verfahren setzt neben den mangelnden Erfolgschancen eine **klare Sach- und Rechtslage** voraus.[53] Dies gilt vorbehaltlos für die Rechtslage: Sobald Zweifel an der gesetzeskonformen Auslegung oder Anwendung des Rechts bestehen, ist die Beschwerde nicht offensichtlich unbegründet.[54] In Bezug auf die Sachlage ist dagegen die beschränkte Kognition des Bundesgerichts (Art. 97) zu beachten: Macht der Beschwerdeführer ausschliesslich eine unrichtige Feststellung des Sachverhalts geltend, so ist die Beschwerde aufgrund der fehlenden Überprüfungsbefugnis des Bundesgerichts offensichtlich unbegründet. Halten es die Richterinnen dagegen für möglich, dass der Vorinstanz bei der Feststellung des Sachverhalts schwere Fehler unterlaufen sind, so ist eine Überprüfung möglich (Art. 97 Abs. 1) und das vereinfachte Verfahren fehl am Platz.[55] Nach Bundesgericht ist die Beschwerde auch dann im ordentlichen Verfahren zu behandeln, wenn sich der Abweisungsentscheid nicht mehr summarisch begründen lässt.[56] Das vereinfachte Verfahren hat mithin nur dann seine Berechtigung, wenn jede Richterin, die sich mit der Beschwerde befasst, ohne weitere Abklärungen oder Begründungen zum Schluss kommen kann, dass die Beschwerde abzuweisen ist.

44   Eine offensichtlich unbegründete Beschwerde ist in der Regel gleichzeitig **aussichtslos** i.S.v. Art. 64 Abs. 1. Die umfangreiche Rechtsprechung zur unentgeltlichen Rechtspflege kann deshalb ebenfalls Hinweise darauf geben, wann eine Beschwerde als offensichtlich unbegründet zu gelten hat. Als aussichtslos sind nach bundesgerichtlicher Rechtsprechung Prozessbegehren anzusehen, bei denen «die Gewinnaussichten beträchtlich geringer sind als die Verlustgefahren und die deshalb kaum als ernsthaft bezeichnet werden können. Dagegen gilt ein Begehren nicht als aussichtslos, wenn sich Gewinnaussichten und Verlustgefahren ungefähr die Waage halten oder jene nur wenig geringer sind als diese».[57] Das Bundesgericht hat aber bei der Frage nach der unentgeltlichen Rechtspflege darüber zu befinden, ob die öffentliche Hand das Beschwerdeverfahren unterstützt, und nicht die inhaltliche Begründetheit der Beschwerde zu beurteilen. Eine Beschwerde, bei der die Verlustgefahren grösser sind als die Gewinnaussichten kann deshalb nicht unbesehen als offensichtlich unbegründet i.S.v. Art. 109 Abs. 1 gelten.

---

[51] POUDRET, Commentaire, Bd. I, Art. 36a N 3.
[52] SEILER/VON WERDT/GÜNGERICH, BGG, Art. 109 N 9.
[53] Vgl. SEILER/VON WERDT/GÜNGERICH, BGG, Art. 109 N 8.
[54] Unv. BGE vom 30.10.2002 (i.S. H.) I 622/01, E. 2.3; SEILER/VON WERDT/GÜNGERICH, BGG, Art. 109 N 8.
[55] Vgl. SEILER/VON WERDT/GÜNGERICH, BGG, Art. 109 N 9 f.
[56] Unv. BGE vom 30.10.2002 (i.S. H.) I 622/01, E. 2.3.
[57] BGE 124 I 304, 306 E. 2c bestätigt in z.B. BGE 129 I 129, 136 E. 2.3.1.

2. Gutheissung offensichtlich begründeter Beschwerden

Ist eine Beschwerde offensichtlich begründet, so kann sie das Bundesgericht – wenn die   **45**
drei Richter einstimmig zu dieser Auffassung gelangen – im vereinfachten Verfahren
gutheissen. Fehlt es an der Einstimmigkeit, so ist im ordentlichen Verfahren zu entscheiden. Erwägt das Dreiergremium eine Gutheissung, so ist der Beschwerdegegnerin die
Gelegenheit zur Stellungnahme einzuräumen. Hiesse das Bundesgericht die Beschwerde
ohne Schriftenwechsel gut, so wäre ihr Anspruch auf rechtliches Gehör verletzt (vgl.
oben N 13). Da das Bundesgericht im Falle der Gutheissung den Entscheid der Vorinstanz aufhebt, ist es in der Regel auf eine eigene Begründung angewiesen und kann nicht
auf den angefochtenen Entscheid verweisen. Die Begründung kann jedoch summarisch
sein und lediglich kurz die Gründe nennen, warum das Gericht die Beschwerde für begründet hält (z.B. durch einen Verweis auf die eigene Rechtsprechung).

Während das Gesetz sich darüber ausschweigt, wann eine Beschwerde im vereinfachten   **46**
Verfahren abgewiesen werden kann (Art. 109 Abs. 2 lit. a), äussert es sich dazu, wann sie
gutgeheissen werden kann. Nach Art. 109 Abs. 2 lit. b ist eine Beschwerde insb. dann
offensichtlich begründet, «wenn der angefochtene Akt von der Rechtsprechung des Bundesgerichts abweicht und kein Anlass besteht, diese zu überprüfen». Damit ist für die
Rechtsanwendung allerdings wenig gewonnen, da sich der Rechtsstreit oft um die Frage
drehen wird, ob ein Anlass zur Überprüfung der bundesgerichtlichen Rechtsprechung
besteht oder nicht. Das vereinfachte Verfahren hat in diesem Fall aber dennoch seine Berechtigung, da auch im ordentlichen Verfahren kaum eine Änderung der Rechtsprechung
zu erwarten ist, wenn alle drei der mit dem Dossier befassten Richter einstimmig zur
Auffassung gelangen, dass zu einer Überprüfung kein Anlass besteht. Das Bundesgericht
kann in diesen Fällen zur summarischen Begründung auf seine Rechtsprechung verweisen, wie es dies z.B. getan hat, um die Vernichtung von Hanfernten zu missbilligen: «Wie
das Bundesgericht bereits in mehreren Urteilen festgestellt hat, hält die durch den Untersuchungsrichter angeordnete Vernichtung von Hanfernten [...] im Rahmen einer vorsorglichen strafprozessualen Zwangsmassnahme vor der Verfassung nicht stand».[58]

Das Bundesgericht hiess in seiner bisherigen Rechtsprechung auch solche Beschwerden   **47**
im vereinfachten Verfahren gut, mit denen der Beschwerdeführer die Verletzung elementarer Rechtsgrundsätze oder ein völlig haltloses, nicht nachvollziehbares Vorgehen der
Vorinstanz rügte. Elementare Rechtsgrundsätze gelten etwa als verletzt, wenn die Vorinstanz einen ordnungsgemäss geltend gemachten Anspruch gar nicht prüft.[59] Als nicht
nachvollziehbar erachtete es etwa den Entscheid einer Vorinstanz, einen Antrag auf unentgeltliche Prozessführung nicht zu prüfen, dem Beschwerdeführer aber die Kosten für
diesen Entscheid aufzuerlegen.[60] Ebenfalls wegen offensichtlicher Begründetheit hiess
das Bundesgericht Beschwerden gut, bei denen die Vorinstanz eindeutig fehlerhaft vor-
ging, z.B. indem sie ein verspätet eingereichtes Rechtsmittel ohne Vorliegen eines Revi-
sionsgrundes als Revision entgegennahm[61] oder ein Verfahren zu Unrecht abschrieb.[62]
Diese Rechtsprechung bleibt auch unter neuem Recht bedeutsam.

---

[58] Unv. BGE vom 25.4.2001 (i.S. Firma X.) 1P.1/2001.
[59] Unv. BGE vom 2.3.2006 (i.S. X.) 2A.730/2005.
[60] Unv. BGE vom 8.11.2005 (i.S. X.) 1P.607/2005.
[61] Unv. BGE vom 10.6.2005 (i.S. X.) 2A.19/2005.
[62] Unv. BGE vom 21.2.2005 (i.S. M.) C.188/02.

7. Abschnitt: Kantonales Verfahren

Art. 110*

Beurteilung durch richterliche Behörde	Soweit die Kantone nach diesem Gesetz als letzte kantonale Instanz ein Gericht einzusetzen haben, gewährleisten sie, dass dieses selbst oder eine vorgängig zuständige andere richterliche Behörde den Sachverhalt frei prüft und das massgebende Recht von Amtes wegen anwendet.
Jugement par une autorité judiciaire	Si, en vertu de la présente loi, les cantons sont tenus d'instituer un tribunal comme autorité cantonale de dernière instance, ils font en sorte que ce tribunal ou une autre autorité judiciaire, statuant en instance précédente, examine librement les faits et applique d'office le droit déterminant.
Giudizio da parte di un'autorità giudiziaria	Laddove la presente legge prescriva di istituire un tribunale quale autorità cantonale di ultima istanza, i Cantoni provvedono affinché quest'ultimo o un'autorità giudiziaria di istanza inferiore esamini liberamente i fatti e applichi d'ufficio il diritto determinante.

Materialien

Art. 103 E 2001; Botschaft 2001 BBl 2001 4348 f.; AB 2003 S 911; AB 2004 N 1613.

Literatur

B. EHRENZELLER, Die subsidiäre Verfassungsbeschwerde, Anwaltsrevue 2007, 103–109 (zit. Ehrenzeller, Anwaltsrevue 2007); DERS., Entwicklungen im Bereich des Bürgerrechts, in: A. Achermann et al. (Hrsg.), Jahrbuch für Migrationsrecht 2004/2005, Bern 2005, 13–43 (zit. Achermann et al.-Ehrenzeller); C. GRABENWARTER, Europäische Menschenrechtskonvention, 2. Aufl., München/Wien 2005 (zit. Grabenwarter, Menschenrechtskonvention[2]); G. NAY, Das Bundesgerichtsgesetz im Kontext der Justizreform, in: B. Ehrenzeller et al. (Hrsg.), Human Rights, Democracy and the Rule of Law/Menschenrechte, Demokratie und Rechtsstaat/Droits de l'homme, Démocratie et Etat de droit, Liber amicorum Luzius Wildhaber, Zürich/St. Gallen/Baden-Baden 2007 (zit. FS Wildhaber-Nay).

---

* Meinem Assistenten, Herrn lic. iur. Kilian Meyer, danke ich herzlich für die sehr wertvolle Mitarbeit bei der Erstellung dieser Kommentierung.

I. Das kantonale Verfahren (Art. 110–112)

Die Rechtsweggarantie (Art. 29a BV) richtet sich an Bund und Kantone; wo die **1** Rechtspflege der Kantone angesprochen ist, müssen primär sie die Rechtsweggarantie gewährleisten.[1] Art. 191b Abs. 1 BV verpflichtet die Kantone deshalb zur Bestellung richterlicher Behörden für die Beurteilung sämtlicher Rechtsstreitigkeiten, seien sie zivil-, straf- oder öffentlich-rechtlicher Natur.[2] Mit der Justizreform ist die Rolle der Kantone in der Rechtspflege also deutlich aufgewertet worden. Dieser Verfassungsentscheid beruht auf der Annahme, dass die Kantone einen vollwertigen richterlichen Rechtsschutz gewähren sollen und können. Das Bundesgericht ist nicht das «einzig wahre» Gericht: Gerechtigkeit soll nicht erst in «Lausanne» stattfinden.[3] Das Bundesgericht soll sich auf seine Kernaufgabe als «oberste rechtsprechende Behörde des Bundes» (Art. 188 Abs. 1 BV) konzentrieren können.

Die Verfassung verpflichtet die Kantone zur Bestellung unabhängiger richterlicher **2** Behörden in allen Bereichen, in denen sie für die Rechtsanwendung zuständig sind (Art. 191b, Art. 191c BV).[4] Das BGG hält die Kantone in umfassender Art und Weise dazu an, richterliche Behörden als Vorinstanzen des Bundesgerichts einzusetzen (vgl. hinten N 11 f.). Dieses **Prinzip der richterlichen Vorinstanz** erfüllt eine doppelte Funktion. Erstens nehmen die kantonalen Vorinstanzen eine «**Trichterfunktion mit Filterwirkung**» wahr. Die kantonalen Vorinstanzen sollen als «Trichter» gegenüber dem Bundesgericht wirken, um den Weg zur engeren Türe ins Bundesgericht zu weisen und dabei möglichst viele Rechtsschutzbedürfnisse bereits vor Ausschöpfung des Instanzenzugs zu befriedigen.[5] Wenn dies gelingt, leistet das Prinzip der richterlichen Vorinstanz einen wichtigen Beitrag zur Entlastung des Bundesgerichts, welche ein Hauptanliegen der Justizreform darstellt.[6] Zweitens kann nur dank der umfassenden Pflicht der Kantone zur Einsetzung richterlicher Behörden als Vorinstanzen des Bundesgerichts ein fliessender Übergang vom kantonalen zum bundesgerichtlichen Verfahren gewährleistet werden.[7]

Die mit dem Prinzip der richterlichen Vorinstanz anvisierten Ziele wären mit einer **3** abstrakten Vorinstanzenregelung alleine nicht zu erreichen. Anders als im Zivil- (Art. 122 Abs. 1 BV) und im Strafrecht (Art. 123 Abs. 1 BV) hat es der Verfassungsgeber nicht für notwendig befunden, die Kompetenz zur Gesetzgebung auf dem Gebiet des Verwaltungsverfahrens- und Verwaltungsprozessrechts an sich zu ziehen.[8] Eine gewisse Vereinheitlichung des kantonalen Vorverfahrens aber schien zwingend erforderlich. Das BGG statuiert aus diesem Grund in den Art. 110–112 **grundlegende organisations- und verfahrensrechtliche Leitprinzipien** für die Verfahren vor den kantonalen Vorinstanzen. Im Zentrum stehen **Mindestanforderungen** an Beschwerdegründe und Kognition, Verfahrensbeteiligung und Beschwerdebefugnis sowie formale Vorgaben für Entscheidinhalt und -eröffnung.

---

[1] Vgl. TOPHINKE, ZBl 2006, 91; Botschaft 2001 BBl 2001 4227.
[2] SGK²-KISS/KOLLER, Art. 191b N 5, 8.
[3] EHRENZELLER/SCHWEIZER-PFISTERER, 262, 284.
[4] Vgl. SGK-KISS/KOLLER, Art. 191b N 5 ff.; TOPHINKE, ZBl 2006, 108.
[5] Vgl. EHRENZELLER/SCHWEIZER-PFISTERER, 285 f., 289 ff.
[6] Zu den Gründen und Anliegen der Justizreform vgl. Botschaft 2001 BBl 2001 4211 ff.; KOLLER, ZBl 2006, 59 ff.; FS WILDHABER-NAY, 1470 ff.
[7] Vgl. auch KARLEN, BGG, 65 und 72.
[8] Vgl. Botschaft über eine neue Bundesverfassung vom 20.11.1996, Reformbereich Justiz, BBl 1997 I 487, 517 f.

4 Die Kantone haben diese gesetzgeberische Vorgehensweise, deren sachliche Notwendigkeit im Entscheidungsprozess des Gesetzes nie bestritten wurde,[9] akzeptiert,
obwohl es sich um einen **gewichtigen Eingriff in ihre Organisationsautonomie**
handelt, der zu einer beträchtlichen Angleichung der kantonalen Verfahren führt.[10]
Dessen ungeachtet gilt weiterhin die verfassungsrechtliche Organisationsautonomie
der Kantone (Art. 47 BV). Vom BGG offen gelassene Spielräume müssen deshalb zu
Gunsten der kantonalen Organisationsautonomie ausgelegt werden. Kantonalen Besonderheiten ist, soweit sie mit den bundesrechtlichen Vorgaben vereinbar sind, Rechnung zu tragen (Art. 46 Abs. 3 BV).

5 Die Art. 110–112 gelten im Anwendungsbereich aller drei Einheitsbeschwerden,
sinngemäss auch in jenem der subsidiären Verfassungsbeschwerde (Art. 117; vgl. unten N 11 f.). Sie bringen deshalb im Vergleich mit dem bisherigen Rechtszustand eine
umfassende Rechtsvereinheitlichung mit sich. Nicht verkannt werden darf aber,
dass schon bisher in den Fällen, in denen das Bundesgericht angerufen werden konnte, gewisse Mindestanforderungen für das Verfahren in den Kantonen bestanden (vgl.
Art. 51 f., 98a und Art. 114 OG, Art. 249, 251, 266 und Art. 274 BStP, Art. 61 ATSG,
Art. 20a Abs. 2 Ziff. 4 SchKG).

6 Die Art. 110–112 werden ihre **praktisch wichtigste Bedeutung** als **Mindestvorschriften** für das **kantonale Verwaltungs- und Verwaltungsgerichtsverfahren** entfalten.
Sie führen in erheblichem Umfang zur Entstehung von gemeineidgenössischem Verwaltungsverfahrensrecht. Als Mindestgarantien gelten sie umfassend, d.h. nicht nur für
den Vollzug von Bundesverwaltungsrecht (wie dies bei Art. 98a OG noch der Fall war),
sondern auch im Bereich des kantonalen Verwaltungsrechts.[11] Für das Zivil- und Strafverfahren gelten die Art. 110–112 grundsätzlich zwar ebenso als Mindestvorschriften.
Allerdings bestehen in diesen Rechtsgebieten bereits heute bedeutende bundesrechtliche Sonderbestimmungen. Vor allem aber wird den Mindestvorschriften des BGG
nach Inkrafttreten der eidgenössischen Zivilprozessordnung und der eidgenössischen
Strafprozessordnung nur noch insoweit Bedeutung zukommen, als nicht diese beiden
Erlasse die Art. 110–112 ergänzende oder ersetzende Regelungen aufstellen werden.[12]

7 Bei den Art. 110–112 handelt es sich um Mindestgarantien. Den Kantonen steht es
also frei, **weiter gehenden Rechtsschutz** zu gewähren (vgl. Art. 47 BV). Zur Gewährleistung der Rechtsweggarantie (Art. 29a BV, aber auch Art. 6 EMRK) sind sie
in gewissen Fällen zur Leistung weiter gehenden Rechtsschutzes verpflichtet, als dies
das BGG von ihnen verlangt (vgl. unten N 21).

II. Vorbemerkungen zu Art. 110

8 Art. 110 verdeutlicht nun im Umfang jener (überwiegenden) Fälle, in denen die Kantone nach dem BGG als Vorinstanz des Bundesgerichts eine richterliche Behörde einzusetzen haben (vgl. unten N 11 f.), die Anforderungen, welche die Rechtsweggaran-

---

[9] Sowohl der Ständerat als auch der Nationalrat haben die hier interessierenden Artikel jeweils
diskussionslos angenommen; vgl. AB 2003 S 911; AB 2004 N 1613.

[10] Vgl. KARLEN, BGG, 8 f., 65, der die Bestimmungen als «Fremdkörper» im BGG bezeichnet.
Dieses stelle eine Kodifikation der Normen über die oberste Gerichtsbarkeit der Schweiz dar. Mit
den Bestimmungen über das vorinstanzliche kantonale Verfahren (Art. 75 Abs. 2, Art. 80, Art. 86
Abs. 2 und 3, Art. 87 Abs. 2, Art. 88 Abs. 2 und eben Art. 110 ff.) werde über das Kodifikations-
ziel hinaus gegriffen.

[11] Vgl. TSCHANNEN-HERZOG, 66 und 97.

[12] Vgl. KARLEN, BGG, 69; SEILER/VON WERDT/GÜNGERICH, BGG, Vorbemerkung zu den
Art. 110–112, N 3.

tie an das kantonale Verfahren stellt. Dieser Artikel ist also primär eine **Umsetzung der Rechtsweggarantie** (Art. 29a BV). Diese gewährt jeder Person bei Rechtsstreitigkeiten Anspruch auf Beurteilung durch eine richterliche Behörde. Sie beinhaltet das Recht, sowohl die Rechtsstreitigkeit als auch den ihr zugrunde liegenden Sachverhalt vollumfänglich von einem unabhängigen Gericht prüfen zu lassen. Die Rechtsweggarantie verlangt also die Möglichkeit *einer* **umfassenden Rechts- und Sachverhaltskontrolle** durch den Richter.[13]

Das **Bundesgericht** für sich alleine erfüllt diese Anforderung nicht. Das bundesgericht-   **9**
liche Rechtsschutzsystem ist auch nicht darauf ausgerichtet. Kernfunktionen des Bundesgerichts als oberste rechtsprechende Behörde des Bundes (Art. 188 BV) sind viel eher die Gewährleistung der Einheit des schweizerischen Rechts wie auch dessen Fortentwicklung sowie die letztinstanzliche Gewährleistung von Rechtsschutz.[14] Seinem Urteil legt es den Sachverhalt zugrunde, den die Vorinstanz festgestellt hat; es kann diesen nur berichtigen oder ergänzen, wenn er offensichtlich unrichtig ist oder wenn seine Feststellung auf einer Rechtsverletzung beruht (vgl. Art. 105). Daraus ergibt sich, dass die **Anforderungen der Rechtsweggarantie bereits im kantonalen Verfahren vollumfänglich erfüllt werden müssen**, auch wenn der Rechtsmittelweg an das Bundesgericht offen steht.

Weder die Rechtsweggarantie nach Art. 29a BV noch Art. 110 verpflichten die Kantone   **10**
zur Einsetzung eines doppelten Instanzenzugs. Gefordert ist alleine der Zugang zu **wenigstens** *einem* **Gericht** mit voller Sachverhalts- und Rechtsprüfung.[15] Ein doppelter Instanzenzug verlangt das BGG alleine in Zivil- und Strafsachen («double instance», Art. 75 und Art. 80 je Abs. 2), wobei es sich nicht um zwei gerichtliche Instanzen handeln muss.[16] Die Kantone sind jedoch frei, über die Mindestanforderungen des BGG hinauszugehen und mehr zu leisten als von Bundesrechts wegen gefordert. Insbesondere gestattet ihnen das BGG, gegen den Entscheid des oberen kantonalen Gerichts eine Beschwerde an eine weitere Instanz mit beschränkter Rechtskontrolle (z.B. an ein Kassations- oder an ein Verfassungsgericht) vorzusehen (vgl. auch Kommentar zu Art. 111 N 18).[17]

III. Anwendungsbereich

Die in Art. 110 festgehaltenen Verpflichtungen gelten nur insofern, als die Kantone nach   **11**
dem BGG als **letzte kantonale Instanz ein Gericht** einzusetzen haben. Dies trifft allerdings in beinahe allen Fällen zu, verpflichtet doch das BGG die Kantone **im Anwendungsbereich sämtlicher Einheitsbeschwerden** (Art. 75 Abs. 2, Art. 80 Abs. 2, Art. 86 Abs. 2), also **in allen Rechtsbereichen** (Zivilrecht, Strafrecht, öffentliches Recht) dazu, Gerichte als Vorinstanzen des Bundesgerichts einzusetzen. Ausnahmen von diesem Grundsatz der richterlichen Vorinstanz gibt es nur wenige (vgl. unten N 12). Auch wo das Bundesgericht nur mit **subsidiärer Verfassungsbeschwerde** an-

---

[13] SGK²-KLEY, Art. 29a N 5 ff.; HANGARTNER, AJP 2002, 135 f.; KÄLIN, ZBl 1999, 54 f.; TOPHINKE, ZBl 2006, 90 f.

[14] Vgl. EHRENZELLER, Anwaltsrevue 2007, 103; RHINOW, Grundzüge, N 2645 ff.; SGK²-KISS/KOLLER, Art. 188 N 8 ff.

[15] TOPHINKE, ZBl 2006, 108; SPÜHLER/DOLGE/VOCK, Kurzkommentar, Art. 110 N 4.

[16] Folglich können auch in Zivil- und Strafsachen erstinstanzlich weiterhin Verwaltungsbehörden (z.B. Erbschafts- und Vormundschaftsbehörden, Strafverfolgungs- und Vollzugsbehörden) entscheiden; vgl. AUER, ZBl 2006 126; SPÜHLER/DOLGE/VOCK, Kurzkommentar, Art. 110 N 4.

[17] Vgl. AUER, ZBl 2006, 128 m.Hinw.

gerufen werden kann, haben die Kantone eine richterliche Vorinstanz einzusetzen, für deren Verfahren Art. 110 sinngemäss gilt (vgl. Art. 114 und 117).[18] Damit werden die Kantone – im Vergleich zur früher geltenden Rechtslage im Anwendungsbereich der staatsrechtlichen Beschwerde – zu einer erheblichen Ausweitung ihrer Verfassungsgerichtsbarkeit gezwungen. Angesichts der kantonalen Organisationsautonomie ist dies zwar kritisch, muss jedoch mit Blick auf die Ziele der Justizreform hingenommen werden.[19]

12 Die **Ausnahmefälle**, in denen die Kantone vom Prinzip der richterlichen Vorinstanz absehen können, werden vom **BGG abschliessend umschrieben**. Es bleibt kein Spielraum für eigene Abweichungen der Kantone.[20] Lediglich in folgenden Fällen erlaubt ihnen das BGG, auf das Einsetzen richterlicher Vorinstanzen zu verzichten:

– Kantonale Entscheide, die spezialgesetzlich beim Bundesverwaltungsgericht oder Bundesstrafgericht anfechtbar sind (Art. 86 Abs. 2 i.V.m. Art. 86 Abs. 1 lit. d);[21]

– Entscheide in öffentlich-rechtlichen Angelegenheiten mit vorwiegend politischem Charakter (Art. 86 Abs. 3);[22]

– Kantonale Erlasse (Art. 87 Abs. 1 i.V.m. Art. 86 Abs. 3);

In den oben genannten Fällen können die Kantone auf die Einsetzung eines Gerichts verzichten. In **kantonalen Stimmrechtssachen** verlangt Art. 88 Abs. 2 von den Kantonen die Schaffung eines Rechtsmittels (ausgenommen Akte des Parlaments und der Regierung). Der Bundesgesetzgeber hat die Beantwortung der Frage, ob Art. 88 Abs. 2 die Kantone zur Einsetzung einer richterlichen Behörde als Rechtsmittelinstanz verpflichtet, bewusst der zukünftigen Auslegung der Rechtsweggarantie überlassen.[23] Die politischen Rechte sind, wie die bundesgerichtliche Praxis zu Art. 34 BV[24] zeigt, durchaus einer gerichtlichen Beurteilung zugänglich. Es ist deshalb m.E. mit der Rechtsweggarantie nicht vereinbar, wenn die kantonalen Stimmrechtsangelegenheiten vom Schutzbereich der verfassungsrechtlichen Garantie ausgenommen werden.[25] In **eidgenössischen Stimmrechtsangelegenheiten** hingegen bestimmt das BGG die Kantonsregierungen als Vorin-

---

[18] Vgl. AUER, ZBl 2006, 123; BELLANGER/TANQUEREL-LUGON/POLTIER/TANQUEREL, 111; EHRENZELLER/SCHWEIZER-PFISTERER, 297.

[19] Vgl. dazu insb. EHRENZELLER/SCHWEIZER-PFISTERER, 297. SCHWEIZER spricht sich gegen die Annahme einer Pflicht zu einer solchen Ausweitung der kantonalen Verfassungsgerichtsbarkeit aus. Er begründet dies damit, dass bei einem solchen Verständnis des Art. 114 sich der breite Katalog der Ausschlussgründe von Art. 83 nicht mehr durch die mangelnde Justiziabilität rechtfertigen liesse und die Verfassungsbeschwerde auf Fälle von grundsätzlicher Bedeutung hätte reduziert werden können. Vgl. EHRENZELLER/SCHWEIZER-SCHWEIZER, 227.

[20] So auch AUER, ZBl 2006, 124 f.; KARLEN, BGG, 70.

[21] Derartige Entscheide kommen nur in Ausnahmefällen vor (vgl. z.B. Art. 166 Abs. 2 LwG, Art. 34 VGG). Art. 86 Abs. 2, zweiter Satzteil, enthält einen Vorbehalt für den Fall, dass ein Bundesgesetz die Beschwerde ans Bundesgericht gegen den Entscheid einer unteren kantonalen Instanz erlaubt. In solchen Fällen muss die kantonale Vorinstanz des Bundesgerichts kein *oberes* Gericht sein. Vgl. Botschaft 2001 BBl 2001 4326 f., wo Art. 146 DBG als Beispiel erwähnt wird.

[22] Vgl. hierzu Kommentar zu Art. 86 Abs. 3; SGK²-KLEY, Art. 29a N 16 ff.; Botschaft 2001 BBl 2001 4327; KÄLIN, ZBl 1999, 59; TOPHINKE, ZBl 2006, 98–103.

[23] Botschaft 2001 BBl 2001 4327; Schlussbericht 1997, 93; AUER, ZBl 2006, 125; TOPHINKE, ZBl 2006, 105; EHRENZELLER/SCHWEIZER-BESSON, 433.

[24] Vgl. SGK-STEINMANN, Art. 34 N 15 f.

[25] Gleicher Ansicht: TOPHINKE, ZBl 2006, 105 f.; EHRENZELLER/SCHWEIZER-BESSON, 434 f.; **a.M.** SEILER/VON WERDT/GÜNGERICH, BGG, Art. 88 N 10.

stanzen des Bundesgerichts (Art. 88 Abs. 1 lit. b i.V.m. Art. 77 BPR). Es lässt gerichtliche Vorinstanzen in diesem Bereich also ausdrücklich nicht zu.[26]

IV. Beurteilung durch *eine* richterliche Behörde

Art. 110 verlangt, dass die kantonale Vorinstanz oder eine vorgängig zuständige ande- **13** re **richterliche Behörde** (ein Gericht) den Sachverhalt frei prüft und das Recht von Amtes wegen anwendet. Unter dem Begriff des Gerichts ist eine örtlich, sachlich und funktional zuständige, sowohl gegenüber anderen Behörden als auch gegenüber den Parteien **unabhängige, unparteiische und unbefangene, nur dem Recht verpflichtete Behörde** zu verstehen (vgl. Art. 30 und Art. 191c BV, Art. 6 Ziff. 1 EMRK).[27] Falls mehr als eine kantonale gerichtliche Instanz besteht (Prinzip des doppelten Instanzenzuges, vgl. Art. 75 Abs. 2 und Art. 80 Abs. 2), reicht es gem. klarem Wortlaut der Bestimmung aus, wenn die Kognitionsvorschriften des Art. 110 bei der unteren Instanz erfüllt werden. Auch in diesem Fall muss aber das obere kantonale Gericht mit der Rüge, die Sachverhaltsfeststellung sei offensichtlich unrichtig oder beruhe auf einer Rechtsverletzung, angerufen werden können (Art. 97 Abs. 1 i.V.m. Art. 111 Abs. 3; vgl. allerdings Art. 100 Abs. 6).[28]

Die Bestimmung bezieht sich nur auf richterliche kantonale Vorinstanzen. Allerdings **14** ergibt sich aus dem prozessualen Grundsatz, wonach die Prüfungsbefugnis der unteren Instanz nicht enger sein soll als jene der oberen, dass im Anwendungsbereich des Art. 110 (vgl. oben N 11 f.) auch die den kantonalen gerichtlichen Instanzen vorangestellten **Verwaltungsbehörden** den Sachverhalt frei zu prüfen und das Recht von Amtes wegen anzuwenden haben.[29]

Es steht dem kantonalen Gesetzgeber frei, **über die Mindestvorschriften des** **15** **Art. 110 hinaus gehende Regelungen** zu treffen. Sie können die Anforderungen des Art. 110 auf andere, nichtrichterliche Behörden ausdehnen. Weiter ist es ihnen unbenommen, eine Angemessenheitskontrolle vorzusehen (was von Art. 110 nicht verlangt wird), wie dies z.B. beim Bundesverwaltungsgericht der Fall ist (vgl. Art. 37 VGG und Art. 49 lit. c VwVG).[30]

Die Anforderungen des Art. 110 an die kantonalen Vorinstanzen des Bundesgerichts **16** gelten nicht nur für Endentscheide, sondern auch für selbständig anfechtbare Teil-, Vor- und Zwischenentscheide (Art. 90 ff.).[31]

1. Freie Prüfung des massgebenden Sachverhaltes

Falls die Kantone als letzte kantonale Instanz ein Gericht einzusetzen haben, gewähr- **17** leisten sie, dass dieses selbst oder eine vorgängig zuständige andere richterliche Behörde den **Sachverhalt frei prüft**. Das obere kantonale Gericht muss demnach den

---

[26] Dieser Ausschluss gerichtlicher Vorinstanzen wird in der Botschaft des Bundesrates mit zeitlicher Dringlichkeit begründet: die Ergebnisse von eidgenössischen Abstimmungen sollen rasch verkündet werden und der Nationalrat anlässlich der auf die Gesamterneuerungswahl folgenden Session konstituiert werden können. Vgl. Botschaft 2001 BBl 2001 4327 f.

[27] Vgl. SGK-HOTZ, Art. 30 N 9; SGK²-KLEY, Art. 29a N 15; EHRENZELLER/SCHWEIZER-PFISTERER, 273; TOPHINKE, ZBl 2006, 91; BGE 124 II 58, 62 f.; EGMR i.S. *Landolt gegen Schweiz* vom 31.8.2006, VPB 70 (2006) Nr. 112.

[28] Vgl. KARLEN, BGG, 69 f.; SEILER/VON WERDT/GÜNGERICH, BGG, Art. 110 N 4.

[29] Vgl. SEILER/VON WERDT/GÜNGERICH, BGG, Art. 110 N 3.

[30] EHRENZELLER/SCHWEIZER-PFISTERER, 313; SGK-KISS/KOLLER, Art. 191b N 13.

[31] SPÜHLER/DOLGE/VOCK, Kurzkommentar, Art. 110 N 6.

Sachverhalt lediglich dann nicht frei prüfen, wenn diese Aufgabe bereits zuvor durch eine andere richterliche Behörde übernommen wurde.[32] Der rechtserhebliche (entscheidrelevante) Sachverhalt ist also im kantonalen Verfahren **zumindest einmal frei zu überprüfen**. Aus Art. 110 i.V.m. Art. 97 und Art. 105 Abs. 2 folgt, dass die kantonale richterliche Behörde **umfassend prüfen** muss, ob der **massgebende Sachverhalt richtig**[33] und **vollständig**[34] zusammengetragen ist und ob dessen Erhebung nicht auf einer Rechtsverletzung i.S.v. Art. 95 beruht. Der massgebende Sachverhalt muss im kantonalen Verfahren zumindest in einer Art und Weise festgestellt sein, dass die **Rechtsanwendung durch das Bundesgericht ermöglicht** wird; der nahtlose Übergang zum Verfahren vor Bundesgericht könnte andernfalls nicht gewährleistet werden.[35]

18 **Freie Sachverhaltsüberprüfung** schliesst demnach sowohl eine Beschränkung auf eine Willkürprüfung als auch eine Bindung an prozessuale Beweisregeln aus.[36] Sie ist freilich **nicht mit dem Untersuchungsgrundsatz gleichzusetzen**: die Parteien sind nicht von der Pflicht entbunden, Rechtsbegehren zu stellen und diese in tatsächlicher Hinsicht zu begründen.[37] Allerdings kann sich die Verpflichtung, im kantonalen Gerichtsverfahren den Untersuchungsgrundsatz anzuwenden, aus anderen Bundesgesetzen ergeben (vgl. z.B. Art. 139 Abs. 2 ZGB oder Art. 343 Abs. 4 OR).

2. Rechtsanwendung von Amtes wegen

19 Das kantonale Gericht – sei es die direkte Vorinstanz des Bundesgerichts oder eine vorgängig zuständige andere richterliche Behörde – hat das **massgebende**[38] **Recht von Amtes wegen**, d.h. nicht nur auf eine entsprechende Rüge hin, anzuwenden. Es ist dazu verpflichtet, auf den **festgestellten Sachverhalt die einschlägigen Rechtsnormen** anzuwenden.[39] Diese Verpflichtung gilt nicht nur in den (überwiegenden) Fällen, in denen auch das Bundesgericht selbst das Recht von Amtes wegen anwendet (Art. 106 Abs. 1), sondern auch dann, wenn im bundesgerichtlichen Verfahren das Rügeprinzip gilt (Art. 106 Abs. 2).[40] Das kantonale Gericht hat somit stets **alles anwendbare Recht** zu

---

[32] KARLEN, BGG, 69 f.

[33] Unrichtig ist die Sachverhaltsfeststellung, wenn einem Entscheid falsche oder aktenwidrige Tatsachen zugrunde gelegt werden, über rechtserhebliche Umstände kein Beweis geführt wird oder Beweise unzutreffend gewürdigt werden. Vgl. RINOW/KOLLER/KISS, Prozessrecht, 1301.

[34] Unvollständig ist die Sachverhaltsfeststellung, wenn nicht alle entscheidrelevanten Tatsachen eruiert und berücksichtigt werden. Vgl. RHINOW/KOLLER/KISS, Prozessrecht, 1302.

[35] Vgl. Art. 97 und Art. 105 Abs. 2; Art. 49 lit. b VwVG; RHINOW/KOLLER/KISS, Prozessrecht, N 1300 ff.; SPÜHLER/DOLGE/VOCK, Kurzkommentar, Art. 110 N 5.

[36] SEILER/VON WERDT/GÜNGERICH, BGG, Art. 110 N 7.

[37] Botschaft 2001 BBl 2001 4349; SPÜHLER/DOLGE/VOCK, Kurzkommentar, Art. 110 N 2.

[38] Der Wortlaut des Art. 110 scheint insofern etwas missglückt zu sein, als gefordert wird, die kantonale Behörde habe das *massgebende Recht* von Amtes wegen anzuwenden. Die Anwendung nicht massgebenden Rechts wäre ja eine Rechtsverletzung. Dies im Unterschied zu Art. 105, wo die Beschränkung auf den *massgebenden Sachverhalt* Sinn macht und geboten ist.

[39] Vgl. HÄFELIN/MÜLLER/UHLMANN, Verwaltungsrecht[5], N 1632.

[40] Das Bundesgericht prüft gem. Art. 106 Abs. 2 die Verletzung von Grundrechten und von kantonalem und interkantonalem Recht nur, falls die Rüge einer entsprechenden Rechtsverletzung in der Beschwerde ausdrücklich vorgebracht und begründet worden ist. Unter den Begriff der Grundrechte fallen gem. Botschaft 2001 BBl 2001 4344 nicht nur Grundrechte der BV, sondern auch Grundrechtsgarantien der EMRK, des UNO-Pakts II oder von Kantonsverfassungen. Das Bundesgericht wird zu entscheiden haben, ob das Rügeprinzip sinngemäss für alle verfassungsmässigen Rechte gelten soll, oder ob in bestimmten Fällen wie dem Vorrang des Bundesrechts oder dem Gewaltenteilungsprinzip eine weniger strenge Praxis resp. eine Rechtsanwendung von

prüfen, also nicht nur Gesetzesrecht, sondern auch Verfassungsrecht, internationales Recht und interkantonales Recht (vgl. allerdings unten N 21).

Der Grundsatz der Rechtsanwendung von Amtes wegen entbindet die Parteien nicht **20** von einer **gehörigen Begründung ihrer Begehren** (vgl. die Regelung des Art. 42). Dies schliesst auch nicht aus, dass die Behörde bei der Anordnung **vorsorglicher Massnahmen** wegen der Dringlichkeit solcher Entscheide die rechtliche Lage nur summarisch würdigt.[41]

Im Anwendungsbereich der subsidiären Verfassungsbeschwerde und im Bereich der vor- **21** sorglichen Massnahmen erlaubt das BGG den Kantonen, die zulässigen Beschwerde-gründe auf die verfassungsmässigen Rechte zu beschränken (Art. 98, 111 Abs. 3 und 116 f.; vgl. Kommentar zu Art. 111 Abs. 3).[42] Daran ändern auch die Art. 117 i.V.m. Art. 110 nichts, welche die kantonale Vorinstanz auch im Anwendungsbereich der subsi-diären Verfassungsbeschwerde zur Rechtsanwendung von Amtes wegen verpflichten: denn wie Art. 111 Abs. 3 ist auch Art. 110 im Anwendungsbereich der subsidiären Ver-fassungsbeschwerde lediglich *sinngemäss* anwendbar (vgl. Art. 117).[43] Daraus kann grundsätzlich geschlossen werden, dass sich die Kantone im Bereich der **subsidiären Verfassungsbeschwerde** auf die **Prüfung der verfassungsmässigen Rechte beschrän-ken** können. Nicht qua BGG, sondern direkt aus der verfassungsrechtlichen Rechtsweg-garantie (Art. 29a BV) resp. aus Art. 6 Abs. 1 EMRK kann sich aber eine Verpflichtung der Kantone ergeben, im Anwendungsbereich der subsidiären Verfassungsbeschwerde eine vollständige Rechtskontrolle vorzunehmen. Sowohl **Art. 29a BV** als auch **Art. 6 EMRK** beinhalten das Recht, die mit der Streitigkeit verbundenen Rechtsfragen und den ihr zugrunde liegenden Sachverhalt vollumfänglich von einem unabhängigen Gericht prüfen zu lassen. Wenn einzig die Verletzung verfassungsmässiger Rechte gerügt werden kann, findet somit keine Überprüfung des angefochtenen Akts auf seine Vereinbarkeit mit sämtlichen einschlägigen Rechtsnormen hin statt; eine reine Verfassungsbeschwerde ge-nügt m.a.W. weder den Anforderungen des Art. 29a BV noch denjenigen des Art. 6 EMRK.[44] Im **Bereich der Civil Rights nach Art. 6 Abs. 1 EMRK** ist demnach eine Beschränkung der Rügegründe auf die verfassungsmässigen Rechte generell nicht zu-lässig.[45] So muss z.B. in Belangen des kantonalen öffentlichen Dienstrechts (vgl. z.B. Art. 83 lit. g) der Weg an eine kantonale richterliche Behörde mit uneingeschränkter Prü-fungsbefugnis offen stehen, ausser es handle sich um Stellen, die Verantwortlichkeiten im allgemeinen Interesse des Staates oder die Ausübung hoheitlicher Befugnisse beinhal-ten.[46] Hingegen erlaubt es Art. 29a BV den Kantonen, soweit der Verfassungsanspruch über Art. 6 Abs. 1 EMRK hinausgeht, die Rechtsweggarantie *in Ausnahmefällen* auszu-

---

Amtes wegen stattfinden soll. Vgl. Ehrenzeller, Anwaltsrevue 2007, 106 f.; Spühler/Dolge/ Vock, Kurzkommentar, Art. 106 N 2.

[41] Botschaft 2001 BBl 2001 4349.

[42] So auch Ehrenzeller/Schweizer-Pfisterer, 298 f.

[43] Vgl. aber Tschannen-Herzog, 98.

[44] Vgl. SGK²-Kley, Art. 29 N 5; Auer, ZBl 2006, 130.

[45] Nach Art. 6 EMRK hat jede Person ein Recht darauf, dass über Streitigkeiten in Bezug auf ihre zivilrechtlichen Ansprüche und Verpflichtungen eine gerichtliche Beurteilung möglich ist. Der Begriff der zivilrechtlichen Ansprüche und Verpflichtungen ist dabei unter ständiger Rechtspre-chung des Bundesgerichts entsprechend der Praxis der Strassburger Organe und unabhängig vom Landesrecht auszulegen. Vgl. BGE 132 V 6 E. 2.3.1 mit zahlreichen Hinweisen auf die Recht-sprechung des Bundesgerichts; Grabenwarter, Menschenrechtskonvention², § 24; Hangart-ner, AJP 2002, 133 ff.

[46] Vgl. Grabenwarter, Menschenrechtskonvention², § 24 N 9, m.Hinw. auf den Fall *Pellegrin* (EGMR, Pellegrin/Frankreich, Urteil vom 8.12.1999, Rec. 1999-VIII, 207/251).

schliessen (Art. 29a BV Satz 2). Die Kantone können solche Ausnahmen bei Entscheiden mit «vorwiegend politischem Charakter» (Art. 86 Abs. 3) vornehmen. Auch dann muss eine *nichtrichterliche Vorinstanz* des Bundesgerichts aufgrund von Art. 117 i.V.m. Art. 111 Abs. 3 zumindest die Verletzung der verfassungsmässigen Rechte (vgl. Kommentar zu Art. 111, N 17) prüfen können. Den Kantonen steht es frei, anstelle eines gänzlichen Ausschlusses der Rechtsweggarantie eine Entscheidkontrolle durch eine richterliche Behörde mit beschränkter Prüfungsbefugnis vorzusehen.[47] Zu differenzieren gilt es bezüglich **Streitigkeiten**, die, obwohl nicht als vorwiegend politisch zu qualifizieren, eine **ausgeprägt politische Komponente** aufweisen. In diesen Fällen müssen die Kantone den Gang an eine richterliche Behörde gewähren, können aber die Verletzung verfassungsmässiger Rechte als einzig zulässige Rüge vorsehen; die richterliche Entscheidkontrolle soll nicht weiter gehen, als sich aus Verfassung und Gesetz klare Leitvorgaben für das Handeln der entscheidenden Behörden ergeben.[48] Ein Beispiel ist die ordentliche Einbürgerung. Die *doppelte Natur* der Einbürgerungsentscheide (politischer Akt *und* Rechtsanwendungsakt)[49] verbietet einen vollständigen Ausschluss von der Rechtsweggarantie. Da es sich aber nicht um einen Anspruch nach Art. 6 Abs. 1 EMRK handelt, können die Kantone die Rechtsprüfung auf die – geltend gemachten – verfassungsmässigen Rechte beschränken.

V. Durchsetzung und Anpassungsbedarf

22   Die Verpflichtungen des Art. 110 müssen bei allen kantonalen Entscheiden beachtet werden, die ab dem 1.1.2007 ergehen (Art. 132 Abs. 1); es gilt **keine Übergangsfrist** (Art. 130 e contrario).[50]

23   Die Kantone müssen insb. mit Art. 110 **nicht vereinbare Kognitionsvorschriften** in ihren Verfahrensgesetzen **anpassen**. Anpassungsbedarf besteht in jenen Kantonen, wo die Aufsicht in Schuldbetreibungs- und Konkurssachen noch nicht von einem Gericht wahrgenommen wird.[51] Auch in gewissen Angelegenheiten der freiwilligen Gerichtsbarkeit (z.B. im Erbrecht oder bei Namensänderungen) sowie im Bereich des Straf- und Massnahmevollzugs können Anpassungen erforderlich sein. Auch selbständig anfechtbare Ausstands- und Zuständigkeitsentscheide unterer Instanzen müssen an ein kantonales oberes Gericht mit vollständiger Überprüfungsbefugnis weitergezogen werden können.[52]

---

[47] Vgl. auch TSCHANNEN-HERZOG, 98.

[48] Vgl. dazu ausführlich KÄLIN, ZBl 1999, 61 f.; vgl. auch Kommentar zu Art. 86, N 21.

[49] Vgl. ACHERMANN ET AL.-EHRENZELLER, 19 f., 30 m.Hinw.; SGK²-HAFNER/BUSER, Art. 38 N 15; BBl 2006 8965; BGE 1P.736/2004, E. 2: «Nach der neueren Rechtsprechung stellen Beschlüsse über Einbürgerungsgesuche keine rein politischen Entscheidungen dar. Sie sind vielmehr auch als Verfügungen, mit denen individuell-konkret über den rechtlichen Status von Einzelpersonen befunden wird, zu betrachten.» Auch die laufende Revision des BüG geht von einer solch doppelten Natur des Einbürgerungsentscheids aus und schliesst somit eine Qualifizierung der Einbürgerung als «vorwiegend politischer Akt» aus. Sie verpflichtet die Kantone ausdrücklich zur Einsetzung von Gerichtsbehörden, welche als letzte kantonale Instanzen Beschwerden gegen ablehnende Entscheide über die ordentliche Einbürgerung beurteilen (Art. 50 E-BüG); vgl. Bericht der Staatspolitischen Kommission des Ständerats: BBl 2005 6941; Entwurf der Gesetzesänderung: BBl 2005 6957; Stellungnahme des Bundesrates: BBl 2005 7125.

[50] SEILER/VON WERDT/GÜNGERICH, BGG, Art. 110 N 13.

[51] Es genügt hingegen weiterhin, lediglich *eine* kantonale gerichtliche Aufsichtsbehörde vorzusehen. Vgl. Botschaft 2001 BBl 2001 4348; SPÜHLER/DOLGE/VOCK, Kurzkommentar, Art. 110 N 7.

[52] SPÜHLER/DOLGE/VOCK, Kurzkommentar, Art. 110 N 7.

Kantonale Entscheide, welche die Anforderungen des Art. 110 nicht erfüllen, sind **24**
beim Bundesgericht anfechtbar (Art. 95 Abs. 1 lit. a) und werden allenfalls aufgehoben und in der Sache zurückgewiesen.[53]

Art. 111*

Einheit des
Verfahrens

**[1] Wer zur Beschwerde an das Bundesgericht berechtigt ist, muss
sich am Verfahren vor allen kantonalen Vorinstanzen als Partei
beteiligen können.**

**[2] Bundesbehörden, die zur Beschwerde an das Bundesgericht
berechtigt sind, können die Rechtsmittel des kantonalen Rechts
ergreifen und sich vor jeder kantonalen Instanz am Verfahren
beteiligen, wenn sie dies beantragen.**

**[3] Die unmittelbare Vorinstanz des Bundesgerichts muss mindes-
tens die Rügen nach den Artikeln 95–98 prüfen können. Vorbehalten bleiben kantonale Rechtsmittel im Sinne von Artikel 100
Absatz 6.**

Unité de la
procédure

[1] La qualité de partie à la procédure devant toute autorité cantonale précédente doit être reconnue à quiconque a qualité pour recourir devant le Tribunal fédéral.

[2] Si une autorité fédérale a qualité pour recourir devant le Tribunal fédéral,
elle peut recourir devant les autorités cantonales précédentes ou, pour autant
qu'elle le demande, participer à la procédure devant celles-ci.

[3] L'autorité qui précède immédiatement le Tribunal fédéral doit pouvoir
examiner au moins les griefs visés aux art. 95 à 98. Les voies de droit
cantonales visées à l'art. 100, al. 6, sont réservées.

Unità procedurale

[1] Chi ha diritto di ricorrere al Tribunale federale deve poter essere parte nei
procedimenti dinanzi a tutte le autorità cantonali inferiori.

[2] Le autorità federali che hanno diritto di ricorrere al Tribunale federale
possono avvalersi dei rimedi giuridici previsti dal diritto cantonale e, in
quanto ne facciano richiesta, partecipare ai procedimenti dinanzi alle autorità cantonali inferiori.

[3] L'autorità di grado immediatamente inferiore al Tribunale federale deve
poter esaminare almeno le censure di cui agli articoli 95–98. Rimangono
salvi i rimedi giuridici cantonali ai sensi dell'articolo 100 capoverso 6.

Inhaltsübersicht

---

[53] SEILER/VON WERDT/GÜNGERICH, BGG, Art. 110 N 12.
* Meinem Assistenten, Herrn lic. iur. Kilian Meyer, danke ich herzlich für die sehr wertvolle Mitarbeit bei der Erstellung dieser Kommentierung.

Materialien

Art. 104 E 2001; Botschaft 2001 BBl 2001 4349 ff.; Bericht BJ an RK-N 2004 12; AB 2003 S 912; AB 2004 N 1613 f.; AB 2005 S 138 f.

Literatur

T. TANQUEREL, Le recours des offices fédéraux en matière d'aménagement du territoire et d'environnement, in: B. Bovay/M. S. Nguyen (Hrsg.), Mélanges en l'honneur de Pierre Moor, Théorie du droit – Droit administratif – Organisation du territoire, Bern 2005, 761–778 (zit. FS Moor-Tanquerel).

I. Allgemeine Bemerkungen

1   Die Marginalie des Art. 111 («Einheit des Verfahrens») betont es: Ziel der Norm ist, einen möglichst **nahtlosen Anschluss der Bundesrechtspflege an das kantonale Verfahren** zu ermöglichen. Nur so ist die angestrebte Vereinfachung des bundesgerichtlichen Rechtsschutzes zu erreichen.[1] Folglich schreibt das Gesetz vor, dass **Legitimation** (Abs. 1) und **Kognition** (Abs. 3) im kantonalen Verfahren **nicht enger** sein dürfen **als im bundesgerichtlichen Verfahren**. Mit dieser Regelung verallgemeinert und präzisiert das BGG einen Grundsatz, der bisher aufgrund des im Jahre 1991 ins OG eingefügten Art. 98a Abs. 3 OG bereits in denjenigen Fällen galt, in denen die Verwaltungsgerichtsbeschwerde zulässig war.[2]

2   Art. 111 **Abs. 1** und **Abs. 2** gelten nach jeweils klarem Wortlaut nicht nur für die unmittelbare Vorinstanz des Bundesgerichts, sondern für **Verfahren vor allen kantonalen Vorinstanzen**. Alleine der Anwendungsbereich des Art. 111 **Abs. 3** beschränkt sich auf die **unmittelbare Vorinstanz** des Bundesgerichts.

3   Anders als Art. 110 gilt Art. 111 **nicht nur für Verfahren vor gerichtlichen Vorinstanzen**. Die Bestimmung betrifft auch jene Fälle, in denen ausnahmsweise nichtrichterliche Behörden als Vorinstanzen des Bundesgerichts entscheiden (vgl. Kommentar zu Art. 110 N 12).[3]

II. Beschwerdelegitimation (Abs. 1)

4   Nach Art. 111 Abs. 1 muss sich, wer zur Beschwerde an das Bundesgericht berechtigt ist (Art. 76, 81 und 89), am Verfahren vor **allen kantonalen Vorinstanzen** als **Partei** beteiligen können. Mit dieser Regelung wird den Kantonen der Parteibegriff qua BGG vorgegeben. Die Bestimmung gilt sowohl für Privatpersonen als auch für die beschwerdeberechtigten Bundesbehörden (Art. 76 Abs. 2, 81 Abs. 2 f., 89 Abs. 2 lit. a), wobei für letztere zusätzlich die Spezialbestimmung des Art. 111 Abs. 2 zu beachten ist (vgl. dazu unten N 11 ff.).[4] Die **Beschwerdebefugnis** darf somit im kantonalen Verfahren **nicht enger umschrieben** werden als diejenige vor Bundesgericht.

5   Art. 111 ist auf Verfahren vor allen kantonalen Vorinstanzen anwendbar. Die Beteiligungsbefugnis des Art. 111 Abs. 1 gilt deshalb im streitigen Zivilprozess sowie in

---

[1] Vgl. Botschaft 2001 BBl 2001 4349; KARLEN, BGG, 72; SPÜHLER/DOLGE/VOCK, Kurzkommentar, Art. 111 N 1.
[2] Vgl. Botschaft 2001 BBl 2001 4349; AUER, ZBl 2006, 131.
[3] Vgl. SEILER/VON WERDT/GÜNGERICH, BGG, Art. 111 N 2 f.
[4] Ebenso SEILER/VON WERDT/GÜNGERICH, BGG, Art. 111 N 4.

Strafsachen bereits für das erstinstanzliche Gericht, im nichtstreitigen Zivilverfahren und in öffentlich-rechtlichen Angelegenheiten bereits vor den Verwaltungsbehörden. Besteht ein Einspracheverfahren, sind die Anforderungen des Art. 111 Abs. 1 auch dann erfüllt, wenn die Drittlegitimierten erst im Einspracheverfahren beteiligt werden.[5]

Von praktischer Bedeutung ist die Bestimmung insb. im Anwendungsbereich der **Beschwerde in öffentlich-rechtlichen Angelegenheiten**. Hier dürfen die Kantone keine strengeren Anforderungen an die Legitimation stellen als Art. 89 Abs. 1, der ein **besonderes Berührtsein** durch den angefochtenen Entscheid sowie ein **schutzwürdiges** Interesse an dessen Aufhebung oder Änderung verlangt (vgl. dazu den Kommentar zu Art. 89 Abs. 1). Die Kantone dürfen folglich im Anwendungsbereich der Beschwerde in öffentlich-rechtlichen Angelegenheiten nicht ein rechtlich geschütztes Interesse als Legitimationsvoraussetzung statuieren.[6]   **6**

Bei der Regelung des Art. 111 Abs. 1 handelt es sich klarerweise um eine **Mindestanforderung**. Es steht denn Kantonen frei, den Kreis der zur Beschwerde legitimierten Personen oder Behörden weiter zu ziehen als es das BGG vorschreibt.   **7**

Diese **Mindestanforderung** gilt **sinngemäss** für das Verfahren der **subsidiären Verfassungsbeschwerde** (vgl. Art. 117). Die Kantone müssen somit bei Entscheiden, welche beim Bundesgericht nicht mit Einheits-, sondern lediglich mit subsidiärer Verfassungsbeschwerde angefochten werden können, zumindest all jenen Personen die Parteistellung zuerkennen, die zur Verfassungsbeschwerde berechtigt sind, d.h. ein **rechtlich geschütztes Interesse** an der Aufhebung oder Änderung des angefochtenen Entscheids haben (vgl. Art. 115 lit. b). Eine differenzierte Ausgestaltung der kantonalen Regelung der Beschwerdeberechtigung je nachdem, ob die Einheits- oder die Verfassungsbeschwerde ans Bundesgericht zulässig ist, wäre zwar grundsätzlich möglich, dürfte allerdings nicht sinnvoll sein.[7]   **8**

Falls eine **grössere Zahl nicht namentlich bekannter Dritter** Parteistellung beanspruchen kann, ergibt sich aus Art. 111 Abs. 1, dass die Verfügungs- und Einspracheverfahren **öffentlich bekannt gemacht** werden müssen, damit diejenigen, die ihre Parteistellung wahrnehmen wollen, sich beteiligen können.[8]   **9**

Das **Recht**, sich am kantonalen Verfahren als Partei zu beteiligen, ist **zugleich eine Obliegenheit**. Wer nicht am Verfahren vor der kantonalen Vorinstanz teilgenommen hat, kann sich grundsätzlich nicht mit Beschwerde ans Bundesgericht wenden. Eine Ausnahme ergibt sich für den Fall, dass jemand im kantonalen Verfahren keine Möglichkeit zur Teilnahme erhalten hat (vgl. Art. 76 Abs. 1 lit. a, Art. 81 Abs. 1 lit. a, Art. 89 Abs. 1 lit. a und Art. 115 lit. a).[9] Eine weitere Ausnahme gilt es mit Blick auf Art. 111 Abs. 2 zu beachten: Bundesbehörden, die zur Beschwerde an das Bundesgericht berechtigt sind, verlieren ihre Beschwerdebefugnis nicht, wenn sie nicht von ihrem Recht auf Teilnahme am kantonalen vorinstanzlichen Verfahren Gebrauch gemacht haben (vgl. unten N 13).[10]   **10**

---

[5] Vgl. SEILER/VON WERDT/GÜNGERICH, BGG, Art. 111 N 5.
[6] AUER, ZBl 2006, 131; EHRENZELLER/SCHWEIZER-PFISTERER, 301.
[7] Vgl. AUER, ZBl 2006, 130 f.
[8] SEILER/VON WERDT/GÜNGERICH, BGG, Art. 111 N 7.
[9] SEILER/VON WERDT/GÜNGERICH, BGG, Art. 111 N 8.
[10] Botschaft 2001 BBl 2001 4350.

III. Beschwerdeberechtigung von Bundesbehörden (Abs. 2)

11   Art. 111 Abs. 2 ist Ausfluss der verfassungsrechtlichen Verpflichtung des Bundes, über die Einhaltung des Bundesrechts durch die Kantone zu wachen (vgl. Art. 49 Abs. 2 BV).[11] Das Bundesrecht regelt die **Aufsichtsmittel des Bundes** nur lückenhaft. Die Kontrolle kann zudem auch aus rein faktischen Gründen (mangelnde finanzielle oder personelle Ressourcen) nur eine sehr lückenhafte sein; viel bleibt der «bundesstaats-rechtlichen Eigenverantwortung» der Kantone überlassen.[12] Die neuere bundesrecht-liche Entwicklung tendiert denn auch dazu, die Aufsicht des Bundes über den kanto-nalen Vollzug von Bundesrecht zur Hauptsache **mit Hilfe von Rechtsmitteln zu gewährleisten** (vgl. z.B. Art. 18m Abs. 3 EBG oder Art. 166 Abs. 3 LwG).[13] Auch das BGG sieht in erheblichem Umfang die **Beschwerdeberechtigung von Bundesbehör-den** vor (Art. 76 Abs. 2, 81 Abs. 2 und 3, 89 Abs. 2 lit. a und d). Zentral ist stets die Voraussetzung, dass der kantonale Entscheid die Bundesgesetzgebung im Zuständig-keitsbereich der jeweiligen Bundesbehörde verletzen kann.

12   Art. 111 Abs. 2 gibt, diesem Konzept folgend, den beschwerdelegitimierten Bundes-behörden das Recht, die **Rechtsmittel des kantonalen Rechts zu ergreifen** und **sich vor jeder kantonalen Instanz als Partei am Verfahren zu beteiligen**, wenn sie dies be-antragen. Damit sie dazu in der Lage sind, müssen sie über die relevanten kantonalen Verfahren und Entscheide **in Kenntnis gesetzt werden**. Das BGG verlangt nun sinn-vollerweise nicht, dass die kantonalen Behörden den beschwerdelegitimierten Bundes-behörden sämtliche Entscheide mitzuteilen hätten. Eine solche Regelung hätte eine Überflutung der Bundesbehörden mit Entscheiden verschiedenster Instanzen zur Fol-ge.[14] Deshalb hält Art. 112 Abs. 4 fest, dass der Bundesrat für die Gebiete, in denen Bundesbehörden zur Beschwerde berechtigt sind, bestimmt, welche Entscheide die kantonalen Behörden den Bundesbehörden zu eröffnen haben (vgl. Kommentar zu Art. 112 N 23).

13   Die beschwerdeberechtigten Bundesbehörden können sich vor jeder kantonalen In-stanz am Verfahren beteiligen, d.h. sie können bereits am **erstinstanzlichen kantona-len Verfahren** teilnehmen. Es steht ihnen auch frei, erst am **kantonalen Beschwerde-verfahren** teilzunehmen, oder auf die Beteiligung im kantonalen Verfahren gänzlich zu verzichten und **erst den kantonal letztinstanzlichen Entscheid beim Bundesge-richt anzufechten**: der Verzicht auf eine Beschwerdeführung vor kantonalen Instanzen bewirkt nicht den Verlust der Beschwerdeberechtigung vor den nachfolgenden kanto-nalen Instanzen oder vor Bundesgericht.[15]

14   Den Bundesbehörden muss es möglich sein, ihr Beschwerderecht vor Bundesgericht auch dann wirkungsvoll auszuüben, wenn sie auf eine Beteiligung am kantonalen Vor-verfahren verzichtet haben. Dies können sie aber nur, wenn ihnen das Vorbringen neuer Tatsachen und Beweismittel, evtl. auch neuer Begehren im bundesgerichtlichen Verfah-ren gestattet ist. Das grundsätzliche **Novenverbot** vor Bundesgericht (Art. 99) kann für sie deshalb nur in **abgeschwächter Form gelten**. Nur so kann die Aufsicht des Bundes

---

[11] Vgl. SGK-RUCH, Art. 49 N 25 ff.; HÄFELIN/HALLER, Bundesstaatsrecht[6], N 1203 ff.; RHINOW, Grundzüge, N 728 ff. je m.Hinw.

[12] SGK-RUCH, Art. 49 N 28; BVK-EICHENBERGER, Art. 102 N 31; Botschaft 2001 BBl 2001 4350; VPB 64/24 2000.

[13] Botschaft 2001 BBl 2001 4349. Die Ausdehnung der Behördenbeschwerde auf die kantonale Ebene war bisher umstritten, vgl. KARLEN, BGG, 72; FS MOOR-TANQUEREL, 769 f. m.Hinw.

[14] Botschaft 2001 BBl 2001 4349; AUER, ZBl 2006, 132.

[15] Vgl. Botschaft 2001 BBl 2001 4350; SEILER/VON WERDT/GÜNGERICH, BGG, Art. 111 N 11 f.

über den kantonalen Vollzug gleichzeitig wirkungsvoll und mit der notwendigen föderalistischen Rücksichtnahme wahrgenommen werden.

Die jeweils zuständigen Bundesbehörden können auf kantonaler Ebene nicht nur das **15** Beschwerderecht ausüben. Ihnen stehen **sämtliche Verfahrensgarantien des Art. 29 BV**[16] sowie allgemein **sämtliche Rechte, welche die kantonale Gesetzgebung den Verfahrensparteien einräumt**, zu. Namentlich haben sie das Recht, Beweisanträge zu stellen oder eine Stellungnahme einzureichen. Sie können sich folglich an kantonalen Beschwerdeverfahren beteiligen, ohne dass sie selbst Beschwerde erhoben haben. Sie können auch verlangen, dass eine kantonale Behörde ein Verfahren eröffnet, um einen bundesrechtswidrigen Zustand zu beheben.[17] Die zuständigen Bundesbehörden haben sich hierbei an die kantonale Verfahrensordnung zu halten, welche jedoch die Beteiligung der Bundesbehörden weder ausschliessen noch erschweren darf.[18]

IV. Kognition (Abs. 3)

Art. 111 Abs. 3 regelt die Prüfungsbefugnis jener kantonalen Behörde, welche un- **16** mittelbar dem Bundesgericht vorangeht. Diese **unmittelbare Vorinstanz des Bundesgerichts** (Art. 75, Art. 80 und Art. 86–88) muss **mindestens die Rügen nach den Art. 95–98 prüfen können**. Insbesondere muss sie demnach uneingeschränkt Verstösse gegen Bundesrecht (inkl. Verfassungsrecht), Völkerrecht (sofern direkt anwendbar), kantonale verfassungsmässige Rechte, kantonale Bestimmungen über die politische Stimmberechtigung sowie interkantonale Vorschriften prüfen können (vgl. Art. 95).

Da Art. 111 Abs. 3 auch auf Art. 98 verweist, ist es zulässig, dass die letzte kantonale **17** Instanz **vorsorgliche Massnahmen nur auf Verletzung verfassungsmässiger Rechte** hin überprüft. Diese Einschränkung gilt ebenso in jenen Fällen, in denen lediglich die **subsidiäre Verfassungsbeschwerde** an das Bundesgericht möglich ist. Denn Art. 117 verweist lediglich *sinngemäss* auf Art. 111 Abs. 3. Folglich muss in diesem Fall die bei der Verfassungsbeschwerde einzig zugelassene Rüge der Verletzung verfassungsmässiger Rechte (Art. 116)[19] an die Stelle der Art. 95 ff. treten, welche systematisch klarerweise der Einheitsbeschwerde zuzuordnen sind.[20] Eine Verpflichtung der kantonalen Gerichte, auch im Anwendungsbereich der subsidiären Verfassungsbeschwerde eine vollständige Rechtskontrolle vorzunehmen, kann sich allerdings aus der Rechtsweggarantie (Art. 29a BV) oder aus Art. 6 EMRK ergeben (vgl. Kommentar zu Art. 110 N 21). Im Übrigen ist es zulässig, dass die obere kantonale Instanz den **Sachverhalt** nur eingeschränkt prüft, ausser wenn sie als einzige kantonale richterliche Instanz entscheidet (Art. 97, 110 und 117).

---

[16] Vgl. statt vieler SGK-Hotz, Art. 29 N 7 ff.; Rhinow, Grundzüge, 2727 ff. je m.Hinw.

[17] Vgl. Botschaft 2001 BBl 2001 4350.

[18] Spühler/Dolge/Vock, Kurzkommentar, Art. 111 N 3.

[19] Als verfassungsmässige Rechte gelten «Verfassungsbestimmungen, die dem Bürger einen Schutz gegen staatliche Eingriffe sichern wollen oder welche, obwohl vorwiegend im öffentlichen Interesse erlassen, daneben auch noch individuelle Rechte schützen» (BGE 131 I 366, 367 E. 2.2). Unter diese Definition fallen nicht nur sämtliche Grundrechte der BV und der Kantonsverfassungen, sondern auch die völkerrechtlich verbürgten Menschenrechtsgarantien sowie weitere verfassungsmässige Rechte wie der Vorrang des Bundesrechts (Art. 49 BV), die Gewaltenteilung, der Grundsatz der Gesetzmässigkeit im Steuerrecht (Art. 127 Abs. 3 BV), die Gemeindeautonomie u.a.m. Vgl. Ehrenzeller, Anwaltsrevue 2007, 106; Häfelin/Haller, Bundesstaatsrecht[6], 1966 ff.; SGK-Kiss/Koller, Art. 189 N 6 ff.

[20] Gleicher Ansicht: Ehrenzeller/Schweizer-Pfisterer, 298 f.

Bernhard Ehrenzeller

18   Art. 111 Abs. 3 Satz 2 statuiert eine Ausnahme für kantonale Rechtsmittel i.S.v. Art. 100 Abs. 6. Es ist demnach statthaft, dass spezielle kantonale **Kassationsgerichte oder Verfassungsgerichte** eine eingeschränktere Prüfungsbefugnis haben als das Bundesgericht.[21] Bei der Anfechtung von kantonal nur beschränkt überprüfbaren Entscheiden gilt es allerdings, die in Art. 100 Abs. 6 statuierte Sonderregelung betr. den Fristenlauf sowie die so genannte Dorénaz-Praxis des Bundesgerichts zu beachten.[22]

V. Anpassungsbedarf

19   Für die Umsetzung des Art. 111 besteht **keine Übergangsfrist** (vgl. Art. 130 i.V.m. 132). In den Verfahren vor allen kantonalen Vorinstanzen müssen demnach mindestens all jene Privaten und Behörden zur Beschwerde zugelassen werden, welche zur Beschwerde ans Bundesgericht legitimiert sind (Art. 111 Abs. 1 und 2). Diesen Punkt betreffend besteht allerdings kaum Anpassungsbedarf in den Kantonen.[23] Ein solcher dürfte eher aus Art. 111 Abs. 3 folgen. Die Kantone müssen die **Prüfungsbefugnis** der unmittelbaren Vorinstanzen des Bundesgerichts auf das vom BGG geforderte Mass ausdehnen (vgl. oben N 16 ff.). Eine solche Ausdehnung ist namentlich in jenen Fällen erforderlich, in denen Entscheide beim Bundesgericht auf offensichtlich unrichtige Sachverhaltsfeststellungen und Rechtsverletzungen hin überprüft werden, die Kantone aber lediglich Nichtigkeitsbeschwerden gegen erstinstanzliche Gerichtsentscheide vorsehen. Als Beispiele sind betreibungsrechtliche Entscheide (z.B. Gewährung der Rechtsöffnung) und gerichtliche Entscheide im nichtstreitigen Bereich zu nennen.[24] Ebenso ausgedehnt werden muss die Kognitionsbefugnis nicht richterlicher Vorinstanzen im Bereich der subsidiären Verfassungsbeschwerde (vgl. Kommentar zu Art. 110 N 21 und zu Art. 86 Abs. 3).

20   Ein Sonderfall stellt die **Binnenschiedsgerichtsbarkeit** dar. Das Konkordat über die Schiedsgerichtsbarkeit vom 27.3.1969 (KSG) sieht in Art. 36 die Nichtigkeitsbeschwerde an das obere kantonale Zivilgericht vor. Dies genügt den Anforderungen des BGG an sich nicht (vgl. Art. 72 Abs. 1 i.V.m. Art. 111 Abs. 3), was wohl auf ein gesetzgeberisches Versehen zurückzuführen ist. Der Entwurf der eidgenössischen ZPO sieht vor, dass Binnenschiedsgerichtsurteile direkt ans Bundesgericht weitergezogen werden können, dem nur eine (ähnlich dem Art. 36 KSG) eingeschränkte Prüfungsbefugnis zugestanden wird (vgl. Art. 387 i.V.m. 391 E-ZPO).[25] Der Gesetzgeber wird das BGG in diesem Punkt an die sachgerechtere (weil dem Grundgedanken der Schiedsgerichtsbarkeit entsprechende) Regelung der eidgenössischen ZPO abstimmen müssen.[26] SPÜHLER/DOLGE/VOCK ist daher beizupflichten, wenn sie den Kantonen empfehlen, in

---

[21] Vgl. Botschaft 2001 BBl 2001 4350 f.; KARLEN, BGG, 72, m.Hinw.

[22] Nach der «Dorénaz-Praxis» kann der Entscheid einer unteren kantonalen Instanz mit angefochten werden, wenn der letzten kantonalen Instanz nicht sämtliche vor Bundesgericht zulässigen Rügen unterbreitet werden konnten oder wenn solche Rügen zwar von der letzten kantonalen Instanz zu beurteilen waren, jedoch mit einer engeren Prüfungsbefugnis, als sie dem Bundesgericht zusteht. Vgl. BGE 126 II 377, 395 E. 8b; BGE 125 I 492, E. 1a/aa; BGE 115 Ia 414, E. 1; SPÜHLER/DOLGE/VOCK, Kurzkommentar, Art. 111 N 5 und Art. 130 N 4.

[23] Botschaft 2001 BBl 2001 4349; AUER, ZBl 2006, 130 f.; EHRENZELLER/SCHWEIZER-PFISTERER, 301.

[24] Vgl. SPÜHLER/DOLGE/VOCK, Kurzkommentar, N 6, mit dem Hinweis, dass Eheschutzmassnahmen wohl weiterhin als vorsorgliche Massnahmen zu betrachten sind, so dass in diesem Bereich eine Einschränkung der Prüfungsbefugnis zulässig ist (vgl. Art. 98 sowie BGE 115 II 297, 298 E. 2).

[25] BBl 2006 7505 f.; Botschaft zur Schweizerischen Zivilprozessordnung vom 28.6.2006, BBl 2006 7404.

[26] Vgl. SPÜHLER/DOLGE/VOCK, Kurzkommentar, Art. 112 N 7.

diesem Bereich von der Anpassungsfrist des Art. 130 Abs. 2 Gebrauch zu machen und es für den Moment bei der eingeschränkten Prüfungsbefugnis von Art. 36 KSG bewenden zu lassen.[27]

Art. 112*

Eröffnung der Entscheide

[1] **Entscheide, die der Beschwerde an das Bundesgericht unterliegen, sind den Parteien schriftlich zu eröffnen. Sie müssen enthalten:**

a. **die Begehren, die Begründung, die Beweisvorbringen und Prozesserklärungen der Parteien, soweit sie nicht aus den Akten hervorgehen;**

b. **die massgebenden Gründe tatsächlicher und rechtlicher Art, insbesondere die Angabe der angewendeten Gesetzesbestimmungen;**

c. **das Dispositiv;**

d. **eine Rechtsmittelbelehrung einschliesslich Angabe des Streitwerts, soweit dieses Gesetz eine Streitwertgrenze vorsieht.**

[2] **Wenn es das kantonale Recht vorsieht, kann die Behörde ihren Entscheid ohne Begründung eröffnen. Die Parteien können in diesem Fall innert 30 Tagen eine vollständige Ausfertigung verlangen. Der Entscheid ist nicht vollstreckbar, solange nicht entweder diese Frist unbenützt abgelaufen oder die vollständige Ausfertigung eröffnet worden ist.**

[3] **Das Bundesgericht kann einen Entscheid, der den Anforderungen von Absatz 1 nicht genügt, an die kantonale Behörde zur Verbesserung zurückweisen oder aufheben.**

[4] **Für die Gebiete, in denen Bundesbehörden zur Beschwerde berechtigt sind, bestimmt der Bundesrat, welche Entscheide ihnen die kantonalen Behörden zu eröffnen haben.**

Notification des décisions

[1] Les décisions qui peuvent faire l'objet d'un recours devant le Tribunal fédéral sont notifiées aux parties par écrit. Elles doivent contenir:

a. les conclusions, les allégués, les moyens de preuves offerts et les déterminations des parties lorsqu'elles ne résultent pas des pièces du dossier;

b. les motifs déterminants de fait et de droit, notamment les dispositions légales appliquées;

c. le dispositif;

d. l'indication des voies de droit, y compris la mention de la valeur litigieuse dans les cas où la présente loi requiert une valeur litigieuse minimale.

[2] Si le droit cantonal le prévoit, l'autorité peut notifier sa décision sans la motiver. Les parties peuvent alors en demander, dans les 30 jours, une expédition complète. La décision ne peut pas être exécutée avant que ce délai soit échu sans avoir été utilisé ou que l'expédition complète soit notifiée.

---

[27] SPÜHLER/DOLGE/VOCK, Kurzkommentar, Art. 111 N 7.

* Meinem Assistenten, Herrn lic. iur. Kilian Meyer, danke ich herzlich für die sehr wertvolle Mitarbeit bei der Erstellung dieser Kommentierung.

³ Si une décision attaquée ne satisfait pas aux exigences fixées à l'al. 1, le Tribunal fédéral peut soit la renvoyer à l'autorité cantonale en invitant celle-ci à la parfaire, soit l'annuler.

⁴ Dans les domaines où les autorités fédérales ont qualité pour recourir devant le Tribunal fédéral, le Conseil fédéral détermine quelles décisions les autorités cantonales doivent leur notifier.

Notificazione delle decisioni

¹ Le decisioni impugnabili mediante ricorso al Tribunale federale sono notificate per scritto alle parti. Contengono:
a. le conclusioni, i motivi, le allegazioni probatorie e le dichiarazioni processuali delle parti, in quanto non risultino dagli atti;
b. i motivi determinanti di fatto e di diritto, segnatamente l'indicazione delle disposizioni legali applicate;
c. il dispositivo;
d. l'indicazione dei rimedi giuridici, con menzione del valore litigioso nei casi in cui la presente legge prevede un valore litigioso minimo.

² Se il diritto cantonale lo prevede, l'autorità può notificare la sua decisione senza motivarla. In tal caso le parti possono chiedere, entro 30 giorni, il testo integrale della decisione. La decisione non può essere eseguita finché tale termine non scade infruttuoso o il testo integrale della stessa non è notificato.

³ Se una decisione non soddisfa le esigenze di cui al capoverso 1, il Tribunale federale può rinviarla all'autorità cantonale affinché la completi o annullarla.

⁴ Nei campi in cui autorità federali hanno diritto di ricorrere al Tribunale federale, il Consiglio federale determina quali decisioni devono essere loro notificate dalle autorità cantonali.

Inhaltsübersicht   Note

Materialien

Art. 105 E 2001; Botschaft 2001 BBl 2001 4351; AB 2003 S 912; AB 2004 N 1614.

Literatur

L. KNEUBÜHLER, Die Begründungspflicht – Eine Untersuchung über die Pflicht der staatlichen Behörden zur Begründung ihrer Entscheide, Diss. BE 1998 (zit. Kneubühler, Begründungspflicht); C. LEUENBERGER/B. UFFER-TOBLER, Kommentar zur Zivilprozessordnung des Kantons St. Gallen, Bern 1999 (zit. Leuenberger/Uffer-Tobler, Kommentar ZPO).

I. Allgemeine Bemerkungen

Wie der vorangehende Artikel dient Art. 112 der **Einheit des kantonalen und des bundesgerichtlichen Verfahrens**, d.h. der Gewährleistung des nahtlosen Anschlusses der Bundesrechtspflege an das kantonale Verfahren. Er macht formale Vorgaben zu Entscheidinhalt und Entscheideröffnung, welche grösstenteils selbstverständlich erscheinen und die Kantone nicht vor grössere Herausforderungen stellen sollten.[1]   **1**

Die **Abs. 1–3** betreffen nur die Entscheide, welche der Beschwerde an das Bundesgericht unterliegen, folglich nur die **letztinstanzlichen kantonalen Entscheide**. Irrelevant ist, ob es sich hierbei um Gerichtsentscheide handelt: auch diejenigen Entscheide, welche ausnahmsweise (vgl. Kommentar zu Art. 110 N 11 f.) nicht von einer gerichtlichen Vorinstanz getroffen werden, sind nach den Vorschriften des Art. 112 zu eröffnen. Bei direkt anfechtbaren Erlassen richtet sich die Veröffentlichung hingegen nach kantonalem Recht (vgl. Art. 87 i.V.m. Art. 101). **Abs. 4** gilt im Gegensatz zu den ersten drei Absätzen **grundsätzlich** für **Entscheide aller kantonalen Instanzen**, d.h. nicht nur für letztinstanzliche Entscheide, und sowohl für Entscheide von Gerichts- als auch von Verwaltungsinstanzen (vgl. aber unten N 23).[2]   **2**

II. Eröffnung (Abs. 1)

Art. 112 Abs. 1 lehnt sich an den bisherigen Art. 51 OG sowie an Art. 20a SchKG und Art. 1 Abs. 3 i.V.m. Art. 34 VwVG an. Er verlangt die **schriftliche Eröffnung sämtlicher Entscheide, welche der Beschwerde an das Bundesgericht unterliegen**.   **3**

Die Entscheide müssen den **Parteien** eröffnet werden. Darunter fallen im Minimum die zur Beschwerde ans Bundesgericht Legitimierten (vgl. Art. 111 Abs. 1), aber auch allfällige weitere Personen, denen nach kantonalem Recht Parteistellung zukommt.[3] Zudem müssen die Entscheide auch den bisher nicht beteiligten **Bundesbehörden** eröffnet werden, falls eine Mitteilungspflicht besteht (vgl. dazu hinten N 23).   **4**

Schriftliche Eröffnung bedeutet nicht, dass eine mündliche Eröffnung ausgeschlossen wäre, sondern nur, dass eine mündliche Eröffnung anlässlich einer Gerichtsverhandlung für sich alleine nicht genügt. Von Art. 112 nicht verlangt, doch aus Gründen der Beweislast empfehlenswert ist die eingeschriebene Zustellung. Die **Veröffentlichung in einem amtlichen Blatt**, jeweils insb. bei Parteien unbekannten Aufenthalts oder bei Vorhandensein zahlreicher Parteien vorgesehen, sowie die **Eröffnung auf dem elektronischen Weg** gelten ebenfalls als schriftliche Zustellung, soweit dies gesetzlich vorgesehen ist (analog Art. 1 Abs. 3 i.V.m. Art. 34 Abs. 1bis und Art. 36 VwVG). Die **Sprache** der Eröffnung richtet sich nach kantonalem Recht.[4] Insgesamt verlangt Art. 112 eine **rechtsgenügliche Eröffnung des Entscheids**: erst dann beginnt grundsätzlich die Beschwerdefrist zu laufen (vgl. Kommentar zu Art. 100).   **5**

---

[1] Vgl. dazu TSCHANNEN-HERZOG, 98 f.; vgl. auch unten N 25.
[2] SPÜHLER/DOLGE/VOCK, Kurzkommentar, Art. 112 N 1; SEILER/VON WERDT/GÜNGERICH, BGG, Art. 112 N 2.
[3] Vgl. SEILER/VON WERDT/GÜNGERICH, BGG, Art. 112 N 2 und 5.
[4] Vgl. SEILER/VON WERDT/GÜNGERICH, BGG, Art. 112 N 6.

1. Vorbringen der Parteien (lit. a)

6   Entscheide, die der Beschwerde ans Bundesgericht unterliegen, müssen die **Begehren**, die **Begründung**, die **Beweisvorbringen** und **Prozesserklärungen der Parteien** enthalten. Freilich genügt es, wenn die genannten Elemente aus den Akten ersichtlich sind. Die Bedeutung dieser Bestimmung ist insb. in Verbindung mit dem grundsätzlichen **Novenverbot** vor Bundesgericht zu sehen. Gemäss Art. 99 (der sinngemäss auch im Anwendungsbereich der subsidiären Verfassungsbeschwerde gilt, vgl. Art. 117) dürfen neue Tatsachen und Beweismittel nur so weit vorgebracht werden, als erst der Entscheid der Vorinstanz dazu Anlass gibt (Abs. 1); neue Begehren sind unzulässig (Abs. 2; vgl. Kommentar zu Art. 99).[5] Das Bundesgericht kann nur prüfen, ob die Anforderungen des Art. 99 eingehalten sind, wenn die letztinstanzlichen kantonalen Entscheide die Vorgaben des Art. 112 Abs. 1 lit. a einhalten.

2. Begründung des Entscheids (lit. b)

7   **Sinn und Zweck der Begründungspflicht** ist es, den Parteien jene Tatsachen und Rechtsnormen zur Kenntnis zu bringen, welche für den Entscheid der Behörde massgeblich sind. Die Parteien sollen sich ein Bild über die Tragweite des Entscheids machen, ihn auf seine Richtigkeit hin überprüfen und gegebenenfalls sachgemäss anfechten können. Dadurch wird die Behörde gezwungen, ihre Motive offen zu legen, wodurch sachfremde Beweggründe zurückgedrängt werden sollen.[6] Die Verfassung (Art. 29 Abs. 2 BV) stellt keine hohen **Mindestanforderungen** an die **Begründungsdichte**: es genügt eine kurze Darstellung des Sachverhalts, der einschlägigen Rechtsnormen sowie der ausschlaggebenden Gründe für deren fallbezogene Anwendung. Zentral ist, dass die **Begründung in sich schlüssig** zu sein hat. Je grösser aber der Ermessens- und Beurteilungsspielraum der entscheidenden Behörde, je stärker der Eingriff in individuelle Rechte, je weiter die Abweichung von einer gefestigten Rechtsprechung, desto höher sind die Anforderungen an die Begründungsdichte.[7]

8   Art. 112 Abs. 1 lit. b geht nicht über die Anforderungen der Verfassung hinaus, sondern konkretisiert deren Vorgaben für das Verfahren vor der letzten kantonalen Instanz: ihre Entscheide müssen die massgebenden **Gründe tatsächlicher und rechtlicher Art** beinhalten und insb. auf die **angewendeten Gesetzesbestimmungen verweisen**. Wesentlich erscheint insb., dass Tat- und Rechtsfragen jeweils klar unterschieden werden. Aus den letztinstanzlichen kantonalen Entscheiden muss eindeutig hervorgehen, auf welchem festgestellten Sachverhalt sie beruhen und welches die auf den Sachverhalt angewendeten rechtlichen Überlegungen sind. Eine solche **klare Trennung von Tat- und Rechtsfragen** ist besonders mit Blick auf die Überprüfungsbefugnis des Bundesgerichts bedeutsam (vgl. Art. 97 und 105).[8]

---

[5] Vgl. SEILER/VON WERDT/GÜNGERICH, BGG, Art. 112 N 8. Zu begrüssen wäre es, wenn das Bundesgericht analog zur Staatsrechtlichen Beschwerde weitere Novenmöglichkeiten zulässt, z.B. wenn es den Sachverhalt gem. Art. 118 Abs. 2 und Art. 55 ergänzt; vgl. EHRENZELLER, Anwaltsrevue 2007, 108; EHRENZELLER/SCHWEIZER-SCHWEIZER, 246 f.; EHRENZELLER/SCHWEIZER-AEMISEGGER, 169 f.

[6] Vgl. HÄFELIN/MÜLLER/UHLMANN, Verwaltungsrecht[5], 1705 ff.; SGK-HOTZ, Art. 29 N 35; J.P. MÜLLER, Grundrechte[3], 537 ff.

[7] Vgl. BGE 129 I 232, 234 E. 3; 112 IA 107, 110 E. 2b m.Hinw.; SGK-HOTZ, Art. 29 N 35; KNEUBÜHLER, Begründungspflicht, 176 f.

[8] Vgl. SEILER/VON WERDT/GÜNGERICH, BGG, Art. 112 N 9 f.

3. Dispositiv (lit. c)

Als Dispositiv bezeichnet man den **Rechtsspruch**, resp. denjenigen Teil eines Ent- **9** scheids, der rechtsverbindlich wird. Darunter fällt nicht nur der Entscheid in der Sache, sondern auch derjenige über die Gerichts- und Parteikosten. Verweist das Dispositiv in einzelnen Punkten auf bestimmte Erwägungen, so nehmen diese an der Rechtsverbindlichkeit teil.[9]

4. Rechtsmittelbelehrung (lit. d)

Gemäss Abs. 1 lit. d müssen Entscheide, welche der Beschwerde an das Bundesgericht **10** unterliegen, eine **Rechtsmittelbelehrung** enthalten. Diese muss das **zulässige Rechtsmittel**, die **Rechtsmittelfrist** und, soweit das BGG eine Streitwertgrenze vorsieht, zusätzlich den **massgeblichen Streitwert** beinhalten (vgl. Art. 51, 74 und 85). Ebenfalls zu erwähnen ist das **Erfordernis der grundsätzlichen resp. besonderen Bedeutung**, wenn die Zulässigkeit der Beschwerde davon abhängt (Art. 74 Abs. 2 lit. a, Art. 83 lit. f, Art. 84 und Art. 85 Abs. 2).[10] Hingewiesen werden muss – im Unterschied zur früheren, für die staatsrechtliche Beschwerde geltenden Regelung – auch auf die **subsidiäre Verfassungsbeschwerde**, sofern diese zulässig ist (vgl. Art. 117). Dies ergibt zweifellos Sinn, denn die Zulässigkeit der Einheitsbeschwerde ist mitunter nicht eindeutig und die subsidiäre Verfassungsbeschwerde setzt voraus, dass die Verletzung eines verfassungsmässigen Rechts gerügt wird (Art. 116 i.V.m. Art. 106 Abs. 2).[11] In der Praxis wird es dennoch häufig vorkommen, dass eine Partei gegen einen kantonalen Entscheid sowohl Einheitsbeschwerde als auch Verfassungsbeschwerde erheben wird.[12]

In Fällen, in denen **Unklarheit** darüber herrscht, **welches Rechtsmittel** zur Verfügung **11** steht, hat das Bundesgericht den kantonalen Vorinstanzen empfohlen, «in allgemeiner Weise auf das Rechtsmittelsystem des BGG hinzuweisen».[13] Diese eigenartige Empfehlung ist m.E. mit Sinn und Zweck des Art. 112 Abs. 1 lit. d nicht zu vereinbaren. Es würde jedenfalls dem Grundsatz von Treu und Glauben (Art. 9 BV) widersprechen, wenn nach einer dergestalt inhaltsleeren Rechtsmittelbelehrung allfällige Unterlassungen oder Unkenntnisse dem Beschwerdeführer zum Nachteil gereichen würden. Wenn Unklarheit über das zulässige Rechtsmittel herrscht, ist von der kantonalen Vorinstanz zu fordern, dass in der Rechtsmittelbelehrung die **in Frage kommenden Rechtsmittel** genannt werden und auf den **genauen Grund der Unsicherheit hingewiesen** wird.

III. Eröffnung ohne Begründung (Abs. 2)

Abs. 2 lässt ausdrücklich zu, dass das kantonale Recht eine schriftliche **Entscheider-** **12** **öffnung ohne Begründung** vorsieht. In diesem Fall ist es Sache der Parteien, **innert dreissig Tagen** eine solche zu **verlangen**. Die Beschwerdefrist läuft in diesem Fall erst ab Zustellung der vollständigen Ausfertigung (Art. 100 Abs. 1).

---

[9] Vgl. LEUENBERGER/UFFER-TOBLER, Kommentar ZPO, Art. 85 N 1.

[10] SEILER/VON WERDT/GÜNGERICH, BGG, Art. 112 N 13.

[11] Vgl. auch EHRENZELLER/PFISTERER-AEMISEGGER, 117.

[12] Dazu sei sie z.B. im Falle eines Rechtsstreites, bei dem die massgebende Streitwertgrenze unterschritten ist, faktisch gezwungen, weil im Moment der Einreichung der Rechtsschrift unklar ist, ob die Einheitsbeschwerde wegen einer Rechtsfrage von grundsätzlicher Bedeutung dennoch zulässig ist oder ob, im negativen Fall, die subsidiäre Verfassungsbeschwerde zum Tragen kommt. Vgl. EHRENZELLER, Anwaltsrevue 2007, 108; KARLEN, BGG, 58.

[13] Mitteilung des Bundesgerichts vom 8.12.2006; vgl. auch EHRENZELLER/SCHWEIZER-AEMISEGGER, 117; BELLANGER/TANQUEREL-LUGON/POLTIER/TANQUEREL, 128.

13 Im Zeitraum zwischen der Entscheideröffnung ohne Begründung und der Zustellung des begründeten Entscheids resp. dem Verzicht beider Parteien auf eine schriftliche Begründung ist eine **Vollstreckung** des kantonalen Entscheids **nicht zulässig** – selbst dann nicht, wenn die Beschwerde an das Bundesgericht keine aufschiebende Wirkung hat (Art. 103).[14] Dieser **Schwebezustand** kann länger dauern als die gesetzlich vorgesehenen dreissig Tage, wenn die Frist zur Anforderung eines vollständig begründeten Entscheids in die Gerichtsferien (Art. 46) fällt.

14 Art. 112 Abs. 2 lässt somit kantonale Regelungen ausdrücklich zu, welche vorsehen, dass die Gerichte die Entscheide nur begründen müssen, wenn die Parteien eine Begründung verlangen. Allerdings gilt es klar festzuhalten, dass **kantonale Vorschriften**, wonach eine **Begründung erst** dann erfolgt, wenn eine der **Parteien das Urteil weiterzieht, von Art. 112 Abs. 2 nicht gedeckt** sind. Derartige Vorschriften wären mit Sinn und Zweck der aus dem Anspruch auf rechtliches Gehör (Art. 29 Abs. 2 BV) fliessenden Begründungspflicht nicht vereinbar. Sie würden die Betroffenen zu einer Anfechtung ins Blaue hinaus zwingen und wären auch in prozessökonomischer Hinsicht nicht sinnvoll.[15]

15 **Vom Wortlaut des Abs. 2 nicht erfasst** ist die **Frage**, ob kantonale **Gebührenregelungen**, welche das **Verlangen eines begründeten Entscheids** mit **zusätzlichen Kosten** für die Parteien verbinden, oder welche bei Nichtverlangen einer Begründung tiefere Gerichtsgebühren vorsehen, zulässig sind. Für derartige Regelungen, welche in kantonalen Prozessordnungen häufig aufzufinden sind, lassen sich **prozessökonomische** und **finanzielle Gründe** ins Feld führen.[16] Allerdings **beeinträchtigen** sie wesentliche **Funktionen der Begründungspflicht**. Sie schmälern deren Wirksamkeit als Instrument zur Verbesserung der Entscheidqualität. Denkbar ist auch, dass bei Parteien, welche sich aus finanziellen Gründen zum Begründungsverzicht veranlasst sehen, Gefühle von Frustration und rechtsungleicher Behandlung entstehen.[17] Andererseits gilt es festzuhalten, dass Verwaltungsgebühren ein Entgelt für eine staatliche Tätigkeit darstellen, also die dem Staat verursachten Kosten zumindest teilweise decken sollen, und dass **auch die Wahrnehmung verfassungsmässiger Rechte einer Verwaltungsgebühr unterworfen werden kann**.[18] Immerhin ist bei deren Bemessung das **Äquivalenzprinzip** zu beachten: die Höhe der Gebühr muss im Einzelfall in einem vernünftigen Verhältnis stehen zum Wert, den die staatliche Leistung für die Abgabepflichtigen hat.[19] Bezogen auf die Bemessung des **Anreizes für den Begründungsverzicht** muss gefolgert werden, dass jener **nicht unverhältnismässig hoch** sein darf. Wohl legitimiert das Interesse an einer ökonomisch sinnvollen Ausgestaltung auch der Justizverfahren solche finanzielle Anreize, das verfassungsrechtliche Interesse an der Wahrung der Funktionen der Begründungspflicht aber erfordert deren **Reduktion auf ein bescheidenes Mass**. Gleich der Beanspruchung öffentlichen Grundes zur Ausübung von ideellen Grundrechten wie der Meinungs- und Versammlungsfreiheit darf also auch das Verlangen einer vollständigen Begründung **nicht über Gebühr belastet resp. erschwert werden**.[20]

---

[14] SPÜHLER/DOLGE/VOCK, Kurzkommentar, Art. 112 N 4.
[15] KNEUBÜHLER, Begründungspflicht, 207.
[16] Vgl. SPÜHLER/DOLGE/VOCK, Kurzkommentar, Art. 112 N 3.
[17] Ausführlich zu dieser Problematik KNEUBÜHLER, Begründungspflicht, 208, 251.
[18] Vgl. HÄFELIN/MÜLLER/UHLMANN, Verwaltungsrecht[5], N 2625 ff.; SEILER/VON WERDT/GÜNGERICH, BGG, Art. 112 N 21.
[19] Vgl. HÄFELIN/MÜLLER/UHLMANN, Verwaltungsrecht[5], N 2641.
[20] Vgl. HÄFELIN/MÜLLER/UHLMANN, Verwaltungsrecht[5], N 2639; T. JAAG, Gemeingebrauch und Sondernutzung öffentlicher Sachen, ZBl 1992, 161 f. m.Hinw.

Bestimmungen anderer Bundesgesetze über die schriftliche Eröffnung von Entschei- **16** den durch kantonale Behörden (z.B. Art. 20a Abs. 2 Ziff. 4 SchKG, Art. 61 lit. h ATSG sowie Art. 1 Abs. 3 i.V.m. Art. 34 f. VwVG) sind im Sinne des neueren Art. 112 Abs. 2 auszulegen. Kantonale Regelungen, welche eine schriftliche Eröffnung im Dispositiv vorsehen mit der Möglichkeit, eine vollständige Begründung zu verlangen, sind somit auch im Anwendungsbereich der genannten Bestimmungen zuzulassen.[21]

IV. Folgen mangelhafter Eröffnung (Abs. 3)

1. Grundsatz: kein Nachteil aus mangelhafter Eröffnung

Art. 112 Abs. 3 betrifft die Folgen mangelhafter Eröffnung kantonaler Entscheide. Das **17** Bundesgericht **kann** diese an die kantonale Behörde zur Verbesserung **zurückweisen oder aufheben**, ist aber nicht dazu verpflichtet. Die Bestimmung gilt an sich nur für kantonale Vorinstanzen, doch in der Sache rechtfertigt sich ihre analoge Anwendung auf Entscheide des Bundesstraf- und Bundesverwaltungsgerichts.[22] Art. 112 Abs. 3 ist allerdings in hohem Masse **konkretisierungsbedürftig**. Auszugehen ist vom aus dem Prinzip von Treu und Glauben (Art. 9 BV) fliessenden prozessrechtlichen Grundsatz, wonach den Parteien **aus mangelhafter Eröffnung kein Nachteil** erwachsen darf (vgl. Art. 49, Art. 38 VwVG). **Eröffnungsfehler** führen demnach – im Gegensatz zur gänzlichen Nichteröffnung – **nicht zur Nichtigkeit von Entscheiden**. Die mangelhafte Eröffnung zeigt allerdings differenzierte Rechtsfolgen.

2. Unkorrekte oder fehlende Rechtsmittelbelehrung

Weder zurückgewiesen noch aufgehoben werden müssen Entscheide mit fehlender **18** oder unkorrekter **Rechtsmittelbelehrung** (Abs. 1 lit. d). Wurde eine Beschwerde infolge einer fehlerhaften Rechtsmittelbelehrung **verspätet** eingereicht, hat das Bundesgericht auf sie **einzutreten**, falls die beschwerdeführende **Partei sich in guten Treuen auf die Rechtsmittelbelehrung verlassen** konnte.[23] Nicht in guten Treuen ist, wer die Unrichtigkeit der Rechtsmittelbelehrung erkannte oder bei zumutbarer Sorgfalt hätte erkennen müssen.[24] Eine rechtskundige oder rechtskundig vertretene Partei kann sich demnach nicht auf den Vertrauensschutz berufen, wenn der Mangel allein schon mittels Konsultierung der massgeblichen Verfahrensbestimmungen erkennbar gewesen wäre. Allerdings vermag nur grobe prozessuale Unsorgfalt der betroffenen Partei oder ihres Anwaltes eine unkorrekte Rechtsmittelbelehrung aufzuwiegen.[25]

Falls eine **Rechtsmittelbelehrung gänzlich fehlt**, muss der Adressat des Entscheides **19** diesen **innert nützlicher Frist anfechten** oder sich nach den in Frage kommenden **Rechtsmitteln erkundigen**. Die Länge dieser «nützlichen», resp. «üblichen» Frist hängt von den konkreten Umständen ab, wobei eine Orientierung an der vor Bundesgericht üblichen Frist von 30 Tagen (Art. 100 Abs. 1) auf der Hand liegt.[26] Hat der Rechtsuchende diese Frist versäumt, muss das Bundesgericht nicht auf die Beschwerde eintreten.

---

[21] Gl.M. SPÜHLER/DOLGE/VOCK, Kurzkommentar, Art. 112 N 3.
[22] SEILER/VON WERDT/GÜNGERICH, BGG, Art. 112 N 35.
[23] Vgl. SEILER/VON WERDT/GÜNGERICH, BGG, Art. 112 N 27; BGE 124 I 255, 258.
[24] BGE 121 II 71, 78 E. 2a.
[25] BGE 124 I 255, 258 E. 1aa; 117 Ia 119, 125 E. 3a; 117 Ia 421, 422 E. 2a.
[26] SEILER/VON WERDT/GÜNGERICH, BGG, Art. 112 N 27; BGE 119 IV 330, 334 E. 1c.

3. Aufhebung oder Zurückweisung

20   Bei **anderen Eröffnungsfehlern** als der Abwesenheit oder Unrichtigkeit der Rechtsmittelbelehrung kann das Bundesgericht den Entscheid an die kantonale Behörde zur Verbesserung **zurückweisen oder aufheben**. Das Bundesgericht **kann**, es **muss aber nicht**; demnach sind Entscheide trotz Eröffnungsfehlern – falls den Parteien dadurch kein Nachteil entsteht – einer materiellen Beurteilung zugänglich.[27]

21   Die **Rückweisung** setzt nicht unbedingt die Aufhebung voraus. Das Bundesgericht kann einen Entscheid **zur Verbesserung** an die Vorinstanz **zurückweisen, ohne ihn aufzuheben**. Er bleibt dann beim Bundesgericht hängig, muss von der kantonalen Vorinstanz aber in Bezug auf die fehlerhafte Eröffnung (und nur auf diese) korrigiert werden. Ein derartiges Vorgehen ist insb. bei kanzleimässigen Versehen, welche der Berichtigung unterliegen (wie z.B. das irrtümliche Fehlen einzelner Aktenstücke, das Fehlen der Unterschrift usw.) angesagt.[28]

22   Eröffnungsfehler, welche nicht auf dem Weg der Rückweisung verbessert werden können, müssen zur **Aufhebung** des Entscheids der kantonalen Vorinstanz führen, wobei die Aufhebung klarerweise als **ultima ratio** zu verstehen ist. Wenn im angefochtenen Entscheid z.B. Tat- und Rechtsfragen derart vermischt sind, dass nicht ersichtlich ist, von welchem Sachverhalt die Vorinstanz ausgegangen ist, kann eine Korrektur nicht ausreichen. Der Entscheid wird folglich aufgehoben, die **Vorinstanz muss neu entscheiden**, wobei der neue Entscheid wiederum beim Bundesgericht anfechtbar ist.[29]

V. Mitteilungspflicht an Bundesbehörden (Abs. 4)

23   Gemäss der neuesten Entwicklung des Bundesrechts soll die Aufsicht des Bundes über den kantonalen Vollzug von Bundesrecht primär mit Hilfe von Rechtsmitteln gewährleistet werden (vgl. Kommentar zu Art. 111 Abs. 2).[30] Der Bund ist aber, damit er seine **Aufsichtspflichten wahren** kann, auf die **Zustellung der wesentlichen Entscheide** kantonaler Behörden angewiesen. Art. 112 Abs. 4 ermächtigt deshalb den Bundesrat, die **Mitteilungspflichten**, welche für alle kantonalen Behörden gelten sollen, in einer Verordnung zu regeln.[31] Der Bundesrat hat, gestützt auf diese Ermächtigung, die **Verordnung über die Eröffnung letztinstanzlicher kantonaler Entscheide in öffentlich-rechtlichen Angelegenheiten** (SR 173.110.47) erlassen. Gemäss Art. 1 dieser Verordnung sind letztinstanzliche Entscheide, welche vor Bundesgericht mit Beschwerde in Zivilsachen nach Art. 72 Abs. 2 lit. b, Beschwerde in Strafsachen nach Art. 78 Abs. 2 lit. b oder Beschwerde in öffentlich-rechtlichen Angelegenheiten (Art. 82 ff.) anfechtbar sind, den beschwerdeberechtigten Bundesbehörden sofort und unentgeltlich zu eröffnen. Art. 2 der Verordnung statuiert Ausnahmen für einzelne Teilgebiete des öffentlichen Rechts. Mit dem Art. 112 Abs. 4 und der darauf basierenden, oben erwähnten Verordnung wird die Regelung des Art. 265 Abs. 1 BStP, auf dem die strafrechtliche Mitteilungsverordnung (SR 312.3) basiert, im Bundesverwaltungsrecht generalisiert. Der Bund verzichtet somit – erstaunlicherweise – auf die Mittei-

---

[27] POUDRET, Commentaire, Art. 52 N 1.
[28] SEILER/VON WERDT/GÜNGERICH, BGG, Art. 112 N 31.
[29] Vgl. BGE 123 II 49, 55 E. 6b; SEILER/VON WERDT/GÜNGERICH, BGG, Art. 112 N 33; BIRCHMEIER, Handbuch, Art. 52 N 1; POUDRET, Commentaire, Art. 52 N 3.
[30] Botschaft 2001 BBl 2001 4349 f.
[31] Botschaft 2001 BBl 2001 4350; SPÜHLER/DOLGE/VOCK, Kurzkommentar, Art. 112 N 7.

lung jener kantonalen Entscheide im Anwendungsbereich der subsidiären Verfassungsbeschwerde, welche sich auf Bundesrecht stützen.[32]

VI. Anpassungsbedarf

Für die Vorgaben des Art. 112 gilt **keine Übergangsfrist**; sie sind bei allen kantona- **24**
len Entscheiden zu beachten, die ab dem 1.1.2007 ergehen (Art. 130 e contrario;
Art. 132 Abs. 1).[33]

Die Umsetzung der Vorgaben des Art. 112 sollte die Kantone vor keine grösseren Her- **25**
ausforderungen stellen. Prüfen müssen sie, ob eine rechtliche Grundlage zur Entscheideröffnung ohne Begründung (vgl. Art. 112 Abs. 2, oben N 12 ff.) bereits besteht
oder allenfalls geschaffen werden soll.[34]

---

[32] Derartige Entscheide ergehen gem. Art. 83 z.B. im Ausländer- und Asylrecht. Vgl. Tschannen-
Herzog, 99.
[33] Seiler/von Werdt/Güngerich, BGG, Art. 112 N 38.
[34] Vgl. Tschannen-Herzog, 98 f.

5. Kapitel: Subsidiäre Verfassungsbeschwerde

Art. 113*

Grundsatz	**Das Bundesgericht beurteilt Verfassungsbeschwerden gegen Entscheide letzter kantonaler Instanzen, soweit keine Beschwerde nach den Artikeln 72–89 zulässig ist.**
Principe	Le Tribunal fédéral connaît des recours constitutionnels contre les décisions des autorités cantonales de dernière instance qui ne peuvent faire l'objet d'aucun recours selon les art. 72 à 89.
Principio	Il Tribunale federale giudica i ricorsi in materia costituzionale interposti contro le decisioni cantonali di ultima istanza laddove non sia ammissibile il ricorso ordinario secondo gli articoli 72–89.

Inhaltsübersicht

Materialien

Botschaft 2001 BBl 2001 4324 f.; AB 2003 S 884 f., AB 2004 N 1570 ff. (insb. 1614 ff.), AB 2005 S 117 f., 129 ff., 553; Bericht zu den Normvorschlägen der Arbeitsgruppe Bundesgerichtsgesetz vom 16.3.2004 – Bericht des Bundesamtes für Justiz zuhanden der Rechtskommission des Nationalrats vom 18.3.2004 (zit. Bericht BJ an RK-N 2004); vgl. hierzu den Abdruck im Anhang.

Literatur

EHRENZELLER/SCHWEIZER-AEMISEGGER, 198 ff.; EHRENZELLER/SCHWEIZER-AUER, 65 ff.; AUER, ZBl 2006, 121 ff.; A. AUER, Le recours constitutionnel – *terra incognita*, in: M. Hottelier/B. Foëx/ N. Jeandin (Hrsg.), Les recours au Tribunal fédéral, Zürich/Genf 2007, 157 ff. (zit. Hottelier/Foëx/ Jeandin-Auer) FS KOLLER-AUER, 203 ff.; AUER/MALINVERNI/HOTTELIER, Droit constitutionnel², N 2062 ff., 2136 ff.; 2154 f., 2170 ff.; BELLANGER/TANQUEREL-BELLANGER, 51 ff.; G. BIAGGINI, Bundesverfassung der Schweizerischen Eidgenossenschaft. Kommentar, Zürich 2007 (zit. Biaggini, Komm. BV); B. EHRENZELLER, Die subsidiäre Verfassungsbeschwerde, in: Anwaltsrevue 2007, 103 ff. (zit. Ehrenzeller, Anwaltsrevue 2007); BVK-EICHENBERGER, Art. 102 N 22 ff.; GÄCHTER/ THURNHERR, plädoyer 2006, 39 f.; Z. GIACOMETTI, Die Verfassungsgerichtsbarkeit des Schweizerischen Bundesgerichts (Die staatsrechtliche Beschwerde), Zürich 1933 (zit. Giacometti, Verfas-

* Ich danke meinem Mitarbeiter lic. iur. Alexander Misic, LL.M., bestens für die Unterstützung bei der Sammlung und Sichtung von Literatur und Judikatur zum Kapitel «Verfassungsbeschwerde» und die kritische Durchsicht der Kommentierungen zu Art. 113–119.

sungsgerichtsbarkeit); KÄLIN, Beschwerde[2]; W. KÄLIN/J. KÜNZLI, Universeller Menschenrechtsschutz, Basel/Genf/München 2005 (zit. Kälin/Künzli, Menschenrechtsschutz); W. KÄLIN/G. MALINVERNI/M. NOWAK, Die Schweiz und die UNO-Menschenrechtspakte, 2. Aufl., Basel/Genf/München 1999 (zit. Kälin/Malinverni/Nowak, UNO-Menschenrechtspakte[2]); FS KOLLER-GERBER, 245 ff., 251 ff.; HÄFELIN/HALLER/KELLER, Suppl., N 1967 ff., 2023 ff., 2030 ff.; HÄFELIN/MÜLLER/UHLMANN, Verwaltungsrecht[5], N 2000g; HALLER, Jusletter 2006, Rz 46 ff.; TSCHANNEN-HERZOG, 43 ff., 72 ff., 86 ff.; BELLANGER/TANQUEREL-HOTTELIER, 71 ff., 80 ff., 90 ff.; KARLEN, BGG, 23 ff., 56 ff.; TSCHANNEN-KIENER, 224 f.; KIENER/KUHN, ZBl 2006, 148 ff.; KOLLER, ZBl 2006, 79 f.; BELLANGER/TANQUEREL-LUGNON/POLTIER/TANQUEREL, 116; BELLANGER/TANQUEREL-MOOR, 173 f.; PORTMANN-POLTIER, 165 ff.; RASELLI, AJP 2002, 1 ff.; RAUSCH, Prozessrecht[2], 55 f., 63 ff.; EHRENZELLER/SCHWEIZER-SCHWEIZER, 226 ff., 240 ff.; SEILER/VON WERDT/GÜNGERICH, BGG, Art. 113–119; SPÜHLER/DOLGE/VOCK, Kurzkommentar, Art. 113–119; TOPHINKE, ZBl 2006, 88 ff.; P. TSCHANNEN, Staatsrecht der schweizerischen Eidgenossenschaft, Bern 2004 (zit. Tschannen, Staatsrecht); F. UHLMANN, Das Willkürverbot (Art. 9 BV), Bern 2005 (zit. Uhlmann, Willkürverbot); A. WURZBURGER, La nouvelle organisation judiciaire fédérale, JdT 2005, 646 f. (zit. Wurzburger, JdT 2005); DERS., SJZ 2005, 489 ff.; TSCHANNEN-ZIMMERLI, 281 ff.

I. Entstehung und Charakterisierung der Verfassungsbeschwerde

1. Entstehungsgeschichte

1   Das neue Rechtsmittel der Verfassungsbeschwerde blickt auf eine **ungewöhnliche Entstehungsgeschichte** zurück. Nach den ursprünglichen Plänen und Entwürfen hätte das neue Rechtsmittelsystem im Wesentlichen aus je einem Rechtsmittel für das Zivilrecht, das Strafrecht und das Öffentliche Recht bestehen sollen (Art. 68 ff., 73 ff., 77 ff. E 2001). Eine Verfassungsbeschwerde war nicht vorgesehen (vgl. immerhin hinten N 8). Entsprechend der Idee der «Einheitsbeschwerde» sollten im Rahmen dieser drei Rechtsmittel alle einschlägigen Rügen geltend gemacht werden können (vgl. jetzt Art. 95 ff.), unter Einschluss der Rüge, es seien verfassungsmässige Rechte verletzt. Unter der Herrschaft des OG hatte diese Rüge in den zivil- und strafrechtlichen Rechtsmitteln keinen Platz (vgl. Art. 43 Abs. 1, Art. 68 Abs. 1 OG; Art. 269 BStP a.F.), weshalb oft zusätzlich eine staatsrechtliche Beschwerde (Art. 84 ff. OG) eingereicht werden musste. Im Bereich des Öffentlichen Rechts stand mit der Verwaltungsgerichtsbeschwerde (Art. 97 ff. OG) zwar ein nach der Idee der «Einheitsbeschwerde» konstruiertes Rechtsmittel zur Verfügung.[1] Die Verwaltungsgerichtsbeschwerde konnte indes nur zum Zuge kommen, wenn sich der angefochtene Akt auf Bundesrecht stützte (Art. 97 OG i.V.m. Art. 5 VwVG) und keine der zahlreichen Ausnahmen (Art. 99–101 OG) gegeben war. Die staatsrechtliche Beschwerde als das subsidiäre Rechtsmittel (Art. 84 Abs. 2 OG) gegen «kantonale Erlasse oder Verfügungen (Entscheide)» (Art. 84 Abs. 1 OG) war nicht nur im Bereich des kantonalen Rechts von Bedeutung, sondern auch beim kantonalen Vollzug von Bundesrecht.[2]

2   Die Lösung des **bundesrätlichen Entwurfs** stiess verschiedentlich auf **Kritik**. Es wurde bemängelt, dass wegen der vorgesehenen Zugangsbeschränkungen bei bestimmten kantonalen Entscheidungen der Weg ans Bundesgericht nicht mehr offen stehe[3] und es insoweit zu **Rechtsschutzdefiziten** komme,[4] dies namentlich im Bereich der Grundrechte.

---

[1] Zur Modellfunktion der Verwaltungsgerichtsbeschwerde für die neuen Beschwerden gem. BGG vgl. EHRENZELLER/SCHWEIZER-AEMISEGGER, 111.

[2] Zu den (chronischen) Abgrenzungsschwierigkeiten im Verhältnis Verwaltungsgerichtsbeschwerde und staatsrechtliche Beschwerde vgl. etwa ZIMMERLI/KÄLIN/KIENER, Verfahrensrecht, 241 ff.

[3] Bei Unterschreiten der massgeblichen Streitwertgrenze (Art. 70 und Art. 79 E 2001) bzw. bei Entscheidungen im Bereich der Ausnahmekataloge (Art. 74 und Art. 78 E 2001).

[4] Vgl. z.B. HÄFELIN/HALLER, Bundesstaatsrecht[6], N 1933a, und die Hinweise bei FS KOLLER-GERBER, 247 (mit FN 12); EHRENZELLER/SCHWEIZER-SCHWEIZER, 219; TSCHANNEN-ZIMMERLI, 282 f.

Im Ständerat, der sich als Erstrat mit der Bundesrechtspflegereform befasste,[5] wurde kritisiert, dass bei Verwirklichung dieser Lösung Rechtssuchende zur Verteidigung ihrer Grundrechte bei bestimmten letztinstanzlichen kantonalen Entscheiden **direkt** den Strassburger Menschenrechtsgerichtshof anrufen müssten. Der EGMR werde «auf dem Umweg über die EMRK-Garantien»[6] gewissermassen zum Hüter der Grundrechte in der Schweiz, ohne dass das Bundesgericht zuvor die ihm zugedachte Funktion als Wahrer des Rechts ausüben könne. Der **Ständerat** beschloss daher, den Rechtsweg an das Bundesgericht zu **öffnen** (im Vergleich zum E 2001):[7] für zivil- und strafrechtliche Fälle, wenn es «offensichtlich Anhaltspunkte dafür gibt, dass der angefochtene Entscheid auf der Verletzung eines verfassungsmässigen Rechts beruht» (Art. 70 Abs. 2 Bst. a[bis] und Art. 74 Abs. 2 Bst. b in der ständerätlichen Fassung vom 23.9.2003); im öffentlich-rechtlichen Bereich für bestimmte Fälle des Ausnahmekatalogs (Art. 78 Abs. 1 Bst. a[bis], b und d bis q), «wenn die Verletzung einer verfassungsmässigen Verfahrensgarantie im Sinne der Artikel 29, 29a und 30 der Bundesverfassung gerügt wird» (Art. 78 Abs. 2 in der ständerätlichen Fassung vom 23.9.2003).

Die Beschlüsse des Ständerats vom 23.9.2003 veranlassten das **Bundesgericht** zu einer   3
Intervention. In einem **Schreiben** vom 5.1.2004 an den Präsidenten der Kommission für Rechtsfragen des Nationalrats und an den Vorsteher des Eidgenössischen Justiz- und Polizeidepartements (EJPD) gab das Bundesgericht seiner Sorge Ausdruck, dass die beschlossenen Änderungen eine zusätzliche Belastung (und nicht die angestrebte Entlastung) sowie eine Komplizierung des Rechtsmittelsystems nach sich ziehen würden.[8] Noch im Januar 2004 führte die Kommission für Rechtsfragen des Nationalrats (RK-N) Hearings mit den Präsidenten des Bundesgerichts und des Eidgenössischen Versicherungsgerichts (EVG) durch. Die RK-N erteilte (auf Vorschlag des Vorstehers des EJPD) dem EJPD den Auftrag, zusammen mit dem Bundesgericht und dem EVG nach Lösungen zu suchen.

Knapp zwei Monate später unterbreitete die vom Vorsteher EJPD eingesetzte (und präsi-   4
dierte) elfköpfige **Arbeitsgruppe** ihre Lösung in Form von **Normvorschlägen** (formell: des EJPD) und eines begleitenden Berichts (redigiert im Bundesamt für Justiz).[9] Das wichtigste Ergebnis im Bereich des Rechtsmittelsystems war die Ergänzung der drei ordentlichen Beschwerden (mit im Wesentlichen einheitlichen Regeln) durch ein zusätzliches, **subsidiäres Rechtsmittel**, das es erlauben sollte, kantonal-letztinstanzliche Entscheide anzufechten und die Verletzung von verfassungsmässigen Rechten zu rügen. Das neue Rechtsmittel sollte in einem eigenen Kapitel (mit dem Titel «4a. Kapitel: Subsidiäre Verfassungsbeschwerde», 105a–g in damaliger Nummerierung) geregelt werden, eingefügt zwischen den Vorschriften betr. das Bundesgericht als (ordentliche) Beschwerdeinstanz (heute 4. Kapitel, Art. 72 ff.) und der Bestimmung über die Klage (heute 6. Kapitel, Art. 120).

Im begleitenden Bericht (N 4) wurde zur Begründung im Wesentlichen angeführt, dass   5
die **Verfassungsbeschwerde** «die im Entwurf des Bundesrats bestehenden Rechtsschutzlücken» füllen solle, d.h. im «Ausschlussbereich» sowie bei Nichterreichen der Streit-

---

[5] Vgl. FS KOLLER-GERBER, 245 ff.; TSCHANNEN-ZIMMERLI, 282 f.
[6] Vgl. AB 2003 S 884 (Votum Hess). Vgl. auch AB 2004 N 1577 (Votum Baumann); EHRENZELLER/
     SCHWEIZER-AEMISEGGER, 160; RASELLI, AJP 2002, 3 ff.
[7] Vgl. AB 2003 S 898 ff.
[8] Das Eidgenössische Versicherungsgericht (EVG) sprach sich in einem Schreiben vom 12.1.2004
     für die Weiterführung der Gesetzgebungsarbeiten aus und betonte, dass es die Vorlage zum
     Bundesgerichtsgesetz nach wie vor in allen wesentlichen Punkten befürworte. – Dazu und zum
     Folgenden vgl. Bericht BJ an RK-N 2004 (im Anhang).
[9] Vgl. Bericht BJ an RK-N 2004 (im Anhang).

wertgrenze zum Zuge kommen solle. Es genüge, wenn sich die Verfassungsbeschwerde **nur gegen kantonale** Entscheide (nicht aber gegen Entscheide auf Bundesebene) richte, denn nur dann bestehe «ein Bedürfnis [...], Verfassungsverletzungen beim Bundesgericht geltend zu machen». Für die **Beschwerdeberechtigung** sollten nach Auffassung der Arbeitsgruppe «die gleichen Anforderungen gelten wie bei der heutigen staatsrechtlichen Beschwerde (Erfordernis des rechtlich geschützten Interesses)». Dank der Verfassungsbeschwerde könne auf die vom Ständerat eingefügten Ausnahmeregelungen bei den drei ordentlichen Beschwerden verzichtet werden.

6   Der Bundesrat machte sich diese Normvorschläge (N 4) zu eigen.[10] Die Schaffung des zusätzlichen Rechtsmittels der Verfassungsbeschwerde war in der RK-N nicht umstritten.[11] Die Anträge des Bundesrats zu Art. 105a ff. wurden in der Folge vom Nationalrat[12] und vom Ständerat oppositionslos übernommen.[13] Das zusätzliche Rechtsmittel wurde in den Plenardebatten als wichtiges Element eines (hart errungenen) Kompromisses,[14] ja mitunter als eigentlicher «Rettungsanker» vorgestellt, da die Vorlage im Nationalrat ohne Modifikation des Rechtsmittelsystems «nie eine Mehrheit gefunden hätte».[15] Wenn man von einigen notwendigen rechtsetzungstechnischen Änderungen[16] und einer geringfügigen textlichen Änderung (ohne rechtliche Tragweite[17]) absieht, wurden die im Schoss der Arbeitsgruppe entstandenen Normvorschläge unverändert zu geltendem Recht, ohne dass zu dieser bedeutsamen Neuerung je ein Vernehmlassungsverfahren (Art. 147 BV) durchgeführt worden wäre.[18]

7   Die öffentlich zugänglichen **Materialien** zur Verfassungsbeschwerde sind spärlich: Neben dem Bericht vom 18.3.2004 (vgl. Anhang) finden sich einige eher unspezifische Aussagen in den Ratsprotokollen. Dies erschwert die Auslegung der einschlägigen Bestimmungen. Das weit gehende Fehlen von Materialien bedeutet jedoch nicht, dass das Bundesgericht jetzt zu einer gleichsam «freihändigen» Auslegung schreiten könnte.[19]

8   Im Übrigen gilt es zu beachten, dass die Verfassungsbeschwerde (was in den ersten Darstellungen zum neuen Bundesgerichtsgesetz gelegentlich zu kurz kommt) nicht gleichsam «aus dem Nichts» geboren wurde, sondern im bundesrätlichen Entwurf durchaus schon (teilweise) angelegt war.[20] So sah der Ausnahmekatalog bei der Beschwerde in öffentlich-rechtlichen Angelegenheiten (Art. 78 E 2001) – im Sinne einer generellen «Gegenausnahme» – die Möglichkeit vor, mit Beschwerde an das Bundesgericht zu gelangen, um eine «Verletzung des Anspruchs auf Beurteilung von Streitigkeiten durch eine richterliche Behörde» zu rügen (Art. 78 Abs. 2 E 2001). Diese besondere Beschwerde sollte dazu dienen, den verfassungsrechtlich gewährleisteten Anspruch auf Zugang zu einem – den Anforderungen von Art. 29a BV entsprechenden – Gericht prozessual abzusichern[21]

---

[10]   Vgl. AB 2004 N 1614 f. (als «neuer Antrag des Bundesrates» bezeichnet).
[11]   Vgl. AB 2004 N 1572 (Votum Leutenegger Oberholzer).
[12]   Vgl. AB 2004 N 1614 f.
[13]   Vgl. AB 2005 S 139.
[14]   So AB 2004 N 1580 (Votum Thanei, Kommissionssprecherin).
[15]   Vgl. AB 2004 N 1570.
[16]   Anpassungen der Artikelnummerierung bzw. der Verweise.
[17]   Der Verweis auf die (vorrangigen) ordentlichen Beschwerden erfolgt in der definitiven Fassung (heute Art. 113) nach Artikeln (Art. 72–89) und nicht durch Nennung des Kapitels (so noch E-Art. 105a).
[18]   Kritisch zum Vorgehen namentlich TSCHANNEN-ZIMMERLI, 285 («Husarenritt»), 312 («Sturzgeburt»). Vgl. auch HOTTELIER/FOËX/JEANDIN-AUER, 161 ff.
[19]   In diese Richtung indes TSCHANNEN-ZIMMERLI, 285.
[20]   Vgl. dazu FS KOLLER-GERBER, 245 ff.
[21]   Vgl. Botschaft 2001 BBl 2001 4324 f.

(«BV 29a-Beschwerde»). Nebenbei zeigt sich hier, dass der im Zusammenhang mit dem bundesrätlichen Entwurf öfters verwendete Begriff «Rechtsschutzlücke» nicht ganz zutreffend ist. Denn im System des E 2001 konnte bei Rechtsstreitigkeiten (soweit durch Art. 29a BV gefordert) durchweg ein **Gericht** angerufen werden, wenn auch nicht immer ein Gericht des Bundes. Gefährdet war somit nicht so sehr der Rechtsschutz als vielmehr die **einheitliche Auslegung und Anwendung** des (Bundes- und Völker-)Rechts, insb. der Grundrechte der Bundesverfassung und der EMRK. Ähnlich gelagert ist auch die vom Ständerat ursprünglich beschlossene Öffnung des Rechtswegs an das Bundesgericht in Fällen, in denen es «offensichtlich Anhaltspunkte dafür gibt, dass der angefochtene Entscheid auf der Verletzung eines verfassungsmässigen Rechts beruht» (Art. 70 Abs. 2 Bst. a[bis] und Art. 74 Abs. 2 Bst. b in der ständerätlichen Fassung vom 23.9.2003; vgl. N 2). Zu erwähnen ist weiter die in Art. 90 Abs. 2 E 2001 vorgesehene «Beschwerde gegen Entscheide über vorsorgliche Massnahmen», mit der gem. bundesrätlichem Entwurf (nur) «die Verletzung des Willkürverbots oder eines anderen Grundrechts gerügt werden» konnte (ähnlich heute Art. 98, «Beschränkte Beschwerdegründe»: Verletzung verfassungsmässiger Rechte). Diese (bei der Analyse oft vernachlässigten) Vorläufer und Parallelen lassen die Frage der Charakterisierung und Einordnung der Verfassungsbeschwerde in einem anderen Licht erscheinen (vgl. N 11, a.E.).

2. Allgemeine Charakterisierung

Unter dem vagen Verlegenheitstitel «Grundsatz» legt der knapp gefasste Art. 113 zwei **9** zentrale Charakterzüge des neuen Rechtsmittels fest. Die Verfassungsbeschwerde:

– richtet sich gegen **Entscheide letzter kantonaler Instanzen** und

– ist gegenüber den ordentlichen Beschwerden **subsidiär**.

Der Charakter des neuen Rechtsmittels gab Anlass zu Kontroversen, noch bevor die einschlägigen Bestimmungen überhaupt Geltung erlangt hatten.[22] Ein Blick auf die **Gemeinsamkeiten und Unterschiede** im Verhältnis zu den **ordentlichen** Beschwerden (Art. 72 ff.) und zur früheren **staatsrechtlichen** Beschwerde (Art. 84 OG), mit der die Verfassungsbeschwerde oft verglichen wird, lässt den Charakter des neuen Rechtsmittels deutlicher hervortreten.

Beim Vergleich mit den **ordentlichen Beschwerden** (Art. 72 ff.)[23] springen, abgesehen **10** von der Subsidiarität (Art. 113), die folgenden **Unterschiede** ins Auge:

– **Beschwerdeobjekt**: Bei der Verfassungsbeschwerde können nur kantonale Entscheide angefochten werden (Art. 113), **nicht** jedoch **Entscheide des Bundes** oder **kantonale Erlasse** (Art. 82).

– **Beschwerderecht**: Bei der Verfassungsbeschwerde wird ein **rechtlich geschütztes Interesse** verlangt (Art. 115), bei den ordentlichen Beschwerden genügt zum Teil ein blosses «schutzwürdiges Interesse» (so Art. 89 Abs. 1 Bst. c; vgl. dagegen – wie bei der Verfassungsbeschwerde – Art. 76 und Art. 81, je Abs. 1 Bst. b).

– **Beschwerderecht**: Bei der Verfassungsbeschwerde fehlt die allgemeine Behördenbeschwerde (vgl. Art. 76 Abs. 2, Art. 81 Abs. 3, Art. 89 Abs. 2 Bst. a). Vgl. immerhin N 5 zu Art. 115.

---

[22] Zur Rechtsnatur der Verfassungsbeschwerde vgl. etwa EHRENZELLER/SCHWEIZER-AEMISEGGER, 117; AUER/MALINVERNI/HOTTELIER, Droit constitutionnel[2], N 2136; HOTTELIER/FOËX/JEANDIN-AUER, 166 ff.; BELLANGER/TANQUEREL-HOTTELIER, 73 f.; KARLEN, BGG, 23, 56; TSCHANNEN-ZIMMERLI, 309 ff.

[23] Vgl. z.B. BELLANGER/TANQUEREL-HOTTELIER, 74; TSCHANNEN-ZIMMERLI, 309 f.

– **Beschwerdegründe:** Bei der Verfassungsbeschwerde kann **nur** die Verletzung **verfassungsmässiger Rechte** gerügt werden (Art. 116), bei den ordentlichen Beschwerden kommen weitere Rügen in Betracht (Art. 95–98), namentlich die Verletzung von Bundesrecht (Art. 95 Bst. a). Der Unterschied relativiert sich in der Praxis, zumal bei der Verfassungsbeschwerde – über den Beschwerdegrund des Bundesrechtsvorrangs (Art. 49 Abs. 1 BV; vgl. N 13 zu Art. 116) – die einschlägige Bundesgesetzgebung in den Prüfungsmassstab Eingang finden kann.

11 Neben diesen (und einigen weiteren[24]) Unterschieden zeigen die beiden Beschwerdearten (ordentliche Beschwerde und Verfassungsbeschwerde) auch viele **Gemeinsamkeiten:**

– **Beschwerdevoraussetzungen:** Der Begriff des (anfechtbaren) Entscheids ist bei beiden Beschwerdearten derselbe (Art. 117 i.V.m. Art. 90 ff.). Ausser bei Beschwerden in öffentlich-rechtlichen Angelegenheiten verlangt das Gesetz durchweg ein rechtlich geschütztes Interesse (Art. 76 Abs. 1 Bst. b; Art. 81 Abs. 1 Bst. b; Art. 115). Bei beiden Beschwerdearten gelten dieselben Beschwerdefristen (Art. 117 i.V.m. Art. 100) und sind bei bestimmten Rügen erhöhte Begründungsanforderungen zu erfüllen (Art. 106 Abs. 2).

– **Beschwerdeverfahren:** Es kommen prinzipiell dieselben Verfahrensregeln zur Anwendung (Art. 29 ff.; Art. 117 i.V.m. Art. 90 ff.). Beide Beschwerdearten haben prinzipiell keine aufschiebende Wirkung (Art. 103 bzw. Art. 117 i.V.m. Art. 103 Abs. 1 und 3). Bei beiden haben die Kantone die Einheit des Verfahrens zu respektieren (Art. 117 i.V.m. Art. 111). Beide Beschwerdearten kennen (im Unterschied zum kantonalen Verfahren, das insoweit den Anforderungen von Art. 29a BV voll entsprechen muss) keine volle Sachverhaltskontrolle (Art. 97 und Art. 118). Bei beiden kommt das vereinfachte Verfahren in Betracht (Art. 117 i.V.m. Art. 108 und 109).

– **Beschwerdeentscheid:** Beide Beschwerdearten sind grundsätzlich reformatorischer Natur (Art. 117 i.V.m. Art. 107).

Zusammenfassend kann man festhalten, dass es sich, ungeachtet der Unterschiede zur ordentlichen Beschwerde, bei der Verfassungsbeschwerde nicht um ein «aliud» handelt. Wenn man die vorne erwähnten (N 8) Vorläufer und Parallelen (Art. 98, Art. 78 Abs. 2 E 2001) als «verkürzte» ordentliche Beschwerden (oder als «ordentliche Beschwerden minus») bezeichnen mag, so kann die Verfassungsbeschwerde als eine Art «doppelt verkürzte» ordentliche Beschwerde (oder als «ordentliche Beschwerde doppel-minus») charakterisiert werden,[25] mit gewissen Abstrichen beim Beschwerdegrund und bei der Beschwerdeberechtigung (deren praktische Bedeutung man nicht überschätzen sollte).[26]

12 In der Literatur wird die Verfassungsbeschwerde regelmässig **mit der staatsrechtlichen Beschwerde** (Art. 84 ff. OG) **verglichen**.[27] Die Verfassungsbeschwerde erinnert in der Tat in mancherlei Hinsicht an das frühere subsidiäre Rechtsmittel, das unter der

---

[24] Vgl. z.B. N 3 zu Art. 117; N 3 zu Art. 118.

[25] Ähnlich KARLEN, BGG, 56 («verkürzte ordentliche Beschwerde»).

[26] In der Debatte um die Ausgestaltung des Rechtsmittelsystems im Bereich des Raumplanungsrechts (vgl. AB 2006 S 813 ff.; AB 2005 S 133, Votum Pfisterer in der Debatte um die Einfügung eines die Raumplanung betreffenden Bst. l^praebis in Art. 78 E 2001) wurden und werden die Unterschiede zwischen den beiden Beschwerdearten tendenziell überzeichnet. – Vgl. auch TSCHANNEN-ZIMMERLI, 298.

[27] Vgl. etwa EHRENZELLER/SCHWEIZER-AEMISEGGER, 203; AUER/MALINVERNI/HOTTELIER, Droit constitutionnel², N 2137; FS KOLLER-GERBER, 254 («pas une reprise du recours public sous un autre nom»); BELLANGER/TANQUEREL-HOTTELIER, 74; RAUSCH, Prozessrecht², 68; EHRENZELLER/SCHWEIZER-SCHWEIZER, 226 ff., 229 ff.; SEILER/VON WERDT/GÜNGERICH, BGG, Art. 113 N 5; SPÜHLER/DOLGE/VOCK, Kurzkommentar, Art. 113 N 2; TSCHANNEN-ZIMMERLI, 282, 310.

Herrschaft des OG im Wesentlichen Aufgaben der Verfassungsgerichtsbarkeit erfüllte und, **funktionell** betrachtet, eine Art Verfassungsbeschwerde darstellte (vgl. N 17). Für manche Autoren ist dies Grund genug, nicht nur die Verwandtschaft und «Nähe» der Verfassungsbeschwerde zur staatsrechtlichen Beschwerde zu betonen,[28] sondern davon zu sprechen, dass die Verfassungsbeschwerde der staatsrechtlichen Beschwerde «nachgebildet» sei.[29] Vereinzelt wird die Verfassungsbeschwerde gar als eine «Teilvariante» der staatsrechtlichen Beschwerde unter neuem Namen bezeichnet, in der diese gleichsam «weiterleb(e)«.[30]

Solche Charakterisierungen erweisen sich als nicht angemessen, wenn man – neben **13** den (nicht zu leugnenden) **Gemeinsamkeiten** – die (markanten) **Unterschiede** zwischen der neuen Verfassungsbeschwerde und der früheren **staatsrechtlichen Beschwerde** (Art. 84 ff. OG) berücksichtigt. Die wichtigsten Gemeinsamkeiten (in denen auch schon gewisse Unterschiede anklingen) sind:

– **Beschwerdeobjekt**: Beide Rechtsmittel richten sich nur gegen **kantonale** Rechtsakte.

– **Beschwerdeweg**: Für beide Rechtsmittel ist die absolute und die relative **Subsidiarität** charakteristisch (vgl. auch N 31 betr. das nicht restlos klare Verhältnis zur Beschwerde an den Bundesrat).

– **Beschwerdegründe**: Bei beiden geht es um die Verletzung von **verfassungsmässigen Rechten**. Im Rahmen der staatsrechtlichen Beschwerde konnte freilich eine ganze Reihe weiterer Rügen erhoben werden (vgl. Art. 84 und 85 OG). Zudem ist der in Art. 115 verwendete Begriff des verfassungsmässigen Rechts nicht ganz deckungsgleich mit dem in Art. 84 Abs. 1 Bst. a OG verwendeten Begriff (vgl. N 19 zu Art. 116).

– **Beschwerdeberechtigung**: Wie aus den Materialien hervorgeht, stand die höchstrichterliche Praxis zu Art. 88 OG dem neuen Art. 115 Pate (vgl. vorne N 5; zu den Konsequenzen für die Auslegung von Art. 115 s. dort N 16).

Nicht zu übersehen sind die zahlreichen **Unterschiede**.[31] Die Verfassungsbeschwerde: **14**

– richtet sich nur gegen Entscheide, **nicht gegen Erlasse** (Art. 113);

– erfüllt nicht die Funktion eines (für Sachverhalts- bzw. Verfassungsfragen) zusätzlich zu ergreifenden Rechtsmittels (vgl. N 1);

– hat einen wesentlich **engeren Anwendungsbereich** als die frühere staatsrechtliche Beschwerde;

– folgt, was die **Verfahrensordnung** anbelangt, mit punktuellen Ausnahmen den Regelungen für die ordentlichen Beschwerden;

– eröffnet grundsätzlich das ganze Spektrum an Entscheidungsmöglichkeiten bis hin zum **reformatorischen** Entscheid (Art. 117 i.V.m. Art. 107),[32] während die staatsrechtliche Beschwerde prinzipiell kassatorischer Natur war;[33]

---

[28] Vgl. z.B. SPÜHLER/DOLGE/VOCK, Kurzkommentar, Art. 113 N 2.
[29] So z.B. SEILER/VON WERDT/GÜNGERICH, BGG, Art. 113 N 5; EHRENZELLER/SCHWEIZER-AEMISEGGER, 155.
[30] So HALLER, Jusletter 2006, Rz 3 (relativierend Rz 46).
[31] Vgl. auch BELLANGER/TANQUEREL-HOTTELIER, 84 f.
[32] Vgl. KARLEN, BGG, 56. Vgl. auch SEILER/VON WERDT/GÜNGERICH, BGG, Art. 113 N 5. – In der Praxis dürfte gleichwohl weiterhin die Kassation im Vordergrund stehen. Vgl. N 17 zu Art. 117.
[33] Vgl. für die staatsrechtliche Beschwerde die Zusammenfassung der Rechtsprechung in BGE 124 I 327, 332 ff., sowie KÄLIN, Beschwerde[2], 397 ff. (mit Überblick über Ausnahmen).

– schliesst insgesamt sehr viel enger an das vorinstanzliche Verfahren an als die staatsrechtliche Beschwerde,[34] wobei das vorinstanzliche Verfahren (neu) prinzipiell ein Verfahren vor einem Gericht ist (Art. 114 i.V.m. Art. 86).

15 Gerade der letztgenannte Punkt macht deutlich, dass es bei den Unterschieden nicht nur um quantitative, sondern auch um qualitative Aspekte geht. Die Verfassungsbeschwerde dient, wie die neuen ordentlichen Beschwerden, der «Fortsetzung eines Rechtsmittelverfahrens», wenn auch aus Sicht des Beschwerdeführers mit begrenzten Möglichkeiten, «während die staatsrechtliche Beschwerde ein neues und selbständiges Verfahren» auslöste.[35] Das Bild, wonach der Gesetzgeber mit der Schaffung der Verfassungsbeschwerde gleichsam einen «Spagat» zwischen den neuen ordentlichen Beschwerden und der früheren staatsrechtlichen Beschwerde vollführt habe,[36] will angesichts der Eigenschaften des neuen Rechtsmittels nicht so recht passen. Als wenig hilfreich erweist sich auch die Apostrophierung der Verfassungsbeschwerde als Rechtsmittel *sui generis*. Erst recht ist die Verfassungsbeschwerde **keine «reprise»**[37] oder **Wiederbelebung** der staatsrechtlichen Beschwerde unter anderem Namen. Vielmehr handelt es sich um eine (relative eigenständige) Spielart der ordentlichen Beschwerde (vgl. N 11).

16 Zum **Namen** des neuen Rechtsmittels sei an dieser Stelle angemerkt, dass die **Subsidiarität** nur eine **Eigenschaft** der Verfassungsbeschwerde ist (nebst anderen). Das Adjektiv «subsidiär» sollte daher ungeachtet der (wenig eleganten) Kapitelüberschrift vor Art. 113 und entgegen einem leider um sich greifenden Sprachgebrauch **nicht als Namensbestandteil** betrachtet und behandelt werden. Das neue Rechtsmittel heisst «Verfassungsbeschwerde» (so denn auch der Begriffsgebrauch in Art. 115, 116, 117, 119).[38]

17 Dass in der Literatur die Verwandtschaft der Verfassungsbeschwerde mit der staatsrechtlichen Beschwerde gerne betont wird, hat vor diesem Hintergrund weniger rechtliche als andere Gründe. Dabei mag auch (was durchaus verständlich ist) ein wenig Nostalgie mitschwingen. Die **staatsrechtliche Beschwerde** hat sich im allgemeinen **Rechtsbewusstsein** und im praktischen **Rechtsleben** (und auch im Rechtsstudium) einen festen Platz erobert – zu Recht: Denn die staatsrechtliche Beschwerde bildete den verfahrensrechtlichen Rahmen für zahlreiche **Leitentscheidungen** des Bundesgerichts. Man denke nur an die Anerkennung ungeschriebener Grundrechte des Bundes.[39] Verfassungsvergleichend stellte die staatsrechtliche Beschwerde eine Pionierleistung dar. Schon lange bevor in Österreich und in der damaligen Tschechoslowakei (unter dem Einfluss HANS KELSENS) erste moderne Verfassungsgerichtshöfe errichtet wurden, kannte man in der Schweiz dank der staatsrechtlichen Beschwerde eine Form der «Verfassungsbeschwerde» im Sinne eines spezifischen Rechtsmittels zum Schutz verfassungsmässiger

---

[34] So auch TSCHANNEN-ZIMMERLI, 310.
[35] So HALLER, Jusletter 2006, Rz 46 (wo zudem treffend auf die «andere Struktur» der Verfassungsbeschwerde hingewiesen wird).
[36] So EHRENZELLER/SCHWEIZER-SCHWEIZER, 250.
[37] So treffend FS KOLLER-GERBER, 254.
[38] Der höchstrichterliche Sprachgebrauch scheint noch zu schwanken. Vgl. z.B. Urteil vom 11.7.2007 (5D_39/2007) («Verfassungsbeschwerde»); BGE 133 I 185 («subsidiäre Verfassungsbeschwerde»). Vgl. auch HOTTELIER/FOËX/JEANDIN-AUER, 163.
[39] Vgl. Urteil vom 11.5.1960 (Eigentumsgarantie), in: ZBl 1961, 69 (wo auf zwei 1959 ergangene unveröffentlichte Urteile verwiesen wird); BGE 87 I 114, 117 (Meinungsäusserungsfreiheit, 1961); BGE 89 I 92, 98 (persönliche Freiheit, 1963); BGE 91 I 480, 486 (Sprachenfreiheit, 1965); BGE 96 I 219, 224 (Versammlungsfreiheit, 1970); BGE 121 I 367, 371 (Recht auf Existenzsicherung, 1995). – Könnte es sein, dass sich das Bundesgericht mit der Frage der Anerkennung eines verfassungsmässigen Rechts auf Streik (vgl. BGE 111 II 245, 255 ff.; BGE 125 III 277, 279 ff.) deshalb schwer tat, weil sich die Frage nicht im Rahmen einer staatsrechtlichen Beschwerde stellte?

Individualrechte.[40] Dennoch sollte man in der Verfassungsbeschwerde nicht eine quasi-denkmalschützerische Massnahme zur Erhaltung der staatsrechtlichen Beschwerde unter anderem Namen erblicken. Es handelt sich um ein neu geschaffenes Rechtsmittel, das in einen neuartigen Rechtsmittelkontext eingebettet ist und dazu erdacht wurde, im Rahmen dieses neuen Systems spezifische «Defizite» zu beheben (vgl. N 2 ff.).

Ungeachtet dieses Befunds sind Rechtsprechung und Lehre zur Verfassungsbeschwerde **18** natürlich nicht gehindert, die zur staatsrechtlichen Beschwerde entwickelte Praxis und Doktrin **heranzuziehen**, wo sich Fragen allgemeiner oder besonderer Natur **in gleicher Weise** stellen wie unter der Herrschaft des OG oder wo der Gesetzgeber (wie beim Beschwerdegrund der «Verletzung von verfassungsmässigen Rechten», vgl. Art. 116) sich bewusst an die frühere Ordnung angelehnt hat. Eine unbesehene Übertragung der Rechtsprechung zur staatsrechtlichen Beschwerde auf die Verfassungsbeschwerde ist hingegen nicht am Platz.[41] Und wenn sich das Bundesgericht, früher oder später, mit der Frage zu befassen hat, ob eine unter der Herrschaft des OG entwickelte Rechtsprechung (vgl. z.B. N 9 ff. zu Art. 115) im Rahmen der neuen Verfassungsbeschwerde aufgegeben werden soll oder nicht, so geht es nicht um eine Praxisänderung i.S.v. Art. 23 Abs. 1, sondern um einen Präzedenzfall i.S.v. Art. 23 Abs. 2 (näher N 18 zu Art. 23).[42]

Die Kontroverse um das Verhältnis der Verfassungsbeschwerde zu heutigen und frühe- **19** ren Rechtsmitteln wird begleitet von einer (nebensächlichen) Kontroverse um die Frage, ob es sich bei der Verfassungsbeschwerde um ein «ausserordentliches» oder um ein «ordentliches» Rechtsmittel handle.[43] Die Kontroverse ist wenig fruchtbar. Denn mit der Einordnung in dieses prozessrechtsdogmatische Schema ist für die Beantwortung konkreter Rechtsfragen letztlich wenig gewonnen. Namentlich präjudiziert eine allfällige (hier abgelehnte[44]) Klassifizierung der Verfassungsbeschwerde als «ausserordentliches» Rechtsmittel nicht die Frage, ob die Verfassungsbeschwerde zu jenen Rechtsmitteln gehört, welche die Vorinstanz in ihre Rechtsmittelbelehrung aufnehmen muss. Darüber entscheidet das positive Recht – zu Gunsten der Verfassungsbeschwerde (vgl. N 24 zu Art. 117).

3. Würdigung

Für eine eigentliche Würdigung des neuen Rechtsmittels ist es naturgemäss zu früh.[45] **20** Erschwerend kommt die ungewöhnliche Entstehungsgeschichte hinzu, die kaum Mate-

---

[40] Zu Funktion und Entwicklung der staatsrechtlichen Beschwerde GIACOMETTI, Verfassungsgerichtsbarkeit, 17, 38 ff.

[41] Anders wohl SPÜHLER/DOLGE/VOCK, Kurzkommentar, Art. 113 N 2, wonach die Rechtsprechung zur staatsrechtlichen Beschwerde «allgemein sinngemäss» auf die Verfassungsbeschwerde anwendbar sei.

[42] So ausdrücklich BGE 133 I 185, 187 (betr. Art. 115 BGG).

[43] Vgl. TSCHANNEN-ZIMMERLI, 309 ff.; HOTTELIER/FOËX/JEANDIN-AUER, 168; EHRENZELLER/SCHWEIZER-SCHWEIZER, 250 f.; vgl. auch ZIEGLER, SJZ 2006, 56 f. – Allgemein zur Unterscheidung GYGI, Bundesverwaltungsrechtspflege², 229.

[44] Ebenso TSCHANNEN-ZIMMERLI, 310. – Vgl. dagegen etwa EHRENZELLER/SCHWEIZER-SCHWEIZER, 250 f. («eher [ein] ausserordentliches Rechtsmittel»); EHRENZELLER/SCHWEIZER-AEMISEGGER, 117 («dürfte […] als ausserordentliches Rechtsmittel zu qualifizieren sein»). – Der Umstand, dass die Verfassungsbeschwerde den Anforderungen an ein Rechtsweggarantie-Verfahren (Art. 29a BV) nicht genügt, lässt die Verfassungsbeschwerde nicht schon zum «ausserordentlichen» Rechtsmittel werden.

[45] Für erste Einschätzungen vgl. etwa HOTTELIER/FOËX/JEANDIN-AUER, 157 ff.; GÄCHTER/THURNHERR, plädoyer 2006, 40; BELLANGER/TANQUEREL-HOTTELIER, 102; KIENER/KUHN, ZBl 2006, 149 f.; KOLLER, ZBl 2006, 79 f.; EHRENZELLER/SCHWEIZER-SCHWEIZER, 253 ff.; TSCHANNEN-ZIMMERLI, 311 f.

rialien hervorgebracht hat. Solange wichtige Fragen – wie die Auslegung des Begriffs der «Rechtsfrage von grundsätzlicher Bedeutung» – nicht geklärt sind, lässt sich der Stellenwert der Verfassungsbeschwerde schwer abschätzen. Dass die Verfassungsbeschwerde das Rechtsmittel für «Unbedeutendes» (d.h. für Angelegenheiten, die die Streitwertgrenze nicht erreichen), für «Un-Grundsätzliches» und für «Ausnahmen» (Art. 83) ist, bedeutet nicht schon, dass sie ein unbedeutendes Rechtsmittel sein wird. Es mag sein, dass die Verfassungsbeschwerde weniger Leitentscheidungen und spektakuläre Urteile hervorbringen wird als die staatsrechtliche Beschwerde. Ungeachtet dessen dürfte auch die Verfassungsbeschwerde mit grosser Wahrscheinlichkeit wichtige Beiträge zur Weiterentwicklung des Rechts leisten können.[46]

21   Da im Rahmen der Verfassungsbeschwerde auch die Verletzung von EMRK-Garantien gerügt werden kann (vgl. N 18 zu Art. 116), führt der Weg an den Strassburger **Gerichtshof für Menschenrechte** stets über das Bundesgericht, soweit es um die Konventionskonformität kantonaler Entscheide geht.[47] Das mit der Schaffung der Verfassungsbeschwerde anvisierte Ziel (N 1) wird insoweit erreicht. Bei Beschwerden, die das Bundesverwaltungsgericht (oder eine andere Behörde des Bundes) abschliessend beurteilt, führt der Rechtsweg direkt an den EGMR (sofern eine Konventionsgarantie angerufen werden kann). Dies erscheint nicht ideal, aber hinnehmbar, zumal in diesen Fällen eine Instanz des (völkerrechtlich für die Einhaltung der EMRK verantwortlichen) **Bundes** gesprochen hat und die landesinterne Einheit der Rechtsprechung einigermassen gewährleistet sein sollte.

22   In der Literatur wird mitunter festgestellt, das Rechtsmittel der Verfassungsbeschwerde werfe zahlreiche neue Fragen auf.[48] Bei näherem Hinsehen zeigt sich, dass nicht alle in diesem Zusammenhang erwähnten Fragen der Einführung der Verfassungsbeschwerde anzulasten sind. Die Abgrenzung zwischen den ordentlichen Beschwerden und der Verfassungsbeschwerde erfordert zwar eine Klärung der Tragweite des Ausnahmekatalogs (Art. 83) bzw. die Konkretisierung des (hochgradig unbestimmten) Rechtsbegriffs der «Rechtsfrage von grundsätzlicher Bedeutung». Beide Aufgaben hätte das Bundesgericht indes auch ohne Verfassungsbeschwerde erfüllen müssen. Entsprechendes gilt auch für die Auslegung des Begriffs «Entscheide mit vorwiegend politischem Charakter» (Art. 114 i.V.m. Art. 86 Abs. 3).

II. Vorinstanzen und Beschwerdeobjekt

1. Entscheide letzter kantonaler Instanzen

23   Die Verfassungsbeschwerde kann sich nur «gegen Entscheide letzter kantonaler Instanzen» richten. Als Vorinstanzen scheiden somit von Gesetzes wegen[49] aus: das Bundesverwaltungsgericht, das Bundesstrafgericht, die unabhängige Beschwerdeinstanz für Radio und Fernsehen (UBI), weitere Behörden des Bundes[50] sowie Entscheide von Schiedsgerichten i.S.v. Art. 190 ff. IPRG (die früher gem. Art. 85 Bst. c OG mit staats-

---

[46] Man denke etwa an das der ordentlichen Beschwerde weitgehend entzogene Beschaffungsrecht (vgl. Art. 83 Bst. f) oder an das Verfahren der ordentlichen Einbürgerung (Art. 83 Bst. b). Vgl. auch BELLANGER/TANQUEREL-HOTTELIER, 102.

[47] Zum Erfordernis der Erschöpfung des landesinternen Instanzenzuges vgl. Art. 35 EMRK.

[48] Vgl. z.B. EHRENZELLER/SCHWEIZER-SCHWEIZER, 253 f.

[49] Die Bundesverfassung steht einer Ausweitung der Vorinstanzen der Verfassungsbeschwerde nicht entgegen. – Eine gleichsam «unwiderlegbare gesetzliche Vermutung», dass das Bundesverwaltungsgericht im Bereich seiner letztinstanzlichen Zuständigkeit «die verfassungsmässigen Rechte niemals verletz(e)» (so TSCHANNEN-ZIMMERLI, 292), folgt daraus nicht.

[50] Vgl. Art. 86 Abs. 1. Vgl. auch N 27.

rechtlicher Beschwerde angefochten werden konnten[51]). Zu beachten ist weiter, dass der Rechtsweg auch von der letzten kantonalen Instanz mitunter nicht zum Bundesgericht, sondern zum Bundesverwaltungsgericht führt (Art. 114 i.V.m. Art. 86 Abs. 1 Bst. d; vgl. Art. 33 Bst. i VGG[52], Art. 34 VGG[53]; Art. 28 SGG i.V.m. Art. 26 Abs. 2 Bst. a VStrR).[54]

Der Begriff «**Entscheid**» ist ein Begriff des **Bundesrechts** und unabhängig von allfälligen Definitionen oder Usanzen der kantonalen Rechtsordnung auszulegen, aus welcher der Akt stammt. Art. 113 liegt derselbe Begriff des Entscheids zugrunde wie Art. 82 (s. dort N 6 ff.; vgl. auch Art. 117 i.V.m. Art. 90–94).[55] Da die Kantone verpflichtet sind, als Vorinstanz ein Gericht einzusetzen (zu den Ausnahmen vgl. N 9 ff. zu Art. 114), stammt der mit Verfassungsbeschwerde angefochtene Akt regelmässig aus einem **gerichtlichen Verfahren**. Die Merkmale eines Entscheids – hoheitliche, auf Rechtswirkung angelegte, verbindliche Anordnung im Einzelfall (typischerweise individuell-konkret) – sind hier gewöhnlich ohne weiteres erfüllt. Dass das staatliche Handeln, das ursprünglich zum Rechtsstreit Anlass gab, diesen Kriterien nicht oder nicht vollauf genügt (z.B. vertragliches Handeln, Realakt), steht einer späteren Anfechtung des abschliessenden kantonalen **Entscheids** im Rahmen der Verfassungsbeschwerde nicht entgegen.[56] Näherer Prüfung bedürfen jene Fälle, in denen sich die Verfassungsbeschwerde gegen einen nicht-gerichtlichen Akt richtet (Art. 114 i.V.m. Art. 86 Abs. 3). Die Kriterien sind hier dieselben wie bei der ordentlichen Beschwerde (s. N 8 ff. zu Art. 82).[57]   24

Die Anfechtung von **Teil-, Vor- und Zwischenentscheiden** mittels Verfassungsbeschwerde unterliegt den gleichen Voraussetzungen wie deren Anfechtung mit ordentlicher Beschwerde (Art. 117 i.V.m. Art. 91–93; vgl. die Hinweise bei N 5 zu Art. 117). Ist der betreffende Entscheid im Rahmen der ordentlichen Beschwerde nicht anfechtbar, so scheidet auch die Verfassungsbeschwerde aus.[58]   25

2. Zum Begriff «kantonal»

Mit dem Begriff «**kantonal**» wird im schweizerischen Bundesstaatsrecht gewöhnlich nicht nur die kantonale Ebene, sondern auch die kommunale Ebene angesprochen (sowie allfällige Zwischenebenen). Dieses weite Begriffsverständnis ist auch im Fall des Art. 113 angezeigt. Der letztinstanzliche Entscheid i.S.v. Art. 113 wird in aller Regel ein Entscheid einer Behörde der kantonalen Ebene sein. Es ist immerhin (angesichts der kantonalen Organisationsautonomie, Art. 47 und 51 BV) nicht gänzlich ausgeschlossen, dass der Entscheid einer Instanz **auf unterer Ebene** – z.B. ein kommunaler Entscheid im Anwendungsbereich des Art. 86 Abs. 3 (Entscheid mit vorwiegend politischem Charakter) oder der Entscheid eines Schiedsgerichts im Rahmen eines interkommunalen Zweck-   26

---

[51] Zur Zulässigkeit der Beschwerde in Zivilsachen vgl. Art. 77 und die einschlägigen Erläuterungen.

[52] Z.B. i.V.m. Art. 166 Abs. 2 LwG.

[53] Beschwerden gegen Beschlüsse der Kantonsregierungen nach verschiedenen Artikeln des KVG.

[54] Vgl. auch SEILER/VON WERDT/GÜNGERICH, BGG, Art. 84 N 5 (Rechtsweg im Bereich der internationalen Rechtshilfe in Strafsachen).

[55] Zum Begriff des Entscheids vgl. auch EHRENZELLER/SCHWEIZER-AEMISEGGER, 121, HÄFELIN/HALLER/KELLER, Suppl., N 2024 ff.; BELLANGER/TANQUEREL-HOTTELIER, 85 f.; KARLEN, BGG, 35; RAUSCH, Prozessrecht[2], 56 f.; EHRENZELLER/SCHWEIZER-SCHWEIZER, 228 ff., 232 ff.; SPÜHLER/DOLGE/VOCK, Kurzkommentar, Art. 82, N 2.

[56] Vgl. auch (mit Blick auf die ordentliche Beschwerde) SEILER/VON WERDT/GÜNGERICH, BGG, Art. 84 N 18 ff.

[57] Vgl. z.B. EHRENZELLER/SCHWEIZER-SCHWEIZER, 230; TSCHANNEN-ZIMMERLI, 286 f. – Zur ordentlichen Beschwerde vgl. etwa TSCHANNEN-KIENER, 226 ff.; SEILER/VON WERDT/GÜNGERICH, BGG, Art. 82 N 8 ff.

[58] Vgl. auch Art. 93 Abs. 3 sowie SEILER/VON WERDT/GÜNGERICH, BGG, Art. 113 N 13.

verbands – im Kanton letztinstanzlich ist (d.h. nicht mehr bei einer Behörde des Kantons angefochten werden kann). Das Wort «kantonal» in Art. 113 steht der Anfechtung mittels Verfassungsbeschwerde in solchen Fällen nicht entgegen.[59] **Keine Rolle** spielt, ob der angefochtene Entscheid seine **Grundlage** im eidgenössischen, kantonalen, kommunalen, interkantonalen oder internationalen Recht hat.

27 Der Begriff «kantonal» erfasst, bundesstaatsrechtlich gesehen, traditionell auch die **interkantonale** Ebene. Dies gilt auch bei Art. 113: Zu den «Entscheiden letzter kantonaler Instanzen» sind auch Entscheide letzter Instanzen der **interkantonalen** Ebene zu zählen.[60] Die Kantone sind auch im Bereich des horizontalen kooperativen Föderalismus gehalten, die Rechtsweggarantie (Art. 29a BV) zu erfüllen. Mithin müssen auch Entscheide **interkantonaler Organe** bei einer richterlichen Behörde – sei dies bei einer kantonalen, sei dies bei einer interkantonalen Instanz – angefochten werden können[61] (vorbehältlich Art. 114 i.V.m. Art. 86 Abs. 3: «Entscheide mit vorwiegend politischem Charakter»). Im Hochschulbereich finden sich seit einiger Zeit Formen eines horizontal-vertikal kombinierten kooperativen Föderalismus mit kantonsübergreifenden Gremien, an denen auch der Bund beteiligt ist. Der neue Hochschulartikel (Art. 63a Abs. 4 BV) schreibt sogar ausdrücklich vor, dass Bund und Kantone im Hochschulbereich zur Erfüllung ihrer Aufgaben bestimmte Befugnisse an gemeinsame Organe übertragen. Bereits heute verfügt die Schweizerische Universitätskonferenz (SUK)[62] als das gemeinsame universitätspolitische Organ des Bundes und der Universitätskantone über gewisse Entscheidungszuständigkeiten.[63] Gemäss Art. 9 der einschlägigen Zusammenarbeitsvereinbarung[64] können bestimmte Beschlüsse der SUK[65] bei einer aus drei Mitgliedern bestehenden «Schiedsinstanz» angefochten werden. Gemäss der bislang formell nicht angepassten Zusammenarbeitsvereinbarung konnten Entscheide der Schiedsinstanz nach Art. 98 Bst. e OG mittels Verwaltungsgerichtsbeschwerde beim Bundesgericht angefochten werden. Die Schiedsinstanz wurde mithin von den Vertragsparteien (stillschweigend) als **eidgenössische** Schiedskommission qualifiziert. Die Einordnung in das neue System der Bundesrechtspflege ist damit nicht präjudiziert. Man könnte, im Falle einer eher marginalen Beteiligung des Bundes, durchaus auch an die Einstufung einer derartigen Schiedsinstanz als «interkantonale» Institution denken, mit der Folge, dass bei Entscheiden «betreffend Subventionen, auf die kein Anspruch besteht» (Art. 83 Bst. k) gegebenenfalls die Verfassungsbeschwerde offen steht.[66] Im Interesse der Rechtssicherheit erscheint es angezeigt, den Rechtsschutz im Bereich solcher hybrider Gremien gesetzlich klar zu regeln.

---

[59] Insofern ist die Aussage, wonach kommunale Entscheide nicht direkt mittels Verfassungsbeschwerde angefochten werden können (vgl. z.B. BELLANGER/TANQUEREL-HOTTELIER, 77), zu wenig differenziert.

[60] Zum analogen Fall des Art. 86 vgl. SEILER/VON WERDT/GÜNGERICH, BGG, Art. 86 N 10.

[61] In diesem Sinne auch die Verpflichtung der Kantone gem. Art. 16 Abs. 1 FiLaG (noch nicht in Kraft).

[62] Die SUK setzt sich zusammen aus: zwei Vertretern des Bundes; je einem Vertreter jedes Universitätskantons und zwei Vertretern der Nichtuniversitätskantone (Art. 5 UFG).

[63] Vgl. Art. 5 und 6 UFG.

[64] Vereinbarung vom 14.12.2000 zwischen dem Bund und den Universitätskantonen über die Zusammenarbeit im universitären Hochschulbereich (SR 414.205).

[65] Gewährung projektgebundener Beiträge, Anerkennung von Institutionen oder Studiengängen.

[66] Bei einer Einstufung als (eidgenössisches) Schiedsgericht i.S.v. Art. 33 Bst. g VGG oder als Instanz «ausserhalb der Bundesverwaltung» i.S.v. Art. 33 Bst. h VGG würde der Rechtsweg wohl gewöhnlich beim Bundesverwaltungsgericht enden. Unterschiedlich wäre auch der Verlauf des Rechtswegs im Falle eines Rechtsstreits um die Anerkennung von Institutionen oder Studiengängen (vgl. vorstehende FN).

3. Letztinstanzlichkeit

Ob ein kantonaler Entscheid **letztinstanzlich** ist, beantwortet sich nach Massgabe des **28** kantonalen Rechts. Aus föderalistischen Gründen sollte sich das Bundesgericht bei der Auslegung der einschlägigen kantonalen Vorschriften eine gewisse Zurückhaltung auferlegen und nicht ohne Not von der Auslegung durch die dazu berufenen kantonalen Instanzen abweichen. Ob ein kantonales Rechtsmittel zur Verfügung steht, kann im Einzelfall zweifelhaft sein. Unter der Herrschaft des OG verzichtete das Bundesgericht (nicht zuletzt im Interesse der Rechtssuchenden) ausnahmsweise auf die Erschöpfung des kantonalen Instanzenzugs.[67] Art. 113 sollte einer Übertragung dieser Rechtsprechung auf die Verfassungsbeschwerde nicht prinzipiell entgegenstehen.[68]

III. Subsidiarität

1. Subsidiarität im Verhältnis zu anderen Rechtsmitteln

Die Verfassungsbeschwerde ist kraft ausdrücklicher gesetzlicher Festlegung **subsidiär** **29** im Verhältnis zu den Beschwerden «nach den Artikeln 72–89», d.h. gegenüber:

- der **Beschwerde in Zivilsachen** (Art. 72–77);

- der **Beschwerde in Strafsachen** (Art. 78–81); für die Verfassungsbeschwerde verbleibt hier allerdings kein Anwendungsbereich, da in Strafsachen alle kantonalen Entscheidungen mittels ordentlicher Beschwerde angefochten werden können[69] (Art. 79 und 114 *e contrario*[70]), dies unabhängig vom Streitwert auch in Bezug auf Zivilansprüche, wenn diese zusammen mit der Strafsache zu beurteilen sind (Art. 78 Abs. 2 Bst. a);

- der **Beschwerde in öffentlich-rechtlichen Angelegenheiten** (Art. 82–89), unter Einschluss der zum Teil besonders gelagerten Beschwerde in Stimmrechtssachen (Art. 82 Bst. c, Art. 88).[71]

Trotz Subsidiarität kann es vereinzelt geboten oder doch zumindest angezeigt sein, gegen einen letztinstanzlichen kantonalen Entscheid sowohl ordentliche Beschwerde als auch (gleichzeitig und in derselben Rechtsschrift) Verfassungsbeschwerde zu erheben (vgl. N 1 zu Art. 119).[72] Subsidiarität besteht auch – obwohl nicht schon in «den Artikeln 72–89», sondern erst in Art. 98 angesprochen – im Verhältnis zur **Beschwerde gegen Ent-**

---

[67] Vgl. z.B. BGE 116 Ia 442, 444 f. und BGE 132 I 92, 94 (ernstliche Zweifel an der Zulässigkeit des kantonalen Rechtsmittels); BGE 106 Ia 229, 236 und BGE 114 Ia 263, 265 f. (Durchlaufen des kantonalen Instanzenzugs als leere, zwecklose Formalität). Vgl. auch die Nachweise bei KÄLIN, Beschwerde[2], 170, 326 f., 328 f.

[68] Andernfalls müsste das Bundesgericht seine (traditionelle) Zurückhaltung bei der Auslegung des kantonalen Rechts ablegen. – Vgl. auch TSCHANNEN-ZIMMERLI, 286; EHRENZELLER/SCHWEIZER-SCHWEIZER, 244.

[69] Vgl. TSCHANNEN-ZIMMERLI, 294; FS KOLLER-AUER, 203; EHRENZELLER/SCHWEIZER-AEMISEGGER, 198 ff. – Vgl. immerhin die bei SEILER/VON WERDT/GÜNGERICH, BGG, Art. 78 N 14, erwähnte Eventualität.

[70] Vgl. auch EHRENZELLER/SCHWEIZER-AEMISEGGER, 201. – Die Ausnahme gem. Art. 79 ist für die Verfassungsbeschwerde ohne Bedeutung, da es um Entscheide des Bundesstrafgerichts geht, mithin nicht um Entscheide im kantonalen Bereich.

[71] Im Verhältnis zur Beschwerde in öffentlich-rechtlichen Angelegenheiten gegen Erlasse (Art. 82 Bst. b) besteht streng genommen keine Subsidiarität, da sich die Verfassungsbeschwerde nur gegen Entscheide, nicht gegen Erlasse richten kann (vgl. N 10).

[72] Vgl. auch Bericht BJ an RK-N 2004 (im Anhang), Ziff. 3.1.

scheide über vorsorgliche Massnahmen, einem Unterfall der drei ordentlichen Beschwerden. Das Verhältnis zur **Klage** bestimmt sich nach Art. 120 Abs. 2 (s. dort N 20 f.).

30 Die Verfassungsbeschwerde kommt nicht zum Zuge, wenn der letztinstanzliche kantonale Entscheid mittels Beschwerde an das **Bundesverwaltungsgericht** weitergezogen werden kann (vgl. Art. 114 i.V.m. Art. 86 Abs. 1 Bst. d; vgl. vorne N 23).[73] Die Verfassungsbeschwerde ist somit auch gegenüber der Beschwerde an das Bundesverwaltungsgericht **subsidiär**.

31 Die **Verwaltungsbeschwerde** an den **Bundesrat** kann sich gem. Art. 73 Bst. c VwVG i.d.F. vom 17.6.2005 unter Umständen auch gegen Verfügungen «letzter kantonaler Instanzen» richten. Der neu gefasste Art. 74 VwVG sieht vor, dass die Verwaltungsbeschwerde unzulässig ist «gegen Verfügungen, die durch Beschwerde an eine andere Bundesbehörde oder durch Einsprache anfechtbar sind».[74] Zu den anderen Bundesbehörden gehört auch das Bundesgericht.[75] Beim Wort genommen (und im Lichte des letzten Satzteils in Art. 113 gelesen) besagt Art. 74 VwVG, dass die Verwaltungsbeschwerde an den Bundesrat im Verhältnis zu allen Rechtsmitteln an das Bundesgericht **subsidiär** ist, mithin auch im Verhältnis zur Verfassungsbeschwerde.[76] Es spricht vieles dafür, dass sich hier ein (mit der ungewöhnlichen Entstehungsgeschichte zusammenhängendes) **gesetzgeberisches Versehen** eingeschlichen hat.[77] Denn eine am Wortlaut orientierte Auslegung von Art. 74 VwVG führt zu eigenartigen Ergebnissen, die der Gesetzgeber kaum gewollt haben kann. Unter der Herrschaft des OG war die staatsrechtliche Beschwerde (vgl. Art. 84 Abs. 2 OG) gegenüber der Verwaltungsbeschwerde an den Bundesrat subsidiär.[78] Hätte man mit der Bundesrechtspflegereform tatsächlich eine «Subsidiaritäts-Umkehr» beschlossen, so hätte dies zur Folge, dass für die Verwaltungsbeschwerde an den Bundesrat, soweit sie sich gegen Entscheidungen letzter kantonaler Instanzen richtet, kein sinnvoller Anwendungsbereich mehr verbleibt. Denn im Prinzip kann jede kantonale Entscheidung per Verfassungsbeschwerde beim Bundesgericht angefochten werden. Als mögliches Anwendungsfeld für eine (gegenüber der Verfassungsbeschwerde subsidiäre) Verwaltungsbeschwerde an den Bundesrat blieben somit (theoretisch) noch Fälle übrig,[79]

– in denen der Beschwerdeführer nicht die Verletzung eines verfassungsmässigen Rechts rügt (bzw. rügen kann), sondern «nur» eine Verletzung einfachen Rechts, oder

– in denen die Verfassungsbeschwerde am Erfordernis des «rechtlich geschützten Interesses» scheitert (Art. 115), die weniger strengen Anforderungen an die Beschwerdebefugnis gem. Art. 48 VwVG aber erfüllt sind.

Eine solche Arbeitsteilung zwischen Verfassungsbeschwerde und Verwaltungsbeschwerde wäre nicht nur ungewöhnlich, sondern wenig praktikabel. Der Gesetzgeber, der erklärtermassen eine Vereinfachung des Rechtsmittelsystems anstrebte, kann eine solche Lösung kaum gewollt haben. Umgekehrt dürfte es nicht die Absicht des Gesetzgebers

---

[73] Vgl. z.B. Art. 166 Abs. 2 LwG; Art. 34 VGG (betr. Beschwerden gegen Beschlüsse der Kantonsregierungen nach verschiedenen Artikeln des KVG).

[74] Die Formulierung entspricht dem früheren Art. 74 Bst. b VwVG.

[75] Der frühere Vorbehalt zu Gunsten der Verwaltungsgerichtsbeschwerde an das Bundesgericht oder an das EVG (Art. 74 Bst. a VwVG i.d.F. vom 4.10.1991, AS 1992 288) musste daher für das Nachfolge-Rechtsmittel (Beschwerde gem. Art. 82 ff.) nicht mehr eigens angeführt werden.

[76] In diesem Sinne SEILER/VON WERDT/GÜNGERICH, BGG, Art. 113 N 16.

[77] Vgl. auch TSCHANNEN-ZIMMERLI, 288 (mit FN 30).

[78] Vgl. KÄLIN, Beschwerde², 311 ff.

[79] Von den in Art. 72 VwVG genannten möglichen Anfechtungsobjekten kommen wohl nur (kantonale) Verfügungen auf dem Gebiet der inneren Sicherheit des Landes in Betracht.

gewesen sein, die ausdrücklich bekräftigte Möglichkeit der Anfechtung von Entscheiden letzter kantonaler Instanzen (Art. 73 VwVG) beim Bundesrat durch Umkehrung der Subsidiarität – gleichsam «hinterrücks» (Art. 74 VwVG) – abzuschaffen. Sonst hätte der Gesetzgeber Art. 73 Bst. c VwVG auch gleich streichen können bzw. aus Gründen der Rechtsklarheit streichen müssen. Wenn Art. 73 Bst. c VwVG weiterhin einen Sinn und einen Anwendungsbereich haben soll, bleibt keine andere Lösung als anzunehmen, dass die **Verwaltungsbeschwerde** an den Bundesrat, entgegen dem ersten Anschein (Art. 74 VwVG bzw. Art. 113), im Verhältnis zur Verfassungsbeschwerde **vorgeht** (wie dies früher im Verhältnis zur staatsrechtlichen Beschwerde, Art. 84 Abs. 2 OG, der Fall war).

2. Zum Anwendungsbereich der Verfassungsbeschwerde

a) Überblick

Der Anwendungsbereich der Verfassungsbeschwerde lässt sich rechtsmittelsystem- **32** bedingt nur «**negativ**» bestimmen. Die **Grenzen** sind zudem in weiten Bereichen **unscharf** – nicht zuletzt wegen des überaus vagen grenzbestimmenden Begriffs der «Rechtsfrage von grundsätzlicher Bedeutung» (Art. 74, 85) – und überdies **beweglich**, da sich der Anwendungsbereich der Verfassungsbeschwerde im Bereich des langen Ausnahmekatalogs gem. Art. 83 mit jeder Weiterentwicklung – ob gesetzgeberisch, ob richterlich-interpretatorisch – gewissermassen spiegelbildlich ändert.

Nach heutiger Ausgestaltung der ordentlichen Beschwerden kann die **Verfassungsbe-** **33** **schwerde** nur in Zivilsachen und in öffentlich-rechtlichen Angelegenheiten zum Zuge kommen, nicht jedoch in Strafsachen (vgl. N 29):

– in **Zivilsachen**: soweit **Streitwertgrenzen** bestehen und **keine** der «**Gegenausnahmen**» greift (Art. 74); die Ausnahme gem. Art. 73 ist für die Verfassungsbeschwerde ohne Bedeutung, da es nicht um Entscheidungen im kantonalen Bereich geht;

– in **öffentlich-rechtlichen Angelegenheiten**: soweit **Streitwertgrenzen** bestehen und es sich nicht um eine «**Rechtsfrage von grundsätzlicher Bedeutung**» handelt (Art. 85) oder soweit eine der **Ausnahmen gem. Art. 83** greift (vgl. N 42); die Ausnahme gem. Art. 84 ist für die Verfassungsbeschwerde ohne Bedeutung, da kantonale Entscheidungen beim Bundesstrafgericht angefochten werden können.[80]

Nach heutiger Arbeitsteilung können grundsätzlich alle Abteilungen des Bundesgerichts mit Verfassungsbeschwerden befasst werden (vgl. Art. 29 ff. BGerR).

b) Verfassungsbeschwerde bei Nichterreichen der Streitwertgrenzen (Art. 74 und 85)

Die Streitwertgrenzen[81] in **vermögensrechtlichen** Angelegenheiten des **Zivilrechts** (vgl. **34** Art. 74) betragen

– Fr. 15 000.– in arbeits- und mietrechtlichen Fällen;

– Fr. 30 000.– in allen übrigen Fällen.

In **öffentlich-rechtlichen Angelegenheiten** bestehen Streitwertgrenzen (Art. 85) von:

– Fr. 30 000.– auf dem Gebiet der **Staatshaftung**;

– Fr. 15 000.– auf dem Gebiet der öffentlich-rechtlichen **Arbeitsverhältnisse**.

---

[80] Vgl. SEILER/VON WERDT/GÜNGERICH, BGG, Art. 84 N 5.
[81] Vgl. z.B. EHRENZELLER/SCHWEIZER-AEMISEGGER, 132 f.; EHRENZELLER/SCHWEIZER-AUER, 65 ff.; BELLANGER/TANQUEREL-HOTTELIER, 81 f.; KARLEN, BGG, 50; EHRENZELLER/SCHWEI-ZER-SCHWEIZER, 219 ff.

Ob die massgebliche Schwelle (Art. 74: «mindestens»; Art. 85: nicht «weniger als») erreicht ist, bestimmt sich nach Art. 51 ff.

35 Da die Verfassungsbeschwerde nur bei **kantonalen** Entscheiden in Betracht kommt (N 23 ff.), greift das subsidiäre Rechtsmittel im öffentlich-rechtlichen Bereich (angesichts der aktuellen Aufgabenteilung zwischen Bund und Kantonen) nur, wenn es um **kantonale** Staatshaftungsfälle bzw. um **kantonale** öffentlich-rechtliche Arbeitsverhältnisse geht.[82]

36 Eine **wertmässig** definierte Grenze (aber keine eigentliche Streitwertgrenze) besteht auch bei Entscheiden auf dem Gebiet der öffentlichen Beschaffungen (Art. 83 Bst. f; vgl. N 43). Ob die massgebliche Schwelle erreicht ist, bestimmt sich hier nach den einschlägigen Regeln des Beschaffungsrechts (geschätzter Wert des zu vergebenden Auftrags). Hier genügt es nicht, den Schwellenwert zu erreichen: Die ordentliche Beschwerde ist nur zulässig, wenn es (zusätzlich) um eine «Rechtsfrage von grundsätzlicher Bedeutung» geht (vgl. N 161 zu Art. 83).[83]

c) Gegenausnahme: Rechtsfrage von grundsätzlicher Bedeutung (Art. 74 und 85)

37 Die ordentliche Beschwerde ist **unterhalb der Streitwertgrenze zulässig** – und die Verfassungsbeschwerde somit ausgeschlossen –, wenn sich eine «Rechtsfrage von grundsätzlicher Bedeutung» stellt. Dieser unbestimmte Rechtsbegriff gehört zu den «grossen Unbekannten» der Bundesrechtspflegereform. Es ist hier nicht der Ort, die Tragweite des Begriffs zu klären (näher N 31 ff. zu Art. 74 und N 24 ff. zu Art. 85),[84] doch erscheint es wichtig darauf hinzuweisen, dass der Begriff nicht konkretisiert werden sollte, ohne einen Blick auf die Bedürfnisse des Rechtssystems (Einheitlichkeit der Rechtsanwendung) zum einen und auf die Möglichkeiten und Grenzen der Verfassungsbeschwerde zum andern zu werfen (vgl. N 38 ff.).

38 Bei **mietrechtlichen** Fällen und in vermögensrechtlichen Streitigkeiten des **privaten Arbeitsrechts,** aber auch in den übrigen vermögensrechtlichen Angelegenheiten des Zivilrechts ist – neben den einzelfallbezogenen Aspekten – oft auch das Anliegen einer **einheitlichen Auslegung und Anwendung des Bundes(zivil)rechts** von Bedeutung.[85] Hier wird man bei der Konkretisierung des Begriffs der «Rechtsfrage von grundsätzlicher Bedeutung» berücksichtigen müssen, dass sich die Verfassungsbeschwerde angesichts der begrenzten Rügemöglichkeiten (Verletzung verfassungsmässiger Rechte) nur bedingt dazu eignet, eine einheitliche Gesetzesauslegung zu gewährleisten. Anders gewendet: Angesichts des fundamentalen Anliegens der Zivilrechtseinheit und angesichts der diesbezüglichen Leistungsgrenzen der Verfassungsbeschwerde spricht vieles für eine eher grosszügige Praxis zum Begriff der «Rechtsfrage von grundsätzlicher Bedeutung».

39 Das Anliegen der Rechtseinheit tritt dagegen bei den Fällen gem. Art. 85 eher in den Hintergrund. Im Bereich des **eidgenössischen** Verantwortlichkeitsrechts und des **eidgenössischen** Personalrechts vermag die Ausgestaltung des Rechtswegs (vgl. Art. 10 VG, Art. 36 BPG) eine **einheitliche** Auslegung und Anwendung der einschlägigen Gesetzgebung zu **gewährleisten.** Dagegen tritt im Bereich der öffentlich-rechtlichen Arbeitsverhältnisse des **kantonalen** Rechts das Anliegen der Rechtseinheit in den Hintergrund.

---

[82] Für die vermögensrechtliche Verantwortlichkeit im Bund vgl. Art. 10 VG; für Streitigkeiten aus dem Arbeitsverhältnis des Bundespersonals vgl. Art. 34 ff. BPG.

[83] Zum kumulativen Charakter der beiden in Art. 83 Bst. f genannten Kriterien vgl. statt vieler EHRENZELLER/SCHWEIZER-AEMISEGGER, 137 f.

[84] Vgl. auch Art. 83 Bst. f Ziff. 2. – Vgl. auch etwa AUER/MALINVERNI/HOTTELIER, Droit constitutionnel², N 2158, 2195; BIAGGINI, Komm. BV, Art. 191 N 5; KOLLER, ZBl 2006, 77 f.; EHRENZELLER/SCHWEIZER-SCHWEIZER, 221 ff.

[85] Vgl. auch EHRENZELLER/SCHWEIZER-SCHWEIZER, 224.

Entsprechendes gilt bei **kantonalen** Staatshaftungsfällen (wo zudem tendenziell einzelfallbezogene Fragen im Vordergrund stehen dürften). Im Bereich des Art. 85 ist somit das Bedürfnis nach Rechtseinheit weniger stark. Die (im Vergleich zur ordentlichen Beschwerde) begrenzten Möglichkeiten der Verfassungsbeschwerde (Beschränkung der Rügen) fallen hier viel weniger ins Gewicht. Für diese kantonalen Rechtsgebiete stellt sich die Frage, ob es um eine «Rechtsfrage von grundsätzlicher Bedeutung» geht, unter anderen Vorzeichen. Eine eher enge Praxis zum Begriff der «Rechtsfrage von grundsätzlicher Bedeutung» erscheint hier prinzipiell vertretbar.

Fazit: Auch wenn im heutigen Zeitpunkt (mangels einschlägiger Rechtsprechung) keine   **40** vertiefte Analyse vorgenommen werden kann, ist nach dem Gesagten (N 38 und 39) davon auszugehen, dass eine Wechselwirkung besteht zwischen der Auslegung des Begriffs «grundsätzlich» auf der einen Seite und den Rechtseinheitsbedürfnissen in einem bestimmten Rechtsgebiet sowie der Leistungsfähigkeit der Verfassungsbeschwerde auf der anderen Seite.

d) Weitere Gegenausnahmen in Zivilsachen (Art. 74 Abs. 2 Bst. b–d)

Die weiteren Gegenausnahmen in Zivilsachen (Art. 74 Abs. 2; näher N 18 ff. zu Art. 74)   **41** sind einerseits motiviert durch das Anliegen der Sicherstellung eines zweistufigen Instanzenzugs (Bst. b), andererseits durch das Anliegen der einheitlichen Auslegung des Schuldbetreibungs- und Konkursrechts (Bst. c) bzw. durch die Schwierigkeit, in Konkurs- und Nachlasssachen den Streitwert zu bestimmen (Bst. d).[86]

e) Verfassungsbeschwerde im Bereich des öffentlich-rechtlichen Ausnahmekatalogs (Art. 83)

Der Ausnahmekatalog für die Beschwerde in öffentlich-rechtlichen Angelegenheiten   **42** (Art. 83) umfasst sowohl Streitigkeiten aus der **kantonalen** Sphäre als auch Streitigkeiten aus der Sphäre des **Bundes**. Nicht alle Ausnahmen sind aus der Sicht der Verfassungsbeschwerde von Bedeutung. Dies gilt namentlich für die meisten Fragen gem. Bst. a (Entscheide auf dem Gebiet der äusseren Sicherheit des Landes, der Neutralität, des diplomatischen Schutzes, der übrigen auswärtigen Angelegenheiten), für viele Entscheide gem. Bst. c und d (Ausländer- und Asylrecht), für Entscheide gem. Bst. l (Zollveranlagung), für Urteile des Bundesverwaltungsgerichts gem. Bst. p (Fernmeldeverkehr) und Bst. r (Krankenversicherung). Soweit das Bundesverwaltungsgericht oder eine andere Bundesbehörde (Bst. a bzw. Art. 32 Abs. 1 Bst. a VGG) letztinstanzlich zuständig ist, erscheint die (bundesweite) Einheitlichkeit der Rechtsprechung im fraglichen Rechtsgebiet grundsätzlich gewährleistet. Anders verhält es sich mit Blick auf sachgebietsübergreifende Fragen (z.B. Grundrechtsinterpretation, Handhabung allgemeiner Grundsätze des Verwaltungsrechts). Hier stellt sich die (früher wie heute) nicht befriedigend beantwortete Frage der Koordination im Verhältnis zwischen den verschiedenen (Bundes-)Letztinstanzen (insb. Bundesgericht, Bundesverwaltungsgericht, Bundesrat).

Da der Ausnahmekatalog keiner einheitlichen Leitidee folgt, lassen sich auch die mög-   **43** lichen Anwendungsfälle der Verfassungsbeschwerde (die gewissermassen spiegelbildlich zu diesen Ausnahmen liegen) nicht auf einen gemeinsamen Nenner bringen. Ohne hier auf Einzelheiten eingehen zu können (vgl. die Erläuterungen zu Art. 83), verdient festgehalten zu werden, dass die Verfassungsbeschwerde u.a. erhoben werden kann[87] gegen (bestimmte) kantonale Entscheide:

---

[86] Vgl. SPÜHLER/DOLGE/VOCK, Kurzkommentar, Art. 74 N 4, 10.
[87] Wobei die Legitimation mitunter fraglich sein kann (z.B. in Fällen gem. Bst. c oder Bst. m).

– betr. die innere Sicherheit (Bst. a);

– über die ordentliche Einbürgerung (Bst. b);[88]

– im Ausländer- und Asylrecht (Bst. c und d);[89]

– (je nach Auslegung von Bst. e) über die Verweigerung der Ermächtigung zur Strafverfolgung von Mitgliedern kantonaler Behörden;[90]

– auf dem Gebiet der öffentlichen Beschaffungen, falls nicht die beiden in Bst. f genannten Voraussetzungen kumulativ[91] erfüllt sind (vgl. vorne N 36);

– in nicht vermögensrechtlichen Angelegenheiten im Rahmen öffentlich-rechtlicher Arbeitsverhältnisse, welche nicht die Gleichstellung der Geschlechter betreffen (Bst. g);

– betr. Subventionen, auf die kein Anspruch besteht (Bst. k);

– über die Stundung oder den Erlass von Abgaben (Bst. m);[92]

– über das Ergebnis von Prüfungen und anderen Fähigkeitsbewertungen, namentlich auf den Gebieten der Schule, der Weiterbildung und der Berufsausübung (Bst. t).

Da im Bereich des Raumplanungs- und Baurechts die ordentliche Beschwerde durchweg greift, kommt die Verfassungsbeschwerde hier nicht zum Zuge[93] (solange der Gesetzgeber nicht der Versuchung erliegt, eine besondere Ordnung zu schaffen[94]).

Art. 114

Vorinstanzen	**Die Vorschriften des dritten Kapitels über die kantonalen Vorinstanzen (Art. 75 bzw. 86) gelten sinngemäss.**
Autorités précédentes	Les art. 75 et 86 relatifs aux autorités cantonales précédentes sont applicables par analogie.
Autorità inferiori	Le disposizioni del capitolo 3 concernenti le autorità cantonali inferiori (art 75 e 86) si applicano per analogia.

Inhaltsübersicht   Note

---

[88] Vgl. AB 2004 N 1603 (Votum Bundesrat Blocher); EHRENZELLER/SCHWEIZER-AEMISEGGER, 136.

[89] Vgl. SEILER/VON WERDT/GÜNGERICH, BGG, Art. 83 N 26, 38. Vgl. BGE 133 I 185.

[90] Vgl. SEILER/VON WERDT/GÜNGERICH, BGG, Art. 83 N 42.

[91] Ebenso EHRENZELLER/SCHWEIZER-AEMISEGGER, 137 f.; KARLEN, BGG, 50; SEILER/VON WERDT/GÜNGERICH, BGG, Art. 83 N 50.

[92] Vgl. SEILER/VON WERDT/GÜNGERICH, BGG, Art. 83 N 83.

[93] Vgl. EHRENZELLER/SCHWEIZER-AEMISEGGER, 140 ff.

[94] Zu entsprechenden Bestrebungen (vgl. AB 2006 S 813 ff.) zu Recht krit. TSCHANNEN-ZIMMERLI, 298.

Materialien

Siehe die Materialienhinweise zu Art. 113.

Literatur

Siehe die Literaturhinweise zu Art. 113.

I. Funktion

Wie bereits aus Art. 113 hervorgeht, richtet sich die Verfassungsbeschwerde stets gegen den (letztinstanzlichen) Entscheid einer **kantonalen Instanz** (unter Einschluss der interkantonalen Ebene, vgl. N 23 ff. zu Art. 113). Art. 114 und die darin enthaltenen Verweise (auf Art. 75 bzw. 86) fügen der bereits in Art. 113 getroffenen Festlegung die Aussage hinzu, dass die Instanz, die auf kantonaler Ebene als letzte entscheidet, wie bei den ordentlichen Beschwerden bestimmte **bundesrechtliche Anforderungen** erfüllen muss. Die zentrale Anforderung ist, dass es sich, wenn man vom Ausnahmefall des Art. 86 Abs. 3 absieht, um ein **Gericht** handeln muss (näher N 3 ff.).[1] An dieser Grundanforderung ändert der Umstand nichts, dass Art. 114 die im Verweis angesprochenen Vorschriften über die kantonalen Vorinstanzen (Art. 75 bzw. 86) lediglich für «sinngemäss»[2] anwendbar erklärt *(par analogie; per analogia)*.

Die weiteren Anforderungen erschliessen sich aus der «sinngemässen» Anwendung der Regelungen in Art. 75 (Beschwerde in Zivilsachen) bzw. in Art. 86 (Beschwerde in öffentlich-rechtlichen Angelegenheiten). In Art. 114 fehlt ein Verweis auf die Beschwerde in Strafsachen. Dies beruht nicht auf einem Versehen des Gesetzgebers,[3] sondern ist durch den Umstand bedingt, dass in Strafsachen alle kantonalen Entscheide mittels ordentlicher Beschwerde angefochten werden können und daher für die Verfassungsbeschwerde zurzeit kein Anwendungsbereich verbleibt (vgl. N 29 zu Art. 113).

II. Tragweite

1. Grundsatz: oberes Gericht

Beim Gericht, das als letzte kantonale Instanz entscheidet, muss es sich prinzipiell um ein **oberes Gericht** handeln. Diese Instanz muss allen einschlägigen **verfassungsrechtlichen und völkerrechtlichen Vorgaben** genügen, die eine Behörde erfüllen muss, um als Gericht gelten zu können (vgl. insb. Art. 30 und Art. 191c BV, Art. 6 EMRK). Das kantonale Verfahrensrecht muss gewährleisten, «dass dieses (obere Gericht) selbst oder eine vorgängig zuständige andere richterliche Behörde den Sachverhalt frei prüft und das massgebende Recht von Amtes wegen anwendet» (so der i.V.m. Art. 117 auch für die Verfassungsbeschwerde massgebliche Art. 110).[4]

2. Zivilsachen: Rechtsmittelinstanz (mit Ausnahmen)

In **Zivilsachen** muss das obere Gericht, von einzelnen Ausnahmen abgesehen, als **Rechtsmittelinstanz** geurteilt haben (N 5). Damit wird das dem Rechtsschutzsystem

---

[1] Bei der staatsrechtlichen Beschwerde Bestand keine entsprechende Verpflichtung, dies im Unterschied zur Verwaltungsgerichtsbeschwerde (vgl. Art. 98a OG).

[2] Dazu etwa AUER, ZBl 2006, 123 f.; EHRENZELLER/SCHWEIZER-SCHWEIZER, 226 f.; TOPHINKE, ZBl 2006, 97; TSCHANNEN-HERZOG, 76 f.

[3] **A.M.** SPÜHLER/DOLGE/VOCK, Kurzkommentar, Art. 114 N 1.

[4] Zu beachten sind auch die sich aus dem Grundsatz der Einheit des Verfahrens (Art. 117 i.V.m. Art. 111) ergebenden Anforderungen.

in Zivilsachen zugrundeliegende Prinzip der **zwei gerichtlichen Vorinstanzen** (bzw. des **doppelten** Rechtsmittelzuges) auch dort gesichert, wo nicht die ordentliche Beschwerde, sondern «nur» die Verfassungsbeschwerde greift.

5 Die **Ausnahmen im zivilrechtlichen Bereich** betreffen durchweg die Vorgabe, dass das obere Gericht als **Rechtsmittelinstanz** geurteilt haben muss. Wie bei der ordentlichen Beschwerde kann das obere Gericht als erstes und einziges Gericht urteilen, wenn bundesgesetzlich eine **einzige Instanz vorgeschrieben** ist, wenn es sich um ein **Fachgericht** für **handelsrechtliche** Streitigkeiten handelt, das als einzige kantonale Instanz entscheidet, oder wenn die Klage mit einem **Streitwert** von mindestens Fr. 100 000.– nach dem kantonalen Recht mit Zustimmung aller Parteien direkt beim oberen Gericht eingereicht wurde (näher N 4 ff. zu Art. 75).

3. Öffentlich-rechtliche Angelegenheiten: Grundsatz

6 Im **öffentlich-rechtlichen** Bereich kann das obere Gericht generell als erste und **einzige** gerichtliche Instanz urteilen. Wie sich aus Art. 86 ergibt, wird von den Kantonen im öffentlich-rechtlichen Bereich **kein doppelter gerichtlicher** Instanzenzug **verlangt** (weder bei der ordentlichen Beschwerde noch bei der Verfassungsbeschwerde). Es muss nur, aber immerhin **eine** gerichtliche Vorinstanz bereit stehen (zu den Ausnahmen vgl. N 9 ff.). Dies ergibt sich im Übrigen nicht erst aus Art. 114 i.V.m. Art. 86, sondern bereits aus Art. 29a BV (vgl. auch Art. 191b BV), welcher die Kantone dazu verpflichtet, bei allen Rechtsstreitigkeiten die Beurteilung durch eine richterliche Behörde zu gewährleisten.[5]

7 Da das Bundesrecht sich im öffentlich-rechtlichen Bereich damit begnügt, **eine** gerichtliche Vorinstanz zu verlangen, mag der Begriff «oberes» Gericht hier etwas verwirrlich erscheinen. Gemeint ist, dass es sich um eine für das ganze Kantonsgebiet zuständige Instanz handelt. Die Kantone werden durch Art. 114 aber nicht gezwungen, ein für alle Streitsachen zuständiges einheitliches oberstes Gericht zu schaffen (vgl. N 14 ff. zu Art. 86). Das von verschiedenen Kantonen praktizierte Nebeneinander mehrerer oberer Gerichte mit unterschiedlichen Zuständigkeiten (z.B. Sozialversicherungsgericht neben einem allgemeinen Verwaltungsgericht) bleibt zulässig. Auch werden die Kantone durch Art. 114 nicht dazu verpflichtet, ein spezialisiertes Verfassungsgericht einzusetzen.[6] Falls ein Kanton im öffentlich-rechtlichen Bereich einen **mehrstufigen** gerichtlichen Instanzenzug vorsieht, muss er als letzte Instanz (Art. 114) die **oberste** dieser Instanzen vorsehen.

8 Die **beiden Ausnahmen im öffentlich-rechtlichen Bereich** sind anders motiviert und strukturiert als jene in Zivilsachen (N 5: Ausnahmen vom doppelten Instanzenzug). Die in Art. 86 Abs. 2 angesprochene erste Ausnahme handelt von der (durch andere Bundesgesetze eröffneten) Möglichkeit einer Beschwerde von einem **unteren** kantonalen Gericht direkt an das Bundesgericht. Das Hauptbeispiel im Bereich der ordentlichen Beschwerde ist der in Art. 146 DBG vorgesehene direkte Rechtsweg von der kantonalen (Bundes-)Steuerrekurskommission an das Bundesgericht.[7] Im Bereich der

---

[5] Vgl. statt vieler MARKUS MÜLLER, Die Rechtsweggarantie – Chancen und Risiken, ZBJV 2004, 161 ff.

[6] Missverständlich EHRENZELLER/SCHWEIZER-SCHWEIZER, 231. – Entscheidend ist, dass die kantonale Vorinstanz des Bundesgerichts (Art. 114) die einschlägigen Rügen (Art. 116) prüfen kann (Art. 117 i.V.m. Art. 111).

[7] Vgl. Botschaft 2001 BBl 2001 4326 f.; TSCHANNEN-HERZOG, 82 f.; SEILER/VON WERDT/GÜNGERICH, BGG, Art. 86 N 19; BELLANGER/TANQUEREL-LUGNON/POLTIER/TANQUEREL, 116.

Verfassungsbeschwerde dürfte das Bedürfnis nach einer derartigen Lösung kaum gross sein.

4. Öffentlich-rechtliche Angelegenheiten: Ausnahme (Art. 86 Abs. 3)

Bei der in Art. 86 Abs. 3 angesprochenen **zweiten Ausnahme** geht es nicht um die Länge oder den Verlauf des gerichtlichen Instanzenzugs, sondern um eine Ausnahme vom Grundsatz der Überprüfung durch ein Gericht (vorne N 3) überhaupt. Die Kantone sind befugt, aber nicht verpflichtet, für Entscheide «mit vorwiegend politischem Charakter» **anstelle** eines Gerichts eine **andere, d.h. nicht-richterliche Behörde** als unmittelbare Vorinstanz des Bundesgerichts einzusetzen.[8]   **9**

Beim «Entscheid mit vorwiegend politischem Charakter» *(décisions revêtant un caractère politique prépondérant; decisioni di carattere prevalentemente politico)* handelt es sich um einen Begriff des Bundesrechts, der vom Bundesgericht zu konkretisieren ist.[9] Auf Auslegung und Tragweite ist hier nicht näher einzugehen (vgl. N 18 ff. zu Art. 86).[10] Als mögliche Anwendungsfälle werden in der Literatur etwa genannt: die Ermächtigung zur Strafverfolgung (Art. 347 Abs. 2 StGB),[11] der Entscheid über eine Begnadigung,[12] Richtpläne,[13] gewisse Fragen im Bereich der politischen Rechte.[14] Aus Art. 114 i.V.m. Art. 86 Abs. 3 geht hervor, dass die Verfassungsbeschwerde gerade **auch dann** zulässig ist, wenn es sich beim angefochtenen Entscheid um einen «Entscheid mit vorwiegend politischem Charakter» handelt. Somit ist der Entscheid über die ordentliche Einbürgerung mit Verfassungsbeschwerde anfechtbar ganz unabhängig davon, ob man ihn als «politisch» (i.S.v. Art. 86 Abs. 3) einstuft oder nicht.[15] Dass die zuständige Instanz bei einem Entscheid über ein weites Ermessen verfügt (z.B. Entscheid über das Ergebnis einer Prüfung, Zusprechung einer Subvention), verleiht dem Entscheid noch nicht «politischen Charakter»[16] i.S.v. Art. 86 Abs. 3. Das kantonale Recht hat hier eine gerichtliche Überprüfung zu ermöglichen (Art. 86 Abs. 2). Der zum Teil beschränkten Justiziabilität kann der Gesetzgeber bei der Festlegung der Beschwerdegründe Rechnung tragen (z.B. Ausschluss der Rüge der Unangemessenheit).[17]   **10**

Der Verweis auf Art. 86 Abs. 3 wird in der Literatur unterschiedlich beurteilt und zum Teil heftig kritisiert.[18] Dabei spielt eine nicht unwesentliche Rolle, dass das **Verhältnis** von Art. 86 Abs. 3 **zur Rechtsweggarantie** gem. Art. 29a BV unterschiedlich gedeutet wird. Art. 29a Satz 1 BV garantiert bei Rechtsstreitigkeiten den Zugang zu einer Gerichtsinstanz, die alle Rechts- und Sachverhaltsfragen voll überprüfen kann. Die Rechtsweggarantie bildet zwar den Hintergrund für die in Art. 86 Abs. 3 (i.V.m. Art. 114)   **11**

---

[8] Die Ausnahme greift nur im Anwendungsbereich der Beschwerde in öffentlich-rechtlichen Angelegenheiten, nicht bei öffentlich-rechtlichen Streitigkeiten, die im Weg der Beschwerde in Zivilsachen zu behandeln sind (Art. 72 Abs. 2 Bst. b).

[9] Vgl. TSCHANNEN-ZIMMERLI, 288.

[10] Vgl. etwa AUER, ZBl 2006, 135 f.; FS KOLLER-GERBER, 249; TSCHANNEN-HERZOG, 86 ff.; KOLLER, ZBl 2006, 81; TOPHINKE, ZBl 2006, 98 ff.

[11] Vgl. SEILER/VON WERDT/GÜNGERICH, BGG, Art. 114 N 5.

[12] Vgl. EHRENZELLER/SCHWEIZER-SCHWEIZER, 227.

[13] Vgl. TSCHANNEN-HERZOG, 86; TOPHINKE, ZBl 2006, 100 f.

[14] Vgl. TSCHANNEN-HERZOG, 86 (z.B. Ungültigerklärung einer Volksinitiative, Nichtunterstellung einer Ausgabe unter das Finanzreferendum).

[15] Vgl. TSCHANNEN-HERZOG, 86 (bejahend); TOPHINKE, ZBl 2006, 101 f. (eher verneinend).

[16] Anders möglicherweise SEILER/VON WERDT/GÜNGERICH, BGG, Art. 114 N 5.

[17] Vgl. auch TSCHANNEN-ZIMMERLI, 304.

[18] Vgl. insb. EHRENZELLER/SCHWEIZER-SCHWEIZER, 216 und 227 f.

getroffene Regelung (und Art. 86 Abs. 3 ist Art. 29a BV-konform auszulegen und anzuwenden). Bei dieser gesetzlichen Ausnahme handelt es sich jedoch **nicht**, wie man gelegentlich liest, um eine (blosse) «Konkretisierung der Rechtsweggarantie».[19] Die gesetzliche Regelung hat vielmehr eine eigenständige Bedeutung und Funktion und darf daher in Bezug auf Inhalt bzw. Anwendungsbereich nicht vorschnell gleichgesetzt werden mit Art. 29a Satz 2 BV.[20] Art. 86 Abs. 3 beinhaltet weniger eine «Konkretisierung» der Rechtsweggarantie als eine **Ergänzung** und insoweit **Verstärkung**,[21] dies nach zwei Richtungen hin (N 12 und N 13).

12   Die **erste Verstärkung** ergibt sich daraus, dass die Ausnahmen gem. Art. 86 Abs. 3 **enger**[22] und die Anforderungen für die Kantone damit **strenger** sind als jene, die sich aus Art. 29a BV ergeben. Gemäss Art. 29a **Satz 2** BV können Bund und Kantone die richterliche Beurteilung von Rechtsstreitigkeiten «in Ausnahmefällen ausschliessen». Die genaue Tragweite dieser Klausel ist heute noch nicht in jeder Hinsicht klar.[23] Als **Rechtfertigung** für **Ausnahmen** von der Rechtsweggarantie kommen gem. bundesrätlicher Botschaft zur Justizreform in Betracht:[24]

– die **mangelnde Justiziabilität**; zu denken ist an gewisse Akte im Bereich der inneren und äusseren Sicherheit (vgl. Art. 32 Abs. 1 Bst. a VGG) oder an den Akt der Begnadigung;

– die «spezielle Ausgestaltung der demokratischen Mitwirkungsrechte in einem Kanton und damit verbunden Argumente der Gewaltentrennung (z.B. referendumsfähige Beschlüsse des Parlamentes)».[25]

Im Lichte der Materialien zur Verfassungsreform betrachtet, erfasst der Begriff «Entscheid mit vorwiegend politischem Charakter» wohl nicht alle der gem. Art. 29a Satz 2 BV prinzipiell zulässigen Ausnahmen. Wenn nun der Bundesgesetzgeber den Kantonen (nur) bei Entscheiden «mit vorwiegend politischem Charakter» (und nicht bei anderen von Art. 29a Satz 2 BV erfassten Streitigkeiten) erlaubt, anstelle eines Gerichts eine andere Behörde als unmittelbare Vorinstanz des Bundesgerichts einzusetzen (Art. 86 Abs. 3), so bedeutet dies eine (gesetzliche) **Verschärfung** der bundesrechtlichen Anforderungen an die Ausgestaltung des kantonalen Rechtsschutzsystems.[26] Dem steht die Bundesverfassung nicht prinzipiell entgegen. Art. 29a Satz 1 BV begründet einen

---

[19] Vgl. z.B. den Bericht der Staatspolitischen Kommission SR zu einer Änderung des BüG, BBl 2005 6954; AUER, ZBl 2006, 134 («Konkretisierung der Ausnahmen von der Rechtsweggarantie durch das Bundesgerichtsgesetz»).

[20] Differenzierend Botschaft 2006 3075 f. (zur nachgeschobenen Übergangsregelung gem. Art. 130 Abs. 3).

[21] In diese Richtung auch BELLANGER/TANQUEREL-HOTTELIER, 76 («renforçant»).

[22] Insoweit im Ergebnis gleicher Auffassung EHRENZELLER/SCHWEIZER-SCHWEIZER, 216 (der die Vorgabe als «zu eng» bezeichnet).

[23] Vgl. BIAGGINI, Komm. BV, Art. 29a N 4 ff. (m.w.Hinw.); TSCHANNEN-HERZOG, 88 f.

[24] Vgl. Botschaft über eine neue Bundesverfassung vom 20.11.1996, BBl 1997 I 524; vgl. auch TOPHINKE, ZBl 2006, 98 ff. – Ob der Ausnahmekatalog in Art. 32 VGG den Anforderungen des Art. 29a BV in jeder Hinsicht genügt, kann man durchaus bezweifeln (krit. auch SGK-KLEY, Art. 29a N 18), doch ist die Bestimmung durch Art. 190 BV «immunisiert».

[25] BBl 1997 I 524. Der Gesetzgeber wird durch Art. 29a BV nicht verpflichtet, derartige Streitigkeiten von der gerichtlichen Kontrolle auszunehmen. Er kann auch, *minus in maiore*, den Weg an ein Gericht öffnen, jedoch eine reduzierte Prüfung vorsehen (z.B. nur bestimmte Rechtsfragen; Verzicht auf Sachverhaltsrügen). – Vgl. auch N 13.

[26] So auch EHRENZELLER/SCHWEIZER-SCHWEIZER, 216, 227 (freilich mit gegensätzlicher verfassungsrechtlicher Beurteilung).

verfassungsmässigen Individualanspruch, der entsprechend der bundesstaatlichen Aufgabenteilung im Bereich der Justizorganisation in erster Linie durch die Kantone zu erfüllen ist (vgl. Art. 122 Abs. 2, Art. 123 Abs. 2, Art. 191b Abs. 1 BV). Art. 29a Satz 2 BV begrenzt diesen Anspruch. Aus dieser **Begrenzung des grundrechtlichen Anspruchs** können die Kantone indes nicht ableiten, dass der Bund ihnen keinerlei weitergehende Vorgaben betr. die Ausgestaltung des Rechtsschutzsystems auferlegen darf. Dies bleibt vielmehr möglich: jedenfalls im übertragenen Wirkungskreis (Vollzug von Bundesrecht durch die Kantone), prinzipiell aber auch darüber hinaus, zumal der Bund nicht nur im Bereich des «Vollzugsföderalismus» (Art. 46 BV), sondern generell (Mit-)Verantwortung für die Wahrung der Rechtsstaatlichkeit im schweizerischen Bundesstaat trägt.[27] Selbstverständlich darf der Bundesgesetzgeber dabei nicht über Gebühr in die bundesverfassungsrechtlich gewährleistete kantonale Eigenständigkeit bzw. Organisationsautonomie (Art. 47 und 51 BV) eingreifen. Mit der in Art. 114 i.V.m. Art. 86 Abs. 3 getroffenen Regelung dürfte diese Vorgabe indes respektiert sein.[28]

Die **zweite Verstärkung** besteht darin, dass Art. 114 i.V.m. Art. 86 Abs. 3 den Weg **13** an ein **Gericht** öffnet (nämlich das Bundesgericht), dies gerade auch in Fällen, die von der Rechtsweggarantie gem. Art. 29a BV **nicht** erfasst werden. Die Verfassungsbeschwerde erfüllt zwar die Vorgaben an ein «Art. 29a BV-Rechtsmittel» nicht. Denn das Bundesgericht kann in diesem Verfahren weder alle Rechtsfragen noch alle Sachverhaltsfragen voll überprüfen. Bei Rechtsstreitigkeiten, die auf kantonaler Ebene (gestützt auf Art. 86 Abs. 3) ohne richterliche Beurteilung geblieben sind, ermöglicht die Verfassungsbeschwerde aber immerhin eine (erstmalige) begrenzte Kontrolle durch eine mit richterlicher Unabhängigkeit ausgestattete Instanz. Die Bundesverfassung steht der Schaffung einer solchen Beschwerdemöglichkeit ans Bundesgericht jenseits des Schutzbereichs der Rechtsweggarantie (Art. 29a BV) nicht entgegen. Es ist in Anbetracht von Art. 189 BV nicht ersichtlich, dass die Kantone (gegenüber dem Bund) einen Anspruch hätten, in den von der Ausnahmeklausel (Art. 29a Satz 2 BV) erfassten Fällen vor einer (bundes)gerichtlichen Überprüfung verschont zu werden.

Der Verweis auf Art. 86 erfasst (stillschweigend) auch die zu dieser Bestimmung ergangene Übergangsregelung (Art. 130 Abs. 3), so dass die den Kantonen zur Erfüllung der Anforderungen gem. Art. 86 Abs. 2 und 3 eingeräumte Übergangsfrist von zwei Jahren auch im Bereich der Verfassungsbeschwerde gilt.   **14**

---

[27] Dies zeigt sich u.a. darin, dass die Bundesaufsicht (Art. 49 Abs. 2 BV) nicht nur den übertragenen, sondern grundsätzlich auch den sog. *eigenen* (originären) Wirkungskreis der Kantone erfasst (vgl. BVK-EICHENBERGER, Art. 102 N 22 ff.; TSCHANNEN, Staatsrecht, 349).

[28] Anders EHRENZELLER/SCHWEIZER-SCHWEIZER, 216 und 227 f. – Die von EHRENZELLER/SCHWEIZER-SCHWEIZER, 228, genannten Fälle (z.B. Entscheide über das Ergebnis von Prüfungen, Entscheide betr. Kulturförderung) stehen nach der hier vertretenen Auffassung nicht *per se* ausserhalb der Rechtsweggarantie und dürfen grundsätzlich dem Regime gem. Art. 86 Abs. 2 (nicht Abs. 3) unterstellt werden (vgl. auch TSCHANNEN-ZIMMERLI, 304).

Art. 115

Beschwerderecht **Zur Verfassungsbeschwerde ist berechtigt, wer:**
**a. vor der Vorinstanz am Verfahren teilgenommen hat oder
keine Möglichkeit zur Teilnahme erhalten hat; und**
**b. ein rechtlich geschütztes Interesse an der Aufhebung oder
Änderung des angefochtenen Entscheids hat.**

Qualité pour
recourir

A qualité pour former un recours constitutionnel quiconque:
a. a pris part à la procédure devant l'autorité précédente ou a été privé de la
possibilité de le faire et
b. a un intérêt juridique à l'annulation ou à la modification de la décision
attaquée.

Diritto di ricorso

È legittimato al ricorso in materia costituzionale chiunque:
a. ha partecipato alla procedura dinanzi all'autorità inferiore o non gliene è
stata data la possibilità; e
b. ha un interesse legittimo all'annullamento o alla modifica della decisione
impugnata.

Inhaltsübersicht

Materialien

Siehe die Materialienhinweise zu Art. 113.

Literatur

Siehe die Literaturhinweise zu Art. 113.

I. Überblick

1 Art. 115 statuiert zwei von der beschwerdeführenden Partei **kumulativ** zu erfüllende
Voraussetzungen. Gegeben sein muss:

– die sog. **formelle Beschwer (Bst. a**: Teilnahme am Verfahren, mit Ausnahmen); sowie

– ein **rechtlich geschütztes Interesse** an der Aufhebung oder Änderung des angefochtenen Entscheids (Bst. b).

Nicht eigens erwähnt werden in Art. 115 einige sich von selbst verstehende weitere Voraussetzungen (die auch bei den übrigen Beschwerden gem. BGG erfüllt sein müssen):[1]

– die **Partei- und Prozessfähigkeit** sowie

– (grundsätzlich) ein **aktuelles** Interesse an der Beschwerdeführung.

---

[1] Vgl. z.B. HÄFELIN/HALLER/KELLER, Suppl., N 1988, 2030; BGE 131 II 670, 674 (zu Art. 103
OG); BGE 131 I 153, 157 (zu Art. 88 OG).

Wie unter der Herrschaft des OG kann es auch unter der Herrschaft des BGG angezeigt sein, vom Erfordernis eines aktuellen Interesses abzusehen, «wenn sich die mit der Beschwerde aufgeworfenen grundsätzlichen Fragen jeweils unter gleichen oder ähnlichen Umständen wieder stellen könnten, ohne dass im Einzelfall rechtzeitig eine höchstrichterliche Prüfung stattfinden könnte».[2]

Die Verfassungsbeschwerde ist als ergänzendes Rechtsmittel zu den ordentlichen Beschwerden konzipiert.[3] Daher interessiert zunächst ein **Vergleich** mit der Beschwerdeberechtigung bei den **ordentlichen** Beschwerden[4] und nicht der in der Literatur zur Verfassungsbeschwerde häufig an erster Stelle figurierende[5] Vergleich mit der Beschwerdelegitimation bei der früheren staatsrechtlichen Beschwerde. **2**

II. Vergleich mit den ordentlichen Beschwerden

Im Verhältnis zur **Beschwerde in Zivilsachen** (Art. 76) überwiegen die **Gemeinsamkeiten**. Das Erfordernis der formellen Beschwer und das Erfordernis des rechtlich geschützten Interesses werden in Art. 76 Abs. 1 und in Art. 115 mit identischen Worten umschrieben.[6] Anders als bei der Verfassungsbeschwerde sieht das BGG bei der Beschwerde in Zivilsachen bei bestimmten – zumeist verwaltungsrechtsnahen – Rechtssachen (Art. 72 Abs. 2 Bst. b) jedoch die Möglichkeit einer Behördenbeschwerde vor (Art. 76 Abs. 2).[7] **3**

Im Verhältnis zur **Beschwerde in öffentlich-rechtlichen Angelegenheiten** (Art. 89) zeigen sich neben einer Gemeinsamkeit hinsichtlich der formellen Beschwer (Art. 89 Abs. 1 Bst. a) zwei **Unterschiede**. Sie betreffen einerseits (ähnlich wie bei der Beschwerde in Zivilsachen) die **fehlende Erwähnung von besonderen Beschwerderechten** (Art. 89 Abs. 2; vgl. N 5), anderseits die **Umschreibung des erforderlichen Interesses** (Art. 89 Abs. 1 Bst. b und c; vgl. N 7 ff.). **4**

Dass im Kapitel über die Verfassungsbeschwerde keine **besonderen Beschwerderechte** erwähnt werden, ist von unterschiedlicher Bedeutung und Tragweite. **5**

– Die **allgemeine Behördenbeschwerde**,[8] die bei allen ordentlichen Beschwerden vorgesehen ist, fehlt in Art. 115. Somit können die Bundeskanzlei und die Departemente des Bundes (allenfalls: die ihnen unterstellten Dienststellen) nur die ordentliche Beschwerde, nicht aber die Verfassungsbeschwerde einlegen, wenn der angefochtene Akt die Bundesgesetzgebung in ihrem Aufgabenbereich verletzen kann. Das Fehlen der allgemeinen Behördenbeschwerde in Art. 115 hindert den Bundesgesetzgeber freilich nicht, im Interesse der Bundesaufsicht (Art. 49 Abs. 2 BV) – und unter gebührender Berücksichtigung der Eigenständigkeit der Kantone – die Behördenbeschwerde spe-

---

[2] BGE 131 II 670, 674 (zu Art. 103 OG), m.Hinw.
[3] Aktuell zu jener in Zivilsachen und in öffentlich-rechtlichen Angelegenheiten. Vgl. N 29 zu Art. 113.
[4] Vgl. auch SEILER/VON WERDT/GÜNGERICH, BGG, Art. 115 N 2 ff.
[5] Vgl. z.B. SPÜHLER/DOLGE/VOCK, Kurzkommentar, Art. 115 N 2.
[6] Entsprechendes gilt auch für die Beschwerde in Strafsachen (Art. 81 Abs. 1), wo der Kreis der Beschwerdeberechtigten durch eine exemplifizierende Aufzählung («insbesondere») veranschaulicht wird.
[7] Ähnlich verhält es sich bei der Beschwerde in Strafsachen (Art. 81 Abs. 2 und 3: Beschwerdeberechtigung der Bundesanwaltschaft; Behördenbeschwerde). – Zur Frage der Behördenbeschwerde bei der Verfassungsbeschwerde vgl. hinten N 5.
[8] Vgl. Art. 76 Abs. 2, Art. 81 Abs. 3, Art. 89 Abs. 2 Bst. a.

zialgesetzlich auch im Bereich der Verfassungsbeschwerde vorzusehen. Ein Beispiel dafür ist das im Rahmen einer Teilrevision des Binnenmarktgesetzes geschaffene Beschwerderecht der Wettbewerbskommission.[9] Diese kann gem. Art. 9 Abs. 2bis BGBM Beschwerde erheben, «um feststellen zu lassen, ob ein Entscheid den Zugang zum Markt in unzulässiger Weise beschränkt». Dieses Beschwerderecht greift nicht nur bei der ordentlichen Beschwerde, sondern auch im Rahmen der Verfassungsbeschwerde (z.B. bei kantonalen Entscheiden im Beschaffungswesen, bei denen die Voraussetzungen gem. Art. 83 Bst. f nicht erfüllt sind).[10]

– Die bei der Beschwerde in öffentlich-rechtlichen Angelegenheiten erwähnte Beschwerdemöglichkeit des zuständigen Organs der Bundesversammlung auf dem Gebiet des Arbeitsverhältnisses des Bundespersonals spielt bei der Verfassungsbeschwerde naturgemäss (vgl. N 35 zu Art. 113) keine Rolle.

– Das in Art. 89 Abs. 2 Bst. c eigens erwähnte **Beschwerderecht der Gemeinden** und anderer **öffentlich-rechtlicher Körperschaften** betr. die «Verletzung von Garantien […], die ihnen die Kantons- oder Bundesverfassung gewährt» besteht – ohne dass eine spezielle Nennung in Art. 115 erforderlich wäre – auch im Bereich der Verfassungsbeschwerde. Bei den in Art. 89 Abs. 2 Bst. c angesprochenen Garantien handelt es sich durchweg um **verfassungsmässige Rechte** (i.S.v. Art. 116), die der kantonalen Ebene (Gemeindeautonomie und vergleichbare Garantien anderer öffentlich-rechtlicher Körperschaften) oder der Bundes(verfassungs)ebene zuzuordnen sind (z.B. Anspruch auf rechtliches Gehör, Art. 29 BV[11]). Die Verletzung dieser Garantien konnte früher im Rahmen der staatsrechtlichen Beschwerde gerügt werden. Heute steht dafür, sofern die ordentliche Beschwerde nicht greift, subsidiär die Verfassungsbeschwerde zur Verfügung.

– Die nur bei der Beschwerde in öffentlich-rechtlichen Angelegenheiten erwähnte Möglichkeit, per Bundesgesetz weiteren «Personen, Organisationen und Behörden» ein Beschwerderecht einzuräumen (Art. 89 Abs. 2 Bst. d), besteht natürlich auch im Bereich der anderen Beschwerden, unter Einschluss der Verfassungsbeschwerde.

6   *Fazit*: Beim Vergleich der verschiedenen Regelungen betr. die Beschwerdeberechtigung zeigen sich mithin sowohl Gemeinsamkeiten als auch Unterschiede. Diese wiegen unterschiedlich schwer. In Bezug auf die sog. **formelle Beschwer (Bst. a)** ist die Regelung **gleich ausgestaltet** wie bei den ordentlichen Beschwerden. Es kann auf die dortigen Erläuterungen verwiesen werden (vgl. N 2 f. zu Art. 76 und N 8 f. zu Art. 89). In Bezug auf die **besonderen Beschwerderechte** sind die Unterschiede weniger gross, als es bei einem flüchtigen Blick (insb. auf Art. 89 Abs. 2) den Anschein hat (N 5). Als **Hauptunterschiede** erweisen sich

– das Fehlen der **allgemeinen Behördenbeschwerde** sowie

– die Umschreibung des erforderlichen **Interesses (Bst. b)**, dies allerdings **nur** im Verhältnis zur Beschwerde in öffentlich-rechtlichen Angelegenheiten (wobei auch hier die Unterschiede nicht überbewertet werden sollten).

---

[9] Eingeführt per 1.7.2006 (AS 2006 2363 2366; BBl 2005 465).
[10] Zu den im Ständerat geäusserten Bedenken gegenüber dieser Lösung vgl. AB 2005 S 1049 f. (insb. Voten Stadler, Wicki).
[11] Vgl. z.B. BGE 131 I 91, 95 (betr. rechtliches Gehör bei einer Zwangsfusion von Gemeinden).

III. Zum Erfordernis des «rechtlich geschützten Interesses» (Bst. b)

1. Allgemeines

Zur **Verfassungsbeschwerde** ist nur berechtigt, wer ein «rechtlich geschütztes Interesse» **7**
(*intérêt juridique; interesse legittimo*) an der Aufhebung oder Änderung des angefochtenen Entscheids hat. Bei der **Beschwerde in öffentlich-rechtlichen Angelegenheiten**
genügt dagegen ein **schutzwürdiges Interesse tatsächlicher Natur** (Art. 89 Abs. 1),
sofern die beschwerdeführende Partei durch den angefochtenen Entscheid oder Erlass
besonders berührt ist (was etwa bei sog. Drittbeschwerden, die nicht vom Adressaten
des angefochtenen Entscheids erhoben werden, zweifelhaft sein kann; näher N 19 ff. zu
Art. 89).

Das rechtlich geschützte Interesse ist im **Zusammenhang** mit den im Rahmen der Ver- **8**
fassungsbeschwerde zugelassenen **Beschwerdegründe** zu sehen. Gemäss Art. 116 steht
die Verfassungsbeschwerde – nur, aber immerhin – zur Verfügung, um die «Verletzung
von verfassungsmässigen Rechten» zu rügen (zum Begriff näher N 5 ff. zu Art. 116).
Kann sich ein Beschwerdeführer nicht auf ein verfassungsmässiges Recht i.S.v. Art. 116
berufen, so fehlt insoweit auch die Beschwerdeberechtigung.[12] Grundsätzlich genügt es,
dass die behauptete Verfassungsverletzung im **Anwendungsbereich** eines verfassungsmässigen Rechts liegt[13] (zu Spezialfällen vgl. N 11). Ob das verfassungsmässige Recht
verletzt ist oder nicht, ist im Rahmen der materiellen Prüfung, nicht schon im Rahmen
der Eintretensfrage (Prüfung der Sachurteilsvoraussetzungen) zu untersuchen.

2. Entstehungshintergrund: die «Beschwerdelegitimation» nach Art. 88 OG

Aus den (spärlichen) Materialien zur Verfassungsbeschwerde geht hervor, dass bei der **9**
Verfassungsbeschwerde für die Beschwerdeberechtigung «die gleichen Anforderungen
gelten (sollen) wie bei der heutigen staatsrechtlichen Beschwerde (Erfordernis des rechtlich geschützten Interesses).»[14] Beim Vergleich von Art. 115 Bst. b mit Art. 88 OG fällt
allerdings auf, dass die beiden Bestimmungen sich in ihrem Wortlaut erheblich voneinander unterscheiden.

Die **Legitimation zur staatsrechtlichen Beschwerde** war in **Art. 88 OG** (unter dem **10**
Titel «Legitimation») wie folgt umschrieben:[15]

«Das Recht zur Beschwerdeführung steht Bürgern (Privaten) und Korporationen bezüglich solcher Rechtsverletzungen zu, die sie durch allgemein verbindliche oder sie
persönlich treffende Erlasse oder Verfügungen erlitten haben.»

Gemäss **Rechtsprechung des Bundesgerichts** setzte die Legitimation zur staatsrechtlichen Beschwerde «die persönliche Betroffenheit des Beschwerdeführers in eigenen
rechtlich geschützten Positionen voraus».[16] Diese Frage wurde regelmässig bejaht, wenn
die beschwerdeführende Partei die Verletzung eines ihr zustehenden Grundrechts rügte.

In seiner Rechtsprechung betr. Legitimation zur Erhebung der Willkürrüge (Verletzung **11**
des **Willkürverbots**) stellte sich das Bundesgericht auf den Standpunkt, dass das allgemeine Willkürverbot, soweit es um Mängel in der Rechtsanwendung geht, **«für sich al-**

---

[12] In diesem Sinne auch BGE 131 I 366, 371 (zu Art. 88 OG).
[13] Vgl. HÄFELIN/HALLER, Bundesstaatsrecht⁶, N 2013.
[14] Bericht BJ an RK-N 2004 (Anhang), Ziff. 3.1. – Praktisch wortgleich AB 2005 S 139 (Votum
Wicki, Kommissionssprecher).
[15] Eingehend dazu KÄLIN, Beschwerde², 223 ff.
[16] BGE 131 I 455, 458.

lein noch keine geschützte Rechtsstellung i.S.v.Art. 88 OG» begründe; die Legitimation zur Willkürrüge sei «**nur gegeben, wenn das Gesetzesrecht, dessen willkürliche Anwendung gerügt wird, dem Beschwerdeführer einen Rechtsanspruch einräumt oder den Schutz seiner Interessen bezweckt**».[17] Auch das Verbot der rechtsungleichen Behandlung in der Rechtsanwendung (Art. 8 Abs. 1 BV) verschafft gem. höchstrichterlicher Rechtsprechung zu Art. 88 OG nicht ohne weiteres ein rechtlich geschütztes Interesse.[18]

12 An einem **Rechtsanspruch fehlte** und fehlt es häufig bei ausländerrechtlichen Bewilligungen[19] (soweit nicht spezifische Grundrechte wie Art. 13 BV oder Art. 8 EMRK oder besondere staatsvertragliche Ansprüche, z.B. aus dem FZA, Schutz bieten), bei vielen Subventionen, bei der Stundung und beim Erlass von Abgaben,[20] bei der ordentlichen Einbürgerung von Ausländerinnen und Ausländern (Art. 38 BV), bei der Nichtberücksichtigung eines Bewerbers für eine Stelle im öffentlichen Dienst, bei gewissen Drittbeschwerden im Baurecht[21] u.a.m.[22]

13 Die Rechtsprechung des Bundesgerichts zur Legitimation bei der Willkürrüge (Art. 88 OG) wurde in der Lehre allgemein als zu restriktiv kritisiert.[23] Im Rahmen der **Totalrevision der Bundesverfassung** wurde das ursprünglich aus Art. 4 aBV «abgeleitete» (im Grunde ungeschriebene) Willkürverbot als selbstständiges Grundrecht in der Verfassungsurkunde verankert (Art. 9 BV). Die Bundesversammlung verfolgte damit nicht zuletzt auch das Ziel, die höchstrichterliche Praxis zur Willkürlegitimation zu korrigieren.[24] Der Versuch, die prozessuale Stellung des Willkürverbots zu stärken, hatte allerdings keinen Erfolg: Das Bundesgericht beschloss bei der ersten sich bietenden Gelegenheit, an seiner **Praxis festzuhalten**.[25] Ungeachtet der erneuten **Kritik in der Lehre**[26] rückte das Bundesgericht von seiner Haltung nicht ab.[27] Willkürliches Handeln blieb (und bleibt) natürlich ungeachtet der höchstrichterlichen Legitimationspraxis unzulässig. Die Rechtsprechung des Bundesgerichts hatte (und hat) jedoch zur Folge, dass das Willkürverbot aus prozessualen Gründen ausgerechnet dann nicht greift, wenn es (aus Sicht der Betroffenen) am Nötigsten wäre, nämlich wenn auch die Gesetzgebung nicht wirksam gegen Behördenwillkür schützt.

---

17 BGE 121 I 267, 269 (Hervorhebungen hinzugefügt). Eingehend BGE 126 I 81, 90 ff.; vgl. auch BGE 131 I 366, 371; BGE 133 I 185, 191 f. (Zusammenfassung der Rechtsprechung). – In der Rechtsprechung finden sich immerhin auch einige Entscheidungen, die anklingen lassen, dass man aus Art. 4 aBV «un droit indépendant à ce que l'Etat agisse sans arbitraire» ableiten könne (so BGE 126 I 81, 90, unter Hinweis auf BGE 98 Ia 649, 652 und einige seither ergangene Entscheidungen, u.a. BGE 112 Ia 174, 178; BGE 107 Ia 182, 184).

18 Vgl. z.B. BGE 129 I 113, 118 (m.w.Hinw.); (krit.) B. WEBER-DÜRLER, Zum Anspruch auf Gleichbehandlung in der Rechtsanwendung, ZBl 2004, 32 ff.; HÄFELIN/HALLER/KELLER, Suppl., N 2034; TSCHANNEN-ZIMMERLI, 300.

19 BGE 121 I 267; BGE 127 II 161, 165; BGE 126 I 81.

20 BGE 122 I 373.

21 Vgl. BGE 125 II 440; SEILER/VON WERDT/GÜNGERICH, BGG, Art. 115 N 13.

22 Vgl. neuerdings BGE 131 I 455, 458 f. (in Bezug auf den durch eine angeblich strafbare Handlung Geschädigten, der sich mittels staatsrechtlicher Beschwerde gegen die Einstellung eines Strafverfahrens oder gegen ein freisprechendes Urteil zur Wehr setzen will). Vgl. auch FS-KOLLER-AUER, 206; HÄFELIN/HALLER/KELLER, Suppl., N 1359.

23 Vgl. z.B. BVK-MÜLLER, Art. 4 N 58.

24 Vgl. AB 1998 S 40 (Separatdruck Totalrevision BV); R. RHINOW, Die Bundesverfassung 2000, Basel 2000, 150.

25 BGE 126 I 81, 84 ff. (Urteil vom 3.4.2000, P. contre Tribunal administratif du canton de Vaud).

26 Vgl. z.B. RHINOW, Grundzüge, 315 f.; SCHEFER, Grundrechte, 268; UHLMANN, Willkürverbot, 400 ff. – Anders etwa SGK-ROHNER, Art. 9 N 25 ff. – Weitere Hinweise in BGE 133 I 185, 192 f.

27 Vgl. BGE 131 I 366, 371.

Bei Verneinung der Legitimation «in der Sache selbst» blieb unter der Herrschaft des OG **14**
immerhin noch die Möglichkeit, «mit staatsrechtlicher Beschwerde die Verletzung von
Verfahrensrechten geltend zu machen, deren Missachtung eine formelle Rechtsverweigerung darstellt. Das nach Art. 88 OG erforderliche rechtlich geschützte Interesse ergibt
sich diesfalls nicht aus einer Berechtigung in der Sache, sondern aus der Berechtigung,
am Verfahren teilzunehmen».[28] Die Reichweite der Legitimationspraxis zu Art. 88 OG
verringerte sich zudem dadurch etwas, dass verschiedene Problemfelder im Zuge der
(durch das Bundesgericht mitgeprägten) jüngeren Rechtsentwicklung in den Einzugsbereich spezifischer Grundrechtsgarantien gelangten, so beispielsweise ausländerrechtliche
Bewilligungen (Art. 13 BV, Art. 8 EMRK)[29] und Einbürgerungsangelegenheiten (Art. 8
Abs. 2 BV).[30]

3. Zur Tragweite der gesetzgeberischen Entscheidung

Was hat sich mit dem Übergang zum Bundesgerichtsgesetz geändert? In der Literatur zur **15**
Verfassungsbeschwerde wird das Bundesgericht immer wieder eindringlich aufgefordert, von seiner restriktiven Haltung in Bezug auf die Legitimation zur Willkürrüge abzurücken.[31] Die Einschätzungen betr. die Bereitschaft des Bundesgerichts, diesen Aufforderungen zu folgen, schwanken **zwischen Hoffnung**[32] und – wie sich bald zeigen sollte:
begründeter – **Skepsis**[33].

Bei der Klärung der Tragweite von Art. 115 empfiehlt es sich, zwei Fragestellungen zu **16**
unterscheiden (die in der Literatur und in den Materialien zur Verfassungsbeschwerde
nicht immer deutlich genug auseinander gehalten werden[34]):

– Erstens: **Welchen Spielraum** gibt Art. 115 der künftigen Praxis?

– Zweitens: Wie soll dieser **Spielraum gefüllt** werden?

Die erste Frage könnte auch lauten: Was genau wurde mit Art. 115 kodifiziert? Aus den
Materialien geht hervor, dass Art. 115 gewissermassen das «Erbe»[35] von Art. 88 OG und
der dazu ergangenen Rechtsprechung angetreten hat (vgl. vorne N 9). Nur: worin genau
besteht dieses Erbe? Näher in Betracht kommen als Antworten:

– Art. 115 kodifiziert die in BGE 126 I 81 ff. bekräftigte und wiederholt bestätigte
  restriktive Rechtsprechung des Bundesgerichts zu Art. 88 OG.

– Art. 115 kodifiziert eine Rechtslage, die es dem Bundesgericht ermöglicht, die unter
  der Herrschaft von Art. 88 OG geprägte Legitimationspraxis fortzuführen, die aber
  auch Raum lässt für eine gewisse Öffnung bzw. Rechtsfortbildung.

---

[28] Vgl. BGE 131 I 455, 458 f. – Zur Möglichkeit der Rüge betr. Missachtung von Verfahrensgarantien unabhängig vom Vorliegen eines Rechtsanspruchs vgl. auch BGE 127 II 161, 167.
[29] Vgl. z.B. BGE 130 II 281, 285 f.; BGE 126 II 377, 381 ff.
[30] Vgl. BGE 129 I 217, 220.
[31] Vgl. z.B. HOTTELIER/FOËX/JEANDIN-AUER, 175 ff.; FS KOLLER-GERBER, 252 f.; BELLANGER/
TANQUEREL-HOTTELIER, 91 ff.; UHLMANN, Willkürverbot, 399 ff.; TSCHANNEN-ZIMMERLI,
301 f.; vgl. auch FS KOLLER-AUER, 203 ff.
[32] Vgl. z.B. BELLANGER/TANQUEREL-HOTTELIER, 92.
[33] Vgl. z.B. UHLMANN, Willkürverbot, 440. – Vgl. jetzt BGE 133 I 185 ff. (dazu hinten N 26).
[34] So etwa wenn die Frage ins Zentrum gerückt wird, ob die «Willkürpraxis» auch nach der
Bundesrechtspflegereform «weiterhin» «gilt» (vgl. z.B. SEILER/VON WERDT/GÜNGERICH, BGG,
Art. 115 N 12).
[35] Vgl. auch BELLANGER/TANQUEREL-HOTTELIER, 90.

17 Die (knappen) Äusserungen in den Materialien (vgl. N 9) scheinen in die Richtung der ersten Antwort zu weisen. In der Literatur wird denn auch bisweilen gesagt, die Rechtsprechung zu Art. 88 OG sei für die Verfassungsbeschwerde «massgebend».[36] Bei genauerer Analyse zeigt es sich, dass die erste Antwort zu eng ist und die Lösung in Richtung der zweiten – Raum für Rechtsfortbildung belassenden – Antwort zu suchen ist. Dies wird deutlich, sobald man sich die Argumentation des Bundesgerichts im bereits mehrfach erwähnten Grundsatzentscheid vom 3.4.2000 (BGE 126 I 81) vor Augen führt. Die restriktive Auslegung von Art. 88 OG, an welcher das Bundesgericht auch nach Inkrafttreten der neuen Bundesverfassung festhielt, war auch nach Auffassung des Bundesgerichts *nicht die einzig mögliche Auslegung* dieser Bestimmung, wie aus den folgenden Auszügen aus dem einschlägigen Leiturteil hervorgeht (Hervorhebungen hinzugefügt):

> Art. 9 BV «n'implique pas nécessairement, du point de vue de la logique juridique, une modification de sa portée au regard de l'art. 88 OJ» (BGE 126 I 81, 90). «Ainsi, un changement de la jurisprudence relative à la qualité pour former un recours pour arbitraire n'est **pas la conséquence nécessaire** de l'adoption de l'art. 9 Cst.» (BGE 126 I 81, 93). «Il résulte de l'exposé qui précède (considérants 4 et 5) que la jurisprudence et la doctrine se fondent toutes deux sur de bons arguments, de sorte qu'il est permis d'hésiter entre les **deux points de vue**. Toutefois, d'autres éléments doivent encore être pris en considération, qui conduisent à maintenir la jurisprudence actuelle» (BGE 126 I 81, 93).

Das Bundesgericht begründete das Festhalten an seiner Auslegung von Art. 88 OG nicht zuletzt damit, dass es der angelaufenen Reform der Bundesrechtspflege nicht vorgreifen wolle:

> «il n'apparaît **pas indiqué de changer** une pratique qui remonte à de très nombreuses années uniquement **pour une période transitoire**, en anticipant sur les révisions en cours» (BGE 126 I 81, 94); dies nicht zuletzt deshalb, weil eine weitere Öffnung der damaligen staatsrechtlichen Beschwerde eine «réflexion d'ensemble» erfordere.

Kurz: Das Bundesgericht sah keinen Anlass, im damaligen Zeitpunkt eine neue Praxis zu Art. 88 OG einzuleiten. Eine Neubeurteilung wurde indes nicht ausgeschlossen. Davon, dass eine weniger restriktive Auslegung von Art. 88 OG gesetzwidrig wäre, ist nicht die Rede.

18 Mit dem Inkrafttreten des Bundesgerichtsgesetzes hat sich an dieser Konstellation nichts geändert. Der Gesetzgeber hat das (im Wortlaut von Art. 88 OG nicht in dieser Form enthaltene) Erfordernis des «rechtlich geschützten Interesses» in Art. 115 festgeschrieben; es sollen «die gleichen Anforderungen gelten wie bei der heutigen staatsrechtlichen Beschwerde».[37] Vor dem Hintergrund der höchstrichterlichen Äusserungen in BGE 126 I 81 ff. kann damit indes vernünftigerweise nicht gemeint sein, dass Art. 115 die aktuelle (restriktive) Rechtsprechung festschreibt und gewissermassen gesetzlich zementiert. Es ist vielmehr davon auszugehen, dass Art. 115 eine (relativ offene) Rechtslage kodifiziert. Eine **Änderung** der Haltung in der Frage der Legitimation im Bereich von Willkürverbot (und Gleichbehandlungsgebot) wäre schon unter der Herrschaft von Art. 88 OG grundsätzlich **zulässig**, d.h. nicht gesetzeswidrig gewesen. Der Gesetzgeber hat diese **Option**

---

[36] So SPÜHLER/DOLGE/VOCK, Kurzkommentar, Art. 115 N 2. Vgl. auch EHRENZELLER/SCHWEIZER-SCHWEIZER, 253 (wonach die Erfordernisse gem. Rechtsprechung zu Art. 88 OG «weiterhin […] zu beachten» seien).

[37] Bericht BJ an RK-N 2004 (Anhang), Ziff. 3.1. – Praktisch wortgleich AB 2005 S 139 (Votum Wicki, Kommissionssprecher).

im Rahmen der Reform der Bundesrechtspflege nicht beseitigt. Umgekehrt geht allerdings aus der Entstehungsgeschichte von Art. 115 auch deutlich hervor, dass der Gesetzgeber das Bundesgericht **nicht zu einer Preisgabe** seiner restriktiven Haltung **zwingen** wollte. Der Gesetzgeber hat mit anderen Worten darauf verzichtet, die Streitfrage zu entscheiden.[38] Man könnte – wenn auch methodisch nicht ganz korrekt – sagen, dass die bisherige *Rechtsprechung* «damit weiterhin» gilt.[39] Mit Blick auf die Zukunft ist indes die Frage viel wichtiger, welchen **rechtlichen Rahmen** Art. 115 Bst. b der Praxis setzt.

4. Zur Konkretisierung von Art. 115 Bst. b

Allgemeines: Das «rechtlich geschützte Interesse» ist (wie schon unter der Herrschaft **19** des OG bei der staatsrechtliche Beschwerde) zu bejahen, wenn der Adressat der vorinstanzlichen Entscheidung ein ihm zustehendes **verfassungsmässiges Recht** (zum Begriff vgl. N 5 ff. zu Art. 116) als verletzt rügt.[40] Die (egoistische) **Verbandsbeschwerde** (zu Gunsten der Mitglieder) ist unter denselben Voraussetzungen zulässig wie bei der ordentlichen Beschwerde (vgl. N 33 ff. zu Art. 89).[41]

Verfassungsmässige Rechte stehen nach ständiger Rechtsprechung des Bundesgerichts **20** «grundsätzlich **nur Privaten** zu, **nicht dagegen dem Gemeinwesen** als Inhaber hoheitlicher Gewalt».[42] Entsprechendes gilt für juristische Personen des öffentlichen Rechts. Ebenso verhält es sich bei Privaten, die mit der Wahrnehmung staatlicher Aufgaben betraut sind; sie stehen in dieser Funktion im Allgemeinen nicht unter dem Schutz der Grundrechte,[43] sondern sind vielmehr, umgekehrt, selbst an die Grundrechte gebunden und verpflichtet, zu deren Verwirklichung beizutragen (Art. 35 Abs. 2 BV). Die Beschwerdebefugnis sollte immerhin (wie unter der Herrschaft des OG) dann bejaht werden, wenn eine für das Gemeinwesen handelnde private oder öffentlich-rechtliche Person von einer staatlichen Massnahme (z.B. einer Eigentumsbeschränkung) **wie eine Privatperson betroffen** ist.[44] Weitere Ausnahmen bestehen im Zusammenhang mit verfassungsrechtlichen Verfahrensgarantien.[45] Die **Gemeinden** sowie andere öffentlich-rechtliche Körperschaften besitzen nicht nur im Rahmen der ordentlichen Beschwerde (so ausdrücklich Art. 89 Abs. 2 Bst. c), sondern auch im Rahmen der Verfassungsbeschwerde die Befugnis, die ihnen (im Sinne eines verfassungsmässigen Rechts) garantierte **Autonomie** zu verteidigen (vgl. vorne N 5).[46] Zur Möglichkeit der Behördenbeschwerde im Bereich der Verfassungsbeschwerde vgl. vorne N 5.

---

[38] In diesem Sinne HALLER, Jusletter 2006, Rz 54.

[39] So SEILER/VON WERDT/GÜNGERICH, BGG, Art. 115 N 12 (unter Berufung auf EHRENZELLER/SCHWEIZER-SCHWEIZER, 242). – So jetzt im Ergebnis BGE 133 I 185, 200.

[40] Zum Zusammenhang von Beschwerdegrund und Beschwerdelegitimation vgl. auch SEILER/VON WERDT/GÜNGERICH, BGG, Art. 115 N 4.

[41] Ebenso SEILER/VON WERDT/GÜNGERICH, BGG, Art. 115 N 7.

[42] BGE 125 I 173, 175 (Hervorhebungen hinzugefügt). Vgl. auch BELLANGER/TANQUEREL-HOTTELIER, 94; TSCHANNEN-ZIMMERLI, 302.

[43] Vgl. BGE 121 I 218, 220.

[44] Vgl. z.B. BGE 125 I 173, 175; BGE 120 Ia 95, 97; KÄLIN, Beschwerde², 270 ff. – Zur Frage der Grundrechtsträgerschaft öffentlicher Unternehmen vgl. BGE 131 II 13, 27 f. und BGE 127 II 8, 17 (offen gelassen); sowie z.B. P. HÄSLER, Geltung der Grundrechte für öffentliche Unternehmen, Bern 2006; G. BIAGGINI, Sind öffentliche Unternehmen grundrechtsberechtigt? in: FS Forstmoser, Zürich 2003, 623 ff.

[45] Vgl. z.B. BGE 131 I 91, 95 und BGE 116 Ia 52, 54 (betr. rechtliches Gehör der Gemeinden bei Zwangsfusion bzw. im Autonomiebereich). Vgl. auch Y. HANGARTNER, Verfassungsmässige Rechte juristischer Personen des öffentlichen Rechts, in: FS Häfelin, Zürich 1989, 111 ff.

[46] In diesem Sinne auch SEILER/VON WERDT/GÜNGERICH, BGG, Art. 115 N 8.

21   *Willkürrüge*: Bei der Beantwortung der (Gretchen-)Frage betr. die «**Willkürlegitimation**» (deren Bedeutung nicht unterschätzt, aber auch nicht überschätzt werden darf) sind verschiedene Faktoren zu berücksichtigen, die eine differenzierte Beurteilung angezeigt erscheinen lassen.[47] In der Lehre wird zu Recht darauf hingewiesen, dass sich Art. 115 Bst. b und Art. 88 OG hinsichtlich des **Wortlauts** deutlich unterscheiden.[48] In der Tat stellt der Wortlaut von Art. 88 OG darauf ab, dass es um «Rechtsverletzungen» geht, während es bei Art. 115 Bst. b darauf ankommt, dass ein rechtlich geschütztes **Interesse** an der **Aufhebung oder Änderung** des angefochtenen **Entscheids** gegeben ist. Aus dieser Formulierungsdifferenz darf indes nicht gefolgert werden, dass das Bundesgericht nunmehr gezwungen wäre, seine unter Art. 88 OG entwickelte Legitimationspraxis aufzugeben. Die Entstehungsgeschichte macht vielmehr deutlich, dass der Gesetzgeber dem Bundesgericht die Möglichkeit offen halten wollte, seine bisherige Rechtsprechung auch unter Art. 115 weiterzuführen (N 9). Diese Option darf nicht dadurch zunichte gemacht werden, dass man die Wortlaute von Art. 88 OG und Art. 115 gegeneinander ausspielt. Nicht zu überzeugen vermag im Lichte der Entstehungsgeschichte von Art. 113 ff. (vgl. N 1 ff. zu Art. 113) auch das Argument, wonach die Einführung der Verfassungsbeschwerde nur Sinn mache, wenn das Bundesgericht von seiner restriktiven Haltung in der Legitimationsfrage abrücke.[49]

22   Dies heisst jedoch nicht, dass der durch Art. 115 Bst. b gesetzte gesetzliche Rahmen (N 19 ff.) vom Bundesgericht nun ohne weiteres im Sinne der alten Praxis ausgefüllt werden darf. Denn mit der Reform der Bundesrechtspflege haben sich die **Rahmenbedingungen geändert**. Bei der Konkretisierung von Art. 115 Bst. b gilt es zu berücksichtigen, dass der Gegenstandsbereich der Verfassungsbeschwerde erheblich enger ist als jener der staatsrechtlichen Beschwerde (vgl. N 13 zu Art. 113). Das unter der Herrschaft des OG (wenn auch oft nur unterschwellig) mitspielende Argument,[50] wonach eine Lockerung der Legitimationspraxis zu einer grossen Zusatzbelastung für das Bundesgericht führen würde,[51] hat mit dem Inkrafttreten des Bundesgerichtsgesetzes an Überzeugungskraft eingebüsst. Es kommt hinzu, dass prozessuale Instrumente bereitstehen, die es erlauben, offensichtlich unbegründete oder rechtsmissbräuchliche Beschwerden mit reduziertem Aufwand zu erledigen (vgl. Art. 117 i.V.m. Art. 108 bzw. 109: vereinfachtes Verfahren). Nicht zu überzeugen vermag auch das Argument,[52] wonach eine Lockerung der Legitimationspraxis zu einer unerwünschten Verrechtlichung kaum justiziabler Fragen führe. Dass hier durchaus differenzierende Lösungen möglich bleiben, wurde in der Literatur aufgezeigt.[53] Es kommt hinzu, dass sich unabhängig von der Bundesrechtspflegereform weitere Rahmenbedingungen verändert haben. Im Bereich des **Ausländerrechts** ist es mit der Verwirklichung der Personenfreizügigkeit im Verhältnis zu den Mit-

---

[47] Für das Bundesgericht handelt es sich (wie schon in BGE 126 I 81 ff.) um die erstmalige Klärung einer neuen Rechtsfrage i.S.v. Art. 23 Abs. 2, nicht um eine (allfällige) Praxisänderung i.S.v. Art. 23 Abs. 1 (so auch BGE 133 I 185, 187; anders wohl BELLANGER/TANQUEREL-HOTTELIER, 93: renversement de la jurisprudence). Angesichts der Wichtigkeit und Tragweite der Rechtsfrage, die grundsätzlich alle Abteilungen betrifft (vgl. Art. 29 ff. BGerR), erscheint es angemessen, vom Bestehen einer *Pflicht* der zuerst mit der Frage konfrontierten Abteilung zur Vorlage an die Vereinigung der betroffenen Abteilungen auszugehen (vgl. N 25 ff. zu Art. 23).

[48] Vgl. insb. FS KOLLER-GERBER, 252.

[49] Vgl. BELLANGER/TANQUEREL-HOTTELIER, 93. Zustimmend TSCHANNEN-ZIMMERLI, 301 (mit FN 91).

[50] Zu diesem Argument etwa TSCHANNEN-ZIMMERLI, 302.

[51] Wie stichhaltig und gewichtig das Argument wirklich war, ist hier nicht zu erörtern.

[52] Zu diesem Argument z.B. TSCHANNEN-ZIMMERLI, 302.

[53] Vgl. z.B. FS KOLLER-AUER, 203 ff.; TSCHANNEN-ZIMMERLI, 302.

gliedsstaaten der EU und der EFTA[54] über die Einräumung völkerrechtlich begründeter Ansprüche zu einem «**Verrechtlichungsschub**» gekommen. Hier greift heute regelmässig die ordentliche Beschwerde (vgl. Art. 83 Bst. c).[55] Grundlegend geändert hat sich auch die Situation im Bereich des **öffentlichen Beschaffungswesens**, wo der Verrechtlichungsprozess bereits Mitte der 1990er Jahre eingesetzt hat.[56] Dem Bundesgericht blieb hier keine andere Wahl, als die frühere höchstrichterliche Legitimationspraxis als überholt einzustufen und aufzugeben: «dépassée dans la mesure où l'intérêt juridiquement protégé au sens de l'art. 88 OJ découle désormais du droit de fond, à savoir de la loi fédérale sur le marché intérieur et de l'Accord intercantonal sur les marchés publics» (BGE 125 II 86, 95 f.). Mit der rechtlichen Durchdringung traditioneller Domänen der «blossen» Willkürbeschwerde (vgl. N 12) hat sich das Anwendungsfeld der restriktiven Legitimationspraxis – und damit auch der erhoffte Entlastungseffekt – weiter verringert.[57] Die stille Furcht vor der Beschwerdeflut (für die man durchaus Verständnis haben kann) relativiert sich insoweit merklich.

Auf der anderen Seite ist zu berücksichtigen, dass die Rechtsweggarantie (Art. 29a BV) **23** und die Ausgestaltung der Rechtsmittelordnung im BGG (Art. 114 i.V.m. Art. 86 Abs. 2) dafür sorgen, dass (auch) im Einzugsbereich der Verfassungsbeschwerde in aller Regel eine (kantonale) **richterliche Vorinstanz** urteilt, die den Anforderungen des Art. 29a BV genügt (volle Rechts- und Sachverhaltskontrolle) und die in aller Regel (auch) anrufen kann, wer nur ein schutzwürdiges tatsächliches Interesse hat (vgl. N 21 zu Art. 117). Wenn man von den Ausnahmefällen absieht (Art. 29a Satz 2 BV, Art. 86 Abs. 3), ist somit gewährleistet, dass auf **kantonaler** Ebene eine **gerichtliche** Beurteilung mit voller Kognition stattfindet. Die Problematik einer restriktiven Auslegung und Handhabung von Art. 115 bei Willkürrügen relativiert sich dadurch etwas. Das Problem verschwindet indes nicht ganz.

Ein **gesteigertes Bedürfnis nach Schutz** besteht insb. dann, wenn auf kantonaler Ebene **24** **kein Gericht** angerufen werden kann, weil der fragliche Kanton von der Ermächtigung gem. Art. 86 Abs. 3 Gebrauch gemacht hat (vgl. N 9 ff. zu Art. 114). In solchen (Ausnahme-)Fällen in Bezug auf das Beschwerderecht eine restriktive Haltung zu vertreten, hiesse in Kauf zu nehmen, dass (ausgerechnet) der Vorwurf gröbsten Unrechts nie einer unabhängigen richterlichen Kontrolle zugeführt werden kann. Wenigstens im Anwendungsbereich des Art. 86 Abs. 3 sollte das Bundesgericht von seiner zu Art. 88 OG entwickelten Haltung abrücken. Eine **Lockerung** drängt sich weiter auch dann auf, wenn ein als Vorinstanz des Bundesgerichts agierendes kantonales Gericht in Willkür verfällt (was gewiss nicht an der Tagesordnung ist und nicht leichthin angenommen werden darf, aber auch nicht a priori ausgeschlossen werden kann). Aus bundesstaatlicher Sicht sollte das Bundesgericht Art. 115 ferner dann grosszügig handhaben, wenn das Anliegen der **Rechtseinheit** im Bundesstaat gefährdet ist.

---

[54] Vgl. dazu das am 21.6.1999 abgeschlossene Freizügigkeitsabkommen im Verhältnis zur EU (FZA, in Kraft seit 1.6.2002; SR 0.142.112.681) sowie, analog, Anhang K des EFTA-Übereinkommens in der Fassung des Vaduzer Abkommens vom 21.6.2001 (SR 0.632.31).

[55] Vgl. auch (unter der Herrschaft des OG) BGE 131 II 339, 343 f.; BGE 130 II 388, 390 f. Zu einer gewissen Verrechtlichung hat auch die Rechtsprechung zu Art. 13 BV bzw. Art. 8 EMRK geführt (vgl. N 14 sowie BGE 133 I 185, 199).

[56] Vgl. G. BIAGGINI, Das Abkommen über bestimmte Aspekte des öffentlichen Beschaffungswesens, in: Daniel Thürer u.a. (Hrsg.), Bilaterale Verträge I & II Schweiz – EU. Handbuch, 2. Aufl., Zürich 2007, 659 ff.

[57] Zum «Hauptanwendungsbereich» einer (allfälligen) restriktiven Legitimationspraxis vgl. auch SEILER/VON WERDT/GÜNGERICH, BGG, Art. 115 N 14 (ordentliche Einbürgerung, Teile des Ausländer- und Asylrechts, bestimmte Subventionen, Stundung und Erlass von Abgaben).

25   Wenn die Rechtspraxis sich an solche Lockerungen gewöhnt haben wird, ist es zu einer –
aus rechtsstaatlicher Sicht wünschenswerten, im Lichte der Entstehungsgeschichte möglichen, aber nicht gebotenen – allgemein **liberalen Handhabung** des Art. 115 Bst. b bei
Willkürbeschwerden kein grosser Schritt mehr.

26   *Nachtrag*: Die Zeit für diesen Schritt scheint noch nicht ganz reif zu sein. Am 30.4.2007
befasste sich die **Vereinigung aller Abteilungen des Bundesgerichts** im Rahmen eines
Verfahrens gemäss Art. 23 Abs. 2 (vgl. N 18 ff. zu Art. 23) erstmals mit der Frage der
Berechtigung zur Erhebung der Willkürrüge (Art. 9 BV) im Rahmen der Verfassungsbeschwerde (Art. 115). Mit denkbar knapper Mehrheit (20 zu 19 Stimmen) beschlossen die vereinigten Abteilungen, bei der Verfassungsbeschwerde zu verlangen,
dass «sich der Beschwerdeführer – wie seinerzeit bei der staatsrechtlichen Beschwerde –
auf eine durch das Gesetz oder ein spezielles Grundrecht geschützte Rechtsstellung
(rechtlich geschütztes Interesse) berufen kann»[58]. Gestützt auf diesen Entscheid beschloss die II. öffentlich-rechtliche Abteilung gleichentags, auf die anlassgebende Verfassungsbeschwerde betreffend Verweigerung einer ausländerrechtlichen Aufenthaltsbewilligung **nicht einzutreten** (BGE 133 I 185 ff.). Die Urteilsbegründung (die erst nach
Abschluss des Manuskripts vorlag) beruft sich im Wesentlichen auf «die Materialien»
und «die mit der Revision der Bundesrechtspflege verbundenen Zielsetzungen» (insb.
Entlastung des Bundesgerichts) sowie «die anzustrebende Konkordanz mit den verschiedenen in Art. 83 BGG enthaltenen Ausschlussgründen» (so, zusammenfassend, a.a.O.,
200; vgl. auch a.a.O., 193 ff.). Die Zulassungsschranke gemäss Art. 83 Bst. c Ziff. 2 (ausländerrechtliche Bewilligungen, auf die weder das Bundesrecht noch das Völkerrecht
einen Anspruch einräumt) werde sonst «praktisch unterlaufen und die für diese Rechtsgebiete angestrebte Entlastung des Bundesgerichts weitgehend in Frage gestellt, ohne
dass für den Rechtsschutz der Betroffenen viel gewonnen wäre» (a.a.O., 198). Ausserdem stehe heute «ein weit reichender Rechtsschutz zur Verfügung» (a.a.O., 198), so dass
der Rechtsuchende «auch bei einer restriktiven Auslegung» von Art. 115 Bst. b «nicht
schutzlos» sei (a.a.O., 200). Dass auch eine andere – weniger restriktive – Interpretation
dieser Gesetzesbestimmung möglich ist (vgl. vorne N 17, 18, 22, 24), wird in den Urteilserwägungen immerhin nicht ausdrücklich in Abrede gestellt. In Anbetracht des
knappen Entscheids vom 30.4.2007 und angesichts der absehbaren Kritik in der Rechtslehre[59] dürfte in dieser Sache das letzte höchstrichterliche Wort noch nicht gesprochen
sein.

Art. 116

Beschwerde- gründe	**Mit der Verfassungsbeschwerde kann die Verletzung von ver- fassungsmässigen Rechten gerügt werden.**
Motifs de recours	Le recours constitutionnel peut être formé pour violation des droits constitu- tionnels.
Motivi di ricorso	Con il ricorso in materia costituzionale può essere censurata la violazione di diritti costituzionali.

---

[58]   Medienmitteilung des Bundesgerichts vom 30.4.2007.
[59]   Für eine erste Reaktion vgl. G. NAY, Bemerkungen zum Urteil der II. öffentlich-rechtlichen Abteilung, 30.4.2007, X. c. Justiz- und Sicherheitsdepartement des Kantons Luzern (2D.2/2007)
(= BGE 133 I 185), AJP 2007, 893 ff.

Inhaltsübersicht   Note

Materialien

Siehe die Materialienhinweise zu Art. 113.

Literatur

Siehe die Literaturhinweise zu Art. 113.

I. Funktion

Wegen des in Art. 116 festgelegten (einzigen[1]) Beschwerdegrunds der Verletzung ver- **1**
fassungsmässiger Rechte charakterisiert sich die Verfassungsbeschwerde als ein «reines»
Rechtsmittel der **Verfassungsgerichtsbarkeit**. Darin unterscheidet sie sich von der früheren staatsrechtlichen Beschwerde. Diese stand u.a. zur Verfügung für die Rüge der
Verletzung von interkantonalem Recht (Art. 84 Abs. 1 Bst. b OG, Konkordatsbeschwerde), der Verletzung von Staatsverträgen mit dem Ausland (Art. 84 Abs. 1 Bst. c OG,
Staatsvertragsbeschwerde), der Verletzung bestimmter bundesrechtlichen Zuständigkeits-
regeln (Art. 84 Abs. 1 Bst. d OG) und (sogar) der Verletzung einfachen kantonalen
Rechts im Bereich der politischen Rechte (im Rahmen der sog. Stimmrechtsbeschwerde
gem. Art. 85 Bst. a OG).[2]

Bei näherer Betrachtung zeigt sich, dass – dank eines weiten (vgl. N 18) Begriffsver- **2**
ständnisses – neben der Verletzung von Rechten, die in der **Verfassung** verankert sind,
auch die Verletzung **völkerrechtlicher** (Individual-)Garantien gerügt werden kann (vgl.
N 18 ff.). Die Verfassungsbeschwerde steht – anders etwa als ihr Pendant im deutschen
Verfassungsrecht (Art. 93 Nr. 4a GG) – namentlich für die Rüge der **Verletzung von
EMRK-Garantien** offen. Für die Praxis der Verfassungsbeschwerde ist diese Öffnung
von zentraler Bedeutung, denn damit kann der vom Bundesgericht grundsätzlich anerkannte Vorrang des Völkerrechts – namentlich von Normen, «die dem Schutz der Menschenrechte» dienen (BGE 125 II 417, 425) – sich auch im Rahmen des neuen Rechtsmittels entfalten.

Gemäss Art. 117 i.V.m. Art. 106 Abs. 2 gilt bei den **Grundrechten**[3] sowie beim kantona- **3**
len und interkantonalen Recht das **Rügeprinzip**. Das Bundesgericht prüft die Verletzung

---

[1] Die Ankündigung in der Sachüberschrift (Plural: «Beschwerdegründe») wirkt daher etwas übertrieben.
[2] Zu diesen und weiteren Rügemöglichkeiten vgl. KÄLIN, Beschwerde[2], 84 ff.
[3] Zur Tragweite des Rügeprinzips für jene **verfassungsmässigen** Rechte, die nicht zu den Grundrechten gehören, vgl. N 11 ff. zu Art. 117.

von Normen, die einer dieser Kategorien zugehören, nicht von Amtes wegen, sondern nur auf hinreichend begründete Rüge hin (unabhängig davon, ob es sich um eine ordentliche oder um eine Verfassungsbeschwerde handelt).

4   Im Kapitel über die Verfassungsbeschwerde fehlt ein direktes Gegenstück zu der bei den ordentlichen Beschwerden zulässigen Rüge der unrichtigen Feststellung des Sachverhalts (Art. 97).[4] Die **Unrichtigkeit** der **Sachverhaltsfeststellung** kann im Rahmen der Verfassungsbeschwerde gleichwohl (wenn auch nur beschränkt) thematisiert werden, indem die beschwerdeführende Partei rügt, die Sachverhaltsfeststellung beruhe auf einer Rechtsverletzung i.S.v. Art. 116, d.h. auf der **Verletzung eines verfassungsmässigen Rechts** unter Einschluss der Verfahrensgarantien gem. Art. 29 ff. BV (insb. Anspruch auf rechtliches Gehör).

II. Zum Begriff des verfassungsmässigen Rechts

5   Der Begriff des verfassungsmässigen Rechts[5] hat seine Wurzeln in der **Bundesverfassung von 1874**. Dort wurde das Bundesgericht mit der Aufgabe betraut, «Beschwerden betr. Verletzung verfassungsmässiger Rechte der Bürger» zu beurteilen (**Art. 113 Abs. 1 Ziff. 3 aBV**).[6] Der Begriff (samt leicht modifizierter Formel) fand im Zuge der Totalrevision der Bundesverfassung Eingang in Art. 189 Abs. 1 Bst. a BV (ursprüngliche Fassung). Mit dem vollständigen Inkrafttreten des Bundesbeschlusses vom 8.10.1999 über die Reform der Justiz (angenommen in der Volksabstimmung vom 12.3.2000) ist der Begriff – bedauerlicherweise (und fast unbemerkt) – praktisch ganz aus dem Verfassungstext verschwunden. Neu ist nur noch von den «**kantonalen** verfassungsmässigen Rechten» ausdrücklich die Rede (Art. 189 Abs. 1 Bst. d BV in der Fassung vom 12.3. 2000).[7]

6   Der Begriff des verfassungsmässigen Rechts hat sich auch in der **Bundesgesetzgebung** niedergeschlagen, namentlich in der Verfahrensgesetzgebung (zentral: Art. 84 OG; vgl. auch Art. 43 und Art. 90 OG; Art. 269 BStP, vgl. heute Art. 95 Bst. c, Art. 98 und Art. 116[8]), vereinzelt auch im materiellen Recht (vgl. Art. 336 OR; Art. 20 BWIS; Art. 28 MG; Art. 25 ZDG).

7   Der Begriff «verfassungsmässige Rechte» ist nicht deckungsgleich mit dem Begriff «Grundrechte». Als **Grundrechte** *(droits fondamentaux, diritti fondamentali)* bezeichnet

---

[4]   Art. 97 figuriert bewusst nicht im Katalog der Bestimmungen, auf die Art. 117 «sinngemäss» verweist.

[5]   Vgl. dazu etwa EHRENZELLER/SCHWEIZER-AEMISEGGER, 159 ff.; HOTTELIER/FOËX/JEANDIN-AUER, 169 ff.; AUER/MALINVERNI/HOTTELIER, Droit constitutionnel[2], N 1942 f., 2141 ff.; BIAGGINI, Komm. BV, Art. 189 N 5 f.; HÄFELIN/HALLER/KELLER, Suppl., N 219, 1972, 1973 ff., 2029; BELLANGER/TANQUEREL-HOTTELIER, 77 ff., 86 ff.; KÄLIN, Beschwerde[2], 39 ff., 67 ff.; KARLEN, BGG, 58; RAUSCH, Prozessrecht[2], 66; EHRENZELLER/SCHWEIZER-SCHWEIZER, 234 ff.; TSCHANNEN-ZIMMERLI, 289 ff.

[6]   Vgl. auch schon Art. 5 BV der Bundesverfassungen von 1848 und von 1874 (gleichlautend): «Der Bund gewährleistet […] die Freiheit, die Rechte des Volkes und die verfassungsmässigen Rechte der Bürger […].»

[7]   Wenn man von der terminologisch nicht ganz korrekten, da nicht auf Art. 36 BV abgestimmten, Erwähnung in Art. 164 Abs. 1 Bst. b BV (Gesetzesvorbehalt für «Einschränkungen verfassungsmässiger Rechte») absieht. – Die Verletzung verfassungsmässiger Rechte des Bundes ist jetzt im Beschwerdegrund der Verletzung von «Bundesrecht» (Art. 189 Abs. 1 Bst. a BV) mitenthalten (ebenso Art. 95 Bst. a).

[8]   Bei der Geschäftsverteilung scheint man (bemerkenswerterweise) ohne den Begriff auskommen zu können bzw. zu wollen (vgl. Art. 29 ff. BGerR).

man jene (gewöhnlich in einer Verfassung verurkundeten) *einklagbaren Rechte des Individuums,* die – wegen ihres Inhalts – als *grundlegend* eingestuft werden und *erhöhten* *(Rechts-)Schutz* geniessen (vgl. Art. 36 BV), nicht zuletzt auch im Rahmen der Verfassungsgerichtsbarkeit (vgl. Art. 189 BV in der Fassung vom 18.4.1999). Die Grundrechte verpflichten in erster Linie den Staat (vgl. Art. 35 Abs. 2 BV). Dieser stellt nicht nur die traditionelle Hauptgefahrenquelle für die Grundrechte dar, sondern ist, unter den Bedingungen moderner Verfassungsstaatlichkeit, zunehmend auch in der Rolle des aktiven (Be-)Schützers der Grundrechte gefordert (vgl. Art. 35 Abs. 1 und 3). Der Begriff des «**verfassungsmässigen Rechts**» ist in der Schweiz dagegen vorab **prozessrechtlich** ausgerichtet. Er hat traditionell eine zentrale Bedeutung für die Ausgestaltung der **Verfassungsgerichtsbarkeit auf Bundesebene**, insb. mit Blick auf die Rügemöglichkeiten vor Bundesgericht bzw. auf dessen Überprüfungsbefugnisse. Das **Verhältnis** der Begriffe «**Grundrechte**» und «**verfassungsmässige Rechte**» lässt sich wie folgt charakterisieren: Die Grundrechte (der Bundesverfassung und der kantonalen Verfassungen) bilden den bei weitem wichtigsten Typus der verfassungsmässigen Rechte. Gemäss Bundesgericht zählen zu den verfassungsmässigen Rechten darüber hinaus auch **weitere Verfassungsnormen**, «die nicht ausschliesslich öffentliche Interessen, sondern auch Interessen und Schutzbedürfnisse des Einzelnen betreffen und deren Gewicht so gross ist, dass sie nach dem Willen des demokratischen Verfassungsgebers verfassungsrechtlichen Schutzes bedürfen».[9] Neben dem **grundlegenden Charakter** der Norm und dem **Rechtsschutzbedürfnis** ist mithin die **Justiziabilität** ein entscheidender Faktor. Das Bundesgericht hat unter der Herrschaft der früheren Verfassungsordnung bzw. Bundesrechtspflege-Gesetzgebung neben den eigentlichen Grundrechten eine ganze Reihe von weiteren Normen mit individualschützender Funktion als verfassungsmässige Rechte eingestuft (N 13 f.). Diese geniessen, wie die hergebrachten Grundrechte, qualifizierten Rechtsschutz.

Eine genauere **Begriffsbestimmung** und **Abgrenzung** zwischen den «verfassungsmässigen Rechten» und den übrigen Rechtsnormen ist aus verfahrensrechtlicher Sicht dann (und nur dann) erforderlich, wenn im Rahmen eines Rechtsmittels **nur** die Verletzung von verfassungsmässigen Rechten, nicht aber von anderen Verfassungsnormen oder von Normen des einfachen Rechts geltend gemacht werden kann. Dies ist heute namentlich bei der Verfassungsbeschwerde gem. Art. 113 ff. der Fall,[10] zum Teil aber auch im Rahmen der ordentlichen Beschwerden (vgl. Art. 98). Der Begriff des verfassungsmässigen Rechts wird weder in der Verfassung noch in der ausführenden Gesetzgebung näher bestimmt. Seine **Konkretisierung** obliegt dem **Bundesgericht**. Unter der Herrschaft von Art. 113 Abs. 1 Ziff. 3 aBV und Art. 84 OG entwickelte sich zum Begriff des verfassungsmässigen Rechts eine gefestigte Rechtsprechung, deren Weiterführung auch unter den Bedingungen des neuen Justizverfassungs- und Gesetzesrechts (Art. 189 BV, Art. 116) – mit einer kleineren Modifikation (vgl. N 20) – angezeigt erscheint. **8**

III. Kategorien verfassungsmässiger Rechte

Die Grundrechte und die weiteren verfassungsmässigen Rechte können der Bundesebene **9** (vgl. N 10 ff.), der internationalen Ebene (vgl. N 17 ff.) oder der kantonalen Ebene (vgl. N 22 ff.) entstammen bzw. zugerechnet werden.

---

[9] BGE 131 I 366, 368, unter Berufung auf KÄLIN, Beschwerde[2], 67.
[10] Früher, mit gewissen Ausnahmen, bei der staatsrechtlichen Beschwerde (Art. 84 ff. OG).

1. Grundrechte der Bundesverfassung

10 Seit Inkrafttreten der neuen Bundesverfassung ist es üblich, die im «**Grundrechtsteil**» (2. Titel: Art. 7 ff. BV) kodifizierten Individualrechte[11] als Grundrechte zu bezeichnen. Als (blosse) verfassungsmässige Rechte (N 13 ff.) gelten dementsprechend die ausserhalb des Grundrechtskatalogs angesiedelten weiteren grundlegenden Normen mit individualschützender Funktion. Zu beachten ist, dass nicht alle Bestimmungen des Grundrechtskatalogs justiziabel sind, d.h. einen vor Gericht einklagbaren Anspruch vermitteln.[12]

11 In Anbetracht der Unsicherheit betr. die Entwicklung der Rechtsprechung zur Beschwerdebefugnis beim Willkürverbot (vgl. N 15 ff. zu Art. 115) gilt es hervorzuheben, dass **Verfahrensgarantien** (vgl. Art. 29 ff. BV) selbstständige Bedeutung besitzen und dass ihre Missachtung im kantonalen Verfahren auch dann mit Verfassungsbeschwerde gerügt werden kann, wenn die betroffene Person in der Sache selbst nicht zur Verfassungsbeschwerde legitimiert wäre.[13] Praktisch bedeutsam ist dies namentlich beim verfassungsmässigen Anspruch auf rechtliches Gehör (Art. 29 Abs. 2 BV).

12 Im Rahmen der parlamentarischen Beratungen zur neuen Bundesverfassung wurde wiederholt betont, dass das Bundesgericht auch künftig die Möglichkeit haben soll, den Katalog der Grundrechte gem. den Grundsätzen der bisherigen Praxis weiterzuentwickeln, sei es durch Fortbildung bestehender Garantien (z.B. neue Teilgehalte), sei es durch die richterrechtliche Anerkennung **ungeschriebener Grundrechte**. Wegen der gerade erst erfolgten umfassenden Kodifikation ist das Bedürfnis nach Anerkennung neuer ungeschriebener Grundrechte im Moment nicht besonders gross. Die Frage kann sich indes prinzipiell jederzeit stellen. Als Richtschnur dienen (bis auf weiteres) die unter der Bundesverfassung von 1874 entwickelten Kriterien. Gemäss Rechtsprechung des Bundesgerichts können in der Verfassung nicht genannte Individualrechte dann anerkannt werden, wenn sie eine «Voraussetzung für die Ausübung anderer (in der Verfassung genannter) Freiheitsrechte bilden oder sonst als unentbehrliche Bestandteile der demokratischen und rechtsstaatlichen Ordnung des Bundes erscheinen»; mit Blick auf die «dem Verfassungsrichter gesetzten Schranken» ist nach Bundesgericht weiter zu prüfen, «ob die in Frage stehende Gewährleistung bereits einer weitverbreiteten Verfassungswirklichkeit in den Kantonen entspreche und von einem allgemeinen Konsens getragen sei».[14]

2. Weitere verfassungsmässige Rechte im Bund

13 In **Konkretisierung von Art. 113 Abs. 1 aBV** (bzw. Art. 84 OG) hat das Bundesgericht – über die Grundrechte hinaus – nach und nach die folgenden grundlegenden Normen als einklagbare verfassungsmässige Rechte eingestuft:

– den **Vorrang des Bundesrechts** (früher Art. 2 UeBest aBV; heute Art. 49 Abs. 1 BV);[15]

– das **abgabenrechtliche Legalitätsprinzip** («abgeleitet» aus Art. 4 aBV; heute Art. 5 Abs. 1 BV bzw. Art. 127 BV);[16]

---

[11] BIAGGINI, Komm. BV, Erläuterungen zu Art. 7 ff. Dazu eingehend KIENER/KÄLIN, Grundrechte, 23 ff.; MÜLLER, Grundrechte³; SCHEFER, Grundrechte.

[12] Dies gilt beispielsweise für Art. 8 Abs. 2, Satz 2, und Art. 8 Abs. 4 BV. – Zu selektiv die Aufzählung der Grundrechte bei SPÜHLER/DOLGE/VOCK, Kurzkommentar, Art. 116 N 2.

[13] Vgl. BGE 133 I 185, 198 f.; BGE 127 II 161, 167; BGE 114 Ia 307, 312 f.

[14] BGE 121 I 367, 370 f. Ähnlich bereits BGE 100 Ia 392, 400 f.

[15] Mitunter auch (in Fortführung des zu Art. 2 UeBest aBV entwickelten Sprachgebrauchs) als «derogatorische Kraft des Bundesrechts» bezeichnet. – Vgl. z.B. BGE 130 I 82, 86.

[16] Die verfassungsrechtliche Verankerung ist nicht restlos geklärt. Das Bundesgericht neigt zur Lokalisierung in Art. 127 BV (vgl. z.B. BGE 131 II 562, 565), was Folgefragen mit Bezug auf

– das **strafrechtliche Legalitätsprinzip** («nulla poena sine lege»; «abgeleitet» aus Art. 4 aBV; heute Art. 5 Abs. 1 BV);[17]

– die **Gebührenfreiheit** bei der Benützung **öffentlicher Strassen** (früher Art. 37 Abs. 2 aBV; heute Art. 82 Abs. 3 BV);[18]

– die **berufliche Freizügigkeit** (früher Art. 5 UeBest aBV; heute Art. 95 Abs. 2 Satz 2 bzw. Art. 196 Ziff. 5 BV, soweit nicht schon durch Art. 27 BV, Wirtschaftsfreiheit, abgedeckt);[19]

– das **Verbot der interkantonalen Doppelbesteuerung** (früher Art. 46 Abs. 2 aBV; heute Art. 127 Abs. 3 BV).[20]

Das Verbot der **Diskriminierung wegen der Bürgerrechte** wird zufolge Platzierung ausserhalb des Grundrechtsteils (Art. 37 Abs. 2 BV) in der Literatur meist zu den (blossen) verfassungsmässigen Rechten gezählt.[21]

Zu den verfassungsmässigen Rechten des Bundes gehören auch gewisse Facetten des **14** **Grundsatzes der Gewaltenteilung** (Verhältnis zwischen Gesetzgeber und Verordnungsgeber). Der Bundesebene zuzuordnen ist dieses verfassungsmässige Recht indes nur (entgegen gewissen Äusserungen in der Lehre), soweit es um die Einhaltung der verfassungsmässigen **Zuständigkeitsordnung im Bund** geht.[22] In der Praxis des Bundesgerichts spielt der Grundsatz der Gewaltenteilung vorab als **kantonales** verfassungsmässiges Recht eine Rolle (vgl. N 26).

Ob neben der Anerkennung ungeschriebener Grundrechte auch eine Anerkennung **unge- 15 schriebener verfassungsmässiger Rechte** in Betracht kommt, ist nicht restlos klar. Wenn man sich vergegenwärtigt, dass die beiden vom Bundesgericht aus Art. 4 aBV «abgeleiteten» individualrechtlich geschützten Aspekte des Legalitätsprinzips wenig mit dem Wortlaut des Rechtsgleichheitssatzes zu tun hatten, d.h. letztlich den Charakter von ungeschriebenen Rechten aufwiesen, erscheint eine **Anerkennung** ungeschriebener verfassungsmässiger Rechte nicht ausgeschlossen. Hilfsweise wird man die für die Anerkennung ungeschriebener Grundrechte entwickelten Voraussetzungen analog heranziehen können.

Nicht unter den Begriff der verfassungsmässigen Rechte fallen Normen, die **nur** orga- **16** nisatorischer oder programmatischer Natur sind,[23] sowie allgemeine rechtsstaatliche Grundsätze[24] wie das Verhältnismässigkeitsprinzip (Art. 5 Abs. 2 BV), der Grundsatz von Treu und Glauben (Art. 5 Abs. 3 BV, im Unterschied zu Art. 9 BV) oder das Gesetzmässigkeitsprinzip (Art. 5 Abs. 1 BV), soweit ihnen nicht ein spezifischer individualrecht-

---

Geltung und Tragweite des abgabenrechtlichen Legalitätsprinzips für die Kantone (Geltung bejahend: BGE 132 I 117, 120; BGE 132 157, 159) und für Kausalabgaben aufwirft (Berufung auf Art. 127 Abs. 1 BV bejahend: BGE 132 I 117, 120; ohne genaue Lokalisierung: BGE 130 I 113, 115).

[17] Vgl. z.B. BGE 118 Ia 137, 139.
[18] Vgl. BGE 89 I 533, 537; BGE 122 I 284.
[19] Vgl. BGE 130 I 26, 57 f.
[20] Vgl. z.B. BGE 130 I 205, 210.
[21] Vgl. z.B. EHRENZELLER/SCHWEIZER-SCHWEIZER, 236; BELLANGER/TANQUEREL-HOTTELIER, 79. Vgl. auch BGE 122 I 209, 211.
[22] Wie hier FS KOLLER-GERBER, 251. Zu undifferenziert BELLANGER/TANQUEREL-HOTTELIER, 79.
[23] Vgl. BGE 131 I 366, 369. – Dies gilt z.B. für die Sozialziele gem. Art. 41 BV. Vgl. EHRENZELLER/SCHWEIZER-SCHWEIZER, 236.
[24] Vgl. auch TSCHANNEN-ZIMMERLI, 291.

licher Gehalt zugeschrieben wird.[25] Dies bedeutet nicht, dass Verfassungsgrundsätze nur mangelhaft geschützt wären. So kann z.b. eine Missachtung des Verhältnismässigkeitsprinzips im Rahmen der ordentlichen Beschwerde unter dem Titel «Bundesrecht» gerügt werden. Das Verhältnismässigkeitsprinzip muss zudem vom Bundesgericht auch ohne entsprechende Rüge von Amtes wegen berücksichtigt und angewendet werden (Art. 106 Abs. 1). Die Verhältnismässigkeit kann sodann auch im Rahmen der Verfassungsbeschwerde eine Rolle spielen, so namentlich bei der Überprüfung staatlicher Grundrechtsbeschränkungen nach Massgabe von Art. 36 BV oder im Rahmen der Überprüfung staatlichen Handels unter dem (allerdings beschränkten) Blickwinkel der Willkür.[26]

3. Verfassungsmässige Rechte mit Grundlage im Völkerrecht

17   Dass sich ein **verfassungsmässiges** Recht i.S.v. Art. 116 auch aus dem **Völkerrecht** ergeben kann, entspricht heute allgemein geteilter Auffassung,[27] ist aber alles andere als selbstverständlich, zumal Völkerrecht und Verfassungsrecht – ungeachtet gewisser Gemeinsamkeiten[28] – unterschiedliche Entstehungsbedingungen und Grundstrukturen aufweisen.

18   Der Einbezug völkerrechtlicher Garantien in Art. 116 wird plausibel, sobald man sich Zweck und Entstehungsgeschichte der Verfassungsbeschwerde vor Augen führt (vgl. N 1 ff. zu Art. 113). Das neue Rechtsmittel wurde nicht zuletzt geschaffen, um zu **verhindern**, dass Rechtsuchende, die sich in ihren Grundrechten verletzt fühlen, gegen (bestimmte) letztinstanzliche kantonale Entscheide **direkt** an den Strassburger Menschenrechtsgerichtshof gelangen (müssen), ohne dass das Bundesgericht zuvor Gelegenheit hatte, die Rechtssache unter grundrechtlichem Blickwinkel zu prüfen.[29] Diese Funktion kann die Verfassungsbeschwerde nur erfüllen, wenn man neben der Rüge der Verletzung nationaler Grundrechte auch die Rüge der Missachtung der EMRK zulässt. Da Art. 116 lediglich von der «Verletzung von verfassungsmässigen Rechten» spricht – und die Verletzung von EMRK-Garantien nicht direkt anspricht –, bleibt nur die Möglichkeit, Art. 116 und den darin verwendeten Begriff der «verfassungsmässigen Rechte» (im Lichte der Entstehungsgeschichte) **weit auszulegen**, d.h. auch EMKR-Garantien – und sinnvollerweise weitere vergleichbare völkerrechtliche Garantien – darunter zu subsumieren.

19   Dies läuft auf eine (bisher kaum thematisierte) leichte **Verschiebung** gegenüber dem bisherigen Begriffsgebrauch hinaus. Unter der Herrschaft der Bundesverfassung von 1874 und des OG war der Begriff «verfassungsmässige Rechte» formal (und wortlautkonform) auf Garantien des eidgenössischen und des kantonalen Verfassungsrechts beschränkt. Die Beschwerde wegen Verletzung von **völkerrechtlich** garantierten Individualrechten war ein Anwendungsfall der **Staatsvertragsbeschwerde** (Art. 113 aBV, Art. 84 Abs. 1 Bst. c OG). Nach dem vergleichsweise späten Beitritt der Schweiz zur EMRK (1974) nutzte das Bundesgericht die erste sich bietende Gelegenheit dazu, den **verfassungsartigen** Charakter der EMRK-Garantien zu unterstreichen und «die Verletzung der Konvention der Verletzung verfassungsmässiger Rechte gemäss Art. 84 Abs. 1 lit. a OG

---

[25] Dies der Fall beim abgabenrechtlichen und beim strafrechtlichen Legalitätsprinzip (vgl. vorne N 13) sowie beim Prinzip von Treu und Glauben, soweit es auch durch Art. 9 BV geschützt wird.

[26] Sofern die Beschwerdeführung nicht an der «Klippe» der Beschwerdelegitimation (Art. 115) scheitert.

[27] Vgl. z.B. Ehrenzeller/Schweizer-Aemisegger, 160; Häfelin/Haller/Keller, Suppl., N 2029; Karlen, BGG, 38; Seiler/von Werdt/Güngerich, BGG, Art. 116 N 3; Spühler/ Dolge/Vock, Kurzkommentar, Art. 116 N 1; Tschannen-Zimmerli, 290.

[28] Vgl. G. Biaggini, Die Idee der Verfassung – Neuausrichtung im Zeitalter der Globalisierung?, in: ZSR 2000 I, 457 ff.

[29] Vgl. AB 2003 S 884 (Votum Hess); vgl. auch AB 2004 N 1577 (Votum Baumann); Ehrenzeller/Schweizer-Aemisegger, 155, 160.

verfahrensmässig gleichzustellen»[30] (ohne sie aber gleichzusetzen).[31] Das Bundesgericht behandelte fortan die Garantien der EMRK und auch andere völkerrechtliche Garantien in verfahrensrechtlicher Hinsicht **wie** verfassungsmässige Rechte (aber **nicht als** verfassungsmässige Rechte).

Im Rahmen der **Verfassungsbeschwerde** werden nun die Garantien der EMRK und auch weitere vergleichbare völkerrechtliche Garantien nicht mehr nur den verfassungsmässigen Rechten gleichgestellt; sie werden vielmehr (von Gesetzes wegen) **als** verfassungsmässige Rechte (i.S.v. Art. 116) eingestuft. Dieses weite, sich vom Wortlaut entfernende Begriffsverständnis – Völkerrecht ist strukturell etwas anderes als Verfassungsrecht – ist, soweit es um die Garantien der EMRK geht, durch den Regelungszweck des Art. 116 und die Entstehungsgeschichte gedeckt (vgl. N 18).[32]   **20**

Nicht restlos geklärt ist allerdings, welche **weiteren völkerrechtlichen Garantien**[33] (neben den Garantien der EMRK) unter den Begriff der verfassungsmässigen Rechte i.S.v. Art. 116 fallen. Die Konkretisierung des Begriffs obliegt auch in dieser Hinsicht (vgl. vorne N 8) dem Bundesgericht. In erster Linie kommen die im UNO-Pakt II enthaltenen Garantien in Betracht. Beim UNO-Pakt I, dessen Bestimmungen im Allgemeinen vorab «programmatischen Charakter haben, sich an den Gesetzgeber richten und grundsätzlich keine subjektiven und justiziablen Rechte des Einzelnen begründen»,[34] ist von Fall zu Fall zu prüfen, ob eine Bestimmung unmittelbar anwendbar ist oder nicht.[35] Nur wenn die **unmittelbare Anwendbarkeit** gegeben ist, kommt eine Einordnung bei den verfassungsmässigen Rechten i.S.v. Art. 116 in Betracht (vgl. vorne N 7).[36] Die unmittelbare Anwendbarkeit allein genügt allerdings noch nicht, um einem staatsvertraglich begründeten Anspruch den Status eines verfassungsmässigen Rechts zu verleihen. Der Anspruch muss – entsprechend den allgemeinen Kriterien (vgl. N 7) – auch einen **fundamentalen Charakter** besitzen[37] (wenn der Begriff des verfassungsmässigen Rechts nicht jede Kontur verlieren soll). Den grundlegenden Charakter des Anspruchs wird man bei völkerrechtlichen Normen, die dem Schutz der klassischen Menschenrechte dienen,[38] gewöhnlich bejahen können. Schwieriger ist die Grenzziehung in anderen Regelungsbereichen des Völkerrechts,[39] wo es – ungeachtet gewisser Konstitutionalisierungstendenzen (z.B.   **21**

---

[30] Vgl. BGE 101 Ia 67, 69.

[31] Dies geschah wohl nicht ganz uneigennützig, denn auf diesem (Um-)Weg konnte das Bundesgericht erwirken, dass das Erfordernis der Erschöpfung des kantonalen Instanzenzuges, das bis zu der am 4.10.1991 beschlossenen Reform für Staatsvertragsbeschwerden nicht galt (Art. 86 Abs. 3 OG, in der ursprünglichen, bis zum 14.2.1992 gültigen Fassung, BS 3 531, 555), auf Beschwerden wegen Verletzung der EMRK keine Anwendung fand.

[32] Die weite Auslegung wird denn auch, soweit ersichtlich, in der Literatur einhellig befürwortet. Vgl. vorne N 17.

[33] Vgl. KÄLIN/KÜNZLI, Universeller Menschenrechtsschutz; KÄLIN/MALINVERNI/NOWAK, UNO-Menschenrechtspakte; SCHILLING, Menschenrechtsschutz; THÜRER/AUBERT/MÜLLER-VILLIGER, 647 ff.

[34] BGE 125 III 277, 281; vgl. auch BGE 123 II 478; BGE 122 I 103.

[35] Das Bundesgericht verneinte die unmittelbare Anwendbarkeit bisher meistens (vgl. BGE 121 V 246; BGE 120 Ia 1, 11 f., betr. Art. 2 Abs. 2, Art. 9 und 13 Abs. 2 Bst. c UNO-Pakt I), schloss sie indes nicht durchweg und kategorisch aus (vgl. BGE 125 III 281, offen gelassen betr. das Recht auf Streik gem. Art. 8 Abs. 1 Bst. d UNO-Pakt I).

[36] Vgl. BELLANGER/TANQUEREL-HOTTELIER, 87.

[37] Ebenso BELLANGER/TANQUEREL-HOTTELIER, 87.

[38] Im Rahmen der UNO-Kinderrechtekonvention hat das Bundesgericht den self-executing Charakter von Art. 7 Abs. 1 UNO-KRK (BGE 128 I 63, 70 f.) und Art. 12 UNO-KRK (BGE 124 III 90, 94) bejaht, bezüglich der Art. 2, 3 und 18 UNO-KRK (BGE 123 III 445, 449) aber offen gelassen.

[39] Etwa im Bereich der bilateralen Abkommen der Schweiz mit der EG/EU und ihren Mitgliedstaaten.

im Rahmen der WTO) – häufig um Ansprüche geht, die man, landesrechtlich, eher auf der Gesetzes- als auf der Verfassungsstufe ansiedeln würde (i.S.v. «gesetzesmässigen» Rechten, wenn man so sagen darf).[40] Die Abgrenzung, die unter der Herrschaft des OG nicht von Bedeutung war,[41] erfordert Wertungen und Abwägungen, die sachbereichsbezogen vorzunehmen sind. Für das Bundesgericht (und die Rechtslehre) öffnet sich hier ein neues, interessantes (und weites) Aufgabenfeld (was bei Schaffung der Verfassungsbeschwerde wohl nur wenige vorausgeahnt haben).

4. Grundrechte der Kantonsverfassungen

22   Die verfassungsmässigen Rechte gem. Art. 116 umfassen auch die **kantonalen verfassungsmässigen Rechte**. Wie auf Bundesebene kann unterschieden werden zwischen kantonalen Grundrechten (N 23 ff.) und weiteren verfassungsmässigen Rechten (N 26 ff.). Zu Letzteren ist auch die den Gemeinden und anderen öffentlich-rechtlichen Körperschaften zustehende Autonomie zu zählen (N 30 ff.).

23   Ungeachtet der «Grundrechts-Renaissance» in den Verfassungs-Totalrevisionen der letzten Jahre hat die bei Bundesstaatsgründung noch sehr bedeutsame Kategorie der **kantonalen Grundrechte** stark an Bedeutung eingebüsst. Grund dafür ist zum einen der sukzessive Ausbau des Grundrechtsschutzes auf Bundesebene im Rahmen der Totalrevisionen von 1874 und 1999, in der Zwischenzeit durch die höchstrichterliche Anerkennung ungeschriebener Grundrechte (ab 1960), zum andern das internationale Recht und hier insb. der Beitritt zur EMRK (1974) und später zu den UNO-Pakten von 1966 (1992). Zwar gibt es auch noch nach Inkrafttreten der neuen Bundesverfassung Spielraum – und auch einige Beispiele – für kantonale Grundrechts-Spezialitäten.[42] Dazu gehören z.B. der Anspruch auf Zugang zu amtlichen Dokumenten (unter dem Vorbehalt entgegenstehender privater oder öffentlicher Interessen),[43] der Anspruch auf Beihilfen für die Aus- und Weiterbildung (über den Grundschulunterricht hinaus),[44] der Anspruch von Schulpflichtigen auf Unterstützung bei Benachteiligung wegen der Lage des Wohnortes, wegen Behinderung oder aus sozialen Gründen,[45] der Anspruch der Eltern auf familienergänzende Tagesbetreuungsmöglichkeiten,[46] das Petitionsrecht mit Antwortpflicht.[47] Nicht zufällig liegen die Schwerpunkte in den Bereichen Bildung, Soziales und Persönlichkeitsentfaltung. Der Spielraum für wirklich Eigenständiges ist aber heute klein.

---

[40] Man denke etwa an Rechtspositionen im Bereich des WTO-Übereinkommens vom 15.4.1994 über das öffentliche Beschaffungswesen (SR 0.632.231.422), deren landesinternes Pendant sich im BoeB oder in der IVöB findet.

[41] Die staatsrechtliche Beschwerde konnte generell wegen Verletzung von Staatsverträgen ergriffen werden (Art. 84 Abs. 1 Bst. c OG). In der Praxis zur staatsrechtlichen Beschwerde stand die Frage der unmittelbaren Anwendbarkeit einer staatsvertraglichen Bestimmung im Zentrum, während die Frage, ob ein völkerrechtlich begründeter Anspruch einen grundlegenden Inhalt hat oder nicht, kaum praktische Relevanz hatte.

[42] Zu den kantonalen Spielräumen und Optionen im Bereich der Grundrechte vgl. GIOVANNI BIAGGINI, Vorbemerkungen zu Art. 9–18, in: Kommentar zur Verfassung des Kantons Zürich, Zürich 2007 erscheint demnächst, insb. N 10 ff.

[43] Vgl. z.B. Art. 17 Abs. 3 KV BE; Art. 17 KV ZH. – Auf Bundesebene bestehen gesetzliche Ansprüche (vgl. Art. 6 BGÖ).

[44] Vgl. z.B. Art. 3 Bst. c KV SG; Art. 37 KV VD.

[45] Vgl. Art. 3 Bst. b KV SG.

[46] Vgl. § 11 Abs. 2 Bst. a KV BS.

[47] Vgl. z.B. Art. 26 KV SO; Art. 20 KV BE; Art. 8 Abs. 2 Bst. l KV TI; Art. 31 Abs. 2 Satz 2 KV VD; Art. 3 Bst. d KV SG; Art. 16 KV ZH; § 10 Abs. 1 KV BL. Einzelne Verfassungen verlangen, dass die Behörden «möglichst rasch» antworten (so Art. 16 KV AR).

Die kantonalen Grundrechtsgarantien finden erfahrungsgemäss in der Rechtsprechung **24** (auch jener des Bundesgerichts[48]) eher wenig Nachhall.[49] Die Gründe dafür sind vielfältig – und nicht neu.[50] Die Bedeutung der kantonalen Grundrechte bemisst sich allerdings nicht allein nach ihrer unmittelbaren Präsenz in der täglichen Rechtspraxis. Sie können für andere Kantone eine Signalwirkung haben und allenfalls sogar bei der Anerkennung von ungeschriebenen Grundrechten des Bundes als Schrittmacher wirken[51] oder mithelfen, den Schutzgehalt von bestehenden Bundesgrundrechten weiterzuentwickeln.[52]

Wie auf Bundesebene kann sich auch auf kantonaler Ebene die Frage der Anerkennung **25** ungeschriebener Grundrechte stellen. Dieser Schritt ist nicht grundsätzlich ausgeschlossen (wie das Parallelbeispiel des Grundsatzes der Gewaltenteilung zeigt, N 26), aber noch komplexer als auf Bundesebene, da sich hier zusätzlich die Frage der Arbeitsteilung zwischen Bundesebene (Bundesgericht) und kantonaler Ebene (kantonale Justiz) stellt und die kantonale Verfassungsautonomie sowie das Gewährleistungsverfahren (Art. 51 BV) im Auge zu behalten sind. Darauf ist hier nicht näher einzugehen.

5. Weitere kantonale verfassungsmässige Rechte

Wie auf Bundesebene treten auch auf der kantonalen Ebene zu den Grundrechten weitere **26** verfassungsmässige Rechte hinzu.[53] Gemäss gefestigter Rechtsprechung des Bundesgerichts gilt der **Grundsatz der Gewaltenteilung** als ein «durch sämtliche Kantonsverfassungen explizit oder implizit garantierte(s) Prinzip». Der Gewaltenteilungsgrundsatz stellt zugleich auch ein verfassungsmässiges Recht dar, dessen Inhalt sich allerdings «in erster Linie aus dem kantonalen Recht» ergibt.[54] Der Gewaltenteilungsgrundsatz als verfassungsmässiges Recht «schützt die Einhaltung der verfassungsmässigen Zuständigkeitsordnung»,[55] dies vorab mit Blick auf die Rechtsetzung. Entsprechend konnte gem. Rechtsprechung des Bundesgerichts unter der Herrschaft des OG im Zusammenhang mit dem Grundsatz der Gewaltentrennung eine Verletzung des Legalitätsprinzips geltend gemacht werden, insoweit dieses besagt, «dass generell-abstrakte Normen vom zuständigen Organ in der dafür vorgesehenen Form zu erlassen sind»[56] und «dass ein staatlicher Akt sich auf eine materiellgesetzliche Grundlage stützen muss, die hinreichend bestimmt» ist.[57] Es ist kein Grund ersichtlich, weshalb diese Rechtsprechung nicht auch im Rahmen von Art. 116 fortgeführt werden sollte.

---

[48] Vgl. immerhin BGE 132 I 92 ff., 96 (zu Art. 18 Abs. 2 KV ZH).

[49] Vgl. G. BIAGGINI/H. GUTMANNSBAUER, Die Bedeutung der Grundrechtsgarantien der basellandschaftlichen Kantonsverfassung in der Verfassungsrechtsprechung, in: G. Biaggini u.a. (Hrsg.), Staats- und Verwaltungsrecht des Kantons Basel-Landschaft, Band II, Liestal 2005, 11 ff.; M. BOLZ, Die Verfassung des Kantons Aargau – Was hat sich bewährt? Wo besteht Handlungsbedarf?, ZBl 1999, 574.

[50] Vgl. U. HÄFELIN, Die Grundrechte der schweizerischen Kantonsverfassungen, in: R. Novak u.a. (Hrsg.), Föderalismus und die Zukunft der Grundrechte, Wien/Köln/Graz 1982, 43 ff.

[51] Das Bundesgericht stellt nicht zuletzt darauf ab, ob die in Frage stehende (grundsätzlich schützenswerte) Position «bereits einer weitverbreiteten Verfassungswirklichkeit in den Kantonen» entspricht und von einem allgemeinen Konsens getragen wird (BGE 121 I 367 ff., 370 f.).

[52] So etwa im Bildungsbereich oder bei dem etwas «schmalbrüstig» geratenen Petitionsrecht gem. Art. 33 BV.

[53] Zum Begriff der kantonalen verfassungsmässigen Rechte vgl. auch die Erläuterungen zu Art. 95 Bst. c.

[54] Vgl. z.B. BGE 131 I 291, 297. Vgl. auch BGE 130 I 1, 5; BGE 128 I 113, 116; BGE 127 I 60, 63.

[55] BGE 130 I 1, 5; vgl. auch BGE 128 I 113, 121.

[56] BGE 130 I 1, 5; vgl. auch BGE 128 I 327, 330.

[57] BGE 128 I 113, 121.

27 Wie bei den verfassungsmässigen Rechten des Bundes muss die Norm des kantonalen Verfassungsrechts **justiziabel** sein und **Individualinteressen** schützen, die so gewichtig sind, dass ein besonderer (verfassungsgerichtlicher) Schutz angezeigt ist (N 7). Bestimmungen organisatorischer Natur oder bloss programmatischen Charakters erfüllen diese Anforderungen nicht.[58]

28 Da es beim Begriff des verfassungsmässigen Rechts um einen **bundes(verfassungs)rechtlichen** Begriff geht (Art. 189 Abs. 1 Bst. d BV), liegt die Entscheidung über die Qualifizierung einer kantonalen Verfassungsnorm als verfassungsmässiges Recht letztlich beim Bund (Bundesgericht). Die Anerkennung von ungeschriebenen kantonalen verfassungsmässigen Rechten, die nicht das Gewährleistungsverfahren (heute Art. 51 BV) durchlaufen haben, erscheint nicht prinzipiell ausgeschlossen.

29 So wie verfassungsmässige Rechte (i.S.v. Art. 116) nicht nur aus dem Landesrecht, sondern auch aus dem internationalen Recht hervorgehen können (N 17 ff.), können sich verfassungsmässige Rechte nicht nur aus dem kantonalen Recht, sondern prinzipiell auch aus dem **interkantonalen Recht** ergeben.[59] Die Verfassungsbeschwerde steht dementsprechend auch für die Rüge der Verletzung von verfassungsmässigen Rechten mit Grundlage im interkantonalen (Konkordats-)Recht offen.[60] Insoweit wird die frühere «Konkordatsbeschwerde» (vgl. Art. 84 Abs. 1 Bst. b OG) nicht nur im Rahmen der Beschwerde in öffentlich-rechtlichen Angelegenheiten weitergeführt (vgl. Art. 82 i.V.m. Art. 95 Bst. e), sondern auch im Rahmen der Verfassungsbeschwerde, hier allerdings nur, sofern die als verletzt gerügte Norm die Merkmale eines verfassungsmässigen Rechts (vgl. N 7) aufweist, d.h. (wie bereits bei den Ansprüchen aus Völkerrecht erörtert, vgl. N 21) nicht nur **justiziabel** ist, sondern auch **grundlegenden** Charakter besitzt. Dies ist im Einzelfall zu prüfen.[61] Auch hier sind Rechtsprechung und Lehre mit einer neuartigen Aufgabe konfrontiert (vgl. vorne N 21, a.E.).

6. Insbesondere: die Gemeindeautonomie und verwandte Garantien

30 Den Status eines (kantonalen) **verfassungsmässigen Rechts** (i.S.v. Art. 116[62]) haben auch die **Gemeindeautonomie** sowie verwandte Garantien[63] zu Gunsten von öffentlich-rechtlichen Körperschaften.[64] Der Umstand, dass die genannten Garantien

– in Art. 189 Abs. 1 BV selbständig (als Bst. e) neben den kantonalen verfassungsmässigen Rechten (Bst. d) aufgeführt sind (anders Art. 95) und dass sie

– im BGG nur im Abschnitt über die Beschwerde in öffentlich-rechtlichen Angelegenheiten ausdrücklich erwähnt werden (Art. 89 Abs. 2 Bst. c), nicht jedoch im Kapitel über die Verfassungsbeschwerde,

ändert daran nichts.[65]

---

[58] Vgl. BGE 131 I 366, 369 (betr. Art. 60 KV SO); BGE 103 Ia 394, 398 f. (betr. Art. 35 aKV BL).

[59] Vgl. auch SEILER/VON WERDT/GÜNGERICH, BGG, Art. 116 N 3.

[60] Ebenso SEILER/VON WERDT/GÜNGERICH, BGG, Art. 116 N 3.

[61] Die Frage kann etwa im Bereich des Beschaffungswesens und im Bildungsbereich aktuell werden.

[62] Vgl. z.B. TSCHANNEN-ZIMMERLI, 290.

[63] Zu denken ist z.B. an die Garantie des Gebiets oder des Bestandes von Gemeinden (vgl. z.B. BGE 131 I 91, betr. Zwangsfusion). Vgl. auch BGE 132 I 68 (betr. Weitergabe des Korporationsbürgerrechts).

[64] Angesprochen sind u.a. auch staatlich anerkannte Religionsgemeinschaften (vgl. z.B. Art. 130 KV ZH; BGE 108 Ia 82, 85; BGE 108 Ia 264, 268). Eine gewisse Autonomie der (kantonalen) Hochschulen wird jetzt in Art. 63a Abs. 3 BV vorausgesetzt. Dazu BIAGGINI, Komm. BV, Art. 63a N 12.

[65] Im Ergebnis ebenso SEILER/VON WERDT/GÜNGERICH, BGG, Art. 95 N 39; Art. 98 N 17; Art. 116 N 6.

Ungeachtet der Erwähnung der Gemeindeautonomie in Art. 50 BV handelt es sich (wie bei **31** den übrigen Garantien) um ein **Institut des kantonalen Rechts,** das allerdings (traditionell) auf Bundesebene besonders geschützt wird, indem der Bund den Gemeinden und Korporationen die Möglichkeit gibt, sich **vor Bundesgericht** gegen Autonomie-Beeinträchtigungen seitens des Kantons zu beschweren, d.h. *Rechtsschutz ausserhalb des «eigenen» Kantons* zu erlangen. Inhalt und Umfang der Autonomie ergeben sich aus dem kantonalen Recht (vgl. Art. 50 Abs. 1 BV). Die von allen kantonalen Organen (unter Einschluss der Justiz[66]) zu respektierende Autonomie wird – im kantonal definierten Umfang – zusätzlich auch durch den Bund geschützt (vgl. Art. 189 Abs. 1 Bst. e BV) und insoweit «mitgarantiert». Die Gemeindeautonomie wird dadurch nicht zu einem Institut des Bundesrechts.

Die Gemeindeautonomie wird in etlichen Kantonsverfassungen ausdrücklich gewährleistet,[67] mitunter gleich mehrfach,[68] gelegentlich verknüpft mit einer (bundesrechtlich nicht **32** geschuldeten) verfassungsmässigen Bestandesgarantie.[69] Unabhängig von solchen kantonalverfassungsrechtlichen Garantien aktualisiert sich die Schutzverpflichtung des Bundes (Art. 189 Abs. 1 Bst. e BV) immer dann, wenn das kantonale (Gesetzes-)Recht einen Sachbereich «nicht abschliessend ordnet, sondern ihn ganz oder teilweise der Gemeinde zur Regelung überlässt und ihr dabei eine relativ erhebliche Entscheidungsfreiheit einräumt».[70]

Unter der Herrschaft des OG nahm das Bundesgericht Beschwerden (nur) dann an die **33** Hand, wenn eine Gemeinde in ihrer Stellung **als Trägerin hoheitlicher Befugnisse berührt** war und eine Verletzung ihrer Autonomie geltend machte.[71] Ob die Gemeinde tatsächlich Autonomie besass, wurde als eine Frage der materiellen Beurteilung eingestuft.[72] Es ist kein Grund ersichtlich, weshalb man nach der Bundesrechtspflegereform von diesem Ansatz abrücken sollte.

Art. 117

Beschwerde-verfahren	**Für das Verfahren der Verfassungsbeschwerde gelten die Artikel 90–94, 99, 100, 102, 103 Absätze 1 und 3, 104, 106 Absatz 2 sowie 107–112 sinngemäss.**
Procédure de recours	Les art. 90 à 94, 99, 100, 102, 103, al. 1 et 3, 104, 106, al. 2, et 107 à 112 s'appliquent par analogie à la procédure du recours constitutionnel.
Procedura di ricorso	Alla procedura di ricorso in materia costituzionale si applicano per analogia gli articoli 90–94, 99, 100, 102, 103 capoversi 1 e 3, 104, 106 capoverso 2 e 107–112.

---

[66] Die Gemeindeautonomie ist u.a. verletzt, wenn «eine kantonale Behörde in einem Rechtsmittel-oder Genehmigungsverfahren ihre Prüfungsbefugnis überschreitet oder die den betreffenden Sachbereich ordnenden [...] Normen falsch anwendet» (BGE 129 I 290, 295).

[67] Vgl. z.B. Art. 65 KV GR; Art. 129 KV FR; Art. 105 KV SH; Art. 139 KV VD; Art. 94 KV NE; Art. 108 KV BE (mit Rückverweis auf das eidgenössische Recht).

[68] Vgl. Art. 1 und Art. 85 KV ZH.

[69] Vgl. Art. 16 KV TI; Art. 77 KV VS und dazu BGE 131 I 91, 94.

[70] BGE 129 I 290, 294; vgl. auch BGE 129 I 410, 414; BGE 128 I 3, 7 f.

[71] Zur Frage, inwieweit sich Gemeinden und weitere öffentlich-rechtlichen Körperschaften auf andere verfassungsmässige Rechte berufen können, vgl. N 5 zu Art. 115; vgl. auch N 37 ff. und N 56 ff. zu Art. 89.

[72] Vgl. BGE 128 I 3, 7.

Inhaltsübersicht Note

Materialien

Siehe die Materialienhinweise zu Art. 113.

Literatur

Siehe die Literaturhinweise zu Art. 113.

I. Allgemeines

1   Der Gesetzgeber hat auf eine umfassende Regelung der Verfahrens der Verfassungsbeschwerde verzichtet und sich darauf beschränkt, im 5. Kapitel einige – im Vergleich zum Verfahren bei den ordentlichen Beschwerden – abweichend geregelte Punkte zu ordnen (insb. Beschwerdeobjekt, Vorinstanzen, Beschwerderecht, Beschwerdegrund). Im Übrigen wird pauschal auf eine Reihe von Verfahrensvorschriften aus dem 4. Kapitel verwiesen (Art. 90–94, 99, 100, 102, 103 Abs. 1 und 3, 104, 106 Abs. 2 sowie 107–112), die «sinngemäss» *(par analogie, per analogia)* zur Anwendung kommen sollen.[1] Diese Regelungstechnik verursacht einige Unsicherheiten (vgl. z.B. N 8). Zugleich verdeutlicht Art. 117, dass es sich bei der Verfassungsbeschwerde um eine (mehr oder weniger) modifizierte Form der ordentlichen Beschwerde handelt (vgl. auch N 10 zu Art. 113).

2   Ungeachtet des Fehlens eines ausdrücklichen Verweises kommen auch die **allgemeinen Verfahrensbestimmungen** des 2. Kapitels zur Anwendung (Art. 29–71). Sollte dort zwischen den verschiedenen Typen der ordentlichen Beschwerde unterschieden werden – so heute in Art. 40 Abs. 1 betr. Parteivertretung –, ist für die Verfassungsbeschwerde eine angemessene Lösung zu ermitteln. Da die Verfassungsbeschwerde angesichts der zulässigen Rügen (Art. 116) einen stark öffentlich-rechtlichen Einschlag hat, ist im (heute soweit ersichtlich einzigen) Fall der Parteivertretung (Art. 40 Abs. 1) eine Analogie zur Beschwerde in öffentlich-rechtlichen Angelegenheiten angezeigt (so dass, wie früher im Rahmen der staatsrechtlichen Beschwerde, eine Ausnahme vom Vertretungsmonopol der Anwälte resultiert).[2]

---

[1] Vgl. auch BELLANGER/TANQUEREL-HOTTELIER, 95 ff.; RAUSCH, Prozessrecht[2], 67; EHRENZELLER/SCHWEIZER-AEMISEGGER, 110; EHRENZELLER/SCHWEIZER-SCHWEIZER, 244.

[2] SEILER/VON WERDT/GÜNGERICH, BGG, Art. 117 N 3, will demgegenüber die Abgrenzung «wie bei der ordentlichen Beschwerde» vornehmen, d.h. auf die «übliche Unterscheidung zwischen zivil- und öffentlich-rechtlicher Angelegenheit» abstellen – womit bei Verfassungsbeschwerden, die aus Zivilsachen hervorgehen, die strengere Regelung für Zivilsachen zur Anwendung kommt.

In der **Aufzählung fehlen** (bewusst): **3**

– Art. 95–97 (Beschwerdegründe): Grund dafür ist, dass die Verfassungsbeschwerde über eine eigene (begrenzte) Ordnung der Beschwerdegründe verfügt (Art. 116; vgl. auch Art. 118).

– Art. 98 (beschränkte Beschwerdegründe bei Beschwerden gegen Entscheide über vorsorgliche Massnahmen): Grund dafür ist, dass bei der Verfassungsbeschwerde (wegen Art. 116) generell nur die Verletzung verfassungsmässiger Rechte gerügt werden kann, weshalb eine Beschränkung im Sinne von Art. 98 entbehrlich ist. Die fehlende Nennung ist hier somit dem Umstand zu verdanken, dass die Regelungen inhaltlich ohnehin übereinstimmen.[3]

– Art. 101: Grund dafür ist, dass bei der Verfassungsbeschwerde Erlasse als Beschwerdeobjekt entfallen (Art. 113).

– Art. 103 Abs. 2 (aufschiebende Wirkung): Grund dafür ist, dass der Gesetzgeber bei der Verfassungsbeschwerde kein Bedürfnis nach generalisierten Ausnahmen sah.

– Art. 105 (Massgebender Sachverhalt): Grund dafür ist einerseits die auf die Beschwerdegründe abgestimmte, rechtsmittelspezifische Regelung der sog. Sachverhaltskorrektur,[4] andererseits die in Art. 105 Abs. 3 statuierte Ausnahme, die für die Verfassungsbeschwerde nicht relevant ist.[5]

– Art. 106 Abs. 1 (Rechtsanwendung): Grund dafür ist die bewusste gesetzgeberische Entscheidung zu Gunsten des Rügeprinzips (Art. 106 Abs. 2). – Dazu vgl. auch N 9 ff.

Zu den **Unterschieden** gegenüber der ordentlichen Beschwerde vgl. N 10 zu Art. 113.

II. Zu den einzelnen Verweisen

Der Begriff «sinngemäss» bedarf differenzierender Handhabung. Er bedeutet je nach Kontext: **4**

– Anwendung der fraglichen Vorschrift im **gleichen** Sinn wie bei der ordentlichen Beschwerde; dies ist der häufigere Fall, so z.B. bei Art. 90–94, Art. 99, 110–112;

– Anwendung der fraglichen Vorschrift im Sinne einer **blossen Analogie**, so z.B. bei Art. 103 Abs. 1 (vgl. hinten N 8), Art. 111 Abs. 3 (vgl. hinten N 23).

1. Anfechtbare Entscheide (Art. 90–94)

Anfechtbar sind nicht nur Endentscheide (Art. 90), sondern auch – unter denselben Voraussetzungen wie bei der ordentlichen Beschwerde – Teilentscheide (Art. 91) sowie Vor- und Zwischenentscheide (Art. 92 und 93).[6] Wie die ordentliche Beschwerde kann sich auch die Verfassungsbeschwerde gegen das unrechtmässige Verweigern oder Verzögern **5**

---

[3] Vgl. AUER/MALINVERNI/HOTTELIER, Droit constitutionnel[2], N 2140.

[4] Art. 105 Abs. 2 nimmt Bezug auf die Beschwerdegründe des Art. 95 (Verletzung von Bundesrecht usw.), Art. 118 Abs. 2 auf jene des Art. 116 (Verletzung verfassungsmässiger Rechte).

[5] Ein Verweis auf Art. 105 Abs. 1 wäre möglich (aber rechtsetzungstechnisch wohl nicht optimal) gewesen, da die Bestimmung in allen drei Amtssprachen mit Art. 118 Abs. 1 wörtlich übereinstimmt.

[6] Näher dazu die Erläuterungen zu Art. 90–93, vgl. auch N 25 zu Art. 113. – Zu möglichen (beschwerdegrundbedingten) Differenzierungen beim Begriff des «nicht wieder gutzumachenden Nachteils» (Art. 93 Abs. 1 Bst. a) vgl. EHRENZELLER/SCHWEIZER-SCHWEIZER, 233 f.

eines anfechtbaren Entscheids richten (Art. 94). Gegen Rechtsverweigerung bzw. Rechts-verzögerung kann jederzeit Beschwerde geführt werden (Art. 117 i.V.m. Art. 100 Abs. 7).[7]

2. Neue Vorbringen (Art. 99)

6   Neue Tatsachen und Beweismittel dürfen auch im Rahmen der Verfassungsbeschwerde nur so weit vorgebracht werden, als erst der Entscheid der Vorinstanz dazu Anlass gibt. Neue Begehren sind unzulässig. Näher dazu N 54 ff. zu Art. 99.[8]

3. Beschwerdefrist (Art. 100)

7   Wie bei der ordentlichen Beschwerde beträgt die Beschwerdefrist bei der Verfas-sungsbeschwerde **im Allgemeinen 30 Tage**. Zu Fristenbeginn, -lauf und -ende vgl. Art. 44 ff. sowie die Erläuterungen dazu (vgl. auch N 3 ff. zu Art. 100). Die speziellen (kürzeren) Fristen gem. Art. 100 Abs. 2 ff. dürften bei der Verfassungsbeschwerde kaum relevant werden.[9]

4. Diverse Verfahrensbestimmungen (Art. 102, 103 Abs. 1 und 3, 104)

8   Die Bestimmungen über den **Schriftenwechsel** (Art. 102), über die **aufschiebende Wir-kung** (ohne den speziell gelagerten Art. 103 Abs. 2) sowie über **andere vorsorgliche Massnahmen** (Art. 104) finden auf die Verfassungsbeschwerde **gleichermassen** An-wendung. Da im Rahmen der Verfassungsbeschwerde die Möglichkeit einer Behörden-beschwerde im Allgemeinen nicht gegeben ist (vgl. N 5 zu Art. 115), ist die Einladung zur Vernehmlassung (Art. 102 Abs. 1) insoweit gewöhnlich entbehrlich. **Aufschiebende Wirkung** kommt der Verfassungsbeschwerde nicht schon von Gesetzes wegen zu, son-dern nur auf besondere Anordnung hin (Art. 103 Abs. 3). Der Verweis auf Art. 103 Abs. 1 («in der Regel keine aufschiebende Wirkung») gilt insoweit (im Wortsinn) nur «sinnge-mäss» (Art. 117).

5. Rügeprinzip (Art. 106 Abs. 2)

9   Die **Tragweite** des (beschränkten) Verweises auf Art. 106 – nur auf Abs. 2 (Rügeprin-zip), nicht jedoch auf Abs. 1 (Rechtsanwendung von Amtes wegen) – ist in der Literatur **umstritten**. Aus dem fehlenden Verweis auf Art. 106 Abs. 1 darf nicht geschlossen werden, dass das Bundesgericht im Rahmen der Verfassungsbeschwerde nie das Recht von Amtes wegen anwendet (N 10). Vom Rügeprinzip (zu den Anforderungen an Be-schwerdeschrift bzw. Begründung vgl. N 15 ff. zu Art. 106 Abs. 2) gibt es Ausnahmen:

10   Eine erste (**unechte**) «**Ausnahme**» betrifft die **Eintretensfrage**, die das Bundesgericht gem. Art. 29 stets von Amtes wegen zu prüfen hat (was die Anwendung der einschlägi-gen Rechtsvorschriften von Amtes wegen impliziert).[10]

11   Die zweite, **eigentliche Ausnahme** betrifft die Rüge der Verletzung **bestimmter verfas-sungsmässiger Rechte des Bundes**, namentlich des Vorrangs des Bundesrechts (Art. 49 Abs. 1 BV). Diese Ausnahme ergibt sich aus der Umschreibung des **Rügeprinzips** in

---

[7]   Vgl. z.B. PORTMANN-POLTIER, 165.

[8]   Vgl. auch EHRENZELLER/SCHWEIZER-SCHWEIZER, 246 f.

[9]   TSCHANNEN-ZIMMERLI, 306. – Anders SEILER/VON WERDT/GÜNGERICH, BGG, Art. 117 N 7 (der Art. 100 Abs. 2 Bst. a und Bst. b sowie Abs. 3 Bst. a nennt).

[10]   Missverständlich TSCHANNEN-ZIMMERLI, 303, wonach der Grundsatz «iura novit curia» im Verfahren der Verfassungsbeschwerde nicht gelte.

Art. 106 Abs. 2: Dieses gilt mit Blick auf «die Verletzung von **Grundrechten** und von kantonalem und interkantonalem Recht» (Hervorhebung hinzugefügt).

Die gesetzliche Umschreibung des Rügeprinzips ist mit der Umschreibung der **Beschwer-** **12** **degründe** in Art. 116 nicht kongruent: Mit der Verfassungsbeschwerde kann nicht nur die Verletzung von (eidgenössisch, kantonal oder völkerrechtlich gewährleisteten) Grundrechten gerügt werden (vgl. N 10 ff., 17 ff. und 22 ff. zu Art. 116), sondern auch die Verletzung von **weiteren verfassungsmässigen Rechten** ohne eigentlichen Grundrechtscharakter (N 13 ff. zu Art. 116). Beim Abgleichen der Beschwerdegründe gem. Art. 116 mit den in Art. 106 Abs. 2 genannten Normkategorien ergibt sich somit eine Abweichung in einem – bedeutsamen – Punkt: Die weiteren verfassungsmässigen Rechte des Bundes gehören zu den Beschwerdegründen der Verfassungsbeschwerde, sind jedoch in Art. 106 Abs. 2 nicht erwähnt. Diese weiteren verfassungsmässigen Rechte umfassen unter anderem (vgl. N 13 zu Art. 116) den Vorrang des Bundesrechts (Art. 49 Abs. 1 BV), das strafrechtliche und das abgabenrechtliche Legalitätsprinzip (Art. 5 Abs. 1 BV, Art. 127 BV) und das Verbot der interkantonalen Doppelbesteuerung (Art. 127 Abs. 3 BV).

In der Literatur neigt man dazu, die Differenz zwischen Art. 116 und Art. 106 Abs. 2 **13** gleichsam auf definitorischem Wege einzuebnen, indem man den Begriff «Grundrechte» in Art. 106 Abs. 2 mit dem Begriff «verfassungsmässige Rechte» gleichsetzt.[11]

Dem ist zumindest für den Grundsatz des **Vorrangs des Bundesrechts** (Art. 49 Abs. 1 **14** BV) zu widersprechen. Dieser Grundsatz ist gem. Rechtsprechung des Bundesgerichts von kantonalen wie eidgenössischen Gerichten von Amtes wegen zu beachten.[12] Allerdings hat sich – unter der Herrschaft des OG – das Bundesgericht selbst vom Gebot der Anwendung von Amtes wegen dispensiert, indem es auch bei Beschwerden wegen Verletzung der derogatorischen Kraft des Bundesrechts das Rügeprinzip (Art. 90 Abs. 1 Bst. b OG) jeweils strikt anwendete.[13] Dies aus wenig überzeugenden Gründen. Das Rügeprinzip mag Sinn machen, wenn es um die Verletzung von primär individuumsbezogenen Grundrechten des Bundes geht. Hier kann man sich, wie dies in der Botschaft 2001 geschieht, auf den Standpunkt stellen, dass es «Sache der jeweils betroffenen Person ist, die Verletzung geltend zu machen oder darauf zu verzichten»[14]. In Bezug auf kantonales und interkantonales Recht lässt es sich verantworten, dass das Bundesgericht (als Instanz des Bundes) nicht von sich aus nach Bestimmungen des kantonalen oder interkantonalen Rechts sucht, die durch den angefochtenen Akt verletzt sein könnten, wenn der Beschwerdeführer auf die Anrufung verzichtet.[15] Anders verhält es sich in Bezug auf den Vorrang des Bundesrechts. Das Bundesgericht trägt eine **gesteigerte Verantwortung für die Wahrung und Einheit des Bundesrechts**. Dieser Verantwortung aber entzieht sich das Bundesgericht durch seine strikte Anwendung des Rügeprinzips bei Missachtung des Bundesrechtsvorrangs. Die gesetzliche Neuordnung – welche, wie gesehen, das Rüge-

---

[11] Vgl. z.B. Auer/Malinverni/Hottelier, Droit constitutionnel², N 2141; Häfelin/Haller/ Keller, Suppl., N 2039; Bellanger/Tanquerel-Hottelier, 97 f.; Karlen, BGG, 27 f.; Ehrenzeller/Schweizer-Schweizer, 245; Spühler/Dolge/Vock, Kurzkommentar, Art. 106 N 2; Tschannen-Zimmerli, 303. Vgl. auch (vorsichtig) Rausch, Prozessrecht², 60; Ehren-zeller/Schweizer-Aemisegger, 118. – Anders (im Ergebnis wie hier) FS Koller-Gerber, 251.
[12] Vgl. z.B. BGE 92 I 480, 482. – Für den kantonalen Instanzenzug vor Anrufung des Bundesgerichts vgl. Art. 110.
[13] Vgl. immerhin BGE 131 I 377, 385 (wonach das Bundesgericht sich die Möglichkeit vorbehält, in den Urteilserwägungen auf eine allfällige Bundesrechtswidrigkeit hinzuweisen).
[14] So die Begründung in Botschaft 2001 BBl 2001 4344.
[15] Vgl. Botschaft 2001 BBl 2001 4344.

prinzip nur bei Grundrechten,[16] nicht bei verfassungsmässigen Rechten statuiert – bietet Gelegenheit, das unter der Herrschaft von Art. 90 OG entwickelte Verständnis des Rügeprinzips zu überdenken. Der durch den Wortlaut von Art. 106 Abs. 2 geöffnete Spielraum sollte genutzt werden (und nicht als gesetzgeberisches Versehen taxiert werden[17]).

15 Die **Sanktion** bei Missachtung des Rügeprinzips besteht darin, dass das Bundesgericht auf die Beschwerde insoweit nicht eintritt. Eine Behebung des Mangels durch Setzen einer Nachfrist kommt hier nicht in Betracht.[18]

6. Entscheid (Art. 107)

16 Der Verweis auf Art. 107 hat die (bedeutsame) Folge, dass die Verfassungsbeschwerde – anders als die frühere staatsrechtliche Beschwerde[19] – **nicht** prinzipiell **kassatorischer** Natur ist. Der in den Verweis mit eingeschlossene Art. 107 Abs. 2 statuiert: «Heisst das Bundesgericht die Beschwerde gut, so entscheidet es in der Sache selbst oder weist diese zu neuer Beurteilung an die Vorinstanz zurück. Es kann die Sache auch an die Behörde zurückweisen, die als erste Instanz entschieden hat.» Das Bundesgericht kann mithin im Rahmen der Verfassungsbeschwerde **reformatorisch** entscheiden.[20] Art. 107 lässt es sodann auch zu, dass das Bundesgericht Anweisungen in sein Urteil aufnimmt oder dass es sich mit einer Feststellung begnügt.[21] Dem Bundesgericht steht somit ein breites Spektrum an Entscheidungsmöglichkeiten offen.

17 Wie diese Möglichkeiten in der Praxis zu handhaben sind, ist eine andere Frage. Bei der Beurteilung von Verfassungsbeschwerden geht es (wegen Art. 116) um die Verletzung verfassungsmässiger Rechte. Diese schreiben gewöhnlich den (kantonalen) Behörden nicht ein genau bestimmtes Verhalten vor.[22] Aus rechtsstaatlichen, demokratischen und föderalistischen Gründen hat das Bundesgericht den Spielraum, der den kantonalen Behörden bzw. Vorinstanzen verbleibt, zu respektieren. Bei Eingriffen in Freiheitsrechte wird es häufig genügen, den angefochtenen Entscheid aufzuheben, um den verfassungsmässigen Zustand (wieder-)herzustellen. In der Praxis der Verfassungsbeschwerde wird wohl weiterhin die **Kassation** des vorinstanzlichen Entscheids **im Vordergrund** stehen;[23] dies aber nicht, weil es sich bei der Verfassungsbeschwerde um eine Weiterführung der staatsrechtlichen Beschwerde unter neuem Namen handeln würde, sondern weil die Verfassungsbeschwerde als Rechtsmittel der Verfassungsgerichtsbarkeit (Art. 116) auf die Verhinderung bzw. Beseitigung von Verfassungsverstössen abzielt.

---

[16] Auch die französische und die italienische Fassung von Art. 106 Abs. 2 stellen nicht auf den in Art. 116 verwendeten Begriff der verfassungsmässigen Rechte ab (*droits constitutionnels, diritti costituzionali*), sondern auf den Begriff der Grundrechte (*droits fondamentaux, diritti fondamentali*).

[17] In diese Richtung aber SEILER/VON WERDT/GÜNGERICH, BGG, Art. 106 N 9 («fraglich», ob «wirklich» beabsichtigt).

[18] Vgl. Art. 42 Abs. 5 (e *contrario*). Vgl. auch TSCHANNEN-ZIMMERLI, 307.

[19] Vgl. KÄLIN, Beschwerde², 397 ff. (m.Hinw. auf Ausnahmen vom Grundsatz der kassatorischen Natur). Eingehend M. CAMPRUBI, Kassation und positive Anordnungen bei der staatsrechtlichen Beschwerde, Zürich 1999; P. GERBER, La nature cassatoire du recours de droit public, Basel/ Frankfurt a.M. 1997.

[20] Vgl. z.B. EHRENZELLER/SCHWEIZER-AEMISEGGER, 172; KARLEN, BGG, 56, 60; RAUSCH, Prozessrecht², 63; TSCHANNEN-ZIMMERLI, 306.

[21] Ebenso EHRENZELLER/SCHWEIZER-AEMISEGGER, 172.

[22] Vgl. auch FS KOLLER-GERBER, 253, der zu Recht betont, dass der Typus des angerufenen verfassungsmässigen Rechts eine (mit)entscheidende Rolle spielt. Vgl. auch Botschaft 2001 BBl 2001 4345.

[23] Ebenso EHRENZELLER/SCHWEIZER-SCHWEIZER, 249; vgl. auch BELLANGER/TANQUEREL-HOTTELIER, 99 ff.; FS KOLLER-GERBER, 253.

Man kann sich fragen, ob es angesichts dieser Besonderheiten nicht besser gewesen   **18**
wäre, für die Verfassungsbeschwerde eine spezielle Norm zu schaffen, statt pauschal auf
Art. 107 zu verweisen.[24] Die gewählte Lösung mag vielleicht gewisse Unsicherheiten
schaffen. Dieser Nachteil wird indes mehr als aufgewogen durch die Möglichkeit, mass-
geschneiderte Antworten auf die vielfältigen Fragen zu finden, die sich im Rahmen eines
spezifischen Rechtsmittels der Verfassungsgerichtsbarkeit stellen können.

7. Vereinfachtes Verfahren (Art. 108–109)

Das vereinfachte Verfahren gem. Art. 108 (Einzelrichter) bzw. Art. 109 (Dreierbesetzung)   **19**
findet bei der Verfassungsbeschwerde gleichermassen Anwendung (mit Ausnahme von
Art. 109 Abs. 1, der bei der Verfassungsbeschwerde keinen Anwendungsbereich hat).[25]

8. Anforderungen an das kantonale Verfahren (Art. 110–112)

Die (Mindest-)**Anforderungen**, die das BGG an das **kantonale Verfahren** stellt, gelten   **20**
auch im Fall der Verfassungsbeschwerde grundsätzlich gleichermassen (nicht nur «sinngemäss»; vgl. immerhin N 23). Bei der Verfassungsbeschwerde ist (wie bei der Beschwerde in öffentlich-rechtlichen Angelegenheiten) zu berücksichtigen (vgl. Art. 110,
erster Satzteil), dass die Kantone bei Entscheiden «mit vorwiegend politischem Charakter» nicht verpflichtet sind, ein Gericht als unmittelbare Vorinstanz des Bundesgerichts
einzusetzen (Art. 114 i.V.m. Art. 86 Abs. 3; vgl. N 9 ff. zu Art. 114).

Der Grundsatz der «**Einheit des Verfahrens**» (Art. 111) hat – wegen unterschiedlicher   **21**
verfahrensrechtlicher Rahmenbedingungen – bei der Verfassungsbeschwerde eine etwas
andere Tragweite als bei den ordentlichen Beschwerden. Dem Grundsatz ist prinzipiell
Genüge getan, wenn sich alle zur Einreichung einer Verfassungsbeschwerde **Berechtigten** (vgl. N 20 zu Art. 115) am kantonalen Verfahren beteiligen können. Da nicht immer
klar ist (vgl. N 1 zu Art. 119), ob lediglich die Verfassungsbeschwerde oder nicht doch
die ordentliche Beschwerde offen steht (vgl. insb. Art. 74 Abs. 2 Bst. a und Art. 85:
Rechtsfrage von grundsätzlicher Bedeutung), wird es für die Kantone am einfachsten
sein, die Parteistellung nach Massgabe der grosszügigeren Regelung der Beschwerdeberechtigung (Art. 89) zu bestimmen.[26] Entsprechendes gilt in der «Grauzone» zwischen
Verfassungs- und ordentlicher Beschwerde auch mit Blick auf das Institut der integralen
Behördenbeschwerde (Art. 111 Abs. 2).

Zu beachten ist sodann, dass Bundesbehörden kraft Spezialgesetzgebung auch im Be-   **22**
reich der Verfassungsbeschwerde zur Beschwerde an das Bundesgericht berechtigt sein
können (vgl. Art. 9 Abs. 2bis BGBM; dazu N 5 zu Art. 115). Die Verpflichtung der Kantone, die Behördenbeschwerde im kantonalen Verfahren zuzulassen (Art. 111 Abs. 2)
kann ausnahmsweise auch im Bereich der Verfassungsbeschwerde zum Tragen kommen.[27]

Mit Blick auf die **Überprüfungsbefugnis** der kantonalen **Vorinstanz** genügt es im Fall   **23**
der Verfassungsbeschwerde, wenn diese die Rügen gem. Art. 116 (**Verletzung verfassungsmässiger Rechte**) überprüfen kann. Insoweit ist der Verweis auf Art. 111 (und die

---

[24] Kritisch zum Verweis BELLANGER/TANQUEREL-HOTTELIER, 98.
[25] Vgl. auch N 8 zu Art. 119 sowie EHRENZELLER/SCHWEIZER-AEMISEGGER, 495 f. (m.Hinw. zum
Vorgehen bei Unzulässigkeit der ordentlichen Beschwerde, aber Behandlung als Verfassungsbeschwerde).
[26] So denn auch schon das Vorgehen unter der Herrschaft des OG. Vgl. TSCHANNEN-ZIMMERLI,
299 (mit FN 82).
[27] Anders SEILER/VON WERDT/GÜNGERICH, BGG, Art. 117 N 15.

dort in Abs. 3 genannten «Rügen nach den Artikeln 95–98») **bloss «sinngemäss»** gemeint.[28]

24 Die (Mindest-)Vorschriften über die Eröffnung der Entscheide (Art. 112) gelten gleichermassen auch für die Verfassungsbeschwerde. Die Pflicht, den Entscheid mit einer **Rechtsmittelbelehrung** zu versehen (Art. 112 Abs. 1 Bst. d) gilt auch dann, wenn der Entscheid nur mit **Verfassungsbeschwerde** angefochten werden kann.[29] Die Vorinstanz muss in der Rechtsmittelbelehrung auf das Rechtsmittel der Verfassungsbeschwerde nicht nur dann hinweisen, wenn die ordentliche Beschwerde unzulässig ist, sondern auch dann, wenn die Zulässigkeit der ordentlichen Beschwerde (insb. angesichts von Art. 74 Abs. 2 Bst. a. bzw. Art. 85 Abs. 2: Rechtsfrage von grundsätzlicher Bedeutung) fraglich ist.[30] Es können sich hier schwierige Fragen stellen,[31] welche die Praxis indes mit dem ihr eigenen Pragmatismus zu meistern verstehen wird.

25 Die Pflicht zur Eröffnung von kantonalen Entscheiden gegenüber Bundesbehörden, die zur Beschwerde berechtigt sind (Art. 112 Abs. 4), kann gegebenenfalls auch bei der Verfassungsbeschwerde aktuell werden (vgl. N 5 zu Art. 115).[32]

Art. 118

Massgebender Sachverhalt	[1] Das Bundesgericht legt seinem Urteil den Sachverhalt zugrunde, den die Vorinstanz festgestellt hat.
	[2] Es kann die Sachverhaltsfeststellung der Vorinstanz von Amtes wegen berichtigen oder ergänzen, wenn sie auf einer Rechtsverletzung im Sinne von Artikel 116 beruht.
Faits déterminants	[1] Le Tribunal fédéral statue sur la base des faits établis par l'autorité précédente.
	[2] Il peut rectifier ou compléter les constatations de l'autorité précédente si les faits ont été établis en violation du droit au sens de l'art. 116.
Fatti determinanti	[1] Il Tribunale federale fonda la sua sentenza sui fatti accertati dall'autorità inferiore.
	[2] Può rettificare o completare d'ufficio l'accertamento dei fatti operato dall'autorità inferiore se è stato svolto in violazione del diritto ai sensi dell'articolo 116.

Inhaltsübersicht   Note

---

[28] Ebenso SEILER/VON WERDT/GÜNGERICH, BGG, Art. 117 N 16.
[29] Ebenso EHRENZELLER/SCHWEIZER-AEMISEGGER, 117; BELLANGER/TANQUEREL-HOTTELIER, 89; SEILER/VON WERDT/GÜNGERICH, BGG, Art. 117 N 17; TSCHANNEN-ZIMMERLI, 311 (der treffend bemerkt, dass «sinngemäss» andernfalls «gilt nicht» bedeuten würde).
[30] Ebenso SEILER/VON WERDT/GÜNGERICH, BGG, Art. 117 N 17.
[31] Vgl. auch TSCHANNEN-ZIMMERLI, 311.
[32] Anders SEILER/VON WERDT/GÜNGERICH, BGG, Art. 117 N 17.

Materialien

Siehe die Materialienhinweise zu Art. 113.

Literatur

Siehe die Literaturhinweise zu Art. 113.

I. Massgeblichkeit des Sachverhalts gemäss Urteil der Vorinstanz

Art. 118 Abs. 1 statuiert in wörtlicher Übereinstimmung mit Art. 105 Abs. 1, dass das **1**
Bundesgericht seinem Urteil den Sachverhalt zugrundelegt, den die Vorinstanz festgestellt hat.[1] Die Bestimmung hat eine doppelte Funktion: Sie bewirkt zum einen die
grundsätzliche (vgl. N 2) **Bindung** des Bundesgerichts an die **Sachverhaltsfeststellung**
der Vorinstanz[2] und sorgt dafür, dass sich das Bundesgericht, seiner Stellung als oberstes
Gericht entsprechend, auf die Rechtskontrolle beschränkt. Sie hat zum anderen für das
Bundesgericht (zugleich) einen wesentlichen **Entlastungseffekt**.[3]

II. Sachverhaltskorrektur

Die **Bindung** des Bundesgerichts an die Sachverhaltsfeststellung der Vorinstanz **entfällt** **2**
gem. Art. 118 Abs. 2, wenn diese auf einer Rechtsverletzung i.S.v. Art. 116 (Verletzung
verfassungsmässiger Rechte) beruht. Das Bundesgericht **kann** diesfalls die Sachverhaltsfeststellung der Vorinstanz **von Amtes wegen** – und natürlich auch auf entsprechenden
Antrag hin[4] – **berichtigen oder ergänzen**.

Im Vergleich mit der Regelung für die ordentlichen Beschwerden (Art. 105 Abs. 2) ist die **3**
Sachverhaltskorrektur im Rahmen der Verfassungsbeschwerde in zweifacher Hinsicht
erschwert. Im Rahmen von Art. 105 Abs. 2 kann das Bundesgericht die Sachverhaltsfeststellung auch dann berichtigen oder ergänzen:

– wenn diese auf einer Rechtsverletzung i.S.v. Art. 95 beruht (Verletzung von Bundesrecht, Völkerrecht, kantonalen verfassungsmässigen Rechten, kantonalen Bestimmungen über die politischen Rechte und von interkantonalem Recht);
– wenn die Sachverhaltsfeststellung offensichtlich unrichtig ist.

Trotz unterschiedlich formulierter Voraussetzungen dürften sich allerdings die Möglichkeiten einer Sachverhaltkorrektur im Verfahren der Verfassungsbeschwerde und im Verfahren der ordentlichen Beschwerde im praktischen Ergebnis kaum unterscheiden.[5] Ein
Verweis auf die «sinngemässe» Anwendbarkeit von Art. 105 Abs. 1 und 2 (anstelle der
«eigenständigen» Regelung in Art. 118) hätte zu keiner wesentlich anderen Rechtslage
geführt.

---

[1] Bei der ordentlichen Beschwerde besteht in den Fällen des Art. 105 Abs. 3 keine Bindung (Entscheid über die Zusprechung oder Verweigerung von Geldleistungen der Militär- oder Unfallversicherung).
[2] In der Literatur mitunter als «Ausfluss des Novenverbots» bezeichnet. Vgl. z.B. SPÜHLER/
  DOLGE/VOCK, Kurzkommentar, Art. 118 N 1.
[3] Vgl. Botschaft 2001 BBl 2001 4338 f., 4343 f.; SEILER/VON WERDT/GÜNGERICH, BGG, Art. 97
  N 3.
[4] Vgl. SEILER/VON WERDT/GÜNGERICH, BGG, Art. 105 N 3.
[5] Ebenso KARLEN, BGG, 58; SEILER/VON WERDT/GÜNGERICH, BGG, Art. 118 N 3 (wonach eine
  offensichtlich unrichtige Sachverhaltsfeststellung gewöhnlich auch willkürlich sein wird und somit ein verfassungsmässiges Recht i.S.v. Art. 116 verletzt ist). Etwas stärker betont werden die
  Unterschiede bei TSCHANNEN-ZIMMERLI, 305.

Giovanni Biaggini 1163

4 Eine rechtsfehlerhafte Sachverhaltsfeststellung wird häufig Anlass für eine Rückweisung
der Sache sein (Art. 117 i.V.m. Art. 107 Abs. 2). Das Bundesgericht kann aber den Sachverhalt auch selber ergänzen und ein Beweisverfahren durchführen (Art. 55 und 56).[6]

Art. 119

Gleichzeitige ordentliche Beschwerde	[1] **Führt eine Partei gegen einen Entscheid sowohl ordentliche Beschwerde als auch Verfassungsbeschwerde, so hat sie beide Rechtsmittel in der gleichen Rechtsschrift einzureichen.**
	[2] **Das Bundesgericht behandelt beide Beschwerden im gleichen Verfahren.**
	[3] **Es prüft die vorgebrachten Rügen nach den Vorschriften über die entsprechende Beschwerdeart.**
Recours ordinaire simultané	[1] Si une partie forme contre une décision un recours ordinaire et un recours constitutionnel, elle doit déposer les deux recours dans un seul mémoire.
	[2] Le Tribunal fédéral statue sur les deux recours dans la même procédure.
	[3] Il examine les griefs invoqués selon les dispositions applicables au type de recours concerné.
Ricorso ordinario simultaneo	[1] La parte che intende impugnare una decisione sia con un ricorso ordinario sia con un ricorso in materia costituzionale deve presentare entrambi i ricorsi con una sola e medesima istanza.
	[2] Il Tribunale federale tratta i due ricorsi nella stessa procedura.
	[3] Esamina le diverse censure secondo le disposizioni applicabili ai due diversi tipi di ricorso.

Inhaltsübersicht

Materialien

Siehe die Materialienhinweise zu Art. 113.

Literatur

Siehe die Literaturhinweise zu Art. 113.

I. Funktion

1 Wegen der Subsidiarität der Verfassungsbeschwerde im Verhältnis zur ordentlichen Beschwerde (vgl. N 29 ff. zu Art. 113) ist grundsätzlich entweder das eine oder das andere
Rechtsmittel zu ergreifen.[1] Gleichwohl kann es **angezeigt oder geboten** sein, gegen den

---

[6] Vgl. SEILER/VON WERDT/GÜNGERICH, BGG, Art. 118 N 5; TSCHANNEN-ZIMMERLI, 305.

[1] Unter der Herrschaft des früheren Rechts musste für sachverhaltsbezogene Rügen – zusätzlich zur
(auf Rechtsfragen beschränkten) zivilrechtlichen Berufung bzw. strafrechtlichen Nichtigkeitsbe-

Entscheid einer gem. Art. 114 zulässigen Vorinstanz **sowohl** eine ordentliche Beschwerde **als auch** eine Verfassungsbeschwerde einzureichen. Es sind zwei Konstellationen zu unterscheiden:[2]

– Der angefochtene Entscheid umfasst **mehr als einen** Streitgegenstand, die ordentliche Beschwerde ist jedoch **nicht bei allen** zulässig (z.B. wenn in einem Entscheid über zwei Finanzhilfen entschieden wird und auf eine dieser Subventionen kein Anspruch besteht; vgl. Art. 83 Bst. k);

– Es besteht **Unklarheit** über die **Zulässigkeit** der ordentlichen Beschwerde, beispielsweise weil unsicher ist, ob sich (unterhalb der Streitwertgrenze) eine Rechtsfrage von grundsätzlicher Bedeutung stellt (Art. 74 Abs. 2 Bst. b, Art. 83 Bst. f Ziff. 2, Art. 85), oder weil das Bestehen eines Rechtsanspruchs unklar ist (Art. 83 Bst. c, d, k).

Zur Vermeidung von Doppelspurigkeiten und Abgrenzungsschwierigkeiten schlug die   2
Arbeitsgruppe «Bundesgerichtsgesetz» die Aufnahme des heutigen Art. 119 in das Kapitel über die Verfassungsbeschwerde vor.[3] Die Bestimmung dient der **Vereinfachung** und bedeutet für die Beteiligten eine **Erleichterung**. Die darin getroffene Regelung enthebt indes weder die beschwerdeführende Partei noch das Bundesgericht der Aufgabe, innerhalb der Eingabe bzw. des Urteils **zwischen den Rechtsmitteln zu differenzieren** und insb. den unterschiedlichen Regelungen betr. Beschwerdeberechtigung (Art. 115 bzw. Art. 76 und Art. 89) und Beschwerdegründe bzw. Überprüfungsbefugnis (Art. 116 und Art. 118 bzw. Art. 95 und Art. 97) Rechnung zu tragen.

II. Verfahrensfragen

Schon unter der Herrschaft des OG war es möglich, in der gleichen Eingabe zwei   3
Rechtsmittel zu erheben.[4] Die **beschwerdeführende Partei** wird jetzt durch Art. 119 **verpflichtet**, ihre ordentliche Beschwerde und ihre gegen den gleichen Entscheid gerichtete Verfassungsbeschwerde mit der gleichen Rechtsschrift einzureichen. Art. 119 nennt keine Sanktion. Eine **Zurückweisung** zur Behebung des Mangels **in Analogie** zu Art. 42 Abs. 5 bzw. 6 erscheint nicht ausgeschlossen,[5] doch darf das Bundesgericht dabei nicht in überspitzten Formalismus verfallen.

Das Bundesgericht ist von Gesetzes wegen verpflichtet, die beiden Beschwerden im **glei-**   4
chen Verfahren zu behandeln. Die gerichtsinterne Zuständigkeitsordnung muss dafür sorgen, dass die gleiche Abteilung (und innerhalb der Abteilung derselbe Spruchkörper[6]) für die Behandlung beider Beschwerden zuständig ist (vgl. Art. 29 ff. BGerR). Die Verfassungsbeschwerde folgt dabei der ordentlichen Beschwerde.[7]

Ausnahmen sind in Art. 119 Abs. 2 nicht vorgesehen. Gleichwohl dürfte es, bei Vor-   5
liegen sachlicher Gründe, nicht ausgeschlossen sein, ein Verfahren nach allgemeinen

---

schwerde – die staatsrechtliche Beschwerde ergriffen werden (vgl. Art. 43 Abs. 1 OG; Art. 269 Abs. 2 BStP a.F).

[2] Vgl. SEILER/VON WERDT/GÜNGERICH, BGG, Art. 119 N 3, 4.
[3] Vgl. Bericht BJ an RK-N 2004 (Anhang), Ziff. 3.1.
[4] Vgl. BGE 126 II 377, 381; TSCHANNEN-ZIMMERLI, 308.
[5] Gemäss SEILER/VON WERDT/GÜNGERICH, BGG, Art. 119 N 5, soll Art. 42 Abs. 6 direkt zur Anwendung kommen, was sich allerdings mit dem Wortlaut der Bestimmung kaum verträgt.
[6] Dies auch dann, wenn nach den allgemeinen Regeln eine reduzierte Besetzung i.S.v. Art. 108 möglich wäre. Vgl. auch N 8.
[7] Vgl. SEILER/VON WERDT/GÜNGERICH, BGG, Art. 119 N 6.

Grundsätzen (wie sie in der gerichtlichen Praxis allgemein Anwendung finden) aufzuteilen.

6   Neben den vorgebrachten **Rügen** (Art. 119 Abs. 3) ist auch die **Beschwerdeberechtigung** gem. den (zum Teil unterschiedlichen) Vorschriften über die entsprechende Beschwerdeart zu prüfen. Da das Rügeprinzip bei beiden Beschwerdearten im gleichen Umfang gilt (vgl. N 15 ff. zu Art. 106 Abs. 2; N 9 ff. zu Art. 117), unterscheiden sich die Anforderungen an die Geltendmachung und Begründung der Verletzung von Grundrechten bzw. von kantonalem und interkantonalem Recht nicht.

7   Das Verfahren wird mit **einem** einzigen **Entscheid** abgeschlossen. Es kommt demgemäss auch nur zu **einem Kostenspruch**.[8] Bei der Auferlegung der Kosten hat das Bundesgericht dem Umstand Rechnung zu tragen, dass die gleichzeitige Einreichung einer ordentlichen Beschwerde und einer Verfassungsbeschwerde aus objektiven Gründen **angezeigt** sein kann (vgl. vorne 1). Die in Art. 74 Abs. 2 Bst. a, Art. 83 und Art. 85 Abs. 2 angelegten (objektiven) Unsicherheiten betr. die Abgrenzung der beiden Beschwerden (vgl. N 37 zu Art. 113) sollen nicht zulasten der beschwerdeführenden Partei gehen.[9] Wenn das Bundesgericht die «Grundsätzlichkeit» einer Rechtsfrage oder das Vorliegen eines Anspruchs (überraschend) bejaht (so dass sich der Weg der ordentlichen Beschwerde öffnet), wird die gleichzeitig (vorsorglich) erhobene Verfassungsbeschwerde «unnütz». Das Bundesgericht wird insoweit zwangsläufig einen Nichteintretensentscheid zu fällen haben. Nach den allgemeinen Regeln (Art. 65) wäre ein Nichteintretensentscheid mit Kostenfolge verbunden. Ist die «doppelte» Beschwerdeführung durch (objektive) Unsicherheiten über den Beschwerdeweg begründet, wäre eine Kostenauflage für den diesbezüglichen Nichteintretensentscheid (Verfassungsbeschwerde) unbillig. Entsprechendes gilt, wenn das Bundesgericht auf eine in guten Treuen eingereichte ordentliche Beschwerde nicht eintritt und nur das (vorsorglich ebenfalls eingereichte) subsidiäre Rechtsmittel (Verfassungsbeschwerde) an die Hand nimmt.

8   Das Nichteintreten auf die ordentliche Beschwerde bzw. das Nichteintreten auf die (bei Eintreten auf die ordentlichen Beschwerde) «unnütz» gewordene Verfassungsbeschwerde (N 7) kann gegebenenfalls die Voraussetzungen für ein vereinfachtes Verfahren gem. dem 6. Abschnitt (Art. 108 und 109) erfüllen. Wegen des in Art. 119 verankerten Gebots, die beiden eingereichten Rechtsmittel im gleichen Verfahren zu behandeln (Abs. 2), scheidet die Anwendung von Art. 108 und 109 (vereinfachtes Verfahren) aus. Es fragt sich immerhin, ob nicht bestimmte Erleichterungen (z.B. in Bezug auf die Begründung, vgl. Art. 108 Abs. 3, Art. 109 Abs. 3) sinngemäss auch im Verfahren gem. Art. 119 zum Zuge kommen können.

9   Unter der Herrschaft des OG nahm das Bundesgericht Verwaltungsgerichtsbeschwerden, die sich als unzulässig erwiesen, als staatsrechtliche Beschwerde entgegen, sofern die entsprechenden Anforderungen erfüllt waren.[10] Diese beschwerdeführerfreundliche Praxis sollte auch nach der Reform im Verhältnis zwischen ordentlicher Beschwerde und Verfassungsbeschwerde fortgeführt werden.[11]

---

[8] Vgl. Bericht BJ an RK-N 2004 (Anhang), Ziff. 3.1.; KARLEN, BGG, 58.
[9] Vgl. auch BELLANGER/TANQUEREL-HOTTELIER, 82.
[10] Vgl. statt vieler BGE 127 II 1, 5; SEILER/VON WERDT/GÜNGERICH, BGG, Art. 119 N 9.
[11] Ebenso SEILER/VON WERDT/GÜNGERICH, BGG, Art. 119 N 9.

6. Kapitel: Klage

Art. 120

[1] Das Bundesgericht beurteilt auf Klage als einzige Instanz:

a. Kompetenzkonflikte zwischen Bundesbehörden und kantonalen Behörden;

b. zivilrechtliche und öffentlich-rechtliche Streitigkeiten zwischen Bund und Kantonen oder zwischen Kantonen;

c. Ansprüche auf Schadenersatz und Genugtuung aus der Amtstätigkeit von Personen im Sinne von Artikel 1 Absatz 1 Buchstaben a–c des Verantwortlichkeitsgesetzes vom 14. März 1958.

[2] Die Klage ist unzulässig, wenn ein anderes Bundesgesetz eine Behörde zum Erlass einer Verfügung über solche Streitigkeiten ermächtigt. Gegen die Verfügung ist letztinstanzlich die Beschwerde an das Bundesgericht zulässig.

[3] Das Klageverfahren richtet sich nach dem BZP.

[1] Le Tribunal fédéral connaît par voie d'action en instance unique:

a. des conflits de compétence entre autorités fédérales et autorités cantonales;

b. des contestations de droit civil ou de droit public entre Confédération et cantons ou entre cantons;

c. des prétentions portant sur des dommages-intérêts ou sur une indemnité à titre de réparation morale résultant de l'activité officielle de personnes visées à l'art. 1, al. 1, let. a à c, de la loi du 14 mars 1958 sur la responsabilité.

[2] L'action est irrecevable si une autre loi fédérale habilite une autorité à rendre une décision sur de telles contestations. Contre cette décision, le recours est recevable en dernière instance devant le Tribunal fédéral.

[3] La procédure d'action est régie par la PCF.

[1] Il Tribunale federale giudica su azione come giurisdizione unica:

a. i conflitti di competenza tra autorità federali, da una parte, e autorità cantonali, dall'altra;

b. le controversie di diritto civile e di diritto pubblico tra la Confederazione e i Cantoni o tra Cantoni;

c. le pretese di risarcimento del danno o di indennità a titolo di riparazione morale risultanti dall'attività ufficiale delle persone di cui all'articolo 1 capoverso 1 lettere a–c della legge del 14 marzo 1958 sulla responsabilità.

[2] L'azione è inammissibile se un'altra legge federale abilita un'altra autorità a pronunciare su tali controversie. La decisione di questa autorità è impugnabile in ultima istanza con ricorso al Tribunale federale.

[3] La procedura in sede di azione è retta dalla PC.

Inhaltsübersicht   Note

Materialien

Art. 106 E ExpKomm; Art. 106 E 2001 BBl 2001 4508; Botschaft 2001 BBl 2001 4351 f.; AB 2003 S 913; AB 2004 N 1615.

Literatur

P. MAHON, Réclamation de droit public et recours de droit administratif – A propos de subsidiarité(s), in: B. Bovay/M. S. Nguyen (Hrsg.), Mélanges en l'honneur de Pierre Moor. Théorie du droit – Droit administratif – Organisation du territoire, Bern 2005, 415–434 (zit. FS Moor-Mahon).

I. Allgemeine Bemerkungen

1   Art. 120 regelt in abschliessender Weise, in welchen Streitigkeiten das Bundesgericht als **erste** und **einzige Instanz** auf dem Klageweg angerufen werden kann. Solche Direktprozesse waren bereits unter dem bisherigen Recht möglich (zivilrechtliche Klage [Art. 41 OG], staatsrechtliche Klage [Art. 83 OG], verwaltungsrechtliche Klage [Art. 116 OG]). Im BGG wurden diese Klagen zu einer «**Einheitsklage**» verschmolzen. Im Hinblick auf die Entlastung des Bundesgerichts vor Direktprozessen wurde ausserdem der Umfang der Streitigkeiten, die dem Klageverfahren unterliegen, auf Fälle beschränkt, für deren Beurteilung sich die Zuständigkeit des Bundesgerichts geradezu aufdrängt.[1]

2   Die Bestimmung von **Art. 120** ist wie folgt aufgebaut:

– In *Abs. 1* findet sich eine abschliessende Aufzählung der Streitigkeiten, die der Einheitsklage unterliegen (N 8 ff.).

– *Abs. 2* regelt das Verhältnis der Klage zur Einheitsbeschwerde (N 20 f.).

– *Abs. 3* verweist für das Klageverfahren auf die Bestimmungen des BZP (N 27 ff.).

3   Die **Klage** nach Art. 120 gilt gegenüber den Einheitsbeschwerden (Art. 72 ff., 78 ff. und 82 ff.) als das **primäre (prinzipiale) Rechtsmittel**.[2] Wo der Zulässigkeitsbereich des Klageverfahrens nach Art. 120 Abs. 1 gegeben ist (und nur dann), besteht kein Raum mehr für das Beschwerdeverfahren.

Der Umstand, dass das BGG für die Behörden der zentralen Bundesverwaltung abstrakte Beschwerderechte geschaffen hat (Art. 76 Abs. 2, Art. 81 Abs. 3 und Art. 89 Abs. 2 lit. a), vermag daran nichts zu ändern.

---

[1] Botschaft 2001 BBl 2001 4351 f.; HÄFELIN/HALLER/KELLER, Suppl., N 2046; KARLEN, BGG, 63; FS MOOR-MAHON, 431; TSCHANNEN-KIENER, 222 f.; SPÜHLER/DOLGE/VOCK, Kurzkommentar, Art. 120 N 1.

[2] TSCHANNEN-KIENER, 222 f.

– Art. 76 Abs. 2 spricht den Behörden der zentralen Bundesverwaltung unter gewissen   4
   Voraussetzungen ein Beschwerderecht gegen öffentlich-rechtliche Entscheide zu, die
   in unmittelbarem Zusammenhang mit dem Zivilrecht stehen und daher der ***Beschwerde
   in Zivilsachen*** unterliegen (Art. 72 Abs. 2 lit. b). Ebenso räumt Art. 81 Abs. 3 den
   Behörden der zentralen Bundesverwaltung unter bestimmten Voraussetzungen das
   Recht zur Erhebung der ***Beschwerde in Strafsachen*** gegen Entscheide über den Vollzug von Strafen und Massnahmen (Art. 78 Abs. 2 lit. b) ein. Prozessthema bildet in
   diesen Fällen allein die richtige Anwendung des Bundesrechts in den der Beschwerde
   unterliegenden Bereichen. Soweit es sich nicht (zugleich) um zwischenstaatliche Streitigkeiten handelt, ist der Anwendungsbereich von Art. 120 gar nicht betroffen und das
   Klageverfahren steht nicht zur Verfügung.

– Etwas komplexer präsentiert sich das Verhältnis zwischen der Klage und der ***Be-***   5
   schwerde in öffentlich-rechtlichen Angelegenheiten. Art. 89 Abs. 2 lit. a spricht den
   Behörden der zentralen Bundesverwaltung unter gewissen Voraussetzungen das Beschwerderecht zu. Anders als in Art. 76 Abs. 2 oder Art. 81 Abs. 3 enthält Art. 89
   Abs. 2 lit. a aber keine Präzisierungen zum Anfechtungsobjekt. Aufgrund der Systematik des Gesetzes scheint sich das abstrakte Beschwerderecht der Bundesbehörden
   auf alle Rechtsakte zu erstrecken, die mit der Beschwerde in öffentlich-rechtlichen
   Angelegenheiten anfechtbar sind (Art. 82 lit. a–c), also insb. auch auf kantonale Erlasse.[3] Davon gehen auch die (spärlichen) Materialien aus,[4] so dass nicht von einer
   Gesetzeslücke oder einem gesetzgeberischen Versehen gesprochen werden kann.

   Gemäss einem Teil der Lehre können Bundesbehörden *kantonale Erlasse*, die in Missachtung der bundesstaatlichen Kompetenzordnung erlassen wurden, nur im Klageverfahren nach
   Art. 120 anfechten.[5] Als Begründung werden hauptsächlich das Primat des Klageverfahrens
   (N 3), der Traditionsanschluss[6] sowie föderalistische Überlegungen[7] ins Feld geführt. Unter-
   mauert wird diese Sichtweise zusätzlich mit der Bestimmung von Art. 112 Abs. 4, die im Zusammenhang mit der Bekanntgabe von kantonalen Hoheitsakten an die Bundesbehörden nur
   die Entscheide, nicht aber die Erlasse erwähnt.[8] Obwohl die innere Systematik der Regelung
   zur Beschwerde in öffentlich-rechtlichen Angelegenheiten sowie die Materialien eher für das
   Gegenteil zu sprechen scheinen, ist vom Grundsatz des Vorrangs des Klageverfahrens auch
   für die Erlassanfechtung auszugehen. Eine Behördenbeschwerde nach Art. 89 Abs. 2 lit. a
   kommt gegenüber kantonalen Erlassen nur ausserhalb des Zulässigkeitsbereichs der Klage in
   Frage (Art. 82 N 4 und 61; Art. 89 N 51). Vorbehalten bleiben freilich auch spezialgesetzlich
   begründete Beschwerderechte (Art. 89 Abs. 2 lit. d).

   Für *kantonale Entscheide* muss dasselbe gelten: Ist der Anwendungsbereich des Klageverfahrens (Art. 120 Abs. 1) betroffen (N 8 ff.), bleibt für die Beschwerde kein Raum (Art. 82 N 4;
   Art. 89 N 51).

– Freilich steht es dem Bundesgesetzgeber frei, auch für Bereiche innerhalb des Anwen-   6
   dungsbereichs von Art. 120 ***spezielle Beschwerderechte*** zu begründen.

---

[3] Vgl. in diesem Sinne auch SEILER/VON WERDT/GÜNGERICH, BGG, Art. 89 N 42.
[4] Vgl. Botschaft 2001 BBl 2001 4330: «Die Verschmelzung der Verwaltungsgerichtsbeschwerde
   mit der staatsrechtlichen Beschwerde hat keine Erweiterung des Beschwerderechts der Bundesverwaltung zur Folge, ausser dass es sich neu auch gegen einen kantonalen Erlass richten
   könnte».
[5] Vgl. grundlegend EHRENZELLER/SCHWEIZER-AEMISEGGER, 153 f.; TSCHANNEN-KIENER, 265 f.
[6] Unter dem bisherigen Recht wurden abstrakte Normenkontrollbegehren von Bundesbehörden im
   Verfahren der staatsrechtlichen Klage beurteilt; vgl. BGE 108 Ib 392 (Schweizerische Eidgenossenschaft gegen den Kanton Basel-Stadt).
[7] Im Rahmen von Art. 89 Abs. 2 kann ein Departement allein Beschwerde führen, während es für
   die Einreichung der Klage der Zustimmung im Bundesrat bedarf.
[8] EHRENZELLER/SCHWEIZER-AEMISEGGER, 154.

II. Eintretensvoraussetzungen

7 Das Bundesgericht tritt auf eine Klage nur ein, wenn die im Gesetz festgelegten **Prozessvoraussetzungen** gegeben sind: Erstens muss es sich um einen der in Art. 120 Abs. 1 genannten *Streitgegenstände* handeln (N 8 ff.). Zweitens steht die Klage nur zur Verfügung, wenn *kein Beschwerdeverfahren möglich* ist (Art. 120 Abs. 2; N 20 f.). Drittens muss der Kläger *parteifähig* sein und ein aktuelles *Rechtsschutzinteresse* an einer Entscheidung haben (N 22 ff.). Zu beachten sind schliesslich die *formellen* Anforderungen (N 25 f.). Sind diese Voraussetzungen erfüllt, ist grundsätzlich auf die Klage einzutreten; vorbehalten bleibt die Prüfung, inwieweit auf einzelne Anträge und Vorbringen eingegangen werden kann.[9]

1. Streitgegenstand (Abs. 1)

8 Art. 120 beschränkt den Gegenstand der Einheitsklage ausschliesslich auf Streitigkeiten, «für deren Beurteilung wegen ihrer Rechtsnatur und Bedeutung sachgerechterweise allein das Bundesgericht in Frage kommt»[10]. Dies betrifft zum einen **zwischenstaatliche Streitigkeiten** (Art. 120 Abs. 1 lit. a und b) und zum andern **Verantwortlichkeitsansprüche** aus der Amtstätigkeit der Magistraten des Bundes (Art. 120 Abs. 1 lit. c). Die in Art. 120 Abs. 1 enthaltene Aufzählung ist abschliessend.[11]

a) Zwischenstaatliche Streitigkeiten (lit. a und b)

9 Zwar finden auf zwischenstaatliche Streitigkeiten weder die Rechtsweggarantien der EMRK noch Art. 29a BV Anwendung.[12] Trotzdem ist es aus bundesstaatlichen Gründen unabdingbar, dass sowohl Streitigkeiten zwischen dem Bund und den Gliedstaaten als auch Konflikte zwischen den Gliedstaaten vor dem obersten Gericht des Bundes in einem geordneten Verfahren ausgetragen werden können.[13] Daher verlangt **Art. 189 Abs. 2 BV** dass Streitigkeiten zwischen Bund und Kantonen und zwischen Kantonen im Grundsatz vom Bundesgericht beurteilt werden (vgl. zu den Ausnahmen N 12 ff.). In Konkretisierung dieser Verfassungsbestimmung verweist **Art. 120 Abs. 1** Kompetenzkonflikte zwischen Bundesbehörden und kantonalen Behörden (lit. a) sowie zivilrechtliche und öffentlich-rechtliche Streitigkeiten zwischen Bund und Kantonen oder zwischen Kantonen (lit. b) in das Klageverfahren vor Bundesgericht.

aa) Kompetenzkonflikte zwischen Bundesbehörden und kantonalen Behörden (lit. a)

10 Kompetenzkonflikte i.S.v. Art. 120 Abs. 1 lit. a liegen vor, wenn sich der Bund mit einem oder mehreren Kantonen darüber streitet, ob ein bestimmter Gegenstand in die Kompetenz des Bundes oder in den Zuständigkeitsbereich der Kantone fällt. Es kann sich dabei sowohl um positive[14] als auch um negative[15] Kompetenzkonflikte handeln. Im Einzelnen geht es um die **Verbandskompetenz** und die Frage, ob der Bund bzw. der Kanton in

---

[9] Vgl. analog zu Art. 83 lit. a OG BGE 125 II 152, 159 E. 1; 117 Ia 202, 209 f. E. 2b.
[10] Botschaft 2001 BBl 2001 4351.
[11] SPÜHLER/DOLGE/VOCK, Kurzkommentar, Art. 120 N 11; Botschaft 2001 BBl 2001 4352.
[12] KNÜSEL, Jusletter 2006, 2; TOPHINKE, ZBl 2006, 92 (FN 23).
[13] Botschaft 1996 531; HÄFELIN/HALLER/KELLER, Suppl., N 2048.
[14] Dies ist der Fall, wenn der Bund und ein (oder mehrere) Kanton(e) gleichzeitig eine bestimmte Kompetenz für sich in Anspruch nehmen; vgl. BGE 130 I 156, 159 E. 1.1 (Zuständigkeit zum Erlass einer Kollisionsregel für gemeinsame öffentliche Beschaffungen).
[15] Davon spricht man, wenn sich für einen bestimmten Bereich weder der Bund noch die Kantone für zuständig erachten; vgl. BGE 106 Ia 38, 40 E. 2 (Bereich der Lebensmittelpolizei).

einer konkreten Angelegenheit die **bundesstaatliche Kompetenzordnung** respektieren. Nicht im Klageverfahren zu beurteilen sind hingegen Streitigkeiten der Abgrenzung zwischen einzelnen Behörden innerhalb desselben Gemeinwesens, wie z.b. Organstreitigkeiten[16] oder die Frage, ob eine Behörde die richtige Handlungsform gewählt oder die in einem bestimmten Sachbereich geltenden materiell- oder verfahrensrechtlichen Vorschriften missachtet hat.[17]

> Nicht um einen Kompetenzkonflikt i.S.v. Art. 120 Abs. 1 lit. a geht es ferner dann, wenn der Streit um die Zuständigkeit der Bundes- oder der kantonalen Behörde nicht mit der Anwendung der bundesstaatlichen Kompetenzordnung, sondern mit der Abgrenzung von Erlassen des Bundes und der darin geordneten Vollzugszuständigkeit zusammenhängt.[18] Anders liegen die Dinge allerdings dann, wenn sich der Kanton gegen den Erlass einer bundesrechtlichen Kollisionsregel über die zuständige Behörde im Fall von gemeinsamen öffentlichen Beschaffungen zur Wehr setzt.[19]

Von ihrem Gegenstand her können sich die Streitigkeiten um die Abgrenzung der Zuständigkeiten zwischen Bund und Kantonen sowohl auf **Rechtsetzungsakte**[20] als auch auf **Akte der Gerichte oder der Verwaltung**[21] beziehen. Im Gegensatz zu den Beschwerdeverfahren setzt das Klageverfahren aber kein «förmliches» Anfechtungsobjekt voraus. In diesem Sinne besteht ein Kompetenzkonflikt nicht erst dann, wenn der umstrittene Rechtsakt bereits erlassen ist, sondern es genügt, dass sich eine Seite anschickt und das entsprechende Verfahren eingeleitet hat.[22]   **11**

> Für den Umfang des Klagerechts der Kantone ist allerdings *Art. 190 BV* zu beachten, wonach *Bundesgesetze* und das *Völkerrecht* für das Bundesgericht (und die anderen rechtsanwendenden Behörden) verbindlich sind. Den Kantonen steht daher gegen Bundesgesetze und vom Bund abgeschlossene Staatsverträge, die in Verletzung der bundesstaatlichen Zuständigkeitsordnung zustandegekommen sind, kein Klagerecht nach Art. 120 zu.[23]

> Mit Bezug auf kompetenzwidrige *kantonale Erlasse* tritt das Klagerecht des Bundes nach Art. 120 in Konkurrenz zum abstrakten Beschwerderecht der Bundesverwaltung gem. Art. 89 Abs. 2 lit. a (vgl. dazu N 16).

Der Grundsatz, wonach Kompetenzkonflikte zwischen Bund und Kantonen durch das Bundesgericht beurteilt werden (Art. 189 Abs. 2 BV), wird durch folgende **Ausnahmeregelungen** durchbrochen: **12**

– Gegen von den Kantonen abgeschlossene, kompetenzwidrige Verträge mit dem Ausland sowie gegen ebensolche interkantonale Verträge kann der Bundesrat, sofern mit den Vertragskantonen keine einvernehmliche Lösung gefunden werden kann, bei der   **13**

---

[16] Für die Beurteilung von Zuständigkeitskonflikten zwischen den obersten Bundesbehörden ist die Bundesversammlung zuständig (Art. 173 Abs. 1 lit. i BV).
[17] Vgl. analog Art. 83 lit. a OG BGE 117 Ia 202, 209 f. E. 2a–b; ferner HÄFELIN/HALLER/KELLER, Suppl., N 2050.
[18] Vgl. BGE 103 Ib 247, 249 E. 1 (Abgrenzung Forstpolizei-/Elektrizitätsgesetzgebung).
[19] BGE 130 I 156, 159 E. 1.2 betr. die Vorschrift von Art. 2 VoeB.
[20] Vgl. z.B. BGE 125 II 152, 158 f. E. 1 (Rechtsetzungskompetenz im Bereich der Geldspielautomaten).
[21] Vgl. z.B. BGE 103 Ia 329, 333 E. 2a (Bewilligungskompetenz für den Bau eines Atomkraftwerks); 81 I 35, 39 E. 1 (Gebührenhoheit für Flugplätze).
[22] Zum Ganzen eingehender HÄFELIN/HALLER/KELLER, Suppl., N 2052 ff.; ferner SEILER/VON WERDT/GÜNGERICH, BGG, Art. 120 N 6; SPÜHLER/DOLGE/VOCK, Kurzkommentar, Art. 120 N 3 sowie zu Art. 83 lit. a OG BGE 130 I 156, 158 f. E. 1.1; 125 II 152, 159 E. 1; 103 Ia 329, 333 E. 2a.
[23] HÄFELIN/HALLER/KELLER, Suppl., N 2057 f.; SEILER/VON WERDT/GÜNGERICH, BGG, Art. 120 N 7; SPÜHLER/DOLGE/VOCK, Kurzkommentar, Art. 120 N 5.

Bundesversammlung Einsprache erheben (Art. 186 Abs. 3 BV und Art. 62 RVOG). Die *Bundesversammlung* entscheidet endgültig (Art. 172 Abs. 3 BV).

14   – Ferner fallen Streitigkeiten über die Zuständigkeit von Strafverfolgungsbehörden in den Zuständigkeitsbereich des *Bundesstrafgerichts* (Art. 28 Abs. 1 lit. g SGG).[24]

bb) Zivilrechtliche und öffentlichrechtliche Streitigkeiten zwischen Bund und Kantonen oder zwischen Kantonen (lit. b)

15   Das Bundesgericht beurteilt – wie bereits unter Art. 41 OG – **zivilrechtliche Streitig-keiten** zwischen Bund und Kantonen oder zwischen Kantonen unter sich.

16   Dem Klageverfahren unterliegen ferner **öffentlich-rechtliche Streitigkeiten** nicht nur zwischen den Kantonen (vgl. bereits bisher Art. 83 lit. b OG), sondern neu auch zwischen Bund und Kantonen. Der Begriff der öffentlich-rechtlichen Streitigkeit umfasst sowohl staats- als auch verwaltungsrechtliche Streitigkeiten und ist entsprechend weit auszulegen. Darunter fallen insb.:[25]

– Grenzstreitigkeiten zwischen Kantonen;[26]

– Verstösse gegen die Bestandes- und Gebietsgarantie sowie die Bundestreue;[27]

– Streitigkeiten aus interkantonalen Verträgen oder aus Verträgen zwischen Bund und Kantonen;

– Streitigkeiten über positive[28] oder negative[29] Zuständigkeitskonflikte unter Vorbehalt folgender Sonderfälle: Für die Kompetenzabgrenzung zwischen Bund und Kantonen ergibt sich die Zuständigkeit des Bundesgerichts bereits aus Art. 120 Abs. 1 lit. a. Streitigkeiten zwischen den Kantonen betr. den Gerichtsstand in Strafsachen unterliegen der Entscheidkompetenz des Bundesstrafgerichts (Art. 351 StGB i.V.m. Art. 28 Abs. 1 lit. g SGG [N 14]).[30]

Es muss sich mithin um Streitigkeiten halten, die das Rechtsverhältnis zwischen Bund und Kantonen oder zwischen den Kantonen betreffen oder sich darauf auswirken. Dieses Rechtsverhältnis ist beispielsweise nicht betroffen, wo Bundesbehörden zur Sicherstellung der richtigen und einheitlichen Anwendung des Bundesverwaltungsrechts gegen einzelne kantonale Entscheide einschreiten (wollen). Zu diesem Zweck steht den Behörden der Zentralverwaltung vielmehr das abstrakte Beschwerderecht nach Art. 89 Abs. 2 lit. a zur Verfügung.[31]

17   Da sowohl zivilrechtliche als auch öffentlich-rechtliche Streitigkeiten erfasst werden, kann mit guten Gründen auf eine Abgrenzung zwischen beiden Begriffen verzichtet werden.

---

[24] Botschaft 2001 BBl 2001 4351, 4364 f.

[25] In Anlehnung an HÄFELIN/HALLER/KELLER, Suppl., N 2065; vgl. auch SEILER/VON WERDT/ GÜNGERICH, BGG, Art. 120 N 13; SPÜHLER/DOLGE/VOCK, Kurzkommentar, Art. 120 N 8; ferner BGE 125 I 458, 462 E. 1c/bb; 117 Ia 233, 240 f. E. 2b m.w.Hinw. auf die reichhaltige bundesgerichtliche Anwendungspraxis zu Art. 83 lit. b OG.

[26] Vgl. z.B. BGE 120 Ib 512, 515 E. 1 (Bern und Wallis); 106 Ib 154, 158 E. 1a (Wallis und Tessin).

[27] Vgl. z.B. BGE 118 Ia 195 (Volksinitiative «Unir» im Kanton Jura).

[28] Vgl. z.B. BGE 125 I 458, 461 ff. E. 1 (Abgrenzung der Steuerhoheit).

[29] Vgl. z.B. BGE 129 I 419, 421 E. 1 (Zuständigkeit für Kindesschutzmassnahmen); 131 I 266, 267 f. E. 2.1 (Übernahme Vormundschaft infolge Wohnsitzwechsels, Art. 83 lit. e OG).

[30] Botschaft 2001 BBl 2001 4364.

[31] So ist beispielsweise das Bundesamt für Raumentwicklung berechtigt, gegen den Entscheid einer letzten kantonalen Instanz, mit welchem die Erteilung einer Ausnahmebewilligung für eine Baute ausserhalb der Bauzone bestätigt wird, Beschwerde wegen Verletzung von Art. 24 RPG zu führen (Art. 89 Abs. 2 lit. a i.V.m. Art. 48 Abs. 4 RPV).

b) Verantwortlichkeitsansprüche aus Handlungen von Magistratspersonen des Bundes (lit. c)

Gemäss dem im Rahmen der Justizreform revidierten Art. 10 Abs. 2 VG urteilt das Bundesgericht über streitige Ansprüche auf Schadenersatz und Genugtuung aus der Amtstätigkeit von Personen i.S.v. Art. 1 Abs. 1 lit. a–c VG im Klageverfahren nach Art. 120. Im Einzelnen geht es um **Verantwortlichkeitsansprüche** aus amtlichen Handlungen der Mitglieder des *Bundesrats* und der *Bundeskanzler* (Art. 1 Abs. 1 lit. b VG), der Mitglieder und Ersatzmitglieder der *eidgenössischen Gerichte* (Art. 1 Abs. 1 lit. c VG) sowie der Mitglieder der *Bundesversammlung*.[32] Verantwortlichkeitsansprüche aus der Tätigkeit der übrigen Personen, denen die Ausübung eines öffentlichen Amts des Bundes übertragen ist (Art. 1 Abs. 1 d–f VG), unterliegen hingegen dem Verfügungs- und Beschwerdeverfahren (Art. 10 Abs. 1 VG). **18**

Begehren auf Schadenersatz und Genugtuung sind allerdings auch in den Fällen von Art. 1 Abs. 1 lit. a–c VG zunächst beim Eidgenössischen Finanzdepartement einzureichen (Art. 20 Abs. 2 VG; sog. «**Vorverfahren**»). Die Haftung des Bundes erlischt, wenn das Begehren nicht innert eines Jahres seit Kenntnis des Schadens eingereicht wird, auf alle Fälle aber nach zehn Jahren seit dem Tage der schädigenden Handlung des Beamten (Art. 20 Abs. 1 VG).[33] Der Bundesrat hat innert drei Monaten seit der Geltendmachung der Ansprüche schriftlich Stellung zu beziehen; das Eidgenössische Finanzdepartement bereitet die Stellungnahme vor.[34] Bestreitet der Bund den Anspruch oder erhält der Geschädigte innert dreier Monate keine Stellungnahme, so hat dieser die Klage nach Art. 120 Abs. 1 lit. c binnen weiterer sechs Monaten einzureichen, ansonsten die Ansprüche verwirken (Art. 20 Abs. 3 VG[35]; N 22). **19**

2. Subsidiarität (Abs. 2)

Art. 120 Abs. 2 erklärt die Einheitsklage für unzulässig, wenn ein *anderes Bundesgesetz* für die in Art. 120 Abs. 1 lit. a–c genannten Streitigkeiten eine Behörde zum Erlass einer Verfügung ermächtigt. Gegen solche Verfügungen ist letztinstanzlich die Beschwerde an das Bundesgericht zulässig. Die Klage verhält sich also insofern **subsidiär** zur Einheitsbeschwerde, als ein Spezialgesetz einer Behörde für die Erledigung der in Art. 120 genannten Streitigkeiten eine Verfügungskompetenz zuweist. Fehlt es hingegen an einer spezialgesetzlichen Regelung, erweist sich die Klage als das prinzipale Rechtsmittel (N 3). **20**

Im Einzelnen bleibt die Tragweite von Abs. 2 unklar,[36] zumal dieser erst im Rahmen der parlamentarischen Beratung in das Gesetz aufgenommen worden[37] und dabei erst noch **21**

---

[32] Zwar werden die Mitglieder der Bundesversammlung heute in Art. 1 VG nicht mehr genannt, da Art. 1 Abs. 1 lit. a VG mit dem Inkrafttreten des Parlamentsgesetzes (ParlG) aufgehoben worden ist. Insofern stösst der Verweis von Art. 10 Abs. 2 VG ins Leere. Trotz diesem gesetzgeberischen Versehen dürfte aber klar sein, dass das VG auch weiterhin für Mitglieder der Bundesversammlung zur Anwendung gelangt (HÄFELIN/HALLER, Bundesstaatsrecht⁶, N 1430a) und entsprechende Verantwortlichkeitsansprüche dem Klageverfahren nach Art. 120 unterliegen (so auch HÄFELIN/MÜLLER/UHLMANN, Verwaltungsrecht⁵, N 2302).

[33] In der Praxis wird diese Frist mehrheitlich als (besondere) *Verwirkungsfrist* qualifiziert; BGE 126 II 145, 150 f. E. 2a; 106 Ib 357, 364 E. 3a; vgl. zu analogen Befristungen im kantonalen Recht Urteil des BGr. 2C.3/2005 vom 10.1.2007, E. 3 m.w.Hinw.

[34] Art. 3 Abs. 1 der Verordnung zum Verantwortlichkeitsgesetz vom 30.12.1958 (SR 170.321).

[35] Vgl. auch Art. 3 Abs. 2 der Verordnung zum Verantwortlichkeitsgesetz (FN 34 hiervor).

[36] Zum Ganzen eingehend FS MOOR-MAHON, 431 ff.

[37] Der Ständerat hat einen entsprechenden Antrag seiner Kommission für Rechtsfragen übernommen (AB 2003 S 913); der Nationalrat stimmte diesem Beschluss zu (AB 2004 N 1615).

diskussionslos geblieben ist. Im bisher erschienenen Schrifttum wird empfohlen, in Zweifelsfällen gleichzeitig sowohl eine Klage als auch eine Beschwerde einzureichen, wobei umstritten ist, ob Klage und Beschwerde in sinngemässer Anwendung von Art. 119 in der gleichen Rechtsschrift vereint werden können.[38]

3. Parteien und Legitimation

a) Partei- und Prozessfähigkeit

22   In **zwischenstaatlichen Streitigkeiten** (Art. 120 Abs. 1 lit. a und b) können nur der *Bund,* die *Kantone* oder *interkantonale Organe,* welche mit Rechtspersönlichkeit ausgestattet sind, als Kläger oder Beklagte auftreten. Bund und Kantone werden in der Regel durch die Regierung (Bundesrat, Regierungsrat) vertreten. Bei Kompetenzkonflikten kann allerdings auch die Behörde, welche die Zuständigkeit für sich in Anspruch nimmt, mit der Vertretung beauftragt werden.[39] Geht es hingegen um die Abgrenzung der Kompetenzen zwischen Gemeinden aus verschiedenen Kantonen (Art. 120 lit. b), kann nur die Kantonsregierung die erforderliche Vertretung ausüben.[40]

> Private können zwar im Klageverfahren über zwischenstaatliche Streitigkeiten weder Partei noch Nebenintervenienten sein; sie können jedoch als weitere Beteiligte im Verfahren zugelassen werden.[41]

23   In **Verantwortlichkeitsprozessen** gem. Art. 120 Abs. 1 lit. c können auch Private als Kläger auftreten. Die Klage richtet sich gegen den Bund (Art. 3 VG).

b) Legitimation

24   Auf die Klage wird nur eingetreten, wenn der Kläger ein **aktuelles Rechtsschutzinteresse** an einem Entscheid hat. Es braucht mit anderen Worten ein aktuelles, konkretes und rechtliches Interesse an der richterlichen Klärung der Streitigkeit.[42]

> *Kompetenzkonflikte* müssen konkreter und aktueller Natur sein. Zwar muss der Kompetenzstreit nicht mit einem konkreten Einzelfall in Verbindung stehen; unter Umständen vermag auch ein virtuelles Interesse an einer richterlichen Entscheidung zu genügen.[43] Hingegen steht das Klageverfahren für die Abklärung von abstrakten Rechtsfragen nicht zur Verfügung. Ob das erforderliche Interesse an der richterlichen Entscheidung des Kompetenzkonflikts gegeben ist, muss letztlich auch im Lichte der bundesstaatlichen Funktionen des Klageverfahrens (N 1, 8) beurteilt werden.[44]

> Bei *Streitigkeiten aus interkantonalen Verträgen* sind nur die Vertragsparteien aktiv- bzw. passivlegitimiert.[45]

---

[38] Vgl. KARLEN, BGG, 64 (pro); SPÜHLER/DOLGE/VOCK, Kurzkommentar, Art. 120 N 12 (contra).

[39] Vgl. auch HÄFELIN/HALLER/KELLER, Suppl., N 2059; SPÜHLER/DOLGE/VOCK, Kurzkommentar, Art. 120 N 4; ferner zu Art. 83 lit. a OG BGE 117 Ia 202, 207 E. 1c. Die im OG für einzelne Behörden vorgesehenen Klagerechte (z.B. Art. 83 lit. d–e OG) gibt es im neuen Recht nicht mehr; vorbehalten bleiben spezialgesetzliche Regelungen (Art. 89 Abs. 2 lit. d).

[40] Vgl. zu Art. 83 lit. b OG BGE 109 Ib 76, 79 E. 2c.

[41] Vgl. zu Art. 83 lit. a OG BGE 117 Ia 202, 208 E. 1d.

[42] Vgl. analog BGE 130 I 156, 159 E. 1.2; 125 II 152, 159 E. 1 und 117 Ia 202, 206 E. 1b zu Art. 83 lit. a OG sowie BGE 129 I 419, 421 E. 1 und 125 I 458, 461 E. 1c zu Art. 83 lit. b OG.

[43] Vgl. BGE 125 I 458, 461 und 463 E. 1c/cc zu Art. 83 lit. b OG (Abgrenzung Steuerhoheit).

[44] Vgl. auch BGE 118 Ia 195, 203 E. 4a/bb.

[45] HÄFELIN/HALLER/KELLER, Suppl., N 2067.

4. Formelle Anforderungen

Die **Klageschrift** hat den Anforderungen von Art. 23 BZP und Art. 42 (vgl. zum Verhält-　**25** nis dieser beiden Bestimmungen N 27, 29) zu entsprechen. Sie ist in einer Amtssprache abzufassen und hat insb. die Begehren, deren (tatsächliche) Begründung mit Angabe der Beweismittel sowie die Unterschrift zu enthalten.

Bei *Kompetenzkonflikten* (Art. 120 Abs. 1 lit. a und b) ist die Klage an keine **Frist** ge-　**26** bunden.[46] Rechtsprechung und Lehre begründen dies damit, dass in solchen Fällen rein das öffentliche Interesse an der Kompetenzordnung in Frage stehe.[47] Ob dasselbe auch für *andere zwischenstaatliche Streitigkeiten* (Art. 120 Abs. 1 lit. b) gilt, ist nicht eindeutig. Im Bereich der *Verantwortlichkeitsansprüche* gegen den Bund (Art. 120 Abs. 1 lit. c) sind einerseits die sechsmonatige Klagefrist gem. Art. 20 Abs. 3 VG sowie anderseits die Befristung der Haftung nach Art. 20 Abs. 1 VG zu beachten (N 19).

III. Verfahren (Abs. 3)

Das Klageverfahren richtet sich nach dem **BZP** (Art. 120 Abs. 3 BGG), dies unabhängig　**27** von der Rechtsnatur der in Frage stehenden Streitsache.[48] Mit anderen Worten gelten die Bestimmungen des BZP für alle in Art. 120 Abs. 1 genannten Streitgegenstände.

Die Tragweite dieses Verweises wird angesichts der Tatsache, dass das BGG selbst all-　**28** gemeine Verfahrenvorschriften enthält (Art. 29 ff.), die aufgrund der Gesetzessystematik auch für das Klageverfahren Geltung beanspruchen müssten, nur verständlich, wenn man ihn mit Art. 1 BZP in Verbindung setzt: Demnach gilt für das Klageverfahren primär der BZP (Art. 1 Abs. 1 BZP). Die Vorschriften des **ersten, zweiten** und **sechsten Kapitels des BGG**[49] kommen nur **ergänzend** zur Anwendung, soweit der BZP nicht davon abweicht (Art. 1 Abs. 2 BZP).

Das **Klageverfahren** kann vorliegend nur in den Grundzügen skizziert werden:[50]　**29**

Unter Vorbehalt von Art. 41 (Unfähigkeit zur Prozessführung) kann die *Partei* ihren Prozess selbst oder durch einen *Vertreter* nach Art. 40 führen (Art. 18 Abs. 1 BZP).

In der Klage können mehrere Ansprüche gegen denselben Beklagten geltend gemacht werden, sofern sie sich auf die unter Art. 120 Abs. 1 fallenden Streitgegenstände beziehen (Art. 24 Abs. 1 BZP; «*objektive Klagenhäufung*»). Unter den Voraussetzungen von Art. 24 Abs. 2 BZP ist es auch möglich, dass in der gleichen Klage mehrere Kläger auftreten oder als Beklagte belangt werden («*subjektive Klagenhäufung*»). Das Bundesgericht kann verbundene Klagen jederzeit trennen, wenn es dies für zweckmässig erachtet (Art. 24 Abs. 3 BZP).

Die Klage wird angehoben durch Einreichung der *Klageschrift* beim Bundesgericht (Art. 21 Abs. 1 BZP). Die Klageschrift hat den Anforderungen von Art. 23 BZP zu entsprechen (N 21). In den Rechtsbegehren hat der Kläger seine Anträge klar zu bezeichnen. Möglich sind sowohl kassatorische Anträge als auch Begehren, welche die Beklagte zu einem Tun oder Unterlassen

---

[46] HÄFELIN/HALLER/KELLER, Suppl., N 2061; SPÜHLER/DOLGE/VOCK, Kurzkommentar, Art. 120 N 6; vgl. BGE 131 I 266, 268 E. 2.3 (zu Art. 83 lit. e OG); 125 I 458, 461 E. 1b (zu Art. 83 lit. b OG).

[47] Vgl. BGE 117 Ia 202, 206 E. 1b zu Art. 83 lit. a OG m.w.Hinw.; SEILER/VON WERDT/GÜNGE-RICH, BGG, Art. 120 N 9.

[48] Bisher fand der BZP im Verfahren der verwaltungs- und staatsrechtlichen Klage nur sinngemäss Anwendung.

[49] Dies betrifft im Einzelnen die Art. 1–28 (Stellung und Organisation des Bundesgerichts), die Art. 29–71 (allgemeine Verfahrensbestimmungen) sowie Art. 120.

[50] Vgl. SEILER/VON WERDT/GÜNGERICH, BGG, Art. 120 N 19 ff.

verpflichten. Begehren um Feststellung des Bestehens oder Nichtbestehens eines Rechtsverhältnisses setzen voraus, dass der Kläger ein rechtliches Interesse an sofortiger Feststellung hat (Art. 25 BZP). Von Bedeutung sind solche Feststellungsklagen oftmals bei Kompetenzkonflikten.[51] Zum Schutz des Besitzes gegen verbotene Eigenmacht und widerrechtliche Vorenthaltung sowie zur Abwehr eines drohenden, nicht leicht wieder gutzumachenden Nachteils kann auch eine *vorsorgliche Verfügung* verlangt werden (Art. 79 ff. BZP). Wird ein solches Gesuch vor Rechtshängigkeit der Klage eingereicht, kann dem Gesuchsteller eine Frist zur Anhebung der Klage gesetzt werden (Art. 82 Abs. 1 BZP).

Die Klage wird dem Beklagten unter Ansetzung einer Frist zur *Beantwortung* zugestellt (Art. 28 Abs. 1). Unter den Voraussetzungen von Art. 31 Abs. 1 BZP kann der Beklagte auch eine *Widerklage* erheben.

Nach Abschluss des *Schriftenwechsels* werden die Parteien zur *mündlichen Vorbereitungshandlung* vor den Instruktionsrichter geladen (Art. 34 f. BZP). In dieser Verhandlung wird u.a. das Beweisverfahren durchgeführt, sofern nicht besondere Gründe die unmittelbare Wahrnehmung durch das Gericht gebieten und die Beweisführung daher auf die *Hauptverhandlung* verschoben werden muss (Art. 35 Abs. 3 BZP). Mit dem Einverständnis der Parteien kann im Übrigen auch ganz auf die Durchführung einer mündlichen Vorbereitungsverhandlung verzichtet werden (Art. 35 Abs. 4 BZP).

Das Bundesgericht beurteilt Streitigkeiten im Rahmen der gestellten Anträge sowohl in rechtlicher als auch in tatsächlicher Hinsicht frei.[52] Es darf über die Rechtsbegehren der Parteien nicht hinausgehen und sein Urteil nur auf Tatsachen gründen, die im Verfahren geltend gemacht worden sind (Art. 3 Abs. 2 BZP; «*Verhandlungsmaxime*»). Vorbehalten bleibt die richterliche Instruktionspflicht (Art. 3 Abs. 2 Satz 2 BZP); darüber hinaus kann es auch von den Parteien nicht angebotene Beweismittel beiziehen (Art. 37 BZP).

Über die *Prozesskosten* entscheidet das Bundesgericht von Amtes wegen nach den Art. 65, 66 und 68 (Art. 69 Abs. 1 BZP).

---

[51] Vgl. analog zu Art. 83 OG BGE 125 I 458, 464 E. 1d; 117 Ia 202, 207 E. 1b m.w.Hinw.
[52] Vgl. analog zur staatsrechtlichen Klage im OG BGE 129 I 419, 421 E. 1; 117 Ia 202, 207 E. 1b.

7. Kapitel: Revision, Erläuterung und Berichtigung

1. Abschnitt: Revision

Art. 121

Verletzung von Verfahrens- vorschriften	Die Revision eines Entscheids des Bundesgerichts kann verlangt werden, wenn: a. die Vorschriften über die Besetzung des Gerichts oder über den Ausstand verletzt worden sind; b. das Gericht einer Partei mehr oder, ohne dass das Gesetz es erlaubt, anderes zugesprochen hat, als sie selbst verlangt hat, oder weniger als die Gegenpartei anerkannt hat; c. einzelne Anträge unbeurteilt geblieben sind; d. das Gericht in den Akten liegende erhebliche Tatsachen aus Versehen nicht berücksichtigt hat.
Violation de règles de procédure	La révision d'un arrêt du Tribunal fédéral peut être demandée: a. si les dispositions concernant la composition du tribunal ou la récusation n'ont pas été observées; b. si le tribunal a accordé à une partie soit plus ou, sans que la loi ne le permette, autre chose que ce qu'elle a demandé, soit moins que ce que la partie adverse a reconnu devoir; c. si le tribunal n'a pas statué sur certaines conclusions; d. si, par inadvertance, le tribunal n'a pas pris en considération des faits pertinents qui ressortent du dossier.
Violazione di norme procedurali	La revisione di una sentenza del Tribunale federale può essere domandata se: a. sono state violate le norme concernenti la composizione del Tribunale o la ricusazione; b. il Tribunale ha accordato a una parte sia più di quanto essa abbia domandato, o altra cosa senza che la legge lo consenta, sia meno di quanto riconosciuto dalla controparte; c. il Tribunale non ha giudicato su singole conclusioni; d. il Tribunale, per svista, non ha tenuto conto di fatti rilevanti che risultano dagli atti.

Inhaltsübersicht

Materialien

Botschaft 2001 BBl 2001 4352 ff.; AB 2003 S 913; AB 2004 N 1615.

Literatur

U. BEERLI-BONORAND, Die ausserordentlichen Rechtsmittel in der Verwaltungsrechtspflege des Bundes und der Kantone, Diss. ZH 1985 (zit. Beerli-Bonorand, Rechtsmittel); E. ESCHER, Revision und Erläuterung, in: Th. Geiser/P. Münch (Hrsg.), Prozessieren vor Bundesgericht, 2. Aufl., Basel

1998, 271–285 (zit. Geiser-Münch²-Escher); R. FORNI, Svista manifesta, fatti nuovi e prove nuove nella procedura di revisione davanti al Tribunale federale, in: M. Kummer/H. U. Walder (Hrsg.), Festschrift zum 70. Geburtstag von Max Guldener, Zürich 1973, 83–108 (zit. FS Guldener-Forni).

I. Allgemeine Bemerkungen

1 Entscheide des Bundesgerichts erwachsen am Tag ihrer Ausfällung in **Rechtskraft** (Art. 61). Dies bedeutet in formeller Hinsicht, dass sie mit keinem ordentlichen Rechtsmittel angefochten werden können. Die Rechtskraft im materiellen Sinn hingegen verhindert, dass die endgültig beurteilte Streitsache zum Gegenstand eines neuen Verfahrens gemacht werden kann. Rechtskräftige Entscheide können einzig auf dem Weg der Revision aufgehoben werden, ausser es liege ein Fristversäumnis vor, welches im Verfahren der Wiederherstellung nach Art. 50 behoben werden kann.[1] Mit dem ausserordentlichen Rechtsmittel der Revision wird die Wiederaufnahme eines abgeschlossenen Verfahrens nur in engen Grenzen ermöglicht. Es muss zunächst einer der im Gesetz abschliessend aufgeführten Revisionsgründe gegeben sein (Art. 121–123). Ein einmal abgeschlossenes Verfahren wird vom Bundesgericht überdies nur auf Gesuch hin sowie in zeitlich begrenztem Rahmen (Art. 124) neu eröffnet. Der Rechtsfriede und das Vertrauen in den Bestand eines Entscheids darf nur in solchen Fällen in Frage gestellt werden, welche zu einem rechtsstaatlich nicht vertretbaren Ergebnis geführt haben.[2]

2 Die Versehensrüge (Art. 121 lit. d) wird – neben den unechten Noven (Art. 123 Abs. 2) – wohl auch in Zukunft der am häufigsten angerufene und auch der wichtigste Revisionsgrund darstellen. Gerade in diesen beiden Fällen erfolgt ein Gesuch um Revision meist im Bestreben, das Bundesgericht doch noch zu einem günstigeren Entscheid bewegen zu können. Dass sich diese Hoffnung in den wenigsten Fällen erfüllen kann, liegt nicht nur an der zuweilen wenig sorgfältigen Begründung des Gesuchs, sondern v.a. in der Verkennung des **Ausnahmecharakters** der Revision überhaupt.[3]

3 Die vom Gesetzgeber als bewährt bezeichneten Regeln über die Revision (Art. 136 ff. OG) sind mit geringfügigen Änderungen in das neue Recht aufgenommen worden.[4] Wesentliche **Neuerungen** finden sich beim Revisionsgrund der Verletzung der Europäischen Menschenrechtskonvention (Art. 122). Sie betreffen die Zuständigkeiten zwischen dem Europäischen Gerichtshof für Menschenrechte und dem Bundesgericht sowie den ihm untergeordneten Instanzen und die Regelung der Wiedergutmachung. Alsdann ist das Bundesgericht nunmehr zur Behandlung von Revisionsgesuchen in Strafsachen zuständig, weshalb eine Reihe von Ergänzungen des Revisionsrechts notwendig waren (Art. 123 Abs. 2 lit. b). Welche Bedeutung dem ausserordentlichen Rechtsmittel der Revision in Zukunft zukommen wird und inwieweit die bisherige Praxis zu Art. 136 ff. OG noch Geltung beanspruchen kann, hängt nicht zuletzt von der Handhabung des neuen Rechtsmittelsystems überhaupt ab. Schliesslich ist das Revisionsrecht redaktionell und systematisch neu gefasst worden. Das Verfahren ist nach wie vor nur punktuell geregelt (Art. 126 ff.). Im Übrigen gelten die allgemeinen Verfahrensbestimmungen des Bundesgerichtsgesetzes. Auf die einzelnen Zulässigkeitsvoraussetzungen der Revision wird bei der Kommentierung von Art. 127 einzugehen sein.

---

[1] BGE 120 V 150 E. 2a; Urteil H 44/05 E. 1.2 vom 11.4.2005.
[2] BEERLI-BONORAND, Rechtsmittel, 36; FS GULDENER-FORNI, 99.
[3] GEISER-MÜNCH²-ESCHER, 272 N 8.3.
[4] Botschaft 2001 BBl 2001 4352.

II. Verletzung von Verfahrensvorschriften

Art. 121 führt vier Verfahrensvorschriften an, deren Missachtung eine Revision rechtfer- 4
tigt: die Verletzung der Vorschriften über die Besetzung des Gerichts und über den Ausstand (lit. a), die Verletzung der Dispositionsmaxime (lit. b), das Übergehen von Anträgen (lit. c) und die Versehensrüge (lit. d). Die bisherige Vorschrift über die Aussetzung
des Verfahrens fehlt (Art. 57 OG i.V.m. Art. 136 lit. a OG). Dies erklärt sich aus dem
Umstand, dass die Beschwerde in Zivilsachen sowohl die Berufung wie auch die staatsrechtliche Beschwerde ersetzt (vgl. KLETT/ESCHER, Art. 72 Rz 1), womit deren Verhältnis nicht mehr zu regeln ist. Im Weiteren beginnt die Beschwerdefrist gegen den Entscheid eines oberen kantonalen Gerichts erst ab Eröffnung desjenigen einer allfälligen
weitern kantonalen Gerichtsinstanz zu laufen (Art. 100 Abs. 6).

Der Revisionsgrund der Verletzung der Vorschriften über die Besetzung des Gerichts 5
oder über den Ausstand umfasst zwei Tatbestände. Inwiefern eine **Besetzung** gesetzeswidrig ist und daher zur Revision berechtigt, wird im Gesetz nicht festgelegt und lässt
sich der Botschaft des Bundesrats sowie den Protokollen der parlamentarischen Beratungen nicht entnehmen. Auf jeden Fall muss eine Verletzung von Verfahrensregeln des
Bundesgerichtsgesetzes vorliegen, auch wenn diese Präzisierung dort nicht mehr eigens
angeführt wird (vgl. noch Art. 136 lit. a OG). Die praktische Bedeutung dieses Revisionsgrunds dürfte indes beschränkt sein. Er kann etwa gegeben sein, wenn eine Gerichtsperson an einem Fall mitwirkt, die zuvor mit Erfolg abgelehnt worden ist oder die gar
nicht mehr im Amt ist. Ein weiterer Anwendungsfall ist die gesetzlich nicht vorgesehene
Besetzung, wie der Entscheid zu Viert. Schliesslich darf sich ein mitwirkender Richter in
keinem Verfahren der Stimme enthalten. Dem Gerichtschreiber ist in jedem Fall die
Gelegenheit zur Abgabe seiner beratenden Stimme zu geben (Art. 24 Abs. 1; Art. 39
BGerR; vgl. dazu UEBERSAX, Art. 24 Rz 32 ff, Rz 41). Die in Art. 40 ff. BGerR festge-
legte Spruchkörperbildung soll dem Präsidenten der Abteilung in allgemeiner Weise
Handhabe für eine korrekte und ausgewogene Zuteilung der Fälle geben und zugleich die
Transparenz und Kontrolle darüber erlauben (vgl. dazu FÉRAUD, Art. 22 Rz 6 ff.). Hinge-
gen lässt sich daraus kein individueller Rechtsanspruch der Parteien auf eine bestimmte
Besetzung ableiten, dessen Verletzung zu einer Revision berechtigt. Beruht die Besetzung im konkreten Fall auf einer materiell-rechtlichen Beurteilung und nicht auf der An-
wendung von Verfahrensrecht, kann sie auch unter neuem Recht nicht auf dem Wege der
Revision in Frage gestellt werden. Dies gilt nicht nur für den Entscheid, ob eine Rechtsfrage von grundsätzlicher Bedeutung und daher aufgrund von Art. 20 Abs. 2 statt in
Dreier- in Fünferbesetzung zu beantworten ist (vgl. dazu FÉRAUD, Art. 20 Rz 3) oder bei
der Prüfung der Voraussetzungen des vereinfachten Verfahrens (Art. 108 f.).[5] Auch das
Vorgehen im Hinblick auf eine Praxisänderung und den Entscheid über ein Präjudiz gem.
Art. 23 setzt primär materiell-rechtliche Überlegungen voraus. Ob diese zutreffen, kann
nicht Gegenstand einer Revision sein.[6]

Die **Ausstand**sgründe für die Gerichtspersonen, d.h. für die Richter und Richterinnen, 6
die Gerichtsschreiber und Gerichtsschreiberinnen finden sich in Art. 34 und schliessen
auch die Ablehnungsgründe ein.[7] Sie sind nur dann mit einem Revisionsgesuch geltend

---

[5] GEISER-MÜNCH[2]-ESCHER, 276 N 8.12 m.Hinw. auf die bisherige Praxis; zustimmend SPÜHLER/
   DOLGE/VOCK, Kurzkommentar, Art. 121 N 1; abweichend: SEILER/VON WERDT/GÜNGERICH,
   BGG, Art. 121 N 12.
[6] POUDRET, Commentaire, Bd. V, Art. 136 N 2; SEILER/VON WERDT/GÜNGERICH, BGG, Art. 121
   N 12; abweichend: BIRCHMEIER, Handbuch, zu Art. 16 OG, 500.
[7] BBl 2001 4291.

zu machen, wenn sie nach Abschluss des Verfahrens entdeckt werden (Art. 38 Abs. 3). Bereits nach bisheriger Praxis galt der Anspruch auf Geltendmachung eines Ausstandsgrunds als verwirkt, wenn er bereits im vorangehenden Verfahren hätte vorgebracht werden können.[8] Diese Auffassung liegt wohl auch Art. 38 Abs. 1 zu Grunde, wonach eine Partei die Aufhebung einer Amtshandlung innert fünf Tagen ab Kenntnis des Ausstandsgrunds verlangen muss.

7   Aus der Bindung des Bundesgerichts an die Begehren der Parteien (Art. 107 Abs. 1) ergibt sich, dass einer Partei nicht mehr oder anderes zugesprochen werden darf, als sie verlangt hat, oder weniger, als die Gegenpartei anerkannt hat. Eine Verletzung dieser **Dispositionsmaxime** stellt einen Revisionsgrund dar. Gesetzliche Ausnahmen, welche dem Bundesgericht als Rechtsmittelinstanz unter bestimmten Voraussetzungen eine Abänderung des angefochtenen Entscheids zu Ungunsten des Beschwerdeführers erlauben, kennt das BGG keine mehr.[9]

8   Das Bundesgericht hat die **Anträge der Parteien** zu behandeln. Darunter fallen solche in der Sache und – soweit zulässig – Beweisvorkehren. Auch Anträge zu den Kosten- und Entschädigungsfolgen eines Verfahrens sowie Begehren um Gewährung der unentgeltlichen Rechtspflege[10] sind grundsätzlich zu beurteilen, ansonsten ein Revisionsgrund gesetzt wird. Zuweilen kann sich allerdings aus der Begründung des Urteils ergeben, dass das Bundesgericht ein bestimmtes Begehren negativ oder positiv beantwortet hat, ohne dies ausdrücklich festzuhalten. So kann die unterliegende Partei keinen Revisionsgrund geltend machen, wenn ihr Antrag auf Zusprechung einer Parteientschädigung nicht formell abgewiesen wird, ergibt sich dies doch in der Regel aufgrund des Prozessausgangs (Art. 68 Abs. 2). Im Weiteren kommen einzelnen Anträgen zuweilen keine selbständige oder nur formelhafte Bedeutung zu, so wenn etwa verlangt wird, auf die Beschwerde sei einzutreten oder wenn bereits in der Beschwerde beantragt wird, alle weitergehenden oder anderslautenden Begehren der Gegenpartei abzuweisen. Keine Anträge i.S. des Gesetzes bilden einzelne Vorbringen der Parteien. Ob eine Rüge den gesetzlichen Begründungsanforderungen genügt und das Bundesgericht deshalb hätte eintreten müssen, kann somit nicht mittels Revision geltend gemacht werden.[11] Übergeht das Bundesgericht eine prozesskonform vorgetragene Rüge, so kann darin allenfalls eine Verletzung des rechtlichen Gehörs erblickt werden.[12] Eine Revision des Entscheids ist allerdings erst möglich, wenn dagegen erfolgreich eine Beschwerde wegen Verletzung der Europäischen Menschenrechtskonvention geführt worden ist.[13]

9   Hat das Bundesgericht eine in den Akten liegende Tatsache aus **Versehen** nicht berücksichtigt, so ist sein Urteil auf Gesuch hin zu revidieren. Ein Versehen liegt vor, wenn eine Aktenstelle übergangen oder nach dem tatsächlichen Wortlaut unrichtig wahrgenommen worden ist.[14] Ist hingegen eine nicht erwiesene Tatsache versehentlich berücksichtigt worden, liegt kein Revisionsgrund vor.[15] So wichtig die Versehensrüge in der Praxis ist, so sehr wird sie vom Gesuchsteller zuweilen missverstanden. Bereits aus dem Wortlaut des Gesetzes ergibt sich klar, dass es einzig um ein Sachverhaltsmoment in den Akten

---

[8]   Urteil U 201/99 E. 3a vom 11.7.2000; Urteil 1P.63/1999 E. 2 vom 15.2.1999.
[9]   BBl 2001 4345.
[10]   BGE 133 IV 142 E. 2.
[11]   Urteil 7B.68/2001 E. 2 vom 30.3.2001; vgl. auch Urteil 4F_1/2007 E. 5 vom 13.3.2007.
[12]   Urteil 2P.110/2003 vom 22.5.2003 in Pra 2003, Nr. 200, 1093.
[13]   GEISER-MÜNCH[2]-ESCHER, 277 N 8.15 m.Hinw. auf die Praxis zu Art. 136c aOG.
[14]   BGE 115 II 399 E. 2a.
[15]   FS GULDENER-FORNI, 97; POUDRET, Commentaire, Bd. V, Art. 136 N 5.4 in fine; BIRCHMEIER, Handbuch, 501.

und niemals um einen Rechtsstandpunkt gehen kann. Die rechtliche Würdigung eines Sachverhalts kann von den Prozessparteien noch so als falsch empfunden werden, zu einer Revision berechtigt sie nicht.

Die ausser acht gelassene Tatsache muss sich nicht nur aus den Akten ergeben, sie muss zudem erheblich sein.[16] Ihre Berücksichtigung hätte zu einer andern Entscheidung geführt. Hat das Bundesgericht auf eine bestimmte Tatsache bewusst nicht abgestellt, weil es sie für den Ausgang des Verfahrens als unerheblich erachtet hat, so liegt gerade kein Versehen i.S. des Gesetzes vor. Die Versehensrüge kann sich nicht nur auf tatsächliche Feststellungen des vorinstanzlichen Entscheids beziehen, sondern auf alle in den (vollständigen) Akten liegenden Tatsachen, welche das Bundesgericht im konkreten Verfahren hätte berücksichtigen können.[17] Sie ist von der Kritik an der Tatsachenfeststellung klar abzugrenzen. Ob eine Tatsache nicht übergangen werden darf, mithin Gegenstand einer Versehensrüge sein kann, hat nichts damit zu tun, in welcher Weise sie konkret zu würdigen ist.[18] Im Beschwerdeverfahren ist das Bundesgericht an die tatsächlichen Feststellungen der Vorinstanz grundsätzlich gebunden (Art. 105 Abs. 1). Dringt der Beschwerdeführer mit seiner Rüge der unrichtigen Feststellung des Sachverhalts oder der Verletzung von in diesem Zusammenhang zu beachtenden Rechtsgrundsätzen (Art. 97 Abs. 1) nicht durch, kann er nicht auf die Versehensrüge zurückgreifen und das bundesgerichtliche Urteil in Revision ziehen.[19] Allfällige Unterlassungen im vorinstanzlichen Verfahren oder bei der Begründung der Beschwerde an das Bundesgericht (Art. 42 Abs. 2) können nicht mittels Revision nachgeholt werden. Die gleichen Überlegungen gelten für das Klageverfahren (Art. 120). Auch hier ist eine Revision nur möglich, wenn das Bundesgericht eine Tatsache übergangen hat, nicht aber, wenn es eine unzutreffende Würdigung des vorgetragenen Sachverhalts vorgenommen hat.

Art. 122

Verletzung der Europäischen Menschenrechtskonvention

Die Revision wegen Verletzung der Europäischen Menschenrechtskonvention vom 4. November 1950 (EMRK) kann verlangt werden, wenn:

a. der Europäische Gerichtshof für Menschenrechte in einem endgültigen Urteil festgestellt hat, dass die EMRK oder die Protokolle dazu verletzt worden sind;

b. eine Entschädigung nicht geeignet ist, die Folgen der Verletzung auszugleichen; und

c. die Revision notwendig ist, um die Verletzung zu beseitigen.

Violation de la Convention européenne des droits de l'homme

La révision d'un arrêt du Tribunal fédéral pour violation de la Convention de sauvegarde des droits de l'homme et des libertés fondamentales du 4 novembre 1950 (CEDH) peut être demandée aux conditions suivantes:

a. la Cour européenne des droits de l'homme a constaté, dans un arrêt définitif, une violation de la CEDH ou de ses protocoles;

b. une indemnité n'est pas de nature à remédier aux effets de la violation;

c. la révision est nécessaire pour remédier aux effets de la violation.

---

[16] BGE 122 II 17 E. 3; 101 Ib 220 E. 1.

[17] BGE 100 III 73 E. 1; POUDRET, Commentaire, Bd. V., Art. 136 N 5.2.

[18] BGE 122 II 17 E. 3.

[19] Ein anschauliches Beispiel zum bisherigen Recht: 5P.157/2006 und 5C.102/2006 vom 12.7. 2006.

Violazione della Convenzione europea dei diritti dell'uomo

La revisione di una sentenza del Tribunale federale per violazione della Convenzione del 4 novembre 1950 per la salvaguardia dei diritti dell'uomo e delle libertà fondamentali (CEDU) può essere domandata se:
a. la Corte europea dei diritti dell'uomo ha constatato in una sentenza definitiva che la CEDU o i suoi protocolli sono stati violati;
b. un'indennità non è atta a compensare le conseguenze della violazione; e
c. la revisione è necessaria per rimediare alla violazione.

Inhaltsübersicht

Materialien

Botschaft 2001 BBl 2001 4352 ff.; AB 2003 S 913; AB 2004 N 1615.

Literatur

E. ESCHER, Revision und Erläuterung, in: Th. Geiser/P. Münch (Hrsg.), Prozessieren vor Bundesgericht, 2. Aufl., Basel 1998, 271–285 (zit. Geiser/Münch²-Escher); J-F. Poudret, Le nouveau motif de revision prévu dans la loi fédérale d'organisation judiciare à raison de la violation de la CEDH, in: I. Schwander/W. A. Stoffel (Hrsg.), Beiträge zum schweizerischen und internationalen Zivilprozessrecht, Festschrift für Oscar Vogel, Fribourg 1991, 201–216 (zit. FS Vogel-Poudret).

I. Allgemeine Bemerkungen

1　Die Verletzung der Europäischen Menschenrechtskonvention vom 4.11.1950 (EMRK) stellt einen **eigenen Revisionsgrund** dar. Er wurde im Jahre 1991 geschaffen,[1] um die Urteile der Strassburger Organe innerstaatlich umzusetzen, soweit sich die beanstandete Konventionsverletzung auf den Entscheid ausgewirkt hatte (Art. 139a OG).[2] Dieser spezielle Revisionsgrund findet sich daher auch im neuen Recht. Im Hinblick auf seine Geltendmachung wurde die Zuständigkeit der verschiedenen Instanzen und das Verfahren für eine Wiedergutmachung neu geregelt.

II. Zuständigkeit und Voraussetzungen

2　Das Bundesgericht kann nach neuem Recht nur mehr für die Revision seiner eigenen Entscheide angerufen werden. Hat sich eine untergeordnete Instanz mit der Sache befasst, so ist das Gesuch um Revision in jedem Fall an diese zu richten (vgl. Art. 127 Rz 3). Mit dieser Neuordnung der Kompetenzen soll nicht nur eine klare Abgrenzung zwischen den innerstaatlichen Instanzen getroffen werden. Sie entspricht nicht zuletzt beim Revisionsgrund der Verletzung der Europäischen Menschenrechtskonvention der üblichen Aufteilung der **Zuständigkeiten**. Nach altem Recht befand das Bundesgericht mitunter über das Revisionsgesuch gegen einen Entscheid, welchen es gar nicht gefällt hatte.[3] Die bisherige Regelung, wonach das Bundesgericht feststellte, dass eine Revision geboten sei, dann aber das Gesuch an die zuständige Vorinstanz überwies, konnte damit entfallen (Art. 139a Abs. 2 OG). Ebenso enthält Art. 122 keinen Revisionsgrund für Ent-

---

[1] BG vom 4.10.1991, in Kraft seit 15.2.1992, SR 173.110.0.
[2] FS VOGEL-POUDRET, 203 ff. sowie zur bisherigen Praxis: GEISER-MÜNCH²-ESCHER, 280 N 8.23.
[3] Botschaft 2001 BBl 2001 4352; FS VOGEL-POUDRET, 211, 214.

scheide kantonaler Instanzen, wie dies nach bisherigem Recht aufgrund von Art. 139 Abs. 3 OG der Fall war.[4]

Wegen Verletzung der Europäischen Menschenrechtskonvention kann eine Revision nur 3 unter bestimmten **Voraussetzungen** verlangt werden. Der Europäische Gerichtshof für Menschenrechte muss in einem Urteil festgestellt haben, dass die EMRK oder die Protokolle dazu verletzt worden sind (lit. a). Es muss sich zudem um eine Konventionsverletzung handeln, die nicht durch eine Entschädigung beseitigt werden kann (lit. b) und schliesslich eine Revision notwendig macht (lit. c).

Die Revision wegen einer Konventionsverletzung setzt ein Urteil voraus, welches **endgültig** 4 ist. Vorher fehlt nicht nur der Revisionsgrund, auch die Frist für das Gesuch beginnt nach Art. 124 Abs. 1 lit. c noch nicht zu laufen (vgl. Art. 124 Rz 3). Wann ein Urteil des Europäischen Gerichtshofs für Menschenrechte endgültig wird, kann nicht in allgemeiner Weise gesagt werden. Es hängt von der im konkreten Fall zuständigen Kammer ab. Ein Urteil der Grossen Kammer ist sofort endgültig (Art. 44 Abs. 1 EMRK). Ein solches einer Kammer wird nur endgültig, wenn die Parteien den Verzicht auf eine Verweisung an die Grosse Kammer erklärt haben, nach Ablauf von drei Monaten oder wenn der Ausschuss der Grossen Kammer den Antrag auf Verweisung abgelehnt hat (Art. 44 Abs. 2 EMRK).

Kann die Konventionsverletzung durch eine Entschädigung ausgeglichen werden, so ist 5 diese bereits im Verfahren vor dem Europäischen Gerichtshof für Menschenrechte zu verlangen. Im Revisionsverfahren vor Bundesgericht ist dies nicht mehr möglich. Zudem schliesst die Zusprechung einer **Wiedergutmachung** durch den Europäischen Gerichtshof für Menschenrechte die Revision vor dem Bundesgericht aus. Wurde eine Entschädigung hingegen abgelehnt, weil ein Schaden fehlt oder die Feststellung der Konventionsverletzung bereits hinreichend ist, so kommt die Revision durch das Bundesgericht ebenfalls nicht mehr in Frage. Dies gilt ebenso, wenn die zuständigen Organe in Strassburg den Entscheid über eine Wiedergutmachung aufgeschoben haben. Hatten sich diese mangels eines Antrags über eine Entschädigung gar nicht auszusprechen, so kann dieser Fehler nicht auf dem Weg der Revision behoben werden.[5]

Ist die Entschädigung nicht der geeignete Weg für eine Wiedergutmachung, so ist die 6 **Notwendigkeit** einer Revision zu prüfen. Das Bundesgericht muss gegebenenfalls auf seinen Entscheid zurückkommen und den Handel neu beurteilen.[6] Dies kann allerdings nur dann der Fall sein, wenn das Verfahren vor Bundesgericht ohne Konventionsverletzung einen andern Ausgang gefunden hätte. Damit bilden Unregelmässigkeiten im Verfahren, die sich auf den Entscheid des Bundesgerichts nicht ausgewirkt haben, keinen Revisionsgrund. Stellen die zuständigen Orange in Strassburg selber fest, dass durch die Konventionsverletzung kein materieller Schaden entstanden ist, so ist das Bundesgericht daran gebunden und eine Revision entfällt. Im Übrigen hat der Gesuchsteller den Revisionsbedarf selber darzutun.[7]

Zuweilen setzt die Wiedergutmachung die **Wiederaufnahme eines Verfahrens** nach den 7 innerstaatlichen Regeln voraus, womit die Revision zu gewähren ist. Nur auf diesem Wege konnte beispielsweise die konventionswidrige Verurteilung der Erben zu einer

---

[4] FS VOGEL-POUDRET, 215.
[5] Botschaft 2001 BBl 2001 4353; BGE 123 I 329 E. 2c; BGE 125 III 185 E. 3; Urteil 6S.362/2006 E. 2 vom 3.11.2006.
[6] Vgl. Urteil 1F_1/2007 E. 3 vom 30.7.2007.
[7] Urteil 2A.526/2001 E. 3.1 und 3.2 vom 29.4.2002.

Elisabeth Escher

Busse in Steuersachen behoben und die Rückerstattung bereits bezahlter Beträge vorgenommen werden.[8] Ebenso erlaubt einzig ein solches Vorgehen, die als konventionsverletzend erachtete Beweiserbringung neu vorzunehmen.[9] Ob das Bundesgericht in einem erneuten Verfahren selber entscheidet oder die Sache an die zuständige Instanz zurückweist, hängt von den üblichen Voraussetzungen für die Beurteilung der Beschwerde ab (Art. 107 Abs. 2). Dies gilt nunmehr auch für die Revision eines Strafurteils (Art. 123 Abs. 2 lit. b).[10] Wer die materielle Neubeurteilung vornimmt, wird demnach nicht durch die Regeln der Revision bestimmt.[11]

Art. 123

Andere Gründe

[1] **Die Revision kann verlangt werden, wenn ein Strafverfahren ergeben hat, dass durch ein Verbrechen oder Vergehen zum Nachteil der Partei auf den Entscheid eingewirkt wurde; die Verurteilung durch das Strafgericht ist nicht erforderlich. Ist das Strafverfahren nicht durchführbar, so kann der Beweis auf andere Weise erbracht werden.**

[2] **Die Revision kann zudem verlangt werden:**
a. **in Zivilsachen und öffentlich-rechtlichen Angelegenheiten, wenn die ersuchende Partei nachträglich erhebliche Tatsachen erfährt oder entscheidende Beweismittel auffindet, die sie im früheren Verfahren nicht beibringen konnte, unter Ausschluss der Tatsachen und Beweismittel, die erst nach dem Entscheid entstanden sind;**
b. **in Strafsachen, wenn die Voraussetzungen von Artikel 229 Ziffer 1 oder 2 des Bundesgesetzes vom 15. Juni 1934 über die Bundesstrafrechtspflege erfüllt sind.**

Autres motifs

[1] La révision peut être demandée lorsqu'une procédure pénale établit que l'arrêt a été influencé au préjudice du requérant par un crime ou un délit, même si aucune condamnation n'est intervenue. Si l'action pénale n'est pas possible, la preuve peut être administrée d'une autre manière.

[2] La révision peut en outre être demandée:
a. dans les affaires civiles et les affaires de droit public, si le requérant découvre après coup des faits pertinents ou des moyens de preuve concluants qu'il n'avait pas pu invoquer dans la procédure précédente, à l'exclusion des faits ou moyens de preuve postérieurs à l'arrêt;
b. dans les affaires pénales, si les conditions fixées à l'art. 229, ch. 1 et 2, de la loi fédérale du 15 juin 1934 sur la procédure pénale sont remplies.

Altri motivi

[1] La revisione può essere domandata se nell'ambito di un procedimento penale è dimostrato che un crimine o un delitto ha influito sulla sentenza a pregiudizio dell'instante, anche se non è stata pronunciata una condanna. Se il procedimento penale non è possibile, la prova può essere addotta in altro modo.

---

[8] BGE 124 II 480 E. 2c.
[9] BGE 120 V 150 E. 3a.
[10] Zum bisherigen Recht: Urteil 6S.362/2006 vom 3.11.2006 E. 3.3.
[11] BGE 120 V 150 E. 3b und BGE 124 II 480 E. 4.

² La revisione può inoltre essere domandata:
a. in materia civile e di diritto pubblico, se l'instante, dopo la pronuncia della sentenza, viene a conoscenza di fatti rilevanti o ritrova mezzi di prova decisivi che non ha potuto addurre nel procedimento precedente, esclusi i fatti e i mezzi di prova posteriori alla sentenza;
b. in materia penale, se sono adempiute le condizioni di cui all'articolo 229 numeri 1 o 2 della legge federale del 15 giugno 1934 sulla procedura penale.

Inhaltsübersicht

Materialien

Botschaft 2001 BBl 2001 4352 ff.; AB 2003 S 913; AB 2004 N 1615.

Literatur

R. FORNI, Svista manifesta, fatti nuovi e prove nuove nella procedura di revisione davanti al Tribunale federale, in: M. Kummer/H. U. Walder (Hrsg.), Festschrift zum 70. Geburtstag von Max Guldener, Zürich 1973, 83–108 (zit. FS Guldener-Forni).

I. Allgemeine Bemerkungen

Unter dem Titel «**Andere Gründe**» finden sich in Art. 123 weitere Tatbestände, aufgrund welcher neben der Missachtung von Verfahrensvorschriften (Art. 121) und der Verletzung der Europäischen Menschenrechtskonvention (Art. 122) die Revision eines bundesgerichtlichen Entscheids verlangt werden kann. Es geht einerseits um **nachträgliche Entdeckungen**, nämlich die Beeinflussung des Entscheids durch ein Verbrechen oder Vergehen sowie erhebliche Tatsachen und Beweismittel in Zivilsachen und in öffentlich-rechtlichen Angelegenheiten und andererseits um die speziellen Revisionsgründe in **Strafsachen**. **1**

II. Andere Revisionsgründe

1. Einwirkung durch Verbrechen oder Vergehen

Stellt sich heraus, dass ein bundesgerichtlicher Entscheid in Zivilsachen, in öffentlich-rechtlichen Angelegenheiten oder in Strafsachen durch ein **Verbrechen** oder **Vergehen** beeinflusst worden ist, so ist die Revision gegeben (Art. 123 Abs. 1). Dabei spielt es keine Rolle, in welchem Verfahren der angefochtene Entscheid ergangen ist. **2**

Nicht jedes strafrechtlich relevante Verhalten, das den Ausgang eines Verfahrens beeinflusst hat, genügt jedoch, um eine Revision zu verlangen. Es muss sich in einem Verbrechen oder Vergehen zeigen. Damit fallen die **Übertretungen** sowie die Verletzung **kantonalen Rechts** ausser Betracht. Gemäss der Änderung des Schweizerischen Strafge- **3**

Elisabeth Escher　　　　　　　　　　　　　　　　　　　　1185

setzbuchs vom 13.12.2002[1] wird das strafbare Verhalten nicht mehr anhand der Strafdrohung von Zuchthaus, Gefängnis, Haft oder Busse, sondern anhand der Dauer der Freiheitsstrafe sowie anhand der Geldstrafe und der Busse in Verbrechen (Art. 10 Abs. 2 StGB), Vergehen (Art. 10 Abs. 3 StGB) und Übertretungen (Art. 103 StGB) eingeteilt. Zwar lässt sich den Materialien zum Bundesgerichtsgesetz nicht entnehmen, ob in Art. 123 Abs. 1 von der Umschreibung des Verbrechens und Vergehens bzw. der Übertretung nach altem oder neuem Recht auszugehen ist. Wesentlich ist in diesem Zusammenhang indes nur die Abgrenzung zu den Übertretungen, welche angesichts des vergleichbaren Strafrahmens wohl auch in der Fassung des neuen Rechts für eine Revision nicht genügen. Neben den sogenannten Justizdelikten, die sich im 17. Titel des StGB finden (Art. 303 ff. StGB) fallen weitere Tatbestände wie beispielsweise die Urkundenfälschung in Betracht. Jedes Verbrechen oder Vergehen, vom wem es auch begangen worden ist, bildet einen Revisionsgrund, wenn es sich auf den Ausgang des Verfahrens ausgewirkt hat. Dies ist z.B. dann nicht der Fall, wenn die falschen Aussagen eines Zeugen in der Beweiswürdigung nicht berücksichtigt worden sind.

4 Die fehlerhafte Einwirkung auf den Entscheid kann durch die Feststellung in einem **Strafverfahren** nachgewiesen werden. Dies gilt selbst dann, wenn es zu keiner Verurteilung durch den Strafrichter kommt, weil der Angeschuldigte verstorben oder schuldunfähig ist. Der Eintritt der Verfolgungsverjährung hindert die Berücksichtigung der bereits festgestellten strafbaren Einwirkung ebenfalls nicht. Ist ein Strafverfahren nicht durchführbar, so kann der Beweis auch auf andere Weise erbracht werden.

2. Nachträgliches Beibringen von Tatsachen und Beweisen in Zivilsachen und öffentlich-rechtlichen Angelegenheiten

5 Nur Tatsachen und Beweise, die im früheren Verfahren nicht beigebracht werden konnten, berechtigen zu einer Revision. Sie müssen bereits damals vorhanden, indes dem Gesuchsteller nicht bekannt gewesen sein (sogenannte **unechte Noven**). Durch die Umschreibung in Art. 123 Abs. 2 lit. a wird nur verdeutlicht, was bereits unter altem Recht gegolten hat (Art. 137 lit. b OG), nämlich dass es sich jeweils um Tatsachen und Beweise handelt, die nicht neu sind.[2] Demzufolge können neuartige Beweismittel nicht zu einer Revision berechtigen.[3]

6 Das angefochtene Urteil muss auf einem falschen oder unvollständigen Sachverhalt beruhen, welcher durch die Berücksichtigung nunmehr vorgebrachter Tatsachen oder Beweise korrigiert werden kann, was zu einem andern rechtlichen Ergebnis führt. Allerdings ist das Bundesgericht im Beschwerdeverfahren an den Sachverhalt der Vorinstanz gebunden (Art. 105 Abs. 1). Zudem dürfen dem Bundesgericht neue Tatsachen und Beweismittel nur vorgebracht werden, soweit der angefochtene Entscheid dazu Anlass gibt (Art. 99 Abs. 1). Nur wenn das Bundesgericht den vorinstanzlichen Sachverhalt von Amtes wegen (Art. 105 Abs. 2) oder auf eine entsprechende Rüge hin berichtigen und ergänzen kann (Art. 97 Abs. 1) oder daran nicht gebunden ist (Art. 105 Abs. 3), kann es streng genommen in einer Revision nachträgliche Tatsachen und Beweise berücksichtigen und selber frei würdigen. Die Revision eines bundesgerichtlichen Entscheids hängt damit auch von der **Kognition** im vorangegangenen Verfahren ab.[4] Allerdings hat das Bundes-

---

[1] SR 311.0.
[2] Botschaft 2001 BBl 2001 4352; vgl. auch Urteil 4F_1/2007 E. 7 vom 13.3.2007.
[3] Umstritten, vgl. SPÜHLER/DOLGE/VOCK, Kurzkommentar, Art. 123 N 3.
[4] Urteil 5P.510/2006 E. 3 vom 6.2.2007 m.Hinw. auf BGE 118 Ia 366 E. 2 und BGE 107 Ia 187 E. 2 sowie die Lehre.

gericht bereits früher die Revision von Beschwerde- und Berufungsentscheiden wegen nachträglich beigebrachter Tatsachen und Beweise unter bestimmten Voraussetzungen wiederholt und ungeachtet der Kognition in diesen Verfahren zugelassen.[5] Gleichzeitig ist das Bundesgericht jedoch auf Revisionsgesuche gegen Entscheide, welche auf Nichtigkeitsbeschwerde in Strafsachen ergangen sind, mit dem Hinweis auf die Bindung an den Sachverhalt des angefochtenen Entscheids sowie seiner Funktion als reine Kassationsinstanz nicht eingetreten,[6] es sei denn, die Kosten- und Entschädigungsregelung solcher Entscheide wurde in Revision gezogen.[7] Inwieweit bei der Revision von Entscheiden in Zivilsachen und in öffentlich-rechtlichen Angelegenheiten weiterhin Tatsachen und Beweise ungeachtet der Kognition im vorangegangenen Verfahren teilweise beachtet werden können, wird anhand des neuen Rechtsmittelsystems erst noch zu klären sein. In der Lehre wird die Weiterführung der bisherigen Praxis für das neue Recht bereits befürwortet.[8]

Mit der nachträglichen Berücksichtigung von Tatsachen und Beweisen wird allenfalls der Sachverhalt korrigiert. Hingegen dient die Revision nie dazu, die Würdigung damaliger Vorbringen erneut zu überprüfen. Ob im vorangegangenen Verfahren ein Gutachten falsch verstanden worden ist oder ein neuer Experte nunmehr zu einem andern Ergebnis gelangt, spielt bei einer Revision so wenig eine Rolle wie die Erkenntnis, dass wesentliche Aussagen eines Zeugen übergangen worden sind. Von Bedeutung sind nur Tatsachen und Beweise, die erst jetzt vorgelegt werden und zudem erheblich und daher geeignet sind, die Entscheidgrundlage und damit den Ausgang des vorangegangenen Verfahrens zu beeinflussen.[9] Hingegen berechtigen Tatsachen und Beweise, die erst zu einem Zeitpunkt eingetreten bzw. vorhanden waren, an welchem sie nach dem damals anwendbaren Verfahrensregeln nicht mehr vorgebracht werden konnten, niemals zu einer Revision. Insoweit besteht im Revisionsverfahren ein striktes **Novenverbot**. Es ist eine Frage des materiellen Rechts, inwieweit ein Entscheid z.B. durch eine Abänderungsklage bei der zuständigen Vorinstanz der späteren Entwicklung angepasst werden kann. 7

Es obliegt den Prozessparteien, rechtzeitig und prozesskonform zur **Klärung des Sachverhalts** entsprechend ihrer Beweispflicht beizutragen. Dass es ihnen unmöglich war, Tatsachen und Beweise bereits im frühern Verfahren beizubringen, ist nur mit Zurückhaltung anzunehmen. Der Revisionsgrund der unechten Noven dient nicht dazu, bisherige Unterlassungen in der Beweisführung wieder gutzumachen.[10] 8

Der Revisionsgrund der unechten Noven kann gegenüber allen Entscheiden in **Zivilsachen** und **öffentlichrechtlichen Angelegenheiten** vorgebracht werden. Für Strafsachen gilt eine eigene Regelung, auf die nachfolgend einzugehen ist. 9

3. Spezielle Revisionsgründe in Strafsachen

Die Revision in Strafsachen ist nicht nur aufgrund der bisher genannten und für alle Materien geltenden Gründe zulässig, sondern überdies, wenn die Voraussetzungen von Art. 229 Ziff. 1 oder 2 BStP erfüllt sind (Art. 124 Abs. 2 lit. b). Sie ist in Abweichung von der bisherigen Praxis[11] vom Bundesgericht in allen Fällen selber vorzunehmen. In 10

---

5 BGE 107 Ia 187 E. 1b und 2; vgl. dazu POUDRET, Commentaire, Bd. V, Art. 137 N 2.1 und 2.2.2.
6 BGE 124 IV 92 E. 1; BGE 107 Ia 187 E. 1a.
7 Urteil 6S.67/2003 vom 21.3.2003.
8 SEILER/VON WERDT/GÜNGERICH, BGG, Art. 123 N 13.
9 BGE 127 V 353 E. 5b sowie Urteil 5C.131/1997 E. 2a vom 28.11.2000 m.Hinw.
10 FS GULDENER-FORNI, 99, 100.
11 BGE 124 IV 92 E. 1 und BGE 107 Ia 187 E. 1a.

der Botschaft des Bundesrats wird in diesem Zusammenhang betont, dass das Bundesgericht neu die **Zuständigkeit** erhalte, Strafurteile auf Beschwerde hin zu ändern.[12] Diese Möglichkeit ist indes nicht nur bei der Beschwerde in Strafsachen, sondern bei allen Beschwerden nach dem Bundesgerichtsgesetz gegeben (Art. 107 Abs. 2).

11 Die Revision der bundesgerichtlichen Strafurteile wegen bisher nicht unterbreiteter Tatsachen und Beweise (Art. 229 Ziff. 1 lit. a und Ziff. 2 BStP) ist zudem von der **Wiederaufnahme des Verfahrens** zu unterscheiden, welche hinsichtlich kantonaler Strafurteile auch weiterhin beim Kanton zu verlangen ist (Art. 385 StGB).

12 In Art. 229 Ziff. 1 und 2 BStP finden sich zwei Revisionsgründe. Wurde seit der Verurteilung ein Strafurteil ausgefällt, das mit dem früheren in **unvereinbarem Widerspruch** steht, so berechtigt dies zu einer Revision. Zudem kann aufgrund **bisher nicht unterbreiteter Tatsachen und Beweise** eine Revision verlangt werden. Dem zweitgenannten Revisionsgrund kommt die Bedeutung zu, welche Art. 123 Abs. 2 lit. a für die Zivilsachen und öffentlich-rechtlichen Angelegenheiten hat. Damit stellt sich auch hier die Frage, ob und inwieweit ein Zusammenhang zur Kognition im bisherigen Verfahren besteht, welcher die Revision begrenzen kann (vgl. Art. 123 Rz 6). Auf jeden Fall müssen die Tatsachen und Beweise für den Ausgang des Verfahrens entscheidend sein. Hingegen genügt es in Strafsachen, dass sie dem Bundesgericht bisher nicht unterbreitet worden sind. Dass der Gesuchsteller sie bereits gekannt hatte oder hätte kennen müssen, ist hingegen unerheblich.[13] So lautet zumindest der Wortlaut des Gesetzes. Zugunsten des Verurteilten werden neue Tatsachen und Beweise im Revisionsverfahren nur berücksichtigt, wenn sie gegen seine Schuld sprechen oder ein leichteres Vergehen begründen als dasjenige, wegen dessen er verurteilt worden ist. Zuungunsten des Freigesprochenen und des Verurteilten können sie nur vorgebracht werden, solange die Verjährung nicht eingetreten ist, und sie seine Schuld oder ein schwereres Vergehen begründen als dasjenige, wegen dessen er verurteilt wurde, namentlich, wenn er nach dem Urteil ein glaubwürdiges Geständnis ablegt.

13 Wird das Revisionsgesuch vom Bundesgericht gutgeheissen, so ist das Verfahren wiederaufzunehmen. Führt dieses zu einem Freispruch des Verurteilten oder zu einer Einstellung des Verfahrens, so hat eine **Wiedereinsetzung des Verurteilten in alle Rechte** stattzufinden. Zudem sind Bussen und Kosten zurückzuerstatten. Auf entsprechenden Antrag wird ihm und nach seinem Tod seinen im Gesetz näher definierten Angehörigen eine angemessene Entschädigung zugesprochen sowie das Urteil im Bundesblatt und allenfalls weiterer Zeitungen auf Kosten des Bundes publiziert (Art. 237 BStP).[14]

---

[12] Botschaft 2001 BBl 2001 4353.
[13] SEILER/VON WERDT/GÜNGERICH, BGG, 123 N 17.
[14] Botschaft 2001 BBl 2001 4354.

Art. 124

Frist

¹ Das Revisionsgesuch ist beim Bundesgericht einzureichen:

a. **wegen Verletzung der Ausstandsvorschriften: innert 30 Tagen nach der Entdeckung des Ausstandsgrundes;**

b. **wegen Verletzung anderer Verfahrensvorschriften: innert 30 Tagen nach der Eröffnung der vollständigen Ausfertigung des Entscheids;**

c. **wegen Verletzung der EMRK: innert 90 Tagen, nachdem das Urteil des Europäischen Gerichtshofs für Menschenrechte nach Artikel 44 EMRK endgültig geworden ist;**

d. **aus anderen Gründen: innert 90 Tagen nach deren Entdeckung, frühestens jedoch nach der Eröffnung der vollständigen Ausfertigung des Entscheids oder nach dem Abschluss des Strafverfahrens.**

² **Nach Ablauf von zehn Jahren nach der Ausfällung des Entscheids kann die Revision nicht mehr verlangt werden, ausser:**

a. **in Strafsachen aus den Gründen nach Artikel 123 Absatz 1 und 2 Buchstabe b;**

b. **in den übrigen Fällen aus dem Grund nach Artikel 123 Absatz 1.**

Délai

¹ La demande de révision doit être déposée devant le Tribunal fédéral:

a. pour violation des dispositions sur la récusation, dans les 30 jours qui suivent la découverte du motif de récusation;

b. pour violation d'autres règles de procédure, dans les 30 jours qui suivent la notification de l'expédition complète de l'arrêt;

c. pour violation de la CEDH, au plus tard 90 jours après que l'arrêt de la Cour européenne des droits de l'homme est devenu définitif au sens de l'art. 44 CEDH;

d. pour les autres motifs, dans les 90 jours qui suivent la découverte du motif de révision, mais au plus tôt cependant dès la notification de l'expédition complète de l'arrêt ou dès la clôture de la procédure pénale.

² Après dix ans à compter de l'entrée en force de l'arrêt, la révision ne peut plus être demandée, sauf:

a. dans les affaires pénales, pour les motifs visés à l'art. 123, al. 1 et 2, let b;

b. dans les autres affaires, pour le motif visé à l'art. 123, al. 1.

Termine

¹ La domanda di revisione deve essere depositata presso il Tribunale federale:

a. per violazione delle norme sulla ricusazione, entro 30 giorni dalla scoperta del motivo di ricusazione;

b. per violazione di altre norme procedurali, entro 30 giorni dalla notificazione del testo integrale della sentenza;

c. per violazione della CEDU, entro 90 giorni da quello in cui la sentenza della Corte europea dei diritti dell'uomo diviene definitiva ai sensi dell'articolo 44 CEDU;

d. per altri motivi, entro 90 giorni dalla loro scoperta, non prima però della notificazione del testo integrale della sentenza o della chiusura del procedimento penale.

² Dopo dieci anni dalla pronuncia della sentenza la revisione non può più essere domandata, salvo:

a. in materia penale, per i motivi di cui all'articolo 123 capoversi 1 e 2 lettera b;

b. negli altri casi, per il motivo di cui all'articolo 123 capoverso 1.

Elisabeth Escher   1189

Materialien

Botschaft 2001 BBl 2001 4352 ff.; AB 2003 S 913; AB 2004 N 1615.

I. Allgemeine Bemerkungen

1   Sieht der Beschwerdeführer oder der Kläger einen Revisionsgrund gegeben, so kann er auch nach neuem Recht nicht beliebig zuwarten. Er hat sein Gesuch dem Bundesgericht innert der **gesetzlichen Frist** von 30 Tagen bzw. von 90 Tagen einzureichen. Nach Ablauf von 10 Jahren lässt das Gesetz eine Revision nur mehr ausnahmsweise zu.

II. Relative Fristen

2   Das Revisionsgesuch wegen Verletzung von Verfahrensvorschriften (Art. 121) ist innert 30 Tagen einzureichen. Geht es um die Ausstandsvorschriften, so beginnt die Frist nach der Entdeckung des Ausstandsgrunds zu laufen (Art. 124 Abs. 1 lit. a). Dies muss auch für die rechtswidrige Besetzung gelten. Die Revision kommt allerdings nur in Frage, wenn der Ausstandsgrund erst nach Abschluss des Verfahrens entdeckt wird (Art. 38 Abs. 3). Wurden andere Verfahrensvorschriften missachtet, so ist die Eröffnung des vollständigen Entscheids für den Fristbeginn massgebend (Art. 124 Abs. 1 lit. b). Erst aus der Begründung des Entscheids ergibt sich für den Beschwerdeführer, ob das Bundesgericht die Dispositionsmaxime missachtet hat, ob es alle Anträge beurteilt hat und ob ihm ein Versehen unterlaufen ist. Hingegen kann er noch zu einem späteren Zeitpunkt von Umständen Kenntnis erhalten, welche einem Ausstandsgrund gleichkommen.

3   Wird die Revision wegen einer Missachtung der Europäischen Menschenrechtskonvention (Art. 122) verlangt, so hat dies innert 90 Tagen zu geschehen, nachdem das Urteil des Europäischen Gerichtshofs für Menschenrechte endgültig geworden ist (Art. 124 Abs. 1 lit. c). Wann dies der Fall ist, hängt von der urteilenden Kammer ab. Es gelten hier die selben Regeln wie für die Voraussetzung einer Revision (vgl. Art. 122 Rz 4). Ein Urteil der Grossen Kammer ist sofort endgültig (Art. 44 Abs. 1 EMRK). Ein Urteil einer Kammer wird hingegen erst endgültig, wenn die Parteien den Verzicht auf eine Verweisung an die Grosse Kammer erklärt haben, nach Ablauf von drei Monaten oder wenn der Ausschuss der Grossen Kammer den Antrag auf Verweisung abgelehnt hat (Art. 44 Abs. 2 EMRK). Entgegen dem Wortlaut des Gesetzes muss indes für den Fristbeginn wie nach bisherigem Recht die Zustellung massgebend sein (Art. 141 Abs. 1 lit. c OG). Nur so ist das Recht auf Revision eines bundesgerichtlichen Entscheids gewährleistet. Abgesehen vom Verweisungsverzicht kann dies nur die Eröffnung des Urteils nach den hiefür massgebenden Regeln sein (Art. 77 der Verfahrensordnung des Europäischen Gerichtshofs für Menschenrechte)[1]. Idealerweise setzen die zuständigen Bundesbehörden das Bundesgericht über ein Urteil des Europäischen Gerichtshofs für Menschenrechte und dessen Zustellung jeweils umgehend in Kenntnis.

---

[1] SR 0.101.2.

Wird aus andern Gründen (Art. 123) um eine Revision ersucht, so ist das Gesuch innert **4** 90 Tagen ab Entdeckung des Revisionsgrunds, frühestens jedoch nach der Eröffnung des vollständigen Entscheids oder nach dem Abschluss des Strafverfahrens, zu stellen. Selbst wenn der Beschwerdeführer während des hängigen Verfahrens über einen allfälligen Revisionsgrund Gewissheit erhalten hat, kann er zuwarten. Zudem hängt sein rechtlich geschütztes Interesse an einer Revision ohnehin vom Ausgang des Verfahrens ab.

III. Absolute Fristen und Ausnahmen

Die absolute Frist für die Revision beträgt 10 Jahre (Art. 124 Abs. 2). Sie wird durchbro- **5** chen, wenn aufgrund eines Strafverfahrens oder auf andere Weise feststeht, dass durch ein Verbrechen oder Vergehen zum Nachteil der Partei auf den Entscheid eingewirkt worden ist. Unter diese Ausnahme fallen alle Entscheide des Bundesgerichts, einschliesslich derjenigen in Strafsachen (Art. 124 Abs. 2 lit. a und b). Zusätzlich ist die Revision gegen ein Urteil in Strafsachen nach Ablauf von 10 Jahren aufgrund von bisher nicht unterbreiteten Tatsachen und Beweisen oder im Falle eines Widerspruchs aufgrund eines spätern Strafurteils zulässig (Art. 124 Abs. 2 lit. a). Wird nach Ablauf von 10 Jahren ein Revisionsgesuch in Erwägung gezogen, so muss die relative Fristen von 90 Tagen auf jeden Fall beachtet werden.

Art. 125

Verwirkung	**Die Revision eines Entscheids, der den Entscheid der Vorinstanz bestätigt, kann nicht aus einem Grund verlangt werden, der schon vor der Ausfällung des bundesgerichtlichen Entscheids entdeckt worden ist und mit einem Revisionsgesuch bei der Vorinstanz hätte geltend gemacht werden können.**
Péremption	La révision d'un arrêt du Tribunal fédéral confirmant la décision de l'autorité précédente ne peut être requise pour un motif qui a été découvert avant le prononcé de l'arrêt et qui aurait pu être invoqué dans une procédure de révision devant l'autorité précédente.
Perenzione	La revisione di una sentenza del Tribunale federale che conferma la decisione dell'autorità inferiore non può essere chiesta per un motivo scoperto prima della pronuncia della sentenza e che avrebbe potuto essere invocato con domanda di revisione dinanzi a tale autorità.

Inhaltsübersicht

Materialien

Botschaft 2001 BBl 2001 4352 ff.; AB 2003 S 913; AB 2004 N 1615.

Literatur

E. ESCHER, Revision und Erläuterung, in: Th. Geiser/P. Münch (Hrsg.), Prozessieren vor Bundesgericht, 2. Aufl., Basel 1998, 271–285 (zit. Geiser/Münch²-Escher).

I. Allgemeine Bemerkungen

1　Als Beschwerdeinstanz überprüft das Bundesgericht einen vorinstanzlichen Entscheid. Sowohl der angefochtene Entscheid wie auch der nun vom Bundesgericht zu fällende Entscheid kann unter gegebenen Voraussetzungen der Revision zugänglich sein. Das **Verhältnis** der beiden Revisionen wird in Art. 125 festgelegt.

II. Einzelheiten

2　Die Revision eines Entscheids, der den angefochtenen Entscheid bestätigt, ist nach Art. 125 aus einem Grund ausgeschlossen, der vor Ausfällung des bundesgerichtlichen Entscheids bekannt war und mit einer Revision bei der Vorinstanz hätten geltend gemacht werden können. Eine solche Regelung fand sich bereits im alten Recht (Art. 138 OG). Sie wird nunmehr mit **«Verwirkung»** statt mit «Kantonale Revisionsgründe» umschrieben. Zudem bezieht sich die neue Norm nicht mehr nur auf die kantonalen Entscheide, sondern auf die sämtlicher Vorinstanzen.

3　Entdeckt der Beschwerdeführer während des bundesgerichtlichen Verfahrens einen Revisionsgrund, den er gem. dem dafür geltenden Verfahrensrecht bei der Vorinstanz geltend machen kann, so muss er umgehend tätig werden. Beim Bundesgericht hat er um die **Sistierung** der Beschwerde zu ersuchen und bei der Vorinstanz fristgerecht das Revisionsgesuch einzureichen. Nur auf diese Weise kann er verhindern, dass das Bundesgericht über seine Beschwerde entscheidet und er dadurch das Recht auf eine Revision verwirkt hat, die ihm nur die Vorinstanz und keinesfalls das Bundesgericht zu einem spätern Zeitpunkt gewähren kann. Dieses bereits unter bisherigem Recht bei den ordentlichen Rechtsmitteln nötige Vorgehen gilt nunmehr für alle Beschwerden, aufgrund welcher das Bundesgericht in der Sache selber entscheidet. Dabei ist nicht erforderlich, dass der angefochtene Entscheid bestätigt wird, wie der Wortlaut von Art. 125 und bereits derjenige von Art. 138 OG vermuten liessen. Soweit der Entscheid des Bundesgerichts den angefochtenen Entscheid ersetzt, fällt das **Anfechtungsobjekt** für eine vorinstanzliche Revision weg. Da der Beschwerde an das Bundesgericht nicht von Gesetzes wegen **reformatorische Wirkung** zukommt, wie dies nach altem Recht bei den ordentlichen Rechtsmitteln der Fall war,[1] sondern die Art des Entscheids massgeblich davon abhängt, ob die Sache spruchreif ist (Art. 107 Abs. 2),[2] kann der Gesuchsteller nicht mit Sicherheit abschätzen, ob sein bei der Vorinstanz geltend zu machender Revisionsgrund allenfalls verwirken wird. Er tut daher gut daran, den eingangs beschriebenen Weg ohne Verzug einzuschlagen.

4　Die bei der Vorinstanz geltend zu machenden Revisionsgründe ergeben sich ausschliesslich aus dem für sie geltenden Verfahrensrecht und nicht etwa aus Bundesrecht. Sie müssen sich auch keinesfalls mit Art. 123 decken.[3] Gerade die kantonalen Prozessordnungen können mitunter sehr unterschiedlich ausgestaltet sein. Kennt das **Verfahrensrecht der Vorinstanz** einen bestimmten Revisionsgrund nicht, wohl aber das Bundesrecht, so bleibt allenfalls die Möglichkeit einer Revision vor Bundesgericht.[4]

---

[1] GEISER-MÜNCH²-ESCHER, 273/274 N 8.7.
[2] Botschaft 2001 BBl 2001 4345/4346.
[3] Anderer Ansicht SEILER/VON WERDT/GÜNGERICH, BGG, Art. 125 N 7.
[4] BIRCHMEIER, Handbuch, 509; POUDRET, Commentaire, Bd. V, Art. 138 N 3.

Art. 126

Vorsorgliche Massnahmen	**Nach Eingang des Revisionsgesuchs kann der Instruktionsrichter oder die Instruktionsrichterin von Amtes wegen oder auf Antrag einer Partei den Vollzug des angefochtenen Entscheids aufschieben oder andere vorsorgliche Massnahmen treffen.**
Mesures provisionnelles	Après le dépôt de la demande de révision, le juge instructeur peut, d'office ou sur requête d'une partie, accorder l'effet suspensif ou ordonner d'autres mesures provisionnelles.
Misure cautelari	Dopo la ricezione della domanda di revisione, il giudice dell'istruzione può, d'ufficio o ad istanza di parte, sospendere l'esecuzione della sentenza impugnata o ordinare altre misure cautelari.

Inhaltsübersicht

Materialien

Botschaft 2001 BBl 2001 4352 ff.; AB 2003 S 913; AB 2004 N 1615.

I. Allgemeine Bemerkungen

Mit der Revision wird die Aufhebung eines rechtskräftigen Entscheids bezweckt, um **1** alsdann eine Neubeurteilung des Falls zu erreichen. Als **ausserordentliches Rechtsmittel** hindert sie den Vollzug des angefochtenen Entscheids nicht. Dazu braucht es eine richterliche Verfügung. Sie kann nach neuem Recht nicht nur auf Antrag des Gesuchstellers, sondern jeder Partei und sogar von Amts wegen erlassen werden. Der nicht rechtskundige oder schlecht vertretene Gesuchsteller wird aufgrund dieser neuen Kompetenz des Bundesgerichts davor bewahrt, dass der angefochtene Entscheid bereits während des Revisionsverfahrens vollstreckt wird. Eine Regelung in diesem Sinne wurde auch für die Beschwerden eingeführt (Art. 103 Abs. 3).

II. Einzelheiten des Verfahrens

Ob der Vollzug des angefochtenen Entscheids überhaupt aufzuschieben ist und ob darüber hinaus noch eine andere vorsorgliche Massnahme zu treffen ist, und gegebenenfalls welche, hängt vom **Einzelfall** und nicht zuletzt vom **Rechtsgebiet** ab. Dabei sind die Interessen aller Prozessparteien zu berücksichtigen, wobei der Vollzug des Entscheids die Regel bildet. Mit der richterlichen Anordnung darf nicht mehr bezweckt werden, als den bestehenden Zustand einstweilen zu erhalten. Erweist sich das Revisionsgesuch von vornherein als unbegründet oder gar als trölerisch, so ist vom Erlass jeder vorsorglichen Massnahme abzusehen.

Zuständig ist der **Instruktionsrichter**, der auch für die Leitung des Verfahrens verant- **3** wortlich ist (Art. 32 Abs. 1). Die im konkreten Fall erforderliche Massnahme kann frühestens nach Eingang des Revisionsgesuchs erlassen werden. Sie kann sich aber auch erst im Verlaufe des Verfahrens aufdrängen. Ebenso ist mitunter eine Anpassung der richterlichen Anordnung zu einem spätern Zeitpunkt am Platz. Die Gegenpartei ist – abgesehen von dringlichen Fällen – vor dem Erlass einer Anordnung immer anzuhören.

4   Die Anordnung einer **Sicherheitsleistung**, wie sie im alten Recht noch vorgesehen war (Art. 142 OG), wird im Gesetz nicht mehr erwähnt. In der Botschaft des Bundesrats und in den Protokollen der parlamentarischen Beratungen finden sich hiezu keine Hinweise. Ob diese Möglichkeit weiterhin besteht, wird die Rechtsprechung zu klären haben. In der Lehre wird dies teilweise befürwortet.[1] Eine gesetzliche Grundlage könnte allenfalls in Art. 82 Abs. 2 BZP i.V.m. Art. 71 erblickt werden, wonach vorsorgliche Massnahmen von einer Sicherheitsleistung abhängig gemacht werden können, wenn dem Gesuchsgegner durch sie ein Schaden entstehen kann.

5   Über die **Kosten** für den Erlass einer Massnahme und die **Parteientschädigung** wird erst zusammen mit der Hauptsache und nach den hiefür geltenden Regeln entschieden.

Art. 127

Schriftenwechsel	**Soweit das Bundesgericht das Revisionsgesuch nicht als unzulässig oder unbegründet befindet, stellt es dieses der Vorinstanz sowie den allfälligen anderen Parteien, Beteiligten oder zur Beschwerde berechtigten Behörden zu; gleichzeitig setzt es ihnen eine Frist zur Einreichung einer Vernehmlassung an.**
Echange d'écritures	Pour autant que le Tribunal fédéral ne considère pas la demande de révision comme irrecevable ou infondée, il la communique à l'autorité précédente ainsi qu'aux éventuels autres parties ou participants à la procédure, ou aux autorités qui ont qualité pour recourir; ce faisant, il leur impartit un délai pour se déterminer.
Scambio di scritti	Se non ritiene inammissibile o infondata la domanda di revisione, il Tribunale federale la notifica all'autorità inferiore e a eventuali altre parti, altri partecipanti al procedimento o autorità legittimate a ricorrere; nel contempo impartisce loro un termine per esprimersi in merito.

Inhaltsübersicht

Materialien

Botschaft 2001 BBl 2001 4352 ff.; AB 2003 913; AB 2004 N 1615.

Literatur

E. ESCHER, Revision und Erläuterung, in: Th. Geiser/P. Münch (Hrsg.), Prozessieren vor Bundesgericht, 2. Aufl., Basel 1998, 271–285 (zit. Geiser/Münch[2]-Escher).

---

[1] SPÜHLER/DOLGE/VOCK, Kurzkommentar, Art. 126 N 1.

I. Allgemeine Bemerkungen

Das **Revisionsverfahren** wird im Gesetz nur **punktuell** und noch knapper als unter dem   1
alten Recht **geregelt**. Die Anforderungen an das Revisionsgesuch werden nicht mehr
eigens umschrieben (vgl. Art. 140 OG). Die als «weiteres Verfahren» benannte Vorschrift
von Art. 143 OG findet sich teilweise im Art. 127, der den Titel «Schriftenwechsel» trägt.
Fehlt eine eigene Regelung, so sind die für die Beschwerden geschaffenen Verfahrensbestimmungen anzuwenden, soweit sie dem ausserordentlichen Rechtsmittel der Revision
gerecht werden. Zudem kann die bisherige Praxis des Bundesgerichts zur Revision herangezogen werden.

II. Einzelfragen des Verfahrens

In einem ersten Schritt prüft das Bundesgericht, ob überhaupt eine Revision in Frage   2
kommt. Der Gesuchsteller hat nicht nur die gesetzlichen **Fristen** zu beachten (Art. 124).
Er muss bereits im vorangegangenen Verfahren Parteistellung gehabt haben bzw. als
Rechtsnachfolger auftreten, oder es muss ihm von Gesetzes wegen ein Beschwerderecht
zugestanden haben. Auf jeden Fall muss er ein **aktuelles Rechtsschutzinteresse** an der
Revision haben und dieses auch nachweisen.[1] Dass der Gesuchsteller damals beschwerdeberechtigt gewesen wäre, genügt somit noch nicht.

Das Bundesgericht ist nach neuem Recht nur für die Revision von Entscheiden **zustän-**   3
dig, die es selber gefällt hat. Gibt ein Entscheid einer unteren Instanz Anlass zu einer
Revision, so ist sie daselbst zu verlangen. Dieser Grundsatz wurde in Zusammenhang
mit dem Revisionsgrund der Verletzung der Europäischen Menschenrechtskonvention
(Art. 122) festgelegt, gilt indes gem. ausdrücklichem Hinweis in der Botschaft des Bundesrats für sämtliche Revisionsgründe.[2] In den parlamentarischen Beratungen gab diese
Neuerung keinen Anlass zu Diskussionen. Damit stellt sich die Frage, ob die bisherige
Rechtsprechung aufrecht zu erhalten ist, wonach **internationale Schiedsentscheide**
i.S.v. Art. 176 ff. IPRG direkt beim Bundesgericht in Revision gezogen werden können,[3]
wie dies die Lehre bereits teilweise fordert.[4] Aufgrund der Materialien gibt es keine
Hinweise in dieser Richtung. Der Gesetzgeber hat lediglich die Anfechtbarkeit von
Schiedsentscheiden mittels der Beschwerde in Zivilsachen (Art. 77) geregelt. Es ist jedoch nicht auszuschliessen, dass er bei der Frage der Zuständigkeit für die Behandlung
von Revisionsgesuchen gar nicht an die Schiedsentscheide gedacht hat und daher die
bisherige Praxis nicht in Frage stellen wollte.

In welchem Verfahren der angefochtene Entscheid ergangen ist und welches Rechtsge-   4
biet er beschlägt, ist für die Revision nicht massgebend. Auch Revisionsgesuche in Strafsachen sind nunmehr unter gegebenen Voraussetzungen vom Bundesgericht zu beurteilen. Ebenso spielt es im Hinblick auf eine Revision keine Rolle, in welcher Weise das
Bundesgericht zuvor materiell entschieden hat. Selbst Nichteintretens- und Rückweisungsentscheide sowie Kosten- und Entschädigungsentscheide können **Anfechtungsob-**
jekt einer Revision sein. Wird hingegen ein Verfahren durch Rückzug, Anerkennung oder

---

[1] BGE 121 IV 317 E. 1a.
[2] Botschaft 2001 BBl 2001 4352.
[3] BGE 118 II 199 E. 2; Urteil 4P.120/2002 E. 1.1 vom 3.9.2002 in: Pra 2002 Nr. 199, 1041; vgl.
    auch BGE 129 III 727 E. 1.
[4] SPÜHLER/DOLGE/VOCK, Kurzkommentar, Vorbem. zu Art. 121–128.

Vergleich erledigt, so besteht auch nach neuem Recht kein Anlass, die Revision gegen den Abschreibungsbeschluss zuzulassen.[5]

5   Die Zulässigkeit einer Revision setzt im Weiteren voraus, dass ein gesetzlich vorgesehener Revisionsgrund geltend gemacht wird. Das **Gesuch** muss derart begründet werden, dass der Revisionsbedarf erkennbar wird. Die konkreten Anforderungen an die Begründung und die Angabe der Beweismittel hängen wesentlich vom geltend gemachten Revisionsgrund ab. Ob er auch gegeben ist, ist nicht eine Frage des Eintretens, sondern der materiellen Beurteilung.[6] Die weitern formellen Anforderungen an das Gesuch ergeben sich nunmehr aus Art. 42.

6   Erachtet das Bundesgericht eine Revision als zulässig, genügt das Gesuch den gesetzlichen Anforderungen und erweist es sich nicht als von vornherein unbegründet, so führt es den **Schriftenwechsel** durch. Es stellt das Gesuch der Vorinstanz, allfälligen anderen Parteien, Beteiligten oder zur Beschwerde berechtigen Behörden zu und setzt ihnen eine Frist zu Vernehmlassung an. Ein allenfalls notwendiges Beweisverfahren richtet sich nach den Regeln über den Bundeszivilprozesses (BZP). Es wird vom **Instruktionsrichter** durchgeführt, der für bestimmte Beweisabnahmen einen zweiten Richter beizieht (Art. 55 Abs. 3).

7   Das Revisionsrecht kennt keine eigene Regelung, in welcher **Besetzung** ein Gesuch zu beurteilen ist. Damit stellt sich die Frage, ob die Bestimmungen über die Behandlung der Beschwerden (Art. 20) zur Anwendung gelangen und zwar unabhängig des für den angefochtenen Entscheid seinerzeit gewählten Verfahrens. Zwar ist die Revision (wie die Erläuterung und Berichtigung) keine Beschwerde i.S. des Gesetzes. Indes können sich auch in einem Revisionsverfahren Fragen von grundsätzlicher Bedeutung stellen, welche nach einer Fünferbesetzung rufen. Dies gilt nicht zuletzt beim Revisionsgrund der Verletzung der Europäischen Menschenrechtskonvention (Art. 122). Gegebenenfalls kann sich aber auch das vereinfachte Verfahren aufdrängen (Art. 108).[7] Besteht keine Einigkeit unter den mitwirkenden Richtern, so wird selbst eine öffentliche Beratung nicht zu umgehen sein (Art. 58 Abs. 1 lit. b). Dass die Mitwirkung in einem frühern Verfahren des Bundesgerichts noch keinen Ausstandsgrund bildet, entspricht der bisherigen Praxis der Revision und ist nunmehr ins neue Recht aufgenommen worden (Art. 34 Abs. 2).

Art. 128

Entscheid	[1] **Findet das Bundesgericht, dass der Revisionsgrund zutrifft, so hebt es den früheren Entscheid auf und entscheidet neu.**
	[2] **Wenn das Gericht einen Rückweisungsentscheid aufhebt, bestimmt es gleichzeitig die Wirkung dieser Aufhebung auf einen neuen Entscheid der Vorinstanz, falls in der Zwischenzeit ein solcher ergangen ist.**
	[3] **Entscheidet das Bundesgericht in einer Strafsache neu, so ist Artikel 237 des Bundesgesetzes vom 15. Juni 1934 über die Bundesstrafrechtspflege sinngemäss anwendbar.**

---

[5] SPÜHLER/DOLGE/VOCK, Kurzkommentar, Vorbem. zu Art. 121–128; sowie GEISER/MÜNCH[2]-ESCHER, 272/273 m.Hinw. auf die bisherige Praxis.

[6] Zur bisherigen Praxis: GEISER/MÜNCH[2]-ESCHER, 282 N 8.28 m.Hinw.

[7] Anderer Ansicht SEILER/VON WERDT/GÜNGERICH, BGG, Art. 128 N 5; das Bundesgericht entscheidet über Revisionsgesuche nicht im vereinfachten Verfahren, so z.B. mit Urteil 6G_1/2007 vom 19.4.2007.

Arrêt

[1] Si le Tribunal fédéral admet le motif de révision invoqué, il annule l'arrêt et statue à nouveau.

[2] Si le Tribunal fédéral annule un arrêt qui avait renvoyé la cause à l'autorité précédente, il détermine les effets de cette annulation à l'égard d'un nouveau jugement de l'autorité précédente rendu entre-temps.

[3] Si le Tribunal fédéral statue à nouveau dans une affaire pénale, l'art. 237 de la loi fédérale du 15 juin 1934 sur la procédure pénale est applicable par analogie.

Sentenza

[1] Se ammette il motivo di revisione invocato dall'instante, il Tribunale federale annulla la sentenza precedente e ne pronuncia una nuova.

[2] Se annulla una sentenza di rinvio della causa all'autorità inferiore, il Tribunale federale determina gli effetti di tale annullamento nei riguardi della nuova decisione eventualmente già pronunciata dall'autorità inferiore.

[3] Se pronuncia una nuova sentenza in una causa penale, si applica per analogia l'articolo 237 della legge federale del 15 giugno 1934 sulla procedura penale.

Inhaltsübersicht

Materialien

Botschaft 2001 BBl 2001 4352 ff.; AB 2003 S 913; AB 2004 N 1615.

Literatur

E. ESCHER, Revision und Erläuterung, in: Th. Geiser/P. Münch (Hrsg.), Prozessieren vor Bundesgericht, 2. Aufl., Basel 1998, 271–285 (zit. Geiser/Münch[2]-Escher).

I. Allgemeine Bemerkungen

Kann das Bundesgericht auf ein Gesuch um Revision eintreten, so nimmt es eine **materielle Prüfung** des geltend gemachten Revisionsgrunds vor. Kommt es zum Schluss, dass die Revision berechtigt ist, heisst es das Revisionsgesuch gut, hebt seinen früheren Entscheid auf und entscheidet neu. Der angefochtene Entscheid wird indes nur soweit aufgehoben, als der Revisionsgrund gegeben ist und damit die Gutheissung des Gesuchs ein solches Vorgehen erfordert.[1] Fehlt es im konkreten Fall an einem Revisionsgrund, so wird das Gesuch abgewiesen.   **1**

II. Einzelheiten des Verfahrens

Fällt das Bundesgericht nach der Aufhebung des angefochtenen Entscheids einen neuen Entscheid, so kann es damit die Sache zur Neubeurteilung an die Vorinstanz **zurückweisen** oder darüber **selber neu befinden** (Art. 107 Abs. 2). Im letzteren Fall ist es wiederum an die für das vorangegangene Verfahren geltenden Bestimmungen gebunden. Der von der Vorinstanz verbindlich festgestellte **Sachverhalt** ist weiterhin massgebend   **2**

---

[1] BGE 120 V 150 E. 3a.

(Art. 105 Abs. 1), soweit die Revision hier keine Korrekturen gebracht hat (Art. 121 lit. d und Art. 123). Darüber hinaus kann das Bundesgericht keine neuen Tatsachen in das Verfahren einführen.[2] Die Möglichkeit, den Sachverhalt unter gewissen Voraussetzungen zu überprüfen, beschränkt sich ausschliesslich auf das ursprüngliche Verfahren (Art. 105 Abs. 2 und 3). Sie ist von der Revision klar abzugrenzen. Führt die Gutheissung des Revisionsgesuchs zu einem im Vergleich zum ursprünglichen Entscheid veränderten Sachverhalt, so müssen die Parteien in diesem Rahmen auch ihre **Anträge** anpassen können.[3] Die Gutheissung eines Revisionsgesuchs erfordert zudem die Neuverlegung der **Kosten** und der **Parteientschädigung** des vorangegangenen Verfahrens. Hier gelten die Regeln von Art. 66 ff.

3   Das Revisionsverfahren ist grundsätzlich **kosten-** und **entschädigungspflichtig** (Art. 62 ff.). Gegebenenfalls kann auch hier die **unentgeltliche Rechtspflege** gewährt werden (Art. 64). Allerdings werden im Gutheissungsfall nur ausnahmsweise einer Partei Kosten aufzuerlegen sein. Ein solcher Fall kann gegeben sein, wenn ihre Mitwirkung im vorangehenden Verfahren den Revisionsgrund hätte verhindern können. Ansonsten ist von einem Fehler des Bundesgerichts auszugehen und auf die Erhebung von Kosten zu verzichten[4]. Im gleichen Sinne ist mit der Parteientschädigung zu verfahren.

4   Hebt das Bundesgericht einen **Rückweisungsentscheid** auf und hat die Vorinstanz gestützt darauf bereits neu entschieden, so sind nach Art. 128 Abs. 2 auch die Wirkungen auf den inzwischen ergangenen Entscheid festzulegen. Der erneute Entscheid der Vorinstanz wird durch die Aufhebung des Rückweisungsentscheids nicht mehr ohne weiteres in seinem Bestand betroffen (Art. 144 Abs. 2 OG). Es kann daher nicht in allgemeiner Weise von dessen Nichtigkeit ausgegangen werden.[5] Heisst das Bundesgericht das Revisionsgesuch in einer **Strafsache** gut und entscheidet es in der Sache neu, so sieht Art. 128 Abs. 3 die sinngemässe Anwendung von Art. 237 BStP vor (vgl. Art. 123 Rz 13).

---

[2] Anderer Ansicht: POUDRET, Commentaire, Bd. V, Art. 144 N 2.
[3] POUDRET, Commentaire, Bd. V, Art. 144 N 2.
[4] GEISER/MÜNCH²-ESCHER, 283 N 8.31 m.Hinw. auf die bisherige Praxis.
[5] Anderer Ansicht: SPÜHLER/DOLGE/VOCK, Kurzkommentar, Art. 128 N 4.

2. Abschnitt: Erläuterung und Berichtigung

Art. 129

[1] **Ist das Dispositiv eines bundesgerichtlichen Entscheids unklar, unvollständig oder zweideutig, stehen seine Bestimmungen untereinander oder mit der Begründung im Widerspruch oder enthält es Redaktions- oder Rechnungsfehler, so nimmt das Bundesgericht auf schriftliches Gesuch einer Partei oder von Amtes wegen die Erläuterung oder Berichtigung vor.**

[2] **Die Erläuterung eines Rückweisungsentscheids ist nur zulässig, solange die Vorinstanz nicht den neuen Entscheid getroffen hat.**

[3] **Die Artikel 126 und 127 sind sinngemäss anwendbar.**

[1] Si le dispositif d'un arrêt du Tribunal fédéral est peu clair, incomplet ou équivoque, ou si ses éléments sont contradictoires entre eux ou avec les motifs, ou s'il contient des erreurs de rédaction ou de calcul, le Tribunal fédéral, à la demande écrite d'une partie ou d'office, interprète ou rectifie l'arrêt.

[2] L'interprétation d'un arrêt du tribunal qui renvoie la cause à l'autorité précédente ne peut être demandée que si cette dernière n'a pas encore rendu sa nouvelle décision.

[3] Les art. 126 et 127 sont applicables par analogie.

[1] Se il dispositivo di una sentenza del Tribunale federale è poco chiaro, incompleto o ambiguo o contiene elementi che sono in contraddizione tra loro o con i motivi oppure errori redazionali o di calcolo, il Tribunale federale, su domanda scritta di una parte o d'ufficio, interpreta o rettifica la sentenza.

[2] L'interpretazione di una sentenza di rinvio della causa può essere domandata soltanto se l'autorità inferiore non ha ancora pronunciato la nuova decisione.

[3] Si applicano per analogia gli articoli 126 e 127.

Materialien

Botschaft 2001 BBl 2001 4354; AB 2003 S 913; AB 2004 N 1615.

I. Allgemeine Bemerkungen

Bei der Erläuterung geht es nicht um die Aufhebung eines bundesgerichtlichen Urteils, **1** wie dies bei der Revision der Fall ist. Hingegen soll seine inhaltliche Tragweite **geklärt** werden. Der aus Art. 8 Abs. 1 BV abgeleitete verfassungsrechtliche Anspruch auf Erläuterung geht nicht weiter als Art. 129.[1] Mit der Berichtigung kann zudem ein fehlerhaftes Dispositiv **korrigiert** werden.

II. Einzelfragen

2 **Sämtliche Entscheide** des Bundesgerichts, auch solche rein prozessleitender Natur, sind der Erläuterung oder Berichtigung zugänglich.

3 Ein Urteil kann nur in Bezug auf sein **Dispositiv erläutert** werden. Dieses muss nach Art. 129 Abs. 1 unklar, zweideutig oder unvollständig sein oder in sich oder mit der Begründung in Widerspruch stehen. Als unklar und zweideutig erweist sich ein Dispositiv, wenn es aus objektiver Sicht verschieden verstanden werden kann.[2] Ein Widerspruch kann zwischen verschiedenen Ziffern des Dispositivs oder mit Blick auf die Urteilsmotive bestehen. Ein unvollständiges Dispositiv kann beispielsweise vorliegen, wenn eine Beschwerde gutgeheissen wird, der angefochtene Entscheid aber nicht aufgehoben wird, oder wenn die Rückweisung an die Vorinstanz fehlt. Die Begründung des Entscheids allein ist der Erläuterung nicht zugänglich, es sei denn, das Dispositiv nehme ausdrücklich darauf Bezug. Dies trifft insb. auf Entscheide zu, mit denen eine Streitsache i.S. der Erwägungen zu neuer Beurteilung an die Vorinstanz zurückgewiesen wird. Ferner ist ein allfälliger Widerspruch zwischen Dispositiv und Begründung zu klären.[3]

4 Das **Dispositiv** ist zu **berichtigen**, soweit es Redaktions- oder Rechnungsfehler enthält. Dazu gehören auch gewöhnliche Kanzleiversehen.[4]

5 Die Erläuterung und Berichtigung erfolgt in der Regel **auf Gesuch** einer Partei hin. Ihr obliegt es, den Klärung- oder Korrekturbedarf in ihrer Eingabe an das Bundesgericht rechtsgenüglich darzutun, andernfalls das Bundesgericht auf das Gesuch nicht eintritt.[5] Das entsprechende Gesuch ist zwar nicht fristgebunden. Indes ist einer Partei nach dem Grundsatz von Treu und Glauben zuzumuten, sich innert nützlicher Frist an das Bundesgericht zu wenden. Das neue Recht ermächtigt das Bundesgericht, **von Amts wegen** eine Erläuterung oder Berichtigung vorzunehmen.[6] Letzteres hat es bei kleineren (Kanzlei-) Fehlern bereits bisher zuweilen getan. Wird das Bundesgericht im Rahmen von Art. 129 von Amts wegen tätig, so ist es noch mehr als die Parteien gehalten, dies innert einem vernünftigen Zeitraum zu tun. Hat die Vorinstanz im Anschluss an eine **Rückweisung** bereits neu entschieden, so ist eine Erläuterung und Berichtigung nicht mehr zulässig (Art. 129 Abs. 2). Diesfalls ist mit einer erneuten Beschwerde geltend zu machen, dass die Vorinstanz den Rückweisungsentscheid nicht richtig verstanden habe.[7]

6 Für das Verfahren verweist das Gesetz auf einzelne Bestimmungen zur Revision (Art. 129 Abs. 3). Zu beachten ist auch bei der Erläuterung und Berichtigung, dass der **Vollzug** des angesprochenen Entscheids nur auf richterliche Anordnung hin aufgeschoben wird. Ein **Schriftenwechsel** wird nur sinnvoll sein, soweit die Vorinstanz und die Parteien zur Klärung beitragen können. Der Frage, wer zur Erläuterung oder Berichtigung **berechtigt** ist, kommt aufgrund der Befugnis des Bundesgerichts, von Amts wegen tätig zu werden, eine begrenzte Bedeutung zu. Heisst das Bundesgericht das Erläute-

---

[1] BGE 130 V 320 E. 3.1 zu Art. 145 OG.
[2] POUDRET, Commentaire, Bd. V, Art. 145 N 3.2.
[3] BGE 110 V 222 E. 1.
[4] SPÜHLER/DOLGE/VOCK, Kurzkommentar, Art. 129 N 5.
[5] BGE 101 Ib 220 E. 3.
[6] Botschaft 2001 BBl 2001 4354.
[7] POUDRET, Commentaire, Bd. V, Art. 145 N 5.

rungs- oder Berichtigungsgesuch gut, so fasst es das Dispositiv neu ab. Für die **Besetzung** gelten wie bei der Revision die allgemeinen Regeln des Beschwerdeverfahrens (vgl. Art. 127 Rz 7).

Wird auf ein Gesuch um Erläuterung oder Berichtigung nicht eingetreten, oder wird es **7** abgewiesen, so ist der Gesuchsteller **kosten-** und **entschädigungspflichtig**. Bei gegebenen Voraussetzungen kann die **unentgeltliche Rechtspflege** gewährt werden (Art. 64). Im Falle einer Gutheissung rechtfertigen hingegen die Umstände, auf die Erhebung von Kosten zu verzichten und die Parteientschädigungen auf die Gerichtskasse zu nehmen, da in einem solchen Fall von einem Fehler des Bundesgerichts auszugehen ist (Art. 66 ff.).

8. Kapitel: Schlussbestimmungen

Art. 130

Kantonale
Ausführungs-
bestimmungen

¹ Die Kantone erlassen auf den Zeitpunkt des Inkrafttretens einer schweizerischen Strafprozessordnung Ausführungsbestimmungen über die Zuständigkeit, die Organisation und das Verfahren der Vorinstanzen in Strafsachen im Sinne der Artikel 80 Absatz 2 und 111 Absatz 3, einschliesslich der Bestimmungen, die zur Gewährleistung der Rechtsweggarantie nach Artikel 29*a* der Bundesverfassung erforderlich sind. Ist sechs Jahre nach Inkrafttreten dieses Gesetzes noch keine schweizerische Strafprozessordnung in Kraft, so legt der Bundesrat die Frist zum Erlass der Ausführungsbestimmungen nach Anhörung der Kantone fest.

² Die Kantone erlassen auf den Zeitpunkt des Inkrafttretens einer schweizerischen Zivilprozessordnung Ausführungsbestimmungen über die Zuständigkeit, die Organisation und das Verfahren der Vorinstanzen in Zivilsachen im Sinne der Artikel 75 Absatz 2 und 111 Absatz 3, einschliesslich der Bestimmungen, die zur Gewährleistung der Rechtsweggarantie nach Artikel 29*a* der Bundesverfassung erforderlich sind. Ist sechs Jahre nach Inkrafttreten dieses Gesetzes noch keine schweizerische Zivilprozessordnung in Kraft, so legt der Bundesrat die Frist zum Erlass der Ausführungsbestimmungen nach Anhörung der Kantone fest.

³ Innert zwei Jahren nach Inkrafttreten dieses Gesetzes erlassen die Kantone Ausführungsbestimmungen über die Zuständigkeit, die Organisation und das Verfahren der Vorinstanzen im Sinne der Artikel 86 Absätze 2 und 3 und 88 Absatz 2, einschliesslich der Bestimmungen, die zur Gewährleistung der Rechtsweggarantie nach Artikel 29*a* der Bundesverfassung erforderlich sind.

⁴ Bis zum Erlass der Ausführungsgesetzgebung können die Kantone die Ausführungsbestimmungen in die Form nicht referendumspflichtiger Erlasse kleiden, soweit dies zur Einhaltung der Fristen nach den Absätzen 1–3 notwendig ist.

Dispositions
cantonales
d'exécution

¹ Les cantons édictent d'ici à l'entrée en vigueur d'un code de procédure pénale suisse les dispositions d'exécution relatives à la compétence, à l'organisation et à la procédure des autorités précédentes en matière pénale au sens de l'art. 80, al. 2, et 111, al. 3, y compris les dispositions nécessaires pour garantir l'accès au juge prévu à l'art. 29*a* de la Constitution. Si un code de procédure pénale suisse n'est pas encore entré en vigueur six ans après l'entrée en vigueur de la présente loi, le Conseil fédéral fixe, après avoir consulté les cantons, le délai dans lequel ceux-ci doivent édicter les dispositions d'exécution.

² Les cantons édictent d'ici à l'entrée en vigueur d'un code de procédure civile suisse les dispositions d'exécution relatives à la compétence, à l'organisation et à la procédure des autorités précédentes en matière civile au sens de l'art. 75, al. 2, et 111, al. 3, y compris les dispositions nécessaires pour garantir l'accès au juge prévu à l'art. 29*a* de la Constitution. Si un code

de procédure civile suisse n'est pas encore entré en vigueur six ans après l'entrée en vigueur de la présente loi, le Conseil fédéral fixe, après avoir consulté les cantons, le délai dans lequel ceux-ci doivent édicter les dispositions d'exécution.

[3] Les cantons édictent, dans les deux ans à compter de l'entrée en vigueur de la présente loi, les dispositions d'exécution relatives à la compétence, à l'organisation et à la procédure des autorités précédentes au sens des art. 86, al. 2 et 3, et 88, al. 2, y compris celles qui sont nécessaires pour garantir l'accès au juge prévu à l'art. 29a de la Constitution.

[4] Jusqu'à l'adoption de leur législation d'exécution, les cantons peuvent édicter, à titre provisoire, des dispositions d'exécution sous la forme d'actes législatifs non sujets au référendum si cela est nécessaire pour respecter les délais prévus aux al. 1 à 3.

Disposizioni cantonali di esecuzione

[1] Con effetto dall'entrata in vigore del diritto processuale penale svizzero unificato, i Cantoni emanano le disposizioni di esecuzione concernenti la competenza, l'organizzazione e la procedura delle giurisdizioni inferiori in materia penale ai sensi degli articoli 80 capoverso 2 e 111 capoverso 3, incluse le disposizioni necessarie alla garanzia della via giudiziaria di cui all'articolo 29a della Costituzione federale. Se il diritto processuale penale unificato non è ancora vigente sei anni dopo l'entrata in vigore della presente legge, il Consiglio federale, previa consultazione dei Cantoni, stabilisce il termine per l'emanazione delle disposizioni di esecuzione.

[2] Con effetto dall'entrata in vigore del diritto processuale civile svizzero unificato, i Cantoni emanano le disposizioni di esecuzione concernenti la competenza, l'organizzazione e la procedura delle autorità inferiori in materia civile ai sensi degli articoli 75 capoverso 2 e 111 capoverso 3, incluse le disposizioni necessarie alla garanzia della via giudiziaria di cui all'articolo 29a della Costituzione federale. Se il diritto processuale civile unificato non è ancora vigente sei anni dopo l'entrata in vigore della presente legge, il Consiglio federale, previa consultazione dei Cantoni, stabilisce il termine per l'emanazione delle disposizioni di esecuzione.

[3] Entro due anni dall'entrata in vigore della presente legge, i Cantoni emanano le disposizioni di esecuzione concernenti la competenza, l'organizzazione e la procedura delle giurisdizioni inferiori nelle cause di diritto pubblico ai sensi degli articoli 86 capoversi 2 e 3 e 88 capoverso 2, incluse le disposizioni necessarie alla garanzia della via giudiziaria di cui all'articolo 29a della Costituzione federale.

[4] Sino all'emanazione della legislazione esecutiva, i Cantoni possono emanare disposizioni di esecuzione in forma di atti normativi non sottostanti a referendum, sempre che sia necessario per il rispetto dei termini di cui ai capoversi 1–3.

Inhaltsübersicht Note

Materialien

Art. 116 E 2001 BBl 2001 4511; Art. 130 E 2006 BBl 2006 5799 f.; Botschaft 2001 BBl 2001 4354; Botschaft 2006 BBl 2006 3067 ff.; AB 2003 S 913; AB 2004 N 1615; AB 2006 S 380 ff.; AB 2006 N 905 ff.; Botschaft 1991 BBl 1991 II 482; Botschaft 1985 BBl 1985 II 814.

Literatur

H. AEMISEGGER, Zur Umsetzung von Justizreform 2000 und Bundesgerichtsgesetz im Lichte der EMRK, in: S. Breitenmoser/B. Ehrenzeller/M. Sassoli/W. Stoffel/B. Wagner Pfeifer (Hrsg.), Menschenrechte, Demokratie und Rechtsstaat, Zürich/St. Gallen 2007, 3–20 (zit. FS Wildhaber-Aemisegger); DERS., Der Beschwerdegang in öffentlich-rechtlichen Angelegenheiten, in: B. Ehrenzeller/R. J. Schweizer (Hrsg.), Die Reorganisation der Bundesrechtspflege – Neuerungen und Auswirkungen in der Praxis, St. Gallen 2006, 103–210 (zit. Ehrenzeller/Schweizer-Aemisegger); M. BESSON, Die Beschwerde in Stimmrechtssachen, in: B. Ehrenzeller/R. J. Schweizer (Hrsg.), Die Reorganisation der Bundesrechtspflege – Neuerungen und Auswirkungen in der Praxis, St. Gallen 2006, 403–437 (zit. Ehrenzeller/Schweizer-Besson); M. DAUM, Neue Bundesrechtspflege – Fragen des Übergangsrechts in öffentlich-rechtlichen Angelegenheiten aus Sicht der Kantone, BVR 2007, 1–19 (zit. Daum, BVR 2007); T. GÄCHTER, Rechtsweg-Garantie: Ein Grundrecht auf Raten, plädoyer 3/2006, 31–33 (zit. Gächter, plädoyer 2006); R. HERZOG, Auswirkungen auf die Staats- und Verwaltungsrechtspflege in den Kantonen, in: P. Tschannen (Hrsg.), Neue Bundesrechtspflege. Auswirkungen der Totalrevision auf den kantonalen und eidgenössischen Rechtsschutz. Berner Tage für die juristische Praxis BTJP 2006. Bern 2007, 43–111 (zit. Tschannen-Herzog); A. KLEY-STRULLER, Der richterliche Rechtsschutz gegen die öffentliche Verwaltung, Zürich 1995 (zit. Kley-Struller, Rechtsschutz); M. KNÜSEL, Grundzüge der Rechtsweggarantie, Jusletter vom 18.12.2006 (zit. Knüsel, Jusletter 2006); J.-C. LUGON/E. POLTIER/TH. TANQUEREL, Les conséquences de la réforme de la justice fédérale pour les cantons, in: F. Bellanger/Th. Tanquerel (ed.), Les nouveaux recours fédéraux en droit public, Zürich 2006, 103–152 (zit. Bellanger/Tanquerel-Lugon/Poltier/Tanquerel); T. MERKLI/A. AESCHLIMANN/R. HERZOG, Kommentar zum Gesetz vom 23. Mai 1989 über die Verwaltungsrechtspflege des Kantons Bern (VRPG; BSG 155.32), Bern 1997 (zit. Merkli/Aeschlimann/Herzog, Kommentar VRPG); M. MÜLLER, Die Rechtsweggarantie – Chancen und Risiken, ZBJV 2004, 161–197 (zit. Müller, ZBJV 2004); T. PFISTERER, Der kantonale Gesetzgeber vor der Reform der Bundesrechtspflege, in: B. Ehrenzeller/R. J. Schweizer (Hrsg.), Die Reorganisation der Bundesrechtspflege – Neuerungen und Auswirkungen in der Praxis, St. Gallen 2006, 257–349 (zit. Ehrenzeller/Schweizer-Pfisterer).

I. Rechtsweggarantie

Das BGG ist als **Teil der Totalrevision der Bundesrechtspflege** auf den 1.1.2007 zu- **1** sammen mit der Rechtsweggarantie in Art. 29a BV in Kraft getreten.[1] Die Rechtsweggarantie gem. Art. 29a BV ist ein individuelles Verfahrensgrundrecht. Es räumt den Privaten, von Ausnahmen abgesehen,[2] für alle Rechtsstreitigkeiten, namentlich auch für öffentlich-rechtliche Streitigkeiten, einen umfassenden Anspruch auf Zugang zu einem unabhängigen und mit umfassender Prüfungsbefugnis ausgestatteten Gericht ein.[3] Dem Anspruch ist Genüge getan, wenn **wenigstens ein Gericht mit umfassender Kognition in Rechts- und Sachverhaltsfragen** angerufen werden kann.[4] Die Rechtsweggarantie, wie sie sich aus der Bundesverfassung und dem Bundesgerichtsgesetz ergibt, reicht weiter als die Rechtsweggarantie in Art. 6 Ziff. 1 EMRK, die sich nur bei Streitigkeiten über

---

[1] Bundesbeschluss vom 8.3.2005 über das vollständige Inkrafttreten der Justizreform vom 12.3.2000, AS 2006 1059.
[2] Art. 29a Satz 2 BV.
[3] SGK-KLEY, Art. 29a BV, N 3, 5, 7; RHINOW, Grundzüge, N 2594; MÜLLER, ZBJV 2004, 166.
[4] KNÜSEL, Jusletter 2006, 4; SPÜHLER/DOLGE/VOCK, Kurzkommentar, Art. 110 N 2, 4; TOPHINKE, ZBl 2006, 91, 108. Grundsätzlich kann dieses Gericht auch eine erste Instanz sein. Vgl. oben Art. 110 N 10.

zivilrechtliche Ansprüche und Verpflichtungen sowie bei der Beurteilung von strafrechtlichen Anklagen erstreckt.[5] Die Rechtsweggarantie garantiert weder ein konkretes
Rechtsmittel noch einen bestimmten Instanzenzug. Da das Bundesgericht keine volle
Sachverhaltskontrolle ausübt (vgl. Art. 105, N 1, 4), erfüllt es die Anforderungen an die
Rechtsweggarantie gem. Art. 29a BV nicht.[6] Deshalb verpflichtet die Rechtsweggarantie
zusammen mit Art. 191b BV[7] die Kantone, zur Beurteilung von zivilrechtlichen und
öffentlich-rechtlichen Streitigkeiten sowie von Straffällen richterliche Behörden zu bestellen. Der Rechtsschutz soll demnach nicht primär vom Bundesgericht, sondern von
den richterlichen Vorinstanzen des Bundesgerichts gewährleistet werden. Der Rechtsweggarantie und ihrer Konkretisierung im BGG kommen in der Entwicklung der kantonalen
Rechtspflege entsprechend zentrale Bedeutung zu.

2   Mit der Justizreform wurden und werden **verfassungsrechtlich zwei Ziele** verfolgt, welchen die Anpassungen im Bereich der kantonalen Gerichtsbarkeit entsprechen sollen.
Zum einen soll der **Rechtsschutz verbessert**, zum andern soll das **Bundesgericht entlastet** werden.[8] Zwar verpflichtet Art. 191 Abs. 1 BV den Bundesgesetzgeber in genereller
ler Weise, den Zugang zum Bundesgericht zu gewährleisten. Abs. 2 und 3 sehen jedoch
auch die Möglichkeit von vollständigen oder teilweisen Zugangsbeschränkungen mittels
Streitwertgrenzen und für bestimmte Sachgebiete vor. Dadurch werden bestehende Justizbehörden zusätzlich belastet und neue geschaffen. Mit dem Bundesverwaltungsgericht
und dem Strafgericht wurden auf Bundesebene zwei neue gerichtliche Vorinstanzen geschaffen.[9] Verbesserter Rechtsschutz und Entlastung des Bundesgerichts sollen schliesslich auch mit der **Verpflichtung der Kantone zur Einrichtung von oberen Gerichten**
in praktisch allen Fällen erreicht werden. Dies macht für die Kantone entsprechende und
teilweise erhebliche Anpassungen in Bezug auf die Zuständigkeit, die Organisation und
das Verfahren der Vorinstanzen notwendig. Dazu muss den Kantonen genügend Zeit eingeräumt werden,[10] weshalb Art. 130 ihnen eine nach Rechtsgebiet unterschiedlich begrenzte Frist zum Erlass von Ausführungsbestimmungen gewährt.

3   Bis zum Ablauf dieser **Übergangsfristen**, die für das Straf-, Zivil- und für das öffentliche Recht[11] sowie für alle zur Gewährleistung der Rechtsweggarantie erforderlichen
Bestimmungen gem. Art. 29a BV gelten, sind die Kantone gem. Art. 29a Satz 2 BV vorübergehend von der Erfüllung der als verfassungsmässiges Verfahrensgrundrecht geltenden Rechtsweggarantie dispensiert.[12] Ihnen wird dadurch eine **gesetzliche Schonfrist** für
die **Vorinstanzenregelung** gewährt.[13] Bis dahin hat das Bundesgericht auch kantonale
Entscheide von nicht richterlichen Behörden zu überprüfen.[14] Im Rahmen von Art. 6
Ziff. 1 EMRK hat es ausserdem die Rolle der richterlichen Behörde zu übernehmen.[15]

---

[5] KOLLER, ZBl 2006, 64; TOPHINKE, ZBl 2006, 90; DAUM, BVR 2007, 3.
[6] KARLEN, BGG, 69.
[7] SGK-KISS/KOLLER, Art. 191b BV, N 5.
[8] Vgl. aber GÄCHTER/TURNHERR, plädoyer 2006, 40. Nach ihrer Auffassung relativiert die kon-
    krete Ausgestaltung des Rechtsschutzes vor Bundesgericht diesen Entlastungseffekt erheblich.
[9] Es sind dies das Strafgericht und das Bundesverwaltungsgericht. Vgl. Art. 191a BV.
[10] Botschaft 2001 BBl 2001 4354.
[11] Vgl. dazu Botschaft 2006 BBl 2006 3067 ff., 3078, 3082.
[12] Botschaft 2006 BBl 2006 3076; AUER, ZBl 2006, 137 f.; GÄCHTER, plädoyer 2006, 31 ff., 33;
     KARLEN, BGG, 75.
[13] TSCHANNEN-HERZOG, 109; DAUM, BVR 2007, 6; BELLANGER/TANQUEREL-LUGON/POLTIER/
     TANQUEREL, 130 f.; AUER, ZBl 2006, 127.
[14] AUER, ZBl 2006, 137. Vgl. zu den Rechtsfolgen bei nicht fristgerechter Anpassung des kantona-
     len Rechts unten N 28 f.
[15] EHRENZELLER/SCHWEIZER-PFISTERER, 329.

Dies hat zur Folge, dass bei Konventionsverletzungen trotz Übergangsfrist die Rechtsweggarantie durchgesetzt wird, während dies bei Grundrechten, die nur von der Bundesverfassung geschützt sind, nicht der Fall ist.[16]

II. Die Bestellung kantonaler Vorinstanzen

1. Allgemeines

a) Zweck und Geltungsbereich der Anpassungsfristen

Da den Kantonen die Anpassung an das neue Rechtsmittelsystem bis zum 1.1.2007 faktisch unmöglich war, werden ihnen in Abs. 1–3 des Art. 130 für die Bestellung oberer richterlicher Behörden als letzte Instanzen im Kanton sowie für die Bestimmungen, welche zur Gewährleistung der Rechtsweggarantie nach Art. 29a BV erforderlich sind,[17] **Fristen zur Anpassung ihrer Gesetzgebung** eingeräumt.[18] Die Anpassung umfasst die *Zuständigkeit*, die *Organisation* und das *Verfahren der Vorinstanzen*, d.h. die Einsetzung oberer Gerichte, bei Straf- und Zivilsachen den doppelten Instanzenzug sowie die *Rügen* und die *Überprüfungspflicht*.[19] Da das Straf- und das Zivilprozessrecht eidgenössisch geregelt werden sollen,[20] werden Anpassungen im kantonalen Recht erforderlich sein. Um diese Anpassungen mit denjenigen zu koordinieren,[21] welche durch das Inkrafttreten des BGG nötig werden, sieht das Übergangsrecht entsprechende Anpassungsfristen vor (vgl. dazu unten N 11, 13, 15 f.). Mit dieser offenen Fristenregelung soll vermieden werden, dass die Kantone ihre Verfahrensgesetze in kurzen Abständen zweimal anpassen müssen. Straf- und zivilrechtliche Streitigkeiten werden in den meisten Kantonen bereits heute nicht mehr nur von verwaltungsinternen Behörden entschieden. Vielmehr führt der Instanzenweg ans Bundesgericht in oberer Instanz fast immer über ein kantonales Gericht.[22] Dies ergibt sich schon daraus, dass das Zivil- und Strafrecht ohnehin bereits unter den Anwendungsbereich der Rechtsweggarantie von Art. 6 Abs. 1 EMRK fallen. Während der diesbezügliche Anpassungsbedarf für die kantonalen Prozessordnungen deshalb weniger gross sein dürfte, sind Anpassungen im Bereich der freiwilligen Gerichtsbarkeit notwendig, da diese Fälle auf kantonaler Ebene bisher ausschliesslich von verwaltungs-

4

---

[16] Zur Problematik der Spaltung des Grundrechtsschutzes vgl. DENISE BRÜHL-MOSER, Die schweizerische Staatsleitung im Spannungsfeld von nationaler Konsensfindung, Europäisierung und Internationalisierung, mit Bezügen zu Belgien, Deutschland, Frankreich, Grossbritannien und Österreich, Bern 2007, 946; G. BIAGGINI, Von der Handels- und Gewerbefreiheit zur Wirtschaftsfreiheit, ZBl 2001, 247 f.; W. KÄLIN, Verfassungsgerichtsbarkeit, in: Thürer/Aubert/Müller (Hrsg.), Verfassungsrecht der Schweiz, Zürich 2001, § 74, N 25; J.P. MÜLLER, Verfassung und Gesetz: Zur Aktualität von Art. 1 Abs. 2 ZGB, recht 2000, 128; BGE 125 II 417, 424 ff. E. 4c; 122 II 485, 487 f. E. 3.

[17] Botschaft 2006 BBl 2006 3076; Botschaft 2001 BBl 2001 4353 und 3074 f.

[18] DAUM, BVR 2007, 6.

[19] Vgl. oben zu Art. 75 Abs. 2 (N 3), Art. 80 Abs. 2 (N 7), Art. 86 Abs. 2 (N 14) und Art. 111 Abs. 3 (N 16 ff.), wobei für die Anpassung im Bereich der öffentlich-rechtlichen Angelegenheiten nicht auf Art. 111 Abs. 3 verwiesen wird. Nach EHRENZELLER/SCHWEIZER-PFISTERER, 327, gilt deshalb für diesen Bereich in Bezug auf die Überprüfungspflicht und die Beschwerdegründe bereits seit dem 1.1.2007 der volle Rechtsschutz. **A.M.** AUER, ZBl 2006, 136 ff.; KNÜSEL, Jusletter 2006, 4. Vgl. dazu unten N 20.

[20] Art. 122 und Art. 123 BV.

[21] Der Koordinationsvorschlag wurde erst im Rahmen der nachträglichen Bereinigung durch den Bundesrat aufgenommen. Vgl. Botschaft 2006 BBl 2006 3074–3076.

[22] Vgl. unten N 9, wonach von den Kantonen kein doppelter gerichtlicher Instanzenzug verlangt wird.

internen Behörden entschieden wurden.[23] Eine kürzere Anpassungsfrist gilt für die öffentlich-rechtlichen Angelegenheiten.[24] Denn in öffentlich-rechtlichen Angelegenheiten waren die Kantone zumindest im Bereich der Verwaltungsgerichtsbeschwerde nach Art. 98a OG bereits zur Einrichtung einer richterlichen Vorinstanz verpflichtet (vgl. dazu unten N 16).

5   Entgegen dem Wortlaut des Gesetzes ist nicht der Zeitpunkt des Erlasses der **Anpassungsgesetzgebung** entscheidend. Vielmehr müssen die neuen kantonalen Bestimmungen **bis zum Ablauf der jeweiligen Anpassungsfrist** bereits **in Kraft gesetzt** sein[25] (vgl. zu den Folgen der Unterlassung unten N 31 f.). Hingegen sind die Kantone aufgrund von Art. 29a BV nicht bereits vor Ablauf der Anpassungsfrist zur Einsetzung von richterlichen Vorinstanzen verpflichtet. Zwar sieht diese Bestimmung auf Verfassungsstufe keine Übergangsfrist vor. Auch geht sie, da sie direkt anwendbar ist,[26] kantonalem Recht vor, soweit dieses mit der Rechtsweggarantie nicht vereinbar ist. Mit dem erst in der Überarbeitung des BGG-Entwurfs hinzugekommenen Hinweis auf Art. 29a BV wollte der Bundesgesetzgeber in Art. 130 aber klarstellen,[27] dass die Anpassungsfrist auch für die Umsetzung von Art. 29a BV gilt und die Kantone der Rechtsweggarantie nicht vor Ablauf der Anpassungsfrist Nachachtung verschaffen müssen.[28] Auch die in Art. 130 Abs. 4 vorgesehene Möglichkeit zum Erlass nicht referendumspflichtiger Ausführungsbestimmungen bedeutet nicht, dass die kantonalen Anpassungen an die Rechtsweggarantie am 1.1.2007 hätten vollzogen sein müssen.[29] Bis zu deren Ablauf gilt kantonales Recht, welches den Rechtsweg an eine nichtrichterliche Behörde vorsieht, demnach als gesetzliche Ausnahme von der Rechtsweggarantie i.S.v. Art. 29a Satz 2 BV.[30] Ein anderes Verständnis würde Abs. 1–3 des Art. 130 ihres Sinnes entleeren.[31]

6   Ab dem Zeitpunkt des Inkrafttretens und **ohne Beachtung von Übergangsfristen** können sich die Privaten auf die **unmittelbar anwendbaren Bestimmungen** berufen. Dies gilt nach Wortlaut und Sinn – wie dargelegt (vgl. oben N 5) mit Ausnahme der Rechtsweggarantie von Art. 29a BV – für weitere Anforderungen an das kantonale Verfahren wie für die *Kognition*[32] (vgl. Art. 110 N 22), für die *Legitimation*[33] (vgl. Art. 111 N 19, Art. 76, Art. 81 und Art. 89) und für die *Eröffnung der Entscheide*[34] (vgl. Art. 112) und

---

[23] AUER, ZBl 2006, 133. Vgl. auch SPÜHLER/DOLGE/VOCK, Kurzkommentar, Art. 130 N 2.
[24] Dieser Unterschied in Straf- und Zivilsachen zu den öffentlich-rechtlichen Angelegenheiten ist laut PFISTERER teilweise darauf zurückzuführen, dass in der Debatte des Ständerates vom 9.6.2005 das Problem zwar aufgegriffen, dann aber auf den Zweitrat verschoben wurde. Dieser führte jedoch keine Kommissionssitzung mehr durch, sondern hielt am 13.6.2005 direkt eine Plenardebatte ab. In dieser Debatte wurde mit keinem Wort auf Art. 111 Abs. 3 hingewiesen. Vgl. AB 2006 S 379 ff.; AB 2006 N 904 ff.
[25] Gl.M. SEILER/VON WERDT/GÜNGERICH, BGG, Art. 130 N 9.
[26] SCHEFER, Grundrechte, 277; KOLLER, ZBl 2006, 69; HANGARTNER, AJP 2002, 135.
[27] Botschaft 2006 BBl 2006 3076.
[28] BELLANGER/TANQUEREL-LUGON/POLTIER/TANQUEREL, 130 f. **A.M.** scheint EHRENZELLER/SCHWEIZER-PFISTERER, 326, zu sein, welcher ab Inkrafttreten des BGG eine direkte Berufung auf die Rechtsweggarantie von Art. 29a BV als zulässig zu erachten scheint.
[29] AUER, ZBl 2006, 137 f.
[30] Botschaft 2001 BBl 2001 3076 und 3078; SPÜHLER/DOLGE/VOCK, Kurzkommentar, Art. 130 N 1; EHRENZELLER/SCHWEIZER-AEMISEGGER, 145 f.; AUER, ZBl 2006, 132 ff.; KARLEN, BGG, 75; HUBER, AB 2006 N 905.
[31] DAUM, BVR 2007, 6 f.; AUER, ZBl 2006, 137 f.
[32] Art. 110.
[33] Art. 111 Abs. 1 und 2, Art. 76, Art. 81 und Art. 89.
[34] Art. 112 Abs. 1 und 2.

die *richterliche Unabhängigkeit*[35]. Diese Bestimmungen müssen seit Inkrafttreten des BGG am 1.1.2007 beachtet werden.[36]

b) Rechtsmittelbelehrung

Die Rechtsuchenden sind bereits vor Ablauf der Übergangsfristen über die neuen Bundesrechtsmittel zu belehren. Der Kanton Bern beispielsweise hat mit einer Einführungsverordnung Transparenz und Rechtssicherheit geschaffen.[37] Diese Einführungsverordnung zeigt Lösungen sowohl hinsichtlich der zeitlich vernünftigen Einführung des neuen Rechts als auch hinsichtlich des Rechtsschutzbedürfnisses der Betroffenen auf und lässt für die nächsten zwei Jahre einen sachgerechten und kohärenten Instanzenzug erwarten.[38] **7**

c) Obere Gerichte und doppelter Instanzenzug

Sowohl in straf- und zivilrechtlichen als auch in öffentlich-rechtlichen Angelegenheiten haben die Kantone **obere Gerichte** als **letzte kantonale Instanzen** bzw. als **Vorinstanzen des Bundesgerichts** einzusetzen.[39] Dabei handelt es sich um Gerichte, die statusmässig den heutigen oberen Gerichten der Kantone beispielsweise Kantons-, Ober-, Appellations- oder Verwaltungsgerichten entsprechen. Dabei dürften der Zuständigkeitsbereich, d.h. für das ganze Kantonsgebiet, und der Wahlmodus bzw. das Volk oder das kantonale Parlament als Wahlkörper die wichtigsten Abgrenzungskriterien bilden.[40] **8**

In Straf- und Zivilrechtssachen haben die oberen Gerichte als **Rechtsmittelinstanzen** zu entscheiden (vgl. Art. 75 Abs. 2 N 3 und Art. 80 Abs. 2 N 7), sei es gegenüber einem unteren Gericht oder gegenüber einer Verwaltungsbehörde. Dadurch statuiert das BGG den **Grundsatz der doppelten Instanz** («double instance»).[41] Die Kantone dürfen danach ihre oberen Gerichte – beispielsweise ab einem bestimmten Streitwert oder bei bestimmten Straftatbeständen – nicht mehr als erste und einzige Instanz einsetzen. Sie müssen aber auch nicht eine doppelte gerichtliche Instanz vorsehen.[42] Nur bei Streitigkeiten in Zivilsachen sieht das BGG **drei Ausnahmen** von diesem Grundsatz vor.[43] Danach genügt eine einzige kantonale Instanz, wenn dies in einem Bundesgesetz vorgesehen ist, wenn ein Handelsgericht besteht oder wenn eine Klage mit einem Streitwert von über Fr. 100 000.– mit Zustimmung aller Parteien direkt beim oberen Gericht eingereicht wurde. **9**

Im Unterschied dazu gilt **im Bereich der öffentlich-rechtlichen Angelegenheiten** das Prinzip des doppelten Instanzenzuges nicht. Die oberen Gerichte und unmittelbaren Vorinstanzen des Bundesgerichts müssen im Bereich der öffentlich-rechtlichen Angelegenheiten nicht zugleich Rechtsmittelinstanzen sein (vgl. Art. 86 Abs. 2 N 14, 16). Im Klageverfahren können sie auch als einzige kantonale Instanz fungieren. In der Rechts- **10**

---

[35] Art. 191c BV.
[36] Gl.M. SEILER/VON WERDT/GÜNGERICH, BGG, Art. 130 N 10; AUER, ZBl 2006, 129.
[37] Vgl. dazu unten N 21.
[38] DAUM, BVR 2007, 18.
[39] Vgl. dazu Botschaft 2001 BBl 2001 4310 f. (Zivilrecht), 4316 (Strafrecht) und 4326 (öffentliches Recht).
[40] AEMISEGGER, Anwaltsrevue 2006, 428.
[41] Art. 75 Abs. 2 Satz 2 und Art. 80 Abs. 2. Vgl. Botschaft 2001 BBl 2001 4228, 4310.
[42] AUER, ZBl 2006, 126.
[43] Art. 75 Abs. 2.

wirklichkeit entscheiden sie jedoch oft als Rechtsmittelinstanzen über bei ihnen angefochtene Verfügungen.[44]

2. Die Ausführungsbestimmungen in Strafsachen (Abs. 1)

11   Die den Kantonen in Abs. 1 gewährte Übergangsfrist für die Vorinstanzenregelung und
die Umsetzung der Rechtsweggarantie in Strafsachen dauert bis zum 31.12.2012. Da
diese Frist, wie dargelegt (vgl. oben N 4), mit dem In-Kraft-Treten einer **eidgenössischen Strafprozessordnung**[45] koordiniert werden soll, kann der Bundesrat nach Ablauf
dieser sechs Jahre die **Verlängerung der Anpassungsfrist** für die Umsetzung des BGG
anordnen. Die Schaffung von richterlichen Vorinstanzen in den Kantonen auf oberer
Ebene und die Entlastung des Bundesgerichts von zeitaufwändigen erstinstanzlichen Verfahren sind damit erst zwingend, wenn eine gesamtschweizerische Vereinheitlichung der
Strafprozessordnung erfolgt ist. Dabei stellt sich trotzdem die Frage, wie lange der Bundesrat die Anpassung hinauszögern kann. Dies ist formell offen. Erhebliche Verzögerungen wie beispielsweise durch das Scheitern der Strafprozessordnung in der Volksabstimmung und die Notwendigkeit einer völligen Überarbeitung derselben dürften die
Ausdehnung der Anpassungsfrist wohl nicht rechtfertigen.[46]

12   War bisher regelmässig ein unteres Gericht wie beispielsweise ein Amts- oder Kreisge-
richt als Haftprüfungsgericht für die Ausschaffungshaft als letzte kantonale Instanz tätig,
so ist nach neuem Recht eine **obere letzte kantonale Gerichtsinstanz mit mindestens
der gleichen Kognition wie das Bundesgericht** – d.h. mit eingeschränkter Sachver-
halts- und voller Rechtskontrolle – erforderlich[47] (vgl. Art. 80 Abs. 2 N 7 und Art. 111
Abs. 3 N 19). Bis zum Ablauf der Anpassungsfrist gelten allerdings die bisherigen Instanzenzüge. Untere kantonale Gerichte wie beispielsweise Wirtschaftsstrafgerichte und
Geschworenengerichte dürfen bis dahin als letzte kantonale Instanz entscheiden.

3. Die Ausführungsbestimmungen in Zivilrechtssachen (Abs. 2)

13   Wie im Strafverfahren soll auch im Zivilverfahren gem. Abs. 2 das In-Kraft-Treten der
kantonalen Regelungen über die Zuständigkeit, die Organisation und das Verfahren der
Vorinstanzen auf das In-Kraft-Treten der **eidgenössischen Zivilprozessordnung**[48] terminiert werden. Auch hier ist der Bundesrat ermächtigt, die sechsjährige Frist zur Anpassung der kantonalen Prozessordnung an das BGG zu **verlängern**.[49]

14   Auch für Zivilrechtssachen haben die Kantone bis zum Ablauf der Anpassungsfrist obere
Gerichte als **Rechtsmittelinstanzen** einzusetzen, die mit mindestens der gleichen **Kognition** wie das Bundesgericht entscheiden können (vgl. Art. 75 Abs. 2 N 3 und Art. 111
Abs. 3 N 17, 19). Bis zu diesem Zeitpunkt darf beispielsweise bei Streitsachen von untergeordneter Bedeutung weiterhin der Instanzenzug vom Friedens- oder Einzelrichter an
ein unteres kantonales Gericht führen und dürfen kantonale Gerichte als einzige Instanz
entscheiden.[50] Auch dürfen untere Gerichte bis dahin als obere Aufsichtsbehörde in

---

[44] AEMISEGGER, Anwaltsrevue 2006, 428.
[45] Zum Entwurf vgl. BBl 2006 1085.
[46] Gl.M. SEILER/VON WERDT/GÜNGERICH, BGG, Art. 130, 559, N 11 f.; EHRENZELLER/SCHWEI-
ZER-PFISTERER, 329 m.w.Hinw.
[47] Wie oben (vgl. N 1) dargelegt, muss im kantonalen Verfahren aber mindestens ein kantonales
Gericht die Ansprüche der Rechtsuchenden umfassend und frei prüfen können.
[48] Zum Entwurf einer eidgenössischen Zivilprozessordnung vgl. Botschaft 2006 BBl 2006 7221.
[49] Zur Frage, wie lange der Bundesrat die Anpassungsfrist hinauszögern kann, vgl. oben N 11.
[50] So z.B. das Obergericht bei Fällen von Prorogation, die nicht unter Art. 75 Abs. 2 lit. c fallen.

Schuldbetreibungs- und Konkurssachen oder als letzte kantonale Instanz im Bereich der nichtstreitigen Zivilrechtspflege fungieren.[51]

4. Die Ausführungsbestimmungen in öffentlich-rechtlichen Angelegenheiten (Abs. 3)

a) Anpassungsbedarf und Anpassungsfrist

Viele kantonale Verwaltungsprozessordnungen enthalten einen **Ausnahmekatalog**, welcher in bestimmten Gebieten die Beschwerde an das kantonale Verwaltungsgericht ausschliesst. Da das Verfahren vor Bundesgericht den Anforderungen der Rechtsweggarantie auch nicht genügt, sind entsprechende Anpassungen in der kantonalen Verfahrensgesetzgebung notwendig. Die ausdrückliche Regelung von Anpassungsfristen im Verwaltungsrecht bedeutet, dass Art. 29a BV als unmittelbare Rechtsgrundlage zur Gewährung gerichtlichen Rechtsschutzes durch die kantonalen Verwaltungsgerichte nicht genügt. Ohne entsprechende gesetzliche Regelung kann die Pflicht der Kantone, für einen angepassten, richterlichen Rechtsschutz zu sorgen, nicht erfüllt und die fehlende richterliche Beurteilung auf kantonaler Ebene nicht kompensiert werden.[52] Vielmehr hat das kantonale Verfahrensrecht, ausser in Stimmrechtsangelegenheiten (Art. 88 Abs. 2), für Entscheidungen mit vorwiegend politischem Charakter (Art. 86 Abs. 3) sowie dann, wenn nach einem anderen Bundesgesetz Entscheide anderer richterlicher Behörden der Beschwerde an das Bundesgericht unterliegen (Art. 86 Abs. 2), kraft Art. 29a BV obere kantonale Gerichte als letzte Instanz einzusetzen.[53]

15

Anders als im Straf- und Zivilrecht sind die Anpassungen im Verwaltungsrecht zeitlich nicht mit einer noch zu erlassenden gesamteidgenössischen Verfahrensregelung zu koordinieren. Die Übergangsfrist in öffentlich-rechtlichen Angelegenheiten ist auf **zwei Jahre** fest bemessen, **ohne** Ermächtigung des Bundesrats zur **Verlängerung** dieser Frist. Die Kürze der Anpassungsfrist für die kantonalen Verfahrensordnungen ist u.a. damit zu erklären, dass die Kantone bereits seit Einführung des Art. 98a OG, d.h. seit dem 15.2.1992[54] bzw. seit dem Ablauf der damaligen Anpassungsfrist am 15.2.1997, verpflichtet waren, den Rechtsschutz der Bürger im Zulässigkeitsbereich der Verwaltungsgerichtsbeschwerde durch die Bestellung richterlicher Behörden als letzte kantonale Instanzen zu gewährleisten.[55] Der Anpassungsbedarf erstreckt sich demnach nicht eigentlich auf Fälle, die unter dem alten Recht mit Verwaltungsgerichtsbeschwerde weitergezogen werden konnten, sondern auf diejenigen Entscheide, die unter dem alten Recht Gegenstand einer staatsrechtlichen Beschwerde sein konnten.[56] Da sich die Kantone wegen Art. 98a OG schon organisieren mussten[57] und Anpassungen v.a. mit einer **Neufassung des Zuständigkeitskatalogs** für bestehende Instanzen erfolgen können, hält der Bundes-

16

---

[51] SEILER/VON WERDT/GÜNGERICH, BGG, Art. 130 N 13.

[52] GÄCHTER, plädoyer 2006, 32 f.

[53] Dies macht allenfalls eine Überprüfung des Ausnahmekatalogs bei der Verwaltungsgerichtsbeschwerde im kantonalen Verfahrensgesetz nötig. Vgl. diesbezüglich beispielsweise die Begründung des Regierungsrats des Kantons Zürich zur Verordnung über die Anpassung des kantonalen Rechts an das Bundesgesetz über das Bundesgericht (Neuerlass) vom 29.11.2006, 1 ff.

[54] Botschaft 1991 BBl 1991 II 465.

[55] Botschaft 2001 BBl 2001 4227 f. und 4354. Im Unterschied zum neuen Recht genügte allerdings ein unteres Gericht als letzte kantonale Instanz. Vgl. auch BELLANGER/TANQUEREL-LUGON/POLTIER/TANQUEREL, 104. Vgl. Botschaft 1985 BBl 1985 II 814 und Botschaft 1991 BBl 1991 II 482. Sie appellieren lediglich an den guten Willen der Kantone. Dies reicht heute nicht mehr aus, um den Anforderungen von Art. 29a BV und des BGG zu genügen.

[56] Botschaft 2001 BBl 2001 4354.

[57] Vgl. dazu KLEY-STRULLER, Rechtsschutz, 344 ff.

gesetzgeber die zweijährige Frist bis zum 1.1.2009 für zumutbar.[58] Allerdings ist sie angesichts der kantonalen Referenden kurz bemessen. Dies zeigt auch die Erfahrung mit den Verzögerungen bei der Einführung des Art. 98a OG, für welche den Kantone fünf Jahre Zeit eingeräumt worden war.[59] Am Beispiel laufender Anpassungsarbeiten im Kanton Bern lässt sich der erhebliche Aufwand für die Kantone erahnen.[60] Neben einer Teilrevision des kantonalen Verfahrensgesetzes ist die Änderung von zahlreichen **Rechtspflegebestimmungen in den Sacherlassen** notwendig. Oftmals genügt es nicht, das Verwaltungsgericht anstelle der heute letztinstanzlich entscheidenden Verwaltungsbehörden als obere Rechtsmittelinstanz einzusetzen. Teilweise erfordert die Gewährleistung eines adäquaten und effizienten Rechtsschutzes die Überprüfung und Veränderung des verwaltungsinternen Instanzenzuges.[61] Zusätzlich sind die Zuständigkeiten von Verwaltungs- und Obergericht in öffentlich-rechtlichen Angelegenheiten klar voneinander abzugrenzen. Die Erweiterung der gerichtlichen Zuständigkeit wird sich schliesslich auch in organisatorischer und personeller Hinsicht auswirken, gerade auch, weil für das Verwaltungsgericht mit einer beträchtlichen Zunahme der Geschäftslast zu rechnen ist.

17   Schliesslich stellt sich die Frage, ob die Übergangsfrist von Art. 130 Abs. 3 zur Umsetzung von Art. 29a BV auch **ausserhalb des Anwendungsbereichs des BGG**, d.h. dann, wenn eine Beschwerde ans Bundesgericht ausgeschlossen ist Geltung erlangt.[62] Trotz gewisser Unklarheiten im Wortlaut ergibt sich aus Art. 130 Abs. 3, dass den Kantonen auch dann eine zweijährige Übergangsfrist für die Einrichtung der nach Art. 29a BV erforderlichen richterlichen Instanzen zusteht, wenn keine Beschwerde an das Bundesgericht offen steht.[63] Auch das Bundesgericht verlangt in seiner neusten Rechtsprechung, dass auch in den bundesgerichtlicher Überprüfung entzogenen Streitfällen, «in jedem Fall zumindest der Zugang zu einem unteren bzw. zu einem kantonalen Gericht» offen stehen müsse, soweit es sich um justiziable Materien handle.[64]

b) Obere Gerichte

18   Nach Art. 86 Abs. 2 sind für Verwaltungssachen neu obere Gerichte als **letztinstanzliche kantonale Gerichte** und **gerichtliche Vorinstanzen** des Bundesgerichts einzusetzen. Dieser gerichtliche Rechtsschutz auf kantonaler Ebene gilt neu auch für kantonalrechtliche Angelegenheiten (vgl. Art. 86 Abs. 2 N 12), für die bisher nur die staatsrechtliche

---

[58] Vgl. Botschaft 2001 BBl 2001 4222 und 4354. Zur Fristansetzung vgl. den Gesetzgebungsleitfaden, Leitfaden für die Ausarbeitung von Erlassen des Bundes (zit. Gesetzgebungsleitfaden), 2. Aufl., Bundesamt für Justiz, Bern 2002, 144.

[59] Ziff. 1 Abs. 1 SchlB der OG-Änderung vom 4.10.1991, AS 1992 288. BGE 127 II 161, 165 ff. E. 1b; BGE 123 II 231, 235 E. 5c; BGE 121 II 219, 222 f. E. 2c. Vgl. dazu EHRENZELLER/SCHWEIZER-PFISTERER, 328.

[60] Vgl. DAUM, BVR 2007, 6 f.; TOPHINKE, ZBl 2006, 88 ff.; AUER, ZBl 2006, 121 ff.

[61] EHRENZELLER/SCHWEIZER-PFISTERER, 315 f. rät den Kantonen aber davon ab, analog dem Beispiel des Bundes das verwaltungsinterne Beschwerdeverfahren weitgehend abzuschaffen. Zur Begründung verweist er überzeugend auf die Möglichkeit der Durchsetzung von Qualitätsanforderungen, auf die Trichterwirkung gegenüber dem Bundesgericht und auf den verwaltungsinternen Selbstreinigungs- und Erneuerungsprozess.

[62] So ist beispielsweise die Anfechtung einer ausländerrechtlichen Anwesenheitsbewilligung beim Bundesgericht mangels Rechtsanspruch mittels Beschwerde in öffentlich-rechtlichen Angelegenheiten kraft Art. 83 lit. c Ziff. 2 und mittels subsidiärer Verfassungsbeschwerde (Art. 115 lit. b BGG) gemäss Rechtsprechung des Bundesgerichts wegen fehlender Verletzung des Willkürverbots ausgeschlossen. Vgl. BGE 133 I 185, 197 ff. E. 6; Urteil vom 16.5.2007, 2C_198/2007.

[63] Vgl. dazu BELLANGER/TANQUEREL-LUGON/POLTIER/TANQUEREL, 130 f.

[64] BGE 133 I 185, 196 E. 5.3. Das Bundesgericht betont, dass dieser Rechtsschutz namentlich im Bereich ausländerrechtlicher Bewilligungen bisher in vielen Kantonen nicht gewährleistet sei.

Beschwerde zulässig war[65] (vgl. Art. 82 lit. a N 17). Es stellt sich die Frage, ob dieser gerichtliche Rechtsschutz auch für diejenigen Fälle gilt, in denen nur die subsidiäre Verfassungsbeschwerde zulässig ist[66]. Während die eine Lehrmeinung dies bejaht,[67] wird dies von der anderen mit der Begründung abgelehnt, nach dem Wortlaut gebe es für die subsidiäre Verfassungsbeschwerde keine Anpassungsfristen. Ausserdem sei die staatsrechtliche Beschwerde mit dem 1.1.2007 dahin gefallen, wodurch die subsidiäre Verfassungsbeschwerde während der «**Schonfrist**» für die Kantone eine erhöhte Bedeutung auch für die Belastung des Bundesgerichts erlange. Zudem gälten Art. 113 und Art. 114.[68] Diese letztere Meinung lässt jedoch ausser Acht, dass Art. 114 die sinngemässe Geltung der Vorinstanzenregelung in Art. 86 fordert, welche unter den Anwendungsbereich der Anpassungsfrist gem. Art. 130 Abs. 3 fällt. Diese Ausdehnung der gerichtlichen Überprüfung auf kantonaler Ebene mit bestimmten Ausnahmen (vgl. unten N 21 f.) in grundsätzlich allen öffentlich-rechtlichen Angelegenheiten wird zumeist eine Anpassung der kantonalen Gesetzgebung nötig machen. Die Kantone müssen danach eine **Verwaltungsgerichtsbarkeit mit genereller Zuständigkeit und voller Sachverhalts- und Rechtskontrolle einführen**.[69] Nach Art. 98a OG waren die Kantone bis anhin lediglich im Bereich des Bundesverwaltungsrechts und nur zur Einsetzung «richterlicher Behörden» als letzte kantonale Instanzen verpflichtet. Anpassungen sind jedoch in denjenigen Fällen vorzunehmen, in welchen untere kantonale Gerichte beispielsweise Amts- und Kreisgerichte als Haftprüfungsgerichte für die Ausschaffungshaft eingesetzt wurden.

Sind in einem Kanton **mehrere aufeinanderfolgende gerichtliche Instanzen für Verwaltungssachen** vorgesehen, ist die höchste Instanz – in der Regel das kantonale Verwaltungsgericht – als letzte vorzusehen. Verfügt hingegen ein Kanton in Verwaltungssachen nur über eine **einzige Gerichtsinstanz**, dann gilt diese automatisch als oberes Gericht. Anders als bei der Straf- und der Zivilrechtspflege schreibt das BGG den Kantonen im öffentlichen Recht das Prinzip der doppelten Instanz nicht vor. Jene Fälle, in denen ein anderes Bundesgesetz erlaubt, Entscheide einer unteren richterlichen Instanz direkt vor Bundesgericht anzufechten, wie beispielsweise den Entscheid der kantonalen Steuerrekurskommission gem. Art. 146 des Bundesgesetzes über die direkte Bundessteuer[70], bleiben vorbehalten.[71] **19**

Anders als bei den Straf- und Zivilsachen verweist Art. 130 Abs. 3 in öffentlich-rechtlichen Angelegenheiten nicht auf Art. 111 Abs. 3, wonach die unmittelbare Vorinstanz **20**

---

65 Dazu gehören: das Staatsorganisationsrecht, Gemeinderecht, öffentliches Dienstrecht, Staatshaftungsrecht, Abgaben, Bau- und Planungsrecht, kantonalrechtliche Enteignung, Feuerpolizei, Benützung öffentlicher Sachen, Gewerbepolizei, Schulrecht, Sozialhilfe und Kirchenwesen. Vgl. SEILER/VON WERDT/GÜNGERICH, BGG, Art. 82 N 5; HÄFELIN/MÜLLER/UHLMANN, Verwaltungsrecht⁵, N 1917d; KOLLER, ZBl 2006, 75; SGK-EHRENZELLER/MASTRONARDI/SCHWEIZER/ VALLENDER-KISS/KOLLER, Art. 191b BV, N 6; Botschaft 2001 BBl 2001 4326 und 4354.
66 Vgl. SEILER/VON WERDT/GÜNGERICH, BGG, Art. 114 N 4 und 5.
67 SEILER/VON WERDT/GÜNGERICH, BGG, Art. 114 N 4 und 5; DAUM, BVR 2007, 2; EHRENZELLER, Anwaltsrevue 2007, 106.
68 EHRENZELLER/SCHWEIZER-PFISTERER, 327 f.
69 Dies ergibt sich aus Art. 97–99. Vgl. Botschaft 2001 BBl 2001 4227 f. Den kantonalen Sozialversicherungsgerichten (Art. 57 ATSG) obliegt seit dem 1.1.2007 – mit Ausnahme von Streitigkeiten über Geldleistungen der Unfall- und Militärversicherung (Art. 97 Abs. 2, Art. 105 Abs. 3) – allein die volle Überprüfung und vollständige Feststellung des rechtserheblichen Sachverhalts. Dabei hängt es von der kantonalen Gesetzgebung ab, ob das kantonale Sozialversicherungsgericht die anfechtbaren Verwaltungsakte auf dem Gebiet des Sozialversicherungsrechts nicht nur auf ihre tatsächliche und rechtliche Richtigkeit, sondern auch auf ihre Angemessenheit überprüfen muss. So die Mitteilung des Bundesgerichts vom 12.2006, Ziff. III.
70 SR 642.11.
71 Botschaft 2001 BBl 2001 4326 f.

des Bundesgerichts mindestens die gleichen Rügen wie das Bundesgericht überprüfen können muss.[72] Dieser Unterschied im Bereich der Kognition wird damit erklärt, dass – gerade auch im Hinblick auf die Verpflichtung der Kantone zur Umsetzung von Art. 98a OG, die aber namentlich nicht das kantonale öffentliche Recht betraf – im straf- und zivilrechtlichen Bereich grösserer Anpassungsbedarf erblickt wurde.[73] Teilweise wird aus diesem Unterschied abgeleitet, in öffentlich-rechtlichen Angelegenheiten gelte seit dem 1.1.2007 voller Rechtsschutz, was die Rügen und die Überprüfungspflicht anbetreffe.[74] Dieser Argumentation ist jedoch entgegenzuhalten, dass auch Art. 130 Abs. 3 auf die Rechtsweggarantie verweist, welche gerade die Anrufung eines Gerichts mit umfassender Kognition in Rechts- und Sachverhaltsfragen garantieren soll. Demnach wird wohl auch in öffentlich-rechtlichen Angelegenheiten der volle Rechtsschutz erst nach Ablauf der zweijährigen Übergangsfrist und damit erst ab dem 1.1.2009 zum Tragen kommen.[75] Von Bedeutung ist in diesem Zusammenhang der Verweis auf die sog. für die staatsrechtliche Beschwerde geltende «**Dorénaz-Praxis**» des Bundesgerichts.[76] Nach dieser konnte der Entscheid der unteren kantonalen Instanz mitangefochten werden, wenn entweder der letzten kantonalen Instanz nicht sämtliche vor Bundesgericht zulässigen Rügen unterbreitet werden konnten oder wenn solche Rügen zwar von der letzten kantonalen Instanz zu beurteilen waren, jedoch mit einer engeren Prüfungsbefugnis, als sie dem Bundesgericht zustand.[77] Hier sind die Kantone beim Erlass der Ein- und Ausführungsgesetzgebung gefordert, dafür zu sorgen, dass die letzten kantonalen Instanzen eine dem Bundesgericht vergleichbare Prüfungsbefugnis haben, damit die «Dorénaz-Praxis» möglichst nicht zur Anwendung kommt.[78]

c) Drei Problemkonstellationen des Übergangsrechts

21   Das neue Recht wirft für Kantone, welche die Ausführungsbestimmungen nicht bereits auf den 1.1.2007 in Kraft setzen konnten, Fragen zur Zuständigkeitsordnung in öffentlich-rechtlichen Angelegenheiten auf.[79] Es stehen drei Problemkonstellationen im Zentrum. Dies lässt sich an der vom Regierungsrat des Kantons Bern gestützt auf Art. 130 Abs. 4 aus Gründen der Transparenz und der Rechtssicherheit am 25.10.2006 erlassenen Einführungsverordnung zum BGG (EV BGG-BE)[80] zeigen. Diese Verordnung ist für die Dauer der Übergangsfrist auf zwei Jahre vom 1.1.2007 bis zum 31.12.2008 befristet. Zunächst beantwortet sie die Frage, wie sich die Zuständigkeit des Berner Verwaltungsgerichts in Fällen bestimmt, in denen sich diese nach kantonalem Prozessgesetz bisher **aus der Zulässigkeit der eidgenössischen Verwaltungsgerichtsbeschwerde** ergab.[81] In diesem Fall bleibt die Verwaltungsgerichtsbeschwerde ans Verwaltungsgericht weiterhin zulässig.[82] Die verwaltungsgerichtliche Zuständigkeit wird demnach nicht wegen des

---

[72] Zumindest für die subsidiäre Verfassungsbeschwerde ist Art. 111 Abs. 3 gem. Art. 117 sinngemäss anzuwenden.

[73] Bundesrat BLOCHER, AB 2006 S 381. Krit. dazu PFISTERER, AB 2006 S 380; EHRENZELLER/SCHWEIZER-PFISTERER, 327.

[74] EHRENZELLER/SCHWEIZER-PFISTERER, 327.

[75] AUER, ZBl 2006, 136 f.; KNÜSEL, Jusletter 2006.

[76] SPÜHLER/DOLGE/VOCK, Kurzkommentar, Art. 130 N 4.

[77] Vgl. dazu BGE 126 II 377, 395 E. 8b; Urteil vom 24.3.2005, 1A.29/2005, E. 2.3.

[78] SPÜHLER/DOLGE/VOCK, Kurzkommentar, Art. 130 N 4.

[79] TSCHANNEN-HERZOG, 109 f.

[80] BSG 155.211.

[81] Vgl. dazu DAUM, BVR 2007, 9; EHRENZELLER/SCHWEIZER-AEMISEGGER, 146. Vgl. auch MERKLI/AESCHLIMANN/HERZOG, Kommentar VRPG, Art. 74 N 10 und Art. 76 N 7. Das VRPG-BE verwirklichte auf diese Weise Art. 98a OG.

[82] Art. 3 EV BGG-BE.

neurechtlich bedingten Wegfalls der eidgenössischen Verwaltungsgerichtsbeschwerde ausgeschlossen. So bleibt der gerichtliche Rechtsschutz erhalten. Dadurch, dass der Berner Regierungsrat die Zulässigkeit der kantonalen Verwaltungsgerichtsbeschwerde nach EV BGG-BE nicht an die Zulässigkeit der neuen Bundesrechtsmittel geknüpft hat, hat er klargestellt, dass der bisherige verwaltungsgerichtliche Zuständigkeitsbereich des Berner Verwaltungsgerichts bis zum Ablauf der zweijährigen Anpassungsfrist bzw. bis zum Inkrafttreten des ordentlichen Rechts die geltende Zuständigkeitsordnung beibehalten werden und weder eine Ausdehnung[83] noch eine Einschränkung[84] erfahren soll. Demnach ist im konkreten Fall zu prüfen, ob und ist das kantonale Verwaltungsgericht nur zuständig, wenn nach dem aufgehobenen Bundesrechtspflegegesetz die eidgenössische Verwaltungsgerichtsbeschwerde zulässig gewesen wäre.[85]

Die bernische EV BGG-BE geht zweitens auf die Frage ein, welche Behörde kantonal **22** letztinstanzlich in Fällen zuständig ist, in denen die **bisherige Zuständigkeit einer eidgenössischen Rekurskommission** ausnahmsweise **nicht auf das Bundesverwaltungsgericht übertragen** worden ist.[86] Auch hier bleibt die Verwaltungsgerichtsbeschwerde weiterhin zulässig.[87]

Schliesslich stellt sich drittens die Frage, ob der Ausschluss der Zuständigkeit des kantonalen Verwaltungsgerichts wegen Zuständigkeit einer eidgenössischen Rekurskommission auch nach deren **Ablösung durch das Bundesverwaltungsgericht** greift. Nach EV BGG-BE ist die Verwaltungsgerichtsbeschwerde gegen Verfügungen und Entscheide, die der Beschwerde an das Bundesverwaltungsgericht unterliegen, unzulässig.[88] Diese Lösungen tragen der Tatsache Rechnung, dass trotz Rechtswechsels weder der Stand des gerichtlichen Rechtsschutzes hinter denjenigen gem. Verpflichtung aus Art. 98a OG zurückfallen noch der Sinn der Anpassungsfrist mit einer raschen, aber demokratisch weniger legitimierten Regelung umgangen werden soll. **23**

d) Angelegenheiten mit vorwiegend politischem Charakter

In **Angelegenheiten mit vorwiegend politischem Charakter**,[89] d.h. in Angelegenheiten, **24** welche wegen ihres politischen Charakters nicht justiziabel sind,[90] wie beispielsweise bei

---

[83] Eine Ausdehnung würde dadurch erfolgen, dass der Ausnahmekatalog gegenüber dem alten Recht reduziert worden ist (vgl. Art. 99 ff. OG gegenüber Art. 83), und dass bei der Einheitsbeschwerde die Verfügungsgrundlage keine Rolle spielt (vgl. Art. 97 Abs. 1 OG i.V.m. Art. 5 VwVG gegenüber Art. 82 lit. a).

[84] Da die eidgenössische Verwaltungsgerichtsbeschwerde auch Streitigkeiten erfasst hatte, welche nach BGG heute im Rahmen der Beschwerde in Zivil- oder Strafsachen behandelt werden, würde der Zuständigkeitsbereich des Verwaltungsgerichts eingeschränkt. Zu den Zivilsachen gehören neu insb. Verfügungen in Registersachen (Grundbuch, Zivilstands- und Handelsregister) und der Bereich der Stiftungsaufsicht (Art. 72 Abs. 2 lit. b Ziff. 2 und 4). Neu unterliegen der Beschwerde in Strafsachen der Vollzug von Strafen und Massnahmen (Art. 78 Abs. 2 lit. b).

[85] DAUM, BVR 2007, 9 ff.

[86] Vgl. z.B. AS 2006 2248; Botschaft 2001 BBl 2001 4427 f. Hier sind im Bereich von Streitigkeiten aus dem Berufsbildungsrecht durch Aufhebung von lit. c des Art. 61 Abs. 1 des Bundesgesetzes vom 13.12.2002 über die Berufsbildung (BBG, SR 412.10) die kantonalen Verwaltungsgerichte zu Rechtsmittelbehörden gegen Entscheide kantonaler Behörden und von Anbietern mit kantonalem Auftrag gemacht worden. Vgl. TSCHANNEN-HERZOG, 109 f.

[87] Art. 4 EV BGG-BE.

[88] Art. 5 EV BGG-BE.

[89] Vgl. Art. 86 Abs. 3 i.V.m. Art. 29a Satz 2 BV. Zum Anwendungsbereich von Entscheiden vorwiegend politischen Charakters vgl. SEILER/VON WERDT/GÜNGERICH, BGG, Art. 86 Abs. 3 N 21 ff.

[90] FS WILDHABER-AEMISEGGER, 15; AUBERT/MAHON, commentaire, Art. 29a N 6; THÜRER/AUBERT/MÜLLER-HOTTELIER, § 51, N 21.

Entscheiden über Richtpläne – soweit dieser Rechtsbereich nicht stark verrechtlicht wurde – oder bei Entscheiden über Begnadigungen, darf der kantonale Gesetzgeber gem. Art. 86 Abs. 3 statt einer gerichtlichen Instanz eine andere Behörde als unmittelbare Vorinstanz des Bundesgerichts einsetzen (vgl. Art. 86 Abs. 3 N 18 ff.). Das Bundesgericht hat zu prüfen, ob die Bedingung des vorwiegend politischen Charakters erfüllt und die Ausnahme von der gerichtlichen Überprüfung mit der Rechtsweggarantie vereinbar ist. Auch bei behördlicher Verletzung von **politischen Rechten in kantonalen Angelegenheiten** ist gem. Art. 88 Abs. 2 Satz 1 (vgl. dort N 14 f.) keine kantonale richterliche Behörde als Vorinstanz vorgeschrieben.[91] Für diese Ausnahmeregelung hat der kantonale Gesetzgeber lediglich zwei Jahre Zeit. Danach muss die in Art. 88 Abs. 2 geforderte Rechtsmittelinstanz gemäss Auslegung des Bundesgerichts ein Gericht sein.[92] Andernfalls kommt Art. 29a BV unmittelbar zum Tragen und gibt den Rechtsuchenden Anspruch auf eine Beschwerde an ein Gericht. Beide Möglichkeiten zur Einschränkung der Rechtsweggarantie gibt den Kantonen jedoch keinen Freipass, um ihre Parlaments- und Regierungsentscheide a priori von der Gerichtskontrolle zu befreien.[93]

e) Stimmrechtsmaterien

25   Die Kantone haben gem. Art. 88 Abs. 2 (vgl. dort N 14) neu auch eine **Vorinstanz für Stimmrechtsmaterien** einzurichten, soweit eine solche nicht bereits besteht. Nach Art. 88 Abs. 2 haben die Kantone **in kantonalen und kommunalen Stimmrechtssachen** jedoch lediglich und ohne weitere gesetzliche Anforderungen «ein Rechtsmittel» an eine letzte kantonale Instanz, aber nicht notwendigerweise an ein Gericht, vorzusehen.[94] In einigen Kantonen führt der Rechtsmittelweg an ein Gericht.[95] Der Bundesgesetzgeber hat es jedoch offen gelassen, ob die Vorinstanz auch eine nichtrichterliche Behörde, beispielsweise die kantonale Exekutive sein kann.[96] Die eine Lehrmeinung geht davon aus, dass die Vorinstanz nicht zwingend eine gerichtliche sein müsse und es den Kantonen erlaube, eine nichtrichterliche Vorinstanz zu bestimmen.[97] Eine andere Lehrmeinung verneint dies jedoch.[98] Zwar lässt sich aus dem Wortlaut nicht eindeutig ermitteln, ob es sich bei der Rechtsmittelinstanz in kantonalen Stimmrechtsangelegenheiten um ein Gericht handeln muss. Hingegen ergibt der Vergleich mit Art. 86 Abs. 3, dass es der Gesetzgeber

---

[91] Vgl. Botschaft 2001 BBl 2001 4227 f., 4327. Den politischen Charakter der politischen Rechte verneinend: vgl. oben Art. 88 N 15 sowie Urteil vom 12.2.2007, 1P.338/2006, E. 3.10, ZBl 2007, 321.

[92] Urteil vom 12.2.2007, 1P.338/2006, E. 3.10, ZBl 2007, 320 f.

[93] EHRENZELLER/SCHWEIZER-PFISTERER, 304 f. Krit. dazu auch TSCHANNEN-HERZOG, 86 ff. Sie weist u.a. auf den Umstand hin, dass die Rechtspflege im Bereich des öffentlichen Rechts regelmässig mit Streitigkeiten mit politischem Einschlag konfrontiert sei.

[94] Gemäss Art. 88 Abs. 2 sind die Kantone in Bezug auf Akte des Parlaments und der Regierungen von dieser Pflicht dispensiert (vgl. Art. 88 Abs. 2 N 11 f.).

[95] Vgl. dazu die Nachweise bei ETIENNE GRISEL, Initiative et référendum populaires, 3. Aufl., Bern 2004, Rz 335.

[96] Bei Stimmrechtssachen in eidgenössischen Angelegenheiten fungieren gem. Art. 88 Abs. 1 lit. a die Kantonsregierungen als Vorinstanz. Dies verstösst bei strenger wörtlicher Auslegung des BGG im Bereich des Rechtsschutzes gegen Verletzungen eidgenössischer politischer Rechte gegen Art. 29a BV, welcher bei allen Rechtsstreitigkeiten den Zugang zu mindestens einem Gericht mit voller Sachverhalts- und Rechtskontrolle gewährt. Denn weder die Kantonsregierungen noch das Bundesgericht erfüllen diese Anforderung. EHRENZELLER/SCHWEIZER-BESSON, 430 f.

[97] SEILER/VON WERDT/GÜNGERICH, BGG, Art. 88 Abs. 2 N 10; SPÜHLER/DOLGE/VOCK, Kurzkommentar, Art. 88 N 2; BELLANGER/TANQUEREL-LUGON/POLTIER/TANQUEREL, 117; in diese Richtung auch HÄFELIN/HALLER/KELLER, Suppl., N 1968.

[98] Vgl. ausführlich TSCHANNEN-HERZOG, 86 ff.

klarer formulieren würde, wollte er die Kantone von der Verpflichtung zur Einrichtung einer richterlichen Vorinstanz befreien. Betrachtet man Art. 88 Abs. 2 Satz 1 im Zusammenhang des Gesamtsystems und der Ziele des BGG, zeigt sich, dass mit einer möglichst flächendeckenden Einrichtung von gerichtlichen Vorinstanzen der gerichtliche Rechtsschutz in den Kantonen erhöht, der Rechtsweggarantie zum Durchbruch verholfen und das Bundesgericht entlastet werden soll. Gemäss verfassungskonformer Auslegung von Art. 29a BV soll das Gesetz nur punktuelle Ausnahmen zulassen.[99] Wird in den Kantonen und Gemeinden im Bereich der politischen Rechte kein umfassender Rechtsschutz gewährt, ist dies unter dem Aspekt der Rechtsweggarantie problematisch.[100] Auch rechtspolitische Überlegungen wie die Entlastung von Parlament und Regierung von Richterfunktionen sowie die Entpolitisierung von Entscheiden sprechen für die Einrichtung einer gerichtlichen Vorinstanz in kantonalen und kommunalen Stimmrechtssachen. Aus all diesen Gründen, insb. aber unter dem Blickwinkel der Rechtsweggarantie von Art. 29a BV sind die politischen Rechte von Kantonen und Gemeinden nicht vom Schutzbereich der verfassungsrechtlichen Garantie auszunehmen und deshalb die Verpflichtung der Kantone zur **Einrichtung eines kantonalen Gerichts als Rechtsmittelinstanz zwingend geboten**.[101] Nun hat das Bundesgericht, wie erwähnt (vgl. oben N 24), zur kantonalen Vorinstanzenregelung im Februar 2007 frühzeitig Stellung genommen und im Sinne dieser zweiten Lehrmeinung entschieden.[102] Nur gegen **Akte des Kantonsparlaments und der Kantonsregierung**[103] sind die Kantone gem. Art. 88 Abs. 2 Satz 2 nicht verpflichtet, ein kantonales Rechtsmittel vorzusehen. Mangels besonderer Gewaltenteilungsprobleme gilt diese fakultative Ausnahme von der Rechtsweggarantie jedoch nicht für **Akte von Gemeindeexekutive und -legislative** bezüglich den kommunalen politischen Rechten.[104]

f) Vorinstanzenregelung nach VGG

Nach VGG sind demgegenüber die Kantone nicht verpflichtet, für Verfügungen kantonaler Instanzen, die gem. Art. 33 lit. i VGG beim Bundesverwaltungsgericht anzufechten sind, richterliche Behörden als **Vorinstanzen des Bundesverwaltungsgerichts** einzusetzen.[105] Denn hier kann der Bund die Gewährleistung der Rechtsweggarantie übernehmen.[106]

26

---

[99] EHRENZELLER/SCHWEIZER-BESSON, 430 f.; EHRENZELLER/SCHWEIZER-PFISTERER, 306; W. HALLER, in: B. Ehrenzeller/P. Mastronardi/R.J. Schweizer/K.A. Vallender, Die schweizerische Bundesverfassung: Kommentar, Zürich 2003, zu Art. 189 BV, 425 ff.; RHINOW, Grundzüge, N 2605. Zur Verfassungswidrigkeit des Ausschlusses eines ganzen Rechtsgebiets vgl. ausführlich M. SCHEFER, Die Kerngehalte von Grundrechten, Bern 2001, 526 f.

[100] Vgl. zum Ganzen EHRENZELLER/SCHWEIZER-BESSON, 432 ff.

[101] EHRENZELLER/SCHWEIZER-BESSON, 434 f.; TSCHANNEN-KIENER, 250; TOPHINKE, ZBl 2006, 104 ff.

[102] Urteil vom 12.2.2007, 1P.338/2006, E. 3.10, ZBl 2007, 321.

[103] Unter diese fallen beispielsweise die Ungültigerklärung von Volksinitiativen durch das Kantonsparlament oder die Abstimmungserläuterungen der Kantonsregierung. Die Abgrenzung der kantonalen Legislativ- oder Exekutivakte von Akten anderer Behörden des Kantons erfolgt nach den gleichen Kriterien wie auf Bundesebene bei der Auslegung von Art. 189 Abs. 4 BV, sofern das kantonale Recht keine anders lautenden Bestimmungen enthält. Vgl. dazu EHRENZELLER/SCHWEIZER-BESSON, 425 ff.

[104] Vgl. dazu auch Botschaft 2001 BBl 2201 4327. Abgesehen davon konnten Akte untergeordneter Behörden bereits de lege lata regelmässig mit einer Beschwerde auf ihre Rechtmässigkeit hin überprüft werden.

[105] DAUM, BVR 2007, 4.

[106] SPÜHLER/DOLGE/VOCK, Kurzkommentar, Art. 110 N 3; EHRENZELLER/SCHWEIZER-PFISTERER, 311; TSCHANNEN-HERZOG, 95 f.; WALDMANN, AJP 2003, 759.

g) Kantonale Erlasse

27   Die Übergangsfrist in öffentlich-rechtlichen Angelegenheiten erstreckt sich nicht auf kantonale Erlasse. Von Bundesrechts wegen ist gegen **kantonale Erlasse** kein Rechtsmittel vorgeschrieben. Insofern besteht auch diesbezüglich eine Ausnahme von der Verpflichtung des gerichtlichen Rechtsschutzes auf kantonaler Ebene. Ist in einem Kanton auch nach dem Inkrafttreten des BGG am 1.1.2007 kein Verfahren der abstrakten Normenkontrolle vorgesehen, so ist wie bisher gem. Art. 87 Abs. 1 (vgl. Art. 87 N 1 f.) die Beschwerde direkt ans Bundesgericht offen.

III. Die nichtreferendumspflichtige kantonale Ausführungsgesetzgebung (Abs. 4)

28   Nach Abs. 4 können die Kantone bis zum Erlass der Ausführungsgesetzgebung die **Ausführungsbestimmungen in die Form nicht referendumspflichtiger Erlasse kleiden**, soweit dies zur Einhaltung der in den Abs. 1–3 festgesetzten Fristen notwendig ist.[107] Diese Bestimmung soll es den Kantonen ermöglichen, die in Abs. 1–3 vorgesehenen sechs- bzw. zweijährigen Anpassungsfristen einzuhalten und die entsprechenden Vorschriften beispielsweise wenigstens auf Verordnungsstufe zu erlassen, sollten sie sonst den Gesetzgebungsauftrag nicht fristgerecht erfüllen können. Wie aus dem Wortlaut hervorgeht, kann es sich dabei nur um eine provisorische, d.h. um eine «[b]is zum Erlass der Ausführungsgesetzgebung» dauernde Lösung handeln. Zu ihr darf auch **nur nötigenfalls** gegriffen werden, wenn ohne die bloss vorübergehende Regelung die in Abs. 1–3 vorgesehenen Fristen nicht eingehalten werden könnten, sei es, dass mit der Anpassungsgesetzgebung noch nicht begonnen worden ist oder sei es, dass sie bis zum Ablauf der Frist am 31.12.2008 nicht abgeschlossen werden kann.[108] Vom Verzicht auf das Referendum dürfen somit nur Anpassungen umfasst sein, welche nach Abs. 1–3 erforderlich sind. Von einer späteren Regelung der Ausführungsbestimmungen in einem formellen Gesetz, die dem Referendum unterstehen, sind die Kantone mit Abs. 4 jedoch nicht entbunden. Anderes gilt für Anpassungen des kantonalen Rechts, die bundesrechtlich nicht vorgeschrieben sind, aber infolge des BGG notwendig werden. Diese können auf dem vom kantonalen Recht vorgesehenen Weg und deshalb allenfalls auch unter Verzicht auf das Referendum erlassen werden. Die Erlassform richtet sich für diese Anpassungen ebenfalls nach kantonalem Staatsrecht.

29   Es ist den Kantonen freigestellt zu bestimmen, **welche Behörde** für den Erlass der zeitlich befristeten Ausführungsbestimmungen ohne Referendumsvorbehalt **zuständig** ist. Kantonsregierungen können hier deshalb nur gesetzgeberisch tätig werden, wenn dies im kantonalen Staatsrecht so vorgesehen ist. Ansonsten hat das kantonale Parlament unter Ausschluss des Referendums zu legiferieren.[109]

30   Die **kantonalen provisorischen Ausführungserlasse gelten** solange, bis die ordentliche dem Bundesrecht entsprechende Gesetzgebung in Kraft getreten ist.[110] Da sie auf Bundesrecht beruhen, **gehen** diese provisorischen Regelungen dem kantonalen Gesetzesrecht **vor**.[111]

---

[107] So schon zu Art. 98a OG Ziff. 1 Abs. 2 SchlB der OG-Änderung vom 4.10.1991, AS 1992 288. Vgl. z.B. die Einführungsverordnung des bernischen Regierungsrats zum BGG vom 25.10.2006.

[108] BGE 131 I 291, 301 E. 2.6.

[109] EHRENZELLER/SCHWEIZER-PFISTERER, 329 f.

[110] BGE 131 I 291, 304 E. 2.8.

[111] BGE 131 I 291, 303 E. 2.7.2.

IV. Rechtliche Konsequenzen bei Missachtung der Anpassungsfrist

Es stellt sich schliesslich die Frage nach den rechtlichen Konsequenzen, wenn ein Kanton die Anpassungsfristen nicht einhält und zur Anpassung weder die entsprechende Ausführungsgesetzgebung noch dem Referendum entzogene Bestimmungen erlassen hat. Es fragt sich insb., ob gestützt auf die bundesrechtlichen Bestimmungen[112] kantonale Gerichtsbehörden direkt angerufen werden können. Das Bundesgericht hat Art. 6 Ziff. 1 EMRK als subsidiäre unmittelbar anwendbare Zuständigkeitsvorschrift für kantonale Gerichtsbehörden betrachtet und dadurch erheblich in die kantonale Organisations- und Verfahrensautonomie eingegriffen. Nach dieser bisherigen Bundesgerichtspraxis in Raumplanungssachen[113] und zu Art. 98a OG sind nach Ablauf der Anpassungsfrist das **BGG und seine Vorinstanzenregelung subsidiär unmittelbar anwendbar** und zwar selbst dann, wenn der kantonale Gesetzgeber eine entsprechende Zuständigkeits- und Rechtsschutzbestimmung bereits ausdrücklich abgelehnt hat.[114]

31

Da das Bundesrecht eine entsprechende gerichtliche Zuständigkeit fordert, welche vom kantonalen Recht nicht gewährleistet ist, hat die kantonale Gerichtsbehörde die durch das säumige Verhalten des Kantons entstandene **Lücke im kantonalen Gerichtsorganisationsrecht** mit einer bundesrechts- und letztlich auch konventionskonformen Lösung zu schliessen. So tritt sie beispielsweise trotz einer kantonalrechtlichen Ausschlussbestimmung auf eine Beschwerde ein oder nimmt entgegen einer kantonalrechtlichen Kognitionsbeschränkung die bundesrechtlich vorgeschriebene Überprüfung vor. Wird ein diesen Anforderungen nicht genügender kantonaler letztinstanzlicher, nicht gerichtlicher Entscheid ans Bundesgericht weitergezogen, hat dieses den Entscheid aufzuheben und entweder an die zuletzt entscheidende Instanz[115] oder an diejenige Gerichtsinstanz zurückzuweisen, die am ehesten zuständig erscheint.[116] Wird ein Entscheid nach Ablauf der Anpassungsfrist von einer nicht richterlichen kantonalen Behörde direkt ans Bundesgericht weitergezogen, darf dieses gem. seiner bisherigen Praxis zu Art. 98a OG[117] auf die Beschwerde mangels Erschöpfung des bundesrechtlich vorgeschriebenen kantonalen Instanzenzugs nicht eintreten. Der Rechtsuchende hat vielmehr bei derjenigen kantonalen gerichtlichen Instanz Beschwerde zu erheben, die am ehesten zuständig ist.[118]

32

---

[112] Art. 191b und Art. 29a BV, Art. 75, Art. 80, Art. 86–88 sowie Art. 114.

[113] Art. 33 RPG. Vgl. das nicht veröffentlichte Urteil des Bundesgerichts vom 31.10.1990 i.S. Z. und Mitbeteiligte gegen Regierungsrat des Kantons Luzern, E. 3d.

[114] BGE 123 II 231, 236 E. 7; BGE 121 II 219, 222 f. E. 2c; BGE 118 Ia 331, 333 ff. E. 3. **A.M.** EHRENZELLER/SCHWEIZER-PFISTERER, 330 f. Er führt v.a. rechtspolitische Überlegungen an. Gegen die hier vertretene Lösung bringt er vor, dass es hier – anders als bei der einzigen Entlastungsklausel in Gestalt von Art. 98a OG – um eine tief greifende, langfristige Lösung gehe. Die Kantone seien zu einer umfassenden, komplexen, zusammenhängenden Reform angehalten, welche nicht durch Richterspruch eingeführt werden könne, sondern wegen der Wichtigkeit der Entscheide auf dem Gesetzgebungsweg erfolgen müsse. Zudem sieht er den Erlass der kantonalen Ausführungsbestimmungen durch ein direktes Eingreifen des Bundesgerichts politisch gefährdet. Die unmittelbare Anwendbarkeit könne schliesslich auch nicht mit dem Rechtsschutzinteresse begründet werden.

[115] BGE 128 II 311, 322 f. E. 6.3.

[116] BGE 123 II 231, 240 E. 8c.

[117] BGE 123 II 231, 237 E. 7.

[118] SEILER/VON WERDT/GÜNGERICH, BGG, Art. 130 N 30.

Art. 131

Aufhebung und Änderung bisherigen Rechts

[1] **Das Bundesgesetz vom 16. Dezember 1943 über die Organisation der Bundesrechtspflege wird aufgehoben.**

[2] **Die Änderung bisherigen Rechts wird im Anhang geregelt.**

[3] **Die Bundesversammlung kann diesem Gesetz widersprechende, aber formell nicht geänderte Bestimmungen in Bundesgesetzen durch eine Verordnung anpassen.**

Abrogation et modification du droit en vigueur

[1] La loi fédérale d'organisation judiciaire du 16 décembre 1943 est abrogée.

[2] Les modifications du droit en vigueur figurent en annexe.

[3] L'Assemblée fédérale peut adapter par une ordonnance les dispositions de lois fédérales contraires à la présente loi qui n'ont pas été formellement modifiées par celle-ci.

Abrogazione e modifica del diritto vigente

[1] La legge federale del 16 dicembre 1943 sull'organizzazione giudiziaria è abrogata.

[2] La modifica del diritto vigente è disciplinata nell'allegato.

[3] L'Assemblea federale può adeguare mediante ordinanza le disposizioni di leggi federali che, nonostante siano in contraddizione con la presente legge, non sono state modificate formalmente dalla stessa.

Inhaltsübersicht

Materialien

Art. 117 E 2001 BBl 2001 4511; Botschaft 2001 BBl 2001 4355; Botschaft 2006 BBl 2006 7759; AB 2003 S 913; AB 2004 N 1615.

I. Aufhebung bisherigen Rechts (Abs. 1)

1 Das **OG** ist am 31.12.2006 **ausser Kraft** getreten (vgl. unten Art. 133 Abs. 2 N 4). Davon sind gewisse übergangsrechtliche Bestimmungen ausgenommen, welche auch nach Inkrafttreten des BGG noch weiter gelten (vgl. unten Art. 132 N 1 ff.). Mit dem OG wurden auch auf dieses Gesetz gestützte Erlasse tieferer Stufe aufgehoben. Bisherige Erlasse unterer Stufe, für welche neu das BGG anstelle des OG eine gesetzliche Grundlage bilden kann, gelten weiter.

2 Soweit sie dem neuen Recht inhaltlich nicht widersprechen und solange der nach neuem Recht zuständige Bundesrat nichts anderes bestimmt, bleiben deshalb gem. den Schlussbestimmungen des SchKG[1] wie auch des SchGG[2] zur Änderung vom 17.6.2005 die Aus-

---

[1] Bundesgesetz vom 11.4.1889 über Schuldbetreibung und Konkurs.
[2] Bundesgesetz vom 4.12.1947 über die Schuldbetreibung gegen Gemeinden und andere Körperschaften des kantonalen öffentlichen Rechts.

führungsverordnungen des Bundesgerichts, welche dieses gestützt auf die bisherigen Art. 15 Abs. 2 SchKG und Art. 46 Abs. 1 SchGG erlassen hat, in Kraft und sind nicht durch Bundesratsverordnungen zu ersetzen.[3]

II. Änderungen bisherigen Rechts (Abs. 2)

Gemäss Anhang zum BGG sind **vierzehn Bundesgesetze von Änderungen betroffen**. 3 Sie werden dadurch formell an das BGG angepasst. Mit dem ebenfalls auf den 1.1.2007 in Kraft getretenen VGG sind weitere 150 Gesetze geändert worden, welche ebenfalls in dessen Anhang aufgeführt sind. Diese Änderungen, wie beispielsweise diejenigen in Bezug auf das Anfechtungsobjekt[4] oder auf das vorinstanzliche Verfahren, sind für das Bundesgericht von indirektem Interesse.

Eines der vierzehn geänderten Bundesgesetze ist das **Gleichstellungsgesetz** (GlG).[5] Anders als bisher soll nur noch das Verfahren vor den kantonalen Gerichten kostenlos sein.[6] Neu ist in Gleichstellungsangelegenheiten auch die Behördenbeschwerde nach Art. 89 Abs. 2 lit. a zulässig.[7]

Da nach Art. 82 lit. c (vgl. oben Art. 82 N 75 ff.) und Art. 88 Abs. 1 lit. b Abstimmungs- 5 und Wahlbeschwerden betr. die Nationalratswahlen neu bis ans Bundesgericht weitergezogen werden können, ist das **Bundesgesetz über die politischen Rechte** (BPR)[8] entsprechend revidiert worden.

Mit der Revision des **Bundesgesetzes über Besoldung und berufliche Vorsorge von** 6 **Magistratspersonen**[9] ist neu die Bundesversammlung anstelle des Bundesrats für die Regelung der Reiseauslagenvergütung und die Taggeldregelung der nebenamtlichen Bundesrichter zuständig.

Art. 31 Abs. 1 **Strafgerichtsgesetz** (SGG)[10] enthält eine bloss redaktionelle Änderung, 7 indem es nicht wie bisher auf das OG, sondern auf das BGG verweist.

Vorwiegend redaktionelle Anpassungen enthält auch das **Bundesgesetz über den Bun-** 8 **deszivilprozess** (BZP).[11] Zudem ist nach Art. 52 Abs. 1 BZP neu die Vorlage von Urkunden in elektronischer Kopie zugelassen.

Mit der Anpassung des **Bundesgesetzes** vom 11.4.1889 **über Schuldbetreibung und** 9 **Konkurs** (SchKG)[12] wird die Übertragung der Oberaufsicht über das Schuldbetreibungs- und Konkursrecht vom Bundesgericht auf den Bundesrat festgeschrieben. Damit wurde das Bundesgericht von sachfremden Aufgaben entlastet.[13] Zudem ist seit Inkrafttreten des BGG das Beschwerdeverfahren in SchKG-Sachen vor Bundesgericht kostenpflichtig.[14]

---

3 SEILER/VON WERDT/GÜNGERICH, BGG, Art. 130 N 3.
4 Vgl. zum Verfügungsbegriff Art. 5 und 25a VwVG in der seit 1.1.2007 geltenden Fassung.
5 Vgl. Anhang Ziff. 1.
6 Art. 12 Abs. 2 GlG. Vgl. auch Botschaft 2001 BBl 2001 4355. Zu den Gerichtskosten vgl. oben zu Art. 65 N 2.
7 Vgl. früher Art. 13 Abs. 4 aGlG i.V.m. Art. 103b OG.
8 Vgl. Anhang Ziff. 2.
9 Vgl. Anhang Ziff. 3.
10 Vgl. Anhang Ziff. 4.
11 Vgl. Anhang Ziff. 5.
12 Vgl. Anhang Ziff. 6.
13 Botschaft 2001 BBl 2001 4357.
14 Botschaft 2001 BBl 2001 4358.

Auch die Anpassung des Bundesgesetzes vom 4.12.1947 über die Schuldbetreibung gegen Gemeinden und andere Körperschaften des kantonalen öffentlichen Rechts (SchGG)[15] betrifft wie das SchKG die Änderungen in der Aufsichtsbehörde.

10   Mit der Revision des **Bundesgesetzes über das Internationale Privatrecht** (IPRG)[16] erfolgt eine Anpassung an Art. 77.

11   Der gem. Art. 346 Abs. 2 **Strafgesetzbuch** (StGB)[17] in Bezug auf das Verfahren statuierte Vorbehalt zugunsten anderer Bundesgesetze umfasst nun neu anstelle des OG das BGG.

12   Die Revision des **Bundesgesetzes über die Bundesstrafrechtspflege** (BStP)[18] trägt dem Umstand Rechnung, dass neu das BGG die Beschwerde an das Bundesgericht in Strafsachen abschliessend regelt. Demgegenüber war die Nichtigkeitsbeschwerde in Strafsachen bisher im Wesentlichen im BZP geregelt gewesen. Wie auch in den anderen, angepassten Bundesgesetzen wurden Verweise auf das OG betr. das vorinstanzliche Verfahren durch solche auf das BGG ersetzt.

13   Bei den in Anhang Ziff. 11–14 aufgeführten Gesetzen[19] mussten aufgrund des neuen Rechts lediglich redaktionelle Änderungen vorgenommen werden.

III. Anpassung durch eine Verordnung der Bundesversammlung (Abs. 3)

14   Art. 131 Abs. 3 überträgt der Bundesversammlung die Kompetenz, dem BGG materiell widersprechende, aber formell nicht geänderte Gesetze auf dem Verordnungsweg anzupassen.[20] Diese **Kompetenzdelegation an das Parlament** soll eine nachträgliche Feinabstimmung der bestehenden Gesetzgebung auf das neue Rechtsschutzsystem ermöglichen. Da gewisse Vorschriften bei der systematischen Durchsicht der Rechtspflegebestimmungen des geltenden Rechts übersehen,[21] und gleichzeitig mit der Totalrevision der Bundesrechtspflege andere Gesetze erlassen und revidiert worden sind, können gestützt auf Art. 131 Abs. 3 diese Lücken geschlossen werden.[22]

---

[15] Vgl. Anhang Ziff. 7.

[16] Vgl. Anhang Ziff. 8.

[17] Vgl. Anhang Ziff. 9.

[18] Vgl. Anhang Ziff. 10.

[19] Bundesgesetz über das Verwaltungsstrafrecht; Bundesgesetz über die direkte Bundessteuer; Bundesgesetz über die Harmonisierung der direkten Steuern der Kantone und Gemeinden; Edelmetallkontrollgesetz.

[20] Das in Art. 163 Abs. 1 BV und Art. 22 Abs. 2 ParlG vorgesehene Instrument der Parlamentsverordnung soll es der Bundesversammlung ermöglichen, rechtsetzende Bestimmungen aufgrund einer Ermächtigung durch die Verfassung oder den Bundesgesetzgeber ohne Referendumsvorbehalt zu erlassen. Vgl. RHINOW, Grundzüge, N 2453; SGK-SUTTER-SOMM, Art. 163 BV, N 12 ff. Die gleiche Delegationsnorm findet sich in Art. 49 Abs. 2 VGG.

[21] So muss heute beispielsweise gem. Art. 89 Abs. 2 lit. d die Beschwerdebefugnis einer autonomen Anstalt auf Gesetzesstufe verankert werden. Eine Regelung auf Verordnungsstufe genügt nicht mehr. Am Grundsatz, dass autonome Instanzen gegen Entscheide der Rekurskommissionen bzw. neu des Bundesverwaltungsgerichts an das Bundesgericht gelangen können, wollte der Gesetzgeber festhalten. Während das Bankengesetz im Anhang zum VGG entsprechend angepasst worden ist, musste dies für das Heilmittelinstitut im Heilmittelgesetz nachgeholt werden. Vgl. dazu Botschaft zur Verordnung der Bundesversammlung betr. die Anpassung von Erlassen an die Bestimmungen des Bundesgerichtsgesetzes und des Verwaltungsgerichtsgesetzes vom 6.9.2006, Botschaft 2006 BBl 2006 7767.

[22] Botschaft zur Verordnung der Bundesversammlung betr. die Anpassung von Erlassen an die Bestimmungen des Bundesgerichtsgesetzes und des Verwaltungsgerichtsgesetzes vom 6.9.2006, Botschaft 2006 BBl 2006 7761. SPÜHLER/DOLGE/VOCK, Kurzkommentar, Art. 131 N 3.

Da das BGG die gesamte Bundesgesetzgebung betrifft, soll mit der Regelung in Abs. 3 **15** sichergestellt werden, dass die Legislative allenfalls noch nicht geändertes älteres Recht verfahrensmässig effizient formell an die neue Bundesgerichtsorganisation anpassen kann. Aus der Regel der lex posterior derogat legi priori ergibt sich, dass diese Vorgehensweise der Bundesversammlung nicht mehr als eine bloss «kosmetische» Massnahme sein darf und sie auf dem Verordnungsweg nur dem BGG offensichtlich widersprechende ältere Gesetzesbestimmungen anpasst.[23] Handelt es sich beim älteren Recht jedoch um eine lex specialis, gebietet es der **Grundsatz des Parallelismus der Formen**, dass die Bundesversammlung das normale Gesetzgebungsverfahren anstrengt.

Die Bundesversammlung hat inzwischen von ihrer Kompetenz Gebrauch gemacht. Am **16** **1.1.2007** ist die **Verordnung der Bundesversammlung über die Anpassung von Erlassen an die Bestimmungen des BGG und des VGG** vom 20.12.2006 **in Kraft getreten.**[24] Mit dieser Verordnung wurden weitere siebzehn Bundesgesetze angepasst.[25]

Art. 132

Übergangs-bestimmungen	[1] **Dieses Gesetz ist auf die nach seinem Inkrafttreten eingeleiteten Verfahren des Bundesgerichts anwendbar, auf ein Beschwerdeverfahren jedoch nur dann, wenn auch der angefochtene Entscheid nach dem Inkrafttreten dieses Gesetzes ergangen ist.**
	[2] **Gegen Plangenehmigungsentscheide des Eidgenössischen Departements für Umwelt, Verkehr, Energie und Kommunikation betreffend die zweite Phase der NEAT (Art. 10bis Abs. 1 Bst. b des Alpentransit-Beschlusses vom 4. Okt. 1991) kann in Abweichung von Artikel 86 Absatz 1 direkt beim Bundesgericht Beschwerde geführt werden. Das Bundesgericht kann in diesen Fällen den Sachverhalt frei prüfen.**
	[3] **Die Amtsdauer der ordentlichen und nebenamtlichen Bundesrichter und Bundesrichterinnen, die gestützt auf das Bundesrechtspflegegesetz vom 16. Dezember 1943 oder den Bundesbeschluss vom 23. März 1984 über die Erhöhung der Zahl der nebenamtlichen Richter des Bundesgerichts gewählt worden sind oder die in den Jahren 2007 und 2008 gewählt werden, endet am 31. Dezember 2008.**
	[4] **Die zahlenmässige Begrenzung der nebenamtlichen Bundesrichter und Bundesrichterinnen gemäss Artikel 1 Absatz 4 gilt erst ab 2009.**
Droit transitoire	[1] La présente loi s'applique aux procédures introduites devant le Tribunal fédéral après son entrée en vigueur; elle ne s'applique aux procédures de recours que si l'acte attaqué a été rendu après son entrée en vigueur.
	[2] Les décisions d'approbation de plans qui sont prises par le Département fédéral de l'environnement, des transports, de l'énergie et de la communica-

---

[23] Nicht so differenziert Botschaft 2001 BBl 2001 4355.
[24] AS 2006 5599.
[25] Vgl. dazu Botschaft 2006 BBl 2006 7759 ff. sowie Entwurf, BBl 2006 7771 ff.

tion en ce qui concerne la 2e phase de la NFLA (art. 10bis, al. 1, let. b, de l'AF du 4 oct. 1991 sur le transit alpin) peuvent, en dérogation à l'art. 86, al. 1, faire directement l'objet d'un recours devant le Tribunal fédéral. Celui-ci peut, dans ces cas, examiner librement les faits.

3 La période de fonction des juges ordinaires et suppléants qui ont été élus sur la base de l'organisation judiciaire du 16 décembre 1943 ou de l'arrêté fédéral du 23 mars 1984 concernant l'augmentation du nombre des juges suppléants du Tribunal fédéral ou qui seront élus pendant les années 2007 et 2008 prend fin le 31 décembre 2008.

4 La limitation du nombre de juges suppléants au sens de l'art. 1, al. 4, s'applique dès 2009.

Disposizioni transitorie

1 La presente legge si applica ai procedimenti promossi dinanzi al Tribunale federale dopo la sua entrata in vigore; ai procedimenti su ricorso si applica soltanto se la decisione impugnata è stata pronunciata dopo la sua entrata in vigore.

2 In deroga all'articolo 86 capoverso 1, le decisioni di approvazione dei piani pronunciate dal Dipartimento federale dell'ambiente, dei trasporti, dell'energia e delle comunicazioni per quanto concerne la seconda fase della realizzazione della NFTA (art. 10bis cpv. 1 lett. b del DF del 4 ott. 1991 concernente la costruzione di una ferrovia transalpina) sono direttamente impugnabili mediante ricorso al Tribunale federale. In tali casi, il Tribunale federale può esaminare liberamente i fatti.

3 I giudici ordinari e i giudici supplenti eletti in base alla legge del 16 dicembre 1943 sull'organizzazione giudiziaria o al decreto federale del 23 marzo 1984 concernente l'aumento del numero dei giudici supplenti del Tribunale federale e quelli eletti nel 2007 e nel 2008 restano in carica fino al 31 dicembre 2008.

4 La limitazione del numero dei giudici supplenti secondo l'articolo 1 capoverso 4 si applica dal 2009.

Inhaltsübersicht   Note

Materialien

Art. 118 E 2001 BBl 2001 4511 f.; Art. 132 Abs. 3 und 4 BBl 2006 5800; Botschaft 2001 BBl 2001 4355; Botschaft 2006 BBl 2006 3067 ff.; AB 2003 S 913; AB 2004 N 1615.

Literatur

M. Daum, Neue Bundesrechtspflege – Fragen des Übergangsrechts in öffentlich-rechtlichen Angelegenheiten aus Sicht der Kantone, BVR 2007, 1–19 (zit. Daum, BVR 2007); Th. Pfisterer, Der kantonale Gesetzgeber vor der Reform der Bundesrechtspflege, in: B. Ehrenzeller/R. J. Schweizer (Hrsg.), Die Reorganisation der Bundesrechtspflege – Neuerungen und Auswirkungen in der Praxis, St. Gallen 2006, 257–349 (zit. Ehrenzeller/Schweizer-Pfisterer).

I. Massgebendes Datum (Abs. 1)

Mit den übergangsrechtlichen Grundsätzen in Art. 132 wird sichergestellt, dass sich   **1**
die **Rechtsmittelfristen**, welche unter dem alten Recht zu laufen begonnen haben,
nach Inkrafttreten des BGG nicht verkürzen.[1] Nach Abs. 1 ist auf am 1.1.2007 bereits
hängige Prozesse das BGG nicht anwendbar. Klageverfahren werden mit der **Einleitung** vor Bundesgericht anhängig gemacht. Für Beschwerdeverfahren ist hingegen
dasjenige Datum massgebend, an welchem der angefochtene Entscheid **ergangen**, d.h.
gefällt worden ist.[2] Nicht das fristauslösende Eröffnungsdatum oder das Datum der
Zustellung des Dispositivs oder der Begründung sind entscheidend, sondern das
Urteilsdatum.[3] Das BGG ist demnach erst dann auf Klageverfahren anwendbar, wenn
sie nach dem 31.12.2006 eingeleitet worden sind. Auf Beschwerdeverfahren ist das
BGG anwendbar, wenn das Urteil nach dem 31.12.2006 ergangen ist. Aufgrund dieser
intertemporalrechtlichen Bestimmungen müssen die kantonalen Justizbehörden ihre
nach dem 31.12.2006 ergangenen Entscheide mit neuen Rechtsmittelbelehrungen versehen (vgl. oben Art. 130 N 7).[4] Verfahren, die vor dem 1.1.2007 eingeleitet worden
sind, und Entscheide, die vor dem 1.1.2007 ergangen sind, unterliegen den bisherigen
Bundesrechtsmitteln. Dies gilt sowohl für die Rechtsmittelfristen als auch für die Zulässigkeit von Beschwerden sowie in Bezug auf die Kognition des Bundesgerichts und
die Kosten. So sind beispielsweise Beschwerden in Sachen betr. Sozialversicherungsleistungen noch mit uneingeschränkter Kognition zu beurteilen und kostenfrei. Dies
gilt nicht für die Invalidenversicherung.[5] Zudem **gilt** die **Übergangsfrist gem. Art. 130
Abs. 3 für die nach dem 1.1.2007 eingeleiteten Verfahren oder ergangenen Entscheide in Bezug auf** die Mindestanforderungen an die *Kognition* (vgl. oben Art. 110
N 22 und Art. 111 Abs. 3 N 19), an die *Legitimation* und an die Einheit des Verfahrens[6]
(Art. 111 Abs. 1) sowie an die Vorschriften über die *Eröffnung* der Entscheide (vgl.
oben Art. 112 Abs. 2) **nicht**. Vielmehr sind diese Bestimmungen ab dem 1.1.2007 unmittelbar anwendbar (vgl. oben Art. 130 N 6).

Normen über die **Besetzung der Abteilung**[7] und das **vereinfachte Verfahren**[8] gehören   **2**
zu den Verfahrensnormen. Da keine Vorbehalte bestehen, gilt bei hängigen Verfahren
für diese ab dem 1.1.2007 ebenfalls die allgemeine Übergangsregel.[9] Danach können
Nichteintretensentscheide beispielsweise nicht gem. Art. 108 durch den Einzelrichter
erledigt werden. Zudem gelten unabhängig von der ab 1.1.2007 massgebenden neuen

---

[1] KARLEN, BGG, 75.
[2] Diese Regelung stimmt mit Art. 53 Abs. 1 VGG überein.
[3] Vgl. Mitteilung des Bundesgerichts vom 12.2006, Ziff. I.; Botschaft 2001 BBl 2001 4355. Danach lehnt sich die Übergangsregelung an die Regelung an, wie sie für die gleichlautende Ziff. 3
   Abs. 1 der Schlussbestimmungen zur Änderung des OG vom 4.10.1991 (AS 1992 288) galt.
   Vgl. dazu JdT 2000 IV 96 Ziff. 3. Ebenso SEILER/VON WERDT/GÜNGERICH, BGG, Art. 130
   N 7.
[4] DAUM, BVR 2007, 8. In Strafsachen gibt es beispielsweise neu nur noch die Beschwerde in Strafsachen gem. Art. 78 ff. Mit ihr kann die Verletzung sämtlichen Bundesrechts gerügt werden (vgl.
   oben zu Art. 95 lit. a). Vor der Revision standen demgegenüber sowohl die Nichtigkeitsbeschwerde
   an den Kassationshof des Bundesgerichts wegen Verletzung materiellen Gesetzes- und Verord-
   nungsrechts des Bundes als auch die staatsrechtliche Beschwerde wegen Verletzung verfassungsmässiger Rechte gem. Art. 269 BStP zur Verfügung.
[5] Vgl. Art. 132 und 134 OG. SEILER/VON WERDT/GÜNGERICH, BGG, Art. 132 N 8.
[6] Im kantonalen Verfahren müssen deshalb nach neuem Recht auch die zur bundesgerichtlichen
   Beschwerde Legitimierten teilnehmen können.
[7] Art. 20.
[8] Art. 108 und 109.
[9] KARLEN, BGG, 75 f.

Organisation des Bundesgerichts (vgl. unten N 8) die altrechtlichen Quorumsvorschriften.[10]

3 Was die **Vorinstanzenregelung** anbetrifft, so gelten für nach dem 31.12.2006 ergangene Entscheide die oben dargelegten Schonfristen (vgl. Art. 130 N 3) nach neuem Recht.[11] Für kantonale Erlasse hingegen gilt, wie ebenfalls oben dargelegt (vgl. Art. 130 N 21), keine Schonfrist, sofern die Kantone auf den 1.1.2007 kein Rechtsmittel betr. die abstrakte Normenkontrolle vorgesehen haben (vgl. oben Art. 87 N 4). In diesem Fall steht wie bisher der direkte Weg ans Bundesgericht offen.[12] Abgesehen davon hat das kantonale Verfahren den Anforderungen in Art. 110–112 zu genügen. Die Kantone haben demnach beispielsweise die Eröffnungsvorschriften gem. Art. 112 zu beachten.

4 Anders als für die Verfahrensbestimmungen ist für die **Gerichtsorganisation** seit dem 1.1.2007 das neue Recht massgeblich.

5 Abs. 1 stimmt mit der Übergangsbestimmung von Art. 53 Abs. 1 VGG überein. **Beschlüsse der Kantonsregierungen**, wie beispielsweise Tarifentscheide in der Krankenversicherung, die vor dem 1.1.2007 ergangen sind, waren mit staatsrechtlicher Beschwerde beim Bundesgericht anfechtbar.[13] Gegen nach dem 31.12.2006 ergangene Entscheide hingegen ist gem. Art. 34 VGG Beschwerde beim Bundesverwaltungsgericht einzureichen.

II. Plangenehmigungsentscheide NEAT (Abs. 2)

6 Nach neuem Recht gilt das **Prinzip der richterlichen Vorinstanz** (vgl. oben Art. 75 Abs. 2; Art. 80 Abs. 2; Art. 86 Abs. 2 N 12 ff.). **Für** die **NEAT** hat das Übergangsrecht des BGG jedoch noch eine Ausnahme vorgesehen, um die bereits weit fortgeschrittenen Verfahren zur Planung der zweiten Phase der NEAT[14] nicht mit komplizierteren Verfahren zu belasten. Das **Bundesgericht** wird nach Art. 132 Abs. 2 für Plangenehmigungsentscheide des Eidgenössischen Departements für Umwelt, Verkehr, Energie und Kommunikation somit **weiterhin** als **erste und letzte Rechtsmittelinstanz mit freier Kognition** fungieren. Diese übergangsrechtliche Durchbrechung des obgenannten Prinzips zugunsten des einstufigen Rechtsmittelwegs ist insofern zu relativieren, als Abs. 2 gegenstandslos wird, sobald mit dem Bau der betroffenen Strecken begonnen worden ist.[15]

III. Harmonisierung der Amtsperioden (Abs. 3)

7 In Art. 145 Satz 2 BV ist für die Bundesrichterinnen und Bundesrichter eine sechsjährige Amtsdauer verfassungsrechtlich verankert. Nach Art. 132 Abs. 3 soll die Amtsperiode **aller ordentlichen und nebenamtlichen Bundesrichterinnen und Bundesrichter des Bundesgerichts in Lausanne und des ehemaligen Versicherungsgerichts in Luzern**, welche unter altem Recht gewählt worden sind, **harmonisiert** werden. Dies soll erreicht werden, indem die zuerst ablaufenden Amtsperioden der Luzerner

---

[10] So z.B. die Siebnerbesetzung nach Art. 15 Abs. 3 OG. Vgl. KARLEN, BGG, 75, FN 281.

[11] Vgl. die analoge Situation bei der durch Art. 98a OG auferlegten Anpassungsfrist in BGE 124 II 58, 63 E. 1c (obiter dictum).

[12] EHRENZELLER/SCHWEIZER-PFISTERER, 327.

[13] BGE 130 I 306, 308.

[14] Vgl. Art. 10bis Abs. 1 lit. b des Bundesbeschlusses über den Bau der schweizerischen Eisenbahn-Alpentransversale (Alpentransit-Beschluss; SR 742.104).

[15] Botschaft 1991 BBl 1991 4355; SPÜHLER/DOLGE/VOCK, Kurzkommentar, Art. 132 N 2.

Richter bis Ende 2008 verlängert werden. Richter, welche in den Jahren 2007 und 2008 gewählt werden, sollen nur bis Ende 2008 im Amt bleiben.[16]

IV. Zahlenmässige Begrenzung der nebenamtlichen Bundesrichter und Bundesrichterinnen (Abs. 4)

Da die Amtsdauer der nebenamtlichen Bundesrichter und Bundesrichterinnen bis zum Jahr 2008 läuft,[17] soll ihre Zahl erst ab der **Amtsdauer 2009–2014 auf zwei Drittel der jeweiligen Zahl der ordentlichen Bundesrichterinnen und Bundesrichter begrenzt** werden (vgl. oben Art. 1 Abs. 4 N 132). 8

Art. 133

Referendum und Inkrafttreten	[1] **Dieses Gesetz untersteht dem fakultativen Referendum.**
	[2] **Der Bundesrat bestimmt das Inkrafttreten.**
	Datum des Inkrafttretens: 1. Januar 2007
Référendum et entrée en vigueur	[1] La présente loi est sujette au référendum.
	[2] Le Conseil fédéral fixe la date de l'entrée en vigueur.
	Date de l'entrée en vigneur: 1er janvier 2007
Referendum ed entrata in vigore	[1] La presente legge sottostà a referendum facoltativo.
	[2] Il Consiglio federale ne determina l'entrata in vigore.
	Data dell'entrata in vigore: 1° gennaio 2007

Inhaltsübersicht Note

Materialien

Art. 119 E 2001 BBl 2001 4512; AB 2003 S 913; AB 2004 N 1615.

I. Fakultatives Referendum (Abs. 1)

Gegen das am 28.6.2005 publizierte BGG wurde das fakultative Referendum[1] nicht ergriffen. Die Referendumsfrist ist am 6.10.2005 unbenützt verstrichen.[2] 1

Die Referendumsfrist betr. die im Bundesgesetz über die Invalidenversicherung vom 16.12.2005, welches am 27.12.2005 publiziert worden ist,[3] vorgesehenen nachträglichen Bestimmungen des BGG[4] ist am 6.4.2006 unbenützt abgelaufen. 2

---

[16] Botschaft 2006 BBl 2006 3078.
[17] Botschaft 2006 BBl 2006 3078.
[1] Art. 141 Abs. 1 BV.
[2] BBl 2005 4045.
[3] BBl 2005 7285.
[4] Art. 97 Abs. 2 und Art. 105 Abs. 3 (AS 2006 2005).

3   Auch gegen das am 4.7.2006 publizierte[5] Bundesgesetz über die Bereinigung und Aktualisierung der Totalrevision der Bundesrechtspflege vom 23.6.2006 ist die Referendumsfrist am 12.10.2006 unbenützt abgelaufen.

II. Inkrafttreten (Abs. 2)

4   Am 1.1.2007 ist das BGG, einschliesslich der nachträglichen Anpassungen,[6] in Kraft getreten.[7] Das BGG ersetzt das OG und regelt neben dem bundesgerichtlichen Rechtsmittelsystem auch Stellung und Organisation des Bundesgerichts neu.

5   Gleichzeitig mit dem BGG sind auch das VGG[8] und die übrigen noch nicht in Kraft gesetzten Bestimmungen der BV zur Justizreform[9] sowie die Verordnung der Bundesversammlung über die Anpassung von Erlassen an die Bestimmungen des Bundesgerichtsgesetzes und des Verwaltungsgerichtsgesetzes vom 20.12.2006 in Kraft getreten.[10]

6   Die im Rahmen der Änderung des Bundesgesetzes über die Invalidenversicherung vom 16.12.2005 geänderten Bestimmungen des BGG sowie die durch das Bundesgesetz über die Bereinigung und Aktualisierung der Totalrevision der Bundesrechtspflege vom 23.6.2006[11] notwendig gewordenen Änderungen sind ebenfalls am 1.1.2007 in Kraft getreten.

7   Seit dem 1.1.2007 ist auch die Verordnung der Bundesversammlung vom 23.6.2006 über die Anzahl Richter am Bundesgericht[12] in Kraft.

8   Das Reglement des Bundesgerichts über den elektronischen Rechtsverkehr mit Parteien und Vorinstanz (ReRBGer) vom 5.12.2006 ist ebenfalls seit dem 1.1.2007 in Kraft.[13] Dies bedeutet, dass ab diesem Zeitpunkt dem Bundesgericht fristwahrende Eingaben auch auf dem elektronischen Weg zugestellt werden können, sofern eine vorgängige Registrierung gem. Art. 3 ReRBGer bereits erfolgt ist.[14]

---

[5]   BBl 2006 5799.
[6]   Botschaft zur Verordnung der Bundesversammlung betr. die Anpassung von Erlassen an die Bestimmungen des Bundesgerichtsgesetzes und des Verwaltungsgerichtsgesetzes vom 6.9.2006, BBl 2006 7769.
[7]   SR 173.110. Art. 1 lit. a der Verordnung über die Inkraftsetzung des Bundesgerichtsgesetzes und des Verwaltungsgerichtsgesetzes sowie über den Sitz des Bundesstrafgerichts und des Bundesverwaltungsgerichts vom 1.3.2006, AS 2006 1069; AS 2006 1205 und 1243.
[8]   SR 173.32. Art. 1 lit. b der Verordnung über die Inkraftsetzung des Bundesgerichtsgesetzes und des Verwaltungsgerichtsgesetzes sowie über den Sitz des Bundesstrafgerichts und des Bundesverwaltungsgerichts vom 1.3.2006, AS 2006 1069; AS 2006 2197 und 2212.
[9]   Das sind Art. 29a, Art. 122, Art. 188–191, Art. 191b und Art. 191c BV. Vgl. Bundesbeschluss vom 8.3.2005 über das vollständige Inkrafttreten der Justizreform vom 12.3.2000, AS 2006 1059.
[10]   AS 2006 5599.
[11]   Art. 25a, Art. 130 und Art. 132 Abs. 3 und 4, AS 2006 5799 f.
[12]   SR 173.110.1; AS 2006 2739.
[13]   SR 173.110.29; AS 2006 5677.
[14]   Andere elektronische Eingaben sind nicht gültig. Vgl. Mitteilung des Bundesgerichts vom Dezember 2006, Ziff. V.

Anhang

Bundesamt für Justiz – Bericht zu den Normvorschlägen der Arbeitsgruppe Bundesgerichtsgesetz vom 16. März 2004:

Totalrevision der Bundesrechtspflege (im Auftrag der Rechtskommission des Nationalrats), Bern 2004 (zit. Bericht BJ an RK-N 2004)

Totalrevision der Bundesrechtspflege;

Bericht zu den Normvorschlägen der Arbeitsgruppe Bundesgerichtsgesetz vom 16. März 2004

1. Ausgangslage

Mit Schreiben vom 5. Januar 2004 gelangte das Schweizerische Bundesgericht an den Präsidenten der Kommission für Rechtsfragen des Nationalrats und an den Vorsteher des Eidgenössischen Justiz- und Polizeidepartements (EJPD). Das Bundesgericht nahm Stellung zu den Beschlüssen des Ständerats zum Bundesgerichtsgesetz vom 23. September 2003 und führte aus, die Anpassungen des Ständerats am Entwurf für ein Bundesgerichtsgesetz stünden im Widerspruch zu den Zielen der Totalrevision der Bundesrechtspflege. Das Bundesgerichtsgesetz vermöge in der Fassung des Ständerats die angestrebte Entlastung des obersten Gerichts nicht mehr zu realisieren. Vielmehr führe es zu einer zusätzlichen Belastung sowie zu einer Komplizierung des Rechtsmittelwegs. Das Bundesgericht lehne daher die Vorlage in der jetzigen Form ab und verlange statt dessen eine Integration des «bisherigen, bewährten, leicht ergänzten und verbesserten» Rechtsmittelsystems in das Bundesgerichtsgesetz.

Am 12. Januar 2004 äusserte sich das Eidgenössische Versicherungsgericht zur Kritik des Bundesgerichts. Dabei sprach es sich für die Weiterführung der Gesetzgebungsarbeiten aus und betonte, dass es die Vorlage zum Bundesgerichtsgesetz nach wie vor in allen wesentlichen Punkten befürworte.

An ihrer Sitzung vom 16. Januar 2004 führte die Kommission für Rechtsfragen des Nationalrats (RK-N) Hearings mit den Präsidenten des Bundesgerichts und des Eidgenössischen Versicherungsgerichts durch. Dabei unterstrichen die Gerichtspräsidenten ihre bereits schriftlich geäusserten Positionen. Auf Vorschlag des Vorstehers des EJPD erteilte die RK-N daraufhin dem EJPD den Auftrag, zusammen mit dem Bundesgericht und dem Eidgenössischen Versicherungsgericht nach Lösungen zu suchen, welche den Bedenken des Bundesgerichts Rechnung tragen. Das EJPD stellte in Aussicht, der RK-N innert zwei Monaten Bericht zu erstatten.

2. Arbeitsgruppe Bundesgerichtsgesetz

Zur Umsetzung des Auftrags der RK-N hat der Vorsteher des EJPD eine «Arbeitsgruppe Bundesgerichtsgesetz» mit folgenden Personen eingesetzt:

- Christoph Blocher, Vorsteher EJPD (Vorsitz)
- Heinz Aemissegger, Präsident des Schweizerischen Bundesgerichts
- Aldo Borella, Präsident des Eidgenössischen Versicherunsgerichts

1231

- Niccolò Raselli, Bundesrichter in Lausanne
- Peter Karlen, Bundesrichter in Lausanne
- Rudolf Rüedi, Bundesrichter in Luzern
- Rudolf Ursprung, Bundesrichter in Luzern
- Heinrich Koller, Direktor des Bundesamts für Justiz
- Christoph Auer, Bundesamt für Justiz
- Marino Leber, Bundesamt für Justiz
- Karl Spühler, emerit. Professor Universität Zürich

Die Arbeitsgruppe traf sich an fünf zum Teil ganztägigen Sitzungen. Sie befasste sich zur Hauptsache mit den Bestimmungen zu den Rechtsmitteln (Rechtsmittelsystem, Einheitsbeschwerden, Streitwertgrenzen, Zugangsschranken, Überprüfungsbefugnis usw.). Daneben behandelte sie die Frage der Integration des Versicherungsgerichts in das Bundesgericht und – damit zusammenhängend – die Organisation des Bundesgerichts. Schliesslich setzte sie sich mit der Frage der Aufsicht über die unterinstanzlichen Bundesgerichte sowie mit weiteren ausgewählten Einzelpunkten auseinander.

3. Ergebnisse im Überblick

3.1 Rechtsmittelsystem

Die Arbeitsgruppe hat beschlossen, grundsätzlich am Übergang zum System der drei Einheitsbeschwerden festzuhalten. Es soll daher künftig nur noch drei ordentliche Beschwerden an das Bundesgericht geben: Die Beschwerde in Zivilsachen, die Beschwerde in Strafsachen sowie die Beschwerde in öffentlich-rechtlichen Angelegenheiten. Für diese Beschwerden sollen einheitliche Regeln gelten, namentlich in Bezug auf die Definition der Anfechtungsobjekte.

Neu schlägt die Arbeitsgruppe vor, die drei ordentlichen Beschwerden durch eine *subsidiäre Verfassungsbeschwerde* zu ergänzen (*4a.* Kapitel, Art. 105*a* ff.). Die subsidiäre Verfassungsbeschwerde soll dort zur Verfügung stehen, wo die ordentlichen Einheitsbeschwerden nach dem dritten Kapitel ausgeschlossen sind (Fälle unterhalb der Streitwertgrenze bzw. im Ausschlussbereich). Sie soll aber nur gegen *kantonale* Entscheide ergriffen werden können, da nur in diesen Fällen ein Bedürfnis besteht, Verfassungsverletzungen beim Bundesgericht geltend zu machen. Für die Legitimation zur subsidiären Verfassungsbeschwerde sollen die gleichen Anforderungen gelten wie bei der heutigen staatsrechtlichen Beschwerde (Erfordernis des rechtlich geschützten Interesses).

Mit der subsidiären Verfassungsbeschwerde werden die im Entwurf des Bundesrats bestehenden Rechtsschutzlücken gefüllt. Gleichzeitig erlaubt das neue Rechtsmittel, auf die vom Ständerat hinzugefügten Ausnahmeregelungen bei den drei Einheitsbeschwerden zu verzichten: Die umstrittene Öffnung des Rechtswegs in Fällen, in denen es «offensichtlich Anhaltspunkte dafür gibt, dass der angefochtene Entscheid auf der Verletzung eines verfassungsmässigen Rechts beruht» kann gestrichen werden, da in diesen Fällen neu die subsidiäre Verfassungsbeschwerde zur Verfügung steht.

Nach dem neuen Konzept kann es in vereinzelten Fällen geboten sein, in derselben Sache sowohl Einheitsbeschwerde als auch Verfassungsbeschwerde zu erheben (z.B. unterhalb der Streitwertgrenze, wenn sowohl eine Rechtsfrage von grundsätzlicher Bedeutung als auch eine Verfassungsverletzung behauptet wird). Um in solchen Fällen Doppelspurigkeiten und unnötige Abgrenzungsschwierigkeiten zu vermeiden, schlägt die Arbeitsgruppe im Kapitel über die subsidiäre Verfassungsbeschwerde eine Norm vor, wonach zwingend nur *eine* Rechtsschrift einzureichen und nur *ein* Verfahren (mit *einem* Kostenspruch) zu führen ist (Art. 105*g*).

3.2 Streitwertgrenzen

Bei den Streitwertgrenzen in *Zivilsachen* schlägt die Arbeitsgruppe vor, den heute geltenden Streitwert von 8000 Franken lediglich der Teuerung anzupassen und neu auf 30 000 Franken festzusetzen (der Ständerat hat die Streitwertgrenze bei 40 000 Franken festgelegt).

Bei der Beschwerde in *Strafsachen* beantragt die Arbeitsgruppe, auf die *Einführung von Mindeststreitwerten ganz zu verzichten.* Die vom Ständerat auf Vorschlag des Bundesrats beschlossenen Streitwertgrenzen hätten dem Bundesgericht ermöglichen sollen, die sich abzeichnende wachsende Geschäftslast (Vereinheitlichung des Strafprozessrechts) zu bewältigen. Abklärungen haben nun aber ergeben, dass der Entlastungseffekt der Streitwertgrenzen kleiner wäre als ursprünglich angenommen. Dazu kommt, dass die Festsetzung von Mindest-Geldstrafen als Zugangskriterium zu Inkohärenzen innerhalb des gesamten Rechtsmittelsystems führen würde. So ist sachlich kaum zu begründen, weshalb z.B. Gebührenstreitigkeiten im öffentlichen Recht unabhängig vom Streitwert ans Bundesgericht getragen werden können, nicht aber Geldbussen unterhalb eines bestimmten Betrags. Dazu kommt, dass eine geringfügige Geldstrafe eine wichtige Präjudizwirkung auf verwandte Streitigkeiten haben kann, die vom Zugang zum Bundesgericht nicht ausgeschlossen wären (z.B. Haftpflichtprozess oder Führerausweisentzug). Aus all diesen Gründen steht auch das Bundesgericht, zu dessen Entlastung die Streitwertgrenzen an sich vorgesehen waren, der Massnahme skeptisch bis ablehnend gegenüber. Es ist daher nach Ansicht der Arbeitsgruppe geboten, auf die auch politisch umstrittene Neuerung zu verzichten.

Schliesslich beantragt die Arbeitsgruppe auch die Streichung der vom Ständerat eingeführten Streitwertgrenze von 10 000 Franken auf dem Gebiet der Steuern und Abgaben (Art. 78 Abs. 1 Bst. l). Auch bei dieser Streitwertgrenze stünden einem eher bescheidenen Entlastungseffekt schwierige Abgrenzungsfragen gegenüber, die dem Bundesgericht nach eigener Einschätzung per Saldo letztlich mehr Arbeit verursachen würden.

3.3 Vereinfachtes Verfahren

Der Bundesrat hatte beim vereinfachten Verfahren eine Besetzung des Spruchkörpers mit *zwei* Richtern vorgeschlagen. Ziel dieser Neuerung – heute entscheidet das Bundesgericht im vereinfachten Verfahren gemäss Art. 36a OG in der Besetzung mit *drei* Richtern – war die Entlastung des Bundesgerichts. Der Ständerat hat sich mit der Zweierbesetzung nicht anfreunden können und sich für eine Besetzung mit drei Richtern entschieden.

Die Arbeitsgruppe schlägt nun vor, das vom Ständerat verabschiedete Verfahren mit Dreierbesetzung grundsätzlich zu übernehmen (Art. 102*a*), es aber durch ein *einzelrichterliches Verfahren* für bestimmte *offenkundige Fälle* zu ergänzen (Art. 102). Als Einzelrichter entscheidet der Abteilungspräsident bzw. die Abteilungspräsidentin oder – z.B. bei Abwesenheit – ein von ihm bzw. ihr bezeichnetes Gerichtsmitglied. Die Kompetenz des Einzelrichters ist nur gegeben, wenn auf die Beschwerde nicht eingetreten werden kann, weil sie *offensichtlich* unzulässig ist oder *offensichtlich* nicht die Anforderungen erfüllt, die an die Begründung von Rechtsschriften gestellt werden. Schliesslich soll das einzelrichterliche Verfahren auch bei querulatorischen oder rechtsmissbräuchlichen Beschwerden zum Zug kommen.

3.4 Öffentliche Beratungen

Das geltende Recht sieht vor, dass nur in jenen Fällen auf dem Weg der Aktenzirkulation entschieden wird, in denen unter den urteilenden Richtern und Richterinnen Einigkeit herrscht. Kommt keine Einigkeit zustande, so findet eine mündliche Beratung statt, die zugleich meist öffentlich ist.

Trotz dieser Regelung, die den Eindruck erweckt, dass die mündliche Beratung den wichtigsten Teil der Entscheidfindung bildet, trifft das Bundesgericht den weitaus grössten Teil seiner Entscheide im Zirkulationsverfahren. Der Bundesrat hatte daher die Absicht, den Gesetzestext mit der tatsächlichen Situation in Übereinstimmung zu bringen. Er schlug in der Botschaft vor, öffentliche Beratungen nur noch dann zwingend vorzusehen, wenn die Richter und Richterinnen in einer Sache nicht einig sind, die nach dem Gesetz in der Besetzung mit *fünf* Richtern entschieden werden muss.

Noch einen Schritt weiter ging der Ständerat. Er nahm eine Trennung vor zwischen dem Element der «Beratung» und jenem der «Öffentlichkeit» und sah vor, dass mündliche Beratungen auch *ohne* Teilnahme der Öffentlichkeit möglich sein sollen. Nach seiner Lösung wären somit auch bei Fällen, die in Fünferbesetzung zu entscheiden sind, nur dann öffentliche Beratungen durchzuführen, wenn der Abteilungspräsident Öffentlichkeit anordnet oder ein Richter bzw. eine Richterin dies verlangt.

Die Mehrheit der Arbeitsgruppe ist der Ansicht, dass der heute geltende Rechtszustand nicht geändert werden sollte und dass sowohl der Entwurf des Bundesrats als auch die Fassung des Ständerats in dieser Frage ein falsches Zeichen setzen würden. Die öffentliche Urteilsberatung hat verschiedene Vorteile. Sie ermöglicht dem Publikum und namentlich den Medien, eine gewisse Kontrolle über die Justiz auszuüben. Sie fördert zudem das Vertrauen der Parteien in das urteilende Gericht. Die Möglichkeit mitzuverfolgen, wie das Gericht über die zur Diskussion stehenden Anträge debattiert, kann der unterliegenden Partei erleichtern, den Entscheid zu akzeptieren oder sich zumindest damit abzufinden. Schliesslich dient die öffentliche Beratung aber auch der Qualität der Rechtsprechung. Sie zwingt die Richter und Richterinnen dazu, sich mit den anderen Meinungen ernsthaft auseinanderzusetzen und die eigene Meinung kritisch zu hinterfragen. Die öffentliche Beratung führt damit regelmässig zu einer vertieften Prüfung der verschiedenen Positionen und zur Ausleuchtung aller denkbaren Aspekte. Aus all diesen Gründen will die Mehrheit der Arbeitsgruppe am Prinzip festhalten, wonach immer dann eine mündliche Beratung durchzuführen ist, wenn sich bei der Entscheidfindung im Zirkulationsverfahren keine Einigkeit ergibt (eine Ausnahme gilt für das vereinfachte Verfahren; s. hierzu die Bemerkungen zu Art. 102*a*). Die mündliche Beratung ist unter Vorbehalt der in Art. 55 Abs. 2 genannten Ausnahmen öffentlich.

3.5 Gerichtsorganisation

Die Organisation des Bundesgerichts ist für die Gewährleistung von optimalen Abläufen innerhalb des Gerichts und die Bewältigung der Geschäftslast von zentraler Bedeutung. Die Notwendigkeit einer effizienten Gerichtsverwaltung sowie die klare Trennung von Rechtsprechungs- und Managementaufgaben wird durch die Teilintegration des Eidgenössischen Versicherungsgerichts in das Bundesgericht noch zusätzlich an Bedeutung zunehmen. Vor diesem Hintergrund hat die Arbeitsgruppe die Bestimmungen zur Gerichtsorganisation einer kritischen Überprüfung unterzogen. Sie ist zum Schluss gekommen, dass die Verwaltungsaufgaben des Gerichts durch folgende im Gesetz definierten Organe wahrgenommen werden sollen:

Präsidium

Gesamtgericht

Präsidentenkonferenz

Abteilungen

Verwaltungskommission

Generalsekretariat

Dabei schlägt die Arbeitsgruppe in Bezug auf Zusammensetzung und Kompetenzen dieser Organe folgende Anpassungen an den Beschlüssen des Ständerats vor:

- Präsidium (Art. 13):

Präsident und Vizepräsident sollen von Gesetzes wegen Mitglieder der Verwaltungskommission sein (s. im einzelnen die Bemerkungen zur Verwaltungskommission).

- Gesamtgericht (Art. 14):

Das Plenum der Richter und Richterinnen soll nur eine beschränkte Anzahl abschliessend im Gesetz aufgezählter Verwaltungsaufgaben haben. Auf die vom Ständerat eingeführte Zuständigkeit bei Beschlüssen über die Organisation und Verwaltung von erheblicher Tragweite ist somit zu verzichten.

Neu soll dem Gesamtgericht jedoch das Vorschlagsrecht bei der Wahl des Präsidenten und des Vizepräsidenten des Bundesgerichts zukommen. Bislang entsprach es der Praxis, dass das Bundesgericht der Bundesversammlung einen Vorschlag für die Wahl des Präsidiums unterbreitete. Das Vorschlagsrecht soll nun gesetzlich verankert und die entsprechende Kompetenz dem Gesamtgericht zugewiesen werden.

- Präsidentenkonferenz (Art. 14a [neu]):

Die bereits heute existierende Präsidentenkonferenz (Art. 24 Bundesgerichtsreglement) soll neu auf Gesetzesstufe verankert werden. Sie setzt sich aus den Präsidenten und Präsidentinnen sämtlicher Abteilungen des Bundesgerichts zusammen. Auch ihr sollen nur eine beschränkte Anzahl von abschliessend aufgezählten Befugnissen zukommen, namentlich bei Geschäften, die einen Bezug zur Rechtsprechung haben.

- Abteilungen (Art. 16):

Die Bestellung der Abteilungen durch das Gesamtgericht soll neu auf Vorschlag der Verwaltungskommission erfolgen.

Die Abteilungen sind zuständig für die Rechtsprechung. Ihnen sollen nur vereinzelt Verwaltungsaufgaben zustehen. Das Gesetz nennt ausdrücklich die Vereidigung unter dem Vorsitz des Gerichtspräsidenten oder der Gerichtspräsidentin (Art. 10 Abs. 2) sowie das Antragsrecht bei der Anstellung und Zuteilung der Gerichtsschreiber und Gerichtsschreiberinnen (Art. 15 Abs. 2 Bst. c).

- Verwaltungskommission (Art. 15):

Die Bezeichnung des Geschäftsleitungsorgans soll wie unter dem geltenden Recht «Verwaltungskommission» lauten (der Bundesrat hatte ursprünglich den Begriff «Gerichtsleitung» vorgeschlagen; der Ständerat hat sich für «Geschäftsleitung» entschieden). Damit wird deutlich, dass sich das Organ mit den *Verwaltungsgeschäften* des Gerichts befasst.

Die Verwaltungskommission soll ein *kleines Gremium* sein und trotz der Integration des Versicherungsgerichts in das Bundesgericht nur *drei Personen* umfassen. Dies vereinfacht die Abläufe bei der Entscheidfindung und erleichtert die Führung des Gerichts. Die Zusammensetzung der Verwaltungskommission soll im Gesetz festgelegt werden: Präsident, Vizepräsident sowie eine weiteres Mitglied, welches das Gesamtgericht aus seiner Mitte wählt. Der Präsident bzw. die Präsidentin hat den Vorsitz in der Verwaltungskommission. Der Generalsekretär bzw. die Generalsekretärin führt das Protokoll und hat somit beratende Stimme.

Die wichtigsten Aufgaben der Verwaltungskommission werden in Art. 15 aufgelistet. Die Aufzählung ist nicht abschliessend, da Art. 15 Abs. 2 Bst. h der Verwaltungskommission im Sinne einer Generalklausel «sämtliche weiteren Verwaltungsgeschäfte» zuweist, «die nicht in die Zuständigkeit des Gesamtgerichts oder der Präsidentenkonferenz fallen».

- Generalsekretariat (Art. 24):

  Die Bezeichnung «Generalsekretär» bzw. «Generalsekretärin» entspricht nach Ansicht der Arbeitsgruppe besser der Funktion, die Art. 24 dem Vorsteher bzw. der Vorsteherin der Gerichtsverwaltung zuweist, als der vom Ständerat gewählte Ausdruck «Verwaltungsdirektor». Der Generalsekretär sorgt für die Umsetzung der von den Gerichtsorganen getroffenen Verwaltungsbeschlüsse. Er soll im Gesamtgericht, in der Präsidentenkonferenz sowie in der Verwaltungskommission nur *beratende Stimme* haben.

  Die Arbeitsgruppe schlägt weiter vor, statt von der *Wahl* des Generalsekretärs von dessen *Anstellung* zu sprechen. Der Begriff «Wahl» engt den Spielraum des Gerichts unnötig ein.

3.6 Aufsicht über die unterinstanzlichen Bundesgerichte

Eine gewichtige Änderung schlägt die Arbeitsgruppe bei der Frage der Aufsicht über die neuen unterinstanzlichen Gerichte vor. Der Ständerat hat sich in dieser Frage dem Vorschlag des Bundesrats angeschlossen, wonach das Bundesstrafgericht und das Bundesverwaltungsgericht nur der in Art. 169 Abs. 1 BV verankerten Oberaufsicht durch die Bundesversammlung unterstehen sollen. Er stützte sich dabei namentlich auf den Bericht der Geschäftsprüfungskommission des Ständerats vom 28. Juni 2002 betreffend die parlamentarisch Oberaufsicht über die eidgenössischen Gerichte (BBl 2002 7625). In diesem Bericht war die GPK-S zum Schluss gelangt, die Übertragung der Aufsicht auf das Bundesgericht dränge sich nicht auf. Besser als eine vorgeschaltete Aufsicht sei ein wirksames gerichtsinternes Controlling (BBl 2002 7637).

Die Arbeitsgruppe teilt diese Auffassung der GPK-S nicht. Das Bundesgericht ist als oberste Fachinstanz in Justizfragen besser geeignet als (nur) das Parlament, Missstände beim Bundesstrafgericht und beim Bundesverwaltungsgericht zu erkennen. Es verfügt bereits aufgrund seiner Tätigkeit als übergeordnete Rechtsmittelinstanz über ein Bild von den Stärken und Schwächen der unterinstanzlichen Gerichte und kann daher Mängel frühzeitig erkennen. Die Zuweisung der Aufsicht an das Bundesgericht ist daher sachgerecht, zumal auch in vielen Kantonen seit jeher die unteren Gerichte der Aufsicht und zum Teil auch der Disziplinargewalt durch die oberen Gerichte unterstellt sind, was sich bewährt hat.

Die Zuweisung der Aufsicht wird im Bundesgerichtsgesetz in Artikel 1 verankert (neuer Absatz 1bis). Sie findet ausserdem Niederschlag in Art. 14 Abs. 1 Bst. a (Verordnungskompetenz des Gesamtgerichts) sowie in Art. 15 Abs. 2 Bst. g, der die entsprechende Kompetenz der Verwaltungskommission des Bundesgerichts zuweist. Daneben werden Anpassungen beim Entwurf zum Bundesgesetz über das Bundesverwaltungsgericht, beim Strafgerichtsgesetz sowie bei weiteren Erlassen notwendig sein. Eine dieser Anpassungen betrifft den Rechtsschutz gegen Verfügungen, die ein Arbeitsverhältnis beim Bundesgericht betreffen. Gemäss den Beschlüssen des Ständerats wären Verfügungen dieser Art an das Bundesverwaltungsgericht weiterziehbar. Der Rechtsmittelweg vom Bundesgericht (Aufsichtsbehörde) an das Bundesverwaltungsgericht (hierarchisch untergeordnete Instanz) ist jedoch nicht sachgerecht. Die Arbeitsgruppe schlägt daher vor, solche Streitigkeiten durch eine Rekurskommission bestehend aus den Verwaltungsgerichtspräsidenten der Kantone Waadt und Luzern (Sitz- bzw. Standortkanton) sowie Tessin beurteilen zu lassen.

4. Erläuterungen zu den einzelnen Bestimmungen

Art. 1 Absätze 1bis–3

Absatz 1bis enthält die gesetzliche Grundlage für die Aufsicht über die unterinstanzlichen Gerichte. Die Aufsicht über die Geschäftsführung des Bundesstrafgerichts und des Bundesverwaltungsgerichts ist eine neue Aufgabe des Bundesgerichts, die neben die primäre Funktion, die Rechtsprechung, tritt.

Absatz 2: Die in der Botschaft des Bundesrats vorgeschlagene Bandbreite von 35–45 Richtern und Richterinnen genügt nach Auffassung der Arbeitsgruppe für die Aufgabenerfüllung des Bundesgerichts. Das neu vorgeschlagene Rechtsmittelsystem sollte trotz der Korrekturen im Bereich des Rechtsschutzes bei Verfassungsverletzungen immer noch einen gewissen Entlastungseffekt bewirken, so dass die vom Ständerat beschlossene Erhöhung der Obergrenze auf 50 Richter und Richterinnen nicht notwendig ist. Ebensowenig bedarf es einer Erhöhung der Mindestzahl auf 40.

Die Änderung bei *Absatz 3* hängt mit dem soeben erläuterten Absatz 2 zusammen. Die Reduktion der Höchstzahl ordentlicher Richter und Richterinnen von 50 auf 45 macht es nach Ansicht der Arbeitsgruppe notwendig, bei der Anzahl *nebenamtlicher* Richter und Richterinnen etwas grosszügiger zu sein als der Ständerat. Sie schlägt daher vor, bei Absatz 3 – wie bereits bei Absatz 2 – zum Vorschlag des Bundesrats zurückzukehren und die Höchstzahl nebenamtlicher Richter und Richterinnen auf höchstens *zwei* Drittel der Zahl der ordentlichen Richter und Richterinnen festzusetzen. Auf diese Weise hat das Bundesgericht etwas mehr Spielraum, um eine vorübergehende Arbeitszunahme aufzufangen.

Art. 7 Abs. 2

In Art. 15 Abs. 2 Bst. f sieht das Gesetz neu ausdrücklich die Zuständigkeit der Verwaltungskommission für die Bewilligung von Nebenbeschäftigungen vor. Die Regelung in Art. 7 Abs. 2, wonach das Bundesgericht das zuständige Organ bestimmt, kann daher gestrichen werden. Ferner sollte der heute nicht mehr zeitgemässe Begriff «Reglement» durch den Ausdruck «Verordnung» ersetzt werden.

Art. 10 Abs. 2

Der Ständerat hat bei der Vereidigung eine Differenz zum Entwurf des Bundesrats geschaffen und die Weiterführung des bisherigen Systems (Art. 9 Abs. 2 OG) beschlossen (Vereidigung vor dem Bundesgericht, sofern nicht eine Vereidigung vor der Bundesversammlung stattgefunden hat). Innerhalb des Gerichts werden die Vereidigungen heute vor den Abteilungen unter dem Vorsitz des Gerichtspräsidenten durchgeführt. Die Arbeitsgruppe schlägt vor, diese Praxis im Gesetz zu verankern.

Art. 13 Absätze 1 und 2

In *Absatz 1* wird festgehalten, dass eine Wiederwahl des Präsidenten und des Vizepräsidenten nur *einmal* erfolgen kann. Bei mehrmaliger Wiederwahl wäre der Präsident, welcher von Amtes wegen den Vorsitz in der Verwaltungskommission führt, zu lange mit Verwaltungsaufgaben belastet. Dies gilt umso mehr, wenn er vor der Wahl zum Präsidenten das Amts des Vizepräsidenten innehat, was heute regelmässig der Fall ist.

Absatz 2 hält fest, dass der Präsident auch den Vorsitz in der Verwaltungskommission hat.

Art. 14 Absatz 1 Bst. a–b^{bis} und d–h

In Artikel 14 werden die Kompetenzen des Gesamtgerichts abschliessend aufgezählt. Neu im Vergleich zur Fassung des Ständerats ist zunächst die Reihenfolge. Es ist systematisch besser, die Aufzählung der Aufgaben des Gesamtgerichts mit der generell-abstrakten Rechtsetzungskompetenz zu beginnen. Ebenfalls neu ist die ausdrückliche Erwähnung der Anstellung des Generalsekretärs *(Bst. f)*. Sie ist unter anderem deshalb nötig, da diese Kompetenz nicht mehr unter Buchstabe b (Wahlen) subsumiert werden kann (vgl. die vorstehenden Bemerkungen zum Arbeitsverhältnis des Generalsekretärs). Ebenfalls neu sind das Vorschlagsrecht für die Wahl des Präsidiums *(Bst. e)*, Beschlüsse betreffend den Beitritt zu internationalen Vereinigungen *(Bst. g)* sowie die Bestellung der Abteilungen und Wahl ihrer Präsidenten und Präsidentinnen auf Antrag der Verwaltungskommission *(Bst. d)*, welche zuvor nur in Art. 16 erwähnt worden war. Der vom Ständerat gestrichene Buchstabe d wurde wieder aufgenommen (neu als Buchstabe h), ohne aber die Möglichkeit, weitere Kompetenzen des Gesamtgerichts auf *Verordnungsstufe* zu begründen.

Art. 14a   Präsidentenkonferenz

Die Liste der Kompetenzen der Präsidentenkonferenz orientiert sich an der heutigen Regelung von Art. 24 Bundesgerichtsreglement. Sie ist abschliessend und weist der Präsidentenkonferenz vor allem Aufgaben zu, die einen Bezug zur Rechtsprechung haben.

Art. 15   Verwaltungskommission

Zu Zusammensetzung und Funktion s. vorstehend Ziffer 3.5. *Absatz 1bis* sieht auch hier nur eine *einmalige* Wiederwahlmöglichkeit vor. Wie beim Präsidium liegt der Grund darin, dass die Belastung mit Verwaltungsaufgaben nur eine begrenzte Zeit dauern sollte, damit sich die betroffene Person nicht zu weit von der Rechtsprechung entfernt.

Art. 16 Abs. 1

Die Kompetenz für die Bestellung der Abteilungen ist neu in Art. 14 Abs. 1 Bst. d geregelt. Sie braucht in Art. 16 nicht wiederholt zu werden, so dass die bisherige Bestimmung gestrafft werden kann.

Art. 17 Absätze 1 und 3

Absatz 1 kann entsprechend Art. 16 Abs. 1 insofern gekürzt werden, als die Kompetenz für die Wahl der Abteilungspräsidenten nicht wiederholt werden muss (vgl. Art. 14 Abs. 1 Bst. d).

Mit der Änderung in *Absatz 3* schlägt die Arbeitsgruppe vor, das Amt des Abteilungspräsidenten auf *längstens* sechs Jahre zu begrenzen.

Art. 19 Abs. 1

Die Präsidentenkonferenz muss als neu im Gesetz geregeltes Organ in Absatz 1 erwähnt werden.

Art. 22 Abs. 1 (Streichen)

Die Kompetenz für die Anstellung der Gerichtsschreiber ist neu in Art. 15 Abs. 1 Bst. c geregelt (Zuständigkeit der Verwaltungskommission auf Antrag der Abteilungen). Eine Wiederholung ist nicht notwendig, weshalb Absatz 1 gestrichen werden kann.

Art. 24   Generalsekretariat

S. zur Streichung von *Absatz 1* die Bemerkung zu Art. 22 Abs. 1.

Absatz 2 ist durch die neu im Gesetz geregelte Präsidentenkonferenz ergänzt worden.

Art. 29 Abs. 2

Die Änderung enthält eine Klarstellung, welche für die Verfahren bei Beschwerderückzug und Vergleich die geltende Praxis des Bundesgerichts verankert.

Art. 54 Abs. 1 Bst. b

Eine Beratung soll nicht nur in der Besetzung mit fünf Richtern und Richterinnen, sondern auch im ordentlichen Verfahren (Besetzung mit drei Richtern und Richterinnen) zwingend erfolgen, wenn sich im Zirkulationsverfahren keine Einstimmigkeit ergibt (vgl. im Einzelnen vorstehend Ziff. 3.4).

Art. 55 Abs. 1

Wie heute sollen die mündlichen Beratungen grundsätzlich *öffentlich* durchgeführt werden (vgl. im Einzelnen vorstehend Ziff. 3.4).

Gliederungstitel vor Art. 68

Die Einführung der subsidiären Verfassungsbeschwerde als zusätzliches Rechtsmittel macht es aus systematischen Gründen erforderlich, die Bezeichnung «Beschwerdeinstanz» in der Überschrift zum dritten Kapitel durch den Begriff «ordentliche» zu ergänzen.

Art. 70   Streitwertgrenze

S. vorstehend Ziff. 3.1 und 3.2.

Art. 74   Ausnahmen

Der in Ziff. 3.2 erläuterte Verzicht auf die Einführung von Streitwertgrenzen im Strafrecht hat zur Folge, dass die Beschwerde in Strafsachen nur noch unzulässig ist gegen

Entscheide der Beschwerdekammer des Bundesstrafgerichts, die nicht eine Zwangs-massnahme zum Gegenstand haben.

Art. 78   Ausnahmen

Die grundsätzlichen Neuerungen liegen in der *Streichung der Absätze 2 und 3* sowie im Verzicht auf die Einführung von Streitwertgrenzen auf dem Gebiet der Steuern und Ab-gaben (s. dazu im einzelnen vorstehend Ziff. 3.1 und 3.2).

Zudem sind Präzisierungen bei *Absatz 1 Bst. c^{bis}* sowie *Absatz 1 Bst. f* notwendig. Diese Änderungen sind vor allem gesetzestechnisch bedingt und haben mit der Diskussion über die Zugangsschranken nichts zu tun. In der Sache handelt es sich um einen Transfer der jeweiligen Regelung nach Art. 79, da die Fassung des Ständerats zu verfassungswidrigen Situationen führen kann: Auch Entscheide *des Bundesverwaltungsgerichts* unterhalb des Streitwerts müssen beim Bundesgericht angefochten werden können, wenn sich eine Rechtsfrage von grundsätzlicher Bedeutung stellt. Dem lässt sich besser Rechnung tragen, wenn die Gegenausnahme in einem separaten Streitwertartikel (Art. 79) unter-gebracht wird. Ausserdem kann die Ausnahme von *Absatz 1 Bst. f Ziff. 2* ersatzlos gestri-chen werden: Da Verfügungen über ein Arbeitsverhältnis beim Bundesgericht neu von einer Rekurskommission bestehend aus den Präsidenten und Präsidentinnen der Verwal-tungsgerichte der Kantone Waadt, Luzern und Tessin beurteilt werden sollen (vgl. vor-stehend Ziff. 3.6 am Ende), ist eine Regelung über den Ausschluss solcher Streitigkeiten von der Beschwerde in öffentlich-rechtlichen Angelegenheiten nicht mehr notwendig.

Art. 79   Streitwertgrenze

S. Bemerkungen zu Art. 78.

Gliederungstitel vor Art. 89a sowie Art. 89a

Die Definition der Rechtsfrage von grundsätzlicher Bedeutung, wie sie der Ständerat in Art. 89a vorgesehen hat, vermag nicht in allen Teilen zu überzeugen. Die Arbeitsgruppe ist der Auffassung, dass die Auslegung des Begriffs «Rechtsfrage von grundsätzlicher Bedeutung» der Praxis des Bundesgerichts überlassen werden sollte. Sie schlägt daher vor, die ständerätliche Legaldefinition ersatzlos zu streichen.

Art. 92a Abs. 2

Der Wegfall von Art. 78 Abs. 2 bedingt die Streichung von Art. 92a Abs. 2.

Art. 94 Abs. 6

Die Änderung hängt zusammen mit der Anpassung von Art. 104 Abs. 3 (s. dort).

Art. 96 Abs. 1

Die Möglichkeit, auf einen Schriftenwechsel zu verzichten, soll grundsätzlich in sämt-lichen Fällen und nicht nur im vereinfachten Verfahren bestehen. Die neue Formulierung verankert diesen Grundsatz, der bereits heute der Praxis des Bundesgerichts entspricht.

Art. 102   Einzelrichter

S. vorstehend Ziff. 3.3.

Art. 102a Dreierbesetzung

Absatz 1 enthält die Regelung, welche in der Fassung des Ständerats in Art. 102 Abs. 1 Bst. c enthalten war. Sie tritt an die Stelle jener Regelung, die der Ständerat für die Fälle mit offensichtlichen Anhaltspunkten für Verfassungsverletzungen vorgesehen hat und die nun ersatzlos gestrichen werden kann.

Anders als im ordentlichen Verfahren, soll im vereinfachten Verfahren nach Absatz 1 nicht immer dann eine mündliche (und in der Regel öffentliche) Beratung stattfinden, wenn sich keine Einstimmigkeit ergibt. Absatz 1 Satz 2 sieht daher vor, dass Art. 54 Abs. 1 Bst. b keine Anwendung findet. Hingegen soll eine mündliche Beratung zumindest dann durchgeführt werden können, wenn der Präsident oder die Präsidentin sie anordnet oder ein Mitglied des Spruchkörpers dies verlangt.

Absatz 2 enthält, was gemäss ständerätlicher Fassung in Art. 102 Abs. 2 Bst. c und d sowie in Art. 102 Abs. 3 enthalten war.

Absatz 3 entspricht Art. 102*a* Abs. 4 in der Fassung des Ständerats.

S. im Übrigen vorstehend Ziff. 3.3.

Art. 104 Abs. 3

Die ständerätliche Fassung der Artikel 104 Abs. 3 und 94 Abs. 6 erlaubt den Kantonen nur dann ein Kassationsgericht mit engerer Überprüfungsbefugnis als das Bundesgericht vorzusehen, wenn dieses als *dritte* Instanz im kantonalen Instanzenzug entscheidet. Grund für diese Regelung war das Prinzip des zweistufigen kantonalen Verfahrens, das verlangt, dass die vor dem Bundesgericht geltend gemachten Beschwerdegründe bereits von einer kantonalen Beschwerdeinstanz hätten überprüft werden können.

Die Arbeitsgruppe erachtet die Regelung des Ständerats dort als nicht sachgerecht, wo es um die Anfechtung von Entscheiden eines Fachgerichts in handelsrechtlichen Fragen geht, das nach der Ausnahmeregelung von Art. 71 Abs. 2 Bst. b direkt als Vorinstanz des Bundesgerichts angerufen werden kann. In diesen Fällen ist es mit Blick auf die Entlastung des Bundesgerichts sinnvoll, den Kantonen weiterhin zu gestatten, ein Kassationsgericht als Vorinstanz des Bundesgerichts vorzusehen. Die Änderung der Artikel 104 Abs. 3 und 94 Abs. 6 macht dies möglich.

Gliederungstitel vor Art. 105a sowie Art. 105a–105g

S. vorstehend Ziff. 3.1.

01.023   *Vorschläge des EJPD vom 18.3.04*

**Bundesgesetz
über das Bundesgericht**
(Bundesgerichtsgesetz, BGG)

Änderungen im Vergleich zur Fassung des Ständerates vom 23.9.03

Art. 1 Absätze 1bis, 2 und 3 Satz 2

[1bis] Es übt die Aufsicht über die Geschäftsführung des Bundesstrafgerichts und des Bundesverwaltungsgerichts aus.

[2] Es besteht aus 35–45 ordentlichen Bundesrichtern und Bundesrichterinnen.

[3] … Deren Zahl beträgt höchstens zwei Drittel der Zahl der ordentlichen Richter und Richterinnen.

Art. 7 Abs. 2

[2] Es bestimmt die Voraussetzungen für diese Bewilligung in einer Verordnung.

Art. 10 Abs. 2

[2] Die Vereidigung erfolgt durch die Abteilung unter dem Vorsitz des Präsidenten oder der Präsidentin des Bundesgerichts.

Art. 13 Abs. 1 Satz 2 und Abs. 2 Satz 1

[1] … Einmalige Wiederwahl ist zulässig.

[2] Der Präsident oder die Präsidentin führt den Vorsitz im Gesamtgericht und in der Verwaltungskommission. …

Art. 14 Abs. 1 Bst. a–b[bis] und d–h

[1] Das Gesamtgericht besteht aus den ordentlichen Richtern und Richterinnen. Es ist zuständig für:
a. den Erlass von Verordnungen über die Organisation und Verwaltung des Gerichts, die Geschäftsverteilung, die Durchführung der Aufsicht über das Bundesstrafgericht und das Bundesverwaltungsgericht, die Information, die Gerichtsgebühren sowie die Entschädigungen an Parteien, amtliche Vertreter und Vertreterinnen, Sachverständige sowie Zeugen und Zeuginnen;
b. Wahlen, soweit diese nicht durch Verordnung einem anderen Organ des Gerichts zugewiesen werden;
b[bis]. *Streichen*
…
d. die Bestellung der Abteilungen und die Wahl ihrer Präsidenten und Präsidentinnen auf Antrag der Verwaltungskommission;
e. den Vorschlag an die Bundesversammlung für die Wahl des Präsidenten oder der Präsidentin und des Vizepräsidenten oder der Vizepräsidentin;
f. die Anstellung des Generalsekretärs oder der Generalsekretärin und des Stellvertreters oder der Stellvertreterin auf Antrag der Verwaltungskommission;

g. Beschlüsse betreffend den Beitritt zu internationalen Vereinigungen;

h. andere Aufgaben, die ihm durch Gesetz zugewiesen werden.

Art. 14a   Präsidentenkonferenz

[1] Die Präsidentenkonferenz besteht aus den Präsidenten und Präsidentinnen der Abteilungen. Sie konstituiert sich selbst.

[2] Die Präsidentenkonferenz ist zuständig für:

a. den Erlass von Weisungen und einheitlichen Regeln für die Gestaltung der Urteile;

b. die Koordination der Rechtsprechung unter den Abteilungen; vorbehalten bleibt Artikel 21;

c. die Vernehmlassung zu Erlassentwürfen.

Art. 15   Verwaltungskommission

[1] Die Verwaltungskommission setzt sich zusammen aus dem Präsidenten oder der Präsidentin und dem Vizepräsidenten oder der Vizepräsidentin des Bundesgerichts sowie aus einem weiteren Mitglied, welches das Gesamtgericht aus seiner Mitte wählt.

[1bis] Die Amtsdauer des gewählten Mitglieds beträgt zwei Jahre. Einmalige Wiederwahl ist zulässig.

[2] Die Verwaltungskommission trägt die Verantwortung für die Gerichtsverwaltung. Sie ist zuständig für:

a. die Zuteilung der nebenamtlichen Bundesrichter und Bundesrichterinnen an die Abteilungen auf Antrag der Präsidentenkonferenz;

b. die Verabschiedung des Voranschlags und der Rechnung zuhanden der Bundesversammlung;

c. die Anstellung der Gerichtsschreiber und Gerichtsschreiberinnen sowie deren Zuteilung an die Abteilungen auf Antrag der Abteilungen;

d. die Bereitstellung genügender wissenschaftlicher und administrativer Dienstleistungen;

e. die Gewährleistung einer angemessenen Fortbildung des Personals;

f. die Bewilligung von Nebenbeschäftigungen der ordentlichen Richter und Richterinnen auf Antrag der Präsidentenkonferenz;

g. die Wahrnehmung der Aufsicht über das Bundesstrafgericht und das Bundesverwaltungsgericht;

h. sämtliche weiteren Verwaltungsgeschäfte, die nicht in die Zuständigkeit des Gesamtgerichts oder der Präsidentenkonferenz fallen.

Art. 16 Abs. 1

[1] Die Abteilungen werden jeweils für zwei Jahre bestellt. Ihre Zusammensetzung wird öffentlich bekannt gemacht.

Art. 17 Abs. 1 und 3

[1] Die Präsidenten der Abteilungen werden jeweils für zwei Jahre gewählt.

[3] Das Amt eines Abteilungspräsidenten darf nicht länger als sechs Jahre ausgeübt werden.

Art. 19 Abs. 1

[1] Das Gesamtgericht, die Präsidentenkonferenz, die Verwaltungskommission und die Abteilungen treffen die Entscheide, Beschlüsse und Wahlen, wenn das Gesetz nichts anderes bestimmt, mit der absoluten Mehrheit der Stimmen.

Art. 22 Abs. 1

[1] *Streichen*

Art. 24 Generalsekretariat

[1] *Streichen*

[2] Der Generalsekretär oder die Generalsekretärin steht der Gerichtsverwaltung einschliesslich der wissenschaftlichen Dienste vor. Er oder sie führt das Sekretariat des Gesamtgerichts, der Präsidentenkonferenz und der Verwaltungskommission.

Art. 29 Abs. 2

[2] Der Instruktionsrichter entscheidet als Einzelrichter über die Abschreibung von Verfahren zufolge Gegenstandslosigkeit, Rückzugs oder Vergleichs.

Art. 54 Abs. 1 Bst. b

[1] Das Bundesgericht berät den Entscheid mündlich:
…
b. wenn sich keine Einstimmigkeit ergibt.

Art. 55 Abs. 1

[1] *Wie Bundesrat*

3. Kapitel: Das Bundesgericht als ordentliche Beschwerdeinstanz

…

Art. 70 Abs. 1 und 2 Bst. a[bis]

[1] In vermögensrechtlichen Sachen ist die Beschwerde nur zulässig, wenn der Streitwert mindestens 30 000 Franken beträgt.

[2] Erreicht der Streitwert diesen Betrag nicht, so ist die Beschwerde dennoch zulässig:
a[bis]. *streichen*

Art. 74 Ausnahme

Die Beschwerde ist unzulässig gegen Entscheide der Beschwerdekammer des Bundesstrafgerichts, soweit es sich nicht um Entscheide über Zwangsmassnahmen handelt.

Art. 78 Abs. 1 Bst. c[bis], f und l sowie Absätze 2 und 3

[1] Die Beschwerde ist unzulässig gegen:
c[bis]. *streichen*
f. Entscheide auf dem Gebiet der öffentlich-rechtlichen Arbeitsverhältnisse, wenn sie eine nicht vermögensrechtliche Angelegenheit, nicht aber die Gleichstellung der Geschlechter betreffen;
l. *wie Bundesrat*

[2] *Streichen*

[3] *Streichen*

Art. 79 Streitwertgrenzen

[1] In vermögensrechtlichen Angelegenheiten auf den Gebieten der Staatshaftung und der öffentlich-rechtlichen Arbeitsverhältnisse ist die Beschwerde nur zulässig, wenn der Streitwert mindestens 30 000 Franken beträgt.

[2] Erreicht der Streitwert diesen Betrag nicht, so ist die Beschwerde dennoch zulässig, wenn sich eine Rechtsfrage von grundsätzlicher Bedeutung stellt.

Gliederungstitel vor Art. 89a

Streichen

Art. 89a

Streichen

Art. 92a Abs. 2

[2] *Streichen*

Art. 94 Abs. 6

[6] Wenn der Entscheid eines oberen kantonalen Gerichts mit einem Rechtsmittel, das nicht alle Rügen nach den Artikeln 90–92a zulässt, bei einer zusätzlichen kantonalen Gerichtsinstanz angefochten worden ist, so beginnt die Beschwerdefrist erst mit der Eröffnung des Entscheids dieser Instanz.

Art. 96 Abs. 1

[1] Soweit erforderlich stellt das Bundesgericht die Beschwerde der Vorinstanz sowie den allfälligen anderen Parteien, Beteiligten oder zur Beschwerde berechtigten Behörden zu und setzt ihnen Frist zur Einreichung einer Vernehmlassung an.

Art. 102 Einzelrichter

[1] Der Präsident der Abteilung oder ein von ihm bezeichneter Richter entscheidet im vereinfachten Verfahren über:
a. Nichteintreten auf offensichtlich unzulässige Beschwerden;
b. Nichteintreten auf Beschwerden, die offensichtlich keine hinreichende Begründung (Art. 39 Abs. 2) enthalten;
c. Nichteintreten auf querulatorische oder rechtsmissbräuchliche Beschwerden.

[2] Die Begründung des Entscheids beschränkt sich auf eine kurze Angabe des Unzulässigkeitsgrundes.

Art. 102a Dreierbesetzung

[1] Die Abteilungen entscheiden in der Besetzung mit drei Richtern über Nichteintreten auf Beschwerden, bei denen sich keine Rechtsfrage von grundsätzlicher Bedeutung stellt, wenn die Beschwerde nur unter dieser Bedingung zulässig ist (Art. 70 und 79). Artikel 54 Absatz 1 Buchstabe b findet keine Anwendung.

[2] Sie entscheiden in der gleichen Besetzung bei Einstimmigkeit über:
a. Abweisung offensichtlich unbegründeter Beschwerden;
b. Gutheissung offensichtlich begründeter Beschwerden, insbesondere wenn der angefochtene Akt von der Rechtsprechung des Bundesgerichts abweicht und kein Anlass besteht, diese zu überprüfen.

[3] Der Entscheid wird summarisch begründet. Es kann ganz oder teilweise auf den angefochtenen Entscheid verwiesen werden.

Art. 104 Abs. 3

[3] Die unmittelbare Vorinstanz des Bundesgerichts muss mindestens die Rügen nach den Artikeln 90–92*a* prüfen können. Vorbehalten bleiben kantonale Rechtsmittel im Sinne von Artikel 94 Absatz 6.

Gliederungstitel vor Art. 105a

4a. Kapitel: Subsidiäre Verfassungsbeschwerde

Art. 105*a* Grundsatz

Das Bundesgericht beurteilt Verfassungsbeschwerden gegen Entscheide letzter kantonaler Instanzen, soweit keine Beschwerde nach dem dritten Kapitel zulässig ist.

Art. 105*b* Vorinstanzen

Die Vorschriften des dritten Kapitels über die kantonalen Vorinstanzen (Art. 71 beziehungsweise 80) gelten sinngemäss.

Art. 105*c* Beschwerderecht

Zur Verfassungsbeschwerde ist berechtigt, wer:
a. vor der Vorinstanz am Verfahren teilgenommen hat oder keine Möglichkeit zur Teilnahme erhalten hat; und
b. ein rechtlich geschütztes Interesse an der Aufhebung oder Änderung des angefochtenen Entscheids hat.

Art. 105*d* Beschwerdegründe

Mit der Verfassungsbeschwerde kann die Verletzung von verfassungsmässigen Rechten gerügt werden.

Art. 105*e* Beschwerdeverfahren

Für das Verfahren der Verfassungsbeschwerde gelten die Artikel 85–89, 93, 94, 96, 97 Absätze 1 und 3, 98, 100 Absatz 2 sowie 101–105 sinngemäss.

Art. 105*f* Massgebender Sachverhalt

[1] Das Bundesgericht legt seinem Urteil den Sachverhalt zugrunde, den die Vorinstanz festgestellt hat.

[2] Es kann die Sachverhaltsfeststellung der Vorinstanz von Amtes wegen berichtigen oder ergänzen, wenn sie auf einer Rechtsverletzung im Sinne von Artikel 105*d* beruht.

Art. 105*g* Gleichzeitige ordentliche Beschwerde

[1] Führt eine Partei gegen einen Entscheid sowohl ordentliche Beschwerde als auch Verfassungsbeschwerde, so hat sie beide Rechtsmittel in der gleichen Rechtsschrift einzureichen.

[2] Das Bundesgericht behandelt beide Beschwerden im gleichen Verfahren.

[3] Es prüft die vorgebrachten Rügen nach den Vorschriften über die entsprechende Beschwerdeart.

Sachregister

Abteilung

Beschwerde in öffentlich-rechtlichen Angelegenheiten

Beschwerde in Zivilsachen

Beschwerdegrund

Beschwerdeobjekt

Datenschutz

Endentscheid

Ermächtigung zur Strafverfolgung

Fristberechnung

Gerichtsschreiber

Instruktionsverfügung

Justizverwaltung

Mehrfachbegründung
- Anfechtungsobjekt, 42 N 73

Mehrsprachigkeit, 54 N 1, 20

Meinungsaustausch
- Anhörung der Parteien?, 29 N 15
- Begriff des Kompetenzkonflikts, 29 N 16
- persönlicher Anwendungsbereich, 29 N 14
- Prüfung der Zuständigkeit, 29 N 13 ff.
- Überweisung an die zuständige Behörde, 30 N 5 ff.

Meldepflicht
- polizeiliche, 79 N 7

Mieter
- Beschwerdelegitimation, 89 N 29

Mietrecht, *s. Mietrechtliche Ausweisung; Mietrechtliche Streitigkeit*

Mietrechtliche Ausweisung
- Zulässigkeit der Beschwerde in Zivilsachen, 90 N 11

Mietrechtliche Streitigkeit
- Rechtsfrage von grundsätzlicher Bedeutung, 113 N 38
- reduzierte Streitwertgrenze bei Leasing?, 74 N 12
- reduzierte Streitwertgrenze nur bei Art. 274d OR, 74 N 12
- Streitwertberechnung, 51 N 61
- Streitwertgrenze, 74 N 9 ff.
- Verfassungsbeschwerde, 113 N 34

Mietvertrag
- Streitwertberechnung, 51 N 59 ff.; *s.a. Mietrechtliche Streitigkeit*
- Streitwertgrenze, 74 N 9 ff.

Milchkontingentierung, *s. Landwirtschaft*

Militärdienst
- Ausschlussgrund (BörA), 83 N 182 ff.
- Fristwiederherstellung, 50 N 18

Militärstrafrecht
- Ausschluss der Beschwerde in Strafsachen, 78 N 7

Militärversicherung
- Begriff der Geldleistung, 105 N 40, 46
- freie Sachverhaltsprüfung bei Geldleistung, 97 N 25 ff.
- Prüfung der Angemessenheit, 105 N 30
- Sachverhaltsfeststellung, 105 N 37 ff.
- Zulässigkeit von Noven, 99 N 52

Mitteilung des Urteilsdispositivs, *s. Dispositiv*

Mitwirkungspflicht
- «moyens de fait fautivement tardifs», 99 N 6
- Novum, 99 N 9 ff.

Mobilfunkanlage
- Beschwerdelegitimation, 89 N 21

Motivsubstitution
- Begriff, 106 N 11 ff.
- rechtliches Gehör, 106 N 13

Mundart, *s. Verfahrenssprache*

Mündigkeit, 41 N 8, 10

Mündliche Beratung, *s. Urteilsberatung, Gerichtsöffentlichkeit*

Mustertext
- Präsidentenkonferenz, 16 N 12

N

Nachbar
- im Bau- und Planungsverfahren, 89 N 21
- Beschwerdelegitimation, 89 N 3

Nachbearbeitung der Urteile, *s. Gerichtsschreiber*

Nachbesserung
- Ergänzung der Rechtshilfebeschwerde, 43 N 1 ff.
- bei fehlendem oder mangelhaftem Begehren, 42 N 22, 103
- bei fehlenden Beilagen, 42 N 32, 96 f.
- bei fehlenden Seiten, 42 N 95
- bei fehlender Angabe der Beweismittel, 42 N 24, 94
- bei fehlender Begründung, 42 N 39, 94
- bei fehlender Unterschrift, 42 N 35, 96 f.
- bei fotokopierter Unterschrift, 48 N 6
- Fristwiederherstellung, 50 N 14
- fruchtloser Ablauf der Nachfrist, 42 N 107
- innerhalb laufender Frist, 47 N 4
- Möglichkeit zur Zurückweisung, 42 N 98
- Nachfristen gemäss Art. 42 Abs. 5 u. 6, 47 N 5
- Nichteintretensentscheid bei offensichtl. Formmangel, 108 N 26
- Pflicht zur Rückweisung, 42 N 97
- der Rechtsschrift, 42 N 94 ff.
- bei Telefax, 42 N 35; 48 N 6
- übermässig weitschweifige Rechtsschrift, 42 N 98
- ungebührliche Rechtsschrift, 42 N 102
- unleserliche Rechtsschrift, 42 N 101

Rechtsfrage von grundsätzlicher Bedeutung

Rechtsmittelbelehrung

Schuldbetreibungs- und Konkurssache

Strafrecht

Streitwertunabhängige Zulassung

Überklagen

Unvereinbarkeit in der Person

Urteilsvollstreckung

Verfahrenstrennung

Versäumnis

Vorinstanzliches Verfahren

Zweifelsfallpraxis